Alsberg/Nüse/Meyer   Der Beweisantrag im Strafprozeß

Der Beweisantrag im Strafprozeß

Begründet von
Prof. Dr. Max Alsberg
Rechtsanwalt und Notar in Berlin

Fortgeführt von
Dr. Karl-Heinz Nüse
Oberstaatsanwalt in Berlin

5., völlig neubearbeitete und erweiterte Auflage von

Karlheinz Meyer
Vorsitzender Richter am Kammergericht in Berlin

Carl Heymanns Verlag KG · Köln · Berlin · Bonn · München

CIP-Kurztitelaufnahme der Deutschen Bibliothek

Alsberg, Max:
Der Beweisantrag im Strafprozeß / begr. von Max Alsberg. Fortgef. von Karl-Heinz Nüse. – 5., völlig neu bearb. Aufl. / von Karlheinz Meyer. – Köln; Berlin; Bonn; München: Heymann, 1983.

ISBN 3-452-19317-9.

NE: Meyer, Karlheinz [Bearb.]

Zitiervorschlag: Alsberg/Nüse/Meyer

Unveränderter Nachdruck 1988

© Carl Heymanns Verlag KG, Köln, Berlin, Bonn, München, 1983

ISBN 3-452-19317-9
Gedruckt in der Gallus Druckerei KG, Berlin

Vorwort zur fünften Auflage

Alsbergs vor mehr als fünfzig Jahren erschienenes Buch über den Beweisantrag im Strafprozeß ist heute, auch in der Form, die ihm Nüse im Jahre 1956 unter weitgehender Wahrung des ursprünglichen Textes gegeben hat, in weiten Teilen überholt. Die gesetzliche Regelung der zulässigen Gründe für die Ablehnung von Beweisanträgen in den Jahren 1935 und 1950 ist den vom Reichsgericht entwickelten Grundsätzen nicht ohne Abweichungen gefolgt. Die 1932 begonnene und 1939 endgültig vollzogene Abschaffung des Beweisantragsrechts durch den Gesetzgeber hat, auch nachdem dieses Recht 1950 wiederhergestellt worden ist, zur Besinnung darauf geführt, daß der oberste Grundsatz des strafprozessualen Beweisrechts die Sachaufklärungspflicht des Gerichts ist und daß die Prozeßbeteiligten, wenn sie Beweisanträge stellen, nur zur Verwirklichung dieses Grundsatzes beitragen. Alsbergs Grundthese, daß nur der Beweisantrag einen Beweiserhebungsanspruch der Prozeßbeteiligten begründet, kann heute nicht mehr vertreten werden. Viele Zweifelsfragen, zu deren Erörterung in den Vorauflagen Anlaß bestand, sind jetzt erledigt, neue sind entstanden. Fünfzig Jahre sind, wie Alsberg im Vorwort zu seinem Buch feststellt, auch im Leben des Rechts eine lange Zeit.

Eine Neuauflage des Buchs, die ihren Zweck erfüllen soll, der Rechtspraxis als zuverlässiges Handbuch des gesamten Beweisantragsrechts zu dienen, konnte aus diesen Gründen nur eine völlige Neubearbeitung sein. Der Text mußte neu gegliedert, an vielen Stellen gestrafft, an anderen erweitert werden. Dem Beweisantragsrecht außerhalb der Hauptverhandlung, das wesentlich an Bedeutung gewonnen hat, mußte mehr Raum gegeben werden als in den Vorauflagen. Eine, wenn auch teilweise sehr gedrängte Übersicht über die Beweisverbote und eine Darstellung des vereinfachten Beweisantragsrechts im Bußgeldverfahren mußten neu in den Text aufgenommen werden.

Dies und die Auswertung der in den letzten Jahrzehnten veröffentlichten Gerichtsentscheidungen sowie des Schrifttums, das sich des Beweisantragsrechts erfreulicherweise in zunehmendem Maße annimmt, hat zu einer erheblichen Zunahme des Umfangs geführt. Ihn durch eine nur lückenhafte Dokumentation zu verringern, erschien nicht angängig. Die Vorauflagen haben sich gerade bei den Hinweisen auf Rechtsprechung und Schrifttum um Vollständigkeit bemüht. Dem ist die Neuauflage schon deshalb gefolgt, weil es dem Bearbeiter in erster Hinsicht darum geht, einen möglichst umfassenden Überblick über den Meinungsstand zu geben. Der Fußnotenapparat ist aber insofern vereinfacht worden, als bei Gerichtsentscheidungen auf die Angabe des erkennenden Senats und des Entscheidungsdatums verzichtet worden ist. Unveröffentlichte Entscheidungen des Reichsgerichts sind, da weder der Bearbeiter noch der Benutzer ihren Inhalt prüfen kann, aus den Vorauflagen nicht übernommen worden; unveröffentlichte Entscheidungen des Bundesgerichtshofs sind nur zitiert worden, wenn die ständige Rechtsprechung dieses Gerichts verdeutlicht werden sollte oder wenn die Rechtsfrage bisher nicht Gegenstand einer veröffentlichten Entscheidung gewesen ist.

Herrn Richter am Kammergericht Jürgen Zastrow ist auch an dieser Stelle für seine Mitarbeit zu danken.

Berlin, im Dezember 1982 *Karlheinz Meyer*

Aus dem Vorwort zur ersten Auflage

Für keines der verschiedenen Rechtsgebiete läßt sich der Satz vertreten, daß seine Grundprobleme von einer auch nur annähernd zu koordinierenden Bedeutung seien. Auf keinem Rechtsgebiet ragt aber ein *einzelnes* Problem so hervor, wie auf dem Gebiet des Strafprozesses das *Beweisproblem*. Es ist schlechthin das Zentralproblem des Strafprozesses und als ein prozessuales Problem zugleich ein einzigartiges. . . .

Daß hier die wichtigste Aufgabe für eine »dem Leben dienende« Strafprozeßdoktrin liegt, blieb auffälligerweise unbemerkt. Ja: selbst derjenige Wissenschaftler, der in die engste Verbindung mit der Praxis getreten war, *Julius Glaser,* und dessen strafprozessuales Schaffen lange an der Spitze der gesamtdeutschen Leistungen stand, – ging nahezu blind an diesem Aufgabenkreis vorüber. . . .

Daß wir in diesen Dingen heute anders und klarer sehen als *Glaser*, ist nicht das persönliche Verdienst des einzelnen, sondern wesentlich ein Erfahrungsergebnis. In einer mehr als fünfzigjährigen Rechtsprechung hat die Kodifikation des geltenden Strafprozesses die Lebensform angenommen, in der sie uns heute gegenübertritt. Andere Notwendigkeiten, aber auch andere Möglichkeiten des Ringens um ihren geistigen Gehalt haben sich damit ergeben.

Fünfzig Jahre sind auch im Leben des Rechts eine lange Zeit. Unter diesem Gesichtspunkt gesehen kommt allerdings die vorliegende Arbeit reichlich spät, – wenn auch sicherlich nicht zu spät, denn auch eine Reform des Strafprozesses wird hier Wesentliches nicht ändern –, um unser Fragegebiet zu klären. Mir selbst wurde aber diese Arbeit im wahrsten Sinne des Wortes zur Lebensaufgabe. Von den Anfängen meiner strafprozessualen Praxis an stand sie mir als Ziel vor Augen; das Meiste, was ich seit jener Zeit über strafprozessuale Fragen veröffentlicht habe, war für mich mehr oder minder Vorarbeit zu diesem Buch, von der allerdings nur weniges in einer mit meinen früheren Veröffentlichungen inhaltlich und formal übereinstimmenden Weise in der gewordenen Gestalt wiederkehrt. Jahre hat es gedauert, bis auch nur das Gerüst fertig da stand. Kaum eine der zahllosen Einzelfragen fand ich irgendwo wissenschaftlich bearbeitet, keine »Theorie« war aufgestellt, um die Wirklichkeit zu verstehen. Selbst das tatsächliche Geschehen, in diesem Sinne: das Baumaterial, mußte erst in der höchstrichterlichen Rechtsprechung zusammengesucht werden. Denn wo gäbe es einen, wenn auch noch so beschäftigten Praktiker, der alle tatsächlichen Möglichkeiten erlebt und für seine wissenschaftliche Arbeit präsent hätte? Von der Erfassung des Wirklichen, seiner Deutung und Ordnung muß aber jeder fruchtbringende begriffssystematische Denkvorgang seinen Ausgangspunkt nehmen. Bald stellte es sich dabei heraus, daß die Lehre vom Beweisantrag das gesamte strafprozessuale Beweisrecht von einer anderen als der bisher bekannten Stelle aufrollt. Keineswegs etwa in dem Sinne, daß wissenschaftlich Ergründetes nur in andere Gedankengänge gebracht, zu neuen systematischen Einheiten zusammengefügt zu werden brauchte. Vielmehr ergab sich auf Schritt und Tritt, daß, wenn man *unter dem Gesichtspunkt des Anspruchs der Parteien auf Beweiserhebung* nicht nur nach Grundpfeilern für den allgemeinen Unterbau sucht (was die Aufgabe des ersten, des Allgemeinen Teils meiner Arbeit war), sondern auch die für die einzelnen Beweisarten sich ergebenden Fragen durchprüft, die Probleme wissenschaftlich bisher kaum erkannt, geschweige denn beantwortet sind ...

Über die stiefmütterliche Behandlung des Strafprozeßrechts durch die Wissenschaft habe ich mich bereits früher gelegentlich (JW 1926 S. 2153) geäußert. Man könnte glauben, daß diesem Urteil die Tatsache entgegenstehe, daß kein anderes Rechtsgebiet eine derart große Lehrbuchliteratur besitzt wie das Strafprozeßrecht. In Wirklichkeit ist aber diese Tatsache überhaupt nur aus dem von mir betonten Mangel zu erklären. Man hat das richtige Gefühl dafür, daß die bisherigen Versuche, dem Studierenden, aber auch dem Praktiker einen zuverlässigen Führer durch dieses verschlungene und schwierige Rechtsgebiet zu verschaffen, nicht das Letzte sind, was möglich und notwendig wäre. Mit einer anderen Methodik hofft man denn das bedrängende Problem lösen zu können. Daß die Schwierigkeiten aber in Wahrheit kaum zu bewältigen sind, so lange die Hauptthemen keine gründliche monographische Bearbeitung erfahren haben, eine Bearbeitung, die vor allem auch die von *Nußbaum* mit Recht in den Vordergrund gerückten Rechtstatsachen berücksichtigt – das übersieht man. Von der so gebotenen Schaffung der unentbehrlichen Basis für die Aufhellung des gesamten Fragegebiets sind wir denn auch weit entfernt. Schon die Tatsache, daß der akademische Lehrer, dem der Strafprozeß zugeteilt ist, zuvörderst auf andern wissenschaftlichen Gebieten (meist Strafrecht oder Zivilprozeß) seinen Befähigungsnachweis erbringen muß, läßt die Beschäftigung mit der Wissenschaft des Strafprozesses naturnotwendig in den Hintergrund treten und dazu tritt, auch die Neigung zu dieser Beschäftigung beeinträchtigend, die unumstößliche Tatsache, daß nur die sich in steter Fühlung mit der Praxis immer erneuernde »Fülle der Gesichte« verständnisvolle Liebe für solche Arbeit wecken kann. Nur aus dem Wissen des Lebens kann ein Leben des Wissens erstehen, weil Erleben und Schaffen nach einem Gleichnis, das Goethe so gern wählte, zusammengehören wie Einatmen und Ausatmen. Ebenso wie der Praktiker erst durch die Wissenschaft die regulative Idee und damit den »*Standpunkt*« gewinnt, von dem aus er im dunklen Strom des Lebens die nüchternen Tatsachen in ihren grundsätzlichen Momenten, in ihren wesenhaften Sinnzusammenhängen klar zu erkennen vermag, so gibt es auch ohne Versenkung in die Empirie, ohne ein »Umgreifen« lebendiger Wirklichkeit keinen Vergeistigungsprozeß, der einen wahrhaften, in Einheit zu Ende gedachten »Begriff« schaffen könnte. Im leeren Raum kann er nicht leben. Nur von einer intimen Kenntnis der tatsächlichen Vorgänge, einem einsichtigen Verstehen der praktischen Notwendigkeiten ausgehend, ist somit ein Rechtsanspruch, wie ihn der Beweisantrag verwirklichen soll, in seinem Bedeutungsgehalt zu begreifen. Nie von einem rein formalen Denken aus, das scharfsinnig in die innerste Atomstruktur der Rechtsinstitutionen einzudringen sucht und das durch ein Klassifizieren um jeden Preis in Wahrheit die Jurisprudenz nur in die äußerste Wirklichkeitsferne bringt. Mag die dabei geleistete Gedankenarbeit noch so erstaunlich sein, – dadurch, daß sie sich nicht der Fülle und Beweglichkeit des Lebens anpaßt, muß sie notwendig mit ihren verfestigten Begriffsprägungen an den Dingen vorbeigreifen. Werden wir uns darüber klar, so verstehen wir auch den Wert des Details für die wissenschaftliche Arbeit; je mehr wir es kennenlernen, um so mehr begreifen wir das Wesen der Dinge selbst. Der Weg führt nicht nur vom Ganzen zur Einzelheit, sondern auch umgekehrt.

Der praktische Beruf des Rechts kann es dabei nicht dulden, daß die Logik allein als Richtschnur dient. Deshalb muß die Interpretation des Prozeßrechts von einer Auffassung beherrscht sein, die die prozessualen Rechtsregeln nicht als Spielregeln, sondern als zweckbetonte Klugheitsregeln versteht. Was W. v. *Humboldt* als »das allgemeinste Bestreben der menschlichen Vernunft« schlechthin bezeichnet hat, das gilt hier im besonderen: die Richtung »auf die Vernichtung des Zufalls«. Sie muß die Grundtendenz für die Auslegung des Prozeßrechts sein. Womit denen, für die die prozessualen Kampfesregeln gelten, aber erst genutzt ist, wenn sie diese Regeln kennen.

Berlin, den 2. Juni 1930   Dr. *Max Alsberg*

Aus dem Vorwort zur zweiten Auflage

Das seit Jahren vergriffene Werk Alsbergs über den Beweisantrag hat bis heute nichts von seiner Bedeutung und seinem Wert eingebüßt. Das Beweisrecht ist nach seiner vorübergehenden Einschränkung insbesondere in den Jahren nach 1933 wiederum zum Zentralproblem des Strafprozesses geworden. Die eingehenden theoretischen und praktischen Darlegungen Alsbergs, die das Ergebnis eines jahrzehntelangen Wirkens als Verteidiger sind, ermöglichen es allen an der Hauptverhandlung Beteiligten, sich auf dem schwierigen Gebiet zurechtzufinden. Wie sehr die Frage nach dem Einfluß der Parteien auf die Beweisaufnahme im Mittelpunkt des Strafprozesses steht, wie dringend erwünscht aber auch eine bessere Kenntnis aller Prozeßbeteiligter auf diesem Gebiet ist, sieht besonders, wer sich in der Revisionsinstanz mit den Fragen des Beweisrechts täglich auseinanderzusetzen hat. Gerade die in einer Reihe von Jahren bei der Reichsanwaltschaft beim Reichsgericht und der Staatsanwaltschaft beim Kammergericht gesammelten Erfahrungen haben mich denn auch veranlaßt, dem Wunsch des Verlages auf Übernahme der Bearbeitung der neuen Auflage nachzukommen.

Die erst nach Erscheinen der ersten Auflage erfolgte gesetzliche Regelung der Gründe für die Ablehnung eines Beweisantrages beruht durchweg auf den Ergebnissen der Rechtsprechung des Reichsgerichts. Diese hat Alsberg systematisch und logisch richtiger dargestellt, als es der Gesetzgeber getan hat. Aufbau und Inhalt des Werkes konnten daher im wesentlichen beibehalten werden. Die Hauptaufgabe der Neubearbeitung bestand darin, das Buch durch die Einarbeitung der umfangreichen Rechtsprechung und des Schrifttums der seit Erscheinen der ersten Auflage vergangenen 25 Jahre auf den gegenwärtigen Stand zu bringen ...

Möge auch die zweite Auflage des Werkes Alsbergs dazu beitragen, dem Beweiserhebungsanspruch der Parteien als einem der wichtigsten Schutzrechte namentlich des Angeklagten den ihm zukommenden Platz einzuräumen. Zugleich möge sie allen Prozeßbeteiligten ein zuverlässiger Ratgeber sein.

Berlin, den 15. November 1955 *Karl-Heinz Nüse*

Inhalt

Vorwort V
Abkürzungen XVII

Einleitung
§ 1 Rechtsentwicklung 1
§ 2 Vorschriften des geltenden Rechts 11

Erstes Buch   Grundfragen des Beweisantragsrechts
Erster Hauptteil   Wesen und Bedeutung des Beweisantrags
§ 1 Beweisantragsrecht und Sachaufklärungspflicht 19
§ 2 Begriff des Beweisantrags 34
§ 3 Formulierung und Substantiierung des Beweisantrags 37
§ 4 Bedingte Anträge, insbesondere Hilfsbeweisanträge 57

Zweiter Hauptteil   Abgrenzung des Beweisantrags von ähnlichen Anträgen und Prozeßhandlungen
1. Kapitel   Beweisanregungen 65
   § 1 Begriffe 65
   § 2 Beweiserbieten 69
   § 3 Beweisermittlungsanträge 75
   § 4 Beweisanregungen im engeren Sinn 92
2. Kapitel   Sonstige Anträge zur Beweisaufnahme 103
3. Kapitel   Beweisanträge im Freibeweisverfahren 109
   § 1 Rechtfertigung des Freibeweises 109
   § 2 Anwendungsgebiete des Freibeweises 117
   § 3 Freibeweisverfahren 142
   § 4 Freibeweis im Revisionsverfahren 153

Dritter Hauptteil   Beweismittel
1. Kapitel   Kreis der Beweismittel 165
2. Kapitel   Zeugen 171
   § 1 Begriff des Zeugen 171
   § 2 Gerichtspersonen und Prozeßbeteiligte als Zeugen 175
   § 3 Gegenstand des Zeugenbeweises 190
3. Kapitel   Sachverständige 207
4. Kapitel   Augenscheinsgegenstände 221
   § 1 Grundfragen des Augenscheinsbeweises 221
   § 2 Gegenstände des Augenscheinsbeweises 229
   § 3 Verfahren bei der Augenscheinseinnahme 238
5. Kapitel. Urkunden 241
   § 1 Grundfragen des Urkundenbeweises 241
   § 2 Gegenstände des Urkundenbeweises 250
   § 3 Formen des Urkundenbeweises 312

Inhalt

Zweites Buch   Der Beweisantrag im Verfahren

Erster Hauptteil   Beweisanträge im Vor- und Zwischenverfahren und zur Vorbereitung der Hauptverhandlung

1. Kapitel   Beweisanträge vor Eröffnung des Hauptverfahrens 335
   § 1   Beweisanträge im Ermittlungsverfahren (§§ 163 a, 166, 168 d) 335
   § 2   Beweisanträge im Zwischenverfahren (§ 201) 343
   § 3   Beweisanträge im Übernahmeverfahren der Jugendkammer (§§ 40, 108 Abs. 1 JGG) 348
2. Kapitel   Beweisanträge zur Vorbereitung der Hauptverhandlung 351
   § 1   Vorwegnahme der Beweisaufnahme vor der Hauptverhandlung 351
   § 2   Beweisanträge nach § 219 352
   § 3   Beweisanträge nach § 225 a Abs. 2, § 270 Abs. 4 365

Zweiter Hauptteil   Anträge auf Erhebung nichtpräsenter Beweise in der Hauptverhandlung (§ 244 Abs. 3 bis 6)

1. Kapitel   Antragstellung 371
   § 1   Recht zur Antragstellung 371
   § 2   Form und Zeitpunkt der Antragstellung 380
   § 3   Fürsorgepflicht des Gerichts gegenüber dem Antragsteller 393
   § 4   Protokollierung des Antrags 400
   § 5   Zurücknahme des Beweisantrags. Verzicht 402
2. Kapitel   Allgemeine gesetzliche Ablehnungsgründe (§ 244 Abs. 3) 409
   § 1   Einteilung der Ablehnungsgründe 409
   § 2   Verbot der Beweisantizipation 411
   § 3   Unzulässigkeit der Beweiserhebung 423
   § 4   Überflüssigkeit der Beweiserhebung wegen Offenkundigkeit 530
   § 5   Bedeutungslosigkeit der Beweistatsache 574
   § 6   Erwiesensein der Beweistatsache 595
   § 7   Völlige Ungeeignetheit des Beweismittels 601
   § 8   Unerreichbarkeit des Beweismittels 619
   § 9   Verschleppungsabsicht (Scheinbeweisanträge) 635
   § 10 Wahrunterstellung der Beweistatsache 650
3. Kapitel   Ablehnung von Anträgen auf Sachverständigenbeweis 689
   § 1   Ablehnung von Anträgen auf Anhörung von Sachverständigen (§ 244 Abs. 4 Satz 1) 689
   § 2   Ablehnung von Anträgen auf Anhörung weiterer Sachverständiger (§ 244 Abs. 4 Satz 2) 719
4. Kapitel   Ablehnung von Anträgen auf Augenscheinseinnahme (§ 244 Abs. 5) 739
5. Kapitel   Entscheidung des Gerichts über den Antrag 749
   § 1   Auslegung des Antrags 749
   § 2   Bescheidung des Antrags 752
   § 3   Änderung der Entscheidung über den Beweisantrag 772

Dritter Hauptteil   Anträge auf Erhebung präsenter Beweise in der Hauptverhandlung (§ 245)

   § 1   Grundzüge der gesetzlichen Regelung 777
   § 2   Vom Gericht herbeigeschaffte Beweismittel (§ 245 Abs. 1) 781
   § 3   Von den Prozeßbeteiligten herbeigeschaffte Beweismittel (§ 245 Abs. 2) 814

Vierter Hauptteil Eingeschränkte Beweiserhebungspflicht in besonderen Verfahrensarten und bei Schätzungen
- § 1   Privatklageverfahren 833
- § 2   Vereinfachtes Jugendverfahren 838
- § 3   Bußgeldverfahren 840
- § 4   Schätzungen 848

Drittes Buch   Prüfung des Revisionsgerichts
1. Kapitel   Beweisanträge vor der Hauptverhandlung 855
2. Kapitel   Beweisanträge nach § 244 Abs. 3 867
   - § 1   Zulässige Verfahrensrügen 867
   - § 2   Anfechtungsberechtigung 870
   - § 3   Notwendiges Revisionsvorbringen 875
   - § 4   Grundlagen der Prüfung des Revisionsgerichts 883
   - § 5   Umfang der Prüfung des Revisionsgerichts 896
3. Kapitel   Beweisanträge nach § 245 913

Literatur 917

Abkürzungen

a. A.	anderer Ansicht
a.a.O.	am angegebenen Ort
abl.	ablehnend
ABl.	Amtsblatt
Abs.	Absatz
AcP	Archiv für die cvilistische Praxis
a. F.	alte Fassung
AfP	Archiv für Presserecht. Zeitschrift für das gesamte Medienrecht
AG	Amtsgericht
allg. M.	allgemeine Meinung
AlsbE	Die strafprozessualen Entscheidungen der Oberlandesgerichte, herausgegeben von Alsberg und Friedrich. Bd. I und II 1927, Bd. III 1928
Anm.	Anmerkung
AnwBl.	Anwaltsblatt. Nachrichten für die Mitglieder des Deutschen Anwaltsvereins e. V.
AO	Abgabenordnung (AO 1977) vom 16. 3. 1976 (BGBl. I S. 613), zuletzt geändert durch Gesetz vom 22. 12. 1981 (BGBl. I S. 1523)
ArchKrim.	Archiv für Kriminologie
ArchPF	Archiv für das Post- und Fernmeldewesen. Zeitschrift für Rechts-, Verwaltungs- und Verkehrswissenschaft der Deutschen Bundespost
Art.	Artikel
Aufl.	Auflage
BAG	Bundesarbeitsgericht
BAGE	Entscheidungen des Bundesarbeitsgerichts
BAnz.	Bundesanzeiger
BayObLG	Bayerisches Oberstes Landesgericht
BayObLGSt.	Sammlung von Entscheidungen des Bayerischen Obersten Landesgerichts in Strafsachen
BayVerfGH	Bayerischer Verfassungsgerichtshof
BayZ	Zeitschrift für Rechtspflege in Bayern
BB	Der Betriebs-Berater
BBG	Bundesbeamtengesetz vom 14. 7. 1953 i. d. F. vom 3. 1. 1977 (BGBl. I S. 1), zuletzt geändert durch Gesetz vom 10. 5. 1980 (BGBl. I S. 561)
Bd.	Band
Beih.	Beiheft
Betr.	Der Betrieb
BGB	Bürgerliches Gesetzbuch vom 18. 8. 1896 (RGBl. S. 195), zuletzt geändert durch Gesetz vom 20. 12. 1982 (BGBl. I S. 1912)
BGBl.	Bundesgesetzblatt

Abkürzungen

BGH	Bundesgerichtshof
BGHSt.	Entscheidungen des Bundesgerichtshofs in Strafsachen
BGHZ	Entscheidungen des Bundesgerichtshofs in Zivilsachen
BJM	Bundesjustizministerium
Blutalkohol	Blutalkohol. Wissenschaftliche Zeitschrift für die medizinische und juristische Praxis
Bonn. Komm.	Kommentar zum Bonner Grundgesetz (s. Schrifttumsverzeichnis)
BRRG	Beamtenrechtsrahmengesetz vom 1. 7. 1957 i. d. F. vom 3. 1. 1977 (BGBl. I S. 21), zuletzt geändert durch Gesetz vom 10. 5. 1980 (BGBl. I S. 561)
BSG	Bundessozialgericht
BSGE	Entscheidungen des Bundessozialgerichts
BStBl.	Bundessteuerblatt
BT-Drucks.	Drucksachen des Deutschen Bundestages
BtMG	Gesetz über den Verkehr mit Betäubungsmitteln vom 28. 7. 1981 (BGBl. I S. 681)
BVerfG	Bundesverfassungsgericht
BVerfGE	Entscheidungen des Bundesverfassungsgerichts
BVerwG	Bundesverwaltungsgericht
BVerwGE	Entscheidungen des Bundesverwaltungsgerichts
BZRG	Gesetz über das Zentralregister und das Erziehungsregister (Bundeszentralregistergesetz) vom 18. 3. 1971 i. d. F. vom 22. 7. 1976 (BGBl. I S. 2005), zuletzt geändert durch Gesetz vom 8. 12. 1981 (BGBl. I S. 1329)
DAR	Deutsches Autorecht
d. h.	das heißt
Diss.	Dissertation
DJ	Deutsche Justiz. Rechtspflege und Rechtspolitik
DJT	Deutscher Juristentag
DJZ	Deutsche Juristenzeitung
DÖV	Die Öffentliche Verwaltung
DR	Deutsches Recht
DRiG	Deutsches Richtergesetz vom 8. 9. 1961 i. d. F. vom 19. 4. 1972 (BGBl. I S. 713), zuletzt geändert durch Gesetz vom 16. 8. 1980 (BGBl. I S. 1451)
DRpfl.	Deutsche Rechtspflege
DRZ	Deutsche Rechtszeitschrift
DStR	Deutsches Strafrecht. Strafrecht–Strafrechtspolitik–Strafprozeß (1934 bis 1944) – Deutsches Steuerrecht (seit 1962)
DStrZ	Deutsche Strafrechts-Zeitung
DStZ	Deutsche Steuerzeitung
DVBl.	Deutsches Verwaltungsblatt
EG	Ehrengabe; Einführungsgesetz
EGGVG	Einführungsgesetz zum Gerichtsverfassungsgesetz vom 27. 1. 1877, zuletzt geändert durch Gesetz vom 23. 12. 1982 (BGBl. I S. 2071)
EGH	Ehrengerichtshof
Einl.	Einleitung
Entw.	Entwurf

FAG	Gesetz über Fernmeldeanlagen vom 6. 4. 1892 i. d. F. vom 17. 3. 1977 (BGBl. I S. 459, 573)
FamRZ	Ehe und Familie im privaten und öffentlichen Recht – Zeitschrift für das gesamte Familienrecht
ff.	folgende
FGG	Gesetz über die Angelegenheiten der freiwilligen Gerichtsbarkeit vom 17. 5. 1898 i. d. F. vom 20. 5. 1898 (RGBl. S. 369, 771), zuletzt geändert durch Gesetz vom 25. 10. 1982 (BGBl. I S. 1425)
FS	Festschrift
Fußn.	Fußnote
GA	Goltdammer's Archiv für Strafrecht. 1853 bis 1933 zitiert nach Band und Seite, seit 1953 zitiert nach Jahr und Seite
GerS	Der Gerichtssaal
GewO	Gewerbeordnung vom 26. 7. 1900 i. d. F. vom 1. 1. 1978 (BGBl. I S. 97), zuletzt geändert durch Gesetz vom 15. 12. 1981 (BGBl. I S. 1390)
GG	Grundgesetz für die Bundesrepublik Deutschland vom 23. 5. 1949 (BGBl. S. 1), zuletzt geändert durch Gesetz vom 23. 8. 1976 (BGBl. I S. 2383)
Grdl.	Grundlagen
GrSSt.	Großer Senat für Strafsachen
Gruchot	Gruchots Beiträge zur Erläuterung des Deutschen Rechts
GrünhutsZ	Zeitschrift für das Privat- und Öffentliche Recht der Gegenwart, herausgegeben von C. S. Grünhut
GRUR	Gewerblicher Rechtsschutz und Urheberrecht
GS	Gesetz-Sammlung
GVG	Gerichtsverfassungsgesetz vom 27. 1. 1877 i. d. F. vom 12. 9. 1950 (BGBl. S. 513), zuletzt geändert durch Gesetz vom 23. 12. 1982 (BGBl. I S. 2071)
Hdb.	Handbuch
HESt.	Höchstrichterliche Entscheidungen – Sammlung von Entscheidungen der Oberlandesgerichte und der obersten Gerichte in Strafsachen
h. M.	herrschende Meinung
HRR	Höchstrichterliche Rechtsprechung
Hrsg.	Herausgeber
i. d. F.	in der Fassung
i. e. S.	im engeren Sinne
i. S.	im Sinne
JA	Juristische Arbeitsblätter für Ausbildung und Examen
JBl. Brschwg.	Justizblatt für Braunschweig
JBl. Saar	Justizblatt des Saarlandes
JGG	Jugendgerichtsgesetz vom 4. 8. 1953 i. d. F. vom 11. 12. 1974 (BGBl. I S. 3427), zuletzt geändert durch Gesetz vom 8. 12. 1981 (BGBl. I S. 1329)
JMBlNRW	Justizministerialblatt für das Land Nordrhein-Westfalen

Abkürzungen

JR	Juristische Rundschau
JR Rspr.	Rechtsprechungsbeilage zur Juristischen Rundschau
Jura	Jura – Juristische Ausbildung
JuS	Juristische Schulung
Justiz	Die Justiz. Amtsblatt des Justizministeriums Baden-Württemberg
JVBl.	Justizverwaltungsblatt
JW	Juristische Wochenschrift
JZ	Juristenzeitung
Kap.	Kapitel
KG	Kammergericht
KK	Karlsruher Kommentar (s. Schrifttumsverzeichnis)
KMR	Kleinknecht/Müller/Reitberger, StPO (s. Schrifttumsverzeichnis)
KO	Konkursordnung vom 10. 2. 1877 i. d. F. vom 20. 5. 1898 (RGBl. S. 612), zuletzt geändert durch Gesetz vom 4. 7. 1980 (BGBl. I S. 836)
Kriminalistik	Kriminalistik. Zeitschrift für die gesamte kriminalistische Wissenschaft und Praxis
krit.	kritisch
L	Leitsatz
LG	Landgericht
LK	Leipziger Kommentar zum Strafgesetzbuch (s. Schrifttumsverzeichnis)
LM	Nachschlagewerk des Bundesgerichtshofs, herausgegeben von Lindenmaier/Möhring
LMBG	Gesetz über den Verkehr mit Lebensmitteln, Tabakerzeugnissen, kosmetischen Mitteln und sonstigen Bedarfsgegenständen (Lebensmittel- und Bedarfsgegenständegesetz) vom 15. 8. 1974 (BGBl. I S. 1945), zuletzt geändert durch Gesetz vom 24. 8. 1976 (BGBl. I S. 2445)
LR	Löwe/Rosenberg, Kommentar zur Strafprozeßordnung (s. Schrifttumsverzeichnis)
LR-EB	Löwe/Rosenberg, Ergänzungsband zur 23. Aufl.
LRE	Sammlung lebensmittelrechtlicher Entscheidungen, herausgegeben von Holthöfer/Nüse
LZ	Leipziger Zeitschrift für Deutsches Recht
Mat.	Materialien
MDR	Monatsschrift für Deutsches Recht
MinBl.Fin.	Ministerialblatt des Bundesfinanzministeriums
MRK	Konvention zum Schutze der Menschenrechte und Grundfreiheiten vom 4. 11. 1950 (BGBl. 1952 II S. 685, 953)
MSchrKrim.	Monatsschrift für Kriminologie und Strafrechtsreform
MSchrKrimPsych.	Monatsschrift für Kriminalpsychologie und Strafrechtsreform
Nachtr.	Nachtrag
Nachw.	Nachweis
NdsRpfl	Niedersächsische Rechtspflege

n. F.	neue Fassung
Nr.	Nummer
NStZ	Neue Zeitschrift für Strafrecht
NJW	Neue Juristische Wochenschrift
OGH	Oberster Gerichtshof für die Britische Zone
OGHSt.	Entscheidungen des Obersten Gerichtshofs für die Britische Zone
OLG	Oberlandesgericht
OLGSt.	Entscheidungen der Oberlandesgerichte zum Straf- und Strafverfahrensrecht
OVG	Oberverwaltungsgericht
OWiG	Gesetz über Ordnungswidrigkeiten vom 24. 5. 1968 i. d. F. vom 2. 1. 1975 (BGBl. I S. 80), zuletzt geändert durch Gesetz vom 5. 10. 1978 (BGBl. I S. 1645)
Polizei	Die Polizei
PostG	Gesetz über das Postwesen vom 28. 7. 1969 (BGBl. I S. 1006), zuletzt geändert durch Gesetz vom 2. 3. 1974 (BGBl. I S. 469, 622)
PStG	Personenstandsgesetz vom 3. 11. 1937 i. d. F. vom 8. 8. 1957 (BGBl. I S. 1125), zuletzt geändert durch Gesetz vom 10. 9. 1980 (BGBl. I S. 1654)
RArbG	Reichsarbeitsgericht
RdK	Das Recht des Kraftfahrers
Rdnr.	Randnummer
Recht	Das Recht. Rundschau für den deutschen Juristenstand
Rechtsgang	Der Rechtsgang. Zeitschrift für das Recht aller Zweige der Justiz, Bd. I 1913, Bd. II 1916, Bd. III 1922
Reg.	Regierung
RG	Reichsgericht
RGBl.	Reichsgesetzblatt
RGRspr.	Rechtsprechung des Reichsgerichts in Strafsachen
RGSt.	Entscheidungen des Reichsgerichts in Strafsachen
RGZ	Entscheidungen des Reichsgerichts in Zivilsachen
RiStBV	Richtlinien für das Strafverfahren und das Bußgeldverfahren vom 1. 12. 1970 (BAnz. Nr. 17 vom 27. 1. 1971) in der geltenden Fassung
RMGE	Entscheidungen des Reichsmilitärgerichts
ROW	Recht in Ost und West. Zeitschrift für Rechtsvergleichung und interzonale Rechtsprobleme
Rpfleger	Der Deutsche Rechtspfleger
Rspr.	Rechtsprechung
S.	Seite; siehe
SächsA	Sächsisches Archiv für Rechtspflege
SchlHA	Schleswig-Holsteinische Anzeigen. Justizministerialblatt für Schleswig-Holstein
Sd. Beil.	Sonderbeilage
SeuffA	Seufferts Archiv für Entscheidungen der obersten Gerichte

Abkürzungen

SeuffBl.	Seufferts Blätter für Rechtsanwendung
SJZ	Süddeutsche Juristenzeitung
SK	Systematischer Kommentar zum Strafgesetzbuch (s. Schrifttumsverzeichnis)
Soergel Rspr.	Rechtsprechung zum gesamten Zivil-, Handels- und Prozeßrecht, herausgegeben von Soergel
Sp.	Spalte
StGB	Strafgesetzbuch vom 15. 5. 1871 i. d. F. vom 2. 1. 1975 (BGBl. I S. 1), zuletzt geändert durch Gesetz vom 8. 12. 1981 (BGBl. I S. 1329)
StPO	Strafprozeßordnung vom 1. 2. 1877 i. d. F. vom 7. 1. 1975 (BGBl. I S. 129), zuletzt geändert durch Gesetz vom 8. 12. 1981 (BGBl. I S. 1329)
StrEG	Gesetz über die Entschädigung für Strafverfolgungsmaßnahmen vom 8. 3. 1971 (BGBl. I S. 157), zuletzt geändert durch Gesetz vom 9. 12. 1974 (BGBl. I S. 3393, 3533)
st. Rspr.	ständige Rechtsprechung
StVÄG	Strafverfahrensänderungsgesetz 1979 vom 5. 10. 1978 (BGBl. I S. 1645)
StVG	Straßenverkehrsgesetz vom 3. 5. 1909 i. d. F. vom 19. 12. 1952 (BGBl. I S. 837), zuletzt geändert durch Gesetz vom 18. 9. 1980 (BGBl. I S. 1729)
StVO	Straßenverkehrs-Ordnung vom 16. 11. 1970 (BGBl. I S. 1565), zuletzt geändert durch VO vom 28. 4. 1982 (BGBl. I S. 564)
1. StVRG	Erstes Gesetz zur Reform des Strafverfahrensrechts vom 9. 12. 1974 (BGBl. I S. 3393, 3533)
StVZO	Straßenverkehrs-Zulassungs-Ordnung vom 13. 11. 1937 i. d. F. vom 15. 11. 1974 (BGBl. I S. 3193), zuletzt geändert durch VO vom 23. 11. 1982 (BGBl. I S. 1533)
UVollzO	Untersuchungshaftvollzugsordnung vom 12. 2. 1953 in der geltenden Fassung
UWG	Gesetz gegen den unlauteren Wettbewerb vom 7. 6. 1909 (RGBl. S. 499), zuletzt geändert durch Gesetz vom 10. 3. 1975 (BGBl. I S. 685)
VereinhG	Gesetz zur Wiederherstellung der Rechtseinheit auf dem Gebiete der Gerichtsverfassung, der bürgerlichen Rechtspflege, des Strafverfahrens und des Kostenrechts vom 19. 12. 1950 (BGBl. S. 455)
VereinsG	Gesetz zur Regelung des öffentlichen Vereinsrechts (Vereinsgesetz) vom 5. 8. 1964 (BGBl. I S. 593), zuletzt geändert durch Gesetz vom 2. 3. 1974 (BGBl. I S. 469)
Verh.	Verhandlungen
VerkMitt.	Verkehrsrechtliche Mitteilungen
VersR	Versicherungsrecht. Juristische Rundschau für die Individualversicherung
VerStS	Vereinigte Strafsenate
VG	Verwaltungsgericht
vgl.	vergleiche
VkBl.	Verkehrsblatt

VO	Verordnung
VOR	Zeitschrift für Verkehrs- und Ordnungswidrigkeitenrecht
Voraufl.	Vorauflage
VRS	Verkehrsrechts-Sammlung
VwVfG	Verwaltungsverfahrensgesetz vom 25. 5. 1976 (BGBl. I S. 1253), geändert durch Gesetz vom 2. 7. 1976 (BGBl. I S. 1749)
WarnJ	Warneyers Jahrbuch der Entscheidungen – Teil B (Strafrecht und Strafprozeß)
weit.	weitere
WiStG 1954	Gesetz zur weiteren Vereinfachung des Wirtschaftsstrafrechts (Wirtschaftsstrafgesetz 1954) vom 9. 7. 1954 i. d. F. vom 3. 6. 1975 (BGBl. I S. 1313), zuletzt geändert durch Gesetz vom 20. 12. 1982 (BGBl. I S. 1912)
ZAkDR	Zeitschrift der Akademie für Deutsches Recht
z. B.	zum Beispiel
ZollG	Zollgesetz vom 14. 6. 1961 i. d. F. vom 18. 5. 1970 (BGBl. I S. 529), zuletzt geändert durch Gesetz vom 12. 9. 1980 (BGBl. I S. 1695)
ZPO	Zivilprozeßordnung vom 30. 1. 1877 i. d. F. vom 12. 9. 1950 (BGBl. I S. 533), zuletzt geändert durch Gesetz vom 8. 12. 1982 (BGBl. I S. 1615)
ZRP	Zeitschrift für Rechtspolitik
ZSEG	Gesetz über die Entschädigung von Zeugen und Sachverständigen vom 26. 7. 1957 i. d. F. vom 1. 10. 1969 (BGBl. I S. 1756), zuletzt geändert durch Gesetz vom 26. 11. 1979 (BGBl. I S. 1953)
ZStW	Zeitschrift für die gesamte Strafrechtswissenschaft
ZStW Sdr. Beil.	Sonderbeilage zur ZStW
zust.	zustimmend
ZZP	Zeitschrift für Zivilprozeß

Einleitung

§ 1 Rechtsentwicklung

    I. Ursprüngliche Fassung der Vorschriften über den Umfang der Beweisaufnahme . 1
    II. Ausgestaltung des Beweisantragsrechts durch das Reichsgericht 4
    III. Gesetzesänderungen seit 1919 5

I. Ursprüngliche Fassung der Vorschriften über den Umfang der Beweisaufnahme

Der Bundesratsentwurf der Strafprozeßordnung von 1874[1] hatte die Frage, ob das Gericht oder die Prozeßbeteiligten[2] den Umfang der Beweisaufnahme bestimmen, eine der Grundfragen des strafprozessualen Beweisrechts, eindeutig zugunsten des Gerichts entschieden[3]. Der Entwurf sah zwar in § 183 das Recht der Verfahrensbeteiligten auf Vorladung von Beweispersonen und in § 206 Abs. 2, § 208 Abs. 1 die Stellung von Beweisanträgen vor, nicht aber einen über die Sachaufklärungspflicht hinausgehenden Anspruch der Prozeßbeteiligten auf Beweiserhebungen in der Hauptverhandlung. Das Gericht sollte, auch wenn Beweispersonen von Prozeßbeteiligten unmittelbar vorgeladen worden waren[4], den Umfang der Beweisaufnahme bestimmen können, »ohne hierbei durch Anträge, Verzichte oder frühere Beschlüsse gebunden zu sein« (§ 207).

In den parlamentarischen Beratungen des Gesetzesentwurfs[5] stieß das auf Kritik. Daß die Prozeßbeteiligten nicht berechtigt sein sollten, den Umfang der Be-

---

[1] Abgedruckt bei *Hahn* Mat. I S. 4 ff. Zur Entstehung des Entwurfs vgl. LR *Schäfer* Einl. Kap. 2; *Geppert* S.100 ff.; *Harreß* S. 3 ff.

[2] Der Begriff »Parteien«, den die Vorauﬂ. benutzten, wird hier nicht verwendet. Das Strafverfahren ist nach richtiger Ansicht kein Parteiprozeß (vgl. *Kleinknecht* Einl. Rdnr. 9; KMR *Sax* Einl.Rdnr. 6; LR *Schäfer* Einl. Kap. 9 Rdnr. 4; *Eb. Schmidt* Teil I Rdnr. 105 ff.; *Gerland* S. 40; *Gössel* ZStW 94 S. 5 [29]; *Henkel* S. 105 ff.; *Peters* S. 15, 95; a. A. noch *Beling* S. 34, 118 ff., 122 ff.; *zu Dohna* S. 45, 49 ff.; *von Hippel* S. 7, 224 ff., 230; *Hellm. Mayer* GerS 104 S. 302, 324 ff.; *Nagler* Rechtsgang I S. 56, 116 ff., 122; *Sauer* Grdl. S.301 ff.). Es fehlt im Strafverfahren an dem typischen Merkmal eines jeden Parteiverfahrens, dem entgegengesetzten Interesse von Ankläger und Angeklagten; vgl. *Gutmann* JuS 1962 S. 369 (373). Das gilt sogar für das Privatklageverfahren (*Eb. Schmidt* Teil I Rdnr. 111).

[3] Zur Regelung der Frage in den deutschen Partikularrechten vor 1877 vgl. *H.-J. Klee* S. 82 ff. Der StPO-Entwurf von 1874 folgte dem preußischen Recht.

[4] Vgl. *Hahn* Mat. I. S. 192.

[5] Zur Entstehung der StPO ausführlich: LR *Schäfer* Einl. Kap.13 Rdnr. 70; *Geppert* S. 100 ff.

weisaufnahme in irgendeiner Weise zu beeinflussen, war nach Ansicht der Reichsjustizkommission eine zu weitgehende Beschränkung der »Partei«rechte. Allerdings drang der Vorschlag[6] nicht durch, die Gerichte grundsätzlich zur Erhebung aller beantragten Beweise zu verpflichten. Die Mehrheit hielt es für ausreichend, daß die im Gerichtssaal präsenten Beweismittel verwendet, insbesondere die von den Prozeßbeteiligten unmittelbar geladenen Zeugen und Sachverständigen vernommen werden mußten[7]. Selbst diese eingeschränkte Beweiserhebungspflicht sollte nur für die Strafsachen gelten, in denen das Urteil nicht mit der Berufung angefochten werden konnte. Dagegen sollte es bei der in § 207 des Entwurfs vorgeschlagenen Regelung für Verhandlungen vor den Schöffengerichten und für Berufungsverhandlungen vor den Landgerichten in Übertretungs- und Privatklagesachen bleiben[8].

In ihrer ursprünglichen Fassung bestimmte die Strafprozeßordnung[9] aus diesen Gründen in § 244 (seit 1924: § 245) Abs. 1 Satz 1 die Pflicht des Gerichts zur Verwendung der in der Hauptverhandlung präsenten Beweismittel. Die Vorschrift war kein gesetzgeberisches Meisterstück. Denn der Standort des § 244 (seit 1924: § 245) Abs. 2, der dem § 207 des Entwurfs in der bei den Beratungen eingeschränkten Fassung entsprach, ließ Zweifel daran zu, ob in Verfahren minderer Bedeutung nur die Pflicht des Gerichts zur Erhebung der präsenten Beweise entfiel oder allgemein der Umfang der Beweisaufnahme in das Ermessen des Gerichts gestellt war[10]. Die Regelung des Rechts der Prozeßbeteiligten, in der Hauptverhandlung

---

6 Vgl. *Hahn* Mat. I S. 847 ff.
7 Vgl. den Kommissionsbericht bei *Hahn* Mat. II S. 1582/1583. Daß die Verhandlungen in der Reichstagskommission unter einem bedauerlichen Mangel an begrifflicher Klarheit gelitten haben, betonen *Glaser* S. 71 Fußn. 27; *Oetker* S.697 Fußn. 23; *Simader* S. 20. – *Ditzen* S. 29 und, wörtlich mit ihm übereinstimmend, *Simader* S. 19 meinen sogar, man könne aus den Verhandlungen sowohl herauslesen, daß § 207 des Entwurfs grundsätzlich verworfen, als auch, daß er grundsätzlich gebilligt werden sollte.
8 Über die Entstehung der Beweiserhebungsvorschriften der StPO unterrichten LR *Schäfer* Einl. Kap. 2; *Hagemann* S. 5 ff.; *H.-J. Klee* S.102 ff.; *K. Klee* GA 77 S. 81 (85 ff.); *Rieß* BJM-FS S. 423 ff.; *Simader* S. 19 ff.
9 Vom 1. 2. 1877 (RGBl. S. 253).
10 Nach h. M., die sich aber wohl erst nach der Gesetzesänderung von 1925 bildete (vgl. *Engels* S. 26 ff.), bedeutete § 244 (später § 245) Abs. 2, daß das Gericht allgemein den Umfang der Beweisaufnahme bestimmte; vgl. BayObLG JW 1928 S. 2998 mit Anm. *Mamroth*; BayObLG JW 1930 S. 2972; KG JW 1928 S. 834 mit Anm. *Stern*; KG JW 1930 S. 1101; OLG Celle HRR 1928 Nr. 803; OLG Dresden JW 1927 S. 2075 Nr. 33 mit Anm. *Mamroth*; OLG Düsseldorf GA 75 S. 275; OLG Hamburg GA 74 S. 81 (82); OLG Jena JW 1928 S. 1883 mit Anm. *Stern*; OLG Königsberg JW 1928 S. 434 mit Anm. *Mannheim*; OLG Stuttgart HRR 1930 Nr. 185; *Gerland* S. 359 ff.; *Hartung* DJZ 1926 Sp. 129; *von Kries* S. 556/557; *Rieker* S. 25; *Schlosky* JW 1930 S. 2505 (2506); *Stenglein* ZStW 10 S. 475 (479); *Stützel* S. 12; *Völcker* S. 39; *Wunderer* LZ 1926 Sp. 195 (197). Die auch in der 1. Aufl. (S. 317 ff.) von *Alsberg* vertretene Gegenmeinung sah in der Vorschrift nur eine Ausnahme von Abs. 1 und maß ihr nur für die präsenten Beweismittel Bedeutung bei; vgl. OLG Dresden JW 1927 S. 930 Nr. 32 mit Anm. *Mamroth*; OLG Karlsruhe HRR 1928 Nr. 1589; *Bennecke/Beling* S. 528, 530; *Glaser* I S. 410; *Goldschmidt* S. 433 Fußn. 2273; *Löwenstein* JW 1931 S. 1138; *Ullmann* S. 468 ff. Ausführlich zu der Streitfrage *Engels* S. 32 ff., der die h. M. für eine fehlgegangene dogmatische Entwicklung hält (S. 38).

Beweisanträge zu stellen, beschränkte sich auf wenige Vorschriften. Das Gericht konnte nach § 243 (seit 1924: § 244) Abs. 3 auf Antrag die Ladung von Beweispersonen und die Herbeischaffung anderer Beweismittel anordnen. Die Ablehnung des Antrags erforderte nach § 243 (seit 1924: § 244) Abs. 2 einen Gerichtsbeschluß. Wegen verspäteter Geltendmachung des Beweismittels oder der Beweistatsachen durfte ein Beweisantrag nach § 245 (seit 1924: § 246) Abs. 1 nicht abgelehnt werden. Die zulässigen Ablehnungsgründe nannte das Gesetz jedoch nicht. Das war, da die Erhebung von Beweisen, die nicht in der Hauptverhandlung präsent waren, im Ermessen des Gerichts stehen sollte[11], auch nicht erforderlich. Insgesamt galten folgende Vorschriften:

§ 243 (seit 1924: § 244)
(1) Nach der Vernehmung des Angeklagten folgt die Beweisaufnahme.
(2) Es bedarf eines Gerichtsbeschlusses, wenn ein Beweisantrag abgelehnt werden soll, oder wenn die Vornahme einer Beweishandlung eine Aussetzung der Hauptverhandlung erforderlich macht.
(3) Das Gericht kann auf Antrag und von Amts wegen die Ladung von Zeugen und Sachverständigen sowie die Herbeischaffung anderer Beweismittel anordnen.

§ 244 (seit 1924: § 245)
(1) Die Beweisaufnahme ist auf die sämtlichen vorgeladenen Zeugen und Sachverständigen sowie auf die anderen herbeigeschafften Beweismittel zu erstrecken. Von der Erhebung einzelner Beweise kann jedoch abgesehen werden, wenn die Staatsanwaltschaft und der Angeklagte hiermit einverstanden sind.
(2) In den Verhandlungen vor den Schöffengerichten und vor den Landgerichten in der Berufungsinstanz, sofern die Verhandlung vor letzteren eine Übertretung betrifft oder auf erhobene Privatklage erfolgt, bestimmt das Gericht den Umfang der Beweisaufnahme, ohne hierbei durch Anträge, Verzichte oder frühere Beschlüsse gebunden zu sein.

§ 245 (seit 1924: § 246)
(1) Eine Beweiserhebung darf nicht deshalb abgelehnt werden, weil das Beweismittel oder die zu beweisende Tatsache zu spät vorgebracht worden sei.
(2) ...
(3) ...
(4) ...

---

11 Das entsprach nicht nur den Absichten des Gesetzgebers (vgl. *Ditzen* S. 29 ff.; *K. Klee* GA 77 S. 81 [88] und JW 1933 S. 1599; *Schröder* NJW 1972 S. 2105), sondern war auch der einmütige Standpunkt des Schrifttums nach Inkrafttreten der StPO (vgl. die Nachw. bei *H.-J. Klee* S. 113 Fn. 48 und *Kreuzer* S. 16 Fußn. 4). Das wird völlig verkannt von *I. Müller*, Rechtsstaat und Strafverfahren, 1980, S. 143 ff., der annimmt, die StPO habe ein Beweisantragsrecht begründet, das das RG mit einem „üppig wuchernden Ausnahmekatalog" ausgehöhlt habe.

II. Ausgestaltung des Beweisantragsrechts durch das Reichsgericht

Das Reichsgericht legte das Gesetz zunächst dahin aus, daß das Gericht Beweisanträge nach pflichtgemäßem Ermessen ablehnen durfte[12]. Bereits am 6. 2. 1880 erklärte aber der 2. Strafsenat des Reichsgerichts[13] die Ablehnung der von dem Angeklagten beantragten Vernehmung eines Entlastungszeugen mit der Begründung, die Sache sei bereits geklärt, für unzulässig. Damit war die Vorwegnahme der Beweiswürdigung grundsätzlich verboten[14]. Dem schlossen sich nach einigem Schwanken[15] seit 1884[16] die übrigen Strafsenate des Reichsgerichts an. Für den Zeugenbeweis, auf den sich die Entscheidungen des Reichsgerichts zunächst ausschließlich bezogen, war somit die Befugnis des Tatrichters, den Umfang der Beweisaufnahme nach freiem Ermessen zu bestimmen, von den Bagatellfällen des § 244 (seit 1924: § 245) Abs. 2 abgesehen, grundsätzlich abgeschafft und das Recht der Prozeßbeteiligten anerkannt, auf den Umfang der Beweisaufnahme durch Beweisanträge Einfluß zu nehmen[17]. Das hatte zwei Folgen. Einmal verloren das den Prozeßbeteiligten nach § 219 (seit 1924: § 220) zustehende Recht, Zeugen und Sachverständige zur Hauptverhandlung zu laden, und die in § 244 (seit 1924: § 245) Abs. 1 bestimmte Pflicht des Gerichts, die so herbeigeschafften Beweismittel zu verwenden, weitgehend an Bedeutung. Gleichzeitig erwies sich das Gesetz jetzt als lückenhaft; denn wenn die Ablehnung von Beweisanträgen mit der bloßen Begründung, eine weitere Beweisaufnahme sei nicht notwendig, unzulässig war, mußten Regeln darüber aufgestellt werden, mit welcher Begründung Beweisanträge überhaupt abgelehnt werden durften.

Die Rechtswissenschaft hat zur Ausfüllung dieser Gesetzeslücke wenig beigetragen. Sie beschränkte sich auf die bloße Wiedergabe der Rechtsprechung und überließ es dem Reichsgericht, das Recht des Beweisantrags weiter zu entwickeln. Das

---

12 Vgl. RGSt. 1 S. 61 (62) = RGRspr. 1 S. 218 (219): »Daß über den Umfang der Beweisaufnahme das Gericht zu befinden und von ganz zwecklosen Erhebungen Umgang zu nehmen hat, liegt so sehr im Wesen einer gesunden Strafrechtspflege begründet, daß es einer ausdrücklichen Aufnahme dieses Grundsatzes in der Strafprozeßordnung gar nicht bedurfte...« In demselben Sinne entschieden RGSt. 1 S. 138 (140) = RGRspr. 1 S. 213 (215); RGSt. 1 S. 297 (298) = RGRspr. 1 S. 357 (358); RGSt. 1 S. 366; S. 383 (384/385); S. 417 (418); RGRspr. 1 S. 549 (551); S. 802; 2 S. 45.
13 RGSt. 1 S. 189 (190). *Alsberg* (1. Aufl. S. 59) hielt diese Entscheidung für die »Geburtsstunde des Beweiserhebungsanspruchs« der Prozeßbeteiligten (vgl. dazu unten S. 21 Fußn. 12).
14 Das Verbot der Beweisantizipation hatte bereits die Entscheidung RGSt. 1 S. 51 aufgestellt. Dort handelte es sich jedoch nur um den Fall, daß Zeugen eine Negative bestätigen sollten und der Tatrichter das von vornherein für unmöglich gehalten hatte.
15 Über die uneinheitliche Rspr. des RG in den Jahren 1880 bis 1884 unterrichtet *H.-J. Klee* S. 114 ff.
16 RGRspr. 6 S. 453 (454).
17 Vgl. *Ditzen* S. 24. Das RG hat von diesem Grundsatz alsbald eine Ausnahme für den Fall zugelassen, daß von vornherein die völlige Wertlosigkeit des Beweismittels feststeht (RGSt. 5 S. 312); vgl. dazu unten S. 610.

Reichsgericht wurde auf diesem Rechtsgebiet gewissermaßen zum Gesetzgeber[18]. Die Möglichkeit dazu bot ihm § 338 (bis 1924: § 337) Nr. 8, der die Aufhebung eines Urteils immer dann erlaubt, wenn die Verteidigung des Angeklagten durch einen Beschluß des Tatrichters in unzulässiger Weise beschränkt worden ist[19]. Dabei vollzog sich die Ausbildung des Beweisantragsrechts überwiegend anhand des Zeugenbeweises. Die übrigen Beweismittel vernachlässigte das Reichsgericht in einer heute kaum noch verständlichen Weise. Es vertrat z. B. bis zum Jahre 1927 die Ansicht, der Tatrichter sei berechtigt, den Antrag auf Zuziehung eines Sachverständigen mit der bloßen und vom Revisionsgericht nicht nachprüfbaren Begründung abzulehnen, er sei selbst sachkundig genug[20]. Gleichwohl wird die Aufstellung eines Katalogs der zulässigen Gründe für die Ablehnung von Beweisanträgen im Schrifttum mit Recht als ein Glanzpunkt der Tätigkeit des Reichsgerichts auf dem Gebiet des Strafverfahrensrechts bezeichnet[21].

III. Gesetzesänderungen seit 1919

Als der Gesetzgeber sich des Beweisantragsrechts erneut annahm[22], geschah das vorwiegend zu dem Zweck, die Ausdehnung der Beweiserhebungspflicht des Tatrichters durch die Rechtsprechung des Reichsgerichts wieder einzuschränken. Zunächst wurde den 1919 eingerichteten Wuchergerichten das Recht eingeräumt, den Umfang der Beweisaufnahme nach freiem Ermessen zu bestimmen[23]. Durch die sog. Emminger-Reform[24] des Jahres 1924 wurde in großem Umfang die erstinstanzliche Zuständigkeit von Amtsrichtern und Schöffengerichten begründet, § 245 (ursprünglich § 244) Abs. 2, der bis dahin kaum eine Rolle gespielt hatte[25], aber unverändert gelassen. Der Anspruch der Prozeßbeteiligten auf Erhebung der von ihnen beantragten Beweise war nunmehr in allen Verfahren mit Ausnahme der vor dem Schwurgericht und der im ersten Rechtszug vor dem Reichsgericht ver-

18 Vgl. zu *Dohna* DJZ 1911 Sp. 305; *Schneidewin* in: *Lobe* (Hrsg.), Fünfzig Jahre Reichsgericht S. 318.
19 Vgl. dazu LR *Meyer* § 338 Rdnr. 115; *Baldus* in Heusinger-EG S. 373 ff.
20 Vgl. unten S. 690/691.
21 Vgl. *von Pestalozza* JW 1932 S.2675 (2677), der insbesondere das Verbot der Beweisantizipation für ein »Ruhmesblatt der Judikatur des Reichsgerichts« hielt. Es gab jedoch abweichende Ansichten; z. B. erklärte *K. Klee* GA 77 S. 81 (96), er könne »in der Ausbildung eines die Tyrannis der Partei begründenden Beweiserhebungsanspruchs« kein Ruhmesblatt sehen. Kritisch früher schon *von Campe* DJZ 1916 Sp. 1009 (1012); *zu Dohna* DJZ 1911 Sp. 305 ff.; *Hamm* DJZ 1911 Sp. 310.
22 Zu den Reformarbeiten seit 1903 vgl. *Hagemann* S. 10 ff.; *Harreß* S. 5 ff.; *H.-J. Klee* S. 120 ff. Vgl. auch *Rieß* BJM-FS S. 425 ff.
23 Vgl. § 10 der VO über Sondergerichte gegen Schleichhandel und Preistreiberei (Wuchergerichte) vom 27. 11. 1919 (RGBl. S. 1909). Eine entsprechende Bestimmung enthielt § 6 Abs. 7 der VO über die beschleunigte Aburteilung von Straftaten vom 17. 12. 1923 (RGBl. I S. 1231).
24 VO über Gerichtsverfassung und Strafrechtspflege vom 4. 1. 1924 (RGBl. S. 15); vgl. dazu LR *Schäfer* Einl. Kap. 3 Rdnr. 9.
25 Zu den Verordnungen, durch die schon seit 1915 die Zuständigkeit der Schöffengerichte erweitert wurde, vgl. LR *Schäfer* Einl. Kap. 3 Rdnr. 5 ff.

handelten Sachen beseitigt. Ende 1925 wurde § 245 Abs. 2 aber[26] dahin geändert, daß das Gericht nur noch in Privatklagesachen den Umfang der Beweisaufnahme bestimmt, ohne hierbei durch Anträge, Verzichte oder frühere Beschlüsse gebunden zu sein. Das verschaffte den Prozeßbeteiligten eine Rechtsstellung, die sie nie zuvor gehabt hatten. Erstmalig wurde dann im Jahre 1926 eine Vorschrift in das Gesetz aufgenommen, die dem schon damals beträchtlichen Mißbrauch des Beweisantragsrechts begegnen sollte: § 245 Abs. 1 Satz 1 wurde dahin ergänzt[27], daß die Erhebung präsenter Beweise, die zum Zweck der Prozeßverschleppung beantragt ist, abgelehnt werden kann.

Einige Jahre später dehnte Kap. III § 4 des 8. Teils der Ausnahmeverordnung vom 8. 12. 1931[28] die einschränkende Regelung des § 245 Abs. 2 auf alle Strafverfahren wegen Beleidigung aus[29]. Zu weiteren erheblichen Beschränkungen zwang die wirtschaftliche Notlage des Reichs. Durch Kap. I Art. 3 § 1 des 1. Teils der Ausnahmeverordnung vom 14. 6. 1932[30] wurde der Umfang der Beweisaufnahme in allen Verhandlungen vor dem Amtsgericht, dem Schöffengericht und dem Landgericht in der Berufungsinstanz ohne Rücksicht auf den Gegenstand des Verfahrens in das Ermessen des Gerichts gestellt. Das Gericht war insoweit nicht mehr an die strengen Regeln über die Ablehnung von Beweisanträgen gebunden, die in der Rechtsprechung des Reichsgerichts herausgebildet worden waren. Die Pflicht zur Erhebung präsenter Beweise entfiel. Obwohl das Reichsgericht alsbald betonte, daß eine Vorwegnahme der Beweiswürdigung unter Verletzung der Sachaufklärungspflicht nach wie vor unzulässig sei[31], stieß diese Gesetzesänderung im

26 Durch Nr. 1 des Gesetzes zur Abänderung der Strafprozeßordnung vom 22. 12. 1925 (RGBl. I S.475). Zu dem Gesetz vgl. *Hartung* DJZ 1926 Sp. 129.
27 Die Vorschrift wurde durch Abschnitt A Nr. 11 des Gesetzes zur Abänderung der Strafprozeßordnung vom 27. 11. 1926 (RGBl. I S. 529) durch die folgenden Sätze 1 und 2 ersetzt: „Die Beweisaufnahme ist auf die sämtlichen vorgeladenen Zeugen und Sachverständigen sowie auf die anderen herbeigeschafften Beweismittel zu erstrecken, es sei denn, daß die Beweiserhebung zum Zwecke der Prozeßverschleppung beantragt ist. Dies gilt auch dann, wenn die Ladung und das Erscheinen der Zeugen oder Sachverständigen oder die Herbeischaffung der anderen Beweismittel erst während der Hauptverhandlung erfolgt."
28 Vierte VO des Reichspräsidenten zur Sicherung von Wirtschaft und Finanzen und zum Schutze des inneren Friedens vom 8. 12. 1931 (RGBl. S. 699, 743).
29 Anlaß dazu war die Entscheidung RGSt. 65 S. 304, mit der ein Berufungsurteil des LG Berlin aufgehoben worden war, das es abgelehnt hatte, 52 von der Verteidigung des Angeklagten Heidrich geladene Zeugen antragsgemäß zu der Frage zu hören, daß das Verhalten des von dem Angeklagten beleidigten und körperlich verletzten Berliner Polizeipräsidenten Zörgiebel es rechtfertigte, ihn einen Arbeitermörder zu nennen. Vgl. dazu *H.-J. Klee* S. 133/134 und *K. Klee* GA 77 S. 81 ff., die in dieser Entscheidung mit Recht das Ende jedes nachdrücklichen Rechtsschutzes für den Tatbestand der Beleidigung sahen. *Alsberg* fand übrigens in der Anm. zu der Entscheidung in JW 1932 S. 58 keinen Anlaß zu Kritik; *Ad. Arndt* stimmte ihr in GA 76 S. 264 sogar ausdrücklich zu.
30 VO des Reichspräsidenten über Maßnahmen auf dem Gebiete der Rechtspflege und Verwaltung vom 14. 6. 1932 (RGBl. I S. 285).
31 RGSt. 67 S. 97 (98) = JW 1933 S. 954 mit Anm. *Mannheim*. Vgl. auch BayObLG DRiZ 1932 Nr. 852.

Schrifttum auf Ablehnung³². Für das Verfahren vor den Sondergerichten bestimmte dann auch § 14 der Verordnung vom 9. 8. 1932³³, daß die Beweisaufnahme nur durch die Sachaufklärungspflicht beschränkt ist.

Mit der Neufassung der §§ 244, 245 durch Art. 1 Nr. 3 des Gesetzes vom 28. 6. 1935³⁴ wurde das Recht des Beweisantrags zum erstenmal eingehender geregelt. Die neuen Vorschriften lauteten:

§ 244
(1) Nach der Vernehmung des Angeklagten folgt die Beweisaufnahme.
(2) Das Gericht hat von Amts wegen alles zu tun, was zur Erforschung der Wahrheit notwendig ist.

§ 245
(1) In Verhandlungen vor dem Amtsrichter, dem Schöffengericht und dem Landgericht in der Berufungsinstanz darf das Gericht einen Beweisantrag ablehnen, wenn es nach seinem freien Ermessen die Erhebung des Beweises zur Erforschung der Wahrheit nicht für erforderlich hält. Dies gilt auch in anderen Verhandlungen für den Beweis durch Augenschein oder durch Sachverständige.
(2) Im übrigen kann in der Verhandlung vor den Gerichten, bei denen nach dem Gesetz allgemein die Berufung ausgeschlossen ist, die Erhebung eines Beweises nur abgelehnt werden, wenn die Erhebung des Beweises unzulässig ist, wenn wegen Offenkundigkeit eine Beweiserhebung überflüssig ist, wenn die Tatsache, die bewiesen werden soll, für die Entscheidung ohne Bedeutung oder schon erwiesen ist, wenn das Beweismittel völlig ungeeignet oder wenn es unerreichbar ist, wenn der Antrag zum Zwecke der Prozeßverschleppung gestellt ist oder wenn eine erhebliche Behauptung, die zur Entlastung des Angeklagten bewiesen werden soll, so behandelt werden kann, als wäre die behauptete Tatsache wahr.
(3) Die Ablehnung eines Beweisantrages bedarf eines Gerichtsbeschlusses.

---

32 *Gerland* (DJZ 1932 Sp. 1182 [1184]) sprach vom Verfall des deutschen Strafprozeßrechts; *Hellwig* (JW 1932 S. 2672 [2674]) stellte eine Verschlechterung der Rechtspflege fest; *Kohlrausch* (JW 1932 S. 2672) nannte die Gesetzesänderung ein »trauriges Kapitel«. Ähnlich ablehnend äußerten sich *zu Dohna* JW 1932 S. 2269 (2271); *Ad. Arndt* GA 76 S. 264 (der die Änderung zu Unrecht für bedeutungslos hielt); *Oetker* GerS 104 S. 1 (49); *von Pestalozza* JW 1932 S. 2675 (2677); *Schlosky* DRiZ 1933 S. 42; *Eb. Schmidt* ZStW 61 S. 429 (433 ff.); *Simader* S. 2. – *Mannheim* JW 1932 S. 3356 (3357) wies darauf hin, daß die Neuerung nur tragbar sei, wenn nunmehr die Sachaufklärungspflicht des Tatrichters besondere Bedeutung erlange. – Für ein freies Ermessen des Gerichts in der Beweisaufnahme traten aber ein: *H.-J. Klee* S. 136 ff. und DJ 1937 S. 1384; *K. Klee* GA 77 S. 81 (86 ff.) und JW 1933 S. 1599; *Koffka* JW 1932 S. 1930 (1932); *Maatz* DRiZ 1932 S. 134; *Schwarz* DRiZ 1932 S. 201 und GerS 105 S. 348 (364); *Siegert* JW 1936 S. 3008. Auch *Peters* ZStW 56 S. 34 (51), *Schäfer* DRiZ 1933 S. 106 und *Schreiber* JR 1932 S. 187 (188) begrüßten die Neuregelung. Nach dem Bericht von *Henkel* (ZStW 54 S. 35 [40/41]) sprachen sich die Hochschulprofessoren schon 1934 auf der Tagung der deutschen Strafrechtslehrer überwiegend für den Wegfall des Verbots der Beweisantizipation aus.
33 VO der Reichsregierung über die Bildung von Sondergerichten vom 9. 8. 1932 (RGBl. I S. 404). Die Vorschrift wurde wenig später durch § 13 der VO über die Bildung von Sondergerichten vom 21. 3. 1933 (RGBl. I S. 136) ersetzt.
34 Gesetz zur Änderung von Vorschriften des Strafverfahrens und des Gerichtsverfassungsgesetzes vom 28. 6. 1935 (RGBl. I S. 844).

Einleitung

Der Gesetzgeber übernahm damit die vom Reichsgericht entwickelten Grundsätze über die zulässigen Ablehnungsgründe mit geringfügigen Abweichungen[35]. Auf diese Ablehnungsgründe kam es jedoch nach der Neufassung des § 245 Abs. 2 nur noch in Verhandlungen vor Gerichten an, bei denen nach dem Gesetz die Berufung allgemein ausgeschlossen war, also in Verfahren vor den Landgerichten im ersten Rechtszug, vor den Oberlandesgerichten und vor dem Volksgerichtshof. Im übrigen durfte das Gericht einen Beweisantrag ablehnen, wenn es nach seinem freien Ermessen die Erhebung des Beweises zur Erforschung der Wahrheit nicht für erforderlich hielt (§ 245 Abs. 1 Satz 1). Da ferner die Gerichte nicht mehr verpflichtet waren, die präsenten Beweise zu erheben[36], war die Möglichkeit der Prozeßbeteiligten, vor den Amts-, Schöffen- und Berufungsgerichten Einfluß auf den Umfang der Beweisaufnahme zu nehmen, völlig beseitigt. Den Schlußpunkt setzte dann § 24 der 1. Vereinfachungsverordnung vom 1. 9. 1939[37]. Diese Vorschrift wurde zwar aus Anlaß des Kriegsausbruchs aus Vereinfachungsgründen erlassen, entsprach aber durchaus den strafprozessualen Rechtserneuerungsbestrebungen des NS-Regimes[38]. Sie beseitigte allgemein den Anspruch der Prozeßbeteiligten auf Beweiserhebung nach den gestellten Anträgen und das Verbot der Vorwegnahme der Beweiswürdigung. Das Gericht durfte nunmehr »einen Beweisantrag ablehnen, wenn es nach seinem freien Ermessen die Erhebung des Beweises zur Erforschung der Wahrheit nicht für erforderlich« hielt[39]. Durch Art. 9 § 1 Abs. 3

---

35 Vgl. *Lehmann* JW 1935 S. 2328; *Richter* in FS für Erwin Bumke, 1939, S. 89 (90); *Schwarz* DJZ 1935 Sp. 925 (927). Das Gesetz von 1935 lehnte sich wegen der Ablehnungsgründe übrigens auch an § 232 Abs. 2 des Entwurfs von 1909 und § 237 Abs. 2 des Entwurfs von 1919 an. Es kann schlechterdings keine Rede davon sein, daß hier lediglich der Katalog der Ablehnungsgründe, den »das Reichsgericht in den zwanziger und dreißiger Jahren entwickelt hatte«, seine »legislatorischen Weihen« durch das NS-Regime erhielt (so aber in völliger Verkennung der Rechtsentwicklung: *I. Münch* in *Holtfort* [Hrsg.], Strafverteidiger als Interessenvertreter, 1979, S. 69 [78]).
36 Dies begrüßten *Lehmann* DJ 1935 S. 999 (1002) und JW 1935 S. 2327 (2328); *Schwarz* DJZ 1935 Sp. 926 (928).
37 VO über Maßnahmen auf dem Gebiet der Gerichtsverfassung und der Rechtspflege vom 1. 9. 1939 (RGBl. I S. 1658).
38 Vgl. *Freisler* DJ 1939 S. 1537 (1544). Auch *Bruns* (DR 1940 S. 2041 [2042]) teilt mit, daß es um die »Überwindung des Parteiprozesses liberalistischer Prägung« gehe. Ein Rechtswahrer namens *Friedrich* hielt (JW 1938 S. 1300) die Abschaffung des Beweisantragsrechts für nötig, weil es sich nur um ein »Sondermittel jüdischer Verteidigungskunst« handele. Die amtliche Strafprozeßkommission befürwortete diese »Rechtserneuerung« ebenfalls. Der StPO-Entwurf von 1939 verpflichtete das Gericht nur noch dazu, von Amts wegen alles zu tun, was zur Erforschung der Wahrheit notwendig ist (§ 64), und ermächtigte den Vorsitzenden ohne Einschränkungen, über Beweisanträge durch Beschluß zu entscheiden (§ 65). Vgl. dazu LR *Schäfer* Einl. Kap. 13 Rdnr. 73; *Rieß* in BJM-FS S. 429.
39 Vgl. dazu RGSt. 74 S. 147; RG HRR 1940 Nr. 483; *Bruns* DR 1940 S. 2041 (2042). zu *Dohna* Kohlrausch-FS S. 319 billigte den Wegfall bindender »Partei«anträge ausdrücklich.

der 2. Vereinfachungsverordnung vom 13. 8. 1942[40] wurde dann auch noch § 220 aufgehoben und damit das Recht der Prozeßbeteiligten beseitigt, Zeugen und Sachverständige unmittelbar zu laden. Was der Gesetzgeber dem Angeklagten durch diese Einschränkungen des Beweisantragsrechts an prozessualen Einflußmöglichkeiten entzog, wurde ihm allerdings dadurch wenigstens teilweise wieder zurückgegeben, daß das Reichsgericht nunmehr auf entsprechende Rüge die Einhaltung der Sachaufklärungspflicht besonders sorgfältig prüfte[41].

Nach dem zweiten Weltkrieg führte das Rechtsvereinheitlichungsgesetz vom 12. 9. 1950[42] mit der Neufassung des § 244 Abs. 3 bis 6 das Beweisantragsrecht der Prozeßbeteiligten nicht nur in dem früheren Umfang wieder ein, sondern beseitigte auch alle Beschränkungen, die die Strafprozeßordnung schon in der ursprünglichen Fassung enthalten hatte und die in der Gesetzgebung seit 1925 bestimmt worden waren. Lediglich für das Privatklageverfahren sah das Gesetz in § 384 Abs. 3 weiterhin vor, daß das Gericht den Umfang der Beweisaufnahme unbeschadet des § 244 Abs. 2 bestimmt[43]. Die zulässigen Ablehnungsgründe wurden nunmehr in § 244 Abs. 3 bis 5 geregelt. Dadurch erhielten die Prozeßbeteiligten erneut die Rechtsstellung, die sie in den Jahren 1926 bis 1931 hatten. Auf den Umfang der Beweisaufnahme konnten sie nicht nur durch die Stellung von Beweisanträgen, sondern auch durch die unmittelbare Ladung von Zeugen und Sachverständigen, zu deren Vernehmung das Gericht nach § 245 verpflichtet war, Einfluß nehmen. Da der Beweisantrag die geringere Mühe und keine Kosten verursacht, spielte allerdings die unmittelbare Ladung in der Praxis immer nur eine sehr geringe Rolle. Durch Art. 4 Nr. 3 StPÄG 1964 vom 19. 12. 1964[44] wurde § 163 a eingefügt, dessen Absatz 2 entsprechend früheren Reformvorschlägen[45] die für die richterliche Vernehmung im Vorverfahren geltende Regelung des § 166 über den Anspruch des Beschuldigten auf Beweiserhebungen auf Vernehmungen durch die Staatsanwaltschaft und die Polizei ausdehnte.

Die letzte Änderung des Beweisantragsrechts hat ihren Grund in Mißbräuchen, die vor allem in Strafverfahren gegen terroristische Gewaltverbrecher zu Verzögerungen der Verhandlung und anderen Verfahrensbeeinträchtigungen geführt hat-

---

40 VO zur weiteren Vereinfachung der Strafrechtspflege vom 13. 8. 1942 (RGBl. I S. 508).
41 Vgl. unten S. 25. *Wessels* (JuS 1969 S. 1 [2]) und *Wolschke* S. 70 sprechen mit Recht davon, daß das RG auf diese Weise den gesetzlichen Abbau des Beweisantragsrechts »aufgefangen« hat. Vgl. auch *Bruns* DR 1940 S. 2041 (2047).
42 Gesetz zur Wiederherstellung der Rechtseinheit auf dem Gebiet der Gerichtsverfassung, der bürgerlichen Rechtspflege, des Strafverfahrens und des Kostenrechts vom 12. 9. 1950 (BGBl. S. 455).
43 Bei der Neuregelung des Verfahrens bei Einziehungen und Vermögensbeschlagnahme durch Art. 2 Nr. 16 des EGOWiG vom 24. 5. 1968 (BGBl. I S. 503) wurde ferner in § 436 Abs. 2 bestimmt, daß § 244 Abs. 3 Satz 2, Abs. 4 und 6 auf Beweisanträge des Einziehungsbeteiligten zur Frage der Schuld des Angeklagten nicht anzuwenden ist.
44 (BGBl. I S. 1067).
45 Vgl. *Rieß* BJM-FS S. 422.

ten[46]. Mit der Neufassung des § 245 durch Art. 1 Nr. 20 StVÄG 1979 vom 5. 10. 1978[47] wurde die Pflicht des Gerichts, die Beweisaufnahme ohne besonderen Antrag auf die präsenten Beweismittel zu erstrecken, auf die von ihm selbst herbeigeschafften Auskunftspersonen und sachlichen Beweismittel und die von der Staatsanwaltschaft vor der Hauptverhandlung herbeigezogenen Urkunden und Augenscheinsgegenstände beschränkt (§ 245 Abs. 1 Satz 1). Die vom Angeklagten und der Staatsanwaltschaft vorgeladenen Zeugen und Sachverständigen sowie die sonst von ihnen herbeigeschafften Beweismittel muß das Gericht nur noch verwenden, wenn ein Beweisantrag gestellt wird (§ 245 Abs. 2 Satz 1), der nicht aus einem der in § 245 Abs. 2 Satz 2 und 3 bezeichneten Gründe abgelehnt werden muß oder abgelehnt werden kann.

---

46 Vgl. den Fall KG JR 1971 S. 338 mit Anm. *Peters*: Ein bekannter Verleger war nach § 220 von dem Verteidiger ausschließlich zu dem Zweck vorgeladen worden, ihn vor Gericht zu diffamieren; das KG entschied, daß eine solche Ladung keine rechtliche Wirkung äußert.
47 (BGBl. I S. 1645).

§ 2 Vorschriften des geltenden Rechts

Strafprozeßordnung

§ 163 a

(1) Der Beschuldigte ist spätestens vor dem Abschluß der Ermittlungen zu vernehmen, es sei denn, daß das Verfahren zur Einstellung führt. In einfachen Sachen genügt es, daß ihm Gelegenheit gegeben wird, sich schriftlich zu äußern.

(2) Beantragt der Beschuldigte zu seiner Entlastung die Aufnahme von Beweisen, so sind sie zu erheben, wenn sie von Bedeutung sind.

(3) ...

(4) ...

(5) ...

§ 166

(1) Wird der Beschuldigte von dem Richter vernommen und beantragt er bei dieser Vernehmung zu seiner Entlastung einzelne Beweiserhebungen, so hat der Richter diese, soweit er sie für erheblich erachtet, vorzunehmen, wenn der Verlust der Beweise zu besorgen ist oder die Beweiserhebung die Freilassung des Beschuldigten begründen kann.

(2) Der Richter kann, wenn die Beweiserhebung in einem anderen Amtsbezirk vorzunehmen ist, den Richter des letzteren um ihre Vornahme ersuchen.

§ 168 d

(1) Bei der Einnahme eines richterlichen Augenscheins ist der Staatsanwaltschaft, dem Beschuldigten und dem Verteidiger die Anwesenheit bei der Verhandlung gestattet. § 168 c Abs. 3 Satz 1, Abs. 4 und 5 gilt entsprechend.

(2) Werden bei der Einnahme eines richterlichen Augenscheins Sachverständige zugezogen, so kann der Beschuldigte beantragen, daß die von ihm für die Hauptverhandlung vorzuschlagenden Sachverständigen zu dem Termin geladen werden, und, wenn der Richter den Antrag ablehnt, sie selbst laden lassen. Den vom Beschuldigten benannten Sachverständigen ist die Teilnahme am Augenschein und an den erforderlichen Untersuchungen insoweit gestattet, als dadurch die Tätigkeit der vom Richter bestellten Sachverständigen nicht behindert wird.

§ 201

(1) Der Vorsitzende des Gerichts teilt die Anklageschrift dem Angeschuldigten mit und fordert ihn zugleich auf, innerhalb einer zu bestimmenden Frist zu erklä-

ren, ob er die Vornahme einzelner Beweiserhebungen vor der Entscheidung über die Eröffnung des Hauptverfahrens beantragen oder Einwendungen gegen die Eröffnung des Hauptverfahrens vorbringen wolle.

(2) Über Anträge und Einwendungen beschließt das Gericht. Die Entscheidung ist unanfechtbar.

§ 219

(1) Verlangt der Angeklagte die Ladung von Zeugen oder Sachverständigen oder die Herbeischaffung anderer Beweismittel zur Hauptverhandlung, so hat er unter Angabe der Tatsachen, über die der Beweis erhoben werden soll, seine Anträge bei dem Vorsitzenden des Gerichts zu stellen. Die hierauf ergehende Verfügung ist ihm bekanntzumachen.

(2) Beweisanträge des Angeklagten sind, soweit ihnen stattgegeben ist, der Staatsanwaltschaft mitzuteilen.

§ 225 a

(1) Hält ein Gericht vor Beginn einer Hauptverhandlung die sachliche Zuständigkeit eines Gerichts höherer Ordnung für begründet, so legt es die Akten durch Vermittlung der Staatsanwaltschaft diesem vor; § 209 a Nr. 2 Buchstabe a gilt entsprechend. Das Gericht, dem die Sache vorgelegt worden ist, entscheidet durch Beschluß darüber, ob es die Sache übernimmt.

(2) Werden die Akten von einem Strafrichter oder einem Schöffengericht einem Gericht höherer Ordnung vorgelegt, so kann der Angeklagte innerhalb einer bei der Vorlage zu bestimmenden Frist die Vornahme einzelner Beweiserhebungen beantragen. Über den Antrag entscheidet der Vorsitzende des Gerichts, dem die Sache vorgelegt worden ist.

(3) In dem Übernahmebeschluß sind der Angeklagte und das Gericht, vor dem die Hauptverhandlung stattfinden soll, zu bezeichnen. § 207 Abs. 2 Nr. 2 bis 4, Abs. 3, 4 gilt entsprechend. Die Anfechtbarkeit des Beschlusses bestimmt sich nach § 210.

(4) Nach den Absätzen 1 bis 3 ist auch zu verfahren, wenn das Gericht vor Beginn der Hauptverhandlung einen Einwand des Angeklagten nach § 6 a für begründet hält und eine besondere Strafkammer zuständig wäre, der nach § 74 e des Gerichtsverfassungsgesetzes der Vorrang zukommt. Kommt dem Gericht, das die Zuständigkeit einer anderen Strafkammer für begründet hält, vor dieser nach § 74 e des Gerichtsverfassungsgesetzes der Vorrang zu, so verweist es die Sache an diese mit bindender Wirkung; die Anfechtbarkeit des Verweisungsbeschlusses bestimmt sich nach § 210.

§ 244

(1) Nach der Vernehmung des Angeklagten folgt die Beweisaufnahme.

(2) Das Gericht hat zur Erforschung der Wahrheit die Beweisaufnahme von Amts wegen auf alle Tatsachen und Beweismittel zu erstrecken, die für die Entscheidung von Bedeutung sind.

(3) Ein Beweisantrag ist abzulehnen, wenn die Erhebung des Beweises unzulässig ist. Im übrigen darf ein Beweisantrag nur abgelehnt werden, wenn eine Beweiserhebung wegen Offenkundigkeit überflüssig ist, wenn die Tatsache, die bewiesen werden soll, für die Entscheidung ohne Bedeutung oder schon erwiesen ist, wenn das Beweismittel völlig ungeeignet oder wenn es unerreichbar ist, wenn der Antrag zum Zweck der Prozeßverschleppung gestellt ist oder wenn eine erhebliche Behauptung, die zur Entlastung des Angeklagten bewiesen werden soll, so behandelt werden kann, als wäre die behauptete Tatsache wahr.

(4) Ein Beweisantrag auf Vernehmung eines Sachverständigen kann, soweit nichts anderes bestimmt ist, auch abgelehnt werden, wenn das Gericht selbst die erforderliche Sachkunde besitzt. Die Anhörung eines weiteren Sachverständigen kann auch dann abgelehnt werden, wenn durch das frühere Gutachten das Gegenteil der behaupteten Tatsache bereits erwiesen ist; dies gilt nicht, wenn die Sachkunde des früheren Gutachters zweifelhaft ist, wenn sein Gutachten von unzutreffenden tatsächlichen Voraussetzungen ausgeht, wenn das Gutachten Widersprüche enthält oder wenn der neue Sachverständige über Forschungsmittel verfügt, die denen eines früheren Gutachters überlegen erscheinen.

(5) Ein Beweisantrag auf Einnahme eines Augenscheins kann abgelehnt werden, wenn der Augenschein nach dem pflichtgemäßen Ermessen des Gerichts zur Erforschung der Wahrheit nicht erforderlich ist.

(6) Die Ablehnung eines Beweisantrags bedarf eines Gerichtsbeschlusses.

§ 245

(1) Die Beweisaufnahme ist auf alle vom Gericht vorgeladenen und auch erschienenen Zeugen und Sachverständigen sowie auf die sonstigen nach § 214 Abs. 4 vom Gericht oder der Staatsanwaltschaft herbeigeschafften Beweismittel zu erstrecken, es sei denn, daß die Beweiserhebung unzulässig ist. Von der Erhebung einzelner Beweise kann abgesehen werden, wenn die Staatsanwaltschaft, der Verteidiger und der Angeklagte damit einverstanden sind.

(2) Zu einer Erstreckung der Beweisaufnahme auf die vom Angeklagten oder der Staatsanwaltschaft vorgeladenen und auch erschienenen Zeugen und Sachverständigen sowie auf die sonstigen herbeigeschafften Beweismittel ist das Gericht nur verpflichtet, wenn ein Beweisantrag gestellt wird. Der Antrag ist abzulehnen, wenn die Beweiserhebung unzulässig ist. Im übrigen darf er nur abgelehnt werden, wenn die Tatsache, die bewiesen werden soll, schon erwiesen oder offenkundig ist, wenn zwischen ihr und dem Gegenstand der Urteilsfindung kein Zusammenhang besteht, wenn das Beweismittel völlig ungeeignet ist oder wenn der Antrag zum Zwecke der Prozeßverschleppung gestellt ist.

§ 246

(1) Eine Beweiserhebung darf nicht deshalb abgelehnt werden, weil das Beweismittel oder die zu beweisende Tatsache zu spät vorgebracht worden sei.

(2) Ist jedoch ein zu vernehmender Zeuge oder Sachverständiger dem Gegner des Antragstellers so spät namhaft gemacht oder eine zu beweisende Tatsache so spät vorgebracht worden, daß es dem Gegner an der zur Einziehung von Erkundigungen erforderlichen Zeit gefehlt hat, so kann er bis zum Schluß der Beweisauf-

nahme die Aussetzung der Hauptverhandlung zum Zweck der Erkundigung beantragen.

(3) Dieselbe Befugnis haben die Staatsanwaltschaft und der Angeklagte bei den auf Anordnung des Vorsitzenden oder des Gerichts geladenen Zeugen oder Sachverständigen.

(4) Über die Anträge entscheidet das Gericht nach freiem Ermessen.

§ 270

(1) Hält ein Gericht nach Beginn einer Hauptverhandlung die sachliche Zuständigkeit eines Gerichts höherer Ordnung für begründet, so verweist es die Sache durch Beschluß an das zuständige Gericht; § 209 a Nr. 2 Buchstabe a gilt entsprechend. Ebenso ist zu verfahren, wenn das Gericht einen rechtzeitig geltend gemachten Einwand des Angeklagten nach § 6 a für begründet hält.

(2) In dem Beschluß bezeichnet das Gericht den Angeklagten und die Tat gemäß § 200 Abs. 1 Satz 1.

(3) Der Beschluß hat die Wirkung eines das Hauptverfahren eröffnenden Beschlusses. Seine Anfechtbarkeit bestimmt sich nach § 210.

(4) Ist der Verweisungsbeschluß von einem Strafrichter oder einem Schöffengericht ergangen, so kann der Angeklagte innerhalb einer bei der Bekanntmachung des Beschlusses zu bestimmenden Frist die Vornahme einzelner Beweiserhebungen vor der Hauptverhandlung beantragen. Über den Antrag entscheidet der Vorsitzende des Gerichts, an das die Sache verwiesen worden ist.

§ 384

(1) ...
(2) ...
(3) Das Gericht bestimmt unbeschadet des § 244 Abs. 2 den Umfang der Beweisaufnahme.
(4) ...
(5) ...

§ 436

(1) ...
(2) Auf Beweisanträge des Einziehungsbeteiligten zur Frage der Schuld des Angeklagten ist § 244 Abs. 3 Satz 2, Abs. 4 bis 6 nicht anzuwenden.
(3) ...
(4) ...

Jugendgerichtsgesetz

§ 40

(1) Das Jugendschöffengericht ist zuständig für alle Verfehlungen, die nicht zur Zuständigkeit eines anderen Jugendgerichts gehören. § 209 der Strafprozeßordnung gilt entsprechend.

(2) Das Jugendschöffengericht kann bis zur Eröffnung des Hauptverfahrens von Amts wegen die Entscheidung der Jugendkammer darüber herbeiführen, ob sie eine Sache wegen ihres besonderen Umfangs übernehmen will.

(3) Vor Erlaß des Übernahmebeschlusses fordert der Vorsitzende der Jugendkammer den Angeschuldigten auf, sich innerhalb einer zu bestimmenden Frist zu erklären, ob er die Vornahme einzelner Beweiserhebungen vor der Hauptverhandlung beantragen will.

(4) Der Beschluß, durch den die Jugendkammer die Sache übernimmt oder die Übernahme ablehnt, ist nicht anfechtbar. Der Übernahmebeschluß ist mit dem Eröffnungsbeschluß zu verbinden.

§ 78

(1) Der Jugendrichter entscheidet im vereinfachten Jugendverfahren auf Grund einer mündlichen Verhandlung durch Urteil. Er darf auf Fürsorgeerziehung, Jugendstrafe oder Unterbringung in einer Entziehungsanstalt nicht erkennen.

(2) ...

(3) Zur Vereinfachung, Beschleunigung und jugendgemäßen Gestaltung des Verfahrens darf von Verfahrensvorschriften abgewichen werden, soweit dadurch die Erforschung der Wahrheit nicht beeinträchtigt wird. Die Vorschriften über die Anwesenheit des Angeklagten (§ 50), die Stellung des Erziehungsberechtigten und des gesetzlichen Vertreters (§ 67) und die Mitteilung von Entscheidungen (§ 70) müssen beachtet werden.

§ 108

(1) Die Vorschriften über die Zuständigkeit der Jugendgerichte (§§ 39 bis 42) gelten auch bei Verfehlungen Heranwachsender.

(2) ...

(3) ...

Ordnungswidrigkeitengesetz

§ 77

Das Gericht bestimmt, unbeschadet des § 244 Abs. 2 der Strafprozeßordnung, den Umfang der Beweisaufnahme.

Erstes Buch

Grundfragen des Beweisantragsrechts

Erster Hauptteil   Wesen und Bedeutung des Beweisantrags

§ 1   Beweisantragsrecht und Sachaufklärungspflicht

```
I. Grundsätze der Sachaufklärungspflicht ............................... 19
   1. Aufklärungspflicht als übergeordneter Gesichtspunkt ............. 19
   2. Aufklärungspflicht als Grundlage des Beweiserhebungsanspruchs ... 21
   3. Aufklärungspflicht und freie Beweiswürdigung .................... 22
II. Durchsetzung des Anspruchs auf Sachaufklärung ...................... 23
   1. Rechtsprechung des Reichsgerichts ............................... 23
   2. Heutiger Meinungsstand .......................................... 25
III. Unterschied zwischen Sachaufklärungspflicht und Beweisantragsrecht . 26
   1. Die Lehre von der Übereinstimmung der Aufklärungspflicht mit dem Antragsrecht ........................................................ 26
   2. Beweisantragsrecht als weitergehendes Recht ..................... 29
   3. Aufklärungspflicht als weitergehende Pflicht .................... 32
```

I. Grundsätze der Sachaufklärungspflicht

1. Aufklärungspflicht als übergeordneter Gesichtspunkt

Jede Darstellung des strafprozessualen Beweisantragsrechts muß mit der Sachaufklärungspflicht des Gerichts beginnen. Denn nicht das Recht der Prozeßbeteiligten, Beweisanträge zu stellen, sondern die Pflicht des Gerichts, alle für die Entscheidung erheblichen Tatsachen von Amts wegen aufzuklären, der Ermittlungsgrundsatz[1], ist das alles beherrschende Prinzip des Beweisrechts der Strafprozeßordnung[2] und darüber hinaus des ganzen Strafverfahrens[3]. Er ist der übergeord-

---

1 Vgl. KK *Pfeiffer* Einl. Rdnr. 6; *Roxin* § 15 A. Bei KK *Herdegen* § 244 Rdnr. 20, *Cramer* DAR 1981 S. 269 (277) und *Gutmann* JuS 1962 S. 369 (370) ist vom Untersuchungsgrundsatz die Rede. Sonst wird der Grundsatz meist als Instruktionsmaxime bezeichnet; vgl. LR *Schäfer* Einl. Kap. 13 Rdnr. 41; *Eb. Schmidt* Teil I Rdnr. 363 ff., 373; *Beling* S. 34, 281; zu *Dohna* S. 98, 163 ff.; *Gössel* S. 38, 178, 183; *Henkel* S. 102 Fußn. 2; *von Hippel* S. 313 ff.; *Köhler* S. 25; *Kühne* Rdnr. 137; *Rüping* Rdnr. 384; *Sauer* Prozeßrechtslehre S. 63 ff.; *Schroeder* ROW 1969 S. 193; *Simader* S. 8; *Zipf* S. 87.
2 BGHSt. 1 S.94 (96); 10 S. 116 (118); *Kleinknecht* Einl. Rdnr. 51; *Kohlrausch* Einl. S. 17/18 und vor § 244 Anm. 8; LR *Gollwitzer* § 244 Rdnr. 35; *Bruns* DR 1940 S.2041 (2045); *Henkel* S. 339; *Niethammer* DStR 1937 S. 128 (131); *Richter* in FS für Erwin Bumke, 1939, S.89 (91); *Schafheutle* JW 1937 S. 3101; *Schneider-Neuenburg* DStR 1938 S. 311.
3 Vgl. BGHSt. 23 S. 176 (187); RGSt. 67 S. 97 (98); KK *Herdegen* § 244 Rdnr. 26; LR *Gollwitzer* § 244 Rdnr. 35 ff.; *von Hippel* S. 313, 530; *Mayer-Alberti* S. 13; *Waag* S. 17. Vgl. auch BVerfGE 57 S. 250 (275) = NJW 1981 S. 1719 (1722): »Zentrales Anliegen des Strafprozesses.«

nete Gesichtspunkt[4], unter dem allein man von dem Beweisantragsrecht der Prozeßbeteiligten ein zutreffendes Bild gewinnen kann.

Die Sachaufklärungspflicht bedeutet nach § 244 Abs. 2, daß das Gericht die Beweisaufnahme[5] zur Erforschung der Wahrheit von Amts wegen auf alle Tatsachen und Beweismittel erstrecken muß, die für die Entscheidung von Bedeutung sind. Ursprünglich enthielt die Strafprozeßordnung keine so eindeutige Vorschrift. Allerdings bestimmte § 155 (vor 1924: § 153) Abs. 2, daß das Gericht bei der Untersuchung der Tat »zu einer selbständigen Tätigkeit berechtigt und verpflichtet« ist, und § 244 (vor 1924: § 243) Abs. 3 sah zu diesem Zweck die Ladung weiterer Zeugen und Sachverständigen sowie die Herbeischaffung anderer Beweismittel von Amts wegen vor[6]. Erstmalig durch § 244 Abs. 2 in der Fassung des Gesetzes vom 28. 6. 1935[7] wurde ausdrücklich vorgeschrieben, daß das Gericht von Amts wegen alles zu tun habe, was der Erforschung der Wahrheit dient[8].

Der Umfang der Sachaufklärungspflicht richtet sich nach den Umständen des Einzelfalls. Sie reicht so weit, wie die Tatsachen, die das Gericht, oder wenigstens dessen Vorsitzender[9], kennt oder die ihm aus den Akten, dem Verfahrensverlauf, überreichten Urkunden, Beweisanregungen der Prozeßbeteiligten oder anderen schriftlichen oder mündlichen Äußerungen bekannt sein müssen, zum Gebrauch eines oder weiterer Beweismittel drängen oder dies doch nahelegen[10]. Das Gericht muß die Beweismittel erschöpfen, wenn auch nur die entfernte Möglichkeit einer

---

4 Vgl. *Eb. Schmidt* Nachtr. § 244 Rdnr. 6; *Bruns* DR 1940 S. 2041 (2047); *Engels* GA 1981 S. 21 (22); *Haag* DStR 1938 S. 416 (418); *Hanack* JZ 1972 S. 114; *Sarstedt* S. 168, 171 Fußn. 45, 191; *Wessels* JuS 1969 S. 1 (3). Unrichtig *Wachinger* GerS 98 S. 235, nach dessen Ansicht der Grundsatz der Amtsaufklärung das Beweisantragsrecht nur ergänzt; auch *Oetker* JW 1930 S. 1105 (1107/1108); 1931 S. 214 spricht von »Beweisergänzung«. Dagegen meint *Gutmann* JuS 1962 S. 369 (378), daß die beiden Grundprinzipien einander »durchwirken«.

5 Rechtlich unhaltbar und schon durch den Wortlaut des § 244 Abs. 2 widerlegt ist die Behauptung von *J. Schulz* (GA 1981 S. 301 [304]), die »Pointe« des strafprozessualen Beweisrechts bestehe darin, daß keine Beweisaufnahme stattfindet, außer aufgrund eines Beweisantrags; alles andere sei nur ermittelnde Tätigkeit des Gerichts. Die Schlußfolgerung, die *Schulz* (S. 307) aus seiner Hypothese zieht, besteht in der unrichtigen Annahme, dem Angeklagten werde de facto eine Behauptungs- und Beweislast auferlegt.

6 Daß diese Vorschriften die Sachaufklärungspflicht des Tatrichters begründeten, war nie zweifelhaft; vgl. *Beling* S. 380 Fußn. 2; *Bennecke/Beling* S. 330; *Gerland* S. 193; *Goldschmidt* S. 440 Fußn. 2308; *Oetker* JW 1930 S. 1105 (1106); *Wachinger* GerS 98 S. 235 (236).

7 Vgl. oben S. 7.

8 Das fand übrigens nicht überall Zustimmung. *Niethammer* (Sauer-FS S. 27 [36]) sah in der Vorschrift eine Anmaßung des Gesetzgebers, weil das Gebot der Wahrheitserforschung über dem Gesetz stehe und der Gesetzgeber insoweit »nicht Herr, sondern Knecht« sei.

9 Vgl. *Engels* S. 59/60.

10 BGHSt. 1 S. 94 (96); 3 S. 169 (175); 10 S. 116 (118); 23 S. 176 (187); 30 S. 131 (140); BGH NJW 1978 S. 113 (114); BGH LM Nr. 1 zu § 244 Abs. 1 (L); BGH VRS 34 S. 220 (221); BGH bei *Dallinger* MDR 1951 S. 275; BGH bei *Holtz* MDR 1981 S. 455 = Strafverteidiger 1981 S. 164 (165); KG VRS 25 S. 65; KK *Herdegen* Rdnr. 23; *Kleinknecht*

Änderung der durch die bisherige Beweisaufnahme begründeten Vorstellung von dem zu beurteilenden Sachverhalt besteht[11].

2. Aufklärungspflicht als Grundlage des Beweiserhebungsanspruchs

Die Amtsaufklärungspflicht des Gerichts begründet für die Prozeßbeteiligten einen Anspruch auf Erhebung aller Beweise, von denen vernünftigerweise eine weitere Aufklärung der Sache zu erwarten ist. Die Geburtsstunde des Beweiserhebungsanspruchs der Prozeßbeteiligten ist demnach nicht erst[12] die höchstrichterliche Anerkennung des Verbots der Beweisantizipation durch die Entscheidung RGSt. 1 S.189, sondern der Tag des Inkrafttretens der Strafprozeßordnung[13]. Dieser Anspruch ist unverzichtbar[14]. Das Gericht darf weder von der Aufklärung eines entlastenden Umstands absehen, weil der Angeklagte sie nicht wünscht[15], noch darf es die Klärung einer für die Entscheidung erheblichen Tatsache unterlassen, weil die Prozeßbeteiligten darauf verzichtet haben[16]. Von den Anträgen der Prozeßbeteiligten ist die Pflicht zur Sachaufklärung völlig unabhängig[17]. Auch Vereinbarungen der Prozeßbeteiligten, bestimmte Beweisanträge nicht zu stellen, sind für das Gericht unbeachtlich[18]. Allein der Richter trägt die Verantwortung dafür, daß der Sachverhalt umfassend aufgeklärt wird[19].

Rdnr. 32; LR *Gollwitzer* Rdnr. 46; *Dahs* Hdb. Rdnr. 799; alle zu § 244; *Dahs/Dahs* Rdnr. 247, 376; *Gössel* S. 247; *Gutmann* JuS 1962 S. 369 (374); *F. W. Krause* S. 61; *Wessels* JuS 1969 S. 1 (4). Nach Ansicht von *Engels* (S. 7/8) ist das eine bloße Leerformel, der keine Maßstäbe zu entnehmen sind.

11 BGHSt. 23 S. 176 (188); 30 S. 131 (143); BGH bei *Holtz* MDR 1981 S. 455/456 = Strafverteidiger 1981 S. 164 (165); vgl. dazu KK *Herdegen* § 244 Rdnr. 23; *Eb. Schmidt* Nachtr. § 244 Rdnr. 7.
12 Wie *Alsberg* (1. Aufl. S. 59, Vorauf. S. 79) meint. Vgl. oben S. 4 Fußn. 13.
13 Aus diesem Grund wird der Begriff Beweiserhebungsanspruch hier im Zusammenhang mit dem Beweisantragsrecht nicht mehr verwendet. Im Ergebnis wie hier: *Wenner* S. 146 ff.
14 BGH bei *Holtz* MDR 1981 S. 455/456; RGSt. 47 S. 417 (425); RG GA 46 S. 160; *Kleinknecht* § 244 Rdnr. 8; *Kohlrausch* vor § 244 Anm. 8; LR *Schäfer* Einl. Kap. 13 Rdnr. 69; *Eb. Schmidt* Nachtr. vor § 244 Rdnr. 6).
15 BGH 1 StR 95/75 vom 15. 4. 1975 (psychiatrische Untersuchung gegen den Wunsch des Angeklagten); RG HRR 1940 Nr. 840; LR *Gollwitzer* § 244 Rdnr. 45; *Eb. Schmidt* Teil I Rdnr. 368; *Baumann* S. 58; *Bruns* DR 1940 S. 2041 (2045); *Dahs/Dahs* Rdnr. 247; *Gössel* S. 246; *Henkel* S. 339; *Rüping* Rdnr. 384.
16 BGH VRS 4 S. 30; BGH bei *Holtz* MDR 1981 S. 455/456 = Strafverteidiger 1981 S. 164 (165); RGSt. 47 S. 417 (424); LR *Gollwitzer* § 244 Rdnr. 45; LR *Meyer* § 337 Rdnr. 220; *Dahs/Dahs* Rdnr. 247; *Oetker* S. 699; *Schmidt-Hieber* NJW 1982 S. 1017 (1020); *Simader* S. 14; *Wenner* S. 147; vgl. auch unten S. 30, 855.
17 BGH NJW 1966 S. 1524; 1967 S. 299; KK *Herdegen* Rdnr. 22; LR *Gollwitzer* Rdnr. 45, 71; *Eb. Schmidt* Nachtr. Rdnr. 7; alle zu § 244; *Harreß* S. 17.
18 Vgl. *Tenckhoff* S. 125; *Weber* GA 1975 S. 289 (293).
19 Vgl. *Engels* S. 73. Die in der Vorauf. (S. 9 ff.) erörterte Frage, ob den Angeklagten oder die Staatsanwaltschaft eine Beweislast trifft, kann sich vernünftigerweise nicht stellen.

3. Aufklärungspflicht und freie Beweiswürdigung

Die Bestimmung des Umfangs der Sachaufklärungspflicht ist verhältnismäßig einfach, wenn der Tatrichter vor der Frage steht, ob er zu einer Beweistatsache, zu deren Aufklärung bisher nichts unternommen worden ist, Beweise erheben muß. Es kommt dann nur darauf an, ob die Beweistatsache für die Entscheidung von Bedeutung ist, ob geeignete Beweismittel zur Verfügung stehen und ob die Beweiserhebung nicht wegen Offenkundigkeit oder aus anderen Gründen überflüssig ist. Schwieriger ist es, wenn eine Beweisaufnahme bereits stattgefunden hat und nunmehr zu entscheiden ist, ob die Sachaufklärungspflicht eine weitere Beweiserhebung gebietet. Auf den ersten Blick scheint es, als sei die Sachaufklärungspflicht in diesem Fall durch den Grundsatz eingeschränkt, daß der Tatrichter die Beweise ohne Bindung an gesetzliche Beweisregeln frei würdigen darf[20]. Diese Ansicht ist in der Tat vertreten worden. So fragte der Reichsanwalt *Schneidewin* im Jahre 1929[21]: »Wie aber soll für das Gericht noch Anlaß bestehen können, den Sachverhalt weiter aufzuklären, wenn es bereits die volle Überzeugung von der Schuld des Angeklagten erlangt hat?«[22] Die Frage gibt natürlich keinen Sinn. Sie beruht auf der unhaltbaren Voraussetzung, daß eine fehlerhafte Überzeugungsbildung ausgeschlossen ist[23], und verkennt das eigentliche Problem. Es geht ja bei dem erforderlichen Umfang der Sachaufklärungspflicht nicht darum, ob das Gericht von irgendeinem Sachverhalt nach der bisherigen Beweisaufnahme aufgrund seiner freien Würdigung der Beweise bereits voll überzeugt ist. Zu fragen ist vielmehr, wie das Gericht von irgendeinem Sachverhalt überzeugt sein kann, solange es noch nicht alle Beweise erhoben hat, die seiner Aufklärung dienen können[24]. Daher ist auch die Behauptung nicht richtig, hier träten die Pflicht zur Wahrheitserforschung und die Freiheit der richterlichen Überzeugung miteinander in Widerstreit[25]. Die Frage nach dem Umfang der Beweisaufnahme muß von der Beweiswürdigung vielmehr grundsätzlich getrennt werden. Gerade diese Erkenntnis ist es

---

20 Zu dem Grundsatz der freien Beweiswürdigung vgl. allgemein LR *Gollwitzer* § 261 Rdnr. 55 ff.
21 *Schneidewin* in: *Lobe* (Hrsg.), Fünfzig Jahre Reichsgericht S. 331.
22 Im selben Sinne BayObLG JW 1929 S. 2751; KG DJZ 1932 Sp. 616.
23 So zutreffend *Traulsen* S. 77/78; *Wessels* JuS 1969 S. 1 (7). Dagegen halten OGHSt. 2 S. 98 (102); *Gutmann* JuS 1962 S. 369 (373/374) und *K. Klee* GA 77 S. 81 (88) die freie Beweiswürdigung in Übereinstimmung mit *Schneidewin* für die Grenze der richterlichen Aufklärungspflicht.
24 Vgl. *zu Dohna* Kohlrausch-FS S. 335. Ähnlich BGH NJW 1951 S. 283, wo die Aufklärungspflicht für verletzt gehalten wird, wenn der Richter zwar schon »die volle Überzeugung« von der Schuld des Angeklagten erlangt hat, ihm jedoch weitere Umstände oder Möglichkeiten bekannt sind, die bei verständiger Würdigung der Sachlage Zweifel an der Richtigkeit dieser Überzeugung hätten wecken müssen. BGH bei *Holtz* MDR 1981 S. 455 verlangt weitere Beweiserhebung, wenn auch nur die entfernte Möglichkeit einer Änderung der durch die vollzogene Beweisaufnahme begründeten Vorstellung von dem Sachverhalt in Betracht kommt. Vgl. auch BGH VRS 36 S. 354 (355); BGH bei *Martin* DAR 1975 S. 206; BayObLG bei *Rüth* DAR 1976 S. 116; KK *Herdegen* § 244 Rdnr. 29.
25 So *Sarstedt* S. 64.

gewesen, auf deren Grundlage das Reichsgericht das für das Beweisantragsrecht maßgebende Verbot der Vorwegnahme der Beweiswürdigung entwickelt hat[26].

II. Durchsetzung des Anspruchs auf Sachaufklärung

1. Rechtsprechung des Reichsgerichts

Die Sachaufklärungspflicht des Gerichts begründet einen Beweiserhebungsanspruch der Prozeßbeteiligten. Da er von den Anträgen der Prozeßbeteiligten nicht abhängig ist, muß es möglich sein, ihn auch dann mit der Revision durchzusetzen, wenn es an einem Beweisbegehren fehlt, mit dem der Tatrichter zur Erfüllung seiner Aufklärungspflicht angehalten werden sollte. Das ist lange Zeit in der obergerichtlichen Rechtsprechung verkannt worden. Zwar hat das Reichsgericht in zahlreichen Entscheidungen, meist allerdings im Zusammenhang mit einem Beweis- oder Beweisermittlungsantrag, auf die Amtsaufklärungspflicht hingewiesen[27]. Es hat insbesondere häufig die Pflicht des Gerichts, auf die Klarstellung des Antragsbegehrens und auf die Stellung eines einwandfreien Beweisantrags hinzuwirken, als Teil der Sachaufklärungspflicht bezeichnet[28]. Aber wer bei dem Reichsgericht mit der Revision einen Verstoß gegen die Aufklärungspflicht rügen wollte, mußte zunächst einmal bei dem Tatrichter einen Beweisantrag stellen. »Reine« Aufklärungsrügen wurden offenbar von den Angeklagten und ihren Verteidigern fast nie erhoben. Das wird seinen Grund darin gehabt haben, daß solche Rügen von vornherein aussichtslos erscheinen mußten, weil das Reichsgericht den Standpunkt vertrat, daß die Verletzung der Aufklärungspflicht niemals einen wirksamen Revisionsgrund abgeben könne[29]. Gelegentlich wurde der Aufklärungsrüge des Angeklagten auch entgegengehalten, daß die Frage, ob der Tatrichter sich von einer weiteren Beweiserhebung Erfolg versprechen mußte, eine rein tatsächliche Erwägung sei, die sich der Nachprüfung durch das Revisionsgericht entziehe[30]. Wegen Verletzung der Sachaufklärungspflicht hob das Reichsgericht Urteile fast nur auf Revisionen der Staatsanwaltschaft[31] und der Nebenkläger[32] auf. Dem lag immer die Rüge zugrunde, daß einem Beweisantrag zu Unrecht nicht stattgegeben worden sei. Bei entsprechenden Rügen des Angeklagten wendete das Reichsgericht

---

26 Vgl. *Engels* S. 25. Zum Verbot der Beweisantizipation vgl. unten S. 411 ff.
27 Vgl. etwa RGSt. 48 S. 201 (202); 58 S. 79 (80); 59 S. 420 (422); RGRspr. 10 S. 420 (421); RG JW 1893 S. 9; 1896 S. 508; S. 552; 1914 S. 434; S. 893; RG GA 40 S. 151 (152); 44 S. 273; RG LZ 1918 Sp. 1002; RG Recht 1927 Nr. 1105. Allgemein zu der RG-Rspr. zur Aufklärungspflicht: *Traulsen* S. 74 ff., 113 ff.
28 Vgl. unten S. 394.
29 RG JW 1902 S. 579.
30 RG JW 1916 S. 1026. So auch RGSt. 6 S. 135 (136) bei einer Revision der Staatsanwaltschaft. Vgl. auch RG LZ 1918 Sp. 1002.
31 Vgl. RGSt. 41 S. 269 (272); RG JW 1928 S. 2988 mit Anm. *Beling*; RG JW 1929 S. 859 mit Anm. *Alsberg*.
32 Vgl. RGSt. 13 S. 158 (159); 47 S. 417 (423); RG GA 73 S. 170.

ausschließlich die Vorschrift des § 338 Nr. 8 als Aufhebungsgrund an[33]. Da sie eine Beschränkung der Verteidigung des Angeklagten voraussetzte, ließ sie sich aber für die Revision der Staatsanwaltschaft und der Nebenkläger nicht verwenden; das Reichsgericht war daher gezwungen, auf die Aufklärungspflicht auszuweichen[34].

Daß bei dem Reichsgericht gleichwohl gelegentlich ein Angeklagter mit einer »reinen« Aufklärungsrüge Erfolg hatte[35], blieb weitgehend unbekannt. Denn als es im Jahre 1928 auf die Aufklärungsrüge eines Angeklagten, der keinen Beweisantrag gestellt hatte, ein Urteil aufhob[36], löste das allgemeine Überraschung aus[37]. Ähnliche Beachtung fand eine weitere Entscheidung dieser Art, die im Jahre 1931 erging[38]. Dabei ist interessant, daß *Schneidewin* sofort davor warnte, für die Zukunft allzu große Hoffnungen auf die Aufklärungsrüge zu setzen[39], und daß insbesondere *Alsberg*[40], völlig unbeeindruckt von diesen Entscheidungen, die Meinung aufrechterhielt, unabhängig von einem Beweisantrag gebe es einen »Beweiserhebungsanspruch« der Prozeßbeteiligten nur im Fall des § 245, also bei Präsenz des Beweismittels in der Hauptverhandlung.

---

33 Vgl. *Traulsen* S. 159 ff.
34 In RG JW 1931 S. 2821 (2822) mit Anm. *von Scanzoni* hat das RG daher in der Rüge des Nebenklägers nach § 338 Nr. 8 die Rüge der Verletzung des § 244 Abs. 2 als »mitenthalten« angesehen. In RG JW 1914 S. 433 = GA 61 S. 352 stützte es die Entscheidung über die Rüge der Staatsanwaltschaft, daß einem Beweisantrag nicht entsprochen worden sei, sogar auf den Grundsatz der freien tatrichterlichen Überzeugung. Keine andere Entscheidung zeigt mit solcher Deutlichkeit, wie weit entfernt das RG von der Erkenntnis war, daß nicht das Beweisantragsrecht, sondern die Aufklärungspflicht der übergeordnete Gesichtspunkt ist. Vgl. auch unten S. 867.
35 Vgl. RG JW 1922 S. 1394; RG GA 39 S. 345; die Ansicht von *Sarstedt* (S. 162 Fußn. 5), bei dieser Entscheidung sei nicht die Verletzung der Aufklärungspflicht der Aufhebungsgrund gewesen, trifft, wie *Wolschke* (S. 34 Fußn. 2) nachweist, nicht zu (vgl. auch *Wenner* S. 16 Fußn. 34). Auch RG GA 46 S. 160 hat auf die Revision eines Angeklagten ein Urteil aufgehoben, weil der Tatrichter unter Verletzung seiner Aufklärungspflicht gemeint hatte, er sei an den Verzicht der Beteiligten auf die Vernehmung von Zeugen gebunden. In RG GA 44 S. 273 wurde von der Aufhebung nur abgesehen, weil das Urteil auf dem Mangel nicht beruhte. Die Annahme *Sarstedts* (S. 162), bis 1928 sei keine RG-Entscheidung veröffentlicht worden, die auf Revision des Angeklagten ein Urteil wegen Verletzung der Aufklärungspflicht aufgehoben hat, ist demnach falsch (so schon *Traulsen* S. 74 ff.).
36 RG JW 1928 S. 1506 mit Anm. *Alsberg*.
37 Vgl. zu dieser Entscheidung insbesondere *Alsberg* JW 1929 S. 859; 1931 S. 2030; 1933 S. 451; *Oetker* JW 1930 S. 1105 (1106/1107).
38 RG JW 1931 S. 2030 mit Anm. *Alsberg*, der aus dem Hinweis des RG, der Tatrichter sei verpflichtet, den Akteninhalt zu berücksichtigen (so übrigens schon RGSt. 45 S. 403 [404]), um sich über seine Aufklärungspflicht schlüssig zu werden, und das unterliege der Prüfung durch das Revisionsgericht (anders noch BayObLG JW 1930 S. 3430), zu Unrecht den Schluß zog, daß nunmehr die Rüge der Aktenwidrigkeit zugelassen sei; derselbe Irrtum findet sich bei *Simader* S. 11.
39 *Schneidewin* in *Lobe* (Hrsg.), Fünfzig Jahre Reichsgericht S. 331.
40 1. Aufl. S. 45; Voraufl. S. 61.

Auch soweit in der Rechtsprechung die Aufklärungsrüge nach 1928 weiter Fuß faßte[41], handelte es sich meist nicht um »reine« Aufklärungsrügen, denen kein Beweisantrag zugrunde lag. Daß das Reichsgericht sich der Notwendigkeit, die Aufklärungsrüge des Angeklagten zuzulassen, endlich bewußt geworden war, erwies sich aber als außerordentlich vorteilhaft, nachdem am 1. 9. 1939 das Recht der Prozeßbeteiligten, durch Beweisanträge Einfluß auf den Umfang der Beweisaufnahme zu nehmen, auch in Verfahren vor dem Landgericht im ersten Rechtszug und vor den Schwurgerichten weggefallen war[42]. Das Reichsgericht nahm diesen Abbau der Rechtsgarantien des Angeklagten zum Anlaß, immer höhere Anforderungen an die Pflicht des Tatrichters, die Wahrheit von Amts wegen zu ermitteln, zu stellen, und hielt eine weitgehende Nachprüfung im Revisionsrechtszug, der allerdings schon seit 1932 gegen Berufungsurteile nicht mehr zur Verfügung stand, auf die Aufklärungsrüge für zulässig und geboten[43].

2. Heutiger Meinungsstand

Es ist heute fast unbestritten, daß der Verstoß des Tatrichters gegen seine Pflicht, zulässige, taugliche und erreichbare Beweismittel von Amts wegen zu benutzen, um beweiserhebliche Tatsachen aufzuklären, die Revision begründet. Der Prozeßbeteiligte, den das Unterlassen der gebotenen Sachaufklärung beschwert, kann die Rüge der Verletzung des § 244 Abs. 2 erheben, und diese Aufklärungsrüge führt zur Aufhebung des Urteils, wenn es auf dem Verfahrensmangel beruht (§ 337 Abs. 1)[44]. Sowohl vor dem Bundesgerichtshof als auch vor den Oberlandesgerichten haben nicht nur Angeklagte, sondern auch die Staatsanwaltschaft und andere Prozeßbeteiligte mit der Aufklärungsrüge Erfolg. Eine gewisse Unsicherheit in diese klare Rechtslage hat lediglich die Behauptung *Sarstedts* gebracht, die Aufklärungsrüge sei nicht dazu da, unterbliebene Beweisanträge nachzuholen[45]. Der Satz[46] ist zutreffend, wenn man ihn als Warnung an die Verteidiger versteht, von Beweisanträgen in der Tatsacheninstanz in der Hoffnung abzusehen, das Urteil

---

41 Vgl. RGSt. 67 S. 97 = JW 1933 S. 954 mit Anm. *Mannheim*; RGSt. 67 S. 259 (262); RG JW 1929 S. 859; 1933 S. 954; S. 2217 mit Anm. *Wegner*; RG JW 1937 S. 1359 (1360); S. 1360; RG HRR 1932 Nr. 2329; 1939 Nrn. 546, 816.
42 Vgl. oben S. 8.
43 Vgl. RGSt. 74 S. 147; S. 153 (154) = DR 1940 S. 1104 mit Anm. *Mittelbach*; RGSt. 74 S. 394 (396); 76 S. 364 (365/366); 77 S. 198 (200); RG HRR 1942 Nrn. 509, 522. Ausführlich zum Beginn dieser Rspr.: *Bruns* DR 1940 S. 2041 (2044 ff.). Vgl. auch *Wenner* S. 16 ff.
44 Vgl. KK *Herdegen* § 244 Rdnr. 22. Zur Geschichte der Aufklärungsrüge vgl. *Traulsen* S. 72 ff.; *Wessels* JuS 1969 S. 1 ff. *Sarstedt* bezeichnet (S. 162) die Aufklärungsrüge mit Recht als die heute häufigste Revisionsrüge.
45 *Sarstedt* S. 169. – *Dahs* Hdb. Rdnr. 520 bezeichnet das als »einhellige Meinung«; so offenbar auch *Kleinknecht* § 244 Rdnr. 72.
46 Ihn bekämpfen *Beulke* S. 236; *Engels* S. 80/81; *Gössel* S. 248; *Jagusch* NJW 1971 S. 2198 (2201); *Traulsen* S. 182 ff.; *Wessels* JuS 1969 S. 1 (8). Wie *Sarstedt* aber im Ergebnis *Gutmann* JuS 1962 S. 369 (378): »Die Beweisrechte folgen aus dem Untersuchungsgrundsatz und begrenzen ihn zugleich.«

werde notfalls mit der Aufklärungsrüge zu Fall gebracht werden können[47]. Denn das Revisionsgericht wird in Zweifelsfällen nicht davon zu überzeugen sein, daß die Erhebung entlastender Beweise, die zu beantragen sogar der Verteidiger nicht für erforderlich gehalten hat, sich dem Tatrichter aufdrängen mußte[48]. Sollte allerdings die Bemerkung *Sarstedts* bedeuten, daß die Aufklärungsrüge dadurch verwirkt werden kann[49], daß der Beschwerdeführer keinen entsprechenden Beweisantrag gestellt hat, so ist sie falsch[50]. Der Aufklärungsrüge bedarf es nicht, wenn ein Beweisantrag gestellt worden ist. Sie dient also, sofern mit ihr nicht ausnahmsweise etwas anderes als eine unvollständige Beweisaufnahme beanstandet werden soll, überhaupt nur dem Zweck, einen unterlassenen Beweisantrag »nachzuholen«. Da die Sachaufklärungspflicht von den Anträgen der Prozeßbeteiligten aber unabhängig ist[51], kann es auch für die Zulässigkeit der Aufklärungsrüge nicht darauf ankommen, ob ein Beweisantrag gestellt worden ist.

III. Unterschied zwischen Sachaufklärungspflicht und Beweisantragsrecht

1. Die Lehre von der Übereinstimmung der Aufklärungspflicht mit dem Antragsrecht

Da das Gericht schon von Amts wegen zur Aufklärung des Sachverhalts verpflichtet ist[52], stellt sich die Frage, wodurch sich der auf § 244 Abs. 2 beruhende Beweiserhebungsanspruch der Prozeßbeteiligten von dem Anspruch unterscheidet, den sie mit der Stellung eines Beweisantrags erlangen. Daß ein solcher Unterschied überhaupt besteht, wurde allerdings schon im älteren Schrifttum in Abrede gestellt. Es wurde behauptet, mit einem Beweisantrag werde das Gericht nur auf eine Pflicht hingewiesen, die ihm ohnehin von Amts wegen obliegt[53]. Dagegen galt

---

47 Vgl. BGHSt. 16 S. 389 (391), wo darauf hingewiesen wird, daß das Versäumnis durch die Aufklärungsrüge nicht gutgemacht werden kann, es sei denn, daß sich dem Tatrichter eine entsprechende Beweiserhebung unabhängig von dem Vorbringen des Angeklagten aufdrängen mußte. Ähnlich, wenn auch mit zu weitgehendem Leitsatz, KG VRS 21 S. 64. Vgl. auch OLG Köln VRS 12 S. 122 (123); *Wenner* S. 216 ff.
48 Vgl. OLG Koblenz LRE 12 S. 114 (115); *Dahs/Dahs* Rdnr. 376.
49 So offenbar OLG Koblenz OLGSt. § 338 S. 65 (67); OLG Köln GA 1970 S. 248; OLGSt. § 244 S. 43 (44); § 244 Abs. 2 S. 64 (65); VRS 59 S. 422 (423); KMR *Paulus* § 244 Rdnr. 593.
50 Vgl. auch OLG Koblenz VRS 52 S. 199 (200), das zwar keinen Verlust des Rügerechts annimmt, aber den Hinweis für erforderlich hält, der Beschwerdeführer habe nach der Beweisaufnahme mit dem Ausgang des Verfahrens nicht zu rechnen brauchen; ebenso OLG Köln VRS 59, 422 (423). Völlig unklare Folgerungen zieht OLG Köln MDR 1977 S. 71 aus dem Satz. In der Entscheidung OLG Koblenz VRS 45 S. 393 (394) ist er als bloße Hilfserwägung angeführt; auch die Entscheidungen OLG Koblenz OLGSt. § 244 Abs. 2 S. 71 (73) und VRS 42 S. 278 (279) führen ihn ohne Notwendigkeit an.
51 Vgl. oben S. 21.
52 Vgl. oben S. 19 ff.
53 *Kohlrausch* vor § 244 Anm. 12; *Beling* JW 1925 S. 2782 (2784), 1928 S. 298, DJZ 1931 Sp. 843 und ZStW 38 S. 612 (621); *Bennecke/Beling* S. 528; *zu Dohna* S. 173; *Mattern* S. 10/11; *Hellm. Mayer* GerS 104 S. 302 (330).

bei den Kritikern und Verteidigern der Änderungen des Beweisrechts durch die Ausnahmeverordnung von 1932 und das Gesetz von 1935[54] für ausgemacht, daß der Beweisantrag weitergehende Rechte gewährt. Die Frage wurde allerdings erst eingehender erörtert, als durch § 24 der 1. Vereinfachungsverordnung vom 1. 9. 1939[55] die Pflicht des Gerichts zur Erhebung von Beweisen ausnahmslos von den Anträgen der Prozeßbeteiligten gelöst worden war. Denn nunmehr stand auch das Reichsgericht, in dessen Praxis die früheren Einschränkungen des Beweisantragsrechts keine Rolle gespielt hatten, vor der Frage, in welchem Umfang die Tatrichter Beweisanträge ohne Bindung an die hierfür bisher geltenden Grundsätze ablehnen durften. Es war vor allem *Niethammer,* der die Vorstellung, die Sachaufklärungspflicht könne hinter der Pflicht des Gerichts, Beweise auf Antrag zu erheben, in irgendeiner Weise zurückbleiben, mit großem Nachdruck bekämpfte. Er behauptete, der vom Reichsgericht entwickelte Katalog der Gründe, aus denen allein ein Beweisantrag abgelehnt werden darf, sei nach wie vor maßgebend. Denn das Reichsgericht habe sich immer darauf beschränkt, zu erklären, was geschehen müsse, um dem Gebot nach völliger Aufklärung des Sachverhalts zu genügen. Dieses Gebot sei schlechthin unabänderlich. »Von ihm läßt sich nichts abbrechen.«[56] Tatsächlich hat zunächst auch das Reichsgericht noch nach dem 1. 9. 1939 dahin entschieden, daß das Verbot, die Beweiswürdigung vorwegzunehmen, nach wie vor Geltung habe[57]. Es hat diese Ansicht jedoch alsbald aufgegeben und tatrichterliche Urteile nicht mehr beanstandet, die darauf beruhten, daß Beweisanträge der Prozeßbeteiligten mit der Begründung abgelehnt worden waren, eine weitere Beweiserhebung sei nicht erforderlich[58]. Allerdings wies das Reichsgericht immer wieder auf die Sachaufklärungspflicht und die Möglichkeit der Aufklärungsrüge hin[59].

Nach der Wiederherstellung des Beweisantragsrechts im Jahre 1950[60] hat die Frage des Verhältnisses von Sachaufklärungspflicht und Beweisantragsrecht viel an Bedeutung verloren. Sie ist aber noch wichtig für diejenigen Fälle, in denen der Gesetzgeber den Rechtszustand von 1939 aufrechterhalten und den Umfang der Beweisaufnahme weiterhin in das durch die Sachaufklärungspflicht gebundene Ermessen des Gerichts gestellt hat[61]. Im Schrifttum wird nach wie vor die Meinung vertreten, in diesen Fällen hätten die Prozeßbeteiligten aufgrund der Sachaufklä-

---

54 Vgl. oben S. 7 Fußn. 32.
55 Vgl. oben S. 8.
56 *Niethammer* LR 19. Aufl., 2. Nachtr., 1940, S. 224. Auch *zu Dohna* (Kohlrausch-FS S. 334), ein Gegner des Beweisantragsrechts, behauptet die Übereinstimmung der Sachaufklärungspflicht mit der Beweiserhebungspflicht auf Antrag.
57 RG HRR 1940 Nr. 211.
58 Vgl. RGSt. 74 S. 147 (149 ff.); S. 153 (154); 75 S. 11; 77 S. 198 (199); RG HRR 1940 Nrn. 139, 483; 1942 Nrn. 509, 512.
59 RGSt. 74 S. 147 (149 ff.); S. 153 (154); RG DR 1940 S. 195 = HRR 1940 Nr. 278; RG HRR 1940 Nrn. 406, 839.
60 Vgl. oben S. 9.
61 § 384 Abs. 3 StPO, § 78 Abs. 3 Satz 1 JGG, § 77 OWiG. Zu diesen Vorschriften vgl. unten S. 833 ff.

rungspflicht dieselben Rechte, die sie durch einen Beweisantrag erlangen. Die Ablehnungsgründe des § 244 Abs. 3 und 4 konkretisierten nur für den verfahrensrechtlich bedeutsamen Fall des Beweisantrags die dem Tatrichter aufgrund des § 244 Abs. 2 obliegende Aufklärungspflicht[62]. Die Vorschrift des § 244 Abs. 3 beschreibe den Kreis der mit dem Verbot der Beweisantizipation zu vereinbarenden Ablehnungsgründe erschöpfend[63]; sie wolle nur klarstellen, daß es verfehlt sei, einerseits am Grundsatz der vollständigen Sachaufklärung festzuhalten, andererseits aber Beweisantizipationen zuzulassen[64]. Eine Vorwegnahme der Beweiswürdigung sei daher im Rahmen der Amtsaufklärungspflicht ebenso verboten wie im Beweisantragsrecht[65]. Denn eine antizipierte Beweiswürdigung bedeute stets, daß das Gericht nicht alles tue, was zur Erforschung der Wahrheit erforderlich ist[66]. Im übrigen könne der Fall, daß dem Gericht durch einen Antrag Beweiserhebungen aufgedrängt werden, die es aufgrund der Sachaufklärungspflicht nicht für geboten halte, nur dann eintreten, wenn entweder das Gericht die Sachaufklärungspflicht nicht ernst genug nimmt oder wenn der Antragsteller Beweiserhebungen fordert, von denen von vornherein feststeht, daß sie zur Wahrheitsfindung nicht beitragen können[67].

Für diese Ansicht liegt die Bedeutung des Beweisantragsrechts demnach nicht in einem bestimmenden Einfluß der Prozeßbeteiligten auf den Umfang der Beweisaufnahme, sondern ausschließlich darin, daß der Antragsteller das Gericht auf die Möglichkeit von Beweiserhebungen hinweisen, insbesondere vom Vorhandensein bisher unbekannten Beweismaterials unterrichten[68] kann und daß es ihm möglich ist, das Gericht zu einer Stellungnahme zu bestimmten Beweisfragen schon vor der Urteilsverkündung zu zwingen und seine Verteidigung danach einzurichten[69].

62 *Bovensiepen* S. 64; *Engels* S. 13, 79 ff. und GA 1981 S. 21 (22); *Gössel* S. 248; *Köhler* S. 25 ff., 27; *Kreuzer* S. 29 ff.; *Offenberg* in: Die Spruchgerichte, 1949, S. 14; *Wenner* S. 156 ff.; *Wessels* JuS 1969 S. 1 (3).
63 *Engels* S. 16/17, 52 ff. und GA 1981 S. 21 (24).
64 *Engels* S. 76.
65 *Eb. Schmidt* § 261 Rdnr. 18; *Bergmann* S. 137 und MDR 1976 S. 888 (891); *Engels* S. 16/17, 52 ff. und GA 1981 S. 21 (24); *Grünwald* Gutachten zum 50. DJT, 1974, I Teil C S. 71; *Gutmann* JuS 1962 S. 369 (374); *Köhler* S. 26 ff.; *Kreuzer* S. 32/33; *Wenner* S. 132; *Wessels* JuS 1969 S. 1 (4); auch BGH NJW 1966 S. 1524 scheint auf diesem Standpunkt zu stehen.
66 *Engels* S. 39; so schon *Eb. Schmidt* ZStW 61 S. 429 (453/454 Fußn. 39).
67 *Kreuzer* S. 29.
68 Vgl. *Köhler* S. 27: Der Beweisantrag zielt ab auf eine bestimmte Ausrichtung des gerichtlichen Instruktionsermessens. Von der »Aktualisierung der Aufklärungspflicht« spricht auch KK *Herdegen* § 244 Rdnr. 47.
69 Vgl. *Engels* S. 76 und GA 1981 S. 21 (34); *Gutmann* JuS 1962 S. 369 (377); *Kreuzer* S. 33 ff. Den Wert dieser Stellungnahme für die Verteidigung betonen auch *Mayer-Alberti* S. 19/20 und *Sarstedt* DAR 1964 S. 307 (311). *Dahs* (Hdb. Rdnr. 519) empfiehlt dem Verteidiger sogar, einen Beweisantrag zu stellen, wenn er nicht sicher ist, wie das Gericht das Beweisergebnis beurteilt. »Damit hat er eine wirksame Waffe in der Hand.« Daß das Gericht stets gezwungen ist, auf einen Beweisantrag mindestens teilweise zu den bisherigen Beweisergebnissen Stellung zu nehmen (so *J. Schulz* GA 1981, S. 301 [308]), ist unrichtig. Aus den meisten Ablehnungsbeschlüssen ersieht der Antragsteller nicht viel.

Sonst bringt die Stellung eines Beweisantrags nach dieser Auffassung Vorteile nur für die Revision. Dem Prozeßbeteiligten, der mit dem Beweisantrag keinen Erfolg hatte, wird die Begründung des Rechtsmittels erleichtert, weil er durch das Protokoll, in dem sein Beweisantrag beurkundet ist, nachweisen kann, daß das Gericht das Beweismittel und die mit ihm zu erforschenden Beweistatsachen gekannt hat[70]. Da außerdem die Erwägungen des Tatrichters zu dem Beweisantrag im Protokoll festgehalten werden, können sie durch das Revisionsgericht ohne weiteres auf Rechtsfehler geprüft werden[71]. Das Wesen des Beweisantrags reduziert sich für die Anhänger der Identitätstheorie nach alledem darauf, daß dem Gericht Hinweise für die Aufklärungspflicht gegeben, formelle Bescheidungs- und Protokollierungspflichten ausgelöst werden[72] und dadurch eine erleichterte Nachprüfung durch das übergeordnete Gericht ermöglicht wird[73].

2. Beweisantragsrecht als weitergehendes Recht

Die Lehre von der Übereinstimmung des Beweisantragsrechts mit der Sachaufklärungspflicht hat im Gesetzgeber keinen Anhänger gefunden. Das beweisen nicht nur die Regelungen der Ausnahmeverordnungen vom 8. 12. 1931[74] und 14. 6. 1932[75] sowie in § 24 der Verordnung vom 1. 9. 1939[76], sondern auch die besonderen Vorschriften des § 384 Abs. 3 für das Privatklageverfahren und des § 77 OWiG für das Bußgeldverfahren[77]. Der Zweck dieser Bestimmungen bestand und besteht darin, den Tatrichter von den zunächst nur durch die Rechtsprechung, seit 1935 durch Gesetz, jetzt in § 244 Abs. 3 und 4, § 245 Abs. 2 Satz 2 und 3 bezeichneten Ablehnungsgründen freizustellen und die Ablehnung von Beweisanträgen immer dann zu ermöglichen, wenn die Sachaufklärung eine weitere Beweiserhebung nicht gebietet. Das Gesetz geht offensichtlich davon aus, daß der notwendige Umfang der Beweisaufnahme in beiden Fällen nicht übereinstimmt. Hiergegen läßt sich natürlich einwenden, daß der Gesetzgeber die rechtliche Unabänderlichkeit einer solchen Übereinstimmung verkannt und daher in den bezeichneten Vorschriften Regelungen getroffen hat, die rechtlich und praktisch bedeutungslos sind. Der Fehler liegt aber nicht beim Gesetz, sondern bei der Lehre von der Identität zwischen Beweisantragsrecht und Sachaufklärungspflicht. Sie beruht auf der unzutreffenden Annahme, daß im Beweisantragsrecht eine Beweisantizipation immer unzulässig ist und demgemäß in § 244 Abs. 3 nur Ablehnungsgründe aufgeführt sind, die eine Vorwegnahme der Beweiswürdigung schlechthin ausschließen[78]. In Wahrheit lassen fast alle gesetzlichen Ablehnungsgründe in gewissem Umfang

---

70 *Engels* S. 58.
71 *Kreuzer* S. 33.
72 *Engels* S. 76 ff., 83 und GA 1981 S. 21 (34).
73 *Kreuzer* S. 34.
74 Vgl. oben S. 6 Fußn. 28.
75 Vgl. oben S. 6 Fußn. 30.
76 Vgl. oben S. 8 Fußn. 37.
77 Vgl. zu diesen Vorschriften unten S. 833 ff., 840 ff.
78 So insbesondere *Engels* S. 40.

Ausnahmen von dem Verbot der Beweisantizipation zu[79]. Die wichtigste und hier allein interessierende Ausnahme von diesem Verbot besteht bei dem Ablehnungsgrund der Verschleppungsabsicht. Nach ganz herrschender Ansicht hat dieser Ablehnungsgrund zwei verschiedenartige Voraussetzungen. Einmal muß das Gericht selbst zweifelsfrei davon überzeugt sein, daß die beantragte Beweiserhebung zugunsten des Antragstellers nichts ergeben kann. Ferner ist der Nachweis erforderlich, daß auch der Antragsteller sich der Unmöglichkeit bewußt ist, mit der beantragten Beweisaufnahme mehr als die Verzögerung des Verfahrens zu erreichen[80]. Daß das Gericht die Überzeugung von der Aussichtslosigkeit der beantragten Beweiserhebung nur erlangen kann, wenn es das bisherige Beweisergebnis wertet und vorweg den Wert und die Bedeutung der beantragten weiteren Beweiserhebung würdigt, kann nicht zweifelhaft sein[81]. Die Befugnis des Tatrichters, das Beweisergebnis in dieser Weise vorwegzunehmen und einen Beweisantrag abzulehnen, ohne den Beweis erhoben zu haben, hat für den Ablehnungsgrund der Verschleppungsabsicht bisher keine große praktische Bedeutung erlangt, weil sich die zweite Voraussetzung des Ablehnungsgrundes, die Verschleppungsabsicht des Antragstellers, selten feststellen läßt[82]. Der Nachweis dieser weiteren Voraussetzung ist aber nur für das Beweisantragsrecht erforderlich. Im Rahmen der Sachaufklärungspflicht nach § 244 Abs. 2 kommt es auf ihn nicht an. Hier beurteilt sich der notwendige Umfang der Beweisaufnahme unabhängig von den Absichten und Meinungen der Prozeßbeteiligten; maßgebend ist allein die Auffassung des Gerichts. In all den Fällen, in denen das Gericht gezwungen ist, auf Antrag eine offensichtlich aussichtslose Beweiserhebung vorzunehmen, weil es nicht gelingt, dem Antragsteller die Verschleppungsabsicht nachzuweisen, steht das Gebot der Sachaufklärungspflicht dem Absehen von der Beweiserhebung demnach nicht entgegen. Die Rechtsprechung der Oberlandesgerichte zu § 384 Abs. 3 und zu § 77 OWiG hat das zutreffend dahin ausgedrückt, daß im Rahmen der Sachaufklärungspflicht eine Vorwegnahme der Beweiswürdigung zulässig ist, wenn der Sachverhalt aufgrund verläßlicher Beweismittel so eindeutig geklärt ist, daß eine weitere Beweiserhebung an der Überzeugung des Gerichts nichts ändern würde[83].

Das Fehlen einer Übereinstimmung von Beweisantragsrecht und Sachaufklärungspflicht läßt sich an vielen Beispielen nachweisen. Die Sachaufklärungspflicht gebietet es z. B. regelmäßig nicht, einen Zeugen zum Beweis des Gegenteils einer Tatsache zu vernehmen, über die bereits ein Dutzend zuverlässige Zeugen übereinstimmende Aussagen gemacht haben. Denn es läßt sich nicht ernsthaft behaupten, daß irgendein Erfahrungssatz dafür spricht, die Vernehmung dieses weiteren Zeugen werde geeignet sein, die Entscheidung des Gerichts zu beeinflussen. Vom Standpunkt der Sachaufklärungspflicht ist sie überflüssig. Beantragt der Angeklagte, den weiteren Zeugen zu vernehmen, so erlaubt § 244 Abs. 3 Satz 2 die

---

79 Vgl. im einzelnen unten S. 418 ff.
80 Vgl. im einzelnen unten S. 642 ff.
81 Vgl. unten S. 642. *Engels* S. 49 ff. bestreitet das, um die Theorie von der Übereinstimmung von Sachaufklärungspflicht und Beweisantragsrecht zu retten, zu Unrecht.
82 Vgl. unten S. 643.
83 Vgl. im einzelnen unten S. 843.

Ablehnung des Antrags aber nicht, sofern dem Antragsteller nicht nachzuweisen ist, daß auch er sich von dem Zeugen nichts verspricht und das Verfahren nur verschleppen will. Kommt es auf den Trunkenheitsgrad eines Angeklagten an, so wird das Gericht das Gutachten über die Auswertung der dem Angeklagten entnommenen Blutprobe für ein zuverlässiges und durch die bloße Behauptung des Angeklagten, nichts getrunken zu haben, nicht zu widerlegendes Beweismittel halten dürfen. Die Sachaufklärungspflicht zwingt nicht zu weiteren Beweiserhebungen[84]. Beantragt der Angeklagte aber, den Sachverständigen oder seine Gehilfen als Zeugen darüber zu hören, daß die Blutprobe vertauscht sein kann, oder verlangt er, daß durch einen Sachverständigen seine eigene Blutgruppe mit der der Blutprobe verglichen wird, so ist das Gericht nach § 244 Abs. 3 Satz 2 nicht befugt, die Anträge abzulehnen[85]. Ist dem Angeklagten zur Last gelegt, mit seinem Kraftwagen eine Straßenkreuzung bei Rotlicht der Verkehrsampel überquert zu haben, so wird das Gericht unter dem Gesichtspunkt der Sachaufklärungspflicht keinen Anlaß sehen, die Richtigkeit der den Angeklagten belastenden Zeugenaussagen durch Vernehmung einer älteren Mitfahrerin zu überprüfen, die auf dem Rücksitz gesessen und nach aller Lebenserfahrung nicht darauf geachtet hat, welches Licht die Verkehrsampeln abgestrahlt haben[86]. Ein Beweisantrag auf Vernehmung der Zeugin könnte jedoch nicht abgelehnt werden.

So richtig es ist, daß sich nicht viele vernünftige Beweiserhebungen denken lassen, die nicht schon aus dem Gesichtspunkt der Sachaufklärungspflicht geboten sind[87], so wenig läßt sich bestreiten, daß es mancherlei Beweiserhebungen gibt, die nach § 244 Abs. 3 nicht abgelehnt werden können, obwohl das Gericht von ihrer Nutzlosigkeit so überzeugt sein darf, daß es ohne Beweisantrag keine weiteren Beweise erheben würde. Dieser Unterschied zwischen Sachaufklärungspflicht und Beweisantragsrecht hat in der Rechtspraxis beträchtliche Auswirkungen. Durch das Beweisantragsrecht kann das Gericht gezwungen werden, über die Sachaufklärungspflicht hinaus Beweise zu erheben[88]. Das liegt auch im Interesse der Erforschung der Wahrheit, an der sich die Prozeßbeteiligten durch die Stellung von Beweisanträgen beteiligen können. Denn bei der Abschätzung des Umfangs der

---

84 Anders, wenn die Einlassung des Angeklagten, er habe nichts getrunken, durch andere Beweismittel bestätigt wird; vgl. OLG Hamm VRS 25, 348.
85 Vgl. BGH VRS 25 S.426; 27 S. 452; BayObLG VRS 61 S. 40; BayObLG bei *Rüth* DAR 1978 S. 211. Vgl. auch *Haubrich* NJW 1981 S. 2507, der die Ablehnung wegen Verschleppungsabsicht für möglich hält.
86 Vgl. OLG Karlsruhe VRS 51, 61 (63).
87 *Hellm. Mayer* GerS 104 S. 302 (330).
88 BGHSt. 21 S. 118 (124); *Kohlrausch* vor § 244 Anm. 8; LR *Schäfer* Einl. Kap. 13 Rdnr. 69; *Eb. Schmidt* vor § 244 Rdnr. 22; *Alsberg* JW 1922 S. 258; 1932 S. 58; *Berkholz* S. 3; zu *Dohna* Kohlrausch-FS S. 320; *Gutmann* JuS 1962 S. 369 (377); *Hagemann* S. 1; *H.-J. Klee* DJ 1937 S. 1384 (1386); *Köhler* S. 26; *F. W. Krause* S. 62; *Ley* S. 9; *Mannheim* JW 1929 S. 1076; *Sarstedt* S. 169, 185; DAR 1964 S. 306 (307) und JR 1954 S. 192 (193); *Schneidewin* in: *Lobe* (Hrsg.), Fünfzig Jahre Reichsgericht S. 328; *Schroeder* ROW 1969 S. 193 (194); *Schwarz* DJ 1940 S. 1287; *Simader* S. 24 ff.; *Steffen* S. 6; *Stützel* S. 3, 5, 9; *Weigelt* DAR 1964 S. 314 (320); a. A. KMR *Paulus* § 244 Rdnr. 236 ff. mit wenig einleuchtender Begründung.

Sachaufklärungspflicht nach § 244 Abs. 2 muß das Gericht Erfahrungssätze heranziehen. Es kann von Beweiserhebungen absehen, die nach aller Erfahrung nichts einbringen werden. Die Prozeßbeteiligten können dagegen grundsätzlich darauf bestehen, daß auch solche Beweise erhoben werden. Sie können die Ausnahmen von den Regeln zur Geltung bringen, an die das Gericht sich hält. Gerade darin liegt die überragende Bedeutung des Beweisantragsrechts im Beweissystem der Strafprozeßordnung, und erst das rechtfertigt es, davon zu sprechen, daß das Recht zur Stellung von Beweisanträgen das wichtigste Recht der Prozeßbeteiligten in der Hauptverhandlung ist[89].

3. Aufklärungspflicht als weitergehende Pflicht

Die Lehre von der Identität der Sachaufklärungspflicht mit dem Beweisantragsrecht leugnet nicht nur eine gegenüber der Aufklärungspflicht weitergehende Pflicht des Gerichts, auf entsprechenden Antrag Beweise zu erheben, sondern umgekehrt auch eine gegenüber dem Zwang, Beweisanträge nur aus den Gründen des § 244 Abs. 3 und 4 abzulehnen, weitergehende Beweiserhebungspflicht aufgrund der Pflicht zur Sachaufklärung[90]. Auch das ist unrichtig. Es kann durchaus vorkommen, daß ein Beweisantrag in zulässiger Weise abgelehnt werden kann, das Gericht aber dennoch gegen die Amtsaufklärungspflicht verstößt, wenn es die Beweistatsache nicht weiter aufklärt[91]. Das kann insbesondere der Fall sein, wenn ein Beweisantrag wegen Unerreichbarkeit des Beweismittels abgelehnt worden ist. Selbst wenn es nicht möglich ist, einen Zeugen zum Erscheinen vor dem erkennenden Gericht zu zwingen oder ihn wenigstens kommissarisch vernehmen zu lassen, wenn er also unerreichbar im Sinne des § 244 Abs. 3 Satz 2 ist, kann es erforderlich sein, das Wissen des Zeugen auf andere Weise nutzbar zu machen. Der unerreichbare Zeuge kann z. B. veranlaßt werden, seine Auskünfte schriftlich zu erteilen[92]. Daß das Gericht auch versuchen muß, anstelle eines solchen Zeugen andere Beweismittel ausfindig zu machen, ergibt sich aus § 244 Abs. 2 ohne weiteres[93], hat aber mit der hier zu erörternden Frage nichts zu tun. Ein weiterer Fall, in dem die Aufklärungspflicht eine weitere Beweiserhebung gebieten kann, auch wenn die

---

89 Vgl. unten S. 371.
90 KK *Herdegen* § 244 Rdnr. 24; *Engels* S. 13 und GA 1981 S. 21 (22); *Gössel* S. 248; *Mattern* S. 10; *Roxin* § 43 A 4; *Wenner* S. 164 ff.; *Wessels* JuS 1969 S. 1 (4/5).
91 Vgl. BGH NJW 1978 S. 113 (114); BGH GA 1954 S. 374 mit Anm. *Grützner*, BGH bei *Spiegel* DAR 1980 S. 207; OLG Celle MDR 1964 S. 944 = VRS 27 S. 284; OLG Oldenburg NdsRpfl. 1979 S. 110; KMR *Paulus* § 244 Rdnr. 234; LR *Gollwitzer* § 244 Rdnr. 42; *Roxin* § 43 A 4; *Sarstedt* S. 171 Fußn. 45; *Schlüchter* Rdnr. 544; *Schorn* GA 1965 S. 299 (302). Dagegen meint *Schroeder* ROW 1969 S. 193 (202), die Aufklärungspflicht finde ihre Grenzen in den Beweisablehnungsgründen des § 244 Abs. 3.
92 Vgl. BGH GA 1954 S. 374 mit Anm. *Grützner*, der darauf hinweist, daß bei Zeugen im Ausland das Erfordern einer schriftlichen Auskunft unzulässig ist. Neuerdings hält der BGH insbesondere bei Unerreichbarkeit von Gewährs- und Vertrauensleuten der Polizei und der Nachrichtendienste das Gericht für verpflichtet, notfalls schriftliche Auskünfte des Zeugen einzuholen; vgl. dazu unten S. 626.
93 Vgl. RGSt. 74 S. 147 (152); *Wessels* JuS 1969 S. 1 (4/5).

Ablehnung eines dahingehenden Beweisantrags rechtlich an sich keinen Bedenken unterliegt, ist die Heranziehung eines weiteren Sachverständigen. Nach § 244 Abs. 4 Satz 2 muß dem Antrag, einen weiteren Sachverständigen zu hören, nur stattgegeben werden, wenn die Sachkunde des ersten Gutachters zweifelhaft ist. Es gibt aber Sachgebiete, auf denen die Beurteilung so schwierig ist, daß die Sachaufklärungspflicht die Zuziehung eines oder mehrerer weiterer Sachverständiger selbst dann gebietet, wenn die Sachkunde des ersten Sachverständigen außer Zweifel steht. Zu diesen Wissensgebieten gehört insbesondere die Schriftvergleichung[94]. Das Beweisantragsrecht und die Sachaufklärungspflicht stimmen auch insoweit nicht überein.

---

94 Vgl. unten S. 738.

§ 2 Begriff des Beweisantrags

Der Begriff Beweisantrag wird in der Strafprozeßordnung nicht einheitlich gebraucht. Soweit der Beschuldigte nach § 163 a Abs. 2, § 166 schon im Ermittlungsverfahren berechtigt ist, die Erhebung einzelner Beweise zu beantragen, handelt es sich um bloße Beweisanregungen mit dem Ziel, die Strafverfolgungsbehörden zur Ausdehnung der Ermittlungen auf bestimmte Umstände oder Beweismittel zu veranlassen. Der Antrag auf Beweiserhebungen im Zwischenverfahren (§ 201 Abs. 1), nach der Aktenvorlage (§ 225 a Abs. 2) und nach der Verweisung (§ 270 Abs. 4) ist hingegen ein echter, auf unmittelbare Beweiserhebung gerichteter Antrag. Da das Gesetz aber nicht im einzelnen bestimmt, aus welchen Gründen der Antrag abgelehnt werden kann, ist er seinem Wesen nach ebenfalls nur eine Anregung zur Beweiserhebung im Rahmen der Aufklärungspflicht[1]. Das gilt im Grunde auch für den Beweisantrag nach § 219, mit dem nicht nur die Herbeischaffung von Beweismitteln zur Hauptverhandlung, sondern auch deren Verwendung in der Hauptverhandlung beantragt wird. Von dieser Art Beweisanträge unterscheiden sich die Anträge in der Hauptverhandlung nach § 244 Abs. 3, § 245 Abs. 2 Satz 1 dadurch, daß das Gesetz hier die Antragsablehnung nur beim Vorliegen bestimmter Voraussetzungen gestattet. Wenn von Beweisanträgen gesprochen wird, sind regelmäßig diese Anträge gemeint. Zu ihnen gehört auch der Antrag auf Verwendung der vom Gericht herbeigeschafften sachlichen Beweismittel in der Hauptverhandlung[2].

Der Beweisantrag ist eine Prozeßhandlung, und zwar, da er selbst das Verfahren nicht gestaltet, eine Erwirkungshandlung[3]. Durch sie wird das Gericht aufgefordert, eine Beweiserhebung anzuordnen und vorzunehmen[4]. Das Wesen des Beweisantrags liegt darin, daß der Antragsteller die Beweisaufnahme nicht in das Ermessen des Gerichts stellt[5], sondern daß er sie, wenn auch mitunter nur beim

---

1 Vgl. *Rieß* BJM-FS S.420/421.
2 Vgl. unten S. 792.
3 Vgl. KMR *Paulus* § 244 Rdnr. 382; LR *Schäfer* Einl. Kap. 10 Rdnr. 5; *Eb. Schmidt* Teil I Rdnr. 214; *Baumann* S.140; *Gössel* S.159/160; *Henkel* S.236; *Niese* S.89; *Peters* S.237; *Roxin* § 22 A II 1; *Sauer* Grdl. S.141 ff.; *Schlüchter* Rdnr. 135; *Siegert* S.27. Der Begriff wurde von *Goldschmidt* (S.364, 432 ff.) geprägt. *Beling* (S.163) spricht von prozessualen Willenserklärungen.
4 Zur Rechtsnatur des Antrags als der Geltendmachung eines Rechts, das dem Antragsteller gegenüber dem Antragsgegner zusteht, vgl. allgemein *Eb. Schmidt* Teil I Rdnr. 215; *Goldschmidt* S.381; *Henkel* S.336/337; *Niese* S.89; *Sauer* Grdl. S.144; *Simader* S.7/8, 18; *Stützel* S.7.
5 Das unterscheidet ihn vom bloßen Beweiserbieten; vgl. dazu unten S. 69.

Eintritt einer bestimmten Bedingung[6], verlangt und dadurch auf den Umfang der Beweisaufnahme bestimmend einwirken will. Ob man die Anträge als Willenserklärungen auffaßt oder als Willensmitteilungen, die unter den als Prozeßhandlungen gemeinten Willensäußerungen eine besondere Gruppe bilden[7], ist eine im wesentlichen terminologische Frage[8].

Der Beweisantrag muß auf die Benutzung eines Beweismittels gerichtet sein. Dem Antragsteller ist nicht schon damit gedient, daß das Beweismittel herbeigeschafft wird; das Ziel des Beweisantrags ist die Erhebung des Beweises[9]. Dabei spielt es keine Rolle, ob das Beweismittel präsent ist oder erst herbeigeschafft werden muß[10]. Das Gesetz bezeichnet demgemäß auch den Antrag, die Beweisaufnahme auf die von dem Angeklagten oder der Staatsanwaltschaft vorgeladenen Zeugen und Sachverständigen sowie auf die sonstigen herbeigeschafften Beweismittel zu erstrecken, als Beweisantrag (§ 245 Abs. 2 Satz 1). Der Antrag, die von dem Angeklagten in der Hauptverhandlung gestellten, aber nicht nach § 38 förmlich geladenen Zeugen oder Sachverständigen zu vernehmen, ist ebenfalls ein Beweisantrag[11]. Das gleiche gilt für den Antrag auf Verwendung der vom Gericht herbeigeschafften Urkunden oder Augenscheinsgegenstände als Beweismittel[12]. Von den gewöhnlichen Beweisanträgen unterscheidet er sich nur dadurch, daß der Antragsteller keine Beweistatsachen anzugeben braucht.

Gegenstand der Beweisaufnahme können Tatsachen und Erfahrungssätze sein, die für die Schuld- und Rechtsfolgenfrage von Bedeutung sind, aber auch Umstände, die nur die Verfahrensvoraussetzungen oder Verfahrensfragen betreffen. Der Unterschied liegt darin, daß in einem förmlichen Beweisverfahren (Strengbeweis) nur über für die Schuld- und Rechtsfolgenfrage erhebliche Tatsachen Beweis erhoben wird, im übrigen aber Freibeweis stattfindet[13]. Wo das Gesetz vom Beweisantrag spricht, sind nur Beweiserhebungen im Strengbeweis gemeint. Eine Beweisaufnahme über Rechtsfragen ist nur zulässig, wenn es sich um ausländisches Recht und um Gewohnheitsrecht handelt[14]; auch dann gilt Freibeweis[15].

Die Beweismittel, deren Benutzung mit einem Beweisantrag verlangt wird, müssen in der Strafprozeßordnung ausdrücklich vorgesehen sein. In Betracht kommen nur Zeugen (§§ 48 ff.), Sachverständige (§§ 72 ff.), Augenscheinsgegenstände

---

6 Zum bedingten Beweisantrag vgl. unten S. 57 ff.
7 Vgl. *Beling* S. 163; *Goldschmidt* S. 382 ff., 457 ff.; *Siegert* S. 28 ff.
8 Die Unterscheidung *Goldschmidts* (S. 382) beruht auf der Auffassung, daß Willenserklärungen nur diejenigen Willensäußerungen sind, »deren rechtliche Wirkung dem Inhalt des Willens entspricht«.
9 Vgl. *Alsberg* Heinitz-FS S. 418; *Harreß* S. 18; *Oetker* S. 684 Fußn. 2; *Rieker* S. 13 Fußn. 1; *Simader* S. 7.
10 Vgl. *Stützel* S. 7; *Völcker* S. 7.
11 BGH NJW 1952 S. 836; RGSt. 23 S. 400; 68 S. 403; OLG Düsseldorf VRS 1 S. 209.
12 Vgl. unten S. 792. Die Voraufl. (S. 6) schied diese Anträge aus dem Begriff Beweisantrag aus.
13 Vgl. im einzelnen unten S. 117 ff.
14 Vgl. unten S. 136 ff.
15 Vgl. unten S. 140.

(§ 86) und Urkunden (§§ 249 ff.). Die richterliche Überzeugungsbildung kann sich zwar auch auf andere Beweise stützen, z. B. auf Erklärungen des Angeklagten und des Privatklägers; Gegenstand eines Beweisantrags können sie aber nicht sein. Daher ist der Antrag des Verteidigers, den abwesenden Angeklagten zu einer beweiserheblichen Tatsache zu hören, kein zulässiger Beweisantrag, sondern eine bloße Beweisanregung[16]. Das gleiche gilt für Anträge auf Gegenüberstellungen und auf Vornahme von Experimenten[17].

Der Beweisantrag läßt sich demnach begrifflich bestimmen als das ernsthafte, unbedingte oder an eine Bedingung geknüpfte Verlangen eines Prozeßbeteiligten, zur Schuld- oder Rechtsfolgenfrage mit bestimmten, nach der Strafprozeßordnung zulässigen Beweismitteln Beweis zu erheben[18].

---

16 Vgl. OLG Saarbrücken JBl. Saar 1961 S.219.
17 Vgl. unten S. 92 ff., 97 ff.
18 Im wesentlichen gleichlautende Definitionen des Begriffs finden sich bei BGHSt. 1 S.29 (31); 6 S.128 (129); BGH NJW 1960 S.2156 (2157); BGH bei *Dallinger* MDR 1951 S.405 = JR 1951 S. 509; BGH NStZ 1981 S. 361 (362); BGH Strafverteidiger 1982 S. 55 (56); RGSt. 13 S.316 (317); 49 S.358 (359/360); 57 S.261 (262); 59 S.420 (422); 64 S.432 = JW 1931 S.2031 mit Anm. *Mannheim*; RGRspr. 2 S. 727 (728); RG JW 1924 S.1251; 1927 S.793 mit Anm. *Mannheim*; RG JW 1931 S.1608; RG HRR 1942 Nr. 133; RMGE 7 S.40; KG VRS 25 S.272 (275); OLG Kiel HESt. 1 S.142 = SchlHA 1947 S.28; OLG Koblenz VRS 47 S.446 (447); 49 S.273; OLG Saarbrücken VRS 49 S.45 (46); *Dalcke/Fuhrmann/ Schäfer* Anm. 7 a; KK *Herdegen* Rdnr. 48; *Kleinknecht* Rdnr. 37; LR *Gollwitzer* Rdnr. 72; alle zu § 244; *Eb. Schmidt* vor § 244 Rdnr. 24; *Beling* S.379; *Bergmann* S.3, 55 und MDR 1976 S.888; *Berkholz* S.26; *Bohne* JW 1932 S.3099; *Engels* GA 1981 S.21; *Gerland* S.364 und JW 1931 S. 215; *Gutmann* JuS 1962 S.369 (374); *Hanack* JZ 1970 S.561; *Harreß* S.8; *Henkel* S.340; *Koeniger* S.257; *Mayer-Alberti* S.69; *Meves* GA 40 S.291 (294); *Miltner* Recht 1902 Sp. 568; *Oetker* JW 1930 S.1105; *Peters* S.286; *Rieker* S.13; *Sarstedt* S.183/184 und DAR 1964 S.307; *G. Schäfer* S.352; *Schlosky* JW 1930 S.2505; *Schlüchter* Rdnr. 545; *Simader* S.8; *Stützel* S.7 ff.; *Tenckhoff* S.30; *Wenner* S. 144; *Wessels* JuS 1969 S.1 (3).

§ 3 Formulierung und Substantiierung des Beweisantrags

  I. Verständlichkeit des Beweisantrags 37
 II. Antragstellung 38
III. Angabe bestimmter Beweistatsachen 39
    1. Bezeichnung der Beweistatsachen 39
    2. Behauptung bestimmter Tatsachen 40
    3. Bestimmte Behauptung der Beweistatsachen 43
       a) Nur vermutete Tatsachen 43
       b) Nur als möglich erscheinende Tatsachen 46
 IV. Benennung bestimmter Beweismittel 47
    1. Zeugen 47
       a) Ermittlung aufgrund der Angaben des Antragstellers ... 47
       b) Ermittlung durch Hilfsbeweismittel 51
    2. Sachverständige 52
    3. Augenschein 53
    4. Urkunden 53
    5. Behördliche Auskünfte 54
    6. Mehrere Beweismittel 54
  V. Entbehrlichkeit weiterer Angaben 55

I. Verständlichkeit des Beweisantrags

Nach § 219 Abs. 1 Satz 1 muß ein Beweisantrag die Tatsachen bezeichnen[1], über die Beweis erhoben, und die Beweismittel angeben, durch die er erbracht werden soll. Das gilt nach allgemeiner Ansicht auch für Beweisanträge nach § 244 Abs. 3 bis 5[2]. Gleichgültig ist, ob der Antragsteller zunächst die Beweistatsache angibt und daran die Bezeichnung des Beweismittels anschließt oder ob er umgekehrt verfährt[3].

Der Antrag muß so formuliert werden, daß Inhalt und Sinn verständlich sind. Insbesondere wenn in einem Antrag nicht nur mehrere Beweistatsachen behauptet, sondern auch mehrere Beweismittel zu den einzelnen Beweistatsachen benannt

---

[1] Da Beweis auch über Erfahrungssätze beantragt werden kann, ist der Begriff Tatsachen zu eng. Er wird hier aber in Übereinstimmung mit § 219 Abs. 1 Satz 1 der Einfachheit halber gebraucht.
[2] RGSt. 13 S. 316 (318); 40 S. 48 (50); RG Recht 1908 Nr. 1735; *Berkholz* S. 26, 142; *Mayer-Alberti* S. 18; *Meves* GA 40 S. 291 (295); *Rieker* S. 19; *Simader* S. 30; *Stützel* S. 16.
[3] Vgl. *Alsberg* Heinitz-FS S. 429.

werden und die Beziehung der Beweismittel zu den Beweisthemen nicht zweifelsfrei erkennbar ist, muß der Antrag deutlich machen, welchen Beweistatsachen die verschiedenen Beweismittel zuzuordnen sind[4]. Das Erfordernis der Verständlichkeit bedeutet aber nicht, daß für jeden Dritten aus dem Inhalt des Antrags ohne weiteres erkennbar sein muß, worum es sich handelt[5]. Nur das Gericht und die anderen Prozeßbeteiligten müssen verstehen können, was der Antragsteller meint. Bezugnahmen auf frühere Anträge und auf andere Schriftsätze, die sich bei den Akten befinden, sind daher nicht ausgeschlossen[6]. Es reicht sogar aus, daß sich die Beweistatsache aus den Umständen, unter denen der Antrag gestellt wird, für alle Beteiligten, vor allem für das Gericht, klar ergibt[7]. Wenn ein Antrag nicht ohne weiteres verständlich ist, gibt das dem Gericht übrigens nicht das Recht, ihn unberücksichtigt zu lassen. Dann greift die richterliche Fragepflicht ein, deren Ziel es ist, auf die Stellung eines sachdienlichen und einwandfreien Antrags hinzuwirken[8]. Notfalls sind zur Auslegung eines unklaren Antrags der Akteninhalt und die Erklärungen des Antragstellers in der Hauptverhandlung heranzuziehen[9].

II. Antragstellung

Wer einen Beweisantrag stellen will, muß zum Ausdruck bringen, daß er eine Beweiserhebung des Gerichts verlangt. Der bloße Widerspruch gegen die von anderer Seite gestellten Anträge läßt das nicht erkennen; er ist nicht seinerseits ein Antrag[10]. Der Antragsteller muß auch deutlich machen, daß er die Beweisaufnahme nicht in das Ermessen des Gerichts stellt, die Beweisaufnahme also nicht nur anregt[11]. Das Vorliegen eines Beweisantrags hängt aber nicht davon ab, daß das Wort Antrag benutzt wird. Es kommt nicht auf einen ausdrücklichen »Berücksichtigungsantrag«, sondern allein darauf an, daß der ernstliche Wunsch nach Beweiserhebung erkennbar gemacht wird[12]. Dazu genügt die Erklärung eines Prozeßbeteiligten, er wolle auf bestimmte Zeugen nicht verzichten[13], er vermisse die Vernehmung »seiner Zeugen«[14]. Auch in dem Erbieten, eine Schriftprobe abzuge-

---

4 Vgl. *Kleinknecht* § 244 Rdnr. 40; *Alsberg* a.a.O.
5 Vgl. *Alsberg* Heinitz-FS S. 430; *Rieker* S. 18; *Simader* S. 30 ff.; *Völcker* S. 7.
6 Vgl. unten S. 381.
7 Vgl. OLG Celle NdsRpfl. 1982 S. 66 (67); LR *Gollwitzer* § 244 Rdnr. 85; unten S. 40.
8 Vgl. unten S. 396 ff.
9 Zur Auslegung vgl. unten S. 749 ff.
10 Vgl. unten S. 754.
11 Zur Abgrenzung des Beweisantrags zum Beweiserbieten vgl. unten S. 69 ff.
12 RGSt. 59 S. 420 (422); RG LZ 1915 Sp. 556; *Alsberg* Heinitz-FS S. 434; *Bergmann* S. 21 und MDR 1976 S. 888 (889); *Berkholz* S. 35; *Harreß* S. 9; *Mannheim* JW 1929 S. 1081; *Mayer-Alberti* S. 22; *Simader* S. 77; *Stützel* S. 9. Vgl. auch *Goldschmidt* S. 391.
13 RG DStR 1939 S. 176; die Entscheidung ist ergangen, nachdem die Pflicht des Gerichts zur Erhebung präsenter Beweise abgeschafft worden war.
14 RG SeuffBl. 75 S. 178; *Alsberg* Heinitz-FS S. 434; *Berkholz* S. 36.

Formulierung und Substantiierung des Beweisantrags

ben, die ein Sachverständiger zum Beweis einer bestimmten Tatsache untersuchen soll, ist eine Antragstellung gesehen worden[15].

Die Antragstellung kann auch aus einer schlüssigen Handlung zweifelsfrei hervorgehen[16]. Der Antrag auf Anhörung eines Sachverständigen kann z. B. darin liegen, daß bei der Überreichung eines schriftlichen Gutachtens zum Ausdruck gebracht wird, der Sachverständige werde bei seiner Vernehmung zu dem dort niedergelegten Ergebnis gelangen[17]. Auch der Antrag, das Gericht möge bestimmte Maßnahmen anordnen, kann einen Beweisantrag enthalten, z. B. der Antrag auf Herbeiziehung von Akten, in denen sich Niederschriften über bestimmte Zeugenaussagen befinden[18], der Antrag auf polizeiliche Nachforschungen nach einem Zeugen[19], auf Beschlagnahme bestimmter Sachen zum Beweis bestimmter Behauptungen[20], etwa eines Hauptbuchs zwecks Prüfung durch einen Sachverständigen[21], und der Antrag auf Nachforschung nach bestimmten Akten[22], auf Vornahme einer Haussuchung mit dem Ziel, bestimmte Unterlagen aufzufinden[23], oder auf Durchsuchung eines Teichs nach einer Waffe[24]. Insbesondere wird in dem Antrag auf Aussetzung der Hauptverhandlung ein Beweisantrag zu sehen sein, wenn der erkennbare Zweck der Aussetzung die Herbeiziehung bestimmter Beweismittel ist, die zur Aufklärung bestimmter Tatsachen verwendet werden sollen[25].

III. Angabe bestimmter Beweistatsachen

1. Bezeichnung der Beweistatsachen

Der Antragsteller muß in dem Beweisantrag eine bestimmte Tatsache behaupten. Nur wenn das Gericht das Beweisthema kennt, kann es beurteilen, ob die bean-

---

15 RGSt. 15 S. 319. *Bergmann* S. 34 und *Koeniger* S. 261 halten das zwar ebenfalls für einen Antrag, jedoch nur für einen Beweisermittlungsantrag. Vgl. auch *Simader* S. 85.
16 Vgl. *Goldschmidt* S. 391; *Stützel* S. 10.
17 Vgl. den Fall RG JW 1928 S. 1307 mit Anm. *Oetker*.
18 RGRspr. 8 S. 581; *Bergmann* S. 21; *Berkholz* S. 35/36.
19 RG SeuffBl. 75 S. 321; *Alsberg* Heinitz-FS S. 434.
20 A.A. *Simader* S. 90, der darin nur einen »Beweisermöglichungsantrag« sieht, weil die §§ 102, 103 dem Ermessen des Gerichts einen gewissen freien Spielraum lassen; ähnlich *Hareß* S. 15.
21 RG JW 1926 S. 2924 mit Anm. *Alsberg*; *Bergmann* S. 33 Fußn. 4.
22 RG JW 1933 S. 451 mit Anm. *Alsberg*.
23 *Bergmann* S. 33; a. A. RG SeuffBl. 72 S. 159 und *Simader* S. 90 mit der Begründung, Prozeßbeteiligte seien nicht berechtigt, Beschlagnahmen zu beantragen.
24 RG JW 1927 S. 793 mit Anm. *Mannheim*; LR *Gollwitzer* § 244 Rdnr. 90.
25 Vgl. RGSt. 38 S. 127 (Ladung der Frau M als Zeugin); RG JW 1889 S. 276 (Vertagung, um Zeugen ausfindig zu machen); RG JW 1890 S. 64 (Aussetzung zur Ermittlung und Sistierung bestimmter Zeugen); RG JW 1932 S. 2725 (Vertagung und Vernehmung zweier weiterer Zeugen); RG JW 1933 S. 451 mit Anm. *Alsberg* (Nachforschung nach bestimmten Akten); RG GA 61 S. 352 (Antrag der Staatsanwaltschaft auf Abtrennung und Vertagung wegen eines Tatkomplexes, für den die geladenen Zeugen nicht erschienen waren); RG Recht 1912 Nr. 532 (Vertagung und Vernehmung weiterer Zeugen). Vgl. auch *Bergmann* S. 28 und MDR 1976 S. 888 (889); *Berkholz* S. 94/95; *Rieker* S. 38 Fußn. 15; unten S. 86.

tragte Beweiserhebung angeordnet werden muß oder ob der Antrag aus einem der Gründe des § 244 Abs. 3 und 4 abgelehnt werden kann, insbesondere weil die behauptete Tatsache offenkundig, für die Sachaufklärung ohne Bedeutung oder schon erwiesen ist oder weil sie als wahr unterstellt werden kann[26]. Der nicht näher substantiierte Antrag, bestimmte Beweismittel zu benutzen, ist ein Beweisermittlungsantrag, kein Beweisantrag[27]. Das gilt auch für den Fall, daß in dem Verfahren nur wenige Tatsachen aufklärungsbedürftig sind[28]. Nur wenn sich die Beweistatsachen aus den Umständen, unter denen der Antrag gestellt worden ist[29], oder aus der Natur des benannten Beweismittels ohne weiteres ergeben[30], sind ausdrückliche Angaben entbehrlich[31].

2. Behauptung bestimmter Beweistatsachen

Obwohl die Beweistatsache in dem Antrag so genau bezeichnet werden muß, daß das Gericht beurteilen kann, ob einer der Ablehnungsgründe des § 244 Abs. 3 und 4 vorliegt, dürfen die Anforderungen an die Behauptung einer bestimmten Tatsache nicht überspannt werden. Allzu strenge Anforderungen können schon deshalb nicht gestellt werden, weil die Prozeßbeteiligten, abgesehen von der Staatsanwaltschaft, selten in der Lage sind, selbst Ermittlungen vorzunehmen, um die Wahrheit zu erforschen[32]. Sie sind dazu zwar berechtigt[33], verfahrensrecht-

---

26 OLG Koblenz VRS 47 S. 446 (447); vgl. auch *Koeniger* S. 257; *Simader* S. 32; *Stützel* S. 17.
27 Zum Beweisermittlungsantrag vgl. im einzelnen unten S. 75 ff.
28 Vgl. *Stützel* S. 17; a. A. *Ditzen* ZStW 10 S. 111 (149). Vgl. auch *Simader* S. 32.
29 Vgl. RGSt. 13 S. 316; 38 S. 127 (128); RGRspr. 6 S. 322; 7 S. 534; RG JW 1933 S. 449; OGHSt. 2 S. 352; BayObLG bei *Rüth* DAR 1965 S. 285; *Rieker* S. 19.
30 Der näheren Angabe der Beweistatsachen bedarf es z. B. nicht, wenn der Verteidiger beantragt, den Strafregisterauszug über einen sich als unbestraft bezeichnenden Zeugen einzuholen, der 15 Eintragungen enthält (BGH 1 StR 569/74 vom 28. 1. 1975), oder wenn der Staatsanwalt den Antrag stellt, den Strafregisterauszug über die Vorstrafen des Angeklagten herbeizuziehen (BGH 1 StR 332/77 vom 16. 8. 1977). Beweistatsache ist in beiden Fällen das Vorhandensein von Vorstrafen. Auch der Antrag auf Blutgruppenuntersuchung ist als genügend substantiierter Beweisantrag angesehen worden (OLG Hamm NJW 1956 S. 1731 L). Vgl. auch BayObLG Strafverteidiger 1982 S. 414: Benennung eines »Augenzeugen« des Unfalls.
31 Vgl. auch BGH 1 StR 77/53 vom 24. 11. 1953 für den Fall, daß nach den Umständen nicht zweifelhaft war, daß der Zeuge zu demselben Sachverhalt vernommen werden sollte, für den bereits ein anderer Zeuge benannt war. Der BGH hat gelegentlich, das RG hat häufig angenommen, daß trotz Fehlens einer Beurkundung der Beweistatsache im Sitzungsprotokoll ein Beweisantrag gestellt war; vgl. BGHSt. 1 S. 29 (31/32); RGSt. 51 S. 42; RG JW 1905 S. 758; 1922 S. 1033 mit Anm. *Alsberg*; RG JW 1924 S. 1610; 1931 S. 2821; 1932 S. 3101; RG SeuffBl. 75 S. 178. Vgl. dazu auch *Berkholz* S. 47 ff.; *Meves* GA 40 S. 416 (432/433); unten S. 892.
32 So mit Recht RG JW 1894 S. 109; RMGE 13 S. 103; *Alsberg* JW 1925 S. 1402, GA 67 S. 261 (271) und Heinitz-FS S. 431; *Bergmann* S. 57; *Berkholz* S. 65/66; *Mayer-Alberti* S. 52 Fußn. 1; *J. Schulz* GA 1981 S. 301 (310).
33 Vgl. zum Recht des Verteidigers, Zeugen vor der Hauptverhandlung über ihr Wissen zu befragen: BGH AnwBl. 1981 S. 115; OLG Frankfurt NStZ 1981 S. 144 (145) = Strafver-

lich aber nicht verpflichtet[34]. Es muß daher genügen, daß der Antragsteller die Beweistatsachen so genau und vollständig bezeichnet, wie das nach den Umständen des Falles billigerweise von ihm verlangt werden kann[35]. Jedoch ändert das nichts daran, daß ein Beweisantrag nicht vorliegt, wenn der Antragsteller nicht in der Lage ist, die Beweistatsachen einigermaßen deutlich zu formulieren, sondern nur allgemein den Antrag stellt, das Gericht möge ihm Material beschaffen, aus dem sich die für ihn günstigen, einstweilen aber noch unbekannten Tatsachen erst ergeben[36].

Erforderlich, aber auch ausreichend ist immer, daß die Beweistatsache in ihren allgemeinen Umrissen erkennbar ist[37]. Es genügt z. B. der Antrag auf Einholung eines Sachverständigengutachtens darüber, daß eine bestimmte Art der Messung der Geschwindigkeit von Kraftfahrzeugen »Fehlerquellen« aufweisen kann; der Antragsteller muß nicht darlegen, welche bestimmte Fehlerquelle im Einzelfall in Betracht kommt[38]. Auch der Antrag, Zeugen darüber zu vernehmen, daß der Angeklagte an Krankheiten gelitten hat, »die sich auf das Gehirn auswirkten«, ist ein genügend substantiierter Beweisantrag; weitere Einzelheiten über die Erkrankungen brauchen nicht mitgeteilt zu werden[39]. Schlagwortartige Verkürzungen der Beweistatsachen sind zulässig[40]. Daher kann die Vernehmung von Zeugen über die Glaubwürdigkeit, Verlogenheit, sittliche Verwahrlosung und andere Charaktereigenschaften anderer Personen beantragt werden, ohne daß der Antragsteller im einzelnen die Tatsachen anzugeben braucht, die der Zeuge hierüber bekunden wird und aufgrund deren er zu seinem Urteil über die Charaktereigenschaften des Dritten gelangt ist[41]. Einfache Rechtsbegriffe, wie der des Kaufs, der Miete, der Anstiftung, können zur Bezeichnung der Beweistatsache ebenfalls benutzt werden,

---

teidiger 1981 S. 28 (29); OLG Köln NJW 1975 S. 459; *Beulke* S. 44; *Dahs* Hdb. Rdnr. 156; *Ernesti* JR 1982 S. 221 (227); *Isele*, BRAO, 1976, S. 833; *Jungfer* Strafverteidiger 1981 S. 100; *E. Müller* NJW 1981 S. 1801 (1806); *Richter* NJW 1981 S. 1820 (1823); *Rieß* in FS für Karl Schäfer, 1980, S. 154, 203; *Sarstedt* DAR 1964 S. 307/308; *Schmidt-Leichner* NJW 1975 S. 417 (420/421). Vgl. auch § 6 der von der Bundesrechtsanwaltskammer festgestellten Grundsätze des anwaltlichen Standesrechts i. d. F. vom 1. 8. 1977.

34 RGRspr. 3 S. 768 (769); *Alsberg* Heinitz-FS S. 432.
35 Vgl. LR *Gollwitzer* § 244 Rdnr. 85; *Berkholz* S. 65; *Oetker* JW 1930 S. 1105; *Rieker* S. 19; *Simader* S. 31; *Stützel* S. 17.
36 Vgl. unten S. 77 ff. A. A. *Alsberg* JW 1929 S. 115 und GA 67 S. 261 (271), insbesondere für den Antrag auf Heranschaffung von Urkundensammlungen.
37 RG JW 1903 S. 93; 1932 S. 1750 mit Anm. *Klefisch*; *Alsberg* GA 67 S. 261 (270 ff.) und Heinitz-FS S. 430; *Bergmann* S. 73; *Berkholz* S. 62; *Oetker* JW 1930 S. 1105; *Rieker* S. 19; *Schlosky* JW 1930 S. 2505 (2509); *Simader* S. 31/32. Vgl. auch BGH Strafverteidiger 1981 S. 330 (»relativ kurze Zeit«).
38 OLG Hamm NJW 1963 S. 602.
39 BGH bei *Holtz* MDR 1976 S. 815; KK *Herdegen* § 244 Rdnr. 49.
40 Vgl. *Alsberg* JW 1930 S. 934.
41 Vgl. dazu im einzelnen unten S. 197 ff. *Berkholz* (S. 69) ist zu Unrecht der Ansicht, daß es hierbei nicht in erster Hinsicht um die Substantiierungspflicht, sondern um den zulässigen Gegenstand einer Zeugenvernehmung geht. Zur Substantiierungspflicht bei Anträgen auf Zeugenbeweis vgl. auch unten S. 200 ff.

wenn dadurch hinreichend deutlich wird, was gemeint ist[42]. Dagegen ist der Antrag, den Angeklagten auf seinen Geisteszustand oder seine Schuldfähigkeit untersuchen zu lassen, nur dann ein Beweisantrag, wenn ihm nach dem Inbegriff der Erklärungen des Antragstellers in der Hauptverhandlung eine bestimmte Tatsachenbehauptung zugrunde liegt[43]. Ergibt sich das Beweisthema nicht eindeutig aus den Umständen, so fehlen bestimmte Beweisbehauptungen auch in dem Antrag auf Ortsbesichtigung[44] oder anderen Augenscheinseinnahmen[45] und in Anträgen auf Zeugenvernehmung »zur Klärung von Widersprüchen in den Zeugenaussagen«[46], über den Inhalt eines nicht näher beschriebenen Gesprächs[47] oder zu dem Zweck, »ein klares Bild« von dem zur Anklage gestellten Vorgang zu gewinnen[48]. Dagegen liegt ein Beweisantrag vor, wenn ein Sachverständigengutachten über die Glaubwürdigkeit eines Zeugen verlangt wird[49].

Erläuterungen zu der Beweistatsache braucht der Antrag im allgemeinen nicht zu enthalten. Der Antragsteller muß insbesondere regelmäßig nicht darlegen, woher die Zeugen die Tatsachen kennen, die er in ihr Wissen stellt[50]. Wenn er behauptet, ein Zeuge habe bestimmte Wahrnehmungen gemacht, muß er nicht mitteilen, aus welchem Blickwinkel das dem Zeugen möglich gewesen ist[51]. Ebensowenig ist eine Erklärung darüber erforderlich, inwiefern der Zeuge in der Lage sein

---

42 BGHSt. 1 S. 137; RG JW 1931 S. 3560 mit Anm. *Bohne*; beide zur »Anstiftung«. Vgl. auch KMR *Paulus* § 244 Rdnr. 386; LR *Gollwitzer* § 244 Rdnr. 85; *Eb. Schmidt* vor § 244 Rdnr. 26 a; *Bergmann* S. 87; *Berkholz* S. 51; *Koeniger* S. 260. Auch *Kleinknecht* § 244 Rdnr. 37 hält den Antrag auf Beweis darüber, daß der Angeklagte »keinen Diebstahl« begangen habe, für zulässig. Vgl. auch unten S. 205/206.

43 BGH JR 1951 S. 509 = LM Nr. 2 zu § 244 Abs. 3; LR *Gollwitzer* § 244 Rdnr. 85, 246; *Sarstedt* DAR 1964 S. 307 (309); *Simader* S. 161. Enthält der Beweisantrag die Angabe von Tatsachen, aus denen der Antragsteller den offensichtlich haltlosen Schluß zieht, daß sie die Schuldunfähigkeit des Angeklagten vermuten lassen, so liegt kein Beweisermittlungsantrag vor (so aber BGH bei *Holtz* MDR 1981 S. 987 = GA 1981 S. 228), sondern ein aufgrund eigener Sachkunde des Gerichts ablehnbarer Beweisantrag. Vgl. auch unten S. 78, 705. Ein Beweisantrag ist aber nicht gestellt, wenn der Sachverständige wegen Befangenheit abgelehnt und ohne Angabe eines Beweisthemas die Einholung eines »Obergutachtens« beantragt wird (KG VRS 25 S. 272 [275]).

44 OLG Koblenz VRS 49 S. 273; LR *Gollwitzer* § 244 Rdnr. 85; vgl. auch unten S. 78.

45 *Eb. Schmidt* vor § 244 Rdnr. 26 b; *Sarstedt* DAR 1964 S. 307 (309) und JR 1954 S. 272.

46 OLG Koblenz VRS 49 S. 40 (41).

47 OLG Dresden JW 1930 S. 1105 mit abl. Anm. *Weber* und *Oetker*; a. A. *Stützel* S. 17. Vgl. auch unten S. 80.

48 A.A. RG JW 1933 S. 449; Voraufl. S. 51.

49 BGHSt. 23 S. 1.

50 RGSt. 1 S. 51 (52); RG GA 42 S. 399; *Simader* S. 32; a. A. RG JW 1924 S. 1251; *Mayer-Alberti* S. 33 für den Fall, daß das nicht ohne weiteres ersichtlich ist. Wird ein Zeuge zur Erschütterung des Blutalkoholgutachtens benannt, so muß der Antragsteller allerdings darlegen, daß der Zeuge sich die Überwachung der Trinkmenge zur Aufgabe gemacht hatte (OLG Hamm DAR 1961 S 234). Zur Darlegungspflicht für den Fall, daß sehr lange zurückliegende Vorgänge in das Wissen eines Zeugen gestellt werden, vgl. unten S. 616/617.

51 Vgl. *Alsberg* Heinitz-FS S. 431; *Simader* S. 32.

wird, die Beweisbehauptung durch konkrete Einzelheiten zu bestätigen[52]. Wird die Verlesung von Urkunden verlangt, so muß auch nicht angegeben werden, von wem sie unterschrieben worden sind[53].

3. Bestimmte Behauptung der Beweistatsachen

a) Nur vermutete Tatsachen. Die zum notwendigen Inhalt eines Beweisantrags gehörenden bestimmten Beweistatsachen muß der Antragsteller nicht so geltend machen, als habe er zuverlässige Kenntnis von ihnen[54]. Zwar ist bei allen Beweisanträgen erforderlich, daß ein bestimmter Beweissatz als wahr und das in ihm liegende Urteil als richtig hingestellt wird. Aber der Antragsteller braucht nicht zu versichern, daß ihm persönlich bekannt ist, was er unter Beweis stellt[55]. Denn der Beweisantrag gehört nicht zu den Wissens-, sondern zu den Vorstellungsäußerungen[56] und erfordert wie jede prozessuale Behauptung nicht die Erklärung eigenen Wissens[57]. Der Antragsteller braucht nicht darzulegen, daß er die Tatsache selbst wahrgenommen oder daß er sich selbst von der Richtigkeit des Behaupteten voll überzeugt hat. Wer einen Beweisantrag stellt, will dem Gericht nicht notwendig nur das beweisen, was für ihn selbst schon bewiesen ist, sondern kann die Beweiserhebung auch über Tatsachen verlangen, die er nicht kennt, die er aber vermutet oder wenigstens für möglich hält[58]. Das gilt nicht nur für die Frage, ob der Antragsteller die Tatsache, die er unter Beweis stellt, kennt oder nur vermutet, sondern auch dafür, ob er von der Existenz des Beweismittels überzeugt ist oder sie nur mutmaßt, etwa ob er sich ohne hinreichende Überzeugung darauf beruft, daß ein

---

52 BGH Strafverteidiger 1981 S. 167; RGRspr. 3 S. 768 (769); RG JW 1907 S. 558; 1913 S. 163; *Alsberg* JW 1929 S. 115.
53 Vgl. *Alsberg* Heinitz-FS S. 431.
54 BGH NStZ 1981 S. 309 (310) = Strafverteidiger 1981 S. 166; BGH bei *Spiegel* DAR 1982 S. 204; RG HRR 1935 Nr. 554.
55 Vgl. *Stützel* S. 17/18.
56 Vgl. *Bendix* GerS 85 S. 77 (83); *Bergmann* S. 57; *Berkholz* S. 43.
57 Grundsätzlich a. A. *Goldschmidt* S. 424, der eine Behauptung immer für die Mitteilung des eigenen Wissens hält.
58 BGHSt. 21 S. 118 (125); BGH Strafverteidiger 1981 S. 166; BGH VRS 15 S. 431; BGH bei *Dallinger* MDR 1951 S. 405; BGH 4 StR 368/58 vom 13. 11. 1958 bei *Schwenn* Strafverteidiger 1981 S. 631 (635); RGSt. 64 S. 432 = JW 1931 S. 2031 mit Anm. *Mannheim*; RG JW 1924 S. 1251 mit Anm. *Gerland*; RG JW 1932 S. 3095 mit Anm. *Mezger*; RG JW 1933 S. 450 mit Anm. *Alsberg*; RG JW 1933 S. 1664; 1937 S. 2706 L; RG DJZ 1932 Sp. 422; RG HRR 1933 Nr. 1061; 1935 Nr. 554; 1941 Nr. 526; RG Recht 1912 Nr. 3513; *Dalcke/Fuhrmann/Schäfer* Anm. 7 a; KK *Herdegen* Rdnr. 49; LR *Gollwitzer* Rdnr. 83; alle zu § 244; *Alsberg* Heinitz-FS S. 432; *Arndt* DRiZ 1956 S. 28 (31); *Bendix* GerS 85 S. 77 (83); *Bergmann* S. 56 ff. und MDR 1976 S. 888 (890); *Berkholz* S. 78 ff.; *Koeniger* S. 257; *Mayer-Alberti* S. 32 ff.; *Rieker* S. 19; *Sarstedt* DAR 1964 S. 307; *Schlosky* JW 1930 S. 2505; *Simader* S. 33, 83; *Stützel* S. 17. Mißverständlich, aber nicht abweichend, RG JW 1927 S. 911 mit Anm. *Alsberg*, das eine vom Antragsteller »seiner Angabe nach positiv geglaubte Tatsache« verlangt; vgl. dazu *Mayer-Alberti* S. 31/32. *Goldschmidt* (S. 448) verlangte, daß jedenfalls der Staatsanwalt nur Tatsachen behaupten darf, die er kennt.

Zeuge Angaben zu dem Beweisthema machen kann[59] oder daß eine herbeizuziehende Urkunde einen bestimmten Inhalt hat[60]. Wer weitergehende Anforderungen stellt, mutet dem Antragsteller zu, sich in jedem Fall durch Befragung des (solche Auskünfte vielleicht verweigernden) Zeugen oder durch Einblick in die (ihm möglicherweise nicht zur Verfügung stehenden) Urkunden davon zu überzeugen, daß die Beweiserhebung das von ihm behauptete Ergebnis haben werde. Das kann nicht verlangt werden. Insbesondere der Angeklagte und der Verteidiger sind wegen ihrer beschränkten Ermittlungsmöglichkeiten vielfach gezwungen, entlastende Behauptungen aufzustellen, die sie nur vermuten und die durch die Beweisaufnahme auch für sie erst bewiesen werden sollen[61]. Dem muß durch eine gewisse Lockerung der Antragserfordernisse Rechnung getragen werden.

Das Recht des Antragstellers, bestimmte Beweisbehauptungen auch dann aufzustellen, wenn er ihre Richtigkeit nur vermutet, hat Bedeutung sowohl für den Ablehnungsgrund der Verschleppungsabsicht als auch für die Abgrenzung des Beweisantrags vom Beweisermittlungsantrag. Das Gericht darf die Ernstlichkeit eines Beweisantrags nicht mit der Begründung verneinen, daß der Antragsteller die behaupteten Tatsachen nicht aus eigenem Wissen kennt[62] oder daß er sich des Erfolgs der beantragten Beweiserhebung nicht sicher ist oder sogar daran zweifelt[63]. Die Verschleppungsabsicht des Antragstellers läßt sich hieraus nicht herleiten[64]. Ferner ist es nicht zulässig, den Antrag nur deshalb als Beweisermittlungsantrag zu behandeln, weil der Antragsteller seine Vermutung, das von ihm benannte Beweismittel werde die Beweistatsachen erweisen, als bestimmte Tatsache behauptet. Die neuerdings vor allem vom 3. Strafsenat des Bundesgerichtshofs vertretene Ansicht, die »bloße Vermutung einer Möglichkeit« begründe trotz der in der Form

---

59 RGSt. 1 S. 51; RGRspr. 3 S. 768 (769); RG JW 1913 S. 163; 1932 S. 3095 (3096) mit Anm. *Mezger*, RG HRR 1939 Nr. 668; vgl. auch RG JW 1907 S. 558. *Sarstedt* (DAR 1964 S. 307) weist mit Recht auf die Gefahr hin, daß bei einem solchen »Schuß in den Nebel« ein zur Entlastung benannter Zeuge in der Hauptverhandlung belastende Angaben macht.

60 RG HRR 1941 Nr. 526.

61 So zutreffend *Bergmann* MDR 1976 S. 888 (890). Daraus schließt *J. Schulz* (GA 1981 S. 301 [309]) zu Unrecht, daß der Antragsteller keine Behauptungslast, sondern nur eine »schlichte Formulierungslast« habe.

62 BGHSt. 21 S. 118 (125); BGH bei *Dallinger* MDR 1951 S. 405 = JR 1951 S. 509; BGH 2 StR 484/61 vom 30. 10. 1961; RGSt. 64 S. 432 = JW 1931 S. 2031 mit Anm. *Mannheim*; RGRspr. 3 S. 768 (769); RG JW 1913 S. 163; KG DAR 1959 S. 48; OLG Kiel SchlHA 1948 S. 224 (225); OLG Köln NJW 1967 S. 2416 = JR 1968 S. 227 mit Anm. *Koffka*; *Bergmann* S. 56 ff.; *Berkholz* S. 80; *Koeniger* S. 257; unten S. 646.

63 BGHSt. 21 S. 118 (125); RG JW 1932 S. 3095 (3096) mit Anm. *Mezger*, RG JW 1933 S. 450 mit Anm. *Alsberg*; RG HRR 1941 Nr. 526; OLG Hamm JMBlNRW 1957 S. 131; *Dalcke/Fuhrmann/Schäfer* § 244 Anm. 7 a; KMR *Paulus* § 244 Rdnr. 385; *Arndt* DRiZ 1956 S. 28 (31); *Bergmann* S. 58 und MDR 1976 S. 888 (890); *Berkholz* S. 79; *Dahs* Hdb. Rdnr. 513; *Engels* S. 70; *Gollwitzer* JR 1980 S. 34 (35). Zu weit geht die Entscheidung RG JW 1907 S. 558, die es sogar für unschädlich hielt, daß der Antragsteller erklärt hatte, er glaube selbst nicht daran, daß der Zeuge die in sein Wissen gestellten Tatsachen bekunden werde.

64 Vgl. unten S. 646.

einer bestimmten Behauptung »gekleideten Annahme« nur einen Beweisermittlungsantrag[65], steht im Widerspruch zu der allgemeinen Meinung und verkürzt die Rechte der Prozeßbeteiligten, insbesondere die des Angeklagten, in einer ungerechtfertigten und im Interesse der Sachaufklärung nicht vertretbaren Weise.

Allerdings sind die Gerichte nicht gezwungen, auch Anträge, bei denen die Beweisbehauptung offensichtlich aus der Luft gegriffen ist oder auf haltlosen Gerüchten beruht, als Beweisanträge zu behandeln und nur aus den Gründen des § 244 Abs. 3 und 4 abzulehnen[66]. Denn das Recht der Prozeßbeteiligten, bestimmte Beweisbehauptungen aufgrund bloßer Vermutungen aufzustellen, besteht unter der selbstverständlichen Voraussetzung, daß es für diese Vermutungen irgendwelche tatsächlichen Grundlagen gibt[67]. Die Prozeßbeteiligten sind nicht etwa berechtigt, Beweisbehauptungen ohne jegliche Anhaltspunkte aufzustellen oder auf gut Glück zu behaupten, das benannte Beweismittel werde sie erweisen. Drängen sich dem Gericht nach den Umständen Zweifel an dem Vorliegen solcher Anhaltspunkte auf, so darf es den Antragsteller nach seiner Wissensquelle oder den Grundlagen für seine Vermutungen befragen[68]. Kann er sie nicht nennen oder weigert er sich, sie anzugeben, so darf daraus der Schluß gezogen werden, daß der Antragsteller seine Beweisbehauptungen aufs Geratewohl aufgestellt hat. Dann fehlt es trotz der irreführenden Formulierung des Antrags an einer bestimmten Beweisbehauptung, wie sie ein solcher Beweisantrag notwendig voraussetzt. Dem Antragsteller geht es nur darum, ermitteln zu lassen, ob seine grundlose Vermutung vielleicht doch zutrifft. Er hat keinen Beweisantrag, sondern einen bloßen

---

65 BGH bei *Holtz* MDR 1980 S. 987 = GA 1981 S. 228 (zu dieser Entscheidung vgl. oben Fußn. 43); BGH Strafverteidiger 1981 S. 330; 1982 S. 55 (56); BGH 3 StR 248/71 vom 17. 10. 1973 bei *Schwenn* Strafverteidiger 1981 S. 631 (634); BGH 3 StR 333/80 (S) vom 12. 2. 1981 bei *Schwenn* a.a.O.; BGH 3 StR 269/80 vom 18. 2. 1981 bei *Strate* Strafverteidiger 1981 S. 261 (264); BGH 3 StR 112/82 (5) vom 9. 6. 1982. Auch BayObLG bei *Rüth* DAR 1972 S. 205 meint, ein Antrag, der »bloße Vermutungen und Vorstellungen« enthalte, sei kein »echter« Beweisantrag.
66 Vgl. RG JW 1927 S. 911 mit abl. Anm. *Alsberg*; KG DAR 1959 S. 48; *Bergmann* S. 61; *Simader* S. 33; a. A. *Berkholz* S. 82. Kritisch auch *Mayer-Alberti* S. 31/32.
67 Vgl. RG JW 1932 S. 3095 (3096) mit Anm. *Mezger*. Auch *Simader* S. 83 unterscheidet zwischen bloßer Mutmaßung und »berechtigter Vermutung«. Vgl. auch OLG Köln VRS 17 S. 140 (141).
68 Daß ein Zeuge bei seiner polizeilichen Vernehmung zu der Beweistatsache nichts gesagt hat, genügt natürlich nicht (vgl. den Fall BGH Strafverteidiger 1982 S. 155). Die Ansicht, der Antragsteller sei nicht verpflichtet, dem Gericht darüber Auskunft zu geben, ob er positive Kenntnis von den unter Beweis gestellten Tatsachen hat und aus welcher Quelle er sein Wissen schöpft (RG JW 1924 S. 1251 mit Anm. *Gerland*; *Mayer-Alberti* S. 32/33; *Stützel* S. 18), ist so allgemein nicht richtig. Vgl. RG JW 1927 S. 911 mit Anm. *Alsberg*; OLG Schleswig bei *Ernesti/Jürgensen* SchlHA 1977 S. 181; KMR *Paulus* § 244 Rdnr. 376; LR *Gollwitzer* § 244 Rdnr. 94. Daher bedarf es auch nicht der von *G. Schmidt* (JR 1974 S. 320 [323]) vorgeschlagenen Einführung einer Begründungspflicht für Anträge, deren Beweisbehauptungen in den Akten keine Stütze finden. Eine noch weitergehendere Begründungspflicht befürwortet *Herrmann* ZStW 85 S. 255 (280 ff.).

Beweisermittlungsantrag gestellt, dem das Gericht im Rahmen seiner Sachaufklärungspflicht nachgehen muß, den es aber auch ablehnen kann, wenn keiner der Gründe des § 244 Abs. 3 oder 4 vorliegt[69]. Darin liegt keine Verkürzung der Verteidigungsmöglichkeiten des Angeklagten. Denn ins Blaue hinein wird im Strafverfahren keine Sachaufklärung betrieben, und es besteht kein Grund, die Gerichte zu zwingen, in der Hauptverhandlung Beweisversuche dieser Art nur deshalb vorzunehmen, weil der Angeklagte oder sein Verteidiger sie wünscht.

b) Nur als möglich erscheinende Tatsachen. Der Antragsteller muß mit dem Beweisantrag behaupten, daß eine bestimmte Tatsache vorliegt, nicht, daß sie sich nur möglicherweise ereignet hat[70], und er darf sich insbesondere nicht auf die Frage beschränken, ob, warum, wann, wie oder wo sie eingetreten ist. Wird ein Beweisantrag in dieser Weise formuliert, so kann das bedeuten, daß der Antragsteller die Tatsachen nicht mit Bestimmtheit behaupten will, sondern daß erst die begehrte Beweiserhebung Anhaltspunkte für die als möglich hingestellten Tatsachen ermitteln soll[71]. Dann handelt es sich um einen Beweisermittlungsantrag, nicht um einen Beweisantrag[72]. Vielfach wird aber nur die Unkenntnis der an einen Beweisantrag zu stellenden Anforderungen der Grund für eine so vage Formulierung sein. Das Gericht kann dann aus den Umständen oft ohne weiteres ersehen,

---

69 Vgl. KMR *Paulus* § 244 Rdnr. 376. OLG Schleswig a.a.O. hält, als Unterfall der Verschleppungsabsicht, einen unzulässigen Ausforschungsantrag für gegeben. Dieser Begriff ist im Strafprozeß sinnlos; vgl. unten S. 87/88. *Bergmann* S. 58 ist der Ansicht, es komme nur eine Ablehnung wegen Verschleppungsabsicht in Betracht, und hält es für eine unzulässige Gesetzesumgehung, bei Nichterweislichkeit dieser Absicht einen bloßen Beweisermittlungsantrag anzunehmen. Dabei werden zwei Begriffe durcheinandergeworfen. Der Ablehnungsgrund der Verschleppungsabsicht bezieht sich auf Anträge, die nur zum Schein als Beweisanträge gestellt sind, weil der Antragsteller weiß, daß sie erfolglos sein werden. Der auf haltlose Vermutungen gestützte Antrag kann hingegen durchaus ernsthaft gemeint sein, ist aber seinem Wesen nach ein bloßer Beweisermittlungsantrag und nur zur Irreführung des Gerichts in die Form eines Beweisantrags gekleidet, obwohl der Antragsteller bestimmte Beweisbehauptungen, wie sie ein derartiger Antrag verlangt, nicht aufstellen kann. Unrichtig ist auch die Ansicht *Bergmanns* (S. 61), bei ganz haltlosen Vermutungen könne der Antrag als unzulässiger Beweisantrag i. S. des § 244 Abs. 3 Satz 1 abgelehnt werden; vgl. dazu unten S. 425.
70 BGH bei *Dallinger* MDR 1971 S. 186; RG JW 1922 S. 299 (300) mit Anm. *Alsberg*; a. A. OLG Köln NJW 1967 S. 2416, das nicht verlangen will, daß der Antragsteller seine Verteidigung in eine bestimmte Behauptung kleidet, obwohl er sich in Unkenntnis darüber befindet, ob die Beweistatsache zutrifft.
71 Vgl. *Arndt* DRiZ 1956 S. 28 (31); *Bergmann* S. 61.
72 BGHSt. 8 S. 76; BGH DAR 1954 S. 190 = VRS 7 S. 54 (55); BGH VRS 15 S. 346 (347); RGSt. 64 S. 432 = JW 1931 S. 2031 mit abl. Anm. *Mannheim*; RG JW 1906 S. 792; 1917 S. 112; 1924 S. 1252 mit Anm. *Alsberg*; RG JW 1931 S. 1608 mit abl. Anm. *Mannheim*; RG JW 1932 S. 58 mit Anm. *von Pestalozza*; RG GA 43 S. 113 (114); BayObLGSt. 1949/51 S. 49 (55); OLG Dresden JW 1929 S. 520; ZStW 46 Sdr. Beil. S. 337; *Kleinknecht* § 244 Rdnr. 37; *Arndt* DRiZ 1956 S. 28 (31); *Bergmann* S. 61; *Rieker* S. 38; *Sarstedt* S. 184 und DAR 1964 S. 307 (309); *Schwenn* Strafverteidiger 1981 S. 631 (632); *Simader* S. 33; *Stützel* S. 19; unten S. 79/80.

daß ein Beweisantrag gestellt ist und welche Tatsache bewiesen werden soll[73]. Ist das nicht ersichtlich, so muß der Antragsteller in der Hauptverhandlung befragt werden, wie sein Antrag aufzufassen ist[74], oder es muß versucht werden, den Sinn des Antrags durch Auslegung zu ermitteln[75]. Auch hierbei wird sich oft herausstellen, daß der Antragsteller in Wahrheit eine bestimmte Tatsache behaupten will[76]. Erst wenn sich ergibt, daß er keine bestimmten Tatsachenbehauptungen aufstellen, sondern Ermittlungen geführt haben will, durch die ihm solche Behauptungen erst ermöglicht werden, darf das Gericht den Antrag als Beweisermittlungsantrag behandeln[77].

IV. Benennung bestimmter Beweismittel

Der Beweisantrag muß ferner die Behauptung enthalten, daß die Beweistatsache durch ein bestimmtes Beweismittel bewiesen werden kann[78]. Mit dem Erfordernis

---

73 Vgl. RG JW 1926 S. 2924; 1927 S. 3056 mit Anm. *Alsberg*; RG JW 1929 S. 1474 mit Anm. *Alsberg*; RG JW 1933 S. 449; S. 1664; 1935 S. 956 (958) mit Anm. *Weh*; RG Recht 1928 Nr. 991; RMGE 15 S. 159; OGHSt. 2 S. 352 = NJW 1950 S. 434; OLG Dresden JW 1931 S. 240 mit Anm. *Alsberg*; OLG Hamburg NJW 1972 S. 115; OLG Hamm NJW 1956 S. 1731 L; OLG Köln NJW 1967 S. 2416 = JR 1968 S. 227 mit Anm. *Koffka*; VRS 43 S. 184 (185); *Dalcke/Fuhrmann/Schäfer* Anm. 7 b; KK *Herdegen* Rdnr. 59; KMR *Paulus* Rdnr. 386; LR *Gollwitzer* Rdnr. 94; alle zu § 244; *Bergmann* MDR 1976 S. 888 (890); *Harreß* S. 14; *Mannheim* JW 1931 S. 2031 (2032); *Mayer-Alberti* S. 33 ff.; *Rieker* S. 19, 38 Fußn. 13; *Schlosky* JW 1930 S. 2505 (2509); *Simader* S. 33; *Stützel* S. 19.
74 Vgl. unten S. 396 ff., 398.
75 BGH NJW 1951 S. 368; RMGE 15 S. 159; OLG Dresden JW 1931 S. 240 mit Anm. *Alsberg*; OLG Kiel HESt 1 S. 142 (143); *Eb. Schmidt* vor § 244 Rdnr. 26; *Alsberg* Heinitz-FS S. 435; *Bergmann* S. 63; *Berkholz* S. 52; *Simader* S. 33; *Stützel* S. 19; *Wessels* JuS 1969 S. 1 (3 Fußn. 34); vgl. allgemein zur Auslegung unten S. 749 ff. Die Bemerkung von *Sarstedt* (DAR 1964 S. 303 [309]), daß der Tatrichter bei einem so formulierten Antrag eigentlich gar nicht weiterzulesen brauche (hiergegen mit Recht *Bergmann* S. 65 und MDR 1976 S. 888 [890]), ist so wörtlich offensichtlich nicht gemeint.
76 Vgl. etwa die Fälle BGH NJW 1951 S. 368 (Ob der Angeklagte vereidigt worden ist); RG JW 1926 S. 2924 mit Anm. *Alsberg* (Ob ein Bleistiftvermerk früher oder später als die darüber befindliche Eintragung gemacht wurde); zustimmend *Mayer-Alberti* S. 34; RG JW 1927 S. 3056 mit Anm. *Alsberg* (Vernehmung von Zeugen darüber, ob sie aufgrund der guten Auskünfte geliefert haben); RG JW 1930 S. 70 mit Anm. *Alsberg* (Zeugenvernehmung darüber, ob der Angeklagte Geld angeboten hat); RG JW 1932 S. 1750 mit Anm. *Klefisch* (Vernehmung eines Zeugen darüber, auf welche Weise er in den Besitz von Reifen gekommen ist); RG JW 1933 S. 1664 (Vernehmung von Zeugen darüber, ob sie den Angeklagten gesehen haben); RG JW 1935 S. 956 (Ob der Angeklagte über sein Zeugnisverweigerungsrecht belehrt worden ist); RG HRR 1936 Nr. 1475 (Gutachten darüber, ob die Vaterschaft des Angeklagten auszuschließen ist); RMGE 13 S. 68 (Ob der Angeklagte geistig normal ist); RMGE 15 S. 158 (An welchem Tag ein Zeuge in ein Lazarett aufgenommen worden ist); OLG Dresden JW 1931 S. 240 mit Anm. *Alsberg* (An welcher Stelle das Unglück geschehen ist). Vgl. auch unten S. 80.
77 Vgl. unten S. 79 ff.
78 Vgl *Bergmann* S. 55.

der Bestimmtheit wird der Zweck verfolgt, daß der Antrag die Geeignetheit und Erreichbarkeit des Beweismittels deutlich macht[79]. Dabei genügt jede Bezeichnung des Beweismittels, die es so individualisiert, daß es von anderen unterschieden, ermittelt und zur Hauptverhandlung herbeigeschafft werden kann[80]. Für die einzelnen Beweismittel gilt folgendes:

1. Zeugen

a) Ermittlung aufgrund der Angaben des Antragstellers. Der Beweisantrag auf Vernehmung eines Zeugen wird regelmäßig Namen und Anschrift oder Aufenthaltsort der Beweisperson enthalten. Angaben hierüber liegen im eigenen Interesse des Antragstellers, dem nicht daran gelegen sein kann, daß der Zeuge für unerreichbar gehalten und der Beweisantrag aus diesem Grund abgelehnt wird. Die Wirksamkeit des Beweisantrags hängt aber nicht davon ab, daß der Antragsteller den Zeugen so genau bezeichnen kann. Auch wenn die Beweisperson erst aus einem größeren Personenkreis ermittelt werden muß, ist ihre Identifizierung oft aufgrund von Angaben über ihre persönlichen Verhältnisse (Beruf, gegenwärtige oder frühere Arbeitsstelle, Bekanntenkreis, früherer Wohnort und dgl.) oder aufgrund ihrer Beziehung zu einem bestimmten Vorgang möglich[81]. Die Pflicht des Gerichts, Nachforschungen nach einem Zeugen anzustellen, der aufgrund der Angaben des Antragstellers nicht ohne weiteres geladen werden kann, folgt aus der Sachaufklärungspflicht nach § 244 Abs. 2 und ist von den Anträgen der Prozeßbeteiligten nicht abhängig[82]. Nach fast allgemeiner Ansicht genügt es daher, daß der Antragsteller diejenigen Tatsachen vorträgt, die notwendig sind, damit das Gericht oder in seinem Auftrag die Staatsanwaltschaft oder Polizei Namen und Aufenthaltsort des Zeugen ermitteln kann[83].

---

79 Vgl. *Hanack* JZ 1970 S. 561. Da das Beweismittel erreichbar sein muß, liegt kein Beweisantrag vor, wenn ein erst demnächst zu schaffendes Beweismittel benannt wird; vgl. dazu unten S. 86 (noch nicht geborenes Kind).

80 RG GA 38 S. 60 (61); *Eb. Schmidt* vor § 244 Rdnr. 26 b; *Berkholz* S. 123; *Rieker* S. 20; *Stützel* S. 20.

81 Vgl. *Bergmann* S. 26, 36 und MDR 1976 S. 888 (889); *Berkholz* S. 125; *Ditzen* ZStW 10 S. 111 (144); *Mayer-Alberti* S. 50; *Sarstedt* DAR 1964 S. 307 (309); *Schlosky* JW 1930 S. 2505.

82 RG JW 1932 S. 2725 mit Anm. *Mamroth*; RG GA 38 S. 60 (62); *Bergmann* S. 37 und MDR 1976 S. 888 (889); *Mayer-Alberti* S. 56 ff.; *Weigelt* DAR 1964 S. 314 (315).

83 BGH NJW 1960 S. 542 L = LM Nr. 17 zu § 244 Abs. 3 = MDR 1960 S. 329; BGH NStZ 1981 S. 309 (310) = Strafverteidiger 1981 S. 166; BGH bei *Dallinger* MDR 1971 S. 547; BGH bei *Holtz* MDR 1977 S. 984; BGH bei *Spiegel* DAR 1980 S. 205; 1982 S. 205; RGRspr. 4 S. 63 = JW 1882 S. 117; RGRspr. 10 S. 148 (149); RG JW 1901 S. 502; 1922 S. 299 mit Anm. *Alsberg*; RG JW 1922 S. 1211 mit Anm. *Freudenthal*; RG JW 1924 S. 1610; 1932 S. 418 mit Anm. *Mezger*; RG JW 1932 S. 955; S. 1224 mit Anm. *von Scanzoni*; RG JW 1932 S. 2725 mit Anm. *Mamroth*; RG JW 1933 S. 966; RG BayZ 1926 S. 155; RG GA 38 S. 60; 68 S. 357; 70 S. 333 (334) = JR Rspr. 1926 Nr. 764; RG HRR 1934 Nr. 79; 1939 Nr. 216; 1942 Nr. 133; RG LZ 1919 Sp. 909; 1921 Sp. 660; RG Recht 1904 Nr. 2359; 1907 Nr. 262; 1912 Nr. 532; 1928 Nr. 991; RG SeuffBl. 69 S. 270; BayObLG DRiZ 1931 Nr. 610; BayObLG bei *Rüth* DAR 1980 S. 269; KG NJW 1954

In der Rechtsprechung ist es z. B. für ausreichend gehalten worden, daß der Antragsteller als Zeugen benannt hat die Frau, die bei der polizeilichen Vernehmung des Angeklagten anwesend war[84], die »sämtlichen Zeugen vom 11. 10. 1927«[85], das übrige Personal, das sich auf der Polizeiwache befunden hat[86], die im einzelnen nicht bezeichneten Lehrer einer Zeugin, die über deren Glaubwürdigkeit aussagen sollten[87], die Beamten, die zu einer bestimmten Zeit an einem bestimmten Ort dienstlich tätig waren[88], die Personen, die in einem gerichtsärztlichen Intitut mit der Behandlung und Untersuchung der Blutprobe des Angeklagten befaßt waren[89], den Zeugen, der zu einer bestimmten Zeit ein Kraftfahrzeug mit einem bestimmten polizeilichen Kennzeichen geführt hat[90], oder den zuständigen Sachbearbeiter für Führerscheinsachen[91]. Eine genügend bestimmte Bezeichnung des Beweismittels wurde auch für den Fall angenommen, daß der Antragsteller von dem Zeugen nur wußte, daß es sich um einen etwa dreißigjährigen kinderlos verheirateten Arbeiter aus einer bestimmten Stadt handelte, der einen blonden Vollbart trug und dem an einem Fuß die Zehen fehlten[92], daß die Zeugin in einer bestimmten Nacht auf dem Weg von D. nach N. in eine Seitenstraße eingebogen war, an der nur wenige Häuser lagen[93], oder daß der Zeuge als Postbeamter ein Jahr zuvor eine bestimmte Sendung ausgehändigt hatte[94]. Sogar die Prüfung, ob ein öffentliches Aufgebot die Ermittlung des Zeugen erwarten ließ, wurde für erwägenswert gehalten[95]. Viele dieser älteren Entscheidungen sind aber nur ver-

---

S. 770 = JR 1954 S. 231 mit Anm. *Sarstedt*; OLG Saarbrücken VRS 49 S. 45 (46); OLG Schleswig bei *Ernesti/Jürgensen* SchlHA 1976 S. 170; *Dalcke/Fuhrmann/Schäfer* Anm. 7 b; KK *Herdegen* Rdnr. 51; *Kleinknecht* Rdnr. 40; KMR *Paulus* Rdnr. 388; LR *Gollwitzer* Rdnr. 99; alle zu § 244; *Eb. Schmidt* vor § 244 Rdnr. 26 b; *Alsberg* GA 67 S. 261 (269) und JW 1931 S. 949; *Bergmann* S. 26, 36 ff. und MDR 1976 S. 888 (889); *Berkholz* S. 124 ff.; *Dahs/Dahs* Rdnr. 250; *Koeniger* S. 262, 281; *Oetker* S. 693 und JW 1930 S. 1105 (1107); *Rieker* S. 20, 59; *Sarstedt* DAR 1964 S. 307 (309); *G. Schäfer* S. 353; *Schlosky* JW 1930 S. 2505; *Stützel* S. 20; *Weigelt* DAR 1964 S. 314 (315). Vgl. auch *Simader* S. 35 Fußn. 18, der verlangt, daß diese Angaben »notorisch« sind, und (S. 132/133) die Ansicht vertritt, ein Beweisantrag erfordere, daß die Beweiserhebung ohne Ermittlungen von seiten des Gerichts stattfinden kann. Auch BGH LM Nr. 4 zu § 52 StPO 1975 Bl. 5 hat einen Antrag als Beweisermittlungsantrag eingestuft, weil er die ladungsfähige Anschrift des Zeugen nicht enthielt.

84 RG JW 1922 S. 1033.
85 RG JW 1930 S. 70 mit Anm. *Alsberg*.
86 RG JW 1922 S. 299 mit Anm. *Alsberg*.
87 RG HRR 1939 Nr. 216.
88 RG LZ 1921 Sp. 660.
89 BGH VRS 25 S. 426 (427); zustimmend *Weigelt* DAR 1964 S. 314 (316).
90 BayObLG bei *Rüth* DAR 1965 S. 285.
91 BayObLG bei *Rüth* DAR 1980 S. 269.
92 RG bei *Meves* GA 40 S. 416 (433).
93 RMGE 17 S. 248 (249).
94 RG HRR 1942 Nr. 133.
95 RG Recht 1905 Nr. 2517; *Mayer-Alberti* S. 55 hält eine solche Prüfung »nicht immer für erforderlich«. Vgl. auch *zu Dohna* DJZ 1911 Sp. 305 (308): »Erst am faktischen Können findet das rechtliche Sollen seine Grenze«. *Berkholz* (S. 125 Fußn. 2) nennt das mit Recht »sehr weitgehend«.

ständlich, wenn man berücksichtigt, daß die Gerichte lange Zeit bestrebt sein mußten, den Begriff Beweisantrag möglichst weit auszulegen, weil das Reichsgericht eine Aufklärungsrüge zur Nachprüfung, ob Beweisermittlungsanträgen zu Unrecht nicht nachgegangen worden ist, für unzulässig hielt[96]. Die Entscheidung, einem Antrag die Anerkennung als Beweisantrag zu versagen, bedeutete praktisch seine völlige Unbeachtlichkeit. Da die Zulässigkeit der Aufklärungsrüge jetzt allgemein anerkannt ist, besteht diese Rechtlosstellung des Antragstellers nicht mehr, und es ist daher nicht mehr erforderlich, bloße Ermittlungsanträge aus Billigkeitsgründen als Beweisanträge zu behandeln.

Die durch den Beweisantrag veranlaßten Ermittlungen werden im Freibeweis geführt[97]. Stellt sich dabei heraus, daß ein anderer als der namentlich benannte Zeuge die Beweisperson ist, so ist das unschädlich[98]. Voraussetzung für die Pflicht des Gerichts, den unzureichend bezeichneten Beweisantrag als Beweisantrag anzusehen und zu bescheiden, ist aber immer, daß nicht von vornherein die Annahme berechtigt erscheint, daß die Person des Zeugen aus der Luft gegriffen oder daß der Zeuge jedenfalls aufgrund der vagen Angaben des Antragstellers nicht zu ermitteln ist. Liegen solche Anhaltspunkte vor, so handelt es sich nicht um einen Beweisantrag, sondern allenfalls um einen Beweisermittlungsantrag[99]. In der Rechtsprechung besteht aber die Neigung, auch Anträge, bei denen Ermittlungen nach dem Zeugen von vornherein völlig aussichtslos sind, als Beweisanträge zu behandeln und sie dann ohne weiteres wegen Unerreichbarkeit des Beweismittels abzulehnen[100]. Dabei handelt es sich um eine Verkennung des Begriffs Unerreichbarkeit[101].

96 Vgl. unten S. 90 Fußn. 125.
97 Vgl. unten S. 122.
98 Das gilt sogar, wenn die Vernehmung eines namentlich benannten Zeugen beantragt ist, die Akten aber ergeben, daß ein anderer gemeint ist; vgl. RMGE 12 S. 86; *Mayer-Alberti* S. 56.
99 RG JW 1932 S. 418 mit Anm. *Mezger*; RG BayZ 1907 S. 213; OLG Saarbrücken VRS 49 S. 45 (46); *Mayer-Alberti* S. 50 Fußn. 2; *Oetker* JW 1930 S. 1105 (1107): Schulze aus Berlin; *G. Schäfer* S. 353; *Simader* S. 35, 133: Meier in München.
100 Vgl. RGSt. 52 S. 42: Händler, zu dessen Ermittlung jeder Anhaltspunkt fehlte; zustimmend aber *Bergmann* S. 39 und MDR 1976 S. 888 (889); *Berkholz* S. 127; RG JW 1894 S. 106: Mann, der den Angeklagten an der Marktecke gefragt hat, was denn da für ein Lärm wäre; RG JW 1903 S. 217: Völlig unbekannte Zeugen, die angeblich ein Gespräch des Angeklagten gehört haben; das RG mißbilligte ausdrücklich die Ablehnung des Antrags wegen Unmöglichkeit seiner Ausführung; RG JW 1931 S. 949 mit Anm. *Alsberg*: Zeuge war früher städtischer Arbeiter in D und ist jetzt in B; *Alsberg* äußert in der Anm. sogar Unverständnis darüber, daß der Antrag wegen Unerreichbarkeit abgelehnt wurde; RG BayZ 1926 S. 155: Kaufmann, früher in Manchester; das RG hielt den Zeugen nicht einmal für unerreichbar; RMGE 10 S. 193 (197): Völlig unbekannte Zeugen, die angeblich durch das Fenster einer Wachstube gesehen hatten; zustimmend *Berkholz* S. 99, kritisch *Mayer-Alberti* S. 50 Fußn. 2; OLG Hamm DAR 1956 S. 280: Angebliche Zeugen eines Verkehrsunfalls, von denen weder Namen noch Anschrift festgestellt werden können; zustimmend LR *Gollwitzer* § 244 Rdnr. 225; *Bergmann* S. 39 und MDR 1976 S. 888 (889); *Berkholz* S. 123 ff.; *Dahs/Dahs* Rdnr. 264; *Weigelt* DAR 1964 S. 314 (315); KMR *Paulus* § 244 Rdnr. 456 hält in einem solchen Fall sogar eine Suche nach den Zeugen durch Zeitungsanzeige für erforderlich.

b) Ermittlung durch Hilfsbeweismittel. Zu den Anhaltspunkten, die zur Ermittlung von Namen und Aufenthaltsort eines Zeugen führen können, gehört auch das Wissen einer bestimmten Person, die darüber im Freibeweis vernommen werden muß[102]. Die Benennung dieses »Hilfsbeweismittels« in dem Beweisantrag ist nicht ihrerseits ein Beweis- oder Beweisermittlungsantrag[103], sondern dient nur dazu, dem Gericht die Ermittlung des bereits benannten Beweismittels zu ermöglichen[104]. Der Antrag auf Vernehmung des Zeugen darf daher nicht mit der Begründung abgelehnt werden, das Gericht sei bereits vom Gegenteil der Beweisbehauptung überzeugt[105]. Ebenso kann sich der Antragsteller zur Ermittlung des Zeugen auf Urkunden beziehen, ohne daß er damit einen Urkundenbeweis antritt[106]. Das gleiche gilt für andere Ermittlungsvorschläge[107].

101 Vgl. unten S. 619/620. Der abweichenden Rspr. stimmen zu: KMR *Paulus* § 244 Rdnr. 388; LR *Gollwitzer* § 244 Rdnr. 225; *Dahs/Dahs* Rdnr. 264; *Engels* S. 130; *Kühne* Rdnr. 458. *Bergmann* S. 40 und *Berkholz* S. 124 wollen ebenfalls Unerreichbarkeit des Beweismittels annehmen; in den von *Berkholz* angeführten Entscheidungen BGH LM Nr. 17 zu § 244 Abs. 3, MDR 1954 S. 531 und 1960 S. 329 war der Zeuge aber namentlich bekannt. *Oetker* S. 693 meint, in solchen Fällen liege eine Unerreichbarkeit im weiteren Sinne vor.
102 im Gerichtssaal befindliche Personen sind dort zu befragen; vgl. RG JW 1922 S. 1033 mit Anm. *Alsberg*; *Bergmann* S. 38 ff.; unten S. 126.
103 BGH 5 StR 164/81 vom 23. 6. 1981 spricht allgemein davon, daß der Antrag auf Ermittlung der Adresse eines Zeugen kein Beweisantrag ist.
104 RG JW 1922 S. 1033 mit Anm. *Alsberg*; RG JW 1927 S. 2043; 1932 S. 418 mit Anm. *Mezger*; RG JW 1932 S. 3101; 1933 S. 966 mit abl. Anm. *Löwenstein,* der in der Benennung des Hilfszeugen einen Beweisermittlungsantrag sieht; BayObLG bei *Rüth* DAR 1970 S. 264; *Dalcke/Fuhrmann/Schäfer* § 244 Anm. 7 b; *Alsberg* GA 67 S. 261 (270); *Bergmann* S. 27, 37; *Berkholz* S. 128; *Koeniger* S. 262, 281; *Rieker* S. 59; *Simader* S. 134 – A.A. *Oetker* JW 1923 S. 387 und 1930 S. 1105 (1107/1108), der annimmt, es handele sich um einen »werdenden« Beweisantrag, um einen Beweisermöglichungsantrag. Auch RG JW 1925 S. 1402 mit Anm. *Alsberg*; *Mayer-Alberti* S. 51, 54 halten den Antrag für einen Beweisermittlungsantrag. *Beling* S. 379 Fußn. 3 trennt überhaupt nicht zwischen dem Antrag auf Vernehmung des Zeugen und der des Hilfsperson, sondern bezeichnet beides als Beweisermittlungsantrag und kommt dadurch zu der unrichtigen Ansicht, der Beweisermittlungsantrag sei eine Unterart des Beweisantrags, ein begrifflicher Unterschied bestehe nicht. Unrichtig auch BGH 2 StR 188/52 vom 27. 5. 1952, der den Antrag, bei einem ausländischen Konsulat anzufragen, ob ein bestimmter Zeuge noch lebe, als Beweisermittlungsantrag auffaßt; zustimmend *Koeniger* S. 262. Bedenklich ist ferner das bei *Alsberg* GA 67 S. 261 (278 Fußn. 1) erwähnte unveröffentlichte RG-Urteil, das den Antrag, eine Zeugin über ihre frühere Dienstherrin zu fragen, damit diese als Zeugin vernommen werden könne, für einen Beweisantrag hielt; zustimmend aber *Bergmann* S. 27, 38 Fußn. 2; *Schlosky* JW 1930 S. 2505 (2509) und *Stützel* S. 27 Fußn. 21. *Berkholz* S. 129 und *Mayer-Alberti* S. 51, 54 halten den Antrag für einen Beweisermittlungsantrag.
105 BayObLG bei *Rüth* DAR 1980 S. 269.
106 Vgl. RG JW 1922 S. 300 (Benennung der Angeklagten aus einer anderen Strafsache als Zeugen; ihr Name sollte aus den anderen Akten festgestellt werden); RG JW 1922 S. 813 (Antrag, den Namen des als Zeugen benannten Kriminalbeamten aus einem Vernehmungsprotokoll festzustellen); dazu *Mayer-Alberti* S. 54.
107 BayObLG bei *Rüth* DAR 1980 S. 269.

Ein anderer Fall liegt aber vor, wenn der Antragsteller über die Zeugen, die zu seinen Gunsten aussagen sollen, überhaupt nichts weiß, sondern andere Zeugen benennt, durch deren Vernehmung sich erst herausstellen soll, ob es solche Zeugen gibt, was sie wissen, wie sie heißen und wo sie geladen werden können. Dann handelt es sich um einen Beweisermittlungsantrag[108].

2. Sachverständige

Bestimmte Angaben über das Beweismittel muß der Antragsteller nur machen, wenn der Erfolg des Beweisantrags von dem Vorhandensein eines bestimmten Beweismittels abhängt. Ist das Beweismittel aber austauschbar, wie regelmäßig der nach § 73 Abs. 1 Satz 1 vom Gericht auszuwählende Sachverständige, so braucht der Beweisantrag das Beweismittel nicht näher zu bezeichnen[109], sondern kann dessen Auswahl und auch das Fachgebiet dem Gericht überlassen. Aus dem Umstand, daß bei dem Antrag auf Sachverständigenbeweis die Notwendigkeit entfällt, ein bestimmtes Beweismittel zu benennen, ist der Schluß gezogen worden, auch der Antrag auf Anhörung eines weiteren Sachverständigen brauche nichts weiter zu enthalten als die Tatsache, die der Antragsteller bewiesen haben möchte[110]. Das ist falsch. Wer die Wiederholung einer Beweisaufnahme verlangt, kann sich mit so spärlichen Angaben nicht begnügen. Er muß dem Gericht darlegen, weshalb das Gutachten des bereits vernommenen Sachverständigen unzureichend ist, ob und warum er also Zweifel an der Sachkunde des Sachverständigen hat[111], ob er fehlerhafte tatsächliche Grundlagen des Gutachtens oder Widersprüche geltend machen will und worin sie bestehen[112]. Hält der Antragsteller die Anhörung eines weiteren Sachverständigen für erforderlich, weil dieser über überlegene Forschungsmittel verfügt, so ist er auch gehalten, den Sachverständigen zu benennen und dessen Forschungsmittel in dem Beweisantrag genau zu bezeichnen[113].

---

108 Vgl. *Berkholz* S. 128; unten S. 81.
109 OLG Celle MDR 1969 S. 950 = NdsRpfl. 1970 S. 64 = VRS 39 S. 33; NdsRpfl. 1982 S. 66 (67); OLG Hamm MDR 1976 S. 338; KK *Herdegen* Rdnr. 51; *Kleinknecht* Rdnr. 65; KMR *Paulus* Rdnr. 389; LR *Gollwitzer* Rdnr. 92; alle zu § 244; KK *Pelchen* § 73 Rdnr. 3; LR *Meyer* § 73 Rdnr. 1; *Eb. Schmidt* vor § 244 Rdnr. 26 b; *Bergmann* S. 25; *Berkholz* S. 89; *Dahs* Hdb. Rdnr. 536; *Dahs/Dahs* Rdnr. 269; *Engels* S. 143; *Hanack* JZ 1970 S. 561 (563); *Rieker* S. 20; *Sarstedt* DAR 1964 S. 307 (309); *G. Schäfer* S. 353; *Schorn* Strafrichter S. 155; *Simader* S. 35/36; *Stützel* S. 20/21.
110 OLG Hamm MDR 1976 S. 338; *G. Schäfer* S. 353.
111 OLG Oldenburg VRS 7 S. 49.
112 Vgl. *Dahs* Hdb. Rdnr. 538; *Jessnitzer* Strafverteidiger 1982 S. 177 (180).
113 BGHSt 8 S. 76 (77); OLG Hamm VRS 37 S. 57 (58); OLG Koblenz VRS 45 S. 367 (370); OLG Oldenburg VRS 7 S. 49 (50); OLG Stuttgart LRE 2 S. 318 (319); KMR *Paulus* § 244 Rdnr. 479; *Dahs* Hdb. Rdnr. 538; *Schorn* GA 65 S. 299 (303); in diesem Sinne auch *Peters* JR 1971 S. 116 (118). A.A. offenbar OLG Celle Strafverteidiger 1981 S. 608 (609).

3. Augenschein

In einem auf Augenscheinseinnahme gerichteten Beweisantrag muß nicht nur der Gegenstand, sondern, falls das nicht nach den Umständen entbehrlich ist, auch der Ort bezeichnet werden, an dem er sich befindet. Es genügt aber, daß das Augenscheinsobjekt in seinen Umrissen gekennzeichnet wird[114]. Der Antrag, daß ein bestimmter Ort nach einem bestimmten Beweisstück durchsucht werden soll, ist ein ausreichend substantiierter Beweisantrag[115].

4. Urkunden

Wenn Urkunden als Beweismittel benannt werden, ist nicht erforderlich, daß sie zur Stelle sind[116]. Die Urkunde muß aber so genau bezeichnet werden, daß ihre Herbeischaffung möglich ist. Es muß daher entweder der Besitzer der Urkunde oder der Ort, an dem sie sich befindet, angegeben oder so gekennzeichnet werden, daß das Gericht sie ermitteln kann[117]. Sollen Urkundensammlungen herangezogen werden, von denen nicht jede Einzelurkunde für die Beweisführung erheblich ist, so muß der Antragsteller die als Beweismittel in Betracht kommenden Teile bestimmt bezeichnen[118]. Andernfalls liegt nur ein Beweisermittlungsantrag vor[119]. Anders ist es, wenn der Antragsteller ausnahmsweise durch den gesamten Inhalt der Urkundensammlung eine Tatsache beweisen will[120], etwa wenn das Kassenbuch die Nichteintragung eines Zahlungseingangs[121] oder der Gesamtinhalt von Disziplinarakten die Unglaubwürdigkeit eines Zeugen beweisen[122], wenn der gesamte Inhalt von Krankenakten Aufschluß über eine Erkrankung oder Verletzung geben oder dem Sachverständigengutachten als Grundlage dienen[123] oder

---

114 *Bergmann* S. 35; *Rieker* S. 21.
115 RG JW 1927 S. 793 mit Anm. *Mannheim*; LR *Gollwitzer* § 244 Rdnr. 90.
116 RG JW 1933 S. 451 mit Anm. *Alsberg*; *Rieker* S. 38 Fußn. 17; ungenau *Oetker* JW 1924 S. 318.
117 RG Recht 1914 Nr. 2809; *Simader* S. 35; *Stützel* S. 20; vgl. auch *Meves* GA 40 S. 416 (433), der die Angabe der aufbewahrenden Behörde nicht genügen lassen wollte.
118 Den Antrag auf Nachforschung nach Handakten zum Beweis bestimmter Tatsachen unter genauer Bezeichnung der betreffenden Urkunden hat das RG mit Recht als Beweisantrag angesehen (RG JW 1933 S. 451 mit Anm. *Alsberg*). Zu weitgehend jedoch RG JW 1922 S. 300 (»die herbeizuziehenden Geschäftsbücher und Belege«); RG JW 1924 S. 318 (Vorlegung von Urkunden »über getroffene Geschäftsabschlüsse« mit verschiedenen Firmen) und RG JW 1924 S. 1879 mit zust. Anm. *Alsberg* (Antrag auf »Heranziehung sämtlicher Unterlagen, die der Zeuge B. dem Angeklagten für die Bilanzaufstellung vorgelegt hat«); vgl. dazu *Mayer-Alberti* S. 66/67.
119 Vgl. unten S. 84 ff.
120 *Bergmann* S. 49; *Berkholz* S. 116/117; *Engels* S. 159; *Gerland* JW 1924 S. 1250. Vgl. auch RG JW 1922 S. 300 (Beweis, daß ein bestimmtes Geschäft in den Handelsbüchern nicht verzeichnet ist).
121 Vgl. *Berkholz* S. 117.
122 Vgl. *Bergmann* S. 49; *Mayer-Alberti* S. 64; a. A. RG Recht 1910 Nr. 1695. Vgl. auch *Berkholz* S. 60.
123 BGH 5 StR 273/59 vom 1. 9. 1959; RG JW 1922 S. 1032 mit Anm. *zu Dohna*; *Kleinknecht* § 244 Rdnr. 40; *Bergmann* S. 49.

wenn der Nachweis, daß Bücher ordnungsgemäß geführt worden sind, durch deren Gesamtinhalt erwiesen werden soll[124]. Die Annahme des Reichsgerichts[125], Akten »als solche« seien keine Beweismittel, die Gegenstand einer Beweisaufnahme sein können, ist demnach unrichtig.

5. Behördliche Auskünfte

Ein bestimmtes Beweismittel ist auch benannt, wenn der Antragsteller die Einholung einer behördlichen Auskunft verlangt. Er will dann entweder einen Zeugen- oder einen Sachverständigenbeweis geführt haben und benennt als Beweismittel denjenigen Beamten, der die Auskunft erteilen soll[126].

6. Mehrere Beweismittel

Die Notwendigkeit der Benennung eines bestimmten Beweismittels bedeutet nicht, daß der Antragsteller für die Beweisbehauptung nur ein einzelnes bestimmtes Beweismittel anführen darf. Er kann sich auf mehrere Beweismittel gleicher oder verschiedener Art berufen, etwa seine Unschuld durch eine Vielzahl von Zeugen unter Beweis stellen[127] oder außer der Benennung von Zeugen die Verlesung von Urkunden oder die Anhörung eines Sachverständigen verlangen. Der Beweisantrag kann auch auf Benutzung eines Beweismittelkreises gerichtet sein, etwa die Verlesung mehrerer Urkunden, die Anhörung mehrerer Sachverständiger verlangen[128]. Von praktischer Bedeutung ist insbesondere die Benennung eines ganzen Kreises von Zeugen. Der Antragsteller bringt damit bestimmte Beweismittel bei, wenn er mindestens stillschweigend[129] behauptet, daß jeder der benannten Zeugen für das Beweisthema unmittelbar erheblich ist, also über die Beweistatsachen Bekundungen machen kann[130]. Das ist etwa der Fall, wenn die Vernehmung aller Personen beantragt wird, die an der Auswertung einer Blutprobe beteiligt waren[131], wenn sämtliche Geldmakler, die in dem Verfahren in Betracht kommen, als Zeu-

---

124 RG Recht 1909 Nrn. 1084, 2764; *Berkholz* S. 116. Vgl. auch BGH 5 StR 180/75 vom 4. 5. 1976 (Dienstregisterakten eines Gerichtsvollziehers).
125 RG GA 58 S. 184.
126 RG JW 1929 S. 1474 mit zust. Anm. *Alsberg*; RG JW 1930 S. 3417; vgl. auch *Bergmann* S. 30/31; *Berkholz* S. 94; *Hegler* AcP 104 S. 151 (284 Fußn. 285) und Rechtsgang I S. 385 (392, 397); a. A. offenbar *Stützel* S. 27. Vgl. auch RG JW 1931 S. 2822 mit Anm. *Alsberg*. Wird die Auskunft schriftlich erteilt und nach § 256 Abs. 1 verlesen, so ist sie allerdings Gegenstand eines Urkundenbeweises; vgl. unten S. 300.
127 BGH JR 1954 S. 310 (311). Den Antrag auf Vernehmung von 7000 Zeugen hat BGH 1 StR 476/53 vom 5. 1. 1954 als auf etwas Unmögliches gerichtet angesehen.
128 Für den Sachverständigenbeweis gilt aber die Einschränkung des § 244 Abs. 4 Satz 2. Näheres dazu unten S. 719 ff.
129 RG HRR 1939 Nr. 1210.
130 Vgl. *Bergmann* S. 43; *Berkholz* S.103 ff.; *Mannheim* JW 1927 S. 793; *Rieker* S. 37; *Schlosky* JW 1930 S. 2505 (2509); *Schwenn* Strafverteidiger 1981 S. 631 (632); *Simader* S. 80; *Stützel* S. 25. Vgl. auch unten S. 82.
131 BGH VRS 25 S. 426 (427).

gen benannt werden¹³² oder wenn das übrige Wachpersonal¹³³ oder die Kasernenwache¹³⁴ über Vorgänge auf der Wache vernommen werden soll. Die Benennung eines Beweismittelkreises kommt vor allem in Betracht, wenn es darauf ankommt, etwas Negatives zu beweisen. Wer die Behauptung widerlegen will, daß zahlreiche Zeugen eine bestimmte Tatsache wahrgenommen haben, muß notwendigerweise verlangen, daß sie alle gehört werden. Ein Beweisantrag ist daher mit Recht in dem Antrag gesehen worden, alle Zeugen einer früheren Verhandlung darüber zu vernehmen, daß der Angeklagte ihnen kein Geld angeboten hat[135].

V. Entbehrlichkeit weiterer Angaben

Bei der Stellung des Beweisantrags sind weitere Angaben, z. B. über die Gründe, die zu der Antragstellung geführt haben, regelmäßig überflüssig[136]. Auch zu der Erheblichkeit der unter Beweis gestellten Tatsachen für das Urteil und zu den Schlußfolgerungen, die er aus den Beweistatsachen gezogen wissen will, braucht sich der Antragsteller nicht zu äußern. Daß er davon absehen kann, die Erheblichkeit der beantragten Beweiserhebung zu begründen, kann schon deshalb nicht zweifelhaft sein, weil auch ein Antrag, der für die Entscheidung bedeutungslose Tatsachen unter Beweis stellt, ein wirksamer Beweisantrag ist, der nur nach § 244 Abs. 3 Satz 2 wegen Bedeutungslosigkeit abgelehnt werden kann[137]. Ausführungen zur Frage der Erheblichkeit können allerdings verhindern, daß das Gericht die Bedeutung der Beweistatsachen für die Entscheidung verkennt. Wenn diese Gefahr besteht, ist daher eine Darlegung der Erheblichkeit in dem Beweisantrag empfehlenswert. Beim Sachverständigenbeweisantrag ist die Angabe der Anknüpfungstatsachen im allgemeinen geboten; sie ist aber entbehrlich, wenn diese Tatsachen sich ohne weiteres aus den Umständen ergeben[138]. Ist die Verlesung einer umfangreichen Urkunde beantragt, die bereits in wesentlichen Teilen verlesen worden ist, so wird die Notwendigkeit begründet werden müssen, die gesamte Urkunde zu verlesen[139].

Die Angabe der Schlußfolgerungen, die sich aus den Beweistatsachen ergeben, ist nicht erforderlich[140]. Sie kann sich aber empfehlen, wenn der Beweis durch ein sachliches Beweismittel geführt werden soll. Denn hier gehen Beweistatsache und

---

132 RG Recht 1928 Nr. 1751.
133 RG JW 1922 S. 299 mit Anm. *Alsberg*.
134 RMGE 3 S. 70; 11 S. 62 (63).
135 RG JW 1930 S. 70 mit Anm. *Alsberg*. Vgl. auch *Schwenn* Strafverteidiger 1981 S. 631 (632): Vernehmung aller Insassen einer Vollzugsanstalt darüber, daß der Angeklagte ihnen keine Betäubungsmittel verkauft hat.
136 Vgl. *Rieker* S. 21; *Simader* S. 37.
137 Vgl. *Alsberg* Heinitz-FS S. 433; *Kühne* Rdnr. 442; *Oetker* JW 1930 S. 1105 (1106); *Rieker* S. 21 Fußn. 21; *Simader* S. 34, 37; *Stützel* S. 21; a. A. *Mamroth* JW 1932 S. 2725, der Angaben über die Erheblichkeit zu den Erfordernissen eines Beweisantrags rechnet.
138 BayObLG VRS 59 S. 266 (267).
139 Vgl. RG GA 46 S. 424.
140 Vgl. *Rieker* S. 21; *Simader* S. 34.

Schlußfolgerung zuweilen ineinander über. Es gibt daher auch in der Rechtsprechung Fälle, in denen das Revisionsgericht mit Rücksicht darauf, daß nicht angegeben war, welche für die Sachentscheidung erheblichen Schlüsse aus der Augenscheinseinnahme gezogen werden sollten, die Auffassung vertreten hat, daß der Antrag nur der Prüfung diente, ob sich aus der Besichtigung erhebliche Momente für die Entscheidung ergäben. Ein solcher Antrag ist daher als bloßer Beweisermittlungsantrag angesehen worden[141].

Der Antragsteller ist schließlich auch nicht verpflichtet, Angaben darüber zu machen, welcher Art der beantragte Beweis ist. Wenn eine bestimmte Beweistatsache und ein bestimmtes Beweismittel benannt sind, liegt ein wirksamer Beweisantrag ohne Rücksicht darauf vor, ob der Antragsteller ausdrücklich einen Zeugen- oder Sachverständigenbeweis, einen Urkunden- oder Augenscheinsbeweis antritt. Hierbei handelt es sich um Rechtsfragen, deren mitunter nicht einfache Beantwortung dem Gericht überlassen werden darf[142].

Die Bemerkung von *Dahs*[143], der Verteidiger könne mit einem Beweisantrag auch sonstige Ausführungen über seinen Verteidigungsplan verbinden, ist mißverständlich. Das Gericht ist nicht verpflichtet, irgendwelche Erklärungen des Angeklagten oder Verteidigers im Zusammenhang mit der Stellung des Beweisantrags entgegenzunehmen (vgl. § 257 Abs. 2). Das kann zwar gelegentlich zweckmäßig sein, weil es dem Gericht die mit dem Antrag verfolgten Absichten des Antragstellers verdeutlicht und daher auch die Entscheidung über den Antrag erleichtert. Für den Regelfall gilt aber, daß der Antragsteller sich auf die Stellung des Antrags beschränken kann und muß.

---

141 RG JW 1922 S. 300.
142 Vgl. *Hanack* JZ 1970 S. 561; *Rieker* S. 21; *Simader* S. 37/38. Bedenklich ist daher die Entscheidung RGSt. 52 S. 289, mit der es das RG gebilligt hat, daß der Antrag auf Vernehmung eines Mitangeklagten, gegen den das Verfahren wegen seiner Einberufung ruhte, abgelehnt worden war, weil der Angeklagte keinen Anspruch auf Anwesenheit eines Mitangeklagten in der Hauptverhandlung habe und dessen Vernehmung als Zeuge nicht beantragt war. Vgl. dagegen LR *Gollwitzer* § 244 Rdnr. 90, der es mit Recht für unschädlich hält, daß der benannte Zeuge irrtümlich als Mitangeklagter bezeichnet wird; die Entscheidung RGSt. 52 S. 138, auf die sich *Gollwitzer* bezieht, sagt darüber allerdings nichts.
143 Hdb. Rdnr. 396.

§ 4 Bedingte Anträge, insbesondere Hilfsbeweisanträge

I. Bedingte Beweisanträge 57
   1. Zulässigkeit und Wesen des bedingten Antrags 57
   2. Zulässige Bedingungen 58
II. Hilfsbeweisanträge 59
   1. Der Hilfsbeweisantrag als Unterfall des bedingten Beweisantrags 59
   2. Zeitpunkt der Antragstellung 61
   3. Bezeichnung des Antrags 61
   4. Art des Hauptantrags 62
   5. Vertauschung von Haupt- und Hilfsantrag 63

I. Bedingte Beweisanträge

1. Zulässigkeit und Wesen des bedingten Antrags

Der Beweisantrag kann nach allgemeiner Ansicht unbedingt und in bedingter Form gestellt werden[1]. Mit dem unbedingten Beweisantrag[2] verlangt der Antragsteller eine bestimmte Beweiserhebung schlechthin. Das ist die gebräuchlichste Form des Beweisantrags, und die Vermutung spricht dafür, daß ein vor den Schlußvorträgen gestellter Antrag keine Bedingung enthält[3]. Fehlt ein anderslautender Zusatz, so muß der Beweisantrag daher als unbedingt gestellter Antrag behandelt und noch vor Schluß der Beweisaufnahme beschieden werden[4]. Bestehen Zweifel, so ist der Antragsteller zu befragen, ob sein Antrag bedingt oder unbedingt gestellt ist[5].

Der bedingte Beweisantrag macht die Erhebung des Beweises von einer für den Antragsteller ungewissen Sach- oder Prozeßlage abhängig[6]. Das Gericht braucht

---

1 RGSt. 55 S. 109; LR *Gollwitzer* § 244 Rdnr. 135; *Eb. Schmidt* vor § 244 Rdnr. 28 ff.; *Mayer-Alberti* S. 22; *Meves* GA 40 S. 291 (300); *Oetker* JW 1930 S. 1105; *Simader* S. 62; *Stützel* S. 32.
2 Daß dieser Antrag, wie in der Voraufl. S. 39 behauptet worden ist, als »Prinzipalantrag« bezeichnet zu werden pflegt, läßt sich heute nicht mehr feststellen.
3 KK *Herdegen* § 244 Rdnr. 54; *Alsberg* Heinitz-FS S. 437; *Mayer-Alberti* S. 22; *Simader* S. 61.
4 Vgl. unten S. 764 ff.
5 *Mayer-Alberti* S. 22. Allgemein zur Fragepflicht vgl. unten S. 393 ff.
6 *Bennecke/Beling* S. 289. *Peters* S. 288 macht mit Recht darauf aufmerksam, daß es sich aber nicht, wie bei § 158 BGB, um ein ungewisses zukünftiges Ereignis handeln muß.

den Antrag nur zu prüfen und zu bescheiden, wenn die Bedingung eintritt[7]. Ist das der Fall, so muß aber über den Antrag wie über jeden anderen Beweisantrag befunden werden[8].

2. Zulässige Bedingungen

Die Bedingung kann im Eintritt einer bestimmten Prozeßlage bestehen. Ein Zeuge kann z. B. nur für den Fall benannt werden, daß ein anderes Beweismittel nicht erreichbar ist, daß ein anderer Zeuge vernommen wird oder eine bestimmte Aussage macht oder daß eine bestimmte Urkunde aufgefunden wird[9].

Die Bedingung kann auch das Verhalten eines anderen Verfahrensbeteiligten betreffen. Es ist z. B. zulässig, einen Beweisantrag unter der Bedingung zu stellen, daß der Prozeßgegner weitere Beweiserhebungen verlangt oder seinen bereits gestellten Beweisantrag aufrechterhält[10]. Der Antrag kann auch davon abhängig gemacht werden, daß der Staatsanwalt eine bestimmte, dem Antragsteller ungünstige Auffassung vertritt, die durch den beantragten Beweis bekämpft werden soll. Dann wird die Beweiserhebung bei sinngemäßer Auslegung des Antrags auch für den Fall begehrt, daß das Gericht sich diese Auffassung zu eigen macht[11].

Die Bedingung kann ferner in einer bestimmten Entscheidung des Gerichts liegen[12], z. B. darin, daß das Gericht einen anderen, unbedingt gestellten Antrag ablehnt[13], die Erhebung eines von einem anderen Prozeßbeteiligten bereits beantragten Beweises beschließt[14] oder einen bestimmten Zeugen vereidigt[15]. Zulässig ist es auch, die Erhebung des Beweises nur für den Fall zu verlangen, daß das Gericht eine bestimmte Auffassung vertritt, die noch nicht nach außen erkennbar hervorgetreten ist[16]. Die Bedingung kann dann insbesondere darin bestehen, daß

---

7 *Mayer-Alberti* S. 22; *Rieker* S. 26.
8 *Eb. Schmidt* vor § 244 Rdnr. 30; *Gössel* S. 252; *Simader* S. 62; *Stützel* S. 35/36.
9 Vgl. *Eb. Schmidt* vor § 244 Rdnr. 28; *Gössel* S. 252; *Rieker* S. 27; *Stützel* S. 33. Unrichtig *Oetker* JW 1930 S. 1105 (1107) und *Stützel* S. 28, die in jedem Beweisermittlungsantrag einen bedingten Beweisantrag und die Bedingung darin sehen wollten, daß das Beweismittel oder die Beweistatsache ermittelt wird.
10 Vgl. *Weber* JW 1929 S. 261.
11 Vgl. *Simader* S. 62.
12 BGHSt. 29 S. 396 (397).
13 Vgl. *Rieker* S. 26. Dazu gehört auch der Fall, daß in erster Hinsicht Sachverständigenbeweis, hilfsweise Zeugenbeweis beantragt wird (vgl. *W. Schmid* GA 1982 S. 95 [100], der darin einen Eventualbeweisantrag sieht).
14 KMR *Paulus* § 244 Rdnr. 395; *Alsberg* Heinitz-FS S. 439; *Bennecke/Beling* S. 289; *Meves* GA 40 S. 291 (300); *Simader* S. 62.
15 Vgl. *Rieker* S. 27.
16 KMR *Paulus* § 244 Rdnr. 395; *Gössel* S. 252; *Mayer-Alberti* S. 24 ff.; *Schlosky* JW 1930 S. 2505 (2506); *Simader* S. 62; *Stützel* S. 33. Vgl. auch RG GA 73 S.171 = JW 1929 S. 261 mit abl. Anm. *Weber*, das den von einer bestimmten Beweiswürdigung des Gerichts abhängig gemachten Antrag auf Beweiserhebung einfach wie einen unbedingt gestellten Antrag behandelt hat; die Entscheidung ist allerdings von der Auffassung des RG beeinflußt, daß ein Hilfsbeweisantrag nur vorliegt, wenn in der Hauptsache Freisprechung beantragt ist (vgl. unten S. 62).

das Gericht die Einlassung des Angeklagten für unwahr oder einen von dem Antragsteller schon früher benannten Zeugen für unglaubwürdig hält, daß es einem von dem Prozeßgegner benannten Zeugen Glauben schenkt[17] oder daß es eine bestimmte Urkunde als echt ansieht[18]. Daß das Gericht durch die Stellung solcher Beweisanträge gezwungen werden kann, seine Beurteilung der Beweislage schon vor dem Urteil bekanntzugeben, ist kein Hinderungsgrund[19]. Denn das Gericht ist auch bei unbedingt gestellten Beweisanträgen mitunter gehalten, die Beweiswürdigung teilweise vorwegzunehmen und sich noch während der Beweisaufnahme darüber zu äußern, wie es die Sachlage beurteilt[20], insbesondere ob es von bestimmten Umständen überzeugt ist[21]. Es ist übrigens keineswegs verpflichtet, auf die dem Beweisantrag hinzugefügte Bedingung einzugehen, sondern kann den Antrag ohne weiteres als unbedingt gestellt behandeln und die beantragten Beweise erheben oder den Antrag aus einem der gesetzlich zulässigen Gründe ablehnen.

Schließlich ist es auch denkbar, daß der bedingte Beweisantrag statt von einer bestimmten Auffassung des Gerichts von der eines Sachverständigen abhängig gemacht, die Beweiserhebung also nur für den Fall gefordert wird, daß der Sachverständige sie als für sein Gutachten erheblich erklärt[22].

II. Hilfsbeweisanträge

1. Der Hilfsbeweisantrag als Unterfall des bedingten Beweisantrags

Der Hilfsbeweisantrag ist eine Unterart des bedingten Beweisantrags[23] und zugleich seine Haupterscheinungsform. Die verfahrensrechtliche Wirkung eines solchen Antrags besteht darin, daß der Antragsteller, sofern er nicht ausdrücklich etwas anderes erklärt, auf eine Entscheidung über den Antrag vor der Urteilsver-

---

17 *Alsberg* Heinitz-FS S. 439; *Gössel* S. 252; *Koeniger* S. 260; *Peters* S. 288; *Simader* S. 62; *Stützel* S. 33. LR *Gollwitzer* § 244 Rdnr. 133 nimmt für diese Fälle zu Unrecht einen Hilfsbeweisantrag an, über den das Gericht erst in den Urteilsgründen zu entscheiden braucht.
18 Vgl. KK *Herdegen* § 244 Rdnr. 54; *Eb. Schmidt* vor § 244 Rdnr. 28.
19 *Simader* S. 63; a. A. *Weber* JW 1929 S. 261, der die Wirksamkeit des bedingten Beweisantrags ausschließlich von einem Ereignis der »äußeren Prozeßgestaltung« abhängig machen wollte.
20 Etwa wenn zu entscheiden ist, ob eine Beweistatsache für das Urteil ohne Bedeutung ist (vgl. unten S. 574 ff.).
21 Etwa wenn der Antrag auf Anhörung eines weiteren Sachverständigen nach § 244 Abs. 4 Satz 2 mit der Begründung abgelehnt wird, daß das Gegenteil der unter Beweis gestellten Tatsachen bereits erwiesen ist.
22 Vgl. *Simader* S. 62.
23 RGSt. 55 S. 109; *Alsberg* Heinitz-FS S. 438; *Meves* GA 40 S. 291 (300); *Rieker* S. 27; *Simader* S. 63; *Stützel* S. 33; a. A. *Peters* S. 288, der den Hilfsbeweisantrag für einen unbedingt gestellten Antrag und die hilfsweise Stellung eines bedingten Antrags für zulässig hält. Auch *Koeniger* S. 260 meint, der Hilfsantrag werde in der Regel bedingt gestellt. Den Wert einer begrifflichen Unterscheidung bestreitet *Eb. Schmidt* vor § 244 Rdnr. 30.

kündung und damit auf rechtliches Gehör verzichtet[24]. *Sarstedt*[25] ist zwar mit Recht der Ansicht, daß der Prozeßbeteiligte, der statt eines gewöhnlichen Beweisantrags einen Hilfsbeweisantrag stellt, dadurch nur Nachteile erleidet, weil er vor der Urteilsverkündung nicht erfährt, »wohin die Reise gehen soll«[26]. Gleichwohl erfreut sich der Hilfsbeweisantrag im Schlußvortrag der Verteidiger großer Beliebtheit. Das dürfte seinen Grund vor allem darin haben, daß die Antragsteller hoffen, das Gericht werde, um nicht nochmals in die Beweisaufnahme eintreten zu müssen, Beweistatsachen, die es nicht als unerheblich abtun kann, zugunsten des Antragstellers als wahr unterstellen[27]. Wenn der Verteidiger die Freisprechung des Angeklagten beantragt, weil er das Beweisergebnis dahin wertet, daß sein Mandant nicht überführt ist, erscheint es übrigens logisch, daß er weitere Anträge zur Sachaufklärung nur hilfsweise für den Fall stellt, daß das Gericht das Ergebnis der Beweisaufnahme anders beurteilt[28].

An den Inhalt eines Hilfsbeweisantrags sind die gleichen Anforderungen zu stellen wie an den eines gewöhnlichen Beweisantrags[29]. Der Unterschied zwischen dem gewöhnlichen bedingten Beweisantrag und dem Hilfsbeweisantrag besteht darin, daß der Antragsteller die Entscheidung, von der der Hilfsbeweisantrag abhängig gemacht wird, in einem unbedingt gestellten Hauptantrag bezeichnet. Das ist unerläßlich; wenn kein Hauptantrag gestellt ist, kann auch kein Hilfsbeweisantrag vorliegen. Die Bezeichnung des Antrags als Hilfsbeweisantrag ist dann ohne Bedeutung[30], und der Antrag ist als Hauptantrag zu behandeln und zu bescheiden[31]. Daß Haupt- und Hilfsantrag von demselben Antragsteller herrühren, ist aber nicht erforderlich. Um einen Hilfsbeweisantrag handelt es sich daher auch, wenn der Angeklagte seine Freisprechung beantragt und der Verteidiger, auch gegen den Willen des Angeklagten, weitere Beweisanträge für den Fall stellt, daß keine Freisprechung erfolgt[32].

---

24 Vgl. unten S. 769.
25 DAR 1964 S. 307 (312).
26 Vgl. auch *Dahs* Hdb. Rdnr. 258.
27 Vgl. *Dahs/Dahs* Rdnr. 253, die die große Rolle, die der Hilfsbeweisantrag in der Rechtspraxis spielt, seiner »Lästigkeit« zuschreiben. *Dahs* Hdb. Rdnr. 526 und *J. Schulz* GA 1981 S. 301 (308) sehen das Hauptziel des Hilfsbeweisantrags darin, dem Gericht Nebenlösungswege des Schuldnachweises zu verbauen bzw. nur um den Preis eines Wiedereintritts in die Beweisaufnahme zu eröffnen.
28 So mit Recht *Dahs* Hdb. Rdnr. 526.
29 OLG Saarbrücken VRS 36 S. 435; *Simader* S. 30; *Stützel* S. 16; vgl. auch BGH VRS 15 S. 346.
30 KG JR 1954 S. 192 mit Anm. *Sarstedt*. Vgl. auch *Simader* S. 63 ff., der darauf hinweist, daß ein solcher Fall im Grunde so ungewöhnlich wäre, daß der Vorsitzende den Antragsteller befragen muß, ob er noch einen Hauptantrag zu stellen beabsichtigt.
31 RG JW 1930 S. 931 mit Anm. *Alsberg*; RG GA 68 S. 351 (352); RG JR Rspr. 1927 Nr. 1267; OLG Dresden JW 1930 S. 2594 mit Anm. *Weber*; *Schlosky* JW 1930 S. 2505 (2506); *Simader* S. 63.
32 Vgl. *Simader* S. 63.

2. Zeitpunkt der Antragstellung

In welchem Abschnitt der Hauptverhandlung der Hilfsbeweisantrag gestellt wird, ist ohne Bedeutung. Zwar wird er regelmäßig erst nach Schluß der Beweisaufnahme im Schlußvortrag gestellt. Aber auch ein Antrag während der Beweisaufnahme kann ein Hilfsbeweisantrag sein, wenn er ausdrücklich so bezeichnet wird und den Schlußantrag erkennbar vorwegnimmt[33]. Es ist auch nicht erforderlich, daß der Hilfsbeweisantrag gleichzeitig mit dem Hauptantrag gestellt wird[34]. Der Hauptantrag kann dem Hilfsbeweisantrag durchaus nachfolgen. Der Antragsteller muß den Beweisantrag dann aber erkennbar von einem noch zu stellenden Hauptantrag abhängig machen. Ob das der Fall ist, ergibt die Auslegung des Antrags im Einzelfall[35].

Ein ursprünglich als Hauptantrag gestellter Beweisantrag kann nachträglich zu einem Hilfsbeweisantrag werden, wenn er, nachdem seine Bescheidung während der Beweisaufnahme unterblieben ist, nach Schluß der Beweisaufnahme als Hilfsbeweisantrag wiederholt wird[36]. Umgekehrt kann der Antragsteller den Hilfsbeweisantrag dahin ändern, daß er noch in der Hauptverhandlung beschieden werden soll; das Gericht muß einem solchen Verlangen entsprechen[37].

3. Bezeichnung des Antrags

Der Antrag wird üblicherweise dadurch als Hilfsbeweisantrag gekennzeichnet, daß der Antragsteller ausdrücklich erklärt, er stelle ihn nur »hilfsweise«, »bedingt«, »für den Fall der Nichtfreisprechung«, »als Eventualantrag«[38]. Auch ohne eine solche ausdrückliche Kennzeichnung wird der Antrag aber als Hilfsbeweisantrag behandelt, wenn er in Verbindung mit einem Hauptantrag gestellt wird und nach den Umständen nicht zweifelhaft ist, daß der Antragsteller eine Entscheidung über den Antrag nur zugleich mit der über den Hauptantrag begehrt[39]. Beweisanträge, die in dem Schlußvortrag nach § 258 gestellt werden, sind im Zwei-

---

33 RGSt. 62 S. 76; RG DRiZ 1927 Nr. 426; 1928 Nr. 418; OLG Dresden HRR 1928 Nr. 2157; KK *Herdegen* § 244 Rdnr. 54; LR *Gollwitzer* § 244 Rdnr. 131; *Alsberg* Heinitz-FS S. 438; *Bohne* JW 1932 S. 2161; *Schlosky* JW 1930 S. 2505 (2506); *Simader* S. 64; *Stützel* S. 34. – A.A. RG JW 1927 S. 1643 mit abl. Anm. *Alsberg*; RG JW 1929 S. 261 mit abl. Anm. *Weber*; RG JW 1930 S. 931 (932) mit abl. Anm. *Alsberg*; BayObLG HRR 1934 Nr. 998; OLG Dresden JW 1927 S. 3062 mit abl. Anm. *Mannheim*; JW 1930 S. 2594 mit abl. Anm. *Weber*; ZStW 48 Sdr. Beil. S. 28; *Rieker* S. 27.
34 *Alsberg* JW 1927 S. 1643; 1930 S. 931 (932); *Rieker* S. 27; *Stützel* S. 34; *Weber* JW 1930 S. 2594 (2595).
35 Vgl. LR *Gollwitzer* § 244 Rdnr. 132; *Alsberg* JW 1930 S. 931 (932); *Mannheim* JW 1927 S. 3062; *Stützel* S. 34/35; *Weber* JW 1929 S. 261.
36 RGSt. 29 S. 438 (440); *Rieker* S. 27; a. A. OLG Dresden ZStW 48 Sdr. Beil. S. 28.
37 Vgl. LR *Gollwitzer* § 244 Rdnr. 140.
38 Vgl. LR *Gollwitzer* § 244 Rdnr. 132.
39 *Dalcke/Fuhrmann/Schäfer* § 244 Anm. 9. Unrichtig RG JW 1892 S. 455, das den neben dem Antrag auf Freisprechung gestellten Antrag auf Zeugenvernehmung, »falls Gewicht darauf gelegt werden sollte«, für so unbestimmt hielt, daß es ihn noch nicht einmal als Hilfsbeweisantrag ansah.

fel Hilfsbeweisanträge[40]. Wenn der Verteidiger, nachdem im Anschluß an die Schlußvorträge nochmals in die Beweisaufnahme eingetreten worden ist, nach dem erneuten Plädoyer des Staatsanwalts einen Beweisantrag stellt, handelt es sich jedoch nicht allein wegen des Zeitpunkts der Antragstellung um einen Hilfsbeweisantrag[41]. Im Zweifelsfall muß der Vorsitzende den Antragsteller befragen, ob sein Beweisantrag unbedingt oder nur hilfsweise gestellt ist[42]. Sind die Zweifel nicht zu beheben, so muß der Antrag als Hauptantrag behandelt werden[43].

4. Art des Hauptantrags

Von welchem Hauptantrag der Hilfsbeweisantrag abhängig ist, spielt entgegen der Rechtsprechung des Reichsgerichts, das als Hauptantrag regelmäßig nur den Antrag auf Freisprechung zuließ[44], grundsätzlich keine Rolle[45]. Regelmäßig ist allerdings der Hauptantrag des Angeklagten der in dem Schlußvortrag gestellte Antrag auf Freisprechung, der Hauptantrag des Staatsanwalts der Antrag auf Verurteilung. Aber auch an einen Antrag, der eine nur teilweise Freisprechung fordert, kann ein Hilfsbeweisantrag gebunden sein[46]. Der Antrag kann ferner davon abhängig gemacht werden, daß das Gericht die Merkmale eines qualifizierten Tatbestandes[47] oder einzelne Tatbestandsmerkmale für erwiesen halten will. Daher kann z. B. der Angeklagte, dem ein Raub zur Last gelegt wird, einen Hilfsbeweisantrag für den Fall stellen, daß das Gericht die Gewaltanwendung aufgrund der bisherigen Beweisaufnahme für erwiesen hält. Der Hauptantrag kann auch darin bestehen, daß das Gericht den Angeklagten nur wegen des Versuchs der ihm vorgeworfenen Straftat verurteilt oder daß es ihm einen den Vorsatz ausschließenden Irrtum zugute hält. Schließlich kann der Hilfsbeweisantrag davon abhängig gemacht werden, daß das Gericht bestimmte Rechtsfolgen, etwa die Entziehung

---

40 BGH bei *Dallinger* MDR 1951 S.275; RG JW 1932 S. 2161 mit Anm. *Bohne*; OLG Hamm GA 1972 S. 59 = JR 1971 S. 516; VRS 38 S. 293 (294); OLG Karlsruhe MDR 1966 S. 948; OLG Kiel SchlHA 1947 S. 28 (29); OLG Stuttgart Justiz 1972 S. 159 (160) = OLGSt. § 244 Abs. 6 S. 5; LR *Gollwitzer* § 244 Rdnr. 132; *Gössel* S. 253; *Koeniger* S. 260; *Sarstedt* S. 184. Vgl. auch BayObLG bei *Rüth* DAR 1973 S. 210 für den Fall, daß der rechtsunkundige Angeklagte einen an keine Bedingung geknüpften Antrag vor dem Antrag auf Freisprechung stellt.
41 OLG Stuttgart Justiz 1972 S. 159 (160) = OLGSt. § 244 Abs. 6 S. 5.
42 Vgl. *Gollwitzer* § 244 Rdnr. 132 Fußn. 53; *W. Schmid* GA 1982 S. 95 (106).
43 *Sarstedt* JR 1954 S. 192.
44 RGSt. 54 S. 239 (240); RG JW 1927 S. 1643 mit Anm. *Alsberg*; RG JW 1929 S. 261 mit Anm. *Weber*; RG JW 1930 S. 931 mit Anm. *Alsberg*; RG Recht 1920 Nr. 1770.
45 Vgl. *Kleinknecht* § 244 Rdnr. 45; LR *Gollwitzer* § 244 Rdnr. 134; *Simader* S. 64/65; *Stützel* S. 35. *Beling* (S. 380 Fußn. 1) hält nur für erforderlich, daß ein Urteil »bestimmten Inhalts« beantragt wird.
46 *Gössel* S. 252/253. Vgl. den Fall RG JW 1890 S. 431, wo ein Beweisantrag nur gegenüber dem Anklagevorwurf des Sittlichkeitsverbrechens, nicht gegenüber dem wegen Beleidigung gestellt war.
47 Z.B. der Rädelsführerschaft.

der Fahrerlaubnis⁴⁸, anordnen oder auf eine bestimmte Strafart erkennen will⁴⁹, daß es die Rückfallvoraussetzungen bejahen⁵⁰, daß es keinen besonders schweren oder minder schweren Fall annehmen, dem Antrag auf Verhängung einer milden Strafe nicht entsprechen⁵¹ oder die Vollstreckung der Strafe nicht zur Bewährung aussetzen will.

5. Vertauschung von Haupt- und Hilfsantrag

Zum Begriff des Hilfsbeweisantrags gehört an sich, daß zuerst die Freisprechung oder mildere Bestrafung und erst in zweiter Hinsicht die Beweiserhebung beantragt wird. Die Revisionsgerichte hatten aber mehrfach den Fall zu beurteilen, daß der Antragsteller nach dem Sitzungsprotokoll in erster Hinsicht die Beweisaufnahme und nur hilfsweise die Freisprechung beantragt hatte. Vermutlich handelte es sich in den meisten Fällen um fehlerhafte Eintragungen in das Sitzungsprotokoll, von dessen Richtigkeit das Revisionsgericht nach § 274 ausgehen muß. Aber für die Entscheidung, ob es sich um einen Hilfs- oder Hauptantrag handelt, kommt es hierauf nicht an. Denn da der Antragsteller kein Interesse daran haben kann, daß die Freisprechung von der Beweiserhebung abhängig gemacht wird und nicht die Beweiserhebung von der Absicht des Gerichts, dem Antrag auf Freisprechung oder einem anderen Hauptantrag nicht stattzugeben, kann sein Antrag vernünftigerweise nur dahin ausgelegt werden, daß er hauptsächlich die ihm günstige Sachentscheidung begehrt. Der Antrag ist daher auch dann ein Hilfsbeweisantrag, wenn die Reihenfolge der Antragstellung vertauscht ist⁵².

---

48 OLG Celle MDR 1966 S. 605.
49 RG GA 59 S. 153; *Alsberg* Heinitz-FS S. 438; *Rieker* S. 27.
50 BGHSt. 6 S. 128.
51 RG JW 1889 S. 277; 1931 S. 951 mit Anm. *Mamroth*; *Alsberg* Heinitz-FS S. 438; *Gössel* S. 253; *Rieker* S. 27; *Sarstedt* DAR 1964 S. 307 (312); *Simader* S. 65; *Stützel* S. 35. Vgl. auch BGH bei *Martin* DAR 1975 S. 119 (Antrag auf Gesamtstrafe in bestimmter Höhe).
52 RGSt. 65 S. 351 = JW 1932 S. 953 mit Anm. *Alsberg*; RG JW 1931 S. 951 mit Anm. *Mamroth*; RG GA 35 S. 407 (*Meves* GA 40 S. 416 [425] hielt diese Entscheidung noch für »durchaus singulär«); RG HRR 1933 Nr. 1060; KG HESt 1 S. 17; LR *Gollwitzer* § 244 Rdnr. 134; *Eb. Schmidt* vor § 244 Rdnr. 31; *Alsberg* Heinitz-FS S. 438; *Peters* S. 288; *Rieker* S. 27; *Stützel* S. 35. Dagegen nehmen den Antragsteller beim Wort und behandeln den Antrag als unbedingt gestellt: RGSt. 20 S. 380 unter ausdrücklicher Aufgabe der in RGRspr. 9 S. 634 vertretenen zutreffenden Ansicht; RG Recht 1913 Nr. 442; OLG Braunschweig GA 72 S. 393 (394).

Zweiter Hauptteil Abgrenzung des Beweisantrags von ähnlichen Anträgen und Prozeßhandlungen

1. Kapitel Beweisanregungen

§ 1 Begriffe

    I. Beweisanregung als Oberbegriff 65
    II. Beweiserbieten 66
    III. Beweisermittlungsanträge 66
    IV. Beweisanregungen im engeren Sinne 68

I. Beweisanregung als Oberbegriff

Prozeßbeteiligte, die auf den Umfang der Beweisaufnahme einwirken wollen, werden sich dazu in erster Hinsicht des Beweisantrags bedienen. Ein anderer Weg, das Gericht zu Beweiserhebungen zu veranlassen, besteht darin, Hinweise auf Beweismöglichkeiten und Anregungen zu Beweiserhebungen zu geben, denen es im Rahmen seiner Sachaufklärungspflicht nach § 244 Abs. 2 nachzugehen hat. Der Prozeßbeteiligte, der sich mit solchen Anregungen und Hinweisen begnügt, weil er einen Beweisantrag nicht stellen will, oder begnügen muß, weil er ihn aus tatsächlichen oder rechtlichen Gründen nicht stellen kann, beeinflußt den Umfang der Beweisaufnahme nicht mit derselben Stärke wie mit der Stellung von Beweisanträgen. Denn die Beweiserhebungspflicht des Gerichts im Rahmen seiner Sachaufklärungspflicht geht nicht so weit wie die Pflicht, Beweise auf entsprechende Beweisanträge zu erheben[1]. In der Sitzungsniederschrift zu beurkundende Anregungen zur Sachaufklärungspflicht verschaffen aber den Prozeßbeteiligten die erleichterte Möglichkeit, mit der Revision die Verletzung des § 244 Abs. 2 zu rügen und das Urteil zur Aufhebung zu bringen, wenn ein Verstoß des Tatrichters gegen diese Vorschrift erwiesen werden kann.

    Das gemeinsame Merkmal der Prozeßhandlungen, mit denen außerhalb eines Beweisantrags auf den Umfang der Beweisaufnahme Einfluß genommen werden kann, besteht darin, daß das Gericht zur Sachaufklärung von Amts wegen angeregt wird[2]. Sie werden daher mit dem Oberbegriff Beweisanregungen bezeichnet[3].

---

1 Vgl. oben S. 29 ff.
2 OLG Hamm VRS 49 S. 434 (435); LR *Gollwitzer* § 244 Rdnr. 100; *Oetker* JW 1930 S. 1105 (1107); *Simader* S. 86. Im Schrifttum wird teilweise eine negative Abgrenzung zum Beweisantrag bevorzugt. Danach handelt es sich um Begehren oder Erbieten, die auf Aufklärung des Sachverhalts gerichtet sind, denen aber eine für den Beweisantrag notwendige Voraussetzung fehlt; vgl. *Bergmann* S. 8; *Berkholz* S. 4 ff.; *Mayer-Alberti* S. 79; *Wenner* S. 145; *Wessels* JuS 1969 S. 1 (3).
3 BGH NJW 1968 S. 1293; OLG Köln NJW 1955 S. 275; *Bergmann* S. 5 und MDR 1976 S. 888; *Berkholz* S. 3; *Wessels* JuS 1969 S. 1 (3 Fußn. 33). Die Voraufl. (S. 18) verwendete

Hierunter fallen Prozeßhandlungen verschiedener Art: Beweiserbieten, Beweisermittlungsanträge und Beweisanregungen im engeren Sinne.

II. Beweiserbieten

Unter den Begriff Beweisanregung fallen zunächst prozessuale Erklärungen, die alle Bestandteile eines Beweisantrags mit Ausnahme des Antrags selbst enthalten. Sie geben Beweistatsachen und Beweismittel an, verzichten aber darauf, ausdrücklich oder auch nur stillschweigend einen Beweisantrag zu stellen, sondern legen es in das Ermessen des Gerichts, den Beweis im Rahmen seiner Sachaufklärungspflicht zu erheben, wenn das notwendig sein sollte. Beweisanregungen dieser Art werden üblicherweise als Beweiserbieten[4] oder Beweisanerbieten[5] bezeichnet, auch wenn ein eigentliches »Erbieten« nicht vorliegt, sondern nur auf Beweismöglichkeiten hingewiesen wird[6].

III. Beweisermittlungsanträge

Zu den Beweisanregungen gehören ferner Anträge, mit denen ein Beweis zwar erstrebt wird, die aber nicht als Beweisanträge gestellt werden können, weil der Antragsteller aus tatsächlichen Gründen nicht in der Lage ist, eine bestimmte Beweisbehauptung aufzustellen oder ein bestimmtes Beweismittel zu benennen[7]. Die früher im Schrifttum teilweise vorgenommene Unterscheidung zwischen Anträgen, die überhaupt noch keine Beweisanträge sind, weil es an der Beweistatsache völlig fehlt, und den »werdenden« Beweisanträgen (Beweisermittlungsanträ-

den Begriff Beweisanregung als mit dem Beweiserbieten identischen Begriff; ebenso KK *Herdegen* § 244 Rdnr. 62; *Goldschmidt* S. 391; *Rieker* S. 35; *Simader* S. 77. Auch RGSt. 49 S. 358 (361) spricht beim Beweiserbieten von »Anregung«. *J. Schulz* (GA 1981 S. 301) bezeichnet die auf weitere Sachaufklärung gerichteten Anträge, die keine Beweisanträge sind, als Beweisermittlungsanträge.

4 RG LZ 1915 Sp. 556; *Eb. Schmidt* vor § 244 Rdnr. 27; *Alsberg* Heinitz-FS S. 434 und JW 1924 S.1252; *Bergmann* S. 5 und MDR 1976 S. 888; *Berkholz* S. 3, 38; *Harreß* S. 20; *Rieker* S. 14, 35 ff.; *Simader* S. 77; *Stützel* S. 21; *Traulsen* S. 111. In den Entscheidungen RGSt. 49 S. 358 (361) und RGSt. 54 S. 239 (240) wird von »Anregungen« gesprochen.

5 Vgl. *Beling* S. 379 Fußn. 4 und ZStW 38 S. 612 (621); *Gerland* S. 364 und GerS 64 S. 194 (297); *Gutmann* JuS 1962 S. 369 (376); *Meves* GA 40 S. 291 (294); *Peters* S. 287; *Wenner* S. 144; *Wessels* JuS 1969 S. 1 (3 Fußn. 33).

6 Näheres unten S. 69 ff. Die Behauptung von LR *Gollwitzer* § 244 Rdnr. 105, die Beweiserbieten würden üblicherweise zu den Beweisermittlungsanträgen gerechnet, trifft nicht zu.

7 *Oetker* JW 1930 S. 1105 (1107) und *Stützel* S. 28 sind der Ansicht, inWahrheit handele es sich um bedingte Beweisanträge, bei denen die Bedingungen in der »Komplettierung« des Antrags liege. Das ist nicht richtig. Denn der Beweisermittlungsantrag dient der Ermöglichung eines noch zu stellenden Beweisantrags, ist aber nicht selbst ein solcher Antrag, auch kein bedingter.

gen), mit denen nur das Beweismittel noch nicht angegeben werden kann[8], hat sich nicht durchgesetzt. Anträge dieser Art werden vielmehr jetzt[9] fast allgemein als Beweisermittlungsanträge bezeichnet, weil sie nicht unmittelbar die Erhebung des Beweises, sondern zunächst die Ermittlung von Beweistatsachen oder Beweismitteln erstreben[10]. Gelegentlich werden sie auch Beweisermittlungsvorschläge[11], Hilfsanträge[12] oder, entsprechend dem Oberbegriff, Beweisanregung genannt[13]. Der Vorschlag *Oetkers*[14], sie Beweisermöglichungsanträge zu nennen, weil sie Beweiserhebungen erst ermöglichen sollen, ist in Vergessenheit geraten. Völlig verfehlt ist es, Beweisermittlungsanträge als »Ausforschungsbegehren« zu bezeichnen[15]. Der Ausforschungsbeweis ist ein zivilprozessualer Begriff, der im Strafpro-

---

8 Vgl. *Feisenberger* § 244 Anm. 5; *Oetker* S. 694 Fußn. 19, JW 1923 S. 387 ff., 1924 S. 318 und 1930 S. 1105 (1107 ff.); *Gerland* JW 1924 S. 1250 (1251) und GerS 69 S. 194 (298); *Miltner* Recht 1902 Sp. 568; *von Pestalozza* JW 1932 S. 58; *Rieker* S. 38; *Rosenfeld* S. 18, 98; *Stützel* S. 23, 26 ff.

9 Erstmals in der Entscheidung RGSt. 24 S. 422. Noch RGSt. 14 S. 406 (408) bezeichnete den Antrag auf Vernehmung von Zeugen »als Entlastungszeugen« als Beweisantrag, der nur mangelhaft substantiiert sei, aber gleichwohl durch das Gericht beschieden werden müsse. Eine ausführliche Kritik der Entscheidung RGSt. 24 S. 422 findet sich bei *Alsberg* GA 67 S. 261 (263 ff.) und, wörtlich übereinstimmend, in der Voraufl. S. 45/46.

10 BGHSt. 6 S. 128; 19 S. 24 (25); 30 S. 131 (142); BGH VRS 7 S. 54; 15 S. 346; S. 431; 25 S. 446 (447); BGH bei *Holtz* MDR 1976 S. 815; RGSt. 64 S. 432; RG JW 1906 S. 792; 1926 S. 2924; 1927 S. 793 mit Anm. *Mannheim*; RG JW 1927 S. 1160; 1931 S. 2031 mit Anm. *Mannheim*; RG JW 1931 S. 2822; 1932 S. 58; 1933 S. 450 mit Anm. *Alsberg*; RG HRR 1933 Nrn. 452, 1061; 1935 Nr. 554; 1936 Nr. 1475; 1942 Nr. 133; RG LZ 1917 Sp. 143; RG Recht 1911 Nr. 2692; BayObLGSt. 1957 S. 203; KG DAR 1956 S. 224; OLG Dresden JW 1930 S. 1105 mit Anm. *Oetker*; OLG Hamm DAR 1961 S. 234; OLG Kiel SchlHA 1947 S. 28; OLG Köln VRS 17 S. 140; OLG Saarbrücken VRS 49 S. 45 (46); *Dalcke/Fuhrmann/Schäfer* Anm. 7 b; KK *Herdegen* Rdnr. 57; *Kleinknecht* Rdnr. 44; KMR *Paulus* Rdnr. 384; LR *Gollwitzer* Rdnr. 95; alle zu § 244; *Kohlrausch* vor § 244 Anm. 10; *Eb. Schmidt* vor § 244 Rdnr. 25; *Alsberg* GA 67 S. 261; *Bergmann* S. 6, 23, 104 und MDR 1976 S. 888; *Berkholz* S. 4; *Gerland* S. 294; *Gössel* S. 251; *Goldschmidt* S. 444/445; *Gutmann* JuS 1962 S. 369 (376); *Henkel* S. 340 Fußn. 7; *Koeniger* S. 261; *Mayer-Alberti* S. 76; *Miltner* Recht 1902 Sp. 568; *Peters* S. 286; *Rieker* S. 14; *Sarstedt* S. 171, 184; *Schlosky* JW 1930 S. 2505 (2509); *Simader* S. 79 ff., 83; *Wenner* S. 144; *Wessels* JuS 1969 S. 1 (3 Fußn. 33).

11 BGHSt 8 S. 76; BGH LM Nr. 10 zu § 244 Abs. 3 mit Anm. *Arndt*; *Sarstedt* S. 171.

12 *Gerland* GerS 69 S. 194 (299). Auch *Alsberg* (GA 67 S. 261 [272]) spricht vom »Hilfsbeweis« wegen des vorbereitenden Charakters der Beweiserhebung.

13 BGH NJW 1968 S. 1293; RGSt. 64 S. 432; BayObLG VRS 59 S. 266; *Kleinknecht* § 244 Rdnr. 44.

14 JW 1923 S. 387, 1924 S. 318 und 1930 S. 1105 (1108). Ihm folgten *Grüb* S. 47; *Rieker* S. 36 ff.; *Simader* S. 89; *Stützel* S. 23, 28; hiergegen *Eb. Schmidt* vor § 244 Rdnr. 27, der den Begriff für überflüssig hält. Neuerdings spricht *Schwenn* Strafverteidiger 1981 S. 631 (632) wieder vom Beweisermöglichungsantrag.

15 So BGH bei *Spiegel* DAR 1980 S. 205. Auch BGH bei *Spiegel* DAR 1976 S. 95/96; OLG Schleswig bei *Ernesti/Jürgensen* SchlHA 1977 S. 181 und *Kleinknecht* § 244 Rdnr. 44 sprechen vom »Ausforschungsantrag.«

zeß, wo niemand ausgeforscht, sondern die Wahrheit von Amts wegen »er«forscht wird, nicht angebracht ist und nur Verwirrung stiften kann.

Eine besondere Art der Beweisermittlungsanträge sind Anträge, mit denen vom Gericht keine Ermittlungen, sondern prozessuale Maßnahmen anderer Art verlangt werden, die es dem Antragsteller ermöglichen sollen, einen formgerechten Beweisantrag zu stellen. Hierunter fallen Anträge auf Unterbrechung oder Aussetzung der Hauptverhandlung und auf Anordnung von Zwangseingriffen, wie Beschlagnahmen und Durchsuchungen[16].

IV. Beweisanregungen im engeren Sinne

Schließlich kommen Anträge in Betracht, die nicht als Beweisanträge gestellt werden können, weil ein solches Antragsrecht aus rechtlichen Gründen nicht oder nicht mehr besteht. Dazu gehören Anträge auf Wiederholung einer bereits stattgefundenen Beweisaufnahme, insbesondere aber Anträge, die nicht auf die Herbeischaffung und Verwendung bestimmter Beweismittel, sondern auf die Art und Weise abzielen, in der die Beweismittel benutzt werden sollen (Gegenüberstellungen; Vornahme von Experimenten; Unterbringung zur Beobachtung). Eine einheitliche Bezeichnung solcher Anregungen, die die Vervollständigung der Wahrheitsfindung bezwecken, aber weder Beweisanträge noch Beweisermittlungsanträge sind, hat sich noch nicht durchgesetzt. Hier werden sie als Beweisanregungen im engeren Sinn bezeichnet[17].

---

16 Vgl. unten S. 86/87. *Oetker* JW 1923 S. 387; 1930 S. 1105 (1108); *Rieker* S. 39; *Simader* S. 89 und *Stützel* S. 28 bezeichnen Anträge dieser Art als Beweisermöglichungsanträge i.e.S.

17 Ebenso *Bergmann* S. 7, 127; *Wessels* JuS 1969 S. 1 (3 Fußn. 33). *Dalcke/Fuhrmann/Schäfer* § 244 Anm. 7 b sprechen von Beweisermittlungsanträgen, KMR *Paulus* § 244 Rdnr. 391 von Aufklärungsanträgen.

§ 2 Beweiserbieten

  I. Unterschied zum Beweisantrag 69
 II. Auslegung der Erklärung 71
     1. Grundsätze 71
     2. Einzelheiten 72
III. Entscheidung des Gerichts 73
 IV. Verfahrensrechtliche Behandlung 73
     1. Protokollierung 73
     2. Bescheidung 74
     3. Revision 74

I. Unterschied zum Beweisantrag

Der Beweisantrag erfordert das bestimmte, unbedingte oder an eine Bedingung geknüpfte Verlangen des Antragstellers auf Vornahme einer Beweiserhebung[1]. Hiervon unterscheidet sich das Beweiserbieten[2] dadurch, daß die Beweiserhebung nicht gefordert, sondern nur, meist unter bestimmten Voraussetzungen, angeboten oder daß auf die Möglichkeit, sie vorzunehmen, auf andere Weise aufmerksam gemacht wird. Der Unterschied zwischen Beweisantrag und Beweiserbieten betrifft nicht die Frage, *was* verlangt wird (in beiden Fällen handelt es sich um eine Beweiserhebung zur Schuld- oder Rechtsfolgenfrage), sondern *ob* etwas verlangt wird[3]. Das Wesen eines Beweiserbietens besteht demnach darin, daß an sich ein Beweisantrag gestellt werden könnte, das Verlangen nach einer Beweiserhebung aber bewußt nicht erhoben wird[4]. Das Gericht wird nur auf die Möglichkeit einer Beweiserhebung aufmerksam gemacht, und es wird ihm anheimgestellt, nach pflichtgemäßem Ermessen zu prüfen, ob die Sachaufklärungspflicht nach § 244

---

1 Vgl. oben S. 36.
2 Zum Begriff vgl. oben S. 66.
3 Vgl. *Mannheim* JW 1931 S. 2031 (2032), der diese Formel benutzt, um Verwechslungen mit dem Beweisermittlungsantrag auszuschließen, bei dem es darum geht, Beweismöglichkeiten zu ermitteln, nicht Beweise zu erheben.
4 RGSt. 49 S. 358 (360/361); 54 S. 239 (240); RGRspr. 6 S. 390 (391); RMGE 8 S. 63 (65); KG JW 1930 S. 2592; LR *Gollwitzer* § 244 Rdnr. 84, 105; *Alsberg* Heinitz-FS S. 435; *Beling* S. 379 und ZStW 38 S. 612 (621); *Bergmann* S. 18; *Berkholz* S. 38; *Gerland* GerS 69 S. 194 (297); *Stützel* S. 21 ff.; *Völcker* S. 9.

Abs. 2 dazu zwingt, den Beweis von Amts wegen zu erheben[5]. Wer die Möglichkeit hat, einen Beweisantrag zu stellen, aber nur eine Beweiserhebung anregt, vertraut der Sachaufklärung durch das Gericht; wer einen Beweisantrag stellt, verläßt sich darauf nicht. Von den Beweiserbieten sind Erklärungen zu unterscheiden, mit denen ganz allgemein ohne Bezeichnung der Beweistatsachen und Beweismittel anheimgestellt wird, weitere Nachforschungen anzustellen. Dann liegt entweder ein Beweisermittlungsantrag[6] oder überhaupt kein Antrag vor, den das Gericht zu beachten hätte[7]. Gibt ein Prozeßbeteiligter Erklärungen ab, wie: »Ich könnte das durch viele Zeugen beweisen«, oder: »Hierfür könnte ich noch Beweise beibringen«, so handelt es sich ebenfalls weder um einen Beweisantrag noch um ein Beweiserbieten. Die Fürsorgepflicht kann es dem Gericht aber gebieten, den Prozeßbeteiligten nach dem Beweismittel zu befragen und zur Stellung eines formgerechten Beweisantrags zu veranlassen[8].

Da ein Beweisantrag in jedem Verlangen nach Beweiserhebung liegt, ohne daß es darauf ankommt, daß der Antragsteller das Wort Antrag gebrauchte oder einen besonderen »Berücksichtigungsantrag« stellt[9], kann der Unterschied zwischen Antrag und Erbieten nicht in der Formulierung der Erklärung gefunden werden. Jedoch erscheint die Ansicht[10] nicht richtig, daß ein Beweisantrag weder erforderlich noch genügend ist, um die Rechtsfolgen des § 244 Abs. 3 bis 6 auszulösen, daß vielmehr das Erbieten eines Prozeßbeteiligten, eine bestimmte Tatsache durch ein bestimmtes Beweismittel zu beweisen, stets genüge. Es trifft lediglich zu, daß ein Beweiserbieten häufig ein bedingter Beweisantrag sein wird, wobei die Bedingung in der Erheblichkeit der Beweisaufnahme besteht[11]. Ob sich das Beweiserbieten vom Beweisantrag gerade dadurch unterscheidet, daß es die Beweiserheblichkeit der Beweistatsache zur Bedingung hat, oder ob diese Rechtsbedingung nicht vielmehr auch jedem Beweisantrag eignet[12], ist in diesem Zusammenhang ohne Bedeutung[13].

---

5 BGH VRS 41 S. 203 (206); RGSt. 49 S. 358 (361); KK *Herdegen* Rdnr. 62; KMR *Paulus* Rdnr. 382; LR *Gollwitzer* Rdnr. 84; alle zu § 244; *Eb. Schmidt* vor § 244 Rdnr. 27; *Beling* S. 379 und ZStW 38 S. 612 (621); *Bergmann* S. 19 ff.; *Gerland* S. 364; *Koeniger* S. 257; *Mayer-Alberti* S. 23; *Miltner* Recht 1902 Sp. 568; *Peters* S. 287; *Simader* S. 78; *Stützel* S. 22.
6 Dazu unten S. 75 ff.
7 Vgl. *Bergmann* S. 19 Fußn. 2.
8 Vgl. unten S. 395.
9 Vgl. oben S. 38/39.
10 *Goldschmidt* S. 390 ff.; *Mayer-Alberti* S. 22/23. Ähnlich früher *Bennecke/Beling* S. 528 Fußn. 15. *Beling* hat aber später wohl die Notwendigkeit einer begrifflichen Unterscheidung anerkannt (ZStW 38 S. 612 [621]). Gegen die Ansicht *Goldschmidts* vor allem *Berkholz* S. 37 Fußn. 1; *Rieker* S. 35; *Simader* S. 77; *Stützel* S. 21 Fußn. 1.
11 Vgl. RG LZ 1915 Sp. 556; *Bennecke/Beling* S. 528 Fußn. 15; *Mayer-Alberti* S. 20/21.
12 Wie *Goldschmidt* S. 391 und *Bergmann* S. 18 annehmen.
13 Vgl. *Mayer-Alberti* S. 21 Fußn. 1.

II. Auslegung der Erklärung

1. Grundsätze

Ein bloßes Beweiserbieten anstelle eines an sich möglichen Beweisantrags wird ein Prozeßbeteiligter im allgemeinen nur stellen, wenn er hofft, daß das Gericht ihm seine tatsächlichen Behauptungen auch ohne Beweiserhebung glauben werde[14], wenn er das Gericht nur beiläufig auf die Beweisbarkeit einer Tatsache aufmerksam machen will[15] oder wenn von seinem Standpunkt aus eine weitere Beweiserhebung nicht erforderlich ist, weil er die Beweistatsache für bedeutungslos hält oder weil er meint, schon die bisherige Beweisaufnahme genüge zu seiner Entlastung[16]. Ein Angeklagter aber, der das Gericht auf die Möglichkeit einer weiteren Beweisaufnahme hinweist, die er zu seinem Schutz für notwendig erachtet, wird diese Beweiserhebung regelmäßig auch wünschen, wenngleich möglicherweise nur hilfsweise für den Fall, daß seinen Hauptanträgen nicht entsprochen wird. Daß er sich mit einem bloßen Beweiserbieten begnügt, obwohl er einen Beweisantrag stellen könnte, wird nur ausnahmsweise anzunehmen sein[17]. Es müssen daher schon besondere Umstände vorliegen, wenn zum Nachteil eines Prozeßbeteiligten angenommen werden soll, daß in seiner Erklärung, er könne für eine bestimmte Tatsache durch von ihm namhaft gemachte Beweismittel Beweis führen, nur der Hinweis auf eine solche Beweismöglichkeit zu erblicken ist, ohne daß er von ihr selbst für den Fall einer ihm ungünstigen Entscheidung Gebrauch machen will[18]. Das ist insbesondere bei Erklärungen rechtsunkundiger Personen zu beachten[19]. Gesetzesunkenntnis und undeutliche Ausdrucksweise dürfen solchen Antragstellern nicht zum Schaden gereichen[20]. Ob sie eine Bitte aussprechen oder einen Hinweis machen, ist nicht entscheidend[21]. Maßgebend ist vielmehr der Sinn, der der Erklä-

---

14 Vgl. *Eb. Schmidt* vor § 244 Rdnr. 27; *Bergmann* S. 20; *Stützel* S. 22.
15 Vgl. *Miltner* Recht 1902 Sp. 568; *Stützel* S. 22.
16 Vgl. *Bergmann* S. 20; *Stützel* S. 22.
17 Vgl. *Bergmann* S. 20 ff.; *Berkholz* S. 39/40; *Mayer-Alberti* S. 21 ff.; *Rieker* S. 35. – *Bergmann* (S. 22 Fußn. 2) und *Harreß* (S. 20) sind wahrscheinlich mit Recht der Meinung, daß die Seltenheit von Gerichtsentscheidungen zu der Frage als Beweis dafür gelten kann, daß die Gerichte solche Beweiserbieten regelmäßig als Beweisanträge auffassen.
18 Allerdings wird nicht, wie *Rieker* (S. 36) fordert, in jedem Fall eine ausdrückliche Verzichtserklärung einzuholen sein.
19 OLG Dresden JW 1929 S. 2772 mit Anm. *Mamroth*; OLG Jena JW 1928 S. 1883 mit Anm. *Stern* unter Hinweis auf den Grundsatz, daß überhaupt die prozessualen Rechtsbehelfe rechtsunkundiger Personen tunlichst in dem Sinn aufzufassen sind, der ihnen die größten rechtlichen Vorteile bringt. Zustimmend *Berkholz* S. 39; *Rieker* S. 35; *Stützel* S. 22.
20 RMGE 7 S. 38 (40). Vgl. auch BGH 1 StR 877/51 vom 6. 6. 1952; *Alsberg* Heinitz-FS S. 436; *Berkholz* S. 35.
21 Vgl. LR *Gollwitzer* § 244 Rdnr. 84; *Beling* ZStW 38 S. 612 (621); *Bergmann* S. 12, 20; *Berkholz* S. 37, 39; *Mayer-Alberti* S. 22.

rung bei verständiger Würdigung der Prozeßlage und des Verteidigungsvorbringens des Angeklagten beizulegen ist[22].

Die Auslegung wird im allgemeinen ergeben, daß ein förmlicher Beweisantrag gestellt ist. Im Zweifel ist daher ein Vorbringen, das nur den Antrag, bestimmend auf das Verfahren einzuwirken, nicht deutlich erkennen läßt, als Beweisantrag zu deuten[23]. Allerdings wird die Frage, ob ein Beweisantrag oder nur ein Beweiserbieten vorliegt, in der Hauptverhandlung nicht in erster Hinsicht durch Auslegung der Erklärung, sondern durch Befragung des Prozeßbeteiligten aufzuklären sein, der die Erklärung abgegeben hat[24]. Es verstößt gegen die Aufklärungspflicht, eine dem Prozeßbeteiligten ungünstige Auslegung seiner Erklärung vorzunehmen, bevor der Versuch unternommen worden ist, ihn nach ihrem wahren Sinn zu befragen.

2. Einzelheiten

In der älteren Rechtsprechung sind diese Grundsätze nicht immer genügend beachtet worden. So ist z. B. das Anheimgeben einer Augenscheinseinnahme für den Fall, daß noch Unklarheiten bestehen sollten, als bloße Beweisanregung aufgefaßt worden[25], obwohl kein Zweifel daran bestehen konnte, daß hiermit ein Beweisantrag gestellt werden sollte. Auch in anderen Fällen hat das Reichsgericht die Erklärung des Verteidigers, er gebe eine Beweiserhebung anheim, »falls die Tatsache dem Gericht wesentlich erscheint«, als Beweiserbieten behandelt[26]. Tatsächlich handelte es sich um einen Beweisantrag, der nur von der selbstverständlichen Bedingung abhängig gemacht war, daß die Tatsache für die Entscheidung von Bedeutung war[27]. Das Reichsgericht hat auch sonst gelegentlich angenommen, aus der Formulierung »nötigenfalls« sei zu schließen, daß ein bescheidungsbedürftiger Beweisantrag nicht vorliegt[28]. Andererseits sind in der Rechtsprechung Erklä-

---

22 RG LZ 1915 Sp. 556; LG *Gollwitzer* § 244 Rdnr. 84; *Eb. Schmidt* vor § 244 Rdnr. 27; *Alsberg* Heinitz-FS S. 436; *Gerland* GerS 69 S. 194 (297); *Goldschmidt* S. 391; *Siegert* S. 67; *Simader* S. 77; *Stützel* S. 22. Eine unvertretbare Auslegung enthält die Entscheidung RG JW 1917 S. 192. In RGRspr. 6 S. 390 (391) stellt es das RG auf das nachträgliche Prozeßverhalten ab (der Verteidiger hatte mehrere Beweisanträge gestellt, ohne auf ein anderes, formloses Beweisverlangen zurückzukommen, das er auch beim Schlußvortrag nicht erwähnte); *Alsberg* (Heinitz-FS S. 437) hält das wohl zu Unrecht für bedenklich.
23 Vgl. KK *Herdegen* § 244 Rdnr. 62; *Alsberg* Heinitz-FS S. 436/437; *Beling* ZStW 38 S. 612 (621); *Bergmann* S. 22; *Berkholz* S. 39/40; *Gerland* S. 364 und GerS 69 S. 194 (297); *Goslar* S. 11; *Mayer-Alberti* S. 20; *Rieker* S. 35; *Simader* S. 40, 79.
24 Vgl. LR *Gollwitzer* § 244 Rdnr. 106; *Bergmann* S. 20; *Berkholz* S. 39; *Rieker* S. 35; *Simader* S. 77; *Stützel* S. 22/23. Vgl. auch unten S. 395.
25 RGSt. 54 S. 239 (240).
26 RG JW 1894 S. 238; RG Recht 1915 Nr. 2187; zustimmend *Berkholz* S. 39.
27 Da diese Bedingung nicht eingetreten war, ist jedenfalls die Entscheidung RG JW 1894 S. 238 im Ergebnis zu Recht ergangen.
28 Vgl. die in der Voraufl. S. 19 Fußn. 10 angeführten unveröffentlichten Entscheidungen.

rungen, wie: »Mein Sohn ist Zeuge«[29], »Aufschluß über alles kann der F geben«[30], mit Recht als Beweisantrag, nicht nur als Beweiserbieten angesehen worden[31].

III. Entscheidung des Gerichts

Ob dem Beweiserbieten stattzugeben ist, hat das Gericht im Rahmen seiner Aufklärungspflicht nach § 244 Abs. 2 zu entscheiden[32]. Gegen diese Pflicht wird nicht verstoßen, wenn der Tatrichter dem Beweiserbieten nicht nachgeht, weil einer der Ablehnungsgründe des § 244 Abs. 3 und 4 vorliegt. Im Schrifttum wird die Ansicht vertreten, praktisch komme das Beweiserbieten in seiner Wirkung dem Beweisantrag insofern gleich, als das Gericht von der Beweisaufnahme überhaupt nur absehen dürfe, wenn einer dieser Ablehnungsgründe vorliegt[33]. Das ist unrichtig. Daß dasselbe Verbot der Vorwegnahme der Beweiswürdigung besteht wie beim Beweisantrag[34], kann nur annehmen, wer die unzutreffende Meinung vertritt, der Anspruch auf Beweiserhebung, den § 244 Abs. 2 begründet, werde durch einen Beweisantrag nur konkretisiert, aber nicht erweitert[35].

IV. Verfahrensrechtliche Behandlung

1. Protokollierung

Ein Beweiserbieten muß, anders als der Beweisantrag, nicht in die Sitzungsniederschrift aufgenommen werden. Denn ein »im Lauf der Verhandlung gestellter Antrag« im Sinne des § 273 Abs. 1 liegt nicht vor[36]. Die im Schrifttum[37] vertretene Ansicht, eine Protokollierung sei nach § 273 Abs. 3 erforderlich, weil das Beweiserbieten ein Vorgang sei, auf dessen Feststellung es ankomme, ist nicht richtig. Sie verkennt die Tragweite des § 273 Abs. 3 und macht den Absatz 1 der Vorschrift weitgehend überflüssig. Denn jeder Antrag ist ein Vorgang, auf dessen Feststellung es ankommt, und wenn die Auslegung, daß auch Erbieten und Hinweise sol-

---

29 OLG Jena JW 1928 S. 1883 mit Anm. *Mamroth.*
30 RG JW 1932 S. 3626 mit Anm. *Schreiber.*
31 Vgl. auch *Berkholz* S. 36 und *Gerland* GerS 69 S. 194 (297 Fußn. 2), die Erklärungen, wie: »Daß ich an dem fraglichen Tag nicht am Tatort war, könnte X bestätigen«, mit Recht für Beweisanträge halten.
32 BGH VRS 41 S. 203 (206); KK *Herdegen* § 244 Rdnr. 62; LR *Gollwitzer* § 244 Rdnr. 107; *Berkholz* S. 41; *Rieker* S. 36; *Simader* S. 69; *Stützel* S. 23; *Willms* Schäfer-FS S. 278.
33 *Wenner* S. 191; *Wessels* JuS 1969 S 1 (5). Ebenso *Bergmann* S. 140/141, 153 ff., der einen Unterschied zum Beweisantrag nur in der Bescheidungs- und Begründungspflicht sieht.
34 So *Bergmann* S. 152.
35 Vgl. dazu oben S. 26 ff.
36 KG JW 1930 S. 2592 = HRR 1930 Nr. 1570; *Eb. Schmidt* § 273 Rdnr. 7; *Schlosky* JW 1930 S. 2505 (2506); *Simader* S. 79.
37 KMR *Paulus* Rdnr. 382; *Bergmann* S. 176. Auch *Berkholz* (S. 41) und *Simader* (S. 79) empfehlen die Anwendung des § 273 Abs. 3, damit das Revisionsgericht prüfen kann, ob ein Beweiserbieten gestellt war.

che Vorgänge sind, richtig wäre, hätte der Gesetzgeber davon absehen können, die Anträge in § 273 Abs. 1 besonders zu erwähnen.

2. Bescheidung

Das Beweiserbieten braucht in der Hauptverhandlung nicht durch Beschluß beschieden zu werden, auch wenn ihm nicht nachgegangen wird[38]. Ein besonderer Hinweis des Vorsitzenden in der Hauptverhandlung, aus welchen Gründen das Gericht die Beweiserhebung für entbehrlich hält, ist ebenfalls nicht erforderlich[39]. Eine Auseinandersetzung mit dem Beweiserbieten im Urteil und eine Erörterung der Gründe, aus denen das Gericht es auch im Rahmen seiner Sachaufklärungspflicht nicht für notwendig gehalten hat, der Beweisanregung zu folgen, kann geboten sein, wenn andernfalls die Gefahr besteht, daß das Revisionsgericht Zweifel daran gewinnt, ob gegen die Aufklärungspflicht nach § 244 Abs. 2 verstoßen worden ist. Daß die Urteilsgründe in jedem Fall darüber Auskunft geben müssen, weshalb dem Beweiserbieten nicht entsprochen worden ist, erscheint aber nicht richtig[40]. Die Urteilsgründe dienen nicht dem Zweck, auf jedes Vorbringen des Angeklagten oder eines anderen Prozeßbeteiligten zustimmend oder ablehnend einzugehen.

3. Revision

Hat der Tatrichter das Beweiserbieten nicht beachtet, so kann derjenige, der es erklärt hat, mit der Revision die Aufklärungsrüge erheben[41]. Erfolg kann der Beschwerdeführer damit aber nur haben, wenn er darlegen kann, aus welchen Gründen sich der Tatrichter eine weitere Sachaufklärung dadurch versprechen konnte, daß er dem Erbieten nachging.

---

38 RGSt. 49 S. 358 (361); RGRspr. 6 S. 390 (392); RG JW 1917 S. 112; *Eb. Schmidt* vor § 244 Rdnr. 27; *Bergmann* S. 188 und MDR 1976 S. 888 (892); *Berkholz* S. 41; *Gerland* GerS 69 S. 194 (297); *Mayer-Alberti* S. 23; *Rieker* S. 36; *Simader* S. 79; *Stützel* S. 23.
39 RGSt. 54 S. 239 (240); KK *Herdegen* § 244 Rdnr. 62; a. A. KMR *Paulus* § 244 Rdnr. 383, 406; LR *Gollwitzer* § 244 Rdnr. 108, die die Hinweispflicht mit der Fürsorgepflicht des Vorsitzenden, und *Bergmann* S. 189 und MDR 1976 S. 888 (889), der sie mit dem Grundsatz des fair trial begründet. *Rieker* S. 36 hält eine formlose Bekanntgabe der Ablehnung ohne Begründung für erforderlich.
40 Ebenso *Berkholz* S. 41; a. A. *Eb. Schmidt* vor § 244 Rdnr. 27; *Bergmann* S. 189 ff. und MDR 1976 S. 888 (892); *Simader* S. 79. Auch BGH VRS 41 S. 203 (206) spricht davon, daß die Beweisanregung in den Gründen abgelehnt werden kann, wenn die Aufklärungspflicht nicht gebietet, ihr nachzugehen.
41 *Bergmann* S. 200 ff.; *Schlosky* JW 1930 S. 2505 (2506); *Traulsen* S. 4; *Wenner* S. 196; Zur Aufklärungsrüge vgl. oben S. 23 ff., unten S. 855 ff.

§ 3 Beweisermittlungsanträge

 I. Abgrenzung zum Beweisantrag 75
 II. Anträge auf Ermittlung beweiserheblicher Tatsachen 77
  1. Völliges Fehlen von Beweistatsachen 77
  2. Unbestimmtheit der bisherigen Tatsachenbehauptungen 79
 III. Anträge auf Ermittlung von Beweismitteln 80
  1. Völliges Fehlen von Beweismitteln 80
  2. Benennung eines Beweismittelkreises 82
   a) Zeugenbeweis 82
   b) Urkundensammlungen 84
   c) Sonstige Gegenstände 85
 IV. Sonstige gerichtliche Maßnahmen zur Ermöglichung der Stellung von Beweisanträgen 86
 V. Entscheidung im Rahmen der Sachaufklärungspflicht 87
 VI. Verfahrensrechtliche Behandlung 88
  1. Protokollierung des Antrags 88
  2. Bekanntmachung der Entscheidung 89
  3. Revision 90

I. Abgrenzung zum Beweisantrag

Neben den Beweisanträgen gibt es Anträge zur Beweisaufnahme, mit denen der Antragsteller die Vornahme von Ermittlungen begehrt, durch deren Ergebnis er erst in die Lage versetzt werden will, einen formgerechten Beweisantrag zu stellen. Der Unterschied zum Beweisantrag betrifft hier nicht, wie beim Beweiserbieten, die Frage, *ob* etwas verlangt wird, sondern *was* verlangt wird[1]. Der Antragsteller erstrebt eine Beweiserhebung, kann das aber aus tatsächlichen Gründen nicht in der Form des Beweisantrags tun, weil Beweistatsache oder Beweismittel erst noch gesucht werden müssen. Hat andererseits der Antragsteller eine bestimmte Tatsache und ein bestimmtes Beweismittel angegeben, so ist sein Antrag auch dann ein Beweisantrag, wenn er nur dazu dient, einen weiteren Beweisantrag, etwa auf Erstattung eines Sachverständigengutachtens, vorzubereiten[2]. Im älteren Schrifttum wurde die Berechtigung einer begrifflichen Scheidung der auf Ermittlung von

---

[1] Vgl. *Bergmann* S. 19; *Berkholz* S. 40; *Simader* S. 78.
[2] BGH bei *Holtz* MDR 1976 S. 815; KK *Herdegen* § 244 Rdnr. 111; KMR *Paulus* § 244 Rdnr. 386; a. A. *Simader* S. 84, der es für unmöglich hält, daß ein Beweisantrag die Vorstufe zu einem anderen Beweisantrag sein kann. Vgl. auch RGSt. 71 S. 336 (339); RG JW 1924 S. 317 mit Anm. *Fuchs*.

Beweistatsachen oder Beweismitteln gerichteten Anträge von den Beweisanträgen in Abrede gestellt[3]. Heute besteht dagegen grundsätzliche Übereinstimmung darüber, daß über Beweisermittlungsanträge, da sie keine Beweisanträge, sondern bloße Beweisanregungen sind, nicht nach § 244 Abs. 3 bis 5 zu befinden ist[4].

Der Begriff Beweisermittlungsantrag darf nicht als eine Bezeichnung für alle Anträge aufgefaßt werden, die aus irgendwelchen Gründen die Voraussetzungen eines Beweisantrags nicht erfüllen[5]. Mangelhafte Anträge lösen in erster Hinsicht Fürsorgepflichten des Gerichts aus. Es muß durch Befragung und Hinweise darauf hinwirken, daß der Antragsteller den Antrag so ergänzt und vervollständigt, daß er die förmlichen Voraussetzungen eines Beweisantrags erfüllt[6]. Ist die Befragung nicht möglich, so muß das Gericht versuchen, den Antrag im Wege der Auslegung zu vervollständigen[7]. Erst wenn auch das mißlingt, darf der Antrag als Beweisermittlungsantrag behandelt werden[8]. Der Beweisermittlungsantrag weist demnach gegenüber dem Beweisantrag sowohl einen objektiven als auch einen subjektiven Mangel auf. Objektiv fehlt die Angabe einer bestimmten Beweistatsache oder eines bestimmten Beweismittels. Subjektiv ist erforderlich, daß der Antragsteller außerstande ist, solche Angaben zu machen, und daß er daher Ermittlungen nach den Tatsachen oder Beweismitteln wünscht[9], deren Kenntnis für die Stellung eines Beweisantrags erforderlich ist. Beweisermittlungsanträge sind nach alledem Anträge zur Schuld- oder Rechtsfolgenfrage[10], deren Zweck darin besteht, dem Antragsteller von einem ihm bis dahin unbekannten Beweismittel Kenntnis zu ver-

---

3 *Alsberg* GA 67 S. 261 (262, 273); *Beling* S. 379 Fußn. 3; JW 1925 S. 2782 (2783) und ZStW 38 S. 612 (621); *Bennecke/Beling* S. 528 Fußn. 15; *Gerland* S. 364; JW 1924 S. 1250 (1251); 1931 S. 215 und GerS 69 S. 194 (296); *Goldschmidt* S. 443, 445; *Mamroth* JW 1927 S. 1160; *Mannheim* JW 1927 S. 793 (794); *Mezger* JW 1932 S. 418 (419); *Rosenfeld* S. 288 Anm. 15 und II S. 19.

4 Vgl. LR *Gollwitzer* § 244 Rdnr. 95. – *Bergmann* (S. 23, 103), *Berkholz* (S. 20) und *Mayer-Alberti* (S. 76) betonen mit Recht, daß der Antrag nicht unbedingt Vorstufe zu einem Beweisantrag sein muß, sondern vielfach Selbstzweck ist. *J. Schulz* (GA 1981 S. 301 [305]) leugnet überhaupt, daß der Zweck des Beweisermittlungsantrags in irgendetwas anderem besteht als in der Aktualisierung der ohnehin bestehenden Pflicht des Gerichts zur Sachverhaltserforschung.

5 Vgl. *Alsberg* JW 1927 S. 2043; *Bergmann* S. 24, 101; *Berkholz* S. 75.

6 Vgl. unten S. 396 ff. Die Entscheidung OLG Bremen OLGSt. § 244 Abs. 2 S. 87 (88), wonach das Gericht auf die Stellung eines formgerechten Beweisantrags nur hinzuwirken braucht, wenn schon der Beweisermittlungsantrag zur Beweiserhebung drängt, ist vereinzelt geblieben.

7 BayObLG VRS 62 S. 450 (451); *Eb. Schmidt* vor § 244 Rdnr. 26; *Beling* S. 198 ff., 379; unten S. 749 ff.

8 RG JW 1931 S. 1568 mit Anm. *Alsberg*; *Kleinknecht* § 244 Rdnr. 44; LR *Gollwitzer* § 244 Rdnr. 98; *Bergmann* S. 24; *Berkholz* S. 30; *Mannheim* JW 1931 S. 1608, 2031; *Mayer-Alberti* S. 26/27; *Rieker* S. 37; *Simader* S. 35 Fußn. 19, S. 39 (der aber von der Möglichkeit spricht, den Antrag zu »übergehen«).

9 Vgl. *Kleinknecht* § 244 Rdnr. 44; *Berkholz* S. 4/5.

10 A.A. *Beling* JW 1925 S. 2782 (2783), der auch Anträge auf Klärung einer prozessualen Frage unter den Begriff faßt.

schaffen oder neue, ihm bisher unbekannte, möglicherweise zur Wahrnehmung seiner Interessen geeignete Tatsachen zutage zu fördern und ihn dadurch in die Lage zu versetzen, diese Tatsachen zum Gegenstand eines Beweisantrags zu machen[11]. Beweisermittlungsanträge sollen den Weg für die Stellung eines Beweisantrags bereiten. Weder ein Beweisantrag noch ein Beweisermittlungsantrag liegt vor, wenn die Vornahme einer Beweisaufnahme ohne Angabe irgendeiner Beweistatsache oder eines Beweismittels beantragt wird. Derartige Anträge bedürfen keiner Beachtung, außer der des § 244 Abs. 2[12].

Beweisermittlungsanträge können, ebenso wie Beweisanträge, unter einer Bedingung, insbesondere als Hilfsanträge, gestellt werden[13]. Sie sind als Anregungen zur Sachaufklärung nach § 244 Abs. 2 grundsätzlich zulässig[14]. Als unzulässig dürfen sie nur behandelt werden, wenn Beweismittel, Beweisthema oder Beweismethoden unzulässig sind[15].

II. Anträge auf Ermittlung beweiserheblicher Tatsachen

1. Völliges Fehlen von Beweistatsachen

Um einen Beweisermittlungsantrag handelt es sich, wenn der Antragsteller keine Beweistatsachen benennt, sondern nur bestimmte Beweismittel bezeichnet, deren Benutzung ergeben soll, ob Tatsachen vorliegen, deren Vorhandensein möglicherweise zu seinen Gunsten spricht[16]. In diesem Fall will er die nachforschende Tätigkeit des Gerichts in eine bestimmte Richtung lenken, weil er erwartet, daß das Ergebnis der Ermittlungen des Gerichts ihm Gelegenheit geben werde, eine Tatsa-

---

[11] Vgl. BGHSt. 30 S. 131 (142); BGH bei *Holtz* MDR 1980 S. 987 = GA 1981 S. 228; RGSt. 64 S. 432 = JW 1931 S. 2031 mit Anm. *Mannheim*; RG JW 1927 S. 1160; 1930 S. 760; 1931 S. 2822; 1932 S. 58; RG HRR 1933 Nr. 1061; 1935 Nr. 554; 1936 Nr. 1475; 1942 Nr. 133; OLG Kiel HESt. 1 S. 142 (143) = SchlHA 1947 S. 28; *Dalcke/Fuhrmann/ Schäfer* § 244 Anm. 7 b; LR *Gollwitzer* § 244 Rdnr. 95; *Eb. Schmidt* vor § 244 Rdnr. 25; *Bergmann* S. 23, 104 ff.; *Gössel* S. 250/251; *Goldschmidt* S. 444/445; *Gutmann* JuS 1962 S. 369 (376); *Henkel* S. 340 Fußn. 7; *Koeniger* S. 261; *Mayer-Alberti* S. 76; *Meyer-Goßner* NStZ 1982 S. 353 (359); *Peters* S. 286; *Rieker* S. 36; *Sarstedt* S. 171; *Schlosky* JW 1930 S. 2505 (2509); *Simader* S. 85; *Wessels* JuS 1969 S. 1 (3 Fußn. 33).

[12] Vgl. *Bergmann* S. 24; *Schlosky* JW 1930 S. 2505 (2509); vgl. auch RG GA 38 S. 329; *Mayer-Alberti* S. 26; *Stützel* S. 26.

[13] RG JW 1932 S. 2730 (2731); KMR *Paulus* § 244 Rdnr. 395.

[14] BGH VRS 41 S. 203 (206); KK *Herdegen* § 244 Rdnr. 60; *Alsberg* GA 67 S. 261 (269 ff.); *Bergmann* S. 116; *Sarstedt* DAR 1964 S. 307 (310). Unverständlich daher BGH VRS 15 S. 346 (347); BGH bei *Spiegel* DAR 1976 S. 95/96 und 1980 S. 205, die darin Anträge sehen, die wegen Unzulässigkeit abgelehnt werden dürfen.

[15] Vgl. *Bergmann* S. 180; *Berkholz* S. 136; *G. Schäfer* S. 353.

[16] Im älteren Schrifttum wurde angenommen, daß in solchen Fällen kein Beweisermittlungsantrag, sondern nur ein »versuchsweises Tasten« vorliege, das keiner Beachtung bedarf; vgl. *Feisenberger* § 244 Anm. 5; *Beling* S. 379 Fußn. 3 und JW 1925 S. 2783; *Gerland* JW 1924 S. 1250 (1251) und GerS 69 S. 196 (298); *Miltner* Recht 1902 Sp. 568; *Oetker* S. 694 Fußn. 19; JW 1923 S. 387 ff., 1924 S. 318 und 1930 S. 1105 (1108); *von Pestalozza* JW 1932 S. 58; *Rieker* S. 38; *Schlosky* JW 1930 S. 2505 (2509); *Stützel* S. 23, 26. Auch *Har-*

che, die jetzt noch außerhalb seiner Vorstellung liegt, zu behaupten[17]. Es geht ihm um die Auffindung brauchbaren Verteidigungsmaterials[18]. Dabei kann es sich um bestimmte Zeugen handeln, deren Wissen ermittelt werden soll, z. B. wenn beantragt wird, jemanden als Entlastungszeugen zu vernehmen[19], einen Zeugen darüber zu befragen, was er von dem Unfall wisse[20], zu ermitteln, warum eine Zeugin bestimmte Mitteilungen nicht gemacht[21] oder was sie bei ihrer Vernehmung angegeben hat[22]. Der Antrag auf Zuziehung von Sachverständigen[23] ist ein Beweisermittlungsantrag, wenn das Ergebnis, zu dem ihre Untersuchungen kommen, auch nach der Ansicht des Antragstellers ungewiß ist, z. B. wenn die Untersuchung des Angeklagten auf seinen Geisteszustand[24], eines Kraftfahrzeugs auf Mängel[25], die Überprüfung von Geschäftsbüchern[26] oder Radargeräten[27] oder die Anhörung eines Sachverständigen und Besichtigung des Tatorts[28] beantragt wird. Der Antrag

reß S. 19 hält hier keinen Beweisermittlungsantrag für gegeben. Daß das mit § 244 Abs. 2 nicht vereinbar ist, betont mit Recht *Bergmann* S. 66. Vgl. auch oben S. 21. *Traulsen* S. 81 ff. weist nach, daß das RG Anträge ohne Beweistatsache lange Zeit als mangelhaft substantiierte Beweisanträge angesehen und ihre Ablehnung nach § 244 Abs. 6 für geboten gehalten hat; vgl. etwa RGSt. 14 S. 406 (408); RGRspr. 8 S. 4; RG JW 1892 S. 141 (142); S. 455.

17 BGH bei *Holtz* MDR 1980 S. 987 = GA 1981 S. 228; BGH Strafverteidiger 1981 S. 330; BGH 4 StR 386/58 vom 13. 11. 1958; 1 StR 569/74 vom 28. 1. 1975; RGSt. 64 S. 432 = JW 1931 S. 2031 mit Anm. *Mannheim*; RG JW 1906 S. 792; 1922 S. 299; S. 300; S. 301; 1932 S. 1748; RG HRR 1933 Nr. 1061; BayObLG VRS 59 S. 266; OLG Kiel HESt. 1 S. 142 (143); KMR *Paulus* § 244 Rdnr. 384; LR *Gollwitzer* § 244 Rdnr. 96; *Eb. Schmidt* vor § 244 Rdnr. 25 b; *Bergmann* S. 66 ff. und MDR 1976 S. 888; *Mannheim* JW 1927 S. 793 (794); *Mayer-Alberti* S. 34/35; *Peters* S. 286; *Schlosky* JW 1930 S. 2505 (2509); *Simader* S. 82 ff.
18 Vgl. *Berkholz* S. 55.
19 *Ditzen* ZStW 10 S. 111 (149).
20 OLG Dresden JW 1929 S. 520.
21 RGSt. 64 S. 432 = JW 1931 S. 2031 mit Anm. *Mannheim*.
22 BayObLGSt. 1949/51 S. 49 (55).
23 *Wolschke* S. 270 ff. ist der Ansicht, der Beweisantrag auf Zuziehung eines Sachverständigen habe ohnehin überwiegend Ermittlungscharakter, so daß sich eine Grenze zwischen Beweis- und Beweisermittlungsantrag nicht ziehen lasse. Das ist aber nicht richtig. Durch die Anhörung von Sachverständigen sollen Tatsachen oder Erfahrungssätze bewiesen werden; der Antragsteller muß sie in dem Antrag angeben.
24 BGH JR 1951 S. 509 = LM Nr. 2 zu § 244 Abs. 3 (in BGH bei *Holtz* MDR 1980 S. 987 = GA 1981 S. 228 läßt der BGH offen, ob er an diesen strengen Anforderungen festhalten wird); RG JW 1917 S. 112; RG GA 43 S. 113 (114); RG LZ 1917 Sp. 143; OLG Hamburg Blutalkohol 1982 S. 468 (469); KMR *Paulus* § 244 Rdnr. 386; LR *Gollwitzer* § 244 Rdnr. 246; *Schwenn* Strafverteidiger 1981 S. 631 (632); oben S. 42. Auch der Antrag auf Einholung des Gutachtens eines weiteren Sachverständigen »zur Frage der Zurechnungsfähigkeit« ist ein Beweisermittlungsantrag; vgl. BGH 1 StR 849/51 vom 17. 5. 1952 bei *Seibert* NJW 1962 S. 135 (137); KMR *Paulus* § 244 Rdnr. 472.
25 BGH VRS 15 S. 431; zustimmend *Bergmann* S. 70; *Berkholz* S. 68.
26 RG JW 1895 S. 570.
27 BayObLGSt. 1966 S. 4 (5) = JR 1966 S. 227.
28 KG DAR 1956 S. 224 = VRS 11 S. 217/218.

auf Herbeiziehung von Urkundensammlungen (Geschäftsbüchern, Briefsammlungen, Akten und dgl.) ist ein Beweisermittlungsantrag, wenn er dem Zweck dient, die Urkunden herauszusuchen, die beweiserheblich sind[29]. Anträge auf Augenscheinseinnahme sind keine Beweis-, sondern Beweisermittlungsanträge, wenn erst die Besichtigung des Gegenstandes oder der Örtlichkeit ergeben soll, welche Tatsachen damit bewiesen werden können, z. B. wenn allgemein die Heranschaffung beschlagnahmter Sachen[30] oder die Besichtigung einer Örtlichkeit zur besseren Aufklärung des Sachverhalts[31] oder zur Klärung von Widersprüchen[32] beantragt ist. Das gilt vor allem in Verkehrsstrafsachen, wenn der Antrag nur allgemein darauf abzielt, daß das Gericht die örtlichen Verhältnisse berücksichtigt[33], oder wenn ohne Angaben bestimmter Beweistatsachen eine Besichtigung des Unfallorts beantragt ist[34]. Schließlich sind auch Anträge auf Einholung von amtlichen Auskünften nur Beweisermittlungsanträge, wenn noch ungewiß ist, wie die Auskunft lauten wird.

2. Unbestimmtheit der bisherigen Tatsachenbehauptungen

Obwohl von dem Antragsteller nicht verlangt werden kann, daß er über die Beweistatsachen genauere Angaben macht, als er dazu in der Lage ist[35], liegt ein Beweisermittlungsantrag, kein Beweisantrag, auch dann vor, wenn das Beweisthema nur ungenügend bezeichnet ist[36]. Sofern es sich nicht nur um einen behebbaren Formulierungsmangel handelt, zeigt der Antragsteller mit dieser unzulänglichen Substantiierung, daß er nicht von einem bestimmten Sachverhalt eine näher angegebene Meinung hat, daß er nichts mit Bestimmtheit behaupten will, sondern daß es ihm in Wahrheit darum geht, entlastende Tatsachen erst zu ermitteln[37]. Hierzu gehören Anträge wie die, daß der Zeuge über Art und Hergang der Untersuchung

---

29 RG JW 1895 S. 570; *Eb. Schmidt* vor § 244 Rdnr. 26 b; *Bergmann* S. 70; vgl. auch unten S. 84.
30 RG JW 1922 S. 300; *Bergmann* S. 71; *Berkholz* S. 60 ff.
31 RGSt. 31 S. 138 (139); RG JW 1931 S. 1492 mit zust. Anm. *Alsberg*; KG JR 1954 S. 272 mit zust. Anm. *Sarstedt*; KK *Herdegen* Rdnr. 112; KMR *Paulus* Rdnr. 480; LR *Gollwitzer* Rdnr. 85, 274; alle zu § 244; *Eb. Schmidt* vor § 244 Rdnr. 26 a, b; *Dahs/Dahs* Rdnr. 274; *Mannheim* JW 1928 S. 1308 (1309); *Sarstedt* DAR 1964 S. 307 (309); *Schlosky* JW 1930 S. 2505 (2506); *Simader* S. 212; *Stützel* S. 80 Fußn. 21. – RG JW 1928 S. 1308 mit Anm. *Mannheim*; RG JW 1931 S. 1040; 1932 S. 3626 behandelte solche Anträge als Beweisanträge, die nach pflichtgemäßem Ermessen ablehnbar sind.
32 OLG Koblenz VRS 49 S. 40 (41).
33 OLG Schleswig bei *Ernesti/Jürgensen* SchlHA 1968 S. 230.
34 RG JW 1932 S. 58; BayObLGSt. 1949/51 S. 62 (65); 1957 S. 203; KG DAR 1956 S. 224; OLG Hamm VRS 11 S. 138 (139); OLG Koblenz VRS 49 S. 273; LR *Gollwitzer* § 244 Rdnr. 274; *Bergmann* S. 71/72; *Berkholz* S. 61; *Goslar* S. 10/11; *Weigelt* DAR 1964 S. 314 (319).
35 Vgl. oben S. 40 ff.
36 *Kohlrausch* vor § 244 Anm. 10; *Eb. Schmidt* vor § 244 Rdnr. 25; *Peters* S. 286; *Simader* S. 82; *Stützel* S. 19. – A.A. *Alsberg* Heinitz-FS S. 30; *Mayer-Alberti* S. 30; einschränkend auch *Bergmann* S. 58 ff.
37 Vgl. *Berkholz* S. 67. Zur Pflicht zur Klarstellung durch Befragung vgl. unten S. 396 ff.

einer Blutprobe[38], über den chemischen Befund einer zur Untersuchung eingereichten Probe[39], »über die Verhältnisse auf dem Gut«[40], über den Inhalt eines Gesprächs[41], über das Verhältnis des Angeklagten zu seiner Stieftochter[42], über die Beschädigung der Reifen[43], über die Vorgänge auf einer Vorstandssitzung[44] oder auf der Wache[45] vernommen werden soll. Ferner liegt ein Beweisermittlungsantrag vor, wenn aus dem »wann«, »ob« oder »ob nicht« der Formulierung klar zu erkennen ist, daß der Antragsteller auf bloße Mutmaßungen hin weitere Ermittlungen wünscht[46], oder wenn er die Beweistatsache nur als möglich bezeichnet[47]. Daß insbesondere in solchen Fällen zunächst versucht werden muß, durch Befragung des Antragstellers, notfalls durch Auslegung, den Sinn des Antrags festzustellen, um herauszufinden, ob sich hinter der unbestimmten Antragsformulierung nicht nur Ungeschicklichkeit und Rechtsunkenntnis verbergen, ist an anderer Stelle dargelegt[48].

III. Anträge auf Ermittlung von Beweismitteln

1. Völliges Fehlen von Beweismitteln

Beweisermittlungsanträge sind ferner Anträge, die nur die Angabe von Beweistatsachen enthalten und erkennen lassen, daß der Antragsteller zur Bezeichnung eines bestimmten Beweismittels nicht in der Lage ist, daß er vielmehr Ermittlungen darüber wünscht, ob ein noch unbekanntes Beweismittel vorhanden ist, wo es sich befindet, ob sein Zustand die Verwendung ohne weiteres erlaubt oder ob es möglich ist, es verwendbar zu machen[49]. Der Antragsteller verlangt dann, daß durch

---

38 BGH VRS 25 S. 426 (427), wo aber angenommen wurde, daß nach den Umständen des Falles eine bestimmte Tatsache behauptet war.
39 RGSt. 61 S. 114 geht davon aus, daß ein Beweisantrag vorliegt.
40 Vgl. das in der Voraufl. S. 50 Fußn. 18 bezeichnete unveröffentlichte RG-Urteil.
41 OLG Dresden JW 1930 S. 1105 mit abl. Anm. *Weber* und *Oetker*; OLG Schleswig bei *Ernesti/Jürgensen* SchlHA 1968 S. 230; *Berkholz* S. 63.
42 BGH NJW 1968 S. 1293.
43 OLG Koblenz VRS 47 S. 446 (447).
44 RG JW 1933 S. 449, das aber aufgrund der Umstände des Falles annahm, daß eine bestimmte Tatsache gemeint war.
45 RG JW 1922 S. 299 hielt einen Beweisantrag für gegeben, sofern der Angeklagte über diese Vorgänge zuvor bestimmte Behauptungen aufgestellt hatte.
46 Vgl. oben S. 45/46.
47 BGH bei *Dallinger* MDR 1971 S. 186 (Sachverständigengutachten darüber, daß die Tat möglicherweise auf anomale Chromosomenkombinationen zurückzuführen ist); RG JW 1906 S. 792 (möglicher Widerspruch in den Zeugenaussagen); vgl. auch RG JW 1922 S. 300 (301); oben S. 46.
48 Vgl. oben S. 47; unten S. 398.
49 BGH LM Nr. 17 zu § 244 Abs. 3 = MDR 1960 S. 329; RG JW 1932 S. 3095 = HRR 1932 Nr. 493; RG GA 43 S. 113 (114); RG HRR 1933 Nr. 1061; LR *Gollwitzer* § 244 Rdnr. 96; *Eb. Schmidt* vor § 244 Rdnr. 25; *Bergmann* S. 25; *Berkholz* S. 89; *Harreß* S. 18; *Miltner* Recht 1902 Sp. 568; *Peters* S. 286; *Simader* S. 83 ff. Früher wurde der Begriff des Beweisermittlungsantrags auf diesen Fall beschränkt (vgl. oben S. 77 Fußn. 16).

Nachforschungen geeignete Beweismittel gefunden werden sollen[50], daß das Gericht also, um die Benennung eines bestimmten Beweismittels zu ermöglichen, zuvor eine selbständige Beweisaufnahme durchführt, die als Vorstufe des eigentlichen Beweisantrags anzusehen ist[51]. Damit darf der Fall nicht verwechselt werden, daß der Antragsteller ein Beweismittel, insbesondere einen Zeugen, zwar benannt hat, aber so ungenau, daß das Gericht seinen Namen oder seinen Aufenthalt erst ermitteln muß. Dann handelt es sich gleichwohl um einen Beweisantrag[52].

In der Rechtsprechung sind als Beweisermittlungsanträge behandelt worden der Antrag auf »Vernehmung des Zeugen«[53], »weiterer Zeugen«[54] oder des »Zeugen NN aus der Nachbarschaft«[55]. Hierzu gehören auch der Antrag auf Vernehmung eines Zeugen, der seinerseits erst die Zeugen benennen soll, auf die es für die Schuldfrage ankommt[56], der Antrag, einen Zeugen darüber zu hören, daß ihm von anderen Personen Mitteilungen gemacht worden seien, die die Angaben des Angeklagten bestätigen[57], der Antrag, einem Zeugen die Nennung jener Person aufzugeben, die ihm mitgeteilt hat, sie habe am Morgen der Tat vier Personen zum Tatort gehen sehen[58], und der Antrag, die an der Durchsuchung beteiligten Beamten darüber zu vernehmen, ob noch andere, zur Entlastung des Angeklagten dienende Schriftstücke mitgenommen worden sind, die dann vorgelegt werden sollen[59]. Beim Augenscheinsbeweis liegt ein Beweisermittlungsantrag vor, wenn beantragt ist, die vorgelegten Lichtbilder »auszuwerten«, um festzustellen, daß sie nicht

---

50 BGH LM Nr. 17 zu § 244 Abs. 3 = MDR 1960 S. 329; BGH NStZ 1982 S. 79.
51 Vgl. *Mayer-Alberti* S. 73; *Oetker* JW 1930 S. 1105; *Stützel* S. 24.
52 Vgl. oben S. 48 ff.
53 RG LZ 1919 Sp. 909.
54 RG Recht 1912 Nr. 532.
55 OLG Saarbrücken VRS 49 S. 45 (46); zustimmend KMR *Paulus* § 244 Rdnr. 388.
56 BGH NStZ 1982 S. 79; RG JW 1933 S. 966 mit abl. Anm. *Löwenstein*; *Harreß* S. 16. *Berkholz* (S. 128) unterscheidet zutreffend, ob der benannte Zeuge nur über nähere Personalien des weiteren Zeugen Auskunft geben (dann handelt es sich um einen Beweisantrag; vgl. oben S. 51) oder diesen Zeugen überhaupt erst identifizierbar machen soll (dann liegt ein Beweisermittlungsantrag vor). RG JW 1925 S. 1402 mit Anm. *Alsberg* meinte, der Antragsteller müsse in einem solchen Fall die Vertagung der Sache beantragen, um sich mit dem Zeugen in Verbindung setzen zu können; in Wahrheit hängt es von der Aufklärungspflicht des Gerichts ab, ob der Zeuge ermittelt werden muß. Vgl. auch *Mayer-Alberti* S. 51 ff., der den Fall offenbar unter den Begriff Beweisantrag faßt, und *Engels* S. 126 ff., für den die Einstufung als Beweis- oder Beweisermittlungsantrag gleichgültig ist, weil er für beide Fälle annimmt, daß das Gericht nach dem Zeugen forschen muß, wobei nach seiner Ansicht das Verbot der Beweisantizipation gilt.
57 RMGE 10 S. 118; *Berkholz* S. 128; *Gerland* GerS 69 S. 194 (298); a. A. *Alsberg* Heinitz-FS S. 432 (Beweisantrag). Kritisch auch *Mayer-Alberti* S. 52/53. Das darf nicht mit dem Fall verwechselt werden, daß der Antragsteller sich nur wegen der genauen Beschreibung von bereits identifizierbar benannten Zeugen auf einen anderen Zeugen beruft (vgl. oben S. 51). *Alsberg* GA 67 S. 261 (270) behandelt beide Fälle gleich, ebenso wohl *Mayer-Alberti* S. 57 ff., der allerdings die Notwendigkeit einer begrifflichen Unterscheidung anerkennt.
58 RG JW 1910 S. 202 (203).
59 BGH 4 StR 145/52 vom 18. 6. 1953; *Bergmann* S. 31 und MDR 1976 S. 888; *Koeniger* S. 262.

das Kraftfahrzeug des Angeklagten darstellen[60], oder den Versuch zu machen, durch die Polizei von bestimmten Zeugen herrührende Schriftstücke einzuziehen, um sie dem Sachverständigen zur Vergleichung und Begutachtung vorzulegen[61].

2. Benennung eines Beweismittelkreises

a) **Zeugenbeweis.** Dem Antragsteller ist es unbenommen, sich zum Beweis einer bestimmten Tatsachenbehauptung auf mehrere, sogar auf eine Vielzahl von Zeugen zu berufen, wenn darin die Behauptung liegt, alle Zeugen könnten zu dieser Tatsache sachdienliche Bekundungen machen[62]. Die Mehrheit von Beweismitteln macht den Antrag noch nicht zum Beweisermittlungsantrag. Anders ist es aber, wenn der Antragsteller weder weiß noch behauptet, welcher der von ihm benannten Zeugen die Behauptung bestätigen kann, die er mit dem Antrag beweisen will. In diesem Fall mag man zwar davon sprechen, daß nicht das Beweismittel, sondern nur das beweiserhebliche Beweismittel unbestimmt ist[63]. Auch dient die Vernehmung der Beweispersonen mittelbar dem Beweis der von dem Antragsteller aufgestellten Tatsachenbehauptung. Ein bestimmter Zeuge ist hierfür aber nicht benannt worden. Vielmehr hat der Antragsteller mehrere Zeugen zur Auswahl gestellt, und er erwartet, daß das Gericht denjenigen herausfindet, der Auskünfte zur Sache geben kann. Statt eines Beweismittels hat er einen Beweismittelkreis benannt. Das ist kein Beweisantrag, sondern ein Beweisermittlungsantrag[64]. Die Gegenansicht[65] führt zu der praktisch unannehmbaren Folge, daß das Gericht,

---

60 OLG Schleswig bei *Ernesti/Jürgensen* SchlHA 1969 S. 152.
61 RG SeuffBl. 73 S. 366; *Bergmann* S. 33; *Mayer-Alberti* S. 49.
62 Vgl. oben S. 54.
63 So die Vorauf. S. 49.
64 Vgl. BGH 1 StR 784/76 vom 12. 7. 1977 (Vernehmung der ganzen Belegschaft der Firma des Angeklagten); BGH 5 StR 343/81 vom 14. 7. 1981 bei *Schwenn* Strafverteidiger 1981 S. 631, 633 (Vernehmung von 27 Arbeitskollegen darüber, ob der Angeklagte zu einer bestimmten Zeit im Betrieb war); RGSt. 24 S. 422 (Vernehmung sämtlicher Geistlichen eines Kreises darüber, ob einer von ihnen eine bestimmte Äußerung getan hat); RG JW 1909 S. 520 (Vernehmung sämtlicher Bewohner einer »Arbeiterkaserne«); RG HRR 1939 Nr. 1210 (Vernehmung sämtlicher 45 Mitschüler als Leumundszeugen; *Bergmann* S. 43 Fußn. 3 hält die Vernehmung für erforderlich); RMGE 8 S. 63 (Vernehmung sämtlicher in einem bestimmten Jahr entlassener Mannschaften); OLG Hamm DAR 1961 S. 234 (Vernehmung sämtlicher Bewohner eines Hauses neben der Unfallstelle über bestimmte Behauptungen über den Unfallverlauf).Wie im Text: LR *Gollwitzer* § 244 Rdnr. 97; *Eb. Schmidt* vor § 244 Rdnr. 25; *Bergmann* S.44 ff. und MDR 1976 S. 888 (889); *Harreß* S. 16; *Mayer-Alberti* S. 79; *Rieker* S. 37/38; *Sarstedt* DAR 1964 S. 307 (309); *Schlosky* JW 1930 S. 2505 (2509); *Simader* S. 81; einschränkend *Berkholz* S. 105 ff.; widersprüchlich KMR *Paulus* § 244 Rdnr. 386, 388.
65 RGSt. 54 S. 188 (alle Arbeiter einer Fabrik als Alibizeugen); RG JW 1893 S. 292 (alle Soldaten einer Kompanie); *Alsberg* JW 1929 S. 115; 1930 S. 70; GA 67 S. 261 (270); *Beling* S. 379 Fußn. 3; *Bennecke/Beling* S. 528 Fußn. 15; *Engels* S. 147 ff.; *Gerland* S. 364 und GerS 69 S. 194 (298/299); *Oetker* JW 1930 S. 1105 (1107); *Stützel* S. 25.

anstatt zunächst versuchen zu können, im Freibeweis[66] diejenige Beweisperson ermitteln zu lassen, deren Vernehmung in der Hauptverhandlung allein sinnvoll ist, eine Vielzahl von Zeugen förmlich in der Hauptverhandlung vernehmen muß, obwohl von vornherein feststeht, daß fast alle keine weiteren Aussagen machen können, als daß sie von der Beweistatsache nichts wissen. Die in der Vorauflage[67] vertretene Ansicht, auch in solchen Fällen lägen echte Beweisanträge vor, kann daher nicht aufrechterhalten werden[68]. Keine Zustimmung verdient auch die Meinung, daß es sich zwar grundsätzlich um einen Beweisantrag handelt, daß er aber zu einem Beweisermittlungsantrag wird, wenn die Zahl der in Betracht kommenden Zeugen einen gewissen Umfang, der allerdings nicht ein für allemal bestimmt werden kann, übersteigt[69]. Es ist nicht möglich, die begriffliche Trennung des Beweisantrags von dem Beweisermittlungsantrag von der Größe der Zahl abhängig zu machen[70]. Denn wann hier die Quantität in die Qualität umschlägt, läßt sich überhaupt nicht bestimmen. Richtig ist nur, daß die Aufklärungspflicht nach § 244 Abs. 2 Ermittlungen um so eher gebietet, je kleiner der Personenkreis ist, der in Betracht kommt[71]. Der Einwand, daß der Antragsteller es in der Hand hat, das Gericht zur Vernehmung der benannten Zeugen dadurch zu zwingen, daß er einfach behauptet, jeder von ihnen könne unmittelbar Bekundungen zu der Beweistatsache machen[72], schlägt nicht durch. Er beweist nur, daß die Behauptung *Ger-*

---

66 Vgl. unten S. 109 ff., 122. In Betracht kommen vor allem schriftliche Anfragen bei den Zeugen oder formlose Anhörungen außerhalb der Hauptverhandlung; vgl. KK *Herdegen* § 244 Rdnr. 25. Widersprüchlich *Engels* S. 150 ff., der solche »Vorermittlungen« ebenfalls für geboten hält, den Antrag aber trotzdem als Beweisantrag bezeichnet.
67 S. 49, 59. Allerdings ist zu berücksichtigen, daß ein Rechtsschutz gegen die ermessensfehlerhafte Ablehnung von Beweisermittlungsanträgen lange Zeit nicht bestanden hat, weil das RG eine Revisionsrüge nicht zuließ; vgl. unten S. 90 Fußn. 125. Das Bestreben, den Kreis der echten Beweisanträge möglichst groß zu halten, ist daher verständlich. Bei der weiten Ausuferung, die die Aufklärungsrüge heute im Revisionsrecht erreicht hat, erscheint das jetzt nicht mehr nötig. Ähnlich *Berkholz* S. 118/119. Vgl. auch oben S. 25/26.
68 Der Einwand von *Simader* S. 81/82 (ebenso Voraufl. S. 49), die Zahl der Beweismittel müsse schon deshalb für die Abgrenzung außer Betracht bleiben, weil auch ein Antrag, der ein einziges Beweismittel benennt, ein Beweisermittlungsantrag ist, wenn keine bestimmte Tatsache bezeichnet wird, besagt offensichtlich nichts; vgl. *Berkholz* S. 100.
69 So *Oetker* S. 694 Fußn. 19, JW 1923 S. 387 und 1930 S. 1105 (1107); *Christ* S. 64; *Grüb* S. 44; *Simader* S. 37, 81; *Stützel* S. 26.
70 Vgl. *Alsberg* GA 67 S. 261 (270), der mit Recht die Auffassung vertritt, daß andernfalls die Unterscheidung keine grundsätzliche Berechtigung mehr hätte; ebenso *Bergmann* S. 46; *Berkholz* S. 109; *Engels* S. 148/149; *Harreß* S. 13; *Rieker* S. 37. Auch die Voraufl. steht (S. 49) auf diesem Standpunkt, will aber (S. 59) die Beweiserhebungspflicht in offenbarem Widerspruch dazu doch davon abhängig machen, ob nur zwei oder eine Vielzahl von Zeugen benannt sind.
71 So mit Recht *Bergmann* S. 45 ff., 158 und MDR 1976 S. 888 (889). Handelt es sich nur um einige wenige Zeugen, so werden sie zwar nicht, wie *Bergmann* (S. 158) meint, »vernommen« werden müssen; das Gericht wird aber ermitteln müssen, ob sie zum Beweisthema etwas wissen.
72 So *Engels* S. 151.

lands[73], hier komme alles auf die Form, nicht auf den Inhalt an, nicht so ganz falsch ist, wie gelegentlich[74] angenommen wird. Die Möglichkeit einer begrifflichen Trennung kann aber nicht deshalb verneint werden, weil es Mittel und Wege gibt, das Ergebnis zu manipulieren.

b) Urkundensammlungen. Ein ähnlicher Fall wie bei den Zeugen liegt vor, wenn ein Prozeßbeteiligter beantragt, eine Urkundensammlung heranzuziehen, um sie darauf durchzusehen, welche der darin befindlichen Urkunden eine bestimmte Tatsache erweist, die zu seinen Gunsten festgestellt werden soll. Durch die Urkundensammlung wird nichts bewiesen, sondern sie dient nur dazu, Ermittlungen darüber zu ermöglichen, welches die allein interessierende Urkunde ist, deren Verlesung oder Inaugenscheinnahme der Antragsteller beantragen will. Der Antrag auf Beiziehung der Urkundensammlung ist daher, sofern es nicht ausnahmsweise auf die Gesamtheit der Urkunden ankommt[75], ein Beweisermittlungsantrag[76]. Das gilt etwa für einen Schriftwechsel[77], für Handelsbücher[78], Gerichtsakten[79], Handakten

73 JW 1924 S. 1251 (1252).
74 Vgl. etwa *Simader* S. 86 Fußn. 32.
75 Vgl. oben S. 53/54.
76 BGHSt. 6 S. 128; 18 S. 347; RGSt. 13 S. 158 (159); 21 S. 108 (109); 41 S. 4 (13); 61 S. 287 (288); RG JW 1899 S. 474 = GA 46 S. 430; RG JR Rspr. 1926 Nr. 439; 1927 Nr. 96; RG LZ 1920 Sp. 443; 1922 Sp. 30; KG JW 1927 S. 1330; JR 1978 S. 473 (474); KK *Herdegen* § 244 Rdnr. 51; KMR *Paulus* § 244 Rdnr. 390; *Eb. Schmidt* vor § 244 Rdnr. 26 b; *Bergmann* S. 47 ff.; *Berkholz* S. 120; *Harreß* S. 16; *Koeniger* S. 261; *Rieker* S. 37; *Sarstedt* S. 171; *Schlosky* JW 1930 S. 2505; *Schorn* Strafrichter S. 153; *Simader* S. 82. – A.A. *Alsberg* GA 67 S. 261 (271) und JW 1927 S. 2468, der befürchtete, der Urkundenbeweis werde für den Angeklagten bei diesen Anforderungen geradezu unbenutzbar. A.A. auch *Engels* S. 154 ff.; *Gerland* JW 1924 S. 1250; *Hirschberg* S. 106 und wohl auch *Mayer-Alberti* S. 63 ff. Auch die Vorauflage (S. 59) nahm an, das Gericht müsse das berechtigte Verteidigungsinteresse des Antragstellers respektieren und dem Antrag stattgeben, sofern überhaupt die Annahme begründet ist, daß die Urkundensammlung Material für die Fragen des vorliegenden Verfahrens enthält.
77 RG SeuffBl. 73 S. 543; *Rieker* S. 21; *Simader* S. 35.
78 RGSt. 21 S. 108; RG JW 1895 S. 570; 1907 S. 559 = Recht 1907 Nr. 842; BayObLG JW 1930 S. 722 = DRiZ 1929 Nr. 1019 = HRR 1930 Nr. 184; *Eb. Schmidt* vor § 244 Rdnr. 26 a; *Berkholz* S. 121; *Rieker* S. 21; *Simader* S. 36; *Stützel* S. 20; a. A. *Mayer-Alberti* S. 63 ff.
79 BGHSt. 6 S. 128; 30 S. 131 (142) (Spurenakten der Polizei); BGH 3 StR 546/52 vom 16. 4. 1953 (Sämtliche Vorstrafakten der Belastungszeugen); RGSt. 5 S. 27 (28); RG JW 1924 S. 1251 mit Anm. *Gerland*, das den Antrag aber, recht wohlwollend (vgl. *Mayer-Alberti* S. 66), dahin auslegte, daß die Verlesung des Urteils beantragt ist; RG JW 1927 S. 2468 mit Anm. *Alsberg*; RG JW 1930 S. 1006 mit Anm. *Alsberg*, das ebenfalls annimmt, die Auslegung ergebe, daß die Verlesung einer bestimmten Urkunde verlangt wird; RG JW 1932 S. 1748 (1749) mit Anm. *Beling*; RG JW 1932 S. 1749 mit Anm. *Radbruch* (Benutzung des Gnadenhefts); RG GA 58 S. 184, das aber die Heranziehung der Akten zur Sachaufklärung für geboten hielt; RG JR Rspr. 1926 Nr. 439; 1927 Nr. 96; RG LZ 1922 Sp. 30; RG SächsA 1915 S. 71 (Herbeiziehung von Entmündigungsakten); *Dalcke/Fuhrmann/Schäfer* § 244 Anm. 7 b; *Bergmann* S. 47/48; *Berkholz* S. 120; *Koeniger* S. 262; *Meyer-Goßner* NStZ 1982 S. 353 (359); *Rieker* S. 21; *Simader* S. 36; *Stützel* S. 20; kritisch *Brandt* JW 1926 S. 1107 (1108). Vgl. auch RG JW 1914 S. 432.

eines Rechtsanwalts[80], Disziplinarakten gegen einen Zeugen[81] und sonstige Akten von Verwaltungsbehörden[82]. Unrichtig erscheint die Ansicht, in solchen Fällen verliefen die Grenzen zwischen Beweis- und Beweisermittlungsantrag flüssig[83], so daß es auf die Übersichtlichkeit der Urkundensammlung ankomme; befinde sich die Urkunde z. B. in einem Aktenband oder Kassenbuch von geringem Umfang, so daß sie leicht aufzufinden ist, so könne der Antrag auf Herbeiziehung der Akten oder des Buchs ein Beweisantrag sein[84]. Entscheidend für die begriffliche Einordnung ist, daß es auch in diesen Fällen an der Individualisierung des Beweismittels fehlt, die erforderlich ist, um einen Antrag als Beweisantrag zu behandeln[85]. Zu beachten ist aber, daß häufig schon die Auslegung des Antragsbegehrens ergibt, auf welche Urkunde es dem Antragsteller ankommt[86]. In dem Antrag auf Beiziehung von Prozeßakten ist z. B. der Antrag gesehen worden, das darin befindliche Urteil zu verlesen[87] oder ein schriftliches Gutachten zu verwerten[88]. Gegebenenfalls wird die Fürsorgepflicht das Gericht zwingen, nähere Auskünfte von dem Antragsteller einzuholen[89]. Diese Grundsätze gelten auch, wenn beantragt ist, eine Vielzahl von Akten herbeizuziehen, um sie darauf durchzusehen, welche von ihnen bestimmte Merkmale aufweisen, und die so gefundenen Urkunden durch Verlesung oder als Grundlage eines Sachverständigenbeweises zu verwerten; auch dann handelt es sich um einen Beweisermittlungsantrag[89a].

c) Sonstige Gegenstände. Die gleichen Grundsätze wie beim Urkundenbeweis gelten, wenn der Antrag gestellt ist, sonstige Gegenstände herbeizuziehen, aus denen der für die Verhandlung gebrauchte Gegenstand erst ermittelt werden soll, z. B. wenn die Herbeischaffung der bei einer Haussuchung beschlagnahmten Sachen[90] oder des »noch vorhandenen Büromaterials« beantragt ist[91].

---

80 RG JW 1902 S. 579.
81 RG JW 1924 S. 1250 mit abl. Anm. *Gerland*; *Berkholz* S. 121; a. A. *Mayer-Alberti* S. 64.
82 RG Recht 1910 Nr. 1695 (»Verlesung der Personalakten«); OGHSt. 3 S. 141 (149); vgl. auch *Alsberg* GA 67 S. 261 (271), der (Fußn. 34) eine weitere unveröffentlichte RG-Entscheidung anführt.
83 LR *Gollwitzer* § 244 Rdnr. 97; hiergegen *Berkholz* S. 117.
84 BayObLG JW 1930 S. 722 = DRiZ 1929 Nr. 1019 = HRR 1930 Nr. 184; *Dalcke/Fuhrmann/Schäfer* § 244 Anm. 7 a; LR *Gollwitzer* § 244 Rdnr. 97; *Rieker* S. 21; *Stützel* S. 20; offengelassen in RG JW 1927 S. 2468 mit Anm. *Alsberg*.
85 So auch KK *Herdegen* § 244 Rdnr. 51; *Alsberg* JW 1927 S. 2468; *Bergmann* S. 51; *Berkholz* S. 118.
86 Vgl. *Bergmann* S. 52; *Berkholz* S. 114 ff.
87 RG JW 1924 S. 1251 mit Anm. *Gerland*. Auch im Fall BGHSt. 6 S. 128 war übrigens die Auslegung möglich, daß der Antragsteller die Verlesung des Protokolls und des Urteils begehrt; vgl. *Bergmann* S. 52; *Berkholz* S. 122.
88 RG JW 1930 S. 1006 mit Anm. *Alsberg*.
89 *Dalcke/Fuhrmann/Schäfer* § 244 Anm. 7 b; vgl. unten S. 396 ff.
89a BGH NStZ 1982 S. 296.
90 RG JW 1922 S. 300; *Berkholz* S. 60.
91 RG JW 1930 S. 557 mit Anm. *Alsberg*; *Bergmann* S. 53; *Berkholz* S. 121; *Simader* S. 36.

IV. Sonstige gerichtliche Maßnahmen zur Ermöglichung der Stellung von Beweisanträgen

Der Beweisermittlungsantrag zielt regelmäßig darauf ab, daß das Gericht durch eigene Ermittlungen oder durch Ermittlungen, mit denen es die Staatsanwaltschaft oder die Polizei beauftragt, die Grundlagen dafür schafft, daß ein Beweisantrag gestellt werden kann[92]. Zulässig sind aber auch Anträge, mit denen das Gericht nicht zu Ermittlungen, sondern zu Maßnahmen anderer Art veranlaßt werden soll, die dem Antragsteller die Stellung eines Beweisantrags ermöglichen. Solche Anträge dienen im Ergebnis ebenfalls der Ermittlung von Beweismitteln oder Beweistatsachen. Sie sind daher Ermittlungsanträge im weiteren Sinn[93].

Hierzu gehören in erster Hinsicht die Anträge auf Unterbrechung oder Aussetzung der Hauptverhandlung mit dem Ziel, dem Antragsteller selbst[94] oder der Staatsanwaltschaft[95] Gelegenheit zu geben, Ermittlungen nach weiteren Beweismitteln anzustellen. Wenn dabei Beweismittel und Beweisbehauptung bezeichnet und nur die Ermittlung des nicht ohne weiteres auffindbaren Beweismittels begehrt wird, handelt es sich aber um einen echten Beweisantrag[96]. Aussetzungsanträge können auch gestellt werden, damit die Erledigung eines Zivilprozesses[97] oder die bevorstehende Geburt eines Kindes, dessen Blutgruppe bestimmt werden soll[98], abgewartet werden kann. Auch das Verlangen des Angeklagten nach Unterbrechung oder Aussetzung der Verhandlung, um ihm Gelegenheit zu geben, bestimmte Urkunden vorzulegen, fällt hierunter[99]. Das gleiche gilt für den Fall, daß der Angeklagte gegen die Versagung der Aussagegenehmigung für einen Zeu-

---

92 Vgl. oben S. 000.
93 RG Recht 1916 Nr. 1819; *Mayer-Alberti* S. 76. — A.A. *Oetker* JW 1923 S. 387; 1930 S. 1105 (1108); *Rieker* S. 39; *Simader* S. 89; *Stützel* S. 27/28, die den Begriff Beweisermöglichungsantrag i.e.S. (vgl. oben S. 67) vorziehen. *Berkholz* (S. 91) spricht von Beweisanregungen i.e.S. *Schlosky* JW 1930 S. 2505 (2509) hält die Anträge weder für Beweis- noch für Beweisermittlungsanträge. *Alsberg* GA 67 S. 261 (273 Fußn. 37) hält eine scharfe Trennung von den Beweisanträgen für erforderlich, hat dabei aber nur Aussetzungsanträge im Auge.
94 RG JW 1923 S. 387; RG GA 59 S. 138; RG Recht 1916 Nr. 1819; *Bergmann* S. 28; *Oetker* JW 1924 S. 317 (318); *Rieker* S. 38; *Simader* S. 90 Fußn. 5; *Stützel* S. 27. Vgl. aber RG JW 1890 S. 64; 1924 S. 317, wo aufgrund der Umstände des Falles angenommen wurde, daß es sich um Beweisanträge handelt; so auch Vorauf. S. 146 Fußn. 16. *Alsberg* GA 67 S. 261 (263) und *Berkholz* S. 95 lehnen die Eingruppierung unter die Beweisermittlungsanträge mit der Begründung ab, nach § 228 müsse das Gericht über den Aussetzungsantrag durch Beschluß entscheiden. *Mayer-Alberti* scheint S. 58 (anders S. 56) einen Anspruch auf Aussetzung regelmäßig für gegeben zu halten.
95 RG JW 1889 S. 276; RG GA 43 S. 114; *Bergmann* S. 28; *Goldschmidt* S. 445 Fußn. 2237; *Mayer-Alberti* S. 48/49; *Rieker* S. 38. Vgl. auch RG BayZ 1907 S. 213 (Antrag kann abgelehnt werden, wenn die Ermittlungen aussichtslos sind).
96 Vgl. oben S. 39.
97 Vgl. unten S. 437/438.
98 RG HRR 1936 Nr. 1745 beurteilt das als Beweisantrag.
99 *Oetker* JW 1930 S. 1105 (1108); *Simader* S. 90.

gen Gegenvorstellungen oder Klage im Verwaltungsrechtsweg erheben will[100]. Zu den gerichtlichen Maßnahmen, die dem Antragsteller die Stellung von Beweisanträgen ermöglichen sollen, gehören ferner das Herbeischaffen und die Zurverfügungstellung von Akten[101] und anderen Urkundensammlungen, damit die in Betracht kommenden Urkunden substantiiert werden können, die Vorlegung des Verbrecheralbums, damit darin nach der Person gesucht werden kann, mit der der Angeklagte verwechselt worden ist[102], die Einholung einer polizeilichen Auskunft sowie die Anordnung gerichtlicher Zwangsmaßnahmen, z. B. der Beschlagnahme von bestimmten Schriftstücken, die einem Sachverständigen zur Vergleichung und Begutachtung vorgelegt werden sollen[103], oder die Anordnung einer Durchsuchung, um deren Ergebnisse in der Hauptverhandlung zu verwerten[104].

V. Entscheidung im Rahmen der Sachaufklärungspflicht

Beweisermittlungsanträge dürfen nicht einfach übergangen werden[105]. Ob ihnen stattzugeben ist, entscheidet das Gericht nach pflichtgemäßem Ermessen[106]. Maßgebend ist die Pflicht, die Wahrheit zu erforschen (§ 244 Abs. 2)[107]. Liegt einer der Gründe des § 244 Abs. 3 bis 4 vor, aus denen ein Beweisantrag abgelehnt werden darf, so kann auch ein Beweisermittlungsantrag abgelehnt werden, auf den dieser

---

100 Vgl. LR *Meyer* § 54 Rdnr. 25. – *Düwel*, Das Amtsgeheimnis, 1965, S. 198, und *Mayer-Alberti* S. 58 sind zu Unrecht der Ansicht, daß ein Rechtsanspruch auf Aussetzung zu diesem Zweck besteht. Vgl. auch unten S. 457.
101 RG GA 58 S. 184; *Oetker* JW 1930 S. 1105 (1108); *Stützel* S. 27.
102 RG Recht 1911 Nr. 2692; *Bergmann* S. 34; vgl. auch *Simader* S. 83; *Stützel* S. 27.
103 RG SeuffBl. 73 S. 366; *Harreß* S. 15; *Mayer-Alberti* S. 49; *Rieker* S. 38. *Berkholz* S. 63 hält den Antrag für einen Beweisermittlungsantrag, weil das Beweisthema nicht angegeben ist.
104 RG SeuffBl. 72 S. 159; *Harreß* S. 15. *Bergmann* S. 33 hält den Antrag für einen Beweisantrag. Das setzt aber voraus, daß der Antragsteller den Gegenstand bezeichnet, der bei der Durchsuchung beschlagnahmt werden soll; vgl. *Mayer-Alberti* S. 49 Fußn. 2.
105 BGH bei *Dallinger* MDR 1955 S. 269; *Berkholz* S. 135; *Goldschmidt* S. 445; *Peters* S. 287; *Stützel* S. 28; a. A. noch RG JW 1917 S. 112.
106 RGSt. 64 S. 432; RG JW 1932 S. 58 mit Anm. *von Pestalozza*; LR *Gollwitzer* § 244 Rdnr. 100; *Goldschmidt* S. 445; *Mannheim* JW 1927 S. 793 (794); *Oetker* JW 1923 S. 387; 1930 S. 1105 (1107); *Peters* S. 287; *Rieker* S. 39; *Rosenfeld* II S. 19; *Schlosky* JW 1930 S. 2505 (2509); *Simader* S. 86; *Stützel* S. 28; enger *Bergmann* S. 134.
107 BGHSt. 6 S. 128 (129); 30 S. 131 (142); BGH NJW 1951 S. 368; 1968 S. 1293; BGH NStZ 1981 S. 309 (310); BGH VRS 41 S. 203 (206); BGH bei *Spiegel* DAR 1982 S. 204; RG JW 1931 S. 1748 (1479); S. 2495 mit Anm. *Alsberg*; KG JR 1978 S. 473 (474); OLG Bremen OLGSt. § 244 Abs. 2 S. 87 (88); OLG Saarbrücken VRS 49 S. 45 (46); KK *Herdegen* § 244 Rdnr. 60; LR *Gollwitzer* § 244 Rdnr. 100; *Eb. Schmidt* vor § 244 Rdnr. 23; *Bergmann* S. 180 und MDR 1976 S. 888 (891); *Berkholz* S. 137 ff.; *Dahs* Hdb. Rdnr. 545; *Roxin* § 43 B II; *Sarstedt* S. 184; *Schlüchter* Rdnr. 545; *Simader* S. 86; *Wenner* S. 179; *Wessels* JuS 1969 S. 1 (3). Die Ansicht von *Schwenn* Strafverteidiger 1981 S. 631 (632), Beweisermittlungsanträge seien »unverbindliche« Beweisanregungen, ist unrichtig.

Grund zutrifft[108]. Das gilt vor allem für den Fall, daß die Beweiserhebung unzulässig ist[109]. Eine Bindung an die Ablehnungsgründe des § 244 Abs. 3 und 4 besteht aber nicht. Das Gericht hat ein weitergehendes Ermessen[110]. Es kann den Beweisermittlungsantrag insbesondere ablehnen, wenn die Ermittlungen nach dem Beweismittel oder der Beweistatsache kein Ergebnis versprechen[111]. Je größer die Aussicht ist, daß die Ermittlungen Erfolg haben, d. h. je bestimmter der Beweisermittlungsantrag begründet ist, desto näher liegt auch die Pflicht des Gerichts, Ermittlungen vorzunehmen[112]. Eine Vorwegnahme der Beweiswürdigung ist beim Ermittlungsantrag ebenso ausgeschlossen wie beim Beweisantrag[113]. Den Ermittlungen darf daher nicht mit der Begründung aus dem Weg gegangen werden, die Tatsache, die der Antragsteller bewiesen haben möchte, sei durch die bisherige Beweisaufnahme schon widerlegt. Mehr als die Sachaufklärungspflicht nach § 244 Abs. 2 gebietet, wird vom Gericht aber auch auf einen Beweisermittlungsantrag nicht verlangt. Die Ansicht, die Pflicht, solchen Anträgen nachzugehen, gehe weiter als die Pflicht zur Aufklärung des Sachverhalts aus eigener Initiative[114], erscheint unbegründet[115].

VII. Verfahrensrechtliche Behandlung

1. Protokollierung

Der Beweisermittlungsantrag ist zwar seinem Wesen nach nur eine Anregung an das Gericht, die Notwendigkeit von Beweiserhebungen im Rahmen der Sachauf-

---

108 Vgl. *Eb. Schmidt* vor § 244 Rdnr. 23; *Bergmann* MDR 1976 S. 888 (891); *Wenner* S. 179; *Wessels* JuS 1969 S. 1 (5).
109 Vgl. *Eb. Schmidt* vor § 244 Rdnr. 23; *Berkholz* S. 136: Unzulässigkeit des Beweismittels, des Beweisthemas, offensichtliche Sachfremdheit und Mißbrauch für verfahrensfremde Zwecke.
110 BGH VRS 41 S. 203 (206); *Eb. Schmidt* vor § 244 Rdnr. 23; *Bergmann* S. 120; *Berkholz* S. 137; *Oetker* JW 1923 S. 387; *Peters* S. 287; *Sarstedt* DAR 1964 S. 307 (309); *Schorn* Strafrichter S. 153.
111 BGH VRS 15 S. 431 (432); RG HRR 1933 Nr. 1061; KG JR 1978 S. 473 (474); LR *Gollwitzer* § 244 Rdnr. 100; *Berkholz* S. 137; *Gutmann* JuS 1962 S. 369 (376); *Sarstedt* DAR 1964 S. 307 (309); *Simader* S. 88; *Wessels* JuS 1969 S. 1 (5). Grundsätzlich a. A. auch hier *Engels* S. 134, 160/161, der zwischen Beweis- und Beweisermittlungsanträgen nur dann einen Unterschied macht, wenn aus dem Antrag nicht ersichtlich ist, welche Tatsachen aufgeklärt werden könnten. Gegen die h. M. auch *Wenner* S. 182 ff.
112 BGHSt. 30 S. 131 (140); KK *Herdegen* § 244 Rdnr. 25, 60; *Bergmann* S. 138 ff. und MDR 1976 S. 888 (891); *Oetker* JW 1930 S. 1105 (1107); *Wessels* JuS 1969 S. 1 (5).
113 Vgl. *Alsberg* GA 67 S. 262 (273); *Bergmann* S. 144, 146 und MDR 1976 S. 888 (889) für Beweisermittlungsanträge, die in ihrer inhaltlichen Bestimmtheit den Beweisanträgen nahekommen; *Gerland* GerS 69 S. 194 (299 ff.); *Goldschmidt* S. 445, 446; *Gutmann* JuS 1962 S. 369 (376); *Mattern* S. 11; *Wessels* JuS 1969 S. 1 (5); a. A. RG HRR 1933 Nr. 1061; *Rieker* S. 39.
114 *Berkholz* S. 3, 138; *Sarstedt* S. 173 und DAR 1964 S. 307 (310).
115 Ebenso *Bergmann* S. 140/141; *Wessels* JuS 1969 S. 1 (5).

klärungspflicht zu prüfen. Gleichwohl ist er im Sinne des § 273 Abs. 1 ein Antrag. Er muß daher in der Sitzungsniederschrift beurkundet werden[116].

2. Bekanntmachung der Entscheidung

Eine Bekanntmachung der Entscheidung ist nicht erforderlich, wenn die beantragten Ermittlungen angestellt werden[117]. Denn sogar ein Beweisantrag braucht nicht ausdrücklich beschieden zu werden, wenn das Gericht ihm stattgibt. Es ist nur erforderlich, den Antragsteller vom Ergebnis der Ermittlungen zu unterrichten, damit er gegebenenfalls andere Anträge, insbesondere nunmehr einen formgerechten Beweisantrag stellen kann, wenn die angestellten Ermittlungen ihm das ermöglichen.

Nach herrschender und zutreffender Ansicht bedarf die Ablehnung eines Beweisermittlungsantrags grundsätzlich keines ausdrücklichen Beschlusses in der Hauptverhandlung[118]. Die Gegenmeinung[119] ist schon deshalb rechtlich unhaltbar, weil es nicht erforderlich gewesen wäre, die Ablehnung eines Beweisantrags durch Beschluß in § 244 Abs. 6 ausdrücklich vorzuschreiben, wenn sich das auch für andere Anträge zur Beweisaufnahme von selbst verstünde. Überwiegend wird angenommen, daß auch ein Bescheid des Vorsitzenden in der Hauptverhandlung über die Ablehnung des Beweisermittlungsantrags entbehrlich ist[120]. Dem kann

---

116 Vgl. OLG Saarbrücken JBl. Saar 1959 S. 184; LR *Gollwitzer* § 273 Rdnr. 25; *Eb. Schmidt* § 273 Rdnr. 7; *Bergmann* S. 174 und MDR 1976 S. 888 (892); *Berkholz* S. 130; *Dahs/Dahs* Rdnr. 393; *Kroschel/Doerner* S. 313 Fußn. 32; *Sarstedt* S. 184 (anders aber DAR 1964 S. 307 [310]); *Wessels* JuS 1969 S. 1 (9). Im Ergebnis ebenso *J. Schulz* GA 1981 S. 301 (316).
117 *Bergmann* S. 181.
118 BGHSt. 6 S. 128 (129); BGH JR 1951 S. 509 = LM Nr. 2 zu § 244 Abs. 3; BGH NStZ 1982 S. 296 (297); BGH bei *Dallinger* MDR 1955 S. 269; BGH bei *Holtz* MDR 1980 S. 987; RGSt. 49 S. 361; 64 S. 432; RG JW 1917 S. 112; 1924 S. 1252 mit Anm. *Alsberg*; RG JW 1931 S. 1608; RG LZ 1917 Sp. 143; KG DAR 1956 S. 224; OLG Köln JMBlNRW 1959 S. 126 = VRS 17 S. 140 (141); OLG Schleswig bei *Ernesti/Jürgensen* SchlHA 1969 S. 152; *Dalcke/Fuhrmann/Schäfer* § 244 Anm. 7 b; LR *Gollwitzer* § 244 Rdnr. 101; *Eb. Schmidt* vor § 244 Rdnr. 23; *Bergmann* S. 182; *Berkholz* S. 149; *Dahs* Hdb. Rdnr. 545; *Dahs/Dahs* Rdnr. 252; *Henkel* S. 340 Fußn. 7; *Koeniger* S. 266; *Peters* S. 287; *Rieker* S. 39; *Roxin* § 43 B II; *Schorn* Strafrichter S. 153; *Stützel* S. 29; *Wessels* JuS 1969 S. 1 (3). Eine Ausnahme gilt für den Fall, daß der Antrag ausdrücklich als Beweisantrag bezeichnet ist; dann gilt § 244 Abs. 6 (vgl. unten S. 754).
119 RG JW 1889 S. 276; 1914 S. 432; RG Recht 1913 Nr. 442; RG GA 59 S. 138; *Beling* S. 528 Fußn. 15 und ZStW 38 S. 612 (621); *Gössel* S. 250/251; *Kurtze* S. 16; *G. Schäfer* S. 363; *Simader* S. 88. *Oetker* JW 1930 S. 1105 (1107) hält einen Gerichtsbeschluß mit der unzutreffenden Begründung (vgl. oben S. 66 Fußn. 7) für erforderlich, ein Beweisermittlungsantrag sei nichts anderes als ein bedingter Beweisantrag.
120 RGSt. 54 S. 239 (240); 64 S. 432 = JW 1931 S. 2301 mit Anm. *Mannheim*; RG JW 1931 S. 1608; RG LZ 1917 Sp. 143; OLG Kiel SchlHA 1947 S. 28 = HESt. 1 S. 142; OLG Saarbrücken VRS 38 S. 446 (447); *Feisenberger* § 244 Anm. 3, 5; *Berkholz* S. 3, 152; *Koeniger* S. 266; *Sarstedt* S. 184 und DAR 1964 S. 307 (310).

nicht zugestimmt werden[121]. Der Antragsteller, der die Beweiserhebung nicht lediglich hilfsweise beantragt[121a], hat Anspruch darauf, vor der Urteilsverkündung die Gründe zu erfahren, aus denen seinem Beweisermittlungsantrag nicht stattgegeben wird. Das ergibt sich schon aus der Fürsorgepflicht des Gerichts gegenüber den Prozeßbeteiligten; sie ist regelmäßig verletzt, wenn Anträge einfach übergangen werden. Allerdings ist dem Antragsteller nicht auch das Recht zuzubilligen, gegen die ablehnende Verfügung des Vorsitzenden nach § 238 Abs. 2 die Entscheidung des Gerichts zu beantragen[122]. Wenn das zulässig wäre, hätte § 244 Abs. 6 kaum noch Bedeutung; auf dem Umweg über § 238 Abs. 2 könnte in jedem Fall ein Gerichtsbeschluß erlangt werden[123]. Außerdem muß das Gericht spätestens bei der Urteilsberatung ohnehin von Amts wegen prüfen, ob dem Beweisermittlungsantrag im Rahmen der Amtsaufklärungspflicht nachgegangen werden muß; es ist daher überflüssig, daß ein Prozeßbeteiligter es durch besonderen Antrag zur Erfüllung dieser Pflicht zwingt.

Eine Erörterung des Beweisermittlungsantrags in den Urteilsgründen ist regelmäßig nicht erforderlich[124]. Nur wenn nicht ohne weiteres ersichtlich ist, weshalb die Aufklärungspflicht es nicht geboten hat, die von dem Antragsteller beantragten Ermittlungen nach neuen Beweismitteln oder entlastenden Tatsachen anzustellen, kann es ratsam sein, hierüber im Urteil Ausführungen zu machen. Andernfalls besteht die Gefahr, daß das Revisionsgericht irrig die Möglichkeit einer Verletzung der Aufklärungspflicht für gegeben hält und das Urteil aus diesem Grund aufhebt.

3. Revision

Mit der Revision kann der Antragsteller, dessen Beweisermittlungsantrag nicht stattgegeben worden ist, die Verletzung der Aufklärungspflicht nach § 244 Abs. 2 rügen. Das ist heute unbestritten[125]. Daß ein Beweisermittlungsantrag gestellt wor-

---

121 So auch RG JW 1914 S. 432; RG Recht 1913 Nr. 442; KK *Herdegen* Rdnr. 61; KMR *Paulus* Rdnr. 406; LR *Gollwitzer* Rdnr. 101; alle zu § 244; *Bergmann* S. 185 und MDR 1976 S. 888 (892); *Beling* JW 1925 S. 2782 (2784); *Dahs/Dahs* Rdnr. 252; *Kreuzer* S. 27; *Peters* S. 294; *Rieker* S. 39; *Wenner* S. 174; *Wessels* JuS 1969 S. 1 (3).
121a Für diesen Fall hält BGH NStZ 1982 S. 296 (297) eine Begründung im Urteil, weshalb das Gericht den Antrag nicht zum Anlaß für weitere Nachforschungen nimmt, für entbehrlich, wenn sonst hinreichend deutlich wird, daß die Aufklärungspflicht das nicht gebot.
122 So aber KK *Herdegen* § 244 Rdnr. 61; LR *Gollwitzer* § 244 Rdnr. 101; *Dahs/Dahs* Rdnr. 252; *Rieker* S. 40; Voraufl. S. 60.
123 Vgl. *Berkholz* S. 151/152.
124 KG DAR 1956 S. 224; OLG Hamm VRS 11 S. 138 (139); a. A. RG JW 1914 S. 432; 1917 S. 112; *Berkholz* S. 3, 152 ff.
125 OLG Schleswig bei *Ernesti/Jürgensen* SchlHA 1969 S. 152; *Bergmann* S. 194 ff.; *Sarstedt* S. 171 und DAR 1964 S. 307 (310); *Simader* S. 87; *Traulsen* S. 18; *Wenner* S. 196. Das RG hielt die Ablehnung eines Beweisermittlungsantrags stets für unanfechtbar; vgl. RGSt. 24 S. 422 (423/424); RG JW 1930 S. 557 mit abl. Anm. *Alsberg*; ebenso KG GA 76

den ist, wird durch das Sitzungsprotokoll bewiesen. Das Revisionsgericht geht daher davon aus, daß der Tatrichter auf die Möglichkeit, Ermittlungen zur Sachaufklärung anzustellen, hingewiesen worden ist, und das erhöht die Aussichten der Aufklärungsrüge. Gerade darin liegt die eigentliche Bedeutung des Beweisermittlungsantrags[126]. Hat der Tatrichter auf den Beweisermittlungsantrag die Beweistatsache als wahr unterstellt, die Zusage aber im Urteil nicht eingehalten, so ist die Revision begründet[127]. Ein Rechtsfehler besteht ferner, wenn das Gericht den Beweisermittlungsantrag aus einem der Gründe des § 244 Abs. 3 Satz 2 ablehnt, sich aber im Urteil mit der Ablehnungsbegründung in Widerspruch gesetzt hat[128].

S. 105; *Ditzen* ZStW 10, 111 (144) und zuletzt noch *Dalcke/Fuhrmann/Schäfer* Anm. 7 b. Es sah darin insbesondere keine Beschränkung der Verteidigung nach § 338 Nr. 8; vgl. RG GA 43 S. 114; RG LZ 1922 Sp. 30; RG Recht 1911 Nr. 2692. Ebenso RMGE 8 S. 65; *Miltner* Recht 1902 Sp. 568; hiergegen *Gerland* GerS 69 S. 194 (299 ff.).
126 So zutreffend *Berkholz* S. 5. *Dahs* Hdb. Rdnr. 545 empfiehlt daher zu Recht, wenigstens einen Beweisermittlungsantrag zu stellen, wenn die Stellung eines Beweisantrags aus irgendwelchen Gründen nicht möglich ist. Vgl. auch *Traulsen* S. 37.
127 Vgl. KG JR 1978 S. 473 (474).
128 Vgl. OLG Köln JMBlNRW 1959 S. 126 = VRS 17 S. 140 (141).

§ 4 Beweisanregungen im engeren Sinn

    I. Anträge auf Gegenüberstellungen 92
   II. Anträge auf Wiederholung der Beweisaufnahme 93
  III. Anträge auf Rekonstruktionen und Vornahme von Versuchen 97
  IV. Anträge auf Unterbringung zur Beobachtung nach § 81 100
   V. Verfahrensrechtliche Behandlung 101

Das Beweisantragsrecht gibt den Prozeßbeteiligten die Möglichkeit, auf den Umfang der Beweisaufnahme Einfluß zu nehmen. Sie können die Herbeischaffung und Benutzung von Beweismitteln verlangen, die bisher noch nicht oder jedenfalls nicht zur Aufklärung der jetzt behaupteten Beweistatsachen verwendet worden sind. Auf die Art und Weise, in der die Beweise erhoben werden, erstreckt sich das Beweisantragsrecht nicht. Auf eine bestimmte Art der Beweiserhebung haben die Prozeßbeteiligten keinen über die Sachaufklärungspflicht nach § 244 Abs. 2 hinausgehenden Anspruch, und sie können sie auch nicht durch Anträge erzwingen. Solche Anträge sind immer nur Anregungen an das Gericht, zum Zweck der Wahrheitserforschung in bestimmter Weise vorzugehen, insbesondere die Hauptverhandlung in bestimmter Weise zu gestalten[1]. Meist werden derartige Anträge zu den Beweisermittlungsanträgen gerechnet[2]. Von ihnen unterscheiden sie sich aber dadurch, daß das unmittelbare Ziel des Antrags eine bestimmte Form der Beweisaufnahme, nicht nur die Ermittlung von Beweismitteln und die Heranschaffung von Material zur späteren Stellung eines Beweisantrags ist. Es handelt sich daher nicht um Beweisermittlungsanträge, sondern um Beweisanregungen, die hier zur Unterscheidung von dem Oberbegriff als Beweisanregungen im engeren Sinn bezeichnet werden.

---

  1 BGHSt. 14 S. 21 (22); *Mayer-Alberti* S. 69/70.
  2 Vgl. *Berkholz* S. 9; *Stützel* S. 25 mit der Begründung, auch mit solchen Anträgen werde eine Tätigkeit des Gerichts gefordert, die Beweismittel schaffen soll. Vgl. auch die Nachw. S. 97 Fußn. 38.

I. Anträge auf Gegenüberstellungen

Die Gegenüberstellung von Zeugen mit dem Angeklagten[3], mit anderen Zeugen[4] oder mit Gegenständen[5] weist an sich alle Merkmale des Zeugenbeweises auf[6]. Sie fällt aber aus dem Rahmen des üblichen Zeugenbeweises heraus, weil sie häufig mit Schwierigkeiten und Aufwand verbunden ist. Soweit sich die Gegenüberstellung dadurch erreichen läßt, daß einem bereits vernommenen, aber noch nicht entlassenen Zeugen durch Vorlegung von Fragen Gelegenheit gegeben wird, zu der Aussage der anderen Zeugen Stellung zu nehmen, geht das Recht der Prozeßbeteiligten, die von ihnen begehrte Maßnahme herbeizuführen, aufgrund ihres Fragerechts nach § 240 Abs. 2 recht weit. Sind aber die Voraussetzungen des Fragerechts nicht oder, weil die Vernehmung des Zeugen abgeschlossen ist, nicht mehr gegeben, so besteht grundsätzlich kein Anspruch auf Gegenüberstellung. Zwar folgt aus § 58 Abs. 2, § 69 Abs. 2, daß das Gesetz auch für die Hauptverhandlung davon ausgeht, daß die Vernehmung des Zeugen sich unter Gegenüberstellung mit anderen Zeugen vollziehen kann und auch soll, soweit es für die Erprobung des Zeugen sachdienlich ist[7]. Aber ein allgemeines Recht der Prozeßbeteiligten, eine solche Gegenüberstellung zu verlangen, gibt es nicht, gleichgültig, ob die Gegenüberstellung mit besonderen Schwierigkeiten verbunden ist oder nicht. Der Antrag auf Gegenüberstellung ist daher nur eine Anregung an das Gericht, unter dem Gesichtspunkt der Sachaufklärungspflicht nach § 244 Abs. 2 zu prüfen, ob diese prozessuale Maßnahme erforderlich ist[8]. Es steht immer im Ermessen des Vorsitzenden, der nach § 238 Abs. 1 über die Art und Weise der Verhandlungsführung bestimmt, ob er Anträgen auf Gegenüberstellungen stattgeben will[9]. Bei der Entscheidung ist eine Vorwegnahme der Beweiswürdigung insofern zulässig, als der Antrag insbesondere dann abgelehnt werden kann, wenn von der Gegenüberstel-

---

3 RGSt. 57 S. 322; 58 S. 79; RG JW 1916 S. 1027; OLG Köln NJW 1955 S. 275.
4 RGSt. 48 S. 201 (202).
5 Vgl. den Fall OLG Hamm NJW 1957 S. 921 = VRS 13 S. 52: Gegenüberstellung des Belastungszeugen mit dem Tankzug des Angeklagten an der Unfallstelle zum Nachweis dafür, daß es sich bei dem Unfallfahrzeug um einen anderen Kraftwagen gehandelt hat.
6 Anders ist es, wenn eine Simultangegenüberstellung verlangt wird, damit ein Zeuge sein Erinnerungsvermögen überprüfen kann; das ist ein Experiment (vgl. unten S. 99). KK *Herdegen* § 244 Rdnr. 17 sieht in der Gegenüberstellung Zeugenbeweis »und nichts anderes«.
7 Vgl. *Eb. Schmidt* Nachtr. vor § 52 Rdnr. 3; *Peters* S. 337.
8 BGH NJW 1960 S. 2156 (2157); BGH 3 StR 450/78 vom 17.1.1979 bei Pfeiffer NStZ 1981 S. 96; OLG Hamm NJW 1957 S. 921 = VRS 13 S. 52 (53); OLG Köln NJW 1955 S. 275; *Kleinknecht* § 244 Rdn. 37; *Bergmann* S. 97; *Koeniger* S. 267; *Sarstedt* S. 171. *Simader* S. 155/156 spricht vom Beweisermöglichungsantrag, KMR *Paulus* § 244 Rdn. 391, 393 vom „Aufklärungs"antrag.
9 BGH NJW 1960 S. 2156 (2157); BGH bei *Dallinger* MDR 1974 S. 725; BGH bei *Spiegel* DAR 1976 S. 94; 1979 S. 190; RGSt. 48 S. 201; 58 S. 79 (80); RG JW 1889 S. 394; 1905 S. 245; RG GA 60 S. 93; RG Recht 1914 Nr. 1514; OLG Schleswig SchlHA 1949 S. 172; KK *Herdegen* § 244 Rdnr. 17; *Kleinknecht* 244 Rdn. 37; *Bergmann* MDR 1976 S. 888; *Mayer-Alberti* S. 70; *Schlosky* JW 1930 S. 2505 (2506); *Simader* S. 90, 156.

lung eine Änderung der Aussage des Zeugen nicht zu erwarten ist[10]. Diese Grundsätze gelten auch für den Fall, daß die Vernehmung des Zeugen in der Hauptverhandlung oder durch einen ersuchten oder beauftragten Richter nach § 223 bereits stattgefunden hat und nunmehr eine Wiederholung der Vernehmung unter Gegenüberstellung verlangt wird[11]. Die Gegenüberstellung mit einem Zeugen zu einem bestimmten Zeitpunkt oder in einer bestimmten Art kann der Angeklagte nicht verlangen[12]. Die gleichen Grundsätze gelten für den Antrag auf Gegenüberstellung zweier Sachverständiger[13].

II. Anträge auf Wiederholung der Beweisaufnahme

Wenn ein Beweis antragsgemäß erhoben worden ist, kann er nicht erneut verlangt werden. Die Prozeßbeteiligten könnten mit ihren Beweisanträgen die Verhandlung geradezu sprengen, wenn das Gericht auf ihren Antrag einen schon vernommenen Zeugen noch einmal über dieselbe Beweisfrage vernehmen, einen Sachverständigen sein Gutachten wiederholen lassen[14] oder eine schon verlesene oder durch das Verfahren nach § 249 Abs. 2 in die Verhandlung eingeführte[15], vielleicht wegen der Schwierigkeit ihres Inhalts schwer verständliche, Urkunde erneut verlesen müßte[16]. Es besteht kein Rechtsanspruch darauf, daß eine gesetzmäßig vorgenommene Beweiserhebung wiederholt wird[17], auch nicht, wenn die Prozeßbeteiligten das Ergebnis der Bekundung eines Zeugen oder ein Sachverständigengutachten anders aufgefaßt wissen wollen als das Gericht[18]. Das gilt auch für den Fall, daß an einen Zeugen, dessen Vernehmung abgeschlossen ist, weitere Fragen gestellt werden sol-

---

10 RG Recht 1914 Nr. 1514; *Mayer-Alberti* S. 70.
11 RGSt. 57 S. 322; RG JW 1916 S. 1027; 1924 S. 317 mit Anm. *Oetker*; RG Recht 1917 Nr. 1198; OLG Köln NJW 1955 S. 275; a.A. OLG Dresden JW 1930 S. 666 mit Anm. *Klefisch* und JW 1930 S. 953 mit Anm. *Alsberg*, das den Antrag für einen Beweisantrag hielt und daher die Ablehnungsbegründung, der Sachverhalt sei hinreichend geklärt, nicht ausreichen ließ.
12 RGSt. 48 S. 201 (202).
13 Vgl. KMR *Paulus* § 244 Rdn. 469.
14 OLG Hamm JMBlNRW 1978 S. 277 = OLGSt. § 244 Abs. 2 S. 79; KMR *Paulus* § 244 Rdn. 392, 469. Vgl. auch den Fall BGH bei *Dallinger* MDR 1975 S. 24.
15 LR-EB *Gollwitzer* § 249 Rdn. 20.
16 Über die Anwendung dieses Grundgedankens auf den Antrag auf Vernehmung eines weiteren Sachverständigen vgl. unten S. 719 ff.
17 BGHSt. 14 S. 21 (22); BGH NJW 1960 S. 2156; BGH VRS 34 S. 220 (221); BGH bei *Dallinger* MDR 1952 S. 18; 1974 S. 725; 1958 S. 741 = GA 1958 S. 305; RGSt. 40 S. 189 (190); 44 S. 38 (41); 47 S. 321; 51 S. 20; 57 S. 322 (323); 59 S. 79 (80); RG JW 1924 S. 317 (318) mit Anm. *Oetker*; RG JW 1932 S. 2730 mit Anm. *Jonas*; RG JW 1936 S. 1380 L; OLG Hamm OLGSt. § 244 Abs. 2 S. 79 (80); KMR *Paulus* § 244 Rdnr. 392; LR *Gollwitzer* § 244 Rdnr. 126; *Eb. Schmidt* Nachtr. vor § 244 Rdn. 8); *Dahs* Hdb. Rdnr. 521; *Goslar* S. 27; *Harreß* S. 22; *Meyer* NJW 1958 S. 616.
18 BGH VRS 34 S. 220; BGH bei *Dallinger* MDR 1975 S. 24; RGSt. 47 S. 321; RG JW 1936 S. 1380 L; LR *Gollwitzer* § 244 Rdnr. 126; *Bergmann* S. 92; *Harreß* S. 22; *Simader* S. 144; a. A. *Alsberg* Heinitz-FS S. 420/421.

len[19]. Daß der benannte Zeuge in derselben Hauptverhandlung schon als Mitangeklagter vernommen worden ist, steht aber dem Antrag, ihn als Zeugen zu hören, nicht entgegen, wenn er aus irgendeinem Grunde aus dem Verfahren ausgeschieden ist[20].

Der Antrag auf nochmalige Verwendung eines Beweismittels ist demnach nur dann ein Beweisantrag, wenn dadurch eine Beweisbehauptung bewiesen werden soll, die bisher nicht Gegenstand der Beweiserhebung durch dieses Beweismittel gewesen ist[21]. Andernfalls handelt es sich um eine bloße Beweisanregung[22]. Ob der Zeuge oder Sachverständige[23] schon mündlich in der Hauptverhandlung[24] oder bisher nur kommissarisch vernommen[25], ob eine behördliche Erklärung, die ein

19 RMGE 11 S. 71; *Harreß* S. 22; *Meves* GA 40 S. 291 (300); a. A. *Ditzen* ZStW 10 S. 111 (113).
20 BGH NStZ 1981 S. 487; OLG Hamm NJW 1968 S. 954 (955).
21 BGHSt. 15 S. 161 (163); BGH bei *Dallinger* MDR 1975 S. 24 Fußn. 4; 1958 S. 741 = GA 1958 S. 305; BGH bei *Holtz* MDR 1978 S. 626; BGH bei *Spiegel* DAR 1978 S. 155; 1980 S. 205; RG DRiZ 1927 Nr. 1097; RG Recht 1915 Nrn. 2186, 2783; 1917 Nr. 1198; RMGE 8 S. 258; BayObLGSt. 27 S. 212; OLG Dresden HRR 1931 Nr. 386; OLG Hamm VRS 24 S. 219 (220); OLG Saarbrücken OLGSt. § 244 S. 28 (31); *Dalcke/Fuhrmann/Schäfer* Anm. 7 a; KK *Herdegen* Rdnr. 17; *Kleinknecht* Rdnr. 39; LR *Gollwitzer* Rdnr. 88, 126; alle zu § 244; *Alsberg* JW 1931 S. 1971 und Heinitz-FS S. 420; *Bergmann* S. 89; *Berkholz* S. 57 Fußn. 3; *Dahs/Dahs* Rdnr. 254; *Harreß* S. 22; *Jonas* JW 1932 S. 2730 (2731); *Koeniger* S. 266; *Sarstedt* DAR 1964 S. 307 (310); *G. Schäfer* S. 354; *Schlosky* JW 1930 S. 2505 (2506); *Völcker* S. 14.
22 Vgl. BGHSt. 14 S. 21 (22); BGH NJW 1960 S. 2156 (2157); BGH bei *Holtz* MDR 1978 S. 626; OLG Köln NJW 1955 S. 275. Überwiegend wird der Antrag als Beweisermittlungsantrag angesehen oder nur davon gesprochen, daß es sich nicht um einen Beweisantrag handelt; vgl. BGHSt. 19 S. 24 (25); BayObLG bei *Rüth* DAR 1974 S. 181; OLG Saarbrücken OLGSt. § 244 S. 28 (31); § 244 Abs. 2 S. 79; *Kleinknecht* Rdnr. 39; KMR *Paulus* Rdnr. 392; LR *Gollwitzer* Rdnr. 88; alle zu § 244; *Berkholz* S. 58/59; *Dahs* Hdb. Rdnr. 521; *Dahs/Dahs* Rdnr. 253; *Ditzen* S. 19; *Koeniger* S. 266/267; *Sarstedt* JR 1954 S. 192 (193); *Schneidewin* in Lobe, Fünfzig Jahre Reichsgericht S. 330. In den Entscheidungen BGH bei *Dallinger* MDR 1952 S. 18; 1958 S. 741 = GA 1958 S. 305; RGSt. 47 S. 321; 57 S. 322; 58 S. 79 (80); RG JW 1924 S. 317 (318) mit Anm. *Oetker*; RG JW 1932 S. 2730; RG DRiZ 1927 Nr. 1097 ist nur vom »Antrag« die Rede. *Bergmann* S. 93 und MDR 1976 S. 888 (889) weist zutreffend darauf hin, daß es sich nur dann um einen Beweisermittlungsantrag handelt, wenn die erneute Vernehmung des Zeugen aufdecken soll, was er sonst noch über das Beweisthema zu sagen hat.
23 OLG Saarbrücken OLGSt. § 244 Abs. 2 S. 79.
24 BGH bei *Dallinger* MDR 1952 S. 18; RGSt. 44 S. 38 (41); RG JW 1932 S. 2730 mit Anm. *Jonas*; OLG Schleswig SchlHA 1949 S. 172; S. 293; *Kleinknecht* § 244 Rdnr. 39; KMR *Paulus* § 244 Rdnr. 392.
25 BGH bei *Dallinger* MDR 1952 S. 18; RGSt. 40 S. 189 (190); 51 S. 20 (21); 57 S. 322; 58 S. 79 (80); RG JW 1924 S. 317 mit Anm. *Oetker*; RG JW 1932 S. 2290; RG Recht 1915 Nr. 2783; BayObLGSt. 1959 S. 315 = NJW 1960 S. 687 (688); KG JR 1954 S. 192 mit Anm. *Sarstedt*; OLG Hamburg GA 71 S. 183; OLG Hamm VRS 24 S. 219 (220); 40 S. 197; OLG Koblenz VRS 53 S. 124; OLG Köln NJW 1955 S. 275; OLG Saarbrücken OLGSt. § 244 S. 28 (31); KK *Herdegen* Rdnr. 17; *Kleinknecht* Rdnr. 39; KMR *Paulus* Rdnr. 392; LR *Gollwitzer* Rdnr. 127; alle zu § 244; LR *Gollwitzer* § 251 Rdnr. 74; *Simader* S. 144/145; a. A. *Gerland* S. 369 Fußn. 659.

Zeugnis oder Gutachten enthält, nach § 256 Abs. 1 Satz 1, ein sonstiges Gutachten nach § 256 Abs. 1 Satz 2 oder eine Zeugenaussage nach § 325 verlesen worden ist[26], macht keinen Unterschied. Denn ob die Verlesung der behördlichen Erklärungen oder der Niederschrift über die kommissarische Vernehmung oder über die Vernehmung durch das Amtsgericht ausreicht, um ihm eine genügend sichere Überzeugungsbildung zu ermöglichen, entscheidet das Gericht ohne Bindung an Anträge der Prozeßbeteiligten[27]. Auch die Gegenmeinung, die den Antrag für einen Beweisantrag hält[28], erkennt übrigens an, daß der Tatrichter über ihn nach pflichtgemäßem Ermessen zu entscheiden hat.

Maßgebend dafür, ob der Beweisanregung nachgekommen werden muß, ist die Sachaufklärungspflicht nach § 244 Abs. 2[29]. Es kommt darauf an, ob das Beweismittel in einer für die Erforschung des Sachverhalts hinreichenden Weise schon ausgeschöpft worden ist[30]. Wenn die berechtigte Erwartung besteht, daß eine Wiederholung der Beweisaufnahme ein neues oder anderes Ergebnis bringen wird, muß dem Antrag stattgegeben werden. Anhaltspunkte in dieser Richtung liegen insbesondere vor, wenn der Antragsteller Tatsachen dafür anführt, daß die erste Vernehmung nicht erschöpfend gewesen ist[31], wenn der bereits vernommene Zeuge dem Gericht mitteilt, er werde seine Aussage zu der Beweistatsache vervoll-

26 Für § 256 vgl. unten S. 296; für § 325 vgl. RGSt. 58 S. 379 (380); OLG Saarbrücken OLGSt. § 244 S. 28 (31).
27 Vgl. BGH GA 1961 S. 315; RGSt. 40 S. 189 (190); 51 S. 20; KG JR 1954 S. 192 mit Anm. *Sarstedt*; OLG Köln NJW 1955 S. 275; a. A. OLG Dresden JW 1930 S. 666 mit Anm. *Klefisch*, das in der Ablehnung des Antrags, den kommissarisch vernommenen Zeugen unter Gegenüberstellung mit dem Angeklagten und den anderen Zeugen zu hören, eine unzulässige Vorwegnahme der Beweiswürdigung gesehen hat.
28 BGH bei *Dallinger* MDR 1974 S. 725; RGSt. 51 S. 20 (21); RG JW 1931 S. 1971 (1972) mit Anm. *Alsberg*; OLG Dresden JW 1930 S. 666 mit Anm. *Klefisch*; OLG Schleswig SchlHA 1949 S. 293 (294); Dalcke/Fuhrmann/Schäfer § 244 Anm. 10; *Alsberg* GA 63 S. 99 (108) und Heinitz-FS S. 420; *Simader* S. 145; *Stützel* S. 82. – *Bergmann* S. 90 und *Sarstedt* DAR 1964 S. 307 (310) halten den Antrag für den Fall, daß es dem Antragsteller um die Überprüfung einer bereits abgeschlossenen Beweiserhebung geht, für einen echten Beweisantrag, der wegen des in § 244 Abs. 3 nicht vorgesehenen Ablehnungsgrundes des »Verbrauchs des Beweiserhebungsanspruchs« abgelehnt werden kann. Auch die Voraufl. S. 168, 171 hat (im Widerspruch zu S. 24) angenommen, es handele sich um einen Beweisantrag. Unrichtig *Gössel* S. 251, der den Antrag für einen nach § 244 Abs. 6 als unzulässig abzulehnenden Beweisantrag hält; vgl. unten S. 425.
29 BGHSt. 14 S. 21 (22); BGH bei *Dallinger* MDR 1958 S. 741 = GA 1958 S. 305; RGSt. 51 S. 20; 57 S. 322; RG JW 1932 S. 2730 mit Anm. *Jonas*; OLG Hamm VRS 24 S. 219 (220); OLG Koblenz VRS 53 S. 124; KK *Herdegen* § 244 Rdnr. 53; *Kleinknecht* § 244 Rdnr. 39. LR *Gollwitzer* § 244 Rdnr. 290 verneint für den Regelfall einen Verstoß gegen die Vorschrift.
30 BGH bei *Dallinger* MDR 1952 S. 18; 1974 S. 725; 1975 S. 24 Fußn. 4; BGH bei *Holtz* MDR 1978 S. 626; BGH bei *Spiegel* DAR 1978 S. 155; 1980 S. 205; 1981 S. 199; BGH 2 StR 480/73 vom 19. 12. 1975; RG JW 1889 S. 395; 1903 S. 92; 1924 S. 317 (318) mit Anm. *Oetker*; RG bei *Feisenberger* ZStW 38 S. 208/209; OLG Düsseldorf VRS 60 S. 122 (123); OLG Schleswig SchlHA 1949 S. 293; KMR *Paulus* § 244 Rdnr. 264 ff.; LR *Gollwitzer* § 244 Rdnr. 88; *Simader* S. 146.
31 BGH NJW 1960 S. 2156 (2157); KG JR 1954 S. 192 mit Anm. *Sarstedt*; *Bergmann* S. 91.

ständigen oder berichtigen[32], oder wenn der Antragsteller bestimmte Tatsachen dafür anführt, daß der Zeuge sich geirrt hat oder auf Vorhalt seine Aussage ändern werde[33]. War der Zeuge nur kommissarisch vernommen, so wird das Gericht aufgrund der Sachaufklärungspflicht zu seiner erneuten Vernehmung in der Hauptverhandlung verpflichtet sein, wenn Widersprüche zwischen der Aussage und der sonstigen Beweisaufnahme entstanden sind[34] oder wenn der Antragsteller substantiiert behauptet, der Zeuge habe sich in einem Irrtum über die Person des Täters befunden und werde bei der Gegenüberstellung mit dem Angeklagten seine Aussage ändern[35]. Der Wunsch eines Prozeßbeteiligten, von dem Zeugen einen persönlichen Eindruck zu gewinnen, reicht dagegen nicht aus[36].

III. Anträge auf Rekonstruktionen und Vornahme von Versuchen

Die rechtliche Einordnung von Anträgen, mit denen erstrebt wird, daß das Gericht die Rekonstruktion bestimmter Vorgänge oder die Vornahme von Versuchen anordnet, ist streitig. Früher wurde überwiegend die Auffassung vertreten, hierbei handele es sich entweder um Anträge auf Zeugen- oder Sachverständigenbeweis oder auf Beweis durch Augenschein, jedenfalls aber um echte Beweisanträge[37]. Nach anderer Ansicht sind solche Anträge Beweisermittlungsanträge, weil durch den Versuch ein neues Beweismittel geschaffen werden soll, der Antrag also nicht auf Benutzung eines bereits bestimmten Beweismittels gerichtet ist[38]. Andere sehen

---

32 Vgl. *Bergmann* S. 91; *Stützel* S. 82. Teilt der Zeuge dem Gericht nachträglich mit, daß er seine Aussage berichtigen oder vervollständigen wolle, so muß er von Amts wegen erneut geladen werden. Geschieht das nicht, so ist wenigstens den Prozeßbeteiligten die Mitteilung des Zeugen zur Kenntnis zu bringen, damit sie Anträge stellen können; vgl. RG BayZ 1906 S. 318.
33 RG Recht 1915 Nr. 2783; BayObLGSt. 1959 S. 315 = NJW 1960 S. 687 (688); OLG Schleswig SchlHA 1949 S. 293; LR *Gollwitzer* § 251 Rdnr. 74; *Bergmann* S. 93; *Simader* S. 146.
34 Vgl. LR *Gollwitzer* § 244 § 244 Rdnr. 290; *Simader* S. 146.
35 RGSt. 58 S. 79 (80); RG JW 1916 S. 1027; BayObLGSt. 1959 S. 315 = NJW 1960 S. 687 (688); *Eb. Schmidt* § 251 Rdnr. 27; *Bergmann* S. 93, 166 und MDR 1976 S. 888 (889); *Koeniger* S. 267. Die Entscheidung RG Recht 1917 Nr. 1198 nimmt an, daß dann ein Beweisantrag vorliegt.
36 OLG Hamm VRS 24 S. 219 (220); *Bergmann* S. 92 und MDR 1976 S. 888 (890/891).
37 RG JW 1927 S. 2044; *Alsberg* JW 1931 S. 2820 ; *Goldschmidt* S. 445; *Harreß* S. 14; *Mannheim* JW 1927 S. 2707; *Simader* S. 85; *Stützel* S. 14 ff.; Vorauff. S. 399. Auf demselben Standpunkt scheint BGH NJW 1961 S. 1486 (1487) zu stehen, nach dessen Ansicht der Antrag, zusätzlich zum Augenschein ein Experiment anzustellen, wie der Augenscheinsbeweisantrag nach § 244 Abs. 5 abgelehnt werden kann (ebenso KK *Herdegen* § 244 Rdnr. 18). Vgl. auch OLG Düsseldorf VRS 60 S. 122.
38 RGSt. 40 S. 48 (50); RG JW 1896 S. 555; *Kohlrausch* vor § 244 Anm. 5; *Alsberg* GA 67 S. 261 (268); *Schlosky* JW 1930 S. 2505 (2506). Für einen Beweisermittlungsantrag halten den Antrag auch *Dalcke/Fuhrmann/Schäfer* Anm. 7 b; *Kleinknecht* Rdnr. 31; KMR *Paulus* Rdnr. 393; alle zu § 244; hiergegen mit Recht *Bergmann* S. 101.

die wesentliche Besonderheit von Anträgen auf Rekonstruktionen und Versuchen darin, daß derartige Beweisvorgänge nicht einer der in der Strafprozeßordnung vorgesehenen Beweisarten zugeordnet werden können[39]. In Wahrheit kommt es auf diese fragwürdigen Gesichtspunkte nicht an. Maßgebend ist vielmehr, daß der Antragsteller, der die Vornahme von Versuchen und Rekonstruktionen begehrt, nicht die Benutzung bestimmter Beweismittel zur Aufklärung bestimmter Tatsachen verlangt, sondern daß sein Antrag darauf gerichtet ist, die Art und Weise zu bestimmen, in der bestimmte Tatsachen erforscht werden sollen[40]. Er will nicht auf den Umfang, sondern auf die Art der Beweisaufnahme Einfluß nehmen. Das gilt zunächst für den Fall, daß dem Tatrichter vorgeschrieben werden soll, in welcher Weise er die Zuverlässigkeit der von ihm erhobenen Beweise zu prüfen hat[41]. Dazu haben die Prozeßbeteiligten kein Recht. Die Entscheidung darüber, ob die Überprüfung der Verläßlichkeit eines Beweismittels erforderlich und wie sie gegebenenfalls vorzunehmen ist, trifft der Tatrichter im Rahmen seiner Sachaufklärungspflicht ohne Bindung an die Anträge der Prozeßbeteiligten. Solche Anträge sind daher nur Beweisanregungen. Das gleiche gilt für Anträge, die darauf abzielen, daß ein Sachverständiger bestimmte Vorgänge rekonstruieren oder bestimmte Versuche anstellen soll. Auch in diesem Fall liegt kein Beweisantrag vor, weil nicht beantragt ist, eine bestimmte Tatsache durch ein bestimmtes Beweismittel zu beweisen, sondern weil es dem Antragsteller nur darum geht, dem Sachverständigen bestimmte Untersuchungsmethoden vorzuschreiben, also die Art der Beweisaufnahme, nicht ihren Umfang, zu beeinflussen[42]. Das Gericht entscheidet auch insoweit im Rahmen seiner Pflicht, den Sachverhalt aufzuklären (§ 244 Abs. 2)[43].

Nach diesen Grundsätzen handelt es sich um bloße Beweisanregungen bei allen Anträgen auf Vornahme von Versuchen, die die Art und Weise der Vernehmung von Zeugen betreffen. Hierzu gehört das Verlangen, dem Zeugen aufzugeben, einen Hut aufzusetzen[44], eine bestimmte Barttracht zu tragen[45] oder bestimmte

---

39 OLG Hamm JMBlNRW 1978 S. 277 = OLGSt § 244 Abs. 2 S. 89 (90); VRS 11 S. 138 (139); 49 S. 434 (435).
40 Vgl. *Mayer-Alberti* S. 69/70.
41 Vgl. KK *Herdegen* § 244 Rdnr. 18. LR *Gollwitzer* § 244 Rdnr. 102 und *Bergmann* S. 100/101 halten solche Anträge für bloße »Hilfsanträge« und verneinen aus diesem Grund das Vorliegen eines Beweisantrags.
42 Die Ansicht, daß derartige Anträge nur Beweisanregungen sind, denen im Rahmen der Aufklärungspflicht nachgegangen werden muß, vertreten auch BGH NJW 1960 S. 2156 (2157); BGH bei *Martin* DAR 1969 S. 151; BGH 1 StR 34/78 vom 2. 5. 1978; RG JW 1931 S. 2820 mit Anm. *Alsberg*; OLG Braunschweig GA 1965 S. 376 = NdsRpfl. 1965 S. 161; OLG Hamm NJW 1957 S. 921 = VRS 13 S. 52; JMBlNRW 1978 S. 277 = OLGSt. § 244 Abs. 2 S. 89; *Eb.* Schmidt vor § 244 Rdnr. 8; *Dahs* Hdb. Rdnr. 544; *Sarstedt* S. 171; *Weigelt* DAR 1964 S. 314 (319); Voraufl. S. 399. Vgl. auch BGH bei *Dallinger* MDR 1957 S. 142 für den Antrag, dem Sachverständigen aufzugeben, Versuche mit einem Spielautomaten anzustellen.
43 BGH NJW 1961 S. 1486 (1487); RGSt. 40 S. 48 (51); OLG Hamm NJW 1957 S. 921; VRS 49 S. 434 (435); LR *Gollwitzer* § 244 Rdnr. 103; *Bergmann* S. 102; vgl. auch OLG Düsseldorf VRS 60 S. 122.
44 Vgl. *Schlosky* JW 1930 S. 2505 (2506).
45 *Stützel* S. 14; vgl. auch RG Recht 1914 Nr. 1514; *Mayer-Alberti* S. 69/70.

Handlungen vorzunehmen[46]. Ferner liegt nur eine Beweisanregung in dem Antrag, mit dem Zeugen bestimmte Versuche zur Feststellung seiner Glaubwürdigkeit vorzunehmen oder ihn auf die Probe zu stellen, ob er allgemein als Beobachter zuverlässig ist[47], ob er etwa verschiedene Gegenstände einwandfrei unterscheiden kann[48], ob er im Einzelfall zutreffende Wahrnehmungen machen, z. B. die Geschwindigkeit eines Fahrzeugs richtig schätzen kann[49], bei einer Simultangegenüberstellung den Angeklagten wiedererkennt[50] oder unter mehreren Stimmen die des Angeklagten identifizieren kann[51]. Hierunter fallen auch Anträge auf Prüfung der körperlichen Leistungsfähigkeit und Geschicklichkeit des Zeugen[52] oder der Prüfung der Zuverlässigkeit des Sachverständigen durch Vornahme eines Experiments[53].

Bloße Beweisanregungen sind ferner Anträge auf Wiederholung bestimmter Vorgänge, z. B. auf Vornahme von Fahrversuchen[54], auf Rekonstruktion der Beleuchtungsverhältnisse[55] oder des gesamten Geschehensablaufs an der Unfallstelle[56] oder auf Nachprüfung, ob in einem Kraftwagen eines bestimmten Typs eine Vergewaltigung, wie sie dem Angeklagten vorgeworfen wird, überhaupt durchführbar ist[57]. Eine andere Art von Beweisanregungen hat zum Inhalt, daß ein Sachverständiger bestimmte Methoden anwenden, insbesondere mit dem Angeklagten Experimente durchführen soll. Dazu gehört vor allem die experimentelle Überprüfung der Alkoholverträglichkeit, der Alkoholtest[58]. Einer solchen Beweisanregung darf schon deshalb nicht stattgegeben werden, weil der Versuch völlig

---

46 RG JW 1931 S. 2820 mit Anm. *Alsberg.*
47 RGSt. 40 S. 48 (50): Wahrnehmungsvermögen; *Schlosky* JW 1930 S. 2505 (2506): Sehschärfe, Hörfähigkeit. – A.A. *Harreß* S. 14, der darin Anträge auf Augenscheineinnahme sieht. Vgl. auch *Mayer-Alberti* S. 70.
48 *Bergmann* S. 98.
49 Vgl. den Fall OLG Braunschweig GA 1965 S. 376 = NdsRpfl. 1965 S. 161; *Bergmann* S. 98.
50 RG Recht 1907 Nr. 2844; *Bergmann* S. 96; *Mayer-Alberti* S. 70. RG JW 1922 S. 299 sah darin einen Beweisermittlungsantrag.
51 RG JW 1896 S. 555; *Stützel* S. 15.
52 RG JW 1927 S. 2044; dazu *Mannheim* JW 1927 S. 2707; *Stützel* S. 15.
53 RG JW 1926 S. 2578 mit Anm. *Löwenstein.*
54 BGH VRS 35 S. 264 (266); 36 S. 189 (190); OLG Braunschweig GA 1955 S. 376 = NdsRpfl. 1965 S. 161 (das dahinstehen läßt, um welche Art Antrag es sich handelt); OLG Hamm VRS 49 S. 434 (435); KMR *Paulus* § 244 Rdnr. 138.
55 OLG Hamm VRS 11 S. 138 (139).
56 OLG Hamm JMBlNRW 1978 S. 277 = OLGSt. § 244 Abs. 2 S. 89. Für den Fall, daß der Antrag dahin lautet, das Gericht solle die Tatrekonstruktion beobachten, hält das OLG Hamm VRS 7 S. 374 einen Beweisantrag auf Augenscheineinnahme für gegeben.
57 BGH NJW 1961 S. 1486 (1487). Die Demonstration eines Vergewaltigungsversuchs durch das Opfer hält RG JW 1931 S. 2820 mit Anm. *Alsberg* zutreffend für nicht zumutbar; ebenso KMR *Paulus* § 244 Rdnr. 138.
58 BGH VRS 28 S. 190; BGH bei *Martin* DAR 1969 S. 151; 1970 S. 123; S. 124; 1972 S. 119/120.

nutzlos wäre[59]. Sein Ergebnis ist ohne Beweiswert; denn der Versuch findet unter Bedingungen statt, die mit denen der Tat niemals übereinstimmen. Das gilt auch für die Rekonstruktion der Unfallfahrt[60] und für den Antrag, experimentell festzustellen, wie Alkoholgenuß und zusätzliche Tabletteneinnahme auf den Angeklagten wirken[61]. Trinkversuche können übrigens auch unzumutbar sein, wenn der Sachverständige es ablehnt, die Verantwortung für Gesundheitsbeschädigungen des Probanden zu tragen[62].

IV. Anträge auf Unterbringung zur Beobachtung nach § 81

Kein Beweisantrag, sondern eine Beweisanregung ist schließlich auch der Antrag, den Beschuldigten nach § 81 zur Vorbereitung eines Gutachtens über seinen psychischen Zustand in eine öffentliche psychiatrische Krankenanstalt zu bringen und dort zu beobachten[63]. Die jetzt herrschende Meinung nimmt dagegen an, daß die Prozeßbeteiligten das Recht haben, förmliche Beweisanträge auf Anordnung der Unterbringung zu stellen[64]. Die Unrichtigkeit dieser Auffassung ergibt sich daraus, daß auch dieser Antrag nicht dahin geht, eine bestimmte Beweistatsache durch ein bestimmtes Beweismittel zu erweisen, sondern daß er lediglich bezweckt, einen Sachverständigen zu veranlassen, sich bei der Erstattung des Gutachtens über den Geisteszustand des Angeklagten einer bestimmten Methode, nämlich der Beobachtung in einer Krankenanstalt, zu bedienen. Hierauf haben die Prozeßbeteiligten keinen Anspruch. Der Antrag ist eine bloße Anregung, der stattgegeben werden muß, wenn die in § 81 Abs. 1 vorgeschriebene Anhörung eines Sachverständigen ergibt, daß die gewünschte Untersuchungsmethode erforderlich und aussichtsreich ist.

---

59 BGHSt. 10 S. 265 (267); BGH VRS 28 S. 190; BGH bei *Holtz* MDR 1977 S. 108; BGH bei *Martin* DAR 1972 S. 120; OLG Hamm NJW 1968 S. 205 (206) = VRS 34 S. 287 (289); OLG Oldenburg VRS 46 S. 198 (199/200); *Kleinknecht* § 244 Rdnr. 56; LR *Gollwitzer* § 244 Rdnr. 237; *Marmann* GA 1953 S. 136 (148); *Weigelt* DAR 1964 S. 314 (317); *Weltzien* DAR 1955 S. 84; 1956 S. 274 (276); *Wiethold/Gruber* NJW 1955 S. 371. Auch der individuelle Abbauwert zur Tatzeit läßt sich nachträglich nicht mehr feststellen; vgl. BGH VRS 50 S. 115.
60 BGH VRS 35 S. 264 (266). BGH NJW 1957 S. 1038 = VRS 13 S. 49 behandelt den Antrag als Antrag auf Zuziehung eines weiteren Sachverständigen.
61 BGH bei *Martin* DAR 1970 S. 123 (124).
62 BGH 5 StR 787/79 vom 19. 2. 1980 bei *Pfeiffer* NStZ 1982 S. 189.
63 RGSt. 20 S. 378 (380); RG JW 1928 S. 2142 mit Anm. *Mezger*; RG JW 1931 S. 215 mit Anm. *Gerland*; RG JW 1937 S. 3101 mit Anm. *Schafheutle*; RG GA 38 S. 57; 69 S. 86; OLG Saarbrücken DRZ 1950 S. 259 = HESt. 3 S. 18 (19); LR *Meyer* § 81 Rdnr. 6; *Harreß* S. 23; *Meves* GA 40 S. 291 (303). *Simader* S. 91 spricht vom Beweisermöglichungsantrag.
64 BGH JR 1955 S. 472; OGHSt. 2 S. 207; OLG Koblenz VRS 48 S. 184; RGSt. 27 S. 343 (349); RG Recht 1920 Nr. 1769; KK *Pelchen* Rdnr. 4; KMR *Paulus* Rdnr. 19; *Eb. Schmidt* Rdnr. 10; alle zu § 81; Voraufl. S. 262.

V. Verfahrensrechtliche Behandlung

Anträge auf Gegenüberstellung, auf Wiederholung der Beweisaufnahme, auf Vornahme von Versuchen und auf Unterbringung des Angeklagten zur Beobachtung sind Anträge im Sinne des § 273 Abs. 1 und müssen in der Sitzungsniederschrift beurkundet werden[65]. Für die Ablehnung des Antrags ist, wie auch sonst bei den Beweisanregungen, kein Gerichtsbeschluß erforderlich[66]. Jedoch muß der Vorsitzende die Ablehnung des Antrags bekanntgeben und erläutern[67]. Die Revision kann auf eine rechtsirrige Ablehnung des Antrags nicht gestützt werden[68]. Zulässig ist nur die Aufklärungsrüge[69].

---

65 RGSt. 57 S. 322 (323); *Bergmann* S. 175.
66 BGH NJW 1960 S. 2156 (2157); OLG Braunschweig GA 1965 S. 376 = NdsRpfl. 1965 S. 161; OLG Hamm JMBlNRW 1978 S. 277 = OLGSt. § 244 Abs. 2 S. 89 (90); VRS 11 S. 138; 49 S. 434 (435); OLG Köln NJW 1955 S. 275; *Koeniger* S. 267. – A.A. BGH bei *Dallinger* MDR 1958 S. 741 = GA 1958 S. 305; RGSt. 51 S. 20; 58 S. 79 (80); 63 S. 302 (303); RG JW 1932 S. 2730 (2731); OLG Dresden JW 1930 S. 666 mit Anm. *Klefisch*; OLG Hamm OLGSt. § 244 Abs. 2 S. 79; OLG Saarbrücken OLGSt. § 244 S. 28 (31); § 244 Abs. 2 S. 79 (81); *Kleinknecht* § 244 Rdnr. 39; LR *Gollwitzer* § 244 Rdn. 88, 104; *Sarstedt* S. 171/172 und JR 1954 S. 192 (193).
67 *Bergmann* S. 190 ff. und MDR 1976 S. 888 (892); *Dahs/Dahs* Rdn. 253. *Koeniger* S. 267 will Ablehnung in den Urteilsgründen genügen lassen. OLG Hamm JMBlNRW 1978 S. 277 = OLGSt. § 244 Abs. 2 S. 89 (90); VRS 11 S. 138 (139) hält nicht einmal das für erforderlich.
68 OLG Hamm a.a.O.
69 BGH NJW 1960 S. 2156 (2157); KG JR 1954 S. 192 mit Anm. *Sarstedt*; OLG Hamm JMBlNRW 1978 S. 277 = OLGSt. § 244 Abs. 2 S. 89/90; VRS 49 S. 434 (435); *Peters* in FS für Karl Schäfer, 1980, S. 137 (141). A.A. RGSt. 40 S. 48 (51), das die Ablehnung für unanfechtbar erklärt. Vgl. auch RGSt. 57 S. 322, das nur prüfen wollte, ob der Tatrichter von zutreffenden Voraussetzungen ausgegangen ist; hiergegen *Bergmann* S. 93 Fußn. 1.

2. Kapitel Sonstige Anträge zur Beweisaufnahme

    I. Antrag auf Herbeiführung der Aussagegenehmigung 103
    II. Antrag auf Vereidigung von Zeugen 104
    III. Antrag auf Zwangsmaßnahmen gegen Zeugen 105
    IV. Ablehnung von Sachverständigen wegen Befangenheit 105
    V. Antrag auf Aussetzung der Verhandlung 105
    VI. Antrag auf Ausübung des Fragerechts 106

Anträge der Prozeßbeteiligten sind nicht schon deshalb Beweisanträge, weil sie sich auf die Beweisaufnahme beziehen. Jedoch ist die Abgrenzung nicht immer einfach. Zweifelhaft sind insbesondere folgende Fälle:

I. Antrag auf Herbeiführung der Aussagegenehmigung

Der Antrag auf Herbeiführung der Aussagegenehmigung (§ 54) für einen Zeugen, der die Aussage unter Berufung auf seine Pflicht zur Amtsverschwiegenheit verweigert hat oder voraussichtlich verweigern wird, ist wie ein Antrag auf Vernehmung des Zeugen oder Sachverständigen zu behandeln. Denn nach § 244 Abs. 3 und 4 können die Prozeßbeteiligten nicht nur die Herbeischaffung und Verwendung von Beweismitteln verlangen, sondern auch die Beseitigung der Hindernisse, die ihrer Verwendung entgegenstehen. Die Pflicht zur Amtsverschwiegenheit ist ein solches Hindernis, das durch die Erteilung einer Aussagegenehmigung ausgeräumt werden kann. Die Einholung der Aussagegenehmigung muß das Gericht in jedem Fall versuchen[1]. Hat die Dienstbehörde aber bereits entschieden, daß eine Aussagegenehmigung nicht erteilt wird, so ist der Antrag eines Verfahrensbeteiligten, das Gericht solle eine anderweitige Entscheidung der Behörde durch Gegenvorstellungen herbeiführen, kein Beweisantrag. Das Gericht entscheidet über ihn nach pflichtgemäßem Ermessen. Allerdings muß es die ablehnende Entscheidung durch mit Gründen versehenen Beschluß treffen[2]. Die Ablehnung kann damit begründet werden, daß sich das Gericht von dem Ersuchen an die vorgesetzte Behörde oder von einer etwaigen Beschwerde gegen ihren Bescheid keinen Erfolg verspricht[3].

---

1 BGHSt. 29 S. 390 (392); RG GA 48 S. 296; KG JW 1930 S. 2591; *Kleinknecht* Rdnr. 8; KMR *Paulus* Rdnr. 24; LR *Meyer* Rdnr. 12; alle zu § 54. Vgl. auch unten S. 456.
2 RGSt. 44 S. 291 (293) billigte es, daß der Vorsitzende den Antrag nach § 238 Abs. 1 ablehnte.
3 RG JW 1925 S. 372 mit Anm. *Löwenstein*; RG Recht 1911 Nr. 953.

II. Antrag auf Vereidigung von Zeugen

Der Antrag auf Vereidigung von Zeugen (§ 59) ist kein Beweisantrag[4]. Die Ansicht[5], solche Anträge hätten verschiedenen Charakter, je nachdem, ob die Zulässigkeit der Nichtvereidigung nach § 60 bestritten oder ob eine Entscheidung begehrt wird, die nach § 61 im Ermessen des Gerichts steht, erscheint nicht zutreffend. Nach herrschender Meinung entscheidet in beiden Fällen der Vorsitzende über die Vereidigungsfrage aufgrund seines Rechts zur Verhandlungsleitung nach § 238 Abs. 1, und eine Entscheidung des Gerichts ist nur erforderlich, wenn die Anordnung des Vorsitzenden nach § 238 Abs. 2 als unzulässig beanstandet wird[6]. Auch das ist aber nur im Ergebnis, nicht in der Begründung richtig. Um einen Fall des § 238 kann es sich nicht handeln, weil das Gesetz die Entscheidung dem Gericht in § 61 ausdrücklich überträgt[7] und weil es auch im Fall des § 60 nicht dem Sinn des Gesetzes entspricht, daß das Gericht nur zur Entscheidung über die Zulässigkeit der Nichtvereidigung, nicht aber über die damit verbundenen Ermessensfragen angerufen werden kann. Nach richtiger Ansicht ist daher die Befugnis des Vorsitzenden, vorab über die Vereidigungsfrage zu entscheiden, eine aus praktischen Gründen eingeführte Entscheidungsbefugnis eigener Art, die sich nicht aus dem Recht zur Verhandlungsleitung nach § 238 Abs. 1 herleitet[8]. Ein Prozeßbeteiligter, der mit dieser Vorabentscheidung nicht einverstanden ist, kann die Entscheidung des nach dem Gesetz allein zuständigen Gerichts verlangen. Dabei kann er, anders als im Fall des § 238 Abs. 2, auch die Ausübung des Ermessens des Vorsitzenden zur Prüfung des Gerichts stellen[9].

---

4 Vgl. LR *Gollwitzer* § 244 Rdnr. 73; *Harreß* S. 23.
5 *Alsberg* JW 1930 S. 1066 (1067); Voraufl. S. 30 Fußn. 9.
6 BGHSt. 1 S. 216 (218) = JZ 1951 S. 652 mit Anm. *Niethammer*; BGHSt. 7 S. 281 (282); BGH NJW 1952 S. 233; BGH VRS 11 S. 438 (439); BGH bei *Dallinger* MDR 1951 S. 464; 1958 S. 14; S. 463/464; RGSt. 3 S. 46; S. 370; 19 S. 354; 32 S. 339 (340); 57 S. 261 (262); 68 S. 394 (396); RGRspr. 5 S. 639 (640); 9 S. 535 (536); RG JW 1926 S. 594 (595) mit Anm. *Themel*; RG JW 1930 S. 1066 mit Anm. *Alsberg*; RG JW 1935 S. 1250; 1936 S. 939; RG GA 36 S. 324; 40 S. 158 (159); RG HRR 1935 Nr. 475; RG LZ 1915 Sp. 899; RG Recht 1929 Nr. 1731; OGHSt. 1 S. 208 (209) = SJZ 1949 S. 495 mit Anm. *Auffahrt*; BayObLGSt. 1949/51 S. 74 = HESt. 3 S. 13 (15); OLG Hamburg MDR 1979 S. 74; OLG Hamm JMBlNRW 1949 S. 201 (202); OLG Koblenz VRS 42 S. 29 (30); OLG Oldenburg NdsRpfl. 1949 S. 128; OLG Schleswig OLGSt. § 61 S. 1 (3); OLG Schleswig bei *Ernesti/Jürgensen* SchlHA 1968 S. 230; KK *Pelchen* § 59 Rdnr. 9, 11; *Kleinknecht* § 59 Rdnr. 6; *Eb. Schmidt* § 60 Rdnr. 4; *Beling* JW 1925 S. 998; *Harreß* S. 23; *Lehmann* DJ 1936 S. 1008 (1012); *Schorn* NJW 1966 S. 1014.
7 Vgl. *Eb. Schmidt* § 61 Rdnr. 9; *Henkel* S. 215 Fußn. 7; LR *Meyer* § 61 Rdnr. 41 mit weit. Nachw.
8 Vgl. LR *Meyer* § 59 Rdnr. 17; § 60 Rdnr. 49; § 61 Rdnr. 41; *Fuhrmann* NJW 1963 S. 1230 (1235), GA 1963 S. 65 (78) und JR 1962 S. 321 (324 Fußn. 39); ähnlich *Peters* S. 333, der daher die Revision unmittelbar gegen die Entscheidung des Vorsitzenden zulassen will.
9 Ebenso RGSt. 44 S. 65, das aber gleichwohl dahinstehen ließ, ob der Fall bei § 238 Abs. 2 unterzubringen ist.

Obwohl der Antrag, insbesondere soweit mit ihm die Vereidigung eines Zeugen begehrt wird, den der Vorsitzende unvereidigt gelassen hat, kein Beweisantrag im Sinne des § 244 Abs. 3 ist, kann er als Hilfsantrag gestellt werden. Das Gericht braucht dann, wie bei einem Hilfsbeweisantrag[10], nicht durch in der Hauptverhandlung bekanntzumachenden Beschluß, sondern erst in den Urteilsgründen zu entscheiden[11].

III. Antrag auf Zwangsmaßnahmen gegen Zeugen

Der Antrag zielt auf die Durchführung von Beweishandlungen ab, ist aber kein Beweisantrag. Nach herrschender Ansicht muß das Gericht gegen einen Zeugen, der seine Aussage oder den Eid ohne Grund verweigert, die Kosten und die in § 70 Abs. 1 vorgesehenen Ordnungsmittel festsetzen. Die Verhängung von Beugehaft nach § 70 Abs. 2 steht aber in seinem Ermessen[12].

IV. Ablehnung von Sachverständigen wegen Befangenheit

Die Ablehnung von Sachverständigen wegen Befangenheit (§ 74) richtet sich gegen die Zulässigkeit des Beweismittels. Sie ist ein Antrag zur Beweisaufnahme, aber kein Beweisantrag im eigentlichen Sinne. Trotzdem kommen Grundsätze des Beweisrechts zur Anwendung, z. B. der Grundsatz, daß der Befangenheitsantrag bei dem erkennenden Gericht gestellt und daher in der Hauptverhandlung wiederholt werden muß, wenn er schon früher eingereicht war[13].

V. Antrag auf Aussetzung der Verhandlung

Ein Antrag auf Aussetzung der Verhandlung nach § 228 kann aus Gründen der Beweisführung sowohl gestellt werden, weil ein erreichbares Beweismittel nicht sofort herbeigeschafft werden kann, als auch deshalb, weil es erst ermittelt werden muß. Ein ordnungsgemäß gestellter Beweisantrag[14] enthält für den Fall, daß das Beweismittel nicht innerhalb der Fristen des § 229 herbeigeschafft werden kann,

---

10 Vgl. unten S. 769.
11 RGSt. 58 S. 369 (371/372) = JW 1926 S. 594 mit zust. Anm. *Themel* für den Fall des § 61; RG LZ 1919 Sp. 907. – A. A. RGSt. 57 S. 261; RG JW 1926 S. 1225 mit abl. Anm. *Beling* und zust. Anm. *Alsberg*, das Hilfsanträge nur bei Beweisanträgen für möglich hält; RG JW 1930 S. 1066 mit Anm. *Alsberg*. Vgl. auch OLG Braunschweig NJW 1959 S. 1052, das die Frage nicht zu entscheiden brauchte, weil über den Antrag weder durch besonderen Beschluß noch in den Urteilsgründen entschieden worden war.
12 Vgl. die Nachw. unten S. 787 Fußn. 41.
13 Vgl. RGSt. 58 S. 301; RG JW 1932 S. 3099 mit Anm. *Bohne*; RG JW 1936 S. 666; OLG Oldenburg JZ 1960 S. 291 mit Anm. *Peters*; LR *Meyer* § 74 Rdnr. 1; *Eb. Schmidt* § 74 Rdnr. 18.
14 Wegen des Beweisermittlungsantrags vgl. oben S. 86.

stillschweigend den Antrag auf Aussetzung des Verfahrens. Der Antragsteller braucht das nicht besonders hervorzuheben[15]. Wird ausdrücklich beantragt, das Verfahren auszusetzen, weil das Beweismittel noch nicht zur Verfügung steht, so handelt es sich nicht um einen Beweisantrag[16]. Das Reichsgericht hat aber sogar den Antrag, das Verfahren bis zur Niederkunft der Kindesmutter auszusetzen, um festzustellen, ob die Vaterschaft des Angeklagten ausgeschlossen ist und die Kindesmutter als Zeugin die Unwahrheit gesagt hat, als Beweisantrag angesehen[17]. Der Antrag, das Verfahren bis zur Entscheidung in einem Zivilprozeß auszusetzen, ist weder ein Beweis- noch ein Beweisermittlungsantrag[18]. Der Antrag auf Aussetzung ist übrigens von dem auf Beweiserhebung trennbar. Das Gericht kann, wenn das möglich ist, dem Beweisantrag stattgeben, ohne die Verhandlung zu unterbrechen[19].

VI. Antrag auf Ausübung des Fragerechts

Ein Beweisantrag liegt vor, wenn die nochmalige Vernehmung bereits vernommener und entlassener Zeugen, mögen sie sich auch noch an der Gerichtsstelle aufhalten, zu Beweistatsachen gefordert wird, zu denen sie bisher noch nicht vernommen worden sind[20]. Soweit es sich dagegen um einen anwesenden und noch nicht entlassenen Zeugen handelt, ist der Antrag, das Gericht möge an den Zeugen eine bestimmte Frage stellen, oder das Verlangen, den Zeugen nach § 240 Abs. 2 selbst weiter befragen zu dürfen, auch wenn es in die Form eines Antrags gekleidet wird, kein Beweisantrag[21]. Denn solange der Zeuge, ohne entlassen zu sein, an der

---

15 RG JW 1924 S. 317 mit Anm. *Oetker*; die Entscheidung betraf den Fall, daß Aussetzung verlangt wurde, um dem Antragsteller Gelegenheit zu geben, einen nicht genau bezeichneten Entlastungsbeweis durch Vorlegung von Urkunden zu führen. A.A. RG JW 1926 S. 2578 mit abl. Anm. *Löwenstein*, das in dem Unterlassen eines Vertagungsantrags nach der Erklärung des Sachverständigen, er brauche längere Zeit zur Beantwortung der Frage, einen stillschweigenden Verzicht auf die beantragte Beweiserhebung gesehen hat. *Simader* (S. 90 Fußn. 5) verneint zu Unrecht einen Anspruch auf eine Beweisführung, die mit der Aussetzung des Verfahrens verbunden ist, und nimmt daher in solchen Fällen nur einen »Beweisermöglichungsantrag« an; vgl. auch oben S. 67.
16 Vgl. oben S. 86.
17 RG HRR 1936 Nr. 1475. Die Entscheidung trifft nicht zu, weil ein Beweisantrag immer ein bereits vorhandenes Beweismittel benennen muß (vgl. oben S. 48 Fußn. 79). Ein ungeborenes Kind ist kein solches Beweismittel. BGH 3 StR 374/54 vom 19. 8. 1954 hat in einem solchen Fall eine Aufklärungsrüge durchgreifen lassen.
18 *Bergmann* S. 32; *Mayer-Alberti* S. 71; a. A. RG Recht 1911 Nr. 1856; *Goldschmidt* S. 445 Fußn. 2237. Vgl. auch RGSt. 18 S. 123.
19 RG JW 1914 S. 891 (892); *Bergmann* S. 29; vgl. auch *Berkholz* S. 95. A.A. *Mayer-Alberti* S. 49 Fußn. 1.
20 Vgl. oben S. 95.
21 BGH 1 StR 427/52 vom 2. 12. 1952; RGSt. 29 S. 147; RGRspr. 5 S. 784 (787); RG JW 1910 S. 202; 1922 S. 1035 mit Anm. *Alsberg*; KG JW 1932 S. 678 = GA 76 S. 105; KMR *Paulus* § 240 Rdnr. 13; LR *Gollwitzer* § 240 Rdnr. 6 und § 244 Rdnr. 73; *Alsberg* GA 63 S. 99 (108); *Koeniger* S. 261; *Meves* GA 40 S. 291 (300/301); *Seibert* JZ 1959 S. 349.

Gerichtsstelle anwesend ist, steht er zur Verfügung des Gerichts und der Prozeßbeteiligten und kann von ihnen befragt werden[22]. Das Gericht muß in einem solchen Fall den Antragsteller, der irrigerweise annimmt, daß es zur weiteren Befragung des Zeugen der Stellung eines Beweisantrags bedarf, auf sein unmittelbares Fragerecht hinweisen. Mit der Pflicht des Vorsitzenden, die Verhandlung sachgemäß zu leiten, wäre es unvereinbar, wenn er offensichtliche Rechtsirrtümer der Prozeßbeteiligten, die sie an der Geltendmachung prozessualer Rechte hindern, nicht behebt[23]. Es geht auch nicht an, eine richterliche Unterstützungspflicht bei der Stellung eines Beweisantrags anzuerkennen[24], sie aber bei dem Fragerecht zu verneinen[25].

Wählt das Gericht einen dritten Weg, indem es den Antrag durch Beschluß ablehnt, so verkennt es die Rechtslage genauso wie der Antragsteller, der nun nicht mehr auf den Gedanken kommen kann, daß ihm noch die Möglichkeit der unmittelbaren Befragung offensteht. Ein solches Verfahren ist nur dann unschädlich, wenn die Frage, deren Vorlegung der Antragsteller von dem Vorsitzenden begehrt hatte, ungeeignet war oder nicht zur Sache gehörte, so daß dann auch die unmittelbare Befragung hätte untersagt werden können (§ 241 Abs. 2). Ein die Revision begründender Verfahrensverstoß kann dagegen vorliegen, wenn der Beschluß anders begründet[26] oder wenn die Frage in Wahrheit zulässig war[27].

---

[22] BGHSt. 15 S. 161; LR *Gollwitzer* § 240 Rdnr. 12.
[23] Vgl. KK *Treier* Rdnr. 6; KMR *Paulus* Rdnr. 13; LR *Gollwitzer* Rdnr. 6; alle zu § 240; *Alsberg* JW 1927 S. 1490 (1491); 1931 S. 950. Bedenklich sind daher die eine Ablehnung durch den Vorsitzenden ohne Begründung billigenden Entscheidungen RG JW 1909 S. 499; 1922 S. 1035 mit abl. Anm. *Alsberg*; RG JW 1933 S. 2657 mit Anm. *Gerland*. Auch RG JW 1939 S. 626 beanstandete die Ablehnung durch einen unklar begründeten Gerichtsbeschluß nicht.
[24] Vgl. unten S. 396 ff.
[25] In Verkennung dieses Gesichtspunkts hat es das RG verschiedentlich gebilligt, daß das Gericht den fälschlich gestellten Antrag auf Vorlegung von Fragen einfach übergangen hat; vgl. RG JW 1922 S. 300 mit Anm. *Alsberg*. RG JW 1927 S. 1490 mit Anm. *Alsberg* beanstandete, daß anstelle der Befragung eine Wahrunterstellung erfolgte.
[26] RG GA 45 S. 27 hielt das Fehlen einer Begründung für einen Revisionsgrund, weil möglicherweise das eigene Fragerecht des Verteidigers ausgeschlossen worden ist. RG Recht 1911 Nr. 1854 mißbilligte, daß nicht ersichtlich war, ob der ablehnende Beschluß mit § 240 Abs. 2 übereinstimmte. Vgl. auch RG JW 1892 S. 358 (Beschlußablehnung wegen Unerheblichkeit).
[27] BGH 1 StR 427/52 vom 2. 12. 1952; RGSt. 51 S. 215; RG JW 1931 S. 2822 mit Anm. *Alsberg*. – A.A. aber RG JW 1910 S. 202 (Ablehnung wegen Unerheblichkeit); RG Recht 1909 Nr. 1959 (Ablehnung wegen fehlenden Sachzusammenhangs).

3. Kapitel Beweisanträge im Freibeweisverfahren

§ 1 Rechtfertigung des Freibeweises

I. Anerkennung des Freibeweises 109
II. Untaugliche Rechtfertigungsgründe 111
   1. Rechtliche Gründe 112
   2. Praktische Gründe 113
   3. Logische Notwendigkeiten 114
III. Begründung des Freibeweises 115

I. Anerkennung des Freibeweises

Bei den bisher erörterten Beweisanregungen handelte es sich darum, daß Beweisanträge entweder nicht gestellt werden sollten (Beweiserbieten) oder nicht gestellt werden konnten, weil der Antragsteller die Beweistatsachen oder Beweismittel nicht kennt (Beweisermittlungsanträge) oder weil er auf die Beweiserhebung keinen rechtlichen Anspruch hat (Beweisanregungen im engeren Sinne). Ein weiterer Fall der rechtlichen Unmöglichkeit, Beweisanträge zu stellen, liegt vor, wenn Prozeßbeteiligte das Gericht veranlassen wollen, das Vorliegen der Verfahrensvoraussetzungen festzustellen, Tatsachen aufzuklären, die nur verfahrensrechtliche Bedeutung haben, oder das anzuwendende ausländische Recht oder das inländische Gewohnheitsrecht zu ermitteln. Anders als bei der Beweisaufnahme zur Schuld- und Rechtsfolgenfrage gelten hier nicht die strengen Beweisregeln der §§ 243 ff. An die Stelle des Strengbeweises tritt der Freibeweis[1], in dem das Beweisantragsrecht nach § 244 Abs. 3 bis 6 nicht besteht[2].

---

[1] Die Bezeichnungen Streng- und Freibeweis gehen auf *Ditzen* (S. 5) zurück. *Beling* Binding-FS 2 S. 138 und *Bennecke/Beling* S. 320 unterschieden zwischen dem eigentlichen Beweisrecht und der »freien Feststellung«.
[2] Vgl. unten S. 147.

Das Rechtsinstitut des Freibeweises ist in der Rechtsprechung seit jeher[3] unumstritten[4]. Auch im Schrifttum wird es überwiegend für erforderlich gehalten[5]. Allerdings ist es um seine dogmatischen Grundlagen weniger gut bestellt als um seine Anerkennung durch die herrschende Meinung[6]. Das liegt vor allem daran, daß bei dem Versuch, Notwendigkeit und Zulässigkeit des Freibeweises zu begründen, immer von der Auffassung ausgegangen worden ist, im Strafverfahren

3 Freibeweis begegnet zuerst in der Entscheidung des Preuß. Obertribunals vom 8. 10. 1862 (GA 10 S. 827); über deren Inhalt und Bedeutung vgl. *Többens* S. 56 ff.
4 BGHSt. 14 S. 189 (191); 16 S. 164 (166); 21 S. 81; 28 S. 116; S. 384 (386/387); 30 S. 215 (218); BGH NJW 1953 S. 836 (837); RGSt. 2 S. 221; 4 S. 264 (265); 6 S. 161 (163); 10 S. 253 (254); 11 S. 261; 12 S. 34; S. 327 (330); 26 S. 373; 38 S. 323; 39 S. 212; 41 S. 259 (262); 42 S. 54; 44 S. 294 (298 ff.); 51 S. 69; S. 71 (72); 52 S. 86; 55 S. 231; 56 S. 102; S. 107 (109); 57 S. 186 (188); 59 S. 36; S. 313; 61 S. 357; 62 S. 119; 64 S. 239 (245 ff.); 66 S. 113 = JW 1932 S. 3092 mit Anm. *Alsberg*; RGSt. 70 S. 266 (268/269); RGRspr. 1 S. 614; 3 S. 407; RG JW 1905 S. 747; 1908 S. 360; 1927 S. 2627 (2628); 1928 S. 417; 1931 S. 214 mit Anm. *Oetker* = HRR 1931 Nr. 270; RG JW 1931 S. 1604; S. 1616; 1932 S. 1754 mit Anm. *Bohne*; RG JW 1937 S. 2446; RG GA 38 S. 210; 40 S. 305; 51 S. 41; 52 S. 240; 75 S. 215; RG BayZ 1928 S. 391 = Recht 1928 Nr. 2034; RG Recht 1916 Nr. 153; BayObLGSt. 1959 S. 315 = NJW 1960 S. 687; BayObLGSt. 1966 S. 58 = NJW 1966 S. 1981; OLG Celle JZ 1954 S. 199; OLG Düsseldorf VRS 57 S. 289 (291); OLG Hamburg NJW 1955 S. 758; JZ 1963 S. 480; OLG Hamm NJW 1965 S. 410.
5 Vgl. *Dalcke/Fuhrmann/Schäfer* § 136 a Anm. 13 b und § 244 Anm. 7 c; *Feisenberger* § 244 Anm. 2 und DJZ 1932 Sp. 451 (454); KK *Herdegen* § 244 Rdnr. 7; *Kleinknecht* Einl. Rdnr. 150 und § 244 Rdnr. 18; KMR *Paulus* § 206 a Rdnr. 1 und § 244 Rdnr. 351; *Kohlrausch* vor § 244 Anm. 1; LR *Schäfer* Einl. Kap. 12 Rdnr. 79, 117; LR *Gollwitzer* § 244 Rdnr. 2 ff.; LR *Meyer* § 136 a Rdnr. 53; *Eb. Schmidt* Nachtr. vor § 244 Rdnr. 3) und JR 1962 S. 109; *Alsberg* GA 62 S. 1 und JW 1930 S. 67; *Arzt* Peters-FS S. 223; *Beling* S. 313, 321 ff., JW 1924 S. 973, 1925 S. 2783 und Binding-FS 2 S. 151 ff.; *Bennecke/Beling* S. 320; *Bergmann* S. 108; *Bohne* JW 1931 S. 1754 (1755); *Busch* JR 1963 S. 457 (458); *Dahs/Dahs* Rdnr. 386; *Dencker* S. 135 ff.; *zu Dohna* S. 95/96; *Gutmann* JuS 1962 S. 369 (371/372); *Henkel* S. 339; *von Hippel* S. 326; *Kautter* S. 5 ff.; *Koeniger* S. 249; *F. W. Krause* Jura 1982 S. 225 (230); *Kühne* Rdnr. 438; *Löhr* S. 131; *Oetker* JW 1931 S. 214; *Rieker* S. 96 ff.; *Roxin* § 24 B II; *Sarstedt* S. 129; *Sauer* Grdl. S. 406, 407; *W. Schmid* SchlHA 1981 S. 2; *Schwinge* S. 165; *Simader* S. 4; *Stenglein* GerS 46 S. 1 (5 ff.); *Stützel* S. 6; *Zipf* S. 163/164. Weitere Nachw. bei *Bovensiepen* S. 90 Fußn. 2. – Den Freibeweis lehnen ab: *Goldschmidt* S. 408 Fußn. 2140 e (»völlige Entrechtung des Angeklagten«); *Gerland* S. 190, 364 Fußn. 610 und ZStW 54 S. 305 (307); *von Kries* S. 254 und ZStW 6 S. 88 (122 ff., 125); *Rosenfeld* II S. 44; *Ullmann* S. 330. *Wroblewski* (S. 26 ff.) glaubt, dem Gesetz entnehmen zu können, daß es dem Richter nicht zutraut, ohne Einhaltung der Strengbeweisvorschriften die Wahrheit zu finden, und will nur bei § 60 Nr. 1 und § 251 Freibeweis zulassen. Einschränkend auch *Bovensiepen* S. 75 (»minderwertige Beweiserfolge«), 152/153, 154, der den Freibeweis nur für vertretbar hält, wo der Strengbeweis zu unpraktikablen oder mit anderen prozessualen Interessen kollidierenden Ergebnissen führt. *Schlüchter* Rdnr. 474 hält die Abschaffung des Freibeweises für erwägenswert. Kritisch äußern sich auch *Hanack* JZ 1972 S. 114 (»wildgewuchertes Institut«) und *Mannheim* ZStW 52 S. 740 (741).
6 So mit Recht *Bovensiepen* S. 153; *Roxin* § 24 B II; *Többens* S. 25 und NStZ 1982 S. 184; *Volk* S. 79.

sei der Strengbeweis das regelmäßige Beweisverfahren, der Freibeweis aber eine Art Sonderrecht[7], das einer besonderen Rechtfertigung bedarf. In Wahrheit werden tatsächliche Feststellungen im Strafverfahren grundsätzlich in einem freien Beweisverfahren getroffen. Das gilt für alle Beweiserhebungen im Ermittlungsverfahren, aber auch für die Beweisaufnahme im Zwischenverfahren nach § 202 und für sonstige Beweiserhebungen vor der Hauptverhandlung, auch wenn es um Feststellungen zur Schuldfrage geht, etwa zum dringenden Tatverdacht bei der Anwendung des § 112, und auch wenn eine Beweisaufnahme stattfindet, wie bei der Haftprüfung nach § 118 a Abs. 3 Satz 2[8] und der Ausschlußverhandlung nach § 138 d[9]. Nur wenige Vorschriften, wie die §§ 65, 66 a, 136, 136 a, beschränken die Freiheit der Strafverfolgungsbehörden, die Beweise nach ihrem Ermessen zu erheben. Demnach ist in der Strafprozeßordnung nicht der Freibeweis, sondern der Strengbeweis in der Hauptverhandlung die Ausnahme[10]. Die Hauptverhandlung ist der Ort, an dem die Tatsachen zur Schuld- und Rechtsfolgenfrage endgültig festgestellt werden, und nur für die Hauptverhandlung schreiben die §§ 243 ff. bestimmte strenge Grundsätze vor, die bei der Beweisaufnahme zu beachten sind. Erst in der Hauptverhandlung vollzieht sich also die Trennung des Freibeweises vom Strengbeweis[11], zu dessen besonderen Grundsätzen das Beweisantragsrecht nach § 244 Abs. 3, die Pflicht des Gerichts zur Erhebung der präsenten Beweise nach § 245 Abs. 1, der Unmittelbarkeitsgrundsatz bei der Beweisaufnahme mittels Auskunftspersonen (§ 250) und der Mündlichkeitsgrundsatz gehören.

II. Untaugliche Rechtfertigungsgründe

Von dem verfehlten Standpunkt aus, daß der Freibeweis das »Sonderrecht« sei, sind die Versuche allesamt mißlungen[12], Notwendigkeit und Zulässigkeit des Frei-

7 Vgl. *Volk* S. 83/84; auch die Vorauf. S. 461 ff. spricht von Sonderrechten.
8 BGHSt. 18 S. 116 (118); LR *Dünnebier* § 118 a Rdnr. 30, 31.
9 Vgl. unten S. 125.
10 Vgl. *Willms* Heusinger-EG S. 396, der mit Recht der Meinung ist, daß die Regeln, die nach rechtsstaatlichen Grundsätzen für den Freibeweis gelten, zugleich das Fundament bilden, auf dem der Strengbeweis mit seinen besonderen Beweisformen als einzige Grundlage der Sachentscheidung aufbaut. Auch *Bovensiepen*, dessen Untersuchungen über den Freibeweis sonst häufig ins Abseits führen, bezeichnet (S. 101) die Beweisvorschriften der StPO für die Hauptverhandlung zutreffend als Sondernormen. Unverständlich ist die Behauptung von *Többens* (NStZ 1982 S. 184 [187]), die StPO kenne den Freibeweis nicht. Ferner ist die Ansicht von *Arzt* (Peters-FS. S. 223), der Anwendungsbereich des Freibeweises sei im Vergleich zu dem des Strengbeweises wenig bedeutend, nicht richtig; das stimmt nur für die Hauptverhandlung, nicht für das Strafverfahren insgesamt. *von Kries* (ZStW 6 S. 88 [125]) und *Wroblewski* (S. 32) schließen aus der Tatsache, daß das Gesetz an verschiedenen Stellen die Glaubhaftmachung zuläßt, daß dies die einzige Art des zulässigen Freibeweises sei. Davon kann keine Rede sein. Bei der Glaubhaftmachung steht auch nicht die Besonderheit der Beweiserhebung im Vordergrund, sondern der im Strafprozeß sonst nicht geltende Grundsatz, daß der Antragsteller den Beweis selbst erbringen muß und das Gericht von Beweiserhebungen freigestellt ist (vgl. BGHSt. 21 S. 334 [345]).
11 Vgl. *Willms* Heusinger-EG S. 395.
12 So zutreffend *Sauer* Grdl. S. 406; *Többens* NStZ 1982 S. 184; *Wroblewski* S. 16.

111

beweises in der Hauptverhandlung aus rechtlichen, praktischen oder logischen Gründen nachzuweisen[13].

1. Rechtliche Gründe

Die Behauptung, aus den Begriffen »Inbegriff der Hauptverhandlung« in § 261 und »Tat« in § 264 ergebe sich, daß die §§ 244 ff. auf Beweisaufnahmen über Verfahrensfragen nicht anwendbar seien[14], trifft offensichtlich nicht zu[15]. Ebensowenig überzeugt die Behauptung, die Beschränkung des Strengbeweises folge aus dem Erfordernis einer qualifizierten Mehrheit bei der Abstimmung über die Schuld- und Rechtsfolgenfragen (§ 263 Abs. 1)[16] oder der Fassung der § 263 Abs. 2, § 265 Abs. 2, § 267 Abs. 1, 2, 3 und 5, die sich sämtlich nur auf die Merkmale des gesetzlichen Tatbestands und die Strafzumessungsgründe beziehen[17]. Daß die Beweisaufnahme erst nach der Vernehmung des Angeklagten erfolgt (§ 244 Abs. 1), läßt ebenfalls nicht[18] den Schluß zu, daß für Beweiserhebungen über Umstände außerhalb der Schuld- und Rechtsfolgenfrage Freibeweis gilt; denn ob hierüber vor oder nach der Vernehmung des Angeklagten Beweis erhoben wird, kann vom bloßen Zufall abhängen[19]. Auch der Versuch, aus der Gestaltung des Revisionsverfahrens Schlüsse auf das Beweisverfahren vor dem Tatrichter zu ziehen[20], ist nicht überzeugend gelungen. Weder die Beschränkung der Bindung des Revisionsgerichts auf die tatsächlichen Feststellungen des Tatrichters zur Schuld- und Rechtsfolgenfrage noch der Umstand, daß das Revisionsgericht nach herrschender Ansicht[21] Beweise nur im Freibeweisverfahren erheben kann, besagen etwas darüber, wie die Beweisaufnahme vor dem Tatrichter stattfindet[22]. Schließlich gibt auch der Gesichtspunkt, daß die Entscheidung der Schuld- und Rechtsfolgenfrage den »Prozeßgegenstand« erledigt[23], keine geeignete Rechtfertigung

13 Die Darstellung folgt der Zusammenstellung der verschiedenen Begründungsversuche bei *Bovensiepen* S. 91 ff.; vgl. auch *Többens* S. 25 ff.
14 RGSt. 6 S. 161 (163); RGRspr. 3 S. 407; *Birkmeyer* S. 68, 516; *Kautter* S. 5, 22; Voraufl. S. 459/460.
15 Vgl. *Alsberg* GA 62 S. 1 (2); *Bovensiepen* S. 92; *E. Peters* S. 28; *Többens* S. 63; *Wroblewski* S. 11.
16 So *Kautter* S. 6; Voraufl. S. 459. Hiergegen *Sauer* Grdl. S. 406 Fußn. 1.
17 So RGSt. 6 S. 161 (163/164); *Alsberg* GA 62 S. 1 (2); *Kautter* S. 6. Hiergegen mit Recht *Bovensiepen* S. 93 ff.; *Többens* S. 62 ff.; *Wroblewski* S. 10 ff.
18 Wie *Ditzen* S. 48 meint.
19 So mit Recht *Bovensiepen* S. 97.
20 Vgl. *Hanack* JZ 1952 S. 114 und vor allem *Kautter* S. 6.
21 Vgl. unten S. 154.
22 So mit Recht *Bovensiepen* S. 97 ff.; *E. Peters* S. 28/29; *Többens* S. 43/44; *Wroblewski* S. 14 ff.
23 *Eb. Schmidt* vor § 244 Rdnr. 20; *Simader* S. 4; *Stützel* S. 6; Voraufl. S. 460. Die dort (Fußn. 1) vertretene Ansicht, dieser von *Beling* (S. 104 ff.) entwickelte Begriff erweise sich für die Beweistheorie als überaus fruchtbar, wird hier nicht vertreten. Tatsächlich kommt es nicht auf den Begriff Prozeßgegenstand, sondern auf die Tatidentität i. S. des § 264 an; zum Prozeßgegenstand vgl. *Baumann* S. 167 ff.; *Peters* S. 263 ff.; *Roxin* § 20; *Schlüchter* Rdnr. 357 ff.

für die Verschiedenheit der Beweisverfahren. Auch ein Urteil nach § 260 Abs. 3, das das Verfahren wegen Verjährung einstellt, erledigt den »Prozeßgegenstand«, ohne daß deshalb irgendein Strengbeweis erforderlich wäre[24].

2. Praktische Gründe

Der Beweis, daß der Freibeweis wenigstens aus praktischen Gründen für die Ermittlung nur verfahrensrechtlich erheblicher Tatsachen unerläßlich ist, konnte ebenfalls nicht erbracht werden. Das gilt zunächst für die Behauptung, die Feststellung der Prozeßvoraussetzungen und der für das Verfahren maßgebenden Tatsachen sei von geringerer Bedeutung als die der Schuld- und Rechtsfolgenfrage, so daß es nicht erforderlich sei, für sie das förmliche Beweisverfahren einzuhalten[25]. Daß dies so allgemein nicht richtig ist, liegt auf der Hand[26]. Denn für die Entscheidung des Gerichts ist z. B. bei einem Antragsdelikt das Vorliegen des Strafantrags von mindestens ebenso großer Bedeutung wie die Frage, ob der Angeklagte mit direktem oder bedingtem Vorsatz oder (bei einer Tat, die auch bei Fahrlässigkeit strafbar ist) bewußt fahrlässig gehandelt hat. Die Prozeßvoraussetzungen, von denen einige überdies grundrechtlich geschützt sind (vgl. Art. 103 Abs. 3 GG zur Doppelbestrafung), gelten als so wichtig, daß das Revisionsgericht ihr Vorhandensein von Amts wegen prüft[27]. Auch sonstige Verfahrenstatsachen, wie etwa die Zeugnisverweigerungsrechte nach den §§ 52 ff., sind keineswegs unwichtig, sondern können verfahrensentscheidend wirken. Zweitrangig sind lediglich die Entscheidungen, die nur Dritte betreffen (vgl. §§ 51, 70)[28]. Daß schließlich der Freibeweis unentbehrlich ist, weil sonst geradezu mit der Lahmlegung der Strafjustiz zu rechnen wäre[29], ist eine durch nichts gerechtfertigte Übertreibung[30]. Zwar ist nicht

---

24 Vgl. *Többens* S. 48 ff.; *Wroblewski* S. 17/18. – In NStZ 1982 S. 184 (186) leitet *Többens* aber die Notwendigkeit, die Prozeßvoraussetzungen im Strengbeweis festzustellen, insbesondere aus der Sperrwirkung von Prozeßurteilen ab.
25 *Birkmeyer* S. 515/516; *Kautter* S. 3 ff.; *Sauer* Grdl. S. 406 und LZ 1919 Sp. 671 (676). *Beling* (Binding-FS 2 S. 148 ff.) hält alle prozessual bedeutsamen Tatsachen, die nicht zur »Urteilsbasis« gehören, für geringwertiger als die sachlich-rechtlich erheblichen; ähnlich *Hegler* Rechtsgang I S. 211 ff., 399 ff., der die Urteilsbasis aber zur »Entscheidungsbasis« erweitert. Zu den Lehren *Belings* und *Heglers* vgl. eingehend *Többens* S. 30 ff., 44 ff.
26 Vgl. *Bovensiepen* S. 109 ff., 124/125; *Többens* S. 36 ff. und NStZ 1982 S. 184; *Wroblewski* S. 27, der allerdings grundsätzlich bestreitet, daß die Beweisaufnahme im Freibeweis zu zuverlässigen Ergebnissen führen kann. *Volk* S. 79 ff. nimmt zu Unrecht an, die Lehre vom Freibeweis sei mit dieser Vorstellung verknüpft; sie ist nur eine von vielen Argumenten zur Stützung der Lehre.
27 Vgl. LR *Meyer* § 337 Rdnr. 26 mit weit. Nachw. Daß sich daraus ein Argument für den Freibeweis ergibt, behauptet LR *Schäfer* Einl. Kap. 11 Rdnr. 14 zu Unrecht. Denn von Amts wegen muß der Tatrichter auch die Feststellungen zur Schuld- und Rechtsfolgenfrage treffen (§ 244 Abs. 2), ohne daß deshalb Freibeweis zulässig wäre; so mit Recht *Bovensiepen* S. 126 ff. Gegen *Schäfer* auch *Volk* S. 76 Fußn. 223.
28 Vgl. *Bovensiepen* S. 119/120.
29 Das behauptet *Beling* Binding-FS 2 S. 151 ff.
30 So mit Recht *Wroblewski* S. 21/22. Gegen *Beling* auch *Többens* S. 36 ff.

zu bestreiten, daß die Hauptverhandlung nicht der Ort sein kann, wo mehrere Dutzend Zeugen nur deshalb vernommen werden müssen, weil der Angeklagte behauptet, daß einer von ihnen etwas zur Sache aussagen könne. Prozeßverzögerungen wären oft auch nicht vermeidbar, wenn die Klärung jeder noch so unproblematischen oder zweitrangigen Frage im Strengbeweisverfahren stattfinden müßte[31]. Aber eine Begründung für die Notwendigkeit des Freibeweises neben dem Strengbeweis in der Hauptverhandlung bilden diese Gesichtspunkte nicht.

3. Logische Notwendigkeiten

Logische Notwendigkeiten sprechen schon eher dafür, daß zur Vorbereitung der Entscheidung, ob ein bestimmter Beweisgegenstand zum Gegenstand des Strengbeweises gemacht werden darf, vorher ein Freibeweisverfahren zulässig sein muß. Dazu gehört zwar nicht der Fall[32], daß über die Frage der Verhandlungsfähigkeit des Angeklagten verhandelt werden muß. Wie die §§ 413 ff. zeigen, muß der Angeklagte nicht unbedingt verhandlungsfähig sein; außerdem ist er bei der Prüfung seiner Verhandlungsfähigkeit immer zur Mitwirkung berechtigt[33]. Zu denken ist aber an den Fall, daß über die Verlesbarkeit einer Urkunde nach § 251 zu entscheiden ist. Dabei wird es vielfach erforderlich sein, ihren Inhalt zunächst im Wege des Freibeweises festzustellen. Denn ob der Strengbeweis durchgeführt werden darf, kann denknotwendig nicht schon in dieser Beweisart festgestellt werden[34]. Ähnlich liegt es, wenn die Frage geklärt werden muß, ob der Verlesung einer Urkunde ein Beweisverbot entgegensteht, etwa wenn in Betracht kommt, daß eine beschlagnahmte Urkunde unter das Verwertungsverbot des § 97 Abs. 1 fällt oder daß ihre Verlesung gegen Vorschriften des Grundgesetzes verstößt[35]. Inzwischen hat der Gesetzgeber durch die Neufassung des § 251 Abs. 3[36] die Urkundenverlesung zu anderen Zwecken als der Urteilsfindung ausdrücklich erlaubt. Daß darin die gesetzliche Anerkennung des Freibeweises liegt, kann ernsthaft nicht bestritten werden[37]. Zweifelhaft ist nur, ob sich der Vorschrift ein allgemeiner Grundsatz

---

31 Vgl. *Bovensiepen* S. 134 ff.
32 Den *Ditzen* S. 50 ff. und *Beling* ZStW 30 S. 39 (44/45) in diesem Zusammenhang für bedeutsam halten.
33 Vgl. *Bovensiepen* S. 129.
34 Vgl. *Ditzen* S. 51. Anders aber *Többens* S. 29, der das als »Vorstufe« für die Entscheidung, ob Strengbeweis zu erheben ist, unbedenklich findet.
35 Vgl. *Bovensiepen* S. 142 ff.; *Sarstedt* Verh. des 46. DJT, 1966, II Teil F S. 24.
36 Durch Art. 4 der 3. VereinfVO vom 29. 5. 1943 (RGBl. I S. 342).
37 Das erkennt auch *Bovensiepen* (S. 106) an, der allerdings im Anschluß an *E. Peters* (S. 27) meint, unter Urteilsfindung i. S. des § 251 Abs. 3 könne auch ein bloßes Einstellungsurteil verstanden werden, so daß die Vorschrift nicht unbedingt allgemein Geltung für die Verfahrensvoraussetzungen haben müsse; ähnlich *Többens* S. 55. Das ist aber doch wohl eine Auslegung der Vorschrift, die nicht dem Willen des Gesetzgebers entspricht.

entnehmen läßt[38] oder ob gerade die Einfügung der Vorschrift in das Gesetz beweist, daß ein solcher allgemeiner Grundsatz nicht besteht[39].

III. Begründung des Freibeweises

Die Besinnung darauf, daß nicht der Freibeweis, sondern der Strengbeweis im Strafprozeß die Ausnahme ist[40], führt zu folgendem Ergebnis: Es gibt bestimmte Beweiserhebungen, die überhaupt nur in der Hauptverhandlung vorgenommen werden dürfen. Ob der Angeklagte schuldig ist und welche Rechtsfolgen die Tat nach sich ziehen muß, darf endgültig erst in der Hauptverhandlung aufgrund der dort getroffenen Feststellungen entschieden werden[41]. Andere Beweise können ebensogut schon vor der Hauptverhandlung erhoben werden, und es ist unter Umständen unerläßlich, das zu tun. Das Gericht muß z. B. bei jeder Entscheidung über die Haftfortdauer, aber auch bei der Prüfung des hinreichenden Tatverdachts im Eröffnungsverfahren nach § 203 die Frage prüfen, ob die Verfahrensvoraussetzungen vorliegen. Daher ist *Willms*[42] darin zuzustimmen, daß sich der Unterschied zwischen Strengbeweis und Freibeweis »notwendig und geradezu essentiell« daraus ergibt, daß der tatrichterliche Urteilsspruch die Erhebung des Beweises in einem Verfahren voraussetzt, das auf den Prinzipien der Mündlichkeit und Unmittelbarkeit beruht[43]. Geht es um Fragen, deren Prüfung schon vor der Hauptverhandlung zulässig oder notwendig war, dann besteht kein Grund, Strengbeweis nur deshalb anzuwenden, weil die Prüfung vor der Hauptverhandlung unterlassen worden ist oder weil die Bedenken, die zu der Prüfung Anlaß geben, erst in der Hauptverhandlung entstanden sind. In der Hauptverhandlung kann dann nach denselben Grundsätzen verfahren werden wie vorher[44]. Für die Verfahrensvoraussetzungen kommt hinzu, daß ihr Fehlen eine Hauptverhandlung sogar entbehrlich macht; das Gericht kann das Verfahren nach § 206 a durch Beschluß einstellen. Der Gesetzgeber hat sich damit auf den Standpunkt gestellt, daß es nicht erforder-

---

38 So OLG Düsseldorf VRS 57 S. 289 (291); LR *Gollwitzer* § 244 Rdnr. 2 und § 251 Rdnr. 63; *Fezer* S. 89 Fußn. 87; *Kohlhaas* NJW 1954 S. 535 (538); *Löhr* S. 132. KMR *Paulus* § 244 Rdnr. 351 entnimmt dem § 251 Abs. 3 die Zulässigkeit des Freibeweisverfahrens.
39 Offengelassen bei *Eb. Schmidt* § 251 Rdnr. 33.
40 Oben S. 111.
41 Die Möglichkeit, einzelne Beweiserhebungen unter bestimmten Voraussetzungen vorwegzunehmen (§§ 223 bis 225), ändert an diesem Grundsatz nichts.
42 Heusinger-EG S. 394.
43 Hiergegen wendet *Bovensiepen* S. 125 ff. zu Unrecht ein, damit lasse sich zwar der Unterschied zwischen den beiden Beweisarten, nicht aber die Behauptung begründen, daß über Verfahrensfragen auch in der Hauptverhandlung Freibeweis erhoben werden könne.
44 So schon *Beling* Binding-FS 2 S. 147. Auch *Hanack* JZ 1972 S. 114 hält das für zwingend. Der Einwand von *Bovensiepen* (S. 101), das müsse dann auch für materiell relevante Tatsachen gelten, die im Vorverfahren, z. B. für § 112, festgestellt werden, ist offensichtlich haltlos. Für die endgültige Beweiserhebung über solche Tatsachen schreibt das Gesetz das »Sonderrecht« des Strengbeweises in der Hauptverhandlung vor.

lich ist, diese Voraussetzungen im Strengbeweis zu klären[45]. Der Gesichtspunkt, daß in der Hauptverhandlung nicht nach den Grundsätzen des Strengbeweises verfahren zu werden braucht, wenn Tatsachen festzustellen sind, deren Feststellung ebensogut vor der Hauptverhandlung zulässig wäre, gilt auch für andere prozessuale Tatsachen. Ob etwa ein Zeuge wegen Geisteskrankheit nicht vernommen werden kann oder ob der Sachverständige die für seine Bestellung erforderliche Sachkunde hat, darf das Gericht vor der Hauptverhandlung im Freibeweis feststellen. Muß die Frage erst in der Hauptverhandlung entschieden werden, so besteht kein Anlaß, die Sonderregelungen zu beachten, die das Gesetz für die Beweisaufnahme in der Hauptverhandlung trifft. Sie gelten nur für Beweiserhebungen, die vor der Hauptverhandlung unzulässig oder nutzlos wären, weil sie die Schuld- und Rechtsfolgenfrage betreffen.

---

45 *Bovensiepen* (S. 106 ff., 158) will § 206 a nur auf endgültige Verfahrensentscheidungen außerhalb der Hauptverhandlung beziehen, die in der Regel für den Angeklagten nur günstig sind. Das ändert aber am Grundsatz nichts. Das Gericht kann Verfahrensvoraussetzungen nach § 206 a außerhalb der Hauptverhandlung klären, um eine endgültige verfahrensabschließende Entscheidung zu treffen.

§ 2 Anwendungsgebiete des Freibeweises

  I. Abgrenzung zum Strengbeweis 117
     1. Strengbeweis für Feststellungen zur Schuld- und Rechtsfolgenfrage 117
     2. Freibeweis für Feststellungen zu Verfahrensfragen 119
 II. Prozeßvoraussetzungen 119
III. Prozessual erhebliche Tatsachen 121
     1. Allgemeine Grundsätze 121
     2. Einzelne Prozeßtatsachen 122
        a) Prozeßtatsachen allgemeiner Art 122
        b) Richter 123
        c) Angeklagte 123
        d) Verteidiger 124
        e) Zeugen 125
        f) Sachverständige 129
        g) Augenschein 130
        h) Urkunden 130
 IV. Doppelrelevante Tatsachen 131
     1. Möglichkeiten der Doppelrelevanz 131
     2. Bedeutung der Doppelrelevanz für die Beweisaufnahme 131
  V. Urteilsmäßige Entscheidungen außerhalb der Schuld- und Rechtsfolgenfrage .. 133
     1. Kosten des Verfahrens und Auslagen der Beteiligten 133
     2. Entschädigung des Angeklagten 135
 VI. Feststellung des anzuwendenden Rechts 136
     1. Grundsätze 136
     2. Inländisches Recht 137
     3. Ausländisches Recht 138
     4. Gewohnheitsrecht 140
     5. Beweisverfahren 140

I. Abgrenzung zum Strengbeweis

1. Strengbeweis für Feststellungen zur Schuld- und Rechtsfolgenfrage

Gegenstand des Strengbeweises sind alle Tatsachen, die der Entscheidung in der Schuld- und Rechtsfolgenfrage zugrunde liegen[1]. Ob es sich um ein gewöhnliches

---

[1] BGH bei *Dallinger* MDR 1967 S. 14; OLG Frankfurt NJW 1973 S. 1057; *Eb. Schmidt* vor § 244 Rdnr. 18; *F. W. Krause* Jura 1982 S. 225 (230); *Roxin* § 24 B I. Ähnlich *Kleinknecht* § 244 Rdnr. 17; *Kühne* Rdnr. 438; *Zipf* S. 164.

Strafverfahren gegen eine bestimmte Person, um ein Sicherungsverfahren nach den §§ 413 ff. oder um ein selbständiges Verfahren nach den §§ 440 ff. handelt, macht keinen Unterschied[2].

Rechtsfolgen sind alle Strafen, Nebenfolgen, Sicherungsmaßregeln, Erziehungsmaßnahmen und sonstigen Maßnahmen, die das Strafgesetzbuch im 3. Abschnitt des Allgemeinen Teils (§§ 38 bis 76) und das Jugendgerichtsgesetz in den §§ 5 bis 9 vorsehen. Die frühere Streitfrage, ob auch der Verfall und die Einziehung Gegenstand des Strengbeweises sind[3], ist dadurch erledigt, daß die §§ 73 ff. StGB eindeutig zu den Rechtsfolgenvorschriften des Strafgesetzbuches gehören. Eine Rechtsfolge im weiteren Sinne ist auch die Entschädigung des Verletzten, die ihm in dem Anhangsverfahren nach den §§ 403 ff. zugesprochen werden kann. Etwa erforderliche Feststellungen zur Entschädigungsfrage sind im Wege des Strengbeweises zu treffen. Das ergibt sich auch aus § 406 Abs. 1 Satz 1, wonach das Gericht dem Entschädigungsanspruch stattgibt, soweit er »nach dem Ergebnis der Hauptverhandlung begründet ist«[4]. Daß die Prozeßbeteiligten hinsichtlich der Entschädigungsfrage das Beweisantragsrecht im Umfang des § 244 Abs. 3 bis 5 haben[5], sofern es nicht dadurch eingeschränkt ist, daß das Gericht in entsprechender Anwendung des § 287 ZPO zu Schätzungen berechtigt ist[6], spielt in diesem Zusammenhang keine Rolle. Denn auch soweit diese Einschränkung gilt, werden die Beweise im Strengbeweis erhoben[7]. In diesem Beweisverfahren sind insbesondere die Schätzungsgrundlagen festzustellen[8].

Das Anwendungsgebiet des Strengbeweises stimmt demnach im wesentlichen mit der Feststellung derjenigen Tatsachen überein, die den mit der Sachrüge anzufechtenden Urteilsteilen zugeordnet sind[9]. Eine Ausnahme gilt nur für die Prozeßvoraussetzungen. Denn hier ist anerkannt, daß mit der Revision, die nur das Vor-

---

2 Vgl. *Willms* Heusinger-EG S. 401.
3 Vgl. *E. Peters* S. 30; Voraufl. S. 487.
4 Im Ergebnis ebenso *E. Peters* S. 30; *Schröder* DR 1943 S. 721 (729) und wohl auch *Kleinknecht* § 406 Rdnr. 1; LR *Gollwitzer* § 244 Rdnr. 1; LR *Schäfer* § 404 Rdnr. 9 und § 406 Rdnr. 1. – A.A. *Eb. Schmidt* § 404 Rdnr. 14.
5 Vgl. BGH NJW 1956 S. 1767; BayObLGSt. 1953 S. 64 (66); *Grau* DJ 1943 S. 331 (335); LR *Wendisch* § 404 Rdnr. 9. Nach BVerfGE 50 S. 32 (36) = NJW 1979 S. 413 (414) ergibt sich im Zivilprozeß die Pflicht des Gerichts, Beweisanträgen nachzugehen, die sich auf die haftungsbegründende Kausalität beziehen, aus dem Anspruch auf rechtliches Gehör nach Art. 103 Abs. 1 GG. Vgl. aber KMR *Müller* § 404 Rdnr. 6; *Schönke* DRZ 1949 Sp. 121 (123), die es für zulässig halten, Beweisanträge auch abzulehnen, wenn die Voraussetzungen der StPO nicht vorliegen. So auch RGSt. 44 S. 294 (299).
6 Vgl. dazu unten S. 852.
7 *E. Peters* S. 30/31; vgl. auch BGHZ 4 S. 192 (196).
8 BGH VersR 1968 S. 257 (258); *E. Peters* S. 31.
9 Vgl. *Willms* Heusinger-EG S. 401. Der Versuch, den Anwendungsbereich des Strengbeweises durch die Begriffe Urteilsbasis (*Beling* Binding-FS 2 S. 146 ff., 153/154) oder Entscheidungsbasis (*Hegler* Rechtsgang I S. 399 Fußn. 1) zu bestimmen, war schon früher praktisch undurchführbar (vgl. *Bovensiepen* S. 80 ff.; *Többens* S. 102; *Volk* S. 80/81) und ist nach der Einfügung des § 206 a nicht mehr erwägenswert. Vgl. unten S. 120.

liegen von Prozeßhindernissen behauptet, die Sachrüge erhoben ist[10]. Gleichwohl gilt kein Strengbeweis, weil es sich nicht um Feststellungen zur Schuld- und Straffrage handelt.

2. Freibeweis für Feststellungen zu Verfahrensfragen

Freibeweis gilt für die Ermittlung des anzuwendenden Rechts, sofern solche Ermittlungen in einem Beweisverfahren überhaupt zulässig sind[11], und für Tatsachen, die die Zulässigkeit oder den Fortgang des Verfahrens oder die Vornahme einer Prozeßhandlung betreffen[12]. Es muß sich um Verfahrensvoraussetzungen[13] oder um Tatsachen handeln, die nur für die Gestaltung des Verfahrens von Bedeutung sind[14]. Ein weiteres Anwendungsgebiet für den Freibeweis ist die Ermittlung von Tatsachen zur Entscheidung über die Kosten und Auslagen und über den Entschädigungsanspruch des Angeklagten gegen die Staatskasse wegen Strafverfolgungsmaßnahmen[15].

II. Prozeßvoraussetzungen

Ist Beweis über Tatsachen zu erheben[16], die ausschließlich die Frage betreffen, ob das Verfahren oder seine Fortsetzung zulässig ist, ob also die Voraussetzungen für

10 Vgl. LR *Meyer* § 337 Rdnr. 74 mit weit. Nachw.
11 Vgl. dazu unten S. 428.
12 LR *Gollwitzer* 244 Rdnr. 2; *Bergmann* S. 107 und MDR 1976 S. 888 (891).
13 BGHSt. 16 S. 164 (166); 21 S. 81; RGSt. 38 S. 40; 45 S. 128; 51 S. 71 (72); 55 S. 231; OLG Frankfurt NJW 1973 S. 1057; OLG Hamburg JZ 1963 S. 480 (481); *Kleinknecht* Einl. Rdnr. 150; KMR *Paulus* § 244 Rdnr. 356; LR *Schäfer* Einl. Kap. 11 Rdnr. 14; *Eb. Schmidt* Teil I Rdnr. 197, vor § 244 Rdnr. 19 und § 260 Rdnr. 24; *Gössel* S. 196; *F. W. Krause* Jura 1982 S. 225 (230); *Kühne* Rdnr. 438; *Rieker* S. 47. — A.A. neuerdings *Bovensiepen* S. 156 ff.; *Roxin* § 21 B IV c; *Többens* S. 90, 102/103, 111 und NStZ 1982 S. 184; *Volk* S. 28, 83 Fußn. 246, die wegen der Unzuverlässigkeit des Freibeweises und der Bedeutung der Prozeßvoraussetzungen Strengbeweis für notwendig halten. Die Behauptung, daß nur diese Beweisform geeignet sei, Prozeßvoraussetzungen zuverlässig festzustellen, wird jedoch seit 100 Jahren durch die Rechtspraxis widerlegt; vgl. *Sauer* Grdl. S. 415.
14 Vgl. *Schwinge* S. 165. Etwas zu eng sprechen *Dalcke/Fuhrmann/Schäfer* § 244 Anm. 7 c; *Kleinknecht* § 244 Rdnr. 18; *Bennecke/Beling* S. 320; *Beling* ZStW 30 S. 39 (40) von prozessual »bedeutsamen« Umständen, *Eb. Schmidt* vor § 244 Rdnr. 19 von Tatsachen, von denen nicht die den Sachurteilsgegenstand selbst betreffenden Entscheidungen abhängen. *Bovensiepen* S. 136, 164/165 will den Richter wegen der angeblich minderwertigen Qualität des Freibeweises (S. 147 ff.) selbst hier vom Strengbeweis nur nach den Umständen des Falls entbinden. Die Entscheidung, welches Beweisrecht im Einzelfall in Frage kommt, will er in das Ermessen des Gerichts stellen. Daß ein solches Verfahren weder notwendig noch praktikabel ist, kann nicht zweifelhaft sein.
15 Vgl. unten S. 133 ff.
16 Das ist nur der Fall, wenn Prozeßhindernisse behauptet werden oder wenn zweifelhaft ist, ob sie vorliegen. Das Gericht muß sich zwar vom Vorliegen der Prozeßvoraussetzungen überzeugen, ist aber nicht verpflichtet, ihr Vorliegen in der Hauptverhandlung im Beweisverfahren festzustellen; vgl. *Kautter* S. 15/16; *Többens* S. 94 und NStZ 1982 S. 184.

die Durchführung des Verfahrens oder den Erlaß eines Sachurteils vorliegen[17], so gilt in der Hauptverhandlung Freibeweis, auch wenn ein Einstellungsurteil nach § 260 Abs. 3 ergeht. Daß hier nicht im Strengbeweis verfahren werden soll, zeigt schon § 206 a. Die frühere Streitfrage, ob alles, was zur »Urteilsbasis« gehört, Gegenstand des Strengbeweises sein müsse[18], ist damit erledigt. Wer den Freibeweis für die Prozeßvoraussetzungen nicht zulassen will, muß für die Tatsacheninstanzen den § 206 a weitgehend abschaffen[19].

In Betracht kommen im wesentlichen[20] Feststellungen zur Schuldfähigkeit[21] und zur Verhandlungsfähigkeit[22] des Angeklagten, Nachforschungen über Bestehen und Wirksamkeit der Anklageschrift und des Eröffnungsbeschlusses, über auslieferungsrechtliche Beschränkungen[23], über das Vorliegen der erforderlichen behördlichen Strafverlangen[24] und Ermächtigungen[25], über das Bestehen der inländischen Gerichtsbarkeit[26], über die Immunität von Abgeordneten, über die Zulässigkeit der Privatklage, insbesondere die Prozeßfähigkeit des Privatklägers, über die anderweite Rechtshängigkeit und über die bereits früher eingetretene Rechtskraft, z. B. wegen verspäteter Einlegung oder Unwirksamkeit des Einspruchs nach § 411 oder infolge Beschränkung oder Zurücknahme der Berufung[27]. Im Freibeweis wird auch geprüft, ob der erforderliche Strafantrag vorliegt, ob also der Antragsteller zum Antrag berechtigt war, ob es sich um eine als Strafantrag auszulegende Erklärung handelt, ob der Antrag formgerecht und rechtzeitig (§ 77 b StGB) gestellt worden und ob er nicht vor der Entscheidung wirksam (§ 77 d StGB) zurückgenommen worden ist[28]. Strengbeweis gilt hingegen für Feststellungen darüber, ob auf die Tat des Angeklagten eine Strafbestimmung anzuwenden ist, die die Stellung eines Strafantrags voraussetzt; denn diese Frage fällt mit der anderen zusammen, welche mit Strafe bedrohte Handlung der Angeklagte began-

---

17 Der Begriff Verfahrensvoraussetzung dürfte jetzt geklärt sein; vgl. BGHSt. 10 S. 74 (75); *Kleinknecht* Einl. Rdnr. 140 ff.; LR *Schäfer* Einl. Kap. 11 und 12; *Eb. Schmidt* Teil I Rdnr. 119; *Peters* S. 258 ff.
18 Vgl. *Beling* Binding-FS 2 S. 153/154; hiergegen *Kautter* S. 22 ff. Vgl. auch oben Fußn. 9.
19 So mit Recht *Volk* S. 83 Fußn. 246.
20 Die Darstellung folgt der Reihenfolge der Prozeßvoraussetzungen bei LR *Schäfer* Einl. Kap. 12 Rdnr. 1 ff. und LR *Meyer* § 337 Rdnr. 34 ff.
21 Nach § 19 StGB ist schuldunfähig, wer noch nicht 14 Jahre alt ist. Zweifel an dem wahren Alter treten gelegentlich bei Angeklagten aus den arabischen Ländern auf.
22 Nach richtiger Ansicht ist nur die ständige Verhandlungsunfähigkeit ein Verfahrenshindernis. Die bloß vorübergehende ist eine reine Prozeßtatsache; vgl. LR *Meyer* § 337 Rdnr. 37; unten S. 123.
23 RGSt. 59 S. 313; 64 S. 183 (187/188); *Harreß* S. 21.
24 Vgl. § 104 a StGB.
25 Vgl. § 90 Abs. 4, § 90 b Abs. 2, § 97 Abs. 3, § 104 a, § 194 Abs. 4; § 353 a Abs. 2, § 353 b Abs. 4 StGB.
26 Vgl. BGHSt. 14 S. 137 (139); BGH bei *Dallinger* MDR 1967 S. 14.
27 Vgl. OLG Hamm VRS 60 S. 206.
28 BGH bei *Dallinger* MDR 1955 S. 143; 1967 S. 14; RGSt. 4 S. 264 (265); 12 S. 34; S. 327 (330); 26 S. 373 (374/375); 45 S. 128; 51 S. 71 (72); RG Rspr. 1 S. 614 (616); 10 S. 187 (188); RG JW 1905 S. 747; 1908 S. 360; RG GA 51 S. 41 (42); BayObLGSt. 1980 S. 64; OLG Celle MDR 1960 S. 334; OLG Schleswig bei *Ernesti/Jürgensen* SchlHA 1971 S. 216.

gen hat²⁹. Im Freibeweis werden ferner Ermittlungen angestellt über Fragen, auf die es bei der Niederschlagung durch ein Straffreiheitsgesetz ankommt, mit Ausnahme der Feststellungen zur Tat, insbesondere zum inneren Tatbestand³⁰, Feststellungen zum Strafklageverbrauch³¹, zur Verjährung der Strafverfolgung und ihrer Unterbrechung³² sowie zur Aufklärung von Tatsachen, von denen die örtliche oder sachliche Zuständigkeit des Gerichts abhängt³³.

III. Prozessual erhebliche Tatsachen

1. Allgemeine Grundsätze

Neben der Feststellung der Verfahrensvoraussetzungen ist das Hauptanwendungsgebiet des Freibeweises die Ermittlung von Tatsachen, die unmittelbar nur für Entscheidungen verfahrensrechtlicher Art von Bedeutung sind. Der mittelbare Einfluß der Tatsache auf die sachlich-rechtliche Entscheidung bleibt außer Betracht³⁴. Dabei gilt der allgemeine Grundsatz, daß eine Tatsache nicht schon deshalb nur verfahrensrechtlich erheblich ist, weil sie einen prozessualen Vorgang betrifft³⁵ oder weil sie der Prozeßgeschichte angehört. Die Tatsache z. B., daß der Angeklagte in einem früheren Abschnitt des Verfahrens ein Geständnis abgelegt oder widerrufen hat, ist keine verfahrensrechtliche Tatsache in dem Sinne, wie er für die Abgrenzung des Freibeweises vom Strengbeweis erheblich ist, sondern ein wichtiges Beweisanzeichen für die Beurteilung der Schuldfrage. Sie muß daher im Strengbeweis ermittelt und festgestellt werden, wenn es auf sie ankommt³⁶. Die Glaubhaftigkeit eines Geständnisses kann nicht aufgrund des Akteninhalts, sondern nur aufgrund der Hauptverhandlung beurteilt werden³⁷. Entsprechendes gilt für die Glaubwürdigkeit eines Zeugen³⁸.

---

29 Vgl. BGH bei *Dallinger* MDR 1955 S. 143; *Bovensiepen* S. 157 ff.; *E. Peters* S. 43; *Rieker* S. 48; *Simader* S. 96; a. A. *Sauer* Grdl. S. 420. – *Többens* S. 104 ff. und NStZ 1982 S. 184 (186) spricht hier von »gestaffelter Doppelrelevanz«.
30 RGSt. 53 S. 37 (38); 55 S. 231; 59 S. 54 (56); 71 S. 259 (261); RG JW 1937 S. 2446.
31 RGSt. 10 S. 253; BayObLGSt. 1980 S. 54; KMR *Paulus* § 244 Rdnr. 356. – A.A. *Hegler* Rechtsgang I S. 210; kritisch auch *E. Peters* S. 43 ff.
32 BGH bei *Dallinger* MDR 1967 S. 14; *Ditzen* S. 44. – A.A. *Eb. Schmidt* vor § 244 Rdnr. 19; *E. Peters* S. 46/47, der Doppelrelevanz nicht ausschließen will.
33 RGSt. 59 S. 36; RG JW 1932 S. 1754 mit Anm. *Bohne*; KMR *Paulus* § 244 Rdnr. 356; *Schlosky* JW 1930 S. 2505.
34 Vgl. KK *Herdegen* § 244 Rdnr. 8 unter zutreffendem Hinweis darauf, daß es andernfalls kaum Tatsachen gäbe, die nur prozeßerheblich sind. Vgl. wegen § 60 Nr. 2 unten S. 128, wegen § 136 a S. 124. Wegen der doppelrelevanten Tatsachen vgl. unten S. 131 ff.
35 Vgl. *Ditzen* S. 52.
36 Vgl. *Ditzen* S. 51 ff.
37 So schon RGSt. 1 S. 81.
38 Vgl. *Gerland* S. 190; *Wroblewski* S. 19.

2. Einzelne Prozeßtatsachen

a) **Prozeßtatsachen allgemeiner Art.** Werden in der Hauptverhandlung Feststellungen zur Flucht- oder Verdunkelungsgefahr getroffen, um die nach § 268 b von Amts wegen zu treffende Entscheidung vorzubereiten, ob bei der Urteilsfällung die Fortdauer der Untersuchungshaft oder der einstweiligen Unterbringung (§ 126 a) anzuordnen ist, so handelt es sich um prozessuale Feststellungen, die mit der Urteilsfindung nichts zu tun haben und bei denen daher auch nicht zweifelhaft ist, ob in der Hauptverhandlung Frei- oder Strengbeweis anzuwenden ist. Selbstverständlich gilt hier Freibeweis. Denn es handelt sich um prozessuale Feststellungen, die gewöhnlich außerhalb der Hauptverhandlung getroffen werden und deren Notwendigkeit nicht durch die Hauptverhandlung bedingt ist, sondern daraus folgt, daß der Gesetzgeber vorgeschrieben hat, daß zugleich mit dem Sachurteil über die Fortdauer der Haft- oder Unterbringungsanordnung zu entscheiden ist"[39]. Das gleiche gilt, wenn das Gericht den auf freiem Fuß befindlichen Angeklagten nach der Urteilsverkündung in Haft nehmen will.

Allgemein kann es sich bei den prozessual erheblichen Tatsachen handeln um die Feststellung der tatsächlichen Voraussetzungen eines Beweisverfahrens- oder Beweisverwertungsverbots[40], um die Vorbereitung der Entscheidung über einen Beweisantrag[41], etwa zur Klärung der Frage, ob er in Verschleppungsabsicht gestellt[42] oder ob das Beweismittel völlig ungeeignet ist[43], um Ermittlungen nach einem Beweismittel aufgrund eines Beweisermittlungsantrags[44], um Feststellungen darüber, ob ein Grund besteht, die Öffentlichkeit auszuschließen[45], um Ermittlungen von Vorgängen in der Hauptverhandlung, wenn die Beweiskraft des Protokolls nach § 274 nicht besteht[46]. Auch Nachforschungen darüber, ob ein Rechtsmittel rechtzeitig eingelegt[47] oder ob wirksam auf die Einlegung verzichtet worden ist, werden im Freibeweis geführt.

---

39 Vgl. aber *Bovensiepen* S. 166, der für erwägenswert hält, ob parteiöffentlich verhandelt werden muß und Beweisanträge zugelassen werden müssen. In Wahrheit ist § 33 Abs. 1 und 4 die einzige Vorschrift, die hier beachtet werden muß.
40 KK *Pelchen* vor § 48 Rdnr. 53; *Kleinknecht* § 244 Rdnr. 18; *Dencker* S. 135; *Sarstedt* Verh. 46. DJT, 1966, II Teil F S. 23 ff.; vgl. auch unten S. 476 ff.
41 Vgl. KMR *Paulus* § 244 Rdnr. 404.
42 Vgl. KK *Herdegen* Rdnr. 10; KMR *Paulus* Rdnr. 357; LR *Gollwitzer* Rdnr. 2; alle zu § 244; *Gössel* S. 196.
43 BGH MDR 1981 S. 338; BGH 5 StR 412/53 vom 19. 1 1954; RGSt. 48 S. 84 (86); 51 S. 69 (70); RG DStR 1938 S. 244 (245); BayObLG bei *Rüth* DAR 1982 S. 253; OLG Düsseldorf VRS 57 S. 289 (291); KMR *Paulus* § 244 Rdnr. 140, 357; LR *Gollwitzer* § 244 Rdnr. 230; vgl. auch *Alsberg* GA 62 S. 1 (14); unten S. 601 ff.
44 Vgl. *Beling* JW 1925 S. 2782 (2784); *Mannheim* JW 1927 S. 793 (794); *Oetker* JW 1930 S. 1105 (1108); 1931 S. 214; *J. Schulz* GA 1981 S. 301 (317); *Simader* S. 89.
45 RGSt. 66 S. 113 = JW 1932 S. 3092 mit Anm. *Alsberg*; *Dalcke/Fuhrmann/Schäfer* § 244 Anm. 7 c; KK *Herdegen* § 244 Rdnr. 10; *Kleinknecht* § 174 GVG Rdnr. 4; KMR *Paulus* § 244 Rdnr. 357; LR *Gollwitzer* § 244 Rdnr. 2; LR *Schäfer* § 174 GVG Rdnr. 5; *Ditzen* S. 22 ff.; *Henkel* S. 200 Fußn. 5; *E. Peters* S. 48; *W. Schmid* SchlHA 1981 S. 41.
46 Vgl. unten S. 889 ff.
47 Vgl. *Schwinge* S. 166.

b) **Richter.** Der Richter ist nach § 22 beim Vorliegen bestimmter Umstände, nach § 23 wegen seiner Mitwirkung an vorangegangenen Entscheidungen kraft Gesetzes ausgeschlossen. Sind hierüber, was nicht die Regel sein wird, Ermittlungen erforderlich, so gelten die Grundsätze des Freibeweises[48]. Wenn der Richter nach § 24 abgelehnt wird, muß der Antragsteller den Ablehnungsgrund glaubhaft machen (§ 26 Abs. 2 Satz 1)[49]. Das Gericht muß darüber keine Feststellungen treffen, ist aber nicht gehindert, weitere Beweise zu erheben[50]. Hierzu ist es aufgrund seiner Fürsorgepflicht sogar verpflichtet, wenn der Antragsteller, etwa weil ein Zeuge die schriftliche Bestätigung seiner Angaben verweigert, zur Glaubhaftmachung nicht in der Lage ist[51]. Auch hierbei gilt Freibeweis[52].

c) **Angeklagte.** Die dauernde Verhandlungsunfähigkeit des Angeklagten ist ein Verfahrenshindernis, die nur vorübergehende in der Verhandlung betrifft lediglich die Frage, ob der Angeklagte in der Verhandlung im Sinne der §§ 226, 338 Nr. 5 anwesend ist[53]. Erforderlich werdende Feststellungen hierzu werden im Wege des Freibeweises getroffen[54]. Bleibt der Angeklagte trotz ordnungsgemäßer Ladung im ersten Rechtszug aus, so werden Ermittlungen darüber, ob sein Ausbleiben genügend entschuldigt ist, so daß die Anordnung der Vorführung und der Erlaß eines Haftbefehls nach § 230 Abs. 2 ausgeschlossen sind, ebenfalls im Freibeweis geführt[55]. Das gleiche gilt für Feststellungen darüber, ob nach § 231 a in Abwesenheit des Angeklagten verhandelt werden kann, weil er seine Verhandlungsunfähigkeit selbst herbeigeführt hat[56]. Im Freibeweis erfolgt auch die Anhörung eines Arztes als Sachverständigen, die § 231 a Abs. 3 Satz 1 zwingend vorschreibt[57].

48 Vgl. *Bennecke/Beling* S. 320; *E. Peters* S. 40.
49 Die Ansicht von *Ditzen* (S. 6), die Glaubhaftmachung sei eine zum Freibeweis gehörende Beweisart, erscheint unrichtig. Es handelt sich um eine besondere »Beweis«art, bei der es nur auf Wahrscheinlichkeitmachung ankommt und der Antragsteller die Beweise selbst erbringen muß; vgl. dazu auch oben S. 111 Fußn. 10.
50 Vgl. LR *Dünnebier* § 26 Rdnr. 28.
51 BGH bei *Dallinger* MDR 1972 S. 11 (»Beweis von Amts wegen«); *Kleinknecht* § 26 Rdnr. 8; KMR *Paulus* § 26 Rdnr. 12.
52 Vgl. BGH bei *Dallinger* MDR 1972 S. 17 («keine förmliche Beweisaufnahme«). Der BGH hält es mit Recht für zulässig, daß das Gericht die Entscheidung ohne weiteres aufgrund eigener Wahrnehmungen in der Hauptverhandlung trifft. A.A. offenbar *Feisenberger* § 26 Anm. 7 und *Eb. Schmidt* § 26 Rdnr. 9, die die eidliche Zeugenvernehmung für erforderlich halten.
53 Vgl. oben S. 120 Fußn. 22.
54 BGH bei *Spiegel* DAR 1977 S. 172; 1979 S. 186; RG JW 1931 S. 214 mit zust. Anm. *Oetker*; RG BayZ 1928 S. 127 = Recht 1928 Nr. 216; *Dalcke/Fuhrmann/Schäfer* § 244 Anm. 7 c; *Beling* JW 1926 S. 2194 (2195); *von Hippel* S. 275; *Jessnitzer* S. 34; *E. Peters* S. 39; *Sarstedt* DAR 1964 S. 307 (310); *W. Schmid* SchlHA 1981 S. 41; *Seetzen* DRiZ 1974 S. 259 (260). *Ditzen* (S. 50) fordert Freibeweis mit der Begründung, Strengbeweis setze voraus, daß der Angeklagte verhandlungsfähig ist; das ist jedoch nicht richtig (vgl. oben S. 114).
55 Vgl. KK *Herdegen* § 244 Rdnr. 10; *Eb. Schmidt* § 230 Rdnr. 19.
56 BGHSt. 26 S. 228 (238).
57 Bei einer Entscheidung in der Hauptverhandlung wird der Sachverständige allerdings dort vernommen oder sein Gutachten verlesen werden müssen, damit dem Verteidiger, dessen Mitwirkung notwendig ist (§ 231 a Abs. 4), das rechtliche Gehör gewährt wird.

Beim Ausbleiben des Angeklagten in der Berufungsverhandlung wird im Freibeweis ermittelt, ob die Entschuldigungsgründe, die er vorbringt oder denen das Gericht beim Vorhandensein von Anhaltspunkten von Amts wegen nachzugehen hat[58], sein Ausbleiben genügend entschuldigen, so daß davon abgesehen werden muß, die Berufung nach § 329 Abs. 1 zu verwerfen oder auf die Berufung der Staatsanwaltschaft nach § 329 Abs. 2 ohne den Angeklagten zu verhandeln[59]. Bei erforderlich werdenden Beweiserhebungen darüber, ob das Ausbleiben des Angeklagten als entschuldigt angesehen werden kann, ist die Beweiserhebung übrigens auf die Verwendung solcher Beweismittel zu beschränken, deren Benutzung nicht so zeitraubend ist, daß durch sie eine nicht unerhebliche Verzögerung eintreten und dadurch eine »sofortige« Verwerfung der Berufung entgegen dem mit § 329 Abs. 1 verfolgten Zweck verhindert würde[60].

Kommt es für die Schuldfrage darauf an, ob der Angeklagte im Vorverfahren ein Geständnis abgelegt hat, und macht er geltend, das Geständnis sei nach § 136 a Abs. 3 Satz 2 unverwertbar, weil gegen ihn unzulässige Vernehmungsmethoden angewendet worden sind, so werden Ermittlungen hierüber im Freibeweis angestellt. Denn bei den Voraussetzungen der Unverwertbarkeit handelt es sich um die Feststellung prozeßerheblicher Tatsachen. Es geht dabei nicht um den Inhalt des Geständnisses, sondern um die Art, wie es zustande gekommen ist[61].

d) Verteidiger. Die Verhandlungsfähigkeit des Verteidigers hat das Gericht nicht zu untersuchen. In Zweifelsfällen kommt es darauf an, wie der Verteidiger selbst

---

58 Vgl. KK *Ruß* § 329 Rdnr. 8; LR *Gollwitzer* § 329 Rdnr. 22.
59 BayObLGSt. 1966 S. 58 = NJW 1966 S. 1980 (1981): Anruf beim behandelnden Arzt; OLG Frankfurt NJW 1974 S. 1151; OLG Hamburg NJW 1953 S. 758; JZ 1963 S. 480 (das OLG ist aber der unrichtigen Ansicht, es handele sich um eine Verfahrensvoraussetzung); OLG Hamm NJW 1965 S. 410; JMBlNRW 1969 S. 259; OLGSt. § 329 S. 81; S. 87 (88); OLG Karlsruhe NJW 1969 S. 476; OLG Saarbrücken NJW 1975 S. 1613 (1614); OLG Stuttgart Justiz 1981 S. 288; VRS 58 S. 436 (439); KK *Ruß* § 329 Rdnr. 9; KMR *Paulus* § 244 Rdnr. 357; LR *Gollwitzer* § 329 Rdnr. 30; *Eb. Schmidt* Nachtr. § 329 Rdnr. 12; *Busch* JZ 1963 S. 457 (458/459); *Hohendorf* GA 1979 S. 414; *Niethammer* in FS für Ernst Heinrich Rosenfeld, 1949, S. 119 (131); *E. Peters* S. 41; a. A. *Preiser* GA 1965 S. 366 (370), der Strengbeweis für notwendig hält. Vgl. auch RGSt. 64 S. 239 (246).
60 OLG Hamburg JR 1959 S. 29 (30); OLG Saarbrücken NJW 1975 S. 1613 (1614).
61 BGHSt. 16 S. 164 (166/167) = JR 1962 S. 108 mit zust. Anm. *Eb. Schmidt*; BGH 2 StR 721/77 vom 21. 4. 1978; 1 StR 399/79 vom 18. 9. 1979; *Dalcke/Fuhrmann/Schäfer* Anm. 13 b; KMR *Müller* Rdnr. 21; LR *Meyer* Rdnr. 53; alle zu § 136 a; KK *Herdegen* § 244 Rdnr. 8, 10; KMR *Paulus* § 244 Rdnr. 357; *Krause/Nehring* Einl.Rdnr. 144; *Gössel* S. 197; *W. Hahn* S. 69; *Koeniger* S. 249; *Kühne* Rdnr. 438; *Sarstedt* Verh. 46. DJT, 1966, II Teil F S. 24; *Solbach/Vedder* JA 1980 S. 161 (162). – A.A. *Peters* S. 316 und Gutachten S. 158, nach dessen Ansicht aber der Freibeweis in der Hauptverhandlung ganz und gar unzulässig ist. *E. Peters* S. 55, *Schlüchter* Rdnr. 474 und *Többens* S. 50 halten Strengbeweis für erforderlich, weil die Entscheidung über das Vorliegen der Voraussetzungen des § 136 a die Urteilsgrundlagen unmittelbar angreife. Auch *Hanack* JZ 1971 S. 168 (170/171); 1972 S. 114 ist der Meinung, es handele sich um eine doppelrelevante Tatsache. Dagegen will *Hilland* (S. 170 ff., 173) bei unsubstantiierter Behauptung der Voraussetzungen des § 136 a Freibeweis, sonst Strengbeweis stattfinden lassen.

seine Fähigkeit einschätzt, an der Verhandlung teilzunehmen[62]. Wenn ausnahmsweise ein verhandlungsunfähiger Verteidiger sich weigert, die Verteidigung niederzulegen, werden die erforderlichen Feststellungen im Freibeweis getroffen. Ist der Antrag gestellt, den Verteidiger nach § 138 a von der Mitwirkung am Verfahren auszuschließen, so entscheidet hierüber das Oberlandesgericht in mündlicher Verhandlung (§ 138 d Abs. 4). Dabei findet die dem Umfang nach in das pflichtgemäße Ermessen des Gerichts gestellte Beweisaufnahme im Freibeweis statt[63]. Der Bundesgerichtshof schließt das daraus[64], daß es sich bei der mündlichen Verhandlung nicht um das mit möglichst weitgehenden Rechtsgarantien ausgestattete Hauptverfahren gegen einen Angeklagten, sondern um ein summarisches Verfahren handelt. Das ist aber nicht der entscheidende Gesichtspunkt. Ausschlaggebend ist vielmehr, daß es sich bei der Feststellung, ob ein Ausschließungsgrund nach § 138 a vorliegt, nicht um einen für die Schuld- oder Rechtsfolgenfrage erheblichen Umstand, sondern ausschließlich um eine verfahrensrechtlich erhebliche Tatsache handelt, von der lediglich die Zulässigkeit der weiteren Mitwirkung des Verteidigers abhängt[65].

Im Freibeweis wird auch die Frage geprüft, ob eine Verfahrensaussetzung durch die Schuld des Verteidigers erforderlich geworden ist, so daß ihm nach § 145 Abs. 4 die hierdurch verursachten Kosten aufzuerlegen sind. Freibeweis gilt schließlich auch, wenn die Echtheit der Vollmacht des Verteidigers geprüft werden muß, etwa wenn davon die Zulässigkeit seines Auftretens als Vertreter des Angeklagten nach § 234 abhängt.

e) *Zeugen.* Die Vernehmung eines Zeugen setzt gelegentlich die Ermittlung seines Aufenthalts voraus. Dabei hat die Feststellung der ladungsfähigen Anschrift des Zeugen mit der Entscheidung des Straffalls nur insofern etwas zu tun, als sie die Vernehmung des Zeugen ermöglicht. Für die Schuld- und Rechtsfolgenfrage ist es ohne Bedeutung, wo der Zeuge sich aufhält. Ermittlungen in der Hauptverhandlung zu dieser Frage können daher formlos vor sich gehen[66]. Es ist z. B. zulässig,

---

62 BGH JR 1962 S. 428; BGH bei *Holtz* MDR 1979 S. 108; *Kleinknecht* Einl. Rdnr. 96; a. A. *Eb. Schmidt* vor § 137 Rdnr. 29; *E. Peters* S. 40. Vgl. auch BGH NJW 1964 S. 1485; RGSt. 57 S. 373 = JW 1924 S. 908 mit Anm. *Werthauer*.

63 BGHSt. 28 S. 116; BGH 2 ARs 88/79 vom 4. 5. 1979 bei *Pfeiffer* NStZ 1981 S. 95.

64 BGHSt. 28 S. 116 (118).

65 Dem BGH haben sich angeschlossen KK *Laufhütte* § 138d Rdnr. 7; KK *Herdegen* § 244 Rdnr. 10; *Kleinknecht* § 138 d Rdnr. 10; KMR *Müller* § 138 d Rdnr. 5; KMR *Paulus* § 244 Rdnr. 354; *Gössel* S. 197; *Ulsenheimer* GA 1975 S. 103 (111). Dagegen verlangt LR *Dünnebier* § 138 d Rdnr. 8 wegen der Bedeutsamkeit des Verfahrensgegenstandes die Einhaltung der Grundsätze des Strengbeweises über die Art der Beweisaufnahme, nicht aber über ihren Umfang. Auch *Schlüchter* (Rdnr. 126 Fußn. 396) meint, daß Strengbeweis vorzuziehen sei.

66 BGH 5 StR 445/66 vom 3. 1. 1967; RGSt. 38 S. 323; *Arzt* in Peters-FS S. 228; *Bergmann* S. 27, 110 und MDR 1976 S. 888 (891); *Engels* S. 118; *Gössel* S. 196/197; *E. Peters* S. 50; *Schwinge* S. 165/166; vgl. auch *Ditzen* S. 51. Nach Ansicht von *Bovensiepen* (S. 132 ff.) handelt es sich hier nicht um ein Beweisverfahren, weil die Feststellung des Wohnsitzes des Zeugen keine Zulässigkeitsvoraussetzung für die Ladung ist. Aber wenn die Ermittlung des Aufenthalts des Zeugen kein »Beweisverfahren« ist, so fragt sich, was sie dann

Ermittlungen telefonisch durch den Geschäftsstellenbeamten anstellen zu lassen. Personen, denen der Aufenthalt des Zeugen bekannt sein soll, können formlos befragt werden[67]. Urkunden, aus denen sich die Erfolglosigkeit der Ermittlungen ergibt, können ohne Verlesung benutzt werden. Im Freibeweis wird auch ermittelt und festgestellt, ob ein durch Beweisantrag benannter Zeuge als Beweismittel wertlos und daher völlig ungeeignet ist[68], und in derselben Beweisart kann aufgeklärt werden, ob eine bestimmte Person, deren Aufenthalt dem Gericht bekannt ist, mit dem von dem Angeklagten in seinem Beweisantrag benannten Zeugen oder ob die erschienene Person mit dem als Zeugen Geladenen identisch ist[69]. Unabhängig davon wird die Person des Zeugen im Rahmen der Vernehmung (§ 68), also im Strengbeweis, festgestellt.

Freibeweis gilt ferner für Ermittlungen darüber, ob die Gründe zutreffen, mit denen der Zeuge sein Ausbleiben in der Hauptverhandlung entschuldigt[70]. Auch die Vernehmungsfähigkeit des erschienenen Zeugen wird im Freibeweis festgestellt, wenn dazu Anlaß besteht[71]. Wenn der geistige oder körperliche Zustand des Zeugen zur Zeit seiner Vernehmung, etwa vor dem ersuchten Richter nach § 223, für die Bewertung der Aussage von Bedeutung ist, ist hingegen Strengbeweis erforderlich; denn dabei geht es nicht um eine prozessuale Frage, sondern um den Beweiswert der Aussage des Zeugen[72]. Die Vernehmungsfähigkeit ist aber auch dann bloßes Thema des Freibeweises, wenn es von ihrer Bejahung abhängt, ob das Gericht überhaupt die Vorladung des Zeugen anordnet oder ob es den darauf gerichteten Beweisantrag wegen völliger Ungeeignetheit des Zeugen nach § 244 Abs. 3 Satz 2 ablehnt[73]. Entsprechendes gilt für die Frage, ob auf einen Zeugen die Voraussetzungen der kommissarischen Vernehmung nach § 223 zutreffen[74]. Ob ein Zeuge ein Aussageverweigerungsrecht hat, hängt von der Bewertung tatsächlicher Umstände ab, die der Zeuge auf Verlangen des Gerichts eidlich versichern

---

ist. Die Antwort von *Bovensiepen* (S. 134), es handele sich um »außerbeweisliche Ermittlungen des Gerichts«, die nur einer effektiven und zweckmäßigen Prozeßgestaltung diene, befriedigt nicht; Ermittlungen des Gerichts nennt man nun einmal Beweiserhebungen.

67 RG GA 40 S. 305 (Befragung eines anwesenden Zeugen); *W. Schmid* SchlHA 1981 S. 43.
68 RGSt. 48 S. 84 (86); 51 S. 59; RG DStR 1938 S. 244 (245); OLG Düsseldorf VRS 57 S. 289 (291); *Dalcke/Fuhrmann/Schäfer* § 244 Anm. 14 d; KK *Herdegen* § 244 Rdnr. 10; KMR *Paulus* vor § 48 Rdnr. 29; LR *Gollwitzer* § 244 Rdnr. 230.
69 RGSt. 22 S. 54; KMR *Paulus* § 59 Rdnr. 11; LR *Meyer* § 59 Rdnr. 5; *Beling* JW 1924 S. 973; *W. Schmid* SchlHA 1981 S. 41.
70 Vgl. KMR *Paulus* § 51 Rdnr. 10; *E. Peters* S. 51; a. A. *Eb. Schmidt* § 51 Rdnr. 19, der die Glaubhaftmachung durch den Zeugen genügen läßt.
71 RG JW 1927 S. 2627 (2628) mit Anm. *Löwenstein*; RG JR Rspr. 1927 Nr. 1701; *E. Peters* S. 51.
72 Vgl. *E. Peters* S. 52.
73 Vgl. unten S. 603.
74 RG HRR 1931 Nr. 270 = JW 1931 S. 214 mit Anm. *Oetker*. Die Entscheidung betraf den Fall des Nichterscheinens wegen Erkrankung des Zeugen.

muß (§ 56). Das Gericht kann aber auch im Freibeweis ermitteln[75]. Solche Ermittlungen sind ferner zulässig, wenn aufzuklären ist, ob der Vernehmungsrichter den Zeugen nach § 52 Abs. 3 belehrt hat[76] und ob der Zeuge außerhalb der Hauptverhandlung erklärt hat, daß er das Zeugnis verweigern wolle[76a]. Hatte der Zeuge früher von seinem Zeugnisverweigerungsrecht Gebrauch gemacht, so kann, wenn dazu Anlaß besteht, im Freibeweis ermittelt werden, ob er daran festhält[77].

Die Erforschung dessen, was dem Zeugen über den Gegenstand seiner Vernehmung bekannt ist, gehört in vollem Umfang zur Vernehmung selbst, also zur Beweisaufnahme nach den Grundsätzen des Strengbeweises. Das schließt nicht aus, Personen, von denen überhaupt noch nicht feststeht, ob sie Angaben zur Sache machen können, formlos und ohne Vernehmung zur Sache informatorisch hierüber zu hören[78]. Die Ansicht der Vorauflage[79], solche informatorischen Vernehmungen seien nur mit Zustimmung sämtlicher Prozeßbeteiligter zulässig, wird nicht aufrechterhalten. Denn vom Willen der Prozeßbeteiligten kann die Notwendigkeit, die Regeln der §§ 243 ff. einzuhalten, nicht abhängen; sie unterliegen nicht der Parteidisposition[80]. Eine formlose Vernehmung von Auskunftspersonen über Fragen, die für den Schuld- und Rechtsfolgenausspruch von Bedeutung sind[81], ist aber immer unstatthaft[82]. Das gilt auch für die Angaben eines Zeugen, der von sich aus, ohne dazu aufgefordert zu sein, dem Gericht gegenüber Erklä-

---

75 Vgl. LR *Meyer* § 56 Rdnr. 6; *Ditzen* S. 14; *Sarstedt* DAR 1964 S. 307 (310). RGSt. 22 S. 54 und RG GA 62 S. 349 = LZ 1915 Sp. 1387 hielten auch Auskünfte des Zeugen vor seiner Vernehmung über die Tatsache, daß er kein Angehöriger des Angeklagten ist, im Freibeweis für zulässig.
76 BGH NJW 1979 S. 1722 = JR 1980 S. 123 mit Anm. *Foth*; *Kleinknecht* § 252 Rdnr. 8; KMR *Paulus* § 244 Rdnr. 357; a. A. RGSt. 55 S. 1 (5); RGRspr. 5 S. 266 (268). In der Entscheidung BGHSt. 26 S. 281 (284) ist nur von der Vernehmung des Ermittlungsrichters die Rede; ob sie im Freibeweis stattfinden kann, geht aus der Entscheidung nicht hervor.
76a BGH 5 StR 602/81 vom 22. 12. 1981.
77 *Simader* S. 125 Fußn. 21.
78 RGSt. 2 S. 267; 22 S. 54; 66 S. 113 (115/116) = JW 1932 S. 3092 (3094) mit Anm. *Alsberg*; RGSt. 67 S. 252 (254); RG JW 1924 S. 973 mit Anm. *Beling*; BayObLGSt. 1953 S. 135 (137) = NJW 1953 S. 1524; *Dalcke/Fuhrmann/Schäfer* Anm. 3; KK *Pelchen* Rdnr. 7; *Kleinknecht* Rdnr. 2; KMR *Paulus* Rdnr. 11; LR *Meyer* Rdnr. 5; alle zu § 59; *Feisenberger* vor § 48 Anm. 4 und DJZ 1932 Sp. 451 (454); *Alsberg* JW 1929 S. 667 (668); *Henkel* S. 200 Fußn. 5; *Rüping* Rdnr. 142. – A.A. *Mannheim* JW 1927 S. 2707; *E. Peters* S. 49/50 mit der wenig überzeugenden Begründung, es sei Strengbeweis erforderlich, weil die Ermittlungen den Wert des Beweismittels betreffen.
79 S. 471.
80 Vgl. LR *Meyer* § 337 Rdnr. 220 mit weit. Nachw.
81 Dazu gehört u. U. auch die Tatsache, daß dem Zeugen über die Beweisfrage nichts bekannt ist; a. A. RG Recht 1902 Nr. 798.
82 BGH bei *Dallinger* MDR 1974 S. 368/369; RGSt. 42 S. 219 (220); 66 S. 113 (115/116) = JW 1932 S. 3092 (3094) mit Anm. *Alsberg*; RGSt. 67 S. 252; S. 287 (288); RG JW 1929 S. 667 mit Anm. *Alsberg*; RG GA 52 S. 387; OLG Dresden JW 1927 S. 2645 mit Anm. *Mannheim*; OLG Oldenburg MDR 1977 S. 775; LR *Gollwitzer* § 244 Rdnr. 9; LR *Meyer* § 59 Rdnr. 5; *Beling* JW 1924 S. 973; *Feisenberger* DJZ 1932 Sp. 451 (454). Vgl. auch OLG Köln DAR 1980 S. 55.

rungen zur Sache abgibt[83], und für den Fall, daß ein schon vernommener Zeuge bei der Gegenüberstellung mit einem anderen Zeugen Angaben macht[84]. Dagegen sind Erklärungen von Zeugen bei einer Ortsbesichtigung keine Aussagen im Strengbeweis, wenn sie dem Gericht nur einen Anhalt dafür geben sollen, worauf es bei der Augenscheinseinnahme besonders ankommt[85].

Im Wege des Freibeweises kann festgestellt werden, ob die tatsächlichen Voraussetzungen der §§ 60, 61 über das Verbot der Vereidigung oder die Zulässigkeit der Nichtvereidigung vorliegen[86]. Das gilt für das Alter des Zeugen (§ 60 Nr. 1)[87], seine verstandesmäßige Eidesreife (§ 60 Nr. 1)[88] und für den Verdacht seiner Teilnahme an der abzuurteilenden Straftat (§ 60 Nr. 2)[89]. Damit steht nicht in Widerspruch, daß sich die hierfür maßgebenden Umstände vielfach schon aus der nach Strengbeweisgrundsätzen durchgeführten Vernehmung des Zeugen ergeben, z. B. die Angabe seines Alters bei der Vernehmung zur Person oder die Angabe der Tatbeteiligung bei der Sachvernehmung. Denn Freibeweis gilt eben nur, wenn der Zeuge bei seiner Vernehmung hierzu keine oder unglaubhafte Angaben gemacht hat[90]. Auch der Gesichtspunkt, daß die Frage der Nichtvereidigung häufig für das Sachurteil erheblich und insbesondere die Gründe für die Nichtvereidigung wegen Teilnahmeverdachts oft auch für die Frage der Glaubwürdigkeit des Zeugen von Bedeutung, also doppelrelevant sind, spielt in diesem Zusammenhang keine Rolle[91]. Denn die nur verfahrensrechtlich erhebliche Tatsache des Teilnahmeverdachts und die für die Schuldfrage erhebliche Frage der Glaubwürdigkeit des Zeugen decken sich keineswegs. Ein teilnahmeverdächtiger Zeuge kann glaubwürdig, ein nicht in diesem Verdacht stehender völlig unglaubwürdig sein. Selbst das Ausstrahlen der Frage des Teilnahmeverdachts auf die Urteilsfindung[92] ändert nichts daran, daß über die verfahrensrechtliche Frage der Vereidigung im Wege des Frei-

---

83 RGSt. 67 S. 287; KK *Pelchen* § 59 Rdnr. 6.
84 RG JR Rspr. 1926 Nr. 995.
85 RGSt. 10 S. 10 (11); 12 S. 308 (309); 18 S. 186 (187); RG JW 1902 S. 579 (580); 1927 S. 2044 mit abl. Anm. *Mannheim* JW 1927 S. 2707; LR *Meyer* § 59 Rdnr. 5; unten S. 258.
86 Vgl. KK *Pelchen* § 60 Rdnr. 3; *Kleinknecht* § 60 Rdnr. 1; *Bergmann* S. 110 und MDR 1976 S. 888 (891); *Henkel* S. 200 Fußn. 5; W. *Schmid* SchlHA 1981 S. 41.
87 Vgl. KMR *Paulus* § 244 Rdnr. 357; LR *Meyer* § 60 Rdnr. 3; *Ditzen* S. 58; F. W. *Krause* Jura 1982 S. 225 (230); *Roxin* § 24 B II 1; vgl. auch RGSt. 20 S. 163.
88 RGSt. 56 S. 102; LR *Meyer* § 60 Rdnr. 7; LR *Gollwitzer* § 244 Rdnr. 2; *Eb. Schmidt* § 60 Rdnr. 11; *Koeniger* S. 249; *Wroblewski* S. 32; a. A. RGSt. 11 S. 261.
89 RGSt. 51 S. 69 (70); KMR *Paulus* § 244 Rdnr. 357; LR *Gollwitzer* § 244 Rdnr. 2; M. *Müller*, Sinn und Wirkung der strafprozessualen Vereidigungsverbote, Diss. Köln 1961, S. 15.
90 Die Bedenken von E. *Peters* (S. 52/53) erscheinen daher nicht berechtigt.
91 A.A. *Bovensiepen* S. 74 Fußn. 4; E. *Peters* S. 54, die eine Trennbarkeit verneinen und daher von vornherein Strengbeweis fordern. Die Vorauflage (S. 472 Fußn. 50) stand auf dem Standpunkt, daß zwar Freibeweis zulässig sei, das Gericht ein auf diese Weise gewonnenes Ergebnis aber bei der Urteilsfindung auszuschalten habe und die Frage, inwieweit gegen den Zeugen ein seine Glaubwürdigkeit mindernder Teilnahmeverdacht vorliegt, vollständig neu prüfen müsse.
92 Vgl. E. *Peters* S. 54.

beweises entschieden werden kann. Auf das Urteil kann eine verfahrensrechtliche Entscheidung auch in anderen Fällen ausstrahlen. Der maßgebende Abgrenzungsgesichtspunkt kann das nicht sein. Übrigens spielt die Frage in der Praxis schon deshalb keine große Rolle, weil der Teilnahmeverdacht regelmäßig aufgrund der Aussage des betreffenden Zeugen beurteilt wird.

Freibeweis gilt schließlich für Ermittlungen darüber, ob die Gründe für die kommissarische Vernehmung nach § 223 noch vorliegen und ob andere Hindernisse bestehen, die der Vernehmung des Zeugen in der Hauptverhandlung entgegenstehen und daher die Verlesung von Vernehmungsniederschriften und anderen Urkunden nach § 251 Abs. 1 und 2 zulassen[93].

f) Sachverständige. Ob die als Sachverständige in Aussicht genommenen Personen über die erforderliche Sachkunde verfügen, kann vom Gericht im Freibeweisverfahren erforscht werden, wenn hiervon nur die Entscheidung darüber abhängt, ob die Betreffenden überhaupt als Sachverständige zugezogen werden sollen[94]. Denn während das Wissen des Zeugen zur Sache gerade durch die Vernehmung selbst erkundet werden soll, liegt der Befähigungsnachweis, den ein Sachverständiger gegebenenfalls erbringen muß, begrifflich außerhalb des Gegenstandes des von ihm zu erstattenden Gutachtens. Das Gericht, dem nach § 73 die Auswahl des Sachverständigen zusteht, wird regelmäßig nur solche Personen als Sachverständige auswählen, die es im Besitz der erforderlichen Sachkunde weiß. Die Regeln des Freibeweises gelten jedoch nur bis zu dem Zeitpunkt, in dem mit der Vernehmung des Sachverständigen in der Hauptverhandlung begonnen wird. Danach ist die Prüfung der Sachkunde nicht mehr für einen Verfahrensakt, sondern für die Würdigung des erhobenen Beweises von Bedeutung. Sie darf daher nur nach den Vorschriften des Strengbeweises vorgenommen werden[95].

Wird der Sachverständige von einem Prozeßbeteiligten wegen Befangenheit abgelehnt, so hat der Antragsteller die Ablehnungsgründe glaubhaft zu machen (§ 74 Abs. 3). Dazu genügt die Berufung auf das uneidliche Zeugnis des Sachverständigen, der dann formlos nach den Regeln des Freibeweises angehört werden

---

93 RGSt. 38 S. 323 (324); 57 S. 186 (188); RG HRR 1931 Nr. 270 = JW 1931 S. 214 mit Anm. *Oetker*; BayObLGSt. 1959 S. 315 (316) = NJW 1960 S. 687 (688); KK *Herdegen* § 244 Rdnr. 10; *Kleinknecht* § 251 Rdnr. 19; KMR *Paulus* § 244 Rdnr. 357; LR *Gollwitzer* § 244 Rdnr. 2 und § 251 Rdnr. 67; *Henkel* S. 328; *W. Schmid* SchlHA 1981 S. 41. Daß hier Freibeweis gilt, muß auch *Wroblewski* (S. 33/34) einräumen, der ihn sonst grundsätzlich für unzulässig hält. Strengbeweis verlangt jedoch E. *Peters* S. 51 mit der Begründung, ob ein Zeuge vor Gericht erscheinen kann, sei für die Sachentscheidung insofern von Bedeutung, als die Glaubwürdigkeit nicht so geprüft werden kann wie bei der persönlichen Anhörung.
94 RG SächsA 1908 S. 249 (251); KK *Herdegen* § 244 Rdnr. 10; *Beling* S. 301; *Bergmann* S. 110 und MDR 1976 S. 888 (891); *Ditzen* S. 23; *Jessnitzer* S. 130/131; E. *Peters* S. 48; *Simader* S. 131 Fußn. 12.
95 Vgl. E. *Peters* S. 48.

kann[96]. Auch die Feststellung, ob der Sachverständige allgemein vereidigt worden ist und welchen Umfang dieser Eid hat, der nach § 79 Abs. 3 die Vereidigung in der Hauptverhandlung ersetzt, wird im Wege des Freibeweises getroffen[97].

g) Augenschein. Von einer lediglich prozeßerheblichen Bedeutung kann auch bei Tatsachen gesprochen werden, die den Augenscheinsbeweis vorbereiten oder ermöglichen sollen. Alle Tatsachen hingegen, die die Auswertung des Augenscheinsgegenstandes für den Schuldbeweis betreffen, wozu insbesondere die Identifizierung dieses Gegenstandes und die Umstände seiner Auffindung gehören, unterliegen den Regeln des Strengbeweises. Ob z. B. eine vorgelegte Pistole in einem Teich aufgefunden worden ist, muß unter Beachtung derselben strengen Vorschriften festgestellt werden, die allgemein für den Tatsachenbeweis in der Hauptverhandlung gelten[98]. Wenn dagegen in einer Strafsache eine Person vom Gericht damit betraut wird, Ermittlungen nach verschiedenen für die Ausführung der Tat in Betracht kommenden Gegenständen vorzunehmen, und wenn danach das von ihm aufgefundene Material zunächst nur einigen Prozeßbeteiligten gezeigt wird, damit sie entsprechende Beweisanträge vorbereiten können, so würde diese Maßnahme, die zu einem Augenschein an dem für die Beurteilung des Falles maßgeblichen Gegenstand erst führen soll, wegen ihres vorbereitenden Charakters nicht den Vorschriften über den Strengbeweis unterliegen.

h) Urkunden. Beim Urkundenbeweis ist die Frage, von wem die Urkunde herrührt, nicht lediglich prozessual erheblich. Denn die Beweisbedeutung der in der Urkunde enthaltenen gedanklichen Erklärung ist von der Person ihres Verfassers nicht zu trennen[99]. Ebenso wie die Echtheit der Urkunde muß im Zweifelsfall die Übereinstimmung einer dem Gericht vorliegenden Abschrift mit der Urschrift im Wege des Strengbeweises festgestellt werden, weil diese Untersuchung einen Teilausschnitt der sachlich-rechtlich bedeutsamen Frage bildet, welche Erklärungen der Verfasser der Urkunde abgegeben hat[100]. Dient aber die Urkunde selbst nur dem Beweis der Prozeßfrage, so kann auch ihre Echtheit oder die Richtigkeit einer Abschrift formlos ermittelt werden, z. B. im Fall der Verlesung nach § 251 Abs. 3.

---

96 BGH 5 StR 585/63 vom 28. 1. 1964; RG BayZ 1928 S. 391 = Recht 1928 Nr. 2034; RG SeuffBl. 76 S. 701 = Recht 1911 Nr. 2266; *Kleinknecht* Rdnr. 7; KMR *Paulus* Rdnr. 16; LR *Meyer* Rdnr. 23; alle zu § 74; *Jessnitzer* S. 141; *W. Schmid* SchlHA 1981 S. 41; a. A. *Stein/Jonas* § 406 ZPO Anm. III 2. Der BGH hält (BGH 2 StR 585/75 vom 19. 2. 1976) sogar die Vereidigung für zulässig; nur dem Antragsteller sei der Eid als Mittel der Glaubhaftmachung verschlossen.
97 RGSt. 6 S. 267 (268); KK *Pelchen* Rdnr. 6; KMR *Paulus* Rdnr. 17; LR *Meyer* Rdnr. 12; *Eb. Schmidt* Rdnr. 11; alle zu § 79; *E. Peters* S. 49.
98 Vgl. RG GA 52 S. 387.
99 Vgl. RGSt. 39 S. 258.
100 Vgl. *Wömpner* MDR 1980 S. 889 (890); dazu unten S. 248.

IV. Doppelrelevante Tatsachen

1. Möglichkeiten der Doppelrelevanz

Der Tatrichter muß zuweilen Tatsachen aufklären, die für den Schuld- oder Rechtsfolgenausspruch, zugleich aber auch für die Prozeßvoraussetzungen oder für prozessuale Entscheidungen erheblich, also »doppelrelevant« sind. Bei den Prozeßvoraussetzungen kommt eine solche Doppelrelevanz etwa vor, wenn die Geisteskrankheit des Angeklagten, die durch einen Sachverständigen festgestellt werden soll, die Schuldfähigkeit bei der Tatbegehung in gleicher Weise beeinflußt wie die Verhandlungsfähigkeit. Von doppelter Relevanz ist auch das Alter des Angeklagten; danach richtet sich sowohl die Zuständigkeit des Jugendgerichts oder des allgemeinen Strafgerichts als auch die Anwendung von Jugend- oder Erwachsenenstrafrecht. Vor allem ist die Tatzeit oft doppelrelevant. Sie ist bei der Verjährung, der Rechtzeitigkeit des Strafantrags und der Straffreiheit nach Amnestiegesetzen von Bedeutung, muß aber in jedem Fall auch für die Schuldfrage festgestellt werden; denn eine Tat außerhalb von Raum und Zeit gibt es nicht[101]. Auch zahlreiche prozessual erhebliche Tatsachen können zugleich Bedeutung für die Anwendung des sachlichen Rechts haben. Doppelrelevant können z. B. die familienrechtlichen Verhältnisse des Angeklagten zu einem Zeugen sein, wenn sie sowohl für die Anwendung des strafrechtlichen Tatbestandes, etwa des § 174 Abs. 1 Nr. 3 oder des § 176 Abs. 1 StGB, als auch für die Frage des Zeugnisverweigerungsrechts nach § 52 oder des Absehens von der Vereidigung nach § 61 Nr. 2 bedeutsam sind[102]. Die Frage, ob ein Zeuge der Mittäterschaft an der dem Angeklagten vorgeworfenen Tat verdächtig ist, kann nicht nur für die Vereidigung des Zeugen (§ 60 Nr. 2), sondern auch für seine Glaubwürdigkeit, also für eine der sachlich-rechtlichen Bewertung des Falles dienende Frage, von Bedeutung sein. Ob ein Geständnis des Angeklagten unter Verstoß gegen § 136 a zustande gekommen ist, kann in gleicher Weise die Verwertbarkeit und den Beweiswert des Geständnisses berühren. Die Frage, ob der Angeklagte den X getötet hat, kann sowohl für die Schuldfrage als auch für die Frage erheblich sein, ob die Aufzeichnungen des Opfers nach § 251 Abs. 2 verlesen werden dürfen.

2. Bedeutung der Doppelrelevanz für die Beweisaufnahme

Die Doppelrelevanz einer Tatsache hat in zweifacher Hinsicht Bedeutung für das Beweisverfahren. Einmal ist sicher, daß das Ergebnis der im Strengbeweis vorgenommenen Beweiserhebung über die Tatsache auch der Entscheidung über das Vorliegen der Prozeßvoraussetzungen und der prozeßrechtlichen Frage zugrunde zu legen ist. Einem Strafurteil dürfen immer nur einheitliche Feststellungen zur Grundlage dienen, und es kann keinesfalls zugelassen werden, daß eine und die-

---

[101] RGSt. 69 S. 318 (320) = JW 1935 S. 3396 mit Anm. *Richter*; RGSt. 71 S. 259 (262); LR *Meyer* § 337 Rdnr. 33; vgl. auch unten S. 158.
[102] Vgl. *Ditzen* S. 38 ff.; *Stenglein* GerS 46 S. 1 (16); *Többens* S. 14; *Willms* Heusinger-EG S. 407.

selbe Tatsache bei der Schuldfrage anders beurteilt wird als bei der Entscheidung über eine Verfahrensfrage[103]. Die in der Beweisform des Strengbeweises geschaffenen Feststellungen sind daher auch für die verfahrensrechtlichen Entscheidungen bindend[104].

Andererseits zwingt trotz der Notwendigkeit, doppelrelevante Tatsachen im Strengbeweis festzustellen[104a], die bloße Möglichkeit, selbst die Gewißheit, daß es sich um eine doppelrelevante Tatsache handelt, das Gericht nicht dazu, sogleich im Strengbeweis zu verfahren. Maßgebend ist niemals die objektive Eignung der Tatsache zur Doppelrelevanz, sondern der Zweck, der mit der Beweisaufnahme verfolgt wird[105]. Der Grundsatz, daß es nicht auf die objektive Eignung einer Tatsache ankommt, als Grundlage der Sachentscheidung zu dienen und gleichzeitig verfahrensrechtlich erheblich zu sein, sondern daß die Vorstellung des Gerichts über den Zweck der Beweisaufnahme entscheidet, gilt selbst dann, wenn abzusehen ist, daß die Tatsache in einem späteren Verfahrensabschnitt auch für den Tatvorwurf Bedeutung erlangen kann[106]. Das Gericht kann etwa, weil der Sachverständige zunächst in der Hauptverhandlung noch nicht zur Verfügung steht, im Freibeweis Feststellungen über die Verhandlungsfähigkeit des Angeklagten treffen und den Sachverständigen später im Strengbeweisverfahren darüber hören, ob aufgrund derselben tatsächlichen Umstände die Schuldfähigkeit des Angeklagten bei der Tat beeinträchtigt war. Ebenso kann zunächst im Freibeweis geklärt werden, ob ein Zeuge der Mittäterschaft verdächtig ist; kommt es später auf diese Frage auch für die Beurteilung der Glaubwürdigkeit des Zeugen an, so muß hierüber im Strengbeweis Beweis erhoben werden[107]. Weicht das Ergebnis der späteren Beweisaufnahme im Strengbeweis von den schon vorher im Freibeweis getroffenen Feststellungen ab, so muß die verfahrensrechtliche Entscheidung dem nachträglich angepaßt werden[108].

---

103 *Willms* a.a.O. betont mit Recht, daß der Grund hierfür im Zwang zur Widerspruchsfreiheit liegt, der für das gesamte Urteil gilt.
104 Vgl. *Kleinknecht* § 244 Rdnr. 19; LR *Gollwitzer* § 244 Rdnr. 3; *Hanack* JZ 1972 S. 114; *Willms* Heusinger-EG S. 407.
104a BGH bei *Holtz* MDR 1982 S. 282 = Strafverteidiger 1982 S. 101; LR *Gollwitzer* § 226 Rdnr. 7; *Többens* NStZ 1982 S. 184 (185).
105 Vgl. *Gössel* S. 197; *Willms* Heusinger-EG S. 408; *Kleinknecht* § 244 Rdnr. 19 unter Einschränkung auf den Fall, daß es zunächst nur um die Frage der Fortführung des Verfahrens überhaupt geht. *Eb. Schmidt* Nachtr. vor § 244 Rdnr. 5) hält die »funktionale Bedeutung« der Tatsachenfeststellung für maßgebend. Grundsätzlich a. A. *E. Peters* S. 54 und *Sauer* Grdl. S. 410, 422. Widersprüchlich *Bovensiepen* S. 73/74, der zwar die Lage des Einzelfalls für entscheidend hält, für den Fall des § 60 Nr. 2 aber ausnahmslos Strengbeweis fordert.
106 BGHSt. 28 S. 228 (238).
107 Vgl. KMR *Paulus* § 244 Rdnr. 359; LR *Gollwitzer* § 244 Rdnr. 3; *Gössel* S. 197; *F. W. Krause* Jura 1982 S. 225 (232); *Többens* S. 14 und NStZ 1982 S. 184 (185); *Willms* Heusinger-EG S. 408.
108 Vgl. LR *Gollwitzer* § 244 Rdnr. 3; *Gössel* S. 197; *Többens* S. 14 und NStZ 1982 S. 184 (185); *Willms* Heusinger-EG S. 408; a. A. KMR *Paulus* § 244 Rdnr. 359 für den Fall, daß das Gericht nur über die Prozeßfrage zu entscheiden hat.

Diese Grundsätze gelten ausnahmslos. Auch wenn dasselbe Beweismittel sowohl für sachlich-rechtliche als auch für prozessual erhebliche Tatsachen in Betracht kommt, kann der Beweis zunächst allein zu der Prozeßfrage erhoben werden. Ein und derselbe Zeuge kann zunächst in den Formen des Strengbeweises und danach in denen des Freibeweises vernommen werden und umgekehrt. Wird z. B. ein Zeuge vor seiner Vernehmung zur Sache oder nach seiner Entlassung über den Aufenthalt eines anderen Zeugen befragt, so kann insoweit seine Vernehmung uneidlich erfolgen[109]. Es gilt auch keine Ausnahme unter dem Gesichtspunkt, daß bestimmte Prozeßtatsachen so unmittelbar auf die Entscheidung über die Schuld- oder Rechtsfolgenfrage »zurückwirken« oder »ausstrahlen« oder daß sie die sachlich-rechtlichen Urteilsgrundlagen so unmittelbar »angreifen«, daß jede Beweiserhebung über sie, auch wenn sie zunächst nur einer prozeßrechtlichen Entscheidung dient, im Strengbeweis erhoben werden müßte[110]. Denn es gibt kaum jemals eine Tatsache, die nur prozessual wichtig und für die Schuld- und Rechtsfolgenfrage offensichtlich ohne Bedeutung ist[111]. Daher erscheint auch die Ansicht unrichtig, mindestens bei der Beweiserhebung über die Tatbeteiligung des Zeugen nach § 60 Nr. 2 und das Zustandekommen eines Geständnisses nach § 136 a bedürfe es immer der Beweiserhebung im Strengbeweisverfahren[112].

V. Urteilsmäßige Entscheidungen außerhalb der Schuld- und Rechtsfolgenfrage

Die bisher erörterten Fälle betrafen Ermittlungen über Tatsachen, die deshalb außerhalb der Schuld- und Rechtsfolgenfrage stehen, weil sie sich lediglich auf das Vorliegen der Prozeßvoraussetzungen oder auf verfahrensrechtlich erhebliche Fragen beziehen. Freibeweis gilt aber auch, wenn die Entscheidung, zu deren Grundlage die Beweisfrage gemacht werden soll, zwar unmittelbar das Urteil, jedoch darin nur einen Nebenpunkt betrifft, der nicht zur Schuld oder Rechtsfolge gehört.

1. Kosten des Verfahrens und Auslagen der Beteiligten

Die Entscheidung über die Kosten des Verfahrens und die Auslagen der Verfahrensbeteiligten hängt nach den §§ 465 ff. immer von der Entscheidung des Gerichts über die Schuld- und Rechtsfolgenfrage ab[113]. Von Bedeutung können aber auch Tatsachen sein, die damit nicht unmittelbar zusammenhängen. Für die Billigkeitsentscheidung nach § 465 Abs. 2 kommt es z. B. darauf an, ob durch Untersuchungen zur Aufklärung bestimmter belastender oder entlastender Umstände besondere Auslagen entstanden und diese Untersuchungen zugunsten

---

109 Vgl. RG GA 40 S. 305.
110 So aber *Bovensiepen* S. 74; *Hanack* JZ 1972 S. 114; *E. Peters* S. 54/55.
111 So mit Recht *Volk* S. 81.
112 Vgl. oben S. 124, 128.
113 *E. Peters* S. 31 meint daher, die Kostenfrage gehöre zum Bereich der Entscheidung über die Schuld- und Straffrage. Das ist jedoch nicht richtig; sie ist eine bloße Nebenentscheidung.

des Angeklagten ausgegangen sind. Nach § 467 Abs. 2 sind die Kosten des Verfahrens dem Angeklagten aufzuerlegen, soweit er sie durch schuldhafte Säumnis verursacht hat; mit den ihm insoweit entstandenen notwendigen Auslagen wird die Staatskasse nicht belastet[114]. Die Vorschrift des § 467 Abs. 3 Satz 2 Nr. 1 bestimmt, daß das Gericht davon absehen kann, die notwendigen Auslagen des Angeklagten der Staatskasse aufzuerlegen, wenn er die Erhebung der öffentlichen Klage dadurch veranlaßt hat, daß er sich in wesentlichen Punkten wahrheitswidrig oder im Widerspruch zu seinen späteren Erklärungen belastet oder wesentliche entlastende Umstände verschwiegen hat, obwohl er sich zur Beschuldigung geäußert hat[115].

All diese Umstände stellt das Gericht nach den Regeln des Freibeweises fest[116]. Denn es handelt sich um Tatsachen, die mit den Urteilsfeststellungen zum Schuld- und Rechtsfolgenausspruch nichts zu tun haben und deren Feststellung im Strengbeweisverfahren daher nicht erforderlich ist. Die Gegenmeinung[117] stammt[118] noch aus der Zeit, als die Entscheidung über die Kosten und Auslagen mit den allgemeinen Rechtsmitteln der Berufung und Revision angefochten werden mußte. Inzwischen ist das Gesetz dahin geändert worden, daß nur die sofortige Beschwerde nach § 464 Abs. 3 zulässig ist. Im Fall des § 467 ist eine Revision gegen das freisprechende Urteil nicht einmal zulässig, so daß der Angeklagte gegen den Kostenausspruch kein anderes Rechtsmittel als die sofortige Beschwerde einlegen kann.

Das Beschwerdegericht ist an die Feststellungen des Tatrichters zum Kosten- und Auslagenpunkt nicht gebunden[119]. Es kann vielmehr im Freibeweis Feststellungen treffen, die von denen des Tatrichters abweichen. Wenn das möglich ist, muß aber schon der Tatrichter davon absehen können, die Feststellungen im Strengbeweis zu erheben[120]. Große praktische Bedeutung wird die Frage übrigens nicht

114 Die Ansicht von *F. W. Krause* (S. 61 Fußn. 226), die Kostenentscheidung bilde keinen selbständigen Aufklärungspunkt nach § 244 Abs. 2 oder 3, weil sie nur den Gründen des Urteils folgt, ist demnach unrichtig.
115 Der in der Voraufl. S. 461 angeführte Fall des § 469 gehört nicht hierher, weil die Entscheidung, auch in der Hauptverhandlung, durch besonderen Beschluß ergeht; vgl. RGSt. 54 S. 330; BayObLGSt. 1957 S. 189 = NJW 1958 S. 1933. Daß dessen Grundlagen nicht im Strengbeweis festgestellt werden, unterliegt keinem Zweifel.
116 Vgl. *Birkmeyer* S. 67/68.
117 *E. Peters* S. 31; *Petry* S. 196; *Rieker* S. 97; *Simader* S. 4; *Stützel* S. 6; *Willms* Heusinger-EG S. 401; Voraufl. S. 484 ff. (anders S. 71).
118 Mit Ausnahme der von LR *Gollwitzer* § 244 Rdnr. 1 jetzt noch vertretenen Meinung.
119 OLG Frankfurt NJW 1972 S. 457; OLG Hamburg NJW 1970 S. 2127. Die anderslautende Entscheidung BGHSt. 26 S. 29, der sich LR *Schäfer* § 464 Rdnr. 68 angeschlossen hat, beruht auf der Erwägung, es könne nicht Rechtens sein, daß das Revisionsgericht an die Schuldfeststellungen, nicht aber an die Feststellungen zur Kostenfrage gebunden ist. Für den Fall, daß das Beschwerdegericht nicht zugleich das Revisionsgericht ist, hat sie keine Bedeutung.
120 *E. Peters* S. 31 weist mit Recht darauf hin, daß Freibeweis schon deshalb gelten muß, weil sonst im Fall des Verfahrensurteils nach § 260 Abs. 3 zwar die tatsächlichen Voraussetzungen der Einstellung im Freibeweis festgestellt werden könnten, die Feststellungen zum Kostenausspruch aber im Strengbeweis zu treffen wären. Das wäre ein offenbar unsinniges Ergebnis.

haben. Denn mindestens die Säumnis im Sinne des § 467 Abs. 2 und die tatsächlichen Voraussetzungen des § 467 Abs. 3 Nr. 2 müssen mit dem Angeklagten erörtert werden, um ihm das rechtliche Gehör zu gewähren, und Beweiserhebungen hierzu werden kaum in Betracht kommen.

2. Entschädigung des Angeklagten

Nach § 8 Abs. 1 Satz 1 StrEG entscheidet das Gericht im Urteil darüber, ob dem Angeklagten ein Anspruch auf Entschädigung für Strafverfolgungsmaßnahmen gegen die Staatskasse zusteht. Das setzt die Feststellung voraus, daß entschädigungspflichtige Strafverfolgungsmaßnahmen im Sinne des § 2 StrEG stattgefunden haben und daß keine Umstände vorliegen, die die Entschädigung nach § 5 StrEG ausschließen oder das Gericht nach § 6 StrEG ermächtigen, die Entschädigung ganz oder teilweise zu versagen. Die erforderlichen Feststellungen trifft das Gericht im Wege des Freibeweises[121]. Denn auch insoweit handelt es sich um Tatsachen, die, soweit sie nicht ausnahmsweise doppelrelevant sind, mit den Urteilsfeststellungen zur Schuld- und Rechtsfolgenfrage nicht in unmittelbarem Zusammenhang stehen. Außerdem ist auch die Entschädigungsentscheidung nach § 8 Abs. 3 Satz 1 StrEG nur mit der sofortigen Beschwerde anfechtbar. Die Bindung des Beschwerdegerichts an die tatsächlichen Feststellungen der angefochtenen Entscheidung nach § 8 Abs. 3 Satz 2 StrEG, § 464 Abs. 3 Satz 2, die ohnehin kein Beweiserhebungsverbot bewirkt, sondern nur ausschließen will, daß sich das Beschwerdegericht in Widerspruch zu den tatsächlichen Feststellungen des Urteils setzt[122], bezieht sich nicht auf die neben den Schuldfeststellungen getroffenen besonderen Feststellungen zur Entschädigungsfrage[123]. Das Beschwerdegericht darf daher im Freibeweis Feststellungen über das Bestehen oder Nichtbestehen der den Entschädigungsanspruch begründenden oder ausschließenden Umstände treffen[124]. Es gibt keinen Grund, den Freibeweis nicht schon dem Tatrichter zu gestatten.

---

[121] Die Voraufl. S. 486 forderte den Strengbeweis mit der Begründung, die Entscheidung über den Entschädigungsanspruch sei ein Teil des »Prozeßgegenstandes«. Nach dem jetzt geltenden Recht ist diese Ansicht nicht mehr haltbar.
[122] OLG Braunschweig VRS 42 S. 50 (51); OLG Frankfurt NJW 1978 S. 1017 (1018); OLG Karlsruhe Justiz 1973 S. 360; 1981 S. 374; OLG Oldenburg MDR 1972 S. 349; OLG Schleswig NJW 1976 S. 1467; a. A. offenbar *Schätzler*, StrEG 2. Aufl., 1982, § 8 Rdnr. 35 ff., 40.
[123] KG VRS 44 S. 122 (123); a. A. *Schätzler* § 8 StrEG Rdnr. 36; zweifelnd BGHSt. 26 S. 29 (31/32).
[124] OLG Braunschweig VRS 42 S. 50 (51); OLG Karlsruhe Justiz 1973 S. 360. Die Ansicht, daß das Beschwerdegericht nur den Akteninhalt auswerten darf (OLG Frankfurt NJW 1978 S. 1392; *D. Meyer* MDR 1980 S. 720 [724]), erscheint unrichtig; diese Beschränkung läßt sich nicht rechtfertigen.

VI. Feststellung des anzuwendenden Rechts

1. Grundsätze

Das Gesetz läßt an verschiedenen Stellen[125] erkennen, daß die Beweisaufnahme ausschließlich der Ermittlung und Feststellung von Tatsachen dient. Dabei sind die Erfahrungssätze, deren Beweisbarkeit keinem Zweifel unterliegt, den Tatsachen gleichgestellt. Daß der Richter das Recht kennt, setzen die Verfahrensordnungen aber voraus[126]. Die Erlangung der Kenntnis des anzuwendenden Rechts, zu der der Richter aufgrund seines Amtes verpflichtet ist[127], gehört zur Vorbereitung auf das Verfahren und hat grundsätzlich außerhalb der Hauptverhandlung zu erfolgen. Daraus ist geschlossen worden, daß Bestand, Inhalt und Auslegung von Rechtssätzen niemals Gegenstand einer Beweisführung sein können[128]. Diese Ansicht übersieht aber, daß mindestens der Erlaß des Rechtssatzes, seine Bekanntmachung und sonstige Akte, durch die er wirksam geworden ist, echte Tatsachen sind, die mit jedem Beweismittel bewiesen werden können[129]. Keine Tatsache ist die Auslegung des Rechts[130]. Trotzdem ist eine Beweisaufnahme hierüber nicht unbedingt ausgeschlossen. Denn das Recht hat Aspekte, die mit den Beweismethoden erfaßt werden können, die das Gesetz für Tatsachen bereithält[131]. Ob es zulässig ist, Beweise zur Feststellung des anzuwendenden Rechts zu erheben, läßt sich aber nicht allgemein sagen. Vielmehr muß das inländische Recht getrennt vom ausländischen Recht und vom Gewohnheitsrecht betrachtet werden. Denn der Gesetzgeber hat es für den Zivilprozeß erforderlich gehalten, in § 293 ZPO sowohl für das ausländische Recht als auch für das Gewohnheitsrecht eine beson-

---

125 Vgl. § 85 (Beweis vergangener Tatsachen und Zustände), § 219 Abs. 1 (Tatsachen, über die Beweis erhoben werden soll), § 244 Abs. 2 (Tatsachen und Beweismittel), § 244 Abs. 3 Satz 2 (Tatsache, die bewiesen werden soll), § 246 Abs. 1 und 2 (zu beweisende Tatsachen).
126 Vgl. *Baumbach/Lauterbach/Albers/Hartmann* § 293 ZPO Anm. 2.
127 Vgl. *Geisler* ZZP 91 S. 176 (180); *F. W. Krause* S. 33; *E. Peters* S. 79. Es gilt der Satz *iura novit curia*.
128 RGSt. 39 S. 212 (214); 42 S. 54 (56); *Ditzen* S. 45 und *Peters* JZ 1954 S. 182 meinen, daß die Entscheidungen nur den Strengbeweis ausschließen wollten. Vgl. ferner OLG Celle JZ 1954 S. 199; *Feisenberger* § 244 Anm. 2; *Eb. Schmidt* Teil I Rdnr. 377; *Beling* S. 278; *Bennecke/Beling* S. 317; *Ditzen* S. 36; *Gerland* S. 189; *Henkel* S. 263; *Kautter* S. 4; *von Kries* S. 335; *Rosenfeld* S. 160; *Stenglein* GerS 43 S. 284 (291). *Stein* (S. 180) wollte jedenfalls das Recht, das der Richter kennt, von jeder Beweisaufnahme ausschließen. Weit. Nachw. aus dem älteren Schrifttum finden sich bei *Hegler* AcP 104 S. 151 (186 Fußn. 95).
129 Vgl. *Bovensiepen* S. 5; *zu Dohna* S. 93 ff.; *Geisler* ZZP 91 S. 176 (179); *Hegler* AcP 104 S. 151 (185); *F. W. Krause* S. 33; *Mannheim* JW 1929 S. 2741; *Stein* S. 180; *Stenglein* GerS 43 S. 284 (285).
130 A.A. *Peters* JZ 1954 S. 182/183.
131 Vgl. *Geisler* ZZP 91 S. 176 (179).

dere Bestimmung zu treffen, und die Gründe, aus denen das geschehen ist, treffen auch für das Strafverfahren zu[132].

2. Inländisches Recht

Das Gesetz macht die Befähigung zum Richteramt von einem Universitätsstudium und vom Bestehen zweier juristischer Staatsprüfungen abhängig (§ 5 DRiG). Es geht davon aus, daß der Richter das geltende Recht in seinen wesentlichen Grundzügen kennt und die Fähigkeit hat, sich jederzeit die Rechtskenntnisse zu verschaffen, die er für die Entscheidung benötigt. Der Pflicht, sich über das geltende Recht zu unterrichten[133], muß sich der Richter vor, nicht erst in der Hauptverhandlung unterziehen. Kennt das Gericht die anzuwendenden Vorschriften nicht, hat es Zweifel an dem Bestehen eines inländischen Rechtssatzes oder ist ihm dessen Auslegung und Anwendbarkeit auf den Entscheidungsfall unklar, so kann es sich hierüber in jeder ihm geeignet erscheinenden Weise durch privates Studium, durch Lektüre von Entscheidungen und wissenschaftlichen Veröffentlichungen, durch die Heranziehung der Gesetzesmaterialien, durch Einholung von Auskünften von Beamten und Behörden unterrichten[134]. Auch Rechtsgutachten, die die Verfahrensbeteiligten vorgelegt haben, kann der Richter auswerten. Er kann sich darüber hinaus von Kollegen oder, wenn er dazu außerdienstlich Gelegenheit hat, von einem Rechtslehrer Auskunft holen. Handelt es sich um inländisches gesetztes Recht, so ist jedoch eine Beweisaufnahme, auch im Freibeweis, ausgeschlossen[135]. Das Gericht ist insbesondere nicht berechtigt, sich eines Sachkundigen, den es zum Sachverständigen im Sinne der §§ 72 ff. bestellt, zu bedienen[136], um Vorhandensein, Wirksamkeit, Bedeutung und Auslegung inländischer Rechtssätze festzustellen[137]. Denn Gutachten können nur veranlaßt werden für Fragen, zu deren Beant-

---

132 Dagegen wollen *Ditzen* S. 46; *Gerland* S. 189 und *Peters* JZ 1954 S. 182 (183) zwischen inländischem und ausländischem Recht, Gesetzesrecht, Verordnungsrecht und Gewohnheitsrecht keinen Unterschied machen; ebenso Voraufl. S. 463.
133 RG LZ 1916 Sp. 682; OLG Celle JZ 1954 S. 199 (200); *Stein/Jonas* § 293 ZPO Anm. 1; *Wieczorek* § 293 ZPO Anm. A; *Geisler* ZZP 91 S. 176 (180); *F. W. Krause* Jura 1982 S. 225 (229); *E. Peters* S. 56, 179; *Stein* S. 179.
134 RG LZ 1916 Sp. 1044; RG Recht 1911 Nr. 2267; *Bergmann* S. 111/112; *E. Peters* S. 56; *Többens* S. 8.
135 RGRspr. 9 S. 231; *Kleinknecht* § 244 Rdnr. 8; *Kühne* Rdnr. 431; a. A. *Gössel* S. 178.
136 Historisch ist die Berechtigung dazu in dem Augenblick weggefallen, in dem das Recht, die Akten an die juristischen Fakultäten zu versenden, aufgehoben worden ist (vgl. *F. W. Krause* S. 34 Fußn. 127; *Stein* S. 186).
137 BGH NJW 1966 S. 1364 (die Entscheidung lehnt eine Beweisgebühr nach § 31 Nr. 3 BRAGO ab); BGH LRE 6 S. 161 (162); *Kleinknecht* vor § 72 Rdnr. 4; *Hegler* AcP 104 S. 151 (191); *Henkel* S. 263; *Stein* S. 186/187; *Stenglein* GerS 43 S. 284 (285). – A.A. *Ditzen* S. 46, 51; *Mannheim* JW 1929 S. 2740 (2741), die Freibeweis zur Ermittlung des Rechts zulassen wollen. OLG Celle JZ 1954 S. 199 (200); *Beling* S. 78; *Peters* S. 342 und JZ 1954 S. 182 (183) sowie die Voraufl. S. 464 wollten in Ausnahmefällen, zur besseren Erfassung und Durchdringung inländischer Rechtsmaterien, bei besonders umstrittenen

wortung der Richter nicht selbst die erforderliche Sachkunde hat. Auf rechtlichem Gebiet muß er sie haben. Selbstverständlich können Fragen des inländischen gesetzten Rechts auch nicht Gegenstand des Zeugenbeweises sein[138]. Es wäre daher nicht zulässig, Abgeordnete, die bei dem Zustandekommen des Gesetzes mitgewirkt haben, als Zeugen über den Inhalt der Beratungen zu vernehmen, um den gesetzgeberischen Willen zu erforschen[139].

Da eine Beweisaufnahme über inländisches Recht niemals stattfindet, sind Beweisanträge der Verfahrensbeteiligten, die der Ermittlung dieses Rechts, insbesondere der Begründung oder Widerlegung einer bestimmten Rechtsansicht dienen sollen, nach § 244 Abs. 3 Satz 1 wegen Unzulässigkeit der Beweiserhebung abzulehnen[140]. Das gilt auch für Anträge, die darauf abzielen, tatsächliche Umstände aufzuklären, von denen Bestand und Wirksamkeit einer inländischen Rechtsnorm abhängen, z. B. den Tag der Veröffentlichung eines bestimmten Gesetzes oder einer Verordnung.

3. Ausländisches Recht

Eine dem § 293 ZPO entsprechende Vorschrift[141], die für ausländisches Recht und Gewohnheitsrecht ein Beweisverfahren vorsieht, besteht für den Strafprozeß nicht. Gleichwohl ist die Rechtslage auch hier anders als beim gesetzten inländischen Recht. Zwar sind auch die Normen des ausländischen Rechts[142] keine Tatsachen, sondern Rechtssätze[143]. Es ist daher in erster Hinsicht Sache des Gerichts, sich

---

Rechtsfragen oder zur Feststellung neuer Entwicklungslinien im Recht ein Sachverständigengutachten zulassen. *Zipf* (S. 165) hält die Einholung von Gutachten zur Verfassungswidrigkeit einer Rechtsnorm für zulässig. Dagegen macht *Kühne* (Rdnr. 431) zutreffend darauf aufmerksam, daß die Justizkasse nicht verpflichtet werden kann, solche Sachverständigengutachten zu honorieren.

138 BGH NJW 1968 S. 1293; RG JW 1915 S. 1371; a. A. *Peters* JZ 1954 S. 182 (183). Das RG (JW 1929 S. 2740 mit Anm. *Mannheim*) hielt die Vernehmung eines Oberlandjägers über das Bestehen bestimmter Beleuchtungsvorschriften für Fuhrwerke für eine zulässige Zeugenvernehmung. *Mannheim* a.a.O. wollte sogar Zeugenbeweis statt Einsichtnahme in den Gesetzestext zulassen.
139 A.A. Voraufl. S. 464.
140 Vgl. unten S. 428. Meist wird angenommen, es handele sich jedenfalls nicht um Beweisanträge; vgl. BGH 4 StR 315/53 vom 8. 10. 1953; RG LZ 1916 Sp. 682; RG Recht 1915 Nr. 998; BayObLGSt. 1958 S. 167 = VRS 16 S. 137; LR *Gollwitzer* § 244 Rdnr. 73; *Bergmann* S. 112; *zu Dohna* S. 90; *Mayer-Alberti* S. 19 Fußn. 1; *Peters* S. 287. Vgl. aber *Alsberg* GA 62 S. 1 (8), der Ablehnung durch Gerichtsbeschluß verlangte.
141 Die Bestimmung begründet keine Beweislast, sondern bestimmt nur die Mithilfe der Prozeßparteien; vgl. BGH NJW 1961 S. 410; *Geisler* ZZP 91 S. 176 (181); *B. Koehler* JR 1951 S. 549 ff.
142 Ihnen steht das von den früheren Besatzungsmächten und im Land Berlin von den dortigen alliierten Behörden gesetzte Recht gleich; vgl. OLG Celle JZ 1954 S. 199 mit Anm. *Peters*.
143 Vgl. *B. Koehler* JR 1951 S. 549 (550); a. A. *E. Peters* S. 57.

über das ausländische Recht zu unterrichten[144]. Eine Beweislast der Prozeßbeteiligten gibt es nicht; das Gericht darf den Angeklagten nicht etwa deshalb freisprechen, weil die Staatsanwaltschaft es unterlassen hat, das erforderliche ausländische Gesetzesmaterial rechtzeitig heranzuschaffen[145]. Wie der Richter sich die für die Entscheidung erforderliche Kenntnis verschafft, steht auch hier in seinem Ermessen[146]. Er kann insbesondere Auskünfte von Behörden, Instituten, Beamten oder Rechtskundigen des ausländischen Staats[147], aber auch der Bundesrepublik[148], oder eine Bescheinigung der deutschen diplomatischen Vertretung[149] einholen. Jedoch besteht die Möglichkeit der Selbstunterrichtung, die bei Vorschriften des im Inland geltenden gesetzten Rechts uneingeschränkt vorhanden ist, beim ausländischen Recht in weit geringerem Maße oder überhaupt nicht[150]. Die mangelnde Beherrschung der fremden Sprache und die Schwierigkeiten bei der Beschaffung ausländischer Gesetzessammlungen oder ausländischen Schrifttums schränken die Unterrichtungsmöglichkeiten des Richters erheblich ein. Von ihm kann daher nicht verlangt werden, daß er das ausländische Recht kennt oder daß er sich diese Kenntnis ohne fremde Hilfe verschafft.

Anders als beim Inlandsrecht kann es dem Gericht daher nicht verwehrt werden, Beweise zu erheben[151], insbesondere einen in- oder ausländischen Rechtsgutachter zuzuziehen[152]. Denn auch die Auskunft, welche Vorschriften des ausländischen

---

144 RG HRR 1935 Nr. 1285; *Stein* S. 183; *Stenglein* GerS 43 S. 284 (288). Vgl. für den Zivilprozeß BGH MDR 1957 S. 31 (33); RGZ 39 S. 346; 126 S. 196 (202); *B. Koehler* JR 1951 S. 549 (550).
145 RGSt. 44 S. 116 (118).
146 RGSt. 39 S. 212 (214); 42 S. 54 (56); RG Recht 1911 Nr. 2267; *Bergmann* S. 111/112. Vgl. für den Zivilprozeß BGH NJW 1961 S. 410 (411); *B. Koehler* JR 1951 S. 549 (550).
147 RGSt. 39 S. 212 (214); *Eb. Schmidt* Teil I Rdnr. 377; *Stein* S. 183. Vgl. auch RGSt. 42 S. 54 (56), wo darauf hingewiesen wird, daß darin keine Einholung von Gutachten liegt. Das Europäische Übereinkommen vom 7. 6. 1968 betreffend Auskünfte über ausländisches Recht (BGBl. 1974 II S. 937) und das Ausführungsgesetz hierzu vom 5. 7. 1974 (BGBl. I S. 1433) sehen für das Zivil- und Handelsrecht, das Verfahrensrecht auf diesen Gebieten und das Gerichtsverfassungsrecht ein besonderes Auskunftsverfahren vor; vgl. dazu *Wolf* NJW 1975 S. 1583.
148 *B. Koehler* JR 1951 S. 549 (550). Vgl. auch *Kegel*, Die Organisation der Ermittlung ausländischen Privatrechts, in FS für Ernst Nipperdey, 1965, I S. 453 ff.
149 RG WarnJ 1935 Nr. 295; *B. Koehler* JR 1951 S. 549 (550).
150 Vgl. *Geisler* ZZP 91 S. 176 (180).
151 BGH NJW 1966 S. 1364 (für § 293 ZPO); RGSpr. 9 S. 231 (232); *Kleinknecht* § 244 Rdnr. 8; *Meves* GA 40 S. 291 (297).
152 RG Recht 1911 Nr. 2267; *Dalcke/Fuhrmann/Schäfer* § 244 Anm. 7 c; KK *Pelchen* Rdnr. 1; *Kleinknecht* Rdnr. 4; LR *Meyer* Rdnr. 2; alle vor § 72; LR *Gollwitzer* § 244 Rdnr. 4; *Alsberg* GA 62 S. 1 (8); *Dahs/Dahs* Rdnr. 243; *Hegler* AcP 104 S. 151 (191, 198); *Jessnitzer* S. 22; *Peters* S. 342. Vgl. auch KMR *Paulus* vor § 72 Rdnr. 6 und § 244 Rdnr. 352: in ganz besonderen Ausnahmefällen; *E. Peters* S. 56: unter Beschränkung auf schwierige Probleme des ausländischen Rechts. Grundsätzlich a. A. *Eb. Schmidt* Teil I Rdnr. 377; *Stein* S. 186.

Rechts anwendbar sind, ist Gutachten[153]. Der Gutachter ist zum Sachverständigen zu bestellen[154] und nach den gesetzlichen Vorschriften zu entschädigen.

4. Gewohnheitsrecht

Ähnliche Grundsätze wie beim ausländischen Recht gelten für das Gewohnheitsrecht. Hier kommt es auf die Feststellung an, ob eine längere tatsächliche Übung besteht, die eine dauernde und ständige, gleichmäßige und allgemeine ist und von den Beteiligten als verbindliche Rechtsnorm anerkannt ist[155]. Es ist also in erster Hinsicht erforderlich, die langjährige Übung von Rechtsverhalten nachzuweisen. Das kann der Richter vielfach nicht ohne fremde Hilfe. Das Bestehen von Gewohnheitsrecht ist aber, selbst wenn der Nachweis von Übungsfällen in Frage steht, keine Tatsache[156], sondern ein Urteil, das aus einer Mehrheit von Beobachtungsfällen gebildet ist[157]. Daher können und müssen erforderlichenfalls Sachverständige gehört werden[158].

5. Beweisverfahren

Soweit eine Beweisaufnahme über ausländisches Recht und inländisches Gewohnheitsrecht stattfindet, gelten nach herrschender Meinung die Grundsätze des Freibeweises[159]. Die Verlesung von Rechtsgutachten ist daher auch zulässig, wenn die Voraussetzungen des § 256 nicht vorliegen[160]. Demgegenüber hat sich neuerdings

---

153 OLG Schleswig SchlHA 1952 S. 31 (32); KK *Pelchen* vor § 72 Rdnr. 1; *Gerland* S. 219 Fußn. 254; *Jonas* JW 1936 S. 1688. A.A. KMR *Paulus* vor § 72 Rdnr. 26, der die »freibeweisliche Auskunft« nicht für einen förmlichen Beweis hält.
154 *B. Koehler* JR 1951 S. 549 (555). *Beling* S. 278 wollte die Sachverständigenvorschriften nur entsprechend anwenden (»in den Formen und nach Analogie des Sachverständigenbeweises«).
155 BVerfGE 34 S. 293 (303/304) = NJW 1973 S. 696 (698); *Bovensiepen* S. 8.
156 A.A. RGRspr. 9 S. 231 (232), das nur aus diesem Grunde eine Beweisaufnahme zuließ.
157 Vgl. *Geisler* ZZP 91 S. 176 (179); *Hegler* AcP 104 S. 151 (187/188); a. A. *Stenglein* GerS 43 S. 284 (289), der von Tatsachenfeststellung spricht. Auch *E. Peters* (S. 179) hält es der Feststellung von Tatsachen jedenfalls nahe verwandt. Vgl. auch RGSt. 9 S. 299, das bei rechtsirrtümlicher Verneinung von Gewohnheitsrecht durch den Tatrichter die Frage nicht selbst geprüft, sondern das Urteil aufgehoben und die Sache zurückverwiesen hat.
158 Vgl. *Kleinknecht* vor § 72 Rdnr. 4; *Alsberg* GA 62 S. 1 (8); *Hegler* AcP 104 S. 151 (191); *Stein* S. 181; vgl. auch LR *Gollwitzer* § 244 Rdnr. 4.
159 RG HRR 1935 Nr. 1285; RG Recht 1911 Nr. 2267; OLG Stuttgart NJW 1976 S. 1852 = JR 1977 S. 205 mit Anm. *Gollwitzer;* Dalcke/Fuhrmann/Schäfer § 244 Anm. 7 c; KK *Herdegen* § 244 Rdnr. 48; *Kleinknecht* vor § 72 Rdnr. 4 und § 244 Rdnr. 19; KMR *Paulus* § 244 Rdnr. 352; LR *Gollwitzer* vor § 226 Rdnr. 7 und § 244 Rdnr. 4; *Alsberg* GA 62 S. 1 (2); *Bergmann* S. 111/112; *Dahs/Dahs* Rdnr. 243; *Ditzen* S. 46; *Gössel* S. 197; *Hegler* Rechtsgang I S. 395 Fußn. 5 und II S. 267; *Jessnitzer* S. 34; *B. Koehler* JR 1951 S. 549 (550); *F.W. Krause* S. 35; *Mannheim* JW 1929 S. 2740 (2741); *Mayer-Alberti* S. 19 Fußn. 1; *Rieker* S. 97; *Schroeder* JR 1974 S. 340; *Stein* S. 180, 183.
160 OLG Stuttgart NJW 1976 S. 1852 = JR 1977 S. 205 mit Anm. *Gollwitzer;* LR *Gollwitzer* § 256 Rdnr. 26; *Dahs/Dahs* Rdnr. 243.

im Schrifttum eine Mindermeinung gebildet, die die Feststellung von Rechtsnormen weder dem Streng- noch dem Freibeweis zuordnet, sondern die Rechtsnormen als dritte Kategorie von potentiellen Beweisgegenständen betrachtet, weil es in erster Hinsicht Sache des Richters ist, sich außerhalb der Hauptverhandlung auf jede ihm genehme Weise zu unterrichten[161]. Wenn er das nicht tut oder nicht kann, besteht jedoch kein Anlaß, die erforderliche Beweiserhebung begrifflich außerhalb des Freibeweisverfahrens zu stellen. Es kommt nur darauf an, den Fall vom Strengbeweis zu trennen.

---

161 *Bovensiepen* S. 6; *E. Peters* S. 181; *Többens* S. 8/9. – *Beling* S. 278 und *Geisler* ZZP 91 S. 176 (184) wollten nicht Freibeweis, sondern, wenn eine Beweisaufnahme erforderlich ist, die Vorschriften über den Sachverständigenbeweis entsprechend anwenden, *Geisler* insbesondere, weil er meint, die Verwendung des Begriffs Freibeweis werde dort nichtssagend, wo keine bestimmten Regeln einzuhalten sind. Vgl. auch für den Zivilprozeß *Stein/Jonas* § 293 ZPO Anm. VI 1 und neuerdings BGH NJW 1975 S. 2142 (2143), wo sogar die Vernehmung eines Sachverständigen über ausländisches Recht nach § 293 ZPO im Strengbeweis verlangt wird; hiergegen *Geisler* ZZP 91 S. 166 (185 ff.).

§ 3 Freibeweisverfahren

I. Freistellung von der Beachtung bestimmter Verfahrensgrundsätze 142
   1. Mündlichkeit, Unmittelbarkeit, Öffentlichkeit 143
   2. Beweismittel 145
       a) Benutzung aller Erkenntnisquellen 145
       b) Keine Vereidigungspflicht 145
       c) Ordnungsmittel 146
   3. Beweisanträge 147
II. Auch beim Freibeweis zu beachtende Verfahrensgrundsätze 149
   1. Aufklärungspflicht 149
   2. Rechtliches Gehör 150
   3. Schutzbestimmungen 151
   4. Fragerecht 152
   5. Beweiswürdigung 152

I. Freistellung von der Beachtung bestimmter Verfahrensgrundsätze

Die Zulässigkeit des Freibeweises begründet das Recht, nicht die Pflicht, des Tatrichters, in diesem Beweisverfahren Beweis zu erheben. Wenn er das aus irgendwelchen Gründen, insbesondere wegen der Bedeutung der Beweisfrage, für angezeigt hält, kann er daher die Beweisgrundsätze der §§ 243 ff. einhalten, also nach den Regeln des Strengbeweises verfahren[1]. Für den Freibeweis stellt das Gesetz keine besonderen Grundsätze auf. Es steht im pflichtgemäßen Ermessen des Richters, wie er sich die Überzeugung vom Vorhandensein der Prozeßvoraussetzungen und Prozeßtatsachen verschafft. Das Gericht ist grundsätzlich weder in der Wahl der Beweismittel noch in der Form der Beweiserhebung beschränkt. Die Grundsätze der Mündlichkeit, Unmittelbarkeit und Öffentlichkeit, die Vorschriften über den Beweisantrag (§ 244 Abs. 3 bis 6) und über die Pflicht zur Erhebung präsenter Beweise (§ 245) gelten nicht[2]. Das bedeutet im einzelnen:

---

  1 Vgl. KK *Herdegen* § 244 Rdnr. 14; KMR *Paulus* § 244 Rdnr. 362; *Beling* S. 321/322; *Ditzen* S. 37/38, 54 (anders S. 51); *Gössel* S. 197; *Kautter* S. 5, 7; *F. W. Krause* Jura 1982 S. 225 (230); *Peters* JZ 1954 S. 182 (183); *E. Peters* S. 59; *Preiser* GA 1965 S. 366 (370); *Stein* S. 182; *Többens* S. 11. Vgl. auch *Sauer* Grdl. S. 407, der der Ansicht ist, ein förmliches Beweisverfahren werde sich oft nicht umgehen lassen.
  2 BGHSt. 16 S. 164 (166); 21 S. 81; BGH NJW 1953 S. 836 (837); BGH bei *Dallinger* MDR 1967 S. 14; BGH bei *Spiegel* DAR 1979 S. 186; RGSt. 6 S. 161 (163 ff.); 10 S. 253 (254); 38 S. 323 (324); 42 S. 54 (56); 44 S. 294 (299); 51 S. 69; 59 S. 36; S. 313; 61 S. 357; 66

1. Mündlichkeit, Unmittelbarkeit, Öffentlichkeit

Die formalen Grundlagen, auf denen sich die Bildung der richterlichen Überzeugung ausnahmslos vollziehen muß, wenn Beweiserhebungen zur Schuld- und Rechtsfolgenfrage erforderlich sind, gelten im Freibeweis nicht. Entgegen § 261 müssen die Beweise nicht in der Hauptverhandlung erhoben werden[3]. Es gibt im Bereich der Prozeßvoraussetzungen und Prozeßtatsachen keine Beweiserhebungen, die nicht auch außerhalb der Hauptverhandlung zulässig sind[4]. Auch der Unmittelbarkeitsgrundsatz gilt nicht[5]. Von den Formvorschriften der §§ 243 ff. ist das Freibeweisverfahren weitgehend freigestellt. Zeugen und Sachverständige können formlos gehört werden[6]. Das Gericht kann wählen zwischen der förmlichen Vernehmung in der Hauptverhandlung, der Vernehmung durch einen beauftragten oder ersuchten Richter und der Einholung einer schriftlichen Auskunft[7]. Sogar die Befragung durch nichtrichterliche Personen (Urkundsbeamte, Justizwachtmeister, Polizeibeamte)[8] und auf telefonischem Wege[9] ist zulässig. Sollen Auskünfte von Zeugen verwendet werden, die die deutsche Sprache nicht hinreichend beherrschen, so ist die in § 185 GVG vorgeschriebene Mitwirkung eines Dolmetschers

---

S. 113 (114) = JW 1932 S. 3092 mit Anm. *Alsberg*; RG JW 1905 S. 747; 1932 S. 1754 mit Anm. *Bohne*; OLG Düsseldorf VRS 57 S. 289 (291); *Dalcke/Fuhrmann/Schäfer* Anm. 7 c; KMR *Paulus* Rdnr. 350; LR *Gollwitzer* Rdnr. 1, 2; alle zu § 244; LR *Schäfer* Einl. Kap. 11 Rdnr. 14; *Eb. Schmidt* Teil I Rdnr. 197, 433; *Beling* S. 321; *Bergmann* S. 108; *Ditzen* S. 53; *Fezer* S. 77; *von Hippel* S. 325 ff.; *Kautter* S. 20; *Löhr* S. 131; *Simader* S. 4; *Willms* Heusinger-EG S. 401. Die Meinung der Vorauf. (S. 462), eine einheitliche Behandlung des Freibeweises sei wegen der inneren Verschiedenheit der Einzelfragen nicht möglich, wird hier nicht aufrechterhalten. Immer wenn Freibeweis gilt, sind die Grundsätze des Strengbeweises eingeschränkt.

3 BGH bei *Spiegel* DAR 1979 S. 186; *Ditzen* S. 11, 56 Fußn. 1, S. 86; *F. W. Krause* Jura 1982 S. 225 (231); *Rieker* S. 97/98; *Simader* S. 5; vgl. auch RG HRR 1935 Nr. 1285 und RG Recht 1911 Nr. 2267 für die Ermittlung ausländischen Rechts.

4 *Beling* JW 1926 S. 2194 (2195). Grundsätzlich a. A. *Bovensiepen* S. 25 ff., 51, der eine Verkürzung der gesetzlichen Mitwirkungsrechte der Prozeßbeteiligten darin sieht, daß anstelle von »parteiöffentlichen Vernehmungen« der unmittelbaren Zeugen schriftliche Auskünfte eingeholt und mittelbare Zeugen befragt werden. Nur für weniger wichtige Beweisfragen will er (S. 163) Ausnahmen zulassen.

5 RGSt. 10 S. 253; BayObLGSt. 1966 S. 58 = NJW 1966 S. 1981 (1982); OLG Hamm NJW 1965 S. 410; KMR *Paulus* § 244 Rdnr. 350; LR *Gollwitzer* § 244 Rdnr. 2; *Gössel* S. 197; *F. W. Krause* Jura 1982 S. 225 (231); *Kautter* S. 13; *Sauer* Grdl. S. 406. – A.A. *Bovensiepen* S. 53 ff., der aber entgegen der h. M. (vgl. unten S. 460) sogar die Vernehmung eines Zeugen vom Hörensagen für einen Verstoß gegen den Unmittelbarkeitsgrundsatz hält.

6 RGSt. 56 S. 102 (103); RG BayZ 1928 S. 391 = Recht 1928 Nr. 2043; RG GA 40 S. 305; *Beling* S. 321; a. A. auch hier *Bovensiepen* S. 57, der darin zu Unrecht einen Verstoß gegen die Aufklärungspflicht sieht.

7 Vgl. *Kautter* S. 13; *Oetker* JW 1931 S. 214; *Többens* S. 10; *Willms* Heusinger-EG S. 398; a. A. *Bovensiepen* S. 25 ff., 51.

8 Vgl. *Kautter* S. 13.

9 Vgl. unten S. 144.

entbehrlich[10]. Urkunden müssen entgegen § 249 nicht verlesen werden[11]. Es genügt immer, daß der Vorsitzende ihren Inhalt feststellt[12]. Auch das Verlesungsverbot des § 250 gilt nicht. Die Verlesung ist daher auch statthaft, wenn die Urkunde Wahrnehmungen einer Person ausweist, die als Zeuge vernommen werden könnte[13]. Erklärungen des Angeklagten können auch verlesen werden, wenn die Voraussetzungen des § 254 nicht vorliegen[14]. Schriftliche Gutachten können ohne Rücksicht darauf verwertet werden, ob das im Strengbeweis nach § 256 zulässig wäre[15]; das gilt auch für Leumundszeugnisse[16]. Das Gericht kann die Ergebnisse der im Freibeweis angestellten Ermittlungen stets in jeder ihm geeignet erscheinenden Weise in die Hauptverhandlung einführen[17].

Die Öffentlichkeit der Verhandlung muß bei Beweisaufnahmen im Freibeweis nicht gewahrt sein[18]. Daher sind auch telefonische Mitteilungen zulässig[19]. Der Vorschlag von *Bovensiepen*[20], telefonische Erkundigungen dadurch »parteiöffentlich« zu gestalten, daß den Verfahrensbeteiligten die Telefonnummer der Auskunftsperson mitgeteilt wird, damit sie sie ebenfalls telefonisch befragen können, verdient keine Zustimmung. Denn bei diesem Verfahren würden nicht nur die Verfahrensgegner, sondern das ganze Gericht von der »Parteibeweisaufnahme« ausgeschlossen. Über das Ergebnis telefonischer Erkundigungen, die der Vorsitzende oder ein anderes Mitglied des Gerichts vor der Hauptverhandlung eingeholt haben, müssen aber in der Hauptverhandlung das Gericht und die Verfahrensbeteiligten unterrichtet werden[21].

---

10 RGSt. 38 S. 323 (324); *Kautter* S. 14 will die Übersetzung durch den Richter genügen lassen.
11 RGSt. 59 S. 313; 66 S. 113 (114) = JW 1932 S. 3092 (3093) mit Anm. *Alsberg*; OLG Schleswig bei *Ernesti/Jürgensen* SchlHA 1971 S. 216; *Alsberg* GA 62 S. 1 (4); *Beling* S. 321; *Bennecke/Beling* S. 321; *Ditzen* S. 55; *Groth* S. 16/17; *Simader* S. 4.
12 RGSt. 66 S. 113 (114) = JW 1932 S. 3092 (3093) mit Anm. *Alsberg*; KMR *Paulus* § 244 Rdnr. 362; *Kautter* S. 14, 16.
13 BGH bei *Spiegel* DAR 1979 S. 186; RGSt. 6 S. 161 (164); 38 S. 323 (324); RGRspr. 1 S. 616; RG JW 1927 S. 2627 (2628); OLG Hamm NJW 1965 S. 410; KMR *Paulus* § 244 Rdnr. 350, 362; LR *Gollwitzer* § 244 Rdnr. 4 und § 249 Rdnr. 4; *Alsberg* GA 62 S. 1 (4); *Beling* S. 321 und JW 1925 S. 2783 (2784); *Bennecke/Beling* S. 320; *Ditzen* S. 55; *Kautter* S. 13, 15; *Löhr* S. 131; *W. Schmid* SchlHA 1981 S. 2.
14 Vgl. *Kautter* S. 16/17.
15 RG HRR 1931 Nr. 270 = JW 1931 S. 214 mit Anm. *Oetker*; RG JR Rspr. 1927 Nr. 1701.
16 Vgl. *Alsberg* GA 62 S. 1 (4); *Ditzen* S. 55.
17 OLG Hamm OLGSt. § 329 S. 87 (88).
18 Vgl. *Eb. Schmidt* Teil I Rdnr. 197; *Sauer* Grdl. S. 406.
19 BayObLGSt. 1959 S. 315 (316) = NJW 1960 S. 687 (688); BayObLGSt. 1966 S. 58 (60) = NJW 1966 S. 1981 (1982); *Kautter* S. 13; a. A. *Bovensiepen* S. 58/59, 75, 161/162, der das für einen Verstoß gegen Art. 103 Abs. 1 GG und Art. 6 Abs. 3 Buchst. d MRK hält. Bedenken äußert auch *Schlüchter* Rdnr. 474.
20 S. 162.
21 Vgl. *Kautter* S. 14.

2. Beweismittel

a) Benutzung aller Erkenntnisquellen. Im Freibeweisverfahren gilt der Grundsatz, daß das Gericht alle ihm zugänglichen Erkenntnisquellen benutzen darf[22]. Daß sie nicht sittenwidrig sein und zu einem ordnungsgemäßen Verfahren nicht in Widerspruch stehen dürfen[23], ist selbstverständlich. Das Gericht darf Akten, privatschriftliche Urkunden und dienstliche Äußerungen heranziehen und schriftliche, mündliche und telefonische Auskünfte einholen[24]. Auch Filme und Tonbandaufnahmen, die prozessuale Tatsachen betreffen, dürfen benutzt werden[25].

b) Keine Vereidigungspflicht. Die Vereidigung der Auskunftspersonen ist unzulässig, wenn durch die Aussage nicht schon der Tatsachenstoff für eine prozeßrechtliche Entscheidung geliefert, sondern erst die Entscheidung vorbereitet werden soll, ob Beweiserhebungen überhaupt erforderlich sind[26]. Sonst steht sie, auch wo das Gesetz sie durch §§ 59, 79 für den Strengbeweis zwingend vorschreibt, im Ermessen des Gerichts[27]. Einer besonderen Entscheidung über die Vereidigungsfrage bedarf es nicht. Die Nichtvereidigung ist die Regel, bei der es verbleibt, wenn keine anderslautende Entscheidung getroffen wird[28]. Mehr als die Wahl zwischen Vereidigung und Nichtvereidigung hat der Richter aber nicht; er darf dem mündlich in der Hauptverhandlung vernommenen Zeugen nicht etwa anstelle des Eides

---

[22] Vgl. *Eb. Schmidt* Teil I Rdnr. 197; *F. W. Krause* Jura 1982 S. 225 (230); *Oetker* JW 1931 S. 214.

[23] So ausdrücklich BayObLGSt. 1966 S. 58 (60) = NJW 1966 S. 1981 (1982); *Kleinknecht* § 244 Rdnr. 18; *Eb. Schmidt* § 230 Rdnr. 19. *Kautter* S. 21 hält mit Recht die Vereidigung des Angeklagten für unzulässig.

[24] RGSt. 38 S. 323 (324); *Eb. Schmidt* § 260 Rdnr. 24; *Alsberg* GA 62 S. 1 (4/5); *Beling* Binding-FS 2 S. 149; *Bennecke/Beling* S. 320; *Dahs/Dahs* Rdnr. 386; *Ditzen* S. 47; *F. W. Krause* Jura 1982 S. 225 (230); *Mannheim* ZStW 48 S. 685 (686); *Sauer* Grdl. S. 406/407; *Simader* S. 4; *Többens* NStZ 1982 S. 184. – *Kautter* S. 13 will sogar die dienstliche Versicherung des Staatsanwalts, daß der Strafantrag zu den Akten gelangt ist, und die Benutzung des privaten Wissens des Richters zulassen; hiergegen *Stenglein* § 156 Anm. 9. Auch *Beling* (Binding-FS 2 S. 150) läßt die Angaben des Staatsanwalts über eingeholte Auskünfte genügen.

[25] Vgl. BGH bei *Holtz* MDR 1976 S. 634 (Filme); *W. Hahn* S. 69 und *Roggemann* S. 57 (Tonbandaufnahmen).

[26] Vgl. RGSt. 22 S. 54; RG GA 62 S. 349; RG SächsA 1908 S. 249 (251). *W. Schmid* SchlHA 1981 S. 41 ist mit Recht der Ansicht, daß für Vorbefragungen im Bereich des Freibeweises erst recht das gelten muß, was im Bereich des Strengbeweises für die sog. informatorische Vernehmung (oben S. 127) gilt.

[27] RGSt. 66 S. 113 (114) = JW 1932 S. 3092 (3093) mit Anm. *Alsberg*; RG BayZ 1928 S. 172; S. 391 = Recht 1928 Nr. 2034; RG GA 40 S. 305; RG HRR 1931 Nr. 270 = JW 1931 S. 214 mit Anm. *Oetker*; KK *Herdegen* § 244 Rdnr. 11; KMR *Paulus* § 59 Rdnr. 11 und § 244 Rdnr. 363; LR *Meyer* § 59 Rdnr. 5 und § 79 Rdnr. 1; LR *Gollwitzer* § 244 Rdnr. 4; *Beling* S. 321 und Binding-FS 2 S. 149; *Henkel* S. 200 Fußn. 5; *Kautter* S. 16; *W. Schmid* SchlHA 1981 S. 41; *Willms* Heusinger-EG S. 398; a. A. *Bovensiepen* S. 57, der auch darin einen Verstoß gegen die Aufklärungspflicht sieht.

[28] Vgl. *W. Schmid* SchlHA 1981 S. 41 (42).

eine Versicherung an Eides Statt abverlangen[29]. Anders ist es, wenn von einem Zeugen schriftliche Auskünfte über Prozeßfragen eingeholt werden. Das Verlangen nach einer eidesstattlichen Versicherung der Richtigkeit der Auskunft ist zwar auch in solchen Fällen unüblich; es ist jedoch nicht unzulässig[30].

Wird ein Zeuge, der sowohl zur Schuld- oder Rechtsfolgenfrage als auch zu nur prozessual erheblichen Tatsachen förmlich vernommen worden ist, nach § 59 vereidigt, so kann der Richter den Umfang der Eidesleistung durch eine ausdrückliche Erklärung, die in der Sitzungsniederschrift beurkundet werden muß, auf die Aussage zur Sache beschränken. Gibt er eine solche Erklärung nicht ab, so umfaßt der Eid auch die Angaben des Zeugen zu den Prozeßvoraussetzungen oder den nur prozessual erheblichen Tatsachen[31]. Die Ansicht von *Willms*[32], der Eid des Zeugen erstrecke sich auf im Bereich des Freibeweises liegende Fragen nur, wenn die Eidesleistung ausdrücklich auf sie bezogen wird, berücksichtigt nicht, daß der Vorsitzende des Gerichts nach seinem Ermessen Freibeweisfragen auch im Strengbeweis klären kann. Vereidigt er einen Zeugen, ohne eine gegenteilige Erklärung abzugeben, so muß angenommen werden, daß er im Strengbeweis verfährt. Da nachträglich oft nicht zu klären ist, ob der Richter die Prozeßtatsache für doppelrelevant gehalten, ihr also Beachtung auch für die Schuld- und Rechtsfolgenfrage beigemessen hat, führt die Ansicht von *Willms* zu erheblichen Schwierigkeiten bei der Beurteilung der Frage, ob der Zeuge eines nach §§ 153, 154 StGB strafbaren Verstoßes gegen die Wahrheitspflicht schuldig ist. Eine Ausnahme von der unbeschränkten Erfassung der Aussage durch den Eid besteht lediglich für Angaben zur Glaubhaftmachung eines Zeugnisverweigerungsrechts nach § 56. Auf sie erstreckt sich der Eid nur, wenn das Gericht das ausdrücklich anordnet[33].

c) **Ordnungsmittel.** Die Auskunftspersonen sind auch im Freibeweisverfahren immer Zeugen oder Sachverständige im Sinne der §§ 48 ff., 72 ff. Der Zeuge ist daher zum Erscheinen, zur Aussage und, wenn das verlangt wird und keine gesetzlichen Hinderungsgründe entgegenstehen, zur Eidesleistung verpflichtet[34]. Wenn ein Zeuge sich weigert, seinen Pflichten nachzukommen, muß der Richter daher nicht zum Strengbeweisverfahren übergehen, um die Aussage zu erzwingen. Es ist vielmehr zulässig, auch einen Zeugen, der im Freibeweisverfahren gehört werden soll, unter Ordnungsmittelandrohung nach § 51 vorzuladen und Ordnungs- und

---

29 Vgl. *Oetker* JW 1931 S. 214; a. A. *Ditzen* S. 55.
30 Vgl. RGSt. 37 S. 209 (211); 58 S. 147 (148); 72 S. 129 (131); KK *Herdegen* § 244 Rdnr. 11; *W. Schmid* SchlHA 1981 S. 41 (42/43).
31 Vgl. KK *Herdegen* § 244 Rdnr. 11; *W. Schmid* SchlHA 1981 S. 41 (42).
32 Heusinger-EG S. 398 unter Bezugnahme auf *Müller/Sax*, StPO 6. Aufl., § 59 Anm. 4, wo darüber aber nichts steht.
33 Vgl. KMR *Paulus* § 59 Rdnr. 12; LR *Meyer* § 56 Rdnr. 8; *Eb. Schmidt* § 56 Rdnr. 1; *W. Schmid* SchlHA 1981 S. 41 (42).
34 A.A. *von Kries* S. 348 und ZStW 6 S. 88 (122 ff., 125), der davon ausging, daß der im Freibeweis gehörte Zeuge gar nicht Zeuge im Sinne der StPO ist, und diesen unrichtigen Standpunkt seiner Kritik am Freibeweis zugrunde legte. Auch *Kautter* S. 7, *E. Peters* S. 59 und *Többens* S. 11 halten die Zeugenpflichten offenbar nur dann für gegeben, wenn im Strengbeweis verfahren wird.

Beugemittel (§§ 51, 70) gegen ihn zu verhängen, wenn er nicht erscheint, nicht aussagt oder die Eidesleistung unberechtigt verweigert[35]. Auch die Vorschriften des Gesetzes über die Entschädigung der Zeugen und Sachverständigen finden selbstverständlich auf die im Freibeweisverfahren vernommenen Beweispersonen Anwendung.

3. Beweisanträge

Im Freibeweisverfahren gelten § 244 Abs. 3 bis 6 und § 245 Abs. 2 nicht. Präsente Beweise müssen entgegen § 245 Abs. 1 nicht erhoben werden[36]. Die Verfahrensbeteiligten sind zwar berechtigt, auch im Freibeweisverfahren Beweiserhebungen zu beantragen. Nicht sie, sondern das Gericht bestimmt aber den Umfang der Beweisaufnahme[37]. Es kann daher von der beantragten Beweiserhebung ohne Bindung an die gesetzlichen Ablehnungsgründe absehen[38]. Das rechtliche Gehör wird dem Antragsteller dadurch nicht verweigert[39]. Das Verbot der Vorwegnahme des Beweisergebnisses gilt nicht; denn wenn nicht die Prozeßbeteiligten den Umfang der Beweisaufnahme bestimmen, muß das Gericht, ebenso wie im Fall des § 384 und des § 77 OWiG, in bestimmtem Umfang das Beweisergebnis vorwegnehmen dürfen[40]. Unrichtig ist daher die Ansicht von *Willms*[41], das Verbot trete nur inso-

---

35 Vgl. KMR *Paulus* § 244 Rdnr. 363.
36 RGSt. 2 S. 221 (222); *Eb. Schmidt* § 245 Rdnr. 2; *Ditzen* S. 54; a. A. OLG Königsberg HRR 1928 Nr. 2161 b.
37 Vgl. *Ditzen* S. 34.
38 BVerfGE 7 S. 275 (279) = JZ 1958 S. 433 (434) mit Anm. *Peters*; BGHSt. 16 S. 164 (166); RGSt. 6 S. 161 (166); 41 S. 259 (262); 44 S. 294 (299); 51 S. 71 (72); 55 S. 231; 59 S. 36 (37); S. 313 (314); RG JW 1932 S. 1754 mit Anm. *Bohne*; RG GA 70 S. 243; *Dalcke/Fuhrmann/Schäfer* Anm. 7 c; *Feisenberger* Anm. 2; *Kleinknecht* Rdnr. 18; KMR *Paulus* Rdnr. 365; LR *Gollwitzer* Rdnr. 1; alle zu § 244; *Kohlrausch* vor § 244 Anm. 1; LR *Schäfer* Einl. Kap. 11 Rdnr. 14; LR *Meyer* § 136 a Rdnr. 53; *Eb. Schmidt* Teil I Rdnr. 199; *Beling* S. 377; *Ditzen* S. 34, 48 ff., 53; *Gössel* S. 197; *Kautter* S. 17 ff.; *Köhler* S. 59; *Mannheim* ZStW 48 S. 685 (686); *Rieker* S. 97; *Sauer* Grdl. S. 407; *W. Schmid* SchlHA 1981 S. 2 (3); *Stützel* S. 6; *Willms* Heusinger-EG S. 397/398. – A.A. *Alsberg* GA 62 S. 1 (5); *Engels* S. 120/121; *Gerland* S. 364; Vorauflage S. 478/479.
39 *Bovensiepen* S. 62/63, 72 entnimmt das Beweisantragsrecht dem Art. 103 Abs. 1 GG und ist im übrigen der Auffassung, daß sich in den § 244 Abs. 3 bis 4 nur die Grundsätze niedergeschlagen hätten, die aus der Aufklärungspflicht herzuleiten sind, so daß die Ablehnung von Beweisanträgen aus anderen als den dort genannten Gründen unzulässig ist. Das ist beides unrichtig. Aus Art. 103 Abs. 1 GG folgt das Recht, mit dem Beweisantrag gehört zu werden, nicht die Pflicht des Gerichts, den Beweis zu erheben (BVerfGE 50 S. 32 [36] = NJW 1979 S. 413 [414]); Art. 103 Abs. 1 GG schließt nur aus, Beweisanträge aus Gründen abzulehnen, die außerhalb des Prozeßrechts liegen. Daß die Aufklärungspflicht mit den Ablehnungsgründen des § 244 Abs. 3 und 4 nicht übereinstimmt, ist oben S. 29 dargelegt.
40 Vgl. oben S. 30. Im Ergebnis ebenso *Alsberg* GA 62 S. 1 (7); *Bergmann* MDR 1976 S. 888 (891); *W. Schmid* SchlHA 1981 S. 2 (3); a. A. *Mannheim* ZStW 48 S. 685 (686). *Ditzen* S. 25, 57/58 hält das Verbot der Beweisantizipation zu Unrecht für eine undurchbrechbare Rechtsregel. *Bovensiepen* S. 65 ff., 68 und *Engels* S. 118 ff. sind der unrichtigen Meinung, das Verbot ergebe sich aus der Aufklärungspflicht; vgl. dazu oben S. 28.
41 Heusinger-EG S. 399/400.

weit zurück, als die Feststellung einer gewissen Wahrscheinlichkeit ausreicht und der Grundsatz *in dubio pro reo* nicht anwendbar ist.

Beweisanträge im Freibeweisverfahren sind demnach immer nur Beweisanregungen, denen das Gericht im Rahmen seiner Aufklärungspflicht nachgehen muß[42]. Dabei kann die Frage, inwieweit der Richter die in dem Antrag behaupteten Tatsachen erforschen muß, nicht einheitlich für das Gesamtgebiet der prozessual erheblichen Tatsachen beantwortet werden. Daß der Angeklagte verhandlungsfähig ist, kann das Gericht vielleicht feststellen, ohne daß es sich mit den einzelnen Behauptungen auseinandersetzt, die der Angeklagte dazu vorträgt; denn hier ist der Gesamteindruck entscheidend, den das Gericht von dem Angeklagten erhält. Dagegen kann das Gericht eine von dem Angeklagten beanspruchte Einstellung nach einem Straffreiheitsgesetz nicht ablehnen, ohne daß zu den Tatsachen, die die Anwendung der Amnestie rechtfertigen sollen, Stellung genommen wird. Ist der Angeklagte in der Berufungsverhandlung ausgeblieben, so muß sich das Gericht mit den von ihm zu seiner Entschuldigung vorgebrachten Tatsachen auseinandersetzen, und es könnte einen von dem Verteidiger vorgetragenen Beweisantrag, durch den solche Tatsachen unter Beweis gestellt werden, nicht schon deshalb ablehnen, weil es an der Richtigkeit dieser Tatsachen lediglich zweifelt. Eine Wahrunterstellung, etwa der von dem Angeklagten behaupteten Tatsache, bei seiner polizeilichen Vernehmung sei gegen § 136 a verstoßen worden, ist unzulässig[43].

Selbst wenn das Gericht der Beweisanregung folgt, muß es die Beweise nicht mit dem Beweismittel erheben, das der Antragsteller bezeichnet hat und dessen Verwendung er wünscht[44]. Es kann auch den von dem Antragsteller benannten Zeugen, anstatt ihn selbst zu vernehmen, durch einen anderen (beauftragten oder ersuchten) Richter oder durch die Staatsanwaltschaft oder Polizei vernehmen lassen oder sich mit einer schriftlichen Erklärung des Zeugen begnügen[45].

Wie bei den sonstigen Beweisanregungen[46] ist das Gericht auch bei den Anregungen im Freibeweisverfahren nicht verpflichtet, über die Ablehnung durch einen mit Gründen versehenen Beschluß nach § 244 Abs. 6, § 34 zu entscheiden[47]. Es

---

42 BGHSt. 16 S. 164 (166); BGH bei *Spiegel* DAR 1977 S. 172; RGSt. 42 S. 54 (57); 51 S. 71 (72); 59 S. 36 (37); 66 S. 113; RG Recht 1915 Nr. 998; KMR *Paulus* § 244 Rdnr. 365; LR *Schäfer* Einl. Kap. 11 Rdnr. 14; *Eb. Schmidt* Teil I Rdnr. 199; *Alsberg* GA 62 S. 1 (9); *Bergmann* S. 108 und MDR 1976 S. 888 (891); *Berkholz* S. 27, 91; *Bohne* JW 1932 S. 1754 (1755); *Ditzen* S. 46, 54; *F. W. Krause* Jura 1982 S. 225 (231); *Oetker* JW 1931 S. 214; *Rosenfeld* II S. 17, 29; *Willms* Heusinger-EG S. 397; a. A. *Rieker* S. 98.
43 BGH 2 StR 712/77 vom 21. 4. 1978.
44 Vgl. *Kautter* S. 19.
45 Vgl. *Ditzen* S. 55; *Kautter* S. 13; *Willms* Heusinger-EG S. 398.
46 Vgl. oben S. 74, 89.
47 RGSt. 42 S. 54 (57); 59 S. 36 (37); S. 313 (314); OLG Hamm OLGSt. § 329 S. 87 (88); Dalcke/Fuhrmann/Schäfer § 244 Anm. 7 c; LR *Schäfer* Einl. Kap. 11 Rdnr. 14; LR *Meyer* § 136 a Rdnr. 53; *Kautter* S. 19; *Oetker* JW 1931 S. 214; *Simader* S. 5; *Willms* Heusinger-EG S. 397/398. – A.A. RGSt. 6 S. 161 (166); 11 S. 261 (262); RG JW 1905 S. 747; *Kohlrausch* vor § 244 Anm. 1; *Feisenberger* Anm. 2; KK *Herdegen* Rdnr. 13; KMR *Paulus* Rdnr.

genügt, daß der Vorsitzende die Ablehnung begründet; das ist aber stets erforderlich[48]. Gegen die Entscheidung des Vorsitzenden ist ein Antrag auf Entscheidung des Gerichts nach § 238 Abs. 2 nicht zulässig[49].

II. Auch beim Freibeweis zu beachtende Verfahrensgrundsätze

Das Freibeweisverfahren ist kein Beweisverfahren nach Gutdünken[50]. Die Behauptung, Form und Umfang der Beweisaufnahme stünden im freien Ermessen des Gerichts[51], es sei gleichgültig, wann, wodurch, wo und wie das Gericht seine Überzeugung gewinnt[52], ist daher mindestens mißverständlich. Die gegenüber dem Strengbeweis freiere Stellung des Gerichts bei der Beweisaufnahme nach den Regeln des Freibeweises führt keineswegs dazu, daß es in diesem Verfahren ganz nach Belieben verfahren darf. Es gibt vielmehr Regeln, die sich ohne weiteres aus dem Rechtsstaatsprinzip ableiten und schlechterdings für jedes Verfahren verbindlich sind[53]. Dazu gehören folgende Grundsätze:

1. Aufklärungspflicht

Die Aufklärungspflicht besteht auch beim Freibeweis[54]. Die Wahrheit muß in vollem Umfang ermittelt werden[55]. Ob dabei § 244 Abs. 2 unmittelbar[56] oder sinngemäß angewendet wird, spielt keine Rolle; denn der Grundsatz der Aufklärung von Amts wegen wird durch diese Vorschrift nicht erst begründet[57].

364; LR *Gollwitzer* Rdnr. 4; alle zu § 244; *Alsberg* GA 62 S. 1 (6); *E. Peters* S. 60/61; *Rieker* S. 98; Voraufl. S. 478/479. Vgl. auch *Bohne* JW 1932 S. 1754 (1755). *Ditzen* hält (S. 54, 56) eine begründete Bescheidung oft für zweckmäßig.

48 Vgl. *Bovensiepen* S. 71/72; *Többens* S. 12; *Volk* S. 74; a. A. *Simader* S. 5, der das aber für zweckmäßig hält.

49 Vgl. oben S. 90; a. A. *Alsberg* GA 62 S. 1 (4); *Bohne* JW 1932 S. 1754; *Bovensiepen* S. 71.

50 KMR *Paulus* § 244 Rdnr. 350; LR *Gollwitzer* § 244 Rdnr. 4; *Krause/Nehring* Einl. Rdnr. 145; *Oetker* JW 1931 S. 214; *Willms* Heusinger-EG S. 395/396.

51 *Bohne* JW 1932 S. 1754 (1755); *Ditzen* S. 16, 47, 53.

52 *Ditzen* S. 56 Fußn. 1; *Rieker* S. 98; *Simader* S. 5.

53 Vgl. LR *Gollwitzer* § 244 Rdnr. 4; *Kautter* S. 21; *Oetker* JW 1931 S. 214; *Willms* Heusinger-EG S. 397.

54 BGHSt. 26 S. 281 (284); BGH bei *Dallinger* MDR 1951 S. 658; BGH bei *Spiegel* DAR 1979 S. 186; *Dalcke/Fuhrmann/Schäfer* Anm. 4; KK *Herdegen* Rdnr. 13; *Kleinknecht* Rdnr. 18; KMR *Paulus* Rdnr. 362; LR *Gollwitzer* Rdnr. 4; alle zu § 244; LR *Meyer* § 136 a Rdnr. 53; *Bergmann* S. 109; *Bovensiepen* S. 21/22, 65; *Busch* JZ 1963 S. 457 (461); *Ditzen* S. 13, 54; *Engels* S. 118; *Fezer* S. 77; *Henkel* S. 339; *Kautter* S. 9, 35; *Oetker* JW 1931 S. 214; *E. Peters* S. 57; *Rieker* S. 97; *W. Schmid* SchlHA 1981 S. 2 (3); *Stützel* S. 6; *Volk* S. 74. – A.A. *Birkmeyer* S. 515/516; *Bohne* JW 1932 S. 1754 (1755); *Mannheim* ZStW 48 S. 685 (687), die freies Ermessen annehmen.

55 Vgl. *Ditzen* S. 64; *Többens* S. 9 und NStZ 1982 S. 184.

56 So BGHSt. 26 S. 281 (284); *Bovensiepen* S. 22; *Fezer* S. 77.

57 Vgl. oben S. 19 ff.

Der Richter darf daher von der Feststellung prozessual erheblicher Tatsachen nicht nach freiem Ermessen absehen. Er muß Ermittlungen anstellen, wenn sie zur Feststellung der Verfahrensvoraussetzungen oder der prozessual erheblichen Tatsachen erforderlich sind. Vorgelegte Urkunden wird er regelmäßig berücksichtigen müssen[58]. Sind weitere Ermittlungen weder ausgeschlossen noch aussichtslos, so darf sich das Gericht auch im Freibeweis niemals mit bloßen Wahrscheinlichkeiten begnügen[59]. Will etwa das Gericht einen wichtigen Entlastungszeugen unvereidigt lassen, weil er im Verdacht steht, Teilnehmer der Tat des Angeklagten gewesen zu sein, so darf schon im Hinblick auf die Frage der Vereidigung oder Nichtvereidigung, also ohne Rücksicht auf die damit zusammenhängende Frage der Glaubwürdigkeit dieses Zeugen, ein Beweisantrag, der im Falle des Gelingens den Teilnahmeverdacht völlig ausräumen würde, nicht abgelehnt werden.

2. Rechtliches Gehör

Die Anwesenheitsrechte und -pflichten des Angeklagten in der Hauptverhandlung werden nicht dadurch berührt, daß das Gericht bestimmte Erhebungen im Freibeweis anstellt. Die Beweisergebnisse müssen auch bei den Prozeßtatsachen zum Gegenstand der mündlichen Verhandlung gemacht werden. Dasselbe gilt, wenn ein Gutachten über die Anwendung ausländischen Rechts oder inländischen Gewohnheitsrechts eingeholt worden ist[60]. Nur so kann den Verfahrensbeteiligten das rechtliche Gehör gewährt werden, auf das sie nach § 33 Abs. 1 und Art. 103 Abs. 1 GG Anspruch haben[61]. Damit steht nicht im Widerspruch, daß es vielfach für zulässig gehalten wird, Prozeßvoraussetzungen oder Prozeßtatsachen einfach im Beratungszimmer aus den Akten festzustellen und der Entscheidung zugrunde zu legen[62]. Vielmehr ist zu unterscheiden zwischen Beweiserhebungen im Freibeweis, die deshalb notwendig werden, weil eine Prozeßvoraussetzung oder -tatsache schon während der Hauptverhandlung zweifelhaft ist, und dem Fall, daß sich erst während der Urteilsberatung solche Zweifel ergeben, die mit einem Blick in die Akten zu klären sind. Das Gericht ist dann nicht verpflichtet, erneut in die Verhandlung einzutreten, um die Prozeßbeteiligten von dem Ergebnis der Akteneinsicht zu unterrichten und ihnen Gelegenheit zu geben, hierzu Stellung zu nehmen.

58 Vgl. *Willms* Heusinger-EG S. 399.
59 Vgl. *Ditzen* S. 12/13, 63 ff.; *E. Peters* S. 57; *Rieker* S. 97.
60 A.A. RGSt. 42 S. 54 (56).
61 Vgl. BVerfGE 24 S. 56 (61/62) = NJW 1968 S. 1621; BGHSt. 21 S. 85 (87); BGH bei *Dallinger* MDR 1974 S. 367; BGH bei *Spiegel* DAR 1979 S. 186; OLG Braunschweig NJW 1976 S. 2024 (2025); KK *Herdegen* Rdnr. 12; KMR *Paulus* Rdnr. 364; LR *Gollwitzer* Rdnr. 4; alle zu § 244; *Eb. Schmidt* Teil I Rdnr. 379 Fußn. 95; *Alsberg* GA 62 S. 1 (2); *Beling* S. 284; *Bovensiepen* S. 23/24; *zu Dohna* S. 94; *Fezer* S. 77/78; *von Hippel* S. 326; *F. W. Krause* Jura 1982 S. 225 (231); *Oetker* JW 1931 S. 214; *Rosenfeld* II S. 45; *W. Schmid* SchlHA 1981 S. 2 (4); *Többens* S. 11; *Willms* Heusinger-EG S. 400. – A.A. *Ditzen* S. 11 (Anhörung zulässig, manchmal geboten). *E. Peters* S. 59/60 hält die Notwendigkeit der Gewährung rechtlichen Gehörs für »inkonsequent«.
62 BayObLGSt. 1966 S. 58 = NJW 1966 S. 1981 (1982); *Eb. Schmidt* § 251 Rdnr. 34; *Kautter* S. 13, 16; *Simader* S. 5; vgl. auch *Alsberg* GA 62 S. 1 (3).

Wäre es anders, so müßte jede Feststellung zu den Prozeßvoraussetzungen, die das Gericht vor der Hauptverhandlung getroffen hat, zum Gegenstand der Verhandlung gemacht werden, auch wenn dazu nur eine Akteneinsicht erforderlich war.

Der Anspruch auf rechtliches Gehör besteht ohne Ausnahme. Er steht auch dem Angeklagten zu, dessen Verhandlungsfähigkeit festgestellt und erörtert wird. Er ist berechtigt, in der Verhandlung anwesend zu sein und in die Erörterung einzugreifen[63].

3. Schutzbestimmungen

Die Freistellung von den Regeln des Strengbeweises berechtigt das Gericht nicht, Vorschriften unberücksichtigt zu lassen, die dem Schutz des Angeklagten oder der Zeugen und Sachverständigen dienen[64]. Daher gelten auch im Freibeweisverfahren, gleichgültig, ob Auskunftspersonen in der Hauptverhandlung mündlich gehört oder ob von ihnen schriftliche oder telefonische Auskünfte eingeholt werden[65], die zum Schutz bestimmter Personen bestehenden Beweisverbote (etwa nach § 97)[66], die Zeugnisverweigerungsrechte nach § 52, 53, 53 a, 54[67], das Auskunftsverweigerungsrecht nach § 55[68], die Vereidigungsverbote nach § 60[69], das Eidesverweigerungsrecht nach § 63[70], das Schweigerecht des Angeklagten nach § 136 Abs. 1 Satz 2[71] und das Verwertungsverbot der §§ 136 a, 69 Abs. 3[72]. Hierbei handelt es sich um allgemeine Grundsätze, deren Anwendung nicht davon abhängt, auf welche Weise die Beweise erhoben werden. Ferner ist das Verbot des § 252, das seinen Grund in der vom Gesetzgeber beabsichtigten Schonung des Beweismittels hat[73], auch im Freibeweis zu beachten.

---

63 A.A. *Feisenberger* § 266 Anm. 1; *Beling* JW 1926 S. 2194 (2195); *Mamroth* JW 1928 S. 2145; vgl. auch *Lissner* GA 74 S. 57 (61).
64 Vgl. LR *Meyer* vor § 48 Rdnr. 2.
65 Vgl. *Willms* Heusinger-EG S. 398.
66 KMR *Paulus* § 244 Rdnr. 362; *Kautter* S. 15; *E. Peters* S. 59; *Rieker* S. 97; *Simader* S. 5. Zu weit geht *Beling* S. 322, der alle Beweisverbote berücksichtigen will, also auch das nach § 250, das beim Freibeweis gerade nicht gilt.
67 Vgl. KK *Herdegen* § 244 Rdnr. 12; LR *Meyer* vor § 48 Rdnr. 2; *Ditzen* S. 55 Fußn. 1, S. 58; *Kautter* S. 21; *E. Peters* S. 59; *W. Schmid* SchlHA 1981 S. 2; *Volk* S. 74; *Willms* Heusinger-EG S. 398.
68 Vgl. LR *Meyer* vor § 48 Rdnr. 2; *Bovensiepen* S. 146 ff.; *W. Schmid* SchlHA 1981 S. 2.
69 Vgl. LR *Meyer* a.a.O.; *W. Schmid* SchlHA 1981 S. 41; *Volk* S. 74; *Willms* Heusinger-EG S. 398.
70 Vgl. LR *Meyer* a.a.O.; *Ditzen* S. 55 Fußn. 1, S. 58; *W. Schmid* SchlHA 1981 S. 41.
71 Vgl. *Kautter* S. 21.
72 Vgl. LR *Gollwitzer* § 244 Rdnr. 4; *Kautter* S. 21; *Volk* S. 75; *Willms* Heusinger-EG S. 399.
73 Vgl. *Ditzen* S. 55 Fußn. 2; *Kautter* S. 14/15; *E. Peters* S. 59.

4. Fragerecht

Das Fragerecht nach § 240 ist ein wesentlicher Grundsatz des Verfahrensrechts[74]. Es steht den Verfahrensbeteiligten daher auch im Freibeweisverfahren zu[75]. *Bovensiepen*[76] schließt aus § 240 aber zu Unrecht, daß immer ein »parteiöffentliches« Freibeweisverfahren stattfinden muß. Die Vorschrift hat nur Bedeutung für den Fall der Beweisaufnahme in der Hauptverhandlung.

5. Beweiswürdigung

Bei der Beweiswürdigung bestehen im Freibeweisverfahren keine Besonderheiten. Es gibt keine Beweisregeln; der Grundsatz der freien Beweiwürdigung gilt auch hier[77]. Die Behauptung, der Grundsatz *in dubio pro reo* sei anzuwenden[78], ist unrichtig. Dieser Grundsatz gehört dem sachlichen Recht an und hat weder für die Verfahrensvoraussetzungen noch für die prozeßrechtlich erheblichen Tatsachen irgendeine Bedeutung[79].

---

[74] BGHSt. 9 S. 24 (27).
[75] Vgl. KMR *Paulus* § 244 Rdnr. 364; LR *Gollwitzer* § 244 Rdnr. 4; *Alsberg* GA 62 S. 1 (4); *Volk* S. 75; *Willms* Heusinger-EG S. 399.
[76] S. 48.
[77] Vgl. LR *Gollwitzer* § 244 Rdnr. 4; *Alsberg* GA 62 S. 1 (5); *Beling* S. 321 Fußn. 1; *Bovensiepen* S. 22; *Ditzen* S. 9, 16, 56; *Kautter* S. 21; *F. W. Krause* Jura 1982 S. 225 (232); *Oetker* JW 1932 S. 511 (512); *Rieker* S. 98; *Simader* S. 5; *Többens* S. 9; *Willms* Heusinger-EG S. 394.
[78] *Eb. Schmidt* Teil I Rdnr. 199.
[79] Vgl. LR *Meyer* § 136 a Rdnr. 53 und § 337 Rdnr. 31; unten S. 664. Die Frage, ob Verfahrenshindernisse erwiesen sein müssen, läßt sich nicht einheitlich beantworten (vgl. LR *Meyer* § 337 Rdnr. 31 mit Nachw.). Verfahrensfehler müssen immer erwiesen sein (vgl. LR *Meyer* § 337 Rdnr. 85 mit Nachw.).

§ 4 Freibeweis im Revisionsverfahren

   I. Beweisaufnahme vor dem Revisionsgericht 153
  II. Art der Beweisaufnahme 154
 III. Bindung an die Urteilsfeststellungen 156
  IV. Ausnahme für tatrichterliche Entscheidungen mit Beurteilungsspielraum 158
      1. Rechtfertigung der Ausnahme 158
      2. Einzelfälle 161

I. Beweisaufnahme vor dem Revisionsgericht

Das Gesetz sieht eine Beweisaufnahme vor dem Revisionsgericht nicht ausdrücklich vor[1]. Gleichwohl ist unbestreitbar, daß das Revisionsgericht berechtigt und verpflichtet ist, in verschiedener Hinsicht vor oder in der Hauptverhandlung über die Revision[2] Beweis zu erheben[3]. Das kann für die Entscheidung auf die Sachrüge erforderlich sein, wenn es um die Feststellung geht, ob ein allgemeingültiger Erfahrungssatz besteht[4], nicht jedoch zur Feststellung von Tatbestandsmerkmalen[5]. Ferner kommt eine Anhörung von Sachverständigen in Betracht, wenn der

---

1 Der Freibeweis im Revisionsverfahren ist für das Beweisantragsrecht nicht unmittelbar von Bedeutung. Die Darstellung des Freibeweisverfahrens wäre aber ohne einen Abschnitt über die Bedeutung dieses Verfahrens für das Revisionsgericht nicht vollständig.
2 Vgl. *Dahs/Dahs* Rdnr. 392, 458.
3 Vgl. *Kleinknecht* § 351 Rdnr. 2. Die Ansicht von *Kautter* (S. 31, 35), das sei keine Beweisaufnahme »im technischen Sinn«, sowie von *Beling* (Binding-FS 2 S. 170) und *Reichhold* (S. 38), das Revisionsgericht könne nur »freie Feststellungen« treffen oder »Nachweise« führen, ist ein Spiel mit Worten. Werden solche Feststellungen aufgrund irgendwelcher Beweismittel getroffen, so spricht man von Beweisaufnahme. Feststellungen des Revisionsgerichts machen davon keine Ausnahme.
4 Vgl. BGHSt. 7 S. 82 (83); 23 S. 8 (13) = JR 1970 S. 151 mit Anm. *Peters*; BGHSt. 23 S. 156 (164); 25 S. 246 (249); BayObLGSt. 1982 S. 34 (36) = VRS 62 S. 461 (463); OLG Celle NJW 1967 S. 588 (589); OLG Hamm NJW 1972 S. 1529; 1976 S. 2307 (2308) = VRS 51 S. 355 (357); Blutalkohol 1980 S. 289; DAR 1960 S. 365; VRS 53 S. 117 (118); KK *Pikart* § 351 Rdnr. 11; LR *Meyer* § 337 Rdnr. 131 und § 351 Rdnr. 6; *Dahs/Dahs* Rdnr. 219; *Gottwald*, Die Revisionsinstanz als Tatsacheninstanz, 1975, S. 69; *Henke*, Die Tatfrage, 1966, S. 128; *Jessnitzer* S. 35.
5 BGHSt. 23 S. 64 (78); RG JW 1914 S. 886; OLG Frankfurt JZ 1974 S. 516 (517); OLG Hamm bei *W. Schmid* ZStW 85 S. 893 (896 Fußn. 7); LR *Meyer* § 337 Rdnr. 106. – A.A. für Augenscheinseinnahmen von unzüchtigen Filmen: OLG Schleswig bei *Ernesti/Jürgen-*

153

Inhalt ausländischen Rechts festgestellt werden muß[6]. Eine wesentliche Bedeutung gewinnt die Beweisaufnahme vor dem Revisionsgericht bei der Aufklärung tatsächlicher Umstände, von deren Vorliegen die Verfahrensvoraussetzungen oder die von der Revision behaupteten Verfahrensfehler abhängen[7]. Das Revisionsgericht ist zwar berechtigt, von der Beweisaufnahme abzusehen und die Sache an den Tatrichter zurückzuverweisen, wenn eine Beweisaufnahme wie in der Tatsacheninstanz erforderlich wäre[8]. Es ist dazu aber nicht verpflichtet[9].

II. Art der Beweisaufnahme

Über die Art der Beweisaufnahme vor dem Revisionsgericht bestimmt das Gesetz nichts. Die §§ 244 ff. sind, anders als im Berufungsverfahren, für das ihre Geltung durch § 332 ausdrücklich bestimmt ist, nicht anwendbar. Es entspricht daher fast allgemeiner Ansicht, daß für die Tatsachenfeststellungen des Revisionsgerichts Freibeweis gilt[10]. Diese Art der Beweiserhebung ist die einzige, die dem Revisionsgericht zur Verfügung steht. Im Strengbeweis kann es keine Beweise erheben[11].

sen SchlHA 1970 S. 198, und von anderen Abbildungen: BGHSt. 22 S. 282 (289); 29 S. 18 (22); RGSt. 61 S. 379; BayObLGSt. 1970 S. 133 (135) = MDR 1970 S. 941 (942); BayObLG und OLG Hamm bei *W. Schmid* ZStW 85 S. 893 (895 Fußn. 5); OLG Bremen NJW 1972 S. 1678 (1681); OLG Hamm JMBlNRW 1969 S. 246; OLG Hamburg MDR 1981 S. 779 = NStZ 1981 S. 393. Nach § 267 Abs. 1 Satz 3 darf der Tatrichter auf Abbildungen, die sich bei den Akten befinden, wegen der Einzelheiten verweisen. Sie werden dadurch Bestandteil der Urteilsgründe (*Kleinknecht* § 267 Rdnr. 9; *Rieß* NJW 1978 S. 2265 [2270]).

6 KK *Pikart* § 351 Rdnr. 11; LR *Meyer* § 351 Rdnr. 5; vgl. oben S. 138 ff.
7 Die Ansicht von *Alsberg* (JW 1915 S. 306), aus dem Gesetz lasse sich diese Nachprüfungsbefugnis nicht herleiten, wird hinsichtlich der Verfahrensvoraussetzungen durch § 6, hinsichtlich der Verfahrensfehler durch § 352 Abs. 1 widerlegt.
8 BGHSt. 16 S. 339 (403); OLG Celle MDR 1960 S. 334; LR *Meyer* § 337 Rdnr. 30.
9 A.A. *Peters* S. 624 für den Fall, daß die Prozeßvoraussetzungen nur in einer unmittelbarmündlichen Verhandlung geklärt werden können.
10 Vgl. KK *Pikart* § 351 Rdnr. 11; *Kleinknecht* Einl. Rdnr. 150, vor § 333 Rdnr. 4 und JR 1968 S. 467 (468); LR *Meyer* § 136 a Rdnr. 55 und § 351 Rdnr. 5; *Beling* S. 321; *Busch* JZ 1963 S. 457 (460); *Dahs/Dahs* Rdnr. 386; *Ditzen* S. 16, 60; *Fezer* S. 87; *Gerland* S. 427; *Henkel* S. 380 Fußn. 20; *von Hippel* S. 596; *Jessnitzer* S. 35; *F.W. Krause* Jura 1982 S. 225 (230); *Loewenstein* S. 108; *Peters* S. 624; *Sarstedt* S. 129 ff.; *Schneidewin* JR 1951 S. 481 (487/488) und in *Lobe* (Hrsg.), Fünfzig Jahre Reichsgericht S. 325. – A. A. *Jahn* S. 117 ff. und *von Kries* S. 682, die die §§ 249, 261 auch in der Revisionsverhandlung anwenden wollten. *Wroblewski* (S. 45 ff.) will nur die Einholung dienstlicher Äußerungen gestatten. *Bovensiepen* (S. 182 ff.) fordert für die Prozeßvoraussetzungen Strengbeweis, für die Prozeßtatsachen einen »modifizierten« Freibeweis mit Beweisantragsrecht, Parteiöffentlichkeit und weitgehend unmittelbarer Beweisaufnahme.
11 Vgl. *Eb. Schmidt* MDR 1968 S. 537 (538); *Hengsberger* in der Anm. zu BGH LM Nr. 51 zu § 261 Bl. 2; a. A. *Kleinknecht* JR 1968 S. 467 (468) und *Bovensiepen* S. 175/176, 180, der der Ansicht ist, die Möglichkeit des Freibeweises schließe den Strengbeweis immer mit ein. Daß das falsch ist, zeigt ein Blick in das Gesetz: Im Vorverfahren ist überhaupt nur der Freibeweis zugelassen.

Das Revisionsgericht stellt die Verfahrensvoraussetzungen und die Prozeßtatsachen unter Benutzung aller ihm zur Verfügung stehenden Erkenntnisquellen fest[12]. Das gilt insbesondere für Verfahrensvorgänge, die von der Beweiskraft des § 274 ausgenommen sind, und für die sonstigen Unterlagen der Verfahrensrügen[13]. Das Revisionsgericht kann den Inhalt der Akten und Beiakten verwenden[14], den Urteilsinhalt berücksichtigen[15], das Sitzungsprotokoll heranziehen, wenn es mangelhaft ist und ihm daher die Beweiskraft des § 274 fehlt[16] oder wenn es sich um Vermerke handelt, denen die Beweiskraft des § 274 nicht zukommt[17]. Es kann auch selbst ermitteln[18], insbesondere amtliche Auskünfte[19] oder dienstliche Äußerungen von Richtern, Staatsanwälten und Protokollführern[20] einholen und, falls

---

12 BVerfGE 7 S. 275 (279) = JZ 1958 S. 433 (434) mit Anm. *Peters*; BGHSt. 13 S. 128; 14 S. 137 (139); 16 S. 164 (166); S. 399 (403); 21 S. 81; RGSt. 38 S. 39 (40); 45 S. 128 (129); S. 271 (277); 51 S. 71 (72); 54 S. 22; 55 S. 231; 56 S. 107 (109); 59 S. 36; 61 S. 115 (119); 62 S. 13 (14); 64 S. 183 (188); 65 S. 165 (166); 66 S. 209 (212); 69 S. 318 (319); 71 S. 259 (261); OLG Celle MDR 1960 S. 334; OLG Hamburg NJW 1969 S. 571; OLG Hamm NJW 1973 S. 1894; OLG Koblenz OLGSt. § 191 StGB S. 1 (3); KK *Pikart* § 351 Rdnr. 11; LR *Meyer* § 337 Rdnr. 30; *Kautter* S. 32; *Peters* S. 624; W. *Schmid* SchlHA 1981 S. 2.

13 BGHSt. 11 S. 213 (215); 14 S. 190 (191); 19 S. 141 (143/144) = JR 1964 S. 187 (188) mit Anm. *Eb. Schmidt*; BGHSt. 24 S. 72 (73); BGH NJW 1953 S. 836 (837); 1978 S. 1390; BGH VRS 32 S. 143; RGSt. 43 S. 437 (438); 54 S. 22; 57 S. 394 (397); BayObLGSt. 1964 S. 36 (37) = NJW 1964 S. 1192 (1193); OLG Düsseldorf NJW 1970 S. 1889; OLG Hamburg NJW 1969 S. 571; OLG Hamm JMBlNRW 1952 S. 125; OLG Schleswig SchlHA 1980 S. 20 (21); LR *Meyer* § 337 Rdnr. 83; *Eb. Schmidt* § 337 Rdnr. 9; *Beling* JW 1927 S. 126; *Sarstedt* S. 129 ff. und JR 1954 S. 114; W. *Schmid* SchlHA 1981 S. 2 (3).

14 BGHSt. 7 S. 202 (204); 13 S. 128 (129); 16 S. 399 (403); 30 S. 215 (218); BGH LM Nr. 5 zu § 1 StrFrG 1949; BGH bei *Dallinger* MDR 1972 S. 572; RGSt. 4 S. 388 (389); 6 S. 161 (164); 12 S. 434 (436); 18 S. 272; 21 S. 276; 35 S. 367 (370); 37 S. 373 (375); 38 S. 39 (40); 46 S. 67 (68); 55 S. 284 (285); 61 S. 45 (46); 62 S. 13 (14); 63 S. 320 (321); 64 S. 183 (187); 65 S. 82; 66 S. 172 (173); 69 S. 318 (319); 71 S. 259 (261); RG JW 1931 S. 2030 mit Anm. *Alsberg*; RG GA 70 S. 243 (244); BayObLGSt. 1949/51 S. 145 (146); 1979 S. 44 (45); OLG Hamm JMBlNRW 1952 S. 125; OLG Schleswig SchlHA 1980 S. 20 (21); LR *Meyer* § 337 Rdnr. 83; *Eb. Schmidt* § 337 Rdnr. 9; *Sarstedt* S. 129/130.

15 Vgl. *Sarstedt* S. 130.

16 Vgl. *Dahs/Dahs* Rdnr. 386; *Sarstedt* S. 130; *Willms* Heusinger-EG S. 410.

17 RGSt. 43 S. 437 (438).

18 BGHSt. 16 S. 399 (403); RGSt. 71 S. 259 (261); BayObLGSt. 1949/51 S. 145 (146); OLG Celle MDR 1960 S. 334.

19 RGSt. 12 S. 125 (126); 20 S. 40 (41); 61 S. 115 (118); 72 S. 4 (5); OLG Hamburg NJW 1969 S. 571.

20 BGHSt. 2 S. 14 (15); 3 S. 186 (187); S. 187; 13 S. 262 (263); 14 S. 190 (191); 15 S. 347 (349); 17 S. 337 (339); 18 S. 165 (166); 21 S. 180 (182); 22 S. 26 (28); 24 S. 72 (73); 25 S. 174; BGH NJW 1962 S. 260; 1963 S. 598 (599); BGH JR 1972 S. 119 mit Anm. *Peters*; BGH MDR 1963 S. 68; RGSt. 10 S. 318; 17 S. 287 (288); 18 S. 9; 23 S. 166 (167); 32 S. 283 (284); 44 S. 120 (121); 60 S. 313; 64 S. 6 (8); 72 S. 182 (183); 76 S. 82 (84); RG JW 1924 S. 1761 (1762) mit Anm. *Alsberg*; RG JW 1927 S. 126 mit Anm. *Beling*; RG HRR 1938 Nr. 568; OLG Hamburg VRS 24 S. 437 (438); OLG Hamm NJW 1969 S. 572;

erforderlich, deren Bekräftigung durch eidesstattliche Versicherung verlangen[21]. Es kann ferner anwaltliche Versicherungen anfordern[22], den Angeklagten anhören[23] und Zeugen zu schriftlichen Erklärungen veranlassen[24], uneidlich vernehmen[25] oder durch einen beauftragten oder ersuchten Richter vernehmen lassen[26]. Daß die Verfahrensbeteiligten von dem Ergebnis solcher Ermittlungen in Kenntnis gesetzt werden müssen, wenn sie bei der Beweisaufnahme nicht anwesend sind, ergibt sich aus Art. 103 Abs. 1 GG[27].

III. Bindung an die Urteilsfeststellungen

Der aus § 337 herzuleitende Grundsatz, daß die tatsächlichen Feststellungen vom Revisionsgericht nicht nachgeprüft werden[28], gilt nur für diejenigen Feststellungen, auf denen die Entscheidung über die Schuld- und Rechtsfolgenfrage beruht. An die Feststellungen und die Beweiswürdigung des Tatrichters zu den Verfahrensvoraussetzungen und den Verfahrensfragen ist das Revisionsgericht nicht gebunden[29]. Es kann unbeschränkt nachprüfen, ob die Prozeßvoraussetzungen und, wenn nicht die Beweiskraft nach § 274 besteht, ob die tatsächlichen Voraussetzungen für eine prozessuale Maßnahme, aber auch für ein das Verfahren been-

---

JMBlNRW 1952 S. 125; VRS 60 S. 206; OLG Köln NJW 1969 S. 520 (521); VRS 44 S. 211; OLG Schleswig SchlHA 1980 S. 20 (21); *Sarstedt* S. 131; *Stein* S. 150. Zur Verwendung und Erzwingung dienstlicher Äußerungen als Mittel der Freibeweisführung vgl. allgemein *W. Schmid* SchlHA 1981 S. 2.
21 *W. Schmid* a.a.O.
22 BGH NJW 1952 S. 273; OLG Hamm NJW 1956 S. 1729 (1730); OLG Köln OLGSt. § 218 S. 15; *Dahs/Dahs* Rdnr. 669.
23 RGSt. 45 S. 271 (277). Zu diesem Zweck kann nach § 236 sein persönliches Erscheinen angeordnet werden; vgl. OLG Koblenz NJW 1958 S. 2027 (2028); LR *Gollwitzer* § 236 Rdnr. 7; LR *Meyer* § 350 Rdnr. 4 und § 351 Rdnr. 5; zweifelnd *Eb. Schmidt* Nachtr. § 236 Rdnr. 1).
24 BGHSt. 30 S. 215 (219); OLG Frankfurt HESt. 3 S. 49 (50).
25 OLG Celle MDR 1960 S. 334; OLG Hamburg HESt. 3 S. 28. Vgl. auch *Stein* S. 105. Die Ansicht von *Stenglein* (GerS 46 S. 1 [11]), das Revisionsgericht dürfe, wie sich aus § 309 Abs. 1 (damals § 351 Abs. 1) ergebe, den Zeugen nicht mündlich vernehmen, ist offensichtlich falsch; im Beschwerdeverfahren gibt es keine mündliche Verhandlung, im Revisionsverfahren sieht § 351 sie ausdrücklich vor.
26 RGSt. 66 S. 209 (212); OLG Hamm NJW 1969 S. 572; *Stenglein* GerS 46 S. 1 (6).
27 Vgl. BVerfGE 7 S. 275 (279) = JZ 1958 S. 433 mit Anm. *Peters*; BVerfGE 9 S. 261 (266) = NJW 1959 S. 1315; BVerfGE 10 S. 274 (281) = NJW 1960 S. 427 = Rpfleger 1960 S. 206 mit Anm. *Lappe*; BVerfG DAR 1976 S. 239; *Röhl* NJW 1964 S. 273 (276).
28 Vgl. LR *Meyer* § 337 Rdnr. 1.
29 Aber an die Feststellungen zu der Tat des Angeklagten, von der die Prozeßvoraussetzung abhängt, z. B. zu der Straftat, auf deren Umstände es für die Erforderlichkeit des Strafantrags (vgl. oben S. 120/121) oder für die Anwendung eines Straffreiheitsgesetzes ankommt (BGHSt. 3 S. 134 [142]).

dendes Einstellungsurteil, vorgelegen haben[30]. Dabei ist gleichgültig, ob auch der Tatrichter die Feststellungen im Freibeweis oder ob er sie nach förmlicher Beweisaufnahme im Strengbeweis getroffen hat[31]. Die Bindungsfreiheit schließt natürlich nicht aus, daß sich das Revisionsgericht für seine eigene Prüfung, z. B. der Verhandlungsfähigkeit des Angeklagten, die Feststellungen des Tatrichters zu eigen macht[32].

Anders ist es bei den sog. doppelrelevanten Tatsachen, die der Tatrichter zur Schuldfrage nach den strengen Beweisvorschriften der §§ 243 ff. ermittelt hat, die aber auch für die Verfahrensvoraussetzungen und für Verfahrensfragen von Bedeutung sind[33]. An sie ist das Revisionsgericht gebunden[34]. Denn diesen Tatsachen müssen einheitliche Feststellungen zugrunde liegen, und dabei genießen die durch Strengbeweis ermittelten den Vorrang[35]. Das gilt vor allem für den Tatort und für die Tatzeit, die bei der Verjährung, bei der Rechtzeitigkeit des Strafantrags und bei der Straffreiheit nach Amnestiegesetzen von Bedeutung ist[36]. Nur

---

30 Vgl. für Verfahrensvoraussetzungen: BGHSt. 5 S. 225; 7 S. 202 (204); 14 S. 137 (139); 30 S. 215 (218); BGH bei *Dallinger* MDR 1955 S. 143, 272; 1958 S. 142; RGSt. 4 S. 205; S. 388 (389); 6 S. 161 (166); 12 S. 327 (330); 38 S. 39 (40); 45 S. 128 (129); 47 S. 201 (202); 48 S. 274 (276); 51 S. 71 (72); 55 S. 23; S. 231; 57 S. 143; 59 S. 54 (56); 61 S. 45 (46); S. 357; 62 S. 262 (263); 64 S. 183 (187); 65 S. 82; 66 S. 172; RGRspr. 3 S. 407 (408); RG GA 51 S. 41 (42); OGHSt. 1 S. 242; BayObLGSt. 1949/51 S. 145 (146); OLG Frankfurt HESt. 3 S. 49 (50); OLG Hamm NJW 1973 S. 1894; OLG Koblenz OLGSt. § 52 StGB S. 3; LR *Meyer* § 337 Rdnr. 30; *Eb. Schmidt* § 244 Rdnr. 19 und § 337 Rdnr. 12; *Ditzen* S. 71 ff.; *Rieker* S. 98; *Sauer* Grdl. S. 412 ff., 418. Für Verfahrensfragen: BGHSt. 16 S. 164 (167) = JR 1962 S. 108 mit Anm. *Eb. Schmidt*; RGSt. 4 S. 388 (389); 8 S. 248 (251); 20 S. 163; 28 S. 124; OLG Hamm JMBlNRW 1952 S. 125; OLG Schleswig SchlHA 1980 S. 20 (21); LR *Meyer* § 337 Rdnr. 83; *Eb. Schmidt* § 337 Rdnr. 8; *Kappe* GA 1960 S. 357 (371); *Sauer* Grdl. S. 414; *Stenglein* GerS 46 S. 1 (6).
31 Vgl. KK *Herdegen* § 244 Rdnr. 10; LR *Meyer* § 337 Rdnr. 83; *Eb. Schmidt* Teil I Rdnr. 197; *Beling* Binding-FS 2 S. 157 ff.; *Bovensiepen* S. 179; *Ditzen* S. 86 ff., 88; *Kautter* S. 34 ff.; *F. W. Krause* Jura 1982 S. 225 (231); *E. Peters* S. 31; *Rieker* S. 98; *Sauer* Grdl. S. 414/415; a. A. OLG Königsberg HRR 1929 Nr. 881; mißverständlich OLG Schleswig SchlHA 1958 S. 318.
32 BGH bei *Dallinger* MDR 1958 S. 142; BGH 3 StR 416/78 vom 21. 11. 1978; weitere Nachw. bei LR *Meyer* § 337 Rdnr. 38.
33 Vgl. oben S. 131 ff.
34 BGH bei *Dallinger* MDR 1957 S. 272; *Dahs/Dahs* Rdnr. 391; *Kappe* GA 1960 S. 357 (371); *Sauer* Grdl. S. 422; *Stenglein* GerS 46 S. 1 (16).
35 Vgl. oben S. 132.
36 BGH bei *Dallinger* MDR 1955 S. 143; RGSt. 12 S. 434 (436); 45 S. 158 (159); 69 S. 318 = JW 1935 S. 3396 mit Anm. *Richter*; RGSt. 71 S. 259 (261); KG VRS 12 S. 451; 21 S. 199 (200); OLG Celle GA 1968 S. 124; OLG Neustadt GA 1962 S. 125; OLG Schleswig SchlHA 1958 S. 318; LR *Meyer* § 337 Rdnr. 32; *Dreher/Tröndle* § 78 StGB Rdnr. 3; *Lackner* § 78 StGB Anm. 6; *Hanack* JZ 1972 S. 114. – A.A. KMR *Paulus* § 244 Rdnr. 360; *Eb. Schmidt* Teil I Rdnr. 197 Fußn. 349, vor § 244 Rdnr. 20, § 337 Rdnr. 12 und JZ 1968 S. 434, die die Bindung des Revisionsgerichts verneinen, wenn es nur eine prozessuale Entscheidung zu treffen hat.

auf die rechtliche Beurteilung der festgestellten Tatsachen durch den Tatrichter erstreckt sich die Bindung des Revisionsgerichts nicht[37].

Die herrschende Meinung macht von der Bindung an die doppelrelevanten Tatsachen eine Ausnahme für den Fall, daß die datenmäßige Fixierung der Tatzeit für den Schuldspruch und die sichere Erfassung der ihm zugrunde liegenden Tat nicht unerläßlich ist[38]. Das läuft darauf hinaus, dem Freibeweis ein größeres Gewicht beizumessen als der von dem Tatrichter nach den Regeln der §§ 243 ff. durchgeführten Beweisaufnahme. Das Revisionsgericht könnte die Ergebnisse dieser Beweisaufnahme einfach beiseiteschieben, wenn sie ihm bedenklich erscheinen. Außerdem gehört die Feststellung der Tatzeit ausnahmslos zu den Schuldfeststellungen; eine Tat außerhalb von Raum und Zeit gibt es nicht[39]. Die Tatzeit zu ermitteln, ist daher immer Sache des Tatrichters. Hat er sie festgestellt, so ist das Revisionsgericht daran gebunden[40]. Teilt das Urteil über sie nichts mit, obwohl sie für das Vorliegen der Prozeßvoraussetzungen von Bedeutung ist, so darf das Revisionsgericht keine Feststellungen im Freibeweis treffen, sondern muß die Sache an den Tatrichter zurückverweisen, damit dieser sie nachholt[41]. Das gleiche gilt, wenn die Tatzeit zwar festgestellt ist, aber nicht so genau (»Mitte September«), daß die Verfahrensvoraussetzungen geprüft werden können[42].

IV. Ausnahme für tatrichterliche Entscheidungen mit Beurteilungsspielraum

1. Rechtfertigung der Ausnahme

Bei einer Reihe von Prozeßentscheidungen des Tatrichters handelt es sich nicht lediglich um die Feststellung von Tatsachen, sondern darüber hinaus um die Bewertung tatsächlicher Umstände, bei der dem Tatrichter ein Beurteilungsspielraum eingeräumt ist. Der Unterschied wird deutlich an den beiden Vereidigungsverboten, die § 60 Nr. 1 bestimmt. Die Frage nach dem Lebensalter stellt das Gericht aufgrund bestimmter Beweise (Angaben des Zeugen, Vorlage einer stan-

---

37 RGSt. 74 S. 190 (192); LR *Meyer* § 337 Rdnr. 32.
38 BGHSt. 22 S. 90 (93) = JR 1968 S. 466 mit zust. Anm. *Kleinknecht* = JZ 1968 S. 433 mit zust. Anm. *Eb. Schmidt*; OLG Neustadt GA 1962 S. 125; KK *Herdegen* § 244 Rdnr. 9; *Kleinknecht* § 337 Rdnr. 15; KMR *Paulus* § 244 Rdnr. 360; LR *Schäfer* Einl. Kap. 11 Rdnr. 29; *Lackner* § 78 StGB Anm. 6; *Dahs/Dahs* Rdnr. 104, 391; *Hanack* JZ 1973 S. 727 (729) entgegen der in JZ 1972 S. 114 vertretenen Ansicht; *Willms* Heusinger-EG S. 408. – A.A. BGH bei *Dallinger* MDR 1955 S. 143; LR *Meyer* § 337 Rdnr. 33; *Peters* S. 624; *E. Peters* S. 46/47; Vgl. auch *F. W. Krause* Jura 1982 S. 225 (232).
39 So mit Recht RGSt. 69 S. 318 (320) = JW 1935 S. 3396 mit Anm. *Richter*.
40 Grundsätzlich a. A. *Eb. Schmidt* JZ 1968 S. 434, der in jedem Fall die Nachprüfung im Freibeweis durch den Revisionsrichter zulassen will.
41 KG JW 1927 S. 925; DAR 1956 S. 336 (337); VRS 12 S. 451; 21 S. 199 (200/201); OLG Koblenz OLGSt. § 67 StGB a. F. S. 13; OLG Schleswig SchlHA 1958 S. 318; LR *Meyer* § 337 Rdnr. 33; *Dreher/Tröndle* § 78 StGB Rdnr. 3; *Peters* S. 624; *Sauer* Grdl. S. 414. Ebenso offenbar RGSt. 71 S. 251. *Schlüchter* Rdnr. 693 will die Ermittlung der Tatzeit durch das Revisionsgericht zulassen, wenn sie zur Einstellung des Verfahrens führt.
42 LR *Meyer* § 337 Rdnr. 33; a. A. KMR *Paulus* § 244 Rdnr. 360.

desamtlichen Urkunde u. ä.) fest. Dabei kann es zu einer Beweiswürdigung kommen, etwa über die Echtheit der Urkunde; dem Gericht steht aber sonst kein Beurteilungsspielraum zu. Anders ist es, wenn es auf die Frage ankommt, ob der Zeuge imstande ist, die Bedeutung des Eides zu erkennen. Darüber entscheidet das Strafgericht unter Beachtung aller ihm bekannten Umstände über die geistige Verfassung des Zeugen nach seinem Ermessen. Hier hat es einen Beurteilungsspielraum. Eine Ermessensentscheidung im eigentlichen Sinne ist das natürlich nicht. Wenn der Tatrichter den Zeugen nicht für eidesmündig hält, steht es nach § 60 Nr. 1 nicht in seinem Ermessen, ihn zu vereidigen oder von der Vereidigung abzusehen. In Fällen dieser Art prüfen die Revisionsgerichte weder die Tatsachen nach, die der Tatrichter für die Entscheidung der verfahrensrechtlich erheblichen Frage festgestellt hat, noch greifen sie in sein Ermessen ein. Ihre Prüfung beschränkt sich darauf, ob der Tatrichter sich der Möglichkeit einer Ermessensentscheidung überhaupt bewußt geworden ist[43] und ob er die anzuwendenden Rechtsbegriffe verkannt hat[44].

Diese Revisionspraxis wird von einem geringen Teil des Schrifttums gebilligt[45], überwiegend aber bekämpft[46]. Tatsächlich scheint es auf den ersten Blick, als sei diese Ausnahme von der freien Nachprüfbarkeit der Verfahrenstatsachen durch die Revisionsgerichte insbesondere im Hinblick auf § 352 Abs. 1 rechtlich nicht vertretbar. Zudem haben die Revisionsgerichte eine überzeugende Begründung für ihre Rechtsprechung bisher kaum gefunden. Das Reichsgericht beschränkte sich auf die beweislos vorgetragene Behauptung, eine Ausnahme von dem Recht und der Pflicht des Revisionsrichters zur Nachprüfung der tatsächlichen Feststellungen zu den Verfahrensentscheidungen bestehe dort, wo dem Tatrichter nach der Strafprozeßordnung ein freies Ermessen bei der Würdigung der Tatsachen vorbehalten ist[47]. Erst in jüngster Zeit hat der Bundesgerichtshof für den Fall des § 329 Abs. 1 eine ernster zu nehmende Begründung geliefert. Er führt aus[48], wenn es dem Revisionsgericht gestattet wäre, den Freibeweis auch auf die tatsächlichen Feststellungen des Berufungsurteils zu erstrecken und diese je nach dem Ergebnis des Beweises durch eigene Feststellungen zu ersetzen oder zu ergänzen, würde das einem im Gesetz nicht vorgesehenen weiteren Berufungsverfahren gleichkommen und wäre mit dem Wesen und den Grundsätzen des Revisionsrechts nicht vereinbar. Die Feststellungen des Tatrichters zu der Verfahrensfrage enthielten ja nicht nur die wertungsfreie Wiedergabe förmlicher Geschehensabläufe, sondern unterlägen sei-

---

43 Vgl. BGHSt. 22 S. 266 (267).
44 Vgl. LR *Meyer* § 337 Rdnr. 90 mit weit. Nachw.; *Dahs/Dahs* Rdnr. 392.
45 *Dalcke/Fuhrmann/Schäfer* Anm. 3; KMR *Paulus* Rdnr. 24; LR *Meyer* Rdnr. 91; alle zu § 337; *Dahs/Dahs* Rdnr. 392; *Kappe* GA 1960 S. 357 (371); *Loewenstein* S. 76; *Peters* S. 624; *Reichhold* S. 35 ff.
46 Vgl. *Eb. Schmidt* § 337 Rdnr. 11 ff.; *Alsberg* JW 1915 S. 308 ff. und 1930 S. 67; *Beling* S. 414, JW 1928 S. 2992 und Binding-FS 2 S. 167 ff.; *Ditzen* S. 80 ff., 94 ff.; *von Hippel* S. 326; *Kautter* S. 32 ff.; *Mannheim* S. 70 ff.; *M. Müller,* Sinn und Wirkung der strafprozessualen Vereidigungsverbote, Diss. Köln 1971, S. 22 ff.; *Rieker* S. 98; *Schwinge* S. 170; *Többens* S. 22; Voraufl. S. 480 ff.; zweifelnd auch *Hanack* JZ 1973 S. 729.
47 Vgl. RGSt. 4 S. 388 (389); 11 S. 261 (262); 54 S. 22; 57 S. 186 (187); dazu *Ditzen* S. 80 ff.
48 BGHSt. 28 S. 384 (387).

ner Würdigung. Daher seien sie den Feststellungen in einem die Schuld- und Straffrage erörternden Urteil vergleichbar und ebenso wie diese bindend.

Die Ausführungen scheinen die Meinung von *Willms*[49] zu bestätigen, daß es eine dogmatisch vertretbare Begründung der Abweichung von den sonstigen revisionsrechtlichen Prüfungsgrundsätzen nicht gibt und daß die eigentliche Legitimation dieser Rechtsprechung nur darin zu finden ist, daß das Bedürfnis nach Bindung sich überall dort geltend macht, wo der nur dem Tatrichter zuteil werdende unmittelbare persönliche Eindruck wesentliche Bedeutung für die Feststellungen hat. Insbesondere erscheint die Behauptung des Bundesgerichtshofs unrichtig, die von dem Tatrichter festgestellten Verfahrenstatsachen, die seiner Würdigung unterliegen, seien den Feststellungen zur Schuld- und Straffrage vergleichbar und ebenso wie diese bindend. Die Bindung des Revisionsgerichts an die Feststellungen zur Sachentscheidung ergibt sich aus der Vorschrift des § 337 Abs. 1, die dem Revisionsgericht eine Eingriffsmöglichkeit nur bei Gesetzesverletzungen gibt. Da § 352 Abs. 1 dem Revisionsgericht aber die Prüfung der Tatsachen, in denen die Revision die Mängel des Verfahrens sieht, ausdrücklich aufgibt, sind diese Tatsachen denen zur Sachentscheidung auch dann nicht vergleichbar, wenn der Tatrichter sie zu würdigen hat.

Der richtige Gedanke des Bundesgerichtshofs liegt jedoch in der Feststellung, daß die sachliche, nicht nur rechtliche Prüfung der verfahrensrechtlichen Entscheidung des Tatrichters mit dem Wesen und den Grundsätzen des Revisionsrechts nicht vereinbar wäre. Vom Beschwerde- und Berufungsverfahren unterscheidet sich das Revisionsverfahren gerade dadurch, daß die angefochtene Entscheidung niemals darauf geprüft wird, ob Ermessensentscheidungen des Tatrichters oder andere Entscheidungen, für die das Gesetz ihm einen Beurteilungsspielraum einräumt, zutreffend sind. Das liegt nicht nur daran, daß das Revisionsgericht zu einer solchen Prüfung nicht imstande wäre, weil es die Beweisaufnahme nicht so durchführen kann wie der Tatrichter. Auch wo die wertende Nachvollziehung der tatrichterlichen Entscheidung ohne weiteres möglich wäre, wie z. B. die Auslegung einer in dem tatrichterlichen Urteil im Wortlaut wiedergegebenen Willenserklärung, widerspricht es den Grundsätzen des Revisionsrechts, das Ermessen oder die Beurteilung des Revisionsgerichts an die Stelle des Ermessens oder der Beurteilung des Tatrichters zu setzen[50]. Dieser Grundsatz gilt nicht nur für das sachliche Recht, sondern auch für verfahrensrechtliche Entscheidungen. Dem Bundesgerichtshof ist aus diesem Grunde darin zuzustimmen, daß es nicht angängig ist, in der Revisionsentscheidung nachzuprüfen, ob die Tatsachen zutreffen, aufgrund deren der Tatrichter das Ausbleiben des Angeklagten in der Berufungsverhandlung nicht als entschuldigt angesehen hat. Das gilt auch für andere Verfahrensentscheidungen. Immer muß es bei der Wertung durch den Tatrichter bleiben. Das zwingt folgerichtig dazu, daß auch die von ihm festgestellten Tatsachen, auf denen die Wertung beruht, vom Revisionsgericht nicht geprüft werden.

---

49 Heusinger-EG S. 409. Ebenso *Többens* S. 23; *Volk* S. 75/76.
50 So ausdrücklich OLG Frankfurt NJW 1970 S. 959.

2. Einzelfälle

Der Prüfung des Revisionsgerichts in tatsächlicher Hinsicht entziehen sich nach diesen Grundsätzen[51] das nach § 52 bedeutsame Verlöbnis des Angeklagten mit der Zeugin[52], die Tatsachen, die der Schwägerschaft im Sinne des § 52 zugrunde liegen[53], die Frage, ob die Behauptung des Zeugen glaubhaft ist, er würde sich durch eine wahrheitsgemäße Auskunft im Sinne des § 55 der Strafverfolgung aussetzen[54], oder die Frage, ob die Gefahr der Strafverfolgung tatsächlich bestanden hat[55], die Eidesunfähigkeit des Zeugen infolge Verstandesschwäche (§ 60 Nr. 1)[56], der gegen den Zeugen bestehende Teilnahmeverdacht (§ 60 Nr. 2)[57], die Befangenheit des Sachverständigen (§ 74)[58], die Notwendigkeit der Anstaltsbeobachtung nach § 81[59], die Gefährdung des Untersuchungserfolges nach § 168 c Abs. 3 Satz 2, Abs. 5 Satz 2[60], die Eigenmächtigkeit des Ausbleibens bei § 231 Abs. 2[61], die tatsächlichen Voraussetzungen der Gründe, aus denen ein Beweisantrag nach § 244 Abs. 3, 4 abgelehnt werden kann[62], die Voraussetzungen für die Verlesung einer

---

51 Vgl. LR *Meyer* § 337 Rdnr. 91 ff.
52 RG JW 1934 S. 3206 mit Anm. *Fraeb*; OGHSt. 2 S. 173 (174); KMR *Paulus* § 337 Rdnr. 24.
53 RGRspr. 2 S. 156.
54 RG JW 1928 S. 414; 1929 S. 861 mit Anm. *Alsberg*.
55 BGHSt. 10 S. 104 (105); BGH bei *Holtz* MDR 1981 S. 632.
56 BGHSt. 22 S. 266 (267); BGH 4 StR 500/62 vom 29. 3. 1963 (insoweit in BGHSt. 18 S. 311 nicht abgedruckt); RGSt. 11 S. 261 (262); 26 S. 97 (99); 33 S. 393 (395); 56 S. 102 (103); RG HRR 1934 Nr. 225; KK *Pelchen* § 60 Rdnr. 39; KMR *Paulus* § 337 Rdnr. 24.
57 BGHSt. 4 S. 255; S. 368 (369); 9 S. 71 (72); 21 S. 147 (148); BGH NJW 1952 S. 273; BGH VRS 15 S. 112 (113); 25 S. 38 (40); 29 S. 26 (27); BGH bei *Holtz* MDR 1980 S. 630 = GA 1980 S. 256; RGSt. 28 S. 111 (113); 44 S. 172 (173); S. 380 (384); 57 S. 186 (187); 59 S. 166 (168); RGRspr. 9 S. 551 (552); RG JW 1922 S. 35 mit Anm. *Löwenstein*; RG JW 1936 S. 2884 L; RG DJ 1935 S. 1462; RG DR 1940 S. 689; RG LZ 1915 Sp. 234; OGHSt. 2 S. 98 (100); S. 153 (156); BayObLGSt. 1949/51 S. 74 (77) = HESt. 3 S. 13; BayObLGSt. 1953 S. 151 = JR 1954 S. 113 (114) mit Anm. *Sarstedt* = MDR 1954 S. 121 mit Anm. *Mittelbach*; KG GRUR 1936 S. 344; VRS 10 S. 298 (299); 31 S. 273 (274); OLG Celle NdsRpfl. 1960 S. 164 = VRS 19 S. 50 (51); OLG Dresden JW 1929 S. 1808 (1809) mit Anm. *Honig*; OLG Hamburg VRS 31 S. 203 (204); OLG Hamm NJW 1969 S. 2297 (2298); MDR 1953 S. 55; OLG Koblenz VRS 45 S. 188; OLG Saarbrücken OLGSt. § 60 S. 5 (7); KK *Pelchen* Rdnr. 40; *Kleinknecht* Rdnr. 21; KMR *Paulus* Rdnr. 33; alle zu § 60.
58 BGHSt. 8 S. 226 (232); BGH bei *Dallinger* MDR 1952 S. 409; BGH bei *Spiegel* DAR 1979 S. 191; RGSt. 25 S. 361 (362); 47 S. 239 (240); RG JW 1924 S. 912 mit Anm. *Klefisch*; RG GA 68 S. 354; RG HRR 1940 Nr. 54; RG LZ 1915 Sp. 553 (554); RG Recht 1910 Nr. 3872; BayObLGSt. 1949/51 S. 390 (391); OLG Karlsruhe JW 1932 S. 965 mit Anm. *Heilberg*; OLG Koblenz GA 1975 S. 28; KK *Pelchen* Rdnr. 18; KMR *Paulus* Rdnr. 31; LR *Meyer* Rdnr. 42; *Eb. Schmidt* Rdnr. 23; alle zu § 74.
59 BGHSt. 8 S. 76 (77); RGSt. 20 S. 378 (379); OLG Hamburg DRiZ 1926 Nr. 1002; KK *Pelchen* § 81 Rdnr. 14; KMR *Paulus* § 337 Rdnr. 24; LR *Meyer* § 81 Rdnr. 47.
60 BGHSt. 29 S. 1 (3).
61 OLG Oldenburg Strafverteidiger 1981 S. 331.
62 Vgl. unten S. 898 ff.

Abgrenzung des Beweisantrags von ähnlichen Anträgen und Prozeßhandlungen

Niederschrift[63] nach § 251 Abs. 1 Nr. 1[64], Nr. 2[65] und Nr. 3[66], der hinreichende Tatverdacht, der die Verweisung nach § 328 Abs. 3 rechtfertigt[67], das nicht genügend entschuldigte Ausbleiben des Angeklagten in der Berufungsverhandlung (§ 329) und bei der Verhandlung auf den Einspruch gegen einen Strafbefehl (§ 412)[68], die Verhinderung des Richters, an der Entscheidung mitzuwirken[69], die

---

63 Vgl. allgemein *Kleinknecht* § 251 Rdnr. 24.
64 RGSt. 12 S. 104 (105); 54 S. 22; RG JW 1927 S. 2466 (2467) mit Anm. *Alsberg*; OLG Koblenz VRS 49 S. 355 (356).
65 BGHSt. 22 S. 118 (120); BGH bei *Dallinger* MDR 1974 S. 369; BGH bei *Herlan* MDR 1955 S. 529; BGH bei *Holtz* MDR 1976 S. 989; BGH bei *Spiegel* DAR 1981 S. 199; RGSt. 46 S. 114 (115); OLG Hamm VRS 36 S. 51 (52).
66 BGH NStZ 1981 S. 271; BGH bei *Holtz* MDR 1979 S. 989/990; BGH bei *Spiegel* DAR 1978 S. 156; RGSt. 44 S. 8 (10); 52 S. 86 (87); RG HRR 1935 Nr. 553; OLG Neustadt VRS 9 S. 465 (466).
67 BGHSt. 26 S. 106 (110); BayObLGSt. 1977 S. 143 (145) = JR 1978 S. 474 (475) mit Anm. *Gollwitzer*; vgl. auch BayObLG VRS 47 S. 194 (198).
68 BGHSt. 28 S. 384 (387/388); RGSt. 61 S. 175; 62 S. 420 (421); 64 S. 239 (245); RG JW 1927 S. 2050 mit abl. Anm. *von Scanzoni*; RG JW 1928 S. 417 mit abl. Anm. *Mannheim*; RG JW 1928 S. 417 (418) mit Anm. *Mezger*; RG JW 1928 S. 2145 mit Anm. *Mamroth*; RG JW 1930 S. 67 (68) mit abl. Anm. *Alsberg*; RG JW 1931 S. 1495 mit Anm. *Alsberg*; RG JW 1931 S. 1604 (1605) mit Anm. *Stern*; RG JW 1931 S. 1616 mit Anm. *Alsberg*; RG JW 1932 S. 511 (512) mit Anm. *Oetker*; RG GA 71 S. 166; RG HRR 1929 Nr. 985; 1931 Nr. 2008; RG JR Rspr. 1927 Nr. 445; RG Recht 1927 Nr. 237; BayObLG DRiZ 1931 Nr. 877; BayObLG HRR 1931 Nr. 1826; BayObLG bei *Rüth* DAR 1978 S. 211; KG GA 1974 S. 116 (117); OLG Braunschweig NdsRpfl. 1964 S. 209; OLG Bremen NJW 1962 S. 881; OLGSt. § 243 S. 9 (10); OLG Düsseldorf NJW 1960 S. 1921 (1922); MDR 1981 S. 870 L; OLG Frankfurt NJW 1954 S. 934; 1970 S. 959; OLG Hamburg JR 1956 S. 70; JZ 1963 S. 480 (481); OLG Hamm NJW 1963 S. 65; DAR 1960 S. 145; JMBlNRW 1955 S. 59; 1969 S. 246; MDR 1961 S. 169; OLGSt. § 329 S. 87 (89); OLG Karlsruhe NJW 1969 S. 476; MDR 1957 S. 760; NStZ 1982 S. 433; OLG Köln NJW 1963 S. 1265; GA 1955 S. 60 (61); OLG Oldenburg NJW 1953 S. 1933 = NdsRpfl. 1953 S. 172; OLG Stuttgart Justiz 1981 S. 288; KMR *Paulus* § 337 Rdnr. 24; LR *Meyer* § 337 Rdnr. 93; LR *Schäfer* § 412 Rdnr. 30; *Kern* JW 1931 S. 3561; *Preiser* GA 1965 S. 366. – A.A. LR *Gollwitzer* § 329 Rdnr. 100 ff.; *Eb. Schmidt* Nachtr. § 329 Rdnr. 12; *Busch* JZ 1963 S. 457 (460). Auch das OLG Celle hat in der Entscheidung JR 1980 S. 37 (39) = OLGSt. § 329 S. 109 (112 ff.) selbst geprüft, ob der Berufungsführer entschuldigt ausgeblieben war, scheint aber die Frage, ob es dazu als Revisionsgericht berechtigt ist, übersehen zu haben.
69 BGHSt. 12 S. 33 (34); S. 113 (114); 15 S. 390 (391); 21 S. 40 (42); BGH LM Nr. 4 zu § 67 GVG; RGSt. 30 S. 226 (229); 55 S. 236 (237); OLG Hamm JMBlNRW 1968 S. 43; LR *Meyer* § 338 Rdnr. 29. – BGHSt. 28 S. 194 mit Anm. *Foth* NJW 1979 S. 1310 prüft aber die Verhinderung des Richters, das Urteil zu unterschreiben, in tatsächlicher Hinsicht nach.

zeitweilige Verhandlungsunfähigkeit des Angeklagten[70], insbesondere bei der Abgabe der Rechtsmittelverzichtserklärung[71], die Prozeßfähigkeit des Nebenklägers[72], die Voraussetzungen für die Änderung des Geschäftsverteilungsplans[73] und die ausreichende Übersetzungstätigkeit des Dolmetschers[74].

---

70 BGH 5 StR 619/73 vom 9. 4. 1974; RGSt. 1 S. 149 (151); 29 S. 324 (326); 57 S. 373 = JW 1924 S. 908 mit Anm. *Werthauer*; RG JW 1928 S. 2992 mit abl. Anm. *Beling*; RG DJZ 1914 Sp. 755; RG GA 69 S. 85; OGHSt. 2 S. 375 (377/378). Vgl. aber BGH 3 StR 416/78 vom 21. 11. 1978, der die Prüfung durch das Revisionsgericht für zulässig hält, aber der Meinung ist, es könne sich hierbei die Festellungen des Tatrichters zu eigen machen.
71 RGSt. 64 S. 14 (15).
72 RG GA 70 S. 243.
73 *Sarstedt* S. 140.
74 BGH bei *Holtz* MDR 1976 S. 634; BGH bei *Spiegel* DAR 1977 S. 176; RGSt. 76 S. 177 (178).

Dritter Hauptteil Beweismittel

1. Kapitel Kreis der Beweismittel

I. Die einzelnen Beweismittel 165
  1. Personal- und Sachbeweis 165
  2. Angeklagte als Beweismittel 167
II. Geschlossener Kreis der Beweismittel 167

I. Die einzelnen Beweismittel

1. Personal- und Sachbeweis

Beweismittel sind Personen und Sachen, mit denen dem Gericht die Überzeugung vom Vorliegen oder Nichtvorliegen von Tatsachen oder Erfahrungssätzen vermittelt werden kann[1]. Im älteren Schrifttum wurde zwischen einfachen Wahrnehmungsobjekten (Augenscheinsgegenständen) und Wahrnehmungsobjekten mit Äußerungsgehalt (persönlichen Beweismitteln und Urkunden) unterschieden[2]. Die heute herrschende Ansicht trennt den Personalbeweis vom Sachbeweis[3]. Persönliche Beweismittel sind Zeugen (§§ 48 ff.) und Sachverständige (§§ 72 ff.)[4]. Der Augenschein am Menschen gehört zum Personalbeweis[5]; man kann ihn als objek-

---

[1] Vgl. *F. W. Krause* S. 68 und Jura 1982 S. 225 (226); *von Kries* S. 332; *Roggemann* S. 24 ff., 26; *E. Rupp* S. 105.

[2] Vgl. *Beling* S. 290; *Goldschmidt* S. 437 Fußn. 2295 a. Ebenso *Schilling*, Der strafrechtliche Schutz des Augenscheinsbeweises, 1965, S. 33.

[3] Vgl. *Kleinknecht* Einl. Rdnr. 49 und § 244 Rdnr. 2; *Eb. Schmidt* § 86 Rdnr. 3; *Döhring* S. 20; *zu Dohna* S. 101; *Henkel* S. 223; *von Hippel* S. 378; *Peters* S. 278/279, 303; *Rogall* S. 31; *Rüping* Rdnr. 386; *Schlüchter* Rdnr. 475; *Simader* S. 153; *Stützel* S. 12 ff.; *Westhoff* S. 140. – A.A. *Gössel* DRiZ 1980 S. 363, der den Sachbeweis als Kombination der klassischen Beweismittel ansieht. *Bruns* (JZ 1957 S. 489 ff.) unterteilt die Beweise in objektive und subjektive Spuren.

[4] Dem Sachverständigen wird gelegentlich die Eigenschaft eines echten Beweismittels abgesprochen; vgl. *Hellm. Mayer* Mezger-FS S. 463 ff. Dazu unten S. 208/209.

[5] Vgl. KMR *Paulus* vor § 72 Rdnr. 50; *F.W. Krause* S. 73/74; *Peters* S. 279; a. A. *Beling* S. 290; *von Hippel* S. 378 Fußn. 4; *Spendel* JuS 1966 S. 1102 (1107), die ihn für einen Sachbeweis halten. *Geerds* (ArchKrim. 137 S. 155 ff.) und *Redecker* (S. 60 ff.) rechnen ihn dem Sachverständigenbeweis zu.

tiven Personalbeweis bezeichnen[6]. Gegenstand eines Sachbeweises können nur Augenscheinsobjekte (§ 86) und Urkunden (§ 249) sein[7].

Im Schrifttum wird die Frage unterschiedlich beantwortet, ob Beweismittel die Personen selbst oder ihre Bekundungen, die sachlichen Beweismittel selbst oder ihr Inhalt oder ihre Besichtigung ist. Es wird die Ansicht vertreten, Beweismittel sei immer die Gedankenäußerung, unabhängig von der Quelle, aus der sie stammt[8]. Nicht der Zeuge sei daher das Beweismittel, sondern seine Aussage[9], nicht der Sachverständige, sondern sein Gutachten[10]. Von den Augenscheinsgegenständen wurde behauptet, daß nicht sie selbst[11], sondern ihre Besichtigung oder sogar nur der aus der Inaugenscheinnahme ersichtliche Umstand[12] das Beweismittel sei. Ferner wurden nicht die Urkunden, sondern ihr gedanklicher Inhalt als Beweismittel angesehen[13]. Diesen Ansichten kann nicht gefolgt werden. Zwar ist der Begriff Beweis nicht eindeutig[14]; schon nach der Wortfassung des § 219 Abs. 1 Satz 1 sollte aber nicht zweifelhaft sein, daß Beweismittel immer der Zeuge und Sachverständige[15], der Augenscheinsgegenstand[16] und die Urkunde[17] ist[18].

6 Vgl. *Henkel* S. 223; *Peters* S. 303 und Gutachten S. 113; *Rogall* S. 31. *Peters* nimmt (a.a.O.) sogar an, daß der menschliche Leichnam Gegenstand des objektiven Personalbeweises sei.
7 Vgl. *von Hippel* S. 378, 426; *von Kries* S. 408; *Petry* S. 140. Die Vernehmungsniederschrift rechnen *Döhring* (S. 290), *Geerds* (ArchKrim. 137 S. 155 [157]) und *Redecker* (S. 61 ff.) sowohl dem Personal- als auch dem Urkundenbeweis zu. *Robert* (S. 27, 36 ff.) hält »Expertiseobjekte« für eine dritte Art sachlicher Beweismittel. Das ist unrichtig; denn wenn ein Gegenstand begutachtet wird, ist der Sachverständige das Beweismittel, nicht der Gegenstand.
8 *Goldschmidt* S. 437 Anm. 2295 a; *Wach* Vorträge S. 203/204.
9 *Döhring* S. 312; *Groth* S. 7; *W. Hahn* S. 51; *Kalbskopf* S. 13; *Rosenfeld* S. 161.
10 *Rosenfeld* a.a.O.
11 *Birkmeyer* S. 415 Fußn. 10.
12 *Groth* S. 8.
13 *Goldschmidt* S. 437 Fußn. 2295 a; *Groth* S. 8.
14 Versteht man unter Beweis die Beweistätigkeit, so ist Beweismittel das jeweilige Objekt dieser Tätigkeit. Versteht man darunter den Beweiserfolg, so ist die Grundlage für die Überzeugungsbildung das Beweismittel, also die Zeugenaussage, das Sachverständigengutachten, der Inhalt der Urkunde, die Inaugenscheinnahme; vgl. *Roggemann* S. 24.
15 RGSt. 67 S. 180 (182); *Kleinknecht* Einl. Rdnr. 49; *Bennecke/Beling* S. 336 Fußn. 3; *Engisch* S. 53; *von Kries* S. 332; *Peters* JR 1976 S. 77; *Rogall* S. 34; *Roxin* § 24 B I 1. Vgl. auch LR *Meyer* § 359 Rdnr. 36 mit weit. Nachw.
16 Vgl. *Kleinknecht* Einl. Rdnr. 49; *Eb. Schmidt* § 86 Rdnr. 2; *Bennecke/Beling* S. 336 Fußn. 3; *Döhring* S. 312; *von Hippel* S. 427; *Kohler* GA 60 S. 212; *Robert* S. 17; *Roxin* § 24 B I 1.
17 Vgl. *F.W. Krause* S. 101.
18 Vgl. dazu auch *Roggemann* S. 23 ff., 25. — KMR *Paulus* § 244 Rdnr. 49 ff., 53 will die Beweismittel nach ihrer konkreten Funktion unterscheiden. *Gössel* S. 178/179 versteht unter Beweismittel die geistig-sinnliche Wahrnehmung; die Vermittler dieser Wahrnehmungen nennt er Beweisträger.

2. Angeklagte als Beweismittel

Nach verbreiteter Ansicht ist auch der Angeklagte, obwohl seine Vernehmung nach § 244 Abs. 1 nicht zur Beweisaufnahme gehört, ein Beweismittel[19]. Von anderen wird die Beweismitteleigenschaft des Angeklagten geleugnet[20]. Besondere Bedeutung hat der Streit nicht. Denn beide Ansichten stimmen darin überein, daß nicht nur das Geständnis des Angeklagten, dessen Verwertbarkeit sich schon aus § 254 ergibt, sondern auch seine sonstige Einlassung bei der Beweiswürdigung berücksichtigt werden darf. Für das Beweisantragsrecht spielt es keine Rolle, ob der Angeklagte ein Beweismittel ist, wenn er vernommen werden soll[21]. Denn unzweifelhaft kann der Angeklagte sich nicht selbst mittels eines Antrags als Beweismittel anbieten, sondern nur als Angeklagter Erklärungen zur Sache abgeben. Ebensowenig kann ihn ein Prozeßbeteiligter in einem Beweisantrag als Beweismittel benennen. Wo die Strafprozeßordnung den Begriff Beweismittel verwendet (§ 219 Abs. 1 Satz 1, § 368 Abs. 1), ist der Angeklagte nicht gemeint[22]. Entsprechendes gilt für Einziehungs-, Verfalls- und andere Nebenbeteiligte[23] sowie für Privatkläger[24].

II. Geschlossener Kreis der Beweismittel

Der Katalog der Strafprozeßordnung über die zulässigen Beweismittel ist erschöpfend. Das geltende Recht schafft einen geschlossenen Kreis von Beweismitteln;

---

19 BGHSt. 2 S. 269 (270); *Kleinknecht* § 244 Rdnr. 2; *Krause/Nehring* Einl. Rdnr. 111; *Eb. Schmidt* vor § 244 Rdnr. 3, 8; *Beling* S. 295; *Bennecke/Beling* S. 373; *Döhring* S. 20; *Gerland* S. 135, 138; *Glaser* Beiträge S. 343; *Henkel* S. 173; *von Hippel* S. 417/418; *F.W. Krause* S. 73 und Jura 1982 S. 225 (226); *von Kries* S. 397, 551 ff.; *Peters* S. 192, 278; *Redecker* S. 64; *Spendel* JuS 1964 S. 465 (468); *Westhoff* S. 140; *Zipf* S. 184. – *Fezer* JuS 1977 S. 234 spricht vom Beweismittel im weiteren Sinne, *Rogall* S. 32 ff., 58 vom bedingten Beweismittel.
20 RGSt. 48 S. 247 (248/249); RGRspr. 5 S. 785; KG JR 1976 S. 76 (77) mit Anm. *Peters*; OLG Karlsruhe NJW 1958 S. 1247; KK *Herdegen* § 244 Rdnr. 18; LR *Gollwitzer* § 244 Rdnr. 7; *Meyer* JR 1966 S. 352; *Schlüchter* Rdnr. 475. *Birkmeyer* (S. 403) hält nur das Geständnis für ein Beweismittel. *Roxin* (§ 25 I) nimmt an, daß der Beschuldigte kein Beweismittel im technischen Sinne ist.
21 Soll nur sein Körper in Augenschein genommen oder soll er von Zeugen zum Zweck der Identifizierung besichtigt werden, so ist der Angeklagte als Augenscheins»objekt« Beweismittel; vgl. KG NJW 1979 S. 1668 (1669); *Gerland* S. 135; *von Hippel* S. 418 Fußn. 1; *Rogall* S. 33. In der Hauptverhandlung kann das Gericht das äußere Erscheinungsbild des Angeklagten würdigen, ohne daß eine besondere Augenscheinseinnahme angeordnet werden muß; dazu S. 236.
22 Vgl. zu § 368 Abs. 1: KG JR 1976 S. 76 (77) mit Anm. *Peters*; OLG Karlsruhe NJW 1958 S. 1247; LR *Meyer* § 368 Rdnr. 14.
23 *F.W. Krause* S. 75 ff., 78 und Jura 1982 S. 225(227) bezeichnet auch sie als Beweismittel eigener Art.
24 Vgl. dazu unten S. 179.

andere Beweismittel oder Beweisbehelfe kennt es nicht[25]. Insbesondere gibt es nicht neben Zeugen und Sachverständigen noch andere Auskunftspersonen[26]. Die Ansicht, ein geschlossener Kreis von Beweismitteln bestehe nicht, Beweismittel sei vielmehr alles, was dem Gericht die Überzeugung vom Hergang der Tat und den sonstigen für die Entscheidung wesentlichen Umständen vermitteln könne[27], steht damit nur scheinbar im Widerspruch. Denn daß das Gericht nach dem Grundsatz der freien Beweiswürdigung seine Überzeugung aufgrund jeder Äußerung und jeden Vorgangs gewinnen kann, den es in der Hauptverhandlung wahrnimmt, ist unbestreitbar. Aber es gilt auch der Grundsatz, daß der Richter Beweise nur sinnlich, also durch Augenschein wahrnehmen kann und daß daher jede Beweisaufnahme, für die das Gesetz keine besonderen Regeln als Zeugen-, Sachverständigen- oder Urkundenbeweis aufstellt, Beweis durch Augenschein ist[28]. Daher gehört alles, was Grundlage der richterlichen Überzeugung sein kann, zu einer dieser Beweisarten[29]. Es kann und muß immer genau festgestellt werden, um welche Art Beweismittel es sich handelt[30].

Tatsächlich lassen sich alle Beweisvorgänge, selbst wenn sie auf den ersten Blick aus dem Katalog der strafprozessualen Beweismittel herauszufallen scheinen,

---

25 BGH NJW 1961 S. 1486 (1487); RGSt. 53 S. 348 (349); KK *Herdegen* § 244 Rdnr. 15; *Kleinknecht* Einl. Rdnr. 49 und § 244 Rdnr. 2; *Krause/Nehring* Einl. Rdnr. 110; KMR *Paulus* vor § 48 Rdnr. 18; LR *Gollwitzer* § 244 Rdnr. 5; *Eb. Schmidt* Teil I Rdnr. 371, § 86 Rdnr. 21, Nachtr. vor § 244 Rdnr. 2) und JZ 1956 S. 206 (207 Fußn. 16); *Bovensiepen* S. 1; *Dallinger* MDR 1956 S. 145 (146); *Gerland* S. 195; *Gössel* S. 196; *Henkel* JZ 1957 S. 148 (152); *von Hippel* S. 378; *Kohlhaas* NJW 1957 S. 81 (83); *F. W. Krause* S. 85 und Jura 1982 S. 225 (227); *Kuckuck* S. 171; *Liermann* S. 65; *Rogall* S. 31; *Rüping* Rdnr. 390; *Schlüchter* Rdnr. 475 ff.; *Scupin* DÖV 1957 S. 548 (553); *Seebode/Sydow* JZ 1980 S. 506 (511/512); *Siegert* GA 1957 S. 265 (269); *Spendel* JuS 1964 S. 465 (468); *Weiß* S. 141. Auch BGHSt. 14 S. 339 (341) spricht von der Verwendung »zulässiger« Beweismittel. Unklar LR *Gollwitzer* § 244 Rdnr. 5, der alle zulässigen Erkenntnisquellen, aber nur nach den für die vorgeschriebenen Arten von Beweismitteln aufgestellten Regeln, zulassen will.
26 Vgl. KMR *Paulus* vor § 48 Rdnr. 18; LR *Meyer* vor § 48 Rdnr. 2 und § 136 Rdnr. 8; *von Gerlach* NJW 1969 S. 777; *F. W. Krause* S. 84; *Rogall* MDR 1977 S. 978 (979) und NJW 1978 S. 2535. Dagegen wollen als von Beschuldigten und Zeugen zu unterscheidende schweigeberechtigte Auskunftsperson im polizeilichen Ermittlungsverfahren den »Verdächtigen« zulassen: *Bringewat* JZ 1981 S. 289; *Bruns* in FS für Erich Schmidt-Leichner, 1977, S. 1 ff., 14; *Helgerth*, Der »Verdächtige« als schweigeberechtigte Auskunftsperson und selbständiger Prozeßbeteiligter neben dem Beschuldigten und dem Zeugen, Diss. Erlangen-Nürnberg 1976, S. 37 ff., 56 ff., 185; *Kleinknecht* Kriminalistik 1965 S. 449 (451); *Reitberger* Kriminalistik 1966 S. 172. Vgl. auch *Gundlach* NJW 1980 S. 2142.
27 BGH NJW 1960 S. 2156; RGSt. 33 S. 403 (404); 36 S. 55 (56); 40 S. 48 (50); 47 S. 235 (236/237); RG LZ 1923 Sp. 405 (406); LR *Schäfer* Einl. Kap. 13 Rdnr. 41; *Conrad* Recht 1917 Sp. 7; *Dallinger* MDR 1956 S. 145; *W. Hahn* S. 46; *Meves* GA 40 S. 291 (297).
28 Vgl. unten S. 221.
29 Unrichtig ist die gelegentlich aufgestellte Behauptung, wenn sich irgendein Beweismittel nicht in den Katalog einordnen lasse, sei es kein zulässiges Beweismittel; vgl. *Eb. Schmidt* JZ 1956 S. 206; *Scupin* DÖV 1957 S. 548 (553).
30 Vgl. *Eb. Schmidt* Nachtr. vor § 244 Rdnr. 2).

durchaus in ihn einordnen[31]. Die Verwendung einer behördlichen Auskunft oder einer anderen behördlichen Erklärung nach § 256 Abs. 1 Satz 1 ist Urkundenbeweis[32]. Nimmt ein Sachverständiger an dem Angeklagten nach § 81 a oder an einem Zeugen nach § 81 c eine Untersuchung vor, so handelt es sich um Sachverständigenbeweis[33]; die Besichtigung von Personen durch das Gericht ist Augenscheinsbeweis[34]. Die Vornahme von Experimenten und wissenschaftlichen Versuchen ist je nach Lage des Falles entweder Teil einer Zeugenaussage, Sachverständigenbeweis oder Augenscheinseinnahme[35]. Eine demoskopische Umfrage ist ein Sachverständigengutachten, wobei der Gutachtenerstatter, nicht das Meinungsforschungsinstitut, Sachverständiger ist[36]. Für das Beweisantragsrecht ist der Grundsatz entscheidend, daß jeder Antrag ein Beweismittel der Strafprozeßordnung benennen, also auf Zeugen-, Sachverständigen-, Augenscheins- oder Urkundenbeweis gerichtet sein muß, mag das auch erst durch die sachgerechte Einordnung des Antragsbegehrens unter eines dieser Beweismittel, die Sache des Gerichts ist[37], deutlich werden.

---

31 Daß damit der »numerus clausus« der Beweismittel in Abrede gestellt wird (wie *Roggemann* S. 30/31 behauptet), ist nicht richtig.
32 Vgl. unten S. 300. – *Peters* JR 1970 S. 105 (106) hält die behördliche Auskunft für einen Akt der Amtshilfe; damit ist aber für die Einordnung in die Beweismittel der StPO nichts gewonnen.
33 Vgl. LR *Gollwitzer* § 244 Rdnr. 13; *Geerds* ArchKrim. 137 S. 155 (156); a. A. *F. W. Krause* S. 73/74, der dann den Angeklagten oder Zeugen für das Beweismittel hält.
34 Vgl. *Rogall* MDR 1975 S. 813 (814).
35 BGH NJW 1961 S. 1486; OLG Braunschweig GA 1965 S. 376; OLG Düsseldorf VRS 60 S. 122; OLG Hamm NJW 1968 S. 1205 (1206); VRS 7 S. 374; KK *Herdegen* § 244 Rdnr. 18; *Kleinknecht* § 244 Rdnr. 3; KMR *Paulus* vor § 72 Rdnr. 59; LR *Meyer* § 86 Rdnr. 33; LR *Gollwitzer* § 244 Rdnr. 13; *Stützel* S. 15; *Weigelt* DAR 1964 S. 314 (319). A. A. RGSt. 40 S. 48 (50), wo der Versuch zur Prüfung der Wahrnehmungsfähigkeit eines Zeugen nicht unter den Augenscheinsbeweis eingereiht worden ist, der er sein sollte; vgl. *Stützel* S. 15. Den Versuch zur Prüfung der Geschicklichkeit eines einarmigen Zeugen hat RG JW 1927 S. 2044 mit Anm. *Mannheim* JW 1927 S. 2707 zu Unrecht als Sachverständigenbeweis behandelt; auch insoweit handelt es sich um einen Augenscheinsbeweis; vgl. *Stützel* a.a.O.
36 Vgl. *Jessnitzer* S. 71/72.
37 Vgl. oben S. 56.

2. Kapitel Zeugen

§ 1 Begriff des Zeugen

   I. Der Zeuge als Auskunftsperson 171
      1. Die Aussage als wesentlicher Inhalt des Zeugenbegriffs 171
      2. Informatorische Befragungen 172
      3. Anlaß der Wahrnehmungen 172
  II. Kein allgemeiner Ausschluß bestimmter Personen 173

I. Der Zeuge als Auskunftsperson

1. Die Aussage als wesentlicher Inhalt des Zeugenbegriffs

Der Zeuge ist eines der beiden persönlichen Beweismittel der Strafprozeßordnung; das andere ist der Sachverständige. Zeuge ist eine Beweisperson, die in einem nicht gegen sie selbst gerichteten Strafverfahren Auskunft über ihre Wahrnehmung von Tatsachen gibt[1]. Zum Begriff des Zeugen gehört mithin, daß er über etwas aussagt. Wer nur vor Gericht geladen wird, damit ihn die Prozeßbeteiligten in Augenschein nehmen können, ist kein Zeuge[2]. Wird etwa einem Belastungszeugen, der in dem Angeklagten den Täter wiedererkannt hat, ein dem Angeklagten ähnlich sehender Dritter gegenübergestellt, damit der Zeuge die Richtigkeit seiner Aussage überprüfen kann[3], so ist dieser Dritte lediglich menschliches Augenscheinsobjekt, nicht Zeuge. An der Zeugeneigenschaft fehlt es auch, wenn eine Person aus Gründen der Sachaufklärung bei der Vernehmung eines Zeugen zugegen ist[4]. Da andererseits Tatsachen jeder Art Gegenstand der Zeugenaussage sein können, kann das menschliche Augenscheinsobjekt schon dadurch zum Zeugen werden, daß es Angaben über seine Person macht, sofern die Feststellung der Identität für die Entscheidung der Schuld- oder Rechtsfolgenfrage von Bedeutung ist. Die Verneh-

---

1 Vgl. RGSt. 52 S. 289; RG DStR 1934 S. 345 (346); KK *Pelchen* Rdnr. 1; KMR *Paulus* Rdnr. 16; *Kohlrausch* Anm. 1; LR *Meyer* Rdnr. 2; *Eb. Schmidt* Rdnr. 1; alle vor § 48; *Gerland* S. 196; *Gössel* S. 198; *Henkel* S. 199; *von Hippel* S. 395; *Koeniger* S. 304; *F.W. Krause* Jura 1982 S. 225 (227); *Peters* S. 319; *Roxin* § 26 A; *Stützel* S. 13. Näheres zum Gegenstand der Zeugenaussage unten S. 190 ff.
2 Vgl. LR *Meyer* vor § 48 Rdnr. 2.
3 Vgl. den Fall OLG Braunschweig HRR 1928 Nr. 579.
4 BGH NJW 1960 S. 2156.

mung des Zeugen zur Person (§ 68) fällt dann mit der Vernehmung zur Sache (§ 69) zusammen[5]. Durch das bloße Sichmelden beim namentlichen Aufruf wird allerdings eine vorgeladene Beweisperson noch nicht zum Zeugen[6].

2. Informatorische Befragungen

Wer als Auskunftsperson Angaben zur Sache machen soll und nicht Sachverständiger ist, muß als Zeuge vernommen werden. Ein Unterschied zwischen Vernehmungen zu Beweiszwecken und zum Zweck bloßer Information besteht grundsätzlich nicht[7]. Eine Ausnahme gilt für den Fall, daß die Befragung lediglich dem Zweck dient, im Freibeweis festzustellen, ob der Zeuge überhaupt etwas von dem zur Erörterung stehenden Vorgang weiß und ob, wenn das nicht der Fall ist, auf seine Vernehmung im Hinblick auf die mutmaßliche Bedeutungslosigkeit seiner Aussage verzichtet werden kann[8]. Sobald aber in die Beweisaufnahme eingetreten und der Zeuge zur Sache vernommen worden ist, geht es nicht mehr an, die Vernehmung im Einverständnis mit den Prozeßbeteiligten abzubrechen, sie nur als »informatorisch« anzusehen und dementsprechend von der Vereidigung des Zeugen abzusehen[9]. Das gilt sowohl für den Fall, daß der Zeuge angibt, nichts über das Beweisthema zu wissen, als auch dann, wenn er unglaubwürdig erscheint. Denn entscheidend ist, daß nach Beginn der Vernehmung keine unverbindliche und formlose Vorbesprechung mehr stattfindet, die ohne Prozeßverstoß auch durch schriftliche Einholung von Auskünften des Zeugen vor der Hauptverhandlung hätte erfolgen können. Der Ausdruck »informatorische Vernehmung«, der in Rechtsprechung und Schrifttum häufig verwendet wird, ist irreführend, da es sich im Grunde gerade um das Gegenteil einer Vernehmung handelt. Die Befragung bezweckt nur die Vorbereitung der eigentlichen Vernehmung durch Klarstellung, ob eine Vernehmung Beweismaterial zur Sache zutage fördern kann oder wie die Aufklärung des Sachverhalts am besten erfolgt[10].

3. Anlaß der Wahrnehmungen

Für den Begriff des Zeugen ist nur wesentlich, daß er Auskunft über eigene Wahrnehmungen gibt. Ob er sie zufällig, aus eigenem Interesse, bei der Berufsausübung

---

5 Vgl. den Fall RG HRR 1928 Nr. 494, wo die Frage nach dem Verwandtschaftsverhältnis zum Angeklagten gleichzeitig den Gegenstand bildete, zu dem der Zeuge sachlich gehört werden sollte.
6 Wenn etwa in einer Strafsache wegen Betruges durch Kurpfuscherei dem Angeklagten in der Hauptverhandlung eine größere Anzahl von Kranken vorgeführt wird, damit er die Richtigkeit seiner angeblich durch Betrachtung des Nackenhaars gewonnenen Diagnose beweisen kann, sind die Kranken keine Zeugen, da sie selbst keine Angaben über ihre Krankheit machen, sondern nur von dem Angeklagten und von Sachverständigen begutachtet werden.
7 Vgl. oben S. 127.
8 Vgl. oben a.a.O.
9 Vgl. unten S. 810.
10 Vgl. auch oben S. 127.

(z. B. als Polizeibeamter oder als Privatdetektiv), im Strafverfahren als Ermittlungsbeamter oder als »gerufener« Zeuge im Auftrag des Gerichts gemacht hat, ist gleichgültig. Daher ist auch der Augenscheinsgehilfe, der auf Weisung des Gerichts einen Gegenstand oder eine Örtlichkeit besichtigt oder sonstige Wahrnehmungen macht, z. B. eine Strecke ausmißt, als Zeuge zu vernehmen[11]. Auch sonst spielt es für den Zeugenbegriff keine Rolle, wo der Zeuge seine Wahrnehmungen gemacht hat. Insbesondere können Beobachtungen im Gerichtssaal Gegenstand des Zeugenbeweises sein, etwa wenn der Zeuge sich darüber äußern soll, ob er eine ihm dort gegenübergestellte Person wiedererkennt[12]. Eigene Wahrnehmungen sind auch die Schilderungen, Nachrichten und Berichte, die dem Zeugen von anderen Personen über deren Wahrnehmungen gemacht worden sind. Auch der Zeuge vom Hörensagen ist daher ein zulässiges Beweismittel[13]. Hat der Zeuge seine Wahrnehmungen aufgrund besonderer Sachkunde gemacht, so ist er gleichwohl Zeuge (§ 85). Die mitunter schwierige Abgrenzung vom Sachverständigenbeweis ist an anderer Stelle[14] erörtert.

II. Kein allgemeiner Ausschluß bestimmter Personen

Da die Aufgabe des Zeugen darin besteht, Auskunft über Wahrnehmungen zu geben, kann Zeuge nur sein, wer die zu bekundende Tatsache wahrnehmen konnte, wer sie in der Erinnerung behalten hat und wer imstande ist, sich über sie zu äußern[15]. Obwohl nicht jeder Mensch diese Fähigkeiten hat, schließt das Gesetz niemanden von vornherein als Zeugen aus. Es gibt keine schlechthin untauglichen Zeugen[16]. Daß der Zeuge für seine Aussage verantwortlich gemacht werden kann, ist keine Voraussetzung des Zeugenbeweises[17]. Erforderlich ist nur, daß er sie mit Bewußtsein macht[18]. Es ist Aufgabe des Gerichts, darüber zu befinden, ob eine Auskunftsperson mit körperlichen oder geistigen Gebrechen fähig ist, richtige Wahrnehmungen zu machen und das Wahrgenommene so aufzufassen

---

11 Wegen der Einzelheiten vgl. unten S. 225 ff., 227.
12 Vgl. *Bennecke/Beling* S. 364; *Hegler* AcP 104 S. 151 (244).
13 Vgl. KMR *Paulus* vor § 48 Rdnr. 23, 70; LR *Meyer* vor § 48 Rdnr. 2; *Gribbohm* NJW 1981 S. 305; a. A. *Seebode/Sydow* JZ 1980 S. 506; jeweils mit Nachw. Die Frage der Zulässigkeit der Vernehmung der Zeugen vom Hörensagen ist eingehender unten S. 460 erörtert.
14 Unten S. 213 ff.
15 Vgl. KMR *Paulus* Rdnr. 29; LR *Meyer* Rdnr. 10; *Eb. Schmidt* Rdnr. 14; alle vor § 48; *Hauser* S. 63.
16 RGSt. 52 S. 138 (139); RGRspr. 5 S. 528 (529); RG JR Rspr. 1927 Nr. 1701; KK *Pelchen* Rdnr. 5; LR *Meyer* Rdnr. 10; *Eb. Schmidt* Rdnr. 14; alle vor § 48; *Beling* S. 300; *Gössel* S. 198; *Hauser* S. 55; *Henkel* S. 201; *von Hippel* S. 396; *Koeniger* S. 304; *Kühne* Rdnr. 472; *Roxin* § 26 A I; *Schlüchter* Rdnr. 476; *Simader* S. 170; *Stützel* S. 68.
17 Vgl. *Schuster* S. 43.
18 Ein Zeuge, der in der Hauptverhandlung betrunken erscheint, steht einem nicht erschienenen Zeugen gleich. Gegen ihn können die Ordnungsmittel des § 51 angewendet werden; vgl. LR *Meyer* § 51 Rdnr. 5 mit weit. Nachw. Mit den hier erörterten Voraussetzungen der Zeugnisfähigkeit hat das nichts zu tun.

und zu beurteilen, daß ihr die Wiedergabe vor Gericht möglich ist[19]. Wenn sich das Gericht davon eine Aufklärung des Sachverhalts verspricht, können daher auch Geisteskranke als Zeugen vernommen werden[20]. Kinder, von denen eine verständliche Aussage zu erwarten ist, sind ebenfalls als Zeugen geeignet. Eine Altersgrenze, von der ab mit derartigen Aussagen zu rechnen ist, besteht nicht[21]. Allerdings werden Kinder unter viereinhalb Jahren selten aussagetüchtig sein[22].

Die Form der dem Zeugen obliegenden Gedankenmitteilung ist an die Lautsprache nicht gebunden; das Gesetz erkennt in § 66 e und in § 186 GVG die Zeugnisfähigkeit Stummer an. Ist trotz Zuziehung eines Dolmetschers eine Verständigung mit einem stummen oder taubstummen Zeugen nicht möglich, so können doch die Gebärden und Gesten der Auskunftsperson, mit denen sie einen bestimmten Sinn verbindet, der dem Gericht erkennbar ist, für die Urteilsfindung verwertet werden. Der Taubstumme ist in diesem Fall, auch wenn sich seine Vereidigung als unausführbar erweist, nicht ein Beweismittel eigener Art, sondern ein Zeuge[23]. Seine Verwendung als Beweismittel wird allerdings nur in besonderen Ausnahmefällen in Betracht kommen. Wenn von vornherein feststeht, daß eine zuverlässige Verständigung mit einem Taubstummen nicht möglich ist, kann seine Vernehmung in aller Regel abgelehnt werden[24].

19 BGHSt. 2 S. 269 (270); RGSt. 59 S. 396; LR *Meyer* vor § 48 Rdnr. 10; *Eb. Schmidt* vor § 48 Rdnr. 14; *Gössel* S. 198; *Simader* S. 170; *Wenner* S. 122.

20 BGHSt. 2 S. 269 (270); RGSt. 33 S. 393 (403); 54 S. 107 (108); 57 S. 186 (188); 58 S. 396; RGRspr. 5 S. 528 (529); RG JW 1895 S. 288; 1932 S. 3268 mit Anm. *von Scanzoni*; RG HRR 1932 Nr. 2329; RG JR Rspr. 1927 Nr. 1701; RG Recht 1920 Nr. 526; KK *Pelchen* Rdnr. 5; *Kleinknecht* Rdnr. 7; KMR *Paulus* Rdnr. 29; LR *Meyer* Rdnr. 10; alle vor § 48; LR *Gollwitzer* § 244 Rdnr. 233; *Ditzen* ZStW 10 S. 111 (136 ff.); *Gerland* S. 197; *Glaser* Beiträge S. 235 ff.; *Henkel* S. 201; *Koeniger* S. 304; *Peters* S. 321. Vgl. auch unten S. 603 ff.

21 RGSt. 58 S. 396; RG JW 1928 S. 1306; RG GA 59 S. 131; KK *Pelchen* Rdnr. 5; *Kleinknecht* Rdnr. 7; KMR *Paulus* Rdnr. 29; LR *Meyer* Rdnr. 10; *Eb. Schmidt* Rdnr. 14; alle vor § 48; *Dalcke/Fuhrmann/Schäfer* § 244 Anm. 14 b; *Göhler* § 59 OWiG Rdnr. 3; *Bender/Röder/Nack* II S. 163; *Gerland* S. 197; *Henkel* S. 201; *Hetzer/Pfeiffer* NJW 1964 S. 441; *von Hippel* S. 396; *Peters* S. 321; *Scheunert* DJZ 1939 Sp. 711; *Schimmack* JW 1924 S. 1667; *Schuster* S. 43; *Skupin* MDR 1965 S. 865; vgl. auch unten S. 603/604.

22 Vgl. *Arntzen* DRiZ 1976 S. 20, dem *Kleinknecht* (vor § 48 Rdnr. 7) zustimmt. Ähnlich *Ditzen* ZStW 10 S. 111 (134/135); *Rüping* Rdnr. 168. Der BGH hat die Verwertung der Aussage eines 3 Jahre und 9 Monate alten Kindes für zulässig gehalten (BGH 2 StR 65/77 vom 20. 4. 1977), das RG die Ablehnung eines Beweisantrags auf Vernehmung einer Dreijährigen gebilligt (RG GA 39 S. 219). Vgl. auch *Glaser* Beiträge S. 230.

23 Vgl. den Fall RGSt. 35 S. 403, in dem ein taubstummer Analphabet durch mimische Darstellung ein anschauliches Bild des zur Anklage stehenden Vorgangs gab. Das RG hat darin zu Unrecht (vgl. KMR *Paulus* vor § 48 Rdnr. 17; *F.W. Krause* S. 81; *Rosenfeld* S. 172) keine Zeugenvernehmung gesehen. Die Verwertung der mimischen Darstellung hat es jedoch mit der Begründung gebilligt, das tatsächliche Gebaren eines Menschen vor Gericht könne u. U. einen wichtigeren und überzeugenderen Beweisbehelf abgeben als der Redefluß manches vereidigten Zeugen.

24 RG Recht 1915 Nr. 1256; *Dalcke/Fuhrmann/Schäfer* § 244 Anm. 14 a; *Harreß* S. 56. Vgl. auch unten S. 603/604.

§ 2 Gerichtspersonen und Prozeßbeteiligte als Zeugen

 I. Gerichtspersonen 176
   1. Richter 176
   2. Urkundsbeamte der Geschäftsstelle 177
 II. Prozeßbeteiligte 177
   1. Staatsanwälte 177
   2. Privatkläger 179
   3. Nebenkläger 180
   4. Angeklagte 181
   5. Einziehungs-, Verfalls- und andere Nebenbeteiligte 181
   6. Mitangeklagte 182
   7. Verteidiger 185
   8. Beistände 186
   9. Erziehungsberechtigte und gesetzliche Vertreter 187
   10. Antragsteller im Anhangsverfahren 187
 III. Sonstige Teilnehmer an der Verhandlung 187
   1. Sachverständige 187
   2. Dolmetscher 189
   3. Vertreter des Finanzamts 189

Die Fähigkeit, vor Gericht als Zeuge auszusagen, ist von dem Beruf und der Stellung der Auskunftsperson grundsätzlich nicht abhängig. Das Gesetz schließt nur für den Bundespräsidenten in § 49 und für Regierungsmitglieder in § 50 Abs. 2 die Ladung vor das erkennende Gericht aus. Die Immunität der Abgeordneten (vgl. Art. 47 GG) steht ihrer Vernehmung als Zeugen auch dann nicht entgegen, wenn sie im Verfahren gegen einen Mittäter aussagen sollen[1]. Auch der Abgeordnete darf aber nach § 50 Abs. 1 grundsätzlich nicht vor das Gericht geladen werden.

Unvereinbar mit der Zeugenrolle kann jedoch die Teilnahme an der Gerichtsverhandlung sein, in der die Aussage als Beweis verwendet werden soll. Dabei gibt es keine für alle Verhandlungsteilnehmer geltenden Grundsätze. Im einzelnen gilt folgendes:

---

1 *Bockelmann*, Die Unverfolgbarkeit der Abgeordneten nach deutschem Immunitätsrecht, 1951, S. 54 ff.; vgl. auch Nr. 191 Abs. 4 Buchst. c RiStBV.

I. Gerichtspersonen

1. Richter

Da niemand in einer Sache zugleich Richter und Zeuge sein kann, sind Berufsrichter und Schöffen nach § 22 Nr. 5, § 31 Abs. 1 von der Mitwirkung ausgeschlossen, wenn sie als Zeugen vernommen worden sind[2]. Daraus ergibt sich, daß der Richter auch in einer Verhandlung als Zeuge vernommen werden kann, an der er als Vorsitzender, Beisitzer oder Ergänzungsrichter teilnehmen soll oder schon teilnimmt. Allerdings darf nicht zugelassen werden, daß die Prozeßbeteiligten sich die Möglichkeit der Zeugenbenennung zunutze machen, um einen ihnen nicht genehmen Richter von der Verhandlung auszuschalten[3]. Daher führt die bloße Benennung des Richters als Zeuge nicht zu seinem Ausschluß nach § 22 Nr. 5. Es kommt vielmehr darauf an, ob er ernsthaft als Auskunftsperson in Betracht kommt. Das setzt voraus, daß er nach objektiven Gesichtspunkten etwas Sachdienliches bekunden kann, weil er Augenzeuge der Tat oder Zeuge vom Hörensagen gewesen ist oder sonst etwas zur Aufklärung des Straffalles beitragen kann. Erklärt er, daß er die Tatsachen nicht kennt, die der Antragsteller in sein Wissen stellt[4], so darf der Beweisantrag abgelehnt werden; an dem Ablehnungsbeschluß muß der als Zeuge benannte Richter mitwirken[5]. Ebensowenig wie die Benennung des Richters in einem Beweisantrag führt seine Ladung (§ 220) zum Ausschluß nach § 22 Nr. 5[6]. Wenn der Richter aber der Ladung folgt und sich im Gerichtssaal als Zeuge einfindet, also nicht auf dem Richterstuhl Platz nimmt, ist er als Zeuge nach § 22 Nr. 5 ohne Rücksicht darauf ausgeschlossen, ob es zu seiner Vernehmung kommt[7]. Ist die richterliche Tätigkeit in der Sache abgeschlossen, so unterliegt die Heranziehung des Richters als Zeuge in demselben oder in einem höheren Rechtszug nur

---

2 Die Ansicht von *Eb. Schmidt* (Nachtr. vor § 48 Rdnr. 3) und *G. Schulz* (MDR 1964 S. 470), der Richter sei schon ausgeschlossen, wenn er als Zeuge etwas bekunden kann, gleichgültig, ob er schon vernommen worden ist, entspricht nicht dem Gesetz; vgl. *Beling* S. 287; *Spendel* JuS 1964 S. 465 (468).
3 Darin liegt ein Scheinbeweisantrag, der wegen Prozeßverschleppung abgelehnt werden kann; vgl. unten S. 638.
4 Eine dienstliche Erklärung des Richters, in der er lediglich seine Kenntnis der Beweistatsachen in Abrede stellt, ist noch keine Vernehmung i. S. des § 22 Nr. 5; vgl. BGHSt. 11 S. 206; RGSt. 42 S. 1 (4); RG GA 59 S. 126; KMR *Paulus* § 22 Rdnr. 20; LR *Meyer* vor § 48 Rdnr. 23; *Henkel* S. 203; a. A. *Ditzen* ZStW 10 S. 111 (132).
5 BGHSt. 7 S. 330 = JR 1955 S. 391 mit Anm. *Nüse* = JZ 1956 S. 31 mit Anm. *Kleinknecht*; BGHSt. 11 S. 206; BGH bei *Holtz* MDR 1977 S. 107; BGH 1 StR 195/55 vom 5. 7. 1955; RGSt. 42 S. 1 (4); RG GA 59 S. 126; KK *Pelchen* vor § 48 Rdnr. 10; *Kleinknecht* vor § 48 Rdnr. 14; KMR *Paulus* § 22 Rdnr. 20; LR *Meyer* vor § 48 Rdnr. 23; LR *Gollwitzer* § 244 Rdnr. 184; *Gössel* S. 199; *Henkel* S. 203; *Rieker* S. 89; vgl. auch *Weber* GA 1975 S. 289 (300); unten S. 638.
6 RGSt. 42 S. 1 (4); RGRspr. 10 S. 196 (197); KMR *Paulus* vor § 48 Rdnr. 31; *Schorn* Strafrichter S. 265 und GA 77 S. 251; vgl. auch unten S. 638.
7 BGHSt. 7 S. 44 (46); BGH bei *Holtz* MDR 1977 S. 107; KK *Pelchen* vor § 48 Rdnr. 10; LR *Meyer* vor § 48 Rdnr. 23; *Gössel* S. 199; *Henkel* S. 203; a. A. RGRspr. 10 S. 196 (197), wo erst die Vernehmung selbst für maßgebend angesehen wurde. Vgl. auch unten S. 818.

den sich aus seiner Amtsverschwiegenheit ergebenden Beschränkungen[8]. Die Ansicht, Ermittlungsrichter, beauftragte und ersuchte Richter könnten überhaupt nicht Zeuge sein, verwertbar sei nur die von ihnen protokollarisch festgehaltene Aussage[9], wird heute nicht mehr vertreten[10].

2. Urkundsbeamte der Geschäftsstelle

Für Urkundsbeamte der Geschäftsstelle, die an der Verhandlung als Protokollführer mitwirken, gilt nach § 31 Abs. 1 wie für den Richter der Grundsatz, daß die Vernehmung als Zeuge die Mitwirkung an der Verhandlung ausschließt[11]. Benennt ein Prozeßbeteiligter sie in der Hauptverhandlung als Zeugen, so sind sie von der weiteren Mitwirkung erst ausgeschlossen, wenn das Gericht den Antrag stattgibt.

II. Prozeßbeteiligte

1. Staatsanwälte

Staatsanwälte können Zeugen sein, auch wenn sie bis zu ihrer Vernehmung als Sitzungsvertreter an der Hauptverhandlung teilgenommen haben. Die Vorschrift des § 58 Abs. 1, die nur eine Ordnungsvorschrift ist[12], bildet keinen Hinderungsgrund. Ebensowenig wie beim Richter schließt die bloße Benennung des Staatsanwalts als Zeuge seine weitere Mitwirkung an der Hauptverhandlung aus. Er kann zu dem Beweisantrag Stellung nehmen und muß seinen Platz erst räumen, wenn das Gericht seine Vernehmung als Zeuge beschließt. Erfolgt die Vernehmung nicht im unmittelbaren Anschluß an die Bekanntgabe des Beschlusses, so kann der Staatsanwalt zunächst weiter amtieren[13]. Zweifelhaft ist nur, ob er nach seiner Vernehmung, während deren Dauer ein anderer Anklagevertreter seinen Platz einnehmen muß[14], wieder als Vertreter der Anklage an der Verhandlung mitwirken kann. Das Reichsgericht vertrat die Ansicht, daß die Stellung eines Zeugen mit der des öffentlichen Anklägers schlechthin unvereinbar sei und der als Zeuge vernommene

---

8 BGHSt. 2 S. 99 (109); KMR *Paulus* vor § 48 Rdnr. 31; LR *Meyer* vor § 48 Rdnr. 23; *Henkel* S. 203; *Peters* S. 321; *Schünemann* DRiZ 1979 S. 101 (105).
9 *Hegler* Rechtsgang I S. 385 (414 ff.).
10 Vgl. *Stegmann* S. 150 ff. mit Nachw. Allerdings meint *B. Schaefer* (S. 20 ff.), der Ermittlungsrichter erstatte in der Hauptverhandlung nur »Bericht«.
11 Vgl. LR *Meyer* vor § 48 Rdnr. 27; *Eb. Schmidt* vor § 48 Rdnr. 8; *Gerland* S. 196; *Schorn* Strafrichter S. 266 und GA 77 S. 251.
12 Vgl. LR *Meyer* § 58 Rdnr. 14 mit weit. Nachw.
13 Vgl. aber *Dose* NJW 1978 S. 349 (350), der immer eine Prüfung empfiehlt, ob der Staatsanwalt schon mit seiner Benennung als Zeuge abgelöst oder ob ihm nicht wenigstens ein zweiter Staatsanwalt zur Seite gestellt werden sollte.
14 Das folgt aus § 226; vgl. LR *Meyer* vor § 48 Rdnr. 25; *Dose* NJW 1978 S. 349 (351); *Gössel* S. 200.

Staatsanwalt daher stets abgelöst werden müsse[15]. Dem ist das Schrifttum überwiegend gefolgt[16]. Danach wäre der zwingende Aufhebungsgrund des § 338 Nr. 5 gegeben, wenn der als Zeuge vernommene Staatsanwalt weiter an der Verhandlung mitwirkt[17]. Diese Folgerung aus seiner Rechtsansicht hat das Reichsgericht aber eigenartigerweise nicht gezogen. Es vertrat in ständiger Rechtsprechung die Auffassung, daß lediglich die Aussage des Staatsanwalts, der trotz seiner Zeugenvernehmung weiterhin als Anklagevertreter aufgetreten ist, nicht verwertet werden dürfe, daß der Bestand des Urteils aber nur gefährdet sei, wenn es auf der Aussage beruht[18].

Der Bundesgerichtshof, der die Rechtsprechung des Reichsgerichts zunächst vorbehaltlos übernommen hatte[19], versucht in seiner neueren Rechtsprechung, den Bedürfnissen der Rechtspraxis in größerem Maße gerecht zu werden als die starre Rechtsauffassung des Reichsgerichts. Insbesondere in Großverfahren sind die Sitzungsvertreter der Staatsanwaltschaft nicht beliebig austauschbar, wenn sie ihre Aufgaben sachgerecht wahrnehmen sollen. Die Staatsanwaltschaft stellt für solche Sachen regelmäßig Sondersachbearbeiter ab, die den Fall seit dem Beginn der Ermittlungen kennen und in der Hauptverhandlung kaum ersetzbar sind. Diese Sondersachbearbeiter führen in größerem Umfang, als das sonst bei der Staatsanwaltschaft üblich ist, die Vernehmungen selbst durch. Sie als Zeugen zu benennen, ist dann mit der bloßen Behauptung möglich, die Vernehmungsergebnisse seien falsch protokolliert oder dem Angeklagten seien entgegen § 136 a Nachteile für den Fall angedroht worden, daß er bestimmte Angaben nicht macht. Wenn der Staatsanwalt nur über einen rein technischen, mit seiner Tätigkeit als Sachbearbeiter des Falles notwendigerweise verbundenen Vorgang vernommen worden ist und

---

15 RGSt. 29 S. 236 (237); RG JW 1924 S. 1761 (1762) mit Anm. *Alsberg*; RG JW 1925 S. 1403 mit Anm. *Alsberg*; RG JW 1933 S. 523 mit Anm. *Drucker*; RG GA 67 S. 436 (437); 71 S. 92 (93); RG LZ 1926 Sp. 832.
16 Vgl. KK *Pelchen* vor § 48 Rdnr. 5; LR *Dünnebier* vor § 22 Rdnr. 15; *Eb. Schmidt* vor § 48 Rdnr. 7; *Dahs/Dahs* Rdnr. 208; *Fraeb* GerS 80 S. 88 (96); *Henkel* S. 203; *von Hippel* S. 396; *Peters* S. 332; *Roxin* § 26 A III 3; *Schorn* Strafrichter S. 262 ff. und GA 77 S. 251 (253); *Simader* S. 163. *Wendisch* in FS für Karl Schäfer, 1980, S. 243 (255) will das auf den Fall ausdehnen, daß der Staatsanwalt vor der Hauptverhandlung als Zeuge vernommen worden ist. Grundsätzlich a. A. sind *Beling* S. 296; *Bennecke/Beling* S. 343 und *Gerland* S. 196, die eine weitere Mitwirkung des Staatsanwalts für zulässig halten.
17 So ausdrücklich *Schorn* GA 77 S. 251 (254).
18 RG JW 1924 S. 1761 (1762) mit Anm. *Alsberg*; RG JW 1925 S. 1403 mit Anm. *Alsberg*; RG GA 67 S. 436 (437); 71 S. 92 (93); RG LZ 1926 Sp. 832. Von dieser st. Rspr. wich nur die Entscheidung RG JW 1933 S. 523 mit Anm. *Drucker* ab, in der es für wesentlich bezeichnet wurde, ob die spätere Tätigkeit des Staatsanwalts als Vertreter der Anklage durch seine Zeugenrolle dermaßen beeinflußt war, daß auch die Beeinflussung des Gerichts bei der Urteilsfindung möglich erscheint. Dieser Entscheidung haben sich BGHSt. 14 S. 265 (267/268); OLG Stuttgart NJW 1974 S. 1394 (1396); KMR *Paulus* vor § 48 Rdnr. 32; LR *Dünnebier* vor § 22 Rdnr. 15; *Gössel* S. 201; *Roxin* § 26 A III 3 angeschlossen. Vgl. auch BGH NJW 1980 S. 845.
19 Vgl. BGH bei *Dallinger* MDR 1957 S. 16; ebenso BayObLGSt. 1953 S. 26 (27) = MDR 1953 S. 377.

durch die Beiziehung eines anderen Beamten der Staatsanwaltschaft Vorsorge dafür getroffen ist, daß er die von ihm bekundeten Vorgänge nicht als Vertreter der Staatsanwaltschaft werten muß, ist nach Ansicht des Bundesgerichtshofs die weitere Mitwirkung des als Zeugen vernommenen Staatsanwalts gestattet[20]. Der Bundesgerichtshof läßt sie in seiner neueren Rechtsprechung auch sonst unter der Voraussetzung zu, daß sich die Vernehmung des Staatsanwalts auf Wahrnehmungen bezieht, die nicht in unlösbarem Zusammenhang mit dem im übrigen zu erörternden Sachverhalt stehen, und daß die Würdigung seiner Aussage im Schlußvortrag einem anderen Staatsanwalt überlassen wird[21]. Diese Rechtsprechung wird in gleichem Maße den Bedürfnissen der Rechtspraxis wie den Verteidigungsinteressen des Angeklagten gerecht und verdient daher Zustimmung[22]. Auch die Ansicht des Bundesgerichtshofs, die weitere Mitwirkung des Sitzungsstaatsanwalts sei zulässig, wenn sie sich nur auf einen von mehreren Angeklagten oder auf eine Tat bezieht, die nur einer der mehreren Angeklagten vorgeworfen wird[23], ist zu billigen.

2. Privatkläger

Nach fast allgemeiner Ansicht kann der Privatkläger, da er im Verfahren als Ankläger auftritt, nicht zugleich Zeuge sein[24]. Das gilt auch für die gesetzlichen Vertreter eines nicht geschäftsfähigen Privatklägers[25], nicht aber für den Prozeßbevollmächtigten des Privatklägers[26]. Der Grund dafür, daß der Privatkläger nicht Zeuge sein kann, liegt vor allem darin, daß es nicht angängig erscheint, ihm Gelegenheit zu geben, seine Vorwürfe als Zeuge vorzutragen und mit dem Eid zu

---

20 BGHSt. 2 S. 269 (270); 14 S. 265; ebenso KK *Pelchen* vor § 48 Rdnr. 5; *Dose* NJW 1978 S. 349 (352); *Gössel* S. 200; *Koeniger* S. 305.
21 BGHSt. 21 S. 85 (89) = JR 1967 S. 228 mit abl. Anm. *Hanack*; BGH 2 StR 709/75 vom 7. 5. 1976; 5 StR 529/75 vom 18. 5. 1976; 1 StR 327/76 vom 20. 7. 1976.
22 So auch KK *Pelchen* Rdnr. 11; *Kleinknecht* Rdnr. 15; LR *Meyer* Rdnr. 26; alle vor § 48; *Dose* NJW 1978 S. 349 (352); a. A. *Hanack* JR 1967 S. 229 (230); JZ 1971 S. 89 (91) und 1972 S. 81; *Kühne* Rdnr. 475; *Schlüchter* Rdnr. 66.1.
23 BGHSt. 21 S. 85 (89); ebenso KK *Pelchen* vor § 48 Rdnr. 11; *Kleinknecht* vor § 48 Rdnr. 16; *Dose* NJW 1978 S. 349 (352); *Gössel* S. 200; a. A. *Roxin* § 26 A III 3.
24 RGRspr. 2 S. 174; BayObLGSt. 7 S. 372 (373); 1953 S. 26 = MDR 1953 S. 377; BayObLGSt. 1961 S. 192 = NJW 1961 S. 2318; KK *Pelchen* Rdnr. 15; *Kleinknecht* Rdnr. 12; LR *Meyer* Rdnr. 22; *Eb. Schmidt* Rdnr. 6; alle vor § 48; KK *von Stackelberg* § 384 Rdnr. 2; KMR *Müller* vor § 384 Rdnr. 5 und § 384 Rdnr. 5; LR *Wendisch* § 384 Rdnr. 13; *Beling* S. 295; *Ditzen* ZStW 10 S. 111 (130); *zu Dohna* S. 228; *Dürwanger/Dempewolf* S. 407; *Fraeb* GerS 80 S. 88 (106); *Gerland* S. 127; *Hartung* ZStW 71 S. 469 (470); *Henkel* S. 204; *von Hippel* S. 396, 635; *Koeniger* S. 305; *F. W. Krause* S. 75; *von Kries* ZStW 6 S. 88 (138); *Kühne* Rdnr. 476; *Niederreuther* DR 1942 S. 560; DStR 1941 S. 160; *Peters* S. 322; *Roxin* § 26 A III 4 a; *Rüping* Rdnr. 147; *Schlüchter* Rdnr. 481; *Schorn* Strafrichter S. 267 und GA 77 S. 251 (258); *Schünemann* DRiZ 1979 S. 101 (105); *Seibert* MDR 1952 S. 278; *Simader* S. 162; *Woesner* NJW 1959 S. 704 (706).
25 OLG Düsseldorf JMBlNRW 1962 S. 198; LR *Wendisch* § 384 Rdnr. 16.
26 Vgl. *Ditzen* ZStW 10 S. 111 (131); a. A. *Simader* S. 164; *Westhoff* S. 130.

bekräftigen, während der Angeklagte darauf angewiesen ist, sich mit formlosen Erklärungen zu verteidigen[27]. Die Gegenmeinung[28] führt hiergegen an, die Sachaufklärungspflicht gebiete die Vernehmung des Privatklägers, der aber seine Angaben nur als Zeuge machen könne, da der Kreis der Beweismittel der Strafprozeßordnung geschlossen ist[29]. Diese Gründe überzeugen nicht. Es steht nichts im Wege, Erklärungen des Privatklägers zur Sache entgegenzunehmen, denen das Gericht glauben kann, obwohl sie nicht von einem Zeugen stammen[30]. Der Angeklagte kann Erklärungen des Privatklägers jedenfalls nicht dadurch erzwingen, daß er ihn als Zeugen benennt.

3. Nebenkläger

Anders als der Privatkläger nimmt der Nebenkläger nicht die Aufgaben eines Strafverfolgers wahr. Die Anklage wird ausschließlich durch die Staatsanwaltschaft vertreten. Der Nebenkläger ist kein dem Staatsanwalt beigeordneter Mitkläger, sondern ein zur Geltendmachung eigener privater Interessen ausnahmsweise zugelassener Prozeßbeteiligter[31]. Sein Ausschluß als Zeuge ist daher nicht geboten, soweit er nicht gleichzeitig Mitangeklagter ist. Der Ausschluß würde auch die Interessen der Staatsanwaltschaft ungebührlich beschneiden. Denn der Nebenkläger ist der durch die Straftat Verletzte und kann zu ihr regelmäßig wichtige Aussagen machen. Es geht nicht an, ihm die Zeugenrolle abzusprechen, nur weil er von seinem gesetzlichen Recht Gebrauch gemacht hat, sich dem Verfahren als Nebenkläger anzuschließen. Die herrschende Meinung[32] läßt seine Vernehmung als

---

27 Vgl. insbesondere LR *Wendisch* § 384 Rdnr. 15.
28 KMR *Paulus* vor § 48 Rdnr. 33 ff.; *Daninger* DStR 1941 S. 91; *Hauser* S. 73; *Lorenz* JR 1950 S. 106; vgl. auch *Gössel* S. 205, der die Ansicht vertritt, der Privatkläger müsse im selben Maße Zeuge sein können wie der Staatsanwalt, und dabei außer acht läßt, daß der Privatkläger im Gegensatz zum Staatsanwalt regelmäßig Tatzeuge ist.
29 Den Fall, daß der Angeklagte als Widerkläger auftritt, berücksichtigt diese Ansicht nicht. Es ist nicht vorstellbar, wie man der Schwierigkeiten Herr werden soll, die darin liegen, daß der Angeklagte, soweit er Angaben als Widerkläger macht, zugleich Zeuge ist.
30 BayObLGSt. 1953 S. 26 (29) = MDR 1953 S. 377; KG HRR 1929 Nr. 1885; KK *von Stackelberg* Rdnr. 2; *Kleinknecht* Rdnr. 2; LR *Wendisch* Rdnr. 17; alle zu § 384; *Dahs/Dahs* Rdnr. 907; *Dürwanger/Dempewolf* S. 409; *von Hippel* S. 266, 635; *Koeniger* S. 305; *Peters* S. 548; *Seibert* MDR 1952 S. 278; *Woesner* NJW 1959 S. 704 (706). – *Beling* (S. 308/309) hält den Privatkläger für ein Beweismittel; *F.W. Krause* (S. 75 und Jura 1982 S. 225 [227]) bezeichnet ihn als Beweismittel eigener Art.
31 Vgl. RGSt. 28 S. 220 (226). Demgegenüber halten BayObLGSt. 30 S. 150 (151); *Kleinknecht* vor § 395 Rdnr. 1; *Oetker* JW 1922 S. 1392 und Rechtsgang III S. 241 (253) den Nebenkläger für einen mit selbständigen Rechten ausgestatteten Gehilfen der staatlichen Anklagebehörde. Nach Ansicht von *Gerland* (S. 130) ist der Nebenkläger Vertreter der öffentlichen Klage, ohne selbst ihr Träger zu sein.
32 BGH LM Nr. 1 zu § 396; BGH bei *Dallinger* MDR 1952 S. 532, 659; RGSt. 2 S. 384 (VerStS); 3 S. 47 (48); 25 S. 177; S. 186 (187); RG JW 1922 S. 1392; 1931 S. 2505 (2506) mit abl. Anm. *Beling*; RG LZ 1922 Sp. 415; BayObLGSt. 10 S. 227 (228); 1953 S. 26 (27) = NJW 1953 S. 377; KK *Pelchen* Rdnr. 13; *Kleinknecht* Rdnr. 12; KMR *Paulus* Rdnr. 35; LR *Meyer* Rdnr. 21; alle vor § 48; *Amelunxen* S. 51; *Ditzen* ZStW 10 S. 111 (130); *Fraeb*

Zeuge daher mit Recht zu. Auch sein Prozeßbevollmächtigter ist nicht ausgeschlossen[33].

4. Angeklagte

Der Angeklagte kann weder aus eigenem Entschluß als Zeuge für sich selbst auftreten, noch von einem anderen Prozeßbeteiligten als Zeuge benannt werden. Er kann sich zur Sache einlassen, und seine Angaben können bei der Entscheidung berücksichtigt werden. Andere Prozeßbeteiligte können Fragen an ihn stellen, Mitangeklagte aber nur durch ihre Verteidiger (§ 240 Abs. 2 Satz 2). Zur Antwort ist der Angeklagte nicht verpflichtet; Zeuge kann er niemals sein[34].

5. Einziehungs-, Verfalls- und andere Nebenbeteiligte

Das gleiche gilt für Einziehungs-, Verfalls- und andere Nebenbeteiligte, die nach § 433 Abs. 1, § 442 Abs. 1 die Befugnisse haben, die einem Angeklagten zustehen. Sie scheiden ebenfalls als Zeugen aus[35], können aber erforderlichenfalls formlos gehört werden[36]. Anders ist es nur, wenn sich ihre Verfahrensbeteiligung nicht auf die Schuldfrage erstreckt (§ 431 Abs. 2), zu der allein sie als Zeugen vernommen werden sollen[37]. Im selbständigen Verfahren zur Festsetzung einer Geldbuße gegen juristische Personen und Personenvereinigungen (§ 444) können die gesetzlichen Vertreter dieser Personen nicht Zeugen sein[38].

GerS 80 S. 88 (108); *Gerland* S. 132; *Gössel* S. 205; *von Hippel* S. 396; *Kirchhof* GA 1954 S. 364 (368); *Koeniger* S. 305; *von Kries* ZStW 6 S. 88 (138); *Oetker* Rechtsgang III S. 241 (258); *Peters* S. 322; *Rosenfeld* S. 118 Fußn. 6 und in: Die Nebenklage des Reichsstrafprozesses, 1900, S. 150 ff.; *Roxin* § 26 A III 4 b; *Schorn* Strafrichter S. 267 und GA 77 S. 251 (257); *Schünemann* DRiZ 1979 S. 101 (105); *Simader* S. 165; *Stützel* S. 95. – A.A. RGRspr. 2 S. 274; *Eb. Schmidt* vor § 48 Rdnr. 6; *Beling* S. 295, 463; *zu Dohna* S. 233; *Henkel* S. 205; *F.W. Krause* S. 77; *Kronecker* GA 38 S. 119 (140); *Rüping* Rdnr. 147; *Zimmermann* GerS 36 S. 497 (519).

33 Vgl. *Fraeb* GerS 80 S. 88 (106); *Simader* S. 165.
34 Vgl. BGHSt. 10 S. 8 (10); BGH NJW 1964 S. 1034; BGH JR 1969 S. 148 (149) mit Anm. *von Gerlach*; BGH bei *Dallinger* MDR 1971 S. 897; RGSt. 6 S. 279 (280); 52 S. 138; OLG Schleswig SchlHA 1949 S. 215; KK *Pelchen* Rdnr. 6; *Kleinknecht* Rdnr. 7; KMR *Paulus* Rdnr. 37; LR *Meyer* Rdnr. 13; *Eb. Schmidt* Rdnr. 3; alle vor § 48; *Alsberg* DStrZ 1914 Sp. 242 (244); *Beling* S. 295; *von Gerlach* NJW 1964 S. 2397; *Gössel* S. 202; *Henkel* S. 204; *von Kries* ZStW 6 S. 88 (139); *Lenckner* in FS für Karl Peters, 1974, S. 333; *Peters* S. 323; *Roxin* § 26 A III 1.
35 Handelt es sich um juristische Personen, so dürfen auch ihre gesetzlichen Vertreter nicht als Zeugen vernommen werden; vgl. BGHSt. 9 S. 250 (251).
36 BGHSt. 9 S. 250 (251); RGSt. 46 S. 88; 69 S. 32 (37); KK *Pelchen* Rdnr. 16; *Kleinknecht* Rdnr. 4; KMR *Paulus* Rdnr. 39; LR *Meyer* Rdnr. 15, 28; alle vor § 48; *Gerland* S. 155, 196; *Gössel* S. 204; *Henkel* S. 205; *Koeniger* S. 306; *F.W. Krause* S. 75; *Stützel* S. 95; a. A. *Alsberg* GA 61 S. 484. Vgl. auch *Simader* S. 162, der die Zeugenvernehmung des Einziehungsbeteiligten nur dann für unzulässig hält, wenn er Privatkläger ist.
37 Vgl. KK *Boujong* § 431 Rdnr. 24; *Kleinknecht* § 431 Rdnr. 14 und § 433 Rdnr. 4; KMR *Paulus* vor § 48 Rdnr. 39; *Göhler* § 87 OWiG Rdnr. 22.
38 Zeuge kann aber der Kommanditist einer KG sein, selbst wenn er deren Prokurist ist; vgl. OLG Frankfurt GA 1969 S. 124; KMR *Paulus* § 444 Rdnr. 9.

6. Mitangeklagte

Mitangeklagte können weder von dem Angeklagten und seinem Verteidiger noch von anderen Verfahrensbeteiligten als Zeugen benannt werden, solange die Verfahren gegen die mehreren Angeklagten nach den §§ 2 ff., 237 verbunden sind. Schon diese prozessuale Gemeinsamkeit steht der Zeugenvernehmung von Mitangeklagten entgegen[39]. Welche Tatsachen in das Wissen des Mitangeklagten gestellt werden, spielt dabei keine Rolle. Er kann weder über die gemeinschaftlich begangene Tat noch über selbständige Straffälle als Zeuge vernommen werden, an denen ihm die Anklage eine Beteiligung nicht zur Last legt[40]. Jedoch setzt das Verbot, den Mitbeschuldigten als Zeugen zu vernehmen, immer eine Verfahrensverbindung voraus[41], und es entfällt, wenn die Verbindung wieder aufgehoben wird[42]. Aus welchem Grunde und in welcher Weise das geschieht, spielt keine Rolle. Die Abtrennung braucht daher nicht durch Gerichtsbeschluß angeordnet worden zu sein, sondern kann auch auf eine vom Gericht gebilligte Maßnahme des Vorsitzenden zurückgehen. Die Aussetzung des Verfahrens gegen den Mitangeklagten steht

---

[39] Vgl. RGSt. 6 S. 279; 27 S. 312 (315); 31 S. 137 (139); 52 S. 138; KK *Pelchen* vor § 48 Rdnr. 7; KK *Mayr* § 252 Rdnr. 10; KMR *Paulus* vor § 48 Rdnr. 65; LR *Meyer* vor § 48 Rdnr. 17; *Koffka* ZStW 81 S. 954 (960 ff.); *Rogall* NJW 1978 S. 2535 (2536); *Schöneborn* ZStW 86 S. 921 (923 ff.).

[40] BGHSt. 3 S. 149 (151/152); 10 S. 8 (11); BGH NJW 1964 S. 1034; BGH 5 StR 188/80 vom 23. 9. 1980; RGSt. 6 S. 279 (281); 46 S. 88 (89); RGRspr. 4 S. 455; 5 S. 528; 10 S. 343; RG JW 1893 S. 416; RG GA 39 S. 315; 41 S. 147; 45 S. 290; RG DStrZ 1918 Sp. 337; RG LZ 1916 Sp. 1549; KK *Pelchen* Rdnr. 7; LR *Meyer* Rdnr. 17; *Eb. Schmidt* Rdnr. 4; alle vor § 48; *Ditzen* ZStW 10 S. 111 (129); *Harreß* S. 47; *Henkel* S. 204; *von Kries* S. 349 und ZStW 6 S. 88 (139); *Meves* GA 40 S. 291 (298); *Rosenfeld* II S. 26; grundsätzlich a. A. *Gerland* S. 94, 196; *Peters* S. 323 und Gutachten S. 136. Auf Straffälle, durch die der andere Angeklagte nicht betroffen ist, wollen die Möglichkeit der Zeugenvernehmung beschränken: *Alsberg* JW 1917 S. 457 und DStrZ 1914 Sp. 242 (244); *Beling* S. 296; *Bennecke/Beling* S. 343 ff.; *Fraeb* GerS 80 S. 88 (120); *Gössel* S. 202 ff.; *Oetker* JW 1932 S. 404 (406), GA 26 S. 113 (118) und Rechtsgang III S. 241 (259); *Simader* S. 164; *Stützel* S. 95.

[41] Daher kann ein Mittäter Zeuge sein, gegen den das Hauptverfahren noch nicht eröffnet ist; vgl. BGHSt. 10 S. 8 (11); BGH NJW 1964 S. 1043; RGSt. 16 S. 209; 27 S. 312 (314/315); RGRspr. 5 S. 528; 9 S. 403 (404); RG JW 1912 S. 943; RG GA 63 S. 430; RG LZ 1916 Sp. 885, 1369; 1920 Sp. 662; *Eb. Schmidt* vor § 48 Rdnr. 4; *Dahs/Dahs* Rdnr. 208; *Koeniger* S. 306. A.A. RGSt. 16 S. 232, das eine kommissarische Vernehmung des Mitbeschuldigten für unzulässig gehalten hat.

[42] BGHSt. 10 S. 8 (11); S. 186 (188); 27 S. 135 (141) = JR 1977 S. 433 mit krit. Anm. *Hanack*; BGH NJW 1964 S. 1034; BGH JR 1969 S. 148 (149) mit Anm. *von Gerlach*; RGSt. 52 S. 138 (139); S. 289; RG JW 1919 S. 457 mit Anm. *Alsberg*; RG JW 1932 S. 405 (406) mit Anm. *Oetker*; RG GA 36 S. 168; 66 S. 282; RG Recht 1916 Nr. 1049; OLG Koblenz OLGSt. § 338 S. 65 (67); KK *Pelchen* vor § 48 Rdnr. 8; *Kleinknecht* vor § 48 Rdnr. 48; KMR *Paulus* § 2 Rdnr. 9; *Eb. Schmidt* vor § 48 Rdnr. 4; *Dahs/Dahs* Rdnr. 209; *Ditzen* ZStW 10 S. 111 (129); *Fischer* Strafverteidiger 1981 S. 85; *Harreß* S. 47; *Koeniger* S. 306; *von Kries* ZStW 6 S. 88 (139); *Meves* GA 40 S. 291 (297); *Mezger* JW 1927 S. 2042; *Simader* S. 162; *Stützel* S. 94.

der Verfahrenstrennung gleich[43]. Zeuge kann der Mitangeklagte insbesondere sein, wenn er bereits rechtskräftig verurteilt[44] oder freigesprochen[45], wenn seine Berufung nach § 329 Abs. 1 verworfen[46] oder die Berufung der Staatsanwaltschaft zurückgenommen worden ist. Das gleiche gilt, wenn das Verfahren nach § 153[47], § 154 Abs. 2[48], § 205[49] oder §§ 206 a, 206 b eingestellt worden ist. Als Zeuge kann auch der Mitangeklagte vernommen werden, gegen den das Verfahren abgetrennt worden ist, weil er nicht fähig ist, in der Hauptverhandlung zu erscheinen, und der daher nach § 223 kommissarisch vernommen werden mußte.

Die Abtrennung des Verfahrens gegen einen Mitangeklagten zu dem Zweck, ihn als Zeugen zu hören, ist zulässig, wenn sich die Vernehmung auf eine Tat beziehen soll, die ihm selbst nicht zum Vorwurf gemacht wird[50], nicht aber, wenn er über eine gemeinschaftlich begangene Tat Auskunft geben soll[51]. Denn das wäre eine Umgehung des Grundsatzes, daß ein Angeklagter in einem Verfahren, das gegen ihn selbst gerichtet ist, nicht Zeuge sein kann[52]. Da die Beurlaubung nach § 231 c voraussetzt, daß der beurlaubte Mitangeklagte von den Verhandlungsteilen, die in seiner Abwesenheit verhandelt werden, nicht betroffen wird, kann sie der zulässigen Abtrennung des Verfahrens zum Zweck der Vernehmung eines Mitbeschuldigten als Zeugen gleichgestellt werden. Auch der beurlaubte Angeklagte kann daher, wenn er sich im Sitzungssaal befindet[53] oder auf Ladung erscheint, zu solchen Anklagepunkten als Zeuge vernommen werden, die ihm selbst nicht vorgeworfen werden.

Der einhelligen Auffassung der Rechtsprechung, daß die Zeugenvernehmung Mitangeklagter schon bei prozessualer Gemeinschaftlichkeit unzulässig ist, setzt eine im Schrifttum im Vordringen begriffene Mindermeinung den Grundsatz der

---

43 Vgl. *Simader* S. 162 Fußn. 3; a. A. RG Recht 1916 Nr. 2044.
44 RGSt. 31 S. 138 (139); RG JW 1893 S. 416; OLG Hamm VRS 42 S. 208 (209); OLG Schleswig SchlHA 1949 S. 215; *Koeniger* S. 306; *Prittwitz* Strafverteidiger 1982 S. 344 (345).
45 RG Recht 1910 Nr. 3123; *Henkel* S. 204.
46 RG JW 1933 S. 447 mit abl. Anm. *Merkel.*
47 OLG Hamm NJW 1968 S. 954 (955).
48 BGH bei *Spiegel* DAR 1979 S. 187.
49 BGHSt. 10 S. 186 (188); 27 S. 135 (141) = JR 1977 S. 433 mit Anm. *Hanack*; BGH JR 1959 S. 67; RGSt. 52 S. 138; S. 289; RG HRR 1937 Nr. 361. A.A. OLG Frankfurt bei *Fischer* Strafverteidiger 1981 S. 85, das eine »Überwechslung« in die Zeugeneigenschaft mit der Begründung ablehnt, die Vorschrift bewirke keine Sachtrennung. Die Unrichtigkeit dieser Entscheidung weist *Prittwitz* NStZ 1981 S. 463 nach.
50 BGH NJW 1964 S. 1034; BGH bei *Dallinger* MDR 1971 S. 897; RG GA 72 S. 346.
51 BGH JR 1969 S. 148 mit Anm. *von Gerlach*; BGH bei *Dallinger* MDR 1971 S. 897; BGH bei *Holtz* MDR 1977 S. 639; OLG Hamm VRS 42 S. 208 (209); KK *Pelchen* Rdnr. 9; *Kleinknecht* Rdnr. 10; LR *Meyer* Rdnr. 20; alle vor § 48; *Henkel* S. 204; *Rosenmeier*, Die Verbindung von Strafsachen im Erwachsenenstrafrecht, 1973, S. 110 ff. – A.A. *Eb. Schmidt* vor § 48 Rdnr. 5, der die Verfahrenstrennung in jedem Fall zulassen will; ebenso offenbar RGSt. 52 S. 138; RG GA 36 S. 168.
52 BGH bei *Dallinger* MDR 1971 S. 897; LR *Meyer* vor § 48 Rdnr. 20.
53 Wozu er berechtigt ist; vgl. KK *Treier* § 231c Rdnr. 14; LR-EB *Gollwitzer* § 231 c Rdnr. 17; *Rieß* NJW 1978 S. 2265 (2270).

Tatbeteiligung entgegen. Danach soll die Frage, ob Mitangeklagte als Zeugen vernommen werden dürfen, nur unter sachlich-rechtlichen Gesichtspunkten beurteilt werden. Wer im Sinne der §§ 25 ff. StGB an der dem Angeklagten vorgeworfenen Tat beteiligt ist, soll nie als Zeuge vernommen werden können, der verfahrensrechtliche Zufall, ob die Verfahren gegen mehrere Angeklagte verbunden oder getrennt geführt werden, keine Bedeutung haben[54]. Damit soll der Schlechterstellung vorgebeugt werden, die für die Mitangeklagten durch die sog. Rollenvertauschung eintreten kann. Diese Ansicht führt zu eigenartigen Folgen. Der im Sitzungssaal befindliche Mitangeklagte muß als Zeuge vernommen werden, wenn er zu Anklagepunkten aussagt, die ihn nicht selbst betreffen. Ist das Verfahren gegen ihn abgetrennt, so muß er als Beschuldigter geladen werden, wenn er zu der gemeinsamen Tat aussagen soll, darf aber, da er kein Zeuge ist, im Falle des Ungehorsams nicht nach § 51 Abs. 1 Satz 3 und, da er kein Angeklagter ist, nicht nach § 230 Abs. 2 vorgeführt werden[55]. Daß es nicht möglich wäre, mit der Kunstfigur des Beschuldigtenzeugen[56], einem verfahrensrechtlichen Zwitter[57], praktische Rechtspflege zu treiben, liegt auf der Hand[58]. Mit dem Gesetz ist die Mindermeinung des Schrifttums nicht vereinbar; denn § 60 Nr. 2 setzt voraus, daß sogar der wegen der Tat bereits verurteilte Mitangeklagte als Zeuge zu vernehmen ist[59]. Nach den Vorstellungen des Gesetzgebers sind die Rechte des Mitangeklagten, der als Zeuge aussagen soll, durch die Möglichkeit der Auskunftsverweigerung

---

54 Vgl. LR *Dünnebier* § 2 Rdnr. 62; *Dünnebier* JR 1975 S. 1 (3); *von Gerlach* JR 1969 S. 149 (150) unter Aufgabe der in NJW 1974 S. 2397 vertretenen Meinung; *Hauser* S. 45 (für das Schweizer Recht) und Kriminalistik 1978 S. 372 ff. (mit der Einschränkung, daß der rechtskräftig verurteilte Mitangeklagte Zeuge sein kann); *von Heydebreck*, Die Begründung der Beschuldigteneigenschaft im Strafverfahren, Diss. Göttingen 1974, S. 104; *Jung*, Straffreiheit für den Kronzeugen? 1974, S. 74; *Kühne* Rdnr. 473; *Lenckner* in FS für Karl Peters, 1974 S. 333 (336); *Montenbruck* ZStW 89 S. 878 ff.; *Müller-Dietz* ZStW 93 S. 1177 (1227); *Peters* S. 323, Gutachten S. 135 ff., Gedächtnisschrift für Hans Peters, 1967, S. 897 (899/900), in: Der neue Strafprozeß, 1976, S. 137 ff., und JR 1981 S. 439 (440); *Rosenmeier* a.a.O. (oben Fußn. 51) S. 116; *Roxin* § 26 A III 1 b; *Rüping* Rdnr. 146; *Schorn* Strafrichter S. 268 und GA 77 S. 251 (259); *Walder* S. 56. Vgl. auch *Kleinknecht* vor § 48 Rdnr. 9, 11.
55 A.A. *Montenbruck* ZStW 89 S. 878 (893). *Lenckner* in FS für Karl Peters, 1974, S. 333 (346) möchte von einem erweiterten Zeugenbegriff ausgehen. *Peters* S. 323 hält die Vorführung nach §§ 134, 230 für zulässig.
56 Vgl. LR *Meyer* vor § 48 Rdnr. 19.
57 So nennt ihn *Rogall* NJW 1978 S. 2535 (2536).
58 Vgl. LR *Meyer* vor § 48 Rdnr. 19; *Koffka* ZStW 81 S. 954 (960/961). Ungereimtheiten der materiellen Beschuldigtentheorie räumt auch *Montenbruck* ZStW 89 S. 878 (894) ein.
59 Vgl. LR *Schäfer* Einl. Kap. 14 Rdnr. 60; *Schönke/Schröder/Lenckner* § 153 StGB Rdnr. 4; *Fischer* Strafverteidiger 1981 S. 85; *Koffka* ZStW 81 S. 954 (960); *Schlüchter* Rdnr. 478; *Schöneborn* ZStW 86 S. 921 (927). – A.A. *Montenbruck* ZStW 89 S. 878 (889 ff.), der aus § 60 Nr. 2 herleiten will, daß aus der Zeugenrolle zu entlassen ist, wer sich während seiner Vernehmung selbst belastet oder sonst in Verdacht geraten ist; hiergegen mit Recht *Rogall* NJW 1978 S. 2535 (2536).

nach § 55 und durch das Vereidigungsverbot des § 60 Nr. 2 ausreichend gewahrt[60]. Daß die Aussage des Mitbeschuldigten ein höheres Gewicht hat, wenn er als Zeuge gehört wird[61], trifft nach den Erfahrungen der Praxis nicht zu. Der Grundsatz der freien Beweiswürdigung gestattet es dem Gericht, den Beweiswert einer Aussage unabhängig davon zu beurteilen, in welcher Rolle die Auskunftsperson sie gemacht hat[62].

7. Verteidiger

Daß der Verteidiger in der Hauptverhandlung als Zeuge vernommen werden kann, ergibt sich aus § 53 Abs. 1 Nr. 2[63]. Früher war streitig, ob das Gericht befugt ist, den als Zeugen benannten oder vernommenen Verteidiger von der Verteidigung auszuschließen[64]. Im Schrifttum wurde sogar die Meinung vertreten, die Ausschließung sei wegen der psychologischen Unmöglichkeit, im Schlußvortrag die eigene Aussage zu würdigen, stets notwendig[65]. Der Bundesgerichtshof hielt die Ausschließung nur ausnahmsweise für erforderlich[66]. Nach Ansicht des Bundesverfassungsgerichts verstieß sie gegen Art. 12 Abs. 1 GG[67]. Der Streit ist erledigt, seitdem das Gesetz in den (im Jahre 1974[68] eingefügten) §§ 138 a ff. die Fälle, in denen der Verteidiger von der Mitwirkung ausgeschlossen werden kann, abschließend geregelt hat. Die Ausschließung wegen der Zeugenstellung des Verteidigers hat der Gesetzgeber bewußt nicht in den Katalog der zulässigen Ausschließungsgründe aufgenommen[69]. Die Benennung oder Vernehmung des Verteidigers als

---

60 Hiergegen vor allem *Helgerth*, Der »Verdächtige« als schweigeberechtigte Auskunftsperson und unselbständiger Prozeßbeteiligter neben dem Beschuldigten und dem Zeugen, Diss. Erlangen-Nürnberg 1976, S. 66 ff.
61 So *Peters* in Gedächtnisschrift für Hans Peters, 1967, S. 897 (898).
62 BGHSt. 17 S. 128 (134); 18 S. 238 (241); 26 S. 56 (62); BGH NJW 1964 S. 1034; BGH JR 1969 S. 148 (149) mit Anm. *von Gerlach*; BGH bei *Holtz* MDR 1977 S. 639; LR *Meyer* vor § 48 Rdnr. 19; *Eb. Schmidt* Nachtr. vor § 48 Rdnr. 1) und JZ 1970 S. 337 (343); *Schöneborn* ZStW 86 S. 921 (929).
63 BGH NJW 1953 S. 1600; OLG Oldenburg NdsRpfl. 1979 S. 246 = VRS 58 S. 31 (32).
64 Die Frage wurde bejaht von RGSt. 24 S. 104 (107); 54 S. 175; 55 S. 219; 59 S. 353 (354); RG JW 1906 S. 792; 1921 S. 469 mit Anm. *Kleinfeller*; RG JW 1926 S. 1218 mit Anm. *Oetker* und *Mamroth*; RG JW 1937 S. 2423 L; RG DJZ 1907 Sp. 240; RG DRiZ 1928 Nr. 471; RG GA 62 S. 154; *Gallas* ZStW 53 S. 256 (264 ff.). Nach RGSt. 24 S. 296; *Eb. Schmidt* vor § 48 Rdnr. 9 war die Ausschließung schon zulässig, wenn der Verteidiger in der Anklageschrift als Zeuge benannt war.
65 Vgl. *Anschütz*, Die Entziehung der Verteidigerbefugnis, 1959, S. 65 ff.; *Dahs* AnwBl. 1959 S. 171 (178); *Mamroth* und *Oetker* JW 1926 S. 1218; *Schorn* GA 77 S. 251 (256); *Simader* S. 164; *Spahlinger* JW 1934 S. 1317 (1320); Vorauﬂ. S. 198 Fußn. 11.
66 BGH NJW 1953 S. 1600 (1601); 1967 S. 404; vgl. auch *Ostler* JR 1970 (172).
67 BVerfGE 16 S. 214 (217) = NJW 1963 S. 1771.
68 Durch Art. 1 Nr. 6 des Gesetzes zur Ergänzung des Ersten Gesetzes zur Reform des Strafverfahrensrechts vom 20. 12. 1974 (BGBl. I S. 3686).
69 Vgl. die Amtl. Begründung des Reg. Entwurfs des Gesetzes vom 20. 12. 1974 (BT-Drucks. 7/2989 S. 5).

Zeuge ist daher kein Ausschließungsgrund. Das gilt ohne Ausnahme[70]. Das Gericht darf das Ausschließungsverbot nicht dadurch umgehen, daß es dem Verteidiger nach § 58 Abs. 1 vor der Vernehmung die Anwesenheit im Gerichtssaal untersagt oder ihn nach der Vernehmung nicht nach § 248 als Zeugen entläßt[71]. Es ist immer Sache des Verteidigers, darüber zu entscheiden, ob seine Zeugenrolle mit seiner Stellung als Verteidiger vereinbar ist. Wenn das nicht der Fall ist, handelt er zwar standeswidrig. Aber es ist nicht die Aufgabe des Gerichts, darüber zu wachen, daß der Verteidiger seine Standespflichten beachtet.

Ist die Verteidigung nach § 140 notwendig, so darf der Angeklagte während der Vernehmung seines Wahl- oder Pflichtverteidigers nicht ohne Verteidiger gelassen werden; ihm ist für diesen Zeitraum ein anderer Verteidiger beizuordnen[72]. Auf dem Unterlassen dieser Beiordnung beruht das Urteil aber nicht, wenn sich nach den Umständen des Falles die Mitwirkung des beigeordneten Verteidigers in der bloßen Anwesenheit erschöpft hätte[73].

8. Beistände

Der Vernehmung des nach § 149 als Beistand zugelassenen Ehegatten oder gesetzlichen Vertreters als Zeugen stehen keine rechtlichen Hindernisse entgegen[74]. Zeuge kann auch der Beistand nach § 69 JGG sein. Daß er die Rechte eines Verteidigers hat, schließt seine Vernehmung ebensowenig aus wie die des eigentlichen Verteidigers[75].

---

70 KK *Pelchen* Rdnr. 12; *Kleinknecht* Rdnr. 17; LR *Meyer* Rdnr. 30; alle vor § 48; *Dahs* NJW 1975 S. 1385 (1390); *Dahs/Dahs* Rdnr. 208; *Roxin* § 26 A III 5; *Rüping* Rdnr. 137, 144; *Ulsenheimer* GA 1975 S. 103 (117). *Donus*, Ausschließung und Überwachung des Verteidigers in Strafverfahren, Diss. Tübingen 1978, S. 119 ff., will die Ausschließung des Pflichtverteidigers zulassen, der als Belastungszeuge ausgesagt hat. Grundsätzlich a. A. *Gössel* S. 201 und *Kühne* Rdnr. 478, die § 138 a nicht zur Kenntnis nehmen und dieselben Grundsätze wie beim Staatsanwalt anwenden wollen. *Peters* S. 322/323 nimmt an, nach der Vernehmung als Zeuge scheide der Verteidiger automatisch aus; mit § 138 a habe das nichts zu tun.
71 Vgl. KK *Pelchen* vor § 48 Rdnr. 12; LR *Meyer* vor § 48 Rdnr. 31.
72 BGH NJW 1953 S. 1600 (1601); KK *Pelchen* Rdnr. 12; *Kleinknecht* Rdnr. 17; KMR *Paulus* Rdnr. 36; LR *Meyer* Rdnr. 31; alle vor § 48; *Beling* S. 296 Fußn. 3; *Gerland* S. 197; *Gössel* S. 201; *Ulsenheimer* GA 1975 S. 103 (117 Fußn. 91).
73 BGH NJW 1967 S. 404; LR *Meyer* vor § 48 Rdnr. 31.
74 BGHSt. 4 S. 205; RGSt. 22 S. 198; 59 S. 353 (354); KK *Pelchen* Rdnr. 14; *Kleinknecht* Rdnr. 18; KMR *Paulus* Rdnr. 38; LR *Meyer* Rdnr. 12; alle vor § 48; *Fraeb* GerS 80 S. 88 (110); *Gerland* S. 197; *Henkel* S. 204; *Koeniger* S. 305; *Peters* S. 323; *Schorn* Strafrichter S. 267 und GA 77 S. 251 (258); *Simader* S. 165; *Stützel* S. 95.
75 Vgl. LR *Meyer* vor § 48 Rdnr. 12; a. A. *Peters* S. 323, der wegen der Gleichstellung mit dem Verteidiger die Unvereinbarkeit mit der Zeugenrolle behauptet.

9. Erziehungsberechtigte und gesetzliche Vertreter

Daß Erziehungsberechtigte und gesetzliche Vertreter, die nach § 67 JGG an dem Verfahren gegen einen jugendlichen Angeklagten mitwirken, als Zeugen vernommen werden können, ist unbestritten[76].

10. Antragsteller im Anhangsverfahren

Antragsteller im Anhangsverfahren nach §§ 403 ff. können nach herrschender und zutreffender Ansicht Zeugen sein[77]. Die Tatsache, daß sie die Zuerkennung eines Ersatzes für den ihnen entstandenen Schaden verlangen, zwingt nicht dazu, sie von der Zeugenstellung auszuschließen.

II. Sonstige Teilnehmer an der Verhandlung

1. Sachverständige

Weder § 85 noch eine andere Vorschrift der Strafprozeßordnung verbietet es, eine Auskunftsperson zugleich als Sachverständigen und als Zeugen zu vernehmen[78]. Da der Sachverständigeneid immer nur dahin geht, daß der Sachverständige das Gutachten unparteiisch und nach bestem Wissen und Gewissen erstattet hat (§ 79 Abs. 2), ist es sogar unerläßlich, ihn über Angaben, die er außerhalb seines Gutachtens macht, als Zeugen zu vernehmen[79]. Dabei handelt es sich insbesondere um die Angaben über Zufallsbeobachtungen, also um Wahrnehmungen, die der Sachverständige unabhängig von seiner Bestellung gemacht hat[80]. Dazu gehören das eigene Verhalten des Sachverständigen vor der Bestellung[81], die zufällige Beobachtung der Tat und Wahrnehmungen, die der Sachverständige zwar während der Tätigkeit als Sachverständiger gemacht hat, die aber mit dem Gutachten nicht zusammenhängen[82]. Ferner muß der Sachverständige als Zeuge vernommen wer-

---

76 BGHSt. 21 S. 288 (289); KK *Pelchen* Rdnr. 14; KMR *Paulus* Rdnr. 38; LR *Meyer* Rdnr. 16; alle vor § 48; *Schorn* Strafrichter S. 267.
77 Vgl. KK *von Stackelberg* § 404 Rdnr. 5; KMR *Müller* § 404 Rdnr. 9; LR *Meyer* vor § 48 Rdnr. 11; *Henkel* S. 204; *Schlüchter* Rdnr. 481 Fußn. 236; *Schönke*, Beiträge zur Lehre vom Adhäsionsprozeß, 1935, S. 170; *Württenberger* DR 1945 S. 70 (72) und in FS für Hans Felix Pfenniger, 1956, S. 193 (203); a. A. *Rüping* Rdnr. 147.
78 Vgl. KK *Pelchen* § 85 Rdnr. 3; LR *Meyer* § 85 Rdnr. 3.
79 Den Zeugeneid muß das Gericht dem Sachverständigen auch abnehmen, wenn es eidliche Angaben zur Person wünscht; vgl. RGSt. 12 S. 128; 20 S. 235; LR *Meyer* § 79 Rdnr. 16; *Eb. Schmidt* § 85 Rdnr. 3; a. A. RG Recht 1903 Nr. 2895, das eine Beeidigung dieser Angaben für unzulässig zu halten scheint.
80 Vgl. *Dahs/Dahs* Rdnr. 223.
81 RG JW 1909 S. 520; KK *Pelchen* § 79 Rdnr. 7; LR *Meyer* § 79 Rdnr. 17; *Mezger* S. 21.
82 Das ist z. B. der Fall, wenn der Sachverständige während der Tatortbesichtigung von Angehörigen des Beschuldigten unter Druck gesetzt wird, damit er ein günstiges Gutachten erstattet, oder wenn er bei einer solchen Gelegenheit beobachtet, wie der aus der Haft vorgeführte Beschuldigte einem Anwesenden einen Kassiber zusteckt.

den über solche Tatsachen, die er seinem Gutachten zwar als Anknüpfungstatsachen[83] zugrunde legt, die er aber selbst festgestellt hat, ohne daß dazu seine besondere Sachkunde erforderlich war, die also auch das Gericht mit den ihm zur Verfügung stehenden Erkenntnissen und Beweismitteln hätte ermitteln können. Bei solchen Zusatztatsachen[84] handelt es sich nicht im eigentlichen Sinne um Teile des Gutachtens, auch wenn sie in unmittelbarem inneren Zusammenhang mit der Tätigkeit des Sachverständigen stehen[85], etwa wenn er die Tatsachen von dem zu begutachtenden Angeklagten, von Auskunftspersonen oder durch Augenschein erfährt. Der Sachverständige muß über diese Wahrnehmungen als Zeuge vernommen werden[86].

Ob die dem Gutachten zugrunde liegenden Wahrnehmungen, die der Sachverständige vor seiner Bestellung gemacht hat, zu den Befundtatsachen[87] gehören können, über die er als Sachverständiger Auskunft geben darf, ist streitig. Nach herrschender Ansicht muß der Sachverständige über solche Tatsachen auch dann als Zeuge gehört werden, wenn er sie aufgrund seiner besonderen Sachkunde, etwa als Amtsarzt bei der Untersuchung von Stuhl- und Urinproben[88] oder als behandelnder Arzt gemacht hat[89]. Das erscheint aber nicht richtig[90]. Denn es leuchtet nicht ein, daß zwar die Feststellungen aus einer Krankengeschichte als Teil des Sachverständigengutachtens behandelt werden können, nicht aber die Tatsachenkenntnisse, die der zum Sachverständigen bestellte Arzt vor dem Verfahren bei der früheren Behandlung des Angeklagten erworben hat[91]. Daß ein mit

---

83 Zum Begriff vgl. LR *Meyer* § 79 Rdnr. 18 ff.
84 Vgl. BGHSt. 13 S. 1 (3); 18 S. 107 (108); 20 S. 164 (165); 22 S. 268 (271); BGH bei *Spiegel* DAR 1977 S. 175; KK *Pelchen* § 79 Rdnr. 7; *Kleinknecht* vor § 72 Rdnr. 26; LR *Meyer* § 79 Rdnr. 21; *Geppert* von Lübtow-Festgabe S. 781/782; *Peters* S. 346.
85 A.A. RGSt. 44 S. 10 (12); RG DRiZ 1927 Nr. 833 L.
86 BGHSt. 13 S. 1 (3); S. 250; 18 S. 107 (108); 20 S. 164 (166); 22 S. 268 (271); BGH NJW 1951 S. 771; BGH Strafverteidiger 1982 S. 251; RGRspr. 2 S. 665; 7 S. 525; RG JW 1929 S. 3014 mit Anm. *Beling*; RG Recht 1909 Nr. 1828; OLG Hamm NJW 1973 S. 1427 mit Anm. *Friederichs* NJW 1973 S. 2259; OLG Koblenz DAR 1974 S. 276 = VRS 48 S. 35 (37); KK *Pelchen* § 79 Rdnr. 7; *Kleinknecht* vor § 72 Rdnr. 11; KMR *Paulus* vor § 48 Rdnr. 60; LR *Meyer* § 79 Rdnr. 21; *Dahs/Dahs* Rdnr. 223; *Geppert* S. 255; *Gössel* DRiZ 1980 S. 363 (367); *Henkel* S. 218; *Jessnitzer* S. 227; *Roxin* § 27 D 2. – A. A. RGSt. 43 S. 437 (439); OGHSt. 3 S. 61 (62); BayObLGSt. 1949/51 S. 304 (305). *Peters* S. 347 verlangt im Hinblick auf den Unmittelbarkeitsgrundsatz die Vernehmung derjenigen Person als Zeugen, die den Sachverständigen unterrichtet hat.
87 Zum Begriff vgl. LR *Meyer* § 79 Rdnr. 19 ff. mit Nachw. und Beispielen.
88 RGSt. 61 S. 114.
89 RG JW 1928 S. 2721 mit Anm. *Alsberg*; OLG Hamm NJW 1954 S. 1820; *Dahs/Dahs* Rdnr. 223; *Hegler* AcP 104 S. 151 (271); *Henkel* S. 218; *von Hippel* S. 416; *Jessnitzer* S. 29 und Blutalkohol 1968 S. 184 (187); *Mezger* S. 20 ff., 146; *Stein* S. 57; *Weimann* S. 26; vgl. auch RG JW 1928 S. 2254 mit Anm. *Mezger*.
90 Vgl. RGSt. 44 S. 10 (12); 69 S. 97 (98); KMR *Paulus* vor § 48 Rdnr. 49.
91 LR *Meyer* § 79 Rdnr. 20; vgl. den Fall RGSt. 44 S. 10 (12).

Erfolg abgelehnter Sachverständiger über Wahrnehmungen, die er bei seiner Sachverständigentätigkeit gemacht hat, nunmehr als sachverständiger Zeuge vernommen werden darf, entspricht der herrschenden Meinung[92].

2. Dolmetscher

Dolmetscher können ebenso wie Sachverständige als Zeugen vernommen werden[93]. Sie können dann ihre Aussage selbst in die fremde Sprache übertragen[94] und müssen daher nicht unbedingt in Gegenwart eines anderen Dolmetschers vernommen werden[95].

3. Vertreter des Finanzamts

Der nach § 407 Abs. 1 AO zur Teilnahme an der Hauptverhandlung berechtigte Vertreter des Finanzamts hat nicht die Stellung eines Nebenklägers. Es besteht kein Grund, seine Vernehmung als Zeuge zu verbieten[96].

---

[92] BGHSt. 20 S. 222 = JR 1966 S. 424 mit abl. Anm. *Hanack*; RG JW 1931 S. 2027 mit Anm. *Mannheim*; KK *Pelchen* Rdnr. 15; *Kleinknecht* Rdnr. 11; KMR *Paulus* Rdnr. 27; LR *Meyer* Rdnr. 33 ff.; alle zu § 74; *Gössel* S. 230 und DRiZ 1980 S. 363 (372); *Henkel* S. 219; *von Hippel* S. 416; *Mengel* S. 106 ff.; *Mezger* S. 20; *Schlüchter* Rdnr. 529; *Stein* S. 67/68. *Hegler* AcP 104 S. 151 (268) nimmt sogar an, daß der abgelehnte Sachverständige ohne weiteres Zeuge wird. Die Zeugenvernehmung über Befundtatsachen halten hingegen für unzulässig *Geppert* DAR 1980 S. 315 (321) und von Lübtow-Festgabe S. 791; *Hanack* JZ 1971 S. 126 (128); *Peters* S. 345. Unklar *Eb. Schmidt* § 74 Rdnr. 22.
[93] RGSt. 45 S. 304; RG Recht 1914 Nr. 1936; KK *Pelchen* Rdnr. 12; *Kleinknecht* Rdnr. 12; LR *Meyer* Rdnr. 14; alle vor § 48; *Kissel* § 191 GVG Rdnr. 6; *Simader* S. 166.
[94] RGSt. 45 S. 304 (305); KMR *Paulus* vor § 48 Rdnr. 40; *Kissel* a.a.O.; *Schorn* Strafrichter S. 268 und GA 77 S. 251 (259).
[95] BGH 4 StR 464/80 vom 9.10.1980 bei *Pfeiffer* NStZ 1982 S. 191.
[96] Vgl. *Kleinknecht* vor § 48 Rdnr. 12; a. A. *Peters* S. 322.

§ 3 Gegenstand des Zeugenbeweises

    I. Tatsachen 190
        1. Gegenwärtige und vergangene Tatsachen 190
        2. Innere Tatsachen 191
            a) Grundsatz 191
            b) Eigenpsychische Tatsachen 191
            c) Fremdpsychische Tatsachen 193
        3. Negative »Tatsachen« 194
    II. Werturteile 195
        1. Grundsatz 195
        2. Allgemeine Bewertungen 197
        3. Sinn und Auslegung von Gedankenäußerungen 197
        4. Charaktereigenschaften 197
            a) Erfordernis eines Tatsachenberichts 197
            b) Behauptung der Tatsachen im Beweisantrag 200
        5. Leumund 202
        6. Schuldfähigkeit des Angeklagten 203
        7. Wert einer Sache 205
    III. Rechtsbegriffe 205

I. Tatsachen

1. Gegenwärtige und vergangene Tatsachen

Gegenstand des Zeugenbeweises sind Tatsachen, nicht Rechtsfragen[1], Erfahrungssätze, allgemeine Eindrücke, Schlußfolgerungen, Mutmaßungen oder Meinungen über tatsächliche Verhältnisse und ihre Bedeutung für das Verfahren[2]. Der Zeuge kann grundsätzlich nur über Begebenheiten und Zustände vernommen werden, die einer Wahrnehmung durch die Sinne zugänglich sind[3]. Da die strafprozessuale Beweisaufnahme der Aufklärung zurückliegender Ereignisse dient, handelt es sich meist um vergangene Tatsachen. Von einem Zeugen kann aber auch Auskunft

---

  1 BGH NJW 1968 S. 1293; RG JW 1915 S. 1371; vgl. auch unten s. 205 ff.
  2 Vgl. BGH JZ 1951 S. 791 L; RGSt. 57 S. 412; RG GA 40 S. 169; RG JR Rspr. 1926 Nr. 437; RG SeuffBl. 74 S. 278; *Kleinknecht* vor § 48 Rdnr. 2 und § 244 Rdnr. 37; KK *Pelchen* Rdnr. 1; KMR *Paulus* Rdnr. 22; LR *Meyer* Rdnr. 3; *Eb. Schmidt* Rdnr. 11; alle vor § 48; *Gerland* S. 196; *von Kries* S. 356; *Schlosky* JW 1930 S. 2505 (2507).
  3 RGSt. 27 S. 95 (96); 37 S. 371; KMR *Paulus* vor § 48 Rdnr. 19; *Berkholz* S. 69; *Hegler* AcP 104 S. 151 (163); *Peters* S. 319/320; *Schlosky* JW 1930 S. 2505 (2507); *Stützel* S. 18.

über gegenwärtige Tatsachen verlangt werden, die zu der aufzuklärenden Tat in Beziehung stehen, insbesondere Tatfolgen sind[4]. Über gegenwärtige Tatsachen sagt der Zeuge auch aus, wenn er Fragen beantwortet, die seine Glaubwürdigkeit[5] oder die Zuverlässigkeit seines Wahrnehmungsvermögens[6] betreffen, oder wenn er Angaben bei einer Gegenüberstellung oder zur Identifizierung von Gegenständen oder Örtlichkeiten macht[7].

2. Innere Tatsachen

a) Grundsatz. Die in das Wissen eines Zeugen gestellten Tatsachen müssen nicht unbedingt Ereignisse der Außenwelt sein, die der Zeuge sinnlich wahrgenommen hat. Auch innere Vorgänge, Eindrücke, Gedanken, Überlegungen, Beweggründe, Affekte und andere geistig-seelische Vorgänge und Zustände des Innenlebens, die nach außen nicht unmittelbar in Erscheinung treten, können Gegenstand eines Zeugenbeweises sein[8]. Dabei kann es sich um Vorgänge im Bewußtsein des Zeugen selbst (eigenpsychische Tatsachen) oder um Vorgänge handeln, die dem Seelenleben eines anderen angehören (fremdpsychische Tatsachen).

b) Eigenpsychische Tatsachen erschließen sich dem Zeugen im Wege der inneren Selbstbeobachtung und sind daher im weiteren Sinne Gegenstand seiner Wahrnehmung. Das Gesetz verlangt die Aufklärung solcher innerer Tatsachen vor allem bei den sog. Motivationsdelikten. Zum Tatbestand des Betruges (§ 263 StGB) gehört z. B., daß sich das Tatopfer aufgrund der Täuschungshandlung geirrt hat. Bei der Erpressung (§ 253 StGB) muß der Entschluß, eine Handlung vorzunehmen oder zu unterlassen, seinen Grund in der Gewaltanwendung oder Drohung des Täters haben. Auch sonst hängt die Verwirklichung von Straftatbeständen häufig von Vorgängen im Seelenleben dritter Personen ab, wie etwa die Erregung öffentlichen Ärgernisses (§ 183 a StGB) davon, daß jemand an der Handlung des Täters Ärgernis genommen hat. Bei der Beweiswürdigung können Vorstellungen und Absichten ebenfalls von Bedeutung sein, etwa die Auffassung, die sich ein Zeuge in einem zurückliegenden Zeitpunkt gebildet hat[9], die Ursachen einer von ihm getroffenen Maßnahme, die Kenntnis äußerer Ereignisse[10] und die anderen Personen entgegengebrachten Gefühle, wie Liebe, Haß, Abneigung usw.[11] Sogar die Art,

---

[4] Vgl. KMR *Paulus* Rdnr. 20; LR *Meyer* Rdnr. 4; *Eb. Schmidt* Rdnr. 13; alle vor § 48; *Peters* S. 321.
[5] Vgl. LR *Meyer* § 68 Rdnr. 9.
[6] Vgl. LR *Gollwitzer* § 244 Rdnr. 15.
[7] Vgl. *Simader* S. 155/156; *Stützel* S. 15/16; a. A. *Eb. Schmidt* vor § 48 Rdnr. 12, der darin Angaben über vergangene Tatsachen sieht, zu deren richtiger Erfassung der Zeuge dadurch gelangt, daß er als Beweismittler für das Gericht eine Augenscheinseinnahme vollzieht.
[8] BGHSt. 23 S. 213 (219); BGH VRS 27 S. 31 (32/33); RG JW 1908 S. 360; 1925 S. 1004 (1005) mit Anm. *Mamroth*; RG JW 1935 S. 1634; KK *Pelchen* Rdnr. 1; KMR *Paulus* Rdnr. 20; LR *Meyer* Rdnr. 4; alle vor § 48; *Alsberg* GA 63 S. 99 (105); *Henkel* S. 199.
[9] Vgl. *Gerland* S. 221.
[10] Vgl. RG SeuffBl. 45 S. 370 (Kenntnis der Zahlungseinstellung eines Schuldners).
[11] Vgl. LR *Meyer* vor § 48 Rdnr. 4; *Henkel* S. 199 Fußn. 4.

wie der Zeuge zur Tatzeit einen Vorgang rechtlich eingeordnet hat, kann entscheidungserheblich sein[12]. Schließlich kann etwa die Frage, welchen Eindruck der vernehmende Kriminalbeamte von dem Angeklagten gehabt hat, für die Beurteilung der Straftat, der Strafbarkeit oder der Strafhöhe von Bedeutung sein[13].

Eine innere Tatsache ist auch die Frage, wie der Zeuge über den Anklagevorwurf denkt, insbesondere, ob er dem Angeklagten die Tat zutraut. Das Reichsgericht hat dennoch mit Recht eine Beweiserhebung hierüber für unzulässig erklärt, weil es sich um eine bloße Meinungsäußerung ohne tatsächlichen Gehalt handelt[14]. Daß eine solche Meinungsäußerung für die Beweiswürdigung von Bedeutung sein könnte, ist ohnehin nicht vorstellbar[15]. Kein Gericht wird einen Angeklagten deshalb verurteilen, weil Zeugen ihm die Tat zutrauen, und niemand wird beim Vorliegen ausreichender Beweise für seine Schuld freigesprochen werden, weil Zeugen der Meinung sind, ihm sei die Tat wesensfremd[16].

Innere Tatsachen können auf Hypothesen gestützt werden. Die Auffassung, die der Zeuge gewonnen hätte, wenn ihm eine bestimmte Mitteilung gemacht worden wäre, die möglichen Entschließungen, die er getroffen hätte, wenn ein bestimmtes Ereignis eingetreten wäre, können von ihm im Wege der Selbstbeobachtung festgestellt und daher auch zum Gegenstand seiner Befragung gemacht werden[17]. Um eine hypothetische innere Tatsache handelt es sich auch bei der Aussage eines Polizeibeamten, er könne sich zwar an Einzelheiten der Tat nicht erinnern, hätte den Angeklagten aber unter den von diesem jetzt behaupteten Umständen nicht angezeigt. Eine solche Bekundung ist zulässig und kann bei der Entscheidung berücksichtigt werden[18].

Beweisanträge, die hypothetische Tatsachen zum Gegenstand haben, sind hinsichtlich der Substantiierung keinen stärkeren Anforderungen unterworfen als andere. Insbesondere ist die Angabe der die hypothetischen Tatsache erhärtenden Begleitumstände nicht erforderlich; sie ist regelmäßig auch nicht möglich.

12 Vgl. BVerfGE 16 S. 214 (219/220) = NJW 1963 S. 1771; dazu *Eb. Schmidt* NJW 1963 S. 1753.
13 BGH VRS 27 S. 31 (32/33).
14 RGSt. 57 S. 412 (413); RG JW 1929 S. 1474 mit abl. Anm. *Alsberg*; RG DJZ 1914 Sp. 827; vgl. auch RGSt. 76 S. 364 (366); RG JW 1924 S. 1759 mit Anm. *Luetgebrune*; RG JW 1937 S. 761 = HRR 1937 Nr. 540; *Schlosky* JW 1930 S. 2505 (2507); a. A. KMR *Paulus* vor § 48 Rdnr. 21; LR *Gollwitzer* § 244 Rdnr. 87.
15 Vgl. *Rilk* JW 1937 S. 716 (717), der die Unerheblichkeit mit Recht nicht daraus herleitet, daß der Zeuge keine Tatsachen bekundet, sondern daß er keine Begründung für sein Urteil gibt.
16 Vgl. *Oetker* JW 1927 S. 2709; a. A. *Alsberg* JW 1929 S. 1474 und *Bergmann* S. 76, die die Meinung des Zeugen beim Indizienbeweis für erheblich halten. Die Ansicht *Bergmanns*, es sei keineswegs von vornherein ausgeschlossen, daß der Zeuge seine Auffassung durch die Angabe von Tatsachen erläutert, ist wenig verständlich; es handelt sich unzweifelhaft um ein reines Werturteil.
17 BGH 5 StR 676/52 vom 5. 3. 1953; KMR *Paulus* vor § 48 Rdnr. 20; LR *Meyer* vor § 48 Rdnr. 4. Vgl. für den Zivilprozeß: RGZ 32 S. 375; RG Gruchot 54 S. 1148 (1150); RG Recht 1909 Nr. 2818; *Döhring* S. 130 ff.; a.A. RG Recht 1923 Nr. 1278. Vgl. auch RG GA 40 S. 169.
18 BGHSt. 23 S. 213 (220); vgl. unten S. 464.

c) **Fremdpsychische Tatsachen.** Ein Zeuge ist zwar in der Lage, Auskunft über innere Tatsachen zu geben, die er bei sich selbst festgestellt hat. Vorgänge im Seelenleben eines anderen Menschen kann er aber nicht unmittelbar wahrnehmen; er kann nur aus äußeren Umständen, die er beobachtet, und aus äußeren Eindrücken, die er gewonnen hat, Schlüsse auf Beweggründe, Absichten und andere innere Tatsachen ziehen. Gelegentlich kann es für die Entscheidung von Bedeutung sein, daß sich der Zeuge schon zur Tatzeit aufgrund der ihm bekannten äußeren Umstände ein bestimmtes Urteil über die innere Einstellung des Angeklagten oder eines Dritten gebildet hat. Dann handelt es sich aber um eine eigenpsychische Tatsache; der Zeuge sagt darüber aus, was er selbst seinerzeit empfunden und gedacht hat. Wenn es darauf ankommt, was ein anderer beabsichtigt, gedacht oder gefühlt hat, z. B. ob der Angeklagte in Verwirrung, Furcht oder Schrecken gehandelt hat (vgl. § 33 StGB), dürfen Zeugen nur über die Tatsachen gehört werden, die Schlußfolgerungen auf die Vorgänge im Inneren eines anderen Menschen zulassen. Unmittelbare Auskünfte über fremdpsychische Tatsachen dürfen von ihnen nicht verlangt werden[19]. Ein Zeuge ist z. B. ein ungeeignetes Beweismittel dafür, daß der Angeklagte allgemein an einem inneren Unvermögen gelitten[20] oder daß er sich noch fahrtüchtig gefühlt hat, als er sich ans Steuer setzte[21]. Solche Schlußfolgerungen aus den festgestellten äußeren Umständen zu ziehen, ist Sache des Gerichts, nicht eines Zeugen[22]. Das bedeutet jedoch nicht, daß der Antragsteller immer gezwungen ist, bereits in seinem Beweisantrag die Tatsachen zu bezeichnen, die der Zeuge als Anzeichen für die Vorgänge im Seelenleben des Dritten bekunden kann. Es genügt, daß in dem Beweisantrag wenigstens stillschweigend behauptet wird, der Zeuge werde nicht nur ein Urteil abgeben, sondern auch die Tatsachen mitteilen, auf die er es stützt[23].

Die Angabe solcher Tatsachen bei der Vernehmung ist aber unerläßlich. Keine Zustimmung verdient die Ansicht[24], auch wenn die äußeren Anzeichen für psychi-

---

19 RG JW 1908 S. 360; 1916 S. 1027; 1929 S. 115 mit abl. Anm. *Alsberg*; RG GA 70 S. 138; RG SeuffBl. 74 S. 278; KG VRS 43 S. 199 (200); LR *Gollwitzer* § 244 Rdnr. 150; *Peters* S. 277; *Schlosky* JW 1930 S. 2505 (2507). Vgl. auch unten S. 197 ff.
20 BGH 5 StR 683/78 vom 9. 1. 1979.
21 OLG Schleswig bei *Ernesti/Jürgensen* SchlHA 1975 S. 190.
22 RG JW 1908 S. 360; 1929 S. 115 mit abl. Anm. *Alsberg*; *Peters* S. 277. Etwas anderes besagt auch die in der Voraufl. (S. 224) und von KK *Herdegen* § 244 Rdnr. 4 für die Gegenansicht angeführte Entscheidung RGSt. 76 S. 364 nicht; mißverständlich ist nur ihr Leitsatz, es sei unzulässig, die Vernehmung mit der Begründung abzulehnen, der Beweggrund als innerer Vorgang sei zwar dem Äußernden bekannt, könne aber nicht durch Vernehmung des benannten Zeugen festgestellt werden. Wie die Urteilsgründe ergeben, wollte das RG keineswegs aussprechen, daß der Beweggrund unmittelbar Gegenstand der Aussage des Zeugen sein kann. Es sah nur mit Recht einen Verstoß gegen die Aufklärungspflicht darin, daß die Tatsachen nicht aufgeklärt worden waren, die einen Schluß auf den Beweggrund erlaubten. So schon RG JW 1905 S. 758.
23 Vgl. KK *Herdegen* § 244 Rdnr. 49. Weitergehend *Alsberg* JW 1929 S. 115. Zur Wahrunterstellung in solchen Fällen vgl. unten S. 671.
24 *Döhring* S. 109 ff.; Voraufl. S. 255/226 (»rein sympathetische Einfühlung«); vgl. auch *Alsberg* a.a.O.

sche Vorgänge in einem Dritten schwer faßbar oder dem Zeugen nicht im Gedächtnis haften geblieben sind, könne ein vertrauenswürdiger Zeuge mit guter Einfühlungsgabe und »instinktiver Treffsicherheit« über fremdpsychische Tatsachen Auskunft geben. Denn es geht nicht darum, daß die Gabe, fremdpsychische Vorgänge richtig zu beurteilen, bei den einzelnen Menschen unterschiedlich ausgeprägt ist[25], sondern um die Unmöglichkeit, richterliche Entscheidungen auf unüberprüfbare Eindrücke, Mutmaßungen und Gefühle von Beweispersonen zu stützen.

3. Negative »Tatsachen«

Ebenso wie das Vorliegen kann auch das Nichtvorliegen einer Tatsache zum Gegenstand des Zeugenbeweises gemacht werden. Der Beweisführung liegt dann der Gedanke zugrunde, daß der Zeuge den tatsächlichen Vorgang bemerkt haben müßte, wenn er sich ereignet hätte. So ist z. B. der Antrag zu verstehen, einen Zeugen, der sich zur Tatzeit in unmittelbarer Nähe des Tatorts befunden hat, darüber zu vernehmen, daß er die dem Angeklagten zur Last gelegte Tat nicht beobachtet hat[26]. Ob die Schlußfolgerung zutrifft, die Tat sei nicht geschehen, weil der Zeuge sie nicht bemerkt hat, muß das Gericht aufgrund der Lebenserfahrung entscheiden[27].

Der Beweis einer Negative spielt in der Rechtspraxis eine besonders große Rolle, wenn der Angeklagte eine ihm zur Last gelegte Äußerung bestreitet und sich zu seiner Entlastung darauf beruft, daß bestimmte bei dem Vorfall anwesende Personen die Äußerung gehört haben müßten, wenn sie tatsächlich gefallen wäre. Beweisanträge dieses Inhalts sind wiederholt für beachtlich erklärt worden, ohne daß im allgemeinen eine besondere Substantiierung nach der Richtung gefordert wurde, weshalb der Zeuge die Äußerung nicht hätte überhören können[28]. Dabei ist zu beachten, daß der Strafrichter bei seiner Beweiswürdigung mit Wahrscheinlichkeitswerten wägt. Auch der Nachweis, daß der Zeuge von dem umstrittenen Vorgang oder der fraglichen Äußerung wahrscheinlich etwas gemerkt haben würde, tatsächlich aber nichts wahrgenommen hat, kann daher von erheblicher Bedeutung sein[29]. Jedoch gibt es Ausnahmefälle, in denen mit Rücksicht auf die gesamten Umstände von dem Antragsteller nähere Angaben, die seine Auffassung rechtfertigen, gefordert werden dürfen[30]. Können diese Angaben nicht gemacht werden oder bleibt es auch danach völlig undenkbar, daß die Bekundungen des Zeugen zu dem behaupteten Ergebnis führen können, so darf das Gericht die Führung des

---

25 So *Döhring* S. 110.
26 BGH 5 StR 198/54 vom 7. 9. 1954; RG HRR 1940 Nr. 841.
27 Das RG hat sogar die Behauptung des eines Sittlichkeitsverbrechens beschuldigten Angeklagten, er könne den Beischlaf nicht vollziehen, als durch die Vernehmung seiner Ehefrau beweisbar bezeichnet; vgl. die in der Voraufl. S. 233 Fußn. 3 angeführte unveröffentlichte Entscheidung.
28 RGSt. 1 S. 51; RG JW 1885 S. 122; 1890 S. 399; 1913 S. 163; 1931 S. 1815 mit Anm. *Alsberg*; RGRspr. 8 S. 693; vgl. auch *Glaser* Beiträge S. 76.
29 Vgl. *Alsberg* JW 1931 S. 1815.
30 RG JW 1922 S. 1129 mit Anm. *Alsberg*.

Beweises als unmöglich, den Zeugen also als völlig ungeeignetes Beweismittel ansehen und die Beweiserhebung ablehnen. Eine solche Sachlage ist z. B. gegeben, wenn die Beweisbehauptung von dem Zeugen nur unter der Voraussetzung zweifelsfrei bestätigt werden könnte, daß er während einer unwahrscheinlich langen Zeit den Angeklagten nie aus dem Auge gelassen hätte[31], oder wenn die Umstände, die die Beobachtung durch den Zeugen ermöglicht hätten, zu ungünstig waren, als daß ein zuverlässiges Ergebnis erwartet werden könnte. Hierher gehört etwa der Fall, daß Personen, die in einer lauten und erregten politischen Versammlung anwesend waren, bekunden sollen, daß ein bestimmter Zwischenruf zweifellos nicht gefallen ist.

II. Werturteile

1. Grundsatz

Gegenstand des Zeugenbeweises sind Tatsachen. Über reine Werturteile darf ein Zeuge grundsätzlich nicht vernommen werden[32]. Die Schlüsse, die er aus seinen Wahrnehmungen gezogen, die Meinung, die er über den Straffall hat[33], muß und darf er nicht wiedergeben. Dabei ist aber zu beachten, daß es im Grunde keine bewußte Sinneswahrnehmung und keine Wiedergabe ihrer Ergebnisse ohne denkende Tätigkeit gibt[34]. Jede Zeugenaussage ist das Ergebnis aus unmittelbarer Wahrnehmung und der urteilenden Verstandestätigkeit, die diese Wahrnehmung verarbeitet und in Vorstellungen einordnet, die dem Zeugen geläufig sind[35]. Wenn der Zeuge tatsächliche Beobachtungen in verständlicher Weise übermitteln soll, wird sich daher oft gar nicht vermeiden lassen, daß er Schlußfolgerungen und Werturteile mitteilt[36]. Das führt, wie an späterer Stelle[37] darzulegen ist, in dem Fall, daß der Zeuge über besondere Sachkunde auf dem Wissensgebiet verfügt, das

---

31 Vgl. den Fall RGSt. 54 S. 181. Vgl. auch unten S. 604.
32 BGH 4 StR 543/52 vom 30. 4. 1953; 5 StR 336/61 vom 19. 9. 1961; 5 StR 455/76 vom 11. 1. 1977; RGSt. 57 S. 412 (413); *Kleinknecht* vor § 48 Rdnr. 2; KMR *Paulus* vor § 48 Rdnr. 22. Vgl. aber auch unten S. 197 ff.
33 Z.B. über Schuld oder Unschuld des Angeklagten (vgl. RGSt. 57 S. 412 [413]), über die Sozialprognose für die Frage der Strafaussetzung zur Bewährung (vgl. OLG Bremen OLGSt. § 244 Abs. 2 S. 87 [89]).
34 Vgl. *Berkholz* S. 70; *Gössel* DRiZ 1980 S. 363 (364); *Hegler* AcP 104 S. 151 (162 ff., 226); *Henkel* S. 199; *Hellm. Mayer* Mezger-FS S. 464; *Mayer-Alberti* S. 35 ff.; *Simader* S. 157; *Staub* JW 1886 S. 131 (133); *Stein* S. 8 ff. und JW 1923 S. 15; *Stützel* S. 18.
35 RGSt. 37 S. 371; 57 S. 412; RGRspr. 8 S. 812 (813); RG JW 1894 S. 109 = GA 41 S. 425; RG HRR 1929 Nr. 1980 = JW 1930 S. 760 mit Anm. *Mannheim*; RG DJZ 1909 S. 492; RG GA 40 S. 169; 56 S. 334; OLG Frankfurt NJW 1952 S. 717; LR *Meyer* vor § 48 Rdnr. 5; *Arndt* DRiZ 1956 S. 28 (31); *Bergmann* S. 74; *Berkholz* S. 70; *Döhring* S. 105, 112 ff.; *Engisch* S. 82; *Hegler* AcP 104 S. 151 (162); *Mamroth* JW 1923 S. 390; *Peters* S. 319/320; *Rieker* S. 20; *Stein* S. 8 ff. und JW 1923 S. 15.
36 BGH bei *Holtz* MDR 1979 S. 807.
37 Unten S. 215 ff.

ihm die Wahrnehmung der Tatsachen ermöglicht hat, zu Schwierigkeiten bei der Abgrenzung des Sachverständigenbeweises von dem Beweis durch (sachverständige) Zeugen. Aber auch wenn der Zeuge keine besonderen Sachkenntnisse hat und seine Vernehmung als Sachverständiger daher von vornherein nicht in Betracht kommt[38], erschwert die Unmöglichkeit der scharfen Trennung zwischen Tatsachen und Werturteilen die Bestimmung dessen, was Gegenstand des Zeugenbeweises sein kann.

Bei der Entscheidung darüber, in welchem Umfang ein Zeuge Schlußfolgerungen und Werturteile vermitteln darf, gilt der Grundsatz, daß eine zulässige Zeugenvernehmung nur vorliegt, wenn das Urteil des Zeugen auf einem beschränkten, leicht übersehbaren Tatsachenstoff beruht und auch von einem einfachen Menschen mittels unkomplizierter, vom Richter leicht überprüfbarer Denkvorgänge gewonnen werden kann[39]. Die Bewertung des Zeugen muß auf Maßstäben beruhen, die allgemein anerkannt und für das Gericht wenigstens in ihren Umrissen erkennbar sind[40]. In der Rechtsprechung wird das teils dahin ausgedrückt, daß sich das Urteil des Zeugen als etwas Naheliegendes und Selbstverständliches jedem geistig normal veranlagten Menschen mit Notwendigkeit aufdrängen müsse[41], teils wird verlangt, daß die Beurteilung des Sinneseindrucks gewissermaßen selbsttätig ohne bewußten Willensimpuls des Wahrnehmenden eintreten und als nebensächlich hinter der sinnlichen Wahrnehmung zurücktreten müsse[42].

Eine andere Frage ist, ob ein Zeuge, von dem auch ein sachverständiges Urteil verlangt wird, deswegen unbedingt zum Sachverständigen bestellt werden muß. Das ist nach allgemeiner Ansicht nicht erforderlich, wenn das Schwergewicht der Vernehmung auf der Bekundung von Tatsachen liegt. Die Abgabe von Werturteilen und sachverständigen Äußerungen liegt dann noch innerhalb der Zeugenvernehmung[43]. Das Gericht ist daher in einem solchen Fall auch nicht verpflichtet, die Prozeßbeteiligten darauf hinzuweisen, daß es die gutachtlichen Äußerungen des Zeugen zu verwerten beabsichtigt[44].

---

38 Das übersieht *Simader* S. 158, für den sich nur die Frage stellt, ob und inwieweit der Sachverständigenbeweis durch den Zeugenbeweis ersetzt werden kann.
39 RGSt. 27 S. 95 (96/97); 37 S. 371 (372); 57 S. 412; RG GA 46 S. 213; 56 S. 234; RG LZ 1914 Sp. 1366; RG Recht 1905 Nr. 536; *Alsberg* GA 63 S. 99 (105); *Arndt* DRiZ 1956 S. 28 (31); *Koeniger* S. 258; *Stützel* S. 18.
40 Vgl. LR *Meyer* vor § 48 Rdnr. 5.
41 RGSt. 27 S. 95 (96); 37 S. 371 (372); RG HRR 1940 Nr. 53; RG LZ 1914 Sp. 1366. Ebenso *Henkel* S. 199; weitergehend *Simader* S. 158, der es darauf abstellen will, daß dem Zeugen das erforderliche Urteilsvermögen nach der Lebenserfahrung zuzutrauen ist.
42 RGSt. 27 S. 95 (96); 37 S. 371 (372); 57 S. 412; RG JW 1894 S. 109; 1916 S. 1027; RG GA 68 S. 353 (354); S. 355 (356); RG HRR 1940 Nr. 53; RG LZ 1914 Sp. 1366. Ebenso *Mayer-Alberti* S. 36; *Schlosky* JW 1930 S. 2505 (2507); hiergegen *Henkel* S. 199 Fußn. 3; *Mannheim* S. 50 ff.
43 BGH NJW 1954 S. 687 L = LM Nr. 5 zu § 244 Abs. 4; RG JW 1902 S. 531; OLG Frankfurt NJW 1952 S. 717; LR *Meyer* § 85 Rdnr. 13; *Hiendl* NJW 1958 S. 2100 (2101).
44 BGH GA 1976 S. 79.

2. Allgemeine Bewertungen

Nach diesen Grundsätzen darf der Zeuge bei seiner Aussage Begriffe wie »Liebesverhältnis« oder »ehewidrige Beziehungen« verwenden[45]. Die Erklärung einer Zeugin, sie habe mit ihrem Ehemann »in Ruhe und Frieden« gelebt, bedarf keiner weiteren Erläuterung durch Tatsachenangaben[46]. Auch die Angabe, der Angeklagte habe nicht den Eindruck dienstlicher Überlastung gemacht, kann Gegenstand einer Zeugenaussage sein[47]. Das gleiche gilt für Urteile über alltägliche Beobachtungen, z. B. darüber, daß es zur Tatzeit schon hell gewesen, daß der Angeklagte sehr schnell gefahren ist, daß ein anderer laut gerufen, in gemeiner Weise geschimpft oder brutal zugeschlagen hat[48].

3. Sinn und Auslegung von Gedankenäußerungen

Hierbei handelt es sich oft um innere Tatsachen. Solche Tatsachen liegen z. B. vor, wenn der Zeuge darüber Auskunft geben soll, daß mit einer Äußerung des Angeklagten nicht X, sondern Y gemeint war[49] oder daß eine als Geständnis protokollierte Erklärung des Angeklagten einen bestimmten Sinn gehabt hat[50]. Die Entscheidung darüber, wie die Äußerung auszulegen ist, steht zwar dem Gericht zu; aber der Eindruck, den die Zuhörer gehabt haben, kann dabei durchaus von Bedeutung sein[51].

Nicht lediglich eine innere Tatsache kommt in Betracht, wenn es nicht nur auf die Vorstellung des Redenden von der Bedeutung seiner Worte ankommt, sondern der Sinn, den die Auslegung dieser Worte ergibt, von Bedeutung ist. Das ist z.B. der Fall, wenn Beweis dafür angetreten wird, daß bestimmte Verhältnisse zu einem abgeschlossenen Vertrag, nicht nur zu einer vorläufigen Bindung geführt haben. Solche Anträge gehören in das Gebiet des Zeugenbeweises, so daß ihnen nicht entgegengehalten werden kann, der Antrag habe ein Urteil und keine Tatsache zum Gegenstand[52] und der Zeuge könne nicht wissen, was der Sinn der Äußerung war und ob der Wortlaut der Vorstellung des Äußernden entsprach[53].

4. Charaktereigenschaften

a) Erfordernis eines Tatsachenberichts. Ebenso wie auf die Vorgänge im Seelenleben eines Dritten, die fremdpsychischen Tatsachen[54], kann auch auf die Anlagen

---

45 OLG Oldenburg NdsRpfl. 1950 S. 163 (164); KMR *Paulus* vor § 48 Rdnr. 21.
46 RG JW 1930 S. 759 mit Anm. *Alsberg.*
47 RG JW 1925 S. 998.
48 Vgl. KMR *Paulus* vor § 48 Rdnr. 21; *Eb. Schmidt* vor § 48 Rdnr. 11; *Gerland* S. 196; *Henkel* S. 199; *Stegmann* S. 83.
49 Vgl. RG JW 1894 S. 394, wo ein darauf gerichteter Beweisantrag für zulässig gehalten wurde.
50 Vgl. RG BayZ 1908 S. 21.
51 Vgl. *Döhring* S. 127 ff.
52 RG JW 1894 S. 349.
53 RG BayZ 1908 S. 21; vgl. auch BGH 5 StR 567/53 vom 9. 4. 1954.
54 Vgl. oben S. 193.

und Eigenschaften eines Menschen, z. B. auf seine Glaubwürdigkeit und Ehrlichkeit, auf seine Verlogenheit, Verdorbenheit und Geschwätzigkeit, nur aufgrund von Handlungen und Umständen geschlossen werden, die der Wahrnehmung zugänglich sind. So wird etwa das Pflichtbewußtsein eines Angeklagten oder Zeugen dadurch unter Beweis gestellt werden können, daß man seine Betätigung in Beruf und in der Familie zum Gegenstand der Beweisführung macht. Ob jemand glaubwürdig ist, läßt sich danach beurteilen, daß derjenige, der darüber Auskunft gibt, von ihm noch nie angelogen worden ist und auch sonst nichts darüber erfahren hat, daß der andere nicht die Wahrheit sagt. Eine Frau wird man als sittlich nicht einwandfrei bezeichnen können, wenn man weiß, daß sie häufig wechselnde Geschlechtspartner hat. Gelegentlich kann es für die Entscheidung darauf ankommen, welchen Eindruck der Zeuge von den Charaktereigenschaften eines Angeklagten oder eines anderen Zeugen gewonnen hat. Dieser Eindruck ist eine innere Tatsache, die der Zeuge bei sich selbst wahrgenommen hat und über die er daher vor Gericht Auskunft geben kann[55]. Davon zu unterscheiden ist der sehr viel häufigere Fall, daß Beweis durch Zeugen darüber erhoben werden soll, welche Charaktereigenschaften der Angeklagte oder ein Zeuge wirklich hat. Um eine innere Tatsache handelt es sich dann nicht, und zwar weder bei demjenigen, der die Charaktereigenschaften hat[56], noch bei dem Zeugen, der darüber Auskunft geben soll[57]. Ein Zeugenbeweis über die Charaktereigenschaften eines anderen ist daher nur in der Weise möglich, daß der Zeuge über die Wahrnehmungen aussagt, die er gemacht hat, und den Schluß, der daraus auf den Charakter eines anderen zu ziehen ist, entweder ganz dem Gericht überläßt oder der gerichtlichen Prüfung dadurch zugänglich macht, daß er auch die ihm zugrunde liegenden Tatsachen mitteilt[58]. Gegenstand des Zeugenbeweises muß immer ein solcher Tatsachenbericht sein. Der Zeuge darf nicht ohne Angabe irgendwelcher Tatsachen eine Art gutachtlicher Wertung über den Charakter eines anderen vornehmen.

---

55 A.A. RG JW 1922 S. 301 mit Anm. *Alsberg,* das darin ein Urteil gesehen hat. Wenn aufzuklären ist, ob sich der Zeuge i. S. des § 263 StGB geirrt hat, wird man ihn doch aber wohl nach der (inneren) Tatsache befragen dürfen, ob er den Angeklagten für ehrlich und vertrauenerweckend gehalten hat.
56 Daß die Charaktereigenschaft eine Tatsache ist, über die ein Zeuge wie über jede andere berichten kann, nehmen an: RG JW 1922 S. 1034 Nr. 43 mit zust. Anm. *Alsberg;* RG JW 1927 S. 2043 mit Anm. *Alsberg;* RG JW 1932 S. 3095 (3096) mit Anm. *Mezger, Dalcke/Fuhrmann/Schäfer* § 244 Anm. 14 d; *Bergmann* S. 78; *Koeniger* S. 258; *Mayer-Alberti* S. 33, 35. Auch *Kleinknecht* vor § 48 Rdnr. 2 stellt die Charaktereigenschaften den Tatsachen gleich.
57 A.A. OLG Kiel SchlHA 1948 S. 109; *Alsberg* JW 1932 S. 2727 (2728); Voraufl. S. 226.
58 Vgl. RGSt. 39 S. 363 (364); RG JW 1903 S. 93: Tatsache, daß der Zeuge schon vielfach die Unwahrheit gesagt hat; RG JW 1927 S. 912 mit Anm. *Alsberg;* RG JW 1931 S. 2795 (2800): Beobachtungen des Dienstvorgesetzten über Charakter und Amtsführung; RG GA 65 S. 559 (560); LR *Meyer* vor § 48 Rdnr. 6.

Die Gegenansicht hat vor allem *Alsberg*[59] vertreten, und ihm hat sich ein Teil des Schrifttums angeschlossen[60]. Er meint, man könne sich oft auch einen Eindruck von einem Menschen machen, ohne daß man in der Lage ist, die einzelnen Tatsachen anzugeben, aus denen sich dieser Eindruck gebildet hat. Es komme z. B. vor, daß man aus dem Verkehr mit einem Menschen den Eindruck gewinnt, daß er in seinen Angaben sehr ungenau ist, daß man dazu aber keine einzelne Tatsachen anführen kann. Von einem einfachen Menschen könne das ohnehin nicht verlangt werden. Daher sei es nicht richtig, daß der Eindruck, den sich ein Mensch von einem anderen gebildet hat, gleichgültig sei und nur Bedeutung gewinne, wenn man äußere Tatsachen zur Begründung seines Eindrucks mitteilen könne. Ob diese Ansicht zutrifft oder ob nicht vielmehr jedermann, der einen anderen charakterisieren soll, zu seinen Wertungen aufgrund von Tatsachen gelangt, zu denen man ihn befragen und die er nennen kann, erscheint zweifelhaft, ist aber im Grunde ohne Bedeutung. Denn wenn es ausnahmsweise vorkommt, daß ein Zeuge nur gutachtliche Wertungen mitteilen kann, nicht aber die Tatsachen, auf die sie sich stützen, ist eine Beweisführung durch den Zeugen eben nicht möglich[61]. Solche Bewertungen, die das Gericht nicht nachprüfen kann, sind außer acht zu lassen[62]. Darin liegt kein Verlust für die Wahrheitsfindung. Vielmehr sind bloße Eindrücke des Zeugen, die nicht auf Tatsachen gestützt werden können und deren Richtigkeit daher auch nicht überprüfbar ist, für die Entscheidung wertlos[63]. Es wäre grob rechtsfehlerhaft, wenn ein Angeklagter verurteilt würde, weil das Gericht seiner entlastenden Einlassung unter anderem mit der Begründung keinen Glauben schenkt, daß ein Zeuge ihn ohne nähere Bezeichnung der Beurteilungsgrundlagen als verlogen bezeichnet hat[64]. Umgekehrt wird das Gericht den entlastenden Aussagen eines Zeugen nicht deshalb glauben, weil ein anderer Zeuge ihn als zuverlässig und wahrheitsliebend bezeichnet, ohne das näher begründen zu können. Die Frage gewinnt besondere Bedeutung für den Fall, daß statt des von der Behörde nicht preisgegebenen Vertrauens- oder Gewährsmanns ein Beamter als mittelbarer Zeuge über dessen Mitteilungen vernommen wird. Träfe *Alsbergs* Ansicht zu, daß die Glaubwürdigkeit für sich Gegenstand des Zeugenbeweises sein

---

59 Vgl. die Urteilsanmerkungen JW 1924 S. 316; 1927 S. 912; 1931 S. 952; 1932 S. 2727 (2728); Voraufl. S. 228.
60 *Bergmann* S. 76, 79. Auch *Kleinknecht* (vor § 48 Rdnr. 2) will auf die Anführung von Belegtatsachen verzichten. KMR *Paulus* vor § 48 Rdnr. 21 hält das Urteil des Zeugen für ausschlaggebend und will eine stichprobenhafte Befragung nach den Einzelumständen genügen lassen.
61 Vgl. schon RGSt. 27 S. 96 (97): »Leeres Urteil«.
62 Vgl. LR *Meyer* vor § 48 Rdnr. 6; *Berkholz* S. 72; *Henkel* S. 200; *Oetker* JW 1927 S. 2709.
63 So mit Recht RG HRR 1939 Nr. 1210; vgl. auch *Döhring* S. 118.
64 Man wird annehmen können, daß auch *Alsberg* für diesen Fall keine andere Ansicht vertreten wollte. Der Fehler seiner Meinung liegt darin, daß er die Sache ganz vom Standpunkt des Verteidigers aus betrachtet hat, der Entlastungszeugen für gute Charaktereigenschaften des Angeklagten und schlechte der Belastungszeugen benennt.

kann, so wäre es zulässig, den mittelbaren Zeugen als »Glaubwürdigkeitsurteiler« zu vernehmen. Das wird aber im Schrifttum mit Recht für gesetzwidrig gehalten[65].

b) Behauptung der Tatsachen im Beweisantrag. Aus dem zuvor Gesagten ergibt sich, daß nicht jeder Beweisantrag abgelehnt werden darf, mit dem der Antragsteller einen Zeugen für eine Charaktereigenschaft des Angeklagten oder eines anderen Zeugen benennt[66]. Es kommt vielmehr darauf an, ob in das Wissen des Zeugen ein zusammenfassender Tatsachenbericht oder lediglich eine gutachtliche Wertung gestellt ist[67]. Bringt der Antragsteller zum Ausdruck, daß der Zeuge keinerlei tatsächliche Bekundungen machen kann, sondern ausschließlich seine Bewertung des Charakters des Angeklagten oder eines anderen Zeugen mitteilen wird, so ist der Antrag zwar weder unzulässig[68] noch ein Beweisermittlungsantrag[69], aber deshalb abzulehnen, weil der Zeuge ein völlig ungeeignetes Beweismittel ist[70].

Eine andere Frage ist, ob immer verlangt werden muß, daß der Antragsteller die Tatsachen angibt, die der Zeuge zu den Charaktereigenschaften bekunden kann, oder ob auch ein Beweisantrag genügend substantiiert ist, der lediglich unter schlagwortartiger Zusammenfassung einer Vielzahl von Tatsachen, die zu einem bestimmten Eindruck führen können, bestimmte Charaktereigenschaften eines anderen in das Wissen des Zeugen stellt, z.B. daß er glaubwürdig, verkommen, liederlich usw. ist[71]. Nach richtiger Ansicht wird in aller Regel der erkennbare Sinn eines Beweisantrags, der sich auf dieses Beweisvorbringen beschränkt, dahin gehen, daß der benannte Zeuge die Gesamtheit der Tatsachen (eigene Beobach-

65 Vgl. *Friemel*, Die Zeugnisverweigerungspflicht der Beamten im Strafprozeß, Diss. Tübingen 1952, S. 114; *F. W. Krause* S. 164; *Stegmann* S. 86. Zu weit geht *S. Schaefer*, der (S. 65) ein gesetzliches Verbot für die Verwertung der Aussage eines solchen Urteilers fordert.
66 Vgl. *Berkholz* S. 73 ff.
67 RG JW 1932 S. 2727 mit Anm. *Alsberg*; *Berkholz* S. 74 Fußn. 3; a.A. *Bergmann* S. 79, der die Glaubwürdigkeit in jedem Fall als zulässiges Beweisthema ansieht.
68 A.A. RG JW 1932 S. 2727 mit abl. Anm. *Alsberg*; RG JW 1936 S. 1381 = HRR 1936 Nr. 1029; RG JW 1938 S. 42; OLG Kiel SchlHA 1948 S. 109 (110); *Kohlrausch* § 244 Anm. 9; *Arndt* DRiZ 1956 S. 28 (31); *Berkholz* S. 72, 74 ff.; *Koeniger* S. 258. Vgl. auch *Oetker* JW 1927 S. 2709.
69 So aber BGH 1 StR 41/51 vom 20. 3. 1951; 4 StR 534/52 vom 30. 4. 1953; RG JW 1922 S. 1034 Nr. 42 mit Anm. *Alsberg*; RG HRR 1939 Nr. 1210. Daß das unrichtig ist, liegt auf der Hand. Denn durch den Zeugen soll nichts ermittelt werden; er soll vielmehr über eine Bewertung Auskunft geben, die ihm als Zeugen nicht zukommt. Vgl. auch *Berkholz* S. 75.
70 Vgl. unten S. 604.
71 Das RG stellte es vielfach darauf ab, ob es sich um Charaktereigenschaften handelt, die im täglichen Leben im allgemeinen aufgrund tatsächlicher Wahrnehmungen mit einiger Sicherheit von anderen Menschen ohne weiteres beurteilt werden können; vgl. RGSt. 37 S. 371 (372); 57 S. 412; RG JW 1937 S. 761 = HRR 1937 Nr. 540; RG BayZ 1905 S. 349; RG GA 46 S. 213; 56 S. 324; 65 S. 559 (560); 68 S. 353 (354); RG LZ 1914 Sp. 1366 = Recht 1914 Nr. 1937. Z.B. sah RG BayZ 1906 S. 382 die Beweisbehauptung, der Angeklagte sei ein zanksüchtiger Mensch, der zu unbegründeten Beschuldigungen neige, als genügend an. Folgerichtig wurde in dem Fall, daß ein ganz besonderes Urteilsvermögen des Zeugen sowie eine eingehende und sorgfältige tatsächliche Beobachtung erforderlich war, eine Beurteilung durch den Zeugen nicht zugelassen; vgl. RG HRR 1940 Nr. 53.

tungen und Mitteilungen Dritter) bekunden werde, die den Schluß auf die Charaktereigenschaften des anderen gestatten. Der Antragsteller wird diese Tatsachen oft gar nicht kennen[72]. Es muß daher genügen, daß er stillschweigend behauptet, der Zeuge werde den Charakter eines anderen Menschen nicht nur beurteilen, sondern dazu auch eigene Beobachtungen oder die ihm von anderen gemachten Mitteilungen, also die gesammelten Erfahrungen, als die tatsächlichen Grundlagen angeben. Läßt der Antrag nichts Gegenteiliges erkennen, was kaum jemals vorkommen wird, so ist er in diesem Sinne auszulegen[73]. Als Beweisermittlungsantrag darf er nicht behandelt werden[74].

In der Rechtsprechung sind diese Grundsätze insbesondere angewendet worden auf die Glaubwürdigkeit[75], Verlogenheit[76], Verwahrlosung und sittliche Verdor-

---

[72] RG JW 1907 S. 559 ließ daher genügen, daß der Antragsteller behauptete, der Zeuge werde überhaupt Tatsachen bekunden. RG JW 1903 S. 93 ließ die Behauptung, der Angeklagte habe »vielfach die Unwahrheit gesagt«, ausreichen.

[73] RGSt. 39 S. 363; RG JW 1893 S. 418 (419); 1903 S. 93; 1924 S. 316 mit abl. Anm. *Alsberg*; RG JW 1927 S. 2043 mit Anm. *Alsberg*; RG JW 1928 S. 2252 mit Anm. *Doerr*; RG JW 1930 S. 760 mit Anm. *Mannheim*; RG JW 1931 S. 1610 = HRR 1931 Nr. 911; RG JW 1932 S. 2728 mit Anm. *Alsberg*; RG JW 1936 S. 1381 = HRR 1936 Nr. 1029; RG JW 1937 S. 761 = HRR 1937 Nr. 540; RG JW 1938 S. 42; RG BayZ 1905 S. 349; RG DRiZ 1929 Nr. 901; RG GA 56 S. 324; 68 S. 355 (356); 73 S. 110 = Recht 1928 Nr. 1754; RG HRR 1929 Nr. 274; 1939 Nrn. 216, 1210; 1941 Nr. 410; RG LZ 1916 Sp. 1434; KG DJZ 1932 Sp. 363; OLG Kiel SchlHA 1948 S. 109; *Dalcke/Fuhrmann/Schäfer* § 244 Anm. 14 d; KK *Herdegen* § 244 Rdnr. 49; *Arndt* DRiZ 1956 S. 28 (31); *Bergmann* S. 75, 79/80; *Berkholz* S. 76; *Koeniger* S. 258; *Mayer-Alberti* S. 38, 40 ff.; *Simader* S. 159/160; *Völcker* S. 25. – A.A. RGSt. 27 S. 95 (97); RG GA 47 S. 442 L; beide Entscheidungen verlangten, daß der Antragsteller mindestens den einen oder anderen tatsächlichen Anhaltspunkt bezeichnet. Die Angabe von Tatsachen forderte auch RG GA 55 S. 334, wo aber gleichzeitig auf die Notwendigkeit hingewiesen wurde, die richterliche Fragepflicht auszuüben. *Schlosky* JW 1930 S. 2505 (2510) hält die Substantiierung des Beweisantrags für erforderlich, damit der Vorsitzende weiß, worüber er den Zeugen vernehmen soll. Für den Fall, daß trotz einer Befragung die Tatsachen nicht angegeben werden, die der Zeuge bekunden werde, haben RG JW 1931 S. 951 mit abl. Anm. *Alsberg*; RG JW 1932 S. 2727 mit abl. Anm. *Alsberg* und RG DJZ 1905 Sp. 1171 die Ablehnung des Antrags gebilligt.

[74] So aber BGHSt. 14 S. 21 (22/23); RG JW 1922 S. 301; 1931 S. 951; 1932 S. 2727; alle RG-Urteile mit Anm. *Alsberg*; RG DJZ 1905 Sp. 1171; *Schlosky* JW 1930 S. 2505 (2510); *Simader* S. 160.

[75] RG JW 1903 S. 93; 1907 S. 559; 1922 S. 1034 mit Anm. *Alsberg*; RG JW 1924 S. 316; 1927 S. 912; 1927 S. 2728 mit Anm. *Alsberg*; RG JW 1930 S. 760 mit Anm. *Mannheim*; RG JW 1931 S. 1610 = HRR 1931 Nr. 911; RG JW 1938 S. 42; RG HRR 1929 Nr. 274; RG GA 46 S. 213; 56 S. 324; 73 S. 110 = Recht 1928 Nr. 1754; RG HRR 1941 Nr. 410. Vgl. auch KK *Herdegen* § 244 Rdnr. 49; KMR *Paulus* § 244 Rdnr. 383; LR *Meyer* vor § 48 Rdnr. 6; *Arndt* DRiZ 1956 S. 28 (31); *Mayer-Alberti* S. 38 ff.

[76] RG JW 1893 S. 418; 1903 S. 93; 1922 S. 1034 mit Anm. *Alsberg*; RG JW 1928 S. 2252 mit Anm. *Doerr*; RG JW 1938 S. 42; RG HRR 1939 Nr. 216; RG LZ 1914 Sp. 1366 = Recht 1914 Nr. 1937. Vgl. auch *Simader* S. 31.

benheit[77], Schwatzhaftigkeit[78], Ehrlichkeit und Zuverlässigkeit[79], Dummheit[80] und Leichtfertigkeit[81].

5. Leumund

Ebenso wie die Charaktereigenschaften eines Menschen kann der Ruf, den er bei anderen genießt, Gegenstand des Zeugenbeweises sein. Auch hierbei handelt es sich um eine Frage der Beurteilung. Aber der Zeuge, der über den Leumund aussagt, urteilt nicht selbst, sondern teilt Tatsachen mit, die er durch Hören wahrgenommen hat[82]. Er sagt darüber aus, wie das Urteil eines größeren oder kleineren Personenkreises, nicht nur einer Einzelperson[83], über die Fähigkeiten und Eigenschaften eines Menschen lautet, wobei die auf sein Verhalten und bestimmte Vorkommnisse gestützte Beurteilung nicht auf seine Glaubwürdigkeit, Zuverlässigkeit und sittliche Führung beschränkt ist, sondern auch die berufliche Leistungsfähigkeit einschließt[84]. Die Frage der Zulässigkeit und der genügenden Substantiierung des Beweisantrags kann sich hier nicht stellen. Jeder Antrag, einen Zeugen darüber zu vernehmen, daß der Angeklagte oder ein anderer Zeuge einen guten oder schlechten Leumund hat, enthält eine ausreichende tatsächliche Behauptung und

---

77 RG GA 68 S. 355 (356); RG LZ 1914 Sp. 1366 = Recht 1914 Nr. 1937; OLG Dresden JW 1931 S. 1638 mit Anm. *Lissner.* Vgl. auch KMR *Paulus* vor § 48 Rdnr. 21; LR *Meyer* vor § 48 Rdnr. 6.
78 RG HRR 1933 Nr. 1059. Vgl. auch KMR *Paulus* vor § 48 Rdnr. 21; LR *Meyer* vor § 48 Rdnr. 6.
79 RG JW 1937 S. 761 = HRR 1937 Nr. 540.
80 RG DRiZ 1929 Nr. 901. Vgl. auch LR *Gollwitzer* § 244 Rdnr. 86.
81 RG JW 1894 S. 109 = GA 41 S. 425.
82 Vgl. RGSt. 26 S. 70 (71); RG JW 1894 S. 109 = GA 41 S. 425; RG JW 1932 S. 2728 mit Anm. *Alsberg; Bergmann* S. 75; *Schlosky* JW 1930 S. 2505 (2509); *Simader* S. 159. In der Entscheidung RG JW 1937 S. 761 = HRR 1937 Nr. 540 wird daher mit Recht zwischen der Aussage über Charaktereigenschaften und den Bekundungen eines »bloßen« Leumundszeugen unterschieden; die Stellungnahme von *Rilk* JW 1937 S. 716 wirft (ebenso wie RGSt. 39 S. 363 [364]; RG JW 1927 S. 2043 mit Anm. *Alsberg;* RG JW 1927 S. 2709 mit Anm. *Oetker;* RG HRR 1929 Nr. 1980; *Bergmann* S. 74 ff.) beides durcheinander. Zu Unrecht sieht auch RG JW 1916 S. 1486 im Leumund nur ein Urteil über die Glaubwürdigkeit. *Kleinknecht* (vor § 48 Rdnr. 2) hält den Ruf einer Person für eine »einfache Bewertung«, die einer Tatsache gleichsteht. Unklar KMR *Paulus* § 244 Rdnr. 383. Vgl. auch unten S. 303.
83 RG BayZ 1907 S. 279 legt den Antrag, einen Lehrer als »Leumundszeugen« über seine Schüler zu vernehmen, daher zutreffend dahin aus, daß er als Zeuge über die Glaubwürdigkeit der Schüler aufgrund seiner täglichen Beobachtungen gehört werden soll. Auf die Beurteilung durch einen einzelnen ist der Begriff Leumund jedoch bei der Anwendung des § 256 Abs. 1 Satz 1 auszudehnen; vgl. unten S. 303.
84 Vgl. RGSt. 53 S. 280; 59 S. 374 (375); RG JW 1927 S. 1160 mit abl. Anm. *Mamroth;* RG DJZ 1909 Sp. 492; RG HRR 1936 Nr. 856; *Bergmann* S. 74/75; *Mayer-Alberti* S. 44.

ist ein Beweisantrag[85]. Diese Auffassung ist schon im Hinblick auf § 256 Abs. 1 gerechtfertigt. Denn dem Verbot der Verlesung schriftlicher Leumundszeugnisse liegt offensichtlich die Auffassung zugrunde, daß die Beweiserhebung über den Leumund wegen der hervorragenden Bedeutung dieses Beweisthemas nur unter strengster Wahrung des Grundsatzes der Unmittelbarkeit erfolgen dürfe; da eine besondere Sachkunde nicht erforderlich ist, kommt nur Beweis durch Zeugen in Betracht[86]. Eine andere Frage ist, ob der gute Leumund, der in das Wissen des Zeugen gestellt wird, für die Entscheidung von irgendwelcher Bedeutung ist. Das ist nicht der Fall, wenn Vorstrafen und Tatverhalten des Angeklagten eindeutig ergeben, daß die gute Meinung, die andere von ihm haben, irrig ist[87].

6. Schuldfähigkeit des Angeklagten

Ein Zeuge kann Tatsachen bekunden, die für die Beurteilung der Schuldfähigkeit des Angeklagten von Bedeutung sind[88]. Die Beurteilung kann er nicht selbst vornehmen. Denn das wäre keine Aussage, sondern ein Gutachten, das nur ein vom Gericht bestellter oder von einem Prozeßbeteiligten geladener Sachverständiger abgeben darf[89]. Wie bei den Beweisanträgen, mit denen Charaktereigenschaften bewiesen werden sollen, wird allerdings auch bei Anträgen auf Erhebung von Zeugenbeweis über Fragen der Schuldfähigkeit vielfach anzunehmen sein, daß der Antragsteller nicht gutachtliche Bewertungen, sondern Wahrnehmungen in das Wissen der Zeugen stellt[90]. Das ist wichtig, weil das Gericht nur den Antrag auf Zuziehung eines Sachverständigen mit der Begründung ablehnen darf, es habe selbst die erforderliche Sachkunde[91]. Um Tatsachen, die Gegenstand des Zeugenbeweises sein können, handelt es sich etwa, wenn der Zeuge bekunden soll, daß der Angeklagte ein unverständliches Wesen an den Tag gelegt habe und nicht

---

85 RG JW 1894 S. 109; 1927 S. 1160 mit Anm. *Mamroth*; RG JW 1927 S. 2043 mit Anm. *Alsberg*; RG JW 1937 S. 761 = HRR 1937 Nr. 540; RG DJZ 1909 Sp. 492; RG DStR 1934 S. 345 (346); RG HRR 1939 Nr. 1210; *Dalcke/Fuhrmann/Schäfer* § 244 Anm. 7 a, b; *Bergmann* S. 75/76; *Berkholz* S. 76 Fußn. 1; *Mayer-Alberti* S. 44/45; *Schlosky* JW 1930 S. 2505 (2509); *Simader* S. 159. – A.A. BGH 1 StR 505/51 vom 21. 12. 1951; RGSt. 1 S. 35 (36); *Ditzen* ZStW 10 S. 111 (115), die darin nur einen Beweisermittlungsantrag sehen.
86 Vgl. *Hahn* Mat. 1 S. 195; RG JW 1894 S. 109 = GA 41 S. 425; RG DJZ 1909 Sp. 492; *Bergmann* S. 75; unten S. 218.
87 Vgl. BGH 1 StR 551/58 vom 9. 12. 1958; LR *Gollwitzer* § 244 Rdnr. 148.
88 Vgl. RG JW 1889 S. 475; 1928 S. 2254 mit Anm. *Mezger*; RG JW 1928 S. 2721 mit Anm. *Alsberg*; *Bergmann* S. 83/84. Hält der Sachverständige oder das Gericht, soweit es selbst die genügende Sachkunde hat, die Tatsache für unerheblich, so kann ein auf den Zeugenbeweis gerichteter Beweisantrag natürlich abgelehnt werden; vgl. RGSt. 29 S. 152 (154); RG JW 1925 S. 2780 mit Anm. *Löwenstein*; RG GA 61 S. 350 (351); RG HRR 1928 Nr. 802; RG ZStW 46 Sdr. Beil. S. 249; a. A. RG DJZ 1908 Sp. 648; RG Recht 1911 Nr. 2411.
89 Vgl. *Henkel* S. 199.
90 Vgl. *Bergmann* S. 83/84; *Simader* S. 171.
91 Vgl. unten S. 689 ff.

recht normal sei[92]. Irgendwelche Wahrnehmungen werden aber stets in das Wissen des Zeugen gestellt werden müssen[93].

Diese Grundsätze gelten auch, wenn die Schuldfähigkeit infolge von Alkoholgenuß erheblich vermindert oder ganz entfallen sein kann[94]. Zu beachten ist nur, daß die Trunkenheit, da ihre Symptome bekannter sind als die anderer geistiger Störungen, von Zeugen im allgemeinen erkannt und richtig eingeordnet werden kann. Die urteilende Tätigkeit tritt hier hinter der sinnlichen Wahrnehmung weitgehend zurück. Das äußere Erscheinungsbild eines angetrunkenen, erheblich angetrunkenen oder sinnlos betrunkenen Menschen ist daher ein tatsächlicher Umstand, der Gegenstand eines Zeugenbeweises sein kann[95], vor allem, wenn der Zeuge besondere Erfahrung in der Beurteilung des Trunkenheitsgrades hat, wie z. B. ein Gastwirt[96]. So ist auch ein Beweisantrag auszulegen[97]. Eine Zerlegung des Antrags in einen Zeugen- und einen Sachverständigenbeweisantrag ist auch dann nicht geboten, wenn der Zeuge bekunden soll, daß der andere »sinnlos« betrunken gewesen sei. Abgesehen davon, daß die Anwendung des § 20 StGB »Sinnlosigkeit« der Trunkenheit nicht voraussetzt[98], handelt es sich auch insoweit nicht um eine gutachtliche Äußerung, sondern um die Schilderung des Eindrucks, den der Betrunkene vermittelt hat. Daß von dem Zeugen aber keine Aussage zur Frage der Schuldunfähigkeit, d. h. zur rechtlichen Einordnung seiner Wahrnehmung, verlangt werden kann, ist selbstverständlich[99].

---

92 Vgl. BGH 5 StR 381/78 vom 27. 6. 1978; RG JW 1930 S. 934 mit Anm. *Alsberg*; KK *Herdegen* § 244 Rdnr. 49;
93 Vgl. *Simader* S. 161, 190; a. A. *Meves* GA 40 S. 291 (296) unter Hinweis auf unveröffentlichte RG-Entscheidungen. *Alsberg* JW 1930 S. 934 weist darauf hin, daß der Vorsitzende verpflichtet ist, auf Vervollständigung des Beweisantrags hinzuwirken. Vgl. auch LR *Gollwitzer* § 244 Rdnr. 245.
94 RG JW 1916 S. 1027; 1923 S. 15 mit abl. Anm. *Stein*; RG Recht 1922 Nrn. 359, 511; 1928 Nr. 467.
95 BGH bei *Holtz* MDR 1979 S. 807; RGSt. 37 S. 371; RGRspr. 3 S. 812 (813); 7 S. 296; RG JW 1899 S. 476; 1916 S. 1027; RG BayZ 1908 S. 207; RG Recht 1922 Nr. 359; RG ZStW 46 Sdr. Beil. S. 383; RMGE 11 S. 62; KK *Pelchen* Rdnr. 1; *Kleinknecht* Rdnr. 2; LR *Meyer* Rdnr. 5; alle vor § 48; KK *Herdegen* § 244 Rdnr. 49; LR *Gollwitzer* § 244 Rdnr. 245; *Alsberg* JW 1930 S. 934 (935); *Mannheim* S. 51; *Mayer-Alberti* S. 36 Fußn. 3, S. 47/48; *Schlosky* JW 1930 S. 2505 (2509); *Simader* S. 160/161; *Völcker* S. 24. Vgl. auch OLG Königsberg HRR 1938 Nr. 1154.
96 BayObLG bei *Rüth* DAR 1972 S. 119.
97 A.A. RG JW 1922 S. 301 mit abl. Anm. *Alsberg*; RG Recht 1928 Nr. 467, wo die Angabe der von dem Zeugen wahrgenommenen Tatsachen verlangt wird. BayObLG JW 1929 S. 2751 mit Anm. *Löwenstein* nahm an, es liege nur ein Beweisermittlungsantrag vor, weil der Antragsteller auf ausdrückliches Befragen die bestimmte Tatsache nicht angeben konnte, die der Zeuge bekunden werde; hiergegen mit Recht *Schlosky* JW 1930 S. 2505 (2509).
98 Vgl. zu § 51 StGB a. F.: RGSt. 63 S. 46 (48); RG JW 1908 S. 377; 1916 S. 1027; 1929 S. 2740; 1930 S.1593; RG JR Rspr. 1926 Nr. 2166.
99 RG ZStW 46 Sdr. Beil. S. 383; LR *Meyer* vor § 48 Rdnr. 5; *Schlosky* JW 1930 S. 2505 (2509).

7. Wert einer Sache

Die Bewertung einer Sache ist im allgemeinen Aufgabe eines Sachverständigen; sie setzt eine besondere Sachkunde voraus und ist nicht das Ergebnis sinnlicher Wahrnehmungen. Gegenstand eines Zeugenbeweises kann sie ausnahmsweise sein, wenn nicht die besondere Sachkunde, sondern das persönliche Erlebnis der Auskunftsperson den Kernpunkt der Vernehmung bildet[100]. Ist das der Fall, so liegt selbst dann ein Zeugenbeweis und kein Sachverständigengutachten vor, wenn die vom Gericht zu entscheidende Frage eine besondere Sachkunde erfordert, die der Richter selbst besitzt oder deren Fehlen ihn zur Einholung eines Sachverständigengutachtens veranlaßt[101].

III. Rechtsbegriffe

Auch Rechtsverhältnisse und rechtliche Beziehungen können Gegenstand des Zeugenbeweises sein, vorausgesetzt, daß der Zeuge nicht nur über die rechtliche Würdigung eines in tatsächlicher Beziehung aufgeklärten Sachverhalts gehört werden soll[102]. Ein solcher Fall wäre z. B. gegeben, wenn ein Beamter als Zeuge dafür benannt wird, daß die für seine Behörde geltenden Vorschriften ihr eine bestimmte Befugnis gewähren[103]. Wenn aber der Beweisantrag einen tatsächlichen Hergang, eine bestimmte Beziehung aufklären will, hört er nicht deshalb auf, Beweisantrag zu sein, weil diese Tatsachen vornehmlich oder sogar ausschließlich in ihrer rechtlichen Bedeutung interessieren und daher unter einer rechtlichen Bezeichnung unter Beweis gestellt werden[104]. Der Bundesgerichtshof hat z. B. den Antrag, über die »Anstiftung« durch einen Dritten Beweis zu erheben, als zulässig angesehen, weil der Rechtsbegriff der Anstiftung bei einem einfachen Sachverhalt zugleich als Rechtstatsache gelten und daher zur Begründung des Beweisantrags ausreichen könne[105]. Ferner ist die Zulässigkeit eines Beweisantrags kaum bestritten, soweit es sich um einfache Rechtsbegriffe, wie Eigentum, Kauf, Darlehen, Schenkung, han-

---

100 Vgl. dazu *Hegler* AcP 104 S. 151 (176). Wegen der grundsätzlichen Zulässigkeit des Zeugenbeweises in diesem Fall vgl. *Mannheim* S. 62.
101 Vgl. den Fall RG JW 1924 S. 1760 mit Anm. *Alsberg*, wo das RG die Vernehmung eines Oberlandjägers als Zeugen über den Wert eines Hundes gebilligt hat.
102 Vgl. BGH NJW 1968 S. 1293; *Bergmann* S. 86/87.
103 RG JW 1915 S. 1371 hat sogar eine Fragestellung dieser Art für unzulässig erklärt. Vgl. auch unten S. 428.
104 Vgl. BGH NJW 1968 S. 1293 für den Rechtsbegriff des Überordnungsverhältnisses.
105 BGHSt. 1 S. 137; zustimmend LR *Gollwitzer* § 244 Rdnr. 85; *Bergmann* S. 87. Vgl. auch OLG Dresden JW 1930 S. 1242 mit Anm. *Löwenstein*, das eine Tatsachenangabe vermißt, aber eine Ausübung der Fragepflicht des Gerichts für erforderlich hält.

delt.[106] Auch die Tatsache, daß ein Vertrag rückgängig gemacht wurde, ist dem Zeugenbeweis zugänglich[107].

Die Einordnung des Antrags als Beweisantrag hängt nicht davon ab, daß der Rechtsbegriff allgemein bekannt ist. Es genügt, daß er dem Zeugen bekannt und geläufig ist[108]. Das schließt nicht aus, daß von dem Antragsteller eine besondere Substantiierung verlangt wird, wenn der Rechtsbegriff verschiedene Deutungen zuläßt und seine Ausfüllung letztlich doch von dem individuellen Standpunkt des Zeugen abhängt, so daß der Richter, um diesen Standpunkt nachprüfen und würdigen zu können, auf die Kenntnis der Einzelheiten nicht verzichten kann. So könnte im Einzelfall die Beweisbehauptung, eine Ware sei nicht gestohlen, sondern ehrlich erworben, unsubstantiiert sein, noch mehr die Behauptung, eine Verwechslungsgefahr im Sinne des § 16 UWG sei nicht gegeben[109].

---

106 Vgl. etwa RGRspr. 10 S. 29 (Zeugenvernehmung darüber, daß das bei der Angeklagten gefundene Hemd ihr Eigentum ist). Vgl. auch. *Eb. Schmidt* vor § 48 Rdnr. 11 und vor § 244 Rdnr. 26 a; *Berkholz* S. 51; *Koeniger* S. 260. – A. A. RG JW 1902 S. 166, das die Beweistatsache, daß der A dem B einen Betrag »geschuldet« hat, als Tatsachenangabe für ungeeignet hält. Vgl. auch oben S. 41.
107 BGH 5 StR 547/53 vom 30. 3. 1954.
108 Vgl. *Bennecke/Beling* S. 345; *Birkmeyer* S. 423; *Staub* JW 1886 S. 131 (135); *Stein* S. 13.
109 In diesem Fall können nur die Tatsachen, aus denen auf die Verwechslungsgefahr zu schließen ist, Gegenstand des Zeugenbeweises sein; vgl. RG JW 1903 S. 93 = GA 50 S. 108.

3. Kapitel Sachverständige

I. Begriff	207
II. Sachverständige als Richtergehilfen	208
III. Aufgaben des Sachverständigen	209
1. Vornahme von Verrichtungen	210
2. Bekundung von Tatsachen	210
3. Vermittlung von Erfahrungswissen	211
4. Erstattung von Gutachten	211
IV. Abgrenzung von anderen Beweismitteln	212
1. Augenschein	212
2. Dolmetscher	212
3. Zeugen	213
a) Bedeutung der Unterscheidung	213
b) In Betracht kommende Abgrenzungsmerkmale	214
c) Unterscheidung	218
d) Einzelfälle	219

I. Begriff

Sachverständige sind Beweispersonen, die vom Gericht bestellt oder auf Antrag eines Prozeßbeteiligten vernommen werden, um über Tatsachen, Wahrnehmungen oder Erfahrungssätze Auskunft zu geben oder einen bestimmten Sachverhalt zu beurteilen. Begrifflich gehört zum Sachverständigen, daß er auf einem bestimmten Wissensgebiet eine Sachkunde hat, die dem Richter fehlt[1]. Um wissenschaftliche Fachkenntnisse braucht es sich dabei nicht zu handeln. Auch Kaufleute und Handwerker sind auf ihrem Gebiet sachkundig und können Sachverständige sein[2].

Zu Sachverständigen können nur natürliche Personen bestellt werden[3]; daß der Sachverständige nach § 60 nicht vereidigt werden darf, ist kein Hinderungsgrund[4].

---

1 Vgl. LR *Meyer* vor § 72 Rdnr. 2; *Beling* S. 300/301; *Mezger* S. 3.
2 Vgl. *Arbab-Zadeh* NJW 1970 S. 1214 (1217).
3 Vgl. *Jessnitzer* S. 37. Auch der Nebenkläger kann Sachverständiger sein; vgl. BGH 3 StR 929/52 vom 24. 9. 1953; RG JW 1922 S. 1392 mit abl. Anm. *Oetker*; RG HRR 1939 Nr. 358; LR *Meyer* § 73 Rdnr. 18; LR *Wendisch* § 397 Rdnr. 22; *Amelunxen* S. 54; *Meder* S. 40/41; a. A. *Simader* S. 177. Die Frage, ob auch der Verteidiger Sachverständiger sein kann (vgl. *Beulke* S. 133 mit Nachw. in Fußn. 95), hat keine praktische Bedeutung. Zur Sachverständigengruppe vgl. *Jessnitzer* S. 74 ff.
4 RGSt. 27 S. 398; RG Recht 1913 Nr. 297; KMR *Paulus* § 79 Rdnr. 5; LR *Meyer* § 79 Rdnr. 6; *Eb. Schmidt* § 72 Rdnr. 8; *Simader* S. 178/179. – A.A. *Feisenberger* § 72 Anm. 4; *Beling* S. 301; *Gerland* S. 223; *Stützel* S. 71.

Aus § 83 Abs. 3, § 256 Abs. 2 ergibt sich, daß auch Behördengutachten eingeholt werden können[5]. Auf private Organisationen kann das aber nicht entsprechend angewendet werden[6]. Meinungsforschungsinstitute, Technische Überwachungsvereine und andere privatrechtliche Vereine und Gesellschaften können daher nicht Sachverständige sein[7]. Auch bei Behördengutachten entfällt die Sachverständigeneigenschaft der Behörde, wenn es nicht bei der nach § 256 Abs. 1 Satz 1 zulässigen Verlesung ihres schriftlichen Gutachtens bleibt[8], sondern ein Behördenvertreter in der Hauptverhandlung das Gutachten vertritt. Dann ist er selbst Sachverständiger, nicht die Behörde[9].

Da der Sachverständige vom Gericht ausgewählt wird (§ 73 Abs. 1 Satz 1), haben die Verfahrensbeteiligten keinen Anspruch auf Anhörung eines bestimmten Sachverständigen. Auch wenn ihrem Beweisantrag stattgegeben wird, kann das Gericht statt des vorgeschlagenen Sachverständigen einen anderen bestellen[10]. Jedoch kann die Aufklärungspflicht gebieten, einen bestimmten Gutachter anzuhören, insbesondere, wenn ein Verfahrensbeteiligter ein schriftliches Gutachten dieses Sachverständigen vorlegt, dessen Verwertung die Sachaufklärung fördern kann. Aus § 73 Abs. 1 Satz 1 ergibt sich, daß das Gericht von vornherein mehrere Gutachter bestellen kann; nach § 83 Abs. 1 kann es, wenn das Gutachten ungenügend ist, auch ohne Antrag einen anderen Sachverständigen beauftragen.

II. Sachverständige als Richtergehilfen

Der Sachverständige wird häufig als Richtergehilfe bezeichnet[11]. Das hat vor allem historische Gründe; denn ursprünglich zog der Richter einen Sachverständigen nur zu, um gemeinsam mit ihm einen sog. gemischten oder zusammengesetzten

---

5 Vgl. dazu *Gössel* DRiZ 1980 S. 363 (368 ff., 373); *Jessnitzer* S. 55 ff. In den Fällen der §§ 91, 92 ist die Einholung von Behördengutachten sogar notwendig.
6 Vgl. *Jessnitzer* S. 70; *Rüping* Rdnr. 170.
7 Vgl. *Jessnitzer* S. 71 ff.
8 In diesem Fall handelt es sich um reinen Urkundenbeweis; vgl. unten S. 300.
9 Vgl. KMR *Paulus* Rdnr. 33; LR *Gollwitzer* Rdnr. 60; *Eb. Schmidt* Rdnr. 13; alle zu § 256; a. A. *Ahlf* MDR 1978 S. 981; *Dostmann* DVBl. 1974 S. 153 (156); *Gössel* DRiZ 1980 S. 363 (374 ff.); *Leineweber* MDR 1980 S. 7. — *Jessnitzer* S. 69 meint, das Gericht könne dazu übergehen, den Behördenvertreter als allein verantwortlichen Sachverständigen zu vernehmen.
10 RG LZ 1928 Sp. 639; *Kleinknecht* § 244 Rdnr. 65; *Eb. Schmidt* § 73 Rdnr. 4; *K. Müller* S. 94.
11 Vgl. BGHSt. 3 S. 27 (28); 7 S. 238 (239); 8 S. 113; 9 S. 292 (293); 11 S. 211 (212); 12 S. 18 (19); 13 S. 1 (4); BGH GA 1957 S. 85 (86); BGH bei *Dallinger* MDR 1976 S. 17; RGSt. 52 S. 161; 57 S. 158; 58 S. 301; 69 S. 97 (98); RG JW 1930 S. 1006; RG LZ 1915 Sp. 631; 1916 Sp. 682; RG Recht 1912 Nr. 2569; OLG Celle MDR 1956 S. 695; OLG Hamburg VRS 59 S. 145 (147); KK *Pelchen* Rdnr. 1; *Kleinknecht* Rdnr. 24; *Eb. Schmidt* Rdnr. 16; alle vor § 72; *Beling* S. 299; *Henkel* S. 217; *von Hippel* S. 411; *Kühne* Rdnr. 511; *Mezger* S. 23, 58, 84; *Roxin* § 27 A II 1; *Eb. Schmidt* JZ 1957 S. 229.

Augenschein einzunehmen[12]. Teilweise wird die Bezeichnung Richtergehilfe verwendet, um zum Ausdruck zu bringen, daß der Sachverständige kein Beweismittel im üblichen Sinne sei[13]. Das ist jedoch nicht richtig. Wenn ein Sachverständiger gehört wird, findet eine Beweisaufnahme statt; der Sachverständige ist ein Beweismittel wie jedes andere auch[14]. Ihn einen Richtergehilfen, einen »Helfer« des Gerichts[15] oder einen »Entscheidungsgehilfen« des Richters[16] zu nennen oder davon zu sprechen, daß er im Grunde Funktionen richterlicher Art ausübt[17], kann nur zu Mißverständnissen führen, weil es die Annahme nahelegt, der Sachverständige habe gegenüber den anderen Beweismitteln ein Übergewicht[18]. Daß er dem Richter bei der Wahrheitsfindung nur helfen soll und nicht selbst richterliche Aufgaben wahrnimmt, bedarf keiner begrifflichen Klarstellung, sondern ist selbstverständlich und unterscheidet den Sachverständigen nicht von anderen Beweismitteln[19]. Die Bezeichnung Richtergehilfe ist daher ebenso richtig wie nichtssagend[20].

III. Aufgaben des Sachverständigen

Die Aufgaben des Sachverständigen im Strafprozeß können unterschiedlicher Art sein. Immer handelt es sich aber darum, daß er Sachkunde übermittelt oder anwendet oder beides tut[21]. Dabei besteht die Sachkunde in der Kenntnis und

---

12 Vgl. *Eb. Schmidt* vor § 72 Rdnr. 1; *Glaser* Beiträge S. 382 ff.; *Henrich* S. 17 ff.; *Panhuysen* S. 24; *Ullmann* S. 342; *Wolschke* S. 3 ff. Zur Geschichte des Sachverständigenbeweises vgl. insbesondere *Keramäus*, Die Entwicklung des Sachverständigenbeweises im deutschen und griechischen Zivilprozeßrecht, 1963, S. 12 ff.; *Meder* S. 19 ff.
13 Vgl. *von Hippel* S. 411; *Hellm. Mayer* Mezger-FS S. 463; *Beling* S. 298/299 für den Fall, daß der Sachverständige, etwa ein Mathematiker, der eine Berechnung »vordemonstriert«, kein Erfahrungswissen vermitteln soll. *Mezger* S. 127, 148, 166 hält den Sachverständigen nur insoweit für ein Beweismittel, als sein Gutachten Tatsachenfeststellungen enthält.
14 RGSt. 57 S. 158; OLG Koblenz VRS 61 S. 127 (128); LR *Meyer* vor § 72 Rdnr. 3; *Bremer* S. 21; *Gerland* S. 221; *Glaser* Beiträge S. 395; *Gössel* DRiZ 1980 S. 364 (365); *Jessnitzer* S. 21, 85; *Panhuysen* S. 24 ff.; *Peters* S. 319; *Schorn* GA 1965 S. 299 (300); vgl. auch KK *Herdegen* § 244 Rdnr. 6.
15 *Jessnitzer* S. 84.
16 BGH bei *Dallinger* MDR 1976 S. 17. — *Cabanis* NJW 1978 S. 2329 (2330) und in FS für Ernst Heinitz, 1972, S. 639 nimmt für den Sachverständigen eine »neutrale Beraterfunktion« in Anspruch.
17 So insbesondere *Lent* ZZP 60 S. 9 (20, 27); *Pieper* ZZP 84 S. 1 (31).
18 Vgl. LR *Meyer* vor § 72 Rdnr. 3; *Peters* S. 319 und JR 1969 S. 232; *Wüst* S. 14.
19 Vgl. *Goldschmidt* S. 439 ff.; *Panhuysen* S. 25; *Eb. Schmidt* JZ 1957 S. 229; *Stein* S. 69.
20 Vgl. KMR *Paulus* vor § 48 Rdnr. 43; LR *Meyer* § 85 Rdnr. 5; *Eb. Schmidt* vor § 72 Rdnr. 16 und Nachtr. Rdnr. 1); *Gerland* S. 222; *Krauß* ZStW 85 S. 320 (321 Fußn. 2); *Peters* S. 319; *Stein* S. 69. Vgl. auch *Schmidhäuser* ZZP S. 365. *Geppert* (von Lübtow-Festgabe S. 774) spricht von einem »unglücklichen Begriff«.
21 BGH NJW 1951 S. 771; OLG Hamm NJW 1954 S. 1820; *Krause/Nehring* Einl. Rdnr. 115; LR *Meyer* vor § 72 Rdnr. 2; *Eb. Schmidt* vor § 72 Rdnr. 7; *Alsberg* LZ 1915 Sp. 482 (483); *Gössel* S. 225; *Meder* S. 51; *Mezger* S. 8; *Stützel* S. 13.

Beherrschung von allgemeingültigen Erfahrungssätzen[22]. Sie kann allerdings auch auf rechtlichem Gebiet liegen. Auch wer ein Gutachten über ausländisches Recht oder über inländisches Gewohnheitsrecht erstattet, ist Sachverständiger[23]. Im einzelnen kommen folgende Aufgaben des Sachverständigen in Betracht:

1. Vornahme von Verrichtungen

Die Tätigkeit des Sachverständigen kann ausschließlich in bloßen Verrichtungen bestehen. Sein Auftrag kann z. B. sein, Eingriffe am oder im Körper von Beschuldigten oder Zeugen vorzunehmen, etwa eine Blutprobe zu entnehmen (§ 81 a Abs. 1 Satz 2, § 81 c Abs. 2) oder eine Röntgenaufnahme anzufertigen, die er nicht selbst auszuwerten oder zu begutachten braucht[24]. Diese Art der Tätigkeit wird meist übersehen[25], obwohl die Blutprobenentnahme wahrscheinlich die häufigste Art der Inanspruchnahme eines Sachverständigen ist.

2. Bekundung von Tatsachen

Gelegentlich soll der Sachverständige, wie ein Zeuge, nur über von ihm wahrgenommene Tatsachen berichten[26]. Das ist etwa der Fall, wenn er im Auftrag des Gerichts einen Augenschein eingenommen hat, bei dem eine besondere Sachkunde erforderlich war[27]. Auch der Historiker beschränkt sich auf Tatsachenangaben, wenn er als Sachverständiger über geschichtliche Ereignisse berichtet[28]. Reines Tatsachenwissen vermittelt ferner der Arzt oder Chemiker, der die Blutalkoholkonzentration einer dem Beschuldigten entnommenen Blutprobe festgestellt hat und sich nur hierüber, nicht auch zur Schuldfähigkeit oder Fahrtüchtigkeit des Angeklagten, in der Hauptverhandlung äußert, der Toxikologe, der die einer Leiche bei der Obduktion entnommenen Teile darauf untersucht hat, ob sie Giftstoffe enthalten[29], oder der Röntgenarzt, der vor Gericht aussagen soll, was er bei

---

22 Dazu unten S. 554.
23 Vgl. oben S. 140.
24 Vgl. LR *Meyer* vor § 72 Rdnr. 4: KK *Pelchen* vor § 72 Rdnr. 2.
25 Vgl. etwa *Roxin* § 27 A I.
26 Vgl. *Gerland* S. 219, 220; *Jessnitzer* S. 22 und Strafverteidiger 1982 S. 177; *Pieper* ZZP 84 S. 1 (10); *Roxin* § 27 A I 2; *Schmidhäuser* ZZP 72 S. 365 (395 ff., 398). *Hegler* AcP 104 S. 151 (207) und *Mezger* S. 16 ff. bezeichnen das als Sachverständigenaussagen der 3. Kategorie. Grundsätzlich a. A. KMR *Paulus* vor § 48 Rdnr. 51 und *Lent* ZZP 60 S. 9 (12, 27), die aufgrund einer »funktionalen Betrachtungsweise« eine solche Beweisperson immer für einen sachverständigen Zeugen (§ 85) halten. Spätestens bei der Entscheidung über den Vergütungsanspruch der Auskunftsperson muß sich aber herausstellen, daß das Gesetz auf diese Betrachtungsweise nicht eingerichtet ist. Auch *Stein* (S. 60 ff.) hält es für unmöglich, daß ein Sachverständiger jemals Tatsachen für die Urteilsfindung beiträgt.
27 Vgl. unten S. 226.
28 Vgl. *Hegler* AcP 104 S. 151 (170 ff.); *Mezger* S. 22. – A.A. *Beling* S. 298, der die Tatsachenfeststellungen des Historikers für Folgerungen aus Erfahrungssätzen hält. Vgl. auch unten S. 216.
29 Vgl. LR *Meyer* vor § 72 Rdnr. 6.

einer Durchleuchtung des Brustkorbs des Angeklagten festgestellt hat[30]. Mit solchen Tatsachenfeststellungen darf ein Sachverständiger vom Gericht allerdings nur beauftragt werden, wenn dazu eine besondere Sachkunde erforderlich ist[31].

3. Vermittlung von Erfahrungswissen

Oft beschränkt sich die Aufgabe des Sachverständigen darauf, dem Richter bestimmte Erfahrungssätze, Forschungsergebnisse, Erkenntnisse oder praktische Regeln aus seinem Wissensgebiet ohne Beziehung zu dem vorliegenden Straffall zu vermitteln, also ohne daß er daraus selbst irgendwelche Schlußfolgerungen auf die Beweisfrage zieht, die der Richter zu entscheiden hat[32]. Darum handelt es sich z. B., wenn der kaufmännische Sachverständige Sinn und Bedeutung von Fachausdrücken[33], Handelsbräuche[34], Grundsätze geordneter Buchführung in bestimmten Betrieben, bestimmte Gepflogenheiten des Börsenhandels[35], wenn der Pharmakologe die Wirkungsweise bestimmter Medikamente oder wenn der technische Sachverständige technisches Wissen erläutert[36]. Auch Gutachten über ausländisches Recht und über inländisches Gewohnheitsrecht fallen darunter[37].

4. Erstattung von Gutachten

Der wichtigste Fall der Sachverständigentätigkeit ist die Anwendung des Erfahrungswissens bei der Begutachtung eines bestimmten Sachverhalts, den das Gericht dem Sachverständigen mitteilt, der nach § 80 ermittelt wird oder den der Sachverständige selbst aufgrund seiner besonderen Sachkunde aufdeckt[38]. In dem zuletzt genannten Fall besteht seine Aufgabe darin, Tatsachen sowohl festzustellen als auch sachverständig zu würdigen. Beispiele bilden der technische Sachverständige, der den Unfallwagen untersuchen und dann beurteilen soll, ob der Unfall auf

---

30 Vgl. *Gössel* DRiZ 1980 S. 363 (364); *Jessnitzer* S. 23.
31 Vgl. *Pieper* ZZP 84 S. 1 (11). *Mezger* (S. 147) betont, daß für den Fall der Augenscheinseinnahme durch eine Sachverständigenbesichtigung etwas anderes gilt; vgl. dazu unten S. 226.
32 Vgl. KK *Pelchen* vor § 72 Rdnr. 2; *Eb. Schmidt* vor § 72 Rdnr. 7; *Gerland* S. 219; *Jessnitzer* S. 22 und Strafverteidiger 1982 S. 177; *Roxin* § 27 A I 1. In diesem Fall sprechen *Hegler* AcP 104 S. 151 (166 ff.) und *Mezger* S. 10 ff. von Sachverständigenaussagen der 1. Kategorie. Die Ansicht, die Aufgabe des gerichtlich bestellten Sachverständigen bestehe vornehmlich in dieser Art Tätigkeit (BGH NJW 1978 S. 1207), dürfte der Rechtspraxis nicht entsprechen.
33 Vgl. *Jessnitzer* S. 22.
34 Vgl. *Stein* S. 55.
35 Vgl. *Alsberg* LZ 1915 Sp. 482 (484).
36 Vgl. *Gössel* DRiZ 1980 S. 363.
37 Vgl. oben S. 140.
38 Vgl. LR *Meyer* vor § 72 Rdnr. 7; *Eb. Schmidt* vor § 72 Rdnr. 8 ff.; *Beling* S. 299; *zu Dohna* S. 103; *Gerland* S. 219; *von Hippel* S. 415; *Jessnitzer* S. 22, 23 ff. und Strafverteidiger 1982 S. 177; *Rosenfeld* S. 149; *Roxin* § 27 A I 3. In diesem Fall sprechen *Hegler* AcP 104 S. 151 (192 ff.) und *Mezger* S. 13 ff. von Sachverständigenaussagen der 2. Kategorie.

dessen Zustand zurückzuführen ist, der medizinische Sachverständige, der den Geisteszustand des Beschuldigten zu begutachten hat und ihn untersucht, um die hierfür erforderlichen Tatsachen zu gewinnen, und der psychologische Sachverständige, der den Zeugen exploriert, um sich über seine Glaubwürdigkeit ein Bild zu machen[39].

IV. Abgrenzung von anderen Beweismitteln

Der Abgrenzung des Sachverständigenbeweises von anderen Beweisarten kommt für das Beweisantragsrecht besondere Bedeutung zu. Denn der Antrag auf Anhörung eines Sachverständigen kann nicht nur aus den Gründen des § 244 Abs. 3, sondern nach § 244 Abs. 4 Satz 1 auch mit der Begründung abgelehnt werden, das Gericht habe selbst die erforderliche Sachkunde, und § 244 Abs. 4 Satz 2 läßt sogar eine Ausnahme von dem Verbot der Vorwegnahme der Beweiswürdigung zu, wenn die Heranziehung eines weiteren Sachverständigen beantragt ist. Die Frage, ob es sich um Sachverständigenbeweis handelt, kann daher für die Entscheidung über einen Beweisantrag von ausschlaggebender Bedeutung sein. Abgrenzungsfragen entstehen bei der Unterscheidung des Sachverständigenbeweises vom Augenscheinsbeweis und von der Dolmetschertätigkeit, vor allem aber vom Zeugenbeweis.

1. Augenschein

Wenn der Richter einen Augenschein unter Hinzuziehung eines Sachverständigen vornimmt, spricht man vom zusammengesetzten oder gemischten Augenschein. Es handelt sich nicht um Sachverständigenbeweis, sondern um eine Augenscheinseinnahme[40]. Ein gesetzliches Beispiel eines solchen gemischten Augenscheins ist die Leichenschau nach § 87 Abs. 1 Satz 1[41].

2. Dolmetscher

Dolmetscher ist, wer mündliche oder schriftliche Erklärungen des Gerichts, der Prozeßbeteiligten oder der Beweispersonen in der Hauptverhandlung in eine andere Sprache übersetzt. Seine Aufgabe besteht darin, den Prozeßverkehr zwischen dem Gericht und den sonst an der Verhandlung beteiligten Personen dadurch zu ermöglichen, daß er die von der einen Seite abgegebenen Erklärungen der anderen Seite verständlich macht[42]. Ein solcher Dolmetscher ist kein Sachverständiger. Davon ist der Fall zu unterscheiden, daß es zur Ermittlung des Sinnes einer außerhalb des Prozeßverkehrs abgegebenen fremdsprachigen Äußerung der

---

39 Vgl. LR *Meyer* vor § 72 Rdnr. 7.
40 Vgl. LR *Meyer* § 86 Rdnr. 4; *Beling* S. 294; a. A. *Simader* S. 2; vgl. auch unten S. 226.
41 Vgl. KMR *Paulus* Rdnr. 2; LR *Meyer* Rdnr. 4; *Eb. Schmidt* Rdnr. 4; alle zu § 87; *Dähn* JZ 1978 S. 640 (641); *Roxin* § 27 E I.
42 BGHSt. 1 S. 4 (6); *Kleinknecht* § 185 GVG Rdnr. 1; *Jessnitzer*, Dolmetscher, 1982, S. 3.

Zuziehung eines Sprachkundigen in der Hauptverhandlung bedarf. Überträgt er die Urkunde in der Hauptverhandlung in die deutsche Sprache oder verliest er dort eine vorher angefertigte Übersetzung, so ist er nicht Dolmetscher im Sinne des § 185 GVG, sondern Sachverständiger[43]. Selbstverständlich kann er in der Hauptverhandlung sowohl Dolmetscher als auch Sachverständiger sein, wenn er beide Tätigkeiten ausübt[44].

3. Zeugen

a) Bedeutung der Unterscheidung. Die Abgrenzung des Sachverständigen vom Zeugen ist im Strafprozeß nicht nur wegen der erleichterten Voraussetzungen für die Ablehnung von Beweisanträgen nach § 244 Abs. 4, sondern auch aus anderen Gründen von Bedeutung. Denn der Zeuge muß, wenn das Gericht die uneidliche Vernehmung nicht vorschreibt oder zuläßt, vereidigt werden (§ 59), der Sachverständige bleibt grundsätzlich unvereidigt (§ 79). Nur der Sachverständige, nicht der Zeuge, kann nach § 74 wegen Besorgnis der Befangenheit abgelehnt werden. Die Zwangsmittel bei Ungehorsam sind unterschiedlich[45]. Die Entschädigung des Zeugen ist nach §§ 2 ff. ZSEG geringer als die des Sachverständigen. Es darf daher niemals dahingestellt bleiben, ob eine Beweisperson als Zeuge oder als Sachverständiger vernommen wird. Die Entscheidung darüber ist stets nach rechtlichen Grundsätzen zu treffen, nicht nach Billigkeitsgesichtspunkten[46]. Ob die Beweisperson in der Ladung als Zeuge oder Sachverständiger bezeichnet ist, spielt keine Rolle[47]. Es kommt immer auf die rechtliche Einordnung an[48].

Das Gesetz bietet hierzu keine Hilfe. Es bestimmt zwar in § 85, daß eine Beweisperson als sachverständiger Zeuge nach den Vorschriften über den Zeugenbeweis vernommen werden muß, wenn sie über vergangene Tatsachen oder Zustände Auskunft geben soll, zu deren Wahrnehmung eine besondere Sachkunde erforderlich war. Das besagt aber nichts weiter, als daß ein Zeuge nicht schon deswegen zum Sachverständigen wird, weil ihm Beobachtungen, wie sie gewöhnlich

---

43 BGHSt. 1 S. 4 (7); BGH NJW 1965 S. 643; *Dalcke/Fuhrmann/Schäfer* § 72 Anm. 1; KK *Pelchen* vor § 72 Rdnr. 9; KK *Mayr* § 249 Rdnr. 16; *Kleinknecht* § 185 GVG Rdnr. 2; KMR *Paulus* § 249 Rdnr. 9; LR *Schäfer* § 185 GVG Rdnr. 2; *Eb. Schmidt* vor § 72 Rdnr. 24 und § 185 GVG Rdnr. 1; *Kissel* § 185 GVG Rdnr. 16; *Beling* S. 147 Fußn. 1; *Gössel* S. 228; *Henkel* S. 218; *Jessnitzer* S. 32/33 und Dolmetscher, 1982, S. 3; *F. W. Krause* S. 118/119; *Rüping* Rdnr. 181. – A.A. RGSt. 9 S. 51 (53); 25 S. 353; 27 S. 161 (162); S. 268 (269); 32 S. 239 (240); 51 S. 93; RGRspr. 5 S. 434; RG JW 1924 S. 707; RG HRR 1930 Nr. 683; RG Recht 1903 Nr. 2526; 1923 Nr. 1076.
44 Vgl. *Jessnitzer* S. 33.
45 Vgl. §§ 51, 70 für den Zeugen, § 77 für den Sachverständigen.
46 Vgl. LR *Meyer* § 85 Rdnr. 1; *Jessnitzer* S. 27.
47 BGH 2 StR 213/55 vom 15. 12. 1955; KK *Pelchen* vor § 72 Rdnr. 7; *Kleinknecht* vor § 72 Rdnr. 25; *Jessnitzer* S. 27.
48 BGH 2 StR 213/55 vom 15. 12. 1955; RG JW 1899 S. 145; OLG Düsseldorf Rpfleger 1975 S. 71; *Jessnitzer* S. 26 ff.

von Zeugen gemacht und bekundet werden, nur aufgrund seiner besonderen Sachkunde möglich waren[49].

Das Fehlen weiterer gesetzlicher Hinweise zur Unterscheidung des Zeugen vom Sachverständigen wirkt sich praktisch nicht besonders hinderlich aus, weil Abgrenzungsschwierigkeiten in den meisten Fällen gar nicht auftreten können. Denn wer dem Gericht aufgrund seiner besonderen Sachkunde Erfahrungssätze oder Forschungsergebnisse aus einem bestimmten Wissensgebiet vermittelt oder wer einen bereits feststehenden Sachverhalt aufgrund der Erfahrungssätze seines Wissensbereichs gutachtlich beurteilen soll, ist immer Sachverständiger[50]. Zeugenbeweis kann diese Art der Wissensvermittlung nicht sein, weil der Beweis durch Zeugen immer nur darin bestehen kann, daß eine Beweisperson über die Wahrnehmung von Tatsachen Auskunft gibt[51]. Nur wenn sie über die Wahrnehmung von Tatsachen vernommen werden soll, die sie aufgrund ihrer besonderen Sachkunde gemacht hat, stimmt das Beweisthema des Sachverständigen mit dem des Zeugen überein. Nur dann entsteht die Frage, was eine Tatsachenaussage zum Zeugnis macht und wann und inwiefern sie Sachverständigengutachten ist[52], insbesondere, ob es auf die Art der Aussage oder auf den Grund ihrer Einführung in das Verfahren ankommt[53].

b) In Betracht kommende Abgrenzungsmerkmale. Alle Versuche, hierfür allgemeine Abgrenzungsmerkmale zu finden, sind bisher fehlgeschlagen.

(1) Daß es auf die **Fähigkeiten und Eigenschaften** der Beweisperson nicht ankommen kann, ist sicher. Denn die besondere Sachkunde auf einem bestimmten Wissensgebiet, die zu den Wahrnehmungen befähigt hat, ist kein geeignetes Unterscheidungsmerkmal, sondern erst der Anlaß zu Abgrenzungsschwierigkeiten[54]. Wer auf keinem Wissensgebiet eine besondere Sachkunde besitzt oder jedenfalls die Wahrnehmungen, über die er Auskunft geben soll, nicht aufgrund seiner Sachkunde auf einem bestimmten Wissensgebiet gemacht hat, kann immer nur Zeuge sein, gleichgültig, auf wessen Veranlassung und worüber er aussagt[55]. Zu keiner Klärung führt auch die Erwägung, der Sachverständige sei ein Richtergehilfe, der Zeuge ein bloßes Beweismittel. Sie wird im Schrifttum zwar gelegentlich für entscheidend gehalten[56]; aber jedes Beweismittel hilft dem Richter, die richtige

---

49 Vgl. LR *Meyer* § 85 Rdnr. 2; *Eb. Schmidt* vor § 72 Rdnr. 12 und Nachtr. § 85 Rdnr. 1.
50 Vgl. LR *Meyer* § 85 Rdnr. 3; *Henkel* S. 217; *Jessnitzer* S. 27; *Lent* ZZP 60 S. 9 (10/11); *K. Müller* S. 243; *Peters* S. 319; *Roxin* § 27 A II 2.
51 Vgl. *Schmidhäuser* ZZP 72 S. 365 (374).
52 Vgl. LR *Meyer* § 85 Rdnr. 3; *Eb. Schmidt* vor § 72 Rdnr. 11; *Gössel* S. 227 und DRiZ 1980 S. 363 (364); *Mezger* S. 18; *K. Müller* S. 243. – A.A. KMR *Paulus* vor § 48 Rdnr. 51, der darin kein Abgrenzungsproblem sieht, sondern die Beweisperson in diesem Fall stets als sachverständigen Zeugen behandeln will.
53 Vgl. *Lent* ZZP 60 S. 9 (12).
54 Vgl. *Eb. Schmidt* vor § 72 Rdnr. 12 und Nachtr. § 85 Rdnr. 1.
55 Vgl. LR *Meyer* § 85 Rdnr. 4.
56 Vgl. *Henkel* S. 217; *von Kries* S. 381; *Hellm. Mayer* Mezger-FS S. 463.

Überzeugung vom Sachverhalt zu gewinnen, und auch der Sachverständige ist ein Beweismittel[57].

Die Austauschbarkeit der Beweisperson besagt für die Abgrenzung ebenfalls nichts[58]. Denn daß der Sachverständige auswechselbar ist[59], der Zeuge nicht, ist nur ein praktischer, kein begrifflicher Unterschied[60]. Zeugen können ersetzbar sein, Sachverständige nicht[61]. Ist eine Straftat vor zahlreichen Zuschauern begangen worden, so steht dem Gericht eine große Anzahl von Zeugen zur Verfügung. Wird eine naturwissenschaftliche Forschung von einem einzigen Gelehrten betrieben, so kann für eine gewisse Zeit nur dieser einzige Sachverständige vernommen werden, wenn man seine Sachkunde benutzen will[62]. Überdies ist eine Beweisperson, die aufgrund besonderer Sachkunde unwiederholbare Wahrnehmungen gemacht hat, niemals austauschbar. Wer eine Leiche obduziert, einen inzwischen verschrotteten Kraftwagen besichtigt oder einen Zeugen untersucht hat, der später verstorben ist, hat Wahrnehmungen gemacht, die niemand wiederholen kann. Von der Austauschbarkeit des Beweismittels kann daher die Abgrenzung zwischen Zeugen und Sachverständigen nicht abhängen[63].

(2) Auch der **Inhalt der Bekundung,** die von der Beweisperson erwartet wird, ist zur Abgrenzung nicht geeignet. Die Behauptung, der Sachverständige beurteile Tatsachen und ziehe Schlüsse aus ihnen, wende also Sachkunde an, der Zeuge teile hingegen die Tatsachen nur mit[64], führt deshalb zu nichts, weil Abgrenzungsprobleme nur entstehen, wenn die Beweisperson über die Wahrnehmung von Tatsachen aussagen soll. Übrigens ist diese Behauptung nicht einmal richtig[65]. Ein Urteil kann schon in der bloßen Mitteilung einer Tatsache liegen[66]. Tatsachen werden nicht nur in Wahrnehmungen und Empfindungen, sondern auch in Urteilen erfaßt[67]. Die Aussagen des Zeugen beruhen gelegentlich ganz offensichtlich auf

---

57 Vgl. oben S. 209.
58 A.A. KK *Pelchen* vor § 72 Rdnr. 7 und *Schmidhäuser* ZZP 72 S. 365 (394 ff.), der sie jedenfalls bei den Pflichten, der Auswahl und der Ablehnung der Beweisperson für das Unterscheidungsmerkmal hält.
59 Vgl. BGH MDR 1974 S. 372; RGSt. 47 S. 100 (101, 105); 57 S. 158; OLG Hamm NJW 1969 S. 567; KK *Pelchen* § 85 Rdnr. 1; *zu Dohna* S. 102; *Lent* ZZP 60 S. 9 (13); *Panhuysen* S. 22/23; *Peters* S. 320.
60 Vgl. *Eb. Schmidt* vor § 72 Rdnr. 13; *Geerds* ArchKrim. 137 S. 61 (69); *Henrich* S. 262. KMR *Paulus* vor § 48 Rdnr. 44 hält für wesentlich, daß die Austauschbarkeit nur eine Frage der Aufklärungspflicht nach § 244 Abs. 2 ist; was damit gemeint sein soll, ist unklar. *Roxin* (§ 27 A II 2) unterscheidet zwischen logischer Austauschbarkeit und praktischer Unersetzbarkeit.
61 Vgl. *Gössel* DRiZ 1980 S. 363 (364); *Jessnitzer* S. 28.
62 Vgl. KMR *Paulus* vor § 48 Rdnr. 44; LR *Meyer* § 85 Rdnr. 6; *Roxin* § 27 A II 2 b.
63 Vgl. LR *Meyer* § 85 Rdnr. 6; *Gössel* DRiZ 1980 S. 363 (364); *Hegler* AcP 104 S. 151 (233 ff.); *Jessnitzer* S. 28; *Stein* S. 57.
64 RGSt. 61 S. 113 (114); RG JW 1887 S. 112; RG GA 40 S. 169; RG HRR 1940 Nr. 53; *Gerland* S. 220; *Mengel* S. 49/50, 55; Voraufl. S. 240.
65 Vgl. OLG Frankfurt NJW 1952 S. 717; *Geerds* ArchKrim. 137 S. 61 (68); *Gössel* DRiZ 1980 S. 363 (364); *Peters* S. 320.
66 Vgl. *Hellm. Mayer* Mezger-FS. S. 464; *Stein* S. 8 ff. und JW 1923 S. 15; oben S. 195.
67 Vgl. *Engisch* S. 43; *Kühne* Rdnr. 468; *Mezger* S. 30, 38 ff.

Schlüssen, z. B. wenn er bekundet, daß jemand sehr schnell gefahren sei, daß schon Dämmerung geherrscht habe, daß der Angeklagte angeheitert, aber nicht betrunken gewesen sei, daß zwischen zwei Personen ein Liebesverhältnis bestanden habe[68]. Der Sachverständige beschränkt sich andererseits mitunter auf die bloße Mitteilung von Tatsachen, z. B. über den Blutalkoholgehalt, den er aufgrund der Analyse einer Blutprobe ermittelt, oder den Gegenstand, den er bei einer Röntgenaufnahme des Magens des Angeklagten gesehen hat[69]. Es trifft daher nicht zu, daß der Zeuge für den Urteilssyllogismus des Richters nur Untersätze liefert, der Sachverständige dagegen Obersätze, deren Kenntis erst mit der der Untersätze zusammen die richterliche Tatsachenfeststellung ermöglicht[70].

Die Unterscheidung zwischen Zeugen und Sachverständigen kann auch nicht davon abhängig gemacht werden, wie einfach oder schwierig die Denkoperation ist, die zur Feststellung der Tatsachen erforderlich war[71]. Der charakteristische Unterschied liegt nicht darin, daß die geistigen Leistungen qualitativ verschieden und die des Sachverständigen höherer Art sind[72]. Gutachtliche Äußerungen sachkundiger Auskunftspersonen können sehr unkompliziert sein, und Aussagen von sachkundigen Zeugen können gründlicher Vorbereitung bedürfen und große geistige Anstrengungen erfordern[73].

Die Behauptung, der Sachverständige müsse im Gegensatz zum Zeugen, der nur über die von ihm wahrgenommenen Tatsachen selbst Auskunft gibt, auch über die Untersuchungen und Überlegungen aussagen, aufgrund deren er sie festgestellt hat[74], trifft ebenfalls nicht zu. Auch der Zeuge kann veranlaßt werden, über die Untersuchungen auszusagen, die zur Feststellung der von ihm bekundeten Tatsachen notwendig waren; fehlt ihm eine besondere Sachkunde, so wird er dadurch nicht zum Sachverständigen[75]. Andererseits wird von dem Sachverständigen, der darüber Auskunft gibt, daß bei der Röntgendurchleuchtung, die er im Auftrag der Polizei vorgenommen hat, im Magen des Angeklagten ein Brillantring zu sehen war, keineswegs verlangt, daß er dem Gericht irgendeine Sachkunde vermittelt,

---

68 Vgl. RGSt. 37 S. 371; OLG Oldenburg NdsRpfl. 1950 S. 163; LR *Meyer* § 85 Rdnr. 7; *Peters* S. 320; a. A. RG JW 1922 S. 301, das darin reine Sachverständigenfragen sieht. Vgl. auch oben S. 197.
69 Vgl. oben S. 210.
70 So aber *Glaser* Hdb. I S. 676; *Goldschmidt* S. 439, 447; *Lent* ZZP 60 S. 9 (10); *Mannheim* S. 47 und JW 1927 S. 910 (911); *Rosenfeld* S. 170; *Stein* S. 59 und JW 1923 S. 15. Wie hier *Bennecke/Beling* S. 364; *Hegler* AcP 104 S. 151 (225 ff.); *Mezger* S. 18.
71 So aber RGSt. 27 S. 95 (96); 37 S. 371; *Beling* (S. 297) bezeichnet das als die (1928) in Rspr. und Schrifttum h. M.
72 So aber *Simader* S. 154.
73 Vgl. LR *Meyer* § 85 Rdnr. 8; *Hellm. Mayer* Mezger-FS S. 464. Der Arzt, der eine vor dem Verfahren von ihm gemachte Diagnose zur Kenntnis des Gerichts bringt, also ein sehr kompliziertes Urteil ausspricht, vertauscht damit noch nicht die Rolle des Zeugen mit der des Sachverständigen; vgl. die Fälle BGH JR 1954 S. 271; RGSt. 61 S. 114; RG JW 1928 S. 2721; RG SeuffBl. 76 S. 206.
74 *K. Müller* S. 245/246.
75 Vgl. LR *Meyer* § 85 Rdnr. 8. Zu denken ist etwa an den Fall, daß ein Kriminalbeamter über den Weg gehört wird, auf dem er bestimmte Tatsachen festgestellt hat.

insbesondere seine Feststellung so vorträgt, daß das Gericht mehr erfassen und verwerten kann als die bloße Tatsache, die sie enthält.

(3) Die gesetzliche Regelung des § 85 beruht auf der Annahme, daß der Sachverständige über **gegenwärtige Tatsachen** Auskunft gibt, der sachverständige Zeuge über vergangene[76]. Vielfach wird darin das für die Abgrenzung zwischen den beiden Arten von Beweispersonen entscheidende Merkmal gesehen[77]. Jedoch ist auch dieses Unterscheidungsmerkmal ungeeignet. Wer das Mordopfer obduziert hat, wird über eine nicht mehr wahrnehmbare Tatsache vernommen, nämlich über den Zustand der inzwischen bestatteten Leiche. Der Psychiater gibt Auskunft über vergangene und nicht wiederholbare Wahrnehmungen, wenn er über einen Tobsuchtsanfall des von ihm nach § 81 beobachteten Angeklagten berichtet oder wenn der Zeuge, den er untersucht hat, inzwischen verstorben ist. Trotzdem müssen diese Beweispersonen als Sachverständige vernommen werden[78]. Sie werden nicht deshalb zu Zeugen, weil die von ihnen wahrgenommenen Tatsachen nicht mehr feststellbar sind[79]. Die Abgrenzung kann auch nicht von der Zufälligkeit abhängen, daß sich der durch die Beweisperson zu bekundende Umstand bis zu ihrer Vernehmung geändert hat. Wenn in einem Strafverfahren wegen Körperverletzung der Verletzte, den der medizinische Sachverständige untersucht hat, vor der Hauptverhandlung stirbt, kann zwar die Straftat zur Körperverletzung mit Todesfolge, der Sachverständige aber nicht zum Zeugen werden. Übrigens ist eine Beweisperson, die Auskunft darüber gibt, daß sie als Folge der Verletzung noch jetzt Schmerzen verspürt, nicht deshalb Sachverständiger, weil sie eine gegenwärtige Tatsache bekundet[80].

(4) Der **Anlaß der Wahrnehmungen** ist für die Abgrenzung zwischen Zeugen und Sachverständigen insofern von Bedeutung, als der Zeuge die Tatsachen, über die er dem Gericht berichtet, meist zufällig wahrgenommen hat, der Sachverständige hingegen erst nach seiner Bestellung durch das Gericht oder eine andere Strafverfolgungsbehörde und in deren Auftrag. Das wird daher oft für entscheidend gehalten[81]. Aber auch das ist so allgemein nicht richtig. Der nicht sachkun-

---

76 Vgl. *Hahn* Mat. 1 S. 121.
77 Vgl. BGH VRS 25 S. 426 (427); 39 S. 95 (96); RGSt. 47 S. 100 (106); 61 S. 114; RG JW 1924 S. 1760 mit abl. Anm. *Alsberg*; RG JW 1927 S. 1380 mit Anm. *zu Dohna*; RG HRR 1937 Nr. 909; RG SeuffBl. 76 S. 206 (207); OLG Kiel SchlHA 1949 S. 87 (88); *von Hippel* S. 415 ff.; *Weimann* S. 20.
78 Vgl. *Eb. Schmidt* vor § 72 Rdnr. 13; *Henrich* S. 262.
79 Vgl. LR *Meyer* § 85 Rdnr. 9; *Beling* S. 298; *Hegler* AcP 104 S. 151 (232 ff.); *von Kries* S. 382 und ZStW 6 S. 88 (134); *Lent* ZZP 60 S. 9 ff.; *Mezger* S. 18; *Stein* S. 57.
80 Vgl. LR *Meyer* § 85 Rdnr. 9; *Eb. Schmidt* vor § 48 Rdnr. 13; *Beling* S. 298.
81 BGH GA 1956 S. 294; RG JW 1928 S. 2254 mit Anm. *Mezger*; RG JW 1928 S. 2721 (2722) mit Anm. *Alsberg*; OLG Schleswig bei *Ernesti/Jürgensen* SchlHA 1972 S. 159; KK *Pelchen* § 85 Rdnr.1; *Kleinknecht* vor § 72 Rdnr. 25; *Ditzen* ZStW 10 S. 111 (163/164); *Geppert* DAR 1980 S. 315 (320); *Gerland* S. 220; *Hegler* AcP 104 S. 151 (249 ff., 264 ff.); *Jessnitzer* S. 27 und Blutalkohol 1968 S. 184 (187); *Hellm. Mayer* Mezger-FS S. 464 ff.; *Mezger* S. 6, 19 ff.; *Schuster* S. 139; *Weimann* S. 20 ff.; *Wüst* S. 12.

dige Augenscheinsgehilfe wird vom Gericht beauftragt, bestimmte Tatsachen festzustellen, und gibt daher bei seiner Vernehmung Auskunft über Tatsachen, die er keineswegs zufällig wahrgenommen hat. Gleichwohl ist er, da er keine Sachkunde besitzt, nicht Sachverständiger, sondern Zeuge[82].

(c) **Unterscheidung.** Als Ergebnis ist mithin festzustellen, daß keine der Erwägungen allein zutrifft, die in Rechtsprechung und Schrifttum für die Unterscheidung des Zeugen vom Sachverständigen für maßgebend gehalten werden. Weder die Fähigkeiten und Eigenschaften der Beweisperson oder der Inhalt ihrer Bekundungen noch Wiederholbarkeit oder Anlaß ihrer Wahrnehmungen sind Unterscheidungsmerkmale, die allein zureichen. Es gibt kein Einzelmerkmal, mit dem allein die Abgrenzung gelingen kann[83]. Es bleibt daher nichts übrig, als diejenigen Unterscheidungsmerkmale zusammenzufassen, die der Abgrenzung schon für sich allein am nächsten kommen. Kennzeichnend für den Sachverständigen ist ohne Zweifel der Umstand, daß er auf irgendeinem Wissensgebiet sachkundig ist. Ferner trifft es zu, daß er die Wahrnehmungen, über die er dem Gericht Auskunft gibt, meist erst nach seiner Bestellung macht. Sachkunde und behördlicher Auftrag sind es daher, die für den Sachverständigenbegriff eine besondere Bedeutung haben. Demnach ist Zeuge, wer Auskunft über Wahrnehmungen gibt, die er entweder ohne Auftrag einer Strafverfolgungsbehörde (gleichviel, ob mit oder ohne besondere Sachkunde) oder die er im Auftrag einer solchen Behörde (als Augenscheinsgehilfe), aber ohne besondere Sachkunde, gemacht hat. Sachverständiger ist hingegen, wer Tatsachen übermittelt, zu deren Wahrnehmung eine besondere Sachkunde erforderlich war und die er im Auftrag des Gerichts, der Staatsanwaltschaft oder der Polizei festgestellt hat[84]. Ist er im Auftrag eines Prozeßbeteiligten (Beschuldigter, Privatkläger, Nebenkläger) tätig geworden, so wurde er zwar durch diesen Auftrag allein nicht zum Sachverständigen im Sinne der §§ 72 ff. Auch daß ein Prozeßbeteiligter ihn nach §§ 38, 220 vorlädt, macht ihn nicht zum Sachverständigen. Wird er aber vom Gericht gehört, so kann er nur als Sachverständiger vernommen werden; daß er seine Wahrnehmungen nicht im Auftrag einer Justizbehörde gemacht hat, spielt keine Rolle[85]. Wer im Auftrag des späteren Beschuldigten die nach § 42 Abs. 1 Satz 1 LMBG zurückgelassene Gegenprobe eines Lebensmittels

---

82 Vgl. RG JW 1931 S. 2813 mit Anm. *Kern*; *Beling* S. 298. Eine andere Frage ist, ob bei seiner Auswahl und Bestellung sowie für die Frage der Ablehnung wegen Befangenheit Vorschriften des Sachverständigenrechts anzuwenden sind (vgl. unten S. 227/228). Zum Sachverständigen bei der Vernehmung wird die Auskunftsperson jedenfalls nicht.
83 Vgl. LR *Meyer* § 85 Rdnr. 11; *Gössel* DRiZ 1980 S. 363 (364); *Hanack* JR 1966 S. 425 (427); *Roxin* § 27 A II 2 b; *Schmidhäuser* ZZP 72 S. 365 (401).
84 Vgl. *Kleinknecht* vor § 72 Rdnr. 25; LR *Meyer* § 85 Rdnr. 11; *Eb. Schmidt* vor § 72 Rdnr. 17 und Nachtr. § 85 Rdnr. 1; *Dahs/Dahs* Rdnr. 217; *Gössel* S. 227 und DRiZ 1980 S. 363 (365); *Jessnitzer* S. 27; *Mezger* JW 1919 S. 323; *Rüping* Rdnr. 170; *Schlüchter* Rdnr. 481. Der Einwand von KMR *Paulus* vor § 48 Rdnr. 50 ist unverständlich: Wenn ein Psychiater sich in der Hauptverhandlung zur Schizophrenie des Angeklagten »äußert«, ist er unter allen Umständen Sachverständiger, ohne daß Abgrenzungsfragen entstehen.
85 Vgl. LR *Meyer* § 85 Rdnr. 11; a. A. BGH MDR 1974 S. 382; *Gössel* S. 227 und DRiZ 1980 S. 363 (366). *Jessnitzer* S. 29 will der Beweisperson eine einheitliche Entschädigung als Sachverständigem bewilligen; rechtlich wird das schwierig sein.

oder die nach § 23 Abs. 1 Satz 2 BtMG zurückgelassene Gegenprobe eines Betäubungsmittels untersucht, ist daher im gerichtlichen Verfahren nicht sachverständiger Zeuge, sondern Sachverständiger.

d) Einzelfälle. Im einzelnen ist Sachverständiger der Arzt, dem der Beschuldigte zur Blutprobenentnahme nach § 81 a Abs. 1 vorgeführt wurde, sowohl hinsichtlich der Blutprobenentnahme selbst[86] als auch hinsichtlich der Wahrnehmungen, die er bei der Blutprobenentnahme gemacht hat[87]. Der bei der Leichenschau (§ 87 Abs. 1) zugezogene Arzt ist stets Sachverständiger[88], der Obduzent (§ 87 Abs. 2) auch, wenn er nur über seine Wahrnehmungen bei der Leichenöffnung aussagen soll[89]. Ist der Arzt jedoch ohne behördlichen Auftrag tätig geworden, so ist er nur sachverständiger Zeuge, auch wenn er die Bestellung eines Sachverständigen erspart hat[90]. Daher ist der Krankenhauspathologe nicht deshalb als Sachverständiger zu vernehmen, weil er über seine Feststellungen bei einer Leichenöffnung Auskunft geben soll, die nach § 87 Abs. 2 hätte angeordnet werden müssen, wenn er sie nicht ohne einen solchen Auftrag vorgenommen hätte. Nur wenn er sich auch gutachtlich darüber äußern soll, welches die Todesursache gewesen ist, und wenn dabei die Wahrnehmungen bei der Obduktion in den Hintergrund treten, muß er auch als Sachverständiger gehört werden[91].

Technische Sachverständige, die ihre Wahrnehmungen ohne behördlichen Auftrag gemacht haben, sind keine Sachverständigen, sondern sachverständige Zeugen. Das gilt etwa für den Kraftfahrzeugsachverständigen, der im Auftrag einer Haftpflichtversicherung einen Unfallwagen besichtigt hat[92]. Wird der sachverständige Zeuge zusätzlich auch über die Unfallursache vernommen und liegt das Schwergewicht auf dieser sachkundigen Beurteilung, so ist es erforderlich, ihn zum Sachverständigen zu bestellen.

---

86 OLG München NJW 1979 S. 608 (609); LR *Meyer* § 81 a Rdnr. 32; *Böse* Polizei 1979 S. 190; *Geppert* DAR 1980 S. 315 (318); *Jessnitzer* S. 28 Fußn. 23 und Blutalkohol 1968 S. 184 (186); 1970 S. 437 (438); *Kohlhaas* NJW 1968 S. 2277 und DAR 1968 S. 69 (74); *Meßmer* DAR 1966 S. 153; a. A. *Hiendl* NJW 1958 S. 2100 (2101), der den Arzt für einen Zeugen hält.
87 Vgl. LR *Meyer* § 85 Rdnr. 14; *Geppert* DAR 1980 S. 315 (320/321); *Jessnitzer* S. 28 Fußn. 23; Blutalkohol 1968 S. 184; 1970 S. 175 (177). – A.A. KG VRS 31 S. 273; OLG Hamburg NJW 1963 S. 408 (409); OLG Köln Blutalkohol 1966 S. 609; VRS 37 S. 35 (37); KK *Pelchen* § 85 Rdnr.4; KMR *Paulus* § 85 Rdnr. 2; LK *Rüth* § 316 StGB Rdnr. 90; *Full/Möhl/Rüth*, Straßenverkehrsrecht, 1980, § 81 a Rdnr. 18; *Händel* Blutalkohol 1966 S. 405 (412); *Hartung* Blutalkohol 1975 S. 162 (164); *Hentschel/Born* Rdnr. 46; *Koch* NJW 1966 S. 1154; *Kohlhaas* DAR 1973 S. 10 (11); *Krumme*, Straßenverkehrsgesetz, 1977, § 81 a Rdnr. 15; *Rüping* Rdnr. 172. Offengelassen bei OLG Hamm NJW 1965 S. 1091; 1969 S. 567 = VRS 36 S. 428; MDR 1967 S. 1029; OLG Köln OLGSt. § 261 S. 98; auch OLG Hamm Blutalkohol 1980 S. 171 und 172 spricht nur von der Notwendigkeit, den Arzt »zu vernehmen«.
88 Vgl. LR *Meyer* § 87 Rdnr. 10.
89 Vgl. LR *Meyer* § 87 Rdnr. 18; *Eb. Schmidt* § 87 Rdnr. 5; *Dähn* JZ 1978 S. 640 (641); *Geerds* ArchKrim 137 S. 155 (156); a. A. KMR *Paulus* § 87 Rdnr. 19.
90 OLG Köln OLGSt. § 261 S. 96 (98); KK *Pelchen* § 85 Rdnr.4; LR *Meyer* § 85 Rdnr. 14.
91 So auch *Gössel* DRiZ 1980 S. 363 (367).
92 Vgl. LR *Meyer* § 85 Rdnr. 15.

4. Kapitel Augenscheinsgegenstände

§ 1 Grundfragen des Augenscheinsbeweises

 I. Begriff des Augenscheins 221
   1. Art der Wahrnehmungen 221
   2. Gegenstand der Wahrnehmungen 222
   3. »Nicht aufgesuchte« Wahrnehmungen 222
   4. Nichtrichterliche Besichtigungen 223
 II. Verwendung von Gegenständen als Vernehmungshilfen 223
III. Keine Pflicht zur unmittelbaren Beweiserhebung 224
   1. Grundsatz 224
   2. Ersatz durch Urkunden, Lichtbilder, Skizzen 224
   3. Augenscheinsgehilfen 225

I. Begriff des Augenscheins

1. Art der Wahrnehmungen

Die Augenscheinseinnahme ist eine Beweiserhebung mittels Wahrnehmungen. Der Begriff Augenschein ist irreführend; denn er umfaßt nach allgemeiner Ansicht nicht nur Wahrnehmungen mittels des Sehvermögens, sondern sinnliche Wahrnehmungen jeder Art. Es macht keinen grundsätzlichen Unterschied, ob es sich um Beweiserhebungen durch Sehen, Hören, Riechen, Schmecken oder Fühlen handelt[1]. Da der Richter nicht imstande ist, Beweise anders als durch sinnliche Wahrnehmungen zu erheben[2], muß der Begriff Augenschein aber eingeschränkt werden. Darunter fallen nur Beweisaufnahmen, die nicht als Zeugen-, Sachverständigen-

---

[1] BGHSt. 18 S. 51 (53); RGSt. 36 S. 55 (56); RG JW 1896 S. 555; KG JW 1924 S. 912; LRE 5 S. 379 (380); OLG Hamm VRS 41 S. 136; KK *Pelchen* § 86 Rdnr. 1; *Kleinknecht* vor § 72 Rdnr. 31; KMR *Paulus* vor § 72 Rdnr. 49; LR *Meyer* § 86 Rdnr. 1; *Eb. Schmidt* § 86 Rdnr. 6; *Beling* S. 294; *Dahs/Dahs* Rdnr. 226; *Gerland* S. 228; *Gössel* S. 242; *Henkel* S. 223; *von Hippel* S. 426; *F. W. Krause* S. 121 Fußn. 86 und Jura 1982 S. 225 (227); *von Kries* S. 408; *Peters* S. 388; *Robert* S. 19, 42; *Roggemann* S. 62; *Rosenfeld* II S. 38; *Roxin* § 28 A 1; *Rüping* Rdnr. 387; *Schlüchter* Rdnr. 539; *Simader* S. 154; *Stützel* S. 13; *Westhoff* S. 140. Ungenau RGSt. 24 S. 233 (»durch das Organ des Auges«).
[2] Zeugen und Sachverständige werden »gehört«, Urkunden werden verlesen, ihr Inhalt also ebenfalls durch den Gehörsinn aufgenommen.

oder Urkundenbeweis gesetzlich besonders geregelt sind[3]. Dieser Grundsatz bestimmt insbesondere die Abgrenzung des Augenscheinsbeweises vom Urkundenbeweis. Ein Gedankenträger, der nicht, wie § 249 Abs. 1 Satz 1 für den Urkundenbeweis vorschreibt, verlesen werden kann, muß im Wege des Augenscheinsbeweises in das Verfahren eingeführt werden. Ob die Verlesbarkeit daran scheitert, daß der Gedankeninhalt nicht allgemein verständlich ist, oder ob es sich um Gedankenäußerungen auf Tonträgern handelt, ist gleichgültig[4].

2. Gegenstand der Wahrnehmungen

Der Augenscheinsbeweis kann wie jeder andere Beweis der Feststellung von unmittelbar beweiserheblichen Tatsachen oder von Beweisanzeichen dienen[5]. Er besteht regelmäßig darin, daß sich das Gericht durch sinnliche Wahrnehmung einen Eindruck von der Existenz oder der äußeren Beschaffenheit eines Menschen, eines Körpers oder einer Sache verschafft, daß es die Lage von Örtlichkeiten und Gegenständen feststellt oder eine Verhaltensweise oder einen wiederholbaren Vorgang beobachtet[6]. Darüber hinaus ist Augenscheinseinnahme auch die Beweiserhebung über den Inhalt von Gedankenäußerungen, die nicht verlesbar sind, durch Anhören oder Besichtigung ihres Trägers[7].

3. »Nicht aufgesuchte« Wahrnehmungen

Nicht jede sinnliche Wahrnehmung des Richters bei der Beweisaufnahme muß im Wege des förmlichen Augenscheinsbeweises in das Verfahren eingeführt werden. Den persönlichen Eindruck einer vor Gericht erschienenen Person, die sich zufällig darbietende Ähnlichkeit zweier Zeugen und andere Wahrnehmungen bei der Vernehmung des Angeklagten und der Zeugen darf das Gericht bei der Beweiswürdigung verwenden, ohne daß eine Augenscheinseinnahme im eigentlichen Sinne stattgefunden hat. Es handelt sich um einen »nicht aufgesuchten« Augen-

---

3 Vgl. KK *Pelchen* § 86 Rdnr. 1; *Kleinknecht* vor § 72 Rdnr. 31; KMR *Paulus* vor § 72 Rdnr. 49; LR *Meyer* § 86 Rdnr. 1; *Dähn* JZ 1978 S. 640 (641); *Gössel* S. 242.
4 Vgl. für Schallplatten und Tonbandaufnahmen unten S. 231.
5 RGSt. 47 S. 235 (237); 65 S. 304 (307) = JW 1932 S. 58 mit Anm. *Alsberg*; RG LZ 1923 Sp. 405 (406); BayObLGSt. 1965 S. 79 = JR 1966 S. 389 mit Anm. *Koffka*; *Wach* Vorträge S. 205; a. A. *Heusler* AcP 62 S. 209 (291). Rechtsbegriffe, z. B. die Frage, ob es sich um eine »geschlossene Ortschaft« handelt, können durch eine Augenscheinseinnahme nicht geklärt werden; vgl. OLG Dresden HRR 1931 Nr. 908. Jedoch können im Wege der Ortsbesichtigung die Tatsachen festgestellt werden, die dem Begriff zugrunde liegen; vgl. unten S. 428.
6 Vgl. RGSt. 47 S. 100 (106); OLG Hamm VRS 34 S. 61; OLG Koblenz VRS 45 S. 48 (49/50); KK *Pelchen* § 86 Rdnr. 1; *Kleinknecht* vor § 72 Rdnr. 28; LR *Meyer* § 86 Rdnr. 2; *Eb. Schmidt* Rdnr. 5, 6; *Gerland* S. 228; *Gössel* S. 242; *von Hippel* S. 426; *von Kries* S. 409 und ZStW 6 S. 88 (184 ff.); *Robert* S. 25.
7 Vgl. *Roggemann* S. 62 ff.; unten S. 245. Die Ansicht, geistige Vorgänge könnten nicht durch Augenschein festgestellt werden (*Birkmeyer* S. 413), wird heute nicht mehr vertreten.

schein, der als Beweisquelle denselben Wert wie die förmliche Augenscheinsbeweisaufnahme hat[8].

4. Nichtrichterliche Besichtigungen

Die Strafprozeßordnung kennt als Beweiserhebung durch Augenschein nur die richterliche Augenscheinseinnahme. Hat ein Staatsanwalt oder ein Polizeibeamter Gegenstände oder Örtlichkeiten besichtigt, so handelt es sich daher nicht um Augenschein im eigentlichen Sinne[9]. Der Beamte muß als Zeuge vernommen werden, wenn es für die Entscheidung auf seine Wahrnehmungen ankommt[10]. Die Verlesung eines Berichts, den er über sie verfaßt hat, ist unzulässig[11]. Das gilt auch für das Ergebnis der staatsanwaltschaftlichen Leichenschau (§ 87 Abs. 1)[12] und der Leichenöffnung unter Leitung des Staatsanwalts (§ 87 Abs. 2)[13].

II. Verwendung von Gegenständen als Vernehmungshilfen

Augenscheinseinnahme ist die Besichtigung eines Gegenstandes zum Zweck der unmittelbaren Überzeugungsbildung[14]. Bei der Beweisaufnahme in der Hauptverhandlung werden aber Gegenstände, vor allem Lichtbilder, Zeichnungen, Skizzen[15] und Modelle[16], oft als bloße Hilfsmittel verwendet. Sie dienen dann nur dem Zweck, Fragen an Zeugen und Sachverständige zu erläutern und Aussagen und gutachtliche Äußerungen dieser Beweispersonen zu veranschaulichen[17]. Ein Augenscheinsbeweis wird dadurch nicht geführt; denn die Augenscheinsgegenstände selbst werden in der Verhandlung nicht als Beweismittel benutzt. Was sich aus ihnen ergibt, wird zum Inhalt von Zeugenaussagen oder Sachverständigengutachten[18]. Der Unterschied ist vor allem für die Sitzungsniederschrift von Bedeu-

---

8 Vgl. unten S. 236.
9 Vgl. LR *Meyer* § 86 Rdnr. 42; *Dähn* JZ 1978 S. 640.
10 Vgl. *Kleinknecht* vor § 72 Rdnr. 29; LR *Meyer* a.a.O.; *Dahs/Dahs* Rdnr. 226; *Henkel* S. 225 Fußn. 2. Vgl. auch RGSt. 18 S. 186 über die Wahrnehmungen eines Urkundsbeamten der Geschäftsstelle des Gerichts.
11 Vgl. unten S. 301 ff.
12 Vgl. LR *Meyer* § 87 Rdnr. 8.
13 Vgl. KMR *Paulus* § 87 Rdnr. 19; *Dähn* JZ 1978 S. 640 ff.
14 Vgl. oben S. 221.
15 Vgl. unten S. 230, 233.
16 RG HRR 1932 Nr. 213.
17 BGH 3 StR 466/54 vom 28. 10. 1954; RGRspr. 8 S. 89; RG GA 42 S. 247; 56 S. 226; RG HRR 1932 Nr. 213; RG LZ 1917 Sp. 1090. Vgl. auch *Bennecke/Beling* S. 255; *Hegler* Rechtsgang II S. 267 (279, 334).
18 BGHSt. 18 S. 51 (53/54); BGH VRS 36 S. 189/190; RGSt. 47 S. 235 (236); BayObLGSt. 1965 S. 79 = JR 1966 S. 389 mit Anm. *Koffka*; OLG Hamm VRS 28 S. 380. In der Rspr. werden solche Vernehmungshilfen gelegentlich mißverständlich als Beweismittel bezeichnet; vgl. RG LZ 1923 Sp. 405 (406); OLG Düsseldorf VRS 33 S. 447. Die Zulässigkeit der Benutzung von Augenscheinsgegenständen als bloße Vernehmungshilfen bestreitet *Alsberg* (JW 1933 S. 445 und Vorauf. S. 380).

tung. Denn die Verwendung des Gegenstandes als Vernehmungshilfe ist keine wesentliche Förmlichkeit der Hauptverhandlung und muß daher nicht nach § 273 Abs. 1 beurkundet werden[19].

III. Keine Pflicht zur unmittelbaren Beweiserhebung

1. Grundsatz

Über die Pflicht des Gerichts, den Augenschein einzunehmen, enthält das Gesetz keine besondere Bestimmung[20]. Es schreibt auch nicht vor, daß das Gericht den Augenschein außerhalb des Gerichtssaals selbst einnehmen muß. Vielmehr ergibt sich aus § 225, daß die Augenscheinseinnahme zur Vorbereitung der Hauptverhandlung durch einen ersuchten oder beauftragten Richter vorgenommen werden kann, und § 249 Abs. 1 Satz 2 läßt die Verlesung von Niederschriften über eine solche Einnahme des richterlichen Augenscheins in der Hauptverhandlung ohne Einschränkung zu. Wenn es auf die Beschaffenheit eines Gegenstandes, der in der Hauptverhandlung nicht vorliegt, oder auf die Verhältnisse einer Örtlichkeit ankommt, kann auch das erkennende Gericht die Augenscheinseinnahme stets durch einen beauftragten oder ersuchten Richter vornehmen lassen[21]. Da die Unmittelbarkeit der Beweisaufnahme durch Augenschein nirgends vorgeschrieben ist[22], kann die Augenscheinseinnahme durch andere Beweismittel ersetzt werden[23], wenn nicht[24] die Aufklärungspflicht nach § 244 Abs. 2 im Einzelfall etwas anderes gebietet[25]. Die Vorschrift des § 244 Abs. 5 zieht daraus die Konsequenzen für das Beweisantragsrecht; sie läßt die Ablehnung eines auf Augenscheinseinnahme gerichteten Beweisantrags zu, wenn der Augenschein nach dem pflichtgemäßen Ermessen des Gerichts zur Erforschung der Wahrheit nicht erforderlich ist[26].

2. Ersatz durch Urkunden, Lichtbilder, Skizzen

Das Gericht kann den Augenscheinsbeweis gegen den Urkundenbeweis austauschen und, anstatt die bei der Telefonüberwachung nach § 100 a gewonnenen

---

19 RG JW 1933 S. 445 mit Anm. *Alsberg*; RG JW 1933 S. 1664; BayObLGSt. 1949/51 S. 62 (67); OLG Hamm VRS 28 S. 380; 42 S. 369 (370); 44 S. 117 (118); LR *Meyer* § 86 Rdnr. 8; *Mühlhaus* DAR 1965 S. 12 (14).
20 Die StPO erwähnt den Augenschein an verschiedenen Stellen (§§ 86, 168 d Abs. 1 Satz 1, Abs. 2 Satz 1, §§ 225, 249 Abs. 1 Satz 2, § 369 Abs. 3 Satz 1).
21 RGSt. 20 S. 149; 47 S. 100 (104); OLG Stuttgart VRS 58 S. 436 (438); KK *Pelchen* § 86 Rdnr. 2; LR *Meyer* § 86 Rdnr. 2. Vgl. auch unten S. 741.
22 RGSt. 14 S. 276 (279); *Bennecke/Beling* S. 254 ff.; *Hegler* AcP 104 S. 151 (160); *von Kries* ZStW 6 S. 88 (194); *Maas*, Der Grundsatz der Unmittelbarkeit in der Strafprozeßordnung, 1907, S. 58/59; *Mezger* JW 1932 S. 3095 (3096); a. A. *Goldschmidt* S. 434 Fußn. 2288, der den Richter grundsätzlich für verpflichtet hält, den Augenschein selbst einzunehmen, wenn er dazu in der Lage ist.
23 Vgl. auch unten S. 420.
24 Vgl. den Fall OLG Hamm VRS 22 S. 56.
25 Das betonen vor allem *Mezger* S. 143 und *Robert* S. 30.
26 Vgl. unten S. 739 ff.

Tonbandaufnahmen im Gerichtssaal abzuhören, die davon hergestellten Niederschriften verlesen[27]. Insbesondere kann das Gericht die Tatortbesichtigung dadurch ersetzen, daß es bei der Vernehmung des Angeklagten oder der Zeugen über die örtlichen Verhältnisse Lichtbilder oder Skizzen vom Tat- oder Unfallort als Hilfsmittel benutzt[28]. Als echte Beweismittel anstelle der Augenscheinseinnahme verwendbar sind die Tatort- und Unfallskizzen jedoch nicht. Denn sie geben nur die Wahrnehmungen desjenigen wieder, der sie angefertigt hat. Seine Zeugenaussage darf nach § 250 durch die Besichtigung der Skizze nicht ersetzt werden[29]. Anders ist es bei den Lichtbildern. Ihre Verwendung als Beweismittel ist weder durch § 250 noch durch eine andere Vorschrift eingeschränkt. Zwar kann es geboten sein, den Hersteller darüber zu hören, daß sie an einem bestimmten Ort oder zu einer bestimmten Zeit aufgenommen worden sind und einen bestimmten Gegenstand oder Ort zeigen. Da aber auch hier der Grundsatz der freien Beweiswürdigung gilt, kann das Gericht von der Vernehmung des Herstellers auch absehen und das Lichtbild ohne weiteres als Beweismittel benutzen[30]. Die Gegenansicht[31] beruht auf der Erwägung, die Fotografie sei nur ein Abbild des Beweisgegenstandes, aber nicht der Gegenstand selbst. Das wäre aber nur dann von Bedeutung, wenn es einen Satz gäbe, daß dem Beweis zugängliche Tatsachen nur in der Gestalt verwendet werden dürfen, in der sie sich ursprünglich in der Außenwelt manifestiert haben. Einen solchen Grundsatz gibt es nicht[32]. Die freie Beweiswürdigung erlaubt dem Gericht in allen Fällen, in denen das Gesetz nicht die Unmittelbarkeit der Beweiserhebung vorschreibt, auch aus dem mittelbaren Beweis Schlußfolgerungen zu ziehen und Feststellungen zu treffen.

3. Augenscheinsgehilfen

Das erkennende Gericht kann auch nichtrichterliche Beweispersonen mit der Besichtigung des Beweisgegenstandes oder der Örtlichkeit beauftragen[33]. Gele-

27 BGHSt. 27 S. 135 = JR 1978 S. 117 mit Anm. *Gollwitzer, Kleinknecht* vor § 72 Rdnr. 33; vgl. auch unten S. 420, 523.
28 BGH VRS 4 S. 122; 5 S. 541 (542); 36 S. 23 (24); 37 S. 55 (57); RGSt. 47 S. 100 (106); RG JW 1930 S. 714 mit Anm. *Alsberg*; RG JW 1933 S. 445 mit Anm. *Alsberg*; RG HRR 1932 Nr. 689; OLG Hamm VRS 34 S. 61; OLG Koblenz DAR 1974 S. 24 (25) = VRS 45 S. 393; VRS 45 S. 48 (50); KK *Pelchen* § 86 Rdnr. 2; *Kleinknecht* vor § 72 Rdnr. 33 b; LR *Meyer* § 86 Rdnr. 1, 15; *Gössel* S. 258; *Goslar* S. 38; *Lobe* LZ 1914 Sp. 977 (984); *Mezger* S. 143; *Robert* S. 55 ff. Vgl. auch unten S. 742.
29 Vgl. unten S. 459.
30 Vgl. unten S. 230.
31 *Gerland* S. 233 Fußn. 346.
32 BGHSt. 27 S. 135 (136) = JR 1978 S. 117 mit Anm. *Gollwitzer*.
33 BGHSt. 27 S. 135 (136); RGSt. 47 S. 100 (106); RGRspr. 3 S. 544 (545); BayObLG bei *Rüth* DAR 1967 S. 294; OLG Hamm VRS 34 S. 61; *Kleinknecht* vor § 72 Rdnr. 35; LR *Meyer* § 86 Rdnr. 3 ff.; *Alsberg* JW 1930 S. 714; 1931 S. 1608 (1609); *Beling* JW 1925 S. 796; *Dähn* JZ 1978 S. 640 (641); *Hegler* Rechtsgang II S. 267 (307 Fußn. 6, S. 308/309 Fußn. 4, S. 325 Fußn. 1); *Henkel* S. 226; *Simader* S. 214; *Stein* S. 66, 70. Gegen diesen Ersatz der Augenscheinseinnahme wendet sich insbesondere *Mannheim* JW 1928 S. 1308 (1309); 1930 S. 1040 und in Festgabe für Frank, 1930, II S. 325 (332). Auch *von Kries*

gentlich darf oder kann es gar nicht anders verfahren. Wenn die Augenscheinseinnahme nur bei sachkundiger Beurteilung des Beweisgegenstandes einen Beweiswert hat, etwa bei der Untersuchung von Angeklagten oder Zeugen nach §§ 81 a, 81 c, muß ein Sachverständiger bestellt und Sachverständigenbeweis erhoben werden[34]. Damit darf der Fall nicht verwechselt werden, daß der Richter die Besichtigung selbst vornimmt, aber einen Sachverständigen hinzuzieht. Diese Art der Beweisaufnahme wird ungenau[35] als zusammengesetzter oder gemischter Augenschein bezeichnet[36]. Rechtlich ist er richterlicher Augenschein[37], auch wenn die Beiziehung von Sachverständigen gesetzlich vorgeschrieben ist, wie bei der Leichenöffnung nach § 87 Abs. 1[38].

Auch in anderen Fällen ist der Richter zuweilen daran gehindert, den Augenschein selbst einzunehmen. Er darf z. B. nach § 81 d die körperliche Untersuchung einer Frau nicht selbst durchführen, wenn dies das Schamgefühl verletzen könnte, sondern muß die Untersuchung einer anderen Frau oder einem Arzt übertragen, der aber nicht als Sachverständiger herangezogen wird, wenn für die Untersuchung keine medizinischen Kenntnisse nötig sind[39]. Manchmal ist das Gericht aus tatsächlichen Gründen nicht in der Lage, den Beweisgegenstand selbst zu besichtigen, etwa weil er weit entfernt ist oder weil seine Inaugenscheinnahme besondere körperliche Fähigkeiten verlangt, z. B. wenn dazu ein hohes Dach, eine Bergwand oder ein Schornstein bestiegen werden muß[40] oder wenn der Augenscheinsgegenstand unter Wasser liegt[41]. Aber auch wenn solche rechtlichen oder tatsächlichen Hindernisse der eigenen Besichtigung nicht entgegenstehen, ist das Gericht grundsätzlich nicht gehindert, andere Personen damit zu beauftragen, die Besichtigung vorzunehmen und über das Ergebnis zu berichten[42]. Solche Beweispersonen wer-

ZStW 6 S. 88 (199/200) hält den Auftrag an einen Zeugen, sich über die Örtlichkeit zu unterrichten und darüber später auszusagen, für unzulässig. *Goldschmidt* S. 434 Fußn. 2288 wollte den Augenscheinsgehilfen nur zulassen, wenn die unmittelbare richterliche Beweisaufnahme unmöglich oder unzumutbar ist.

34 Vgl. BGHSt. 9 S. 292 = JZ 1957 S. 227 mit Anm. *Eb. Schmidt*; KK *Pelchen* § 86 Rdnr. 4; KMR *Paulus* vor § 48 Rdnr. 46; LR *Meyer* § 86 Rdnr. 3; *Dähn* JZ 1978 S. 640 (641); *Jessnitzer* S. 31 und DRiZ 1974 S. 98; *Pieper* ZZP 84 S. 1 (11); *Robert* S. 20, 22; a. A. *Henkel* S. 226, der die Vernehmung des Sachverständigen als sachverständigen Zeugen für erforderlich hält.
35 Vgl. *Stein* S. 64, der zutreffend darauf hinweist, daß die Zuziehung von Sachverständigen auch bei Beweiserhebungen anderer Art vorkommt.
36 Vgl. *Beling* S. 294; *Simader* S. 156.
37 Vgl. LR *Meyer* § 86 Rdnr. 4; *Beling* S. 214; a. A. *Simader* S. 156, der ihn als Augenscheins- und zugleich Sachverständigenbeweis ansieht und einen darauf gerichteten Beweisantrag als »gemischten Beweisantrag« bezeichnet.
38 Vgl. KMR *Paulus* Rdnr. 2; LR *Meyer* Rdnr. 18; *Eb. Schmidt* Rdnr. 5; alle zu § 87; *Dähn* JZ 1978 S. 640 (641).
39 Vgl. LR *Meyer* § 81 d Rdnr. 5; *Eb. Schmidt* vor § 72 Rdnr. 18.
40 Vgl. LR *Meyer* § 86 Rdnr. 3; *Eb. Schmidt* § 86 Rdnr. 8; *Gössel* S. 243; *Henkel* S. 226.
41 Vgl. *Robert* S. 23.
42 Vgl. KK *Pelchen* § 86 Rdnr. 3; *Eb. Schmidt* vor § 72 Rdnr. 19; *Alsberg* JW 1930 S. 714; 1931 S. 1492 (1493); S. 1608. – A.A. *Goldschmidt* S. 434/435; *Goslar* S. 36/37; *Mannheim* JW 1931 S. 1040; *Mezger* S. 143; *W. Ziegler* S. 122/123.

den als Augenscheinsgehilfen herangezogen[43]. Im Schrifttum werden sie auch als Beweismittler[44], »gerufene« oder »gezogene« Zeugen[45] bezeichnet. Der Beweisvorgang ist kein Augenscheinsbeweis; denn diese Art Beweis kann nur ein Richter erheben[46].

Da das Gesetz über ihn nichts weiter bestimmt, ist streitig, ob der Augenscheinsgehilfe eine Art Sachverständiger[47], ob er Zeuge[48] oder ein Beweismittel eigener Art ist[49]. Nach richtiger Ansicht muß zwischen seiner Heranziehung und seiner Vernehmung unterschieden werden. Handelt es sich darum, Beweispersonen zu gewinnen, die anstelle des Gerichts den Augenschein einnehmen, so sind die Vorschriften über den Sachverständigenbeweis entsprechend anzuwenden[50]. Der Augenscheinsgehilfe wird durch das Gericht ausgewählt (§ 73 Abs. 1), kann, solange er die Wahrnehmung noch nicht gemacht hat, wegen Besorgnis der Befangenheit abgelehnt werden (§ 74)[51] und ist unter den Voraussetzungen des § 75 verpflichtet, den Auftrag anzunehmen[52]. Denn es darf nicht der Fall eintreten, daß

---

43 Vgl. *Gössel* S. 243.
44 Der Ausdruck geht auf *Goldschmidt* S. 434/435 Fußn. 2288 zurück.
45 Vgl. *Hellm. Mayer* Mezger-FS S. 464 Fußn. 2; *Stein* S. 70. Der Ausdruck taucht erstmals in RGRspr. 3 S. 544 auf.
46 Vgl. LR *Meyer* § 86 Rdnr. 3; *Hegler* AcP 104 S. 151 (160 Fußn. 28). – A.A. *Eb. Schmidt* § 86 Rdnr. 9; *Goldschmidt* S. 434 Fußn. 2288, die aber übersehen, daß der Beweis durch Zeugen von seiner ihn rechtlich qualifizierenden Eigenart nichts dadurch einbüßt, daß der Zeuge einen von ihm wahrgenommenen Augenschein zur Grundlage seiner Aussage macht. Andernfalls müßte man auch vom Urkundenbeweis reden, wenn der Zeuge vor seiner Aussage auf Erfordern des Gerichts bestimmte Schriftstücke eingesehen hat und danach über ihren Inhalt berichtet.
47 So *Hegler* AcP 104 S. 151 (157 ff., 160) und Rechtsgang II S. 267 (279 Fußn. 2, S. 307 Fußn. 6, S. 309). *Eb. Schmidt* vor § 72 Rdnr. 21 und § 86 Rdnr. 9 bezeichnet ihn als Quasisachverständigen. Hiergegen vor allem *Lent* ZZP 60 S. 9 (43 ff.).
48 So *Kleinknecht* vor § 72 Rdnr. 35; *Gössel* S. 244; *Henkel* S. 226; *Jessnitzer* S. 31; *Mezger* S. 3 Fußn. 4; *Pieper* ZZP 84 S. 1 (11); *Stein* S. 70.
49 So *Goldschmidt* S. 434 bis 436 Fußn. 2288. Auch *Lent* ZZP 60 S. 9 (44) bezeichnen den Augenscheinsgehilfen als »eine besondere Art im Prozeß auftretender Personen«, die erst Aussagepersonen werden, wenn sie die Wahrnehmungen gemacht haben, mit denen sie beauftragt waren.
50 Vgl. LR *Meyer* § 86 Rdnr. 5; *Rüping* Rdnr. 172; *Schmidhäuser* ZZP 72 S. 365 (397); so offenbar auch *Schlüchter* S. 526 Fußn. 424 a. – A.A. KMR *Paulus* vor § 48 Rdnr. 47. Unklar KK *Pelchen* § 86 Rdnr. 4, wo vom „sachverständigen Augenscheinsgehilfen" die Rede ist.
51 Da er im Gegensatz zum Zeugen austauschbar ist, besteht kein Grund, ihn einem Prozeßbeteiligten aufzudrängen, der berechtigte Einwendungen gegen seine Unvoreingenommenheit vorbringt.
52 A.A. KMR *Paulus* vor § 48 Rdnr. 47; *Lent* ZZP 60 S. 9 (39); *Panhuysen* S. 30; *Schmidhäuser* ZZP 72 S. 365 (397), die immer Bereitwilligkeit verlangen. A.A. auch *Gössel* S. 224, der eigenartigerweise annimmt, nach § 75 könne die gesamte Bevölkerung als Gehilfe des Gerichts herangezogen werden. Die Pflicht zur Augenscheinsmittlung verneinen auch *Goldschmidt* S. 435 Fußn. 2288; *von Kries* ZStW 6 S. 88 (199) und *Schuster* S. 50.

eine Besichtigung nicht durchgeführt werden kann, weil nur Spezialisten in der Lage sind, sie vorzunehmen, sich aber niemand findet, der freiwillig bereit ist, den Augenschein einzunehmen. Hat der Augenscheinsgehilfe die Wahrnehmung gemacht, mit der er beauftragt war, so besteht seine Aufgabe weiter darin, wie jeder andere Zeuge über seine Beobachtungen auszusagen[53]. Zur Aussage ist er verpflichtet. Für die Vereidigung gelten die §§ 59 ff[54].

---

[53] RGSt. 47 S. 100 (106); RG JW 1931 S. 2813 mit Anm. *Kern*; OLG Frankfurt VRS 58 S. 368 (370); OLG Hamm VRS 34 S. 61; *Kleinknecht* vor § 72 Rdnr. 29, 35; KMR *Paulus* vor § 72 Rdnr. 49; LR *Meyer* § 86 Rdnr. 5; *Henkel* S. 226; *Jessnitzer* S. 31 und Strafverteidiger 1982 S. 177; *Peters* S. 321; *Stein* S. 70.
[54] Vgl. *Hanack* JZ 1970 S. 561 (563). *Goldschmidt* S. 434 bis 436 Fußn. 2288 will nur auf die Vereidigung die Vorschriften über den Zeugenbeweis, im übrigen die über den Sachverständigen anwenden.

§ 2 Gegenstände des Augenscheinsbeweises

I. Grundsätze 229
II. Einzelne Augenscheinsgegenstände 229
   1. Abbildungen, Darstellungen, Filmstreifen, Lichtbilder, Video-Aufnahmen ... 229
   2. Schallplatten und Tonbandaufnahmen 231
   3. Skizzen vom Tat- oder Unfallort und Zeichnungen 232
   4. Technische Aufzeichnungen 233
   5. Urkunden 234
   6. Experimente mit Sachen und Personen, sonstige Versuche und Vorgänge ... 235
   7. Personen 236

I. Grundsätze

Der Kreis der Augenscheinsgegenstände ist nicht beschränkt. Der Richter darf alles sinnlich Wahrnehmbare, das ihm eine Sachaufklärung verschaffen kann und das er zur Bildung seiner Überzeugung für geeignet hält, in Augenschein nehmen[1]. Augenscheinsgegenstände können daher Sachen jeder Art, feste, flüssige, gasförmige Körper, Gebäude und Örtlichkeiten sein, aber auch Vorgänge, die der sinnlichen Wahrnehmung zugänglich sind[2]. Auch Personen können in Augenschein genommen werden[3]; die Besichtigung des unbekleideten Körpers regeln §§ 81 a, 81 c, die des Leichnams § 87.

II. Einzelne Augenscheinsgegenstände

1. Abbildungen, Darstellungen, Filmstreifen, Lichtbilder, Video-Aufnahmen

Gegenstände dieser Art können zum Beweis ihres eigenen strafbaren Inhalts[4] in Augenschein genommen werden. Unmittelbar zu Beweiszwecken können auch

---

1 RGSt. 36 S. 55 (56); 47 S. 235 (237); KK *Herdegen* § 244 Rdnr. 16; KMR *Paulus* vor § 72 Rdnr. 50; LR *Meyer* § 86 Rdnr. 7; *Dallinger* MDR 1956 S. 145. Vgl. auch *Eb. Schmidt* § 86 Rdnr. 21 und Nachtr. vor § 244 Rdnr. 4); *Gerland* S. 229; Spendel JuS 1964 S. 465 (468).
2 Vgl. LR *Meyer* § 86 Rdnr. 7; *Eb. Schmidt* § 86 Rdnr. 5; *zu Dohna* S. 95; *Gerland* S. 223; *von Hippel* S. 426; *Roxin* § 28 A 1; *Stein* S. 52; *Voß* GA 60 S. 195 und GerS 79 S. 433.
3 OLG Hamm MDR 1974 S. 1036 = VRS 48 S. 105; *Kleinknecht* vor § 72 Rdnr. 32; KMR *Paulus* vor § 72 Rdnr. 50; *Eb. Schmidt* § 86 Rdnr. 5.
4 Etwa bei den Straftaten nach §§ 86, 86 a, 90, 90 a, 90 b, 184, 186 StGB.

Lichtbilder dienen, die bei einer richterlichen Augenscheinseinnahme nach § 225 auf Anordnung des Richters angefertigt worden und Bestandteil des Protokolls nach § 86 sind[5]. Die Inaugenscheinnahme von Filmstreifen und Lichtbildern kann gelegentlich auch sonst unmittelbaren Beweis erbringen. Das ist z. B. der Fall, wenn eine automatische Kamera einen Banküberfall aufgenommen hat[6] oder, im Verkehrsrecht, wenn bei Geschwindigkeitskontrollen Radarfotos angefertigt[7] oder bei Rotlichtmißachtungen selbsttätige Kameras Lichtbilder aufgenommen haben[8], wenn die Polizei bei Veranstaltungen, insbesondere bei Demonstrationen, Film- oder Bildaufnahmen zur späteren Identifizierung und Überführung von Straftätern angefertigt hat[9] oder wenn heimlich eine Video-Aufnahme hergestellt worden ist, die das strafbare Tun des späteren Angeklagten festhält[10]. Meist kann mit Filmen und Lichtbildern aber nur ein mittelbarer Beweis geführt werden. Ein Film kann z. B. zum Beweis dafür in Augenschein genommen werden, daß der Angeklagte durch seine Beteiligung an der Rekonstruktion der Tat ein Geständnis abgelegt hat[11]. Ein Lichtbild kann einen Eindruck vom Aussehen und Zustand einer Sache oder Örtlichkeit, insbesondere vom Tat- oder Unfallort, vermitteln. Nach den Grundsätzen der freien Beweiswürdigung bestimmt sich, ob der Hersteller als Zeuge darüber vernommen werden muß, an welchem Ort und zu welcher Zeit der Film oder das Bild aufgenommen worden ist[12]. Wenn die Auswertung der Fotografie nur durch einen Sachverständigen möglich ist, erübrigt sich die Augenscheinseinnahme[13]. Das Hauptverwendungsgebiet von Filmen und Lichtbildern ist nicht die Augenscheinseinnahme, sondern ihre Verwendung als Hilfsmittel bei der

---

5 BGH VRS 16 S. 270 (274); RGSt. 36 S. 55 (56); LR *Meyer* § 86 Rdnr. 16; *Eb. Schmidt* § 86 Rdnr. 20.
6 OLG Celle NJW 1965 S. 1677 (1679); *Krause/Nehring* Einl. Rdnr. 259; *Spendel* NJW 1966 S. 1102 (1106).
7 OLG Hamm VRS 44 S. 117; OLG Saarbrücken VRS 48 S. 211; OLG Stuttgart VRS 59 S. 360 (363); OLG Zweibrücken VerkMitt. 1979 S. 22; *Gramse* AnwBl. 1980 S. 433 (441). Vgl. auch BGHSt. 29 S. 18. *Robert* S. 58 hält das Foto in erster Hinsicht für eine Urkunde.
8 OLG Düsseldorf VRS 33 S. 447; OLG Stuttgart DAR 1977 S. 328; *Krause/Nehring* Einl. Rdnr. 259; LR *Meyer* § 86 Rdnr. 17; *Gramse* AnwBl. 1980 S. 433 (441); *Petry* S. 166. – OLG Düsseldorf VerkMitt. 1967 S. 40 hält es für erforderlich, zusätzlich einen Zeugen zur Erläuterung der Aufnahme zu hören.
9 Vgl. *Robert* S. 58.
10 OLG Schleswig NJW 1980 S. 352 (353); vgl. dazu unten S. 516.
11 BGH bei *Holtz* MDR 1976 S. 634; hiergegen KMR *Paulus* vor § 72 Rdnr. 53.
12 RGSt. 36 S. 55 (57); BayObLGSt. 1965 S. 79 = JR 1966 S. 389 mit Anm. *Koffka*; OLG Hamm VRS 51 S. 45 (47); OLG Koblenz VRS 44 S. 433 (434); OLG Stuttgart DAR 1977 S. 328; LR *Gollwitzer* § 244 Rdnr. 11; LR *Meyer* § 86 Rdnr. 18; *Gramse* AnwBl. 1980 S. 433 (441/442). – A.A. *Eb. Schmidt* § 86 Rdnr. 21 und *W. Hahn* S. 81, die regelmäßig die Vernehmung des Herstellers für erforderlich halten. Nach Ansicht von *Gerland* S. 233 Fußn. 346 ist sie sogar unerläßlich.
13 BGH VRS 23 S. 91.

Beweisaufnahme. Dann ist das Lichtbild kein selbständiges Beweismittel, sondern nur Vernehmungsbehelf[14].

2. Schallplatten und Tonbandaufnahmen

Sie sind taugliche Beweismittel[15] und können wie Filme und Lichtbilder zum Beweis ihrer Existenz, ihrer äußeren Beschaffenheit und ihres Zustands verwendet werden. Aber auch der Inhalt der aufgenommenen Gedankenäußerung wird nach jetzt vorherrschender Ansicht im Wege des Augenscheinsbeweises festgestellt[16]. Die Gegenmeinung, die einen Beweis durch Augenschein nur für zulässig hält, wenn es auf die äußere Beschaffenheit der Platte oder des Tonbands ankommt, und im übrigen die Vorschriften über den Urkundenbeweis unmittelbar[17] oder entsprechend[18] anwenden will[19], hat sich mit Recht nicht durchsetzen können. Denn die Vorschrift des § 249 Abs. 1 Satz 1, wonach Urkunden verlesen werden müssen,

---

14 BGHSt. 18 S. 51 (53); BGH VRS 36 S. 189 (190); BGH GA 1968 S. 305 (306); BGH bei *Martin* DAR 1969 S. 152; RGSt. 47 S. 235 (236); RG JW 1933 S. 1664; RG LZ 1923 Sp. 405 (406); RG Recht 1923 Nr. 1495; BayObLG DRiZ 1931 Nr. 50; OLG Hamm VRS 44 S. 117; OLG Koblenz VRS 44 S. 433 (434); OLG Stuttgart VRS 58 S. 436 (438); LR *Meyer* § 86 Rdnr. 15; *Gramse* AnwBl. 1980 S. 433 (442); *Mühlhaus* DAR 1965 S. 12. Vgl. auch oben S. 223.
15 A.A. *Spendel* JuS 1964 S. 465 (471 Fußn. 76) unter Berufung auf *Eb. Schmidt*, der aber Nachtr. § 244 Rdnr. 78 ff. seine frühere Ansicht aufgegeben hat.
16 BGHSt. 14 S. 339 (341); 27 S. 135 (136) = JR 1978 S. 117 mit Anm. *Gollwitzer*; KG JW 1924 S. 912; NJW 1980 S. 952; OLG Celle NJW 1965 S. 1677 (1678); OLG Frankfurt NJW 1967 S. 1047; *Dalcke/Fuhrmann/Schäfer* § 244 Anm. 20; KK *Pelchen* § 86 Rdnr. 6; KK *Mayr* § 249 Rdnr. 24; *Kleinknecht* vor § 72 Rdnr. 33 und NJW 1966 S. 1537 (1541); KMR *Paulus* vor § 72 Rdnr. 52; LR *Gollwitzer* § 244 Rdnr. 279 ff.; LR *Meyer* § 86 Rdnr. 23, 29; *Eb. Schmidt* Nachtr. § 86 Rdnr. 1), § 244 Rdnr. 79, JZ 1956 S. 206 (207), 1964 S. 537 (539) und Gedächtnisschrift für Walter Jellinek, 1955, S. 625 (630); *Bruns* JZ 1957 S. 489 (493); *Dahs/Dahs* Rdnr. 226; *Feldmann* NJW 1968 S. 1166 (1168); *Gössel* S. 235; *Groth* S. 70; *W. Hahn* S. 68; *Hegler* Rechtsgang I S. 385 (422) und II S. 267 (279); *Henkel* S. 227 und JZ 1957 S. 148 (152); *von Hippel* S. 435; *Koeniger* S. 367; *F. W. Krause* S. 122 ff., 125; *Kühne* Rdnr. 527; *Löhr* S. 125; *Petry* S. 141/142; *Pleyer* ZZP 69 S. 320; *Roggemann* S. 71 ff., 86 und JR 1966 S. 47 (48); *Roxin* § 28 C; *Rüping* Rdnr. 389; *A. S. Schultze* GrünhutsZ 22 S. 70 (138); *Spendel* NJW 1966 S. 1103 (1107); *Weiß* S. 150; offengelassen bei BGH bei *Dallinger* MDR 1956 S. 144; NJW 1956 S. 558 = JZ 1956 S. 227.
17 *Kohlhaas* NJW 1957 S. 81 (83), DRiZ 1955 S. 80 (82) und JR 1960 S. 245; *von Kries* S. 413; *Scupin* DÖV 1957 S. 548 (553); *Siegert* NJW 1957 S. 689 (691) und GA 1957 S. 265 (269).
18 *Bennecke/Beling* S. 340; *Dallinger* MDR 1956 S. 145 (146); *Dolderer* S. 31; *Liermann* S. 84 (für berichtende Tonbandaufnahmen im Gegensatz zu denjenigen, die die rechtserheblichen Tatsachen selbst zum Inhalt haben); *Robert* S. 45; *R. Schmitt* JuS 1967 S. 19 (21); *Schlüchter* Rdnr. 541 (wenn es auf den Gedankeninhalt ankommt).
19 Die Voraufl. S. 270, 373 wollte Augenscheinsbeweis nur annehmen, wenn es auf die Unversehrtheit der Aufnahme oder auf einen Stimmvergleich zur Feststellung der Identität der Personen ankommt, deren Äußerungen aufgenommen worden sind.

schließt den Urkundenbeweis durch Gedankenträger aus, deren Verlesung nicht möglich und, weil sie unmittelbar auf den Gehörsinn wirken, auch nicht nötig ist[20]. Tonbandaufnahmen sind nach Ansicht des Bundesgerichtshofs sogar dann Gegenstand des Augenscheinsbeweises, wenn sie zugleich Bestandteil einer Zeugenaussage sind, z. B. wenn die Echtheit der Wiedergabe der Vernehmung auf dem Tonband von einem Zeugen bestätigt wird[21].

Schallplatten und Tonbandaufnahmen können ihren eigenen strafbaren Inhalt (Beleidigung, Bedrohung usw.) beweisen[22]. Sie können in Augenschein genommen werden, weil sie Aufzeichnungen über die Tathandlung enthalten[23], und sie können als Beweisanzeichen dienen, wie z. B. die bei der Telefonüberwachung nach § 100 a angefertigten Tonbandaufnahmen. Ferner ist die Augenscheinseinnahme durch Abhören von Tonbändern zu dem Zweck zulässig, die äußeren Umstände des aufgenommenen Gesprächs (teilnehmende Personen, Gesprächsklima, Vernehmungsmethoden usw.) festzustellen[24] oder Beweis über die Angaben zu erheben, die der Angeklagte, die Zeugen oder Sachverständigen im Ermittlungsverfahren gemacht haben[25]. Der Beweiswert des Tonbands wird allerdings meist davon abhängen, daß der Angeklagte oder ein Zeuge dessen Beziehungen zu dem Verfahrensgegenstand, gegebenenfalls auch seine Echtheit, bestätigt[26]. Neben dem unmittelbaren Zeugenbeweis wird dem Tonband daher häufig nur eine Hilfsbedeutung zukommen[27].

3. Skizzen vom Tat- oder Unfallort und Zeichnungen

Sie dürfen in Augenschein genommen werden, wenn sie bei einer richterlichen Augenscheinseinnahme hergestellt und dem Augenscheinsprotokoll als Anlage beigefügt worden sind[28]. Als Gegenstand des Augenscheins dürfen sie auch verwendet

---

20 Vgl. vor allem *F.W. Krause* S. 125 ff.; *Roggemann* S. 71 ff.; *Eb. Schmidt* in Gedächtnisschrift für Walter Jellinek, 1955, S. 625 (630).
21 BGHSt. 14 S. 339 (341). Hiergegen KK *Herdegen* § 244 Rdnr. 15; *Eb. Schmidt* § 244 Rdnr. 80 und JZ 1964 S. 537 (539 ff.); *Hanack* JZ 1972 S. 274 (275) und in FS für Erich Schmidt-Leichner, 1977, S. 83 (97); *Roxin* S. 28 C.
22 Vgl. *Eb. Schmidt* § 244 Rdnr. 81; *W. Hahn* S. 80; *Weiß* S. 152/153.
23 OLG Frankfurt NJW 1967 S. 1047; *Eb. Schmidt* Nachtr. § 244 Rdnr. 81.
24 Vgl. *Henkel* JZ 1957 S. 148 (152); *Kleinknecht* NJW 1966 S. 1537 (1541); *Kohlhaas* DRiZ 1958 S. 81 (82); *Roggemann* S. 64; *Weiß* S. 151 ff. Vgl. auch BGHSt. 14 S. 339 (340); BGH JZ 1956 S. 227 zu II.
25 BGHSt. 14 S. 339 (340); BGH NJW 1956 S. 558 = JZ 1956 S. 227 zu II; BGH JZ 1956 S. 227 zu I; BGH bei *Dallinger* MDR 1954 S. 337; LR *Meyer* § 86 Rdnr. 30; *Feldmann* NJW 1958 S. 1166 (1168); *Roggemann* S. 62 ff. – A.A. *Eb. Schmidt* Nachtr. § 244 Rdnr. 78 ff., JZ 1956 S. 206 (208), 1964 S. 537 (542) und in Gedächtnisschrift für Walter Jellinek, 1955, S. 625 ff., 632 ff.; *Henkel* JZ 1957 S. 148 (152 ff.); *Roxin* § 28 C; *Spendel* JuS 1964 S. 465 (471 Fußn. 76); *Weiß* S. 159.
26 BGHSt. 14 S. 339 (341); LR *Gollwitzer* § 244 Rdnr. 281; *Eb. Schmidt* Nachtr. § 244 Rdnr. 79 a ff.; *Fezer* JuS 1979 S. 186 (188).
27 Vgl. LR *Gollwitzer* § 244 Rdnr. 281; *Kleinknecht* NJW 1966 S. 1537 (1541).
28 Vgl. RGSt. 36 S. 55 (56); KK *Pelchen* § 86 Rdnr. 6; LR *Meyer* § 86 Rdnr. 38.

werden, wenn nur ihre Existenz bewiesen werden soll[29] oder wenn dem Hersteller vorgeworfen wird, sich durch die Anfertigung der Skizze oder Zeichnung einer Straftat schuldig gemacht zu haben[30]. Im übrigen sind Skizzen und Zeichnungen keine zulässigen Beweismittel, wenn es auf ihren gedanklichen Inhalt ankommt. Denn sie geben Auskunft über die Wahrnehmungen ihres Herstellers, und dessen Vernehmung darf nach § 250 nicht durch andere Beweismittel ersetzt werden[31]. Skizzen und Zeichnungen dürfen daher bei der Vernehmung von Beschuldigten und Sachverständigen nur als Vernehmungshilfen verwendet werden[32]. Das gilt auch für amtliche Tatort- oder Unfallskizzen[33].

4. Technische Aufzeichnungen

Derartige Aufzeichnungen sind nach § 268 StGB keine Urkunden[34]. Auch im Strafverfahren sind sie Augenscheinsgegenstände[35]. Das gilt insbesondere für Auf-

---

29 OLG Celle DAR 1967 S. 249 (250) = VRS 33 S. 43.
30 Etwa wenn einem Polizeibeamten zur Last gelegt wird, durch die Herstellung der Skizze Strafvereitelung begangen zu haben; vgl. LR *Meyer* § 86 Rdnr. 26; *Sarstedt* S. 189 Fußn. 40.
31 Vgl. LR *Gollwitzer* § 250 Rdnr. 9; *Heißler* S. 184; vgl. oben S. 225. Allgemein zu § 250 vgl. unten S. 459 ff.
32 BGH VRS 4 S. 122; 36 S. 189 (190); BGH bei *Martin* DAR 1969 S. 152; BayObLGSt. 1965 S. 79 = NJW 1965 S. 2357 = JR 1966 S. 389 mit Anm. *Koffka*; BayObLG bei *Rüth* DAR 1964 S. 243; 1965 S. 286; OLG Celle DAR 1967 S. 249 (250) = VRS 33 S. 43; OLG Düsseldorf VRS 3 S. 359 (360); OLG Hamm DAR 1965 S. 160 = JMBlNRW 1965 S. 104 = VRS 28 S. 380 (381); MDR 1972 S. 345 = VRS 42 S. 369 (370); VRS 44 S. 117 (118); 51 S. 45 (47); OLG Schleswig RdK 1954 S. 123 und bei *Ernesti/Jürgensen* SchlHA 1970 S. 199; 1978 S. 188; KK *Pelchen* § 86 Rdnr. 6; *Kleinknecht* vor § 72 Rdnr. 33 b; LR *Gollwitzer* § 250 Rdnr. 9; LR *Meyer* § 86 Rdnr. 26, 34; *Mühlhaus* DAR 1965 S. 12; *Sarstedt* S. 189 Fußn. 33, S. 190 (mit der Begründung, es dürften nur richterliche Augenscheinsergebnisse verwertet werden); *Schlüchter* Rdnr. 540. LR *Gollwitzer* § 245 Rdnr. 21 meint, die Bedeutung als »Beweismittel« erschöpfe sich meist in der Unterstützung oder Widerlegung der Aussage ihres Herstellers, der grundsätzlich selbst zu hören sei. – Die Verwendung der Skizze als Beweismittel lassen dagegen zu: BGH VRS 5 S. 541 (543); 27 S. 119 (120); S. 192; BGH bei *Spiegel* DAR 1977 S. 176; RGSt. 47 S. 235; OLG Düsseldorf VRS 31 S. 457; OLG Hamm NJW 1963 S. 2284; VRS 4 S. 602 (603); 8 S. 370; 18 S. 55; 51 S. 45 (47); OLG Koblenz VRS 49 S. 273 (274); OLG Neustadt MDR 1965 S. 407 = VRS 28 S. 377; KK *Herdegen* § 244 Rdnr. 16; KMR *Paulus* § 250 Rdnr. 7; *Eb. Schmidt* § 245 Rdnr. 12; Voraufl. S. 387, 504. Unklar ist die in BGHSt. 18 S. 51 (53) vertretene Ansicht, der Richter dürfe die Skizze als Hilfsmittel benutzen, »um sich seine freie Überzeugung über den Verlauf der den Gegenstand der Untersuchung bildenden Tat zu verschaffen«.
33 Eine Augenscheinseinnahme halten in diesem Fall für zulässig: KG NJW 1953 S. 1118 = VRS 5 S. 211; OLG Hamburg DAR 1956 S. 226 (227) = VRS 10 S. 370 (372); OLG Neustadt VRS 23 S. 447. Offengelassen bei BGHSt. 18 S. 51 (53); BGH GA 1968 S. 305; KG VRS 7 S. 132; 13 S. 265 (267).
34 Vgl. *Dreher/Tröndle* § 268 StGB Rdnr. 1.
35 Vgl. LR *Meyer* § 86 Rdnr. 28; *Jöstlein* DRiZ 1973 S. 409.

zeichnungen über Daten (z. B. Meß- und Rechenwerte), Zustände und Geschehensabläufe (z. B. Lochstreifen, Papierstreifen in einer Registrierkasse[36] oder in einer Kontrolluhr[37]), Meßdiagramme und Phasenpläne über die Signalzeichen einer Wechsellichtanlage[38]. Eine besondere Art technischer Aufzeichnungen sind die Fahrtschreiberdiagramme[39]. Sie sind zwar Augenscheinsobjekte[40], können aber in der Hauptverhandlung nur unter der Voraussetzung in Augenschein genommen werden, daß das Gericht in der Lage ist, sie auszuwerten. Bei Fahrtschreiberaufzeichnungen eines Polizeifahrzeugs, das die Geschwindigkeit eines vor ihm fahrenden Wagens durch Nachfahren mit gleichbleibendem Abstand festgestellt hat, ist diese Auswertung möglich[41]. Anders ist es, wenn Aufzeichnungen des durch § 57 a StVZO vorgeschriebenen eichfähigen Fahrtschreibers auszuwerten sind. In diesem Fall ist ein Augenscheinsbeweis regelmäßig ausgeschlossen. Vielmehr muß ein Sachverständiger, zweckmäßigerweise ein Experte der Herstellerfirma, mit der Auswertung beauftragt werden[42]. Neben der Anhörung des Sachverständigen ist dann eine richterliche Augenscheinseinnahme überflüssig[43]. Das Gutachten kann nach § 256 Abs. 1 Satz 2 in der Hauptverhandlung verlesen werden[44].

5. Urkunden

Der Urkundenbeweis setzt nach § 249 Abs. 1 Satz 1 voraus, daß die Urkunde verlesen werden kann. Ist das aus irgendwelchen Gründen nicht möglich, so muß sie auch dann in Augenschein genommen werden, wenn es auf ihren gedanklichen Inhalt ankommt[45]. Wenn Beweis aber nicht über diesen Inhalt der Urkunde, sondern über ihre Beschaffenheit (Art des Papiers und der Schriftzüge), insbesondere über das Vorhandensein von Merkmalen einer Verfälschung, erhoben werden soll,

---

36 RGSt. 55 S. 107.
37 RGSt. 34 S. 435; 64 S. 97; *Kleinknecht* vor § 72 Rdnr. 32.
38 OLG Hamm VRS 51 S. 45 (47), das aber zu diesem Ergebnis aufgrund einer unzutreffenden Gleichstellung mit Lichtbildern und Skizzen kommt.
39 Vgl. dazu *Dreher/Tröndle* § 268 StGB Rdnr. 6; *Puppe* JR 1978 S. 123 ff.
40 OLG Hamm VRS 17 S. 211; 51 S. 45 (47); OLG Köln JMBlNRW 1962 S. 203 = VRS 24 S. 61 (62); OLG Stuttgart DAR 1959 S. 247 = VRS 17 S. 208; KK *Pelchen* § 86 Rdnr. 6; *Kleinknecht* vor § 72 Rdnr. 32; LR *Meyer* § 86 Rdnr. 10; *Full/Möhl/Rüth*, Straßenverkehrsrecht, 1980, § 57 a StVZO Rdnr. 7; *Jagusch* § 57 a StVZO Rdnr. 6.
41 OLG Hamburg VRS 22 S. 473 (475); LR *Meyer* § 86 Rdnr. 10; vgl. aber auch BGH VRS 28 S. 460 (461).
42 BGH VRS 28 S. 460 (461); BayObLGSt. 1958 S. 284 = VRS 16 S. 296; BayObLG bei *Rüth* DAR 1976 S. 176; OLG Hamm DAR 1962 S. 59; OLG Köln VRS 31 S. 271; LR *Meyer* § 86 Rdnr. 10; *Kraft* DAR 1971 S. 124 (125).
43 Vgl. LR *Meyer* § 86 Rdnr. 10. Die abweichende Ansicht des OLG Düsseldorf VRS 39 S. 277 beruht auf einer Verkennung des Begriffs Befundtatsache.
44 Vgl. dazu unten S. 308.
45 Vgl. unten S. 244/245.

sind auch verlesbare Urkunden Gegenstand des Augenscheinsbeweises[46]. Die Inaugenscheinnahme ist insbesondere geboten, wenn die Urkunde zur Grundlage einer richterlichen Schriftvergleichung gemacht werden soll[47]. Wird ein Schriftsachverständigengutachten nach § 93 eingeholt, so ist daneben aber eine Inaugenscheinnahme der Schrift nicht erforderlich[48].

6. Experimente mit Sachen und Personen, sonstige Versuche und Vorgänge

Sie werden meist Gegenstand und Bestandteil eines Sachverständigengutachtens oder einer Zeugenaussage sein. Es kann aber auch Augenscheinsbeweis erhoben werden[49]. In Betracht kommen vor allem Fahrversuche[50], Bremsversuche, Schießversuche[51], Versuche zur Prüfung der Stimmstärke[52], Experimente zur Prüfung der Glaubwürdigkeit von Zeugen, etwa Versuche zur Prüfung der Merkfähigkeit, der Geschicklichkeit[53], der Fähigkeit eines Zeugen zu Sinneswahrnehmungen[54] und zu genauen Schätzungen[55]. Auch die Rekonstruktion des Tatverlaufs ist Augenscheinseinnahme[56], nicht jedoch eine Gegenüberstellung zwecks Wiedererkennung des Angeklagten durch Zeugen; dabei handelt es sich um einen Teil der Zeugenvernehmung[57]. Trinkversuche kommen wegen ihrer Nutzlosigkeit nicht in

---

46 RGSt. 5 S. 398 (400); 10 S. 115; S. 161; 17 S. 103 (106); RGRspr. 3 S. 789; 5 S. 398; RG JW 1903 S. 217; 1911 S. 248; RG GA 37 S. 54 (56); OLG Hamm NJW 1953 S. 839; KK *Pelchen* § 86 Rdnr. 6; KK *Mayr* § 249 Rdnr. 4; *Kleinknecht* vor § 72 Rdnr. 32; KMR *Paulus* § 249 Rdnr. 4; LR *Meyer* § 86 Rdnr. 32; *Eb. Schmidt* § 86 Rdnr. 4; *zu Dohna* S. 101; *Gerland* S. 234; *Gössel* S. 236; *von Hippel* S. 435; *Koeniger* S. 369; *Kohler* GA 60 S. 212 (213); *F.W. Krause* S. 114; *von Kries* S. 413 und ZStW 6 S. 88 (146 ff.); *Kühne* Rdnr. 529; *Petry* S. 141; *Robert* S. 26; *Schlüchter* Rdnr. 531; *Simader* S. 155.
47 RGSt. 65 S. 294 (295/296); LR *Meyer* § 86 Rdnr. 32.
48 Vgl. LR *Meyer* a.a.O.
49 BGH NJW 1961 S. 1486; OLG Braunschweig GA 1965 S. 376 (377); *Eb. Schmidt* § 86 Rdnr. 5; *zu Dohna* S. 95; *Glaser* Hdb. I S. 665; *Robert* S. 48; *Stein* S. 52 Fußn. 4; *Voß* GA 60 S. 187 (195) und GerS 79 S. 432 ff.; a. A. *von Kries* S. 408.
50 Vgl. BGH VRS 16 S. 270 (273); 35 S. 264 (266); OLG Koblenz MDR 1971 S. 507; KMR *Paulus* vor § 72 Rdnr. 59.
51 RG GA 59 S. 133; *Robert* S. 48.
52 KMR *Paulus* vor § 72 Rdnr. 59; LR *Meyer* § 86 Rdnr. 33.
53 RG JW 1927 S. 2044 mit Anm. *Mannheim* JW 1927 S. 2707; *Stützel* S. 16. Die RG-Entscheidung betraf den Versuch zur Prüfung der körperlichen Leistungsfähigkeit eines einarmigen Zeugen.
54 RGSt. 40 S. 48 (50); *Stützel* S. 14/15. – *Goldschmidt* S. 445 Fußn. 2337 und *Schuster* S. 44 ff. halten die Angaben des Zeugen, die er bei der Durchführung des Experiments macht, für Zeugen-, nicht für Augenscheinsbeweis.
55 OLG Braunschweig GA 1965 S. 376 (377); *Robert* S. 47, 53.
56 BGH NJW 1961 S. 1486 (1487); RG JW 1931 S. 2820 mit Anm. *Alsberg*; OLG Köln NJW 1955 S. 843; OLG Neustadt JR 1959 S. 71 mit Anm. *Sarstedt*; LR *Meyer* § 86 Rdnr. 33; *Robert* S. 48; *Stützel* S. 15.
57 Vgl. oben S. 93.

Betracht; da sie nicht unter denselben Bedingungen vorgenommen werden können wie bei der Tat, haben sie keinen Beweiswert[58].

7. Personen

Zur Feststellung der genauen Beschaffenheit ihres Körpers können auch Beschuldigte, Zeugen und dritte Personen[59] in Augenschein genommen werden[60]. Sofern dazu eine Untersuchung erforderlich ist, muß ein Arzt als Sachverständiger herangezogen werden (§ 81 a Abs. 1 Satz 2, § 81 c Abs. 2 Satz 2). Aufgrund seines Gutachtens, nicht durch eine richterliche Augenscheinseinnahme, wird dann der körperliche Zustand bewiesen. Das gleiche gilt, wenn sich Zeugen zu Versuchen zur Verfügung stellen, über deren Ergebnisse ein Sachverständigengutachten erstattet wird. Jedoch kann auch das Gericht Teile des Körpers von Angeklagten oder Zeugen in Augenschein nehmen, wenn das ohne Verstoß gegen die Schicklichkeit (vgl. § 81 d) möglich ist. Z.B. können Narben oder sonstige Auffälligkeiten am Arm oder am Bein, bei Männern auch am Oberkörper, im Gerichtssaal festgestellt werden. Wird der Angeklagte oder Zeuge in der Hauptverhandlung vernommen, so gehört jedoch das Betrachten seiner äußeren Erscheinung[61] und der sich offen darbietenden Körperbeschaffenheit[62] noch zur Vernehmung. Das ist etwa der Fall, wenn das Gericht die Ähnlichkeit zweier vernommener Zeugen[63] oder das Vorhandensein einer gut sichtbaren Narbe an der Hand[64] feststellt. Beobachtungen während der Vernehmung, die der Richter ohne besondere Augenscheinseinnahme und ohne Beurkundung im Sitzungsprotokoll[65] der Beweiswürdigung zugrunde legen darf, sind auch andere »nicht aufgesuchte« Wahrnehmungen, wie Erbleichen, Erröten, Mienenspiel, Gebärden und allgemein der persönliche Eindruck von dem Zeugen oder Angeklagten[66]. Das gleiche gilt für Gegenüberstellungen, die der Identifizierung aufgrund des äußeren Erscheinungsbildes des Angeklagten[67] oder aufgrund von Stimmproben[68] dienen. Um eine Augenscheinseinnahme

---

58 Vgl. oben S. 99/100; unten S. 607.
59 RGSt. 39 S. 303 (305).
60 OLG Hamm MDR 1974 S. 1036 = VRS 48 S. 105; *Eb. Schmidt* § 86 Rdnr. 5. Daß hier ein objektiver Personalbeweis, kein Sachbeweis vorliegt (vgl. oben S. 165/166), ändert nichts an der Einordnung des Beweises unter den Augenscheinsbeweis.
61 OLG Koblenz VRS 47 S. 441 (442); OLG Stuttgart VRS 58 S. 436 (438).
62 KK *Pelchen* § 86 Rdnr. 1, 6; LR *Gollwitzer* § 244 Rdnr. 8, 282; LR *Meyer* § 58 Rdnr. 13 und § 86 Rdnr. 21; a. A. KMR *Paulus* vor § 72 Rdnr. 58.
63 RGSt. 39 S. 303 (304).
64 BGH bei *Dallinger* MDR 1974 S. 368.
65 RGSt. 39 S. 303 (305).
66 BGHSt. 5 S. 354 (356); 18 S. 51 (54/55); RGSt. 33 S. 403 (404); 39 S. 303 (304/305); RG JW 1912 S. 541; KMR *Paulus* vor § 72 Rdnr. 57; LR *Meyer* § 86 Rdnr. 21, 33; *W. Ziegler* S. 122. Vgl. auch *Voß* GA 60 S. 187 (200); oben S. 222.
67 BGHSt. 16 S. 204; RG Recht 1907 Nr. 2844; *Kleinknecht* § 58 Rdnr. 5; KMR *Paulus* vor § 72 Rdnr. 57; LR *Meyer* § 58 Rdnr. 13 und § 86 Rdnr. 21; *Rogall* MDR 1975 S. 813 (814).
68 Vgl. LR *Meyer* § 86 Rdnr. 21; a. A. RG JW 1896 S. 555; *Schuster* S. 42.

handelt es sich aber, wenn die zu besichtigende Person nicht zugleich vernommen wird[69], etwa wenn ein Angeklagter in Augenschein genommen wird, der die Einlassung zur Sache ablehnt[70], oder wenn das äußere Erscheinungsbild eines Zeugen besichtigt wird, der die Aussage befugt verweigert[71].

---

69 Vgl. KMR *Paulus* § 58 Rdnr. 13.
70 OLG Bremen MDR 1970 S. 165.
71 OLG Hamm MDR 1974 S. 1036 = VRS 48 S. 105 (106); a. A. wohl BGH GA 1965 S. 108. Auch OLG Schleswig bei *Ernesti/Jürgensen* SchlHA 1972 S. 160 geht offenbar davon aus, daß kein Augenschein vorliegt. Vgl. auch *Rogall* MDR 1975 S. 813, der sogar die Belehrung über das Zeugnisverweigerungsrecht für erforderlich hält.

§ 3 Verfahren bei der Augenscheinseinnahme

I. Informatorische Besichtigungen 238
II. Gerichtliche Augenscheinseinnahme 239
  1. Verfahren... 239
  2. Protokollierung 240

I. Informatorische Besichtigungen

Die Form des Augenscheinsbeweises bedurfte keiner gesetzlichen Festlegung[1]; der Augenschein ist seiner Natur nach die einfachste und formloseste Beweisart. Allerdings muß er in und während der Hauptverhandlung von allen Mitgliedern des Gerichts unter Hinzuziehung der Prozeßbeteiligten vorgenommen werden. Informatorische Besichtigungen durch das Gericht oder eines seiner Mitglieder sieht das Gesetz nicht vor. Besichtigt das Gericht während der Hauptverhandlung einen Gegenstand, so darf das daher immer nur in der Form einer gerichtlichen Augenscheinseinnahme geschehen[2]. Der Richter ist jedoch nicht gehindert, sich vor der Hauptverhandlung mit den Gegenständen und Örtlichkeiten vertraut zu machen, die für die Beweisaufnahme von Bedeutung sind. Er ist verpflichtet, sich auf die Hauptverhandlung vorzubereiten, und dazu gehört nicht nur das Studium der Gerichtsakten, sondern auch die Besichtigung der bei den Akten befindlichen Lichtbilder und Zeichnungen, der asservierten Beweisstücke, des Tatorts und der Unfallstelle[3]. Das dient nicht der Aufklärung des Sachverhalts, sondern soll den Richter nur in die Lage versetzen, die Entscheidung darüber vorzubereiten, ob zur Sachaufklärung eine förmliche Augenscheinseinnahme erforderlich ist, und in der Hauptverhandlung den Angeklagten oder die Zeugen auf Umstände oder Unstimmigkeiten hinzuweisen, die sich aus den Augenscheinsgegenständen ergeben. Zu einem anderen Zweck, als Beschuldigten, Zeugen oder Sachverständigen geeignete Vorhalte zu machen, darf der Richter aber seine bei der informatorischen Besichti-

---
1 Das Gesetz regelt in § 86 nur die Protokollierung einer Augenscheinseinnahme vor und außerhalb der Hauptverhandlung.
2 Vgl. BGHSt. 3 S. 187 (188); KK *Pelchen* § 86 Rdnr. 5; *Gössel* S. 245.
3 Fraglich kann nur sein, ob auch Vorbesichtigungen durch das ganze Gericht zulässig sind. Das verneint *Geppert* S. 152/153. Das RG ließ die Besichtigung durch zwei Mitglieder des erkennenden Gerichts zu; vgl. RGSt. 50 S. 154. Der BGH (1 StR 233/52 vom 18. 7. 1952) hielt es für unbedenklich, daß sich während einer unterbrochenen Hauptverhandlung die drei Berufsrichter und die Prozeßbeteiligten zum Tatort begaben, um dort den Sachverständigen noch einmal in seine Aufgabe einzuweisen.

gung erlangten Kenntnisse nicht verwenden[4]. Urteilsgrundlage dürfen diese außerhalb der Hauptverhandlung gemachten Wahrnehmungen nicht sein[5].

II. Gerichtliche Augenscheinseinnahme

1. Verfahren

Die Augenscheinseinnahme ist, auch wenn sie nicht im Gerichtssaal vorgenommen wird, Teil der Hauptverhandlung[6]. Sie ist auch außerhalb des Gerichtsbezirks zulässig[7]. Alle Mitglieder des Gerichts müssen in der Hauptverhandlung den Beweisgegenstand in Augenschein nehmen, und den Prozeßbeteiligten muß Gelegenheit gegeben werden, den Gegenstand zu besichtigen. Bei Augenscheinseinnahmen im Gerichtssaal macht das keine Schwierigkeiten. Bei Ortsbesichtigungen kann es dagegen vorkommen, daß wegen der räumlichen Verhältnisse eine gleichzeitige Besichtigung durch alle an dem Verfahren beteiligten Personen nicht möglich ist. Dann ist es zulässig, daß jeweils einzelne Beteiligte die Besichtigung vornehmen[8]. Auch bei Fahrproben, bei denen eine gleichzeitige Anwesenheit aller Beteiligten in dem Fahrzeug nicht möglich ist, darf die Augenscheinseinnahme in der Weise stattfinden, daß zunächst nur ein Teil der Beteiligten an der Fahrt teilnimmt und die Probe dann mit den anderen Beteiligten wiederholt wird[9]. Es dürfen auch von vornherein zwei Fahrzeuge benutzt werden[10]. In solchen Fällen muß das Gericht, schon um den Erfordernissen des § 261 zu entsprechen, das Ergebnis der Augenscheinseinnahme, insbesondere ihren genauen Ablauf, in der nach der

---

4 BGH bei *Dallinger* MDR 1966 S. 383; RGSt. 26 S. 272 (273); 50 S. 154; OLG Celle GA 1954 S. 316; OLG Hamburg NJW 1952 S. 1271; OLG Hamm VRS 12 S. 448 (449); KK *Pelchen* § 86 Rdnr. 5; *Kleinknecht* Rdnr. 3; KMR *Paulus* Rdnr. 8; LR *Gollwitzer* Rdnr. 9; *Eb. Schmidt* Rdnr. 5; alle zu § 225; LR *Meyer* § 86 Rdnr. 6; *Dahs* Hdb. Rdnr. 543; *Dahs/Dahs* Rdnr. 274; *Gössel* S. 245; *Koch* DAR 1961 S. 275.
5 BGHSt. 2 S. 1 (3); BGH bei *Dallinger* MDR 1966 S. 383; RGSt. 26 S. 272; RG JW 1932 S. 659; 1938 S. 2736 = HRR 1939 Nr. 65; RG DRiZ 1927 Nr. 835; RG HRR 1937 Nr. 489; KG VRS 17 S. 285 (287); OLG Koblenz MDR 1971 S. 507; OLG Köln VRS 44 S. 211; KK *Pelchen* § 86 Rdnr. 5; LR *Meyer* § 86 Rdnr. 6; LR *Gollwitzer* § 261 Rdnr. 22.
6 BGHSt. 3 S. 187 (188); RGSt. 42 S. 197 (198); 66 S. 28 (29); KK *Pelchen* § 86 Rdnr. 9; *Kleinknecht* § 225 Rdnr. 2; KMR *Paulus* § 86 Rdnr. 7; *Gössel* S. 245.
7 RGSt. 11 S. 352 (355); 39 S. 348 (349); LR *Meyer* § 86 Rdnr. 40.
8 RG GA 59 S. 133; OLG Koblenz MDR 1971 S. 507; *Feisenberger* § 226 Rdnr. 4; *Kleinknecht* § 225 Rdnr. 2; KMR *Paulus* § 86 Rdnr. 7. In einem solchen Fall ist der Vorsitzende befugt, Unberechtigte fernzuhalten; vgl. BGHSt. 5 S. 75 (83); RGSt. 47 S. 322; 52 S. 137; RG JW 1937 S. 3100; LR *Schäfer* § 169 GVG Rdnr. 14.
9 RGSt. 52 S. 137; RG HRR 1937 Nr. 489. Vgl. auch OLG Köln JMBlNRW 1954 S. 167 für den Fall, daß bei einer Probefahrt nur die Berufsrichter im Führerhaus des Wagens Platz fanden und die anderen Prozeßbeteiligten dem äußeren Verlauf dieser Beweiserhebung in möglichst großer Nähe folgten.
10 BGH bei *Spiegel* DAR 1977 S. 171.

Ortsbesichtigung oder Fahrprobe stattfindenden Fortsetzung der Hauptverhandlung in Anwesenheit aller Prozeßbeteiligten erörtern[11].

Es steht nichts entgegen, daß das Gericht den Augenscheinsgegenstand in das Beratungszimmer mitnimmt, um ihn dort zu betrachten[12]. Unzulässig ist es jedoch, die Urteilsberatung am Tatort vorzunehmen, damit dort neue Wahrnehmungen gemacht werden können, falls sie sich als notwendig erweisen[13].

2. Protokollierung

Die Augenscheinseinnahme in der Hauptverhandlung ist eine wesentliche Förmlichkeit der Hauptverhandlung, die nach § 273 Abs. 1 in der Sitzungsniederschrift beurkundet werden muß. Aufzunehmen ist aber dort nur die Tatsache, daß eine Augenscheinseinnahme an einem bestimmten Gegenstand oder Ort stattgefunden hat. Welches Ergebnis der Beweisakt gehabt hat, gehört nicht in das Protokoll[14]. Enthält das Protokoll nichts über eine Augenscheinseinnahme, so steht nach § 274 fest, daß sie nicht stattgefunden hat[15].

---

11 OLG Koblenz MDR 1971 S. 507. Zu weitgehend fordert OLG Köln JMBlNRW 1954 S. 167 auch eine Darlegung der aus der Augenscheinseinnahme gewonnenen Erkenntnisse durch den Vorsitzenden.
12 RGSt. 66 S. 28 (29); LR *Meyer* § 86 Rdnr. 40.
13 RGSt. 66 S. 28 (29); OLG Hamm NJW 1959 S. 1192; *Kleinknecht* § 225 Rdnr. 3; LR *Gollwitzer* § 261 Rdnr. 22; LR *Meyer* § 86 Rdnr. 40; *Eb. Schmidt* Teil I Rdnr. 443.
14 BGH 4 StR 145/52 vom 18. 6. 1953; RGSt. 26 S. 277; 39 S. 257; RG Recht 1908 Nr. 3367; 1911 Nr. 3883; OLG Bremen NJW 1981 S. 2827 = JR 1982 S. 252 mit Anm. *Foth*; OLG Hamm GA 1973 S. 280; OLG Köln NJW 1955 S. 843; JMBlNRW 1962 S. 203 (204) = VRS 24 S. 61 (62); OLG Neustadt MDR 1965 S. 407 = VRS 28 S. 377; *Dalcke/Fuhrmann/Schäfer* § 86 Rdnr. 1; KK *Pelchen* § 86 Rdnr. 9; *Kleinknecht* § 225 Rdnr. 2; KMR *Paulus* § 86 Rdnr. 8; LR *Gollwitzer* § 244 Rdnr. 285; LR *Meyer* § 86 Rdnr. 41.
15 RGSt. 26 S. 277; 39 S. 257; 47 S. 235 (237); OLG Bremen NJW 1981 S. 2827; OLG Düsseldorf VRS 39 S. 277; OLG Hamm NJW 1953 S. 839; 1978 S. 2406 = VRS 56 S. 362; VRS 4 S. 602 (603); 8 S. 370; 44 S. 117; 51 S. 45 (46/47); OLG Köln JMBlNRW 1962 S. 203 (204) = VRS 24 S. 61 (62); OLG Saarbrücken VRS 48 S. 211; LR *Meyer* § 86 Rdnr. 41.

5. Kapitel Urkunden

§ 1 Grundfragen des Urkundenbeweises

    I. Wesen des Urkundenbeweises 241
   II. Der strafprozessuale Urkundenbegriff 242
       1. Unterschied zum sachlich-rechtlichen Urkundenbegriff 242
       2. Urkunden und andere Schriftstücke 243
  III. Verlesbare Urkunden 244
       1. Urkunden mit verständlichem Inhalt 244
       2. Urkunden in Geheimschrift oder Kurzschrift 245
       3. Fremdsprachige Urkunden 246
       4. Abschriften, Ablichtungen u. ä. 248

I. Wesen des Urkundenbeweises

Der strafprozessuale Urkundenbeweis besteht in der Ermittlung und Verwertung des gedanklichen Inhalts eines Schriftstücks[1]. Beweismittel ist die Urkunde, nicht die Verlesung[2]. Wie mit den anderen Beweismitteln können mit Urkunden die unmittelbar beweiserheblichen Tatsachen[3], bloße Beweisanzeichen (Indizien) und Hilfstatsachen bewiesen werden[4]. Nach § 249 Abs. 1 Satz 1 wird der Beweis regelmäßig dadurch erhoben, daß eine Urkunde oder ein anderes als Beweismittel dienendes Schriftstück verlesen wird. Eine besondere Form des Urkundenbeweises sieht § 249 Abs. 2 vor. Danach kann bei allseitigem Einverständnis von der Verlesung abgesehen werden, wenn die Richter vom Wortlaut des Schriftstücks Kenntnis genommen haben und den Prozeßbeteiligten dazu ebenfalls Gelegenheit gegeben worden ist. In der Hauptverhandlung wird nur der wesentliche Inhalt der Urkunde mitgeteilt (§ 249 Abs. 2 Satz 2).

Die Vorschrift des § 249 bestimmt nicht die Zulässigkeit des Urkundenbeweises im Einzelfall, sondern setzt sie voraus[5]. Sie regelt nur die Form dieses Beweises,

---

1 Vgl. *Eb. Schmidt* § 249 Rdnr. 1; *Beling* S. 311; *zu Dohna* S. 101; *von Hippel* S. 434; *von Kries* S. 412; *Kuckuck* S. 146.
2 Vgl. oben S. 166.
3 Das setzt voraus, daß die Urkunde selbst die Straftat verkörpert, also eine sog. Konstitutiv- oder Dispositivurkunde ist; vgl. unten S. 243.
4 Vgl. *Kuckuck* S. 148; für Hilfstatsachen RG GA 43 S. 242 (243).
5 Vgl. *Fezer* JuS 1977 S. 234 (235); *Geppert* S. 188; *Groth* S. 23.

nicht auch die Frage, wann er erforderlich ist[6]. Dies bestimmt sich nach den §§ 244, 245. Urkundenbeweis kann nur durch Urkunden geführt werden. Aber Urkunden sind nicht nur für diese Art der Beweiserhebung verwendbar. Sie können auch Augenscheinsgegenstände sein, wenn es nicht auf ihren Inhalt, sondern auf ihre Beschaffenheit ankommt[7].

II. Der strafprozessuale Urkundenbegriff

1. Unterschied zum sachlich-rechtlichen Urkundenbegriff

Urkunde im Sinne des § 267 StGB ist die verkörperte und allgemein oder jedenfalls für Eingeweihte verständliche Gedankenerklärung, die geeignet und bestimmt ist, im Rechtsverkehr Beweis zu erbringen, und die ihren Aussteller erkennen läßt[8]. Dieser sachlich-rechtliche Urkundenbegriff ist mithin dadurch gekennzeichnet, daß es nicht auf die Verkörperung einer Gedankenäußerung in einem Schriftstück ankommt, Verlesbarkeit nicht erforderlich ist, die Urkunde echt sein und ihre Bestimmung darin bestehen muß, Beweis zu erbringen. Im strafprozessualen Beweisrecht[9] gilt ein anderer Urkundenbegriff. Hier kommen allein Schriftstücke in Betracht, und sie müssen nicht nur einen Gedankeninhalt verkörpern[10], sondern auch verlesbar sein. Das ergibt sich klar aus § 249 Abs. 1 Satz 1. Mit diesen Erfordernissen ist der strafprozessuale Urkundenbegriff erschöpfend beschrieben. Erforderlich ist weder die Beweisbestimmung der Urkunde noch ihre Echtheit. Denn ob eine Urkunde echt ist, kann zwar für ihren Beweiswert von Bedeutung sein. Wenn sie falsch ist, schränkt das ihre Verwendbarkeit als Beweismittel aber nicht ohne weiteres ein. Die Unechtheit läßt die Tatsache, daß eine Urkunde dieses Inhalts vorhanden ist, vielmehr unberührt[11]. Anders als bei Urkunden im sachlich-rechtlichen Sinn kommt es auch nicht darauf an, ob der Aussteller der Urkunde erkennbar ist[12]. Auch Flugblätter unbekannter Herkunft und anonyme

---

6 BGH bei *Dallinger* MDR 1972 S. 753; RGRspr. 2 S. 45; *Feisenberger* Anm. 7; KK *Mayr* Rdnr. 1; *Kleinknecht* Rdnr. 2; KMR *Paulus* Rdnr. 2; LR *Gollwitzer* Rdnr. 1; alle zu § 249; *Fezer* JuS 1977 S. 234 (235); *Geppert* S. 189; *Groth* S. 23; *Schneidewin* JR 1951 S. 481.
7 Vgl. oben S. 234/235.
8 BGHSt. 3 S. 82 (84/85); 4 S. 284 (285); 13 S. 235 (239); RGSt. 61 S. 161; 64 S. 48 (49); 77 S. 275 (277); *Dreher/Tröndle* § 267 StGB Rdnr. 2; *Schönke/Schröder/Cramer* § 267 StGB Rdnr. 2.
9 Nur im Beweisrecht. In § 359 Nr. 1, § 362 Nr. 1 ist der Begriff Urkunde nach richtiger Ansicht in sachlich-rechtlichem Sinn zu verstehen; vgl. *Kleinknecht* Rdnr. 4; KMR *Paulus* Rdnr. 19; LR *Meyer* Rdnr. 5; *Eb. Schmidt* Rdnr. 2; alle zu § 359; a.A. KK *von Stackelberg* § 359 Rdnr. 7 ff.
10 Mißverständlich *Kuckuck* S. 145.
11 BGH 5 StR 278–279/77 vom 19.7.1977; *F.W. Krause* S. 106.
12 Vgl. KK *Mayr* Rdnr. 9; *Kleinknecht* Rdnr. 3; KMR *Paulus* Rdnr. 7; LR *Gollwitzer* Rdnr. 7; *Eb. Schmidt* Rdnr. 7; alle zu § 249; *F.W. Krause* S. 105; *Kühne* Rdnr. 528; *Rüping* Rdnr. 388; *Schlüchter* Rdnr. 531; a. A. *von Hippel* S. 435.

Briefe können zum Zweck des Beweises dafür verlesen werden, daß sie vorhanden sind[13]. Gleichgültig ist ferner, ob der Verfasser das Schriftstück als endgültige Erklärung oder nur als Entwurf angesehen hat[14].

2. Urkunden und andere Schriftstücke

Obwohl § 249 Abs. 1 Satz 1, Abs. 2 Satz 1 Urkunden und andere als Beweismittel dienende Schriftstücke nebeneinander aufführt, besteht kein begrifflicher Unterschied zwischen diesen beiden Arten von Beweisgegenständen[15]. In § 273 Abs. 1 ist daher auch nur davon die Rede, daß in der Sitzungsniederschrift »die verlesenen Schriftstücke« zu bezeichnen sind.

Daß das Schriftstück gerade zu dem Zweck hergestellt worden ist, im Prozeß Beweis zu erbringen, wird nicht vorausgesetzt. Absichtsurkunden und Zufallsurkunden stehen strafprozessual einander gleich[16]. Ebensowenig kommt es darauf an, ob das Schriftstück eine öffentliche oder private Urkunde, ob es eine sog. Konstitutiv- oder Dispositivurkunde ist, die die Erklärung oder Äußerung, auf die es für die Erfüllung des Straftatbestandes ankommt, selbst verkörpert[17], oder ob es sich um eine Urkunde handelt, die lediglich über die Straftat berichtet[18] oder deren Inhalt nur Rückschlüsse auf die Tat zuläßt[19]. Die im älteren Schrifttum vertretene Ansicht, eine Konstitutivurkunde könne immer nur Augenscheinsobjekt sein[20], ist heute allgemein aufgegeben worden. Der Unterschied zwischen Konstitutivurkun-

---

13 RGSt. 39 S. 258 (259); KK *Mayr* § 249 Rdnr. 9; *Eb. Schmidt* § 249 Rdnr. 7; *Roxin* § 28 B 1. Das OLG Saarbrücken (DRZ 1948 S. 68) betont, daß ungeachtet der Anonymität das Verwertungsverbot des § 250 gilt.
14 Vgl. LR *Gollwitzer* § 249 Rdnr. 5.
15 Vgl. *Feisenberger* Anm. 1; KK *Mayr* Rdnr. 11; KMR *Paulus* Rdnr. 7; LR *Gollwitzer* Rdnr. 6; *Eb. Schmidt* Rdnr. 2; alle zu § 249; *Beling* S. 311 Fußn. 1; *Fezer* JuS 1977 S. 234 Fußn. 2; *Gerland* S. 234 Fußn. 359; *Henkel* S. 228 Fußn. 2; *von Hippel* S. 435/436 Fußn. 9; *F.W. Krause* S. 110 ff., 112; *von Kries* S. 419 Fußn. 2; *Kuckuck* S. 145 Fußn. 164; *Kühne* Rdnr. 258; *Roxin* § 28 B 1. Die Entscheidung RGSt. 65 S. 294 (295) unterscheidet zwischen Urkunden in dem engeren Sinne des § 267 StGB und anderen Schriftstücken. *Birkmeyer* (S. 408) und *Groth* (S. 11) sehen den Unterschied darin, daß nur die Urkunden von vornherein zu Beweiszwecken bestimmt sind.
16 Vgl. KMR *Paulus* § 249 Rdnr. 7; *Gerland* S. 234; *von Hippel* S. 392 Fußn. 3, S. 435. *F.W. Krause* (S. 112) weist mit Recht darauf hin, daß spätestens mit der Einführung als prozessuales Beweismittel auch die Zufallsurkunde die Beweisbedeutung erlangt.
17 Z. B. der gefälschte Wechsel, der Erpresserbrief, die beleidigende Zuschrift. Auch ein Schriftstück, das zur Schriftvergleichung herangezogen wird, ist eine Dispositivurkunde; vgl. *Vogtherr* S. 13.
18 Z. B. die Aufzeichnung eines Zeugen über seine Wahrnehmungen oder die Niederschrift über eine Zeugen- und Sachverständigenvernehmung.
19 Vgl. KMR *Paulus* § 249 Rdnr. 7; *Eb. Schmidt* § 249 Rdnr. 3 ff.; *Beling* S. 311; *Groth* S. 18 ff.; *von Hippel* S. 392, 437; *Kuckuck* S. 147; *Rosenfeld* S. 177; vgl. auch *F.W. Krause* S. 127 ff.
20 Vgl. *Wach* Vorträge S. 153; *Wetzell*, System des ordentlichen Civilprozesses, 1878, S. 22; hiergegen *von Kries* S. 414 und ZStW 6 S. 88 (171).

den und berichtenden Urkunden ist nur insofern von Bedeutung, als die Beweisverbote der §§ 250 ff. sich stets nur auf die berichtenden Urkunden beziehen[21].

Der strafprozessuale Urkundenbeweis kann demnach mit Schriftstücken jeder Art geführt werden, die verlesen werden und durch ihren Gedankeninhalt auf die richterliche Überzeugung einwirken können[22].

III. Verlesbare Urkunden

1. Urkunden mit verständlichem Inhalt

Von einer Urkunde oder einem anderen zum Beweis dienenden Schriftstück im Sinne des § 249 kann nur gesprochen werden, wenn ein Beweisgegenstand vorliegt, der Träger von Schriftzeichen ist. Gleichgültig ist, aus welchem Stoff der Gegenstand besteht[23] und wie die Schriftzeichen angefertigt sind (Handschrift, Maschinenschrift, Druck)[24]. Da der Urkundenbeweis nur durch Verlesen oder Lesen erhoben werden kann, scheiden aber als Beweisgegenstände alle Träger von Gedankenäußerungen aus, die zwar aus Schriftzeichen bestehen, aber keinen allgemein verständlichen[25] oder wenigstens durch Auslegung zu ermittelnden[26] Sinn ergeben. Die Verlesung muß immer dazu führen, daß die Schriftzeichen unmittelbar in sinnvolle Worte umgesetzt werden[27]. Enthält eine Urkunde nur eine Aufstellung von Zahlen, Buchstaben oder zusammenhanglosen Worten, so kann daher mit ihr trotz der Verlesbarkeit dieser Zeichen kein Urkundenbeweis geführt werden. Kommt es auf den Beweis ihres Inhalts an, so muß sie in Augenschein genommen werden.

Beweiszeichen, wie Siegel, Ornamente, Prägezeichen, Korkbrand, Erkennungsmarken[28], sind keine Urkunden, deren Verlesung nach § 249 Abs. 1 Satz 1 möglich wäre[29]. Das gleiche gilt für Inschriften, die einem menschlichen Körper eintäto-

---

21 Vgl. LR *Gollwitzer* § 250 Rdnr. 3; *Geppert* S. 200; *Groth* S. 19; *Vogtherr* S. 12. In der Entscheidung BGHSt. 15 S. 253 (255) wird das aber als Faustregel bezeichnet, die nicht alle denkbaren Möglichkeiten erschöpft. Vgl. auch unten S. 461.
22 Vgl. KK *Mayr* § 249 Rdnr. 8; *Eb. Schmidt* § 86 Rdnr. 4; *Beling* S. 311; *Döhring* S. 289; zu *Dohna* S. 101; *Gössel* S. 234; *Henkel* S. 228; *von Hippel* S. 434; *von Kries* S. 412; *Robert* S. 25; *Roggemann* S. 69.
23 Vgl. KMR *Paulus* § 249 Rdnr. 7; LR *Gollwitzer* § 249 Rdnr. 7; *Gössel* S. 235; *Groth* S. 10; *von Hippel* S. 434 ff.; *F.W. Krause* S. 115; *Roxin* § 28 B 1.
24 Vgl. *Beling* S. 311.
25 BGHSt. 27 S. 135 (136); LR *Gollwitzer* § 249 Rdnr. 7; *F.W. Krause* S. 110, 114 ff.; *Simader* S. 154.
26 *F.W. Krause* S. 115. Vgl. den Fall RG GA 41 S. 403.
27 Vgl. *F.W. Krause* S. 116.
28 Vgl. *Dreher/Tröndle* § 267 StGB Rdnr. 4.
29 Vgl. KK *Mayr* § 249 Rdnr. 9; *Gössel* S. 235/236; *Roxin* § 28 B 1; a. A. *von Kries* ZStW 6 S. 88 (146) in Anlehnung an *Heusler* AcP 62 S. 209 ff., dessen Ansicht auf seine unrichtige Grundanschauung zurückgeht, daß durch einen Augenscheinsgegenstand niemals ein Indizienbeweis geführt werden kann. *Eb. Schmidt* § 249 Rdnr. 6, *Rosenfeld* II S. 37 und die Voraufl. S. 271 hielten sogar Gaunerzinken für Urkunden i. S. des § 249 Abs. 1 Satz 1; daß es unmöglich ist, sie zu »verlesen«, kann aber nicht zweifelhaft sein. Zutreffend hält *Gössel* (S. 236) daher eine Augenscheinseinnahme für erforderlich.

wiert sind[30], und für Lichtbilder, die nicht Urkundenablichtungen sind, sondern nur neben anderen Gegenständen auch Inschriften zeigen. Nur hinsichtlich der auf ihm angebrachten Vermerke über Hersteller, Aufnahmeort und -zeit ist das Lichtbild eine verlesbare Urkunde[31]. Schallplatten und Tonbänder können ebenfalls nicht Gegenstand des Urkundenbeweises sein, wenn der gedankliche Inhalt festgestellt werden soll, den sie verkörpern. Sie müssen im Wege des Augenscheinsbeweises abgehört werden[32], wenn nicht eine Niederschrift ihres Inhalts hergestellt worden ist, die als Urkunde verlesen werden kann[33].

2. Urkunden in Geheimschrift oder Kurzschrift

Verlesbar im Sinne des § 249 Abs. 1 Satz 1 ist ein Schriftstück nur, wenn derjenige, der es verliest, dazu außer der Fähigkeit, deutschsprachige Texte zu lesen, keine besonderen Kenntnisse benötigt. Papiere, die mit unleserlichen Schriftzeichen oder mit einer Geheimschrift[34] beschrieben sind, können niemals Gegenstand des Urkundenbeweises sein, sondern müssen in Augenschein genommen[35] oder zur Grundlage eines Sachverständigengutachtens über ihren Inhalt gemacht[36] werden[37]. Auch Aufzeichnungen in Kurzschrift sind nicht im Sinne des § 249 Abs. 1 Satz 1 verlesbar. Denn die an sich mögliche Verlesung setzt hier besondere Kenntnisse der Stenografie voraus, die nicht jedermann hat[38]. Wenn nicht ein Gerichtsmitglied die erforderlichen Kenntnisse der Kurzschrift besitzt, muß daher ein Sachverständiger hinzugezogen werden.

---

30 A.A. Voraufl. S. 269 Fußn. 2 b. Auch *Friedrichs* ZZP 19 S. 390; *von Hippel* S. 434 Fußn. 5 und *Roggemann* S. 26 nehmen an, daß Personen als Urkunden in Betracht kommen. Aber der Mensch ist keine Urkunde, sondern kann nur vom Gericht in Augenschein genommen oder, wenn das nicht möglich oder (vgl. § 81 d) nicht schicklich ist, auf Anordnung des Gerichts durch Augenscheinsgehilfen untersucht werden.
31 Vgl. KK *Mayr* § 249 Rdnr. 23; *Kleinknecht* § 249 Rdnr. 19; *Gössel* S. 235; *Koffka* JR 1966 S. 389 (390).
32 Vgl. oben S. 231/232.
33 BGHSt. 27 S. 135; vgl. unten S. 249.
34 Vgl. den Fall RG GA 66 S. 568.
35 So *F.W. Krause* S. 117. Bei Schriftstücken, die schwer lesbar, aber nicht unlesbar sind, handelt es sich aber um Urkunden; vgl. unten S. 314.
36 So KMR *Paulus* vor § 72 Rdnr. 34; LR *Gollwitzer* § 249 Rdnr. 42. Ein Sachverständigengutachten ist aber nur erforderlich, wenn dem Gericht die eigene Sachkunde fehlt (vgl. § 244 Abs. 4 Satz 1); besitzt es sie, so genügt der Augenscheinsbeweis. In der Entscheidung RG GA 66 S. 568 wurde die Verlesung einer von der Polizei angefertigten Übersetzung der Geheimschrift gebilligt; das ist im Hinblick auf § 256 Abs. 1 Satz 1 unbedenklich (vgl. *Vogtherr* S. 14). Unrichtig ist die Ansicht von *Gössel* S. 236, es sei stets sowohl die Augenscheinseinnahme als auch ein Sachverständigengutachten notwendig.
37 A.A. *Eb. Schmidt* § 249 Rdnr. 7; *von Hippel* S. 434; *Rosenfeld* II S. 37; Voraufl. S. 271, die Urkundenbeweis zulassen wollen.
38 Vgl. *F.W. Krause* S. 117; a. A. OLG Frankfurt HESt. 2 S. 218 (221); KK *Mayr* Rdnr. 8; *Kleinknecht* Rdnr. 3; *Eb. Schmidt* Rdnr. 7; alle zu § 249; Voraufl. S. 271. Offenbar nimmt auch RGSt. 65 S. 294 an, daß Urkundenbeweis nach § 249 Abs. 1 Satz 1 möglich ist.

3. Fremdsprachige Urkunden

Die Verlesung von Schriftstücken mit fremdsprachigem Text ist zwar möglich, wenn wenigstens ein Mitglied des Gerichts die Fremdsprache genügend beherrscht. Da die Gerichtssprache Deutsch ist (§ 184 GVG), kann eine solche Verlesung aber kein Urkundenbeweis sein. Das gilt auch dann, wenn sämtliche Gerichtsmitglieder und alle Verfahrensbeteiligten die fremde Sprache beherrschen[39]. Grundsätzlich muß ein Sachverständiger[40] das fremdsprachige Schriftstück in der Hauptverhandlung übersetzen oder dort eine vorher angefertigte Übersetzung vortragen[41]. Von der Zuziehung eines Sachverständigen kann das Gericht aber nach allgemeinen Grundsätzen absehen, wenn es selbst die genügende Sachkunde hat (vgl. § 244 Abs. 4 Satz 1). Ist auch nur ein Mitglied des Gerichts in der Lage, das Schriftstück in die deutsche Sprache zu übersetzen, so trägt der Vorsitzende oder das sprachkundige Gerichtsmitglied die deutsche Übersetzung vor[42].

Befindet sich in den Akten bereits eine schriftliche Übersetzung des Schriftstücks, so handelt es sich dabei um eine verlesbare Urkunde. Die Verlesung darf aber nur zum Zweck des Beweises darüber erfolgen, daß eine solche Urkunde vorhanden ist. Ihr Inhalt darf nicht durch bloße Verlesung zu Beweiszwecken festgestellt werden. Denn die Übersetzung ist ein Sachverständigengutachten, und nach § 250 muß es der Sachverständige selbst vortragen, wenn keiner der Ausnahmefälle der §§ 251, 256 vorliegt[43]. Die abweichende Ansicht des Reichsgerichts[44], das die Verlesung einer Übersetzung zuließ, wenn auf irgendeine Weise ihre Richtigkeit und Zuverlässigkeit festgestellt wurde, beruht offenbar darauf, daß dieses Gericht die Übersetzertätigkeit zu Unrecht als Aufgabe des Dolmetschers, nicht aber als

---

[39] Vgl. *F.W. Krause* S. 117; a. A. RGSt. 9 S. 51 (52); 27 S. 268 (269); 32 S. 239; KMR *Paulus* § 249 Rdnr. 9; LR *Gollwitzer* § 249 Rdnr. 38; *Groth* S. 21; *Vogtherr* S. 14.

[40] Um eine Dolmetschertätigkeit i. S. des § 185 GVG handelt es sich nicht; vgl. oben S. 212/213.

[41] BGHSt. 1 S. 4 (7); RGSt. 32 S. 239 (240); KMR *Paulus* § 249 Rdnr. 9.

[42] Vgl. *F.W. Krause* S. 117 ff., der aber (S. 118) außerdem die Inaugenscheinnahme der Urkunde verlangt. Dieser überflüssigen und verfehlten (es kommt ja nicht auf die Beschaffenheit, sondern auf den gedanklichen Inhalt der Urkunde an) Beweiserhebung bedarf es jedoch nicht, da die Feststellung des Inhalts einer Urkunde auch sonst ihre Verlesung ersetzen kann; vgl. unten S. 325 ff. Nach BGH bei *Dallinger* MDR 1975 S. 369. kann der Inhalt einer fremdsprachigen Urkunde auch durch Vorhalt in die Hauptverhandlung eingeführt werden, wenn er den Prozeßbeteiligten dadurch in zutreffender Weise zur Kenntnis gebracht wird. Hiergegen wendet sich KMR *Paulus* § 249 Rdnr. 7 mit der Begründung, der Vorhalt sei kein Akt der Beweisaufnahme.

[43] Ebenso RGSt. 25 S. 353; LR *Gollwitzer* § 249 Rdnr. 38; *Eb. Schmidt* § 249 Rdnr. 21; *Groth* S. 22; *von Hippel* S. 321; *Löwenstein* JW 1917 S. 976 und wohl auch BGHSt. 1 S. 4 (7). *Vogtherr* (S. 14) weist darauf hin, daß nach § 256 Übersetzungen durch Behörden ausreichen.

[44] RGSt. 36 S. 371 (374); 51 S. 93 (94) = JW 1917 S. 976 mit Anm. *Löwenstein*; RGRspr. 5 S. 434; RG GA 66 S. 568; RG HRR 1930 Nr. 683; 1936 Nr. 233; 1937 Nr. 1139.

Sachverständigentätigkeit angesehen hat[45]. Der Bundesgerichtshof[46] ist der Auffassung, bei der Übersetzung fremdsprachiger Texte handele es sich, wie bei der Herstellung von Abschriften oder Niederschriften nach Tonbandaufnahmen, nicht um einen Vorgang, dessen wahrheitsgemäße Wiedergabe nur durch eine Person möglich ist, die ihn mit einem oder mehreren ihrer fünf Sinne wahrgenommen hat, und § 250 sei daher nicht anwendbar. Das erscheint nicht zutreffend. Es besteht Übereinstimmung darüber, daß § 250 sich nicht nur auf die Aussagen von Zeugen, sondern auch auf die sachverständige Begutachtung bezieht[47], und nach richtiger Ansicht kommt es dabei nicht darauf an, ob der Sachverständige in seinem Gutachten über Wahrnehmungen berichtet[48]. Wer die Übersetzung fremdsprachiger Texte als eine solche Sachverständigentätigkeit anerkennt, kann die Anwendung des § 250 auf diesen Fall daher nicht ausnehmen. Insbesondere läßt sich entgegen der Meinung des Bundesgerichtshofs die Übersetzung von Texten in fremder Sprache nicht mit der Herstellung von Abschriften und Ablichtungen gleichsetzen. Das eine ist eine Sachverständigentätigkeit, bei der ein fremdsprachiger Text gelesen, verstanden und in die deutsche Sprache umgesetzt werden muß, das andere eine rein mechanische Tätigkeit[49].

Hat das Gericht die in den Akten befindliche Übersetzung verlesen, so ist es daher nicht berechtigt, sich auf irgendeine beliebige Weise davon zu überzeugen, daß es sich um die zuverlässige Übertragung des Textes in die deutsche Sprache handelt[50]. Vielmehr ist die Anhörung des Übersetzers in der Hauptverhandlung erforderlich[51]; durch seine Unterschrift auf dem die Übersetzung enthaltenden Schriftstück kann sie nicht ersetzt werden[52]. Steht der Übersetzer in der Hauptverhandlung nicht zur Verfügung, so muß, wenn nicht das Gericht selbst die erforderlichen Sprachkenntnisse hat, ein anderer Sachverständiger gehört werden. Eine Ausnahme gilt für den Fall, daß das fremdsprachige Schriftstück nicht mehr vorhanden ist. Dann darf das Gericht die Übersetzung nach § 249 verlesen und die Urkunde als Beweis verwerten, wenn es sich davon überzeugt hat, daß sie den Inhalt des fremdsprachigen Schriftstücks richtig wiedergibt. Zu diesem Zweck muß nicht unbedingt der Hersteller der Übersetzung gehört werden. Das Gericht darf vielmehr alle zulässigen Beweismittel benutzen. Auch Aussagen von Zeugen

---

45 Vgl. oben S. 213 Fußn. 43.
46 BGHSt. 27 S. 135 (137) = JR 1978 S. 117 (118) mit zust. Anm. *Gollwitzer* im Anschluß an BGHSt. 15 S. 253 (254/255), wo es um die mechanische Arbeit des Herstellens von Buchungsstreifen aufgrund bestimmter Unterlagen ging. Dem BGH stimmt KK *Mayr* § 249 Rdnr. 15 zu.
47 Vgl. unten S. 463.
48 Vgl. unten S. 463 Fußn. 274.
49 BGHSt. 27 S. 135 (138) bezeichnet die Niederschrift eines Textes aufgrund einer Tonbandaufnahme mit Recht als eine bloße technische Hilfstätigkeit; daß die Übersetzung eines Schriftstücks keine derartige Tätigkeit ist, kann nicht zweifelhaft sein.
50 So aber BGH GA 1982 S. 40 und die oben Fußn. 44 angeführten RG-Entscheidungen; *Koeniger* S. 370.
51 RGSt. 27 S. 161 (162); RG JW 1924 S. 707; KMR *Paulus* § 249 Rdnr. 9.
52 RGSt. 25 S. 353 (354).

und Erklärungen des Angeklagten können seine Überzeugung von der Richtigkeit der Übersetzung begründen[53].

4. Abschriften, Ablichtungen u. ä.

Die Verlesung zu Beweiszwecken nach § 249 Abs. 1 setzt nicht voraus, daß dem Gericht die Urschrift des Schriftstücks zur Verfügung steht. Auch einfache Abschriften, Durchschläge, mechanische Vervielfältigungen und Reproduktionen, insbesondere Fotokopien und Vergrößerungen von Mikrofilmen, dürfen verlesen werden[54]. Mit der Verlesung wird jedoch unmittelbar nur das Vorhandensein der Abschrift, Durchschrift oder Reproduktion bewiesen. Einen Ersatz für die Urschrift bilden sie nur, wenn ihre Übereinstimmung mit dem Original feststeht[55]. Das ist der Fall, wenn ein Beglaubigungsvermerk einer zuständigen öffentlichen Behörde, der nach § 256 Abs. 1 Satz 1 verlesen werden kann, vorhanden ist[56]. Sonst steht es im Ermessen des Gerichts, wie es sich die Überzeugung von der Zuverlässigkeit der Abschrift oder Reproduktion verschafft[57]. Es kann sich dabei aller zulässigen Beweismittel bedienen, etwa den Hersteller der Abschrift oder den Verfasser der Urschrift[58] oder Personen, die den Inhalt der Urschrift kennen[59], als Zeugen vernehmen. Selbstverständlich muß es die Beweise im Strengbeweis, nicht etwa im Freibeweis, erheben[60]. Dagegen darf das Gericht nicht allein der schriftlichen Bezeichnung »Abschrift« entnehmen, daß das Schriftstück den Inhalt der Originalurkunde richtig wiedergibt. Denn andernfalls würde die in dieser Bezeichnung liegende Erklärung des Verfassers der Abschrift dazu dienen, seine Verneh-

---

53 RGSt. 36 S. 371 (372); LR *Gollwitzer* § 249 Rdnr. 40.
54 BGHSt. 27 S. 135 (137/138) = JR 1978 S. 117 (118) mit Anm. *Gollwitzer*; BGH NJW 1966 S. 1719; BGH GA 1967 S. 282; BGH 5 StR 55/55 vom 21. 6. 1955; 5 StR 121/63 vom 14. 5. 1963; 5 StR 609/73 vom 28. 1. 1975; 5 StR 180/75 vom 4. 5. 1976; RGSt. 36 S. 371 (372); 51 S. 93 (94); RG JW 1903 S. 217; RG GA 39 S. 234; RG Recht 1920 Nr. 242; OLG Bremen NJW 1947/48 S. 312 (314); OLG Düsseldorf JMBlNRW 1979 S. 226; KK *Mayr* Rdnr. 24; *Kleinknecht* Rdnr. 3; KMR *Paulus* Rdnr. 9; LR *Gollwitzer* Rdnr. 5; *Eb. Schmidt* Rdnr. 8; alle zu § 249; *Gössel* S. 235; *Groth* S. 21; *Koeniger* S. 368; *Meves* GA 40 S. 291 (298); *Wömpner* MDR 1980 S. 889. – A.A. *Eb. Schmidt* § 245 Rdnr. 13; *Hegler* Rechtsgang II S. 267 (280 Fußn. 2), die mechanische Reproduktionen lediglich als Augenscheinsgegenstände zulassen wollen. *Gerland* (S. 235) verlangt für den Urkundenbeweis wenigstens beglaubigte Abschriften.
55 Eine Abschrift, deren Übereinstimmung mit dem Original nicht festgestellt werden kann, ist daher ein völlig ungeeignetes Beweismittel; vgl. unten S. 609.
56 RGSt. 25 S. 353 (354); KMR *Paulus* § 249 Rdnr. 9; *Wömpner* MDR 1980 S. 889 (890); vgl. auch RGRspr. 5 S. 434 (435). Die Beweiskraft öffentlicher Urkunden beruht allerdings im Strafprozeß allein auf der Lebenserfahrung, nicht, wie im Zivilprozeß nach § 415 ZPO, auf gesetzlicher Vorschrift; vgl. KG GA 74 S. 29 (32).
57 BGH 3 StR 195/55 vom 12. 1. 1956; RGSt. 36 S. 371 (372); 51 S. 93 (94); KK *Mayr* § 249 Rdnr. 12; KMR *Paulus* § 249 Rdnr. 9; *Groth* S. 21; *Wömpner* MDR 1980 S. 889 (890).
58 RGSt. 51 S. 93 (94); *Wömpner* MDR 1980 S. 889 (890); a. A. *Loewenstein* S. 87.
59 BGH 5 StR 474/54 vom 1. 11. 1954; RGSt. 36 S. 371 (372); *Wömpner* a.a.O.
60 Vgl. *Wömpner* MDR 1980 S. 889 (890); a. A. *Koeniger* S. 368. Vgl. auch oben S. 130.

mung in der Hauptverhandlung zu ersetzen, was nach § 250 unzulässig ist[61]. Auch daß die Kopie von einer Behörde überreicht worden ist, insbesondere von derjenigen, die sich im Besitz der Urschrift befindet, beweist die Übereinstimmung nicht ohne weiteres[62]. Schließlich darf dem Umstand, daß der Angeklagte und der Verteidiger der Verlesung nicht widersprechen, keine ausschlaggebende Bedeutung beigemessen werden. Die Übereinstimmung zwischen Urschrift und Abschrift festzustellen, ist Aufgabe des Gerichts im Rahmen seiner Sachaufklärungspflicht; das Stillschweigen der Prozeßbeteiligten entbindet es davon nicht[63].

Nach denselben Grundsätzen, die für die Verlesung von Abschriften gelten, sind auch Niederschriften über den Inhalt von Tonbandaufnahmen verlesbar[64].

---

61 Vgl. *Wömpner* a.a.O. Die sich hieraus ergebende Einschränkung, auf die schon *Hegler* (Rechtsgang II S. 267 [372 ff.]) hingewiesen hat, ist von der Rspr., soweit sie die Verlesbarkeit von Abschriften behandelt, oft unbeachtet gelassen worden. Vgl. neuerdings BGH 5 StR 609/73 vom 28. 1. 1975 und 5 StR 252–253/76 vom 11. 1. 1977, wo der BGH sich mit der nicht näher begründeten Überzeugung des Tatrichters von der Übereinstimmung der Abschriften mit dem Original zufriedengibt. Auch BGH 5 StR 55/55 vom 21. 6. 1955 läßt Übertragungen aus der Kurzschrift ohne weiteres zu. Wenn Vernehmungsprotokolle nach § 251 verlesen worden sind, hat das RG die Verlesung unbeglaubigter Abschriften für unzulässig erklärt; vgl. RGSt. 34 S. 48; 55 S. 1 (3); a. A. RGSt. 50 S. 129.
62 RGSt. 34 S. 48 (49); *Wömpner* MDR 1980 S. 889 (891); vgl. aber RG Recht 1901 Nr. 102; *Döhring* S. 307.
63 *Wömpner* MDR 1980 S. 889 (891). Vgl. auch RGSt. 34 S. 48 (49), wo sogar der Verteidiger die Verlesung beantragt hatte. In einem Fall, in dem die Übereinstimmung der Fotokopie mit dem Original außer Zweifel stand und auch von den Prozeßbeteiligten nicht in Frage gestellt wurde, hat BGH 5 StR 180/75 vom 4. 5. 1976 gebilligt, daß keine weiteren Ermittlungen angestellt wurden.
64 BGHSt. 27 S. 135 = JR 1978 S. 117 mit Anm. *Gollwitzer*; *Dahs/Dahs* Rdnr. 226; *Fezer* JuS 1979 S. 186 (188).

§ 2 Gegenstände des Urkundenbeweises

    I. Die Beispiele des § 249 Abs. 1 Satz 2 251
       1. Vorbemerkung 251
       2. Strafurteile 252
          a) Verlesbare Urteile 252
          b) Verlesung zur Unterrichtung über den Verfahrensgang 253
          c) Verlesung zu Beweiszwecken 253
          d) Verlesung von Zivilurteilen 255
       3. Straflisten 256
       4. Auszüge aus Kirchenbüchern und Personenstandsregistern 256
       5. Augenscheinsprotokolle 256
          a) Verlesbare Protokolle 256
          b) Mitverlesung von Erklärungen 258
   II. Vernehmungsprotokolle 258
       1. Allgemeine Grundsätze 258
       2. Nach § 251 verlesbare Vernehmungsniederschriften 259
          a) Grundsatz 259
          b) Richterliche Protokolle (Absatz 1) 260
          c) Nichtrichterliche Protokolle (Absatz 2) 269
          d) Verlesung von Protokollen im Freibeweis (Absatz 3) 272
          e) Verfahren 272
       3. Nach § 253 verlesbare Vernehmungsniederschriften 277
          a) Zweck der Vorschrift 277
          b) Voraussetzungen der Verlesbarkeit 278
          c) Gegenstand der Verlesung 279
          d) Umfang der Verlesung 280
          e) Unberührt bleibende Beweisbehelfe 280
       4. Nach § 254 verlesbare Geständnisprotokolle 282
          a) Allgemeine Grundsätze 282
          b) Voraussetzungen der Verlesung 283
          c) Verlesbare Protokolle 284
          d) Verwertung polizeilicher Protokolle 285
       5. Nach § 325 verlesbare Vernehmungsniederschriften 287
          a) Allgemeine Grundsätze 287
          b) Voraussetzungen der Verlesung 288
          c) Verlesbare Protokolle 292
          d) Notwendigkeit der persönlichen Anhörung der Auskunftsperson 294
  III. Behördliche Erklärungen, Atteste, Gutachten (§ 256) 295
       1. Erklärungen öffentlicher Behörden 295
          a) Öffentliche Behörden 296
          b) Gerichtsärzte 298

        c) Erklärungen (Zeugnisse und Gutachten) 298
        d) Ausnahme für Leumundszeugnisse 303
     2. Ärztliche Atteste 305
        a) Begriff Attest 305
        b) Atteste über Körperverletzungen 306
     3. Sonstige Gutachten und Berichte 308
        a) Gutachten über die Auswertung eines Fahrtschreibers 308
        b) Gutachten über die Bestimmung der Blutgruppe oder des Blutalkoholgehalts 309
        c) Ärztliche Berichte über Blutprobenentnahmen 309
  IV. Privaturkunden 309
     1. Unmittelbar beweiserhebliche Urkunden 309
     2. Willenserklärungen 310
     3. Vom Angeklagten herrührende Schriftstücke 310
     4. Schriftliche Unterlagen dritter Personen 311

I. Die Beispiele des § 249 Abs. 1 Satz 2

1. Vorbemerkung

Grundsätzlich darf zu Beweiszwecken jedes Schriftstück verlesen werden, soweit nicht ein Beweisverbot, insbesondere nach §§ 250, 256, besteht und die Beweiserhebung daher unzulässig ist[1]. Daß § 249 Abs. 1 Satz 2 bestimmte Urkunden heraushebt und ausdrücklich für verlesbar erklärt, ist daher nicht nur überflüssig[2], sondern kann sogar zu dem Mißverständnis führen, nur ähnliche Urkunden wie die dort bezeichneten könnten Gegenstand des Urkundenbeweises sein[3]. Davon kann jedoch keine Rede sein. Der Gesetzgeber wollte nur einige Urkundenarten wegen ihrer Bedeutung für das Verfahren besonders herausstellen[4]. Die Zulässigkeit der Verlesung wird dadurch für andere Urkunden weder beschränkt noch erweitert[5]. Die Ansicht, das Gesetz habe auch Zweifel ausräumen wollen, die

---

1 BGHSt. 20 S. 160 (162); 27 S. 135 (136) = JR 1978 S. 117 (118) mit Anm. *Gollwitzer;* RGSt. 59 S. 100 (101); 65 S. 294 (295); KK *Mayr* Rdnr. 5, 6; KMR *Paulus* Rdnr. 2; LR *Gollwitzer* Rdnr. 3; *Eb. Schmidt* Rdnr. 1; alle zu § 249; *Beling* S. 312; *Fezer* JuS 1977 S. 234 (235); *Günter* DRiZ 1971 S. 379 (380); *Henkel* S. 228; *Koeniger* S. 367. Zu § 250 vgl. unten S. 459 ff., zu § 256 unten S. 295 ff., 303 ff.
2 Vgl. KMR *Paulus* § 249 Rdnr. 7; *Geppert* S. 189 Fußn. 13; *F.W. Krause* S. 147; *Pusztai* ZStW 91 S. 1096 (1107); *Schneidewin* JR 1951 S. 481 (482); a.A. *Redecker* S. 85 Fußn. 244, der annimmt, die Vorschrift verdeutliche den sachlichen Charakter einer Urkunde.
3 Vgl. LR *Gollwitzer* § 249 Rdnr. 16.
4 Vgl. *Eb. Schmidt* § 249 Rdnr. 9; *F. W. Krause* S. 146. – BGH 5 StR 121/63 vom 14. 5. 1963 meint, der Gesetzgeber habe nur den allgemeinen Grundsatz der Zulässigkeit des Urkundenbeweises durch Beispiele erläutern wollen.
5 RGRspr. 9 S. 448; RG GA 39 S. 234 (235); *Feisenberger* § 249 Rdnr. 7; *Eb. Schmidt* § 249 Rdnr. 9; *Bennecke/Beling* S. 252; *Gerland* S. 370; *Groth* S. 24; *F.W. Krause* S. 146; *Schneidewin* JR 1951 S. 481. – A.A. *Hegler* Rechtsgang I S. 385 (398 Fußn. 1); *Kalbskopf* S. 19; *Rosenfeld* II S. 33; *E. Rupp* S. 181 ff., die eine Erweiterung annehmen.

gegen die Zulässigkeit der Verlesung bestimmter Urkunden im Hinblick auf den Unmittelbarkeitsgrundsatz des § 250 bestehen können[6], ist wenig überzeugend. Denn § 249 Abs. 1 Satz 2 besagt für die Anwendung oder Nichtanwendung des § 250 offensichtlich nichts[7].

2. Strafurteile

a) **Verlesbare Urteile.** Verlesbar ist jedes gegen den Angeklagten oder gegen dritte Personen, unter Beachtung des § 68 a Abs. 2 auch gegen Zeugen[8], ergangene Strafurteil, gleichgültig, ob es in der zur Verhandlung stehenden Sache oder in einer anderen ergangen ist[9] und ob es auf Verurteilung, Einstellung oder Freispruch lautet[10]. Rechtskräftig braucht es nicht zu sein[11]. Aus dem anhängigen Verfahren können insbesondere verlesen werden das Urteil gegen einen Mitangeklagten, gegen den das Verfahren abgetrennt oder schon rechtskräftig abgeschlossen ist, das mit der Berufung angefochtene Urteil[12], das Urteil, das vom Revisionsgericht aufgehoben worden oder das infolge der Anordnung der Wiederaufnahme weggefallen ist, und das Urteil des Revisionsgerichts. Die Verlesung ist nicht deshalb ausgeschlossen, weil in dem Urteil Bekundungen wiedergegeben sind, die, wenn sie in einer anderen Urkunde enthalten wären, nicht verlesen werden dürften, z. B. wegen der Verlesungsverbote der §§ 250, 256[13]. Das gilt selbst dann, wenn der Angeklagte, um dessen frühere Aussage es sich handelt, nunmehr Zeuge ist und die Aussage nach den §§ 52 ff. verweigert[14].

---

6 Vgl. *Eb. Schmidt* § 249 Rdnr. 9; *Hegler* Rechtsgang I S. 385 (398) und II S. 267 (392 Fußn. 4); Voraufl. S. 273.
7 Vgl. *F.W. Krause* S. 147/148; ähnlich *Groth* S. 23.
8 BGHSt. 1 S. 337 (341); RG JW 1891 S. 378; KMR *Paulus* Rdnr. 11; LR *Gollwitzer* Rdnr. 18; *Eb. Schmidt* Rdnr. 10; alle zu § 249.
9 OLG München JW 1938 S. 1019 (1020) mit Anm. *Gelbert;* KMR *Paulus* § 249 Rdnr. 11; *Eb. Schmidt* § 249 Rdnr. 10; *Sarstedt* S. 193. Das RG hat mehrfach angenommen, § 249 Abs. 1 Satz 2 meine nur die in anderer Sache ergangenen Urteile, weil die im vorliegenden Verfahren ergangenen Urteile niemals Gegenstand einer Beweisaufnahme zur Schuld- oder Straffrage sein können; vgl. RG JW 1892 S. 358; RG GA 75 S. 215 (216); RG HRR 1933 Nr. 1477 (dazu unten S. 254 Fußn. 27). Nach anderer Ansicht bezieht sich die Vorschrift zwar nur auf Urteile in anderer Sache, die im Urkundenbeweis Verwendung finden sollen, steht aber der Verlesung der im selben Verfahren ergangenen Urteile nicht entgegen; vgl. *Groth* S. 25; ähnlich RGRspr. 4 S. 300 (303); RG GA 38 S. 42 (44).
10 RG ZStW 47 Sdr. Beil. S. 3; LR *Gollwitzer* § 249 Rdnr. 18; *Groth* S. 25.
11 RGSt. 8 S. 153 (157); KMR *Paulus* Rdnr. 11; LR *Gollwitzer* Rdnr. 18; *Eb. Schmidt* Rdnr. 12; alle zu § 249; *Sarstedt* S. 193.
12 Die Verlesung des Urteils nach § 324 Abs. 1 Satz 2 ist kein Akt der Beweisaufnahme. Erforderlichenfalls muß die Verlesung daher zum Zweck des Urkundenbeweises wiederholt werden; vgl. RGSt. 61 S. 287 (288); S. 299 (300); BayObLGSt. 1958 S. 84 (88); OLG Hamm NJW 1974 S. 1880.
13 RGRspr. 10 S. 16 (18); RG GA 48 S. 365; KMR *Paulus* § 249 Rdnr. 11; LR *Gollwitzer* § 249 Rdnr. 19 und § 256 Rdnr. 32; a. A. RG GA 50 S. 138.
14 RG Recht 1914 Nr. 2813; LR *Gollwitzer* § 249 Rdnr. 19; a. A. *Eb. Schmidt* § 249 Rdnr. 11.

b) Verlesung zur Unterrichtung über den Verfahrensgang. Die Verlesung von Strafurteilen kann unterschiedlichen Zwecken dienen. Im allgemeinen wird der Zweck der Verlesung darin bestehen, das Gericht und die Verfahrensbeteiligten über den bisherigen Gang und den jetzigen Stand des Verfahrens zu unterrichten. Zu diesem Zweck ist die Verlesung des vom Revisionsgericht aufgehobenen Urteils mit den Gründen zulässig[15]. Wenn das Urteil nur im Rechtsfolgenausspruch aufgehoben worden ist, dürfen insbesondere die tatsächlichen Feststellungen zur Schuldfrage verlesen werden[16]. Die Verlesung des Revisionsurteils kann angezeigt sein, wenn der Umfang der Bindungswirkung nach § 358 Abs. 1 festgestellt werden muß[17]. Im Wiederaufnahmeverfahren ist die Verlesung des früher ergangenen Urteils zulässig[18] und sogar geboten, wenn die neue Verhandlung sonst unverständlich bliebe[19]. In all diesen Fällen erfolgt die Urteilsverlesung jedoch nicht zum Beweis über die Schuld- oder Rechtsfolgenfrage. Sie ist kein Akt der Beweisaufnahme im Strengbeweis[20], sondern erfolgt im Freibeweis. Nach den für diese Beweisart geltenden Grundsätzen[21] kann daher von der förmlichen Verlesung aufgehobener Urteile abgesehen[22] und ein darauf gerichteter Antrag abgelehnt werden[23], auch wenn der Inhalt des rechtskräftig gewordenen Schuldspruchs festgestellt werden muß[24]. Ebensowenig muß das Revisionsurteil verlesen werden, wenn seine Bindungswirkung nach § 358 Abs. 1 durch bloße Erörterung festgestellt werden kann[25].

c) Verlesung zu Beweiszwecken. Strafurteile, auch wenn sie in dem gegenwärtigen Verfahren ergangen sind, können, sofern nicht das Verwertungsverbot des § 49 BZRG entgegensteht[26], auch zu Beweiszwecken, d. h. zur Feststellung der für den

---

15 BGH GA 1976 S. 368; BGH bei *Dallinger* MDR 1958 S. 15; BGH bei *Spiegel* DAR 1977 S. 172; RGSt. 8 S. 153 (158); 21 S. 436; RG JW 1931 S. 1816 mit Anm. *Alsberg*; RG JW 1931 S. 2825 mit Anm. *Mannheim*; RG GA 38 S. 42 (44); 75 S. 215 (216); RG HRR 1930 Nr. 2187; 1933 Nr. 1477; RG Recht 1908 Nr. 2613; 1918 Nr. 653; *Kleinknecht* § 249 Rdnr. 12; KMR *Paulus* § 249 Rdnr. 11; LR *Meyer* § 354 Rdnr. 69; *Groth* S. 26; *Koeniger* S. 368.
16 BGH NJW 1962 S. 59 (60); RG GA 73 S. 169; BayObLGSt. 1973 S. 130 (131) = MDR 1973 S. 1039; BayObLG MDR 1982 S. 249; LR *Meyer* § 354 Rdnr. 69.
17 BGHSt. 7 S. 6 (7); LR *Gollwitzer* § 249 Rdnr. 17.
18 RGSt. 5 S. 429 (430); RG JW 1931 S. 2825 (2826) mit Anm. *Mannheim*; *Kleinknecht* Rdnr. 1; KMR *Paulus* Rdnr. 6; LR *Meyer* Rdnr. 11; alle zu § 373; *Eb. Schmidt* § 249 Rdnr. 10; *Peters* S. 648.
19 Vgl. *Gerland* S. 447; *Henkel* S. 397; *Peters* S. 648.
20 Vgl. RG JW 1892 S. 358; RG Recht 1908 Nr. 2613; *Koeniger* S. 368.
21 Vgl. oben S. 142 ff.
22 Vgl. *Eb. Schmidt* § 249 Rdnr. 10; *Groth* S. 24/25.
23 RG JW 1931 S. 1816 mit Anm. *Alsberg*.
24 BGH NJW 1962 S. 59 (60).
25 RGSt. 21 S. 436; RG JW 1892 S. 358; 1931 S. 1816 mit Anm. *Alsberg*; RG GA 41 S. 139; RG Recht 1908 Nr. 2613; LR *Meyer* § 354 Rdnr. 69; *Eb. Schmidt* § 249 Rdnr. 10 und § 358 Rdnr. 7.
26 Vgl. unten S. 442 ff.

Schuld- oder Rechtsfolgenausspruch erheblichen Tatsachen, verlesen werden[27]. Durch die Verlesung kann bewiesen werden, daß ein Urteil ergangen ist, welche Entscheidung das Gericht getroffen hat und auf welche Gründe sie gestützt ist[28]. Der Urkundenbeweis darf aber nicht dazu dienen, die tatsächlichen Feststellungen des früheren Urteils ungeprüft für die neue Entscheidung zu übernehmen[29]. Insbesondere dürfen die Aussagen, die ein Zeuge früher gemacht hat, und die Gutachten der vernommenen Sachverständigen nicht im Wege des Urkundenbeweises ohne weitere Prüfung durch Urteilsverlesung festgestellt werden[30]. Auch darf das Revisionsurteil nicht zur Feststellung von Tatsachen verlesen werden, von denen das Revisionsgericht bei seinen Rechtsausführungen nur deshalb ausgegangen ist, weil es an sie gebunden war[31]. Eine Ausnahme gilt für den Fall, daß das tatrichterliche Urteil nicht mehr vorhanden ist und sein Inhalt daher aufgrund des Revisionsurteils festgestellt werden soll[32]. Unzulässig ist ferner die Verlesung des früheren Urteils in der Wiederaufnahmeverhandlung zu dem Zweck, die früher getroffenen Feststellungen dem Schuld- und Rechtsfolgenausspruch des neuen Urteils ohne Prüfung zugrunde zu legen[33].

Das Verbot, die Feststellungen des verlesenen Urteils ohne eigene Prüfung zu übernehmen, bedeutet aber nicht, daß es dem Tatrichter untersagt ist, im Rahmen seiner Beweiswürdigung aus den Urteilsfeststellungen Schlußfolgerungen zu ziehen, die mit den Denkgesetzen und den Erfahrungssätzen vereinbar sind. Daher darf das vom Revisionsgericht aufgehobene Urteil auch zu dem Zweck verlesen werden, Feststellungen darüber zu treffen, wie das frühere Gericht Erklärungen des Angeklagten und Aussagen von Zeugen und Sachverständigen verstanden und

---

27 Vgl. BGHSt. 6 S. 141 (143) = LM Nr. 6 zu § 249 mit zust. Anm. *Sarstedt*; RGSt. 8 S. 153 (157); RG GA 61 S. 509; 68 S. 357; RG JW 1892 S. 142; 1935 S. 3395 mit Anm. *Hümmer*; KMR *Paulus* § 249 Rdnr. 11; LR *Gollwitzer* § 249 Rdnr. 19. – A.A. RG JW 1931 S. 1816 mit abl. Anm. *Alsberg*; RG HRR 1933 Nr. 1477 (für das in derselben Sache ergangene Urteil); *Eb. Schmidt* § 249 Rdnr. 10; *von Kries* S. 562. Vgl. auch OLG Hamm NJW 1974 S. 1880.

28 BGHSt. 6 S. 141; BGH GA 1976 S. 368; BGH MDR 1955 S. 121; RGSt. 8 S. 153 (157); RG ZStW 47 Sdr. Beil. S. 3 (4); *Groth* S. 26; *Koeniger* S. 368. So wohl auch LR *Gollwitzer* § 249 Rdnr. 17. Die Ansicht von *Hegler* (Rechtsgang II S. 267 [383, 393]), die Urteilsgründe müßten stets von der Verlesung ausgenommen werden, wird heute nicht mehr vertreten.

29 RGSt. 60 S. 297; RG JW 1931 S. 2825 (2826) mit Anm. *Mannheim*; RG GA 37 S. 166; OGH Köln NJW 1950 S. 196 (197); KK *Mayr* Rdnr. 17; KMR *Paulus* Rdnr. 11; LR *Gollwitzer* Rdnr. 19; *Eb. Schmidt* Rdnr. 10; alle zu § 249; *Gelbert* JW 1938 S. 1020; *Sarstedt* S. 193 Fußn. 8; *Schneidewin* JR 1951 S. 481 (482 Fußn. 2).

30 BGH NJW 1954 S. 1944 L = MDR 1955 S. 121; RGSt. 60 S. 297; RGRspr. 2 S. 45 (46); RG JW 1891 S. 378; *Groth* S. 26.

31 BGHSt. 7 S. 6 (7); KMR *Paulus* § 249 Rdnr. 11; LR *Gollwitzer* § 249 Rdnr. 17.

32 Vgl. KMR *Paulus* § 249 Rdnr. 11; LR *Gollwitzer* § 249 Rdnr. 17.

33 RG HRR 1933 Nr. 1477; KMR *Paulus* § 373 Rdnr. 6; LR *Meyer* § 373 Rdnr. 11; *Hegler* Rechtsgang II S. 267 (382); *Neumann*, System der strafprozessualen Wiederaufnahme, 1932, S. 188.

beurteilt hat[34]. Das Gericht kann dann in freier Würdigung des festgestellten Inhalts des aufgehobenen Urteils zu der Überzeugung gelangen, daß der Angeklagte oder Zeuge sich tatsächlich so geäußert hat, wie das Gericht ihn verstanden hat[35]. Der Tatrichter ist auch aus Rechtsgründen nicht gehindert, aufgrund der Feststellungen des früheren Urteils die Überzeugung zu gewinnen, daß die dort abgeurteilte Tat begangen worden ist[36]. Die Ansicht, solche Schlußfolgerungen dürften nicht gezogen werden[37], ist rechtlich nicht haltbar; denn es gibt keinen Rechtsgrund, die freie Beweiswürdigung des Tatrichters in dieser Weise einzuengen. Wenn der Zeuge verstorben ist oder aus anderen Gründen nicht vernommen werden kann, läßt sich die Zulässigkeit dieses Beweisverfahrens ohnehin nicht bestreiten[38].

d) **Verlesung von Zivilurteilen.** Obwohl § 249 nur von Strafurteilen spricht, kann nicht zweifelhaft sein, daß auch Urteile im Bußgeldverfahren und Zivilurteile sowie Urteile der Verwaltungs-, Finanz-, Arbeits- und Sozialgerichte unter denselben Voraussetzungen und mit denselben Wirkungen verlesen werden dürfen[39]. Der Gesetzgeber erkennt in § 262 den möglichen Beweiswert von Zivilurteilen für den Strafrichter dadurch an, daß er dem Gericht die Aussetzung des Verfahrens bis zur Erledigung eines schwebenden bürgerlichen Rechtsstreits gestattet. Auch auf das Zivilurteil kann das Strafgericht seine Überzeugung stützen. Es ist nicht unbedingt verpflichtet, nochmals die Beweise zu erheben, auf denen es beruht[40].

---

34 BGHSt. 6 S. 141 (142); RGSt. 8 S. 153 (158); 60 S. 297; 68 S. 357; KK *Mayr* Rdnr. 17; KMR *Paulus* Rdnr. 11; LR *Gollwitzer* Rdnr. 17; *Eb. Schmidt* Rdnr. 10; alle zu § 249; *Koeniger* S. 368. Vgl. auch OLG Hamm NJW 1974 S. 1880 (Feststellungen darüber, welche Angaben der Angeklagte, der jetzt die Einlassung verweigert, im unteren Rechtszug gemacht hat).
35 BGHSt. 6 S. 141 (142); RG JW 1924 S. 1767 mit Anm. *Luetgebrune*; OLG Hamm NJW 1974 S. 1880; *Kleinknecht* Rdnr. 12; KMR *Paulus* Rdnr. 11; LR *Gollwitzer* Rdnr. 19; alle zu § 249; *Koeniger* S. 368; a. A. BGH NJW 1954 S. 1944 L = MDR 1955 S. 121, wo unter unzutreffender Bezugnahme auf RGSt. 60 S. 297 ein Urkundenbeweis darüber, was der Zeuge früher ausgesagt hat, für unzulässig erklärt wird; hiergegen zutreffend *Sarstedt* S. 193 Fußn. 8.
36 RG JW 1914 S. 434 = GA 61 S. 509 (Feststellung der Vortat im Verfahren wegen Hehlerei aufgrund des darüber ergangenen Urteils); RG GA 37 S. 166; 68 S. 357. Die Entscheidung RG JW 1935 S. 3395 mit Anm. *Hümmer* bezeichnet es als st. Rspr. des RG, daß der Tatrichter die »Unterlagen der früheren« Entscheidung bei der Bildung der eigenen Überzeugung mitbenutzen darf.
37 *Eb. Schmidt* § 249 Rdnr. 11.
38 Vgl. *Alsberg* JW 1931 S. 1816.
39 RG Recht 1917 Nr. 1188; KMR *Paulus* Rdnr. 11; LR *Gollwitzer* Rdnr. 20; *Eb. Schmidt* Rdnr. 12; alle zu § 249; *F. W. Krause* S. 147.
40 BGHSt. 5 S. 106 (110); BayObLGSt. 1952 S. 224; OLG Celle NJW 1955 S. 563; OLG Oldenburg NJW 1952 S. 118; LR *Gollwitzer* § 262 Rdnr. 9; grundsätzlich a. A. *Groth* S. 26/27.

3. Straflisten

Das Gesetz hat trotz mehrfacher Neufassungen diesen altertümlichen Begriff beibehalten. Gemeint sind Auszüge aus dem Zentralregister nach § 39 BZRG und aus dem Erziehungsregister nach § 57 BZRG. Straflisten im weiteren Sinne sind auch Auszüge aus dem Verkehrszentralregister nach § 30 StVG und aus dem Gewerbezentralregister nach §§ 149 ff. GewO[41]. Aufgrund der Registerauszüge dürfen unter Beachtung des § 68 a Abs. 2 und des Verwertungsverbots nach § 49 Abs. 1 BZRG Vorstrafen und Vorbelastungen des Angeklagten und der Zeugen[42] regelmäßig ohne weiteres festgestellt werden[43]. Bestreitet der Angeklagte oder der Zeuge die Richtigkeit des Auszugs oder ergeben sich sonst Zweifel, so müssen Beweise nach den allgemeinen Grundsätzen erhoben werden[44]. Auch sonst kann das Gericht Art und Zahl der Vorstrafen auf andere Weise als durch Verlesung des Registerauszugs feststellen[45]. Es kann insbesondere die Angaben des Angeklagten oder der Zeugen zur Grundlage seiner Feststellungen machen[46].

4. Auszüge aus Kirchenbüchern und Personenstandsregistern

In Betracht kommen beglaubigte[47] Abschriften von Eintragungen in die vor dem 1. 1. 1876 von den Religionsgesellschaften geführten Kirchenbücher und Register und aus den Zivilstandsregistern, für die Zeit danach Auszüge aus den standesamtlichen Personenstandsregistern. Nach dem jetzigen Rechtszustand handelt es sich nur noch um die Personenstandsurkunden des Standesbeamten im Sinne des § 61 a PStG. Das können beglaubigte Abschriften, Geburtsscheine, Geburts-, Heirats- und Sterbeurkunden sowie Auszüge aus dem Familienbuch sein. Solche Personenstandsurkunden haben nach § 66 PStG dieselbe Beweiskraft wie nach § 60 Abs. 1 PStG die Personenstandsbücher.

5. Augenscheinsprotokolle

a) **Verlesbare Protokolle.** Nur Protokolle über eine richterliche Augenscheinseinnahme dürfen verlesen werden[48]. Hat die Staatsanwaltschaft oder die Polizei eine Ortsbesichtigung vorgenommen, so ist die darüber angefertigte Niederschrift nicht verwertbar; die Beamten müssen als Zeugen vernommen werden[49]. Das ist eine Ausnahme von der Vorschrift des § 256 Abs. 1 Satz 1, die die Verlesung der

---

41 Vgl. LR *Gollwitzer* § 249 Rdnr. 22.
42 RG BayZ 1928 S. 123; RG DJZ 1904 Sp. 172; KMR *Paulus* § 249 Rdnr. 12; *Eb. Schmidt* § 249 Rdnr. 13; *Groth* S. 27; *Vogtherr* S. 17.
43 Vgl. LR *Gollwitzer* § 249 Rdnr. 21.
44 RGSt. 56 S. 75 (76); KMR *Paulus* § 249 Rdnr. 12; LR *Gollwitzer* § 249 Rdnr. 21.
45 RG BayZ 1907 S. 435; OLG Bremen MDR 1965 S. 678.
46 OLG Oldenburg RdK 1953 S. 187; OLG Zweibrücken VRS 32 S. 219.
47 BGH 5 StR 121/63 vom 14. 5. 1963 läßt auch einfache Abschriften zu.
48 Vgl. *F.W. Krause* S. 149; *Schneidewin* JR 1951 S. 481 (486).
49 Vgl. LR *Gollwitzer* § 249 Rdnr. 26 und § 256 Rdnr. 22; LR *Meyer* § 86 Rdnr. 42; *Koeniger* S. 369; *Schneidewin* a.a.O. Vgl. auch oben S. 223.

ein Zeugnis enthaltenden Erklärungen öffentlicher Behörden zuläßt. Der richtige Standort des § 249 Abs. 1 Satz 2 wäre daher insoweit der § 256 Abs. 1[50].

Die Verlesung der Protokolle soll das Ergebnis der zur Vorbereitung der Hauptverhandlung nach §§ 168 d, 225 vorweggenommenen Augenscheinseinnahme in das Verfahren einführen. In Betracht kommen daher nur Protokolle über Augenscheinseinnahmen im selben Strafverfahren[51]. Um dasselbe Verfahren handelt es sich aber auch, wenn der Augenschein im Vorverfahren zu einer Zeit stattgefunden hat, als es noch nicht gegen den Angeklagten gerichtet war[52]. Gleichgültig ist, aus welchem Stadium des Verfahrens das Augenscheinprotokoll herrührt[53]. Die Vorschrift des § 249 Abs. 1 Satz 2 gilt daher für Augenscheinseinnahmen im Vorverfahren ebenso wie für die erst nach Eröffnung des Hauptverfahrens nach § 225 angeordneten Augenscheinseinnahmen[54]. Niederschriften über eine im Rahmen einer früheren Hauptverhandlung durchgeführte Augenscheinseinnahme dürfen verlesen werden, auch wenn das Urteil aufgehoben und die Sache an den Tatrichter zurückverwiesen worden ist[55]. Die protokollarische Beurkundung des vom erkennenden Gericht eingenommenen Augenscheins gehört dagegen nicht zu den Augenscheinsprotokollen im Sinne der Vorschrift. Die Verlesung eines etwa errichteten besonderen Protokolls[56] ist daher prozessual nicht geboten[57]. Anders ist es, wenn nicht das ganze Gericht, sondern eines seiner Mitglieder als beauftragter Richter den Augenschein eingenommen hat[58].

Verlesbare Augenscheinsprotokolle sind auch die Protokolle über die Leichenschau nach § 87 Abs. 1, an der ein Richter mitgewirkt hat[59], nicht aber Protokolle über die Leichenöffnung nach § 87 Abs. 2[60]. Ihre Verlesung ist nur zulässig, wenn die Voraussetzungen der §§ 251, 253 vorliegen. Daß der richterliche Augenschein

---

50 Vgl. LR *Gollwitzer* § 256 Rdnr. 22; *Eb. Schmidt* § 256 Rdnr. 4; *F. W. Krause* S. 148; *Schneidewin* JR 1951 S. 481 (486, 489). – A.A. *Geppert* S. 189 Fußn.13 mit der Begründung, § 256 betreffe nur Reproduktionen von Personalbeweisen, der Augenschein sei jedoch ein Sachbeweis. Aber richtig ist, daß § 249 Abs. 1 Satz 2 die Verlesung eines Berichts über eine nichtrichterliche Besichtigung ausschließt, ebenso wie § 256 Abs. 1 Satz 1 die Verlesung behördlicher Leumundszeugnisse.
51 Vgl. *F. W. Krause* S. 149/150; a. A. KK *Mayr* § 249 Rdnr. 20.
52 Vgl. LR *Gollwitzer* § 249 Rdnr. 24.
53 Vgl. LR *Gollwitzer* a.a.O.; *F. W. Krause* S. 149; *Vogtherr* S. 15.
54 Vgl. *Groth* S. 29.
55 BayObLG bei *Rüth* DAR 1979 S. 240/241; KMR *Paulus* § 249 Rdnr. 13.
56 In der Sitzungsniederschrift ist nur die Tatsache der Augenscheinseinnahme zu vermerken, nicht ihr Ergebnis; vgl. LR *Meyer* § 86 Rdnr. 41 mit weit. Nachw.; oben S. 240.
57 RGSt. 26 S. 277; RG DStrZ 1920 Sp. 248; KMR *Paulus* § 249 Rdnr. 13; *F. W. Krause* S. 150; *Vogtherr* S. 15.
58 Vgl. *Groth* S. 29.
59 RGSt. 53 S. 348; KMR *Paulus* Rdnr. 13; LR *Gollwitzer* Rdnr. 25; *Eb. Schmidt* Rdnr. 5; alle zu § 249; LR *Meyer* § 87 Rdnr. 12; *Groth* S. 30; *Koeniger* S. 369; *Vogtherr* S. 16.
60 RGSt. 2 S.153 (159); 53 S. 348 (349); RGRspr. 4 S. 699; KMR *Paulus* § 87 Rdnr. 18; LR *Meyer* § 87 Rdnr. 25; LR *Gollwitzer* § 249 Rdnr. 25; *Eb. Schmidt* § 249 Rdnr. 15; *Groth* S. 31; *Koeniger* S. 369; *Vogtherr* S. 16; a. A. *von Hippel* S. 433 Fußn. 5.

mit einer Durchsuchung verbunden war, schließt die Verlesung eines Protokolls über den vorgefundenen Augenschein nicht aus[61].

Voraussetzung der Verlesbarkeit ist stets, daß das Protokoll den Erfordernissen eines richterlichen Protokolls nach § 168 a entspricht[62] und daß die Benachrichtigungspflicht nach § 168 d Abs. 1, §§ 224, 225 eingehalten worden ist[63].

b) Mitverlesung von Erklärungen. In das Protokoll aufgenommene Erklärungen des Angeklagten oder eines Zeugen während der Augenscheinseinnahme dürfen mitverlesen werden, wenn es sich nur um Hinweise handelt, die die Augenscheinseinnahme betreffen, nicht aber um Angaben zur Sache[64]. Solche protokollarischen Erklärungen können daher die Vernehmung eines Zeugen nicht ersetzen, soweit sie nicht nur einer ordnungsmäßigen Durchführung der Augenscheinseinnahme, sondern auch der Feststellung des Tatbestands zu dienen bestimmt sind[65]. Die Identifizierung der Leiche bei einer Leichenschau wird z. B. durch das Augenscheinprotokoll nur bewiesen werden können, wenn die Person des Getöteten unstreitig ist[66], nicht aber, wenn in dieser Beziehung Zweifel bestehen, auf die es bei der Beurteilung des Sachverhalts ankommt. Bei der Urteilsfällung darf das Gericht die bei Gelegenheit des Augenscheins abgegebenen Erklärungen des Angeklagten und der Zeugen nur für die Würdigung des Ergebnisses der Augenscheinseinnahme, nicht auch zu anderen Zwecken verwerten[67].

Unter Umständen kann es sich empfehlen, daß der Vorsitzende oder ein sonstiger Kenner der örtlichen Verhältnisse Anlagen zu dem Augenscheinprotokoll erläutert. In jedem Fall muß aber ausgeschlossen bleiben, daß der Vorsitzende die Beweisbedeutung des Augenscheinprotokolls würdigt oder gar dem Ergebnis der Augenscheinseinnahme aufgrund seiner außergerichtlich gewonnenen Kenntnisse entgegentritt[68].

II. Vernehmungsprotokolle

1. Allgemeine Grundsätze

Die Verlesung von Vernehmungsniederschriften schreiben § 49 Satz 2, § 50 Abs. 4 Satz 2 für den Zeugenbeweis und § 233 Abs. 3 Satz 2 für den Fall der Entbindung

61 RGSt. 24 S. 233 (234); KMR *Paulus* § 249 Rdnr. 13; LR *Gollwitzer* § 249 Rdnr. 25; *Groth* S. 30.
62 Vgl. unten S. 508.
63 Vgl. unten S. 508, 510.
64 RGSt. 10 S. 10 (11); 12 S. 308 (309); 18 S. 186 (187); RG JW 1902 S. 579 (580); 1924 S. 973 mit Anm. *Beling*; RG JW 1927 S. 2044 mit Anm. *Mannheim* JW 1927 S. 2707; RG Recht 1912 Nr. 835; 1924 Nr. 1606; *Kleinknecht* § 249 Rdnr. 15; KMR *Paulus* § 86 Rdnr. 5 und § 249 Rdnr. 13; LR *Meyer* § 86 Rdnr. 39; LR *Gollwitzer* § 249 Rdnr. 28. – A.A. RG GA 40 S. 450 (451); RGRspr. 6 S. 394; KK *Mayr* § 249 Rdnr. 22; *Gerland* S. 370 Fußn. 663.
65 Vgl. LR *Gollwitzer* § 249 Rdnr. 28; *Eb. Schmidt* § 249 Rdnr. 17; *Groth* S. 30.
66 RGSt. 53 S. 348; a. A. RGRspr. 6 S. 394; LR *Gollwitzer* § 249 Rdnr. 28.
67 RGSt. 12 S. 308 (309); RG JW 1890 S. 344; *Beling* JW 1924 S. 973 (974); *Mannheim* JW 1927 S. 2707.
68 RGSt. 26 S. 272 (273).

des Angeklagten vom Erscheinen in der Hauptverhandlung zwingend vor. Sonst ist sie grundsätzlich unzulässig. Denn Vernehmungsprotokolle enthalten schriftliche Erklärungen sowohl des Vernommenen als auch des Protokollverfassers über ihre Wahrnehmungen[69] und fallen daher unter das Beweisverbot des § 250, der es untersagt, die Vernehmung einer Beweisperson über ihre Wahrnehmungen durch die Verlesung von Urkunden zu ersetzen[70]. Das Vernehmungsprotokoll könnte nach dieser Vorschrift nur verlesen werden, wenn entweder mindestens eine der beiden Erklärungspersonen, der Protokollant oder der Vernommene, in der Hauptverhandlung vernommen wird oder wenn beide verstorben oder aus einem anderen Grund unerreichbar sind. Das Gesetz läßt jedoch für die Verlesung von Vernehmungsniederschriften in den §§ 251, 253, 254 und 325 im Interesse der Wahrheitsfindung[71] und eines praktisch zu bewältigenden und zügigen Verhandlungsablaufs[72] Ausnahmen von dem Beweisverbot des § 250 zu.

2. Nach § 251 verlesbare Vernehmungsniederschriften

a) **Grundsatz.** Nach § 251 Abs. 1 dürfen Niederschriften über frühere richterliche Vernehmungen von Zeugen, Sachverständigen oder Mitbeschuldigten[73] verlesen werden, nach § 251 Abs. 2 auch polizeiliche Vernehmungsprotokolle und andere Urkunden, die eine von der Beweisperson stammende schriftliche Äußerung enthalten. Da § 251 aber nur den Urkundenbeweis ermöglichen will, ist das Abspielen von Tonbändern, auf denen die Vernehmung aufgenommen worden ist, in der Hauptverhandlung nicht aufgrund dieser Vorschrift zulässig[74]. Der Anwendung des § 251 steht in Verfahren gegen Angehörige der in der Bundesrepublik statio-

---

69 Vgl. *Beling* S. 318 Fußn. 1; *Hegler* Rechtsgang II S. 267 (377); *Redecker* S. 103; *Simader* S. 197; a. A. *Dolderer* S. 56, der im Protokoll nur einen Bericht des Vernommenen sieht.
70 Vgl. unten S. 459 ff.
71 Steht die Beweisperson nicht zur Verfügung, so ist die Verlesung der Niederschrift über ihre Vernehmung immer noch besser als der Verzicht auf jede Beweiserhebung; vgl. *Schneidewin* JR 1951 S. 481 (484).
72 BGHSt. 10 S. 185 (189); 26 S. 18 (20); RGSt. 66 S. 213 (215); KK *Mayr* § 251 Rdnr. 1; *Kleinknecht* § 256 Rdnr. 1; KMR *Paulus* § 256 Rdnr. 2; *Gössel* S. 240. Vgl. auch BVerfGE 57 S. 250 (277) = NJW 1981 S. 1719 (1722).
73 Auch von früheren Mitbeschuldigten, gegen die das Verfahren erledigt oder abgetrennt ist und die daher jetzt als Zeugen vernommen werden müßten; vgl. BGHSt. 10 S. 186; RGSt. 32 S. 72 (74); RG JW 1925 S. 2612; KK *Mayr* Rdnr. 12; *Kleinknecht* Rdnr. 2; LR *Gollwitzer* Rdnr. 14; *Eb. Schmidt* Rdnr. 7; alle zu § 251; a. A. OLG Schleswig SchlHA 1956 S. 330 (331); *Dalcke/Fuhrmann/Schäfer* § 251 Anm. 1. Ist der Beschuldigte verstorben, so dürfen auch Protokolle über seine Vernehmung als Zeuge verlesen werden; vgl. RG Recht 1907 Nr. 1586.
74 Vgl. *Kleinknecht* § 251 Rdnr. 20; *Eb. Schmidt* § 251 Rdnr. 6; *F.W. Krause* S. 161 ff. unter Hinweis darauf, daß die Augenscheinseinnahme durch § 250 ohnehin nicht untersagt wird, wenn der Zeuge, dessen Äußerungen das Tonband aufgezeichnet hat, verstorben ist oder aus einem anderen Grund nicht vernommen werden kann. A.A. KK *Mayr* § 251 Rdnr. 21.

nierten NATO-Verbände der Art. VII Abs. 9 Buchst. c des NATO-Truppenstatuts[75] nicht entgegen[76].

b) Richterliche Protokolle (Absatz 1). Die in § 251 Abs. 1 bezeichneten Voraussetzungen[77] müssen noch im Zeitpunkt der Hauptverhandlung vorliegen[78]. Fallen sie weg, nachdem das Vernehmungsprotokoll bereits verlesen worden ist, so ist das nur von Bedeutung, wenn die Sachaufklärungspflicht zur Anhörung des Zeugen in der Hauptverhandlung zwingt[79]. Im einzelnen müssen folgende Voraussetzungen erfüllt sein:

(1) Die Vernehmungsprotokolle sind nach **§ 251 Abs. 1 Nr. 1** verlesbar, wenn die Auskunftsperson verstorben, geisteskrank geworden oder nicht zu ermitteln ist. Der Tod der Beweisperson muß feststehen; das Revisionsgericht prüft auf entsprechende Rüge, ob der Tatrichter sich hierüber geirrt hat[80]. Wird eine Auskunftsperson fälschlich für tot gehalten, so können aber die Voraussetzungen der anderen Alternative des § 251 Abs. 1 Nr. 1, daß der Aufenthalt nicht zu ermitteln ist, erfüllt sein[81]. In Geisteskrankheit verfallen im Sinne des § 251 Abs. 1 Nr. 1 ist nur der Geisteskranke, der mindestens auf absehbare Zeit vernehmungsunfähig ist[82] oder der nicht ohne Gefahr für sich und andere vor Gericht erscheinen kann[83]. Daher rechtfertigt eine Entmündigung wegen Geisteskrankheit die Anwen-

---

75 Vom 19. 6. 1951 (BGBl. 1961 II S. 1183, 1190). Die Vorschrift gibt einen Rechtsanspruch, den Belastungszeugen gegenübergestellt zu werden.
76 Vgl. zu dieser Frage BGHSt. 26 S. 18; BGH bei *Dallinger* MDR 1973 S. 729; KK *Mayr* Rdnr. 23; *Kleinknecht* Rdnr. 1; KMR *Paulus* Rdnr. 6; LR *Gollwitzer* Rdnr. 4; alle zu § 251; *Marenbach* NJW 1974 S. 1070; *Schwenk* NJW 1963 S. 1425 (1429 ff.).
77 Daß an die Stelle der bei der Anordnung der kommissarischen Vernehmung nach § 233 vorliegenden Voraussetzung in der Hauptverhandlung eine andere getreten ist, hindert die Verlesung nicht; vgl. RG GA 64 S. 551 (552); 70 S. 107; RG Recht 1911 Nr. 2490; KMR *Paulus* § 251 Rdnr. 16; LR *Gollwitzer* § 251 Rdnr. 73.
78 BGHSt. 1 S. 103 (104); 9 S. 297 (300); RGSt. 49 S. 358 (361); 59 S. 299 (302); 66 S. 213 (216); RG JW 1893 S. 417; RG BayZ 1916 S. 94; RG HRR 1934 Nr. 228; OLG Oldenburg NdsRpfl. 1954 S. 17; OLG Stuttgart DAR 1955 S. 67; *Dalcke/Fuhrmann/Schäfer* Anm. 3; *Kleinknecht* Rdnr. 22; KMR *Paulus* Rdnr. 16; LR *Gollwitzer* Rdnr. 15, 73; *Eb. Schmidt* Rdnr. 26; alle zu § 251; *Dahs/Dahs* Rdnr. 232; *Gerland* S. 369; *Groth* S. 37; *Kohlhaas* NJW 1954 S. 535 (536). – Die Ermittlungen hierüber werden im Freibeweis geführt; vgl. BayObLGSt. 1959 S. 315 = NJW 1960 S. 687 (688); LR *Gollwitzer* § 251 Rdnr. 70; *Dahs/Dahs* Rdnr. 232. Zum Freibeweis vgl. oben S. 109 ff., 129.
79 Vgl. KMR *Paulus* § 251 Rdnr. 16. Daß die Sachaufklärungspflicht auch hier der übergeordnete Grundsatz ist, erscheint selbstverständlich; vgl. BGHSt. 9 S. 230 (233); 10 S. 186 (191/192); BGH NJW 1952 S. 1305; BGH bei *Dallinger* MDR 1966 S. 559; OLG Hamm VRS 41 S. 376 (379); *Kleinknecht* Rdnr. 12; KMR *Paulus* Rdnr. 2; LR *Gollwitzer* Rdnr. 48; *Eb. Schmidt* Rdnr. 14; alle zu § 251; *Fezer* JuS 1977 S. 382; *Kohlhaas* NJW 1954 S. 535 (537); *Löhr* S. 142.
80 RG Recht 1905 Nr. 1402; LR *Gollwitzer* § 251 Rdnr. 30; *Eb. Schmidt* § 251 Rdnr. 10.
81 Vgl. KMR *Paulus* § 251 Rdnr. 31; LR *Gollwitzer* § 251 Rdnr. 30; *Ditzen* GA 52 S. 363 (381).
82 RG Recht 1921 Nr. 2290; KK *Mayr* Rdnr. 2; *Kleinknecht* Rdnr. 8; KMR *Paulus* Rdnr. 31; alle zu § 251; *Groth* S. 33.
83 Vgl. *Eb. Schmidt* § 251 Rdnr. 11.

dung des § 251 Abs. 1 Nr. 1 nicht ohne weiteres[84]. Andererseits steht der Verlesung nicht entgegen, daß der Zeuge schon zur Zeit der Vernehmung geisteskrank war[85]. Unheilbare Geisteskrankheit wird nicht gefordert[86]. Eine Beweisperson, deren Aufenthalt im Sinne des § 251 Abs. 1 Nr. 1 nicht ermittelt werden kann, ist zugleich unerreichbar. Bei der Erörterung dieses Grundes für die Ablehnung von Beweisanträgen nach § 244 Abs. 3 Satz 2 werden die notwendigen Voraussetzungen, insbesondere die Ermittlungspflicht, auch unter Berücksichtigung der Rechtsprechung zu § 251 Abs. 1 Nr. 1 im einzelnen dargelegt[87]. Ein unverschuldeter Irrtum des Gerichts darüber, daß der Aufenthalt der Beweisperson unbekannt ist, macht die Verlesung nicht unwirksam[88].

(2) Nach **§ 251 Abs. 1 Nr. 2** ist die Verlesung der Vernehmungsniederschrift ferner zulässig, wenn der Aufenthalt des Zeugen oder Sachverständigen zwar bekannt, dem Erscheinen der Beweisperson in der Hauptverhandlung aber für eine längere oder ungewisse Zeit Krankheit, Gebrechlichkeit oder andere nicht zu beseitigende Hindernisse entgegenstehen. Diese Voraussetzungen stimmen mit geringfügigen Abweichungen mit denen überein, unter denen nach § 223 eine kommissarische Vernehmung vor oder außerhalb der Hauptverhandlung angeordnet werden kann.

Unter Krankheit ist ein krankhafter körperlicher Zustand zu verstehen, der das Erscheinen der Auskunftsperson vor Gericht unmöglich macht. Es genügt, daß die Anreise zum Gericht zur Verschlimmerung eines ernstlichen Leidens führen würde[89]. Denn in sinngemäßer Anwendung des § 251 Abs. 1 Nr. 2 können Vernehmungsprotokolle auch verlesen werden, wenn der Zeuge zwar erscheinen kann oder sogar erschienen ist, aber ohne Gefahr für seinen Gesundheitszustand in der Hauptverhandlung nicht vernommen werden kann[90]. Gebrechlichkeit im Sinne des § 251 Abs. 1 Nr. 2 liegt vor, wenn die Auskunftsperson zwar nicht im eigentlichen Sinne erkrankt ist, aber wegen ihres körperlichen Zustands oder wegen ihres Alters zum Erscheinen vor Gericht nicht in der Lage ist[91]. Andere nicht zu beseiti-

---

84 Vgl. *Ditzen* ZStW 10 S. 111 (137).
85 RGSt. 57 S. 186 (188); *Dalcke/Fuhrmann/Schäfer* Anm. 4; KMR *Paulus* Rdnr. 31; LR *Gollwitzer* Rdnr. 3, 31; *Eb. Schmidt* Rdnr. 11; alle zu § 251; *Groth* S. 33. Vgl. auch oben S. 174.
86 RGSt. 15 S. 409 (412); *Feisenberger* Anm. 3; *Kleinknecht* Rdnr. 8; LR *Gollwitzer* Rdnr. 31; *Eb. Schmidt* Rdnr. 11; alle zu § 251; *Groth* S. 33.
87 Vgl. unten S. 621 ff.
88 Vgl. *Kohlhaas* NJW 1954 S. 535 (537).
89 RG JW 1933 S. 852 mit Anm. *Wille*; KK *Treier* Rdnr. 4; *Kleinknecht* Rdnr. 7; KMR *Paulus* Rdnr. 10; LR *Gollwitzer* Rdnr. 9; alle zu § 223; *Kohlhaas* NJW 1954 S. 535 (537); *Eb. Schmidt* § 223 Rdnr. 6 erscheint das »reichlich eng«.
90 BGHSt. 9 S. 297; KK *Treier* § 223 Rdnr. 3; KK *Mayr* § 251 Rdnr. 4; LR *Gollwitzer* § 251 Rdnr. 38; *K. Müller* S. 313; *Peters* S. 298.
91 Vgl. *Eb. Schmidt* § 223 Rdnr. 7.

gende Hindernisse sind eine längere Auslandsreise[92], Schwangerschaft[93], bei Kindern oder jugendlichen Zeugen auch die berechtigte Weigerung der Erziehungsberechtigten, sie zum Erscheinen zu veranlassen[94]. Nicht unter den Begriff fallen die Inanspruchnahme durch den Beruf[95], die Ableistung des Wehrdienstes, Ordensregeln oder Lebensgewohnheiten[96], Urlaub[97]. Die Tatsache, daß der Zeuge trotz ordnungsgemäßer Ladung schon dreimal in der Hauptverhandlung nicht erschienen ist, kann ebenfalls nicht als Hindernis im Sinne des § 251 Abs. 1 Nr. 2 angesehen werden[98]. Der Aufenthalt im Ausland oder in der DDR ist nur dann ein Hindernis in diesem Sinne, wenn es nicht gelingt, die Beweisperson zum Erscheinen vor Gericht zu veranlassen[99] oder wenn es dem Zeugen nicht erlaubt wird, aus seinem Staat in die Bundesrepublik einzureisen[100]. Kein Hindernis für die Vernehmung in der Hauptverhandlung ist die Gefährdung des Zeugen, etwa eines V-Manns der Polizei, die dadurch beseitigt werden kann, daß die Öffentlichkeit ausgeschlossen oder die Verhandlung vorübergehend an einen anderen Ort verlegt wird[101].

Die Vorschrift des § 251 Abs. 1 Nr. 2 verlangt ein Hindernis, das das Erscheinen der Beweisperson für längere oder ungewisse Zeit unmöglich macht[102]. Krankheit ist daher kein Hinderungsgrund, wenn die Genesung nahe bevorsteht[103]. Die Länge der Zeit ist danach zu beurteilen, wann der Zeuge oder Sachverständige vor Gericht erscheinen kann. Die Protokollverlesung ist nicht etwa deshalb zulässig, weil es unmöglich ist, die Verhandlung innerhalb der Fristen des § 229 fortzuset-

---

92 RGSt. 66 S. 213; KK *Treier* § 223 Rdnr. 5; *Eb. Schmidt* § 223 Rdnr. 9.
93 RGRspr. 10 S. 451; KMR *Paulus* § 223 Rdnr. 10; *Eb. Schmidt* § 223 Rdnr. 6; *Kohlhaas* NJW 1954 S. 535 (537).
94 OLG Saarbrücken NJW 1974 S. 1959 mit Anm. *Eschke* NJW 1975 S. 354; KK *Treier* § 223 Rdnr. 7; *Kleinknecht* § 251 Rdnr. 10; KMR *Paulus* § 223 Rdnr. 13; LR *Gollwitzer* § 251 Rdnr. 38.
95 OLG Dresden DRiZ 1929 Nr. 1163; KK *Treier* § 223 Rdnr. 8; *Eb. Schmidt* § 223 Rdnr. 9.
96 RG JW 1914 S. 430.
97 OLG Dresden HRR 1928 Nr. 396; KMR *Paulus* § 223 Rdnr. 9; *Kohlhaas* NJW 1954 S. 535 (537); a. A. OLG Kiel JW 1930 S. 1109.
98 OLG Hamburg HESt. 1 S. 56.
99 BGHSt. 7 S. 15 (16); BGH bei *Spiegel* DAR 1978 S. 156; OLG Hamm DAR 1959 S. 192 (193/194); *Kleinknecht* § 251 Rdnr. 9, 12; KMR *Paulus* § 223 Rdnr. 11; LR *Gollwitzer* § 251 Rdnr. 35; vgl. auch OLG Schleswig SchlHA 1956 S. 330 (331).Wegen der Anstrengungen, die das Gericht unternehmen muß, um den Zeugen zum Erscheinen zu veranlassen, vgl. unten S. 628 ff., 630 ff.
100 Für Zeugen in der DDR vgl. BGH ROW 1958 S. 162; 1964 S. 251 (252); OLG Hamm DAR 1959 S. 192 (193).
101 BGHSt. 22 S. 311 (313); KK *Mayr* § 251 Rdnr. 5; *Kleinknecht* § 251 Rdnr. 17; KMR *Paulus* § 223 Rdnr. 12; LR *Gollwitzer* § 251 Rdnr. 38; kritisch *Hanack* JZ 1972 S. 236 (237); vgl. auch unten S. 625/626.
102 RGRspr. 5 S. 737 (738); LR *Gollwitzer* § 223 Rdnr. 14; *Kohlhaas* NJW 1954 S. 535 (537).
103 BGH 1 StR 447/53 vom 3. 11. 1953; KK *Treier* § 223 Rdnr. 9; KMR *Paulus* § 223 Rdnr. 9. — BGH bei *Herlan* MDR 1955 S. 529 ließ aber eine Grippeerkrankung genügen.

zen[104] und weil mit Rücksicht auf die Geschäftslage des Gerichts auf längere Zeit keine neue Hauptverhandlung anberaumt werden kann[105].

(3) Die Vorschrift des § 251 Abs. 1 Nr. 3 erlaubt die Verlesung von Vernehmungsprotokollen, wenn dem Zeugen oder Sachverständigen das Erscheinen in der Hauptverhandlung wegen großer Entfernung unter Berücksichtigung der Bedeutung seiner Aussage nicht zugemutet werden kann. Der Tatrichter entscheidet hierüber nach pflichtgemäßem Ermessen[106]. Von großer Entfernung wird im allgemeinen nicht gesprochen werden können, wenn der Zeuge oder Sachverständige nur eine etwa einstündige Bahnfahrt[107] oder Flugreise zu bewältigen oder eine Entfernung von weniger als 50 km zurückzulegen hat[108]. Jedoch kommt es nicht allein auf die geographische Lage an. Zu berücksichtigen sind auch die persönlichen Verhältnisse der Beweisperson[109] und die Verkehrsverhältnisse[110]. Im übrigen sind die Bedeutung der Sache, die Wichtigkeit der Zeugenaussage und des persönlichen Eindrucks für die Wahrheitsfindung gegen die Interessen des Zeugen und die Notwendigkeit der beschleunigten Durchführung des Verfahrens abzuwägen[111]. Je gewichtiger der Aufklärungswert der Aussage ist, desto weniger kommt es auf die Entfernung des Zeugen vom Gerichtssitz an[112]. Unter Umständen ist einem Zeugen zuzumuten, von weither, wenn seine Aussage von entscheidender Bedeutung ist, sogar aus Übersee anzureisen[113].

---

104 BGH 5 StR 510/68 vom 5.11.1968; KK *Treier* § 223 Rdnr. 9; *Kleinknecht* § 251 Rdnr. 9; KMR *Paulus* § 223 Rdnr. 9.
105 LR *Gollwitzer* § 223 Rdnr. 14; *Kohlhaas* NJW 1954 S. 535 (537); a. A. RGSt. 62 S. 318, KMR *Paulus* § 223 Rdnr. 8 (in Ausnahmefällen) und (etwas enger) *Eb. Schmidt* § 223 Rdnr. 10.
106 Zur Prüfung durch das Revisionsgericht vgl. RGSt. 4 S. 174; 18 S. 261; 44 S. 8 (9); RG JW 1934 S. 44 = HRR 1934 Nr. 228; OLG Neustadt VRS 9 S. 465 (466).
107 RG JW 1934 S. 44 = HRR 1934 Nr. 228; OLG Hamm JMBlNRW 1963 S. 214. Vgl. auch BGH Strafverteidiger 1981 S. 164 (Reise von Bayreuth nach Frankenthal).
108 RG JW 1927 S. 2466 mit Anm. *Alsberg*; OLG Neustadt VRS 9 S. 465 (466).
109 RGSt. 44 S. 8 (9); RG JW 1935 S. 3393 mit Anm. *Weh*; KK *Mayr* § 251 Rdnr. 8; vgl. auch BGH GA 1964 S. 275 (häufig als Sachverständiger herangezogener Arzt). – RG Recht 1910 Nr. 815 hielt es für unzulässig, die Entscheidung davon abhängig zu machen, daß ein aktiver Offizier nicht für mehrere Tage dem Dienst entzogen werden sollte.
110 RG JW 1916 S. 500 mit Anm. *Friedmann*; RG Recht 1920 Nr. 3519; OLG Bremen MDR 1955 S. 184 L; OLG Köln GA 1953 S. 186; KK *Mayr* § 251 Rdnr. 8; *Kleinknecht* § 251 Rdnr. 11.
111 BGH NStZ 1981 S. 271; BGH bei *Holtz* MDR 1979 S. 989/990; BGH bei *Spiegel* DAR 1978 S. 156; 1980 S. 206; BGH 1 StR 513/77 vom 20.9.1977; RGSt. 44 S. 8 (9); OLG Köln GA 1953 S. 186; KK *Treier* § 223 Rdnr. 10; KK *Mayr* § 251 Rdnr. 8; *Kleinknecht* § 251 Rdnr. 11; KMR *Paulus* § 223 Rdnr. 16; *Eb. Schmidt* § 223 Rdnr. 11 und § 251 Rdnr. 13; *Peters* S. 298.
112 OLG Hamm DAR 1972 S. 24 (25) = VRS 41 S. 376; LR *Gollwitzer* § 251 Rdnr. 40. Vgl. auch *K. Müller* S. 314.
113 BGHSt. 9 S. 230; *Dalcke/Fuhrmann/Schäfer* Anm. 7; KK *Mayr* Rdnr. 8; LR *Gollwitzer* Rdnr. 40; *Eb. Schmidt* Rdnr. 13; alle zu § 251; KMR *Paulus* § 223 Rdnr. 16.

Da es nur auf die Zumutbarkeit für den Zeugen ankommt, ist die Verlesung der Vernehmungsniederschrift nicht schon deshalb zulässig, weil es der Strafverfolgungsbehörde nicht möglich ist, einen in Haft befindlichen Zeugen rechtzeitig vorzuführen[114]. Der künftige Wegfall des Hinderungsgrundes macht die Verlesung unzulässig, wenn mit ihm in naher Zukunft zu rechnen ist[115].

(4) Nach § 251 Abs. 1 Nr. 4 dürfen richterliche Vernehmungsprotokolle, auch wenn die Voraussetzungen des § 251 Abs. 1 Nrn. 1 bis 3 nicht vorliegen, mit Zustimmung des Staatsanwalts, des Verteidigers und des Angeklagten[116] verlesen werden. Das gilt auch für den Fall, daß die Verlesung nach § 251 Abs. 1 Nrn. 1 bis 3 ausgeschlossen ist, weil die Beteiligten von dem Vernehmungstermin nicht nach § 168 c Abs. 5, § 224 benachrichtigt worden sind[117]. Jedoch macht auch das Einverständnis der Prozeßbeteiligten eine Vernehmungsniederschrift nicht verlesbar, die unter Verstoß gegen die Belehrungspflicht nach § 52 Abs. 3 Satz 1 oder gegen § 69 Abs. 1 Satz 1[118] zustande gekommen ist oder der die nach § 168 a Abs. 4 Satz 1 erforderlichen Unterschriften fehlen. Auch wenn der erschienene Zeuge erstmals in der Hauptverhandlung von seinem Zeugnisverweigerungsrecht nach § 52 Gebrauch macht, ändert die Zustimmung der Prozeßbeteiligten nichts an der Unverlesbarkeit des Vernehmungsprotokolls nach § 252; auf die Einhaltung der Vorschrift kann nicht verzichtet werden[119]. Ebensowenig ist die Verlesung der Niederschrift über die frühere Vernehmung eines Zeugen zulässig, der erschienen ist, aber nach § 55 nicht aussagt[119a].

Das Einverständnis kann schon vor der Hauptverhandlung erklärt werden, in der das Protokoll verlesen werden soll, z. B. in einer Hauptverhandlung, die zu dem Zweck ausgesetzt wird, den Zeugen kommissarisch vernehmen zu lassen[120]. Jedoch bindet das die Prozeßbeteiligten nicht; sie können die Einverständniserklärung in der späteren Hauptverhandlung widerrufen[121]. Neben der Einverständniserklärung des Staatsanwalts ist die des Nebenklägers erforderlich[122]. Die Zustimmung des Privatklägers braucht dagegen nicht vorzuliegen[123]. Hat der Angeklagte

---

114 BGH GA 1970 S. 183; KMR *Paulus* § 223 Rdnr. 16; LR *Gollwitzer* § 251 Rdnr. 40.
115 Vgl. *Kohlhaas* NJW 1954 S. 535 (537).
116 Dem Angeklagten stehen Einziehungs-, Verfalls- und andere Nebenbeteiligte gleich, soweit ihre Vernehmung ihre Beteiligung berührt; vgl. KK *Mayr* § 251 Rdnr. 9; *Kleinknecht* § 251 Rdnr. 13; unten S. 376.
117 BGHSt. 26 S. 332; BGH bei *Holtz* MDR 1977 S. 461; BayObLGSt. 1977 S. 37 = NJW 1977 S. 2037; *Kleinknecht* § 251 Rdnr. 2; KMR *Paulus* § 251 Rdnr. 29.
118 BGH 1 StR 113/81 vom 17. 3. 1981; KK *Mayr* § 251 Rdnr. 9.
119 Vgl. unten S. 465.
119a BGH NStZ 1982 S. 342 = Strafverteidiger 1982 S. 405.
120 Zweifelnd LR *Gollwitzer* § 251 Rdnr. 52.
121 Vgl. *Kleinknecht* Rdnr. 13; KMR *Paulus* Rdnr. 34; LR *Gollwitzer* Rdnr. 52; alle zu § 251; vgl. auch *Ostler* MDR 1967 S. 374.
122 BGHSt. 28 S. 272 (274); KMR *Paulus* § 251 Rdnr. 34; *Gollwitzer* in FS für Karl Schäfer, 1980, S. 65 (81). *Rüth* JR 1982 S. 265 (267). – A.A. KK *Mayr* § 251 Rdnr. 9; *Kleinknecht* § 251 Rdnr. 13; *Amelunxen* S. 57; *Schlüchter* Rdnr. 534.2 Fußn. 466.
123 Vgl. KK *Mayr* § 251 Rdnr. 9; *Kleinknecht* § 251 Rdnr. 13; *Schlüchter* Rdnr. 534.2 Fußn. 466; a. A. *Dalcke/Fuhrmann/Schäfer* § 251 Anm. 8.

einen Verteidiger, so müssen beide zustimmen[124]. Widerspricht der Angeklagte, so ist die Verlesung daher auch dann nicht zulässig, wenn der Verteidiger mit ihr einverstanden ist[125]. Das Schweigen des Angeklagten zu der Zustimmung des Verteidigers ist aber in der Regel als Einverständniserklärung zu werten[126]. Ist der Angeklagte nach § 233 vom Erscheinen in der Hauptverhandlung entbunden, so dürfen Vernehmungsniederschriften nicht nach § 251 Abs. 1 Nr. 4 ohne seine Zustimmung verlesen werden; wird er aber nach § 234 von einem Verteidiger vertreten, so kommt es allein auf dessen Zustimmung an[127]. Auch im Fall des § 231 Abs. 2 genügt die Zustimmung des Verteidigers; der Angeklagte hat seine Rechte aus § 251 Abs. 1 Nr. 4 durch sein Nichterscheinen verwirkt[128]. Das gleiche gilt in den Fällen der §§ 231 a, 231 b[129]. Ist der Angeklagte nach § 231 c beurlaubt worden, so ist seine Zustimmung schon deshalb nicht erforderlich, weil eine seine Interessen berührende Beweisaufnahme in seiner Abwesenheit nicht durchgeführt werden darf[130].

Das Einverständnis muß grundsätzlich ausdrücklich erklärt werden. Stillschweigend kann es dadurch zum Ausdruck gebracht werden, daß der Verlesung des Vernehmungsprotokolls nicht widersprochen wird[131]. Das setzt aber voraus, daß der Prozeßbeteiligte sich der Tragweite seines Schweigens bewußt ist[132]. Davon kann ausgegangen werden, wenn ihm durch die Bekanntgabe des Beschlusses nach § 251 Abs. 4 Satz 1 die Bedeutung der Protokollverlesung klar geworden ist und er Gelegenheit hatte, sich zur Frage der Verlesung zu äußern[133]. Hat sich ein Prozeßbeteiligter schon vor der Hauptverhandlung mit der Vernehmung des Zeugen durch einen beauftragten Richter einverstanden erklärt, so muß er der Verlesung des Vernehmungsprotokolls in der Hauptverhandlung ausdrücklich widersprechen, wenn er seine Meinung geändert hat[134]. Die Einverständniserklärung ist

---

124 BayObLGSt. 1957 S. 132 (133) = NJW 1957 S. 1566 L; BayObLGSt. 1978 S. 17 (18) = NJW 1978 S. 1817; *Kleinknecht* § 251 Rdnr. 13; LR *Gollwitzer* § 251 Rdnr. 50; *Kohlhaas* NJW 1954 S. 535 (537).
125 Vgl. *Spendel* JZ 1959 S. 737 (739); vgl. auch *Eb. Schmidt* § 251 Rdnr. 14.
126 BayObLGSt. 1978 S. 17 (18/19) = NJW 1978 S. 1817 unter Aufgabe der in BayObLGSt. 1957 S. 132 = NJW 1957 S. 1566 L vertretenen Ansicht; *Kleinknecht* § 251 Rdnr. 13; KMR *Paulus* § 251 Rdnr. 35; *Schlüchter* Rdnr. 534.2 Fußn. 466. – A.A. OLG Hamm VRS 36 S. 51 (53); OLG Stuttgart JR 1977 S. 343 mit Anm. *Gollwitzer*, *Dalcke/Fuhrmann/Schäfer* § 251 Anm. 8; *Eb. Schmidt* Nachtr. § 251 Rdnr. 4 a).
127 Vgl. *Kleinknecht* § 233 Rdnr. 9, § 251 Rdnr. 13 und JZ 1964 S. 329; LR *Gollwitzer* § 251 Rdnr. 50; *K. Müller* S. 314; *Schlüchter* Rdnr. 534.2 Fußn. 466.
128 Vgl. *Dalcke/Fuhrmann/Schäfer* § 251 Anm. 8; KK *Mayr* § 251 Rdnr. 9; *Eb. Schmidt* § 231 Rdnr. 11. – BGHSt. 3 S. 206 (209/210) macht die Einschränkung, daß das jedenfalls dann gilt, wenn der Verteidiger Vertretungsvollmacht hat.
129 Vgl. KK *Mayr* § 251 Rdnr. 9; *Kleinknecht* § 251 Rdnr. 13. Vgl. auch unten S. 805.
130 Vgl. unten S. 805/806.
131 OLG Hamm VRS 40 S. 197; KK *Mayr* § 251 Rdnr. 9; *Kleinknecht* § 251 Rdnr. 13.
132 BayObLGSt. 1953 S. 220 (221) = NJW 1954 S. 323; OLG Hamm JMBlNRW 1957 S. 275; KMR *Paulus* § 251 Rdnr. 35; *Eb. Schmidt* § 251 Rdnr. 14; *Kohlhaas* NJW 1954 S. 535 (537).
133 BGH 1 StR 368/75 vom 16. 9. 1975.
134 BGHSt. 3 S. 206 (209).

unwiderruflich[135]. Sie kann insbesondere nicht mehr zurückgenommen werden, nachdem das Protokoll verlesen worden ist[136]. Das Fehlen der erforderlichen Zustimmung kann dadurch geheilt werden, daß sie nachträglich eingeholt wird[137].

(5) **Verlesbar** sind nach § 251 Abs. 1 nur richterliche Vernehmungsniederschriften, polizeiliche oder staatsanwaltschaftliche Protokolle auch nicht mit Zustimmung der Prozeßbeteiligten[138]. In welchem Verfahrensabschnitt die richterliche Vernehmung stattgefunden hat, spielt keine Rolle. Es braucht sich insbesondere nicht um kommissarische Vernehmungen nach § 223 zu handeln, die ausdrücklich zum Zweck der späteren Verwendung als Vernehmungsersatz in der Hauptverhandlung vorgenommen worden sind[139]. Verlesbar sind daher auch Niederschriften von Vernehmungen im Ermittlungsverfahren[140], im Zwischenverfahren nach § 202[141] und sogar von Vernehmungen, die ohne förmlichen Gerichtsbeschluß durchgeführt worden sind[142]. Niederschriften über eine Aussage in einer früheren Hauptverhandlung können ebenfalls verlesen werden, selbst wenn es sich nur um eine Beurkundung nach § 273 Abs. 2, nicht um eine wörtliche Protokollierung der Aussage nach § 273 Abs. 3 handelt[143]. Die Verlesung setzt nicht einmal voraus, daß die Vernehmung in dem anhängigen Strafverfahren stattgefunden hat. Auch Niederschriften über Aussagen in einem anderen Strafprozeß[144] oder in einem Verfah-

---

135 OLG Koblenz VRS 57 S. 116 (117).
136 BGH 1 StR 620/74 vom 14. 1. 1975; KK *Mayr* § 251 Rdnr. 9;
137 Vgl. KMR *Paulus* § 251 Rdnr. 34; LR *Gollwitzer* § 251 Rdnr. 52.
138 BGH DAR 1953 S. 57 = VRS 5 S. 212; BGH bei *Holtz* MDR 1976 S. 989; RGSt. 9 S. 49; 67 S. 254 (255); *Dalcke/Fuhrmann/Schäfer* Anm. 9; *Kleinknecht* Rdnr. 3; KMR *Paulus* Rdnr. 33; LR *Gollwitzer* Rdnr. 6, 55; alle zu § 251; *Fezer* JuS 1977 S. 382; *Kohlhaas* NJW 1954 S. 535 (537).
139 BGH VRS 36 S. 356 (357); RGSt. 66 S. 213 (215); OLG Bamberg JR 1951 S. 692; LR *Gollwitzer* § 251 Rdnr. 8; *Eb. Schmidt* § 251 Rdnr. 15; *Grau* DJ 1943 S. 331 (332); *K. Müller* S. 315; a. A. OLG Hamm JR 1950 S. 123 mit Anm. *G.* und *D. Reinicke*.
140 BGHSt. 10 S. 186; RGSt. 7 S. 156; 54 S. 22; OLG Bamberg JR 1951 S. 692; *Kleinknecht* § 251 Rdnr. 1; KMR *Paulus* § 251 Rdnr. 22; *Gerland* S. 369.
141 BGH bei *Holtz* MDR 1977 S. 461; *Kleinknecht* § 251 Rdnr. 1; KMR *Paulus* § 251 Rdnr. 22; *Schlüchter* Rdnr. 534.2.
142 RGSt. 58 S. 100; 66 S. 213 (216); OLG Oldenburg NdsRpfl. 1954 S. 17; *Dalcke/Fuhrmann/Schäfer* § 251 Anm. 1; LR *Gollwitzer* § 251 Rdnr. 36.
143 BGHSt. 24 S. 183 = JR 1971 S. 512 mit Anm. *Hanack*; RGRspr. 6 S. 212; RG JW 1929 S. 2741; BayObLG MDR 1982 S. 217; OLG Köln JMBlNRW 1960 S. 286; OLG Saarbrücken NJW 1974 S. 1959 (1960/1961); KK *Mayr* Rdnr. 13; *Kleinknecht* Rdnr. 2; KMR *Paulus* Rdnr. 22; LR *Gollwitzer* Rdnr. 9; alle zu § 251; *Ostler* MDR 1967 S. 374; *Schlüchter* Rdnr. 534.2; unklar BayObLG bei *Rüth* DAR 1971 S. 206. Vgl. auch BGH 4 StR 157/75 vom 15. 5. 1975 und *Dahs/Dahs* Rdnr. 231, die mit Recht auf den geringen Beweiswert der Protokollierung nach § 273 Abs. 2 hinweisen.
144 BGHSt. 10 S. 186; RGSt. 7 S. 156; 32 S. 72 (75); 54 S. 22; RGRspr. 3 S. 739 (741); RG BayZ 1915 S. 285; BayObLGSt. 1953 S. 92 = JZ 1953 S. 702; BayObLG Strafverteidiger 1981 S. 12 (13); KK *Mayr* Rdnr. 13; *Kleinknecht* Rdnr. 2; LR *Gollwitzer* Rdnr. 8; *Eb. Schmidt* Rdnr. 16; alle zu § 251; *Groth* S. 36.

ren anderer Art, z. B. in einem Zivil- oder Verwaltungsprozeß[145], in einem Verfahren der freiwilligen Gerichtsbarkeit[146] oder in einem Disziplinarverfahren dürfen verlesen werden[147].

Die Verlesung der Niederschrift nach § 251 Abs. 1 Nrn. 1 bis 3 ist jedoch nur zulässig, wenn es sich um ein ordnungsgemäß errichtetes richterliches Protokoll handelt[148] und kein Beweisverbot besteht[149]. Ein Verstoß gegen § 22 macht die Verlesung unzulässig[150]. Das gleiche gilt, wenn bei der Vernehmung § 69 Abs. 1 verletzt worden ist[151] oder wenn ein nicht vereidigter Dolmetscher mitgewirkt hat[152]. Der Bundesgerichtshof hat die Verlesung auch in einem Fall für unzulässig gehalten, in dem die eidliche Vernehmung von einem Referendar durchgeführt und die Niederschrift dem Vernommenen nicht vor der Vereidigung durch den Richter vorgelesen worden war[153]. Dagegen hindert die fehlende Unterschrift des Zeugen (§ 168a Abs. 3 Satz 3) die Verlesung nicht[154]. Die Verlesung der Niederschrift über die Vernehmung eines früheren Mitangeklagten, der, wenn er als Zeuge vernommen worden wäre, ein Aussageverweigerungsrecht nach § 52 gehabt hätte, ist grundsätzlich unzulässig, da es an der Belehrung nach § 52 Abs. 3 Satz 1 fehlt[155]. Eine Ausnahme gilt nach Ansicht des Bundesgerichtshofs für den Fall, daß der Mitangeklagte flüchtig und nur aus diesem Grunde die Frage der Anwendung des § 52 von Bedeutung ist[156].

145 RGSt. 10 S. 29; 32 S. 72 (75); *Groth* S. 36. Vgl. auch RGSt. 29 S. 433; 52 S. 1; KK *Mayr* Rdnr. 13; KMR *Paulus* Rdnr. 22; *Eb. Schmidt* Rdnr. 16; alle zu § 251; *Kohlhaas* NJW 1954 S. 535 (536); *F.W. Krause* S. 164. – A.A. RGSt. 3 S. 307; *von Kries* S. 377.
146 RGSt. 56 S. 257; KK *Mayr* Rdnr. 13; KMR *Paulus* Rdnr. 22; LR *Gollwitzer* Rdnr. 8; alle zu § 251.
147 RG GA 54 S. 290; KMR *Paulus* § 251 Rdnr. 22; LR *Gollwitzer* § 251 Rdnr. 7; *Groth* S. 34. Vgl. auch RGSt. 29 S. 433; 52 S. 1.
148 BGH GA 1976 S. 218 (220); RGSt. 9 S. 297 (301); *Kleinknecht* § 251 Rdnr. 2.
149 Zur Unlässigkeit der Verlesung wegen Verstoßes gegen § 52 Abs. 3 Satz 1 vgl. unten S. 486 ff., gegen §§ 168 ff., 224 unten S. 508 ff. Hatte der Zeuge bei seiner richterlichen Vernehmung auf sein Zeugnisverweigerungsrecht verzichtet, so ist das Protokoll verlesbar, wenn der Verzicht nicht widerrufen worden ist; vgl. RGSt. 9 S. 88 (91); RG JW 1894 S. 604; 1927 S. 149; *Glaser* Hdb. I S. 545.
150 RGSt. 30 S. 70 (72); LR *Gollwitzer* § 251 Rdnr. 10.
151 BGH NJW 1953 S. 35 = JZ 1953 S. 121 mit Anm. *Lay*; BGH bei *Holtz* MDR 1981 S. 632; RGSt. 74 S. 35; RG JW 1934 S. 173; 1938 S. 658 mit Anm. *Rilk*; OLG Stuttgart DAR 1955 S. 67; KK *Mayr* Rdnr. 13; KMR *Paulus* Rdnr. 28; LR *Gollwitzer* Rdnr. 12; alle zu § 251.
152 BGHSt. 22 S. 118 (120); BGH 5 StR 531/79 vom 25.9. 1979 bei *Pfeiffer* NStZ 1981 S. 95; RG Recht 1903 Nr. 2526; KMR *Paulus* § 251 Rdnr. 27; LR *Gollwitzer* § 251 Rdnr. 11; *Hanack* JZ 1972 S. 236 (237).
153 BGHSt. 12 S. 92; LR *Gollwitzer* § 251 Rdnr. 7; *Kissel* § 10 GVG Rdnr. 8, 18.
154 RGSt. 34 S. 396; KMR *Paulus* § 251 Rdnr. 25.
155 BGHSt. 10 S. 186 (190); 20 S. 384 (386); BayObLG Strafverteidiger 1981 S. 12 (13); *Dalcke/Fuhrmann/Schäfer* Anm. 8; *Kleinknecht* Rdnr. 2, 13; *Kohlrausch* Anm. 8; LR *Gollwitzer* Rdnr. 8, 49; *Eb. Schmidt* Rdnr. 15; alle zu § 251; vgl. auch RGSt. 32 S. 72 (75). A.A. Voraufl. S. 319.
156 BGHSt. 27 S. 138 (141 ff.) = JR 1977 S. 433 mit abl. Anm. *Hanack*; vgl. auch KK *Mayr* § 251 Rdnr. 17; *Gössel* NJW 1981 S. 2217 (2221); *Schlüchter* Rdnr. 511.

Ist die Niederschrift nicht in einem Strafverfahren aufgenommen worden, so genügt es, daß die Förmlichkeiten eingehalten worden sind, die für das jeweilige Verfahren gelten[157]. Bei Vernehmungen im Ausland[158] brauchen nur die für das ausländische Gericht maßgebenden Zuständigkeits- und Verfahrensvorschriften beachtet worden zu sein[159]. Nach Möglichkeit muß allerdings darauf hingewirkt werden, daß auch bei Auslandsvernehmungen die Vorschriften des deutschen Verfahrensrechts eingehalten werden. Das Gericht darf insbesondere nicht selbst den Anlaß dazu geben, daß ein im ausländischen Recht selbst nicht begründeter Verstoß gegen deutsche Vorschriften vorkommt[160]. Grundsätzlich muß sich das Gericht aber mit ausländischen Vernehmungsniederschriften begnügen, die entsprechend dem dortigen Recht von einem Staatsanwalt, Polizeibeamten oder einem gerichtlich Beauftragten, der kein Beamter ist, errichtet worden sind[161]. Die Verlesbarkeit ist auch nicht deshalb ausgeschlossen, weil die Prozeßbeteiligten entsprechend dem Recht des Vernehmungsorts von der Vernehmung nicht benachrichtigt worden sind[162] oder weil keine Vereidigung oder nur eine andere Form der

---

157 BGHSt. 7 S. 15 (16); KK *Mayr* Rdnr. 13; KMR *Paulus* Rdnr. 22; LR *Gollwitzer* Rdnr. 8; alle zu § 251; *Groth* S. 36; *F.W. Krause* S. 165; *Vogtherr* S. 25. – A.A. RGSt. 56 S. 257; *Eb. Schmidt* § 251 Rdnr. 26; offengelassen in BGHSt. 5 S. 214 (215).
158 Vernehmungsniederschriften der deutschen Konsuln im Ausland stehen nach § 15 Abs. 1 des Konsulargesetzes vom 11. 9. 1974 (BGBl. I S. 2317) den inländischen gleich. Der Mitwirkung eines Urkundsbeamten und der Vereidigung des Dolmetschers bedarf es nicht; vgl. BGH bei *Spiegel* DAR 1978 S. 157.
159 BGHSt. 1 S. 219 (221); 2 S. 300 (304); 7 S. 15 (16); BGH GA 1964 S. 176; 1976 S. 218; 1982 S. 40; BGH VRS 31 S. 268; 41 S. 203 (206); BGH Strafverteidiger 1982 S. 153 (154); BGH bei *Holtz* MDR 1977 S. 461; RGSt. 11 S. 391 (396/397); 15 S. 409 (413); 40 S. 189; 46 S. 50; RGRspr. 7 S. 293 (295); RG JW 1937 S. 2647 = HRR 1938 Nr. 191; RG JW 1938 S. 658 mit Anm. *Rilk*; RG BayZ 1910 S. 138; RG GA 47 S. 164; 54 S. 482; RG HRR 1930 Nr. 577; RG Recht 1903 Nr. 1936; BayObLGSt. 1949/51 S. 113 (116) = HESt. 3 S. 29 (31); OLG Bremen NJW 1962 S. 2314; OLG Celle NJW 1956 S. 922; OLG Düsseldorf JMBlNRW 1966 S. 165; OLG Hamm DAR 1959 S. 192; *Dalcke/Fuhrmann/Schäfer* Anm. 1; KK *Mayr* Rdnr. 18; *Kleinknecht* Rdnr. 2, 5; LR *Gollwitzer* Rdnr. 22 ff.; *Eb. Schmidt* Rdnr. 18; alle zu § 251; KMR *Paulus* § 233 Rdnr. 36, 39; *Groth* S. 39; *Kohlhaas* NJW 1954 S. 535 (536); *Koeniger* S. 301. Vgl. auch Nr. 91 der Richtlinien für den Verkehr mit dem Ausland in strafrechtlichen Angelegenheiten (RiVASt) vom 15. 1. 1959 i. d. F. vom 1. 10. 1978.
160 RG JW 1937 S. 2647 = HRR 1938 Nr. 191; BayObLGSt. 1949/51 S. 113 (116) = HESt. 3 S. 29 (31); LR *Gollwitzer* § 251 Rdnr. 22.
161 BGHSt. 7 S. 15 (16/17); BGH GA 1964 S. 176; RGSt. 46 S. 50 (51); RG JW 1937 S. 2647 = HRR 1938 Nr. 191; RG GA 47 S. 452; RG Recht 1916 Nr. 1661; OLG Celle NJW 1956 S. 922; OLG Düsseldorf JMBlNRW 1966 S. 165; *Dalcke/Fuhrmann/Schäfer* Anm. 1; KK *Mayr* Rdnr. 18; *Kleinknecht* Rdnr. 5; LR *Gollwitzer* Rdnr. 23; alle zu § 251; einschränkend *Eb. Schmidt* § 251 Rdnr. 18.
162 BGHSt. 1 S. 219 (221); BGH GA 1964 S. 176; BGH bei *Spiegel* DAR 1978 S. 156; RGSt. 11 S. 391 (394); 40 S. 189; 46 S. 50 (51); RG JW 1937 S. 2647 = HRR 1938 Nr. 191; RG GA 47 S. 164; RG Recht 1923 Nr. 1073; vgl. auch KK *Mayr* § 251 Rdnr. 19.

Bekräftigung stattgefunden hat[163]. Die fehlende Unterschrift des Richters unter dem Vernehmungsprotokoll ist unschädlich, wenn er das Schreiben unterzeichnet hat, mit dem es an das deutsche Gericht geschickt worden ist[164]. Für Vernehmungen in der DDR gelten diese Grundsätze entsprechend[165].

Die Zulässigkeit der Verlesung richterlicher Protokolle schließt das Recht und die Pflicht ein, polizeiliche Protokolle zu verlesen, auf die die Auskunftsperson bei der richterlichen Vernehmung ordnungsgemäß, d. h. nachdem sie zusammenhängend vor dem Richter ausgesagt hat, Bezug genommen hat[166]. Das gleiche gilt für schriftliche Berichte des Zeugen, auf die er sich bei seiner Vernehmung berufen hat[167]. Auch Vermerke des vernehmenden Richters über den Gang des Verfahrens und das Verhalten des Vernommenen dürfen mitverlesen werden[168], nicht aber Niederschriften über die Aussagen des Angeklagten oder eines anderen Zeugen, auf die der vernommene Zeuge sich bezogen hat[169]. War dem Zeugen der Inhalt einer früheren Aussage vorgehalten worden, so muß das Gericht ihn im Wege des Urkundenbeweises in die Hauptverhandlung einführen, wenn eine Anhörung des Vernehmungsbeamten nicht in Betracht kommt[169a].

c) **Nichtrichterliche Protokolle (Absatz 2).** Wenn ein Zeuge, Sachverständiger oder Mitbeschuldigter verstorben ist oder aus einem anderen Grund in absehbarer Zeit gerichtlich nicht vernommen werden kann, dürfen nach § 251 Abs. 2 auch nichtrichterliche Vernehmungsprotokolle und Urkunden, die eine von ihm stammende schriftliche Äußerung enthalten, verlesen werden. Das gilt auch dann, wenn daneben noch eine Niederschrift über eine richterliche Vernehmung vorhanden ist und verlesen werden kann[170].

---

163 BGH VRS 31 S. 268 (269); RGSt. 12 S. 347 (350); RG GA 47 S. 164; 52 S. 95; RG HRR 1930 Nr. 577; RG Recht 1903 Nr. 1936; 1918 Nr. 313; KMR *Paulus* § 233 Rdnr. 39; LR *Gollwitzer* § 251 Rdnr. 23; *Eb. Schmidt* § 251 Rdnr. 18; *Groth* S. 39.
164 BGH bei *Holtz* MDR 1979 S. 637; *Kleinknecht* § 251 Rdnr. 5.
165 BGHSt. 2 S. 300 (304); BGH ROW 1961 S. 251; BGH VRS 20 S. 122 (124); 31 S. 268 (269); BGH 5 StR 55/55 vom 24. 6. 1955; OLG Bremen NJW 1962 S. 2314; OLG Hamm DAR 1959 S. 192 (193); *Dalcke/Fuhrmann/Schäfer* § 251 Anm. 1; LR *Gollwitzer* § 251 Rdnr. 25. Die einschränkende Ansicht von *Eb. Schmidt* § 251 Rdnr. 18 und Nachtr. Rdnr. 7) ist durch die Rechtsentwicklung in der DDR überholt.
166 BGH NJW 1953 S. 35; BGH 1 StR 368/75 vom 16. 9. 1975; RGSt. 1 S. 391; 14 S. 1; 26 S. 289; 67 S. 252 (255); RGRspr. 9 S. 176; RG JR Rspr. 1927 Nr. 1365; RG Recht 1914 Nr. 1771; OLG Düsseldorf VRS 5 S. 138; *Kleinknecht* § 251 Rdnr. 4; LR *Gollwitzer* § 251 Rdnr. 19; *Groth* S. 39, 66; *Kohlhaas* NJW 1954 S. 535 (537).
167 RG GA 48 S. 112.
168 BGHSt. 2 S. 1 (3); RGSt. 37 S. 212; *Dalcke/Fuhrmann/Schäfer* Anm. 1; KK *Mayr* Rdnr. 20; *Kleinknecht* Rdnr. 4; LR *Gollwitzer* Rdnr. 18; alle zu § 251; a. A. *Hegler* Rechtsgang II S. 267 (271); Voraufl. S. 316.
169 Vgl. RGSt. 18 S. 24; LR *Gollwitzer* § 251 Rdnr. 20.
169a BGH NStZ 1982 S. 41 = Strafverteidiger 1982 S. 3.
170 BGHSt. 19 S. 354; 27 S. 139 (140); KK *Mayr* Rdnr. 21; *Kleinknecht* Rdnr. 15 a; KMR *Paulus* Rdnr. 36; LR *Gollwitzer* Rdnr. 54; alle zu § 251; *Hanack* JZ 1972 S. 236 (237); *K. Müller* S. 317.

(1) Das Erfordernis, daß in **absehbarer Zeit** keine richterliche Vernehmung möglich ist[171], bezieht sich auf eine Vernehmung vor dem erkennenden Gericht[172]. Die Möglichkeit, die Beweisperson im Wege der Rechtshilfe vernehmen zu lassen, schließt die Anwendung des § 251 Abs. 2 daher nicht aus. Die Vernehmung muß aus tatsächlichen Gründen, wie Krankheit, Flucht, Geisteskrankheit, Gebrechlichkeit, Unerreichbarkeit[173], Verweigerung der Ausreisegenehmigung[174], unmöglich sein. Rechtliche Gründe, wie die Auskunftsverweigerung des Zeugen nach § 55, sind nicht gemeint[175]. Auch die weite Entfernung des Zeugen vom Gerichtsort genügt im allgemeinen nicht[176].

Wann der Zeitraum, innerhalb dessen der Zeuge vor dem erkennenden Gericht nicht vernommen werden kann, im Sinne des § 251 Abs. 2 nicht absehbar ist, läßt sich nicht allgemein bestimmen. Es muß sich um einen ungewissen, nicht zu kurzen Zeitraum handeln[177], um eine Zeitspanne, um die die Hauptverhandlung bei Abwägung aller Umstände, auch der Bedeutung der Beweisfrage und der Schwere der Straftat sowie des Beschleunigungsgrundsatzes, nicht mehr aufgeschoben werden kann[178]. Daß der Zeuge irgendwann in ferner Zukunft doch noch erscheinen und vernommen werden kann, hindert die Verlesung nicht[179].

(2) Verlesbar sind **Niederschriften über nichtrichterliche Vernehmungen**, gleichgültig, ob sie von einem Staatsanwalt, einem Polizei- oder Finanzbeamten oder einem anderen Verwaltungsbeamten, etwa im Bußgeldverfahren, durchgeführt

---

171 Ermittlungen hierüber werden im Freibeweis geführt; vgl. *Kleinknecht* § 251 Rdnr. 19.
172 Vgl. KMR *Paulus* § 251 Rdnr. 41; LR *Gollwitzer* § 251 Rdnr. 57; *Bruns* Neue Wege S. 44/45; *K. Müller* S. 317; *Redecker* S. 38 Fußn. 34; a. A. *Eb. Schmidt* § 251 Rdnr. 20, der daher bei Krankheit und Gebrechlichkeit eine Anordnung der kommissarischen Vernehmung nach § 223 verlangt. A.A. auch Voraufl. S. 336.
173 Unerreichbar ist auch der Zeuge, dessen Namen oder Aufenthalt die Behörde, für die er als V-Mann gearbeitet hat, nicht preisgibt; vgl. unten S. 623 ff. Verfassungsrechtliche Bedenken bestehen hiergegen nicht; vgl. BVerfGE 57 S. 250 (273 ff.) = NJW 1981 S. 1719 (1721 ff.); *Bruns* Neue Wege S. 20 ff. Wenn der Zeuge unerreichbar ist, weil er bei seiner polizeilichen Vernehmung einen falschen Namen angegeben hat, soll nach OLG Frankfurt NJW 1973 S. 2074 mit abl. Anm. *Fischer* NJW 1974 S. 68 das Protokoll nicht verlesen werden dürfen. Hiergegen LR *Gollwitzer* § 251 Rdnr. 17, der mit Recht die Umstände des Einzelfalls für maßgebend hält.
174 Vgl. BGH bei *Holtz* MDR 1979 S. 806 für DDR-Bürger.
175 BGH 5 StR 407/75 vom 20. 10 1975; 5 StR 767/78 vom 5. 12. 1978; LG Düsseldorf MDR 1971 S. 249; KK *Pelchen* § 55 Rdnr. 15; *Kleinknecht* § 251 Rdnr. 17; KMR *Paulus* § 251 Rdnr. 42; LR *Meyer* § 55 Rdnr. 15; a. A. KK *Mayr* § 251 Rdnr. 11; *D. Meyer* MDR 1977 S. 543.
176 Vgl. *Kleinknecht* § 251 Rdnr. 17.
177 OGHSt. 2 S. 324 (326).
178 BGHSt. 13 S. 300 (302); 22 S. 118 (120); BGH bei *Dallinger* MDR 1974 S. 369; BGH 1 StR 502/76 vom 2. 11. 1976; KK *Mayr* Rdnr. 10; *Kleinknecht* Rdnr. 18; KMR *Paulus* Rdnr. 41; alle zu § 251; *Hanack* JZ 1972 S. 236 (237); *D. Meyer* MDR 1977 S. 543 (544); *K. Müller* S. 317; *Schlüchter* Rdnr. 534.4 Fußn. 474; vgl. auch BayObLG VRS 63 S. 211 (212); LR *Gollwitzer* § 251 Rdnr. 57.
179 BGH bei *Herlan* MDR 1954 S. 656.

worden sind und in welchem Verfahren sie stattgefunden haben[180]. Bestimmten Formerfordernissen brauchen sie nicht zu genügen. Das Fehlen der Unterschrift der Verhörsperson ist daher unschädlich[181]. Die Verlesung ist jedoch ausgeschlossen, wenn gegen Beweisverbote, insbesondere gegen § 52 Abs. 3 Satz 1, § 161 a Abs. 1 Satz 2, § 163 a Abs. 5, §§ 136 a, 69 Abs. 3, verstoßen worden ist.

Nach § 251 Abs. 2 ist auch die Verlesung von richterlichen Vernehmungsprotokollen zulässig, die nach § 251 Abs. 1 wegen formeller Mängel nicht verwertet werden dürfen[182]. Auch Vernehmungsprotokolle ausländischer Polizeibehörden und Protokolle der Volkspolizei der DDR können nach § 251 Abs. 2 verwertet werden[183].

(3) Zu den **Urkunden**, deren Verlesung § 251 Abs. 2 zuläßt, weil sie eine von der Beweisperson stammende schriftliche Äußerung enthalten, gehören nur solche, die unter das Beweisverbot des § 250 fallen. Für Urkunden und schriftliche Äußerungen von Zeugen, die von diesem Verbot nicht erfaßt werden, hat § 251 Abs. 2 keine Bedeutung; sie können ohne weiteres nach § 249 Abs. 1 verlesen werden. Die Vorschrift des § 251 Abs. 2 bezieht sich mithin nur auf Urkunden, die Beweispersonen zu Beweiszwecken hergestellt haben[184]. Das braucht weder in dem anhängigen Verfahren noch für die Beweistatsachen geschehen zu sein, die für dieses Verfahren eine Rolle spielen. Verlesbar sind etwa dienstliche Äußerungen[185] oder Ordnungswidrigkeitsanzeigen[186] eines verstorbenen Beamten, Gutachten eines verstorbenen Sachverständigen[187], nicht aber Aktennotizen des Vernehmungsbeamten[188]. Eine Unterschrift des Verfassers setzt § 251 Abs. 2 nicht voraus. Es ist nicht einmal erforderlich, daß die Beweisperson das Schriftstück selbst angefertigt hat. Verlesbar ist vielmehr jede Urkunde, die in ihrem Auftrag und mit ihrem Willen hergestellt worden ist[189]. Ferner muß die Urkunde nicht bereits vor der Hauptverhandlung vorhanden gewesen sein. Auch schriftliche Äußerungen, deren Einholung das Gericht während der Hauptverhandlung auf Antrag eines Prozeßbeteilig-

---

180 Vgl. *Kleinknecht* § 251 Rdnr. 15; *D. Meyer* MDR 1977 S. 543 (544); *K. Müller* S. 316.
181 BGHSt. 5 S. 214; KMR *Paulus* § 251 Rdnr. 37; LR *Gollwitzer* § 251 Rdnr. 58; *Fezer* JuS 1977 S. 382 (383 Fußn. 7); *K. Müller* S. 317.
182 BGHSt. 22 S. 118 (120): Unterlassen der Vereidigung des Dolmetschers; BayObLGSt. 1977 S. 3 = NJW 1977 S. 2037: Fehlen der Benachrichtigung. Vgl. auch KK *Mayr* Rdnr. 14; *Kleinknecht* Rdnr. 15 b; KMR *Paulus* Rdnr. 29, 38; *Eb. Schmidt* Rdnr. 21; alle zu § 251; *Gössel* S. 240; *Kohlhaas* NJW 1954 S. 535 (538); *K. Müller* S. 316; *Schlüchter* Rdnr. 534.4. – A.A. KK *Herdegen* § 244 Rdnr. 75; *Voraufl.* S. 338.
183 Vgl. BGH bei *Holtz* MDR 1978 S. 806; BGH 5 StR 55/55 vom 24. 6. 1955; KK *Mayr* § 251 Rdnr. 21.
184 Vgl. *Kleinknecht* § 251 Rdnr. 16; unten S. 461.
185 OLG Saarbrücken NJW 1971 S. 1904; KMR *Paulus* § 251 Rdnr. 39.
186 OLG Köln OLGSt. § 251 S. 13; KMR *Paulus* a.a.O.
187 RGSt. 71 S. 10 (11).
188 Vgl. *Kleinknecht* Rdnr. 15 a; KMR *Paulus* Rdnr. 37; *Eb. Schmidt* Rdnr. 21; alle zu § 251; *D. Meyer* MDR 1977 S. 543 (544).
189 OLG Düsseldorf NJW 1970 S. 985 L; KMR *Paulus* Rdnr. 39; LR *Gollwitzer* Rdnr. 60; *Eb. Schmidt* Rdnr. 23; alle zu § 251. Vgl. auch OLG Frankfurt HESt. 2 S. 218 (221): Stenographische Aufzeichnung der Vernehmung. *Kohlhaas* NJW 1954 S. 535 (538) will sogar genügen lassen, daß der Inhalt der Schrift auf die Beweisperson »zurückgeht«.

ten oder von Amts wegen angeordnet hat, dürfen verlesen werden[190]. Das kommt insbesondere in Betracht, wenn Vertrauens- oder Gewährsleute der Polizei oder der Nachrichtendienste von der Behörde aus anzuerkennenden Gründen nicht einmal für eine kommissarische Vernehmung zur Verfügung gestellt werden[190a]

d) **Verlesung von Protokollen im Freibeweis (Absatz 3).** Nach § 251 Abs. 3 ist die Verlesung von Schriftstücken aller Art ohne die Einschränkung der Absätze 1 und 2 zulässig, wenn sie anderen Zwecken als unmittelbar der Urteilsfindung, insbesondere der Vorbereitung der Entscheidung dient, ob die Ladung und Vernehmung einer Person erfolgen soll. Die Vorschrift ist überflüssig. Sie besagt lediglich, daß der Grundsatz der Unmittelbarkeit der Beweisaufnahme für den Freibeweis nicht gilt[191].

e) **Verfahren.** Das Verfahren bei der Anwendung des § 251 ist komplizierter als sonst bei der Verlesung von Urkunden.

(1) Die Verlesung darf weder durch das Selbstleseverfahren (§ 249 Abs. 2 Satz 6) noch durch einen Bericht des Vorsitzenden über den Inhalt der Urkunde **ersetzt** werden[192]. Grundsätzlich muß die Urkunde in vollem Umfang verlesen werden[193]. Eine Teilverlesung kommt nur in Betracht, wenn die Prozeßbeteiligten damit einverstanden sind[194].

(2) Die Verlesung darf nicht der Vorsitzende allein anordnen[195]. Erforderlich ist nach § 251 Abs. 4 Satz 1 und 2 immer ein in der Hauptverhandlung bekanntzumachender und im Sitzungsprotokoll zu beurkundender[196] **Gerichtsbeschluß,** der

---

190 Vgl. BGH GA 1954 S. 374 mit Anm. *Grützner;* KMR *Paulus* § 251 Rdnr. 40; LR *Gollwitzer* § 251 Rdnr. 61.
190a Die rechtliche Möglichkeit, in einem solchen Fall der Unerreichbarkeit des Zeugen eine etwa erforderliche weitere Aufklärung in der Weise zu versuchen, daß ihm schriftliche Fragen übermittelt werden, zu denen er sich schriftlich äußern soll, ist erstmals in der Entscheidung BGH NStZ 1981 S. 270 anerkannt worden. Verfassungsrechtliche Bedenken bestehen hiergegen nicht (BVerfGE 57 S. 250 [278 ff] = NJW 1981 S. 1719 [1722]). Eine ausführliche Würdigung dieser Rspr. findet sich bei *Bruns* Neue Wege S. 41 ff. Dessen Kritik an diesem schriftlichen Beweisverfahren läßt weitgehend außer acht, daß es in erster Hinsicht die Verteidiger sind, die in das Wissen eines „gesperrten" V-Manns entlastende Tatsachen stellen. Die schriftliche Befragung ist dann unter dem Gesichtspunkt des § 244 Abs. 2 erforderlich, wenn es keine andere Möglichkeit der Sachaufklärung gibt.
191 Vgl. LR *Gollwitzer* § 251 Rdnr. 13 ff.; *Eb. Schmidt* § 251 Rdnr. 33 ff.; *Kuckuck* S. 127; *Löhr* S. 143; *Schneidewin* JR 1951 S. 481 (484).
192 Vgl. KMR *Paulus* § 251 Rdnr. 46; LR *Gollwitzer* § 251 Rdnr. 79.
193 RGSt. 14 S. 1; RGRspr. 1 S. 655; LR *Gollwitzer* § 251 Rdnr. 79; *Kohlhaas* NJW 1954 S. 535 (536); a. A. KMR *Paulus* § 251 Rdnr. 48.
194 BGH 2 StR 715/52 vom 21. 4. 1953; vgl. auch RGRspr. 7 S. 153; 9 S. 176.
195 Der Vorsitzende kann aber anordnen, daß von der Verlesung abgesehen wird; vgl. BGH 1 StR 542/59 vom 1. 12. 1959; KMR *Paulus* § 251 Rdnr. 14; LR *Gollwitzer* § 251 Rdnr. 76.
196 RGSt. 1 S. 241 (245); KMR *Paulus* § 251 Rdnr. 19.

die tatsächlichen Gründe[197] für die Verlesung so angeben muß, daß sie rechtlich nachprüfbar sind[198]. Davon darf selbst mit Zustimmung der Prozeßbeteiligten nicht abgesehen werden[199]. Die formlose Zustimmung der Beisitzer kann die Beschlußfassung nicht ersetzen[200]. Das Fehlen eines mit Gründen versehenen Beschlusses begründet die Revision[201]. Unschädlich ist allerdings die Nichtangabe eines Verlesungsgrundes, der für alle Beteiligten offensichtlich ist[202].

Im Fall des § 251 Abs. 1 Nrn. 2 und 3 muß die Beschlußbegründung erkennen lassen, daß die Voraussetzung der kommissarischen Vernehmung noch fortbesteht[203]; denn hiervon hängt die Zulässigkeit der Verlesung ab[204]. Die Bemerkung, daß der Aufenthaltsort des Zeugen weit entfernt[205], daß der Zeuge erkrankt[206] oder auf Urlaub ist[207], reicht nicht aus; denn hieraus folgt nicht ohne weiteres, daß das Erscheinen des Zeugen vor dem erkennenden Gericht besonders erschwert ist. Anders ist es nur, wenn sich dieser Umstand unmittelbar aus der Sachlage ergibt[208]. Wird eine Niederschrift im allseitigen Einverständnis verlesen, so genügt als Begründung der Hinweis auf § 251 Abs. 1 Nr. 4[209].

In welcher Weise das Gericht die Zulässigkeit der Verlesung geprüft hat, brauchen die Gründe des Gerichtsbeschlusses nicht zu ergeben. Es schadet auch nicht,

---

197 Gesetzesvorschriften brauchen nicht genannt zu werden; vgl. OLG Karlsruhe NJW 1973 S. 1942; LR *Gollwitzer* § 251 Rdnr. 78.
198 BGHSt. 9 S. 230 (231); BGH NJW 1952 S. 1305; RGSt. 44 S. 8 (10); BayObLG Strafverteidiger 1981 S. 12 (13); OLG Oldenburg NdsRpfl. 1954 S. 17; KK *Mayr* § 251 Rdnr. 24.
199 BGH NJW 1952 S. 1305; RGSt. 1 S. 118 (120/121); RGRspr. 6 S. 754; RG JW 1925 S. 2611 mit Anm. *Beling* und *Löwenstein*; OLG Hamm VRS 36 S. 51 (52); KMR *Paulus* Rdnr. 14; LR *Gollwitzer* Rdnr. 72; *Eb. Schmidt* Rdnr. 26; alle zu § 251; *Dahs/Dahs* Rdnr. 232; *Kohlhaas* NJW 1954 S. 535 (538); *Löhr* S. 136 Fußn. 346.
200 OLG Hamm JR 1950 S. 123 mit Anm. *G.* und *D. Reinicke*.
201 BGH bei *Dallinger* MDR 1972 S. 572; BGH 5 StR 531/79 vom 25. 9. 1979; RGSt. 1 S. 118 (120); S. 241 (246); RGRspr. 1 S. 657; 2 S. 562; RG Recht 1915 Nr. 745; OLG Schleswig bei *Ernesti/Lorenzen* SchlHA 1981 S. 94; KK *Mayr* § 251 Rdnr. 24; LR *Gollwitzer* § 251 Rdnr. 71; *Dahs/Dahs* Rdnr. 232. – A.A. OLG Bamberg JR 1951 S. 692; OLG Stuttgart DAR 1955 S. 67; *Beling* JW 1925 S. 2613, die die Revision nur für begründet halten, wenn die Verlesung unzulässig war.
202 BGH bei *Dallinger* MDR 1955 S. 652; 1972 S. 572; BGH 1 StR 376/75 vom 5. 8. 1975; 5 StR 578/82 vom 17. 9. 1982; RGSt. 44 S. 8 (10); RG JW 1925 S. 2611 (2612) mit Anm. *Beling* und *Löwenstein*; RG JW 1929 S. 1045; 1935 S. 3393 mit Anm. *Weh*; RG GA 45 S. 369 (370); 46 S. 120; OLG Bamberg JR 1951 S. 692; OLG Hamm VRS 36 S. 51 (52); OLG Karlsruhe NJW 1973 S. 1942 (1943); OLG Stuttgart DAR 1955 S. 67; KK *Mayr* Rdnr. 24; *Kleinknecht* Rdnr. 24; KMR *Paulus* Rdnr. 17, 63; LR *Gollwitzer* Rdnr. 71, 78; alle zu § 251; *Dahs/Dahs* Rdnr. 232; *Kohlhaas* NJW 1954 S. 535 (538).
203 Vgl. KMR *Paulus* § 251 Rdnr. 16; *Eb. Schmidt* § 251 Rdnr. 26.
204 Vgl. oben S. 261.
205 Vgl. RG JW 1893 S. 417; 1934 S. 2982.
206 OLG Hamm VRS 36 S. 51 (52).
207 OLG Dresden HRR 1928 Nr. 396.
208 RGSt. 44 S. 8 (10); vgl. auch RG JW 1934 S. 2982.
209 BGH 5 StR 556/53 vom 15. 12. 1953.

daß das Gericht die Überzeugung, daß dem Erscheinen des Zeugen in der Hauptverhandlung nach wie vor Hindernisse entgegenstehen, nur deshalb gewonnen hat, weil ihm nichts Gegenteiliges bekanntgeworden ist[210]. Daher kann auch die bloße Bezugnahme auf die Gründe des die kommissarische Vernehmung anordnenden Beschlusses ausreichen, um die Rechtsgrundlage der Protokollverlesung klarzustellen[211]. Die Verlesung des früheren Beschlusses, durch den die kommissarische Vernehmung angeordnet worden war, genügt an sich nicht; jedoch wird das Urteil auf dem Verfahrensmangel im allgemeinen nicht beruhen[212]. Erscheint nach der Aktenlage das Vorliegen der tatsächlichen Voraussetzungen für die Verlesbarkeit zweifelhaft, so ist eine besonders eingehende Begründung des Beschlusses erforderlich, weil sonst der Verdacht entsteht, daß das Gericht die Zulässigkeit der Verlesung nur oberflächlich geprüft hat[213].

Das Gericht ist an den Beschluß über die Verlesung der Vernehmungsniederschrift nicht gebunden. Es kann ihn von Amts wegen oder auf Antrag zurücknehmen und den Zeugen oder Sachverständigen in der Hauptverhandlung anhören[214].

(3) Nach § 251 Abs. 4 Satz 3 und 4 muß das Gericht feststellen, ob der Vernommene vereidigt worden ist, und es muß die **Vereidigung** nachholen, wenn sie notwendig erscheint und noch ausführbar ist. Die besondere Feststellung der Nichtvereidigung ist aber überflüssig, wenn die Auskunftsperson als Beschuldigter vernommen worden[215], wenn der Zeuge nach dem Inhalt des verlesenen Protokolls eidesunmündig (§ 60 Nr. 1)[216] oder wenn eine Bemerkung über die Nichtvereidigung in dem verlesenen Protokoll enthalten ist[217]. Unmittelbar im Anschluß an die Verlesung muß die Feststellung über die Vereidigung oder Nichtvereidigung nicht getroffen werden; das Gericht kann sie bis zum Schluß der Hauptverhandlung nachholen[218]. Da die Feststellung nur dem Zweck dient, das Gericht in die Lage zu versetzen, die aus der Vereidigung oder Nichtvereidigung etwa herzuleitenden rechtlichen Bedenken zu würdigen, müssen die Gründe für die Vereidigung oder Nichtvereidigung in der Hauptverhandlung nicht bekanntgegeben werden[219]. Die Feststellung muß aber im Sitzungsprotokoll beurkundet werden[220].

---

210 RGSt. 52 S. 86 (88); RG LZ 1919 Sp. 59; *Feisenberger* § 251 Anm. 8; LR *Gollwitzer* § 251 Rdnr. 73.
211 RGSt. 1 S. 391 (392); a. A. RG JW 1889 S. 421.
212 RG JW 1935 S. 3393; vgl. auch OLG Stuttgart MDR 1955 S. 55.
213 RG GA 41 S. 271.
214 Vgl. LR *Gollwitzer* § 251 Rdnr. 73; *Eb. Schmidt* § 251 Rdnr. 27.
215 RG BayZ 1920 S. 180 = LZ 1920 Sp. 718; RG Recht 1910 Nr. 2138; LR *Gollwitzer* § 251 Rdnr. 83.
216 Vgl. dazu RG JW 1891 S. 324.
217 RG BayZ 1905 S. 263 (264); 1925 S. 285; OLG Stuttgart DAR 1955 S. 67.
218 RG Recht 1915 Nr. 1913; KMR *Paulus* § 251 Rdnr. 49; LR *Gollwitzer* § 251 Rdnr. 81.
219 RG JW 1890 S. 398; RG HRR 1938 Nr. 717; LR *Gollwitzer* § 251 Rdnr. 82.
220 RGSt. 1 S. 118 (120); S. 241 (245); LR *Gollwitzer* § 251 Rdnr. 80; *Eb. Schmidt* § 251 Rdnr. 26.

Die Vorschrift des § 251 Abs. 4 Satz 4 stellt klar, daß das Fehlen der Vereidigung die Verlesung dann nicht hindert, wenn die nochmalige Vernehmung zwecks Nachholung der Vereidigung unmöglich ist[221]. Im Fall des § 251 Abs. 1 Nr. 1 ist sie niemals, im Fall des § 251 Abs. 1 Nrn. 2 bis 4 regelmäßig ohne besondere Schwierigkeiten und Zeitverlust nachholbar[222]. Die Prüfung, ob die fehlende Vereidigung nachgeholt werden kann, entfällt daher stets, wenn das Vernehmungsprotokoll nach § 251 Abs. 1 Nr. 1 verlesen wird. In den Fällen des § 251 Abs. 1 Nrn. 2 bis 4 muß das Gericht nach denselben Grundsätzen wie bei der Entscheidung über die Vereidigung eines in der Hauptverhandlung vernommenen Zeugen über die Vereidigungsfrage befinden. Daß die Vereidigung nach § 251 Abs. 4 Satz 4 nur nachgeholt werden muß, wenn sie dem Gericht notwendig erscheint, bezieht sich auf die Ermessensentscheidung nach § 61; die in den §§ 59 bis 62 sonst bestimmten Ausnahmen von dem Grundsatz der Vereidigung werden hierdurch nicht erweitert[223]. Der Pflicht, erneut über die Frage der Vereidigung zu entscheiden, ist das Gericht nicht deshalb enthoben, weil es bereits bei Erlaß des Beschlusses über die kommissarische Vernehmung des Zeugen dessen Nichtvereidigung angeordnet hatte[224]. Es kommt auch nicht darauf an, ob der ersuchte oder beauftragte Richter die Vereidigung zu Unrecht unterlassen hat. Die Vereidigung muß daher nachgeholt werden, wenn ihre Notwendigkeit erst im Zeitpunkt der Hauptverhandlung eingetreten, der Zeuge etwa in der Zwischenzeit eidesmündig geworden ist[225]. Soll die Aussage in der Berufungsverhandlung verlesen werden, so muß der Zeuge erneut vernommen werden, wenn er in diesem Zeitpunkt eidesmündig und die Vernehmung ausführbar ist[226]. Hat der ersuchte Richter aber wegen mangelnder Verstandesreife des Zeugen von der Vereidigung abgesehen (§ 60 Nr. 1), so braucht das Gericht die Richtigkeit dieser tatsächlichen Annahme nicht zu prüfen[227]. Dagegen muß es entscheiden und begründen, ob der vernehmende Richter die rechtlichen und tatsächlichen Voraussetzungen des § 60 Nr. 2 zutreffend für vorliegend erachtet hat[228]. Wenn der ersuchte Richter nach §§ 61, 66 b Abs. 1 von der Vereidigung abgesehen hat, bedarf es einer Beschlußfassung in der Hauptverhandlung nur für den Fall, daß ein Prozeßbeteiligter die Nichtvereidigung des Zeugen beanstandet; insoweit gelten dieselben Grundsätze wie für die Vorabentscheidung des Vorsit-

---

221 RGSt. 20 S. 60 (61); KMR *Paulus* Rdnr. 53; LR *Gollwitzer* Rdnr. 87; *Eb. Schmidt* Rdnr. 30; alle zu § 251.
222 RG GA 57 S. 214.
223 BGHSt. 1 S. 269 (272/273); KK *Mayr* Rdnr. 24; *Kleinknecht* Rdnr. 23; KMR *Paulus* Rdnr. 49; LR *Gollwitzer* Rdnr. 85; *Eb. Schmidt* Rdnr. 30; alle zu § 251; *Kohlhaas* NJW 1954 S. 535 (538); *Niese* JZ 1953 S. 223.
224 Vgl. OLG Stuttgart MDR 1955 S. 55.
225 RG GA 57 S. 214; LR *Gollwitzer* § 251 Rdnr. 87; a. A. KMR *Paulus* § 251 Rdnr. 52.
226 RGSt. 63 S. 228 = JW 1930 S. 937 mit Anm. *Mamroth*.
227 RGSt. 26 S. 97.
228 RG Recht 1907 Nr. 1932.

zenden über die Zeugenvereidigung[229] und deren Beanstandung[230]. Dagegen wird man im Fall des § 62 eine Entscheidung des erkennenden Gerichts verlangen müssen, weil sich im allgemeinen erst in der Hauptverhandlung beurteilen läßt, ob nach dieser Vorschrift von der Vereidigung abgesehen werden kann[231]. Hat der Zeuge die Eidesleistung ohne berechtigten Grund verweigert, so kann das Gericht die Niederschrift über die Aussage dennoch verlesen[232]. Es versteht sich von selbst, daß bei der Bewertung einer solchen Aussage besondere Vorsicht geboten ist. Das Gericht ist aber[233] nicht verpflichtet, den Versuch zu machen, die Eidesleistung zu erzwingen.

Ist die Vereidigung nachholbar, so ist zunächst zu klären, ob die Prozeßbeteiligten auf sie nach § 61 Nr. 5 verzichten. Wenn das nicht der Fall ist, darf das Gericht von der Nachholung der Vereidigung nicht deshalb absehen, weil es bereit ist, die Aussage wie eine eidliche zu würdigen[234]. Denn es läßt sich niemals beurteilen, inwieweit der Zeuge im Fall der Vereidigung seine frühere Aussage berichtigt und inwieweit er sie andererseits vielleicht ergänzt hätte. War umgekehrt der Zeuge eidlich vernommen worden, obwohl das dem damaligen Prozeßstadium nicht entsprach, z. B. weil ein die Vereidigung rechtfertigender Grund nach § 65 nicht vorlag, so steht dieser Verstoß der Verlesung nicht entgegen. Muß der Zeuge bei seiner Vernehmung in der Hauptverhandlung vereidigt werden, so ist die eidliche Aussage auch als solche zu werten[235]. Wäre der Zeuge in der Hauptverhandlung nach § 60 nur uneidlich zu vernehmen gewesen, so darf die frühere eidliche Aussage jedoch nur als uneidliche gewürdigt werden[236]. Im Ergebnis bedeutet das allerdings wegen des Grundsatzes der freien Beweiswürdigung nicht notwendig einen Unterschied. Das Gericht muß sich aber darüber klar sein, daß der den Beweiswert möglicherweise erhöhende Umstand der Vereidigung bei der Abwägung auszuscheiden hat. Nach diesen Grundsätzen richtet sich auch die Verlesbarkeit der Niederschrift über eine eidliche Aussage, wenn der Zeuge über das Eidesverweigerungsrecht (§ 63) nicht belehrt worden war. Im Fall des § 251 Abs. 1 Nr. 1 ist die Aussage verlesbar, aber als uneidliche zu würdigen; in den Fällen des § 251

---

229 Vgl. oben S. 104.
230 BGHSt. 1 S. 269 (273); RGSt. 68 S. 378; a. A. OLG Hamm VRS 43 S. 40; OLG Saarbrücken MDR 1973 S. 428, die die Entscheidung des erkennenden Gerichts von Amts wegen verlangen. Vgl. auch OLG Karlsruhe VRS 33 S. 288, das zwar eine eigene Entscheidung des erkennenden Gerichts fordert, aus der Feststellung, daß der Tatrichter den Zeugen unvereidigt gelassen hat, aber schließt, daß er sich die Ansicht des vernehmenden Richters zu eigen gemacht hat.
231 OLG Hamm JMBlNRW 1962 S. 224 = VRS 24 S. 299; OLG Köln NJW 1954 S. 570; OLG Stuttgart DAR 1955 S. 67.
232 RG GA 59 S. 119; LR *Gollwitzer* § 251 Rdnr. 87.
233 Was *Rosenfeld* (S. 231) ohne Grund bestreitet.
234 A.A. RG JW 1924 S. 314, das den etwa vorliegenden Verstoß aus diesem Grunde für unschädlich hielt.
235 RGSt. 10 S. 156; *Eb. Schmidt* § 251 Rdnr. 29.
236 Vgl. *Eb. Schmidt* a.a.O. Die Ansicht von KMR *Paulus* § 251 Rdnr. 54, der Zeuge müsse nochmals uneidlich vernommen werden, erscheint unrichtig; eine wahrere Aussage als die unter Eid geleistete wird man durch diese Wiederholung schwerlich erzielen können.

Abs. 1 Nrn. 2 und 3 muß der Zeuge, falls das ausführbar ist, nochmals vernommen werden, nachdem er über das Eidesverweigerungsrecht belehrt worden ist[237].

3. Nach § 253 verlesbare Vernehmungsniederschriften

a) Zweck der Vorschrift. Nach § 69 Abs. 1 Satz 1 ist der Zeuge bei seiner Vernehmung zu veranlassen, im Zusammenhang anzugeben, was ihm von dem Gegenstand seiner Vernehmung bekannt ist. Für den Sachverständigen gilt das entsprechend (§ 72). Zur Auffrischung des Gedächtnisses des Zeugen oder Sachverständigen und zur Aufklärung von Widersprüchen sind Vorhalte aus den in den Akten befindlichen Niederschriften über frühere Vernehmungen zulässig[238]. Für den Fall, daß diese Vorhalte erfolglos sind, sieht § 253 als letztes Mittel[239] die förmliche Verlesung der Niederschriften vor. Zweck der Verlesung ist die Beweiserhebung über die früher von der Auskunftsperson mitgeteilten Tatsachen. Es handelt sich nicht, wie eine Mindermeinung[240] behauptet, nur um eine gesetzlich besonders geregelte Form des Vorhalts[241] durch Verlesen, sondern um einen in Durchbrechung des Grundsatzes des § 250 zugelassenen Urkundenbeweis[242]. Der Inhalt der

237 Vgl. *Kalbskopf* S. 40.
238 Vgl. unten S. 280/281.
239 BGHSt. 3 S. 281 (284); 20 S. 160 (162) = JZ 1965 S. 649 mit Anm. *Peters*; OLG Koblenz GA 1974 S. 222; LR *Gollwitzer* § 253 Rdnr. 6; *Fezer* JuS 1977 S. 384 (385); *Gössel* S. 241 und NJW 1981 S. 2217 (2218).
240 *Eb. Schmidt* § 253 Rdnr. 1 ff., Nachtr. § 253 Rdnr. 1) ff., Gedächtnisschrift für Walter Jellinek, 1955, S. 625 (633 ff.) und JZ 1964 S. 537 (540); *Frank* ZStW 12 S. 277 (336); *Grünwald* JZ 1966 S. 489 (493); *Hanack* in FS für Erich Schmidt-Leichner, 1977, S. 83 (86 ff.); *Henkel* S. 347 Fußn. 33; *F.W. Krause* S. 186 ff., 190; *Löhr* S. 143 ff.; *Luden* JW 1883 S. 230 (234); *Ortloff* GA 44 S. 98 (114); *Peters* S. 300, Gutachten S. 145 und JZ 1965 S. 650; *Redecker* S. 43 ff. (für § 253 Abs. 1); *Simader* S. 198; *W. Ziegler* S. 57 Fußn. 84. Weitere Nachw. bei *Kuckuck* S. 119 Fußn. 15.
241 Die Problematik des Vorhalts aus bei den Akten befindlichen Schriftstücken, insbesondere aus Vernehmungsprotokollen, steht mit dem Beweisantragsrecht in allzu loser Verbindung, als daß sie hier im einzelnen dargestellt werden könnte. Die Bedenken des Schrifttums gegen diesen Vernehmungsbehelf gipfeln neuerdings in der These *Kuckucks* (S. 115 ff., 150 ff., 230 ff.), Vorhalte seien, und zwar als eingeschränkter Urkundenbeweis, überhaupt nur in den Fällen der §§ 253, 254 zulässig. Die Wahrheit, auch soweit sie dem Angeklagten günstig ist, wird man auf diese Weise in der Hauptverhandlung schwerlich erforschen können.
242 So die h. M.: BGHSt. 3 S. 199 (201); S. 281 (283); 11 S. 338 (341); 20 S. 160 (162) = JZ 1965 S. 649 mit Anm. *Peters*; BGH bei *Dallinger* MDR 1970 S. 198; RGSt. 20 S. 220; 24 S. 94 (96); 27 S. 163 (165); 50 S. 129 (130); 59 S. 144 (145); RG GA 43 S. 241 (242); 69 S. 19 (20 ff.); S. 88 (89); BayObLGSt. 1953 S. 215 = NJW 1954 S. 363; BayObLGSt. 1957 S. 8 (10); OLG Koblenz GA 1974 S. 222; OLG Köln NJW 1965 S. 830; OLG Saarbrücken JR 1973 S. 472 mit zust. Anm. *Fuhrmann*; *Kleinknecht* § 253 Rdnr. 1; KMR *Paulus* § 244 Rdnr. 87 ff. und § 253 Rdnr. 3; LR *Gollwitzer* § 253 Rdnr. 1 ff.; *Beling* S. 318; *Dahs/Dahs* Rdnr. 234; *Dolderer* S. 82; *Fezer* JuS 1977 S. 382 (384); *Gössel* S. 241; *Kühne* Rdnr. 564 ff.; *Mittelbach* JR 1955 S. 327 (329); *Roxin* § 44 B I 2 d; *Schlüchter* Rdnr. 536.1; *Schneidewin* JR 1951 S. 481 (485). Weitere Nachw. aus dem Schrifttum bei *Kuckuck* S. 117 Fußn. 3.

verlesenen Vernehmungsniederschrift unterliegt der freien Beweiswürdigung des Gerichts. Es kann der früheren Aussage des Zeugen den Vorzug vor der in der Hauptverhandlung geben und ihr bei der Urteilsfindung den größeren Beweiswert beimessen[243]. Die entsprechende Anwendung des § 253 auf Tonbandaufnahmen der Zeugenaussage ist ausgeschlossen[244]; es kommt nur eine Augenscheinseinnahme durch Abhören des Tonbands in Betracht[245].

b) Vorausetzungen der Verlesbarkeit. Die Vorschrift des § 253 läßt die Protokollverlesung nur im Zusammenhang mit der Vernehmung des Zeugen oder Sachverständigen zu. Er muß sich zu dem Protokollinhalt äußern und ihn in seine Aussage einbeziehen können. In Abwesenheit des Zeugen ist die Verlesung der Vernehmungsniederschrift nach § 253 nicht zulässig[246]. Im übrigen erfordert die Vorschrift das Vorliegen folgender Voraussetzungen:

(1) Die Verlesung ist nach § 253 Abs. 1 zulässig, wenn die Auskunftsperson erklärt, daß sie sich der früheren Aussage nicht mehr erinnere[247]. Diese ausdrückliche Erklärung ist regelmäßig erforderlich. Nur wenn schon nach dem Verlauf der Vernehmung die Erinnerungslücken des Zeugen zweifelsfrei erkennbar sind, kann auf sie verzichtet werden[248]. Insbesondere bei der Vernehmung über ausgedehnte Fragenkomplexe kann von vornherein davon ausgegangen werden, daß der Sachverständige sich nicht mehr an alle Einzelheiten des früheren Gutachtens erinnert[249]. Ob die Erklärung des Zeugen oder Sachverständigen zutrifft, braucht das Gericht nicht zu prüfen[250]. Es kann selbst dann nach § 253 Abs. 1 verfahren, wenn

---

243 RGSt. 20 S. 220; 27 S. 163 (164); 34 S. 48 (49); RG BayZ 1906 S. 362; 1918 S. 55; OLG Hamm JMBlNRW 1964 S. 44; OLG Köln NJW 1965 S. 830; LR *Gollwitzer* § 253 Rdnr. 24; *Stenglein* § 252 a. F. Anm. 6.
244 Vgl. KK *Mayr* Rdnr. 10; *Kleinknecht* Rdnr. 13; KMR *Paulus* Rdnr. 13; LR *Gollwitzer* Rdnr. 18; *Eb. Schmidt* Rdnr. 11; alle zu § 253; a. A. *Hanack* in FS für Erich Schmidt-Leichner, 1977, S. 83 (96).
245 Vgl. oben S. 231.
246 BGH bei *Dallinger* MDR 1970 S. 198; KG NJW 1979 S. 1668 (1669); OLG Saarbrücken JR 1973 S. 472 mit Anm. *Fuhrmann*; KK *Mayr* § 253 Rdnr. 7; *Kleinknecht* § 253 Rdnr. 1; KMR *Paulus* § 244 Rdnr. 96; LR *Gollwitzer* § 253 Rdnr. 8; a. A. RG JW 1891 S. 236 (vgl. unten Fußn. 251).
247 Der Fall, daß der Zeuge erklärt, er erinnere sich an den Vorfall nicht mehr, zu dem er in der Hauptverhandlung gehört werden soll und schon früher vernommen worden ist, wird vom Wortlaut des § 253 Abs. 1 nicht unmittelbar erfaßt. Die Vorschrift ist aber auch auf diesen Fall anwendbar; vgl. RGSt. 20 S. 220; RG ZStW 48 Sdr. Beil. S. 182; LR *Gollwitzer* § 253 Rdnr. 10; *Groth* S. 54.
248 BGHSt. 1 S. 337 (340); 3 S. 281 (285); RG JW 1902 S. 580; RG DRiZ 1927 Nr. 840; KK *Mayr* Rdnr. 5; *Kleinknecht* Rdn. 4; KMR *Paulus* Rdn. 9; *Eb. Schmidt* Rdn. 12; alle zu § 253; *Groth* S. 54.
249 RGSt. 2 S. 153 (159/160).
250 RGSt. 59 S. 248 = JW 1925 S. 2784 mit Anm. *von Scanzoni*, der für den Fall, daß die Unrichtigkeit offensichtlich ist, die Verlesung für unzulässig hält; KK *Mayr* Rdn. 5; *Kleinknecht* Rdn. 4; KMR *Paulus* Rdn. 9; LR *Gollwitzer* Rdn. 10; *Eb. Schmidt* Rdn. 12; alle zu § 253; *Groth* S. 54; a. A. *Vogtherr* S. 34.

es sie für falsch hält. Einer Beurkundung im Sitzungsprotokoll bedarf die Erklärung des Erinnerungsmangels nicht[251].

(2) Nach **§ 253 Abs. 2** kann das Vernehmungsprotokoll ferner verlesen werden, wenn in der Hauptverhandlung, nicht schon bei früheren Vernehmungen[252], ein Widerspruch zwischen der jetzigen und der früheren Aussage auftritt[253], der ohne Unterbrechung der Hauptverhandlung anders nicht festgestellt und behoben werden kann. Das ist regelmäßig der Fall, wenn der Richter oder Beamte, der die frühere Vernehmung geleitet hat, nicht in der Hauptverhandlung als Zeuge anwesend ist[254]. Die Feststellung und Aufklärung des Widerspruchs kann aber auf andere Weise als durch Verlesung auch dann nicht möglich sein, wenn neben dem Vernommenen der Vernehmende als Zeuge gehört wird[255]. Daß der Widerspruch nur durch die Verlesung des Protokolls behoben werden kann, braucht der Tatrichter, der hierüber nach pflichtgemäßem Ermessen entscheidet, in der Hauptverhandlung nicht ausdrücklich festzustellen[256].

c) **Gegenstand der Verlesung** ist die Urschrift oder eine Abschrift[257] des Protokolls über die frühere Aussage des Zeugen[258] oder Sachverständigen. Wie der Wortlaut des § 253 ergibt, braucht es sich nicht um ein richterliches Protokoll zu handeln[259]. Die Vernehmung kann aus jedem Abschnitt des Strafverfahrens, aus einem anderen Strafprozeß[260], aus einem Zivil- oder Verwaltungsgerichtsverfahren[261] oder aus irgendeinem behördlichen Verfahren mit amtlichem Charakter, etwa einem von der Bahn oder Post geführten Ermittlungsverfahren[262], herrühren. Die Verlesung ist auch zulässig, wenn der Zeuge früher als Beschuldigter vernommen worden

---

251 RG DRiZ 1927 Nr. 840; RG HRR 1930 Nr. 1299.
252 Vgl. KMR *Paulus* § 253 Rdn. 11; LR *Gollwitzer* § 253 Rdn. 11.
253 Wird ein solcher Widerspruch zwischen dem Inhalt einer nach § 251 verlesenen Niederschrift und einer früheren polizeilichen Vernehmung festgestellt, so ist eine Verlesung des polizeilichen Protokolls nur unter den Voraussetzungen des § 251 Abs. 2 zulässig; vgl. KMR *Paulus* § 244 Rdn. 94; a. A. RG JW 1891 S. 236, das die Anwesenheit des Angeklagten bei der Verlesung nach § 253 Abs. 2 nicht für erforderlich hält; *Erbs* § 253 Anm. V; LR *Gollwitzer* § 253 Rdn. 21; *Groth* S. 58.
254 RGSt. 55 S. 223 (224).
255 RGSt. 34 S. 48 (49).
256 RG Recht 1907 Nr. 3744.
257 Die Verlesung einer einfachen Abschrift kann genügen; vgl. RGSt. 50 S. 129 (130) unter Aufgabe der in RGSt. 34 S. 48 vertretenen Ansicht; *Kleinknecht* Rdnr. 2; KMR *Paulus* Rdnr. 12; LR *Gollwitzer* Rdnr. 17; alle zu § 253.
258 Nicht eines anderen Zeugen, mit dessen Aussage die des vernommenen Zeugen in Widerspruch steht; vgl. BayObLGSt. 1957 S. 8 (10); *Fezer* JuS 1977 S. 384 (385); *Groth* S. 58.
259 RGSt. 1 S. 409 (413); 39 S. 433 (434); RG JW 1930 S. 922; RG Recht 1929 Nr. 2303; BayObLGSt. 1953 S. 215 = NJW 1954 S. 363; KMR *Paulus* § 253 Rdnr. 12; LR *Gollwitzer* § 253 Rdnr. 15; *Fuhrmann* JR 1973 S. 473; *Gerland* S. 368; *Groth* S. 55.
260 Vgl. *Gerland* S. 368; *Groth* S. 55.
261 RGSt. 10 S. 358; RG JW 1894 S. 49/50; RG JR Rspr. 1927 Nr. 203; KMR *Paulus* § 253 Rdnr. 12; *Eb. Schmidt* § 253 Rdnr. 14; *Groth* S. 55; a. A. *Kalbskopf* S. 47.
262 RGSt. 34 S. 48; RG GA 68 S. 353; *Groth* S. 55/56.

war[263]. Die Verlesbarkeit hängt nicht davon ab, daß das Protokoll dem Zeugen vorgelesen und von ihm genehmigt worden ist[264]. Gleichgültig ist auch, ob die Auskunftsperson früher unter Eid ausgesagt hat. War der Zeuge damals vereidigt worden, so muß er deswegen in der Hauptverhandlung nicht eidlich vernommen werden[265].

Bei der Aussage in Bezug genommene schriftliche Erklärungen des Zeugen oder Sachverständigen dürfen mitverlesen werden, ohne daß es darauf ankommt, in welcher Form sie zum Bestandteil der Aussage gemacht worden sind. Denn da der Verfasser der Erklärung in der Hauptverhandlung als Zeuge vernommen wird, sind sie nicht dazu bestimmt, seine Vernehmung zu ersetzen, und daher ohne Rücksicht auf §§ 250, 253 verlesbar. Das gilt insbesondere für ein schriftliches Gutachten, auf das sich der Sachverständige bei seiner Vernehmung bezogen hatte[266].

d) Umfang der Verlesung. Der Zweck der Verlesung bestimmt ihren Umfang. Das Protokoll darf verlesen werden, soweit es die Gesamtheit der Tatsachen betrifft, die mit der nicht erinnerten Bekundung oder dem Widerspruch im inneren Zusammenhang stehen[267]. Wie weit dieser Zusammenhang reicht, beurteilt der Tatrichter nach pflichtgemäßem Ermessen[268]. Versagt das Erinnerungsvermögen des Zeugen völlig oder macht der Zusammenhang der früheren Bekundung die Beschränkung der Verlesung auf einen Teil der Niederschrift unmöglich, so kann das ganze Protokoll verlesen werden[269].

e) Unberührt bleibende Beweisbehelfe. Die vom Gesetz vorgesehene Form der Beweiserhebung über die frühere Aussage des Zeugen oder Sachverständigen ist die Verlesung[270]. Das schließt nicht aus, sondern setzt sogar voraus[271], daß dem Zeugen oder Sachverständigen aus dem Vernehmungsprotokoll Vorhalte, auch in der Form der Protokollverlesung, gemacht werden[272]. Mit dem Vorhalt kann sich

---

263 RGSt. 12 S. 118; 55 S. 223 (224); RG BayZ 1918 S. 55; RG GA 36 S. 319; 69 S. 88; RG JR Rspr. 1927 Nr. 203; *Kleinknecht* Rdnr. 2; KMR *Paulus* Rdnr. 12; *Kohlrausch* Anm. 3; *Eb. Schmidt* Rdnr. 13; alle zu § 253; *Gerland* S. 368; *Groth* S. 58.
264 RG JR Rspr. 1927 Nr. 203; *von Kries* S. 374.
265 RG Recht 1911 Nr. 2025.
266 RG GA 46 S. 128; LR *Gollwitzer* § 253 Rdnr. 15; *Groth* S. 57.
267 RGSt. 1 S. 409 (413); KK *Mayr* Rdnr. 9; *Kleinknecht* Rdnr. 1; LR *Gollwitzer* Rdnr. 20; alle zu § 253; vgl. auch RGSt. 55 S. 223 (224).
268 RGSt. 57 S. 377 (378).
269 RGSt. 1 S. 409 (413); RGRspr. 6 S. 210; RG ZStW 48 Sdr. Beil. S. 182; OLG Koblenz GA 1974 S. 222 (223); KK *Mayr* Rdnr. 9; KMR *Paulus* Rdnr. 16; LR *Gollwitzer* Rdnr. 20; alle zu § 253; *Groth* S. 56.
270 Zulässig ist nur die Verlesung nach § 249 Abs. 1; das Selbstleseverfahren ist ausgeschlossen (vgl. § 249 Abs. 2 Satz 6).
271 Vgl. oben S. 277.
272 BGHSt 1 S. 4 (8); S. 337 (339); 3 S. 199 (201); S. 281 (283); RGSt 1 S. 409 (411); 59 S. 144 (145/146); 61 S. 9; 69 S. 88; RG BayZ 1918 S. 55; RG HRR 1933 Nr. 1062; 1938 Nr. 1153; BayObLGSt 1953 S. 21 = NJW 1954 S. 363; BayObLGSt. 1957 S. 8; OLG

das Gericht begnügen, wenn der Widerspruch darauf behoben oder wenigstens von dem Zeugen als vorhanden zugegeben wird[273]. Hat der Vorhalt nicht diesen Erfolg, so muß das Protokoll nach § 253 verlesen werden, wenn nicht der Vernehmungsbeamte als Zeuge gehört wird. Denn dann kommt es auf die Ermittlung des Wortlauts der früheren Aussage an[274]. Das gleiche gilt, wenn der Zeuge lediglich erklärt, er erinnere sich nicht, habe seinerzeit aber seine Wahrnehmungen nach bestem Wissen wiedergegeben. Auch dann muß zum Urkundenbeweis übergegangen und das Protokoll verlesen werden. War es schon zum Zweck des Vorhalts verlesen worden, so ist nunmehr die erneute Verlesung im Urkundenbeweis nach § 253 erforderlich[275].

Durch § 253 wird ferner die Verlesung von Vernehmungsniederschriften anderer Art, etwa eines Protokolls über die Aussage eines anderen Zeugen, zum Zweck des Vorhalts nicht ausgeschlossen[276]. Das gleiche gilt für Vernehmungsbehelfe, die nicht in der Verwertung früherer Aussagen bestehen[277]. Daher können auch Notizen und Aufzeichnungen des Zeugen verlesen werden[278]. Zulässig ist ferner die Gewährung von Einsicht in ein dem Gericht vorliegendes, von dem Zeugen herrührendes oder über seine Vernehmung aufgenommenes Protokoll zum Zweck der Selbstunterrichtung des Zeugen[279]. Dem Staatsanwalt, der als Zeuge vernommen wird, können zu diesem Zweck die Akten ausgehändigt werden[280]. Auf Verlesungen, die zwar zum Zweck des Beweises, aber nur zum Beweis des Inhalts des Vernehmungsprotokolls, nicht zum Beweis der Richtigkeit der früheren Aussage erfolgen, bezieht sich § 253 ebenfalls nicht. Sie sind daher auch zulässig, wenn die

---

Koblenz GA 1974 S. 222; OLG Köln NJW 1975 S. 830; KK *Mayr* § 249 Rdnr. 51ff.; *Dolderer* S. 70; *Fezer* JuS 1977 S. 382 (384); *Gössel* NJW 1981 S. 2217 (2218); *Groth* S. 56; *Heißler* S. 195. – A.A. *Eb. Schmidt* Teil I Rdnr. 442; *Gerland* S. 368 Fußn. 650. Zu der uneinheitlichen älteren Rspr. des RG vgl. *Kuckuck* S. 40 ff.

273 BGHSt. 20 S. 160 (162) = JZ 1965 S. 649 mit Anm. *Peters*; RGSt. 27 S. 163; 59 S. 144 (146); RG BayZ 1918 S. 55.
274 RGSt. 27 S. 163 (165/166); 59 S. 144 (146) = JW 1925 S. 2474 mit Anm. *Oetker*; RGRspr. 9 S. 123; RG JW 1891 S. 379; RG GA 43 S. 241 (242); BayObLGSt. 1953 S. 215 = NJW 1954 S. 363; OLG Hamburg JR Rspr. 1926 Nr. 994; *Groth* S. 57.
275 OLG Köln NJW 1965 S. 830; *Kleinknecht* Rdnr. 1; KMR *Paulus* Rdnr. 16; LR *Gollwitzer* Rdnr. 7; alle zu § 253.
276 RGSt. 61 S. 9; *Groth* S. 58.
277 RG WarnJ 1908 S. 279.
278 BGHSt. 20 S. 160 (162) = JR 1965 S. 649 mit Anm. *Peters*; RGSt. 20 S. 105; RGRspr. 9 S. 379 (380); 10 S. 15 (16); RG JW 1892 S. 200; RG BayZ 1909 S. 52; LR *Gollwitzer* § 253 Rdnr. 17; *Groth* S. 57 Fußn. 185; *Hegler* Rechtsgang II S. 267 (389); a. A. RGSt. 18 S. 24 (26). Vgl. auch *Schünemann* DRiZ 1979 S. 101 (107) zu der Frage, ob dienstliche Äußerungen eines Beamten verlesen werden dürfen.
279 BGHSt. 1 S. 4 (8); 3 S. 281 (283); 14 S. 339 (340); 35 S. 5 (7); 36 S. 53; RGRspr. 8 S. 722; 9 S. 475; 10 S. 15; RG JW 1922 S. 1036 mit Anm. *Alsberg*; RG GA 37 S. 185; RG Recht 1910 Nr. 4223; 1925 Nr. 2363; LR *Gollwitzer* § 253 Rdnr. 7; LR *Meyer* § 69 Rdnr. 9; *Eb. Schmidt* § 69 Rdnr. 12 und § 253 Rdnr. 16; *Groth* S. 56; *Hanack* in FS für Erich Schmidt-Leichner, 1977, S. 83 (93).
280 RG Recht 1908 Nr. 1312.

Voraussetzungen dieser Vorschrift nicht vorliegen[281]. Dieser Fall ist insbesondere gegeben, wenn nur die Übereinstimmung der gegenwärtigen mit der früheren Aussage festgestellt und dadurch die Zuverlässigkeit der in der Hauptverhandlung gemachten Aussage, die die Grundlage für die richterliche Tatsachenfeststellung ist, unterstrichen werden soll[282].

4. Nach § 254 verlesbare Geständnisprotokolle

a) Allgemeine Grundsätze. Zum Zweck der Beweisaufnahme über ein Geständnis des Angeklagten[283] und zur Klärung von Widersprüchen zwischen seiner Einlassung in der Hauptverhandlung und früheren Angaben läßt § 254 die Verlesung richterlicher Protokolle zu. Wie im Fall des § 253 ist die Verlesung ein Akt des Urkundenbeweises[284], der bestimmt ist, das vorliegende Beweismaterial zu ergänzen und gegebenenfalls die unrichtigen Angaben des Angeklagten in der Hauptverhandlung[285] zu berichtigen, auch wenn sich trotz der Verlesung keine Übereinstimmung erzielen läßt, sei es, daß der Angeklagte das Geständnis nicht wiederholt oder sogar in Abrede stellt, sei es, daß er bei seinen jetzigen, den früheren widersprechenden Angaben bleibt (§ 254 Abs. 2). Da es sich um Urkundenbeweis handelt, gelten die Grundsätze über die Erhebung dieses Beweises (§ 249). Die Verlesung kann daher im allseitigen Einverständnis auch dadurch ersetzt werden, daß der Vorsitzende den Inhalt des Geständnisses vorträgt[286]. Nur das Selbstleseverfahren ist nach § 249 Abs. 2 Satz 6 ausgeschlossen. Wenn der Angeklagte die Richtigkeit der Niederschrift über sein Geständnis bestreitet, ist es eine Frage der Aufklärungspflicht nach § 244 Abs. 2, ob das Gericht sich mit dem Urkundenbeweis begnügt oder auch noch den Richter vernimmt, vor dem der Angeklagte das Geständnis abgelegt hat. Nach Aufklärungsgrundsätzen, nicht nach § 244 Abs. 3, entscheidet das Gericht auch über Beweisanträge, mit denen der Angeklagte die Richtigkeit des Protokolls widerlegen will.

281 RGSt. 31 S. 69; *Hegler* Rechtsgang II S. 267 (270, 337).
282 RGSt. 37 S. 137; LR *Gollwitzer* § 253 Rdnr. 13; a. A. RGSt. 33 S. 128. Zweifelnd auch *Groth* S. 55.
283 Die Vorschrift des § 254 gilt entsprechend für Einziehungs-, Verfalls- und andere Nebenbeteiligte (§ 433 Abs. 1 Satz 1, § 442 Abs. 1, 2 Satz 1, § 444 Abs. 2 Satz 2), gegen die eine Maßnahme angeordnet werden soll; vgl. *Kleinknecht* § 254 Rdnr. 6; KMR *Paulus* § 254 Rdnr. 4.
284 BGHSt. 1 S. 337 (338); 14 S. 310 (313); RGSt. 45 S. 196 (197); 61 S. 72 (74); OGHSt. 1 S. 110; KG JR 1958 S. 369; OLG Schleswig SchlHA 1954 S. 387 (388); KK *Mayr* Rdnr. 20; *Kleinknecht* Rdnr. 1; KMR *Paulus* Rdnr. 2; LR *Gollwitzer* Rdnr. 1; alle zu § 254; *Dolderer* S. 83; *Fezer* JuS 1977 S. 520; *Groth* S. 59 ff.; *Henkel* S. 345; *Redecker* S. 54 ff., 57; *Roxin* § 44 B I 2 d; *Schlüchter* Rdnr. 535; *Schneidewin* JR 1951 S. 481 (485); *Schroth* ZStW 87 S. 103 (108, 111 ff.). – A.A. für § 254 Abs. 2: *Eb. Schmidt* § 254 Rdnr. 10; *F.W. Krause* S. 186 ff., 191 ff.; *Löhr* S. 148, die nur einen Vorhalt zulassen wollen. Weitere Nachw. bei *Kuckuck* S. 151 Fußn. 2 ff., 11.
285 Die Verlesung nach § 254 Abs. 1 ist aber auch zulässig, wenn der Angeklagte in der Hauptverhandlung die Einlassung verweigert; a. A. *Schroth* ZStW 87 S. 103 (108).
286 BGH VRS 32 S. 352 (353).

b) Voraussetzungen der Verlesung:
(1) Die Protokolle dürfen zum Zweck der Beweisaufnahme über ein **Geständnis** verlesen werden. Das Gericht kann aufgrund der verlesenen Protokolle feststellen, daß der Angeklagte hinsichtlich der ihm in der vorliegenden, nicht in einer anderen Strafsache[287] vorgeworfenen Tat ein Geständnis abgelegt, daß es einen bestimmten Inhalt gehabt hat und daß es wahr ist[288]. Das Geständnis braucht kein umfassendes Schuldanerkenntnis gewesen zu sein[289]. Es genügt jedes Zugestehen von Tatsachen, die für die Schuld- und Rechtsfolgenfrage von Bedeutung sein können[290], gleichgültig, ob sie den Angeklagten belasten oder entlasten[291] und ob es sich um unmittelbar rechtserhebliche Tatsachen oder um Indiztatsachen handelt[292]. Auch Angaben über die persönlichen Verhältnisse des Angeklagten[293], über die Vorgeschichte der Tat, über Verbindungen zu Mitangeklagten oder Mittelspersonen[294] erfüllen daher den Begriff des Geständnisses. Da *über* das Geständnis Beweis erhoben wird, kann die Beweiserhebung auch der Feststellung dienen, daß der Angeklagte ein Geständnis nicht abgelegt[295] oder daß er es widerrufen oder sonst zurückgenommen hat[296].

Ob in der Erklärung des Angeklagten ein Geständnis zu finden ist, beurteilt der Tatrichter nach pflichtgemäßem Ermessen. Der Angeklagte kann die Revision nicht mit Erfolg darauf stützen, daß die Erklärung kein Geständnis enthalten[297] oder daß er sein früheres Geständnis widerrufen habe[298]. Gibt er in der Hauptverhandlung zu, daß er früher ein Geständnis abgelegt hat, widerruft er es aber nun-

---

[287] RGSt. 54 S. 126 (127); RG JW 1933 S. 453 (454) mit Anm. *Werthauer*, RG GA 41 S. 416; KMR *Paulus* § 254 Rdnr. 15; *Eb. Schmidt* § 254 Rdnr. 2.
[288] Vgl. *Schroth* ZStW 87 S. 103 (110).
[289] A.A. *Kuckuck* S. 158 Fußn. 46, S. 190/191. Zu eng ist auch die Definition von *Bendix* GA 63 S. 31 (40).
[290] Vgl. *Dalcke/Fuhrmann/Schäfer* Anm. 4; KMR *Paulus* Rdnr. 14; *Eb. Schmidt* Rdnr. 2; alle zu § 254; *Groth* S. 60; *Koeniger* S. 379; *Redecker* S. 56; *Schneidewin* JR 1951 S. 481 (485).
[291] BGH bei *Holtz* MDR 1977 S. 984; RGSt. 45 S. 196 (197); RG Recht 1906 S. 1233; KK *Mayr* § 254 Rdnr. 3;
[292] RGSt. 45 S. 196 (197); 54 S. 126 (127); RG JW 1933 S. 453 (454) mit Anm. *Werthauer*, RGRspr. 6 S. 554 (555); RG GA 55 S. 328; 59 S. 336 (337); *Groth* S. 60.
[293] BGH bei *Holtz* MDR 1977 S. 984; RGSt. 54 S. 126 (128); RG Recht 1911 Nr. 1855; *Kleinknecht* § 254 Rdnr. 3; KMR *Paulus* § 254 Rdnr. 14.
[294] BGH bei *Holtz* MDR 1977 S. 984; *Kleinknecht* § 254 Rdnr. 3; KMR *Paulus* § 254 Rdnr. 14.
[295] RGSt. 45 S. 196 (197); 54 S. 126 (128); *Feisenberger* § 254 Anm. 1; *Eb. Schmidt* § 254 Rdnr. 3; *Groth* S. 61.
[296] RGSt. 54 S. 126 (128); RG GA 59 S. 336 (337); *Dalcke/Fuhrmann/Schäfer* § 254 Anm. 1; *Groth* S. 61.
[297] BGHSt. 1 S. 337 (338); BGH bei *Dallinger* MDR 1975 S. 369; RGSt. 45 S. 196 (197); RG GA 55 S. 328; RG Recht 1906 Nr. 1233; 1914 Nr. 2814; KK *Mayr* § 254 Rdnr. 3; *Kleinknecht* § 254 Rdnr. 7; *Groth* S. 60.
[298] BGHSt. 14 S. 310 (311). Vgl. auch BGH NJW 1966 S. 1524; RG JW 1899 S. 475.

mehr, so schließt das die Verlesung nach § 254 nicht aus[299], macht sie aber regelmäßig überflüssig[300]. Es genügt dann der Vorhalt des Geständnisses[301].

Ist das Geständnis verlesen worden, so darf es ohne Einschränkungen als Beweismittel verwertet werden. Wenn das Gericht gleichzeitig über die Tatbeteiligung Mitangeklagter zu entscheiden hat, darf das Geständnis auch gegen sie verwendet werden[302].

(2) Für den Fall der Aufklärung von Widersprüchen gelten die Ausführungen zu § 253[303] entsprechend.

c) **Verlesbare Protokolle.** Nach § 254 ist nur die Verlesung zulässig[304]. Auf Tonbandaufnahmen ist die Vorschrift nicht, auch nicht sinngemäß, anwendbar[305]; sie müssen gegebenenfalls in Augenschein genommen werden. Verlesbar sind nach § 254 nur vor einem Richter abgegebene Erklärungen desjenigen, der in dem anhängigen Verfahren die prozeßrechtliche Stellung des Angeklagten einnimmt[306]. Gleichgültig ist aber, in welcher prozessualen Stellung (als Beschuldigter oder Zeuge)[307] und in welchem Abschnitt des Verfahrens (Vorverfahren oder Hauptverfahren)[308] er sie gemacht hat. Verlesbar sind auch Niederschriften über Erklärungen des Angeklagten in einem anderen Strafverfahren[309] und in Verfahren anderer

---

299 Vgl. KMR *Paulus* § 254 Rdnr. 5; LR *Gollwitzer* § 254 Rdnr. 15.
300 OLG Schleswig SchlHA 1954 S. 387 (388); *Dalcke/Fuhrmann/Schäfer* § 254 Anm. 4; *Eb. Schmidt* § 254 Rdnr. 3.
301 RGSt. 23 S. 58 (59) unter Aufgabe der in RGRspr. 5 S. 145 vertretenen Ansicht; RGSt. 52 S. 243; RGRspr. 7 S. 212. – *Schroth* ZStW 87 S. 103 (119) hält den Vorhalt für unzulässig, weil er kein gleichwertiger Ersatz für die Verlesung sei.
302 BGHSt. 3 S. 149 (153); 22 S. 372; BGH 1 StR 181/75 vom 24. 6. 1975; RGSt. 9 S. 88 (90); RG JW 1899 S. 475; RG Recht 1906 Nr. 885; 1917 Nr. 1933; *Dalcke/Fuhrmann/Schäfer* Anm. 1; KK *Mayr* Rdnr. 8; *Kleinknecht* Rdnr. 5; KMR *Paulus* Rdnr. 5; *Eb. Schmidt* Rdnr. 9; alle zu § 254; *Fezer* JuS 1977 S. 520 (523); *Groth* S. 61; *Hanack* JZ 1972 S. 274 (275); *Eb. Schmidt* JZ 1970 S. 337 (342). – A. A. *Roxin* § 44 B I 2 d; *Schneidewin* JR 1951 S. 481 (486).
303 Oben S. 277 ff.
304 Das gilt auch für § 254 Abs. 2; vgl. *Groth* S. 59/60; a. A. *Stenglein* § 253 a. F. Anm. 4.
305 Vgl. KMR *Paulus* § 254 Rdnr. 12; LR *Gollwitzer* § 254 Rdnr. 10; a. A. *Hanack* JZ 1972 S. 274 (275); *Eb. Schmidt* JZ 1964 S. 539 (540).
306 BGHSt. 27 S. 13 (17); RGSt. 55 S. 223; KK *Mayr* Rdnr. 1; KMR *Paulus* Rdnr. 4; LR *Gollwitzer* Rdnr. 16; alle zu § 254; *Groth* S. 61.
307 BGH JR 1952 S. 289; RGSt. 9 S. 174; 20 S. 23; 55 S. 223; RGRspr. 4 S. 427 (428); 5 S. 646; 9 S. 174; RG JW 1889 S. 474; 1913 S. 1003; *Dalcke/Fuhrmann/Schäfer* Anm. 1; *Kleinknecht* Rdnr. 3; KMR *Paulus* Rdnr. 4; *Eb. Schmidt* Rdnr. 4; alle zu § 254; *Groth* S. 61; *Rieker* S. 85; *Rogall* NJW 1978 S. 2535 (2537). — A.A. KK *Mayr* § 254 Rdnr. 3.
308 BGHSt. 3 S. 149 (150); RGSt. 20 S. 23; 24 S. 94. Vgl. aber den Fall OLG Hamm JMBlNRW 1974 S. 20 = MDR 1974 S. 419: Der Angeklagte war vor der Hauptverhandlung dem Vorsitzenden vorgeführt worden, der ihn in Abwesenheit des Verteidigers zur Sache vernommen hatte; das OLG Hamm hält diese Angaben für unverwertbar. — Niederschriften über die Einlassung des Angeklagten in einer früheren Hauptverhandlung sind verlesbar; vgl. BayObLG MDR 1982 S. 517.
309 RGSt. 9 S. 174; RG JW 1889 S. 474; 1933 S. 453 (454) mit Anm. *Werthauer*; *Dalcke/Fuhrmann/Schäfer* § 254 Anm. 1; *Kleinknecht* § 254 Rdnr. 3; *Groth* S. 61.

Art (Zivilprozesse, Verwaltungsgerichtsprozesse, Verfahren der freiwilligen Gerichtsbarkeit, Disziplinarverfahren)[310]. Dabei müssen die für das Zustandekommen richterlicher Protokolle in der angewendeten Verfahrensart erforderlichen Voraussetzungen[311] beachtet sein, nicht aber die der Strafprozeßordnung für Erklärungen, die in anderen Verfahrensarten nach den dort geltenden Vorschriften abgegeben worden sind[312].

Erklärungen des Angeklagten vor nichtrichterlichen Beamten können nach § 254 nur verlesen werden, wenn sie Bestandteil des richterlichen Protokolls geworden sind. Dazu genügt eine nur formularmäßige Bezugnahme auf die frühere Aussage nicht. Es gelten dieselben Grundsätze wie für die Verlesbarkeit einer gerichtlichen Niederschrift über eine Zeugenvernehmung nach § 251, die in eine frühere Aussage einbezogen worden ist[313]. Voraussetzung der Verlesbarkeit ist immer, daß der Angeklagte klar kundgetan hat, daß er die früheren Angaben als Bestandteil seiner Erklärungen vor dem Richter betrachtet wissen will[314]. Es reicht nicht aus, daß der Richter das polizeiliche Protokoll vorgelesen und der Beschuldigte dazu Erklärungen abgegeben hat[315]. Als Bestandteil der richterlichen Niederschrift kann das polizeiliche Protokoll ferner nur dann angesehen werden, wenn der vernehmende Richter es vollständig verlesen hat[316]. Der Vorhalt genügt nicht[317]. Liegen diese Voraussetzungen vor, deren Einhaltung sich aus dem Vernehmungsprotokoll ergeben muß[318], so bedarf es neben der Bezugnahme nicht noch der erneuten Protokollierung der Aussage des Angeklagten oder ihres wesentlichen Inhalts[319].

d) **Verwertung polizeilicher Protokolle.** Da § 254 zum Zweck der Beweisaufnahme darüber, daß ein Geständnis abgelegt worden ist und welchen Inhalt es hatte, nur die Verlesung richterlicher Protokolle zuläßt, besteht für andere Niederschriften

---

310 Vgl. RGSt. 4 S. 427; 5 S. 40; 9 S. 174; 56 S. 257 (258); RGRspr. 5 S. 646; RG JW 1889 S. 474; RG DJZ 1913 Sp. 100; RG GA 60 S. 430; RG Recht 1922 Nr. 361; *Dalcke/Fuhrmann/Schäfer* § 254 Anm. 1; *Groth* S. 60; *Rieker* S. 86; *Schneidewin* JR 1951 S. 481 (485).
311 Vgl. für den Strafprozeß die §§ 168 ff. Zu den Beweisverboten bei Verstößen gegen diese Vorschriften vgl. unten S. 508 ff.
312 A.A. RGSt. 56 S. 257; *Dalcke/Fuhrmann/Schäfer* § 254 Rdnr. 2; *Eb. Schmidt* § 251 Rdnr. 16. Offengelassen in RG GA 60 S. 340.
313 Vgl. oben S. 269.
314 BGHSt. 6 S. 279 (281); 7 S. 73 (74) = MDR 1955 S. 244 mit Anm. *Mittelbach*; BGH NJW 1952 S. 1027; *Dahs/Dahs* Rdnr. 238.
315 BGHSt. 7 S. 73 = MDR 1955 S. 244 mit Anm. *Mittelbach*; BGH bei *Dallinger* MDR 1974 S. 725; RGSt. 24 S. 94; *Dalcke/Fuhrmann/Schäfer* Anm. 2; KK *Mayr* Rdnr. 5; *Eb. Schmidt* Rdnr. 5; alle zu § 254.
316 BGHSt. 6 S. 279 (281); *Dalcke/Fuhrmann/Schäfer* a.a.O.
317 BGH bei *Herlan* MDR 1954 S. 656.
318 BGHSt. 6 S. 279 (281); 7 S. 73 = MDR 1955 S. 244 mit Anm. *Mittelbach*; BGH NJW 1952 S. 1027; RGSt. 25 S. 31 (34); 40 S. 425; RG LZ 1921 Sp. 756; RG Recht 1908 Nr. 435; KK *Mayr* § 254 Rdnr. 5; *Eb. Schmidt* § 254 Rdnr. 5; *Dahs/Dahs* Rdnr. 238. Vgl. auch *Hülle* DRiZ 1952 S. 166.
319 Zu weitgehend daher BGH bei *Herlan* MDR 1954 S. 656; hiergegen *Mittelbach* MDR 1955 S. 245. Vgl. auch *Hülle* a.a.O.

ein Verwertungsverbot[320]. Zum Beweis, daß eine solche Urkunde vorhanden ist, dürfen aber auch polizeiliche Protokolle verlesen werden[321], ausnahmsweise auch zur Feststellung ihres Inhalts[322], etwa wenn sie dazu dienen, das Verständnis einer vorher verlesenen Zeugenaussage zu erleichtern[323] oder dem Sachverständigen Anhaltspunkte für die Beurteilung der Frage zu geben, ob der Angeklagte bereits bei Abgabe der polizeilichen Erklärung zurechnungsunfähig gewesen ist[324].

Vorhalte aus den polizeilichen Protokollen verbietet § 254 nicht. Zum Zweck des Vorhalts ist auch eine Verlesung des Protokolls zulässig[325]. Beweismittel ist aber stets nur die Erklärung des Angeklagten, nicht das Protokoll[326]. Die Beachtung dieser Grundsätze muß sich aus dem Urteil zweifelsfrei ergeben. Wenn der Angeklagte die Richtigkeit des Protokolls bestreitet[327], so ist sein Inhalt nicht als Beweis verwertbar; das Gericht muß dann den Vernehmungsbeamten als Zeugen hören. Eine solche Zeugenvernehmung über den Inhalt der Vernehmung des Angeklagten ist immer zulässig[328]. Auch dem Verhörsbeamten darf das Vernehmungsprotokoll vorgehalten, und zu diesem Zweck darf es vorgelesen werden[329]. Beweismittel ist aber auch in diesem Fall allein die Erklärung des Zeugen. Nur was in seinem Gedächtnis haftengeblieben ist oder nach dem Vorhalt in seine Erinnerung zurückkehrt und von ihm als Inhalt der polizeilichen Niederschrift bestätigt

320 BGHSt. 1 S. 337 (339); 14 S. 310 (311); RGSt. 61 S. 72 (74); OGHSt. 3 S. 24 (25); OLG Zweibrücken VRS 60 S. 442 (443); *Günter* DRiZ 1971 S. 379; *Schlüchter* Rdnr. 535; *Schroth* ZStW 87 S. 103 (114).
321 BGHSt. 3 S. 149 (150); RGSt. 61 S. 72 (75) unter Aufgabe der in RGSt. 14 S. 258, 18 S. 24, 20 S. 321 vertretenen Ansicht; RG JW 1931 S. 953; OGHSt. 1 S. 110; BayObLG HRR 1934 Nr. 1000; *Dalcke/Fuhrmann/Schäfer* § 254 Anm. 2.
322 Vgl. BGH 4 StR 315/53 vom 8. 10. 1953.
323 A.A. RG JW 1901 S. 689.
324 RG JW 1900 S. 781.
325 BGHSt. 1 S. 337 (339); 3 S. 149 (150); 14 S. 310 (311); 21 S. 285 (286); RGSt. 54 S. 13 (17); 61 S. 72 (73); 69 S. 88 (89); RG JW 1928 S. 2722 (2723); 1930 S. 936; RG DJZ 1913 Sp. 867; RG HRR 1932 Nr. 1411; 1938 Nr. 1153; OGHSt. 1 S. 110 (111); BayObLG HRR 1934 Nr. 1000; OLG Braunschweig NdsRpfl. 1948 S. 203; OLG Hamburg VRS 10 S. 370 (371); 29 S. 359 (361); *Dalcke/Fuhrmann/Schäfer* § 254 Anm. 2; KK *Mayr* § 249 Rdnr. 51; KMR *Paulus* § 254 Rdnr. 10; *Fezer* JuS 1977 S. 520 (523). – A.A. *Eb. Schmidt* § 254 Rdnr. 6; *Dahs/Dahs* Rdnr. 236; *Hanack* JZ 1972 S. 274; *Peters* S. 300/301; *Riegner* NJW 1961 S. 63.
326 BGHSt. 14 S. 310 (311/312); 21 S. 285 (287); RGSt. 54 S. 13 (17); 61 S. 72 (74); 69 S. 88; RG DJZ 1913 Sp. 867; *Dalcke/Fuhrmann/Schäfer* § 254 Anm. 2; KMR *Paulus* § 254 Rdnr. 9; *Groth* S. 61.
327 Daß der Angeklagte zugibt, das Protokoll unterschrieben zu haben, genügt nicht; vgl. RGSt. 14 S. 258.
328 BGHSt. 3 S. 149 (150); 14 S. 310 (312); 22 S. 170 (171); BGH NJW 1966 S. 1524; RGSt. 54 S. 13 (17); 61 S. 72; 64 S. 78 (80); RG JW 1931 S. 953; *Dalcke/Fuhrmann/Schäfer* § 254 Anm. 2; KK *Mayr* § 249 Rdnr. 1; *Dahs/Dahs* Rdnr. 236; *Groth* S. 62; *Günter* DRiZ 1971 S. 379. – A.A. *Grünwald* JZ 1969 S. 752 (754); *Kuckuck* S. 196 ff.; *Schroth* ZStW 87 S. 103 (130). Vgl. auch BGH bei *Dallinger* MDR 1952 S. 17/18; *Hanack* JZ 1972 S. 274 (275); *Riegner* NJW 1961 S. 63.
329 BGHSt. 1 S. 4 (8); S. 337 (338); 14 S. 310 (312); KK *Mayr* § 249 Rdnr. 54 mit weit. Nachw.

wird, ist als Beweisergebnis verwertbar[330]. Erinnert er sich nicht mehr an die Vernehmung, sondern erklärt er nur, er habe die Angaben des Angeklagten richtig protokolliert, so darf der Inhalt des Protokolls nicht verwertet werden[331].

Eigene schriftliche Erklärungen des Angeklagten dürfen unbeschränkt verlesen werden[332].

5. Nach § 325 verlesbare Vernehmungsniederschriften

a) **Allgemeine Grundsätze.** Im Berufungsverfahren gelten nach § 332 die Vorschriften über die Hauptverhandlung entsprechend. Soweit nach §§ 249 bis 256 Schriftstücke verlesen werden dürfen, ist die Verlesung daher auch in der Berufungsverhandlung zulässig[333]. Der erste Halbsatz des § 325 Abs. 1 erweitert entgegen seinem mißverständlichen Wortlaut die Voraussetzungen für die Verlesung von Schriftstücken nicht[334]. Der zweite Halbsatz der Vorschrift enthält dagegen, in einer umständlich negativ gefaßten Formulierung[335], eine tiefgreifende Durchbrechung des in § 250 zum Ausdruck kommenden Unmittelbarkeitsgrundsatzes beim Zeugen- und Sachverständigenbeweis. Protokolle über die Aussagen der in der Hauptverhandlung des ersten Rechtszugs vernommenen Zeugen und Sachverständigen dürfen, auch wenn die Voraussetzungen der §§ 251, 253 nicht vorliegen, mit Zustimmung der Staatsanwaltschaft und des Angeklagten verlesen werden, ohne ihre Zustimmung nur, wenn die wiederholte Vorladung der Auskunftspersonen weder erfolgt noch von dem Angeklagten rechtzeitig vor der Hauptverhandlung beantragt worden ist. Dem liegt die Erwägung zugrunde, daß die Verlesung des Hauptverhandlungsprotokolls des ersten Rechtszugs häufig die Vernehmung der Auskunftsperson vor dem Berufungsgericht ersetzen kann, daß aber diese Annahme dann nicht genügend gesichert erscheint, wenn das Gericht oder die Prozeßbeteiligten ihre Überzeugung, die erneute Vernehmung sei nicht zu ersparen, schon vor der Verhandlung zum Ausdruck gebracht haben oder wenn der Angeklagte zu diesem Zweck die Ladung wenigstens beantragt hat[336]. Von der erneuten Ladung und der persönlichen Anhörung der im ersten Rechtszug vernommenen Auskunftspersonen darf das Gericht aber nur absehen, wenn es meint, daß die wiederholte Vernehmung zur Aufklärung der Sache nicht erforderlich ist (vgl. § 323 Abs. 2). Das darf bei der Auslegung des § 325, der nur die Form der Beweiserhebung im Berufungsverfahren, nicht ihre Notwendigkeit regelt, nicht

---

330 BGHSt. 14 S. 310 (312); BGH 1 StR 168/76 vom 11. 5. 1976; RGSt. 71 S. 221 (223); KK *Mayr* § 249 Rdnr. 54; KMR *Paulus* § 254 Rdnr. 10. – A.A. Voraufl. S. 351.
331 BGHSt. 14 S. 310.
332 Vgl. unten S. 310.
333 Vgl. KMR *Paulus* § 325 Rdnr. 3.
334 Vgl. KK *Ruß* Rdnr. 4; *Kleinknecht* Rdnr. 1; LR *Gollwitzer* Rdnr. 6; *Eb. Schmidt* Rdnr. 4; alle zu § 325; *Alsberg* JW 1929 S. 2681 (2682); *Löhr* S. 151 Fußn. 404; *Simader* S. 217.
335 Vgl. *Eb. Schmidt* § 325 Rdnr. 1; *Alsberg* JW 1929 S. 2681; *zu Dohna* S. 201 Fußn. 195 (»in seltenem Maße verunglückt«); *F. W. Krause* S. 178; *Simader* S. 217.
336 Vgl. *Alsberg* JW 1929 S. 2681 (2682).

übersehen werden. Nach allgemeiner Ansicht darf das Gericht von den Befugnissen, die ihm die Vorschrift einräumt, nur zurückhaltend Gebrauch machen[337].

b) Voraussetzungen der Verlesung
(1) Der Zeuge oder Sachverständige darf nicht geladen worden sein. Daß die nicht erschienene Auskunftsperson zur Berufungsverhandlung vorgeladen war, steht der Verlesung ohne Rücksicht darauf entgegen, von wem die Vorladung beantragt war und wer sie veranlaßt hatte[338]. Hat das Gericht die Ladung angeordnet, so ist weder erforderlich, daß sie durch förmliche Zustellung bewirkt worden ist[339] noch daß sie den Zeugen oder Sachverständigen erreicht hat[340]. Der Nachweis der ordnungsgemäßen Zustellung wird daher nicht vorausgesetzt[341]; die Verlesung der Sitzungsniederschrift ist schon ausgeschlossen, wenn die Ladung ordnungsgemäß abgegangen ist. Aus welchen Gründen der Zeuge oder Sachverständige trotz der Ladung nicht erschienen ist, spielt ebenfalls keine Rolle[342]. Nach herrschender Ansicht braucht die Vorladung, die der Angeklagte oder der Verteidiger bewirkt, nicht die unmittelbare Ladung durch den Gerichtsvollzieher im Sinne der §§ 38, 220 zu sein. Die bloße Gestellung des Zeugen oder Sachverständigen in der Hauptverhandlung soll als Vorladung gelten und die Verlesung ausschließen[343]. Ob diese Rechtsmeinung mit dem Wortlaut des § 325 Abs. 1 zweiter Halbsatz (»Vorladung«) vereinbar ist, erscheint äußerst zweifelhaft[344]. Mit Rücksicht auf die Notwendigkeit, den § 325 einschränkend auszulegen, wird man der herrschenden Ansicht jedoch wenigstens im Ergebnis zustimmen können. Ist aber die Auskunftsperson aus eigener Initiative in der Berufungsverhandlung erschienen, so steht sie einer vorgeladenen nicht gleich.

Wenn das Gericht den Zeugen oder Sachverständigen nicht geladen hat, ist die Verlesung der Vernehmungsniederschrift grundsätzlich zulässig. Eine Ausnahme gilt für den Fall, daß die Ladung versehentlich unterlassen wurde, obwohl eine frü-

---

337 RGSt. 63 S. 228 (229); BayObLGSt. 1972 S. 227 = JR 1973 S. 467 mit Anm. *Hanack*: nur bei offensichtlicher Verläßlichkeit; LR *Gollwitzer* § 325 Rdnr. 3; *Eb. Schmidt* § 325 Rdnr. 2; *von Hippel* S. 576; *Meyer* GA 31 S. 326 (329/330); *Löhr* S. 153; *Peters* S. 596. – *F.W. Krause* S. 179 fordert die Aufhebung der Vorschrift. Zur Aufklärungspflicht vgl. auch unten S. 294/295.
338 Vgl. *Alsberg* JW 1929 S. 2681 (2682); *Simader* S. 219.
339 Die vom KG GA 70 S. 119 (zustimmend *Dalcke/Fuhrmann/Schäfer* § 325 Anm. 6) vertretene Gegenansicht ist schon deshalb unrichtig, weil die Zeugenladung keine förmliche Zustellung voraussetzt; vgl. LR *Meyer* § 48 Rdnr. 2.
340 Vgl. OLG Stettin JW 1932 S. 2745 mit Anm. *Klefisch* (für den Fall, daß die Ladung mit dem Vermerk zurückgekommen ist, der Zeuge sei unbekannt verzogen); *Kleinknecht* Rdnr. 5; KMR *Paulus* Rdnr. 10; LR *Gollwitzer* Rdnr. 10; alle zu § 325.
341 OLG Celle NJW 1961 S. 1490 (1491); KMR *Paulus* und LR *Gollwitzer* a.a.O.
342 OLG Celle a.a.O.; KMR *Paulus* Rdnr. 10; LR *Gollwitzer* Rdnr. 9; *Eb. Schmidt* Rdnr. 8; alle zu § 325; *Alsberg* JW 1929 S. 2681 (2682); *Klefisch* JW 1932 S. 2745; *Meyer* GA 31 S. 326 (328).
343 Vgl. KMR *Paulus* § 325 Rdnr. 10; LR *Gollwitzer* § 325 Rdnr. 11; *Alsberg* JW 1929 S. 2681 (2682); *Gerland* S. 410; *J. Meyer* MDR 1962 S. 540; *Simader* S. 219; *Stützel* S. 119.
344 Vgl. *Eb. Schmidt* § 325 Rdnr. 10, der sich aber der h. M. anschließt.

here Berufungsverhandlung gerade zu dem Zweck ausgesetzt worden war, den Zeugen herbeizuschaffen[345]. Der Verlesung steht nicht entgegen, daß der Angeklagte und der Verteidiger nicht davon benachrichtigt worden sind, daß die Ladung unterbleibt[346]. Es genügt, daß dies aus der Mitteilung nach § 222 Abs. 1 Satz 1 hervorgeht.

Der Nichtladung steht es gleich, daß das Gericht einen von ihm von Amts wegen[347] für die Berufungsverhandlung geladenen Zeugen oder Sachverständigen wieder abbestellt. Auch dann kann die Niederschrift über seine Vernehmung im ersten Rechtszug verlesen werden, allerdings unter der Voraussetzung, daß der Angeklagte von der Abbestellung rechtzeitig benachrichtigt worden ist. Denn ohne eine solche Nachricht kann er davon ausgehen, daß es bei der Ladung bleibt und daß er daher die Ladung der Auskunftsperson nicht selbst zu veranlassen braucht[348]. Wie die Abbestellung ist der Fall zu behandeln, daß der Vorsitzende dem Verteidiger mitteilt, der Zeuge sei am Erscheinen verhindert und es solle daher nach § 325 verfahren werden[348a].

(2) Auch der rechtzeitig vor der Berufungsverhandlung gestellte **Antrag des Angeklagten auf Vorladung** der Beweisperson verbietet die Protokollverlesung. Der Angeklagte soll in diesem Fall darauf vertrauen können, daß die Vernehmung der von ihm benannten Zeugen und Sachverständigen auch stattfindet[349]. Der Antrag darf nicht nur hilfsweise gestellt sein[350], braucht aber nicht die Form einer ausdrücklichen Antragstellung einzuhalten. Es genügt jede Eingabe, die das Verlangen auf Vorladung der Auskunftsperson erkennen läßt[351].

Der bloße Ladungsantrag hindert die Verlesung jedoch nur, wenn der Angeklagte ihn gestellt hat. Anträge von Einziehungs-, Verfalls- und anderen Nebenbeteiligten, die dieselben Rechte wie der Angeklagte haben[352], sowie Anträge des Verteidigers[353] stehen dem gleich, nicht jedoch Anträge anderer Prozeßbeteiligter,

---

345 BayObLG DRiZ 1932 Nr. 148; KMR *Paulus* § 325 Rdnr. 10.
346 OLG Koblenz OLGSt. § 325 S. 1; KMR *Paulus* § 325 Rdnr. 11; LR *Gollwitzer* § 325 Rdnr. 13. Vgl. auch OLG Saarbrücken OLGSt. § 244 S. 28 (30).
347 War die Auskunftsperson auf Antrag des Angeklagten geladen worden, so darf die Vernehmungsniederschrift nur mit dessen Zustimmung verlesen werden.
348 RG JW 1928 S. 1507 mit Anm. *Löwenstein*; BayObLGSt. 30 S. 57 = JW 1930 S. 3430 = HRR 1930 Nr. 1573; BayObLGSt. 1957 S. 99 = JZ 1957 S. 552; OLG Dresden HRR 1932 Nr. 1011; OLG Stettin JW 1932 S. 2745 mit Anm. *Klefisch*; OLG Stuttgart JR 1977 S. 343 (344) mit Anm. *Gollwitzer*; KK *Ruß* Rdnr. 5; *Kleinknecht* Rdnr. 9; KMR *Paulus* Rdnr. 10; LR *Gollwitzer* Rdnr. 10; *Eb. Schmidt* Nachtr. Rdnr. 2); alle zu § 325.
348a OLG Hamm MDR 1981 S. 870; a.A. OLG Stuttgart JR 1977 S. 343 mit zust. Anm. *Gollwitzer*.
349 Vgl. *Kleinknecht* § 325 Rdnr. 3; KMR *Paulus* § 325 Rdnr. 9.
350 OLG Hamburg NJW 1962 S. 880 = GA 1962 S. 312; KMR *Paulus* § 325 Rdnr. 11; *Eb. Schmidt* Nachtr. § 325 Rdnr. 3); zweifelnd LR *Gollwitzer* § 325 Rdnr. 12 und *Hanack* JR 1973 S. 468 Fußn. 2.
351 OLG Hamburg ZStW 47 Sdr. Beil. S. 321 (323); *Alsberg* JW 1929 S. 2681 (2682).
352 Vgl. unten S. 376.
353 Vgl. KMR *Paulus* § 325 Rdnr. 11; *Alsberg* JW 1929 S. 2681 (2682); *Simader* S. 220; *Stützel* S. 120.

die die Interessen des Angeklagten wahrnehmen, wie der Erziehungsberechtigten und der gesetzlichen Vertreter. Die Ansicht, den Anträgen des Privatklägers müsse die gleiche Wirkung wie denen des Angeklagten zukommen[354], so daß die Verlesung des Vernehmungsprotokolls nur mit Zustimmung des Angeklagten zulässig sei[355], erscheint unrichtig[356]. Auch Ladungsanträge des Nebenklägers stehen der Verlesung nicht entgegen[357]. Das Gesetz beschränkt die Verlesungssperre in § 325 Abs. 1 zweiter Halbsatz ausdrücklich auf Anträge des Angeklagten, und es besteht kein Anlaß, sie auf Anträge anderer Prozeßbeteiligter auszudehnen. Die Vorschrift erstreckt sich auch nicht auf Anträge der Staatsanwaltschaft, die die Verlesung durch die unmittelbare Ladung der Auskunftsperson ohne weiteres verhindern kann.

Rechtzeitig ist die Vorladung beantragt, wenn das Gericht sie noch vor der Verhandlung, notfalls telefonisch[358], veranlassen kann, ohne daß eine Verschiebung der Verhandlung erforderlich wird. Hat das Gericht dem Antrag nicht entsprochen, so kann zwar, da es sich um einen vor der Verhandlung gestellten Antrag handelt, die Ablehnung nicht zum Gegenstand einer Revisionsbeschwerde gemacht werden, mit der die Verletzung des § 219 gerügt wird[359]; die Aussage darf aber trotzdem nicht verlesen werden[360]. Die Verlesung wird auch nicht dadurch zulässig, daß der Zeuge zunächst geladen, dann aber abbestellt wird, es sei denn, daß der Angeklagte seinen Antrag zurücknimmt oder der Verlesung ausdrücklich zustimmt[361].

Gleichgültig ist, ob die beantragte Vorladung mit Aussicht auf Erfolg bewirkt werden konnte. Ist der Zeuge erkrankt, dessen Vorladung beantragt war, so ist die Verlesung des Vernehmungsprotokolls gleichwohl nur zulässig, wenn die Voraussetzungen des § 251 Abs. 1 Nr. 2 vorliegen. Sind sie nicht erfüllt, so hat zwar der Angeklagte ohne Stellung eines Beweisantrags kein Recht darauf, daß die Verhandlung ausgesetzt wird, bis der Zeuge auf Vorladung erscheint; das Vernehmungsprotokoll des ersten Rechtszugs darf aber nicht nach § 325 verlesen werden[362].

---

354 OLG Königsberg JW 1928 S. 2293 mit Anm. *Stern*. Die Entscheidung beruht auf der Annahme, § 219 gelte unmittelbar auch für den Privatkläger; das trifft aber nicht zu (vgl. unten S. 353).
355 OLG Königsberg JW 1929 S. 2776 mit Anm. *Stern*; *Simader* S. 220; *Stützel* S. 120; Voraufl. S. 422/423.
356 Vgl. *Alsberg* JW 1929 S. 2681 (2682). Zweifelnd auch LR *Gollwitzer* § 325 Rdnr. 14.
357 A.A. *Stützel* S. 120.
358 Vgl. KMR *Paulus* Rdnr. 11; LR *Gollwitzer* Rdnr. 15; a. A. KK *Ruß* Rdnr. 5; *Eb. Schmidt* Rdnr. 9; alle zu § 325.
359 Vgl. unten S. 858.
360 Vgl. KK *Ruß* § 325 Rdnr. 5; LR *Gollwitzer* § 325 Rdnr. 15; *Alsberg* JW 1929 S. 2681 (2682); *Stützel* S. 120. Der in der gleichwohl erfolgten Verlesung liegende Verfahrensfehler kann aber durch Wahrunterstellung der in dem Beweisantrag nach § 219 behaupteten Tatsachen geheilt werden; vgl. RG JW 1927 S. 2049 mit abl. Anm. *Alsberg*.
361 Vgl. *Alsberg* JW 1929 S. 2681 (2683); *Löwenstein* JW 1928 S. 1507; oben Fußn. 347.
362 A.A. RG JW 1929 S. 2741.

(3) Der Unmittelbarkeitsgrundsatz steht der Verlesung der Vernehmungsniederschrift auch dann nicht entgegen, wenn die Prozeßbeteiligten ihre **Zustimmung** zu der Verlesung erteilen. Das allgemeine Verlesungsverbot des § 250 wird durch die Zustimmung beseitigt, seine Bedeutung also insoweit zu einer dispositiven Gesetzesvorschrift abgeschwächt. Die Zustimmung kann auch noch erklärt werden, nachdem sich herausgestellt hat, daß die schon vorher beantragte Ladung nicht ausgeführt werden kann[363]. Wenn allerdings die Zustimmung erst erklärt wird, nachdem ein Antrag auf Vernehmung der Beweisperson zu Unrecht abgelehnt worden ist, bedeutet sie keinen Verzicht auf die mündliche Anhörung und gestattet die Verlesung daher nicht[364].

Erforderlich ist die Zustimmung sämtlicher Prozeßbeteiligter, die Inhaber eigener prozessualer Rechte sind, also neben der des Staatsanwalts und des Angeklagten auch die der Einziehungs-, Verfalls- und anderen Nebenbeteiligten, soweit sie durch die Beweiserhebung betroffen sind[365], des Verteidigers[366], des Privatklägers[367] und des Nebenklägers[368]. Im Jugendstrafverfahren müssen der Beistand nach § 69 JGG, nicht aber die Erziehungsberechtigten und die gesetzlichen Vertreter zustimmen[369]. Daß § 325 Abs. 1 zweiter Halbsatz nur die Zustimmung der Staatsanwaltschaft und des Angeklagten erwähnt, entspricht der auch an anderer Stelle des Gesetzes befolgten Übung und ist sachlich ohne Bedeutung. Die in Gegenwart des Angeklagten abgegebene Zustimmungserklärung des Verteidigers macht eine besondere Erklärung des Angeklagten überflüssig und umgekehrt[370]. Billigt der Angeklagte die Stellungnahme seines Verteidigers nicht, so muß er ihr widersprechen.

Die Zustimmung, die in der Sitzungsniederschrift zu beurkunden ist[371], muß grundsätzlich ausdrücklich erklärt werden[372]. In der bloßen Nichterhebung eines

---

363 Vgl. *Kleinknecht* § 325 Rdnr. 5.
364 RG JW 1929 S. 2738 mit Anm. *Mamroth*.
365 Vgl. *Kleinknecht* § 325 Rdnr. 7; KMR *Paulus* § 325 Rdnr. 12.
366 Vgl. *Alsberg* JW 1929 S. 2681 (2683); *Gollwitzer* JR 1977 S. 345; *Stützel* S. 120 Fußn. 13. – A.A. KK *Ruß* Rdnr. 6; *Kleinknecht* Rdnr. 6; KMR *Paulus* Rdnr. 12; alle zu § 325.
367 OLG Königsberg JW 1928 S. 2293 mit Anm. *Stern*; *Dalcke/Fuhrmann/Schäfer* Anm. 3; KK *Ruß* Rdnr. 6; KMR *Paulus* Rdnr. 12; LR *Gollwitzer* Rdnr. 9; alle zu § 325; LR *Wendisch* § 386 Rdnr. 5; *Alsberg* JW 1929 S. 2681 (2683); *Stützel* S. 120 Fußn. 13. – A.A. *Kleinknecht* § 386 Rdnr. 4; KMR *Müller* § 386 Rdnr. 4.
368 Vgl. KK *Ruß* Rdnr. 6; *Kleinknecht* Rdnr. 7; KMR *Paulus* Rdnr. 12; alle zu § 325; *Alsberg* JW 1929 S. 2681 (2683); *Stützel* S. 120 Fußn. 13.
369 Vgl. *Kleinknecht* § 325 Rdnr. 8; KMR *Paulus* a.a.O. – A.A. *Gerland* S. 410, nach dessen Ansicht alle Prozeßbeteiligten zustimmen müssen.
370 BayObLGSt. 1978 S. 17 = NJW 1978 S. 1817 unter Aufgabe der in BayObLGSt. 1957 S. 132 = NJW 1957 S. 1566 L vertretenen Ansicht; BayObLG BayZ 1928 S. 154. – A.A. RG JW 1929 S. 2738 mit Anm. *Mamroth*; OLG Stuttgart JR 1977 S. 343 (344) mit Anm. *Gollwitzer*; LR *Gollwitzer* § 325 Rdnr. 16; *Alsberg* JW 1929 S. 2681 (2683).
371 OLG Hamm JMBlNRW 1957 S. 275; KK *Ruß* § 325 Rdnr. 7; LR *Gollwitzer* § 325 Rdnr. 17.
372 RG JW 1927 S. 2049 mit Anm. *Alsberg*; LR *Gollwitzer* § 325 Rdnr. 16; *Eb. Schmidt* § 325 Rdnr. 11; *Alsberg* JW 1929 S. 2681 (2683); *Groth* S. 87; *Stützel* S. 121.

Widerspruchs gegen die Verlesung kann sie nicht gesehen werden[373], sofern nicht der Vorsitzende die Prozeßbeteiligten ausdrücklich zur Frage der Verlesung gehört und dabei keinen Widerspruch erfahren hat[374]. Ein schlüssiges Verhalten, das eindeutig die Zustimmung mit der Verlesung zum Ausdruck bringt, kann auch sonst genügen[375]. Voraussetzung hierfür ist allerdings, daß sich die Prozeßbeteiligten ihres Rechts, der Verlesung zu widersprechen, bewußt sind[376]. Notfalls müssen sie darüber belehrt werden. Wenn der Angeklagte der Verlesung des Protokolls nicht zugestimmt hatte, liegt darin, daß er einer Teilverlesung nicht ausdrücklich widerspricht, kein Einverständnis mit dieser eingeschränkten Benutzung des Protokolls[377]. Ist das Protokoll ohne Zustimmung der Prozeßbeteiligten verlesen worden, so kann der Verfahrensfehler dadurch geheilt werden, daß die nachträgliche Zustimmung eingeholt wird. In dem Verzicht auf die Vernehmung des Zeugen, dessen Aussage durch Verlesung der Niederschrift eingeführt worden ist, kann sie schlüssig zum Ausdruck kommen[378].

Soweit den Einverständniserklärungen der Prozeßbeteiligten rechtliche Wirkungen zukommen, ist ein Widerruf regelmäßig (eine Ausnahme macht § 52 Abs. 3 Satz 2) ausgeschlossen[379]. Das gilt auch für die Zustimmung nach § 325[380]. An der Zulässigkeit von Beweisanträgen ändert die Zustimmung jedoch nichts[381].

c) **Verlesbare Protokolle.** Verlesbar sind nach § 325 nur die aufgrund des § 273 Abs. 2, 3 angefertigten Vernehmungsprotokolle aus der Hauptverhandlung des ersten Rechtszugs, in der das Urteil ergangen ist[382]. Vernehmungsniederschriften aus früheren Verhandlungen im ersten Rechtszug oder im Berufungsverfahren und über kommissarische Vernehmungen sind von der Verlesung nach § 325

---

373 RG JW 1927 S. 2049 mit Anm. *Alsberg*; RG JW 1928 S. 1507; 1932 S. 421; beide mit zust. Anm. *Löwenstein*; BayObLGSt. 1953 S. 220 = NJW 1954 S. 323; OLG Dresden HRR 1932 Nr. 1011; OLG Hamm JMBlNRW 1957 S. 275; *Dalcke/Fuhrmann/Schäfer* § 325 Anm. 2; *Eb. Schmidt* § 325 Rdnr. 11; *Alsberg* JW 1929 S. 2681 (2683); *Simader* S. 221. Vgl. auch BGH NJW 1951 S. 205.
374 RG JW 1928 S. 1506.
375 RG JW 1929 S. 865 mit Anm. *Löwenstein*; RG ZStW 46 Sdr. Beil. S. 326; BayObLGSt. 1953 S. 220 = NJW 1954 S. 323; BayObLGSt. 1978 S. 17 = NJW 1978 S. 1817; OLG Stuttgart JR 1977 S. 343 (344) mit Anm. *Gollwitzer*; *Dalcke/Fuhrmann/Schäfer* Anm. 2; KK *Ruß* Rdnr. 6; *Kleinknecht* Rdnr. 5; KMR *Paulus* Rdnr. 12; LR *Gollwitzer* Rdnr. 16; alle zu § 325; *Alsberg* JW 1929 S. 2681 (2682).
376 BayObLGSt. 1953 S. 220 = NJW 1954 S. 323; OLG Hamm JMBlNRW 1957 S. 275; OLG Stuttgart JR 1977 S. 343 (344) mit Anm. *Gollwitzer*; LR *Gollwitzer* § 325 Rdnr. 16; *Eb. Schmidt* § 325 Rdnr. 11; *Alsberg* a.a.O.; *Simader* S. 221.
377 OLG Hamburg MDR 1973 S. 871; LR *Gollwitzer* § 325 Rdnr. 20.
378 BayObLG BayZ 1928 S. 153 (154/155); *Alsberg* JW 1929 S. 2681 (2683).
379 Vgl. RGSt. 63 S. 302 = JW 1930 S. 3420 mit zust. Anm. *Oetker*; *Siegert* S. 110, 120.
380 Vgl. *Dalcke/Fuhrmann/Schäfer* Anm. 2; KMR *Paulus* Rdnr. 12; LR *Gollwitzer* Rdnr. 18; *Eb. Schmidt* Rdnr. 12; alle zu § 325; *Simader* S. 221; *Stützel* S. 121.
381 Vgl. unten S. 295.
382 Vgl. KK *Ruß* Rdnr. 8; *Kleinknecht* Rdnr. 4; KMR *Paulus* Rdnr. 7; LR *Gollwitzer* Rdnr. 19; alle zu § 325; *Schlüchter* Rdnr. 677.

Abs. 1 ausgeschlossen[383]. Die Zulässigkeit der Verlesung solcher Protokolle richtet sich nur nach den §§ 251, 253. Niederschriften über Aussagen im Vorverfahren, die das Gericht des ersten Rechtszugs dem Zeugen oder Sachverständigen vorgehalten hat, dürfen nicht mitverlesen werden[384]. Das gleiche gilt für polizeiliche Vernehmungsprotokolle, wenn in der Sitzungsniederschrift des Amtsgerichts nur vermerkt ist, der Zeuge habe dieselben Angaben gemacht wie vor der Polizei[385]. Von der Verlesung sind aber andere Schriftstücke, auf die sich der Zeuge bei seiner Vernehmung bezogen hat, nicht ausgeschlossen[386].

Voraussetzung der Verlesung ist immer, daß es sich um richterliche Protokolle handelt, die unter Beachtung der gesetzlich vorgeschriebenen Förmlichkeiten zustande gekommen sind. Die Verletzung wesentlicher Formvorschriften macht sie unverwertbar[387]. Das gilt etwa für den Fall, daß die erste Verhandlung unzulässigerweise in Abwesenheit des Angeklagten durchgeführt[388] oder daß das Sitzungsprotokoll nicht vom Vorsitzenden und Urkundsbeamten unterschrieben worden ist[389]. Die Verlesung ist dagegen nicht deshalb unzulässig, weil der Zeuge nach § 52 zur Zeugnisverweigerung berechtigt ist. Hat er im ersten Rechtszug auf dieses Recht verzichtet, so ist das Protokoll verlesbar, wenn er seinen Verzicht nicht gegenüber dem Berufungsgericht widerruft[390]. Ist das Zeugnisverweigerungsrecht jedoch erst nach der Verhandlung vor dem Amtsgericht entstanden, so darf das Protokoll nicht verlesen werden, weil dann die Belehrung nach § 52 Abs. 3 Satz 1 fehlt[391]. Wenn die Aussage zwar im ersten Rechtszug den gesetzlichen Vorschriften entsprach, aber in der Berufungsverhandlung unzulässig wäre, ist die Verlesung ebenfalls ausgeschlossen. Das ist z. B. der Fall, wenn der Zeuge nachträglich von seinem Zeugnisverweigerungsrecht Gebrauch macht[392], wenn der damals nach

---

383 RG DRiZ 1932 Nr. 224 = HRR 1932 Nr. 1185; BayObLGSt. 1957 S. 132 = NJW 1957 S. 1566 L; OLG Hamm JMBlNRW 1963 S. 214; *Dalcke/Fuhrmann/Schäfer* Anm. 1; KK *Ruß* Rdnr. 4, 8; *Kleinknecht* Rdnr. 4; KMR *Paulus* Rdnr. 7; LR *Gollwitzer* Rdnr. 6, 19; alle zu § 325.
384 Vgl. *Erbs* Anm. VII; KMR *Paulus* Rdnr. 16; LR *Gollwitzer* Rdnr. 19; *Eb. Schmidt* Rdnr. 4; alle zu § 325. – A.A. RG JW 1933 S. 959 mit abl. Anm. *Alsberg*. Bedenklich auch OLG Dresden HRR 1932 Nr. 2227, das die Verlesung von Niederschriften über Vernehmungen im Vorverfahren für zulässig hält, die das Amtsgericht zwecks Feststellung der Übereinstimmung mit der Aussage des Zeugen in der Hauptverhandlung mitverlesen hatte. *Groth* S. 87 will die Verlesung zulassen, wenn der Zeuge sich bei seiner Aussage in vollem Umfang auf ein früheres Protokoll bezogen hatte.
385 BayObLG bei *Rüth* DAR 1978 S. 211; KMR *Paulus* § 325 Rdnr. 16.
386 OLG Hamm DAR 1956 S. 166; KMR *Paulus* a.a.O.
387 RG JW 1927 S. 1492 mit Anm. *Schreiber*; KK *Ruß* Rdnr. 4, 8; *Kleinknecht* Rdnr. 4; KMR *Paulus* Rdnr. 8; LR *Gollwitzer* Rdnr. 21; *Eb. Schmidt* Rdnr. 7; alle zu § 325.
388 OLG Stuttgart NJW 1970 S. 343 (344); KK *Ruß* § 325 Rdnr. 8; LR *Gollwitzer* § 325 Rdnr. 21; *Schlüchter* Rdnr. 677.
389 OLG Hamm VRS 29 S. 41.
390 RG GA 71 S. 166 = JW 1927 S. 1492 mit Anm. *Schreiber*; KK *Ruß* § 325 Rdnr. 10; KMR *Paulus* § 325 Rdnr. 3; *Alsberg* JW 1929 S. 2681 (2682).
391 Vgl. *Simader* S. 218.
392 Vgl. *Kleinknecht* § 325 Rdnr. 2; LR *Gollwitzer* § 325 Rdnr. 6, 25; *Alsberg* JW 1929 S. 2681 (2682/2683); *Simader* S. 218, 221.

§ 60 Nr. 1 unvereidigt gebliebene Zeuge inzwischen eidesmündig geworden[393] oder wenn er vereidigt worden ist, jetzt aber ein Vereidigungsverbot besteht[394].

d) Notwendigkeit der persönlichen Anhörung der Auskunftsperson. Fehlen die Voraussetzungen für die Verlesung, so darf das Protokoll, wenn es nicht nach §§ 251, 253 verlesen werden darf, weder bei der Beweisaufnahme noch im Rahmen der Berichterstattung nach § 324, die kein Akt der Beweisaufnahme ist[395], verwertet werden[396]. Sind die Voraussetzungen für die Verlesung erfüllt, so muß das Gericht nach § 244 Abs. 2, § 323 Abs. 2 prüfen, ob die Aufklärungspflicht nicht trotzdem erfordert, daß die Beweisperson zur Berufungsverhandlung vorgeladen und dort persönlich gehört wird[397]. Maßgebend ist die gesamte Beweislage, der Aussagegegenstand, sein Bestrittensein, die Beziehung der Beweistatsachen zu anderen Beweistatsachen und Beweisen sowie insbesondere die Klarheit und Verständlichkeit der Niederschrift[398]. Bei Aussagen von prozeßentscheidender Bedeutung wird eine Verlesung regelmäßig nicht in Betracht kommen[399]. Beantragt ein Prozeßbeteiligter die Vorladung der Auskunftsperson zum Beweis derselben Tatsache, über die sie schon im ersten Rechtszug vernommen worden war, so hat das Gericht nach pflichtgemäßem Ermessen im Rahmen der Sachaufklärungspflicht zu prüfen, ob die persönliche Anhörung erforderlich ist[400]. Da es sich nicht um einen Beweisantrag handelt, sind die Ablehnungsgründe des § 244 Abs. 3 und 4 nicht maßgebend[401]. Der Antrag muß auch nicht nach § 244 Abs. 6 beschieden werden, wenn das Gericht meint, die Protokollverlesung reiche aus[402]. Ob das Berufungsgericht seiner Prüfungspflicht genügt hat, unterliegt aber der Prüfung des Revisionsgerichts[403].

---

393 RGSt. 63 S. 228 = JW 1930 S. 937 mit Anm. *Mamroth*; LR *Gollwitzer* § 325 Rdnr. 23.
394 Vgl. LR *Gollwitzer* § 325 Rdnr. 23; *Eb. Schmidt* § 325 Rdnr. 6.
395 RGSt. 61 S. 287; RG JW 1927 S. 2049 mit Anm. *Alsberg*; RG GA 75 S. 215; *Kleinknecht* § 324 Rdnr. 2; LR *Gollwitzer* § 325 Rdnr. 5; *Alsberg* JW 1929 S. 2681 (2683); *Groth* S. 85.
396 RG JW 1927 S. 2047 mit Anm. *Alsberg*.
397 OLG Koblenz Strafverteidiger 1982 S. 65 (66); OLG Saarbrücken OLGSt. § 244 S. 28 (30/31); KK *Ruß* Rdnr. 1; KMR *Paulus* Rdnr. 2; *Eb. Schmidt* Rdnr. 13; alle zu § 325; *Alsberg* JW 1929 S. 2681 (2683).
398 BayObLG NJW 1967 S. 312; OLG Koblenz VRS 63 S. 130 (133); OLG Zweibrücken NJW 1982 S. 117; LR *Gollwitzer* § 325 Rdnr. 3.
399 Vgl. OLG Koblenz a.a.O.; *Gollwitzer* JR 1977 S. 345. OLG Zweibrücken a. a. O. will nur die Verlesung der Aussagen „nebensächlicher Zeugen" zulassen. Auch KK *Ruß* § 325 Rdnr. 2 spricht von nebensächlichen Zeugen und Sachverständigen.
400 Vgl. RGSt. 58 S. 378 (379); RG JW 1929 S. 2741; 1930 S. 1971 mit Anm. *Alsberg*; RG BayZ 1930 S. 25; BayObLGSt. 27 S. 212 = JR Rspr. 1927 Nr. 2166; BayObLG JW 1929 S. 1489 mit Anm. *Löwenstein*.
401 Vgl. RGSt. 58 S. 378 (379); OLG Saarbrücken OLGSt. § 244 S. 28 (31); KMR *Paulus* § 325 Rdnr. 18; LR *Gollwitzer* § 325 Rdnr. 28; *Groth* S. 88; *Simader* S. 222; *Stützel* S. 122; a. A. *Alsberg* JW 1929 S. 2681 (2684).
402 A.A. RGSt. 63 S. 202 = JW 1930 S. 3420; *Eb. Schmidt* § 325 Rdnr. 12; *Gerland* S. 410.
403 RGSt. 58 S. 378; RG JW 1930 S. 1971 (1972) mit Anm. *Alsberg*.

Im allgemeinen wird eine Verletzung der Sachaufklärungspflicht vorliegen, wenn bei einer Aussage, die nicht nur von ganz nebensächlicher Bedeutung ist, Zweifel daran bestehen, ob sie in der Hauptverhandlung des ersten Rechtszugs verläßlich und richtig protokolliert worden ist[404], wenn das Berufungsgericht den Zeugen im Gegensatz zum Amtsgericht für unglaubwürdig hält[405], wenn einander widersprechende Zeugenaussagen zu beurteilen sind[406] oder wenn der persönliche Eindruck des Zeugen für die Entscheidung von Bedeutung ist[407].

Ist die im ersten Rechtszug vernommene Aussageperson für bestimmte neue Tatsachen benannt, so gelten für den Beweisantrag die allgemeinen Grundsätze[408]. Neu ist eine Tatsache auch dann, wenn zwar ein Zusammenhang zwischen der früheren und der in der Berufungsverhandlung aufgestellten Behauptung besteht, das frühere Vorbringen aber erweitert ist[409]. Die Neuheit der Tatsache kann sich ferner daraus ergeben, daß behauptet ist, der Zeuge habe die Tatsache zwar schon im ersten Rechtszug bekundet, sie sei aber nicht in die Sitzungsniederschrift aufgenommen worden und daher für das Berufungsgericht nicht ohne erneute Vernehmung des Zeugen verwertbar[410].

Ein Antrag auf Vernehmung der Beweisperson wird nicht dadurch ausgeschlossen, daß die Niederschrift über ihre Vernehmung bereits verlesen worden ist[411].

III. Behördliche Erklärungen, Atteste, Gutachten (§ 256)

1. Erklärungen öffentlicher Behörden

Der Grundsatz des § 250, daß die Vernehmung von Auskunftspersonen über ihre Wahrnehmungen nicht durch die Verlesung der von ihnen angefertigten schriftlichen Berichte ersetzt werden darf, wird durch § 256 Abs. 1 Satz 1 für Erklärungen öffentlicher Behörden durchbrochen[412]. Diese Behörden haben eine Autorität, die den privaten Auskunftspersonen abgeht. Das rechtfertigt es, ihnen und den Gerichten die Zeit und Mühe einer mündlichen Vernehmung von Zeugen und

---

404 OLG Köln GA 1970 S. 248; KMR *Paulus* Rdnr. 2; LR *Gollwitzer* Rdnr. 4; *Eb. Schmidt* Rdnr. 12; alle zu § 325.
405 BayObLGSt. 1972 S. 227 = JR 1973 S. 467 mit Anm. *Hanack*; KMR *Paulus* § 325 Rdnr. 2; LR *Gollwitzer* § 325 Rdnr. 4, 27.
406 OLG Koblenz Strafverteidiger 1982 S. 65 (66); KK *Ruß* Rdnr. 8; KMR *Paulus* Rdnr. 2; LR *Gollwitzer* Rdnr. 4, 19; alle zu § 325; *Hanack* JR 1973 S. 468 (469).
407 Vgl. LR *Gollwitzer* § 325 Rdnr. 18.
408 BayObLGSt. 27 S. 212 = JR Rspr. 1927 Nr. 2166.
409 RG JW 1930 S. 1971 mit Anm. *Alsberg*.
410 Vgl. *Alsberg* JW 1929 S. 2681; 1930 S. 1971; *Simader* S. 222.
411 RGSt. 58 S. 378; 63 S. 302 (303); OLG Hamburg NJW 1962 S. 880; *Dalcke/Fuhrmann/Schäfer* Anm. 2; KMR *Paulus* Rdnr. 18; LR *Gollwitzer* Rdnr. 18; *Eb. Schmidt* Rdnr. 12; alle zu § 325.
412 Vgl. LR *Gollwitzer* § 256 Rdnr. 3; *Eb. Schmidt* § 256 Rdnr. 1; *Gössel* S. 240 ff. und DRiZ 1980 S. 363 (373); *F.W. Krause* S. 166. Die Vorschrift des § 256 Abs. 2 ergänzt nur den § 83 Abs. 3 und hat mit der Verlesung von Urkunden unmittelbar nichts zu tun; vgl. LR *Gollwitzer* § 256 Rdnr. 6.

Sachverständigen zu ersparen[413]. Die Aufklärungspflicht (§ 244 Abs. 2) bleibt unberührt[414]. Wenn sie nicht zur persönlichen Anhörung des Ausstellers der behördlichen Erklärung zwingt, kann das Gericht entsprechende Anträge der Prozeßbeteiligten ablehnen[415].

a) **Öffentliche Behörden** sind die nach öffentlichem Recht eingerichteten, in den Organismus der Staatsgewalt eingegliederten, mit der Erfüllung öffentlicher Aufgaben betrauten Stellen des Staats oder eines anderen Trägers der öffentlichen Verwaltung, die in ihrem Bestand von den sie vertretenden Personen unabhängig sind[416]. Daß sie obrigkeitliche Befugnisse haben, setzt der Begriff Behörde nicht voraus[417]. Behörden sind daher auch leistungsgewährende Stellen, die im Bereich der Daseinsvorsorge tätig sind[418]. Gleichgültig ist, ob die Behörde kollegial oder bürokratisch organisiert ist[419]. Erfüllt eine Stelle im Ausland oder in der DDR diese Voraussetzungen, so können auch ihre Erklärungen nach § 256 Abs. 1 Satz 1 verlesen werden[420].

---

413 Vgl. *Kleinknecht* Rdnr. 1; KMR *Paulus* Rdnr. 2; LR *Gollwitzer* Rdnr. 3; *Eb. Schmidt* Rdnr. 1; alle zu § 256; *Hanack* NJW 1961 S. 2041; *von Hippel* S. 393; *Löhr* S. 150; *Schneidewin* JR 1951 S. 481 (486). — Daß § 256 Abs. 1 als Ausnahmevorschrift eng auszulegen ist, betonen LR *Gollwitzer* § 256 Rdnr. 5 und *Geppert* von Lübtow-Festgabe S. 773 (780).
414 BGHSt. 1 S. 94 (96/97); KMR *Paulus* § 256 Rdnr. 3; *Eb. Schmidt* § 256 Rdnr. 2; *Schneidewin* a.a.O. – Vgl. auch Nr. 111 Abs. 3 Satz 2 zweiter Halbsatz RiStBV.
415 BGH 5 StR 513/78 vom 24. 4. 1979 bei *Pfeiffer* NStZ 1981 S. 95; BayObLGSt. 1952 S. 228 = NJW 1953 S. 194. – LR *Gollwitzer* § 256 Rdnr. 53 spricht unrichtig von Beweisanträgen.
416 BVerfGE 10 S. 20 (48); BGH MDR 1964 S. 68 (69); BGH VRS 11 S. 449 (451); RGSt. 8 S. 5 (9); 18 S. 246 (249/250) – VerStS; RGSt. 25 S. 140 (141); 26 S. 138 (140); 32 S. 365 (366); 33 S. 383; 38 S. 17 (18); 40 S. 161; 47 S. 49; 52 S. 198; 54 S. 149 (150); 57 S. 323 (324); RG JW 1925 S. 2468; RG GA 56 S. 222; BayObLGSt. 1964 S. 36 (38) = NJW 1964 S. 1192; OLG Celle MDR 1954 S. 248; OLG Düsseldorf JMBlNRW 1951 S. 20; OLG Hamburg NJW 1969 S. 571; OLG Jena Recht 1931 Nr. 365; OLG Karlsruhe NJW 1973 S. 1426; OLG Stuttgart RdK 1955 S. 124 (125); *Dalcke/Fuhrmann/Schäfer* Anm. 1; KK *Mayr* Rdnr. 3; *Kleinknecht* Rdnr. 1; KMR *Paulus* Rdnr. 6; LR *Gollwitzer* Rdnr. 8; alle zu § 256; *Groth* S. 72; *Jessnitzer* S. 55; *F. W. Krause* S. 167; *K. Müller* S. 309.
417 BGHZ 25 S. 168 (188) = NJW 1957 S. 1673; RGSt. 40 S. 161 (164); OLG Celle MDR 1954 S. 248 (249); OLG Karlsruhe NJW 1973 S. 1426; OLG Stuttgart RdK 1955 S. 124 (125); KMR *Paulus* Rdnr. 6; LR *Gollwitzer* Rdnr. 8; *Eb. Schmidt* Rdnr. 3; alle zu § 256. – Vgl. auch § 1 Abs. 4 VwVfG: Behörde ist jede Stelle, die Aufgaben der öffentlichen Verwaltung wahrnimmt.
418 OLG Jena DRiZ 1931 Nr. 365; OLG Karlsruhe NJW 1973 S. 1426; LR *Gollwitzer* § 256 Rdnr. 8; *Jessnitzer* S. 55.
419 RGSt. 8 S. 5 (9); LR *Gollwitzer* § 256 Rdnr. 10; *Jessnitzer* S. 55.
420 RGRspr. 10 S. 450; RG JW 1938 S. 2965; RG DJ 1937 S. 1361 = HRR 1938 Nr. 191; RG Recht 1914 Nr. 2023; KK *Mayr* Rdnr. 4; *Kleinknecht* Rdnr. 3; KMR *Paulus* Rdnr. 6; LR *Gollwitzer* Rdnr. 13; *Eb. Schmidt* Rdnr. 3; alle zu § 256; *Dahs/Dahs* Rdnr. 241; *F.W. Krause* S. 168; *K. Müller* S. 309. – Für Behörden der DDR: BGH ROW 1960 S. 71.

Behörden in dem bezeichneten Sinne sind öffentliche Kliniken und Krankenhäuser[421], Gerichtsinstitute für Rechtsmedizin oder gerichtliche und soziale Medizin[422], staatliche Gesundheitsämter[423], der gerichtsärztliche Dienst in Hamburg[424], chemische Untersuchungsanstalten[425], staatliche Veterinär-Untersuchungsämter[426], in Bayern die staatlichen bakteriologischen Untersuchungsanstalten[427], meteorologische Institute und Wetterämter[428], das Bundeskriminalamt und die Landeskriminalämter[429] sowie das Zollkriminalinstitut in Köln[430]. Ferner kommen in Betracht die Industrie- und Handelskammern[431], die Handwerkskammern[432], die Deutsche Bundesbank und die Landeszentralbanken[433], die Oberpostdirektionen[434] und die

---

421 BGH 1 StR 139/78 vom 22. 8. 1978; OLG Jena DRiZ 1931 Nr. 365; OLG Karlsruhe NJW 1973 S. 1426; KK *Mayr* Rdnr. 4; *Kleinknecht* Rdnr. 2; LR *Gollwitzer* Rdnr. 11; alle zu § 256; *Hanack* NJW 1961 S. 2041; *Jessnitzer* S. 55; *Kleinewefers/Wilts* NJW 1964 S. 428 (429).
422 BGH NJW 1967 S. 299; BGH ROW 1960 S. 71; BGH VRS 34 S. 344 (345); 48 S. 209 (210); BGH bei *Dallinger* MDR 1956 S. 651 = VRS 11 S. 449; BGH bei *Spiegel* DAR 1977 S. 176; 1978 S. 155; OLG Celle MDR 1954 S. 248 = VRS 7 S. 463; OLG Frankfurt VRS 44 S. 37 (39); OLG Hamburg NJW 1963 S. 408 (409); OLG Hamm VRS 37 S. 290; OLG Koblenz VRS 39 S. 202 (203); OLG Köln NJW 1964 S. 2218; OLG Schleswig bei *Ernesti/Jürgensen* SchlHA 1969 S. 152; 1972 S. 160; *Dalcke/Fuhrmann/Schäfer* Anm. 1; KK *Mayr* Rdnr. 4; *Kleinknecht* Rdnr. 3; KMR *Paulus* Rdnr. 7; LR *Gollwitzer* Rdnr. 11; *Eb. Schmidt* Nachtr. Rdnr. 2); alle zu § 256; *K. Müller* S. 310. — Auch ein Universitätsinstitut für Pharmakologie und Toxikologie ist eine öffentliche Behörde (BGH 5 StR 237/76 vom 1. 6. 1976).
423 BGHSt. 1 S. 94 (97); BGH bei *Dallinger* MDR 1955 S. 397; *Kleinknecht* Rdnr. 3; KMR *Paulus* Rdnr. 7; LR *Gollwitzer* Rdnr. 11; alle zu § 256.
424 OLG Hamburg VRS 44 S. 214.
425 BGH NJW 1953 S. 1801; OLG Hamm NJW 1969 S. 573 = VRS 36 S. 290; OLG Stuttgart RdK 1955 S. 124 (125); KK *Mayr* § 256 Rdnr. 4; LR *Gollwitzer* § 256 Rdnr. 11.
426 OLG Celle NJW 1966 S. 1881; LR *Gollwitzer* a.a.O.
427 BayObLGSt. 1964 S. 36 = NJW 1964 S. 1192.
428 RG Recht 1917 Nr. 964; KMR *Paulus* Rdnr. 7; LR *Gollwitzer* Rdnr. 11; *Eb. Schmidt* Rdnr. 3; alle zu § 256.
429 BGH NJW 1968 S. 206; BGH 1 StR 686/74 vom 4. 3. 1975; BGH 5 StR 688/81 vom 16. 2. 1982 (Untersuchungsstelle der Hamburger Landespolizeidirektion); OLG Hamburg NJW 1969 S. 571; KK *Mayr* Rdnr. 4; *Kleinknecht* Rdnr. 3; KMR *Paulus* Rdnr. 7; LR *Gollwitzer* Rdnr. 11; alle zu § 256; *Ahlf* MDR 1978 S. 981; *Leineweber* MDR 1980 S. 7. Vgl. auch OLG Düsseldorf JMBlNRW 1951 S. 20.
430 BGH 1 StR 652/77 vom 14. 2. 1978.
431 RGSt. 52 S. 198; KMR *Paulus* § 256 Rdnr. 7; LR *Gollwitzer* § 256 Rdnr. 11. Vgl. auch RGSt. 11 S. 132; 22 S. 258.
432 Vgl. *Dalcke/Fuhrmann/Schäfer* § 256 Anm. 1; KMR *Paulus* § 256 Rdnr. 7.
433 Vgl. (für die Reichsbank) RGSt. 63 S. 122; RG Recht 1922 Nr. 513; KK *Mayr* Rdnr. 4; *Kleinknecht* Rdnr. 3; KMR *Paulus* Rdnr. 7; LR *Gollwitzer* Rdnr. 11; alle zu § 256; *Groth* S. 73.
434 Vgl. *Kleinknecht* a.a.O.

Postämter[435], die Eisenbahnhauptkassen[436], Zollinspektionen[437], Justizvollzugsanstalten[438], Berufskonsuln[439], Führer militärischer Einheiten der Bundeswehr[440] und Vorstände der Rechtsanwaltskammern[441]. Die Behördeneigenschaft fehlt dagegen privaten Vereinigungen und Einrichtungen, auch wenn sie in bestimmtem Umfang öffentliche Aufgaben wahrnehmen[442]. Keine Behörden sind insbesondere die Technischen Überwachungsvereine[443], der Deutsche Kraftfahrzeug-Überwachungsverein (DEKRA)[444], das Hygienische Institut des Ruhrgebiets[445], Berufsgenossenschaften[446] und Notare[447].

b) Gerichtsärzte. Die Vorschrift des § 256 Abs. 1 Satz 1 in der Neufassung von 1974[448] stellt die Erklärungen der Ärzte eines gerichtsärztlichen Dienstes[449] den Erklärungen der Behörden gleich. Die Gesetzesänderung war deshalb erforderlich, weil das Bayerische Oberste Landesgericht[450] die Gutachten der bayerischen Landgerichtsärzte, die nicht als Vertreter einer Behörde auftreten, für unverlesbar erklärt hatte[451]. Nach geltendem Recht kommt es weder auf die interne Organisation der Behörde noch darauf an, ob der Gerichtsarzt sein Gutachten ausdrücklich für die Behörde erstattet. Nur wenn er es im eigenen Namen abgibt, ist § 256 nicht anwendbar[452].

c) Erklärungen (Zeugnisse und Gutachten). Verlesbar sind Erklärungen, die von der Behörde stammen und ein Zeugnis oder Gutachten enthalten.

---

435 RG Recht 1924 Nr. 1183; KG VRS 14 S. 453; KMR *Paulus* § 256 Rdnr. 7; LR *Gollwitzer* § 256 Rdnr. 11.
436 RGSt. 57 S. 323.
437 RG JW 1929 S. 1050.
438 BGH 2 StR 410/76 vom 6. 10. 1976; KK *Mayr* § 256 Rdnr. 4.
439 RG GA 56 S. 222; RG HRR 1938 Nr. 191.
440 Vgl. *Kleinknecht* § 256 Rdnr. 3; LR *Gollwitzer* § 256 Rdnr. 9.
441 KG JW 1918 S. 271.
442 OLG Hamm VRS 27 S. 214; KMR *Paulus* § 256 Rdnr. 6; LR *Gollwitzer* § 256 Rdnr. 9; *Jessnitzer* S. 179 und NJW 1971 S. 1075.
443 BayObLGSt. 1955 S. 89 = VRS 8 S. 467; OLG Hamm Blutalkohol 1981 S. 274 (276); OLG Köln MDR 1964 S. 254 = VRS 25 S. 278; *Dalcke/Fuhrmann/Schäfer* Anm. 1; KK *Mayr* Rdnr. 5; KMR *Paulus* Rdnr. 6, 7; LR *Gollwitzer* Rdnr. 12; *Eb. Schmidt* Nachtr. Rdnr. 2); alle zu § 256.
444 OLG Koblenz DAR 1980 S. 127 = VRS 58 S. 375; KMR *Paulus* § 256 Rdnr. 7.
445 OLG Düsseldorf JMBlNRW 1954 S. 182; LR *Gollwitzer* § 256 Rdnr. 12.
446 RGSt. 34 S. 367; KMR *Paulus* § 256 Rdnr. 7; *Groth* S. 73.
447 RGSt. 18 S. 246 (249) — VerStS. — Anders für bayerische Notare: KMR *Paulus* § 256 Rdnr. 7; *Eb. Schmidt* § 256 Rdnr. 3.
448 Durch Art. 1 Nr. 75 des 1. StVRG.
449 Darunter fallen nicht die Ärzte der gerichtsmedizinischen Institute (vgl. *Kleinknecht* § 256 Rdnr. 4; KMR *Paulus* § 256 Rdnr. 8) und die Anstaltsärzte der Justizvollzugsanstalten (OLG Karlsruhe Justiz 1977 S. 104).
450 BayObLGSt. 1949/51 S. 304 (305) im Anschluß an die Entscheidung RGSt. 64 S. 78 (80).
451 Vgl. *Rieß* NJW 1975 S. 85 (86).
452 Vgl. LR *Gollwitzer* § 256 Rdnr. 38.

(1) Die Erklärung muß **im Namen der Behörde** abgegeben worden sein. Der Erklärende muß die Behörde repräsentieren[453], nach den Vorschriften des Verwaltungsrechts, deren Einhaltung der Strafrichter zu prüfen hat[454], allgemein oder aufgrund einer Anordnung für den Einzelfall zu ihrer Vertretung berechtigt sein[455] und darf nicht völlig außerhalb der Zuständigkeit der Behörde handeln[456]. Aus der Erklärung muß erkennbar sein, daß sie von der Behörde, nicht von dem Aussteller privat abgegeben ist[457]. Das kann aber auch der Fall sein, wenn der Behördenleiter ein Gutachten unter dem eigenen Briefkopf abgibt, sofern nur nach den Umständen sicher anzunehmen ist, daß er es nicht als Privatmann erstattet[458]. Die Erklärung muß auch nicht von dem Leiter der Behörde oder seinem ständigen Vertreter unterzeichnet sein; die Unterschrift des zuständigen Sachbearbeiters reicht aus[459]. Erforderlich ist nur, daß die Unterschrift von einem Mitglied der Behörde stammt, das zur Abgabe der Erklärung für die Behörde ermächtigt ist[460]. Bei den Berichten der Gerichtshilfe und der Jugendgerichtshilfe wird im allgemeinen der Wille des Unterzeichnenden fehlen, für die Behörde zu handeln[461].

Wenn die Erklärung von der Behörde stammt und amtlichen Charakter hat, sind Formmängel unschädlich. Das Fehlen des Dienstsiegels oder des amtlichen Stempels macht die Urkunde daher nicht unverlesbar[462]. Die Unterschrift des Verfassers, sei es auch nur in Form der Zeichnung mit dem Anfangsbuchstaben, ist für die behördliche Erklärung aber nur entbehrlich, wenn es als sicher erscheint, daß mindestens von der Behörde selbst die Person des für die Erklärung verantwortlichen Beamten ermittelt werden kann[463]. In Zweifelsfällen muß durch eine Rück-

---

453 BayObLGSt. 1964 S. 36 (38) = NJW 1964 S. 1192; OLG Karlsruhe NJW 1973 S. 1426; Justiz 1977 S. 104; KMR *Paulus* § 256 Rdnr. 17.
454 RGSt. 64 S. 78 (80); OLG Hamm VRS 7 S. 375 (376).
455 RGSt. 64 S. 78 (80); RG DRiZ 1931 Nr. 707; BayObLGSt. 1964 S. 36 (38) = NJW 1964 S. 1192; OLG Hamburg NJW 1969 S. 570 (571); OLG Karlsruhe NJW 1973 S. 1426; *Kleinknecht* Rdnr. 2; KMR *Paulus* Rdnr. 17; LR *Gollwitzer* Rdnr. 14; alle zu § 256; *Dahs/Dahs* Rdnr. 241; *K. Müller* S. 309.
456 BGH VRS 48 S. 209 (210); BVerwGE 53 S. 212; OLG Karlsruhe NJW 1973 S. 1426; Justiz 1977 S. 104; KK *Mayr* Rdnr. 3; KMR *Paulus* Rdnr. 17; LR *Gollwitzer* Rdnr. 14; alle zu § 256.
457 RGSt. 64 S. 78 (80); BayObLGSt. 1964 S. 36 (38) = NJW 1964 S. 1192 (1193); LR *Gollwitzer* § 256 Rdnr. 14; *Gössel* DRiZ 1980 S. 363 (369); *Groth* S. 73; *K. Müller* S. 310.
458 BGH VRS 48 S. 209 (210); BGH bei *Dallinger* MDR 1956 S. 651 = VRS 11 S. 449; KK *Mayr* Rdnr. 3; KMR *Paulus* Rdnr. 17; LR *Gollwitzer* Rdnr. 28; alle zu § 256. Vgl. auch OLG Karlsruhe Justiz 1977 S. 104 für das Gutachten des Anstaltsarztes einer Justizvollzugsanstalt.
459 BayObLGSt. 1964 S. 36 = NJW 1964 S. 1192; OLG Hamburg NJW 1969 S. 570 (571); *Kleinknecht* Rdnr. 2; KMR *Paulus* Rdnr. 17; LR *Gollwitzer* Rdnr. 14; alle zu § 256.
460 OLG Hamburg NJW 1963 S. 408; LR *Gollwitzer* § 256 Rdnr. 14.
461 Vgl. *Kleinknecht* § 160 Rdnr. 26; LR *Meyer-Goßner* § 160 Rdnr. 67. Die Verlesung der Berichte ist daher nur unter den Voraussetzungen der § 251 Abs. 2 zulässig; vgl. *Sonntag* NJW 1976 S. 1436 (1437); a.A. *Hörster* JZ 1982 S. 92 (97).
462 RGSt. 43 S. 405 (406); LR *Gollwitzer* § 256 Rdnr. 2; *Groth* S. 76.
463 RGRspr. 7 S. 199 (200/201), Dalcke/Fuhrmann/Schäfer § 256 Anm. 2 und *Groth* S. 76 halten das Fehlen der Unterschrift allgemein für unschädlich.

frage bei der Behörde geklärt werden, ob die Erklärung amtlichen Charakter hat[464].

(2) Aus der Verwendung der Bezeichnung Zeugnis und Gutachten in § 256 Abs. 1 Satz 1 kann nicht geschlossen werden, daß die behördliche Erklärung den Charakter eines dem Gericht **für das anhängige Verfahren** erstatteten Zeugnisses oder Gutachtens haben muß. Vielmehr ist gleichgültig, an wen die Erklärung gerichtet ist[465] und aus welchem Grund die Behörde sie ausgestellt hat[466]. Die Erklärung muß nicht vom Gericht angefordert worden sein. Auch Erklärungen, die die Behörde auf Anregung oder Verlangen eines Prozeßbeteiligten oder aus eigener Initiative abgegeben hat, können verlesen werden[467]. Das Schriftstück muß sich nur nach außen hin als Erklärung der Behörde darstellen[468] und darf nicht lediglich für den innerdienstlichen Verkehr bestimmt sein, wie es bei Aktennotizen und Registraturvermerken[469], insbesondere aber bei Berichten an den Vorgesetzten oder die vorgesetzte Dienststelle der Fall ist[470].

(3) Die von der Behörde abgegebene Erklärung ist eine Urkunde, ihre Benutzung durch Verlesung **Urkundenbeweis**[471]. Wenn das Zeugnis oder Gutachten auf Erfordern des Gerichts oder eines Prozeßbeteiligten zu dem Zweck erstattet wird, im Strafverfahren Beweis zu erbringen, soll es den Zeugen- oder Sachverständigenbeweis ersetzen. Gleichwohl richtet sich die Pflicht der Behörde zur Abgabe einer Erklärung nur nach den für sie geltenden Gesetzesvorschriften oder Verwal-

---

464 BGH VRS 11 S. 449; OLG Düsseldorf JMBlNRW 1954 S. 182; OLG Hamburg NJW 1969 S. 571; KMR *Paulus* § 256 Rdnr. 17; LR *Gollwitzer* § 256 Rdnr. 15, 28.
465 Vgl. KMR *Paulus* § 256 Rdnr. 16; LR *Gollwitzer* § 256 Rdnr. 17; *Groth* S. 75.
466 Vgl. *F.W. Krause* S. 167.
467 RGSt. 19 S. 264; *Kleinknecht* § 256 Rdnr. 10; LR *Gollwitzer* § 256 Rdnr. 17; *K. Müller* S. 310; a. A. *E. Rupp* S. 186.
468 Vgl. die Entscheidung RG JW 1891 S. 379, in der diese Voraussetzung für den Fall verneint wurde, daß ein Polizeibeamter ein Formular nach den eigenen Angaben des Angeklagten ausfüllt.
469 RGRspr. 7 S. 199.
470 RGSt. 26 S. 138; RGRspr. 8 S. 264; RG BayZ 1910 S. 118; RG GA 38 S. 341; RG Recht 1903 Nr. 2340; 1910 Nr. 254; *Dalcke/Fuhrmann/Schäfer* Anm. 2; KMR *Paulus* Rdnr. 18; LR *Gollwitzer* Rdnr. 16; alle zu § 256; *Dahs/Dahs* Rdnr. 241; *Groth* S. 75; *F.W. Krause* S. 170.
471 BGHSt. 1 S. 94 (96); RGSt. 1 S. 383; LR *Gollwitzer* § 256 Rdnr. 3; *Stenglein* § 255 a. F. Anm. 1; *Ahlf* MDR 1978 S. 981 (982); *Bennecke/Beling* S. 255 ff.; *Dästner* MDR 1979 S. 545 (546); *Gössel* S. 234, 241 und DRiZ 1980 S. 363 (373); *Goldschmidt* S. 441 Fußn. 2312; *Hanack* NJW 1961 S. 2041. – A.A. *Groth* S. 78; *Hegler* AcP 104 S. 151 (284 Fußn. 285) und Rechtsgang I S. 385 (392, 397 Fußn. 1), die die Verlesung dem Charakter nach für Zeugen- oder Sachverständigenbeweis halten; ebenso Voraufl. S. 354 für den Fall, daß die Erklärung vom Gericht angefordert wird. Vgl. auch *Hanack* JZ 1970 S. 561 (563). *Jessnitzer* S. 69/70 spricht vom »eigenständigen Sachverständigenbeweis in Urkundenform«; ähnlich *Schnellbach*, Sachverständigengutachten kollegialer Fachbehörden im Prozeß, Diss. Marburg 1964, S. 68. – Zur Ersetzung der Verlesung durch den Bericht des Vorsitzenden über den Inhalt des Gutachtens vgl. OLG Düsseldorf VRS 59 S. 269 (270) und unten S. 325 ff. Das Selbstleseverfahren ist nach § 249 Abs. 2 Satz 6 ausgeschlossen.

tungsbestimmungen, nicht nach den für Zeugen und Sachverständigen maßgebenden Vorschriften der Strafprozeßordnung[472]. Zur Erstattung einer gutachtlichen Äußerung ist die Behörde daher nicht nur unter den in §§ 75, 76 bezeichneten Voraussetzungen verpflichtet[473]. Die Pflicht zur Abgabe eines Zeugnisses in Form einer Auskunft wird aber, da der Beamte auch als Zeuge vernommen werden könnte, nur durch die §§ 54, 96 begrenzt[474].

(4) Der Begriff **Zeugnis** in § 256 Abs. 1 Satz 1 hat mit dem Zeugnis im Sinne einer Zeugenaussage über konkrete Wahrnehmungen nichts zu tun[475]. Tatzeuge kann eine öffentliche Behörde niemals sein. Ist ein solcher Zeuge Vorstand oder Mitglied der Behörde, so muß er als Zeuge vernommen werden; § 256 ist dann nicht anwendbar. Unter die Vorschrift fallen nur Erklärungen über Tatsachen, die sich aus den Akten oder Registern der Behörde ergeben oder bei ihr allgemein bekannt sind[476], und Erklärungen über Wahrnehmungen, die ein Angehöriger der Behörde innerhalb seines amtlichen Wirkungsbereichs als Repräsentant seiner Behörde, nicht nur zufällig bei Gelegenheit seiner amtlichen Tätigkeit, gemacht hat[477]. Dazu können auch Mitteilungen gehören, die dritte Personen der hierfür zuständigen Behörde gemacht haben[478]. Denn da die Vernehmung eines Zeugen vom Hörensagen zulässig ist[479], kann auch der Verlesung behördlicher Erklärungen nach § 256 Abs. 1 Satz 1 nicht entgegenstehen, daß sie lediglich Mitteilungen dritter Personen oder anderer Stellen bezeugen[480].

Dem Wortlaut nach fallen auch Erklärungen unter § 256, die aus Anlaß des anhängigen Strafverfahrens von der Polizei oder Staatsanwaltschaft zu den Akten gebracht worden sind, etwa Auskünfte, die die Polizeiverwaltung im Ermittlungsverfahren der Staatsanwaltschaft erteilt hat und die nach außen hin als Erklärung der Behörde und nicht nur als Bericht eines ihrer Beamten erscheinen[481]. Daß

---

472 *Jessnitzer* S. 47 ff.; Leineweber MDR 1980 S. 7; *K. Müller* S. 309 ff. – A.A. *Groth* S. 77/78; Voraufl. S. 354.
473 A.A. *Groth* S. 78; *Hegler* Rechtsgang I S. 385 (397); *von Kries* S. 475; Voraufl. S. 354.
474 So auch *Groth* S. 76 ff.; vgl. auch *von Kries* S. 475.
475 Vgl. LR *Gollwitzer* § 256 Rdnr. 19; *Groth* S. 74.
476 RG GA 37 S. 187; KK *Mayr* Rdnr. 2; *Kleinknecht* Rdnr. 7; KMR *Paulus* Rdnr. 10; LR *Gollwitzer* Rdnr. 20; *Eb. Schmidt* Rdnr. 4; alle zu § 256; *Groth* S. 74.
477 RGSt. 9 S. 88 (92); RGRspr. 7 S. 198 (200); RG BayZ 1909 S. 473; 1910 S. 118 (119); RG GA 38 S. 341; *Kleinknecht* Rdnr. 7; KMR *Paulus* Rdnr. 10, 11; LR *Gollwitzer* Rdnr. 20, 21; *Eb. Schmidt* Rdnr. 4; alle zu § 256; *Groth* S. 74. Weitergehend *F.W. Krause* S. 168. – A.A. RG JW 1932 S. 3356 mit abl. Anm. *Mannheim*, das die Verlesung einer schriftlichen Schilderung der Verwaltung des Gerichtsgefängnisses darüber, daß der Angeklagte dort einen Selbstmordversuch begangen hatte, als »Zeugnis« einer Behörde für zulässig hielt.
478 RG JW 1938 S. 2965; RG BayZ 1910 S. 118 (119); RG GA 37 S. 187; 38 S. 341; KMR *Paulus* Rdnr. 10; LR *Gollwitzer* Rdnr. 20; *Eb. Schmidt* Rdnr. 4; alle zu § 256; *Hegler* Rechtsgang II S. 267 (320 Fußn. 2).
479 Vgl. unten S. 460.
480 RG JW 1938 S. 2965; RG BayZ 1909 S. 473; *F.W. Krause* S. 170.
481 Nur unter diesem Gesichtspunkt beanstandeten RG JW 1891 S. 379 und RG BayZ 1910 S. 118 die Verlesung. Vgl. auch OLG Hamm VRS 7 S. 275 mit bedenklicher Begründung.

§ 256 für derartige Berichte nicht anwendbar ist, zeigt aber die Vorschrift des § 249 Abs. 1 Satz 2. Sie führt richterliche Protokolle über Augenscheinseinnahmen ausdrücklich unter den verlesbaren Urkunden auf, und daraus muß geschlossen werden, daß Berichte der Staatsanwaltschaft und der Polizei über ihre Besichtigungen in dem anhängigen Ermittlungsverfahren unverlesbar sind[482]. Das gleiche gilt für alle anderen, die Grundlagen der Sachentscheidung betreffenden Erklärungen der Strafverfolgungsbehörden im Ermittlungsverfahren[483], etwa für Vermerke des Vernehmungsrichters über den Reifegrad von Jugendlichen oder die Glaubwürdigkeit von Zeugen[484] und für Aktenvermerke der Staatsanwaltschaft[485] und der Polizei[485a]. Berichte der Gerichts- und Jugendgerichtshilfe sind schon aus anderen Gründen nicht verlesbar[486].

(5) Ein **Gutachten** im Sinne des § 256 Abs. 1 Satz 1 ist jede sachverständige Äußerung der Behörde, gleichgültig, ob sie sich in den Grenzen des Gutachtens im Sinne des Sachverständigenbeweises hält oder nicht[487]. Ob das Gutachten auf der Grundlage des bereits bei der Behörde vorhandenen Tatsachenmaterials oder aufgrund von Untersuchungen oder Erhebungen erstattet wird, die erst nach Erhalt des Gutachtenauftrags vorgenommen worden sind, macht keinen Unterschied[488]. Die Verlesung nach § 256 erstreckt sich auf die gutachtliche Äußerung und die ihr zugrunde liegenden Befundtatsachen, d. h. auf die Tatsachen, auf denen das Gutachten beruht und die ein Behördenmitglied aufgrund besonderer Sachkunde festgestellt hat[489]. Die in der gutachtlichen Äußerung enthaltenen sog. Zusatztatsachen[490], die der Gutachtenerstatter bei Gelegenheit der gutachtlichen Tätigkeit wahrgenommen hatte, ohne daß dazu eine besondere Sachkunde erforderlich war, und die daher auch das Gericht selbst hätte feststellen können, dürfen nur mitverlesen werden, wenn in der Mitteilung dieser Tatsachen ein Zeugnis der Behörde im Sinne des § 256 Abs. 1 Satz 1 liegt[491].

482 Vgl. oben S. 223, 256.
483 BGH NStZ 1982 S. 79; KK *Mayr* Rdnr. 5; *Kleinknecht* Rdnr. 7; KMR *Paulus* Rdnr. 12; LR *Gollwitzer* Rdnr. 16, 22; *Eb. Schmidt* Rdnr. 4; alle zu § 256; *Dahs/Dahs* Rdnr. 241; *F.W. Krause* S. 170/171.
484 RGSt. 37 S. 212; KMR*Paulus* § 256 Rdnr. 12; LR *Gollwitzer* § 256 Rdnr. 22.
485 RGSt. 2 S. 301.
485a BGH NStZ 1982 S. 79.
486 Vgl. oben S. 299.
487 Vgl. *Groth* S. 75.
488 Die Ansicht des OLG Frankfurt (NJW 1952 S. 757), Grundlage des Gutachtens könnten nur amtliche Bücher, Register und Akten sein, ist vereinzelt geblieben. Sie beruht auf einer offensichtlichen Verwechslung des Gutachtens mit dem Zeugnis; vgl. dazu BayObLGSt. 1952 S. 228 = NJW 1953 S. 194; *Hanack* NJW 1961 S. 2401; *F.W. Krause* S. 169.
489 BGH bei *Dallinger* MDR 1955 S. 397; *Kleinknecht* § 256 Rdnr. 10; LR *Gollwitzer* § 256 Rdnr. 23. – Zum Begriff Befundtatsachen vgl. allgemein LR *Meyer* § 79 Rdnr. 19, 20.
490 Zum Begriff vgl. LR *Meyer* § 79 Rdnr. 21.
491 BGH bei *Dallinger* MDR 1955 S. 397; OLG Karlsruhe NJW 1973 S. 1426; *Kleinknecht* Rdnr. 2; KMR *Paulus* Rdnr. 15; LR *Gollwitzer* Rdnr. 23; alle zu § 256; a.A. KK *Mayr* § 256 Rdnr. 2.

d) Ausnahme für Leumundszeugnisse. Eine Ausnahme von der Verlesbarkeit behördlicher Erklärungen gilt nach § 256 Abs. 1 Satz 1 für Leumundszeugnisse.

(1) Der **Begriff** Leumund ist bereits im Zusammenhang mit dem Zeugenbeweis erörtert worden[492]. Er wurde dort definiert als das Urteil eines größeren oder kleineren Personenkreises, nicht nur einer Einzelperson, über die Fähigkeiten und Eigenschaften eines Menschen, wobei die auf sein Verhalten und bestimmte Vorkommnisse gestützte Beurteilung nicht auf seine Glaubwürdigkeit, Zuverlässigkeit und sittliche Führung beschränkt ist, sondern auch die berufliche Leistungsfähigkeit einschließt. Bei der Anwendung des § 256 Abs. 1 Satz 1 ist der Begriff Leumundszeugnis weit auszulegen. Denn das Beweisverbot, das diese Vorschrift für behördliche Leumundszeugnisse schafft, beruht auf der Erfahrung, daß in Leumundszeugnissen oft die Sympathie oder Antipathie des Verfassers allzu stark zum Ausdruck kommt. Bei der Verlesung schriftlicher Leumundszeugnisse könnte diese Fehlerquelle, da der Verfasser nicht persönlich gehört wird, nicht immer aufgedeckt werden[493]. Es kann daher für § 256 Abs. 1 Satz 1 keinen Unterschied machen, ob die behördliche Erklärung das Urteil einer Mehrheit von Personen oder nur einer Einzelperson wiedergibt[494]. Das Verlesungsverbot besteht auch unabhängig davon, ob das Leumundszeugnis den Angeklagten, einen Zeugen oder einen Dritten betrifft[495]. Es bezieht sich aber nicht auf einzelne Tatsachen, auch wenn sie geeignet sind, einem Leumundszeugnis zur Grundlage zu dienen[496]. Das Leumundszeugnis betrifft entweder den Leumund, den ein Mensch genießt, oder den Leumund, den er verdient. Ob der Verfasser seine eigene Ansicht oder die Meinung Dritter wiedergibt, spielt bei § 256 Abs. 1 Satz 1 keine Rolle[497]. Ebensowenig kommt es auf den Zeitpunkt der Ausstellung[498] und die mutmaßliche Zuverlässigkeit des Leumundszeugnisses an. Nur der Inhalt, nicht die Form entscheidet darüber, ob ein Schriftstück ein Leumundszeugnis und daher unverlesbar ist.

(2) Leumundszeugnisse können knapp formulierte Erklärungen sein, wie etwa die Warnung vor einem Schwindler[499]. Vor allem **fallen unter den Begriff** aber Schulzeugnisse, soweit sie sich auf das sittliche Verhalten, die Wahrheitsliebe und

---

[492] Oben S. 202.
[493] RGSt. 53 S. 280 (281); OGHSt. 3 S. 80 (81); *Löhr* S. 150/151; *Oetker* JW 1927 S. 2708; *Schneidewin* JR 1951 S. 481 (486); *Simader* S. 195.
[494] Vgl. RGSt. 53 S. 280; 59 S. 374 (375); RG JW 1927 S. 1160; LR *Gollwitzer* § 256 Rdnr. 19, 29; *Eb. Schmidt* § 256 Rdnr. 5.
[495] RGSt. 30 S. 439 (440); RG JW 1890 S. 270 = GA 38 S. 328; *Kleinknecht* Rdnr. 11; LR *Gollwitzer* Rdnr. 30; *Eb. Schmidt* Rdnr. 5; alle zu § 256; *Gerland* S. 369 Fußn. 654.
[496] Vgl. RG Recht 1911 Nr. 2693 (Grund und Höhe der gegen einen Soldaten verhängten Disziplinarstrafe); *Kleinknecht* Rdnr. 11; KMR *Paulus* Rdnr. 13; LR *Gollwitzer* Rdnr. 31; *Eb. Schmidt* Rdnr. 5; alle zu § 256; *Groth* S. 79; *K. Müller* S. 310.
[497] *Groth* S. 79. — A.A. *Hartung* ZStW 50 S. 208 (224), der unter einem Leumundszeugnis nur die Wiedergabe der unkontrollierbaren Meinungsäußerung einer unbenannten dritten Person versteht.
[498] RGSt. 53 S. 280.
[499] RGSt. 25 S. 125.

die Charakterentwicklung des Schülers beziehen[500], Beurteilungen der Dienstvorgesetzten von Beamten und Soldaten, soweit sie charakterliche Eigenschaften betreffen[501], Berichte des Jugendamts, soweit sie ein allgemeines oder unbestimmt gefaßtes Urteil über die sittlichen Eigenschaften des Jugendlichen enthalten[502], Berichte einer Justizvollzugsanstalt über die Führung eines Gefangenen[503] und gutachtliche Stellungnahmen eines Gerichts zu einem Gnadengesuch[504]. Behandelt das Zeugnis dagegen nur die geistigen Fähigkeiten und die Auffassungsgabe des Schülers[505] oder die dienstlichen Leistungen des Beamten[506], so liegt keine Aussage über den Leumund vor. Auch ein psychiatrisches Gutachten über die Glaubwürdigkeit ist kein Leumundszeugnis, sondern nur ein Bericht über eine Leumundstatsache, aus der erst Schlüsse auf den Leumund gezogen werden sollen[507]. Das gleiche gilt für gerichtliche Urteile[508], Bescheide der Staatsanwaltschaft, in denen die Glaubhaftigkeit einer Aussage geprüft ist[509], Bescheide des Richters der freiwilligen Gerichtsbarkeit[510] und Entscheidungen der Disziplinarbehörde[511]. Auch Führungszeugnisse nach § 28 BZRG sind nur Erklärungen über Leumundstatsachen, nämlich die Eintragungen im Zentralregister[512]. Das Gutachten einer kriminalbiologischen Sammelstelle hat das Reichsgericht ebenfalls nicht als Leumundszeugnis angesehen[513]. Daß diese Zeugnisse sich in der Begründung auch mit dem Inhalt echter Leumundszeugnisse auseinandersetzen, schließt ihre Verlesbarkeit nicht aus[514].

---

500 RGSt. 1 S. 234; 53 S. 280; RGRspr. 7 S. 757; RG HRR 1942 Nr. 511; KK *Mayr* Rdnr. 7; *Kleinknecht* Rdnr. 11; KMR *Paulus* Rdnr. 14; LR *Gollwitzer* Rdnr. 34; *Eb. Schmidt* Rdnr. 5; alle zu § 256; *Groth* S. 79; *Simader* S. 195. Vgl. auch *Birkenbihl* Recht 1908 Sp. 204.
501 RG GA 45 S. 430; 57 S. 225; RG Recht 1924 Nr. 244; OGHSt. 3 S. 80 (81); KMR *Paulus* § 256 Rdnr. 14; LR *Gollwitzer* § 256 Rdnr. 34; *Groth* S. 79; *Simader* S. 195. – Vgl. auch OLG Hamm VRS 7 S. 375.
502 RG JW 1930 S. 3485 (3486) mit Anm. *Mannheim*; KMR *Paulus* § 256 Rdnr. 14; LR *Gollwitzer* § 256 Rdnr. 34.
503 BGH 2 StR 410/76 vom 6. 10. 1976; RG JW 1934 S. 2779; RG HRR 1935 Nr. 1286; KMR *Paulus* § 256 Rdnr. 14; LR *Gollwitzer* § 256 Rdnr. 34.
504 RG JW 1901 S. 689.
505 RGSt. 1 S. 234; *von Kries* S. 379.
506 RG BayZ 1912 S. 334.
507 BGH 5 StR 365/59 vom 20. 10. 1959; LR *Gollwitzer* § 256 Rdnr. 11, 35.
508 RG GA 48 S. 365; RG Recht 1924 Nr. 884; *Groth* S. 80; *von Kries* S. 379; vgl. auch oben S. 252 ff.
509 RGSt. 24 S. 263 (265).
510 Vgl. RG Recht 1911 Nr. 3787 für den Bescheid nach §§ 35 ff. FGG; *Groth* S. 90.
511 LR *Gollwitzer* § 256 Rdnr. 35.
512 Anders für Führungszeugnisse der Polizei nach früherem Recht: RG GA 45 S. 430; *Birkenbihl* Recht 1908 Sp. 204.
513 RG JW 1935 S. 2378.
514 Vgl. *Groth* S. 79/80.

(3) Die Verlesung privater Leumundszeugnisse ist schon nach § 251 unzulässig[515]. Bei behördlichen Leumundszeugnissen **verbietet** § 256 Abs. 1 Satz 1 zwar ausdrücklich nur die Verlesung. Nach allgemeiner Ansicht dürfen solche Zeugnisse aber auch nicht durch den Vorsitzenden bekanntgegeben[516] oder dem Angeklagten, einem Sachverständigen oder Zeugen vorgehalten werden[517]. Das Einverständnis der Prozeßbeteiligten gestattet keine Durchbrechung des Beweisverbots[518]. Eine Teilverlesung ist zulässig, wenn das Zeugnis nur teilweise ein Leumundszeugnis ist[519].

2. Ärztliche Atteste

a) Begriff Attest. Um es den vielbeschäftigten Ärzten zu ersparen, allzu häufig vor Gericht erscheinen zu müssen, gestattet § 256 Abs. 1 Satz 1 die Verlesung ihrer Atteste, wenn sie sich auf Körperverletzungen beziehen, die nicht zu den schweren gehören. Gleichgültig ist, auf wessen Veranlassung das Attest ausgestellt worden ist[520], ob es zur Verwendung vor Gericht bestimmt war[521] und wer es dem Gericht vorgelegt hat[522]. Formerfordernisse bestehen für das Attest nur insofern, als es erkennen lassen muß, daß es unmittelbar von einem approbierten Arzt herrührt[523]. Der Name des Arztes muß feststehen, kann aber, wenn die Unterschrift schwer lesbar ist, aus anderen Schriftstücken oder aufgrund der Angaben der Beteiligten ermittelt werden. Eine eidliche Bekräftigung des Inhalts des Attestes ist überflüssig und bedeutungslos[524].

Ein Attest im Sinne des § 256 Abs. 1 Satz 1 ist die schriftliche Bestätigung der Wahrnehmungen, die ein Arzt in Ausübung seiner beruflichen Tätigkeit, d. h. bei

---

515 RGSt. 41 S. 429; RG DRiZ 1931 Nr. 51; RG HRR 1936 Nr. 856; KMR *Paulus* Rdnr. 14; LR *Gollwitzer* Rdnr. 36; *Eb. Schmidt* Rdnr. 6; alle zu § 256; *Groth* S. 81; unklar RGSt. 30 S. 439. – Über die Zulässigkeit der Verlesung von Leumundszeugnissen zum Beweise ihres Inhalts vgl. *Alsberg* JW 1929 S. 1048 (1050).
516 RGSt. 59 S. 374 (375); RG JW 1923 S. 516 mit Anm. *Oetker*; RG GA 61 S. 130; 64 S. 372; KK *Mayr* Rdnr. 7; LR *Gollwitzer* Rdnr. 33; *Eb. Schmidt* Rdnr. 6; alle zu § 256.
517 RG Recht 1913 Nr. 2666; KK *Mayr* Rdnr. 7; *Kleinknecht* Rdnr. 11; KMR *Paulus* Rdnr. 14; LR *Gollwitzer* Rdnr. 33; alle zu § 256; *Groth* S. 80. – A.A. RG HRR 1940 Nr. 844.
518 RG HRR 1936 Nr. 856; KMR *Paulus* § 256 Rdnr. 14; *Groth* S. 80.
519 BGH 2 StR 410/76 vom 6. 10. 1976; RGRspr. 1 S. 523; RG JW 1930 S. 3485 mit Anm. *Mannheim*; RG JW 1934 S. 2779; LR *Gollwitzer* § 256 Rdnr. 32.
520 Vgl. *Kleinknecht* § 256 Rdnr. 12; *Groth* S. 83.
521 RGSt. 19 S. 364; *Kleinknecht* a.a.O.; KMR *Paulus* § 256 Rndr. 20; *Hegler* Rechtsgang I S. 385 (398).
522 RG Recht 1910 Nr. 1469 (Überreichung durch den Angeklagten); LR *Gollwitzer* § 256 Rdnr. 45.
523 BGHSt. 4 S. 155 (156); RGSt. 14 S. 55; 19 S. 364; KK *Mayr* Rdnr. 8; *Kleinknecht* Rdnr. 12; KMR *Paulus* Rdnr. 20; LR *Gollwitzer* Rdnr. 39; *Eb. Schmidt* Rdnr. 8; alle zu § 256; *Groth* S. 83.
524 RGRspr. 1 S. 578; *Groth* S. 83.

der Untersuchung und Behandlung von Kranken oder Verletzten, gemacht hat[525]. Das Protokoll über die gerichtliche Vernehmung eines Arztes erfüllt diese Voraussetzungen nicht[526]. Wenn der Arzt den Befund nicht selbst wahrgenommen hat, sondern sich nur abstrakt über die mögliche Entstehung der ihm geschilderten Verletzung äußert und sich dabei auf die ihm von dritter Seite gemachten Angaben verläßt, handelt es sich ebenfalls um kein verlesbares Attest[527].

Der rechtlichen Qualifikation nach kann das Attest sowohl ein Zeugnis als auch ein Gutachten sein. Nimmt der Arzt selbst den Vorgang der Körperverletzung wahr, so muß er als Zeuge vernommen werden. Soweit das Attest auch solche Wahrnehmungen zum Inhalt hat, ist es unverlesbar. Mit dem Befundbericht kann eine gutachtliche Äußerung, etwa über die Schwere und Folgen der Verletzung, die Minderung der Erwerbstätigkeit und die voraussichtlichen Möglichkeiten der Heilung, verbunden werden; sie kann mitverlesen werden[528]. Unzulässig ist die Verlesung aber, soweit das Attest Angaben über Zusatztatsachen enthält, d. h. über Tatsachen, die der Arzt bei der Untersuchung ohne besondere Sachkunde hat wahrnehmen können[529]. Dazu gehören der Zustand der Kleidung des Verletzten und dessen Angaben bei der Untersuchung[530]. Das Attest ist insbesondere insoweit nicht verlesbar, als es Angaben des Verletzten oder eines Dritten über die Entstehung der Körperverletzung enthält und nicht ersichtlich ist, was eigene Wahrnehmung und was Mitteilung eines Dritten ist[531].

b) Atteste über Körperverletzungen. Erschwert sind die Voraussetzungen der Verlesbarkeit dadurch, daß nur Atteste über Körperverletzungen, die nicht zu den schweren gehören, verlesen werden dürfen.

(1) Schwer ist die durch den Erfolg qualifizierte Körperverletzung nach den §§ 224 bis 226 StGB, **nicht schwer** ist die Körperverletzung nach § 223 StGB, die gefährliche Körperverletzung nach § 223 a StGB und, ohne Rücksicht auf den Verletzungserfolg, die nur fahrlässig begangene Körperverletzung nach § 230 StGB[532]. Nur in so leichten Fällen ist die Verlesung der schriftlichen Erklärung des

---

525 RGSt. 19 S. 364; RG GA 61 S. 350; *Dalcke/Fuhrmann/Schäfer* § 256 Anm. 4; *Eb. Schmidt* § 256 Rdnr. 8; *Groth* S. 82; *K. Müller* S. 310/311.
526 RGSt. 6 S. 254; RGRspr. 1 S. 633; *Dalcke/Fuhrmann/Schäfer* Anm. 4; KMR *Paulus* Rdnr. 20; LR *Gollwitzer* Rdnr. 39; *Eb. Schmidt* Rdnr. 10; alle zu § 256.
527 RG GA 61 S. 350.
528 RGSt. 19 S. 364; RG JW 1891 S. 505; RG GA 61 S. 350; OLG Dresden LZ 1933 Sp. 1042; *Groth* S. 83; *K. Müller* S. 311. – A.A. LR *Gollwitzer* § 256 Rdnr. 43.
529 Zum Begriff vgl. LR *Meyer* § 79 Rdnr. 21.
530 BGHSt. 4 S. 155 (156); RG JW 1903 S. 218; RG GA 46 S. 199; RG Recht 1903 Nr. 1218; *Dalcke/Fuhrmann/Schäfer* Anm. 4; KK *Mayr* Rdnr. 8; KMR *Paulus* Rdnr. 23; LR *Gollwitzer* Rdnr. 43; *Eb. Schmidt* Rdnr. 11; alle zu § 256; *Dahs/Dahs* Rdnr. 241; *Groth* S. 83; *K. Müller* S. 311; a. A. *Hegler* Rechtsgang II S. 267 (320); Voraufl. S. 362.
531 Vgl. *Groth* S. 82.
532 BGHSt. 4 S. 155 (156); BGH NJW 1980 S. 651; RGSt. 1 S. 188; 39 S. 286 (290); RG Recht 1905 Nr. 252; *Dalcke/Fuhrmann/Schäfer* Anm. 3; KK *Mayr* Rdnr. 8; *Kleinknecht* Rdnr. 12; KMR *Paulus* Rdnr. 21; *Kohlrausch* Anm. 6; LR *Gollwitzer* Rdnr. 40; *Eb. Schmidt* Rdnr. 8; alle zu § 256; *F. W. Krause* S. 172; *Schneidewin* JR 1951 S. 481 (486). – A.A. *Groth* S. 84, der auch die fahrlässige Körperverletzung als eine schwere ansieht, wenn die Folgen des § 224 StGB eingetreten sind.

Arztes eine ausreichende Urteilsgrundlage; denn für die Feststellung des gesetzlichen Tatbestandes kommt es hier nur auf das Vorhandensein der bescheinigten Körperverletzung an[553]. Atteste, die dieser Bedingung nicht genügen, sind untaugliche Beweisurkunden. Ihr Inhalt darf auch nicht durch den Vortrag des Vorsitzenden oder durch die Vernehmung von Personen, die das Attest gelesen haben, in die Beweisaufnahme eingeführt werden[534]. Zulässig ist aber der Vorhalt solcher Atteste zu dem Zweck, Erklärungen des Angeklagten, eines Sachverständigen oder Zeugen über ihren Inhalt zu erlangen[535].

(2) Über die Frage, ob sich das Attest auf eine schwere Körperverletzung bezieht, **entscheidet** nicht sein Inhalt, sondern der Anklagevorwurf[536]. Betrifft er eine Körperverletzung nach den §§ 223, 223 a, 230 StGB, so ist das Attest auch dann verlesbar, wenn die Körperverletzung nach dem Inhalt der Bescheinigung als schwer erscheint[537]. Hat das Verfahren aber keine Körperverletzung, sondern eine andere Straftat zum Gegenstand, etwa eine nach § 176 Abs. 1 StGB strafbare sexuelle Handlung, eine Vergewaltigung (§ 177 StGB) oder einen Raub (§ 249 StGB), so dürfen ärztliche Atteste über die dem Tatopfer von dem Angeklagten beigebrachten Verletzungen, auch wenn es sich nicht um eine schwere Körperverletzung handelt, nicht verlesen oder in anderer Weise bekanntgegeben werden[538]. Das gilt auch für den Fall, daß die Verletzungsfolgen nur für das Vorliegen des Regelbeispiels des § 176 Abs. 3 Satz 2 Nr. 2 StGB von Bedeutung sind[539]. Steht eine Körperverletzung nach den §§ 223, 223 a, 230 StGB in Tateinheit mit einem anderen Delikt, so ist das Attest ebenfalls nicht verlesbar[540]. Nur wenn die schwerere Tat schon restlos aufgeklärt ist und durch das Attest lediglich noch Feststellungen zu der Körperverletzung getroffen werden sollen, wird man seine Verle-

---

533 BGHSt. 4 S. 155 (156); BGH NJW 1980 S. 651.
534 RGSt. 14 S. 4 (6/7); RG JW 1914 S. 435; RG GA 61 S. 130; 64 S. 372; RG Recht 1925 Nr. 2507; KMR *Paulus* § 256 Rdnr. 24; LR *Gollwitzer* § 256 Rdnr. 44.
535 LR *Gollwitzer* a.a.O.; *Schneidewin* JR 1951 S. 481 (486).
536 Vgl. LR *Gollwitzer* § 256 Rdnr. 40; *Groth* S. 84; *F.W. Krause* S. 172; a. A. RG Recht 1908 Nr. 1468; *K. Müller* S. 311. Beurteilt das Gericht die Tat schwerer als im Eröffnungsbeschluß, so darf es das Attest nicht verlesen und das bereits verlesene Attest nicht als Urteilsgrundlage verwerten.
537 RG Recht 1905 Nr. 252; LR *Gollwitzer* a.a.O.
538 BGHSt. 4 S. 155 (156); BGH NJW 1980 S. 651; BGH Strafverteidiger 1982 S. 59 mit Anm. *Schwenn* (wo aber das Beruhen des Schuldspruchs auf dem Verstoß verneint und das Urteil nur im Strafausspruch aufgehoben wurde); BGH 2 StR 183/78 vom 19. 5. 1978; RGSt. 26 S. 38; 35 S. 162; RGRspr. 1 S. 633 (634); RG JW 1892 S. 417; 1934 S. 3209; 1935 S. 542; RG Recht 1910 Nr. 1469; OLG Karlsruhe Justiz 1977 S. 104 (105); OLG Saarbrücken OLGSt. § 256 S. 9 (das das Beruhen des Urteils auf dem Verfahrensverstoß verneint); KK *Mayr* Rdnr. 8; *Kleinknecht* Rdnr. 12; KMR *Paulus* Rdnr. 22; LR *Gollwitzer* Rdnr. 41; *Eb. Schmidt* Rdnr. 9; alle zu § 256; *Groth* S. 85; *F.W. Krause* S. 173; *K. Müller* S. 311.
539 BGH NJW 1980 S. 651; KK *Mayr* § 256 Rdnr. 8; *Kleinknecht* § 256 Rdnr. 12.
540 BGH NJW 1980 S. 651; BGH bei *Dallinger* MDR 1967 S. 174/175 = VRS 32 S. 56; RG JW 1935 S. 542; KK *Mayr* § 256 Rdnr. 8; kritisch zu dieser Rspr.: *F.W. Krause* S. 173.

sung ausnahmsweise für zulässig halten können[541]. Für den Fall der Tatmehrheit bestehen keine Beschränkungen. Wenn etwa eine Strafsache wegen Vergewaltigung mit einer anderen, die eine Körperverletzung nach den §§ 223, 223 a oder 230 StGB betrifft, nach den §§ 2 ff., 237 verbunden ist, steht der Verlesung des Attestes rechtlich nichts im Wege[542].

(3) Die Verlesbarkeit eines Attestes ist nicht deshalb ausgeschlossen, weil die Körperverletzung **nicht Gegenstand des Verfahrens** und der Angeklagte nicht ihr Verursacher ist. Daher kann auch ein Attest über die dem Angeklagten selbst beigebrachten Verletzungen, das er zum Beweis seines Notwehreinwandes vorlegt, verlesen werden[543]. Das setzt allerdings voraus, daß sich das Attest seinem Inhalt nach nicht auf eine schwere Körperverletzung im Sinne der §§ 224 bis 226 StGB bezieht[544].

(4) Für **Erklärungen öffentlicher Behörden** gelten die vorstehenden Beschränkungen auch dann nicht, wenn die Zeugnisse sich ihrem Inhalt nach als ärztliche Atteste darstellen[545].

3. Sonstige Gutachten und Berichte

Die Verlesbarkeit von Gutachten und Berichten ist durch den im Jahre 1978[546] eingefügten Satz 2 des § 256 Abs. 1 für nichtbehördliche[547] Routinegutachten erweitert worden, die im Strafverfahren so häufig erstattet werden, daß die Notwendigkeit, jeweils den Sachverständigen selbst zu hören, das Verfahren unnötig belasten würde. Im einzelnen handelt es sich um:

a) **Gutachten über die Auswertung eines Fahrtschreibers.** Der Gesetzestext ist mißverständlich; denn nicht das Aufzeichnungsgerät selbst, sondern die Diagrammscheibe wird ausgewertet. Der Richter ist vielfach nicht sachkundig genug, um die Auswertung selbst vorzunehmen. Meist muß das Gutachten eines Experten der Herstellerfirma eingeholt werden. Es kann dann durch Verlesung in die Beweisaufnahme eingeführt werden. Neben den Feststellungen, die sich aus der Diagrammscheibe ergeben, kann sich das Gutachten auch darauf beziehen, ob das

---

541 Vgl. *Krumme* in der Anm. zu BGHSt. 4 S. 144 in LM Nr. 2 zu § 256.
542 BGH 5 StR 546/62 vom 8. 1. 1963; KMR *Paulus* § 256 Rdnr. 22; F. W. Krause S. 173.
543 RGSt. 35 S. 162; *Dalcke/Fuhrmann/Schäfer* Anm. 4; KK *Mayr* Rdnr. 8; *Kleinknecht* Rdnr. 12; LR *Gollwitzer* Rdnr. 42; *Eb. Schmidt* Rdnr. 9; alle zu § 256.– A.A. F. W. Krause S. 173 Fußn. 233.
544 Vgl. LR *Gollwitzer* § 256 Rdnr. 40.
545 BGH VRS 48 S. 209 (210); BGH 1 StR 36/69 vom 11. 6. 1969; RG JW 1932 S. 3773; RG DRiZ 1931 Nr. 707 = HRR 1931 Nr. 200 L; *Kleinknecht* Rdnr. 12; KMR *Paulus* Rdnr. 22; LR *Gollwitzer* Rdnr. 18; alle zu § 256.
546 Durch Art. 1 Nr. 75 des 1. StVRG.
547 Vgl. KMR *Paulus* § 256 Rdnr. 25; LR *Gollwitzer* § 256 Rdnr. 46. Zur Frage, ob das Gutachten auch von einer privaten Organisation, nicht nur von einer Einzelperson, abgegeben werden darf, vgl. *Jessnitzer* S. 179/180.

Gerät einwandfrei gearbeitet hat, nicht jedoch allgemein auf die Funktionsweise des Fahrtschreibers[548].

b) Gutachten über die Bestimmung der Blutgruppe oder des Blutalkoholgehalts können regelmäßig ohne Verstoß gegen die Aufklärungspflicht durch Verlesung in das Verfahren eingeführt werden[549]. Sie können sich auch auf die Qualität der Blutgruppe erstrecken[550].

c) Ärztliche Berichte über Blutprobenentnahmen dürfen ebenfalls verlesen werden. Dabei handelt es sich um die dem Gutachten über die Schuldfähigkeit oder Fahrtüchtigkeit zugrunde liegenden Anknüpfungstatsachen über Ort, Zeitpunkt und Verhalten (Bewußtsein, Stimmung, Erscheinungsbild) des Betroffenen bei der Blutprobenentnahme[551]. Die Verlesung erspart die Vernehmung des Blutentnahmearztes als Sachverständigen.

IV. Privaturkunden

1. Unmittelbar beweiserhebliche Urkunden

In Betracht kommen[552] vor allem die den Tatbestand unmittelbar beweisenden Urkunden, z. B. das Schriftstück, dessen Inhalt hochverräterisch, staatsgefährdend, beschimpfend, pornographisch oder beleidigend ist[553]. Auch Leumundszeugnisse im Sinne des § 256 Abs. 1 Satz 1 dürfen verlesen werden, wenn damit nur zum Verständnis der Tat ihre Existenz bewiesen, nicht aber die Vernehmung ihres Ausstellers ersetzt werden soll[554]. Protokolle, aus denen sich die Straftat nach den §§ 153 ff. StGB ergibt, dürfen und müssen verlesen werden, wenn sie den Anforderungen des § 273 Abs. 3 entsprechen[555].

---

548 OLG Celle JR 1978 S. 122 mit abl. Anm. *Puppe,* die unter Auswertung nur die »Ablesung« des Diagramms, d. h. seine Deutung nach den in den Fahrtschreiber gewissermaßen fest einprogrammierten Zweckangaben, versteht; wie OLG Celle aber KK *Mayr* Rdnr. 9; *Kleinknecht* Rdnr. 14; KMR *Paulus* Rdnr. 25; alle zu § 256; *Schlüchter* Rdnr. 537 Fußn. 484.
549 BGHSt. 28 S. 235 (236).
550 Vgl. *Kleinknecht* § 256 Rdnr. 15.
551 Vgl. BGH bei *Spiegel* DAR 1979 S. 186; KMR *Paulus* § 256 Rdnr. 25; LR *Gollwitzer* § 256 Rdnr. 49; *Rieß* NJW 1975 S. 85 (87) Fußn. 86.
552 Die Darstellung folgt LR *Gollwitzer* § 249 Rdnr. 10 ff.
553 BGHSt. 11 S. 29 (30); *Eb. Schmidt* § 249 Rdnr. 3.
554 RGSt. 25 S. 93 (94); KMR *Paulus* § 249 Rdnr. 14; LR *Gollwitzer* § 249 Rdnr. 10; *zu Dohna* S. 101; *F. W. Krause* S. 127.
555 RGSt. 17 S. 15; 65 S. 420; RG Recht 1917 Nr. 961; OLG Zweibrücken OLGSt. § 345 S. 27 (31); KMR *Paulus* Rdnr. 14; LR *Gollwitzer* Rdnr. 11; *Eb. Schmidt* Rdnr. 3; alle zu § 249. Zur Frage, ob die Verlesung in derartigen Fällen durch einen Bericht des Vorsitzenden über den Inhalt des Protokolls ersetzt werden darf, vgl. unten S. 325 ff., 328.

2. Willenserklärungen

Auch Urkunden, die öffentlich-rechtliche oder im bürgerlichen Rechtsverkehr abgegebene Willenserklärungen enthalten, dürfen verlesen werden[556]. Dazu gehören Steuerbescheide, Gerichtsbeschlüsse[557] und gerichtliche Verfügungen, schriftliche Anordnungen und Verfügungen der Staatsanwaltschaft[558], Schuldscheine[559], Protokolle über Gesellschaftsbeschlüsse[560] und Erklärungen über die Annahme eines Vertragsangebots[561].

3. Vom Angeklagten herrührende Schriftstücke

Verlesbar sind ferner alle vom Angeklagten herrührenden Schriftstücke, insbesondere Tagebücher[562], selbstverfaßte Lebensläufe[563], Aktenvermerke[564] und andere Erklärungen[565]. Auch Eingaben und sonstige Erklärungen, die der Angeklagte in dem anhängigen Strafverfahren abgegeben hat, können verlesen werden, etwa die als Ersatz der Vernehmung abgegebene schriftliche Stellungnahme gegenüber der Polizei[566] oder der Verwaltungsbehörde[567] und Eingaben an die Staatsanwaltschaft[568] oder das Gericht[569]. Die Vorschrift des § 254 steht der Verlesung solcher Schriftstücke auch dann nicht entgegen, wenn sie ein Geständnis enthalten[570]. Schriftliche Erklärungen des Verteidigers eines Angeklagten, der sich nicht zur Sache einläßt, können verlesen werden, wenn sie für den Angeklagten abgegeben worden sind[571].

556 RGSt. 33 S. 35 (36).
557 RG GA 46 S. 207; KMR *Paulus* § 249 Rdnr. 14.
558 RGSt. 24 S. 263.
559 RGSt. 33 S. 35; KMR *Paulus* § 249 Rdnr. 14.
560 RG GA 50 S. 106.
561 OLG Dresden HRR 1928 Nr. 91.
562 RGSt. 65 S. 294; *Groth* S. 10 Fußn. 15. Vgl. aber zur Frage des Verwertungsverbots unten S. 514/515.
563 OGHSt. 3 S. 26; LR *Gollwitzer* § 249 Rdnr. 14.
564 BGHSt. 10 S. 358 (364).
565 BGHSt. 20 S. 160; OLG Celle MDR 1970 S. 785 (786).
566 OLG Düsseldorf JMBlNRW 1979 S. 247; OLG Hamm VRS 42 S. 99 (100); *Kleinknecht* § 163 a Rdnr. 14; KMR *Paulus* § 249 Rdnr. 14; LR *Meyer-Goßner* § 163 a Rdnr. 65; *Günter* DRiZ 1971 S. 379 (380).
567 BGHSt. 25 S. 365 (369); OLG Celle VRS 39 S. 111; OLG Düsseldorf VRS 41 S. 436 (437); OLG Zweibrücken GA 1981 S. 275 = VRS 60 S. 442; *Kleinknecht* § 249 Rdnr. 18; KMR *Paulus* § 249 Rdnr. 14.
568 RGSt. 35 S. 234; OLG Frankfurt HESt. 2 S. 218 (222); OLG Hamm JMBlNRW 1968 S. 215; KMR *Paulus* a.a.O.
569 RGSt. 18 S. 23; LR *Meyer* § 136 Rdnr. 32.
570 BGHSt. 6 S. 141 (143); 20 S. 160; RG Recht 1912 Nr. 1986; OLG Zweibrücken GA 1981 S. 275 = VRS 60 S. 442; KK *Mayr* § 254 Rdnr. 1; *Kleinknecht* § 249 Rdnr. 18 und § 254 Rdnr. 1; KMR *Paulus* § 254 Rdnr. 11; LR *Gollwitzer* § 254 Rdnr. 8; *Dahs/Dahs* Rdnr. 237; *Petry* S. 99.
571 LR *Gollwitzer* § 249 Rdnr. 13; *Günter* DRiZ 1971 S. 379 (381). Vgl. auch KMR *Paulus* § 243 Rdnr. 39.

4. Schriftliche Unterlagen dritter Personen

Solche Urkunden können Gegenstand des Urkundenbeweises sein, wenn sie nicht unter einem Beweisverbot stehen. Ein Beweisverbot begründen insbesondere die §§ 250, 252[572], aber auch Art. 1 und 2 GG[573]. Briefe, die zwischen dritten Personen gewechselt worden sind, dürfen nicht nur zum Nachweis ihrer Existenz, sondern auch zum Beweis der Richtigkeit der darin enthaltenen Tatsachen verlesen werden[574].

---

[572] Vgl. unten S. 459 ff., 465 ff.
[573] Vgl. unten S. 513 ff.
[574] A.A. RGSt. 22 S. 51 (52); 31 S. 407 (408); 32 S. 239 (240/241); 33 S. 35 (36); vgl. auch *Eb. Schmidt* § 249 Rdnr. 5. Zur Frage, ob solche Schriftstücke unter das Beweisverbot des § 250 fallen, vgl. unten S. 462.

§ 3 Formen des Urkundenbeweises

  I. Verlesung (§ 249 Abs. 1) 312
     1. Allgemeine Grundsätze 312
     2. Person des Verlesenden 313
     3. Umfang der Verlesung 314
     4. Protokollierung 315
 II. Selbstleseverfahren (§ 249 Abs. 2) 316
     1. Allgemeine Grundsätze 316
     2. Voraussetzungen 317
          a) Allseitiger Verzicht 317
          b) Selbstlesung des Gerichts 320
          c) Gelegenheit zur Selbstlesung für die Prozeßbeteiligten 322
          d) Bekanntgabe des wesentlichen Inhalts der Schrift 323
     3. Protokollierung 325
III. Ersetzung der Verlesung durch Bericht des Vorsitzenden 325
     1. Allgemeine Grundsätze 325
     2. Voraussetzungen 328
     3. Protokollierung 329
 IV. Vorhalt aus Urkunden 330

I. Verlesung (§ 249 Abs. 1)

1. Allgemeine Grundsätze

Die regelmäßige Form des Urkundenbeweises ist nach § 249 Abs. 1 Satz 1 die Verlesung des Schriftstücks in der Hauptverhandlung[1]. Sie setzt nicht die vorherige Anhörung der Prozeßbeteiligten und grundsätzlich weder eine förmliche Anordnung des Vorsitzenden[1a] noch einen Gerichtsbeschluß voraus[2]. Auch der Beweis-

---

1 Die Ansicht, die Beweiserhebung erfolge durch Einsichtnahme und die wörtliche Verlesung diene nur deren Unterstützung (so *Hegler* Rechtsgang I S. 385 [422 Fußn. 4]; *E. Rupp* S. 159 ff., 162 ff.), wird heute nicht mehr vertreten.
1a BGH 3 StR 94/81 vom 20. 5. 1981.
2 RGSt. 2 S. 194; 5 S. 429 (430); 18 S. 23; 59 S. 100 (101); 60 S. 169 (170); OLG Schleswig bei *Ernesti/Jürgensen* SchlHA 1968 S. 231; *Eb. Schmidt* § 249 Rdnr. 20; *Fezer* JuS 1977 S. 234. Eine Ausnahme schreibt § 251 Abs. 4 Satz 1 vor; vgl. oben S. 272/273.

zweck braucht im allgemeinen nicht vorher mitgeteilt zu werden[3]. Nur wenn nach den Umständen des Falles zweifelhaft ist, was mit der Verlesung bezweckt werden soll, wird der Vorsitzende von sich aus oder auf Anregung eines Prozeßbeteiligten den Zweck der Verlesung bekanntzugeben haben[4].

Gegen die Verlesungsanordnung des Vorsitzenden kann nach § 238 Abs. 2 auf Entscheidung des Gerichts angetragen werden[5]. Aus dem die Verlesung billigenden Gerichtsbeschluß muß dann der Grund der Verlesung hervorgehen (§ 34). Den Zeitpunkt der Verlesung schreibt das Gesetz nicht vor. Die Urkunde muß nicht in einem besonderen Abschnitt der Beweisaufnahme verlesen werden. Der Urkundenbeweis kann daher auch in der Weise erhoben werden, daß das Schriftstück dem Angeklagten oder einem Zeugen bei der Vernehmung vorgelesen wird.

Der Grundsatz der Mündlichkeit verlangt, daß alle Verfahrensbeteiligten in der Hauptverhandlung von dem Inhalt der Urkunde durch Zuhören Kenntnis erlangen können. Die Verlesung muß dazu führen, daß der genaue und vollständige Wortlaut der Urkunde von allen im Gerichtssaal befindlichen Personen verstanden werden kann[6]. Bei Urkunden, die den gesetzlichen Tatbestand der zur Anklage gestellten Straftat verkörpern, entfällt die Notwendigkeit der Verlesung nicht schon deshalb, weil der Inhalt der Urkunde offenkundig, insbesondere gerichtskundig ist[7]. Die Vorlegung der Urkunde an sämtliche Prozeßbeteiligte macht die Verlesung aber auch sonst nicht entbehrlich[8]. Inwieweit den Prozeßbeteiligten oder Mitgliedern des Gerichts neben der Verlesung Einsicht in die Urkunde gewährt werden muß und ihnen Abschriften zu erteilen sind, ist eine Frage der Prozeßleitung, die mit den Erfordernissen des Urkundenbeweises unmittelbar nichts zu tun hat[9].

2. Person des Verlesenden

Die Verlesung fällt in den Aufgabenbereich des Vorsitzenden nach § 238 Abs. 1. Er kann damit aber auch ein anderes Mitglied des Gerichts[10], selbst einen Ergän-

---

[3] RGSt. 33 S. 35 (37); 38 S. 254 (255) unter Aufgabe der in RGSt. 31 S. 407 vertretenen gegenteiligen Ansicht; RGSt. 60 S. 169 (170); RGRspr. 2 S. 595; RG BayZ 1911 S. 286; RG Recht 1915 Nr. 2188; KMR *Paulus* § 249 Rdnr. 34. Eine Ausnahme schreibt § 251 Abs. 4 Satz 2 vor; vgl. oben S. 273.

[4] Vgl. *Erbs* § 249 Anm. VII; KMR *Paulus* § 249 Rdnr. 34; *Löwenstein* JW 1926 S. 2196.

[5] Vgl. KMR *Paulus* § 249 Rdnr. 17; *Fezer* JuS 1977 S. 234.

[6] Vgl. KMR *Paulus* Rdnr. 18; LR *Gollwitzer* Rdnr. 2, 31; *Eb. Schmidt* Nachtr. Rdnr. 19; alle zu § 249; *Beling* S. 320; *zu Dohna* S. 164 Fußn. 53; *Gössel* S. 236; *von Hippel* S. 436; *Sarstedt* S. 194.

[7] Vgl. unten S. 541, 548.

[8] RGSt. 9 S. 51 (52); RGRspr. 3 S. 259 (261); RG Recht 1910 Nr. 816; KMR *Paulus* § 249 Rdnr. 18; LR *Gollwitzer* § 249 Rdnr. 4; *Alsberg* JW 1929 S. 1048 (1050); *F.W. Krause* S. 113.

[9] Vgl. RGSt. 20 S. 382; RG Recht 1912 Nr. 2781; beide Entscheidungen halten die Aushändigung von beglaubigten Abschriften an die Schöffen für unbedenklich.

[10] RGSt. 9 S. 310 (315); KK *Mayr* § 249 Rdnr. 29; KMR *Paulus* § 249 Rdnr. 17; *Gössel* S. 238; *F.W. Krause* S. 116.

zungsrichter[11], beauftragen. Auch dem Protokollführer darf die Verlesung übertragen werden[12], grundsätzlich aber nicht einem Prozeßbeteiligten oder einer Auskunftsperson[13]. Jedoch sind Ausnahmen zulässig. Wenn z. B. ein Schriftstück schwer zu entziffern ist, wie das bei einer schlecht lesbaren Handschrift der Fall sein kann, darf dem Verfasser (Angeklagter oder Zeuge) die Verlesung des Schriftstücks ganz oder teilweise überlassen werden[14]. Es kann auch vorkommen, daß bei dem Vortrag eines Prozeßbeteiligten oder der Aussage eines Zeugen der übersichtliche Zusammenhang nur gewahrt bleibt, wenn er die den Verlauf der Ereignisse wiedergebenden Schriftstücke selbst verliest. Soweit Zweifel gegen die Richtigkeit der Verlesung nicht geltend gemacht werden, ist sie dann ausnahmsweise[15] zulässig[16]. Wird die Verlesung dem Staatsanwalt oder dem Verteidiger im Schlußvortrag gestattet, so muß dazu aber erneut in die Beweisaufnahme eingetreten werden[17]. Anders ist es nur, wenn die Verlesung zu diesem Zeitpunkt nicht der Ergänzung der Beweisaufnahme dient, sondern nur Rechtsfragen betrifft[18] oder einen Begriff verdeutlichen soll[19].

3. Umfang der Verlesung

Den Umfang der Verlesung regelt § 249 Abs. 1 nicht. Satz 1 der Vorschrift, wonach Urkunden und andere als Beweismittel dienende Schriftstücke verlesen werden, bedeutet nicht, daß sie im ganzen verlesen werden müssen. Die Verlesung

---

11 RGSt. 27 S. 172.
12 RGSt. 9 S. 310 (315); RG GA 56 S. 223; KK *Mayr* Rdnr. 29; *Kleinknecht* Rdnr. 5; KMR *Paulus* Rdnr. 17; LR *Gollwitzer* Rdnr. 46; *Eb. Schmidt* Rdnr. 20; alle zu § 249; *Groth* S. 17; *Koeniger* S. 370; *F.W. Krause* S. 116.
13 RGSt. 21 S. 69 (70); KMR *Paulus* § 249 Rdnr. 17; *Eb. Schmidt* § 249 Rdnr. 20; *F.W. Krause* S. 116; a.A. *Gössel* S. 238. — Das OLG Koblenz (VRS 62 S. 287) hat es nicht beanstandet, daß ein als Zeuge vernommener Arzt die von einem anderen Arzt vorgenommenen Eintragungen in ein Krankenblatt nach § 256 Abs. 1 verlesen hat.
14 RG GA 56 S. 223; LR *Gollwitzer* § 249 Rdnr. 4; *Groth* S. 17. Einschränkend *Koeniger* S. 270; auch KMR *Paulus* § 249 Rdnr. 17 spricht nur davon, daß der Verfasser zur Entzifferung herangezogen werden darf. Für den Fall, daß das Schriftstück völlig unleserlich ist, nimmt *F.W. Krause* (S. 116/117) mit Recht an, daß eine Urkunde im strafprozessualen Sinn nicht vorliegt und daher, wenn der Verfasser nicht als Zeuge über den Inhalt vernommen werden kann oder die Vernehmung nicht ausreicht, ein Sachverständigengutachten erforderlich ist.
15 Das RG hat sie in der Entscheidung BayZ 1905 S. 263 (264) mit der Begründung zugelassen, sie sei nur Bestandteil der Zeugenaussage; so auch KMR *Paulus* § 249 Rdnr. 17. Verliest der Zeuge eigene Notizen, so trifft diese Ansicht zu ; vgl. RGSt. 20 S. 105.
16 Vgl. RG Recht 1928 Nr. 1215: Der als Zeuge und Sachverständiger vernommene Gerichtsarzt verlas ein auf seine Anregung verfaßtes schriftliches Geständnis des Angeklagten; LR *Gollwitzer* § 249 Rdnr. 46; *Goldschmidt* S. 442; *Groth* S. 17; *Rosenfeld* II S. 37. – A.A. *Feisenberger* § 249 Anm. 2; *Eb. Schmidt* § 69 Rdnr. 11 und § 249 Rdnr. 20; *Birkmeyer* S. 466; *Loewenstein* S. 82.
17 RGSt. 21 S. 69 (70); RG GA 60 S. 432; KMR *Paulus* § 249 Rdnr. 17; LR *Gollwitzer* § 249 Rdnr. 46; *Oetker* S. 533.
18 RG BayZ 1911 S. 286.
19 RGRspr. 5 S. 550.

nur eines Teils der Schriftstücke ist daher statthaft, wenn es für die Entscheidung des Gerichts nur auf diesen Teil ankommt. Ist kein Beweisantrag gestellt, so entscheidet das Gericht hierüber im Rahmen seiner Aufklärungspflicht nach pflichtgemäßem Ermessen[20]. Da ein Schriftstück zu einem Teil seines Inhalts nach §§ 250 ff. unverlesbar sein kann, ist gelegentlich sogar nur eine teilweise Verlesung zulässig. Die Beschränkung der Verlesung auf einen Teil des Schriftstücks erleichtert oft auch die Benutzung umfangreicher Druckwerke. Ist etwa nur ein Teil des von der Anklage als pornographisch bezeichneten Buchs für die Beurteilung nach § 184 Abs. 1 StGB erheblich, so ist das Gericht nicht gehindert, nur diesen Teil zu verlesen, sofern nicht die Prozeßbeteiligten, gestützt auf § 245 Abs. 1 Satz 1[21], die Erstreckung der Verlesung auf den gesamten Inhalt fordern[22]. Zulässig ist auch eine Verbindung der Teilverlesung mit dem Berichtsverfahren[23]. Der Vorsitzende darf mit Zustimmung der Prozeßbeteiligten den wesentlichen Urkundeninhalt in streng sachlicher Schilderung bekanntgeben und braucht nur diejenigen Teile zu verlesen, deren Wortlaut für die Entscheidung erheblich sein kann[24]. Bei inhaltlich gleichartigen Schriftstücken genügt auch die Verlesung einer repräsentativen Auswahl[25].

4. Protokollierung

Wie alle Beweiserhebungsakte in der Hauptverhandlung muß auch die Verlesung von Urkunden durch das Gericht oder durch einen anderen Teilnehmer an der Verhandlung, den es damit beauftragt hat, in der Sitzungsniederschrift beurkundet werden. Dazu bestimmt § 273 Abs. 1, daß die verlesenen Schriftstücke im Protokoll bezeichnet werden müssen. Der Grund der Verlesung muß jedoch nur unter den Voraussetzungen des § 255 beurkundet werden[26]. Ausgenommen von der Protokollierungspflicht sind Urkundenverlesungen, die nicht auf einer Anordnung des Gerichts oder des Vorsitzenden beruhen, z. B. eine Verlesung, die ein Prozeßbeteiligter unaufgefordert in seinen Schlußvortrag einfließen läßt[27].

---

20 Vgl. BGHSt. 11 S. 29 (31); BGH GA 1960 S. 277; BGH bei *Dallinger* MDR 1972 S. 753; BGH 4 StR 534/52 vom 30. 4. 1953; RGSt. 8 S. 128; RG JW 1917 S. 554; RG GA 46 S. 424; 69 S. 89 (90); RG LZ 1928 Sp. 1259; KK *Mayr* Rdnr. 30; *Kleinknecht* Rdnr. 2; KMR *Paulus* Rdnr. 3, 19; LR *Gollwitzer* Rdnr. 31; *Eb. Schmidt* Nachtr. Rdnr. 19; alle zu § 249; *Geppert* S. 191; *Gerland* S. 235; *Gössel* S. 236; *Groth* S. 13; *von Hippel* S. 436; *Koeniger* S. 369; *Schlüchter* Rdnr. 531; *Simader* S. 199/200; *Vogtherr* S. 11.
21 Dazu unten S. 781 ff., 788 ff.
22 Vgl. RGSt. 8 S. 128. Daß nach § 245 die vollständige Verlesung verlangt werden kann, betont RG JW 1909 S. 521. Über die an einen Beweisantrag in diesem Fall zu stellenden Anforderungen vgl. RG GA 46 S. 424.
23 Dazu unten S. 325 ff.
24 RGSt. 8 S. 128; RG HRR 1934 Nr. 81 L.
25 Vgl. *Kleinknecht* § 249 Rdnr. 2; KMR *Paulus* § 249 Rdnr. 3.
26 Vgl. KMR *Paulus* § 249 Rdnr. 34; LR *Gollwitzer* § 255 Rdnr. 3; *Koeniger* S. 370; *Schneidewin* JR 1951 S. 481 (487/488).
27 Vgl. RG JW 1902 S. 581.

II. Selbstleseverfahren (§ 249 Abs. 2)

1. Allgemeine Grundsätze

Die durch § 249 Abs. 1 vorgeschriebene Verlesung von Urkunden kann zeitraubend und lästig sein. Der mit ihr verbundene Zeitaufwand erscheint vor allem dann unvertretbar, wenn zwar der gesamte Inhalt umfangreicher Schriftstücke, etwa der Inhalt ganzer Akten oder einer Handelskorrespondenz, allen Prozeßbeteiligten zur Kenntnis gebracht werden muß, für die Urteilsfeststellungen jedoch der genaue Wortlaut nicht von Bedeutung ist[28]. Damit die Gerichte nicht gezwungen sind, trotzdem ganze Verhandlungstage mit der Verlesung solcher Schriftstücke zuzubringen, aber auch, um für den Fall, daß der genaue Wortlaut eines umfangreichen Schriftstücks festgestellt werden muß, eine Beschleunigung der Hauptverhandlung und ihre Konzentration auf das Wesentliche zu ermöglichen, erlaubt der im Jahre 1978[29] eingefügte § 249 Abs. 2[30] die Erhebung des Urkundenbeweises im Selbstleseverfahren. Wenn die Prozeßbeteiligten auf eine Verlesung verzichten, genügt es, daß die Richter die Urkunden außerhalb der Hauptverhandlung lesen und daß den Prozeßbeteiligten Gelegenheit gegeben wird, vom Wortlaut der Schriftstücke Kenntnis zu nehmen. Diese vereinfachte Möglichkeit, den Inhalt von Urkunden in das Verfahren einzuführen, soll nach den Vorstellungen ihrer Schöpfer vor allem in Großverfahren, insbesondere in Wirtschaftsstrafsachen, Bedeutung gewinnen, aber auch in Verfahren wegen Beleidigung, Verbreitung pornographischer oder verfassungsfeindlicher Schriften, in denen häufig zahlreiche und umfangreiche Urkunden zum Gegenstand der Beweisaufnahme gemacht werden müssen, zur Beschleunigung der Hauptverhandlung beitragen[31]. Ausgenommen von dem Selbstleseverfahren sind Urkunden, deren Verlesung nur nach den §§ 251, 253, 254 und 256 zulässig ist (§ 249 Abs. 2 Satz 6).

Die Bedenken gegen diese gesetzliche Neuregelung liegen auf der Hand[32]. Sie gestattet dem Gericht, Tatsachen für seine Entscheidung zu verwerten, die in der Hauptverhandlung nur in ihren Umrissen zur Sprache gekommen sind. Darin einen Rückfall in Zeiten der Geheimverfahren und Geheimjustiz zu sehen[33], geht

---

28 Vgl. BGHSt. 30 S. 10 (14) = LM Nr. 1 zu § 249 StPO 1975 mit Anm. *Schmidt* = NStZ 1981 S. 231 mit Anm. *Kurth* = Strafverteidiger 1981 S. 217 mit Anm. *Wagner.*
29 Durch Art. 1 Nr. 21 StVÄG 1979.
30 Reformvorschläge in dieser Richtung waren verschiedentlich gemacht worden; vgl. *Dolderer* S. 43; *Grünewald* Gutachten zum 50. DJT, 1974, I Teil C S. 75 ff.; *Herrmann* ZStW 85 S. 255 (281, 283); *Tiedemann* Verh. 49. DJT, 1972, I Teil C S. 103 ff.; *G. Ziegler* S. 41 ff.
31 Vgl. die Begründung des Reg.-Entwurfs des StVÄG 1979 (BT-Drucks. 8/976 S. 23).
32 *Peters* (S. 301) hält sie für eine gesetzgeberische Fehlleistung, die wieder gestrichen werden sollte. Vgl. auch *Geppert* von Lübtow-Festgabe S. 773 (779 Fußn. 212): Völlig systemfremd und nicht ungefährlich.
33 So *Geppert* S. 191 ff., der vor allem die »Transparenz« der Hauptverhandlung und das wahrheitsfördernde »dialektische Prinzip« für gefährdet hält. Dagegen begrüßt LR-EB *Gollwitzer* § 249 Rdnr. 2 die Neuregelung als eine dem Verfahren nach § 249 Abs. 1 viel-

zwar zu weit; denn das Selbstleseverfahren setzt ja immer voraus, daß auch die Prozeßbeteiligten kein Interesse daran haben, daß der genaue Wortlaut der Urkunden in der Hauptverhandlung zu Gehör gebracht wird. Gleichwohl läßt sich nicht leugnen, daß hier das Mündlichkeitsprinzip, das die Hauptverhandlung des deutschen Strafprozesses beherrscht, erheblich eingeschränkt ist. Das erscheint um so überflüssiger, als dieser Grundsatz zum Zweck einer Verfahrensvereinfachung teilweise aufgegeben worden ist, die praktisch keine große Bedeutung erlangen wird[34], weil erfahrungsgemäß gerade in den Fällen, in denen die Verlesung umfangreichen Schriftwerks erforderlich ist, mit dem Verzicht des Angeklagten und seiner Verteidiger auf die Urkundenverlesung nicht gerechnet werden kann. Die Ansicht[35], der Mündlichkeitsgrundsatz sei dadurch gewahrt, daß § 249 Abs. 2 Satz 2 den Vorsitzenden verpflichtet, den wesentlichen Inhalt des Schriftstücks bekanntzugeben, ist unrichtig. Denn nach § 249 Abs. 2 kann der genaue Wortlaut eines umfangreichen Schriftstücks für das Urteil verwertbar gemacht werden, ohne daß er in der Hauptverhandlung bekanntgegeben wird[36]. Die Mitteilung des wesentlichen Inhalts anstelle der Verlesung des Schriftstücks ist unter allen Umständen eine Beschränkung des Grundsatzes der Mündlichkeit; in das Urteil dürfen Tatsachen aufgenommen werden, die nicht in vollem Umfang Gegenstand der mündlichen Verhandlung waren. Die Behauptung, die Neuregelung trage dem Umstand Rechnung, daß die Hauptverhandlung »unter dem Gesetz des gesprochenen Wortes« steht[37], stellt daher die Dinge auf den Kopf.

2. Voraussetzungen

Ob es angezeigt ist, von der erleichterten Beweisaufnahme nach § 249 Abs. 2 Gebrauch zu machen und die Voraussetzungen zu schaffen, unter denen sie möglich ist, entscheidet der Vorsitzende des Gerichts nach pflichtgemäßem Ermessen im Rahmen der Verhandlungsleitung nach § 238 Abs. 1. Im einzelnen müssen folgende Voraussetzungen erfüllt sein:

a) **Allseitiger Verzicht.** Die Grundvoraussetzung für die Zulässigkeit des Selbstleseverfahrens ist nach § 249 Abs. 2 Satz 1, daß die Staatsanwaltschaft, der Verteidiger und der Angeklagte auf die Verlesung der Schrift verzichten. Die Verzichtserklärungen führt der Vorsitzende herbei. Vielfach wird es zweckmäßig sein, daß

---

fach gleichwertige Form des Urkundenbeweises. Auch KMR *Paulus* § 249 Rdnr. 21 weist die Kritik *Gepperts* zurück und sieht ein unabweisbares praktisches Bedürfnis für die Vorschrift.
34 KMR *Paulus* § 249 Rdnr. 21 und *Schroeder* NJW 1979 S. 1527 (1530) sind mit Recht der Ansicht, daß sich der Nutzen der Neuregelung in engen Grenzen halten wird.
35 *Kurth* NStZ 1981 S. 232 (233).
36 Vgl. BGHSt. 30 S. 10 (14) = LM Nr. 1 zu § 249 StPO 1975 mit Anm. *Schmidt.* – *Wagner* Strafverteidiger 1981 S. 219 kritisiert die Entscheidung (»unsorgfältige Gesetzesinterpretation«) aufgrund der unrichtigen Annahme, für den Fall, daß es auf den Wortlaut der Urkunde ankommt, sei auch jetzt noch nur das Verlesungsverfahren nach § 249 Abs. 1 vorgesehen
37 *Kurth* a.a.O.

die Prozeßbeteiligten schon vor der Hauptverhandlung befragt werden, ob sie mit der vereinfachten Beweiserhebung einverstanden sind.

(1) Wie im Fall des § 245 Abs. 1 Satz 2, dessen Grundsätze[38] hier allgemein anwendbar sind, muß ein **allseitiger Verzicht** vorliegen. Erforderlich ist daher außer dem Verzicht der in § 245 Abs. 1 Satz 2 genannten Verfahrensbeteiligten auch der Verzicht des Privatklägers, der nach § 385 Abs. 1 Satz 1 die Rechte des Staatsanwalts hat, und des Nebenklägers[39]. Ferner bedarf es im Rahmen ihrer Beteiligung des Verzichts derjenigen Prozeßbeteiligten, die die Rechte eines Angeklagten haben (Einziehungs-, Verfallsbeteiligte, juristische Personen und Personenvereinigungen)[40], nicht aber des Verzichts ihrer Prozeßbevollmächtigten. Der nach § 149 zugelassene Beistand muß, anders als der Beistand nach § 69 JGG, nicht verzichten, auch nicht der gesetzliche Vertreter und der Erziehungsberechtigte nach § 67 JGG[41]. Hat der Angeklagte einen Verteidiger, so müssen sich beide mit der vereinfachten Beweiserhebung einverstanden erklären. Der Verteidiger ist an das Einverständnis des Angeklagten nicht gebunden; das gleiche gilt im umgekehrten Fall. Schweigt der Angeklagte aber zu der ausdrücklichen Verzichtserklärung des Verteidigers, so wird das als stillschweigender Verzicht gewertet werden können[42]. Der Verzicht von Mitangeklagten ist nur erforderlich, wenn ihre eigenen Verteidigungsinteressen durch die Erhebung des Urkundenbeweises berührt werden. Bezieht sich die Verfahrensverbindung auf Straffälle, die voneinander unabhängig sind, oder ist sonst unzweifelhaft, daß ein Mitangeklagter in seinen Verteidigungsinteressen von der Verlesung nicht betroffen ist, so ist sein Verzicht entbehrlich[43].

Auf den Verzicht von Verfahrensbeteiligten, die an der Verhandlung nicht teilnehmen, kommt es nicht an. In den Fällen der Abwesenheitsverhandlung nach § 231 Abs. 2, §§ 231 a, 231 c, 329 Abs. 2 Satz 1 gelten dazu dieselben Grundsätze wie bei § 245 Abs. 1 Satz 2[44]. Anders als bei dem Verzicht nach dieser Vorschrift ist für das vereinfachte Beweisverfahren nach § 249 Abs. 2 auch die Zustimmung des Angeklagten nicht erforderlich, der der Hauptverhandlung nach § 232 befugt fernbleibt oder vom Erscheinen nach § 233 entbunden ist. Die Interessenlage ist hier nicht die gleiche wie bei dem Absehen von der Erhebung präsenter Beweise. Denn im Fall des § 249 Abs. 2 wird der Beweis erhoben; geändert wird nur die Form der Beweiserhebung. Daß die Beweisaufnahme in einer anderen als der grundsätzlich vom Gesetz vorgeschriebenen Form vorgenommen wird, kann der Angeklagte

---

38 Vgl. unten S. 803 ff.
39 Vgl. *Kleinknecht* Rdnr. 21; LR-EB *Gollwitzer* Rdnr. 3; beide zu § 249; *Gollwitzer* in FS für Karl Schäfer, 1980, S. 65, 82; *Rüth* JR 1982 S. 265 (267); a. A. KK *Mayr* § 249 Rdnr. 37; vgl. auch unten S. 803.
40 Vgl. KK *Mayr* Rdnr. 37; *Kleinknecht* Rdnr. 21; LR-EB *Gollwitzer* Rdnr. 3; alle zu § 249.
41 Vgl. KK *Mayr* § 249 Rdnr. 37; *Kleinknecht* § 249 Rdnr. 22.
42 Vgl. LR-EB *Gollwitzer* § 249 Rdnr. 5. Für die gleiche Rechtslage bei § 245 vgl. unten S. 806.
43 Vgl. KK *Mayr* § 249 Rdnr. 38; LR-EB *Gollwitzer* § 249 Rdnr. 6; *Gollwitzer* Sarstedt-FS S. 30; vgl. zu § 245 unten S. 804.
44 Vgl. unten S. 805.

durch seine Abwesenheit nicht verhindern[45]. Übrigens wird in Strafsachen, in denen die Voraussetzungen der Abwesenheitsverhandlung nach den §§ 232, 233 vorliegen, ein Bedürfnis nach der vereinfachten Erhebung des Urkundenbeweises ohnehin kaum auftreten.

(2) Der Verzicht auf die Einhaltung der Form des § 249 Abs. 1 muß grundsätzlich **ausdrücklich erklärt** werden[46]. Nach § 249 Abs. 2 Satz 5 ist er im Sitzungsprotokoll zu vermerken. Das schließt praktisch aus, daß die Prozeßbeteiligten durch die Annahme des Gerichts überrascht werden können, sie hätten durch schlüssiges Verhalten den Verzicht zum Ausdruck gebracht. Denn durch die Aufforderung des Vorsitzenden an den Protokollführer, den Verzicht in der Sitzungsniederschrift zu beurkunden, wird derjenige, um dessen Verzicht es sich handelt, immer darauf aufmerksam, daß das Gericht sein Verhalten in dieser Weise auslegt. Schweigt er dazu, so wird man davon ausgehen können, daß sein Verzichtswille mit Recht festgestellt worden ist.

Die Verzichtserklärung muß in der Hauptverhandlung mündlich abgegeben werden. Ein vorher angekündigtes oder sogar schon schriftlich vorliegendes Einverständnis mit dem Selbstleseverfahren kann den Verzicht in der Hauptverhandlung nicht ersetzen[47]. Die Erklärung muß grundsätzlich den endgültigen und vorbehaltlosen Verzicht enthalten. Jedoch wird man zulassen müssen, daß sie unter der Bedingung abgegeben wird, daß auch die anderen Prozeßbeteiligten auf die Verlesung der Urkunde verzichten. Die Verzichtserklärung muß abgegeben werden, bevor das Selbstleseverfahren durchgeführt wird. War sie versehentlich unterblieben, so kann sie aber nachgeholt werden[48].

(3) Der Verzicht der Prozeßbeteiligten auf die Verlesung muß sich auf bestimmte Urkunden und Schriftstücke beziehen. Sind mehrere umfangreiche Urkunden zum Gegenstand der Beweisaufnahme zu machen, so stehen die Prozeßbeteiligten aber nicht vor der Wahl, den Verzicht zu verweigern oder auf die Verlesung nach § 249 Abs. 2 für sämtliche Urkunden zu verzichten. Sie können auch einen **Teilverzicht** in der Weise erklären, daß sie die vollständige Verlesung bestimmter Urkunden verlangen, im übrigen aber mit dem Selbstleseverfahren einverstanden sind. Die Verfahrensbeteiligten können ferner die Erklärung abgeben, daß sie nur wegen eines Teils einer bestimmten Schrift auf die Verlesung verzichten. Derjenige Teil der Schrift, auf den sich der Verzicht nicht erstreckt, muß dann aber in der Verzichtserklärung in einer jeden Zweifel über seinen Umfang ausschließenden Weise bezeichnet werden. Erklären die Prozeßbeteiligten Teilverzichte mit unterschiedlichen Beschränkungen, so muß die Urkunde nach § 249 Abs. 1 in dem Umfang verlesen werden, der der stärksten Einschränkung entspricht[49].

---

45 Ebenso KMR *Paulus* § 249 Rdnr. 23; LR-EB *Gollwitzer* § 249 Rdnr. 4.
46 Vgl. KK *Mayr* § 249 Rdnr. 39; *Kleinknecht* § 249 Rdnr. 23 und *Schlüchter* Rdnr. 531 halten auch einen stillschweigenden Verzicht für ausreichend.
47 Vgl. KMR *Paulus* § 249 Rdnr. 24; LR-EB *Gollwitzer* § 249 Rdnr. 7.
48 Vgl. LR-EB *Gollwitzer* § 249 Rdnr. 10.
49 Vgl. *Kleinknecht* § 249 Rdnr. 25; KMR *Paulus* § 249 Rdnr. 23.

(4) Die **Wirkung** der Verzichtserklärung ist auf die Hauptverhandlung beschränkt, in der sie abgegeben worden ist. Wird die Hauptverhandlung ausgesetzt oder muß sie nach Aufhebung des Urteils durch das Revisionsgericht wiederholt werden, so ist das Selbstleseverfahren nur zulässig, wenn die Prozeßbeteiligten in der neuen Hauptverhandlung abermals den Verzicht erklären[50]. Der Verzicht im ersten Rechtszug gilt nicht für die Hauptverhandlung vor dem Berufungsgericht. Die Prozeßbeteiligten dürfen an eine zu einem früheren Zeitpunkt abgegebene Erklärung nicht gebunden werden, weil niemals auszuschließen ist, daß die Prozeßlage sich in der späteren Verhandlung so geändert hat, daß das Selbstleseverfahren nicht mehr ausreichend erscheint[51]. Für die Zurücknahme, den Widerruf und die Anfechtung des Verzichts gelten die Grundsätze zu § 245 Abs. 1 Satz 2[52] entsprechend[53]. Der Widerruf der Erklärung ist auch dann ausgeschlossen, wenn die anderen Prozeßbeteiligten den Verzicht noch nicht erklärt haben[54].

Das Gericht ist an den Verzicht nicht gebunden; denn § 249 Abs. 2 Satz 1 verpflichtet es nicht, sondern ermächtigt es nur, von der Verlesung der Urkunden abzusehen, wenn hierauf allseits verzichtet worden ist. Maßgebend für die Entscheidung des Vorsitzenden, nach § 249 Abs. 2 zu verfahren, wird immer sein, ob das Selbstleseverfahren eine ins Gewicht fallende Beschleunigung der Hauptverhandlung bewirken kann. Insbesondere wenn die Prozeßbeteiligten nur teilweise auf die Verlesung verzichten, wird es oft naheliegen, die danach gebotene Teilverlesung in größerem Umfang stattfinden zu lassen, als es nach den Teilverzichtserklärungen erforderlich ist. Die Aufklärungspflicht nach § 244 Abs. 2 spielt in diesem Zusammenhang keine Rolle[55]. Denn der Wortlaut der Schrift darf vom Gericht bei der Entscheidung in vollem Umfang berücksichtigt werden, gleichgültig, ob er durch Verlesung nach § 249 Abs. 1 oder im Selbstleseverfahren festgestellt worden ist. Auch die Frage, ob die Urkunde die Straftat verkörpert, die dem Angeklagten zur Last gelegt ist, oder ob sie nur Beweisanzeichen für die Tat enthält, ist nicht von Bedeutung. Vielmehr ist das Selbstleseverfahren gerade auch für den Fall vorgesehen, daß umfangreiche Schriften mit strafbarem Inhalt zum Gegenstand der Beweisaufnahme gemacht werden müssen[56].

b) Selbstlesung des Gerichts. Nach § 249 Abs. 2 Satz 3 erster Halbsatz gehört zur vereinfachten Erhebung des Urkundenbeweises immer, daß sämtliche Gerichtsmit-

---

50 Vgl. *Kleinknecht* Rdnr. 24; KMR *Paulus* Rdnr. 25; LR-EB *Gollwitzer* Rdnr. 8; alle zu § 249.
51 Vgl. LR-EB *Gollwitzer* § 249 Rdnr. 8.
52 Vgl. unten S. 811.
53 A. A. *Peters* S. 250, 302, der den Widerruf anerkennen will. — KK *Mayr* § 249 Rdnr. 39 will trotz des Verzichts einen späteren Antrag auf wörtliche Verlesung zulassen.
54 Vgl. *Kleinknecht* § 249 Rdnr. 24; KMR *Paulus* § 249 Rdnr. 25; a. A. LR-EB *Gollwitzer* § 249 Rdnr. 9, der den Zeitpunkt auf die Hinausgabe der Schrift an die Schöffen zur Kenntnisnahme verlegt. Unklar KK *Mayr* § 249 Rdnr. 39, der den Widerruf nicht zulassen will, „wenn er Grundlage des weiteren Verfahrens geworden ist".
55 Vgl. LR-EB *Gollwitzer* § 249 Rdnr. 19.
56 LR-EB *Gollwitzer* a.a.O. hält die vollständige Verlesung aber für angezeigt, wenn der genaue Wortlaut nicht nur unmittelbar entscheidungserheblich, sondern auch streitig ist. Dann wird ein allseitiger Verzicht aber wohl kaum herbeigeführt werden können.

glieder, einschließlich der Ergänzungsrichter, die Urkunde lesen. Zu welchem Zeitpunkt und an welchem Ort das geschieht, ist gleichgültig. Erforderlich ist nur, daß die Richter vor Schluß der Beweisaufnahme von dem Urkundeninhalt Kenntnis genommen haben[57]. Da das Verfahren nach § 249 Abs. 2 praktisch ohnehin nur in Betracht kommt, wenn die Hauptverhandlung mehrere oder sogar zahlreiche Sitzungstage beansprucht, werden die Richter, sofern sie sich nicht schon vor der Hauptverhandlung mit dem Urkundenwortlaut vertraut gemacht haben, die Schrift in der Regel zwischen den Sitzungstagen lesen[58]. Unter gar keinen Umständen kommt eine Lektüre während der Verhandlung in Betracht[59].

Die Schöffen und Ergänzungsschöffen müssen die Urkunde ebenfalls lesen, und zwar, wie die Berufsrichter, vor Schluß der Beweisaufnahme. Die Vorschrift des § 249 Abs. 2 Satz 3 zweiter Halbsatz, wonach ihnen hierzu erst nach Verlesung des Anklagesatzes »Gelegenheit« gegeben werden darf[60], ist nicht etwa dahin zu verstehen, daß es genügt, wenn ihnen die Selbstlesung lediglich ermöglicht wird. Das Gesetz will nur sicherstellen, daß den Schöffen die Schrift erst nach Verlesung des Anklagesatzes ausgehändigt wird, weil erst von diesem Zeitpunkt ab gewährleistet erscheint, daß sie den Inhalt der Urkunde verstehen, in den Zusammenhang einordnen und gleichzeitig unbefangen ihr Amt wahrnehmen können[61]. Die Gelegenheit zur Selbstlesung erhalten die Schöffen dadurch, daß ihnen das Schriftstück im Original oder in einer Fotokopie ausgehändigt wird. Der Vorsitzende fordert sie gleichzeitig auf, die Schrift zu lesen. Wo und wann sie das tun, bleibt den Schöffen überlassen[62]. Ihre Lektüre findet nicht unter Aufsicht statt, und es kann auch nicht Aufgabe des Vorsitzenden sein, sich durch Abfragen davon zu überzeugen, daß die Schöffen die Urkunde gelesen haben[63]. Allenfalls kann er verpflichtet sein, sich von den Schöffen ausdrücklich bestätigen zu lassen, daß sie vom Wortlaut der Schrift Kenntnis genommen haben. Nachprüfen läßt sich das aber nicht. Das vereinfachte Verfahren nach § 249 Abs. 2 gewährleistet daher keineswegs, daß alle an

---

57 BGHSt. 30 S. 10 (11); KK *Mayr* § 249 Rdnr. 40;
58 KMR *Paulus* § 249 Rdnr. 27, LR-EB *Gollwitzer* § 249 Rdnr. 13 und *Schmidt* in der Anm. zu BGHSt. 30 S. 10 in LM Nr. 1 zu § 249 StPO 1975 meinen, das könne auch während einer Sitzungspause geschehen. Für Schriftstücke, die man in einer kurzen Verhandlungspause lesen kann, ist das Verfahren nach § 249 Abs. 2 aber nicht gedacht.
59 Vgl. KMR *Paulus* § 249 Rdnr. 27; *Schroeder* NJW 1979 S. 1527 (1530); a. A. LR-EB *Gollwitzer* § 249 Rdnr. 13 für kurze Schriften.
60 In der Berufungsverhandlung ist die Vorschrift nach § 325 Abs. 2 mit der Maßgabe anzuwenden, daß an die Stelle der Verlesung der Anklageschrift der Vortrag des Berichterstatters nach § 324 Abs. 1 tritt.
61 Vgl. die Begründung des Reg.-Entwurfs des StVÄG 1979 (BT-Drucks. 8/976 S. 54).
62 *Henneberg* BB 1979 S. 585 (588) hält das Verlangen, die Lesung zwischen den Verhandlungstagen in der Freizeit vorzunehmen, für unzumutbar.
63 Die Ansicht von LR-EB *Gollwitzer* § 249 Rdnr. 11, der Vorsitzende müsse dafür sorgen, daß die Schöffen die betreffende Schrift auch tatsächlich lesen oder sich vorlesen lassen, ist wenig verständlich. Auf welche Weise der Vorsitzende das bewirken soll, ist unklar (vgl. *Schmidt* in der Anm. zu BGHSt. 30 S. 10 in LM Nr. 1 zu § 249 StPO 1975); *Gollwitzer* erläutert das nicht. — Auch die Ansicht von KK *Mayr* § 249 Rdnr. 41, der Vorsitzende müsse sich „in geeigneter Weise" davon überzeugen, daß die Schöffen die Schrift gelesen haben, erscheint nicht praktikabel.

der Entscheidung mitwirkenden Richter den Inhalt der Schrift kennen, auf deren Wortlaut es für das Urteil ankommt.

c) **Gelegenheit zur Selbstlesung für die Prozeßbeteiligten.** Das Selbstleseverfahren setzt voraus, daß die Prozeßbeteiligten auf die Verlesung der Urkunde in der Hauptverhandlung verzichten; sie brauchen die Schrift aber nicht zu lesen. Es genügt, daß ihnen das Gericht Gelegenheit gibt, vom Wortlaut der Urkunde Kenntnis zu nehmen (§ 249 Abs. 2 Satz 4). Hierauf haben alle Prozeßbeteiligten Anspruch, auch der Angeklagte, der einen Verteidiger hat[64], und auch solche Verfahrensbeteiligten, deren Verzichtserklärung nicht erforderlich war oder bei denen nicht ersichtlich ist, daß ihre Interessen durch die Verlesung der Urkunde berührt werden[65]. Die Gelegenheit zur Lektüre muß ferner auch Prozeßbeteiligten gegeben werden, die schon vor der Hauptverhandlung die Akten eingesehen haben, in denen oder bei denen sich die Schrift befindet. Denn zu diesem Zeitpunkt konnten sie noch der Meinung sein, daß die Schrift in der Hauptverhandlung verlesen werden würde. Sie müssen daher berechtigt sein, vom Inhalt der Schrift Kenntnis zu nehmen, nachdem das Gericht sich entschlossen hat, den Urkundenbeweis im Selbstleseverfahren zu erheben, und nachdem die Prozeßbeteiligten den Verzicht auf die Verlesung nach § 249 Abs. 1 erklärt haben[66]. Wenn allerdings ein Prozeßbeteiligter, dem der Vorsitzende schon vor der Hauptverhandlung mitgeteilt hat, daß bei allseitigem Verzicht die Erhebung des Urkundenbeweises im vereinfachten Verfahren stattfinden solle, darauf von dem Inhalt der Schrift Kenntnis genommen hat, braucht ihm dazu nicht erneut Gelegenheit gegeben zu werden, nachdem in der Hauptverhandlung alle Beteiligten dem vereinfachten Beweisverfahren zugestimmt haben. Jedoch brauchen die Prozeßbeteiligten einer Aufforderung des Vorsitzenden, die Schrift schon vor der Hauptverhandlung zu lesen, nicht zu folgen. Erklären sie in der Hauptverhandlung zugleich mit dem Verzicht auf Verlesung, daß sie vom Wortlaut der Schrift noch keine Kenntnis haben, so muß ihnen nunmehr dazu Gelegenheit gegeben werden[67]. Andererseits braucht das Gericht nichts weiter zu veranlassen, wenn ein Prozeßbeteiligter erklärt, er verzichte sowohl auf die Verlesung der Urkunde durch das Gericht als auch auf die Gelegenheit zur Selbstlesung[68].

64 Vgl. KMR *Paulus* Rdnr. 28; a. A. KK *Mayr* Rdnr. 44; *Kleinknecht* Rdnr. 33; alle zu § 249.
65 Vgl. *Gollwitzer* Sarstedt-FS S. 30 mit der zutreffenden Begründung, daß jeder Prozeßbeteiligte selbst prüfen können muß, ob das Beweismittel für ihn Bedeutung haben kann.
66 Vgl. KMR *Paulus* § 249 Rdnr. 28, der aber zu Unrecht bei dieser Gelegenheit eine »Konkretisierung« der Schriftstücke als Beweismittel durch das Gericht fordert. Diese Konkretisierung erfolgt von selbst durch die Verzichtserklärung, die sich immer nur auf bestimmte Urkunden beziehen kann. Grundsätzlich a. A. *Kleinknecht* § 249 Rdnr. 30 ff., der die Gelegenheit zur Akteneinsicht offenbar immer ausreichen lassen will und insbesondere dem Staatsanwalt keine weitere Gelegenheit zur Lektüre von Schriftstücken geben will, die bereits in der Anklageschrift aufgeführt sind; ebenso KK *Mayr* § 249 Rdnr. 43.
67 A. A. offenbar LR-EB *Gollwitzer* § 249 Rdnr. 10.
68 Die Ansicht von *Kleinknecht* § 249 Rdnr. 36, es sei zweckmäßig, die Prozeßbeteiligten zu befragen, ob sie vom Inhalt des Schriftstücks Kenntnis genommen haben, erscheint unrichtig. Das Gericht hat an der Klärung dieser Frage kein Interesse.

Wenn nicht genügend Originalexemplare der Schrift vorhanden sind, wird den Prozeßbeteiligten die Gelegenheit, von ihrem Inhalt Kenntnis zu nehmen, in der Weise geboten, daß ihnen Abschriften oder Fotokopien überlassen werden[69]. Sofern das, etwa wegen der Notwendigkeit, den Inhalt der Schrift geheimzuhalten, nicht möglich ist, muß sichergestellt werden, daß die Prozeßbeteiligten die Schrift in den Akten lesen können. Zur Lektüre muß ihnen stets genügend Zeit gelassen werden[70]. Da das Selbstleseverfahren ohnehin nur in Großverfahren sinnvoll ist, wird auch hier eine Kenntnisnahme zwischen den Sitzungstagen, nicht nur in Sitzungspausen, in Betracht kommen.

d) Bekanntgabe des wesentlichen Inhalts der Schrift. Nach § 249 Abs. 2 Satz 2 soll der wesentliche Inhalt der Schrift trotz der Selbstlesung in der Hauptverhandlung mitgeteilt werden. Da die Selbstlesung die Verlesung der Schrift in der Hauptverhandlung voll ersetzt und den eigentlichen Akt der Beweiserhebung bildet, bedarf es der Bekanntgabe seines Inhalts in der Hauptverhandlung an sich nicht. Das Gesetz schreibt sie nur vor, damit der Angeklagte erkennen kann, welche Teile nach Auffassung des Gerichts offenbar entscheidend sind[71], und damit wenigstens derjenige Teil der Schrift, den das Gericht für besonders erheblich hält, in der Hauptverhandlung zur Erörterung gestellt[72] und die Öffentlichkeit von ihm unterrichtet wird[73]. Dieser Teil der Schrift darf bei der mündlichen Bekanntgabe auch besonders hervorgehoben[74] oder sogar wörtlich verlesen werden[75].

Die Mitteilung des wesentlichen Inhalts der Schrift ist Aufgabe des Vorsitzenden[76]. Es steht aber nichts entgegen, daß er ein anderes Mitglied des Gerichts damit beauftragt[77]. Die Bekanntgabe muß bis zum Schluß der Beweisaufnahme erfolgen[78]. Die Auffassung des Vorsitzenden darüber, welche Teile der Schrift erheblich sind, kann nicht nach § 238 Abs. 2 zur Entscheidung des Gerichts gestellt werden[79].

69 Der Rechtsausschuß des Deutschen Bundestages hatte erwogen anzuordnen, daß Prozeßbeteiligten, die sich nicht im Besitz der entsprechenden Urkunde befinden, Abschriften oder Fotokopien zur Verfügung gestellt werden müssen. Er ist aber zu der Auffassung gelangt, daß ein solches – regelmäßig zweckmäßiges – Verfahren keiner gesetzlichen Regelung bedarf (vgl. BT-Drucks. 8/1844 S. 32).
70 Vgl. KK *Mayr* § 249 Rdnr. 45; LR-EB *Gollwitzer* § 249 Rdnr. 17.
71 Vgl. die Begründung des Reg.-Entwurfs des StVÄG 1979 (BT-Drucks. 8/976 S. 54).
72 Vgl. *Kleinknecht* § 249 Rdnr. 26; LR-EB *Gollwitzer* § 249 Rdnr. 21; *Kurth* NStZ 1981 S. 232 (233).
73 Vgl. KMR *Paulus* § 249 Rdnr. 29.
74 Vgl. LR-EB *Gollwitzer* § 249 Rdnr. 21; *Kurth* NStZ 1981 S. 232 (233) und die Begründung des Reg.-Entwurfs des StVÄG 1979 (BT-Drucks. 8/976 S. 54).
75 Vgl. KMR *Paulus* § 249 Rdnr. 30; LR-EB *Gollwitzer* § 249 Rdnr. 21.
76 In das Gesetz ist das nur deshalb nicht aufgenommen worden, weil es sich bereits als Selbstverständlichkeit aus der Verhandlungs- und Sachleitungsbefugnis des Vorsitzenden nach § 238 Abs. 1 ergibt; vgl. die Begründung des Reg.-Entwurfs des StVÄG 1979 (BT-Drucks. 8/976 S. 54).
77 Vgl. *Kleinknecht* § 249 Rdnr. 26.
78 Vgl. *Kleinknecht* § 249 Rdnr. 27; KMR *Paulus* § 249 Rdnr. 30.
79 Vgl. *Kleinknecht* a.a.O.; *Schlüchter* Rdnr. 531.

§ 249 Abs. 2 Satz 2 ist eine Sollvorschrift[80]. Das bedeutet nicht, daß es im Ermessen des Vorsitzenden steht, ob er den wesentlichen Urkundeninhalt bekanntgibt oder nicht[81]. Die Vorschrift ist auch nicht deshalb als bloße Sollvorschrift ausgestaltet, weil dem Vorsitzenden wenigstens ein Ermessensspielraum dahin eingeräumt werden sollte, welche Teile der Schrift er für wesentlich hält[82]. Daß dies eine Ermessensfrage ist, ergibt sich ohne weiteres aus der Natur der Sache. Die Sollvorschrift hat vielmehr allein revisionsrechtliche Auswirkungen. Sie soll verhindern, daß das Unterlassen oder der angeblich zu geringe Umfang der Mitteilung oder ihr Inhalt mit der Revision beanstandet werden kann[83]. Nach der Ausgestaltung des § 249 Abs. 2 kommt es allein darauf an, daß die Schrift von den Richtern gelesen und daß den Prozeßbeteiligten Gelegenheit gegeben worden ist, ihren Inhalt ebenfalls zur Kenntnis zu nehmen. Die Bekanntgabe ihres wesentlichen Inhalts gehört nicht mehr zur Beweiserhebung; ihr Unterlassen ist verfahrensrechtlich ohne Bedeutung[84].

---

80 Die ausdrückliche Ausgestaltung der Vorschrift als Sollvorschrift muß wohl so verstanden werden, daß der Gesetzgeber die Ansicht des BGH, es sei eine methodisch veraltete Vorstellung, einen Verstoß gegen eine Verfahrensbestimmung allein mit der Erwägung für unwesentlich zu erklären, es handele sich um eine Ordnungsvorschrift (BGHSt. 25 S. 325 = JR 1975 S. 339 mit Anm. *Hanack*), für unzutreffend hält (gegen den BGH schon LR *Meyer* § 337 Rdnr. 17; vgl. auch *Bohnert* NStZ 1982 S. 5). Der BGH ist übrigens von dieser Ansicht stillschweigend wieder abgerückt und hält nach wie vor Ordnungsvorschriften ohne weitere Begründung für nicht revisibel (vgl. etwa BGHSt. 30 S. 255 [257]; BGH bei *Spiegel* DAR 1981 S. 196).

81 Vgl. KMR *Paulus* § 249 Rdnr. 31; LR-EB *Gollwitzer* § 249 Rdnr. 22; *Gollwitzer* JR 1982 S. 83 (84); *Kurth* NStZ 1981 S. 232 (233); *Rieß* NJW 1978 S. 2265 (2270); *Schroeder* NJW 1979 S. 1527 (1530). Auch *Rüping* Rdnr. 342 hält die Bekanntgabe für zwingend. Vgl. dazu auch die Begründung zum Reg.-Entwurf des StVÄG 1979 (BT-Drucks. 8/976 S. 54). Mißverständlich spricht BGHSt. 30 S. 10 (14) davon, die Einhaltung der Vorschrift sei »nicht unerläßlich«.

82 So aber LR-EB *Gollwitzer* § 249 Rdnr. 22 und, ihm folgend, *Kurth* NStZ 1981 S. 232 (233). Die Ansicht von KK *Mayr* § 249 Rdnr. 47, die Prozeßbeteiligten könnten durch Anträge auf eine umfassendere Erörterung hinwirken, erscheint unrichtig. Den Umfang der Mitteilung nach § 249 Abs. 2 Satz 2 bestimmt allein der Vorsitzende.

83 Vgl. *Kleinknecht* § 249 Rdnr. 41; zum Ausschluß der Revisibilität von Sollvorschriften vgl. allgemein LR *Meyer* § 337 Rdnr. 14. Grundsätzlich a. A. *Schroeder* NJW 1979 S. 1527 (1530), der beim Unterlassen der Mitteilung einen Verstoß gegen § 261 für möglich hält, dabei aber übersieht, daß der Grundsatz dieser Vorschrift, daß das Urteil nur auf Beweisergebnisse gestützt werden darf, die in der Hauptverhandlung erörtert worden sind, durch § 249 Abs. 2 gerade durchbrochen wird.

84 A.A. *Kurth* NStZ 1981 S. 232 (233), der die Nachprüfung durch das Revisionsgericht nur für ausgeschlossen hält, soweit es um die Frage geht, ob der Vorsitzende den gesamten wesentlichen Inhalt mitgeteilt hat; LR-EB *Gollwitzer* § 249 Rdnr. 36, auf den er sich hierfür beruft, sagt das aber nicht. Neuerdings vertritt *Gollwitzer* (JR 1982 S. 83 [84]) die Ansicht, das Unterlassen der Mitteilung nach § 249 Abs. 2 Satz 2 könne die Revision begründen, weil es nicht in der Absicht des Gesetzgebers gelegen habe, daß der Inhalt der Urkunde in der Hauptverhandlung überhaupt nicht mehr zur Sprache kommt. Diese Auffassung läßt außer acht, daß der eigentliche Akt der Beweisaufnahme die Selbstlesung

3. Protokollierung

Da das Selbstleseverfahren nach § 249 Abs. 2 eine Beweiserhebung ist, muß in der Sitzungsniederschrift beurkundet werden, daß es stattgefunden hat. Nach § 273 Abs. 1 sind die Schriftstücke, über deren Inhalt nach § 249 Abs. 2 Beweis erhoben worden ist, im Protokoll im einzelnen, nicht nur durch pauschale Verweisung, wiederzugeben. Die Vorschrift wird durch § 249 Abs. 2 Satz 5 ergänzt. Danach müssen die Feststellungen »hierüber« und der Verzicht auf die Verlesung in das Protokoll aufgenommen werden. Zu beurkunden ist daher nicht nur, daß alle Prozeßbeteiligten den Verzicht erklärt haben, sondern auch, daß die Berufsrichter die Urkunde gelesen haben[85], daß den Schöffen und Prozeßbeteiligten Gelegenheit gegeben worden ist, vom Wortlaut der Urkunde Kenntnis zu nehmen[86], und daß der wesentliche Inhalt des Schriftstücks in der Hauptverhandlung mitgeteilt worden ist. Einzelheiten der Bekanntgabe gehören nicht in die Sitzungsniederschrift[87]. Daß der Vorsitzende das Absehen von der Verlesung angeordnet hat, muß in der Sitzungsniederschrift ebensowenig beurkundet werden wie bei der Verlesung nach § 249 Abs. 1 eine entsprechende Anordnung[88].

III. Ersetzung der Verlesung durch Bericht des Vorsitzenden

1. Allgemeine Grundsätze

In der Rechtsprechung ist seit langem anerkannt[89], daß die Verlesung einer Urkunde auch durch eine streng sachliche Bekanntgabe ihres Inhalts ersetzt werden kann, wenn es auf den genauen Wortlaut nicht ankommt und kein Prozeßbe-

---

ist. – KK *Mayr* § 249 Rdnr. 47 hält die völlige Nichtbeachtung der Vorschrift für revisibel, wenn nicht auszuschließen ist, daß das Urteil darauf beruht. Bei der rechtlichen Konstruktion des § 249 Abs. 2 ist das aber stets auszuschließen; gerade deshalb ist die Vorschrift als Sollvorschrift gekennzeichnet worden.

85 Hierbei handelt es sich um einen Vorgang, der sich außerhalb der Hauptverhandlung ereignet hat. Die Sondervorschrift des § 249 Abs. 2 Satz 5 verlangt jedoch, abweichend von § 273, die Protokollierung dieses Vorgangs; vgl. *Wagner* Strafverteidiger 1981 S. 219 (220); offengelassen in BGHSt. 30 S. 10 (11).
86 In welcher Weise ihnen diese Gelegenheit gegeben worden ist, braucht im Sitzungsprotokoll nicht festgehalten zu werden; vgl. KMR *Paulus* § 249 Rdnr. 35; LR-EB *Gollwitzer* § 249 Rdnr. 30. Auch eine Erklärung der Schöffen, daß sie die Urkunde gelesen haben, gehört nicht ins Protokoll. Das Gericht braucht eine solche Erklärung nicht herbeizuführen; a. A. offenbar *Kurth* NStZ 1981 S. 232 und *Schmidt* in der Anm. zu BGHSt. 30 S. 10 in LM Nr. 1 zu § 249 StPO 1975.
87 Vgl. KMR *Paulus* § 249 Rdnr. 35; LR-EB *Gollwitzer* § 249 Rdnr. 30.
88 A.A. *Kleinknecht* § 249 Rdnr. 39; LR-EB *Gollwitzer* § 249 Rdnr. 30, deren Meinung sich aber auf den Wortlaut der § 273 Abs. 1, § 249 Abs. 2 Satz 5 nicht stützen kann.
89 Das RG vertrat nur in RGSt. 2 S. 408; 25 S. 125 (126); RGRspr. 10 S. 16 (17); RG JW 1890 S. 6; 1891 S. 53 die gegenteilige Ansicht.

teiligter die Verlesung verlangt[90]. Das Schrifttum stimmt dem nur zum Teil zu[91]; überwiegend ist es der Ansicht, der Bericht sei eine Art abgeleiteter, durch den Richter selbst hergestellter Beweis, enthalte notwendigerweise eine vorweggenommene Beweiswürdigung und sei daher unzulässig[92]. Diese Bedenken sind nicht berechtigt. Sie gehen zu Unrecht davon aus, daß ein Gerichtsvorsitzender Schwierigkeiten haben könnte, den Inhalt einer Urkunde sachlich und unvoreingenommen wiederzugeben. Berichten ist nicht richten, und der Mündlichkeitsgrundsatz, um dessen Wahrung es sich bei der Vorschrift des § 249 Abs. 1 allein handelt, wird auch eingehalten, wenn das, was zur Grundlage der richterlichen Entscheidung gemacht wird, vorgetragen und nicht verlesen wird. Die Tatsache, daß jeder Prozeßbeteiligte die Verlesung verlangen kann, wenn er Bedenken gegen die Zuverlässigkeit des Berichts hat, sichert die Rechte des Angeklagten. Für die Gerichtspraxis bedeutet das Berichtsverfahren eine wesentliche Erleichterung. Es gestattet dem Gericht, von der umständlichen Verlesung umfangreicher Urkunden abzusehen, deren genauer Wortlaut für die Entscheidung ohnehin ohne Bedeutung ist. Zwar läßt sich diese Umständlichkeit auch dadurch vermeiden, daß die Urkunde dem Angeklagten oder den Zeugen bei der Vernehmung vorgehalten wird und ihre Erklärungen zu der Urkunde zur Grundlage der Beweiswürdigung gemacht werden[93]. Das Berichtsverfahren ist dadurch aber nicht zu ersetzen, wenn der Angeklagte sich in der Hauptverhandlung nicht zur Sache äußert, wenn keine Zeugen vorhanden sind, mit denen die Urkunde erörtert werden kann, oder wenn der Inhalt des Schriftstücks dem Angeklagten und den Zeugen nicht bekannt ist und mit ihnen daher auch nicht zu dem Zweck erörtert werden kann, aufgrund ihrer Erklärungen den Inhalt festzustellen.

90 BGHSt. 1 S. 94 (96); 11 S. 29; S. 159; RGSt. 3 S. 141 (142); S. 161 (162); S. 282; 26 S. 32; 35 S. 198 (199); 40 S. 54; 64 S. 78 (79) = JW 1930 S. 2566 mit Anm. *Alsberg*; RGRspr. 3 S. 789; RG JW 1898 S. 333; 1928 S. 818; 1929 S. 1048 (1049) mit Anm. *Alsberg*; RG JW 1930 S. 154; S. 936 mit Anm. *Alsberg*; RG JW 1938 S.1645 = HRR 1938 Nr. 792; RG JW 1939 S. 284 L; RG GA 46 S. 193; 59 S. 220; RG HRR 1934 Nr. 81 L; RG LZ 1915 Sp. 631; 1918 Sp. 453; RG Recht 1905 Nr. 371; 1910 Nr. 1057; 1920 Nr. 241; 1925 Nr. 813; KG VRS 14 S. 453; OLG Düsseldorf VRS 59 S. 269 (270); OLG Hamburg MDR 1973 S. 156 = VRS 44 S. 214 (215); OLG Hamm NJW 1958 S. 1359; 1969 S. 572 (573) = VRS 36 S. 290; MDR 1964 S. 344 = VRS 26 S. 118; OLG Köln Blutalkohol 1976 S. 366; GA 1955 S. 220 = MDR 1955 S. 122; OLGSt. § 261 S. 96 (97/98); OLG Schleswig SchlHA 1954 S. 387 (388).
91 Vgl. *Erbs* § 249 Anm. V; *Kohlrausch* § 249 Anm. 3; *Alsberg* JW 1930 S. 2565; LZ 1914 Sp. 1170 (1175); *Groth* S. 14; *G. Schäfer* S. 333; im Ergebnis auch *von Hippel* S. 325.
92 Vgl. KMR *Paulus* Rdnr. 20; LR *Gollwitzer* Rdnr. 33; *Eb. Schmidt* Nachtr. Rdnr. 19; alle zu § 249; *Eb. Schmidt* Teil I Rdnr. 442; *Beling* S. 320; *Bennecke/Beling* S. 254, 341; *zu Dohna* S. 164; *Fezer* JuS 1977 S. 234; *Geppert* S. 190; *Gerland* S. 235; *Gössel* S. 237; *Hanack* JZ 1972 S. 202; *Hegler* JW 1928 S. 818 (819) und Rechtsgang I S. 385 (422 Fußn. 4); *von Hippel* S. 325, 436; *Kalbskopf* S. 19 ff.; *Kleinfeller* DStrZ 1920 Sp. 268 (271); *Kuckuck* S. 168 ff.; *Löwenstein* JW 1928 S. 1939 (1940); *Rosenfeld* S. 177 Fußn. 5; II S. 37; *Roxin* § 28 B 3; *Sarstedt* S. 194/195; *Schneidewin* bei *Lobe*, Fünfzig Jahre Reichsgericht S. 270 und JR 1951 S. 481; *Vogtherr* S. 11.
93 Vgl. unten S. 330.

Die Ansicht des Schrifttums, seit der Einführung des Selbstleseverfahrens nach § 249 Abs. 2 sei die Ersetzung der Verlesung durch Bericht nicht mehr zulässig[94], erscheint unrichtig. Diese beiden Arten der Erhebung des Urkundenbeweises dienen unterschiedlichen Zwecken. Bei dem Verfahren nach § 249 Abs. 2 handelt es sich vorwiegend darum, den Gedankeninhalt umfangreicher Urkunden ohne Verlesung so in das Verfahren einzuführen, daß das Gericht und alle Prozeßbeteiligten den vollständigen Text kennen oder kennenlernen können. Das ist insbesondere notwendig, wenn der genaue Wortlaut der Schrift für die Entscheidung von Bedeutung ist und in das Urteil aufgenommen werden muß[95]. In den Fällen, in denen die Ersetzung der Verlesung durch Bericht des Vorsitzenden in Betracht kommt, ist der Wortlaut der Urkunde für das Urteil gerade nicht von Bedeutung. Nur deshalb genügt statt der umständlichen und zeitraubenden Verlesung ein Bericht über den Inhalt der Urkunde. Diese zweckmäßige und die Interessen der Prozeßbeteiligten wahrende Form der Beweisaufnahme ist durch die Vorschrift des § 249 Abs. 2 keineswegs überflüssig geworden[96]. Denn auch das Selbstleseverfahren ist nicht ohne Umständlichkeiten. Die Urkunde muß nicht nur allen Richtern, auch den Schöffen, sondern jedem Prozeßbeteiligten zugänglich gemacht werden. Dazu müssen oft Fotokopien umfangreicher Schriftstücke angefertigt werden. Häufig muß die Hauptverhandlung unterbrochen werden, damit Richter und Prozeßbeteiligte Gelegenheit zur Lektüre der Schrift haben. Das ist für den Fall, daß der Wortlaut der Urkunde für die Entscheidung ohne Bedeutung ist, ein nutzloser und überflüssiger Aufwand. Das Berichtsverfahren entspricht daher nach wie vor einem unabweisbaren Bedürfnis der Praxis[97]. Daß der Gesetzgeber mit der Einführung des § 249 Abs. 2 die Ersetzung der Verlesung durch den Bericht des Vorsitzenden hat abschaffen wollen, ist nicht erkennbar. Vielmehr war beabsichtigt, mit der Neuregelung die bisherige Rechtsprechung »abzustützen« (also nicht zu ersetzen) und dahin zu erweitern, daß von einer Verlesung selbst dann abgesehen werden kann, wenn es auf den Wortlaut der Urkunde ankommt[98].

Das Berichtsverfahren ist daher weiterhin zulässig. Sind die Voraussetzungen für dieses Verfahren eingehalten und kommt es auf den Wortlaut der Urkunde nicht an, so ist es unschädlich, daß der Tatrichter an sich das Selbstleseverfahren

---

94 So KK *Mayr* § 249 Rdnr. 28; LR-EB *Gollwitzer* § 249 Rdnr. 26; *Dahs/Dahs* Rdnr. 227; *Gollwitzer* JR 1982 S. 83; auch *Kleinknecht* erwähnt § 249 Rdnr. 20 die Möglichkeit des Berichts nur in der Vergangenheitsform. *Schlüchter* Rdnr. 531 scheint § 249 Abs. 2 mit der Konstatierung zu verwechseln.
95 Vgl. oben S. 316/317.
96 Vgl. BGHSt. 30 S. 10 (14) = JR 1982 S. 82 mit abl. Anm. *Gollwitzer* = NStZ 1981 S. 231 m. Anm. *Kurth*.
97 So schon RG JW 1939 S. 284 L.
98 Vgl. die Begründung zum Reg. Entwurf des StVÄG 1979 (BT-Drucks. 8/976 S. 23). Auch BGHSt. 30 S. 10 = NStZ 1981 S. 231 mit insoweit zust. Anm. *Kurth* = LM Nr. 1 zu § 249 StPO 1975 mit Anm. *Schmidt* legt das Gesetz so aus. A.A. *Wagner* Strafverteidiger 1981 S. 219.

nach § 249 Abs. 2 hat durchführen wollen, aber aus Versehen oder Rechtsirrtum dessen Voraussetzungen nicht eingehalten hat[99].

2. Voraussetzungen

Nur die Ersetzung einer Einzelurkundenverlesung ist zulässig. Über den wesentlichen Inhalt ganzer Akten darf der Vorsitzende keinen Bericht erstatten[100]. Die Ersetzung der Verlesung einer Urkunde durch Bericht über ihren Inhalt setzt voraus, daß die prozessuale Verwertung der Urkunde überhaupt zulässig ist. Über den Inhalt einer Urkunde, deren Verlesung nach den §§ 250, 256 oder aufgrund anderer Vorschriften ausgeschlossen ist, darf auch kein Bericht erstattet werden[101].

Der Bericht muß in einer streng sachlichen Schilderung des Urkundeninhalts bestehen, darf sich nicht auf solche Punkte beschränken, die nach der Meinung des Vorsitzenden nach der einen oder anderen Richtung beweiserheblich sind, und darf vor allem nicht auf eine Würdigung der Beweisbedeutung der Urkunde hinauslaufen[102]. Die Ansicht des Vorsitzenden über Inhalt oder Tragweite des Schriftstücks darf niemals an die Stelle des Urteils treten, das sich das Gericht sonst erst bilden soll, wenn die Urkunde verlesen worden ist. Ferner darf für die Beurteilung der Sachlage nicht der wortgetreue Inhalt der Urkunde von Bedeutung sein; denn das Gericht darf nur das für sein Urteil verwerten, was tatsächlich auch vorgetragen ist[103]. Die Verlesung darf insbesondere nicht durch einen Bericht ersetzt werden, wenn der strafrechtliche Tatbestand der dem Angeklagten vorgeworfenen Tat an den Inhalt des Schriftstücks anknüpft[104]. In einem Verfahren wegen Meineids oder falscher uneidlicher Aussage wird es regelmäßig auf den wortgetreuen Inhalt der Niederschrift über die Zeugenaussage ankommen, durch die die Straftat

---

99 BGHSt. 30 S. 10 (14/15) = JR 1982 S. 82 mit abl. Anm. *Gollwitzer* = NStZ 1981 S. 231 mit insoweit abl. Anm. *Kurth,* der das Revisionsgericht an die Entscheidung des Tatrichters binden will, daß nach § 249 Abs. 2 verfahren werden solle. Aber nach den allgemeinen Grundsätzen des Revisionsrechts ist die fehlerhafte Anwendung einer Verfahrensvorschrift auch sonst unschädlich, wenn das Verfahren wenigstens einer anderen Vorschrift entspricht und deren Einhaltung die Feststellungen zulässig macht.
100 BGH 5 StR 188/67 vom 25. 4. 1967.
101 RGSt. 25 S. 125; 64 S. 78 = JW 1930 S. 2565 mit Anm. *Alsberg;* RG JW 1929 S. 1048 (1049/1050) mit Anm. *Alsberg;* RG JW 1938 S. 1645 = HRR 1938 Nr. 792; RG GA 46 S. 193 (194); RG LZ 1922 Sp. 167; *Groth* S. 15; *Hegler* JW 1928 S. 818.
102 BGHSt. 1 S. 94 (97); RGSt. 25 S. 125 (*Alsberg* LZ 1914 Sp. 1170 [1175] hält die Entscheidung für »allzu penibel«); RGSt. 35 S. 199; RG Recht 1913 Nr. 906; *Groth* S. 14/15.
103 RG JW 1928 S. 1939 mit Anm. *Löwenstein;* OLG Hamm NJW 1969 S. 572 (573). Nach Ansicht von OGHSt. 2 S. 334 beruht das Urteil aber nicht auf dem Mangel, wenn der Wortlaut keinen anderen gedanklichen Inhalt hatte, als ihn das Gericht ohne Verlesung festgestellt hat.
104 BGHSt. 11 S. 29 (30); RGSt. 65 S. 420 (421); 76 S. 295 (296).

begangen worden ist[105]. Auch ein längeres Schriftstück darf nicht wörtlich in das Urteil aufgenommen werden, wenn es nicht verlesen, sondern nur seinem Inhalt nach bekanntgegeben worden ist[106]. Das gleiche gilt für Schriftstücke, die schwer verständlich sind[107]. Die Verlesung ist schließlich erforderlich, wenn nicht nur der Inhalt der Urkunde, sondern auch der Stil, bestimmte Ausdrücke und Formulierungen für die Entscheidung von ausschlaggebender Bedeutung sind[108] oder wenn nach dem Inhalt des Protokolls eine Auskunftsperson eine Aussage gemacht hat, die sie in der Hauptverhandlung abstreitet. Soll das Protokoll dann zum Beweis herangezogen werden, so kann das nur in der Form der Verlesung geschehen.

Die Ersetzung der Verlesung durch den Bericht des Vorsitzenden setzt schließlich voraus, daß die Prozeßbeteiligten ausdrücklich oder stillschweigend[109] ihr Einverständnis damit erklären, daß von der Verlesung abgesehen wird. Dabei genügt es, daß keine Einwendungen erhoben werden und kein förmlicher Beweisantrag auf Verlesung gestellt wird[110]. Ist ein Verlesungsantrag nach § 244 Abs. 3, § 245 Abs. 1 oder Abs. 2 Satz 1 gestellt worden, so darf er nicht dadurch erledigt werden, daß die Richtigkeit des Beweisthemas aus dem Schriftstück konstatiert wird[111]. Trotz des Einverständnisses der Prozeßbeteiligten kann das Gericht auch sonst im Einzelfall aufgrund seiner Pflicht zur Erforschung der Wahrheit (§ 244 Abs. 2) verpflichtet sein, die Urkunde wörtlich zu verlesen[112].

3. Protokollierung

Der Bericht des Vorsitzenden über den Inhalt einer Urkunde ersetzt nicht nur den Beweisakt der Urkundenverlesung, sondern ist seinerseits ein Akt der Beweisaufnahme. Er ist eine wesentliche Förmlichkeit der Hauptverhandlung, die nach § 273 Abs. 1 in das Hauptverhandlungsprotokoll aufgenommen werden muß. Die Frage ist in Rechtsprechung und Schrifttum seit jeher streitig[113].

[105] RGSt. 65 S. 420 (421); einschränkend (nach den Besonderheiten des Falles) RG JW 1938 S. 3103 mit Anm. *Mittelbach*; RG DRiZ 1933 Nr. 117 = HRR 1933 Nr. 557. In RGSt. 59 S. 88 (90) hielt das RG die Verlesung nur dann für unerläßlich, wenn der Angeklagte die Tat leugnet.
[106] BGHSt. 5 S. 278; 11 S. 29 (31); S. 159 (160); BGH VRS 31 S. 188 (190); BGH bei *Dallinger* MDR 1972 S. 18. Die wörtliche Wiedergabe im Urteil bedeutet aber nicht, daß der Urkundeninhalt zum Beweis verwendet worden ist; es kann auch sein, daß der Wortlaut im Urteil nur der Vollständigkeit und Genauigkeit wegen wiedergegeben ist; vgl. BGHSt. 11 S. 159 (162); BGH NJW 1968 S. 1436 (1437); OGHSt. 3 S. 26.
[107] BGHSt. 11 S. 159 (160).
[108] BGH bei *Dallinger* MDR 1972 S. 18.
[109] Vgl. *Alsberg* JW 1930 S. 2565.
[110] BGHSt. 1 S. 94 (96); RGSt. 3 S. 282; 26 S.32; 35 S. 198 (199); RG JW 1939 S. 284; RG HRR 1934 Nr. 81; RG Recht 1905 Nr. 371; BayObLGSt. 1949/51 S. 105 (106); OLG Köln MDR 1955 S. 122. Eine Einverständniserklärung verlangen RGSt. 64 S. 78 (79) und RG Recht 1925 Nr. 813.
[111] RGSt. 24 S. 263 (265); RGRspr. 10 S. 16 (17).
[112] BGHSt. 1 S. 94 (96); 11 S. 29 (30); RGSt. 76 S. 295 (296).
[113] Wie hier: RGSt. 7 S. 76 (79); 21 S. 108 (109); 64 S. 78 (79) = JW 1930 S. 2566 mit Anm. *Alsberg*; RG JW 1889 S. 59; 1899 S. 475; 1908 S. 592; RG GA 39 S. 220; OLG Düssel-

IV. Vorhalt aus Urkunden

Wenn es auf den genauen Wortlaut von kurzen Urkunden und anderen leicht faßlichen Schriftstücken nicht ankommt, kann ihr Inhalt nach herrschender Ansicht auch dadurch in die Hauptverhandlung eingeführt werden, daß er mit dem Angeklagten, einem Sachverständigen oder Zeugen erörtert, ihm also vorgehalten wird[114]. Das gilt selbst für fremdsprachige Urkunden[115]. Zulässig ist auch die Verlesung zum Zweck des Vorhalts[116]. Der Vorhalt ist jedoch kein Urkundenbeweis, sondern ein Teil der Vernehmung zur Sache. Vorhalte sind immer nur Vernehmungsbehelfe. Beweisgrundlage ist niemals die Urkunde selbst, sondern nur das, was der Angeklagte oder Zeuge auf den Vorhalt erklärt. Für den Vorhalt durch Abspielen von Tonbandaufnahmen gilt nichts anderes[117]. Ob die Urkunde zum Zweck des Beweises verlesen oder das Tonband zu diesem Zweck abgespielt wer-

dorf VRS 59 S. 269 (270); OLG Hamburg MDR 1973 S. 156 = VRS 44 S. 214 (215); OLG Hamm MDR 1964 S. 344 = VRS 26 S. 118; KMR *Paulus* § 249 Rdnr. 34; LR *Gollwitzer* § 249 Rdnr. 33; *Groth* S. 90; *Ortloff* GA 44 S. 98 (104). Die Protokollierung halten für entbehrlich: RGSt. 2 S. 76; RGRspr. 2 S. 79, 529; RG JW 1914 S. 435; 1928 S. 818 mit abl. Anm. *Hegler*; RG JW 1929 S. 1048 (1049) mit abl. Anm. *Alsberg*; RG GA 46 S. 211; 68 S. 358; RG LZ 1915 Sp. 631; 1918 Sp. 453; 1927 Sp. 1550 (1551); RG Recht 1920 Nr. 241; KG VRS 14 S. 453 (454); OLG Köln Blutalkohol 1976 S. 366; GA 1955 S. 220 = MDR 1955 S. 122.

114 BGHSt. 3 S. 281 (284); 5 S. 278 (279); 11 S. 159 (160); 14 S. 310 (311/312); 21 S. 285 (286); S. 332 (333); BGH NJW 1952 S. 1027; 1966 S. 211; BGH VRS 32 S. 352 (353); BGH 1 StR 283/75 vom 5. 8. 1975; RGSt. 54 S. 13 (17); 61 S. 72 (73); 64 S. 78 (79); 69 S. 88 (89/90); RG JW 1929 S. 1048 mit Anm. *Alsberg*; RG JW 1930 S. 2565; 1932 S. 245; BayObLG VRS 63 S. 211 (213); OLG Celle VRS 30 S. 196 (198); OLG Hamburg MDR 1973 S. 156; OLG Köln NJW 1965 S. 830; KK *Mayr* § 249 Rdnr. 48; *Kleinknecht* § 249 Rdnr. 6; KMR *Paulus* § 244 Rdnr. 67; LR *Gollwitzer* § 249 Rdnr. 50 ff.; *Beling* S. 318; *Bennecke/Beling* S. 342; *Fezer* JuS 1977 S. 234; S. 520 (523); *Gössel* S. 237; *Groth* S. 15 ff.; *Henkel* S. 374; *Koeniger* S. 371 ff.; *F.W. Krause* S. 183; *Löhr* S. 128 ff.; *Rogall* S. 222; *Sarstedt* S. 195; *Schlüchter* Rdnr. 547; *Schneidewin* JR 1951 S. 481 (482). – Den Vorhalt halten für unzulässig: *Eb. Schmidt* Teil I Rdnr. 442 und Nachtr. § 249 Rdnr. 19; *Dahs/Dahs* Rdnr. 228; *von Hippel* S. 232 ff.; *Schroth* ZStW 87 S. 103 (131). – *Kuckuck* S. 224/225 sieht jeden Vorhalt aus einer Urkunde als einen faktisch die Aussage ergänzenden Urkundenbeweis an, den er nur in den Fällen der §§ 253, 254 zulassen will.

115 BGH bei *Dallinger* MDR 1975 S. 369, wo mißverständlich (vgl. KK *Mayr* § 249 Rdnr. 49) sogar davon die Rede ist, daß der Inhalt der Urkunde durch den Vorhalt »festgestellt« wird; a. A. KMR *Paulus* § 244 Rdnr. 69.

116 BGHSt. 1 S. 337 (339); 3 S. 199; S. 281; 11 S. 338 (341); 14 S. 310 (311); 21 S. 285 (286); RGSt. 20 S. 220 (221); 59 S. 144; 61 S. 72; RG JW 1930 S. 936; KMR *Paulus* § 244 Rdnr. 83 und § 250 Rdnr. 8; LR *Schäfer* Einl. Kap. 13 Rdnr. 58; LR *Gollwitzer* § 249 Rdnr. 55; *Dolderer* S. 70; *Heißler* S. 195; *Peters* JZ 1965 S. 650; *Sarstedt* S. 197; *G. Schäfer* S. 334; *Schneidewin* JR 1951 S. 481 (483). – A.A. *Eb. Schmidt* Teil I Rdnr. 442 Fußn. 230 und § 250 Rdnr. 7 f.; *Hanack* JZ 1972 S. 202; *Henkel* S. 347; *F.W. Krause* S. 193; *Kuckuck* S. 223, 240; *Löhr* S. 130; *Niese* JZ 1953 S. 597 (598); *Roxin* § 44 B I 3.

117 BGHSt. 14 S. 339 (341); *Kleinknecht* § 249 Rdnr. 9 und NJW 1966 S. 1537 (1541); LR *Schäfer* Einl. Kap. 13 Rdnr. 58.

den könnte, spielt keine Rolle[118]. Es darf nur für die Urkunde oder das Tonband kein Beweisverbot bestehen[119]. Immer setzt der Vorhalt aber voraus, daß der Angeklagte oder Zeuge den Inhalt der Urkunde oder des Tonbands kennt und aus eigener Wahrnehmung bestätigen kann[120]. In die Sitzungsniederschrift wird der Vorhalt nicht aufgenommen, auch nicht, wenn er im Wege der Verlesung erfolgt[121].

Für das Beweisantragsrecht hat die Frage, in welchem Umfang und mit welcher Wirkung Urkunden durch Vorhalt in die Hauptverhandlung eingeführt werden können, keine besondere Bedeutung. Denn wenn ein Prozeßbeteiligter die Verlesung einer Urkunde beantragt, darf der Vorsitzende die Verlesung nicht durch einen Vorhalt ersetzen. Von einer weiteren Vertiefung der mit dem Urkundenvorhalt verbundenen Rechtsprobleme wird daher hier abgesehen[122].

---

[118] Vgl. BGHSt. 11 S. 159 (160); 14 S. 310 (312); *Kleinknecht* § 249 Rdnr. 8; KMR *Paulus* § 250 Rdnr. 8; LR *Gollwitzer* § 249 Rdnr. 50; vgl. aber auch *Hanack* JZ 1972 S. 202 (203).
[119] Vgl. KMR *Paulus* § 244 Rdnr. 103 ff., 541; *Hanack* in FS für Erich Schmidt-Leichner, 1975, S. 83, 90 ff.
[120] RGSt. 69 S. 88 (90); OLG Hamburg MDR 1973 S. 156; OLG Köln VRS 24 S. 62; KMR *Paulus* § 244 Rdnr. 73; LR *Gollwitzer* § 249 Rdnr. 52.
[121] BGHSt. 22 S. 26; RGSt. 69 S. 88 (90); RG GA 69 S. 89; RG Recht 1917 Nr. 1188; BayObLGSt. 1949/51 S. 62; OLG Hamburg MDR 1973 S. 156; LR *Gollwitzer* § 249 Rdnr. 53; *Dahs/Dahs* Rdnr. 228; *Sarstedt* S. 196.
[122] Vgl. auch oben S. 277 Fußn. 241.

Zweites Buch

Der Beweisantrag im Verfahren

Erster Hauptteil   Beweisanträge im Vor- und Zwischenverfahren und zur Vorbereitung der Hauptverhandlung

1. Kapitel   Beweisanträge vor Eröffnung des Hauptverfahrens

§ 1   Beweisanträge im Ermittlungsverfahren (§§ 163 a, 166, 168 d)

   I. Beweisanträge gegenüber Staatsanwaltschaft und Polizei (§ 163 a Abs. 2) 335
      1. Antragstellung 335
      2. Entscheidung über den Antrag 336
  II. Beweisanträge bei richterlichen Vernehmungen (§ 166) 338
      1. Wesen des Antrags 338
      2. Beweiserhebungspflicht 339
      3. Weiteres Verfahren 340
 III. Beweisanträge vor richterlichen Augenscheinseinnahmen (§ 168 d Abs. 2) 340
      1. Zweck der Vorschrift 340
      2. Antragstellung und Verfahren des Gerichts 341

I. Beweisanträge gegenüber Staatsanwaltschaft und Polizei (§ 163 a Abs. 2)

1. Antragstellung

Die Staatsanwaltschaft[1] und ihre Hilfsbeamten dürfen die Ermittlungen zur Aufklärung von Straftaten nicht einseitig mit dem Ziel der Überführung des Beschuldigten führen. Sie müssen auch die zu seiner Entlastung dienenden Umstände aufklären und die entlastenden Beweise erheben, deren Verlust zu besorgen ist (§ 160 Abs. 2). Beweisanträge des Beschuldigten können in diesem Verfahrensabschnitt immer nur Anregungen zur Ausdehnung der Ermittlungen auf solche entlastenden Umstände sein[2]. Das Gesetz bezeichnet diese Anregungen aber in § 163 a Abs. 2[3] als Anträge und bestimmt, daß ihnen stattgegeben werden muß, wenn die Beweiserhebung für die Ermittlung von Bedeutung ist. Die Vorschrift spricht, da sich

---

1 Zur selbständigen Ermittlungsbefugnis der Finanzbehörden im Steuerstrafverfahren vgl. §§ 386 ff. AO. Nach § 399 Abs. 1 AO hat die Finanzbehörde die Rechte und Pflichten der Staatsanwaltschaft.
2 Vgl. LR *Meyer* § 136 Rdnr. 36; *E. Müller* NJW 1976 S. 1063 (1067).
3 Die Vorschrift, die alte Reformvorschläge verwirklicht (vgl. *Rieß* BJM-Festschrift S. 422), ist durch Art. 4 Nr. 3 StPÄG 1964 vom 19. 12. 1964 (BGBl. I S. 1067) eingefügt worden; sie dient der Ergänzung des § 160 Abs. 2 (vgl. BT-Drucks. IV/178 S. 2).

diese Rechtspflicht schon aus § 160 Abs. 2 ergibt, nur eine Selbstverständlichkeit aus[4]. Sie gewinnt ihre eigentliche Bedeutung erst dadurch, daß der Beschuldigte bei seiner ersten Vernehmung vor dem Richter (§ 136 Abs. 1 Satz 3), der Staatsanwaltschaft (§ 163 a Abs. 3 Satz 2) oder Polizei (§ 163 a Abs. 4 Satz 2) über sein Beweisantragsrecht belehrt werden muß.

Bei der Antragstellung sind keine Formvorschriften zu beachten; das ergibt sich aus der weitgehend freien Gestaltung des gesamten Ermittlungsverfahrens. Der Antrag kann schriftlich oder mündlich, insbesondere bei einer Vernehmung bei der Polizei, der Staatsanwaltschaft oder dem Richter, gestellt werden. Ein mündlich gestellter Antrag muß in den Akten vermerkt werden; er kann in der Vernehmungsniederschrift oder durch einen besonderen Vermerk festgehalten werden. Der notwendige Inhalt des Antrags richtet sich nach den jeweiligen Umständen. Es genügt, daß aus dem Zusammenhang mit den sonstigen Ermittlungen verständlich wird, welche Beweismittel der Beschuldigte verwendet und welche entlastenden Umstände er aufgeklärt haben will. Eine strenge Unterscheidung zwischen Beweis- und Beweisermittlungsanträgen hat in diesem Stadium des Verfahrens keinen Sinn. Da der Antrag im Ermittlungsverfahren gestellt wird, kann er auch dem Zweck dienen, die Strafverfolgungsbehörden ohne genaue Angaben über Beweistatsachen oder Beweismittel zu Ermittlungen zu veranlassen[5].

2. Entscheidung über den Antrag

Der Rechtsanspruch, den das Gesetz dem Beschuldigten mit dem Beweisantragsrecht nach § 163 a Abs. 2 gibt, hat keine große praktische Bedeutung[6], weil die Ermittlungsbehörden zu der Beweiserhebung nur verpflichtet sind, wenn sie sie für erforderlich halten. Darüber entscheiden sie nach pflichtgemäßem Ermessen, ohne an andere Vorschriften gebunden zu sein als an § 160 Abs. 1 über die Amtsaufklärungspflicht und an § 160 Abs. 2 über die Pflicht zur Ermittlung auch der entlastenden Umstände. Die Regeln des § 244 Abs. 3 bis 5 gelten für die Ermittlungstätigkeit der Staatsanwaltschaft und ihrer Hilfsbeamten nicht; auch der Begriff der Unerheblichkeit in § 244 Abs. 3 Satz 2 ist nicht anwendbar, da er sich auf die

---

4 Vgl. LR *Meyer-Goßner* § 163 a Rdnr. 20; *Fezer* in Gedächtnisschrift für Horst Schröder, 1978, S. 407 (415); *E. Müller* NJW 1976 S. 1063 (1067).
5 In der Sache ebenso *Kleinknecht* § 163 a Rdnr. 16, der die Ablehnung von Beweisermittlungsanträgen ohne »förmlichen Bescheid« zulassen will. Ein solcher Bescheid ist jedoch im Anwendungsbereich des § 163 a auch sonst nicht erforderlich. *Hegmann* (Fürsorgepflicht gegenüber dem Beschuldigten im Ermittlungsverfahren, 1981, S. 151) hält den Vernehmungsbeamten u. U. für verpflichtet, auf die Stellung eines konkreten Beweisantrags hinzuwirken. – KK *R. Müller* § 163a Rdnr. 8 und LR *Meyer-Goßner* § 163a Rdnr. 20 sprechen davon, daß Beweisermittlungsanträgen im Rahmen der Aufklärungspflicht nachgegangen werden muß.
6 Vgl. LR *Meyer-Goßner* a.a.O.

Überzeugungsbildung des Gerichts bezieht, im Ermittlungsverfahren aber nur das Vorliegen eines hinreichenden Tatverdachts zu klären ist[7].

Ist der Beweisantrag bei der Polizei gestellt, von ihr aber nicht für erheblich gehalten worden, so ist es Aufgabe der Staatsanwaltschaft, über die Notwendigkeit der Beweiserhebung zu entscheiden, sobald ihr die Akten vorgelegt werden[8]. Bei der Vorlage wird die Polizei daher auf den unerledigten Antrag hinweisen müssen[9]. Der Beschuldigte hat keine Möglichkeit, die ablehnende Entscheidung der Ermittlungsbehörde über seinen Antrag zur Nachprüfung des Gerichts zu stellen[10]. Insbesondere ist ein Antrag auf gerichtliche Entscheidung in dem Verfahren nach den §§ 23 ff. EGGVG nicht zulässig[11]. In Betracht kommt nur die Dienstaufsichtsbeschwerde an die der Staatsanwaltschaft vorgesetzte Behörde[12].

Wenn die Ermittlungsbehörde dem Beweisantrag stattgibt, braucht sie das dem Beschuldigten im allgemeinen nicht bekanntzumachen. Bei einer richterlichen Vernehmung des benannten Zeugen oder Sachverständigen wird er nach § 168 c Abs. 5 von dem Vernehmungstermin benachrichtigt. Entsprechendes gilt nach § 168 d Abs. 1 Satz 2 für die richterliche Augenscheinseinnahme. Bei Vernehmungen oder Besichtigungen durch die Staatsanwaltschaft oder deren Hilfsbeamte hat der Beschuldigte zwar kein Anwesenheitsrecht. Von dem Ergebnis der Vernehmungen erfährt er aber zwangsläufig im weiteren Verlauf des Verfahrens. Auch wenn dem Beweisverlangen des Beschuldigten nicht entsprochen wird, ist ein förmlicher Bescheid an den Antragsteller nicht erforderlich[13]. Er braucht nicht einmal formlos davon verständigt zu werden, daß der Beweis nicht erhoben wird[14].

---

7 Vgl. LR *Meyer-Goßner* § 163 a Rdnr. 21.
8 Vgl. *Eb. Schmidt* Nachtr. § 163 a Rdnr. 9.
9 Vgl. KK *R. Müller* § 163 a Rdnr. 9; *Kleinknecht* § 163 a Rdnr. 15.
10 Vgl. dazu *Fezer* a.a.O. (oben Fußn. 4) S. 407 ff., der es (S. 412) für erforderlich hält, die Entscheidung des Gesetzgebers, die inhaltliche Überprüfung der Ermittlungstätigkeit der Staatsanwaltschaft auf das Zwischen- und Hauptverfahren zu verweisen, neu zu überdenken, der Einführung einer richterlichen Kontrolle aber mit Recht skeptisch gegenübersteht (S. 419). Die Einführung eines Beschwerderechts befürworten *Mörsch* S.107 ff. und *E. Müller* NJW 1976 S. 1063 (1067). *Rieß* ZRP 1977 S. 67 (74) will dem Beschuldigten allgemein »eine gesicherte Rechtsposition zur Durchsetzung seines Beweiserhebungsanspruchs einräumen«.
11 Vgl. LR *Schäfer* § 23 EGGVG Rdnr. 38 ff. mit weit. Nachw.
12 LR *Meyer-Goßner* § 163 a Rdnr. 22.
13 Vgl. KK *R. Müller* Rdnr. 9; LR *Meyer-Goßner* Rdnr. 22; a. A *Kleinknecht* Rdnr. 15 ff.; *Eb. Schmidt* Nachtr. Rdnr. 9; alle zu § 163a. Die Einführung einer Mitteilungs- und Begründungspflicht befürwortet *Krattinger*, Die Strafverteidigung im Vorverfahren im deutschen, französischen und englischen Strafprozeß und ihre Reform, 1964, S. 328, im Anschluß an *Lilienthal* ZStW 29 S. 414 (428 ff.) und an § 191 des StPO-Entwurfs von 1919. Auch *Rieß* in FS für Karl Schäfer, 1980, S. 155 (210) hält eine Bescheidungspflicht der Staatsanwaltschaft für erwägenswert. *Fezer* a.a.O. (oben Fußn. 4) S. 407 (422) will eine Begründungspflicht auch in den Fällen einführen, in denen eine Mitteilung an den Beschuldigten vor Abschluß der Ermittlungen nicht in Betracht kommen kann.
14 Vgl. *Meves* GA 40 S. 291 (304); a. A. KK *R. Müller* § 163 a Rdnr. 9; KMR *Müller* § 163 a Rdnr. 11. – LR *Meyer-Goßner* § 163 a Rdnr. 22 hält die formlose Unterrichtung für

II. Beweisanträge bei richterlichen Vernehmungen (§ 166)

1. Wesen des Antrags

Das Beweisantragsrecht bei richterlichen Vernehmungen im Vorverfahren regelt § 166. Für die Anwendung der Vorschrift ist es gleichgültig, ob die Vernehmung aufgrund besonderer gesetzlicher Regelung oder auf Antrag der Staatsanwaltschaft erfolgt. In Betracht kommen Vernehmungen bei der Vorführung des Beschuldigten zur Verkündung eines Haftbefehls (§ 115 Abs. 2 und 3, § 115 a Abs. 2 Satz 2) oder eines Unterbringungsbefehls (§ 126 a Abs. 2 Satz 1), Vernehmungen von Vorgeführten (§ 128 Abs. 1 Satz 2, § 129) und Vernehmungen durch den Ermittlungsrichter nach §§ 162, 165, 169. Mündliche Verhandlungen im Haftprüfungsverfahren nach § 118 a Abs. 1 und 2, § 122 Abs. 2 Satz 2 sind keine Vernehmungen im Sinne des § 166 Abs. 1; sie dienen nur dem Zweck, über die Haftfortdauer aufgrund der bisherigen Ermittlungen nach mündlicher Anhörung des Beschuldigten zu entscheiden[15].

Der Beschuldigte kann bei richterlichen Vernehmungen die Erhebung von Beweisen beantragen, die seiner Entlastung dienen. Bei der ersten richterlichen Vernehmung ist er über dieses Recht zu belehren (§ 136 Abs. 1 Satz 3)[16]. Eine bestimmte Form schreibt das Gesetz für den Antrag nicht vor. Grundsätzlich gelten solche Anträge als an die Staatsanwaltschaft gerichtet[17]. Die hierfür maßgebende Vorschrift des § 163 a Abs. 2 wird durch § 166 Abs. 1 dahin ergänzt, daß der Richter unter bestimmten Voraussetzungen zur Erhebung der Beweise verpflichtet ist. Dabei spielt es keine Rolle, ob der Beschuldigte den Beweisantrag zum erstenmal stellt oder ob er nur einen schon bei der Polizei oder Staatsanwaltschaft gestellten Antrag wiederholt[18].

Die durch § 166 Abs. 1 bestimmte Beweiserhebungspflicht enthält eine Abweichung von dem Grundsatz, daß das Ermittlungsverfahren in der Hand der Staatsanwaltschaft liegt[19]. Die Vorschrift kann zu Ermittlungen zwingen, die die Staats-

---

zweckmäßig, damit der Beschuldigte Gelegenheit hat, den Antrag im Vorverfahren oder in einem späteren Verfahrensabschnitt zu wiederholen. Es kann aber wohl kaum angenommen werden, daß er diese Gelegenheit nicht hat, wenn ihm nicht mitgeteilt wird, daß der Beweis bisher nicht erhoben worden ist. Vielmehr wird davon ausgegangen werden können, daß sein Verteidiger die Akten einsieht und sich von dem Umfang der Ermittlungen unterrichtet.

15 A.A. KK *R. Müller* § 166 Rdnr. 2 und offenbar auch *Kleinknecht* § 166 Rdnr. 2; LR *Meyer-Goßner* § 166 Rdnr. 3, die beide § 118 a erwähnen, § 122 Abs. 2 Satz 2 aber außer acht lassen, obwohl gerade diese Vorschrift gegen ihre Ansicht spricht. Denn daß das OLG in dem Haftprüfungsverfahren nach §§ 121, 122 nicht zu Ermittlungen verpflichtet ist, kann nicht zweifelhaft sein.
16 Vgl. dazu LR *Meyer* § 136 Rdnr. 37.
17 Vgl. LR *Meyer-Goßner* § 163 a Rdnr. 21.
18 Vgl. KMR *Müller* § 166 Rdnr. 2.
19 Vgl. zu diesem Grundsatz: *Kleinknecht* Einl. Rdnr. 58; LR *Meyer-Goßner* vor § 158 Rdnr. 9 ff.

anwaltschaft nicht veranlaßt hat, die sie für überflüssig hält oder von deren Möglichkeit sie bisher keine Kenntnis hatte. Im Anwendungsbereich des § 166 entscheidet über die Notwendigkeit von Beweiserhebungen allein das Gericht[20]; die Staatsanwaltschaft muß nicht einmal vorher gehört werden. Ihr gebührt nach § 167 nur »die weitere Verfügung«.

2. Beweiserhebungspflicht

Die Pflicht zur Erhebung der von dem Beschuldigten beantragten Beweise setzt voraus, daß der Richter sie für erheblich hält. Da die Erheblichkeit andernfalls nicht beurteilt werden kann, muß der Beschuldigte nicht nur die Beweismittel, sondern auch bestimmte Beweistatsachen bezeichnen[21]. Diese Tatsachen müssen nicht nur zur Sache gehören, sondern auch geeignet sein, die Beweislage für den Beschuldigten zu verbessern[22]. Belastende Umstände, von denen der Beschuldigte irrtümlich annimmt, sie wirkten sich zu seinen Gunsten aus, braucht der Richter nicht aufzuklären. Er muß auch nicht jede Beweiserhebung, der er für das weitere Verfahren zugunsten des Beschuldigten Bedeutung beimißt, selbst vornehmen. Nach § 166 Abs. 1 ist er dazu nur in zwei Fällen verpflichtet, in denen die Beweiserhebung besonders dringlich ist. Das ist einmal der Fall, wenn der Verlust der Beweise zu befürchten ist, etwa weil ein Zeuge schwer erkrankt ist oder ein Augenscheinsgegenstand unterzugehen droht. Dann darf mit der Beweiserhebung nicht gewartet werden, bis der Richter die Akten an die Staatsanwaltschaft mit einem entsprechenden Vermerk zurückgesandt hat. Ob diese Voraussetzungen vorliegen, hat der Richter sorgfältig zu prüfen; er darf sich nicht ohne triftigen Grund in die Ermittlungsaufgaben der Staatsanwaltschaft einmischen[23]. Ferner muß der Richter den Beweis selbst erheben, wenn das Beweisergebnis dazu führen kann, daß die Freilassung des Beschuldigten anzuordnen ist.

Eine allgemeine Beweisaufnahme zur Klärung der Tatvorwürfe sieht § 166 Abs. 1 in keinem der beiden Fälle vor. Zur Durchführung umfangreicher Ermittlungen ist der Richter nicht verpflichtet[24]. Regelmäßig wird sich die Beweiserhebungspflicht des Haft- oder Ermittlungsrichters daher auf die Anhörung eines oder einiger weniger Zeugen beschränken, erforderlichenfalls unter Gegenüberstellung mit dem Beschuldigten. Sofern die Beweisaufnahme der Entscheidung über den Erlaß oder die Aufrechterhaltung eines Haft- oder Unterbringungsbefehls dient, ist der Richter auf die von dem Beschuldigten benannten Beweismittel übrigens nicht beschränkt, sondern kann, da er selbständig über die Haftfrage ent-

---

20 *Gerland* (S. 307) spricht von einem »Ermittlungsverfahren im Ermittlungsverfahren«.
21 Vgl. *Eb. Schmidt* § 166 Rdnr. 4.
22 Vgl. KK *R. Müller* § 166 Rdnr. 4; *Eb. Schmidt* § 166 Rdnr. 3.
23 Vgl. LR *Meyer-Goßner* 166 Rdnr. 5.
24 Vgl. *Dalcke/Fuhrmann/Schäfer* Anm. 3; KK *R. Müller* Rdnr. 6; KMR *Müller* Rdnr. 5; LR *Meyer-Goßner* Rdnr. 2; *Eb. Schmidt* Rdnr. 4; alle zu § 166.

scheidet, auch von Amts wegen weitere Beweise erheben[25]. Auch die Gegenüberstellung des Beschuldigten mit Mitbeschuldigten kann dann in Betracht kommen[26]. Hält der Richter die beantragte Beweiserhebung nicht für geboten, so lehnt er sie formlos ab. Die Entscheidung ist nicht anfechtbar.

3. Weiteres Verfahren

Die Bedeutung des § 166 liegt in erster Hinsicht darin, daß die Zuständigkeit des Haft- und Ermittlungsrichters zur Erhebung der Beweise begründet wird. Er muß sie selbst erheben; die Polizei oder Staatsanwaltschaft darf er damit nicht beauftragen. Wenn die Beweiserhebung in einem anderen Amtsbezirk vorzunehmen ist und der Richter die Amtshandlung dort nicht selber nach § 166 Abs. 1 GVG wegen Gefahr im Verzug oder, sofern er Ermittlungsrichter (§ 169) ist, nach § 166 Abs. 2 GVG vornehmen kann oder will, muß er den Richter dieses Bezirks um die Vornahme der Ermittlungen ersuchen (§ 166 Abs. 2).

Für die Haftentlassung begründet § 166 Abs. 1 keine Zuständigkeit. Die Vorschrift besagt nicht, daß jeder Vernehmungsrichter den Beschuldigten nach der Erhebung von Entlastungsbeweisen freilassen kann[27]. Das ist nur bei Vernehmungen nach § 115 Abs. 2 und 3, § 126 a Abs. 2 Satz 1, § 128 Abs. 1 Satz 2, § 129 zulässig. In allen anderen Fällen muß der Entlastungsbeweis zwar ebenfalls erhoben, die Haftentlassung aber dem nach den §§ 125, 126 zuständigen Richter überlassen werden[28].

In dem weiteren Verfahren hat der Beweisantrag nach § 166 Abs. 1 nur noch insofern Bedeutung, als das erkennende Gericht, wenn der Beweis bisher nicht erhoben ist, von Amts wegen zu prüfen hat, ob die Sachaufklärungspflicht nach § 244 Abs. 2 zur Benutzung des benannten Beweismittels drängt. Ist das nicht der Fall, so muß das Gericht das Beweisangebot auch dann nicht berücksichtigen, wenn die Hauptverhandlung nach § 232 in Abwesenheit des Angeklagten stattfindet[29].

III. Beweisanträge vor richterlichen Augenscheinseinnahmen (§ 168 d Abs. 2)

1. Zweck der Vorschrift

Einen Sonderfall des Beweisantragsrechts im Vorverfahren regelt der 1974[30] in das Gesetz eingefügte § 168 d Abs. 2. Die Vorschrift berechtigt den Beschuldigten, die

---

25 Vgl. LR *Meyer-Goßner* § 166 Rdnr. 2.
26 Vgl. KMR *Müller* § 166 Rdnr. 5; LR *Meyer-Goßner* § 166 Rdnr. 5.
27 Vgl. *Dalcke/Fuhrmann/Schäfer* § 166 Anm. 3; *Eb. Schmidt* § 166 Rdnr. 5.
28 Vgl. KK *R. Müller* Rdnr. 7; *Kleinknecht* Rdnr. 3; KMR *Müller* Rdnr. 6; LR *Meyer-Goßner* Rdnr. 5; *Eb. Schmidt* Rdnr. 5; alle zu § 166.
29 OLG Hamm JMBlNRW 1962 S. 203 = VRS 23 S. 354.
30 Durch Art. 1 Nr. 49 des 1. StVRG.

Ladung eines von ihm benannten Sachverständigen zu einer richterlichen Augenscheinseinnahme unter Zuziehung Sachverständiger, z. B. zu einer richterlichen Leichenschau nach § 87 Abs. 1, zu beantragen und, wenn der Antrag abgelehnt wird, den Sachverständigen selbst zu laden. Der Beschuldigte soll dadurch einem Sachverständigen, dessen Vernehmung in der Hauptverhandlung er beantragt oder den er nach § 220 Abs. 1 selbst laden will, die Möglichkeit verschaffen können, die Anknüpfungstatsachen für sein Gutachten festzustellen[31]. Obwohl § 168 d Abs. 2 demnach nicht unmittelbar dem Beweis, sondern nur der Vorbereitung der Beweisaufnahme in der Hauptverhandlung dient, gehört das dem Beschuldigten durch die Vorschrift eingeräumte Recht im weiteren Sinn zu dem Kreis der Beweisantragsrechte. Denn es führt dazu, daß auf Antrag des Beschuldigten[32] ein Beweismittel in das Verfahren eingeführt wird.

Da der Beschuldigte das Antragsrecht nach § 168 d Abs. 2 nur ausüben kann, wenn er von der beabsichtigten Augenscheinseinnahme erfährt, bestimmt § 168 d Abs. 1 Satz 2 unter anderem die entsprechende Anwendung des § 168 c Abs. 5 Satz 1. Der Beschuldigte muß, auch wenn er sich nicht in Freiheit befindet, vom Gericht davon benachrichtigt werden, daß der Augenschein eingenommen wird. Dabei ist ihm nicht nur der Zeitpunkt der Augenscheinseinnahme, sondern auch die vom Gericht angeordnete Zuziehung eines Sachverständigen mitzuteilen[33]. Auch der Zweck der Beweishandlung muß dem Beschuldigten bekanntgegeben werden, wenn er nicht offensichtlich ist. Denn nur dann ist der Beschuldigte in der Lage, darüber zu entscheiden, ob die Entsendung eines selbst gewählten Sachverständigen angebracht erscheint und welcher Sachverständige in Betracht kommt.

2. Antragstellung und Verfahren des Gerichts

Den Antrag nach § 168 d Abs. 2 kann jeder stellen, gegen den sich die Ermittlungen richten, auch ein Beschuldigter, der von der Teilnahme an der Augenscheinseinnahme nach § 168 d Abs. 1 Satz 2, § 168 c Abs. 3 Satz 1 ausgeschlossen ist oder der aus anderen Gründen nicht selbst an der Besichtigung teilnehmen kann oder will. Der Antrag ist an das Gericht zu richten und muß die Ladung eines namentlich benannten Sachverständigen zum Inhalt haben. Einer besonderen Form bedarf der Antrag nicht; der Beschuldigte kann ihn schriftlich stellen, aber auch zu Protokoll der Geschäftsstelle erklären oder bei einer Vernehmung anbringen. Eine Begründung des Antrags ist nicht erforderlich, da es sich nur darum handelt, daß bei der beabsichtigten Augenscheinseinnahme nicht nur der vom Gericht bestellte

---

31 Vgl. LR *Meyer-Goßner* § 168 d Rdnr. 5.
32 LR *Meyer-Goßner* § 166 Rdnr. 15 ist der Ansicht, daß auch der Staatsanwaltschaft aus Gründen der Waffengleichheit dieses Recht nicht verweigert werden darf. KK *R. Müller* § 168 d Rdnr. 8 und KMR *Müller* § 168 d Rdnr. 2 halten die Staatsanwaltschaft zur Ladung von Sachverständigen dagegen schon deshalb für berechtigt, weil sie »Herrin« des Ermittlungsverfahrens ist.
33 *Kleinknecht* § 168 d Rdnr. 2; LR *Meyer-Goßner* § 168 d Rdnr. 6. – KK *R. Müller* § 168 d Rdnr. 4 hält auch die Bekanntgabe von Namen, Beruf und Befähigung des Sachverständigen für empfehlenswert.

Sachverständige, sondern auch ein von dem Beschuldigten selbst ausgewählter Sachverständiger teilnimmt. Der Richter kann nach § 168 d Abs. 2 Satz 2 den Antrag ablehnen, wenn er meint, daß durch die Teilnahme des von dem Antragsteller beauftragten Sachverständigen die Tätigkeit des von ihm selbst bestellten Sachverständigen behindert wird[34]. Die Ablehnung erfolgt durch mit Gründen versehenen Beschluß, der dem Beschuldigten bekanntgegeben werden muß und nach § 304 Abs. 1 mit der Beschwerde angefochten werden kann. Die Bekanntmachung hat so rechtzeitig vor der Augenscheinseinnahme zu geschehen, daß der Beschuldigte in der Lage ist, von seinem Selbstladungsrecht nach § 168 d Abs. 2 Satz 1 letzter Satzteil Gebrauch zu machen. Entgegen dem Wortlaut des § 168 d Abs. 2 Satz 1 ist die unmittelbare Ladung übrigens auch zulässig, wenn nicht vorher ein Antrag gestellt und abgelehnt worden ist[35]. Die Ladung des Sachverständigen richtet sich nach § 38. Anders als im Fall des § 245 Abs. 2 Satz 1 ist aber auch ein Sachverständiger zuzulassen, der sich auf formlose Aufforderung durch den Angeklagten oder den Verteidiger zu dem Augenscheinstermin eingefunden hat[36].

Der Beschuldigte hat grundsätzlich Anspruch darauf, daß der von ihm benannte oder geladene Sachverständige an der Augenscheinseinnahme teilnehmen darf und daß ihm die erforderlichen Untersuchungen gestattet werden. Der Sachverständige kann aber nach § 168 d Abs. 2 Satz 2 ausgeschlossen werden, soweit durch seine Teilnahme die Tätigkeit des vom Gericht bestellten Sachverständigen behindert würde. Darüber hinaus dürfen Personen ausgeschlossen werden, denen offensichtlich die Eigenschaft von Sachverständigen fehlt. Der Beschuldigte ist nicht berechtigt, unter dem Vorwand der Zuziehung von Sachverständigen beliebige Personen zu dem Augenscheinstermin zu laden oder mitzubringen[37]. Die Nichtzulassung oder der Ausschluß von Sachverständigen oder Personen, die als Sachverständige ausgegeben werden, hat keine Unterbrechung und keinen Aufschub der Augenscheinseinnahme zur Folge. Die nach § 304 Abs. 1 an sich zulässige Beschwerde des Beschuldigten gegen die richterliche Anordnung ist daher, wenn sie noch während des Augenscheinstermins eingelegt worden ist, nach dem Abschluß der Besichtigung gegenstandslos; wenn sie erst nach deren Abschluß eingelegt wird, ist sie unzulässig[38].

---

34 Vgl. dazu *Kleinknecht* § 168 d Rdnr. 2; LR *Meyer-Goßner* § 168 d Rdnr. 8.
35 Vgl. LR *Meyer-Goßner* § 168 d Rdnr. 10.
36 Vgl. KK *R. Müller* Rdnr. 6; KMR *Müller* Rdnr. 4; LR *Meyer-Goßner* Rdnr. 10; alle zu § 168 d.
37 Vgl. KK *R. Müller* § 168 d Rdnr. 7; LR *Meyer-Goßner* § 168 d Rdnr. 13.
38 Vgl. *Kleinknecht* vor § 296 Rdnr. 17; unrichtig LR *Meyer-Goßner* § 168 d Rdnr. 14, der davon spricht, daß das Rechtsmittel gegenstandslos und unzulässig sei.

§ 2   Beweisanträge im Zwischenverfahren (§ 201)

I. Antragsrecht und Antragstellung	343
II. Zuständigkeit des Gerichts	344
III. Zulässige Ablehnungsgründe	344
IV. Entscheidung des Gerichts	345
V. Durchführung der Beweisaufnahme	346
VI. Hinweispflichten in der Hauptverhandlung	347

I. Antragsrecht und Antragstellung

Nachdem die Anklageschrift dem Gericht nach § 199 Abs. 2 Satz 2 mit den Akten vorgelegt worden ist, muß sie dem Angeschuldigten zugestellt werden (§ 201 Abs. 1). Gleichzeitig muß er aufgefordert werden, innerhalb einer von dem Vorsitzenden nach pflichtgemäßem Ermessen[1] zu bestimmenden Frist zu erklären, ob er die Vornahme einzelner Beweiserhebungen vor der Entscheidung über die Eröffnung des Hauptverfahrens beantragen wolle. Die Dauer der Frist wird regelmäßig von dem Umfang der Sache abhängen[2]; in der Praxis wird im allgemeinen keine kürzere Frist als eine Woche festgesetzt[3]. Die Frist ist keine Ausschlußfrist; sie kann verlängert oder verkürzt werden. Geht ein Beweisantrag nach ihrem Ablauf ein, so braucht er nicht mehr beschieden zu werden[4]. Das Vorbringen des Angeschuldigten ist aber bei der Entscheidung über die Eröffnung des Hauptverfahrens noch zu berücksichtigen[5]. Die Beweiserhebungen, die der Angeschuldigte beantragen kann, dienen nicht einer umfassenden Sachaufklärung, sondern nur der Vorbereitung der Entscheidung, ob das Hauptverfahren zu eröffnen ist, ob also hinreichender Tatverdacht besteht (§ 203). Die Beweisaufnahme in der Hauptverhandlung soll dadurch nicht vorweggenommen werden[6].

Der Antrag muß die Angabe enthalten, welche Beweismittel benutzt werden sollen und welche Tatsachen dadurch bewiesen werden können. Bloße Beweisermitt-

---

1 Vgl. OLG Dresden GA 37 S. 226 = AlsbE 2 Nr. 24.
2 Vgl. *Dalcke/Fuhrmann/Schäfer* § 201 Anm. 4; LR *Meyer-Goßner* § 201 Rdnr. 17.
3 *Ostler* ZRP 1981 S. 59 hält selbst eine Wochenfrist für zu kurz.
4 BayObLGSt. 1949/51 S. 379; KK *Treier* § 201 Rdnr. 11; KMR *Paulus* § 201 Rdnr. 9; *Gössel* S. 113.
5 OLG Schleswig SchlHA 1954 S. 109; KMR *Paulus* § 201 Rdnr. 9; LR *Meyer-Goßner* § 201 Rdnr. 18; *Gössel* S. 113.
6 Vgl. KMR *Paulus* § 201 Rdnr. 18; LR *Meyer-Goßner* § 202 Rdnr. 4.

lungsanträge sind ohne weiteres abzulehnen[7]. Eine besondere Form ist für den Antrag nicht vorgeschrieben. Er kann schriftlich oder zu Protokoll der Geschäftsstelle angebracht werden.

II. Zuständigkeit des Gerichts

Da der Beweisantrag im Zusammenhang mit der gerichtlichen Entscheidung über die Eröffnung des Hauptverfahrens steht, bestimmt § 201 Abs. 2 Satz 1, daß das Gericht und nicht, wie im Fall des § 219, der Vorsitzende allein über den Antrag beschließt. Es entscheidet in der Besetzung, die § 30 Abs. 2 StPO, § 76 Abs. 1 GVG allgemein für Entscheidungen außerhalb der Hauptverhandlung vorschreiben. Das Oberlandesgericht beschließt in der durch § 122 Abs. 2 Satz 2 GVG für die Entscheidung über die Eröffnung des Hauptverfahrens vorgeschriebenen Besetzung von fünf Richtern[8]. Die Gegenansicht, die die Dreierbesetzung nach § 122 Abs. 1 GVG für ausreichend hält[9], läßt außer acht, daß die Entscheidung, ob nach Aktenlage hinreichender Tatverdacht besteht oder ob sich das erst nach Vornahme der von dem Angeschuldigten beantragten Beweiserhebungen beurteilen läßt, nicht in zwei unterschiedlichen Gerichtsbesetzungen getroffen werden kann.

III. Zulässige Ablehnungsgründe

Für die Entscheidung des Gerichts über den Beweisantrag kommt es darauf an, ob die angebotenen Beweise die Beurteilung des hinreichenden Tatverdachts beeinflussen können. Sind sie dazu geeignet, so darf der Antrag nicht mit der Begründung abgelehnt werden, der Beweis werde ohnehin in der Hauptverhandlung erhoben werden[10]. Die Entscheidung über den Antrag darf auch nicht dem Vorsitzenden nach § 219 vorbehalten werden[11]. Die Ablehnungsgründe des § 244 Abs. 3 sind, wie immer, wenn es sich um Beweisaufnahmen außerhalb der Hauptverhandlung handelt, nicht maßgebend[12]. Das schließt allerdings nicht aus, daß das Gericht den ablehnenden Beschluß damit begründet, die Beweiserhebung werde

---

7 Vgl. *Berkholz* S. 142, der in Übereinstimmung mit LR *Gollwitzer* § 219 Rdnr. 2 die zutreffende Ansicht vertritt, daß den §§ 201, 219, 244 ein einheitlicher Begriff des Beweisantrags zugrunde liegt; a. A. *Goldschmidt* S. 445; *Gössel* S. 113.
8 *Meves* GA 40 S. 416 (420); *Schlüchter* Rdnr. 411.
9 KK *Treier* Rdnr. 15; LR *Meyer-Goßner* Rdnr. 25; *Eb. Schmidt* Nachtr. Rdnr. 16; alle zu § 201; *Gössel* S. 113.
10 Vgl. KMR *Paulus* § 201 Rdnr. 18; *Gössel* S. 114; mißverständlich LR *Meyer-Goßner* § 201 Rdnr. 31.
11 RGSt. 72 S. 231; *Dalcke/Fuhrmann/Schäfer* Anm. 6; *Kleinknecht* Rdnr. 9; KMR *Paulus* Rdnr. 18; LR *Meyer-Goßner* Rdnr. 28; *Eb. Schmidt* Nachtr. Rdnr. 19; alle zu § 201.
12 Die Ansicht von LR *Meyer-Goßner* § 201 Rdnr. 31, die Vorschrift sei »entsprechend anwendbar«, ist mindestens mißverständlich, die Meinung von KMR *Paulus* § 201 Rdnr. 18, die Ablehnung sei überhaupt nur unter den Voraussetzungen des § 244 Abs. 3 bis 5 zulässig, unrichtig; vgl. KK *Treier* § 201 Rdnr. 19.

wegen Offenkundigkeit der Beweistatsache oder ihres Gegenteils, wegen Unerheblichkeit der Beweistatsache, Unerreichbarkeit oder völliger Ungeeignetheit des Beweismittels abgelehnt. Unzulässig sind Zusagen für die Hauptverhandlung in der Weise, daß die Beweistatsache dort als wahr unterstellt werde. Die Rechtslage ist hier nicht anders als im Fall des § 219[13]. Ebensowenig wie dort der Vorsitzende darf das Gericht in dem Ablehnungsbeschluß nach § 201 Abs. 2 Satz 1 der Entscheidung des erkennenden Gerichts vorgreifen. Seine Zusage ist unwirksam und bindet das erkennende Gericht nicht. Der Angeklagte kann aber auf die Zusage vertrauen und braucht daher seinen Antrag in der Hauptverhandlung nicht zu wiederholen[14].

IV. Entscheidung des Gerichts

Das Gericht entscheidet über den Beweisantrag nach Anhörung der Staatsanwaltschaft (§ 33 Abs. 2) durch unanfechtbaren (§ 201 Abs. 2 Satz 2) Beschluß. Wird der Antrag abgelehnt, so kann die Beschlußfassung mit der Entscheidung über die Eröffnung des Hauptverfahrens in einem gemeinsamen Beschluß verbunden werden[15]. Eine ausdrückliche Entscheidung durch Beschluß ist aber immer erforderlich. Die stillschweigende Ablehnung der Beweiserhebung durch Eröffnung des Hauptverfahrens reicht nicht aus[16]. Zur Ablehnung des Antrags genügt immer die Begründung, die Beweiserhebung sei für die Entscheidung über die Eröffnung des Hauptverfahrens nicht erforderlich[17]. Wenn der Antrag abgelehnt wird, ist der Beschluß nach § 34 zu begründen[18]. Auf die Möglichkeit und Notwendigkeit, den abgelehnten Beweisantrag vor oder in der Hauptverhandlung zu wiederholen, braucht in dem Ablehnungsbeschluß nicht hingewiesen zu werden[19]. Wird dem Antrag stattgegeben, so ist die Bezeichnung des Beweismittels und der Beweistatsache erforderlich und ausreichend. Der Beschluß muß dem Angeschuldigten bekanntgegeben werden (§ 35 Abs. 2).

---

13 RGSt. 73 S. 193 (194) = DR 1939 S. 1438 = DStR 1940 S. 144 mit Anm. *Schneider-Neuenburg*; KMR *Paulus* Rdnr. 18; LR *Meyer-Goßner* Rdnr. 31; *Eb. Schmidt* Nachtr. Rdnr. 20; alle zu § 201; *Gössel* S. 114; *W. Schmid* S. 208/209; zu § 219 vgl. unten S. 357.
14 Vgl. unten S. 389.
15 Vgl. *Dalcke/Fuhrmann/Schäfer* § 201 Anm. 6; KMR *Paulus* § 201 Rdnr. 13; a. A. *Gössel* S. 113.
16 RGSt. 1 S. 170 (171); 44 S. 380 (381); KK *Treier* Rdnr. 14; KMR *Paulus* Rdnr. 13; LR *Meyer-Goßner* Rdnr. 29; *Eb. Schmidt* Nachtr. Rdnr. 18; alle zu § 201; *Völcker* S. 44.
17 RGSt. 72 S. 231 (232); OLG Köln JMBlNRW 1960 S. 221 (222); KK *Treier* Rdnr. 19; *Kleinknecht* Rdnr. 9; LR *Meyer-Goßner* Rdnr. 31; *Eb. Schmidt* Nachtr. Rdnr. 18; alle zu § 201.
18 KK *Treier* § 201 Rdnr. 17; *Kreuzer* S. 23; a. A. *Gössel* S. 114, der offenbar der Meinung ist, § 34 beziehe sich nur auf Entscheidungen, die mit Rechtsmitteln angefochten werden können.
19 A.A. KMR *Paulus* § 201 Rdnr. 20, nach dessen Ansicht die Fürsorgepflicht das Gericht zu dieser Belehrung zwingt; *Kleinknecht* § 201 Rdnr. 9 hält den Hinweis für zweckmäßig.

Wird die Eröffnung des Hauptverfahrens abgelehnt, so erübrigt sich zunächst eine Entscheidung über den Beweisantrag. Wenn aber das Beschwerdegericht über die sofortige Beschwerde gegen die Ablehnung der Eröffnung nach § 210 Abs. 2 entscheiden muß, hat es auch die Entscheidung darüber nachzuholen, ob den Beweisanträgen des Angeschuldigten stattzugeben ist. Hält es die beantragte Beweiserhebung für erforderlich, so muß es sie selbst durchführen oder von einem ersuchten Richter vornehmen lassen (§ 308 Abs. 2).

Ist ein Beweisantrag nach § 201 Abs. 1 aus Versehen nicht beschieden worden, obwohl das Gericht die Eröffnung des Hauptverfahrens beschlossen hat, so ist er von dem Vorsitzenden nach § 219 zu behandeln[20].

V. Durchführung der Beweisaufnahme

Gibt das Gericht dem Beweisantrag statt, so hat es die Beweisaufnahme grundsätzlich in entsprechender Anwendung der §§ 223 ff. vorzunehmen[21], muß also mit der Erhebung der Beweise eines seiner Mitglieder beauftragen[22] oder ein anderes Gericht darum ersuchen. Das Gesetz sieht nicht vor, daß das ganze Gericht die Beweisaufnahme durchführt. Das ist zwar nicht unzulässig[23], im allgemeinen aber überflüssig. Das Gericht kann auch die Staatsanwaltschaft bitten, selbst oder durch ihre Hilfsbeamten die erforderlichen Ermittlungen vorzunehmen. Verpflichtet ist die Staatsanwaltschaft dazu aber nicht. Denn Staatsanwälte sind keine Hilfsbeamten des Gerichts; sie leiten ihre Aufgaben und Befugnisse allein aus dem Gesetz her, nicht aus einem richterlichen Auftrag[24], und müssen daher keine Aufgaben wahrnehmen, die nach dem Gesetz dem Gericht obliegen[25]. Die in diesem Zusammenhang oft angeführte[26] Entscheidung RGSt. 76 S. 254, die den Vorsitzenden für verpflichtet hielt, nach Anklageerhebung bei der Staatsanwaltschaft auf Abstellung von Ermittlungsmängeln hinzuwirken, ist in einer Zeit ergangen, als § 202 aufgehoben und die Möglichkeit eigener Ermittlungen für das Gericht daher

20 Vgl. KMR *Paulus* § 201 Rdnr. 21.
21 BGH bei *Dallinger* MDR 1969 S. 724 = VRS 36 S. 356; RGSt. 66 S. 213 (214); OLG Schleswig SchlHA 1958 S. 290; KMR *Paulus* Rdnr. 15; LR *Meyer-Goßner* Rdnr. 13; *Eb. Schmidt* Nachtr. Rdnr. 8; alle zu § 202.
22 In Amtsgerichtssachen erhebt der Vorsitzende die Beweise allein.
23 BGH NJW 1956 S. 600 L = LM Nr. 3 zu § 223; BGH bei *Dallinger* MDR 1969 S. 724 = VRS 36 S. 356 (357); RGSt. 63 S. 337; KMR *Paulus* § 202 Rdnr. 15; LR *Meyer-Goßner* § 202 Rdnr. 11.
24 Vgl. *Eb. Schmidt* §§ 150, 151 GVG Rdnr. 2.
25 KG JR 1966 S. 230 (231) mit zust. Anm. *Kleinknecht*; KG JR 1967 S. 69 (70); KK *Schoreit* § 150 GVG Rdnr. 6; KK *Treier* § 202 Rdnr. 4; LR *Meyer-Goßner* § 202 Rdnr. 14; LR *Schäfer* § 150 GVG Rdnr. 2; *Kissel* § 150 GVG Rdnr. 2; *Nüse* DRiZ 1968 S. 85 (88); *G. Schäfer* S. 271; *Schlüchter* Rdnr. 411. – A.A. OLG Celle GA 59 S. 365; LG Münster JR 1979 S. 40 mit zust. Anm. *Peters*; *Kleinknecht* § 202 Rdnr. 3; *Peters* S. 512; *Roxin* § 40 B II 2. – KMR *Paulus* § 201 Rdnr. 17 will den Rechtsgedanken des § 162 Abs. 3 entsprechend anwenden.
26 Vgl. *Kleinknecht* § 202 Rdnr. 3; LR *Meyer-Goßner* § 202 Rdnr. 2; *Gössel* S. 115; *Peters* JR 1979 S. 41.

weggefallen war. Sie hat heute nur noch insoweit Bedeutung, als sie klarstellt, daß die Befugnis der Staatsanwaltschaft zu eigenen Ermittlungen nach der Anklageerhebung fortbesteht[27].

Von dem Ergebnis der Beweisaufnahme ist der Antragsteller zu unterrichten, damit er sich dazu äußern kann. Der Staatsanwaltschaft werden die Akten mit dem Anheimgeben vorgelegt, zu den weiteren Ermittlungen Stellung zu nehmen[28].

VI. Hinweispflichten in der Hauptverhandlung

Da die Beweiserhebung nur der Klärung des Vorliegens des für die Eröffnung des Hauptverfahrens erforderlichen hinreichenden Tatverdachts (§ 203) dienen soll, ist der Beweisantrag für das Gericht erledigt, wenn es ihn mit der Begründung abgelehnt hat, es bedürfe der beantragten Beweiserhebung zu diesem Zweck nicht[29]. Der Antragsteller kann nicht erwarten, daß das Gericht in der Hauptverhandlung von sich aus auf den Antrag zurückkommt, sofern es nicht meint, die Beweisaufnahme sei zur Sachaufklärung erforderlich. Er ist aber immer berechtigt, den Antrag vor der Hauptverhandlung nach § 219 oder in der Hauptverhandlung nach § 244 Abs. 3 zu wiederholen.

Hinweispflichten entstehen für das Gericht nur, wenn es den Beweisantrag nach § 201 nicht in zulässiger Weise abgelehnt hat. Das ist vor allem der Fall, wenn die Entscheidung dem Vorsitzenden nach § 219 vorbehalten worden ist. Der Vorsitzende muß den Angeklagten dann in der Hauptverhandlung darauf aufmerksam machen, daß über den Antrag nur entschieden wird, wenn er ihn wiederholt[30]. Ähnlich ist es, wenn das Gericht unzulässigerweise den Antrag durch die Zusage erledigt hat, die Beweistatsache werde in der Hauptverhandlung als wahr unterstellt. Der Antragsteller kann darauf vertrauen, daß die Zusage entweder eingehalten oder aber so rechtzeitig widerrufen wird, daß er sich auf die neue Verfahrenslage einstellen kann. Das Gericht muß daher in der Hauptverhandlung auch ohne Wiederholung der Antragstellung erneut über den Beweisantrag beraten. Stellt sich dann heraus, daß es die Beweistatsache nicht als wahr behandeln will, so muß der Angeklagte hierauf ausdrücklich hingewiesen werden[31]. Dabei macht es keinen Unterschied, ob das erkennende Gericht ebenso oder anders besetzt ist als das Gericht bei der Beschlußfassung in dem Zwischenverfahren nach § 201[32].

---

27 Vgl. dazu KK *Treier* § 202 Rdnr. 7; LR *Meyer-Goßner* § 202 Rdnr. 14; LR *Gollwitzer* vor § 213 Rdnr. 18 ff.
28 BayObLGSt. 6 S. 84 = AlsbE 2 Nr. 23 L; LR *Meyer-Goßner* § 202 Rdnr. 15.
29 Vgl. unten S. 388.
30 RGSt. 72 S. 231 (233).
31 RGSt. 73 S. 193 (194) = DR 1939 S. 1438 = DStR 1940 S. 144 mit Anm. *Schneider-Neuenburg*; KK *Treier* Rdnr. 19; LR *Meyer-Goßner* Rdnr. 31; *Eb. Schmidt* Nachtr. Rdnr. 20; alle zu § 201. Vgl. auch unten S. 389, 862.
32 Vgl. KMR *Paulus* Rdnr. 18; LR *Meyer-Goßner* Rdnr. 31; *Eb. Schmidt* Nachtr. Rdnr. 20; alle zu § 201.

§ 3 Beweisanträge im Übernahmeverfahren der Jugendkammer (§§ 40, 108 Abs. 1 JGG)

Das Zwischenverfahren nach § 201 ff. findet auch im Jugendstrafverfahren statt (vgl. § 2 JGG). Anwendbar ist auch § 209 Abs. 2, der den Richter zur Vorlage der Akten an das Gericht höherer Ordnung verpflichtet, wenn er dessen Zuständigkeit für gegeben hält. Daneben eröffnet aber § 40 Abs. 2 JGG dem Jugendschöffengericht, bei dem die Anklage erhoben worden ist, die Möglichkeit, die Akten der Jugendkammer zur Entscheidung darüber vorzulegen, ob sie die Sache wegen ihres besonderen Umfangs übernehmen will. Nach § 41 Abs. 1 Nr. 2 JGG wird die Jugendkammer mit der Übernahme sachlich zuständig. Dieses Übernahmeverfahren gehört, da es nach § 40 Abs. 2 JGG nur bis zur Eröffnung der Hauptverhandlung zulässig ist, zum Zwischenverfahren[1].

Ohne Rücksicht darauf, ob der Vorsitzende des Jugendschöffengerichts dem Angeschuldigten bereits nach § 201 Abs. 1 eine Frist für die Stellung von Beweisanträgen gesetzt hat, muß der Vorsitzende der Jugendkammer dem Angeschuldigten vor Erlaß des Übernahmebeschlusses eine solche Frist bestimmen (§ 40 Abs. 3 JGG). Der Gesetzgeber hat das offenbar deshalb für nötig gehalten, weil der besondere Umfang der Sache Anlaß zu der Aktenvorlage an die Jugendkammer gegeben hat und der Angeschuldigte darin einen Grund sehen kann, zur Klärung des notwendigen Umfangs der Beweisaufnahme vor der Eröffnung des Hauptverfahrens die Erhebung von Beweisen zu verlangen, die er im Fall der Verhandlung vor dem Jugendschöffengericht erst in der Hauptverhandlung beantragt hätte[2].

Ob über den Beweisantrag der Vorsitzende allein oder das ganze Gericht entscheidet, bestimmt § 40 Abs. 3 JGG im Gegensatz zu ähnlichen Vorschriften (§ 201 Abs. 2 Satz 1, § 219 Abs. 1, § 225 a Abs. 2 Satz 2, § 270 Abs. 4 Satz 2) nicht. Da die Rechtslage aber der des § 201 entspricht, die Entscheidung des Gerichts über gestellte Anträge überdies die Regel ist und daher nicht besonders vorgeschrieben zu werden braucht, ist die entsprechende Anwendung des § 201 Abs. 2 Satz 1 geboten. Die Jugendkammer entscheidet, wie immer außerhalb der Hauptverhandlung, ohne die sonst mitwirkenden (§ 33 Abs. 3 Satz 1 JGG) Jugendschöffen. Die

---

1 OLG Schleswig SchlHA 1958 S. 290; *Dallinger/Lackner* § 40 JGG Rdnr. 14; *Eisenberg* § 40 JGG Rdnr. 12.
2 Die Annahme, dem Angeschuldigten solle dadurch ein Ausgleich für den Verlust einer zweiten Tatsacheninstanz gewährt werden (*Dallinger/Lackner* § 40 JGG Rdnr. 14), kann nicht zutreffen; denn eine Tatsacheninstanz verliert der Angeklagte auch im Fall der Vorlegung nach § 209 Abs. 2, ohne daß dort ein weiteres Beweisantragsrecht vorgesehen ist.

Entscheidung darf nicht nur stillschweigend getroffen werden, sondern erfordert einen ausdrücklichen Gerichtsbeschluß, der aber mit dem über die Übernahme und die Eröffnung des Hauptverfahrens verbunden werden kann. Beschließt die Jugendkammer, die Sache nicht zu übernehmen, so bedarf der Beweisantrag keiner Entscheidung.

Für die zulässigen Ablehnungsgründe, die Durchführung der Beweisaufnahme und die Hinweispflichten in der Hauptverhandlung bei unzulässiger Antragsablehnung gelten dieselben Grundsätze wie in dem Verfahren nach § 201[3]. Nach § 108 Abs. 1 JGG ist § 40 Abs. 3 JGG auch anzuwenden, wenn das Verfahren die Verfehlungen Heranwachsender zum Gegenstand hat.

---

3 Vgl. oben S. 344 ff.

2. Kapitel Beweisanträge zur Vorbereitung der Hauptverhandlung

§ 1 Vorwegnahme der Beweisaufnahme vor der Hauptverhandlung

Nachdem das Hauptverfahren eröffnet und die Anklage zugelassen ist (§ 207), werden Beweise grundsätzlich erst wieder in der Hauptverhandlung erhoben. Von diesem Grundsatz gibt es aber Ausnahmen. Die Beweisaufnahme muß vorweggenommen werden, wenn sie in der Hauptverhandlung aus rechtlichen Gründen nicht zulässig ist, z. B. in den Fällen der §§ 49, 50. Eine Beweisaufnahme ist auch erforderlich, wenn Beweise gesichert werden müssen, etwa weil die Gefahr besteht, daß ein Zeuge in der Hauptverhandlung nicht mehr vernommen werden kann oder ein Augenscheinsgegenstand dann nicht mehr zur Verfügung steht. Ferner können der Beweisaufnahme in der Hauptverhandlung tatsächliche Hindernisse entgegenstehen, z. B. wenn ein Zeuge wegen Krankheit oder Gebrechlichkeit nicht erscheinen kann oder wenn ihm das Erscheinen wegen großer Entfernung nicht zuzumuten ist. Dann ist seine Vernehmung vor der Hauptverhandlung zulässig, und die Vernehmungsniederschrift darf in der Hauptverhandlung nach § 251 Abs. 1 Nr. 2 und 3 verlesen werden.

Solche Beweiserhebungen ordnet das Gericht auf Antrag eines Prozeßbeteiligten oder von Amts wegen an. Für die Durchführung der Beweisaufnahme gelten die §§ 223 ff. Wird der Antrag eines Prozeßbeteiligten abgelehnt, weil die rechtlichen Voraussetzungen für eine Verwertung der vorweggenommenen Beweisaufnahme in der Hauptverhandlung nicht vorliegen, so bedarf es dazu eines mit Gründen versehenen Gerichtsbeschlusses, der dem Antragsteller und den übrigen Prozeßbeteiligten bekanntgegeben werden muß. Die Anfechtung der Entscheidung ist nach § 305 Satz 1 ausgeschlossen, gleichgültig, ob dem Antrag stattgegeben worden ist oder nicht.

§ 2 Beweisanträge nach § 219

    I. Grundsätze des Beweisantragsrechts nach § 219 352
    II. Entscheidung des Vorsitzenden 354
        1. Zuständigkeit 354
        2. Pflicht zur Entscheidung 355
    III. Zulässige Ablehnungsgründe 355
    IV. Bekanntgabe der Verfügung 357
        1. Bekanntmachungspflicht 357
        2. Begründungspflicht 358
    V. Wirkung der Verfügung 359
    VI. Verfahren bei unterlassener oder unzulässiger Bescheidung 359
        1. Unterlassene Bescheidung 360
        2. Zusage der Bescheidung durch das Gericht 362
        3. Zusage der Wahrunterstellung 363
    VII. Anfechtung 364

I. Grundsätze des Beweisantragsrechts nach § 219

Nach der Eröffnung des Hauptverfahrens berechtigt § 219 Abs. 1 Satz 1 den Angeklagten, auch wenn er nach § 233 von der Teilnahme an der Hauptverhandlung entbunden ist[1], Beweisanträge mit dem Ziel zu stellen, daß das Gericht zur Hauptverhandlung Zeugen oder Sachverständige lädt oder Urkunden und Augenscheinsgegenstände herbeischafft. Der Antrag, zur Vorbereitung der Hauptverhandlung einen richterlichen Augenschein einzunehmen (§ 225), fällt nicht unter die Vorschrift[2].

Das Beweisantragsrecht nach § 219 haben der Angeklagte, der Verteidiger[3], der gesetzliche Vertreter und der Erziehungsberechtigte des Angeklagten sowie Ein-

---

1 Vgl. unten S. 390 ff.
2 OLG Celle NJW 1957 S. 1812 (1813) = MDR 58 S. 51; KK *Treier* § 219 Rdnr. 3; *Kleinknecht* § 225 Rdnr. 1; KMR *Paulus* § 219 Rdnr. 2; LR *Gollwitzer* § 219 Rdnr. 6 und § 225 Rdnr. 4; a. A. RG JW 1932 S. 1660 mit Anm. *Klefisch*. Der Antrag wird daher, was das OLG Köln in der Entscheidung JMBlNRW 1963 S. 11 übersehen hat, nicht von dem Vorsitzenden allein, sondern durch das Gericht beschieden. Vgl. auch OLG Celle NdsRpfl. 1959 S. 89 (91) = VRS 17 S. 281 (284).
3 Wie in der Hauptverhandlung (vgl. unten S. 377/378) kann der Verteidiger sein Antragsrecht auch gegen den Willen des Angeklagten ausüben; vgl. *Beulke* S. 130; *Spendel* JZ 1959 S. 737 (741).

ziehungsbeteiligte und sonstige Nebenbeteiligte, die dieselben Rechte wie der Angeklagte haben[4]. Daß andere Prozeßbeteiligte die Ladung von Zeugen oder Sachverständigen und die Herbeischaffung sachlicher Beweismittel anregen, ist aber nirgends ausgeschlossen. Der Vorsitzende wird solchen Beweisanregungen nachkommen, wenn er die Beweiserhebung zur Aufklärung des Sachverhalts für erforderlich hält[5].

Der Antrag nach § 219 Abs. 1 Satz 1, der schriftlich oder zu Protokoll der Geschäftsstelle gestellt werden kann, ist ein echter Beweisantrag. Er gibt dem Angeklagten schon vor der Hauptverhandlung die Möglichkeit, den Umfang der Beweisaufnahme zu beeinflussen. Mit dem Antrag kann zwar unmittelbar nur die Herbeischaffung der Beweismittel für die Hauptverhandlung erreicht werden. Ein Erfolg des Antrags hat zunächst nur die Wirkung, daß dem Angeklagten die Selbstladung der Zeugen oder Sachverständigen nach § 220 erspart wird. Das Gericht ist aber nach § 245 Abs. 1 Satz 1 verpflichtet, die von ihm, auch auf einen Antrag nach § 219, herbeigeschafften Beweismittel zu verwenden, wenn das nicht unzulässig ist. Der Antrag richtet sich daher im Ergebnis auf die Beweiserhebung in der Hauptverhandlung. Die Vorschrift des § 219 ist sogar die einzige, in der die inhaltlichen Erfordernisse des Beweisantrags bezeichnet sind: Er muß die Beweismittel benennen und die Tatsachen angeben, über die der Beweis erhoben werden soll[6]. Daß der Antragsteller die Beweismittel zu der bevorstehenden Hauptverhandlung herbeigezogen haben will, muß er nicht ausdrücklich erklären; es genügt, daß sich das aus dem Zusammenhang seiner Ausführungen ergibt[7]. Wer aber nur die Vernehmung von Zeugen durch die Kriminalpolizei beantragt, stellt keinen Antrag nach § 219[8].

Der Beweisantrag kann unter einer Bedingung, insbesondere als Hilfsbeweisantrag, gestellt werden[9]. Wenn die Bedingung noch vor der Hauptverhandlung eintritt, muß über den Antrag nach § 219 entschieden werden. Der Vorsitzende muß den Antrag aber ablehnen, wenn er nicht beurteilen kann, ob das Gericht die Voraussetzungen für gegeben hält, von denen der Antragsteller die Herbeischaffung des Beweismittels abhängig macht[10].

Die Stellung von Beweisermittlungsanträgen sieht § 219 nicht vor; sie brauchen nicht beschieden zu werden[11].

---

4 Vgl. KMR *Paulus* § 219 Rdnr. 5; *Oske* MDR 1971 S. 797. Für Einziehungsbeteiligte und die ihnen gleichstehenden Verfahrensbeteiligten gilt die Beschränkung des § 436 Abs. 2. Vgl. zur Antragsberechtigung auch unten S. 376.
5 Vgl. OLG Braunschweig HRR 1928 Nr. 1676 (Zeugenladung auf Antrag des Privatklägers). Die unmittelbare Geltung des § 219 für Beweisanträge des Privatklägers behaupten OLG Königsberg JW 1928 S. 2293 mit Anm. *Stern* und LR *Wendisch* § 386 Rdnr. 2.
6 Vgl. im einzelnen oben S. 39 ff.
7 Vgl. LR *Gollwitzer* § 219 Rdnr. 4.
8 BGH 1 StR 414/75 vom 21. 10. 1975; KK *Treier* § 219 Rdnr. 2;
9 KMR *Paulus* § 219 Rdnr. 2. Vgl. den Fall OLG Celle NdsRpfl. 1959 S. 89 (91) = VRS 17 S. 281 (284): Antrag auf Beweisaufnahme für den Fall, daß das Berufungsgericht sich nicht an die Wahrunterstellung durch das Schöffengericht halten wolle.
10 Vgl. LR *Gollwitzer* § 219 Rdnr. 19; *Steffen* S. 5.
11 Vgl. *Eb. Schmidt* § 219 Rdnr. 2; *Berkholz* S. 144 ff.

II. Entscheidung des Vorsitzenden

1. Zuständigkeit

Der Antrag ist nach § 219 Abs. 1 Satz 1 bei dem Vorsitzenden des erkennenden Gerichts zu stellen. Die Vorschrift richtet sich nicht in erster Hinsicht an den Antragsteller, sondern regelt die Zuständigkeit für die Entscheidung über den Antrag. Sie liegt allein bei dem Gerichtsvorsitzenden. Das Gesetz hat diese Zuständigkeitsregelung getroffen, weil die Entscheidung nur vorläufig ist[12]. Sie nimmt die Entscheidung des erkennenden Gerichts nicht vorweg und kann das auch nicht. Denn mit Ausnahme des Strafrichters (Einzelrichter) und des Strafsenats des Oberlandesgerichts sind die endgültig erkennenden Spruchkörper vor der Hauptverhandlung wegen Fehlens der teilnehmenden Schöffen noch nicht vollständig versammelt[13]. Der Gesichtspunkt, daß zunächst nur der Vorsitzende die für die Entscheidung über den Antrag erforderlichen Aktenkenntnisse hat[14], tritt demgegenüber zurück; denn das führt auch nicht dazu, daß der Vorsitzende allein über die Haftfortdauer und ähnliche Maßnahmen entscheidet.

Das Gericht ist nicht befugt, über den Beweisantrag durch förmlichen Beschluß zu entscheiden[15]. Das OLG Köln[16] sieht in der Beschlußfassung sogar einen Revisionsgrund, weil nicht auszuschließen sei, daß der Antragsteller durch den Beschluß so beeindruckt ist, daß er meint, die Wiederholung seines Antrags in der Hauptverhandlung sei wegen der bereits vorliegenden Meinungsäußerung des Gerichts nutzlos. Daß diese Auffassung unrichtig ist[17], ergibt sich aus § 201 Abs. 2 Satz 1. Dort ist eine Beschlußfassung des Gerichts über Beweisanträge ausdrücklich vorgeschrieben, ohne daß der Gesetzgeber die Gefahr für gegeben hält, daß der Angeklagte den vorläufigen Charakter des Beschlusses mißversteht. Daß seine ausschließliche Zuständigkeit den Vorsitzenden nicht daran hindert, vor der Entscheidung die Meinung der Richter zu erfragen, die außer ihm an der Hauptverhandlung teilnehmen werden, entspricht allgemeiner Ansicht[18].

Da § 33 Abs. 2 für Verfügungen des Vorsitzenden nicht gilt, ist die vorherige Anhörung der Staatsanwaltschaft gesetzlich nicht vorgeschrieben[19]; sie erscheint aber zweckmäßig[20].

12 RGSt. 75 S. 165 (166); *Kleinknecht* § 219 Rdnr. 4; *Eb. Schmidt* § 219 Rdnr. 3; *Oske* MDR 1971 S. 797.
13 Vgl. LR *Gollwitzer* § 219 Rdnr. 5; *Eb. Schmidt* § 219 Rdnr. 3.
14 LR *Gollwitzer* a.a.O.; *Oske* MDR 1971 S. 797.
15 OLG Celle NJW 1957 S. 1812 (1813); *Dalcke/Fuhrmann/Schäfer* Anm. 2; KK *Treier* Rdnr. 3; *Kleinknecht* Rdnr. 1; KMR *Paulus* Rdnr. 7; LR *Gollwitzer* Rdnr. 5; *Eb. Schmidt* Rdnr. 3; alle zu § 219; *Oske* MDR 1971 S. 797; a. A. OLG Köln DRiZ 1931 Nr. 452 = HRR 1931 Nr. 1617.
16 MDR 1953 S. 376.
17 *W. Schmid* (S. 214 Fußn. 194) hält sie nur für zu großzügig.
18 OLG Köln DRiZ 1931 Nr. 452 = HRR 1931 Nr. 1617; KMR *Paulus* § 219 Rdnr. 6; LR *Gollwitzer* § 219 Rdnr. 5; *Oske* MDR 1971 S. 797.
19 Vgl. *Eb. Schmidt* § 219 Rdnr. 4.
20 Vgl. KK *Treier* Rdnr. 3; *Kleinknecht* Rdnr. 1; KMR *Paulus* Rdnr. 8; LR *Gollwitzer* Rdnr. 7; alle zu § 219; *Oske* MDR 1971 S. 797.

2. Pflicht zur Entscheidung

Auf den Beweisantrag, nicht schon auf die bloße Ankündigung eines solchen Antrags[21], muß noch vor der Hauptverhandlung eine Verfügung des Vorsitzenden ergehen (§ 219 Abs. 1 Satz 2), sofern das zeitlich möglich ist. Geht der Antrag bei dem Vorsitzenden so kurze Zeit vor der Hauptverhandlung ein, daß die ablehnende oder stattgebende Verfügung den Antragsteller nicht mehr rechtzeitig erreichen könnte, so ist die Verfügung überflüssig. Die beantragte Ladung der Beweispersonen oder die Herbeischaffung der sachlichen Beweismittel muß jedoch angeordnet werden, wenn sie noch durchführbar ist und zur Sachaufklärung erforderlich erscheint. Wird der Antrag so spät gestellt, daß es nicht mehr möglich ist, die Beweismittel heranzuschaffen, so muß der Vorsitzende ihn ablehnen und dem Antragsteller den Grund dafür mitteilen[22].

Der Vorsitzende ist aber immer nur berechtigt, den Antrag abzulehnen oder ihm stattzugeben. Er darf nicht von einer Verfügung absehen und die Entscheidung an das erkennende Gericht in der Hauptverhandlung »verweisen«[23]. Denn dem Angeklagten muß die Entscheidung noch vor der Hauptverhandlung bekanntgegeben werden, damit er seine Verteidigung vorbereiten, insbesondere das Beweismittel, sofern ihm das möglich ist, selbst herbeischaffen und Beweispersonen nach § 38 laden kann.

III. Zulässige Ablehnungsgründe

Entspricht ein Beweisantrag nicht den Erfordernissen des § 219 Abs. 1 Satz 1, weil er die Beweismittel oder die Beweistatsachen nicht bestimmt genug bezeichnet, so kann er unter Hinweis auf diese Mängel abgelehnt werden[24]. Der Vorsitzende genügt dadurch seiner Pflicht, auf die Stellung einwandfreier Anträge hinzuwirken. Denn durch die ablehnende Verfügung erfährt der Antragsteller, welche Angaben bisher fehlen, und er hat nunmehr Gelegenheit, sie nachzuholen. Unterläßt er das, so kann er sich nicht darüber beklagen, daß das Gericht seine Für-

---

21 RG JW 1932 S. 1660 mit Anm. *Klefisch.*
22 RGSt. 61 S. 376 (377) = JW 1927 S. 3056 mit Anm. *Alsberg*; das RG hielt einen Hinweis an den Antragsteller, daß er den Antrag in der Hauptverhandlung wiederholen könne, nicht für unbedingt erforderlich. Vgl auch KK *Treier* § 219 Rdnr. 3;
23 BGHSt. 1 S. 286 (287) = JZ 1951 S. 725 mit Anm. *Oehler*; RGSt. 61 S. 376 (377) = JW 1927 S. 2056 mit Anm. *Alsberg*; RGSt. 72 S. 231 (232/233); 75 S. 165 (167); KG JW 1927 S. 926 mit abl. Anm. *Stern*; OLG Hamburg GA 75 S. 105; KK *Treier* Rdnr. 3; *Kleinknecht* Rdnr. 5; KMR *Paulus* Rdnr. 7; LR *Gollwitzer* Rdnr. 8; *Eb. Schmidt* Rdnr. 4; alle zu § 219; *Oske* MDR 1971 S. 797 (798); *W. Schmid* S. 209; *Steffen* S. 9; *Traub* NJW 1957 S. 1095 (1097). In der Entscheidung KG JR 1950 S. 567 (568) wurde zu Unrecht angenommen, daß der Fall schon vorliegt, wenn überhaupt keine Verfügung ergeht. Zu den verfahrensrechtlichen Folgen eines Verstoßes des Vorsitzenden gegen die Bescheidungspflicht vgl. unten S. 360 ff.
24 *Eb. Schmidt* § 219 Rdnr. 2 hält den Vorsitzenden in diesem Fall überhaupt nicht für verpflichtet, den Antrag zu bescheiden.

sorge- und Aufklärungspflicht verletzt habe[25]. Der Vorsitzende ist natürlich nicht gehindert, den Antragsteller aufzufordern, seinen Antrag vor der Entscheidung zu vervollständigen. Aber dieses Verfahren ist unzweckmäßig, weil die Entscheidung in der Schwebe bleibt, wenn der Antragsteller sich nicht mehr meldet. Die Verteidigungslage des Antragstellers, der seinen Antrag jederzeit in vollständiger Form wiederholen kann, wird durch eine Zwischenverfügung des Vorsitzenden auch keineswegs verbessert.

Die zulässigen Gründe für die Ablehnung eines mangelfreien Beweisantrags muß der Vorsitzende grundsätzlich dem § 244 Abs. 3 bis 5 entnehmen[26]. Er muß den Beweisantrag ablehnen, wenn die Beweiserhebung unzulässig wäre, und er kann ihn ablehnen, wenn die Beweistatsache oder ihr Gegenteil offenkundig ist, wenn die Beweistatsache für die Entscheidung ohne Bedeutung oder wenn das Beweismittel völlig ungeeignet oder wenn es unerreichbar ist[27]. Wird die Anhörung eines Sachverständigen beantragt, so kann der Antrag auch nach § 244 Abs. 4 Satz 1 wegen der eigenen Sachkunde des Gerichts abgelehnt werden. Dabei entscheidet der Vorsitzende nicht nach pflichtgemäßem Ermessen[28], sondern aufgrund der vorläufigen Beurteilung der Sachkunde des erkennenden Gerichts[29]. Der Antrag auf Zuziehung eines weiteren Sachverständigen kann nicht nach § 244 Abs. 4 Satz 2 erster Halbsatz mit der Begründung abgelehnt werden, daß das Gegenteil der Beweistatsache schon bewiesen sei. Der Vorsitzende muß sich vielmehr auf die Begründung beschränken, daß, soweit das bisher erkennbar ist, die Voraussetzungen des § 244 Abs. 4 Satz 2 zweiter Halbsatz nicht vorliegen. Allenfalls kann er seine Ansicht zum Ausdruck bringen, daß das Gericht in der Hauptverhandlung das Gegenteil der Beweistatsache aufgrund der bereits vorliegenden Gutachten voraussichtlich für schon bewiesen halten werde. Die Herbeischaffung von Augenscheinsgegenständen kann in entsprechender Anwendung des § 244 Abs. 5 nach dem Ermessen des Vorsitzenden abgelehnt werden. Daß der Vorsit-

---

25 Vgl. LR *Gollwitzer* § 219 Rdnr. 4; a. A. KMR *Paulus* § 219 Rdnr. 4 unter Berufung auf RG-Entscheidungen, die sämtlich die Antragstellung in der Hauptverhandlung betreffen. Auch KK *Treier* § 219 Rdnr. 2 hält den Vorsitzenden für verpflichtet, auf Klarstellung hinzuwirken.
26 OLG Hamburg HESt. 1 S. 166 (167); OLG Köln MDR 1953 S. 376; KK *Treier* Rdnr. 3; KMR *Paulus* Rdnr. 9; LR *Gollwitzer* Rdnr. 2, 16; *Eb. Schmidt* Rdnr. 8; alle zu § 219; *Engels* S. 85 Fußn. 73; *Roxin* § 41 B I 3 c; *Schlüchter* Rdnr. 432; a. A. *Peters* S. 288, der den Vorsitzenden an diese Ablehnungsgründe nicht für gebunden hält.
27 Vgl. KMR *Paulus* § 219 Rdnr. 10. — RGSt. 75 S. 165 (166) und KG GA 75 S. 256 (257) = JW 1931 S. 3579 mit Anm. *Klefisch* hielten die Unerheblichkeit und Ungeeignetheit für die einzig zulässigen Ablehnungsgründe.
28 So aber KMR *Paulus* a.a.O.; LR *Gollwitzer* § 219 Rdnr. 11 unter Berufung auf RG-Entscheidungen, die längst überholt sind (vgl. unten S. 689 ff.).
29 Die Zweifel des OLG Celle (NJW 1957 S. 1812 [1813]), ob solche Anträge von dem Vorsitzenden allein beschieden werden können, sind unbegründet. Denn einerseits kann nicht verlangt werden, daß der Vorsitzende jedem Antrag auf Sachverständigenbeweis stattgibt, andererseits schreibt das Gesetz ausnahmslos die Entscheidung durch Verfügung des Vorsitzenden vor.

zende in der ablehnenden Verfügung die Beweiswürdigung nur in den gesetzlich zugelassenen Fällen vorwegnehmen darf, ist selbstverständlich[30]. Aus dem Umstand, daß seine ablehnende Entscheidung nur vorläufiger Natur ist, folgt auch mit Notwendigkeit, daß er dem Angeklagten nicht die Zusage machen darf, das erkennende Gericht werde die Beweistatsache als wahr unterstellen[31]. Er kann vor der Hauptverhandlung noch nicht sicher übersehen, ob die Tatsache überhaupt erheblich ist, und er ist auch nicht berechtigt, das erkennende Gericht auf eine bestimmte Meinung festzulegen[32].

IV. Bekanntmachung der Verfügung

1. Bekanntmachungspflicht

Die Entscheidung des Vorsitzenden muß dem Antragsteller nach § 219 Abs. 1 Satz 2 bekanntgemacht werden, gleichgültig, ob dem Antrag stattgegeben wird oder nicht[33]. Eine förmliche Zustellung der Verfügung schreibt das Gesetz nicht vor[34]. Wird der Antrag abgelehnt, so muß der Antragsteller so rechtzeitig vor der Hauptverhandlung davon benachrichtigt werden, daß er von seinem Selbstladungsrecht nach § 220 Gebrauch machen kann[35]. Wer die Herbeischaffung der Beweise nicht beantragt hat, muß auch nicht darüber unterrichtet werden, daß dem Beweisantrag nicht stattgegeben worden ist. Die Ansicht, es sei angebracht, eine ablehnende Verfügung auch den Mitangeklagten mitzuteilen, die keinen Beweisantrag gestellt haben, für deren Verteidigung das Beweismittel aber von

---

30 Vgl. KMR *Paulus* § 219 Rdnr. 11; LR *Gollwitzer* § 219 Rdnr. 17.
31 BGHSt. 1 S. 51 (53); BGH 5 StR 288/61 vom 12. 9. 1961; RGSt. 75 S. 165 (167); RG JW 1938 S. 2736; RG GA 72 S. 347 = HRR 1928 Nr. 2244 = JW 1928 S. 2253 mit Anm. *Alsberg*; RG HRR 1939 Nr. 816; KG GA 75 S. 256 (257) = HRR 1931 Nr. 720 = JW 1931 S. 3579 mit Anm. *Klefisch*; *Dalcke/Fuhrmann/Schäfer* Anm. 3; KK *Treier* Rdnr. 6; *Kleinknecht* Rdnr. 6; KMR *Paulus* Rdnr. 11; LR *Gollwitzer* Rdnr. 18; *Eb. Schmidt* Rdnr. 12; alle zu § 219; *Dahs/Dahs* Rdnr. 190; *Koeniger* S. 181; *Oske* MDR 1971 S. 797 (798); *Peters* S. 288; *Roxin* § 41 B I 3 c; *Sarstedt* DAR 1964 S. 307 (309); *W. Schmid* S. 208/209; *Steffen* S. 9/10; *Tenckhoff* S. 30. – A.A. OLG Hamburg HESt. 1 S. 166 (167), das den Vorsitzenden für berechtigt hält, die Wahrunterstellung zuzusagen, darin aber eine vorläufige Entscheidung vorbehaltlich einer endgültigen Entscheidung des Gerichts sieht.
32 BGHSt. 1 S. 51 (53); OLG Köln MDR 1953 S. 376; *Dalcke/Fuhrmann/Schäfer* § 244 Anm. 7 a; *Steffen* S. 10. – *Simader* (S. 55) hält die Wahrunterstellung des Vorsitzenden daher für »ein glattes nullum«.
33 RG JW 1918 S.453; OLG Köln JMBlNRW 1962 S. 201 (202); KK *Treier* Rdnr. 7; *Kleinknecht* Rdnr. 1; LR *Gollwitzer* Rdnr. 24; *Eb. Schmidt* Rdnr. 5; alle zu § 219; *Oske* MDR 1971 S. 797 (798).
34 Vgl. KK *Treier*; LR *Gollwitzer*; *Oske*; alle a.a.O.
35 Vgl. *Gerland* S. 340 Fußn. 384.

Bedeutung ist[36], bedeutet eine Überspitzung der Fürsorgepflicht des Vorsitzenden. Er kann davon ausgehen, daß der Angeklagte, der keinen Antrag auf Herbeischaffung eines Beweismittels stellt, auf seine Verwendung zunächst keinen Wert legt. Allenfalls kann es die Fürsorgepflicht des Vorsitzenden in der Hauptverhandlung erfordern, auf die Stellung eines bestimmten Beweisantrags hinzuwirken, wenn ein Angeklagter sich auf ein Beweismittel beruft, dessen Herbeischaffung vor der Hauptverhandlung von einem Mitangeklagten ohne Erfolg beantragt worden war.

Nach § 219 Abs. 2 muß der Staatsanwaltschaft, nach § 397 Abs. 1 auch dem Nebenkläger[37] der Inhalt des Beweisantrags des Angeklagten, dem der Vorsitzende stattgegeben hat, bekanntgegeben werden. Die Mitteilung, welche Beweisperson auf den Antrag geladen und welche sachlichen Beweismittel herbeigeschafft werden, genügt nicht. Der Antrag muß so rechtzeitig bekanntgemacht werden, daß Staatsanwaltschaft und Nebenkläger in der Lage sind, Gegenzeugen zu laden oder andere Beweismittel, deren Verwendung ihnen nunmehr angebracht erscheint, zur Hauptverhandlung herbeizuschaffen. Ferner muß ein auf Antrag eines Prozeßbeteiligten neu ernannter Sachverständiger den übrigen Prozeßbeteiligten nach § 74 Abs. 2 Satz 2 rechtzeitig namhaft gemacht werden[38].

2. Begründungspflicht

Wird dem Beweisantrag stattgegeben, so bedarf das keiner Begründung[39]. Die ablehnende Verfügung des Vorsitzenden muß zwar die Ablehnungsgründe erkennen lassen[40], aber nicht so eingehend begründet werden wie der Ablehnungsbeschluß nach § 244 Abs. 6. Denn im Gegensatz zu diesem Beschluß ist die Entscheidung des Vorsitzenden nicht endgültig. Der Antragsteller ist nicht gehindert, seinen Antrag in der Hauptverhandlung zu wiederholen, und wenn auch das Gericht ihm nicht stattgibt, wird ein nach den Erfordernissen des § 244 Abs. 6 begründeter Gerichtsbeschluß bekanntgemacht. Für die vorläufige Entscheidung des Vorsitzenden genügt die Unterrichtung des Antragstellers darüber, daß seinem schriftlichen Antrag nicht entsprochen wird, er also nicht damit rechnen kann, daß die benannten Beweismittel in der Hauptverhandlung zur Verfügung stehen[41]. Zu diesem Zweck reicht eine Verfügung aus, mit der der Vorsitzende es ablehnt, auf den Antrag etwas zu veranlassen, und mit der er dem Antragsteller anheimstellt, seinen

---

36 So *Kleinknecht* Rdnr. 1; KMR *Paulus* Rdnr. 12; LR *Gollwitzer* Rdnr. 25; *Eb. Schmidt* Rdnr. 5; alle zu § 219; Oske MDR 1971 S. 797.
37 KK *Treier* Rdnr. 9; *Kleinknecht* Rdnr. 1; KMR *Paulus* Rdnr. 12; LR *Gollwitzer* Rdnr. 28; *Eb. Schmidt* Rdnr. 5; alle zu § 219; *Gollwitzer* in Festschrift für Karl Schäfer, 1980, S. 65 (83); Oske MDR 1971 S. 797.
38 Vgl. OLG Köln JMBlNRW 1962 S. 201 (202).
39 Vgl. LR *Gollwitzer* § 219 Rdnr. 22; Oske MDR 1971 S. 797 (798).
40 *Eb. Schmidt* § 219 Rdnr. 8 und Oske a.a.O. halten § 34 für anwendbar.
41 So auch LR *Gollwitzer* § 219 Rdnr. 23; *Eb. Schmidt* § 219 Rdnr. 5.

Beweisantrag in der Hauptverhandlung vorzubringen[42]. Auf das Selbstladungsrecht nach § 220 und die Möglichkeit, den Beweisantrag nach § 244 Abs. 3 in der Hauptverhandlung zu wiederholen, braucht der Antragsteller in der ablehnenden Verfügung nicht ausdrücklich hingewiesen zu werden[43].

V. Wirkung der Verfügung

Hat der Vorsitzende dem Antrag stattgegeben, so ist er grundsätzlich verpflichtet, die Ladung der benannten Zeugen oder Sachverständigen zur Hauptverhandlung anzuordnen (§ 214 Abs. 1 Satz 1) und die sachlichen Beweismittel, deren Benutzung der Antragsteller begehrt, von der Staatsanwaltschaft herbeischaffen zu lassen oder selbst herbeizuschaffen (§ 214 Abs. 4). Wenn der Vorsitzende sich an seine Anordnung nicht mehr halten will, muß er das dem Antragsteller noch vor der Hauptverhandlung mitteilen[44]. Die den Beweisantrag ablehnende Verfügung ist unanfechtbar[45]. Der Vorsitzende ist aber an sie nicht gebunden, sondern kann sie von Amts wegen oder auf Antrag ändern[46]. Für den Antragsteller stellt sie fest, daß das Beweismittel zur Hauptverhandlung nicht herbeigeschafft wird. Sein Beweisantrag ist als Erwirkungshandlung verbraucht[47]. Der Antragsteller ist ohne Rücksicht auf die ablehnende Verfügung nach § 219 Abs. 1 berechtigt, den Zeugen oder Sachverständigen nach § 220 selbst zu laden oder in der Hauptverhandlung seine Vernehmung nach § 244 Abs. 3 zu beantragen[48]. Das erkennende Gericht entscheidet über den Beweisantrag in der Hauptverhandlung ohne Bindung an die Ansicht des Vorsitzenden in der Ablehnungsverfügung.

VI. Verfahren bei unterlassener oder unzulässiger Bescheidung

Da der Antrag mit seiner Ablehnung für das Gericht erledigt ist, hat der Vorsitzende grundsätzlich nicht die Pflicht, den Antragsteller in der Hauptverhandlung

---

42 RGSt. 75 S. 165 (166); RG JW 1930 S. 2058 mit abl. Anm. *Alsberg*, der allerdings mit Recht die bloße »Verweisung in die Hauptverhandlung« nicht für einen auch dem Laien verständlichen Hinweis auf die Notwendigkeit der Wiederholung in der Hauptverhandlung hält. RG JW 1930 S. 2564 mit Anm. *Alsberg* ist zu Unrecht der Meinung, sogar das »Anheimgeben« der Wiederholung des Beweisantrags in der Hauptverhandlung genüge nicht, um dem Angeklagten die Verfahrenslage deutlich zu machen.
43 A.A. KK *Treier* § 219 Rdnr. 5; KMR *Paulus* § 219 Rdnr. 9. Vgl. auch *W. Schmid* S. 208, der den Hinweis für ein nobile officium hält und (Fußn. 175) auf die StPO-Entw. von 1908, 1920, 1930 und 1939 hinweist, die ihn vorschreiben wollten.
44 A.A. OLG Hamburg JW 1928 S. 1883 mit abl. Anm. von *Scanzoni*, das es genügen ließ, daß der Angeklagte den Mißerfolg seines Antrags aus der Nichtaufführung der benannten Beweismittel in der Ladungsmitteilung nach § 222 Abs. 1 Satz 1 ersehen kann.
45 Vgl. unten S. 364.
46 Vgl. *Eb. Schmidt* § 219 Rdnr. 7.
47 Vgl. *W. Schmid* S. 207.
48 Vgl. unten S. 389.

zu befragen, ob er den Antrag wiederholen wolle[49]. Wie im Fall des § 201 erwachsen dem Vorsitzenden aber in der Hauptverhandlung besondere Pflichten, wenn er den Beweisantrag nicht oder mit unzulässiger Begründung beschieden hat. Im einzelnen gilt folgendes:

1. Unterlassene Bescheidung

Hat der Vorsitzende den Beweisantrag vor der Hauptverhandlung nicht beschieden, sei es, daß er das versehentlich unterlassen hat, sei es, daß die Bekanntgabe der ablehnenden Verfügung vor der Hauptverhandlung aus zeitlichen Gründen nicht mehr möglich war, so muß das Gericht nicht ohne weiteres in der Hauptverhandlung die unterlassene Entscheidung nachholen. Die Nichtbescheidung des Antrags enthält nicht die stillschweigende Zusage, daß über ihn in der Hauptverhandlung entschieden werde. Der Vorsitzende ist daher nicht verpflichtet, eine Entscheidung des Gerichts herbeizuführen[50].

Entgegen der älteren Rechtsprechung des Reichsgerichts[51] wird jetzt aber fast allgemein die Auffassung vertreten, daß der Vorsitzende verpflichtet ist, den Angeklagten zu befragen, ob er den Antrag aufrechterhalten wolle, und daß er ihn gegebenenfalls darüber zu belehren hat, daß der Antrag in der Hauptverhandlung wiederholt werden muß[52]. Der Bundesgerichtshof begründet diese Ansicht damit, daß der Vorsitzende damit rechnen müsse, daß der Antragsteller glaubt, er habe mit seinem schriftlichen Antrag alles Erforderliche getan und brauche daher nichts weiter zu unternehmen, um die Beweiserhebung zu erreichen[53]. Das ist aber kein

---

49 RG GA 65 S. 365 (366); a. A. *Plötz* S. 243 mit der Begründung, viele Angeklagte hielten eine erneute Antragstellung in der Hauptverhandlung für nutzlos oder überflüssig. *W. Schmid* S. 208 hält die Belehrung für ein nobile officium. Vgl. auch *Haag* DStR 1938 S. 416 (419), der die Hinweispflicht aus der Aufklärungspflicht herleitet.

50 A.A. KMR *Paulus* § 219 Rdnr. 15; *Koeniger* S. 180, 264; *Peters* S. 519. Auch *Alsberg* JW 1927 S. 3056, *Haag* DStR 1938 S. 416 (419), *Simader* S. 54 und *Stern* JW 1927 S. 926 (927) halten eine Wiederholung des Antrags für überflüssig. Unklar *Oske* (MDR 1971 S. 797 [798]): Der Vorsitzende müsse von sich aus auf den Antrag »zurückkommen«.

51 Vgl. RGSt. 58 S. 301 (302), das es für unzumutbar hielt, daß das Gericht den gesamten Inhalt der vielleicht zahlreiche Bände umfassenden Akten darauf durchsieht, ob sich dort unerledigte Anträge zur Beweisaufnahme befinden; auch RGSt. 61 S. 376 (378) steht noch auf diesem Standpunkt. Ähnlich OLG Breslau DRiZ 1927 Nr. 863 und in neuerer Zeit OLG Hamm VRS 39 S. 217.

52 RG JW 1930 S. 2564; BayObLGSt. 1964 S. 25 (26) = GA 1964 S. 334 = Rpfleger 1964 S. 176; KG JR 1950 S. 567 (568); OLG Bremen VRS 36 S. 180 (181); OLG Saarbrücken VRS 29 S. 292 (293); KK *Treier* Rdnr. 3; *Kleinknecht* Rdnr. 3, 5; KMR *Paulus* Rdnr. 15; LR *Gollwitzer* Rdnr. 10; *Eb. Schmidt* Nachtr. Rdnr. 6 a; alle zu § 219; *Nüse* JR 1956 S. 28; *Oske* MDR 1971 S. 797 (798); *Peters* S. 519; *Plötz* S. 242/243; *Schorn* Strafrichter S. 177; a. A. OLG Köln NJW 1954 S. 46, das nur eine Prüfung unter dem Gesichtspunkt der Amtsaufklärungspflicht für erforderlich hält. Zur unveröffentlichten Rechtsprechung des BGH und der OLGe vgl. *Steffen* S. 28 ff.

53 BGH 1 StR 192/53 vom 5. 5. 1953 bei *Steffen* S. 28. Ebenso *Steffen* S. 10, 43 ff., 97, 115/116 und früher schon *Alsberg* JW 1927 S. 3056; *Stern* JW 1927 S. 926; Voraufl. S. 185.

überzeugender Grund. Denn wenn der Antragsteller in der Hauptverhandlung erkennt, daß der Zeuge oder Sachverständige, dessen Ladung er beantragt hatte, nicht anwesend ist und nicht vernommen wird, liegt für ihn die Annahme viel näher, daß sein Antrag das Gericht gar nicht erreicht hat[54]. An der Hinweispflicht des Vorsitzenden ändert das aber nichts. Mindestens in den Fällen, in denen die Antragsbescheidung zeitlich möglich war und nur versehentlich unterlassen worden ist, geht es darum, daß der Vorsitzende gegen das Verfahrensrecht verstoßen hat und verpflichtet ist, den Verstoß zu heilen[55]. Diesem Zweck dient der Hinweis an den Antragsteller, daß es notwendig ist, den Antrag zu wiederholen[56]. Ist eine Befragung des Angeklagten, ob er den Antrag wiederholen wolle, nicht möglich, etwa weil das Gericht ihn nach § 233 vom Erscheinen entbunden hat, so muß der Vorsitzende den Beweisantrag, wenn er seinetwegen nicht die Verhandlung unterbrechen oder aussetzen will, dem Gericht zur Entscheidung vorlegen[57].

Eine Hinweispflicht besteht auch, wenn der Bescheid des Vorsitzenden dahin gelautet hatte, daß der Zeuge antragsgemäß vorgeladen werde, aber in Wahrheit nichts veranlaßt worden ist[58], ferner wenn der Vorsitzende die Ladung angeordnet, die Geschäftsstelle sie aber nicht ausgeführt hat[59] oder wenn die ablehnende Verfügung dem Antragsteller nicht bekanntgegeben worden ist[60]. In der Rechtsprechung werden diese Grundsätze entsprechend angewendet, wenn ein Antrag auf Ortsbesichtigung nicht beschieden worden ist[61], wenn der Zeuge an der angegebenen Adresse nicht geladen werden konnte[62] oder wenn der geladene Zeuge nicht erschienen ist[63].

---

54 Ebenso *W. Schmid* S. 213, der mit Recht einen Vertrauensschutz des Angeklagten regelmäßig nicht für gerechtfertigt hält, und *Steffen* S. 77/78, der aber (S. 96 ff., 115/116) in dem Unterlassen des Hinweises gleichwohl einen Verstoß gegen die Aufklärungs- und Fürsorgepflicht sieht.
55 *Eb. Schmidt* Nachtr. § 219 Rdnr. 6 a und *Schorn* Strafrichter S. 177 bezeichnen das mit Recht als ein nobile officium.
56 *Steffen* S. 96 ff. verweist auf die Fürsorgepflicht. Das steht in gewissem Widerspruch zu seiner Annahme, daß eine Vertrauensgrundlage hier nicht besteht. Seine offenbar von *Haag* (DStR 1938 S. 416 [419]) übernommene Erwägung, man müsse berücksichtigen, daß der Antragsteller wegen der ungewohnten Atmosphäre eines Gerichtsverfahrens und der mit dem Verfahren verbundenen Aufregung nicht in der Lage ist, seine Rechte sorgfältig und aufmerksam wahrzunehmen, ist recht weit hergeholt.
57 BayObLGSt. 1956 S. 267 (268) = NJW 1956 S. 1042; *Oske* MDR 1971 S. 797 (798).
58 OLG Braunschweig HRR 1928 Nr. 1676 für den Fall des Antrags eines Privatklägers; *Dahs/Dahs* Rdnr. 190.
59 KMR *Paulus* § 219 Rdnr. 16; *Simader* S. 54.
60 *Eb. Schmidt* § 219 Rdnr. 10; *Oske* MDR 1971 S. 797 (798).
61 OLG Celle NdsRpfl. 1959 S. 89 (91) = VRS 17 S. 281 (284/285); OLG Köln JMBlNRW 1963 S. 11; OLG Saarbrücken VRS 29 S. 292 (293).
62 RG SeuffBl. 78 S. 504.
63 RG DJZ 1913 Sp. 979; OLG Bremen OLGSt. § 244 S. 5; OLG Celle MDR 1962 S. 236; OLG Hamburg NJW 1955 S. 1938 = JR 1956 S. 28 mit zust. Anm. *Nüse*; KMR *Paulus* § 244 Rdnr. 378; LR *Gollwitzer* § 244 Rdnr. 79.

2. Zusage der Bescheidung durch das Gericht

Eine andere Verfahrenslage besteht, wenn der Vorsitzende den Beweisantrag vor der Hauptverhandlung nicht mit einer zulässigen Begründung abgelehnt, sondern den Antragsteller dahin beschieden hat, daß die Entscheidung dem erkennenden Gericht in der Hauptverhandlung vorbehalten bleibe. Das Gericht wird zwar hierdurch nicht ohne weiteres mit dem Antrag befaßt[64] und ist daher an sich nicht verpflichtet, von sich aus über ihn zu entscheiden[65]. Die Zusage des Vorsitzenden ist jedoch geeignet, den Antragsteller in einen Irrtum über die Verfahrenslage zu versetzen. Er kann annehmen, sein Beweisantrag sei ordnungsgemäß gestellt, das Gericht werde ihn beachten und eine ihm ungünstige Entscheidung nicht treffen, ohne vorher über den Antrag zu entscheiden. Der Vorsitzende ist daher verpflichtet, dem erkennenden Gericht den Antrag zu unterbreiten und dafür zu sorgen, daß er beschieden wird[66]. Das gilt auch, wenn ein Beweisantrag noch nicht gestellt, sondern erst angekündigt war, der Vorsitzende aber trotzdem die Zusage gegeben hat, das Gericht werde in der Hauptverhandlung entscheiden[67].

Die Ansicht, es reiche auch bei der unzulässigen »Verweisung« an das erkennende Gericht aus, daß der Vorsitzende den Antragsteller befragt, ob er den Antrag aufrechterhalten wolle, und das Gericht müsse nur entscheiden, wenn eine entsprechende Erklärung abgegeben wird[68], läuft im Grunde auf das gleiche hinaus. Denn die bejahende Antwort auf die Frage, ob der Antrag wiederholt wird, steht der erneuten Antragstellung gleich und löst daher die Entscheidungspflicht des Gerichts aus. Das gleiche gilt, wenn der Antragsteller die Frage des Vorsitzenden verneint, ob er den Antrag zurücknehmen wolle.

Die Rechtspflicht des Vorsitzenden, einen Gerichtsbeschluß herbeizuführen, kann für alle im selben Rechtszug stattfindenden Hauptverhandlungen fortdauern, auch wenn eine Hauptverhandlung ausgesetzt oder das Urteil vom Revisions-

---

64 RGSt. 61 S. 376 (377) = JW 1927 S. 3056; RG JW 1930 S. 2058; beide mit Anm. *Alsberg*.
65 RG ZStW 47 Sdr. Beil. S. 268. – A.A. RG JW 1930 S. 2564 mit Anm. *Alsberg*; KG GA 69 S. 373; JR Rspr. 1927 Nr. 442 = JW 1927 S. 926 mit Anm. *Stern*; *Simader* S. 54. Auch *Dalcke/Fuhrmann/Schäfer* § 244 Anm. 7 a halten eine Wiederholung nicht für erforderlich.
66 BGHSt 1 S. 286 (287) = JZ 1951 S. 725 mit Anm. *Oehler*; RGSt. 61 S. 376 (378) = JW 1927 S. 3056 mit Anm. *Alsberg*; RGSt. 75 S. 165 (167); RG JW 1931 S. 1602 mit Anm. *Alsberg*; RG JW 1932 S. 1660 (1661) mit Anm. *Klefisch*; RG JW 1934 S. 2779; RG HRR 1937 Nr. 287; RG JR Rspr. 1927 Nr. 1975 = Recht 1928 Nr. 222; KG GA 72 S. 358; JR Rspr. 1927 Nr. 442 = JW 1927 S. 926 mit Anm. *Stern*; OLG Dresden JW 1930 S. 953; OLG Hamburg GA 75 S. 105; OLG Köln JMBlNRW 1963 S. 11 (für den Fall des § 225); LR *Gollwitzer* § 219 Rdnr. 11 und § 244 Rdnr. 78; Eb. *Schmidt* § 219 Rdnr. 11; *Beling* S. 172 Fußn. 3; *Haag* DStR 1938 S. 416 (419); *Koeniger* S. 180/181; *Oske* MDR 1971 S. 797 (798); *Sarstedt* DAR 1964 S. 307 (309) – A.A. noch RG JW 1930 S. 2058 mit Anm. *Alsberg*; RG 2 D 329/26 vom 10. 6. 1926 bei KG JW 1927 S. 926. – *Steffen* (S. 10/11, 43 ff., 75/76, 114/115) gründet die Pflichten des Vorsitzenden auf den Anspruch des Antragstellers auf rechtliches Gehör und auf die Sachaufklärungspflicht.
67 RG JW 1932 S. 1660 mit Anm. *Klefisch*.
68 RG JW 1930 S. 3773 (3774) mit Anm. *Bohne*; RG ZStW 47 Sdr. Beil. S. 268.

gericht aufgehoben worden und aus diesem Grund eine neue Hauptverhandlung notwendig geworden ist⁶⁹. Ob der Angeklagte selbst oder sein Verteidiger den Antrag gestellt hat, spielt bei alledem keine Rolle⁷⁰.

3. Zusage der Wahrunterstellung

Schließlich muß der Vorsitzende, der den Beweisantrag vor der Hauptverhandlung mit der unzulässigen Begründung abgelehnt hat, die Beweistatsache werde in der Hauptverhandlung als wahr behandelt, in der Hauptverhandlung darauf hinwirken, daß dem Antragsteller aus diesem Rechtsverstoß kein Nachteil erwächst. Denn es liegt nahe, daß der Antragsteller nunmehr annimmt, das erkennende Gericht werde von der Richtigkeit seiner Behauptungen ausgehen, und daß er infolge dieses Irrtums über die Verfahrenslage davon absieht, den Zeugen oder Sachverständigen, dessen Ladung abgelehnt worden ist, selbst zu laden oder den Beweisantrag zu wiederholen. Der Vorsitzende hat daher, sofern das Ergebnis der Hauptverhandlung den Antrag nicht gegenstandslos macht, die Pflicht, dem Gericht den Inhalt seiner ablehnenden Verfügung bekanntzumachen und dem Antragsteller eine abweichende Ansicht des Gerichts mitzuteilen, damit er sich dazu äußern und sachdienliche Anträge stellen, insbesondere den früheren Beweisantrag wiederholen kann⁷¹. Das gilt auch, wenn der Antrag von dem Verteidiger gestellt worden ist⁷².

---

69 Vgl. RG JW 1930 S. 2564 mit Anm. *Alsberg*; das RG weist aber ausdrücklich auf die Beweisbedürftigkeit der von dem Angeklagten behaupteten Tatsache hin. RG JW 1934 S. 2779 verneint für eine zeitlich weit zurückliegende Zusage die Pflicht des Vorsitzenden, eine Gerichtsentscheidung herbeizuführen; ebenso *W. Schmid* S. 214.
70 Vgl. LR *Gollwitzer* § 219 Rdnr. 11.
71 BGHSt. 1 S. 51 (54); RGSt. 73 S. 193; 75 S. 165 (167); RG JW 1936 S. 665; 1938 S. 2736; RG HRR 1939 Nrn. 64, 816; KG GA 75 S. 256 (258) = JW 1931 S. 3579 (3580) mit Anm. *Klefisch*; OLG Hamburg HESt. 1 S. 166 (167); KK *Treier* § 219 Rdnr. 6; *Kleinknecht* Einl. Rdnr. 159 und § 219 Rdnr. 6; KMR *Paulus* § 219 Rdnr. 15; *Eb. Schmidt* § 219 Rdnr. 12; *Koeniger* S. 181; *Oske* MDR 1971 S. 797 (798); *W. Schmid* S. 209. – *Steffen* (S. 11, 43 ff., 73/74, 94 ff., 113/114) nimmt an, die Pflichten des Vorsitzenden ergäben sich aus dem Anspruch des Antragstellers auf rechtliches Gehör und aus der Sachaufklärungs- und Fürsorgepflicht. Offengelassen wurde die Frage in RG JW 1924 S. 321 mit Anm. *Beling*, der eine Hinweispflicht des Vorsitzenden verneint, wenn die Beweistatsache unerheblich ist. Die abweichende Ansicht RG JW 1928 S. 2253 mit abl. Anm. *Alsberg* (ebenso noch RG JW 1932 S. 3112) hat RG JW 1936 S. 665 ausdrücklich aufgegeben. *Rieker* (S. 34) und *Simader* (S. 55) wollen dem Vorsitzenden ein Wahlrecht geben, den Antrag dem Gericht zu unterbreiten oder den Antragsteller zur Wiederholung zu veranlassen. *Peters* (S. 519) und *Stützel* (S. 106/107) halten nur eine Fragepflicht und die Pflicht, den Antragsteller zur Antragswiederholung zu veranlassen, für gegeben.
72 Vgl. RG JW 1938 S. 2736; RG HRR 1939 Nr. 64; LR *Gollwitzer* § 219 Rdnr. 18; *Eb. Schmidt* § 219 Rdnr. 12; *Oske* MDR 1971 S. 797 (798).

VII. Anfechtung

Hat der Vorsitzende den Beweisantrag durch Verfügung nach § 219 Abs. 1 Satz 2 abgelehnt, so hat es dabei zunächst sein Bewenden. Das Gericht kann der Antragsteller vor der Hauptverhandlung nicht anrufen; denn § 238 Abs. 2 gilt nur für prozeßleitende Verfügungen des Vorsitzenden in der Hauptverhandlung[73]. Die ablehnende Verfügung des Vorsitzenden unterliegt als der Hauptverhandlung vorausgehende Entscheidung nach § 305 Satz 1 auch nicht der Beschwerde[74]. Legt der Antragsteller eine unzulässige Beschwerde ein, so kann der Vorsitzende das aber zum Anlaß nehmen, seine Entscheidung zu überprüfen und gegebenenfalls die benannten Beweismittel doch noch herbeischaffen zu lassen[75]. Eine Entscheidung über die unzulässige Beschwerde darf nicht unterbleiben. Zu diesem Zweck genügt es, wenn dem Beschwerdegericht eine Ablichtung der ablehnenden Verfügung und die Beschwerdeschrift übersandt werden. Da das Rechtsmittel unzulässig ist, bedarf es keiner Nichtabhilfeverfügung.

---

73 Vgl. KMR *Paulus* Rdnr. 19; LR *Gollwitzer* Rdnr. 30; *Eb. Schmidt* Rdnr. 6; alle zu § 219; *Gössel* S. 145.
74 OLG Köln, München, Darmstadt, Dresden AlsbE 2 Nrn. 73 a, b, c, e; *Dalcke/Fuhrmann/Schäfer* Anm. 1; KK *Treier* Rdnr. 11; *Kleinknecht* Rdnr. 7; LR *Gollwitzer* Rdnr. 31; *Eb. Schmidt* Rdnr. 6; alle zu § 219; *Kreuzer* S. 24; *Oske* MDR 1971 S. 797; *Völcker* S. 45. Im Ergebnis ebenso *Gössel* S. 145.
75 Vgl. KMR *Paulus* § 219 Rdnr. 19; LR *Gollwitzer* § 219 Rdnr. 32; *Oske* a.a.O.

§ 3 Beweisanträge nach § 225 a Abs. 2, § 270 Abs. 4

I. Grundsätze des Beweisantragsrechts nach diesen Vorschriften	365
II. Fristbestimmung	367
III. Form und Inhalt des Beweisantrags	367
IV. Zuständigkeit für die Entscheidung	368
V. Ablehnungsgründe	368
VI. Entscheidung des Vorsitzenden	369

I. Grundsätze des Beweisantragsrechts nach diesen Vorschriften

Das Gericht, bei dem die Anklage erhoben worden ist, muß nach § 6 seine sachliche Zuständigkeit von Amts wegen prüfen. Stellt sich ihr Fehlen schon vor Beginn der Hauptverhandlung heraus, so müssen die Akten nach § 225 a Abs. 1 dem zuständigen Gericht durch Vermittlung der Staatsanwaltschaft vorgelegt werden. Wenn die Hauptverhandlung schon begonnen hat, wird die Sache nach § 270 Abs. 1 durch Beschluß an das zuständige Gericht verwiesen. Für den Fall, daß ein Strafrichter (Einzelrichter) oder ein Schöffengericht die Akten dem zuständigen höheren Gericht vorlegt oder die Sache an dieses Gericht verweist, geben § 225 a Abs. 2 und § 270 Abs. 4 dem Angeklagten das Recht, innerhalb einer bei der Vorlage oder Verweisung zu bestimmenden Frist die Vornahme einzelner Beweiserhebungen zu beantragen[1]. Damit wird dem Umstand Rechnung getragen, daß zu der Abgabe oder Verweisung an das höhere Gericht vor allem ein neuer rechtlicher Gesichtspunkt oder ein in der Anklageschrift nicht besonders erwähntes, nach § 264 aber zur Aburteilung stehendes Tatgeschehen führen kann, zu dem der Angeklagte sich noch nicht hat äußern und zu dessen tatsächlicher Beurteilung er noch keine Beweisanträge nach § 201 Abs. 1 hat stellen können, weil er sich der Notwendigkeit dieser Verteidigungsmaßnahmen nicht bewußt war[2]. Dem Angeklagten soll daher das Beweisantragsrecht im Verfahren vor dem Strafrichter (Einzelrichter) und dem Schöffengericht, bei dem eine so sorgfältige Sachaufklärung im Ermittlungsverfahren wie bei den Strafkammersachen ohnehin nicht gewährleistet erscheint, wenigstens nachträglich zustehen. Im Fall des § 225 a wäre es an

---

[1] Beweisanträge kann der Angeklagte auch in den anderen Fällen der Aktenvorlage oder Verweisung stellen. Er wird dann aber auf diese Befugnis nicht besonders hingewiesen; vgl. *Kleinknecht* § 225 a Rdnr. 9.
[2] Vgl. *Kleinknecht* § 270 Rdnr. 22; LR *Gollwitzer* § 270 Rdnr. 57.

sich sachgerecht, zunächst abzuwarten, ob das Gericht, dem die Akten vorgelegt worden sind, die Sache auch übernimmt. Aus Gründen der Verfahrensbeschleunigung läßt das Gesetz die Stellung von Beweisanträgen aber schon nach der Entscheidung über die Aktenvorlegung zu[3]. Das bedeutet aber nicht, daß dem Angeklagten durch das Beweisantragsrecht auch Gelegenheit gegeben werden soll, die Entscheidung des höheren Gerichts über die Übernahme des Verfahrens zu beeinflussen[4].

Nach § 225 a Abs. 4 Satz 1 findet das Vorlegungsverfahren auch statt, wenn das Gericht vor Beginn der Hauptverhandlung einen Einwand des Angeklagten nach § 6 a für begründet hält und eine besondere Strafkammer zuständig wäre, der nach § 74 e GVG der Vorrang zukommt. In diesem Fall hat das Beweisantragsrecht nach § 225 a Abs. 2 aber keinen Sinn. Denn es handelt sich nicht um eine Zuständigkeitsänderung infolge neu hervorgetretener tatsächlicher oder rechtlicher Umstände, sondern nur um die Einhaltung von besonderen Bestimmungen über die gesetzliche Zuständigkeitsverteilung bei den Landgerichten. Es ist kein Grund erkennbar, dem Angeklagten auch in diesem Fall das Recht zu geben, zur Vorbereitung der Hauptverhandlung Beweisanträge zu stellen. Gleichwohl verweist § 225 a Abs. 4 Satz 1 auf das Beweisantragsrecht nach § 225 a Abs. 2. Daß hier ein Redaktionsversehen vorliegt[5], wird aus dem Vergleich mit § 270 deutlich. Wenn der Angeklagte den Einwand nach § 6 a erst nach Beginn der Hauptverhandlung erhebt und die Strafkammer die Sache darauf an eine andere Strafkammer mit besonderer Zuständigkeit im Sinne dieser Vorschrift verweist, hat der Angeklagte nach § 270 Abs. 4 Satz 1 kein Beweisantragsrecht. Es steht ihm daher auch nicht zu, wenn er den Einwand schon vor der Hauptverhandlung vorgebracht hat. Diese Erwägungen sprechen auch dagegen, daß bei der Vorlegung der Akten an den Jugendrichter oder an das Jugendschöffengericht zur Übernahme der Sache nach § 225 a Abs. 1 Satz 1 zweiter Halbsatz, § 209 a Nr. 2 Buchst. a ein Beweisantragsrecht des Angeklagten besteht[6]. Daß die Jugendgerichte im Sinne des § 4 Abs. 2, § 209 und § 210 Abs. 2 den Gerichten höherer Ordnung gleichstehen (§ 209 a Nr. 2), rechtfertigt keine andere Beurteilung.

---

3 Vgl. die Amtl. Begründung des Reg.-Entwurfs des StVÄG 1979 (BT-Drucks. 8/976 S. 48).
4 Vgl. LR-EB *Gollwitzer* § 225 a Rdnr. 41, der den Zweck der Beweiserhebung mit Recht nur in der Vorbereitung der Hauptverhandlung sieht. Grundsätzlich a. A. *Kleinknecht* § 225 a Rdnr. 9; gegen seine Ansicht spricht, daß im Fall der Vorlage an das höhere Gericht nach § 209 Abs. 2 ein Beweisantragsrecht des Angeschuldigten nicht vorgesehen ist. War vor der Vorlage bereits die Verfügung nach § 201 Abs. 1 erlassen, so wird der Angeschuldigte zu der Frage der Übernahme durch das höhere Gericht nicht mehr gehört.
5 A.A. KK *Treier* § 225 a Rdnr. 20; KMR *Paulus* § 225 a Rdnr 18.
6 A.A. KK *Treier*; KMR *Paulus*; beide a.a.O. Auch LR-EB *Gollwitzer* § 225 a Rdnr. 35 will dem Angeklagten in diesem Fall das Recht geben, Beweisanträge zu stellen, weil wegen der nunmehr in Betracht kommenden Anwendung des Jugendrechts Anlaß zu vorgezogenen Beweiserhebungen, etwa im Hinblick auf § 105 JGG, bestehen könne.

II. Fristbestimmung

Das Gesetz schreibt nicht ausdrücklich vor, daß der Angeklagte bei der Vorlage oder Verweisung über sein Beweisantragsrecht belehrt werden muß. Das ergibt sich aber unmittelbar daraus, daß ihm nach § 225 a Abs. 2 Satz 1 und § 270 Abs. 4 Satz 1 eine Frist für die Antragstellung zu setzen ist. Zuständig für die Fristbestimmung ist der Strafrichter (Einzelrichter) oder der Vorsitzende des vorlegenden oder verweisenden Schöffengerichts. Die Frist muß zugleich mit der Bekanntgabe des Vorlegungs- oder Verweisungsbeschlusses an den Angeklagten bestimmt werden. Wird der Beschluß zugestellt, so ist daher auch die Verfügung zuzustellen, die die Fristbestimmung enthält[7]. Es steht nichts entgegen und ist sogar zweckmäßig, die Fristbestimmung schon in den Vorlegungs- oder Verweisungsbeschluß aufzunehmen[8].

Die Frist muß so bemessen werden, daß dem Angeklagten die Antragstellung möglich ist. Er muß unter Berücksichtigung seiner persönlichen Verhältnisse ausreichend Zeit haben, aufgrund des Vorlegungs- oder Verweisungsbeschlusses zu prüfen, ob und inwieweit Beweiserhebungen vor der Hauptverhandlung seiner Verteidigung dienen können[9]. Die Frist ist keine Ausschlußfrist; sie kann auf Antrag oder von Amts wegen verlängert werden[10]. Beweisanträge, die nach Fristablauf eingehen, behandelt der Vorsitzende nach § 219[11].

III. Form und Inhalt des Beweisantrags

Der Beweisantrag bedarf ebensowenig wie der Antrag nach § 201 einer besonderen Form. Er muß aber das Beweismittel, dessen Benutzung der Angeklagte erstrebt, und die Tatsachen bezeichnen, die durch die Beweiserhebung aufgeklärt werden sollen. Beweisermittlungsanträge können ohne weiteres abgelehnt werden. Die Ansicht[12], auch bloße Anregungen zur weiteren Aufklärung des Sachverhalts durch Verwendung bestimmter Beweismittel seien möglich und beachtlich, erscheint unrichtig. Es ist dem Gericht keineswegs zuzumuten, vor der Hauptverhandlung aufs Geratewohl Beweise zu erheben, wenn selbst der Angeklagte nicht weiß, welche für die Entscheidung erheblichen Tatsachen dadurch aufgeklärt werden können.

---

7 Vgl. LR *Gollwitzer* § 270 Rdnr. 59; LR-EB *Gollwitzer* § 225 a Rdnr. 38.
8 Vgl. KMR *Paulus* § 225 a Rdnr. 19; LR *Gollwitzer* § 270 Rdnr. 59; LR-EB *Gollwitzer* § 225 a Rdnr. 38.
9 Vgl. KK *Treier* § 225a Rdnr. 21; LR-EB *Gollwitzer* § 225 a Rdnr. 39.
10 Vgl. KMR *Paulus* § 225 a Rdnr. 19; LR *Gollwitzer* § 270 Rdnr. 58; LR-EB *Gollwitzer* § 225 a Rdnr. 40.
11 Vgl. *Kleinknecht* § 225 a Rdnr. 12; KMR *Paulus* § 225 a Rdnr. 20; a. A. LR-EB *Gollwitzer* § 225 a Rdnr. 40, der den Vorsitzenden für verpflichtet hält, die Beweise zu erheben, wenn das für das weitere Verfahren erforderlich ist. Abgesehen von der Notwendigkeit der Beweissicherung ist jedoch eine Beweisaufnahme nur in der Hauptverhandlung erforderlich.
12 LR *Gollwitzer* § 225 a Rdnr. 36.

IV. Zuständigkeit für die Entscheidung

Zuständig für die Entscheidung über den Beweisantrag ist der Vorsitzende des Gerichts, dem die Akten vorgelegt worden sind (§ 225 a Abs. 2 Satz 2) oder an das die Sache verwiesen worden ist (§ 270 Abs. 4 Satz 2). Grundsätzlich muß der Antrag bei diesem Gericht angebracht werden. Er kann aber auch noch bei dem vorlegenden oder verweisenden Gericht gestellt werden. Vor allem im Fall der Aktenvorlage nach § 225 a Abs. 1, häufig aber auch bei der Verweisung nach § 270 Abs. 1, wird der Angeklagte den zur Entscheidung zuständigen Spruchkörper zunächst nicht kennen, und es wird ihm, wenn er die ihm gesetzte Frist einhalten will, vielfach nichts anderes übrig bleiben, als den Antrag bei dem bisher mit der Sache befaßten Gericht zu stellen, das dann für die Weiterleitung an das nunmehr zuständige Gericht zu sorgen hat[13]. Daß § 225 a Abs. 2 Satz 2, § 270 Abs. 4 Satz 2 abweichend von der Regelung des § 201 Abs. 2 Satz 1 die alleinige Zuständigkeit des Vorsitzenden für die Entscheidung bestimmen, ist übrigens wenig verständlich und rechtlich auch nicht immer einzuhalten. Denn wenn der Beweisantrag auf Vernehmung von Zeugen oder Sachverständigen gerichtet ist, kann nicht der Vorsitzende allein die kommissarische Vernehmung nach § 223 anordnen. Hierüber muß das ganze Gericht entscheiden[14].

V. Ablehnungsgründe

Der Vorsitzende entscheidet über den Beweisantrag nach pflichtgemäßem Ermessen. Es kommt nicht nur darauf an, ob die beantragte Beweiserhebung zur Sachaufklärung beitragen kann. Ausschlaggebend ist vielmehr, ob zur Vorbereitung der Hauptverhandlung vor dem höheren Gericht noch eine weitere Sachaufklärung erforderlich erscheint. Das ist der Fall, wenn Beweise zu sichern sind, wenn einzelne Beweiserhebungen eine umfangreiche Beweisaufnahme in der Hauptverhandlung ersparen können und wenn die Möglichkeit weiterer Sachaufklärung erforscht werden soll, damit eine Aussetzung der Hauptverhandlung vermieden werden kann[15]. Liegen diese Voraussetzungen nicht vor, so ist der Antrag abzulehnen; denn eine Vorwegnahme der Beweisaufnahme in der Hauptverhandlung kann der Angeklagte nicht verlangen.

Die Ablehnungsgründe des § 244 Abs. 3 und 4 haben für die Entscheidung des Vorsitzenden nur geringe Bedeutung. Er kann aber Beweisanträge mit der Begründung ablehnen, das Beweismittel sei völlig ungeeignet oder unerreichbar oder die Beweistatsache sei unerheblich. Wie in den Fällen der §§ 201, 219 darf der Entscheidung des erkennenden Gerichts nicht vorgegriffen werden. Die Ablehnung

---

13 Unzutreffend erscheint daher die Ansicht von *Kleinknecht* § 225 a Rdnr. 11 und § 270 Rdnr. 23, der Angeklagte müsse bei der Fristsetzung darauf hingewiesen werden, daß die Anträge an das höhere Gericht zu richten sind.
14 Vgl. KK *Engelhardt* § 270 Rdnr. 29; KMR *Paulus* § 225 a Rdnr. 20; LR *Gollwitzer* § 270 Rdnr. 60; LR-EB *Gollwitzer* § 225 a Rdnr. 48.
15 LR *Gollwitzer* § 270 Rdnr. 60; LR-EB *Gollwitzer* § 225 a Rdnr. 43.

des Beweisantrags mit der Zusage, die Beweistatsache werde als wahr unterstellt, ist daher unzulässig[16].

Da die Antragsablehnung nur bedeutet, daß kein Grund erkennbar ist, Beweiserhebungen vor der Hauptverhandlung vorzunehmen, muß der Vorsitzende stets prüfen, ob die Sachaufklärungspflicht die Erhebung der Beweise in der Hauptverhandlung gebietet. Gegebenenfalls hat er die Ladung der Beweispersonen oder die Herbeischaffung der sachlichen Beweismittel zu veranlassen, die der Angeklagte in seinem Antrag bezeichnet hat.

VI. Entscheidung des Vorsitzenden

Der Vorsitzende muß vor der Entscheidung die Staatsanwaltschaft nicht anhören; § 33 Abs. 2 gilt nur für Entscheidungen des Gerichts. Die Anhörung wird aber regelmäßig zweckmäßig erscheinen. Der Vorsitzende muß eine ausdrückliche Entscheidung treffen, und zwar so rechtzeitig vor der Hauptverhandlung, daß der Angeklagte weitere Anträge nach § 219 stellen oder von seinem Selbstladungsrecht nach § 220 Gebrauch machen kann. Im Fall des § 225 a darf die Entscheidung nicht getroffen werden, bevor der Beschluß über die Übernahme des Verfahrens ergangen ist[17].

Die Verfügung des Vorsitzenden bedarf keiner weiteren Begründung, wenn dem Beweisantrag stattgegeben wird. Die ablehnende Verfügung muß hingegen nach § 34 mit Gründen versehen werden. Dabei ist jedoch eine ausführliche Darlegung der Ablehnungsgründe nicht erforderlich. Es genügt die Unterrichtung des Antragstellers darüber, daß die beantragte Beweiserhebung vor der Hauptverhandlung nicht geboten erscheint. Eine Belehrung darüber, daß der Antrag nach § 219[18] oder in der Hauptverhandlung wiederholt werden oder daß der Angeklagte die Beweismittel selbst herbeischaffen kann, ist gesetzlich nicht vorgeschrieben, erscheint aber zweckmäßig, wenn der Angeklagte keinen Verteidiger hat.

Eine Entscheidung des Vorsitzenden erübrigt sich, wenn das Gericht die Übernahme der Sache nach § 225 a Abs. 1 Satz 2 ablehnt. In diesem Fall verbleibt es bei der sachlichen Zuständigkeit des vorlegenden Gerichts, und die Voraussetzungen für eine Beweiserhebung zur Vorbereitung der Hauptverhandlung sind weggefallen. Das Gericht ist aber verpflichtet, im Rahmen seiner Sachaufklärungspflicht die Beweise in der Hauptverhandlung zu erheben, die der Antragsteller in dem Antrag nach § 225 a Abs. 2 benannt hat. Wenn die Aufklärungspflicht das nicht

---

16 Vgl. LR-EB *Gollwitzer* § 225 a Rdnr. 46. Wegen der Hinweispflichten in der Hauptverhandlung, die die unzulässige Ablehnung auslöst, vgl. oben S. 347, 359 ff.
17 A.A. LR-EB *Gollwitzer* § 225 a Rdnr. 44, der es für vertretbar hält, die Beweise unter Beschränkung auf das unbedingt Notwendige vorher zu erheben, soweit sie für die Übernahmeentscheidung bedeutsam sind; aber die Beweiserhebung soll nicht diese Entscheidung, sondern die Hauptverhandlung vorbereiten.
18 Der Antrag auf Beweiserhebung nach § 225 a Abs. 2 Satz 1, § 270 Abs. 4 Satz 1 schließt den Beweisantrag nach § 219 nicht ein; beide Anträge können aber miteinander verbunden werden (LR-EB *Gollwitzer* § 225 a Rdnr. 45).

gebietet, kommt das Gericht jedoch nicht von sich aus auf die Anträge zurück. Der Antragsteller muß sie in der Hauptverhandlung nach § 244 Abs. 3 erneut stellen, wenn er die Beweiserhebung durchgeführt haben will[19].

Die Anrufung des Gerichts gegen die Entscheidung des Vorsitzenden ist nicht zulässig; § 238 Abs. 2 sieht sie nur in der Hauptverhandlung vor[20]. Eine Anfechtung der ablehnenden Verfügung des Vorsitzenden ist nach § 305 Satz 1 ausgeschlossen.

---

19 Vgl. LR-EB *Gollwitzer* § 225 a Rdnr. 49.
20 Vgl. LR-EB *Gollwitzer* § 225 a Rdnr. 70.

Zweiter Hauptteil Anträge auf Erhebung nichtpräsenter Beweise in der Hauptverhandlung (§ 244 Abs. 3 bis 6)

1. Kapitel Antragstellung

§ 1 Recht zur Antragstellung

I. Pflicht des Gerichts zur Entgegennahme von Beweisanträgen 371
II. Antragsberechtigte 373
   1. Staatsanwaltschaft 373
   2. Privatkläger 373
   3. Nebenkläger 374
   4. Antragsteller im Anhangsverfahren nach §§ 403 ff. 375
   5. Angeklagte 375
   6. Nebenbeteiligte 376
   7. Verteidiger 377
   8. Erziehungsberechtigte und gesetzliche Vertreter 378
   9. Beistände im Jugendstrafverfahren 378
III. Fehlendes Antragsrecht 378
   1. Beistände 378
   2. Vertreter des Finanzamts 379
   3. Richter, Sachverständige, Zeugen 379

I. Pflicht des Gerichts zur Entgegennahme von Beweisanträgen

Das Recht, Beweisanträge zu stellen, ist das wichtigste Recht der Prozeßbeteiligten in der Hauptverhandlung[1]. Es ermöglicht ihnen, das Gericht zu weiteren Beweiserhebungen zu zwingen, als die Sachaufklärungspflicht erfordert[2], und dadurch die Entscheidung zu ihren Gunsten zu beeinflussen. Nach herrschender Ansicht folgt das Beweisantragsrecht aus dem grundgesetzlich durch Art. 103 Abs. 1 GG geschützten Anspruch auf rechtliches Gehör[3]. Ob das zutrifft, erscheint

---

1 So ausdrücklich RGSt. 22 S. 335 (336); RG SeuffBl. 76 S.479. Ähnlich KMR *Paulus* § 244 Rdnr. 368; *Glaser* Hdb. I S. 410; *Simader* S. 17, 27.
2 Vgl. oben S. 29 ff.
3 BVerfGE 46 S. 315 (319) = NJW 1978 S. 413 mit Anm. *Jekewitz*; BVerfGE 50 S. 32 = NJW 1979 S. 413; *Eb. Schmidt* vor § 226 Rdnr. 2 und vor § 244 Rdnr. 22; *Rüping* in Bonn. Komm., Art. 103 GG (Zweitbearbeitung), Rdnr. 40; *Guradze*, MRK, Art. 6 Rdnr. 19; *Ad. Arndt* NJW 1959 S. 6 Fußn. 6 und S. 1297 (1298/1299); *Baur* AcP 153 (1954) S. 393 (409 ff.); *Bovensiepen* S. 62/63; *Dahs*, Das rechtliche Gehör im Strafprozeß, 1965, S. 87; *Dahs/Dahs* Rdnr. 97; *Gutmann* JuS 1962 S. 369 (377); *Jagusch* NJW 1959 S. 265 (266); *Köhler* S. 26 Fußn. 6; *Rausche*, Die Bedeutung des Art. 103 Abs. 1 GG für die Stellung des Angeklagten in der Hauptverhandlung der Tatsacheninstanz, Diss. Hamburg 1967, S. 58;

zweifelhaft[4], ist aber nur für die Zulässigkeit der Verfassungsbeschwerde[5], nicht für den Strafprozeß von Bedeutung. Denn hier kommt es nur darauf an, daß das Gericht verpflichtet ist, den Antrag entgegenzunehmen und prozeßordnungsgemäß zu bescheiden[6]. Diese Rechtspflichten ergeben sich eindeutig aus § 244 Abs. 3 bis 6. Sie bestehen ohne Einschränkungen, auch wenn das Gericht meint, der Antragsteller wolle sein Antragsrecht mißbrauchen[7]. Daher hat es das Reichsgericht für unzulässig erklärt, die Entgegennahme von Beweisanträgen zu verweigern, weil der Antragsteller sie in immer neuen Schüben zur Prozeßverzögerung stellt[8], oder dem Antragsteller das Wort zu entziehen, damit er das Verfahren nicht durch weitere Anträge in die Länge ziehen kann[9]. Den Versuchen, der Stellung verfahrensverzögernder und offenbar mutwilliger Anträge dadurch zu begegnen, daß der Antragsteller vom Antragsrecht ausgeschlossen wird, ist auch der Bundesgerichtshof entgegengetreten. Er läßt nicht zu, daß Tatrichter die Annahme von weiteren Anträgen ablehnen[10] oder Anträge ohne inhaltliche Prüfung als rechtsmißbräuchlich zurückweisen[11].

Diese Rechtsprechung setzt die Tatgerichte den Verzögerungspraktiken von Antragstellern, denen es darum geht, das Ende der Hauptverhandlung selbst zu bestimmen[12], ziemlich wehrlos aus. Solange § 246 Abs. 1 bestimmt, daß eine Beweiserhebung nicht deshalb abgelehnt werden kann, weil das Beweismittel oder die zu beweisende Tatsache zu spät vorgebracht worden ist, wird das aber nicht zu ändern sein. Den Übelstand, daß der Angeklagte in der Lage ist, stets neue Beweis-

Rüping, Der Grundsatz des rechtlichen Gehörs und seine Bedeutung im Strafverfahren, 1976, S. 152/153; *Steffen* S. 59 ff.; *Zeuner* in FS für Hans Carl Nipperdey, 1965, I S. 1013 (1021). Vgl. auch BayVerfGH NJW 1977 S. 243; *Röhl* NJW 1953 S. 1531 (1534).

4 Nach BGH NJW 1966 S. 549; *Dürig* in *Maunz-Dürig* Art. 103 GG Rdnr. 73; *G. Schultz* MDR 1959 S. 174; *Wenner* S. 145 ist das Antragsrecht kein Unterfall des rechtlichen Gehörs.

5 Das Übergehen eines Antrags aus Gründen, die außerhalb des Prozeßrechts liegen, hält BVerfGE 50 S. 32 (36) = 1979 S. 413 (414) für einen Verstoß gegen Art. 103 Abs. 1 GG; nach BayVerfGH Rpfleger 1979 S. 151 (153) liegt aber kein Verfassungsverstoß vor, wenn der Antrag nur prozeßordnungswidrig behandelt wird.

6 Zu dieser Rechtspflicht vgl. RGSt. 57 S. 142; 59 S. 420 (421).

7 Vgl. *Weber* GA 1975 S. 289 (299).

8 RGSt. 13 S. 151 (153).

9 RGSt. 22 S. 335 (336/337); die Entscheidung führt zutreffend aus, daß durch die Wortentziehung zwar keine Verteidigungsrechte beschränkt werden, wenn der Antragsteller solche Rechte nicht ernsthaft geltend machen, sondern nur mißbrauchen will, daß dann aber auch nicht geprüft werden kann, ob die erst angekündigten Anträge mißbräuchlich gestellt werden sollten.

10 BGH JR 1980 S. 218 mit Anm. *Meyer*; der BGH hält den Tatrichter aber für berechtigt, den Antragsteller zu ermahnen und ihm – äußerstenfalls – das Wort zu entziehen.

11 BGHSt. 29 S. 149; ebenso *Kleinknecht* § 244 Rdnr. 49.

12 Vgl. den in BGHSt. 29 S. 149 (150) wiedergegebenen Beschluß des Tatgerichts, wonach seit dem 23. Verhandlungstag mehr als 70 Beweisanträge »schubweise« gestellt worden waren, so daß das Gericht jeweils nur kurz zur Entgegennahme der Anträge zusammentreten konnte, um die Verhandlung sodann bis zum nächsten Verhandlungstag zu unterbrechen.

anträge zu stellen und so die Entscheidung zu verzögern und zu erschweren, hat schon das Reichsgericht[13] als unvermeidbar bezeichnet, weil er gegenüber dem Gesichtspunkt, daß es sich um die Wahrung des wichtigsten aller »Partei«rechte handelt und die Beeinträchtigung ernstlich gemeinter Verteidigung unter allen Umständen ausgeschlossen werden muß, nicht ins Gewicht fallen kann. Diese Erwägungen treffen auch heute noch zu.

II. Antragsberechtigte

1. Staatsanwaltschaft

Die Staatsanwaltschaft kann Beweisanträge nicht nur zur Belastung, sondern (vgl. § 160 Abs. 2) auch zugunsten des Angeklagten stellen[14]. Ihre Beweisanträge können aber auch, ohne daß es auf den Gesichtspunkt der Be- oder Entlastung ankommt, einfach dem Zweck dienen, die für die Tat und die Feststellung des Täters wesentlichen Umstände aufzuklären[15]. Die Frage, ob es sich um einen Antrag zugunsten des Angeklagten handelt, kann deshalb von Bedeutung sein, weil nur in diesem Fall eine Ablehnung des Antrags wegen Wahrunterstellung der Beweistatsache[16] zulässig ist. Die Antragstellung zu seinen Gunsten ist ferner die Voraussetzung dafür, daß der Angeklagte oder sein Verteidiger sich dem Antrag anschließen[17] oder auch ohne Anschlußerklärung die fehlerhafte Ablehnung des Antrags mit der Revision rügen kann[18].

Um einen Beweisantrag zur Entlastung des Angeklagten handelt es sich, wenn die Beweistatsache sich zu seinen Gunsten auswirken kann. Das ist insbesondere der Fall, wenn sie einer Schutzbehauptung des Angeklagten entspricht oder sonst im Zusammenhang mit seinem Verteidigungsvorbringen steht[19]. Daß der Staatsanwalt am Schluß der Verhandlung die Freisprechung des Angeklagten beantragt, sagt an sich nichts darüber aus, welches Ziel er mit dem früher gestellten Beweisantrag verfolgt hat[20]. Im Zweifel ist aber immer anzunehmen, daß der Antrag auch zugunsten des Angeklagten gestellt ist[21].

2. Privatkläger

Privatkläger haben zwar nicht durchweg die gleichen Rechte wie die Staatsanwaltschaft. Aus § 385 Abs. 1 Satz 1 ergibt sich aber, daß sie zur Stellung von

---

13 RGSt. 22 S. 335 (336).
14 Daß dies dem Verteidiger nicht immer angenehm ist, weist *Dahs* Hdb. Rdnr. 548 nach.
15 Vgl. BGH NJW 1952 S. 273; RG JW 1932 S. 2729 = DRiZ 1932 Nr. 292 = LZ 1932 Sp. 969.
16 Vgl. unten S. 654.
17 Vgl. unten S. 384.
18 Vgl. unten S. 874.
19 RG JW 1889 S. 475; RG LZ 1924 Sp. 41; RMGE 3 S. 69 (71); *Simader* S. 49.
20 A.A. RG JW 1909 S. 520 und Voraufl. S. 173; in dem vom RG entschiedenen Fall scheint der Antrag aber zugunsten des Angeklagten gestellt worden zu sein.
21 Vgl. *Rieker* S. 29; *Simader* S. 49/50; *Stützel* S. 31.

Beweisanträgen berechtigt sind[22]. Allerdings bestimmt das Gericht im Privatklageverfahren den Umfang der Beweisaufnahme allein (§ 384 Abs. 3). Beweisanträge des Privatklägers sind daher nur Anregungen, denen das Gericht im Rahmen seiner Sachaufklärungspflicht nachkommen muß[23]. Zur Entlastung des Angeklagten kann der Privatkläger keine Anträge stellen[24].

3. Nebenkläger

Nebenkläger haben nach § 397 Abs. 1 dieselben Rechte wie die Privatkläger und sind daher ebenfalls berechtigt, Beweisanträge zu stellen[25]. Sie haben ein selbständiges Antragsrecht; durch abweichende Erklärungen oder Anträge des Staatsanwalts oder anderer Nebenkläger wird es nicht berührt[26]. Zugunsten des Angeklagten kann es, da § 160 Abs. 2 für den Nebenkläger nicht gilt, nicht ausgeübt werden. Beweisanträge, mit denen der Nebenkläger ausschließlich die Entlastung des Angeklagten bezweckt, sind daher als unzulässig zurückzuweisen.

Das Antragsrecht des Nebenklägers ist nicht auf das Nebenklagedelikt beschränkt, dessentwegen er zugelassen worden ist[27]. Ist der Nebenkläger nach einem erfolgreichen Klageerzwingungsantrag zugelassen worden (§ 395 Abs. 2 Nr. 2), so besteht sein Antragsrecht sogar in vollem Umfang. Sonst ist es auf den Tatkomplex der zur Nebenklage berechtigenden Straftat beschränkt. Dabei ist unter Tatkomplex die Straftat in sachlich-rechtlichem Sinn, nicht im Sinne des § 264 zu verstehen. Wenn Gegenstand des Strafverfahrens mehrere in Tatmehrheit (§ 53 StGB) stehende Straftaten sind, von denen nur eine zum Anschluß als Nebenkläger berechtigt, kann der Nebenkläger, der insoweit auch nicht zur Einlegung von Rechtsmitteln befugt ist[28], keine Beweisanträge stellen, die allein der Aufklärung der anderen Straftat dienen[29]. Besteht zwischen dem Nebenklagedelikt und einer anderen Straftat Tateinheit (§ 52 StGB) oder liegt Gesetzeskonkurrenz

---

22 LR *Gollwitzer* § 244 Rdnr. 74; LR *Wendisch* § 384 Rdnr. 7; *Eb. Schmidt* § 244 Rdnr. 20; *Meves* GA 40 S. 291 (302); *K. Müller* S. 79.
23 Vgl. unten S. 834.
24 Vgl. *Rieker* S. 29; *Simader* S. 50; *Stützel* S. 32.
25 BGHSt. 28 S. 272 (274); LR *Gollwitzer* § 244 Rdnr. 74; LR *Wendisch* § 397 Rdnr. 6; *Eb. Schmidt* § 397 Rdnr. 4; *Amelunxen* S. 54; *Gollwitzer* in FS für Karl Schäfer, 1980, S. 65 (80); *Koeniger* S. 263; *Meves* GA 40 S. 291 (302); *Rüth* JR 1982 S. 265 (267).
26 Vgl. LR *Wendisch* § 397 Rdnr. 1; *Eb. Schmidt* § 397 Rdnr. 8; *Amelunxen* S. 54; *Beling* S. 462; *Gerland* S. 133; *Meves* GA 40 S. 291 (302); *K. Müller* S. 52; *Rieker* S. 30; *Simader* S. 50; *Stützel* S. 32.
27 A.A. LR *Wendisch* § 401 Rdnr. 18.
28 Vgl. BGH NJW 1956 S. 1607 L = LM Nr. 2 zu § 395; BGH NJW 1967 S. 454; BGH Strafverteidiger 1981 S. 535; BGH VRS 7 S. 59; RGSt. 61 S. 349 (351); 65 S. 60 (62); S. 125 (132); RG JW 1933 S. 1465; RG GA 73 S. 110; RG HRR 1940 Nr. 61; BayObLGSt. 1952 S. 43 = NJW 1952 S. 798; LR *Wendisch* § 395 Rdnr. 50.
29 A.A. offenbar *Gollwitzer* in Schäfer-FS (oben Fußn. 25) S. 65 (67/68); er erkennt aber an, daß Beweisanträge unzulässig sind, die sich auf für den Nebenkläger unter keinem vernünftigen Gesichtspunkt relevante Beweisfragen beziehen.

vor, so wird der Nebenkläger im allgemeinen Beweisanträge wegen des ganzen Tatkomplexes stellen können[30]. Davon gibt es aber Ausnahmen. Wenn es um den Beweis von Tatbestandsmerkmalen, Rechtfertigungs- oder Schuldausschließungsgründen einer Straftat geht, die auf das Nebenklagedelikt trotz der sachlich-rechtlichen Verbindung nach § 52 StGB ohne Einfluß ist, entfällt auch die Berechtigung des Nebenklägers, sich an der Verfahrensgestaltung durch Beweisanträge zu beteiligen[31].

4. Antragsteller im Anhangsverfahren nach §§ 403 ff.

Sie sind berechtigt, Beweisanträge zu stellen, soweit ihre vermögensrechtlichen Ansprüche von dem Ergebnis der Beweiserhebung betroffen sind. Dazu gehört die Schuldfrage in dem Umfang, in dem sie für den Schadensersatzanspruch des Antragstellers von Bedeutung ist[32].

5. Angeklagte

Der Angeklagte kann ohne Rücksicht auf seine Geschäftsfähigkeit Beweisanträge stellen. Antragsberechtigt ist im Jugendstrafverfahren auch der jugendliche Angeklagte[33], im Sicherungsverfahren nach § 413 der nicht schuldfähige Beschuldigte. Anträge von Geisteskranken müssen geprüft[34], brauchen aber nicht beschieden zu werden, wenn sie offensichtlich unsinnig sind[35]. Hat der Angeklagte einen Verteidiger, so kann er Beweisanträge ohne dessen Einverständnis[36], sogar gegen seinen Willen[37] stellen.

Der Angeklagte kann nur entlastende Beweisanträge stellen. Daß die Beweistatsache sich nur zu seinen Ungunsten auswirken kann, macht den Beweisantrag zwar nicht unzulässig; der Angeklagte ist dann aber nicht beschwert, wenn der Antrag übergangen oder fehlerhaft abgelehnt wird. Antragsrecht und Zulässigkeit des Antrags hängen nicht davon ab, daß die Beweistatsachen mit der bisherigen Einlassung des Angeklagten übereinstimmen[38]. Vielmehr muß davon ausgegangen werden, daß er seine Einlassung berichtigen oder ändern will, soweit ihr die in

---

30 Vgl. *Koeniger* S. 264; *Oetker* Rechtsgang III S. 241 (256); *Rieker* S. 30; *Simader* S. 50; *Stützel* S. 32.
31 So offenbar auch *Gollwitzer* in Schäfer-FS (oben Fußn. 25), der (S. 67) davon spricht, daß die Abgrenzung im Einzelfall schwierig sein könne, vor allem innerhalb »einer mehrere real oder ideell konkurrierende Straftaten umfassenden Tat« im Sinne des § 264.
32 BGH NJW 1956 S. 1767; BayObLGSt. 1953 S. 64 (66); *Eb. Schmidt* § 404 Rdnr. 12; *Grau* DJ 1943 S. 331 (335); *Schönke* DRZ 1949 S. 121 (123) und in: Beiträge zur Lehre vom Adhäsionsprozeß, 1935, S. 125; a. A. *Würtenberger* DR 1945 S. 70 (72).
33 Vgl. *Beling* S. 177; *Peters* S. 241; *Rieker* S. 29; *Simader* S. 48.
34 Vgl. *Peters* S. 241.
35 Vgl. *Peters* S. 248.
36 Vgl. *Peters* S. 202; vgl. auch *Gollwitzer* Sarstedt-FS S. 20.
37 Vgl. *Beulke* S. 134/135.
38 RG JW 1895 S. 430; RG DStrZ 1917 Sp. 168.

dem Beweisantrag behaupteten Tatsachen entgegenstehen[39]. Der Vorsitzende wird aber regelmäßig durch Befragung des Angeklagten sicherstellen müssen, daß nicht lediglich ein Irrtum vorliegt[40]. Hatte der Angeklagte seine Schuld eingeräumt, so liegt darin, daß er Beweisanträge stellt, die seine Unschuld beweisen sollen, der Widerruf des Geständnisses[41]. Der Antrag darf daher nicht unter Hinweis darauf abgelehnt werden, daß der Antragsteller die Tat zugegeben hat.

Wenn der Angeklagte die Einlassung verweigert hat, verliert er nicht das Recht, Beweisanträge zu stellen. Die behaupteten Beweistatsachen stellen dann auch keine teilweise Einlassung dar. Das Gericht ist daher nicht berechtigt, unter dem Gesichtspunkt des Teilschweigens[42] Schlüsse daraus zu ziehen, daß der Angeklagte sich im übrigen nicht zur Sache einläßt.

6. Nebenbeteiligte

Einziehungsbeteiligte und die ihnen nach § 442 gleichstehenden Verfahrensbeteiligten haben nach § 433 Abs. 1 Satz 1, § 440 Abs. 3 die Befugnisse, die einem Angeklagten zustehen. Dazu gehört auch das Recht, Beweisanträge zu stellen[43]. Auf die Interessen des Angeklagten brauchen sie keine Rücksicht zu nehmen. Sie können Anträge auch gegen seinen Willen stellen[44]. Wenn das Gericht nach § 431 Abs. 2 angeordnet hat, daß sich die Beteiligung nicht auf die Schuldfrage erstreckt, sind Beweisanträge der Einziehungs- und Verfallsbeteiligten zu dieser Frage unzulässig. Ist eine solche Anordnung nicht ergangen, so gilt die Einschränkung des § 436 Abs. 2, wonach § 244 Abs. 3 Satz 2, Abs. 4 bis 6 auf Beweisanträge zur Frage der Schuld des Angeklagten nicht anzuwenden ist. Das bedeutet, daß solche Beweisanträge als bloße Beweisanregungen zu betrachten sind[45]. Das Gericht muß ihnen nur stattgeben, wenn die Aufklärungspflicht das gebietet; darüber entscheidet es nach pflichtgemäßem Ermessen[46].

Das gleiche eingeschränkte Beweisantragsrecht wie die Einziehungs- und Verfallsbeteiligten haben nach § 444 Abs. 2 Satz 2 die nebenbeteiligten juristischen Personen und Personenvereinigungen.

---

39 BGH bei *Holtz* MDR 1977 S. 461; RG JW 1895 S. 430; RG Recht 1911 Nr. 1254; *Alsberg* JW 1931 S. 1971; *Dahs/Dahs* Rdnr. 253.
40 RG GA 59 S. 120.
41 Vgl. *W. Schmid* S. 110; *Simader* S. 126; a. A. *Glaser* Hdb. I S. 607, der den Beweisantrag dann für unzulässig hält.
42 Vgl. dazu LR *Meyer* § 136 Rdnr. 30 ff. mit Nachw.
43 Vgl. LR *Schäfer* § 433 Rdnr. 13; *Rieker* S. 30; *Simader* S. 50.
44 Vgl. LR *Schäfer* § 433 Rdnr. 14.
45 Vgl. *Eb. Schmidt* Nachtr. II § 436 Rdnr. 4.
46 Vgl. auch LR *Schäfer* § 436 Rdnr. 8 und 9, der aber behauptet, daß hier die Regeln des Strengbeweises außer Kraft gesetzt seien. Davon kann keine Rede sein; denn selbstverständlich erfolgt die Beweiserhebung, wenn das Gericht sie für erforderlich hält, nach diesen Regeln und nicht im Freibeweis. Außer Kraft gesetzt ist nur die Bindung an die Ablehnungsgründe des § 244 Abs. 3 bis 4 und die Pflicht des Gerichts, Anträge durch Beschluß nach § 244 Abs. 6 zu bescheiden.

7. Verteidiger

Der Verteidiger, auch der Pflichtverteidiger, ist nicht Vertreter, sondern Beistand des Angeklagten. Er tritt selbständig für ihn auf[47] und hat daher auch ein selbständiges Recht, Anträge zum Beweis von Tatsachen zu stellen, die er kennt oder zu kennen glaubt und deren Aufklärung er im Interesse des Angeklagten für erforderlich erachtet[48]. Dieses selbständige Recht übt der Verteidiger auch aus, wenn er den Antrag ausdrücklich im Namen des Angeklagten stellt[49]. Die Erhebung von Belastungsbeweisen kann er ebensowenig beantragen[50] wie der Angeklagte selbst.

Vom Willen des Angeklagten ist der Verteidiger unabhängig; er kann den Beweisantrag auch stellen, wenn der Angeklagte dem widerspricht[51]. Entsprechendes gilt, wenn mehrere Verteidiger für den Angeklagten auftreten. Jeder von ihnen hat unabhängig von dem Mitverteidiger das Recht zur Stellung von Beweisanträgen[52].

Der Beweisantrag des Verteidigers kann sich auf Tatsachen beziehen, die der Angeklagte zugestandenermaßen nicht kennt[53], die im Widerspruch zu seiner Einlassung stehen[54] oder die nur erheblich wären, wenn eine andere Tatsache, die der Angeklagte aber bestreitet, wahr wäre[55]. Selbst ein Geständnis des Angeklagten

---

47 BGHSt. 12 S. 367 (369); *Kleinknecht* Einl. Rdnr. 82; KMR *Müller* vor § 137 Rdnr. 1; LR *Dünnebier* vor § 137 Rdnr. 3.
48 BGH NJW 1953 S. 1314; 1969 S. 281 (282); RGSt. 17 S. 315; RGRspr. 10 S. 484 (486); RG JW 1923 S. 689 mit Anm. *Mamroth*; RG JW 1931 S. 2818; 1932 S. 3356 mit Anm. *Mannheim*; RG BayZ 1927 S. 109; *Dalcke/Fuhrmann/Schäfer* § 244 Anm. 7 a; *Eb. Schmidt* § 244 Rdnr. 21; *Alsberg* JW 1928 S. 2253; *Koeniger* S. 263; *Peters* S. 202.
49 BGH NJW 1969 S. 281 (282) = GA 1970 S. 240 (241) = VRS 36 S. 213 (214); BGH 1 StR 323/62 vom 25. 8. 1962; a. A. *Stützel* S. 29.
50 Vgl. *Spendel* JZ 1959 S. 737 (739). Daß der Verteidiger auch keine Anträge stellen darf, die nur im Interesse von Mitangeklagten liegen, ergibt sich aus § 146 (vgl. *Gollwitzer* Sarstedt-FS S. 33).
51 BGH NJW 1953 S. 1314; RGSt. 17 S. 315; 18 S. 138 (141); RGRspr. 10 S. 484 (486); RG JW 1931 S. 949 mit Anm. *Alsberg*; BayObLGSt. 1949/51 S. 74 (82) = HESt. 3 S. 13 (15); OLG Hamm VRS 42 S. 115 (117); OLG Köln JMBlNRW 1963 S. 46 = VRS 24, 217 (218); KK *Herdegen* Rdnr. 55; *Kleinknecht* Rdnr. 42; KMR *Paulus* Rdnr. 374; LR *Gollwitzer* Rdnr. 74; *Eb. Schmidt* Rdnr. 21; alle zu § 244; *Beling* S. 151; *Dahs* Hdb. Rdnr. 507; *Gössel* S. 151; *Harreß* S. 12; *K. Müller* S. 52; *Peters* S. 202/203; *Rieker* S. 29; *Rieß* NJW 1977 S. 881 (883); *Roxin* § 19 A II 1; *Simader* S. 49; *Spendel* JZ 1959 S. 737 (739); *Stützel* S. 29; a. A. *Gerland* S. 151, der den nicht notwendigen Verteidiger an den Widerspruch des Angeklagten binden wollte.
52 Vgl. *Simader* S. 49.
53 RG JW 1933 S. 450 mit Anm. *Alsberg*.
54 BGHSt. 21 S. 118 (124); BGH bei *Holtz* MDR 1977 S. 461; RGSt. 17 S. 315; RG JW 1888 S. 231; 1905 S. 549; 1925 S. 2782 mit Anm. *Löwenstein*; RG JW 1932 S. 3356 mit Anm. *Mannheim*; RG JW 1933 S. 1664; RG GA 59 S. 120 (121); RG Recht 1905 Nr. 2516; BayObLGSt. 1949/51 S. 74 (82) = HESt. 3 S. 13 (15); OLG Kiel SchlHA 1948 S. 224 (225); OLG Köln JMBlNRW 1959 S. 126 (127) = VRS 17 S. 140 (141); KK *Herdegen* § 244 Rdnr. 55; *Eb. Schmidt* Nachtr. § 244 Rdnr. 12 a); *Dahs/Dahs* Rdnr. 253; *Mamroth* JW 1923 S. 689; *Schlosky* JW 1930 S. 2505.
55 RG Recht 1908 Nr. 2525.

hindert den Verteidiger nicht, einen Beweisantrag zum Beweis der Unschuld seines Mandanten zu stellen[56]. In solchen Fällen wird das Gericht oft Anlaß zu der Prüfung haben, ob der Verteidiger den Antrag in Verschleppungsabsicht stellt. Eine solche Absicht muß aber nicht unbedingt bestehen. Es kann durchaus vorkommen, daß der Angeklagte zum eigenen Nachteil die Unwahrheit sagt, um einem anderen zu schaden, oder daß er die Schuld auf sich nimmt, um einen anderen zu decken. Der Verteidiger ist dann berechtigt, auf die Aufdeckung des wahren und für seinen Mandanten günstigen Sachverhalts hinzuwirken[57]. Wenn der Angeklagte auch nur stillschweigend zu erkennen gibt, daß er einem im Widerspruch zu seinem Geständnis stehenden Antrag zustimmt, liegt darin der Widerruf seiner früheren abweichenden Behauptungen oder seines Geständnisses.

8. Erziehungsberechtigte und gesetzliche Vertreter

Die Erziehungsberechtigten und die gesetzlichen Vertreter eines jugendlichen Angeklagten haben nach § 67 Abs. 1 JGG das Recht, Beweisanträge zu stellen[58]. Wie der Verteidiger üben sie dieses Recht selbständig aus; auf den entgegenstehenden Willen des Jugendlichen kommt es nicht an. Nach § 67 Abs. 4 JGG kann der Richter dem Erziehungsberechtigten und dem gesetzlichen Vertreter das Beweisantragsrecht entziehen, wenn sie verdächtig sind, an der Verfehlung des Beschuldigten beteiligt zu sein, oder wenn sie wegen einer Beteiligung bereits verurteilt sind.

9. Beistände im Jugendstrafverfahren

Diese Beistände haben, anders als die Beistände nach § 149, im Verfahren gegen einen jugendlichen Angeklagten (nicht gegen einen Heranwachsenden) in der Hauptverhandlung die Rechte eines Verteidigers (§ 69 Abs. 3 Satz 2 JGG). Sie sind daher auch berechtigt, Beweisanträge zu stellen[59].

III. Fehlendes Antragsrecht

1. Beistände

Die nach § 149 zugelassenen Beistände können keine Beweisanträge stellen. Denn obwohl ihre prozessuale Rechtsstellung selbständig ist und sogar gegen den Willen

---

56 RG JW 1925 S. 2782 mit Anm. *Löwenstein;* RG JW 1933 S. 1664; RG DStrZ 1917 Sp. 168; KMR *Paulus* § 244 Rdnr. 374; *Eb. Schmidt* § 244 Rdnr. 21; *Ditzen* ZStW 10 S. 111 (151 Fußn. 74).
57 Vgl. *Beling* S. 151; *Beulke* S. 129; *Heeb,* Grundsätze und Grenzen der anwaltlichen Strafverteidigung, Diss. Tübingen 1973, S. 60; *Peters* S. 202.
58 Vgl. KMR *Paulus* § 244 Rdnr. 373; *Brunner* § 67 JGG Rdnr. 8; *K. Müller* S. 52 Fußn. 108.
59 Vgl. KK *Herdegen* § 244 Rdnr. 55; KMR *Paulus* § 244 Rdnr. 373; *Koeniger* S. 264; *K. Müller* S. 52 Fußn. 107; *Rieker* S. 29; *Simader* S. 51; *Stützel* S. 30.

des Angeklagten ausgeübt werden kann[60], beschränkt sich ihr Recht, zur Verteidigung des Angeklagten mitzuwirken, auf Ausführungen tatsächlicher und rechtlicher Art und auf Anregungen, natürlich auch zur Erhebung von Beweisen. Sie sind nur »auf ihr Verlangen zu hören«; das bedeutet, daß ihnen weder ein Recht zur Antragstellung noch andere prozessuale Rechte eingeräumt sind[61].

2. Vertreter des Finanzamtes

Der Vertreter des Finanzamts, der nach § 407 Abs. 1 AO zur Teilnahme an der Hauptverhandlung berechtigt ist, erhält ebenfalls nur auf Verlangen das Wort (§ 407 Abs. 1 Satz 4 AO). Das Recht, Beweisanträge zu stellen, hat er nicht[62].

3. Richter, Sachverständige, Zeugen

Das Beweisantragsrecht haben nur die zur selbständigen Mitwirkung im Verfahren berechtigten Personen[63]. Andere Personen können keine Beweisanträge stellen, auch wenn ihr Interesse an der Aufklärung des Sachverhalts offensichtlich ist. Das betrifft insbesondere den Zeugen, der die Strafanzeige erstattet hat und damit rechnen muß, daß ihm nach § 469 Abs. 1 die Kosten des Verfahrens und die dem Beschuldigten erwachsenen notwendigen Auslagen auferlegt werden[64], sowie andere Personen, denen Nachteile für den Fall drohen, daß der Angeklagte freigesprochen oder verurteilt wird.

Beweisanträge können auch von Richtern und Schöffen nicht gestellt werden. Sie haben zwar nach § 240 das Recht, die anwesenden Zeugen und Sachverständigen zu befragen. Die Herbeischaffung von Beweismitteln können sie aber nicht beantragen. Wenn sie eine Beweisaufnahme für notwendig erachten, müssen sie darüber eine Beratung und nötigenfalls eine Abstimmung verlangen[65].

Vom Beweisantragsrecht sind ferner die Sachverständigen ausgeschlossen. Sie können nur Beweisanregungen geben, denen das Gericht nachgehen muß, wenn die Beweiserhebung zur Sachaufklärung, insbesondere zur Beschaffung der für das Gutachten notwendigen tatsächlichen Grundlagen, erforderlich erscheint[66].

---

60 RGSt. 38 S. 106 (107); KMR *Müller* § 149 Rdnr. 2; LR *Dünnebier* § 149 Rdnr. 4.
61 BGH bei *Holtz* MDR 1978 S. 626; RG Recht 1907 Nr. 2843; KMR *Paulus* § 244 Rdnr. 373; LR *Dünnebier* § 149 Rdnr. 5; *Harreß* S. 11; *Kühne* Rdnr. 117; *Rieker* S. 30; *Simader* S. 50; *Stützel* S. 30; a. A. *Sauer* ZStW 37 S. 186 (197).
62 Vgl. *Klein/Orlopp*, AO, 2. Aufl., 1979, Anm. 2; *Koch*, AO 1977, 2. Aufl., 1979, Anm. 2; *Kühn/Kutter*, AO 1977, 13. Aufl., 1980, Anm. 2; *Meyer* in *Erbs/Kohlhaas*, Strafrechtl. Nebengesetze, Anm. 3; *Plath*, AO 1977, Anm. 4; alle zu § 407 AO.
63 Vgl. *Henkel* S. 340.
64 Vgl. *Meves* GA 40 S. 291 (302).
65 *Harreß* S. 12; *Meves* GA 40 S. 291 (302/303); vgl. auch *Gössel* S. 148/149, der auftretende Kontroversen nach § 238 Abs. 2 behandelt wissen will.
66 Vgl. LR *Meyer* § 80 Rdnr. 8.

§ 2 Form und Zeitpunkt der Antragstellung

I. Anträge in der Hauptverhandlung 380
   1. Mündliche Antragstellung 380
   2. Vorlegung schriftlicher Anträge 382
   3. Gemeinsame Antragstellung mehrerer Antragsberechtigter 383
      a) Gemeinschaftlicher Antrag 383
      b) Anschlußerklärung 384
   4. Spätester Zeitpunkt der Antragstellung 387
II. Notwendigkeit der Wiederholung vor der Hauptverhandlung gestellter Anträge 388
   1. Anträge vor Eröffnung des Hauptverfahrens 388
   2. Anträge vor der Hauptverhandlung 389
   3. Anträge in einer ausgesetzten Hauptverhandlung 389
III. Beweisanträge des nach § 233 vom Erscheinen entbundenen Angeklagten 390

I. Anträge in der Hauptverhandlung

1. Mündliche Antragstellung

In der strafprozessualen Hauptverhandlung gilt der Grundsatz der Mündlichkeit[1]. Die Verhandlung findet nicht statt, um Schriftstücke vorzulegen und auszutauschen, sondern sie besteht aus Rede und Gegenrede. Auch Beweisanträge müssen daher in der Hauptverhandlung mündlich gestellt werden[2]. Schriftsätze, die dem Gericht außerhalb der Hauptverhandlung, aber nach deren Beginn[3], übersandt werden, können daher übergangen werden, wenn ihr Inhalt nicht in der Verhand-

---

[1] Allg. zum Mündlichkeitsgrundsatz: LR *Schäfer* Einl. Kap. 13 Rdnr. 56 ff.; *Eb. Schmidt* Teil I Rdnr. 429 ff.
[2] RGSt. 59 S. 420 (422); RG LZ 1914 Sp. 963; OLG Hamm JMBlNRW 1970 S. 251; OLG Saarbrücken VRS 29 S. 292 (293); KK *Herdegen* § 244 Rdnr. 52; LR *Gollwitzer* § 244 Rdnr. 82; *Haag* DStR 1938 S. 416 (418); *Harreß* S. 10; *Hegler* Rechtsgang I S. 198/199 Fußn. 8; *Henkel* S. 340 und JW 1933 S. 520; *Koeniger* S. 264; *Mayer-Alberti* S. 18 Fußn. 5; *Nüse* JR 1956 S. 28; *Rieker* S. 31; *Sarstedt* S. 183 und DAR 1964 S. 307 (308, 310) im Gegensatz zu der JR 1954 S. 431 vertretenen Meinung; *Simader* S. 36; *Stützel* S. 36; a. A. *Birkmeyer* S. 515.
[3] Beweisanträge, die vor der Hauptverhandlung gestellt werden, müssen nach § 219 beschieden werden.

lung vorgetragen und der Antrag dadurch formgerecht gestellt wird[4] und wenn auch die Amtsaufklärungspflicht nach § 244 Abs. 2 nicht zur Erhebung der beantragten Beweise zwingt. Auch die Tatsache, daß der Angeklagte in einer außerhalb der Hauptverhandlung eingereichten umfangreichen Schutzschrift die Vernehmung eines Zeugen beantragt hat und der wesentliche Inhalt der auszugsweise verlesenen Schrift in der Verhandlung erörtert worden ist, kann den in der Hauptverhandlung mündlich zu stellenden Antrag nicht ersetzen[5]. Die Notwendigkeit der mündlichen Antragstellung schließt allerdings nicht aus, daß der Antragsteller sich zur Substantiierung und Begründung seines Antrags auf Schriftstücke in den Akten bezieht, insbesondere auf Schutzschriften, die er vor der Hauptverhandlung eingereicht, und auf Beweisanträge, die er nach § 219 vor der Hauptverhandlung gestellt hat[6]. Der Grundsatz der Mündlichkeit verlangt dann aber, daß diese Schriftstücke in der Hauptverhandlung verlesen werden oder ihr Inhalt sonst bekanntgegeben wird. Ergibt die Erklärung des Antragstellers, er nehme auf einen oder mehrere Schriftsätze Bezug, nicht mit hinlänglicher Deutlichkeit, welche Tatsachen bewiesen und welche Beweismittel benutzt werden sollen, so muß das Gericht eine mündliche Erläuterung verlangen und, wenn diese Aufforderung erfolglos bleibt, den Antrag ablehnen[7]. Eine bloße Bezugnahme auf früher eingereichte Schriftsätze reicht insbesondere dann nicht aus, wenn es sich um zahlreiche Eingaben handelt, in denen zerstreut eine große Anzahl von Beweisanträgen enthalten ist[8].

In der Praxis ist es üblich, daß Staatsanwalt und Verteidiger ihre Beweisanträge schriftlich niederlegen, das Schriftstück verlesen und dann dem Gericht überreichen[9]. Das hat insbesondere bei umfangreichen und inhaltlich schwierigen Anträgen den Vorteil, daß der genaue Inhalt des Antrags feststeht und daß in der Sitzungsniederschrift nur die Antragstellung beurkundet werden muß und im übrigen auf das als Anlage zum Protokoll genommene Schriftstück Bezug genommen werden kann[10]. Der Vorsitzende kann den Antragsteller, der das nicht von sich aus

---

4 RGSt. 61 S. 376; RG JW 1900 S. 372; RG GA 59 S. 343; OLG Koblenz VRS 45 S. 393; OLG Saarbrücken VRS 29 S. 292 (293); KK *Herdegen* § 244 Rdnr. 52; *Nüse* JR 1956 S. 29; *Rieker* S. 31; *Simader* S. 53; *Steffen* S. 36. Ebenso für den Fall der Ablehnung eines Sachverständigen wegen Befangenheit: RGSt. 58 S. 301; OLG Hamm VRS 39 S. 217.
5 BGH 4 StR 610/53 vom 21. 10. 1954.
6 *Simader* S. 30/31. Vgl. auch *Oetker* JW 1930 S. 1105, der den Fall erwähnt, daß bereits mehrere in einer Schutzschrift benannte Zeugen vernommen worden sind und der Antragsteller nunmehr die Vernehmung »der anderen Zeugen« verlangt.
7 RG LZ 1914 Sp. 963; OLG Karlsruhe Recht 1927 Nr. 2628.
8 OLG Karlsruhe a.a.O.
9 Vgl. OLG Hamm JMBlNRW 1970 S. 251. Das mißversteht *Gössel* (S. 251), der behauptet, in der Praxis würden Beweisanträge regelmäßig schriftlich »gestellt«. — Das Recht, den Antrag ins Protokoll zu diktieren, hat der Antragsteller nicht (vgl. unten S. 400).
10 Vgl. unten S. 401. Auch *Dahs/Dahs* Rdnr. 530 und *Sarstedt* DAR 1964 S. 307 (310) halten die Überreichung eines Schriftstücks für sehr praktisch. *Schlosky* JW 1930 S. 2505 empfiehlt sie, weil sonst die genaue Wiedergabe von der größeren oder geringeren Geschicklichkeit des Urkundsbeamten im Protokollieren abhängt. *G. Schäfer* S. 354 hält das Verfahren für gesetzwidrig.

tut, um die schriftliche Niederlegung des Antrags ersuchen[11]. Der Antragsteller ist allerdings nicht verpflichtet, diesem Ersuchen nachzukommen. Der Beweisantrag darf daher nicht übergangen werden, weil der Antragsteller der Aufforderung nicht entspricht[12]. Leistet er ihr Folge, so ist eine Verlesung des Schriftstücks nicht erforderlich; denn der Antrag ist bereits mündlich gestellt[13]. Das Recht, Ausführungen zu seinem Beweisantrag zu machen, hat der Antragsteller nicht[14].

2. Vorlegung schriftlicher Anträge

Die Vorlegung schriftlicher Anträge kann den mündlichen Vortrag des Beweisantrags auch nicht ausnahmsweise ersetzen[15]. Die von *Alsberg*[16] vertretene Auffassung, die Entgegennahme eines Schriftstücks durch das Gericht führe dazu, daß der darin enthaltene Beweisantrag »als gestellt angesehen« wird, kann hier nicht aufrechterhalten werden[17]. Richtig ist vielmehr, daß die Fürsorgepflicht des Gerichts gegenüber dem Antragsteller dazu zwingt, ihn zur Stellung eines formgerechten Antrags zu veranlassen[18]. An der Notwendigkeit, den Inhalt des Schriftstücks in der Hauptverhandlung zu erörtern, ändert das aber nichts[19]. Der Vorsitzende muß daher immer auf irgendeine mündliche Bekanntgabe hinwirken[20]. Grundsätzlich wird er verlangen, daß der Antragsteller den schriftlichen Antrag

---

11 RG JR Rspr. 1927 Nr. 2096 = JW 1927 S. 911 mit Anm. *Drucker*; RG Recht 1924 Nr. 487; OLG Hamm JMBlNRW 1970 S. 251; *Dalcke/Fuhrmann/Schäfer* § 244 Anm. 7 a; *Arndt* DRiZ 1956 S. 28 (31); *Sarstedt* JR 1954 S. 431; *Simader* S. 53; *Schlosky* JW 1930 S. 2505; vgl. auch RG JW 1927 S. 3056 mit Anm. *Alsberg*.
12 BayObLG bei *Rüth* DAR 1979 S. 240; OLG Hamm HRR 1928 Nr. 1542; JMBlNRW 1970 S. 251; KK *Herdegen* Rdnr. 52; KMR *Paulus* Rdnr. 380; LR *Gollwitzer* Rdnr. 82; alle zu § 244; *Dahs/Dahs* Rdnr. 248; *Drucker* JW 1927 S. 911; *Henkel* JW 1933 S. 520 (521); *Rieker* S. 32; *Sarstedt* DAR 1964 S. 307 (310); *Simader* S. 53; *Stützel* S. 40; a. A. *Feisenberger* § 244 Anm. 6.
13 RG JW 1927 S. 911 mit Anm. *Drucker*, *Henkel* JW 1933 S. 520 (521).
14 Vgl. *Simader* S. 37.
15 RGSt. 28 S. 394 (396); 59 S. 420 (422), das aber in der Übersendung eines Schriftstücks mit Recht einen formgültigen Beweisantrag sieht, wenn Beweissatz und Beweismittel vorher schon eindeutig mündlich angekündigt worden sind. Vgl. auch RGSt. 68 S. 88 (89) betreffend schriftliche Anträge, die nach Schluß der Verhandlung eingereicht werden; RG JW 1931 S. 2575 mit abl. Anm. *Alsberg* für den Fall, daß der Antragsteller erklärt, der Schriftsatz enthalte nur Erläuterungen zu einem bereits abgelehnten Antrag. – *Birkmeyer* S. 515; *Gössel* S. 251; *Kreuzer* S. 28 halten eine schriftliche Antragstellung für zulässig.
16 JW 1931 S. 2575; 1. Aufl. S. 135; Voraufl. S. 180. Ebenso *Haag* DStR 1938 S 416 (418).
17 Hiergegen schon *Drucker* JW 1933 S. 520/521.
18 Vgl. unten S. 396 ff.
19 RG LZ 1914 Sp. 963 = Recht 1914 Nr. 1379 beanstandete daher mit Recht, daß das Gericht den schriftlichen Antrag entgegengenommen und den in der Hauptverhandlung nicht weiter erörterten Antrag zur Grundlage eines ablehnenden Gerichtsbeschlusses gemacht hat; vgl. auch LR *Gollwitzer* § 244 Rdnr. 82; *Harreß* S. 10.
20 Vgl. RGSt. 59 S. 420 (422), wo auf die Aufklärungspflicht hingewiesen wird. Ähnlich *Sarstedt* DAR 1964 S. 307 (310).

verliest[21]. Er kann ihn aber auch selbst verlesen oder seinen Inhalt ohne wörtliche Verlesung bekanntgeben[22]. Hat der Antragsteller sich wegen des Beweisthemas auf ein von ihm überreichtes Sachverständigengutachten bezogen, so kann zur Feststellung der zu beweisenden Tatsache dieses an sich unverlesbare Gutachten verlesen oder sein Inhalt durch Mitteilung des Vorsitzenden zur Kenntnis der Prozeßbeteiligten gebracht werden; es darf aber natürlich nicht zur Urteilsgrundlage gemacht werden[23].

Die Ansicht, die Überreichung des schriftlichen Antrags stehe dem mündlichen Vortrag gleich, wenn der Vorsitzende die Verlesung nicht verlangt[24], verdient keine Zustimmung[25]. Träfe sie zu, so wäre überhaupt nicht einzusehen, weshalb der Antrag in der Hauptverhandlung gestellt werden muß. Schriftsätze kann der Antragsteller dem Gericht auch außerhalb der Hauptverhandlung zugänglich machen. Die mündliche Erörterung des Beweisantrags in der Hauptverhandlung ist auch schon deshalb notwendig, weil der Prozeßgegner das Recht hat, zu dem Antrag Stellung zu nehmen (§ 33 Abs. 1), und daher seinen Inhalt erfahren muß[26]. Allerdings verstößt das Gericht, wenn es die Verlesung des schriftlich überreichten Antrags nicht verlangt und den Antrag als nicht formgerecht gestellt behandelt, gegen seine Fürsorgepflicht, und der Antragsteller kann hierauf seine Revision stützen[27].

3. Gemeinsame Antragstellung mehrerer Antragsberechtigter

a) **Gemeinschaftlicher Antrag.** Grundsätzlich stellt jeder Prozeßbeteiligte den Beweisantrag nur für sich allein[28]. Ein gemeinschaftlicher Antrag ist aber möglich. Dazu ist regelmäßig eine gemeinsame Erklärung der mehreren Antragsteller erforderlich. Meist wird ein von mehreren Antragsberechtigten unterzeichneter schrift-

---

21 A. A. KG JW 1927 S. 735; 1931 S. 235 mit Anm. *Klefisch*; *Sarstedt* DAR 1964 S. 307 (310), die den Vorsitzenden für verpflichtet halten, den Antrag zu verlesen.
22 RG LZ 1914 Sp. 963; *Henkel* JW 1933 S. 520 (521). Vgl. aber auch *Drucker* JW 1927 S. 911, der eine andere Art der Bekanntgabe als die Verlesung für unzulässig hält.
23 Vgl. RG JW 1928 S. 1307 mit Anm. *Oetker*.
24 BGH NJW 1953 S. 35 = LM Nr. 6 zu § 244 Abs. 3 unter irriger Berufung auf die Entscheidung RGSt. 59 S. 420 (422); KG JR 1954 S. 430 mit zust. Anm. *Sarstedt*; *Dalcke/Fuhrmann/Schäfer* Anm. 7 a; KK *Herdegen* Rdnr. 52; *Kleinknecht* Rdnr. 41; KMR *Paulus* Rdnr. 380; LR *Gollwitzer* Rdnr. 82; *Eb. Schmidt* Rdnr. 23; alle zu § 244; *Dahs/Dahs* Rdnr. 248; *Haag* DStR 1938 S. 416 (418); *Koeniger* S. 264; *Simader* S. 54.
25 So auch *Rieker* S. 32.
26 So mit Recht *Henkel* JW 1932 S. 3102 und *Rieker* S. 32. *Sarstedt* (JR 1954 S. 430) hält es für ausreichend, daß der Prozeßgegner aus dem den Antrag bescheidenden Gerichtsbeschluß erfährt, was beantragt war; dabei ist übersehen, daß § 33 Abs. 2 das rechtliche Gehör vor, nicht nach der Entscheidung des Gerichts verlangt und daß ein Gerichtsbeschluß gar nicht erlassen wird, wenn das Gericht dem Antrag stattgibt.
27 Vgl. *Sarstedt* JR 1954 S. 430; unten S. 396.
28 Vgl. *Beling* JW 1926 S. 1221; *Schlosky* JW 1930 S. 2505 (2506); *Simader* S. 51; *Stützel* S. 48.

licher Antrag überreicht und von einem der Antragsteller mündlich vorgetragen. Zulässig ist aber auch die gemeinsame Antragstellung durch einen der mehreren Antragsberechtigten, der dazu von dem oder den anderen Antragstellern beauftragt ist[29]. Der gemeinsamen Antragstellung steht nicht unbedingt entgegen, daß es sich bei den Antragstellern um Prozeßgegner handelt[30]. Sie ist aber ausgeschlossen, wenn die mit dem Antrag verfolgten Interessen nur bei einem der Antragsteller bestehen oder der andere Prozeßbeteiligte sogar entgegengesetzte Interessen verfolgt[31].

b) Anschlußerklärung. Zulässig ist auch die Erklärung eines Prozeßbeteiligten, daß er sich dem Beweisantrag eines anderen Antragstellers anschließe[32]. Für den Anschluß gelten dieselben Grundsätze wie für die gemeinsame Antragstellung. Daß der Antrag von dem Prozeßgegner gestellt ist, steht dem Anschluß auch hier nicht entgegen[33], sofern nicht ein Widerstreit der Interessen vorliegt[34]. Die Anschlußerklärung ist auch möglich, wenn der Antrag nur bedingt, insbesondere wenn nur ein Hilfsantrag im Schlußvortrag gestellt ist[35]. Wer sich dem Hilfsantrag aber nicht ausdrücklich mit einer anderslautenden Erklärung anschließt, hat dann auch nur die Rechte aus diesem Antrag[36]. Wenn dem Hauptantrag des Antragstellers stattgegeben wird, kann daher der Prozeßbeteiligte, der sich dem Antrag nur angeschlossen hatte, nicht verlangen, daß trotzdem über den Hilfsantrag entschieden wird[37]. Daß der Antragsteller den Antrag zurücknimmt, enthebt das Gericht jedoch nicht der Pflicht zur Entscheidung, wenn der andere Prozeßbeteiligte nicht ebenfalls die Zurücknahme erklärt[38].

---

29 *Beling* JW 1926 S. 1221, 1224; *Gollwitzer* Sarstedt-FS S. 27; *Stützel* S. 48.
30 RG JW 1926 S. 1224 mit Anm. *Beling*; RG JW 1932 S. 2729 = DRiZ 1932 Nr. 292 = LZ 1932 Sp. 969; *Dalcke/Fuhrmann/Schäfer* § 244 Anm. 7 a.
31 Vgl. RGSt. 17 S. 375 (Antrag der Staatsanwaltschaft auf Verurteilung, des Angeklagten auf Freispruch); RG JW 1906 S. 792 (Antrag der Staatsanwaltschaft auf Vernehmung von Belastungszeugen; die Anschlußerklärung des Verteidigers wurde nicht als Beweisantrag angesehen).
32 RGSt. 58 S. 141; RG JW 1890 S. 232 = GA 38 S. 183; RG JW 1895 S. 572; 1922 S. 587 Nr. 3 mit Anm. *Alsberg*; RG JW 1932 S. 2729 = DRiZ 1932 Nr. 292 = LZ 1932 Sp. 969; OLG Dresden LZ 1930 Sp. 1131; KK *Herdegen* § 244 Rdnr. 56; KMR *Paulus* § 244 Rdnr. 375; *Beling* JW 1926 S. 1221; *Gollwitzer* Sarstedt-FS S. 28; *Rieker* S. 30; *Simader* S. 51; *Stützel* S. 48. — Die Anschlußerklärung unter einer Bedingung ist unzulässig; vgl. *W. Schmid* GA 1982 S. 95 (100 Fußn. 20).
33 RG Recht 1903 Nr. 1526; *Koeniger* S. 263.
34 Vgl. RG JW 1906 S. 792; a. A. RG Recht 1924 Nr. 2540, wo die auseinandergehenden Interessen für eine Anschlußerklärung offenbar nicht als hinderlich angesehen wurden.
35 RGSt. 58 S. 141 (142); RG JW 1926 S. 2759 mit Anm. *Oetker*; a. A. RGSt. 17 S. 375 (376); RG Recht 1908 Nr. 1930; *Mattil* GA 77 S. 1 (13); *W. Schmid* GA 1982 S. 95 (100 Fußn. 20).
36 RG JW 1929 S. 667 mit zust. Anm. *Alsberg*; LR *Gollwitzer* § 244 Rdnr. 76; *Gollwitzer* Sarstedt-FS S. 29; *Simader* S. 65.
37 RGSt. 17 S. 375 (376).
38 Vgl. unten S. 405.

Streitig ist, ob die Anschlußerklärung ausdrücklich erklärt werden muß[39] oder ob eine stillschweigende Erklärung genügt. Nach richtiger Ansicht ist es ausreichend, aber auch erforderlich, daß der Prozeßbeteiligte in irgendeiner Weise deutlich erkennbar zum Ausdruck bringt, daß er sich dem Antrag anschließt[40], z. B. dadurch, daß er sich an der Antragsformulierung beteiligt[41], daß er im unmittelbaren Anschluß an einen Beweisantrag des Mitangeklagten seine Freisprechung beantragt[42] oder daß er sein Einverständnis mit der Beweisaufnahme erklärt[43]. Hat das Gericht Zweifel daran, ob ein anderer Prozeßbeteiligter sich einem Beweisantrag anschließen will, so muß es ihn danach befragen[44].

Viel zu weit geht die in Rechtsprechung und Schrifttum verbreitete Meinung, es sei anzunehmen, daß der eine Prozeßbeteiligte den Beweisantrag für den anderen »mitgestellt« hat[45], wenn die Interessenlage und die Einlassungen übereinstimmen. Insbesondere *Alsberg*[46] ist dafür eingetreten, von einer gemeinschaftlichen Antrag-

---

39 So RGSt. 17 S. 375; RG Recht 1920 Nr. 1433; RMGE 7 S. 198 (200); OLG Rostock HRR 1928 Nr. 576; *Beling* JW 1926 S. 1221 und ZStW 38 S. 316; *Meves* GA 40 S. 416 (435).
40 RGSt. 58 S. 141; 64 S. 30 (32); RG JW 1922 S. 587 Nr. 3 mit abl. Anm. *Alsberg*; RG JW 1926 S. 1221 mit Anm. *Beling*; RG JW 1932 S. 3098 mit Anm. *Jonas*; OLG Dresden LZ 1930 Sp. 1131; *Dalcke/Fuhrmann/Schäfer* Anm. 7a; KMR *Paulus* Rdnr. 375; LR *Gollwitzer* Rdnr. 75, 298; alle zu § 244; *Stützel* S. 48.
41 Vgl. *Koeniger* S. 263; *Oetker* JW 1926 S. 2759.
42 RGSt. 58 S. 141 (142).
43 RG JW 1932 S. 3098 mit Anm. *Jonas*; die Entscheidung bringt aber zutreffend zum Ausdruck, daß dieses Einverständnis bei Anträgen des Prozeßgegners im allgemeinen nur bedeutet, daß der Beweiserhebung nicht widersprochen werden soll.
44 Vgl. *Gollwitzer* Sarstedt-FS S. 29; *Oetker* JW 1926 S. 2759; *Stützel* S. 106.
45 So BGH NJW 1952 S. 273 = LM Nr. 4 zu § 244 Abs. 3: Verteidigungsvorbringen, das hinreichend erkennen läßt, daß der Angeklagte gleichfalls die von der Staatsanwaltschaft beantragte Aufklärung wünscht; BGH VRS 28 S. 378 (380): Die mit dem Antrag bezweckte Erschütterung der Glaubwürdigkeit der Zeugin lag ersichtlich im übereinstimmenden Interesse beider Angeklagter; BGH 3 StR 299/79 vom 7. 12. 1979 bei *Pfeiffer* NStZ 1981 S. 96: Ein auch im Interesse des Mitangeklagten liegender Beweisantrag ist »gemeinsames Verteidigungsvorbringen«; RGSt. 1 S. 170 (171): Wegen der fast völlig gleichen Sachlage. Ähnlich RG JW 1922 S. 587 Nr. 4 mit Anm. *Alsberg*; RG JW 1926 S. 2759 mit Anm. *Oetker*; RG JW 1931 S. 1608 mit Anm. *Alsberg*; RG JW 1932 S. 2729; RG GA 61 S. 339: Gemeinschaftlicher Antrag von Staatsanwaltschaft und Nebenkläger, weil der Antrag auch den Interessen des Nebenklägers dient; RG LZ 1924 Sp. 41: Antrag der Staatsanwaltschaft war zugleich für den Angeklagten gestellt, weil allgemein die Sachaufklärung begehrt wurde. Vgl. auch BGH Strafverteidiger 1982 S. 204 (Stillschweigender Anschluß an die Frage eines Mitangeklagten an einen Zeugen). – Im Schrifttum teilen diese Ansicht: *Dalcke/Fuhrmann/Schäfer* Anm. 7 a; KK *Herdegen* Rdnr. 56; KMR *Paulus* Rdnr. 375; *Eb. Schmidt* Rdnr. 22; alle zu § 244; *Rieker* S. 31; *Simader* S. 51; *Stützel* S. 48. – Ablehnend wie im Text: RG JW 1922 S. 587 Nr. 3 mit abl. Anm. *Alsberg*; *Beling* JW 1926 S. 1221; *Gollwitzer* Sarstedt-FS S. 28.
46 JW 1922 S. 587; 1931 S. 1608 (1609); DStrZ 1914 Sp. 242 (246); 1. Aufl. S. 132; Voraufl. S. 177.

stellung wegen gleichartiger Interessen mehrerer Prozeßbeteiligter selbst dann auszugehen, wenn nur einer von ihnen den Antrag gestellt hat und die anderen ihm weder ausdrücklich noch durch schlüssiges Verhalten beigetreten sind. Er meint, darin liege keine Unterstellung, sondern nur eine Folgerung aus der praktischen Erfahrung. Was die Gegenansicht dagegen vorbringt, seien formaljuristische Erwägungen, die an die prozessualen Kenntnisse des Angeklagten ungerechtfertigte Anforderungen stellen. Man könne nicht verlangen, daß der Antrag in Pluralform gestellt wird oder daß sich der Mitangeklagte ihm ausdrücklich anschließt. Denn ihm liege der Gedanke ganz fern, eine prozeßtechnische Erklärung abzugeben, deren Bedeutung und Wirkung er in aller Regel nicht übersehen kann. Erst recht werde er es nicht wagen, die Beweiserhebung, die seinem Mitangeklagten abgeschlagen worden ist, nun seinerseits zu fordern, wie er es doch nach der Gegenmeinung tun müßte, um sein Rügerecht für die Revisionsinstanz zu wahren.

In Wahrheit geht es hierbei aber nicht um die »Vergemeinschaftlichung« der Antragstellung, sondern darum, daß auch ein Prozeßbeteiligter, der sich dem Beweisantrag eines anderen Prozeßbeteiligten weder ausdrücklich noch durch schlüssiges Verhalten angeschlossen hatte, die fehlerhafte Behandlung dieses Antrags, auch eines Hilfsantrags[47], mit der Revision rügen kann. Dazu ist er berechtigt, wenn sein Interesse an der Erhebung des Beweises erkennbar ebenso groß ist wie das des Antragstellers, so daß er, auch ohne besondere Anschlußerklärung, erwarten konnte, daß der Tatrichter den Beweisantrag auch zu seinen Gunsten würdigen werde. Wer den Beweisantrag gestellt hat, ist für diese rein revisionsrechtliche Frage von untergeordneter Bedeutung. Entscheidend ist vielmehr, daß auch derjenige, der ihn nicht gestellt hat, durch eine rechtsfehlerhafte Behandlung des Antrags beschwert und daher zur Erhebung einer Revisionsrüge berechtigt ist[48]. Der verfahrensrechtlich außerordentlich bedenklichen[49] Unterstellung, daß der Beweisantrag wegen der gleichartigen Interessenlage auch für den Beschwerdeführer als gestellt gilt, bedarf es dazu nicht. Im Ergebnis spielt es allerdings für die Revision keine besondere Rolle, ob angenommen wird, der Beschwerdeführer habe sich dem Beweisantrag eines anderen Prozeßbeteiligten angeschlossen, oder ob die Rüge der Verletzung des § 244 Abs. 3 bis 6 wegen eigener Beschwer zugelassen wird. Jedoch ist der Unterschied von Bedeutung, wenn der Antragsteller den Beweisantrag zurücknimmt. Nur wenn ein anderer Prozeßbeteiligter sich ihm ausdrücklich oder wenigstens stillschweigend angeschlossen hatte, bleibt der Antrag bestehen und muß für diesen Antragsteller beschieden werden[50].

---

47 RGSt. 58 S. 141 (142); vgl. jedoch RGSt. 17 S. 375 (376).
48 Vgl. unten S. 871 ff.
49 *Gollwitzer* Sarstedt-FS S. 29 weist zutreffend darauf hin, daß die Beteiligung an der Antragstellung eine deutliche Erklärung der Prozeßbeteiligten erfordert, weil die Ablehnungsgründe des § 244 Abs. 3 Satz 2 vielfach nicht losgelöst von der Person des Antragstellers beurteilt werden können.
50 Vgl. unten S. 405.

4. Spätester Zeitpunkt der Antragstellung

Nach § 246 Abs. 1 darf eine Beweiserhebung nicht deshalb abgelehnt werden, weil das Beweismittel oder die Beweistatsache zu spät vorgebracht worden ist. Der Beweisantrag kann daher nicht nur bis zur formellen Schließung der Beweisaufnahme, sondern bis zum Schluß der mündlichen Verhandlung, also bis zum Beginn der Urteilsverkündung, gestellt werden[51]. Das gilt auch in dem Termin, der nur für die Urteilsverkündung anberaumt worden ist[52], allerdings nur für Anträge, die in dem Verkündungstermin selbst gestellt werden, nicht für die vorher schriftlich eingereichten Anträge[53].

Das Gericht muß den Prozeßbeteiligten demnach bis zur Urteilsverkündung Gelegenheit zur Stellung von Beweisanträgen geben[54]. Werden ihm Beweisanträge in das Beratungszimmer nachgeschickt, so braucht es sie aber nur zu beachten, wenn der Wiedereintritt in die Verhandlung sofort beantragt wird, nachdem das Gericht in den Sitzungssaal zurückgekehrt ist[55]. Wenn mit der Urteilsverkündung schon begonnen worden war, besteht kein Recht zur Stellung von Beweisanträgen mehr. Es steht dann im Ermessen des Gerichts, ob es den Prozeßbeteiligten zu weiteren Anträgen das Wort geben will[56]. Das kann auch noch nach vollständiger

---

51 BGHSt. 16 S. 389 (391); 21 S. 118 (123/124); BGH JR 1962 S. 148; BGH VRS 38 S. 58; BGH bei *Holtz* MDR 1982 S. 104 = NStZ 1982 S. 41; BGH bei *Spiegel* DAR 1979 S. 188; 1980 S. 207; RGSt. 22 S. 235 (236); 28 S. 340 (342); 59 S. 420 (421) = JW 1926 S. 1215 mit Anm. *Oetker*; RG JW 1892 S. 457; 1924 S. 316 mit Anm. *Aschkanasy*; RG JW 1924 S. 974 mit Anm. *Luetgebrune*; RG JW 1930 S. 1505; RG DJZ 1908 Sp. 973 = GA 55 S. 317; KG JR 1954 S. 192 mit Anm. *Sarstedt*; OLG Dresden HRR 1929 Nr. 1543; OLG Hamm NJW 1970 S. 1696; VRS 42 S. 115 (117); *Kleinknecht* Rdnr. 45; KMR *Paulus* Rdnr. 379; LR *Gollwitzer* Rdnr. 81; alle zu § 244; Eb. *Schmidt* vor § 244 Rdnr. 16; zu *Dohna* S. 170 Fußn. 77; *Gerland* S. 365; *Koeniger* S. 264; *Völcker* S. 41.
52 BGH NStZ 1981 S. 311; RGSt. 3 S. 116 (117); RG JW 1901 S. 499; 1912 S. 946; RG GA 44 S. 37; 59 S. 343; *Meves* GA 40 S. 416 (417); *Simader* S. 56; *Schlosky* JW 1930 S. 2505; *Stützel* S. 40.
53 RG Recht 1911 Nr. 3592.
54 BGHSt. 16 S. 389 (391); BGH NJW 1967 S. 2019; RGSt. 12 S. 335 (336); 59 S. 420 (421) = JW 1926 S. 1215 mit Anm. *Oetker*; RGSt. 68 S. 88 (89); KK *Herdegen* § 246 Rdnr. 1; LR *Gollwitzer* § 244 Rdnr. 81; Eb. *Schmidt* vor § 244 Rdnr. 16; zu *Dohna* S. 170; *Gössel* S. 252; *Meves* GA 40 S. 416 (417); *Schlüchter* Rdnr. 552.1; *Simader* S. 56; *Wiener* ZStW 42 S. 592 (594).
55 RGSt. 66 S. 88 (89); KMR *Paulus* § 244 Rdnr. 379; LR *Gollwitzer* § 244 Rdnr. 81; *Gössel* S. 252. Vgl. auch OLG Schleswig bei *Ernesti/Jürgensen* SchlHA 1976 S. 171, das das Erheben der Hand für einen genügenden Ausdruck des Verlangens nach Antragstellung ansieht.
56 BGH VRS 36 S. 368; BGH bei *Dallinger* MDR 1976 S. 24; RGSt. 57 S. 142; 59 S. 420 (421); RG JW 1924 S. 974 mit Anm. *Luetgebrune*; RG JW 1930 S. 3417 mit zust. Anm. *Alsberg*; RG JW 1934 S. 1055 mit Anm. *Doerr*; OLG Neustadt NJW 1962 S. 1632 (1633); OLG Saarbrücken OLGSt. § 244 Abs. 2 S. 45 (46); KK *Herdegen* § 246 Rdnr. 1; *Kleinknecht* Rdnr. 27; KMR *Paulus* Rdnr. 379; LR *Gollwitzer* Rdnr. 81; alle zu § 244; LR *Gollwitzer* § 246 Rdnr. 2; Eb. *Schmidt* vor § 244 Rdnr. 16; *Beling* BayZ 1916 S. 21 (23); *Kreuzer* S. 28; *Meves* GA 40 S. 416 (417); *Schlosky* JW 1930 S. 2505; *Simader* S. 56. – A.A. G. *Schäfer* S. 355, der das Gericht zur Entgegennahme des Antrags verpflichten will. Offengelassen in BGH NJW 1967 S. 2019.

Verlesung des Urteilsausspruchs geschehen, solange die mündliche Urteilsbegründung noch nicht beendet ist[57]. Die Frage, ob nochmals in die Verhandlung eingetreten werden soll, entscheidet der Vorsitzende allein, nicht das Gericht; der Antrag auf gerichtliche Entscheidung nach § 238 Abs. 2 ist ausgeschlossen[58]. Maßgebend ist, ob die Aufklärungspflicht nach § 244 Abs. 2 eine weitere Beweiserhebung erfordert[59]. Nur wenn die Urteilsverkündung zur Entgegennahme weiterer Beweisanträge unterbrochen worden war, ist das Gericht bei der Ablehnung der Anträge an die Ablehnungsgründe des § 244 Abs. 3 und 4 gebunden[60]. Das gilt aber nur für den Fall, daß nochmals in die Verhandlung eingetreten worden ist. Die bloße Entgegennahme des Antrags und die Beratung über ihn genügt nicht, solange die Beratung nicht über die Zulässigkeit oder Begründetheit des Antrags stattgefunden hat[61].

II. Notwendigkeit der Wiederholung vor der Hauptverhandlung gestellter Anträge

1. Anträge vor Eröffnung des Hauptverfahrens

Der Antragsteller, der vor der Entscheidung des Gerichts über die Eröffnung des Hauptverfahrens nach § 201 Abs. 1 die Vornahme einzelner Beweiserhebungen beantragt hatte, kann nicht erwarten, daß das Gericht auf diese Anträge in der Hauptverhandlung von sich aus zurückkommen werde. Er weiß, daß seine Erklärung nur der Entscheidung über die Eröffnung des Hauptverfahrens diente. Hat das Gericht den Eröffnungsbeschluß erlassen, so ist das Verfahren in einen neuen Abschnitt eingetreten, und daß in diesem Abschnitt frühere Anträge nur berücksichtigt werden, wenn sie wiederholt werden, erscheint selbstverständlich[62]. Etwas

---

[57] BGHSt. 25 S. 333 (335/336); *Kleinknecht* § 268 Rdnr. 4; *Beling* BayZ 1916 S. 21 (23); *Schlosky* JW 1930 S. 2505. – A.A. *Oetker* JW 1926 S. 1215, der das Urteil mit der Verkündung der Urteilsformel schon für existent hält, so daß eine weitere Beweiserhebung nicht mehr zu seiner Änderung führen könne. Diese Ansicht steht in offenbarem Widerspruch zu § 268 Abs. 2, wonach zum Verkündungsakt auch die mündliche Mitteilung der Urteilsgründe gehört (vgl. LR *Gollwitzer* § 268 Rdnr. 43 ff.).

[58] BGH bei *Dallinger* MDR 1975 S. 24; *Kleinknecht* § 244 Rdnr. 27, § 246 Rdnr. 1 und § 268 Rdnr. 4; LR *Gollwitzer* § 238 Rdnr. 28; *Schlüchter* Rdnr. 552.1; a. A. *Beling* BayZ 1916 S. 21 (23).

[59] BGH VRS 36 S. 368; BGH bei *Dallinger* MDR 1975 S. 24; OLG Saarbrücken OLGSt. § 244 Abs. 2 S. 45; KK *Herdegen* § 246 Rdnr. 1; *Kleinknecht* § 244 Rdnr. 27; G. *Schäfer* S. 355; *Schlüchter* Rdnr. 552.1.

[60] RG JW 1930 S. 3417 mit Anm. *Alsberg*; das RG hat allerdings die Annahme der Verschleppungsabsicht des Verteidigers nicht beanstandet. Vgl. auch LR *Gollwitzer* § 244 Rdnr. 81.

[61] BGH bei *Dallinger* MDR 1975 S. 24; *Kleinknecht* § 246 Rdnr. 1 und § 268 Rdnr. 4; *Schlüchter* Rdnr. 552.1.

[62] RGSt. 73 S. 193 (194) = DR 1939 S. 1438 mit Anm. *Schneider-Neuenburg* DStR 1940 S. 144; LR *Meyer-Goßner* § 201 Rdnr. 31; *Eb. Schmidt* Nachtr. § 201 Rdnr. 20. Vgl. auch oben S. 347.

anderes gilt aber, wenn der Antragsteller auf seine Anträge nach § 201 Abs. 1 einen Bescheid erhalten hat, aufgrund dessen er mit der Berücksichtigung seiner Anträge rechnen kann. Das ist der Fall, wenn die beantragten Beweiserhebungen mit der Begründung abgelehnt worden sind, die Beweistatsachen könnten in der Hauptverhandlung als wahr unterstellt werden[63]. Dann hat der Antragsteller keinen Anlaß, seine Anträge zu wiederholen. Er kann darauf vertrauen, daß das Gericht sie von sich aus berücksichtigen oder die zugesagte Wahrunterstellung einhalten werde. Das gleiche gilt für Beweisanträge in dem Übernahmeverfahren nach §§ 40, 108 Abs. 1 JGG[64].

2. Anträge vor der Hauptverhandlung

Die Prozeßbeteiligten müssen ihre Beweisanträge in, nicht vor der Hauptverhandlung stellen. Die vor der Hauptverhandlung nach § 219 gestellten Anträge, die nicht beschieden oder bereits von dem Vorsitzenden abgelehnt worden sind, berücksichtigt das Gericht in der Hauptverhandlung grundsätzlich nicht[65]. Der Antragsteller muß sie wiederholen, wenn er das Gericht zu einer Entscheidung nach § 244 Abs. 6 zwingen will[66]. Wie im Fall des § 201 kann der Antragsteller jedoch auf die Einhaltung von Zusagen vertrauen. Er braucht den Antrag von sich aus nicht zu wiederholen, wenn der Vorsitzende eine Bescheidung durch das erkennende Gericht ausdrücklich in Aussicht gestellt oder wenn er zugesagt hat, das Gericht werde die Beweistatsache als wahr behandeln[67]. Für Beweisanträge nach § 225 a Abs. 2, § 270 Abs. 4 gelten die gleichen Grundsätze[68]. Hat das Gericht auf Antrag eines Prozeßbeteiligten einen Zeugen oder Sachverständigen zur Hauptverhandlung laden lassen und ist die Beweisperson aus irgendeinem Grund nicht erschienen, so muß der Antragsteller seinen Beweisantrag ebenfalls wiederholen. Der Vorsitzende kann aber verpflichtet sein, ihn hierauf hinzuweisen[69].

3. Anträge in einer ausgesetzten Hauptverhandlung

Die Wiederholung der in der Hauptverhandlung gestellten Beweisanträge ist nicht notwendig, wenn die Hauptverhandlung unterbrochen und innerhalb der Fristen des § 229 fortgesetzt wird. Rechtlich liegt hier nur eine Hauptverhandlung vor. Anträge müssen beschieden werden, gleichviel, an welchem Sitzungstag sie gestellt

---

63 RG a.a.O.; *Eb. Schmidt* § 201 Rdnr. 22 ff.
64 Vgl. oben S. 348.
65 Vgl. oben S. 359.
66 OLG Koblenz VRS 45 S. 393; OLG Saarbrücken VRS 29 S. 292 (293); LR *Gollwitzer* § 244 Rdnr. 77; *Dahs* Hdb. Rdnr. 353; *Haag* DStR 1938 S. 416 (418); *Harreß* S. 10; *Oske* MDR 1971 S. 797 (798); *Sarstedt* DAR 1964 S. 307 (308); *W. Schmid* S. 207; *Simader* S. 54; *Stützel* S. 36.
67 Vgl. dazu im einzelnen oben S. 360 ff., unten S. 862.
68 Vgl. oben S. 369/370.
69 Vgl. oben S. 361.

worden sind[70]. Anders ist es, wenn die Hauptverhandlung nach § 228 ausgesetzt worden ist. Dann müssen die Beweisanträge in der neuen Hauptverhandlung erneut gestellt werden, wenn sie beachtet werden sollen[71]. Ausnahmen von diesem Grundsatz gelten nur in besonderen Fällen, etwa wenn die zweite Verhandlung der ersten unmittelbar folgt[72]. Bei Zurückverweisung durch das Revisionsgericht und in der Wiederaufnahmeverhandlung ist die Wiederholung der früher gestellten Anträge stets erforderlich[73]. In all diesen Fällen kann aber die richterliche Fürsorgepflicht die Aufklärung erfordern, ob der Antragsteller den Antrag aufrechterhält[74].

III. Beweisanträge des nach § 233 vom Erscheinen entbundenen Angeklagten

Ein Angeklagter, der vom Erscheinen in der Hauptverhandlung entbunden ist, muß nach § 233 Abs. 2 Satz 1 durch einen beauftragten oder ersuchten Richter über die Anklage vernommen werden. Diese Vernehmung ist ein vorweggenommener Teil der Hauptverhandlung[75]. Weil das Protokoll über die Vernehmung in der Hauptverhandlung verlesen werden muß (§ 233 Abs. 3 Satz 2), gilt ein bei der Vernehmung angebrachter Beweisantrag als in der Hauptverhandlung selbst gestellt[76], und zwar auch dann, wenn der Angeklagte in der Vernehmung auf eine frühere Aussage Bezug nimmt, die den Beweisantrag enthält[77]. Die Wiederholung des

---

70 RG JW 1905 S. 245; RG GA 38 S. 211, wo zutreffend darauf hingewiesen wird, daß das Unterlassen der Wiederholung nicht etwa als Verzicht zu werten ist; *Harreß* S. 10; *Meves* GA 40 S. 416 (419); *Simader* S. 56.
71 RGSt. 2 S. 109; RGRspr. 7 S. 356; 10 S. 599 = JW 1885 S. 294; RG JW 1932 S. 3099 mit Anm. *Bohne*; RMGE 9 S. 5 (7); 13 S. 156 (157); LR *Gollwitzer* § 244 Rdnr. 77; *Harreß* S. 10; *Meves* GA 40 S. 416 (419); *Rieker* S. 34; *W. Schmid* S. 214; *Simader* S. 56; *Stützel* S. 39. BayObLG bei *Rüth* DAR 1964 S. 242 hält den Vorsitzenden zur Belehrung des Antragstellers über die Notwendigkeit der Antragswiederholung für verpflichtet.
72 Vgl. *W. Schmid* S. 214.
73 Vgl. *Grüb* S. 74; *Harreß* S. 11; *Meves* GA 40 S. 416 (418); *W. Schmid* S. 214; a. A. *Simader* S. 56; *Stützel* S. 214.
74 BayObLG bei *Rüth* DAR 1964 S. 242. Vgl. auch OLG Bremen OLGSt. § 244 S. 5 für den Fall, daß die frühere Verhandlung gerade zu dem Zweck ausgesetzt war, den jetzt nicht erschienenen Zeugen zu vernehmen.
75 Vgl. *Kleinknecht* § 233 Rdnr. 11.
76 RGSt. 10 S. 135 (137); 19 S. 249; 40 S. 354 (356); RG JW 1895 S. 569; 1916 S. 1026; RG Recht 1911 Nr. 3884; BayObLGSt 1955 S. 267 = NJW 1956 S. 1042; BayObLG JW 1928 S. 1751 = BayZ 1928 S. 346; BayObLG bei *Rüth* DAR 1964 S. 243; OLG Karlsruhe Recht 1925 Nr. 1879; KK *Herdegen* § 244 Rdnr. 52; *Kleinknecht* § 233 Rdnr. 13; LR *Gollwitzer* § 233 Rdnr. 32 und § 244 Rdnr. 77; *Koeniger* S. 257; *von Kries* S. 534; *Meves* GA 40 S. 416 (419); Oske MDR 1971 S. 797 (799); *Rieker* S. 34; *G. Schäfer* S. 355; *Schlosky* JW 1930 S. 2505; *W. Schmid* S. 211; *Schreiber* JW 1932 S. 3626 (3627); *Simader* S. 55; *Stützel* S. 39; *Völcker* S. 45. Das OLG Hamm (JMBlNRW 1962 S. 203 = VRS 23 S. 354) ist mit Recht der Meinung, daß das nicht für Beweisangebote gilt, die der Angeklagte, in dessen Abwesenheit nach § 232 verhandelt wird, in einer früheren richterlichen Vernehmung gemacht hat; so auch *Meves* GA 40 S. 416 (419).
77 RG JW 1936 S. 2241.

Beweisantrags in der Hauptverhandlung ist selbst dann nicht erforderlich, wenn dort ein Verteidiger des Angeklagten erscheint[78]. Schon daraus folgt, daß das Stillschweigen des Verteidigers bei der Verlesung des Antrags nicht als Verzicht auf die Beweiserhebung gewertet werden darf[79]. Allerdings ist der Verteidiger befugt, den Antrag des abwesenden Angeklagten zurückzunehmen[80]. Erscheint der Angeklagte in der Hauptverhandlung, so verlieren das Vernehmungsprotokoll und die dort gestellten Anträge ihre Wirkung; sie müssen in der Hauptverhandlung wiederholt werden[81]. Die Entscheidung über den bei der Vernehmung nach § 233 Abs. 2 Satz 1 gestellten Beweisantrag trifft das Gericht in der Hauptverhandlung; lehnt ihn statt dessen der unzuständige Vorsitzende vor der Hauptverhandlung ab, so ist das ohne Wirkung[82].

Die Ansicht, schriftliche Beweisanträge, die der Angeklagte außerhalb der kommissarischen Vernehmung stellt, müßten in der Hauptverhandlung ebenfalls ohne weiteres berücksichtigt werden[83], erscheint nicht zutreffend. Es ist zwar richtig, daß der Angeklagte, wenn ihm die Möglichkeit zur Stellung schriftlicher Beweisanträge nicht zugestanden wird, gezwungen ist, zum Zweck der Vornahme solcher Prozeßhandlungen entweder in der Hauptverhandlung zu erscheinen oder sich dort durch einen Verteidiger vertreten zu lassen. Aber die herrschende Ansicht[84] verlangt das mit Recht. Denn dadurch, daß der Angeklagte nach § 233 vom persönlichen Erscheinen in der Hauptverhandlung entbunden ist, wird das Verfahren in der Hauptverhandlung kein schriftliches. Anträge irgendwelcher Art kann der nicht erschienene und nicht vertretene Angeklagte daher nicht stellen. Durch den Antrag auf Entbindung hat er auf die Stellung solcher Anträge gerade verzichtet[85], und das gilt auch für Beweisanträge. Eine Ausnahme von diesem Grundsatz ist nur erforderlich, wenn der Vorsitzende dem Angeklagten mitgeteilt hat, daß über sei-

---

78 RG JW 1916 S. 1026 mit Anm. *Alsberg*; OLG Karlsruhe Recht 1925 Nr. 1879; LR *Gollwitzer* § 233 Rdnr. 32; *Harreß* S. 11; *Rieker* S. 34; *Stützel* S. 39.
79 RGSt. 10 S. 135 (138); *Harreß* a.a.O.
80 RGSt. 10 S. 135 (138/139) hat das offengelassen; kritisch *Harreß* S. 11.
81 Vgl. *Rieker* S. 34.
82 OLG Dresden DRiZ 1928 Nr. 672; *W. Schmid* S. 211; *Schorn* Strafrichter S. 176 (180); offengelassen in RGSt. 10 S. 135 (137/138).
83 OLG Dresden DR 1939 S. 1439 = HRR 1940 Nr. 202; OLG Marienwerder ZStW 47 Sdr. Beil. S. 15 (16); *Feisenberger* § 233 Anm. 5; *Schreiber* JW 1932 S. 3626 (3627); Voraufl. S. 187. – *Stützel* S. 39 verlangt nur für den Fall, daß der Angeklagte durch einen Verteidiger vertreten wird, eine Wiederholung des Antrags durch den Verteidiger.
84 RG JW 1916 S. 1026 mit abl. Anm. *Alsberg*; RG JW 1917 S. 51 = LZ 1917 Sp. 48; BayObLGSt 1955 S. 267 = NJW 1956 S. 1042; OLG Königsberg JW 1929 S. 1082; OLG Naumburg ZStW 47 Sdr. Beil. S. 300; LR *Gollwitzer* § 233 Rdnr. 33; *Eb. Schmidt* § 233 Rdnr. 14; *Koeniger* S. 226; *Rieker* S. 35; *Völcker* S. 45. Vermittelnd BayObLG BayZ 1928 S. 288, nach dessen Auffassung das Gericht entweder eine neue kommissarische Vernehmung des Angeklagten anordnen muß, um ihm Gelegenheit zur mündlichen Antragstellung zu geben, oder den schriftlichen Antrag nach § 244 Abs. 6 bescheiden muß; so auch *Simader* S. 56.
85 Vgl. *Kleinknecht* JZ 1964 S. 329.

nen schriftlichen Antrag in der Hauptverhandlung entschieden wird[86]. Sonst wird über die schriftlich eingereichten Beweisanträge des Angeklagten nur nach § 219 entschieden[87]. Ist eine solche Entscheidung nicht möglich oder wird sie versehentlich unterlassen, so muß das Gericht über den Antrag in der Hauptverhandlung entscheiden, da der Angeklagte in diesem Fall davon ausgehen kann, daß ohne Bescheid über seinen Beweisantrag keine ihm nachteilige Entscheidung ergehen werde[88].

---

86 RG JW 1930 S. 2564.
87 BayObLGSt. 1955 S. 267 = NJW 1956 S. 1042; KMR *Paulus* § 219 Rdnr. 3; LR *Gollwitzer* § 233 Rdnr. 33; *Eb. Schmidt* Nachtr. § 219 Rdnr. 1); *Koeniger* S. 226; *Oske* MDR 1971 S. 797 (799); *W. Schmid* S. 211; *Schorn* Strafrichter S. 180.
88 BayObLG a.a.O.; *Oske* a.a.O.

§ 3 Fürsorgepflicht des Gerichts gegenüber dem Antragsteller

I. Rechtsgrundlagen 393
II. Hinwirken zur Stellung von Beweisanträgen 394
III. Veranlassung zur Wiederholung vor der Hauptverhandlung gestellter Beweisanträge 395
IV. Hilfeleistung bei der Antragstellung 396
    1. Hinwirken auf mündliche Stellung des Antrags 396
    2. Hinwirken auf Vervollständigung eines mangelhaften Antrags 396
V. Fürsorgepflicht gegenüber Staatsanwalt und Verteidiger 398
VI. Keine Protokollierungspflicht 399

I. Rechtsgrundlagen

Es besteht heute kein Streit mehr darüber, daß das Gericht Fürsorgepflichten gegenüber den Prozeßbeteiligten hat. Das läßt sich herleiten aus dem Rechtsstaatsprinzip (Art. 20 Abs. 3 GG), aus dem im öffentlichen Recht geltenden Grundsatz des Vertrauensschutzes, aus dem Recht auf Verteidigung und auf ein faires Verfahren (Art. 6 Abs. 1 Satz 1, Abs. 3 Buchst. a MRK) sowie aus der allgemeinen Rechtspflicht, das Verfahren justizförmig und zweckmäßig zu gestalten[1]. Wenn es um die Aufklärung des Sachverhalts im Strafverfahren geht, ist der Rückgriff auf diese allgemeinen Grundsätze nicht einmal erforderlich. Das Gericht hat dann bereits aufgrund der allgemeinen Aufklärungspflicht (§ 244 Abs. 2) bestimmte Frage- und Hinweispflichten[2]. Sie bestehen auch gegenüber Prozeßbeteiligten, die von ihrem Recht Gebrauch machen, Beweisanträge zu stellen, weil sie an der Sachaufklärung mitwirken wollen. Denn selbstverständlich entfällt die Pflicht des Gerichts, von Amts wegen zum Zweck der Ermittlung der Wahrheit tätig zu werden, nicht deshalb, weil schon die Prozeßbeteiligten entsprechende Anträge stel-

---

[1] Vgl. *Kleinknecht* Einl. Rdnr. 153; LR *Schäfer* Einl. Kap. 6 Rdnr. 21 ff.; *Eb. Schmidt* Teil I Rdnr. 334 ff.; *Gutmann* JuS 1962 S. 369 (372); *Hegmann*, Fürsorgepflicht gegenüber dem Beschuldigten im Ermittlungsverfahren, 1981, S. 11 ff.; *Kühne* Rdnr. 134 ff.; *Schorn* MDR 1966 S. 639. Allgemein zur gerichtlichen Fürsorgepflicht im Strafprozeß und ihren Grenzen: KMR *Sax* Einl. XII Rdnr. 1 ff.; *Kumlehn*, Die gerichtliche Fürsorgepflicht im Strafverfahren, Diss. Göttingen 1976; *Maiwald* in FS für Richard Lange, 1976, S. 745 ff.; *Plötz* S. 71 ff; *Steffen* S. 79 ff. Kritisch zu dem Begriff: *Dahs*, Das rechtliche Gehör im Strafprozeß, 1965, S. 43 ff.; *von Löbbecke* GA 1973 S. 200.
[2] Vgl. BGHSt. 1 S. 51 (54).

len. Der Richter kann seine Pflicht, den Sachverhalt von Amts wegen zu erforschen, nicht erfüllen, wenn er nicht alle Erklärungen des Angeklagten, des Verteidigers und der anderen Prozeßbeteiligten darauf prüft, inwieweit sie der Sachaufklärung dienen können. Daraus muß die Pflicht des Vorsitzenden abgeleitet werden, dem Antragsteller Gelegenheit zur Antragstellung, zur Ergänzung unvollständiger Beweisanträge und zur Beseitigung von Unklarheiten zu geben[3]. Daher folgt schon aus § 244 Abs. 2 die Verpflichtung des Richters, die Prozeßbeteiligten zur Stellung sachdienlicher Anträge zu veranlassen und bei der Stellung ihrer Beweisanträge zu unterstützen[4]. Praktisch ist diese Unterstützungspflicht in erster Hinsicht eine Hinweis- und Fragepflicht[5].

II. Hinwirken zur Stellung von Beweisanträgen

Das Gericht ist im allgemeinen nicht verpflichtet, einen Angeklagten, der in der Hauptverhandlung zu seiner Entlastung tatsächliche Behauptungen aufstellt, jeweils zu befragen, ob es hierfür Beweise gebe, und ihn gegebenenfalls zur Stellung von Beweisanträgen zu veranlassen[6]. In der Regel kann angenommen werden, daß ein Prozeßbeteiligter, der sich durch die Erhebung von Beweisen, die nur ihm bekannt sind, einen Erfolg verspricht, von sich aus entsprechende Anträge stellen wird. Ausnahmsweise kann aber die Fürsorgepflicht gebieten, den Angeklagten darüber zu belehren, wie er einen ihm günstigen Tatbestand beweisen kann. Geht der Angeklagte etwa erkennbar von der irrigen Auffassung aus, daß sich bestimmte Beweismittel bei den Gerichtsakten befinden, so muß das Gericht diesen Irrtum aufklären und den Antragsteller auf andere Beweismöglichkeiten auf-

---

3 Vgl. *Steffen* S. 104 ff. *Alsberg* (Justizirrtum S. 21) hielt auch Hinweise zur Formulierung eines wirksamen Beweisantrags für geboten; hiergegen *Bergmann* S. 15/16.
4 BGHSt. 22 S. 118 (122); RGSt. 13 S. 316 (318); RGRspr. 8 S. 100 (102); RG JW 1914 S. 434; 1930 S. 931 (933) mit Anm. *Alsberg;* RG JW 1930 S. 934 (935) mit Anm. *Alsberg;* RG JW 1931 S. 1568 mit Anm. *Alsberg;* RG JW 1931 S. 2032 mit Anm. *Alsberg;* RG JW 1932 S. 3102 mit Anm. *Henkel;* RG Recht 1908 Nr. 1735; BayObLGSt. 1949/51 S. 49 (56); OLG Saarbrücken OLGSt. § 244 Abs. 2 S. 15; OLG Schleswig bei *Ernesti/Jürgensen* SchlHA 1970 S. 198; *Dalcke/Fuhrmann/Schäfer* § 244 Anm. 3; *Alsberg* Justizirrtum S. 21 Fußn. 1; *Bergmann* S. 13/14 und MDR 1976 S. 888 (889); *Berkholz* S. 31; *Bohne* JW 1933 S. 452; *Christ* S. 96; *Ditzen* ZStW 10 S. 111 (150); *Haag* DStR 1938 S. 316 (319); *Henkel* JW 1933 S. 520 (521); *Niethammer* JZ 1953 S. 472; *Plötz* S. 181; *Rieker* S. 21; *Simader* S. 39; *Stützel* S. 106. – RGSt. 57 S. 147 (148); *Sarstedt* JR 1954 S. 431 und *Steffen* S. 88 ff. leiten die Fürsorgepflicht aus § 238 Abs. 1 ab.
5 Vgl. *W. Schmid* S. 309; *Simader* S. 39. Für den Zivilprozeß ist die Fragepflicht ausdrücklich bestimmt (§ 139 ZPO). Die Ansicht, im Strafprozeß handele es sich in Wahrheit nicht um eine Pflicht, sondern um ein nobile officium (*Bennecke/Beling* S. 329; *Rosenfeld* S. 229 Fußn. 17; nicht einmal das wollte *Meves* GA 40 S. 416 [432] gelten lassen), wird heute nicht mehr vertreten.
6 RG LZ 1917 Sp. 1801. Weitergehend *Simader* S. 40, der verlangt, daß der Richter allgemein zu Beweisanträgen anregen, Beweiserhebungen ermöglichen und erkennbar machen soll, wie ein für den Angeklagten günstiger Umstand bewiesen werden kann. Vgl. auch OLG Saarbrücken OLGSt. § 244 Abs. 2 S. 15.

merksam machen[7]. Eine Fragepflicht besteht auch, wenn ein Prozeßbeteiligter die Möglichkeit einer Beweiserhebung behauptet, aber nicht klar ist, ob er damit einen Beweisantrag stellen will oder ob es sich nur um ein Beweiserbieten[8] handelt[9]. Das gilt selbst dann, wenn ein Angeklagter, ohne Beweismittel zu bezeichnen, nur beiläufig erwähnt, eine Tatsache könne bewiesen werden[10]. Auch ein Hinweis auf die Möglichkeit, sich dem Beweisantrag eines Mitangeklagten anzuschließen, und eine Klarstellung, ob der Anschluß erklärt werden soll, kann geboten sein[11].

III. Veranlassung zur Wiederholung vor der Hauptverhandlung gestellter Beweisanträge

Hat der Angeklagte in dem Zwischenverfahren nach § 201, zur Vorbereitung der Hauptverhandlung nach § 219 oder in einer ausgesetzten Hauptverhandlung Beweisanträge gestellt, so muß er sie, wenn ihnen nicht stattgegeben worden ist, in der Hauptverhandlung wiederholen[12]. Zu einer Belehrung hierüber wird das Gericht regelmäßig nur Anlaß haben, wenn ersichtlich ist, daß der Antragsteller irrtümlich annimmt, das Gericht werde auf diese Beweisanträge von sich aus zurückkommen. Das ist insbesondere der Fall, wenn das Gericht oder der Vorsitzende den Beweisantrag mit unzulässiger Begründung abgelehnt hat[13]. Eine Hinweispflicht besteht auch, wenn der Vorsitzende einem vor der Hauptverhandlung gestellten Beweisantrag, etwa einem Antrag auf Ladung eines Zeugen stattgegeben hat, der Zeuge aber, aus Verschulden des Gerichts oder aus anderen Gründen, in der Hauptverhandlung nicht erschienen ist. Dann gebietet es die Fürsorgepflicht, den Angeklagten zur Wiederholung des Beweisantrags zu veranlassen[14]. Geht das Gericht stillschweigend über das Nichterscheinen des Zeugen hinweg, so steht das im Ergebnis der ungerechtfertigten Ablehnung eines in der Hauptverhandlung gestellten Beweisantrags gleich[15].

---

7 RG JW 1914 S. 434.
8 Vgl. oben S. 69 ff., 72.
9 RG LZ 1915 Sp. 556; OLG Dresden JW 1929 S. 2772; LR *Gollwitzer* § 244 Rdnr. 106; *Eb. Schmidt* vor § 244 Rdnr. 27; *Bergmann* S. 20; *Berkholz* S. 35; *Gerland* S. 364 und GerS 61 S. 194 (297); *von Kries* S. 557; *Mannheim* JW 1931 S. 2031 (2032); *Rieker* S. 22; *Simader* S. 77; *Stützel* S. 23.
10 *Alsberg* Heinitz-FS S. 436 Fußn. 61.
11 Vgl. *Gollwitzer* Sarstedt-FS S. 28; *Mattil* GA 77 S. 1 (12 ff.); *Oetker* JW 1926 S. 2759; *Stützel* S. 106.
12 Vgl. oben S. 347, 359. Für den Fall einer ausgesetzten Hauptverhandlung nimmt BayObLG bei *Rüth* DAR 1964 S. 242 allgemein die Pflicht zur Befragung an, ob der Antragsteller den Antrag aufrechterhalten wolle.
13 Vgl. oben S. 347 ff., 359 ff.
14 Vgl. oben S. 361.
15 RG DJZ 1913 Sp. 979; OLG Celle MDR 1962 S. 236; OLG Hamburg NJW 1955 S. 1938 = JR 1956 S. 28 mit Anm. *Nüse*; KMR *Paulus* § 244 Rdnr. 378; LR *Gollwitzer* § 244 Rdnr. 79.

IV. Hilfeleistung bei der Antragstellung

1. Hinwirken auf mündliche Stellung des Antrags

Wenn der Antragsteller dem Gericht in der Hauptverhandlung einen schriftlichen Antrag vorlegt, gehört es zur Fürsorgepflicht des Vorsitzenden, auf die mündliche Wiedergabe seines Inhalts in der Hauptverhandlung hinzuwirken[16].

2. Hinwirken auf Vervollständigung eines mangelhaften Antrags

Stellt ein Prozeßbeteiligter in der Hauptverhandlung einen Antrag zur Beweisaufnahme, der den inhaltlichen Erfordernissen eines Beweisantrags nicht entspricht, so muß das Gericht das Beweisbegehren zunächst als unvollständigen Beweisantrag behandeln und auf seine Vervollständigung, auf die Beseitigung von Unklarheiten und die Ausräumung von Mißverständnissen hinwirken[17]. Das hat allerdings zur Voraussetzung, daß die Umstände die Vermutung nahelegen, der Antragsteller sei nur aus Mangel an Rechtskenntnissen, infolge ungenügender Überlegung, wegen Ungeschicklichkeit bei der Antragsformulierung oder aus ähnlichen Gründen nicht in der Lage, den Beweisantrag so genau und vollständig abzufassen, wie das notwendig ist[18]. Wenn die Tatsachen, um deren Nachweis er bemüht ist, ersichtlich nicht beweisbar sind oder wenn eine weitere Befragung des Antragstellers zwecklos erscheint, darf das Gericht davon absehen, auf eine zweckdienliche Stellung von Beweisanträgen hinzuwirken[19]. Kommt der Antragsteller der Aufforderung, den Antrag zu vervollständigen, nicht nach, so darf der Antrag ebenfalls als Beweisermittlungsantrag behandelt werden[20]. Die Ansicht, auf

---

16 RGSt. 59 S. 420 (422); *Alsberg* JW 1931 S. 2575 (2576); *Henkel* JW 1933 S. 520 (522); *Sarstedt* DAR 1964 S. 307; JR 1954 S. 351. – A.A. RGSt. 28 S. 394 (396) und wohl auch RG JW 1933 S. 520 mit abl. Anm. *Drucker*, das eine Anrufung des Gerichts nach § 238 Abs. 2 verlangt hat, wenn der Vorsitzende die Entgegennahme eines schriftlichen Beweisantrags verweigert. Vgl. auch oben S. 382.

17 BGH Strafverteidiger 1981 S. 330; BGH VRS 41 S. 203 (206); BGH bei *Dallinger* MDR 1951 S. 659; RGSt. 13 S. 316 (318); RGRspr. 6 S. 322; RG JW 1889 S. 275; 1914 S. 434; 1929 S. 2738; 1931 S. 1568 mit Anm. *Alsberg*; RG JW 1932 S. 3102 mit Anm. *Henkel*; RG JW 1939 S. 95; RG GA 59 S. 120 (121); RG LZ 1916 Sp. 620; RG Recht 1905 Nr. 807; RG SeuffBl. 75 S. 178; BayObLGSt. 1949/51 S. 49 (56); OLG Bremen OLGSt. § 244 Abs. 2 S.87 (88); OLG Köln NJW 1954 S. 46 (47); OLG Saarbrücken VRS 42 S. 37 (39); KK *Herdegen* Rdnr. 50; *Kleinknecht* Rdnr. 37; LR *Gollwitzer* Rdnr. 93; alle zu § 244; *Eb. Schmidt* vor § 244 Rdnr. 26; *Alsberg* Heinitz-FS S. 430; *Arndt* DRiZ 1956 S. 28 (31); *Bergmann* S. 13 und MDR 1976 S. 888 (889); *Berkholz* S. 31; *Kreuzer* S. 260; *Mayer-Alberti* S. 26 ff.; *Miltner* Recht 1902 Sp. 568 (569); *Oetker* JW 1930 S. 1105; *Simader* S. 35.

18 RG HRR 1932 Nr. 407.

19 RGSt. 38 S. 127; 51 S. 42; RG JW 1922 S. 813; RG LZ 1919 Sp. 606 (wenn der Angeklagte nur unbestimmte und inhaltslose Behauptungen aufstellt); LR *Gollwitzer* § 244 Rdnr. 94; *Alsberg* Heinitz-FS S. 430; *Bergmann* S. 16 und MDR 1976 S. 888 (889); *Berkholz* S. 33; *Bohne* JW 1933 S. 452; *Oetker* JW 1930 S. 1105 (1106); *Rieker* S. 23.

20 A. A. *Bergmann* S. 17; *zu Dohna* S. 163; *Schlosky* JW 1930 S. 2505, die dann die Ablehnung des Antrags für zulässig halten.

die Stellung eines einwandfreien Beweisantrags könne auch im Wege einer »förmlichen Ablehnung« hingewirkt werden, wenn der Antragsteller dadurch auf die Mängel seines Antrags aufmerksam gemacht wird und Gelegenheit erhält, den Antrag mit den erforderlichen Ergänzungen zu wiederholen[21], ist unrichtig. Ein unvollständiger Beweisantrag kann entweder vervollständigt werden oder ist und bleibt ein Beweisermittlungsantrag. In beiden Fällen kommt eine »förmliche Ablehnung« wegen der Unvollständigkeit nicht in Betracht[22].

Die Befragung und das Hinwirken auf die Vervollständigung des Antrags sind selbst dann geboten, wenn der Antragsteller weder das Beweismittel noch die Beweistatsachen mitteilt, etwa wenn er ohne nähere Erläuterungen »die Ladung von Zeugen« verlangt[23] oder nur erklärt, er vermisse die Vernehmung seiner Zeugen[24]. Im allgemeinen handelt es sich aber darum, daß entweder die Beweistatsache oder das Beweismittel nicht oder nicht bestimmt genug bezeichnet ist[25]. Die richterliche Fürsorgepflicht zwingt dann zur Befragung des Antragstellers nach den Beweistatsachen oder zum Hinwirken auf Klarstellung der in dem Antrag nicht verständlich genug[26] oder mehrdeutig formulierten[27] Beweistatsachen. Eine Fragepflicht besteht vor allem, wenn die Beweisbehauptung den sonstigen Erklärungen des Antragstellers widerspricht[28] oder wenn nicht deutlich wird, welches das Ziel seines Antrags ist[29]. Wenn nicht bestimmte Beweisbehauptungen aufge-

---

21 BGH bei *Spiegel* DAR 1980 S. 205; die Entscheidung ist offensichtlich von zivilistischem Denken beeinflußt. Sie spricht vom »Ausforschungsbeweis«; der Begriff gibt im Bereich des § 244 Abs. 2 keinen Sinn (vgl. unten S. 425).

22 Vgl. unten S. 425. In der älteren Rspr. wurde angenommen, daß der Antrag unbeschieden bleiben darf; vgl. RGSt. 13 S. 316 (317); RGRspr. 2 S. 727; RG GA 38 S. 329; 43 S. 114. Vgl. auch *Harreß* S. 25.

23 Vgl. RG JW 1890 S. 64; RG Recht 1905 Nr. 807; 1912 Nr. 532; *Mayer-Alberti* S. 28; *Simader* S. 39; a. A. *Oetker* JW 1930 S. 1105 (1106).

24 Vgl. RG SeuffBl. 75 S. 178.

25 BGH GA 1960 S. 315; RGSt. 13 S. 316 (318); 38 S. 127; 51 S. 42; 54 S. 239 (240); 59 S. 420 (422); RGRspr. 8 S. 100, 581; RG JW 1890 S. 64; 1922 S. 813 mit Anm. *zu Dohna*; RG JW 1922 S. 1033 mit Anm. *Alsberg*; RG JW 1931 S. 2032 (2033) mit Anm. *Alsberg*; RG JW 1931 S. 2821 mit Anm. *von Scanzoni*; RG JW 1932 S. 3101 (3102) mit Anm. *Henkel*; RG GA 38 S. 211; RG LZ 1915 Sp. 846; RG Recht 1912 Nr. 532; RG SeuffBl. 75 S. 178; OGHSt. 2 S. 352 = NJW 1950 S. 434; BayObLGSt. 1949/51 S. 49 (56); *Bergmann* S. 68; *Koeniger* S. 260; *Mayer-Alberti* S. 26; *Oetker* JW 1930 S. 1105; *Sarstedt* S. 130.

26 RGRspr. 6 S. 322; RG JW 1922 S. 299; 1930 S. 934 mit Anm. *Alsberg*; RG GA 67 S. 440; RG HRR 1933 Nr. 1059; RG Recht 1908 Nr. 1735; 1912 Nr. 532; BayObLG JW 1930 S. 722; OLG Stuttgart LRE 9 S. 220 (225).

27 BGHSt 19 S. 24 (25); RG JW 1930 S. 931 (932/933) mit Anm. *Alsberg*; RG JW 1931 S. 1568 (1569); S. 2032 mit Anm. *Alsberg*; 1933 S. 452 mit Anm. *Bohne*; BayObLG VRS 59 S. 266; OLG Kiel HESt. 1 S. 142 (143); OLG Saarbrücken VRS 42 S. 37 (39); *Koeniger* S. 260.

28 RG GA 52 S. 120 (121); vgl. auch oben S. 376.

29 BGHSt. 1 S. 137 (138): »Anstiftung«; BGH NJW 1959 S. 396; BGH bei *Dallinger* MDR 1951 S. 569; RGSt. 13 S. 316; RGRspr. 7 S. 534 (535); 8 S. 581, 693; RG JW 1892 S. 457; 1900 S. 710; 1914 S. 432; 1917 S. 235 mit Anm. *Mamroth*; 1922 S. 1037 mit Anm. *Alsberg*; 1928 S. 2998 (2999) mit Anm. *Alsberg*; RG JW 1930 S. 931 (932/933) mit Anm. *Alsberg*;

stellt werden, sondern Beweis darüber verlangt wird, ob, wann, wo oder wie sich eine Tatsache zugetragen hat, handelt es sich oft um einen ungeschickt formulierten Beweisantrag, der nicht einfach in dieser Form entgegengenommen werden darf, sondern mit dem Antragsteller erörtert werden muß[30]. Auch Unklarheiten darüber, inwiefern die in dem Antrag bezeichneten Beweistatsachen beweiserheblich sind, können zur Befragung des Antragstellers Anlaß geben[31]. Ist nicht angegeben oder bleibt unklar, welche Beweismittel benutzt werden sollen, so muß ebenfalls versucht werden, diese Antragsmängel durch Befragung des Antragstellers zu beseitigen[32]. Das ist insbesondere notwendig, wenn die Namen der Zeugen, die vernommen werden sollen, nicht mitgeteilt werden[33], etwa weil der Antragsteller irrtümlich annimmt, sie seien dem Gericht bekannt[34], oder wenn die von dem Antragsteller zur Individualisierung eines Zeugen mitgeteilten Tatsachen zu dessen Ermittlung offensichtlich nicht ausreichen[35]. Entsprechendes gilt, wenn der Antragsteller eine Urkundensammlung als Beweismittel herbeizuziehen beantragt, aber nicht angibt, welche einzelnen Urkunden verlesen werden sollen[36].

V. Fürsorgepflicht gegenüber Staatsanwalt und Verteidiger

Frage- und Hinweispflichten hat das Gericht in erster Hinsicht gegenüber dem rechtsunkundigen Angeklagten, dem kein Verteidiger beisteht. Aber auch Rechtskenntnisse des Antragstellers schließen erfahrungsgemäß nicht aus, daß unvollständige oder unklare Beweisanträge gestellt werden. Die Sachaufklärungspflicht des Gerichts gebietet dann eine Befragung auch des rechtskundigen Antragstellers.

RG JW 1931 S. 1039; S. 2032 (2033/2034) mit Anm. *Alsberg*; RG JW 1932 S. 1750 Nr. 37 mit Anm. *Radbruch*; RG JW 1932 S. 2040, 3075; RG GA 55 S. 334; RG SächsA 1915 S. 71; RG SeuffBl. 73 S. 509; 76 S. 206; OLG Celle GA 1962 S. 216 (217) = NdsRpfl. 1961 S. 260; NdsRpfl. 1982 S. 66 (67); OLG Hamm NJW 1962 S. 66 (67); OLG Köln JMBlNRW 1962 S. 39 (40); OLG Stuttgart LRE 9 S. 219 (225); LR *Gollwitzer* § 244 Rdnr. 94; *Mezger* JW 1932 S. 418 (419); *Oetker* JW 1930 S. 1105 (1108); *Rieker* S. 22.
30 RG JW 1930 S. 70 mit Anm. *Alsberg*; RG JW 1935 S. 956 (958) mit Anm. *Weh*; KK *Herdegen* § 244 Rdnr. 50; LR *Gollwitzer* § 244 Rdnr. 94; *Stützel* S. 19, 106. Vgl. auch oben S. 46/47.
31 RG JW 1932 S. 245 (246); *Oetker* JW 1930 S. 1105 (1106); *Simader* S. 121; *Stützel* S. 106.
32 OLG Saarbrücken VRS 38 S. 59 (60); *Stützel* S. 106.
33 RG JW 1890 S. 64; 1901 S. 502; 1922 S. 1033; 1932 S. 2725 mit Anm. *Mamroth*; RG DJZ 1905 Sp. 604; RG GA 67 S. 440; RG HRR 1934 Nr. 79; RG LZ 1917 Sp. 680; RG Recht 1911 Nr. 957; 1912 Nr. 532; 1928 Nr. 1751; OLG Saarbrücken VRS 38 S. 59 (60); *Bergmann* S. 39 und MDR 1976 S. 888 (889); *Oetker* JW 1930 S. 1105; *Simader* S. 35, 39, 133.
34 RGSt. 13 S. 316 (318).
35 RG HRR 1934 Nr. 79; *Bergmann* S. 39; *Rieker* S. 59.
36 RGRspr. 8 S. 581; RG JW 1932 S. 1749 mit Anm. *Radbruch*; RG JW 1935 S. 1634; *Dalcke/Fuhrmann/Schäfer* § 244 Anm. 7 b; *Bergmann* S. 53; *Berkholz* S. 115; *Mayer-Alberti* S. 26, 28; *Rieker* S. 37; vgl. auch RG JW 1927 S. 2468 mit Anm. *Alsberg*.

Fürsorgepflichten bestehen daher auch gegenüber dem Staatsanwalt[37] und den Prozeßbevollmächtigten der Privat- und Nebenkläger[38], vor allem aber gegenüber dem Verteidiger[39]. Allerdings gelten hier Einschränkungen. Der Gerichtsvorsitzende ist kein »Hilfsverteidiger«[40]. Er muß den Verteidiger zwar unterstützen, aber nicht dessen Aufgaben übernehmen. Muß der Verteidiger aus einer Verfügung des Vorsitzenden ersehen, daß sein Antrag als Beweisermittlungsantrag angesehen worden ist, bleibt er aber gleichwohl untätig, so kann der Vorsitzende es dabei belassen, ohne daß er dadurch seine Fürsorgepflicht verletzt[41]. Es ist dann Sache des Verteidigers, den Beweisantrag zu ergänzen, das Beweismittel anzugeben oder die Beweistatsachen näher zu umschreiben. Das gleiche gilt, wenn für den Verteidiger aus dem Inhalt des Ablehnungsbeschlusses erkennbar wird, daß das Gericht seinen Antrag mißverstanden hat[42].

VI. Keine Protokollierungspflicht

Die Ausübung der Frage- und Hinweispflicht ist keine wesentliche Förmlichkeit der Hauptverhandlung im Sinne des § 273 Abs. 1. Sie wird daher in der Sitzungsniederschrift nicht beurkundet[43]. Das Revisionsgericht muß sich, wenn der Antragsteller die Aufklärungsrüge darauf stützt, daß das Gericht seine Fürsorgepflichten verletzt hat, im Wege des Freibeweises von der Richtigkeit des Revisionsvorbringens überzeugen.

---

37 RG GA 61 S. 339; 67 S. 440; LR *Gollwitzer* § 244 Rdnr. 94; *Harreß* S. 26; *Henkel* JW 1933 S. 520 (522); *Mayer-Alberti* S. 28; *Rieker* S. 23; *Simader* S. 40; *Stützel* S. 107. - A.A. OLG Dresden JW 1930 S. 1105 mit abl. Anm. *Weber* und *Oetker, Berkholz* S. 32; *Schwenn* Strafverteidiger 1981 S. 631 (634 Fußn. 41).
38 *Rieker* S. 23 Fußn. 8; *Simader* S. 41.
39 BGHSt. 22 S. 118 (122); RGSt. 51 S. 42; 54 S. 239 (240); 59 S. 420 (422); RG JW 1922 S. 813; 1931 S. 1568 mit Anm. *Alsberg*; RG Recht 1911 Nr. 957; RMGE 11 S. 152; 17 S. 248 (252); BayObLGSt. 1949/51 S. 49 (56); OLG Kiel HESt. 1 S. 142; *Berkholz* S. 32; *Bohne* JW 1933 S. 452; *Haag* DStR 1938 S. 416 (419/420); *Harreß* S. 26; *Henkel* JW 1933 S. 520 (522); *Mannheim* JW 1931 S. 2031 (2032); *Mayer-Alberti* S. 28; *Oetker* JW 1930 S. 1105 (1106); *Plötz* S. 47; *Simader* S. 40; *Stützel* S. 107.
40 *Plötz* S. 204.
41 BGHSt. 19 S. 24 (25); RG JW 1906 S. 792; OLG Hamm VRS 40 S. 205; LR *Gollwitzer* § 244 Rdnr. 101; *Arndt* DRiZ 1956 S. 28 (31); *Bergmann* S. 15; offengelassen bei BGH bei *Holtz* MDR 1980 S. 987. Vgl. auch RGRspr. 8 S. 581 (582).
42 BGH VRS 16 S. 270 (273).
43 A.A. BGH GA 1960 S. 315; RG JW 1917 S. 235 mit Anm. *Mamroth*; RG JW 1922 S. 1033 mit Anm. *Alsberg*; RG JW 1932 S. 3097 mit abl. Anm. *Mannheim*, die für erwiesen halten, daß die Fragepflicht nicht ausgeübt worden ist, weil die Sitzungsniederschrift darüber schweigt. Im Hinblick auf diese Rspr. wird sich empfehlen, daß die Tatrichter die Erfüllung ihrer Fürsorgepflichten in der Sitzungsniederschrift kenntlich machen.

§ 4 Protokollierung des Antrags

Nach § 273 Abs. 1 muß in der Sitzungsniederschrift beurkundet werden, daß ein Beweisantrag gestellt worden ist[1]. Ob es sich um einen Haupt- oder Hilfsbeweisantrag handelt, macht keinen Unterschied[2]. Für die Aufnahme in das Protokoll hat der Vorsitzende zu sorgen. Der Antragsteller hat nicht das Recht, den Antrag selbst in das Protokoll zu diktieren[3].

Das Protokoll muß ausweisen, wer der Antragsteller ist und welchen Inhalt der Antrag hat (Beweistatsache und Beweismittel)[4]. Ist der Antrag unvollständig, so muß er in der Form aufgenommen werden, in der er gestellt worden ist[5]. Eine mündliche Begründung, die der Antragsteller dem Antrag hinzufügt, braucht nicht beurkundet zu werden[6]. Aus dem Sitzungsprotokoll muß klar ersichtlich sein, daß ein förmlicher Antrag gestellt worden ist. Da Erklärungen des Angeklagten, die auf eine Beweiserhebung abzielen, auch ohne Verwendung des Wortes Antrag als Beweisantrag zu behandeln sind, kann es genügen, wenn auch im Protokoll nur diese Erklärungen wiedergegeben werden[7]. Zu protokollieren ist nicht nur die eigentliche Antragstellung, sondern auch die Erklärung, daß sich ein anderer Prozeßbeteiligter dem Antrag anschließt.

Der Beweisantrag muß zwar mit seinem vollen Inhalt protokolliert werden. Daß muß aber nicht unbedingt in der Sitzungsniederschrift selbst geschehen. Wenn der

---

1 KG JW 1931 S. 235; *G. Schäfer* S. 355.
2 BGH bei *Dallinger* MDR 1968 S. 552; 1975 S. 368; BGH 2 StR 53/51 vom 6. 4. 1951; RG JW 1930 S. 1505 mit Anm. *Gerland*; KG VRS 43 S. 199; LR *Gollwitzer* § 244 Rdnr. 141 und § 273 Rdnr. 24; *Eb. Schmidt* § 273 Rdnr. 7; *Dahs/Dahs* Rdnr. 382; *Stützel* S. 107.
3 BayObLG bei *Rüth* DAR 1979 S. 240; OLG Hamm JMBlNRW 1970 S. 251; KMR *Paulus* § 244 Rdnr. 377; LR *Gollwitzer* § 244 Rdnr. 82; *Dahs/Dahs* Rdnr. 248.
4 BGH GA 1960 S. 315; RGSt. 1 S. 32 (33); 31 S. 62; 59 S. 429; 61 S. 408 (410); RGRspr. 8 S. 306 (307); RG Recht 1906 Nr. 389; BayObLG DRiZ 1931 Nr. 612; OLG Frankfurt NJW 1953 S. 198; *Kleinknecht* Rdnr. 6; LR *Gollwitzer* Rdnr. 25; *Eb. Schmidt* Rdnr. 7; alle zu § 273; *Gössel* S. 296; *Koeniger* S. 266; *Schlosky* JW 1930 S. 2505; *Simader* S. 52; *Stenglein* GerS 45 S. 81 (104); *Stützel* S. 107; *Traulsen* S. 105/106.
5 Zur Aufnahme von Beweisermittlungsanträgen in die Sitzungsniederschrift vgl. oben S. 88/89.
6 RGSt. 32 S. 239 (241); BayObLGSt. 24 S. 1 (2) = AlsbE 2 Nr. 90 e = BayZ 1924 S. 75 (76); KG GA 75 S. 304 (305); LR *Gollwitzer* § 273 Rdnr. 25; *Eb. Schmidt* § 273 Rdnr. 7; *Koeniger* S. 266; vgl. auch RG JW 1936 S. 666.
7 RG LZ 1915 Sp. 556. Vgl. aber auch RGSt. 31 S. 163, wo in dem Protokollvermerk, der Angeklagte habe dem Arbeiter F. sein Messer gezeigt, es sei ganz rein gewesen, kein Beweisantrag gesehen wird.

Antragsteller einen Schriftsatz übergibt, der den Beweisantrag enthält und in der Hauptverhandlung verlesen wird, genügt in der Sitzungsniederschrift der Vermerk, daß der Antrag in der Verhandlung gestellt worden ist, und im übrigen die Bezugnahme auf das als Anlage zu der Sitzungsniederschrift genommene Schriftstück[8].

---

8 *Koeniger* S. 266; *Rieker* S. 32; *Simader* S. 53; *Stützel* S. 108. Vgl. zur Form von Protokollanlagen: RGSt. 2 S. 33 (38/39); 25 S. 248 (250); S. 334 (335); RG JW 1895 S. 591; *Kroschel/Doerner* S. 285.

§ 5 Zurücknahme des Beweisantrags. Verzicht

    I. Allgemein zum Rücknahmerecht 402
   II. Rücknahmeerklärung 403
      1. Ausdrückliche und schlüssige Erklärung 403
      2. Stillschweigen als Antragsrücknahme 403
      3. Teilweise und bedingte Zurücknahme 405
  III. Wirkung der Zurücknahme 405
      1. Wirkung nur gegen den Antragsteller 405
      2. Wiederholung des Antrags 406
      3. Amtsaufklärungspflicht 407

I. Allgemein zum Rücknahmerecht

Wer als Prozeßbeteiligter in der Hauptverhandlung einen Beweisantrag stellt, erwirbt einen Anspruch auf Beweiserhebung, wenn keiner der Gründe des § 244 Abs. 3 bis 5 vorliegt, sonst auf Bescheidung nach § 244 Abs. 6, § 34. Er ist an den Beweisantrag aber nicht gebunden, die Staatsanwaltschaft auch dann nicht, wenn sie ihn zugunsten des Angeklagten gestellt hat[1]. Der Antrag kann daher zurückgenommen werden, solange über ihn noch nicht entschieden worden ist. Hat das Gericht dem Antrag schon stattgegeben, ist das Beweismittel aber noch nicht herbeigeschafft, so kann der Antragsteller auf die Beweiserhebung verzichten[2]. Erst wenn das Beweismittel sich bereits an der Gerichtsstelle befindet, darf von seiner Benutzung nur im Einverständnis aller Prozeßbeteiligten abgesehen werden (§ 245 Abs. 1 Satz 2)[3]. Zwischen Zurücknahme und Verzicht besteht kein rechtlicher Unterschied. Auch die Zurücknahme des Beweisantrags ist der Sache nach ein Verzicht auf die beantragte Beweiserhebung. Sie enthebt das Gericht der Pflicht, über den Antrag zu beschließen. Der Verzicht entbindet es davon, eine bereits angeordnete Beweiserhebung durchzuführen[4]. Zurücknahme und Verzicht sind wesentliche Förmlichkeiten der Hauptverhandlung und müssen daher nach § 273 Abs. 1 in der Sitzungsniederschrift beurkundet werden.

  1 *Dalcke/Fuhrmann/Schäfer* § 244 Anm. 7 a; *Peters* S. 251.
  2 Daß nur auf die beantragte Beweiserhebung, nicht aber nur auf die Beschlußfassung nach § 244 Abs. 6 verzichtet werden kann, ist an anderer Stelle ausgeführt (vgl. unten S. 754). Zum Verzicht auf die Bekanntgabe der Ablehnungsgründe vgl. unten S. 767.
  3 Unrichtig daher *Oetker* JW 1930 S. 3420, der die Zurücknahme zulassen will, solange mit der Beweiserhebung noch nicht begonnen worden ist.
  4 RG GA 46 S. 208; *Dalcke/Fuhrmann/Schäfer* § 244 Anm. 21. Zur Pflicht, den beantragten Beweis nach § 244 Abs. 2 von Amts wegen zu erheben, vgl. unten S. 407.

II. Rücknahmeerklärung

1. Ausdrückliche und schlüssige Erklärung

Die Zurücknahme des Beweisantrags und der Verzicht auf die beantragte Beweiserhebung müssen grundsätzlich ausdrücklich erklärt werden[5]. Zwar kann eine schlüssige Handlung genügen, die zweifelsfrei die Zurücknahme erkennen läßt[6]. Regelmäßig ist eine Zurücknahme aber nicht darin zu sehen, daß der Antragsteller erklärt, er stelle keine weiteren Beweisanträge[7], er verzichte auf eine weitere Beweisaufnahme[8], er sei mit dem Schluß der Beweisaufnahme einverstanden[9]. Denn derartige Erklärungen werden im allgemeinen vorbehaltlich der bereits gestellten Anträge abgegeben[10]. Als Zurücknahme des von der Staatsanwaltschaft zugunsten des Angeklagten gestellten Antrags kann aber gelten, daß der Staatsanwalt in seinem Schlußwort die Verurteilung des Angeklagten beantragt, die nicht möglich wäre, wenn die Beweistatsache zuträfe[11].

2. Stillschweigen als Antragsrücknahme

Bloßes Stillschweigen bedeutet grundsätzlich keine Zurücknahme des Beweisantrags. Das gilt auch für den Fall, daß der Antragsteller die Frage, ob auf eine weitere Beweisaufnahme verzichtet werde, nicht beantwortet[12]. Anders ist es, wenn ein Kriminalbeamter als Zeuge bekundet, der von dem Angeklagten benannte Zeuge sei nicht zu ermitteln, und der Vorsitzende dann nach Beratung des Gerichts erklärt, daß über den Beweisantrag nicht entschieden zu werden brauche, weil der Zeuge unerreichbar sei[13]. Eine Zurücknahme liegt aber nicht darin, daß der Antragsteller auf den Antrag nicht zurückkommt, obwohl das Gericht es unterlas-

---

5 BGH bei *Dallinger* MDR 1971 S. 18; BGH 5 StR 194/70 vom 12. 5. 1970; RGRspr. 1 S. 474; *Koeniger* S. 265; *Simader* S. 57; *Stützel* S. 50.
6 *Stützel* S. 50 ff. verlangt stets eine ausdrückliche Erklärung. *Simader* S. 58 ist im Grundsatz derselben Ansicht, fügt aber hinzu, daß es Sache des Vorsitzenden sei, gegebenenfalls auf eine ausdrückliche Willenserklärung des Antragstellers hinzuwirken.
7 BGH bei *Dallinger* MDR 1971 S. 18; BGH 2 StR 574/80 vom 18. 2. 1981; RG LZ 1922 Sp. 266; RG Recht 1905 Nr. 656; *Dalcke/Fuhrmann/Schäfer* Anm. 21; KMR *Paulus* Rdnr. 403; LR *Gollwitzer* Rdnr. 112; alle zu § 244; LR *Meyer* § 337 Rdnr. 226; *Gössel* S. 258; *Koeniger* S. 265; *Siegert* S. 149; bedenklich OLG Hamburg GA 75 S. 105.
8 RGRspr. 1 S. 474 (475); RG Recht 1914 Nr. 1202; W. *Schmid* S. 110/111; *Simader* S. 57; a. A. *Arndt* DRiZ 1956 S. 28 (31).
9 OLG Köln NJW 1954 S. 46; *Koeniger* S.268. Unklar *Dahs/Dahs* Rdnr. 296, die in dem Protokollvermerk: »Die Beweisaufnahme wird im allseitigen Einverständnis geschlossen«, die Beurkundung eines Verzichts auf weitere Beweisanträge sehen.
10 RGRspr. 1 S. 474 (475). Einen Ausnahmefall behandelt die Entscheidung BGH 2 StR 574/80 vom 18. 2. 1981. Hier hatte der Antragsteller in Aussicht gestellt, die Anschrift des benannten Zeugen nachzureichen, dann aber, ohne das zu tun, auf Befragen erklärt, er stelle keine Beweisanträge mehr. Der BGH hat die Annahme eines Verzichts gebilligt.
11 RG JW 1936 S. 3008 mit Anm. *Siegert*.
12 *Bohne* JW 1931 S. 1610 (1611); *Dahs/Dahs* Rdnr. 296; vgl. auch unten S. 807 ff.
13 BGH 5 StR 440/80 vom 4. 11. 1980.

sen hat, über ihn zu befinden. Denn er kann sich grundsätzlich darauf verlassen, daß das Gericht, bevor es den Antrag erledigt, keine Feststellung trifft, die zu ihm im Widerspruch stehen[14]. Der Antragsteller ist auch keineswegs verpflichtet, das Gericht, das in Aussicht gestellt hat, später über den Antrag zu entscheiden, am Schluß der Beweisaufnahme darauf aufmerksam zu machen, daß die Entscheidung bisher nicht ergangen ist[15]. Das gilt selbst dann, wenn der Vorsitzende im Beisein des Antragstellers in das Protokoll diktiert, die Beweisaufnahme werde im allseitigen Einverständnis geschlossen[16]. Diese Grundsätze sind auch auf den Fall anzuwenden, daß das Gericht die Beweiserhebung schon angeordnet hat, sie aber nicht ausführt[17].

Das bloße Schweigen des rechtsunkundigen Angeklagten bedeutet auch dann keinen Verzicht auf den Antrag, wenn ihn der Vorsitzende auf die Nutz- und Bedeutungslosigkeit der beantragten Beweiserhebung hinweist[18]. Auch in der Nichtwiederholung des Beweisantrags, nachdem das Ausbleiben des benannten Zeugen festgestellt worden ist, liegt kein Verzicht auf die Beweisaufnahme[19]. Anders ist es, wenn nach Stellung des Antrags Beweiserhebungen stattgefunden haben, die der Antragsteller als Ersatz für die von ihm beantragte Beweiserhebung auffassen konnte. Das ist insbesondere der Fall, wenn die Vernehmung eines Zeugen vom Hörensagen beantragt war, danach aber der Zeuge, der die Beweistatsache selbst wahrgenommen hat, vernommen worden ist[20], wenn nicht die in dem Beweisantrag bezeichneten Behördenakten herbeigezogen, sondern Bedienstete dieser Behörde über ihren Inhalt als Zeugen vernommen worden sind[21], oder wenn nicht der Sachverständige, dessen Vernehmung beantragt war, in der Hauptverhandlung gehört, sondern sein Gutachten nach § 256 verlesen worden ist[22]. Stimmt der Angeklagte jedoch der Verlesung der Niederschrift über eine Zeugenaussage

14 OLG Hamm GA 1972 S. 59 = JR 1971 S. 516 (517) verneint das Beruhen des Urteils auf dem Verstoß, wenn der Verteidiger den Antrag nicht wiederholt. Die Entscheidung verdient keine Zustimmung. Vgl. aber BGH 2 StR 574/80 vom 18. 2. 1981: Unterläßt der Verteidiger, der einen Beweisantrag mit dem Versprechen gestellt hatte, er werde die Anschrift des Zeugen nachreichen, die Mitteilung dieser Anschrift, so ist davon auszugehen, daß der Antrag nicht weiterverfolgt wird.
15 RG JW 1929 S. 114 mit Anm. *Alsberg*; KMR *Paulus* § 244 Rdnr. 403; LR *Gollwitzer* § 244 Rdnr. 113; *Schlosky* JW 1930 S. 2505 (2506); a. A. RG JW 1916 S. 1133, das es für einen Verstoß gegen Treu und Glauben hält, wenn Verteidiger und Angeklagter ein ihnen bekanntes Versehen des Gerichts nicht rechtzeitig zur Sprache bringen. Daß in dem Schweigen zu einem Verfahrensverstoß keine Verwirkung der Verfahrensrüge liegt, ist aber jetzt fast allgemein anerkannt; vgl. LR *Meyer* § 337 Rdnr. 229 mit weit. Nachw.
16 OLG Köln NJW 1954 S. 46; *Koeniger* S. 268; vgl. auch unten S. 808.
17 A.A. KG VRS 32 S. 138: Stillschweigender Verzicht, wenn Abstandnahme von einer bereits beschlossenen Ortsbesichtigung hingenommen wird.
18 OLG Bremen MDR 1959 S. 779 ist mit Recht der Ansicht, daß der Vorsitzende den Angeklagten in einem solchen Fall ausdrücklich befragen muß, ob er den Beweisantrag zurücknimmt; zustimmend *Dalcke/Fuhrmann/Schäfer* § 244 Anm. 21.
19 RGSt. 57 S. 165 (166); *Kreuzer* S. 69; vgl. auch RG JW 1931 S. 1610 mit Anm. *Bohne*.
20 RG JW 1900 S. 375; *Simader* S. 59; *Stützel* S. 52.
21 BGH bei *Dallinger* MDR 1957 S. 268.
22 KG (2) Ss 162/69 (65/69) vom 15. 10. 1969.

nicht zu, nachdem sein Antrag auf Vernehmung des Zeugen in gesetzwidriger Weise abgelehnt worden ist, so liegt keine Zurücknahme des Beweisantrags vor[23].

3. Teilweise und bedingte Zurücknahme

Wie der Verzicht auf die Benutzung präsenter Beweismittel nach § 245 Abs. 1 Satz 2[24] kann auch die Zurücknahme eines Antrags auf Verwendung noch nicht herbeigeschaffter Beweismittel unter Beschränkung auf einen Teil des Antrags erklärt werden. Das gilt nicht nur für den Fall, daß in einem Antrag mehrere Beweistatsachen oder Beweismittel benannt sind[25], sondern auch, wenn nur die Benutzung eines einzigen Beweismittels zur Aufklärung einer einzigen Beweistatsache beantragt war. Insbesondere kann dann die Beweisbehauptung nachträglich eingeschränkt werden; möglich ist aber auch die Teilrücknahme in der Weise, daß nur die Verlesung eines Teils der als Beweismittel benannten Urkunden verlangt wird.

Die Zurücknahme eines Beweisantrags muß wie der Verzicht auf die Erhebung präsenter Beweise nach § 245 Abs. 1 Satz 2 grundsätzlich endgültig und vorbehaltlos erklärt werden[26]. Das schließt aber nicht aus, daß die Erklärung zunächst nur bedingt oder befristet abgegeben wird[27]. Der Antragsteller kann z. B. erklären, er nehme den Antrag »zunächst« zurück; das macht eine Entscheidung über den Antrag am Schluß der Hauptverhandlung nicht entbehrlich[28]. Wird die Erklärung abgegeben, die Beweisanträge würden nur insoweit aufrechterhalten, als sie nicht bereits der (hierzu allein nicht befugte) Vorsitzende abgelehnt hat, so liegt darin eine zulässige Form der Zurücknahme[29].

III. Wirkung der Zurücknahme

1. Wirkung nur gegen den Antragsteller

Die Zurücknahme des Beweisantrags wirkt grundsätzlich nur für und gegen den Prozeßbeteiligten, der den Verzicht erklärt. Wenn bei gemeinschaftlicher Antragstellung nur einer der Antragsteller den Beweisantrag zurücknimmt, muß das Gericht daher wegen des anderen Antragstellers über den Antrag entscheiden, sofern nicht erkennbar ist oder auf Befragung klargestellt wird, daß auch er auf die Beweiserhebung verzichtet[30]. Die Entscheidung ist auch erforderlich, wenn

---

23 RG JW 1929 S. 2738 mit Anm. *Mamroth.*
24 Vgl. unten S. 809.
25 Vgl. BGH bei *Dallinger* MDR 1957 S. 278; RGSt. 75 S. 165 (168).
26 Vgl. unten S. 810/811.
27 Vgl. *Koeniger* S. 265; *Simader* S. 60; *Stützel* S. 54.
28 Vgl. aber RGSt. 64 S. 339 = JW 1931 S. 218 mit Anm. *Mannheim,* das annimmt, ein stillschweigender Verzicht liege vor, wenn der Antragsteller auf den Antrag nicht zurückkommt; ebenso *Simader* S. 60.
29 BGH bei *Dallinger* MDR 1957 S. 278; RGSt. 75 S. 165 (168).
30 Vgl. KK *Herdegen* § 244 Rdnr. 56; *Gollwitzer* Sarstedt-FS S. 29; *Simader* S. 59; *Stützel* S. 53.

sich ein anderer Prozeßbeteiligter dem Antrag ausdrücklich oder auch nur stillschweigend angeschlossen hatte[31] und keine Umstände vorliegen, aus denen auf seine Zustimmung zu der Zurücknahme geschlossen werden kann[32].

Das gilt grundsätzlich auch im Verhältnis zwischen dem Angeklagten und seinem Verteidiger. Jeder von ihnen hat unabhängig von dem anderen einen Anspruch auf Bescheidung des Antrags. Die Rücknahmeerklärung des Verteidigers bindet daher den Angeklagten nicht; ebenso liegt es im umgekehrten Fall. Jedoch wirkt die Rücknahmeerklärung des einen ohne Rücksicht darauf, ob der Antrag von ihm selbst gestellt ist, zugleich für den anderen, wenn dieser nicht ausdrücklich widerspricht. Im Schweigen liegt die Zustimmung zu der Erklärung des anderen[33]. Hat der Angeklagte die Einlassung zur Sache verweigert, so wird dadurch die Annahme einer stillschweigenden Zustimmung zu der Zurücknahme des Verteidigers nicht ausgeschlossen. Denn da das Schweigen zu dem Anklagevorwurf den Angeklagten nicht hindert, eigene Beweisanträge zu stellen, entbindet es ihn auch nicht von der Pflicht, Anträgen seines Verteidigers zu widersprechen, die er nicht billigt[34].

2. Wiederholung des Antrags

Die Zurücknahme eines Beweisantrags ist wie jede Prozeßhandlung unwiderruflich[35]. Allerdings kann sie sofort berichtigt werden, wenn der Antragsteller die Erklärung nicht oder nicht in dieser Form hat abgeben wollen[36]. Erfolgt die Berichtigung aber nicht in unmittelbarem Anschluß an die die Zurücknahme enthaltende Erklärung, so handelt es sich um einen unzulässigen Widerruf. Wenn der Antragsteller die beantragte Beweiserhebung trotz der Zurücknahme durchsetzen

---

31 RG JW 1890 S. 232 = GA 38 S. 183; RG SeuffBl. 75 S. 292; *Dalcke/Fuhrmann/Schäfer* § 244 Anm. 7 a; LR *Gollwitzer* § 244 Rdnr. 76; *Harreß* S. 12; *Rieker* S. 31; *G. Schäfer* S. 354; *Stützel* S. 53. Das Urteil RG JW 1927 S. 2706 hat es sogar in einem Fall, in dem kein gemeinschaftlicher Beweisantrag vorlag, für geboten erachtet, das Einverständnis des gegnerischen Prozeßbeteiligten mit der Zurücknahme des Beweisantrags aufgrund der vorliegenden schlüssigen Tatsachen festzustellen; daß das unnötig war, hebt *Mannheim* in der Anmerkung zu dem Urteil mit Recht hervor.
32 Vgl. LR *Gollwitzer* § 244 Rdnr. 76 und Sarstedt-FS S. 29.
33 Vgl. *Simader* S. 59; *Stützel* S. 53 ff.; a. A. RG JW 1929 S. 2380 mit Anm. *Mamroth* unter Bezugnahme auf RGSt. 18 S. 138 (141); 44 S. 284. Für den vergleichbaren Fall des § 245 Abs. 1 Satz 2 vgl. unten S. 806.
34 A.A. KG GA 72 S. 358 = HRR 1928 Nr. 1167; dort hatte der Angeklagte allerdings jede Beteiligung an dem Verfahren abgelehnt. Der Entscheidung stimmen zu: *Dalcke/Fuhrmann/Schäfer* Rdnr. 21; KMR *Paulus* Rdnr. 403; LR *Gollwitzer* Rdnr. 79; alle zu § 244; *Simader* S. 59 Fußn. 9. – *Stützel* (S. 54) meint, der Angeklagte, der sich an dem Verfahren nicht »beteiligen« will, habe sich auch dem Antrag des Verteidigers nicht angeschlossen, so daß dieser nicht gehindert sei, ihn zurückzunehmen; das ist deswegen nicht richtig, weil der Angeklagte durch den Antrag seines Verteidigers einen selbständigen Anspruch auf Bescheidung und Beweiserhebung erwirbt.
35 Vgl. RGSt. 57 S. 83; 63 S. 302; RG JW 1930 S. 3420 mit Anm. *Oetker*; *Siegert* S. 160; *Simader* S. 60; *Stützel* S. 54; vgl. auch unten S. 811.
36 Vgl. *Oetker* JW 1929 S. 46; *Simader* S. 60; *Stützel* S. 54/55.

will, bleibt ihm nur der Weg, den Beweisantrag zu wiederholen. Die Zurücknahme eines Beweisantrags hindert weder ihn noch andere Prozeßbeteiligte, den Antrag neu zu stellen[37]. Ein unzulässiger Widerruf wird regelmäßig als eine solche Wiederholung anzusehen sein[38].

Eine Ausnahme von diesen Grundsätzen gilt nur, wenn der Antragsteller durch Methoden, deren Anwendung § 136 a verbietet, oder aufgrund rechtsirrtümlicher Erklärungen des Gerichts zu der Zurücknahme des Beweisantrags veranlaßt worden ist. Werden diese Gründe für die Zurücknahme vor Beginn der Urteilsverkündung geltend gemacht, so muß das Gericht die Erklärung als unwirksam betrachten und über den Beweisantrag entscheiden[39].

3. Amtsaufklärungspflicht

Es ist selbstverständlich, daß die Zurücknahme eines Beweisantrags das Gericht nicht der Prüfung enthebt, ob die ursprünglich beantragte Beweiserhebung zur vollständigen Aufklärung des Sachverhalts erforderlich ist (§ 244 Abs. 2)[40]. Allerdings wird sich im allgemeinen die Notwendigkeit der weiteren Beweisaufnahme dem Gericht nicht aufdrängen, wenn sogar der Antragsteller meint, daß auf sie verzichtet werden kann[41].

---

37 RGSt. 27 S. 152; RG JW 1937 S. 1237; OLG Oldenburg NdsRpfl. 1979 S. 110; *W. Schmid* S. 110; vgl. auch RG Recht 1906 Nr. 2317.
38 Vgl. *Stützel* S. 55.
39 Vgl. dazu LR *Meyer* § 136 a Rdnr. 9. — *Oetker* JW 1930 S. 3420 und *Simader* S. 61 halten in diesem Fall die Beweiserhebung von Amts wegen für erforderlich.
40 BGH 3 StR 377/72 vom 28. 2. 1973; RG DJZ 1896 Sp. 341 = GA 44 S. 160; KMR *Paulus* § 244 Rdnr. 403; LR *Gollwitzer* § 244 Rdnr. 111; *Dahs/Dahs* Rdnr. 296; *Koeniger* S. 265; *G. Schäfer* S. 354; *Simader* S. 61; *Stützel* S. 49; *Traulsen* S. 54.
41 A.A. *Engels* S. 82 ff., der von seinem Standpunkt aus, daß Sachaufklärungspflicht und Beweisantragsrecht identisch sind (oben S. 27 ff.), zu der Meinung gelangt, daß von der Beweisaufnahme trotz des Verzichts nur aus einem der Gründe des § 244 Abs. 3 und 4 abgesehen werden darf, der Verzicht also lediglich bedeutet, daß der Antrag nicht beschieden zu werden braucht. *Sarstedt* DAR 1964 S. 307 (308) meint hingegen, die Rüge, daß der Tatrichter die Aufklärung unterlassen hat, habe niemals Aussicht auf Erfolg, »dafür nehmen wir die Anwälte zu ernst«. Mit der dem Tatrichter durch § 244 Abs. 2 auferlegten Pflicht zur umfassenden Sachaufklärung ist das aber nicht vereinbar (vgl. auch oben S. 25/26).

2. Kapitel Allgemeine gesetzliche Ablehnungsgründe (§ 244 Abs. 3)

§ 1 Einteilung der Ablehnungsgründe

Die Gründe, die im Verfahren des ersten Rechtszugs und im Berufungsverfahren (vgl. § 332) allgemein zur Ablehnung eines Beweisantrags zwingen oder berechtigen, führt § 244 Abs. 3 unter fast wörtlicher Übernahme des § 245 in der Fassung des Gesetzes von 1935[1] auf. Die Vorschrift wird ergänzt durch § 244 Abs. 4, der für Beweisanträge auf Zuziehung von Sachverständigen eine weitergehende Regelung trifft[2], und durch § 244 Abs. 5, der Augenscheinseinnahmen auch dann in das nur durch die Aufklärungspflicht begrenzte Ermessen des Gerichts stellt, wenn ein Prozeßbeteiligter sie beantragt[3].
Der Katalog der Ablehnungsgründe beginnt in § 244 Abs. 3 Satz 1 mit der Unzulässigkeit der Beweiserhebung. In diesem Fall ist die Ablehnung des Beweisantrags zwingend vorgeschrieben. Die Gründe, bei deren Vorliegen das Gericht einen Beweisantrag ablehnen kann, von der Beweiserhebung also nicht unbedingt absehen muß, bezeichnet § 244 Abs. 3 Satz 2. Die Reihenfolge, in der dort die Ablehnungsgründe aufgeführt sind, hat nur redaktionelle Gründe. Die meisten Ablehnungsgründe knüpfen an bestimmte Eigenschaften der Beweistatsache (Bedeutungslosigkeit oder Erwiesenheit), des Beweismittels (Ungeeignetheit oder Unerreichbarkeit) oder des Beweisantrags (Verschleppungsabsicht des Antragstellers) an. Anders ist es bei dem Ablehnungsgrund der Offenkundigkeit. Er gilt auch, wenn das Gegenteil der Beweistatsache oder des Erfahrungssatzes offenkundig ist, und bezieht sich daher nicht auf eine Eigenschaft der Beweistatsache, des Beweismittels oder des Beweisantrags. Nicht anders liegt es bei dem Ablehnungsgrund der Wahrunterstellung. Diese beiden Ablehnungsgründe sind daher an den Anfang bzw. an den Schluß der Vorschrift gesetzt. Daraus allein erklärt sich die »seltsame Unordnung« des Katalogs der Ablehnungsgründe, die im Schrifttum bemängelt worden ist[4].
Eine Gruppierung der nicht zwingend vorgeschriebenen Ablehnungsgründe nach logischen Gesichtspunkten erscheint weder für die Rechtsanwendung noch

---
[1] Vgl. oben S. 7. Der einzige Unterschied besteht darin, daß § 245 Abs. 2 a. F. die Ablehnung einer unzulässigen Beweiserhebung nicht zwingend vorgeschrieben hatte.
[2] Vgl. unten S. 689.
[3] Vgl. unten S. 739 ff.
[4] Vgl. *Niethammer* Sauer-FS S. 37, der eine gesetzliche Festlegung der Ablehnungsgründe ohnehin für unangebracht hielt.

sonst unbedingt erforderlich[5]. Nimmt man sie vor, so lassen sich folgende Gründe unterscheiden[6]: Der Beweisantrag kann abgelehnt werden, wenn die Beweiserhebung überflüssig ist. Das kann daran liegen, daß die Beweistatsache für die Entscheidung ohne Bedeutung, daß sie oder ihr Gegenteil offenkundig, daß sie schon erwiesen ist oder daß sie als wahr unterstellt werden kann. In all diesen Fällen kann von der Beweiserhebung abgesehen werden, ohne daß dadurch die Interessen des Antragstellers beeinträchtigt werden. Ferner gibt es Ablehnungsgründe, die ihre Rechtfertigung aus der Unmöglichkeit der Beweiserhebung oder des Beweisgelingens herleiten. Hierzu gehören die Ablehnungsgründe der völligen Ungeeignetheit und der Unerreichbarkeit des Beweismittels. Eine Sonderstellung nimmt der Ablehnungsgrund der Verschleppungsabsicht ein. Da er voraussetzt, daß der Antragsteller eine Beweiserhebung nicht ernsthaft bezweckt, bezieht er sich nur auf Scheinbeweisanträge. Daß solchen Anträgen nicht stattgegeben zu werden braucht, ist an sich selbstverständlich. Das Gesetz führt den Fall neben den Gründen für die Ablehnung ernsthaft gemeinter Beweisanträge nur deshalb auf, weil der Tatrichter verpflichtet werden soll, auch die Scheinbeweisanträge durch einen mit Gründen versehenen Beschluß (§ 244 Abs. 6, § 34) abzulehnen, anstatt sie einfach als mißbräuchlich gestellt zu übergehen.

Bei der Entscheidung über einen Beweisantrag ist immer zunächst die Zulässigkeit der beantragten Beweiserhebung zu prüfen; denn ihre Unzulässigkeit zwingt zur Ablehnung des Antrags. Ob einer an sich zulässigen Beweiserhebung stattzugeben ist, hängt in erster Hinsicht von der Erheblichkeit der Beweistatsache ab. Sie ist daher als erster der in § 244 Abs. 3 Satz 2 aufgeführten Ablehnungsgründe zu prüfen. Erst danach kommt es auf die Beweisbedürftigkeit der Beweistatsache und die Tauglichkeit des Beweismittels an. Diese Reihenfolge der Prüfung ergibt sich aus logischen, nicht aus rechtlichen Gründen. Rechtlich gesehen steht nichts im Wege, von der logischen Reihenfolge abzuweichen und einen Ablehnungsgrund vorzuziehen, dessen Prüfung an sich erst in zweiter Hinsicht in Betracht kommt[7]. Das Gericht wird so verfahren, wenn die Vorziehung eines Ablehnungsgrundes die Entscheidung vereinfacht. Es kann einen Beweisantrag z. B. wegen der offensichtlichen Unerreichbarkeit des Beweismittels ablehnen, ohne die schwierigere Prüfung vorzunehmen, ob der Antragsteller in Verschleppungsabsicht handelt. Nur für den Fall der Wahrunterstellung schreibt das Gesetz ausdrücklich vor, daß der Ablehnungsgrund der fehlenden Erheblichkeit der Beweistatsache vorgeht.

---

5 Die nachfolgende Darstellung der zulässigen Ablehnungsgründe folgt daher der Reihenfolge des Gesetzes.
6 LR *Gollwitzer* § 244 Rdnr. 143 unterscheidet zwischen der Unerheblichkeit der Beweistatsache, dem Mangel ihrer Beweisbedürftigkeit und der Unbrauchbarkeit des Beweismittels. KMR *Paulus* § 244 Rdnr. 438 ff. unterteilt seine Darstellung in die Überflüssigkeit der Beweisaufnahme und die Unmöglichkeit der Zweckerreichung.
7 Vgl. LR *Gollwitzer* § 244 Rdnr. 109.

§ 2 Verbot der Beweisantizipation

    I. Wesen des Verbots 411
   II. Grundlage des Verbots 412
  III. Inhalt des Verbots 413
        1. Grundsätze 413
        2. Beweisbehauptung 414
        3. Beweismittel 416
            a) Vorwegnahme des Beweisergebnisses 416
            b) Vorwegnahme der Prüfung des Beweiswerts 417
   IV. Ausnahmen von dem Verbot 418
    V. Austausch des Beweismittels 420

I. Wesen des Verbots

Der Beweisantrag hat eine Beweiserhebung zum Gegenstand, deren Gelingen nicht von vornherein als ausgeschlossen gelten darf. Ein Beweis ist gelungen, wenn die Beweistatsache bewiesen ist. Ob das Gericht aus der Tatsache irgendwelche Schlüsse zieht, ob sie für die Entscheidung des Gerichts irgendeine Bedeutung hat, ist eine Frage, die den Erfolg der Beweisführung nicht berührt. Ein Beweis kann gelingen und doch seinen Zweck verfehlen. Ob die Beweistatsache für die Entscheidung des Gerichts von Erheblichkeit sein kann, läßt sich allerdings regelmäßig schon vor der Beweiserhebung feststellen. Ob aber die Beweistatsache bewiesen wird, kann nicht mit gleicher Sicherheit im voraus entschieden werden. Wenn die Unmöglichkeit des Beweisgelingens zu beurteilen ist, dürfen daher in der Regel die Ergebnisse der bisherigen Beweisaufnahme nicht berücksichtigt werden. Denn die Richtigkeit der Würdigung des bisherigen Beweisergebnisses wird ja gerade durch die neuen Beweisanträge der Prozeßbeteiligten bekämpft. Das Vorliegen von Tatsachen, die erst selbst des Beweises bedurften, kann grundsätzlich durch Gegenbeweis entkräftet werden. Dem erhobenen Beweis darf vor dem angebotenen, noch nicht erhobenen Gegenbeweis kein Vorrang eingeräumt werden; der angebotene Beweis kann nicht mit Rücksicht auf den schon erhobenen als wertlos bezeichnet werden. Dies und nichts anderes bedeutet das Verbot der Beweisantizipation oder, anders ausgedrückt, der Grundsatz, daß das Ergebnis eines beantragten Beweises nicht zum Nachteil des Antragstellers vorweggenommen werden darf. Zu seinen Gunsten ist die Beweisantizipation zulässig; darauf beruht der Ablehnungsgrund des Erwiesenseins der Beweistatsache. Verboten ist nur die Berücksichtigung des bisherigen Beweisergebnisses zuungunsten eines, auch von der Staatsanwaltschaft oder dem Nebenkläger[1], neu gestellten Beweisantrags, also eine Verwertung mit der Wirkung, daß ein Gelingen des angebotenen Beweises als ausgeschlossen erscheint. Dieses Verbot[2] macht das eigentliche Wesen des Beweisantragsrechts aus. Zwar ist auch im Rahmen der Sachaufklärungspflicht nach § 244 Abs. 2 die Vorwegnahme der Beweiswürdigung nicht uneingeschränkt zulässig, und im Beweisantragsrecht ist sie nicht völlig ausgeschlossen. Das Verbot der Beweisantizipation macht aber im Anwendungsbereich des § 244 Abs. 3 und 4 Beweisaufnahmen erforderlich, zu denen das Gericht aufgrund seiner Aufklärungspflicht nach § 244 Abs. 2 keine Veranlassung hätte. Es ermöglicht den Prozeßbeteiligten, den Richter zu Beweiserhebungen zu zwingen, die er für aussichtslos hält.

Das Verbot der Beweisantizipation bedeutet nicht, daß es dem Richter untersagt ist, im voraus die Bedeutung des zu erhebenden Beweises für die Sachentscheidung abzuschätzen und die Beweiserhebung wegen Bedeutungslosigkeit abzulehnen, wenn die Prüfung ergibt, daß die Beweistatsache für diese Entscheidung unerheblich ist[3].

II. Grundlage des Verbots

Das Verbot der Vorwegnahme der Beweiswürdigung ergibt sich nach richtiger Ansicht unmittelbar aus der Pflicht des Gerichts zur Wahrheitserforschung[4]. Es geht auf die Erfahrungstatsache zurück, daß der Gebrauch eines zur Verfügung stehenden und nicht offensichtlich untauglichen Beweismittels das Bild des zu beurteilenden Sachverhalts selbst dann wider Erwarten verändern kann, wenn das Gericht glaubt, die Feststellung einer Tatsache unbedenklich auf das bisherige Ergebnis der Beweisaufnahme stützen zu können[5]. Das gilt in besonderem Maße für den Zeugenbeweis. Der Richter darf der Aussage eines Zeugen, den er noch nicht gehört hat, grundsätzlich nicht den Beweiswert absprechen[6]. Den Prozeßbe-

---

1 Vgl. Gutmann JuS 1962 S. 369 (374).
2 Das RG hat das Verbot zum erstenmal in der oft zitierten Entscheidung RGSt. 1 S. 189 anerkannt; vgl. oben S. 4.
3 Vgl. unten S. 574 ff., 589.
4 Vgl. LR Gollwitzer § 244 Rdnr. 148; Wenner S. 130 ff. Früher wurde das Verbot auch damit begründet, daß nach § 261 nur der Inbegriff der Hauptverhandlung Grundlage der gerichtlichen Entscheidung sein darf; vgl. RG JW 1914 S. 433; Alsberg JW 1922 S. 258. Bemerkenswert ist, daß das Verbot der Beweisantizipation auch im Zivilprozeß gilt, obwohl es dort keine Amtsaufklärungspflicht gibt; vgl. Schneider MDR 1969 S. 268.
5 BGHSt. 23 S. 176 (188); Bergmann MDR 1976 S. 888 (891); Bruns DR 1940 S. 2042 (2043); zu Dohna Kohlrausch-FS S. 335; Engels GA 1981 S. 21 (25); Gutmann JuS 1962 S. 369 (374); Hellwig JW 1932 S. 2672 (2674); Henkel S. 395; Kreuzer S. 32/33, 36; Niethammer, LR 19. Aufl. 2. Nachtr., 1940, S. 226, DStR 1937 S. 125 (131) und Sauer-FS S. 33; Wenner S. 131. Daß ein solcher Erfahrungssatz besteht, bestreitet H. J. Klee DJ 1937 S. 1384 (1386).
6 BGH NJW 1952 S. 191; 1966 S. 1524; RGSt. 1 S. 189 (190); 5 S. 312; 21 S. 225 (227); 29 S. 368; 39 S. 363 (364); 47 S. 100 (105); 56 S. 134 (135); 63 S. 329 (332); 75 S. 11 (14); 77 S. 198 (200); RGRspr. 6 S. 453; 7 S. 296; 8 S. 306; RG JW 1924 S. 316; 1927 S. 2467 mit

teiligten kann es daher, von Mißbrauchsfällen abgesehen, nicht verwehrt werden, eine Beweistatsache durch eine beliebig große Zahl von Zeugen unter Beweis zu stellen[7]. Das Verbot der Beweisantizipation ist aber auf den Zeugenbeweis nicht beschränkt. Es ist auch auf den Sachverständigenbeweis[8] und den Urkundenbeweis anwendbar[9]. Daß es für den Augenscheinsbeweis, der außerhalb des Gerichts eingenommen werden soll, nicht gilt, folgt aus § 244 Abs. 5[10].

Im Gesetz ist das Verbot der Beweisantizipation nicht ausdrücklich bestimmt. Es ergibt sich aber mittelbar daraus, daß der Katalog der zulässigen Ablehnungsgründe, den § 244 Abs. 3 aufstellt, erschöpfend ist[11] und daß zu den dort aufgeführten Ablehnungsgründen zwar das Erwiesensein der Beweistatsache gehört, nicht aber das Erwiesensein ihres Gegenteils. Damit hat der Gesetzgeber das grundsätzliche Verbot der Vorwegnahme des Beweisergebnisses ausdrücklich anerkannt.

III. Inhalt des Verbots

1. Grundsätze

Das Verbot der Beweisantizipation gilt sowohl für die Beweistatsache als auch für das Beweismittel. Das Gericht darf weder den Beweiswert des in dem Beweisantrag benannten Beweismittels im voraus verneinen, noch darf es darüber entscheiden, ob das, was der Antragsteller behauptet, im Hinblick auf den Sachverhalt, der

---

Anm. *Mannheim*; RG JW 1932 S. 404; RG GA 42 S. 399 (400); 46 S. 213 (214); 57 S. 299; RG HRR 1929 Nr. 273; 1939 Nr. 1565; RG LZ 1914 Sp. 1396; 1924 Sp. 41; KG VRS 29 S. 204 (206); OLG Dresden JW 1931 S. 239 mit Anm. *Mamroth*; OLG Düsseldorf VRS 57 S. 289 (290); Dalcke/Fuhrmann/Schäfer Anm. 13; KK *Herdegen* Rdnr. 72; LR *Gollwitzer* Rdnr. 147; alle zu § 244; *Alsberg* JW 1922 S. 258; 1923 S. 994; GA 61 S. 484 (492 ff.); *Engels* S. 42; *Gutmann* JuS 1962 S. 369 (375); *Koeniger* S. 269; *Meves* GA 40 S. 416 (429); *Niethammer*, LR 19. Aufl. 2. Nachtr., 1940, S. 17 und Sauer-FS S. 33; *Rieker* S. 91; *Stützel* S. 103; vgl. auch *Peters* ZStW 56 S. 52 ff.

7 BGH JR 1954 S. 310 (311).
8 Vgl. unten S. 693.
9 RGSt. 39 S. 258 (259); RG JW 1890 S. 232; 1900 S. 828; 1924 S. 1879; 1930 S. 3417; 1932 S. 3268 mit Anm. *von Scanzoni*; RG DJZ 1904 Sp. 172; RG SächsA 1914 S. 71; RMGE 5 S. 249 (250); 6 S. 281 (284); *Alsberg* JW 1922 S. 258; *Koeniger* S. 295/296; *Rieker* S. 91; *Simader* S. 200/201; *Stützel* S. 104.
10 Vgl. dazu unten S. 743.
11 BGHSt. 29 S. 149 (151); OLG Hamm VRS 42 S. 208 (209); LR *Gollwitzer* § 244 Rdnr. 144; *Bergmann* S. 90/91; *Engels* S. 40; *Lehmann* JW 1935 S. 2327 (2328); *Sarstedt* DAR 1964 S. 307 (310); a. A. Voraufl. S. 168, die daher den Ablehnungsgrund des bereits erhobenen Beweises für zulässig hielt; dazu oben S. 96 Fußn. 28. KK *Herdegen* § 244 Rdnr. 71 hält den Katalog des § 244 Abs. 3 und 4 deshalb nicht für erschöpfend, weil für den Fall der Schätzung (unten S. 848 ff.) erleichterte Ablehnungsmöglichkeiten bestehen. – Vgl. auch KG VRS 38 S. 56: Unzulässigkeit der Ablehnung eines Antrags auf Zeugenvernehmung mit der Begründung, der Zeuge habe der Verhandlung schon als Zuhörer beigewohnt. Zur Unzulässigkeit von Beweisanträgen vgl. unten S. 425.

aufgrund der bisherigen Beweisaufnahme festgestellt ist, überhaupt bewiesen werden kann. Auf die Überzeugung, die sich das Gericht bis zum Zeitpunkt der Entscheidung über das neue Beweisbegehren gebildet hat, kommt es grundsätzlich nicht an. Ohne Rücksicht darauf, ob die Beweistatsache bereits in das Verfahren eingeführt ist oder nicht, muß der Richter sich eines Urteils darüber enthalten, ob der Beweis im Sinne der Behauptungen des Antragstellers geführt werden kann. Er darf sich also weder auf den Standpunkt stellen, daß die Beweistatsache nicht zu beweisen oder bereits widerlegt ist, noch daß sie im Widerspruch zu dem steht, was als bereits erwiesen angesehen werden muß. Im einzelnen ergibt sich daraus folgendes:

2. Beweisbehauptung

Das Verbot der Vorwegnahme der Beweiswürdigung bedeutet vor allem, daß das Gericht einen Beweisantrag nicht mit der Begründung ablehnen darf, der Sachverhalt sei bereits genügend aufgeklärt, das Gegenteil der Beweistatsache stehe schon fest, die Beweisbehauptung sei durch die bisherige Beweisaufnahme schon widerlegt, die Schuld des Angeklagten sei bereits erwiesen[12]. Das Gericht darf weder davon ausgehen, daß die Beweisbehauptung nicht zutrifft[13] oder nach dem bisherigen Beweisergebnis, etwa dem Gutachten eines Sachverständigen[14] oder dem Inhalt einer in Augenschein genommenen Unfallskizze[14a], nicht zutreffen kann, daß die Beweisbehauptung erdichtet ist[15], daß eine weitere Klärung nicht zu erwar-

---

12 BGH LM Nr. 4 zu § 52 StPO 1975 S. 4; BGH VRS 39 S. 95 (96); BGH bei *Dallinger* MDR 1974 S. 16; BGH bei *Spiegel* DAR 1981 S. 199; RGSt. 1 S. 189 (190); 5 S. 312; 21 S. 225 (227); 39 S. 363 (364); 44 S. 294 (298); 46 S. 383 (384); 47 S. 100 (105); RGRspr. 3 S. 768; 6 S. 453; 7 S. 296; RG JW 1889 S. 59, 225; 1923 S. 994; 1927 S. 3056; 1930 S. 931 (933); S. 3417 und 3418; alle mit Anm. *Alsberg;* RG JW 1932 S. 3075; 1935 S. 956 mit Anm. *Weh;* RG JW 1939 S. 95; RG GA 42 S. 399; 57 S. 212, 229; 70 S. 333 (334); RG HRR 1932 Nr. 79; 1936 Nr. 82; 1939 Nrn. 817, 1449, 1565; 1937 Nr. 1360; RG LZ 1914 Sp. 1396, 1722; RG Recht 1917 Nr. 1197; 1918 Nr. 1641 = LZ 1918 Sp. 1001; OGHSt. 3 S. 141 (144); BayObLG bei *Rüth* DAR 1964 S. 242; KG DAR 1959 S. 48; VRS 29 S. 204 (206); 48 S. 432; OLG Celle NJW 1947/48 S. 394; NdsRpfl. 1950 S. 24; OLG Düsseldorf VRS 4 S. 277 (278); OLG Hamm NJW 1968 S. 1205 (1206); DAR 1954 S. 286 = VRS 7 S. 373; VRS 44 S. 445 (446); OLG Kiel SchlHA 1946 S. 45; *Dalcke/Fuhrmann/Schäfer* Anm. 13; KK *Herdegen* Rdnr. 72; LR *Gollwitzer* Rdnr. 149; *Eb. Schmidt* Rdnr. 52; alle zu § 244; *Alsberg* JW 1922 S. 258 ff.; GA 61 S. 484 (492 ff.); *Beling* S. 380 und ZStW 38 S. 621 (623); *Dahs/Dahs* Rdnr. 255; *Ditzen* S. 34 ff.; *zu Dohna* S. 171; *Gerland* S. 222, 364 und GerS 69 S. 286 ff.; *Gössel* S. 254; *Oetker* S. 696; *Peters* S. 293; *Schlüchter* Rdnr. 549; *Simader* S. 126; *Stützel* S. 102 ff.
13 KG VRS 15 S. 56 (57). Daher dürfen Beweisanträge des Angeklagten oder des Verteidigers auch nicht mit der Begründung abgelehnt werden, sie widersprächen der bisherigen Einlassung des Angeklagten; vgl. oben S. 375 ff.
14 RG JW 1927 S. 2707 mit Anm. *Mannheim.*
14a OLG Köln OLGSt. § 244 Abs. 3 S. 37.
15 RG GA 70 S. 333 = JR Rspr. 1926 Nr. 764; *Dalcke/Fuhrmann/Schäfer* § 244 Anm. 16; LR *Gollwitzer* § 244 Rdnr. 150.

ten¹⁶ oder die Bestätigung der Tatsache unwahrscheinlich ist¹⁷, noch daß die Behauptung unglaubhaft¹⁸ oder nicht geeignet ist, die Aussage eines bereits gehörten Zeugen zu widerlegen¹⁹. Auch die Ansicht des Gerichts, daß die beantragte Beweisaufnahme nach dem bisherigen Ergebnis der Beweisaufnahme unsinnig ist, rechtfertigt die Ablehnung eines Beweisantrags nicht²⁰. Das alles gilt auch, wenn bereits substantiierte Bekundungen vorliegen, die eine bestimmte Schlußfolgerung als geboten erscheinen lassen. Gegenbeweis kann in der Weise geführt werden, daß ein Tatsachenkomplex unter Beweis gestellt wird, der zu dem gegenteiligen Schluß führen soll. Hat ein Zeuge schon Bekundungen über Beobachtungen gemacht, die an sich für die Beurteilung der beweiserheblichen Charaktereigenschaften des Angeklagten von Wert sind, so darf der Antrag auf Vernehmung eines anderen Zeugen über andersartige Beobachtungen nicht mit der Begründung abgelehnt werden, daß die aufgrund der bereits festgestellten Tatsachen gewonnene Überzeugung des Gerichts vom Vorliegen bestimmter Charaktereigenschaften trotz des Beweises anderer Vorfälle auch dann nicht erschüttert werden könnte, wenn die behaupteten anderen Tatsachen erwiesen würden. Denn auch hier würde das Ergebnis der beantragten Beweisaufnahme vorweggenommen werden, wenn das Gericht sich von vornherein auf den Standpunkt stellte, daß die Erhebung der neu beantragten Beweise nicht den durch die bisherige Beweisaufnahme gerechtfertigten Schluß erschüttern könnte²¹. Ferner ist die Ablehnung eines Beweisantrags wegen Unerheblichkeit der Beweistatsache aus tatsächlichen Gründen unzulässig, wenn der Tatrichter die Erheblichkeit mit Unterstellungen verneint, deren tatsächliche Grundlagen nur durch eine Beweiserhebung hätten geklärt werden können²².

---

16 RG LZ 1924 Sp. 41; *Stützel* S. 103.
17 BGH bei *Dallinger* MDR 1974 S. 16; RGSt. 46 S. 383 (384); OLG Köln OLGSt. § 244 Abs. 3 S. 37; KK *Herdegen* Rdnr. 72; KMR *Paulus* Rdnr. 418; LR *Gollwitzer* Rdnr. 149; alle zu § 244. Vgl. auch RG JW 1896 S. 508.
18 RG LZ 1918 Sp. 1001 = Recht 1918 Nr. 1641
19 RG HRR 1937 Nr. 1360; 1939 Nrn. 1449, 1565; LR *Gollwitzer* § 244 Rdnr. 149.
20 OLG Hamm VRS 42 S. 208 (209); KMR *Paulus* § 244 Rdnr. 417. In einem solchen Fall ist aber besonders sorgfältig zu prüfen, ob der Antragsteller in Verschleppungsabsicht handelt.
21 A.A. RGSt. 39 S. 363, das sich auf den Standpunkt gestellt hat, daß das Gericht in den bekundeten einzelnen Vorfällen Beispiele von Rachsucht, Unfriedfertigkeit und Verlogenheit habe sehen können, denen gegenüber andere Handlungen der Angeklagten für die Bewertung ihres Charakters ohne Bedeutung sein würden; hiergegen *Alsberg* JW 1922 S. 258 (259); *Simader* S. 126. Zutreffend hat RG HRR 1939 Nr. 216 eine unzulässige Vorwegnahme des Beweisergebnisses in der Ablehnung des Antrags auf Vernehmung der Lehrer der jugendlichen Belastungszeugin mit der Begründung gesehen, daß die Richtigkeit der Bekundungen der Zeugin über die Tat selbst dann nicht in Frage gestellt werden könnte, wenn sie »in anderen Dingen« in der Schule »gelegentlich« gelogen oder sonst Unwahrheiten, die auf »kindlicher« Phantasie beruhen, gesagt hätte.
22 RG BayZ 1908 S. 21.

3. Beweismittel

a) Vorwegnahme des Beweisergebnisses. Das Gericht darf nicht die Auffassung vertreten, daß das Beweismittel, das nach der Behauptung des Antragstellers den Inhalt der Beweisbehauptung bestätigen werde, überhaupt nicht vorhanden ist[23]. Es darf weder unterstellen, daß der Antragsteller das Beweismittel frei erfunden hat[24], noch darf es annehmen, daß er es aufgrund einer unrichtigen Information benennt. Ferner ist eine Vorwegnahme des Beweisergebnisses unzulässig. Daher darf das Gericht bei der Entscheidung über den Beweisantrag grundsätzlich[25] nicht davon ausgehen, daß das Beweismittel ungeeignet ist, die Beweistatsachen zu bestätigen. Es darf seiner Entscheidung nicht die, vielleicht durch gute Gründe, etwa durch eine schriftliche Äußerung des Zeugen im Ermittlungsverfahren[26], belegbare Vermutung zugrunde legen, daß der Zeuge keine genauen Wahrnehmungen gemacht hat[27] oder daß er sich ihrer jedenfalls voraussichtlich nicht erinnern werde[28]. Unzulässig ist auch die Ablehnung des Beweisantrags mit der Begründung, es bestünden keine Anhaltspunkte dafür, daß der Zeuge die Beweistatsache bestätigen werde[29]. Der Antrag darf ferner nicht mit der Begründung abgelehnt werden, daß der Zeuge die in sein Wissen gestellte Beobachtung nicht gemacht haben könne, weil eine solche Wahrnehmung nach dem bisherigen Beweisergebnis niemandem möglich gewesen sei[30]. Ebensowenig darf das Gericht eine von der Behauptung des Antragstellers abweichende Bekundung des benannten Zeugen unterstellen[31] oder davon ausgehen, die Widersprüche zwischen den früheren und den jetzigen Angaben des Zeugen, deren Aufklärung der Beweisantrag bezweckt, ließen sich ohne weiteres mit Mißverständnissen erklären[32].

Die Erwägung, der Zeuge müsse sich irren, wenn er die in sein Wissen gestellte Behauptung bestätigt, ist grundsätzlich zur Ablehnung des Beweisantrags nicht

---

23 Vgl. *Rieker* S. 90; *Simader* S. 125.
24 Drängt sich eine solche Erfindung auf, so ist das Gericht natürlich nicht gehindert, den Antragsteller nach dem Beweismittel zu befragen und den Antrag als bloßen Beweisermittlungsantrag zu behandeln, wenn sich herausstellt, daß es das Beweismittel nicht gibt; vgl. oben S. 45.
25 Eine Ausnahme gilt für den Fall der Offenkundigkeit des Gegenteils der Beweistatsache; vgl. unten S. 532.
26 Vgl. KG DAR 1959 S. 48; *Weigelt* DAR 1964 S. 314.
27 RGSt. 1 S. 51; RG JW 1893 S. 531; *Alsberg* JW 1922 S. 258 (259); KMR *Paulus* § 244 Rdnr. 418; LR *Gollwitzer* § 244 Rdnr. 150; *Stützel* S. 103. – A.A. OLG Düsseldorf VRS 57 S. 289 (290), das es zuläßt, im Freibeweis festzustellen, ob der Zeuge von seinem Standort aus die Beobachtungen hat machen können, die in sein Wissen gestellt sind.
28 RGSt. 56 S. 134; RG JW 1893 S. 292; RG BayZ 1900 S. 362; RG GA 71 S. 130; RMGE 6 S. 281 (284); *Dalcke/Fuhrmann/Schäfer* § 244 Anm. 13. Vgl. aber unten S. 615 ff. für den Fall, daß die Vorgänge sehr lange Zeit zurückliegen.
29 BayObLG bei *Rüth* DAR 1973 S. 210.
30 Vgl. *Rieker* S. 90; *Simader* S. 125.
31 BGH JR 1954 S. 310.
32 RG JW 1900 S. 233; 1907 S. 559; RG BayZ 1908 S. 21; RG LZ 1914 Sp. 1395; *Alsberg* JW 1922 S. 258 (259).

zulässig[33]. Das Gericht darf auch nicht davon ausgehen, daß die Echtheit der Urkunde, deren Beiziehung beantragt ist, nicht festgestellt werden kann[34] oder daß der Zeuge die behauptete Bekundung schon deshalb nicht machen werde, weil er sich dadurch eines Verbrechens bezichtigen[35] oder weil sie im Widerspruch zu dem stehen würde, was er in einem früheren Prozeß[36] oder bei einer früheren Vernehmung ausgesagt hat[37]. Daß der Zeuge seine Aussage berichtigen werde, darf nicht von vornherein ausgeschlossen werden. Das Gericht darf den Zeugen wegen der Möglichkeit, daß er seine Aussage ändert oder ergänzt, auch nicht von vornherein für unglaubwürdig halten[38]. Es darf den Beweisantrag ferner nicht mit der Begründung ablehnen, der Zeuge werde konkrete Einzelheiten nicht bekunden können, weil andernfalls darauf schon in dem Beweisantrag hingewiesen worden wäre[39]. Ist ein Polizeibeamter dafür benannt worden, daß der Zeuge bei seiner Vernehmung widersprüchliche Angaben gemacht hat, so darf seine Vernehmung nicht mit der Begründung verweigert werden, das Protokoll lasse solche Widersprüche nicht erkennen[40]. Wird ein Zeuge zur Widerlegung der einem Sachverständigengutachten zugrunde liegenden Anknüpfungstatsachen benannt, so darf seine Vernehmung nicht mit der Begründung abgelehnt werden, die Tatsachen seien durch den Sachverständigen festgestellt worden[41]. Der Antrag, einem Zeugen aufzugeben, die Richtigkeit seiner Aussage anhand seiner Unterlagen zu prüfen, darf nicht mit der Begründung zurückgewiesen werden, das werde an der Aussage nichts ändern[42]. Schließlich darf das Gericht einen Urkundenbeweis nicht mit der Begründung ablehnen, die Urkunde beweise nicht das, was der Antragsteller behauptet[43].

b) **Vorwegnahme der Prüfung des Beweiswerts.** Das Gericht darf den Beweiswert des Beweismittels nicht verneinen, bevor es den Beweis erhoben hat. Insbesondere darf die Vernehmung eines Zeugen nicht mit der Begründung abgelehnt werden, er sei unglaubwürdig[44]. Eine Ausnahme besteht nur, wenn die Voraussetzungen vorliegen, unter denen er für völlig ungeeignet gehalten werden darf[45]. Daß der

---

33 Vgl. aber für den Fall, daß ein Leumundszeuge die Friedfertigkeit eines schon mehrmals wegen Gewalttaten bestraften Angeklagten bestätigen soll: BGH 1 StR 551/58 vom 9. 12. 1958; LR *Gollwitzer* § 244 Rdnr. 148.
34 RG GA 55 S. 323; RG HRR 1940 Nr. 211; *Dalcke/Fuhrmann/Schäfer* § 244 Anm. 13.
35 BGH bei *Holtz* MDR 1978 S. 281 = GA 1978 S. 306.
36 RG JW 1906 S. 27; a. A. RGSt. 52 S. 178.
37 RG JW 1908 S. 765; KG DAR 1959 S. 48; OLG Celle NJW 1947/48 S. 394; *Simader* S. 125; *Stützel* S. 103.
38 RGSt. 58 S. 378 (380); RG JW 1912 S. 1069.
39 BGH Strafverteidiger 1981 S. 167.
40 RG JW 1930 S. 933 mit Anm. *Alsberg*.
41 A.A. RG JW 1933 S. 1599.
42 RG JW 1893 S. 418.
43 RGSt. 39 S. 258 (259).
44 Vgl. LR *Gollwitzer* § 244 Rdnr. 147; *Beling* S. 380; *Dahs/Dahs* Rdnr. 255.
45 BGH NJW 1952 S. 191; RGSt. 31 S. 137 (139); 56 S. 138 (139); 74 S. 147 (149); 75 S. 11 (14); 77 S. 198 (200); RG JW 1912 S. 1069; 1932 S. 404; OLG Köln JMBlNRW 1963 S. 46 = VRS 24 S. 217 (218). Vgl. unten S. 610 ff.

Zeuge früher einmal die Aussage verweigert hat, ist kein Grund, von vornherein den Wert seiner Aussage in Frage zu stellen[46]. Unzulässig ist auch die Ablehnung mit der Begründung, der Zeuge werde eine ähnliche Darstellung geben wie ein bereits gehörter und für unglaubwürdig befundener Zeuge[47]. Nur wenn nach menschlicher Erfahrung feststeht, daß es dem Zeugen nicht möglich ist, die unter Beweis gestellte Tatsache zu bestätigen, und daß seine Aussage, falls er sie trotzdem macht, gänzlich wertlos wäre, kann dem Gericht die Beweiserhebung, weil sie dann keinen Wert hätte, nicht zugemutet werden[48].

Das Gericht darf auch nicht die Auffassung vertreten, der Beweiswert des neu benannten, nicht als völlig ungeeignet einzustufenden Beweismittels sei geringer als der der bereits benutzten Beweismittel und daher sei die weitere Beweisaufnahme überflüssig[49]. Die Vernehmung eines neu benannten Zeugen darf nicht mit der Begründung abgelehnt werden, die gehörten Zeugen hätten bereits das Gegenteil der Beweistatsachen bekundet, und der neue Zeuge verdiene daher keinen Glauben. Denn auch das verstößt gegen den Erfahrungssatz, daß sich der Wert eines Beweises erst beurteilen läßt, wenn er erhoben ist[50]. Diese Grundsätze gelten sogar, wenn das Gericht bereits einen Zeugen vernommen hat, der den entscheidungserheblichen Sachverhalt unmittelbar wahrgenommen hat, und ein Prozeßbeteiligter einen anderen Zeugen, der davon nur vom Hörensagen erfahren hat, dafür benennt, daß dieser Zeuge die Unwahrheit sagt[51]. Die Vernehmung des unmittelbaren Zeugen darf ferner nicht mit der Begründung abgelehnt werden, der vernehmende Polizeibeamte sei bereits als Zeuge über dessen Wissen vernommen worden[52]. Gegen das Verbot der Beweisantizipation verstößt es dagegen nicht, wenn das Gericht der Aussage eines Zeugen, der nur kommissarisch vernommen werden kann, gegenüber den in der Hauptverhandlung erhobenen Beweisen von vornherein keinen Wert beimißt und die Anordnung der kommissarischen Vernehmung daher wegen Unerreichbarkeit des Zeugen ablehnt[53].

IV. Ausnahmen von dem Verbot

Das Verbot der Vorwegnahme der Beweiswürdigung zuungunsten des Antragstellers gilt nicht ausnahmslos. Der Erfahrungssatz, daß der Wert eines Beweismittels

---

46 Vgl. *Simader* S. 125.
47 OLG Koblenz VRS 52 S. 125.
48 Vgl. unten S. 603 ff., 615 ff.
49 RGSt. 39 S. 363 (364); OGHSt. 3 S. 141 (144); LR *Gollwitzer* § 244 Rdnr. 147, 149; *Eb. Schmidt* § 244 Rdnr. 50; *Beling* S. 380; *Rieker* S. 90; *Simader* S. 125.
50 BGH NJW 1952 S. 191; BGH LM Nr. 4 zu § 52 StPO 1975; RGSt. 1 S. 189 (190); 5 S. 312; 14 S. 276 (278); 21 S. 225 (227); 29 S. 368; 39 S. 258 (259); 47 S. 100 (105); RGRspr. 6 S. 453; 7 S. 296; RG JW 1889 S. 59; 1924 S. 1610 mit Anm. *Mamroth*; RG JW 1932 S. 3075; RG GA 42 S. 399 (400); OLG Hamm VRS 41 S. 136 (137); OLG Saarbrücken JBl. Saar 1962 S. 96; LR *Gollwitzer* § 244 Rdnr. 150; *Simader* S. 126.
51 Vgl. *Simader* S. 126; *Stützel* S. 103.
52 BayObLG bei *Rüth* DAR 1979 S. 240.
53 Vgl. unten S. 632 ff.

erst beurteilt werden kann, wenn der Beweis erhoben ist, tritt zurück, wenn ein anderer Erfahrungssatz besagt, daß ein bestimmter Beweis mit einem bestimmten Beweismittel nicht zu führen ist[54]. Das Reichsgericht hat schon in der Entscheidung RGSt. 5 S. 312 anerkannt, daß das Gericht nicht gezwungen ist, Beweismittel zu benutzen, deren völliger Unwert von vornherein feststeht. Es hat daher zugelassen, daß Zeugen, von deren mangelnder Fähigkeit oder fehlendem Willen zur wahrheitsgemäßen Aussage das Gericht überzeugt sein darf, wegen völliger Ungeeignetheit nicht vernommen zu werden brauchen[55]. Auch bei dem Ablehnungsgrund der Unerreichbarkeit des Beweismittels ist in gewissem Umfang eine Vorwegnahme der Beweiswürdigung zulässig. Wenn es darauf ankommt, welche Anstrengungen das Gericht unternehmen muß, um ein Beweismittel ausfindig zu machen und herbeizuschaffen, ist unter anderem von Bedeutung, welcher Wert dem Beweismittel voraussichtlich beizumessen ist[56]. In noch größerem Umfang ist die Vorwegnahme der Beweiswürdigung bei dem Ablehnungsgrund der Verschleppungsabsicht zugelassen. Die Ablehnung setzt nicht nur voraus, daß dem Antragsteller die Absicht der Prozeßverschleppung nachgewiesen werden kann, sondern vor allem, daß das Gericht selbst der sicheren Überzeugung ist, daß mit dem benannten Beweismittel der Beweis, den der Antragsteller angeblich führen will, nicht erbracht werden kann. Das Gericht muß sich also darüber schlüssig werden, ob nach dem bisherigen Ergebnis der Beweisaufnahme das neu benannte Beweismittel mit Sicherheit ungeeignet ist, die Beweise zu widerlegen[57], und es darf seine ablehnende Entscheidung darauf stützen, daß es das Gegenteil der Beweistatsache für erwiesen hält. Hierauf kommt es auch bei dem Ablehnungsgrund der Offenkundigkeit des Gegenteils der Beweisbehauptung an[58].

Im Gesetz selbst kommt zum Ausdruck, daß der Antrag auf Vernehmung eines weiteren Sachverständigen abgelehnt werden kann, wenn aufgrund des Gutachtens des bisher vernommenen Sachverständigen das Gegenteil der Beweistatsache bereits erwiesen ist (§ 244 Abs. 4 Satz 2 erster Halbsatz)[59]. Schließlich ist für den Augenscheinsbeweis anerkannt, daß das Gericht nach seinem pflichtgemäßen Ermessen den auf diesen Beweis gerichteten Antrag auch dann ablehnen kann, wenn aufgrund der bisherigen Beweisaufnahme das Gegenteil dessen, was die Augenscheinseinnahme beweisen soll, bereits erwiesen ist[60]. Der gemeinsame Grund all dieser zulässigen Beweisantizipationen ist, daß das benannte Beweismittel ungeeignet ist, eine bereits durch andere Beweismittel begründete gegenteilige Überzeugung des Gerichts zu erschüttern[61].

---

54 Grundsätzlich a. A. *Engels* S. 40 ff., 65 ff. und GA 1981 S. 21 (30). Er leugnet (S. 47) jede Möglichkeit der Beweisantizipation.
55 Vgl. unten S. 610.
56 Vgl. unten S. 622.
57 Vgl. dazu unten S. 641/642.
58 Vgl. unten S. 532.
59 Vgl. dazu unten S. 721/722.
60 Vgl. unten S. 743.
61 So zutreffend *Köhler* S. 37.

V. Austausch des Beweismittels

Mit dem Verbot der Beweisantizipation hängt die Frage zusammen, ob das Gericht sich zur Aufklärung der Beweisfrage unbedingt des Beweismittels bedienen muß, das in dem Beweisantrag benannt ist, oder ob es das Beweismittel austauschen kann. Das spielt natürlich nur eine Rolle, wenn das Gericht schließlich davon ausgehen will, daß die Beweisbehauptung falsch oder jedenfalls nicht erwiesen ist. Tauscht es das Beweismittel mit dem Ergebnis aus, daß die Beweistatsache auch auf diese Weise bewiesen wird, so ist der Beweisantrag erledigt. Besteht der Antragsteller trotzdem auf der Verwendung seines Beweismittels, so kann der Antrag nach § 244 Abs. 3 Satz 2 wegen Erwiesenseins der Beweistatsache abgelehnt werden. Wenn die Beweisbehauptung durch das ausgetauschte Beweismittel nicht bestätigt wird, läuft die stillschweigende oder ausdrückliche Ablehnung, das in dem Antrag benannte Beweismittel zu benutzen, hingegen auf eine Vorwegnahme der Beweiswürdigung hinaus. Denn das Gericht geht dann davon aus, daß auch mit dem in dem Beweisantrag bezeichneten Beweismittel ein anderes Ergebnis nicht zu erlangen ist. Das ist grundsätzlich unzulässig; jedoch gibt es Ausnahmen.

Das Gesetz ermächtigt das Gericht in zwei Fällen ausdrücklich, die Benennung des Beweismittels durch den Antragsteller nur als unverbindlichen Vorschlag zu behandeln. Um einen bloßen Vorschlag handelt es sich, wenn ein bestimmter Sachverständiger benannt wird. Nach § 73 Abs. 1 Satz 1 obliegt die Auswahl des Sachverständigen dem Richter, und das gilt auch im Beweisantragsrecht[62]. Der Antragsteller hat grundsätzlich keinen Anspruch darauf, daß ein Sachverständiger seiner Wahl vernommen wird. Gibt er sich mit der Anhörung des von dem Gericht ausgewählten Sachverständigen nicht zufrieden, so kann er allerdings die Hinzuziehung eines weiteren Sachverständigen beantragen. Das Gericht ist aber nach § 244 Abs. 4 Satz 2 berechtigt, den Antrag unter Vorwegnahme der Beweiswürdigung abzulehnen[63]. Das Verbot der Beweisantizipation gilt ferner nicht, wenn eine gerichtliche Augenscheinseinnahme beantragt ist. Da die Beweiserhebung nach § 244 Abs. 5 im Ermessen des Gerichts steht, ist es berechtigt, von einer Inaugenscheinnahme des Beweisgegenstandes abzusehen und die Beweisfrage durch andere Beweismittel zu klären, insbesondere andere Personen mit der Besichtigung der Örtlichkeit oder des Gegenstandes außerhalb des Gerichtssaals zu beauftragen und sie als Zeugen über die Wahrnehmungen zu vernehmen, die sie als Augenscheinsgehilfen gemacht haben[64]. Anstelle der Augenscheinseinnahme durch Abhören von Tonbandaufnahmen darf das Gericht auch die von der Aufnahme gefertigte Niederschrift im Wege des Urkundenbeweises verwenden[65].

Die Zulässigkeit des Austauschs des Beweismittels kann demnach nur beim Zeugen- und Urkundenbeweis zweifelhaft sein. Dabei ist von dem Grundsatz auszu-

---

62 Vgl. oben S. 52.
63 Vgl. unten S. 721.
64 Vgl. unten S. 741 ff.
65 BGHSt. 27 S. 135 (137) = JR 1978 S. 117 mit Anm. *Gollwitzer*, *Fezer* JuS 1979 S. 186 (188); vgl. auch KK *Herdegen* § 244 Rdnr. 70.

gehen, daß das Gericht jederzeit ein besseres oder wenigstens gleichwertiges Beweismittel benutzen darf[66]. Das ist nicht nur zulässig, sondern kann sogar im Interesse der Sachaufklärung liegen. Wird z. B. ein Zeuge vom Hörensagen zum Beweis für eine bestimmte Tatsache benannt, so darf das Gericht an dessen Stelle einen Zeugen vernehmen, der die Tatsache unmittelbar wahrgenommen hat. Anders ist es natürlich, wenn der Zeuge vom Hörensagen gerade dafür benannt ist, daß der bereits vernommene unmittelbare Zeuge nicht die Wahrheit sagt. Anstelle der Vernehmung des über den Inhalt einer Urkunde benannten Zeugen kann das Gericht die Urkunde herbeischaffen und verlesen[67]. Auch wenn der Beweisantrag darauf gerichtet ist, daß ein bestimmtes Schriftstück oder ein Protokoll verlesen werden soll, darf das Gericht einen anderen Beweis erheben, durch den die Beweistatsache zuverlässiger oder ebenso zuverlässig erwiesen werden kann[67a]. Es darf z. B., anstatt dem Antrag auf Verlesung der Niederschrift über die kommissarische Vernehmung eines auswärtigen Zeugen stattzugeben, den Zeugen laden und vernehmen. Wenn die Verlesung der bei den Akten befindlichen Abschrift einer Urkunde verlangt wird, kann das Gericht das Original herbeiziehen und statt der Abschrift verlesen. Ein gleichwertiges Beweismittel gibt es jedoch nicht, wenn ein Zeuge über eine persönliche Wahrnehmung eines in der Vergangenheit liegenden Vorgangs aussagen soll. Jede Zeugenaussage ist von den persönlichen Eigenschaften des Zeugen, insbesondere von seinem Vorstellungsvermögen, seiner Bildung und Beobachtungsgabe geprägt, und für das Gericht ist außerdem entscheidend, ob er glaubwürdig erscheint. Ist der Zeuge erreichbar, so darf er daher durch kein anderes Beweismittel, auch nicht durch einen anderen Zeugen[68] und vor allem nicht durch einen Zeugen vom Hörensagen[69], ersetzt werden. Wenn ein anderer als der benannte Zeuge die Beweisbehauptung nicht bestätigt, stellt die Annahme, sie sei nicht wahr oder nicht erweisbar, eine unzulässige Vorwegnahme der Beweiswürdigung dar. Eine Ausnahme gilt für den Fall, daß der Zeuge nicht über ein eigenes Erlebnis, sondern über Feststellungen Auskunft geben soll, die von subjektiven Vorstellungen und der eigenen Beobachtungsgabe unabhängig

---

66 Vgl. BGHSt. 22 S. 347 (349) = JZ 1970 S. 104 mit Anm. *Peters*; KMR *Paulus* § 244 Rdnr. 421; LR *Gollwitzer* § 244 Rdnr. 129. – A.A. KK *Herdegen* § 244 Rdnr. 70 und *Hanack* JZ 1970 S. 561 (564), die keine Ausnahme davon machen wollen, daß das Gesetz dem Antragsteller das Recht gibt, nicht nur das Beweisthema, sondern auch das Beweismittel zu bestimmen; ablehnend auch *Roxin* § 43 C II 1 d cc; *Wolschke* S. 122 Fußn. 1.
67 Nicht umgekehrt: Die Verlesung darf nicht durch die Vernehmung des Herstellers der Urkunde über ihren Inhalt ersetzt werden; vgl. *Rieker* S. 91.
67a Vgl. den Fall BGH NStZ 1982 S. 432: Der Vorsitzende hatte, statt dem Antrag auf Einholung eines Auszugs aus dem Bundeszentralregister stattzugeben, einen Vermerk der Geschäftsstelle über eine telefonische Rücksprache mit dieser Behörde verlesen.
68 BGHSt. 22 S. 347 (348) = JR 1970 S. 104 mit Anm. *Peters*; RGSt. 47 S. 100 (105); *Kleinknecht* Rdnr. 43; KMR *Paulus* Rdnr. 422; LR *Gollwitzer* Rdnr. 129; alle zu § 244; *Dahs* Hdb. Rdnr. 534; *Dahs/Dahs* Rdnr. 258; *Hanack* JZ 1970 S. 561; 1971 S. 55; 1972 S. 114/115; *G. Schäfer* S. 364.
69 *Mehner* S. 53. Vgl. auch BayObLG bei *Rüth* DAR 1979 S. 240.

sind[70]. Daher hat der Bundesgerichtshof es für zulässig erachtet, die beantragte behördliche Auskunft über die Straßenverbindungen zwischen zwei Orten durch die Inaugenscheinnahme einer Straßenkarte zu ersetzen[71].

---

70 BGHSt. 22 S. 347 (349) = JR 1970 S. 104 mit Anm. *Peters*; *Kleinknecht* § 244 Rdnr. 43; KMR *Paulus* § 244 Rdnr. 422; a. A. *Hanack* JZ 1970 S. 561 (564); 1972 S. 114 (115).
71 BGH a.a.O. Die Entscheidung ist allerdings weitgehend unverständlich. Ihre Begründung deutet darauf hin, daß nicht nur der Tatrichter, sondern auch der BGH verkannt hat, daß der Straßenverlauf eine allgemeinkundige Tatsache ist, die überhaupt keines Beweises bedarf (*Roxin* § 43 C II 1 d cc hält das Urteil nur deswegen im Ergebnis für richtig). Aus welchem Grund und mit welchem Ergebnis der Tatrichter auch einen Zeugen vernommen hat, bleibt unklar. Noch nicht einmal die Revisionsrüge hätte als zulässig anerkannt werden dürfen (Verstoß »gegen allgemeine Verfahrens- und Beweisgrundsätze«). Zu dem Urteil vgl. *Hanack* JZ 1970 S. 561; 1971 S. 55; 1972 S. 114 (115), der seiner Kritik an der Entscheidung eine Auslegung des Beweisantrags zugunsten des Antragstellers zugrunde legt, die völlig ungerechtfertigt ist; hiergegen mit Recht *A. Mayer* JZ 1971 S. 55.

§ 3 Unzulässigkeit der Beweiserhebung

A. Allgemeine Grundsätze 425
    I. Unzulässigkeit der Beweiserhebung, nicht des Beweisantrags 425
    II. Einheitlicher Begriff der Unzulässigkeit 425
    III. Keine Unzulässigkeit wegen Unmöglichkeit der Beweiserhebung 426
    IV. Unzulässige Beweismittel 427

B. Unzulässigkeit der Beweiserhebung über die Auslegung des sachlichen
Strafrechts und die Verhängung der Rechtsfolgen 428
    I. Auslegung des sachlichen Rechts 428
    II. Beweiswürdigung und Strafbemessung 428
    III. Prognoseentscheidungen 430

C. Beweisverbote 430
    I. Zur Lehre von den Beweisverboten 430
    II. Beweisthemaverbote 433
        1. Grundsätze 433
        2. Der Entscheidung ohne Beweisaufnahme zugrunde zu legende Tatsachen 433
            a) Bindungswirkung von Feststellungen in dem anhängigen Strafverfahren 434
            b) Bindungswirkung anderer Strafurteile 435
            c) Bindungswirkung rechtskräftiger Zivilurteile 437
            d) Bindungswirkung von Verwaltungsakten 438
        3. Geheimhaltungsbedürftige Tatsachen 439
            a) Beratungsgeheimnis (§ 43 DRiG) 439
            b) Nach § 174 Abs. 3 GVG geheimzuhaltende Tatsachen 442
        4. Getilgte oder tilgungsreife Eintragungen im Bundeszentralregister
           (§ 49 BZRG) 442
            a) Gegenstand des Beweisverbots 442
            b) Wirkung des Beweisverbots 444
            c) Ausnahmen von dem Beweisverbot 447
            d) Entsprechende Anwendung auf Ordnungswidrigkeiten 448
    III. Beweismittelverbote 450
        1. Zur Aussageverweigerung berechtigte Zeugen (§§ 52 ff. StPO, Art. 38,
           47 GG) 450
            a) Grundlagen 450
            b) Wirkung der Aussageverweigerung 452
            c) Erklärung des Zeugen als Voraussetzung des Beweisverbots 452
        2. Zur Aussageverweigerung verpflichtete Zeugen (§ 54) 454
            a) Personenkreis 454
            b) Bindung des Gerichts an die Verweigerung der Aussagegenehmigung 456
        3. Zur Untersuchungsverweigerung berechtigte Zeugen (§ 81 c) 458

4. Andere unverwertbare Beweismittel 458
   a) Wegen Sperrerklärung nach § 96 unbenutzbare sachliche Beweismittel   458
   b) Nach § 250 unverwertbare Urkunden 459
   c) Nach § 252 unverwertbare Beweismittel......................... 465
   d) Wegen Geheimhaltungspflichten der Verwaltungsbehörden
      unbenutzbare Beweismittel 473
   e) Kein Bankgeheimnis 476
IV. Beweisverwertungsverbote 476
   1. Grundsätze 476
   2. Mit verbotenen Mitteln und Methoden erlangte Beweise (§§ 136 a,
      69 Abs. 3) 481
      a) Bedeutung des Verwertungsverbots 481
      b) Vernehmungen... 482
      c) Strafverfolgungsorgane 483
      d) Wirkung des Verwertungsverbots 485
   3. Durch Unterlassen erforderlicher Belehrungen erlangte Beweise 486
      a) § 52 Abs. 3 Satz 1 486
      b) § 55 Abs. 2 489
      c) § 81 a 490
      d) § 81 c 491
      e) § 95 Abs. 2... 492
      f) § 97 493
      g) § 136 Abs. 1 Satz 2 493
      h) § 393 Abs. 1 Satz 4 AO 497
   4. Durch andere Rechtsverstöße erlangte Beweise 497
      a) § 53 497
      b) § 54 499
      c) § 81 a 499
      d) § 81 c 503
      e) § 94 503
      f) § 95 505
      g) § 96 505
      h) § 97 506
      i) §§ 168, 168 a 508
      k) §§ 168 c, 168 d 508
      l) § 224.. 510
      m) § 393 Abs. 2 AO 510
      n) § 100 KO 511
      o) § 42 LMBG 512
   5. Grundrechtliche Beweisverwertungsverbote 512
      a) Grundsätze 512
      b) Persönlichkeitsrechtsverletzungen (Art. 1 Abs. 1, Art. 2 Abs. 1 GG) ... 513
      c) Verletzung des Post- und Fernmeldegeheimnisses (Art. 10 GG) 520
      d) Verletzung des Eigentumsrechts (Art. 14 GG) 527
      e) Allgemeine Verstöße gegen das Rechtsstaatsprinzip 528
      f) Völkerrechtliche Beschränkungen (Art. 25 GG) 528

A. Allgemeine Grundsätze

I. Unzulässigkeit der Beweiserhebung, nicht des Beweisantrags

Der zwingende Ablehnungsgrund des § 244 Abs. 3 Satz 1 betrifft die Unzulässigkeit der Beweiserhebung, nicht des Beweisantrags[1]. Entspricht ein Beweisantrag nicht den gesetzlichen Anforderungen[2], so berechtigt das nicht, ihn als unzulässig abzulehnen. Er ist vielmehr als Beweisanregung zu behandeln und im Rahmen der Sachaufklärungspflicht zu beachten[3]. Anders als im Zivilprozeß gibt es im Strafverfahren keine unzulässigen »Ausforschungsanträge«[4]. Wenn mit einem Antrag Beweistatsachen aufs Geratewohl behauptet werden, handelt es sich um einen – zulässigen – Beweisermittlungsantrag[5], nicht um einen unzulässigen Beweisantrag.

Allerdings können Beweisanträge auch unzulässig sein. Dabei handelt es sich in erster Hinsicht um Anträge von Antragstellern, die nicht berechtigt sind, Beweiserhebungen zu beantragen. Das gilt z. B. für den Antrag des nach § 149 zugelassenen Beistands oder für den des Nebenklägers zu einem Beweisthema, das mit seiner Anschlußberechtigung in keinem Zusammenhang steht[6]. Als unzulässig sind auch Beweisanträge zu behandeln, deren Inhalt völlig unverständlich ist und durch Befragung des Antragstellers nicht aufgeklärt werden kann[7]. Anträge dieser Art müssen durch mit Gründen versehenen Beschluß, der vor der Urteilsverkündung bekanntzumachen ist, abgelehnt werden. Mit § 244 Abs. 3 Satz 1 hat das jedoch nichts zu tun.

II. Einheitlicher Begriff der Unzulässigkeit

Die Unzulässigkeit der Beweiserhebung zwingt den Tatrichter sowohl nach § 244 Abs. 3 Satz 1 als auch nach § 245 Abs. 2 Satz 2 zur Ablehnung des Beweisantrags. Sie führt nach § 245 Abs. 1 Satz 1 ferner dazu, daß das Gericht von der Benutzung eines präsenten Beweismittels absehen muß. Der Begriff der Unzulässigkeit ist in allen drei Vorschriften einheitlich auszulegen[8]. Das bedeutet für § 245 Abs. 1 Satz 1, daß präsente Beweismittel auch dann verwendet werden müssen, wenn von vornherein abzusehen ist, daß die Beweiserhebung nur aus rechtlichen oder tat-

---

1 Das wird häufig übersehen; vgl. etwa OLG Celle JR 1980 S. 256; *Hanack* JZ 1972 S. 114 (115).
2 Vgl. oben S. 37 ff.
3 Vgl. oben S. 73, 87.
4 A. A. OLG Schleswig bei *Ernesti/Jürgensen* SchlHA 1977 S. 181, das mangelnde Ernstlichkeit des Antrags »und damit das Fehlen eines förmlichen Beweisantrags« annahm. Vom »Ausforschungsbegehren« sprechen auch BGH bei *Spiegel* DAR 1976 S. 95/96; 1980 S. 205; KMR *Paulus* § 244 Rdnr. 384.
5 Vgl. oben S. 45/46.
6 Vgl. *Kleinknecht* § 244 Rdnr. 47.
7 RG LZ 1914 Sp. 963; OLG Karlsruhe Recht 1927 Nr. 2628.
8 Vgl. *Schroeder* JR 1974 S. 340 (341) und ROW 1969 S. 193 (196/197); *Marx* NJW 1981 S. 1415 (1418 ff., 1421); unten S. 796, 800, 825.

sächlichen Gründen bedeutungslose Ergebnisse bringen kann[9]. Auch bei der Anwendung des § 244 Abs. 3 Satz 1 ist zu beachten, daß das Gesetz die Bedeutungslosigkeit einer Beweistatsache nicht als zwingenden Ablehnungsgrund ansieht, sondern den Richter in § 244 Abs. 3 Satz 2 nur zur Ablehnung des Antrags ermächtigt. Das gilt sowohl für die Bedeutungslosigkeit aus Rechtsgründen[10] als auch für die völlige Unerheblichkeit wegen Fehlens eines Zusammenhangs zwischen der Beweistatsache und dem Gegenstand der Urteilsfindung[11]. Denn die völlige Sachfremdheit ist in § 245 Abs. 2 Satz 3 als besonderer Ablehnungsgrund aufgeführt, und die Ablehnung wegen Unzulässigkeit der Beweiserhebung, die § 245 Abs. 2 Satz 2 vorschreibt, kann daher auf diesen Grund nicht gestützt werden.

Die Unzulässigkeit der Beweiserhebung ergibt sich niemals aus den Absichten und Beweggründen, die der Antragsteller mit dem Beweisantrag verfolgt. Es kommt immer darauf an, ob die Beweiserhebung rechtlich nicht zulässig wäre und das Gericht dem Antrag daher nicht stattgeben könnte, ohne gegen das Gesetz zu verstoßen. Aus diesem Grunde fallen die Scheinbeweisanträge nicht unter den Ablehnungsgrund der Unzulässigkeit[12]. Das Gesetz führt in § 244 Abs. 3 Satz 2 und § 245 Abs. 2 Satz 3 zwar nur den Ablehnungsgrund der Verschleppungsabsicht auf. Das ist jedoch der Oberbegriff für alle Beweisanträge, mit denen der Antragsteller nicht ernsthaft eine Sachaufklärung erstrebt, sondern verfahrensfremde Zwecke verfolgt[13]. Die Ansicht, alle mißbräuchlichen und verfahrensfremden Zwecke mit Ausnahme der Verschleppungsabsicht zwängen dazu, den Beweisantrag als unzulässig abzulehnen[14], trifft daher nicht zu. Wäre sie richtig, so müßte der Tatrichter, da es sich um einen zwingenden Ablehnungsgrund handelt, die Beweiserhebung selbst dann ablehnen, wenn er der Meinung ist, daß die Beweisaufnahme zur Aufklärung des Sachverhalts beitragen kann. Daß das im Hinblick auf § 244 Abs. 2 nicht angängig ist, bedarf keiner Begründung.

III. Keine Unzulässigkeit wegen Unmöglichkeit der Beweiserhebung

Die Unzulässigkeit der Beweiserhebung hat nichts mit der Frage zu tun, ob sie tatsächlich möglich ist. Daher ist der Ablehnungsgrund der Unerreichbarkeit in § 244

---

9 Vgl. unten S. 798 ff.
10 Der Ansicht, der Beweisantrag sei dann unzulässig (vgl. *Simader* S. 95 ff.), ist durch die gesetzliche Regelung der Ablehnungsgründe der Boden entzogen. Vgl. unten S. 575.
11 A. A. BGHSt. 17 S. 28 (30); 25 S. 207 (208); BGH Strafverteidiger 1982 S. 253; KK *Herdegen* Rdnr. 74; *Kleinknecht* Rdnr. 47; *Eb. Schmidt* Rdnr. 32, 46; alle zu § 244; *Gössel* S. 253; *Koeniger* S. 275/276; *Rüping* Rdnr. 397 (»objektiver Institutsmißbrauch«).
12 KMR *Paulus* § 244 Rdnr. 425 ff., *Eb. Schmidt* § 244 Rdnr. 37 und *Kreuzer* S. 37 sehen gleichwohl in der Verschleppungsabsicht einen »Unzulässigkeitsgrund«. Mit dem Gesetz ist das nicht vereinbar. Vgl. dazu unten S. 636.
13 Vgl. unten S. 637 ff.
14 KK *Herdegen* Rdnr. 73; KMR *Paulus* Rdnr. 425, 428; LR *Gollwitzer* Rdnr. 181 ff.; alle zu § 244; *Dahs/Dahs* Rdnr. 254; *Gössel* S. 254; *Rüping* Rdnr. 398 (»subjektiver Institutsmißbrauch«). Auch *Kleinknecht* § 244 Rdnr. 47 hält nicht ernstgemeinte Anträge auf Vernehmung der erkennenden Richter für unzulässig.

Abs. 3 Satz 2 besonders aufgeführt. Das gleiche gilt aber auch für andere Fälle der tatsächlichen Unmöglichkeit der Beweisaufnahme[15]. Wird etwa beantragt, mehrere tausend Zeugen zu vernehmen, so ist es nicht statthaft, den Antrag wegen Unzulässigkeit der Beweiserhebung abzulehnen[16]. Ein derartiger Beweisantrag fällt vielmehr unter den Begriff Scheinbeweisantrag. Denn da der Antragsteller nicht ernsthaft erwarten kann, daß das Gericht Unmögliches leisten werde, fehlt dem Antrag die Ernsthaftigkeit[17]. Ist die Beweisbehauptung so unsinnig, daß sie vernünftigerweise keinem Beweis zugänglich ist, so handelt es sich ebenfalls nicht um einen Fall der Unzulässigkeit. Absurde Behauptungen sind vielmehr für die Entscheidung aus tatsächlichen Gründen ohne Bedeutung, und Beweisanträge, die sich auf solche Behauptungen beziehen, können mit dieser Begründung abgelehnt werden[18].

IV. Unzulässige Beweismittel

Eine Beweiserhebung ist unzulässig, wenn sie unter Verwendung eines Beweismittels stattfinden soll, das die Strafprozeßordnung nicht vorsieht. Beweisanträge müssen daher nach § 244 Abs. 3 Satz 1 abgelehnt werden, wenn als Beweismittel Auskunftspersonen benannt sind, die nach ihrer verfahrensrechtlichen Stellung nicht als Zeugen in Betracht kommen, wie z. B. Mitangeklagte und Privatkläger[19]. Das gleiche gilt, wenn ein bereits mit Erfolg wegen Befangenheit abgelehnter Sachverständiger erneut als Sachverständiger, nicht nur als Zeuge, benannt wird[20]. Insbesondere ist aber ein Beweisantrag unzulässig, mit dem sich der Angeklagte selbst als Beweismittel anbietet, sei es, daß er seine eidliche Vernehmung verlangt[21], sei es, daß er beantragt, eine von ihm stammende Versicherung an Eides Statt über den der Anklage zugrunde liegenden Sachverhalt zu verlesen[22].

---

15 A. A. *Fezer* JuS 1978 S. 765 (767 Fußn. 21), der die Unmöglichkeit der Unzulässigkeit gleichstellt.
16 So aber BGH 1 StR 476/53 vom 5. 1. 1954; *Seibert* NJW 1960 S. 19 (20).
17 A. A. *Koeniger* S. 262, der ihn als Beweisermittlungsantrag behandeln will.
18 A. A. BGHSt. 17 S. 28 (30/31). Die Entscheidung, der LR *Gollwitzer* § 244 Rdnr. 181 zustimmt, ist zu § 245 a. F. ergangen, der die Ablehnung der Vernehmung eines von dem Angeklagten herbeigeschafften Beweismittels wegen völligen Fehlens eines Sachzusammenhangs nicht (wie jetzt § 245 Abs. 2 Satz 3) vorsah. Nach der jetzigen Fassung des § 245 ist es nicht mehr erforderlich, Fälle dieser Art unter dem Begriff Unzulässigkeit unterzubringen, um das Gericht vor sinnlosen Beweiserhebungen zu bewahren. Auch *Rüping* (Rdnr. 397) hält aber die Ablehnung wegen Unzulässigkeit (»objektiver Institutsmißbrauch«) für geboten.
19 Vgl. oben S. 179, 182.
20 BGH 5 StR 455/76 vom 11. 1. 1977. Als Zeuge kann der abgelehnte Sachverständige vernommen werden; vgl. oben S. 188/189.
21 Vgl. *Harreß* S. 47; dazu auch *Dünnebier* JZ 1952 S. 374 (375).
22 RG SeuffBl. 74 S. 279; vgl. auch RGSt. 61 S. 119 (120).

B. Unzulässigkeit der Beweiserhebung über die Auslegung des sachlichen Strafrechts und die Verhängung der Rechtsfolgen

I. Auslegung des sachlichen Rechts

Gegenstand der Beweisaufnahme im Strafprozeß sind Tatsachen und Erfahrungssätze, im Freibeweis auch die Normen des ausländischen Rechts und ihre Auslegung sowie das Bestehen von Gewohnheitsrecht[23]. Eine Beweiserhebung, die sich außerhalb dieser Beweisgebiete bewegt, ist unzulässig, nicht etwa sind die Beweismittel nur im Sinne des § 244 Abs. 3 Satz 2 völlig ungeeignet[24]. Daher muß das Gericht die Beweisaufnahme über Bestand, Auslegung und Anwendbarkeit des inländischen gesetzten Rechts ablehnen[25]. Es darf einen Rechtssachverständigen weder über die abstrakte Rechtslage noch darüber hören, ob das Verhalten des Angeklagten die Merkmale des gesetzlichen Tatbestandes der ihm zur Last gelegten Straftat erfüllt. Ob z. B. ein Werkzeug im Sinne des § 223 a StGB gefährlich, zur Führung welcher Handelsbücher der Angeklagte gesetzlich verpflichtet (§ 283 Abs. 1 Nr. 5 StGB) und was eine gottesdienstliche Versammlung im Sinne des § 306 Nr. 1 StGB ist, hat der Strafrichter ohne sachverständige Hilfe zu entscheiden. Unzulässig ist auch die Anhörung eines Sachverständigen darüber, daß die Unfallstelle nicht als Grundstückseinfahrt im Sinne des § 10 Satz 1 StVO anzusehen ist[26], daß der Angeklagte nicht rücksichtslos im Sinne des § 315 c Abs. 1 Nr. 2 StGB gefahren ist[27] oder daß die dem Angeklagten zur Last gelegten unzüchtigen Handlungen eine ganz harmlose Deutung zulassen[28]. Auch den Zeugenbeweis darüber, daß zwischen dem Angeklagten und seiner Stieftochter kein Überordnungsverhältnis im Sinne des § 174 Abs. 1 Nr. 2 StGB bestand, hat der Bundesgerichtshof mit Recht für unzulässig erklärt[29]. Die Ansicht, eine Augenscheinseinnahme zur Klärung von Rechtsfragen sei nicht zugelassen[30], ist zwar richtig; aber die zur Beurteilung der Rechtsfrage erforderlichen Feststellungen können durch Inaugenscheinnahme einer Örtlichkeit getroffen werden[31].

II. Beweiswürdigung und Strafbemessung

Wegen Unzulässigkeit der Beweiserhebung abzulehnen sind auch auf Anhörung von Sachverständigen gerichtete Beweisanträge zu Fragen, deren Entscheidung

---

23 Vgl. oben S. 138 ff.
24 *Peters* S. 287/288 sieht in solchen Anträgen offenbar bloße Beweisanregungen.
25 Die Frage ist des Zusammenhangs wegen oben S. 137 erörtert.
26 Vgl. OLG Hamm JMBlNRW 1956 S. 131 = VRS 11 S. 59 (60).
27 Vgl. KG VRS 17 S. 358 (359); *Weigelt* DAR 1964 S. 314 (317).
28 RG JW 1931 S. 215 mit Anm. *Gerland*.
29 BGH NJW 1968 S. 1293, wo allerdings angenommen worden ist, daß die Beweisbehauptung einen tatsächlichen Kern enthielt.
30 OLG Dresden HRR 1931 Nr. 908.
31 Im Fall des OLG Dresden handelte es sich um die Frage, ob der Begriff der geschlossenen Ortschaft erfüllt war.

das Gesetz allein dem Richter anvertraut, ohne daß er sich dabei durch Gutachter helfen lassen darf. Das gilt etwa für die Frage, ob ein Lichtbild geeignet ist, den Angeklagten als Täter zu überführen[32]. Die Glaubwürdigkeit von Zeugen hat der Richter zwar in der Regel ebenfalls ohne fremde Hilfe zu beurteilen. Da jedoch die Notwendigkeit der Zuziehung psychologischer oder sogar psychiatrischer Sachverständiger nicht ganz ausgeschlossen ist[33], sind Sachverständigenbeweisanträge zur Glaubwürdigkeitsfrage nicht unzulässig, sondern in der Regel nach § 244 Abs. 4 Satz 1 wegen eigener Sachkunde des Gerichts abzulehnen. Unzulässig ist dagegen die Beweiserhebung über alle Fragen des Rechtsfolgenausspruchs. Der Tatrichter allein ist dazu berufen, unter Beachtung der Richtlinien des § 46 StGB eine schuldangemessene Strafe zu finden. Den Beweisantrag, einen Kriminologen dazu zu hören, wie hoch die Strafe bemessen werden muß, damit bei dem Angeklagten die größtmögliche resozialisierende Wirkung erzielt werden kann, muß er ablehnen. Ebenso ist der Tatrichter nicht nur berechtigt, sondern verpflichtet, den Antrag auf Verlesung anderer Gerichtsurteile zurückzuweisen, mit denen vergleichbare Straftaten abgeurteilt worden sind. Denn der Tatrichter hat unabhängig von den Erwägungen anderer Gerichte in anderen Sachen selbständig darüber zu entscheiden, wie die Tat zu beurteilen und der Angeklagte zu bestrafen ist[34]. Als unzulässig abzulehnen ist auch der Antrag auf Einholung des Gutachtens eines Meinungsforschers zum Beweis dafür, daß es das Vertrauen der Bevölkerung in die Rechtsprechung und in die Funktionsfähigkeit der rechtsprechenden Gewalt nicht erheblich erschüttern würde, wenn das Gericht die Vollstreckung der gegen den Angeklagten zu verhängenden Freiheitsstrafe zur Bewährung aussetzte, daß also die Verteidigung der Rechtsordnung die Vollstreckung der Strafe nicht gebietet[35].

32 OLG Koblenz VRS 61 S. 127.
33 Vgl. unten S. 699 ff.
34 BGHSt. 25 S. 207 = JZ 1974 S. 340 mit krit. Anm. *Schroeder*; *Bruns* Leitfaden S. 246. Die Entscheidung des BGH ist zu § 245 a. F. ergangen, bei dessen Anwendung die Rspr. den Begriff der Unzulässigkeit auf Beweistatsachen ausgedehnt hatte, die völlig neben der Sache liegen; vgl. unten S. 799 ff. Auch BGH a.a.O. spricht davon, daß die erstrebte Beweiserhebung nicht zur Sache gehöre. Gleichwohl ist die Entscheidung im Ergebnis richtig; so auch *Köhler* S. 60, der den Rechtsvortrag mit Präjudizien immer für statthaft hält, aber dazu die förmliche Verlesung von Urteilen anderer Gerichte nicht zulassen will. Vgl. auch BGHSt. 28 S. 318 (325 ff.) = JR 1979 S. 381 mit Anm. *Meyer-Goßner* zu der grundsätzlichen Frage der Anpassung der Strafbemessung an Urteile anderer Gerichte.
35 OLG Celle JR 1980 S. 256 sieht darin keinen zulässigen Beweisantrag. In der Entscheidung wird mit Recht darauf hingewiesen, daß die Verteidigung der Rechtsordnung die Vollstreckung gerade deshalb erfordern kann, weil es notwendig ist, der Rechtsordnung gegen die überwiegende Meinung der Bevölkerung Geltung zu verschaffen, daß es aber jedenfalls Aufgabe des Richters ist, die erforderliche Wertung vorzunehmen. *Naucke* hält in der Anm. den § 244 nicht für die »angemessene Materie« zur Erörterung der Frage nach dem Verhältnis von Empirie und Rechtsanwendung; aber wenn ein Beweisantrag gestellt ist, bleibt nichts anderes übrig, als diese Vorschrift anzuwenden. Daß die hier interessierende Frage außerhalb der Reichweite der Beweisaufnahme liegt, nimmt auch *Naucke* an. *Peters* (S. 287/288) stimmt der Entscheidung ebenfalls zu.

III. Prognoseentscheidungen

Grundsätzlich obliegt es dem Tatrichter auch, Prognoseentscheidungen ohne sachverständige Hilfe zu treffen. Er muß daher Beweisanträge ablehnen, die darauf abzielen, psychologische oder kriminologische Sachverständige darüber zu hören, ob die Sozialprognose die Aussetzung der Strafvollstreckung zur Bewährung nach § 56 Abs. 1 StGB rechtfertigt oder gebietet[36]. Anders ist es bei Prognoseentscheidungen, von denen die Anordnung von Maßregeln der Besserung und Sicherung abhängt. Ist damit zu rechnen, daß die Unterbringung des Angeklagten in einem psychiatrischen Krankenhaus (§ 63 StGB), in einer Entziehungsanstalt (§ 64 StGB) oder in der Sicherungsverwahrung (§ 66 StGB) angeordnet wird, so ist die Anhörung eines Sachverständigen über den Zustand des Angeklagten und die Behandlungsaussichten sogar in § 246 a gesetzlich vorgeschrieben. Nur über die Sicherungsmaßregel der Entziehung der Fahrerlaubnis (§ 69 StGB) hat der Richter in der Regel ohne sachverständige Hilfe zu entscheiden. Beweisanträge auf Anhörung von Sachverständigen darüber, daß der Angeklagte keine charakterlichen Mängel hat, die seiner Eignung zum Führen von Kraftfahrzeugen entgegenstehen, sind daher abzulehnen[37]. Das gleiche gilt für die Frage der Dauer der Sperre nach § 69 a StGB. Die Prognose, wie lange der Angeklagte zum Führen von Kraftfahrzeugen ungeeignet ist, muß der Richter aufgrund seiner eigenen Lebens- und Berufserfahrung stellen. Zulässig ist die Anhörung von Sachverständigen im Zusammenhang mit der Entscheidung nach §§ 69, 69 a StGB nur, wenn Krankheit oder körperliche Gebrechen als Grund für den Eignungsmangel in Betracht kommen.

C. Beweisverbote

I. Zur Lehre von den Beweisverboten

Unzulässig im Sinne des § 244 Abs. 3 Satz 1 ist eine Beweiserhebung vor allem, wenn sie gegen ein Beweisverbot verstößt. Der Begriff geht zurück auf *Beling*, der in seiner Tübinger Antrittsvorlesung im Jahre 1903 die bis dahin für wenig bemerkenswert gehaltene Tatsache näher untersucht hat, daß das Gesetz nicht die Erforschung der Wahrheit um jeden Preis verlangt[38], sondern die Aufklärungspflicht

---

36 Vgl. OLG Bremen OLGSt. § 244 Abs. 2 S. 87 (89), das es mit Recht für unzulässig erklärt, den Bewährungshelfer als Zeugen über seine Meinung nach der Sozialprognose seines Probanden zu befragen.
37 KG vom 19. 1. 1969 – (3) Ss 350/68 (84/68); a. A. OLG Köln Blutalkohol 1981 S. 180 (181) = VRS 60 S. 375 (378), das offenbar die Anhörung eines Psychologen zur Frage der Wirkung einer »Nachschulung« für zulässig hält. Vgl. auch LG Verden NdsRpfl. 1982 S. 46.
38 Vgl. BGHSt. 14 S. 358 (365); OLG Köln NJW 1979 S. 1216 (1217); *Kleinknecht* Einl. Rdnr. 50 und NJW 1966 S. 1537; KMR *Paulus* § 244 Rdnr. 484; LR *Gollwitzer* § 244 Rdnr. 151; LR *Meyer* § 136 a Rdnr. 3; LR *Schäfer* Einl. Kap. 14 Rdnr. 1; *Gössel* Bockel-

des Gerichts dahin einschränkt[39], daß bestimmte Tatsachen nicht erforscht und bestimmte Beweismittel nicht benutzt werden dürfen. *Beling*[40] bezeichnete das Beweisthemaverbot als absolutes, das Beweismittelverbot als relatives Beweisverbot. Damit war aber im Grunde nur eine Bezeichnung für bestimmte Verfahrensvorschriften und Aufklärungsbeschränkungen gefunden. Das Schrifttum benutzte die Lehre *Belings* ohne weitere Vertiefung[41], soweit es sie überhaupt zur Kenntnis nahm. Irgendwelche weiterreichenden Folgen hatte sie zunächst nicht.

Die Wissenschaft beschäftigte sich mit den Beweisverboten erst ausführlicher, als sie zum Verhandlungsgegenstand des 46. Deutschen Juristentages im Jahre 1966 gewählt wurden. Seitdem ist die Lehre von den Beweisverboten Gegenstand zahlreicher wissenschaftlicher Abhandlungen gewesen. Das Ergebnis dieser Anstrengungen ist, wenn man den Wert einer wissenschaftlichen Lehre an ihrer praktischen Brauchbarkeit mißt, von außerordentlicher Dürftigkeit. Die Diskussion zeichnet sich durch Uneinheitlichkeit in der Terminologie, in der Systematik und in den einzelnen prozessualen Folgerungen aus[42]. Nicht einmal über die Bedeutung des Begriffs Beweisverbot besteht Übereinstimmung. Die herrschende Ansicht verwendet ihn als Oberbegriff für die Begriffe Beweiserhebungs- und Beweisverwertungsverbot[43]; der Begriff wird aber auch als Synonym für die

mann-FS S. 802; *Habscheid* Peters-Gedächtnisschrift S. 853; *Kühne* Rdnr. 530; *Peters* S. 78, 279; *E. Peters* ZZP 76 S. 145 (146); *Petry* S. 21; *Roxin* § 24 D II 1.

39 Daß die Beweisverbote eine Einschränkung des § 244 Abs. 2 bedeuten, kann nicht zweifelhaft sein; vgl. BGHSt. 27 S. 355 (357); 28 S. 122 (128); *Gramse* AnwBl. 1980 S. 433 (439); *Kleinknecht* NJW 1966 S. 1537; *Rengier* S. 284; *Rogall* ZStW 91 S. 1 (8). Im Gegensatz zu der Ansicht *Belings*, der (Beweisverbote S. 2 Fußn. 18) alle vom Gesetz nicht ausdrücklich verbotenen Beweise für erlaubt hielt, besteht heute Übereinstimmung darüber, daß der Bereich, in dem sich die Aufklärungspflicht bewegen darf, schon von vornherein begrenzt ist; vgl. LR *Schäfer* Einl. Kap. 14 Rdnr. 2; *Peters* Gutachten S. 93; *Petry* S. 22; *Rogall* ZStW 91 S. 1 (5). *Sydow* (S. 3, 23 ff.) leugnet aus diesem Grunde die Berechtigung einer Beweisverbotslehre.

40 S. 289 und Beweisverbote S. 3, 10 ff., 22; ebenso *Stützel* S. 85. Die weitere Unterscheidung zwischen bedingten und unbedingten Beweisverboten (*Beling* Beweisverbote S. 7) ist überflüssig; *Sydow* S. 22 meint sogar, es sei *Beling* nicht gelungen, unbedingte Beweisverbote zu finden.

41 Nur *Goldschmidt* S. 450 Fußn. 2383 und *Simader* S. 104 bevorzugten den Begriff Beweishindernisse rechtlicher Art. Neuerdings hält *Gössel* (Bockelmann-FS S. 809) den Ausdruck Beweisverbot für fragwürdig; die Bezeichnung »unzulässiger Beweis« erscheint ihm sachgerechter. *Sydow* (S. 5 ff., 39 ff.) hält den Begriff sogar für unbrauchbar, soweit er die schon infolge der Geltung des Gesetzesvorbehalts folgenden Beschränkungen der strafprozessualen Ermittlungstätigkeit bezeichnen soll.

42 So mit Recht *Geppert* S. 205/206. *Rogall* ZStW 91 S. 1 (2) spricht von einem chaotischen Meinungsstand, *Rengier* S. 283 von Begriffswirrwarr, *Schöneborn* GA 1975 S. 33 (35) von heillosem Wirrwarr. Ähnlich kritisch *Dencker* S. 4 ff., *Gössel* NJW 1981 S. 649 und Bokkelmann-FS S. 801; *Selmer* S. 140/141.

43 KK *Pelchen* vor § 48 Rdnr. 21; *Kleinknecht* Einl. Rdnr. 51; KMR *Paulus* § 244 Rdnr. 485 ff.; LR *Schäfer* Einl. Kap. 14 Rdnr. 3 ff. 13; *Geppert* S. 206; *Gössel* S. 180, NJW 1981 S. 639 (650) und Bockelmann-FS S. 802; *Gramse* AnwBl. 1980 S. 433 (439); *Otto* GA 1970 S. 289 (292 ff.); *Peters* Gutachten S. 91; *Rengier* S. 289; *Rogall* S. 196 und ZStW 91 S. 1 (8, 11); *Roxin* § 24 D; *Rüping* Rdnr. 399.

Beweiserhebungsverbote[44] oder die Beweisverwertungsverbote[45] benutzt[46]. Die Begriffsverwirrung wird noch dadurch gesteigert, daß von Beweisverboten auch dann gesprochen wird, wenn es sich nur darum handelt, daß bestimmte in der Hauptverhandlung ohne besondere Beweiserhebungen bekanntgewordene Tatsachen bei der Beweiswürdigung nicht berücksichtigt werden dürfen[47].

Da der Ablehnungsgrund des § 244 Abs. 3 Satz 1 mit der Lehre von den Beweisverboten untrennbar verknüpft ist, kann hier auf die Verwendung dieses Begriffs nicht verzichtet werden. Er wird als Oberbegriff für alle strafverfahrensrechtlichen oder auf anderen Vorschriften beruhenden Verbote der Beweiserhebung und für die Beweisverwertungsverbote verwendet. Mit der herrschenden Ansicht[48] wird bei den Beweiserhebungsverboten zwischen Beweisthema-, Beweismittel- und Beweismethodenverboten unterschieden. Für das Beweisantragsrecht sind unter den

---

44 *Dencker* S. 4 ff., 12, 145; *Evers* JZ 1965 S. 68 (69); *Fezer* JuS 1978 S. 104 (105); *Grünwald* JZ 1966 S. 489 (496); *Habscheid* Peters-Gedächtnisschrift S. 855 Fußn. 79; *Kühne* Rdnr. 537 ff.; *Peters* S. 279; *Petry* S. 20. Die Frage der »Verwertung« ist nach dieser Ansicht erst eine Folge des Verstoßes gegen das Erhebungsverbot. Dabei wird übersehen, daß es selbständige Verwertungsverbote gibt; vgl. unten S. 513.

45 *Kleinknecht* NJW 1966 S. 1537 (1538).

46 Die von *Peters* (S. 279/280 und Gutachten S. 93 ff., 106, 146) vorgeschlagene Einteilung der Beweisverbote in Beweisverfahrens- und Beweisverfolgungsverbote wird überwiegend für untauglich gehalten; vgl. KMR *Paulus* § 244 Rdnr. 506; LR *Schäfer* Einl. Kap. 14 Rdnr. 12; *Grünwald* JZ 1966 S. 489 (501); *Henkel* S. 269 Fußn. 6; *Kleinknecht* NJW 1966 S. 1537 (1544); *Kohlhaas* DRiZ 1966 S. 286 (288). Insbesondere ist niemand der Meinung von *Peters* (S. 279; Gutachten S. 97 ff.) gefolgt, Verstöße gegen Beweisverfolgungsverbote müsse das Revisionsgericht von Amts wegen beachten.

47 Vgl. LR *Schäfer* Einl. Kap. 14 Rdnr. 13; *Dencker* S. 104. – *Günther* JR 1978 S. 89; *Kleinknecht* NJW 1966 S. 1537 (1538) und *Petry* S. 38 ff. bezeichnen z. B. das Verbot, aus dem Schweigen des Angeklagten nachteilige Schlüsse zu ziehen, als Beweisverbot; demgegenüber stellt *Peters* (Gutachten S. 94) zutreffend fest, daß sich Beweisverbote nur aus prozessualen Bestimmungen ergeben, die die Sachverhaltsfeststellung betreffen. Welche Schlüsse das Gericht aus Vorgängen ziehen darf, die keine Beweiserhebungen sind, ist eine Frage des sachlichen Rechts.

48 KK *Pelchen* vor § 48 Rdnr. 22 ff.; *Kleinknecht* Einl. Rdnr. 51 und NJW 1966 S. 1537; KMR *Paulus* § 244 Rdnr. 486 ff.; *Krause/Nehring* Einl. Rdn. 127; LR *Gollwitzer* § 244 Rdnr. 151; LR *Schäfer* Einl. Kap. 14 Rdnr. 3 ff.; *Geppert* S. 206; *Gössel* NJW 1981 S. 649 (650); *Heißler* S. 4; *Henkel* S. 268 (269); *Nüse* JR 1966 S. 281 (282); *Otto* GA 1970 S. 289 (292); *Peters* S. 279 und Gutachten S. 94 ff.; *Petry* S. 19; *Rengier* S. 284; *Rogall* S. 196/197 (der die Einteilung aber in ZStW 91 S. 1 [3] für entbehrlich hält); *Roxin* § 24 D I 1 (der noch relative Beweisverbote unterscheidet); *Rüping* Rdnr. 400; *Schröder* ROW 1969 S. 193 (196); *Spendel* NJW 1966 S. 1102 (1103) und JuS 1964 S. 465 (467). – *Kühne* (Rdnr. 546) will auf den Begriff Beweisthemaverbot verzichten, weil nach seiner (unzutreffenden) Auffassung alle diese Verbote zugleich Beweismittelverbote sind. Neuerdings hält *Sydow* (S. 17 ff.) den Begriff Beweismethodenverbot für überflüssig, weil von dem positiven Inhalt der Verfahrensvorschriften auszugehen sei, nicht aber von einer Katalogisierung von Verfahrensfehlern.

Beweiserhebungsverboten[49] nur diejenigen von Bedeutung, die zur Ablehnung eines Beweisantrags zwingen, weil die Beweistatsache nicht aufgeklärt oder das benannte Beweismittel nicht benutzt werden darf. Die Beweismethodenverbote wirken sich auf das Beweisantragsrecht nur insoweit aus, als sie zu Beweisvertungsverboten führen[50].

II. Beweisthemaverbote

1. Grundsätze

Beweisthemaverbote verwehren es dem Richter, eine bestimmte Tatsache aufzuklären. Aus dem Umstand allein, daß der Vorgang, der unter Beweis gestellt ist, nicht Grundlage einer Verurteilung sein kann, läßt sich ein solches Verbot aber nicht herleiten. Das Gericht kann z. B. unbedenklich über Tatsachen Beweis erheben, die den Tatbestand einer Straftat ausmachen, wegen deren Begehung der Angeklagte nicht verfolgt und bestraft werden darf. Ist etwa im Hinblick auf auslieferungsrechtliche Beschränkungen eine Bestrafung wegen Versuchs der Anstiftung zur Falschaussage (§ 159 StGB) ausgeschlossen, so dürfen doch über das den Tatbestand dieser Straftat begründende Verhalten des Angeklagten Erörterungen und Beweiserhebungen stattfinden, und ihr Ergebnis darf als Beweisanzeichen für andere dem Angeklagten zur Last gelegte Verfehlungen verwertet werden. Soweit Beweisthemaverbote gesetzlich bestimmt sind, umfassen sie ohne Rücksicht auf die Art des Beweismittels jeden Akt der Beweisaufnahme, der auf die Aufklärung der Tatsache gerichtet ist[51]. Das geltende Recht kennt folgende Beweisthemaverbote, die einen Beweis durch jedes Beweismittel ausschließen:

2. Der Entscheidung ohne Beweisaufnahme zugrunde zu legende Tatsachen

Tatsachen, auf die es aus Rechtsgründen für die Entscheidung nicht ankommt, sind für das Verfahren im Sinne des § 244 Abs. 3 Satz 2 ohne Bedeutung[52]. Anders ist es, wenn die Tatsachen zwar beweiserheblich sind, eine Beweisaufnahme über sie aber nutzlos wäre, weil sie bereits bindend feststehen. In diesem Fall liegt keine Unerheblichkeit vor; die Erheblichkeit der Tatsache wird vielmehr vorausgesetzt. Die Beweisaufnahme ist aber nicht nur überflüssig, sondern, da sie bereits bindend feststehende Tatsachen entkräften soll, unzulässig. Im einzelnen kommen folgende Fallgruppen in Betracht:

---

49 Die Gründe für die Aufstellung solcher Verbote sind hier nicht weiter von Interesse; vgl. dazu *Beling* Beweisverbote S. 5 ff.; *Henkel* S. 269/270; *Jescheck* Verh. 46. DJT, 1966, I Teil A S. 17 ff.; *Klug* Verh. 46. DJT, 1966, II Teil F S. 34 ff.; *Otto* GA 1970 S. 289 (290); *Petry* S. 28 ff.; *Rengier* S. 286 ff.
50 Vgl. dazu unten S. 476 ff.
51 Vgl. dazu *Glaser* Beiträge S. 49 ff.
52 Vgl. unten S. 580 ff.

a) **Bindungswirkung von Feststellungen in dem anhängigen Strafverfahren.** Eine Bindung des erkennenden Gerichts an Urteilsfeststellungen, die in dem anhängigen Verfahren getroffen worden sind, besteht nur, soweit die Feststellungen denselben Angeklagten betreffen. Waren die Verfahren gegen mehrere Angeklagte nach den §§ 2 ff., 237 verbunden und wird gegen einen von ihnen vorweg ein Urteil erlassen, so binden die ihm zugrunde liegenden Feststellungen das Gericht nicht in dem gegen einen anderen Angeklagten weiterzuführenden Verfahren[53]. An Feststellungen, die in einem gegen denselben Angeklagten ergangenen Urteil getroffen worden sind, kann das Gericht dagegen aus mehreren Gründen gebunden sein. Für das Berufungsgericht kann die Bindung deshalb bestehen, weil das erste Urteil nicht in vollem Umfang angefochten worden ist. Hat z. B. der Angeklagte seine Berufung wirksam auf den Rechtsfolgenausspruch beschränkt, so ist das Berufungsgericht an den Schuldspruch und die ihm zugrunde liegenden Feststellungen gebunden (vgl. § 327). Das gleiche Ergebnis tritt ein, wenn das Revisionsgericht das Urteil nach § 353 nur teilweise aufhebt, weil die Revision wirksam beschränkt war oder weil das Rechtsmittel nur teilweise begründet ist, oder wenn es das Urteil zwar aufhebt, aber die ihm zugrunde liegenden Feststellungen nach § 353 Abs. 2 teilweise bestehen läßt. In all diesen Fällen wird das Urteil nicht teilweise rechtskräftig; denn diese Urteilsfolge ist nicht möglich, solange die sachlich untrennbar aus Schuld- und Rechtsfolgenausspruch bestehende Entscheidung noch nicht getroffen ist[54]. Es kann nur eine innerprozessuale Bindungswirkung eintreten[55]. Sie verbietet eine Beweiserhebung zu den bindend gewordenen Feststellungen. Beweisanträge, die darauf abzielen, die bereits feststehenden Tatsachen neu zu untersuchen, sind nach § 244 Abs. 3 Satz 1 abzulehnen[56].

Der Umfang der Bindungswirkung ist nicht immer einfach zu beurteilen. Die Schuldfrage betreffen z. B. nicht nur diejenigen Feststellungen, die die Tatbestandsmerkmale ergeben[56a], sondern alle, die den geschichtlichen Vorgang des

---

53 Vgl. LR *Meyer* § 344 Rdnr. 29 mit weit. Nachw.
54 Vgl. LR *Gollwitzer* § 318 Rdnr. 42; a. A. BGHSt. 28 S. 119; KK *Pikart* § 353 Rdnr. 10, 32; *Peters* S. 473/474; *Spendel* NJW 1966 S. 1102 (1103), JuS 1964 S. 465 (471) und ZStW 67 S. 556 ff.
55 BGH NJW 1980 S. 1807; OLG Hamm NJW 1968 S. 313 (314); *Kleinknecht* Einl. Rdnr. 185 und JR 1968 S. 466 (468); LR *Meyer* § 353 Rdnr. 28, 31; *Bruns* Teilrechtskraft S. 40, 152 und FS für Eb. Schmidt, 1961, S. 602 (619); *Mortzfeld* NJW 1956 S. 1586; *Stein* JW 1923 S. 14; *Willms* Heusinger-EG S. 407. – Dagegen sprechen BGHSt. 7 S. 283; 10 S. 71 (72); 28 S. 119 (121); BGH NStZ 1982 S. 29 (30); VRS 17 S. 47 (48) und OLG Celle VRS 14 S. 65 von der Rechtskraft der Feststellungen. Vgl auch OLG Stuttgart NJW 1982 S. 897.
56 BGHSt. 14 S. 30 (38); 30 S. 340; RGSt. 7 S. 176 (177); 20 S. 411 (412); 43 S. 359 (361); 49 S. 69 (71); RG JW 1923 S. 14 mit Anm. *Stein*; RG GA 55 S. 115; OLG Hamm NJW 1968 S. 313 (314); KK *Pikart* § 353 Rdnr 34; *Kleinknecht* § 244 Rdnr. 47; LR *Gollwitzer* § 244 Rdnr. 159; LR *Meyer* § 353 Rdnr. 29, 32; *Alsberg* JW 1929 S. 2681/2682; *Bruns* Teilrechtskraft S. 47; *Gietl* NJW 1959 S. 928 (929); *Rieker* S. 77/78; *Schlüchter* Rdnr. 637.2; *Simader* S. 118. – A. A. RG HRR 1938 Nr. 1383; *Harreß* S. 33; *Stützel* S. 58, 118, die die Beweisfragen nur für unerheblich halten.
56a Zum bindenden Schuldspruch der gewerbsmäßigen Hehlerei nach § 260 StGB vgl. BGH NStZ 1982 S. 29.

Anklagevorwurfs ausmachen[57]. Nicht zur Schuldfrage gehören dagegen die Feststellungen über die persönlichen Verhältnisse des Angeklagten[58] und über Spätfolgen der Verletzungen bei dem Opfer[59]. Die Feststellungen zur Schuldfrage binden den neu über die Strafe erkennenden Richter auch, wenn sie als sog. doppelrelevante Tatsachen gleichzeitig für den Rechtsfolgenausspruch erheblich sind[60]. Eine neue Beweisaufnahme ist daher bei bindender Wirkung der Schuldfeststellungen nur über Tatsachen zulässig, die allein für die Rechtsfolgenfrage von Bedeutung sind. Das Beweisthemaverbot wird zum Verwertungsverbot, wenn in der neuen Verhandlung die Unrichtigkeit der früheren Feststellungen erwiesen wird. Der Tatrichter darf das bei der neuen Entscheidung nicht berücksichtigen[61].

Daß diese Grundsätze auch gelten, wenn der Angeklagte wegen mehrerer tatmehrheitlich begangener Taten verurteilt worden und das Urteil wegen einiger dieser Taten bereits rechtskräftig ist, erscheint selbstverständlich. Anträge des Angeklagten, mit denen er beweisen will, daß er auch diese bereits rechtskräftig abgeurteilten Taten nicht begangen hat, sind daher abzulehnen[62].

b) Bindungswirkung anderer Strafurteile. Strafurteile können für spätere Verfahren grundsätzlich keine Rechtskraft schaffen, gleichgültig, gegen wen sich das frühere Verfahren richtete. Denn die Sperrwirkung der materiellen Rechtskraft besteht nur darin, daß sie einer neuen Verhandlung und Entscheidung wegen derselben Tat gegen denselben Angeklagten entgegensteht[63]. Für den Fall, daß das frühere Urteil nicht den jetzt Angeklagten betraf, bedeutet das:

Der Angeklagte kann als Alleintäter verurteilt werden, auch wenn schon ein anderer durch ein anderes Gericht wegen der Tat bestraft worden ist[64]. Sind die Mittäter bereits rechtskräftig wegen Betruges verurteilt worden, so kann der Angeklagte gleichwohl mit der Begründung freigesprochen werden, ein Betrug sei überhaupt nicht begangen worden[65]. Wer wegen Hehlerei angeklagt ist, kann ohne Rücksicht darauf, daß der Dieb bereits rechtskräftig verurteilt worden ist, Beweis-

---

57 BGHSt. 24 S. 274; 28 S. 119 (121); BGH NJW 1982 S. 1295; RG HRR 1931 Nr. 387; 1938 Nr. 1383; BayObLGSt. 1966 S. 155 = VRS 32 S. 283; BayObLG DAR 1958 S. 23; LR *Meyer* § 353 Rdnr. 29.
58 BGH bei *Holtz* MDR 1978 S. 460.
59 BGH bei *Holtz* MDR 1980 S. 275.
60 BGHSt. 7 S. 283 = MDR 1955 S. 433 mit Anm. *Kleinknecht*; BGHSt. 24 S. 274 (275); 29 S. 359; BGH NStZ 1981 S. 448; BGH bei Holtz MDR 1980 S. 275; BGH bei *Spiegel* DAR 1979 S. 191; RG GA 55 S. 115. – A. A. BayObLG JW 1918 S. 453 mit Anm. *Delaquis*; BayObLG HRR 1930 Nr. 2042; *Hegler* JW 1923 S. 426; *Mortzfeld* NJW 1956 S. 1586.
61 Vgl. LR *Meyer* § 353 Rdnr. 29 mit weit. Nachw.; *Eb. Schmidt* § 353 Rdnr. 35; *Bruns* Teilrechtskraft S. 47.
62 RGSt. 43 S. 359 (360/361).
63 BGHSt. 15 S. 78 (81); OLG Hamm NJW 1959 S. 1982; *Eb. Schmidt* Teil I Rdnr. 322; *Peters* S. 480 ff.
64 Vgl. *Gerland* S. 379.
65 Vgl. *Peters* S. 481.

anträge mit dem Ziel stellen, den Diebstahlsvorwurf gegen den Vortäter zu widerlegen, um freigesprochen zu werden. Umgekehrt kann der Angeklagte selbst dann wegen Begünstigung verurteilt werden, wenn der Vortäter rechtskräftig freigesprochen worden ist[66]. Anträge der Staatsanwaltschaft, die den Beweis erbringen sollen, daß das freisprechende Urteil falsch ist, sind daher zulässig. Wenn dem Angeklagten zur Last gelegt wird, zu einer bestimmten Straftat angestiftet oder Beihilfe geleistet zu haben, hindert die rechtskräftige Verurteilung des Haupttäters Beweisanträge nicht, mit denen bewiesen werden soll, daß die Haupttat nicht begangen worden ist[67]. Andererseits kann der Angeklagte als Anstifter oder Gehilfe auch verurteilt werden, wenn derjenige, an dessen Tat er mitgewirkt haben soll, rechtskräftig freigesprochen worden ist[68].

Ebensowenig besteht eine Bindung an Urteile, die den Angeklagten selbst betreffen[69]. Ist er rechtskräftig von dem Vorwurf einer Straftat freigesprochen worden, so steht das nicht der Beweisführung darüber entgegen, daß er sie dennoch begangen hat[70]. Das kann etwa für den Fall von Bedeutung sein, daß die Begehung der früheren Tat die Gewerbsmäßigkeit des Handelns des Angeklagten beweist[71].

Das Fehlen einer Bindung an die Feststellungen des früheren Urteils schließt allerdings nicht aus, daß der Tatrichter seine Überzeugung vom Hergang einer Tat im Wege der freien Beweiswürdigung dem Umstand entnimmt, daß ein anderes Strafgericht ihn festgestellt hat[72]. Das frühere Urteil darf zu diesem Zweck verlesen werden[73].

Eine Ausnahme von dem Grundsatz, daß ein Strafurteil das erkennende Gericht nicht bindet, bestimmt § 190 StGB. Wenn die von dem Angeklagten behauptete oder verbreitete Tatsache eine Straftat ist, erbringt nach dieser Vorschrift die rechtskräftige Verurteilung des Beleidigten wegen dieser Tat den Beweis der Wahrheit; umgekehrt ist der Wahrheitsbeweis ausgeschlossen, wenn der Beleidigte schon vor der Behauptung oder Verbreitung rechtskräftig freigesprochen worden ist. In beiden Fällen sind Beweisanträge abzulehnen, mit denen bewiesen werden soll, daß der Beleidigte die Straftat begangen oder nicht begangen hat[74]. Das gilt

---

66 RGSt. 58 S. 291 (292); *Simader* S. 105.
67 RGSt. 4 S. 367 (369/370); *Beling* S. 274 und GA 63 S. 163 (182); *Gerland* S. 379; *Henkel* S. 392; *Kern* in: Die Reichsgerichtspraxis im Deutschen Rechtsleben, 1929, V S. 131 (149).
68 Vgl. *Eb. Schmidt* Teil I Rdnr. 288.
69 Vgl. dazu OLG Hamm NJW 1959 S. 1982; *Bruns* Teilrechtskraft S. 19 und FS für Eb. Schmidt, 1961, S. 602 (612); *Peters* S. 481.
70 RGSt. 44 S. 254 (256).
71 RGSt. 33 S. 303.
72 RG GA 37 S. 166; 62 S. 50; OLG München JW 1938 S. 1019 mit Anm. *Gelbert*.
73 Vgl. oben S. 253 ff.
74 Die Ansicht, daß es sich hierbei um ein Beweisverbot handelt, teilen LR *Gollwitzer* § 244 Rdnr. 159; LR *Schäfer* Einl. Kap. 14 Rdnr. 5; *Eb. Schmidt* § 244 Rdnr. 35; *Beling* S. 285; *Glaser* Beiträge S. 40; *Gutmann* JuS 1962 S. 369 (371); *Klug* Verh. 46 DJT, 1966, II Teil F S. 32; *Kreuzer* S. 38; *Otto* GA 1970 S. 289 (293); *Peters* S. 280 und Gutachten S. 104; *Rie-*

nicht nur bei Straftaten nach den §§ 186, 187 StGB, sondern auch für den Wahrheitsbeweis gegenüber dem Vorwurf der Beleidigung nach § 185 StGB und der Verunglimpfung des Andenkens Verstorbener nach § 189 StGB[75].

c) Bindungswirkung rechtskräftiger Zivilurteile. Aus § 262 Abs. 1 ergibt sich, daß der Strafrichter grundsätzlich berechtigt und verpflichtet ist, über bürgerlich-rechtliche Vorfragen, auf die es für sein Urteil ankommt, selbst zu entscheiden. An Entscheidungen der Zivilgerichte ist er selbst dann nicht gebunden, wenn das Verfahren nach § 262 Abs. 2 ausgesetzt worden war, um sie abzuwarten[76]. Rechtskräftige Zivilurteile binden den Strafrichter nur insoweit, als sie Gestaltungsurteile, z. B. Ehescheidungs- und Eheaufhebungsurteile, sind[77] oder sonst für und gegen alle wirken, z. B. Urteile, die nach § 1600 a BGB, §§ 640 ff. ZPO die Vaterschaft feststellen[78]. Gestaltende Urteile, die die Rechtslage mit rückwirkender Kraft ändern, haben insoweit aber keine bindende Wirkung[79]. Eine solche Wirkung fehlt auch allen Feststellungs- und Leistungsurteilen[80]. Wenn der Angeklagte von einem Zivilgericht auf Zahlung von Unterhalt verurteilt oder wenn die Klage gegen ihn rechtskräftig abgewiesen worden ist, enthebt das den Strafrichter daher in einem Verfahren wegen Verletzung der Unterhaltspflicht nach § 170 b StGB nicht der

---

ker S. 81; *Simader* S. 105; *Stützel* S. 88. – Die jetzt wohl h. M. sieht dagegen in § 190 StGB nur eine Beweisregel; vgl. BayObLGSt. 1960 S. 229 = NJW 1961 S. 85; *Dencker* S. 34; zu *Dohna* S. 111/112; *Dreher/Tröndle* Rdnr. 2; *Lackner* Anm. 1; LK (9. Aufl.) *Herdegen* Rdnr. 10; *Schönke/Schröder/Lenckner* Rdnr. 1; SK *Rudolphi* Rdnr. 4; alle zu § 190 StGB; *Dähn* JZ 1973 S. 51. *Kühne* (Rdnr. 534) nimmt ein Beweismittelverbot an, *Spendel* NJW 1966 S. 1102 (1104) und JuS 1964 S. 465 (472 Fußn. 92) meint, hier seien Beweisverbot und Beweisregel miteinander verbunden.

75 Vgl. *Schönke/Schröder/Lenckner* § 190 StGB Rdnr. 1.
76 Vgl. LR *Gollwitzer* § 262 Rdnr. 9.
77 Vgl. KK *Hürxthal* § 262 Rdnr. 5; *Eb. Schmidt* § 262 Rdnr. 21; *Koeniger* S. 532; *Spendel* NJW 1966 S. 1102 (1104).
78 BGHSt. 26 S. 111 (113); OLG Hamm NJW 1973 S. 2306 L = JMBlNRW 1974 S. 19; OLG Stuttgart NJW 1973 S. 2305; OLG Zweibrücken MDR 1974 S. 1034; KK *Hürxthal* Rdnr. 4; LR *Gollwitzer* Rdnr. 9; *Eb. Schmidt* Rdnr. 21; alle zu § 262; *Dreher/Tröndle* Rdnr. 3 a; *Schönke/Schröder/Lenckner* Rdnr. 4; SK *Samson* Rdnr. 4; alle zu § 170 b StGB; *Heimann-Trosien* JZ 1976 S. 235 (236); *Kaiser* NJW 1972 S. 1847; *Rosenberg/Schwab* § 10 II 2 a; *Schwab* NJW 1960 S. 2169 (2178); *Simader* S. 106; *Solbach/Vedder* JA 1980 S. 161; *Spendel* NJW 1966 S. 1102 (1104). – A. A. *Bruns* in FS für Friedrich Lent, 1957, S. 107 (140), der jede Bindung ablehnt. *Eggert* (MDR 1974 S. 445 [448]) will keine Rechtskraft, sondern nur die Tatbestandswirkung des Urteils anerkennen.
79 Vgl. *Hellmann,* Die Bindung des Strafrichters an Straf-, Zivil- und Verwaltungsgerichtsurteile, Diss. Münster 1956, S. 55 ff.; *Kern* in: Die Reichsgerichtspraxis im Deutschen Rechtsleben, 1929, V S. 131 (146); *Nicklisch,* Die Bindung der Gerichte an gestaltende Gerichtsentscheidungen und Verwaltungsakte, 1965, S. 163/164.
80 Eine Ausnahme gilt nach Art. 12 § 3 Abs. 1 und 2 des Gesetzes über die rechtliche Stellung der nichtehelichen Kinder vom 19. 8. 1969 (BGBl. I S. 1243) für vor dem 1. 7. 1970 ergangene Urteile in Unterhaltssachen nichtehelicher Kinder; vgl. BGHSt. 26 S. 111 (115); *Heimann-Trosien* JR 1976 S. 235 (236); a. A. *Eckert* FamRZ 1974 S. 118.

Pflicht, über die Frage der Unterhaltspflicht selbständig zu entscheiden, auch wenn das Urteil vor der Tat rechtskräftig geworden ist[81].

Entsprechendes gilt für andere Zivilurteile, die nicht für oder gegen alle wirken[82]. Wenn etwa der Angeklagte sich von einem anderen eine Sache gewaltsam verschafft hat, zu deren Herausgabe er aufgrund der Feststellung, daß sie dem anderen gehört, rechtskräftig verurteilt worden ist, muß der Strafrichter in dem Verfahren wegen Raubes selbständig prüfen, in wessen Eigentum die Sache gestanden hat[83]. Daß diese widerstreitenden Ergebnisse straf- und zivilprozessualer Urteilstätigkeit das Rechtsgefühl nicht unbedingt befriedigen, kann nicht geleugnet werden. Die Ansicht, der Strafrichter sei an das Zivilurteil in solchen Fällen nicht gebunden, hat insbesondere *Kuttner*[84] bekämpft. Er verlangt, daß der Strafrichter in diesen Fällen die Eigentumsfrage als durch das Zivilurteil erledigt ansehen muß. Jedoch stehen einer weitergehenden Bindung an Zivilurteile schon die vom Strafprozeß abweichenden Grundsätze des Zivilrechtsstreits, insbesondere die Parteimaxime, und das Streben des Strafprozesses nach einer materiell gerechten Entscheidung, die der Überzeugung des Strafrichters entspricht, entgegen. Es wäre ein seltsames Ergebnis, wenn die Bindung an ein die Wahrheit nicht einmal suchendes Zivilurteil, z. B. an ein Versäumnisurteil, weitergehen sollte als die an ein Strafurteil[85].

d) **Bindungswirkung von Verwaltungsakten.** Verwaltungsakte haben im sachlichen Strafrecht häufig eine Tatbestandswirkung. Die Strafvorschriften der § 85 Abs. 1 Nr. 2 StGB, § 20 Abs. 1 Nr. 2 VereinsG setzen z. B. voraus, daß die Verwaltungs-

---

81 BGHSt. 5 S. 106; BayObLGSt. 1967 S. 1 = NJW 1967 S. 1287; OLG Bremen NJW 1964 S. 1286; OLG Celle NJW 1955 S. 563; OLG Hamm NJW 1954 S. 1340; OLG Oldenburg NJW 1952 S. 118; OLG Stuttgart NJW 1960 S. 2204; KK *Hürxthal* § 262 Rdnr. 3; LR *Gollwitzer* § 262 Rdnr. 9, 10; *Dreher/Tröndle* Rdnr. 3 a; LK *Heimann-Trosien* Rdnr. 9; SK *Samson* Rdnr. 5; alle zu § 170 b StGB; *Becker* NJW 1955 S. 1906 (1907); *Koeniger* S. 529; *Koffka* JR 1968 S. 228. – A. A. KG DRiZ 1928 Nr. 951; OLG Braunschweig NJW 1953 S.558; *Lackner* § 170b StGB Anm. 2; *Dünnebier* JZ 1961 S.672; *Kaiser* NJW 1972 S. 1847; *Rosenberg/Schwab* § 10 II 2 a. Eine Bindung an klageabweisende Urteile wollen OLG Dresden GA 61 S. 370 und *Schönke/Schröder/Lenckner* § 170 b Rdnr. 13 anerkennen. Vgl. auch *Schwab* NJW 1960 S. 2169.
82 RGSt. 14 S. 364 (372); vgl. auch BayObLGSt. 1952 S. 224; KK *Hürxthal* § 262 Rdnr. 3; LR *Gollwitzer* § 262 Rdnr. 10.
83 Vgl. LR *Schäfer* Einl. Kap. 7 Rdnr. 6; *Baumann* S. 84; *Goldschmidt* S. 200 ff.; *Kern* in: Die Reichsgerichtspraxis im Deutschen Rechtsleben, 1929, V S. 131 (144 ff., 149); *Sauer* S. 245 und Grdl. S. 206; *Simader* S. 106.
84 Urteilswirkungen außerhalb des Zivilprozesses, 1914, S. 69 ff., 216 ff., 225 ff. Aufgrund der materiellen Rechtskrafttheorie kommt auch *Kohler* in FS für Klein, 1914, S. 1 (8 ff.) zu dem Ergebnis, daß das rechtskräftige Zivilurteil vom Strafrichter unbedingt zu beachten sei, weil es mit dem Eintritt der Rechtskraft objektives Recht setze. Vgl. auch *Kugler*, Die Bindung des Strafrichters an Zivilurteile, Diss. Erlangen 1955, S. 101 ff., der dasselbe Ergebnis mit der heute herrschenden prozessualen Rechtskrafttheorie begründet. Dazu auch *Gerland* S. 380; *Schwab* NJW 1960 S. 2169.
85 So mit Recht *Simader* S. 106.

behörde ein Vereinsverbot nach § 3 VereinsG ausgesprochen oder daß sie nach § 8 Abs. 2 Satz 1 VereinsG festgestellt hat, daß der Verein eine Ersatzorganisation für einen bereits verbotenen Verein ist. In solchen Fällen kann die Frage der Bindungswirkung an den Verwaltungsakt nicht entstehen.

Anders ist es, wenn der Schuld- oder Rechtsfolgenausspruch davon abhängt, daß ein Verwaltungsakt ergangen ist, ohne daß dies zum gesetzlichen Tatbestand gehört. Hier gilt der Grundsatz, daß der Strafrichter an rechtsgestaltende Verwaltungsakte gebunden ist, wenn sie nicht nichtig sind, also nicht an einem besonders schwerwiegenden Mangel leiden, der bei verständiger Würdigung aller in Betracht kommenden Umstände offensichtlich ist[86]. Der Richter darf z. B. nicht überprüfen, ob der Angeklagte, den eine deutsche Behörde zum Beamten ernannt hat, Amtsträger im Sinne des § 11 Abs. 1 Nr. 2 Buchst. a StGB ist. Wenn die Einbürgerungsbehörde jemandem die deutsche Staatsangehörigkeit verliehen hat, darf der Strafrichter ihn nicht mit der Begründung als Ausländer behandeln, die Voraussetzungen der Einbürgerung hätten nicht vorgelegen[87]. Entsprechendes gilt für die Tilgung von Eintragungen im Bundeszentralregister[88], für die Erteilung von Patenten[89] und die Eintragung in die Warenzeichenrolle[90].

Wird ein Verwaltungsakt, dessen Nichtbeachtung nach dem Gesetz strafbar ist, von der Widerspruchsbehörde oder vom Verwaltungsgericht aufgehoben, nachdem der Angeklagte gegen die darin enthaltene Weisung verstoßen hat, so ist das für den Strafrichter unbeachtlich. Denn die spätere Aufhebung eines strafbewehrten Verwaltungsakts läßt die Strafbarkeit einer bereits vorher begangenen Zuwiderhandlung unberührt[91].

3. Geheimhaltungsbedürftige Tatsachen

a) **Beratungsgeheimnis (§ 43 DRiG).** Das Beratungsgeheimnis begründet ein Beweisthemaverbot. Denn nach § 43 DRiG ist der Richter verpflichtet, über den Hergang bei der Beratung[91a] und Abstimmung, nicht über den Kreis der Teilnehmer[92], auch nach Beendigung seines Dienstverhältnisses zu schweigen. Nach § 45

---

86 Vgl. § 44 Abs. 1 VwVfG.
87 Vgl. allgemein KK *Hürxthal* § 262 Rdnr. 6; LR *Gollwitzer* § 262 Rdnr. 12; *Peters* S. 34.
88 Vgl. unten S. 443.
89 RGSt. 14 S. 262; KK *Hürxthal* § 262 Rdnr. 6; LR *Gollwitzer* § 262 Rdnr. 13; *Spendel* NJW 1966 S. 1102 (1104).
90 RGSt. 48 S. 389 (391); LR *Gollwitzer* a.a.O.
91 BGHSt. 23 S. 86 (91); OLG Hamburg JZ 1980 S. 10; OLG Karlsruhe NJW 1978 S. 116; LR *Schäfer* Einl. Kap. 12 Rdnr. 128; *Dreher/Tröndle* § 325 StGB Rdnr. 3. – A. A. *Arnhold*, Die Strafbewehrung rechtswidriger Verwaltungsakte, 1978, S. 114 ff., 164; *Lagemann*, Der Ungehorsam gegenüber sanktionsbewehrten Verwaltungsakten, Diss. Münster 1977, S. 131 ff.; vgl. auch *Ostendorf* JZ 1981 S. 165.
91a Teil der Urteilsberatung ist auch die Würdigung von Zeugenaussagen. Daher dürfen Richter nicht darüber vernommen werden, welchen Eindruck sie von bestimmten Zeugen hatten (BGH 5 StR 567/81 vom 5. 1. 1982).
92 RG LZ 1919 Sp. 649; *Schmidt-Räntsch* JZ 1958 S. 329 (333 Fußn. 53).

Abs. 1 Satz 2 DRiG gilt die Pflicht zur Wahrung des Beratungsgeheimnisses auch für Schöffen und andere ehrenamtliche Richter. Für Referendare, Juristen im Vorbereitungsdienst ohne Ernennung zum Beamten auf Widerruf und Teilnehmer einer einstufigen Ausbildung nach § 5 b DRiG, die an der Beratung teilnehmen, gibt es keine besonderen Vorschriften. Sie sind aber nach allgemeiner Ansicht ebenfalls zur Verschwiegenheit verpflichtet[93]. Es besteht ein Beweisverbot, das die Befragung der bei der Beratung anwesenden Personen über den Hergang bei der Beratung und die Abstimmung grundsätzlich unzulässig macht[94]. Auch ein über die Abstimmung aufgenommenes Protokoll darf nicht verlesen werden. Eine Aussagegenehmigung des Dienstvorgesetzten kommt nicht in Betracht; denn § 54 bezieht sich auf Amtsgeheimnisse, nicht auf Beratungsgeheimnisse, und der Richter muß das Beratungsgeheimnis überdies auch gegenüber dem Dienstvorgesetzten wahren[95].

Die Verschwiegenheitspflicht gilt jedoch nicht ausnahmslos[96]. Sie verwehrt es dem Gericht nicht, das Abstimmungsergebnis im Urteil aufzudecken, wenn das, insbesondere bei Meinungsverschiedenheiten über die Art der Abstimmung, geboten erscheint[97]. Sie muß auch sonst weichen, wenn überwiegende Interessen die

---

[93] Vgl. *Kleinknecht* § 43 DRiG Rdnr. 1; *Stützel* S. 87. — LR *Schäfer* § 43 DRiG Rdnr. 2 nimmt an, daß sich die Verschwiegenheitspflicht aus Gewohnheitsrecht, aus einem Schluß a maiore ad minus und aus der Natur der Sache herleiten läßt.

[94] Vgl. RGSt. 26 S. 202 (205); 36 S. 371 (373); 61 S. 217 (218); 67 S. 279 (280); RG JW 1924 S. 2721; 1926 S. 2579 mit abl. Anm. *Beling*; RG JW 1927 S. 1641 (1642); 1928 S. 1310 mit Anm. *von Scanzoni*; RG JW 1930 S. 2561 mit Anm. *Alsberg*; RG JW 1931 S. 1069 mit Anm. *Friedländer*; RG DRiZ 1927 Nrn. 421, 1081; RG GA 56 S. 212; 64 S. 553; RG LZ 1919 Sp. 649; OGHSt. 1 S. 214 (222 ff.); BayObLG JW 1929 S. 1062 mit abl. Anm. *Mannheim*; KK *Pelchen* vor § 48 Rdnr. 23; *Kleinknecht* § 244 Rdnr. 47 und § 43 DRiG Rdnr. 6; KMR *Paulus* § 54 Rdnr. 6 und § 244 Rdnr. 487; *Kohlrausch* § 198 GVG Anm. 2; *Gerland* S. 206; *von Hippel* S. 401; *Kreuzer* S. 38; *Peters* Gutachten S. 110; *Rieker* S. 80; *Rüping* Rdnr. 401; *Schlüchter* Rdnr. 492 Fußn. 298 a; *Simader* S. 107; *Stützel* S. 87. – A. A. *Beling* S. 419 Fußn. 2; *von Coelln*, Das Beratungsgeheimnis, 1931, S. 82 ff.; *Hartmann* JW 1929 S. 236; *Spendel* NJW 1966 S. 1102 (1105). Vgl. auch BGHSt. 4 S. 279 (282); BGH VRS 48 S. 362 (363).

[95] Vgl. *Kleinknecht* § 43 DRiG Rdnr. 5; KMR *Paulus* § 54 Rdnr. 6; LR *Meyer* § 54 Rdnr. 5; LR *Schäfer* § 43 DRiG Rdnr. 3, 24; *Eb. Schmidt* Teil I Rdnr. 553 und JZ 1963 S. 80; *Schmidt-Räntsch* § 43 DRiG Rdnr. 5, 13 und JZ 1958 S. 329 (334); *Kohlhaas* NJW 1953 S. 401; *Schlüchter* Rdnr. 492 Fußn. 298 a; *Simader* S. 108. – A. A. *Beling* Beweisverbote S. 27 Fußn. 4; *Bennecke/Beling* S. 334; *Rosenfeld* S. 166.

[96] RGSt. 60 S. 295; *Kleinknecht* § 43 DRiG Rdnr. 5; LR *Schäfer* § 43 DRiG Rdnr. 20; *Eb. Schmidt* Teil I Rdnr. 552 ff. und § 198 GVG Rdnr. 1; *Gerner/Decker/Kaufmann*, Deutsches Richtergesetz, 1963, § 43 Rdnr. 3; *Schmidt-Räntsch* § 43 DRiG Rdnr. 12 und JZ 1958 S. 329 (333); *Heinitz* in FS für Eb. Schmidt, 1961, S. 266 (277/278); *Kohlhaas* NJW 1953 S. 401; *Peters* S. 331; *Spendel* NJW 1966 S. 1102 (1105) und ZStW 65 S. 403 (410 ff., 417 ff.). *Klug* (Verh. 46. DJT, 1966, II Teil F S. 33) spricht daher von einem relativen Beweismittelverbot.

[97] RGSt. 60 S. 295 (296); *Kleinknecht* § 43 DRiG Rdnr. 4; KMR *Paulus* § 54 Rdnr. 7; LR *Schäfer* § 43 DRiG Rdnr. 18; *Spendel* ZStW 65 S. 403 (411).

völlige Offenlegung der Beratungsvorgänge im Einzelfall erfordern[98]. Das ist insbesondere der Fall, wenn es rechtlich möglich ist, den Richter wegen seiner Mitwirkung an dem Urteilsspruch zur Verantwortung zu ziehen[99], etwa wenn die Frage, ob die Berufsrichter von den Schöffen überstimmt worden sind, in einem Staatshaftungsprozeß von Bedeutung ist[100] oder wenn gegen einen Richter die Richteranklage nach Art. 96 Abs. 2 GG, ein Disziplinarverfahren oder ein Strafverfahren wegen Rechtsbeugung nach § 356 StGB anhängig ist und er sich ohne Offenlegung der Beratungsvorgänge nicht sachgemäß verteidigen könnte[101]. Auch in anderen Fällen des rechtfertigenden Notstands kann eine Aufklärung der Vorgänge bei der Beratung und Abstimmung zulässig sein[102].

Streitig ist, ob der Richter unter diesen Vorraussetzungen zur Aussage verpflichtet oder nur berechtigt ist, ob also er selbst oder das Gericht, von dem er vernommen werden soll, die Entscheidung darüber trifft, daß ein Fall vorliegt, in dem die Durchbrechung der Verschwiegenheitspflicht zulässig ist. Nach richtiger Ansicht muß es dem einzelnen Richter überlassen werden, ob er über Beratungsvorgänge vor Gericht aussagt[103]. Für das Beweisantragsrecht bedeutet das, daß es zulässig ist, den Richter über Beratungsvorgänge als Zeugen zu benennen und zu laden. Erklärt er aber vor oder in der Hauptverhandlung, daß er keine Angaben machen wolle, so ist die Beweiserhebung unzulässig[104]. Hat der Richter selbst schon das

---

98 BGHSt. 26 S. 202 (205); BGH VRS 48 S. 362 (364); RGZ 89 S. 13 (14); BayObLG JW 1929 S. 1062 mit Anm. *Mannheim*; KMR *Paulus* § 54 Rdnr. 7; *Eb. Schmidt* Teil I Rdnr. 553; *Beling* S. 253; *Kohlhaas* NJW 1953 S. 401 (402); *Peters* S. 331; *Rieker* S. 80; *Schmidt-Räntsch* JZ 1958 S. 329 (333 ff.); *Simader* S. 109; *Spendel* NJW 1966 S. 1102 (1105) und ZStW 65 S. 403 (418 ff.); *Stützel* S. 88.
99 Vgl. *Schmidt-Räntsch* JZ 1958 S. 329 (334); *Spendel* a.a.O.
100 RGZ 89 S. 13 (16) = JW 1917 S. 166 mit Anm. *von Liszt*; *Kleinknecht* § 43 DRiG Rdnr. 5; KMR *Paulus* § 54 Rdnr. 7; LR *Schäfer* § 43 DRiG Rdnr. 21; *Schmidt-Räntsch* § 43 DRiG Rdnr. 12; *Alsberg* JW 1930 S. 2561; *Kern/Wolf*, GVG, 5. Aufl., 1975, § 16 IV 1 d; *Kühne* Rdnr. 597; *Peters* Gutachten S. 110. Vgl. auch *Braun* JW 1917 S. 132 (133); *Friedländer* JW 1932 S. 1069; *Simader* S. 109; *Stützel* S. 88.
101 Vgl. *Kleinknecht* § 43 DRiG Rdnr. 5; KMR *Paulus* § 54 Rdnr. 7; LR *Schäfer* § 43 DRiG Rdnr. 21; *Eb. Schmidt* Teil I Rdnr. 553; *Schmidt-Räntsch* § 43 DRiG Rdnr. 12 und JZ 1958 S. 329 (334); *Heinitz* in FS für Eb. Schmidt, 1961, S. 266 (277); *Kohlhaas* NJW 1953 S. 401 (403); *Kühne* Rdnr. 597; *Peters* S. 331; *Simader* S. 109; *Spendel* ZStW 65 S. 403 (419). In OGHSt. 1 S. 214 (223) ist offengelassen worden, ob das auch gilt, wenn aufgeklärt werden soll, welches Mitglied des Richterkollegiums sich durch die Abstimmung strafbar gemacht hat.
102 Vgl. *Kleinknecht* § 43 DRiG Rdnr. 5; LR *Schäfer* § 43 DRiG Rdnr. 27; *Henkel* S. 206.
103 Vgl. KMR *Paulus* § 54 Rdnr. 8; LR *Schäfer* § 43 DRiG Rdnr. 25; *Eb. Schmidt* Teil I Rdnr. 553 und § 198 GVG Rdnr. 1; *Henkel* S. 206; *Kohlhaas* NJW 1953 S. 401 (403); *Kühne* Rdnr. 532; *Peters* S. 466 und Gutachten S. 111; *Schlüchter* Rdnr. 492 Fußn. 298 a. – A. A. *Heinitz* in FS für Eb. Schmidt, 1961, S. 266 (277); *Schmidt-Räntsch* § 43 DRiG Rdnr. 13 und JZ 1958 S. 329 (334); *Spendel* ZStW 65 S. 403 (418 ff.); Voraufl. S. 94 Fußn. 15.
104 *Kohlhaas* NJW 1953 S. 401 (403) spricht mißverständlich davon, daß es dann an einem geeigneten Beweismittel fehlt.

Beratungsgeheimnis gebrochen[105], so bedarf es keines Schutzes mehr, und es ist ohne weiteres möglich, ihn als Zeugen zu vernehmen[106].

b) **Nach § 174 Abs. 3 GVG geheimzuhaltende Tatsachen** unterliegen keinem Beweisverbot[107]. Der aufgrund dieser Vorschrift erlassene Beschluß des Gerichts verpflichtet zwar alle Teilnehmer an der Verhandlung, auch die Richter selbst[108], zur Geheimhaltung der Tatsachen, die durch die Verhandlung oder durch ein die Sache betreffendes amtliches Schriftstück zu ihrer Kenntnis gelangt sind. Im Schrifttum wird daraus teilweise gefolgert, es bestehe ein Beweisthemaverbot[109]. *Peters*[110] ordnet den Fall unter die Beweisregelungen ein und hält eine Vernehmung über die geheimzuhaltenden Tatsachen nur für unzulässig, wenn sie in einer öffentlichen Sitzung stattfindet. Demgegenüber ist entscheidend, daß § 353 d Nr. 2 StGB, durch den das Schweigegebot strafbewehrt wird, nur die unbefugte Offenbarung der geheimzuhaltenden Tatsachen verbietet. Die gesetzliche Aussagepflicht ist jedoch ein Rechtfertigungsgrund[111]. Daher kann die Geheimhaltungspflicht nach § 174 Abs. 3 GVG nicht dem Beratungsgeheimnis gleichgestellt und der Antrag eines Prozeßbeteiligten auf Vernehmung eines Zeugen über Vorgänge, die er nach dieser Vorschrift geheimzuhalten hat, nicht nach § 244 Abs. 3 Satz 1 abgelehnt werden. Falls erforderlich, ist bei der Zeugenvernehmung die Öffentlichkeit auszuschließen und erneut ein Beschluß nach § 174 Abs. 3 GVG zu erlassen.

4. Getilgte oder tilgungsreife Eintragungen im Bundeszentralregister (§ 49 BZRG)

a) **Gegenstand des Beweisverbots.** Die Vorschrift, die mit dem Grundgesetz vereinbar ist[112], bestimmt ein Beweisthemaverbot[113]. Gegenstand des Verbots sind frü-

---

105 Das ist nicht nach § 353 b Abs. 1 Nr. 1 StGB strafbar, auch wenn kein Rechtfertigungsgrund vorliegt; vgl. OLG Düsseldorf DRiZ 1981 S. 68 = NStZ 1981 S. 25.
106 BGH bei *Dallinger* MDR 1955 S. 272; OGHSt. 1 S. 214 (223); LR *Schäfer* § 43 DRiG Rdnr. 26; *Kohlhaas* NJW 1953 S. 401 (403).
107 So zutreffend *Beling* Beweisverbote S. 27.
108 Vgl. *Kleinknecht* Rdnr. 13; LR *Schäfer* Rdnr. 24; *Kissel* Rdnr. 23; alle zu § 174 GVG.
109 Vgl. KMR *Paulus* § 244 Rdnr. 487; *Rieker* S. 81. Die Vorausfl. (S. 106) hatte ein Beweismittelverbot angenommen. Nach Ansicht *Simaders* (S. 167) handelt es sich um ein Zeugnisverweigerungsrecht.
110 Gutachten S. 112/113.
111 Vgl. *Dreher/Tröndle* § 353 d StGB Rdnr. 5; *Lackner* § 353 d StGB Anm. 2 b; ebenso BT-Drucks. 7/550 S. 283. Vgl. auch *Schönke/Schröder/Lenckner* § 353 d StGB Rdnr. 36, die mit Recht die Aussage eines Teilnehmers an der Sitzung in einem Verfahren gegen einen der damals gehörten Zeugen wegen einer Straftat nach §§ 153 ff. StGB für zulässig halten.
112 BVerfGE 36 S. 174 = NJW 1974 S. 179 = JZ 1974 S. 221 mit Anm. *Willms* und weit. Anm. *Klinghardt* NJW 1974 S. 491. – A. A. *Willms* in FS für Eduard Dreher, 1977, S. 137 (144), der § 49 BZRG, soweit die Vorschrift die Verwendung von Vorstrafen als Indiz untersagt, für ein »Blindheitsgebot« hält, das mit der durch Art. 92 GG verbürgten richterlichen Wahrheitsfindung schlechterdings unvereinbar ist. Vgl. auch *Creifelds* GA 1974 S. 129 (139); *Pryzwanski* S. 209 ff.; *Tremml* S. 48 ff.
113 *Dencker* (S. 34) hält § 49 BZRG nur für eine Beweisregel mit Tatsachenfiktion. Das ist

here Straftaten des Angeklagten, die zu einer gerichtlichen Verurteilung geführt haben, und die Verurteilung selbst. Sie dürfen weder im Wege der Urkundenverlesung oder des Vorhalts in die Hauptverhandlung eingeführt noch bei der Entscheidung verwertet werden, wenn die Eintragung über die Verurteilung im Bundeszentralregister getilgt oder wenn sie tilgungsreif ist[114]. Beweisanträge auf Verlesung des früheren Urteils oder eines Registerauszugs, in dem die Verurteilung noch eingetragen ist, müssen nach § 244 Abs. 3 Satz 1 abgelehnt werden. Die Vorschrift des § 49 BZRG ist, wie alle Beweisverbote, rein verfahrensrechtlicher Art, soweit sie Beweiserhebungen und Vorhalte verbietet[115]. Das Verbot, die in der Hauptverhandlung ohne besondere Beweiserhebungsakte zur Sprache gebrachten Vorverurteilungen in dem Urteil zu verwerten, gehört hingegen dem sachlichen Recht an; das Revisions- oder Rechtsbeschwerdegericht prüft auf die Sachrüge, ob es beachtet worden ist[116].

Der Tilgung im Bundeszentralregister steht nach § 58 Abs. 4 BZRG die Entfernung von Eintragungen im Erziehungsregister gleich. Auch die Entfernung einer Eintragung über eine Verwarnung mit Strafvorbehalt nach § 14 Abs. 2 BZRG ist wie eine Tilgung im Sinne des § 49 Abs. 1 BZRG zu behandeln[117]. Die Rechtmäßigkeit der Tilgung oder Entfernung der Eintragung hat das Gericht nicht zu prüfen[118]. Die Fristen für die Tilgungsreife bestimmt § 43 Abs. 1 BZRG. Wodurch sie entstanden ist, spielt keine Rolle. Bleibt zweifelhaft, ob eine Eintragung tilgungs-

---

deswegen falsch, weil nicht nur fingiert wird, daß der Angeklagte nicht vorbestraft ist, sondern auch verboten wird, Beweis über seine Vorstrafen zu erheben.

114 Zur Kritik an dieser gesetzlichen Regelung vgl. *Creifelds* GA 1974 S. 129; *Dreher* JZ 1972 S. 618; *Händel* JR 1973 S. 265; *Härtel* Blutalkohol 1976 S. 161; *Haffke* GA 1975 S. 65; *Meyer* JR 1973 S. 292; *Middendorf* Blutalkohol 1973 S. 149; 1975 S. 94; *Schneble* Blutalkohol 1973 S. 186; *Seib* DRiZ 1973 S. 17; *Terhorst* ZRP 1973 S. 5. Die Vorschrift verteidigt vor allem *Pryzwanski* S. 91 ff.

115 Vgl. zum Vorhalt: OLG Karlsruhe NJW 1973 S. 291 = VRS 45 S. 51; *Götz* § 49 BZRG Anm. 19; *Pryzwanski* S. 208; *Tremml* S. 128.

116 BGHSt. 24 S. 378 (379); 25 S. 100 (102); 27 S. 108 (109); BGH NJW 1973 S. 65; BayObLGSt. 1972 S. 3 = MDR 1972 S. 443 = VRS 43 S. 17; BayObLGSt. 1972 S. 75 = MDR 1972 S. 629; BayObLGSt. 1972 S. 127 (128) = NJW 1972 S. 2008 (2009); BayObLGSt. 1972 S. 162 = GA 1973 S. 344 = MDR 1972 S. 713; OLG Frankfurt VerkMitt. 1977 S. 31; OLG Karlsruhe NJW 1973 S. 291 = VRS 45 S. 51; GA 1974 S. 85; Justiz 1972 S. 361; KK *Pelchen* vor § 48 Rdnr. 53; LR *Meyer* § 337 Rdnr. 176; *Götz* § 49 BZRG Anm. 19; *Dreher/Tröndle* § 46 StGB Rdnr. 24 b; *Peters* JR 1973 S. 165 (166); *Tremml* S. 128. Die Ansicht von *Pryzwanski* (S. 205), der Verstoß gegen das Verwertungsverbot bei der Schuldfeststellung sei, anders als bei der Entscheidung über die Rechtsfolgen der Tat, nur auf die Verfahrensrüge zu beachten, ist rechtlich nicht haltbar. Unrichtig auch KMR *Paulus* § 244 Rdnr. 608: »Zugleich sachlich-rechtlich fehlerhaft.«

117 BGHSt. 28 S. 338; KMR *Paulus* § 244 Rdnr. 583; *Dreher/Tröndle* § 46 StGB Rdnr. 24 c; *Tremml* S. 21.

118 BGHSt. 20 S. 205; RGSt. 56 S. 68 (69); LR *Gollwitzer* § 262 Rdnr. 12; *Götz* § 49 BZRG Anm. 5; *Peters* S. 34; *Tremml* S. 125.

reif ist, so muß die Entscheidung der Registerbehörde eingeholt werden[119]. Maßgebend für die Berechnung der Tilgungsreife und des daraus folgenden Verwertungsverbots ist der Zeitpunkt des letzten tatrichterlichen Urteils. Das Verwertungsverbot nach § 49 Abs. 1 BZRG besteht daher auch dann, wenn die Tilgungsfrist zwar zum Zeitpunkt der neuen Tat noch nicht verstrichen, wohl aber vor Ende der Hauptverhandlung in der Tatsacheninstanz bereits abgelaufen ist[119a]. Das Berufungsgericht muß sie auch berücksichtigen, wenn bei Erlaß der Entscheidung des Amtsgerichts noch kein Verwertungsverbot bestanden hat[120]. Ist die Tilgungsreife erst nach Erlaß des letzten tatrichterlichen Urteils eingetreten, so entsteht aber nicht nachträglich ein Beweisverbot. Das Revisions- oder Rechtsbeschwerdegericht beachtet den nachträglichen Eintritt der Tilgungsreife daher nicht[121].

Der eindeutige Wortlaut des § 49 Abs. 1 BZRG schließt ein Verwertungs- oder Vorhalteverbot für den Fall aus, daß die Straftat nicht zu einer Verurteilung geführt hat. Das Verbot gilt daher nicht, wenn der Angeklagte freigesprochen[122] oder das Verfahren nach den §§ 153 ff., 170 Abs. 2, §§ 205 ff. oder aufgrund eines Straffreiheitsgesetzes eingestellt worden ist[123]. Hat das Gericht nach § 60 StGB oder aufgrund einer anderen Vorschrift, die das gestattet, von Strafe abgesehen, so gilt § 49 Abs. 1 BZRG entsprechend[124]. Verurteilungen im Ausland dürfen nicht berücksichtigt werden, wenn sie als inländische Verurteilungen nach §§ 49, 60 BZRG nicht verwertbar wären (vgl. § 54 BZRG)[125].

Der Begriff Vorhalt ist bei der Anwendung des § 49 Abs. 1 BZRG in weitestem Sinne zu verstehen. Darunter fallen nicht nur Vorhalte an Angeklagte, Zeugen und Sachverständige, sondern auch die Bekanntgabe durch den Vorsitzenden und jede andere Andeutung oder Erwähnung in der Hauptverhandlung[126].

b) Wirkung des Beweisverbots. Das Verwertungsverbot untersagt dem Gericht, Beweise über die Strafe und das Urteil zu erheben und dem Angeklagten nachtei-

---

119 Vgl. *Götz* § 49 BZRG Anm. 7; *Tremml* S. 125.
119a BGH VRS 63 S. 152.
120 OLG Düsseldorf VRS 54 S. 50; OLG Hamburg JZ 1977 S. 34 = MDR 1977 S. 162; *Götz* § 49 BZRG Anm. 18.
121 BayObLGSt. 1972 S. 162 (164/165) = GA 1973 S. 344 = MDR 1972 S. 713; OLG Hamm VRS 46 S. 381; *Götz* § 49 BZRG Anm. 18.
122 BGH bei *Dallinger* MDR 1973 S. 16; 1974 S. 721; OLG Karlsruhe NJW 1973 S. 291 = VRS 45 S. 51; *Götz* § 49 BZRG Anm. 22 d; *Dreher/Tröndle* § 46 StGB Rdnr. 24 c; *Schönke/Schröder/Stree* § 46 StGB Rdnr. 31; *Meyer* JR 1973 S. 292; *Tremml* S. 24 ff. - A. A. OLG Köln NJW 1973 S. 378; *Pryzwanski* S. 159.
123 BGHSt. 25 S. 64 = JR 1972 S. 291 mit Anm. *Meyer*; BGHSt. 28 S. 338 (340); BVerwG NJW 1974 S. 286; KMR *Paulus* § 244 Rdnr. 589; *Götz* § 49 BZRG Anm. 22 d; *Dreher/Tröndle* § 46 StGB Rdnr. 24 c; *Schönke/Schröder/Stree* § 46 StGB Rdnr. 31; *Dreher* JZ 1972 S. 618 (619); *Tremml* S. 24 ff. - A. A. OLG Köln NJW 1973 S. 378; *Pryzwanski* S. 159.
124 Vgl. *Koch* DAR 1974 S. 256 (259); *Pryzwanski* S. 160; *Tremml* S. 24.
125 Vgl. dazu BayObLGSt. 1978 S. 39 = VRS 55 S. 180; *Jagusch* § 29 StVG Rdnr. 4.
126 Vgl. *Götz* § 49 BZRG Anm. 12; *Dähn* JZ 1973 S. 51 (53); *Pryzwanski* S. 23.

lige Folgerungen aus der Tat oder der Verurteilung zu ziehen, auch wenn sie ihm trotz ihrer Tilgung im Register bekanntgeworden[127] oder wenn sie in der Hauptverhandlung zur Sprache gekommen sind[128]. Das gilt sowohl für die Schuldfeststellungen als auch für die Rechtsfolgenentscheidung. Bei der Beweiswürdigung darf nicht als Beweisanzeichen berücksichtigt werden, daß der Angeklagte bei der früheren Tat[129] in gleicher Weise vorgegangen ist wie der Täter der jetzt abzuurteilenden Straftat[130]. Die Ansicht des Bundesgerichtshofs, das gelte nicht, wenn durch die neue Tat vermögensrechtliche Ansprüche Dritter begründet werden[131] oder wenn das Verwertungsverbot die Rechtsstellung Dritter beeinträchtigen würde[132], ist durch die Neufassung des § 49 Abs. 2 BZRG[133] überholt, wonach nur die aus der Tat oder der Verurteilung entstandenen Rechte Dritter unberührt bleiben[134].

Bei der Rechtsfolgenentscheidung darf das Gericht die frühere Verurteilung nicht strafschärfend berücksichtigen[135]. Daß die Vorstrafe nach § 50 BZRG für bestimmte Verfahren und Entscheidungen verwertet werden kann, ändert nichts an ihrer Unverwertbarkeit für die Strafbemessung[136]. Das Gericht muß dem Angeklagten daher zugute halten, daß er nicht vorbestraft ist, auch wenn es weiß, daß er zahlreiche unverwertbare Vorstrafen hat. Unzulässig ist es auch, bei der Straf-

---

127 BGHSt. 25 S. 100 (102).
128 *Sydow* S. 60 leitet daraus den allgemeinen Grundsatz ab, daß das Bekanntwerden der unter Beweisverbot stehenden Tatsachen an ihrer Unverwertbarkeit nichts ändert.
129 Der Tatbegriff entspricht dem des § 264; vgl. *Götz* § 49 BZRG Anm. 8; *Bissel* DAR 1973 S. 288 (289); *Dreher* JZ 1972 S. 618 (621); *W. Schwarz* NJW 1974 S. 209; *Tremml* S. 8. Vgl. auch *Pryzwanski* S. 111 ff., 116, der von dem »historischen Ereignis« alles für verwertbar hält, was weder bei dem Vorhalt schädliche Folgen für den Betroffenen hervorruft noch bei der Verwertung negativ ins Gewicht fällt.
130 BGHSt. 27 S. 108; BayObLG bei *Rüth* DAR 1981 S. 247; OLG Celle NJW 1973 S. 1012 (1013); KMR *Paulus* § 244 Rdnr. 586; *Götz* § 49 BZRG Anm. 16 c; *Brauser* NJW 1973 S. 1007 (1008); *Creifelds* GA 1974 S. 129 (140/141); *Dreher* JZ 1972 S. 618 (621); *Haffke* GA 1975 S. 65 (77); *Pryzwanski* S. 99 ff.; *Stadie* DRiZ 1972 S. 347 (349). – A. A. *Peters* JR 1973 S. 165 (166); *Rüping* Rdnr. 406.
131 BGHSt. 25 S. 24 = JR 1973 S. 164 mit Anm. *Peters*.
132 BGH bei *Dallinger* MDR 1973 S. 192; BGH GA 1975 S. 236.
133 Durch Art. 1 Nr. 25 BZÄndG vom 25. 5. 1976 (BGBl. I S. 1278).
134 Vgl. *Götz* § 49 BZRG Anm. 16 c; *Pryzwanski* S. 133 ff.; *Segger* NJW 1976 S. 1189. Die BGH-Rspr. hält aber KMR *Paulus* § 244 Rdnr. 587 nach wie vor für richtig.
135 BGHSt. 24 S. 378; BGH Strafverteidiger 1981 S. 67; BayObLGSt. 1972 S. 3 = MDR 1972 S. 443 = VRS 43 S. 17; BayObLG bei *Rüth* DAR 1981 S. 247; OLG Celle NJW 1973 S. 1012 (1013); OLG Köln Blutalkohol 1972 S. 490 mit Anm. *Händel*; KMR *Paulus* § 244 Rdnr. 585; *Götz* § 49 BZRG Anm. 16 b; *Dreher/Tröndle* § 46 StGB Rdnr. 24 b; *Schönke/Schröder/Stree* § 46 StGB Rdnr. 31; *Bruns* Strafzumessungsrecht S. 582; *Dreher* JZ 1972 S. 618; *Stadie* DRiZ 1972 S. 347 (348).
136 Vgl. KMR *Paulus* § 244 Rdnr. 585; *Götz* § 49 BZRG Anm. 16 b; *Dreher/Tröndle* § 46 StGB Rdnr. 24 b; *Schönke/Schröder/Stree* vor § 38 StGB Rdnr. 61. – Vgl. für § 50 Abs. 1 Nr. 2 BZRG: BGHSt. 25 S. 141; *Götz* NJW 1973 S. 1408 (1409); *Pryzwanski* S. 143. – Für § 50 Abs. 2 BZRG: OLG Düsseldorf VRS 54 S. 50; OLG Frankfurt VerkMitt. 1977 S. 31; OLG Karlsruhe Justiz 1978 S. 370 = VRS 55 S. 284.

bemessung den Umstand zu berücksichtigen, daß der Angeklagte schon in dem früheren Verfahren die Erfahrung gemacht hat, was für ihn bei der Entdeckung jeder neuen Tat auf dem Spiel steht[137]. Ferner darf die frühere Verurteilung nicht zur Prüfung der Sozialprognose nach § 56 Abs. 1 StGB herangezogen werden. Das Gericht muß den Angeklagten bei der Entscheidung über die Strafaussetzung zur Bewährung wie einen Ersttäter behandeln[138]. Es ist durch das Verwertungsverbot jedoch nicht gehindert, die Strafe zu schärfen, weil der Angeklagte die Tat innerhalb der Bewährungszeit für eine Strafe begangen hat, deren Eintragung inzwischen getilgt ist[139]. Es darf auch Vorstrafen strafschärfend berücksichtigen, die nach Art und Höhe von anderen Vorstrafen beeinflußt sind, deren Verwertung nunmehr nach § 49 Abs. 1 BZRG ausgeschlossen wäre[140].

Das Verwertungsverbot gilt auch bei der Entscheidung über Maßnahmen der Besserung und Sicherung mit Ausnahme der Entziehung der Fahrerlaubnis (§ 50 Abs. 2 BZRG) und der Beurteilung des Geisteszustandes bei der Unterbringung (§ 50 Abs. 1 Nr. 2 BZRG)[141].

Rechtsfolgen der Tat bleiben nach § 49 Abs. 2 BZRG unberührt. Dabei muß es sich um Folgen handeln, die sich unmittelbar aus der Tat ergeben[142]. Dazu gehört z. B. ein Beschluß des Vormundschaftsgerichts, durch den dem Angeklagten wegen der Straftat das Recht auf Aufenthaltsbestimmung für sein Kind vorläufig entzogen worden ist; der Beschluß darf in der Hauptverhandlung verlesen werden[143]. Rechtsfolge der Tat ist auch das Beweisverbot des § 190 StGB[144]. Im Verfahren wegen übler Nachrede nach § 186 StGB, die darin besteht, daß der Angeklagte die Verurteilung eines anderen zu Strafe behauptet hat, ist das Strafgericht daher an die frühere Verurteilung gebunden, auch wenn die Eintragung darüber getilgt oder tilgungsreif ist[145].

---

137 BGH bei *Dallinger* MDR 1973 S. 370.
138 BGH bei *Dallinger* MDR 1972 S. 922/923; *Tremml* S. 18.
139 OLG Frankfurt NJW 1973 S. 1763; *Götz* § 49 BZRG Anm. 22 e; *Klinghardt* NJW 1974 S. 491. – A. A. OLG Stuttgart Justiz 1972 S. 396; *Tremml* S. 18 ff., deren Ansicht aber weit über das hinausgeht, was als Schutzzweck des § 49 BZRG gelten kann.
140 OLG Hamm NJW 1974 S. 1717 = VRS 48 S. 41; OLG Koblenz OLGSt. § 318 S. 47 (49); VRS 49 S. 379 (381); OLG Köln VRS 45 S. 419; KMR *Paulus* § 244 Rdnr. 589; *Götz* § 49 BZRG Anm. 22 c; *Dreher/Tröndle* § 24 b; LK *Hirsch* Rdnr. 81; *Schönke/Schröder/Stree* Rdnr. 31; alle zu § 46 StGB; *Jagusch* § 29 StVG Rdnr. 4; *Härtel* Blutalkohol 1976 S. 161 (163); *Tremml* S. 17.
141 Vgl. BGHSt. 25 S. 100 (104); *Götz* § 49 BZRG Anm. 16 e; *Schönke/Schröder/Stree* vor § 38 StGB Rdnr. 61; *Tremml* S. 76.
142 OLG Celle NJW 1973 S. 1012 (1013).
143 BGHSt. 28 S. 338 (340).
144 Dazu oben S. 436/437.
145 Vgl. *Götz* § 49 BZRG Anm. 20 c; *Dreher/Tröndle* Rdnr. 3; *Lackner* Anm. 2; *Schönke/Schröder/Lenckner* Rdnr. 3; SK *Rudolphi* Rdn. 5; alle zu § 190 StGB; *Creifelds* GA 1974 S. 129 (134); *Stadie* DRiZ 1972 S. 347 (349); *Tremml* S. 109. – A. A. *Pryzwanski* S. 176 ff. und *Römer* JVBl. 1972 S. 169 (175), die § 190 StGB nicht für eine Rechtsfolge i. S. des § 49 Abs. 2 BZRG halten, aber über die Anwendung des § 193 StGB zu billigen Ergebnissen gelangen wollen. *Dähn* (JZ 1973 S. 51) hält die Verurteilung überhaupt für unver-

c) **Ausnahmen von dem Beweisverbot.** Der Angeklagte kann auf das Vorhalteverbot verzichten. Er kann die Vorverurteilung in der Hauptverhandlung jederzeit selbst zur Sprache bringen. Ein Verzicht auf das Verwertungsverbot ist jedoch grundsätzlich ausgeschlossen[146]. Nur in folgenden Fällen gelten Ausnahmen von dem Verbot:

(1) Die Begehung der Straftat und die Verurteilung dürfen verwertet werden, wenn sie bei einer neuen Straftat zur **Ausfüllung des gesetzlichen Tatbestandes** herangezogen werden müssen. Wird z. B. der Angeklagte beschuldigt, zu einer Zeit, in der die Voraussetzungen des § 51 Abs. 1 BZRG noch nicht vorlagen, die Tat oder die Verurteilung als Zeuge vor Gericht unter Eid abgestritten zu haben, so wird die Verurteilung wegen Meineids nicht dadurch ausgeschlossen, daß im Zeitpunkt der Hauptverhandlung in der Meineidssache das Verwertungsverbot nach § 49 Abs. 1 BZRG eingetreten ist[147]. Ähnlich liegt es beim Anstellungsbetrug. Das Verschweigen von Vorstrafen, zu dem der Angeklagte nicht nach § 51 Abs. 1 BZRG berechtigt war, kann auch dann noch als Täuschungshandlung im Sinne des § 263 StGB gewertet werden, wenn die Eintragungen über die Verurteilungen inzwischen getilgt oder tilgungsreif sind[148].

(2) Das Verwertungsverbot nach § 49 Abs. 1 BZRG besteht nicht allgemein, sondern will nur verhindern, daß die Vorverurteilung zum Nachteil des Angeklagten berücksichtigt wird. **Beruft sich der Angeklagte** zu seiner Entlastung selbst auf die frühere Verurteilung, so ist es zulässig und geboten, sie zum Gegenstand der Hauptverhandlung zu machen, soweit das durch die Einlassung des Angeklagten gedeckt ist[149]. In diesem Fall muß auch dem Beweisantrag des Angeklagten auf Verlesung des Urteils oder der Registereintragung stattgegeben werden.

(3) Weitere Ausnahmen von dem Verwertungsverbot bestimmt **§ 50 BZRG.** Das Verbot gilt nach Abs. 1 Nr. 2 der Vorschrift nicht, wenn die Umstände der früheren Tat für die Beurteilung des Geisteszustandes des Angeklagten in dem anhängigen Verfahren von Bedeutung sind. Vorausgesetzt wird aber, daß das Gutachten eines Sachverständigen eingeholt wird[150]. Die frühere Straftat und die Verurtei-

---

wertbar, was zu dem wenig befriedigenden Ergebnis führt, daß, wer eine nach § 49 Abs. 1 BZRG unverwertbare Verurteilung behauptet, nach § 186 StGB auch bestraft wird, wenn er die Wahrheit sagt.

146 Vgl. *Götz* § 49 BZRG Anm. 17; *Pryzwanski* S. 201/202.
147 OLG Celle NJW 1973 S. 1012 = MDR 1973 S. 519; KMR *Paulus* § 244 Rdnr. 589; *Götz* § 49 BZRG Anm. 16 d; *Creifelds* GA 1974 S. 129 (134); *Pryzwanski* S. 146 ff.; a. A. *Tremml* S. 71 ff.
148 Vgl. *Pryzwanski* S. 147.
149 Vgl. den Fall BGHSt. 27 S. 108: Der Angeklagte hatte den Umstand, daß er die Leiche des Tatopfers zerstückelt und die Leichenteile weggeschafft hatte, damit erklärt, er habe befürchtet, wegen seiner Vortat, einem Mord, in den Verdacht zu geraten, das Opfer selbst getötet zu haben. Der BGH hielt aber nur die Verlesung des Rubrums und Tenors des früheren Urteils für zulässig. Zustimmend *Kleinknecht* Einl. Rdnr. 55 a; KMR *Paulus* § 244 Rdnr. 588.
150 Zur Kritik an der Vorschrift vgl. *Bresser* NJW 1973 S. 537. Vgl. auch *Götz* NJW 1973 S. 1408.

lung können dann auch in der Hauptverhandlung zur Sprache gebracht werden; § 50 Abs. 1 Nr. 2 BZRG ist nicht so zu verstehen, daß das Verwertungsverbot nur gegenüber dem Sachverständigen aufgehoben ist. Nach § 50 Abs. 2 BZRG ist in Strafsachen, bei denen die Entziehung der Fahrerlaubnis nach § 69 StGB in Betracht kommt, die Verwertung einer früheren Tat abweichend von § 49 Abs. 1 BZRG zulässig, wenn die Verurteilung wegen dieser Tat nach § 28 StVG, § 13 StVZO in das Verkehrszentralregister einzutragen war[151]. Das gilt sowohl für die Frage, ob eine Entziehung der Fahrerlaubnis erforderlich ist, als auch für die Bemessung der Sperre nach § 69 a StGB[152]; als Beweisanzeichen im Rahmen der Schuldfeststellungen und bei der Strafzumessung ist die Vortat nicht verwertbar[152a]. Die Vorschrift, die mit dem Grundgesetz vereinbar ist[153], gestattet nur die Verwertung von Straftaten und Strafurteilen[154]. Auf Verkehrsordnungswidrigkeiten, die in dem Verkehrszentralregister nicht mehr eingetragen sind, bezieht sie sich nicht. Die Vorschrift des § 50 Abs. 2 BZRG ist vor allem deshalb bemerkenswert, weil sie von dem Strafrichter verlangt, daß er eine und dieselbe Tatsache, die Vorverurteilung, einmal (bei der Strafbemessung) unberücksichtigt läßt, ein andermal (bei der Entscheidung nach §§ 69, 69 a StGB) aber verwertet[155]. Dem ist zu entnehmen, daß der Gesetzgeber die im Schrifttum vertretene Ansicht[156] nicht teilt, der Richter, der von einem Beweismittel oder Beweisergebnis Kenntnis hat, sei überfordert, wenn er es gleichwohl nicht verwerten darf, seine Kenntnisse also unterdrücken muß, und er habe sich daher nach § 30 für befangen zu »erklären«[157].

d) Entsprechende Anwendung auf Ordnungswidrigkeiten. Da § 49 Abs. 1 BZRG sich nur auf früher begangene Straftaten bezieht, unterliegen Ordnungswidrigkeiten, die nicht in ein Register einzutragen sind, keinem Verwertungsverbot[158]. Das

---

151 Vgl. *Dreher/Tröndle* § 69 StGB Rdnr. 9. Die Ansicht von *Pryzwanski* (S. 195 ff.), § 50 Abs. 2 BZRG gelte nur in Verwaltungsverfahren wegen Entziehung und Wiedererteilung der Fahrerlaubnis, nicht aber in Strafverfahren, ist unrichtig.
152 BGH VRS 63 S. 152; OLG Düsseldorf VRS 54 S. 50.
152a BayObLG bei *Rüth* DAR 1982 S. 251.
153 BVerwGE 52 S. 1 = NJW 1977 S. 1164.
154 So mit Recht *Pryzwanski* S. 198.
155 Vgl. BayObLG bei *Rüth* DAR 1981 S. 247.
156 *Dünnebier* MDR 1964 S. 965 (967); *Grünwald* JZ 1966 S. 489 (500 ff.); *Peters* Gutachten S. 135.
157 Hiergegen aus anderen Gründen auch *Dencker* S. 140 ff. und vor allem *Arzt* Peters-FS S. 223 (230/231) sowie *Schneider* JuS 1970 S. 271. Daß der Richter in solchen Fällen überfordert ist, bestreiten auch KMR *Paulus* § 244 Rdnr. 567 und *Rogall* ZStW 91 S. 1 (43). Vgl. auch RGSt. 72 S. 268 (272/273).
158 BayObLGSt. 1973 S. 30 (33/34) = NJW 1973 S. 1091 (1093); *Götz* § 49 BZRG Anm. 21 d und GA 1973 S. 193 (199); *Göhler* § 17 OWiG Rdnr. 20; *Schönke/Schröder/Stree* § 46 StGB Rdnr. 31; *Pryzwanski* S. 154; *W. Schwarz* NJW 1974 S. 209 (210); *Tremml* S. 83. – A. A. O. *H. Schmitt* VOR 1973 S. 325 (340/341), der Unverwertbarkeit von dem Zeitpunkt ab behauptet, in dem eine wegen Vergehens ausgesprochene Geldstrafe im Register zu tilgen und daher dem Verwertungsverbot des § 49 BZRG unterliegen würde.

Verwertungsverbot des § 49 Abs. 1 BZRG gilt aber entsprechend für Eintragungen in das Verkehrszentralregister nach § 28 StVG, § 13 StVZO[159]. Die dort eingetragenen Ordnungswidrigkeiten, nicht aber die eingetragenen Verwaltungsentscheidungen[160], sind unverwertbar, wenn die Eintragungen nach § 29 StVG, § 13 a StVZO getilgt oder wenn sie tilgungsreif sind[161]. Sind die Verurteilungen wegen Nichterreichens der 40 DM-Grenze (§ 28 Nr. 3 StVG) nicht eintragungsfähig, so sind sie gleichwohl unverwertbar, wenn die Eintragungen bei Überschreiten dieser Grenze getilgt oder tilgungsreif wären[162]. Maßgebender Zeitpunkt für den Eintritt der Tilgungsreife ist nicht der Erlaß des Bußgeldbescheids der Verwaltungsbehörde, sondern des letzten tatrichterlichen Urteils[163].

Für Eintragungen in das Gewerbezentralregister nach § 149 GewO gilt das gleiche wie für die in das Verkehrszentralregister. Die Ahndung von Ordnungswidrigkeiten ist daher nicht verwertbar, wenn die Eintragung nach § 152 GewO aus dem Register entfernt oder nach § 153 GewO getilgt worden ist. Bei Ordnungswidrig-

---

[159] BVerwGE 51 S. 359 (366 ff.) = NJW 1977 S. 1075 (1076) entnimmt das Verbot, im Verkehrszentralregister getilgte Eintragungen zu verwerten, dem Sinn dieses Registers und den Tilgungsvorschriften des § 29 StVG und des § 13 a StVZO; dazu *Himmelreich* NJW 1978 S. 800. Ebenso *Göhler* § 17 OWiG Rdnr. 20; *Jagusch* § 29 StVG Rdnr. 2; *Koch* DAR 1974 S. 256 (259); *Pryzwanski* S. 189; *O. H. Schmitt* VOR 1973 S. 325 (342/343). Vgl. auch *Tremml* S. 91, der nur § 29 StVG erwähnt.

[160] *O. H. Schmitt* VOR 1973 S. 325 (337).

[161] BayObLGSt. 1972 S. 112 (115/116) = NJW 1972 S. 1770; BayObLGSt. 1972 S. 127 (128) = NJW 1972 S. 2008; BayObLGSt. 1973 S. 97 = NJW 1973 S. 1762; OLG Celle NJW 1973 S. 68; OLG Düsseldorf DAR 1982 S. 337; OLG Hamm DAR 1981 S. 156; MDR 1974 S. 256 = VRS 47 S. 12; VRS 44 S. 363 (364); 47 S. 42; 48 S. 299 (301); OLG Karlsruhe NJW 1973 S. 291 = VRS 45 S. 51; OLG Schleswig bei *Ernesti/Jürgensen* SchlHA 1973 S. 193, 1974 S. 188 und bei *Ernesti/Lorenzen* SchlHA 1981 S. 98; OLG Stuttgart Justiz 1972 S. 397; *Rebmann/Roth/Herrmann* § 17 OWiG Anm. 21; *Rotberg* § 17 OWiG Rdnr. 5; LK *Hirsch* § 46 StGB Rdnr. 81; *Full/Möhl/Rüth*, Straßenverkehrsrecht, 1980, § 13 a StVZO Rdnr. 5; *Jagusch* § 29 StVG Rdnr. 6; *Krumme*, Straßenverkehrsgesetz, 1977, § 29 StVG Rdnr. 13; *Koch* DAR 1974 S. 256 (259); *O. H. Schmitt* VOR 1973 S. 325 (338 ff.). – A. A. OVG Berlin VRS 44 S. 474 (476); OVG Lüneburg NJW 1973 S. 532; OVG Münster NJW 1973 S. 1714; 1974 S. 1346. Vgl. auch *Creifelds* GA 1974 S. 129 (133); *Klinghardt* NJW 1974 S. 491.

[162] BayObLGSt. 1973 S. 97 = NJW 1973 S. 1762; BayObLG bei *Rüth* DAR 1975 S. 201; KG VRS 52 S. 305; LK *Hirsch* § 46 StGB Rdnr. 81; *Full/Möhl/Rüth*, Straßenverkehrsrecht, 1980, § 13 a StVZO Rdnr. 5; *Jagusch* § 29 StVG Rdnr. 6; *Götz* GA 1973 S. 193 (198); *O. H. Schmitt* VOR 1973 S. 325 (345); *Tremml* S. 94. – A. A. *Pryzwanski* S. 194, der im Anschluß an *Ganslmayer* (NJW 1973 S. 1761) Ordnungswidrigkeiten unter der 40 DM-Grenze immer für unverwertbar hält; ebenso BVerwG NJW 1973 S. 1992; *Rebmann/Roth/Herrmann* § 17 OWiG Anm. 21. – BayObLGSt. 1973 S. 30 = NJW 1973 S. 1091 (1093) mit abl. Anm. *Ganslmayer* NJW 1973 S. 1761 hatte das Gegenteil angenommen, aber noch offengelassen, ob eine fiktive Eintragungstilgung berücksichtigt werden muß. – *Göhler* § 17 OWiG Rdnr. 20 hält die Ordnungswidrigkeit nicht für unverwertbar, will aber offenbar keine Nachforschungen zulassen.

[163] OLG Celle NJW 1973 S. 68; OLG Hamm DAR 1981 S. 156; VRS 47 S. 42; OLG Schleswig bei *Ernesti/Lorenzen* SchlHA 1981 S. 98; *Jagusch* § 13 a StVZO Rdnr. 23.

keiten, die nach § 149 Abs. 2 Nr. 3 GewO nicht eingetragen werden, weil die Geldbuße nicht mindestens 200 DM beträgt, sind die Grundsätze zur 40 DM-Grenze bei Verkehrsordnungswidrigkeiten entsprechend anzuwenden.

III. Beweismittelverbote

1. Zur Aussageverweigerung berechtigte Zeugen (§§ 52 ff. StPO, Art. 38, 47 GG)

a) **Grundlagen.** Das Gesetz gibt den Familienangehörigen[164] des Beschuldigen das Recht, die Aussage zu verweigern (§ 52)[165]. Das Zeugnisverweigerungsrecht wirkt zugunsten der Mitangeklagten, sofern der Sachverhalt, über den der Zeuge aussagen soll, auch seinen Angehörigen betrifft, selbst wenn dieser inzwischen aus dem Verfahren ausgeschieden ist[166]. Ein beschränktes Zeugnisverweigerungsrecht haben ferner die Angehörigen bestimmter Berufe (§ 53)[167] und ihre Hilfskräfte (§ 53 a); für einige von ihnen bestimmen § 53 Abs. 2, § 53 a Abs. 2 jedoch, daß sie aussagen müssen, wenn der Beschuldigte sie von der Verpflichtung zur Verschwiegenheit entbunden hat. Nach § 55 haben Zeugen ein Auskunftsverweigerungsrecht für den Fall, daß die wahrheitsgemäße Beantwortung einer Frage sie der Gefahr der Verfolgung wegen einer Straftat oder Ordnungswidrigkeit aussetzen würde. Dieses Auskunftsverweigerungsrecht kann praktisch zum Zeugnisverweigerungsrecht werden, wenn die gesamte Aussage des Zeugen in so engem Zusammenhang mit seinem möglicherweise strafbaren oder ordnungswidrigen Verhalten steht, daß er ohne die Gefahr einer Verfolgung wegen dieses Verhaltens nicht aussagen könnte[168]. Das Bundesverfassungsgericht will ausnahmsweise und unter ganz besonderen Voraussetzungen eine weitere Begrenzung des Zeugniszwangs unmittelbar aus dem Grundgesetz herleiten, wenn die Zeugenvernehmung wegen der Eigenart des Beweisthemas in einen grundrechtlich geschützten Bereich, insbeson-

---

164 Zum Personenkreis vgl. LR *Meyer* § 52 Rdnr. 4 ff. mit Nachw.
165 Zur Verwertbarkeit von Angaben, die sie vor der Weigerungserklärung gemacht haben, vgl. unten S. 465 ff.
166 Wegen der Einzelheiten vgl. LR *Meyer* § 52 Rdnr. 19 ff. mit Nachw.
167 Zum Personenkreis vgl. LR *Meyer* § 53 Rdnr. 17 ff. Eine Erweiterung des Katalogs des § 53 Abs. 1 durch die Rechtsprechung kommt nicht in Betracht; vgl. BVerfGE 33 S. 367 (374 ff.) = JZ 1973 S. 780 mit Anm. *Würtenberger* (Sozialarbeiter); BVerfGE 38 S. 312 = DÖV 1975 S. 637 mit Anm. *Bergmann* (Tierärzte); BVerfG NJW 1979 S. 1286 (Betriebsräte); BVerfG Zeitschrift für Schadensrecht 1982 S. 13 (Haftpflichtversicherer); vgl. auch *Geppert* DAR 1981 S. 301. Vgl. weiter LR *Meyer* § 53 Rdnr. 4 ff.; *Rengier* S. 173 ff., 186 ff., 199 ff. und BB 1980 S. 321. – A. A. *Foth* JR 1976 S. 7, der Übereinstimmung mit § 203 StGB herstellen will; unklar *Gössel* S. 216. Neuerdings billigt OLG Celle NStZ 1982 S. 393 dem Haftpflichtversicherer ein Zeugnisverweigerungsrecht zu.
168 BGHSt. 10 S. 104 (105); 17 S. 245 (247); BGH bei *Dallinger* MDR 1953 S. 402; RGSt. 44 S. 44 (45); RGRspr. 2 S. 263, 305; RG GA 39 S. 214; 62 S. 319; RG LZ 1917 Sp. 142; RG Recht 1914 Nr. 2954; 1930 Nr. 1387; RG ZStW 48 Sdr. Beil. S. 181; *Kleinknecht* § 55 Rdnr. 3; LR *Meyer* § 55 Rdnr. 4; *Koeniger* S. 364; *Peters* JR 1981 S. 439.

dere in den Bereich der privaten Lebensgestaltung (Art. 1 Abs. 1, Art. 2 Abs. 1 GG), eingreifen würde[169]. Praktische Bedeutung wird diese Rechtsprechung wohl nicht erlangen[170].

Ein weiteres Zeugnisverweigerungsrecht ergibt sich jedoch aus Art. 38 Abs. 1 GG und den entsprechenden Vorschriften der Länderverfassungen. Das dort gewährleistete Wahlgeheimnis berechtigt jeden Zeugen, darüber zu schweigen, wie er gewählt hat. Auf dieses Schweigerecht kann er sich auch berufen, wenn von seinen Angaben die Aufklärung einer Wahlfälschung (§ 107 a StGB), einer Wählernötigung (§ 108 StGB) oder einer anderen Straftat abhängt. Denn das Interesse an der Geheimhaltung der Abstimmung ist nicht geringer als das öffentliche Interesse an der Aufklärung der Straftat[171]. Dagegen ist die Ansicht abzulehnen, eine Beweisaufnahme darüber, wie ein Zeuge gewählt hat, sei überhaupt unzulässig, es bestehe ein Beweisthemaverbot[172]. Da der Zeuge selbst vor und nach der Wahl jedermann darüber unterrichten kann, wie er wählen wird oder wie er gewählt hat, besteht kein Grund, ihm zu verbieten, das auch als Zeuge vor Gericht zu bekunden. Nur so läßt sich ermöglichen, daß die zum Schutz der Wahlfreiheit geschaffe-

---

169 BVerfGE 33 S. 367 (374/375) = JZ 1973 S. 780 mit Anm. *Würtenberger*; BVerfGE 38 S. 312 (325) = DÖV 1975 S. 637 mit Anm. *Bergmann*; BVerfG NJW 1979 S. 1286. Hiergegen *Rengier* S. 107 ff., der mit Recht der Ansicht ist, daß diese Rspr. eine überflüssige Unsicherheit in das Strafverfahren hineinträgt. Vgl. auch *Kühne* JuS 1973 S. 685 (687).

170 BayObLGSt. 1978 S. 152 (154 ff.) = JR 1980 S. 432 mit Anm. *Hanack* hat es abgelehnt, dem »Kunden« einer nach § 184 a StGB angeklagten Prostituierten ein auf das Persönlichkeitsrecht gestütztes Zeugnisverweigerungsrecht zuzubilligen, weil sein Verhalten über die Intimsphäre hinaus »Sozialbezüge« enthält.

171 Vgl. LR *Meyer* vor § 48 Rdnr. 9; *Eb. Schmidt* Nachtr. vor § 52 Rdnr. 18; LK *Willms* Rdnr. 4; *Schönke/Schröder/Eser* Rdnr. 3; SK *Rudolphi* Rdnr. 4; alle zu § 107 c StGB; *Anschütz*, Die Verfassung des Deutschen Reichs, 14. Aufl., 1933, Art. 125 Anm. 8; *Frohnhausen* DJZ 1904 Sp. 116; *Gerland* S. 206; *Hofmann* DJZ 1930 Sp. 1256; *Seifert*, Das Bundeswahlgesetz, 2. Aufl., 1965, S. 56 Rdnr. 39; *Simader* S. 168; *Stützel* S. 90; *Tiedemann* NJW 1967 S. 1013; *G. Wolf*, Straftaten bei Wahlen und Abstimmungen, 1961, S. 203 Fußn. 154. – Eine unbeschränkte Aussagepflicht nehmen aber an: RGSt. 63 S. 382 (388) = JW 1930 S. 1221 (1223) mit abl. Anm. *Perels*; RGRspr. 6 S. 517; *Beling* S. 306/307 Fußn. 3 und Beweisverbote S. 27; *Härtel* DJZ 1930 Sp. 1579; *von Hippel* S. 400 Fußn. 8; *Reichel* DJZ 1910 Sp. 985; *Werner* Recht 1913 Sp. 398 (399). Vgl. auch RG JW 1932 S. 1973. Offengelassen in BGHSt. 29 S. 380 (385) = JR 1981 S. 517 mit Anm. *Oehler*.

172 So aber KK *Pelchen* vor § 48 Rdnr. 23; *Kleinknecht* Einl. Rdnr. 51 und § 52 Rdnr. 2; KMR *Paulus* § 244 Rdnr. 487; *von Münch* Art. 38 GG Rdnr. 48; *Böckenförde* NJW 1967 S. 239; *Karger* Recht 1913 Sp. 517; *Peters* Gutachten S. 111; *Rieker* S. 82; *Solbach/Vedder* JA 1980 S. 161. Ein Beweisthemaverbot nehmen auch an *Rüping* Rdnr. 401 und für Personalratswahlen BVerfGE 49 S. 75 (77 ff.) = NJW 1976 S. 259 sowie für Kommunalwahlen OVG Münster DÖV 1959 S. 457 (458). Vgl. auch zur Frage der Zulässigkeit, Zeugen im Wahlprüfungsverfahren zu vernehmen: OVG Münster DÖV 1979 S. 750 mit abl. Anm. *Becker*, und zur Zeugenbefragung über die Stimmabgabe bei der Wahl zu einer Personalvertretung: BVerwG NJW 1976 S. 259.

nen Strafvorschriften der §§ 107 ff. StGB überhaupt angewendet werden können[173].

Unmittelbar aus dem Grundgesetz ergibt sich schließlich das Zeugnisverweigerungsrecht der Abgeordneten (Art. 47 Satz 1 GG). Die Vorschrift des § 53 Abs. 1 Nr. 4, die das wörtlich wiederholt, hat nur Bedeutung für die Abgeordneten der Länderparlamente[174].

b) Wirkung der Aussageverweigerung. Die Vernehmung eines Zeugen, der sich auf sein Zeugnisverweigerungsrecht beruft, ist unzulässig. Ein auf seine Vernehmung gerichteter Beweisantrag muß daher nach § 244 Abs. 3 Satz 1 abgelehnt werden[175]. Jedoch schließt die Berufung auf das Zeugnisverweigerungsrecht eine Inaugenscheinnahme des Zeugen zu Beweiszwecken nicht aus[176]. Ist der Zeuge an Gerichtsstelle anwesend, so ist dazu eine förmliche Augenscheinseinnahme nicht einmal erforderlich[177]. Mehr als das Ergebnis der Besichtigung darf aber für das Urteil nicht verwertet werden. Das äußere Verhalten des Zeugen bei seiner Anwesenheit im Gerichtssaal muß unberücksichtigt bleiben[178].

c) Erklärung der Zeugen als Voraussetzung des Beweisverbots. Das Zeugnisverweigerungsrecht begründet erst dann ein Beweisverbot, wenn feststeht, daß der Zeuge von ihm Gebrauch machen will. Dazu bedarf es seiner ausdrücklichen Erklärung. Die Vermutung, daß der Zeuge sie abgeben werde, rechtfertigt die Ablehnung eines Beweisantrags nicht. Hat der Zeuge, auch wenn er der Ladung nicht gefolgt ist[179], noch nicht erklärt, daß er die Aussage verweigern wolle, so kann daher ein

---

173 Vgl. LK *Willms* § 107 c StGB Rdnr. 4 und *Tiedemann* NJW 1967 S. 1013 (1014), der mit Recht der Ansicht ist, die Gewährung eines Zeugnisverweigerungsrechts beeinträchtige die Wahlfreiheit weniger als die völlige Entziehung des Strafschutzes vor Manipulationen vor und bei der Wahl.
174 Vgl. LR *Meyer* § 53 Rdnr. 34.
175 BGHSt. 14 S. 21 (23); RGSt. 38 S. 256 (257); 40 S. 345 (346); 41 S. 32; RG JW 1890 S. 431; 1931 S. 949 mit Anm. *Alsberg*; RG DJ 1937 S. 553 = HRR 1937 Nr. 615; RG HRR 1939 Nr. 1566; RG Recht 1930 Nr. 2139; *Dalcke/Fuhrmann/Schäfer* § 244 Rdnr. 10; KK *Pelchen* § 52 Rdnr. 43; *Kleinknecht* § 244 Rdnr. 47; KMR *Paulus* vor § 48 Rdnr. 83 und § 244 Rdnr. 131; LR *Meyer* § 52 Rdnr. 40; *Eb. Schmidt* § 244 Rdnr. 34 und Nachtr. vor § 52 Rdnr. 5; *Beling* S. 289 ff., 306 ff.; *Harreß* S. 47/48; *Petry* S. 49; *Stützel* S. 89; *Völcker* S. 26. – Nach anderer Ansicht ist der Zeuge nur ein völlig ungeeignetes Beweismittel: BGHSt. 21 S. 12 (13) = NJW 1966 S. 742 mit Anm. *Seydel*; BGH NStZ 1982 S. 126; BGH bei *Holtz* MDR 1980 S. 987 = NStZ 1981 S. 32 L; LR *Gollwitzer* § 244 Rdnr. 238; *Dose* NJW 1978 S. 349 (351); *Gössel* S. 256; *Hanack* JZ 1972 S. 114 (115); *Köhler* S. 36. – *Nüse* JR 1966 S. 281 (283) spricht von einem »nicht existenten« Zeugen. BayObLGSt. 1967 S. 49 = 1967 S. 346 läßt die rechtliche Einordnung offen.
176 Vgl. OLG Hamm MDR 1974 S. 1036 = VRS 48 S. 105 (Größenvergleich); KK *Pelchen* § 52 Rdnr. 44; *Nüse* JR 1966 S. 281 (283); a. A. *Rogall* S. 233 und MDR 1975 S. 813.
177 BGH GA 1965 S. 108; OLG Schleswig bei *Ernesti/Jürgensen* SchlHA 1972 S. 160; oben S. 236.
178 Vgl. OLG Köln VRS 57 S. 425 (426), das es mit Recht für unzulässig erklärt, aus der Tatsache, daß eine ihr Zeugnis verweigernde Zeugin dem Angeklagten zugezwinkert hat, irgendwelche Schlüsse zu ziehen.
179 BGH NJW 1952 S. 273.

Antrag auf seine Vernehmung nicht als unzulässig abgelehnt werden[180]. Die Ablehnung des Beweisantrags ist im allgemeinen selbst dann nicht gerechtfertigt, wenn der Zeuge schon einem Dritten gegenüber erklärt hat, er wolle nicht aussagen[181], oder wenn er bereits bei anderer Gelegenheit[182], insbesondere im Ermittlungsverfahren vor der Polizei oder der Staatsanwaltschaft, die Aussage verweigert hat[183]. Anders ist es, wenn die Zeugnisverweigerung bei einer richterlichen Vernehmung nach Eröffnung des Hauptverfahrens in einer früheren Hauptverhandlung, bei einer kommissarischen Vernehmung[184], bei einer behördlichen Befragung auf Ersuchen des erkennenden Gerichts[184a] oder nach Erhalt einer Ladung als Zeuge vor Gericht erklärt worden ist. Die Ablehnung des Beweisantrags als unzulässig ist dann nur ausgeschlossen, wenn bestimmte Anhaltspunkte dafür vorhanden sind, daß der Zeuge seinen Entschluß über den Gebrauch des Zeugnisverweigerungsrechts ändern werde[185]. Die bloße Möglichkeit, daß er das tun werde, zwingt das Gericht nicht, ihn vorzuladen[186]. Es muß nicht in jedem Fall im Freibeweis Ermittlungen darüber anstellen, ob der Zeuge sich inzwischen anders besonnen hat[187]. Wenn der Antragsteller aber einen Sinneswandel des Zeugen behauptet und mit näheren tatsächlichen Angaben belegt, darf der Beweisantrag nicht nach § 244 Abs. 3 Satz 1 abgelehnt werden[188].

---

180 Vgl. *Eb. Schmidt* Nachtr. vor § 52 Rdnr. 15; *Harreß* S. 48; *Simader* S. 168.
181 BGH 1 StR 157/79 vom 24. 7. 1979.
182 BGH bei *Holtz* MDR 1980 S. 987 = NStZ 1981 S. 32 L.
183 BGHSt. 40 S. 345 (346/347); *Dalcke/Fuhrmann/Schäfer* § 244 Rdnr. 10; *Kleinknecht* § 52 Rdnr. 3 und § 244 Rdnr. 47; *Harreß* S. 48. – Eine Ausnahme hat RG DJ 1937 S. 553 = HRR 1937 Nr. 615 für den Fall zugelassen, daß ein Zeuge, der sich seines Zeugnisverweigerungsrechts bewußt ist, schon vor der Polizei erklärt hat, er werde von ihm auch für den Fall der Ladung zur Hauptverhandlung Gebrauch machen; der Zeuge war Justizsekretär.
184 Vgl. LR *Gollwitzer* § 244 Rdnr. 238.
184a Vgl. BGH NStZ 1982 S. 126; das Gericht hatte den Zeugen vom deutschen Konsulat in Oslo befragen lassen, ob er in der Hauptverhandlung in dem Strafverfahren gegen seinen Bruder aussagen wolle.
185 RG JW 1932 S. 447. Der Zeuge muß z. B. geladen werden, wenn Anlaß zu der Annahme besteht, daß er seine Weigerung in der irrigen Meinung erklärt hat, nunmehr seien auch seine früheren Angaben bei einer richterlichen Vernehmung unverwertbar, daß er bei Aufklärung dieses Irrtums aber aussagebereit ist; vgl. BGHSt. 21 S. 12; LR *Gollwitzer* § 244 Rdnr. 238; *Hanack* JZ 1972 S. 114 (115).
186 BGH 5 StR 55/55 vom 21. 6. 1955; RGSt. 38 S. 256 (257); 40 S. 345 (346); 41 S. 32; RG JW 1931 S. 949 mit Anm. *Alsberg*; RG HRR 1939 Nr. 1566; LR *Gollwitzer* § 244 Rdnr. 238; *Harreß* S. 48; *Völker* S. 26.
187 A. A. *Simader* S. 125 Fußn. 21, S. 169.
188 BGH 5 StR 752/77 vom 10. 1. 1978. Der Fall ist insofern bemerkenswert, als die Zeugen erst drei Tage vor Stellung des Beweisantrags in der Hauptverhandlung das Zeugnis verweigert hatten. Vgl. auch LR *Meyer* § 52 Rdnr. 40; *Eb. Schmidt* Nachtr. vor § 52 Rdnr. 15: Das Fehlen näherer Angaben über den Sinneswandel des Zeugen rechtfertigt die Ablehnung des Antrags.

Ein Anhaltspunkt für eine Sinnesänderung des Zeugen kann z. B. darin liegen, daß er nach Verweigerung seines Zeugnisses einer erneuten Ladung gefolgt ist, ohne daß ihm Zwangsmaßnahmen angedroht worden waren[189]. Insbesondere kann aber eine in der Hauptverhandlung eingetretene Veränderung der Sach- oder Rechtslage auch die Stellungnahme des Zeugen zu seinem Zeugnisverweigerungsrecht beeinflussen[190]. Die Berufung auf dieses Recht macht den Zeugen daher grundsätzlich auch nur für den jeweiligen Rechtszug zu einem unzulässigen Beweismittel. Im Berufungsrechtszug muß dem Antrag auf Ladung des Zeugen regelmäßig stattgegeben werden, auch wenn er im ersten Rechtszug von seinem Zeugnisverweigerungsrecht Gebrauch gemacht hat[191]. Denn zwischen den beiden Rechtszügen liegt das Urteil des Strafrichters oder des Schöffengerichts, und es läßt sich regelmäßig nicht ausschließen, daß sich dadurch die Einstellung des Zeugen geändert hat. Eine wesentliche Veränderung kann für eine blutsverwandte Zeugin schon die Tatsache bilden, daß der Angeklagte im ersten Rechtszug verurteilt worden ist[192].

2. Zur Aussageverweigerung verpflichtete Zeugen (§ 54)

a) **Personenkreis.** Zur Aussageverweigerung sind Regierungsmitglieder, Beamte, Richter und andere öffentliche Bedienstete verpflichtet, wenn sie über Umstände vernommen werden sollen, auf die sich ihre Pflicht zur Amtsverschwiegenheit bezieht. Die Verschwiegenheitspflichten sind nicht in der Strafprozeßordnung, sondern im Beamtenrecht bestimmt[193]. Zur Verschwiegenheit sind außer den Angehörigen des öffentlichen Dienstes die Soldaten der Bundeswehr[194] und andere Personen verpflichtet, deren Amtsfunktion mit der einer Behörde im weitesten Sinne zusammenhängt. In Betracht kommen die Mitglieder der Gemeinde-

---

189 BGH 5 StR 55/55 vom 21. 6. 1955.
190 RG JW 1935 S. 3110 mit abl. Anm. *Siegert*; LR *Meyer* § 52 Rdnr. 40; *Koeniger* S. 277; *Simader* S. 169.
191 RG JW 1932 S. 3100 mit Anm. *Hirsch*; RG JW 1935 S. 3110 mit Anm. *Siegert*; BayObLGSt. 1967 S. 49 = JR 1967 S. 346; *Kleinknecht* § 244 Rdnr. 47; LR *Gollwitzer* § 244 Rdnr. 238; LR *Meyer* § 52 Rdnr. 40; a. A. offenbar RG JW 1931 S. 1815 mit Anm. *Alsberg*.
192 Vgl. *Hirsch* JW 1932 S. 3100.
193 Für Mitglieder der Bundesregierung in § 6 Abs. 1 Satz 1 des Bundesministergesetzes i. d. F. vom 27. 7. 1971 (BGBl. I S. 1166), für Bundesbeamte in § 61 BBG, für Landesbeamte in den entsprechenden Vorschriften der Landesbeamtengesetze, die durch § 39 Abs. 1, 2 BRRG harmonisiert sind. Für Richter gelten nach §§ 46, 71 Abs. 1 DRiG die Vorschriften für Bundes- und Landesbeamte entsprechend; sie sind auch anwendbar, wenn ein Ermittlungsrichter über seine Ermittlungshandlungen als Zeuge vernommen werden soll (vgl. LR *Meyer* § 54 Rdnr. 5; a. A. *Kleinknecht* § 54 Rdnr. 3; KMR *Paulus* § 54 Rdnr. 12; *Stegmann* S. 143 ff.). Für Angestellte des öffentlichen Dienstes gilt § 9 des Bundes-Angestelltentarifvertrages (BAT) vom 23. 2. 1961 (MinBl. Fin. S. 214).
194 Vgl. § 14 Abs. 1 und 2 des Soldatengesetzes i. d. F. vom 19. 8. 1975 (BGBl. I S. 2273).

räte[195] und Personalräte[196], Schiedsmänner[197], Geistliche, soweit sie nicht schon nach § 53 Abs. 1 Nr. 1 zur Zeugnisverweigerung berechtigt sind[198], Geschäftsführer einer Kreishandwerkerschaft[199], nicht aber Vertrauensleute[200] der Polizei und der geheimen Nachrichtendienste, auch wenn sie regelmäßig für solche Behörden tätig und nach dem Verpflichtungsgesetz[201] besonders zur Verschwiegenheit verpflichtet sind[202]. Anders ist es, wenn sie hauptberuflich mit festen Bezügen angestellt sind[203]. Ein weiterer Fall der Verschwiegenheitspflicht betrifft Bedienstete der Europäischen Gemeinschaften[204]. Der Bundespräsident entscheidet nach § 54 Abs. 3 selbst darüber, ob er das Zeugnis verweigern muß, weil die Aussage dem Wohl des Bundes oder eines deutschen Landes Nachteile bereiten würde[205].

Die Vorschrift des § 54 überträgt die öffentlich-rechtlichen Verschwiegenheitspflichten ohne jede Änderung auf das Verfahrensrecht. Aussagepflicht und Aussagebefugnis entfallen für die in § 54 bezeichneten Personen, auch wenn sie nicht mehr im Dienst sind (§ 54 Abs. 4), in den Grenzen der ihnen obliegenden Amtsverschwiegenheit[206]. Die Vorschrift schafft also ein Beweiserhebungsverbot[207], und

---

195 OVG Münster MDR 1955 S. 61; KK *Pelchen* § 54 Rdnr. 8; LR *Meyer* § 54 Rdnr. 9.
196 Vgl. *Kleinknecht* § 54 Rdnr. 4; *Rengier* BB 1980 S. 321.
197 BVerwGE 18 S. 58 = NJW 1964 S. 1088; OLG Hamm NJW 1968 S. 1440; AG Werne MDR 1965 S. 599; KK *Pelchen* § 54 Rdnr. 8; KMR *Paulus* § 54 Rdnr. 18.
198 Vgl. LR *Meyer* § 54 Rdnr. 9; *Eb. Schmidt* Nachtr. § 54 Rdnr. 4; *Feller* JZ 1961 S. 628 (629); *Stromberg* MDR 1974 S. 892 (893).
199 LG Aachen NJW 1954 S. 1213.
200 Zur Unterscheidung der V-Leute von den bloßen Gewährsleuten, die nicht systematisch Tatsachen erforschen, sondern nur auf Anfrage mitteilen, was sie wissen, vgl. W. *Krause* S. 31 ff.; unten S. 623 Fußn. 37.
201 Art. 42 EGStGB vom 2. 3. 1974 (BGBl. I S. 469) i. d. F. des Gesetzes vom 15. 8. 1974 (BGBl. I S. 1942).
202 Vgl. KMR *Paulus* § 54 Rdnr. 21; LR *Meyer* § 54 Rdnr. 9. – A. A. für den Fall der Verpflichtung: BGH NStZ 1981 S. 70; KK *Pelchen* § 54 Rdnr. 8. Die Entscheidung BGH NJW 1980 S. 846 hatte das offengelassen. – Grundsätzlich a. A. *Woesner* NJW 1961 S. 533 (536/537), der eine Aussagepflicht unter allen Umständen für gegeben hält, sowie *Evers* S. 159/160, W. *Krause* S. 55 und *Röhrich* S. 45 ff., die die V-Leute für Amtsträger halten; hiergegen mit Recht *Salzwedel* in Gedächtnisschrift für Hans Peters, 1967, S. 756 (778 ff.).
203 Vgl. KMR *Paulus* § 54 Rdnr. 19, 21. Zu dieser Möglichkeit der Beziehungen zur Polizei vgl. *Freeden* Polizei 1958 S. 69 (71).
204 Vgl. Art. 19 der VO Nr. 31 (EWG), 11 (EAG) über das Statut der Beamten und über die Beschäftigungsbedingungen für die sonstigen Bediensteten der Europäischen Wirtschaftsgemeinschaft und der Europäischen Atomgemeinschaft vom 18. 12. 1961 (ABl. EG Nr. 45 vom 14. 6. 1962 S. 1385 = BGBl. II 1962 S. 953) i. d. F. der VO (EWG) Nr. 259/68 des Rates vom 29. 2. 1968 (ABl. EG L 56 S. 1).
205 Vgl. *Kleinknecht* Rdnr. 20; KMR *Paulus* Rdnr. 39; LR *Meyer* Rdnr. 27; alle zu § 54.
206 BGH bei *Dallinger* MDR 1952 S. 659; RG Recht 1918 Nr. 1639; LR *Meyer* § 54 Rdnr. 2; *Welp* in FS für Wilhelm Gallas, 1973, S. 391 (422).
207 RGSt. 44 S. 291 (292); 48 S. 38 (39); RG GA 49 S. 133; *Dalcke/Fuhrmann/Schäfer* § 244 Rdnr. 10; *Eb. Schmidt* Nachtr. § 54 Rdnr. 7; *Feller* JZ 1961 S. 628 (630); *Fezer* JuS 1978 S. 472 (474); *Henkel* S. 254 Fußn. 4; *Rudolphi* Schaffstein-FS S. 439; *Stützel* S. 89; *Welp* S. 130 und in FS für Wilhelm Gallas, 1973, S. 391 (422).

zwar ein Beweismittelverbot[208]. Sie zwingt zur Ablehnung von Beweisanträgen wegen Unzulässigkeit der Beweiserhebung nach § 244 Abs. 3 Satz 1, wenn feststeht, daß der Zeuge nicht aussagen darf[209]. Das gilt auch für den Fall, daß der Zeuge schon unbefugt im Ermittlungsverfahren ausgesagt hat[210].

b) **Bindung des Gerichts an die Verweigerung der Aussagegenehmigung.** Die Pflicht zur Amtsverschwiegenheit bezieht sich nicht auf Tatsachen, die offenkundig sind oder ihrer Bedeutung nach keiner Geheimhaltung bedürfen[211]. Über andere Tatsachen darf der Beamte mit Genehmigung seines Dienstvorgesetzten vor Gericht aussagen[212]. Die Genehmigung darf nur versagt werden, wenn die Aussage dem Wohl des Bundes oder eines deutschen Landes Nachteile bereiten oder die Erfüllung öffentlicher Aufgaben ernstlich gefährden oder erheblich erschweren würde[213]. Beantragt ein Prozeßbeteiligter die Vernehmung eines Zeugen, bei dem eine Pflicht zur Amtsverschwiegenheit in Betracht kommt, so muß das Gericht eine Aussagegenehmigung bei der nach Beamtenrecht zuständigen Behörde einholen[214]. Der Zeuge ist nicht verpflichtet, sich die Genehmigung selbst zu beschaffen[215]. Das Gericht darf die Einholung der Genehmigung nicht deshalb unterlassen, weil es ihre Erteilung für aussichtslos hält, insbesondere nicht mit der Begründung, die Dienstbehörde des Zeugen pflege Genehmigungen nicht zu erteilen[216]. Die Erlangung der Genehmigung muß unter allen Umständen versucht werden[217].

An die Entscheidung der Verwaltungsbehörde ist das Strafgericht gebunden,

---

208 Vgl. *Kleinknecht* NJW 1966 S. 1537 Fußn. 6; *Rengier* S. 284; *Spendel* NJW 1966 S. 1102 (1106). – A. A. (Beweisthemaverbot) *Peters* Gutachten S. 106 ff.; *Sydow* S. 34.
209 BGHSt. 30 S. 34 (37); RGSt. 44 S. 291 (293); RG JW 1935 S. 2378; RG Recht 1926 Nr. 2047; KMR *Paulus* § 54 Rdnr. 23; *Fezer* JuS 1978 S. 472 (474); *Harreß* S. 48; *Koeniger* S. 277. – A. A. BGH bei *Holtz* MDR 1980 S. 987 = NStZ 1981 S. 32 L; KK *Pelchen* § 54 Rdnr. 20; *Tiedemann* JuS 1965 S. 14 (17), die den Zeugen nur für »rechtlich unerreichbar« halten; eine solche Unterart der Unerreichbarkeit gibt es aber nicht (vgl. unten S. 620). Zu dem Fall, daß ein Zeuge nicht vorgeladen werden kann, weil die Behörde seine Identität nicht preisgibt, vgl. unten S. 623 ff. Die dort aufgestellten Grundsätze gelten entsprechend, wenn ein beamteter Zeuge wegen Beschränkung seiner Aussagegenehmigung die Auskunft über Namen und Aufenthalt eines Vertrauens- oder Gewährsmannes verweigert.
210 Vgl. LR *Meyer* § 54 Rdnr. 20.
211 Vgl. § 61 Abs. 1 Satz 2 BBG, § 39 Abs. 1 Satz 2 BRRG.
212 Vgl. § 61 Abs. 2 Satz 1 BBG, § 39 Abs. 2 Satz 1 BRRG.
213 Vgl. § 62 Abs. 1 BBG, § 39 Abs. 3 Satz 1 BRRG.
214 Vgl. KK *Pelchen* Rdnr. 13; *Kleinknecht* Rdnr. 8; LR *Meyer* Rdnr. 12; *Eb. Schmidt* Nachtr. Rdnr. 8; alle zu § 54; *Dose* NJW 1978 S. 349 (351); *Henkel* S. 206; *G. Schultz* MDR 1980 S. 634 (635). Vgl. auch Nr. 66 Abs. 1 Satz 2 RiStBV.
215 Vgl. KK *Pelchen* § 54 Rdnr. 13; LR *Meyer* § 54 Rdnr. 12; *M. J. Schmid* JR 1978 S. 8.
216 KG JW 1930 S. 2591; *Dalcke/Fuhrmann/Schäfer* § 244 Rdnr. 14.
217 BGHSt. 17 S. 382 (384); 29 S. 390 (392); RG GA 48 S. 296; *Kleinknecht* Rdnr. 8; KMR *Paulus* Rdnr. 24; LR *Meyer* Rdnr. 12; alle zu § 54. Vgl. auch unten S. 623 ff.

auch wenn es sie für falsch hält[218]. Jedoch kann die Ablehnung des Beweisantrags wegen Unzulässigkeit der Beweiserhebung dann fehlerhaft sein, wenn das Gericht sich mit der Verweigerung oder Beschränkung der Aussagegenehmigung abgefunden hat, obwohl erkennbar war, daß die zuständige Behörde die Genehmigung aus Gründen versagt oder in ihrem Umfang beschränkt[219] hat, die gesetzwidrig, insbesondere ermessensfehlerhaft sind. Das Gericht ist dann[220] verpflichtet, alle nicht von vornherein aussichtslos erscheinenden Schritte zu unternehmen, um auf die Erteilung einer unbeschränkten Aussagegenehmigung hinzuwirken[221]. Es muß Gegenvorstellungen bei der Dienstbehörde erheben[222] und, wenn sie keinen Erfolg haben, die Aufsichtsbehörde anrufen, damit sie die Genehmigung entweder selbst erteilt oder die nachgeordnete Behörde zu ihrer Erteilung anweist[223]. Dagegen ist das Gericht nicht berechtigt, die Entscheidung der Dienstbehörde vor dem Verwaltungsgericht anzufechten[224]. Ob es das Verfahren aussetzen muß, damit der Antragsteller Gelegenheit hat, gegen die Versagung der Aussagegenehmigung Klage vor dem Verwaltungsgericht zu erheben, ist eine Frage der Aufklärungspflicht nach § 244 Abs. 2[225]. Dem Aussetzungsantrag braucht jedenfalls dann nicht stattgegeben zu werden, wenn die Anfechtungsklage von vornherein aussichtslos erscheint[226].

---

218 BGHSt. 17 S. 382 (384); BGH bei *Dallinger* MDR 1952 S. 659; KK *Pelchen* Rdnr. 19; LR *Meyer* Rdnr. 12 mit weit. Nachw.; *Eb. Schmidt* Nachtr. Rdnr. 7; alle zu § 54; *Fezer* JuS 1978 S. 472 (474); *Stegmann* S. 36 mit weit. Nachw. in Fußn. 28, 29.

219 Zur Zulässigkeit beschränkter Aussagegenehmigungen vgl. BGHSt. 17 S. 381 (384) = JZ 1962 S. 760 mit Anm. *Eb. Schmidt*; BGH bei *Dallinger* MDR 1952 S. 659; KK *Pelchen* Rdnr. 17; KMR *Paulus* Rdnr. 31; LR *Meyer* Rdnr. 16; alle zu § 54; *Stegmann* S. 24 mit weit. Nachw. in Fußn. 6.

220 Nicht aber, wenn die Versagung der Genehmigung berechtigt erscheint; vgl. BGH MDR 1981 S. 329 = Strafverteidiger 1981 S. 109.

221 BGHSt. 17 S. 382 (384); OLG Karlsruhe Justiz 1981 S. 366 (368); KMR *Paulus* § 250 Rdnr. 14; *Mehner* S. 67.

222 BGH NStZ 1981 S. 70; BGH 4 StR 129/65 vom 21. 5. 1965; OLG Hamm NJW 1970 S. 821; KK *Pelchen* Rdnr. 19; *Kleinknecht* Rdnr. 10; KMR *Paulus* Rdnr. 35; LR *Meyer* Rdnr. 22; alle zu § 54; *Fezer* JuS 1978 S. 472 (474); *Mehner* S. 67. A. A. *Tiedemann* JuS 1965 S. 14 (16).

223 RGSt. 44 S. 291 (292); RG GA 49 S. 269; RGRspr. 9 S. 123; *Fezer* JuS 1978 S. 472 (474); *Simader* S. 166.

224 Vgl. *Kleinknecht* § 54 Rdnr. 11; LR *Meyer* § 54 Rdnr. 24; *Düwel*, Das Amtsgeheimnis, 1954, S. 199; *Fezer* JuS 1978 S. 472 (474 Fußn. 34); *M. J. Schmid* JR 1978 S. 8; *Tiedemann* JuS 1965 S. 14 (16).

225 RGRspr. 9 S. 123; RG JW 1925 S. 372 mit Anm. *Löwenstein*; RG GA 49 S. 133, 269; RG Recht 1911 Nr. 953; KK *Pelchen* Rdnr. 21; KMR *Paulus* Rdnr. 37; LR *Meyer* Rdnr. 25; alle zu § 54; *Fezer* JuS 1978 S. 472 (474); *Woesner* NJW 1961 S. 533 (536). – A. A. *Düwel* a.a.O. (oben Fußn. 224) S. 198 und *M. J. Schmid* JR 1978 S. 8 (9), der einen Rechtsanspruch aus Art. 19 Abs. 4 GG herleitet. Er hält das aber zu Unrecht für eine Frage der Unerreichbarkeit und wendet die zu diesem Ablehnungsgrund entwickelten Grundsätze an. Vgl. auch oben S. 103.

226 BGH MDR 1981 S. 329; RG Recht 1911 Nr. 953; OLG Stuttgart NJW 1973 S. 2309.

3. Zur Untersuchungsverweigerung berechtigte Zeugen (§ 81 c)

Die nach § 52 Abs. 1 zur Verweigerung der Aussage berechtigten Zeugen haben nach § 81 c Abs. 3 Satz 1 auch das Recht, Untersuchungen und Blutprobenentnahmen zu verweigern. Bei verstandesunreifen oder -unfähigen Personen ist ferner die Einwilligung des gesetzlichen Vertreters erforderlich (§ 81 c Abs. 3 Satz 2). Ein Sachverständiger, der sein Gutachten nur erstatten kann, wenn ein Zeuge körperlich untersucht oder ihm eine Blutprobe entnommen wird, ist ein völlig ungeeignetes Beweismittel, wenn ihm die Untersuchung oder Blutprobenentnahme mangels Einwilligung des Zeugen oder seines gesetzlichen Vertreters nicht möglich ist[227]. Mit dieser Begründung, nicht wegen Unzulässigkeit der Beweiserhebung, ist ein Beweisantrag abzulehnen, der auf ein solches Sachverständigengutachten gerichtet ist[228]. Die Ablehnung ist erst zulässig, wenn feststeht, daß der Zeuge die Untersuchung oder der gesetzliche Vertreter die Einwilligung verweigert[229]. Die Aufklärungspflicht gebietet, daß das Gericht hierüber im Wege des Freibeweises Ermittlungen anstellt[230].

Entsprechendes gilt für den Fall, daß eine Untersuchung beantragt ist, die der Sachverständige nur mit Einwilligung des Zeugen durchführen kann, insbesondere wenn er ein Gutachten über die Glaubwürdigkeit des Zeugen abgeben soll[231]. Auch dann darf der Beweisantrag nicht abgelehnt werden, bevor geklärt ist, ob der Zeuge die Einwilligung verweigert[232]. Daß der Zeuge in der Hauptverhandlung von seinem Zeugnisverweigerungsrecht nach § 52 Gebrauch macht, bedeutet nicht ohne weiteres die Weigerung, in eine Glaubwürdigkeitsuntersuchung einzuwilligen, und rechtfertigt daher nicht die Ablehnung eines Beweisantrags auf eine solche Untersuchung[233].

4. Andere unverwertbare Beweismittel

a) **Wegen Sperrerklärung nach § 96 unbenutzbare sachliche Beweismittel.** Ist in dem Beweisantrag ein sachliches Beweismittel bezeichnet worden, das sich in amtlicher Verwahrung befindet, und hat die oberste Dienstbehörde bereits erklärt, daß das Bekanntwerden des Inhalts der Akten oder Schriftstücke dem Wohl des Bundes oder eines deutschen Landes Nachteile bereiten würde, so ist der Antrag nicht wegen Unzulässigkeit der Beweiserhebung, sondern wegen Unerreichbarkeit

---

227 Vgl. unten S. 607.
228 A. A. BGHSt. 14 S. 21 (23); RG HRR 1928 Nr. 2330; 1936 Nr. 1475. Nach LR *Gollwitzer* § 244 Rdnr. 228 handelt es sich um einen Fall der Unerreichbarkeit.
229 Vgl. *G. Schäfer* S. 357; *Schlüchter* Rdnr. 547.
230 BGHSt. 14 S. 21 (23/24); RGSt. 64 S. 160 (162); KK *Pelchen* § 81c Rdnr. 8;
231 OLG Hamm VRS 21 S. 62 (63). Vgl. zu dem Erfordernis der Einwilligung LR *Meyer* § 81 c Rdnr. 4 ff.
232 BGHSt. 14 S. 21 (23/24); OLG Hamm VRS 21 S. 62 (63); *Kleinknecht* § 244 Rdnr. 47; LR *Meyer* § 81 c Rdnr. 7; *Panhuysen* S. 82.
233 BGHSt. 14 S. 21 (23); BGH 2 StR 399/79 vom 15. 8. 1979 bei *Pfeiffer* NStZ 1981 S. 93.

des Beweismittels abzulehnen²³⁴. Ein Beweismittelverbot im eigentlichen Sinne besteht, wenn die Schriftstücke sich bereits bei den Gerichtsakten befinden und die Sperrerklärung erst nachträglich abgegeben wird oder wenn die Behörde dem Gericht die Akten nur zur vertraulichen Kenntnisnahme überlassen hat²³⁵. Hat das Gericht versehentlich ein nach § 96 gesperrtes Schriftstück verlesen oder sonst in die Hauptverhandlung eingeführt, so besteht kein Verwertungsverbot²³⁶.

b) Nach § 250 unverwertbare Urkunden

(1) Die Vorschrift, die nur im Strengbeweisverfahren gilt²³⁷, dort aber auch anwendbar ist, wenn das Gesetz, wie in § 384 Abs. 3 StPO, § 77 OWiG, den Umfang der Beweisaufnahme in das Ermessen des Gerichts stellt²³⁸, bestimmt die **Unmittelbarkeit der Beweisaufnahme** über Wahrnehmungen von Beweispersonen (Zeugen²³⁹ und Sachverständige²⁴⁰). Der Grundsatz der Unmittelbarkeit, der mehrdeutig ist²⁴¹, bedeutet hier den Vorrang des Personalbeweises vor dem Urkundenbeweis²⁴². Im Interesse einer möglichst zuverlässigen Beweisgewinnung untersagt das Gesetz, das nächste Beweismittel, die Beweisperson selbst, durch Urkunden zu ersetzen, die die Wahrnehmungen des Zeugen oder das Gutachten des Sachverständigen nur mittelbar wiedergeben. Darüber hinaus sind nach dem Sinn der Vorschrift auch Augenscheinseinnahmen unzulässig, die den Bericht eines Zeugen über seine Wahrnehmungen ersetzen sollen²⁴³. Den schriftlichen Erklärungen eines Zeugen stehen daher die von ihm angefertigten Skizzen und Zeichnungen über seine Wahrnehmungen²⁴⁴ sowie Tonbandaufnahmen²⁴⁵ gleich, die seine Äußerungen über Wahrnehmungen enthalten. Durch die Besichtigung von Lichtbildern und die Vorführung von Filmen, die er aufgenommen hat, wer-

---

234 Vgl. unten S. 623 ff. Dagegen nehmen *Peters* S. 419 und *Sendler* S. 164 ein Beweisverbot an.
235 RGSt. 71 S. 268 (271).
236 Vgl. LR *Meyer* § 96 Rdnr. 18; *Grünwald* JZ 1966 S. 489 (498); *Reitberger* Kriminalistik 1965 S. 14 (15); a. A. KMR *Paulus* vor § 94 Rdnr. 24; *Henkel* S. 292.
237 Vgl. oben S. 144.
238 BayObLG bei *Rüth* DAR 1974 S. 187; 1977 S. 211; OLG Celle NdsRpfl. 1976 S. 75; OLG Hamm NJW 1972 S. 966 L = VRS 42 S. 369 (370); VRS 43 S. 54; 49 S. 193 (194); OLG Karlsruhe VRS 48 S. 375; 56 S. 377; OLG Koblenz GA 1977 S. 313; VRS 45 S. 124; 59 S. 267 (268); KMR *Paulus* § 250 Rdnr. 3; LR *Gollwitzer* § 250 Rdnr. 1; Göhler § 77 OWiG Rdnr. 5.
239 Auch Augenscheinsgehilfen; vgl. *Geppert* S. 195/196; *Löhr* S. 114.
240 Vgl. unten S. 463.
241 Vgl. *Geppert* S. 122 ff.; *Heißler* S. 38 ff.; *Spendel* JuS 1964 S. 465 (472).
242 BGHSt. 15 S. 253 (254); KK *Mayr* § 250 Rdnr. 1; KMR *Paulus* § 244 Rdnr. 199; *Löhr* S. 133. Vgl. auch BVerfGE 57 S. 250 (278) = NJW 1981 S. 1719 (1722).
243 Vgl. *Geppert* S. 203; *Heißler* S. 184; a. A. KMR *Paulus* § 250 Rdnr. 7.
244 Vgl. oben S. 225.
245 Vgl. KK *Mayr* § 250 Rdnr. 3; *Dahs/Dahs* Rdnr. 226; *Geppert* S. 201 ff.; *W. Hahn* S. 72; *Heißler* S. 183/184; *Löhr* S. 125; *Roggemann* S. 41; a. A. *Feldmann* NJW 1958 S. 1166 (1168).

den seine Wahrnehmungen dagegen nicht »ersetzt«[246]; solche Augenscheinseinnahmen werden, da sie nur den objektiven Zustand einer Sache oder Örtlichkeit wiedergeben, durch § 250 nicht untersagt.

Auf die Einhaltung des § 250 können die Prozeßbeteiligten, abgesehen von dem Ausnahmefall des § 251 Abs. 1 Nr. 4, nicht wirksam verzichten[247]. Die Vorschrift enthält ein echtes Beweismittelverbot[248]. Ob darin ein weiterreichender Grundsatz zum Ausdruck kommt, daß allgemein bei der Beweisaufnahme das sachnächste Beweismittel benutzt werden muß, ist streitig[249]. Nach herrschender Ansicht wird durch die Vorschrift des § 250 Satz 1 jedenfalls auf dem Gebiet des Zeugenbeweises insoweit kein Beweisverbot geschaffen. Die Tatsache, daß jemand einem anderen eine bestimmte Mitteilung gemacht hat, kann durch die Vernehmung des Mitteilungsempfängers als Zeugen vom Hörensagen nicht nur dann erwiesen werden, wenn sie unmittelbar beweiserheblich ist, etwa weil sie den Tatbestand der üblen Nachrede (§ 186 StGB) erfüllt, sondern auch dann, wenn sie lediglich als Indiz für die Richtigkeit der mitgeteilten Tatsachen Beweis liefern kann und soll[250]. Eine

246 Vgl. *Schlüchter* Rdnr. 539; a. A. *F. W. Krause* S. 160; *Löhr* S. 124/125. – BayObLGSt. 1965 S. 79 = JR 1966 S. 389 mit Anm. *Koffka* hält einen Verstoß gegen § 250 nur für gegeben, wenn der Tatrichter dem Lichtbild zu Unrecht eine selbständige Beweiskraft zumißt.
247 RGSt. 9 S. 49; 30 S. 439; 44 S. 8 (11); RGRspr. 7 S. 401; RG JW 1932 S. 1751; 1935 S. 2380; OLG Hamm VRS 49 S. 113; OLG Schleswig DAR 1962 S. 214; OLG Stuttgart NJW 1976 S. 1852; KMR *Paulus* § 250 Rdnr. 3; LR *Gollwitzer* § 250 Rdnr. 20; *Dahs/Dahs* Rdnr. 230; *F. W. Krause* S. 160; *Löhr* S. 132; *Rieker* S. 83; *Simader* S. 194. Zu § 251 Abs. 1 Nr. 4 vgl. oben S. 264 ff.
248 Vgl. *Eb. Schmidt* Teil I Rdnr. 452; *Geppert* S. 213/214; *Grünwald* JZ 1966 S. 489 (493); *Heißler* S. 6 ff.; *F. W. Krause* S. 199; *Löhr* S. 133; *Spendel* NJW 1966 S. 1102 (1107) und JuS 1964 S. 465 (471); *Stegmann* S. 72. – A. A. *Beling* Beweisverbote S. 4, der die Bestimmungen zur Wahrung des Unmittelbarkeitsgrundsatzes nicht als Beweisverbote, sondern als bloße Beweiserhebungsregeln ansah. KMR *Paulus* § 244 Rdnr. 193 hält kein Verwertungsverbot für gegeben, weil es zulässig ist, die Berichtsurkunde zum Beweis ihrer Existenz und ihres Inhalts zu verlesen.
249 Für den allgemeinen Grundsatz des sachnächsten Beweismittels haben sich ausgesprochen: OGHSt. 1 S. 133; OLG Oldenburg JR 1951 S. 90 (91); *Eb. Schmidt* Teil I Rdnr. 445 ff.; *Beling* S. 315 ff., 319; *Bennecke/Beling* S. 249; *Dolderer* S. 24 ff., 67 ff.; *Gerland* S. 173; *Glaser* Beiträge S. 264; *Goldschmidt* S. 438 Fußn. 2297 und JW 1929 S. 2996; *Grünwald* JZ 1966 S. 489 (493 Fußn. 42); *von Hippel* S. 391; *Peters* S. 297; *Petry* S. 86 ff.; *E. Rupp* S. 125 ff., 129; *von Scanzoni* JW 1925 S. 997. Vgl. auch *Geppert* S. 185; *Löhr* S. 46 ff.
250 So die h. M; vgl. BGHSt. 1 S. 373 (375); 2 S. 99; 6 S. 209 (210); 17 S. 382 (384); 22 S. 268 (270) = JZ 1974 S. 257 mit Anm. *Friederichs*; BGH VRS 16 S. 202 (205); BGH bei *Spiegel* DAR 1978 S. 155; RGSt. 48 S. 246; RG JW 1926 S. 2448; 1935 S. 2979 L; BayObLG VRS 63 S. 211; OLG Frankfurt NJW 1976 S. 985 mit Anm. *Geisler* NJW 1976 S. 1986; KK *Mayr* § 250 Rdnr. 1, 10; *Kleinknecht* § 250 Rdnr. 2; KMR *Paulus* § 244 Rdnr. 197 und § 250 Rdnr. 4, 11; LR *Gollwitzer* § 250 Rdnr. 21 mit weit. Nachw.; *Eb. Schmidt* Nachtr. § 250 Rdnr. 3; *Geppert* S. 236; *Hanack* JZ 1972 S. 236; *W. Krause* S. 155; *Löhr* S. 85; *Mehner* S. 50, 53; *Sarstedt* S. 191; *Schneidewin* JR 1951 S. 481 (482); *Simader* S. 193/194; *Sprang* S. 36; *Stegmann* S. 71; *Tiedemann* JuS 1965 S. 14 (18). – A. A. *Heißler* S. 165 ff., 182; *von Kries* S. 347 und ZStW 6 S. 88 (92 ff.) Einschränkend auch *S. Schaefer*

Bevorzugung der unmittelbaren Beweisführung innerhalb des Zeugenbeweises ist daher weder in dem Sinne anzuerkennen, daß die Vernehmung von Zeugen, die ihr Wissen fremder Unterrichtung verdanken, ganz ausgeschlossen ist, noch in dem Sinne, daß das Gericht, sofern die unmittelbare Beweisführung möglich ist, an ihr nicht vorübergehen darf, so daß es also neben dem Zeugen vom Hörensagen stets auch den Gewährsmann vernehmen müßte[251]. Gegen diese Auffassung spricht schon die Stellung des § 250, der im Rahmen der den Urkundenbeweis regelnden Vorschriften (§§ 249 bis 256) nur das Verhältnis des Zeugen zum Urkundenbeweis bestimmen will. Auch die Entstehungsgeschichte der Vorschrift steht einer solchen Auslegung entgegen[252]. Durch § 250 ist das Gericht daher in der Wahl des Beweismittels nur insofern beschränkt, als es, wie es der Satz 2 der Vorschrift zum Ausdruck bringt, die Vernehmung eines Zeugen, der über die Wahrnehmung einer unmittelbar erheblichen Tatsache oder eines Beweisanzeichens berichten soll, nicht dadurch ersetzen darf, daß eine Urkunde verlesen wird, in der von dem Zeugen selbst oder von einer Person, die ihn vernommen hat, das schriftlich niedergelegt ist, was er bekunden kann. Es ist eine Frage der Aufklärungspflicht, ob der Tatrichter die mittelbare Beweisführung für ausreichend erachtet oder ihr sogar mit Rücksicht auf die besondere Lage des Falles den Vorzug gibt.

(2) Das Verlesungsverbot des § 250 **erstreckt sich** auf Protokolle über eine frühere Vernehmung des Zeugen und auf andere schriftliche Erklärungen. Bei den Vernehmungsprotokollen ist gleichgültig, ob sie von einem Gericht, der Staatsanwaltschaft, der Polizei oder einer anderen Behörde aufgenommen worden sind[253]. Die Protokolle müssen nicht in dem anhängigen Verfahren entstanden sein[254]. Schriftliche Erklärungen im Sinne des § 250 Satz 1 sind nur solche, die von vornherein zu dem Zweck verfaßt worden sind, Beweiszwecken zu dienen[255]. In Betracht kommen Strafanzeigen[256], erläuternde Eingaben zu früheren Vernehmungen und Antworten auf Auskunftsersuchen der Strafverfolgungsbehörden. Dabei

---

S. 42, der verlangt, daß der Zeuge als »Gewährszeuge« auftreten müsse. *Petry* S. 91 ff. hält die Vernehmung von Polizeibeamten über das, was sie von V-Leuten erfahren haben, für unzulässig. – Vgl. auch BVerfGE 1 S. 418 (429) = NJW 1953 S. 177 (178); BVerfGE 57 S. 250 (292) = NJW 1981 S. 1719 (1722 ff., 1725 ff.).
251 So aber OGHSt. 1 S. 133; OLG Oldenburg HESt. 3 S. 36 = JR 1951 S. 90; KK *Herdegen* § 244 Rdnr. 28; *Beling* S. 319; *Ditzen* ZStW 10 S. 111 (154); *von Hippel* S. 391, 395; *Rupp* S. 135/136. – Ähnlich *Gerland* S. 173; *Goldschmidt* S. 438 Fußn. 2297 und JW 1929 S. 2996; *von Kries* S. 378, 415 und ZStW 6 S. 88 (105 ff.).
252 Vgl. dazu *Hegler* Rechtsgang II S. 267 (318 ff.).
253 Vgl. LR *Gollwitzer* § 250 Rdnr. 4; *Rieker* S. 84.
254 BGHSt. 20 S. 160 (161) = JZ 1965 S. 649 mit Anm. *Peters*; LR *Gollwitzer* § 250 Rdnr. 4; *Geppert* S. 198; *Heißler* S. 119; *Schneidewin* JR 1951 S. 481 (482).
255 BGHSt. 6 S. 141 (143); BGH NStZ 1982 S. 79 = Strafverteidiger 1982 S. 56; BGH bei *Martin* DAR 1973 S. 147; OLG Hamm JMBlNRW 1964 S. 44; KMR *Paulus* § 250 Rdnr. 6; LR *Gollwitzer* § 250 Rdnr. 6; *Dahs* Hdb. Rdnr. 493; *Kuckuck* S. 225 Fußn. 3; *Schneidewin* JR 1951 S. 481 (483); *Schorn* Strafrichter S. 281 ff.; offengelassen in BGHSt. 6 S. 209 (212) und BGHSt. 20 S. 160 (161) = JZ 1965 S. 649 mit Anm. *Peters*.
256 OlG Schleswig bei *Ernesti/Jürgensen* SchlHA 1974 S. 187.

ist nicht erforderlich, daß gerade der Beweis in dem vorliegenden Strafverfahren[257] oder überhaupt in einem Strafverfahren[258] die Zweckbestimmung der Urkunde ist und daß das Verfahren, in dem das Schriftstück als Beweis dienen soll, schon sogleich näher bestimmt ist. Daher können auch schriftliche Bescheinigungen, die jemand einem anderen zur gelegentlichen oder beliebigen Verwendung ausgestellt hat, unter das Verwertungsverbot fallen. Die Ansicht, der eindeutige Sinn des § 250, vor allem das klare Gebot des Satzes 2 der Vorschrift, gehe dahin, alle schriftlichen Erklärungen, die die Wahrnehmung einer Person enthalten, von der Verlesung auszuschließen, auch wenn sie nicht zu Beweiszwecken bestimmt sind[259], erscheint unrichtig. Der Sinn des § 250 besteht vielmehr darin, Vernehmungen nicht durch die Verlesung von Erklärungen zu ersetzen, die die Beweisperson abgegeben hat, um in einem gerichtlichen Verfahren über ihre Wahrnehmungen zu berichten. Es besteht aber kein Anlaß, von der Beweiserhebung auch Zufallsurkunden, insbesondere Briefe oder Tagebuchaufzeichnungen, auszuschließen[260]. Denn § 250 bezweckt keineswegs, alles aus dem Urkundenbeweis auszuscheiden, was Gegenstand des Zeugenbeweises sein kann[261].

(3) Daß Vernehmungsprotokolle nur angefertigt werden, um **Wahrnehmungen der Beweispersonen** über unmittelbar beweiserhebliche Tatsachen, Indiztatsachen oder Hilfstatsachen[262] festzuhalten, versteht sich von selbst. Nur bei anderen schriftlichen Erklärungen kann, auch wenn sie zu Beweiszwecken hergestellt worden sind, zweifelhaft sein, ob ihr Inhalt sich auf Wahrnehmungen bezieht. Das ist grundsätzlich der Fall, wenn es sich um den Bericht über einen Vorgang handelt, dessen wahrheitsgemäße Wiedergabe nur durch eine Person möglich ist, die ihn mit einem oder mehreren ihrer fünf Sinne wahrgenommen hat[263]. Es muß sich daher immer um sinnlich wahrnehmbare Vorgänge handeln[264]. Erforderlich ist, daß die Urkunde seelische Vorgänge wiedergibt, die entweder auf einem äußeren Erlebnis, d. h. einer optischen oder akustischen Empfindung, oder einer Betrachtung über Eindrücke, die an den Beobachter von außen herangetragen worden sind, beruhen oder einer Selbstbeobachtung entstammen[265]. Auch die Herstellung

---

257 Vgl. *Schlüchter* Rdnr. 532; a. A. BGH NStZ 1982 S. 79 = Strafverteidiger 1982 S. 56; BGH 5 StR 306/62 vom 25. 9. 1962; offengelassen in BGHSt. 20 S. 160 (161) und BGH 5 StR 363/76 vom 8. 12. 1976.
258 A. A. BGH 5 StR 549/63 vom 7. 1. 1964.
259 RGSt. 26 S. 138 (141); 71 S. 10; RG GA 46 S. 453; KK *Mayr* § 250 Rdnr. 9; *Eb. Schmidt* § 251 Rdnr. 23; *Geppert* S. 200 ff.; *Gössel* S. 239; *Groth* S. 10; *Heißler* S. 121; *F. W. Krause* S. 154 ff., 159; *Löhr* S. 121 ff., 124; Voraufl. S. 303 ff.
260 RGSt. 33 S. 35 (36); *Schneidewin* JR 1951 S. 481 (483); offengelassen in BGHSt. 6 S. 206 (212).
261 So zutreffend *F. W. Krause* S. 156 Fußn. 191.
262 Vgl. zu diesen Begriffen unten S. 577 ff.
263 BGHSt. 15 S. 253 (255); 27 S. 135 (137).
264 BGHSt. 6 S. 209 (212); KK *Mayr* § 250 Rdnr. 5;
265 Vgl. *Groth* S. 19; *Hegler* Rechtsgang II S. 267 (370); a. A. hinsichtlich der Verlesbarkeit von Urkunden, die über innere Vorgänge berichten, *E. Rupp* S. 173, der aber nur an ein Eingreifen des Mündlichkeitsgrundsatzes zu denken scheint.

einer Skizze vom Unfall- oder Tatort ist die schriftliche Äußerung über eine Wahrnehmung[266].

Eine Ausnahme gilt für sinnliche Wahrnehmungen bei Verrichtungen mechanischer Art, die erfahrungsgemäß keinen bleibenden Eindruck in der Erinnerung der damit befaßten Person hinterlassen. Hier gäbe die Vernehmung des Herstellers keinen vernünftigen Sinn. Wer Buchungs- oder Abrechnungsstreifen hergestellt hat, die Rechnungen, Quittungen oder Eintragungen in Geschäftsbüchern zusammenfassen, muß daher über das Ergebnis seiner Tätigkeit nicht als Zeuge vernommen werden[267]. Das gleiche gilt für eine Schreibkraft, die eine Tonbandaufzeichnung in Maschinenschrift übertragen hat[268]. Um Wahrnehmungen handelt es sich auch nicht, wenn die Urkunde eigene Willenshandlungen, Überlegungen oder Bemerkungen des Zeugen enthält[269], wie Mahnschreiben, Weisungen, Befehle oder Aufzeichnungen, die bestimmte eigene Pläne, Vorhaben oder Erwägungen zum Gegenstand haben[270].

Das Verlesungsverbot gilt, wie schon § 256 zeigt, auch für die Gutachten der Sachverständigen[271]. Die Vorschrift des § 82, die es im Vorverfahren von der Anordnung des Richters abhängig macht, ob der Sachverständige das Gutachten schriftlich oder mündlich erstattet, hat für die Hauptverhandlung keine Bedeutung[272]. Ein Sachverständiger darf daher in der Hauptverhandlung auch keine Untersuchungsergebnisse vortragen, die ein anderer Sachverständiger gefunden hat[273]. Ob der Sachverständige sein Gutachten aufgrund der von ihm dazu getroffenen Wahrnehmungen, der Befundtatsachen, abgibt, ob er nur abstrakte Erfahrungssätze vermittelt oder ob er seine Sachkunde auf einen Sachverhalt anwendet, der mit anderen Beweismitteln in das Verfahren eingeführt wird, macht keinen Unterschied[274].

---

266 Vgl. oben S. 225.
267 BGHSt. 15 S. 253; KK *Mayr* Rdnr. 6; *Kleinknecht* Rdnr. 2 a; KMR *Paulus* Rdnr. 7; LR *Gollwitzer* Rdnr. 7; alle zu § 250; *Gössel* S. 238; *Hanack* JZ 1972 S. 202 (204).
268 BGHSt. 27 S. 135 (138) = JR 1978 S. 117 mit Anm. *Gollwitzer*.
269 BGHSt. 6 S. 209 (212); RGSt. 33 S. 35 (36); *Kleinknecht* § 250 Rdnr. 3.
270 Vgl. KK *Mayr* § 250 Rdnr. 5; *Heißler* S. 120; *Koeniger* S. 367; *F. W. Krause* S. 155/156; *Löhr* S. 118.
271 BGHSt. 1 S. 4 (7); 22 S. 268 (270); RGSt. 1 S. 236; 9 S. 51 (53); 25 S. 353 (354); 32 S. 365; 64 S. 78 (80); RGRspr. 5 S. 487; RG JW 1928 S. 818 mit Anm. *Hegler*; RG JW 1928 S. 1307 mit Anm. *Oetker*; RG JW 1932 S. 1751; BayObLGSt. 1949/51 S. 304 (305); BayObLG bei *Rüth* DAR 1965 S. 286; OLG Düsseldorf NJW 1949 S. 917; OLG Schleswig DAR 1962 S. 214; KK *Mayr* § 250 Rdnr. 7; *Eb. Schmidt* § 250 Rdnr. 2; *Geppert* S. 193 und von Lübtow-Festgabe S. 773 (779); *Hegler* Rechtsgang I S. 385 (395 Fußn. 2), II S. 267 (368); *Heißler* S. 113; *Löhr* S. 114; *E. Rupp* S. 147; *Simader* S. 193; vgl. auch RG JW 1924 S. 707.
272 Vgl. *Eb. Schmidt* § 82 Rdnr. 6; *Bennecke/Beling* S. 251 ff.; *Birkmeyer* S. 452, 463; *Geppert* S. 194; *Glaser* Hdb. I S. 732; *E. Rupp* S. 147.
273 BayObLG bei *Rüth* DAR 1965 S. 286.
274 Vgl. *Geppert* S. 195; a. A. OLG Stuttgart NJW 1976 S. 1852 = JR 1977 S. 205 mit Anm. *Gollwitzer*; *Gössel* DRiZ 1980 S. 363 (370) und offenbar auch *Heißler* S. 114. – *Beling* (S. 317) schließt das aus §§ 82, 256.

(4) Das Beweisverbot besteht nur für den Fall, daß die Verlesung der Urkunde die darin wiedergegebenen **Wahrnehmungen beweisen** soll. Wenn die Urkunde lediglich Beweis dafür erbringen soll, daß eine Urkunde dieses Inhalts vorhanden ist, steht ihrer Verlesung nichts entgegen[275]. Das gleiche gilt, wenn die Urkunde einen Straftatbestand verkörpert, wie z. B. einen Meineid oder eine falsche eidesstattliche Versicherung des Zeugen[276].

(5) Unzulässig ist nach § 250 nur die **Ersetzung** der protokollarisch oder in einer schriftlichen Erklärung festgehaltenen Äußerung der Beweisperson durch Verlesung, nicht ihre Ergänzung. Daher ist neben der Vernehmung der Auskunftsperson die Verlesung insoweit zulässig, als sie weder ganz noch teilweise an die Stelle dieser Vernehmung treten soll[277]. Aufzeichnungen oder frühere schriftliche Mitteilungen der in der Hauptverhandlung vernommenen Auskunftsperson und Skizzen und Zeichnungen, die sie hergestellt hat, können verlesen oder in Augenschein genommen werden, wenn das nur dem Gericht zur Kontrolle dafür dienen soll, ob die Auskunftsperson in der Lage oder gewillt ist, wahrheitsgetreu auszusagen. Die Verlesung kann in diesem Fall bezwecken, die Aussage der Auskunftsperson zu unterstützen oder bezüglich ihrer Richtigkeit in Zweifel zu stellen[278]. Es ist auch zulässig, den Inhalt der Vernehmung oder der schriftlichen Erklärung zu verwerten, wenn der Urheber als Zeuge erklärt, er erinnere sich an den Vorgang nicht mehr, habe darüber aber wahrheitsgetreue Angaben gemacht[279]. Dadurch kann jedoch nur der Inhalt der Urkunde, nicht die Richtigkeit ihres Inhalts festgestellt werden[280]. Die Urkunde darf nie in der Weise an die Stelle des mündlich Erklärten treten, daß das, was schriftlich niedergelegt ist, nur deshalb, weil es niedergeschrieben worden ist, dem Urteil als Grundlage dient. Kann die Beweisperson in der Hauptverhandlung nicht vernommen werden, etwa weil sie verstorben oder unauffindbar ist, so liegt in der Verwendung der Protokolle über ihre Vernehmung und

---

275 RGSt. 22 S. 51 (52); RG JW 1917 S. 554 mit Anm. *von Liszt*; KMR *Paulus* § 250 Rdnr. 7; LR *Gollwitzer* § 250 Rdnr. 10; *Beling* S. 311; *Dolderer* S. 54 ff.; *F. W. Krause* S. 156; *Löhr* S. 119; *Rieker* S. 83; *Schneidewin* JR 1951 S. 481 (482).
276 Vgl. KK *Mayr* § 250 Rdnr. 5; KMR *Paulus* § 244 Rdnr. 195 und § 250 Rdnr. 7; *Geppert* S. 198.
277 BGHSt. 1 S. 4 (5); 20 S. 160 (162) = JZ 1965 S. 649 mit abl. Anm. *Peters*; BGH NJW 1970 S. 1558 (1559); RGSt. 33 S. 35 (36); 71 S. 10; RGRspr. 8 S. 718 (719); OLG Hamburg OLGSt. § 303 StGB S. 23 (24); KK *Mayr* Rdnr. 2; *Kleinknecht* Rdnr. 2 a; *Kohlrausch* Anm. 2; LR *Gollwitzer* Rdnr. 16; alle zu § 250; KMR *Paulus* § 244 Rdnr. 194 und § 250 Rdnr. 10; *Groth* S. 32; *Hanack* JZ 1972 S. 202 (203); *Hegler* Rechtsgang II S. 267 (357); *Heißler* S. 202 ff.; *Koeniger* S. 367; *Schlüchter* Rdnr. 532; *Schroth* ZStW 87 S. 103 (107). – A. A. RGSt. 22 S. 51 (52); *Eb. Schmidt* § 250 Rdnr. 4; *Dolderer* S. 59; *Gössel* S. 239; *Grünwald* JZ 1966 S. 489 (493); *Kuckuck* S. 225; *Löhr* S. 127; *Schneidewin* JR 1951 S. 481 (483). *Peters* (JZ 1965 S. 650) will die Verlesung nur zur Prüfung der Glaubwürdigkeit zulassen.
278 Vgl. *Löhr* S. 128; *Rieker* S. 83.
279 BGH NJW 1970 S. 1558; OLG Hamm NJW 1977 S. 2090; *Kleinknecht* Rdnr. 2; KMR *Paulus* Rdnr. 8; LR *Gollwitzer* Rdnr. 19; alle zu § 250.
280 BGHSt. 23 S. 213 (220); BGH NJW 1970 S. 1558 (1559); OLG Hamm NJW 1977 S. 2090; JMBlNRW 1964 S. 44 (45); 1968 S. 45.

von schriftlichen Äußerungen keine »Ersetzung« der Vernehmung; § 251 Abs. 1 Nr. 1, Abs. 2 stellt klar, daß dann eine Verlesung statthaft ist.

(6) **Ausnahmen** von dem Beweisverbot des § 250 bestimmen die §§ 251, 253, 254, 256 und 325[281].

c) Nach § 252 unverwertbare Beweismittel

(1) Die Vorschrift, auf deren Einhaltung die Prozeßbeteiligten nicht wirksam verzichten können[282], ergänzt die §§ 52 ff. und hätte besser dort ihren Standort gefunden. Sie verbietet die Verwertung der Aussagen von Zeugen, nicht von Mitangeklagten[283], die schon vor der Hauptverhandlung, auch in einer Hauptverhandlung im unteren Rechtszug oder in einer ausgesetzten Hauptverhandlung[284], als Zeugen oder Beschuldigte[285] vernommen worden sind und in der Hauptverhandlung[286] erstmalig von ihrem Zeugnisverweigerungsrecht Gebrauch machen. Ob die frühere Vernehmung in dem vorliegenden oder in einem anderen Strafverfahren stattgefunden hat, spielt keine Rolle[287]. Auch die Vernehmung in einem Zivilprozeß löst die Rechtsfolge des § 252 aus[288]. Die Verwertung der Aussage ist aber zulässig,

---

281 Vgl. dazu oben S. 258 ff.
282 BGHSt. 10 S. 77 (78) = 1957 S. 98 mit Anm. *Eb. Schmidt*; OLG Karlsruhe OLGSt. § 252 S. 21 (22); *Kleinknecht* Rdnr. 4; KMR *Paulus* Rdnr. 8; LR *Gollwitzer* Rdnr. 41; alle zu § 252; *Dahs/Dahs* Rdnr. 209; *Schlüchter* Rdnr. 497.1. Vgl. auch BayObLG bei *Rüth* DAR 1969 S. 236.
283 BGHSt. 3 S. 149; BGH VRS 31 S. 453; *Kleinknecht* § 252 Rdnr. 13; KMR *Paulus* § 252 Rdnr. 6.
284 BGH bei *Dallinger* MDR 1969 S. 18; LR *Gollwitzer* § 252 Rdnr. 9; *Eb. Schmidt* § 252 Rdnr. 11; *Fuchs* NJW 1959 S. 14 (17). – A. A. *Petry* S. 192, der den Zeugen an der Entscheidung, dem Gericht sein Wissen zu offenbaren, festhalten will.
285 BGHSt. 10 S. 186; 20 S. 384 = NJW 1966 S. 740 mit Anm. *Seydel*; BGH bei *Holtz* MDR 1979 S. 457 = GA 1979 S. 144; RGSt. 32 S. 72 (74); 35 S. 5 (8); RG JW 1932 S. 419 mit Anm. *Doerr*; BayObLGSt. 1977 S. 127 = NJW 1978 S. 387; OLG Köln VRS 57 S. 425 (426); OLG Schleswig bei *Ernesti/Jürgensen* SchlHA 1978 S. 188; OLG Stuttgart VRS 63 S. 52; KK *Mayr* Rdnr. 10 ff.; *Kleinknecht* Rdnr. 14; KMR *Paulus* Rdnr. 9; LR *Gollwitzer* Rdnr. 9; alle zu § 252; *Fezer* JuS 1977 S. 813 (814); *Hanack* JZ 1972 S. 236 (239); *Rieker* S. 80; *Rogall* NJW 1978 S. 2535 (2538); *Schlüchter* Rdnr. 510; *Simader* S. 114. – A. A. OLG Hamm NJW 1958 S. 721 für den Fall, daß das Verfahren gegen den Angeklagten schon rechtskräftig abgeschlossen ist; zustimmend *Koeniger* S. 358; ablehnend *Eb. Schmidt* Nachtr. § 252 Anm. III 3.
286 Der Zeuge kann seinen Entschluß, nicht auszusagen, selbstverständlich auch schon vor der Hauptverhandlung, insbesondere bei einer kommissarischen Vernehmung, kundtun; vgl. KK *Mayr* § 252 Rdnr. 21; LR *Gollwitzer* § 252 Rdnr. 15; *Glaser* Hdb. I S. 554; *Rieker* S. 80; *Simader* S. 112; *Stützel* S. 87; a. A. RGRspr. 7 S. 457 (458).
287 BGHSt. 20 S. 384 = NJW 1966 S. 740 mit Anm. *Seydel*; KK *Mayr* § 252 Rdnr. 14. — A. A. *Simader* S. 113. Vgl. auch *Nüse* JR 1966 S. 281 (283); *Peters* S. 299.
288 BGHSt. 17 S. 324; KK *Mayr* Rdnr. 16; *Kleinknecht* Rdnr. 3; KMR *Paulus* Rdnr. 16; LR *Gollwitzer* Rdnr. 21; alle zu § 252; *Eser* NJW 1963 S. 234 (235); *Fuhrmann* JuS 1963 S. 273 (275); *Hanack* JZ 1972 S. 236 (238); *Mehner* S. 209; *Nüse* JR 1966 S. 281 (283); *Petry* S. 90 Fußn. 211; *Schlüchter* Rdnr. 509. – A. A. BGH NJW 1951 S. 283 L; BGH bei *Dallinger* MDR 1951 S. 275 = JR 1951 S. 349; RGSt. 35 S. 247 (254); RG JW 1938 S. 2199; OGHSt. 1 S. 299 (300); OLG Kiel HESt. 1 S. 177 = SJZ 1948 Sp. 473 mit

wenn ihr Inhalt in einem Verfahren wegen Falschaussage festgestellt werden muß[289].

Die Vorschrift **gilt** in erster Hinsicht für die nach § 52 zur Aussageverweigerung berechtigten Zeugen. Gleichgültig ist, ob das Angehörigenverhältnis vor oder nach der früheren Vernehmung entstanden ist[290]. Die Beschränkungen des § 252 gelten aber nicht, wenn der Angehörige, ohne vorher zu erklären, daß er beabsichtige, von seinem Zeugnisverweigerungsrecht Gebrauch zu machen, vor der Hauptverhandlung geisteskrank geworden[291] oder verstorben ist[292]. Verstirbt der Zeuge erst, nachdem er diese Erklärung abgegeben hat, so ändert sein Tod nichts an dem Verwertungsverbot des § 252[293].

Im übrigen wirkt das Verwertungsverbot, das aus der Zeugnisverweigerung eines nur mit einem von mehreren Angeklagten verwandten Zeugen folgt, auch zugunsten der Mitangeklagten, wenn gegen alle Angeklagte ein sachlich nicht trennbarer Vorwurf erhoben ist[294]. Das gilt auch, wenn das Verfahren gegen den Angehörigen abgetrennt worden ist[295]. Auf die in § 53 bezeichneten Berufsangehörigen und ihre Hilfskräfte (§ 53 a) findet § 252 nur Anwendung, wenn sie schon bei der früheren Vernehmung ein Zeugnisverweigerungsrecht hatten, nicht aber, wenn sie damals nach § 53 Abs. 2, § 53 a Abs. 2 von der Schweigepflicht entbunden waren und aussagen mußten[296]. In diesem Fall ist auch die Verlesung des Verneh-

Anm. *Sachs*; OLG Oldenburg HESt. 1 S. 36 (37) = JR 1951 S. 90 (91); Voraufl. S. 102/103.
[289] Vgl. OLG Hamm NJW 1981 S. 1682: Die Tochter des Angeklagten hatte in einem gegen ihn anhängigen Verfahren wegen Diebstahls ausgesagt; in einem Verfahren gegen den Angeklagten wegen Anstiftung der Tochter zur Falschaussage kann der Inhalt der Aussage verwertet werden. Zustimmend KK *Mayr* § 252 Rdnr. 5.
[290] BGHSt. 22 S. 218 (220); 27 S. 231 (232); BGH NJW 1972 S. 1334 (1335); 1980 S. 67 (68); RG JW 1934 S. 3206; BayObLGSt. 1965 S. 81 = NJW 1966 S. 117 mit Anm. *Michaelis*; KK *Mayr* Rdnr. 5; *Kleinknecht* Rdnr. 8; KMR *Paulus* Rdnr. 11; alle zu § 252; *Dahs/Dahs* Rdnr. 209; *Fezer* JuS 1977 S. 813 (814); *Gollwitzer* JR 1981 S. 126; *Hanack* JZ 1972 S. 236 (239); *Nüse* JR 1966 S. 281 (283); *Roxin* § 44 B III 5; *Schlüchter* Rdnr. 503; a. A. *Mehner* S. 207.
[291] RGSt. 9 S. 88 (91).
[292] BGHSt. 22 S. 35; BGH bei *Dallinger* MDR 1966 S. 384; OLG Nürnberg HESt. 3 S. 40 = SJZ 1950 Sp. 463; KK *Mayr* Rdnr. 13; *Kleinknecht* Rdnr. 4; LR *Gollwitzer* Rdnr. 12; *Eb. Schmidt* Rdrn. 9; alle zu § 252; *Fezer* JuS 1977 S. 813 (815 Fußn. 13); *Mehner* S. 206/207; *Michaelis* NJW 1969 S. 730; *Schlüchter* Rdnr. 504; a. A. *Peters* JR 1968 S. 429 (430).
[293] OLG Celle NJW 1968 S. 414; *Kleinknecht* § 252 Rdnr. 4; LR *Gollwitzer* § 252 Rdnr. 12; *Fezer* JuS 1977 S. 813 (815 Fußn. 13); *Schlüchter* Rdnr. 505; a. A. *Michaelis* NJW 1969 S. 730.
[294] BGHSt. 7 S. 194 (196); 27 S. 139 (141); BGH 1 StR 462/75 vom 21. 10. 1975; OLG Celle NdsRpfl. 1964 S. 279; KK *Mayr* § 252 Rdnr. 5; LR *Gollwitzer* § 252 Rdnr. 14.
[295] Vgl. LR *Meyer* § 52 Rdnr. 19 ff.
[296] BGHSt. 18 S. 146 = JR 1963 S. 266 mit Anm. *Eb. Schmidt*; KK *Mayr* Rdnr. 6; *Kleinknecht* Rdnr. 3; KMR *Paulus* Rdnr. 26; LR *Gollwitzer* Rdnr. 32; alle zu § 252; LR *Meyer* § 53 Rdnr. 66; *Schlüchter* Rdnr. 513. – A. A. RG JW 1914 S. 434 und offenbar auch BayObLG bei *Rüth* DAR 1965 S. 274, nach dessen Ansicht die spätere Zeugnisverweigerung die Verwertung der früheren Aussage niemals hindert.

mungsprotokolls zulässig[297]. Das Verwertungsverbot des § 252 gilt schließlich auch für die nach § 54 zur Aussageverweigerung verpflichteten Zeugen, die vor der Hauptverhandlung in der irrigen Meinung ausgesagt haben, der Gegenstand ihrer Wahrnehmung dürfe von ihnen offenbart werden[298]. Anders ist der Fall zu beurteilen, daß die dem Beamten erteilte Aussagegenehmigung später widerrufen worden ist; die Aussage vor dem Widerruf ist verwertbar[299]. Auf Zeugen, die nur ein Auskunftsverweigerungsrecht nach § 55 haben, ist § 252 nach richtiger Ansicht nicht anzuwenden[300]. Das gilt auch, wenn der Ausnahmefall vorliegt, daß das Auskunftsverweigerungsrecht nach § 55 praktisch zu einem Aussageverweigerungsrecht wird, weil der gesamte Inhalt der Aussage den Zeugen der Gefahr der Verfolgung wegen einer Straftat oder Ordnungswidrigkeit aussetzen würde[301]. Entsprechend anwendbar ist § 252 auf einen Sachverständigen, der nach Erstattung seines Gutachtens von seinem Weigerungsrecht nach § 76 Gebrauch macht[302], nicht aber auf die Untersuchung des Zeugen nach § 81 c[303].

(2) Seinem Wortlaut nach verbietet § 252 nur, die Niederschrift der Aussage zu verlesen, die der Zeuge vor der Hauptverhandlung gemacht hat, einschließlich der Schriftstücke, die er bei seiner Vernehmung übergeben hat und die dadurch Bestandteil seiner Aussage geworden sind[304]. Die Vorschrift schränkt aber nach

---

297 Vgl. *Hanack* JZ 1972 S. 236 (238).
298 OLG Celle MDR 1959 S. 414; *Kleinknecht* Rdnr. 14; KMR *Paulus* Rdnr. 5; LR *Gollwitzer* Rdnr. 1; alle zu § 252; LR *Meyer* § 54 Rdnr. 20; *Gössel* NJW 1981 S. 2217 (2220); *Groth* S. 47; *Koeniger* S. 359; *Mehner* S. 219; *Schlüchter* Rdnr. 515; *Simader* S. 114; a.A. KK *Mayr* § 252 Rdnr. 8.
299 KMR *Paulus* § 252 Rdnr. 5; *Mehner* S. 219.
300 BGHSt. 6 S. 209 (211); 17 S. 245 (246); S. 337 (350); BGH MDR 1951 S. 180; BGH VRS 34 S. 218; BGH bei *Dallinger* MDR 1968 S. 202; BGH 1 StR 381/75 vom 19. 8. 1975; BayObLGSt. 1953 S. 92 (93) = NJW 1953 S. 1115; BayObLGSt. 1966 S. 166 = NJW 1967 S. 1095 = JR 1968 S. 29 mit abl. Anm. *Koffka*; OLG Celle NJW 1957 S. 194 L; OLG Schleswig bei *Ernesti/Jürgensen* SchlHA 1974 S. 180; LG Aachen JMBlNRW 1970 S. 237; KK *Mayr* § 252 Rdnr. 7; *Kleinknecht* § 252 Rdnr. 1 und NJW 1966 S. 1537 (1539); LR *Gollwitzer* § 252 Rdnr. 1; LR *Meyer* § 55 Rdnr. 15; *Dolderer* S. 109 Fußn. 4; *Gössel* NJW 1981 S. 2217 (2220); *Grünwald* JZ 1966 S. 489 (499); *Koeniger* S. 366; *Mehner* S. 225; *Otto* GA 1970 S. 289 (301); *Sarstedt* S. 159; *Schlüchter* Rdnr. 502; *Schorn* Strafrichter S. 42 ff. – A. A. KMR *Paulus* § 252 Rdnr. 5, 10; *Eb. Schmidt* § 252 Rdnr. 3 und Nachtr. vor § 48 Rdnr. 9; *Busch* JZ 1953 S. 703; *Hanack* JZ 1972 S. 236 (238) und FS für Erich Schmidt-Leichner, 1977, S. 83, 92; *Kohlhaas* JR 1955 S. 43; *Niese* JZ 1953 S. 219 (223); *Petry* S. 191; *Rengier* S. 236; *Rogall* NJW 1978 S. 2535 (2538); *Sprang* S. 98/99; Voraufl. S. 99/100.
301 BGHSt. 17 S. 245 (246/247); LR *Meyer* § 55 Rdnr. 15; *Koeniger* S. 366.
302 Vgl. *Beling* Beweisverbote S. 25; *Bennecke/Beling* S. 328; *Simader* S. 114; *Stützel* S. 87; a. A. KMR *Paulus* § 72 Rdnr. 1; *Eb. Schmidt* § 72 Rdnr. 5.
303 Vgl. LR *Meyer* § 81 c Rdnr. 34; a. A. *Kleinknecht* § 252 Rdnr. 12; *Eb. Schmidt* Nachtr. § 81 c Rdnr. 17; *Rengier* Jura 1981 S. 299 (304).
304 BGHSt. 22 S. 219 (220/221); KK *Mayr* Rdnr. 2; *Kleinknecht* Rdnr. 2; KMR *Paulus* Rdnr. 19; *Krause/Nehring* Rdnr. 3; LR *Gollwitzer* Rdnr. 28; alle zu § 252; *Fezer* JuS 1977 S. 813 (814); *Gössel* S. 213; *Schlüchter* Rdnr. 500; *Stützel* S. 87.

der jetzt fast allgemein vertretenen Ansicht nicht nur den Urkundenbeweis ein[305], sondern enthält das grundsätzliche **Verbot,** das zu verwerten, was der Zeuge früher in einem gerichtlichen Verfahren bekundet hat[306]. Da dieses Verbot sich nur auf den Inhalt der Zeugenaussage bezieht, nicht auf die Beweistatsache, zu der der Zeuge gehört werden soll, kann nicht von einem Beweistatsachen-, sondern nur von einem Beweismittelverbot gesprochen werden[307]. Die erweiternde Auslegung des § 252 führt dazu, daß nicht nur Vernehmungsniederschriften unverwertbar sind und daß nicht nur die Verlesung unzulässig ist, sondern daß der Inhalt der Aussage auch auf andere Weise nicht festgestellt werden darf. Im einzelnen gilt folgendes:

Das Verwertungsverbot gilt nicht nur für die Aussage des Zeugen bei einer förmlichen Vernehmung, die in ein Protokoll aufgenommen worden ist[308]. Vielmehr sind auch schriftliche Erklärungen in einem von der Polizei zugesandten Fragebogen[308a] und unprotokolliert gebliebene Angaben gegenüber einem Polizeibeamten unverwertbar, die der Zeuge auf dessen Befragen gemacht hat; die informatorische Anhörung steht insoweit der förmlichen Vernehmung gleich[309]. Von dem Verwertungsverbot werden aber Äußerungen nicht erfaßt, die ein Zeuge vor oder außerhalb der Vernehmung aus freien Stücken getan hat[310]. Insbesondere gilt

---

305 Dann wäre sie überflüssig (vgl. BGHSt. 2 S. 99 [102]); denn die Verlesung des Protokolls verbietet schon § 250; vgl. *Geppert* S. 259 ff.; *Rengier* Jura 1981 S. 299 (300); *Sydow* S. 20, 32.
306 BGHSt. 1 S. 299 (301); 2 S. 99 (103 ff.); 7 S. 194 (195); 11 S. 338; 13 S. 394; 18 S. 146 (148); 21 S. 149; 25 S. 176 (177); 29 S. 230 (232); BGH NJW 1954 S. 204; 1955 S. 1289; 1956 S. 1886; OGHSt. 1 S. 299 (301); BayObLGSt. 1965 S. 81 = NJW 1966 S. 117 mit Anm. *Michaelis*; BayObLG VRS 59 S. 205 (206); OLG Oldenburg NJW 1967 S. 1872; KK *Mayr* Rdnr. 1; LR *Gollwitzer* Rdnr. 3 ff.; *Eb. Schmidt* Rdnr. 5; alle zu § 252; *Beling* Beweisverbote S. 25; *Busch* in FS für Eb. Schmidt, 1961, S. 569 (577); *Geppert* von Lübtow-Festgabe S. 773 (793); *Kleinknecht* NJW 1966 S. 1537 (1538); *Koeniger* S. 353/354, 357; *Otto* GA 1970 S. 289 (295); *Peters* S. 299 und Gutachten S. 118; *Rengier* S. 316 und Jura 1981 S. 299 (300); *Schlüchter* Rdnr. 497.1; *Schneidewin* JR 1951 S. 481 (487); *Seydel* NJW 1966 S. 740; *Spendel* NJW 1966 S. 1102 (1105); *Sprang* S. 66; *Sydow* S. 31. – A. A. KMR *Paulus* § 252 Rdnr. 3, der aber (Rdnr. 4 ff.) zu keinem von der h. M. abweichenden Ergebnis kommt. *Petry* (S. 95, 189) hält nur eine entsprechende Anwendung des § 252 für möglich und geboten.
307 So mit Recht *Sydow* S. 31, 42; a. A. *Beling* Beweisverbote S. 24/25; *Spendel* NJW 1966 S. 1102 (1105).
308 Vgl. LR *Gollwitzer* § 252 Rdnr. 10.
308a OLG Stuttgart VRS 63 S. 52.
309 BGHSt. 29 S. 230 (232/233) = JR 1981 S. 125 mit Anm. *Gollwitzer* und weit. Anm. *Gundlach* NJW 1980 S. 2142; BayObLG Strafverteidiger 1981 S. 62 = VRS 59 S. 205 (206); S. 268; BayObLG bei *Rüth* DAR 1976 S. 176; OLG Stuttgart VRS 63 S. 52; KK *Mayr* Rdnr. 17; KMR *Paulus* Rdnr. 16; LR *Gollwitzer* Rdnr. 10; alle zu § 252; *Peters* S. 300; *Schlüchter* Rdnr. 501; kritisch dazu *Haubrich* NJW 1981 S. 803.
310 BGHSt. 1 S. 373 (375); 29 S. 230 (232) = JR 1981 S. 125 mit Anm. *Gollwitzer*; BGH NJW 1951 S. 283 L; 1956 S. 1886; BGH 5 StR 229/61 vom 11. 7. 1961; RGSt. 39 S. 433 (434); RG JW 1917 S. 554 mit Anm. *von Liszt*; RG JW 1935 S. 2979; OGHSt. 1 S. 299 (300); BayObLG Strafverteidiger 1981 S. 62 = VRS 59 S. 205 (206); OLG Koblenz

§ 252 nicht für Erklärungen, die der Zeuge abgegeben hat, als er die Polizei um Hilfe rief[311]. Ebensowenig ist der Inhalt einer Strafanzeige eine Aussage im Sinne dieser Vorschrift, sofern nicht mit ihr zusammen eine Vernehmung protokolliert worden ist[312]. Auch was der Zeuge dem Sachverständigen gegenüber nach richterlicher Belehrung über sein Weigerungsrecht als Befundtatsache erklärt hat, bleibt für das Gutachten verwertbar[313], nicht aber Erklärungen, die nur Zusatztatsachen sind; sie stehen einer Aussage im Sinne des § 252 gleich[314].

Keine Anwendung findet § 252 ferner auf schriftliche Mitteilungen und Erklärungen des Zeugen in dem anhängigen Strafverfahren oder in irgendeinem anderen Verfahren[315], z. B. eidesstattliche Versicherungen in einem Zivilprozeß[316] oder Angaben vor einem Vormundschaftsgericht[317]. Auch Erklärungen bei anderen Gelegenheiten, etwa in Briefen an den Angeklagten, fallen nicht unter das Verwertungsverbot[318]. Das gleiche gilt für Äußerungen gegenüber anderen privaten Zeugen[319], auch für Angaben gegenüber einer Fürsorgebehörde, die der Zeuge aufgesucht hat, um Unterstützung zu erbitten[320].

VRS 53 S. 440; OLG Stuttgart VRS 63 S. 52; *Fezer* JuS 1977 S. 813 (815); *Rengier* Jura 1981 S. 299 (301); *Roxin* § 44 B III 2; *Sarstedt* S. 159; *Schlüchter* Rdnr. 501. Ob in dem Fall OLG Düsseldorf NJW 1968 S. 1840 mit Anm. *Hahnzog* NJW 1969 S. 68 eine solche freiwillige Äußerung vorlag, ist der Entscheidung nicht zu entnehmen. LG Lüneburg NJW 1969 S. 442 hält § 252 für anwendbar, wenn eine Zeugin einem Polizeibeamten »ihr Herz ausschüttet« und dabei vertrauliche Angaben zur Tat macht; zustimmend KMR *Paulus* § 252 Rdnr. 17; *Roxin* § 44 B III 2; *Schlüchter* Rdnr. 501 Fußn. 348. Das OLG Stuttgart (Justiz 1972 S. 322) hält § 252 für verwertbar, daß die Ehefrau des Angeklagten den Polizeibeamten auf deren Klingeln an der Wohnungstür erklärt hat, ihr Mann sei nicht zu Hause. Vgl. auch OLG Hamm JMBlNRW 1972 S. 262, das Spontanäußerungen unmittelbar im Anschluß an eine Vernehmung für verwertbar erklärt; a. A. KK *Mayr* § 252 Rdnr. 20; *Schlüchter* Rdnr. 501.

311 BGH bei *Dallinger* MDR 1970 S. 197/198 = GA 1970 S. 153; BGH 2 StR 528/60 vom 14. 12. 1960; BayObLGSt. 1949/51 S. 605 = NJW 1952 S. 517; KK *Mayr* § 252 Rdnr. 20; LR *Gollwitzer* § 252 Rdnr. 29; *Schlüchter* Rdnr. 501; a. A. *Rengier* Jura 1981 S. 299 (301). Vgl. auch *Geppert* S. 265 Fußn. 34.
312 BGH NJW 1956 S. 1886; RG JW 1935 S. 2979; OLG Köln OLGSt. § 261 S. 96; KK *Mayr* Rdnr. 30; *Kleinknecht* Rdnr. 15; KMR *Paulus* Rdnr. 18; LR *Gollwitzer* Rdnr. 29; alle zu § 252; *Gössel* S. 213; *Koeniger* S. 357; *Nüse* JR 1966 S. 281 (283); *Schlüchter* Rdnr. 501; a. A. *Rengier* Jura 1981 S. 299 (301).
313 BGHSt. 11 S. 97 (99/100); *Kleinknecht* Rdnr. 16; KMR *Paulus* Rdnr. 28 ff.; LR *Gollwitzer* Rdnr. 32 ff.; alle zu § 252; *Fezer* JuS 1977 S. 813 (815/816); *Geppert* von Lübtow-Festgabe S. 773 (749); a. A. KK *Mayr* § 252 Rdnr. 18; *Rengier* Jura 1981 S. 299 (305).
314 BGHSt. 13 S. 1; 18 S. 107 (109/110); BGH 1 StR 263/76 vom 29. 6. 1976; KK *Mayr* § 252 Rdnr. 18; *Rengier* Jura 1981 S. 299 (305).
315 Vgl. *Simader* S. 113; *Stützel* S. 87.
316 BGH GA 1970 S. 153; BGH 5 StR 306/62 vom 25. 9. 1962.
317 RGSt. 35 S. 247.
318 RGSt. 22 S. 51 (52); RG JW 1917 S. 554 mit Anm. *von Liszt*; RG BayZ 1928 S. 172; RG Recht 1913 Nr. 2665; KK *Mayr* § 252 Rdnr. 20; *Schlüchter* Rdnr. 500.1.
319 BGHSt. 1 S. 373 (375); BGH bei *Dallinger* MDR 1951 S. 275 = JR 1951 S. 349; RGSt. 14 S. 266; RG BayZ 1928 S. 172; RG GA 39 S. 422 (423); OGHSt. 1 S. 299 (300); OLG Bremen HESt. 3 S. 42 = SJZ 1950 Sp. 463; OLG Hamm JMBlNRW 1950 S. 62; OLG

(3) Die erweiternde Auslegung des § 252 führt ferner dazu, daß weder ein Urteil verlesen werden darf, um festzustellen, was der Zeuge in einer früheren Verhandlung ausgesagt hat[321], noch der Vorhalt der früheren Aussage an den Angeklagten oder an andere Zeugen zulässig ist[322]. Auch eine Tonbandaufnahme über die frühere Vernehmung darf nicht zu Beweiszwecken abgespielt werden[323]. Ferner ist grundsätzlich auch die **Vernehmung der Verhörsperson** ausgeschlossen. Allerdings hatte sich das Reichsgericht insofern an den Wortlaut des § 252 gehalten, als es, nach anfänglichem Schwanken[324], die Vernehmung der Verhörsperson (Richter, Staatsanwalt, Polizeibeamter), die die frühere Vernehmung durchgeführt hat, des Urkundsbeamten der Geschäftsstelle und anderer Personen, die bei der Vernehmung anwesend waren (Schöffen, Geschworene, Staatsanwälte, Sachverständige, Zeugen, zufällig anwesende Zuhörer), über den Inhalt der Aussage für zulässig erklärt hat[325], die des Vernehmungsrichters allerdings nur, wenn er den Zeugen über sein Zeugnisverweigerungsrecht belehrt hatte[326]. Das ältere Schrifttum hat diese Ansicht fast einhellig abgelehnt[327], und auch die Rechtsprechung

Oldenburg HESt. 1 S. 36 (37) = JR 1951 S. 90 (91); KK *Mayr* Rdnr. 20; *Kleinknecht* Rdnr. 13; LR *Gollwitzer* Rdnr. 29; alle zu § 252; *Fezer* JuS 1977 S. 813 (815); *Geppert* von Lübtow-Festgabe S. 773 (794); *Gössel* S. 213; *Gollwitzer* JR 1981 S. 126; *Groth* S. 46; *Koeniger* S. 357; *Mehner* S. 209; *Nüse* JR 1966 S. 281 (283); *Peters* Gutachten 119/120; *Petry* S. 90; *Rengier* Jura 1981 S. 299 (302); *Schlüchter* Rdnr. 501; *Simader* S. 113; *Sprang* S. 103 ff. – A. A. OLG Bamberg SJZ 1948 Sp. 472; *Eb. Schmidt* § 252 Rdnr. 8. Die Einschränkung *Belings* (Beweisverbote S. 26 Fußn. 1), daß Angaben unverwertbar sind, die der Zeuge einem anderen über seine Aussage vor der Polizei gemacht hat, ist nicht berechtigt; vgl. *Sprang* S. 103/104.
320 BGH bei *Dallinger* MDR 1970 S. 198 = GA 1970 S. 153; KK *Mayr* § 252 Rdnr. 20.
321 BGHSt. 20 S. 384 (386); KMR *Paulus* § 252 Rdnr. 17; *Schlüchter* Rdnr. 510.
322 BGHSt. 7 S. 194 (195); 21 S. 149 (150); BGH NJW 1956 S. 1886; 1980 S. 67 (68); RGSt. 15 S. 100; 27 S. 29 (30); 35 S. 5 (8); RG JW 1936 S. 1920; RG Recht 1914 Nr. 159; OLG Schleswig bei *Ernesti/Jürgensen* SchlHA 1978 S. 188; KK *Mayr* § 252 Rdnr. 1; KMR *Paulus* § 244 Rdnr. 104 und § 252 Rdnr. 32; LR *Gollwitzer* § 252 Rdnr. 24; *Dahs/Dahs* Rdnr. 209; *Gössel* NJW 1981 S. 2217 (2220); *Hanack* in FS für Erich Schmidt-Leichner, 1977, S. 90/91; *Koeniger* S. 353; *F. W. Krause* S. 184; *Nüse* JR 1966 S. 281 (282); *Sarstedt* S. 196; *Schlüchter* Rdnr. 499; *Schneidewin* JR 1951 S. 481 (487); a. A. *Petry* S. 190, der sogar die Verlesung zum Zweck des Vorhalts für zulässig hält.
323 LR *Gollwitzer* § 252 Rdnr. 25.
324 Vgl. RGSt. 10 S. 374 (375).
325 RGSt. 5 S. 143; 16 S. 119 (120); 35 S. 5; 39 S. 434; 48 S. 246; 70 S. 6; 72 S. 221 (222); RGRspr. 2 S. 644; 3 S. 449, 678; 4 S. 271; 5 S. 502; 6 S. 337; 8 S. 502; RG JW 1912 S. 1070; 1926 S. 2193 mit abl. Anm. *Friedrichs*; RG JW 1927 S. 2709 mit abl. Anm. *zu Dohna*; RG JW 1936 S. 1920; 1938 S. 2270; RG LZ 1919 Sp. 58; RG HRR 1939 Nr. 1213; 1941 Nr. 953; RG Recht 1928 Nr. 223; RG SeuffBl. 76 S. 477.
326 RGSt. 8 S. 123; 70 S. 6; RGRspr. 7 S. 278; 9 S. 170; RG JW 1932 S. 419.
327 Vgl. *Feisenberger* § 252 Anm. 1; *Kohlrausch* § 252 Anm. 2; *Beling* S. 289 Fußn. 3 und Beweisverbote S. 25; *Bennecke/Beling* S. 328; *Ditzen* S. 55 Fußn. 2 und ZStW 10 S. 111 (156); *zu Dohna* S. 176; *Gerland* S. 303, 368; *Glaser* Hdb. I S. 546; *Groth* S. 40 ff.; *Harreß* S. 49; *Hegler* Rechtsgang II S. 267 (338); *von Hippel* S. 391 Fußn. 5, S. 424; *von Kries*

nach 1945 hielt zunächst die Vernehmung von Verhörspersonen überwiegend für unzulässig[328].

Der Bundesgerichtshof läßt[329] entgegen der nach wie vor im Schrifttum herrschenden Ansicht[330] die Vernehmung von Verhörspersonen zu und hält sie im Rahmen der Sachaufklärungspflicht nach § 244 Abs. 2 sogar für geboten, jedoch nur unter der Voraussetzung, daß es sich dabei um einen Richter (Straf- oder Zivilrichter)[331] handelt[332], der den Zeugen[333] vor seiner Vernehmung nach der ein-

S. 377; *Löwenstein* JW 1918 S. 102; *Muskat* GA 36 S. 281 (293); *Ortloff* GerS 37 S. 365 ff.; *Rieker* S. 78; *Rosenfeld* S. 29; *von Schwarze* GerS 33 S. 270; *Simader* S. 110 ff.; *Stützel* S. 86.

328 OLG Bamberg SJZ 1948 Sp. 471; OLG Bremen HESt. 3 S. 42 = SJZ 1950 Sp. 463; OLG Düsseldorf HESt. 1 S. 174 = MDR 1947 S. 274 mit Anm. *Sieverts*; OLG Hamm JMBlNRW 1950 S. 62; OLG München HESt. 2 S. 98; OLG Nürnberg HESt. 3 S. 40 = SJZ 1950 Sp. 463. Dem RG folgten nur OLG Kiel SchlHA 1946 S. 163 und OLG Stuttgart NJW 1951 S. 932.

329 Im Anschluß an die Entscheidung OGHSt. 1 S. 299.

330 *Eb. Schmidt* Teil I Rdnr. 454 ff., § 252 Rdnr. 6, Nachtr. § 252 Anm. I und JZ 1957 S. 98; *Eser* NJW 1963 S. 234 (235); *Fezer* JuS 1977 S. 669 (671/672); *Gössel* S. 213; *Grünwald* JZ 1966 S. 489 (497); *Habscheid* Peters-Gedächtnisschrift S. 867; *Hanack* JZ 1972 S. 236 (238) und FS für Erich Schmidt-Leichner, 1977, S. 83 (91); *Heinitz* JR 1960 S. 226 (227); *Heißler* S. 250; *Henkel* S. 345 Fußn. 31; *Löhr* S. 137; *Michaelis* NJW 1966 S. 117; 1968 S. 58; 1969 S. 730; *Mehner* S. 182 ff., 204; *Niese* JZ 1953 S. 219 (223); *Peters* S. 299, Gutachten S. 119 und JR 1967 S. 467 (468); *Petry* S. 97; *G. und D. Reinicke* NJW 1952 S. 1033 (1036); S. 1153 (1155); *Rengier* Jura 1981 S. 299 (303); *Roxin* § 44 B III 1; *Schneidewin* JR 1951 S. 481 (487); *Seydel* NJW 1966 S. 740 (741); *Spendel* NJW 1966 S. 1102 (1105) und JuS 1964 S. 465 (470); *Sprang* S. 73 ff. – Dem BGH stimmen zu: *Dalcke/Fuhrmann/Schäfer* Anm. 2; KK *Mayr* Rdnr. 22; *Kleinknecht* Rdnr. 8; LR *Gollwitzer* Rdnr. 7; alle zu § 252; *Dolderer* S. 114 ff.; *Kohlhaas* GA 1958 S. 65 (70) und JR 1955 S. 43 (44); *Koeniger* S. 253, 303, 354; *Nüse* JR 1966 S. 281 (282/283); *Sarstedt* S. 158; *Schlüchter* Rdnr. 497.3. – KMR *Paulus* § 252 Rdnr. 4 will die Vernehmung von Verhörspersonen nur zulassen, wenn die frühere Vernehmung in einem Straf- oder Bußgeldverfahren stattgefunden hat.

331 BGHSt. 17 S. 324 (326); ebenso LR *Gollwitzer* § 252 Rdnr. 21; *Koeniger* S. 354/355. – A. A. KK *Mayr* § 252 Rdnr. 24; *Eser* NJW 1963 S. 234 (236); *Fezer* JuS 1977 S. 813 (814); *Hanack* JZ 1972 S. 236 (238); *Schlüchter* Rdnr. 509, die den Entschluß, in einer Zivilsache auszusagen, anders beurteilen wollen als den, in einem Strafverfahren belastende Angaben zu machen. KK *Mayr* § 252 Rdnr. 27 hält auch die Vernehmung ausländischer Richter für zulässig.

332 Eine Ausnahme soll für den Fall gelten, daß die Vernehmung vor einem auch mit Schöffen besetzten Gericht stattgefunden hat. Dann sollen auch die Schöffen vernommen werden können; vgl. BGHSt. 13 S. 394 (398) = JR 1960 S. 225 mit Anm. *Heinitz*; KK *Mayr* § 252 Rdnr. 25;

333 Über den Inhalt der Aussage eines als Beschuldigten vernommenen späteren Zeugen darf die Verhörsperson nicht gehört werden (RG JW 1932 S. 419 mit Anm. *Doerr*; RG JW 1934 S. 3206 [3208] mit Anm. *Fraeb*; KK *Mayr* § 252 Rdnr. 11), und zwar selbst dann nicht, wenn sie den Aussagenden überflüssigerweise nach § 52 Abs. 3 Satz 1 belehrt hatte; vgl. BGH bei *Holtz* MDR 1979 S. 457 = GA 1979 S. 144; BayObLGSt. 1977 S. 127 = NJW 1978 S. 387; KMR *Paulus* § 252 Rdnr. 24; *Gössel* NJW 1981 S. 2217 (2221); *Schlüchter* Rdnr. 497.3 Fußn. 326.

schlägigen Verfahrensvorschrift[334] ordnungsgemäß über sein Zeugnisverweigerungsrecht belehrt hat[335], und daß der Zeuge schon bei seiner früheren Vernehmung zur Aussageverweigerung berechtigt war[336]. Wird ein Richter über die Aussage des Zeugen vernommen, so dürfen ihm aus der Vernehmungsniederschrift, einschließlich der darin in Bezug genommenen polizeilichen Vernehmungsprotokolle[337], Vorhalte zur Auffrischung seines Gedächtnisses gemacht, und sie darf zu diesem Zweck auch verlesen werden[338]. Erinnert sich der Richter trotzdem nicht an die Vernehmung und erklärt er nur, er habe die Aussage seinerzeit richtig und vollständig aufgenommen, so darf der Inhalt der Vernehmung aber nicht berücksichtigt werden[339]. Eine Ausdehnung dieser Grundsätze auf andere bei der Vernehmung anwesende Personen hat der Bundesgerichtshof abgelehnt[340]. Die Vernehmung von Staatsanwälten und Polizeibeamten als Verhörspersonen läßt er nicht zu[341], auch nicht, nachdem durch die Einfügung des § 163 a[342] die Belehrungs-

---

334 Da §§ 53, 53 a keine Belehrung vorschreiben, kommt insoweit die Vernehmung des Richters nicht in Betracht; a. A. *Kohlhaas* GA 1958 S. 65 (70); JR 1955 S. 43 (45).
335 BGHSt. 2 S. 99 (101 ff.); 10 S. 77 (79); 11 S. 338 (339); 13 S. 394; 14 S. 21; 17 S. 324; 18 S. 146 (148); 26 S. 281 (284); 27 S. 231 (232); BGH NJW 1979 S. 1722 = JR 1980 S. 123 mit Anm. *Foth*; BGH bei *Martin* DAR 1968 S. 125; BayObLGSt. 1977 S. 127 = NJW 1978 S. 387; KK *Mayr* § 252 Rdnr. 28; LR *Gollwitzer* § 252 Rdnr. 20; *Rengier* S. 316. — Das Fehlen der Belehrung wird aber geheilt, wenn sich der Zeuge nachträglich mit der Verwertung seiner Aussage einverstanden erklärt; vgl. OLG Karlsruhe OLGSt. § 252 S. 21; unten S. 487. Hat der Zeuge, der sein Zeugnisverweigerungsrecht kannte, die Belehrung dadurch verhindert, daß er das Angehörigenverhältnis verschwieg, so ist das Fehlen der Belehrung unschädlich (OLG Oldenburg NJW 1967 S. 1872).
336 BGHSt. 22 S. 219 (220); 27 S. 231 (232); BayObLGSt. 1965 S. 81 = NJW 1966 S. 117; BayObLG bei *Rüth* DAR 1980 S. 269; OLG Karlsruhe OLGSt. § 252 S. 1; *Nüse* JR 1966 S. 281 (283).
337 Vgl. *Kleinknecht* § 252 Rdnr. 9.
338 BGHSt. 11 S. 338 (341); 21 S. 149 (150); RGSt. 72 S. 221; RG HRR 1939 Nr. 1213; BayObLG DRiZ 1927 Nr. 434; KK *Mayr* Rdnr. 25; *Kleinknecht* Rdnr. 8; LR *Gollwitzer* Rdnr. 27; alle zu § 252; *Koeniger* S. 203, 354; *Schlüchter* Rdnr. 498.1. — A. A. BGH NJW 1952 S. 556; *Fezer* JuS 1977 S. 669 (672/673); *Riegner* NJW 1961 S. 63. — Auch die ältere Rspr. des RG hielt den Vorhalt für unzulässig; vgl. RGSt. 8 S. 122; 15 S. 100; 27 S. 29 (30); 35 S. 5(8); 39 S. 433; 51 S. 121 (123); 61 S. 74; RG JW 1935 S. 2979; 1936 S. 1920; RG SeuffBl. 71 S. 477. — KMR *Paulus* § 252 Rdnr. 33 will zwar den Vorhalt, aber nicht die Verlesung zum Zweck des Vorhalts zulassen.
339 BGHSt. 11 S. 338 (341); 21 S. 149 (150); BGH bei *Spiegel* DAR 1980 S. 204; *Kleinknecht* Rdnr. 9; LR *Gollwitzer* Rdnr. 27; *Eb. Schmidt* Nachtr. Anm. III 1; alle zu § 252; *Koeniger* S. 354; *Schlüchter* Rdnr. 498.1 ff.
340 BGHSt. 13 S. 394 (396 ff.) = JR 1960 S. 225 mit Anm. *Heinitz*; die Entscheidung betrifft die Aussage eines Referendars, der als Zuhörer an der Zeugenvernehmung teilgenommen hatte. Vgl. auch BGHSt. 17 S. 324 (327/328).
341 BGHSt. 2 S. 99 (108/109); S. 110; BGH NJW 1954 S. 204 (auch wenn der Zeuge seine Rechte gekannt hat); BGH 1 StR 462/75 vom 21. 10. 1975; ebenso BayObLGSt. 1953 S. 261 = NJW 1954 S. 1011 (Finanzbeamter); BayObLG VRS 59 S. 205 (206).
342 Durch Art. 4 Nr. 3 des StPÄG 1964 vom 19. 12. 1964 (BGBl. I S. 1067).

pflicht für sie vorgeschrieben worden ist[343]. Sie dürfen auch über ihre Eindrücke bei der früheren Vernehmung des Zeugen nicht vernommen[344], können aber über Auffälligkeiten in seinem Verhalten befragt werden[345]. Sonst können andere Verhörspersonen nur vernommen werden, wenn der Zeuge aussagt oder sich jedenfalls nicht auf sein Zeugnisverweigerungsrecht berufen hat.

Solange in der Hauptverhandlung noch Ungewißheit darüber besteht, ob ein Zeuge von seinem Zeugnisverweigerungsrecht Gebrauch machen wird, ist die Vernehmung einer anderen Verhörsperson als eines Richters nicht zulässig. Erst muß festgestellt werden, daß auch der Zeuge zur Aussage bereit ist[346]. Das gleiche gilt für Vorhalte an den Angeklagten[347]. Anders ist es, wenn der Aufenthalt des Zeugen nicht zu ermitteln ist[348]. Hat ein Polizeibeamter dem Angeklagten bei dessen Vernehmung Vorhalte aus der Aussage eines nicht nach § 52 Abs. 2 belehrten Zeugen gemacht, so schließt das die Vernehmung des Polizeibeamten als Zeugen über das, was ihm der Angeklagte erklärt hat, nicht aus[349].

d) Wegen Geheimhaltungspflichten der Verwaltungsbehörden unbenutzbare Beweismittel

(1) Weitere Beweismittelverbote ergeben sich aus der **Pflicht der Verwaltungsbehörden,** die ihnen bekanntgewordenen Geheimnisse der Staatsbürger zu wahren. Soweit eine Offenbarung nicht zulässig ist, besteht keine Auskunftspflicht der Behörde, keine Zeugnispflicht ihrer Bediensteten und keine Pflicht zur Vorlegung oder Auslieferung von Schriftstücken, Akten, Dateien und sonstigen Datenträ-

---

343 BGHSt. 21 S. 218 = JR 1967 S. 467 mit abl. Anm. *Peters.* Ebenso KK *Mayr* Rdnr. 26; KMR *Paulus* Rdnr. 22; *Krause/Nehring* Rdnr. 3; LR *Gollwitzer* Rdnr. 8; alle zu § 252; *Dahs* Hdb. Rdnr. 442; *Fuhrmann* JuS 1963 S. 273 (277); *Michaelis* NJW 1968 S. 58; *Otto* GA 1970 S. 289 (295 Fußn. 34); *Seydel* NJW 1966 S. 740 (741). – A. A. *Grünwald* JZ 1966 S. 489 (497); *Henrich* S. 320; *Kohlhaas* NJW 1965 S. 1254 (1255); 1967 S. 958 (960); DRiZ 1966 S. 286 (290); *Nüse* JR 1966 S. 281 (283); *Roestel* SchlHA 1967 S. 161 (162); *Schlüchter* Rdnr. 497.3. – *Peters* (Gutachten S. 119) und *Gössel* (NJW 1981 S. 2217 [2220]) sehen darin eine unzulässige Diskriminierung nichtrichterlicher Verhörspersonen.
344 BGH NJW 1979 S. 1722; BGH 5 StR 487/77 vom 4. 10. 1977; KK *Mayr* § 252 Rdnr. 3, 25.
345 Vgl. OLG Hamm JMBlNRW 1972 S. 262 (Vernichtung des Vernehmungsprotokolls).
346 BGHSt. 2 S. 110; 7 S. 194 (197); 25 S. 176 (177); OGHSt. 1 S. 299 (303); LG Frankfurt SJZ 1948 Sp. 475 mit Anm. *Sachs*; LR *Gollwitzer* § 252 Rdnr. 17; *Eb. Schmidt* § 252 Rdnr. 10; *Gössel* S. 213.
347 BGHSt. 2 S. 110 (111); BGH 5 StR 463/61 vom 14. 11. 1961.
348 BGHSt. 25 S. 176; *Kleinknecht* § 252 Rdnr. 4; LR *Gollwitzer* § 252 Rdnr. 12; LR *Schäfer* Einl. Kap. 14 Rdnr. 46; *Fezer* JuS 1977 S. 813 (815); a. A. KK *Mayr* § 252 Rdnr. 12; *Rogall* S. 232; *Roxin* § 44 B III 3. Zur Anwendung dieses Grundsatzes auf die Verlesung der Niederschrift über die Aussage eines flüchtigen früheren Mitangeklagten nach § 251 Abs. 1 Nr. 1 vgl. BGHSt. 27 S. 139 (141 ff.) = JR 1977 S. 433 mit Anm. *Hanack*; dazu auch *Gössel* NJW 1981 S. 2217 (2221); *Schlüchter* Rdnr. 511.
349 BGH NJW 1955 S. 1289 mit Anm. *Lürken*; *Nüse* JR 1966 S. 281 (283/284); a. A. *Koeniger* S. 358.

gern[350]. Die Post ist keine Verwaltungsbehörde; die Wahrung des Post- und Fernmeldegeheimnisses steht unter dem Schutz des Art. 10 GG[351].

(2) Den **grundsätzlichen Anspruch** des Staatsbürgers gegenüber der staatlichen Verwaltung auf Wahrung seiner Geheimnisse, insbesondere der zum persönlichen Lebensbereich gehörenden Geheimnisse, aber auch der Betriebs- und Geschäftsgeheimnisse, bestimmt § 30 VwVfG. Den Verwaltungsbehörden ist aber immer nur die unbefugte Offenbarung untersagt, und sie handeln nicht unbefugt, wenn sie Geheimnisse auf Verlangen der Strafverfolgungsbehörden offenbaren. Durch § 30 VwVfG wird auch für die Behördenbediensteten kein Recht zur Zeugnisverweigerung begründet[352]. Das gilt auch für die Datengeheimnisse. Die Vorschrift des § 5 Abs. 1 des Bundesdatenschutzgesetzes (BDSG)[353] verbietet ebenfalls nur, geschützte personenbezogene Daten unbefugt zu einem anderen als dem zur jeweiligen Aufgabenerfüllung gehörenden Zweck bekanntzugeben oder zugänglich zu machen. Die Pflicht zur Offenbarung des Geheimnisses als Zeuge in einem Gerichtsverfahren bleibt dadurch grundsätzlich unberührt[354].

(3) Den bei den **Meldebehörden** beschäftigten Personen ist es nach § 5 Abs. 1 des Melderechtsrahmengesetzes (MRRG)[355] untersagt, personenbezogene Daten unbefugt zu offenbaren. Die Strafverfolgungsbehörden sind jedoch nach § 18 Abs. 1 Satz 1 MRRG allgemein berechtigt, Angaben aus dem Melderegister über Namen, Anschriften, Geburtsdaten, Staatsangehörigkeit, Familienstand und ähnliche nicht geheimhaltungsbedürftige Daten zu verlangen. Nach § 18 Abs. 3 MRRG können sie auch weitere Auskünfte fordern.

(4) Die Leistungsträger der **Sozialversicherung** und die in § 35 Abs. 1 Satz 2 des Sozialgesetzbuchs – Allgemeiner Teil – (SGB I)[356] bezeichneten Verbände, Vereinigungen und Behörden sind verpflichtet, die Einzelangaben des Versicherten über seine persönlichen und sachlichen Verhältnisse (personenbezogene Daten) als Sozialgeheimnis zu wahren und nicht unbefugt zu offenbaren (§ 35 Abs. 1 Satz 1 SGB I). Betriebs- und Geschäftsgeheimnisse stehen den personenbezogenen Daten gleich (§ 35 Abs. 4 SGB I). Unter den Voraussetzungen der §§ 67 bis 77 des Sozialgesetzbuchs-Verwaltungsverfahren – (SGB X)[357] ist aber eine Offenbarung der Geheimnisse zulässig[358]. Das gilt nach § 67 Satz 1 Nr. 1 SGB X vor allem, wenn der Betroffene einwilligt. Ferner sind im Rahmen der Amtshilfe grundsätzlich

---

350 So ausdrücklich § 35 Abs. 3 des Sozialgesetzbuchs – Allgemeiner Teil – (SGB I) vom 11. 12. 1975 (BGBl. I S. 3015) i. d. F. des Gesetzes vom 18. 8. 1980 (BGBl. I S. 1469); die Vorschrift spricht einen Grundsatz aus, der für alle behördlichen Geheimhaltungspflichten gilt.
351 Vgl. unten S. 520 ff.
352 Vgl. *Knack*, VwVfG, 1976, § 3 Rdnr. 3.4.2.
353 Vom 27. 1. 1977 (BGBl. I S. 201).
354 Vgl. *Simitis/Damman/Mallmann/Reh*, BDSG, 1978, § 5 Rdnr. 9.
355 Vom 16. 8. 1980 (BGBl. I S. 1429).
356 Vgl. oben Fußn. 350.
357 Vom 18. 8. 1980 (BGBl. I S. 1469).
358 Vgl. dazu LG Stade MDR 1981 S. 960; *Mallmann/Walz* NJW 1981 S. 1020; *H. Peters*, Sozialgesetzbuch – Allgemeiner Teil – Zusatzband, § 35 SGB I Anm. 8 ff; *Schatzschneider* MDR 1982 S. 6; *Schnapp* NJW 1980 S. 2165 (2169 ff.).

Vor- und Familienname, Geburtsdatum, Geburtsort, derzeitige Anschrift sowie Namen und Anschriften des derzeitigen Arbeitgebers des Betroffenen zu offenbaren (§ 68 Abs. 1 SGB X). Die Offenbarung personenbezogener Daten, nicht nur des Beschuldigten, sondern auch anderer Personen[359], ist nach § 73 SGB X auf richterliche Anordnung zur Aufklärung eines Verbrechens (vgl. § 12 Abs. 1 StGB) zulässig, zur Aufklärung eines Vergehens (vgl. § 12 Abs. 2 StGB) nur, soweit sich das Auskunftsersuchen auf die in § 72 Abs. 1 Satz 2 SGB X bezeichneten Angaben (Vor- und Familiennamen, Geburtsdatum, Geburtsort, derzeitige und frühere Anschriften des Betroffenen sowie Namen und Anschriften seiner derzeitigen und früheren Arbeitgeber) und auf Angaben über erbrachte oder demnächst zu erbringende Geldleistungen beschränkt. Für alle Offenbarungspflichten gilt die Einschränkung, daß die Offenbarung personenbezogener Daten, die einem Leistungsträger oder einer anderen in § 35 Abs. 1 SGB I genannten Stelle von einem Arzt oder einer anderen in § 203 Abs. 1 und 3 StGB genannten Person zugänglich gemacht worden sind, nur zulässig ist, wenn diese Person selbst offenbarungsbefugt wäre (§ 76 Abs. 1 SGB X). Eine Beschränkung der Verwertungsmöglichkeit bestimmt § 78 Abs. 1 SGB X. Danach dürfen die Stellen, denen personenbezogene Daten, Betriebs- oder Geschäftsgeheimnisse mitgeteilt worden sind, sie nur zu dem Zweck verwenden, zu dem sie ihnen befugt offenbart worden sind. In einem anderen Strafverfahren als dem, in dem die richterliche Anordnung ergangen ist, dürfen die Angaben daher nicht verwertet werden. Jedoch kann die Verwertungsmöglichkeit dadurch geschaffen werden, daß auch in dem anderen Verfahren eine besondere richterliche Anordnung getroffen wird, deren Inhalt sich darauf beschränken kann, daß die Verwertung der Daten auch in dem anderen Verfahren zulässig ist[360]. Ob Auskünfte verwertet werden dürfen, die die Behörde unter Verletzung ihrer Schweigebefugnis gemacht hat, ist zweifelhaft[361].

(5) Die Geheimhaltung aller Einzelangaben über persönliche und sachliche Verhältnisse, die für eine **Bundesstatistik** gemacht worden sind, bestimmt § 11 Abs. 1 Satz 1 des Gesetzes über die Statistik für Bundeszwecke (BStatG)[362]. Die Weisung richtet sich an Amtsträger und besonders verpflichtete Personen, die mit der Durchführung von Bundesstatistiken betraut sind. Die Verschwiegenheitspflicht gilt ohne Ausnahme, sofern nicht durch Rechtsvorschriften anderes bestimmt ist.

(6) Die durch § 355 StGB strafbewehrte Pflicht, das **Steuergeheimnis** zu wahren, trifft nach § 30 Abs. 1 AO die Amtsträger und die ihnen nach § 30 Abs. 3 AO gleichgestellten Personen. Der Begriff Amtsträger ist in § 7 AO bestimmt; er umfaßt Beamte und Richter, in einem sonstigen öffentlich-rechtlichen Amtsverhältnis stehende Personen sowie Personen, die dazu bestellt sind, Aufgaben der öffentlichen Verwaltung wahrzunehmen. Die Amtsträger dürfen die in § 30 Abs. 2 AO bezeichneten Tatsachen nicht unbefugt offenbaren. Das bedeutet wie in § 35 Abs. 3 SGB I[363], daß es ihnen untersagt ist, darüber als Zeuge auszusagen, amtliche

359 Vgl. *Kleinknecht* § 161 Rdnr. 4.
360 Vgl. *Kleinknecht* § 54 Rdnr. 17 und § 161 Rdnr. 4 a.
361 Zum Verwertungsverbot neigt *Kleinknecht* § 161 Rdnr. 4 a.
362 Vom 14. 3. 1980 (BGBl. I S. 289).
363 Vgl. oben S. 474.

Auskünfte zu geben oder Akten und andere Schriftstücke herauszugeben. Die Ausnahmen von der grundsätzlichen Geheimhaltungspflicht sind in § 30 Abs. 4 AO geregelt. Von besonderer Bedeutung ist im Strafprozeß die Bestimmung, daß alle Steuergeheimnisse für Zwecke des Steuerstrafverfahrens oder -bußgeldverfahrens verwendet werden dürfen (§ 30 Abs. 4 Nr. 1 AO)[364], für Zwecke des Strafverfahrens wegen einer Tat, die keine Steuerstraftat ist, aber nur, wenn die Kenntnisse in einem Verfahren wegen einer Steuerstraftat oder -ordnungswidrigkeit erlangt worden sind (§ 30 Abs. 4 Nr. 4 Buchst. a AO) oder ein zwingendes öffentliches Interesse an der Offenbarung des Geheimnisses besteht[365]. Ein solches Interesse ist nach § 30 Abs. 4 Nr. 5 AO insbesondere gegeben, wenn Verbrechen und vorsätzliche schwere Vergehen gegen Leib und Leben oder gegen den Staat und seine Einrichtungen oder wenn besonders schwere Wirtschaftsstraftaten verfolgt werden. Vorsätzlich falsche Angaben des Betroffenen dürfen den Strafverfolgungsbehörden gegenüber immer offenbart werden (§ 30 Abs. 5 AO).

e) Kein Bankgeheimnis. Ein Bankgeheimnis in dem Sinne, daß Kreditinstitute dem Ersuchen von Strafverfolgungsbehörden auf Herausgabe von Unterlagen und Auskünften über Geschäftsvorfälle nicht nachzukommen brauchen und ihre Angestellten das Zeugnis über Tatsachen verweigern dürfen, die den Verkehr mit Bankkunden betreffen, gibt es nicht[366]. Für Durchsuchungen, Beschlagnahmen, Auskunftsersuchen und Zeugenpflichten gelten daher keinerlei Besonderheiten. Auch wenn es sich um ein öffentlich-rechtliches Kreditinstitut handelt, ist regelmäßig für Zeugen keine Aussagegenehmigung nach § 54 erforderlich; denn ihre Tätigkeit ist im allgemeinen nur kaufmännischer Art[367]. Auch im Steuerstrafverfahren sind die Kreditinstitute in vollem Umfang auskunftspflichtig. Der sog. Bankenerlaß des Bundesministers der Finanzen vom 31. 8. 1979[368] bestimmt nichts anderes.

IV. Beweisverwertungsverbote

1. Grundsätze

Das eigentliche Problem der Lehre von den Beweisverboten ist die bis heute nicht eindeutig geklärte Frage, wann ein Beweismethodenverbot ein Verwertungsver-

---

364 Zur Beachtung des Verhältnismäßigkeitsgrundsatzes vgl. LG Bremen NJW 1981 S. 592.
365 Vgl. dazu *Brenner* DRiZ 1978 S. 52; *Goll* NJW 1979 S. 90 (94 ff.).
366 Vgl. LG Frankfurt NJW 1954 S. 688; LG Hamburg NJW 1978 S. 958; LG Hof NJW 1968 S. 65 mit Anm. *Müller*; KK *R. Müller* § 161 Rdnr. 8; *Kleinknecht* § 53 Rdnr. 2; KMR *Paulus* § 53 Rdnr. 5; LR *Meyer-Goßner* § 161 Rdnr. 5; *Beuter* Kriminalistik 1963 S. 553; *Flohr* Betr. 1953 S. 461; *Lilie* NStZ 1981 S. 440; *R. Müller* NJW 1963 S. 833 (836); *Ostendorf* DRiZ 1981 S. 4 (7); *Prost* NJW 1976 S. 214; *Rengier* S. 213/214; *Selmer* S. 7 ff.; *Sichtermann* NJW 1968 S. 1996.
367 Vgl. *Kleinknecht* § 54 Rdnr. 5; a. A. KMR *Paulus* § 54 Rdnr. 10, nach dessen Ansicht aber die Aussagegenehmigung nicht unter Berufung auf das Vertrauensverhältnis zwischen Kunden und Bank versagt werden darf. Vgl. auch KK *R. Müller* § 161 Rdnr. 8.
368 BStBl. 1979 I S. 599. Dazu *Ehlers* BB 1979 S. 1602; *Pfaff* DStZ 1980 S. 67; *Selmer* S. 29 ff.; *Söhn* NJW 1980 S. 1430; *Spitz* DStR 1980 S. 95.

bot³⁶⁹ nach sich zieht, wenn das nicht, wie in § 136 a, ausdrücklich im Gesetz geregelt ist. Hinzu kommt, daß es neben den unselbständigen Verwertungsverboten, die durch einen Verstoß gegen Beweismethodenverbote ausgelöst werden, auch selbständige Verwertungsverbote gibt, die nicht voraussetzen, daß bei der Erlangung des Beweises Verfahrensbestimmungen verletzt worden sind³⁷⁰

Auf die Registrierung, Katalogisierung und Analyse der gesetzlichen Beweiserhebungsverbote kann sich nur beschränken, wer davon ausgeht, daß jeder Verstoß gegen ein solches Verbot zwangsläufig zu dem weiteren Verbot führt, den rechtswidrig gewonnenen Beweis zu verwenden. *Beling,* der nur Beweisthema- und Beweismittelverbote³⁷¹ kannte, hielt das für selbstverständlich. Ihm hat sich jedoch die Rechtsprechung nicht angeschlossen. Im Schrifttum wird seine Ansicht zwar vertreten³⁷²; jedoch ist man sich nicht darüber einig, ob nur ein unbeschränktes Revisionsrügerecht oder ein darüber hinausgehendes Beweisverwertungsverbot besteht. Nach richtiger Ansicht gibt es keinen allgemeinen Grundsatz, wonach der Verstoß gegen ein Beweismethodenverbot ohne weiteres ein Verwertungsverbot nach sich zieht³⁷³. Jedoch sind bisher alle Versuche gescheitert, allgemeine Regeln dafür zu finden, wann ein Verwertungsverbot eintritt und wann nicht. Daß es diesen Versuchen nur abträglich ist, wenn man die Beweisverwertungsverbote als

---

369 Der Begriff Beweisverwertungsverbot ist mehrdeutig. Darunter fällt sowohl die Reproduktion eines vorher erlangten Beweises in der Hauptverhandlung als auch die Verwendung des Beweises als Urteilsgrundlage bei der Beweiswürdigung. Im Rahmen des Beweisantragsrechts interessiert nur die Frage, wann die Erhebung eines Beweises in der Hauptverhandlung wegen eines Verwertungsverbots unzulässig ist; nur in diesem Sinne wird der Begriff hier verwendet.
370 Vgl. LR *Schäfer* Einl. Kap. 14 Rdnr. 13; *Kleinknecht* Einl. Rdnr. 52; *Berz* JuS 1982 S. 416 (418); *Dencker* S. 10 ff.; *Rogall* ZStW 91 S. 1 (3 ff.); *Rüping* Rdnr. 404; *Schlüchter* Rdnr. 5 ff.; *Schroeder* JR 1973 S. 253. Die Existenz selbständiger Verwertungsverbote leugnet *Sax* (JZ 1965 S. 1 [6]). Auch *W. B. Schünemann* (NJW 1978 S. 406) meint, daß sich aus der Zulässigkeit der Beweiserhebung stets die Verwertbarkeit des Beweises ergebe; hiergegen BGHSt. 28 S. 122 (124) mit zust. Anm. *Rieß* JR 1979 S. 167 (168). – Grundsätzlich a. A. KMR *Paulus* § 244 Rdnr. 499 ff., der aber unter »Verwertung« nur die Berücksichtigung des Beweisergebnisses bei der Überzeugungsbildung versteht.
371 S. 290 ff., Beweisverbote S. 31 Fußn. 1 und JW 1924 S. 1721.
372 Vgl. *Eb. Schmidt* § 54 Rdnr. 10, Nachtr. § 55 Rdnr. 2) und JZ 1958 S. 596 (597); *Feldmann* NJW 1959 S. 853 (856); *Gössel* Bockelmann-FS. S. 813/814; *Gossrau* MDR 1958 S. 468; *Haffke* GA 1973 S. 65 (79); *Hanack* JZ 1971 S. 126 (127); 1972 S. 236 (238); *Niese* S. 146 ff. und JZ 1953 S. 223; *Osmer* S. 14 ff., 124; *Peters* Gutachten S. 97 ff.; *Rengier* S. 310; *Schöneborn* NJW 1974 S. 535 (536); GA 1975 S. 33 (37) und MDR 1974 S. 457 (458); *Schütz,* Die Verletzung des § 55 StPO als Revisionsgrund, Diss. Erlangen 1960, S. 76 ff.; *Spendel* NJW 1966 S. 1102 (1108); *Sydow* S. 68 ff.; Voraufl. S. 202.
373 BGHSt. 19 S. 325 (331); 24 S. 125 (128); 25 S. 325 (331); 27 S. 355 (357); BGH 1 StR 681/75 vom 2. 12. 1975; BayObLGSt. 1974 S. 15 = NJW 1974 S. 1342 (das es allerdings mit einem Beweis»methoden«verbot zu tun hatte, das weder gesetzlich geregelt ist noch aus dem GG folgt); OLG Köln VRS 60 S. 201 (202); LR *Schäfer* Einl. Kap. 14 Rdnr. 13; *Berz* JuS 1982 S. 416 (418); *Gramse* AnwBl. 1980 S. 433 (435, 439, 440); *Kleinknecht* NJW 1964 S. 2181 (2185); 1966 S. 1537 (1542); *Nüse* JR 1966 S. 281 (286); *Roxin* § 24 D III 2; *Rüping* Beweisverbote S. 29.

Rechtsinstitute eigener Art, als eigenständige Normen, ansieht[374], kann nicht zweifelhaft sein. Denn diese Trennung der Beweisverbote vom sonstigen Verfahrensrecht, deren Notwendigkeit nicht begründbar ist[375], führt zu keiner Klärung des Zusammenhangs zwischen Beweiserhebungs- und Verwertungsverboten, sondern lediglich zum Auseinanderfallen von Revisions- und Beweisverbotsrecht. Beide Fragen müssen aber einheitlich beantwortet werden[376]. Der Verstoß gegen ein Beweisverbot ist ein Verfahrensfehler wie jeder andere auch. Andererseits führt die zutreffende Annahme, daß der Verstoß gegen ein Beweisverwertungsverbot nur insofern Bedeutung hat, als er nach § 337 die Revision begründet[377], ebenfalls zu keiner Lösung des Problems[378]. Die Schwierigkeit liegt vielmehr gerade darin, daß das Gesetz zwar bestimmte Verfahrensvorschriften, die es als Sollvorschriften kennzeichnet, von der Anfechtbarkeit mit der Revision ausnimmt[379], aber sonst keinerlei Einschränkungen des Revisionsrügerechts enthält. Der Kernbestimmung

374 So bezeichnen sie *Dencker* S. 18 ff.; *Fezer* JuS 1978 S. 104 (105); *Grünwald* JZ 1966 S. 489 (490); *Rogall* ZStW 91 S. 1 (7). Im Ergebnis ebenso KMR *Paulus* § 244 Rdnr. 501 ff., 607.
375 Der Hinweis darauf, daß die Frage der Beweiserhebungsverbote schon im Vorverfahren von Bedeutung sein, dann aber revisionsrechtlich nicht überprüft werden kann (KMR *Paulus* § 244 Rdnr. 502; *Dencker* S. 19; *Rogall* ZStW 91 S. 1 [7/8]), überzeugt nicht. Auch die Bestellung eines Pflichtverteidigers kann schon im Vorverfahren erforderlich werden; niemand hat aber bisher behauptet, daß § 117 Abs. 4 Satz 1 deswegen eine »eigenständige Norm« ist.
376 So auch *Frank*, Revisible und irrevisible Strafverfahrensnormen, Diss. Göttingen 1971, S. 44 ff.; *Gössel* S. 182; *Kleinknecht* NJW 1966 S. 1537 (1539); *Kühne* Rdnr. 539; *Rengier* S. 318 ff.; *Rudolphi* MDR 1970 S. 93 ff.; *Schünemann* MDR 1969 S. 101 (102). Für *Rogall* (ZStW 91 S. 1 [37 ff.]), der die Identität zwischen Beweisverbot und Revisibilität leugnet, wird die Beruhensfrage des § 337 zu dem Problem, ob sich der Verstoß gegen ein Beweiserhebungsverbot als »unschädlich« erweist, z. B. wenn ein nicht nach § 52 Abs. 3 Satz 1 belehrter Zeuge seine Rechte gekannt hat. Im Ergebnis ebenso KMR *Paulus* § 244 Rdnr. 517, der in diesem Fall den Schutzzweck nicht für verfehlt hält. Demgegenüber ist *Sydow* (S. 96/97) mit Recht der Ansicht, daß die Ursächlichkeit, nicht die Art des Verfahrensfehlers maßgebend ist.
377 Vgl. *Bauer*, Die Aussage des über das Schweigerecht nicht belehrten Beschuldigten, Diss. Göttingen 1972, S. 160 ff.; *Blomeyer* JR 1971 S. 142; *Geppert* S. 211; *Gössel* S. 181/182 und NJW 1981 S. 2217 (2218 ff.); *Haffke* GA 1973 S. 65 (78); *Rengier* S. 291/292; *Rudolphi* MDR 1970 S. 93 (94); *Schöneborn* GA 1975 S. 33 (35 ff.); *Schünemann* MDR 1969 S. 101 Fußn. 8; *Sydow* S. 70 ff.
378 So zutreffend *Fezer* JuS 1978 S. 104 (105), der aus diesem Grunde den »Zugang zur Problematik« nicht über das Revisionsrecht, sondern über die Auslegung der verletzten Vorschriften sucht.
379 Vgl. LR *Meyer* § 337 Rdnr. 14 ff., 18. Die Entscheidung BGHSt. 25 S. 325, mit der unkritisch der im Schrifttum vertretenen Ansicht gefolgt worden ist, die Lehre von folgenlos verletzbaren Ordnungsvorschriften beruhe auf methodisch veralteten Vorstellungen, ist in der Rspr. (nicht im Schrifttum: vgl. etwa KK *Pikart* § 337 Rdnr. 13; *Gössel* NJW 1981 S. 649 [654]) mit Recht (vgl. LR *Meyer* § 337 Rdnr. 17/18) wieder aufgegeben worden; vgl. BGHSt. 30 S. 255 (257); BGH 5 StR 513/78 vom 24. 4. 1979 bei *Pfeiffer* NStZ 1981 S. 93; BGH 1 StR 440/79 vom 2. 10. 1979. Vgl. auch oben S. 324 Fußn. 80.

des Revisionsrechts, dem § 337, kann nur der Grundsatz entnommen werden, daß jeder Verfahrensverstoß zur Aufhebung des Urteils führt, wenn es auf ihm beruht. Die Vorschrift ist daher geeignet, die Meinung zu stützen, jedes Beweiserhebungsverbot ziehe ein Verwertungsverbot nach sich, nicht aber die Ansicht, daß beide Verbotsarten nicht übereinstimmen müssen.

Der Versuch von *Peters*[380], Beweisverwertungsverboten bloße Beweisregelungsvorschriften gegenüberzustellen, deren Verletzung keine Folgen haben soll, ist untauglich. Denn die von ihm bezeichneten angeblichen Beweisregelungen sind entweder bloße Ordnungsvorschriften[381] oder Beweiserhebungsvorschriften[382], von denen gerade fraglich ist, ob ihre Verletzung zu einem Verwertungsverbot führt[383]. Durch bloße Systematisierung der die Beweisgewinnung regelnden Verfahrensvorschriften lassen sich die Grenzen zwischen Verwertbarkeit und Unverwertbarkeit der Beweisergebnisse nicht festlegen. Aber auch andere Lösungsvorschläge[384] erscheinen nicht geeignet. Das gilt von der Unterscheidung zwischen der Verletzung von Prozeßgesetzen und allgemeinen Beweisverboten[385], von den verschiedenen Schutzzwecktheorien[386] und von dem Vorschlag, die Entscheidung von der Schwere des Eingriffs bei der Beweiserhebung abhängig zu machen[387]. Die sog. Rechtskreistheorie des Bundesgerichtshofs[388] ist nur eine Unterart der Schutzzwecktheorien[389]. Tauglich ist und war sie nur für Beweiserhebungsverbote, die ausschließlich dem Schutz des Staates (wie §§ 54, 96) oder dritter Personen (wie

---

380 S. 280/281 und Gutachten S. 100 ff. Vgl. auch KK *Pelchen* vor § 48 Rdnr. 26; KMR *Paulus* § 244 Rdnr. 491; LR *Gollwitzer* § 244 Rdnr. 154 Fußn. 60; *Geppert* S. 206; *Grünwald* JZ 1966 S. 489 (492); *Henkel* S. 268; *Otto* GA 1970 S. 289 (292); *Petry* S. 11; *Rengier* S. 283; *Rogall* S. 197; *Schumacher* S. 275 ff.
381 Vgl. *Dencker* S. 86; *Heißler* S. 4; *Rudolphi* MDR 1970 S. 93 (99). Dazu gehören z. B. die §§ 58, 68, 69.
382 Z. B. §§ 81 a, 81 c, 86 ff., 98, 99, 100, 102 ff.
383 Vgl. LR *Schäfer* Einl. Kap. 14 Rdnr. 8 ff.
384 Vgl. die Zusammenstellung bei *Fezer* JuS 1978 S. 325 (328 ff.) und *Rogall* ZStW 91 S. 1 (23 ff.).
385 Vgl. *Niese* S. 135 ff. und ZStW 63 S. 199 (216 ff.); *Petry* S. 28 ff., 121. Hiergegen *Rogall* S. 204/205 mit der zutreffenden Begründung, daß das Ergebnis dann davon abhängt, wie das jeweilige Beweisverbot eingeordnet wird. Vgl. auch *Dencker* S. 21 ff.; *Rogall* ZStW 91 S. 1 (24/25).
386 Vgl. *Blomeyer* JR 1971 S. 142 (145 ff.); *Gössel* Bockelmann-FS S. 816; *Grünwald* JZ 1966 S. 489 (492); *E. Peters* ZZP 76 S. 145 (164 ff.); *Rudolphi* MDR 1970 S. 93 (97 ff.); *Rüping* Rdnr. 407 und Beweisverbote S. 32. Gegen diese Theorien spricht vor allem, daß bei fast jeder Beweiserhebungsvorschrift Streit darüber entstehen kann, welches ihr Schutzzweck ist; vgl. *Haffke* GA 1973 S. 65 (77); *Rengier* S. 290, 307 ff.; *Rogall* ZStW 91 S. 1 (27).
387 Vgl. *Schöneborn* GA 1975 S. 33 (34 ff.). Ablehnend *Dencker* S. 95 ff.; *Rengier* S. 308; *Eb. Schmidt* JZ 1958 S. 596 (597 ff.).
388 BGHSt. 11 S. 213; 17 S. 247. Der Begriff stammt nicht vom BGH, sondern von *Gossrau* MDR 1958 S. 468.
389 Die Theorie billigen, z. T. mit Abweichungen, *Kleinknecht* § 337 Rdnr. 7 und NJW 1966 S. 1537 (1539); LR *Meyer* § 337 Rdnr. 95 ff.; *Dahs/Dahs* Rdnr. 31; *Gössel* S. 181 ff., 320 ff.; *Habscheid* Peters-Gedächtnisschrift S. 850; *Koffka* JR 1969 S. 306; *Otto* GA 1970 S. 289 (301); *Sarstedt* S. 158; *Sax* in *Müller/Sax*, StPO 6. Aufl., vor § 48 Anm. 2.

§§ 55, 81 c) dienen. Darüber hinaus kann sie zu keinen brauchbaren Ergebnissen führen[390]. Da allgemeingültige Grundsätze offensichtlich nicht zu finden sind[391], muß die Frage, ob ein Beweiserhebungsverbot ein Verwertungsverbot nach sich zieht, für jede Vorschrift und für jede Fallgestaltung besonders entschieden werden[392]. In jedem Einzelfall ist das Interesse des Staates an der Tataufklärung gegen das Individualinteresse des Bürgers an der Bewahrung seiner Rechtsgüter abzuwägen[393]. Es kann immer nur darauf ankommen, ob höherwertige Rechtsgüter den Verzicht auf Beweismittel und Beweisergebnisse, mit denen die Überführung eines Straftäters gelingen könnte, unabweisbar machen[394]. Dabei darf nicht aus den Augen verloren werden, daß das Beweisverwertungsverbot den Grundsatz der Aufklärungspflicht und der umfassenden Beweiswürdigung einschränkt und daher nicht weitherzig ausgelegt werden darf[395]. Bei der Abwägung kann all das in die Waagschale geworfen werden, was die einzelnen Theorien bisher vergeblich als allgemeingültige Grundsätze anbieten wollten, insbesondere der Schutzzweck der verletzten Vorschrift, das Schutzbedürfnis des Betroffenen, die Schwere des Rechtsverstoßes und die Frage, ob das Beweismittel auch auf gesetzmäßige Weise zu erlangen gewesen wäre. Auch der Gesichtspunkt des fairen Verfahrens kann und muß berücksichtigt werden[396]. Ergibt die Abwägung, daß auf die Sachaufklärung verzichtet werden muß, dann gilt das in gleicher Weise für Entlastungs- wie Belastungsbeweise. Ob sich das Beweisverwertungsverbot zugunsten oder zuun-

---

390 Der BGH hat sich in anderem Zusammenhang mit Recht nicht auf diese »Theorie« berufen (vgl. *Gössel* NJW 1981 S. 649 [652 ff.]). Die Ansicht *Rogalls* (ZStW 91 S. 1 [26]), das zeige, daß es sich um eine »sterbende« Theorie handelt, ist unrichtig; die Rechtskreistheorie wollte nie eine für alle Beweiserhebungsverbote verwendbare Allzwecktheorie sein.

391 Die von *Dencker* (S. 59 ff., 72) entwickelte These, Beweisverwertungsverbote dienten dem Zweck, den Einfluß des in dem Beweisverbotsverstoß enthaltenen Unrechts auszuschalten, erklärt die Funktion, erlaubt aber keine Abgrenzung; vgl. KMR *Paulus* § 244 Rdnr. 509; *Fezer* JuS 1978 S. 325 (329). Gegen *Dencker* auch *Rogall* ZStW 91 S. 1 (13/14).

392 Neuerdings versucht *Gössel* (NJW 1981 S. 2217 [2219]), die Lösung über die revisionsrechtliche Beruhensfrage zu finden. Fraglich ist nach seiner Ansicht immer, ob das konkret verletzte Beweisverbot den Zweck verfolgt, den »beweisverbotswidrig erlangten Sachverhalt von der Berücksichtigung im Urteil auszuschließen«.

393 Vgl. *Rogall* ZStW 91 S. 1 (29, 31 ff.), der das als »Abwägungstheorie« bezeichnet. Auch *Berz* JuS 1982 S. 416 (420) spricht von der „Abwägungslehre".

394 Nach dieser Methode ist insbesondere der BGH stets verfahren; vgl. BGHSt. 19 S. 325 (331); 24 S. 125. Vgl. auch KK *Pelchen* vor § 48 Rdnr. 28, 29; LR *Schäfer* Einl. Kap. 14 Rdnr. 13; *Baumann* GA 1959 S. 33 (35); *Berz* JuS 1982 S. 416 (420); *Fezer* JuS 1978 S. 325 (329); *Heinitz* JR 1964 S. 441; *Henkel* S. 270 Fußn. 10; *Lehmann* ArchPF 1979 S. 113 (122); *Rieß* JR 1979 S. 167; *Rogall* S. 201; *Roxin* § 24 D III 2; *Schumacher* S. 277 ff.; *Zipf* S. 185. Vgl. auch BGHSt. 27 S. 355 (357): Die einem Verwertungsverbot gesetzten Grenzen richten sich nach der Sachlage und der Art des Verbots.

395 BGHSt. 27 S. 355 (357); 28 S. 122 (128). – Vgl. auch BGHSt. 29 S. 109 (110); KK *Pelchen* vor § 48 Rdnr. 27.

396 Vgl. BGHSt. 24 S. 125 (131). Vgl. dazu unten S. 528.

gunsten des Angeklagten auswirkt, kann nicht entscheidend sein[397]. Immer aber muß erwiesen sein, daß ein Verstoß gegen ein Beweismethodenverbot vorliegt. Der Grundsatz, daß im Zweifel zugunsten des Angeklagten zu entscheiden ist, hat hier, wie stets im Verfahrensrecht, keinerlei Bedeutung[398].

2. Mit verbotenen Mitteln und Methoden erlangte Beweise (§§ 136 a, 69 Abs. 3)

a) Bedeutung des Verwertungsverbots. Einem Verwertungsverbot[399] unterliegen Aussagen von Beschuldigten, Zeugen und Sachverständigen[400], die durch nach § 136 a Abs. 1 und 2 verbotene Mittel oder Methoden[401] erlangt worden sind. Gleichgültig ist, ob die Aussage zugunsten des Beschuldigten wirkt oder für ihn nachteilig ist[402]. Das Verwertungsverbot bedeutet, daß Niederschriften über die Aussage nicht nach §§ 251, 253, 254, 325 verlesen und Tonbänder über die Vernehmung nicht abgespielt werden dürfen[403], daß der Inhalt der Aussage nicht durch die Vernehmung von Verhörspersonen[404] oder von Dritten, die bei der Vernehmung zugegen waren[405], festgestellt und daß die Aussage weder dem Angeklagten noch einem Mitangeklagten, Zeugen oder Sachverständigen vorgehalten wer-

---

397 Vgl. KMR *Paulus* § 244 Rdnr. 547; *Bauer*, Die Aussage des über sein Schweigerecht nicht belehrten Beschuldigten, Diss. Göttingen 1972, S. 167; *Kleinknecht* NJW 1966 S. 1537 (1543); *Rüping* Rdnr. 405 und Beweisverbote S. 33/34. – A. A. *Dencker* S. 73 ff., 118; *Rogall* ZStW 91 S. 1 (38), die in Verwertungsverboten nur Belastungsverbote sehen. Vgl. auch die Nachw. in Fußn. 402.
398 Vgl. *Kleinknecht* NJW 1966 S. 1537 (1544).
399 Nach Ansicht *Spendels* (NJW 1966 S. 1102 [1104 ff.]) handelt es sich um ein Beweistatsachenverbot. Hiergegen mit Recht *Sydow* S. 30, 42; unverwertbar ist nur der Inhalt der Aussage, nicht die Tatsache, zu der der Angeklagte oder Zeuge vernommen worden ist.
400 Da § 136 a auch dem Schutz des Angeklagten vor Erlangung unwahrer Aussagen dient, kann er das Verwertungsverbot auch geltend machen, wenn bei der Vernehmung von Zeugen und Sachverständigen gegen die Vorschrift verstoßen worden ist; vgl. KMR *Paulus* § 244 Rdnr. 504; *Dencker* S. 37 ff.; *Grünwald* JZ 1966 S. 489 (490); *Rudolphi* MDR 1970 S. 93 (95).
401 Wegen der Einzelheiten der nach § 136 a verbotenen Vernehmungsmethoden vgl. KK *Boujong* Rdnr. 9 ff.; LR *Meyer* Rdnr. 11 ff.; *Eb. Schmidt* Rdnr. 7 ff.; alle zu § 136 a.
402 BGHSt. 5 S. 290; KK *Boujong* Rdnr. 37; *Krause/Nehring* Rdnr. 14; LR *Meyer* Rdnr. 48; alle zu § 136 a; *Baumann* GA 1959 S. 33 (41); *Kleinknecht* NJW 1964 S. 2181 (2185); *Peters* S. 315; *Rüping* Rdnr. 110, 405; *Siegert* GA 1957 S. 265 (271). – A. A. *Dencker* S. 73 ff.; *Erbs* NJW 1951 S. 386 (389); *Sendler* S. 56 ff.; *Walder* S. 197, die nur Aussagen zuungunsten des Beschuldigten für unverwertbar halten.
403 Vgl. LR *Meyer* § 136 a Rdnr. 49; *Eb. Schmidt* § 136 a Rdnr. 22; *Rogall* S. 211; *Sendler* S. 37.
404 Vgl. KMR *Müller* § 136 a Rdnr. 19; KMR *Paulus* § 244 Rdnr. 562; LR *Meyer* § 136 a Rdnr. 49; *Dahs/Dahs* Rdnr. 196; *Rogall* S. 211 und MDR 1977 S. 978 (979); *Spendel* NJW 1966 S. 1102 (1104) und JuS 1964 S. 465 (471).
405 Vgl. KK *Boujong* § 136 a Rdnr. 39; KMR *Müller* § 136 a Rdnr. 19; KMR *Paulus* § 244 Rdnr. 566; *Krause/Nehring* § 136 a Rdnr. 15; LR *Meyer* § 136a Rdnr. 49; *Baumann* GA 1959 S. 33 (43); *Heinitz* JR 1964 S. 441 (443); *Kohlhaas* JR 1960 S. 246 (249); *Sendler* S. 37.

den darf[406]. Das Verwertungsverbot gilt auch, wenn der Beschuldigte, Zeuge oder Sachverständige bei seiner Vernehmung mit der Anwendung der nach § 136 a Abs. 1 und 2 verbotenen Mitteln oder Methoden einverstanden war (§ 136 a Abs. 3 Satz 1). Die spätere Zustimmung des Angeklagten zu der Verwertung der Aussage ist ebenfalls unbeachtlich (§ 136 a Abs. 3 Satz 2)[407].

b) Vernehmungen. Das Verwertungsverbot bezieht sich nur auf Aussagen bei Vernehmungen durch die staatlichen Strafverfolgungsorgane[408]. Dabei muß es sich aber nicht um förmliche Vernehmungen handeln. Auch das Ergebnis informatorischer Befragungen, die mit verbotenen Mitteln durchgeführt worden sind, ist unverwertbar. Das gleiche gilt für den Fall, daß der Beschuldigte oder Zeuge bewußt darüber im unklaren gelassen wird, daß überhaupt eine Befragung zu Strafverfolgungszwecken stattfindet[409]. Jedoch besteht kein Verwertungsverbot nach § 136 a Abs. 3, wenn Beweismittel auf andere Art als durch Vernehmung beschafft worden sind[410]. Insbesondere wird die Tätigkeit des sog. agent provocateur durch § 136 a nicht erfaßt[411]. Auf Untersuchungen und körperliche Eingriffe nach § 81 c ist die Vorschrift nicht entsprechend anwendbar[412]. Gegenstand einer

---

406 BGH bei *Dallinger* MDR 1973 S. 371; KK *Boujong* Rdnr. 39; *Kleinknecht* Rdnr. 20; KMR *Müller* Rdnr. 19; LR *Meyer* Rdnr. 49; *Eb. Schmidt* Rdnr. 22; alle zu § 136 a; *Baumann* GA 1959 S. 33 (40); *Dahs/Dahs* Rdnr. 196; *Osmer* S. 105 ff.; *Peters* S. 315; *Rogall* S. 211; *Rüping* Rdnr. 110; *Sendler* S. 37; *Spendel* NJW 1966 S. 1102 (1104).

407 Der Zweck dieser Vorschrift, der oft mißverstanden wird, besteht ausschließlich darin, Unklarheiten darüber zu beseitigen, daß das Verwertungsverbot unabhängig davon besteht, ob der Beschuldigte nachträglich mit der Benutzung der Aussage zu Beweiszwecken einverstanden ist. Nur aus diesem Grunde ist in § 136 a Abs. 3 Satz 2, anders als in anderen Vorschriften, die ein Verwertungsverbot begründen, ausdrücklich bestimmt, daß die Aussage unverwertbar ist. Die Unzulässigkeit der Verwertbarkeit *gegen* den Willen des Angeklagten setzt die Vorschrift als selbstverständlich voraus; vgl. LR *Meyer* § 136 a Rdnr. 46; *Fezer* JuS 1978 S. 104 (105); *Hanack* JZ 1971 S. 168 (169); *Rengier* S. 291/292 Fußn. 76; *Roxin* § 24 D III 2 e; *Schünemann* MDR 1969 S. 101; *Sydow* S. 31, 77 ff. – *Petry* (S. 124) hält die Vorschrift für verfehlt und fordert ihre Streichung. *Sydow* (S. 20 Fußn. 3) meint hingegen, bei ihr handele es sich um den wesentlichen Inhalt des § 136 a.

408 BGHSt. 17 S. 14 (19); KK *Boujong* Rdnr. 6; *Kleinknecht* Rdnr. 20; LR *Meyer* Rdnr. 8; alle zu § 136 a. *Sendler* S. 18 weist zutreffend darauf hin, daß das Verwertungsverbot nicht voraussetzt, daß das verbotene Mittel erst nach Beginn der Vernehmung angewendet worden ist.

409 Vgl. *Sendler* S. 20 ff.

410 BGH bei *Dallinger* MDR 1975 S. 23; KG NJW 1979 S. 1668 (1669): Gegenüberstellung zwecks Identifizierung; BGH GA 1981 S. 89: Angaben des Beschuldigten gegenüber einem Polizeispitzel. Vgl. auch LR *Meyer* § 136 a Rdnr. 8; *Dahs/Dahs* Rdnr. 226.

411 BGH bei *Dallinger* MDR 1976 S. 13 = GA 1975 S. 333; KMR *Paulus* § 244 Rdnr. 570; *Krause/Nehring* Einl. Rdnr. 245; vgl. auch BGH NJW 1982 S. 1626 und dazu *Berz* JuS 1982 S. 416. – *Franzheim* NJW 1979 S. 2014 (2015) und *Lüderssen* in FS für Karl Peters, 1974, S. 349 (363, 367) halten eine Beweisaufnahme über die provozierte Straftat für unzulässig.

412 Vgl. unten S. 502.

Vernehmung im Sinne des § 136 a Abs. 1 sind auch nicht Mitteilungen des Beschuldigten gegenüber einem Polizeibeamten, der die Notwendigkeit polizeilichen Einschreitens am Tatort erst feststellen will. Was der Beschuldigte auf der Fahrt zur Polizeidienststelle gegenüber den Polizeibeamten äußert, die ihn begleiten oder vorführen, fällt ebenfalls nicht unter das Verwertungsverbot[413]. Schließlich liegt auch keine Vernehmung darin, daß dem Beschuldigen eine »Hörfalle« gestellt, also heimlich ein Gespräch abgehört wird, das er mit einem anderen in der Meinung führt, er sei unbeobachtet. Der Inhalt des Gesprächs ist daher zu Beweiszwecken verwertbar[414].

c) **Strafverfolgungsorgane.** Die Vorschrift des § 136 a schützt Beschuldigte, Zeugen und Sachverständige nur vor der Anwendung verbotener Vernehmungsmethoden durch Strafverfolgungsorgane[415] und durch die von ihnen mit der Feststellung von Befundtatsachen beauftragten Sachverständigen[416], nicht durch Augenscheinsgehilfen[417] und Dolmetscher[418], die ohne Einverständnis des Richters oder Vernehmungsbeamten handeln. Führt die unerlaubte Einwirkung eines Strafverfolgungsorgans auf die Willensfreiheit des Beschuldigten dazu, daß er einer Privatperson bestimmte Angaben macht, so sind aber auch sie unverwertbar[419]. Unzulässig ist ferner nicht nur die unmittelbare Anwendung verbotener Vernehmungsmethoden durch die Strafverfolgungsorgane, sondern auch die Verwendung von Privatpersonen zur Ausforschung des Beschuldigten oder eines Zeugen unter

---

413 BGH bei *Dallinger* MDR 1970 S. 14 = Blutalkohol 1970 S. 404 mit Anm. *Händel*; KK *Boujong* Rdnr. 6; *Kleinknecht* Rdnr. 20; LR *Meyer* Rdnr. 8; alle zu § 136 a; *Rüping* Rdnr. 106.
414 Vgl. *Ballhause* Polizei 1950 S. 150; *Laux* SchlHA 1951 S. 39 (40); *Sendler* S. 23 ff., 29; *Walder* S. 189. – A. A. KK *Boujong* § 136 a Rdnr. 6; *Döhring* S. 205; *W. Hahn* S. 140; *Höfler* Kriminalistik 1954 S. 236; *Kohlhaas* DRiZ 1955 S. 80 (82); *Peters* Gutachten S. 162; *Sydow* S. 93.
415 BGHSt. 17 S. 14 (19); OLG Oldenburg NJW 1953 S. 1237; KK *Boujong* § 136 a Rdnr. 3; LR *Meyer* § 136 a Rdnr. 4; *Nüse* JR 1966 S. 281 (285). Zu dem Fall, daß Organe eines fremden Staates Druck auf einen ihrer Staatsangehörigen ausüben, um ihn zu bestimmten Aussagen vor einem Gericht der Bundesrepublik zu veranlassen, vgl. *Schroeder* ROW 1969 S. 193 (199).
416 BGHSt. 11 S. 211; BGH NJW 1968 S. 2297 (2298) = JR 1969 S. 231 mit Anm. *Peters* = JZ 1969 S. 427 mit Anm. *Arzt*; BGH VRS 29 S. 203 (204); LG Münster Strafverteidiger 1981 S. 614 (615); KK *Boujong* Rdnr. 5; *Kleinknecht* Rdnr. 1; KMR *Müller* Rdnr. 24; LR *Meyer* Rdnr. 5; *Eb. Schmidt* Nachtr. Rdnr. 4); alle zu § 136 a; KMR *Paulus* § 244 Rdnr. 534; LR *Schäfer* Einl. Kap. 14 Rdnr. 50; *Dahs/Wimmer* NJW 1960 S. 2217 (2218); *Geppert* DAR 1980 S. 315 (319); *Gössel* S. 191, 231; *Henkel* S. 180 Fußn. 41; *Henrich* S. 306; *Hilland* S. 15; *Peters* S. 347 und Gutachten S. 161; *Roxin* § 25 III 5; *Eb. Schmidt* NJW 1962 S. 664 (665); *Sydow* S. 100 Fußn. 1. – A. A. *Fincke* ZStW 86 S. 656 (658); *Rüping* Rdnr. 106.
417 Vgl. LR *Meyer* § 136 a Rdnr. 5; *Eb. Schmidt* NJW 1964 S. 664 (665). Zum Begriff vgl. oben S. 225 ff.
418 BGH 2 StR 712/77 vom 21. 4. 1978; KK *Boujong* § 136 a Rdnr. 3.
419 Vgl. KK *Boujong* § 136 a Rdnr. 6; LR *Meyer* § 136 a Rdnr. 8; *Petry* S. 82; *Sendler* S. 59.

Anwendung solcher Methoden[420]. Das schließt die Verwendung von Lockspitzeln aber nicht unter allen Umständen aus[421]. Der Beschuldigte darf zwar nicht zusammen mit einem Polizeispitzel in einer Zelle untergebracht werden, damit dieser sich dort Informationen durch Täuschung beschafft. Vertraut sich der Beschuldigte aber dem Polizeispitzel an, ohne daß dieser ihn täuscht, so sind seine Angaben verwertbar[422].

Eine Drittwirkung auf Privatpersonen hat § 136 a nicht. Die Vorschrift verbietet weder die Anwendung verbotener Mittel oder Methoden durch den Verteidiger[423] noch durch andere Personen, die nicht in amtlichem Auftrag handeln[424]. Einem Verwertungsverbot unterliegen nur Erklärungen, die sie unter besonders krassem Verstoß gegen die Menschenwürde, bei extremer Menschenrechtsverletzung, z. B. durch Folterung, Marterung, Einkerkerung, dem Beschuldigten oder einem Zeugen abgepreßt haben[425]. Diese Einschränkung des Verwertungsverbots bedeutet aber nicht, daß die Strafverfolgungsbehörden unzulässige Einwirkungen von Privatpersonen in anderen Fällen ihrerseits ausnützen dürfen, um von Beschuldigten

---

420 Vgl. KK *Boujong* § 136 a Rdnr. 3; KMR *Paulus* § 244 Rdnr. 534; *Fischer*, Die Vernehmung des Beschuldigten im strafrechtlichen Ermittlungsverfahren, Diss. Erlangen-Nürnberg 1976, S. 118; *Grünwald* JZ 1966 S. 489 (497 Fußn. 75); *Kohlhaas* DAR 1971 S. 62 (67) und JR 1960 S. 246 (249); *Peters* Gutachten S. 162; *Petry* S. 82; *Sendler* S. 19; *Sydow* S. 100 Fußn. 1; *Walder* S. 170.
421 Vgl. LR *Meyer* § 136 a Rdnr. 4; *Petry* S. 172; a. A. *Bader* JZ 1978 S. 449.
422 BGH GA 1981 S. 89; LR *Meyer* § 136 a Rdnr. 4; *Kleinknecht* JZ 1953 S. 531 (534). – A. A. *Arzt* S. 72; *W. Hahn* S. 141; *Hilland* S. 16; *Peters* Gutachten S. 162; *Sydow* S. 93 und *Sendler* S. 32 ff., 35, der auf Nr. 9 Abs. 2 UVollzO verweist, wo den Anstaltsbeamten verboten wird, einen Gefangenen mit anderen Personen zusammenzulegen, um ihn über »einen Sachverhalt« auszuforschen. *Petry* S. 172 hält es demgegenüber sogar für zulässig, daß ein Polizeibeamter, der als Mithäftling getarnt war, die ihm ohne weitere Täuschung von dem Angeklagten gemachten Angaben bekundet.
423 BGHSt. 14 S. 189 (192) = JR 1961 S. 69 (70) mit Anm. *Eb. Schmidt*; OLG Nürnberg OLGSt. § 302 S. 15 (18); KK *Boujong* § 136 a Rdnr. 3; KMR *Paulus* § 244 Rdnr. 533.
424 OLG Oldenburg NJW 1953 S. 1237; *Kleinknecht* § 136 a Rdnr. 17 und NJW 1966 S. 1537 (1542); KK *Boujong* Rdnr. 3; KMR *Müller* Rdnr. 25; LR *Meyer* Rdnr. 5; *Eb. Schmidt* Rdnr. 22; alle zu § 136 a; LR *Schäfer* Einl. Kap. 14 Rdnr. 50; *Dallinger* SJZ 1950 Sp. 734; *Peters* Gutachten S. 161/162; *Rüping* Rdnr. 106 und Beweisverbote S. 37; *Schlüchter* Rdnr. 100. – Grundsätzlich a. A. *Gössel* S. 192/193; *Sydow* S. 100, 116/117, 123. Bedenken äußern auch *Eser* ZStW 86 Beih. S. 136 (158) sowie *Rogall* S. 210 und ZStW 91 S. 1 (41), der die Schwere des Eingriffs gegen die Schwere der Tat abwägen will. *Hilland* (S. 28) will nur Katalogtaten nach § 100 a Abs. 1 von dem Beweisverbot ausnehmen.
425 Vgl. KK *Boujong* § 136 a Rdnr. 3; *Kleinknecht* § 136 a Rdnr. 17 und NJW 1966 S. 1537 (1543); KMR *Paulus* § 244 Rdnr. 535; LR *Meyer* § 136 a Rdnr. 6; *Nüse* JR 1966 S. 281 (285); *Roxin* § 24 D V. – A. A. *Kohlhaas* DAR 1971 S. 62 (68) unter Aufgabe der in DRiZ 1966 S. 286 (289) vertretenen Ansicht. *Habscheid* (Peters-Gedächtnisschrift S. 860/861) und *Sendler* (S. 60 ff., 80) halten alle unter Verletzung der Menschenwürde erlangten Beweise für unverwertbar. Gegen jede Ausdehnung des Verwertungsverbots auf von Privaten beschaffte Beweismittel aber KK *Pelchen* vor § 48 Rdnr. 52, *Dencker* S. 98/99 und *Feldmann* NJW 1959 S. 853 (855).

oder Zeugen eine Aussage zu erlangen; das ist ihnen ohne Rücksicht auf die Schwere der Einwirkung untersagt[426].

d) Wirkung des Verwertungsverbots. Das Verwertungsverbot setzt voraus, daß der Verstoß gegen § 136 a erwiesen ist. Der bloße Verdacht genügt nicht[427]. Das Verbot wirkt nicht nur in dem Verfahren, in dem die Vernehmung stattgefunden hat[428], aber immer nur in dem Umfang, in dem die Aussage durch unzulässige Methoden erlangt worden ist. Der ordnungsgemäß zustande gekommene Teil der Aussage ist stets verwertbar[429]. Das Verwertungsverbot hängt auch sonst davon ab, daß die Anwendung der verbotenen Mittel und Methoden für die Gewinnung der Aussage ursächlich gewesen ist. Daran kann es insbesondere bei der Täuschung fehlen. Hat der Beschuldigte oder Zeuge die Wahrheit gekannt, so ist seine Aussage selbst dann verwertbar, wenn der Verhörsbeamte sich täuschender Mittel bedient hat[430]. Allerdings muß der ursächliche Zusammenhang nicht feststehen; es genügt, daß er nicht auszuschließen ist[431].

Das Verwertungsverbot schließt nicht aus, daß der Beschuldigte oder Zeuge erneut, diesmal auf rechtmäßige Weise, vernommen wird. Was er bei dieser erneuten Vernehmung aussagt, kann verwertet werden[432]. Nur unter besonderen Umständen kann der Druck der ersten bei der zweiten Vernehmung so fortwirken, daß auch sie unverwertbar ist[433]. Auch die Aussage, die nur gemacht worden ist,

---

426 Vgl. KK *Boujong* § 136 a Rdnr. 4; LR *Meyer* § 136 a Rdnr. 6; *Sendler* S. 59; *Walder* S. 166 ff.; a. A. *Petry* S. 83.
427 BGHSt. 16 S. 164 (167) = JR 1962 S. 108 mit Anm. *Eb. Schmidt*; *Kleinknecht* § 136 a Rdnr. 22 und NJW 1966 S. 1537 (1544); LR *Meyer* § 136 a Rdnr. 53; *Eser* ZStW 86 Beih. S. 136 (159); *Rogall* S. 211 Fußn. 23. – A. A. *Peters* S. 317; zweifelnd auch *Eb. Schmidt* Nachtr. § 136 a Rdnr. 24.
428 Vgl. *Peters* Gutachten S. 161; a. A. BGH 2 StR 431/75 vom 20. 2. 1976; KK *Boujong* § 136 a Rdnr. 38.
429 Vgl. KK *Boujong* Rdnr. 38; *Kleinknecht* Rdnr. 18; KMR *Müller* Rdnr. 22; LR *Meyer* Rdnr. 48; alle zu § 136 a; *Erbs* NJW 1951 S. 386 (390).
430 Vgl. *Kleinknecht* § 136 a Rdnr. 19; LR *Meyer* § 136 a Rdnr. 47; *Meyer* JR 1966 S. 310 (311); *Rieß* JA 1980 S. 293 (301). BGHSt. 22 S. 170 (175) verneint in diesem Fall schon die Täuschung.
431 BGHSt. 5 S. 290; 13 S. 60 (61); LG Mannheim NJW 1977 S. 346; KK *Boujong* Rdnr. 38; KMR *Müller* Rdnr. 22; LR *Meyer* Rdnr. 47; alle zu § 136 a.
432 BGHSt. 1 S. 376 (379); 22 S. 129 (134) = JZ 1968 S. 750 mit Anm. *Grünwald*; BGHSt. 27 S. 335 (339); BGH bei *Dallinger* MDR 1951 S. 658; 1972 S. 199; OLG Hamburg MDR 1976 S. 601 = VRS 51 S. 44; KK *Boujong* § 136 a Rdnr. 41; *Kleinknecht* § 136 a Rdnr. 17 und NJW 1966 S. 1537 (1543 Fußn. 69); LR *Meyer* § 136 a Rdnr. 50; *Eb. Schmidt* § 136 a Rdnr. 23; *Otto* GA 1970 S. 293 (294, 300, 304); *Rüping* Rdnr. 110 und Beweisverbote S. 35. – A. A. *Sydow* S. 84 ff. Einschränkend auch *Peters* S. 315/316 und Gutachten S. 160: Die zweite Aussage muß aufgrund einer »echten Persönlichkeitsentscheidung« gemacht sein. *Dencker* (S. 75 Fußn. 238) und *Schlüchter* (Rdnr. 99) verlangen (wie bei § 136; vgl. unten S. 496) eine Belehrung darüber, daß die erste Aussage unverwertbar ist.
433 BGHSt. 17 S. 364 (368). Vgl. auch BGHSt. 22 S. 129 (134/135) = JZ 1968 S. 750 mit Anm. *Grünwald*; BGH 5 StR 513/78 vom 24. 4. 1979 bei *Pfeiffer* NStZ 1981 S. 94; KK *Boujong* § 136 a Rdnr. 40. – LG Aachen NJW 1978 S. 2256, das die Fortwirkung mit der

weil ein anderer Beschuldigter oder Zeuge zuvor unter Verstoß gegen § 136 a vernommen und dadurch der wahre Sachverhalt aufgedeckt worden war, ist verwertbar[434]. Ist aber eine Verhörsperson unter Verstoß gegen das Verwertungsverbot darüber vernommen worden, was der Beschuldigte ausgesagt hat, so darf auch ihre Aussage nicht verwertet werden[435].

Ob der Verstoß gegen § 136 a eine Fernwirkung hat[436], ob also auch die Erkenntnisse unverwertbar sind, die bei der Vernehmung gewonnen worden sind und zur Auffindung anderer Beweismittel geführt haben, ist streitig. Nach richtiger Ansicht besteht eine solche Fernwirkung nicht[437]. Die Gegenmeinung[438] stützt sich vor allem auf die für bundesdeutsche Verhältnisse wenig passende nordamerikanische »fruit of the poisonous tree-doctrine«. Eine vermittelnde Ansicht will die Entscheidung von einer Abwägung der Schwere der Straftat und des Verstoßes gegen § 136 a abhängig machen[439], eine andere davon, ob der Beweis auch bei ordnungsmäßigem Verfahren erlangt worden wäre[440].

3. Durch Unterlassen erforderlicher Belehrungen erlangte Beweise

a) § 52 Abs. 3 Satz 1. Die nach § 52 Abs. 1 zur Zeugnisverweigerung berechtigten Familienangehörigen des Beschuldigten dürfen nur vernommen werden, wenn sie

Fernwirkung verwechselt, bejaht das zu Unrecht für den Fall, daß der Beschuldigte bei einer polizeilichen Vernehmung ein Geständnis gegen das Versprechen der Haftentlassung ablegt und einen Tag später in Anwesenheit des Kriminalbeamten vor dem Richter wiederholt.

434 Vgl. *Baumann* GA 1959 S. 33 (39 ff., 41); *Peters* S. 315.

435 Vgl. LR *Meyer* § 136 a Rdnr. 50; *Grünwald* JZ 1966 S. 489 (494 Fußn. 55); a. A. *Baumann* GA 1959 S. 33 (43).

436 Daß die Frage der Fernwirkung nicht allgemein, sondern für jedes Beweisverwertungsverbot besonders zu beurteilen ist, betonen mit Recht BGHSt. 27 S. 355 (357); 29 S. 244 (249); KMR *Paulus* § 244 Rdnr. 542.

437 OLG Hamburg MDR 1976 S. 601 = VRS 51 S. 44; OLG Stuttgart NJW 1973 S. 1941; *Kleinknecht* Einl. Rdnr. 53, § 136 a Rdnr. 21 und NJW 1964 S. 2181 (2185); 1966 S. 1537 (1544); KMR *Müller* Rdnr. 20; LR *Meyer* Rdnr. 51; *Eb. Schmidt* Rdnr. 23; alle zu § 136 a; LR *Schäfer* Einl. Kap. 14 Rdnr. 43; *Baumann* GA 1959 S. 33 (42); *Dallinger* SJZ 1950 Sp. 734; *Döhring* S. 214; *Erbs* NJW 1951 S. 386 (389); *Gössel* S. 183 und Bockelmann-FS. S. 817; *Heinitz* JR 1964 S. 441 (444); *Petry* S. 126/127, 171; *Sarstedt* Verh. 46. DJT, 1966, II. Teil F S. 23.

438 Vgl. *Dencker* S. 80; *Grünwald* JZ 1966 S. 489 (500); *Habscheid* Peters-Gedächtnisschrift S. 873; *Haffke* GA 1973 S. 65 (79, 82); *Hellwig* Polizei 1950 S. 332 (335); *Henkel* S. 181, 271 Fußn. 14; *Kohlhaas* DAR 1971 S. 62 (66); JR 1960 S. 246 (248); *Kühne* Rdnr. 548; *Laux* SchlHA 1951 S. 39 (40); *Maiwald* JuS 1978 S. 379 (385); *Nüse* JR 1966 S. 281 (284/285); *Osmer* S. 33 ff., 41; *Otto* GA 1970 S. 289 (294); *Peters* S. 315 und Gutachten S. 160; *Roxin* § 24 D IV; *Rüping* Rdnr. 111, 412 und Beweisverbote S. 36/37; *Sendler* S. 38 ff., der (S. 57 ff.) aber die zugunsten des Beschuldigten wirkenden Beweise verwerten will; *Siegert* GA 1957 S. 265 (270) unter Aufgabe der in DRiZ 1953 S. 98 (100) vertretenen Ansicht; *Spendel* NJW 1966 S. 1102 (1105) und JuS 1964 S. 465 (471); *Sydow* S. 75 ff.; *Walder* S. 194.

439 Vgl. *Rogall* ZStW 91 S. 1 (39/40).

440 *Grünwald* JZ 1966 S. 489 (496); hiergegen *Rogall* ZStW 91 S. 1 (31).

sich zur Aussage bereit erklärt haben, nachdem sie über ihr Weigerungsrecht belehrt worden sind (§ 52 Abs. 3 Satz 1, § 161 a Abs. 1 Satz 2, § 163 a Abs. 5). Bei verstandesunreifen und verstandesschwachen Personen muß auch der gesetzliche Vertreter der Vernehmung zustimmen. Hierüber muß er belehrt werden (§ 52 Abs. 2 Satz 1, Abs. 3 Satz 1). Die Belehrung nach § 55 Abs. 2 ersetzt das Fehlen der in § 52 Abs. 3 Satz 1 vorgeschriebenen Belehrung nicht[441]. Das Unterlassen der Belehrung ist aber unschädlich, wenn nachträglich eine Erklärung des Zeugen herbeigeführt wird, daß er auch nach Belehrung von seinem Recht auf Zeugnisverweigerung keinen Gebrauch gemacht hätte[442]. Auch der gesetzliche Vertreter kann seine Einwilligung nachträglich erteilen[443].

Die Frage der Unzulässigkeit der Beweiserhebung stellt sich nur dann, wenn der Zeuge schon vor der Hauptverhandlung unter Verstoß gegen § 52 Abs. 3 Satz 1 vernommen worden, in der Hauptverhandlung aber nicht erschienen und nunmehr der Antrag gestellt ist, die Niederschrift über seine Aussage nach § 251 zu verlesen oder den Richter, Staatsanwalt oder Polizeibeamten, der ihn vernommen hat, als Zeugen zu hören[444]. Ein solcher Beweisantrag muß grundsätzlich abgelehnt werden. Denn nach allgemeiner Ansicht besteht das Zeugnisverweigerungsrecht der Familienangehörigen auch im Interesse des Angeklagten, und die Aussage des nicht belehrten Zeugen ist daher unverwertbar[445]. Daran ändert das Einverständnis des Angeklagten mit der Beweisverwertung nichts[446]. Für den Fall, daß die Belehrung des gesetzlichen Vertreters unterlassen worden ist, gilt das entsprechend[447].

Ein absolutes Verwertungsverbot besteht jedoch nicht. Denn da § 337 Abs. 1 die Aufhebung eines Urteils nur vorschreibt, wenn es auf dem Verfahrensfehler beruht, hängt auch das Beweisverbot davon ab, daß das Fehlen der Belehrung für

---

441 BGH NJW 1980 S. 67 (68); KK *Pelchen* § 52 Rdnr. 36.
442 BGHSt. 12 S. 235 (242) – GSSt.; BGHSt. 20 S. 234; RGSt. 25 S. 262; RG JW 1928 S. 1306; KK *Pelchen* Rdnr. 36; *Kleinknecht* Rdnr. 21; KMR *Paulus* Rdnr. 32; LR *Meyer* Rdnr. 52; *Eb. Schmidt* Rdnr. 21; alle zu § 52; *Geppert* von Lübtow-Festgabe S. 773 (792); *Grünwald* JZ 1966 S. 481 (495); *Hauser* S. 155 ff.; *Henkel* S. 211; *von Kries* S. 358; *Nüse* JR 1966 S. 281 (283); *Rogall* S. 231; *Rüping* Beweisverbote S. 43; *Sarstedt* S. 157.
443 Vgl. KK *Pelchen* § 52 Rdnr. 36; *Kleinknecht* § 52 Rdnr. 21.
444 Vgl. *Rogall* S. 232.
445 BGHSt. 1 S. 39 (40); 4 S. 217; 11 S. 213 (216); BGH 5 StR 55/55 vom 24. 6. 1955; RGSt. 9 S. 384 (386); 20 S. 186; 29 S. 351 (352); 32 S. 72 (75); 48 S. 359 (360); RG JW 1936 S. 3009; 1938 S. 2270 = HRR 1938 Nr. 1378; RG HRR 1940 Nr. 653; BayObLG bei *Rüth* DAR 1969 S. 236; OLG Bremen NJW 1962 S. 2314; OLG Schleswig SchlHA 1956 S. 330; KK *Pelchen* § 52 Rdnr. 39; *Kleinknecht* § 52 Rdnr. 20 und NJW 1966 S. 1537; KMR *Paulus* Rdnr. 34, 37; LR *Meyer* Rdnr. 53; *Eb. Schmidt* Rdnr. 19 ff. und Nachtr. Rdnr. 16; alle zu § 52; LR *Schäfer* Einl. Kap. 14 Rdnr. 14; *Dahs/Dahs* Rdnr. 209; *Geppert* von Lübtow-Festgabe S. 773 (792); *Gössel* NJW 1981 S. 2217 (2219); *Grünwald* JZ 1966 S. 489 (497); *Harreß* S. 50; *Henkel* S. 269; *Koeniger* S. 303, 350; *Kühne* Rdnr. 540; *Peters* Gutachten S. 115; *Rengier* S. 8 ff., 318 ff.; *Rogall* S. 230 ff. und ZStW 91 S. 1 (36); *Roxin* § 24 D III 2 a; *Rüping* Rdnr. 409 und Beweisverbote S. 43; *Sarstedt* S. 157; *Eb. Schmidt* NJW 1968 S. 1209 (1216); *Spendel* NJW 1966 S. 1102 (1103); *Stürner* NJW 1981 S. 1757 Fußn. 3; *Völcker* S. 26. – Offengelassen in BGHSt. 22 S. 35 (36).
446 BayObLG bei *Rüth* DAR 1969 S. 236; OLG Karlsruhe OLGSt. § 252 S. 21.
447 BGH Strafverteidiger 1981 S. 4; KK *Pelchen* § 52 Rdnr. 39.

die Gewinnung der Aussage ursächlich gewesen ist[448]. Steht aufgrund einer nachträglichen Erklärung des Zeugen[449] oder aufgrund anderer Umstände fest, daß er seine Rechte gekannt hat und auch nach entsprechender Belehrung ausgesagt hätte, so ist seine Aussage daher verwertbar[450]. Daß er über sein Aussageverweigerungsrecht Bescheid gewußt hat, wird aber nur ausnahmsweise angenommen werden können, etwa wenn der Justizminister des Landes oder ein Strafrichter oder Strafverteidiger ausgesagt hat oder wenn ein Zeuge im selben Verfahren bereits bei anderer Gelegenheit vernommen und dabei über sein Aussageverweigerungsrecht belehrt worden war. Das Verwertungsverbot entfällt, wenn die Konfliktlage, der die Vorschrift des § 52 Rechnung tragen will, nicht mehr besteht. Das ist vor allem der Fall, wenn der Zeuge vor der Hauptverhandlung verstorben ist. Die Niederschrift über seine frühere Vernehmung darf dann nach § 251 Abs. 1 Nr. 1, Abs. 2 verlesen werden, auch wenn die erforderliche Belehrung über sein Zeugnisverweigerungsrecht unterblieben war[451].

Auch eine Fernwirkung hat der Verstoß gegen § 52 Abs. 3 Satz 1 nicht. Selbst wenn die Aussage unverwertbar ist, dürfen die aufgrund der Angaben des Zeugen erlangten Kenntnisse dazu benutzt werden, weitere Ermittlungen zu führen und andere Beweise aufzufinden und zu verwerten[452]. Hat z. B. ein Polizeibeamter dem Angeklagten Vorhalte aus der Aussage eines nicht nach § 52 Abs. 3 Satz 1 belehrten Zeugen gemacht, so schließt das die Vernehmung des Beamten als Zeugen über das, was ihm der Angeklagte erklärt hat, nicht aus[453].

Dem Unterlassen der Belehrung des Zeugen steht der Fall gleich, daß er irrtümlich dahin belehrt worden ist, er habe kein Weigerungsrecht. Sagt er daraufhin aus,

448 Vgl. *Fezer* JuS 1978 S. 325 Fußn. 2; *Grünwald* JZ 1966 S. 489 (495).
449 Vgl. *Eb. Schmidt* § 52 Rdnr. 21; *Grünwald* JZ 1966 S. 489 (495); *Nüse* JR 1966 S. 281 (283); *Rogall* S. 271. – Eine andere Form der Heilung ist die Nachholung der Belehrung und die erneute Vernehmung; vgl. *Gössel* NJW 1981 S. 2217 (2218).
450 RG JW 1934 S. 2914; KK *Pelchen* Rdnr. 46; KMR *Paulus* Rdnr. 34; LR *Meyer* Rdnr. 44, 53; *Eb. Schmidt* Rdnr. 21; alle zu § 52; *Geppert* von Lübtow-Festgabe S. 773 (792); *Grünwald* JZ 1966 S. 489 (495); *Kühne* Rdnr. 540; *Meyer* JR 1967 S. 310; *Peters* Gutachten S. 121; *Rüping* Beweisverbote S. 35; *Sydow* S. 86. – *Fezer* (JuS 1978 S. 325 Fußn. 2) will dann sogar die Belehrungspflicht entfallen lassen. Vgl. auch den Fall OLG Oldenburg NJW 1967 S. 1872, wo der Zeuge sein Angehörigenverhältnis in Kenntnis seines Zeugnisverweigerungsrechts bewußt verschwiegen hatte.
451 BGHSt. 22 S. 35 = JR 1968 S. 429 mit abl. Anm. *Peters*; BGH bei *Dallinger* 1966 S. 384; RGSt. 9 S. 88 (91); OLG Nürnberg HESt. 3 S. 40; KK *Mayr* § 250 Rdnr. 12; *Kleinknecht* § 251 Rdnr. 15 b; KMR *Paulus* § 251 Rdnr. 8; LR *Gollwitzer* § 252 Rdnr. 12; LR *Meyer* § 52 Rdnr. 53; *Gössel* S. 210; *Groth* S. 35; *Hanack* JZ 1972 S. 236 (238). – A. A. RGSt. 32 S. 72 (75); 48 S. 359 (360); *Fezer* JuS 1978 S. 325 (330); *Michaelis* NJW 1969 S. 730; *Rengier* S. 320 ff. und Jura 1981 S. 299 (307); *Rogall* S. 232; *Roxin* § 24 D III 2 a; *Eb. Schmidt* NJW 1968 S. 1209 (1218 Fußn. 82) unter Aufgabe der zu § 252 Rdnr. 9 vertretenen Ansicht.
452 Vgl. LR *Meyer* § 52 Rdnr. 53; *Nüse* JR 1966 S. 281 (283); *Peters* Gutachten S. 122. – A. A. *Henkel* S. 271 Fußn. 14; *Schwarze* GerS 21 S. 60 (72 ff.); *Sendler* S. 44 ff., 47; *Sydow* S. 87.
453 BGH NJW 1955 S. 1289 mit Anm. *Lürken*; *Nüse* JR 1966 S. 281 (283/284); a. A. *Koeniger* S. 358.

so ist seine Aussage unverwertbar⁴⁵⁴. In dem umgekehrten Fall, daß das Gericht ihn irrtümlich für weigerungsberechtigt gehalten und entsprechend belehrt hat, handelt es sich nicht um die Frage eines Verwertungsverbots, sondern, wenn der Zeuge die Aussage verweigert, um die rechtsirrige Ablehnung der Ladung des Zeugen oder, sofern er an Gerichtsstelle anwesend ist, um einen Verstoß gegen § 245⁴⁵⁵. Sagt der Zeuge trotz der falschen Belehrung aus, so ist sie unschädlich⁴⁵⁶.

b) § 55 Abs. 2 Die Vorschrift, daß der Zeuge über sein Recht zur Verweigerung der Auskunft zu belehren ist, dient nicht dem Schutz des Angeklagten, sondern dem des Zeugen. Denn das Auskunftsverweigerungsrecht des § 55 beruht ausschließlich auf der Achtung vor der Persönlichkeit des Zeugen⁴⁵⁷. Da § 55 kein Schutzrecht für den Angeklagten begründet, berührt es dessen Rechtskreis nicht, wenn der Zeuge ausgesagt hat, ohne daß er nach § 55 Abs. 2, § 161 a Abs. 1 Satz 2, § 163 a Abs. 5 belehrt worden war. Ein Verwertungsverbot in dem Verfahren, in dem die Aussage gemacht worden ist, besteht daher nicht⁴⁵⁸. Die Gegenmeinung wird von denjenigen vertreten, die jeden Verstoß gegen ein Beweismethodenverbot für revisibel oder für ein Verwertungsverbot halten, sowie natürlich von denjeni-

---

454 KK *Pelchen* § 52 Rdnr. 47; LR *Meyer* § 52 Rdnr. 55; *Dahs/Dahs* Rdnr. 209. Vgl. auch BGHSt. 6 S. 279 (280).
455 Vgl. unten S. 797.
456 BGH bei *Holtz* MDR 1979 S. 806; KK *Pelchen* § 52 Rdnr. 47.
457 BGHSt. 1 S. 39; 11 S. 213 (216) – GSSt.; BGHSt. 17 S. 245 (246); BGH VRS 34 S. 218; 36 S. 23; BGH bei *Dallinger* MDR 1968 S. 202; BayObLGSt. 1953 S. 92 = JZ 1953 S. 702 (703) mit abl. Anm. *Busch*; BayObLGSt. 1966 S. 166 = JR 1968 S. 29 mit Anm. *Koffka*; OLG Koblenz VRS 46 S. 449 (451); KK *Pelchen* § 55 Rdnr. 1; *Kleinknecht* § 55 Rdnr. 4 und NJW 1966 S. 1537 (1539); KMR *Paulus* § 55 Rdnr. 2; LR *Meyer* § 55 Rdnr. 1; *Grünwald* JZ 1966 S. 489 (498); *Otto* GA 1970 S. 289 (301); *Eb. Schmidt* JZ 1958 S. 596 (599 ff.).
458 BGHSt. 1 S. 39; 10 S. 186 (190); 11 S. 213 – GSSt.; BGH GA 1976 S. 218 (219); BGH VRS 15 S. 112 (113); 18 S. 206 (207); 34 S. 218; 36 S. 23; RG JW 1931 S. 1596 mit Anm. *Alsberg*; BayObLGSt. 1953 S. 92 = NJW 1953 S. 1115 (1116); BayObLGSt. 1966 S. 166 (168) = JR 1968 S. 29 mit Anm. *Koffka*; BayObLGSt. 1978 S. 152 (154) = JR 1980 S. 432 mit Anm. *Hanack*; OLG Frankfurt GA 1969 S. 124; OLG Koblenz OLGSt. § 55 S. 11; VRS 46 S. 449 (451); OLG Oldenburg NdsRpfl. 1954 S. 176; OLG Schleswig bei *Ernesti/Jürgensen* SchlHA 1975 S. 190; 1977 S. 179; *Dalcke/Fuhrmann/Schäfer* Anm. 5; KK *Pelchen* Rdnr. 18; *Kleinknecht* Rdnr. 11; LR *Meyer* Rdnr. 22; alle zu § 55; LR *Schäfer* Einl. Kap. 14 Rdnr. 14; *Dencker* S. 94; *Kleinknecht* NJW 1966 S. 1537 (1539); *Koeniger* S. 366; *D. Meyer* MDR 1977 S. 543 (544); *Otto* GA 1970 S. 289 (301); *Rüping* Rdnr. 408 und Beweisverbote S. 44; *Schorn* Strafrichter S. 42. Ebenso, vom Standpunkt der Normwidrigkeitstheorie aus, *Philipps* in FS für Paul Bockelmann, 1979, S. 831 (833). Einschränkend *Rogall* ZStW 91 S. 1 (36/37), der bei einem schweren Eingriff in das Recht des Zeugen, sich nicht selbst belasten zu müssen, ein Verwertungsverbot annimmt. – Wird gegen den Zeugen ein Verfahren eingeleitet, so ist die Aussage, die er ohne Belehrung nach § 55 gemacht hat, unverwertbar; vgl. *Grünwald* JZ 1966 S. 489 (499 Fußn. 97).

gen, die meinen, § 55 diene auch dem Interesse des Angeklagten, weil die Vorschrift Falschaussagen des Zeugen verhindern soll[459].

Wie im Fall des § 52 steht die unterlassene der falschen Belehrung gleich. Beantwortet der Zeuge trotz der unrichtigen Belehrung, er dürfe die Auskunft nicht verweigern, die ihm gestellten Fragen, so ist seine Aussage verwertbar[460]. Wird er hingegen irrtümlich darüber belehrt, daß er die Auskunft verweigern könne, und lehnt er darauf die Antwort auf bestimmte Fragen ab, so kann beantragt werden, ihn in der Hauptverhandlung nochmals zu vernehmen. Geschieht der Fehler in der Hauptverhandlung, so ist § 245 Abs. 1 verletzt[461].

c) § 81 a. Der Beschuldigte braucht die Untersuchung nach § 81 a nur zu dulden; zu einer aktiven Teilnahme darf er nicht gezwungen werden. Insbesondere muß er keine Fragen des Untersuchenden beantworten, sich keinen Prüfungen unterziehen und nicht an Experimenten teilnehmen[462]. Der Beschuldigte kann aber freiwillig an der Untersuchung mitwirken, und er kann hierzu auch aufgefordert werden. Handelt es sich dabei um eine Mitwirkung, die der Arzt üblicherweise von seinen Patienten zu fordern berechtigt ist, so bewendet es bei einer solchen Aufforderung[463]. In anderen Fällen muß der Beschuldigte über die Freiwilligkeit seiner Mitwirkung von dem Strafverfolgungsorgan belehrt werden, das die Untersuchung angeordnet hat[464]. Hat der Beschuldigte ohne eine solche Belehrung freiwillig mit-

---

459 Ein Beweisverbot halten für gegeben: OLG Frankfurt NJW 1951 S. 614; KMR *Paulus* § 251 Rdnr. 8; *Eb. Schmidt* § 55 Rdnr. 9 und JZ 1958 S. 596 (599 ff.); *Blomeyer* JR 1971 S. 142 (147 Fußn. 58); *Busch* JZ 1953 S. 703 (704); *Feldmann* NJW 1959 S. 853 (854 ff.); *Geerds* in FS für Ulrich Stock, 1966, S. 171 (188); *Gössel* NJW 1981 S. 649 (653) und Bockelmann-FS S. 817; *Gossrau* MDR 1958 S. 468 (469); *Henkel* S. 211; *Henrich* S. 339 ff.; *Jescheck* GA 1959 S. 65 (84); *Niese* JZ 1953 S. 219 (223); *Peters* S. 330 und Gutachten S. 128; *Petry* S. 105, 113; *Rengier* S. 61 ff.; *Roxin* § 24 D III 2 c; *Rudolphi* MDR 1970 S. 93 (98); *Schütz*, Die Verletzung des § 55 StPO als Revisionsgrund, Diss. Erlangen 1960, S. 76 ff.
460 BGH 3 StR 86/79 vom 9. 5. 1979 bei *Pfeiffer* NStZ 1981 S. 93; RGSt. 38 S. 320; RG JW 1931 S. 1596 mit abl. Anm. *Alsberg*; RG DRiZ 1930 Nr. 354; *Dalcke/Fuhrmann/Schäfer* § 55 Anm. 5; LR *Meyer* § 55 Rdnr. 23; a. A. *Koffka* JR 1968 S. 30 (31).
461 Vgl. unten S. 797.
462 BGH VRS 30 S. 184 (185); BayObLGSt. 1963 S. 15 (16) = NJW 1963 S. 772; BayObLGSt. 1964 S. 34 = VRS 27 S. 189 (190); OLG Hamm NJW 1974 S. 713; VRS 34 S. 287 (289); 57 S. 371 (373); OLG Schleswig VRS 30 S. 344 = SchlHA 1966 S. 43 mit Anm. *Naucke*; OLG Stuttgart Justiz 1971 S. 29 (30); KK *Pelchen* § 81 a Rdnr. 4; *Kleinknecht* § 81 a Rdnr. 5 und NJW 1964 S. 2181 (2187); LR *Meyer* § 81 a Rdnr. 17 ff.; *Dahs/Wimmer* NJW 1960 S. 2217 (2218); *Geppert* DAR 1980 S. 315 (318); *Händel* Blutalkohol 1977 S. 193; *Klinkhammer/Stürmer* DAR 1968 S. 43 (44); *Kohlhaas* DAR 1968 S. 69 (71); *Rogall* S. 56; *Eb. Schmidt* NJW 1962 S. 664.
463 OLG Hamm NJW 1967 S. 1524; 1968 S. 1202 (1203); Blutalkohol 1980 S. 171; OLG Köln NJW 1962 S. 692 = VRS 22 S. 148 (150); LR *Meyer* § 81 a Rdnr. 21; *Kleinknecht* NJW 1964 S. 2181 (2185); *Messmer* DAR 1966 S. 153; *Eb. Schmidt* NJW 1962 S. 664 (665); a. A. *Maase* DAR 1966 S. 44, der auch dann eine Belehrung verlangt.
464 Vgl. *Kleinknecht* vor § 72 Rdnr. 13; LR *Meyer* § 81 a Rdnr. 21; *Maase* DAR 1966 S. 44; *Messmer* DAR 1966 S. 153.

gewirkt, so darf das Untersuchungsergebnis aber gleichwohl benutzt werden. Ein Verwertungsverbot besteht nicht.[465]

d) § 81 c

(1) Die **Einwilligung des Zeugen** macht auch andere als die in § 81 c Abs. 1 bezeichneten Untersuchungen, insbesondere Glaubwürdigkeitsbeurteilungen, zulässig. Untersuchungen zur Feststellung der Abstammung und Blutprobenentnahmen dürfen nach § 81 c Abs. 2 mit Einwilligung des betroffenen Zeugen auch vorgenommen werden, wenn die Maßnahme nicht unerläßlich und nicht ungefährlich ist. Über das Erfordernis seiner Einwilligung muß der Zeuge aber belehrt werden[466], und zwar auch dann, wenn ohnehin eine Belehrung über das Untersuchungsverweigerungsrecht nach § 81 c Abs. 3 Satz 2 erforderlich ist. In diesem Fall bedarf es also einer doppelten Belehrung[467]. Das Unterlassen der Belehrung über das Erfordernis der Einwilligung begründet jedoch kein Verwertungsverbot; denn die Interessen des Angeklagten werden hierdurch nicht berührt[468].

(2) Die Belehrung, die § 81 c Abs. 3 Satz 2, § 161 a Abs. 1 Satz 2, § 163 a Abs. 5 vorschreiben, bevor Angehörige des Angeklagten körperlich untersucht oder ihnen Blutproben entnommen werden, und die nicht deshalb entbehrlich ist, weil der Zeuge schon nach § 52 Abs. 3 Satz 1 belehrt worden ist[469], entspricht der Belehrung über das Zeugnisverweigerungsrecht nach dieser Vorschrift. Sie ist auch notwendig, wenn ein Familienangehöriger auf seine Glaubwürdigkeit untersucht werden soll[470]. Wie im Fall des § 52 begründet das Unterlassen der Belehrung grundsätzlich ein **Verwertungsverbot**[471]. Der Arzt, der die Untersuchung vorgenommen

---

465 BayOblG bei *Rüth* DAR 1966 S. 261 (262); OLG Hamm NJW 1967 S. 1524; KK *Pelchen* Rdnr. 14; *Kleinknecht* Rdnr. 5; LR *Meyer* Rdnr. 76. alle zu § 81 a. – A. A. KMR *Paulus* Rdnr. 59; *Krumme/Hürxthal*, Straßenverkehrsgesetz, 1977, Rdnr. 14; *Jagusch* Rdnr. 3; alle zu § 81 a; *Rogall* S. 229. Vgl. auch *Dahs/Wimmer* NJW 1960 S. 2217 (2222).
466 Vgl. *Kleinknecht* Rdnr. 8; KMR *Paulus* Rdnr. 6; LR *Meyer* Rdnr. 5; *Eb. Schmidt* Nachtr. Rdnr. 14; alle zu § 81 c; *Hanack* JZ 1971 S. 126 (128); *Heinitz* in FS für Karl Engisch, 1969, S. 693 (700); *Peters* Gutachten S. 102; *Schlüchter* Rdnr. 203.1 Fußn. 125, Rdnr. 203.3. – A. A. BGHSt. 13 S. 394 (398/399) = JR 1960 S. 225 mit Anm. *Heinitz*; KK *Pelchen* § 81 c Rdnr. 11; *Panhuysen* S. 83. Auch *Blau* in *Blau/Müller-Luckmann* S. 344 (359), *Bockelmann* GA 1955 S. 321 (332) und *Schuster* S. 90 ff. halten die Belehrung nur für ein nobile officium.
467 Vgl. *Kleinknecht* Rdnr. 8; KMR *Paulus* Rdnr. 6; LR *Meyer* Rdnr. 5; *Eb. Schmidt* Nachtr. Rdnr. 14; alle zu § 81 c; *Fezer* JuS 1978 S. 765 (766 Fußn. 16); *Schlüchter* Rdnr. 203.3.
468 Vgl. *Kleinknecht* § 81 c Rdnr. 23; LR *Meyer* § 81 c Rdnr. 61; *Schuster* S. 92. Im Ergebnis ebenso *Grünwald* JZ 1966 S. 489 (499). – A. A. *Panhuysen* S. 86; *Henrich* S. 336; *Schlüchter* Rdnr. 203.1. Nach Ansicht von *Peters* (S. 281) handelt es sich um eine bloße Beweisregelung. Vgl. auch *Fezer* JuS 1978 S. 765 (766/767).
469 Vgl. KK *Pelchen* § 81 c Rdnr. 11; *Fezer* JuS 1978 S. 765 (766).
470 BGHSt. 13 S. 394 (399) = JR 1960 S. 225 mit Anm. *Heinitz*; BGHSt. 20 S. 234.
471 BGHSt. 12 S. 235 (243) – GSSt.; BGHSt. 13 S. 394 (399) = JR 1960 S. 225 mit Anm. *Heinitz*; KK *Pelchen* Rdnr. 24; KMR *Paulus* Rdnr. 45; *Krause/Nehring* Rdnr. 14; LR *Meyer* Rdnr. 61; alle zu § 81 c; *Busch* in FS für Eb. Schmidt, 1961, S. 569 (575); *Dünnebier* GA 1963 S. 65 (71); *Fezer* JuS 1978 S. 765 (766); *Grünwald* JZ 1966 S. 489 (499);

hat, darf darüber weder als Zeuge noch als Sachverständiger vernommen werden. Das Ergebnis der Blutprobenanalyse ist unverwertbar.

Eine absolute Unverwertbarkeit des Untersuchungsergebnisses besteht jedoch nicht[472]. Es kommt vielmehr darauf an, ob zwischen dem Verfahrensverstoß und der Beweisgewinnung ein ursächlicher Zusammenhang besteht. Daran fehlt es nicht nur, wenn der Zeuge seine Rechte von vornherein gekannt hat[473], sondern auch, wenn er nachträglich belehrt worden ist und daraufhin auf sein Weigerungsrecht verzichtet hat[474] oder wenn sein späteres Verhalten zeigt, daß er die Untersuchung auch nach Belehrung über seine Rechte geduldet hätte[475]. Die gleichen Grundsätze gelten, wenn die Belehrung des gesetzlichen Vertreters nach § 81 c Abs. 3 Satz 2 zweiter Halbsatz, § 52 Abs. 3 Satz 1 unterlassen worden ist[476]. Auch hier besteht kein Beweisverbot, wenn der gesetzliche Vertreter über seine Rechte Bescheid gewußt hat[477].

Ein selbständiges Beweisverwertungsverbot begründet § 81 c Abs. 3 Satz 5[478]. Das nach § 81 c Abs. 3 Satz 2 rechtmäßig gewonnene Untersuchungsergebnis ist unverwertbar, wenn der gesetzliche Vertreter die Einwilligung verweigert.

d) § 95 Abs. 2. Von dem Beschuldigten dürfen Beweisgegenstände niemals unter Zwangsandrohung herausverlangt werden[479], von Nichtbeschuldigten aber auch, wenn sie zur Zeugnisverweigerung berechtigt sind[480]. Da dann im Fall der Weigerung aber keine Ordnungs- oder Zwangsmittel festgesetzt werden dürfen (§ 95 Abs. 2), ist der gegen sie bestehende Herausgabeanspruch nicht durchsetzbar[481]. Darüber muß der Gewahrsamsinhaber, der zur Zeugnisverweigerung

  Habscheid Peters-Gedächtnisschrift S. 871; *Henkel* S. 225 Fußn. 10; *Henrich* S. 328; *Rogall* S. 233; *Schlüchter* Rdnr. 197.2. – A. A. *Petry* S. 50/51 mit der Begründung, die Belehrung diene nur den Interessen des Zeugen.
472 A. A. *Eb. Schmidt* Nachtr. § 81 c Rdnr. 15 und JR 1959 S. 369 (372).
473 Vgl. *Kühne* Rdnr. 540.
474 Vgl. *Kleinknecht* Rdnr. 15; KMR *Paulus* Rdnr. 30; *Krause/Nehring* Rdnr. 14; LR *Meyer* Rdnr. 34; alle zu § 81 c; *Fezer* JuS 1978 S. 765 (766); *Schlüchter* Rdnr. 203.3. Vgl. auch BGHSt. 12 S. 235.
475 BGHSt. 5 S. 132 (133); 20 S. 234; OLG Hamm VRS 60 S. 201; KK *Pelchen* Rdnr. 24; *Kleinknecht* Rdnr. 15; KMR *Paulus* Rdnr. 45; LR *Meyer* Rdnr. 61; alle zu § 81 c. BGHSt. 20 S. 234 schloß auf das Einverständnis aus dem nachträglichen Verzicht auf das Zeugnisverweigerungsrecht nach § 52; hiergegen *Hanack* JZ 1971 S. 126. Vgl. auch RGSt. 25 S. 262.
476 BGHSt. 14 S. 149 (160); KK *Pelchen* § 81 c Rdnr. 24; LR *Meyer* § 81 c Rdnr. 61. – A. A. *Orlowsky*, Die Weigerungsrechte der minderjährigen Beweisperson im Strafprozeß, 1973, S. 181, der den Mangel nicht dem Rechtskreis des Angeklagten zurechnet.
477 Ebenso *Petry* S. 113 Fußn. 293, der mit Recht die Ansicht des BGH (BGHSt. 12 S. 235 [242]) ablehnt, jedes Unterlassen einer richterlichen Belehrung mache die Beweisverwertung unzulässig.
478 Vgl. *Schlüchter* Rdnr. 198.
479 Vgl. LR *Meyer* § 95 Rdnr. 6; *Eb. Schmidt* § 95 Rdnr. 1; *Beling* S. 508; *Niese* S. 140; *Rogall* S. 157.
480 OLG Celle NJW 1963 S. 406 (407); LG Altona JW 1925 S. 2822; LG Hannover NdsRpfl. 1962 S. 40; LR *Meyer* § 95 Rdnr. 7.
481 OLG Celle a.a.O.; LR *Meyer* a.a.O.; *Peters* S. 418.

berechtigt ist, belehrt werden, wenn ein Herausgabeverlangen an ihn gestellt wird[482]. Das gilt entsprechend für den Fall, daß der Zeuge nur ein Auskunftsverweigerungsrecht nach § 55 hat; denn dem Sinn der Vorschrift entspricht es nicht, daß jemand verpflichtet sein kann, durch die Herausgabe von Gegenständen die Strafverfolgung auf sich oder seine Familienangehörigen zu lenken[483]. Ein Verwertungsverbot besteht hinsichtlich solcher Gegenständen, die von einem zeugnisverweigerungsberechtigten Gewahrsamsinhaber ohne Belehrung über die Freiwilligkeit der Herausgabe erlangt worden sind. Wie im Fall des § 52 Abs. 3 entfällt das Verbot, wenn das Unterlassen der Belehrung für die Herausgabe nicht ursächlich war, der Gewahrsamsinhaber vielmehr gewußt hat, daß er zur Herausgabe nicht gezwungen werden kann. Hatte er nur ein Auskunftsverweigerungsrecht, so besteht aus denselben Gründen wie im Fall des § 55 kein Verwertungsverbot.

f) § 97. Die Vorschrift, die ein Beschlagnahme- und Verwertungsverbot bestimmt, sieht eine Belehrung über gesetzliche Rechte nicht ausdrücklich vor. Nach allgemeiner Ansicht ist eine Belehrung aber für den Fall erforderlich, daß der Gewahrsamsinhaber die Sache freiwillig herausgeben oder sich sonst mit der Sicherstellung einverstanden erklären soll. Hierin liegt ein Verzicht auf das Verwertungsverbot, der dem Gewahrsamsinhaber genauso möglich ist wie der in § 52 Abs. 3 Satz 2 vorgesehene Verzicht auf das Zeugnisverweigerungsrecht[484]. Da niemand auf ein Recht verzichten kann, das er nicht kennt, muß der Gewahrsamsinhaber, der zur freiwilligen Herausgabe oder Zurverfügungstellung des Gegenstandes aufgefordert wird, zugleich mit dieser Aufforderung darüber belehrt werden, daß die Sache nicht beschlagnahmt und nur mit seiner Einwilligung in amtliche Verwahrung genommen werden darf[485]. Das Beweisverbot des § 97 bleibt bestehen, wenn diese Belehrung unterlassen wird und der Gewahrsamsinhaber daher die Sache in der Meinung herausgibt, er sei dazu verpflichtet, und wenn er auch nicht nachträglich sein Einverständnis mit der Verwertung erklärt[486]. Hat er sein Recht gekannt, der Beschlagnahme zu widersprechen, so ist das Unterlassen der Belehrung aber ohne Bedeutung[487]. Der Widerruf des Einverständnisses ist möglich, aber ohne Rechtswirkung, wenn die Sache schon zu Beweiszwecken verwertet worden ist[488].

g) § 136 Abs. 1 Satz 2. Im Beweisantragsrecht hat die Vorschrift, die die Belehrung des Beschuldigten über seine Aussagefreiheit bei jeder richterlichen Verneh-

---

482 Vgl. *Schorn* Strafrichter S. 110.
483 Vgl. KK *Laufhütte* § 95 Rdnr. 6; LR *Meyer* § 95 Rdnr. 16. – *Rogall* (S. 157) verneint sogar, wie beim Beschuldigten, den Herausgabeanspruch.
484 BGHSt. 18 S. 227 (230); RG JW 1927 S. 793 (794); *Kleinknecht* Rdnr. 2; KMR *Müller* Rdnr. 24; LR *Meyer* Rdnr. 6; alle zu § 97; *Fezer* JuS 1978 S. 765 (767/768).
485 Vgl. KK *Laufhütte* Rdnr. 3; *Krause/Nehring* Rdnr. 13; LR *Meyer* Rdnr. 7; alle zu § 97; *Fezer* a.a.O.; *Herdegen* GA 1963 S. 141 (143). Vgl. auch BGH a.a.O.; RG a.a.O.
486 Vgl. LR *Meyer* § 97 Rdnr. 7; *Fezer* JuS 1978 S. 765 (768); *Herdegen* GA 1963 S. 141 (144).
487 Vgl. LR *Meyer* § 97 Rdnr. 68; *Fezer* JuS 1978 S. 765 (768 Fußn. 34).
488 Vgl. KK *Laufhütte* § 97 Rdnr. 3; LR *Meyer* § 97 Rdnr. 9; *Creifelds* GA 1970 S. 65 (73); *Herdegen* GA 1963 S. 141 (145).

mung bestimmt und nach § 163 a Abs. 3 Satz 2, Abs. 4 Satz 2 auch für staatsanwaltschaftliche und polizeiliche Vernehmungen gilt, in mehrfacher Hinsicht Bedeutung. Von ihrer Beachtung kann es abhängen, ob die Niederschrift über ein richterliches Geständnis nach § 254 verlesen[489], ob der Richter oder der Vernehmungsbeamte über die Angaben des Beschuldigten als Zeuge vernommen und ob das Protokoll über die Vernehmung eines Mitbeschuldigten nach § 251 Abs. 1 verlesen werden darf[490]. In der Rechtsprechung, insbesondere des Bundesgerichtshofs, wird § 136 Abs. 1 Satz 2 als bloße Ordnungsvorschrift angesehen, deren Verletzung zu keinerlei Rechtsfolgen führt[491]. Das Schrifttum ist dem teilweise gefolgt[492]. Nachdem er die Ordnungsvorschriften »abgeschafft« hat[493], spricht der Bundesgerichtshof nur noch davon, daß der Verstoß gegen § 136 Abs. 1 Satz 2 kein Verwertungsverbot nach sich zieht[494]. Nach richtiger Ansicht schließt jedoch die Bedeutung der Belehrung für die Verteidigungsrechte des Beschuldigten die Annahme aus, ihre Nichtbeachtung müsse stets ohne rechtliche Folgen bleiben. Der Bundesgerichtshof hat das für die gleichlautende Vorschrift des § 243 Abs. 4 Satz 1 inzwischen auch anerkannt[495]. Daß er gleichwohl daran festhält, das Unterlassen der in § 136 Abs. 1 Satz 2 vorgeschriebenen Belehrung sei rechtlich bedeutungslos, ist nicht verständlich.

Ebenso verfehlt wie die Einstufung der Vorschrift als Ordnungsvorschrift ist die grundsätzliche Ablehnung eines Beweisverbots[496]. Nach richtiger Ansicht begründet die Verletzung des § 136 Abs. 1 Satz 2 ein Verwertungsverbot, wenn sie nicht

489 Vgl. *Rogall* S. 221/222; *Eb. Schmidt* NJW 1968 S. 1209 (1218).
490 Ob ein Vernehmungsprotokoll, das ohne Belehrung nach § 136 Abs. 1 Satz 2 zustande gekommen ist, dem Angeklagten in der Hauptverhandlung vorgehalten werden darf, ist für das Beweisantragsrecht ohne Interesse. Vgl. dazu *Rogall* S. 222 ff.
491 BGHSt. 22 S. 170 (173) = JZ 1968 S. 750 mit Anm. *Grünwald*; BGH GA 1962 S. 148; BGH VRS 50 S. 350; BGH 5 StR 221/79 vom 26. 6. 1979 bei *Pfeiffer* NStZ 1981 S. 94; BayObLG bei *Rüth* DAR 1967 S. 294; OLG Hamm NJW 1967 S. 1524; Blutalkohol 1974 S. 352; JMBlNRW 1966 S. 95 = VRS 36 S. 117; OLG Koblenz VRS 50 S. 367 (369); OLG Oldenburg NJW 1967 S. 1096 (1098) = VRS 32 S. 129 (135); OLG Schleswig bei *Ernesti/Jürgensen* SchlHA 1974 S. 184; 1977 S. 181; OLG Stuttgart MDR 1977 S. 70; OLG Zweibrücken VRS 31 S. 280.
492 Vgl. *Rejewski* NJW 1967 S. 1999 (2000); *H. W. Schmidt* SchlHA 1965 S. 49 (50); *Schorn* JR 1967 S. 203 (205).
493 Vgl. BGHSt. 25 S. 325 = JR 1975 S. 339 mit Anm. *Hanack*; dazu KK *Pelchen* vor § 48 Rdnr. 34; LR *Meyer* § 337 Rdnr. 17 ff.; *Bohnert* NStZ 1982 S. 5. Vgl. auch oben S. 478 Fußn. 379.
494 Vgl. BGH bei *Spiegel* DAR 1980 S. 203. Ebenso jetzt auch *Kleinknecht* § 136 Rdnr. 22; KMR *Müller* § 136 Rdnr. 10.
495 BGHSt. 25 S. 325 = JR 1975 S. 339 mit Anm. *Hanack*.
496 Ebenso OLG Hamburg MDR 1967 S. 516 (517) = JR 1967 S. 307 (308) mit Anm. *Meyer*; OLG Stuttgart MDR 1973 S. 951; KK *Mayr* § 254 Rdnr. 7; LR *Meyer* § 136 Rdnr. 64 ff.; *Blomeyer* JR 1971 S. 142 (149); *Dahs/Dahs* Rdnr. 206; *Dencker* S. 91 und MDR 1975 S. 359 (361); *Fezer* JuS 1978 S. 104 (106); *Gössel* S. 188; *Grünwald* JZ 1966 S. 489 (495); 1968 S. 752; *Hanack* JZ 1971 S. 168 (169); *Rieß* JA 1980 S. 293 (300); *Rogall* S. 212 ff., 216, MDR 1977 S. 978 (979) und ZStW 91 S. 1 (36); *Roxin* § 24 D III 2 e; *Rudolphi* MDR 1970 S. 93 (98/99); *Rüping* Rdnr. 410 und JR 1974 S. 135 (137); *Sydow* S. 83. Vgl. auch *Eb. Schmidt* NJW 1968 S. 1209 (1216).

geheilt worden[497] ist und sofern sie für die Erlangung der Aussage ursächlich war[498]. Zu weit geht die Meinung, hierauf komme es überhaupt nicht an, weil jedes Unterlassen der Belehrung eine Täuschung des Beschuldigten über seine Rechte bedeute oder ihr gleichstehe, so daß die Aussage nach § 136 a Abs. 1 Satz 1 unverwertbar sei[499]. Es ist schlechterdings nicht einzusehen, daß die Nichtbelehrung des Zeugen über sein Zeugnisverweigerungsrecht nach § 52 Abs. 3 Satz 1 ein Verwertungsverbot dann nicht begründet, wenn der Zeuge über sein Weigerungsrecht Bescheid wußte[500], die Aussage des Beschuldigten aber ohne Rücksicht darauf unverwertbar sein soll, ob er seine Aussagefreiheit gekannt hat. Sogar das Verwertungsverbot des § 136 a Abs. 3 Satz 1 erfordert einen ursächlichen Zusammenhang zwischen der Anwendung des verbotenen Mittels und der Aussage. Ein Verwertungsverbot besteht daher auch im Fall des § 136 Abs. 1 Satz 2 nur unter der Voraussetzung, daß der Beschuldigte ausgesagt hat, weil er infolge Fehlens einer entsprechenden Belehrung der irrigen Annahme gewesen ist, er sei zur Aussage verpflichtet[501]. Dieser ursächliche Zusammenhang zwischen Verfahrensverstoß und Beweisgewinnung braucht nicht erwiesen, darf aber mindestens nicht auszuschließen sein[502]. Im allgemeinen wird man annehmen können, daß der Beschuldigte seine Aussagefreiheit gekannt hat[503]. Das ist nicht nur der Fall, wenn er seine Kenntnis ausdrücklich zugibt[504] oder wenn er ein erfahrener Strafjurist ist[505], sondern auch, wenn er sich vor der Vernehmung mit einem Verteidiger beraten

---

497 Der Mangel ist z. B. geheilt, wenn der Beschuldigte nachträglich erklärt, er hätte auch nach Belehrung ausgesagt; vgl. *Rogall* S. 218; *Eb. Schmidt* NJW 1968 S. 1209 (1217).
498 Vgl. OLG Stuttgart MDR 1975 S. 591; LG Münster Strafverteidiger 1981 S. 614 (615/616); *Eser* ZStW 86 Beih. S. 136 (155); *Gössel* NJW 1981 S. 2217 (2220); *Meyer* JR 1966 S. 310; *Petry* S. 113; *Rieß* JA 1980 S. 293 (300); *Rogall* S. 217 und ZStW 91 S. 1 (36); *Schünemann* MDR 1969 S. 101; *Sydow* S. 83. Im Ergebnis ebenso BayObLG VRS 59 S. 422, das aber in Übereinstimmung mit BGHSt. 25 S. 325 (330 ff.) annimmt, die Belehrungspflicht bestehe überhaupt nur, wenn der Beschuldigte seine Aussagefreiheit nicht kennt.
499 OLG Bremen NJW 1967 S. 2022 (2023); *Dahs* NJW 1965 S. 1265 (1266); *Fincke* NJW 1969 S. 1014; *Grünwald* JZ 1966 S. 489 (495); 1968 S. 752; *Kunert* MDR 1967 S. 539 (542); *Maase* DAR 1966 S. 44 (45); *Schmidt-Leichner* NJW 1965 S. 1309 (1311); 1966 S. 1718 (1720); *Stree* JZ 1966 S. 593 (594 Fußn. 4).
500 Vgl. oben S. 488.
501 Ebenso KK *Boujong* § 136 Rdnr. 28; *Fezer* JuS 1978 S. 104 (106); *Gössel* S. 189; *Petry* S. 113; *Rogall* S. 217 und MDR 1977 S. 978 (979). *Rudolphi* MDR 1970 S. 93 (99) hält in solchen Fällen den Schutzzweck des § 136 Abs. 1 Satz 2 nicht für vereitelt.
502 OLG Hamburg MDR 1967 S. 516 (517) = JR 1967 S. 307 (308) mit Anm. *Meyer*; KK *Boujong* § 136 Rdnr. 28; LR *Meyer* § 136 Rdnr. 62; *Jerusalem* NJW 1966 S. 1278 (1279); *Rogall* S. 217 ff.; *Schünemann* MDR 1969 S. 101 (102).
503 Vgl. *Meyer* JR 1966 S. 310. Die Ansicht von *Grünwald* (JZ 1968 S. 752 [753]), es werde sich nur selten feststellen lassen, daß der Beschuldigte sein »Wahlrecht« kennt, geht an der Wirklichkeit vorbei. Auch die Auffassung, das Gesetz stelle die Vermutung der Unkenntnis auf (*Rogall* S. 219), ist falsch.
504 Vgl. den Fall BayObLG VRS 58 S. 422.
505 Für diesen Fall erkennen auch *Grünwald* JZ 1966 S. 489 (495), *Kunert* MDR 1967 S. 539 (541) und *Rogall* S. 219 an, daß kein Verwertungsverbot besteht.

hatte[506] und wenn er gerichtserfahren ist und seine Aussagefreiheit daher aus anderen Verfahren gekannt hat[507]. Auch wenn nach diesen Grundsätzen davon auszugehen ist, daß der Beschuldigte seine Aussagefreiheit nicht gekannt hat, besteht ein Verwertungsverbot nur für den Fall, daß er eine ihn belastende Aussage gemacht hat. Entlastende Angaben können immer verwertet werden[508]; denn es widerspricht jeder Lebenserfahrung, daß der Beschuldigte durch das Fehlen einer Belehrung über seine Aussagefreiheit dazu veranlaßt worden ist, Angaben zu machen, die seiner Entlastung dienen. Eine Fortwirkung des Verfahrensverstoßes in der Weise, daß das Verwertungsverbot auch für weitere Aussagen gilt, die der Beschuldigte nach ordnungsgemäßer Belehrung nach § 136 Abs. 1 Satz 2 gemacht hat, besteht nicht[509]. Auch eine Fernwirkung kommt nicht in Betracht[510].

Das Verwertungsverbot entfällt, wenn der Beschuldigte in der Hauptverhandlung sein Einverständnis damit erklärt, daß die früheren Angaben verwertet werden. Im Schrifttum wird hierzu die Auffassung vertreten, das erfordere stets die Belehrung darüber, daß die frühere Aussage ohne die nachträgliche Zustimmung unverwertbar ist[511]. Andere verlangen sogar eine »qualifizierte« Zustimmung, d. h. die Erklärung des Beschuldigten, daß er die frühere Aussage auch gemacht hätte, wenn er nach § 136 Abs. 1 Satz 2 belehrt worden wäre[512].

---

506 BGHSt. 25 S. 325 (332) = JR 1975 S. 339 mit Anm. *Hanack*; BGH NJW 1966 S. 1718 (1719) mit abl. Anm. *Schmidt-Leichner*; KK *Boujong* § 136 Rdnr. 28; LR *Meyer* § 136 Rdnr. 62; *Meyer* JR 1966 S. 310. – A. A. *Dencker* MDR 1975 S. 359; *Grünwald* JZ 1968 S. 752 (753); *Hegmann* NJW 1975 S. 915 (916); *Kroth*, Die Belehrung des Beschuldigten im Strafverfahren über sein Recht, die Aussage zu verweigern, Diss. München 1976, S. 379 ff.; *Rogall* S. 219; *Eb. Schmidt* NJW 1968 S. 1209 (1212). Bedenken äußert auch *Petry* S. 113 Fußn. 294. Vgl. auch OLG Stuttgart MDR 1974 S. 1037.

507 OLG Hamburg MDR 1967 S. 516 (517) = JR 1967 S. 307 (308) mit Anm. *Meyer*; KK *Boujong* § 136 Rdnr. 28; *Rudolphi* MDR 1970 S. 93 (99). Vgl. auch *Schlüchter* Rdnr. 430/431, die verlangt, daß der Beschuldigte »in gefestigter Kenntnis seiner verschiedenen Verteidigungsmöglichkeiten« ausgesagt hat, die aber die vor der Hauptverhandlung unter Verstoß gegen § 136 Abs. 1 Satz 2 erlangte Aussage regelmäßig für unverwertbar hält. *Eb. Schmidt* (NJW 1968 S. 1209 [1217]) weist zutreffend darauf hin, daß das Revisionsgericht nicht befugt ist, im Freibeweis Ermittlungen darüber anzustellen, ob der Beschuldigte seine Rechte gekannt hat.

508 Vgl. *Erbs* NJW 1951 S. 386 (389); *Rogall* ZStW 91 S. 1 (38); *Sendler* S. 56 ff. – A. A. *Bauer*, Die Aussage des über sein Schweigerecht nicht belehrten Beschuldigten, Diss. Göttingen 1972, S. 167 ff.

509 BGHSt. 22 S. 129 = JZ 1968 S. 750 mit Anm. *Grünwald*; BGHSt. 27 S. 335 (339); KK *Mayr* § 254 Rdnr. 7; *Kleinknecht* § 136 Rdnr. 20; LR *Meyer* § 136 Rdnr. 63; LR *Schäfer* Einl. Kap. 14 Rdnr. 20; *Fezer* JuS 1978 S. 104 (107 Fußn. 34); *Otto* GA 1970 S. 289 (294, 300, 403). – Einschränkend *Eb. Schmidt* Nachtr. § 136 a Rdnr. 12); *Bauer* a.a.O. (oben Fußn. 508) S. 178 ff.; *Sydow* S. 84/85.

510 Vgl. OLG Stuttgart NJW 1973 S. 1941. A. A. *Rogall* S. 221 ff. und ZStW 91 S. 1 (38, 40); *Eb. Schmidt* NJW 1968 S. 1209 (1218).

511 Vgl. KK *Mayr* § 254 Rdnr. 7; *Grünwald* JZ 1968 S. 752 (754); *Petry* S. 115; *Rogall* S. 218; *Roxin* § 24 D III 3 e; *Schünemann* MDR 1969 S. 101 (102).

512 Vgl. KK *Boujong* § 136 Rdnr. 29; *Eb. Schmidt* NJW 1968 S. 1217.

h) § 393 Abs. 1 Satz 4 AO. Im Besteuerungsverfahren ist jeder Steuerschuldner zur Mitwirkung verpflichtet (§ 90 Abs. 1, § 93 Abs. 1 Satz 1, §§ 97, 100 Abs. 1, § 200 AO). Er muß insbesondere Auskünfte erteilen und Unterlagen vorlegen. Ein Recht zur Verweigerung von Auskünften gibt ihm das Gesetz selbst dann nicht, wenn er sich durch die wahrheitsgemäße Beantwortung von Fragen der Gefahr aussetzen würde, wegen einer Straftat oder Ordnungswidrigkeit verfolgt zu werden (vgl. § 103 AO). Nach § 393 Abs. 1 Satz 2 AO dürfen aber im Besteuerungsverfahren die in § 328 AO vorgesehenen Zwangsmittel zur Erzwingung der Mitwirkungspflichten nicht angewendet werden, wenn der Steuerpflichtige gezwungen würde, sich selbst wegen einer von ihm begangenen Steuerstraftat oder -ordnungswidrigkeit, nicht wegen anderer Straftaten oder Ordnungswidrigkeiten, zu belasten. Praktisch wird ihm dadurch im Steuerstrafverfahren dieselbe Aussage- und Mitwirkungsfreiheit eingeräumt, die ihm nach der Strafprozeßordnung zusteht[513]. Soweit Anlaß dazu besteht, muß der Steuerpflichtige hierüber belehrt werden (§ 393 Abs. 1 Satz 4 AO). Dadurch soll er vor den nachteiligen Folgen einer in Unkenntnis der Rechtslage abgegebenen Erklärung geschützt werden[514].

Diese Belehrungspflicht ist allerdings in ihrer Bedeutung mit den Belehrungspflichten nach § 136 Abs. 1 Satz 2, § 163 a Abs. 3 Satz 2, Abs. 4 Satz 2 nicht vergleichbar. Macht der Steuerpflichtige im Besteuerungsverfahren Angaben, ohne vorher nach § 393 Abs. 1 Satz 4 AO belehrt worden zu sein, so besteht daher kein Verwertungsverbot[515].

4. Durch andere Rechtsverstöße erlangte Beweise

a) § 53

(1) Die meisten der in § 53 Abs. 1 bezeichneten Berufsangehörigen machen sich nach § 203 StGB strafbar, wenn sie unbefugt fremde Geheimnisse offenbaren, die ihnen bei der Berufsausübung anvertraut worden oder sonst bekanntgeworden sind. Die Befugnis zur Verletzung von Privatgeheimnissen besteht nicht schon deshalb, weil der Berufsangehörige vor einem Strafgericht als Zeuge aussagt. Vielmehr ist auch dann ein besonderer **Rechtfertigungsgrund** erforderlich, der darin bestehen kann, daß der Zeuge seine eigenen Interessen schützen muß[516], insbesondere aber vorliegt, wenn das Allgemeininteresse an der Offenbarung der Tatsachen größer ist als das des Geheimnisträgers an ihrer Geheimhaltung[517]. Der

---

513 Vgl. *Meyer* in *Erbs/Kohlhaas,* Strafrechtl. Nebengesetze, § 393 AO Anm. 2 b.
514 Vgl. BT-Drucks. 7/4292 S. 46.
515 Vgl. *Klein/Orlopp,* AO, 2. Aufl., Anm. 6 b; *Koch,* AO 1977, Rdnr. 17; *Leise,* Steuerverfehlungen, Anm. 1 C; *Meyer* in *Erbs/Kohlhaas,* Strafrechtl. Nebengesetze, Anm. 3 a; alle zu § 393 AO. – A. A. *Rüping* Beweisverbote S. 54; *Streck* BB 1980 S. 1537 (1539).
516 BGHSt. 1 S. 366 (368); *Kleinknecht* § 53 Rdnr. 8; LR *Meyer* § 53 Rdnr. 8; *Schönke/Schröder/Lenckner* §.203 StGB Rdnr. 33.
517 BGHSt. 9 S. 59 (61); 18 S. 146 (147); OLG Hamburg DStR 1936 S. 437 mit Anm. *Henkel*; KK *Pelchen* § 53 Rdnr. 4; LR *Meyer* § 53 Rdnr. 8 mit weit. Nachw.; *Eb. Schmidt* § 53 Rdnr. 25 und NJW 1962 S. 1745 (1749); *Dreher/Tröndle* Rdnr. 30; *Lackner* Anm. 6 a ff; *Schönke/Schröder/Lenckner* Rdnr. 32; alle zu § 203 StGB; *Haffke* GA 1973 S. 65 (71).

Zeuge, der von seinem Aussageverweigerungsrecht nach § 53 keinen Gebrauch macht und auch nicht nach § 53 Abs. 2 von der Verpflichtung zur Verschwiegenheit entbunden ist, kann sich daher nach § 203 StGB strafbar machen. Daraus wird der Schluß gezogen, daß das Gericht die Frage, ob der Zeuge zur Aussage berechtigt ist, prüfen muß, die Aussage nicht entgegennehmen darf, wenn diese Befugnis nicht besteht, und an ihrer Verwertung gehindert ist, wenn es gegen diese Rechtspflicht verstoßen hat[518]. Dem kann nicht beigetreten werden. Es ist nicht Sache des Gerichts, darüber zu entscheiden, ob sich der Zeuge durch seine Aussage strafbar gemacht hat; vielmehr muß es dem Zeugen selbst überlassen bleiben, ob er sich durch die Aussage der Gefahr einer Strafverfolgung nach § 203 StGB aussetzen will. Ein Verstoß gegen die Verschwiegenheitspflicht führt daher nach richtiger Ansicht zu keinem Verwertungsverbot[519]. Insbesondere kommt eine entsprechende Anwendung des § 383 Abs. 3 ZPO, der eine Vernehmung des aussagebereiten Zeugen über Tatsachen verbietet, die er ohne Verletzung seiner Verschwiegenheitspflicht nicht offenbaren darf, nicht in Betracht[520].

(2) Da eine **Belehrung** des Zeugen über sein Aussageverweigerungsrecht in § 53 nicht vorgeschrieben ist[521], kann auch ihr Unterlassen nicht zur Unverwertbarkeit der Aussage führen. Unverwertbar ist jedoch, was der Zeuge aussagt, nachdem er fälschlich dahin belehrt worden ist, er dürfe die Aussage nicht verweigern, weil eine Verschwiegenheitspflicht nach § 203 StGB nicht besteht oder weil der Geheimnisträger ihn von der Schweigepflicht entbunden hat[522]. Das gilt erst recht,

518 Vgl. *Beulke* S. 209; *Dencker* S. 120, 131, 138 ff.; *Fezer* JuS 1978 S. 472 (473); *Habscheid* Peters-Gedächtnisschrift S. 870 (soweit das Zeugnisverweigerungsrecht die Persönlichkeitssphäre des Geheimnisträgers berührt); *Haffke* GA 1973 S. 65 (72); *Hanack* JZ 1971 S. 126 (127); *Kühne* JZ 1981 S. 647 (651/652); *Lenckner* NJW 1965 S. 321 (326) *Rengier* S. 331 ff.; *Rüping* Rdnr. 409 und Beweisverbote S. 44; *Steinberg-Copek*, Berufsgeheimnis und Aufzeichnungen des Arztes im Strafverfahren, Diss. Berlin 1968, S. 65 ff.; *Sydow* S. 112 ff.; *Welp* in FS für Gallas, 1973, S. 401 (407).
519 BGHSt. 9 S. 59 (62); 15 S. 200 (202); 18 S. 146 (147); BGH 1 StR 199/75 vom 25. 9. 1975; RGSt. 19 S. 364; 57 S. 63 (64); OLG Hamm NJW 1968 S. 1202 (1203); OLG Köln OLGSt. § 261 S. 98; *Dalcke/Fuhrmann/Schäfer* Anm. 8; KK *Pelchen* Rdnr. 7,9; *Kleinknecht* Rdnr. 40; KMR *Paulus* Rdnr. 48 ff.; LR *Meyer* Rdnr. 10/11; *Eb. Schmidt* Rdnr. 4 und Nachtr. Rdnr. 2); alle zu § 53; *Geerds* in FS für Ulrich Stock, 1966, S. 182 Fußn. 61; *Henkel* S. 208 Fußn. 4; *Hippe* GA 46 S. 291; *Kohlhaas* DRiZ 1966 S. 286 (289); *Niese* S. 145; *Peters* S. 227 und Gutachten S. 122; *Rudolphi* in FS für Friedrich Schaffstein, 1975, S. 441; *Schilling* JZ 1976 S. 617 (620); *Schlüchter* Rdnr. 489.2; *Eb. Schmidt*, Der Arzt im Strafrecht, 1939, S. 57, 64; *Sendler* S. 75.
520 A. A. *Haffke* GA 1973 S. 65 (72); *Kribs/Drees* DStZ/A 1978 S. 51 (53); *Lenckner* NJW 1965 S. 321 (326).
521 Wenn der Zeuge sein Aussageverweigerungsrecht nicht kennt, kann allerdings die Fürsorgepflicht eine Belehrung erfordern; vgl. BGH bei *Holtz* MDR 1980 S. 815; KK *Pelchen* Rdnr. 6; *Kleinknecht* Rdnr. 6; LR *Meyer* Rdnr. 59; alle zu § 53; *Welp* in FS für Wilhelm Gallas, 1973, S. 401 (407 Fußn. 58).
522 RGSt. 71 S. 21 (23) mit zust. Anm. *Rilk* JW 1937 S. 886; KMR *Paulus* § 53 Rdnr. 51; LR *Meyer* § 53 Rdnr. 67; *Eb. Schmidt* § 53 Rdnr. 26 und in: Der Arzt im Strafrecht, 1939, S. 60; *Fezer* JuS 1978 S. 472; *Haffke* GA 1973 S. 65 (75 ff.); *Philipps* in FS für Paul Bokkelmann, 1979, S. 831 (837); *Welp* in FS für Wilhelm Gallas, 1973, S. 401 (408). – A. A. RGSt. 48 S. 269 (270); 57 S. 63 (65); RG DRiZ 1930 Nr. 354 (für § 55).

wenn der Zeuge auf diese Weise veranlaßt wurde, Geheimnisse preiszugeben, die ihm nicht der Angeklagte, sondern ein Dritter anvertraut hat[523].

b) § 54. Der Zeuge muß die Aussage über Tatsachen verweigern, auf die sich seine Amtsverschwiegenheit bezieht. Dem entspricht die Pflicht des Gerichts, ihn über solche Tatsachen nicht zu vernehmen, auch nicht, wenn er dazu bereit ist[524]. Die Beschränkung der Zeugnispflicht durch § 54 besteht aber nur im Interesse des Bundes und der Länder, nicht des Beschuldigten. Die unter Verstoß gegen das Vernehmungsverbot erlangte Aussage ist daher verwertbar[525].

c) § 81 a

(1) Die körperliche Untersuchung des Beschuldigten ist nach § 81 a Abs. 1 Satz 1 nur zur Feststellung von Tatsachen zulässig, die für das Verfahren von Bedeutung sind. Ob ein Verstoß hiergegen zur Unverwertbarkeit führt, ist gleichgültig. Denn Tatsachen, die für das Verfahren keine Bedeutung haben, brauchen auch nicht »verwertet« zu werden. Ohne Einwilligung des Beschuldigten sind Blutprobenentnahmen und andere körperliche Eingriffe nur statthaft, wenn sie von einem Arzt nach den Regeln der ärztlichen Kunst vorgenommen werden und wenn kein Nachteil für die Gesundheit des Beschuldigten zu befürchten ist (§ 81 a Abs. 1 Satz 2). Nur bei Gefahr im Verzug darf die Anordnung statt von einem Richter auch von einem Staatsanwalt oder einem Hilfsbeamten der Staatsanwaltschaft getroffen werden (§ 81 a Abs. 2). Die Verwertbarkeit der Blutprobenuntersuchung und der Ergebnisse der körperlichen Untersuchung wird grundsätzlich durch einen Ver-

---

523 Vgl. LR *Meyer* a.a.O.; *Haffke* a.a.O.; *Rengier* S. 325; *Rudolphi* MDR 1970 S. 93 (95 ff.). – A. A. KMR *Paulus* § 53 Rdnr. 52; *Blomeyer* JR 1971 S. 142 (145 Fußn. 46, S. 149); *Petry* S. 109, 121 ff., 136 ff.; *Grünwald* JZ 1966 S. 489 (498) mit der Begründung, der Schutzzweck sei durch die Offenbarung des Geheimnisses ohnehin vereitelt.

524 Vgl. KK *Pelchen* Rdnr. 12; *Kleinknecht* Rdnr. 6; LR *Meyer* Rdnr. 11; alle zu § 54; *Niese* S. 149; *Rengier* S. 42; *Schlüchter* Rdnr. 492; *Welp* in FS für Wilhelm Gallas, 1973, S. 391 (422).

525 BGH NJW 1952 S. 151; BGH bei *Dallinger* MDR 1951 S. 275; BGH 4 StR 120/53 vom 1. 10. 1953; 5 StR 692/77 vom 18. 4. 1978; RGSt. 7 S. 74; 44 S. 291 (292); RG JW 1894 S. 500; 1930 S. 3404; RG LZ 1917 Sp. 127; OLG Celle HESt. 2 S. 79 = NdsRpfl. 1948 S. 252; MDR 1959 S. 414; *Kleinknecht* § 54 Rdnr. 22 und NJW 1966 S. 1537 (1539); KK *Pelchen* Rdnr. 26; KMR *Paulus* Rdnr. 40; LR *Meyer* Rdnr. 28; alle zu § 54; LR *Schäfer* Einl. Kap. 14 Rdnr. 14; *Blomeyer* JR 1971 S. 142 (145); *Grünwald* JZ 1966 S. 489 (490); *Kohlhaas* JR 1957 S. 43; *E. Peters* ZZP 76 S. 145 (159); *Petry* S. 180; *Philipps* in FS für Paul Bockelmann, 1978, S. 836/837; *Rogall* S. 31 und ZStW 91 S. 1 (35/36); *Roxin* § 24 D III 2 b; *Rüping* Rdnr. 408. – A. A. *Eb. Schmidt* § 54 Rdnr. 10; *Henkel* S. 206 Fußn. 4; *Niese* S. 148; *Peters* S. 330 und Gutachten S. 108/109; *Rudolphi* MDR 1970 S. 93 (98); *Schlüchter* Rdnr. 492 Fußn. 300; *Welp* in FS für Wilhelm Gallas, 1973, S. 391 (423); Voraufl. S. 202. – Einschränkend *Dencker* S. 90. Vgl. auch *Fezer* JuS 1978 S. 472 (474/475). *Rengier* (S. 51 ff.) meint, § 54 schütze auch private Geheimhaltungsinteressen, kommt aber zu einem Beweisverwertungsverbot aufgrund seiner Ansicht, daß jeder Verstoß revisibel ist (S. 317, 344).

stoß gegen diese gesetzlichen Vorschriften **nicht berührt**[526]. Im einzelnen ist zu unterscheiden, ob die Anordnung der Maßnahme fehlerhaft war, ob die Belehrung über die Freiwilligkeit der Mitwirkung unterlassen, ob der Eingriff von einem Nichtarzt vorgenommen worden ist oder ob zu seiner Ermöglichung unerlaubte Methoden angewendet worden sind.

(2) Die Anordnung der Untersuchung oder Blutprobenentnahme durch einen **unzuständigen Richter** macht das Untersuchungsergebnis nicht unverwertbar[527]. Gleichgültig ist ferner, ob die Anordnung gegen den Verhältnismäßigkeitsgrundsatz verstoßen hat, etwa eine Hirnkammerluftfüllung bei einer nur mittelschweren Straftat angeordnet worden ist[528]. Denn in einem solchen Fall werden die Verteidigungsinteressen des Angeklagten nicht durch die Verwertung des Untersuchungsergebnisses, sondern dadurch verletzt, daß der mit der Beurteilung der Schuldfähigkeit beauftragte Sachverständige gezwungen wird, bei seinem Gutachten das Untersuchungsergebnis außer Betracht zu lassen. Die Verwertbarkeit des Untersuchungsergebnisses wird ferner nicht dadurch ausgeschlossen, daß gesundheitliche Nachteile für den Beschuldigten durch die Untersuchung zu besorgen waren oder sogar eingetreten sind[529]. Bei einer nichtrichterlichen Anordnung hat es auf die Verwertbarkeit des Untersuchungsergebnisses keinen Einfluß, daß die in § 81 a Abs. 2 bestimmte Voraussetzung der Gefahr im Verzug nicht vorgelegen hat[530]. Es ist sogar unschädlich, daß ein Polizeibeamter die Maßnahme angeordnet hat, der nicht einmal Hilfsbeamter der Staatsanwaltschaft war[531]. Unverwertbar ist

---

526 BGHSt. 24 S. 125 (128) mit Anm. *Wedemeyer* NJW 1972 S. 1902; OLG Hamm NJW 1970 S. 528; OLG Köln VRS 60 S. 201 (203); OLG Oldenburg NJW 1955 S. 683; KK *Pelchen* § 81 a Rdnr. 14; *Kleinknecht* § 81 a Rdnr. 22 und NJW 1964 S. 2181; KMR *Paulus* § 81 a Rdnr. 61; LR *Meyer* § 81 a Rdnr. 74; *Blomeyer* JR 1971 S. 142 (146); *Rogall* ZStW 91 S. 1 (37); *Roxin* § 24 D III 2 f.; *Schöneborn* GA 1975 S. 33 (36 ff.). Ebenso *Peters* Gutachten S. 103, 142, der die Vorschrift des § 81 a aber zu Unrecht als bloße Beweisregelung behandelt. – A. A. *Eb. Schmidt* Nachtr. § 81 a Rdnr. 3 und MDR 1970 S. 641; *Jagusch* § 81 a Rdnr. 3; *Henkel* S. 225.
527 Vgl. KK *Pelchen* Rdnr. 14; KMR *Paulus* Rdnr. 56; LR *Meyer* Rdnr. 75; alle zu § 81 a; *Dencker* S. 92.
528 LR *Meyer* § 81 a Rdnr. 75; *Kleinknecht* NJW 1964 S. 2181 (2186); a. A. KMR *Paulus* § 81 a Rdnr. 59; LR *Schäfer* Einl. Kap 14 Rdnr. 6, 25; *Henkel* S. 225 Fußn. 7; *Kühne* Rdnr. 540; *Peters* Gutachten S. 142. – *Dencker* (S. 27, 93) hält das Untersuchungsergebnis auch dann für unverwertbar, wenn sich nachträglich herausstellt, daß der Eingriff durch die Schwere der Tat gerechtfertigt war.
529 Vgl. LR *Meyer* § 81 a Rdnr. 75; a. A. *Dencker* S. 27; *Grünwald* JZ 1966 S. 489 (496). Auch KMR *Paulus* § 81 a Rdnr. 58 hält bei bewußtem Verstoß gegen das Verbot ein Verwertungsverbot für gegeben.
530 Vgl. KK *Pelchen* Rdnr. 14; KMR *Paulus* Rdnr. 56; *Krause/Nehring* Rdnr. 11; LR *Meyer* Rdnr. 75; alle zu § 81 a; *Grünwald* JZ 1966 S. 489 (496); *Kleinknecht* NJW 1966 S. 1537 (1538); *Rudolphi* MDR 1970 S. 93 (97); a. A. *Dencker* S. 92.
531 BayObLGSt. 1965 S. 128 (131) = JR 1966 S. 186 (187) mit Anm. *Kohlhaas*; KK *Pelchen*; KMR *Paulus*; *Krause/Nehring*; LR *Meyer*, alle a.a.O.; LK *Rüth* § 316 StGB Rdnr. 89; *Roxin* § 24 D III 2 f.; *Rudolphi* MDR 1970 S. 93 (97/98); *Schlüchter* Rdnr. 177.2. – A. A. *Dencker* S. 91 ff.; *Grünwald* (JZ 1966 S. 489 [496]) will die Verwertbarkeit davon abhängig machen, daß ein zur Anordnung Befugter erreichbar war, die Blutprobe also auch auf rechtmäßige Weise zu erlangen gewesen wäre.

dagegen eine Blutprobe, die ein Arzt ohne behördliche Anordnung entnommen hat[532].

(3) Daß körperliche Eingriffe von Personen vorgenommen werden, die keine **Ärzte** sind, wird nicht vorkommen. Anders kann es bei Blutprobenentnahmen sein. Die Rechtsprechung war häufig mit Fällen befaßt, in denen Medizinalassistenten[533], Krankenschwestern, Sanitäter oder Krankenpfleger die Blutprobe entnommen hatten. Ist der Beschuldigte einverstanden oder handeln solche Personen unter Anleitung, Aufsicht und Verantwortung eines Arztes, so ist gegen ihre Tätigkeit rechtlich nichts einzuwenden[534]. Im übrigen hängt die Verwertbarkeit davon ab, ob das Gesetz die Eingriffsvornahme durch einen Arzt vorschreibt, weil es meint, die Blutprobe sei sonst nicht in zuverlässiger Weise entnommen, oder ob es sich hierbei nur um eine Schutzvorschrift zugunsten des Beschuldigten handelt, der dadurch vor gesundheitlichen Schäden bewahrt werden soll. Die herrschende Ansicht nimmt zu Recht an, daß § 81 a Abs. 1 Satz 2 nur eine solche Schutzvorschrift ist[535]. Daraus folgt, daß die Blutprobe auch dann verwertet werden darf, wenn sie von einem Nichtarzt entnommen worden ist[536]. Verfassungsrechtliche Bedenken bestehen hiergegen nicht[537].

---

532 BayObLG bei *Rüth* DAR 1966 S. 261; LR *Meyer* § 81 a Rdnr. 75.
533 Die es jetzt nicht mehr gibt; vgl. § 42 Abs. 1 Nr. 1 der Bundesärzteordnung i. d. F. vom 14. 10. 1977 (BGBl. I S. 1885) und § 38 Abs. 2 der Approbationsordnung für Ärzte i. d. F. vom 3. 4. 1979 (BGBl. I S. 1979).
534 BayObLGSt. 1964 S. 156 = NJW 1965 S. 1088; BayObLGSt.1965 S. 128 = JR 1966 S. 186 (187) mit Anm. *Kohlhaas*; OLG Köln NJW 1966 S. 416; *Kleinknecht* § 81 a Rdnr. 8.
535 BGHSt. 24 S. 125 (128); OLG Oldenburg NJW 1955 S. 683; KK *Pelchen* vor § 48 Rdnr. 32; LR *Meyer* § 81 a Rdnr. 77; *Dallinger* JZ 1953 S. 432 (437); *Dencker* S. 27 Fußn. 63; *Jessnitzer* MDR 1970 S. 797 (798); *Schlichting* Blutalkohol 1966 S. 591 (592); *Schöneborn* MDR 1971 S. 713 (714). – A. A. *Eb. Schmidt* Nachtr. § 81 a Rdnr. 3 und MDR 1970 S. 461 (463 ff.).
536 BGHSt. 24 S. 125 mit abl. Anm. *Wedemeyer* NJW 1971 S. 1902; BayObLGSt. 1965 S. 128 = JR 1966 S. 186 mit Anm. *Kohlhaas*; BayObLG bei *Rüth* DAR 1966 S. 261; 1970 S. 264; OLG Bremen VRS 36 S. 180 (182); OLG Celle NJW 1969 S. 567 (568); OLG Düsseldorf VRS 39 S. 211; OLG Hamm NJW 1965 S. 1089; DAR 1969 S. 276; VRS 26 S. 435; 38 S. 127; 60 S. 201 (203); OLG Köln NJW 1966 S. 416; OLG Oldenburg NJW 1955 S. 683; OLG Stuttgart NJW 1960 S. 2257 L; KK *Pelchen* § 81 a Rdnr. 14; *Kleinknecht* § 81 a Rdnr. 22 und NJW 1964 S. 2181 (2184); 1966 S. 1537 (1539); LR *Meyer* § 81 a Rdnr. 77; LK *Rüth* § 316 StGB Rdnr. 87; *Fezer* JuS 1978 S. 612; *Gössel* NJW 1981 S. 2217 (2221) und Bockelmann-FS S. 817 (anders noch Lb. S. 183); *Händel* Blutalkohol 1972 S. 230; *Krumme/Hürxthal*, Straßenverkehrsgesetz, 1977, § 81 a Rdnr. 13; *Petry* S. 31; *Philipps* in FS für Paul Bockelmann, 1979, S. 831 (835); *Roxin* § 24 D III 2 f.; *Rudolphi* MDR 1970 S. 93 (98); *Rüping* Rdnr. 235, 410; *Schlüchter* Rdnr. 173.2 ff.; *Schöneborn* GA 1975 S. 33 (40) und MDR 1971 S. 713. – A. A. *Jagusch* § 81 a Rdnr. 6 ff.; *Dzendzalowski*, Die körperliche Untersuchung, 1971, S. 76; *Kohlhaas* DAR 1956 S. 201 (204); 1973 S. 10 (14) und JR 1960 S. 246 (248); *Schellhammer* NJW 1972 S. 319; *Eb. Schmidt* MDR 1970 S. 465 (471); *Schorn* Strafrichter S. 57; *Wedemeyer* NJW 1971 S. 1902 (1903). – KMR *Paulus* § 81 a Rdnr. 57 will die Verwertbarkeit davon abhängig machen, daß die körperliche Integrität des Betroffenen nicht stärker beeinträchtigt wor-

(4) Die Verwertbarkeit des Untersuchungsergebnisses beurteilt sich auch dann nicht nach § 136 a, wenn die Untersuchung mit **Mitteln** gewonnen wurde, die nach dieser Vorschrift nicht angewendet werden dürfen. Denn § 136 a bezieht sich nur auf Vernehmungen; für § 81 a hat die Vorschrift keine Bedeutung[538]. Das Untersuchungsergebnis ist daher nur dann unverwertbar, wenn die Methoden, die bei seiner Gewinnung angewendet wurden, gegen die Grundsätze eines an Gerechtigkeit und Billigkeit orientierten Verfahrens verstoßen[539]. Das ist insbesondere bei bewußter Irreführung der Fall, etwa wenn der Beschuldigte von einem Polizeibeamten darüber getäuscht worden ist, daß der die Blutprobe Entnehmende kein Arzt ist[540]. Das bloße Unterlassen der Aufklärung darüber, daß das nicht der Fall ist, begründet jedoch ebensowenig ein Verwertungsverbot[541] wie der Umstand, daß der Beschuldigte hierüber nicht aufgeklärt werden konnte, weil er betrunken war oder sich in einem Schockzustand befand[542]. Weiß der Polizeibeamte, daß derjenige, der die Blutprobe entnimmt, kein Arzt ist, so darf er keinen Zwang anwenden[543] oder androhen[544]. Nur wenn auch der Polizeibeamte hierüber irrt, ist das Untersuchungsergebnis trotz der Anwendung von Zwang verwertbar[545]. An der

---

den ist als bei einem ärztlichen Eingriff, *Grünwald* JZ 1966 S. 489 (496) davon, daß ein Arzt erreichbar gewesen ist.

537 BVerfG 1 BvR 403/69 vom 14. 11. 1969 bei OLG Hamm NJW 1970 S. 1986 (1987) = VRS 40 S. 34 (37).

538 BGHSt. 24 S. 125 (129 ff.) mit Anm. *Wedemeyer* NJW 1971 S. 1902; OLG Hamm NJW 1965 S. 1089 (1090); 1970 S. 528 (529); OLG Düsseldorf VRS 39 S. 211 (212); OLG Köln VRS 60 S. 201 (203); KK *Pelchen* Rdnr. 14; KMR *Paulus* Rdnr. 61; LR *Meyer* Rdnr. 78; alle zu § 81 a; LK *Rüth* § 316 StGB Rdnr. 88; *Fezer* JuS 1978 S. 612 (613); *Grünwald* JZ 1966 S. 489 (496); *Kleinknecht* NJW 1964 S. 2181 (2185); *Eb. Schmidt* MDR 1970 S. 461 (464); *Schöneborn* MDR 1971 S. 713 (715). – A. A. BayObLG Blutalkohol 1971 S. 67 (68); BayObLG bei *Rüth* DAR 1970 S. 264; OLG Celle NJW 1969 S. 567 (568); OLG Hamm NJW 1965 S. 2019; 1970 S. 1986 (1987); VRS 26 S. 435; 38 S. 127; *Dencker* S. 88 ff.; *Schellhammer* NJW 1972 S. 319.

539 BGHSt. 24 S. 125 (131) mit Anm. *Wedemeyer* NJW 1971 S. 1902; KK *Pelchen* § 81 a Rdnr. 14.

540 BayObLG Blutalkohol 1971 S. 67 (68); OLG Hamm NJW 1965 S. 1089 (1090); 1970 S. 528; KMR *Paulus* § 81 a Rdnr. 60; LK *Rüth* § 316 StGB Rdnr. 89; *Kohlhaas* JR 1966 S. 187 (188).

541 OLG Bremen VRS 36 S. 180 (182); OLG Celle NJW 1969 S. 567 (568); OLG Hamm NJW 1970 S. 528; LR *Meyer* § 81 a Rdnr. 79; LK *Rüth* § 316 StGB Rdnr. 88.

542 BayObLGSt. 1965 S. 128 (130) = JR 1966 S. 186 (187) mit Anm. *Kohlhaas*; LR *Meyer* § 81 a Rdnr. 79; LK *Rüth* § 316 StGB Rdnr. 89.

543 BGHSt. 24 S. 125 (131) mit Anm. *Wedemeyer* NJW 1971 S. 1902; OLG Hamm NJW 1970 S. 528; *Kleinknecht* Rdnr. 22; KMR *Paulus* Rdnr. 60; LR *Meyer* Rdnr. 79; alle zu § 81 a; LK *Rüth* a.a.O.

544 BayObLG Blutalkohol 1971 S. 67 (68); KK *Pelchen* § 81 a Rdnr. 32; *Krause/Nehring* § 81 a Rdnr. 11.

545 BGHSt. 24 S. 125 (132) mit Anm. *Wedemeyer* NJW 1971 S. 1902 (1903); BayObLGSt. 1964 S. 156 (158) = NJW 1965 S. 1088; OLG Düsseldorf VRS 39 S. 211; OLG Hamm NJW 1965 S. 1089 (1090); OLG Köln NJW 1966 S. 416 (417); KK *Pelchen* § 81 a

Verwertbarkeit ändert auch nichts, daß der Beschuldigte sich der Zwangsanwendung widersetzt hat, weil er argwöhnte, daß der Eingriff nicht von einem Arzt durchgeführt wird[546]. Selbst ihre Gewinnung durch unerlaubte Nacheile ins Ausland und Zurückbringen des Betroffenen über die Grenze macht die Blutprobe nicht unverwertbar, wenn die Polizeibeamten nur versehentlich die deutsche Grenze überschritten haben[547].

d) § 81 c. Die Nichtbeachtung der Bestimmungen, aus denen sich die sachliche Zuständigkeit für die Anordnung der Untersuchung ergibt, schließt ebensowenig wie im Fall des § 81 a die Verwertbarkeit des Untersuchungsergebnisses aus[548]. Auch sonst handelt es sich bei § 81 c ausschließlich um eine Schutzvorschrift für den Zeugen, nicht für den Angeklagten. Ein Verstoß gegen § 81 c Abs. 2, der die Untersuchung zur Feststellung der Abstammung und die Entnahme von Blutproben von bestimmten Voraussetzungen abhängig macht, führt daher zu keinem Verwertungsverbot[549].

e) § 94

(1) Die Verwertung beschlagnahmter Beweisgegenstände ist grundsätzlich ohne Rücksicht darauf zulässig, ob die **Durchsuchung,** bei der sie aufgefunden worden sind, gegen die Vorschriften der §§ 102 ff. verstoßen hat[550]. Insbesondere steht ihrer Verwertung nicht entgegen, daß der Durchsuchungsbeschluß inhaltlich nicht

---

Rdnr. 14; LR *Meyer* § 81 a Rdnr. 79; LK *Rüth* § 316 StGB Rdnr. 88; *Händel* Blutalkohol 1972 S. 230 (237); *Jessnitzer* MDR 1970 S. 797; *Kleinknecht* NJW 1964 S. 2181 (2184); *Eb. Schmidt* MDR 1970 S. 461. – A. A. OLG Hamm NJW 1965 S. 2019; VRS 26 S. 435. Zweifelnd auch *Fezer* JuS 1978 S. 612 (614).

546 Vgl. LR *Meyer* § 81 a Rdnr. 79. A. A. OLG Hamm NJW 1970 S. 1986 = VRS 40 S. 34.
547 OLG Köln VRS 60 S. 201.
548 Vgl. *Rudolphi* MDR 1970 S. 93 (97).
549 BGH bei *Dallinger* MDR 1953 S. 148 = LM Nr. 1 zu § 81 c; KK *Pelchen* Rdnr. 24; *Krause/Nehring* Rdnr. 14; LR *Meyer* Rdnr. 60; alle zu § 81 c; *Grünwald* JZ 1966 S. 489 (499); *Otto* GA 1970 S. 289 (293 Fußn. 22); *Rudolphi* MDR 1970 S. 93 (96); *Rüping* Rdnr. 247; *Schöneborn* GA 1975 S. 33 (40/41). – A. A. *Kohlhaas* DAR 1965 S. 201 (206), der offenbar nur eine Heilung durch nachträgliche Zustimmung zulassen will; *Panhuysen* S. 86 ff. für den Fall der Untersuchung ohne Einwilligung; *Schlüchter* Rdnr. 201. – *Henkel* S. 225 Fußn. 10, S. 226 Fußn. 15 unterscheidet zwischen Untersuchung ohne Einwilligung und Überschreitung der Zulässigkeitsgrenzen, insbesondere Verletzung des Verhältnismäßigkeitsgrundsatzes; nur in dem zuletzt genannten Fall hält er ein Beweisverbot für gegeben. Unklar *Spendel* NJW 1966 S. 1102 (1107). Vgl. auch LR *Schäfer* Einl. Kap. 14 Rdnr. 6.
550 KK *Laufhütte* § 94 Rdnr. 18; *Kleinknecht* § 105 Rdnr. 13; *Eb. Schmidt* Nachtr. § 105 Rdnr. 2; *Dünnebier* GA 1963 S. 65 (69); *Niese* S. 139. – Grundsätzlich a. A. *Dagtoglou* JuS 1975 S. 753 (758), sofern nicht nur unwesentliche Formvorschriften verletzt sind; *Dencker* S. 82; *Ehlers* BB 1978 S. 1515; *Hoffmann* Polizei 1969 S. 11 (14) für den Fall bewußter Rechtsverletzung zum Zweck der Beweisgewinnung; *Kühne* NJW 1979 S. 1053; *Peters* Gutachten S. 142 ff.; *Sendler* S. 159 für den Fall, daß die Durchsuchung mangels Tatverdachts unzulässig war.

genügend konkretisiert war⁵⁵¹, daß Gefahr im Verzug bei einer von der Staatsanwaltschaft oder ihren Hilfsbeamten angeordneten Durchsuchung nicht vorgelegen hat⁵⁵², daß Zeugen, Inhaber von Wohnungen oder Gemeindebeamte nicht nach § 105 Abs. 2 zugezogen worden⁵⁵³ oder daß vorgeschriebene Eröffnungen unterblieben sind⁵⁵⁴. Anders ist es bei besonders schwerwiegenden Verstößen, z. B. wenn eine Wohnungsdurchsuchung ohne Beachtung der in dem richterlichen Durchsuchungsbeschluß ausdrücklich festgelegten Beschränkungen vorgenommen worden ist⁵⁵⁵.

(2) Ein Verwertungsverbot besteht, wenn die **Beschlagnahmeanordnung** selbst unzulässig war⁵⁵⁶. Dazu führt allerdings nicht schon der Mangel der Zuständigkeit des anordnenden Richters, Staatsanwalts oder Hilfsbeamten⁵⁵⁷. Auch der Umstand, daß der Gegenstand von einer Privatperson durch eine Straftat erlangt und dann der Strafverfolgungsbehörde zur Verfügung gestellt worden ist, macht ihn als Beweismittel nicht unverwertbar⁵⁵⁸. Das gilt insbesondere für den Fall, daß er von einer Privatperson unter Verletzung des Briefgeheimnisses erlangt worden ist⁵⁵⁹. Die Verwertung ist aber ausgeschlossen, wenn die Behörde den Gegenstand aufgrund einer Beschlagnahme auf der Post, bei der die Voraussetzungen des § 99 nicht vorgelegen haben⁵⁶⁰, oder unter Verstoß gegen den Verhältnismäßigkeits-

---

551 LG Wiesbaden NJW 1979 S. 175 mit abl. Anm. *Kühne* NJW 1979 S. 1053; a. A. *Endriss* Betr. 1976 S. 2087; *Rüping* Beweisverbote S. 55; *Selmer* S. 146 ff.
552 KG NJW 1972 S. 169 (170); *Kleinknecht* Rdnr. 13; *Krause/Nehring* Rdnr. 6; LR *Meyer* Rdnr. 22; alle zu § 105; *Dünnebier* JZ 1952 S. 374 (375); *Rudolphi* MDR 1970 S. 93 (97); *Schlüchter* Rdnr. 327; *Sendler* S. 160. – A. A. *Dagtoglou* JuS 1975 S. 753 (758).
553 RG Recht 1911 Nr. 3142; BayObLGSt. 20 S. 152 (153); KG a.a.O.; OLG Stuttgart NJW 1971 S. 629; *Kleinknecht* § 105 Rdnr. 13; LR *Meyer* § 105 Rdnr. 12; *Benfer*, Die Haussuchung im Strafprozeß, Diss. Bochum 1980, S. 297; *Neidhard* DRZ 1949 S. 204; *Schlüchter* Rdnr. 327; a. A. *Grünwald* JZ 1966 S. 489 (495, 501).
554 KG NJW 1972 S. 169 (170); LR *Meyer* § 105 Rdnr. 22.
555 LG Bonn NJW 1981 S. 291 = Steuerberater 1980 S. 258 mit Anm. *Streck*, das in Übereinstimmung mit der Rspr. des BGH (BGHSt. 19 S. 325 [332]; 24 S. 125 [137]), die Schwere des Rechtsverstoßes gegen das Interesse des Staates an der Sachaufklärung abwägt; vgl. auch KK *Laufhütte* § 94 Rdnr. 18; *Benfer* a.a.O. (oben Fußn. 553) S. 298; *Rüping* Beweisverbote S. 57.
556 BVerfGE 44 S. 353 (383) = NJW 1977 S. 1489 (1493); *Fezer* JuS 1979 S. 35 (37); *Knauth* JuS 1979 S. 339 (341); *Selmer* S. 142 ff.
557 Vgl. *Krause/Nehring* § 99 Rdnr. 14; *Eb. Schmidt* § 94 Rdnr. 14; *Grünwald* JZ 1966 S. 489 (497); *Kleinknecht* NJW 1966 S. 1537 (1538); *Niese* S. 139 ff.; *Sendler* S. 150/151, 160. – A. A. *Beling* ZStW 24 S. 245 (265); *Sydow* S. 98.
558 Vgl. KMR *Paulus* § 244 Rdnr. 533; *Kleinknecht* NJW 1966 S. 1537 (1542); *E. Peters* ZZP 76 S. 145 (153); *Roxin* § 24 D V. – Vgl. auch BGHSt. 27 S. 355 (357); BGH 1 StR 681/75 vom 2. 12. 1975.
559 Vgl. *Dünnebier* GA 1953 S. 65 (69); *Niese* S. 139; a. A. *Sendler* S. 143, der aber (S. 153/154) die Einschränkung macht, daß der Brief verwertbar ist, wenn er auch bei rechtmäßigem Verhalten der Privatperson in die Hände der Strafverfolgungsbehörden gelangt wäre, und ferner (S. 155) fahrlässige Verletzungen des Briefgeheimnisses außer acht lassen will.
560 Vgl. *Sendler* S. 145 ff.; unten S. 522.

grundsatz gewonnen hat[561]. Die Beschlagnahme von Klientenakten einer im Sinne des § 203 Abs. 1 Nr. 4 StGB öffentlich-rechtlich anerkannten Suchtkrankenberatungsstelle ist z. B. unverhältnismäßig, wenn sie sich lediglich auf den allgemeinen Verdacht stützt, daß sich Klienten der Beratungsstelle durch Erwerb oder Besitz von Betäubungsmitteln strafbar gemacht und solche Mittel widerrechtlich bezogen haben[562]. Das schließt jede Verwendung der Akten und des in ihnen verkörperten gedanklichen Inhalts zu Beweiszwecken aus[563]. Der Verhältnismäßigkeitsgrundsatz kann auch dazu zwingen, von der Beschlagnahme einer ärztlichen Patientenkartei abzusehen, wenn andere Beweismittel zur Aufklärung des Sachverhalts vorhanden sind[564]. Bei der Beschlagnahme von Druckschriften liegt ein Verstoß gegen das Informationsrecht des Bestellers nach Art. 5 Abs. 1 GG vor, wenn das Strafverfolgungsinteresse nicht überwiegt[565]. Weitere Beschlagnahme- und Verwertungsverbote ergeben sich aus den Art. 1, 2 GG[566].

f) § 95. Ein Verwertungsverbot folgt daraus, daß die Strafverfolgungsbehörden unter Zwangsandrohung oder Zwangsanwendung nach § 95 Abs. 2 Satz 1 Beweisgegenstände erlangt haben, obwohl der Gewahrsamsinhaber der nicht herausgabepflichtige Beschuldigte oder ein zur Verweigerung des Zeugnisses Berechtigter war[567]. Das gilt aber nicht für Personen, denen nur ein Auskunftsverweigerungsrecht nach § 55 zusteht; gegen sie darf Zwang angewendet werden[568].

g) § 96. Amtliche Urkunden, die trotz der Erklärung der obersten Dienstbehörde nach § 96 in die Hände des Gerichts gelangt sind, dürfen nicht benutzt werden. Die Abgabe einer Sperrerklärung nach dieser Vorschrift begründet aber kein Beweisverbot mit der Folge, daß ein Beweis nicht verwertet werden darf, der entgegen der Erklärung erlangt worden ist. Wenn das gesperrte Schriftstück trotz der Sperrerklärung zum Beweis benutzt, der Zweck des § 96, die Geheimhaltung seines Inhalts im Interesse des Staatswohls zu sichern, also vereitelt worden ist, besteht kein Grund mehr, den Beweis nicht zu verwerten[569]. Schutzwürdige Interessen des Angeklagten werden hierdurch nicht berührt. Ebenso wie § 54 dient die Vorschrift des § 96 nur den Interessen des Staats.

---

561 BVerfGE 20 S. 162 (186 ff.) = NJW 1966 S. 1603 (1607); BVerfGE 44 S. 353 (383) = NJW 1977 S. 1489; *Kleinknecht* Einl. Rdnr. 54, § 97 Rdnr. 32 und NJW 1966 S. 1537 (1540); *Jaraß* AfP 1975 S. 216; *Selmer* S. 142 ff.
562 BVerfGE 44 S. 353 (373) = NJW 1977 S. 1489 mit Anm. *Knapp* NJW 1977 S. 2119; *Kleinknecht* § 97 Rdnr. 32.
563 BVerfGE 44 S. 353 (384) = NJW 1977 S. 1489; vgl. auch *Knauth* JuS 1979 S. 339.
564 LG Dortmund NJW 1972 S. 1533. Vgl. weiter zur Unzulässigkeit der Beschlagnahme wegen Unverhältnismäßigkeit LG Hamburg NJW 1978 S. 958; LR *Meyer* § 94 Rdnr. 26.
565 BVerfGE 27 S. 104 (110).
566 Vgl. unten S. 513 ff.
567 Vgl. KK *Laufhütte* Rdnr. 8; LR *Meyer* Rdnr. 18; *Eb. Schmidt* Rdnr. 10; alle zu § 95; *Beling* Beweisverbote S. 10 ff.; *Grünwald* JZ 1966 S. 489 (498); *Henkel* S. 292; *Niese* S. 140/141; *Petry* S. 33, 125; *Rogall* S. 227 ff.; *Sendler* S. 163.
568 Vgl. *Kleinknecht* § 95 Rdnr. 7; LR *Meyer* a.a.O.
569 Vgl. LR *Meyer* § 96 Rdnr. 18; *Grünwald* JZ 1966 S. 489 (498); *Rüping* Beweisverbote S. 55. – A. A. *Eb. Schmidt* § 96 Rdnr. 5; *Peters* Gutachten S. 114; *Schlüchter* Rdnr. 306.1.

h) § 97

(1) Das Beschlagnahmeverbot des § 97 steht im Zusammenhang mit den Zeugnisverweigerungsrechten nach den §§ 52 ff. Es soll die Umgehung dieser Rechte durch die Beschlagnahme von Schriftstücken und anderen Gegenständen verhindern, deren Verlesung oder Inaugenscheinnahme die Vernehmung der zur Zeugnisverweigerung berechtigten Zeugen ersetzen kann[570]. Daher unterliegen Beweisgegenstände, die entgegen dem Verbot des § 97 beschlagnahmt worden sind, ebenso wie die Aussage des entgegen den §§ 52, 53, 53 a vernommenen Zeugen einem **Verwertungsverbot**. Anträge auf Erhebung dieser Beweise müssen nach § 244 Abs. 3 Satz 1 abgelehnt werden. Das gilt selbst dann, wenn die Beschlagnahme nach § 98 Abs. 2 richterlich bestätigt worden ist und wenn der Beweisgegenstand nur zur Schriftvergleichung benutzt werden soll[571]. Das Verwertungsverbot erstreckt sich nicht nur auf die unmittelbare Verwendung des Gegenstandes durch Augenscheinseinnahme, Verlesen oder sachverständige Begutachtung, sondern auch auf die Vernehmung von Personen, die von ihm Kenntnis genommen haben. Der spätere Wegfall der Beschlagnahmevoraussetzungen führt aber grundsätzlich zu keinem Verwertungsverbot. Es genügt, daß die Voraussetzungen in dem Zeitpunkt vorgelegen haben, in dem die Beschlagnahme erfolgt ist. Insbesondere der Teilnahmeverdacht des Zeugnisverweigerungsberechtigten braucht nur zur Zeit der Beschlagnahme vorgelegen zu haben. Das Beweismittel bleibt verwertbar, wenn der Verdacht später wegfällt[572]. Eine Ausnahme gilt für den Fall, daß die Beschlagnahme bei einer nach § 53 zeugnisverweigerungsberechtigten Vertrauensperson zulässig war, weil der Geheimnisträger sie von der Schweigepflicht entbunden hatte, diese Erklärung aber nach der Beschlagnahme widerrufen wird. Die beschlagnahmten Gegenstände unterliegen alsdann einem Verwertungsverbot[573]. Die Verwertung wird dagegen nicht gehindert, wenn derjenige, bei dem die Beschlagnahme erfolgt ist, zu dem Beschuldigten erst später in ein Verhältnis tritt, das nach § 52 Abs. 1 zur Zeugnisverweigerung berechtigt, oder wenn er später als Verteidiger des Beschuldigten tätig oder bestellt wird[574].

---

570 Vgl. BVerfGE 20 S. 162 (188) = NJW 1966 S. 1603 (1607); LR *Meyer* § 97 Rdnr. 1; *Bringewat* NJW 1974 S. 1740 (1743); *Fezer* JuS 1978 S. 765 (767).

571 BGHSt. 18 S. 227 (228); RGSt. 20 S. 92; 47 S. 195 (196); OLG Celle NdsRpfl. 1963 S. 20; KK *Laufhütte* Rdnr. 7; *Kleinknecht* Rdnr. 31; LR *Meyer* Rdnr. 62; *Eb. Schmidt* Nachtr. Rdnr. 2; alle zu § 97; KMR *Müller* vor § 94 Rdnr. 25; LR *Schäfer* Einl. Kap. 14 Rdnr. 14; *Dünnebier* GA 1963 S. 65 (70); *Fezer* JuS 1978 S. 765 (767); *Grünwald* JZ 1966 S. 489 (498); *Harreß* S. 50; *Henkel* S. 290; *Kleinknecht* NJW 1966 S. 1537 (1538); *Koeniger* S. 296; *Kreuzer* S. 40; *Rogall* ZStW 91 S. 1 (36); *Roxin* § 34 c II 2; *Rüping* Beweisverbote S. 55; *Sendler* S. 161; *Simader* S. 114; *Steinberg-Copek*, Berufsgeheimnis und Aufzeichnungen des Arztes im Strafverfahren, Diss. Berlin 1969, S. 112 ff.

572 Vgl. KK *Laufhütte* Rdnr. 8; *Kleinknecht* Rdn. 31; LR *Meyer* Rdn. 64; alle zu § 97; *Delitz*, Zeugnisverweigerungsrecht und Beschlagnahmeprivileg der Presse unter besonderer Berücksichtigung des anglo-amerikanischen Rechts, Diss. München 1976, S. 136. — A.A. *Fezer* JuS 1978 S. 765 (768); *Herdegen* GA 1963 S. 141 (143); *Schlüchter* Rdn. 308.

573 OLG Hamburg NJW 1962 S. 689 (691).

574 Vgl. KMR *Müller* vor § 94 Rdnr. 25; LR *Meyer* § 97 Rdnr. 64. – A. A. *Schlüchter* Rdnr. 308.

(2) Beschlagnahme- und Verwertungsverbot **stimmen nicht überein**. Das Verwertungsverbot kann trotz unzulässiger Beschlagnahme entfallen und trotz zulässiger Beschlagnahme eintreten. Ein Verwertungsverbot besteht daher nicht, wenn der Beweisgegenstand zwar nach § 97 nicht hätte beschlagnahmt werden dürfen, im Zeitpunkt seiner Verwendung zu Beweiszwecken aber der Beschlagnahme kein rechtliches Hindernis mehr entgegengestanden hätte. Ist der Gegenstand z. B. beschlagnahmt worden, weil der Gewahrsamsinhaber als teilnahmeverdächtig angesehen wurde (§ 97 Abs. 2 Satz 3), hat diese Voraussetzung aber bei der Beschlagnahme nicht vorgelegen, so ist die Verwendung des Gegenstandes gleichwohl zulässig, wenn der Verdacht durch die Aussage des Zeugen in der Hauptverhandlung nachträglich begründet worden ist[575]. Auch wenn die Beschlagnahme zulässig war, kann die Verwertbarkeit des Beweisgegenstandes Beschränkungen unterliegen. Der Gegenstand darf nur in dem Umfang als Beweismittel verwendet werden, in dem die Beschlagnahmevoraussetzungen vorgelegen haben[576]. Bedeutung hat das vor allem für den Fall, daß die Beschlagnahme wegen des Verdachts, daß der Zeugnisverweigerungsberechtigte an der Tat des Beschuldigten teilgenommen hat, zulässig gewesen ist (§ 97 Abs. 2 Satz 3). Nur in dem Verfahren gegen diesen Beschuldigten, nicht aber zur Beweisführung in einem Verfahren gegen Dritte, an deren Tat eine Beteiligung des Gewahrsamsinhabers von vornherein nicht in Frage stand, und nur wegen derjenigen Tat, hinsichtlich deren der Tatverdacht bestanden hat, darf das Beweismittel dann verwertet werden[577]. In gleicher Weise ist die Verwertung eingeschränkt, wenn die Beschlagnahme in einem Verfahren erfolgt war, das gegen den Zeugnisverweigerungsberechtigten als Beschuldigten betrieben wurde[578]. Nur beschränkt verwertbar ist der Beweisgegenstand ferner, wenn er bei einem Zeugnisverweigerungsberechtigten beschlagnahmt worden war, der selbst Beschuldigter ist, und der Gegenstand auch auf die Verübung einer Straftat durch eine nach § 97 geschützte Person hindeutet. Der Beweisgegenstand darf dann nur verwertet werden, wenn es sich um dieselbe Tat im verfahrensrechtlichen Sinn (§ 264) handelt. In einem Verfahren gegen die geschützte Person wegen einer anderen Tat unterliegen die beschlagnahmten Gegenstände einem Verwertungsverbot, selbst wenn diese andere Tat in demselben Verfahren wie gegen die Vertrauensperson untersucht und verfolgt wird[579]. Etwas anderes

---

575 BGHSt. 25 S. 167 (169); KK *Laufhütte* § 97 Rdnr. 7; *Kleinknecht* § 97 Rdnr. 31; KMR *Müller* vor § 94 Rdnr. 25; LR *Meyer* § 97 Rdnr. 63; *Schlüchter* Rdnr. 308. *Fezer* JuS 1978 S. 765 (768) hält dann aber eine nochmalige förmliche Anordnung der Beschlagnahme für erforderlich. Vgl. auch *Rogall* ZStW 91 S. 1 (38).
576 Vgl. LR *Meyer* § 97 Rdnr. 65.
577 BGHSt. 18 S. 227 (229); KK *Laufhütte* § 97 Rdnr. 7; *Kleinknecht* § 97 Rdnr. 31; KMR *Müller* vor § 94 Rdn. 25; LR *Meyer* a.a.O.; *Bartsch*, Ärztliche Schweigepflicht und Zeugnisverweigerungsrecht im Strafprozeß, Diss. München 1971, S. 68; *Fezer* JuS 1978 S. 765 (768); *Hennemann*, Pressefreiheit und Zeugnisverweigerungsrecht, 1978, S. 77; *Steinberg-Copek* a.a.O. (oben Fußn. 571) S. 119 ff.; *Schlüchter* Rdn. 309. — A.A. *Creifelds* GA 1960 S. 65 (74/75).
578 Vgl. LR *Meyer* § 97 Rdnr. 65.
579 BGHSt. 18 S. 227 (229); LR *Meyer* § 97 Rdnr. 66; *Hennemann* a.a.O. (oben Fußn. 577) S. 71.

gilt nur für den Fall, daß der Gewahrsamsinhaber nachträglich sein Einverständnis mit der Verwertung erklärt[580]. Überhaupt dürfen die nur beschränkt verwertbaren Gegenstände ohne diese Beschränkung zu Beweiszwecken benutzt werden, wenn die Vertrauensperson, die früher Gewahrsamsinhaber war, ihr Einverständnis erteilt. Das muß aber freiwillig und nach Belehrung über das Recht, die Zustimmung zu verweigern, geschehen[581].

(3) Ist ein Gegenstand nach diesen Grundsätzen als Beweismittel nicht verwertbar, so gilt das nicht auch für Erkenntnisse, die aus dem Vorhandensein des Gegenstandes, seinem Inhalt oder seiner Beschaffenheit gewonnen werden können. Eine **Fernwirkung** des Beweisverbots tritt hier ebensowenig ein wie in anderen Fällen der gesetzwidrigen Erlangung von Beweisgegenständen[582].

i) §§ 168, 168 a. Die Verwertbarkeit von Vernehmungsniederschriften nach den §§ 251, 253, 254 setzt voraus, daß die Formvorschriften der §§ 168, 168 a beachtet worden sind. Das Protokoll einer richterlichen Vernehmung, zu der ein nicht ordnungsgemäß vereidigter Protokollführer zugezogen worden ist, darf nicht verwertet werden[583]. Das gleiche gilt für den Fall, daß das Protokoll entgegen § 168 a Abs. 4 Satz 1 nicht vom Richter und Protokollführer unterschrieben worden ist[584]. Die Nachholung der Unterschrift ist zwar zulässig, nicht aber nach Verlesung des Protokolls in der Hauptverhandlung[585]. Kein Verwertungsverbot begründet die Nichtbeachtung der Pflicht, das Protokoll dem Aussagenden nach § 168 a Abs. 3 Satz 1 vorzulesen oder zur Durchsicht vorzulegen[586].

k) §§ 168 c, 168 d. Wird im Ermittlungsverfahren der Beschuldigte, ein Zeuge oder ein Sachverständiger richterlich vernommen, so sind nach § 168 c Abs. 5 Satz 1 die zur Anwesenheit Berechtigten (vgl. § 168 c Abs. 1 und 2) vorher zu benachrichtigen. Das gilt nach § 168 d Abs. 1 Satz 2 auch für den Fall, daß ein richterlicher Augenschein eingenommen werden soll. Die Benachrichtigung darf

---

580 OLG Celle NdsRpfl. 1963 S. 406 (408); LR *Meyer* a.a.O.; *Bartsch* a.a.O. (oben Fußn. 577) S. 68 ff.; *Kohlhaas* NJW 1962 S. 670; 1964 S. 1162 (1166); *Müller-Dietz*, Die Beschlagnahme von Krankenblättern im Strafverfahren, Diss. Freiburg 1965, S. 53 ff.; *Steinberg-Copek* a.a.O. (oben Fußn. 571) S. 121.
581 BGHSt. 18 S. 227 (230); KK *Laufhütte* § 97 Rdnr. 3, 4; LR *Meyer* § 97 Rdnr. 67.
582 Vgl. oben S. 486; a. A. *Goldschmidt* S. 516; *Niese* S. 141; *Sendler* S. 47.
583 BGHSt. 27 S. 339 = JR 1978 S. 525 mit Anm. *Meyer-Goßner*; KK *R. Müller* Rdnr. 9; *Kleinknecht* Rdnr. 11; KMR *Müller* Rdnr. 4; alle zu § 168; KMR *Paulus* § 251 Rdnr. 26.
584 BGH NJW 1956 S. 1527; RGSt. 34 S. 396; 41 S. 216 (217); 53 S. 106 (107); 56 S. 258; RGRspr. 3 S. 259 (260); RG JW 1902 S. 581; KMR *Müller* § 168 a Rdnr. 6; LR *Gollwitzer* § 251 Rdnr. 10; *Hanack* JR 1971 S. 512; *Rieker* S. 84; *Stützel* S. 91 Fußn. 22; *Völcker* S. 26. Zur Frage, ob ein fehlerhaftes Protokoll nach § 251 Abs. 2 verlesen werden kann, vgl. oben S. 271.
585 RGSt. 53 S. 107; KMR *Müller* a.a.O.; *Eb. Schmidt* § 168 a Rdnr. 2; *Groth* S. 20. – Wenn der beauftragte Richter, dessen Unterschrift fehlt, an der Hauptverhandlung mitgewirkt und gegen die sachliche Richtigkeit der Niederschrift keinen Widerspruch erhebt, ist der Mangel aber geheilt; vgl. BGHSt. 9 S. 297 (302); LR *Gollwitzer* § 251 Rdnr. 10.
586 BGH 5 StR 55/55 vom 21. 6. 1955; RGSt. 34 S. 396; *Rieker* S. 84.

nur unterbleiben, wenn die Anwesenheit den Untersuchungserfolg gefährden würde (§ 168 c Abs. 5 Satz 2)[587]. Zu benachrichtigen ist immer der Verteidiger; er ist sowohl bei der Beschuldigtenvernehmung (§ 168 c Abs. 1) als auch bei der Vernehmung von Beweispersonen (§ 168 c Abs. 2) zur Anwesenheit berechtigt. Der Beschuldigte ist von Vernehmungen von Zeugen und Sachverständigen auch dann vorher zu benachrichtigen, wenn er nicht auf freiem Fuß ist[588]. Wird gegen diese Benachrichtigungspflicht verstoßen, so dürfen Niederschriften über die richterliche Vernehmung von Zeugen und Sachverständigen in der Hauptverhandlung gegen den Widerspruch des Beschuldigten auch dann nicht verlesen werden, wenn die Voraussetzungen des § 251 Abs. 1 vorliegen[589]. Das gleiche gilt für die Vernehmung des Richters in der Hauptverhandlung[590]. Ein solches Verwertungsverbot bestand schon bei Verstößen gegen § 169 Abs. 2 und § 193 a.F.[591].

Der Angeklagte kann nachträglich auf die Einhaltung des § 168 c Abs. 5 Satz 1 verzichten. Erklärt er vor oder in der Hauptverhandlung sein Einverständnis, so kann die Vernehmungsniederschrift daher verwertet oder der Richter als Zeuge vernommen werden[592]. Wirkt an der Hauptverhandlung ein Verteidiger mit, so kann das Einverständnis daraus geschlossen werden, daß er der Verwertung nicht widerspricht. Wenn der Angeklagte keinen Verteidiger hat, setzt die Annahme seines Einverständnisses aber nach dem Grundsatz, daß niemand auf Rechte verzichten kann, die er nicht kennt, immer voraus, daß er auf den Verfahrensverstoß und die sich hieraus für ihn ergebenden Rechte hingewiesen wird[593].

Eine Ausnahme von diesen Grundsätzen besteht nur, wenn der Zeuge oder Sachverständige nach der richterlichen Vernehmung verstorben ist oder aus anderen Gründen in absehbarer Zeit nicht vernommen werden kann. Die Verlesung der Vernehmungsniederschrift ist dann nach § 251 Abs. 2 zulässig[594].

---

587 Zur Gefährdung des Untersuchungserfolges vgl. BGHSt. 29 S. 1 = JR 1980 S. 252 mit Anm. *Meyer-Goßner*; BGH NJW 1980 S. 2088; BayObLGSt. 1977 S. 130 = JR 1978 S. 173 mit Anm. *Peters*; *Welp* JZ 1980 S. 134. Vgl. auch *Rengier* Jura 1981 S. 299 (306).
588 BGH bei *Holtz* MDR 1976 S. 814.
589 BGHSt. 26 S. 332 = JR 1977 S. 257 mit Anm. *Meyer-Goßner* und weit. Anm. *D. Krause* NJW 1976 S. 2029; BGH bei *Holtz* MDR 1976 S. 814; RGSt. 1 S. 256; BayObLGSt. 1977 S. 37 = NJW 1977 S. 2037; KK *R. Müller* Rdnr. 22; *Kleinknecht* Rdnr. 6; KMR *Müller* Rdnr. 5; LR *Meyer-Goßner* Rdnr. 31; alle zu § 168 c; KK *Herdegen* § 244 Rdnr. 75; LR *Gollwitzer* § 249 Rdnr. 27; *Fezer* JuS 1978 S. 325 (330/331); *Roxin* § 24 D III 2 g; *G. Schäfer* S. 171; *Schlüchter* Rdnr. 75.3. Zur Frage der Verlesbarkeit nach § 251 Abs. 2 vgl. oben S. 271.
590 BGHSt. 26 S. 332 = JR 1977 S. 257 mit Anm. *Meyer-Goßner* und weit. Anm. *D. Krause* NJW 1976 S. 2029; BGH 1 StR 374/76 vom 14. 12. 1976; KK *R. Müller* § 168c Rdnr. 22; LR *Meyer-Goßner* § 168 c Rdnr. 31.
591 BGHSt. 1 S. 284; BGH NJW 1952 S. 1426; RGSt. 52 S. 86; 58 S. 90.
592 Vgl. LR *Meyer-Goßner* § 168 c Rdnr. 30.
593 RGSt. 23 S. 144; LR *Meyer* § 337 Rdnr. 223; *Eb. Schmidt* § 193 Rdnr. 15.
594 BayObLG NJW 1977 S. 2037 = JR 1977 S. 475 mit abl. Anm. *Peters*; KK *R. Müller* Rdnr. 25; *Kleinknecht* Anm. 6; LR *Meyer-Goßner* Rdnr. 32; alle zu § 168c; *Grünwald* JZ 1966 S. 489 (494); *Schlüchter* Rdnr. 75.3; a. A. *Roxin* § 24 D III 2 g. – Zu § 251 Abs. 2 vgl. oben S. 269 ff.

l) **§ 224.** Wenn Zeugen oder Sachverständige nach § 223 kommissarisch vernommen werden sollen, müssen von dem zum Zweck dieser Vernehmung anberaumten Termin die Staatsanwaltschaft, der Angeklagte und der Verteidiger vorher benachrichtigt werden (§ 224 Abs. 1 Satz 1). Das gilt entsprechend für die richterliche Augenscheinseinnahme vor der Hauptverhandlung (§ 225). Die Benachrichtigung darf nur unterbleiben, wenn sie den Untersuchungserfolg gefährden würde (§ 224 Abs. 1 Satz 2)[595]. Wie im Fall des § 168 c Abs. 5 Satz 1 begründet der Verstoß gegen die Benachrichtigungspflicht ein Verwertungsverbot[596]. Die Prozeßbeteiligten können jedoch auch in diesem Fall nachträglich auf die Einhaltung der Vorschrift verzichten und dadurch ihr Einverständnis mit der Verlesung der Niederschrift erklären[597]. In dem Einverständnis mit der Verlesung nach § 251 Abs. 1 Nr. 4 liegt ein solcher Verzicht ohne weiteres[598]. Als Verzicht gilt aber auch das bloße Unterlassen eines Widerspruchs gegen die Verlesung der Niederschrift[599].

Diese Grundsätze gelten entsprechend für den Fall, daß das Gericht die Pflicht verletzt, das über die Vernehmung oder die Augenscheinseinnahme aufgenommene Protokoll der Staatsanwaltschaft und dem Verteidiger vorzulegen (§ 224 Abs. 1 Satz 3)[600].

Beim Tod des Zeugen gilt das gleiche wie im Fall des § 168 c.

m) **§ 393 Abs. 2 AO.** Ein selbständiges Verwertungsverbot eigener Art[601] bestimmt § 393 Abs. 2 AO. Die Vorschrift knüpft an den Umstand an, daß der Steuerpflichtige nach § 393 Abs. 1 Satz 2 AO zwar nicht gezwungen werden kann, sich wegen einer von ihm begangenen Steuerstraftat oder -ordnungswidrigkeit zu belasten, daß dies aber nicht für andere Straftaten und Ordnungswidrigkeiten gilt. Angaben des Steuerpflichtigen, durch die er sich wegen solcher Taten selbst belastet hat, stehen allerdings unter dem Schutz des Steuergeheimnisses (§ 30 AO) und dürfen

---

595 Zur Gefährdung des Untersuchungserfolges vgl. KK *Treier* § 244 Rdnr. 9; KMR *Paulus* § 224 Rdnr. 14 und die Nachw. oben Fußn. 587.
596 BGHSt. 9 S. 24; BGH GA 1976 S. 242 (244); BGH bei *Holtz* MDR 1977 S. 461; BayObLGSt. 1949/51 S. 115 = HESt. 3 S. 29; BayObLGSt. 1953 S. 62 = NJW 1953 S. 1316; OLG Frankfurt NJW 1952 S. 1068; OLG Hamm DAR 1959 S. 192 (193); KK *Treier* Rdnr. 11; KMR *Paulus* Rdnr. 18; LR *Gollwitzer* Rdnr. 34; *Eb. Schmidt* Nachtr. Rdnr. 9; alle zu § 224; KK *Herdegen* § 244 Rdnr. 75; *Schlüchter* Rdnr. 433; *W. Schmid* S. 234 ff.; *Welp* JZ 1980 S. 134 (137). Das gilt auch für Vernehmungen im Zwischenverfahren nach § 202, die einem ersuchten Richter übertragen werden; vgl. BGH bei *Holtz* MDR 1977 S. 461.
597 Vgl. KMR *Paulus* § 224 Rdnr. 18; LR *Gollwitzer* § 224 Rdnr. 24; *Schlüchter* Rdnr. 433.
598 Vgl. LR *Gollwitzer* § 224 Rdnr. 32; oben S. 264.
599 BGHSt. 1 S. 284 (286); 9 S. 24 (26/27); BGH NJW 1952 S. 1426; BGH 5 StR 481/75 vom 30. 4. 1976; 3 StR 273/80 vom 8. 10. 1980; RGSt. 50 S. 364 (365); 58 S. 100 (101); OLG Koblenz VRS 50 S. 32 (33); OLG Köln OLGSt. § 244 S. 3; OLG VRS 60 S. 441; OLG Schleswig bei *Ernesti/Jürgensen* SchlHA 1972 S. 159; KK *Treier* § 244 Rdnr. 12; *Kleinknecht* § 224 Rdnr. 7; LR *Meyer* § 337 Rdnr. 223; *Eb. Schmidt* Nachtr. § 224 Rdnr. 9.
600 Vgl. BGHSt. 25 S. 357; BGH VRS 27 S. 109; KMR *Paulus* § 224 Rdnr. 18.
601 KMR *Paulus* § 54 Rdnr. 9 hält es für ein Beweistatsachenverbot mit prozessualer Schweigepflicht.

nicht zur Grundlage eines Strafverfahrens gemacht werden. Soweit Tatsachen oder Beweismittel nach § 30 Abs. 4 AO nur mit Zustimmung des Steuerpflichtigen offenbart werden dürfen, verbietet § 393 AO, sie ohne seine Genehmigung in einem Strafverfahren wegen einer Straftat, die keine Steuerstraftat ist, zu verwerten, sofern die Angabe in Erfüllung steuerlicher Pflichten, also nicht im Wege der Selbstanzeige nach § 371 AO oder bei einem Antrag auf Steuererstattung oder -vergütung, gemacht worden ist[602]. Ob der Steuerpflichtige die Tatsachen und Beweismittel vor oder in Unkenntnis der Einleitung des Strafverfahrens offenbart hat, macht keinen Unterschied[603].

Das Verwertungsverbot ist auf die Kenntnisse beschränkt, die die Strafverfolgungsbehörden aus den Steuerakten erlangt haben. Das sind die Akten der Finanzbehörden über das Besteuerungsverfahren und die Akten der Finanzgerichte, nicht aber die Steuerstrafakten selbst. Sind die Tatsachen und Beweismittel den Strafverfolgungsbehörden aus anderen Quellen bekanntgeworden, so sind sie verwertbar. Das Verwertungsverbot gilt auch nur bei der Verfolgung des Beschuldigten; gegen Dritte dürfen die von ihm offenbarten Tatsachen und Beweismittel ohne Einschränkung benutzt werden[604]. Eine Ausnahme von dem Verwertungsverbot gilt nach § 393 Abs. 2 Satz 2 AO für den Fall, daß an der Verfolgung der Straftat ein zwingendes öffentliches Interesse im Sinne des § 30 Abs. 4 Nr. 5 AO besteht, insbesondere in Strafverfahren wegen Verbrechen (§ 12 Abs. 1 StGB) und wegen vorsätzlicher schwerer Vergehen gegen Leib und Leben oder gegen den Staat und seine Einrichtungen sowie wegen schwerwiegender Wirtschaftsstraftaten[605].

Eine Fernwirkung in dem Sinne, daß Tatsachen oder Beweismittel, die unter Verwendung der den Steuerakten entnommenen Angaben ermittelt oder aufgedeckt worden sind, nicht verwertet werden dürfen, besteht nicht[606].

n) § 100 KO verpflichtet den Gemeinschuldner, dem Verwalter, dem Gläubigerausschuß und auf Anordnung des Gerichts auch der Gläubigerversammlung über alle das Konkursverfahren betreffenden Verhältnisse Auskunft zu geben. Das Gericht kann die Auskunft nach § 101 Abs. 2 KO durch die zwangsweise Vorführung und die Anordnung von Haft erzwingen. Ein Verwertungsverbot wie in dem ähnlichen Fall des § 393 Abs. 2 AO bestimmt das Gesetz jedoch nicht. Das verstößt gegen den Grundsatz, daß sich niemand selbst einer Straftat bezichtigen

---

602 Vgl. *Klein/Orlopp*, AO 2. Aufl., § 393 Anm. 7 c; *Meyer* in *Erbs/Kohlhaas*, Strafrechtl. Nebengesetze, § 393 AO Anm. 3 b aa.
603 Vgl. *Kühn/Kutter*, AO 13. Aufl., § 393 Anm. 2.
604 Vgl. *Klein/Orlopp* § 393 AO Anm. 7 f; *Meyer* a.a.O.
605 *Reiß* NJW 1977 S. 1436 und *Rogall* ZRP 1975 S. 278 halten die Vorschrift für nichtig, weil sie die Verwertung von Tatsachen erlaubt, die von dem Beschuldigten durch Zwangsandrohung oder -anwendung erlangt worden sind. Vgl. auch *Goll* NJW 1979 S. 90 (95); *Streck* BB 1980 S. 1537 (1539) und Strafverteidiger 1981 S. 362 (363/364); *Stürner* NJW 1981 S. 1758 (1761).
606 Vgl. *Meyer* in *Erbs/Kohlhaas*, Strafrechtl. Nebengesetze, § 393 AO Anm. 3 b bb; a. A. *Klein/Orlopp* (oben Fußn. 602) § 393 AO Anm. 7e; *Ranft* DStR 1969 S. 364 (367); *Streck*, Der Eingriff der Steuerfahndung, 3. Aufl., 1981, Rdnr. 844 und Strafverteidiger 1981 S. 362 (364).

muß, die er begangen hat. Die hier bestehende Gesetzeslücke muß durch die Rechtsprechung dahin ausgefüllt werden, daß strafbare Handlungen, die der Gemeinschuldner in Erfüllung der Pflichten nach § 100 KO offenbart, gegen seinen Willen in einem Strafverfahren gegen ihn nicht verwertet werden dürfen[607]. Eine Fernwirkung besteht ebensowenig wie im Fall des § 393 Abs. 2 AO[608].

o) § 42 LMBG. Bei der Kontrolle des Verkehrs mit Lebensmitteln sind die mit der Überwachung beauftragten Personen und die Polizeibeamten befugt, Proben zu fordern und zu entnehmen (§ 42 Abs. 1 Satz 1 LMBG). Wenn der Hersteller oder Einführer nicht darauf verzichtet, müssen sie aber einen Teil der Probe oder eine Gegenprobe zurücklassen (§ 42 Abs. 1 Satz 2 LMBG). Dem Beschuldigten soll dadurch ermöglicht werden, seinerseits die Probe von einem Sachverständigen untersuchen zu lassen. Das Zurücklassen einer Gegenprobe ist aber keine Voraussetzung für die Verurteilung wegen eines Lebensmittelvergehens und macht insbesondere die Verwertung der Hauptprobe nicht unzulässig[609].

5. Grundrechtliche Beweisverwertungsverbote

a) Grundsätze. Strafverfahrensrecht ist angewandtes Verfassungsrecht[610]. Zahlreiche Vorschriften der Strafprozeßordnung bestimmen nur, was das Grundgesetz ohnehin verlangt[611]. Insbesondere der Grundsatz der Verhältnismäßigkeit, der im Strafverfahren allgemein gilt und zur Unverwertbarkeit der durch Zwangseingriffe erlangten Beweismittel führen kann[612], hat seine Wurzeln im Grundgesetz[613]. Dar-

---

607 BVerfGE 56 S. 37 = NJW 1981 S. 1431; dazu *Schäfer* in FS für Hanns Dünnebier, 1982, S. 11 (28 ff.); *Streck* Strafverteidiger 1981 S. 362; *Stürner* NJW 1981 S. 1757. Vgl. auch *Uhlenbruck* JR 1971 S. 445.
608 A. A. *Streck* a.a.O.
609 Vgl. KG LRE 1 S. 175 (177/178); OLG Bremen LRE 1 S. 282 (285); OLG Düsseldorf LRE 1 S. 203; OLG Hamburg LRE 6 S. 116 (118); OLG Hamm LRE 2 S. 349; OLG Koblenz LRE 8 S. 373 (375); 11 S. 126 (128); OLG Schleswig LRE 5 S. 312 und bei *Ernesti/Jürgensen* SchlHA 1978 S. 194; OLG Stuttgart LRE 11 S. 75 (76); *Holthöfer/Nüse/Franck*, Deutsches Lebensmittelrecht, 6. Aufl., Rdnr. 16; *Zipfel*, Lebensmittelrecht, Rdnr. 10; *Zipfel* in *Erbs/Kohlhaas*, Strafrechtl. Nebengesetze, Anm. 2; alle zu § 42 LMBG.
610 BGHSt. 19 S. 325 (330); *Eb. Schmidt* Teil I Rdnr. 99, 333; *Sax* in *Bettermann/Nipperdey/Scheuner*, Die Grundrechte, III/2, 1959, S. 909 (966).
611 Vgl. BGHSt. 5 S. 332 (333); 14 S. 358 (364); *Habscheid* Peters-Gedächtnisschrift S. 844; *Kleinknecht* NJW 1966 S. 1537 (1539); *Krauß* in FS für Wilhelm Gallas, 1973, S. 365 (368); *Kühne* Beweisverbote S. 50; *Nüse* JR 1966 S. 281 (283); *Roxin* § 24 D II 2 b; *Sydow* S. 99.
612 Vgl. für § 94 oben S. 504/505.
613 BVerfGE 6 S. 389 (439); 10 S. 271 (274); 16 S. 194 (202); 17 S. 108 (117); S. 306 (313 ff.); 19 S. 342 (348); 20 S. 45 (49 ff.); 23 S. 127 (133); 30 S. 250 (263); 34 S. 238 (250); 35 S. 282 (400 ff.); BGHSt. 19 S. 325 (332); LR *Schäfer* Einl. Kap. 14 Rdnr. 28; *Dürig* in *Maunz/Dürig* Art. 2 GG Rdnr. 40; *Herzog* in *Maunz/Dürig* Art. 20 GG VII Rdnr. 71 ff.; *Kleinknecht* NJW 1966 S. 1537 (1540).

über hinaus können sich Verwertungsverbote, allerdings nur in seltenen Ausnahmefällen, auch unmittelbar aus dem Grundgesetz ergeben[614]. Dabei kann es sich um die Grundrechte des Angeklagten, eines Zeugen oder eines unbeteiligten Dritten handeln[615]. Gleichgültig ist, ob den Strafverfolgungsbehörden[616] der Vorwurf unzulässiger Beweiserhebung gemacht werden kann[617]. Ein Verwertungsverbot besteht auch dann, wenn zwar die Gewinnung des Beweises rechtmäßig war, aber seine Verwertung in unzulässiger Weise in Grundrechte eingreift[618]. Denn auch bei rechtmäßiger Beweiserlangung liegt in der Benutzung des Beweises in der Hauptverhandlung stets ein neuer selbständiger Eingriff in die Grundrechte, der einer besonderen Rechtfertigung bedarf[619]. Umgekehrt folgt nicht aus jeder Beweisgewinnung unter Verstoß gegen Grundrechte ein Verwertungsverbot in der Hauptverhandlung[620]. Ein solches Verbot setzt vielmehr stets voraus, daß mit der Verwertung des Beweismittels in der Hauptverhandlung erneut gegen grundrechtliche Vorschriften verstoßen würde[621].

b) Persönlichkeitsrechtsverletzungen (Art. 1 Abs. 1, Art. 2 Abs. 1 GG). Ein Verwertungsverbot kann wegen Verstoßes der Beweisverwertung gegen die Persönlichkeitsrechte (Art. 2 Abs. 1 GG) eintreten.

(1) Das Grundrecht nach Art. 2 Abs. 1 GG in Verbindung mit Art. 1 Abs. 1 GG gewährleistet dem Staatsbürger einen Bereich privater Lebensgestaltung, der unantastbar und jeder Einwirkung der öffentlichen Gewalt entzogen ist[622]. Ein Beweisergebnis, das diesen **unantastbaren Kernbereich** der Persönlichkeit verletzen

---

614 BVerfGE 34 S. 238 = JZ 1973 S. 504 mit Anm. *Arzt*; BGHSt. 14 S. 358; 19 S. 325 (329); BayObLGSt. 1978 S. 152 = JR 1980 S. 432 mit Anm. *Hanack*; OLG Celle VRS 41 S. 206 (207); *Kleinknecht* Einl. Rdnr. 54 und NJW 1966 S. 1536 (1539); LR *Schäfer* Einl. Kap. 14 Rdnr. 23 ff.; *Feldmann* NJW 1959 S. 853 (855); *Gössel* Bockelmann-FS S. 809; *Gramse* AnwBl. 1980 S. 433 (439); *Henkel* S. 227; *Krauß* in FS für Wilhelm Gallas, 1973, S. 365; *Nüse* NR 1966 S. 281 (285 ff.); *Osmer* S. 115; *Peters* Gutachten S. 146 ff.; *Petry* S. 142; *Rogall* S. 202 ff. und ZStW 91 S. 1 (11); *Roggemann* S. 125; *Schumacher* S. 280 ff.; *Spendel* NJW 1966 S. 1102 (1107); *Weiß* S. 43. – A. A. W. *Hahn* S. 144 ff.; *Sax* JZ 1965 S. 1 (3 ff.).
615 BayObLGSt. 1978 S. 152 (154) = JZ 1980 S. 432 mit Anm. *Hanack*; LR *Gollwitzer* § 244 Rdnr. 168.
616 *Fezer* JuS 1979 S. 35 (37) will grundrechtliche Verwertungsverbote nur zulassen, wenn staatliche Organe bei der Beweisgewinnung nicht beteiligt gewesen sind; andernfalls kommt es nach seiner Ansicht auf die »konkrete strafprozessuale« Beurteilung an.
617 OLG Celle VRS 41 S. 206 (207); *Dencker* S. 104; *Rogall* ZStW 91 S. 1 (4).
618 Grundsätzlich a. A. *Sax* JZ 1965 S. 1 (6), nach dessen Ansicht es kein Beweisverwertungsverbot bei zulässiger Beweisgewinnung gibt.
619 BVerfGE 34 S. 238 (248) = JZ 1963 S. 504 mit Anm. *Arzt*; LR *Schäfer* Einl. Kap. 14 Rdnr. 26.
620 Vgl. *Feldmann* NJW 1959 S. 853 (855).
621 Vgl. KMR *Paulus* § 244 Rdnr. 536. So auch *Dencker* S. 108/109; *Fezer* JuS 1979 S. 35 (36); *Grünwald* JZ 1966 S. 489 (496 ff.); *Petry* S. 154 ff.; *R. Schmitt* JuS 1969 S. 19 (25).
622 BVerfGE 6 S. 32 (41); S. 389 (433); 26 S. 1 (6); 27 S. 344 (350); 32 S. 373 (378); 33 S. 367 (376 ff.); 34 S. 238 (246) = JZ 1973 S. 504 mit Anm. *Arzt*; BVerfGE 35 S. 202 (220) = NJW 1973 S. 1226 (1228); BGHZ 73 S. 120 (122, 124) = NJW 1979 S. 647.

würde, ist unverwertbar⁶²³. Die Grenzen der unbedingt geschützten Privatsphäre liegen dort, wo das Grundrecht nach Art. 2 Abs. 1 GG in seinem Wesensgehalt angetastet würde (vgl. Art. 19 Abs. 2 GG)⁶²⁴. Ist bei der Beweiserlangung zwar in die Privatsphäre, nicht aber in ihren unbedingt geschützten Kernbereich eingegriffen worden, so besteht ein Verwertungsverbot nur, wenn das Interesse des Betroffenen am Schutz seiner Geheimsphäre das Interesse der Allgemeinheit an der Verfolgung und Ahndung einer Straftat überwiegt⁶²⁵. Dabei können unterschiedliche Maßstäbe angelegt werden, je nachdem, ob es sich um den Eingriff in den Lebensbereich des Angeklagten oder eines Zeugen handelt.

(2) **Schriftliche Aufzeichnungen,** Briefe, Tonbandaufnahmen, Lichtbilder und Filme des Angeklagten oder eines Zeugen, die nicht für Außenstehende bestimmt und eng mit der Intimsphäre ihres Verfassers oder Herstellers verknüpft sind, können unverwertbar sein⁶²⁶. Dabei kommt es nicht darauf an, auf welche Weise sie in die Hände der Strafverfolgungsbehörden gelangt sind⁶²⁷. Entscheidend ist nur, daß die Abwägung ergibt, daß das Interesse des Staates an der Aufklärung der Straftat den Eingriff in die Intimsphäre des Angeklagten oder Zeugen nicht rechtfertigt. Das gilt vor allem für intime Tagebücher des Beschuldigten oder eines Zeugen⁶²⁸. Aufzeichnungen des Angeklagten, die nur Vorgänge äußerer Art betref-

623 BayObLGSt. 1978 S. 152 (154/155) = JR 1980 S. 432 mit Anm. *Hanack*; *Evers* S. 46 ff., 59; *Rogall* ZStW 91 S. 1 (22); vgl. auch *Krauß* in FS für Wilhelm Gallas, 1973, S. 365 (378 ff.). Die juristische Brauchbarkeit der »Kernbereichs«theorie bezweifelt neuerdings *Schünemann* ZStW 90 S. 11 (19 ff.).
624 Vgl. LR *Gollwitzer* § 244 Rdnr. 166.
625 BVerfGE 34 S. 238 (248/249) = JZ 1973 S. 504 mit Anm. *Arzt*; KK *Pelchen* vor § 48 Rdnr. 37; LR *Gollwitzer* § 244 Rdnr. 167; *Rogall* ZStW 91 S. 1 (22). – A. A. *Habscheid* Peters-Gedächtnisschrift S. 857, der jede Verletzung der Privatsphäre als Verstoß gegen Art. 1 Abs. 1 GG ansieht, der ohne weitere Abwägung zu einem Verwertungsverbot führt. – Noch weitergehend will *Rüping* (Beweisverbote S. 40) im Steuerermittlungsverfahren auch geschäftliche Aufzeichnungen des homo oeconomicus schützen, sofern sie erkennbar privat bleiben sollen.
626 Vgl. *Kleinknecht* Einl. Rdnr. 54 und NJW 1966 S. 1537 (1542); LR *Gollwitzer* § 244 Rdnr. 174; *Gramse* AnwBl. 1980 S. 433 (437, 440 ff.); *Spendel* NJW 1966 S. 1102 (1106). Vgl. auch *Nüse* JR 1966 S. 281 (287); *Peters* Gutachten S. 155.
627 BGHSt. 19 S. 325 (331); LR *Gollwitzer* § 244 Rdnr. 171; *Evers* JZ 1965 S. 661 (663); *Grünwald* JZ 1966 S. 489 (496). Vgl. auch *Habscheid* Peters-Gedächtnisschrift S. 860: Diebstahl durch einen Privatmann.
628 BVerfGE 34 S. 238 (245) = JZ 1973 S. 504 mit Anm. *Arzt*; BGHSt. 19 S. 325; OLG Celle NdsRpfl. 1964 S. 279. Durch die neuere Rspr. des BVerfG dürfte die Kritik an der »Tagebuch«entscheidung BGHSt. 19 S. 325 weitgehend überholt sein. Zu dieser Entscheidung vgl. *Eb. Schmidt* Nachtr. § 249 Rdnr. 3); *Dünnebier* MDR 1964 S. 965; *Grünwald* JZ 1966 S. 489 (496); *Händel* NJW 1964 S. 1139; *Hanack* JZ 1972 S. 114 (115); *Heinitz* JR 1964 S. 441; *Kleinknecht* NJW 1966 S. 1537 (1543); *Kohlhaas* DRiZ 1966 S. 286 (291); *Nüse* JR 1966 S. 281 (286 ff.). Vgl. auch KK *Pelchen* vor § 48 Rdnr. 37; LR *Gollwitzer* § 244 Rdnr. 170; *Otto* GA 1970 S. 289 (302); *Peters* Gutachten S. 149 ff.; *Petry* S. 165; *Roxin* § 24 D III 2 d; *Sax* JZ 1965 S. 1; *Spendel* NJW 1966 S. 1102 (1107). – *Gramse* AnwBl. 1980 S. 433 (437) hält die Verwertung von Tagebüchern unter allen Umständen für unzulässig.

fen, ihrem Inhalt nach also nicht als Ausfluß der Persönlichkeit ihres Verfassers in Betracht kommen, können verwertet werden[629]. Auch Tagebücher des Angeklagten, aus denen sich Einzelheiten seiner Straftat ergeben, werden im allgemeinen verwertbar sein[630]; denn durch die Grundrechte wird die Entfaltung der Persönlichkeit, nicht ihr Verfall geschützt.

Unter den Grundrechtsschutz fallen nicht Aufzeichnungen und Mitteilungen, die der Verfasser selbst aus dem geschützten Lebensbereich seiner Intimsphäre entläßt. In welcher Weise das geschieht, ist gleichgültig. Es kommt nur darauf an, daß er anderen Personen ihren Inhalt zur Kenntnis gibt oder ihnen die Kenntnisnahme ermöglicht[631]. Als Beweismittel verwertbar sind daher Briefe, die ein Ehegatte dem anderen über Geldangelegenheiten schreibt[632], die jemand an seinen Bruder richtet[633], die ein Untersuchungsgefangener der richterlichen Briefkontrolle übergibt oder aus dem Gefängnis zu schmuggeln versucht oder die ihm in die Untersuchungshaft gesandt werden[634]. Darin liegt auch kein Verstoß gegen Art. 8 Abs. 2 MRK[635].

(3) Unverwertbar sind ferner grundsätzlich alle Beweismittel, die durch unbefugtes **Eindringen in die Privatsphäre** des Angeklagten oder eines Zeugen gewonnen worden sind. Auch hier spielt es keine Rolle, ob die Beweise durch die Strafverfolgungsbehörden oder durch Privatpersonen erlangt worden sind. Ein Zeuge darf daher nicht darüber vernommen werden, was er durch heimliches Beobachten eines anderen wahrgenommen hat[636]. Auch was durch heimliches Abhören von Gesprächen ausgespäht worden ist, darf grundsätzlich nicht zum Beweis verwendet werden. Um heimliches Belauschen handelt es sich aber nicht, wenn im

---

629 BayVerfG NJW 1968 S. 99 (102). Vgl. aber *Rüping* oben Fußn. 625.
630 Vgl. BGHSt. 19 S. 325 (331); KK *Pelchen* vor § 48 Rdnr. 37; *Kleinknecht* Einl. Rdnr. 54; *Krause/Nehring* Einl. Rdnr. 133: Aufzeichnungen eines Agenten über Spionageunternehmungen; *Kaiser* NJW 1974 S. 349 (350); *Roxin* 24 D III 2 d: intime Aufzeichnungen eines Lustmörders. – A. A. *Eb. Schmidt* Nachtr. § 249 Rdnr. 3); *Hanack* JZ 1972 S. 114 (115); *Sax* JZ 1965 S. 1 (2).
631 Vgl. LR *Gollwitzer* § 244 Rdnr. 171; *Dünnebier* MDR 1964 S. 965; a. A. BGHSt. 19 S. 325 (333).
632 KG JR 1967 S. 192.
633 BGH bei *Dallinger* MDR 1966 S. 384.
634 BGH NJW 1971 S. 2069; 1977 S. 2175; BGH GA 1967 S. 282; BayObLGSt. 1976 S. 88 (92) = MDR 1976 S. 1037; KG JR 1978 S. 31; OLG Bremen NJW 1962 S. 649; OLG Celle NJW 1974 S. 805 (806); OLG Hamburg NJW 1967 S. 166; OLG Hamm OLGSt. § 119 S. 105 (106); OLG Koblenz OLGSt. § 94 S. 13; OLG München NJW 1978 S. 601; OLG Schleswig SchlHA 1960 S. 29; *Kleinknecht* § 119 Rdnr. 21; LR *Gollwitzer* § 244 Rdnr. 173; LR *Meyer* § 94 Rdnr. 29; *Badura* in Bonn.Komm. Art. 10 GG Rdnr. 67 (Zweitbearbeitung); *von Engelbrechten* DRiZ 1959 S. 238 (240); *Kleinknecht/Janischowsky*, Das Recht der Untersuchungshaft, 1977, Rdnr. 383; *Kreuzer* NJW 1973 S. 1261 (1262); *Schlüchter* Rdnr. 232; *Schorn* Strafrichter S. 91; *Wais* NJW 1967 S. 2047; a. A. *Birmanns* NJW 1967 S. 1358. Vgl. auch BVerfG NJW 1981 S. 1943 (1944).
635 BGH 1 BJs 101/80 – StB 41/80 vom 24. 10. 1980 bei *Pfeiffer* NStZ 1982 S. 188.
636 BGH JR 1971 S. 65 mit Anm. *Bökelmann* = JZ 1971 S. 387 mit Anm. *Arzt*; LR *Gollwitzer* § 244 Rdnr. 176; *Gramse* AnwBl. 1980 S. 433 (442).

Geschäftsbüro eines Kaufmanns ein Lautsprecher angeschlossen ist, der die Gespräche am Telefon in das Nebenzimmer überträgt[637]. Die Unverwertbarkeit von Beweismaterial, das durch heimliches Ausspähen gewonnen worden ist, gilt vor allem für Gespräche, die durch technische Abhörgeräte, insbesondere in Wohnungen und Hotelzimmern, heimlich aufgenommen worden sind[638], und für heimlich angefertigte Lichtbild-, Film- und Videoaufnahmen[639]. Solche Aufnahmen können aber verwertet werden, wenn sie den Abgebildeten nicht in seiner Privatsphäre darstellen[640]. Daß er von ihrer Anfertigung keine Kenntnisse hatte, spielt dann keine Rolle. Verwertbar sind z. B. Lichtbilder der Teilnehmer eines Demonstrationszuges, die die Polizei während der Veranstaltung zur Verbrechensbekämpfung angefertigt hat[641]. Auch die heimlich von dem Angeklagten an seinem Arbeitsplatz zu dem Zweck, ihn einer Straftat zu überführen, hergestellte Filmaufnahme unterliegt keinem Verwertungsverbot[642]. Ausnahmen von dem Beweisgewinnungs- und Beweisverwertungsverbot bestehen ferner, wenn die Voraussetzungen der Notwehr (§ 32 StGB) oder des rechtfertigenden Notstandes (§ 34 StGB) vorliegen[643].

(4) Einem Verwertungsverbot unterliegen grundsätzlich solche Beweise, die durch eine nach § 201 StGB strafbare **Verletzung der Vertraulichkeit des Wortes** gewonnen worden sind. Ob Strafverfolgungsbehörden oder Private die nach dieser Strafvorschrift verbotenen Aufnahmen angefertigt haben, ist gleichgültig, weil jedenfalls die Beweisverwertung durch das Gericht unzulässig ist[644]. Dabei ist zu unterscheiden zwischen technischen Aufzeichnungen, die mit dem Einverständnis der Beteiligten aufgenommen, und solchen, die unbemerkt oder sogar durch Täu-

---

637 BGH NJW 1964 S. 165.
638 Vgl. *Krause/Nehring* Einl. Rdnr. 258; *de Lazzer/Rohlf* JZ 1977 S. 207; *Evers* S. 200 ff.; *Lang-Hinrichsen* Polizei 1970 S. 40 (45); *Rupprecht* DVBl. 1974 S. 579 (582); *Sendler* S. 109 ff. *Evers* (S. 171/172) hält aber heimliche Schallaufnahmen für zulässig, soweit die Polizei ihre Beamten auch als heimliche Lauscher entsenden darf.
639 BGHZ 24 S. 200 (208) = JZ 1957 S. 571 mit Anm. *Hubmann*; BGH NJW 1966 S. 2353 (2354); 1975 S. 2075 = JZ 1976 S. 31 mit Anm. *W. Schmidt*; LR *Gollwitzer* § 244 Rdnr.178; *Bonarens* in FS für Hanns Dünnebier, 1982, S.214 ff.; 220 ff.; *Gramse* AnwBl. 1980 S. 433 (436); *Petry* S. 163.
640 Vgl. *Sendler* S. 113.
641 BGH NJW 1975 S. 2076 = JZ 1976 S. 31 mit Anm. *W. Schmidt*; LR *Gollwitzer* § 244 Rdnr. 174.
642 OLG Schleswig NJW 1980 S. 352 (Filmaufnahme von einem Revisor des Finanzamts, der in den Verdacht des Diebstahls geraten war, beim Geldzählen); zustimmend *Gramse* AnwBl. 1980 S. 433 (436); *Roxin* § 24 D III 2 d; ablehnend *Bonarens* a.a.O. (oben Fußn. 639) S. 222 ff. Zur Zulässigkeit des Verwendens von automatischen Kameras vgl. oben S. 230.
643 Vgl. *Krause/Nehring* Einl. Rdnr. 258.
644 Vgl. LR *Gollwitzer* § 244 Rdnr. 179 Fußn. 72; *Dürig* in *Maunz/Dürig* Art. 2 Abs. 1 GG Rdnr. 40. Nach richtiger Ansicht gilt § 201 StGB auch für Vernehmungsbeamte; vgl. OLG Frankfurt NJW 1977 S. 1547 = JR 1978 S. 168 mit Anm. *Arzt*; *Krause/Nehring* Einl. Rdnr. 253; LR *Meyer* § 136 a Rdnr. 33; *Dreher/Tröndle* § 201 StGB Rdnr. 2; *Rupprecht* DVBl. 1974 S. 579 (583); *R. Schmitt* JuS 1967 S. 19 (22); a. A. *Petry* S. 157; *Weiß* S. 62 ff.

schung erlangt worden sind. War der Beteiligte mit der Aufzeichnung einverstanden, so ist sie verwertbar⁶⁴⁵, wenn nicht im Einzelfall wegen des höchstpersönlichen Inhalts der Aufzeichnung ein unzulässiger Eingriff in den durch Art. 1 Abs. 1, Art. 2 Abs. 1 GG geschützten privaten Lebensbereich vorliegt. Anders ist es, wenn die Aufnahme ohne Wissen oder gegen den ausdrücklichen Willen des Betroffenen gemacht worden ist. Dann ist die Verwertung der Aufzeichnung zu Beweiszwecken und die Vernehmung von Zeugen, denen sie vorgespielt worden ist und die über ihren Inhalt aussagen sollen⁶⁴⁶, unzulässig, wenn nicht im Einzelfall besondere Umstände die Verwertung rechtfertigen⁶⁴⁷. Den Strafverfolgungsbehörden ist es grundsätzlich untersagt, Privatgespräche von Beschuldigten und Zeugen zu überwachen und auf Tonträgern festzuhalten⁶⁴⁸. Ausnahmen sind nur unter den Voraussetzungen des § 100 a und des Art. 1 des Gesetzes zu Art. 10 GG⁶⁴⁹ zulässig⁶⁵⁰. Handelt es sich um Tonbandaufzeichnungen der Aussagen des Angekagten oder eines Zeugen, die bei einer richterlichen, staatsanwaltschaftlichen oder polizeilichen Vernehmung hergestellt worden sind, so steht der Verwertung als Beweismittel nichts entgegen, wenn der Vernommene mit der Aufnahme einverstanden war⁶⁵¹ oder sie für ihn erkennbar war und er nicht widersprochen hat⁶⁵². Streitig ist, ob etwas anderes gilt, wenn die Aufnahme bei einer Vernehmung heimlich gemacht wird⁶⁵³. Nach richtiger Ansicht ist das unerlaubt und die Aufnahme

---

645 Vgl. *Krause/Nehring* Einl. Rdnr. 253; LR *Gollwitzer* § 244 Rdnr. 177; *Arzt* JZ 1973 S. 506 (507); *Hanack* JZ 1971 S. 168 (170); *Henkel* JZ 1957 S. 148 (150); *Kohlhaas* NJW 1957 S. 81 (85); 1972 S. 238; *Liermann* S. 33, 42; *Eb. Schmidt* JZ 1956 S. 206; 1964 S. 357; *R. Schmitt* JuS 1967 S. 19; *Siegert* NJW 1957 S. 689; DRiZ 1957 S. 101 (102). Vgl. auch *Peters* Gutachten S. 149 ff.
646 BGHSt. 19 S. 325 (334); OLG Düsseldorf NJW 1966 S. 214; *Sendler* S. 92.
647 BVerfGE 34 S. 238 (245) = JZ 1973 S. 504 mit Anm. *Arzt*; BGHSt. 19 S. 325 (330); BGHZ 27 S. 284 (289) = NJW 1958 S. 1344; BGHZ 73 S. 120 (123) = NJW 1979 S. 647 (648); OLG Celle NJW 1965 S. 1677; OLG Düsseldorf NJW 1966 S. 214; OLG Frankfurt NJW 1967 S. 1047; LR *Gollwitzer* § 244 Rdnr. 178; *Habscheid* Peters-Gedächtnisschrift S. 858; *Liermann* S. 37; *Roggemann* S. 96 ff.; *Sendler* S. 89 ff.; *Weiß* S. 46.
648 Vgl. *Kleinknecht* § 163 Rdnr. 41.
649 Vom 13. 8. 1968 (BGBl. I S. 949) i. d. F. des Gesetzes vom 13. 9. 1978 (BGBl. I S. 1546).
650 Vgl. *Roggemann* S. 109 ff., 112/113; *Weiß* S. 24, 41; a. A. offenbar *Dürig* in *Maunz/Dürig* Art. 2 GG Rdnr. 37.
651 BGHSt. 14 S. 339 (341).
652 BGHSt. 14 S. 339; *Kleinknecht* NJW 1966 S. 1537 (1541); *Kohlhaas* NJW 1957 S. 71 (85); DRiZ 1955 S. 80 (82); *Liermann* S. 35, 97; *Siegert* NJW 1957 S. 689 (690). *Petry* (S. 157) hält den Widerspruch des Beschuldigten für unerheblich. Dagegen meinen KMR *Paulus* § 244 Rdnr. 575 und *Eb. Schmidt* Nachtr. § 244 Rdnr. 80, daß das Unterlassen des Widerspruchs nicht ohne weiteres die Zustimmung bedeute.
653 Um eine Täuschung i. S. des § 136 a kann es sich allenfalls handeln, wenn dem zu Vernehmenden vorgespiegelt wird, es werde keine Tonbandaufnahme gemacht werden. Das bloße Verschweigen ist für die Gewinnung der Aussage nicht ursächlich; vgl. LR *Meyer* § 136 a Rdnr. 33; *Roggemann* S. 124; *Sendler* S. 29 ff.; *Siegert* DRiZ 1957 S. 101 (102). A. A. KMR *Paulus* § 244 Rdnr. 576; *Krause/Nehring* Einl. Rdnr. 254; *Eb. Schmidt* Nachtr. § 244 Rdnr. 80, JZ 1956 S. 206 und Gedächtnisschrift für Walter Jellinek, 1955, S. 625 (640).

daher unverwertbar⁶⁵⁴. Die Gegenmeinung beruht auf der Erwägung, der Vernommene wisse jedenfalls, daß seine Vernehmung dem Zweck gilt, seine Aussage festzuhalten, und er müsse aus diesem Grunde damit rechnen, daß eine Tonbandaufnahme angefertigt wird⁶⁵⁵. Aber es ist ein anderes, ob man weiß, daß das gesprochene Wort schriftlich festgehalten, oder ob man damit rechnet, daß es auf Tonband aufgenommen wird. Es ist auch nicht einzusehen, weshalb die Ermittlungsbehörden zu Heimlichkeiten greifen müssen, wenn ihr Interesse nur darauf gerichtet ist, eine wahrheitsgemäße Aussage des Beschuldigten oder Zeugen zu erlangen und festzuhalten. Das gilt nicht nur für die eigentliche Vernehmung, sondern auch für andere dienstliche Gespräche, die Ermittlungsbeamte vor und nach einer Vernehmung mit den Aussagepersonen führen⁶⁵⁶.

Was ein Staatsbürger außerhalb einer Vernehmung öffentlich, insbesondere in einer öffentlichen Versammlung, äußert, darf auf Tonträger aufgenommen werden⁶⁵⁷. Was er nichtöffentlich äußert, darf dagegen grundsätzlich weder von einer Strafverfolgungsbehörde noch von einer Privatperson aufgezeichnet und als Beweismittel verwendet werden⁶⁵⁸. Das gilt auch für den Gesprächspartner. Daß er

---

654 Vgl. KMR *Paulus* § 244 Rdnr. 572; *Krause/Nehring* Einl. Rdnr. 254; LR *Meyer* § 136 a Rdnr. 33; *Eb. Schmidt* Nachtr. § 244 Rdnr. 80, JZ 1964 S. 537 (538) und in Gedächtnisschrift für Walter Jellinek, 1955, S. 625 (641); *Dürig* in *Maunz/Dürig* Art. 2 Abs. 1 GG Rdnr. 39; *Hamann/Lenz*, GG, 3. Aufl., Art. 1 Anm. B 3 b; *Arzt* S. 91 und JZ 1973 S. 506 Fußn. 5; *Henkel* S. 227 und JZ 1957 S. 148 (151); *Kohlhaas* NJW 1957 S. 81 (84) unter Aufgabe der in DRiZ 1955 S. 80 (82) vertretenen Ansicht; *Lang-Hinrichsen* Polizei 1970 S. 45 (48 ff.); *Rupprecht* DVBl. 1974 S. 579 (583); *Scupin* DÖV 1957 S. 548 (552); *Siegert* DRiZ 1957 S. 101 (102); *Weiß* S. 71 ff., 88.

655 OLG Frankfurt NJW 1977 S. 1547 = JZ 1978 S. 168 mit Anm. *Arzt*; *Kleinknecht* § 163 Rdnr. 40 und NJW 1966 S. 1537 (1541); *Hilland* S. 118 ff.; *Lang*, Ton- und Bildträger, 1960, S. 73 ff.; *Liermann* S. 51 ff., 98; *Nüse* JR 1966 S. 281 (286); *Petry* S. 157; *G. Schultz* MDR 1954 S. 210 (211); *Scupin* DÖV 1957 S. 548 (551); *Sendler* S. 30, 107; *Weiß* S. 127, 135/136. Im Ergebnis wohl auch BGH bei *Dallinger* MDR 1954 S. 337 = JZ 1956 S. 227 zu I; BGH bei *Dallinger* MDR 1956 S. 527. – BGHSt. 14 S. 358 (366) läßt offen, ob der Senat diesen Entscheidungen beipflichten könnte.

656 Vgl. *Weiß* S. 136 ff. – A. A. BGH NJW 1956 S. 558 = JZ 1956 S. 227 zu II, wo die heimliche Aufnahme eines nach Protokollunterzeichnung in aufgelockerter Form geführten Gesprächs mit dem Beschuldigten für zulässig und verwertbar gehalten wurde.

657 Vgl. *Liermann* S. 35/36, 42, 96; *Roggemann* S. 99; *Sendler* S. 31; *Siegert* NJW 1967 S. 689 (690). – A. A. *Krause/Nehring* Einl. Rdnr. 257; *Kohlhaas* JR 1960 S. 248, *Schatzschneider*, Ermittlungstätigkeit der Ämter für Verfassungsschutz und Grundrechte, 1979, S.285 ff., die auch das »Belauschen« einer öffentlichen Versammlung mit heimlichen Tonbandaufnahmen für unzulässig halten. *Evers* in FS für Rudolf Reinhardt, 1972, S. 377 (386/387) hält unter Aufgabe der in Privatsphäre und Ämter für Verfassungsschutz S.176ff. vertretenen Ansicht zwar das Wort, das der Bürger an die Versammlung richtet, nicht für geschützt, will das Festhalten von Anwesenheit und Aktionen der Versammlungsteilnehmer aber nur im Rahmen der Gefahrenabwehr zulassen, die Art. 8 GG erlaubt.

658 BGHSt. 14 S. 358; LR *Schäfer* Einl. Kap. 14 Rdnr. 26; *Roggemann* S. 98 ff.; *Sendler* S. 92 ff., 99. *Liermann* S. 44 hält aber die von Privatpersonen heimlich hergestellten Aufnahmen im Ermittlungsverfahren für verwertbar.

über den Inhalt des Gesprächs als Zeuge aussagen kann, steht dem nicht entgegen[659]. Die ungenehmigte Aufnahme von Telefongesprächen ist daher regelmäßig nicht als Beweismittel verwertbar[660]. Ausnahmen gelten nur, wenn der Betroffene nachträglich zustimmt[661] oder wenn besondere Rechtfertigungsgründe[662] vorliegen[663]. Solche Rechtfertigungsgründe können sich daraus ergeben, daß eine Notwehrlage besteht oder, etwa in einem Fall von Kindesentführung, Nothilfe zu leisten ist[664], daß die Voraussetzungen des rechtfertigenden Notstands nach § 34 StGB vorliegen[665] oder daß es notwendig ist, überwiegende berechtigte Interessen zu verfolgen[666]. Für die Strafverfolgungsbehörden besteht ein Rechtfertigungsgrund, wenn es darum geht, in Fällen schwerer Kriminalität die Identität von Straftätern festzustellen oder zu Unrecht Beschuldigte zu entlasten[667]. Für einen Privatmann kann die heimliche Aufnahme berechtigt sein, wenn er den Täter einer ihm gegenüber begangenen Straftat überführen will[668], nicht aber, wenn er sich nur ein Beweismittel für die Verfolgung zivilrechtlicher Ansprüche verschaffen will[669].

659 Vgl. *Sendler* S. 106.
660 Vgl. OLG Karlsruhe NJW 1979 S. 1513 = JR 1979 S. 466 mit Anm. *Ostendorf;* OLG Stuttgart Justiz 1977 S. 276; *Lackner* § 201 StGB Anm. 3 a; *Schilling* NJW 1972 S. 854; a. a. *Kohlhaas* NJW 1972 S. 238.
661 A. A. *Eb. Schmidt* Nachtr. § 244 Rdnr. 80, der zu Unrecht den Grundgedanken des § 136 a Abs. 3 heranzieht.
662 Das stimmt mit der Befugnis i. S. des § 201 StGB überein; vgl. KG JR 1981 S. 254 mit Anm. *Tenckhoff.*
663 BGHZ 27 S. 284 = NJW 1958 S. 1344; OLG Celle NJW 1965 S. 1677; LR *Gollwitzer* § 244 Rdnr. 178; *Habscheid* Peters-Gedächtnisschrift S. 858; *Kleinknecht* NJW 1966 S. 1537 (1542); *Spendel* NJW 1966 S. 1102 (1107). Zu weitgehend daher BGHSt. 14 S. 358; vgl. dazu *Peters* Gutachten S. 149 ff.
664 BGHSt. 19 S. 325 (332); BGHZ 27 S. 284 (290) = NJW 1958 S. 1344 (1345); OLG Düsseldorf NJW 1966 S. 214; *Kleinknecht* § 163 Rdnr. 44; KMR *Paulus* § 244 Rdnr. 571; *Krause/Nehring* Einl. Rdnr. 256; *Arzt* S. 80, 91; *Gramse* AnwBl. 1980 S. 433; *W. Hahn* S. 129; *Haug* NJW 1965 S. 2391; *Liermann* S. 38 ff.; *Mösch* Kriminalistik 1975 S. 337 (340); *Roggemann* S. 100; *Roxin* § 24 D III 2 d; *Rupprecht* DVBl. 1964 S. 579 (580); *Weiß* S. 31.
665 OLG Celle NJW 1965 S. 1677; OLG Frankfurt NJW 1967 S. 1047; *Schönke/Schröder/Lenckner* § 201 StGB Rdnr. 31; *Arzt* S. 87. Vgl. auch KG NJW 1956 S. 26; 1967 S. 115; OLG Frankfurt NJW 1979 S. 1172; *Klug* in FS für Werner Sarstedt, 1981, S. 101 (117 ff.).
666 BGHSt. 19 S. 325 (332); KG JR 1981 S. 254 mit Anm. *Tenckhoff;* KMR *Paulus* § 244 Rdnr. 571; *Dreher/Tröndle* § 201 StGB Rdnr. 7; *Liermann* S. 40 ff., 56 ff.; *Rupprecht* DVBl. 1974 S. 579 (580); *Siegert* NJW 1957 S. 689 (690).
667 BVerfGE 34 S. 238 (249 ff.) = JZ 1973 S. 504 mit Anm. *Arzt;* BGHSt. 19 S. 325 (332); KK *Pelchen* vor § 48 Rdnr. 37; *Rupprecht* DVBl. 1974 S. 579 (581).
668 BGH NJW 1982 S. 277 = NStZ 1982 S. 254 mit Anm. *Dünnebier;* KG JR 1981 S. 254 mit Anm. *Tenckhoff;* OLG Celle NJW 1965 S. 1677 (1679); OLG Frankfurt NJW 1967 S. 1047 (1048); LK *Spendel* § 32 StGB Rdnr. 133; *Haug* NJW 1965 S. 2391; *Liermann* S. 41. – A. A. *Arzt* S. 97/98. Vgl. auch *R. Schmitt* JuS 1967 S. 19.

Ein rechtfertigender Grund für die Herstellung der Aufnahme kann auch in der Sozialadäquanz liegen. Wenn es im geschäftlichen Verkehr üblich ist, von bestimmten Mitteilungen Tonbandaufnahmen zu machen (Börsennachrichten, telefonischen Bestellungen und dergl.), sind sie auch als Beweismittel verwertbar[670]. Das gleiche gilt für die Aufzeichnung und die hiervon gefertigte Tonbandaufnahme über einen Zugmeldeverkehr zwischen zwei Fahrdienstleitern der Bundesbahn[671] und für einen bei der Polizei telefonisch eingegangenen Notruf[672].

c) **Verletzung des Post- und Fernmeldegeheimnisses (Art. 10 GG).** Von besonderer Bedeutung sind Beweisverbote wegen Verletzung des Post- und Fernmeldegeheimnisses nach Art. 10 GG. Hier gilt im einzelnen folgendes:

(1) Das Post- und Fernmeldegeheimnis ist durch Art. 10 GG grundgesetzlich geschützt. Der Geheimnisschutz wird ferner bestimmt in § 10 Abs. 1 Satz 1 FAG, der die im Dienst der Deutschen Bundespost stehenden Personen zur Wahrung des Telegrafen- und Fernsprechgeheimnisses verpflichtet, und in § 5 Abs. 1 PostG, der den mit postdienstlichen Verrichtungen betrauten Personen untersagt, Postsendungen zu öffnen und über den Postverkehr bestimmter Personen oder den Inhalt von Postsendungen anderen eine Mitteilung zu machen. Das Fernmeldegeheimnis **erstreckt** sich auf alle näheren Umstände des Verkehrs, z. B. auf Angaben über Absender, Empfänger, Gesprächsteilnehmer, Rufnummer, Häufigkeit, Zeitpunkt und Dauer der Benutzung des Anschlusses[673]. Das Postgeheimnis bezieht sich auf die Person des Absenders und Empfängers von Postsendungen, die näheren Umstände des Verkehrs, die Erteilung von Nachsendeanträgen, Ausstellung von Postvollmachten und die Tatsache, daß jemand überhaupt Postverkehr unter-

---

669 BGHZ 27 S. 284 (290) = NJW 1958 S. 1344 (1345); OLG Düsseldorf NJW 1966 S. 214; E. Peters ZZP 76 S. 145 (156). — Zu der Frage, ob es zulässig ist, einen Dritten ein Telefongespräch mitanhören zu lassen und ihn darüber als Zeugen zu vernehmen, vgl. BGH NJW 1982 S. 1397 = JR 1982 S. 373 mit Anm. *Schlund*; LAG Berlin JZ 1982 S. 258; LG Frankfurt NJW 1982 S. 1056.
670 BVerfGE 34 S. 238 (247) = JZ 1973 S. 504 mit Anm. *Arzt*; BGHSt. 14 S. 358 (363); 15 S. 325 (331); BGHZ 27 S. 284 (286) = NJW 1958 S. 1344; OLG Karlsruhe MDR 1979 S. 334 (335); KK *Pelchen* vor § 48 Rdnr. 37; LR *Schäfer* Einl. Kap. 14 Rdnr. 26; *Schönke/Schröder/Lenckner* § 201 StGB Rdnr. 30; *Gramse* AnwBl. 1980 S. 433 (436); *Hubmann* JZ 1957 S. 521 (522); *Rupprecht* DVBl. 1974 S. 579 (580). – A. A. *Arzt* S. 95, 270 ff.; *Greulich* BB 1953 S. 818; *Roelleke* BB 1958 S. 750; *Roskosch* Betr. 1956 S. 470.
671 BGH 4 StR 49/77 vom 23. 6. 1977.
672 Vgl. *Krause/Nehring* Einl. Rdnr. 254.
673 BayObLGSt. 1974 S. 30 = JZ 1974 S. 393; OLG Köln NJW 1970 S. 1856; OVG Münster NJW 1975 S. 1335 mit Anm. *Meyn* NJW 1975 S. 2358; LG Kiel NJW 1978 S. 1491; VG Bremen NJW 1978 S. 66 mit Anm. *Meyn* NJW 1978 S. 657; LK *Schäfer* § 354 StGB Rdnr. 13; *Badura* in Bonn.Komm. Art. 10 GG Rdnr. 42 (Zweitbearbeitung); *Meyer* in *Erbs/Kohlhaas*, Strafrechtl. Nebengesetze, § 10 FAG Anm. 3; *Kämmerer/Eidenmüller*, Post- und Fernmeldewesen, § 10 FAG Anm. 3.

hält[674]. Demgegenüber entspricht das in § 6 PostG bestimmte Postscheck- und Postsparkassengeheimnis nur dem üblichen Bankgeheimnis, hat also auf die Pflicht der Behörde, auf gerichtliche Anordnung Auskunft zu geben, und ihrer Bediensteten, als Zeuge auszusagen, keinen Einfluß[675].
Durchbrechungen des Post- und Fernmeldegeheimnisses, die Art. 10 Abs. 2 Satz 1 GG gestattet, läßt das Gesetz in § 10 Abs. 3, §§ 12, 13 FAG, § 5 Abs. 2 und 3 PostG, §§ 99, 100 a StPO, § 6 Abs. 7 ZollG, § 121 KO, § 8 der Interzonenüberwachungsverordnung[676], §§ 1 ff. des Gesetzes zur Überwachung strafrechtlicher und anderer Verbringungsverbote[677] und Art. 1 § 1 des Gesetzes zu Art. 10 GG[678] ausdrücklich zu. Auch die Anzeigepflicht nach § 138 StGB und die Notwendigkeit, in Fällen besonders schwerer Kriminalität die Identität des Täters festzustellen oder Unschuldige zu entlasten, kann den Bruch des Post- und Fernmeldegeheimnisses rechtfertigen[679]. Auf die Wahrung des Geheimnisses kann wirksam verzichtet werden[680]. Dabei genügt, auch für das Fernmeldegeheimnis, die Zustimmung eines der betroffenen Teilnehmer. Denn jeder Gesprächsteilnehmer wäre auch ohne das Einverständnis des anderen dazu berechtigt, seine Kenntnisse von dem Gesprächsinhalt als Zeuge zu offenbaren. Er darf daher die Post ermächtigen, das Geheimnis zu durchbrechen[681].

674 OVG Koblenz NJW 1981 S. 837; LK *Schäfer* § 354 StGB Rdnr. 12; *Dreher/Tröndle* § 354 StGB Rdnr. 7; *Altmannsperger,* Postgesetz, § 5 Rdnr. 61; *Lengning,* Post- und Fernmeldegeheimnis, 3. Aufl., 1967, S. 14 ff.; *Badura* in Bonn.Komm. Art. 10 GG Rdnr. 32 (Zweitbearbeitung); *Meyer* in Erbs/Kohlhaas, Strafrechtl. Nebengesetze, § 5 PostG Anm. 3 b aa.
675 LG Frankfurt NJW 1980 S. 1478; LK *Schäfer* § 354 StGB Rdnr. 11; *Badura* in Bonn.Komm. Art. 10 GG Rdnr. 34 (Zweitbearbeitung); *Stypmann* wistra 1982 S. 11 (13). Zum Bank»geheimnis« vgl. oben S. 476.
676 Vom 9. 7. 1951 (BGBl. I S. 439).
677 Vom 24. 5. 1961 (BGBl. I S. 607).
678 Vom 13. 8. 1968 (BGBl. I S. 949) i. d. F. des Gesetzes vom 13. 9. 1978 (BGBl. I S. 1546).
679 Vgl. BVerfGE 34 S. 238 (249/250) = NJW 1973 S. 893; OLG Zweibrücken NJW 1970 S. 1758 (1759); LR *Meyer* § 99 Rdnr. 32. – A. A. *Grünwald* JZ 1966 S. 489 (497); *Welp* S. 218 und JuS 1971 S. 239 (244); offengelassen in BGHSt. 23 S. 331. *Schlüchter* (Rdnr. 342.1) will Durchbrechungen nur unter den Voraussetzungen des § 34 StGB zulassen.
680 BGHSt. 19 S. 273 (278) = JZ 1965 S. 66 (67) mit Anm. *Evers;* OVG Bremen NJW 1980 S. 607 = ArchPF 1980 S. 302 mit Anm. *Weber,* LR *Meyer* § 99 Rdnr. 5, 6; *Badura* in Bonn.Komm. Art. 10 GG Rdnr. 27 (Zweitbearbeitung); *Habscheid* Peters-Gedächtnisschrift S. 863; *Lengning,* Post- und Fernmeldegeheimnis, 3. Aufl., 1967, S. 51; *Meyer* in Erbs/ Kohlhaas, Strafrechtl. Nebengesetze, § 10 FAG Anm. 6.
681 BayObLGSt. 1974 S. 30 = JZ 1974 S. 393; OVG Bremen NJW 1980 S. 606 (607); OVG Münster NJW 1975 S. 1335 mit Anm. *Meyn* NJW 1975 S. 2358; VG Bremen NJW 1978 S. 66 (67) mit Anm. *von Münch;* LR *Meyer* § 99 Rdnr. 6; LK *Schäfer* § 354 StGB Rdnr. 57 ff., 79; *Arzt* S. 246 ff.; *Aubert,* Fernmelderecht, 3. Aufl., I. Teil, 1974, S. 76; *Lehmann* ArchPF 1979 S. 113 (128/129); *Meyer* in Erbs/Kohlhaas, Strafrechtl. Nebengesetze, § 10 FAG Anm. 6; *Rochu* JW 1923 S. 2685 (2687); *Schumacher* S. 76; *Sendler* S. 133; *Welp* S. 72 und Jura 1981 S. 472 (481). – A. A. *Schönke/Schröder/Lenckner* § 354 StGB Rdnr. 11 a; SK *Samson* § 354 StGB Rdnr. 30; *Amelung,* Die Einwilligung in die Beeinträchtigung eines Grundrechtsgutes, 1981, S. 59; *Amelung/Pauli* MDR 1980 S. 801; *Bettermann/Loh* BB 1968 S. 892 (895).

(2) Beweismittel, die unter Verletzung des Post- und Fernmeldegeheimnisses erlangt worden sind, dürfen grundsätzlich nicht verwertet werden[682]. Besondere Rechtsfragen werfen in diesem Zusammenhang die **§§ 99, 100 a StPO und Art. 1 des Gesetzes zu Art. 10 GG auf**. Dazu gilt im einzelnen folgendes:

aa) Bei der Postbeschlagnahme nach **§ 99** führen Verstöße gegen die Form- und Zuständigkeitsvorschrift des § 100 zu keinem Beweisverbot[683]. Das gilt insbesondere für den Fall, daß die bei der Postbeschlagnahme erlangten Sendungen von dem dazu nicht besonders ermächtigten Staatsanwalt geöffnet worden sind[684]. Auch die Nichtbeachtung des § 101 begründet kein Verwertungsverbot[685]. Werden bei der Postbeschlagnahme Sendungen geöffnet, deren Inhalt zwar Beweismittel in einem Strafverfahren sein kann, aber nicht die Tat betrifft, derentwegen die Anordnung nach §§ 99 ff. getroffen worden ist, so sind sie als Beweismittel verwertbar, wenn es sich um eine andere Straftat des Beschuldigten handelt. Das gleiche gilt für Straftaten der Absender oder Empfänger der Sendung. Straftaten anderer Personen dürfen zwar unter Verwendung der durch den Inhalt der Postsendungen gewonnenen Erkenntnisse weiter aufgeklärt werden; unmittelbar als Beweismittel dürfen die Sendungen aber nicht benutzt werden[686].

bb) **§ 100 a** sieht zur Aufklärung bestimmter schwerer Straftaten, die in Satz 1 abschließend aufgeführt sind (Katalogtaten), die Überwachung des Fernmeldeverkehrs des Beschuldigten und der sog. Nachrichtenmittler[687] vor. Die Vorschrift gestattet die Vernehmung von Zeugen, die die Gespräche abgehört haben, die Augenscheinseinnahme durch Abspielen der Tonbänder, auf denen die abgehörten

---

682 BGHSt. 23 S. 329 (331) = JR 1971 S. 161 mit Anm. *Meyer*; OLG Karlsruhe NJW 1973 S. 208 = JR 1973 S. 379 mit Anm. *Meyer*; OLG Köln NJW 1979 S. 1216; OLG Zweibrücken NJW 1970 S. 1758 (1759); LG Berlin NJW 1970 S. 577; LG Kassel NJW 1970 S. 1934 L; LG Stuttgart NJW 1965 S. 595 = JZ 1965 S. 686; LG Wuppertal NJW 1969 S. 1544 (1545); LR *Meyer* § 99 Rdnr. 32; *Birmanns* NJW 1967 S. 1358; *Evers* JZ 1965 S. 661 (666); *Grünwald* JZ 1966 S. 489 (497); *Härlin* MDR 1965 S. 343 (344); *Henkel* S. 269; *Schatzschneider* ZRP 1981 S. 130 (133); *Schlüchter* Rdnr. 342.1; *Schroeder* JR 1973 S. 253; *Schumacher* S. 283; *Sendler* S. 114 ff.; *Welp* S. 210 ff., JuS 1971 S. 241 (243) und JZ 1973 S. 289; *Zillmer* NJW 1965 S. 2094. – Einschränkend KMR *Müller* § 100 Rdnr. 11; *Beling* ZStW 24 S. 244 (265 ff.); *Feldmann* NJW 1959 S. 853 (855); *Peters* Gutachten S. 100 ff.; *Petry* S. 121, 122. Zu der Frage, ob die von Privatpersonen unter unbefugtem Eindringen in das Post- und Fernmeldegeheimnis erlangten Kenntnisse verwertbar sind, vgl. *Sendler* S. 126 ff.
683 Vgl. KK *Laufhütte* § 99 Rdnr. 12; KMR *Müller* Rdnr. 11; LR *Meyer* Rdnr. 33; *Eb. Schmidt* Rdnr. 6; alle zu § 100; *Schlüchter* Rdnr. 344.
684 Vgl. *Eb. Schmidt* a.a.O; *Dünnebier* GA 1963 S. 65 (69); *Niese* S. 139; *Peters* Gutachten S. 103; *Sendler* S. 144. – A. A. *Endriss* Betr. 1976 S. 2087.
685 Vgl. *Schlüchter* Rdnr. 345.
686 So im Ergebnis auch *Welp* S. 223/224.
687 Personen, die im Verdacht stehen, »daß sie für den Beschuldigten bestimmte oder von ihm herrührende Mitteilungen entgegennehmen oder weitergeben oder daß der Beschuldigte ihren Anschluß benutzt« (§ 100 a Satz 2).

Gespräche aufgezeichnet worden sind[688], und die Verlesung der von den Tonbandaufnahmen hergestellten Niederschriften der Gespräche[689]. Das gilt nicht nur für Gespräche, die der Beschuldigte oder ein Nachrichtenmittler über den überwachten Apparat geführt hat, sondern auch für Gespräche unbeteiligter Dritter. Auch ihr Inhalt kann in einem wegen einer Katalogtat gegen den Beschuldigten geführten Verfahren zum Beweis herangezogen werden[690].

Wie überall führt der Verstoß gegen die Zuständigkeitsbestimmung (hier des § 100 b) zu keinem Verwertungsverbot[691]; etwas anderes gilt nur für den Fall, daß die anordnende Stelle zur Anordnung der Telefonüberwachung nicht ermächtigt war[692]. Die Verwertbarkeit wird auch durch sonstige Verstöße gegen Formvorschriften (mündliche statt schriftliche Anordnung, Fehlen von notwendigen Angaben in der Anordnung, Unterlassen von gesetzlich vorgeschriebenen Benachrichtigungen, Nichtbeachtung der angeordneten Befristung) nicht ausgeschlossen[693]. Ein Verwertungsverbot[694] besteht jedoch bei bewußter Überschreitung der gesetzlichen Befugnisse, insbesondere, wenn es bei der Anordnung der Überwachung an dem erforderlichen, auf bestimmten Tatsachen beruhenden Tatverdacht gefehlt hat, die Maßnahme also einer bloßen Ausforschung diente[695], wenn der Richter sie angeordnet hat, obwohl nicht der Verdacht bestand, daß der Beschuldigte eine der Katalogtaten des § 100 a Satz 1 begangen hat[696], wenn die Anordnung getroffen worden ist, obwohl die Erforschung des Sachverhalts auch auf andere Weise möglich gewesen wäre (Verstoß gegen die Subsidiaritätsklausel des § 100 a Satz 1)[697], oder wenn in unzulässiger Weise der Fernmeldeverkehr zwischen dem Beschuldig-

---

688 Vgl. *Kleinknecht* Rdnr. 12; KMR *Müller* Rdnr. 17; LR *Meyer* Rdnr. 12; *Eb. Schmidt* 2. Nachtr. Rdnr. 7; alle zu § 100 a; KMR *Paulus* § 244 Rdnr. 579; *Fezer* JuS 1979 S. 186 (187/188); *Kaiser* NJW 1969 S. 18 (19); *Schlüchter* Rdnr. 351; *Schumacher* S. 265 ff.
689 BGHSt. 27 S. 135 (137) = JR 1978 S. 117 mit Anm. *Gollwitzer*; *Kleinknecht* § 100 a Rdnr. 12; KMR *Paulus* § 244 Rdnr. 579; *Fezer* JuS 1979 S. 186 (188); *Schlüchter* Rdnr. 351.
690 BGHSt. 29 S. 23; KK *Laufhütte* § 100 a Rdnr. 23; KK *Pelchen* vor § 48 Rdnr. 43; *Kaiser* NJW 1974 S. 239 (250); *Peters* S. 428; a. A. *Welp* Jura 1981 S. 472 (484).
691 Vgl. KK *Laufhütte* § 100 a Rdnr. 17; LR *Meyer* § 100 b Rdnr. 9; *Schlüchter* Rdnr. 351; *Schumacher* S. 291.
692 Vgl. *Schumacher* S. 293.
693 Vgl. *Schumacher* S. 289 ff.
694 Daß das Verbot sich auch auf mittelbare Beweise bezieht (z. B. auf einen Zeugen, dem das nicht verwertbare Tonband vorgespielt worden ist), erscheint selbstverständlich; vgl. *Welp* S. 215.
695 Vgl. *Schumacher* S. 287, 292.
696 Vgl. *Fezer* JuS 1979 S. 186 (189); *Lehmann* ArchPF 1979 S. 113 (123); *Welp* S. 210. – *Lehmann* (S. 214) will aber die Verwertung zulassen, wenn sich wenigstens bei der Überwachung der Verdacht einer Katalogtat ergibt. Vgl. auch BGH NJW 1978 S. 431 (432); OLG Köln NJW 1979 S. 1216.
697 Vgl. KK *Laufhütte* § 100 a Rdnr. 17; *Lehmann* S. 204/205 und ArchPF 1979 S. 113 (116, 123); *Schumacher* S. 293. Für den Fall, daß sich während der Überwachung herausstellt, daß die Ermittlungen doch nicht auf andere Weise möglich sind, will *Lehmann* (S. 124) die Verwertung zulassen.

ten und seinem Verteidiger überwacht wurde[698]. Unverwertbar sind auch die in Gesprächen des Beschuldigten mit anderen nach § 53 zur Zeugnisverweigerung berechtigten Personen offenbarten Berufsgeheimnisse[699].

Hat der genügende Tatverdacht einer Katalogtat bei der Anordnung vorgelegen, so besteht nicht deshalb ein Verwertungsverbot, weil die rechtliche Würdigung später nur den Verdacht einer Nichtkatalogtat ergibt[700]. Das gilt selbst dann, wenn schon die Staatsanwaltschaft die Anklage nur wegen einer Nichtkatalogtat erhebt[701]. Es genügt immer, daß im Zeitpunkt der Anordnung ein objektiver Bezug auf eine Katalogtat bestanden hat[702]. Insbesondere wegen der mit ihr in Tateinheit stehenden Delikte dürfen die Ermittlungsergebnisse der Telefonüberwachung verwendet werden[703]. Der Bezug ist bei dem ursprünglichen Verdacht einer Straftat nach den §§ 129, 129 a StGB auch hinsichtlich derjenigen Straftaten vorhanden, die die Mitglieder der kriminellen oder terroristischen Vereinigung bei der Verfolgung der Ziele der Vereinigung abgesprochen oder begangen haben[704]. Daß die Staatsanwaltschaft die Anklage außer wegen dieser Straftaten auch nach §§ 129, 129 a StGB erhebt, ist nicht erforderlich[705]. Daher besteht auch kein Verwertungsverbot, wenn die Staatsanwaltschaft die Verfolgung wegen der Katalogtat nach § 154 a ausscheidet und Anklage nur wegen einer Tat erhebt, die nicht unter § 100 a Satz 1 fällt[706].

Besonders problematisch ist bei der Anwendung des § 100 a die Verwertbarkeit von sog. Zufallserkenntnissen, insbesondere von Beweisen, die zwar in einem Strafverfahren gegen diejenigen Personen, gegen die die Anordnung sich richtet, als Beweismittel dienen können, die aber nicht für die Katalogtat[707], derentwegen

698 Vgl. KMR *Müller* § 100 a Rdnr. 16; *Lehmann* S. 207/208 und ArchPF 1979 S. 113 (116/117); *Schlüchter* Rdnr. 353; *Welp* S. 208.
699 Vgl. *Kleinknecht* § 100 a Rdnr. 10; KMR *Müller* § 100 a Rdnr. 16; *Knauth* NJW 1978 S. 741 (744); *Rudolphi* Schaffstein-FS S. 444/445.
700 BGH 1 StR 365/73 vom 5. 3. 1974; *Kleinknecht* § 100 a Rdnr. 11; KMR *Paulus* § 244 Rdnr. 579; a. A. *Welp* Jura 1981 S. 472 (479).
701 BGH 4 StR 418/78 vom 28. 2. 1979.
702 BGHSt. 28 S. 122 = JR 1979 S. 165 mit Anm. *Rieß* und weit. Anm. *Vogel* NJW 1979 S. 2524; BGH NJW 1979 S. 1370 (1371); KK *Laufhütte* § 100 a Rdnr. 20; KMR *Paulus* § 244 Rdnr. 581. – A. A. *Peters* S. 428, der einen Mißbrauch der Fernmeldeüberwachung befürchtet, und *Welp* Jura 1981 S. 472 (478) mit der Begründung, in solchen Fällen fehle es an der hypothetischen Möglichkeit eines »Wiederholungseingriffs«.
703 Vgl. *Welp* Jura 1981 S. 472 (477).
704 BGHSt. 26 S. 298 (301); BGHSt. 28 S. 122 (125/126) = JR 1979 S. 165 mit Anm. *Rieß* und weit. Anm. *Vogel* NJW 1979 S. 2524; BGH 1 StR 365/73 vom 5. 3. 1974; OLG Düsseldorf JMBlNRW 1977 S. 118; KK *Laufhütte* § 100 a Rdnr. 22; KK *Pelchen* vor § 48 Rdnr. 40; *Kleinknecht* § 100 a Rdnr. 11; *Roxin* § 34 C IV 4; *Schlüchter* Rdnr. 352.1; *Welp* Jura 1981 S. 472 (477).
705 BGHSt. 28 S. 122 = JR 1979 S. 165 mit Anm. *Rieß* und weit. Anm. *Vogel* NJW 1979 S. 2524; OLG Düsseldorf a.a.O.; a. A. KK *Laufhütte* § 100 a Rdnr. 22; KK *Pelchen* vor § 48 Rdnr. 40, 41; *Roxin* § 34 C IV 4.
706 OLG Hamm JMBlNRW 1978 S. 32; a. A. *Welp* Jura 1981 S. 472 (479).
707 Auch wenn eine andere Begehungsform vorliegt, als ursprünglich angenommen worden war; vgl. *Lehmann* S. 211/212 und ArchPF 1979 S. 113 (117).

die Überwachung angeordnet worden ist, sondern lediglich für eine andere Straftat Bedeutung hat[708]. Handelt es sich um eine andere Katalogtat, so ist die Verwertbarkeit uneingeschränkt zulässig[709]. Beziehen sich die Zufallserkenntnisse dagegen auf eine Nichtkatalogtat des Beschuldigten, auch wenn es sich um ein Anschlußdelikt zu dieser Tat handelt (Begünstigung, Hehlerei, Strafvereitelung)[710], so ist eine unmittelbare Verwertung der Gesprächsaufzeichnungen als Beweismittel ausgeschlossen[711]. Das gleiche gilt, wenn sich herausstellt, daß zwar eine strafbare Vorbereitungstat vorliegt, daß sie aber nicht der Vorbereitung einer Katalogtat diente[712]. Eine mittelbare Verwertung in der Weise, daß aufgrund der durch die Überwachung erlangten Kenntnisse Ermittlungen angestellt und dabei Beweismittel gewonnen werden, ist jedoch zulässig[713]. Das gilt allerdings nicht für

[708] Die Vorschrift des § 108 Satz 1 gilt entsprechend; vgl. OLG Hamburg NJW 1973 S. 157; *Lehmann* ArchPF 1979 S. 113 (117 ff.); *Maiwald* JuS 1978 S. 379 (382); *Rudolphi* Schaffstein-FS S. 450; *Welp* JZ 1973 S. 289 und Jura 1981 S. 472 (475).

[709] Vgl. KK *Herdegen* § 244 Rdnr. 76; KK *Laufhütte* § 100a Rdnr. 19; KK *Pelchen* vor § 48 Rdnr. 40; KMR *Müller* § 100 a Rdnr. 15; KMR *Paulus* § 244 Rdnr. 580; LR *Meyer* § 100 a Rdnr. 14; *Dürig* in *Maunz/Dürig* Art. 10 GG Rdnr. 49; *Knauth* NJW 1977 S. 1510 (1511); *Lehmann* S. 211 und ArchPF 1979 S. 113 (117); *Mösch* Kriminalistik 1975 S. 337 (338); *Peters* S. 428; *Rudolphi* Schaffstein-FS S. 450; *Schroeder* JR 1973 S. 253; *Schumacher* S. 308, 311; *Weber* NJW 1973 S. 1056 (1057). *Maiwald* JuS 1978 S. 379 (382) und *Welp* S. 225, Jura 1981 S. 472 (476) und JZ 1973 S. 289 (290) wollen die Zulassung davon abhängig machen, daß das Beweismittel in dem Verfahren, für das es verwendet werden soll, auf rechtmäßige Weise hätte erlangt werden können. *Fezer* JuS 1979 S. 186 (190) fordert über diese hypothetische Zulässigkeitsprüfung hinaus eine besondere gerichtliche Anordnung, daß die Zufallsfunde aufbewahrt werden dürfen.

[710] Vgl. *Welp* Jura 1981 S. 472 (476); a. A. für die Strafvereitelung *Kaiser* NJW 1974 S. 349 (350).

[711] BGHSt. 27 S. 355 (356) = JR 1979 S. 163 mit Anm. *Rieß*; BGHSt. 28 S. 122 (127/128) = JR 1979 S. 165 mit Anm. *Rieß* und weit. Anm. *Vogel* NJW 1979 S. 2524; BayObLGSt. 1982 S. 40 = MDR 1982 S. 690; *Kleinknecht* § 100 a Rdnr. 11; LR *Meyer* § 100 a Rdnr. 13; *Dürig* in *Maunz/Dürig* Art. 10 GG Rdnr. 49; *Fezer* JuS 1979 S. 186 (189); *Knauth* NJW 1978 S. 741 (742); *Lehmann* ArchPF 1979 S. 113 (118); *Mösch* Kriminalistik 1975 S. 337 (338); *Peters* S. 428; *Roxin* § 34 C IV 4; *Rudolphi* Schaffstein-FS S. 450; *Schlüchter* Rdnr. 352.2; *Schumacher* S. 304, 311; *Welp* S. 225 unter Aufgabe der in DÖV 1970 S. 267 (268) vertretenen Ansicht und Jura 1981 S. 472 (476). – A. A. OLG Hamburg NJW 1973 S. 157 mit abl. Anm. *Weber* NJW 1974 S. 1056 = JR 1973 S. 252 mit abl. Anm. *Schroeder* = JZ 1973 S. 288 mit abl. Anm. *Welp*; *Schünemann* NJW 1978 S. 406 (407).

[712] Vgl. *Lehmann* S. 216.

[713] BGHSt. 27 S. 355 (356) = JR 1979 S. 163 mit Anm. *Rieß*; KK *Pelchen* vor § 48 Rdnr. 44; *Kleinknecht* § 100 a Rdnr. 11; KMR *Paulus* § 244 Rdnr. 582; LR *Meyer* § 100 a Rdnr. 13; *Lehmann* ArchPF 1979 S. 113 (126); *Petry* S. 127; *Roxin* § 34 C IV 4; *Schlüchter* Rdnr. 352.3; *Schumacher* S. 312 (314); *Welp* JZ 1973 S. 289 (290). Vgl. auch *Dencker* S. 76 und *Grünwald* JZ 1966 S. 489 (499 Fußn. 97), die in einem solchen Fall die Einleitung von Ermittlungen allgemein zulassen wollen. Einschränkend *Kaiser* NJW 1974 S. 349 (350), der die Erkenntnisse nur zur Aufklärung von Straftaten von erheblichem Gewicht, die nicht die Intimsphäre betreffen, für verwertbar hält. Auch *Maiwald* JuS 1978 S. 379 (385) will die mittelbare Verwertung nur zur Aufklärung von Delikten der »Hochkriminalität« zulassen. Grundsätzlich a. A. KK *Herdegen* § 244 Rdnr. 77; kritisch auch *Fezer* JuS 1979 S. 186 (190).

Vorhalte. Sie dürfen weder dem Beschuldigten noch einem Zeugen aufgrund der Überwachungsergebnisse gemacht werden. Was sie aufgrund eines unzulässigen Vorhalts aussagen, ist unverwertbar[714]. Spätere Aussagen sind nur verwertbar, wenn sie nicht mehr von den Vorhalten beeinflußt sind, die die Ermittlungsbeamten dem Beschuldigten oder Zeugen aufgrund der Erkenntnisse aus der Telefonüberwachung gemacht haben[715].

Ähnlich ist die Frage zu beantworten, ob die bei der Überwachung gewonnenen Erkenntnisse zur Überführung von Personen benutzt werden dürfen, gegen die die Maßnahme nach § 100 a nicht angeordnet war, die also weder Beschuldigte[716] noch Nachrichtenmittler sind[717]. Handelt es sich um Zufallserkenntnisse über Katalogtaten, wäre also die Überwachung nach § 100 a auch gegen den Dritten zulässig gewesen, so ist der Beweis auch gegen ihn uneingeschränkt verwertbar. Ob es sich um die Katalogtat handelt, derentwegen die Überwachung angeordnet worden ist, oder um eine andere Katalogtat, macht keinen Unterschied[718]. Bei der Strafverfolgung wegen Nichtkatalogtaten dürfen die bei der Überwachung erlangten Beweise nicht unmittelbar benutzt werden[719]. Eine nur mittelbare Verwertung

714 BGH a.a.O.; KK *Laufhütte* § 100a Rdnr. 25; KK *Pelchen* vor § 48 Rdnr. 48; *Kleinknecht* § 100 a Rdnr. 11; *Roxin* § 34 C IV 4; a. A. KMR *Müller* § 100 a Rdnr. 16. Vgl. auch BGHSt. 30 S. 317 mit abl. Anm. *Odenthal* NStZ 1982 S. 390: Die Angaben von Zeugen, die sie im Verfahren wegen der Katalogtat machen, dürfen im Meineidverfahren gegen sie verwertet werden, wenn ihnen das Tonband zulässig vorgehalten wurde.
715 BGHSt. 27 S. 355 (358/359) = JR 1979 S. 163 mit Anm. *Rieß*; *Kleinknecht* § 100 a Rdnr. 11; *Schlüchter* Rdnr. 352.3.
716 Davon zu unterscheiden ist der Fall, daß es sich um Mittäter des Beschuldigten oder sonstige Teilnehmer an der Tat handelt. Dann ist die Verwertbarkeit nicht eingeschränkt; vgl. LR *Meyer* § 100 a Rdnr. 12; *Welp* Jura 1981 S. 472 (484).
717 Im Verfahren gegen den Nachrichtenübermittler sind die durch die Überwachung gewonnenen Erkenntnisse verwertbar, wenn der Tatvorwurf im Zusammenhang mit der Katalogtat steht; vgl. BGHSt. 26 S. 298; BGH NJW 1979 S. 1370; BayObLGSt. 1982 S. 40 (41) = MDR 1982 S. 690. — Zum Begriff des unbeteiligten Dritten bei der Überwachung nach § 100 a vgl. *Lehmann* S. 162 ff.
718 BGHSt. 28 S. 122 (129) = JR 1979 S. 165 mit Anm. *Rieß*; BGHSt. 26 S. 298 (304), wo aber offengelassen war, ob die Verwertung auch bei der Verfolgung einer anderen Katalogtat zulässig ist; KK *Laufhütte* § 100a Rdnr. 23; KK *Pelchen* vor § 48 Rdnr. 41; *Kleinknecht* Rdnr. 11; KMR *Müller* Rdnr. 15; LR *Meyer* Rdnr. 14; alle zu § 100 a; KMR *Paulus* § 244 Rdnr. 580; *Knauth* NJW 1977 S. 1510 (1512); *Lehmann* S. 224 und ArchPF 1979 S. 113 (120/121); *Maiwald* JuS 1978 S. 379 (384); *Peters* S. 428; *Rudolphi* Schaffstein-FS S. 451; *Schlüchter* Rdnr. 352.1. – A. A. *Welp* S. 225, Jura 1981 S. 472 (482 ff.) und JZ 1973 S. 289, der die Verwertung nur für die Katalogtat eines Gesprächsteilnehmers zulassen will. *Schumacher* (S. 310) hält Erkenntnisse über andere Katalogtaten für unverwertbar, nicht aber Erkenntnisse über die Beteiligung bisher nicht Verdächtiger an der Katalogtat, derentwegen die Anordnung ergangen ist. Vgl. auch *Kaiser* NJW 1974 S. 349 (350).
719 BGHSt. 26 S. 298 (303); EGH Hamm AnwBl. 1975 S. 411; LR *Meyer* § 100 a Rdnr. 14; *Knauth* NJW 1977 S. 1510 (1511/1512); 1978 S. 741 (742); *Lehmann* S. 212 ff.; *Mösch* Kriminalistik 1975 S. 337 (338); *Roxin* § 34 C IV 4; *Rudolphi* Schaffstein-FS S. 450 ff.; *Schumacher* S. 305, 312; *Welp* S. 225. – A. A. KMR *Müller* § 100 a Rdnr. 15; *Schünemann* NJW 1978 S. 406.

in der Weise, daß die Zufallserkenntnisse zur Grundlage weiterer Ermittlungen gegen den Dritten gemacht werden, ist aber auch hier zulässig[720]. Mit Zustimmung des Beschuldigten ist das Beweismittel immer verwertbar[721].

(3) Im Gegensatz zu § 100 a bestimmt **Art. 1 § 3 Abs. 2, § 7 Abs. 3 des Gesetzes zu Art. 10 GG**[722] die Grenzen der Verwertbarkeit der durch die nach Art. 1 § 1 Abs. 1 des Gesetzes zugelassenen Überwachung des Post- und Fernmeldeverkehrs. Danach dürfen die durch die Überwachungs- und Abhörmaßnahmen erlangten Kenntnisse und Unterlagen nicht zum Nachteil von Personen verwendet werden, gegen die die Überwachung nicht angeordnet worden ist oder die nicht im Verdacht stehen, eine Katalogtat nach Art. 1 § 2 Abs. 1 G 10 oder eine andere in § 138 StGB genannte Handlung geplant, begangen zu haben oder zu begehen (Art. 1 § 3 Abs. 2 G 10). Die durch die Maßnahme gewonnenen Erkenntnisse und Unterlagen dürfen auch nicht zur Erforschung und Verfolgung von Nichtkatalogtaten benutzt werden, es sei denn, daß sich aus ihnen tatsächliche Anhaltspunkte dafür ergeben, daß jemand eine andere in § 138 StGB genannte Straftat zu begehen vorhat, begeht oder begangen hat (Art. 1 § 7 Abs. 3 G 10). Die Anordnung muß aber immer wegen einer Katalogtat ergangen sein. Beruht sie auf einer rechtlich unrichtigen Einordnung der Straftat als Katalogtat, so darf das durch die Überwachung gewonnene Ergebnis nicht verwendet werden[723]. Was die Überwachung über Straftaten ergibt, die weder Katalogtaten sind noch unter § 138 StGB fallen, ist schlechthin unverwertbar[724]. In diesem Fall will der Bundesgerichtshof auch eine nur mittelbare Verwertung der Erkenntnisse als Grundlage weiterer Ermittlungen ausschließen[725].

d) Verletzung des Eigentumsrechts (Art. 14 GG). Auch ein Verstoß gegen die Eigentumsgarantie des Art. 14 GG kann zu einem Verwertungsverbot führen. Es soll z. B. unzulässig sein, zwecks Auffindens von Beweisgegenständen die im Eigentum des Beschuldigten oder eines Dritten stehenden Sachen zu beschädigen oder zu zerstören[726]. Das geht aber in dieser Allgemeinheit zu weit. In Wahrheit kommt es darauf an, ob der Wert des aufzufindenden Beweismaterials und die Schwere der zu verfolgenden Straftat Eingriffe in das Eigentum rechtfertigen. Die Meinung, es sei noch nicht einmal zulässig, ein Gebäude abzureißen, wenn sichere Anhaltspunkte dafür bestehen, daß dabei die Leiche eines Ermordeten aufgefunden wird[727], ist daher unrichtig. In solchen Fällen muß der Eigentümer den Ein-

---

[720] Vgl. LR *Meyer* § 100 a Rdnr. 13; *Kaiser* NJW 1974 S. 349 (350); *Lehmann* ArchPF 1979 S. 113 (126); *Petry* S. 127; *Schumacher* S. 312, 314. – A. A. *Knauth* NJW 1978 S. 741 (742).
[721] Vgl. *Lehmann* S. 258/259.
[722] Vom 13. 8. 1968 (BGBl. I S. 949) i. d. F. des Gesetzes vom 13. 9. 1978 (BGBl. I S. 1546).
[723] OLG Köln NJW 1979 S. 1216; KK *Laufhütte* § 100a Rdnr. 26;
[724] Vgl. *Schumacher* S. 309.
[725] BGHSt. 29 S. 244 mit Anm. *Riegel* JZ 1980 S. 757. — Vgl. auch KK *Laufhütte* a.a.O. der zutreffend darauf hinweist, daß diese Rechtsansicht für Überwachungsmaßnahmen nach § 100a keine Bedeutung hat; a.A. KK *Pelchen* vor § 48 Rdnr. 46.
[726] Vgl. *Beling* Beweisverbote S. 23; *Spendel* NJW 1966 S. 1102 (1106).
[727] Vgl. *Beling* Beweisverbote S. 36; *Sydow* S. 15.

griff im Interesse der Durchführung des Strafverfahrens gegen sich selbst oder einen anderen dulden, und das gefundene Beweismittel ist verwertbar. Solche schweren Eingriffe in das Eigentumsrecht werden allerdings nur in besonderen Ausnahmefällen zulässig sein[728].

e) Allgemeine Verstöße gegen das Rechtsstaatsprinzip. Das Rechtsstaatsprinzip (Art. 20 Abs. 3 GG) und der sich aus ihm ergebende Anspruch des Angeklagten auf ein faires Verfahren (Art. 6 Abs. 1 Satz 1 MRK) haben für die Beweisverbote in erster Hinsicht insofern Bedeutung, als sie die Abwägung beeinflussen, ob ein Beweiserhebungsverbot zu einem Verwertungsverbot führt[729]. Neuerdings wird aber die Ansicht vertreten, aus dem Rechtsstaatsprinzip könne auch unmittelbar ein Verwertungsverbot hergeleitet werden[730]. Der Bundesgerichtshof[731] hält ein derartiges Beweisverbot insbesondere für gegeben, wenn eine Behörde sich weigert, einen geheimgehaltenen Vertrauens- oder Gewährsmann für eine Vernehmung zur Verfügung zu stellen, und wenn die Weigerung auf Willkür oder Rechtsmißbrauch beruht[732]. Das wird allerdings selten vorkommen und kaum jemals zu beweisen sein[733].

f) Völkerrechtliche Beschränkungen (Art. 25 GG). Zu den allgemeinen Regeln des Völkerrechts im Sinne des Art. 25 GG gehört das völkerrechtliche Territorialitätsprinzip[734]. Werden Ermittlungshandlungen unter Verstoß gegen diesen Grund-

---

728 Vgl. LR *Gollwitzer* § 244 Rdnr. 164.
729 Vgl. oben S. 502. In diesem Sinne BGHSt. 24 S. 125 (131) und wohl auch *Roxin* § 24 D III 2 f. Daß der BGH das Verwertungsverbot aus dem fair-trial-Grundsatz »herleitet«, wie *Rogall* ZStW 91 S. 1 (22/23) annimmt, trifft nicht zu. Der BGH hatte es mit einem Fall zu tun, in dem § 81 a Abs. 1 Satz 2 mißachtet worden war (Blutprobenentnahme durch einen Nichtarzt). Die Heranziehung des fair-trial-Grundsatzes diente nur der Prüfung, ob das Beweiserhebungsverbot zu einem Verwertungsverbot führt.
730 Vgl. BVerfGE 57 S. 250 (290) = NJW 1981 S. 1719 (1725); KK *Pelchen* vor § 48 Rdnr. 49. — Daß ein unmittelbarer Rückgriff auf den fair-trial-Grundsatz nicht erforderlich ist, weil sich alle Fälle eines Beweisverbots mit den Einzelbestimmungen der StPO und des GG lösen lassen, weist *Heubel* (Der »fair trial« – ein Grundsatz des Strafverfahrens? 1981, S. 122 ff.) überzeugend nach. *Rüping* Beweisverbote S. 25 meint sogar, daß sich aus allgemeinen Erwägungen eines fairen Prozedierens keine konkreten Folgerungen ableiten lassen. Vgl. auch *Kissel* Einl. Rdnr. 168 ff. und § 16 GVG Rdnr. 50.
731 BGHSt. 29 S. 109 (111/112). Ebenso BVerfG NJW 1981 S. 1719 (1725). Vgl. auch KK *Pelchen* vor § 48 Rdnr. 49; *Kleinknecht* Einl. Rdnr. 54; *Geppert* DAR 1981 S. 301 (306); *Meyer* JR 1981 S. 478 (480).
732 Vgl. dazu auch unten S. 623 ff.
733 So mit Recht *Gribbohm* NJW 1981 S. 305 (306). Die Entscheidung LG Bremen Strafverteidiger 1981 S. 19 mit Anm. *Weider,* die ein Verwertungsverbot mit der Begründung angenommen hat, die Behörde habe nicht begründet, weshalb gerade der Verteidiger des Angeklagten von der kommissarischen Vernehmung ausgeschlossen werden müsse, erscheint unrichtig. Willkür oder Rechtsmißbrauch lagen hier nicht vor.
734 Vgl. *Maunz* in *Maunz/Dürig* Art. 25 GG Rdnr. 20; *Nordmann* S. 158; *Tiedemann* Bockelmann-FS S. 819 (825).

satz im Ausland vorgenommen, so besteht daher ein Beweisverbot hinsichtlich der dadurch gewonnenen Beweisergebnisse[735]. Ob hoheitliche Handlungen auf fremdem Staatsgebiet zulässig sind, wenn sie ohne jede Form von Zwangsausübung vor sich gehen, ist streitig[736]. Praktische Bedeutung hat die Frage im Strafprozeß offenbar noch nicht gehabt.

---

[735] Vgl. *Rüping* Beweisverbote S. 47; *Tiedemann* a.a.O.
[736] Vgl. *Nordmann* S. 57 ff.

§ 4 Überflüssigkeit der Beweiserhebung wegen Offenkundigkeit

    I. Offenkundigkeit 531
       1. Offenkundigkeit der Beweisbehauptung oder ihres Gegenteils 531
       2. Offenkundigkeit als Ausnahme von dem Grundsatz des § 261 532
       3. Begriff der Offenkundigkeit 534
   II. Offenkundigkeit von Tatsachen 534
       1. Allgemeinkundigkeit 534
          a) Begriff 534
          b) Beschränkte Allgemeinkundigkeit 536
          c) Quellen 537
          d) Allgemeinkundige Tatsachen im einzelnen 538
          e) Ausschluß der Allgemeinkundigkeit für unmittelbar beweiserhebliche
             Tatsachen 541
          f) Kenntnis des Gerichts von den allgemeinkundigen Tatsachen 543
       2. Gerichtskundigkeit 544
          a) Einordnung 544
          b) Begriff 545
          c) Ausschluß der Gerichtskundigkeit für unmittelbar beweiserhebliche
             Tatsachen 548
          d) Ausschluß der Gerichtskundigkeit für Beweisergebnisse des laufenden
             Verfahrens 550
          e) Beispiele für gerichtskundige Tatsachen 551
  III. Offenkundigkeit von Erfahrungssätzen 520
       1. Grundsätze 552
          a) Begriff Erfahrungssätze 552
          b) Allgemeines zur Offenkundigkeit von Erfahrungssätzen 553
          c) Keine Beschränkung der Offenkundigkeit auf nicht unmittelbar
             beweiserhebliche Erfahrungssätze 554
       2. Allgemeingültige Erfahrungssätze 554
          a) Begriff 554
          b) Allgemeinkundige Erfahrungssätze 554
          c) Gerichtskundige Erfahrungssätze 559
       3. Erfahrungssätze ohne Allgemeingültigkeit 561
   IV. Offenkundigkeit bei Kollegialgerichten 563
       1. Grundsätze 563
       2. Allgemeinkundigkeit 564
       3. Gerichtskundigkeit 565
    V. Entscheidung über den Beweisantrag 566
   VI. Erörterungspflicht in der Hauptverhandlung 569
       1. Erörterung der Tatsache oder des Erfahrungssatzes 569

2. Erörterung der Offenkundigkeit 572
3. Art und Umfang der Erörterung 572
4. Protokollierung 573

I. Offenkundigkeit

1. Offenkundigkeit der Beweisbehauptung oder ihres Gegenteils

Zu den Ablehnungsgründen, die ihre Rechtfertigung darin finden, daß die beantragte Beweiserhebung überflüssig ist, gehört die Offenkundigkeit[1]. Was bereits bekannt ist, muß nicht bewiesen werden[2]. Ein Wissen, das der Richter in genügend sicherem Maß selbst besitzt, weil er es mit allen anderen teilt oder weil er es durch seine richterliche Tätigkeit zuverlässig erworben hat, braucht ihm nicht mehr vermittelt zu werden[3]. Das Gesetz entbindet ihn in diesem Fall von der Beweiserhebung, weil es eine leere Förmlichkeit wäre und das Verfahren in sinnloser Weise verzögern würde, wenn Beweis erhoben werden müßte, obwohl die Tatsache oder der Erfahrungssatz bereits bekannt ist[4]. Die Offenkundigkeit ersetzt den Beweis nicht, sondern macht ihn entbehrlich. Die Beweisaufnahme ist überflüssig, aber nicht unzulässig[5].

Wenn die Tatsache oder der Erfahrungssatz, den der Antragsteller bewiesen haben möchte, offenkundig ist, beschwert ihn die Ablehnung seines Beweisantrags nicht[6]. Nach § 244 Abs. 3 Satz 2 kann das Gericht den Beweisantrag aber auch ablehnen, wenn das Gegenteil der Beweistatsache oder des Erfahrungssatzes offenkundig ist[7]. Das folgt schon aus dem Wortlaut der Vorschrift; denn dort ist

---

1 Die erste grundlegende Untersuchung der Offenkundigkeit findet sich bei *Stein* S. 138 ff.; seine Ausführungen sind auch heute noch beachtenswert.
2 Auch nach § 291 ZPO bedürfen Tatsachen, die bei Gericht offenkundig sind, keines Beweises.
3 BGHSt. 6 S. 292; BGH 1 StR 287/77 vom 20. 12. 1977.
4 Vgl. *Geppert* S. 155. Auch *Walter* (S. 283) weist auf den Grundsatz der Prozeßwirtschaftlichkeit hin.
5 Vgl. unten S. 566.
6 *Sarstedt* (S. 235/236) ist mit Recht der Ansicht, daß der Fall unter dem Ablehnungsgrund des Erwiesenseins der Beweistatsache nur deshalb nicht untergebracht werden kann, weil die Offenkundigkeit kein Beweismittel ist, sondern die Beweiserhebung gerade erübrigt. Vgl. in diesem Sinn auch *F.W. Krause* S. 42/43. – A. A. *H. J. Klee* DJ 1937 S. 1384 (1388), der die Offenkundigkeit als in dem Ablehnungsgrund des Erwiesenseins enthalten erachtete.
7 BGHSt. 6 S. 292 (296); RG JW 1936 S. 1919 L = HRR 1936 Nr. 1476; BayObLGSt. 1966 S. 4 = JR 1966 S. 227 = VRS 30 S. 310; OLG Celle NJW 1967 S. 588 = VRS 32 S. 139; OLG Düsseldorf JMBlNRW 1980 S. 155 (156) = MDR 1980 S. 868 (869); OLG Hamburg NJW 1968 S. 2303 (2304); OLG Hamm VRS 32 S. 278 (280); LG Hamburg MDR 1968 S. 344; *Dalcke/Fuhrmann/Schäfer* Anm. 11; KMR *Paulus* Rdnr. 440; LR *Gollwitzer* Rdnr. 198; alle zu § 244; *Alsberg* JW 1918 S. 792 (795); *Gössel* S. 255; *Hanack* JZ 1970 S. 561 (562); *Henkel* S. 394; *F.W. Krause* S. 43; *Kreuzer* S. 49; *Niethammer* DStR 1937 S. 125 (130); *Nüse* GA 1955 S. 72 (73); *Oetker* S. 690; *Rieker* S. 65; *Sarstedt* S. 235/236. – A. A. *Brutzer* S. 59/60; *Engels* S. 45 ff. Bedenken äußert auch *Köhler* S. 38.

nicht[8] von der Offenkundigkeit der Beweistatsache, sondern von der Überflüssigkeit der Beweiserhebung wegen Offenkundigkeit die Rede[9]. Man wird aber auch wohl dem Gesetzgeber nicht unterstellen können, daß er den Strafrichter verpflichten wollte, auf Antrag Beweis darüber zu erheben, daß Pferde fünf Beine haben und Kraftfahrzeuge normaler Bauart auch mit Leitungswasser betrieben werden können.

In der Ablehnung eines Beweisantrags wegen Offenkundigkeit des Gegenteils der Beweisbehauptung liegt eine Vorwegnahme des Beweisergebnisses zum Nachteil des Antragstellers[10]. Wenn es den Antrag ablehnt, stellt sich das Gericht auf den Standpunkt, daß die Beweisbehauptung nicht erwiesen werden kann, weil sie unrichtig ist, und daß daher nicht nur das benannte Beweismittel, sondern auch kein anderes geeignet ist, die Behauptung zu beweisen. Die gesetzliche Regelung des § 244 Abs. 3 Satz 2 enthält insoweit eine Ausnahme von dem Verbot der Beweisantizipation[11]. Da sie an die Voraussetzung geknüpft ist, daß das Gegenteil der Beweisbehauptung allgemein- oder gerichtskundig ist, das Gericht überdies im Rahmen seiner Aufklärungspflicht nach § 244 Abs. 2 verpflichtet sein kann, die angebotenen Beweise trotz der Offenkundigkeit des Gegenteils der Beweisbehauptung zu erheben[12], werden die Verteidigungsinteressen des Angeklagten hierdurch nicht ernsthaft beschränkt. Eine andere als die von dem Gesetzgeber getroffene Regelung wäre völlig unpraktikabel.

2. Offenkundigkeit als Ausnahme von dem Grundsatz des § 261

Die Befugnis des Gerichts, seiner Entscheidung offenkundige Tatsachen und Erfahrungssätze ohne Beweisaufnahme zugrunde zu legen, durchbricht den Grundsatz des § 261, daß nur das in der Hauptverhandlung durch die Beweisaufnahme erworbene Wissen des Richters die Grundlage des Urteils sein darf[13]. Dieser Grundsatz schließt es regelmäßig aus, daß der Richter sein privates Wissen bei

---

8 Wie jetzt in § 245 Abs. 2 Satz 3, dessen Wortlaut die Auslegung ausschließt, daß die Antragsablehnung auch wegen Offenkundigkeit des Gegenteils der Beweistatsache zulässig ist (BT-Drucks. 8/976 S. 53); vgl. unten S. 826.
9 Vgl. *Sarstedt* S. 235/236, der das zu Unrecht für eine schwierige Frage hält. *Engels* S. 45 Fußn. 121 und GA 1981 S. 21 (29) schließt unverständlicherweise gerade aus dem Gesetzeswortlaut, daß die dort nicht ausdrücklich erwähnte Offenkundigkeit des Gegenteils der Beweistatsache kein zulässiger Ablehnungsgrund ist. Auch *Grünwald* ist in seinem Gutachten für den 50. DJT, 1974, I Teil C S. 74, der Meinung, die h. M. sei mit dem Wortlaut des Gesetzes nicht vereinbar. Richtig dagegen *F.W. Krause* S. 43.
10 Vgl. *Engels* S. 46; *Köhler* S. 37; *F.W. Krause* S. 43; *Sarstedt* S. 236; *Wolschke* S. 224, 229.
11 Vgl. *Hanack* JZ 1970 S. 561 (562).
12 Vgl. unten S. 568.
13 BGHSt. 6 S. 292; *Rieker* S. 61/62. Allgemein zu diesem Grundsatz: LR *Gollwitzer* § 261 Rdnr. 14 ff.

der Beweiswürdigung verwertet[14]. Außerhalb des Offenkundigen muß er alles Wissen ausschalten, das er nicht durch die Hauptverhandlung erlangt hat[15]. Insbesondere darf er, wie sich aus § 22 Nr. 5 ergibt, als Richter nicht verwerten, was er als Zeuge weiß[16]. Der Grund für dieses Verbot liegt im Schutz der Wahrheitsfindung. Der Richter soll kritisch fremdes Zeugenwissen beurteilen, nicht unkritisch sein eigenes verwenden[17]. Er darf daher von einer Beweiserhebung selbst dann nicht absehen, wenn er den Sachverhalt, auf den es für die Entscheidung ankommt, bereits kennt. Das gleiche gilt für diejenigen Tatsachen, die er beim Studium der Akten des zu entscheidenden Falles, zu dem er nicht nur berechtigt, sondern verpflichtet ist[18], oder bei einer sie ergänzenden informatorischen Ortsbesichtigung[19] erfahren hat[20]. Auch über solche Tatsachen muß in der Hauptverhandlung förmlich Beweis erhoben werden, wenn es auf sie ankommt. Zu beachten ist aber, daß der Richter selbstverständlich befugt ist, seine Akten- und Ortskenntnis bei der Verhandlungsführung zu verwenden, insbesondere um dem Angeklagten oder den Zeugen und Sachverständigen Vorhalte zu machen[21]. Er hat sie ja gerade zum Zweck der umfassenden Sachaufklärung in der Hauptverhandlung (§ 244 Abs. 2) erworben. Für die Tatsachen, die der Richter als Privatmann kennt, gilt im Grundsatz nichts anderes.

---

14 Grundlegend dazu *Stein* S. 74 ff. Vgl. auch *Kleinknecht* § 261 Rdnr. 24; *Eb. Schmidt* Teil I Rdnr. 443; *Hegler* Rechtsgang I S. 192 (209 Fußn. 6); *von Kries* S. 339 ff.; *Hellm. Mayer* Mezger-FS S. 459; *Mezger* S. 137; *E. Rupp* S. 155; *R. Schmidt* S. 2 ff.; *Wach* Vorträge S. 206.
15 RGSt. 16 S. 327 (332); RG GA 39 S. 343 (344); OLG Frankfurt VRS 46 S. 461 (462); *Gerland* S. 191; *F.W. Krause* S. 29/30, 48 ff.; *Hellm. Mayer* Mezger-FS S. 459 ff.
16 OLG Frankfurt NJW 1952 S. 638; *Eb. Schmidt* Teil I Rdnr. 443; *Alsberg* JW 1918 S. 792; *Beling* S. 287; *zu Dohna* S. 94; *Henkel* S. 265/266; *Hellm. Mayer* Mezger-FS S. 460; *Spendel* JuS 1964 S. 465 (468); *Walter* S. 284. Vgl. auch OLG Köln VRS 44 S. 211, das dem Richter verbietet, der Entscheidung Tatsachen zugrunde zu legen, die er nur als Verkehrsteilnehmer erfahren hat.
17 Vgl. *Stein/Jonas* § 286 ZPO Anm. III 1; *Arzt*, Der befangene Strafrichter, 1969, S. 87 ff.; *Beling* S. 287; *Geppert* S. 151/152; *Spendel* JuS 1964 S. 465 (468); *Stein* S. 2. Vgl. auch RGSt. 17 S. 173 (175); 30 S. 70 (71).
18 Vgl. *Alsberg* JW 1928 S. 1506; *Rieker* S. 61.
19 Vgl. dazu LR *Meyer* § 86 Rdnr. 6 mit Nachw.; oben S. 238.
20 Die Behauptung, nur das »private« Wissen des Richters sei unverwertbar, ist insofern ungenau; so mit Recht *Rieker* S. 61. Auch dienstlich erlangtes Wissen darf bei der Beweiswürdigung grundsätzlich nicht benutzt werden; vgl. LR *Gollwitzer* § 261 Rdnr. 18.
21 BGH bei *Dallinger* MDR 1966 S. 383; RGSt. 50 S. 154; RG JW 1924 S. 1880 mit zust. Anm. *Oetker*, RG JW 1938 S. 2736 = HRR 1939 Nr. 65; RG BayZ 1909 S. 131; RG DRiZ 1927 Nr. 835; KG VRS 17 S. 285 (287); OLG Celle GA 1954 S. 316; OLG Dresden JW 1931 S. 1138; OLG Hamburg NJW 1952 S. 1271; OLG Hamm VRS 12 S. 448 (449); OLG Koblenz MDR 1971 S. 507; OLG Köln VRS 44 S. 211; KMR *Paulus* § 225 Rdnr. 8; *Eb. Schmidt* § 225 Rdnr. 5. Bedenklich RGSt. 26 S. 272; die Bedeutung der Entscheidung beschränkte sich aber wohl auf das Verfahren vor den Schwurgerichten alter Form. Vgl. für die informatorische Ortsbesichtigung auch oben S. 238/239.

3. Begriff der Offenkundigkeit

Der Begriff der Offenkundigkeit[22] ist der Oberbegriff für Allgemeinkundigkeit[23] und Gerichtskundigkeit[24]. Vereinzelt wird auch im neueren Schrifttum noch der Begriff Offenkundigkeit mit dem der Allgemeinkundigkeit gleichgestellt und die Gerichtskundigkeit nicht unter, sondern neben den Begriff Offenkundigkeit gesetzt[25]. Das geht schon deswegen nicht an, weil das Gesetz in § 244 Abs. 3 Satz 2 und in § 291 ZPO allgemein von Offenkundigkeit spricht, so daß bei der erwähnten Art der Begriffsverwendung die bloße Gerichtskundigkeit das Gericht nicht berechtigen würde, von der Beweiserhebung abzusehen[26].

Die Offenkundigkeit kann sich sowohl auf Tatsachen als auch auf Erfahrungssätze beziehen. Die Vorschrift des § 244 Abs. 3 Satz 2 ermöglicht diese Auslegung, da sie nicht von der Offenkundigkeit der Beweis»tatsachen« oder ihres Gegenteils, sondern allgemein von der Entbehrlichkeit der Beweis«erhebung« spricht[27].

II. Offenkundigkeit von Tatsachen

1. Allgemeinkundigkeit

a) **Begriff.** Das Wesen des Allgemeinkundigen kann nicht darin liegen, daß jedermann die Tatsache kennt; denn das ließe sich gar nicht feststellen. Ebensowenig kann die Allgemeinkundigkeit davon abhängen, daß es unmöglich ist, die Tatsache in Zweifel zu ziehen[28]; denn bezweifeln kann man alles[29]. Es kann auch nicht verlangt werden, daß eine allgemeinkundige Tatsache Gemeingut aller Gebildeten

---

22 Früher wurde der Begriff Notorietät verwendet, unter dem aber vorwiegend nur die Allgemeinkundigkeit verstanden wurde; vgl. *Mannheim* JW 1928 S. 1230; *Schultz* Schmidt-Festgabe S. 290.
23 Der Begriff geht auf *Stein* S. 148 zurück.
24 Vgl. BVerfGE 10 S. 177 (183) = NJW 1960 S. 31. Vereinzelt wurde früher der Begriff Gerichtskundigkeit als Oberbegriff für Gerichtskundigkeit und Allgemeinkundigkeit gebraucht; vgl. RG GA 39 S. 343; RG SeuffBl. 73 S. 763; unten S. 544. Eine völlig andere Bedeutung hat der Begriff Offenkundigkeit in § 44 Abs. 1 VwVfG: Ein Verwaltungsakt ist nichtig, soweit er an einem besonders schwerwiegenden Fehler leidet und dies bei verständiger Würdigung aller in Betracht kommenden Umstände offenkundig ist. Offenkundigkeit wird hier, wie im Zeitungsdeutsch bereits üblich, mit Offensichtlichkeit verwechselt.
25 Vgl. *F. W. Krause* S. 37 ff., 44. So übrigens auch *Alsberg* JW 1918 S. 792.
26 Die Nutzlosigkeit der Trennung von Gerichts- und Allgemeinkundigkeit behauptet neuerdings *Walter* (S. 284). Er hält für offenkundig, was der Richter, gleichgültig, aus welcher Quelle, jedenfalls aber außerhalb des konkreten Prozesses, weiß oder ohne weiteres feststellen kann (S. 276). Daß damit praktisch nichts anzufangen ist, liegt auf der Hand.
27 Da § 291 ZPO nur die »Tatsache« erwähnt, besteht Streit darüber, ob auch Erfahrungssätze unter die Vorschrift fallen; vgl. *Wieczorek* § 291 ZPO Anm. A III a mit Nachw.
28 Das ist aber die Ansicht von *Wimmer* DRZ 1950 S. 390 (393).
29 So mit Recht *Sarstedt* S. 235 Fußn. 4.

oder auch nur weiter Kreise ist[30]. Eine Tatsache kann allgemeinkundig sein, auch wenn die meisten Menschen, die Prozeßbeteiligten oder sogar das ganze Gericht von ihr vor Beginn der Hauptverhandlung noch nie etwas gehört haben[31]. Die Notwendigkeit, gewisse Ermittlungen anzustellen, steht der Annahme der Allgemeinkundigkeit nicht von vornherein entgegen[32]. Es geht auch nicht an, das Wesen der allgemeinkundigen Tatsachen dahin auszudrücken, diese Tatsachen seien so allgemein bekannt, daß sie ohne Schikane, Naivität oder abnorme Vergeßlichkeit nicht bestritten werden können[33]. Denn dabei wird übersehen, daß dem, was jeder weiß oder wahrgenommen hat, notwendigerweise das gleichstehen muß, was jedermann ohne besondere Fachkenntnisse jederzeit aus zuverlässigen Quellen so in Erfahrung bringen kann, daß es auf die individuelle Wahrnehmung und die Grenzen, die ihr gesetzt sind, nicht mehr ankommt. Treffender ist daher schon die Formel *Steins*[34], wonach Allgemeinkundigkeit vorliegt, wenn Tatsachen so allgemein wahrgenommen sind oder so allgemein ohne ernstlichen Widerspruch verbreitet werden, daß ein verständiger und lebenserfahrener Mensch sich ebenso davon überzeugt erklären kann wie der Richter im Prozeß aufgrund der Beweisaufnahme[35]. Neuerdings hat sich eine Begriffsbestimmung durchgesetzt, die die allgemeine Kenntnis und die Gelegenheit, sie sich zu verschaffen, als die beiden möglichen Grundlagen der Allgemeinkundigkeit noch schärfer herausstellt. Danach sind allgemeinkundig alle Tatsachen und Vorgänge, von denen verständige und erfahrene Menschen regelmäßig ohne weiteres Kenntnis haben oder über die sie sich aus allgemein zugänglichen zuverlässigen Quellen unschwer unterrich-

---

30 So wurde der Begriff bestimmt von RGSt. 16 S. 327 (331); RG JW 1890 S. 189; 1929 S. 48 mit Anm. *Goldschmidt*; RG GA 39 S. 343; 47 S. 293 (294); OLG Düsseldorf VRS 3 S. 362; OLG Köln VRS 44 S. 211; *Alsberg* JW 1923 S. 758; *Brutzer* S. 58/59; *Gerland* S. 191; *Mannheim* JW 1928 S. 1230; *von Scanzoni* JW 1932 S. 420; *Schlosky* DRiZ 1933 S. 103 (104); *Stern* JW 1928 S. 2999. Die oft gebrauchte Formulierung, Tatsachen seien offenkundig, wenn kein vernünftiger Grund besteht, sie in Zweifel zu ziehen, weil ihre Kenntnis Gemeingut weiter Kreise ist, geht zurück auf Teil I Tit. 10 § 56 der preuß. Allg. Gerichtsordnung von 1793 (vgl. RGSt. 16 S. 327 [330]).
31 Vgl. *Eb. Schmidt* Teil I Rdnr. 382; *F. W. Krause* S. 38; *Nüse* GA 1955 S. 72; *Rieker* S. 62; *Sarstedt* S. 234, 237; *Stein* S. 138. – A. A. *von Scanzoni* JW 1932 S. 420; *Wach* Vorträge S. 209.
32 Dabei handelt es sich um Ermittlungen im Freibeweis; vgl. *Simader* S. 149.
33 Diese Definition, die ihre Wurzel im älteren kanonischen Recht hat (vgl. RGSt. 16 S. 327 [329]; *Stein* S. 143 Fußn. 15), wurde eigenartigerweise von fast allen älteren Lehrbüchern des Strafprozeßrechts übernommen; vgl. z. B. *Beling* S. 287; *Bennecke/Beling* S. 286; *zu Dohna* S. 96; *Gerland* S. 191; *von Kries* S. 339; *Ullmann* S. 331. Hiergegen mit Recht *Eb. Schmidt* Teil I Rdnr. 382; *F. W. Krause* S. 37/38; *Simader* S. 148; *Stein* S. 143. Neuerdings will *Geppert* (S. 155 Fußn. 102) den Schikanegedanken unterstützend heranziehen.
34 S. 147.
35 Ebenso *Stein/Jonas* § 291 ZPO Anm. I 1; *Kreuzer* S. 48; *Rieker* S. 62; *Schmidt-Hieber* S. 11; *Schultz* Schmidt-Festgabe S. 285; *Simader* S. 148. Auch die Voraufl. (S. 111) verwendete diese Begriffsbestimmung.

ten können³⁶, ohne daß dazu besondere Fachkenntnisse nötig sind³⁷. Ob diese Voraussetzungen vorliegen, muß das Gericht mit der gebotenen Vorsicht und Zurückhaltung beurteilen. Es muß sich von unangebrachter Engherzigkeit ebenso freihalten wie von der Neigung, alles Bekannte einfach für allgemeinkundig zu erklären³⁸.

b) Beschränkte Allgemeinkundigkeit. Die Allgemeinkundigkeit wird nicht dadurch ausgeschlossen, daß die Kenntnis der Tatsache örtlich, zeitlich oder persönlich beschränkt ist³⁹. Daß von Vorgängen oder Zuständen, die die Allgemeinheit an einem bestimmten Ort kennt, anderswo überhaupt nichts oder nur wenigen Personen etwas bekannt ist, spielt keine Rolle⁴⁰. Eine auf einen bestimmten Ort beschränkte Allgemeinkundigkeit hat für die innerhalb dieses Gebiets zu entscheidenden Prozesse daher dieselbe forensische Bedeutung wie eine »Welt«öffentlichkeit⁴¹. Allgemeinkundig können z. B. der Zeitpunkt einer Überschwemmung in einem kleinen Ort oder die Verkehrsverhältnisse an einer bestimmten Stelle im Bereich einer kleinen Gemeinde sein⁴². Das hat zur Folge, daß Tatsachen, die beim Amtsgericht allgemeinkundig sind, beim Berufungsgericht unbekannt sein können. Die Allgemeinkundigkeit im ersten Rechtszug begründet keine bei den höheren Gerichten⁴³.

Was für die örtlich beschränkte Allgemeinkundigkeit gilt, trifft auch auf die zeitliche Beschränkung zu. Tatsachen, die einer bestimmten Generation geläufig

---

36 BVerfGE 10 S. 177 (183) = NJW 1960 S. 31; BGH 5 StR 646/53 vom 19. 1. 1954; KG NJW 1972 S. 1909; *Kleinknecht* § 244 Rdnr. 10; KMR *Paulus* § 244 Rdnr. 210; *Dahs/Dahs* Rdnr. 65; *Geppert* S. 154; *Gössel* S. 255; *Henkel* S. 265; *Kühne* Rdnr. 450; *Roxin* § 24 C II 1; *Rüping* Rdnr. 415; *Sarstedt* S. 233/234; *Wolschke* S. 225.

37 BGHSt. 6 S. 292 (293); 26 S. 56 (59); BGH VRS 58 S. 374; BGH bei *Spiegel* DAR 1981 S. 199; BSG NJW 1979 S. 1063; KK *Herdegen* § 244 Rdnr. 78; LR *Gollwitzer* § 244 Rdnr. 198 und § 261 Rdnr. 18; *Hanack* JZ 1970 S. 651 (652); *Köhler* S. 65; *Koeniger* S. 277; *F.W. Krause* S. 44; *Kreuzer* S. 49; *Nüse* GA 1955 S. 72; *Peters* S. 289; *Simader* S. 148; *Wenner* S. 88.

38 Vgl. *Stein/Jonas* § 291 ZPO Anm. I 1; *Alsberg* JW 1918 S. 792 (793); *Nüse* GA 1955 S. 72 (73).

39 BGHSt. 6 S. 292 (293); BGH VRS 58 S. 374; KK *Herdegen* § 244 Rdnr. 78; *Stein/Jonas* § 291 ZPO Anm. I 1; *Henkel* S. 265; *Nüse* GA 1955 S. 72 (73); *Schmidt-Hieber* S. 13.

40 BGHSt. 6 S. 292 (293); BGH bei *Spiegel* DAR 1981 S. 199; RG GA 39 S. 343; *Kleinknecht* § 244 Rdnr. 10; KMR *Paulus* § 244 Rdnr. 211; LR *Gollwitzer* § 261 Rdnr. 28; *Wieczorek* § 291 ZPO Anm. A III b 1; *Beling* JW 1925 S. 796; *Brutzer* S. 59; *Gössel* S. 255; *Goldschmidt* S. 441 Fußn. 2310; *Hanack* JZ 1970 S. 561 (562); *Koch* DAR 1961 S. 275; *Koeniger* S. 277; *Lent* ZZP 60 S. 9 (45); *Schlosky* DRiZ 1933 S. 103 (104); *Schmidt-Hieber* S. 13. Vgl. z. B. den Fall RGSt. 31 S. 185, wo es das RG (S. 187) nicht beanstandete, daß ein Gericht mit Sitz in Posen bestimmte Tatsachen über den Nationalcharakter der Polen als allgemein bekannt bezeichnete.

41 Die Unterscheidung zwischen Welt-, Volks- und Ortskundigkeit findet sich nur im älteren Schrifttum; vgl. etwa *Langenbeck* ZZP 4 S. 470 (471/472); *Wach* Vorträge S. 208.

42 BGHSt. 6 S. 292 (293); BGH VRS 58 S. 374; OLG Köln VRS 44 S. 211; KMR *Paulus* § 244 Rdnr. 211; *Henkel* S. 265.

43 Vgl. *Stein/Jonas* § 291 ZPO Anm. II 2; *Wieczorek* § 291 ZPO Anm. A III c 6; *Lent* ZZP 60 S. 9 (45); *Stein* S. 171.

waren, können in einer späteren in Vergessenheit geraten sein. Auch sonst kann die Erinnerung an Ereignisse, die in der ersten Zeit nach ihrem Eintritt allgemein bekannt waren, nach einiger Zeit verblassen. Allgemeinkundig sind die Tatsachen trotzdem, wenn es möglich ist, sich auch später noch aus allgemein zugänglichen zuverlässigen Quellen von ihrem Bestehen zu unterrichten. Andernfalls ist die Allgemeinkundigkeit weggefallen[44].

Die Beschränkung der Allgemeinkundigkeit auf einen begrenzten Kreis von Personen ist ebenfalls möglich[45]. Das ist vor allem für den Fall von Bedeutung, daß eine Tatsache zwar, weil der Richter von ihr nicht amtlich Kenntnis erlangt hat, nicht gerichtskundig, aber in den beteiligten Richterkreisen so allgemein bekannt ist, daß sie als allgemeinkundig angesehen werden kann[46].

c) **Quellen.** Allgemeinkundig sind außer den Vorgängen, die von jedermann wahrgenommen werden können, alle Tatsachen, die zuverlässigen und allgemein zugänglichen Quellen entnommen werden können. Dazu gehören insbesondere diejenigen Tatsachen, die sich aus Landkarten, Lexika und anderen Nachschlagewerken, Kurs- und Adreßbüchern, Kalendern, Kurszetteln der Banken, Geschichtsbüchern, Wetterberichten der meteorologischen Institute und ähnlichen Veröffentlichungen ohne weiteres feststellen lassen[47]. Selbstverständlich sind auch Zeitungen, Zeitschriften, Rundfunk und Fernsehen Quellen der Allgemeinkundigkeit; die Presse ist sogar eine ihrer wichtigsten[48]. Die Ablehnung einer Beweiserhebung über eine Tatsache mit der Begründung, sie sei allgemeinkundig, setzt aber immer voraus, daß die größtmögliche Gewißheit darüber besteht, daß das, was über die Tatsache veröffentlicht ist, der Wahrheit entspricht. Da andererseits die beklagenswerte Unzuverlässigkeit der Presseberichterstattung allgemein bekannt ist, darf vieles, was in Zeitungen und Zeitschriften gemeldet wird, nicht als allgemeinkundig behandelt werden[49]. Das gilt nicht nur für die Phantasieprodukte der sog. Regenbogenpresse, die um der Sensation und des Verkaufserfolges willen mit außergewöhnlicher Skrupellosigkeit »Tatsachen« erfindet, sondern auch für die als seriös geltende oder sich seriös gebende Presse. Handelt es sich um Ereignismeldungen, die übereinstimmend in allen einschlägigen Presseerzeugnissen veröf-

---

44 Vgl. KMR *Paulus* § 244 Rdnr. 206; LR *Gollwitzer* § 261 Rdnr. 28; *Stein/Jonas* § 291 ZPO Anm. I 1; *Wieczorek* § 291 ZPO Anm. A III b 1; *Lent* ZZP 60 S. 9 (45); *Schmidt-Hieber* S. 13; *Stein* S. 141. Vgl. auch BGH 3 StR 41/64 vom 30. 10. 1964, wo der BGH Feststellungen zu den Zielsetzungen von politischen Vereinigungen, die nur wenige Jahre vorher in den Entscheidungen BGHSt. 15 S. 167 und 16 S. 15 getroffen worden waren, nicht mehr gelten ließ; dazu *Schroeder* ROW 1969 S. 193 (196).
45 BGHSt. 6 S. 292 (293); *Gössel* S. 255.
46 Vgl. unten S. 548.
47 Vgl. *Eb. Schmidt* Teil I Rdnr. 382; *Hanack* JZ 1970 S. 561 (562); *Henkel* S. 265; *Nüse* GA 1955 S. 72; *Simader* S. 149.
48 *Stein/Jonas* § 291 ZPO Anm. I 1 bezeichnen Presse, Rundfunk und Fernsehen gegenwärtig als die eigentlichen Träger der Allgemeinkundigkeit.
49 So schon *Stein* S. 145 ff., der (S. 147) eine Prüfung für erforderlich hält, die sorgfältig »die Spreu vom Weizen trennt«. Auch *Eb. Schmidt* Teil I Rdnr. 382 Fußn. 105 mahnt zu größter Vorsicht.

fentlicht werden, wie z. B. die Tatsache, daß an einem bestimmten Tag eine Überschwemmung stattgefunden hat, ein Flugzeug abgestürzt, ein Vulkan ausgebrochen, ein Bauwerk eingestürzt, ein Politiker gestorben ist, so wird daraus in der Regel die Allgemeinkundigkeit festgestellt werden können. Veröffentlichungen über Ereignisse oder Vorgänge, die nicht so allgemein bekannt geworden sind, daß eine Falschmeldung aufgefallen wäre, sind hingegen zwar darin zuverlässig, daß der Verfasser des Berichts bestimmte Tatsachen behauptet, nicht jedoch darin, was er als Tatsachen mitteilt. Nur die Tatsachenbehauptung, nicht die Tatsache selbst ist dann allgemeinkundig[50]. Das gilt insbesondere für Berichte über Äußerungen von Politikern und anderen Personen der Zeitgeschichte. Im allgemeinen besteht keine Gewähr dafür, daß die Äußerungen den Inhalt hatten, den das Presseorgan wiedergibt. Tatsachenangaben in Büchern, Broschüren und ähnlichen Druckerzeugnissen sind mit derselben Vorsicht zu bewerten. Vor allem biographische und autobiographische Werke enthalten häufig unwahre oder nicht sicher beweisbare Tatsachen und können daher nur mit äußerster Zurückhaltung als Quellen der Allgemeinkundigkeit herangezogen werden[51].

d) Allgemeinkundige Tatsachen im einzelnen. Allgemeinkundig können Tatsachen der verschiedensten Art sein.

(1) In **erster Hinsicht** handelt es sich um Naturvorgänge, um geschichtliche oder politische Ereignisse, biographische und andere Daten, geographische Verhältnisse, wie die Lage und Beschaffenheit öffentlicher Bauten und Straßen, Lage und Entfernung von Örtlichkeiten, Verkehrsverbindungen[52]. Keines Beweises bedürfen etwa der jeweilige Kurs eines Wertpapiers, der Inhalt einer Börsenordnung[53], die allgemeine politische Lage am Tage eines für die Vertragsabwicklung entscheidenden Vorfalls[54], die Ziele einer politischen Partei[55], die allgemeinen politischen Grundtatsachen[56], die wirtschaftlichen und sittlichen Zustände im Lande[57], der allgemeine Charakter einer periodischen Druckschrift[58], die Lage von Ortschaften, die Entfernung zwischen zwei Orten[59], der Straßenverlauf in einer Ortschaft[60], die Länge einer Verfolgungsstrecke, deren Anfangs- und Endpunkte

---

50 KG NJW 1972 S. 1909 (die Entscheidung betrifft den Bericht einer Illustrierten über das Einkommen von Berufsfußballspielern), ebenso KK *Herdegen* Rdnr. 78; *Kleinknecht* Rdnr. 10; KMR *Paulus* Rdnr. 210; LR *Gollwitzer* Rdnr. 201; alle zu § 244; LR *Gollwitzer* § 261 Rdnr. 29; *Eb. Schmidt* Teil I Rdnr. 382 Fußn. 105.
51 Vgl. dazu *Sarstedt* S. 234.
52 Vgl. *F.W. Krause* S. 38; *Rieker* S. 62; *Schmidt-Hieber* S. 13.
53 RG JW 1888 S. 178.
54 RG LZ 1917 Sp. 45.
55 RG SeuffBl. 72 S. 739.
56 BGHSt. 15 S. 167 (Ziele der SED in bezug auf die Bundesrepublik Deutschland).
57 RG Recht 1924 Nr. 369.
58 RG JW 1893 S. 225.
59 BGH bei *Martin* DAR 1971 S. 121; RGRspr. 3 S. 301; 4 S. 120; *Stein/Jonas* § 291 ZPO Anm. I 1; *Simader* S. 149. Vgl. auch RG Recht 1913 Nr. 1547, wo fälschlich von Gerichtskundigkeit die Rede ist.
60 OLG Hamm VRS 14 S. 454; OLG Saarbrücken VRS 48 S. 453 (454).

bekannt sind[61], die Breite einer Straße[62], die allgemeinen Verhältnisse des Straßenverkehrs[63] und die aus dem Kursbuch feststellbaren Verkehrszeiten eines fahrplanmäßigen Zuges an einem bestimmten Tag. Daß die Geschwindigkeit eines Fahrzeugs nicht deshalb allgemeinkundig ist, weil man sie aus einer Bremswegtabelle ablesen kann, wenn man den Bremsweg kennt und mit der Tabelle umzugehen versteht, ist selbstverständlich[64].

(2) Die Allgemeinkundigkeit kann sich auch auf die **Verneinung von Tatsachen** beziehen[65]. Das setzt voraus, daß der Eintritt einer Tatsache von so vielen hätte bemerkt werden müssen, daß aus dem Fehlen einer solchen Beobachtung ohne weiteres auf ihr Ausbleiben geschlossen werden kann[66]. In diesem Sinne ist allgemeinkundig, daß seit 1945 in Europa kein Krieg mehr stattgefunden, daß ein bestimmter Ort keine Eisenbahnverbindung hat und dergl. mehr.

(3) Die Behandlung der **geschichtlichen Tatsachen**[67], die im Schrifttum für problematisch gehalten worden ist[68], bereitet, wenigstens nach der rechtlichen Seite, im Grunde keine Schwierigkeiten. Über Tatsachen der Geschichte, die aufgrund historischer Forschung allgemein als bewiesen gelten, kann sich jedermann aus Geschichtsbüchern, Lexika und ähnlichen Nachschlagewerken ohne besondere Sachkunde unterrichten. Sie sind daher allgemeinkundig[69]. Das gilt z. B. für die Regierungszeit der Monarchen, den Gebietsstand der Länder in der Vergangenheit, das Datum einer Schlacht und den Zweck oder Verlauf eines Feldzuges in sei-

---

61 OLG Hamburg JR 1964 S. 267 = VerkMitt. 1964 S. 39 (40).
62 KG JR 1960 S. 73.
63 OLG Köln JMBlNRW 1961 S. 261 (263).
64 Vgl. dazu OLG Düsseldorf VRS 3 S. 362; in einem solchen Fall steht nicht die Allgemeinkundigkeit in Frage, sondern die eigene Sachkunde des Gerichts, die es befähigt, die Frage ohne Hilfe eines Sachverständigen zu beantworten. Zur Abgrenzung vgl. unten S. 693.
65 Das darf nicht mit den unmöglichen Tatsachen verwechselt werden. Bei ihnen handelt es sich um negative Erfahrungssätze (vgl. unten S. 557).
66 Vgl. *Stein/Jonas* § 291 ZPO Anm. I 1 Fußn. 7; *Stein* S. 150.
67 *Hegler* AcP 104 S. 151 (169 ff.) weist zutreffend darauf hin, daß geschichtliche Tatsachen notfalls durch Sachverständigengutachten bewiesen werden müssen. Das unterscheidet sie von Tatsachen anderer Art, macht sie aber nicht zu Erfahrungssätzen (a. A. *Hegler* Rechtsgang I S. 192 [209 ff. Fußn. 6]). *Lent* ZZP 60 S. 9 (47/48) spricht davon, daß der Geschichtssachverständige keine Tatsachen, sondern aufgrund seiner Fachkenntnisse seine wissenschaftliche Überzeugung vorträgt.
68 Vgl. *Belings* Aufsatz über die »Weltgeschichtsforschung im Gerichtssaal« in DStrZ 1918 Sp. 199.
69 Vgl. RGSt. 16 S. 327 (331); BayObLGSt. 1949/51 S. 174 (178); *Kleinknecht* § 244 Rdnr. 10; *Stein* S. 139, 169. Vgl. auch *Hegler* AcP 104 S. 151 (170 ff.) und Rechtsgang I S. 192 (210 ff.). BGH MDR 1976 S. 138 spricht allgemein von »historischen Quellen«. Vgl. auch RG JW 1932 S. 420 mit abl. Anm. *von Scanzoni*; das RG hielt für möglich, daß die Amtszeit des Reichskanzlers Müller und die Umstände des Baues des Panzerkreuzers A allgemeinkundig sind.

nen wesentlichen Zügen[70]. Weil der Tod einer Persönlichkeit der Welt- und Geistesgeschichte wie Luther eindeutig feststeht, ist die Behauptung abwegig, er habe durch den Strick geendet; eine Bestrafung nach § 166 StGB erfordert keine Beweiserhebung über die Unrichtigkeit dieser Behauptung[71]. Das heißt nicht, daß geschichtliche Tatsachen dem Beweis in der Hauptverhandlung völlig entrückt wären. Die Überlieferung kann trügen, und eine Nachprüfung kann aus diesem Grund erforderlich sein[72]. Außerdem besteht über viele Vorgänge, die der geschichtlichen Vergangenheit angehören, keine eigentliche Geschichtskunde[73]; andere sind ungeklärt. In diesen Fällen versagt die Allgemeinkundigkeit, und das Gericht muß Beweise erheben. Ist die Richtigkeit einer Tatsache in der Geschichtswissenschaft umstritten, so wird sie auch nicht dadurch allgemeinkundig, daß über sie viel geschrieben und verbreitet worden ist. Der Tod des spanischen Infanten Don Carlos, als historisches Ereignis schon durch Schillers Drama bekannt, und der Selbstmord des österreichischen Thronfolgers Erzherzog Rudolf im Jahre 1889 sind in ihren Ursachen und näheren Umständen niemals restlos aufgeklärt worden; ohne Beweisaufnahme könnte sich kein Gericht einer der darüber verbreiteten Lesarten anschließen.

Besondere Vorsicht ist angebracht, wenn zeitgeschichtliche Ereignisse der jüngsten Vergangenheit für die Entscheidung von Bedeutung sind[74]. Ist der Strafrichter gezwungen, ihnen in ihren Ursachen, Zusammenhängen und Wirkungen nachzuspüren, so werden besondere Anforderungen an sein kritisches Urteil gestellt. Das schließt natürlich nicht aus, auch Tatsachen der neueren und jüngsten Geschichte für allgemeinkundig zu halten[75]. In der Nachkriegsrechtsprechung sind z. B. die Personalverhältnisse der Amtschefs im Reichssicherheitshauptamt und die Tatsache, daß die Verweigerung verbrecherischer Befehle unter dem NS-Regime nicht notwendig eine Leibes- oder gar Lebensgefahr mit sich brachte, für allgemeinkundig gehalten worden[76]. Als allgemeinkundig ist auch die Härte der Rechtsprechung

---

70 Vgl. über die Kämpfe im Baltikum im Jahre 1919 das Urteil RGSt. 58 S. 308. Bemerkenswert ist, daß das RG sich des Buches von *Rüdiger von der Goltz*, Meine Sendung in Finnland und im Baltikum, als Quelle der Allgemeinkundigkeit bestimmter Tatsachen bedient hat.
71 Vgl. dazu RG DJZ 1900 Sp. 362; *Rieker* S. 62. Historische Ereignisse bildeten auch den Gegenstand der Entscheidung RGSt. 28 S. 171 (172).
72 Im Fall der Entscheidung RGSt. 22 S. 238 (239) hatte das LG Beuthen unter Billigung des RG die Reliquieneigenschaft des heiligen Rocks zu Trier als offenkundig festgestellt, sich hierbei aber über die tatsächlichen Voraussetzungen geirrt; vgl. *Wach* in Dt. Zeitschrift für Kirchenrecht 2 S. 182 ff.
73 Im Fall RG WarnJ 1908 S. 306 mußte der Tatrichter verschollene Einzelheiten aus der Geschichte der friderizianischen Kolonisation im Warthe- und Netzegebiet ermitteln. Auch die Prozesse, die nach 1918 aus Anlaß der vermögensrechtlichen Auseinandersetzungen der entthronten Fürstenhäuser mit den deutschen Staaten entstanden, zwangen teilweise zu einem Eingehen auf unerforschte historische Einzelheiten.
74 Vgl. LR *Gollwitzer* § 261 Rdnr. 28; *Eb. Schmidt* Teil I Rdnr. 382; *Nüse* GA 1955 S. 72 (73); *Schroeder* ROW 1969 S. 193 (195); *Wimmer* DRZ 1950 S. 390 (393).
75 Aus der Rspr. des RG vgl. RGSt. 53 S. 65; 56 S. 259; 62 S. 65 (69).
76 LG Hamburg MDR 1968 S. 344.

mancher Gerichte unter dem NS-Regime[77] und der Umstand angesehen worden, daß jeder Widerstand gegen die Führung dieses Regimes und ihre Bestrebungen im Keim erstickt worden, jedenfalls aber zum Scheitern verurteilt gewesen wäre[78]. Ferner sind die Vorgänge bei der Befreiung der Insassen der Lufthansa-Maschine in Mogadischu/Somalia am 17. 10. 1977 als allgemeinkundig behandelt worden[79]. Das Gericht ist selbstverständlich auch nicht gehindert, Ereignisse der jüngsten Geschichte für allgemeinkundig zu halten, deren Richtigkeit ein kleiner Kreis von politischen Extremisten aus offensichtlicher Dummheit, Unbelehrbarkeit oder Böswilligkeit bestreitet. Daß Deutschland unter dem NS-Regime ein Unrechtsstaat war, der vor allem mit politischen Gegnern nach Belieben verfuhr, ist ebenso allgemeinkundig[80] wie die Tatsache, daß Hitler den zweiten Weltkrieg verschuldet hat, daß die Juden unter dem NS-Regime unterdrückt, verfolgt[81] und in Konzentrationslager verbracht[82] und daß Millionen von ihnen[83] zusammen mit Zigeunern und Kriegsgefangenen in den Vernichtungslagern der SS im Kriege umgebracht worden sind.

e) Ausschluß der Allgemeinkundigkeit für unmittelbar beweiserhebliche Tatsachen.
Die Befugnis des Gerichts, von einer Beweisaufnahme wegen Allgemeinkundigkeit der Beweistatsache abzusehen, findet ihre Grenze an der sich aus § 244 Abs. 2 ergebenden Pflicht zur vollständigen Aufklärung der Sache. Die Aufklärungspflicht wäre verletzt, wenn das Gericht die dem Angeklagten vorgeworfene Straftat selbst oder einzelne ihrer Merkmale, also unmittelbar beweiserhebliche Tatsachen, für allgemeinkundig erachtete[84]. *Stein*[85] begründete die Unmöglichkeit, ein Urteil auf die Allgemeinkundigkeit von unmittelbar beweiserheblichen Tatsachen zu stützen, mit der Erwägung, eine Tatsache werde fast niemals in allen Einzelheiten so allgemein bekannt, wie sie in dem Prozeß festgestellt werden müßte. Die Vorauflage[86] hatte sich dem angeschlossen, aber betont, daß der Satz nicht zum Schema werden darf. In Wahrheit ist dieser praktische Gesichtspunkt nur in zweiter Hinsicht von Bedeutung. Die Frage ist rechtlicher Art. Entscheidend ist, daß die Schuld des Angeklagten nur in öffentlicher Verhandlung unter Beachtung der Grundsätze der Mündlichkeit, Unmittelbarkeit und des rechtlichen Gehörs festgestellt werden darf[87]. Nur das gewährleistet eine vollständige Aufklärung des Tatge-

---

77 BGHSt. 3 S. 110 (127).
78 BayObLGSt. 1949/51 S. 174 (200).
79 OLG Düsseldorf JMBlNRW 1980 S. 155 (156) = MDR 1980 S. 868 (869).
80 Vgl. OGHSt. 2 S. 17 (18).
81 BGHSt. 2 S. 234 (241); OGHSt. 2 S. 11 (15); S. 291 (297, 301 ff.).
82 BGHSt. 1 S. 391 (397).
83 BayObLGSt. 1949/51 S. 174 (179); vgl. auch BVerfG NJW 1982 S. 1803, das es ausdrücklich billigt, daß die Gerichte diese Massenvernichtung als offenkundig und die bloße Benennung einzelner Zeugen als unerheblich beurteilen.
84 Vgl. *Spendel* JuS 1964 S. 465 (468).
85 S. 149.
86 S. 122.
87 Vgl. *Hauser* S. 27; *F.W. Krause* S. 41. Die Entscheidung BGHSt. 6 S. 292 (295) erörtert die Frage für den Fall der Gerichtskundigkeit; vgl. dazu unten S. 548.

schehens. Das Gericht darf aus diesem Grund die Erhebung von Beweisen darüber, ob und wie der Angeklagte die ihm vorgeworfene Tat begangen hat, nicht deshalb ablehnen, weil sie seinerzeit solches Aufsehen erregt hatte, daß alle wissenswerten Einzelheiten in Zeitungen oder Zeitschriften veröffentlicht oder im Rundfunk oder Fernsehen verbreitet worden sind[88]. Das gilt sogar für den Fall, daß ein Verbrechen, etwa ein politischer Mord, vor Fernsehkameras verübt und die Tatumstände dadurch zur Kenntnis der ganzen Nation gelangt sind. Der Fernsehfilm kann als Beweismittel benutzt werden; aber daß die Tatsachen allgemein bekannt sind, ändert nichts an der rechtlichen Unzulässigkeit, sie der Entscheidung ohne Beweisaufnahme zugrunde zu legen.

Der Ausschluß der Allgemeinkundigkeit[89] erstreckt sich auf alle Tatsachen, die unmittelbar beweiserheblich sind, mit denen also das Vorliegen oder Fehlen der Merkmale des gesetzlichen Tatbestandes, der Rechtswidrigkeit und der Schuld unmittelbar bewiesen wird[90]. Alle nur mittelbaren Beweistatsachen (Indiz- und Hilfstatsachen) können allgemeinkundig sein. Der Satz, daß das Gericht ohne Beweisaufnahme nur Umstände berücksichtigen darf, die im Hintergrund der eigentlichen Tat stehen[91], ist daher ungenau. Für einen Alibibeweis kann z. B. die Frage, ob ein bestimmter Tag ein Feiertag war oder ob eine Verkehrsverbindung mit einem bestimmten Ort möglich gewesen ist, durchaus von entscheidender Bedeutung sein. Eine solche Tatsache steht nicht eigentlich im Hintergrund der Tat; sie ist aber nicht unmittelbar beweiserheblich, sondern ein bloßes Beweisanzeichen. Nur hierauf kommt es für die Frage an, ob die Tatsache als allgemeinkundig berücksichtigt werden darf[92].

Das Verbot, der Entscheidung unmittelbar beweiserhebliche Tatsachen ohne Beweisaufnahme zugrunde zu legen, hat vor allem Bedeutung für den Fall, daß der Inhalt einer Schrift den Straftatbestand erfüllt. Von der Beweiserhebung darf dann nicht deshalb abgesehen werden, weil die Schrift (Buch, Zeitung oder Zeitschrift) jederzeit im Buchhandel beschafft oder in Bibliotheken eingesehen werden kann, ihr Inhalt also allgemeinkundig ist[93]. Die Schrift muß verlesen werden, sofern nicht alle Prozeßbeteiligten nach § 249 Abs. 2 Satz 1 darauf verzichten.

88 Vgl. KMR *Paulus* § 244 Rdnr. 209; *Glaser* Beiträge S. 38 Fußn. 4; *Henkel* S. 265; *von Hippel* S. 381 ff.; *F.W. Krause* S. 40; *Kühne* Rdnr. 450; *Rüping* Rdnr. 415; ebenso wohl *Geppert* S. 157. Vgl. aber *Spendel* JuS 1964 S. 465 (468), der einzelne Tatsachen des zu erforschenden Sachverhalts, nur nicht die Straftat als Ganzes, als allgemeinkundig gelten lassen will.
89 Zu beachten ist, daß der Ausschluß immer nur für das Verfahren gilt, in dem die Tatsache unmittelbar beweiserheblich ist; in einem anderen, in der sie nur als Indiz in Betracht kommt, darf sie durchaus als allgemeinkundig behandelt werden.
90 OLG Zweibrücken VRS 61 S. 434 (435); KMR *Paulus* § 244 Rdnr. 209; vgl. RG JW 1890 S. 189 für die Frage des Vorsatzes.
91 Der Satz geht zurück auf *Glaser* Beiträge S. 38 Fußn. 4; seine Ausführungen wirken noch in der Entscheidung BGHSt. 6 S. 292 (295) nach.
92 Die Frage ist auch bei der Gerichtskundigkeit von Bedeutung; vgl. unten S. 550.
93 Vgl. KMR *Paulus* § 244 Rdnr. 209; LR *Gollwitzer* § 244 Rdnr. 201; *Solbach/Vedder* JA 1980 S. 99 (104); a. A. *Heiligmann* NJW 1972 S. 1961 und *W. Schmid* ZStW 85 S. 893 (903 ff.), der nur verlangt, daß die Schrift noch im legalen Handel zu beschaffen ist.

f) Kenntnis des Gerichts von den allgemeinkundigen Tatsachen. Die Ablehnung eines Beweisantrags wegen Allgemeinkundigkeit einer Tatsache setzt denknotwendig die Kenntnis des Gerichts[94], das über den Antrag zu entscheiden hat, von der Tatsache und ihrer Allgemeinkundigkeit voraus. Es darf die Allgemeinkundigkeit nicht daraus herleiten, daß ein anderes Gericht sie bejaht oder ein Revisionsgericht eine derartige Feststellung eines anderen Tatrichters aus Rechtsgründen nicht beanstandet hat[95]. Die Kenntnis von der allgemeinkundigen Tatsache muß der Richter aber nicht schon bei Beginn der Hauptverhandlung haben. Es genügt, daß er sich die notwendigen Kenntnisse bis zur Entscheidung über den Beweisantrag verschafft[96]. Dazu ist er nicht nur berechtigt, sondern verpflichtet[97].

Woher die Richter die Kenntnis der Allgemeinkundigkeit haben, ob sie sie als Privatleute oder aufgrund amtlicher Kenntnis in die Verhandlung mitbringen, und woher und mit welchen Mitteln sie sie erwerben, wenn sie ihnen zunächst noch fehlt, ist gleichgültig[98]. Regelmäßig wird der Richter Lexika und andere Nachschlagewerke, das einschlägige Schrifttum, Stadtpläne und ähnliches heranziehen. Er kann sich dadurch noch in der Hauptverhandlung im Wege des Freibeweises[99] die notwendigen Kenntnisse verschaffen, sich etwa bei einer im Gerichtssaal befindlichen Person nach Tatsachen erkundigen, deren Allgemeinkundigkeit unzweifelhaft ist, insbesondere den Protokollführer oder den Saalwachtmeister hierüber befragen[100]. Auch anderswo kann er Auskünfte einholen. Er muß nur stets beachten, daß der Begriff der Allgemeinkundigkeit die Möglichkeit der Unterrichtung aus allgemein zugänglichen Quellen ohne besondere Fachkenntnisse voraussetzt. Auskünfte von Stellen, die nicht allgemein zugänglich sind, darf er nur insoweit verwerten, als sie sich darauf beziehen, aus welchen allgemein zugänglichen Quellen er sich von der Allgemeinkundigkeit der Beweistatsache überzeugen kann.

Wenn das Gericht örtlich oder persönlich von dem Kreis, in dem sich die Allgemeinkundigkeit gebildet hat, ausgeschlossen ist, muß es über die Tatsache oder über ihre beschränkte Allgemeinkundigkeit Beweis erheben[101]. Dieser Beweis des »Fremdnotorischen« wird durch Zeugen geführt[102] und hat den Charakter eines

---

94 Darunter ist nicht die Behörde, sondern der im Einzelfall zur Entscheidung berufene Spruchkörper zu verstehen; vgl. *Stein/Jonas* § 291 ZPO Anm. I 1 Fußn. 8; *Stein* S. 153/154.
95 BGHSt. 6 S. 292 (296); BGH 6 StR 92/54 vom 12. 5. 1954; RGSt. 16 S. 327.
96 Vgl. *Rieker* S. 63; *Schmidt-Hieber* S. 18; *Simader* S. 151; *Schönke* in Festgabe für Leo Rosenberg, 1949, S. 217 (222); *Stein* S. 170; a. A. *Wieczorek* § 291 ZPO Anm. A III c 1.
97 Vgl. *Wach* Vorträge S. 209.
98 Vgl. *Stein/Jonas* § 291 ZPO Anm. I 2; *Rieker* S. 63; *Simader* S. 149; *Wach* Vorträge S. 209/210.
99 Vgl. *Hegler* AcP 104 S. 151 (172); *Simader* S. 149; a. A. *Geppert* S. 158, der dann das »ehrlichere« Mittel des Urkundenbeweises fordert.
100 *Stein* S. 170; die hiergegen von *von Kries* S. 340 und *Schmidt-Hieber* S. 18 Fußn. 39 geäußerten Bedenken erscheinen nicht gerechtfertigt.
101 Vgl. KK *Herdegen* § 244 Rdnr. 78. In diesem Sinn sah § 3 des preuß. Gesetzes über die Erteilung von Erbbescheinigungen vom 12. 3. 1869 (GS S. 473) die Vernehmung von »Notorietätszeugen« vor.
102 Vgl. *Lent* ZZP 60 S. 9 (46).

Indizienbeweises, dessen Schlüssigkeit auf dem Erfahrungssatz beruht, daß allgemeinkundige Tatsachen gewöhnlich wahr sind[103]. Der Weg der privaten formlosen Unterrichtung ist dem Gericht in solchen Fällen versperrt. Ein im Ort X amtierender Richter darf daher seiner Entscheidung keine Tatsache zugrunde legen, die nur in Y allgemeinkundig ist und deren Kenntnis er einem dort lebenden Verwandten verdankt.

Hält das Gericht eine Tatsache für allgemeinkundig, so erübrigt sich der Beweis, daß sie wirklich außerhalb des Gerichts bekannt ist. Das Vorhandensein der »Gerichtsoffenkundigkeit« entzieht sich schon begrifflich dem Beweis[104].

2. Gerichtskundigkeit

a) **Einordnung.** Daß neben den allgemeinkundigen Tatsachen auch Tatsachen offenkundig sind, deren Kenntnis sich auf das Gericht beschränkt, wurde früher geleugnet[105], ist jetzt aber allgemein anerkannt. Die Gerichtskundigkeit ist ein Unterfall der Offenkundigkeit, nicht der Allgemeinkundigkeit[106]. Gerichtskundige Tatsachen müssen daher nicht allgemein bekannt sein[107]. Ob allgemeinkundige Tatsachen zugleich gerichtskundig sind, spielt keine Rolle[108].

103 Vgl. *Stein/Jonas* § 291 ZPO Anm. II 1; *Goldschmidt* S. 441 Fußn. 2311; *Stein* S. 168.
104 RG GA 39 S. 342; RG SeuffBl. 72 S. 739; *von Kries* S. 340; *Meves* GA 40 S. 291 (300); vgl. auch RGSt. 14 S. 364 (376).
105 Vgl. RGSt. 16 S. 327 (331); *zu Dohna* S. 97; *Hegler* Rechtsgang I S. 192 (209/210 Fußn. 6); *Rosenfeld* S. 67 und (mit Einschränkungen) II S. 18 Fußn. 1. – *Schultz* Schmidt-Festgabe S. 293/294 lehnte die Gerichtskundigkeit mit Rücksicht auf das öffentliche Interesse an einer zuverlässigen Rechtspflege ab, weil die Richtigkeit der gerichtskundigen Tatsachen nicht wie die der allgemeinkundigen von jedermann kontrolliert werden kann. Der StPO-Entwurf von 1909/11 wollte die Gerichtskundigkeit aus diesem Grunde sogar abschaffen; vgl. *Conrad* DJZ 1911 Sp. 1321 (1322 ff.). Bedenken äußert auch *Arzt*, Der befangene Strafrichter, 1969, S. 90/91. Neuerdings will *Peters* (S. 289) die Gerichtskundigkeit mit der Allgemeinkundigkeit verschmelzen. Er hält nur für gerichtskundig, was den Richtern des gesamten Gerichts allgemein bekannt ist oder als objektiv gesicherte Tatsachen, an denen verständige Menschen nicht zweifeln können, zuverlässig festgestellt werden kann.
106 BVerfGE 10 S. 177 (183) = NJW 1960 S. 31; *Stein* S. 157. Falsch daher RG GA 39 S. 342 (343), wo Gerichtskundigkeit und Allgemeinkundigkeit gleichgesetzt werden, und RG GA 39 S. 343; RG Recht 1922 Nr. 1481; RG SeuffBl. 73 S. 763; *Stein/Jonas* § 291 ZPO Anm. I 2; *Rosenfeld* II S. 18 Fußn. 1, die von der Gerichtskundigkeit i. e. S. sprechen. Auch *Alsberg* JW 1918 S. 792 (793) verstand unter Offenkundigkeit nur die Allgemeinkundigkeit und bezeichnete die Gerichtskundigkeit als deren »Sonderart« (anders dann 1. Aufl. S. 84, wo als Oberbegriff »Notorietät« verwendet wurde). Die Begriffsverwirrung, die früher geherrscht hat, schildert *Mannheim* JW 1928 S. 1230.
107 Die Forderung *Steins* (S. 161), sie müßten geeignet sein, offenkundige Tatsachen zu werden, bezieht sich nur darauf, daß es sich um »Tatsachen allgemeiner Art« handeln muß. Wie *Steins* Ausführungen zeigen, soll das aber nur bedeuten, daß nicht etwa Einzelumstände der Tatbegehung gerichtskundig sein können. Daß das zutrifft, ist unten S. 548 ff. dargelegt.
108 Vgl. *Stein* S. 157.

b) Begriff. Der Begriff Gerichtskundigkeit ist umstrittener als der der Allgemeinkundigkeit. Im einzelnen kommt es auf folgendes an:

(1) Gerichtskundig ist vieles, aber nicht alles, was der mit der Sache befaßte Richter[109] weiß, weil er Richter ist[110]. Es muß sich immer um Tatsachen handeln, die er im Zusammenhang mit seiner **amtlichen Tätigkeit** zuverlässig in Erfahrung gebracht hat[111]. Dabei spielt es keine Rolle, ob er die Kenntnis durch eigene amtliche Handlungen oder durch Wahrnehmungen erworben hat, zu denen er in amtlicher Eigenschaft gekommen ist[112], und ob er sie in dem anhängigen Verfahren oder in einem anderen erlangt hat[113]. Das Verfahren, das ihm die Kenntnis vermittelt hat, braucht kein Strafverfahren gewesen zu sein. Es kommen auch Tatsachen

---

109 Nur auf seine Kenntnisse, nicht auf die der Behörde an sich kommt es an; vgl. *Stein/Jonas* § 291 ZPO Anm. I 1 Fußn. 8; *Stein* S. 154, 158 ff. – A. A. *Peters* S. 289 (oben Fußn. 105). *Geppert* (S. 158) fordert das Wissen jedes Richters einer bestimmten Zeit und Gegend; da kein Richter genau weiß, was die anderen wissen und da das Wissen der Strafrichter von den Familien- und Nachlaßrichtern selten geteilt wird, würde das die Abschaffung der Gerichtskundigkeit bedeuten. Übrigens stützt die Entscheidung RGSt. 28 S. 171 (172), auf die sich *Geppert* beruft, seine Ansicht keineswegs; dort ist nur von dem »erkennenden Gericht als solchem« die Rede.
110 A. A. *Eb. Schmidt* Teil I Rdnr. 383; *Alsberg* JW 1918 S. 792; *Beling* S. 287; *F. W. Krause* S. 46; *Kühne* Rdnr. 451; *Rieker* S. 63; *Simader* S. 149; *Spendel* JuS 1964 S. 465 (468); Voraufl. S. 116, die alles richterliche Wissen für gerichtskundig halten; vgl. dazu unten S. 547.
111 BVerfGE 10 S. 177 (183) = NJW 1960 S. 31; BGHSt. 6 S. 292 (293); BGH VersR 1960 S. 511 (512); BGH bei *Spiegel* DAR 1977 S. 179; BSG NJW 1973 S. 392; 1979 S. 1062; RGSt. 16 S. 327 (330); 28 S. 171 (172); 31 S. 185 (187); 33 S. 76 (77); RG JW 1925 S. 796 (797) mit Anm. *Beling*; RG JW 1925 S. 2136; 1928 S. 1230 mit Anm. *Mannheim*; RG JW 1929 S. 48 mit Anm. *Goldschmidt*; RG JW 1929 S. 1051 mit Anm. *Alsberg*; RG JW 1932 S. 2729; RG Gruchot 54 S. 1141 (1142); RG LZ 1918 Sp. 1283; 1921 Sp. 315; RG Recht 1908 Nr. 3200; 1910 Nr. 4042; 1912 Nr. 836; 1917 Nr. 660; 1919 Nr. 846; 1921 Nr. 1481; RG SeuffBl. 73 S. 763; BayObLG bei *Rüth* DAR 1969 S. 236; KG JR 1956 S. 387; OLG Köln VRS 44 S. 211; OLG Saarbrücken OLGSt. § 244 Abs. 2 S. 29 (31); *Feisenberger* § 261 Anm. 2; KK *Herdegen* Rdnr. 80; *Kleinknecht* Rdnr. 11; KMR *Paulus* Rdnr. 213; alle zu § 244; LR *Gollwitzer* § 261 Rdnr. 30; *Stein/Jonas* § 291 ZPO Anm. I 2; *Brutzer* S. 59; *Geppert* S. 154; *Gerland* S. 191; *Gössel* S. 255; *Henkel* S. 265; *von Hippel* S. 381; *Josef* JW 1919 S. 236 (237); *Koeniger* S. 278; *Rosenfeld* II S. 18; *Roxin* § 24 C II 2; *Rüping* Rdnr. 415; *Schmidt-Hieber* S. 13/14; *Simader* S. 149; *Stein* S. 157, 161; *Stern* JW 1928 S. 2999; *Wach* Vorträge S. 208. Vgl. auch *Beling* S. 287 (»richteramtskundige Tatsachen«).
112 BGH VersR 1960 S. 511 (512); *Stein* S. 157, 160. – A. A. *Beling* S. 287, der die Kenntnis, die der Richter gelegentlich seiner Tätigkeit in anderen Prozessen erlangt hat, für unverwertbares »privates« Wissen hält. Vgl. auch OLG Braunschweig GA 72 S. 393 (394).
113 BGHSt. 6 S. 292 (293); RG JW 1911 S. 102; 1933 S. 1665 (1666); RG LZ 1915 Sp. 754; RG Recht 1916 Nr. 715; 1917 Nr. 660; BayObLG JW 1928 S. 2999 mit Anm. *Stern*; KG JR 1956 S. 387; OLG Königsberg JW 1928 S. 839 mit Anm. *Drucker*; *Kleinknecht* § 244 Rdnr. 11; KMR *Paulus* § 244 Rdnr. 214; LR *Gollwitzer* § 261 Rdnr. 30; *Stein/Jonas* § 291 ZPO Anm. I 2; *Wieczorek* § 291 ZPO Anm. A III c 3; *Geppert* S. 155; *Koch* DAR 1961 S. 275; *Rieker* S. 63.

in Betracht, die der Richter aus Bußgeldverfahren, Zivilprozessen und Angelegenheiten der freiwilligen Gerichtsbarkeit oder der Justizverwaltung erfahren hat[114].

Die Gerichtskundigkeit setzt nicht voraus, daß der Richter an dem Verfahren, in dem die Tatsache bekanntgeworden ist, selbst mitgewirkt hat. Gerichtskundig sind auch die ihm amtlich bekanntgewordenen Prozeßereignisse in Verfahren, an denen er nicht unmittelbar beteiligt war, und die tatsächlichen Feststellungen, die andere Richter aufgrund der Beweisaufnahme in solchen Verfahren getroffen haben[115]. Die Frage ist bestritten[116]. Es ist aber nicht einzusehen, weshalb es dem Richter verwehrt sein sollte, Erkenntnisse, die er aus dem fortwährenden Studium der Entscheidungen anderer Spruchkörper seines Gerichts gewonnen hat, bei seinen eigenen Entscheidungen zu berücksichtigen. Die Ansicht, das führe dazu, daß sämtliche aktenkundigen Tatsachen als gerichtskundig bezeichnet werden müssen[117], ist haltlos; denn die Aktenkundigkeit stimmt mit der Gerichtskundigkeit nicht überein[118]. Ohne Bedeutung ist auch, ob der Richter Tatsachen aus anderen Verfahren durch Studium der Urteile oder durch amtliche Mitteilungen erfahren hat. Auch mündliche Erläuterungen, die er im Zusammenhang mit seiner amtlichen Tätigkeit hierüber empfängt, können die Gerichtskundigkeit vermitteln[119]. Erforderlich ist nur, daß dem Richter die amtliche Tätigkeit unter Wahrung der dafür vorgeschriebenen Form die volle Aufklärung verschafft hat[120]. Wenn das Gericht nur formlos Auskünfte bei Außenstehenden eingeholt hat, sind die mitgeteilten Tatsachen nicht gerichtskundig[121]. Solche Auskünfte können allenfalls dazu führen, daß sich das Gericht von dem Bestehen einer Allgemeinkundigkeit überzeugt. Auch Tatsachen, die das Revisionsgericht in einem anderen Verfahren den Feststellungen des Tatrichters entnommen hat, werden dadurch nicht bei allen anderen gerichtskundig[122]; daraus kann nur ein Anhalt für die Allgemeinkundigkeit bestimmter Tatsachen entnommen werden[123]. Daß von Gerichtskundigkeit nicht gesprochen werden kann, wenn der Richter die örtlichen Verkehrs- und

---

114 Vgl. *Stein/Jonas* a.a.O.; *Wieczorek* a.a.O.
115 BGHSt. 6 S. 292 (293/294); KK *Herdegen* § 244 Rdnr. 80; *Eb. Schmidt* § 244 Rdnr. 44; *Henkel* S. 265; *Koeniger* S. 278; *Kühne* Rdnr. 451; *Nüse* GA 1955 S. 72; *Roxin* § 24 C II 2.
116 Die Gegenansicht vertreten KMR *Paulus* § 244 Rdnr. 214; *Stein/Jonas* § 291 ZPO Anm. I 2; *Schmidt-Hieber* S. 16/17; *Stein* S. 159/160. Auch LR *Gollwitzer* § 244 Rdnr. 199 (anders aber § 261 Rdnr. 31) verlangt nicht nur, daß Mitglieder des nunmehr erkennenden Gerichts den Vorgang damals in amtlicher Eigenschaft wahrgenommen haben, sondern fordert sogar die Überprüfung des Erinnerungsbildes dieser Gerichtsmitglieder durch weitere Beweismittel, sofern es sich nicht um leicht im Gedächtnis zu behaltende Tatsachen handelt.
117 So *Schmidt-Hieber* S. 17.
118 Vgl. unten S. 547.
119 BGHSt. 6 S. 292 (294).
120 OLG Köln VRS 44 S. 211; LR *Gollwitzer* § 244 Rdnr. 199. Vgl. auch *Stein* S. 161.
121 OLG Karlsruhe MDR 1976 S. 247; KMR *Paulus* § 244 Rdnr. 215; LR *Gollwitzer* § 244 Rdnr. 199.
122 BGHSt. 6 S. 292 (296); RGSt. 16 S. 327.
123 BGHSt. 7 S. 6 (7).

Beleuchtungsverhältnisse nur deshalb kennt, weil er selbst Verkehrsteilnehmer ist[124], versteht sich von selbst; dieses private Wissen darf er bei der Entscheidung nur verwenden, wenn es zugleich allgemeinkundig ist.

Die Gerichtskundigkeit hat auch nichts mit der Aktenkundigkeit zu tun. Tatsachen werden nicht dadurch gerichtskundig, daß der Richter sie aus für ihn jederzeit erreichbaren Gerichtsakten feststellen kann[125]. Bringt er die Tatsachenkenntnisse nicht schon als gerichtskundig in die Beweisaufnahme ein, so muß er Beweis erheben[126]. Das schließt allerdings nicht aus, daß er die Akten einsieht, um seine Erinnerung an wahrgenommene Vorgänge aufzufrischen[127]. Denn auch das Wissen des Zeugen hört ja dadurch, daß ihm, um seine Erinnerung zu stärken, eigene frühere Aufzeichnungen oder Protokolle über seine Bekundungen zugänglich gemacht werden, nicht auf, das eigene Wissen des Zeugen zu sein[128].

(2) Da es nach der oben[129] wiedergegebenen Begriffsbestimmung darauf ankommt, daß der Richter die Tatsachen im Zusammenhang mit seiner amtlichen Tätigkeit erfahren hat, ist nicht gerichtskundig, was er **nur allgemein** aufgrund seiner Tätigkeit als Richter und seiner Zugehörigkeit zu einem bestimmten Gericht in Erfahrung gebracht hat. So sind insbesondere die Beweisergebnisse von Verfahren, an denen der Richter nicht selbst beteiligt war, für ihn nicht deshalb gerichtskundig, weil Kollegen, die an der Verhandlung teilgenommen haben, ihn hierüber auf nichtamtlichem Wege im Privatgespräch unterrichtet haben. Die Zuverlässigkeit dieser Unterrichtung steht hinter derjenigen, die sich der Richter bei seiner amtlichen Tätigkeit verschafft, so erheblich zurück, daß es nicht angängig erscheint, das Gericht zu ermächtigen, Tatsachen dieser Art der Entscheidung ohne Beweisaufnahme zugrunde zu legen.

Für die Gegenansicht ist vor allem *Alsberg*[130] eingetreten. Ihm hat sich das Schrifttum teilweise angeschlossen[131]. Seine Auffassung beruht hauptsächlich auf

---

124 OLG Köln VRS 44 S. 211; LR *Gollwitzer* § 244 Rdnr. 199.
125 BGH 4 StR 571/53 vom 17. 12. 1953; RGZ 13 S. 369 (371); KMR *Paulus* § 244 Rdnr. 215; LR *Gollwitzer* § 261 Rdnr. 32; *Eb. Schmidt* Teil I Rdnr. 383; *Stein/Jonas* § 291 ZPO Anm. I 2; *Wieczorek* § 291 ZPO Anm. A III c 4; *Alsberg* JW 1918 S. 792 (793); *Geppert* S. 155; *Nüse* GA 1955 S. 72; *W. Schmid* ZStW 85 S. 893 (894); *Stein* S. 159, 170. – A. A. *von Kries* S. 340, der die Auffassung vertrat, für den Richter könne die Tatsache, daß eine bestimmte Person zum Vormund bestellt ist, dadurch gerichtskundig werden, daß er mit Rücksicht auf die bevorstehende Strafgerichtsverhandlung die Vormundschaftsakten einsieht. Bedenklich auch RG JW 1922 S. 298 mit abl. Anm. *Stein* und *Wach* Vorträge S. 209.
126 Vgl. *Eb. Schmidt* § 244 Rdnr. 44.
127 Vgl. *Alsberg* JW 1918 S. 792 (793); *Nüse* GA 1955 S. 72; a. A. *Stein/Jonas* § 291 ZPO Anm. I 2.
128 Vgl. § 253. Zur Pflicht des Gerichts, dem Zeugen zur Auffrischung seines Gedächtnisses Unterlagen zur Verfügung zu stellen, vgl. LR *Meyer* § 69 Rdnr. 9.
129 S. 545.
130 JW 1918 S. 792; Voraufl. S. 116 ff.
131 LR *Gollwitzer* § 261 Rdnr. 31; *Eb. Schmidt* Teil I Rdnr. 383; *Wieczorek* § 291 ZPO Anm. A III c 2; *Beling* S. 287; *Goslar* S. 27; *F. W. Krause* S. 45/46; *Kreuzer* S. 49; *Mannheim* JW 1928 S. 1230; *Nüse* GA 1955 S. 72/73; *Rieker* S. 63; *Simader* S. 149.

der Erwägung[132], daß es auch bei der Allgemeinkundigkeit gleichgültig ist, woher das Gericht die Kenntnis von der Beweistatsache hat. Indessen setzt die Allgemeinkundigkeit begrifflich voraus, daß sich jedermann von der Tatsache unterrichten und von ihrer Wahrheit überzeugen kann. Bei der Gerichtskundigkeit ist das nicht der Fall. Auch der Gesichtspunkt, es werde sich oft gar nicht feststellen lassen, ob der Richter eine bestimmte Tatsache im Gespräch mit anderen Richtern erfahren oder ob er amtlich davon Kenntnis erlangt hat[133], überzeugt nicht. Vielmehr besteht aller Anlaß, es dem Richter zu verwehren, der Entscheidung Tatsachen zugrunde zu legen, die er zwar für gerichtskundig hält, von denen er aber nicht einmal weiß, woher er sie kennt, so daß er, wenn es darauf ankommt, weder die Zuverlässigkeit der Quelle seines Wissens noch die Richtigkeit der Tatsache prüfen kann[134]. Der Einwand von *Mannheim*[135], dann müsse man auch die Berücksichtigung des Allgemeinkundigen verbieten, das ja auch nicht auf der Grundlage amtlicher Wahrnehmungen entsteht, ist offensichtlich verfehlt. Auch hierbei wird übersehen, daß die allgemeinkundigen Tatsachen immer überprüft werden können, die nur gerichtskundigen nicht. Die Erwägung, zwischen der Allgemeinkundigkeit und der Gerichtskundigkeit bestehe oft nur eine schmale Grenze[136], rechtfertigt die Ansicht der Mindermeinung ebenfalls nicht. Denn ob eine Tatsache allgemeinkundig ist, läßt sich immer dadurch feststellen, daß sie allgemein bekannt ist oder daß sich jedermann von ihrem Bestehen überzeugen kann. Erst wenn das nicht der Fall ist, spielt die Frage der Gerichtskundigkeit überhaupt eine Rolle.

Da Allgemeinkundigkeit auch vorliegt, wenn nur ein bestimmter Personenkreis die Tatsache kennt[137], bestehen übrigens keine rechtlichen Bedenken, die allen Richtern eines Bezirks bekannte Tatsache, daß X Präsident des Oberlandesgerichts ist, oder sonstige Umstände, von denen Richter als Angehörige einer Berufsgruppe zu erfahren pflegen, z. B. die Dauer der Dienststunden der Gerichtsbeamten oder bestimmte Verhandlungsbräuche einer Strafkammer, für beschränkt allgemeinkundig zu halten[138]. Für die Mitglieder eines Gerichts gilt insoweit nichts anderes als für Angehörige anderer Gemeinschaften, wie z. B. die Mitglieder einer politischen oder religiösen Gemeinschaft.

c) **Ausschluß der Gerichtskundigkeit für unmittelbar beweiserhebliche Tatsachen.** Handelt es sich bei den gerichtskundigen Tatsachen um die Ergebnisse einer frü-

---

132 Vgl. JW 1918 S. 792 (793); Voraufl. S. 119.
133 Voraufl. S. 117.
134 So mit Recht *Schmidt-Hieber* S. 15.
135 JW 1928 S. 1230.
136 Voraufl. S. 118 Fußn. 36.
137 Vgl. oben S. 537.
138 Vgl. *Stein* S. 160 Fußn. 12. Gerade diese Beispiele führt *F. W. Krause* (S. 45/46) zum Beweis dafür an, daß der Begriff Gerichtskundigkeit nicht auf das amtliche Wissen beschränkt werden darf; er übersieht aber den entscheidenden Gesichtspunkt der beschränkten Allgemeinkundigkeit.

heren Beweisaufnahme, so sind ihrer Verwertung Grenzen gesetzt[139]. An die Stelle der Erkenntnisquellen der Hauptverhandlung darf nicht ein mit den Grundsätzen der Strafprozeßordnung nicht zu vereinbarendes schriftliches Verfahren treten[140]. Insbesondere Tatsachen, die ganz oder teilweise den Tatbestand der aufzuklärenden Tat ausmachen, dürfen nicht ohne Beweiserhebung festgestellt werden. Alle unmittelbar erheblichen Tatsachen, durch die das Vorliegen oder Nichtvorliegen von Merkmalen des äußeren oder inneren Tatbestandes der dem Angeklagten vorgeworfenen Straftat, der Rechtfertigungsgründe, der Schuld bewiesen werden sollen, müssen stets durch eine Beweisaufnahme in einer Hauptverhandlung aufgeklärt werden[141]. Die Gerichtskundigkeit darf nur unterstützend herangezogen werden[142]. Daher wird auch der Inhalt einer Schrift, die den Straftatbestand erfüllt, nicht deshalb gerichtskundig, weil sich die Richter mit ihr schon amtlich vertraut gemacht haben[143].

Das Gericht darf auch sonst Einzelheiten der Tatausführung nicht deshalb als gerichtskundig behandeln, weil es sie schon aufgrund der Beweisaufnahme in einem anderen Verfahren festgestellt hat[144]. Das gleiche gilt für Fragen der Schuldfähigkeit nach § 20 StGB. Selbst ein Gutachten, das der Sachverständige in der unmittelbar vorher gegen den Angeklagten verhandelten Sache erstattet hat, darf der Entscheidung nicht als gerichtskundig zugrunde gelegt werden[145]. Allerdings bezieht sich das nur auf das Ergebnis, zu dem der Sachverständige in dem Gutachten gelangt ist. Hat das Gericht aus dem Gutachten genügende Sachkunde gewonnen, um die Frage der Schuldfähigkeit aufgrund der dafür wesentlichen Tatsachen selbst beantworten zu können, so ergibt sich seine Befugnis, auf einen Sachverständigen zu verzichten, aus § 244 Abs. 4 Satz 1[146].

139 *Sarstedt* (S. 238) verneint in diesem Fall die Gerichtskundigkeit schlechthin. Das ist falsch, weil ein anderer als der erkennende Richter die Tatsache durchaus für gerichtskundig halten darf. *Stein* (S. 161) spricht davon, daß immer nur »grobe Züge« der Dinge, nicht ihre Einzelheiten, für gerichtskundig »erklärt« werden dürfen. Die Gerichtskundigkeit ist aber nicht das Ergebnis einer Erklärung, sondern ein an bestimmte Voraussetzungen geknüpftes Rechtsinstitut.
140 Vgl. für den gleichen Fall bei der Allgemeinkundigkeit oben S. 541.
141 BGHSt. 6 S. 292 (295); BGH 1 StR 287/77 vom 20. 12. 1977; RGSt. 16 S. 327 (332); 67 S. 417 (418); RG JW 1922 S. 1394 mit Anm. *Alsberg*; KG JW 1930 S. 3255 (3256); OLG Dresden JW 1937 S. 1358 (1359) = HRR 1938 Nr. 425; OLG Saarbrücken OLGSt. § 244 Abs. 2 S. 29 (31); KK *Herdegen* § 244 Rdnr. 80; *Geppert* S. 157; *Henkel* S. 265; *F. W. Krause* S. 46; *Nüse* GA 1955 S. 72; *Sarstedt* S. 238/239; *Stein* S. 161. Vgl. auch OLG Zweibrücken VRS 30 S. 312; KMR *Paulus* § 244 Rdnr. 209; *Alsberg* JW 1918 S. 792 (793).
142 BGHSt. 6 S. 292 (295); 26 S. 56 (61); BGH 1 StR 287/77 vom 20. 12. 1977; OLG Karlsruhe MDR 1976 S. 247; LR *Gollwitzer* § 244 Rdnr. 200 und § 261 Rdnr. 31; *Eb. Schmidt* § 244 Rdnr. 43.
143 RGSt. 40 S. 54; *Mannheim* JW 1928 S. 1230. Zum gleichen Fall bei der Allgemeinkundigkeit vgl. oben S. 542.
144 OLG Dresden JW 1937 S. 1358 (1359) = HRR 1938 Nr. 425; *Alsberg* JW 1918 S. 792; *Nüse* GA 1955 S. 72.
145 RG JW 1922 S. 1394 mit Anm. *Alsberg*; LR *Gollwitzer* § 261 Rdnr. 32.
146 Vgl. unten S. 698.

Gerichtskundig können demnach niemals die unmittelbar beweiserheblichen Tatsachen sein, immer aber diejenigen, die den Beweis nur mittelbar erbringen[147]. Ebenso wie die allgemeinkundigen Tatsachen[148] können daher auch die gerichtskundigen als Indiz- und Hilfstatsachen bei der Beweiswürdigung verwertet werden. Daß diese Indiztatsachen für die Entscheidung nur zweitrangige Bedeutung haben und mehr den Hintergrund des Geschehens betreffen, ist ebensowenig wie bei der Allgemeinkundigkeit[149] eine rechtliche Voraussetzung des Absehens von einer Beweisaufnahme wegen Gerichtskundigkeit. Zwar wird allgemein angenommen, daß nur Indiztatsachen in Betracht kommen, die mehr im Hintergrund des Geschehens stehen und gleichsam den Boden für die Ausführung einer größeren Zahl gleichgearteter Straftaten abgeben oder die für sie von symptomatischer Bedeutung und in einer im wesentlichen unveränderten Weise immer wieder mit bestimmten strafrechtlich zu würdigenden Vorgängen verknüpft sind[150]. Der Tatrichter soll nach dieser Ansicht nicht gezwungen sein, immer erneut Beweise zu erheben, wenn er durch die Beweisaufnahme in zahlreichen anderen Verfahren ein sicheres Bild von gleichbleibenden tatsächlichen Ereignissen oder Zuständen dieser Art gewonnen hat[151], etwa wenn er die Unfallstelle aus anderen Verfahren kennt[152]. Das kennzeichnet jedoch nur die praktische Erfahrung, daß gerichtskundige Tatsachen für die Entscheidung meist nur diese Bedeutung haben. Rechtlich ausgeschlossen ist nur die Annahme der Gerichtskundigkeit von unmittelbar rechtserheblichen Tatsachen. Als Beweisanzeichen können gerichtskundige Tatsachen auch dann benutzt werden, wenn sie nicht nur den Tathintergrund betreffen, sondern ohne weiteres den Schluß auf das Vorliegen eines Tatbestandsmerkmals zulassen.

d) **Ausschluß der Gerichtskundigkeit für Beweisergebnisse des laufenden Verfahrens.** Die Verhandlungsergebnisse des laufenden Verfahrens sind nie gerichtskundig[153]. Im Schrifttum wird zum Teil behauptet, daß nur die Tatsachen, deren

147 A. A. OLG Karlsruhe MDR 1976 S. 247, das noch nicht einmal solche Tatsachen gerichtskundig sein lassen will; zweifelnd LR *Gollwitzer* § 244 Rdnr. 200. Die Entscheidung des OLG Karlsruhe betraf den Fall, daß das Gericht vom Landratsamt eine telefonische Auskunft eingeholt und in der Hauptverhandlung verwertet hatte. Das verstieß, wie das OLG richtig erkannt hat, gegen § 250 Satz 1; die Frage der Gerichtskundigkeit konnte sich verständigerweise gar nicht stellen.
148 Vgl. oben S. 541 ff.
149 Vgl. oben S. 542.
150 BGHSt. 6 S. 292 (295); KG JR 1956 S. 387 (388); *Kleinknecht* Rdnr. 11; KMR *Paulus* Rdnr. 209; LR *Gollwitzer* Rdnr. 22; *Eb. Schmidt* Rdnr. 43; alle zu § 244; *Brutzer* S. 59; *Henkel* S. 265; *Nüse* GA 1955 S. 72; *Roxin* § 24 C II 2. *Stein* (S. 161) forderte, daß die Tatsachen so allgemeiner Art sind, daß sie geeignet wären, allgemeinkundige Tatsachen zu werden; vgl. dazu oben S. 535.
151 BGHSt. 6 S. 29; S. 292 (295); LR *Gollwitzer* § 244 Rdnr. 200. Vgl. auch OLG Hamm VRS 41 S. 49, das es nicht beanstandet hat, daß der Tatrichter die durch Bebauung beeinflußten Sichtverhältnisse an einer Straßenkurve für gerichtsbekannt hält.
152 Vgl. *Koch* DAR 1961 S. 275.
153 BGH 5 StR 124/62 vom 8. 5. 1962; BayObLG bei *Rüth* DAR 1969 S. 236; *Kleinknecht* § 244 Rdnr. 11; KMR *Paulus* § 244 Rdnr. 214; LR *Gollwitzer* § 261 Rdnr. 31; Dahs/Dahs Rdnr. 66; *F. W. Krause* S. 46/47; *Kühne* Rdnr. 451; *Rieker* S. 63.

Kenntnis die Richter bereits in die Verhandlung mitbringen, gerichtskundig sein können[154]. Das ist aber mißverständlich. Denn in einer sich lange hinziehenden Hauptverhandlung kann im Laufe der Zeit allerlei Tatsachenstoff gerichtskundig werden, der es zu Beginn der Verhandlung noch nicht gewesen ist. Gemeint ist folgendes: Die Gerichtskundigkeit beschränkt sich immer auf diejenigen Beweisergebnisse, die in anderen Verfahren gewonnen worden sind. Wenn hingegen das laufende Verfahren ausgesetzt und die Hauptverhandlung dann wiederholt wird, darf das Gericht von einzelnen Beweiserhebungen nicht mit der Begründung absehen, das Ergebnis sei bereits gerichtskundig, weil das Gericht es schon bei der früheren Beweisaufnahme festgestellt hat[155]. Entsprechendes gilt für den Fall, daß ein Urteil vom Revisionsgericht aufgehoben und dadurch eine neue Verhandlung erforderlich geworden ist. Kommt es in der Hauptverhandlung auf den Inhalt von Gerichtsurteilen anderer Gerichte an, so darf ein Antrag, sie zu verlesen, auch nicht mit der Begründung abgelehnt werden, die Tatsachen seien gerichtskundig, weil das Gericht sie soeben im Beratungszimmer zur Kenntnis genommen hat[156]. In diesen Zusammenhang gehört auch der Fall, daß das Gericht die Glaubwürdigkeit eines vernommenen Zeugen aufgrund der Beweisaufnahme für offenkundig hält[157] oder daß es den Antrag auf Beweiserhebung darüber, daß ein Zeuge wegen Schwerhörigkeit den von ihm bekundeten Umstand nicht hat wahrnehmen können, mit der Begründung ablehnt, in der Hauptverhandlung habe sich die Offenkundigkeit des Gegenteils ergeben[158]. Denn natürlich ist die Tatsache, daß der Zeuge glaubwürdig ist oder daß er ganz gut hört, nicht dadurch gerichtskundig geworden, daß der Richter sie in der Hauptverhandlung festgestellt oder dort wahrgenommen hat. Das Gericht darf den Beweisantrag daher nur mit der Begründung ablehnen, es sei selbst sachkundig genug, um festzustellen, ob der Zeuge schwerhörig ist (§ 244 Abs. 4 Satz 1).

e) **Beispiele für gerichtskundige Tatsachen.** Gerichtskundig können Verhältnisse der Gerichtsorganisation und der Geschäftsverteilung[159], die Erfahrungen bestimmter Spruchkörper[160] und prozeßrechtliche Tatsachen sein[161], die das vorlie-

---

154 *Eb. Schmidt* § 244 Rdnr. 44; *Nüse* GA 1955 S. 72.
155 BGH 1 StR 287/77 vom 20. 12. 1977 und BayObLG bei *Rüth* DAR 1980 S. 269 billigen aber, daß Vorsitzender und Berichterstatter in der Hauptverhandlung mitgeteilt haben, was eine Mitangeklagte in einer früheren, ausgesetzten Hauptverhandlung ausgesagt hat. Allerdings lag der Fall des BGH so, daß dadurch die Vernehmung der Zeugin in der neuen Hauptverhandlung nicht ersetzt, sondern die gerichtskundige Tatsache nur zusätzlich bekanntgegeben wurde.
156 Vgl. *Eb. Schmidt* § 244 Rdnr. 44.
157 RG HRR 1936 Nr. 1476.
158 BGH 5 StR 646/53 vom 19. 1. 1954.
159 *Sarstedt* S. 239. Vgl. auch *Brutzer* S. 59, der aber zu Unrecht auch die Verhältnisse der bei Gericht tätigen Personen für gerichtskundig hält.
160 Vgl. BGHSt. 3 S. 27 (29), wo die besonderen Erfahrungen einer bestimmten Jugendkammer in Jugendsachen als gerichtskundig bezeichnet wurden.
161 Nicht Rechtsbegriffe, wie die »Unübersichtlichkeit« einer Straßenstelle; vgl. OLG Hamm DAR 1960 S. 366.

gende oder ein anderes Verfahren betreffen, beispielsweise die Rechtshängigkeit der Sache oder die rechtskräftige Beendigung eines Verfahrens[162]. Auch die Tatsache, daß ein früherer Termin in der vorliegenden Sache wegen eines Beweisantrags ausgesetzt worden ist oder daß der Angeklagte in einem der richterlichen Kontrolle unterliegenden Schreiben gegen einen Zeugen Beschuldigungen erhoben hat, kann gerichtskundig sein[163]. Von größerer praktischer Bedeutung ist die Gerichtskundigkeit von Indiztatsachen. In der Rechtsprechung sind für gerichtskundig gehalten worden die Geschichte einer politischen Bewegung[164], die Verfassungsfeindlichkeit und geheimbündlerische Tätigkeit einer politischen Organisation[165], der Charakter einer Zeitung im allgemeinen[166], die Stellungnahme einer Zeitung zu einem wichtigen politischen Ereignis wenigstens in den Umrissen[167], die Eigenschaft des Angeklagten als eines wohlunterrichteten und mit den gesetzlichen Bestimmungen vertrauten Rechtsanwalts[168], die Unglaubwürdigkeit des Angeklagten, die sich schon in früheren Verfahren gezeigt hat[169], die Tatsache, daß der Angeklagte ein heruntergekommener Mensch ist[170], seine Vertrautheit mit Handel und Preis bestimmter Waren[171], die Frage, ob nur Auslandssprit nach West-Berlin geschmuggelt wird[172].

III. Offenkundigkeit von Erfahrungssätzen

1. Grundsätze

a) **Begriff Erfahrungssätze.** Der Unterschied zwischen Tatsachen und Erfahrungssätzen liegt darin, daß Tatsachen immer konkrete Geschehnisse oder Zustände der Außenwelt (äußere Tatsachen) oder des menschlichen Seelenlebens (innere Tatsachen) sind[173], die Erfahrungssätze dagegen keine Aussage über sinnlich Wahrnehmbares, sondern ein allgemeines Urteil oder allgemeine Regeln enthalten, die für alle vergleichbaren Fälle Gültigkeit beanspruchen und deren Anwendung es erst ermöglichen soll, bestimmte Tatsachen zu erschließen[174]. Unter dem Begriff

---

162 Vgl. *Eb. Schmidt* § 244 Rdnr. 43; *Alsberg* JW 1918 S. 792; *Rieker* S. 63. Das RG berücksichtigte in der Entscheidung JW 1928 S. 2725 mit Anm. *Mannheim*, daß am selben Tage ein anderes Urteil durch seine Revisionsentscheidung rechtskräftig geworden war.
163 Vgl. *Alsberg* JW 1918 S. 792.
164 Jedoch nicht in Einzelheiten; vgl. RG GA 39 S. 343.
165 BGHSt. 6 S. 292 (296); *Geppert* S. 157 hält die Entscheidung für zu weitgehend.
166 RGSt. 28 S. 171 (172).
167 A. A. RG JW 1890 S. 189.
168 RGSt. 14 S. 364 (376).
169 RG JW 1930 S. 715 mit Anm. *Alsberg*.
170 RG GA 39 S. 342.
171 RG JW 1922 S. 298 mit Anm. *Stein*; KMR *Paulus* § 244 Rdnr. 213.
172 KG JR 1956 S. 387 (388).
173 Vgl. *Stein/Jonas* § 291 ZPO Anm. I; *Berkholz* S. 69; *F. W. Krause* S. 26; *Mezger* S. 30.
174 Vgl. *Eb. Schmidt* § 261 Rdnr. 21; *Beling* S. 280; *Döhring* S. 340 und JZ 1968 S. 641; *zu Dohna* S. 92; *Hegler* AcP 104 S. 151 (166 ff.); *F. W. Krause* S. 28; *Loeber* S. 6 ff.; *Mezger* S. 41; *Schwinge* S. 187; *Stein* S. 21/22.

Erfahrungssätze verstehen Rechtsprechung und Schrifttum häufig nur die aufgrund der Lebenserfahrung oder, wie meist, aufgrund wissenschaftlicher Erfahrung feststehenden, in Zweifelsfällen durch Sachverständigengutachten zu beweisenden hypothetischen Urteile von allgemeingültiger Bedeutung[175]. Aber um Erfahrungssätze, nicht um Tatsachen, handelt es sich auch, wenn die ausschließlich aufgrund der Erfahrungen des täglichen Lebens gewonnenen Einsichten in den regelmäßigen Ablauf der Dinge in Rede stehen. Man muß daher zwischen allgemeingültigen Erfahrungssätzen und solchen ohne Allgemeingültigkeit unterscheiden[176]. Die Frage der Offenkundigkeit ist für beide Arten Erfahrungssätze getrennt zu untersuchen.

b) Allgemeines zur Offenkundigkeit von Erfahrungssätzen. Ebenso wie bei den offenkundigen Tatsachen[177] wird der Grundsatz des § 261 durchbrochen, wenn der Richter Erfahrungssätze, die allgemein- oder gerichtskundig sind, ohne Beweisaufnahme berücksichtigt. Eine Ausnahme von dem Grundsatz, daß nur das in der Hauptverhandlung Erörterte zum Gegenstand des Urteils gemacht werden darf, liegt hier noch näher als bei den offenkundigen Tatsachen. Denn es geht nicht um Wahrnehmungen des Richters, sondern um seine Kenntnis von Regeln, die sich aus der Lebenserfahrung ergeben, oder von Erkenntnissen der Wissenschaft. Seit *Steins* Arbeit über das private Wissen des Richters[178] ist fast unbestritten[179], daß der Richter die Erfahrungssätze, die er aufgrund seiner Allgemeinbildung oder seiner richterlichen Tätigkeit kennt, bei seiner Entscheidung ohne Beweisaufnahme als offenkundig verwerten darf. Wegen Offenkundigkeit kann insbesondere ein Beweisantrag abgelehnt werden, der nur die Feststellung eines solchen Erfahrungssatzes durch Anhörung eines Sachverständigen begehrt. Auch Beweisanträge anderer Art, etwa auf Vernehmung von Zeugen, können mit der Begründung abgelehnt werden, das Gegenteil der Beweistatsache sei als Satz der allgemeinen Erfahrung offenkundig[180]. Handelt es sich jedoch darum, das Erfahrungswissen auf den festgestellten Sachverhalt anzuwenden, so kommt keine Offenkundigkeit, sondern nur Sachkunde im Sinne des § 244 Abs. 4 Satz 1 als Ablehnungsgrund in Betracht[181].

---

175 Vgl. etwa OLG Hamm HESt 2 S. 256 (257); OLG Köln VRS 48 S. 24; KK *Herdegen* § 244 Rdnr. 79; *Eb. Schmidt* § 261 Rdnr. 22. Vgl. auch *Haas* in: Die Spruchgerichte, 1949, S. 73 (74 ff.); *Sauer* Grdl. S. 188 ff. – OLG Hamm NJW 1976 S. 2307 (2308) spricht von Erfahrungssätzen »im Rechtssinne«.
176 *Stein* S. 28/29 lehnte diese Unterscheidung ausdrücklich ab. Zur Klarheit trägt das jedoch nicht bei. Denn der Unterschied ist schon deshalb von Bedeutung, weil der Richter an die allgemeingültigen Erfahrungssätze gebunden ist (vgl. LR *Meyer* § 337 Rdnr. 129 ff.), diejenigen ohne Allgemeingültigkeit aber nur den Wert von, allerdings schwerwiegenden, Indizien haben (vgl. LR *Meyer* § 337 Rdnr. 132 ff.).
177 Vgl. oben S. 532 ff.
178 Vgl. insbesondere S. 74 ff.
179 Vgl. jedoch neuerdings *Schuster* S. 142 Fußn. 2.
180 Vgl. RG JR Rspr. 1926 Nr. 886.
181 Vgl. unten S. 694.

c) **Keine Beschränkung der Offenkundigkeit auf nicht unmittelbar beweiserhebliche Erfahrungssätze.** Erfahrungssätze sind immer nur Beweisanzeichen. Sie sind keine Tatsachen, sondern dienen der Erforschung von Tatsachen. Sie sind zwar aus Wahrnehmungen abstrahiert, aber als hypothetische Urteile selbst nicht mehr wahrnehmbar[182]. Die Merkmale der dem Angeklagten vorgeworfenen Straftat können sie daher niemals erfüllen. Aus diesem Grund hat die bei der Offenkundigkeit von Tatsachen berechtigte Einschränkung, daß unmittelbar beweiserhebliche Tatsachen nicht allgemeinkundig[183] oder gerichtskundig[184] sein können, für die offenkundigen Erfahrungssätze keine Bedeutung[185].

2. Allgemeingültige Erfahrungssätze

a) **Begriff.** Es gibt Sätze des gesicherten Erfahrungswissens, die der Richter bei seiner Entscheidung unbedingt berücksichtigen muß. Sie sind keine Rechtsnormen[186], stehen ihnen in ihrer Wirkung aber kaum nach. Der Richter ist gezwungen, sie seiner Beurteilung des Falls zugrunde zu legen, auch wenn er sie für falsch hält; sie binden ihn in gleicher Weise wie die Denkgesetze[187]. Die Bindung entfällt nur, wenn neuere Erkenntnisse der Wissenschaft vorliegen, die die bisherigen widerlegen[188]. Meist sind Erfahrungssätze dieser Art die aufgrund wissenschaftlicher Erkenntnisse gewonnenen Regeln, die keine Ausnahme zulassen und eine an Sicherheit grenzende Wahrscheinlichkeit zum Inhalt haben. Aber auch Erkenntnisse der allgemeinen Lebenserfahrung können mit dieser Sicherheit zutreffen. Die Abgrenzung ist nicht immer einfach. Daß Wasser bei bestimmten Temperaturen seinen Aggregatzustand verändert, ist eine Erkenntnis der Physik. Der Satz ist aber aus der täglichen Erfahrung so allgemein bekannt, daß er auch der allgemeinen Lebenserfahrung entspricht. Jedoch gibt es zahlreiche wissenschaftliche Erkenntnisse, die nur den Fachgelehrten bekannt sind.

b) **Allgemeinkundige Erfahrungssätze.** Ebenso wie bei den offenkundigen Tatsachen sind bei den offenkundigen Erfahrungssätzen die allgemeinkundigen und die gerichtskundigen zu unterscheiden.

182 Vgl. *Eb. Schmidt* Vorbem. zum 6. und 7. Abschnitt Rdnr. 7 (II S. 101).
183 Vgl. oben S. 541.
184 Vgl. oben S. 548.
185 Das verkennt *Wolschke* S. 204 ff., der überdies annimmt, es gebe einen Rechtssatz, wonach sich Offenkundigkeit immer nur auf »Hintergrundgeschehen« beziehen darf. Daß das nicht stimmt, ist oben S. 542, 550 ausgeführt. Von seinem unzutreffenden Standpunkt aus gelingt *Wolschke* der Nachweis, daß die Anwendung des richterlichen Erfahrungswissens bei der Beurteilung von Beweisfragen, also die Verwertung der eigenen Sachkunde des Richters i. S. des § 244 Abs. 4 Satz 1, unzulässig ist, weil damit dem Verbot, mehr als Hintergrundgeschehen ohne Beweisaufnahme festzustellen, zuwidergehandelt würde.
186 Vgl. LR *Meyer* § 337 Rdnr. 10 mit weit. Nachw.; *Loeber* S. 9.
187 BGHSt. 5 S. 34 (36); 6 S. 70 (72); 10 S. 208 (211); 19 S. 82 (83); 21 S. 157 (159); 24 S. 200 (203); 25 S. 246 (248); 29 S. 18 (20); BGH NJW 1978 S. 1207; 1982 S. 2455 (2456); OLG Braunschweig NJW 1955 S. 1201 (1202); *Kleinknecht* § 337 Rdnr. 10; LR *Meyer* § 337 Rdnr. 129 mit weit. Nachw.
188 Vgl. etwa BGHSt. 21 S. 157 (163); LR *Meyer* § 337 Rdnr. 129.

(1) Auch allgemeine, wissenschaftlich oder aufgrund der Lebenserfahrung gesicherte Erfahrungssätze können **allgemeinkundig** sein[189]. Die Voraussetzungen dafür sind dieselben, die für die Allgemeinkundigkeit von Tatsachen gelten[190]. Es muß sich um Erfahrungswissen handeln, das verständige und erfahrene Menschen ohne weiteres besitzen oder aus allgemein zugänglichen Quellen ohne besondere Fachkenntnisse leicht erwerben können. Die aufgrund der allgemeinen Lebenserfahrung gesicherten Erfahrungssätze sind demnach immer allgemeinkundig. Aber auch viele wissenschaftliche Erfahrungssätze gehören zum Allgemeinwissen oder sind ohne Schwierigkeiten feststellbar; dann sind auch sie allgemeinkundig[191]. Die Allgemeinkundigkeit von Erfahrungssätzen ist aber immer ausgeschlossen, wenn zu ihrer Kenntnis oder zur Verschaffung der Kenntnis besondere Sachkunde erforderlich, wenn also der Kreis der Kundigen auf Fachkreise beschränkt ist[192]. Zwar ist es oft außerordentlich schwierig, zu unterscheiden, wo das Wissen des gebildeten Laien aufhört und die besondere Sachkunde anfängt. Aber das Gesetz mutet dem Richter diese Entscheidung auch bei der Anwendung des § 244 Abs. 4 Satz 1 zu. Der Vorwurf *Steins*[193], wer mit dem Begriff der besonderen Sachkunde als des nicht allgemeinkundigen Wissens arbeite, baue sich das Bild eines Normalmenschen auf, den es nicht gibt, trifft also heute nur den Gesetzgeber.

Erkenntnisse der Wissenschaft sind häufig ohne besondere Sachkunde gar nicht zu begreifen. Daß ein Experte imstande ist, sich aus Fachbüchern über sie zu unterrichten, macht sie nicht allgemeinkundig. Die Frage z. B., zu welchen Maßnahmen der Arzt verpflichtet ist, der bei einem Patienten eine akute Bauchfellentzündung festgestellt hat, darf der Richter nicht deshalb als allgemeinkundig behandeln, weil er das einem medizinischen Lehrbuch entnehmen kann. Der Richter kann die zum Verständnis der Fachfrage erforderliche Sachkunde haben, etwa weil er früher einmal einige Semester Medizin studiert hat; die meisten Menschen

---

189 BGHSt. 26 S. 56 (59); BayObLGSt. 1966 S. 4 = JR 1966 S. 227 = VRS 30 S. 310; RGZ 17 S. 269 (271); RG Gruchot 54 S. 1141 (1142); KG Recht 1928 Nr. 714; KK *Herdegen* § 244 Rdnr. 79; LR *Gollwitzer* § 244 Rdnr. 198; *Eb. Schmidt* Vorb. zum 6. und 7. Abschnitt Rdnr. 8 (II S. 101); *Alsberg* JW 1918 S. 792 und 1923 S. 758; *Brutzer* S. 59; *Gerland* S. 191; *F. W. Krause* S. 29 ff.; *Mannheim* JW 1928 S. 1230; *Nüse* GA 1955 S. 72 (73); *Rieker* S. 64; *Simader* S. 150; *Spendel* JuS 1964 S. 465 (468).
190 Vgl. oben S. 534 ff. Unrichtig *Stein/Jonas* § 291 ZPO Anm. I; *Stein* S. 27, 77 und JW 1922 S. 298 (299); *Gamp* S. 9, nach deren Ansicht Erfahrungssätze schon begrifflich offenkundig sind. Hiergegen insbesondere *Alsberg* JW 1918 S. 792 (793); *Goldschmidt* S. 441; *Mannheim* JW 1928 S. 1230; *Pieper* ZZP 84 S. 1 (14).
191 A. A. LR *Gollwitzer* § 261 Rdnr. 38, der zu Unrecht die Allgemeinkundigkeit auf den Fall beschränken will, daß »weite Kreise« vermöge allgemeiner Lebenserfahrung und Bildung an den Erfahrungssätzen teilhaben; ähnlich *Rieker* S. 64 und *Simader* S. 151. Auch *Alsberg* JW 1918 S. 792 (794) und Voraufl. S. 124/125 spricht vom »Gemeingut aller Gebildeten«.
192 Vgl. *Goldschmidt* S. 441 Fußn. 2310.
193 S. 26, 83.

haben sie nicht. Allgemeinkundig kann die Tatsache daher nicht sein[194]. Der Einwand, das Gesetz traue dem Richter die erforderliche ·Sachkunde zu, weil er immer verpflichtet ist, die Richtigkeit des Sachverständigengutachtens nachzuprüfen, wäre unberechtigt. Denn diese Prüfung setzt voraus, daß das Gericht zunächst aufgrund des Gutachtens die notwendige Sachkunde erlangt hat. Es ist ein großer Unterschied, ob ein Laie versucht, sich selbst aus dem Schrifttum über Fachfragen zu unterrichten, oder ob ihm das notwendige Wissen von einem Fachmann vermittelt wird. Die Freiheit der Kritik schließt nicht die Freiheit ein, selbst zu handeln[195].

Die Rechtsprechung, insbesondere der Revisions- und Rechtsbeschwerdegerichte, traut sich mitunter eine erstaunliche Fähigkeit zu, wissenschaftliche Erfahrungssätze ohne eigenes Fachwissen zu begreifen. So hat der Bundesgerichtshof den Erfahrungssatz, daß bei einer Blutalkoholkonzentration von 1,5 °/oo alle Kraftfahrer fahruntüchtig sind, aus dem medizinischen Schrifttum festgestellt[196]. Das OLG Hamm[197] hält es für nach wissenschaftlicher Erfahrung offenkundig, daß Kraftfahrer nach Einnahme von Medikamenten und Genuß von wenig Alkohol in einen Vergiftungszustand geraten, in dem ihnen der weitere Alkoholkonsum, der den Eintritt der Fahruntüchtigkeit herbeiführt, nicht vorgeworfen werden kann. Das OLG Celle[198] entnimmt die Wirkungsweise eines Gerätes zur Geschwindigkeitsmessung mit Radar dem Aufsatz in einer juristischen Fachzeitschrift[199]. Auch das OLG Hamm[200] hält die Einzelheiten der Geschwindigkeitskontrolle durch Radarmeßgeräte für einen allgemeinkundigen Erfahrungssatz.

---

194 Offenbar aus diesem Grund hat das OLG Braunschweig (NJW 1955 S. 1201 [1202]) das Fehlen eines medizinischen Erfahrungssatzes, wonach bei einer Bauchoperation die Anwendung von Penicillin die Entstehung einer Bauchfellentzündung verhindern kann, nicht dem von der Verteidigung vorgelegten medizinischen Schrifttum entnommen, sondern hierüber im Freibeweis Sachverständige gehört. Auch der BGH hat sich in der Entscheidung BGHSt. 25 S. 156 (164) außerstande gesehen, die Frage, ob nach dem heutigen Stand der Wissenschaft ein Erfahrungssatz besteht, daß ein Kraftfahrer, bevor er am Steuer seines Fahrzeugs während der Fahrt einschläft, stets deutliche Zeichen der Ermüdung an sich wahrnimmt oder wahrnehmen kann, aufgrund der Lektüre des medizinischen Schrifttums zu entscheiden und hat daher Sachverständige herangezogen. Vgl. dazu auch BGH VRS 7 S. 181; 14 S. 361; OLG Hamm NJW 1953 S. 1077 = DAR 1953 S. 160.
195 So mit Recht *Stein* S. 78, der aber trotzdem (S. 83) die Unterscheidung zwischen allgemeiner Bildung und der besonderen Sachkunde nicht für durchführbar und auch für innerlich unberechtigt hielt; ebenso *Hellm. Mayer* Mezger-FS S. 468/469. Auch RGSt. 3 S. 176 sieht in dem Erfordernis der besonderen Sachkunde kein Hindernis für die Allgemeinkundigkeit.
196 BGHSt. 5 S. 168 (170/171); daß sich der Satz später als unrichtig erwiesen hat (vgl. BGHSt. 21 S. 157), ist allerdings nicht dem BGH vorzuwerfen.
197 VRS 32 S. 278.
198 VRS 45 S. 462/463.
199 *Preiser/Schreuer* NJW 1963 S. 1089.
200 DAR 1974 S. 77/78.

Dagegen ist das OLG Schleswig[201] der Ansicht, daß es sich hierbei um die Anwendung der eigenen Sachkunde des Tatrichters nach § 244 Abs. 4 Satz 1 handelt.

Wie es negative allgemeinkundige Beweistatsachen gibt[202], lassen sich auch negative allgemeinkundige Erfahrungssätze nachweisen. Dazu gehört z. B. die zum allgemeinen Bildungsgut gehörende Erkenntnis[203], daß den Lehren der Parapsychologie keinerlei Beweiskraft zukommt, daß vielmehr von der »notorischen Nichtexistenz«[204] okkulter Phänomene auszugehen ist[205]. Das gleiche gilt für die Existenz anderer übersinnlicher Erscheinungen, insbesondere von den Kräften der Zauberei[206].

(2) Wie bei den allgemeinkundigen Tatsachen ist es auch bei den allgemeinkundigen Erfahrungssätzen gleichgültig, ob sie dem Richter schon vor der Hauptverhandlung bekannt sind[207] und aus welchen **Quellen** er die Kenntnis erlangt hat. Zu seinen Amtspflichten gehört es, sich über allgemeine Erfahrungssätze zu unterrichten, wenn das für die Entscheidung erforderlich ist[208]. Er kann sich hierüber in jeder ihm geeignet erscheinenden Weise Kenntnis verschaffen[209] und dabei die

---

201 Bei *Ernesti/Jürgensen* SchlHA 1968 S. 230/231.
202 Vgl. oben S. 539.
203 Vgl. *Wimmer* NJW 1976 S. 1131 (1133).
204 RGSt. 8 S. 351 (353); a. A. neuerdings *Walter* S. 278, der diese Auffassung »angesichts mancher Einzelfälle« für nicht vertretbar hält. Dazu kann man nur feststellen, daß kein Einzelfall bekanntgeworden ist, in dem okkulte Phänomene erwiesen worden sind. Daß *Walter* (S. 279 Fußn. 77) den Hinweis auf die offizielle katholische Lehrmeinung von der Existenz des Teufels für beweiskräftig hält, spricht für sich selbst. Auch *Bender* NJW 1977 S. 1089 (1091) ist der Ansicht, die Behauptung, das »Übersinnliche« habe bisher einer genauen wissenschaftlichen Überprüfung nicht standgehalten, sei nicht erweislich. Die Beweislast liegt aber doch wohl bei den Parapsychologen.
205 BGH NJW 1978 S. 1207 hat es gebilligt, daß ein auf ein parapsychologisches Sachverständigengutachten gerichteter Beweisantrag wegen völliger Ungeeignetheit des Beweismittels abgelehnt wurde. Das trifft insofern zu, als für Tatsachen und Erfahrungssätze, deren Gegenteil offenkundig ist, niemals ein geeignetes Beweismittel aufzufinden sein wird. Richtig wäre jedoch gewesen, den Beweisantrag mit der Begründung abzulehnen, das Gegenteil der Beweistatsache sei offenkundig; vgl. *Wimmer* NJW 1976 S. 1131 (1132). Nur bei präsenten Beweismitteln muß auf die Ungeeignetheit des Sachverständigen ausgewichen werden, weil § 245 Abs. 2 Satz 3 die Ablehnung eines Beweisantrags wegen Offenkundigkeit des Gegenteils der Beweistatsache nicht zuläßt; vgl. unten S. 826, 828.
206 Vgl. RGSt. 33 S. 321 (322) (Tötung durch Beschwörungen oder »Sympathiemittel«); *Simader* S. 130. Wie *Stein* (S. 83 Fußn. 36) mitteilt, hat noch im Jahre 1892 das LG Eichstätt Beweis darüber erhoben, ob ein Kind durch Backwerk verhext werden kann, und die Sachverständigen haben das bejaht.
207 Vgl. *Rieker* S. 64; *Simader* S. 151; *Stein* S. 85.
208 Vgl. *F. W. Krause* S. 30; *Loeber* S. 14; *Stein* S. 96.
209 Vgl. *Beling* S. 290; *Döhring* JZ 1968 S. 641; *zu Dohna* S. 90; *F. W. Krause* S. 30; *Loeber* S. 17/18; *Simader* S. 151; *Stein* S. 79 ff. – *Goldschmidt* S. 440 warnt vor Dilettantismus und will die Unterrichtung auf allgemeinkundige Erfahrungssätze beschränken. *Bockelmann* GA 1955 S. 321 (324) weist darauf hin, daß sich der Richter wissenschaftliche

Fachliteratur und alle anderen allgemein zugänglichen Erkenntnisquellen benutzen. Sogar die Hamburger Polizei ist, wie das OLG Hamburg[210] darlegt, eine solche Erkenntnisquelle, weil sie jedem Kraftfahrer auf Anfrage Auskunft über die Wirkungsweise der Geschwindigkeitsmessung durch Radar erteilt. Zweifelhaft erscheint, ob es zulässig ist, daß das Gericht sich über das Bestehen von Erfahrungssätzen vor oder außerhalb der Hauptverhandlung bei einem Sachverständigen erkundigt. Die Frage wird im Schrifttum teilweise bejaht[211]. Jedoch wird man dem nicht zustimmen können. Sachverständige sind keine allgemein zugänglichen Erkenntnisquellen. Sie müssen daher in der Hauptverhandlung förmlich vernommen werden, wenn das Gericht von ihnen Erfahrungstatsachen erfahren will, die es nicht kennt und deren Kenntnis es sich aus allgemein zugänglichen Quellen auch nicht verschaffen kann[212]. Allenfalls können sie um Auskunft darüber gebeten werden, welche anderen Erkenntnisquellen das Gericht heranziehen kann, um sich über einfach zu begreifende wissenschaftliche Erfahrungssätze zu unterrichten[213].

(3) In der **Rechtsprechung** ist die Allgemeinkundigkeit des Erfahrungssatzes angenommen worden, daß niemand zweimal vollkommen gleichmäßig seinen eigenen Namen schreiben kann[214], daß der gemeine Sprachgebrauch unter Honig den von Bienen ausgeschiedenen Saft versteht[215], daß eine Fahne unbrauchbar wird, wenn sie lange im Wasser liegt[216], daß der Gebrauch von Lippen- und Augenbrauenstiften nach der jetzigen Mode nicht mehr auf »bedenkliche Frauen« beschränkt ist[217], daß einem Blutgruppengutachten, nach dem bestimmte Blutmerkmale die Vaterschaft eines Mannes ausschließen, eine unbedingte Beweiskraft zukommt[218], daß sich, insbesondere bei kindlichen Zeugen, eine falsche Beurteilung bei der ersten Gegenüberstellung bei späteren Gegenüberstellungen wieder-

Erfahrungssätze, die nur einem beschränkten Kreis von Eingeweihten geläufig sind, nicht im Wege des Selbststudiums aneignen kann; in einem solchen Fall würde aber ohnehin keine Allgemeinkundigkeit vorliegen (vgl. oben S. 555).
210 DAR 1960 S. 27 = VRS 18 S. 63 (64).
211 *Stein/Jonas* § 291 ZPO II 1; *Döhring* JZ 1968 S. 641; *Goldschmidt* S. 441; *Loeber* S. 18, 97; *Simader* S. 151. *Hegler* AcP 104 S. 151 (172 Fußn. 57) macht übrigens mit Recht darauf aufmerksam, daß die Frage nicht nur für Erfahrungssätze bedeutsam ist, sondern auch für den Fall, daß ein Sachverständiger nur Tatsachen angeben soll, wie z. B. der Historiker. RG JW 1926 S. 2630 mit abl. Anm. *Heilberg* hat gebilligt, daß der Tatrichter eine Auskunft des Zentralverbandes des Bankgewerbes und der Industrie- und Handelskammer über die üblichen Zinssätze eingeholt hat.
212 So mit Recht *Bockelmann* GA 1955 S. 231 (324); *Jessnitzer* Blutalkohol 1978 S. 315 (320); *F. W. Krause* S. 30.
213 Die Ansicht des OLG Hamm (NJW 1978 S. 1210), weil das Gericht solche Unterrichtungsquellen heranziehen kann, sei es auch befugt, sich einfach bei einem Sachverständigen nach dem fraglichen Erfahrungssatz zu erkundigen, erscheint unrichtig; vgl. dazu unten S. 699.
214 RGSt. 45 S. 403; zu dieser Entscheidung vgl. unten Fußn. 231.
215 RGSt. 41 S. 205 (208).
216 RGSt. 64 S. 250 (251).
217 RGSt. 61 S. 379 (381).
218 BGHSt. 6 S. 70 (72/73); OLG Hamm NJW 1960 S. 1402.

holen wird[219], daß sich bei Nieselregen auf der Fahrbahnoberfläche kein Wasserfilm bilden kann[220], daß bei einem Auffahrunfall der Ort des Zusammenstoßes nur wenige Meter vor der Stelle liegt, an der sich die ersten Schmutz- und Fahrzeugteile auf der Fahrbahn eingelagert haben[221], daß nur Kraftfahrzeuge bestimmter Typen mit einem Gemisch von Öl und Benzin betrieben werden[222], daß auf einer nassen, in Fahrtrichtung abfallenden und gewölbten Blaupflasterdecke die Bremswirkung gering ist[223], daß die Durchschnittsgeschwindigkeit einer älteren Fußgängerin etwa fünf bis sechs Stundenkilometer beträgt[224] und daß Baumwolle leicht Feuer fängt[225].

c) **Gerichtskundige Erfahrungssätze.** Gesicherte wissenschaftliche Erfahrungssätze, deren Allgemeinkundigkeit daran scheitert, daß sie ohne Fachkenntnisse nicht verständlich sind, können der Entscheidung als gerichtskundig zugrunde gelegt werden, wenn der Richter sie aus früheren Verfahren, an denen er teilgenommen hat[226], oder aus amtlichen Urkunden kennt, aus denen sich die Beweisergebnisse anderer Gerichte ergeben. Meist handelt es sich um typische und häufig wiederkehrende Sachfragen, die in ihren Voraussetzungen und ihrer fachlichen Ausgestaltung so gleichgelagert sind, daß das Ergebnis der Befragung eines Sachverständigen in einer Strafsache bedenkenlos für andere Fälle übernommen werden kann[227]. Der Richter muß dann nicht jedesmal erneut einen Sachverständigen hören, sondern kann die ihm bekanntgewordenen Erfahrungssätze seiner Entscheidung ohne weiteres zugrunde legen[228]. Daß der Richter auf andere Weise von dem Erfahrungssatz Kenntnis erhalten hat, genügt ebensowenig wie bei den gerichtskundigen Tatsachen[229]. Denn bei den Erfahrungssätzen besteht noch weniger als bei bloßen Tatsachen die Gewähr für ihre Richtigkeit, wenn der Richter nicht mehr weiß, woher er sie eigentlich kennt. Gerichtskundig kann ein Erfahrungssatz insbesondere nicht dadurch werden, daß der Richter ihn sich für das vorliegende Verfahren aneignet[230]. Die in der Hauptverhandlung aufgrund eines

---

219 BGHSt. 16 S. 204 (206).
220 OLG Celle VRS 37 S. 293 (294).
221 OLG Hamm VRS 39 S. 196 (197).
222 OGHSt. 3 S. 134 (135).
223 BGH VRS 23 S. 270 (272).
224 BGH VRS 7 S. 449 (451).
225 RG JW 1927 S. 3050 (3051) mit Anm. *Mannheim.*
226 OLG Hamm VRS 59 S. 296 (297).
227 Vgl. *Wolschke* S. 206.
228 BGHSt. 26 S. 56 (59); LR *Gollwitzer* § 261 Rdnr. 38; *Bockelmann* GA 1955 S. 321 (324); *Spendel* JuS 1964 S. 465 (468). *Wolschke* S. 244 spricht von einer Beweismittlerfunktion des Gerichts und verkennt dabei, daß das Gericht begrifflich weder Beweismittel noch Beweismittler sein kann. Vgl. auch OLG Dresden JW 1937 S. 1358 (1359) = HRR 1938 Nr. 425.
229 Oben S. 547; a. A. auch insoweit die Voraufl. (S. 127) im Anschluß an *Alsberg* JW 1918 S. 792 (794).
230 Vgl. RG Gruchot 54 S. 1141. – A. A. Voraufl. S. 127/128 im Anschluß an *Alsberg* a.a.O., der es zulassen wollte, daß sich der Richter privat die Wirkungsweise einer technischen Einrichtung erklären läßt und sie dann in der Verhandlung als gerichtskundig

Sachverständigengutachtens gewonnenen Erkenntnisse können für andere Hauptverhandlungen in derselben Sache ebensowenig gerichtskundig werden wie die Tatsachen, die die Beweisaufnahme erbracht hat[231].

Die Gerichte, insbesondere die Revisions- und Rechtsbeschwerdegerichte, halten vor allem Erfahrungssätze medizinischen und technischen Inhalts, die in zahlreichen gleichgelagerten Verfahren festgestellt worden sind, für gerichtskundig. Das gilt auf medizinischem Gebiet z. B. für den Ursachenzusammenhang zwischen NS-Verfolgung und Gesundheitsschaden[232], auf technischem für die Wirkungsweise und Zuverlässigkeit von Geräten und Anlagen zur Kontrolle der Fahrgeschwindigkeit und des Abstandes von Kraftfahrzeugen[223], etwa die Wirkungsweise der Geschwindigkeits- und Abstandsprüfung von einer Autobahnbrücke aus (Brückenmeßverfahren)[234], insbesondere mit einer sog. Traffipaxanlage[235], die Wirkungsweise und Zuverlässigkeit der Geschwindigkeitsermittlung mittels Lichtschrankenmessung[236], die Einzelheiten des Funkstopverfahrens zur Geschwindig-

behandelt. In Wahrheit handelt es sich in solchen Fällen entweder um einen gegen § 250 verstoßenden Sachverständigenbeweis außerhalb der Hauptverhandlung oder, wenn (wie *Alsberg* unterstellt) jeder technisch einigermaßen gebildete Laie die Sache verstehen kann, um einen allgemeinkundigen Erfahrungssatz, von dessen Bestehen der Richter sich allerdings vor der Hauptverhandlung überzeugen kann.

231 Vgl. oben S. 550 ff. Das RG hat es in der Entscheidung RGSt. 45 S. 403 aber hingenommen, daß der Tatrichter, nachdem sich ein Sachverständiger in der Hauptverhandlung gutachtlich dahin geäußert hatte, daß niemand seine Unterschrift zweimal völlig gleichmäßig schreiben könne, die Richtigkeit des Satzes dem Sinne nach für gerichtskundig erklärt hat. Die Entscheidung ist auch insofern falsch, als das RG aus der Bekundung des Sachverständigen einfach den Schluß gezogen hat, er habe den von ihm bekundeten Satz als einen allgemein bekannten (notorischen) Erfahrungssatz bezeichnet. Ob der Sachverständige die Allgemeinkundigkeit des Satzes behaupten wollte, war aus seinem in dem ersten Urteil wiedergegebenen Gutachten nicht zu ersehen und, nachdem er vernommen worden war, auch ohne Bedeutung. Die Kritik an der Entscheidung in der Vorauf. (S. 126 Fußn. 70) übersieht das und hält es auch zu Unrecht für zulässig, daß der Tatrichter aufgrund eines Sachverständigengutachtens in der Hauptverhandlung von der Offenkundigkeit einer Erfahrungstatsache ausgeht (ebenso schon *Alsberg* JW 1918 S. 792 [794]).
232 BGH JZ 1968 S. 670.
233 Vgl. BayObLGSt. 1966 S. 4 (5) = VRS 30 S. 310; OLG Celle NJW 1967 S. 588 = VRS 32 S. 139; OLG Hamburg DAR 1960 S. 27 = VRS 18 S. 63. Ein Beweisantrag, der sich gegen die Zuverlässigkeit des Radarmeßverfahrens richtet, kann daher wegen Offenkundigkeit abgelehnt werden, wenn nicht bestimmte, bisher unbekannte Fehlerquellen behauptet und unter Beweis gestellt werden.
234 OLG Karlsruhe VRS 44 S. 135 (137); OLG Schleswig bei *Ernesti/Jürgensen* SchlHA 1980 S. 181.
235 OLG Celle VRS 58 S. 264 (267); OLG Karlsruhe VRS 56 S. 56; beide Entscheidungen erwähnen den Grund der Kenntnis nicht.
236 BayObLGSt. 1977 S. 86 = VRS 53 S. 298; auch hier wird nicht ausdrücklich erwähnt, daß es sich um gerichtskundige Tatsachen handelt.

keitsermittlung[237], der Hamburger Methode des Funkstopverfahrens[238] und des Spiegelmeßverfahrens[239], die Wirkungsweise der fotoelektrischen Meßmethode FESA zur Ermittlung des Sicherheitsabstandes auf Bundesautobahnen[240] sowie die Tatsache, daß die regelmäßige Justierung des Tachometers in Polizeifahrzeugen eine maximal mögliche Abweichung von der tatsächlichen Geschwindigkeit von 3 % garantiert[241].

3. Erfahrungssätze ohne Allgemeingültigkeit

Neben den allgemeingültigen Erfahrungssätzen gibt es solche ohne Allgemeingültigkeit[242]. Sie werden vielfach unbewußt verwendet[243] und spielen praktisch in jede Feststellung hinein[244]. Sie beschreiben den regelmäßigen Ablauf der Dinge, gelten aber nicht ausnahmslos. Im älteren Schrifttum sprach man gelegentlich von »Menschenkundigkeit«[245]. Darunter fallen die Sätze der Verkehrssitte, des Brauchs und der Verkehrsauffassung, insbesondere aber typische Verhaltensweisen[246]. Solche Erfahrungssätze ohne Allgemeingültigkeit sind bloße Beweisanzeichen[247]. Ihre Verwertung und Verwendung ist grundsätzlich Sache der tatrichterlichen Beweiswürdigung. Für die Erfahrungssätze ohne Allgemeingültigkeit ist kennzeichnend, daß niemand ein besonderes Fachwissen braucht, um sie zu kennen, daß sie vielmehr allgemein bekannt sind[248]. Es handelt sich um Tatsachen oder Vorgänge, die jeder im Leben stehende Mensch aufgrund der täglichen Erfahrung und des gewöhnlichen Verlaufs der Dinge kennt und von deren Vorhandensein er sich unschwer immer wieder unterrichten kann. Das Gericht kann sie jederzeit, übri-

---

237 BayObLGSt. 1949/51 S. 458 (463) = NJW 1952 S. 234 (235); BayObLGSt. 1949/51 S. 464 = NJW 1952 S. 236; vgl. auch BayObLGSt. 1958 S. 81 = NJW 1958 S. 1198; OLG Braunschweig DAR 1961 S. 290 = NdsRpfl. 1961 S. 206; OLG Düsseldorf VRS 4 S. 460; 19 S. 209; OLG Hamm VRS 44 S. 143 (144); OLG Karlsruhe VRS 48 S. 129; OLG Köln NJW 1958 S. 1834 = DAR 1958 S. 198; VRS 37 S. 286; OLG Schleswig SchlHA 1959 S. 218; VerkMitt. 1970 S. 32; *Müller* DAR 1951 S. 136.
238 OLG Hamburg VRS 55 S. 373 (374); vgl. auch OLG Hamburg VerkMitt. 1974 S. 91.
239 BayObLG VRS 40 S. 285; OLG Karlsruhe DAR 1970 S. 137 = VRS 39 S. 370; VRS 48 S. 129; S. 375 (376).
240 OLG Frankfurt VRS 54 S. 207 (ohne Erwähnung der Gerichtskundigkeit).
241 OLG Düsseldorf VRS 59 S. 288 (289) mit weit. Nachw.
242 Vgl. BGH NJW 1982 S. 2455 (2456): Fragen der Beweiswürdigung und Rechtsanwendung im Einzelfall; OGHSt. 1 S. 42: Allgemeine Erfahrungssätze, die im Einzelfall zutreffen, aber Ausnahmen zulassen.
243 Vgl. LR *Gollwitzer* § 261 Rdnr. 38.
244 Vgl. *Eb. Schmidt* § 261 Rdnr. 24.
245 *Wimmer* DRZ 1950 S. 390 (393) nennt die Erfahrungssätze ohne Allgemeinkundigkeit treffend »Faustregeln des praktischen Lebens«, die die allgemeine Richtung angeben. Das OLG Hamm (HESt. 2 S. 256 [257]) spricht von Erfahrungssätzen des täglichen Lebens.
246 Vgl. LR *Meyer* § 337 Rdnr. 132.
247 OLG Hamm HESt. 2 S. 156 (157).
248 Vgl. LR *Gollwitzer* § 261 Rdnr. 38.

gens ohne sie in der Verhandlung besonders zur Sprache bringen zu müssen[249], für die Entscheidung verwerten. Das Revisionsgericht ist nicht gehindert, seine eigene Kenntnis dieser Erfahrungstatsachen bei der Prüfung der Beweiswürdigung des angefochtenen Urteils zu berücksichtigen[250].

Erfahrungssätze ohne Allgemeingültigkeit werden fast immer allgemeinkundig sein. Denn es handelt sich vorwiegend um Kenntnisse, die jedermann gewinnen kann. Das Gericht kann z. B. Beweisanträge ablehnen, die darauf gerichtet sind, daß nicht alle Türken lügen[251], daß in einer Kolonne von Lastkraftwagen auf der Bundesautobahn nicht stets mit der zulässigen Höchstgeschwindigkeit gefahren wird[252], daß Zeitangaben von Zeugen nicht immer unzuverlässig sind[253], daß Angaben von Fußgängern und Radfahrern über die Geschwindigkeit eines Kraftfahrzeugs durchaus zutreffen können[254], daß sich die Aussagen der Fahrzeuginsassen nicht stets mit der Einlassung des Fahrers decken[255], daß erfahrungsgemäß niemand mit einer Strafanzeige droht, deren Erstattung ihn selbst der Strafverfolgung aussetzen könnte[256], daß ein die Fahrbahn überquerender Fußgänger auf das Hupzeichen eines herannahenden Kraftfahrzeugs nicht immer stehenbleibt oder zurückweicht[257], daß ein ohne Zwang abgelegtes Geständnis im allgemeinen der Wahrheit entspricht, daß Demonstranten oft ihrer feindlichen Einstellung gegenüber dem Staat durch Taten Ausdruck geben[258], daß der Führer eines Fahrzeugs meist auch der Halter ist[259] und daß Polizeibeamte einen Bürger nicht mißhandeln, wenn es Zeugen des Vorfalls gibt[260].

Andererseits gibt es Erfahrungssätze ohne Allgemeingültigkeit, die der Richter aufgrund amtlicher Kenntnisse erfahren hat, z. B. den Einfluß des »gefährlichen Alters« auf Sittlichkeitsdelikte[261], der Einfluß von Alkohol auf verbrecherische Neigungen[262], die Arbeitsweise bestimmter Arten von Straftätern[263], den üblichen Zinssatz in einem bestimmten Zeitraum[264] und die übliche Differenz zwischen dem

---

249 Vgl. LR *Gollwitzer* a.a.O.; zu *Dohna* S. 92.
250 RGSt. 61 S. 379 (381).
251 OLG Karlsruhe VRS 56 S. 359 (360).
252 OLG Hamm VRS 50 S. 68 (69).
253 BGH VRS 22 S. 276 (277).
254 KG VRS 8 S. 298 (300); 14 S. 443 (446); OLG Hamm VRS 4 S. 293 (294).
255 KG VRS 6 S. 212 (213).
256 OGHSt. 1 S. 146 (148).
257 BGH VRS 27 S. 346 (347).
258 RG JW 1929 S. 48 mit Anm. *Goldschmidt*.
259 KG VRS 42 S. 217 (218).
260 OLG Köln VRS 48 S. 24; das OLG hat das tatrichterliche Urteil aber aufgehoben, weil dort von »Lebenserfahrung« die Rede war, worunter das OLG nichts anderes zu verstehen bereit war als einen allgemeingültigen Erfahrungssatz.
261 Vgl. *Simader* S. 151.
262 Vgl. *Rieker* S. 64.
263 Vgl. *Rieker* a.a.O. – A. A. RG JW 1891 S. 545, das der Ansicht war, eine bestimmte Methode der »Bauernfängerei« könne nicht offenkundig sein.
264 RG JW 1926 S. 2630 mit Anm. *Heilberg*.

Wechsel- und dem Lombardsatz²⁶⁵. Gerichtskundig aus anderen Verfahren kann auch sein, daß viele Hersteller von Produkten ihre individuelle Preis- und Rabattgestaltung als Geschäftsgeheimnis betrachten, das der Konkurrenz nicht zugänglich gemacht werden darf²⁶⁶, oder daß während des NS-Regimes nahezu alle Behörden mit Polizeispitzeln durchsetzt waren²⁶⁷.

IV. Offenkundigkeit bei Kollegialgerichten

1. Grundsätze

Die Frage, ob in einem Richterkollegium von der Offenkundigkeit einer Tatsache oder eines Erfahrungssatzes nur ausgegangen werden darf, wenn sämtliche Mitglieder des Gerichts die Tatsache oder den Erfahrungssatz kennen oder als offenkundig anerkennen, wird auffälligerweise von der herrschenden Meinung für den Zivil- und Strafprozeß verschieden beantwortet. Im Zivilprozeß wird es seit jeher für ausreichend gehalten, daß die Mehrheit der Richter die Offenkundigkeit bejaht²⁶⁸. Dagegen wurde für den Strafprozeß zunächst überwiegend die Ansicht vertreten, daß für beide Formen der Offenkundigkeit eine einfache Stimmenmehrheit nicht ausreiche, also sämtliche Mitglieder des Richterkollegiums sowohl die allgemeinkundigen als auch die gerichtskundigen Tatsachen kennen müssen²⁶⁹. *Sarstedt*²⁷⁰ vermutet wahrscheinlich mit Recht, daß dem die früher verbreitete Annahme zugrunde lag, offenkundig sei nur, was jedermann wisse, und daß den Schöffen gegenüber, wenn sie ehrlich zugaben, daß sie von der Tatsache noch nie etwas gehört haben, die Erklärung, es handele sich ja auch nicht um eine offenkundige Tatsache, höflicher klang als die Entscheidung, sie sei trotz Unkenntnis der Laienrichter offenkundig. Später drang die Auffassung vor, daß zwar für die Allgemeinkundigkeit einfache Mehrheit genüge²⁷¹, nicht aber für die Gerichtskun-

---

265 RG JW 1903 S. 94, das das als Tatsache wertete.
266 BGHSt. 26 S. 56 (59).
267 BVerfGE 10 S. 177 (183/184) = NJW 1960 S. 31.
268 BGH VersR 1960 S. 511 (512); RG *Soergel* Rspr. 1907 S. 633; RArbG JW 1929 S. 1325 mit Anm. *Kreller*, *Baumbach/Lauterbach/Hartmann/Albers* Anm. 2 B; *Stein/Jonas* Anm. I 1, 2; *Thomas/Putzo* Anm. 1 c; alle zu § 291 ZPO; *Schmidt-Hieber* S. 19; *Walter* S. 280. – A. A. OLG Karlsruhe Justiz 1964 S. 287 (288); *Wieczorek* § 291 ZPO Anm. A III b 3, c (anders Anm. A III a 2 für Erfahrungssätze); *Blomeyer*, Zivilprozeßrecht, Erkenntnisverfahren, 1963, § 67 II 2 a. Daß nur ein Richter des Kollegiums die Tatsache kennt, hielt auch RG WarnJ 1937 S. 42 nicht für ausreichend.
269 RG JW 1925 S. 2136; *Ditzen* ZStW 10 S. 111 (151); *Goldschmidt* JW 1929 S. 48 (49); *von Hippel* S. 381; *Rieker* S. 64; *Schlosky* DRiZ 1933 S. 103 (104/105); *Simader* S. 149/150. So jetzt noch KMR *Paulus* § 244 Rdnr. 208, 216; *Eb. Schmidt* Teil I Rdnr. 383 und Nachtr. § 244 Rdnr. 16); *Geppert* S. 156; *Henkel* S. 265; *Kreuzer* S. 50; *Nüse* GA 1955 S. 72 (74/75); *Spendel* JuS 1964 S. 465 (468).
270 S. 236/237.
271 RG JW 1929 S. 48 mit Anm. *Goldschmidt*.

digkeit, für die die Kenntnis aller Richter zu fordern sei[272]. Da eine von Schöffen amtlich erlangte Kenntnis nur ausnahmsweise in Betracht kommt, wurde von den Vertretern dieser Ansicht verlangt, daß das Urteil in allen Fällen, in denen unter Beteiligung von Schöffen Gerichtskundigkeit angenommen worden war, Ausführungen darüber enthält, daß und wie die als gerichtskundig behandelte Tatsache zur amtlichen Kenntnis sämtlicher Mitglieder des Gerichts gelangt ist[273]. Nach richtiger Ansicht hängt jedoch weder die Annahme der Allgemeinkundigkeit noch die der Gerichtskundigkeit davon ab, daß sämtliche Mitglieder des Gerichts die Beweistatsache oder den Erfahrungssatz kennen oder als offenkundig anerkennen[274]. Das ergibt sich aus folgenden Erwägungen:

2. Allgemeinkundigkeit. Die Allgemeinkundigkeit setzt nicht voraus, daß die Tatsache dem Gericht bei Beginn der Verhandlung überhaupt bekannt ist. Es reicht aus, daß die Mitglieder des Gerichts die Möglichkeit haben, sich noch während der Verhandlung aus zuverlässigen Quellen zu unterrichten[275]. Schon hieraus folgt, daß es nicht darauf ankommen kann, ob alle Mitglieder des Gerichts die Beweistatsache kennen. Es muß genügen, daß ein Richter sie kennt und die anderen davon unterrichtet. Denn wenn für allgemeinkundige Tatsachen die Kenntnis des ganzen Gerichts erforderlich wäre, würde das nur darauf hinauslaufen, daß diejenigen Gerichtsmitglieder, die an der Richtigkeit der Tatsache zweifeln, im Wege des Freibeweises, etwa durch Heranziehung von Kursbüchern, Landkarten oder Lexika, in der Beratung davon überzeugt werden müssen, daß diese Tatsache allgemein behauptet wird[276]. Die Strafkammer wäre dann z. B. verpflichtet, aus der Gerichtsbibliothek ein Nachschlagewerk holen zu lassen, um einem Schöffen zu

---

272 BGH NJW 1955 S. 152; BGH VRS 5 S. 384 (385); S. 541 (543); RG JW 1929 S. 1051; 1930 S. 715; 1932 S. 2729; alle RG-Entscheidungen mit Anm. *Alsberg*; KG JR 1956 S. 387; OLG Hamburg JR 1955 S. 308 (309); OLG Hamm NJW 1956 S. 1729 (1730); OLG Köln JR 1950 S. 567; OLG Königsberg JW 1928 S. 839 mit Anm. *Drucker*; *Dalcke/Fuhrmann/Schäfer* Anm. 11; *Feisenberger* Anm. 2; KK *Herdegen* Rdnr. 81; alle zu § 244; *Dahs* Hdb. Rdnr. 518; *Ditzen* ZStW 10 S. 111 (151); *Gössel* S. 255; *Harreß* S. 46; *Rosenfeld* II S. 18; *Roxin* § 24 C II 2; *Rüping* Rdnr. 415; *Völcker* S. 13; *Wenner* S. 89; *Zipf* S. 165. Auch BGHSt. 6 S. 292 (297) ist offenbar der Ansicht, daß Schöffen an der Gerichtskundigkeit unmittelbar teilhaben müssen.
273 RGJW 1929 S. 48 mit Anm. *Goldschmidt*; RGJW 1929 S. 1051; RGJW 1932 S. 2729; beide mit Anm. *Alsberg*; OLG Hamm NJW 1956 S. 1729 (1730); OLG Königsberg JW 1928 S. 839 (840) mit Anm. *Drucker*; *Nüse* GA 1955 S. 72 (75); Voraufl. S. 131. Hiergegen mit Recht RG JW 1930 S. 715; KG JR 1956 S. 387 (388); LR *Gollwitzer* § 261 Rdnr. 33.
274 So auch *Kleinknecht* § 244 Rdnr. 13; LR *Gollwitzer* § 244 Rdnr. 202 und § 261 Rdnr. 36; *Dahs/Dahs* Rdnr. 65; *Sarstedt* S. 236 ff. und DAR 1964 S. 307 (311); *Schmidt-Hieber* S. 13; *Wolschke* S. 230.
275 Vgl. oben S. 535/536.
276 Entgegen der Ansicht von *Nüse* GA 1955 S. 72 (75) und der Voraufl. (S. 130) kann daher in diesem Zusammenhang auch nicht die Auffassung vertreten werden, es widerspreche der Idee des kollegialgerichtlichen Verfahrens, daß die Gerichtsmehrheit aus Erkenntnisquellen schöpft, die nicht jedem einzelnen Richter offenstehen. Bei der Allgemeinkundigkeit stehen sie jedem offen.

beweisen, daß die deutsche Wehrmacht am 8. Mai 1945 bedingungslos kapituliert hat oder daß Adenauer der erste Bundeskanzler der Bundesrepublik Deutschland gewesen ist. Damit wäre offensichtlich nichts gewonnen. Die Annahme der Vorauflage[277], ein Schöffe, dem derartige Kenntnisse nicht auf diese Weise verschafft werden, wirke genauso »fiktiv« an der Entscheidung mit wie ein schlafender Richter, denn er sei von der allseitigen Würdigung des Entscheidungsmaterials ausgeschlossen, kann hier nicht aufrechterhalten werden[278].

Entscheidend ist im übrigen der Gesichtspunkt, daß die nach § 196 Abs. 1 GVG maßgebliche einfache Mehrheit[279] nicht von der Minderheit zu einer weiteren Beweiserhebung über eine Tatsache gezwungen werden kann, von deren Richtigkeit sie überzeugt ist[280]. Denn welches Stimmenverhältnis erforderlich ist, regelt das Gesetz in dieser Vorschrift und in dem hier nicht einschlägigen § 263 abschließend. Es gibt keine Ausnahme für die Offenkundigkeit[281]. Worauf sich die Überzeugung stützt, kann keine Rolle spielen[282]. Der Einwand, durch Abstimmung und Mehrheitsentscheidung könne Offenkundigkeit nicht »herbeigeführt« werden[283], geht fehl. Denn es handelt sich ja nicht darum, die Offenkundigkeit herzustellen, sondern von einer Beweisaufnahme mit Rücksicht darauf abzusehen, daß die Tatsachen deshalb allgemeinkundig sind, weil man sich mit Leichtigkeit davon überzeugen kann, daß sie allgemein behauptet werden.

3. Gerichtskundigkeit

Auch die Ablehnung eines Beweisantrags wegen Gerichtskundigkeit hat nicht zur Voraussetzung, daß das gesamte Gericht die Tatsache oder den Erfahrungssatz kennt. Zwar liegen hier die Verhältnisse insofern anders als bei der Allgemeinkundigkeit, als es nicht möglich ist, ein Gerichtsmitglied, das die Tatsache bezweifelt, durch allgemein zugängliche Erkenntnisquellen von ihrer Richtigkeit zu überzeugen. Die übrigen Gerichtsmitglieder sind vielmehr darauf angewiesen, die Ursachen der Gerichtskundigkeit zu erklären und die Richtigkeit der Tatsache zu versichern. Daraus folgt jedoch nicht, daß eine Tatsache, die nur der Mehrheit in ihrer richterlichen Eigenschaft bekanntgeworden ist, nicht »gerichtskundig« ist.

---

277 S. 131.
278 Die Ansicht von *Eb. Schmidt* (Teil I Rdnr. 383 Fußn. 116), es sei, auch wenn diese Beweisführung nichts nütze, »Richterpflicht«, die Offenkundigkeit zu verneinen und Beweis zu erheben, erscheint unverständlich; eine Richterpflicht, die nur zu überflüssigen Handlungen führt, kann es allenfalls geben, wenn das Gesetz sie ausdrücklich vorschreibt.
279 RG JW 1929 S. 48 mit insoweit abl. Anm. *Goldschmidt*; *Sarstedt* S. 237/238; *Wolschke* S. 230.
280 *Stein* (S. 154) bezeichnete es mit Recht als unerfindlich, warum gegen den klaren Wortlaut des § 196 GVG über die Frage, ob eine Tatsache als offenkundig nicht des Beweises bedarf, Einstimmigkeit bestehen müsse, die doch sonst nie, weder zu Beweisfragen noch zu irgendwelchen anderen, nicht einmal (damals) zu einem Todesurteil, gefordert wird.
281 *Sarstedt* DAR 1964 S. 307 (311); a. A. KMR *Paulus* § 244 Rdnr. 208.
282 LR *Gollwitzer* § 261 Rdnr. 36; *Sarstedt* S. 237.
283 *Eb. Schmidt* Teil I Rdnr. 383. Dieser Einwand läßt seine Herkunft von der überholten Auffassung erkennen, daß allgemeinkundig nur ist, was jeder Gebildete weiß.

Die Erwägung, es gehe nicht an, einem Richter erhebliche Tatsachen dadurch vorzuenthalten, daß sie von der Mehrheit als offenkundig angesehen werden, obwohl sie ihm selbst unbekannt sind[284], berücksichtigt nicht, daß die gerichtskundige Tatsache in der Hauptverhandlung erörtert werden muß oder, wenn es sich um die Ablehnung eines Beweisantrags handelt, sogar Thema einer Zwischenberatung ist, deren Ergebnis in der Hauptverhandlung bekanntgemacht wird. Keinem Mitglied des Gerichts und keinem Verfahrensbeteiligten kann die gerichtskundige Tatsache daher vorenthalten werden[285]. Auch hier greift im übrigen die Erwägung durch, daß die Vorschrift des § 196 GVG die einfache Mehrheit allgemein genügen läßt und daß für die Abstimmung über die Frage der Gerichtskundigkeit daher nichts anderes gelten kann. Es besteht kein Anlaß, die Gerichtskundigkeit praktisch auf das Verfahren vor dem Strafrichter (Einzelrichter), den Oberlandesgerichten und dem Bundesgerichtshof zu beschränken. Auch der Bundesgerichtshof, der früher für die Gerichtskundigkeit die Kenntnis aller Richter verlangt hat[286], vertritt neuerdings die Auffassung, daß es genügt, wenn die Berufsrichter die Tatsachen kennen, die das Gericht als gerichtskundig behandelt[287]. Nur so läßt sich übrigens eine Übereinstimmung mit der Ansicht des Bundesgerichtshofs herstellen, daß die Sachkunde im Sinne des § 244 Abs. 4 Satz 1 nicht bei allen Gerichtsmitgliedern zu bestehen braucht, daß es vielmehr genügt, daß ein einziger Richter sie hat und den anderen vermittelt[288].

V. Entscheidung über den Beweisantrag

Wenn die Beweistatsache oder ihr Gegenteil offenkundig ist, kann das Gericht den Beweisantrag ablehnen[289]. Unzulässig ist die Beweiserhebung aber nicht[290]. Aller-

---

284 Voraufl. S. 131.
285 So mit Recht *Wolschke* S. 229/230.
286 BGHSt. 6 S. 292 (297); BGH NJW 1955 S. 152; BGH VRS 5 S. 384 (385); BGH 4 StR 198/53 vom 18. 6. 1953; 2 StR 402/54 vom 7. 12. 1954.
287 BGH 1 StR 287/77 vom 20. 12. 1977. Die Entscheidung ist trotz ihrer Bedeutung nirgends veröffentlicht worden. Sie ist so gefaßt, als habe der BGH niemals eine abweichende Auffassung vertreten. Der entscheidende Satz (S. 6) lautet: »Es ist auch nicht erforderlich, daß sämtliche Mitglieder des Kollegialgerichts die gerichtskundigen Tatsachen kennen, es genügt vielmehr jedenfalls das Wissen der Mehrheit, hier also der drei Berufsrichter (Gollwitzer in Löwe-Rosenberg, StPO 23. Aufl., § 244 Rdnr. 202 m. Nachw.).«
288 Vgl. unten S. 714. *Kühne* Rdnr. 451 will die Streitfrage dadurch aus der Welt schaffen, daß das Übermitteln des eigenen Wissens in der Hauptverhandlung durch einen der Richter die anderen gerichtskundig macht. Als Quelle der Gerichtskundigkeit genügt das jedoch nicht; vgl. oben S. 547.
289 Die Ansicht der Voraufl. (S. 132 mit Nachw. in Fußn. 86), die Offenkundigkeit sei auch ein »Beweishindernis«, besagt nichts anderes. Der Gesetzgeber hat dem dadurch Ausdruck gegeben, daß er die Ablehnung eines Beweisantrags wegen Offenkundigkeit in § 244 Abs. 3 Satz 2 zuläßt.
290 Vgl. KK *Herdegen* § 244 Rdnr. 78; *Kleinknecht* § 244 Rdnr. 51; *Beling* S. 287; *Rieker* S. 62; *Simader* S. 151; *Wach* Vorträge S. 208.

dings wird das Gericht keinen Anlaß sehen, dem Beweisantrag zu entsprechen, wenn es von der Richtigkeit einer von ihm für allgemein- oder gerichtskundig gehaltenen Tatsache überzeugt ist[291]. Problematisch ist nur der Fall, daß es das Gegenteil der Beweistatsache für offenkundig hält. Dabei ist zu berücksichtigen, daß der Begriff der Offenkundigkeit, insbesondere aber der der Allgemeinkundigkeit, nicht die Richtigkeit der Tatsache oder des Erfahrungssatzes einschließt. Die Allgemeinkundigkeit ist nur eine Meinung über Tatsachen[292]. Diese Meinung muß sich aus zuverlässigen Quellen ergeben und dort überprüfbar sein. Möglicherweise ist sie trotzdem falsch. Auch wer sich über eine Tatsache des allgemeinen Wissens aus einem als zuverlässig anerkannten Nachschlagewerk oder einer ähnlichen Quelle unterrichtet, kann niemals sicher sein, daß er dort die Wahrheit erfährt[293]. Überdies besteht die Offenkundigkeit, insbesondere bei nur örtlich allgemeinkundigen Tatsachen, nicht für alle Zeiten unverändert fort[294]. Es können neue Erfahrungen oder Ereignisse hinzukommen, die geeignet sind, die Richtigkeit der offenkundigen Tatsachen in Frage zu stellen und eine abweichende Beurteilung zu rechtfertigen[295]. Schließlich sind auch Meinungsverschiedenheiten darüber denkbar, ob eine Offenkundigkeit besteht, etwa ob eine Tatsache oder ein Erfahrungssatz wirklich in weiten Kreisen anerkannt ist. Gerade auch soweit die Geltung von Erfahrungssätzen in Frage steht, zeigt sich die Relativität des Wertes der Offenkundigkeit. Zwar gibt es Erfahrungssätze und sonstige allgemeine Wissenskenntnisse, die über jeden ernsten Zweifel erhaben sind. Keinem Richter ist zuzumuten, über Tatsachen Beweis zu erheben, die nur im Widerspruch mit ihnen richtig sein können. Die Vernehmung von Zeugen darüber, daß ihnen durch eine himmlische Erscheinung der Urheber eines Mordes offenbart worden sei, braucht sich der Richter ebensowenig aufdrängen zu lassen wie die Anhörung von Sachverständigen, die bekunden sollen, daß es eine »Besessenheit« gibt und daß ein Kind durch Backwerk verhext werden könne[296]. Auch eine Beweiserhebung darüber, daß ein »Liebestrank« existiert, kann das Gericht ablehnen; die Ansicht des Reichsgerichts, der Revisionsrichter sei an die Feststellung des Tatrichters gebunden, daß es ein Medikament gebe, durch dessen Gebrauch sich die Zuneigung zu einer anderen

---

291 *F. W. Krause* (S. 39 Fußn. 148) macht aber zutreffend darauf aufmerksam, daß eine Beweisaufnahme trotz Offenkundigkeit zuweilen sinnvoll sein kann, etwa um den Nebenkläger von der Unhaltbarkeit einer Behauptung zu überzeugen und davon abzuhalten, ein überflüssiges Rechtsmittel einzulegen.
292 Vgl. *Dahs/Dahs* Rdnr. 64; *Geppert* S. 154; *Köhler* S. 65/66; *F. W. Krause* S. 39; *Sarstedt* S. 234. RGSt. 16 S. 327 (329) und *Stein* S. 141 bezeichnen sie als Eigenschaft von Tatsachen. Vgl. auch *Wach* Vorträge S. 208: Was allgemein als wahr gilt, darf auch der Richter für wahr halten.
293 *F. W. Krause* S. 39. Vgl. die Beispiele bei *Sarstedt* S. 135, wonach der Große Brockhaus von 1953 behauptet, im Land Bremen sei kein OLG eingerichtet, und der Baedeker »Berlin« von 1954 die Angabe enthält, der Berliner Funkturm habe keine Treppen; beides ist falsch.
294 Vgl. *Stein* S. 141; oben S. 536/537.
295 BGHSt. 6 S. 292 (295); *F. W. Krause* S. 39.
296 Vgl. oben S. 557 Fußn. 206.

Person hervorrufen lasse[297], ist überholt, seit die Revisionsgerichte die Tatsachenfeststellungen des angefochtenen Urteils auf ihre Vereinbarkeit mit den Denkgesetzen und den Erfahrungssätzen prüfen. In der Praxis kommen solche Beweisanträge auch kaum vor. Sie hat es vorwiegend mit Fällen zu tun, in denen entweder die Geltung des dem Beweisantrag entgegenstehenden Erfahrungssatzes oder die Vereinbarkeit dieses Erfahrungssatzes mit der Beweistatsache nicht völlig außer Zweifel stehen. Beweisanträge, die die auf eine Offenkundigkeit begründete Überzeugung des Gerichts durch den Nachweis angreifen wollen, daß die Tatsache oder der Erfahrungssatz falsch oder doch in seiner Geltung nicht unangefochten, also nicht allgemeinkundig ist und daher des Beweises bedarf, müssen aber immer sachlich gewürdigt werden[298]. Das gilt sowohl für allgemeinkundige als auch für gerichtskundige Tatsachen oder Erfahrungssätze.

Die Entscheidung darüber, ob dem Antrag stattzugeben ist, steht unter dem übergeordneten Gesichtspunkt der Aufklärungspflicht nach § 244 Abs. 2[299]. Nachträgliche Zweifel an der Richtigkeit einer als offenkundig behandelten Tatsache oder eines Erfahrungssatzes verpflichten das Gericht, Beweise zu erheben[300]. Es kommt darauf an, ob in dem Beweisantrag ein vernünftiger Grund zu Zweifeln an der Wahrheit der Tatsache vorgebracht wird[301]. Wo diese Zweifel beginnen, hat auch die Freiheit des Gerichts ihre Grenze, Beweisanträge mit der Begründung abzulehnen, die Beweistatsache sei denk- oder erfahrungsgesetzlich unmöglich. Die durch die Entwicklung der Geisteswissenschaften überreich belegte Erscheinung, daß der Schatz unseres Erfahrungswissens ständigen Schwankungen unterworfen ist, wird das Gericht zuweilen veranlassen, selbst zu solchen Forschungsergebnissen, die allgemein anerkannt zu sein scheinen, Beweis zu erheben. Entscheidend ist, ob das angebotene Beweismittel dem Träger der Offenkundigkeit sachlich überlegen, ob etwa die Kenntnis des benannten Zeugen unmittelbarer erworben, genauer und eingehender ist als die des Trägers der Offenkundigkeit[302]. Dabei wird der bloße Hinweis auf einen Zeitungsbericht über neue Forschungen zu einer Beweiserhebung darüber, ob ein wissenschaftlich anerkannter Erfah-

---

297 RGSt. 8 S. 351 (353). Vgl. dazu LR *Meyer* § 337 Rdnr. 100.
298 BGHSt. 6 S. 292 (295); KK *Herdegen* § 244 Rdnr. 78; *Brutzer* S. 59; *Harreß* S. 46; *Rieker* S. 65; *Roxin* § 24 C II 4; *Schmidt-Hieber* S. 18. – A. A. RG Recht 1924 Nr. 280; *Bär* S. 10; *Beling* S. 287; *zu Dohna* S. 172 und DJZ 1911 Sp. 305 (307); *Gerland* S. 366 Fußn. 623; *Oetker* S. 690; *Simader* S. 130, 152; *Völcker* S. 13 und neuerdings *Kreuzer* S. 49; *Walter* S. 274 ff., nach deren Meinung offenkundige Tatsachen schon begrifflich keinen Gegenbeweis zulassen.
299 Vgl. *Sarstedt* S. 236.
300 Vgl. *Rieker* S. 65.
301 Vgl. *F. W. Krause* S. 39/40, 44. Hiergegen *Engels* S. 47 Fußn. 129 mit der Begründung, es sei unklar, wie ein vernünftiger von einem unvernünftigen Zweifel zu unterscheiden sei. Damit beweist *Engels* nur sein Unverständnis für das Wesen richterlicher Entscheidungen. Bei der Beweiswürdigung steht der Richter ständig vor der Frage, ob man an der Wahrheit einer Tatsache vernünftigerweise zweifeln kann.
302 OLG Hamburg NJW 1968 S. 2303 (2304); *Sarstedt* S. 236; vgl. auch *Henkel* S. 265.

rungssatz unrichtig ist, regelmäßig keinen Anlaß geben[303]. Lehnt es das Gericht ab, einen Sachverständigen zu hören, weil das Gegenteil der von diesem zu bekundenden Erfahrungssätze offenkundig ist, dann behauptet es damit, daß die dem Sachverständigen mit dem Beweisantrag zugeschriebene Erfahrung durch einen anderen, angeblich offenkundigen Erfahrungssatz widerlegt werde. Die Behauptung der Offenkundigkeit trägt die Ablehnung jedoch nicht. Vielmehr muß das Gericht den Erfahrungssatz, den es als das offenkundige Gegenteil der mit dem Beweisantrag behaupteten Erfahrung ansieht, sachlich würdigen[304].

VI. Erörterungspflicht in der Hauptverhandlung

Die Frage, wann Beweistatsachen oder Erfahrungssätze der Entscheidung als offenkundig zugrunde gelegt werden dürfen, ist auch außerhalb des Beweisantragsrechts, und dort sogar in erster Hinsicht, von Bedeutung. Denn unabhängig von den Anträgen der Prozeßbeteiligten ist das Gericht befugt, offenkundige Tatsachen oder Erfahrungssätze ohne Beweiserhebung zu berücksichtigen. Daß das grundsätzlich nicht geschehen darf, ohne daß die Tatsache oder der Erfahrungssatz in der Hauptverhandlung zur Sprache gebracht wird, erscheint selbstverständlich. Die Frage berührt mittelbar auch das Beweisantragsrecht; denn dem notwendigen Umfang der Unterrichtung der Prozeßbeteiligten in der Hauptverhandlung entspricht der notwendige Inhalt des den Beweisantrag ablehnenden Gerichtsbeschlusses.

1. Erörterung der Tatsache oder des Erfahrungssatzes

Grundsätzlich ist es unzulässig, bei der Entscheidung Tatsachen oder Erfahrungssätze zu verwenden, zu denen sich die Prozeßbeteiligten nicht haben äußern können; das verstößt gegen den verfassungsrechtlich (Art. 103 Abs. 1 GG) gesicherten Anspruch auf rechtliches Gehör[305]. Auch der Gesichtspunkt, daß es den Prozeßbeteiligten möglich sein muß, das Vorhandensein einer Offenkundigkeit zu erkennen und sie gegebenenfalls rechtzeitig zu bestreiten und durch geeignete Beweisanträge zu bekämpfen, spricht dafür, daß alle offenkundigen, auch die allgemeinkundigen, Tatsachen und Erfahrungssätze in der Hauptverhandlung zur Sprache gebracht werden müssen[306]. So allgemein läßt sich die Frage jedoch nicht beant-

---

303 BayObLGSt. 1966 S. 4 (5) = JR 1966 S. 227 = VRS 30 S. 310 (311). Die Kritik von *Köhler* (S. 37 ff.) an dieser Rspr. erscheint unbegründet; seine Behauptung, es sei »weitestgehend« jeder Gegenbeweis ausgeschlossen, trifft nicht zu.
304 OLG Hamburg NJW 1968 S. 2303 (2304).
305 BVerfGE 12 S. 110 (113); 48 S. 206 (209); BGH NJW 1963 S. 598 (599); vgl. auch *Loeber* S. 21 ff.
306 So auch BVerfGE 12 S. 110 (113); 48 S. 206 (209). Eine allgemeine Erörterungspflicht nehmen ferner an: BVerfGE 10 S. 177 (183) = NJW 1960 S. 31; BGHSt. 6 S. 292 (295/296); BGH bei *Holtz* MDR 1981 S. 632 = Strafverteidiger 1981 S. 223 mit Anm. *Schwenn/Strate*; BGH bei *Spiegel* DAR 1977 S. 174/175; BGH 5 StR 609/73 vom 28. 1.

worten. Auch hier ist zwischen allgemeinkundigen und gerichtskundigen Tatsachen und Erfahrungssätzen zu unterscheiden. Denn allgemeinkundige Tatsachen werden in jeder Strafsache in so großem Umfang verwendet und sind oft so banal, daß eine ausdrückliche Feststellung in der Hauptverhandlung, das Gericht beabsichtige, sie der Entscheidung zugrunde zu legen, weder erforderlich noch praktisch überhaupt durchführbar wäre[307]. Das Gericht kann nicht verpflichtet sein, ausdrücklich darauf hinzuweisen, daß es von dem Erfahrungssatz ausgehen werde, daß es am Tag heller ist als in der Nacht, daß das Wasser abwärts und nicht nach oben fließt, daß Eisen bei gleichem Volumen schwerer ist als Holz, daß Beilhiebe Wunden verursachen und Verschmutzungen solcher Wunden zur Sepsis führen können oder daß Heiligabend immer auf den 24. Dezember fällt. Tatsachen, die jeder kennt und von denen die Prozeßbeteiligten vernünftigerweise erwarten müssen, daß sie der Entscheidung des Gerichts als Grundlage dienen, brauchen nicht besonders zur Sprache gebracht zu werden[308]. Allgemeinkundige Tatsachen und Erfahrungssätze dieser Art sind so selbstverständlich, daß jedes Wort darüber Zeitvergeudung wäre[309]. Es ist jedoch kein Kennzeichen allgemeinkundiger Tatsachen, daß sie derartig banal sind. Vielmehr sind auch Tatsachen und insbesondere Erfahrungssätze allgemeinkundig, von denen nicht feststeht, daß der Angeklagte und die anderen Prozeßbeteiligten sie überhaupt kennen, und auf deren Berücksichtigung sie sich jedenfalls nicht ohne weiteres einrichten müssen[310]. Handelt es

1975; 5 StR 455/76 vom 11. 1. 1977; BGHZ 31 S. 43 (45) = NJW 1959 S. 2213 (2214); RG JW 1925 S. 797 mit Anm. *Alsberg*; RG JW 1925 S. 2136 (2137); 1929 S. 48 mit Anm. *Goldschmidt*; OLG Düsseldorf MDR 1980 S. 868 (869); OLG Hamburg NJW 1952 S. 1271; OLG Koblenz VRS 63 S. 130 (134); KK *Herdegen* § 244 Rdnr. 81; KK *Hürxthal* § 261 Rdnr. 11; *Kleinknecht* § 261 Rdnr. 7; KMR *Paulus* § 244 Rdnr. 207; LR *Gollwitzer* § 244 Rdnr. 203 und § 261 Rdnr. 27, 34; *Eb. Schmidt* Teil I Rdnr. 383; *Stein/Jonas* § 291 ZPO Anm. III; *Bennecke/Beling* S. 325/326; *Dahs*, Das rechtliche Gehör im Strafprozeß, 1965, S. 89/90; *Dahs/Dahs* Rdnr. 66, 260; *Ditzen* ZStW 10 S. 111 (151); *Geppert* S. 154; *Gerland* S. 191; *Henkel* S. 265; *von Hippel* S. 382; *Koeniger* S. 277; *Hellm. Mayer* Mezger-FS S. 460; *Nüse* GA 1955 S. 72 (74); *Rieker* S. 62 Fußn. 5, S. 65; *Roxin* § 24 C II 3; *Sarstedt* S. 239; *Schlüchter* Rdnr. 548.1. — *Stein* (S. 164) wollte einen Unterschied zwischen rechtserzeugenden und Indiztatsachen machen. Berechtigt ist diese Unterscheidung nicht, denn Indiztatsachen müssen nicht unwichtig sein (vgl. OLG Hamburg JW 1928 S. 1230).

307 So mit Recht *Mannheim* JW 1928 S. 1230. Die Erörterungspflicht für allgemeinkundige Tatsachen lehnen auch ab: RGSt. 31 S. 185 (187); RG JW 1922 S. 1032 mit Anm. *Alsberg*; *Kohlrausch* § 261 Anm. 3. Bedenken äußert *Loeber* S. 52.

308 Ebenso BGHZ 31 S. 43 (45) = NJW 1959 S. 2213 (2214); BSG NJW 1979 S. 1063; OLG Hamm NJW 1956 S. 1729 (1730); VRS 14 S. 454 (455); 41 S. 49; KK *Herdegen* § 244 Rdnr. 81; KK *Hürxthal* § 261 Rdnr. 11; LR *Gollwitzer* § 261 Rdnr. 34; *Wieczorek* § 291 ZPO Anm. A III c 5; *Alsberg* JW 1918 S. 792 (795); *Döhring* JZ 1968 S. 641 (644); *Röhl* NJW 1964 S. 273 (279); *Roxin* § 24 C II 3; *Wolschke* S. 205. Die Voraufl. sprach (S. 135) im Anschluß an *Alsberg* a.a.O. von einer »Fiktion« des Vorgebrachtseins. Notwendig erscheint diese Komplizierung nicht; es genügt die Feststellung, daß hier ausnahmsweise eine Erörterung überflüssig ist.

309 So mit Recht *Eb. Schmidt* Teil I Rdnr. 383; *Nüse* GA 1955 S. 72 (74).

310 Vgl. etwa RG JW 1893 S. 225 (allgemeiner Charakter einer periodischen Druckschrift).

sich um Tatsachen dieser Art, so ist das Gericht verpflichtet, sie in der Hauptverhandlung zu erörtern[311]. Das gilt insbesondere auch für die Fälle der beschränkten Allgemeinkundigkeit, z. B. wenn der Angeklagte ortsfremd ist und es sich um nur am Gerichtsort allgemeinkundige Tatsachen handelt[312] oder wenn eine nur bestimmten eingeweihten Kreisen bekannte Tatsache dem Urteil ohne Beweisaufnahme zugrunde gelegt werden soll[313].

Die weitgehende Freistellung des Gerichts von der Pflicht, allgemeinkundige Tatsachen in der Hauptverhandlung zu erörtern, ist nur deshalb gerechtfertigt, weil solche Tatsachen auch den Prozeßbeteiligten bekannt sind oder aufgrund allgemein zugänglicher Quellen bekannt sein können. Für nur gerichtskundige Tatsachen trifft das regelmäßig nicht zu. Was bei den allgemeinkundigen Tatsachen und Erfahrungssätzen die Regel ist, bleibt hier die Ausnahme. Die Prozeßbeteiligten müssen sich nicht von vornherein darauf einstellen, daß solche Tatsachen berücksichtigt werden. Daher müssen gerichtskundige Tatsachen und Erfahrungssätze grundsätzlich zum Gegenstand der Verhandlung gemacht und mit den Prozeßbeteiligten erörtert werden[314]. Die Erwähnung im Schlußvortrag der Staatsanwaltschaft kann das nicht ersetzen[315]. Eine Ausnahme gilt für Tatsachen oder Erfahrungssätze, die gerade die Prozeßbeteiligten genau kennen oder von denen sie wissen, daß das Gericht sie kennt[316]. Der Richter kann z. B., ohne daß das in der Hauptverhandlung vorgebracht worden ist, den Umstand berücksichtigen, daß er den Angeklagten in einer anderen Sache von einer gleichliegenden Anklage freigesprochen hat, daß der Angeklagte vor kurzem von demselben Gericht entmündigt worden ist[317] oder daß die Tatsache in einer unmittelbar vorangegangenen Verhandlung gegen denselben Angeklagten erörtert worden ist[318].

---

311 Ebenso *Rüping*, Der Grundsatz des rechtlichen Gehörs und seine Bedeutung im Strafverfahren, 1976, S. 153/154; a. A. BSG NJW 1973 S. 392, das eine Erörterungspflicht verneint.
312 Vgl. *Loeber* S. 69.
313 RG JW 1903 S. 94 (üblicher Wechseldiskontsatz).
314 BVerfGE 10 S. 177 (183) = NJW 1960 S. 31; BGHSt. 6 S. 292 (296); BGH NJW 1963 S. 598 (599); BGH bei *Holtz* MDR 1981 S. 632; BGH 1 StR 287/77 vom 20. 12. 1977 (S. 7); BSGE 22 S. 19 (20) = NJW 1965 S. 221; BSG NJW 1973 S. 392; RGSt. 16 S. 327 (328/329); 28 S. 171 (172); RG JW 1892 S. 142; 1894 S. 167; 1925 S. 797 mit Anm. *Alsberg*; RG GA 39 S. 342; S. 343; RG LZ 1918 Sp. 1283; 1921 Sp. 315; RG Recht 1902 Nr. 1539; 1919 Nr. 846; RG SeuffBl. 73 S. 763; BayObLG JW 1928 S. 2999 mit Anm. *Stern*; KG JW 1930 S. 3255 (3256); OLG Hamm NJW 1956 S. 1729 (1730); VRS 41 S. 49; 59 S. 435; OLG Königsberg JW 1928 S. 839 mit Anm. *Drucker*; OLG Oldenburg NdsRpfl. 1953 S. 209; OLG Rostock ZStW 46 Sdr. Beil. S. 24; *Alsberg* JW 1918 S. 792 (795); *Beling* S. 287/288 Fußn. 5; *Jagusch* NJW 1959 S. 265 (268); *Loeber* S. 54; *Mannheim* JW 1928 S. 1230 (1231); S. 2725; *Sarstedt* S. 239; *Spendel* JuS 1964 S. 465 (468); *Wolschke* S. 205. Die abweichende Entscheidung RG JW 1922 S. 298 mit abl. Anm. *Stein* ist vereinzelt geblieben.
315 OLG Hamm NJW 1956 S. 1729.
316 Vgl. *Döhring* JZ 1968 S. 641 (644).
317 Vgl. *Loeber* S. 54.
318 A. A. BayObLG JW 1928 S. 2999 mit Anm. *Stern*.

2. Erörterung der Offenkundigkeit

Eine andere Frage ist, ob das Gericht auch verpflichtet ist, die Prozeßbeteiligten darauf hinzuweisen, daß die Tatsache oder der Erfahrungssatz, den es berücksichtigen will, offenkundig ist. Auch hierüber besteht Streit[319]. Das Reichsgericht hat eine Erörterungspflicht bei allgemeinkundigen Tatsachen nur vereinzelt für gegeben erachtet[320], bei gerichtskundigen Tatsachen aber regelmäßig verneint, weil die Gerichtskundigkeit kein Beweismittel ist und daher nicht aus dem Inbegriff der Hauptverhandlung geschöpft werden muß und weil überdies eine Verhandlung mit den Prozeßbeteiligten über die Frage der Gerichtskundigkeit zu nichts führen kann; denn sie könnten sie weder bestreiten noch den Gegenbeweis führen[321]. Das trifft zwar zu. Dennoch wird man nicht zulassen können, daß das Gericht den Prozeßbeteiligten verheimlicht, was es dazu berechtigt, der Entscheidung bestimmte Tatsachen ohne Beweisaufnahme zugrunde zu legen. Bei allen nicht offensichtlich allgemeinkundigen Tatsachen besteht daher auch eine Unterrichtungspflicht über die Tatsache der Offenkundigkeit[322], und bei gerichtskundigen Tatsachen muß auch ihre Wertung als gerichtskundig zur Sprache gebracht werden, damit sich die Prozeßbeteiligten dazu äußern können[323]. Dagegen braucht das Gericht die Quellen der Offenkundigkeit nicht zur Sprache zu bringen[324].

3. Art und Umfang der Erörterung.

Für die Art und den Umfang der Erörterung gelten die allgemeinen Grundsätze. Es genügt, daß die Prozeßbeteiligten Gelegenheit haben, sich zu der Tatsache zu äußern[325]. Sie brauchen nicht ausdrücklich zur Stellungnahme aufgefordert zu werden. Allerdings muß für sie unter Ausschluß jeden Mißverständnisses erkennbar sein, daß eine bestimmte und möglicherweise erhebliche Tatsache unter Hinweis auf ihre Rechtsbedeutung in die Verhandlung eingeführt und ihnen nunmehr

---

319 Eine Pflicht, die Offenkundigkeit aller Tatsachen und Erfahrungssätze bekanntzugeben, die das Gericht verwenden will, nehmen an: LR *Gollwitzer* § 261 Rdnr. 34; *Rieker* S. 65; *Nüse* GA 1955 S. 72 (74) mit der Begründung, andernfalls könnten sich die Prozeßbeteiligten gegen die Annahme der Offenkundigkeit nicht zur Wehr setzen.
320 RG JW 1893 S. 225.
321 RGSt. 14 S. 364 (376); 28 S. 171 (172); RG JW 1892 S. 42; 1922 S. 298 mit Anm. *Stein*; RG GA 39 S. 342; S. 343; RG Recht 1902 Nr. 1539. Ebenso OLG Königsberg JW 1928 S. 839 mit Anm. *Drucker*.
322 Ebenso RG Recht 1922 Nr. 1481; OLG Hamm VRS 41 S. 49 (50); *Nüse* GA 1955 S. 72 (74); KK *Herdegen* § 244 Rdnr. 81; *Rüping* Rdnr. 416 und Beweisverbote S. 61. Vgl. auch RGSt. 16 S. 327 (329) für unmittelbar rechtserhebliche Tatsachen, die der Angeklagte bestreitet.
323 BSG NJW 1973 S. 392; BVerwG NJW 1961 S. 1374 (1375); *Rüping* in Bonn. Komm. Art. 103 GG Rdnr. 41 (Zweitbearbeitung).
324 *Stein* S. 74 ff., 85, 98.
325 Wird ein Beweisantrag wegen Offenkundigkeit abgelehnt, so genügt es, daß die Prozeßbeteiligten durch die Bekanntmachung des Ablehnungsbeschlusses Kenntnis von der Offenkundigkeit erhalten.

Gelegenheit zur Stellungnahme gegeben ist[326]. Auch das Revisionsgericht kann offenkundige Tatsachen und Erfahrungssätze heranziehen, um Fehler oder Lücken in den tatsächlichen Feststellungen des angefochtenen Urteils zu erkennen[327].

4. Protokollierung

Überwiegend wird die zutreffende Ansicht vertreten, daß die Erörterung offenkundiger Tatsachen in der Hauptverhandlung keine wesentliche Förmlichkeit im Sinne des § 273 Abs. 1 ist und daher in der Sitzungsniederschrift nicht beurkundet werden muß[328]. Der Beweis, daß der Tatrichter gegen seine Erörterungspflicht verstoßen hat, kann daher im Revisionsrechtszug nur dadurch geführt werden, daß im Freibeweis die Mitglieder des Gerichts, der Staatsanwalt oder die Prozeßbeteiligten Äußerungen zu der Frage abgeben.

---

326 BGH NJW 1963 S. 598 (599); vgl. auch BGHSt. 17 S. 337 (340) zu dem ähnlichen Fall des § 33 und BGHSt. 18 S. 84 (87) zu § 258 Abs. 3.
327 Vgl. im einzelnen LR *Meyer* § 337 Rdnr. 145.
328 BGH NJW 1963 S. 598 = GA 1964 S. 177 (wo eine Protokollierung aber empfohlen wird); BGH bei *Spiegel* DAR 1977 S. 174/175; BGH 5 StR 184/75 vom 27. 5. 1975; RGSt. 28 S. 171 (172); RG Recht 1902 Nr. 1539; 1919 Nr. 846; 1921 Nr. 1481; RG SeuffBl. 72 S. 739; BayObLG JW 1928 S. 2999 mit Anm. *Stern*; OLG Hamm NJW 1956 S. 1729 (1730); VRS 41 S. 49 (50); OLG Koblenz VRS 63 S. 130 (134); LR *Gollwitzer* § 261 Rdnr. 35 und § 273 Rdnr. 17; *Sarstedt* S. 239. – A. A. *Eb. Schmidt* Nachtr. § 273 Rdnr. 4); KMR *Paulus* § 244 Rdnr. 207.

§ 5 Bedeutungslosigkeit der Beweistatsache

    I. Grundsätzliches 574
   II. Beweiserhebliche Tatsachen 576
       1. Begriff 576
       2. Unmittelbar beweiserhebliche Tatsachen 577
       3. Mittelbar beweiserhebliche Tatsachen 577
            a) Indiztatsachen 578
            b) Hilfstatsachen 579
            c) Erfahrungssätze 579
  III. Bedeutungslosigkeit einer Tatsache für die Entscheidung 579
       1. Begriff 579
       2. Bedeutungslosigkeit aus rechtlichen Gründen 580
            a) Verfahrenshindernisse 581
            b) Fehlende Zugehörigkeit zum Tatbestand 582
            c) Mangel am äußeren Tatbestand 582
            d) Fehlen der Verantwortungsreife 583
            e) Strafausschließungs- oder Strafaufhebungsgründe 583
            f) Fehlende Rechtswidrigkeit 583
            g) Unbeweisbarkeit der inneren Tatseite 584
            h) Fehlende Schuldfähigkeit 585
            i) Tatsachen zum Rechtsfolgenausspruch 586
       3. Bedeutungslosigkeit aus tatsächlichen Gründen 587
            a) Fehlender Sachzusammenhang 587
            b) Unerheblichkeit von Indiztatsachen 588
  IV. Notwendigkeit der Übereinstimmung der Ablehnungsbegründung mit dem
      Urteilsinhalt 593

I. Grundsätzliches

Das Strafverfahrensrecht enthält keinen allgemeinen Grundsatz, daß die richterliche Beweiserhebungspflicht von der Beweiserheblichkeit der zu beweisenden Tatsache abhängt. Auf die Erhebung eines Beweises haben die Prozeßbeteiligten einen unbedingten Anspruch, wenn das Beweismittel vom Gericht selbst herbeigeschafft worden ist (§ 245 Abs. 1); daran ändert nichts, daß das Gericht zu der Meinung gelangt, die zu beweisende Tatsache sei unerheblich[1]. Nur Beweise, die unzweifel-

---

[1] Vgl. unten S. 797.

haft außer allem Zusammenhang mit dem den Gegenstand der Verhandlung bildenden Straffall stehen, braucht das Gericht auch im Geltungsbereich des § 245 Abs. 1 nicht zu erheben[2]. Das gleiche gilt nach § 245 Abs. 2 Satz 3 für die Erhebung von Beweisen, die die Verfahrensbeteiligten selbst herangeschafft haben[3]. Dagegen kann die Erhebung eines nicht präsenten Beweises nur verlangt werden, wenn die zu beweisende Tatsache für die Entscheidung von Bedeutung ist. Andernfalls würde das Verfahren verzögert werden, ohne daß die Sachaufklärungspflicht durch die Beweiserhebung gefördert werden könnte. Ein Beweisantrag, der auf die Aufklärung einer Tatsache gerichtet ist, auf die es für die Entscheidung nicht ankommt, kann daher nach § 244 Abs. 3 Satz 2 abgelehnt werden[4]. Er ist aber nicht unzulässig[5], auch nicht, wenn zwischen der Beweistatsache und dem Gegenstand der Urteilsfindung kein erkennbarer Zusammenhang besteht. Die Gegenansicht[6] beruhte darauf, daß die Außerachtlassung von Beweisen, denen jede Sachbezogenheit zum Urteilsstoff fehlt, im Anwendungsbereich des § 245 durch erweiternde Auslegung des Begriffs der Unzulässigkeit der Beweiserhebung ermöglicht und die Auslegung des § 244 Abs. 3 Satz 2 dem angepaßt werden sollte. Durch die Neufassung des § 245 im Jahre 1978 ist die Notwendigkeit dieser erweiternden Auslegung des Unzulässigkeitsbegriffs entfallen[7].

Nach der Rechtsprechung des Reichsgerichts war die Unerheblichkeit nur ein Unterfall der Wahrunterstellung der Beweistatsache[8]. Erstmals im Jahre 1927 hat der 2. Strafsenat des Reichsgerichts die Ablehnungsgründe der Wahrunterstellung

---

2 Vgl. unten S. 799 ff.

3 Vgl. unten S. 826 ff.

4 Für die Ablehnungsfrage ist entscheidend, ob die Beweistatsache für die Sache des Antragstellers erheblich ist. Mitangeklagte können keine Anträge stellen, die nur für die Verurteilung anderer Angeklagter Bedeutung haben; vgl. *Gollwitzer* Sarstedt-FS S. 27. Solche Anträge sind daher nicht wegen Bedeutungslosigkeit, sondern als unzulässig abzulehnen; vgl. oben S. 425.

5 A. A. *Simader* S. 94, 102 für den Fall der Unerheblichkeit aus rechtlichen Gründen. Er vertritt übereinstimmend mit *Oetker* (S. 686/687; JW 1930 S. 1105 [1106]) die Ansicht, daß nicht einmal ein besonderer Ablehnungsbeschluß erforderlich sei, wenn es ohne Rücksicht auf die Beweistatsache zur Freisprechung des Angeklagten oder zur Einstellung des Verfahrens kommen muß.

6 BGHSt. 17 S. 28 (30); S. 337 (343); *Eb. Schmidt* § 244 Rdnr. 32, 46; *Gössel* S. 255; *Rüping* Rdnr. 397. Weit. Nachw. oben S. 426 Fußn. 11.

7 Vgl. unten S. 825.

8 Die Behauptung *Tenckhoffs* (S. 34), das RG habe die Wahrunterstellung als Fall der tatsächlichen Unerheblichkeit angesehen, ist unrichtig; es ist gerade umgekehrt. Vgl. RGSt. 35 S. 389; 49 S. 44 (45); RG JW 1891 S. 505; 1914 S. 891 (892); RG BayZ 1906 S. 382; RG GA 59 S. 315 (316); RG LZ 1915 Sp. 1104, 1670; RG Recht 1914 Nr. 3067; RG SeuffBl. 73 S. 459. Die Entscheidung RG JW 1917 S. 555 spricht von der Unterstellung der Wahrheit des zu Erweisenden als tatsächlich unerheblich. *Alsberg* (JW 1929 S. 977) stimmte dieser Rspr. ausdrücklich zu (anders erst 1. Aufl. S. 118 und JW 1931 S. 2032 [2033]). Allgemein zu der Entwicklung der RG-Rspr.: *Mattern* S. 30 ff.

und der Unerheblichkeit voneinander getrennt[9]. Die anderen Strafsenate des Gerichts sind dem jedoch nicht gefolgt[10], und auch der 2. Strafsenat ist alsbald wieder zu der ursprünglichen Rechtsansicht zurückgekehrt[11]. Die endgültige Trennung hat erst der Gesetzgeber im Jahre 1935 vollzogen[12]. Jedoch wirkt die fehlende Klarheit der Begriffsbestimmungen, die die Rechtsprechung des Reichsgerichts zu dieser Frage kennzeichnet, in der Auslegung des Gesetzes bis heute nach.

II. Beweiserhebliche Tatsachen

1. Begriff

Eine Tatsache ist für die Entscheidung des Gerichts[13] von Bedeutung, wenn sie, allein oder in Verbindung mit anderen Tatsachen, den gesetzlichen Tatbestand erfüllt, seiner Erfüllung den Boden entzieht, die Strafbarkeit ausschließt, vermindert oder erhöht, einen Beitrag für die Entscheidung über die Rechtsfolgen (Art und Höhe der Strafe, Sicherungsmaßregeln, Maßnahmen anderer Art) liefert oder den Schluß auf eine Tatsache begründet, der eine dieser Wirkungen zukommt[14]. Zu unterscheiden sind demnach die unmittelbar und die nur mittelbar entscheidungserheblichen Tatsachen[15].

---

9 RGSt. 61 S. 359 (360) = JW 1927 S. 2710 mit Anm. *Alsberg*; ebenso dann RGSt. 64 S. 432 = JW 1931 S. 2031 mit Anm. *Mannheim*. Dem schlossen sich BayObLG JW 1931 S. 3563 und, mit besonderer Deutlichkeit, KG JW 1931 S. 3579 mit Anm. *Klefisch* an. *Alsberg* hielt (JW 1930 S. 1068 [1069]) die Beseitigung des »Wahlrechts« des Tatrichters, ob er sich mit der Wahrunterstellung begnügt oder dem Antragsteller mitteilt, aus welchen rechtlichen oder tatsächlichen Gründen er den Beweis für unerheblich hält, für einen erheblichen Fortschritt, erkannte dabei aber nicht, daß das RG nunmehr auch diejenigen Indiztatsachen, die auf die Beweiswürdigung im Ergebnis ohne Einfluß sind, als erheblich ansah und dadurch den in der Praxis am häufigsten vorkommenden Fall der Abstandnahme von der Beweiserhebung wegen mangelnder Beweisbedürftigkeit allein dem Ablehnungsgrund der Wahrunterstellung vorbehielt. Vgl. dazu unten S. 591.
10 Vgl. RG JW 1930 S. 153; 1931 S. 952; beide mit Anm. *Alsberg*. In der zuletzt genannten Entscheidung ist sogar ausgeführt, daß jede Ablehnung wegen Unerheblichkeit gleichbedeutend mit einer Wahrunterstellung sei.
11 RG JW 1931 S. 3560 mit Anm. *Lang*; RG JW 1932 S. 1748; S. 3100 mit Anm. *Alsberg*; vgl. auch RGSt. 65 S. 322, 329 ff.
12 Vgl. oben S. 7.
13 Entscheidung in diesem Sinne ist der Urteilsausspruch zur Schuld- und Rechtsfolgenfrage, nicht nur die Urteilsgründe; vgl. BGHSt. 16 S. 374 (379).
14 Im Anschluß an die Entscheidung RGSt. 65 S. 322 (330) wird meist die bloße Eignung der Tatsache, das Urteil in dieser Weise zu beeinflussen, für ausreichend gehalten; vgl. OLG Hamm OLGSt. § 356 StGB S. 3 (5); *Dalcke/Fuhrmann/Schäfer* Anm. 12; KMR *Paulus* Rdnr. 112; LR *Gollwitzer* Rdnr. 191; alle zu § 244. Vgl. auch *Alsberg* Heinitz-FS S. 440; *Henkel* S. 341 Fußn. 12; *Köhler* S. 29/30; *Niethammer* DStR 1937 S. 125 (130); *Rieker* S. 51; *Rüping* Rdnr. 414.
15 *Solbach/Vedder* JA 1980 S. 99 (101) halten die Unterscheidung zu Unrecht für entbehrlich und dogmatisch zweifelhaft.

2. Unmittelbar beweiserhebliche Tatsachen

Unmittelbar beweiserheblich sind alle Umstände, die durch sich selbst die Strafbarkeit begründen oder ausschließen[16]. In erster Hinsicht kommen diejenigen (äußeren und inneren) Tatsachen in Betracht, die den gesetzlichen Tatbestand der zur Anklage stehenden Straftat erfüllen, die Wegnahme beim Diebstahl (§ 242 StGB), die Täuschungshandlung beim Betrug (§ 263 StGB), die Fahruntüchtigkeit bei der Trunkenheit im Verkehr (§ 316 StGB). Wenn die Entscheidung über das Vorliegen des gesetzlichen Tatbestandes davon abhängt, daß ein anderer rechtlicher Vorgang erwiesen wird, kann sich die Erheblichkeit der Beweistatsache auch aus der Notwendigkeit ergeben, diese Vorgänge aufzuklären. Bildet den Gegenstand des Verfahrens z. B. eine üble Nachrede (§ 186 StGB), durch die einem Dritten der Vorwurf des Betruges gemacht ist, so sind für die Führung des Wahrheitsbeweises auch Tatsachen erheblich, die sich auf den Tatbestand des Betruges beziehen.

Auf der gleichen Stufe wie die Merkmale des gesetzlichen Tatbestandes stehen Rechtswidrigkeit und Schuld[17]. Eine Beweistatsache ist daher unmittelbar beweiserheblich, wenn sie darauf abzielt, das Vorliegen der Voraussetzungen der Notwehr (§ 32 StGB), der Wahrnehmung berechtigter Interessen (§ 193 StGB), des Tatbestands- oder Verbotsirrtums (§§ 16, 17 StGB) oder anderer Umstände darzutun, die für die Beurteilung der Rechtswidrigkeit der Tat oder der Schuld des Täters unmittelbar von Bedeutung sind. Zu den unmittelbar beweiserheblichen Tatsachen gehören ferner diejenigen, aus denen sich Schuldausschließungsgründe, wie die Schuldunfähigkeit nach § 20 StGB, Strafausschließungsgründe, wie die Indemnität der Abgeordneten nach § 36 StGB, und Strafaufhebungsgründe, wie der Rücktritt vom Versuch nach §§ 24, 31 StGB und die tätige Reue nach § 310 StGB, ergeben. Schließlich sind unmittelbar beweiserheblich alle Umstände, die für den Rechtsfolgenausspruch (§§ 40 ff. StGB) von Bedeutung sind[18]; dazu gehören insbesondere die in § 46 StGB genannten Umstände und die Tatsachen, auf deren Vorliegen es bei der Anordnung von Maßnahmen der Besserung und Sicherung nach §§ 61 ff. StGB ankommt.

3. Mittelbar beweiserhebliche Tatsachen

Für die Entscheidung sind auch Tatsachen von Bedeutung, die nur mittelbar, ohne weiteres oder mit Hilfe weiterer Zwischenglieder, beweiserheblich sind. Dabei handelt es sich um Tatsachen, die den positiven oder negativen Schluß auf eine unmittelbar erhebliche Tatsache zwingend gebieten, nahelegen oder wenigstens

---

16 Vgl. *Roxin* § 24 C I 1; *Simader* S. 120.
17 RGRspr. 1 S. 214 (215).
18 RGRspr. a.a.O.; OLG Düsseldorf JMBlNRW 1980 S. 155 = MDR 1980 S. 868 (869); *Eb. Schmidt* § 244 Rdnr. 47; *zu Dohna* DJZ 1911 Sp. 305 (306); *K. Müller* S. 53; *Völcker* S. 11.

ermöglichen oder die bestimmt sind, den geboten erscheinenden Schluß aus einer anderen mittelbar erheblichen Tatsache als ungerechtfertigt zu erweisen[19].

a) **Indiztatsachen.** Ein Beweis dieser Art wird Indizienbeweis[20], die ihm zugrunde liegenden Tatsachen werden Indiztatsachen genannt. Der Begriff wird aber nicht einheitlich benutzt. Vielfach werden die Indizien den unmittelbar wahrnehmbaren Bestandteilen des entscheidungserheblichen Sachverhalts gegenübergestellt. Jeder Beweis mit Ausnahme der Augenscheinseinnahme, die unmittelbar zur Feststellung entscheidungserheblicher Tatsachen führt (in Betracht kommt praktisch nur die Besichtigung von Gegenständen, mit denen die Straftat ausgeführt worden ist), ist dann ein Indizienbeweis. Die Beweismittel (Zeugen, Sachverständige, Augenscheinsgegenstände und Urkunden) sind ihrerseits nur Träger und Produzenten von Indizien. Auch die Aussage eines Zeugen ist schließlich nur ein Indiz dafür, daß sich der Sachverhalt so abgespielt hat, wie der Zeuge behauptet. In diesem weiten Sinne ist jeder Beweis Indizienbeweis aufgrund von Erfahrungssätzen, die der Richter kennt oder sich von einem Sachverständigen vermitteln läßt[21]. Für die Frage, ob Beweistatsachen für die Entscheidung ohne Bedeutung sind, kommt es hierauf aber nicht an; gegenüberzustellen sind nur die unmittelbar beweiserheblichen Tatsachen und die Indiztatsachen, die mittelbaren Beweis erbringen.

Die Indiztatsachen[22] können zwingend sein oder die Wahrscheinlichkeit oder sogar nur die Möglichkeit begründen, daß entscheidungserhebliche Tatsachen vorliegen oder nicht vorliegen[23]. Zwingend sind sie, wenn sie denkgesetzlich nur einen einzigen Schluß zulassen. Sie bleiben Indizien, auch wenn dieser zwingende Schluß zum Ausschluß von Tatbestandsmerkmalen oder sogar der Täterschaft des Angeklagten führt[24]. Das gilt insbesondere für den Alibibeweis. Der Nachweis, daß der Angeklagte zur Tatzeit nicht am Tatort gewesen ist, wird nicht deshalb zu

---

19 Vgl. KK *Herdegen* § 244 Rdnr.5; *Kleinknecht* § 244 Rdnr. 6; LR *Gollwitzer* § 261 Rdnr. 74; *Alsberg* Heinitz-FS S. 443; *Beling* S. 279; *Henkel* S. 266; *Roxin* § 24 C II 2; *Simader* S. 120; *Tenckhoff* S. 137/138; *Völcker* S. 11; *Walder* Kriminalistik 1976 S. 81 (86) und S. 132 (134).
20 Zum Indizienbeweis vgl. *Bender/Röder/Nack* I S. 173 ff.; *Döhring* S. 329 ff.; *Geppert* S. 163/164; *Glaser* Beiträge S. 104 ff.; *von Hippel* S. 380 ff.; *Stein* S. 34.
21 Vgl. KMR *Paulus* § 244 Rdnr. 47; *Beling* S. 291/292; *Bender/Nack* DRiZ 1980 S. 121 (122 ff.); *Bender/Röder/Nack* I S. 173; *Döhring* S. 20; *Engisch* S. 65 ff., 80/81; *Glaser* Beiträge S. 142; *Grünwald* Honig-FS S. 60; *Kühne* Rdnr. 434; *Schneider* MDR 1974 S. 944; *Volk* JuS 1975 S. 25 (27). In der Kriminalistik wird der Personalbeweis vom Indizienbeweis (Sachbeweis) unterschieden; vgl. *Meixner*, Der Indizienbeweis, 2. Aufl., 1962. Mit dem Indizienbeweis in dem hier gemeinten Sinne hat das nichts zu tun.
22 Die Frage, ob es zulässig ist, anstelle eines möglichen unmittelbaren Beweises nur einen Indizienbeweis zu führen (vgl. *Eb. Schmidt* § 244 Rdnr. 49; *Bennecke/Beling* S. 250, 319), betrifft die Sachaufklärungspflicht nach § 244 Abs. 2 und steht mit dem Beweisantragsrecht unmittelbar nicht im Zusammenhang. Ein Indizienbeweis darf auch geführt werden, wenn zu der Beweistatsache bereits ein unmittelbarer Beweis erhoben worden ist.
23 OLG Köln VRS 57 S. 191 (192); 59 S. 349 (351).
24 Vgl. *Engisch* S. 78/79.

einem unmittelbaren Beweis, weil er denkgesetzlich die Täterschaft des Angeklagten ausschließt, also den Gegenbeweis für eine unmittelbar entscheidungserhebliche Tatsache liefert[25]. Hier gehen auch nicht der unmittelbare Beweis und der Indizienbeweis ineinander über[26]; nur in ihrer Bedeutung für die Entscheidung stimmen sie überein.

b) **Hilfstatsachen.** Eine Unterart der Indiztatsachen sind die Hilfstatsachen. Darunter versteht man Tatsachen, die sich nicht auf die unmittelbar entscheidungserheblichen Tatsachen, sondern nur auf ihren Beweis beziehen, die also den Wert oder Unwert eines Beweismittels (Glaubwürdigkeit von Zeugen, Echtheit von Urkunden usw.) betreffen, mit dem diese Tatsachen bewiesen werden sollen[27]. Auch Hilfstatsachen können im Sinne des § 244 Abs. 3 Satz 2 für die Entscheidung von Bedeutung oder ohne wesentliche Bedeutung sein[28].

c) **Erfahrungssätze.** Mittelbar beweiserheblich sind schließlich auch die Erfahrungssätze, aufgrund deren eine unmittelbar oder mittelbar erhebliche Tatsache beurteilt werden soll[29].

III. Bedeutungslosigkeit einer Tatsache für die Entscheidung

1. Begriff

Wann eine Beweistatsache bedeutungslos ist, wird in § 244 Abs. 3 Satz 2 nicht erläutert. Dagegen läßt § 245 Abs. 2 Satz 3 die Ablehnung eines Antrags auf Erhebung eines von dem Antragsteller selbst herbeigeschafften Beweismittels zu, wenn zwischen der Beweistatsache und dem Gegenstand der Urteilsfindung »kein Zusammenhang besteht«. Darin liegt jedoch keine Begriffsbestimmung der Bedeutungslosigkeit, sondern die Beschränkung des Ablehnungsgrundes auf einen Teilbereich dieses Begriffs, wie er in Rechtsprechung und Schrifttum verstanden wird[30].

Allgemein ist eine Tatsache für die Entscheidung ohne Bedeutung, wenn ein Zusammenhang zwischen ihr und der abzuurteilenden Tat nicht besteht oder

---

25 Vgl. KK *Herdegen* § 244 Rdnr. 5; *Engisch* S. 73, 78 ff.; *Hanack* JR 1974 S. 383; *Schneider* MDR 1974 S. 944 (945); *Stree* JZ 1974 S. 299; *Tenckhoff* S. 144; *Volk* JuS 1975 S. 25 (27). – A. A. *Dahs* Hdb. Rdnr. 517. Auch *Hegler* AcP 104 S. 151 (180 Fußn. 79) ist der Ansicht, es liege eine selbständige Art der Beweisführung vor.
26 Wie *Rieker* S. 52 und die Vorauft. S. 73 annahmen.
27 Vgl. BGH NJW 1961 S. 2069 (2070); BGH bei *Holtz* MDR 1976 S. 815; 1981 S. 101/102 = Strafverteidiger 1981 S. 4; BGH 1 StR 567/59 vom 24. 11. 1959; KK *Herdegen* § 244 Rdnr.5; *Eb. Schmidt* vor § 48 Rdnr. 5; *Engisch* S. 71; *Grünwald* Honig-FS S. 57; *Rosenfeld* S. 291; *Roxin* § 24 C II 3; *Simader* S. 120; *Stein* S. 6.
28 BGH bei *Holtz* MDR 1981 S. 101/102 = Strafverteidiger 1981 S. 4; BGH 1 StR 567/59 vom 24. 11. 1959; BayObLG Strafverteidiger 1982 S. 214.
29 Vgl. LR *Gollwitzer* § 244 Rdnr. 191.
30 Vgl. unten S. 826 ff.

wenn sie trotz eines solchen Zusammenhangs nicht geeignet ist, die Entscheidung irgendwie zu beeinflussen[31]. Die Bedeutungslosigkeit einer Beweistatsache für die Entscheidung des Gerichts kann sich sowohl aus rechtlichen als auch aus tatsächlichen Gründen ergeben. Im älteren Schrifttum[32] wurde zwischen offenbarer Irrelevanz der Beweistatsachen und der präsumtiven Fruchtlosigkeit der Beweiserhebung wegen Unerheblichkeit der Beweistatsache unterschieden. Dabei wurde die offenbare Irrelevanz unterteilt in die Bedeutungslosigkeit der Beweistatsache, die sich daraus ergibt, daß sich ihre Feststellung wegen der Prozeßlage erübrigt (rechtliche oder relative Irrelevanz)[33], und die sich aus dem Fehlen des Zusammenhangs zwischen der Tatsache und der Straftat ergebende Unerheblichkeit (tatsächliche oder absolute Irrelevanz). Unter die präsumtive Fruchtlosigkeit wurde auch der Fall eingeordnet, daß eine behauptete Indiztatsache mit hoher Wahrscheinlichkeit auf die Feststellungen keinen Einfluß hat[34]. Nach der jetzt allgemein vertretenen Ansicht ist unter Beweisunerheblichkeit aus rechtlichen Gründen eine solche zu verstehen, bei der die Beweistatsache weder eines der gesetzlichen Merkmale der dem Angeklagten zur Last gelegten Straftat noch sonstige rechtlich erhebliche Umstände berührt. Tatsächlich unerheblich sind Tatsachen, die, auch wenn sie bestätigt würden, die richterliche Überzeugung von dem entscheidungserheblichen Sachverhalt nicht beeinflussen können[35].

2. Bedeutungslosigkeit aus rechtlichen Gründen

Eine Beweistatsache ist für die Entscheidung des Gerichts ohne Bedeutung, wenn sie zwar entscheidungserheblich sein könnte, gleichwohl aber keine Bedeutung mehr gewinnt, weil eine Verurteilung oder eine Freisprechung schon aus anderen

---

31 BGH NJW 1953 S. 35 (36); 1961 S. 2069 (2070); BGH bei *Holtz* MDR 1976 S. 815 = VerkMitt. 1976 S. 49; BGH bei *Spiegel* DAR 1980 S. 209; RGSt. 61 S. 359 = JW 1927 S. 2710 mit Anm. *Alsberg*; RGSt. 64 S. 432 (433) = JW 1931 S. 2031 mit Anm. *Mannheim*; RGSt. 65 S. 322 (330); RG JW 1928 S. 2255 mit Anm. *Beling*; RG JW 1931 S. 3560 (3561) mit Anm. *Lang*; RG JW 1939 S. 95; RG HRR 1932 Nr. 585; 1939 Nr. 216; OGHSt. 3 S. 141 (142); BayObLGSt. 1949/51 S. 73 (81); BayObLG bei *Rüth* DAR 1981 S. 249; OLG Hamm OLGSt. § 356 StGB S. 3 (5); OLG Köln JR 1954 S. 68 (69); *Dalcke/Fuhrmann/Schäfer* Anm. 12; KMR *Paulus* Rdnr. 112, 114; LR *Gollwitzer* Rdnr. 192; alle zu § 244; *Dahs/Dahs* Rdnr. 261; *Gössel* S. 255; *Goslar* S. 22; *Koeniger* S. 279; *Oetker* S. 685 ff.; *Peters* S. 289; *Rieker* S. 43; *G. Schäfer* S. 357; *Schröder* NJW 1972 S. 2105 (2106).
32 Vgl. *Bär* S. 8 ff.; *Oetker* S. 685 ff. und JW 1930 S. 1105 (1106); *Rieker* S. 43 ff.; *Simader* S. 95 ff., 116 ff.; *Stützel* S. 57 ff.
33 *Oetker* S. 687 und *Simader* S. 95 ff. hielten die Beweisführung dann für rechtlich unzulässig; vgl. oben S. 426.
34 Vgl. *Oetker* S. 689 und JW 1930 S. 1105 (1106); *Rieker* S. 50; *Simader* S. 112, 118. – *Stützel* (S. 65) versteht darunter nur den Fall, daß eine schlüssige Folgerung nicht möglich ist, weil die Tatsache zur Straftat eine zu entfernte Beziehung hat.
35 Vgl. dazu unten S. 587 ff.

Gründen rechtlich[36] nicht möglich ist[37]. Im einzelnen handelt es sich um folgende Fälle:

a) **Verfahrenshindernisse.** Auf den Beweis von Tatsachen, die die einzelnen Merkmale des Straftatbestands erfüllen, kommt es nicht mehr an, wenn feststeht, daß der Verurteilung des Angeklagten ein Verfahrenshindernis (Fehlen des Strafantrags, anderweitige Rechtshängigkeit, Verjährung, dauernde Verhandlungsunfähigkeit des Angeklagten usw.)[38] entgegensteht und das Verfahren daher einzustellen ist. Die Tatsachen, die den Sachverhalt betreffen, sind dann für die Entscheidung ohne Bedeutung[39]. Werden Tatsachen unter Beweis gestellt, aus denen sich das Vorliegen oder Nichtvorliegen des Verfahrenshindernisses ergeben soll, so sind sie zwar entscheidungserheblich. Da insoweit aber Freibeweis gilt, handelt es sich nur um eine Beweisanregung, für die die Ablehnungsgründe des § 244 Abs. 3 nicht gelten[40]. Anders ist es, wenn die Frage, ob ein Prozeßhindernis vorliegt, von der rechtlichen Beurteilung der zur Aburteilung stehenden Straftat abhängt und eine Abweichung des Urteils vom Eröffnungsbeschluß die Wirkung haben kann, daß es auf die Verfahrensvoraussetzung nicht ankommt, die bei einer Verurteilung nach der rechtlichen Einordnung des Eröffnungsbeschlusses fehlen würde[41]. Ist der Angeklagte z. B. wegen Körperverletzung nach § 223 StGB angeklagt, fehlt es aber an dem nach § 232 Abs. 1 StGB erforderlichen Strafantrag, so kann ein Beweisantrag des Staatsanwalts, mit dem das Vorliegen der Voraussetzungen der gefährlichen Körperverletzung nach § 223 a StGB dargetan werden soll, weder mit der Begründung abgelehnt werden, es gelte Freibeweis, noch mit der Begründung, die Beweistatsache sei für die Entscheidung ohne Bedeutung. Denn der Antrag ist nicht ausschließlich auf den Beweis einer Verfahrensvoraussetzung gerichtet, sondern bezieht sich auf Merkmale einer Straftat, derentwegen der Angeklagte nach § 264 abweichend vom Eröffnungsbeschluß verurteilt werden kann[42].

Übrigens folgt daraus, daß der unter Beweis gestellte Vorgang wegen Fehlens einer Prozeßvoraussetzung nicht Gegenstand eines Schuldspruchs sein kann, nicht ohne weiteres, daß der Antrag, ihn aufzuklären, wegen Bedeutungslosigkeit abgelehnt werden kann. Auch wenn wegen einer von mehreren zur Anklage gestellten Betrugstatsachen infolge Fehlens des erforderlichen Strafantrags nach § 263

---

36 Daß die rechtliche Entscheidung bei der Prüfung der Erheblichkeit vorweggenommen werden darf, ist unzweifelhaft; vgl. RG JR Rspr. 1926 Nr. 206 = Recht 1926 Nr. 347.
37 KMR *Paulus* § 244 Rdnr. 114 hält es für das Wesen der rechtlichen Bedeutungslosigkeit, daß zwischen der Tatsache und dem Gegenstand der Urteilsfindung kein Zusammenhang erkennbar ist; dann liegt aber Bedeutungslosigkeit aus tatsächlichen Gründen vor.
38 Allgemein zu den Verfahrensvoraussetzungen: LR *Schäfer* Einl. Kap. 11 und 12; LR *Meyer* § 337 Rdnr. 34 ff.
39 Vgl. LR *Gollwitzer* § 244 Rdnr. 194; *Eb. Schmidt* § 244 Rdnr. 48; *Harreß* S. 33; *Mannheim* JW 1928 S. 2725 (2726); *Oetker* S. 686; *Rieker* S. 43; *Simader* S. 95; *Stützel* S. 58.
40 Vgl. oben S. 119 ff., 147.
41 Vgl. *Simader* S. 96; *Stützel* S. 59/60.
42 Vgl. hierzu *Harreß* S. 33; *Rieker* S. 47/48; *Simader* S. 96 ff.; *Stützel* S. 59/60; vgl. auch *Gerland* S. 363; oben S. 120.

Abs. 4, § 247 StGB keine Verurteilung ergehen kann, läßt sich die Tatsache, daß der Angeklagte seine Angehörigen betrogen hat, durchaus als Beweisanzeichen für andere ihm zur Last gelegte Betrugsfälle verwenden[43].

b) Fehlende Zugehörigkeit zum Tatbestand. Unerheblich sind Tatsachen, deren Beweis sich erübrigt, weil der Tatbestand der dem Angeklagten vorgeworfenen Straftat das Vorliegen dieser Tatsachen nicht erfordert. Dem Angeklagten, dem eine fahrlässige Rauschtat nach § 323 a StGB zur Last gelegt ist, muß z. B. nicht nachgewiesen werden, daß er seine Neigung, im Rausch mit Strafe bedrohte Handlungen zu begehen, gekannt hat[44]. Verlangt er die Vernehmung von Zeugen darüber, daß er schon oft betrunken war, ohne in diesem Zustand irgendwelche Rauschtaten zu begehen, so kann der Antrag wegen Unerheblichkeit der Beweistatsache abgelehnt werden, sofern das Gericht nicht meint, die Tatsache sei für die Rechtsfolgenfrage von Bedeutung. Ähnlich liegt es, wenn der Beweisantrag darauf gerichtet ist, daß durch das Verhalten des Angeklagten keine konkrete Gefahr herbeigeführt worden ist, der Straftatbestand das aber auch nicht voraussetzt[45]. Unerheblich ist auch die Behauptung der Ersatzbereitschaft bei der Anklage wegen Unterschlagung nach § 246 StGB[46].

c) Mangel am äußeren Tatbestand. Innerhalb der Merkmale des äußeren Tatbestandes kann es ähnlich liegen. Denn die Erheblichkeit der einzelnen Merkmale des in Betracht kommenden Strafgesetzes ist immer dadurch bedingt, daß das Vorhandensein der anderen Merkmale nicht von vornherein ausgeschlossen ist. Der Nachweis der Verwirklichung der äußeren Merkmale einer Straftat im Amt nach den §§ 331 ff. StGB ist z. B. unerheblich, wenn bereits feststeht, daß der Angeklagte kein Amtsträger im Sinne des § 11 Abs. 2 StGB ist[47]. Ebenso kommt es auf den Nachweis, daß der Angeklagte, dem Diebstahl vorgeworfen wird, die Sache nicht weggenommen hat, nicht mehr an, wenn schon erwiesen ist, daß sie ihm selbst gehört hat. Auch der Nachweis der Irrtumserregung beim Betrug ist ohne Bedeutung, wenn schon feststeht, daß eine Vermögensbeschädigung weder eingetreten ist noch beabsichtigt war.

Handelt es sich um eine Strafvorschrift, die mehrere gleichartige Begehungsformen kennt, so ist ohne Bedeutung, ob der eine oder der andere Tatbestand verwirklicht ist. Wenn der Angeklagte schon überführt ist, eine gefährliche Körperverletzung nach § 223 a StGB mittels eines gefährlichen Werkzeugs begangen zu haben, kann es, sofern das nicht für die Rechtsfolgenfrage eine Rolle spielt, als unerheblich behandelt werden, ob auch gemeinschaftliches Handeln vorliegt und die Tat aus diesem Grunde ebenfalls als gefährliche Körperverletzung zu werten ist[48]. Wenn Anklage wegen Nötigung nach § 240 StGB erhoben worden ist und das

---

43 Vgl. *Simader* S. 97.
44 Vgl. *Dreher/Tröndle* § 323 a StGB Rdnr. 15.
45 Vgl. BGHSt. 15 S. 161 (163).
46 BGH 3 StR 926/52 vom 13. 5. 1953; insoweit in BGHSt. 4 S. 233 nicht abgedruckt.
47 Vgl. *Oetker* S. 687; *Rieker* S. 48; *Simader* S. 101; *Stützel* S. 62.
48 Vgl. *Rieker* S. 48; *Simader* S. 101.

Gericht schon festgestellt hat, daß der Täter Gewalt angewendet hat, kann ein Beweisantrag, mit dem bewiesen werden soll, daß er Gewalt auch angedroht hat, wegen Bedeutungslosigkeit der Beweistatsache abgelehnt werden[49].

Für die Ursächlichkeit gilt das gleiche. Die Frage, ob eine bestimmte Handlung des Angeklagten den Erfolg herbeigeführt hat, ist ohne Bedeutung, wenn bereits feststeht, daß eine andere Handlung ursächlich gewesen ist[50].

d) **Fehlen der Verantwortungsreife.** Beweistatsachen, die sich auf den Tatbestand einer Strafvorschrift beziehen, sind unerheblich, wenn feststeht, daß der Täter wegen Fehlens der Verantwortlichkeit nach § 3 JGG nicht verurteilt werden kann[51]. Zwar muß der Reifegrad eines Jugendlichen nicht abstrakt, sondern immer im Hinblick auf eine bestimmte Tat festgestellt werden. Jedoch steht nichts im Wege, das Fehlen der Reife aufgrund der Unterstellung anzunehmen, daß der Täter die ihm vorgeworfene Tat begangen hat. Gegen die Bedeutungslosigkeit der Beweistatsache spricht auch nicht, daß Freisprüche nach § 3 JGG in das Erziehungsregister eingetragen werden (§ 56 Abs. 1 Nr. 6 BZRG), so daß das Abschneiden des Beweises der Schuldlosigkeit den Angeklagten benachteiligen kann. Denn eintragungspflichtig sind auch staatsanwaltschaftliche Einstellungsverfügungen, die nach der Aktenlage ergehen und dem Beschuldigten ebenfalls nicht die Möglichkeit eröffnen, seine Schuldlosigkeit darzutun. Schließlich kann gegen die Ablehnung des Beweisantrags nicht mit Erfolg eingewendet werden, daß der Freispruch nach § 3 JGG die Anordnung vormundschaftlicher Maßnahmen erlaubt[52]. Denn solche Maßnahmen können unabhängig davon angeordnet werden, ob der Jugendliche eine Straftat begangen hat.

e) **Strafausschließungs- oder Strafaufhebungsgründe.** Ohne Bedeutung sind ferner Beweisbehauptungen zur Schuld- oder Rechtsfolgenfrage, wenn bereits das Vorliegen von Strafausschließungs- oder Strafaufhebungsgründen bewiesen ist[53]. Auf weitere Beweiserhebungen kommt es dann nicht an. Rechtlich erheblich können nur Anträge sein, mit denen das Vorliegen der Strafausschließungs- oder Strafaufhebungsgründe entkräftet werden soll[54].

f) **Fehlende Rechtswidrigkeit.** Was für die Merkmale des gesetzlichen Tatbestandes gilt, trifft auch für die der Rechtswidrigkeit zu. Zwar wird zunächst immer festgestellt werden müssen, daß als Täter nur der Angeklagte, nicht ein Dritter, in Betracht kommt[55]. Der äußere Tatbestand der zur Anklage gestellten Tat braucht

---

49 Vgl. *Stützel* S. 62.
50 Vgl. den Fall RG JW 1933 S. 2144 mit Anm. *Doerr*: War ein bestimmtes Verhalten des Täters erwiesenermaßen für den Tod des Opfers ursächlich, so kann dahinstehen, ob auch eine andere, noch nicht erwiesene Handlung des Täters dazu die Ursache gesetzt hat.
51 AG Kiel NJW 1952 S. 1429; a. A. *Brunner* § 3 JGG Rdnr. 7; *Potrykus* NJW 1953 S. 276.
52 So aber *Potrykus* a.a.O.
53 Vgl. KMR *Paulus* § 244 Rdnr. 116; *Oetker* S. 686; *Rieker* S. 44; *Simader* S. 95.
54 Vgl. *Rieker* S. 47; *Simader* S. 96.
55 Vgl. *Mannheim* JW 1928 S. 2725.

aber nicht aufgeklärt zu werden, wenn der Angeklagte schon deshalb freigesprochen werden muß, weil ein Rechtfertigungsgrund erwiesen ist[56]. Die Wahrheit einer behaupteten Tatsache ist bei der Entscheidung über die Anklage nach § 185 StGB allerdings auch dann von Bedeutung, wenn eine Verurteilung schon nach § 192 StGB erfolgen muß[57]. Das gleiche gilt für den Fall, daß die Straftat der üblen Nachrede nach § 186 StGB wegen Wahrnehmung berechtigter Interessen (§ 193 StGB) gerechtfertigt sein kann. Die Voraussetzungen des § 193 StGB dürfen erst geprüft werden, wenn die Nichterweislichkeit der behaupteten Tatsachen feststeht[58].

Der Nachweis von Umständen, die die Rechtswidrigkeit ausschließen können, ist ohne Bedeutung, wenn bereits andere Tatsachen bewiesen sind, nach denen der Ausschließungsgrund vorliegt. Ein auf den Beweis, daß der Angeklagte von seinem Opfer angegriffen worden ist, gerichteter Antrag kann aber auch dann abgelehnt werden, wenn schon feststeht, daß dem Angeklagten bei der Tathandlung der Verteidigungswille gefehlt hat, so daß die Voraussetzungen der echten oder vermeintlichen Notwehr nach § 32 StGB nicht gegeben sind.

Im übrigen hängt die Erheblichkeit von Beweiserhebungen zur Rechtswidrigkeit und Schuld immer davon ab, daß auch das andere Merkmal nachweisbar ist. Fehlt es an der Rechtswidrigkeit der Handlung, so ist die Frage, ob der Angeklagte schuldhaft oder schuldlos gehandelt hat, für die Entscheidung ohne Bedeutung. Ist bereits erwiesen, daß der Angeklagte schuldlos gehandelt hat, so bedarf es keiner Beweiserhebung zur Frage der Rechtswidrigkeit mehr.

g) Unbeweisbarkeit der inneren Tatseite. Schwieriger zu beantworten ist die Frage, ob Feststellungen zum äußeren Tatbestand der zur Anklage gestellten Straftat unerheblich sind, wenn jedenfalls der innere Tatbestand nicht beweisbar ist oder

---

56 Vgl. RG JW 1927 S. 2711 mit zust. Anm. *Alsberg*: Der äußere und innere Tatbestand braucht nur insoweit festgestellt zu werden, wie es erforderlich ist, um die Annahme zu rechtfertigen, daß der Angeklagte in berechtigter Notwehr ohne Überschreitung ihrer Grenzen gehandelt hat. Vgl. auch KMR *Paulus* § 244 Rdnr. 116; LR *Gollwitzer* § 244 Rdnr. 194. – Die vorherige genaue Feststellung des äußeren Tatbestandes verlangen: *Eb. Schmidt* § 244 Rdnr. 48; *Mannheim* JW 1928 S. 2725; *Oetker* S. 686; *Simader* S. 100; *Stützel* S. 60 ff. – Vgl. auch BGH NJW 1979 S. 2053 = JR 1980 S. 113 mit krit. Anm. *Hirsch*, wo der BGH dahinstehen läßt, ob die Rechtswidrigkeit nach § 34 StGB ausgeschlossen ist, weil jedenfalls der Entschuldigungsgrund des § 35 StGB vorliegt.
57 BGHSt. 27 S. 290; RGSt. 1 S. 260; 64 S. 10 (11); RG HRR 1940 Nr. 1152; OLG Düsseldorf MDR 1980 S. 868 (869); *Dreher/Tröndle* Rdnr. 5; *Schönke/Schröder/Lenckner* Rdnr. 3; SK *Rudolphi* Rdnr. 10; alle zu § 192 StGB; a. A. KG GA 73 S. 309 (310), das dem Wahrheitsbeweis nur für die Straffrage Bedeutung beimißt.
58 BGHSt. 4 S. 194 (198); 7 S. 385 (391/392); 11 S. 273; 16 S. 374 (379/380); RGSt. 62 S. 183 (185); RG JW 1930 S. 2541 mit abl. Anm. *Unger*; RG JW 1930 S. 2545 mit Anm. *Weber*; RG JW 1936 S. 3461 (3462); RG HRR 1939 Nr. 1449; OLG Hamm JMBlNRW 1953 S. 139; *Dreher/Tröndle* § 193 StGB Rdnr. 2; LK *Herdegen* § 193 StGB Rdnr. 4. – A. A. RG Recht 1912 Nr. 2788; OLG Hamburg JW 1929 S. 2764 mit Anm. *Mannheim*. – *Lissner* ZStW 51 S. 742 (758 ff.) will eine Beweiserhebung über die Wahrheit der behaupteten Tatsache nur zulassen, wenn das im Interesse des Angeklagten liegt. Vgl. auch K. *Klee* in Festgabe für Reinhold von Frank, 1930, II S. 365 (379).

sein Fehlen sogar schon feststeht. Grundsätzlich ist es weder nach der den notwendigen Urteilsinhalt bestimmenden Vorschrift des § 267 Abs. 5 noch aus sachlich-rechtlichen Gründen erforderlich, daß in jedem Fall der äußere Tatbestand der Straftat festgestellt wird. Es kann vielmehr ausreichen, daß sich die Notwendigkeit der Freisprechung schon aus der Nichterweisbarkeit der inneren Tatseite ergibt, sofern nur der Rechtsstandpunkt, von dem das Gericht ausgeht, klar erkennbar ist[59]. Allerdings werden solche Fälle selten sein. In der Regel wird sich der Tatrichter eine zuverlässige Überzeugung vom Vorsatz und der Verantwortlichkeit eines Angeklagten nur bilden können, wenn er sich darüber klar geworden ist, was dieser getan und mit seinem Tun gewollt und bezweckt hat[60]. Denn vielfach werden gerade die Einzelheiten seines äußeren Verhaltens Rückschlüsse auf den Willen und das Bewußtsein des Täters erlauben[61]. Auch wenn ausnahmsweise ein Freispruch ohne genaue Feststellung des äußeren Tatgeschehens möglich erscheint, ist die Feststellung unerläßlich, daß nur der Angeklagte, nicht ein anderer, als Täter in Betracht kommt[62]. Diese Grundsätze gelten insbesondere, wenn zu entscheiden ist, ob der Angeklagte im Verbotsirrtum (§ 17 StGB) gehandelt hat und ob dieser Irrtum vermeidbar war[63].

h) Fehlende Schuldfähigkeit. Steht die fehlende Schuldfähigkeit des Angeklagten (§ 20 StGB) fest und kommt nach der Sachlage die Unterbringung in einem psychiatrischen Krankenhaus nach § 63 StGB nicht in Betracht, so kann ein Beweisantrag, der sich auf die Merkmale des äußeren oder inneren Tatbestandes bezieht, wegen Unerheblichkeit abgelehnt werden[64]. Ein Interesse des Angeklagten an der Feststellung, daß er auch den äußeren Tatbestand der Straftat nicht erfüllt hat, ist nicht anzuerkennen[65]. Auch daß nach § 12 Abs. 1 Nr. 1 BZRG gerichtliche Entscheidungen, durch die ein Strafverfahren wegen Schuldunfähigkeit ohne Bestrafung abgeschlossen wird, in das Zentralregister eingetragen werden, gibt dem Angeklagten keinen Anspruch auf Aufklärung der äußeren Tatumstände. Denn in das Zentralregister werden auch die wegen § 20 StGB notwendigen Einstellungs-

---

59 RGSt. 43 S. 397 (399); 47 S. 417 (419); RG JW 1917 S. 555; LR *Gollwitzer* § 267 Rdnr. 115; *Lissner* ZStW 51 S. 742 (757); *Peters* S. 456; *Rieker* S. 44/45. – A. A. *Eb. Schmidt* § 244 Rdnr. 48; *Gerland* S. 382; *Mannheim* JW 1928 S. 2725; *Stützel* S. 61.
60 BGHSt. 16 S. 374 (379): Im allgemeinen wünschenswert, manchmal unerläßlich; BGH GA 1974 S. 61; BGH Strafverteidiger 1981 S. 222; BGH bei *Dallinger* MDR 1956 S. 272; RGSt. 43 S. 397 (399); 47 S. 417 (419); LR *Gollwitzer* § 244 Rdnr. 194 und § 267 Rdnr. 115. Vgl. auch BGH NJW 1980 S. 2423.
61 OGHSt. 1 S. 186 (188); LR *Gollwitzer* § 244 Rdnr. 194.
62 Vgl. *Mannheim* JW 1928 S. 2725.
63 Vgl. aber *Eb. Schmidt* § 244 Rdnr. 48, der, wenn ein Irrtum des Angeklagten in Frage kommt, auf die Feststellung des äußeren Tatbestands unter keinen Umständen verzichten will.
64 Vgl. KMR *Paulus* § 244 Rdnr. 11; *Koeniger* S. 279; *Rieker* S. 45/46.
65 Vgl. RGSt. 4 S. 355 (357); LR *Gollwitzer* § 244 Rdnr. 194; *Eb. Schmidt* § 244 Rdnr. 48; *Alsberg* Heinitz-FS S. 441 und JW 1927 S. 2711; *Rieker* S. 45. – A. A. KMR *Paulus* § 244 Rdnr. 117 mit Rücksicht auf die fortbestehende »Bemakelung«. Vgl. auch *Schwenk* NJW 1964 S. 1455.

verfügungen der Staatsanwaltschaft eingetragen, ohne daß der Nachweis der Verwirklichung des äußeren Tatbestandes der Strafbestimmung gefordert wird[66]. Die im Schrifttum vertretene Ansicht, da die Schuldfähigkeit immer nur im Hinblick auf eine bestimmte Tat geprüft werden könne, setze die Freisprechung in einem solchen Fall voraus, daß dem Angeklagten zunächst die Verwirklichung des äußeren Tatbestandes nachgewiesen wird[67], ist nur im Grundsatz, nicht aber in dieser Allgemeinheit richtig. Es gibt Fälle, in denen die Schuldunfähigkeit des Angeklagten so offensichtlich ist, daß eine weitere Beweisaufnahme über die Tatumstände überflüssig wäre. Außerdem schließt die Notwendigkeit, die Schuldfrage für die konkrete Tat zu prüfen, nicht von vornherein aus, sie hypothetisch für den Fall zu beantworten, daß die Verwirklichung des äußeren Tatbestandes durch den Angeklagten anzunehmen ist[68]. Andererseits kann die Beurteilung der Einsichtsfähigkeit und vor allem des Hemmungsvermögens des Angeklagten entscheidend davon abhängen, welches Rechtsgut er angreift oder angreifen will; denn der Bedeutung der Rechtsgüter, deren Verletzung in Betracht kommt, entspricht in aller Regel die Stärke des Hemmungsvermögens[69]. Die Frage, welche Tat der Angeklagte begangen hat, wird daher nur in Ausnahmefällen dahinstehen können.

i) **Tatsachen zum Rechtsfolgenausspruch.** Beweisbehauptungen zum Rechtsfolgenausspruch sind bedeutungslos, wenn eine Verurteilung ohnehin nicht in Betracht kommt, weil der Tatbestand der dem Angeklagten zur Last gelegten Tat nicht erwiesen ist oder weil Rechtfertigungs-, Straf- oder Schuldausschließungsgründe vorliegen. Wenn bereits erwiesen ist, daß die Tat unter die gesetzlichen Regelbeispiele eines besonders schweren Falls einzuordnen ist, kann ein Antrag abgelehnt werden, der auf den Nachweis gerichtet ist, daß ein anderer Fall der Regelbeispiele vorliegt oder nicht vorliegt, vorausgesetzt, daß das nicht für die Strafbemessung von Bedeutung ist. Steht z. B. fest, daß der Angeklagte einen Diebstahl durch Einsteigen in ein Gebäude begangen hat (§§ 242, 243 Abs. 1 Nr. 1 StGB), so kann ein Antrag auf Beweiserhebung darüber, daß der Angeklagte den Diebstahl auch dadurch bewerkstelligt (oder nicht bewerkstelligt) hat, daß er ein verschlossenes Behältnis in dem Gebäude gewaltsam eröffnet hat (§§ 242, 243 Abs. 1 Nr. 2 StGB), wegen Bedeutungslosigkeit abgelehnt werden, sofern das Gericht nicht aus dem Umstand, daß der Angeklagte den Tatbestand zweier gesetzlicher Regelbeispiele erfüllt hat, strafschärfende Folgerungen ziehen will.

Bei der Strafbemessung[70] ist im übrigen zu berücksichtigen, daß das Gericht zwar die in § 46 Abs. 2 StGB aufgeführten Umstände zu beachten hat, daß aber nicht jede Tatsache, die danach in Betracht kommt, im Einzelfall für die Strafzu-

---

66 Vgl. BGHSt. 16 S. 374 (381).
67 Vgl. *Eb. Schmidt* § 244 Rdnr. 48; *Gerland* S. 382; *von Hippel* S. 564; *Mannheim* JW 1928 S. 2725; *Oetker* S. 686; *Simader* S. 97 ff.; *Stützel* S. 60 ff.
68 Vgl. *Alsberg* Heinitz-FS S. 442; *Rieker* S. 46; a. A. *Stützel* S. 60/61.
69 BGH bei *Dallinger* MDR 1956 S. 272.
70 Daß ein Beweisantrag auch auf die Feststellung von Tatsachen gerichtet sein kann, die nur für die Rechtsfolgenfrage Bedeutung haben, ist heute unstreitig; vgl. *Eb. Schmidt* § 244 Rdnr. 47; *Bruns* Strafzumessungsrecht S. 153 und Leitfaden S. 245/246. Noch OLG Hamburg HRR 1929 Nr. 1184 hielt solche Anträge für bedeutungslos.

messung Bedeutung gewinnen muß. Beweistatsachen sind daher auch dann unerheblich, wenn sie zwar an sich geeignet sind, die Entscheidung des Gerichts über die Rechtsfolgen der Tat zu beeinflussen, aber nicht so gewichtig sind, daß sie die Rechtsfolgenentscheidung im Einzelfall ernsthaft beeinflussen könnten[71]. Bei der Ablehnung eines Beweisantrags, der in erster Hinsicht auf den Beweis von Tatsachen zum Schuldspruch gerichtet ist, muß jeweils geprüft werden, ob er nicht wenigstens für den Strafausspruch von Bedeutung ist[72].

3. Bedeutungslosigkeit aus tatsächlichen Gründen

Die Bedeutungslosigkeit aus tatsächlichen Gründen kann sich daraus ergeben, daß die Beweistatsache in keinem erkennbaren Sachzusammenhang mit dem Urteilsgegenstand steht oder daß es sich um eine Indiztatsache handelt, die für die Beweiswürdigung des Gerichts unerheblich ist.

a) Fehlender Sachzusammenhang. Eine Beweistatsache ist aus tatsächlichen Gründen für die Entscheidung ohne Bedeutung, wenn zwischen ihr und dem Gegenstand der Urteilsfindung kein Sachzusammenhang besteht[73]. Maßgebend für die Sachzugehörigkeit ist die durch Anklage und Eröffnungsbeschluß in tatsächlicher Beziehung gekennzeichnete Tat[74]. Der Zusammenhang fehlt, wenn die Beweistatsache für die Entscheidung schlechthin nicht in Betracht kommt[75]. Das entspricht der früheren erweiternden Auslegung des Begriffs Unzulässigkeit in § 245[76] und dem gegenüber § 244 Abs. 3 Satz 2 eingeschränkten Ablehnungsgrund der Bedeutungslosigkeit in § 245 Abs. 2 Satz 3[77].

Bei der Prüfung des Sachzusammenhangs muß außer Betracht bleiben, daß bei Annahme einer außergewöhnlichen Verkettung der Umstände irgendein Zusammenhang zwischen der Straftat und der Beweistatsache abstrakt immer denkbar sein mag. Ein solcher nur abstrakt bestehender Zusammenhang genügt nicht, um die Notwendigkeit der Beweiserhebung zu begründen[78]. Kommt der Tatrichter daher bei der Prüfung des Beweisantrags zu dem Ergebnis, daß nach den allgemeinen Regeln der menschlichen Erfahrung ein Zusammenhang nicht angenommen werden kann, so kann er den Beweisantrag ablehnen[79]. Bei der Prüfung dürfen

---

[71] Ebenso *Kleinknecht* § 244 Rdnr. 53; vgl. auch *Alsberg* Heinitz-FS S. 441.
[72] Vgl. *Harreß* S. 34.
[73] Vgl. *Kleinknecht* § 244 Rdnr. 52. – KK *Herdegen* § 244 Rdnr. 83 nimmt in diesem Fall offenbar Bedeutungslosigkeit aus Rechtsgründen an. – Da es auf die Entscheidung des Gerichts ankommt, darf eine tatsächliche Unerheblichkeit nicht mit der Begründung angenommen werden, der Sachverständige habe erklärt, daß die Tatsache für sein Gutachten ohne Bedeutung sei; vgl. BGH GA 1957 S. 85; *Dalcke/Fuhrmann/Schäfer* § 244 Anm. 12.
[74] BGHSt. 17 S. 28 (30); S. 337 (343).
[75] Vgl. *Oetker* S. 687 ff.; *Rieker* S. 49; *Simader* S. 116; *Stützel* S. 62 ff. Vgl. auch *Glaser* Beiträge S. 66 ff.
[76] Vgl. unten S. 799 ff.
[77] Vgl. unten S. 826 ff.
[78] Vgl. *Harreß* S. 35; *Oetker* S. 688; *Rieker* S. 49; *Simader* S. 117; *Stützel* S. 63.
[79] Vgl. *Oetker* S. 688.

natürlich nicht nur die allgemeinen Erfahrungssätze, sondern auch die besonderen richterlichen Erfahrungen angewendet werden[80]. Es lassen sich aber keine allgemeinen Grundsätze darüber aufstellen, in welcher Beziehung die Beweistatsache zu dem Straffall stehen muß, wenn sie für seine Beurteilung von Bedeutung sein soll. Selbst Vorfälle, die dem zur Anklage stehenden Vorfall zeitlich nachfolgen und an denen der Angeklagte nicht einmal beteiligt war, können auf die Beurteilung des konkreten Falls unter Umständen wichtige Schlüsse zulassen und dadurch Bedeutung erhalten[81].

b) Unerheblichkeit von Indiztatsachen. Bei Indiztatsachen, denen der Sachzusammenhang nicht fehlt[82], ist zu unterscheiden:

(1) Indiztatsachen sind aus tatsächlichen Gründen für die Entscheidung ohne Bedeutung, wenn sie dem Beweis von Vorgängen dienen sollen, auf die es für das Urteil **nicht ankommt**[83], wenn die unter Beweis gestellten Tatsachen überhaupt keinen Beweiswert haben[84], wenn der Beweisantrag deshalb ins Leere geht, weil er auf die Entkräftung einer tatsächlichen Annahme gerichtet ist, von der das Gericht ohnehin nicht ausgeht[85], oder wenn die Glaubwürdigkeit eines Zeugen durch eine Hilfstatsache erschüttert werden soll, die Aussage aber für die Entscheidung aus tatsächlichen Gründen ohne Bedeutung ist[86]. Bei jeder Indiztatsache ist daher zunächst zu prüfen, ob sie an sich geeignet ist, die Entscheidung zu beeinflussen. Fehlt es schon an dieser allgemeinen Eignung, so ist die Tatsache unerheblich.

(2) Ein anderer Fall liegt vor, wenn der Indizwert der nur mittelbar beweiserheblichen Tatsache oder der Wert der Hilfstatsache zwar grundsätzlich anzuer-

80 Vgl. *Oetker* a.a.O.; *Rieker* S. 49.
81 Vgl. RG JW 1927 S. 2466 (2467), wo sich das RG gegen die Auffassung des Tatrichters wendet, daß nur die Aussagen solcher Zeugen erheblich seien, die von dem Hergang der zur Anklage stehenden Vorgänge unmittelbar Kenntnis haben. Ebenso schon RG BayZ 1926 S. 105.
82 Bei Indiztatsachen wird immer mitbehauptet, daß sie nach der allgemeinen Lebenserfahrung, insbesondere nach allgemeingültigen Erfahrungssätzen, zu einer unmittelbar rechtserheblichen Tatsache in Beziehung stehen; vgl. *Köhler* S. 31.
83 Vgl. BGH 1 StR 535/78 vom 5. 12. 1978: Alibibeweis für einen Zeitpunkt, der nicht der Tatzeit ist; RGSt. 1 S. 225: Die Zeugenvernehmung darüber, ob der Angeklagte zur Tatzeit einen Stock bei sich gehabt hat, ist bedeutungslos, wenn er angeklagt ist, die Körperverletzung mit einem Messer begangen zu haben; RG JW 1932 S. 58: Die Erhebung eines Beweises über die Sichtmöglichkeit aus einem Fenster kann wegen Unerheblichkeit abgelehnt werden, wenn der Zeuge den Angeklagten nicht durch das Fenster, sondern auf der Straße gesehen und erkannt hat.
84 Vgl. BGH bei *Dallinger* MDR 1971 S. 185 (186): Die Frage, ob der Angeklagte eine von der Norm abweichende Chromosomenkombination hat, ist ohne Bedeutung, weil das nach dem heutigen Stand der Wissenschaft für die Frage der Schuldfähigkeit keine Rolle spielt. OLG Hamm JMBlNRW 1964 S. 55 = MDR 1964, 435 hat den Indizwert von Zeugenaussagen darüber verneint, daß bei dem Angeklagten nach der Trunkenheitsfahrt keine Trunkenheitsanzeichen zu bemerken waren. Vgl. auch BGH VRS 39 S. 103 (104).
85 Vgl. *Grünwald* Honig-FS S. 61/62.
86 Vgl. aber OLG Stuttgart Justiz 1968 S. 12: Die allgemeine Glaubwürdigkeit eines Zeugen darf nicht mit der Begründung für unerheblich erklärt werden, im Einzelfall sei seine Glaubwürdigkeit erwiesen.

kennen, zugleich aber fraglich ist, ob der Tatsache **im Einzelfall** Bedeutung zukommt, ob also das Gericht aus ihr irgendwelche Schlußfolgerungen ziehen will, die das Urteil beeinflussen können. Um das beurteilen zu können, muß das Gericht das bisherige Beweisergebnis würdigen, und es muß in einer Zwischenberatung[87] prüfen, ob die neu unter Beweis gestellte Tatsache, wenn sie erwiesen würde, zu einem anderen Ergebnis führen könnte. Eine unzulässige Vorwegnahme der Beweiswürdigung liegt darin nicht. Denn nur der Inhalt der Beweisaussage und der Wert des Beweismittels sind durch das Verbot der Beweisantizipation der Vorausbestimmung entzogen[88], nicht aber die Beweiserheblichkeit der Beweistatsache. Indem das Gericht sie verneint, urteilt es nicht zugleich auch über ihre Wahrheit, nimmt also nicht, was es nicht darf, zum Nachteil des Angeklagten im voraus an, daß die Beweiserhebung ihr Ziel, den Beweis der Beweistatsache, nicht erreichen werde. Es wird nicht unterstellt, daß die behaupteten Tatsachen nicht bewiesen werden können, sondern festgestellt, daß sie auch für den Fall des Beweisgelingens die Beweiswürdigung des Gerichts nicht beeinflussen können. Das ist zulässig[89]. Der in mehreren Entscheidungen des Bundesgerichtshofs[90] enthaltene Satz, die Frage der Erheblichkeit der Beweistatsache dürfe nicht lediglich aus dem bisherigen Beweisergebnis abgeleitet werden, kann leicht mißverstanden werden. Damit ist nur gemeint, daß eine Beweiserhebung nicht mit der Begründung für unerheblich erklärt werden darf, das Gericht halte aufgrund der bisherigen Beweisaufnahme das Gegenteil der Beweistatsache für erwiesen[91]. Das verstößt in der Tat gegen das Verbot der Beweisantizipation[92], hat aber mit der Frage

---

87 Vgl. *Kohlrausch* § 245 Anm. 9; *Köhler* S. 31 ff.
88 Vgl. oben S. 412.
89 Vgl. BGH NJW 1953 S. 35 (36); BGH GA 1964 S. 77; BGH NStZ 1982 S. 126; BGH Strafverteidiger 1981 S. 271; RGSt. 29 S. 368; 39 S. 363 (364); KK *Herdegen* § 244 Rdnr. 83; *Alsberg* Heinitz-FS S. 440; *Engels* S. 40; *Harreß* S. 36; *Mattern* S. 125; *Sarstedt* DAR 1964 S. 307; *Schröder* NJW 1972 S. 2105; *Simader* S. 121; *Stützel* S. 58 ff.; *Tenckhoff* S. 128. Vgl. auch *Bockelmann* ZStW 60 S. 601 (611). – A. A. *Grünwald* Honig-FS S. 62 ff. unter unzutreffender Bezugnahme auf die Entscheidung RGSt. 51 S. 3, die nur beanstandet hat, daß das Gericht bei der Beweiswürdigung tatsächliche Möglichkeiten berücksichtigt hat, von denen in dem besonderen Einzelfall nicht ohne Beweiserhebung hätte ausgegangen werden dürfen.
90 BGH GA 1956 S. 384 (385); BGH MDR 1970 S. 778; BGH Strafverteidiger 1981 S. 271; 1982 S. 58; BGH bei *Martin* DAR 1971 S. 122; BGH bei *Spiegel* DAR 1976 S. 95; 1978 S. 155. – Ebenso OLG Celle GA 1962 S. 216 (218); OLG Hamm JMBlNRW 1982 S. 224 (225); OLG Oldenburg NdsRpfl. 1979 S. 110 (111); *Kleinknecht* § 244 Rdnr. 52; LR *Gollwitzer* § 244 Rdnr. 192; *Dahs/Dahs* Rdnr. 261; *Gössel* S. 255; *Kühne* Rdnr. 457; *Peters* S. 289; *Schlüchter* Rdnr. 548.2; *Seibert* NJW 1960 S. 19 (20); *Tenckhoff* S. 36.
91 Ein solcher Fall lag der Entscheidung BGH GA 1956 S. 384 zugrunde: Der Tatrichter hielt den angebotenen Alibibeweis mit Rücksicht auf eine entgegengesetzte Zeugenaussage für unerheblich; BGH MDR 1970 S. 778 verwechselte die Bedeutungslosigkeit des Beweismittels mit der Beweistatsache. In der Entscheidung BGH Strafverteidiger 1981 S. 271 ging es in Wahrheit darum, daß der Tatrichter den Sinn eines Beweisantrags der Staatsanwaltschaft verkannt hatte.
92 OGHSt. 3 S. 141 (144); vgl. oben S. 414.

der Erheblichkeit der in dem Beweisantrag behaupteten Indiz- oder Hilfstatsachen nichts zu tun.

(3) **Zweifel** daran, ob es zulässig ist, an sich beweiserhebliche Indiz- oder Hilfstatsachen als unerheblich zu bezeichnen, wenn die Prüfung ergibt, daß sie auch im Fall ihres Erwiesenseins das bisherige Beweisergebnis nicht beeinflussen können, bestehen jedoch aus anderen Gründen. Fraglich ist nämlich, ob eine Tatsache, der nicht von vornherein jeder Beweiswert abgesprochen werden kann und die das Gericht daher zum Gegenstand der Beweiswürdigung machen muß, überhaupt als unerheblich behandelt werden darf oder ob nicht in Wahrheit eine erhebliche Tatsache vorliegt, die das Gericht als wahr unterstellen kann und muß, wenn es ohne Beweiserhebung von ihrer Richtigkeit ausgehen will. Der Denkvorgang, aufgrund dessen die Notwendigkeit einer Beweiserhebung verneint wird, ist offensichtlich derselbe, gleichviel, ob die Tatsache als bedeutungslos angesehen oder als wahr unterstellt wird[93]. Die Abgrenzung der beiden Ablehnungsgründe hängt nur davon ab, ob die Erheblichkeit einer Tatsache an der Notwendigkeit oder ob sie am Ergebnis der Beweiswürdigung gemessen wird, ob man also die Tatsache schon dann für erheblich hält, wenn sie bei der Beweiswürdigung berücksichtigt werden muß, oder ob man alle Tatsachen als unerheblich ansieht, die das Urteil im Ergebnis nicht beeinflussen können.

Das Reichsgericht hat den Fall lange Zeit als einen Unterfall der tatsächlichen Unerheblichkeit behandelt[94]. Da es andererseits diese Art Unerheblichkeit ohnehin nur als Unterfall der Wahrunterstellung ansah, ließ es zu, daß das Gericht eine Tatsache, die es zunächst als wahr unterstellt hatte, im Urteil als »tatsächlich unerheblich« behandelte, ja es betonte sogar, daß der Vorteil der Wahrunterstellung gerade darin liege, daß über die Frage der Erheblichkeit endgültig erst bei der Urteilsberatung entschieden zu werden braucht[95]. Umgekehrt hat das Reichsgericht die fehlende Begründung in dem Ablehnungsbeschluß des Tatrichters, ob die Unerheblichkeit rechtliche oder tatsächliche Gründe hat, für unschädlich gehalten, wenn die Beweistatsachen im Urteil als wahr unterstellt wurden[96]. Mehrfach hat es auch Urteile, die wegen ungenügender Darlegung der Unerheblichkeitsgründe im Ablehnungsbeschluß hätten aufgehoben werden müssen, dadurch gehalten, daß es die Ablehnung wegen Unerheblichkeit in eine solche wegen Wahrunterstellung, die keiner weiteren Begründung bedarf, umdeutete[97]. Erst nachdem der 2. Strafse-

---

93 So mit Recht *Willms* Schäfer-FS S. 280.
94 RGSt. 4 S. 138 (139); 29 S. 368 (369); 63 S. 329 (331); RG JW 1926 S. 886; 1931 S. 2823 (2824) mit Anm. *Mannheim.* Ebenso *Radbruch* RG-Praxis V S. 205; *Rieker* S. 53; *Schlosky* JW 1930 S. 2505 (2508). Im älteren Schrifttum wurde der Fall der »präsumtiven Fruchtlosigkeit« zugeordnet; vgl. die Nachweise oben S. 580 Fußn. 34. *Alsberg* (JW 1930 S. 1068 [1069]) sprach von einer besonders gearteten »gesteigerten« Unerheblichkeit, *Mattern* (S. 17 ff., 36) von einer nachträglichen Unerheblichkeit.
95 Vgl. RGSt. 49 S. 44 (45); RG JW 1914 S. 891; RG Recht 1914 Nr. 3067. Ebenso *Rieker* S. 65 ff.
96 RG JW 1931 S. 952 mit Anm. *Alsberg*; RG JW 1931 S. 3560 (3561) mit zust. Anm. *Lang*; RG JW 1932 S. 3100 mit Anm. *Alsberg.*
97 RG JW 1891 S. 505; 1930 S. 153 mit abl. Anm. *Alsberg*; RG BayZ 1906 S. 382.

nat des Reichsgerichts diesem ständigen Hin- und Herwechseln zwischen Unerheblichkeit und Wahrunterstellung durch die Trennung der beiden Ablehnungsgründe ein Ende bereitet hatte[98], war es notwendig, die Frage neu zu überdenken, ob Indiz- und Hilfstatsachen, die das Beweisergebnis auch im Falle ihres Erwiesenseins nicht beeinflussen können, erheblich oder unerheblich sind; denn von ihrer Erheblichkeit hing nunmehr die Zulässigkeit der Wahrunterstellung ab. Das Reichsgericht hat die Frage unter Abkehr von seiner bisherigen Rechtsprechung dahin entschieden, daß eine Beweistatsache, die an sich für die zu treffende Entscheidung Bedeutung haben kann, auch dann erheblich ist, wenn das Gericht im Einzelfall davon absehen kann und will, eine dem Angeklagten nachteilige Schlußfolgerung aus dem Gegenteil der behaupteten Tatsache herzuleiten[99]. Eine Ablehnung des Beweisantrags wegen Bedeutungslosigkeit der Beweistatsache war danach nicht mehr zulässig; der Beweiserhebung konnte das Gericht nur durch Wahrunterstellung der Beweistatsache ausweichen[100]. In späteren Entscheidungen des Reichsgerichts ist davon die Rede, daß es sich in solchen Fällen stets um eine bedingte Wahrunterstellung handele, auch wenn das Gericht die Beweiserhebung wegen Bedeutungslosigkeit der Tatsache abgelehnt hat[101]. Wie das Reichsgericht den Fall beurteilt hat, nachdem der Gesetzgeber im Jahre 1935 die Ablehnungsgründe der Unerheblichkeit und der Wahrunterstellung getrennt hatte[102], läßt sich nicht feststellen; veröffentlichte Entscheidungen zu der Frage sind aus dieser Zeit nicht aufzufinden.

Der Bundesgerichtshof hatte, da die Trennung der beiden Ablehnungsgründe im Jahre 1950 abermals gesetzlich bestimmt worden war, die Wahl, sich der von einer solchen Trennung ausgehenden Rechtsprechung des Reichsgerichts[103] anzuschließen oder zu begründen, weshalb er sie nicht billigt. Leider hat er die Rechtsfrage bis heute nicht einmal erkannt. Nur ein einziges Mal, in der Entscheidung BGH 1 StR 845/51 vom 18. 4. 1952[104], ist davon die Rede, daß eine Tatsache, deren Gegenteil möglicherweise ungünstige Schlüsse auf das Verhalten des Angeklagten zuläßt, »nicht wohl als unerheblich bezeichnet werden« könne. In seiner sonstigen Rechtsprechung hat der Bundesgerichtshof sich kritiklos der Rechtsprechung des Reichsgerichts aus der Zeit der Unterordnung des Ablehnungsgrundes der Unerheblichkeit unter den der Wahrunterstellung angeschlossen und alle

---

98 Vgl. oben S. 575/576.
99 RGSt. 61 S. 359 (360) = JW 1927 S. 2710 mit Anm. *Alsberg*; RGSt. 64 S. 432 (433) = JW 1931 S. 2031 mit Anm. *Mannheim*. In den Entscheidungen RG JW 1928 S. 2255 mit Anm. *Beling*; RG JW 1930 S. 1068 mit Anm. *Alsberg* wurde ebenfalls betont, daß eine Tatsache nur unerheblich ist, wenn sie für die Beurteilung der Schuld- und Straffrage »überhaupt nicht in Betracht kommt«.
100 So insbesondere RG JW 1930 S. 1068 mit Anm. *Alsberg*, der irrtümlich annahm, das RG habe nur die Unterstellung, daß ein Zeuge unglaubwürdig sei, ausschließen wollen.
101 RG JW 1932 S. 1750 Nr. 38 mit Anm. *Radbruch*; RG JW 1932 S. 3100 mit abl. Anm. *Alsberg*. Hiergegen schon *Alsberg* JW 1929 S. 977 (979 Fußn. 11 a): Bedingt sei weder die Wahrunterstellung noch die Unerheblichkeit des Beweisantrags.
102 Vgl. oben S. 576.
103 In den oben Fußn. 99 angeführten Entscheidungen.
104 Bei *Seibert* NJW 1962 S. 135 (137).

Indiztatsachen, auch wenn sie an sich beweiserheblich sind, für bedeutungslos im Sinne des § 244 Abs. 3 Satz 2 erklärt, wenn es auf sie für die Entscheidung im Ergebnis nicht ankommt[105]. Die übrige Rechtsprechung[106] und das Schrifttum[107] sind dem gefolgt. Im älteren Schrifttum hielten nur *zu Dohna*[108] und *Stützel*[109] nicht die Beweistatsache, sondern ihre Bekräftigung für unerheblich.

(4) Die Einordnung des Falls unter die Bedeutungslosigkeit aus tatsächlichen Gründen muß zu Schwierigkeiten bei der Anwendung des Ablehnungsgrundes der **Wahrunterstellung** führen. Denn die Wahrunterstellung unerheblicher Tatsachen schließt § 244 Abs. 3 Satz 2 ausdrücklich aus, und wenn es auf an sich beweiserhebliche Indiztatsachen für die Entscheidung im Ergebnis nicht ankommt, weil die bisherigen Beweisergebnisse durch sie nicht widerlegt werden, müßte eine Wahrunterstellung unzulässig sein. Das Gericht wäre immer gezwungen, sich schon vor der Urteilsberatung darüber schlüssig zu werden, ob die Tatsache für die Entscheidung von Erheblichkeit ist. Bei der Erörterung des Ablehnungsgrundes der Wahrunterstellung wird zu zeigen sein, daß der Bundesgerichtshof dieses nicht erwünschte Ergebnis dadurch vermeidet, daß er die Wahrunterstellung nicht nur bei Erheblichkeit, sondern schon bei nur möglich erscheinender Erheblichkeit zuläßt[110]. Der Tatrichter hat nach dieser Rechtsprechung die Wahl, ob er den Beweisantrag schon in der Hauptverhandlung wegen Unerheblichkeit der Indiztatsache ablehnt oder die Tatsache zunächst als wahr unterstellt und erst im Urteil erklärt, daß es auf sie für die Entscheidung nicht ankommt[111]. Nach Ansicht von *Willms*[112] verstößt die Vorwegentscheidung in der Hauptverhandlung sogar gegen § 261, der die Berücksichtigung aller in der Hauptverhandlung erörterten Umstände verlangt, nicht nur derjenigen, die bis zum Zeitpunkt der Zwischenberatung über den Beweisantrag zur Sprache gekommen sind. Daß diese Auffassung unrichtig ist, zeigt aber der in § 244 Abs. 3 Satz 2 aufgeführte Ablehnungsgrund des Erwiesenseins. Das Gesetz verlangt hier[113] eindeutig eine Vorwegberatung dar-

---

105 BGH NJW 1953 S. 35 (36); 1961 S. 2069 (2070); BGH GA 1964 S. 77; BGH Strafverteidiger 1981 S. 271; BGH VRS 39 S. 103 (104); BGH bei *Holtz* MDR 1976 S. 815.
106 Vgl. BayObLGSt. 1949/51 S. 73 (83) = HESt. 3 S. 13 (16).
107 *Kleinknecht* § 244 Rdnr. 52; LR *Gollwitzer* § 244 Rdnr. 192; *Dahs/Dahs* Rdnr. 261; *Raacke* NJW 1973 S. 494; *Schröder* NJW 1972 S. 2105; *Willms* Schäfer-FS S. 279.
108 JW 1929 S. 1445 (1446).
109 S. 78. Im Ergebnis auch *Grünwald* (Honig-FS S. 61/62). Da *Grünwald* (S. 77) die Wahrunterstellung von Indiztatsachen nicht zulassen will, läuft seine Ansicht auf einen Beweiserhebungszwang für alle Indiztatsachen hinaus, deren Beweiswert nicht von vornherein allgemein zu verneinen ist; ein praktisch unannehmbares Ergebnis.
110 Unten S. 657.
111 Die Trennung der Ablehnungsgründe der Unerheblichkeit und der Wahrunterstellung, die der Gesetzgeber bestimmt hat, wird dadurch teilweise wieder zurückgenommen.
112 Schäfer-FS S. 278. *Willms* will allein diejenigen Tatsachen, denen ohne jeden Vorgriff auf die abschließende Beweisführung ein Indizwert abgesprochen werden muß, dem Ablehnungsgrund der Bedeutungslosigkeit der unter Beweis gestellten (Indiz-)Tatsachen zuordnen und im übrigen nur die Wahrunterstellung zulassen.
113 Bei der Bedeutungslosigkeit ließe sich noch die Ansicht vertreten, daß die Aufzählung dieses Ablehnungsgrundes in § 244 Abs. 3 Satz 1 nur die Unerheblichkeit aus rechtlichen Gründen und bei fehlendem Sachzusammenhang meine.

über, ob die Beweistatsache bereits erwiesen ist. Falls die Vorschrift des § 261 solche Vorwegberatungen ausschließen soll, ist sie durch § 244 Abs. 3 Satz 2 abgeändert worden. Die von *Willms* befürwortete Befugnis des Gerichts, die Frage der tatsächlichen Unerheblichkeit in der Hauptverhandlung dahinstehen zu lassen und die Entscheidung der Urteilsberatung dadurch vorzubehalten, daß die Beweistatsache zunächst als wahr unterstellt wird, ist daher nicht aus rechtlichen Gründen notwendig[114]. Das Gericht ist durchaus berechtigt, bei der Entscheidung über den Beweisantrag darüber zu beraten, ob es der Indiztatsache Einfluß auf das Beweisergebnis einräumen will. Selbstverständlich entscheidet es in der Hauptverhandlung nur vorläufig; es muß die Entscheidung in der Urteilsberatung überprüfen und abändern, wenn dazu Anlaß besteht. Anders ist es nur, wenn man entgegen der herrschenden Meinung bei nicht von vornherein bedeutungslosen Indiztatsachen eine Ablehnung des Beweisantrags wegen Unerheblichkeit der Beweistatsache überhaupt für unzulässig hält; dann kann der Beweiserhebung nur durch Wahrunterstellung der Beweistatsache ausgewichen werden.

IV. Notwendigkeit der Übereinstimmung der Ablehnungsbegründung mit dem Urteilsinhalt

Die Ablehnung eines Beweisantrags wegen Unerheblichkeit der Beweistatsache ist nur zulässig, wenn die Tatsache sich unter allen denkbaren Gesichtspunkten als für die Entscheidung bedeutungslos erweist. Der Antrag darf nicht mit der Begründung abgelehnt werden, die Beweistatsache lasse keine zwingenden Schlüsse zu[115]. Sind die vom Gericht als unerheblich angesehenen Tatsachen für Nebenpunkte von Bedeutung und kann das Gericht das bei Auslegung des Sinnes des Beweisantrages erkennen, so darf keine Ablehnung wegen Unerheblichkeit erfolgen. Es kommt aber noch nicht einmal darauf an, was der Antragsteller mit dem Antrag bezweckt hat. Auch wenn er ausdrücklich nur die Annahme eines Merkmals des äußeren oder inneren Tatbestandes bekämpfen wollte, ist die Ablehnung des Antrags wegen Unerheblichkeit fehlerhaft, wenn zwar der Wegfall des Tatbestandsmerkmals durch die Beweistatsache nicht in Betracht kommt, sie aber für die Rechtsfolgenentscheidung von Bedeutung sein kann[116].

Im Urteil darf das Gericht von seinem Standpunkt, daß die Beweistatsache unerheblich ist, nicht abweichen[117]. Ist ein Beweisantrag wegen Bedeutungslosigkeit der Beweistatsache abgelehnt worden, so darf das Urteil daher nicht zum Nachteil des Antragstellers davon ausgehen, daß sie für die Entscheidung von Bedeutung ist[118].

---

114 Näheres unten S. 655 ff.
115 OLG Köln VRS 57 S. 191 (192); 59 S. 349 (351).
116 Vgl. *Harreß* S. 34.
117 RGSt. 61 S. 359 (360) = JW 1927 S. 2710 mit Anm. *Alsberg*; *Kleinknecht* Rdnr. 52; KMR *Paulus* Rdnr. 121; LR *Gollwitzer* Rdnr. 196; alle zu § 244. Vgl. auch unten S. 593.
118 Vgl. KK *Herdegen* § 244 Rdnr. 84; *Eb. Schmidt* § 244 Rdnr. 50. Vgl. aber auch RG JW 1932 S. 1750 Nr. 38 mit Anm. *Radbruch*, nach dessen Ansicht die Revision nur darauf gestützt werden kann, daß im Urteil das Gegenteil der behaupteten Tatsachen angenommen worden ist. Wird die Tatsache im Urteil zugunsten des Angeklagten als wahr behandelt, so ist er hierdurch regelmäßig nicht beschwert. Vgl. unten S. 908.

Rechtsfehlerhaft sind nicht nur offensichtliche Widersprüche zwischen der Antragsablehnung und dem Urteilsinhalt, sondern auch Urteilsfeststellungen, die mit dem Sinn des Beweisantrags nicht zu vereinbaren sind. Die Beweistatsache muß in vollem Umfang, ohne Abschwächungen und Einschränkungen in ihrem vollen Sinn, wie ihn der Antragsteller erkennbar verstanden hat, als unerheblich behandelt werden[119]. Die Rechtslage ist hier nicht anders als bei der Wahrunterstellung. Die dort[120] aufgezeigten Grundsätze für das Erfordernis der Widerspruchsfreiheit zwischen Antragsablehnung und Urteilsinhalt gelten auch für den Ablehnungsgrund der Bedeutungslosigkeit der Beweistatsachen.

---

119 BGH 1 StR 493/79 vom 9. 10. 1979; KK *Herdegen* § 244 Rdnr. 84.
120 Unten S. 675 ff.

§ 6 Erwiesensein der Beweistatsache

    I. Bedeutung des Ablehnungsgrundes 595
    II. Voraussetzung der Ablehnung wegen Erwiesenseins 596
        1. Erhebliche oder unerhebliche Beweistatsachen 596
        2. Bereits erbrachter Beweis 597
            a) Vorwegnahme der Beweiswürdigung 597
            b) Erwiesensein 597
        3. Zugunsten oder zuungunsten des Angeklagten 599
    III. Grenzen der Ablehnung.. 599

I. Bedeutung des Ablehnungsgrundes

Aus dem Grundsatz, daß die Prozeßbeteiligten keinen Anspruch auf Erhebung überflüssiger Beweise haben[1], folgt ohne weiteres die Befugnis des Gerichts, einen Beweisantrag abzulehnen, wenn es die Beweistatsache schon für erwiesen hält. Eine Beweiserhebung, die nur zu dem Ergebnis führen kann, daß eine bereits gewonnene Überzeugung bestätigt wird, fördert das Verfahren nicht, sondern verzögert es nur. Das Reichsgericht hat den Ablehnungsgrund des Erwiesenseins immer nur als Unterfall der Ablehnung eines Beweisantrags wegen Wahrunterstellung angesehen[2], obwohl es offensichtlich sinnlos ist, die Wahrheit einer Tatsache zu »unterstellen«, die voll und ganz erwiesen ist[3]. Erst bei der gesetzlichen Regelung im Jahre 1935[4] sind die beiden Ablehnungsgründe voneinander getrennt worden. Nach geltendem Recht ist das Erwiesensein der Beweistatsache ein echter Ablehnungsgrund; der Beweisantrag wird nicht etwa dadurch gegenstandslos, daß das Gericht die Beweistatsache schon für erwiesen hält[5].

---

1 Vgl. oben S. 574/575.
2 RGSt. 61 S. 359 (360) = JW 1927 S. 2710 mit Anm. *Alsberg*; RGSt. 64 S. 432 (433) = JW 1931 S. 2031 mit Anm. *Mannheim*; RGSt. 65 S. 322 (330); RG JW 1891 S. 505; RG LZ 1915 Sp. 1670.
3 So insbesondere *Bär* S. 3, 24; *zu Dohna* JW 1929 S. 1445; *Fumian* DJZ 1931 Sp. 1170 (1171); *Mattern* S. 72; *Radbruch* RG-Praxis V S. 202; *Simader* S. 140; *Stützel* S. 73; *Völcker* S. 21. Vgl. auch *Schlosky* JW 1930 S. 2505 (2507). Die Rspr. des RG verteidigte aber *Alsberg* in der 1. Aufl. S. 114, der *zu Dohna* eine zu sehr am Wortlaut haftende Auslegung vorwarf; der Text ist in der Voraufl. (S. 151) beibehalten worden.
4 Vgl. oben S. 7.
5 So aber RG JW 1891 S. 505 und offenbar auch OLG Stuttgart NJW 1967 S. 1627 = JR 1968 S. 151 mit Anm. *Koffka*.

In der Praxis spielt die Ablehnung von Beweisanträgen wegen Erwiesenseins der Beweistatsache nur eine geringe Rolle. Das liegt einmal daran, daß die Prozeßbeteiligten im allgemeinen keine Beweisanträge stellen, wenn das Gericht zu erkennen gibt, daß es die in Betracht kommende Tatsache schon für erwiesen hält. Zum anderen ziehen die Tatrichter es meist vor, Beweisanträge auch dann unter Wahrunterstellung des Beweisthemas abzulehnen, wenn sie schon während der Hauptverhandlung zu der Auffassung gelangen, daß die Tatsache keines Beweises mehr bedarf. Rechtlich einwandfrei ist das nicht. Die beiden Ablehnungsgründe sind trennbar und müssen auch bei der Bescheidung von Beweisanträgen voneinander getrennt werden[6]. Dabei geht der Ablehnungsgrund des Erwiesenseins vor[7]. Ist allerdings die Ablehnung zunächst wegen Wahrunterstellung erfolgt, weil das Gericht sich im Zeitpunkt der Antragsablehnung noch nicht endgültig darüber schlüssig war, ob die Tatsache bereits erwiesen ist, so braucht der Antragsteller, wenn das Gericht die Tatsache der Beweiswürdigung zu seinen Gunsten als erwiesen zugrunde legt, nicht auf diese Änderung der Beurteilung hingewiesen werden. Denn auch bei der Wahrunterstellung kann der Antragsteller davon ausgehen, daß die Beweistatsache so behandelt wird, als sei sie bewiesen[8]. Da es revisionsrechtlich kaum zu überprüfen ist, in welchem Zeitpunkt das Gericht die Überzeugung von der Richtigkeit der Beweistatsache gewonnen hat, ist es dem Tatrichter praktisch immer möglich, einer Entscheidung über das Erwiesensein zunächst auszuweichen, indem er den Beweisantrag mit der Begründung ablehnt, die Beweistatsache werde als wahr unterstellt. Die Trennung der beiden Ablehnungsgründe wird dadurch praktisch aufgehoben.

II. Voraussetzung der Ablehnung wegen Erwiesenseins

1. Erhebliche oder unerhebliche Beweistatsachen

Die für erwiesen erachtete Tatsache braucht nicht beweiserheblich zu sein[9]. Zwar kann der Beweisantrag dann auch mit der Begründung abgelehnt werden, die Beweistatsache habe für die zu treffende Entscheidung keine Bedeutung. Wenn das Gericht die Tatsache bereits für erwiesen hält, hat der Antragsteller aber keinen Anspruch darauf, daß der Antrag wegen Bedeutungslosigkeit abgelehnt wird. Das hat für ihn zwar den Nachteil, daß er nicht erfährt, ob die Tatsache für die Entscheidung aus rechtlichen oder tatsächlichen Gründen ohne Bedeutung ist[10]. Das würde er aber auch nicht erkennen können, wenn das Gericht den Beweis erhebt. Die Rechtslage ist insoweit nicht anders als bei der Wahrunterstellung[11].

---

6 Vgl. *Eb. Schmidt* § 244 Rdnr. 58; a. A. Voraufl. S. 148, wonach der Abgrenzung in den Fällen, in denen es nur um eine Behauptung zugunsten des Angeklagten geht, keine wesentliche Bedeutung zukommt.
7 Vgl. *Kleinknecht* § 244 Rdnr. 63; *Grünwald* Honig-FS S. 55/56, 64; *Völcker* S. 21.
8 Vgl. unten S. 651, 668.
9 BGH 1 StR 362/70 vom 1. 7. 1971; *Dahs/Dahs* Rdnr. 262; a. A. *Mattern* S. 116/117.
10 Vgl. unten S. 760/761.
11 Vgl. unten S. 659/660.

Ebensowenig wie bei einer als wahr unterstellten Tatsache ist der Tatrichter allein wegen der Ablehnung des Beweisantrags mit dieser Begründung verpflichtet, sich mit der für erwiesen bezeichneten Tatsache in den Urteilsgründen auseinanderzusetzen[12].

2. Bereits erbrachter Beweis

a) **Vorwegnahme der Beweiswürdigung.** Die Ablehnung eines Beweisantrags wegen Erwiesenseins gestattet nicht nur, sondern verlangt sogar eine Vorwegnahme der Beweiswürdigung[13]. Da das Verbot der Beweisantizipation aber nur gilt, wenn die Vorwegnahme des Beweisergebnisses sich zuungunsten des Antragstellers auswirken kann[14], bestehen hiergegen keine Bedenken. Den Interessen des Antragstellers ist in vollem Umfang genügt, wenn das Gericht feststellt, daß es die Tatsache, die er bewiesen haben möchte, bereits für erwiesen hält. Mit der Vorwegnahme der Beweiswürdigung in den sonstigen Fällen, in denen die Ablehnung des Beweisantrags dazu führt, daß ein beantragter Beweis nicht erhoben wird, läßt sich das nicht vergleichen[15].

b) **Erwiesensein.** Eine Tatsache ist erwiesen, wenn das Gericht von ihrer Richtigkeit so überzeugt ist, daß es sie dem Urteil ohne weitere Beweisaufnahme zugrunde legen will[16]. Diese Überzeugung muß sich auf den Inbegriff der Hauptverhandlung stützen (§ 261), darf also ihre Grundlage nicht nur in dem Akteninhalt oder sonstigen Umständen haben, die in der Hauptverhandlung nicht zur Sprache gebracht worden sind. Ebensowenig dürfen unzulässige Beweismittel der Überzeugung zugrunde gelegt werden. Da es nur darauf ankommt, daß das Gericht selbst an der Wahrheit der Beweistatsache nicht zweifelt, darf es sie nicht schon deshalb für erwiesen halten, weil sie zwischen den Prozeßbeteiligten »unstreitig« ist.

Jedoch setzt die Ablehnung des Beweisantrags wegen Erwiesenseins der Beweistatsache nicht voraus, daß über ihre Wahrheit überhaupt schon eine Beweisaufnahme im eigentlichen Sinne stattgefunden hat[17]. Das Gericht kann insbesondere die Überzeugung von der Schuld des Angeklagten aufgrund eines Geständnisses

---

12 BGH 5 StR 696/72 vom 13. 3. 1973; vgl. unten S. 686/687.
13 A. A. *Engels* S. 44/45 mit der Begründung, das Beweisergebnis werde hier nicht negativ unterstellt. Das ändert aber nichts daran, daß eine Beweisantizipation vorliegt.
14 Vgl. oben S. 411.
15 Bei den Beratungen der Reformentwürfe in den Jahren 1902 bis 1905 sind aber Bedenken gegen jede Art der Vorwegnahme der Beweiswürdigung mit der Begründung erhoben worden, sie führe notwendigerweise dazu, daß der Anschein der Voreingenommenheit des Gerichts entsteht; vgl. *Mattern* S. 58/59.
16 Vgl. *Peters* S. 290.
17 Vgl. *Alsberg* JW 1929 S. 977 (978); *Radbruch* RG-Praxis V S. 207; a. A. *Kohlrausch* § 245 Anm. 14. – *Köhler* (S. 39) sieht darin offenbar nach wie vor einen Unterfall der Wahrunterstellung.

oder anderer verwertbarer Angaben des Angeklagten erlangt haben[18] und einen Beweisantrag der Staatsanwaltschaft mit der Begründung ablehnen, aufgrund dieser Angaben sei die dem Angeklagten nachteilige Beweistatsache schon erwiesen.

Gehört der Antragsteller zu den Prozeßbeteiligten, die zwar keine Beweismittel im eigentlichen Sinne sind, auf deren Einlassungen (Angeklagte)[19] oder Erklärungen (Privatkläger)[20] aber die richterliche Überzeugung gestützt werden darf, so kann sein Antrag, die Richtigkeit der Einlassung oder Erklärung durch die Erhebung bestimmter Beweise zu erhärten, ohne Beweisaufnahme mit der Begründung abgelehnt werden, das Gericht halte die Tatsache schon aufgrund der Antragstellung für erwiesen[21]. Das gilt insbesondere für den Fall, daß der Angeklagte oder Privatkläger tatsächliche Behauptungen unter Beweis stellt, die für ihn ungünstig sind[22]. Dabei wird selbstverständlich vorausgesetzt, daß die Behauptung dem Gericht tatsächlich als wahr erscheint. Das Gericht darf den Beweisantrag nicht etwa unter dem im Hinblick auf die Amtsaufklärungspflicht (§ 244 Abs. 2) unzulässigen Gesichtspunkt ablehnen, daß sich niemand darüber beklagen dürfe, wenn man ihm das glaubt, was er ernsthaft behauptet[23].

Staatsanwalt, Nebenkläger und Verteidiger gehören nicht zu den Auskunftspersonen, deren Erklärungen der Beweiswürdigung zugrunde gelegt werden dürfen[24]. Aber wenn der Angeklagte durch sein Verhalten zum Ausdruck bringt, daß er die Darlegungen seines Verteidigers billigt und zu seinen eigenen machen will, gestattet das dem Gericht, die Behauptung als aufgrund der Einlassung des Angeklagten erwiesen zu halten[25]. Soll allerdings die Erklärung dem Urteil zum Nachteil des

18 RG Recht 1919 Nr. 845; KMR *Paulus* Rdnr. 441; LR *Gollwitzer* Rdnr. 30; *Eb. Schmidt* Rdnr. 5; alle zu § 244; *Glaser* Beiträge S. 320 ff.; *Gössel* S. 194; *Gutmann* JuS 1962 S. 369 (372); *Lissner* ZStW 51 S. 742 (753); *Oetker* S. 691; *Roxin* § 25 I 1; *Simader* S. 136; *Stützel* S. 73; vgl. auch Nr. 111 Abs. 4 RiStBV.
19 Vgl. oben S. 167, 181.
20 Vgl. oben S. 179/80.
21 KG HRR 1929 Nr. 1885; OLG Dresden JW 1930 S. 3438 mit Anm. *Weber*; *Lissner* ZStW 51 S. 742 (753 Fußn. 42); *Mattern* S. 43. Vgl. auch RGSt. 64 S. 432 (433) = RG JW 1931 S. 2031 mit Anm. *Mannheim*: »Weil das Gericht dem Vorbringen des Angeklagten ohne weiteres Glauben beimißt.« Ähnlich RGSt. 61 S. 359 (360); 65 S. 322 (330).
22 Vgl. *Radbruch* RG-Praxis V S. 207. *Mattern* (S. 52) weist zutreffend darauf hin, daß aus der nachteiligen Wirkung der Beweistatsache für die Sache des Antragstellers nur dann Schlüsse auf den Wahrheitsgehalt gezogen werden dürfen, wenn sich der Antragsteller bewußt ist, daß die unter Beweis gestellten Tatsachen zu seinen Ungunsten verwertet werden können.
23 Vgl. *Alsberg* JW 1923 S. 689 (690); 1927 S. 2710 (2711); 1929 S. 977 (978); *Völcker* S. 21; großzügiger *Radbruch* a.a.O.
24 A. A. für den Staatsanwalt: *Gutmann* JuS 1962 S. 369 (372). Der Nebenkläger scheidet aus dem Kreis dieser Auskunftspersonen deshalb aus, weil er als Zeuge vernommen werden kann (vgl. oben S. 180). Erklärungen, die er bei der Stellung von Beweisanträgen oder in anderem Zusammenhang, nicht aber als Zeuge abgibt, können die richterliche Überzeugung daher nicht begründen; vgl. RG JW 1929 S. 667 (668) mit Anm. *Alsberg*; *Lissner* ZStW 51 S. 742 (753 Fußn. 42); *Mattern* S. 49.
25 Vgl. den Fall RG JR Rspr. 1927 Nr. 1625.

Angeklagten zugrunde gelegt werden, so wird seine nur stillschweigende Erklärung, daß er sich den tatsächlichen Ausführungen seines Verteidigers anschließe, nur in seltenen Ausnahmefällen genügen. Noch zurückhaltender muß das Gericht verfahren, wenn es Beweisbehauptungen des Staatsanwalts oder des Nebenklägers zum Nachteil des Angeklagten als bewiesen ansehen will, weil dieser durch sein Verhalten zu erkennen gibt, daß er sie nicht bestreiten kann und will. Ganz ausgeschlossen ist das jedoch nicht[26].

3. Zugunsten oder zuungunsten des Angeklagten

Ob die Tatsache, die das Gericht bereits für erwiesen hält, das Urteil zugunsten des Antragstellers oder zu seinen Ungunsten beeinflussen kann, ist für die Zulässigkeit der Ablehnung des Beweisantrags ohne Bedeutung[27]. Das Gericht darf insbesondere aus einer zugunsten des Angeklagten behaupteten Tatsache, die es für erwiesen hält, Schlüsse zum Nachteil des Angeklagten ziehen[28]. Auch Beweisanträge des Staatsanwalts zuungunsten des Angeklagten und Beweisanträge des Privat- oder Nebenklägers können wegen Erwiesenseins der Beweistatsache abgelehnt werden. Insoweit unterscheidet sich der Ablehnungsgrund des Erwiesenseins der Beweistatsache von dem der Wahrunterstellung[29]. Der Angeklagte wird dadurch im Ergebnis nicht benachteiligt. Denn er hat jederzeit die Möglichkeit, durch weitere Beweisanträge und Erklärungen, insbesondere durch seine Schlußausführungen, darauf hinzuwirken, daß das Gericht den in der Beweisfrage eingenommenen Standpunkt aufgibt[30].

III. Grenzen der Ablehnung

Wie alle Ablehnungsgründe des § 244 Abs. 3 Satz 2 findet auch der Ablehnungsgrund des Erwiesenseins seine Grenze an der Pflicht des Gerichts, den Sachverhalt von Amts wegen aufzuklären (§ 244 Abs. 2). Allerdings wird diese Grenze nur selten überschritten werden. Denn regelmäßig wird der Beweisantrag nur bezwecken, daß das Gericht in seiner Überzeugung von der Richtigkeit einer Tatsache bestärkt wird. Dann bedarf es keiner weiteren Beweisaufnahme. Ausnahmsweise kann das Gericht aber Grund zu der Annahme haben, die beantragte Beweiserhebung, insbesondere die Benutzung eines vorher nicht bekannten Beweismittels, werde trotz des Erwiesenseins der Beweistatsache zur Sachaufklärung beitragen. Dabei wird es meist nicht darum gehen, daß das Gericht damit rechnen muß, seine

---

26 Vgl. *Alsberg* JW 1929 S. 977 (978/979), der darauf hinweist, daß der Angeklagte, der mit dieser Auslegung seines Verhaltens nicht einverstanden ist, ausreichend Gelegenheit hat, ihr zu widersprechen.
27 RGSt. 61 S. 359 (360); KK *Herdegen* Rdnr. 85; LR *Gollwitzer* Rdnr. 204; *Eb. Schmidt* Rdnr. 52; alle zu § 244; *Alsberg* JW 1929 S. 977 (978); *Bär* S. 11; *Rieker* S. 68.
28 Vgl. LR *Gollwitzer* § 244 Rdnr. 209.
29 Vgl. unten S. 654.
30 Vgl. *Alsberg* JW 1929 S. 977 (979).

Überzeugung von der Wahrheit der Tatsache könnte durch die beantragte Beweiserhebung erschüttert werden. Gelegentlich kann aber die Annahme begründet sein, daß die bisherigen Feststellungen durch die Erhebung des Beweises noch konkretisiert werden oder daß die Beweiserhebung zwar nicht unmittelbar die Beweistatsache, aber andere mit ihr im Zusammenhang stehende Tatsachen weiter aufklären kann[31].

---

31 Vgl. *Mattern* S. 63 ff.

§ 7 Völlige Ungeeignetheit des Beweismittels

I. Grundsätze	601
II. Objektive Unmöglichkeit des Beweisgelingens	603
1. Zeugen	603
2. Sachverständige	606
3. Augenschein	609
4. Urkunden	609
III. Mangelnder Beweiswert der Zeugenaussage	610
1. Grundsatz	610
2. Einzelfälle	611
a) Verwandtschaftliche Beziehungen	611
b) Tat- und Teilnahmeverdacht	612
c) Vorstrafen	614
d) Gefährdung durch wahre Aussage	614
e) Sonstige Umstände	614
IV. Benennung eines Zeugen für weit zurückliegende Vorgänge	615

I. Grundsätze

Das Recht der Prozeßbeteiligten, durch Beweisanträge Einfluß auf den Umfang der Beweisaufnahme zu nehmen, geht nicht so weit, daß sie den Richter zu Beweiserhebungen zwingen können, die wegen der Ungeeignetheit der benannten Beweismittel von vornherein aussichtslos sind[1]. Ein Beweismittel, dem schlechthin, nicht nur mit Rücksicht auf das bisherige Beweisergebnis, die Beweiskraft fehlt, braucht nicht lediglich deshalb, weil ein Prozeßbeteiligter seine Herbeischaffung beantragt, vom Gericht herbeigezogen zu werden. Denn solche nutzlosen Beweiserhebungen könnten nicht der Sachaufklärung dienen, sondern würden zumindest objektiv auf eine bloße Prozeßverschleppung hinauslaufen[2]. Hierauf haben die Prozeßbeteiligten keinen Anspruch.

---

[1] BGHSt. 14 S. 339 (342); BGH bei *Dallinger* MDR 1973 S. 372; BGH bei *Spiegel* DAR 1978 S. 155; 1979 S. 189; RGSt. 5 S. 312; 31 S. 137 (139/140); 46 S. 383 (385); 47 S. 100 (105); 52 S. 178; 54 S. 181 (182); 56 S. 139 (140); 58 S. 378 (380); 63 S. 329 (331); RG JW 1932 S. 3097 mit Anm. *Mannheim*; RG GA 71 S. 130 (131); RG HRR 1934 Nr. 1426; OLG Dresden JW 1931 S. 239 mit Anm. *Mamroth*; OLG Düsseldorf VRS 57 S. 289 (290); 60 S. 122 (123); OLG Köln JMBlNRW 1963 S. 46 (47) = VRS 24 S. 217 (218); *Kleinknecht* Rdnr. 56; KMR *Paulus* Rdnr. 124; LR *Gollwitzer* Rdnr. 229; alle zu § 244; *Dahs/Dahs* Rdnr. 263.

[2] Vgl. BGHSt. 14 S. 339 (342); BGH MDR 1981 S. 338; RGSt. 58 S. 378 (380); 63 S. 329 (331).

Die Gründe für die Nutzlosigkeit der Beweiserhebung können darin liegen, daß es objektiv unmöglich ist, das Beweismittel zum Beweis der behaupteten Tatsache zu verwenden. Diese Art der völligen Ungeeignetheit des Beweismittels ist im wesentlichen ein Problem des Zeugenbeweises, kommt aber auch bei den anderen Beweismitteln vor. Wertlos ist eine Beweisaufnahme ferner, wenn der Beweis an sich gelingen könnte, das Beweismittel aber solche Mängel aufweist, daß die Beweiserhebung nicht geeignet erscheint, die richterliche Überzeugungsbildung zu beeinflussen. Praktisch kommt das nur beim Zeugenbeweis in Betracht, wenn der Zeuge von vornherein so unglaubwürdig ist, daß seine Vernehmung nutzlos wäre. Ein dritter Fall der völligen Ungeeignetheit eines Zeugen liegt vor, wenn Vorgänge in sein Wissen gestellt werden, die so weit zurückliegen und für den Zeugen schon bei ihrer Wahrnehmung so geringe Bedeutung gehabt haben, daß es nach der Lebenserfahrung ausgeschlossen erscheint, daß er sich ihrer noch erinnert. Diese objektiven Maßstäbe für die Beurteilung der Ungeeignetheit dürfen durch subjektive Erwägungen insofern ergänzt werden, als das Gericht den Zeugen von vornherein für unglaubwürdig halten darf, falls er behauptet, sich entgegen aller Erfahrung an den Vorgang noch erinnern zu können.

In all diesen Fällen darf der Beweisantrag nur abgelehnt werden, wenn das Gericht ohne jede Rücksicht auf das bisher gewonnene Ergebnis der Beweisaufnahme feststellen kann, daß sich mit einem solchen Beweismittel das in dem Beweisantrag in Aussicht gestellte Ergebnis nach sicherer Lebenserfahrung nicht erreichen läßt[3]. Das muß mit Sicherheit feststehen[4]. Denn hierbei handelt es sich um eine Durchbrechung des Verbots der Beweisantizipation[5]. Sie muß eng begrenzt werden und läßt sich nur für den Fall rechtfertigen, daß der Erfahrungssatz, daß sich ein Urteil über den Wert eines Beweises erst abgeben läßt, wenn er erhoben worden ist[6], im Einzelfall von einem anderen Erfahrungssatz, der eine

---

3 BGH GA 1956 S. 384 (385); BGH JR 1954 S. 310 = LM Nr. 11 zu § 244 Abs. 3; BGH MDR 1970 S. 778; BGH NStZ 1981 S. 32 L; BGH Strafverteidiger 1981 S. 394; 1982 S. 101; BGH VRS 47 S. 19 (20); BGH bei *Holtz* MDR 1977 S. 108; 1978 S. 281, 988; BGH bei *Spiegel* DAR 1976 S. 95; 1977 S. 174; 1978 S. 155; 1979 S. 189, 190; 1980 S. 207; 1981 S. 198; RG HRR 1932 Nr. 79; BayObLG MDR 1981 S. 338; BayObLG bei *Rüth* DAR 1982 S. 253; OLG Celle NdsRpfl. 1982 S. 66 (67); OLG Frankfurt DAR 1977 S. 305; OLG Hamm DAR 1961 S. 203; JMBlNRW 1964 S. 215; 1982 S. 225; VRS 7 S. 131 (132); OLG Köln Blutalkohol 1982 S. 380; VRS 59 S. 349 (351); 63 S. 126 (127); KK *Herdegen* Rdnr. 86; *Kleinknecht* Rdnr. 56; KMR *Paulus* Rdnr. 125; LR *Gollwitzer* Rdnr. 232; *Eb. Schmidt* Rdnr. 53; alle zu § 244; *Dahs/Dahs* Rdnr. 263; *zu Dohna* Kohlrausch-FS S. 330; *Koeniger* S. 281. Vgl. auch unten S. 610 Fußn. 72.

4 BGHSt. 14 S. 339 (342); BGH bei *Holtz* MDR 1976 S. 815; 1978 S. 627, 988; RG JW 1928 S. 2251 mit Anm. *Alsberg*; OGHSt. 3 S. 141 (144); OLG Hamm JMBlNRW 1964 S. 215; VRS 7 S. 131 (132); *Dalcke/Fuhrmann/Schäfer* Anm. 14; *Kleinknecht* Rdnr. 56; LR *Gollwitzer* Rdnr. 229 ff., 232; alle zu § 244; *Wenner* S. 79.

5 Vgl. LR *Gollwitzer* § 244 Rdnr. 231; *Rüping* Rdnr. 420; *Seibert* NJW 1960 S. 19 (20).

6 Vgl. oben S. 412.

sichere Vorwegbeurteilung zuläßt, verdrängt wird[7]. Dabei ist erforderlich, daß die völlige, nicht nur die »schlichte« Nichteignung des Beweismittels feststeht[8]. Insbesondere der Umstand, daß das Beweismittel nur relativ ungeeignet ist, sich im vorhinein also nur beurteilen läßt, daß seine Benutzung für die Beweisfrage keine sicheren Schlüsse zuläßt, berechtigt das Gericht nicht zur Ablehnung des Beweisantrags[9]. Denn von völliger Ungeeignetheit kann schon dann keine Rede sein, wenn das Beweismittel eine Wahrscheinlichkeit für die Beweisbehauptung erbringen und dieser dadurch ein größeres Gewicht verleihen kann[10]. Den Wert des Beweismittels kann der Tatrichter im Wege des Freibeweises feststellen[11]; auch der Rückgriff auf den Akteninhalt ist ihm daher gestattet[12].

II. Objektive Unmöglichkeit des Beweisgelingens

1. Zeugen

Eine allgemeine Unfähigkeit, Zeuge zu sein, gibt es nicht. Weder jugendliches Alter noch Geisteskrankheit schließen die Fähigkeit, als Zeuge vernommen zu werden, allgemein aus[13]. Ein Zeuge kann aber als Beweismittel völlig ungeeignet sein, wenn es aus in seiner Person liegenden Gründen unmöglich erscheint, daß er die in sein Wissen gestellten Tatsachen kennt. Seine völlige Unbrauchbarkeit kann sich sowohl daraus ergeben, daß es ihm nicht möglich war, den in sein Wissen gestellten Vorgang wahrzunehmen, als auch daraus, daß er außerstande ist, ihn wiederzugeben. Der Grund dafür kann darin liegen, daß die zur Wahrnehmung und Wiedergabe erforderlichen Sinnesorgane nicht oder noch nicht genügend oder daß sie krankhaft entwickelt sind oder zur Zeit der Wahrnehmung, z. B. infolge Trunkenheit[14], nicht richtig funktioniert haben. Ein Tauber kann nicht Beweismittel für etwas sein, das er gehört[15], ein Blinder nicht für einen Vorgang,

---

7 Vgl. *Engels* S. 42 ff. und GA 1981 S. 21 (27/28), der daraus den Schluß zieht, daß die besonderen Umstände des Einzelfalls nicht berücksichtigt werden dürfen. Zu weit geht auch *Kühne* Rdnr. 457, der das Vorliegen von Erfahrungssätzen verlangt, denen eine fast naturwissenschaftliche Zuverlässigkeit eignet.
8 BGH Strafverteidiger 1981 S. 113.
9 BGH VRS 47 S. 19 (20); BGH bei *Holtz* MDR 1978 S. 988; BGH bei *Spiegel* DAR 1979 S. 189; BayObLG MDR 1981 S. 338; BayObLG bei *Rüth* DAR 1971 S. 206; OLG Celle NdsRpfl. 1982 S. 66 (67); OLG Koblenz VRS 50 S. 183 (184); OLG Köln Blutalkohol 1982 S. 390; VRS 63 S. 126 (127); KK *Herdegen* Rdnr. 39; KMR *Paulus* Rdnr. 125; *Eb. Schmidt* Rdnr. 54; alle zu § 244; *Simader* S. 176/177.
10 BGH bei *Spiegel* DAR 1977 S. 174.
11 Vgl. oben S. 122.
12 Vgl. oben S. 145.
13 Vgl. oben S. 173/174.
14 RG GA 54 S. 303 (304); OLG Düsseldorf VRS 57 S. 289 (290); OLG Hamm DAR 1961 S. 203; JMBlNRW 1982 S. 224 (225); KMR *Paulus* § 244 Rdnr. 133; LR *Gollwitzer* § 244 Rdnr. 233; *Wenner* S. 77.
15 *Dalcke/Fuhrmann/Schäfer* § 244 Anm. 14 a; *Harreß* S. 55; *Schlüchter* Rdnr. 550; *Völcker* S. 28.

den er gesehen haben soll[16]. Ein Taubstummer oder ein Geisteskranker kann nicht Zeuge sein, wenn feststeht, daß eine Verständigung mit ihm nicht möglich ist[17]. Ebensowenig kann erwartet werden, daß ein Geschehen, dessen Wahrnehmung oder Wiedergabe eine nicht einfache Überlegung oder sogar gereiftes Denken erfordert, wie der Abschluß eines schwierigen Vertrages oder der Inhalt eines längeren Gesprächs, von einem Kind[18], einem Geisteskranken oder einem Geistesschwachen[19] bekundet werden kann. Steht fest, daß der Zeuge sich wegen retrograder Amnesie an den Vorgang nicht mehr erinnert, über den er aussagen soll, so ist er ebenfalls ein völlig ungeeignetes Beweismittel[20]. Für einen Zeugen, der nur an Vergeßlichkeit leidet, gilt das nicht[21].

Die offensichtliche Unfähigkeit des Zeugen, die in sein Wissen gestellten Tatsachen zu bestätigen, kann sich aus dem Inhalt des Beweisantrags ergeben, wenn er eindeutig erkennen läßt, daß der Zeuge die Beweistatsache nicht wahrgenommen haben kann. Soll beispielsweise das Gutachten über die Blutalkoholkonzentration durch Zeugenbeweis widerlegt werden, so kann der Beweisantrag abgelehnt werden, wenn nicht dargetan ist, daß sich der Zeuge die Überwachung der Trinkmenge des Angeklagten zur Aufgabe gemacht hat[22]. Außenstehende Zeugen können über das Innenverhältnis zweier Gesellschafter nichts aussagen[23]. Ein Zeuge kann auch nicht mit Erfolg dafür benannt werden, welche Vorgänge sich im Inneren eines anderen Menschen abgespielt haben, wenn nicht zugleich äußerlich wahrnehmbare Tatsachen behauptet werden, die es dem Zeugen ermöglicht haben, auf diese inneren Tatsachen zu schließen[24]. Ergibt das Antragsvorbringen, daß die Tatsachen für eine solche Schlußfolgerung ungeeignet sind, so darf allerdings der Beweisantrag trotzdem nur dann abgelehnt werden, wenn sie nach dem Sinn des Vorgetragenen die einzigen Beweisanzeichen für die behaupteten inneren Tatsa-

---

16 *Eb. Schmidt* § 244 Rdnr. 53; *Beling* S. 381 Fußn. 1 und JW 1925 S. 2782; *Ditzen* ZStW 10 S. 111 (161); *Gössel* S. 255; *Mannheim* JW 1927 S. 2467 (2468); *Rieker* S. 54; *Simader* S. 131; *Stützel* S. 59; *Völcker* S. 28.
17 RG Recht 1915 Nr. 1256; *Dalcke/Fuhrmann/Schäfer* § 244 Anm. 14 a; *Harreß* S. 56. Vgl. aber auch RGSt. 33 S. 403; dazu oben S. 173/174.
18 RG JW 1914 S. 433 (434); RG GA 39 S. 218 (219); RG Recht 1910 Nr. 2768; *Dalcke/Fuhrmann/Schäfer* a.a.O.; LR *Gollwitzer* § 244 Rdnr. 233; *Conrad* DJZ 1911 Sp. 1322 (1325); *Harreß* S. 55; *Rieker* S. 54; *Seibert* NJW 1960 S. 19 (20); *Simader* S. 170; *Völcker* S. 28; Vgl. auch oben S. 174.
19 RG Recht 1920 Nr. 526; RG SächsA 1910 S. 447; *Conrad* a.a.O.; *Ditzen* ZStW 10 S. 111 (161); *Harreß* S. 55; *Rieker* S. 54/55; *Stützel* S. 69; *Völcker* S. 28. Vgl. auch *Hetzer/Pfeiffer* NJW 1964 S. 441.
20 Vgl. KMR *Paulus* § 244 Rdnr. 133. Zur Frage, ob der Richter das ohne Sachverständigengutachten feststellen kann, vgl. unten S. 713.
21 RG JW 1929 S. 2738 (2739) mit Anm. *Mamroth*; *Dalcke/Fuhrmann/Schäfer* § 244 Anm. 14 a.
22 OLG Hamm DAR 1961 S. 234; vgl. oben S. 195.
23 BGH 5 StR 69/74 vom 9. 7. 1974.
24 RG JW 1908 S. 360; KG VRS 43 S. 199 (200); OLG Schleswig bei *Ernesti/Jürgensen* SchlHA 1975 S. 190; KMR *Paulus* § 244 Rdnr. 134; LR *Gollwitzer* § 244 Rdnr. 235; *Beling* S. 381 Fußn. 1; *Harreß* S. 55. – A. A. *Alsberg* JW 1929 S. 115. Vgl. auch RG JW 1916 S. 1027; 1929 S. 115; oben S. 193.

chen sind[25]. Werden dagegen die äußeren Tatsachen ersichtlich nicht abschließend, sondern nur beispielhaft aufgeführt und sollen sie nur auf die Beweisbarkeit der inneren Tatsache hinweisen, so darf die Möglichkeit nicht außer acht gelassen werden, daß die Vernehmung weitere Tatsachen zutage fördert, die als Indiz für die inneren Tatsachen von Bedeutung sind. Läßt sich aus dem Beweisantrag ohne weiteres ersehen, daß der Zeuge von seinem Standort aus in seiner Wahrnehmungsmöglichkeit so beschränkt war, daß er die Beweistatsache nicht beobachten konnte, so ist er ebenfalls ein völlig ungeeignetes Beweismittel[26]. Daß der Zeuge keine unmittelbaren eigenen Wahrnehmungen gemacht hat, sondern nur vom Hörensagen berichten soll, macht ihn dagegen als Beweismittel nicht ungeeignet[27].

Ein Zeuge ist ferner als Beweismittel völlig ungeeignet, wenn er nicht über die besondere Befähigung verfügt, die zur Wahrnehmung eines Vorgangs erforderlich ist, der nur einem Sachkundigen verständlich werden kann[28]. Die Frage z. B., ob eine Strecke ausreicht, um einem Kraftfahrer das Abbremsen seines Wagens auf die Geschwindigkeit des Vordermanns zu ermöglichen, kann nur aufgrund eines besonderen Fachwissens beantwortet werden; ein Zeuge ist dafür kein brauchbares Beweismittel[29]. Auch der Verlauf einer inneren Krankheit, deren Symptome nur dem medizinisch Geschulten erkennbar sind, kann nicht durch die Aussage irgendeines Zeugen, der den Kranken während der fraglichen Zeit gesehen hat, bewiesen werden[30]. Dagegen ist über Tatsachen, bei deren Beurteilung medizinische Kenntnisse zwar erwünscht, aber nicht unbedingt erforderlich sind, wie sinnlose Trunkenheit[31] oder Krampfzustände[32], ein Beweis durch Zeugen möglich. Auch die Frage der Glaubwürdigkeit von Belastungszeugen kann von Zeugen beantwortet werden, etwa von Lehrern, die über die Glaubwürdigkeit ihrer Schüler aussagen sollen[33]. Über amtliche Sachkenntnis können vielfach nur die zuständigen Sachbearbeiter, nicht aber auch die Behördenleiter Auskunft geben; ist der Sachbearbeiter gehört, so erübrigt sich unter Umständen eine Vernehmung des Behördenleiters unter dem Gesichtspunkt der Ungeeignetheit[34].

---

25 RG JW 1914 S. 891 (892).
26 Vgl. OLG Düsseldorf VRS 57 S. 289 (290), das es aber zuläßt, den Standort des Zeugen im Freibeweis durch Verlesung des Anhörungsbogens festzustellen. Das läuft auf eine unzulässige Vorwegnahme der Beweiswürdigung hinaus.
27 BGH bei *Spiegel* DAR 1979 S. 189. Allgemein zur Zulässigkeit der Vernehmung des Zeugen vom Hörensagen vgl. oben S. 460.
28 OLG Düsseldorf VRS 57 S. 289 (290); *Kleinknecht* Rdnr. 56; KMR *Paulus* Rdnr. 135; LR *Gollwitzer* Rdnr. 233; *Eb. Schmidt* Rdnr. 53; alle zu § 244; *Rieker* S. 55; *Simader* S. 170/171.
29 BGH VRS 21 S. 429 (431); LR *Gollwitzer* a.a.O.
30 RG GA 49 S. 264; *zu Dohna* S. 172; *Simader* S. 171; *Völcker* S. 28.
31 RG JW 1916 S. 1027; vgl. oben S. 204.
32 RG GA 42 S. 400; *Simader* S. 171.
33 BGH GA 1967 S. 343; KMR *Paulus* § 244 Rdnr. 135. Vgl. auch oben S. 197 ff.
34 Vgl. BGH 4 StR 154/52 vom 18. 6. 1953.

2. Sachverständige

Sachverständige sind völlig ungeeignete Beweismittel, wenn für das Beweisthema überhaupt kein Sachverständiger aufzufinden ist[35] oder wenn durch ihr Gutachten eine Tatsache bewiesen werden soll, deren Wahrnehmung und Verständnis keine besonderen Fachkenntnisse verlangt. Ein Lichtsachverständiger ist z. B. für die Feststellung, ob ein bestimmtes Verkehrszeichen bei bestimmten Lichtverhältnissen zu erkennen ist, als Beweismittel ungeeignet[36]. Völlig ungeeignet ist der Sachverständige ferner, wenn es nach den Umständen auszuschließen ist, daß er sich zu der vorgelegten Beweisfrage gutachtlich äußern kann. Das kann an physischen oder intellektuellen Gebrechen[37], aber auch daran liegen, daß ihm die notwendige Sachkunde fehlt[38], insbesondere, wenn die Fachrichtung, der der Sachverständige angehört, überhaupt nicht kompetent zur Beantwortung der Beweisfrage ist[39] oder wenn sich nach wissenschaftlicher Erfahrung die behaupteten Beweisergebnisse aus einem Sachverständigengutachten nicht ergeben können. So gehört die Parapsychologie nicht zu den wissenschaftlichen Erkenntnissen, die dem Sachverständigenbeweis zugänglich sind[40]. Ist das Gericht aber nur der Meinung, das Gutachten werde keine sicheren Schlüsse auf die Richtigkeit der Beweistatsache zulassen, so ist der Sachverständige nicht völlig ungeeignet[41]. Auch seine Unbefangenheit hat mit der Eignung zum Sachverständigen nichts zu tun[42].

35 Vgl. *K. Müller* S. 54.
36 KG VRS 48 S. 432; OLG Düsseldorf VRS 60 S. 122 (123); vgl. auch OLG Koblenz DAR 1974 S. 276 = VRS 38 S. 35 (37), das mit Recht darauf hinweist, daß der Sachverständige als Zeuge hätte benannt werden müssen.
37 Vgl. *Meder* S. 37/38.
38 Vgl. *Dalcke/Fuhrmann/Schäfer* § 244 Anm. 14 c; KMR *Paulus* § 244 Rdnr. 137; *Beling* S. 300/301 und JW 1925 S. 2782; *Bennecke/Beling* S. 367; *zu Dohna* Kohlrausch-FS S. 327; *Gerland* S. 223 Fußn. 284; *Meder* S. 38; *Mezger* S. 7; *K. Müller* S. 54; *Oetker* S. 690/691; *Rieker* S. 57; *Simader* S. 131; *Stützel* S. 71. Im allgemeinen wird das allerdings erst festgestellt werden können, wenn der Sachverständige gehört wird. Da der Antragsteller regelmäßig nicht die Anhörung eines bestimmten Sachverständigen verlangen kann (oben S. 52), hat das Fehlen der Sachkunde des von ihm benannten ohnehin nur zur Folge, daß das Gericht einen Sachverständigen seiner eigenen Wahl hinzuzieht; vgl. *K. Müller* a.a.O.
39 Ein Psychologe ist z. B. nicht zuständig, sich über seelische Erkrankungen zu äußern (vgl. unten S. 709), und ein Graphologe ist nicht berufen, die Schuldfähigkeit des Angeklagten zu beurteilen (vgl. die in der Vorauf. S. 252 Fußn. 22 a angeführte unveröffentlichte RG-Entscheidung).
40 BGH NJW 1978 S. 1207; KMR *Paulus* § 244 Rdnr. 137; *Köhler* S. 35; *F. W. Krause* in FS für Karl Peters, 1974, S. 323 (327); *Wimmer* NJW 1976 S. 1133. Die Ablehnung von Anträgen auf Anhörung noch nicht präsenter Sachverständiger erfolgt aber nicht wegen völliger Ungeeignetheit des Sachverständigen, sondern wegen Offenkundigkeit des Gegenteils der Beweistatsache; vgl. oben S. 557.
41 BGH VRS 47 S. 19 (20); BGH bei *Holtz* MDR 1978 S. 988; KK *Herdegen* § 244 Rdnr. 89; KMR *Paulus* § 244 Rdnr. 136. Zur Geeignetheit der Auskunft eines meteorologischen Instituts über die Lichtverhältnisse zur Tatzeit vgl. OLG Köln JR 1954 S. 68.
42 Unrichtig daher LG Hamburg MDR 1968 S. 344, das den Antrag auf Anhörung eines früheren Amtschefs des Reichssicherheitshauptamts zur Frage des »Befehlsnotstands«

Die Unmöglichkeit des Beweisgelingens kann sich ferner daraus ergeben, daß es nicht möglich ist, dem Sachverständigen die tatsächlichen Unterlagen zu verschaffen, deren er für sein Gutachten bedarf. Er ist ein völlig ungeeignetes Beweismittel, wenn ihm die für die Begutachtung erforderlichen Anknüpfungstatsachen nicht mitgeteilt werden können oder wenn jedenfalls keine sicheren Grundlagen für die Erstellung des Gutachtens vorhanden sind[43]. Ein gerichtsmedizinischer Sachverständiger ist ein ungeeignetes Beweismittel, wenn er ein Gutachten über die Ursache des Todes eines Menschen abgeben soll, ihm aber weder die Leiche zur Untersuchung zur Verfügung gestanden hat noch ein Befund vorhanden ist, der aufgrund einer Untersuchung der noch frischen Leiche gewonnen worden war[44]. Völlig ungeeignet ist auch ein Sachverständiger, der die Zuverlässigkeit eines vor Monaten benutzten Radargeräts[45] beurteilen oder der ein Gutachten über die Stärke des Geschlechtstriebs des Angeklagten zu einem bestimmten zurückliegenden Zeitpunkt abgeben soll[46]. Überhaupt ist ein Sachverständiger kein brauchbares Beweismittel, wenn er über den Zustand des Angeklagten, eines Zeugen oder eines Gegenstandes ein Gutachten abgeben soll, das wegen der Unmöglichkeit, die Verhältnisse zur Tatzeit zu rekonstruieren, zu keinen beweiserheblichen Ergebnissen führen kann[47]. Der Antrag, einen Sachverständigen über die Alkoholverträglichkeit des Angeklagten zum Beweis für dessen Fahrtüchtigkeit zur Tatzeit zu hören, kann daher abgelehnt werden[48]. Das gleiche gilt für einen Antrag, einen psychiatri-

---

mit der Begründung abgelehnt hat, ihm fehle die erforderliche Objektivität und Unbefangenheit, er sei daher als Sachverständiger völlig ungeeignet. In Wahrheit hätte eine Zeugenvernehmung stattfinden müssen.

43 BGHSt. 14 S. 339; BGH NStZ 1981 S. 32 L; BGH Strafverteidiger 1982 S. 102; BGH bei *Holtz* MDR 1977 S. 108; 1978 S. 627; BGH bei *Spiegel* DAR 1979 S. 189; BayObLG VRS 59 S. 266 (267); OLG Celle NdsRpfl.1982 S. 66 (67); OLG Hamm NJW 1968 S. 1205 (1206); OLG Koblenz VRS 45 S. 367 (369); 50 S. 183 (185); OLG Köln Blutalkohol 1982 S. 380; VRS 63 S. 126 (127); OLG Zweibrücken VRS 61 S. 434 (435); KK *Herdegen* Rdnr. 89; *Kleinknecht* Rdnr. 65; KMR *Paulus* Rdnr. 138; LR *Gollwitzer* Rdnr. 236; alle zu § 244; *Hanack* JZ 1972 S. 114 (116); *Koeniger* S. 290; *Sarstedt* DAR 1964 S. 307 (310). Vgl. auch RG JW 1932 S. 2619 mit Anm. *Löwenthal*: Ein Sachverständiger, der über die Kreditwürdigkeit eines Angeklagten ein Gutachten abgeben soll, ist nicht deshalb völlig ungeeignet, weil die Bücher unordentlich geführt sind.
44 BGHSt. 14 S. 339 (342/343).
45 BayObLGSt. 1966 S. 4 (6) = JR 1966 S. 227.
46 BGH 4 StR 632/79 vom 13. 12. 1979. Vgl. auch BGH NJW 1961 S. 1486: Keine Rekonstruierbarkeit des Vergewaltigungsvorgangs wegen Fehlens des »sexuellen Impulses«.
47 OLG Düsseldorf VRS 60 S. 122/123. Den Antrag, durch einen weiteren Sachverständigen den Alkoholgehalt einer vor längerer Zeit entnommenen Blutprobe überprüfen zu lassen, hält OLG Köln Blutalkohol 1982 S. 380 mit krit. Anm. *Schewe* trotz des Erfahrungssatzes, daß er bei längerer Lagerung absinkt, für zulässig.
48 BGHSt. 10 S. 265 (267); BGH VRS 28 S. 190; BGH bei *Martin* DAR 1969 S. 151; 1970 S. 123 und 124; 1972 S. 120; OLG Hamm NJW 1968 S. 1205 (1206); VRS 34 S. 287 (289); *Kleinknecht* § 244 Rdnr. 56; LR *Gollwitzer* § 244 Rdnr. 237; *Marmann* GA 1953 S. 136 (148); *Weigelt* DAR 1964 S. 314 (317); *Weltzien* DAR 1955 S. 84; 1956 S. 274 (276); *Wiethold/Gruber* NJW 1955 S. 371. Vgl. auch OLG Oldenburg VRS 46 S. 198

schen Sachverständigen Jahre nach der Tat allein aufgrund der Angaben des Angeklagten darüber zu hören, daß dieser die Tatsache, deren Verschweigen ihm als Meineid vorgeworfen wird, unbewußt »verdrängt« habe[49]. Als Beweismittel ist schließlich ein Sachverständiger ungeeignet, der Meinungsumfragen über die Verkehrsauffassung hinsichtlich der Beschaffenheit von Lebensmitteln im Sinne des § 17 Abs. 1 Nr. 1 Buchst. b LMBG machen soll[50].

Die völlige Ungeeignetheit des Sachverständigen ist in der Rechtsprechung verneint worden für den Fall, daß der medizinische Sachverständige Rückschlüsse auf die geistige Verfassung einer 88 Jahre alten Frau zu einem früheren Zeitpunkt ziehen[51], daß über einen Zeugen, der das Zeugnis verweigert oder sich mit einer entsprechenden Untersuchung nicht einverstanden erklärt hatte, ein Glaubwürdigkeitsgutachten erstattet werden[52] oder daß der Sachverständige aufgrund der Art der Stichwunde ein Gutachten über die Willensrichtung des Angeklagten bei der Tat erstellen sollte[53]. Schließlich ist entschieden worden, daß erbbiologische und serologische Vaterschaftsgutachten geeignete Beweismittel sind[54]. Das gleiche soll auch für das Gutachten einer physikalisch-biologischen Forschungsstelle hinsichtlich des Bestehens einer Reizwetterlage gelten[55].

Will das Gericht über die völlige Ungeeignetheit des angebotenen Sachverständigenbeweises aufgrund eigener Sachkunde urteilen, so muß es, wenn diese Sachkunde nicht nach der Lebenserfahrung ohne weiteres anzunehmen ist, im Urteil darlegen, daß und woher es die zuverlässige Kenntnis über den neuesten Stand der Wissenschaft auf dem fraglichen Gebiet hat[56].

(199/200): Feststellung, ob der Angeklagte mit einer Blutalkoholkonzentration von 1,9 ⁰/₀₀ in der Lage ist, das Haus zu verlassen; BGH bei *Holtz* MDR 1977 S. 108: Feststellung, daß der Angeklagte mit 2,5 ⁰/₀₀ Blutalkohol einen völligen Libido-Verlust hat; BGH VRS 50 S. 115 und BGH bei *Hürxthal* DRiZ 1974 S. 143: Feststellung des individuellen Alkoholabbauwerts; BGH bei *Martin* DAR 1970 S. 123 (124): Feststellung der Wirkung von Alkohol und Tabletten auf den Angeklagten; BGH VRS 25 S. 264 (266) und 36 S. 189 (190): Fahrversuche.

49 OLG Schleswig bei *Ernesti/Lorenzen* SchlHA 1981 S. 93/94.
50 KG LRE 9 S. 37 (38); 10 S. 126 (127); 13 S. 214. Nach anderer Ansicht ist das Beweisergebnis nur deshalb unzuverlässig, weil es manipuliert werden kann; vgl. OLG Koblenz VRS 9 S. 293 (297); OLGSt. § 17 LMBG S. 37 (40). Auch *Holthöfer/Nüse/Franck*, Deutsches Lebensmittelrecht, 6. Aufl., I § 17 LMBG Rdnr. 345 ff., 349 halten den Beweiswert für zweifelhaft; ähnlich *Zipfel*, Lebensmittelrecht, § 17 LMBG Rdnr. 115. Die Ermittlung der Verkehrsauffassung durch einen anderen geeigneten Sachverständigen ist natürlich zulässig; vgl. BayObLG LRE 11 S. 14 (19).
51 BGH bei *Holtz* MDR 1979 S. 989.
52 BGHSt. 14 S. 21; 23 S. 1 = JR 1970 S. 67 mit Anm. *Peters*; BGH NStZ 1982 S. 432; BGH Strafverteidiger 1981 S. 216; BGH bei *Holtz* MDR 1979 S. 988/989; vgl. auch BGH 5 StR 17/80 vom 12. 2. 1980; LR *Meyer* § 81 c Rdnr. 9 mit weit. Nachw.
53 BGH bei *Holtz* MDR 1978 S. 988.
54 BGHSt. 6 S. 70; OLG Hamm GA 1968 S. 282; OLG Köln NJW 1967 S. 2416 = JR 1968 S. 227 mit Anm. *Koffka*.
55 AG Ingolstadt DAR 1953 S. 133.
56 RG JW 1931 S. 2495; *Simader* S. 181.

3. Augenschein

Die beantragte Augenscheinseinnahme ist ein völlig ungeeignetes Beweismittel, wenn sie überhaupt keinen Aufschluß über die Beweistatsache geben kann[57] oder wenn das Wahrnehmungsobjekt sich nach der Tat derart verändert hat, daß es einen für die Überzeugungsbildung des Gerichts erheblichen Beweis nicht mehr liefern kann[58]. Eine Augenscheinseinnahme ist z. B. nicht geeignet, zur Wahrheitsfindung beizutragen, wenn sie unter denselben, aber nicht mehr rekonstruierbaren Lichtverhältnissen wie zur Tatzeit am Unfallort eingenommen werden soll[59] oder wenn weitere Erkenntnisse nur in Verbindung mit einem Wiederholungsversuch vermittelt werden können[60]. Ist das Ergebnis der beantragten Augenscheinseinnahme dagegen nur ungewiß, so berechtigt das nicht ohne weiteres zur Ablehnung des Antrags[61].

4. Urkunden

Urkunden sind völlig ungeeignete Beweismittel, wenn ihre Benutzung zum Beweis für Tatsachen beantragt wird, die sich durch Verlesung oder Augenschein aus ihnen schlechterdings nicht ergeben können, wie die Tatsache, daß der Text der Urkunde unwahre Angaben enthält, daß ein Brief, von dem die Abschrift verlesen werden soll, den Adressaten erreicht hat oder daß er überhaupt abgesandt worden ist[62]. Sie sind auch ungeeignet, wenn es auf ihren ursprünglichen Inhalt ankommt, aber feststeht, daß sie später verfälscht worden sind[63]. Eine Abschrift der Urkunde ist als Beweismittel ungeeignet, wenn sich nicht aufklären läßt, ob sie dem Original entspricht[64]. Geschäftsbücher sind ungeeignet, wenn sie so unordentlich geführt sind, daß sich aus ihnen keine brauchbaren Schlüsse herleiten lassen[65]. Darf eine Urkunde aus verfahrensrechtlichen Gründen nicht verlesen werden, so ist sie nicht als Beweismittel völlig ungeeignet, sondern die Beweiserhebung ist unzulässig[66].

---

57 Es ist z. B. unmöglich, durch Besichtigung eines Hauses festzustellen, welche Zimmer zur Tatzeit beleuchtet waren; vgl. RG JW 1925 S. 796 mit Anm. *Beling*; *Rieker* S. 58; *Simader* S. 131.
58 RGSt. 47 S. 100 (106); *Goslar* S. 31; *Rieker* S. 58; *Stützel* S. 82; *Weigelt* DAR 1964 S. 314 (318).
59 BGH bei *Martin* DAR 1962 S. 74; *Weigelt* DAR 1964 S. 314 (318); vgl. aber auch OLG Frankfurt DAR 1977 S. 305.
60 OLG Hamm JMBlNRW 1978 S. 277; KMR *Paulus* § 244 Rdnr. 139.
61 BayObLG bei *Rüth* DAR 1971 S. 206.
62 *Rieker* S. 58. Vgl. RG Recht 1928 Nr. 992, wo die Urkunde aber in Verbindung mit der Aussage eines Zeugen als mittelbarer Beweis zugelassen worden ist.
63 Vgl. *Beling* JW 1925 S. 2782; *Simader* S. 131; *Stützel* S. 71/72.
64 RG GA 39 S. 234; vgl. auch *Wömpner* MDR 1980 S. 889 (890).
65 RG JW 1925 S. 371 mit Anm. *Oetker*.
66 Vgl. LR *Gollwitzer* § 244 Rdnr. 230.

III. Mangelnder Beweiswert der Zeugenaussage

1. Grundsatz

Von dem elementaren Grundsatz des Beweisantragsrechts, daß über den Wert eines angebotenen Beweises erst entschieden werden darf, wenn er erhoben worden ist, daß die Beweiswürdigung also nicht vorweggenommen werden darf[67], hat das Reichsgericht bereits in der Entscheidung RGSt. 5 S. 312 eine Ausnahme für den Fall zugelassen, daß Umstände vorliegen, die die Glaubwürdigkeit des Zeugen derart ausschließen, daß von seiner Vernehmung kein Einfluß auf die Beweiswürdigung zu erwarten ist. Obwohl hiergegen im Schrifttum immer wieder Bedenken erhoben worden sind[68], hat das Reichsgericht in der Folgezeit daran festgehalten[69], daß ein Zeuge ein völlig ungeeignetes Beweismittel ist, wenn auch ohne seine Vernehmung abschließend beurteilt werden kann, daß seiner Aussage der Beweiswert völlig fehlt[70]. Dem hat sich der Bundesgerichtshof angeschlossen[71].

Nach allgemeiner Ansicht muß das Gericht die Frage, ob einer Zeugenaussage der Beweiswert fehlt, unabhängig von den Ergebnissen der bisher durchgeführten Beweisaufnahme prüfen. Es ist unzulässig, aus diesem Ergebnis einen Schluß auf die Wertlosigkeit der beantragten Beweisaufnahme zu ziehen[72]. Maßgebend ist

---

67 Vgl. oben S. 417.
68 Vgl. *Beling* S. 380 Fußn. 4, JW 1925 S. 2782, 1926 S. 1211, 1928 S. 2255 und ZStW 24 S. 476; *Bennecke/Beling* S. 529; *zu Dohna* S. 162; *Gerland* S. 365/366; *Goldschmidt* S. 446; *Kautter* S. 18; *Mannheim* JW 1927 S. 2467 und ZStW 48 S. 686; *Rosenfeld* S. 228 und insbesondere *Mamroth* JW 1931 S. 239, der auf jeden Fall die Vernehmung des Zeugen verlangt, weil sich das Ergebnis einer Aussage nicht voraussehen lasse: »Auch das Unwahrscheinliche wird häufig Ereignis.« Bedenken erheben neuerdings auch *Gutmann* JuS 1962 S. 369 (375) und *Hanack* JZ 1972 S. 114 (115/116).
69 Nach Meinung von *Ditzen* (S. 20), um den »notleidenden« Untergerichten zu helfen.
70 RGSt. 31 S. 137 (139); 47 S. 100 (105); 46 S. 383 (385); 52 S. 178 (179); 56 S. 139 (140); 58 S. 378 (380); 63 S. 329; 75 S. 11 (14); 77 S. 198 (200); RGRspr. 4 S. 633; 9 S. 164; 10 S. 92; RG JW 1890 S. 233; 1925 S. 2782 (2783) mit Anm. *Beling*; RG JW 1936 S. 2102 L; 1939 S. 95; RG DR 1939 S. 1069 = HRR 1939 Nr. 1209; RG GA 49 S. 264; 59 S. 315 (316); 60 S. 420; RG HRR 1939 Nrn. 359, 1209; RG Recht 1917 Nr. 1197. Ebenso BayObLG JW 1925 S. 2332 mit Anm. *Wegner*; *Stützel* S. 70.
71 BGHSt. 14 S. 339 (342); BGH NJW 1952 S. 191; BGH GA 1967 S. 343; BGH JR 1954 S. 310 = LM Nr. 11 zu § 244 Abs. 3; BGH bei *Holtz* MDR 1982 S. 104 = NStZ 1982 S. 41 L; BGH bei *Spiegel* DAR 1977 S. 174. Ebenso OLG Schleswig SchlHA 1979 S. 144 (145).
72 BGH GA 1956 S. 384 (385); BGH JR 1954 S. 310 = LM Nr. 11 zu § 244 Abs. 3; BGH VRS 47 S. 19 (20); BGH bei *Holtz* MDR 1977 S. 108; RG JW 1939 S. 95; RG HRR 1932 Nr. 79; 1934 Nr. 1426; OLG Düsseldorf VRS 57 S. 289 (290); OLG Köln JMBlNRW 1963 S. 46 (47) = VRS 24 S. 217 (218); KK *Herdegen* § 244 Rdnr. 88; LR *Gollwitzer* § 244 Rdnr. 232; *Beling* JW 1925 S. 2782 (2783); *Rieker* S. 56; *Simader* S. 128; *Stützel* S. 68; *Weigelt* DAR 1964 S. 314 (315). – A. A. RG JW 1890 S. 233; Voraufl. S. 218. In der Entscheidung BGH MDR 1970 S. 778 wird der Rechtsgrundsatz auf einen Fall angewendet, für den er nicht paßt (Ablehnung der Vernehmung eines Zeugen mit der Begründung, aus einem Sachverständigengutachten ergebe sich bereits das Gegenteil der Beweistatsache).

allein, ob die Aussage des Zeugen wegen dessen besonderen persönlichen Verhältnissen für die Feststellung des Sachverhalts so bedeutungslos ist, daß die Erhebung des Beweises eine leere Förmlichkeit wäre[73]. Die vollkommene Nutzlosigkeit der Beweisaufnahme, der völlige Unwert des Beweismittels muß mit Sicherheit feststehen[74]. Ein bloßer, wenn auch schwerwiegender Zweifel des Gerichts an der Glaubwürdigkeit des Zeugen, eine bloße Minderung des Beweiswerts genügt nicht[75]. Diese Voraussetzungen werden praktisch kaum jemals vorliegen. Daher wird die Ablehnung eines Beweisantrags mit der Begründung, die zu erwartende Aussage des benannten Zeugen sei ohne Wert, nur in seltenen Ausnahmefällen, beim Vorliegen extremer Tatsachen in Betracht kommen[76].

2. Einzelfälle

Nur die besonderen persönlichen Beziehungen des Zeugen zu dem Angeklagten oder zu der Tat, die ihm zur Last gelegt wird, oder andere in seinem Charakter oder seiner Vergangenheit liegende Gründe[77] können den Zeugen zum ungeeigneten Beweismittel machen. Daß der Angeklagte auf ihn eingewirkt hat, falsch auszusagen, ist kein Ablehnungsgrund[78]. Im einzelnen kommen in Betracht:

a) **Verwandtschaftliche Beziehungen.** Ist der Zeuge der Ehegatte oder Verlobte des Angeklagten oder ist er mit ihm verwandt oder verschwägert, so darf seine Vernehmung nicht einfach mit der Begründung abgelehnt werden, es könne nicht angenommen werden, daß er rückhaltlos die Wahrheit sagen werde, wenn von seiner Aussage die Verurteilung des Angeklagten abhängt[79]. Es müssen vielmehr

---

73 RGSt. 51 S. 69 (70); RG GA 68 S. 355; RG HRR 1932 Nr. 79; 1934 Nr. 1426; RG Recht 1903 Nr. 911; 1918 Nr. 828; OLG Dresden JW 1931 S. 239 (240) mit abl. Anm. *Mamroth*.
74 BGHSt. 14 S. 339 (342); BGH NJW 1952 S. 191; BGH bei *Spiegel* DAR 1977 S. 174; RGSt. 5 S. 312 (313); 47 S. 100 (105); 52 S. 178 (179); 56 S. 139 (140); 63 S. 329 (332); RG HRR 1934 Nr. 1426; OLG Schleswig SchlHA 1979 S. 144 (145); *Rieker* S. 57; *Simader* S. 128; *Weigelt* DAR 1964 S. 314 (315).
75 RGSt. 75 S. 11 (14); 77 S. 198 (200); RG DRiZ 1928 Nr. 419; RG GA 54 S. 303; 68 S. 355 (356); RG ZStW 48 Sdr. Beil. S. 354; OLG Hamburg NJW 1953 S. 917; OLG Köln JMBlNRW 1963 S. 46 (47) = VRS 24 S. 217 (218); *Kleinknecht* § 244 Rdnr. 57; *Simader* S. 176/177.
76 Vgl. KK *Herdegen* § 244 Rdnr. 88; LR *Gollwitzer* § 244 Rdnr. 240; *Dahs/Dahs* Rdnr. 263; *Koeniger* S. 281; *Roxin* § 43 C II c; *Rieker* S. 56; *Schlüchter* Rdnr. 550 Fußn. 521; *Schroeder* ROW 1969 S. 193 (198); *Wegner* JW 1925 S. 2332 (2333).
77 BGH 3 StR 333/51 vom 5. 7. 1951.
78 RG HRR 1934 Nr. 1426; KK *Herdegen* § 244 Rdnr. 88; a. A. RG Recht 1917 Nr. 1197; LR *Gollwitzer* § 244 Rdnr. 239; *Simader* S. 173.
79 BGH bei *Spiegel* DAR 1977 S. 174; RGSt. 56 S. 139 (140); 63 S. 329 (332) = JW 1930 S. 636 mit Anm. *Alsberg*; RG JW 1925 S. 371 mit Anm. *Oetker*; RG JW 1937 S. 761; RG HRR 1932 Nr. 79; RG Recht 1903 Nr. 911; BayObLG BayZ 1928 S. 288; OLG Hamm NJW 1949 S. 272 L = JMBlNRW 1950 S. 62; HESt. 3 S. 44; OLG Köln JMBlNRW 1963 S. 46 (47) = VRS 24 S. 217 (218); *Kleinknecht* § 244 Rdnr. 57; KK *Herdegen* § 244 Rdnr. 88; *Alsberg* JW 1922 S. 258 (259); *Dahs/Dahs* Rdnr. 263; *Rieker* S. 55; *Stützel* S. 70; *Weigelt* DAR 1964 S. 314 (315).

besondere Umstände hinzukommen, aus denen auf die Wertlosigkeit der Zeugenaussage geschlossen werden kann[80]. Solche Umstände, die gegebenenfalls in dem Ablehnungsbeschluß im einzelnen bezeichnet werden müssen[81], werden äußerst selten festgestellt werden können. Der Bundesgerichtshof hat die Ablehnung des Beweisantrags auf Vernehmung einer Zeugin gebilligt, die die frühere Ehefrau des Angeklagten war, mit ihm erneut zusammenlebte, wiederholt wegen anstößiger Ausübung der Prostitution vorbestraft und überdies der Teilnahme an der dem Angeklagten zur Last gelegten Tat dringend verdächtig war[82]. Dagegen wurde ein Zeuge nicht deshalb für völlig ungeeignet befunden, weil sein verstorbener Bruder der Beteiligung an der Tat verdächtig erschien[83]. Das Reichsgericht hat es mit Recht beanstandet, daß der Tatrichter die zur Entlastung des Angeklagten benannte Mutter nur deshalb als völlig ungeeignetes Beweismittel angesehen hatte, weil andere Verwandte den Angeklagten bereits belastet hatten[84]. Es hat ferner mißbilligt, daß ein naher Verwandter des Angeklagten für ungeeignet gehalten wurde, weil schon der als Zeuge vernommene Sohn des Angeklagten einen unglaubwürdigen Eindruck gemacht hatte[85]. Bei anderer Gelegenheit hat das Reichsgericht jedoch hingenommen, daß Verwandte eines als Mittäter Verdächtigen als völlig ungeeignet angesehen wurden[86]. Eine aktuelle Bedeutung kommt solchen Entscheidungen kaum noch zu.

b) Tat- oder Teilnahmeverdacht. Daß der Teilnehmer oder Gehilfe des Angeklagten bei der Tatbegehung im allgemeinen kein »klassischer« Zeuge ist, läßt sich nicht bestreiten. Gleichwohl gibt es keinen Satz der allgemeinen Erfahrung, daß ein solcher Zeuge nie die Wahrheit sagt[87]. Wird er als Zeuge benannt, so darf der Antrag daher nicht deshalb abgelehnt werden, weil der Zeuge wegen Beteiligung an der Tat bereits abgeurteilt ist[88], insbesondere als früherer Mitangeklagter[89], weil

80 RGSt. 46 S. 383 (385); 63 S. 329 (332); RG JW 1912 S. 946, 1069; 1917 S. 235 mit Anm. *Mamroth*; RG JW 1924 S. 2622; 1925 S. 371 mit Anm. *Oetker*; RG JW 1927 S. 2576; S. 2626 (2627); 1928 S. 414 mit Anm. *Mannheim*; RG JW 1934 S. 2622 = HRR 1935 Nr. 476; RG JR Rspr. 1925 Nr. 240; RG Recht 1912 Nr. 1116; OLG Hamm DAR 1954 S. 286 = VRS 7 S. 373 (374); *Dalcke/Fuhrmann/Schäfer* § 244 Anm. 14 d; KK *Herdegen* § 244 Rdnr. 88; *Alsberg* GA 61 S. 492 ff.; *Rieker* S. 56; *Völcker* S. 29. – A. A. offenbar RGRspr. 4 S. 633; 9 S. 164; 10 S. 92; RG GA 59 S. 315; RG LZ 1917 Sp. 608; OLG Kiel JW 1931 S. 1394. Vgl. auch OLG Hamm HESt. 3 S. 44 (46): Geschiedener und mit dem früheren Ehegatten verfeindeter Ehepartner ist nicht ohne weiteres völlig ungeeignet.
81 Vgl. unten S. 761/762.
82 BGH 1 StR 77/53 vom 24. 3. 1953.
83 RG JW 1939 S. 95.
84 RGSt. 63 S. 329 (332).
85 RG JW 1934 S. 2622 = HRR 1935 Nr. 476; vgl. auch BGH 5 StR 646/53 vom 19. 1. 1954.
86 RGSt. 56 S. 139 (140).
87 BGH 5 StR 519/77 vom 15. 11. 1977.
88 RGSt. 31 S. 137 (139); RG JW 1933 S. 451 mit Anm. *Alsberg*; RG DRiZ 1933 Nr. 129; RG HRR 1932 Nr. 79; OLG Hamburg NJW 1953 S. 917; *Dalcke/Fuhrmann/Schäfer* § 244 Anm. 14 d; *Kleinknecht* § 244 Rdnr. 57; *Koeniger* S. 280/281. Weitherziger aber RG JW 1922 S. 299 (300) mit Anm. *Alsberg*; *Simader* S. 173.
89 OLG Hamm NJW 1968 S. 954 (955).

die Teilnahme sonst feststeht[90] oder weil der Zeuge wenigstens im Verdacht der Alleintäterschaft[91], Mittäterschaft oder Beteiligung steht[92]. Immer müssen noch weitere besondere Umstände hinzukommen, die es rechtfertigen, den Zeugen als völlig unglaubwürdig anzusehen[93]. Liegen sie vor, so kann der Zeuge ausnahmsweise auch untauglich sein, wenn er im Verdacht der Begünstigung oder Strafvereitelung steht[94], wenn er in dem Verfahren gegen den Hehler der Vortäter ist[95] oder wenn er nicht unmittelbar an der Tat des Angeklagten teilgenommen, aber eine Tat begangen hat, die mit ihr nach Zeit, Ort, Gegenstand und Ziel in einem inneren Zusammenhang steht[96].

Der Bundesgerichtshof hat die Ablehnung eines Beweisantrags gebilligt, die damit begründet war, der jetzt in Argentinien lebende Zeuge, der in andere Wirtschaftsstrafsachen verwickelt sei, habe auch an der dem Angeklagten zur Last gelegten Straftat teilgenommen und seine Gesinnung gegenüber den deutschen Strafverfolgungsbehörden noch dadurch unterstrichen, daß er der Zollfahndungsstelle nach seiner Flucht ins Ausland eine Glückwunschkarte zum Termin geschickt hat[97]. Dagegen hat er es in einer anderen Entscheidung als weiteren Umstand nicht genügen lassen, daß der Zeuge einer Ladung zur Hauptverhandlung nicht Folge geleistet hat[98]. In der Rechtsprechung ist die Ungeeignetheit eines teilnahmeverdächtigen Zeugen insbesondere auch für den Fall verneint worden, daß durch die Vernehmung des Zeugen der Teilnahmeverdacht, der durch anderweite Bekundungen entstanden ist, gerade ausgeräumt werden sollte[99], oder daß sich der Verdacht erst aus dem Beweisantrag ergab, die weiter in dem Antrag behaupteten Tatsachen eine Teilnahme des Zeugen an der Tat aber gerade ausschlossen[100]. Die Eignung fehlt dem Zeugen auch dann nicht, wenn der Verdacht der Tatbeteiligung nur auf Angaben zurückgeht, die er selbst einem in der Haupt-

---

90 RG GA 54 S. 303 (304); RG HRR 1932 Nr. 79.
91 RG LZ 1919 Sp. 1444.
92 BGH bei *Spiegel* DAR 1981 S. 198; RGSt. 5 S. 312 (313); RG JW 1932 S. 404 (405) mit Anm. *Oetker*; RG JW 1939 S. 95; RG DStR 1938 S. 244 (245); RG GA 54 S. 303; RG Recht 1915 Nr. 1782; 1916 Nr. 154.
93 BGH 3 StR 755/53 vom 8. 7. 1954; RG JW 1933 S. 451; 1939 S. 95; RG DR 1939 S. 1069 = HRR 1939 Nr. 1209; RG HRR 1932 Nr. 79; OLG Hamburg NJW 1953 S. 917; KK *Herdegen* § 244 Rdnr. 88; LR *Gollwitzer* § 244 Rdnr. 239. Weitergehend RGSt. 48 S. 84 (86); 56 S. 139 (140); RG JW 1922 S. 300; 1926 S. 1213; RG LZ 1917 Sp. 608. Vgl. dazu *Alsberg* GA 61 S. 484 (492 ff.); *Völcker* S. 29.
94 RGSt. 51 S. 69 (70); *Kleinknecht* § 244 Rdnr. 57; LR *Gollwitzer* § 244 Rdnr. 239.
95 RG Recht 1920 Nr. 527.
96 RG DJZ 1903 Sp. 574; *Simader* S. 183. Vgl. auch RG DR 1939 S. 1069 = HRR 1939 Nr. 1209.
97 BGH 5 StR 412/53 vom 19. 1. 1954.
98 BGH 3 StR 755/53 vom 8. 7. 1954.
99 RGSt. 51 S. 124; RG JW 1922 S. 1033 mit Anm. *Alsberg*. Ebenso *Rieker* S. 55; *Simader* S. 174. Vgl. auch RGSt. 67 S. 97 (98): Hier waren zwei wenig zuverlässige Belastungszeugen gehört worden, von denen einer den benannten Zeugen der Mittäterschaft verdächtigte. Das RG hielt die Ablehnung des Beweisantrags wegen völliger Ungeeignetheit dieses Zeugen mit Recht für fehlerhaft.
100 RG DStR 1938 S. 244.

verhandlung vernommenen Zeugen gemacht haben soll[101]. Die Beweiserhebung darf in einem solchen Fall schon deshalb nicht abgelehnt werden, weil hier immer die Möglichkeit besteht, daß der vernomme Zeuge jene Äußerungen falsch verstanden oder ihnen einen falschen Sinn untergeschoben hat[102].

c) **Vorstrafen** nehmen dem Zeugen ebensowenig wie Beziehungen zum Angeklagten oder zu der Straftat ohne weiteres die Glaubwürdigkeit[103]. Auch hier müssen regelmäßig weitere Umstände hinzukommen, um die Ablehnung des Beweisantrags wegen völliger Ungeeignetheit des Zeugen zu rechtfertigen[104]. Das gilt auch bei Vorstrafen wegen Verletzung der Wahrheitspflicht nach den §§ 153 ff. StGB[105]. Wird allerdings ein Zeuge benannt, der bereits mehrmals wegen Meineids oder uneidlicher Falschaussage bestraft worden ist, so liegt die Annahme, daß das Gericht den Bekundungen dieser Auskunftsperson keinerlei Gewicht beimessen wird, so außerordentlich nahe, daß die Ablehnung eines Beweisantrags auf seine Vernehmung regelmäßig berechtigt erscheint.

d) **Gefährdung durch wahre Aussage.** Die Vernehmung eines Zeugen darf nicht allein deshalb abgelehnt werden, weil er nach § 55, um sich nicht der Gefahr einer strafgerichtlichen Verfolgung auszusetzen, die Auskunft auf bestimmte Fragen verweigern darf[106]. Das gilt selbst dann, wenn der Zeuge dafür benannt ist, daß er, nicht der Angeklagte, die Tat begangen hat. Auch in diesem Fall darf der Beweisantrag nicht abgelehnt werden, wenn nicht weitere Tatsachen für die Unglaubwürdigkeit des Zeugen sprechen[107]. Der mangelnde Wille des Zeugen, wahrheitsgemäß auszusagen, darf ferner nicht schon daraus gefolgert werden, daß ihn die Aussage bloßstellen oder finanziellen Nachteilen aussetzen könnte[108].

e) **Sonstige Umstände,** die den Zeugen zu einem völlig ungeeigneten Beweismittel machen können, sind persönliche Beziehungen zu dem Angeklagten, die, auch wenn sie nicht verwandtschaftlicher Art sind, den Beweiswert der Aussage vernichten, z. B. wenn der Zuhälter im Verfahren gegen die Prostituierte vernommen werden soll[109] oder wenn der Zeuge ein alter Bekannter des Angeklagten aus der Straf-

---

101 RGSt. 5 S. 312 (313/314).
102 RGSt. 51 S. 124.
103 RGSt. 46 S. 383 (385); RG JW 1927 S. 2467 (2468) mit Anm. *Mannheim* (selbst dann, wenn der Zeuge vorher erklärt hat, er werde vor Gericht die Unwahrheit sagen); *Kleinknecht* § 244 Rdnr. 57; LR *Gollwitzer* § 244 Rdnr. 239; *Dahs/Dahs* Rdnr. 263. Vgl. aber auch RG SeuffBl. 76 S. 35, wo der Hinweis auf die zahlreichen Vorstrafen des Zeugen für ausreichend gehalten wurde.
104 Vgl. *Simader* S. 174.
105 RG JW 1928 S. 2255 (2256) mit Anm. *Beling*; *Dalcke/Fuhrmann/Schäfer* Anm. 14 d; KK *Herdegen* Rdnr. 88; LR *Gollwitzer* Rdnr. 239; alle zu § 244; *Simader* S. 175.
106 BGH bei *Holtz* MDR 1978 S. 281; 1981 S. 196; RG JW 1905 S. 246; 1915 S. 354; 1931 S. 3560 mit Anm. *Bohne*; *Kleinknecht* § 244 Rdnr. 57; LR *Gollwitzer* § 244 Rdnr. 241; *Kreuzer* S. 281; *Simader* S. 174; *Stützel* S. 70.
107 BGH bei *Holtz* MDR 1978 S. 281; RG LZ 1919 Sp. 1144.
108 A. A. RGSt. 48 S. 84 (86).
109 RG Recht 1918 Nr. 828.

anstalt ist¹¹⁰. Für sich allein rechtfertigen solche Beziehungen aber nicht die Annahme, daß der Zeuge völlig ungeeignet sei. Das gilt auch für den Fall, daß der Zeuge mit dem Angeklagten schon einmal wegen der gleichen Tat verurteilt worden ist, die jetzt abgeurteilt werden soll[111], daß der Zeuge der Arbeitnehmer des Angeklagten und daher wirtschaftlich von ihm abhängig ist[112] oder daß der Angeklagte, bei dem der Zeuge angestellt war, ein systematisch auf Betrug angelegtes Geschäft betrieben hat[113]. Aus der Feindschaft des Zeugen gegen den Angeklagten allein kann ebenfalls nicht die völlige Ungeeignetheit des Zeugen hergeleitet werden. Es kommt, sofern nicht weitere besondere Umstände vorliegen, auf den persönlichen Eindruck und das Ergebnis der Gegenüberstellung mit dem Angeklagten an[114]. Auch die Tatsache, daß der Zeuge in einem anderen Prozeß das Gegenteil der jetzt in sein Wissen gestellten Tatsachen bekundet hat, kann allein nicht zu der Schlußfolgerung führen, daß jede anderslautende Aussage ohne Wert wäre[115]. Es genügt auch nicht, daß der Zeuge im Vorverfahren bestritten hat, den Angeklagten überhaupt zu kennen[116], oder daß er bei seiner früheren Vernehmung die jetzt in sein Wissen gestellten Tatsachen nicht bestätigt hat[117]. Völlige Ungeeignetheit begründet auch nicht der Umstand, daß die Glaubwürdigkeit des Zeugen von einem anderen Zeugen ungünstig beurteilt wird[118]. Schließlich ist es unzulässig, in einem politischen Prozeß einen Zeugen aus der DDR allein deshalb für ungeeignet zu halten, weil ihm die Ausreisegenehmigung zum Zweck des Auftretens als Zeuge erteilt worden ist[119].

IV. Benennung eines Zeugen für weit zurückliegende Vorgänge

Die Erfahrung zeigt, daß das menschliche Erinnerungsvermögen nicht unbegrenzt ist und daß belanglose Dinge schnell aus dem Gedächtnis schwinden, wenn sie nicht im Zusammenhang mit wichtigen Ereignissen stehen. Als Beweismittel völlig ungeeignet ist daher ein für lange zurückliegende Vorgänge benannter Zeuge, wenn es unmöglich erscheint, daß er diese Vorgänge zuverlässig in seinem

---

110 RGSt. 46 S. 383 (385); *Rieker* S. 55; *Simader* S. 173.
111 RG JW 1912 S. 1069.
112 RG JW 1932 S. 404 (405) mit Anm. *Oetker*; *Rieker* S. 55; *Stützel* S. 70.
113 RG GA 60 S. 420; vgl. auch RG JW 1932 S. 404.
114 OLG Hamm HESt. 3 S. 44 (46). Vgl. auch RG JW 1928 S. 2255 (2256) mit Anm. *Beling* für den Fall der gehässigen Einstellung des Zeugen gegenüber einem Entlastungszeugen.
115 Vgl. *Simader* S. 125; a. A. RGSt. 52 S. 178.
116 BGH 1 StR 242/54 vom 12. 10. 1954.
117 RG JW 1912 S. 1069.
118 RG HRR 1939 Nr. 359.
119 Ebenso *Schroeder* ROW 1969 S. 193 (198). Vgl. aber BGH 3 StR 41/64 vom 30. 10. 1964, wo »linientreue Funktionäre« als völlig ungeeignete Zeugen bezeichnet worden sind.

Gedächtnis behalten haben kann[120]. Der Tatrichter beurteilt das aufgrund der allgemeinen Lebenserfahrung unter Berücksichtigung der besonderen Umstände des Einzelfalls[121]. Welche zeitliche Grenze zu ziehen ist, läßt sich nicht ein für allemal sagen. Wegen völliger Ungeeignetheit des Beweismittels darf der Beweisantrag nur abgelehnt werden, wenn das Gericht zu dem Ergebnis kommt, daß mit einer sachdienlichen Aussage des Zeugen unter keinen Umständen zu rechnen ist. Es reicht nicht aus, daß es nur unwahrscheinlich ist, daß der Zeuge sich der zu bekundenden Tatsache noch erinnern werde[122]. Vielmehr muß auch bei hoher Unwahrscheinlichkeit eines Beweiserfolges für den Einzelfall sorgfältig untersucht werden, ob nicht doch Umstände in Betracht kommen können, die die Beweiserhebung nicht von vornherein mit Gewißheit als nutzlos erscheinen lassen. Die bloße, durch keine weiteren Tatsachen belegte Annahme des Gerichts, daß dies so sei, genügt nicht[123]. Als Umstände, die entweder einer Aussage von vornherein den Beweiswert nehmen oder die umgekehrt für die Möglichkeit des Erinnerungsvermögens eines Zeugen sprechen, kommen insbesondere in Betracht der Gegenstand der Beweisbehauptung, die Persönlichkeit des Zeugen, seine Beziehung zu dem unter Beweis gestellten Vorgang und dessen Bedeutung für ihn, die Häufigkeit ähnlicher Vorgänge und Eindrücke und die Länge der seit dem Ergebnis verflossenen Zeit[124].

Aus der Länge der seit dem Vorgang verflossenen Zeit können Bedenken dann nicht hergeleitet werden, wenn besondere Anhaltspunkte dafür bestehen, daß das Erinnerungsvermögen des Zeugen trotz der langen Zeitspanne vorhanden ist, etwa weil der Vorfall, über den er Bekundungen machen soll, sich nach den Angaben des Antragstellers gerade am Geburtstag des Zeugen zugetragen hat oder weil der Gastwirt, der über eine lange zurückliegende Übernachtung aussagen soll, hierüber möglicherweise noch Unterlagen hat[124a]. Grundsätzlich ist es Sache des

---

120 BGH Strafverteidiger 1982 S. 339 (341); BGH bei *Dallinger* MDR 1973 S. 372; RGSt. 54 S. 181; 58 S. 378 (380); RG JW 1932 S. 3097 mit Anm. *Mannheim*; RG GA 71 S. 130; RG HRR 1929 Nr. 273; RG JR Rspr. 1926 Nr. 1212; BayObLGSt. 1964 S. 135 = VRS 28 S. 214; BayObLG DRiZ 1929 Nr. 1018; *Dalcke/Fuhrmann/Schäfer* Anm. 14 c; KK *Herdegen* Rdnr. 87; *Kleinknecht* Rdnr. 57; KMR *Paulus* Rdnr. 128; LR *Gollwitzer* Rdnr. 234; alle zu § 244; *Gössel* S. 255; *Rieker* S. 55; *Schlosky* JW 1930 S. 2505 (2508); *Simader* S. 171; *Stützel* S. 69. – A. A. *Beling* S. 380 Fußn. 4; *Engels* S. 43/44 und GA 1981 S. 21 (27/29); *Harreß* S. 57. Daß es sich hier um eine Ausnahme vom Verbot der Beweisantizipation handelt, behauptet mit Recht *zu Dohna* Kohlrausch-FS S. 329.
121 RGSt. 54 S. 181 (182); RG GA 71 S. 130 (131); RG ZStW 46 Sdr. Beil. S. 9; *Simader* S. 172. – G. *Schäfer* S. 358 meint, daß sich das Fehlen der Erinnerung kaum jemals mit der erforderlichen Wahrscheinlichkeit voraussagen lasse.
122 BGH GA 1956 S. 384; RGSt. 56 S. 134; RG JW 1893 S. 292; RG GA 71 S. 130; OLG Hamm DAR 1961 S. 203; KK *Herdegen* § 244 Rdnr. 87; *Alsberg* JW 1922 S. 258 (259); *Weigelt* DAR 1964 S. 314 (315).
123 BGH GA 1956 S. 384 (385).
124 RG JW 1932 S. 3097 mit Anm. *Mannheim*; BayObLGSt. 1964 S. 135 = VRS 26 S. 214; OLG Hamm DAR 1961 S. 203; vgl. auch BGH Strafverteidiger 1981 S. 167.
124a Vgl. den Fall BGH Strafverteidiger 1982 S. 339 (341).

Antragstellers, dem Gericht darzulegen, daß solche Anhaltspunkte bestehen[125]. Darauf kann nur verzichtet werden, wenn es nach den Umständen wahrscheinlich ist, daß das Ergebnis der Vernehmung nähere Anhaltspunkte zutage fördert. Allerdings wird es die Pflicht des Vorsitzenden sein, insoweit bestehende Unklarheiten durch Befragen des Antragstellers zu beheben[126]. Vielfach werden sich Gedächtnisstützen aus Beziehungen ergeben, von denen ein Außenstehender nichts wissen kann[127]. Weil die Erinnerung des Zeugen möglicherweise durch entsprechende Vorhalte oder auch dadurch geweckt werden kann, daß der Zeuge an die Stelle geführt wird, wo sich der Vorfall abgespielt haben soll, kann die Unmöglichkeit einer die Beweisbehauptung bestätigenden Bekundung nicht ohne weiteres aus früheren eidlichen Erklärungen des Zeugen[128] und erst recht nicht aus unbestimmten Aussagen vor der Polizei geschlossen werden[129].

In der obergerichtlichen Rechtsprechung ist die Ansicht des Tatrichters gebilligt worden, daß das Gelingen der Beweisführung ausgeschlossen erscheint, wenn ein Zeuge, ohne daß sich für sein Erinnerungsvermögen besondere Anhaltspunkte ergeben, eine Äußerung darüber machen soll, daß vor vier Jahren ein anderer, den ständig im Auge zu behalten keine unbedingte Notwendigkeit vorlag, sich an mehreren in Betracht kommenden Tagen zu keiner Tages- und Nachtzeit für einige Stunden entfernt habe[130]. Der Inhaber einer großen Firma kann nach mehreren Jahren nicht mehr wissen, an wen er einen bestimmten geringwertigen Gebrauchsgegenstand geliefert hat, sofern es sich um einen Verkauf handelt, der nicht durch die Bücher ging[131]. Ebensowenig kann sich nach der Lebenserfahrung ein Berufskraftfahrer, der ständig unterwegs ist, nach fast fünf Monaten noch daran erinnern, daß er auf der Überholverbotsstrecke einer Bundesstraße nicht von einem Wagen einer bestimmten Bauart überholt worden ist[132]. Bei der notwendigen Anlegung strenger Maßstäbe ist ein Zeuge aber nicht ungeeignet, wenn es darum geht, ob der Angeklagte an einem bestimmten Tag innerhalb der letzten Zeit das Haus verlassen hat oder nicht[133]. Das Reichsgericht hielt sogar eine Prostituierte, die Bekundungen darüber machen sollte, ob sie an einem bestimmten Tag vor längerer Zeit mit dem Angeklagten Verkehr gehabt habe, für keine völlig ungeeignete Zeugin[134]. Es hat auch die Ablehnung eines Beweisantrags beanstandet, die damit begründet war, daß der als Zeuge benannte Gastwirt sich keinesfalls daran erinnern könne, ob der Angeklagte an einem bestimmten Tag vor zwei Jahren Bier und Schnaps durcheinander getrunken hat[135]. Die Eignung als Beweismittel fehlt auch

---

125 RG JR Rspr. 1926 Nr. 1212; *Schlosky* JW 1930 S. 2505 (2508).
126 RG JW 1932 S. 3097 mit Anm. *Mannheim*; *Simader* S. 171.
127 BGH 5 StR 174/54 vom 1. 6. 1954.
128 A. A. RGSt. 52 S. 178; kritisch dazu *Goldschmidt* S. 454 Fußn. 2406.
129 Vgl. *Weigelt* DAR 1964 S. 314 (315).
130 RGSt. 54 S. 181.
131 RG HRR 1929 Nr. 273.
132 BayObLGSt. 1964 S. 135 = VRS 26 S. 214 (215).
133 RGSt. 56 S. 134.
134 RG BayZ 1906 S. 362.
135 Vgl. das in der Voraufl. S. 210 Fußn. 9 angeführte unveröffentlichte RG-Urteil. Zustimmend *Weigelt* DAR 1964 S. 314 (315).

einem Zeugen nicht, der darüber aussagen soll, daß und in welchem Umfang der Angeklagte auf einer gemeinsamen Feier, die noch nicht ein Jahr zurückliegt, Alkohol zu sich genommen hat[136]. Der Bundesgerichtshof hat sogar die Ablehnung eines Beweisantrags für fehlerhaft erklärt, die damit begründet war, daß sich der Zeuge, ein Gaswerksangestellter, nach mehr als drei Jahren nicht mehr erinnern könne, wie er die Plombe an dem Verschluß eines Gashahns angebracht hat[137]. Mit der Begründung, ein Beamter des Funkstreifendienstes, der öfters Anzeigen aufzunehmen hat, könne sich nach fast acht Monaten nicht mehr an den genauen Wortlaut der Angaben eines Anzeigeerstatters erinnern, darf die Vernehmung des als Zeugen benannten Beamten ebenfalls nicht wegen völliger Ungeeignetheit des Beweismittels abgelehnt werden[138].

---

[136] OLG Hamm DAR 1961 S. 203.
[137] BGH 4 StR 174/54 vom 1. 6. 1954. Die Entscheidung ist in einer Schwurgerichtssache wegen Mordes in zwei Fällen ergangen, bei der die geringste Möglichkeit der Sachaufklärung ausgeschöpft werden mußte. Verallgemeinern sollte man sie nicht.
[138] OLG Hamm DAR 1957 S. 132; KMR *Paulus* § 244 Rdnr. 128; LR *Gollwitzer* § 244 Rdnr. 234; *Weigelt* DAR 1964 S. 314 (315).

§ 8 Unerreichbarkeit des Beweismittels

    I. Allgemeine Grundsätze 619
        1. Unerreichbare und unbestimmt bezeichnete Beweismittel 619
        2. Gründe der Unerreichbarkeit 620
    II. Unerreichbarkeit des Zeugen 621
        1. Unbekannter Aufenthalt 621
            a) Ermittlungspflicht 621
            b) Notwendige Nachforschungen 622
            c) Behördlich geheimgehaltene Zeugen 623
        2. Vorübergehende Unerreichbarkeit 626
        3. Fehlende rechtliche Möglichkeiten zum Erzwingen des Erscheinens 628
            a) Inländische Zeugen 628
            b) Zeugen im Ausland 628
            c) Zeugen in der DDR 630
        4. Unerreichbarkeit trotz Möglichkeit der kommissarischen Vernehmung 632
    III. Unerreichbarkeit anderer Beweismittel 634
        1. Sachverständige 634
        2. Urkunden 634
        3. Augenscheinsgegenstände 634

I. Allgemeine Grundsätze

1. Unerreichbare und unbestimmt bezeichnete Beweismittel

Ein Beweis kann nur erhoben werden, wenn das Beweismittel im Gerichtssaal zur Verfügung steht oder wenn die Beweiserhebung ausnahmsweise außerhalb des Gerichtssaals stattfinden darf. Ein Beweisantrag, dessen Durchführung daran scheitert, daß diese Voraussetzungen nicht vorliegen, kann wegen Unerreichbarkeit des Beweismittels abgelehnt werden. Die Ablehnung ist aber nur erforderlich, wenn ein Beweisantrag mit dem dafür notwendigen Inhalt gestellt worden ist. Dazu gehört insbesondere die Angabe eines bestimmten Beweismittels. Der Antragsteller muß es so genau bezeichnen, daß das Gericht in der Lage ist, es ausfindig zu machen und herbeizuschaffen[1]. Fehlen diese Angaben, so handelt es sich um einen Beweisermittlungsantrag, der keiner förmlichen Bescheidung bedarf[2]. Wird z. B. beantragt, einen nicht näher bezeichneten Schmidt aus München als Zeugen zu hören oder eine nicht weiter bestimmte Urkunde aus dem Bundesarchiv

---
1 Vgl. oben S. 48 ff.
2 Vgl. oben S. 81.

herbeizuziehen, so steht das Gericht nicht vor der Frage, ob der Antrag wegen Unerreichbarkeit des Beweismittels abzulehnen ist, sondern es hat nur zu erwägen, ob die Aufklärungspflicht es gebietet, Nachforschungen nach diesen Beweismitteln anzustellen. Maßgebend ist § 244 Abs. 2[3], nicht das Vorliegen von Ablehnungsgründen nach § 244 Abs. 3. Das wird in der Rechtspraxis oft übersehen[4].

2. Gründe der Unerreichbarkeit

Ein Beweismittel kann unerreichbar sein, weil es nicht oder nicht mehr vorhanden ist (der benannte Zeuge ist tot, die Urkunde oder der Augenscheinsgegenstand ist vernichtet)[5] oder weil Bemühungen des Gerichts, es ausfindig zu machen und herbeizuschaffen, erfolglos geblieben oder von vornherein aussichtslos sind. Daß es besondere Mühe macht, das Beweismittel zu erlangen, begründet die Unerreichbarkeit im Sinne des § 244 Abs. 3 Satz 2 ebensowenig[6] wie die Notwendigkeit, die Hauptverhandlung zum Zweck der Herbeischaffung des Beweismittels auszusetzen[7]. Die Unerreichbarkeit kann aber auch rechtliche Gründe haben. Das ist der Fall, wenn das Gericht nicht die Machtmittel hat, die Herbeiziehung des Beweismittels zu erzwingen[8], was insbesondere bei ausländischen Zeugen nicht ungewöhnlich ist. Damit darf aber nicht der Fall verwechselt werden, daß das Beweismittel an sich vor Gericht gebracht werden kann, seine Verwendung aber aus Rechtsgründen ausgeschlossen ist, etwa weil der Zeuge nach §§ 52 ff. die Aussage verweigert. Ein auf die Erhebung eines solchen Beweises gerichteter Beweisantrag ist nicht wegen Unerreichbarkeit des Beweismittels, sondern wegen Unzulässigkeit der Beweiserhebung nach § 244 Abs. 3 Satz 1 abzulehnen[9]. Hier von »rechtlicher Unerreichbarkeit« zu sprechen[10], gibt keinen Sinn und kann nur Verwirrung stiften.

3 Vgl. oben S. 87.
4 Vgl. oben S. 50.
5 Im Schrifttum wird das als absolute Unerreichbarkeit bezeichnet; vgl. *Bär* S. 11; *Rieker* S. 58/59; *Völcker* S. 26.
6 RG HRR 1942 Nr. 133; OLG Hamm OLGSt. § 244 Abs. 2 S. 75 (76); KMR *Paulus* § 244 Rdnr. 455; LR *Gollwitzer* § 244 Rdnr. 223; *Engels* S. 133.
7 Vgl. KMR *Paulus* a.a.O.
8 Vgl. *Eb. Schmidt* § 244 Rdnr. 57; *Stützel* S. 96; unten S. 628. Aus rechtlichen Gründen unerreichbar ist auch ein Strafgefangener während der Kontaktsperre nach §§ 31 ff. EGGVG (*Kleinknecht* § 34 EGGVG Rdnr. 7; LR *Schäfer* § 34 EGGVG Rdnr. 12; BT-Drucks. 8/395 S. 6). Die Ansicht, § 244 Abs. 3 Satz 2 verstehe unter Unerreichbarkeit nur ein Hindernis tatsächlicher Art (*Oetker* S. 692; *Simader* S. 132), ist daher mindestens mißverständlich.
9 Vgl. LR *Gollwitzer* § 244 Rdnr. 227; *Kühne* Rdnr. 458; *Schlüchter* Rdnr. 551.4 Fußn. 525; a. A. BGH bei *Holtz* MDR 1980 S. 987 = NStZ 1981 S. 32 L; *Kleinknecht* § 244 Rdnr. 58; *Tiedemann* MDR 1963 S. 456 (457); *Wenner* S. 72/73; vgl. auch oben S. 452, 456.
10 Zwischen tatsächlicher und juristischer Unerreichbarkeit unterscheiden KMR *Paulus* § 244 Rdnr. 459; *Arzt* in Peters-FS S. 224. BGHSt. 23 S. 1 läßt offen, ob diese Unterscheidung berechtigt ist. Unklar OLG Saarbrücken NJW 1974 S. 1959 (1960) mit Anm. *Eschke* NJW 1975 S. 354 für den Fall, daß die Eltern die Vernehmung ihres Kindes als Zeuge nicht zulassen wollen.

II. Unerreichbarkeit des Zeugen

Die Frage der Unerreichbarkeit stellt sich in der Rechtspraxis fast ausschließlich bei Beweisanträgen, die auf Vernehmung von Zeugen gerichtet sind. Hierfür gelten folgende Grundsätze:

1. Unbekannter Aufenthalt

a) Ermittlungspflicht. Ein wirksamer Beweisantrag setzt nicht voraus, daß Name und ladungsfähige Anschrift des als Beweismittel benannten Zeugen angegeben werden. Es genügen vielmehr Angaben, die es dem Gericht ermöglichen, den Zeugen und seinen Aufenthalt zu ermitteln[11]. Zu solchen Ermittlungen ist das Gericht im Rahmen seiner tatsächlichen und rechtlichen Möglichkeiten verpflichtet[12]. Als unerreichbar darf das Beweismittel erst angesehen werden, wenn alle seiner Bedeutung als Beweismittel und seinem Beweiswert entsprechenden Bemühungen des Gerichts, es beizubringen, erfolglos geblieben sind und keine begründete Aussicht besteht, daß es in absehbarer Zeit herbeigeschafft werden kann[13]. Der Inhalt des Begriffs Unerreichbarkeit ist aber nicht ein für allemal festgelegt; er hängt vielmehr jeweils von den Umständen ab[14]. In Ausnahmefällen darf das Gericht Bemühungen zur Herbeischaffung des Beweismittels von vornherein für aussichtslos halten und daher unterlassen[15]. Das gilt z. B. für den Fall, daß sich der Zeuge mit

---

[11] Vgl. oben S. 48 ff. Daß der Antragsteller die Angaben nicht sofort machen kann, hält OLG Hamm OLGSt. § 244 Abs. 2 S. 75 (76) für unschädlich. Aber das bloße Versprechen, einen Beweisermittlungsantrag später zum Beweisantrag zu vervollständigen, ist nutzlos und unbeachtlich.

[12] BGH GA 1980 S. 422; BGH JR 1969 S. 266 mit Anm. *Peters*; BGH bei *Dallinger* MDR 1975 S. 726; OLG Hamm OLGSt. § 251 S. 9; OLG Karlsruhe GA 1974 S. 120; OLG Koblenz DAR 1975 S. 189. Die Entscheidungen sind zu § 251 ergangen. Die Befugnis des Gerichts, nach Abs. 1 Nr. 1 und 2, Abs. 2 dieser Vorschrift Vernehmungsniederschriften oder andere Urkunden zu verlesen, ist die Kehrseite der Unerreichbarkeit des Zeugen i. S. des § 244 Abs. 3. Beide Vorschriften hängen zusammen; vgl. OLG Celle NJW 1961 S. 1490; oben S. 261, 270.

[13] BGHSt. 29 S. 390 (391); BGH NJW 1953 S. 1522; 1979 S. 1788; BGH GA 1954 S. 374 mit Anm. *Grützner*; BGH GA 1965 S. 209; 1980 S. 422; BGH NStZ 1982 S. 78; S. 112; BGH Strafverteidiger 1981 S. 602 (603); BGH bei *Dallinger* MDR 1971 S. 547; BGH bei *Holtz* MDR 1980 S. 987 = NStZ 1981 S. 32 L; BGH bei *Spiegel* DAR 1977 S. 174; 1979 S. 188; RG JW 1932 S. 1224; 1938 S. 3107; RG HRR 1934 Nr. 79; 1938 Nr. 790; BayObLGSt. 1978 S. 170 = VRS 57 S. 28 (29); BayObLG bei *Rüth* DAR 1964 S. 243; OLG Celle NJW 1961 S. 1490 = GA 1961 S. 216; GA 1957 S. 180; 1977 S. 180; OLG Hamm NJW 1964 S. 2073; DAR 1973 S. 192; OLGSt. § 244 Abs. 2 S. 75 (76); OLG Schleswig SchlHA 1979 S. 144 (145); Strafverteidiger 1982 S. 11; KK *Herdegen* Rdnr. 91; *Kleinknecht* Rdnr. 58; LR *Gollwitzer* Rdnr. 223, 225; *Eb. Schmidt* Rdnr. 55; alle zu § 244; *Bergmann* S. 38; *Dahs/Dahs* Rdnr. 264; *Gössel* S. 256; *Koeniger* S. 282; *Rieker* S. 59; *Schlüchter* Rdnr. 551.1; *Simader* S. 134; *Völcker* S. 27.

[14] BGH bei *Spiegel* DAR 1979 S. 188; BGH 5 StR 413/65 vom 26. 10. 1965.

[15] BGH GA 1968 S. 19; BGH bei *Herlan* MDR 1954 S. 531; RGSt. 52 S. 42 (43); RG JW 1914 S. 433; 1931 S. 949 mit Anm. *Alsberg*; RG GA 70 S. 333 (334) = JR Rspr. 1926 Nr. 764; RG HRR 1934 Nr. 1426; 1935 Nr. 1360; RG Recht 1911 Nr. 1693; 1928 Nr. 991.

unbekanntem Aufenthalt ins Ausland oder in die DDR abgesetzt hat[16] oder daß er verschollen ist[17]. Das Gericht darf aber von einer eigenen Ermittlungstätigkeit nicht schon deshalb absehen, weil die Nachforschungen einer anderen Strafverfolgungsbehörde innerhalb eines verhältnismäßig kurzen Zeitraums zu keinem Ergebnis geführt haben[18]. Allerdings brauchen Versuche nicht fortgesetzt werden, die bisher schon vergeblich zur Auffindung des Zeugen gemacht worden sind[19]. Die bloß theoretische Möglichkeit, daß es gelingt, den Zeugen eines Tages aufzufinden, darf außer Betracht bleiben[20]. Ob das Gericht mit Rücksicht auf die Unerreichbarkeit des benannten Zeugen das Verfahren in der Erwartung aussetzen will, man werde das Beweismittel eines Tages finden, unterliegt seinem pflichtgemäßen Ermessen. Einen verfahrensrechtlichen Anspruch hat der Antragsteller darauf nicht[21].

b) Notwendige Nachforschungen. Welche Anstrengungen das Gericht unternehmen muß, um das Beweismittel herbeizuschaffen, läßt sich nicht allgemein bestimmen. Maßgebend ist in erster Hinsicht die Bedeutung des Beweismittels für die Wahrheitsfindung[22]. Auch erhebliche Verfahrensverzögerungen müssen in Kauf genommen werden, wenn die Aussage des nicht erreichbaren Zeugen für die Entscheidung von ausschlaggebender Bedeutung sein kann. Ist die Wahrscheinlichkeit, daß die Aussage an dem Beweisergebnis etwas ändern wird, von vornherein gering, so kann der Beweisantrag dagegen abgelehnt werden, wenn die üblichen Versuche, den Zeugen ausfindig zu machen, erfolglos verlaufen sind. Eine Beweisantizipation ist in diesem Umfang zugelassen[23]. Für den notwendigen Umfang der Ermittlungen sind ferner die Schwere der dem Angeklagten vorgeworfenen Tat[24]

16 BGH ROW 1961 S. 252; LR *Gollwitzer* § 244 Rdnr. 225.
17 BGH GA 1954 S. 374 mit Anm. *Grützner*; RG Recht 1918 Nr. 943. Vgl. auch OLG Koblenz DAR 1975 S. 189 für den Fall, daß der Zeuge als vermißt gemeldet und trotz erheblicher Nachforschungen der Polizei nicht gefunden worden ist.
18 RG JW 1932 S. 1224 mit Anm. *von Scanzoni*.
19 RG Recht 1905 Nr. 2517; LR *Gollwitzer* § 244 Rdnr. 225; *Simader* S. 134.
20 BGH ROW 1961 S. 252; RGSt. 38 S. 256 (257); RG JW 1929 S. 859 mit Anm. *Alsberg*; LR *Gollwitzer* § 244 Rdnr. 223; *Dahs/Dahs* Rdnr. 264; *Ditzen* ZStW 10 S. 111 (146 ff.); *Kohlhaas* NJW 1954 S. 535 (537); *Simader* S. 134; *Stützel* S. 97; *Wenner* S. 74.
21 BGH 5 StR 413/65 vom 26. 10. 1965; RGSt. 38 S. 256 (257); *Dahs/Dahs* Rdnr. 251; *Ditzen* ZStW 10 S. 111 (146 ff.); *Simader* S. 134/135; *Stützel* S. 97.
22 BGHSt. 22 S. 118 (120); BGH NJW 1953 S. 1522; BGH NStZ 1982 S. 127 = Strafverteidiger 1982 S. 51 (52); BGH bei *Dallinger* MDR 1975 S. 368 = GA 1975 S. 237; BGH bei *Spiegel* DAR 1978 S. 156; RG HRR 1937 Nr. 1483; 1942 Nr. 133; KG NJW 1954 S. 770; OLG Karlsruhe VRS 51 S. 61; KK *Herdegen* Rdnr. 91; *Kleinknecht* Rdnr. 58 ff.; KMR *Paulus* Rdnr. 452; LR *Gollwitzer* Rdnr. 224; alle zu § 244; *zu Dohna* S. 172; *Kreuzer* S. 47; *Rieker* S. 59; *Schlüchter* Rdnr. 551.3; *Simader* S. 133; *Stützel* S. 97.
23 A. A. *Engels* S. 41, 116 und GA 1981 S. 21 (27).
24 BGH Strafverteidiger 1981 S. 602 (603); OLG Hamm OLGSt. § 251 S. 9; OLG Schleswig SchlHA 1979 S. 144 (145) und bei *Ernesti/Jürgensen* SchlHA 1975 S. 190; KMR *Paulus* § 244 Rdnr. 455; LR *Gollwitzer* § 244 Rdnr. 224; *Bär* S. 11; *zu Dohna* S. 172, DJZ 1911 Sp. 305 (308) und Kohlrausch-FS S. 326; *Oetker* S. 694 und JW 1930 S. 1105 (1108); *Rieker* S. 59; *Simader* S. 133; *Stützel* S. 97; *Völcker* S. 27; *Wenner* S. 75; a. A. Vorauf. S. 145.

und die bereits zur Erforschung der Wahrheit aufgewendeten Bemühungen von Bedeutung[25]. Auch der Beschleunigungsgrundsatz darf beachtet werden[26].

Ein gewisses Maß an nicht von vornherein aussichtslosen Nachforschungen ist stets unerläßlich[27]. Der Zeuge darf nicht schon deshalb als unerreichbar angesehen werden, weil er nicht ohne weiteres aufgefunden[28], insbesondere unter der von dem Antragsteller angegebenen Anschrift nicht ermittelt werden kann[29], weil er nach Auskunft des Postzustellers oder der Polizei unbekannt verzogen ist[30], weil er nicht im Adreßbuch verzeichnet[31], trotz mehrmaliger ordnungsgemäßer Ladung nicht erschienen ist[32] oder die von einer anderen Behörde erlassene Aufforderung, sich zu melden, längere Zeit nicht beachtet hat[33]. Die Ermittlungspflicht geht aber nicht so weit, daß die Suche nach dem Zeugen im Ausland oder durch eine Zeitungsanzeige[34] in Betracht gezogen werden müßte. Das Gericht muß seine Nachforschungen auch nicht so lange fortsetzen, bis mit Sicherheit feststeht, daß sich das Beweismittel nicht beschaffen läßt[35]. Haben polizeiliche Ermittlungen nach dem Aufenthalt des Zeugen keinen Erfolg gehabt, so kann von einer Nachfrage beim Einwohnermeldeamt abgesehen werden[36].

c) **Behördlich geheimgehaltene Zeugen.** Unerreichbar sind auch Gewährs- und Vertrauensleute[37] der Polizei und der geheimen Nachrichtendienste, deren Ladung

25 OLG Hamburg VRS 56 S. 457 (461).
26 BGH NStZ 1982 S. 127 = Strafverteidiger 1982 S. 51 (52); BGH bei *Dallinger* MDR 1975 S. 368 = GA 1975 S. 237; OLG Schleswig SchlHA 1979 S. 144 (145); Strafverteidiger 1982 S. 11; KK *Herdegen* Rdnr. 91; *Kleinknecht* Rdnr. 59; LR *Gollwitzer* Rdnr. 24; alle zu § 244; *Wenner* S. 75.
27 RGSt. 12 S. 104 (105); 54 S. 22; RG JW 1899 S. 223; RG HRR 1934 Nr. 79; OLG Hamm OLGSt. § 251 S. 9; OLG Koblenz DAR 1975 S. 189.
28 BGH JR 1969 S. 266 mit Anm. *Peters*; BGH bei *Holtz* MDR 1977 S. 984; BGH NStZ 1982 S. 78. Vgl. auch BGH bei *Dallinger* MDR 1975 S. 726 (Nachforschungen nach einem entflohenen Fürsorgezögling).
29 BGH GA 1968 S. 19.
30 BGH bei *Herlan* MDR 1954 S. 341; RGSt. 12 S. 104 (105); RG JW 1899 S. 223; 1931 S. 220 mit Anm. *Jonas*; RG JW 1932 S. 955; RG DR 1944 S. 908; RG DStrZ 1914 Sp. 532; OLG Dresden DRiZ 1930 Nr. 564; OLG Hamburg DRiZ 1928 Nr. 438; OLG Koblenz GA 1974 S. 121; *Dalcke/Fuhrmann/Schäfer* Anm. 15; KK *Herdegen* Rdnr. 91; *Kleinknecht* Rdnr. 58; KMR *Paulus* Rdnr. 456; LR *Gollwitzer* Rdnr. 225; alle zu § 244; *Eb. Schmidt* § 251 Rdnr. 12; *Dahs/Dahs* Rdnr. 264; *Koeniger* S. 281; *Kohlhaas* NJW 1954 S. 535 (537); *Rieker* S. 59; *Simader* S. 134; *Weigelt* DAR 1964 S. 314 (315); *Wenner* S. 74.
31 RG HRR 1935 Nr. 1360.
32 OLG Hamburg HESt. 1 S. 56 (57).
33 RG JW 1932 S. 1224 mit Anm. *von Scanzoni*; KMR *Paulus* § 244 Rdnr. 455; LR *Gollwitzer* § 244 Rdnr. 225.
34 Vgl. BGH Strafverteidiger 1981 S. 602 (603); *Dalcke/Fuhrmann/Schäfer* § 244 Anm. 15; *Kleinknecht* § 244 Rdnr. 58; *Dahs/Dahs* Rdnr. 264; *Schlüchter* Rdnr. 551.1; *Wenner* S. 75. – A. A. KMR *Paulus* § 244 Rdnr. 456; vgl. auch RG Recht 1905 Nr. 2517, wo sogar ein öffentliches Aufgebot für erwägenswert gehalten wurde.
35 Vgl. *Stützel* S. 97.
36 OLG Schleswig bei *Ernesti/Jürgensen* SchlHA 1976 S. 170.
37 Der Unterschied besteht darin, daß V-Leute Tatsachen im behördlichen Auftrag erforschen, Gewährsleute ihr Wissen nur auf Anfrage mitteilen; vgl. *W. Krause* S. 31.

zur Hauptverhandlung nicht möglich ist, weil die Behörde ihren Namen und ihre ladungsfähige Anschrift nicht preisgibt[38]. Allerdings darf das Gericht grundsätzlich nicht von vornherein davon ausgehen, daß die Behörde einem entsprechenden Auskunftsersuchen nicht stattgeben würde[39], und es darf sich, wenn die Aussage des Zeugen nicht nur von untergeordneter Bedeutung ist[40], auch nicht ohne weiteres mit einer Weigerung der Behörde abfinden, die Anschrift des Zeugen mitzuteilen[41]. Die Strafverfolgungsbehörden haben nach Art. 35 GG, § 161 StPO einen grundsätzlichen Anspruch auf Mitteilung von Namen und Anschriften der von ihnen benötigten Zeugen. Die Behörden sind verpflichtet, dazu beizutragen, daß dem Gericht möglichst gute Beweismittel zur Verfügung stehen[42]. Die ihnen durch §§ 54, 96 eröffneten Möglichkeiten, auf das Strafverfahren einzuwirken[43], müssen in einer mit rechtsstaatlichen Grundsätzen übereinstimmenden Weise gehandhabt und dürfen der eigenen Beurteilung durch das Gericht nicht weiter entzogen werden, als das zur Wahrung verfassungsrechtlich geschützter Interessen unumgänglich ist[44]. Zur Auskunftsverweigerung sind die Behörden nur unter denselben Voraussetzungen berechtigt, unter denen sie nach § 96 die Vorlegung von Akten und anderen Schriftstücken verweigern dürfen[45]. Da die Entscheidung nach § 96 von der obersten Dienstbehörde zu treffen ist, muß das Gericht diese Behörde auch wegen der Auskunft über einen Gewährs- oder Vertrauensmann anrufen[46]. Das gilt auch dann, wenn sich die Zuständigkeit der obersten Dienstbehörde nicht schon aus den Beamtengesetzen ergibt, wie z. B. aus § 62 Abs. 4 BBG und einer Reihe von Landesbeamtengesetzen. Mit der Auskunft, daß die Preisgabe von Namen und Anschrift des Zeugen dem Wohl des Bundes oder eines deutschen

---

38 BVerfGE 57 S. 250 (282) = NJW 1981 S. 1719 (1723) mit Anm. *Kotz* Strafverteidiger 1981 S. 591; OLG Hamm MDR 1976 S. 1040; *Geppert* S. 285; *Rebmann* NStZ 1982 S. 315 (317); *Tiedemann* JuS 1965 S. 14 (16).
39 BGHSt. 29 S. 390 (392); BGH bei *Holtz* MDR 1981 S. 101 = Strafverteidiger 1981 S. 111; *Gribbohm* NJW 1981 S. 305 (307); a. A. BGH 2 StR 60/75 vom 16. 4. 1975 (insoweit in BGHSt. 16 S. 117 nicht abgedruckt).
40 Vgl. BGHSt. 17 S. 382 (384); OLG Koblenz MDR 1978 S. 691.
41 BGHSt. 29 S. 390 (391) = JR 1981 S. 477 mit Anm. *Meyer* = Strafverteidiger 1981 S. 58 mit abl. Anm. *Weider*; BGH bei *Holtz* MDR 1981 S. 101 = Strafverteidiger 1981 S. 111; OLG Koblenz NStZ 1981 S. 450 (451); KMR *Paulus* § 250 Rdnr. 14; *Gribbohm* NJW 1981 S. 305 (306/307); a. A. noch BGH 2 StR 60/75 vom 16. 4. 1975.
42 BGHSt. 29 S. 109 (112); S. 390 (393); BGH NJW 1981 S. 770 = JR 1981 S. 344 mit Anm. *Franzheim*; *Kleinknecht* § 161 Rdnr. 1; KMR *Paulus* § 250 Rdnr. 14.
43 Zur »Prozeßsteuerung« durch die Exekutive vgl. *Preuß* Strafverteidiger 1981 S. 312.
44 BVerfGE 57 S. 250 (283) = NJW 1981 S. 1719 (1723).
45 BGHSt. 29 S. 390 (392) = JR 1981 S. 477 mit Anm. *Meyer*; BGHSt. 30 S. 34 (35) = JR 1981 S. 345 mit Anm. *Franzheim*; BGH Strafverteidiger 1981 S. 110 mit Anm. *Plähn* Strafverteidiger 1981 S. 216; BGH Strafverteidiger 1981 S. 596; BGH bei *Holtz* MDR 1981 S. 101 = Strafverteidiger 1981 S. 111; OLG Hamburg NJW 1982 S. 295 (296) = Strafverteidiger 1981 S. 537 (538); OLG Koblenz NStZ 1981 S. 450 (451); *Kleinknecht* § 54 Rdnr. 9. – KK *Herdegen* § 244 Rdnr. 93 hält das für fragwürdig.
46 BGHSt. 29 S. 390 (393); BGH Strafverteidiger 1982 S. 206; vgl. auch BVerfGE 57 S. 250 (282, 289) = NJW 1981 S. 1719 (1725); *H. W. Schmidt* MDR 1981 S. 881 (884).

Landes Nachteile bereiten würde, darf sich das Gericht nur begnügen, wenn die Berechtigung der Behörde, Namen und Anschrift des Zeugen geheimzuhalten, auf der Hand liegt, wie bei offenkundiger Lebensgefahr für den Gewährsmann oder wenn die Enttarnung eines V-Manns der Polizei seinen weiteren Einsatz wertlos machen würde[47]. Sonst muß das Gericht versuchen, die zuständige Behörde zu einer substantiierten Äußerung über ihre Sicherheitsbedenken zu bewegen[48]. Zu einer solchen Äußerung ist die Behörde verpflichtet. Nur unabweisbare, zwingende Sachgründe berechtigen sie, dem Gericht die Entscheidung zu nehmen, ob ein bestimmter Beweis erhoben werden kann[49]. Auch wenn die Geheimhaltungsinteressen nur eine unvollständige Auskunft zulassen, ist die Behörde nicht der Verpflichtung enthoben, die Gründe ihrer Weigerung verständlich zu machen, schon um das Gericht in die Lage zu versetzen, auf die Beseitigung etwaiger Hindernisse hinzuwirken und auf die Bereitstellung des bestmöglichen Beweises zu dringen[50].

Grundsätzlich muß das Gericht versuchen, wenigstens das Einverständnis der Behörde mit einer Vernehmung des Zeugen in der Hauptverhandlung ohne Nennung seines Namens und seiner Anschrift und unter Ausschluß der Öffentlichkeit zu erlangen[51]. Das Gericht muß, falls das erforderlich und erfolgversprechend ist, den Schutz des Zeugen auf dem Weg zum Gericht und zurück sowie im Gericht selbst zusagen[52]. Es kann in Aussicht stellen, daß es, um den Sicherheitsbedenken der Behörde Rechnung zu tragen, die Hauptverhandlung vorübergehend an einen anderen Ort verlegen werde[53]. Wenn auch durch solche Zusagen nicht erreicht werden kann, daß die Behörde die Ladung des Zeugen ermöglicht, muß sie ersucht werden, den Zeugen zu einer Vernehmung durch einen ersuchten oder beauftrag-

---

47 OLG Hamm NJW 1970 S. 821; *Gribbohm* NJW 1981 S. 305 (307); *Mehner* S. 63; *Röhrich* S. 120 ff., 136 ff.; *Stegmann* S. 41 ff. Auch BGHSt. 29 S. 390 (391) neigt zu der Ansicht, daß die Berechtigung, Namen und Anschriften anonymer V-Leute geheimzuhalten, dann so auf der Hand liegt, daß das Gericht die Weigerung der Behörde, sie preiszugeben, hinnehmen muß.
48 BGHSt. 29 S. 109 (113); S. 390 (391); BGH NJW 1981 S. 770 = JR 1981 S. 344 mit Anm. *Franzheim*; KMR *Paulus* § 250 Rdnr. 14; *Gribbohm* NJW 1981 S. 305 (306); *Rebmann* NStZ 1982 S. 315 (320).
49 BVerfGE 57 S. 250 (287) = NJW 1981 S. 1719 (1724).
50 BVerfG a.a.O.; BGHSt. 29 S. 109 (112); BGH Strafverteidiger 1982 S. 206 (207).
51 BGHSt. 29 S. 109 (113); BGH NJW 1980 S. 2088; 1981 S. 770 = JR 1981 S. 344 mit Anm. *Franzheim*; BGH NStZ 1982 S. 40 = Strafverteidiger 1982 S. 56 (57); BGH 3 StR 132/80 (L) vom 9. 6. 1980; KMR *Paulus* § 250 Rdnr. 14; *Rebmann* NStZ 1982 S. 315 (318/319). — Noch BGHSt. 23 S. 244 hatte die Vernehmung eines Zeugen unter Verschweigung seiner Identität für unzulässig erklärt; vgl. auch *Meyer* JR 1981 S. 478 (479/480). Auch *Evers* (S. 254) ist der Meinung, für den pseudonymen Zeugen sei im Strafprozeß kein Raum. Vgl. auch BVerfGE 57 S. 250 (286) = NJW 1981 S. 1719 (1724). Den Ausschluß des Angeklagten während der Vernehmung und Vereidigung des V-Manns hält BGH Strafverteidiger 1981 S. 596 mit Recht für unzulässig. Zum Ausschluß der Öffentlichkeit vgl. auch BGHSt. 3 S. 344; 16 S. 111 (113); 22 S. 311 (313); BGH Strafverteidiger 1982 S. 56 (57); BGH bei *Holtz* MDR 1980 S. 273.
52 BGHSt. 29 S. 109 (113); KMR *Paulus* § 250 Rdnr. 14.
53 BGHSt. 22 S. 311 (313).

ten Richter zur Verfügung zu stellen[54], notfalls unter der Bedingung, daß weder der Angeklagte noch der Verteidiger bei der Vernehmung anwesend sein dürfen[55]. Da hierdurch dem Verteidiger das Fragerecht genommen wird, kommt die Vernehmung unter solchen Bedingungen allerdings nur in Betracht, wenn die Verteidigung den Zeugen selbst zur Entlastung des Angeklagten benannt hat. In diesem Fall ist die Vernehmung des Zeugen in Abwesenheit des Verteidigers für den Angeklagten noch immer günstiger als gar keine Vernehmung[56]. Nur wenn der Zeuge auch in dieser Weise nicht vernommen werden kann, ist er unerreichbar. Die Aufklärungspflicht kann es dann aber erfordern, andere Wege zu suchen, um das Wissen des Zeugen in die Hauptverhandlung einzuführen. Unter Umständen kann das dadurch geschehen, daß der Zeuge durch einen Polizeibeamten vernommen wird, der in der Hauptverhandlung als Zeuge vom Hörensagen über den Inhalt der Vernehmung aussagt[57]. Wenn nicht einmal das möglich ist, kann die Aufklärungspflicht verlangen, daß eine schriftliche Erklärung des Zeugen eingeholt und in der Hauptverhandlung verlesen wird[58].

2. Vorübergehende Unerreichbarkeit

Ein Zeuge ist im Sinne des § 244 Abs. 3 Satz 2 unerreichbar, wenn er in absehbarer Zeit nicht herbeigeschafft werden kann. Wenn das aber nur vorübergehend unmöglich ist, darf der Beweisantrag nicht wegen Unerreichbarkeit abgelehnt wer-

---

54 BGHSt. 29 S. 109 (113); S. 390 (391); BGH NJW 1980 S. 2088; 1981 S. 770 = JR 1981 S. 344 mit Anm. *Franzheim*; BGH NStZ 1982 S. 40 = Strafverteidiger 1982 S. 2 (3); BGH 3 StR 18/80 (L) vom 5. 3. 1980; 3 StR 132/80 (L) vom 9. 6. 1980; vgl. auch BVerfGE 57 S. 250 (286) = NJW 1981 S. 1719 (1724). *Rebmann* NStZ 1982 S. 315 (318/319) erwähnt ferner die Möglichkeit, den Zeugen über eine Fernsehschaltung oder über eine telefonische Konferenzschaltung zu vernehmen.
55 BGH NJW 1980 S. 2088; 1981 S. 770 = JR 1981 S. 344 mit Anm. *Franzheim*; BGH Strafverteidiger 1982 S. 56 (57); KK *Herdegen* § 244 Rdnr. 28; KMR *Paulus* § 250 Rdnr. 14; *Gribbohm* NJW 1981 S. 305 (306). Vgl. auch BVerfG a.a.O. – BGH NStZ 1982 S. 42 = Strafverteidiger 1981 S. 596 läßt offen, ob der Angeklagte auch in der Hauptverhandlung von der Vernehmung ausgeschlossen werden darf.
56 Gegen Vernehmungen in Abwesenheit des Verteidigers wenden sich *Heinisch* MDR 1980 S. 898 (899) und *Weider* Strafverteidiger 1981 S. 19. Vgl. auch *Meyer* JR 1981 S. 478 (480). Das LG Bremen (Strafverteidiger 1981 S. 18) hat die Vernehmung abgelehnt, weil der Verteidiger umfangreiche Vorhalte zur Erschütterung der Glaubwürdigkeit vorbringen wollte. In Strafverteidiger 1981 S. 19 hat dasselbe Gericht den Zeugen zwar für unerreichbar erklärt, die Verlesung der polizeilichen Vernehmungsprotokolle nach § 251 Abs. 2 aber wegen des Gebots eines fairen Verfahrens für unzulässig gehalten, weil die Behörde nicht dargetan habe, wieso gerade von dem Verteidiger Gefahren für den Gewährsmann ausgehen. Zum Verwertungsverbot beim Verstoß gegen das Fairneß-Gebot vgl. BVerfGE 57 S. 250 (290) = NJW 1981 S. 1719 (1725) und oben S. 528.
57 BGH NJW 1981 S. 770 = JR 1981 S. 344 mit Anm. *Franzheim*; OLG Karlsruhe Justiz 1981 S. 366 (368); *Rebmann* NStZ 1982 S. 315 (319).
58 KK *Herdegen* § 244 Rdnr. 28; KMR *Paulus* § 250 Rdnr. 14; *Rebmann* a.a.O. Vgl. auch BVerfGE 57 S. 250 (287) = NJW 1981 S. 1719 (1724); BGH NStZ 1981 S. 270 mit Anm. *Fröhlich*.

den. Die Hauptverhandlung muß vielmehr ausgesetzt werden, bis der Zeuge zur Verfügung steht[59]. Das gilt insbesondere, wenn der Zeuge nur erkrankt und seine Gesundung abzusehen ist[59a]. Auch wenn ein wegen Urlaubs ortsabwesender Zeuge nach einigen Tagen wieder zur Verfügung steht, darf der Antrag auf seine Vernehmung nicht wegen Unerreichbarkeit abgelehnt werden[60]. Anders ist es, wenn die Zeit für die Heranschaffung so lange oder ihre Dauer so ungewiß ist, daß beides der Unmöglichkeit der Beschaffung gleichkommt[61]. Das ist für den Fall angenommen worden, daß der Zeuge sich mit unbekanntem Aufenthalt auf einer 45monatigen Seereise befindet und sein letztes Lebenszeichen lange zurückliegt[62] oder daß eine Zeugin mit einer Schaustellergruppe umherzieht und ihr Aufenthalt unbekannt ist[63].

Das Reichsgericht hat mißbilligt, daß ein Beweisantrag abgelehnt wurde, weil der benannte Zeuge zur Truppe eingezogen worden war[64] oder weil er, während des ersten Weltkrieges, in England nicht geladen werden konnte[65]. Einen Zeugen, der sich in französischer Kriegsgefangenschaft befand, hat das OLG Kiel[66] nicht als unerreichbar angesehen, weil die in der Hand der westlichen Kriegsgegner befindlichen Kriegsgefangenen nach einem bestimmten Plan bis zu einem bestimmten Zeitpunkt entlassen wurden. In einem Fall, in dem die benannte Zeugin zur Zeit der Hauptverhandlung nicht aufzufinden war, hat das Reichsgericht die Ablehnung wegen Unerreichbarkeit für unzulässig erklärt, weil die Zeugin ein Anwesen besaß und mit ihren Kindern zusammenlebte, so daß nach ihren Lebensverhältnissen nicht mit einem längeren Fernbleiben zu rechnen war[67]. Auch das OLG Celle[68] hält die Ablehnung eines Beweisantrags wegen Unerreichbarkeit

---

59 BGH bei *Spiegel* DAR 1977 S. 174; BGH 5 StR 413/65 vom 26. 10. 1965; RG JW 1932 S. 3114; RG LZ 1922 Sp. 595 = JW 1923 S. 389 mit Anm. *Löwenstein; Dalcke/Fuhrmann/ Schäfer* § 244 Anm. 15; LR *Gollwitzer* § 244 Rdnr. 223; *Harreß* S. 61; *Koeniger* S. 281; *von Scanzoni* JW 1932 S. 1224. Auch RG JW 1928 S. 2251 mit Anm. *Alsberg* verlangte die Aussetzung des Verfahrens, bis das Hindernis beseitigt ist; ebenso *Rieker* S. 60 für den Fall, daß der Zeuge unentbehrlich ist. OLG Schleswig SchlHA 1979 S. 144 hält bei einer Diebstahlsanklage die Ablehnung des Beweisantrags wegen Unerreichbarkeit für unzulässig, wenn der Zeuge mit einer Verzögerung von fünf Wochen vernommen werden kann.
59a BGH NStZ 1982 S. 341.
60 BGH bei *Spiegel* DAR 1977 S. 174.
61 Vgl. *Löwenstein* JW 1932 S. 389.
62 RG JW 1914 S. 433. Vgl. auch RGSt. 3 S. 367; RGRspr. 6 S. 754.
63 OGHSt. 2 S. 324 (326).
64 RGSt. 51 S. 20 (21); 75 S. 11 (14); zustimmend LR *Gollwitzer* § 244 Rdnr. 226; *Schwarz* DJ 1940 S. 1287 (1288); *Stützel* S. 97. Vgl. für den Fall des Eintritts in ein fremdes Heer: RG GA 42 S. 35; *Rothbart* DStrZ 1921 Sp. 361.
65 RG JW 1915 S. 719 = LZ 1915 Sp. 360; die Entscheidung beruhte offensichtlich auf einer patriotischen Unterschätzung der Kriegsdauer. Auch *Harreß* S. 60 findet sie unverständlich.
66 SchlHA 1947 S. 232; zustimmend LR *Gollwitzer* § 244 Rdnr. 226.
67 RG JW 1933 S. 966 mit Anm. *Hall*; zustimmend für den Fall, daß der Zeuge sich verborgen hält: *Dalcke/Fuhrmann/Schäfer* Anm. 15; KMR *Paulus* Rdnr. 455; LR *Gollwitzer* Rdnr. 225; alle zu § 244.
68 NJW 1961 S. 1490 = GA 1961 S. 216.

nicht für gerechtfertigt, wenn der Zeuge erst seit einigen Tagen ortsabwesend ist und seine Wohnung nicht aufgegeben hat, so daß seine Abwesenheit möglicherweise nur vorübergehend ist. Daß der Zeuge zur See fährt und daher zeitweise nicht erreichbar ist, rechtfertigt ebenfalls nicht die Ablehnung des Antrags auf seine Vernehmung[69].

3. Fehlende rechtliche Möglichkeiten zum Erzwingen des Erscheinens

a) Inländische Zeugen. Einen inländischen Zeugen, dessen Name und Aufenthalt bekannt sind, muß das Gericht durch Zwangsmittel nach § 51, insbesondere durch die Anordnung der Vorführung, zum Erscheinen in der Hauptverhandlung veranlassen, wenn er nicht freiwillig zu erscheinen bereit ist. Wenn der Zeuge aber durch sein Verhalten zum Ausdruck gebracht hat, daß er einer Ladung nicht folgen werde, und wenn gegen ihn die Zwangsmaßnahmen nach § 51 versagen, ist er unerreichbar[70].

b) Zeugen im Ausland. Daß der Zeuge sich im Ausland aufhält und daher der deutschen Gerichtsgewalt nicht unterworfen ist, hebt seine Erreichbarkeit nicht ohne weiteres auf. Die bloße Vermutung, daß er einer Ladung nicht folgen werde, rechtfertigt die Ablehnung des Beweisantrags daher nicht[71]. Als unerreichbar darf der Zeuge nur angesehen werden, wenn er sein Erscheinen vor dem erkennenden Gericht schon ohne Einschränkung verweigert hat[72] oder wenn alle der Bedeutung seiner Aussage entsprechenden Bemühungen des Gerichts, ihn zum Erscheinen in der Hauptverhandlung zu veranlassen, ohne Erfolg geblieben sind und auch in Zukunft nicht erwartet werden kann, daß der Zeuge erscheinen werde[73]. Zunächst muß regelmäßig versucht werden, den Zeugen durch den ausländischen Staat, in dem er sich aufhält, zur Hauptverhandlung zu laden[74]. Maßgebend dafür sind die

---

69 OLG Schleswig bei *Ernesti/Jürgensen* SchlHA 1975 S. 190; KMR *Paulus* § 244 Rdnr. 455; LR *Gollwitzer* § 244 Rdnr. 225; *Ditzen* ZStW 10 S. 111 (146).
70 RG JW 1933 S. 966 mit Anm. *Hall*; OLG Hamburg HESt 1 S. 56; *Rieker* S. 60; *Simader* S. 135; *Stützel* S. 97.
71 RG JW 1928 S. 2251 mit Anm. *Alsberg*; *Dahs/Dahs* Rdnr. 264; *Rieker* S. 60; a. A. *Stützel* S. 96.
72 KK *Herdegen* § 244 Rdnr. 92; Vgl. den Fall BGH 5 StR 456/64 vom 1. 12. 1964: Der Zeuge hatte dem Verletzten erklärt, daß er auch bei Zusicherung freien Geleits nicht erscheinen werde. Die Weigerung kann sich auch aus einer allgemein gefaßten Entschuldigung ergeben; vgl. BGH 1 StR 586/67 vom 5. 3. 1968.
73 BGH NJW 1979 S. 1788 = VRS 57 S. 27; BGH GA 1955 S. 123 (126); 1965 S. 209 (210); BGH bei *Holtz* MDR 1980 S. 456 = GA 1980 S. 355 = Strafverteidiger 1981 S. 5 mit Anm. *Schlothauer*; RG JW 1938 S. 3107; RG BayZ 1926 S. 155; RG DRiZ 1928 Nr. 419; RG HRR 1934 Nr. 1426; 1937 Nr. 361; 1940 Nrn. 58, 1367; BayObLG bei *Rüth* DAR 1982 S.253; OLG Koblenz GA 1974 S. 120; KK *Herdegen* § 244 Rdnr. 92; *Kleinknecht* § 251 Rdnr. 9; KMR *Paulus* § 244 Rdnr. 460. Vgl. auch BGH GA 1954 S. 222.
74 BGH NJW 1953 S. 1522 = GA 1953 S. 178; BGH GA 1955 S. 123 (126); 1954 S. 374 mit Anm. *Grützner*; BGH Strafverteidiger 1982 S. 57; RGSt. 73 S. 197; *Klefisch* JW 1931 S. 1136; *Simader* S. 135. – Das gilt entsprechend für den Fall, daß die Einholung der Auskunft einer ausländischen Behörde beantragt ist. Das Auskunftsersuchen muß der Behörde auf diplomatischem Weg übermittelt werden (BayObLG bei *Rüth* DAR 1982 S. 253).

mit den einzelnen Staaten abgeschlossenen Verträge; jedoch reicht auch ein auf vertragloser Grundlage möglicher Rechtshilfeverkehr aus[75]. Die Weigerung des ausländischen Staates, den Zeugen zu laden, führt dann aber zur Unerreichbarkeit. Für den Rechtshilfeverkehr mit den Staaten des Europarats gilt das Europäische Übereinkommen über die Rechtshilfe in Strafsachen (EuRHÜbk) vom 20. 4. 1959[76]. Nach Art. 7 und 10 des Übereinkommens werden Zeugen in einem der Vertragsstaaten dort im Wege der Rechtshilfe geladen; nach Art. 11 können Häftlinge überstellt werden[77]. Daraus folgt als weniger beschwerendes Recht die Pflicht des ersuchten Staates, den Häftling selbst kommissarisch zu vernehmen, auf Verlangen auch unter Gegenüberstellung mit anderen Zeugen[78]. In politischen Strafsachen, Steuer- und Devisensachen wird im allgemeinen keine Rechtshilfe geleistet[79]. In solchen Fällen braucht daher auch nicht versucht zu werden, die Zeugen durch den Aufenthaltsstaat laden zu lassen[80].

Ist das Gericht nach gewissenhafter Prüfung der maßgebenden Umstände davon überzeugt, daß der Zeuge einer Vorladung zur Hauptverhandlung keine Folge leisten werde, so ist es nicht verpflichtet, vor der Ablehnung des Beweisantrags den aussichts- und zwecklosen Versuch einer Ladung des Zeugen zu unternehmen[81]. Denn die erfolglose Ladung ist zwar im allgemeinen eine hinreichende, aber keine nach dem Gesetz notwendige Bedingung für die Feststellung, daß der Zeuge unerreichbar ist[82]. Das Gericht darf auch aus anderen Tatsachen schließen, daß er nicht gewillt ist, zur Vernehmung zu erscheinen und vor Gericht auszusagen[83]. Jedoch ist der Zeuge nicht schon deshalb als unerreichbar anzusehen, weil wegen des gegen ihn bestehenden Verdachts der Teilnahme an der Tat des Angeklagten nicht

---

75 BGH GA 1954 S. 222; *Eb. Schmidt* § 244 Rdnr. 55; *Grützner* GA 1953 S. 14 ff.; 1954 S. 375; *Kohlhaas* NJW 1954 S. 535 (537).
76 BGBl. 1964 II S. 1369, 1386. Allgemein zu dem Abkommen: *Walter* NJW 1977 S. 983.
77 Die Ablehnung eines Beweisantrags mit der Begründung, das Gericht habe keine rechtliche Möglichkeit, einen in der Türkei in Haft befindlichen Zeugen zur Hauptverhandlung zu laden, ist daher fehlerhaft; vgl. BGH Strafverteidiger 1981 S. 601.
78 BGH bei *Holtz* MDR 1981 S. 456 = NStZ 1981 S. 146 = Strafverteidiger 1981 S. 112.
79 Vgl. Art. 2 Buchst. a EuRHÜbk. Ähnliche Vorschriften enthalten auch die anderen zwischenstaatlichen Rechtshilfeverträge.
80 BGH 1 StR 503/53 vom 5. 4. 1954; RG HRR 1940 Nr. 1367.
81 BGH NJW 1979 S. 1788 = VRS 57 S. 27; BGH GA 1965 S. 209 (210).
82 BGH GA 1965 S. 209 (210). Vgl. auch BGH GA 1954 S. 374; RGSt. 46 S. 383; RG JW 1933 S. 966.
83 BGHSt. 7 S. 15 (16); BGH GA 1965 S. 209 (210); BGH bei *Spiegel* DAR 1979 S. 188; RGSt. 73 S. 197; RG HRR 1940 Nr. 1367. Jedoch hat der BGH in GA 1954 S. 473 die Ansicht vertreten, daß trotz der hiernach rechtmäßigen Ablehnung des Beweisantrags ein Verstoß gegen § 244 Abs. 2 vorliegen kann, wenn es möglich ist, den im Ausland lebenden Zeugen zu einer schriftlichen Äußerung über das Beweisthema zu veranlassen. *Grützner* weist in der Anm. zutreffend darauf hin, daß das Ersuchen einer deutschen Behörde zur Abgabe einer solchen Erklärung von dem ausländischen Staat als Einmischung in seine Hoheitsrechte angesehen werden kann und völkerrechtlich unzulässig ist.

zu erwarten ist, daß er einer Ladung freiwillig folgen werde[84]. Dabei ist zu beachten, daß nach Art. 12 Abs. 1, 3 EuRHÜbk ein Zeuge oder Sachverständiger, der auf Vorladung vor der Justizbehörde des ersuchenden Staates erscheint, in dessen Hoheitsgebiet wegen Handlungen oder Verurteilungen aus der Zeit vor seiner Abreise aus dem Hoheitsgebiet des ersuchten Staates innerhalb einer Schutzfrist von 15 Tagen weder verfolgt noch in Haft gehalten noch einer sonstigen Beschränkung seiner persönlichen Freiheit unterworfen werden darf. Die Pflicht zur umfassenden Sachaufklärung nach § 244 Abs. 2 macht es im allgemeinen erforderlich, den Zeugen unter Hinweis auf diese Schutzvorschrift zu laden[85]. Liegen die Voraussetzungen des Art. 12 Abs. 1 EuRHÜbk nicht vor, so hat der Angeklagte aber keinen Rechtsanspruch darauf, daß einem Zeugen sicheres Geleit (§ 295) erteilt wird, um ihm das Erscheinen vor dem inländischen Gericht zu ermöglichen[86]. Macht die ausländische Staatsanwaltschaft die Überstellung eines Zeugen in die Bundesrepublik davon abhängig, daß er hier in Haft gehalten wird, sieht aber die zuständige deutsche Stelle hierfür keine rechtliche Möglichkeit, so ist der Zeuge unerreichbar[87].

c) **Zeugen in der DDR.** Befindet sich der Zeuge in der DDR, so ist er deswegen nicht grundsätzlich und schlechthin unerreichbar[88]. Zwar besteht zwischen der Bundesrepublik Deutschland und der DDR kein Rechtshilfeabkommen, und es ist auch nicht damit zu rechnen, daß ein solches Abkommen in absehbarer Zeit geschlossen wird. Gleichwohl findet ein Rechtshilfeverkehr statt, und auch die Ladung von Zeugen durch die Justizbehörden der DDR ist möglich[89]. Die bloße Tatsache, daß der Zeuge zur Hauptverhandlung nicht erschienen ist oder mitgeteilt hat, er werde nicht erscheinen, reicht daher zur Ablehnung des Beweisantrags nicht aus. Ähnlich wie bei einem im Ausland wohnenden fremden Staatsangehörigen muß das Gericht auch hier zunächst die notwendigen Schritte unternehmen,

---

84 BGH GA 1955 S. 123 (125/126); OLG Hamm NJW 1964 S. 2073; *Koeniger* S. 282; *Schlüchter* Rdnr. 551.5. Vgl. für einen Ausnahmefall BGH bei *Holtz* MDR 1982 S. 449 = NStZ 1982 S. 212.
85 BGH NJW 1979 S. 1788 = VRS 57 S. 27; BGH GA 1982 S. 374 = MDR 1982 S. 338 = NStZ 1982 S. 171; S. 212; BGH Strafverteidiger 1982 S. 57; S. 207; BGH bei *Holtz* MDR 1981 S. 456 = GA 1981 S. 264 = NStZ 1981 S. 146; BGH bei *Holtz* MDR 1980 S. 456 = GA 1980 S. 355 = Strafverteidiger 1981 S. 5 mit Anm. *Schlothauer*, KK *Herdegen* § 244 Rdnr. 92; *Kleinknecht* § 244 Rdnr. 59.
86 RG HRR 1937 Nr. 361; LR *Gollwitzer* § 244 Rdnr. 226; vgl. auch RG HRR 1940 Nr. 58.
87 BGH bei *Holtz* MDR 1976 S. 634.
88 BGH GA 1961 S. 277 (278) = JR 1962 S. 149 mit Anm. *Eb. Schmidt*; OLG Hamm NJW 1964 S. 2073; OLG Karlsruhe VRS 51 S. 61; *Eb. Schmidt* § 244 Rdnr. 56.
89 In § 57 Abs. 3 GVG/DDR ist eine Rechtshilfe ausdrücklich bestimmt; § 12 Abs. 1 EGStGB-StPO/DDR sieht auch die Vernehmung von Zeugen und Sachverständigen in Rechtshilfeverfahren in Strafsachen vor. Daß ein Rechtshilfeersuchen zwecklos ist, kann sich aber aus der Art des Strafverfahrens ergeben. Z. B. kann der Antrag des Angeklagten, dem geheimdienstliche Agententätigkeit (§ 99 StGB) zur Last gelegt wird, auf Vernehmung seines angeblichen Führungsoffiziers beim DDR-Ministerium für Staatssicherheit wegen Unerreichbarkeit dieses Zeugen abgelehnt werden.

um den Zeugen herbeizuschaffen[90]. Von weiteren Bemühungen kann es jedoch absehen, wenn die zuständigen Behörden der DDR die Rechtshilfe verweigern[91] oder wenn schon die Justizbehörde, der das Gericht untersteht, die Weiterleitung des Rechtshilfeersuchens an die Behörden der DDR ablehnt[92]. Wenn der Zeuge ein in die DDR zurückgekehrter »Republikflüchtling« ist, wird die Erteilung einer Ausreisegenehmigung ausgeschlossen erscheinen und die Ladung daher von vornherein unterlassen werden können[93]. Als unerreichbar kann der Zeuge, dessen kommissarische Vernehmung in der DDR das Gericht beschlossen hatte, angesehen werden, wenn das Vernehmungsersuchen auch nach mehreren Monaten noch nicht beantwortet worden ist[94].

Bei der Vernehmung von Zeugen aus der DDR besteht mitunter die Gefahr, daß der Zeuge sich selbst oder andere Personen durch seine Aussage der Gefahr aussetzen kann, in der DDR in nicht rechtsstaatlicher Weise verfolgt zu werden. Diese Gefahr kann insbesondere für den Fall eintreten, daß er den Weisungen von DDR-Behörden über den Inhalt seiner Aussage nicht nachkommt. Die Vernehmung eines solchen Zeugen ist zwar nicht unzulässig[95]; der Zeuge muß aber so behandelt werden, als sei er unerreichbar. Das gilt insbesondere für kommissarische Vernehmungen des Zeugen in der DDR[96]. Diese Unerreichbarkeit kann in einer politischen Sache unter Umständen für das Gericht ohne nähere Prüfung feststehen[97]. Wird der Zeuge aber von den Prozeßbeteiligten gestellt und ist er in der Hauptverhandlung anwesend, so ist er auch bei einer solchen Gefährdung

---

90 OGHSt. 1 S. 133 (135); OLG Braunschweig NJW 1953 S. 637; OLG Celle GA 1957 S. 180.
91 BGH bei *Holtz* MDR 1978 S. 806. Vgl. aber den Fall BGH NJW 1978 S. 113 (114), in dem der BGH es für einen Verstoß gegen die Sachaufklärungspflicht gehalten hat, daß sich das Gericht mit der Weigerung der DDR-Behörden, Rechtshilfe zu leisten, ohne weiteres abgefunden hat.
92 BGH 3 StR 229/79 vom 12. 7. 1979 bei *Pfeiffer* NStZ 1981 S. 96. — Zur Frage, ob die Justizbehörde berechtigt ist, von der Weiterleitung aussichtsloser Rechtshilfeersuchen abzusehen, vgl. OLG Hamburg MDR 1982 S. 602; OLG Hamm MDR 1982 S. 602 = NStZ 1982 S. 215.
93 OLG Hamm NJW 1964 S. 2073.
94 BGH 5 StR 229/61 vom 11. 7. 1961.
95 A. A. BGHSt. 17 S. 337 (347); *Kleinknecht* § 244 Rdnr. 60. *Dahs/Dahs* Rdnr. 264 halten den Zeugen für ein ungeeignetes Beweismittel.
96 BGH LM Nr. 9 zu § 244 Abs. 3 = MDR 1953 S. 692 L; BGH GA 1961 S. 277 = JR 1962 S. 149 mit Anm. *Eb. Schmidt*; OLG Braunschweig NJW 1953 S. 637 = JZ 1953 S. 477; *Dalcke/Fuhrmann/Schäfer* § 244 Anm. 15; *Koeniger* S. 282; *Sarstedt* DAR 1964 S. 307 (313). Vgl. auch BGH 4 StR 624/54 vom 14. 4. 1955 mit allerdings z. T. bedenklicher Begründung, da der BGH eine Befürchtung vor Nachteilen schon dann für haltlos hält, wenn der Zeuge zum Zweck des Erscheinens vor dem Gericht die behördliche Ausreisegenehmigung erhält.
97 Diesen Standpunkt hat der BGH offenbar in dem Beschluß 5 StR 627/54 vom 21. 1. 1955 gebilligt, durch den er eine u. a. auf diese als fehlerhaft bezeichnete Auffassung des Tatrichters gestützte Revision nach § 349 Abs. 2 verworfen hat.

nicht unerreichbar. Der Bundesgerichtshof hält die Beweiserhebung dann für unzulässig[98].

4. Unerreichbarkeit trotz Möglichkeit der kommissarischen Vernehmung

Kann das Erscheinen eines Zeugen in der Hauptverhandlung nicht erzwungen werden, weil er nicht reisefähig ist, weil er sich im Ausland befindet oder weil er aus anderen Gründen nicht zum Erscheinen gezwungen werden kann, so kann das erkennende Gericht in besonderen Ausnahmefällen aus Gründen der Sachaufklärungspflicht verpflichtet sein, sich zu dem Aufenthaltsort des Zeugen zu begeben, um ihn dort zu vernehmen oder, was auch im Ausland vielfach möglich ist, seiner kommissarischen Vernehmung beizuwohnen[99]. Regelmäßig wird nach § 223 die kommissarische Vernehmung des Zeugen angeordnet werden müssen[100]. Unerreichbar ist der Zeuge im allgemeinen nur, wenn er auch im Wege der Rechtshilfe nicht vernommen werden kann[101]. Ist eine solche Vernehmung im Ausland möglich, so darf der Zeuge nicht deshalb als unerreichbar angesehen werden, weil von vornherein keine Aussicht besteht, das Beweismaterial in der Zeit herbeizuschaffen, die noch bis zur Verjährung der Strafverfolgung verbleibt[102].

Das Gericht darf den Wert einer kommissarischen Vernehmung grundsätzlich nicht von vornherein leugnen und aus diesem Grunde von ihrer Anordnung absehen. Es darf aber die mögliche Herabminderung des Wertes der Aussage durch die besonderen Umstände einer kommissarischen Vernehmung berücksichtigen. Kommt der Tatrichter zu dem Ergebnis, daß nur die Vernehmung des Zeugen vor dem erkennenden Gericht der Wahrheitserforschung dienen kann, so wäre die kommissarische Vernehmung nutzlos und überflüssig. Der Zeuge ist dann uner-

---

[98] BGHSt. 17 S. 337 (347/348); *Kleinknecht* § 244 Rdnr. 60. Zustimmend *Hanack* JZ 1972 S. 114 (115), kritisch dagegen *Ad. Arndt* NJW 1963 S. 432 (433/434). – A. A. insbesondere *Schroeder* ROW 1969 S. 193 (199), der jedenfalls in dem Fall des BGH eine Ausschaltung eines Entlastungszeugen sieht, die wegen der Möglichkeit der freien Beweiswürdigung nach § 261 unnötig war. Vgl. auch unten S. 825/826.
[99] Vgl. BGH Strafverteidiger 1981 S. 601. – Eine Rechtspflicht des Gerichts, sich ins Ausland zu begeben, um dort Zeugen zu vernehmen, verneint allgemein LG Düsseldorf NStZ 1982 S. 299. Die Genehmigung zu einer Auslandsreise, die diesem Zweck dient, kann der Dienstvorgesetzte übrigens versagen, wenn die Bundesregierung außenpolitische Bedenken geltend macht; vgl. BGHZ 71 S. 9 = NJW 1978 S. 1425; *Kissel* § 22 GVG Rdnr. 32; vgl. auch *Arndt* DRiZ 1978 S. 300; *Rudolph* DRiZ 1979 S. 98.
[100] OGHSt. 1 S. 133 (135); *Kleinknecht* § 244 Rdnr. 59; LR *Gollwitzer* § 244 Rdnr. 226; *Arzt* Peters-FS S. 229.
[101] BGHSt. 22 S. 118 (122); BGH GA 1954 S. 222; 1961 S. 277 (278) = JR 1962 S. 149 mit Anm. *Eb. Schmidt*; BGH 5 StR 368/66 vom 20. 9. 1966; BayObLGSt. 1978 S. 170 (171) = MDR 1979 S. 603 = VRS 57 S. 28 (29); OLG Karlsruhe VRS 51 S. 61; KK *Herdegen* Rdnr. 91; *Kleinknecht* Rdnr. 59; LR *Gollwitzer* Rdnr. 226; alle zu § 244.
[102] BayObLG a.a.O.. Die Entscheidung ist in einer Bußgeldsache ergangen, weist aber mit Recht darauf hin, daß die Gefahr der Verjährung auch im Strafverfahren, insbesondere bei Presseinhaltsdelikten, entstehen kann.

Allgemeine gesetzliche Ablehnungsgründe

reichbar[103]. Die Ansicht, die Ablehnung eines Beweisantrags wegen Unerreichbarkeit verstoße in einem solchen Fall gegen die Sachaufklärungspflicht nach § 244 Abs. 2, weil das Zeugnis des von einem ersuchten Richter vernommenen, nur »partiell« unerreichbaren Zeugen immer noch besser sei als gar kein Zeugnis[104], verdient keine Zustimmung. Es geht im Strafverfahren nicht darum, wertlose Beweise zu sammeln, sondern Beweise zu erheben, deren Ergebnis zur Überzeugungsbildung beitragen kann. Steht fest, daß die Verlesung von Vernehmungsprotokollen dazu nicht geeignet ist, so muß das Gericht berechtigt sein, einen Beweisantrag abzulehnen, der auf die Gewinnung solcher Urkunden abzielt. Das gilt auch, wenn der Zeuge schon einmal kommissarisch vernommen worden und nunmehr der Antrag gestellt ist, ihn erneut in dieser Weise zu vernehmen[105]. Das Gericht kann zu der Ansicht, daß eine kommissarische Vernehmung für die Wahrheitsfindung nicht ausreicht, insbesondere gelangen, wenn es notwendig ist, den Zeugen dem Angeklagten oder anderen Zeugen gegenüberzustellen[106], dem Zeugen geeignete Vorhalte zu machen[107] oder von der Persönlichkeit des Zeugen eine zutreffende Vorstellung zu gewinnen[108]. Ob eine Vernehmung vor dem erkennenden Gericht nach der Beweislage unerläßlich ist oder ob die Aussage vor dem Rechtshilferichter sie ersetzen kann, entscheidet der Tatrichter nach pflichtgemäßem Ermessen;

---

103 BGHSt. 13 S. 300 (302); 22 S. 118 (122); BGH NJW 1978 S. 113 (114); 1979 S. 1788 = VRS 57 S. 27; BGH GA 1965 S. 209; 1971 S. 85 (86); BGH Strafverteidiger 1981 S. 5, 601; S. 603 (604/605); BGH bei *Dallinger* MDR 1975 S. 368 = GA 1975 S. 237; BGH bei *Holtz* MDR 1979 S. 807; BGH bei *Spiegel* DAR 1976 S. 95; 1977 S. 174; 1978 S. 156; BGH 5 StR 466/82 vom 5. 10. 1982; RG HRR 1937 Nr. 361; 1940 Nr. 1367; BayObLGSt. 1978 S. 170 = MDR 1979 S. 603 = VRS 57 S. 28 (29); OLG Dresden JW 1931 S. 1136 mit Anm. *Klefisch*; OLG Hamburg VRS 56, 457 (460) = JR 1980 S. 32 (33) mit Anm. *Gollwitzer*; OLG Hamm NJW 1964 S. 2073; OLG Karlsruhe VRS 51 S. 61; LG Düsseldorf NStZ 1982 S. 299 (300); *Dalcke/Fuhrmann/Schäfer* § 244 Anm. 15; *Kleinknecht* § 244 Rdnr. 59; *Koeniger* S. 282; *Simader* S. 135. – Früher wurde in solchen Fällen meist angenommen, daß der Zeuge völlig ungeeignet sei; vgl. RGSt. 46 S. 383 (386); RG JW 1927 S. 1491 mit Anm. *Löwenstein*; RG JW 1927 S. 2756; 1928 S. 2251 mit Anm. *Alsberg*; RG JW 1939 S. 95; RG GA 46 S. 383 (386); RG HRR 1938 Nr. 1522; *Rieker* S. 56; *Schlosky* JW 1930 S. 2505 (2508); *Stützel* S. 71; Voraufl. S. 215 ff.; so auch jetzt noch *Dalcke/Fuhrmann/Schäfer* § 244 Anm. 14 d; KMR *Paulus* § 244 Rdnr. 130, 460; *Gössel* S. 256; *Schlüchter* Rdnr. 551.4. Dagegen ist LR *Gollwitzer* § 244 Rdnr. 226 im Anschluß an *Geier* in LM Nr. 16 zu § 244 Abs. 3 der Ansicht, daß hier die Unerreichbarkeit mit der Ungeeignetheit gemischt sei; ebenso („Überlagerung") KK *Herdegen* § 244 Rdnr. 91.
104 *Arzt* Peters-FS S. 228 ff.; ähnlich *Hanack* JZ 1972 S. 114 (115).
105 BGH bei *Holtz* 1978 S. 459. Die Entscheidung betrifft offenbar den Fall, daß die erneute Vernehmung zu Beweisfragen stattfinden sollte, die nicht Gegenstand der ersten Vernehmung waren. Andernfalls liegt nur eine Beweisanregung vor; vgl. oben S. 94 ff.
106 BGH GA 1955 S. 123 (125); BGH bei *Dallinger* MDR 1975 S. 368 = GA 1975 S. 237; BGH 1 StR 502/76 vom 2. 11. 1976; OLG Dresden JW 1931 S. 1136 mit abl. Anm. *Klefisch*; KK *Herdegen* § 244 Rdnr. 91; LR *Gollwitzer* § 244 Rdnr. 226; *G. Schäfer* S. 359.
107 RGSt. 46 S. 383 (386).
108 BGHSt. 22 S. 118 (122); RG JW 1927 S. 1491 mit Anm. *Löwenstein*; RG HRR 1940 Nr. 1367; *G. Schäfer* S. 359; *Simader* S. 175.

denn ihm steht die Beweiswürdigung allein zu. Dabei darf in engen Grenzen deren Ergebnis vorweggenommen werden[109].

III. Unerreichbarkeit anderer Beweismittel

1. Sachverständige

Die Ablehnung eines auf Anhörung eines Sachverständigen gerichteten Beweisantrags wegen Unerreichbarkeit des Beweismittels wird kaum jemals in Betracht kommen. Der Sachverständige ist austauschbar und wird vom Gericht ausgewählt (§ 73 Abs. 1). Ist der von dem Angeklagten gewünschte Sachverständige nicht erreichbar, so bestellt das Gericht einen anderen[110]. Denkbar wäre allenfalls, daß sämtliche Gutachter, die für das Sachgebiet in Frage kommen, nicht verfügbar sind und auch in absehbarer Zeit nicht zur Verfügung stehen oder daß eine wissenschaftliche Fachrichtung mit den erforderlichen Forschungsmitteln nur im Ausland besteht und der Beiziehung dieser Sachverständigen unüberwindliche Hindernisse entgegenstehen[111].

2. Urkunden

Urkunden im Gewahrsam einer Behörde sind unerreichbar, wenn die oberste Dienstbehörde eine Sperrerklärung nach § 96 abgibt. Ist eine Urkunde nicht der Beschlagnahme unterworfen (§ 97), so ist sie nur unerreichbar, wenn feststeht, daß der Gewahrsamsinhaber sie auch nicht freiwillig herausgibt. Die theoretische Möglichkeit, die Urkunde eines Tages zu erlangen, läßt die Unerreichbarkeit nicht entfallen[112].

3. Augenscheinsgegenstände

Augenscheinsgegenstände sind nicht deshalb unerreichbar, weil sie nur unter großen Schwierigkeiten benutzt werden können[113]. Dabei kommt es nicht darauf an, ob das Gericht selbst in der Lage ist, den Augenschein einzunehmen. Nur Augenscheinsgegenstände, die nicht einmal von einem geeigneten Augenscheinsgehilfen[114] besichtigt werden können, sind unerreichbar[115].

---

109 BGH GA 1971 S. 85 (86). Die Ansicht von *Arzt* (Peters-FS S. 228 ff.), das Gericht lasse sich von dem unerreichbaren Beweismittel nicht beeindrucken, weil es das Gegenteil dessen, was mit ihm bewiesen werden soll, schon für bewiesen hält, ist ungenau. Beim Entlastungszeugen hält das Gericht das bisherige Beweisergebnis durch den in der Hauptverhandlung nicht zur Verfügung stehenden Zeugen nicht für widerlegbar. Beim Belastungszeugen muß es das Beweisergebnis, das die kommissarische Vernehmung bringen könnte, außer acht lassen.
110 Vgl. *K. Müller* S. 54.
111 Vgl. *Wolschke* S. 284 Fußn. 1.
112 RGSt. 38 S. 256 (257); LR *Gollwitzer* § 244 Rdnr. 225.
113 OGH Köln JR 1950 S. 567; LR *Gollwitzer* a.a.O.
114 Vgl. oben S. 225 ff.
115 RG JW 1925 S. 2782 (2784) hielt einen im Ausland angeblich vergrabenen Schatz für unerreichbar. *Beling* weist demgegenüber in der Anm. mit Recht darauf hin, daß zunächst versucht werden muß, die auswärtige Regierung zur Grabung zu veranlassen.

§ 9 Verschleppungsabsicht (Scheinbeweisanträge)

    I. Allgemeine Grundsätze 635
        1. Pflicht zur Bescheidung von Scheinbeweisanträgen 635
        2. Selbständigkeit des Ablehnungsgrundes der Verschleppungsabsicht 636
    II. Verschleppungsabsicht als Oberbegriff für alle Scheinbeweisanträge 637
    III. Verschleppungsabsicht im eigentlichen Sinne 639
        1. Verzögerung des Verfahrens 639
        2. Aussichtslosigkeit der Beweiserhebung 641
        3. Verschleppungsabsicht als einziger Grund der Antragstellung 642
            a) Grundsatz 642
            b) Berücksichtigung des bisherigen Prozeßverhaltens 643
            c) Keine Verschleppungsabsicht wegen verspäteter Antragstellung 645
            d) Keine Verschleppungsabsicht bei Wiederholung eines schon früher gestellten Antrags 646
        4. Verschleppungsabsicht bei Beweisanträgen des Verteidigers 646
            a) Grundsatz 646
            b) Verschleppungsabsicht des Verteidigers 647
            c) Verschleppungsabsicht des Angeklagten 649

I. Allgemeine Grundsätze

1. Pflicht zur Bescheidung von Scheinbeweisanträgen

Das geltende Recht verbietet es den Prozeßbeteiligten nicht ohne weiteres, durch die fortwährende Stellung von Beweisanträgen den Abschluß des Verfahrens hinauszuzögern. Eine solche Verteidigungsmethode kann für das Gericht überaus lästig sein und wie reiner Mißbrauch wirken. Das Gesetz läßt sie grundsätzlich zu[1]; es ist daher nicht statthaft, solche Beweisanträge ohne inhaltliche Prüfung wegen mißbräuchlicher Stellung abzulehnen oder gar die Entgegennahme der Anträge zu verweigern[2]. Vor besonders grobem Mißbrauch sind die Gerichte geschützt, weil der Beweisantrag begrifflich ein ernstgemeintes Verlangen nach Beweiserhebung zum Zweck der Sachaufklärung voraussetzt[3]. Das Beweisantragsrecht soll der Ermittlung der für die Entscheidung des Gerichts erheblichen Tatsachen dienen; alle anderen Zwecke sind ihm wesensfremd[4]. Ein Prozeßbeteiligter,

---

[1] Vgl. oben S. 371 ff. – A.A. *Simader* S. 45/46, der den »Schikaneparagraphen« (§ 226 BGB) für das Strafverfahren nutzbar machen will.
[2] Vgl. oben S. 372.
[3] Vgl. oben S. 36.
[4] Vgl. *Simader* S. 41.

der das Recht auf Stellung von Beweisanträgen mißbraucht und unter dem Vorwand, er verlange eine weitere Sachaufklärung, das Verfahren lediglich verzögern oder zu unlauteren Zwecken benutzen will, stellt daher in Wahrheit keinen Beweisantrag[5]. Es handelt sich auch nicht um einen unzulässigen Beweisantrag[6]. Ein nicht ernstgemeinter Antrag ist nicht unzulässig, sondern unbeachtlich; er kann grundsätzlich übergangen werden. Davon macht § 244 Abs. 3 Satz 2 für Scheinbeweisanträge eine Ausnahme; die Verschleppungsabsicht ist nur ein zulässiger Grund für die Ablehnung des Antrags. An der Notwendigkeit der Ablehnung durch mit Gründen versehenen Beschluß nach § 244 Abs. 6, § 34 ändert die Nichternstlichkeit des Antrags nichts. Das entspricht der Rechtsprechung des Reichsgerichts[7] und der im älteren Schrifttum überwiegend vertretenen Ansicht[8]. Ob man den Antrag als Beweisantrag oder als Scheinbeweisantrag bezeichnet und ob die Zulässigkeit seiner Ablehnung wegen Verschleppungsabsicht besser an anderer Stelle als unter den Ablehnungsgründen des § 244 Abs. 3 Satz 2 zu regeln gewesen wäre[9], ist weder in rechtlicher noch in praktischer Hinsicht von Bedeutung.

2. Selbständigkeit des Ablehnungsgrundes der Verschleppungsabsicht

Der Ablehnungsgrund der Verschleppungsabsicht, der auch für Beweisanträge der Staatsanwaltschaft und des Privat- und Nebenklägers gilt[10], steht selbständig neben den übrigen Ablehnungsgründen des § 244 Abs. 3 und 4. Zwar setzt er vor-

5 Vgl. *Dahs/Dahs* Rdnr. 265; *Ditzen* S. 18/19, 27, 56 und ZStW 10 S. 111 (116); *Gerland* S. 366; *Goslar* S. 21; *Harreß* S. 30; *Miltner* Recht 1902 Sp. 568; *Nüse* JR 1955 S. 391 (392); *Simader* S. 42, 47. — *Oetker* JW 1926 S. 2759 (2760) befürwortete daher die „Streichung" dieses Ablehnungsgrundes.
6 A. A. *Dahs/Dahs* Rdnr. 265; *Gössel* S. 254; *Kreuzer* S. 37; *Rüping* Rdnr. 398. Auch KMR *Paulus* § 244 Rdnr. 425, 428 spricht von einer »beschlußmäßigen Ablehnung als unzulässig«. Das ist mißverständlich, weil die Ablehnung wegen Unzulässigkeit der Beweiserhebung in § 244 Abs. 3 Satz 1 besonders geregelt ist.
7 RGSt. 20 S. 206 (207); 74 S. 153 (154); RGRspr. 7 S. 550; 10 S. 148; RG JW 1899 S. 477; 1912 S. 945; 1927 S. 451; 1931 S. 1610; 1932 S. 2732 mit Anm. *Unger*; RG JW 1936 S. 3009; 1938 S. 1885; 1939 S. 627 = HRR 1939 Nr. 477; RG BayZ 1907 S. 148; 1928 S. 356; RG Recht 1910 Nr. 625.
8 Vgl. *Beling* S. 381; *Bendix* GerS 85 S. 77; *Ditzen* S. 18/19; *zu Dohna* S. 170 Fußn. 79, S. 173; *Gerland* S. 366; *Goldschmidt* S. 450, 465 ff.; *Rosenfeld* S. 229; *Schlosky* JW 1930 S. 2505 (2508); *Simader* S. 42. – A. A. *Bennecke/Beling* S. 332 Fußn. 24 und *Oetker* S. 692 Fußn. 16, die in der Ablehnung eine unzulässige Strafe für schikanöse Prozeßführung sahen. *Sauer* (Grdl. S. 463) hielt eine Ablehnung wegen Nichternstlichkeit des Beweisbegehrens sogar für unzulässig, weil es sich gleichwohl um einen wirksamen Antrag handele. *Stützel* (S. 100) folgerte die Notwendigkeit, auch einem Verschleppungsantrag stets stattzugeben, wenn kein anderer Ablehnungsgrund vorliegt, seltsamerweise aus der Aufklärungspflicht. *zu Dohna* (Kohlrausch-FS S. 330/331) hielt einen selbständigen Ablehnungsgrund wegen Verschleppungsabsicht für überflüssig und irreführend, weil es sich nur um eine Generalklausel handele, die alle anderen Ablehnungsgründe umfaßt. Auch für das geltende Recht leugnen *Engels* S. 53 und *Kreuzer* S. 42 die eigenständige Bedeutung des Ablehnungsgrundes.
9 Vgl. *Simader* S. 47/48.
10 Vgl. LR *Gollwitzer* § 244 Rdnr. 184; *Bendix* GerS 85 S. 77 (87).

aus, daß die Beweistatsache für die Entscheidung von Bedeutung ist; andernfalls ist der Beweisantrag wegen Unerheblichkeit abzulehnen[11]. Sonst kann er aber wegen Verschleppungsabsicht unabhängig davon zurückgewiesen werden, ob einer der anderen Ablehnungsgründe gegeben ist[12]. Das ist deshalb von Bedeutung, weil diese anderen Gründe regelmäßig eine Vorwegnahme der Beweiswürdigung ausschließen, bei der Antragsablehnung wegen Verschleppungsabsicht die Beweisantizipation aber zulässig ist[13]. Gerade darin liegen die verfahrensrechtliche Bedeutung und das kennzeichnende Merkmal dieses Ablehnungsgrundes[14].

II. Verschleppungsabsicht als Oberbegriff für alle Scheinbeweisanträge

Der Begriff Verschleppungsantrag wird in § 244 Abs. 3 Satz 2 als Oberbegriff für Scheinbeweisanträge jeder Art verwendet[15]. Jede Verfolgung eines verfahrensfremden Zwecks verzögert zugleich das Verfahren[16]. Tatsächlich ist die Absicht, das Verfahren hinauszuzögern, zwar der häufigste Grund, aus dem nicht ernstgemeinte Beweisanträge gestellt werden, aber keineswegs der einzige[17]. Ein Scheinbeweisantrag, der nach § 244 Abs. 3 Satz 2 wegen Verschleppungsabsicht abgelehnt werden kann, liegt auch vor, wenn der Antragsteller ernsthaft an der Benutzung des angebotenen Beweismittels interessiert ist, mit ihm aber nichts beweisen, sondern das Strafverfahren nur zu unlauteren Zwecken mißbrauchen will[18]. Das darf

---

11 BGHSt. 21 S. 118 (122); vgl. auch RGSt. 12 S. 335 (336); *Eb. Schmidt* Nachtr. § 244 Rdnr. 38.
12 BGHSt. 21 S. 118 (120); a. A. *Rieker* S. 89; *Stützel* S. 99.
13 Vgl. unten S. 641/642.
14 BGHSt. 21 S. 118 (121/122); OLG Karlsruhe Justiz 1976 S. 440 (441).
15 A. A. *von Rosycki-von Hoewel* JW 1933 S. 2524 (2525), der den Begriff Verschleppungsantrag auf die Verschleppungsabsicht im eigentlichen Sinne beschränken wollte. Auch *Eb. Schmidt* § 244 Rdnr. 31 ist der Ansicht, daß ein Scheinbeweisantrag übergangen werden kann, wenn nicht Verschleppungsabsicht i. e. S. vorliegt. Aber die scharfe Trennung zwischen einem in Verschleppungsabsicht gestellten und einem aus anderen Gründen nicht ernstgemeinten Antrag, die danach erforderlich wäre, ließe sich praktisch gar nicht durchführen. Außerdem ist es zum Schutz des Antragstellers vor unrichtiger Beurteilung seiner Beweggründe in jedem Fall notwendig, den Beweisantrag durch mit Gründen versehenen Beschluß nach § 244 Abs. 6, § 34 abzulehnen.
16 So zutreffend *Köhler* S. 69.
17 OLG Schleswig bei *Ernesti/Jürgensen* SchlHA 1977 S. 181; *Nüse* JR 1955 S. 391 (392); KK *Herdegen* § 244 Rdnr. 94; in diesem Sinne auch BGH 5 StR 616/54 vom 1. 2. 1955. Unverständlich ist die Ansicht von *Gössel* S. 254, ein in Verschleppungsabsicht gestellter Antrag werde regelmäßig »ernstlich gemeint« sein. Grundsätzlich a. A. *Eb. Schmidt* § 244 Rdnr. 31, der Nichternstlichkeit nicht mit Verschleppungsabsicht gleichsetzen will.
18 Vgl. *Dalcke/Fuhrmann/Schäfer* § 244 Anm. 16. *Simader* (S. 46) will darunter auch den Fall bringen, daß der Antragsteller die Unmöglichkeit des Beweisgelingens kennt; aber das allein veranlaßt niemanden zur Stellung von Beweisanträgen. Die Kenntnis des Antragstellers davon, daß die Beweiserhebung ein unrichtiges Ergebnis haben werde (der benannte Zeuge soll falsch aussagen, die herbeizuziehende Urkunde ist gefälscht), erlaubt entgegen der Ansicht von *Simader* (a.a.O.) nicht die Ablehnung des Antrags wegen Verschleppungsabsicht; denn ob der Zeuge die Wahrheit sagt oder nicht, kann erst

aber nicht nur ein Nebenzweck, sondern muß der Hauptzweck des Antrags sein[19]. Um einen Mißbrauch dieser Art handelt es sich z. B., wenn der Antragsteller nur beabsichtigt, den benannten Zeugen zu einer kompromittierenden oder geschäftlich nachteiligen Aussage zu veranlassen, um ihn so vor der Öffentlichkeit bloßzustellen[20], wenn er ihm in anderer Weise nur die Ehre abschneiden[21] oder wenn er durch die Beweiserhebung nur Aufsehen erregen oder sonst Reklame machen, Propaganda betreiben oder für eine Einrichtung werben will[22]. Unter Umständen kann ein Beweisantrag als nur zum Schein gestellt angesehen werden, wenn eine sachlich in keiner Weise gerechtfertigte große Anzahl von Zeugen benannt wird[23]. Ferner liegt ein nicht ernstgemeintes Verlangen vor, wenn ein Beweisantrag lediglich dazu dienen soll, einen mißliebigen Richter[24] auszuschalten und so das Gericht an der Amtsausübung zu behindern. Stellt ein Prozeßbeteiligter den Antrag, einen der erkennenden Richter als Zeugen zu vernehmen, erklärt der Richter aber, daß er nichts Sachdienliches bekunden könne, weil ihm die Beweistatsachen unbekannt sind, und wird der Antrag trotzdem aufrechterhalten, so kann und muß er unter Beteiligung des benannten Richters, der wegen der Abgabe der Erklärung nicht nach § 22 Nr. 5 ausgeschlossen ist, abgelehnt werden[25]. Die

   bei seiner Vernehmung festgestellt werden. Anders ist es, wenn von vornherein mit Sicherheit feststeht, daß der Zeuge lügen wird; praktisch wird ein solcher Fall kaum jemals vorkommen.
19 Vgl. *Alsberg* JW 1932 S. 58 (59).
20 Vgl. *Ditzen* S. 18 Fußn. 3; *Goslar* S. 22; *Köhler* S. 69 und NJW 1979 S. 348 (350); *Rieker* S. 89; *Stützel* S. 98.
21 Vgl. den Fall RGSt. 14 S. 189 (193): Antrag auf Inaugenscheinnahme des Körpers einer Zeugin mit dem alleinigen Zweck der Bloßstellung ihrer Geschlechtsehre.
22 Vgl. RGSt. 65 S. 304 (306) = JW 1932 S. 58 mit Anm. *Alsberg*; *Köhler* S. 69 und NJW 1979 S. 348 (350). In der Entscheidung BGHSt. 17 S. 337 (345) läßt der BGH dahinstehen, ob die Ablehnung eines Beweisantrags allein deshalb gerechtfertigt sein kann, weil der Angeklagte mit ihm nur den Zweck verfolgt, den politischen Kampf in den Gerichtssaal zu tragen; Zweifel daran sind aber wohl nicht möglich. Zum Mißbrauch des Ladungsrechts nach § 220 vgl. KG JR 1971 S. 338 mit Anm. *Peters*, zum Mißbrauch des Fragerechts nach § 240 vgl. BGHSt. 2 S. 284 (287); RGSt. 66 S. 14 (15).
23 Vgl. BGH 1 StR 476/53 vom 5. 1. 1954, wo der Antrag, etwa 7000 Zeugen zu hören, als auf etwas Unmögliches gerichtet angesehen wurde.
24 Oder Staatsanwalt; vgl. *Dahs/Dahs* Rdnr. 254.
25 BGHSt. 7 S. 330 = JR 1955 S. 391 mit Anm. *Nüse* = JZ 1956 S. 31 mit Anm. *Kleinknecht*; BGHSt. 11 S. 206; BGH bei *Holtz* MDR 1977 S. 107; BGH 1 StR 195/55 vom 5. 7. 1955; 2 StR 562/77 vom 7. 6. 1978; RGSt. 42 S. 1 (4); RG GA 59 S. 126; *Dalcke/Fuhrmann/Schäfer* § 244 Anm. 21; KK *Herdegen* § 244 Rdnr. 74; *Kleinknecht* vor § 48 Rdnr. 23; KMR *Paulus* § 22 Rdnr. 20; LR *Gollwitzer* § 244 Rdnr. 184; LR *Meyer* vor § 48 Rdnr. 23; *Dahs/Dahs* Rdnr. 254; *Gössel* S. 199; *Henkel* S. 203; *Koeniger* S. 284; *Rieker* S. 89; W. *Schmid* GA 1980 S. 285 Fußn. 1 und SchlA 1981 S. 2 (4); vgl. auch *Weber* GA 1975 S. 289 (300). Ob das ein Fall der Verschleppungsabsicht ist, läßt die Entscheidung BGHSt. 7 S. 330 (331) aber offen. *Nüse* und *Kleinknecht* kritisieren das in den Anm. mit Recht, weil die zulässigen Ablehnungsgründe in § 244 Abs. 3 bezeichnet sind und es daher unzulässig ist, Beweisanträge aus Gründen abzulehnen, die die Aufzählung nicht enthält. Die Entscheidung RG GA 59 S. 126 hatte Verschleppungsabsicht angenommen. *Weber* (GA 1975 S. 289 [300]) zieht auch den Ablehnungsgrund der völligen Ungeeignetheit in Betracht.

Ansicht, auch »Ausforschungsanträge«, die darauf abzielen, Widersprüche zwischen den Bekundungen der Belastungszeugen in der Hauptverhandlung und im Ermittlungsverfahren erst ausfindig zu machen, ermangelten der Ernsthaftigkeit[26], erscheint unrichtig. Diese Art Anträge sind deshalb keine Beweisanträge, weil ihnen die bestimmte Behauptung einer Beweistatsache fehlt; es handelt sich um Beweisermittlungsanträge[27].

III. Verschleppungsabsicht im eigentlichen Sinne

Die Ablehnung eines Beweisantrags wegen Verschleppungsabsicht im eigentlichen Sinne setzt voraus, daß 1. die Beweiserhebung eine nicht nur unerhebliche Verzögerung des Verfahrens zur Folge haben würde, daß 2. die Benutzung des Beweismittels keinerlei Aussicht auf Erfolg verspricht und daß 3. der Antragsteller nichts anderes als die Hinauszögerung des Verfahrens bezweckt. Ob diese objektiven und subjektiven Voraussetzungen vorliegen, läßt sich nicht ein für allemal für das ganze Verfahren entscheiden, sondern muß für jeden Beweisantrag und für jede einzelne Beweisfrage besonders geprüft werden[28]. Denn auch ein Antragsteller, dessen Streben allgemein dahin geht, den Prozeß zu verschleppen, wird mitunter einzelne Beweiserhebungen in der Hoffnung beantragen, daß hierdurch das Verfahrensergebnis zu seinen Gunsten beeinflußt wird[29].

1. Verzögerung des Verfahrens

Ein Beweisantrag darf wegen Verschleppungsabsicht nur abgelehnt werden, wenn durch die beantragte Beweiserhebung eine nicht nur unerhebliche Verzögerung des Verfahrens eintreten würde[30]. Jedoch geht die Forderung, es müsse eine Prozeßverzögerung auf unbestimmte Zeit zu erwarten sein[31], zu weit. Es kommt nur darauf an, daß die Hauptverhandlung wegen der Beweiserhebung nicht lediglich

---

26 OLG Schleswig bei *Ernesti/Jürgensen* SchlHA 1977 S. 181.
27 Vgl. oben S. 77 ff.
28 BGHSt. 21 S. 118 (124); 22 S. 124 (126); BGH NJW 1964 S. 2118; KK *Herdegen* Rdnr. 97; *Kleinknecht* Rdnr. 61; LR *Gollwitzer* Rdnr. 189; *Eb. Schmidt* Nachtr. Rdnr. 39; alle zu § 244. Zur Pflicht des Gerichts, das in dem ablehnenden Beschluß zu begründen, vgl. unten S. 769.
29 BGHSt. 22 S. 124 (126).
30 BGH NJW 1958 S. 1789; RG JW 1926 S. 2759 mit Anm. *Oetker*; RMGE 17 S. 200 (201); KG DJZ 1932 Sp. 363; OLG Dresden JW 1933 S. 470 mit Anm. *von Scanzoni*; OLG Schleswig bei *Ernesti/Jürgensen* SchlHA 1981 S. 93; *Kleinknecht* Rdnr. 61; KMR *Paulus* Rdnr. 433; LR *Gollwitzer* Rdnr. 185; *Eb. Schmidt* Nachtr. Rdnr. 39; alle zu § 244; *Koeniger* S. 283; *Sarstedt* DAR 1964 S. 307 (313).
31 So BGHSt. 21 S. 118 (121); BGH VRS 38 S. 58; OLG Hamburg VRS 56 S. 457 (461) = JR 1980 S. 32 (34) mit Anm. *Gollwitzer*; OLG Hamm VRS 44 S. 445 (446); OLG Karlsruhe Justiz 1976 S. 440 (441); KMR *Paulus* § 244 Rdnr. 429. – BGHSt. 22 S. 124 (126) spricht davon, daß der Erlaß des Urteils in absehbarer Zeit unmöglich gemacht werden muß.

für kurze Zeit unterbrochen, sondern im Sinne des § 228 Abs. 1 ausgesetzt werden müßte[32]. Ist das nicht erforderlich, so ist die Antragsablehnung wegen Verschleppungsabsicht auch dann ausgeschlossen, wenn es naheliegt oder für das Gericht feststeht, daß der Antragsteller in dieser Absicht handelt. Daher darf eine Beweiserhebung nicht wegen Verschleppungsabsicht abgelehnt werden, wenn für die Sache noch weitere Verhandlungstage vorgesehen sind und der Zeuge ohne weiteres erreicht werden kann[33] oder wenn sicher ist, daß die Hauptverhandlung unter Einhaltung der Zehntagesfrist des § 229 Abs. 1 fortgesetzt werden kann[34]. Die Möglichkeit einer Unterbrechung der Hauptverhandlung für dreißig Tage in den Fällen, in denen das nach § 229 Abs. 2 zulässig ist, wird der Ablehnung des Antrags wegen Verschleppungsabsicht aber regelmäßig nicht entgegenstehen[35].

Nach diesen Grundsätzen ist die Ablehnung des Beweisantrags wegen Verschleppungsabsicht ausgeschlossen, wenn die Ladung ortsansässiger Zeugen beantragt ist, die alsbald, am selben[36] oder nächsten[37] Verhandlungstag, herbeigeholt und vernommen werden können[38]. Sie kommt nur in Betracht, wenn der benannte Zeuge sich auswärts, insbesondere im Ausland aufhält[39], wenn er zwar ortsanwesend ist, aber aus irgendwelchen Gründen zur Zeit nicht vernommen werden kann, oder wenn sein Aufenthalt erst ermittelt werden muß[40]. Hatten die Ermittlungen schon bisher keinen Erfolg, so wird im allgemeinen der Ablehnungsgrund der Unerreichbarkeit, nicht der der Verschleppungsabsicht, gegeben sein[41].

32 Vgl. BGH GA 1968 S. 19; BayObLG DAR 1981 S. 249; LR *Gollwitzer* § 244 Rdnr. 185; *Dahs/Dahs* Rdnr. 265; *Gollwitzer* JR 1980 S. 24 (35). So auch BGH 5 StR 165/63 vom 11. 6. 1963, wo eine »nennenswerte« Verzögerung des Verfahrens verlangt und die Notwendigkeit einer kurzen Unterbrechung der Hauptverhandlung nicht für ausreichend gehalten wird. Auch RG JW 1932 S. 2732 mit Anm. *Unger* ließ eine »Verzögerung« genügen. BGH NStZ 1982 S. 291 (292) spricht von „erheblicher" Verzögerung. Vgl. aber *Haubrich* NJW 1981 S. 2507 (2508), der eine Verzögerung von mehreren Monaten verlangt.
33 BGH bei *Spiegel* DAR 1980 S. 207.
34 OLG Karlsruhe Justiz 1976 S. 440 (441); LR *Gollwitzer* § 244 Rdnr. 185; *Dahs/Dahs* Rdnr. 265. Ebenso RG SeuffBl. 76 S. 480 für die damals geltende Viertagefrist. A. A. *Gössel* S. 246.
35 Bei länger dauernden Hauptverhandlungen treten nennenswerte Verfahrensverzögerungen im allgemeinen durch weitere Beweiserhebungen nur ein, wenn sie erst gegen Ende des Prozesses beantragt werden.
36 BGH 5 StR 165/63 vom 11. 6. 1963; RG JW 1890 S. 65.
37 BGH VRS 38 S. 58.
38 BGH NJW 1958 S. 1789; BGH bei *Spiegel* DAR 1980 S. 207; BGH 1 StR 279/54 vom 28. 9. 1954; RGSt. 20 S. 206 (208); RG JW 1926 S. 2759 mit Anm. *Oetker*; KMR *Paulus* Rdnr. 433; LR *Gollwitzer* Rdnr. 185; *Eb. Schmidt* Nachtr. Rdnr. 39; alle zu § 244; *Sarstedt* DAR 1964 S. 307 (313).
39 BGHSt. 21 S. 118 (120); RGSt. 20 S. 206 (208); RGRspr. 7 S. 550; RG HRR 1934 Nr. 1426.
40 RG HRR 1934 Nr. 1426. Die Entscheidung RG JW 1930 S. 154 mit abl. Anm. *Jonas* billigte es, aus dieser Tatsache allein auf die Verschleppungsabsicht zu schließen; hiergegen mit Recht *Schlosky* JW 1930 S. 2505 (2509) und *Simader* S. 45.
41 RGSt. 20 S. 206 (208) hat die Ablehnung wegen Verschleppungsabsicht aber nicht beanstandet.

Die Auffassung, daß nicht jede Verzögerung der Hauptverhandlung eine Verschleppung bedeutet, wird nicht dadurch widerlegt, daß auch der Antrag auf Vernehmung der von dem Antragsteller herbeigeschafften Zeugen, Sachverständigen und sonstigen Beweismittel nach § 245 Abs. 2 Satz 3 wegen Verschleppungsabsicht abgelehnt werden kann. Zwar könnte es auf den ersten Blick scheinen, daß es auf die Frage, wie schnell sich weitere Beweismittel beschaffen lassen, nicht ankommen kann, wenn sogar die Ablehnung des Antrags auf Verwendung der an Gerichtsstelle befindlichen Beweise wegen Prozeßverschleppung zulässig ist. Jedoch darf nicht außer acht gelassen werden, daß das Gesetz den Begriff Prozeßverschleppung als Oberbegriff für Scheinbeweisanträge aller Art verwendet. In § 245 Abs. 2 Satz 3 hat der Begriff vor allem für nicht ernstgemeinte Anträge Bedeutung, mit denen nicht die Verschleppung des Prozesses beabsichtigt ist[42].

2. Aussichtslosigkeit der Beweiserhebung

Nach § 244 Abs. 3 Satz 2 ist die Ablehnung eines nicht ernstgemeinten Beweisantrags zulässig, aber nicht zwingend vorgeschrieben. Zwar wird das Gericht seine Aufgabe in aller Regel nicht richtig verstehen, wenn es einem Beweisantrag stattgibt, den ein Prozeßbeteiligter gar nicht ernsthaft gestellt hat[43]. Es ist aber nicht ausgeschlossen, daß das Gericht zu der Meinung gelangt, die nur zum Schein beantragte Beweiserhebung sei einer vollständigen Sachaufklärung durchaus dienlich. Dann ändert der Umstand, daß der Antragsteller in Verkennung der Beweislage einen an sich vertretbaren oder sogar naheliegenden Beweisantrag nur in Verschleppungsabsicht gestellt hat, nichts an der durch § 244 Abs. 2 begründeten Pflicht zur Beweiserhebung[44]. Selbst wenn die Verschleppungsabsicht des Antragstellers offen zutage tritt, ist das Gericht daher immer verpflichtet, sich unabhängig von den Vorstellungen des Antragstellers eine Meinung darüber zu bilden, zu welchem Ergebnis die beantragte Beweiserhebung führen kann. Nur wenn es selbst davon überzeugt ist, daß sie nichts Sachdienliches ergeben wird, darf es den Beweisantrag wegen Verschleppungsabsicht ablehnen[45]. Insoweit besteht eine Aus-

---

42 Vgl. unten S. 829. Wie hier LR *Gollwitzer* § 244 Rdnr. 185. Dagegen schließt KK *Herdegen* § 244 Rdnr. 95 aus § 245 Abs. 2 Satz 3, daß jede Verzögerung genügt. Der Deutungsversuch (vgl. *Simader* S. 43/44; *Stützel* S. 101; Voraufl. S. 35), bei den herbeigeschafften Beweismitteln sei der Ablehnungsgrund der Verschleppungsabsicht vor allem zur Abwehr von Anträgen auf Erhebung von Beweisen bedeutsam, auf die es für die Entscheidung nicht ankommt, war schon früher nicht überzeugend. Mit der Einführung des § 245 Abs. 2 Satz 3 durch das Gesetz von 1978 (vgl. oben S. 10), der die Ablehnung von Anträgen auf Erhebung herbeigeschaffter Beweise auch wegen Unerheblichkeit der Beweistatsache zuläßt, ist dieser Ansicht die Grundlage entzogen.
43 Vgl. LR *Gollwitzer* § 244 Rdnr. 184.
44 Vgl. KK *Herdegen* § 244 Rdnr. 97; *Eb. Schmidt* Nachtr. § 244 Rdnr. 38; *Köhler* S. 69; *Kreuzer* S. 43; *Rieker* S. 89.
45 BGHSt. 21 S. 118 (121/122); BGH GA 1968 S. 19; BGH NStZ 1982 S. 291 (292); OLG Koblenz VRS 49 S. 192 (193); OLG Köln VRS 61 S. 272 (273); OLG Schleswig bei *Ernesti/Jürgensen* SchlHA 1970 S. 198/199; LR *Gollwitzer* § 244 Rdnr. 184; *Eb. Schmidt* Nachtr. § 244 Rdnr. 38; *Bendix* GerS 85 S. 77 (78); *Harreß* S. 30/31; *Haubrich* NJW 1981 S. 2507 (2508); *Köhler* S. 69.

nahme von dem sonst geltenden Verbot der Beweisantizipation[46]. Denn wenn das Gericht vorweg beurteilen darf und muß, ob die beantragte Beweiserhebung etwas zugunsten des Antragstellers ergeben kann, muß ihm notwendigerweise die Beurteilung der Frage gestattet werden, ob seine aufgrund der bisherigen Beweisaufnahme gewonnene Überzeugung von dem Vorliegen oder Nichtvorliegen der nunmehr von dem Antragsteller behaupteten Tatsache durch die weitere Beweiserhebung erschüttert werden könnte.

3. Verschleppungsabsicht als einziger Grund der Antragstellung

a) Grundsatz. Von den anderen Ausnahmen, die das Gesetz (§ 384 Abs. 3 StPO, § 77 OWiG) von dem Verbot der Beweisantizipation zuläßt, unterscheidet sich der Fall dadurch, daß das Gericht dem Antragsteller nachweisen muß, daß auch er sich der Aussichtslosigkeit der beantragten Beweiserhebung bewußt ist. Gelingt dieser Nachweis nicht, so ist eine Antragsablehnung wegen Verschleppungsabsicht ausgeschlossen. Die Ablehnung eines Beweisantrags mit dieser Begründung setzt demnach außer der Nutzlosigkeit der Beweiserhebung immer voraus, daß das Gericht zweifelsfrei davon überzeugt ist, daß der Beweisantrag ausschließlich auf eine Verzögerung des Verfahrensabschlusses abzielt, weil der Antragsteller in dem Bewußtsein, daß die unter Beweis gestellte Tatsache nicht bewiesen werden kann, nur die Hinausschiebung des Urteils bezweckt[47]. Der Antrag darf daher nicht mit

---

46 BGHSt. 21 S. 118 (121); BGH 5 StR 616/54 vom 1. 2. 1955; OLG Hamburg VRS 56 S. 457 (462) = JR 1980 S. 32 (34) mit zust. Anm. *Gollwitzer*, *Kleinknecht* Rdnr. 61; KMR *Paulus* Rdnr. 430; LR *Gollwitzer* Rdnr. 184; *Eb. Schmidt* Nachtr. Rdnr. 13); alle zu § 244; *Bendix* GerS 85 S. 77 (82); *Bockelmann* ZStW 60 S. 601 (610/611); *Dahs/Dahs* Rdnr. 265; *Roxin* § 43 C II 1; *Schlüchter* S. 552.1 – A. A. RG JW 1911 S. 248; 1924 S. 316 mit Anm. *Aschkanasy*, RG BayZ 1907 S. 148; RG GA 70 S. 333 (334) = JR Rspr. 1926 Nr. 764; KG ZStW 48 Sdr. Beil. S. 310; *Harreß* S. 31; *Rosenfeld* S. 229 Fußn. 19. A. A. ist auch *Engels* S. 49 ff., der aber (S. 51) fälschlich behauptet, auch in BGHSt. 21 S. 118 (121) sei die Beweisantizipation nur im Hinblick auf die subjektive Ablehnungsvoraussetzung, dem Nachweis der Motive des Antragstellers, zugelassen worden. Vgl. auch oben S. 418 ff.

47 BGHSt. 1 S. 29 (33); 21 S. 118 (121); 29 S. 149 (151); BGH NJW 1953 S. 1314; 1982 S. 2201; BGH GA 1968 S. 19; BGH NStZ 1982 S. 291 (292); BGH VRS 38 S. 58; BGH bei *Spiegel* DAR 1980 S. 207; BGH 3 StR 145/76 (S) vom 2. 6. 1976; RGSt. 12 S. 335 (336); 13 S. 151 (153); 20 S. 206 (208); 22 S. 335 (336); 74 S. 153 (154); RGRspr. 7 S. 550; 10 S. 148; RG JW 1899 S. 447; 1930 S. 1313 mit Anm. *Alsberg*; RG JW 1930 S. 1505 (1506) mit Anm. *Gerland*; RG JW 1932 S. 2732 mit Anm. *Unger*; RG JW 1933 S. 450 mit Anm. *Alsberg*; RG HRR 1934 Nr. 1426; RG LZ 1916 Sp. 873; RMGE 11 S. 12; BayObLGSt. 1976 S. 6 (7) = MDR 1976 S. 510 = VRS 50 S. 438; BayObLG bei *Rüth* DAR 1978 S. 210; 1981 S. 249; KG NJW 1954 S. 770; JR 1947 S. 124; OLG Dresden JW 1933 S. 470 mit Anm. *von Scanzoni*; HRR 1939 Nr. 1543; OLG Düsseldorf NJW 1949 S. 917; OLG Hamburg VRS 56 S. 457 (461) = JR 1980 S. 32 (34) mit Anm. *Gollwitzer*; OLG Hamm JMBlNRW 1957 S. 131; VRS 42 S. 115 (117); 44 S. 445 (446); OLG Karlsruhe Justiz 1976 S. 440 (441); OLG Kiel SchlHA 1946 S. 289; OLG Koblenz VRS 49 S. 116; S. 192 (193); OLG Köln NJW 1953 S. 1726 L = JR 1954 S. 68 (69); OLG Schleswig bei *Ernesti/Jürgensen* SchlHA 1970 S. 198 und bei *Ernesti/Lorenzen* SchlHA 1981 S. 93; *Dalcke/Fuhrmann/Schäfer* Anm. 16; KK *Herdegen* Rdnr. 96; *Kleinknecht* Rdnr. 61;

der Begründung abgelehnt werden, der Angeklagte sei bereits überführt[48], das Gegenteil der behaupteten Tatsache sei bereits erwiesen, die beantragte Beweiserhebung verspreche keinen Erfolg[49]. Das Gericht muß immer beachten, daß es dem Antragsteller auch bei einer scheinbar aussichtslosen Beweislage nicht verwehrt werden darf, das bisherige Beweisergebnis durch Beibringung neuer Beweismittel umzustoßen. Es geht nicht an, diesen Versuch durch vorschnelle Ablehnung von Beweisanträgen wegen Verschleppungsabsicht zu unterbinden[50]. Solange sich der Antragsteller von der Beweiserhebung irgendeinen sachlichen Erfolg verspricht, handelt er nicht in Verschleppungsabsicht[51].

Die Verschleppungsabsicht ist eine innere Tatsache. Ihr Nachweis kann nur aufgrund äußerer Beweisanzeichen geführt werden[52]. Die Schwierigkeit dieser Beweisführung[53] liegt auf der Hand[54]. Das allein schließt es aus, daß dem Ablehnungsgrund der Verschleppungsabsicht große praktische Bedeutung zukommt[55]. Da die Obergerichte ferner an der Ansicht festhalten, bei dem Rechtsanwalt als Verteidiger spreche eine Vermutung gegen das Vorliegen der Verschleppungsabsicht[56], steht der Ablehnungsgrund nur für Extremfälle[57] zur Verfügung. Daß dies

KMR *Paulus* Rdnr. 430; LR *Gollwitzer* Rdnr. 186; *Eb. Schmidt* Nachtr. Rdnr. 38; alle zu § 244; *Bendix* GerS 85 S. 77 (81); *Kreuzer* S. 42/43; *Kühne* Rdnr. 459; *Löwenstein* JW 1927 S. 1491; *Roxin* § 43 C II 1 d; *Schlüchter* Rdnr. 552.1.
48 Vgl. *Dalcke/Fuhrmann/Schäfer* § 244 Anm. 16.
49 BGHSt. 21 S. 118 (121); RG JW 1895 S. 430; 1899 S. 477; 1911 S. 248; RG GA 70 S. 333 (334); RG Recht 1910 Nr. 626; OLG Hamm VRS 44 S. 445 (446); OLG Köln NJW 1967 S. 2416 = JR 1968 S. 227 mit Anm. *Koffka*; KMR *Paulus* § 244 Rdnr. 430; LR *Gollwitzer* § 244 Rdnr. 186; *Gollwitzer* JR 1980 S. 34 (35); *Goslar* S. 22.
50 Vgl. *Gollwitzer* JR 1980 S. 34 (35).
51 RG JW 1932 S. 2732 mit Anm. *Unger*; RG JW 1939 S. 627 = HRR 1939 Nr. 477; OLG Hamm JMBlNRW 1957 S. 131. Vgl. auch *Haubrich* NJW 1981 S. 2507 für den Fall, daß der Angeklagte zum Beweis dafür, daß die Blutprobe vertauscht worden ist, eine »vergleichende« Blutprobe verlangt, obwohl die festgestellte Blutalkoholkonzentration seinem Tatverhalten entspricht.
52 Vgl. KK *Herdegen* § 244 Rdnr. 97; LR *Gollwitzer* § 244 Rdnr. 186; *Gollwitzer* JR 1980 S. 34 (35).
53 Schon RGSt. 20 S. 202 (207); 22 S. 335 (337); RGRspr. 7 S. 550 (551); 10 S. 148; RG JW 1912 S. 945 haben darauf hingewiesen, daß die Entscheidung des Tatrichters wegen der Schwierigkeit, die maßgebenden Beweggründe des Angeklagten klarzulegen, stets die sorgfältigste und gewissenhafteste Erwägung erfordert, damit nicht durch den unterstellten Schein der Verschleppung die ernstlich gemeinte Verteidigung zu Schaden kommt.
54 Vgl. *Harreß* S. 32; *Kurtze* S. 76; *Stützel* S. 100; *Wagner* JuS 1972 S. 315 (317). *Foth* DRiZ 1978 S. 76 (77) hält den Ablehnungsgrund, wie ihn die Rspr. versteht, für nahezu überflüssig; *Rieker* S. 89 will auf andere Ablehnungsgründe ausweichen.
55 BGHSt. 21 S. 118 (123); RGSt. 12 S. 335 (336); 20 S. 206 (207); 22 S. 335 (336/337); RGRspr. 10 S. 148; KMR *Paulus* § 244 Rdnr. 428, 436; LR *Gollwitzer* § 244 Rdnr. 286. Vgl. auch OLG Hamm JMBlNRW 1957 S. 131 (seltene, besonders geartete Fälle); *Weber* GA 1975 S. 289 (297). Unverständlich ist daher, daß *Grünwald* (Verh. 50. DJT, 1974, I Teil C S. 74) leichthin behauptet, wenn der Antragsteller selbst nicht an den Wert seiner Beweismittel glaubt, sei ja der Ablehnungsgrund der Verschleppungsabsicht gegeben.
56 Vgl. unten S. 648.
57 Wie etwa der des OLG Hamburg VRS 56 S. 457 = JR 1980 S. 32 mit Anm. *Gollwitzer*.

in einer Zeit, in der Verfahrensrechte in immer bedenklicherer Weise mißbraucht werden, die Rechtspflege außerordentlich behindert, läßt sich nicht bestreiten. Im Interesse der Sachaufklärung muß das aber hingenommen werden.

b) Berücksichtigung des bisherigen Prozeßverhaltens. Bei der Entscheidung über den Beweisantrag muß der Tatrichter alle im Zeitpunkt der Beschlußfassung, nicht der Antragstellung[58], für und gegen die Verschleppungsabsicht sprechenden Umstände zusammenstellen und gegeneinander abwägen[59]. Dabei ist naturgemäß in erster Hinsicht das bisherige Prozeßverhalten des Antragstellers von Bedeutung[60]. Der Umstand, daß der Antrag mit den bisherigen Beweisergebnissen oder sogar mit dem Geständnis des Angeklagten nicht zu vereinbaren ist, spricht für eine Verschleppungsabsicht, beweist sie aber nicht unbedingt[61]. Auch ein neues Vorbringen[62] oder ein Wechsel des Verteidigungsvorbringens des Angeklagten rechtfertigt nicht ohne weitere Beweisanzeichen die Annahme, daß sein Beweisantrag in Verschleppungsabsicht gestellt ist[63]. Jedoch kommt es immer auf die Umstände des Einzelfalls an. Hat der Angeklagte seine Einlassung ohne nähere Begründung mehrfach in deutlichem Widerspruch zu dem bisherigen Verteidigungsvorbringen gewechselt, nachdem seine früheren Entlastungsbeweise mißlungen waren, und sind einige der benannten Beweismittel offensichtlich unerreichbar, so drängt sich die Annahme der Verschleppungsabsicht auf[64]. Prozeßverschleppung kann auch anzunehmen sein, wenn der Angeklagte, nachdem auf seinen Antrag bereits zahlreiche Zeugen bekundet haben, die Beweistatsache sei ihnen völlig unbekannt, erneut einen Zeugen benennt, der darüber Auskunft geben soll[65]. Daß die von dem Antragsteller aufgestellte Behauptung schon durch eine früher von ihm beantragte Beweisaufnahme[66] oder im Ermittlungsverfahren oder

---

58 Vgl. KMR *Paulus* § 244 Rdnr. 413; unten S. 755.
59 RGSt. 65 S. 304 (305) = JW 1932 S. 58 mit Anm. *Alsberg*; RG HRR 1934 Nr. 1426; KG JR 1947 S. 124; OLG Düsseldorf NJW 1949 S. 917; OLG Kiel SchlHA 1946 S. 289; OLG Hamm JMBlNRW 1957 S. 131; OLG Köln NJW 1953 S. 1726 L = JR 1954 S. 68 (69); KK *Herdegen* Rdnr. 97; KMR *Paulus* Rdnr. 434; LR *Gollwitzer* Rdnr. 186; alle zu §244; *Gollwitzer* JR 1980 S. 34 (35). Zur Pflicht des Tatrichters, das in dem Ablehnungsbeschluß zu begründen, vgl. unten S. 762/763.
60 Vgl. *Gollwitzer* JR 1980 S. 34 (35). Unrichtig erscheint die Ansicht von *Weber* (GA 1975 S. 289 [293]), mit dem außergerichtlichen Verhalten des Antragstellers dürfe die Antragsablehnung nicht begründet werden. Wenn der Antragsteller außerhalb der Hauptverhandlung klar zu erkennen gegeben hat, daß er die Beweiserhebung nicht ernsthaft begehrt, kann daraus durchaus auf die Verschleppungsabsicht geschlossen werden.
61 OLG Hamm JMBlNRW 1957 S. 131; OLG Karlsruhe Justiz 1976 S. 440; *Gollwitzer* JR 1980 S. 34 (35); *Simader* S. 45.
62 RG bei *Schlosky* JW 1930 S. 2505 (2508).
63 RG JW 1895 S. 430; KK *Herdegen* § 244 Rdnr. 97; *Simader* S. 45; a. A. *Glaser* Hdb. I S. 607; vgl. auch KMR *Paulus* § 244 Rdnr. 430; *Eb. Schmidt* Nachtr. § 244 Rdnr. 12 a).
64 Vgl. den Fall BGH NJW 1953 S. 1314; *Koeniger* S. 284.
65 Zu eng RG LZ 1914 Sp. 1722. Die Entscheidung ist allerdings im Ergebnis richtig, weil der Antragsteller sich schon vor der Hauptverhandlung auf die neu benannten Zeugen bezogen hatte.
66 RG HRR 1937 Nr. 1483; KMR *Paulus* § 244 Rdnr. 430.

sonst in einem früheren Verfahrensabschnitt nicht bestätigt worden ist, reicht dagegen für die Annahme der Verschleppungsabsicht nicht aus[67]. Ebensowenig kann auf diese Absicht daraus geschlossen werden, daß der Antragsteller früher auf die Vernehmung des jetzt benannten Zeugen verzichtet hatte; denn die Notwendigkeit seiner Vernehmung kann er aus dem weiteren Gang der Hauptverhandlung gefolgert haben[68]. Wenn der Angeklagte jedoch die Ladung und Vernehmung eines Zeugen beantragt, obwohl er sich mehrfach mit der Verlesung von Vernehmungsniederschriften einverstanden erklärt hatte und ein Grund für das Verlangen nach persönlicher Anhörung weder angegeben noch sonst ersichtlich ist, darf davon ausgegangen werden, daß Verschleppungsabsicht vorliegt[69].

c) Keine Verschleppungsabsicht wegen verspäteter Antragstellung. Der Umstand allein, daß der Beweisantrag verspätet gestellt ist, darf nicht zu seiner Ablehnung wegen Verschleppungsabsicht führen. Denn nach § 246 Abs. 1 darf eine Beweiserhebung nicht deshalb abgelehnt werden, weil das Beweismittel oder die Beweistatsache zu spät vorgebracht worden ist. Die Prozeßbeteiligten sind berechtigt, Beweisanträge bis zum Beginn der Urteilsverkündung zu stellen[70]. Wer von dieser Befugnis Gebrauch macht, kann dadurch allein nicht in den Verdacht geraten, das Verfahren nur verzögern zu wollen[71]. Das gilt selbst dann, wenn der Antrag aus grober Nachlässigkeit nicht schon früher gestellt worden ist[72]. Insbesondere der Verteidiger ist nicht verpflichtet, Beweisanträge zu einem Zeitpunkt zu stellen, der dem Gericht genehm ist. Das Gericht darf ihm hierüber keine Vorschriften machen[73] und die verspätete Antragstellung nicht durch die Ablehnung wegen Verschleppungsabsicht »ahnden«. Außerdem kann es im Einzelfall durchaus verständ-

---

67 OLG Kiel SchlHA 1946 S. 289; *Gollwitzer* JR 1980 S. 34 (35).
68 BGH bei *Spiegel* DAR 1980 S. 207.
69 BGHSt. 1 S. 29 (33).
70 Vgl. oben S. 387/388.
71 BGH NJW 1964 S. 2118; BGH NStZ 1982 S. 41; S. 291 (292); BGH VRS 38 S. 58; RGSt. 12 S. 335 (337); RG JW 1899 S. 476; 1923 S. 689 mit Anm. *Alsberg*; RG JW 1924 S. 316 mit Anm. *Aschkanasy*; RG JW 1930 S. 1313 mit Anm. *Alsberg*; RG JW 1930 S. 1505 mit Anm. *Gerland*; RG JW 1932 S. 2732 mit Anm. *Unger*, RG LZ 1933 Sp. 716; RG SeuffBl. 77 S. 124; BayObLG JW 1929 S. 2751 mit Anm. *Löwenstein*; BayObLG DRiZ 1931 Nr. 610; KG NJW 1954 S. 770; JR 1947 S. 124; OLG Dresden JW 1933 S. 470 mit Anm. *von Scanzoni*; OLG Kiel SchlHA 1946 S. 289; OLG Schleswig bei *Ernesti/Jürgensen* SchlHA 1970 S. 198/199; *Dalcke/Fuhrmann/Schäfer* Anm. 16; KK *Herdegen* Rdnr. 97; KMR *Paulus* Rdnr. 430; alle zu § 244; *Ditzen* ZStW 10 S. 111 (125); *Gollwitzer* JR 1980 S. 34 (35); *Koeniger* S. 284; *Löwenstein* JW 1927 S. 1491; *Schlüchter* Rdnr. 552.1.
72 BGHSt. 21 S. 118 (123); BGH bei *Spiegel* DAR 1979 S. 188; 1980 S. 207; RGSt. 12 S. 335 (336); OLG Dresden HRR 1929 Nr. 1543; OLG Hamburg VRS 56 S. 457 (462) = JR 1980 S. 32 (34) mit Anm. *Gollwitzer*; KMR *Paulus* Rdnr. 430; LR *Gollwitzer* Rdnr. 186; *Eb. Schmidt* Nachtr. Rdnr. 12); alle zu § 244; *Alsberg* JW 1930 S. 1313; *Dahs/Dahs* Rdnr. 265, 266. Ebenso *Kreuzer* S. 42 für den Fall der schikanös verspäteten Antragstellung. *Kleinknecht* § 244 Rdnr. 61 will darin, daß der Verteidiger die Verspätung seines Antrags nicht hinlänglich erklären kann, ein Indiz für die Verschleppungsabsicht sehen; aber eine solche Erklärung braucht der Verteidiger regelmäßig nicht abzugeben.
73 BGHSt. 21 S. 118 (123); BGH 1 StR 323/62 vom 25. 9. 1962; 5 StR 396/66 vom 20. 9. 1966; *Dahs* Hdb. Rdnr. 364.

lich erscheinen, daß der Verteidiger auf ihm bekannte Beweismittel erst im Laufe der Hauptverhandlung zurückkommt, weil er vorher der Annahme sein konnte oder in irriger Beurteilung des bisherigen Prozeßverlaufs jedenfalls angenommen hat, schon die vorhandenen Beweise reichten zur Freisprechung aus[74].

Da ein Beweisantrag nicht mit der Begründung abgelehnt werden darf, der Antragsteller kenne die behaupteten Tatsachen nicht aus eigenem Wissen, sei von ihrer Wahrheit nicht überzeugt, sondern vermute sie nur[75], dürfen diese Umstände auch dann nicht berücksichtigt werden, wenn es um den Nachweis der Verschleppungsabsicht geht[76]. Ebensowenig genügt die Erwägung, in der bisherigen Verhandlung seien keine Anhaltspunkte für das benannte Beweismittel oder den Wahrheitsgehalt der Beweisbehauptung zutage getreten[76a].

d) Keine Verschleppungsabsicht bei Wiederholung eines schon früher gestellten Antrags. Gegen die Verschleppungsabsicht spricht im allgemeinen, daß der Antragsteller nur einen bereits in einer früheren Hauptverhandlung[77] oder sonst vor der jetzt stattfindenden Hauptverhandlung gestellten Antrag wiederholt[78]. Die Ablehnung wegen Verschleppungsabsicht ist auch ausgeschlossen, wenn das Gericht in einem früheren Stadium des Verfahrens die Beweiserhebung selbst für erforderlich gehalten[79], insbesondere den nunmehr benannten Zeugen selbst geladen hatte[80].

4. Verschleppungsabsicht bei Beweisanträgen des Verteidigers

a) Grundsatz. Für die Frage der Verschleppungsabsicht sind grundsätzlich Wille und Einstellung des Antragstellers selbst ausschlaggebend[81]. Wenn der Verteidiger

---

74 BGHSt. 21 S. 118 (123); RG JW 1927 S. 1491 mit Anm. *Löwenstein*; *Dahs/Dahs* Rdnr. 266. Vgl. auch OLG Düsseldorf NJW 1949 S. 917, das dem Umstand, daß der Verteidiger zunächst erklärt hatte, er wolle sich auf die Schuldunfähigkeit des Angeklagten nicht berufen, dann aber doch die Zuziehung eines Sachverständigen beantragte, mit Recht keine Bedeutung beimaß.
75 Vgl. oben S. 43.
76 Vgl. KMR *Paulus* § 244 Rdnr. 430; LR *Gollwitzer* § 244 Rdnr. 186; *Gollwitzer* JR 1980 S. 34 (35).
76a BGH NStZ 1982 S. 291 (292).
77 Ein schon früher wegen Verschleppungsabsicht abgelehnter Beweisantrag kann in einer neuen Hauptverhandlung nach Aufhebung des ersten Urteils im Revisionsrechtszug nicht erneut wegen Verschleppungsabsicht abgelehnt werden. Denn das Gericht konnte zu der neuen Verhandlung das Beweismittel heranschaffen und dadurch eine Verfahrensverzögerung vermeiden; vgl. KMR *Paulus* § 244 Rdnr. 430.
78 BGH NJW 1958 S. 1789 (1790); RG JW 1893 S. 292; 1930 S. 1505 (1506) mit Anm. *Gerland*; RG LZ 1914 Sp. 1722; OLG Hamm VRS 42 S. 115 (117); LR *Gollwitzer* § 244 Rdnr. 186; *Koeniger* S. 283.
79 KG VRS 29 S. 204 (206); vgl. auch OLG Koblenz VRS 49 S. 192 (193).
80 RG SächsA 1909 S. 460.
81 OLG Hamburg VRS 56 S. 457 (461) = JR 1980 S. 32 (33) mit Anm. *Gollwitzer*; OLG Hamm VRS 42 S. 115 (117); KK *Herdegen* § 244 Rdnr. 96; KMR *Paulus* § 244 Rdnr. 431; *Jonas* JW 1930 S. 154; *Mittelbach* DR 1940 S. 1105; *Rieker* S. 89; *Simader* S. 46; *Stützel* S. 102.

der Antragsteller ist, müssen daher regelmäßig bei ihm selbst das Bewußtsein, daß die behaupteten Tatsachen durch die benannten Beweismittel nicht bewiesen werden können, und der Wille, das Verfahren nur zu verschleppen, vorhanden sein[82]. Wenn das festgestellt wird, kommt es nicht darauf an, ob der Angeklagte die Verschleppungsabsicht des Verteidigers durchschaut und billigt[83]. Nur ausnahmsweise kann aber ein Beweisantrag des Verteidigers wegen der Verschleppungsabsicht des Angeklagten abgelehnt werden. Im einzelnen gilt folgendes:

b) Auf die **Verschleppungsabsicht des Verteidigers** darf nicht daraus geschlossen werden, daß der Antrag mit der Einlassung oder den sonstigen Prozeßerklärungen des Angeklagten nicht übereinstimmt. Der Verteidiger darf Beweisanträge selbständig und auch gegen den Willen des Angeklagten stellen[84]. Daß der Angeklagte dem Antrag nicht zugestimmt oder sogar Angaben gemacht hat, die mit ihm im Widerspruch stehen, begründet nicht ohne weiteres den Verdacht, der Verteidiger wolle nur das Verfahren verzögern, und rechtfertigt es daher nicht, den Antrag wegen Verschleppungsabsicht des Verteidigers abzulehnen[85]. Andererseits steht der eigenen Verschleppungsabsicht des Verteidigers nicht entgegen, daß er den Antrag namens des Angeklagten stellt[86]. Wenn der Verteidiger eine Schutzbehauptung des Angeklagten selbst für unrichtig hält, darf ein auf diese Behauptung gestützter Beweisantrag wegen Verschleppungsabsicht des Verteidigers abgelehnt

---

[82] BGHSt. 21 S. 118 (121); BGH NJW 1953 S. 1314; 1964 S. 2118; 1969 S. 281 (282) = GA 1970 S. 240 (241) = VRS 36 S. 213 (214); BGH GA 1968 S. 19; BGH bei *Spiegel* DAR 1976 S. 95; BGH 5 StR 506/60 vom 20. 12. 1960; 1 StR 470/78 vom 7. 11. 1978; RG JW 1900 S. 375; 1923 S. 689 mit Anm. *Alsberg*; 1931 S. 2818; 1933 S. 450 (451) mit Anm. *Alsberg*; RG JW 1938 S. 1885 = HRR 1938 Nr. 1381; RG BayZ 1907 S. 148; 1927 S. 109; RG HRR 1941 Nr. 526; RG LZ 1933 Sp. 716; RG Recht 1926 Nr. 2048; BayObLG JW 1929 S. 2751 mit Anm. *Löwenstein*; BayObLG bei *Rüth* DAR 1978 S. 210; KG NJW 1954 S. 770; DJZ 1932 Sp. 363; JR 1947 S. 124; ZStW 48 Sdr. Beil. S. 310; OLG Düsseldorf NJW 1949 S. 917; OLG Hamm VRS 42 S. 115 (117); 44 S. 445 (446); OLG Karlsruhe Justiz 1976 S. 440 (441); OLG Kiel SchlHA 1946 S. 289; 1948 S. 224 (225); OLG Koblenz VRS 49 S. 116; S. 192 (193); OLG Köln NJW 1953 S. 1726 L = JR 1954 S. 68 (69); JMBlNRW 1963 S. 46 = VRS 24 S. 217 (218); OLGSt. § 78 OWiG S. 15 (16); OLG Schleswig bei *Ernesti/Jürgensen* SchlHA 1969 S. 152 und bei *Ernesti/Lorenzen* SchlHA 1981 S. 93; *Dalcke/Fuhrmann/Schäfer* Anm. 16; KK *Herdegen* Rdnr. 55, 96; *Kleinknecht* Rdnr. 62; KMR *Paulus* Rdnr. 431; LR *Gollwitzer* Rdnr. 187; *Eb. Schmidt* Nachtr. Rdnr. 39; alle zu § 244; *Bendix* GerS 85 S. 77 (87); *Dahs* Hdb. Rdnr. 527; *Dahs/Dahs* Rdnr. 266; *Goslar* S. 22; *Koeniger* S. 284; *Schlosky* JW 1930 S. 2505 (2509); *Stützel* S. 102.
[83] A. A. *Beulke* S. 203, der es für unzulässig hält, dem Angeklagten das arglistige Verhalten seines Verteidigers »zuzurechnen«. Das geschieht aber ohnehin nicht. Es wird nur eine aussichtslose Beweiserhebung unterlassen, die der Angeklagte selbst nicht beantragt hat.
[84] Vgl. oben S. 377.
[85] BGHSt. 21 S. 118 (124); RG JW 1925 S. 2782 mit Anm. *Löwenstein*; RG JW 1931 S. 949 mit Anm. *Alsberg*; RG JW 1933 S. 1664; BayObLGSt. 1949/51 S. 73 (82) = HESt. 3 S. 13 (15); LR *Gollwitzer* § 244 Rdnr. 186; *Eb. Schmidt* Nachtr. § 244 Rdnr. 39. Vgl. auch RGSt. 17 S. 315 (316), das aber in einem solchen Fall die Möglichkeit der Prozeßverschleppung jedenfalls für prüfenswert hält.
[86] BGH 1 StR 470/78 vom 7. 11. 1978.

werden[87]. Ein Fall, in dem der Verteidiger mit nicht alltäglicher Unverfrorenheit das Verfahren dadurch verschleppen wollte, daß er trotz eindeutiger Beweislage in der fünften in dieser Sache angesetzten Hauptverhandlung erstmals einen Zeugen in Italien zum Beweis dafür benannte, daß nicht der Angeklagte, sondern dieser Italiener die Tat begangen habe, liegt der Entscheidung des OLG Hamburg vom 3. 11. 1978[88] zugrunde.

Die Rechtsprechung der Oberlandesgerichte vertritt im übrigen die Meinung, daß dem Rechtsanwalt als Verteidiger der Vorwurf der Verschleppungsabsicht nur gemacht werden darf, wenn besonders schwerwiegende Beweisanzeichen vorliegen. Da eine Prozeßverschleppung mit dem Berufsethos eines Rechtsanwalts unvereinbar ist und eine Verletzung der Standespflichten bedeutet, soll eine Vermutung gegen eine Verschleppungsabsicht des Rechtsanwalts als Verteidiger sprechen[89]. Diese Ansicht, der im Schrifttum widersprochen worden ist[90], ist deshalb verfehlt, weil sie die Grundsätze des hier zu führenden Indizienbeweises verkennt. Liegen Beweisanzeichen vor, aus denen nach der Lebenserfahrung zu schließen ist, daß der Antrag in Verschleppungsabsicht gestellt ist, so kann es auf die Person des Antragstellers nicht entscheidend ankommen. Den Beweiswert der Indizien erhöht es nicht, daß der Antragsteller der Angeklagte selbst ist, und er wird nicht dadurch verringert, daß ein Rechtsanwalt den Antrag gestellt hat. Wenn daher die vorliegenden Beweisanzeichen das Gericht zu der Überzeugung gelangen lassen, daß der Antragsteller in Verschleppungsabsicht gehandelt hat, so kann es den Beweisantrag mit dieser Begründung ohne Rücksicht darauf ablehnen, daß der Rechtsanwalt, der ihn gestellt hat, gegen seine Standespflichten verstoßen hat. Eine Unterscheidung zwischen Beweisanzeichen und besonders schwerwiegenden Beweisanzeichen läßt sich ohnehin nicht durchführen. Auch wenn der Antrag nicht von einem Rechtsanwalt gestellt ist, müssen die für die Verschleppungsabsicht sprechenden Beweisanzeichen so schwerwiegend sein, daß sie die volle Überzeugung des Gerichts von der Nichternstlichkeit des Beweisbegehrens begründen können. Mehr kann auch für den Beweisantrag des Verteidigers nicht verlangt werden.

87 Vgl. BGH 1 StR 284/53 vom 11. 12. 1953; *Dalcke/Fuhrmann/Schäfer* § 244 Rdnr. 16; *Koeniger* S. 284; *Simader* S. 46. Im Fall der BGH-Entscheidung handelte es sich um neue Schutzbehauptungen, die in dem bisherigen Verfahren, das bereits einmal bis in die Revisionsinstanz geführt hatte, nie aufgestellt worden waren und im Gegensatz zu der früheren Einlassung des Angeklagten standen.
88 VRS 56 S. 457 = JR 1980 S. 32 mit Anm. *Gollwitzer.*
89 KG NJW 1954 S. 770; OLG Düsseldorf NJW 1949 S. 917; OLG Köln NJW 1953 S. 1726 L = JR 1954 S. 68 (69); JMBlNRW 1963 S. 46 (47) = VRS 24 S. 217 (218); ebenso *Dalcke/Fuhrmann/Schäfer* Anm. 16; KMR *Paulus* Rdnr. 431; LR *Gollwitzer* Rdnr. 187; alle zu § 244; *Dahs* Hdb. Rdnr. 528; *Dahs/Dahs* Rdnr. 266; *Sarstedt* DAR 1964 S. 307 (315).
90 Vgl. *Hanack* JZ 1972 S. 114 (116), der es für verfehlt hält, über die strengen Anforderungen hinaus, die ohnehin an den Nachweis der Verschleppungsabsicht gestellt werden, für den Rechtsanwalt noch zusätzliche Forderungen aufzustellen; in ZStW 93 S. 559 (564) spricht er von einer »wohltätigen Annahme«. Vgl. auch *W. Schmid* GA 1980 S. 285 Fußn. 1: »Gar zu blauäugige Rechtsprechung«.

c) Die **Verschleppungsabsicht des Angeklagten,** nicht die des Verteidigers, ist maßgebend, wenn der Verteidiger ersichtlich nur unüberprüfte Angaben seines Mandanten verwertet und jede Verantwortung für ihre Richtigkeit ablehnt[91]. Daß der Verteidiger den Antrag ausdrücklich im Namen des Angeklagten stellt, genügt dazu allein nicht[92], ist jedoch immerhin ein Beweisanzeichen[93]. Ferner ist nur die Verschleppungsabsicht des Angeklagten maßgebend, wenn der Verteidiger sich von ihm offensichtlich als Werkzeug gebrauchen läßt[94]. Ein solcher Fall liegt etwa vor, wenn der Angeklagte die Verteidigung in wesentlichen Punkten selbst führt, indem er ohne verständige Begründung durch mehrfach wechselndes, sachlich entgegengesetztes Vorbringen, auf dessen Richtigkeit der Verteidiger sich verläßt, bestimmenden Einfluß auf die Verteidigung und die Antragstellung nimmt. Dann kommt es auf die Prozeßverschleppungsabsicht des Verteidigers nicht an, und der Antrag kann auch abgelehnt werden, wenn er das Vorbringen des Angeklagten für möglicherweise wahr hält und das Verfahren fördern will[95]. Die Ablehnung ist jedoch unzulässig, wenn nichts dafür spricht, daß der Verteidiger den Antrag im Auftrag des Angeklagten gestellt hat, ohne die Eignung der Beweisbehauptung und des Beweismittels in eigener Verantwortung zu prüfen, oder wenn nicht ersichtlich ist, daß er die Behauptung des Angeklagten, auf die sich der Beweisantrag bezieht, selbst für unrichtig hält[96].

---

[91] BGH GA 1968 S. 19; BGH 1 StR 415/57 vom 22. 10. 1957; RG LZ 1930 Sp. 1257; OLG Karlsruhe Justiz 1976 S. 440 (441); KK *Herdegen* § 244 Rdnr. 96; KMR *Paulus* § 244 Rdnr. 431; *von Rosycki-von Hoewel* JW 1933 S. 2524 (2525); a. A. *Goslar* S. 22.
[92] Vgl. KMR *Paulus* § 244 Rdnr. 431; LR *Gollwitzer* § 244 Rdnr. 187; *Dahs/Dahs* Rdnr. 266; oben S. 377.
[93] Vgl. *Rieker* S. 89 Fußn. 5; *Simader* S. 46.
[94] BGH 5 StR 396/66 vom 20. 9. 1966; OLG Köln JMBlNRW 1963 S. 46 = VRS 24 S. 217 (218); KK *Herdegen* Rdnr. 96; KMR *Paulus* Rdnr. 431; LR *Gollwitzer* Rdnr. 187; alle zu § 244; *Dahs/Dahs* Rdnr. 266; a. A. *Bendix* GerS 85 S. 77 (88), der in diesem Fall die Ablehnung wegen Nichternstlichkeit für unzulässig hält.
[95] BGH NJW 1953 S. 1314; 1964 S. 2218; 1969 S. 281 (282) = GA 1970 S. 240 (241) = VRS 36 S. 213 (214); BGH 2 StR 166/55 vom 24. 6. 1955; 4 StR 160/56 vom 7. 6. 1956; 1 StR 323/62 vom 25. 9. 1962; OLG Schleswig bei *Ernesti/Jürgensen* SchlHA 1969 S.152; *Dalcke/Fuhrmann/Schäfer* Anm. 16; KK *Herdegen* Rdnr. 96; KMR *Paulus* Rdnr. 431; LR *Gollwitzer* Rdnr. 187; alle zu § 244; *Koeniger* S. 284/285.
[96] OLG Schleswig bei *Ernesti/Jürgensen* SchlHA 1969 S. 152.

§ 10 Wahrunterstellung der Beweistatsache

    I. Grundsätze der Wahrunterstellung 651
   II. Gegenstand der Wahrunterstellung 653
      1. Tatsachen 653
      2. Entlastende Tatsachen 653
          a) Vom Angeklagten oder Verteidiger behauptete Tatsachen 653
          b) Ausschließlich zugunsten des Angeklagten wirkende Tatsachen 654
          c) Keine Schlußfolgerungen zum Nachteil des Angeklagten 654
      3. Erhebliche Tatsachen 655
          a) Unvereinbarkeit der Wahrunterstellung mit der Bedeutungslosigkeit der Beweistatsache 655
          b) Erheblichkeit im Zeitpunkt der Beschlußfassung 656
          c) Keine Bindung des Gerichts an die Annahme der Erheblichkeit 658
          d) Hilfsbeweisanträge 660
      4. Unmittelbar entscheidungserhebliche Tatsachen 660
          a) Beweisbare und bisher weder bewiesene noch widerlegte Tatsachen..... 660
          b) Wahrunterstellung und Grundsatz *in dubio pro reo* 662
          c) Unmöglichkeit des Unschuldsbeweises als Folge der Wahrunterstellung . 663
      5. Indiztatsachen 664
          a) Zulässigkeit der Wahrunterstellung 664
          b) Zwingende Indiztatsachen 665
          c) Andere Indiztatsachen 666
      6. Strafzumessungstatsachen 667
  III. Inhalt und Umfang der Wahrunterstellung 668
  IV. Grenzen der Wahrunterstellung 670
      1. Unzulässigkeit der Beweiserhebung 670
      2. Aufklärungspflicht 670
      3. Rechte Dritter. Aufdeckung öffentlicher Mißstände 672
      4. Der Fall des § 186 StGB 674
      5. Keine entsprechende Anwendung auf das Fragerecht 674
   V. Wirkung der Wahrunterstellung 674
      1. Bindung bei der Entscheidung 674
          a) Allgemeine Grundsätze 674
          b) Wahrbehandlung der Beweistatsache, nicht der Bekundung durch das Beweismittel 676
          c) Wahrbehandlung in vollem Umfang und ohne Abweichungen 677
          d) Einzelfälle 679
      2. Keine Bindung an die Schlußfolgerungen des Antragstellers bei Indiztatsachen 684
      3. Erörterung der Beweistatsache in den Urteilsgründen 686
      4. Auswechslung des Ablehnungsgrundes 687

I. Grundsätze der Wahrunterstellung

Unter den Gründen, aus denen ein Beweisantrag abgelehnt werden kann, weil die Beweiserhebung überflüssig ist, spielt der Ablehnungsgrund der Wahrunterstellung in der Praxis die größte Rolle[1]. Das Reichsgericht hat ihn mit auffallender Verspätung entwickelt[2], und es ist ihm bis zuletzt nicht gelungen, für seine Anwendung klare und eindeutige Grundsätze herauszuarbeiten[3]. Das lag in erster Hinsicht daran, daß es die Ablehnung von Beweisanträgen wegen Wahrunterstellung nicht nur zuließ, wenn eine erhebliche Tatsache der Entscheidung ohne Beweiserhebung zugrunde gelegt werden soll, sondern auch, wenn die Tatsache für die Entscheidung ohne Bedeutung[4], und sogar, wenn sie bereits durch die bisherige Beweisaufnahme erwiesen ist[5]. Diese Unterstellung unterschiedlicher Ablehnungsgründe unter einen gemeinsamen Oberbegriff, das Fehlen einer klaren Abgrenzung zwischen der Bedeutungslosigkeit einer Beweistatsache und ihrer Wahrunterstellung, vor allem aber das Bestreben, bei der Wahrunterstellung von unmittelbar beweiserheblichen Tatsachen und von Indiz- und Hilfstatsachen nach einheitlichen Grundsätzen zu verfahren, mußte zwangsläufig zu Ungenauigkeiten und Widersprüchen führen.

Die Wahrunterstellung setzt an die Stelle der Beweiserhebung die Fiktion, daß sie gelungen ist[6]. Das Gericht erklärt seine Zusage, eine Beweistatsache, von deren Richtigkeit es sich nicht überzeugt hat, zugunsten des Angeklagten so zu behandeln, als wäre sie wahr[7]. Wie sich das mit der Pflicht, den Sachverhalt von Amts wegen aufzuklären (§ 244 Abs. 2), vereinbaren läßt, erscheint auf den ersten Blick wenig verständlich[8]. Vornehmlich aus diesem Grunde wollten die Reformentwürfe

---

1 Da die Gerichte die Wahrunterstellung dazu benutzen, von überflüssigen Beweiserhebungen abzusehen, sollte man nicht davon sprechen, daß sie auf diese Weise »unliebsame« Anträge erledigen; so aber *Tenckhoff* S. 44.
2 Mit genügender Deutlichkeit erstmals in der Entscheidung RGSt. 39 S. 231. Die Entscheidungen RGSt. 35 S. 389; RG JW 1890 S. 271; 1891 S. 505; RG BayZ 1906 S. 382 sprechen zwar von der Unterstellung der Beweistatsache, machen aber noch nicht den Eindruck, als habe das RG hier schon neben dem Ablehnungsgrund der Bedeutungslosigkeit den der Wahrunterstellung im Auge gehabt. Allgemein zur Entwicklung der RG-Rspr. zur Wahrunterstellung: *Mattern* S. 24 ff.
3 *Radbruch* RG-Praxis V S. 202 bezeichnet das mit Recht als den schwachen Punkt in der Rspr. des RG zu den Ablehnungsgründen.
4 Vgl. oben S. 575.
5 Vgl. oben S. 595.
6 Näheres unten S. 668.
7 Vgl. unten S. 675.
8 Vgl. *zu Dohna* S. 172 und JW 1929 S. 1445; *Kurtze* S. 47; *Miltner* Recht 1902 Sp. 568 (570); *Radbruch* RG-Praxis V S. 207/208; *Simader* S. 142 ff. Nach Ansicht *Goldschmidts* (S. 454) läuft die Wahrunterstellung darauf hinaus, daß der Richter zwischen sich und dem Beschuldigten eine Art »Verhandlungsgrundsatz« aufstellt, demzufolge er eine Schutzbehauptung des Beschuldigten als wahr gelten lassen will. Ein solcher Standpunkt vertrage sich jedoch weder mit der prozessualen Stellung des Richters im allgemeinen noch mit der strafprozessualen Herrschaft des Untersuchungsgrundsatzes im besonderen. Gegen diese Auffassung vor allem *Alsberg* JW 1929 S. 977 (978) und *Mattern* S. 74 Fußn. 307. Vgl. auch *Sarstedt* S. 187 Fußn. 21 und DAR 1964 S. 307 (312).

von 1909 und 1929 die Ablehnung von Beweisanträgen unter Wahrunterstellung der Beweistatsachen nicht zulassen[9]. Im Schrifttum wird die Wahrunterstellung auch sonst für bedenklich gehalten. Gegen sie wird insbesondere eingewendet, daß sie den Interessen des Angeklagten in geringerem Maße genüge als die Beweiserhebung[10], daß sie auch den Interessen der Allgemeinheit nicht ausreichend Rechnung trage und daß sie eine große Gefahr des Mißbrauchs in sich berge[11]. Aus diesen und anderen Gründen wurde und wird die völlige Abschaffung[12], mindestens aber die einschränkende Anwendung[13] der Wahrunterstellung gefordert oder empfohlen.

In Wahrheit kann gerade auf diesen Ablehnungsgrund nicht verzichtet werden. Er ist häufig das einzige Mittel, ein Strafverfahren zum Abschluß zu bringen, dessen Erledigung durch ein Übermaß an Beweisanträgen des Angeklagten und seines Verteidigers gefährdet erscheint[14]. Der Ablehnungsgrund ermöglicht es dem Gericht, die Beweisaufnahme auf das Wesentliche zu beschränken, und verletzt bei Beachtung der in der Rechtsprechung entwickelten Grundsätze weder die Interessen des Angeklagten noch die der Allgemeinheit[15]. Schließlich kann es nicht Sinn des Beweisantragsrechts sein, dem Angeklagten die Macht zu geben, Beweiserhe-

9 Vgl. *Conrad* DJZ 1911 Sp. 1321 (1323/1324); *Grünwald* Honig-FS S. 53 Fußn. 1; *Mattern* S. 150; *Radbruch* RG-Praxis V S. 204; *Simader* S. 144; *Stützel* S. 78.
10 Vgl. *Radbruch* RG-Praxis V S. 202. Hiergegen *Alsberg* JW 1929 S. 977 (980); *Tenckhoff* S. 121 ff. Vgl. auch RG JW 1890 S. 271, wo ebenfalls zum Ausdruck gebracht wurde, daß die persönliche Anhörung des benannten Zeugen wirkungsvoller als die Wahrunterstellung ist. Ähnlich BGH 1 StR 463/74 vom 8. 10. 1974; OLG Freiburg HESt. 3 S. 33; *Grünwald* Honig-FS S. 63 ff.; *Heinemann* ZStW 26 S. 507 (535); *Jagusch* NJW 1971 S. 2198 (2203); *Kurtze* S. 36 ff.
11 Vgl. *Radbruch* RG-Praxis V S. 203 und *Dahs/Dahs* Rdnr. 267, die die Wahrunterstellung für ein bequemes Mittel halten, mit dem der Richter sich der Beweisaufnahme über unbequeme Tatsachen entziehen kann. *Bendix* (Die Neuordnung des Strafverfahrens, 1921, S. 121) bezeichnet sie als Hilfsmittel, das es dem Gericht ermöglicht, trotz der Fiktion mit geheimen Vorbehalten und Offenhalten von Nebenwegen zu Feststellungen zu gelangen, die durch die abgelehnten Anträge gerade bekämpft werden sollen.
12 Vgl. *Grünwald* Honig-FS S. 68 (gegen ihn *Schröder* NJW 1972 S. 2105 [2109]); *Mattern* S. 132; *Radbruch* RG-Praxis V S. 208; *Schenk* S. 171 ff.; *Schwarz* DJZ 1935 Sp. 925 (927/928); *Simader* S. 137; *Stützel* S. 78; *Völcker* S. 23. Auch *Eb. Schmidt* (§ 244 Rdnr. 58) hält den Ablehnungsgrund in seiner Funktion und Wirkung für fragwürdig.
13 Vgl. *Bendix* a.a.O. (oben Fußn. 11); *Gutmann* JuS 1962 S. 369 (375/376); *Hirschberg*, Das amerikanische und deutsche Strafverfahren in rechtsvergleichender Sicht, 1963, S. 48 ff. – zu *Dohna* JW 1929 S. 1445 (1446) meint, daß eine Wahrunterstellung nur in Betracht kommt, wenn sie zum Freispruch führt, und hält den Ablehnungsgrund daher für nahezu bedeutungslos. *Mannheim* JW 1927 S. 388 (389) und *Schröder* NJW 1972 S. 2105 (2109) wollen ihn auf Fälle beschränkt sehen, für die er legitimerweise unerläßlich ist. Auch *Alsberg* JW 1930 S. 153 (154) und S. 3325 warnt vor dem »verschwenderischen Übermaß«, mit dem die Tatrichter von der Möglichkeit der Wahrunterstellung Gebrauch machen. Vgl. auch die weit. Nachw. bei *Tenckhoff* S. 21/22.
14 Vgl. *Alsberg* JW 1929 S. 977; *Seibert* NJW 1960 S. 19 (20): Probates Mittel für den geplagten Tatrichter. Ähnlich *Tenckhoff* S. 169.
15 Vgl. *Tenckhoff* S. 121 ff.

bungen über Tatsachen zu verlangen, die das Gericht, aus welchen Gründen auch immer, der Entscheidung ohnehin zu seinen Gunsten zugrunde legen will[16].

II. Gegenstand der Wahrunterstellung

1. Tatsachen

Das Gericht kann auf einen Beweisantrag Tatsachen jeder Art zugunsten des Angeklagten als wahr unterstellen. Unter Tatsachen ist alles zu verstehen, was als Beweisthema zum Gegenstand eines Beweisantrags gemacht werden kann. Soweit in das Wissen von Zeugen Rechtsbegriffe und Werturteile gestellt werden dürfen[17], können sie auf einen Beweisantrag auch als wahr unterstellt werden. Das gilt insbesondere für die Wahrunterstellung des Charakters und der Glaubwürdigkeit des Angeklagten und der Zeugen[18]. Allerdings kann die Aufklärungspflicht erfordern, daß bei allzu unbestimmten Begriffen eine Beweiserhebung stattfindet[19].

Gegenstand der Wahrunterstellung können alle unmittelbar entscheidungserheblichen Tatsachen sein, also die Merkmale des äußeren oder inneren Tatbestandes[20], auch eines qualifizierten oder privilegierten Tatbestandes[21], sowie Rechtfertigungs-, Entschuldigungs- und Strafausschließungsgründe[22]. Ferner können Indiztatsachen[23] einschließlich derjenigen Hilfstatsachen, die nur den Schluß auf den Wert eines Beweismittels zulassen, und Strafzumessungstatsachen[24] als wahr unterstellt werden.

2. Entlastende Tatsachen

Nur entlastende Tatsachen dürfen als wahr unterstellt werden. Das bedeutet im einzelnen:

a) **Vom Angeklagten oder Verteidiger behauptete Tatsachen.** Unter Wahrunterstellung kann nur ein Beweisantrag des Angeklagten, seines Verteidigers und anderer Personen, die seine Interessen wahrnehmen, abgelehnt werden. Handelt es sich um

---

16 *Willms* Schäfer-FS S. 277 weist mit Recht darauf hin, daß die Anhäufung überflüssigen Tatsachenstoffs die Wahrheitsfindung nicht fördert, sondern hindert. Auch *Alsberg* JW 1929 S. 977 (978) hält die Wahrunterstellung durch die »elementarsten Grundsätze der Prozeßökonomie« für gerechtfertigt. Ähnlich *Schlüchter* Rdnr. 553.4; *Tenckhoff* S. 22/23, 126.
17 Vgl. oben S. 195 ff., 205.
18 Vgl. die Fälle BGH 5 StR 278–279/77 vom 19. 7. 1977; RGSt. 46 S. 278; RG DRiZ 1927 Nr. 733; RG Recht 1914 Nr. 3066; OLG Kiel SchlHA 1946 S. 101. Vgl. auch *Tenckhoff* S. 33/34.
19 Vgl. unten S. 671.
20 Vgl. LR *Gollwitzer* § 244 Rdnr. 205.
21 Vgl. *Grünwald* Honig-FS S. 55.
22 Vgl. *Grünwald* a.a.O.; *Mattern* S. 79.
23 Vgl. unten S. 664 ff.
24 Vgl. unten S. 667.

tatsächliche Behauptungen in Beweisanträgen des Verteidigers, des gesetzlichen Vertreters oder des Erziehungsberechtigten, so können sie auch dann als wahr unterstellt werden, wenn sie nicht unzweifelhaft auf eine Information des Angeklagten zurückgehen[25]. Beweisbehauptungen des Privat- und Nebenklägers dürfen, da sie nur zuungunsten des Angeklagten aufgestellt werden können[26], nicht als wahr unterstellt werden[27], Behauptungen des Staatsanwalts nur, wenn sie ausschließlich zugunsten des Angeklagten wirken *sollen*[28]; daß sie sich auch zu seinen Gunsten auswirken *können,* genügt nicht[29].

b) **Ausschließlich zugunsten des Angeklagten wirkende Tatsachen.** Unbewiesenes darf dem Urteil nicht zum Nachteil des Angeklagten zugrunde gelegt werden. Nur die zu seinen Gunsten wirkenden Tatsachen dürfen ohne Beweisaufnahme verwertet werden. Tatsachen, die ganz oder teilweise zuungunsten des Angeklagten gewertet werden können, darf das Gericht nicht als wahr unterstellen[30]. Daß der Angeklagte sie in dem Beweisantrag selbst behauptet, ist ohne Bedeutung. Denn maßgebend dafür, ob die Tatsache den Angeklagten entlasten kann oder ob sie ihn belasten wird, ist nicht die Meinung des Antragstellers, sondern allein die Beurteilung durch das Gericht[31]. Das gilt aber nur für Beweisanträge des Angeklagten oder anderer Prozeßbeteiligter zu seinen Gunsten. Tatsachen, die der Staatsanwalt, der Privat- oder Nebenkläger zum Nachteil des Angeklagten bewiesen haben wollen, dürfen auch dann nicht als wahr unterstellt werden, wenn sie bei zutreffender Beurteilung für den Angeklagten entlastend wirken.

c) **Keine Schlußfolgerungen zum Nachteil des Angeklagten.** Aus dem Verbot, den Angeklagten belastende Tatsachen als wahr zu unterstellen, ergibt sich, daß es unzulässig ist, aus einer zu seinen Gunsten als wahr unterstellten Tatsache Schlüsse zu seinem Nachteil zu ziehen[32]. Abgesehen davon, daß das Urteil, dessen

---

25 *Alsberg* JW 1929 S. 977 (978); vgl. auch RG JR Rspr. 1927 Nr. 1625.
26 Vgl. oben S. 373/374.
27 OLG Köln JMBlNRW 1969 S. 175; *Bär* S. 28.
28 Vgl. *Alsberg* JW 1929 S. 977 (978); *Mattern* S. 80; *Rieker* S. 68; *Stützel* S. 75. *Eb. Schmidt* § 244 Rdnr. 59 mahnt zu größter Vorsicht. Vgl. auch RG Recht 1915 Nr. 2781.
29 Vgl. unten zu b).
30 OLG Saarbrücken JBl. Saar 1960 S. 152 = VRS 19 S. 375 (376); *Dahs/Dahs* Rdnr. 267; *Rieker* S. 68; *Simader* S. 142. Grundsätzlich a. A. *D. Meyer* NJW 1976 S. 2355 (2356), der es genügen lassen will, daß das Gericht bei mehreren möglichen Schlüssen einen dem Angeklagten günstigen zu ziehen bereit ist.
31 RG JW 1923 S. 689 (690) mit Anm. *Alsberg*; *Bär* S. 28/29; *Mattern* S. 80; *Tenckhoff* S. 36. – A. A. *D. Meyer* NJW 1976 S. 2355 (2356); *Rüping* Rdnr. 418 Fußn. 44 für den Fall, daß die von dem Angeklagten unter Beweis gestellte Tatsache überhaupt nur Schlüsse zu seinen Ungunsten zuläßt. In diesem Fall ist die Wahrunterstellung, wie sich zweifelsfrei aus dem Gesetz ergibt, aber unzulässig; vgl. *Tenckhoff* S. 63.
32 BGHSt. 1 S. 137 (139); BGH 5 StR 97/62 vom 15. 5. 1962; 5 StR 125/82 vom 29. 6. 1982; RG JW 1931 S. 2030; OLG Schleswig SchlHA 1957 S. 161; OLG Stuttgart OLGSt. § 244 Abs. 3 S. 27; *Dalcke/Fuhrmann/Schäfer* Anm. 17; KK *Herdegen* Rdnr. 103; *Kleinknecht* Rdnr. 63; LR *Gollwitzer* Rdnr. 209; *Eb. Schmidt* Rdnr. 64; alle zu § 244; *Alsberg* JW 1929 S. 977 (979); *Mattern* Fußn. 335; *Rieker* S. 68; *Roxin* § 43 C II 1 b dd;

Beweisführung auf solchen Schlußfolgerungen beruht, in unzulässiger Weise Unbewiesenes zu Lasten des Angeklagten verwertet[33] und daher einen sachlich-rechtlichen Mangel aufweist, verletzt dieses Verfahren auch § 244 Abs. 3 Satz 2. Denn eine Tatsache, die Schlüsse zuungunsten des Angeklagten erlaubt, hätte überhaupt nicht als wahr unterstellt werden dürfen. Die in einer vereinzelt gebliebenen Entscheidung des Bundesgerichtshofs[34] vertretene Gegenansicht ist rechtlich nicht haltbar.

Diese Grundsätze gelten auch im Verhältnis zu einem Mitangeklagten. Die als wahr unterstellte Tatsache darf nicht zu Schlußfolgerungen benutzt werden, die auch nur für einen von mehreren Angeklagten nachteilig sind[35]. Meist wird sich in einem solchen Fall die Wahrunterstellung überhaupt verbieten[36]; gelegentlich kann sie auf den Antragsteller beschränkt bleiben[37].

3. Erhebliche Tatsachen

a) Unvereinbarkeit der Wahrunterstellung mit der Bedeutungslosigkeit der Beweistatsache. Das Gesetz gestattet die Wahrunterstellung nur, wenn die behauptete Tatsache für die Entscheidung erheblich ist[38]. Hierfür spricht in erster Hinsicht ein logischer Grund: Es gibt keinen Sinn, die Wahrheit einer Tatsache zu unterstellen, auf die es für die Entscheidung nicht ankommt. Wenn das Gericht eine Beweisbe-

---

Rüping Rdnr. 418; *Schlüchter* Rdnr. 553.4; *Stützel* S. 75; *Tenckhoff* S. 117/118. Vgl. auch BGH 1 StR 164/76 vom 27. 4. 1976: Zum Schuldspruch als wahr unterstellte Tatsachen dürfen auch bei der Strafbemessung nicht zum Nachteil des Angeklagten verwertet werden.

33 Vgl. RG JW 1923 S. 689 (690) mit Anm. *Alsberg*; RG Recht 1915 Nr. 2781; RMGE 14 S. 90 (96); 17 S. 248 (251); KMR *Paulus* Rdnr. 449; LR *Gollwitzer* Rdnr. 209; *Eb. Schmidt* Rdnr. 64; alle zu § 244; *Alsberg* JW 1927 S. 2710 (2711); 1929 S. 977 (978); *Bär* S. 29; *Bohne* JW 1930 S. 3773 (3774); *zu Dohna* JW 1929 S. 1445; *Radbruch* RG-Praxis V S. 206; *Schlüchter* Rdnr. 553.4. Vgl. auch RG HRR 1937 Nr. 837; OLG Celle MDR 1957 S. 247; OLG Hamm VRS 48 S. 339 (340); *Sarstedt* S. 254.

34 BGH NJW 1976 S. 1950 mit abl. Anm. *Tenckhoff* und weit. im Ergebnis zust. Anm. D. *Meyer* NJW 1976 S. 2355; abl. auch *Kleinknecht* § 244 Rdnr. 63. Nach BGH 5 StR 125/82 vom 29. 6. 1982 beruht die an der Entscheidung geübte Kritik auf einem Mißverständnis; eine Abweichung von der st. Rspr. des BGH habe nicht vorgelegen. – Die Entscheidungen RGSt. 61 S. 359 = JW 1927 S. 2710 mit Anm. *Alsberg* und RG JW 1935 S. 2979 L lassen ebenfalls die Verwertung der als wahr unterstellten Tatsachen zuungunsten des Angeklagten zu. Sie sind aber im Gegensatz zu der des BGH wenigstens zur Hälfte richtig; denn sie beziehen sich auch auf die von dem RG damals zugelassene Wahrunterstellung wegen Erwiesenseins, die die Berücksichtigung der Tatsache zuungunsten des Angeklagten nicht hindert; vgl. oben S. 599.

35 RG JW 1931 S. 2030; LR *Gollwitzer* § 244 Rdnr. 209; *Dahs/Dahs* Rdnr. 267; *Rieker* S. 68; *Stützel* S. 75.

36 Vgl. *Dalcke/Fuhrmann/Schäfer* § 244 Anm. 17; *Eb. Schmidt* § 244 Rdnr. 59; *Koeniger* S. 286.

37 Vgl. *Alsberg* JW 1929 S. 977 (979); *Mattern* S. 79 Fußn. 335. – *Sarstedt* (S. 222) hält es für unproblematisch, zugunsten jedes einzelnen von mehreren Angeklagten Verschiedenes als wahr zu unterstellen; so wohl auch LR *Gollwitzer* § 244 Rdnr. 209.

38 Zum Begriff der Erheblichkeit vgl. oben S. 576.

hauptung, die es für unerheblich hält, als wahr unterstellt, werden aber auch die Verteidigungsinteressen des Antragstellers verletzt. Denn die Ablehnung des Beweisantrags wegen Wahrunterstellung bedarf keiner weiteren Begründung, die wegen Bedeutungslosigkeit muß dagegen erkennen lassen, ob die Beweisbehauptung aus rechtlichen oder aus tatsächlichen Gründen unerheblich ist[39]. Das Gericht darf dieser Begründungspflicht nicht durch eine Wahrunterstellung ausweichen[40]. Die Ablehnungsgründe der Bedeutungslosigkeit und der Wahrunterstellung schließen einander aus[41]. Nur wenn ein Beweisvorbringen aus voneinander trennbaren Teilen besteht, ist es zulässig, den Beweisantrag sowohl wegen Unerheblichkeit als auch unter Wahrunterstellung abzulehnen[42].

b) Erheblichkeit im Zeitpunkt der Beschlußfassung. Aus der Unvereinbarkeit von Wahrunterstellung und Bedeutungslosigkeit der Beweistatsache folgt allerdings nur, daß das Gericht nicht eine von vornherein offensichtliche Unerheblichkeit der Beweistatsache mit einer Wahrunterstellung überdecken darf, die bei dem Antragsteller falsche Erwartungen hinsichtlich der Erheblichkeit seines Beweisbegehrens weckt[43]. Solche Fälle sind verhältnismäßig selten. Häufiger kommt es vor, daß das Gericht in dem Zeitpunkt, in dem es über den Beweisantrag entscheiden will, die Frage der Erheblichkeit noch nicht voll überblicken kann. Ob etwa eine unmittelbar erhebliche Tatsache wie die Benutzung eines gefährlichen Werkzeugs bei der Körperverletzung nach § 223 a StGB ohne Bedeutung ist, weil die Beweisaufnahme schon ergeben hat, daß der Notwehreinwand des Angeklagten berechtigt ist, kann das Gericht endgültig meist erst nach Abschluß der Beweisaufnahme und nach Anhörung der Schlußvorträge in der Urteilsberatung entscheiden. Noch weniger wird es in der Lage sein, sich vor dieser Beratung in einer zum Zweck der Entscheidung über den Beweisantrag stattfindenden Zwischenberatung darüber schlüssig zu werden, ob eine Indiztatsache für die Entscheidung Bedeutung hat oder ob sie unerheblich ist, weil bereits die anderen, erwiesenen Beweisanzeichen die Schuld des Angeklagten beweisen[44]. Die Forderung des Gesetzes, nur erhebliche Tatsachen als wahr zu unterstellen, kann daher nicht bedeuten, daß das Gericht schon vor der Urteilsberatung endgültig über die Erheblichkeit der Tatsa-

---

39 Vgl. unten S. 760, 763.
40 Vgl. *Alsberg* JW 1929 S. 977 (979); 1930 S. 153; 1932 S. 3100; *Lissner* JW 1931 S. 1638 (1639); *Simader* S. 138; *Stützel* S. 76. Zu der anderslautenden Rspr. des RG vor der gesetzlichen Trennung der beiden Ablehnungsgründe vgl. oben S. 590.
41 BGH 2 StR 79/53 vom 16. 10. 1953 bei *Seibert* NJW 1962 S. 135 (136); OLG Celle GA 1962 S. 216 = NdsRpfl. 1961 S. 260; OLG Karlsruhe OLGSt. § 244 Abs. 3 S. 3 (4). — A. A. OLG Köln JMBlNRW 1962 S. 39. Vgl. auch OLG Saarbrücken VRS 38 S. 59 (61) und die weit. Nachw. unten S. 758 Fußn. 41, 42.
42 Vgl. BGH 5 StR 138/53 vom 22. 9. 1953.
43 BGH 1 StR 615/60 vom 16. 2. 1961 bei *Seibert* NJW 1962 S. 135 (136), wo aber darauf hingewiesen wird, daß der Fehler unschädlich ist, wenn über einen entsprechenden Hilfsantrag erst in den Urteilsgründen entschieden wird; OLG Hamm JMBlNRW 1964 S. 203 (204); OLG Karlsruhe Justiz 1977 S. 357; LR *Gollwitzer* § 244 Rdnr. 216; *Willms* Schäfer-FS S. 279 Fußn. 10.
44 Vgl. oben S. 590 ff.

che für das Urteil entscheiden muß. Damit würde man ihm vielfach etwas völlig Unmögliches abverlangen. Die Frage der Erheblichkeit einer Beweistatsache kann immer nur nach dem jeweiligen Stand der Beweisaufnahme, und daher verschieden, beantwortet werden[45].

Um die Trennung der Ablehnungsgründe der Wahrunterstellung und der Bedeutungslosigkeit trotz dieser Schwierigkeiten zu ermöglichen, bieten sich zwei Auswege an. Es wäre möglich, für den Begriff der Erheblichkeit die bloße Eignung einer Beweistatsache, die Entscheidung des Gerichts zu beeinflussen, genügen zu lassen, gleichgültig, ob es im Ergebnis auf die Tatsache ankommt. Wie an anderer Stelle[46] dargelegt worden ist, hatte das Reichsgericht diesen Weg gewählt, um die durch die Entscheidung RGSt. 61 S. 359 erstmals durchgeführte Trennung der beiden Ablehnungsgründe praktisch durchführbar zu machen. Ein anderer Ausweg bestünde darin, die Entscheidung über den Beweisantrag in der Hauptverhandlung nur als Provisorium anzusehen und das Gericht zu verpflichten, den Antragsteller nach Abschluß der Urteilsberatung[47] erneut über die Beurteilung der Erheblichkeitsfrage zu unterrichten, wenn von der vorläufigen Entscheidung in der Hauptverhandlung abgewichen werden soll. Der Bundesgerichtshof hat sich im Anschluß an die Entscheidung RGSt. 65 S. 322 (330) für einen dritten Weg entschieden. Er hält zwar daran fest, daß von der Erheblichkeit einer Tatsache dann nicht gesprochen werden kann, wenn sie im Ergebnis keinen Einfluß auf das Urteil hat[48], läßt aber die Ablehnung unter Wahrunterstellung des Beweisvorbringens schon zu, wenn es zur Zeit der Beschlußfassung nicht ausgeschlossen ist, daß die vorgebrachte Tatsache das Urteil in irgendeiner Weise beeinflussen kann[49]. Mit diesem Kunstgriff[50] wird es dem Tatrichter ermöglicht, in allen Fällen, in denen die Unerheblichkeit des Beweisvorbringens nicht offensichtlich ist, die Entscheidung über die Erheblichkeit der Tatsache in die Urteilsberatung zu verlagern[51]. Gleichzeitig wird er aber davon freigestellt, seine Zusage, die Beweistatsache als wahr zu unterstellen, ausdrücklich zurückzunehmen, wenn die Urteilsberatung ergibt, daß die

---

45 BGH bei *Dallinger* MDR 1971 S. 897 = GA 1972 S. 272; BGH bei *Holtz* MDR 1979 S. 282.
46 Oben S. 591.
47 Da es auf die Urteilsberatung ankommt, ist der Vorschlag (vgl. *Goslar* S. 26; *Simader* S. 138; *Stützel* S. 77; ähnlich KMR *Paulus* § 244 Rdnr. 443; LR *Gollwitzer* § 244 Rdnr. 205; *Rieker* S. 71) untauglich, das Gericht solle über den Beweisantrag erst am Schluß der Beweisaufnahme entscheiden.
48 Vgl. oben S. 591/592.
49 BGH NJW 1961 S. 2069 (2070); BGH bei *Dallinger* MDR 1971 S. 897 = GA 1972 S. 272; BGH bei *Holtz* MDR 1979 S. 282; BGH bei *Spiegel* DAR 1979 S. 190; 1980 S. 209; BGH 5 StR 260/61 vom 31. 10. 1961; 1 StR 625/74 vom 14. 1. 1975. Vgl. auch RG JW 1932 S. 1748 (1749) mit Anm. *Beling*; OLG Karlsruhe Justiz 1977 S. 357; LR *Gollwitzer* § 244 Rdnr. 216.
50 Gegen die darin liegende Verschleierung der Ansicht des Gerichts in der Erheblichkeitsfrage wendet sich vor allem *Schröder* NJW 1972 S. 2105 (2108). Vgl. auch *Alsberg* JW 1932 S. 3100; *Simader* S. 138; Voraufl. S. 156. *Tenckhoff* (S. 35) spricht von einer Aufweichungstendenz gegenüber dem Gesetzeswortlaut.
51 Vgl. *Willms* Schäfer-FS S. 278.

Beweisbehauptung unerheblich ist. Denn mehr als die Möglichkeit der Erheblichkeit sagt das Gericht dem Antragsteller mit der Wahrunterstellung nicht zu. Es entscheidet immer nur vorbehaltlich neuer Erkenntnisse in der Beratung und bekräftigt daher mit der Wahrunterstellung lediglich eine »potentielle« Erheblichkeit[52].

c) **Keine Bindung des Gerichts an die Annahme der Erheblichkeit.** Die grundsätzlich bestehende Pflicht des Gerichts, die Prozeßbeteiligten vor der Urteilsverkündung von einem Wechsel des Ablehnungsgrundes zu unterrichten[53], entfällt nach alledem für den Fall, daß eine Beweistatsache, die nicht von vornherein unerheblich war, zunächst als wahr unterstellt, in der Urteilsberatung aber als für die Entscheidung bedeutungslos erkannt worden ist. Ein Austausch der Ablehnungsbegründung, der dem Antragsteller und den übrigen Prozeßbeteiligten zur Kenntnis gebracht werden müßte, liegt in diesem Fall nicht vor[54]; denn die Wahrunterstellung erheblicher Beweisbehauptungen enthält schon begrifflich den Vorbehalt, die Tatsache im Urteil als unerheblich zu behandeln, wenn das dem Ergebnis der Urteilsberatung entspricht. Es ist klar, daß damit die gesetzliche Trennung der beiden Ablehnungsgründe praktisch wieder aufgehoben wird. Das »Wahlrecht« des Tatrichters, den Beweisantrag wegen Unerheblichkeit oder unter Wahrunterstellung der Beweistatsache abzulehnen, ist in weitem Umfang wiederhergestellt[55]. Das Revisionsgericht kann nicht feststellen, ob der Tatrichter sich schon bei der Antragsablehnung darüber im klaren war, daß die Beweistatsache die Entschei-

52 Vgl. KK *Herdegen* § 244 Rdnr. 100; KMR *Paulus* § 244 Rdnr. 446; *Kühne* Rdnr. 454 Fußn. 21; *Raacke* NJW 1973 S. 494; *Willms* Schäfer-FS S. 279 ff. – A. A. *Schröder* NJW 1972 S. 2105 (2108); *von Stackelberg* Sarstedt-FS S. 376; *Tenckhoff* S. 134, die annehmen, der Ablehnungsbeschluß enthalte die Erklärung, daß die Beweistatsache entscheidungserheblich ist. *Tenckhoff* (S. 132) behauptet, zwischen Erheblichkeit und Unerheblichkeit könne es eine dritte Kategorie der potentiellen Erheblichkeit nicht geben, weil Erheblichkeit schon begrifflich nur bedeute, daß sich aus dem Gegenteil der Beweisbehauptung »möglicherweise für den Angeklagten ungünstige Schlußfolgerungen ergeben könnten«. Eine derartige Bestimmung des Begriffs Erheblichkeit, die ohnehin nur Indiztatsachen erfassen würde und daher zu eng wäre, ist aber unrichtig; vgl. oben S. 576.
53 Vgl. unten S. 687, 772/773.
54 BGH LM Nr. 4 zu § 52 StPO 1975 Bl. 5; BGH bei *Dallinger* MDR 1971 S. 897 (898) = GA 1972 S. 272 (273); BGH bei *Holtz* MDR 1979 S. 281/282; BGH bei *Spiegel* DAR 1979 S. 190; 1980 S. 209; BGH 5 StR 260/61 vom 31. 10. 1961; 5 StR 363/63 vom 12. 11. 1963; 5 StR 746/78 vom 15. 5. 1979 bei *Pfeiffer* NStZ 1981 S. 96 und 296; RGSt. 65 S. 322 (330); OLG Braunschweig NJW 1947/48 S. 232 (233) mit Anm. *Goetze*; OLG Karlsruhe Justiz 1977 S. 357; KK *Herdegen* § 244 Rdnr. 67; *Kleinknecht* § 244 Rdnr. 64; *Koeniger* S. 288; *Raacke* NJW 1973 S. 494; *Rieker* S. 67; *Willms* Schäfer-FS S. 279.
55 Zu diesem Wahlrecht in der Rspr. des RG vgl. oben S. 590. *Radbruch* (JW 1932 S. 1750) ist mit Recht der Ansicht, daß das Gericht, wenn es nachträglich die Unerheblichkeit der als wahr unterstellten Tatsachen annehmen darf, nach wie vor die Wahrunterstellung dazu benutzen kann, bei der Bescheidung eines Beweisantrags einem Ausspruch über die Erheblichkeit oder Unerheblichkeit der Tatsache auszuweichen. *Simader* S. 139 sieht darin das »Verdammungsurteil« über die Wahrunterstellung, und *Schröder* NJW 1972 S. 2105 (2107) hält es für zweifelhaft, ob die vom Gesetzgeber vorgenommene Unterscheidung zwischen den beiden Ablehnungsgründen nicht von vornherein verfehlt war.

dung nicht beeinflussen kann, und ob er die Ablehnung wegen Wahrunterstellung nur deshalb gewählt hat, weil sie in dem Ablehnungsbeschluß die umständliche Angabe der Gründe der Unerheblichkeit erspart. Die Rüge, der Tatrichter habe entgegen § 244 Abs. 3 Satz 2 eine unerhebliche Tatsache als wahr unterstellt, hat bei »potentiell« erheblichen Beweistatsachen kaum jemals Aussicht auf Erfolg.

Die Forderung eines Teils des Schrifttums, der Tatrichter müsse dem Antragsteller unter Wiedereröffnung der Hauptverhandlung bekanntgeben, daß er eine zunächst als wahr unterstellte Tatsache nunmehr für unerheblich hält[56], ist gleichwohl unberechtigt. Denn da das Gericht mit der Wahrunterstellung nur zugesagt hat, daß es die Beweistatsache in der Urteilsberatung berücksichtigen und nicht von vornherein als unerheblich beiseite lassen werde[57], liegt kein Sinneswandel vor, wenn die Urteilsberatung ergibt, daß die Tatsache auf die Entscheidung letztlich ohne Einfluß ist. Für den Antragsteller bedeutet das, daß er sich nicht auf den Fortbestand der vorläufigen Bewertung der Tatsache als beweiserheblich verlassen darf, sondern vorsorglich alle ihm sonst noch geeignet erscheinenden Beweisanträge stellen muß[58]. Er steht dabei übrigens immer noch besser als in dem Fall, daß das Gericht den Beweis erhebt und nicht nur unterstellt, daß er gelungen wäre. Denn auch dann erfährt der Antragsteller nichts darüber, ob das Gericht die

---

56 *Eb. Schmidt* § 244 Rdnr. 62; *Dahs* Hdb. Rdnr. 361; *Dahs/Dahs* Rdnr. 268; *Gössel* S. 257; *Hanack* JZ 1972 S. 114 (116); *Meder* S. 36; *Miltner* Recht 1902 Sp. 568 (570); *Schlüchter* Rdnr. 553.4; *Schröder* NJW 1972 S. 2105 (2107); *Simader* S. 139; *von Stackelberg* Sarstedt-FS S. 376; *Tenckhoff* S. 133 ff. Ebenso *Seibert* NJW 1960 S. 19 (20) unter Hinweis darauf, daß es auch sonst erforderlich ist, den Antragsteller von einer Auswechslung des Ablehnungsgrundes in Kenntnis zu setzen. Im Grundsatz ebenso LR *Gollwitzer* § 244 Rdnr. 219, der eine Ausnahme nur machen will, wenn die Unerheblichkeit nach der Beweisaufnahme unverkennbar ist. *Alsberg* JW 1929 S. 977 (981), *Mattern* S. 40, 129 und Vorraufl. S. 165 verlangten sogar die Aufhebung des Ablehnungsbeschlusses und eine neue Beschlußfassung.

57 Vgl. *Willms* Schäfer-FS S. 279.

58 BGH bei *Dallinger* MDR 1971 S. 897 (898) = GA 1972 S. 272. Die Behauptung *Tenckhoffs* (S. 133/134), dadurch werde das Gegenteil dessen erreicht, was mit der Wahrunterstellung bezweckt wird, nämlich eine Verzögerung des Verfahrens (so auch *Dahs/Dahs* Rdnr. 268), wird durch die Erfahrungen der Praxis nicht bestätigt. Die Ansicht, die Verfahrensbeteiligten vertrauten auf die Einhaltung der Zusage der Erheblichkeit und seien deshalb darauf angewiesen, von einer Änderung dieser Bewertung unterrichtet zu werden (*Tenckhoff* S. 135), beruht auf einem Denkfehler. Denn worauf sie vertrauen können, müssen die Verfahrensbeteiligten der Rspr. des BGH entnehmen und nicht der von ihr abweichenden Meinung des Schrifttums. – Neuerdings verlangt BGHSt. 30 S. 383 (385) einen Hinweis, wenn es nahe liegt, daß der Angeklagte wegen der Wahrunterstellung davon absieht, weitere Beweisanträge zu stellen. Die Entscheidung verdient keine Zustimmung. Der BGH fordert zu Unrecht eine Vorwegbekanntgabe der Beweiswürdigung, auf die der Antragsteller, der sich darauf einrichten mußte, daß die Wahrunterstellung vorbehaltlich einer erst später erkennbaren Unerheblichkeit der Beweistatsache erfolgte, keinen Anspruch hatte. Der Fehler des tatrichterlichen Urteils lag in einer lückenhaften Beweiswürdigung; aus diesem Grunde ist es im Ergebnis zu Recht aufgehoben worden.

Beweistatsache für beweiserheblich hält[59]; er wird aber im Gegensatz zu der Antragsablehnung unter Wahrunterstellung sogar darüber im unklaren gelassen, ob das Gericht von der Wahrheit der Tatsache ausgehen will oder nicht[60]. Wer das ändern will, muß das Gericht verpflichten, den Prozeßbeteiligten vor der Urteilsverkündung Gelegenheit zu geben, zu dem Ergebnis der Urteilsberatung Stellung zu nehmen.

d) Hilfsbeweisanträge. Die Schwierigkeiten, schon bei der Antragsablehnung zu entscheiden, ob die Beweistatsache für das Urteil von Bedeutung ist, bestehen nicht, wenn ein erst im Urteil zu bescheidender Hilfsbeweisantrag gestellt worden ist. Denn nunmehr ist keine vorläufige, sondern eine endgültige Entscheidung über die Erheblichkeit zu treffen. Es ist daher unzulässig, wenngleich unschädlich, eine Beweistatsache als wahr zu unterstellen, die nach den übrigen Urteilsausführungen auf die Entscheidung keinen Einfluß hat[61]. Zu weit geht allerdings *Willms*[62], nach dessen Ansicht bei Hilfsbeweisanträgen eine Wahrunterstellung von Indiztatsachen überhaupt nicht in Betracht kommt. Denn auf die Aufklärung von Indiztatsachen gerichtete Beweisanträge können mitunter auch unter Wahrunterstellung abgelehnt werden, wenn die Beweistatsache erheblich ist[63].

4. Unmittelbar entscheidungserhebliche Tatsachen

a) Beweisbare und bisher weder bewiesene noch widerlegte Tatsachen. Beantragt der Angeklagte zu seiner Entlastung die Beweiserhebung über eine unmittelbar beweiserhebliche Tatsache[64], so ist die Bereitschaft des Gerichts, sie zu seinen

---

59 So mit Recht BGH bei *Dallinger* MDR 1971 S. 897/898 = GA 1972 S. 272; BGH 5 StR 363/63 vom 12. 11. 1963; *Beling* JW 1932 S. 1749; *Raacke* NJW 1973 S. 494/495; *Radbruch* JW 1932 S. 1750. – A. A. LR *Gollwitzer* § 244 Rdnr. 219 ff., der das Verschweigen der Ablehnungsbegründung mit den Grundsätzen eines fairen Verfahrens schlechthin für unvereinbar hält und, zu Unrecht, meint, die Hauptverhandlung werde hierdurch unnötig mit Hilfsanträgen belastet. Auch *Schröder* NJW 1972 S. 2105 (2107 ff.) sieht in der Rspr. des BGH einen Verstoß gegen Art. 6 MRK und den Grundsatz der Prozeßökonomie.
60 *Tenckhoff* (S. 135) stützt gerade auf das Fehlen einer Zusage, daß die Tatsache, die Gegenstand einer Beweisaufnahme ist, als entlastend gewertet wird, seine Ansicht, daß die Rspr. des BGH rechtlich nicht haltbar ist.
61 Vgl. BGH 1 StR 615/60 vom 16. 2. 1961 bei *Seibert* NJW 1962 S. 135 (136); OLG Celle GA 1962 S. 216 (217). Zur fehlenden Beschwer durch den Rechtsfehler vgl. unten S. 911/912.
62 Schäfer-FS S. 279.
63 Vgl. unten S. 666. Von der Zulässigkeit der Wahrunterstellung der in einem Hilfsantrag behaupteten Tatsachen gehen auch BGH 4 StR 692/79 vom 10. 1. 1980 und OLG Hamm NJW 1962 S. 66 (67) aus; weit. Nachw. bei *Tenckhoff* S. 31 Fußn. 48.
64 Zum Begriff vgl. oben S. 557. Nach *Grünwald* (Honig-FS S. 55) kommt die Wahrunterstellung in Betracht, 1. wenn der Angeklagte die Beweiserhebung über eine Tatsache beantragt, die die Negation eines Tatbestandsmerkmals ist oder einen Rechtfertigungs-, Entschuldigungs- oder Strafausschließungsgrund darstellt, 2. wenn die unter Beweis gestellte Tatsache die Negation eines Qualifikationsmerkmals ist und 3. wenn sie die Merkmale eines privilegierten Tatbestands erfüllt.

Gunsten ohne Beweisaufnahme als wahr zu unterstellen, nur zu rechtfertigen, wenn darin der Verzicht auf die Erhebung eines Beweises liegt, der die Beweislage für den Angeklagten nicht mehr verbessern kann und daher überflüssig ist[65]. Nur eine möglicherweise beweisbare, bisher weder bewiesene noch widerlegte Beweistatsache darf als wahr unterstellt werden[66]. Denn wenn die Tatsache offensichtlich nicht beweisbar ist, weil ihr Gegenteil offenkundig oder das benannte Beweismittel völlig ungeeignet oder unerreichbar ist, muß der Antrag mit dieser Begründung abgelehnt werden. Ist die Beweisbehauptung schon bewiesen, so kommt als Ablehnungsgrund nur das Erwiesensein in Betracht[67], und wenn sie bereits widerlegt ist, würde es gegen die Aufklärungspflicht verstoßen, ihr Gegenteil nur deshalb zu unterstellen, weil der Angeklagte es unter Beweisantritt behauptet. Der beantragte Beweis, mit dem die bereits gewonnene Überzeugung des Gerichts erschüttert werden soll, muß dann erhoben werden[68]. Da es nur darauf ankommt, daß das Gericht die Tatsache weder für bewiesen noch für widerlegt hält, ist es für die Wahrunterstellung ohne Bedeutung, wie wahrscheinlich oder unwahrscheinlich die Tatsache ist. Die Ablehnung wegen Wahrunterstellung ist nur dann nicht zulässig, wenn sich die Wahrscheinlichkeit zur Gewißheit vom Vorliegen und die Unwahrscheinlichkeit zur Überzeugung vom Nichtvorliegen der Tatsache verdichtet hat.

Ferner setzt die Ablehnung voraus, daß die Möglichkeiten zur Widerlegung der Tatsache erschöpft sind[69]. Es muß sicher sein, daß das Gegenteil der Beweisbehauptung nicht oder nur unter nicht überwindbaren Schwierigkeiten bewiesen werden kann[70]. Dabei ist gleichgültig, ob die Tatsache ihrer Natur nach unwiderlegbar ist oder ob sie jedenfalls mit den bekannten und erreichbaren Beweismitteln nicht widerlegt werden kann. Entscheidend ist, daß die Überzeugung des Gerichts von der Unwiderlegbarkeit des Beweisthemas unerschüttert ist[71] und daß insbesondere auch das von dem Angeklagten benannte Beweismittel hierzu nicht geeignet erscheint[72]. Diese Grundsätze gelten auch, wenn der Aufwand, den die Beweiserhebung erfordert, in keinem rechten Verhältnis zur Bedeutung der Sache steht. In diesem Fall kann eine Einstellung des Verfahrens nach den §§ 153 ff. geboten sein,

---

65 Vgl. *Stützel* S. 78. Auch *zu Dohna*, der (S. 172) die Wahrunterstellung sonst für unzulässig hält, ist (JW 1929 S. 1445) der Ansicht, daß sie in einem solchen Fall statthaft sein muß.
66 Vgl. *Grünwald* Honig-FS S. 64; *Mattern* S. 75; *Radbruch* RG-Praxis V S. 207 ff.; *Rieker* S. 68. Vgl. auch RGSt. 39 S. 231: Nicht widerlegt, möglicherweise wahr, vielleicht beweisbar. Gegen das Erfordernis der Beweisbarkeit wendet sich *Tenckhoff* S. 37.
67 Vgl. aber oben S. 596 darüber, daß die Rechtspraxis es vorzieht, auch in diesem Fall die Tatsache als wahr zu unterstellen.
68 Vgl. unten S. 670 ff.
69 Vgl. KMR *Paulus* § 244 Rdnr. 442; LR *Gollwitzer* § 244 Rdnr. 208; *Kreuzer* S. 51; a. A. *Alsberg* JW 1929 S. 977 (978), der im Gegenteil forderte, daß diese Möglichkeiten nicht erschöpft sind (ebenso Voraufl. S. 149).
70 Vgl. *Mattern* S. 81/82.
71 RGSt. 47 S. 417 (424); 65 S. 322 (330); LR *Gollwitzer* § 244 Rdnr. 205; *Eb. Schmidt* § 244 Rdnr. 61; *Mattern* S. 77; *Radbruch* RG-Praxis V S. 207; *Rieker* S. 68; *Schröder* NJW 1972 S. 2105 (2108); *Tenckhoff* S. 36/37. Vgl. auch RG JW 1923 S. 689 (690) mit Anm. *Alsberg*; OLG Stuttgart NJW 1967 S. 1627.
72 LR *Gollwitzer* § 244 Rdnr. 208; vgl. auch BGHSt. 13 S. 326.

niemals aber eine sonst nicht vertretbare Wahrunterstellung zugunsten des Angeklagten[73].

Hält das Gericht es für möglich, daß die Unwahrheit der Beweistatsache durch irgendeinen zulässigen Beweis erwiesen werden kann, so muß es weitere Beweise erheben. Der Aufklärungspflicht, die den Richter zwingt, alle Möglichkeiten, den Angeklagten zu überführen, zu erschöpfen, darf sich das Gericht nicht durch eine Wahrunterstellung entziehen[74]. Im Gegensatz zur Beurteilung der Frage, ob die Beweistatsache schon bewiesen oder widerlegt ist, darf das Gericht diese Überzeugung nicht nur auf den Inbegriff der Hauptverhandlung stützen. Sie wird ihre Grundlage zwar meist in der bisherigen Beweisaufnahme haben. Das Gericht darf aber auch den Akteninhalt heranziehen, z. B. wenn schon im Vorverfahren vergebliche Versuche gemacht worden sind, die Tatsache aufzuklären[75]. Gelegentlich kann sich die Unwiderlegbarkeit auch aus der Beweisbehauptung selbst ergeben[76].

Zur Freisprechung des Angeklagten muß die Wahrunterstellung nicht unbedingt führen[77]. Sie kann sich auch auf einzelne Tatbestandsmerkmale, etwa die Heimtücke beim Tötungsdelikt oder die Benutzung eines gefährlichen Werkzeuges bei der Körperverletzung, beziehen und nur zur Folge haben, daß der Angeklagte wegen einer leichteren Straftat verurteilt wird[78]. Die Ursache hierfür ist allerdings genau genommen nicht erst die Wahrunterstellung, sondern die Beweislage, die die Beweiserhebung über den von dem Angeklagten behaupteten entlastenden Umstand erübrigt. Die Wahrunterstellung zieht daraus nur die Konsequenz. Haben z. B. zwei Zeugen, deren Angaben nicht zur Überzeugung des Gerichts von der Wahrheit oder Unwahrheit ihrer Aussagen geführt haben, den Notwehreinwand des Angeklagten bestätigt, so erübrigt sich die Vernehmung eines dritten Zeugen, den der Angeklagte zu demselben Beweisthema benannt hat.

b) **Wahrunterstellung und Grundsatz** *in dubio pro reo*. *Radbruch*[79] hat als erster darauf aufmerksam gemacht, daß die Freistellung des Gerichts von Beweiserhebungen, die die Beweislage nicht mehr zugunsten des Angeklagten verbessern können, mit dem Grundsatz *in dubio pro reo* zusammenhängt[80]. Da nach diesem Grundsatz alle Zweifel im Tatsächlichen zugunsten des Angeklagten gewertet werden müssen, läßt sich die Wahrunterstellung unmittelbar beweiserheblicher Tatsa-

---

73 So mit Recht *Mattern* S. 78 Fußn. 331 gegen *Beringer* JW 1930 S. 3380.
74 Vgl. *Grünwald* Honig-FS S. 55; *Rieker* S. 68; unten S. 670 ff.
75 Vgl. *Alsberg* JW 1929 S. 977 (978).
76 Vgl. RGSt. 47 S. 417 (423/424); *Alsberg* a.a.O.; vgl. aber *Goldschmidt* S. 437 ff.
77 Wie *zu Dohna* JW 1929 S. 1445 anzunehmen scheint.
78 Unrichtig daher *Simader* S. 142, der die Wahrunterstellung für überflüssig hält, weil sich aus dem freisprechenden Urteil stets die Irrelevanz der Beweisbehauptung ergibt.
79 RG-Praxis V S. 208. Das ältere Schrifttum hat diese Verbindung zwischen sachlichem Recht und Verfahrensrecht nicht erkannt. Noch *Alsberg*, der in JW 1929 S. 977 als erster die Wahrunterstellung näher untersucht hat, lag dieser Gedanke fern.
80 Vgl. allgemein zu dem Grundsatz: LR *Schäfer* Einl. Kap. 13 Rdnr. 47 ff.; LR *Gollwitzer* § 261 Rdnr. 119 ff.; *Stree* S. 19 ff.

chen damit rechtfertigen, daß kein Prozeßbeteiligter Beweiserhebungen verlangen kann, die sich wegen der Rechtspflicht des Gerichts, nach dem Grundsatz *in dubio pro reo* zu verfahren, als überflüssig erweisen. Die Wahrunterstellung dieser Tatsachen ist gewissermaßen das verfahrensrechtliche Mittel, den Grundsatz *in dubio pro reo* bei der Beweisaufnahme vorwegzunehmen[81].

c) Unmöglichkeit des Unschuldsbeweises als Folge der Wahrunterstellung. Die Ablehnung von Beweisanträgen wegen Wahrunterstellung wird gelegentlich mit der Erwägung gerechtfertigt, dem Antragsteller werde hierdurch alles gewährt, was er erstrebt. Obwohl es sich um einen Ablehnungsgrund handele, komme die Wahrunterstellung im Ergebnis einer erfolgreichen Beweiserhebung gleich[82]. Denn mehr als die Behandlung der Beweistatsache als wahr, die ihm bei der Ablehnung zugesichert wird und die das Gericht einhalten muß, könne der Angeklagte auch dann nicht erreichen, wenn der Beweis erhoben wird[83]. Das ist jedoch unrichtig. Zwar wird zugunsten des Angeklagten das Gelingen der Beweiserhebung unterstellt. Aber die Wahrunterstellung erlaubt das Absehen von der beantragten Beweiserhebung schon dann, wenn die Beweistatsache nicht widerlegbar erscheint. Mit der Wahrunterstellung wird dem Angeklagten daher vielfach die Möglichkeit abgeschnitten, seine Unschuld zu beweisen[84]. Die Frage, ob die tatsächlichen Beweisbehauptungen des Angeklagten glaubhaft oder nur nicht widerlegt sind, bleibt bei der Wahrunterstellung gerade offen[85].

---

81 Vgl. *Frisch* in FS für Heinrich Henkel, 1974, S. 275 (282 Fußn. 43); *Goslar* S. 27; *Grünwald* Honig-FS S. 65; *Köhler* S. 39; *Kreuzer* S. 51; *D. Meyer* NJW 1976 S. 2355 (2356); *Schröder* NJW 1972 S. 2105 (2109); *Tenckhoff* S. 119. Ähnlich *Mattern* S. 75 und, dem Sinne nach, *zu Dohna* JW 1929 S. 1445 (1446).
82 Vgl. LR *Gollwitzer* § 244 Rdnr. 205; Voraufl. S. 161. Ähnlich *Ditzen* S. 19, 31; *Mattern* S. 41 ff.
83 RGSt. 46 S. 278 (279); 49 S. 44 (46); RG JW 1929 S. 2738 (2739) mit Anm. *Mamroth*; RG JW 1931 S. 3560 (3561) mit Anm. *Lang*. Ebenso Voraufl. S. 146/147. Vgl. auch RGSt. 39 S. 231.
84 Vgl. *Harreß* S. 41/42 (der das für unzulässig hält); *Kreuzer* S. 52/53; *Mattern* S. 97, 109. *zu Dohna* JW 1929 S. 1445 hält die Abschneidung des Unschuldsbeweises zu Unrecht für die einzige Anwendungsmöglichkeit der Wahrunterstellung. *Grünwald* Honig-FS S. 56, *Schenk* S. 163 und *Tenckhoff* S. 126/127 sehen darin die gesetzliche Anerkennung des in der Rspr. (vgl. BGHSt. 7 S. 153 [155]; 13 S. 75 [77]; 16 S. 374; weit. Nachw. bei LR *Meyer* § 333 Rdnr. 24 und *Tenckhoff* S. 127 Fußn. 97) entwickelten Grundsatzes, daß der nicht überführte Angeklagte keinen Rechtsanspruch auf Feststellung seiner Unschuld hat und daher ein Rechtsmittel nicht auf das Fehlen dieser Feststellung im Urteil stützen kann.
85 Vgl. *Radbruch* RG-Praxis V S. 203, 208, der daher die Wahrunterstellung überhaupt für unzulässig hält, sofern es sich nicht um eine Tatsache handelt, die weder widerlegbar noch beweisbar ist.

5. Indiztatsachen

a) Vor die **Zulässigkeit der Wahrunterstellung** von Indiztatsachen, die in der Rechtsprechung niemals zweifelhaft war[86], hat die Rechtswissenschaft neuerdings ein Hindernis aufgestellt, das es zunächst wegzuräumen gilt. Das Hindernis besteht in der Behauptung, nicht nur bei den unmittelbar beweiserheblichen Tatsachen, sondern ganz allgemein bestehe die Funktion und Rechtfertigung der Wahrunterstellung in der Vorwegnahme des Grundsatzes *in dubio pro reo*[87]. Vereinzelt wird sogar die Ansicht vertreten, da dieser Grundsatz auf Indiztatsachen nicht anwendbar sei, folge hieraus notwendigerweise, daß es unzulässig ist, solche Tatsachen als wahr zu unterstellen[88]. Daran ist lediglich richtig, daß der Zweifelssatz für Indiztatsachen keine Bedeutung hat. Der Satz *in dubio pro reo* ist ein sachlichrechtlicher Grundsatz[89]. Er bedeutet, daß wegen einer Straftat nur verurteilt werden darf, wer nach der Überzeugung des Gerichts schuldig ist, nicht auch, wer nur im Verdacht steht, sich schuldig gemacht zu haben[90]. Der Grundsatz ist keine Beweiswürdigungsregel, sondern eine Entscheidungsregel. Er besagt nichts darüber, wie die Indizien zu werten sind, sondern kommt erst in Betracht, wenn das Gericht die Beweise abschließend gewürdigt hat. Erst dann entsteht die Frage, ob die Tatsachen erwiesen sind, die den gesetzlichen Tatbestand unmittelbar ausfüllen, und erst wenn hieran Zweifel bestehen, fordert die Anwendung des Grundsatzes *in dubio pro reo*, daß die dem Angeklagten günstigsten Rechtsfolgen verhängt werden[91]. Der Zweifelssatz bezieht sich aus diesem Grunde nicht auf Indiztatsa-

---

86 Vgl. etwa BGHSt. 28 S. 310 (311); BGH NJW 1959 S. 396; BGH VRS 21 S. 113 (114); RGSt. 29 S. 368; 35 S. 389; 46 S. 278; 58 S. 298 (299); 59 S. 298; RG JW 1914 S. 891 (892); 1919 S. 115 mit Anm. *Alsberg*; RG JW 1923 S. 1037 mit Anm. *Alsberg*; RG JW 1932 S. 2161 mit Anm. *Bohne*. Vgl. auch *Willms* Schäfer-FS S. 278, wonach die Zulässigkeit der Wahrunterstellung von Indiztatsachen von der BGH-Rspr. nie in Zweifel gezogen worden ist. Die Entscheidung RGSt. 51 S. 3 steht auf keinem anderen Standpunkt; vgl. oben S. 589 Fußn. 89.
87 Vgl. KK *Herdegen* § 244 Rdnr. 99; KMR *Paulus* § 244 Rdnr. 442; *Roxin* § 43 C II 1 b dd; *Rüping* Rdnr. 418; *Schlüchter* Rdnr. 553.3; *Schröder* NJW 1972 S. 2105 (2109); *Tenckhoff* S. 118 ff., 148/149 (notwendiger Zusammenhang).
88 So *Grünwald* Honig-FS S. 60 ff., 65/66 und, ihm folgend, *Engels* GA 1981 S. 21 (30).
89 Vgl. BGH LM Nr. 19 zu § 261; OLG Celle MDR 1957 S. 435 (436); LR *Meyer* § 337 Rdnr. 13 mit weit. Nachw. Die Frage ist äußerst streitig; vgl. *Eb. Schmidt* Teil I Rdnr. 376 Fußn. 91; *Stree* S. 19.
90 Daß die Entwicklung des Grundsatzes *in dubio pro reo* durch die Rechtswissenschaft keinem anderen Zweck diente, als die bis weit in das 19. Jahrhundert hinein für zulässig gehaltene Verdachtsstrafe zu beseitigen, weist *Holtappels*, Die Entwicklungsgeschichte des Grundsatzes »in dubio pro reo«, 1965, S. 81 ff., nach.
91 Vgl. BVerfG MDR 1975 S. 468 (469); *Kleinknecht* § 261 Rdnr. 26; KMR *Paulus* § 244 Rdnr. 291; LR *Gollwitzer* § 261 Rdnr. 113; LR *Meyer* § 337 Rdnr. 114; *Eb. Schmidt* Teil I Rdnr. 373; *Foth* NJW 1974 S. 1572; *Frisch* in FS für Heinrich Henkel, 1974, S. 275, 281 ff.; *Hanack* JR 1974 S. 383/384 und JuS 1977 S. 727 (731 ff.); *Niese* GA 1954 S. 148 (150); *Rüping* Rdnr. 426; *Sarstedt* Hirsch-FS S. 186; *Tenckhoff* S. 112 ff.; *Stree* S. 56. Vgl. auch *Bender/Nack* DRiZ 1980 S. 121 (123) und *Bender/Röder/Nack* I S. 202.

chen⁹², gleichgültig, ob sie zu bestimmten Schlußfolgerungen zwingen⁹³ oder ob sie sie nur ermöglichen, auch nicht auf die Hilfstatsachen, die nur bei der Beweiswürdigung eine Rolle spielen. Das besagt aber keineswegs, daß die Wahrunterstellung von Indiztatsachen unzulässig ist. Denn das Gesetz schreibt lediglich vor, daß die als wahr zu unterstellenden Tatsachen den Angeklagten entlasten müssen. Irgendeine allgemeine Verknüpfung mit dem sachlich-rechtlichen Grundsatz *in dubio pro reo* wird dadurch nicht hergestellt, und die Erkenntnis, daß die Überflüssigkeit von Beweiserhebungen über unmittelbar rechtserhebliche Tatsachen mit diesem Grundsatz übereinstimmt, weil nur dann die Wahrunterstellung nicht gegen die Aufklärungspflicht verstößt⁹⁴, besagt nichts für oder gegen die Zulässigkeit der Wahrunterstellung von Indiztatsachen⁹⁵.

b) Zwingende Indiztatsachen. Indiztatsachen, die die Täterschaft des Angeklagten oder wenigstens eine unmittelbar beweiserhebliche Tatsache zwingend ausschließen, können, ebenso wie diese Tatsachen selbst, ohne Verstoß gegen die Aufklärungspflicht des Gerichts nach § 244 Abs. 2 nur als wahr unterstellt werden, wenn das Gericht sie ohnehin nicht widerlegen kann. Das gilt vor allem für den Alibibeweis. Ist das Gericht schon aufgrund der bisherigen Beweisaufnahme der Meinung, daß die Schuld des Angeklagten nicht nachzuweisen, wenngleich auch seine

---

92 Vgl. *Kleinknecht* § 261 Rdnr. 29; KMR *Paulus* § 244 Rdnr. 167, der die Berücksichtigung unbewiesener Indizien mit Recht für einen Verstoß gegen die Denkgesetze hält; LR *Gollwitzer* § 261 Rdnr. 122 ff.; *Foth* NJW 1974 S. 1572; *Stree* JZ 1974 S. 298 (299). – *Grünwald* Honig-FS S. 57 ff., 69 folgert das nicht aus der Rechtsnatur des Zweifelssatzes, sondern aus den Besonderheiten des Indizienbeweises, wobei er die handgreiflich falsche Rechtsansicht vertritt, Indiztatsachen seien auch verwertbar, wenn Zweifel an ihrer Richtigkeit bestehen; hiergegen mit Recht *Tenckhoff* S. 140/141. In der Rspr. wird oft behauptet, daß auch bei Indiztatsachen nach dem Zweifelssatz zu verfahren sei; vgl. etwa BGH LM Nr. 19 zu § 261.
93 Nach Ansicht des BGH gilt der Grundsatz *in dubio pro reo* für den Alibibeweis nicht; vgl. BGHSt. 25 S. 285 = JR 1974 S. 383 mit krit. Anm. *Hanack* = JZ 1974 S. 298 mit abl. Anm. *Stree* und BGH JR 1978 S. 348 mit Anm. *Tenckhoff*. Das verdeckt aber nur die Erkenntnis, daß er für keinerlei Indizienbeweis gilt, und muß daher zu Unklarheiten führen; vgl. die Stellungnahmen von *Foth* NJW 1974 S. 1572; *Hanack* JuS 1977 S. 727 (731); *Peters* S. 273/274 und in: Der neue Strafprozeß, 1975, S. 174; *Schneider* MDR 1974 S. 944; *Volk* JuS 1975 S. 25. Vgl. auch OLG Celle JR 1977 S. 82 (83) mit abl. Anm. *Peters*; OLG Hamm JZ 1968 S. 676; LR *Meyer* § 337 Rdnr. 114; *Dahs/Dahs* Rdnr. 517; *Grünwald* Honig-FS S. 65; *Tenckhoff* S. 143 ff. – Die BGH-Entscheidungen befassen sich übrigens mit einem bloßen Scheinproblem (so mit Recht KMR *Paulus* § 244 Rdnr. 329); in Wahrheit ging es ausschließlich um die Frage einer rechtsfehlerfreien Beweiswürdigung.
94 Vgl. oben S. 662.
95 A. A. *Tenckhoff* S. 120: »Wahrunterstellungen sind nur innerhalb des Anwendungsbereichs des Grundsatzes *in dubio pro reo* möglich.« *Tenckhoff*, der trotz dieser unrichtigen Annahme die Zulässigkeit der Wahrunterstellung von Indiztatsachen begründen will, ist dazu nur in der Lage, indem er (S. 148) in offensichtlichem Widerspruch zu seiner zutreffenden Ansicht, der Zweifelssatz sei keine Regel für die Beweiswürdigung, sondern eine Entscheidungsregel, die eine abgeschlossene Beweiswürdigung voraussetzt (S. 111 ff.), auch Indiztatsachen dem Grundsatz *in dubio pro reo* unterstellt.

Unschuld nicht erwiesen ist, so kann es auf einen Beweisantrag des Angeklagten als wahr unterstellen, daß er sich nicht am Tatort aufgehalten hat und schon aus diesem Grunde nicht der Täter sein kann[96]. Das ergibt sich ohne weiteres aus dem Gesichtspunkt, daß das Gericht nicht verpflichtet ist, überflüssige Beweise zu erheben[97]. Ist das Gericht jedoch von der Täterschaft des Angeklagten durch die erhobenen Beweise überzeugt, so darf es selbstverständlich nicht auf einen Beweisantrag unterstellen, daß er zur Tatzeit nicht am Tatort gewesen ist und daher nicht der Täter sein kann. Es wäre ein grober Verstoß gegen die Aufklärungspflicht, wenn das Gericht den Angeklagten mit dieser Begründung freispräche. Die Ablehnung des Beweisantrags unter Wahrunterstellung des Alibis ist immer nur zulässig, wenn auch die anderen Beweise zur Überführung nicht ausreichen, das Gericht also auch ohne Erhebung des Alibibeweises zum Freispruch entschlossen war. Die Wahrunterstellung bezieht sich im übrigen nur auf die Indiztatsache selbst, nicht auf die Schlußfolgerungen, die aus ihr zu ziehen sind[98].

c) Andere Indiztatsachen. Bei der Wahrunterstellung von Indiztatsachen, die Schlüsse auf das Vorliegen unmittelbar beweiserheblicher Tatsachen nur zulassen, aber nicht zu ihnen zwingen, ist zu unterscheiden:

Will das Gericht den von dem Antragsteller erstrebten Schluß zugunsten des Angeklagten ziehen, so kommen ebenfalls nur Beweisbehauptungen in Betracht, die beweisbar, noch nicht widerlegt und nicht widerlegbar sind. Hat etwa über eine den Angeklagten entlastende Indiztatsache bereits eine Beweisaufnahme stattgefunden, ohne daß dadurch ihre Richtigkeit oder ihre Unrichtigkeit erwiesen worden ist, so kann das Gericht, wenn es sie bei der Beweiswürdigung aufgrund dieses Beweisergebnisses berücksichtigen und dabei Schlüsse zugunsten des Angeklagten ziehen will, weitere Anträge unter Wahrunterstellung der Indiztatsache ablehnen, die der Angeklagte erneut unter Beweis stellt. Eine weitere Beweiserhebung wäre überflüssig, da das Gericht von der Indiztatsache ohnehin ausgehen will. Ein Ver-

---

96 Im Ergebnis übereinstimmend *Völcker* S. 18 und *zu Dohna* JW 1929 S. 1445 (1446), der diesen Fall aber zu Unrecht als die einzige legitime Anwendungsmöglichkeit der Wahrunterstellung ansieht.
97 *Tenckhoff* (S. 145 ff.) bemüht sich, zu diesem Ergebnis durch den Nachweis zu gelangen, daß auch beim Alibibeweis der Grundsatz *in dubio pro reo* gilt, dessen Anwendbarkeit angeblich die Voraussetzung für jede Wahrunterstellung ist. Seine Ansicht, das Gericht müsse den Angeklagten nach diesem Grundsatz freisprechen, wenn es auch nur Zweifel an dem Alibi hat (S. 146), ist aber falsch. Ist die Schuld des Angeklagten schon erwiesen, so wäre es denkfehlerhaft, ihn freizusprechen, weil ein Zeuge glaubhaft bekundet, er sei mit ihm entweder zur Tatzeit oder am darauffolgenden Tag außerhalb des Tatorts zusammengetroffen; vgl. *Schneider* MDR 1974 S. 944. Ist die Schuld noch nicht bewiesen, so wird von dem Tatrichter nicht die Anwendung des Zweifelssatzes, sondern eine rechtsfehlerfrei begründete Beweiswürdigung verlangt, und die Frage, ob für den Alibibeweis der Zweifelssatz gilt, ist dann ein bloßes Scheinproblem; vgl. oben Fußn. 93.
98 A. A. *Tenckhoff* S. 151, der den sachlich-rechtlichen Mangel, der darin besteht, daß eine denkgesetzlich zwingende Schlußfolgerung nicht gezogen worden ist, zu Unrecht für einen Verstoß gegen § 244 Abs. 3 Satz 2 hält.

stoß gegen die Aufklärungspflicht liegt nicht vor, weil das Gegenteil der von dem Angeklagten behaupteten Beweistatsache nicht beweisbar ist.

Der praktisch häufigste Fall der Wahrunterstellung nicht nur von Indiztatsachen, sondern der Wahrunterstellung überhaupt, ist aber anderer Art. Er bezieht sich auf Indiztatsachen, von denen von vornherein fraglich ist, ob das Gericht irgendwelche Schlußfolgerungen zugunsten des Angeklagten ziehen wird, und auf die es für die Entscheidung im Ergebnis daher möglicherweise nicht ankommt. Indiztatsachen stehen in wechselseitiger Abhängigkeit[99]. Ist ein den Angeklagten entlastendes Indiz nicht widerlegbar, so gebieten es die Denkgesetze nicht, zu seinen Gunsten zu entscheiden, wenn schon die übrigen Indizien das Gericht von seiner Schuld überzeugen. Das Gericht kann sogar darüber hinwegsehen, daß eine Indiztatsache, die der Angeklagte bewiesen haben will, bereits widerlegt ist, wenn es nur meint, es komme möglicherweise auf sie im Ergebnis nicht an. Der für die unmittelbar beweiserheblichen Tatsachen und auch für die zwingenden Indiztatsachen zutreffende Satz, daß nur Beweisbehauptungen als wahr unterstellt werden dürfen, die weder widerlegt noch widerlegbar sind[100], gilt für die nicht zwingenden und möglicherweise sogar im Ergebnis beweisunerheblichen Indiztatsachen nicht. Das Gericht kann aus Gründen der Verfahrensvereinfachung von ihrer Richtigkeit auch ausgehen, wenn es glaubt, sie durch eine weitere Beweisaufnahme widerlegen zu können, wenn es aber zugleich meint, daß möglicherweise weder die Richtigkeit noch die Unrichtigkeit des Beweisanzeichens für die Entscheidung von Bedeutung ist. Der Umstand, daß es dem Tatrichter erlassen werden soll, über die Erheblichkeitsfrage schon vor der Urteilsberatung endgültig zu entscheiden, erlaubt ihm eine Wahrunterstellung auch solcher Indiztatsachen[101]. Stellt sich in der Urteilsberatung die Erheblichkeit der Indiztatsache heraus, so muß das Gericht den Beweis erheben.

6. Strafzumessungstatsachen

Auf einen Beweisantrag des Angeklagten können Strafzumessungstatsachen als wahr unterstellt werden, wenn sie die Entscheidung über die Rechtsfolgen beeinflussen und nicht widerlegbar erscheinen[102]. Immer muß es sich aber um Tatsachen

---

99 Vgl. *Kleinknecht* § 261 Rdnr. 29; *Grünwald* Honig-FS S. 65; *Stree* JR 1974 S. 289 (290). Der Hinweis von *Tenckhoff* (JR 1978 S. 348 [349]), daß auch der Alibibeweis in Abhängigkeit von anderen Indizien steht, ist zwar richtig; anders als bei anderen Indizien kann die Richtigkeit des Alibis aber grundsätzlich nicht dahingestellt bleiben.
100 Vgl. oben S. 660 ff.
101 Vgl. oben S. 588 ff. Die Untersuchungen *Grünwalds* (Honig-FSS. 61) vernachlässigen diesen Gesichtspunkt leider völlig. Sie werden auch dadurch weitgehend entwertet, daß *Grünwald* entgegen der allg. Meinung (vgl. oben S. 589) die rechtlich unhaltbare Auffassung vertritt, die Vorwegbeurteilung der Frage, ob das Gericht einer Indiztatsache gegenüber der bisherigen Beweisaufnahme einen Beweiswert beimißt, verstoße gegen das Verbot der Beweisantizipation.
102 Vgl. BGHSt. 1 S. 51 (55); BGH 4 StR 145/52 vom 18. 6. 1953; 5 StR 481/75 vom 30. 4. 1976; RG JW 1931 S. 2575 (2576) mit Anm. *Alsberg*; OLG Braunschweig NJW 1947/48 S. 232 (233) mit Anm. *Goetze*; OLG Kiel SchlHA 1946 S. 101. – *Tenckhoff* (S. 153 ff.) meint auch hier, nachweisen zu müssen, daß der Grundsatz *in dubio pro reo* gilt.

handeln, die sich bei der Strafbemessung nur zugunsten des Angeklagten auswirken können. Dabei ist zu beachten, daß es Strafzumessungstatsachen gibt, die ebensogut zugunsten des Angeklagten wie auch zu seinem Nachteil verwendet werden können[103]. Der Umstand, daß der Betrug zum Nachteil besonders einfältiger Geschäftspartner begangen worden ist, kann zugunsten des Angeklagten sprechen, wenn man annimmt, daß ihm die Tat besonders leicht gemacht worden ist, und zu seinem Nachteil, wenn man bedenkt, daß er wegen der Unerfahrenheit seiner Opfer besonders verwerflich gehandelt hat. Auch die Frage, ob ein Einbruchsdiebstahl am hellichten Tage strafwürdiger ist als zur Nachtzeit, kann durchaus verschieden beantwortet werden. Eine Wahrunterstellung kommt in solchen Fällen nur in Betracht, wenn sich das Gericht eindeutig auf den Standpunkt stellt, daß aus der Tatsache nur strafmildernde Schlüsse zu ziehen sind. Eine weitere Schranke bildet gerade bei Strafzumessungstatsachen die Aufklärungspflicht. Handelt es sich um allgemeine Beweisbehauptungen, die so vage sind, daß ihr Einfluß auf die Strafbemessung nicht eindeutig abzumessen ist, so wird in der Regel keine Wahrunterstellung in Betracht kommen, sondern eine Beweiserhebung nötig sein[104].

III. Inhalt und Umfang der Wahrunterstellung

Die Wahrunterstellung ist eine Willenserklärung des Gerichts[105]. Sie verknüpft die Ablehnung eines Beweisantrags mit der Zusage, die Beweistatsache so zu behandeln, als wäre sie wahr. Die Wahrunterstellung kommt im Grundsatz[106] einer erfolgreichen Beweiserhebung gleich[107]. Sie setzt an die Stelle der Beweiserhebung die Fiktion, daß sie gelungen ist[108].

In ihrem Umfang muß die Wahrunterstellung den Beweisantrag erschöpfen; andernfalls ist er durch die Wahrunterstellung nicht erledigt[109]. Das Gericht muß

---

103 So lag der Fall BGH NJW 1976 S. 1950: Der Angeklagte hatte unter Beweis gestellt, daß er in mehreren Gremien ein großes Maß an Arbeit geleistet hat, eine Tatsache, die nicht unbedingt dazu zwang, bei der Strafzumessung zu seinen Gunsten gewertet zu werden, und die das LG unzulässigerweise (vgl. oben S. 655), aber mit Billigung des BGH, strafschärfend berücksichtigt hat.
104 Nach Ansicht *Grünwalds* (Honig-FS S. 66 ff.) kann das Gewicht, das bestimmten Tatsachen bei der Strafzumessung zukommt, auch sonst von Unwägbarkeiten abhängen, die sich dem Tatrichter erst durch eine Beweisaufnahme erschließen, so daß es eine Frage des Einzelfalls ist, ob eine Wahrunterstellung zugelassen werden kann. Ähnlich *Bruns* Strafzumessungsrecht S. 154 und Leitfaden S. 246.
105 Vgl. *Alsberg* JW 1929 S. 977; *Tenckhoff* S. 28.
106 Vgl. aber oben S. 663: Die Wahrunterstellung schneidet den Unschuldsbeweis ab.
107 BGHSt. 1 S. 337 (339); KG JR 1978 S. 473 (474); OLG Koblenz OLGSt. § 244 S. 35 (36); *Kleinknecht* § 244 Rdnr. 63; LR *Gollwitzer* § 244 Rdnr. 205; a. A. KMR *Paulus* § 244 Rdnr. 442 mit der Begründung, die Wahrunterstellung sei wie der Grundsatz *in dubio pro reo* keine Beweisregel, sondern eine reine Entscheidungsregel. Vgl. auch unten S. 675.
108 Vgl. *Kleinknecht* a.a.O.; *Alsberg* JW 1929 S. 977 (978, 980); 1932 S. 3100; *Goslar* S. 23; *Tenckhoff* S. 116. Ähnlich *Ditzen* S. 19, 31; *Mattern* S. 41 ff. Ausführlicher unten S. 675.
109 RG JW 1931 S. 2032 mit Anm. *Alsberg*; OLG Hamm GA 1974 S. 374; *Alsberg* JW 1930 S. 3325.

die Beweistatsache daher ohne Einschränkung und ohne Veränderung ihres Sinnes als richtig unterstellen[110]. Die Pflicht, die Beweisbehauptung in vollem Umfang als wahr zu unterstellen, schließt aber nicht aus, daß die Wahrunterstellung auf Teile des Beweisvorbringens beschränkt wird, wenn es einen Komplex von Tatsachen betrifft, die voneinander abgrenzbar sind[111]. Sind mehrere Beweistatsachen behauptet, aber nicht alle als wahr unterstellt worden, so müssen die anderen aber aufgeklärt oder der Beweisantrag insoweit aus einem der anderen Gründe des § 244 Abs. 3 bis 5 abgelehnt werden. Dabei ist eine eindeutige Trennung in dem Ablehnungsbeschluß erforderlich[112]. Eine nur teilweise Wahrunterstellung ist auch zulässig, wenn und soweit der Beweisantrag mit der Behauptung von Tatsachen ein Werturteil verbindet[113]. Wird behauptet, daß der Angeklagte in sittlicher Beziehung vollkommen einwandfrei dastehe und daß er nach seinem bisherigen Lebenswandel das ihm zur Last gelegte Sittlichkeitsdelikt unmöglich begangen haben könne, so ist das Gericht, wenn es die sexuelle Moral des Angeklagten als wahr unterstellt, nicht gehindert, das auszuscheiden, was als Urteil über die Frage, ob dem Angeklagten die Tat zuzutrauen ist, über den Gegenstand des Zeugenbeweises hinausgeht. Daß sich die Wahrunterstellung auf den ausgeschiedenen Teil nicht erstreckt, muß aber stets klar zum Ausdruck gebracht werden, und das Gericht muß im Auge behalten, daß hinsichtlich des für diesen Teil beantragten Beweises eine besondere Bescheidung erforderlich ist. Das gilt auch für den Fall, daß ein Teil des tatsächlichen Begehrens des Antragstellers für die Entscheidung ohne Bedeutung ist. Dann kann der Beweisantrag mit der Begründung abgelehnt werden, ein bestimmter, in dem Ablehnungsbeschluß genau zu bezeichnender Teil könne als wahr unterstellt werden, im übrigen fehle es an der Beweiserheblichkeit[114]. Wenn die Beweistatsache sich sowohl auf die Schuld- als auch auf die Rechtsfolgenfrage bezieht, kann sie als wahr unterstellt werden, soweit sie die Schuldfrage betrifft, und im übrigen als bedeutungslos behandelt werden[115].

Von der Wahrunterstellung begrifflich zu unterscheiden ist die Wahrbehandlung. Die Wahrunterstellung betrifft nur die Zusage des Gerichts in dem in der Hauptverhandlung bekanntgemachten Ablehnungsbeschluß. Die Wahrbehandlung bezieht sich auf die Frage, ob das Gericht die Wahrunterstellung im Urteil einhält[116].

---

110 Da hiergegen nicht bei der Wahrunterstellung, die nicht weiter begründet zu werden braucht (vgl. unten S. 763), sondern bei der Wahrbehandlung im Urteil verstoßen zu werden pflegt, sind die damit zusammenhängenden Fragen unten S. 677 ff. erörtert.
111 BGH 5 StR 138/53 vom 22. 9. 1953.
112 RG JW 1928 S. 2255 mit Anm. *Beling*; RG JW 1932 S. 3356 (3358) mit Anm. *Mannheim*; *Alsberg* JW 1929 S. 977 (979).
113 Vgl. *Alsberg* a.a.O.
114 BGH NJW 1976 S. 1950 mit Anm. *Tenckhoff*.
115 BGH 2 StR 480/73 vom 19. 12. 1975.
116 Vgl. dazu unten S. 675 ff.

IV. Grenzen der Wahrunterstellung

1. Unzulässigkeit der Beweiserhebung

Die Ablehnungsgründe des § 244 Abs. 3 Satz 2 kommen erst in Betracht, wenn feststeht, daß der Beweisantrag nicht nach § 244 Abs. 3 Satz 1 abgelehnt werden muß, weil die beantragte Beweiserhebung unzulässig wäre[117]. Das gilt vor allem für die Wahrunterstellung. Beweisergebnisse, die das Gericht nicht auf prozeßordnungsmäßigem Wege gewinnen könnte, dürfen nicht auf dem Umweg über die Wahrunterstellung der Beweistatsache in das Verfahren eingeführt werden. Ist die Berücksichtigung einer Zeugenaussage wegen des Beweisverbotes der §§ 136 a, 69 Abs. 3 unzulässig, so darf das Gericht daher keine Beweistatsachen als richtig unterstellen, die nur durch eine gegen diese Vorschriften verstoßende Beweisaufnahme erwiesen werden könnten[118]. *Tenckhoff*[119] ist der Meinung, die Unzulässigkeit der Wahrunterstellung könne sich auch daraus ergeben, daß die Beweistatsache den Denkgesetzen oder den Erfahrungssätzen widerspricht. Das Verbot, derartige Tatsachen zu berücksichtigen, ist jedoch in erster Hinsicht ein sachlichrechtliches Problem[120]. Nur die Verwertung der Tatsachen ist dem Tatrichter untersagt. Sie zu »gewinnen«, ist nicht verboten, sondern überflüssig, weil sie für die Entscheidung keinerlei Bedeutung haben können oder ihr Gegenteil sogar offenkundig ist. Obwohl *Tenckhoff* darin zuzustimmen ist, daß auch das Prozeßrecht nicht die Fiktion von Beweisergebnissen gestatten kann, deren Fehlerhaftigkeit offensichtlich ist, kann ihm daher nur im Ergebnis gefolgt werden. Die Wahrunterstellung unverwendbarer Tatsachen ist schon deshalb unzulässig, weil sie niemals beweiserheblich sein können.

2. Aufklärungspflicht

Der Grundsatz, daß das Gericht von Amts wegen die erforderlichen Beweise zu erheben hat (§ 244 Abs. 2), geht der Wahrunterstellung vor[121]. Das Gericht darf von der ihm durch § 244 Abs. 3 Satz 2 eröffneten Möglichkeit, Beweisanträge unter Wahrunterstellung der Beweistatsachen abzulehnen, nur Gebrauch machen,

---

117 Vgl. oben S. 410.
118 Vgl. auch *Tenckhoff* S. 129, der als Beispiel anführt, daß das Wissen eines Zeugen, dessen vorgesetzte Behörde die nach § 54 erforderliche Aussagegenehmigung verweigert hat, als wahr unterstellt werden soll.
119 S. 130.
120 Vgl. LR *Meyer* § 337 Rdnr. 10, 129 ff.
121 BGH NJW 1959 S. 396; 1961 S. 2069 (2070); BGH bei *Spiegel* DAR 1980 S. 209; BGH 1 StR 156/80 vom 2. 12. 1980; RGSt. 47 S. 417 (424); BayObLG bei *Rüth* DAR 1981 S. 249; OLG Koblenz OLGSt. § 338 S. 66; OLG Köln JMBlNRW 1969 S. 175; OLG Saarbrücken VRS 38 S. 59 (61); OLG Schleswig bei *Ernesti/Jürgensen* SchlHA 1980 S. 174; KK *Herdegen* Rdnr. 104; *Kleinknecht* Rdnr. 63; KMR *Paulus* Rdnr. 443; LR *Gollwitzer* Rdnr. 208; alle zu § 244; *Dahs/Dahs* Rdnr. 267; *Kühne* Rdnr. 454; *K. Müller* S. 56; *Schlüchter* Rdnr. 553.1; *Wenner* S. 81; *Zipf* S. 191; a. A. offenbar *Meder* S. 36. Vgl. auch *Tenckhoff* S. 71/72.

wenn sicher ist, daß dadurch die Sachaufklärung nicht beeinträchtigt wird[122]. Es darf der sachlich gebotenen Aufklärung nicht durch eine an sich zulässige Wahrunterstellung aus dem Wege gehen[123]. Die Wahrunterstellung ist daher unzulässig, wenn es möglich erscheint, daß durch die weitere Beweisführung die unmittelbar beweiserhebliche Behauptung[124] des Angeklagten nicht bestätigt, sondern widerlegt wird oder jedenfalls weitere Einzelheiten zutage fördert, die für die Beurteilung des Falls von Bedeutung sind[125]. Dabei genügt allerdings nicht die entfernte Möglichkeit, daß die Wirkung der Beweiserhebung infolge des persönlichen Eindrucks, den das Gericht dabei von dem Beweismittel gewinnt, eine andere sein könnte als die Wahrunterstellung[126]. Es müssen schon bestimmte Anhaltspunkte dafür vorliegen, welche weiteren Erkenntnisse das Gericht bei einer Erhebung des Beweises erlangen könnte[127].

Unzulässig ist die Wahrunterstellung auch, wenn die Möglichkeit besteht, daß durch die Erhebung der beantragten Beweise eine Wahlfeststellung vermieden werden kann[128], oder wenn die Wahrunterstellung wegen der allgemeinen Formulierung der Beweistatsache nicht geeignet ist, dem Gericht ein genaues Bild von dem Ausmaß der Schuld des Angeklagten zu verschaffen, etwa wenn die »Anstiftung«[129], die »überhöhte Geschwindigkeit«[130] oder eine »gehässige« Äußerung[131] als wahr unterstellt werden müßten. In solchen Fällen kann nur eine weitere Beweiserhebung Aufklärung darüber schaffen, was wirklich geschehen ist. Vorher steht überhaupt nicht eindeutig fest, welcher Tatsachenstoff als wahr unterstellt werden könnte[132].

122 Vgl. *Alsberg* JW 1923 S. 689; *Radbruch* RG-Praxis V S. 207; *von Stackelberg* Sarstedt-FS S. 377.
123 OLG Saarbrücken VRS 19 S. 375; die Entscheidung betraf einen Fall, in dem das Verteidigungsvorbringen des Angeklagten widersprüchlich war und zu weiterer Aufklärung drängte. Die Ansicht des OLG Koblenz GA 1980 S. 193 L = OLGSt. § 244 S. 35, der Antragsteller könne dennoch nicht mit der Aufklärungsrüge geltend machen, das Gericht hätte den Zeugen vernehmen müssen, dessen Wissen es als wahr unterstellt hat, ist unrichtig; wenn die Aufklärungspflicht verletzt ist, kann die Revision auf den Verstoß gegen § 244 Abs. 2 gestützt werden (vgl. oben S. 25).
124 Wegen der Indiztatsachen vgl. oben S. 667.
125 BGH 1 StR 363/63 vom 12. 11. 1963; RG JW 1913 S. 163; 1922 S. 1037 mit Anm. *Alsberg*; OLG Hamburg JR 1982 S. 36 (37) mit Anm. *Gollwitzer*, *Kleinknecht* § 244 Rdnr. 63; LR *Gollwitzer* § 244 Rdnr. 208; *Dahs/Dahs* Rdnr. 247; *Goslar* S. 24; *Grünwald* Honig-FS S. 55; *Tenckhoff* S. 36; *Völcker* S. 19; vgl. auch BGHSt. 13 S. 326.
126 OLG Freiburg HESt. 3 S. 33.
127 BGH 4 StR 145/52 vom 18. 6. 1953; 1 StR 463/74 vom 8. 10. 1974.
128 OLG Hamm VRS 10 S. 364 (365); LR *Gollwitzer* § 244 Rdnr. 208.
129 BGHSt. 1 S. 137 (139); *Tenckhoff* S. 165 (einschränkend aber S. 158).
130 OLG Saarbrücken VRS 38 S. 130 (131).
131 RG HRR 1937 Nr. 219.
132 Vgl. auch *Eb. Schmidt* § 244 Rdnr. 60. Fraglich ist allerdings, ob das nicht dagegen spricht, einen Beweisantrag mit so vage formulierten Beweistatsachen als genügend substantiiert anzusehen und zuzulassen. BGH 4 StR 145/52 vom 18. 6. 1953 hält übrigens eine Wahrunterstellung in derselben allgemeinen Form, in der der Antragsteller die Beweistatsache formuliert hat, für unbedenklich.

Im allgemeinen ist eine Beweiserhebung auch erforderlich, wenn Erklärungen, die ein Zeuge einem anderen gegenüber gemacht hat, oder wenn andere Vorfälle zur Erschütterung der Glaubwürdigkeit eines Zeugen unter Beweis gestellt werden. Die Erheblichkeitsprüfung läßt sich in solchen Fällen in der Regel erst vornehmen, wenn sämtliche Begleitumstände geklärt sind[133]. Insbesondere wenn der Angeklagte zur Prüfung der Glaubwürdigkeit eines Zeugen Tatsachen unter Beweis stellt, deren Richtigkeit dieser bestreitet, dürfen die behaupteten Tatsachen regelmäßig nicht entgegen der Bekundung des Zeugen als wahr unterstellt werden[134]. Überhaupt kann, wenn es um die Glaubwürdigkeit eines Zeugen geht, die nur bei Erhebung des beantragten Zeugenbeweises richtig beurteilt werden kann, die Wahrunterstellung unzulässig sein[135]. Das gleiche gilt, wenn nähere Einzelheiten einer Tatsache aufgeklärt werden können, die für die Strafbemessung von Bedeutung sind[136].

Die Beachtung der Aufklärungspflicht bedeutet andererseits nicht, daß das Gericht ständig prüfen muß, was durch das Beweismittel neben den behaupteten Beweistatsachen vielleicht sonst noch bewiesen werden könnte[137]. Die bloße Möglichkeit, daß über die Beweistatsachen hinaus noch weitere Fragen durch die Vernehmung des Zeugen geklärt werden können, hindert das Gericht daher nicht an der Wahrunterstellung[138]. Der Antragsteller kann sich nicht beschweren, daß das Gericht nur die von ihm behauptete Tatsache und keine andere als wahr unterstellt hat. Denn es steht ihm frei, die Beweiserhebung über weitere Tatsachen zu beantragen, die er zu seiner Entlastung geltend machen will[139].

3. Rechte Dritter. Aufdeckung öffentlicher Mißstände

Der Angeklagte stellt gelegentlich zu seiner Verteidigung Tatsachen unter Beweis, die zwar zu seiner Entlastung geeignet sind, andererseits aber mehr oder weniger schwere Beschuldigungen dritter Personen enthalten. Das kann vor allem der Fall sein, wenn ein wegen Beleidigung Angeklagter behauptet, durch ein ehrenrühriges oder sogar strafbares Verhalten des Beleidigten oder anderer Personen oder durch

---

133 OLG Köln JMBlNRW 1962 S. 39 (40).Vgl. auch den Fall BGH Strafverteidiger 1982 S. 254.
134 OLG Celle JR 1964 S. 353 (354) = MDR 1964 S. 944 = VRS 27 S. 284 (285); in dem Entscheidungsfall hatte der Tatrichter den Zeugen trotz der Wahrunterstellung für glaubwürdig gehalten.
135 BGH 5 StR 427/60 vom 15. 11. 1960; RG HRR 1937 Nr. 219; 1939 Nr. 816; OLG Koblenz OLGSt. § 338 S. 65; KK *Herdegen* § 244 Rdnr. 101; *Alsberg* JW 1930 S. 153 (154); *Tenckhoff* S. 164. Vgl. auch *Mannheim* JW 1927 S. 388 (390), der die Wahrunterstellung in einem solchen Fall immer für unzulässig hält.
136 Vgl. LR *Gollwitzer* § 244 Rdnr. 208.
137 Vgl. *Alsberg* JW 1929 S. 977 (980); *Rieker* S. 59.
138 BGH 1 StR 19/50 vom 27. 11. 1951; 1 StR 625/74 vom 14. 1. 1975. *Schlosky* (JW 1930 S. 2505 [2507]) weist mit Recht darauf hin, daß der Antragsteller die Revision nicht darauf stützen kann, daß er den Zeugen auch noch zu anderen Dingen habe befragen wollen.
139 BGH 1 StR 463/74 vom 8. 10. 1974; vgl. auch *Tenckhoff* S. 122.

öffentliche Mißstände zu seinem Vorgehen bestimmt worden zu sein[140]. Ähnliche Tatsachenbehauptungen pflegen auch aufgestellt zu werden in Erpressungsfällen, in denen angeblich schwere Verfehlungen des Erpreßten den Anlaß zu der Straftat gegeben haben, in Sittlichkeitsprozessen, in denen der Angeklagte die sexuelle Verdorbenheit des Opfers behauptet, und in Fällen, in denen der Angeklagte, um nicht als Urheber und treibende Kraft zu erscheinen, die Hauptschuld auf angebliche Anstifter und Mittäter abzuschieben versucht[141]. Das Interesse all dieser Personen, auch soweit sie nicht als Privat- oder Nebenkläger an dem Verfahren beteiligt sind, geht mit Recht dahin, daß das Gericht Tatsachen nicht einfach als wahr unterstellt, die einen moralischen oder sogar kriminellen Vorwurf gegen sie enthalten.

Solche Fälle haben die Rechtsprechung mehrfach beschäftigt[142]. Auch wenn es sich hierbei nicht um entscheidungserhebliche Tatsachen handelt, ist die Ablehnung unter Wahrunterstellung der Beweistatsache unter der Voraussetzung zulässig, daß keine Aussicht besteht, die Beweisfrage so aufzuklären, daß sie bewiesen oder widerlegt werden kann[143]. Der von der Tatsachenbehauptung betroffene Dritte hat keinen Anspruch darauf, daß die Beweise erhoben werden. Gerade in derartigen Fällen wird aber die Annahme des Gerichts, die Beweistatsache sei nicht zu widerlegen, besonderer Prüfung bedürfen. Die Vernehmung der Personen, um deren Ehre es geht, wird dem Gericht häufig eine sichere Überzeugung von dem wahren Hergang verschaffen. Dann sind sie zu vernehmen[144]. Im Einzelfall sind auch die Interessen an einer zügigen Durchführung des Strafverfahrens und des Dritten an der Vermeidung eines bösen Anscheins gegeneinander abzuwägen. Wird die ehrenrührige Tatsache als wahr unterstellt, so empfiehlt es sich, in dem Ablehnungsbeschluß ausdrücklich zu betonen, daß die Wahrheit der Tatsachen zwar unterstellt, aber nicht für erwiesen gehalten wird, also dahingestellt bleibt[145]. Das gilt auch für den Fall, daß der Angeklagte sich zu seiner Entschuldigung auf

---

140 Vgl. *Radbruch* RG-Praxis V S. 203.
141 Für das Verfahren wegen übler Nachrede nach § 186 StGB ist anerkannt, daß der Wahrheitsbeweis nicht zur weiteren Schädigung des Opfers mißbraucht werden darf; vgl. BGH bei *Dallinger* MDR 1955 S. 269; RGSt. 55 S. 129 (132); 62 S. 83 (94 ff.); 64 S. 284 (286). Vgl. auch Nr. 230 RiStBV.
142 Vgl. den Fall RGSt. 46 S. 278, wo der Tatrichter mit Billigung des RG unterstellt hatte, daß die Mutter des Mädchens, das einem Sittlichkeitsverbrecher zum Opfer gefallen war, ihre Tochter als Hure bezeichnet hat, und den Fall LG Berlin III JW 1930 S. 3449 mit abl. Stellungnahme *Hachenburg* DJZ 1930 Sp. 1373 (1377), wo als wahr unterstellt worden ist, daß der Angeklagte zu der Erpressung von einem namhaften und namentlich bezeichneten Rechtsanwalt angestiftet worden war. Gegen die Kritik *Hachenburgs* an dieser Entscheidung wendet sich *Beringer* JW 1930 S. 3380 (3381).
143 Ebenso *Tenckhoff* S. 166.
144 Vgl. LR *Gollwitzer* § 244 Rdnr. 205 Fußn. 87, der die Wahrunterstellung mit Recht nur zulassen will, wenn es schlechterdings unmöglich ist, zuverlässige Feststellungen zu treffen. Dagegen meint *Engelhard* JW 1930 S. 2540 (2541), die Wahrunterstellung sei gerade in Beleidigungsprozessen angebracht, wenn der Beleidigte mit ihr einverstanden ist.
145 Vgl. *Beringer* JW 1930 S. 3380 (3381); *Kreuzer* S. 55; *Mattern* S. 83 ff.; *Schenk* S. 169; weitergehend *Hachenburg* DJZ 1930 Sp. 1373 (1377).

öffentliche Mißstände beruft und das Gericht sie als wahr unterstellt. Eine Rechtspflicht des Gerichts zur Aufklärung solcher Mißstände besteht nicht[146].

4. Der Fall des § 186 StGB

Die Wahrunterstellung einer den Angeklagten entlastenden Tatsache, die sich unmittelbar auf den gesetzlichen Tatbestand bezieht, setzt immer voraus, daß das Gericht nach dem Grundsatz verfahren muß, daß Zweifel im Tatsächlichen zugunsten des Angeklagten zu berücksichtigen sind. Bei der üblen Nachrede nach § 186 StGB macht das Gesetz von diesem Grundsatz eine Ausnahme[147]. Zwar hat der Angeklagte auch hier keine Beweislast; das Gericht muß den Sachverhalt von Amts wegen aufklären (§ 244 Abs. 2)[148]. Jedoch ist der Angeklagte selbst dann zu verurteilen, wenn nicht mit Sicherheit festgestellt werden kann, daß die von ihm behaupteten oder verbreiteten Tatsachen unwahr sind. Denn nach § 186 StGB ist der üblen Nachrede auch schuldig, wer eine nicht erweislich wahre Tatsache behauptet oder verbreitet. Daher kommt eine Wahrunterstellung von Tatsachen, die der Angeklagte zu seiner Entlastung behauptet, insoweit nicht in Betracht[149]. Da der Wahrheitsbeweis gegenüber einer Anklage wegen übler Nachrede auch nicht mit Rücksicht auf die übrig bleibende Anwendung der §§ 185, 192 StGB für unerheblich erklärt werden darf[150], ist die Ablehnung eines Beweisantrags unter Wahrunterstellung überhaupt nur zulässig, wenn das Gericht die Wahrheit der den Gegenstand der üblen Nachrede bildenden Tatsachen bereits für voll erwiesen hält[151]. Anders liegt es hinsichtlich des guten Glaubens des Angeklagten an die Wahrheit der verbreiteten Tatsache; denn das ist nur eine Strafzumessungstatsache[152].

Diese Einschränkungen gelten grundsätzlich nicht, wenn dem Angeklagten nur Beleidigung nach § 185 StGB vorgeworfen wird[153], insbesondere wenn der Tatbe-

---

146 Vgl. *Mattern* S. 88/89, 112.
147 Vgl. KK *Herdegen* § 244 Rdnr. 40. Auch bei der Strafaussetzung zur Bewährung (§ 56 StGB), der Verwarnung mit Strafvorbehalt (§ 59 StGB) und der Entziehung der Fahrerlaubnis in dem Regelfall des § 69 Abs. 2 StGB gilt der Grundsatz *in dubio pro reo* nicht; vgl. LR *Schäfer* Einl. Kap. 13 Rdnr. 51, 52. Für das Beweisantragsrecht ist das aber ohne Bedeutung, weil Beweisaufnahmen über diese Prognoseentscheidungen ohnehin unzulässig wären; vgl. oben S. 430.
148 BGHSt. 11 S. 273 (274); BGH bei *Dallinger* MDR 1954 S. 335; RG DJ 1937 S. 163; KK *Herdegen* § 244 Rdnr. 40; *Dreher/Tröndle* § 186 StGB Rdnr. 8; *Schönke/Schröder/Lenckner* § 186 StGB Rdnr. 11.
149 RG HRR 1930 Nr. 1071 = JW 1930 S. 2540 (2541) mit Anm. *Engelhard*; *Tenckhoff* S. 119/120, 166.
150 BGHSt. 27 S. 290 (292); RGSt. 1 S. 260; 64 S. 10 (11); RG HRR 1940 Nr. 1152; RMGE 13 S. 112 (115); 17 S. 65 (67); OLG Hamm JMBlNRW 1953 S. 139; *Schönke/Schröder/Lenckner* § 186 StGB Rdnr. 12; *Engelhard* JW 1930 S. 2540.
151 Vgl. *Lissner* ZStW 51 S. 742 (753/754); *Mattern* S. 82 Fußn. 348; a. A. *Schenk* S. 171.
152 Vgl. *Lissner* ZStW 51 S. 742 (756, 764); *Mattern* a.a.O.
153 RGSt. 35 S. 227 (232); RG JW 1916 S. 1026; KG GA 73 S. 309; OLG Köln NJW 1964 S. 2121 (2122); *Knör* BayZ 1928 S. 317 (321); *Radbruch* JW 1930 S. 2582 und RG-Praxis V S. 203.

stand des § 186 StGB nur deshalb nicht erfüllt und der Täter nur nach § 185 StGB zu bestrafen ist, weil er die nicht erweislich wahre Tatsache ausschließlich dem Beleidigten gegenüber behauptet hat[154].

5. Keine entsprechende Anwendung auf das Fragerecht

Die Zurückweisung einer Frage mit der Begründung, das Gericht unterstelle die Tatsache als wahr, auf die die Frage abzielt, ist unzulässig[155]. Die Wahrunterstellung hat auf dem Gebiet des Fragerechts nichts zu suchen. Die Prozeßbeteiligten brauchen ihre Fragen nicht zu dem Zweck zu stellen, eine bestimmte Tatsache zu beweisen; sie können das ganze Wissen des Zeugen erforschen, und sie können fragen, um durch die Antwort neue, ihnen vielleicht bisher unbekannte Tatsachen in Erfahrung zu bringen oder um neue Spuren zu entdecken. Die Wirkung der Antwort läßt sich schon deshalb weder im voraus noch, wenn die Frage zurückgewiesen worden war, rückschauend übersehen, weil der Frage vielleicht weitere gefolgt wären, deren Inhalt sich nach dem Inhalt der Antwort gerichtet hätte und die nun ebenfalls abgeschnitten sind. Daher entfällt zwar das Fragerecht, wenn die Frage nicht zur Sache gehört, nicht aber, wenn sie unerheblich ist[156] und auch nicht, wenn die zu beweisende Tatsache als wahr unterstellt wird.

V. Wirkung der Wahrunterstellung

1. Bindung bei der Entscheidung

a) **Allgemeine Grundsätze.** In dem Ablehnungsbeschluß hat das Gericht die Wahrunterstellung der Beweistatsache zugesagt. Im Urteil muß es diese Zusage einhalten. Der Angeklagte soll nunmehr durch die Wahrbehandlung der Tatsache so gestellt werden, als wäre die Beweisaufnahme über die Tatsache gelungen[157]. In Rechtsprechung und Schrifttum wird diese Wirkung der Wahrunterstellung unterschiedlich ausgedrückt. Es wird behauptet, die als wahr unterstellte Tatsache stehe nunmehr als erwiesen fest[158] oder müsse im Urteil als erwiesen festgestellt wer-

---

154 BayObLGSt. 1958 S. 244 = NJW 1959 S. 57 mit abl. Anm. *Hartung* NJW 1959 S. 640; OLG Koblenz MDR 1977 S. 864; OLG Köln NJW 1964 S. 2121; *Dreher/Tröndle* § 186 StGB Rdnr. 12 mit weit. Nachw.; a. A. LK (9. Aufl.) *Herdegen* § 185 StGB Rdnr. 22; *Hartung* NJW 1965 S. 1743.
155 Ebenso *Mattern* S. 24 Fußn. 89; *Tenckhoff* S. 30; vgl. aber RG JW 1931 S. 2575 mit abl. Anm. *Alsberg,* das die ungenügend begründete Zurückweisung einer Frage für unschädlich erklärt hat, weil das Urteil das als wahr unterstellt hatte, was durch die Beantwortung der Frage glaubhaft und verständlich gemacht werden sollte.
156 Vgl. KMR *Paulus* § 241 Rdnr. 15; LR *Gollwitzer* § 241 Rdnr. 7 mit Nachw. in Fußn. 1.
157 RG JW 1929 S. 2738; 1930 S. 2540 mit Anm. *Engelhard*; RG JW 1931 S. 2821 mit Anm. *Alsberg*; OLG Dresden JW 1930 S. 953 mit Anm. *Alsberg*; *Koeniger* S. 286; *Mattern* S. 42.
158 BGHSt. 1 S. 137 (139); BGH NJW 1961 S. 2069; RG HRR 1937 Nr. 837; OLG Hamm JMBlNRW 1964 S. 203 (204); *Kleinknecht* § 244 Rdnr. 63. – Hiergegen KMR *Paulus* § 244 Rdnr. 442; *Grünwald* Honig-FS S. 64 Fußn. 35; *Tenckhoff* S. 116; *Willms* Schäfer-FS S. 275 Fußn. 1, die mit Recht beanstanden, daß mit dieser Begriffsbestimmung die Tatsache zum Nachteil des Angeklagten verwertet werden könnte.

den[159], sei als fiktiv erwiesen zu erachten[160], gelte als erwiesen[161], sei als feststehend zu behandeln[162], sei zu behandeln, als wenn sie erwiesen wäre[163], oder müsse dem Urteil als unwiderlegt zugrunde gelegt werden[164]. Dieser Streit ist rein terminologischer Art[165]. Denn es besteht nahezu Übereinstimmung darüber, daß das Gericht aus der als wahr unterstellten Tatsache keine Schlußfolgerungen zum Nachteil des Angeklagten ziehen darf[166]. Die Wahrunterstellung führt daher niemals dazu, daß von der Richtigkeit der als wahr unterstellten Tatsache so ausgegangen werden darf, als wäre sie durch die Beweisaufnahme erwiesen. Sie ist vielmehr zugunsten des Angeklagten als wahr zu behandeln. Soweit es sich um Tatsachen handelt, die unmittelbar für die Entscheidung von Bedeutung sind, genügt es sogar, daß nur die Möglichkeit ihrer Richtigkeit unterstellt wird. Denn auch dann muß das Gericht nach dem Grundsatz *in dubio pro reo* verfahren, und mehr kann der Angeklagte auch durch das Gelingen des Beweises nicht erreichen[167]. Nur bei Indiztatsachen darf im Urteil nicht lediglich angenommen werden, sie träfen möglicherweise zu. Die Indiztatsache muß vielmehr unter allen Umständen so behandelt werden, als wäre sie wahr[168].

b) **Wahrbehandlung der Beweistatsache, nicht der Bekundung durch das Beweismittel.** Die Wahrunterstellung bezieht sich auf die Beweistatsache, nicht auf das Beweismittel. Es genügt daher nicht, daß das Gericht im Urteil davon ausgeht, die Beweisaufnahme hätte insofern das von dem Antragsteller erhoffte Ergebnis gehabt, als der Zeuge so aussagen, der Sachverständige ein solches Gutachten abgeben, die Urkunde einen solchen Inhalt haben werde, wie in dem Beweisantrag behauptet war. Es würde gegen das Verbot der Vorwegnahme der Beweiswürdigung verstoßen, wenn das Gericht den Wahrheitsgehalt der Aussage oder des Gutachtens oder die Echtheit der Urkunde verneinte, ohne den Beweis zu erheben. Es

---

159 OLG Stuttgart OLGSt. § 244 Abs. 3 S. 27 (28).
160 OLG Hamm GA 1974 S. 374 (375) = JMBlNRW 1974 S. 152 (153).
161 OLG Koblenz OLGSt. § 244 S. 35 (36).
162 OLG Hamm JR 1965 S. 269.
163 BGH 1 StR 589/74 vom 23. 4. 1975; OLG Koblenz OLGSt. § 244 Abs. 3 S. 29 (32); *Alsberg* JW 1929 S. 977 (980); *D. Meyer* NJW 1976 S. 2355 (2356).
164 LR *Gollwitzer* § 244 Rdnr. 205; *zu Dohna* JW 1929 S. 1445 (1446); *Radbruch* RG-Praxis V S. 207; *Schenk* S. 136 ff.; *Tenckhoff* NJW 1976 S. 1951; *Völcker* S. 19.
165 So mit Recht *Tenckhoff* S. 63.
166 Vgl. oben S. 654/655.
167 Vgl. RGSt. 39 S. 231; RG JW 1931 S. 952 mit Anm. *Alsberg*; LG Berlin III JW 1930 S. 3449; *Alsberg* JW 1929 S. 977 (979, 981); *Grünwald* Honig-FS S. 64 Fußn. 35; *Tenckhoff* S. 114/115. Zu allgemein daher BGHSt. 1 S. 137 (139); OLG Stuttgart OLGSt. § 244 Abs. 3 S. 27; LR *Gollwitzer* § 244 Rdnr. 212, die die Behandlung der Beweistatsache als möglicherweise richtig stets für unzulässig halten.
168 OLG Köln JMBlNRW 1962 S. 39 bei einer Hilfstatsache, mit der die Glaubwürdigkeit eines Zeugen erschüttert werden sollte. A. A. offenbar RGSt. 39 S. 231.

muß daher als wahr behandeln, daß die Tatsache zutrifft, die die Verwendung des benannten Beweismittels nach der Behauptung des Antragstellers ergeben soll[169].

c) **Wahrbehandlung in vollem Umfang und ohne Abweichungen.** Die Wahrbehandlung muß mit der Wahrunterstellung übereinstimmen. Das Urteil darf hinter der Wahrunterstellung nicht zurückbleiben und ihr nicht widersprechen[170]. Die Urteilsfeststellungen müssen sich voll mit dem decken, was als wahr unterstellt worden ist[171]. Die behaupteten Tatsachen müssen in ihrem wirklichen Sinn und mit ihrem vollen Inhalt ohne jede Einengung, Verschiebung oder sonstige Änderung als wahr behandelt werden[172]. Insbesondere darf die Beweisbehauptung nicht

---

169 BGH bei *Martin* DAR 1957 S. 68; BGH 2 StR 159/64 vom 5. 6. 1964; RGSt. 49 S. 44 (46); 51 S. 3; RG JW 1917 S. 51 = LZ 1917 Sp. 65; RG JW 1922 S. 1129; 1924 S. 909 (910) mit Anm. *Beling*; RG JW 1929 S. 2738 mit Anm. *Mamroth*; RG JW 1930 S. 3773 (3775) mit Anm. *Bohne*; RG JW 1933 S. 1465 L; 1936 S. 3473; RG DRiZ 1927 Nr. 733; RG LZ 1915 Sp. 1670; 1919 Sp. 908; RG Recht 1914 Nrn. 2807, 3067; BayObLG NStZ 1982 S. 300 L = Strafverteidiger 1981 S. 511 (512); OLG Braunschweig NJW 1947/48 S. 232 (233) mit Anm. *Goetze*; OLG Dresden JW 1930 S. 953 mit Anm. *Alsberg*; JW 1931 S. 1638 (1639) mit Anm. *Lissner*; OLG Hamm Blutalkohol 1981 S. 375; OLG Kiel SchlHA 1948 S. 83; OLG Koblenz VRS 52 S. 152; OLG Köln JMBlNRW 1962 S. 39; *Dalcke/Fuhrmann/Schäfer* Anm. 17; KK *Herdegen* Rdnr. 105; *Kleinknecht* Rdnr. 63; LR *Gollwitzer* Rdnr. 211; alle zu § 244; *Alsberg* JW 1929 S. 977 (980); *Dahs/Dahs* Rdnr. 267; *Gössel* S. 256; *Koeniger* S. 286; *Mannheim* JW 1927 S. 389; *Schlosky* JW 1930 S. 2505 (2507); *von Stackelberg* Sarstedt-FS S. 374/375; *Tenckhoff* S. 34, 43.
170 BGHSt. 28 S. 310 (311); BGH NJW 1961 S. 2069; BGH LM Nr. 5 zu § 244 Abs. 3; RG BayZ 1908 S. 382; RG HRR 1936 Nr. 1401; 1937 Nr. 687; OGHSt. 1 S. 208 (212) = MDR 1949 S. 183; OLG Hamburg JR 1982 S. 36 (37) mit Anm. *Gollwitzer*; OLG Karlsruhe VRS 56 S. 467; OLG Koblenz OLGSt. § 244 Abs. 3 S. 29 (33); *Kleinknecht* § 244 Rdnr. 64; *Mattern* S. 41, 119.
171 BGH 2 StR 554/78 vom 16. 11. 1978; 2 StR 649/78 vom 14. 12. 1978; 5 StR 639/79 vom 20. 11. 1979; RG JW 1930 S. 1971 mit Anm. *Alsberg*; RG JW 1930 S. 2540 mit Anm. *Engelhard*; RG JW 1932 S. 1750 (1751) mit Anm. *Radbruch*; RG HRR 1937 Nr. 837; RG Recht 1914 Nr. 3066; KG JW 1925 S. 1539 (1540); HESt. 1 S. 169 (170); OLG Braunschweig NJW 1947/48 S. 232/233 mit Anm. *Goetze*; *Alsberg* JW 1929 S. 977 (979).
172 BGH NJW 1968 S. 1293; BGH LM Nr. 4 zu § 52 StPO 1975 Bl. 4; BGH NStZ 1982 S. 213; BGH Strafverteidiger 1981 S. 603 (604); 1982 S. 155 (156) mit Anm. *Jungfer*; 1982 S. 356 (357); BGH bei *Holtz* MDR 1980 S. 986/987; BGH 1 StR 588/75 vom 18. 11. 1975; RG JW 1913 S. 163; 1922 S. 1033 mit Anm. *Alsberg*; RG JW 1922 S. 1129 (1130) mit Anm. *Alsberg*; RG JW 1929 S. 114 mit Anm. *Alsberg*; RG JW 1930 S. 3325 mit Anm. *Alsberg*; RG JW 1931 S. 1039 mit Anm. *Mannheim*; RG JW 1931 S. 1815 mit Anm. *Alsberg*; RG JW 1931 S. 2032 (2033) mit Anm. *Alsberg*; RG JW 1932 S. 3101; 1936 S. 3473; RG DR 1940 S. 689; RG HRR 1939 Nrn. 216, 1008; RG JR Rspr. 1927 Nr. 434; BayObLG Strafverteidiger 1981 S. 511 (512); KG JR 1978 S. 473 (474); OLG Celle GA 1962 S. 216 (218); OLG Dresden JW 1929 S. 1076 mit Anm. *Mannheim*; OLG Hamburg JR 1982 S. 36 (37) mit Anm. *Gollwitzer*; OLG Hamm GA 1974 S. 374 (375) = JMBlNRW 1974 S. 152 (153); JMBlNRW 1964 S. 203; VRS 38 S. 293 (295); OLG Karlsruhe VRS 56 S. 467; OLG Koblenz OLGSt. § 244 Abs. 3 S. 29; OLG Köln VRS 59 S. 350 (351); OLG Stuttgart LRE 9 S. 219 (225); KK *Herdegen* Rdnr. 105; *Kleinknecht* Rdnr. 63; LR *Gollwitzer* Rdnr. 211; *Eb. Schmidt* Nachtr. Rdnr. 22); alle zu § 244; *Dahs/Dahs* Rdnr. 267.

einschränkend ausgelegt werden[173]. Wenn sie eindeutig ist, darf das Gericht sie nicht als mehrdeutig behandeln[174]. Es ist auch unzulässig, Möglichkeiten des Geschehensablaufs zu berücksichtigen, durch die das Beweisvorbringen seiner Bedeutung entkleidet wird. Das Gericht darf dem Antrag keinen von seinem erkennbaren Inhalt abweichenden Inhalt oder Sinn geben[175]. Dabei kommt es nicht auf den Wortlaut des Antrags an; zu berücksichtigen sind immer der Sinn und Zweck des Beweisbegehrens[176]. Sind sie aus dem Antrag nicht ohne weiteres erkennbar, so muß das Gericht auf eine Klarstellung hinwirken; andernfalls ist die Wahrunterstellung überhaupt unzulässig[177]. Das gilt insbesondere für den Fall, daß die Einlassung des Angeklagten widersprüchlich ist[178]. Ohne die erforderliche Klarstellung darf auch nicht davon ausgegangen werden, daß die Beweisbehauptungen die Schlußfolgerungen nicht rechtfertigen, die der Angeklagte aus ihnen gezogen wissen will[179]. Hat der Antragsteller eine Beweistatsache nicht bestimmt behauptet, sondern nur einen Beweisermittlungsantrag gestellt, so kommt eine Wahrunterstellung erst in Betracht, wenn das Gericht auf eine Klarstellung des Beweisbegehrens hingewirkt hat[180].

Von der zugesagten Wahrunterstellung darf das Gericht nur in der Weise abgehen, daß es den Antragsteller noch in der Hauptverhandlung hierüber unterrichtet und den Antrag aus einem anderen Grund ablehnt[181]. Unzulässig ist es, erst im Urteil die Zusage der Wahrunterstellung mit der Begründung zu brechen, dem Antragsteller hätte der Beweis ohnehin nicht gelingen können, etwa weil der benannte Zeuge unerreichbar ist[182]. Hat das Gericht eine Beweisbehauptung als

173 BGH NJW 1959 S. 396; RG JW 1932 S. 245 (246); RG DR 1940 S. 963 L; KG HESt. 1 S. 169 (170); OLG Hamm GA 1974 S. 374 (375) = JMBlNRW 1974 S. 152 (153); OLG Stuttgart NJW 1967 S. 1627 = JR 1968 S. 151 (152) mit Anm. *Koffka*; LR *Gollwitzer* § 244 Rdnr. 212; *Alsberg* JW 1929 S. 977 (980); *Mattern* S. 119 ff.
174 Vgl. LR *Gollwitzer* § 244 Rdnr. 211.
175 BGH Strafverteidiger 1982 S. 356 (357); BGH VRS 29 S. 26 (27); BGH 4 StR 692/79 vom 10. 1. 1980 bei *Pfeiffer* NStZ 1982 S. 189; RG JW 1922 S. 1033 mit Anm. *Alsberg*; RG JW 1932 S. 3101; 1936 S. 1132; OLG Karlsruhe VRS 56 S. 467 (468); OLG Saarbrücken VRS 38 S. 59 (61); *Alsberg* JW 1929 S. 977 (980).
176 BGH NJW 1959 S. 396; BGH bei *Holtz* MDR 1978 S. 112; RG JW 1936 S. 1132; RG DR 1940 S. 973 L; RG HRR 1940 Nrn. 841, 1170; OLG Braunschweig HRR 1938 Nr. 579; OLG Hamburg JR 1982 S. 36 (37) mit Anm. *Gollwitzer*; OLG Hamm JMBlNRW 1964 S. 203 (204); OLG Köln JMBlNRW 1962 S. 39 (40); OLG Saarbrücken VRS 42 S. 37 (39); *Kleinknecht* § 244 Rdnr. 64; *Dahs/Dahs* Rdnr. 267; *Harreß* S. 42.
177 BGHSt. 1 S. 137 (138); BGH NJW 1959 S. 396; BGH Strafverteidiger 1981 S. 603 (604); RG JW 1922 S. 1129 (1130); RG JW 1929 S. 114; 1931 S. 2032 (2033); alle RG-Entscheidungen mit Anm. *Alsberg*; OLG Köln JMBlNRW 1962 S. 39 (40); OLG Saarbrücken VRS 42 S. 37 (39); OLG Stuttgart OLGSt. § 244 Abs. 3 S. 27; LR *Gollwitzer* § 244 Rdnr. 213; *Bohne* JW 1932 S. 2161; *Seibert* NJW 1960 S. 19 (20).
178 OLG Saarbrücken JBl. Saar 1960 S. 152 = VRS 19 S. 375.
179 BGH Strafverteidiger 1981 S. 603 (604); vgl. auch BGH NJW 1959 S. 396; *Mannheim* JW 1927 S. 388 (390).
180 RG JW 1931 S. 2032 (2033) mit Anm. *Alsberg*.
181 Vgl. unten S. 687.
182 Vgl. *Alsberg* JW 1929 S. 977 (981). Bedenklich daher RGSt. 53 S. 197.

wahr unterstellt, so darf es auch nicht mehr darauf zurückgreifen, daß sie gar nicht Gegenstand derjenigen Beweisart habe sein können, durch die sie bewiesen werden sollte, daß z. B. das, was in das Wissen des benannten Zeugen gestellt war, ein Urteil und keine Wahrnehmung ist. Ist die Wahrunterstellung einmal zugesagt, so müssen derartige nachträgliche Erwägungen ausscheiden[183].

Andererseits darf die Notwendigkeit, die Beweistatsache in vollem Umfang als wahr zu unterstellen, nicht dahin verstanden werden, daß das Gericht genötigt ist, auch den Wortlaut der Wahrunterstellung unter allen Umständen unangetastet zu lassen. Es kann z. B. im Urteil von der Energielosigkeit des Angeklagten sprechen, auch wenn in dem Beweisantrag seine Willenlosigkeit behauptet war. Der Sinn, nicht der Ausdruck, ist auch hier das Entscheidende[184].

d) Einzelfälle. Gegen den Grundsatz, daß die als wahr unterstellte Tatsache im Urteil in vollem Umfang und ohne Abweichungen und Einschränkungen als wahr behandelt werden muß, wird verhältnismäßig häufig verstoßen. Die Tatrichter versuchen oft, den Folgen einer vorschnell zugesagten Wahrunterstellung durch allerlei Einschränkungen und Zusätze auszuweichen und dadurch zu erreichen, daß sie der für richtig gehaltenen Entscheidung nicht im Wege steht[185]. Nicht selten müssen spitzfindige Erwägungen oder willkürliche und der Lebenserfahrung widersprechende Unterstellungen hier die Brücke schlagen helfen. Die Rechtsfehler lassen sich, abgesehen von den Fällen, in denen die Beweiswürdigung in unzulässiger Weise vorweggenommen wird[186], in fünf Gruppen einteilen. Es handelt sich entweder darum, daß die Entscheidung in offenem Widerspruch zu der Wahrunterstellung steht (1), daß nicht das Beweisvorbringen, sondern etwas völlig anderes als wahr behandelt wird (2), daß bei der Wahrbehandlung gegen den erkennbaren Sinn des Beweisantrags verstoßen wird (3), daß weniger als wahr behandelt wird, als beantragt und zugesagt war, insbesondere einschränkende Zusätze gemacht werden (4), oder daß in dem Beweisantrag nicht erwähnte Möglichkeiten des Geschehensablaufs berücksichtigt werden, durch die das Beweisvorbringen seiner Bedeutung entkleidet wird (5). Der Rechtsprechung lassen sich hierfür folgende Beispiele entnehmen:

(1) Um eine **offensichtliche Nichteinhaltung** der Wahrunterstellung handelt es sich, wenn als wahr unterstellt worden war, daß der Belastungszeuge unglaubwürdig ist, der Antragsteller aber trotzdem aufgrund seiner Angaben verurteilt wird[187]. Ebensowenig ist die Wahrunterstellung eingehalten, wenn als wahr unterstellt war, daß der Angeklagte mit seinem Kraftwagen an einer Radfahrerin 25 Meter vor dem Einbiegen vorbeigefahren ist, als sie sich auf einem Radweg befunden hat, im Urteil aber angenommen wird, daß der Angeklagte sie etwa zehn Meter vor einer Hauseinfahrt überholt hat, als sie an der Bordsteinkante gefahren ist[188]. Hat der

---

183 RG JW 1911 S. 501; *Alsberg* JW 1929 S. 977 (981).
184 BGH 4 StR 705/75 vom 18. 3. 1976; *Alsberg* a.a.O.; *Tenckhoff* S. 42.
185 Vgl. dazu *Alsberg* JW 1930 S. 3325.
186 Vgl. den Fall BGH bei *Holtz* MDR 1980 S. 631. Auch die Entscheidung RGSt. 51 S. 3 (4) gehört hierher.
187 RG Recht 1914 Nr. 3066.
188 OLG Hamm VRS 38 S. 293 (295).

Angeklagte unter Beweis gestellt und ist als wahr unterstellt worden, daß er nicht gestohlen hat, so darf er nicht trotzdem wegen Diebstahls verurteilt werden[189]. Die Wahrunterstellung, daß eine bestimmte Redewendung in der betreffenden Gegend allgemein üblich ist und von niemandem übelgenommen wird, schließt aus, den Angeklagten wegen mit bedingtem Vorsatz begangener Beleidigung zu verurteilen, weil er die Redewendung benutzt hat[190]. Wenn als wahr unterstellt ist, daß der Angeklagte bei seinen persönlichen Kenntnissen und Fähigkeiten nicht wissen konnte, daß er wegen Restalkohols fahruntüchtig war, darf er nicht trotzdem wegen fahrlässiger Trunkenheitsfahrt nach § 316 StGB bestraft werden[191]. Unzulässig ist auch, trotz der Wahrunterstellung, daß das Lichtbild der zur Verkehrsüberwachung eingesetzten automatischen Kamera eine Identifizierung des Betroffenen nicht ermöglicht, ihn mit der Begründung als Täter zu verurteilen, seine äußere Erscheinung in Kopfform und Haartracht stimme in der Form mit derjenigen der auf dem Lichtbild als Fahrer abgebildeten Person überein[192].

(2) Etwas **völlig anderes,** als beantragt war, ist als wahr behandelt, wenn die Beweisbehauptung dahin ging, daß der Angeklagte Geschäftsabschlüsse getätigt hat, aber im Urteil angenommen wird, seine Abmachungen seien nicht über das Stadium informatorischer Befragung hinausgekommen[193]. Wird als wahr unterstellt, daß ein Zeuge, dessen Glaubwürdigkeit mit dem Beweisantrag erschüttert werden sollte, den Angeklagten zum Diebstahl angeregt hat, so darf im Urteil nicht nur davon ausgegangen werden, daß er ihm Sachen zum Kauf angeboten hat[194]. Wenn Beweis dafür angeboten ist, daß der Angeklagte sich erst gewehrt hat, nachdem er angegriffen worden war, darf nicht als wahr behandelt werden, daß er das Messer gezogen hat, um bewaffnet zu sein, falls künftig ein Angriff erfolgen würde[195]. Hat der Beweisantrag darauf abgezielt, daß der Zeuge beim Einbiegen nach rechts infolge der Straßenverhältnisse mit seinem Kraftfahrzeug zwangsläufig über die Straßenmitte gekommen sein muß, so darf nicht statt dessen als wahr behandelt werden, daß er schon vor dem Einbiegen über die Straßenmitte gefahren ist[196]. Etwas völlig anderes als das, was der Antragsteller behauptet hat, wird auch dann als wahr behandelt, wenn der Angeklagte beweisen wollte, daß ein Belastungszeuge, dessen Glaubwürdigkeit erschüttert werden soll, seine Angaben nur aus Rachsucht gemacht und anderen gegenüber solche Rachegefühle geäußert hat, im Urteil aber nur angenommen wird, er habe sich auch bei anderen Gelegenheiten dritten Personen gegenüber herausfordernd und gewalttätig benommen[197]. Wenn als wahr unterstellt worden war, der Angeklagte habe seinen Kraftwagen beim Wechsel des Ampellichts von grün auf gelb zunächst abgebremst und sei nur

---

189 KG JW 1925 S. 1539 (1540).
190 RG JW 1930 S. 2540 mit Anm. *Engelhard.*
191 OLG Schleswig bei *Ernesti/Jürgensen* SchlHA 1980 S. 174.
192 OLG Koblenz VRS 61 S. 127.
193 RG JW 1924 S. 317 (318) mit Anm. *Oetker;* Alsberg JW 1929 S. 977 (981).
194 KG JW 1926 S. 127 mit Anm. *Lilienthal.*
195 RGSt. 65 S. 161 (162).
196 OLG Saarbrücken VRS 38 S. 59 (61).
197 RG JW 1931 S. 2032 (2033) mit Anm. *Alsberg.*

wegen eines mit überhöhter Geschwindigkeit von hinten herannahenden Fahrzeugs wieder weitergefahren, darf nicht davon ausgegangen werden, daß er das Umspringen der Ampel von grün auf gelb übersehen hat[198]. Die Zusage der Wahrunterstellung ist ferner nicht eingehalten, wenn der Angeklagte einen Zeugen dafür benennt, daß dieser ihn beim Hereinkommen in die Kaserne auf der Treppe gesehen hat, das Urteil aber nur annimmt, er habe den Angeklagten nach der Tat auf der Treppe bemerkt[199].

(3) Gegen den **erkennbaren Sinn** des Beweisantrags ist verstoßen, wenn die Vernehmung eines Zeugen darüber beantragt ist, daß er einen bestimmten Vorgang nicht wahrgenommen hat, das Gericht aber im Urteil davon ausgeht, daß der Vorgang zwar stattgefunden, der Zeuge ihn aber nicht bemerkt hat[200]. Ein solcher Beweisantrag ist im allgemeinen so zu verstehen, daß behauptet wird, der Zeuge hätte den Vorfall bemerken müssen, wenn er sich ereignet hätte. Ist behauptet, die Zeugin habe mit einem anderen Mann geschlechtlich verkehrt, so darf nicht unterstellt werden, das sei erst nach dem Verkehr mit dem Angeklagten geschehen, wenn der erkennbare Sinn des Beweisantrags dahin ging, daß der Geschlechtsverkehr vorher stattgefunden hat[201]. Soll ein Zeuge bestätigen, daß der Angeklagte einem anderen Mann sehr ähnlich sieht, so darf nicht bloß diese Tatsache als wahr behandelt werden, wenn ersichtlich ist, daß der Angeklagte beweisen will, daß die Belastungszeugin ihn mit dem wahren Täter verwechselt hat[202].

(4) Besonders häufig sind unzulässige **einschränkende Zusätze.** Wenn allgemein unter Beweis gestellt war, daß die Angeklagten über eine Geldsumme verfügen durften, darf nicht nur als wahr behandelt werden, daß sie die Genehmigung zur Verfügung über den Teil der entnommenen Gelder hatten, der ihnen rechtmäßig zugestanden hatte[203]. Soll bewiesen werden, daß eine bestimmte Person hinter dem Angeklagten hergelaufen ist, so darf nicht nur als wahr behandelt werden, daß »irgendjemand« ihn verfolgt hat[204]. Ist unter Beweis gestellt, daß der Angeklagte an einem bestimmten Tag mit einem Zeugen gesprochen und bei ihm Holz gespalten hat, so darf nicht nur davon ausgegangen werden, daß er »auch einmal« bei dem Zeugen Holz gespalten hat[205]. Die Behauptung, der Angeklagte habe keinen Platz gehabt, um mit seinem Kraftfahrzeug an einem entgegenkommenden Wagen rechts vorbeizufahren, darf nicht nur zu der Wahrunterstellung führen, er habe dazu einen Augenblick lang keinen Platz gehabt[206]. Wird ein Zeuge dafür benannt, daß in dem Betrieb des Angeklagten kein Tabak schwarz verarbeitet worden ist, so darf nicht nur als wahr behandelt werden, daß der benannte Zeuge das nicht wahr-

---

198 OLG Karlsruhe VRS 56 S. 467.
199 RG JW 1922 S. 1033 mit Anm. *Alsberg.*
200 BGH 5 StR 198/54 vom 7. 9. 1954; RG JW 1913 S. 163; 1931 S. 1815 mit Anm. *Alsberg;* RG JW 1932 S. 245 (246); RG HRR 1940 Nr. 841; *Koeniger* S. 287; *Mannheim* JW 1929 S. 1076; *Mattern* S. 120.
201 RG JW 1932 S. 3721 mit Anm. *Alsberg.*
202 OLG Braunschweig HRR 1928 Nr. 579.
203 RG JW 1930 S. 3325 mit Anm. *Alsberg.*
204 RMGE 17 S. 248 (249 ff.).
205 RG JW 1929 S. 114 mit Anm. *Alsberg.*
206 RG JW 1930 S. 1971 mit Anm. *Alsberg.*

genommen und auch von dritter Seite darüber nichts gehört hat[207]. Soll ein Zeuge über die Verlogenheit eines anderen aussagen, so darf das Gericht nicht nur annehmen, daß der Zeuge ihn für verlogen hält[208]. Beantragt der Angeklagte, einen sachverständigen Zeugen darüber zu vernehmen, daß ein Grundstück einen bestimmten Wert hat, so ist die Wahrbehandlung mit der Einschränkung, das Gutachten des Zeugen werde den tatsächlichen Verhältnissen nicht gerecht, unzulässig und stellt zugleich eine unerlaubte Vorwegnahme des Beweisergebnisses dar[209]. Wenn beantragt ist, Beweis darüber zu erheben, daß der Angeklagte mit einer Geisteskrankheit erblich belastet ist, darf nicht nur als wahr behandelt werden, daß er unter erblicher Trunksucht leidet[210]. Sind Zeugen für das einwandfreie Geschäftsgebaren und den guten Ruf des Angeklagten benannt, so entspricht es nicht der Beweisbehauptung, wenn lediglich unterstellt wird, daß im Kreis der benannten Zeugen die behauptete Auffassung besteht[211]. Überhaupt wird die Wahrbehandlung einer allgemeinen Beweisbehauptung, z. B. dem guten Leumund einer Person, nur gerecht, wenn sie in derselben allgemeinen Form erfolgt[212]. Ist unter Beweis gestellt, daß der Täter zu einem bestimmten Zweck gehandelt hat, so wird die Beweisbehauptung nicht durch die Unterstellung erledigt, daß die Zeugen einen solchen Eindruck von den Absichten des Täters hatten, wenn nicht auch dieser Eindruck als den Tatsachen entsprechend angesehen wird[213]. Die Beweisbehauptung, daß ein Zeuge in einem bestimmten Punkt die Unwahrheit sagt, darf nicht mit der Einschränkung als wahr behandelt werden, er habe die Wahrheit offenbar vergessen[214]. Wenn ein Zeuge dafür benannt ist, daß ein Belastungszeuge bei seiner Vernehmung behauptet hat, ihn nicht zu kennen, darf bei der Wahrbehandlung nicht die Einschränkung gemacht werden, es lasse sich nicht feststellen, daß diese Aussage unrichtig sei; denn das sollte durch die Vernehmung des benannten Zeugen gerade bewiesen werden[215]. Behauptet der Antragsteller, daß der Unfallgegner mit mindestens 80 Stundenkilometern gefahren sei, so darf nicht angenommen werden, das gelte nur für den Zeitpunkt des Zusammenstoßes, nicht aber für die Annäherung an die Kreuzung[216]. Ist als wahr unterstellt, daß sich die Stieftochter des Angeklagten von ihm nie etwas hat sagen lassen, so darf nicht nur als wahr behandelt werden, daß sie sich dem Angeklagten bis auf gelegentlichen Ungehorsam und gelegentliche Respektlosigkeiten gefügt habe[217]. Die Wahrunterstellung,

---

207 RG JW 1932 S. 245 (246).
208 OLG Dresden JW 1931 S. 1638 (1639/1640) mit Anm. *Lissner*.
209 RG HRR 1939 Nr. 1008; *Koeniger* S. 291.
210 RG JW 1931 S. 1039 mit Anm. *Mannheim*.
211 *Alsberg* JW 1929 S. 977 (980) unter Anführung einer unveröffentlichten RG-Entscheidung.
212 BGH 4 StR 145/52 vom 18. 6. 1953. Fraglich ist dann aber, ob nicht die Aufklärungspflicht einer Wahrunterstellung entgegensteht; vgl. oben S. 672.
213 RG JW 1905 S. 758; 1922 S. 1212 mit Anm. *Alsberg*; a. A. RG JW 1916 S. 1027; 1929 S. 115 beide mit abl. Anm. *Alsberg*.
214 A. A. RG JW 1930 S. 935 mit abl. Anm. *Alsberg*.
215 BGH bei *Holtz* MDR 1980 S. 631.
216 OLG Hamm JMBlNRW 1964 S. 203 (204).
217 BGH NJW 1968 S. 1293.

daß bestimmte Vorfälle geschehen sind, aus denen sich die Unglaubwürdigkeit des Zeugen ergibt, ist im allgemeinen nicht eingehalten, wenn das Urteil die Vorfälle zwar unterstellt, aber trotzdem annimmt, daß der Zeuge glaubwürdig ist[218]. Ebenso darf im umgekehrten Fall nicht davon ausgegangen werden, daß ein Zeuge die Unwahrheit gesagt hat, wenn als wahr unterstellt war, daß er glaubwürdig ist[219].

(5) Unzulässig ist es, in dem Beweisantrag **nicht erwähnte Möglichkeiten** des Geschehnisablaufs zu berücksichtigen, durch die das Beweisvorbringen seine Bedeutung verliert. Ist unter Beweis gestellt, daß ein Zeuge eine Äußerung nicht gehört hat, so darf nicht davon ausgegangen werden, daß er vorübergehend abwesend war, als sie gefallen ist[220]. Wenn unter Beweis gestellt ist, daß die Hilferufe der angeblich Vergewaltigten im Nebenzimmer gehört worden wären, wenn sie tatsächlich stattgefunden hätten, darf nicht einfach angenommen werden, daß die Bewohner des Nebenzimmers sie im Schlaf nicht wahrgenommen haben[220a]. Ist behauptet, daß der Zeuge während eines bestimmten Zeitraums mit dem Angeklagten an einer bestimmten Stelle zusammengewesen ist, so darf nicht angenommen werden, der Angeklagte habe sich zwischendurch, von dem Zeugen unbemerkt, zum Tatort begeben[221]. Die Beweisbehauptung, der Angeklagte habe sich am Tattag in einer anderen Stadt aufgehalten, ist in ihrem Sinn nicht als wahr unterstellt, wenn das Gericht nicht ausschließt, daß er gleichwohl am Tatort gewesen ist[221a]. Wird, um die Glaubwürdigkeit eines Zeugen zu erschüttern, ein bestimmter Vorgang behauptet, den der Zeuge abstreitet, so darf der Vorgang nicht mit dem Zusatz als wahr behandelt werden, der Zeuge könne ihn vergessen haben[222]. Sollen bestimmte Äußerungen eines Belastungszeugen erwiesen werden, die seine Geringschätzung des Eides erkennen lassen, so darf das Gericht sie nicht mit der Deutung als wahr behandeln, daß sie im Ärger, zu vorgerückter Stunde oder nach Alkoholgenuß gefallen sind[223]. Ebensowenig dürfen als wahr unterstellte Äußerungen und Erklärungen eines Zeugen dem Urteil mit der Einschrän-

---

218 RG JW 1932 S. 3721 (3722) mit Anm. *Alsberg*; RG BayZ 1906 S. 382; RG HRR 1936 Nr. 1401; LR *Gollwitzer* § 244 Rdnr. 211; a. A. RG JW 1931 S. 2820 (2821) mit Anm. *Alsberg*, der der Entscheidung wegen der besonderen Sachlage zustimmt. Unterstellt war, daß das kindliche Opfer eines Sittlichkeitsverbrechers einzelne Phasen des Vorgangs nicht richtig wiedergegeben hat. Das RG ließ zu, daß das LG daraus nicht den Schluß zog, daß das Kind allgemein unglaubwürdig war. Vgl. auch BayObLG Strafverteidiger 1981 S. 511 (512); OLG Celle JR 1964 S. 353; OLG Dresden JW 1931 S. 1638 (1639) mit Anm. *Lissner*, Mannheim JW 1927 S. 388 (390). Zur Aufklärungspflicht vgl. oben S. 670 ff.
219 *Alsberg* JW 1929 S. 977 (980); a. A. RG JW 1927 S. 389 mit Anm. *Mannheim*.
220 RG JW 1922 S. 1129 mit Anm. *Alsberg*.
220a BGH NStZ 1982 S. 213.
221 Vgl. *Alsberg* JW 1929 S. 977 (980) unter Anführung zweier unveröffentlichter RG-Entscheidungen; *Koeniger* S. 287.
221a BGH Strafverteidiger 1982 S. 356.
222 A. A. RG JW 1930 S. 935 mit abl. Anm. *Alsberg*.
223 Vgl. *Alsberg* JW 1929 S. 977 (980).

kung zugrunde gelegt werden, sie seien nicht ernst gemeint[224] oder leichtfertig und möglicherweise mit einwandfreien Beweggründen abgegeben worden[225] oder beruhten auf Irrtum oder Mißverständnis[226]. Auch die Annahme, der Zeuge mache seine Angaben aufgrund einer Schätzung, die ungenau sein könne, enthält eine unzulässige Einschränkung der Wahrunterstellung[227]. Soll ein Zeuge nach dem Zweck des Beweisantrags dadurch belastet werden, daß er eine von ihm abgeleugnete Äußerung tatsächlich gemacht hat, so darf das Gericht nicht davon ausgehen, daß er sie vergessen hat[228]. Unzulässig ist auch die Unterstellung, der Privatkläger habe die Belastungszeugen beeinflußt, nicht gegen ihn auszusagen, mit der Einschränkung, es bestehe die Möglichkeit, daß der Zeuge nur zur Erstattung einer wahrheitsgemäßen Aussage »beeinflußt« worden ist[229]. Stellt der Angeklagte, dem vorgeworfen wird, einen Einbruch nur vorgetäuscht zu haben, den Beweisantrag, einen Zeugen zu vernehmen, daß dieser am Abend vor der Rückkehr des Angeklagten in dessen Wohnung ein Poltern gehört hat, so darf das Gericht den Antrag nicht deshalb ablehnen, weil es annimmt, das Geräusch sei nicht durch Einbrecher, sondern durch Mäuse oder auf sonstige Weise hervorgerufen worden[230]. Wird Beweis darüber beantragt, daß der Angeklagte infolge einer Totalblendung keine andere Möglichkeit als die Vollbremsung gehabt hat, so darf nicht als wahr behandelt werden, daß er die Blendung durch Verstellen oder Verdecken des Rückspiegels so stark hätte herabsetzen können, daß eine plötzliche Vollbremsung vermeidbar gewesen wäre[231].

2. Keine Bindung an die Schlußfolgerungen des Antragstellers bei Indiztatsachen

Der Grundsatz der freien Beweiswürdigung des Tatrichters wird durch die Wahrunterstellung nicht eingeschränkt. Das Gericht muß die Beweistatsache als wahr behandeln, ist aber nicht verpflichtet, aus ihr die Schlußfolgerungen zu ziehen, die der Antragsteller gezogen haben will. Unterstellt es als wahr, daß der Angeklagte einem Zeugen eine bestimmte Mitteilung gemacht hat, so braucht es daraus nicht zu folgern, daß diese Tatsache der Wahrheit entspricht, auch dann nicht, wenn der Angeklagte die Tatsache ersichtlich nur zu diesem Zweck unter Beweis gestellt hat[232]. In gleicher Weise wie bei den durch Beweiserhebungen bewiesenen Tatsa-

---

224 BGH bei *Holtz* MDR 1978 S. 112; RG JR Rspr. 1927 Nr. 434.
225 BGH NJW 1959 S. 396.
226 BGH bei *Martin* DAR 1957 S. 68; RG JW 1917 S. 51; 1936 S. 1132; *Alsberg* JW 1929 S. 977 (980); *Koeniger* S. 287.
227 OLG Köln MDR 1968 S. 687 L; LR *Gollwitzer* § 244 Rdnr. 211.
228 RGSt. 51 S. 3 (4); *Alsberg* JW 1929 S. 977 (981).
229 OLG Dresden GA 73 S. 223.
230 RG JW 1932 S. 3098 mit Anm. *Lang*.
231 OLG Saarbrücken VRS 42 S. 37 (38/39).
232 Vgl. *Kleinknecht* § 244 Rdnr. 63; *Alsberg* JW 1929 S. 977 (980); a. A. *Eb. Schmidt* § 244 Rdnr. 64, der zu Unrecht der Meinung ist, dann werde die Tatsache zur Belastung des Angeklagten verwendet. In Wahrheit handelt es sich nur darum, ob das Gericht aus der als wahr unterstellten Tatsache günstige Schlüsse für den Angeklagten ziehen muß. Daß sie nicht zu seinem Nachteil berücksichtigt werden, ist selbstverständlich; vgl. oben S. 654.

chen würdigt das Gericht die als wahr unterstellten Tatsachen in ihrer Bedeutung für die Gesamtentscheidung. Der Angeklagte darf nicht besser stehen als bei einer Beweiserhebung über seine Beweisbehauptungen. Auch die als wahr unterstellten Beweistatsachen unterstehen in vollem Umfang der freien Beweiswürdigung des Gerichts[233]. Das gilt auch für Hilfstatsachen, mit denen der Wert eines Beweismittels erschüttert werden soll[234]. Ob das Gericht aus der als wahr unterstellten Tatsache eine Schlußfolgerung ziehen muß, die sich ihm nach Lage des Falles geradezu aufdrängt, ist kein Problem der Wahrunterstellung, sondern allgemein der Beweiswürdigung. Von Schlußfolgerungen, die sonst nach der Lebenserfahrung nahezu zwingend sind, darf das Gericht nicht deshalb absehen, weil es die Tatsache, die zu dem Schluß drängt, nur als wahr unterstellt hat[235]. Wird nachgewiesen, daß ein Zeuge in anderen gleichliegenden oder jedenfalls ähnlich liegenden Fällen die Unwahrheit gesagt hat, vielleicht sogar unter Eid, so wird ihn erfahrungsgemäß kein Gericht für einen völlig glaubwürdigen Zeugen halten. Das darf es aber auch dann nicht, wenn es diese Tatsache lediglich als wahr unterstellt[236]. Können nur die Begleitumstände oder sonstige Einzelheiten darüber entscheiden, ob der Schluß so oder anders zu ziehen ist, so kann die von dem Antragsteller erstrebte Schlußfolgerung nicht deshalb verweigert werden, weil mit Rücksicht auf solche Umstände, die weder feststehen, noch von der Beweisbehauptung umfaßt werden,

---

233 BGH NJW 1959 S. 396; 1976 S. 1950 mit Anm. *Tenckhoff*; BGH LM Nr. 5 zu § 244 L; BGH NStZ 1982 S. 213; BGH VRS 21 S. 113 (115); 29 S. 26 (27); BGH bei *Holtz* MDR 1980 S. 986/987; BGH bei *Martin* DAR 1957 S. 68; BGH bei *Spiegel* DAR 1980 S. 201/202; S. 202; BGH 1 StR 845/51 bei *Seibert* NJW 1962 S. 135 (137); BGH 5 StR 188/81 vom 12. 5. 1981; RGSt. 29 S. 368 (369); 58 S. 298; 61 S. 359 (360); 68 S. 272 (274); RG JW 1914 S. 891 (892); 1927 S. 389 mit Anm. *Mannheim*; RG JW 1930 S. 935 mit Anm. *Alsberg*; RG JW 1930 S. 3773 (3775) mit Anm. *Bohne*; RG JW 1931 S. 2820 (2821) mit Anm. *Alsberg*; RG JW 1932 S. 1748 (1749) mit Anm. *Beling*; RG JW 1932 S. 2161 mit Anm. *Bohne*; RG JW 1932 S. 3101; S. 3356 (3358) mit Anm. *Mannheim*; RG JW 1935 S. 2979 L; RG DR 1940 S. 689; RG HRR 1937 Nr. 219; 1939 Nr. 816; RG LZ 1922 Sp. 594; RMGE 14 S. 90; 17 S. 248 (251); OGHSt. 1 S. 208 (212) = MDR 1949 S. 183; OLG Celle GA 1962 S. 216 (218) = NdsRpfl. 1961 S. 260; OLG Hamm GA 1974 S. 374 (375) = JMBlNRW 1974 S. 152 (153); OLG Koblenz OLGSt. § 244 Abs. 3 S. 29 (32); VRS 36 S. 440 (441); 55 S. 47 (49); OLG Köln JMBlNRW 1962 S. 39; *Dalcke/Fuhrmann/Schäfer* Anm. 17; KK *Herdegen* Rdnr. 101; LR *Gollwitzer* Rdnr. 210; *Eb. Schmidt* Nachtr. Rdnr. 22); alle zu § 244; *Alsberg* JW 1929 S. 977 (980); *Dahs* Hdb. Rdn. 254; *Dahs/Dahs* Rdnr. 267; *Mattern* S. 39, 122; *Rieker* S. 70; *Schlosky* JW 1930 S. 2505 (2508); *Schlüchter* Rdnr. 553.4; *Stützel* S. 75; *Tenckhoff* S. 152; *Wenner* S. 84 ff. – A. A. OLG Dresden GA 73 S. 223 (224). Grundsätzlich a. A. auch *Grünwald* Honig-FS S. 62 ff., der bei Indiztatsachen jede Beweiswürdigung aufgrund einer Wahrunterstellung für unzulässig hält; ähnlich *Goslar* S. 24 ff. Vgl. auch RGSt. 39 S. 363 (364). Unklar RGSt. 51 S. 3 und RG LZ 1919 Sp. 908. Weit. Nachw. bei *Tenckhoff* S. 43/44.
234 RG JW 1931 S. 2820; RG JW 1932 S. 372; beide mit Anm. *Alsberg*; a. A. OLG Dresden JW 1931 S. 1638 (1639/1640) mit Anm. *Lissner*, der mit Recht der Ansicht ist, daß es auf die Umstände des Einzelfalls ankommt. Vgl. auch RGSt. 58 S. 298 (299).
235 Vgl. KK *Herdegen* § 244 Rdnr. 101; LR *Gollwitzer* § 244 Rdnr. 211; *Alsberg* JW 1929 S. 977 (980); 1930 S. 935; 1932 S. 3721; *Schlüchter* Rdnr. 553.4; *Tenckhoff* S. 151/152. Vgl. auch *Gössel* S. 256.
236 RG HRR 1936 Nr. 1401; *Alsberg* a.a.O.

auch ein anderer Schluß möglich ist[236a]. Denn hierdurch würde das Gericht gegen die Aufklärungspflicht und gegen den Grundsatz verstoßen, daß eine eindeutige Beweisbehauptung nicht als mehrdeutig behandelt werden darf[237].

3. Erörterung der Beweistatsache in den Urteilsgründen

Bei der Urteilsberatung muß der Tatrichter die als wahr unterstellte Tatsache zugunsten des Angeklagten berücksichtigen. Im Urteil muß sich das Gericht aber mit den Beweisbehauptungen der Prozeßbeteiligten nicht deshalb auseinandersetzen, weil es sie als wahr unterstellt hat. Vielmehr wird die Beweistatsache in dieser Hinsicht behandelt wie jede andere auch. Ob über eine Behauptung Beweis erhoben oder ob sie ohne Beweiserhebung als wahr unterstellt worden ist, bleibt auf die sich aus § 267 Abs. 1 Satz 2 und dem sachlichen Recht ergebende Erörterungspflicht[238] ohne Einfluß. Das Gericht muß daher zu den als wahr unterstellten Tatsachen in dem Urteil nicht unter allen Umständen Stellung nehmen[239]. Wenn eine solche Tatsache in den Urteilsgründen nicht erwähnt ist, beweist das nicht, daß der Tatrichter sie unberücksichtigt gelassen hat. Denn zu einer vollständigen, jede Beweistatsache berücksichtigende Beweiswürdigung im Urteil ist das Gericht nicht verpflichtet.

Das bedeutet natürlich nicht[240], daß es überhaupt niemals notwendig ist, die als wahr unterstellten Tatsachen in den Urteilsgründen zu erörtern. Eine Erörterungspflicht besteht z. B., wenn andernfalls nicht verständlich wird, was die unterstellten Tatsachen im Rahmen der Urteilsfeststellungen sachlich besagen und warum ihnen rechtlich keine Bedeutung zukommt[241]. Wenn etwa Tatsachen als wahr

---

236a BGH NStZ 1982 S. 213; vgl. auch RGSt. 51 S. 3 (4); RG JW 1931 S. 2495 mit Anm. *Alsberg.*
237 Vgl. LR *Gollwitzer* § 244 Rdnr. 211; oben S. 678.
238 Vgl. LR *Gollwitzer* § 267 Rdnr. 31 ff.; LR *Meyer* § 337 Rdnr. 121 ff.
239 BGH NJW 1961 S. 2069; BGH LM Nr. 5 zu § 244 Abs. 3; BGH Strafverteidiger 1981 S. 601; BGH VRS 21 S. 113 (115); BGH bei *Spiegel* DAR 1980 S. 208; 1981 S. 202; BGH 5 StR 188/81 vom 12. 5. 1981; *Dalcke/Fuhrmann/Schäfer* § 244 Anm. 16; *Eb. Schmidt* Nachtr. § 244 Rdnr. 22); *Alsberg* JW 1929 S. 977 (981); *Koeniger* S. 288; *Seibert* NJW 1962 S. 135 (136), der das aber für zweckmäßig hält. – A. A. RG HRR 1939 Nr. 816; KG JW 1925 S. 1539; 1926 S. 1247 mit Anm. *Lilienthal*; OLG Braunschweig NJW 1947/48 S. 232 mit zust. Anm. *Goetze*; OLG Hamm NJW 1962 S. 66 (67); JR 1965 S. 269; OLG Kiel DRZ 1946 S. 30 = SchlHA 1946 S. 101; *Beling* JW 1928 S. 2255 (2256); *Jagusch* NJW 1971 S. 2198 (2203); *Rieker* S. 69; *Roxin* § 43 C II 1 b dd; *Schlosky* JW 1930 S. 2505 (2508); *Stützel* S. 75. – *Eb. Schmidt* § 244 Rdnr. 62 hält eine Berücksichtigung der Wahrunterstellung in den Urteilsgründen stets für nötig, weil die Wahrunterstellung die Erheblichkeit der Beweistatsache voraussetzt; das ist aber nicht richtig (vgl. oben S. 657). Auch *Willms* (Schäfer-FS S. 281 ff.) meint, daß es nicht nur ein Erfordernis der Fairneß, sondern auch eine Rechtspflicht sei, daß sich das Gericht im Urteil mit einer Tatsache auseinandersetzt, die es schon in der Hauptverhandlung in ihrer rechtlichen Bedeutung ausdrücklich als erheblich gewertet hat.
240 Wie dem mißverständlich gefaßten Leitsatz der Entscheidung BGH LM Nr. 5 zu § 244 Abs. 3 hätte entnommen werden können; vgl. *Willms* Schäfer-FS S. 280.
241 OLG Hamm NJW 1962 S. 66 (67).

behandelt worden sind, aus denen sich die Unglaubwürdigkeit eines Zeugen ergibt, muß das Gericht sich in den Urteilsgründen mit diesen Tatsachen auseinandersetzen, wenn es ihm trotzdem glaubt[242]. Bei einer Wahrunterstellung, deren Inhalt sich aus einer bei den Akten befindlichen Strafanzeige ergibt, muß der Inhalt der Anzeige und des Beweisantrags in den Urteilsgründen schon deshalb mitgeteilt werden, weil sonst die Beweisgrundlagen des Urteils nicht verständlich sind[243]. Erwähnt der Tatrichter die Beweistatsache selbst dann nicht, wenn die übrigen Feststellungen ihn dazu drängen, so ist die Beweiswürdigung lückenhaft und sachlich-rechtlich fehlerhaft[244]. Das gilt vor allem für den Fall, daß nicht ohne weiteres ersichtlich ist, wie die Beweiswürdigung des Urteils und die Wahrunterstellung miteinander in Einklang gebracht werden können[245]. Selbstverständlich ist eine ausdrückliche Feststellung der als wahr unterstellten Tatsachen erforderlich, wenn die sachlich-rechtliche Entscheidung von ihr abhängt[246].

4. Auswechslung des Ablehnungsgrundes

An die von ihm zugesagte Wahrunterstellung ist das Gericht in der Hauptverhandlung nicht in der Weise gebunden, daß es ohne Rücksicht auf das weitere Ergebnis der Beweisaufnahme bei dem Ablehnungsgrund verbleiben müßte. Insoweit gelten keine Besonderheiten gegenüber anderen Ablehnungsgründen[247]. Glaubt das Gericht, an einer von ihm zugesagten Wahrunterstellung nicht mehr festhalten zu können, etwa weil die als unwiderlegbar angesehene Tatsache nunmehr widerlegt oder jedenfalls widerlegbar ist oder vom Gericht nicht mehr als nur entlastend angesehen wird, so muß es entweder den beantragten Beweis erheben oder ihn mit einer anderen zulässigen Begründung ablehnen. Das gilt auch, wenn die Ablehnung wegen Wahrunterstellung mit einem anderen Ablehnungsgrund verknüpft war, ein Beweisantrag z. B. sowohl wegen Ungeeignetheit des Beweismittels als auch wegen Wahrunterstellung abgelehnt worden war; denn auch dann darf der Antragsteller darauf vertrauen, daß das Gericht sich an die Wahrunterstellung hält[248]. Dabei ist selbstverständlich, daß die Auswechslung des Ablehnungsgrundes

---

242 BGH NJW 1961 S. 2069 (2070); BGH 4 StR 30/68 vom 22. 3. 1968; RG JW 1932 S. 3721 mit Anm. *Alsberg*; LR *Gollwitzer* § 244 Rdnr. 211. Weit. Nachw. bei *Tenckhoff* S. 50/51 Fußn. 229 ff.
243 BGH 4 StR 16/80 vom 11. 9. 1980.
244 BGHSt. 28 S. 310; BGH LM Nr. 4 zu § 52 StPO 1975 Bl. 4; BGH bei *Spiegel* DAR 1980 S. 208 und 209; 1981 S. 201/202; 1982 S. 206; *Alsberg* JW 1929 S. 977 (980); 1930 S. 935; 1932 S. 3721; *Koeniger* S. 288; *Schlüchter* Rdnr. 553.4.
245 BGHSt. 28 S. 310 (311); RG BayZ 1906 S. 382; RG HRR 1937 Nr. 687; 1939 Nr. 816; OLG Braunschweig NJW 1947/48 S. 232 mit Anm. *Goetze*; OLG Bremen NJW 1961 S. 1417 L; OLG Hamm JR 1965 S. 269; OLG Kiel DRZ 1946 S. 30 = SchlHA 1946 S. 101; KK *Herdegen* § 244 Rdnr. 102; *Kleinknecht* § 244 Rdnr. 64; *Alsberg* JW 1929 S. 977 (981); *Dahs/Dahs* Rdnr. 267.
246 BGH 2 StR 14/75 vom 26. 2. 1975.
247 Vgl. unten S. 772 ff.
248 RG JW 1931 S. 1815 mit abl. Anm. *Mannheim*; OLG Hamm JR 1965 S. 269; LR *Gollwitzer* § 244 Rdnr. 214; *Tenckhoff* S. 55.

nicht erst in den Urteilsgründen vorgenommen werden darf, sondern daß das Gericht die Prozeßbeteiligten noch vor der Urteilsberatung von seiner veränderten Rechtsauffassung unterrichten und ihnen dadurch Gelegenheit geben muß, sich hierauf einzurichten[249]. Das gilt nicht nur, wenn das Gericht auf einen Beweisantrag die Wahrunterstellung zugesagt hat, sondern auch, wenn der Vorsitzende, ohne daß ein solcher Antrag gestellt war, allein zum Ausdruck gebracht hat, das Gericht werde zugunsten des Angeklagten von seiner Einlassung ausgehen[250]. Im Urteil braucht aber der Sinneswandel des Gerichts nicht erneut erläutert zu werden[251].

Zu einer Änderung seines bisherigen Standpunkts kann das Gericht insbesondere durch die der Wahrunterstellung nachfolgenden Erklärungen des Antragstellers gebracht werden. Setzt er sich durch nachträgliche Angaben in Widerspruch mit einer als wahr unterstellten Behauptung, so können dadurch die Voraussetzungen, unter denen die Wahrunterstellung zugesagt war, hinfällig werden. Das wird dem Gericht allerdings in erster Hinsicht Anlaß geben, den Antragsteller aufzufordern, zu der veränderten Sachlage Stellung zu nehmen, um je nach dem Ergebnis dieser Stellungnahme den früher gefaßten Beschluß aufzuheben[252]. Gewinnt das Gericht aufgrund nachträglicher Angaben des Angeklagten oder sonst durch die weitere Beweisaufnahme die Überzeugung, daß die Tatsache, die es bisher nur als wahr unterstellt hat, zutrifft, so kann es sie auch zum Nachteil des Angeklagten berücksichtigen, nachdem es ihn darauf hingewiesen hat, daß an die Stelle der Wahrunterstellung die Ablehnung des Beweisantrags wegen Erwiesenseins der Beweistatsache tritt[253].

Aus dem Umstand, daß mit der Wahrunterstellung nicht ein unter allen Umständen unabänderlicher Standpunkt des Gerichts gegeben ist, folgt, daß der Wahrunterstellung nachfolgende Beweisanträge des Prozeßgegners nicht schon deshalb abgelehnt werden dürfen, weil sie sich mit der Wahrunterstellung in Widerspruch setzen[254].

---

249 RG LZ 1919 Sp. 908; RMGE 11 S. 62 (63); KG JR 1978 S. 473 (474); OLG Hamm JMBlNRW 1964 S. 203 (204); 1974 S. 152 (153); VRS 38 S. 293 (295); *Kleinknecht* § 244 Rdnr. 64; LR *Gollwitzer* § 244 Rdnr. 214; *Alsberg* JW 1929 S. 977 (981); *Dahs* Hdb. Rdnr. 524; *Dahs/Dahs* Rdnr. 267; *Goetze* NJW 1947/48 S. 232; *Hanack* JZ 1972 S. 114 (116); *Mattern* S. 39; *Meder* S. 36; *Rieker* S. 70; *Tenckhoff* S. 134. Vgl. auch RG JW 1933 S. 853 und unten S. 772/773.
250 BGHSt. 21 S. 38; *Kleinknecht* § 244 Rdnr. 64; LR *Gollwitzer* § 244 Rdnr. 215; *Dahs/Dahs* Rdnr. 268. Für den Fall der Ablehnung eines Beweisantrags nach § 219 vgl. oben S. 363.
251 BGH 2 StR 84/75 vom 30. 4. 1975; a. A. RG JW 1911 S. 501 (502).
252 Vgl. *Alsberg* JW 1929 S. 977 (981).
253 BGH 4 StR 338/53 vom 1. 10. 1953; *Tenckhoff* S. 55.
254 Vgl. *Alsberg* a.a.O.

3. Kapitel Ablehnung von Anträgen auf Sachverständigenbeweis

§ 1 Ablehnung von Anträgen auf Anhörung von Sachverständigen (§ 244 Abs. 4 Satz 1)

I. Rechtsentwicklung 689
II. Geltung der Ablehnungsgründe des § 244 Abs. 3 692
   1. Allgemeine Ablehnungsgründe 692
   2. Offenkundigkeit 693
III. Ablehnung wegen eigener Sachkunde 694
   1. Allgemeine Grundsätze 694
      a) Überflüssigkeit der Beweiserhebung 694
      b) Umfang der Sachkunde 695
      c) Grenzen der Sachkunde 696
      d) Quellen der Sachkunde 698
   2. Einzelfälle 699
      a) Glaubwürdigkeit von Zeugen 699
      b) Schuldfähigkeit des Angeklagten 704
      c) Reifegradbestimmung bei Jugendlichen und Heranwachsenden . 708
      d) Blutalkoholbestimmung 709
      e) Fahrtüchtigkeit 711
      f) Technische Fragen 711
      g) Sonstige Beweisfragen 712
IV. Sachkunde bei Kollegialgerichten 714
V. Darlegung der Sachkunde im Urteil 715
VI. Erörterungspflicht in der Hauptverhandlung 716

I. Rechtsentwicklung

Die Entscheidung über den Antrag eines Verfahrensbeteiligten auf Zuziehung eines Sachverständigen hat das Reichsgericht lange Zeit in das pflichtgemäße Ermessen des Tatrichters gestellt[1]. Es verlangte nur, daß das Gericht, anders als bei

---

[1] RGSt. 3 S. 176; 14 S. 276 (278); 25 S. 326 (328); 47 S. 100 (108); 51 S. 42; 52 S. 61 (62); 57 S. 158; RGRspr. 3 S. 96; RG JW 1891 S. 53; 1902 S. 577; 1923 S. 995; 1929 S. 1043 mit Anm. *Alsberg*; RG LZ 1915 Sp. 631; 1916 Sp. 482; 1917 Sp. 1243; RG ZStW 46 Sdr. Beil. S. 249. Ebenso RMGE 1 S. 157; S. 277; 2 S. 236 (242); 6 S. 128; BayObLGSt. 28 S. 287 (289); OLG Braunschweig GA 72 S. 393 (394); OLG Breslau DJZ 1932 Sp. 1555; *Glaser* Hdb. I S. 668; *von Kries* S. 411; *Mezger* S. 154 ff., 196.

sonstigen Ermessensentscheidungen, die Ablehnung des Antrags in einem in der Hauptverhandlung bekanntzugebenden Beschluß begründete[2]. Als Grund für die Freistellung des Gerichts von einer Bindung an den Antrag wurde teils geltend gemacht, aus §§ 73, 83 ergebe sich, daß der Richter selbst zu bestimmen habe, ob er Sachverständige benötigt[3], teils wurde der Gesichtspunkt in den Vordergrund gestellt, daß der Sachverständige ein Gehilfe des Richters sei und der Richter daher selbst entscheiden müsse, ob er dessen Hilfe braucht[4].

Die Ermessensfreiheit des Tatrichters bei der Ablehnung eines Antrags auf Sachverständigenbeweis stellte das Reichsgericht ursprünglich der Ermessensfreiheit beim Augenscheinsbeweis insofern gleich, als es die Vorwegnahme der Beweiswürdigung für zulässig erklärte[5]. An dieser Ansicht hielt es aber nicht lange fest. Es entschied alsbald, daß der Sachverständigenbeweis nicht mit der Begründung abgelehnt werden darf, das Gegenteil der Beweistatsache sei aufgrund von Zeugenaussagen[6] oder allgemein aufgrund der bisherigen Beweisaufnahme[7] bereits erwiesen. Schwerwiegender als die zeitweilige Zulassung der Vorwegnahme des Beweisergebnisses war, daß das Reichsgericht bis zum Jahre 1927 davon absah, die Behauptung des Tatrichters, er komme ohne Sachverständigen aus, weil er die nötige Sachkunde selbst besitze, in irgendeiner Weise nachzuprüfen. Es behan-

---

2 RGSt. 51 S. 42; 52 S. 61 (62); 61 S. 273; RG JW 1903 S. 93; 1929 S. 143 mit Anm. *Alsberg*; RG Recht 1923 Nr. 956.

3 RGSt. 14 S. 276 (278); 25 S. 326 (327); 47 S. 100 (108); RG JW 1891 S. 53; 1902 S. 577; 1911 S. 509; 1923 S. 995; RG GA 57 S. 212; 61 S. 350 (351); RG LZ 1915 Sp. 631. – Hiergegen *Alsberg* JW 1924 S. 1760 und LZ 1915 Sp. 482 (486); *Beling* S. 280, 382; *Ditzen* S. 33 Fußn. 1; *Gerland* S. 222 und GerS 69 S. 288; *Goslar* S. 33; *Lobe* LZ 1914 Sp. 977 (978); *Mannheim* JW 1928 S. 1308; *Simader* S. 183; *Stein* S. 78; *Völcker* S. 30/31, die mit Recht der Meinung sind, daß sich das weder aus § 73 noch aus § 83 ergibt.

4 RGSt. 3 S. 26 (28); 52 S. 61; 57 S. 158; RG JW 1926 S. 2447; RG Recht 1912 Nr. 2569; OLG Dresden JW 1931 S. 1517. Ebenso *Schlosky* JW 1930 S. 2505 (2507). Die Gegenansicht (*Alsberg* LZ 1915 Sp. 482 [486]; *Simader* S. 184) beruht auf der Annahme, der Sachverständige sei nicht nur Richtergehilfe, sondern auch Beweismittel. Das ist zwar richtig (vgl. oben S. 209), kann aber die Auffassung des RG nicht widerlegen. Entscheidend ist, daß der Sachverständige als »Richtergehilfe« dem Richter Sachkunde vermitteln soll und daß auf ihn verzichtet werden kann, wenn das Gericht die Sachkunde bereits besitzt; vgl. BGHSt. 3 S. 27 (28).

5 RGSt. 47 S. 100 (108); RG GA 57 S. 212. Ebenso BayObLGSt. 28 S. 287 (289); *Peterson* DJZ 1907 Sp. 908. Die Entscheidung RG JW 1902 S. 577, in der klar ausgesprochen worden war, daß es unzulässig ist, das Gegenteil der Beweistatsache aufgrund des Verhaltens des Angeklagten für erwiesen zu halten, schien in Vergessenheit geraten zu sein.

6 RGSt. 52 S. 61 (63); 61 S. 273; RG JW 1930 S. 2230 mit Anm. *Alsberg*; RG JW 1932 S. 2619 (2620) mit Anm. *Loewenthal*; RG Recht 1927 Nr. 1559; 1928 Nr. 217. Vgl. auch *Alsberg* JW 1928 S. 2988 (2989); 1929 S. 1043; *Gerland* S. 222; *Mannheim* JW 1929 S. 260 (261); *Rieker* S. 91; *Simader* S. 184/185; *Stützel* S. 104.

7 RG JW 1929 S. 1475 mit Anm. *Alsberg*.

delte das als reine Tatfrage und nahm an, sie sei, wie die Beweiswürdigung überhaupt, völlig in das Ermessen des Tatrichters gestellt[8]. Im Schrifttum wurde dieser Rechtsprechung fast einhellig widersprochen[9]. Das Reichsgericht hat jedoch erst mit der Entscheidung RGSt. 61 S. 273[10] seine Rechtsprechung geändert und seitdem auf entsprechende Rüge geprüft, ob der Tatrichter die Beweisfrage aufgrund eigener Sachkunde entscheiden konnte. Dabei hat es nicht ausreichen lassen, daß der Tatrichter sich die erforderliche Sachkunde zutraut. Es hat vielmehr die nicht weiter begründete eigene Sachkunde des Tatgerichts nur anerkannt, wenn es sie nach der Lebenserfahrung haben konnte[11]. Das Reichsgericht wollte damit trotz des meist mißverständlichen Wortlauts seiner Entscheidungen aber offenbar nur sagen, daß eine Sachkunde, die der Lebenserfahrung entspricht, keiner weiteren Rechtfertigung bedarf. Daß der Tatrichter eine Sachkunde anwendete, die ihm nach der Lebenserfahrung nicht ohne weiteres zuzutrauen war, sollte nicht ausgeschlossen werden. Nur mußte der Richter in diesem Fall im Urteil darlegen, wieso

---

8 Vgl. in diesem Sinne vor allem RGSt. 25 S. 326 (327); RG LZ 1916 Sp. 482; 1917 Sp. 143.
9 Vgl. *Alsberg* JW 1926 S. 2447 und LZ 1915 Sp. 482; *Lobe* LZ 1914 Sp. 977 (982), die beide für die Überprüfung der Behauptung des Tatrichters, er habe ausreichende eigene Sachkunde, durch das Revisionsgericht eintraten. Gegen die Ermessensfreiheit des Tatrichters bei der Ablehnung von Sachverständigenbeweisanträgen sprachen sich ferner aus: *Beling* S. 280, 382; *Bohne* JW 1932 S. 3359; *Gerland* S. 222, 364 Fußn. 609; JW 1931 S. 215 und GerS 69 S. 289; *Glaser* Hdb. I S. 725 und Beiträge S. 392; *Mannheim* JW 1928 S. 1308; *Stein* S. 77/78. Am weitesten ging *Goldschmidt* (S. 440 Fußn. 2308), der dem Richter allgemein verwehren wollte, dem Sachverständigenbeweisantrag seine eigene Sachkunde entgegenzusetzen, weil andernfalls der »schlimmste Dilettantismus« zum Schaden der Verfahrensbeteiligten zur Geltung gebracht werden könnte. *Stützel* (S. 79) wollte die Sachkunde des Gerichts nur anerkennen, wenn es sich um Erfahrungssätze des täglichen Lebens handelt, von denen angenommen werden kann, daß sie einer größeren Anzahl von Menschen bekannt sind.
10 Zur Bedeutung dieser Entscheidung als Wendepunkt der RG-Rspr. vgl. insbesondere *Eb. Schmidt* § 244 Rdnr. 67, Schneider-FS S. 258/259 und in: Der Arzt im Strafrecht, 1939, S. 154.
11 RGSt. 71 S. 336 (338); RG JW 1928 S. 2988 (2989); 1929 S. 1475; 1931 S. 1493 (1494); alle mit Anm. *Alsberg*; RG JW 1931 S. 2026 (2028) mit Anm. *Mannheim*; RG JW 1931 S. 2495 (2496) mit Anm. *Alsberg*; RG JW 1932 S. 2619 mit Anm. *Löwenthal*; RG JW 1932 S. 3097 L = HRR 1932 Nr. 1532; RG JW 1932 S. 3356 (3358) mit Anm. *Mannheim*; RG JW 1932 S. 3358 (3359) mit Anm. *Bohne*; RG JW 1936 S. 882, 1876; RG JW 1937 S. 3101 mit Anm. *Schafheutle*; RG JW 1938 S. 1019; 1939 S. 754; RG DR 1939 S. 1317 L = HRR 1939 Nr. 1208; RG DR 1941 S. 847 = HRR 1941 Nr. 750; RG DR 1944 S. 449; RG HRR 1930 Nrn. 84, 1569; 1931 Nr. 1405; 1937 Nr. 908; 1938 Nr. 1380; 1939 Nr. 1448; 1940 Nr. 207; RG Recht 1927 Nr. 1559. Ebenso BayObLGSt. 30 S. 140; OLG Braunschweig HESt. 1 S. 171 (172) = MDR 1947 S. 205 = NdsRpfl. 1947 S. 43; OLG Dresden DJZ 1932 Sp. 1555; HRR 1931 Nr. 83; OLG Köln HRR 1932 Nr. 77. Im Schrifttum wurde diese Rspr. gebilligt von *Mannheim* JW 1929 S. 260 (261); *Rieker* S. 75; *Simader* S. 185.

ihm eigene Sachkunde zu Gebote stand[12]. Praktisch bestimmte also nunmehr das Reichsgericht, wann der Tatrichter ohne weitere Erläuterung aufgrund eigener Sachkunde entscheiden durfte wann er seine Sachkunde im Urteil erläutern mußte und wann er verpflichtet war, einen Sachverständigen hinzuzuziehen.

Als durch § 245 Abs. 1 Satz 2 in der Fassung des Gesetzes von 1935[13] die Ablehnung von Anträgen auf Sachverständigenbeweis erstmals in der Weise gesetzlich geregelt wurde, daß die Zuziehung von Sachverständigen im freien Ermessen des Gerichts liegt, betonte das Reichsgericht sogleich, daß die Grenzen dieses Ermessens trotz des Wegfalls des Verbots der Beweisantizipation durch die Aufklärungspflicht bestimmt werden[14]. Da auf dem Gebiet des Sachverständigenbeweises die Pflicht, Beweisanträgen stattzugeben, nie weitergegangen war als die Amtsaufklärungspflicht[15], bewirkte die Erweiterung der richterlichen Freiheit bei der Ablehnung von Beweisanträgen, die mit dem Gesetz von 1935 bezweckt war, keine Änderung der Rechtsprechung auf diesem Teilgebiet des Beweisantragsrechts. Die geltende gesetzliche Regelung ist 1950 durch das Vereinheitlichungsgesetz eingeführt worden.

II. Geltung der Ablehnungsgründe des § 244 Abs. 3
1. Allgemeine Ablehnungsgründe

Die allgemeinen Ablehnungsgründe des § 244 Abs. 3 gelten auch für den Antrag auf Erhebung des Sachverständigenbeweises[16]. Die Vorschrift des § 244 Abs. 4 Satz 1 enthält, wie sich schon ihrem Wortlaut entnehmen läßt (»auch abgelehnt werden«), nur einen zusätzlichen Ablehnungsgrund. Sie ändert insbesondere

---

12 RG JW 1931 S. 2495 (2496) mit Anm. *Alsberg*; RG HRR 1938 Nr. 1380. In RG JW 1929 S. 1043 mit Anm. *Alsberg* war nur davon die Rede, daß der Tatrichter sich die erforderliche Sachkunde zutrauen dürfe und das »zum Ausdruck bringen« müsse. Nach RG JW 1931 S. 2026 mit Anm. *Mannheim* war die Aufklärungspflicht maßgebend. In RG JW 1934 S. 2469 mit Anm. *Wegner* wurde nur verlangt, daß der Tatrichter einen ausreichenden Grund hat, sich die erforderliche Sachkunde zuzutrauen. Die Annahme von *Wolschke* (S. 106) und *Wüst* (S. 18), nach der Rspr. des RG habe der Tatrichter einen Sachverständigen immer beiziehen müssen, wenn er nach der Lebenserfahrung nicht hinreichend sachkundig sein konnte, ist demnach unrichtig.
13 Vgl. oben S. 7.
14 RGSt. 71 S. 336 (338); RG JW 1937 S. 1360; S. 3024 = DStR 1938 S. 54; RG JW 1937 S. 3101 mit Anm. *Schafheutle*; RG JW 1939 S. 754 = HRR 1939 Nr. 603; RG DR 1941 S. 847 = HRR 1941 Nr. 750; RG DR 1944 S. 449 (450); RG HRR 1939 Nrn. 360, 1392. Einen Überblick über die RG-Rspr. gibt *Schneider-Neuenburg* DStR 1938 S. 311. Die Behauptung von *Bockelmann* (GA 1955 S. 321 [322]), als Verletzung der richterlichen Aufklärungspflicht habe das Unterlassen der Sachverständigenheranziehung nicht gerügt werden können, stimmt nicht; vgl. *Wolschke* S. 56/57.
15 Vgl. RG JW 1931 S. 2026 mit Anm. *Mannheim*, wo betont wurde, daß das Ermessen des Gerichts hinsichtlich der Zuziehung von Sachverständigen seine Grenze an der Pflicht zur vollständigen Erforschung des Sachverhalts findet. Dazu *Wolschke* S. 54 ff., 61 ff.
16 Vgl. LR *Gollwitzer* § 244 Rdnr. 247.

nichts an dem sich aus § 244 Abs. 3 Satz 2 ergebenden Verbot der Vorwegnahme der Beweiswürdigung aufgrund der bisherigen Beweisaufnahme[17]. Der Beweisantrag muß nach § 244 Abs. 3 Satz 1 abgelehnt werden, wenn die Beweiserhebung unzulässig, insbesondere wenn der Sachverständige dafür benannt ist, Fragen des deutschen Rechts zu erläutern oder zu klären[18]. Ein Antrag, mit dem verlangt wird, daß ein Sachverständiger Beweismethoden anwenden soll, die nach § 136 a verboten sind, ist nicht unzulässig[19], sondern eine bloße Beweisanregung. Denn der Antragsteller kann nur den Sachverständigen als Beweismittel benennen, hat aber keinen Anspruch darauf, welcher Untersuchungsmethoden er sich bedient[20]. Der Beweisantrag kann ferner abgelehnt werden, wenn die Beweistatsache schon erwiesen oder für die Entscheidung ohne wesentliche Bedeutung ist, wenn der Sachverständige aus besonderen Gründen als Beweismittel völlig ungeeignet[21] oder wenn er unerreichbar[22] ist, wenn die Beweistatsache zugunsten des Angeklagten als wahr unterstellt werden kann oder wenn der Antragsteller die Beweiserhebung nicht ernsthaft begehrt, sondern den Antrag nur in Verschleppungsabsicht gestellt hat.

2. Offenkundigkeit

Der Beweisantrag auf Anhörung eines Sachverständigen kann auch abgelehnt werden, wenn der Sachverständige über einen Erfahrungssatz Auskunft geben soll, der offenkundig ist. Das Gericht verwertet dann eigene »Sachkunde«, sei es, daß es das Erfahrungswissen, das der Sachverständige vermitteln soll, wegen seiner Allgemeinkundigkeit kennt, sei es, daß es sich um einen Erfahrungssatz handelt, der ihm bei seiner amtlichen Tätigkeit bekannt geworden, der also gerichtskundig ist[23]. Die Ablehnungsgründe der Offenkundigkeit und der eigenen Sachkunde scheinen sich dann zu überschneiden[24]. In Wahrheit lassen sie sich ohne Mühe voneinander abgrenzen. Dazu ist eine Besinnung darauf erforderlich, welche

---

17 BGH VRS 35 S. 207; BGH bei *Holtz* MDR 1978 S. 627; BayObLG bei *Rüth* DAR 1964 S. 242; LR *Gollwitzer* § 244 Rdnr. 248; *Wolschke* S. 116/117, 246/247, der allerdings unzutreffend eine unzulässige Beweisantizipation auch annimmt, wenn das Gericht einen Sachverständigen hört, dem die erforderliche Sachkunde fehlt (S. 250).
18 Vgl. oben S. 137, 428.
19 So jedoch LR *Gollwitzer* § 244 Rdnr. 247; *K. Müller* S. 52; *Weigelt* DAR 1964 S. 314 (316).
20 Vgl. oben S. 100.
21 Vgl. oben S. 606 ff.
22 Vgl. oben S. 634.
23 Vgl. oben S. 545.
24 Vgl. *Wolschke* S. 232 ff., der allerdings zu praktisch unannehmbaren und dogmatisch unhaltbaren Ergebnissen kommt, weil er den Richter, der seine eigene Sachkunde verwertet, als eine Art Sachverständigen-Stellvertreter ansieht. Diese »direkte Beweismittelfunktion« des Gerichts führt *Wolschke* (S. 226) zu der Auffassung, daß die Verwertung der eigenen Sachkunde gegen § 22 Nr. 5 verstößt und nur zulässig ist, wenn es sich um gerichtskundige Tatsachen handelt (S. 212 ff., 225). Für *Wolschke* fällt die Benutzung der eigenen Sachkunde daher unter den Oberbegriff der Offenkundigkeit (S. 241, 283). Auch *Kühne* (Rdn. 452) hält die eigene Sachkunde für einen Unterfall der Gerichtskundigkeit.

Beweise durch die Anhörung eines Sachverständigen in der Hauptverhandlung erbracht werden können. Aufgabe des Sachverständigen kann insbesondere sein, dem Gericht Tatsachen zu vermitteln[25], es mit Erfahrungssätzen vertraut zu machen[26] oder ihm ein Gutachten über einen bestimmten Sachverhalt zu liefern[27]. Offenkundig können nur die Erfahrungssätze selbst sein. Die Anwendung von allgemein- oder gerichtskundigen Erfahrungssätzen bei der Erstattung eines Gutachtens kann daher immer nur unter den Begriff Sachkunde fallen. Der Ablehnungsgrund der Offenkundigkeit nach § 244 Abs. 3 Satz 2 kommt insoweit nicht in Betracht; das Gericht kann die Zuziehung eines Sachverständigen nur wegen seiner eigenen Sachkunde ablehnen. Der Unterschied wird an folgendem Beispiel deutlich: Kommt es für die gerichtliche Entscheidung nur darauf an, wie die Widmarksche Formel zur Berechnung des Promillesatzes der Blutalkoholkonzentration aufgrund der genossenen Alkoholmenge lautet, so handelt es sich um einen Erfahrungssatz, den der Richter der Entscheidung als gerichtskundig zugrunde legen kann. Handelt es sich jedoch darum, für den Entscheidungsfall die Trinkmenge in den Promillesatz umzurechnen, so wird der Erfahrungssatz angewendet, und der Richter verwertet, wenn er die Umrechnung ohne Sachverständigen vornimmt, eigene Sachkunde im Sinne des § 244 Abs. 4 Satz 1. Ferner erweitert diese Vorschrift den Ablehnungsgrund der Offenkundigkeit für den Fall, daß ein Erfahrungssatz zwar ohne Zuziehung eines Sachverständigen aus allgemein zugänglichen Quellen festgestellt werden kann, dazu aber ein besonderes Fachwissen erforderlich ist. Allgemeinkundig im Sinne des § 244 Abs. 3 Satz 2 kann ein solcher Erfahrungssatz nicht sein[28]. Hat der Richter jedoch die Sachkunde, die notwendig ist, um den Erfahrungssatz festzustellen, so kann er einen auf Anhörung eines Sachverständigen gerichteten Beweisantrag nach § 244 Abs. 4 Satz 1 ablehnen.

III. Ablehnung wegen eigener Sachkunde

1. Allgemeine Grundsätze

a) **Überflüssigkeit der Beweiserhebung.** Der Satz, daß das private Wissen des Richters im Strafprozeß zu Beweiszwecken nicht verwertet werden darf, gilt schon beim Zeugenbeweis nicht ohne Einschränkungen. Eine Beweiserhebung ist überflüssig, wenn Tatsachen oder Erfahrungssätze festgestellt werden sollen, die offenkundig sind[29]. Sie dürfen dem Urteil ohne weiteres zugrunde gelegt werden. Der Grund, aus dem nicht zugelassen werden kann, daß der Richter sein sonstiges privates Wissen anstelle des Zeugenbeweises verwendet, ist vor allem das Fehlen einer Kontrolle dieser Erkenntnisquelle[30]. Wahrnehmungen, die der Richter über den zu entscheidenden Fall gemacht hat, darf er daher nicht wie ein Zeuge in die

---

25 Vgl. oben S. 210.
26 Vgl. oben S. 211.
27 Vgl. oben S. 211/212.
28 Vgl. oben S. 555.
29 Vgl. oben S. 531 ff.
30 Vgl. oben S. 532/533.

Verhandlung einbringen. Aufgabe des Sachverständigen ist es aber im allgemeinen nicht, über Wahrnehmungen zu berichten. Meist wird er hinzugezogen, damit er dem Richter die Sachkunde vermittelt, die erforderlich ist, um die Beweisfrage zu lösen. Die Sachkunde besteht aus der Kenntnis von Erfahrungssätzen und der Fähigkeit, sie anzuwenden. Die Richtigkeit der Erfahrungssätze und des auf sie gestützten Gutachtens läßt sich, anders als die privaten Wahrnehmungen des Richters, ohne weiteres überprüfen. Das rechtfertigt es, auf den Sachverständigen zu verzichten, wenn der Richter selbst die notwendige Sachkunde besitzt. Er darf Erfahrungssätze, die vielen bekannt und von vielen erlernbar sind, anwenden, wenn er sie kennt. Dem Gesetzgeber kann ohnehin nichts daran liegen, daß der Richter ausschließlich juristisches Fachwissen in den Prozeß mitbringt. Es ist durchaus erwünscht, daß ihm ein allgemeines wissenschaftliches Rüstzeug zu Gebote steht, so daß er mit den Beweisfragen, auch soweit sie Spezialgebieten angehören, vertraut ist. Seit *Steins* Arbeit über das private Wissen des Richters[31] wird daher auch kaum noch bestritten, daß der Richter nicht nur seine bereits vorhandene Sachkunde verwenden, sondern sich ohne förmliche Beweisaufnahme fachwissenschaftliche Kenntnisse auch auf solchen Gebieten, die ihm von Haus aus fremd sind, aneignen und daß er die Früchte seines wissenschaftlichen Selbststudiums bei der Beweiswürdigung benutzen darf[32]. Das Gesetz hat das dadurch anerkannt, daß es in § 244 Abs. 4 Satz 1 die Ablehnung von auf Anhörung von Sachverständigen gerichteten Beweisanträgen in den Fällen, in denen das Gesetz die Mitwirkung eines Sachverständigen nicht ausdrücklich vorschreibt[33], mit der Begründung zuläßt, das Gericht habe selbst die Sachkunde, um die Beweisfrage zu beantworten[34]. Darin liegt keine Ausnahme von dem Verbot der Vorwegnahme der Beweiswürdigung[35]. Vielmehr ist die Beweisaufnahme ebenso überflüssig wie im Fall der Offenkundigkeit[36].

b) Umfang der Sachkunde. In welchem Umfang der Richter seine eigene Sachkunde verwenden darf, sagt das Gesetz nicht. Es bestimmt insbesondere nicht, daß es sich um eine Sachkunde handeln muß, die dem Tatrichter nach der Lebenserfahrung auch zuzutrauen ist. Schon das Reichsgericht hat diese Ansicht offenbar

---

31 Vgl. insbesondere S. 74 ff.
32 Vgl. *Döhring* JZ 1968 S. 641 ff.; *zu Dohna* S. 90; *Mezger* S. 154; *Mösl* DRiZ 1970 S. 110 (111); *Rosenfeld* II S. 23; vgl. auch RG LZ 1915 Sp. 631; *Hellm. Mayer* Mezger-FS S. 461. – Grundsätzlich a. A. *Bockelmann* GA 1955 S. 324/325 Fußn. 15 und *Wolschke* S. 224, die den § 244 Abs. 4 Satz 1 nicht zur Kenntnis nehmen und nur die Verwendung gerichtskundiger Erfahrungssätze zulassen wollen. Da *Wolschke* außerdem der irrigen Auffassung ist (S. 208), nur Hintergrundmaterial dürfe als gerichtskundig behandelt werden (dazu oben S. 550), läuft seine Ansicht darauf hinaus, daß für alle Beweisfragen, die nicht nur eine Nebenrolle spielen, ein Sachverständiger zugezogen werden muß.
33 Wie in §§ 80 a, 81 Abs. 1, §§ 87 ff., 91, 92, 231 a Abs. 3 Satz 1, §§ 246 a, 414 Abs. 3, § 415 Abs. 2 StPO, § 73 JGG.
34 Vgl. im einzelnen S. 699 ff.
35 Vgl. *Schuster* S. 144; a. A. *Simader* S. 185, 187; *Stützel* S. 104. *Wolschke* (S. 24/25, 116/117) spricht von sachkundiger oder gleichartiger Antizipation.
36 *Lobe* LZ 1914 Sp. 977 (983) vergleicht das mit dem Fall der bereits erwiesenen oder als wahr unterstellten Beweistatsache.

nicht vertreten wollen[37]. Jedenfalls ist sie nicht Gesetz geworden[38]. Gegen sie spricht ohnehin, daß es keinen zwingenden Satz der Lebenserfahrung gibt, daß jemand etwas nicht wissen kann[39]. Objektive Gesichtspunkte sind daher nicht maßgebend. Auch wenn der Richter ausnahmsweise über eine außergewöhnliche Sachkunde verfügt, darf er grundsätzlich ohne die Hilfe eines Sachverständigen entscheiden[40]. Ausschlaggebend ist immer, daß das Gericht die Sachkunde im Einzelfall wirklich besitzt. Die Frage, ob ihm das nach der Lebenserfahrung zuzutrauen ist, spielt nur noch insofern eine Rolle, als die Anwendung einer Sachkunde, bei der das nicht der Fall ist, Urteilsausführungen darüber erforderlich macht, wieso das Gericht sie besitzt[41].

c) **Grenzen der Sachkunde.** Eigene Sachkunde bedeutet nicht, daß der Richter das Fach, in das die Beweisfrage einschlägt, allgemein und umfassend wie ein darin ausgebildeter und erfahrener Sachverständiger beherrscht. Es genügt, daß er über das Wissen verfügt, das die Beantwortung gerade dieser Beweisfrage erfordert[42]. Ob sich der Richter dieses Wissen zutraut, entscheidet er nach pflichtgemäßem Ermessen[43], dessen Überschreitung das Revisionsgericht prüfen kann[44]. Dabei kommt es immer auf die Umstände des Einzelfalls an. Eine allgemeine Grenze zwischen dem Wissen, das ein Richter erwerben kann, und dem nur von einem Fachmann beherrschbaren Wissen läßt sich nicht ziehen[45]. Maßgebend können

---

37 Vgl. oben S. 691.
38 Vgl. *Wolschke* S. 76, 150. Das wird aber häufig verkannt; vgl. insbesondere *Bockelmann* GA 1955 S. 321 (326), *Kreuzer* S. 57/58 und *Wüst* S. 17, nach deren Ansicht das Gesetz nur die Rspr. des RG, die unausgesprochen auch dem § 244 Abs. 4 Satz 1 zugrunde liege, legalisiert hat, und *Spendel* JuS 1964 S. 465 (469), der von der unveränderten Fortgeltung der RG-Rspr. ausgeht. Daß das Gericht eigene Sachkunde nur anwenden darf, wenn es sie sich nach der Lebenserfahrung zutrauen kann, nehmen auch BayObLG DAR 1956 S. 165; KG VRS 5 S. 364 (366); 8 S. 298 (302); OLG Celle DAR 1957 S. 161 = NdsRpfl. 1957 S. 20; OLG Köln MDR 1953 S. 376 (377); OLG Oldenburg DAR 1958 S. 244 (245); *Peters* S. 292 an. Der BGH hat nur in der Entscheidung BGHSt. 3 S. 169 (175) von einer Sachkunde gesprochen, die der Richter »nach allgemeiner Erfahrung« nicht haben konnte.
39 Vgl. *Sarstedt* S. 176. Auch *Pieper* ZZP 84 S. 1 (13) ist der Ansicht, daß die Grenze zwischen dem, was jemand aufgrund seiner Lebenserfahrung weiß, und seiner besonderen Fachkunde flüssig ist.
40 BGH bei *Holtz* MDR 1977 S. 637 = GA 1977 S. 275; *Sarstedt* S. 176. A. A. *Bockelmann* GA 1955 S. 321 (324 ff.), nach dessen Meinung Spezialwissen des Richters immer durch eine förmliche Beweisaufnahme in den Prozeß eingeführt werden muß.
41 Vgl. unten S. 715.
42 BGHSt. 8 S. 130/131; OLG Hamm NJW 1970 S. 907 (908); VRS 42 S. 215 (216); 45 S. 285 (286); *Dalcke/Fuhrmann/Schäfer* § 244 Anm. 18 a.
43 BGHSt. 3 S. 27 (28); OLG Köln NJW 1958 S. 881 = JR 1958 S. 350 (351) mit Anm. *Sarstedt*.
44 Vgl. unten S. 904. Das Revisionsgericht kann dazu sogar ein Sachverständigengutachten zu der Beweisfrage einholen; vgl. BGHSt 12 S. 18 (20) = JZ 1959 S. 130 mit Anm. *Eb. Schmidt*; OLG Hamm NJW 1970 S. 907 (908).
45 Vgl. *Kühne* Rdnr. 515; *Hellm. Mayer* Mezger-FS S. 469; *Mösl* DRiZ 1970 S. 110 (111).

immer nur die persönlichen Kenntnisse des einzelnen Richters, seine Bildung und Ausbildung sein[46]. Die häufige amtliche Befassung mit bestimmten Sachfragen, vor allem die Notwendigkeit, sich immer wieder mit den Gutachten verschiedener Sachverständiger auseinanderzusetzen, kann eine besondere und herausragende Sachkunde des Gerichts in Teilbereichen begründen[47]. Die Spezialisierung der richterlichen Tätigkeit auf bestimmte Sachgebiete führt regelmäßig zum Erwerb einer Sachkunde, die die Heranziehung von Sachverständigen oft überflüssig macht. Eine Jugendkammer hat z. B. bessere Fähigkeiten in der Beurteilung der Glaubwürdigkeit von Jugendlichen als eine gewöhnliche Strafkammer[48], ein erfahrener Verkehrsrichter hat bessere technische Kenntnisse und größere Erfahrungen auf dem Gebiet des Verkehrsunfallwesens und der Blutalkoholbestimmung als ein anderer Richter[49], und ein Gericht in ländlicher Gegend weiß besser Bescheid über Fragen der Landwirtschaft, der Fischerei und des Jagd- und Forstwesens als ein städtisches Gericht[50].

Bei der Bewertung der eigenen Sachkunde des Gerichts ist aber Vorsicht geboten. So wenig es im Sinne des Gesetzes liegt, dem Richter auf den Gebieten, auf denen die Lebenserfahrung und die Menschenkenntnis ihn ohne weiteres die Wahrheit finden lassen können, das Vertrauen auf sein eigenes selbständiges Urteil und seinen Mut zur Verantwortung zu nehmen[51], so wenig kann zugelassen werden, daß er sich eine die eigenen Fähigkeiten und Kenntnisse überschätzende Sachkunde auf Gebieten zutraut, auf denen er sie nicht hat. In Wissenschaftsbereichen, die eine besondere Ausbildung und eine dauernde oder sogar ausschließlich wissenschaftliche Betätigung verlangen, wie die Chemie, die Medizin, insbesondere die Gerichtsmedizin, die Psychiatrie und die Schriftvergleichung, wird der Richter die zur Entscheidung eines Straffalls erforderliche Sachkunde regelmäßig nicht besitzen[52] und sich auch nur insoweit verschaffen können, als sie das Schulwissen oder allgemeine Verhaltensweisen nicht überschreitet[53]. Regelmäßig kann der Richter hier allenfalls ein Halbwissen erwerben, dessen Anwendung die größten Gefahren für die Wahrheitsfindung mit sich bringt[54]. Gleiches gilt für den Fall, daß der Richter Fragen zu beantworten hat, die ihm weder aufgrund allgemeiner Lebenserfahrung noch aufgrund besonderer Berufserfahrung besonders vertraut sind, z. B. die Frage, ob ein Werk der bildenden Kunst oder eine andere künstleri-

---

46 Vgl. KMR *Paulus* § 244 Rdnr. 467; *Ditzen* S. 33 Fußn. 1; *Hellm. Mayer* Mezger-FS S. 470; *Simader* S. 186; *Tröndle* JZ 1969 S. 374.
47 Vgl. *Wolschke* S. 206.
48 BGHSt. 3 S. 52 (53/54); BGH NJW 1961 S. 1636; BGH NStZ 1981 S. 400; OLG Braunschweig HESt. 2 S. 96 (97) = NdsRpfl. 1948 S. 133.
49 OLG Hamm VRS 45 S. 285 (286); *Jessnitzer* Blutalkohol 1978 S. 315 (320). Vgl. auch *Sarstedt* DAR 1964 S. 307 (315): Ein eigener Führerschein und eigene Fahrpraxis machen den Richter im allgemeinen nicht zum Kraftfahrsachverständigen.
50 Vgl. *Simader* S. 186.
51 Vgl. BGHSt. 3 S. 27 (28); KK *Herdegen* § 244 Rdnr. 30; LR *Gollwitzer* § 244 Rdnr. 249.
52 Vgl. *Arbab-Zadeh* NJW 1970 S. 1214 (1215/1216); *Simader* S. 187. Vgl. auch *Bohne* JW 1932 S. 3359.
53 Vgl. *Kohlhaas* NJW 1962 S. 1329 (1330); *Pieper* ZZP 84 S. 1 (15/16); *Simader* S. 186/187.
54 Vgl. *Kohlhaas* a.a.O.; *Lobe* DRiZ 1913 S. 362; *Stein* S. 101; *Tröndle* JZ 1969 S. 374.

sche Leistung pornographisch ist[55]. In all diesen Fällen sind die Grenzen zu dem Gebiet, das den Sachverständigen vorbehalten ist, regelmäßig überschritten[56]. Immer kommt es auch darauf an, welche Schwierigkeiten die sachkundige Beurteilung der Beweisfrage im Einzelfall bietet. Je größer sie sind, desto höhere Anforderungen müssen an die Sachkunde des Gerichts gestellt werden[57].

Bei der Beurteilung des tatsächlichen Wertes der eigenen Sachkunde muß der Richter ein erhebliches Maß an Selbstkritik aufbringen[58]. Er muß sich bewußt sein, daß es schwieriger ist, die Regeln einer Wissenschaft im konkreten Fall anzuwenden, als sie losgelöst und beziehungslos zu erlernen[59]. Wenn der Richter an seiner Sachkunde auch nur die geringsten Zweifel hat, wenn er nicht unbedingt sicher ist, daß sie ausreicht, darf er sich nicht mit ihr begnügen. In allen Zweifelsfällen muß er Sachverständige hören[60].

d) **Quellen der Sachkunde.** Besitzt der Richter das nötige Fachwissen zur Beantwortung der Beweisfrage, so ist gleichgültig, aus welcher Quelle er die Sachkunde bezieht[61]. Es kann sich um Spezialkenntnisse handeln, die er beruflich oder außerberuflich erworben hat und bereits in die Verhandlung einbringt[62]. Insbesondere kommen Kenntnisse in Betracht, die er in seiner richterlichen Tätigkeit, etwa durch die Anhörung eines Sachverständigen im selben[63] oder in einem anderen Verfahren[64], erlangt hat. Dem Richter ist es auch nicht verwehrt, sich das erforderliche Fachwissen noch während des Prozesses anzueignen[65]. Das kann durch privates Studium der einschlägigen Fachliteratur geschehen[66], sofern die begründete Aussicht besteht, daß ein Laie hieraus die erforderlichen Fachkenntnisse erlangen kann[67]. Die Ansicht von *Wolschke*[68], der Richter dürfe sich nicht erst in der Bera-

55 OLG Hamburg NJW 1964 S. 559 (560).
56 Vgl. RGZ 167 S. 269 (272 ff.); *Pieper* ZZP 84 S. 1 (16).
57 OLG Hamm VRS 42 S. 215 (216); OLG Stuttgart DAR 1976 S. 23 (24); KMR *Paulus* § 244 Rdnr. 467; *Arbab-Zadeh* NJW 1970 S. 1214 (1215).
58 Vgl. *K. Müller* S. 56.
59 Vgl. *Blau* GA 1959 S. 293 (297).
60 BGHSt. 23 S. 8 (12); BGH 4 StR 680/79 vom 7. 2. 1980; KK *Herdegen* Rdnr. 31; KMR *Paulus* Rdnr. 467; LR *Gollwitzer* Rdnr. 55; alle zu § 244; *Mösl* DRiZ 1970 S. 110 (111).
61 RG LZ 1915 Sp. 631; KMR *Paulus* vor § 72 Rdnr. 21 und § 244 Rdnr. 467; *Pieper* ZZP 84 S. 1 (15); *Wolschke* S. 209.
62 Vgl. *Kleinknecht* § 244 Rdnr. 66.
63 BGH 1 StR 633/75 vom 18. 11. 1975; *Kleinknecht* a.a.O.; vgl. unten S. 723.
64 Vgl. *Kleinknecht* a.a.O.
65 OLG Hamm NJW 1978 S. 1210 = VRS 55 S. 188; *Rieker* S. 75; *Stützel* S. 79.
66 Vgl. KK *Herdegen* § 244 Rdnr. 30; *Jessnitzer* S. 116 und Blutalkohol 1978 S. 315 (320); *Hellm. Mayer* Mezger-FS S. 461; *Mezger* S. 155; *Pieper* ZZP 84 S. 1 (15).
67 Vgl. dazu BGH NJW 1959 S. 2315 (2316), der es mit Recht für unmöglich hält, aus dem Schrifttum festzustellen, ob der Angeklagte vom Standpunkt der Psychologie aus schuldfähig ist oder nicht. Auch BGH MDR 1978 S. 42 vertritt die zutreffende Auffassung, daß die Grenzen, Sachkunde durch das Studium der Fachliteratur zu erwerben, dort liegen, wo sich das gesuchte Ergebnis nicht unmittelbar der Literatur entnehmen läßt, sondern einer Auswertung bedarf, die ihrerseits wieder fachliche Kenntnisse voraussetzt; zustimmend KK *Herdegen* § 244 Rdnr. 30;
68 S. 199.

tung sachkundig machen, ist so allgemein nicht richtig. Ergibt sich die richterliche Sachkunde schon aus der Lebenserfahrung, so bedarf es keines Hinweises des Gerichts darauf, daß es aufgrund eigener Sachkunde entscheidet. Dann steht auch nichts entgegen, daß das Gericht die Sachkunde erst in der Beratung erwirbt. Für den Fall, daß ein Beweisantrag gestellt ist, der schon in der Hauptverhandlung beschieden werden muß, gilt das selbstverständlich nicht[69].

Der Richter kann die Sachkunde auch aufgrund der in der Hauptverhandlung gewonnenen Erkenntnisse erlangen[70]. Ist er zur Klärung einer Beweisfrage auf die gutachtliche Auskunft eines Sachverständigen angewiesen, so darf er aber einen darauf gerichteten Beweisantrag nicht mit der Begründung ablehnen, er habe den Sachverständigen außerhalb der Hauptverhandlung befragt und dabei die erforderliche Sachkunde gewonnen. Denn das würde darauf hinauslaufen, den Strengbeweis durch den Freibeweis zu ersetzen. Die entgegengesetzte Ansicht des OLG Hamm[71] ist keinesfalls zu billigen[72]. In einem solchen Fall kommt es darauf an, ob das Gericht die Sachkunde schon in dem Zeitpunkt besitzt, in dem die Zuziehung eines Sachverständigen beantragt ist. Wenn das nicht der Fall ist und das Gericht die Anhörung eines Sachverständigen für erforderlich hält, um sich sachkundig zu machen, muß der Sachverständige in der Hauptverhandlung gehört werden. Aus anderen Erkenntnisquellen kann das Gericht aber auch noch nach Stellung des Beweisantrags seine Sachkunde beziehen. Es steht auch nichts entgegen, einen Sachkundigen nach solchen anderen Quellen zu befragen.

2. Einzelfälle

a) **Glaubwürdigkeit von Zeugen.** Das Gesetz stellt die Aufgabe, die Glaubwürdigkeit der Zeugen zu beurteilen, dem Richter und niemand anderem. Es traut ihm grundsätzlich das Maß an Menschenkenntnis und Fähigkeiten zu, dessen es bedarf, Aussagen auf ihren Wahrheitsgehalt zu prüfen[73]. Einen Sachverständigen

---

69 Die Entscheidung OLG Stuttgart NJW 1968 S. 2022, auf die sich *Wolschke* a.a.O. bezieht, betrifft den Fall, daß das Gericht erst nach Urteilserlaß eine zusammenfassende Stellungnahme des Sachverständigen einholt. Daß sie nicht verwertet werden darf, kann nicht zweifelhaft sein.
70 BGH bei *Spiegel* DAR 1977 S. 175; *Schlüchter* Rdnr. 554.1. Das hat vor allem für den Fall Bedeutung, daß die Zuziehung eines weiteren Sachverständigen beantragt wird; vgl. unten S. 723.
71 NJW 1978 S. 1210 = VRS 55 S. 188; zustimmend *Kleinknecht* § 244 Rdnr. 66.
72 So mit Recht *Roxin* § 43 C II 2 a; *Schlüchter* Rdnr. 554.1. Bedenken erhebt auch *Jessnitzer* Blutalkohol 1978 S. 315 (320).
73 BGHSt. 3 S. 52 (53); 8 S. 130 (131); 23 S. 8 (12); BGH NJW 1961 S. 1636; BGH NStZ 1981 S. 400; 1982 S. 42; BGH Strafverteidiger 1981 S. 113; BGH bei *Martin* DAR 1969 S. 152/153; BGH bei *Spiegel* DAR 1976 S. 96; 1977 S. 176; 1978 S. 155, 158; 1980 S. 209; RGSt. 40 S. 48 (50/51); OLG Hamm NJW 1969 S. 2297; 1970 S. 907 (908); OLG Koblenz GA 1974 S. 222 (223) = VRS 46 S. 31 (32); OLG Saarbrücken VRS 49 S. 376 (377); OLG Schleswig bei *Ernesti/Jürgensen* SchlHA 1975 S. 190; KK *Herdegen* § 244 Rdnr. 34; KMR *Paulus* § 244 Rdnr. 254; *Bockelmann* GA 1955 S. 321 (330); *Koeniger* S. 291; *Panhuysen* S. 41/42, 55; *Peters* S. 341; *Schlüchter* Rdnr. 554.1 Fußn. 548; *Schorn*

braucht der Richter daher, auch wenn der Zeuge mit seiner Untersuchung einverstanden ist[74], regelmäßig nicht heranzuziehen. Das gilt vor allem, wenn die Glaubwürdigkeit von Zeugen zu prüfen ist, die erwachsen[75] oder jedenfalls älter als achtzehn Jahre sind[76]. Hier darf der Richter seine richterliche Aufgabe und die Verantwortung, die er als Richter trägt, nicht auf einen Sachverständigen abwälzen. Die Einholung eines Gutachtens über die Glaubwürdigkeit des Zeugen kommt nur ausnahmsweise in Betracht, wenn die Beweislage, etwa infolge unaufgeklärter Widersprüche zwischen den Zeugenaussagen, besonders schwierig ist[77] oder wenn besondere Bedenken gegen die Glaubwürdigkeit des Zeugen bestehen[77a]. Das ist insbesondere der Fall, wenn der Zeuge geistig behindert oder zurückgeblieben[78], wenn er Epileptiker[79] oder Hysteriker[80] ist. Daß die Glaubwürdigkeit einer Zeugin in den Wechseljahren, die über sexuelle Vorgänge aussagen soll, regelmäßig zweifelhaft ist, kann nicht anerkannt werden[81].

GA 1965 S. 299 (305); *Schuster* S. 146; *Spendel* JuS 1964 S. 465 (469); *Wüst* S. 32, 37, 128 ff. – A. A. *Bohne* SJZ 1949 Sp. 9 (11 ff.) und *Weigelin* JR 1949 S. 84, die dafür eintreten, auch den Zeugenbeweis in weitem Umfang unter die Begutachtung von Sachverständigen zu stellen. Viel zu weitgehend auch *Bender/Röder/Nack* II S. 161. Demgegenüber ist *Wüst* S. 141 der Ansicht, daß das fachliche Wissen psychologischer Sachverständiger dem des Richters ohnehin nicht überlegen ist. Übrigens ist die Ansicht der älteren Psychologenschule (vgl. etwa *Stern* ZStW 22 S. 315 [327]), die fehlerhafte Aussage sei der Regelfall, heute wohl aufgegeben worden; vgl. insbesondere *Undeutsch* S. 10, der die wahrheitsgemäße Aussage für den Normalfall hält.

74 Eine zwangsweise Untersuchung von Zeugen auf ihre Glaubwürdigkeit sieht das Gesetz nicht vor; vgl. LR *Meyer* § 81 c Rdnr. 8 ff. mit weit. Nachw.
75 BGHSt. 8 S. 130 (131); BGH NStZ 1982 S. 432; BGH 5 StR 285/62 vom 4. 9. 1962; OLG Koblenz OLGSt. § 244 Abs. 4 S. 1 (2); VRS 46 S. 31 (32); 50 S. 296; OLG Saarbrücken VRS 49 S. 376 (377); KK *Herdegen* Rdnr. 35; *Kleinknecht* Rdnr. 67; LR *Gollwitzer* Rdnr. 65; alle zu § 244; *Blau* ZStW 78 S. 153 (166); *Dahs/Dahs* Rdnr. 270; *Jessnitzer* S. 119; *Panhuysen* S. 60; *Schorn* GA 1965 S. 299 (306).
76 BGH 5 StR 58/61 vom 18. 4. 1961; OLG Koblenz GA 1974 S. 222 (223).
77 BGHSt. 8 S. 130 (131); BGH NStZ 1982 S. 42; S. 170; BGH bei *Spiegel* DAR 1976 S. 96; 1977 S. 176; 1978 S. 155, 158; 1980 S. 209; BGH 3 StR 19/52 vom 13. 3. 1952 bei *Panhuysen* S. 50 Fußn. 3; OLG Koblenz a.a.O.; OLG Saarbrücken VRS 49 S. 376 (377); KMR *Paulus* § 244 Rdnr. 257. Vgl. auch *Janetzke* NJW 1958 S. 534. — BGH bei *Holtz* MDR 1980 S. 274 hat beanstandet, daß der Tatrichter in einem Fall, in dem fast alles für die Richtigkeit der Zeugenaussage sprach, den Angeklagten wegen des Aussageverhaltens der Zeugin freigesprochen hat, ohne das Gutachten eines Psychologen über die Glaubwürdigkeit der Zeugin einzuholen.
77a BGH Strafverteidiger 1982 S. 205 mit Anm. *Schlothauer*.
78 *Hetzer/Pfeiffer* NJW 1964 S. 441; *Jessnitzer* S. 118. Vgl. für einen schwachsinnigen Zeugen: BGH Strafverteidiger 1981 S. 113.
79 OLG Hamm NJW 1970 S. 907 (908).
80 RG HRR 1938 Nr. 1380; KK *Herdegen* § 244 Rdnr. 36; .
81 Vgl. BGHSt. 8 S. 130 (131), wo, gestützt auf das Studium eines Beitrags von *Ewald* im Handbuch »Biologie und Pathologie des Weibes«, 2. Aufl., Bd. 6 Teil 3 S. 369 ff., darauf hingewiesen wird, daß das Vorliegen einer klimakteriellen Psychose, die die Zuziehung eines Sachverständigen erforderlich macht, äußerst selten vorkommt. Vgl. auch KK *Herdegen* Rdnr. 36; KMR *Paulus* Rdnr. 256; LR *Gollwitzer* Rdnr. 65; alle zu § 244.

Auch die Glaubwürdigkeit kindlicher oder jugendlicher Zeugen, gleichgültig, ob sie Opfer oder nur Beobachter einer Straftat sind[82], kann der Richter grundsätzlich ohne die Hilfe eines Sachverständigen beurteilen[83]. Hier gelten jedoch größere Einschränkungen als bei erwachsenen Zeugen. Zunächst wird regelmäßig die Zuziehung eines Sachverständigen erforderlich sein, wenn das Kind oder der Jugendliche Züge oder Eigentümlichkeiten aufweist, die von dem gewöhnlichen Erscheinungsbild eines Menschen seines Alters abstechen[84], oder wenn er geistig behindert ist[85] oder sogar an einer geistigen Erkrankung leidet[86]. Ferner wird ohne die Zuziehung eines Sachverständigen nicht auszukommen sein, wenn die Gefahr besteht, daß das Kind oder der Jugendliche von dritter Seite beeinflußt worden ist, wenn es sich um lange zurückliegende Vorfälle handelt oder wenn der kindliche Zeuge noch sehr jung ist[87].

Besonderheiten gelten auch für den Fall, daß Kinder und Jugendliche in Sittlichkeitsverfahren aussagen sollen. Zwar kommt es auch hier immer auf den Einzelfall an, und es besteht, wenn nicht besondere Umstände vorliegen[88], keine Pflicht des Tatrichters, stets einen Sachverständigen über die Glaubwürdigkeit des Zeugen zu hören[89]. Jedoch ist in solchen Fällen besondere Vorsicht geboten[90]. Die Notwen-

---

[82] BGHSt. 3 S. 52/53.
[83] BGH NJW 1961 S. 1636; BGH bei *Spiegel* DAR 1980 S. 209; BGH 2 StR 18/80 vom 2. 4. 1980 bei *Pfeiffer* NStZ 1982 S. 190; RGSt. 76 S. 349 (350); RG JW 1938 S. 3161 L = HRR 1939 Nr. 210; RG JW 1939 S. 754 = HRR 1939 Nr. 603; RG HRR 1940 Nr. 207, 1370; 1942 Nrn. 511, 514; OLG Hamm NJW 1969 S. 2297; OLG Oldenburg HESt. 3 S. 36 = JR 1951 S. 90; OLG Schleswig bei *Ernesti/Jürgensen* SchlHA 1969 S. 152; KMR *Paulus* § 244 Rdnr. 258; *Bockelmann* GA 1955 S. 321 (327); *Dahs/Dahs* Rdnr. 270; *Koeniger* S. 292; *Hellm. Mayer* Mezger-FS S. 475; *Panhuysen* S. 49. – A. A. *Undeutsch* S. 7, der die regelmäßige Koppelung von Zeugenaussagen und Begutachtung durch einen Psychologen einführen möchte. Dagegen meint *Krauß* ZStW 85 S. 320 (327), die Glaubwürdigkeit eines Kindes sei auch für den Laien wesentlich leichter zu beurteilen als die eines Erwachsenen.
[84] BGHSt. 3 S. 52 (54); 8 S. 130 (131); BGH NStZ 1981 S. 400; BGH 3 StR 908/51 vom 13. 11. 1952; 1 StR 580/74 vom 22. 1. 1975; OLG Koblenz GA 1974 S. 223; KMR *Paulus* § 244 Rdnr. 259; LR *Gollwitzer* § 244 Rdnr. 68; *Panhuysen* S. 47. In der Entscheidung BGHSt. 7 S. 82 (85) gibt der BGH zu bedenken, ob solche Abweichungen nicht häufig erst mit Hilfe von Sachverständigen festgestellt werden können.
[85] *Hetzer/Pfeiffer* NJW 1964 S. 441 (442).
[86] BGHSt. 23 S. 8 (12/13); in solchen Fällen kann die Begutachtung keinem Psychologen, sondern nur einem Psychiater anvertraut werden.
[87] RG JW 1936 S. 1976; 1939 S. 283 = HRR 1939 Nr. 476; RG HRR 1939 Nr. 1392; 1940 Nrn. 207, 1370; OLG Braunschweig HESt. 2 S. 96 (97) = NdsRpfl. 1948 S. 133; OLG Celle HESt. 2 S. 95 = NdsRpfl. 1947 S. 48; OLG Kiel SchlHA 1949 S. 299; KMR *Paulus* § 244 Rdnr. 261; LR *Gollwitzer* § 244 Rdnr. 69; *Bockelmann* GA 1955 S. 321 (327); *Weber* DR 1943 S. 188 ff. Vgl. aber auch *Panhuysen* S. 44 ff., die die Beurteilungsmöglichkeiten des Richters auch in solchen Fällen für den Regelfall nicht ausschließt.
[88] Vgl. etwa den Fall BGHSt. 2 S. 27 (29).
[89] BGH NStZ 1981 S. 400; vgl. aber BGH 5 StR 796/52 bei *Panhuysen* S. 154, wonach eine Sachverständigenanhörung in der Regel erforderlich ist.
[90] RG HRR 1939 Nr. 475; zur Aufklärungspflicht vgl. auch RG HRR 1942 Nr. 511.

digkeit, einen psychiatrischen oder psychologischen Sachverständigen heranzuziehen, muß daher immer geprüft werden[91]. Die Entscheidung BGHSt. 7 S. 82 (83/84) führt dazu aus, daß ein solcher Sachverständiger nicht nur sachkundiger ist als der Richter, sondern auch die Möglichkeit hat, die Glaubwürdigkeit des Kindes in einer Umgebung und in einem Gespräch zu prüfen, bei dem das Kind in einer Lage ist, die der seines täglichen Lebens wesentlich näher ist als bei der Vernehmung im Gerichtssaal. Der Wert dieser Entscheidung, die auf eine umfassende Anhörung von Psychiatern, Psychologen und Tatrichtern gestützt ist, wird jedoch erheblich dadurch beeinträchtigt, daß der Bundesgerichtshof es allen Ernstes für zulässig und sogar erwünscht hält, daß der Sachverständige das Kind zur ersten Vernehmung[92] »überraschend abholen« läßt, damit Beeinflussungsmöglichkeiten weitgehend ausgeschaltet oder vermindert werden. In Wahrheit darf das Kind nur mit Genehmigung des gesetzlichen Vertreters auf seine Glaubwürdigkeit untersucht werden[93]. Wer es ohne diese Genehmigung überraschend abholen läßt, verfährt rechtswidrig. Es ist bedauerlich, daß gerade diese Entscheidung des Bundesgerichtshofs[94], die in der Begründung offensichtlich fehlerhaft ist und inhaltlich weit über das Ziel hinausschießt, weil sie die Zuziehung von Sachverständigen praktisch zur Regel machen will[95], in der Folgezeit für die Rechtspraxis große Bedeutung erlangt hat. Der Versuch der Entscheidung BGH NJW 1961 S. 1636, dem Richter wieder größere Freiheit bei der Beurteilung der Glaubwürdigkeit jugendlicher Zeugen zu geben[96], hat nicht die gebotene Beachtung gefunden.

91 BGH NJW 1961 S. 1636; OLG Hamm NJW 1969 S. 2297; OLG Koblenz VRS 50 S. 296; OLG Köln NJW 1966 S. 1183; *Kohlhaas* NJW 1951 S. 903; 1953 S. 293; *Blau* in *Blau/Müller-Luckmann* S. 344 (351 ff.); *Geller* NJW 1966 S. 1851; *Redelberger* NJW 1965 S. 1990; *Müller-Luckmann* in *Blau/Müller-Luckmann* S. 130 ff. und in: Die Glaubwürdigkeit kindlicher und jugendlicher Zeuginnen bei Sexualdelikten, 2. Aufl., 1963, S. 12 ff. Zurückhaltend *Eb. Schmidt* Nachtr. § 244 Rdnr. 24) und Schneider-FS S. 262 ff.; *Knögel* DRiZ 1953 S. 142; NJW 1953 S. 693; 1959 S. 1663 (1666); *Roesen* NJW 1964 S. 442; *Schneider* DRiZ 1954 S. 8; *Schuster* S. 160, die die eigene Sachkunde für den Regelfall genügen lassen wollen. Besonders entschieden tritt für die eigene Sachkunde des Jugendrichters ein: *Schnetz*, Das Kind als klassischer Zeuge bei Sexualdelikten, 1961, S. 123 ff. Vgl. auch *Förster* in: Jugendpsychiatrie und Recht, Festschrift für Hermann Stutte, 1979, S. 49 (50/51), der darauf hinweist, daß der Gutachter davon ausgehen muß, daß das Kind in solchen Verfahren die Wahrheit sagt, und daß an der Glaubwürdigkeit seiner Beschuldigungen nur beim Vorliegen besonderer Gründe gezweifelt werden kann, so daß das die Glaubwürdigkeit bejahende Gutachten nichts weiter bedeutet als das Fehlen von Anhaltspunkten für Zweifel an der Glaubwürdigkeit des kindlichen Zeugen.
92 Daß ein Sachverständiger nicht befugt ist, irgendwelche »Vernehmungen« durchzuführen, entspricht der jetzt h. M.; vgl. LR *Meyer* § 80 Rdnr. 4 mit Nachw.; *Henrich* S. 76.
93 Vgl. LR *Meyer* § 81 c Rdnr. 8.
94 Zur Kritik an der Entscheidung vgl. vor allem *Bockelmann* GA 1955 S. 321 (328 ff.); *Jagusch* in der Anm. in LM Nr. 15 zu § 244 Abs. 2; *Panhuysen* S. 78/79; *Roesen* NJW 1964 S. 442 (443); *Eb. Schmidt* Schneider-FS S. 263 ff.; *Wüst* S. 34, 132.
95 Vgl. *Eb. Schmidt* a.a.O., der der Entscheidung vorwirft, daß sie die Psychologisierung des Strafverfahrens perfektioniert.
96 In diesem Sinne schon BGHSt. 8 S. 130, wo die Entscheidung BGHSt. 7 S. 82 auffälligerweise nicht einmal erwähnt wird.

Nach dem 1974[97] eingefügten § 241 a werden Zeugen unter 16 Jahren in der Hauptverhandlung allein vom Vorsitzenden vernommen, und § 172 Nr. 4 GVG erlaubt die Ausschließung der Öffentlichkeit während dieser Vernehmung. Damit ist den Bedenken des Bundesgerichtshofs weitgehend Rechnung getragen und der Grund für eine übermäßige Heranziehung von Sachverständigen weggefallen.

Die Anhörung eines Sachverständigen ist häufig geboten, wenn jugendliche Zeugen einen bis dahin unbescholtenen Mann von gutem Ruf belasten[98] oder wenn junge Mädchen nahe der Geschlechtsreife über Vorgänge aussagen sollen, die sexueller Natur sind. Denn erfahrungsgemäß neigen manche Mädchen in den Entwicklungsjahren dazu, auf geschlechtlichem Gebiet ihre Phantasieerzeugnisse als Wahrnehmungen auszugeben oder geschlechtliche Erlebnisse im Gespräch mit anderen zu übertreiben, wodurch sich bei ihnen ein falsches Erinnerungsbild festsetzen kann[99]. Aber feste Regeln lassen sich auch hier nicht aufstellen. Obwohl im allgemeinen die Mitwirkung eines Sachverständigen geboten erscheint, kann im Einzelfall auf sie verzichtet werden, wenn die Aussage des Kindes durch andere Umstände (Einlassung des Angeklagten, Bekundungen glaubwürdiger erwachsener Zeugen usw.) gestützt wird[100]. Auch hier kommt es auf die Erfahrungen und Kenntnisse des Richters an, der über den Straffall zu entscheiden hat. Der aufgrund besonderer Ausbildung oder langer Tätigkeit bei Jugend- oder Jugendschutzgerichten besonders erfahrene Richter, der mit der eigentümlichen Verfassung geschlechtlich heranreifender Menschen vertraut ist, kann sich die zur Beurteilung der Glaubwürdigkeit erforderliche Sachkunde im allgemeinen durchaus zutrauen[101].

---

97 Durch das 1. StVRErgG vom 20. 12. 1974 (BGBl. I S. 3686).
98 RG HRR 1942 Nr. 511; *Bockelmann* GA 1955 S. 321 (327).
99 Vgl. BGHSt. 2 S. 163 (165); 3 S. 27 (29); BGH NJW 1953 S. 1559 (1560); 1961 S. 1636; BGH bei *Dallinger* MDR 1952 S. 274; 1956 S. 271; RGSt. 76 S. 349 (350); 77 S. 198 (200); RG JW 1935 S. 3467 mit Anm. *Schütz*; RG JW 1937 S. 1360; RG DR 1939 S. 929 L; 1943 S. 188 mit Anm. *Weber*; RG HRR 1939 Nr. 1208; OLG Köln OLGSt. § 244 Abs. 4 S. 7; *Dalcke/Fuhrmann/Schäfer* Anm. 18 b; KMR *Paulus* Rdnr. 261; LR *Gollwitzer* Rdnr. 70; alle zu § 244; *Bockelmann* GA 1955 S. 321 (327); *Koeniger* S. 292; *Marmann* GA 1953 S. 136 (140); *Peters* S. 362; vgl. auch BGH bei *Dallinger* MDR 1951 S. 659. Nach der Entscheidung BGH 5 StR 620/59 vom 9. 2. 1960 bei *Panhuysen* S. 154 ist die Zuziehung eines Sachverständigen zwingend geboten, wenn die Zeugin außerdem noch widersprüchliche Angaben gemacht hat.
100 BGHSt. 3 S. 27 (30); 7 S. 82 (85); BGH NJW 1961 S. 1636; BGH 5 StR 238/65 vom 29. 6. 1965; OLG Köln NJW 1966 S. 1183 (1184); OLGSt. § 244 Abs. 4 S. 7; KK *Herdegen* § 244 Rdnr. 36; *Kleinknecht* § 244 Rdnr. 67; *Schlüchter* Rdnr. 554.1; *Tröndle* JZ 1969 S. 374 (375). *Wolschke* (S. 122 ff.) sieht darin zu Unrecht eine Beweisantizipation.
101 BGHSt. 3 S. 52 (53/54); BGH NJW 1961 S. 1636; BGH NStZ 1981 S. 400; BGH bei *Dallinger* MDR 1952 S. 274; RG JW 1938 S. 3161 L; OLG Braunschweig HESt. 2 S. 96 (97) = NdsRpfl. 1948 S. 133; *Bockelmann* GA 1955 S. 321 (327); *Marmann* GA 1953 S. 136 (140). Vgl. aber BGH bei *Holtz* MDR 1980 S. 274, wo beanstandet wurde, daß der Tatrichter, obwohl fast alles für die Richtigkeit der Aussage der 18jährigen Zeugin sprach, die Angeklagten von dem Vorwurf der Vergewaltigung unter Berufung auf seine eigene Sachkunde freigesprochen hat.

Wenn das Gericht Bedenken hat, die Glaubwürdigkeit geistig gesunder Zeugen selbst zu beurteilen, wird es regelmäßig einen Psychologen zum Sachverständigen bestellen müssen[102].

b) Schuldfähigkeit des Angeklagten. Die Frage, ob die Schuldfähigkeit des Angeklagten bei der Tat ausgeschlossen oder erheblich vermindert gewesen ist (§§ 20, 21 StGB), wird ein medizinischer Laie, auch wenn er psychiatrische Gutachten in zahllosen anderen Verfahren gehört, verstanden und verwertet hat, in aller Regel nicht ohne sachkundige Hilfe beantworten können[103]. Das gilt nicht nur, wenn eine krankhafte seelische Störung, Schwachsinn oder eine andere schwere seelische Abartigkeit in Betracht kommt, sondern auch für die Frage, ob bei Begehung der Tat eine in nicht krankhaften Zuständen wurzelnde Bewußtseinsstörung vorgelegen hat, ob sie tiefgreifend war und sich auf Persönlichkeitsgefüge und Sozialverhalten des Täters ausgewirkt hat[104]. Einer eigenen Beurteilung des Geisteszustandes des Angeklagten muß der Richter sich insbesondere enthalten, wenn er in Abwesenheit des Angeklagten verhandelt[105] oder wenn eine nur partielle Zurechnungsfähigkeit in Betracht kommt[106]. Der (inzwischen allerdings überwundenen und ins Gegenteil umgeschlagenen) Neigung der Tatrichter, sich auch auf diesem Gebiet für sachkundig zu halten, hat schon vor Jahrzehnten *Lobe*[107] entgegengehalten, daß nur der Mangel der primitivsten psychiatrischen Kenntnisse es möglich macht, daß die Gerichte sich die nötige Sachkunde zutrauen, aus dem bloßen Verhalten des Angeklagten in der Hauptverhandlung dessen Geisteszustand zu beurteilen[108].

102 BGHSt. 23 S. 8 (14); BGH bei *Spiegel* DAR 1980 S. 209; *Blau* GA 1959 S. 293 (298 ff.) und ZStW 78 S. 153 (160 ff.); *Bockelmann* GA 1955 S. 321 (329); *Geller* NJW 1966 S. 1851; *Peters* S. 341; *Undeutsch* S. 15 ff. und in FS für Richard Lange, 1976, S. 703 ff. mit Nachw.; *Weber* DR 1943 S. 188 (189); *Wüst* S. 3, 31. Vgl. auch Nr. 222 Abs. 1 Satz 2 RiStBV, wonach der die Glaubwürdigkeit Jugendlicher begutachtende Sachverständige besondere Erfahrungen auf dem Gebiet der Kinderpsychologie haben soll. BGHSt. 14 S. 21 (23) und BGH NStZ 1982 S. 42 sprechen von Psychiatern oder Psychologen, und auch BGH 5 StR 238/65 vom 29. 6. 1965 und 1 StR 322/73 vom 14. 8. 1973 überlassen es dem Ermessen des Tatrichters, ob er einen Psychologen oder Psychiater heranzieht; vgl. auch KK *Herdegen* § 244 Rdnr. 34. Zur Unzulässigkeit der Bestellung eines »Auswahl«gutachters vgl. OLG Koblenz VRS 36 S. 17 (18).
103 RG JW 1932 S. 1739; S. 3356 (3358) mit Anm. *Mannheim*; OLG Köln HRR 1932 Nr. 77; OLG Schleswig bei *Ernesti/Jürgensen* SchlHA 1975 S. 190; *Kleinknecht* § 244 Rdnr. 67; *Dahs/Dahs* Rdnr. 270; *Eb. Schmidt* Schneider-FS S. 266. Vgl. auch *Hülle* JZ 1952 S. 296.
104 BGH bei *Spiegel* DAR 1978 S. 158.
105 RG GA 75 S. 172 = HRR 1930 Nr. 1569 = JW 1931 S. 1493 (1494) mit Anm. *Alsberg*; *Dalcke/Fuhrmann/Schäfer* § 244 Anm. 18 b; LR *Gollwitzer* § 244 Rdnr. 253.
106 BGH bei *Spiegel* DAR 1978 S. 158; RG HRR 1939 Nr. 1448; OLG Köln HRR 1932 Nr. 77; LR *Gollwitzer* § 244 Rdnr. 253.
107 LZ 1914 Sp. 977 (983).
108 Das RG hat das lange Zeit geduldet; vgl. RG JW 1911 S. 509 (510); RG LZ 1916 Sp. 482; 1917 Sp. 143; 1919 Sp. 159; im Grundsatz auch RGSt. 29 S. 152 (154); OLG Dresden JW 1931 S. 1517 = HRR 1931 Nr. 83; *Peterson* DJZ 1907 Sp. 908 (913/914). Vgl. auch *Stein* S. 821.

Das kann allerdings nicht bedeuten, daß das Gericht einem Antrag auf Anhörung eines medizinischen Sachverständigen über den Geisteszustand des Angeklagten immer stattgeben müßte, wenn der Antragsteller nicht nur allgemein die Begutachtung verlangt, sondern Tatsachen darlegt, die auf den Ausschluß oder die Verminderung der Schuldfähigkeit schließen lassen sollen. Sind diese Tatsachen für ein abnormales Verhalten nicht typisch, sind auch sonst keine Anzeichen dafür vorhanden, daß der Angeklagte in geistiger Hinsicht von der Norm abweicht, und läßt sich die Frage der Schuldfähigkeit aufgrund der Beobachtung des Angeklagten in der Hauptverhandlung schon aufgrund des medizinischen Allgemeinwissens des Tatrichters beurteilen[109], so braucht kein Sachverständiger zugezogen zu werden[110]. Das kann sogar für den Fall gelten, daß in der Vergangenheit andere Gerichte angenommen haben, der Angeklagte sei nur vermindert schuldfähig[111]. Insbesondere kann sich der Richter die nötige Sachkunde zutrauen, um beurteilen zu können, daß die Voraussetzungen der §§ 20, 21 StGB nicht deshalb vorliegen, weil der Angeklagte lange inhaftiert war, bestimmte Kriegserlebnisse gehabt hat und häufig bestraft worden ist[112], weil er als Landstreicher umhergezogen[113] oder weil er offensichtlich eine psychopathische Persönlichkeit ist[114].

Die Frage, ob Alkoholgenuß vor der Tat die Schuldfähigkeit des Angeklagten beeinträchtigt hat, kann der Richter in einfachen Fällen ebenfalls aufgrund eigener Sachkunde beurteilen. Jedermann weiß, wie eine bestimmte Menge Alkohol auf einen gesunden Menschen wirkt. Auch der Strafrichter hat hierüber genügend Erfahrungen; einen Sachverständigen braucht er nur beim Vorliegen besonderer Umstände oder in Grenzfällen heranzuziehen[115]. Der Tatrichter wird insbesondere ohne Sachverständigen auskommen, wenn er einem Täter mit einer über 2 ‰ liegenden Blutalkoholkonzentration verminderte Schuldfähigkeit nach § 21 StGB oder wenn er einem Angeklagten mit einer Blutalkoholkonzentration über

---

109 BGH VRS 39 S. 101; BGH 5 StR 641/54 vom 7. 1. 1955; KK *Herdegen* § 244 Rdnr. 32; LR *Gollwitzer* § 244 Rdnr. 59, 246 und 253; *Mösl* DRiZ 1970 S. 110 (112). Hierzu gehört auch der Fall BGH GA 1981 S. 228, den der BGH zu Unrecht dadurch gelöst hat, daß er den Beweisantrag als Beweisermittlungsantrag behandelt hat; vgl. oben S. 42 Fußn. 43.
110 *Sarstedt* in FS für Erich Schmidt-Leichner, 1977, S. 171 (173), hält es für begrüßenswert, daß die Gerichte wieder seltener psychiatrische Sachverständige heranziehen. Auch OLG Schleswig bei *Ernesti/Jürgensen* SchlHA 1975 S. 190 will nicht schlechthin ausschließen, daß der Richter das Vorliegen der Voraussetzungen des § 20 StGB aufgrund eigener Sachkunde beurteilen kann.
111 RG HRR 1940 Nr. 1369.
112 OLG Köln JR 1952 S. 333.
113 OLG Hamm NJW 1968 S. 1199. Vgl. aber auch *Springorum* NJW 1967 S. 1014 (1015).
114 BGH 5 StR 386/60 vom 18. 10. 1960 bei *Mösl* DRiZ 1970 S. 110 (111/112). Vgl. auch BGH NJW 1958 S. 2123, wo es für eine Rechtsfrage gehalten wird, ob die Psychopathie Krankheitswert hat; a. A. *Dreher/Tröndle* § 20 StGB Rdnr. 18.
115 BGH 5 StR 35/59 vom 23. 3. 1959; *Sarstedt* Justiz 1962 S. 110 (111/112). Vgl. auch OLG Köln OLGSt. § 21 StGB S. 33 (35).

3 ⁰/₀₀ volle Schuldunfähigkeit nach § 20 StGB zubilligt[116]. Bei einer Blutalkoholkonzentration von 2,85 ⁰/₀₀ kann der Tatrichter, wenn der Angeklagte trinkgewohnt ist, den § 20 StGB auch ohne Sachverständigen ausschließen[117], nicht aber bei Werten über 3 ⁰/₀₀[118]. Auch das Zusammenwirken von Alkohol und Medikamenten auf die Schuldfähigkeit kann der Tatrichter in aller Regel ohne Sachverständigen nicht beurteilen[119].

Im übrigen gilt der Grundsatz, daß jedes Anzeichen dafür, daß die Tat nicht im Einklang mit der Täterpersönlichkeit steht oder daß der Täter Züge aufweist, die von der Norm abweichen, zur Anhörung eines Sachverständigen zwingt[120]. Ein auffallender Widerspruch zwischen Tat und Täterpersönlichkeit liegt z. B. vor, wenn ein Greis, der sich bisher straffrei geführt hat, Sittlichkeitsverbrechen an Kindern begeht. Die dann naheliegende Frage, ob ein die Schuldfähigkeit beeinträchtigender Altersabbau vorliegt, kann nur mit Hilfe eines psychiatrischen Sachverständigen[121] geklärt werden[122]. In anderen Fällen bietet jedoch vorgeschrittenes oder hohes Alter allein dafür keinen Grund. Wenn eine 66 Jahre alte Frau, die mehrfach vorbestraft ist, erneut wegen Diebstahls vor Gericht steht, liegt die Annahme, die Tat habe ihren Grund in einer Verminderung der Schuldfähigkeit, so fern, daß der Antrag auf Sachverständigenbeweis abgelehnt werden kann[123]. Bei einer bisher unbescholtenen Frau, die in oder bald nach den Wechseljahren mit der Begehung von Ladendiebstählen beginnt, muß jedoch unter Heranziehung eines Sachverständigen geprüft werden, ob das Klimakterium Einfluß auf die Schuldfähigkeit hat[124].

Die Täterpersönlichkeit gibt Anlaß zur psychiatrischen Begutachtung, wenn der Angeklagte schwachsinnig[125] oder sonst geistig zurückgeblieben ist[126], wenn er an

---

116 OLG Koblenz VRS 45 S. 173 (175); *Jessnitzer* Blutalkohol 1970 S. 175 (181); 1978 S. 315 (316); vgl. auch OLG Hamm DAR 1972 S. 132.
117 BGH VRS 28 S. 190 (191); *Hentschel/Born* Rdnr. 251.
118 OLG Koblenz VRS 49 S. 433 (434); *Hentschel/Born* Rdnr. 265. Vgl. auch BayObLGSt. 30 S. 140.
119 BayObLG bei *Rüth* DAR 1981 S. 249.
120 KK *Herdegen* § 244 Rdnr. 32; LR *Gollwitzer* § 244 Rdnr. 253; vgl. auch BGH Strafverteidiger 1981 S. 271.
121 RG HRR 1939 Nr. 56. Der BGH (NJW 1964 S. 2213) hält sogar die Heranziehung eines Spezialisten für Altersabbau für erforderlich. Vgl. auch BGH VRS 34 S. 274.
122 BGH NJW 1964 S. 2213; BGH VRS 34 S. 274; BGH 4 StR 569/65 vom 4. 3. 1966; RG HRR 1939 Nr. 56; KK *Herdegen* § 244 Rdnr. 32; LR *Gollwitzer* § 244 Rdnr. 60; *Jessnitzer* S. 118.
123 OLG Hamm NJW 1971 S. 1954 (1956).
124 BGH bei *Dallinger* MDR 1953 S. 401; OLG Bremen NJW 1959 S. 833; LR *Gollwitzer* § 244 Rdnr. 60; *Eb. Schmidt* § 244 Rdnr. 70. Vgl. auch OLG Köln MDR 1975 S. 858.
125 RG JW 1938 S. 1019. Vgl. auch OLG Koblenz MDR 1980 S. 1043, nach dessen Ansicht die Verkennung der Bedeutung eines Intelligenzquotienten unter 72 darauf schließen läßt, daß der Tatrichter sich die eigene Sachkunde zu Unrecht zugetraut hat.
126 BGH NJW 1967 S. 299; BGH VRS 30 S. 340; KK *Herdegen* § 244 Rdnr. 32; LR *Gollwitzer* § 244 Rdnr. 60; LK *Lange* § 21 StGB Rdnr. 101.

Tobsuchtsanfällen leidet[127], Epileptiker[128] oder hirnverletzt[129] ist, mehrere Selbstmordversuche begangen und mehrere Blutsverwandte hat, die sich das Leben genommen haben[130], wegen Erkrankung der Drüsen[131] oder wegen eines Nervenleidens in ärztlicher Behandlung steht oder stand[132], wenn er drogenabhängig ist[133] oder lange Zeit Alkoholmißbrauch getrieben hat[134]. Auch erlittene Gehirnerschütterungen bei Jugendlichen[135] und eine Kopfverletzung mit zwölftägiger Bewußtlosigkeit[136] kann die Begutachtung durch einen Sachverständigen erfordern. Das gleiche gilt bei hohem Lebensalter des Angeklagten wegen der dann vielfach auftretenden Einschränkung der Geistestätigkeit durch Arteriosklerose[137]. Alkoholgenuß vor der Tat wird, von den oben erwähnten Ausnahmen abgesehen, regelmäßig zur Heranziehung eines Sachverständigen führen[138], insbesondere, wenn der Angeklagte früher Schädelverletzungen erlitten hatte[139].

Auch die Art der Tatbegehung zwingt gelegentlich zur Zuziehung eines psychiatrischen Sachverständigen, z. B. wenn der Angeklagte sich bei der Tat

---

127 BayObLG JW 1930 S. 722.
128 BGH Strafverteidiger 1982 S. 55 (56); RG DR 1941 S. 847 = HRR 1941 Nr. 750; OLG Hamm NJW 1970 S. 907; KK *Herdegen* § 244 Rdnr. 32; LR *Gollwitzer* § 244 Rdnr. 60; vgl. auch BGH 4 StR 538/81 vom 15. 10 1981.
129 BGH bei *Martin* DAR 1971 S. 122; BGH 4 StR 104/78 vom 21. 3. 1978; LR *Gollwitzer* § 244 Rdnr. 253; vgl. auch unten S. 730.
130 BGH 5 StR 597/54 vom 17. 12. 1954. Vgl. auch RG JW 1932 S. 3356 (3358) mit Anm. *Mannheim.*
131 BGH 5 StR 641/54 vom 7. 1. 1955; OLG Bremen DRiZ 1950 S. 500; LR *Gollwitzer* § 244 Rdnr. 253; *Dalcke/Fuhrmann/Schäfer* § 244 Anm. 18 b.
132 BGH NJW 1964 S. 2213; BGH Strafverteidiger 1982 S. 54; BGH VRS 8 S. 272 (276); 34 S. 274.
133 BGH bei *Holtz* MDR 1977 S. 982; OLG Köln NJW 1976 S. 1801; MDR 1980 S. 598; NStZ 1981 S. 437 (438). Fehlen aber weitere Auffälligkeiten oder sonstige Umstände, so braucht ein Sachverständiger zum Ausschluß der Voraussetzungen des § 20 StGB nicht herangezogen zu werden; vgl. BGH bei *Holtz* MDR 1977 S. 106; BGH 3 StR 13/81 vom 25. 2. 1981; OLG Köln MDR 1980 S. 161 (162); *Kleinknecht* § 244 Rdnr. 33; *Schönke/Schröder/Lenckner* § 20 StGB Rdnr. 45; *Körner,* Betäubungsmittelgesetz, 1982, § 29 Rdnr. 190.
134 BGH VRS 61 S. 261 (262); BGH bei *Holtz* MDR 1977 S. 107; KK *Herdegen* § 244 Rdnr. 32.
135 BGH bei *Pfeiffer/Maul/Schulte* § 51 StGB a. F. Rdnr. 13.
136 BGH bei *Spiegel* DAR 1981 S. 200/201 = Strafverteidiger 1981 S. 73. Vgl. auch BGH Strafverteidiger 1981 S. 605: Kopfverletzungen im Zusammenwirken mit anderen Erkrankungen.
137 BGH VRS 35 S. 274; BGH 1 StR 367/67 vom 19. 9. 1967; RG JW 1931 S. 1493 mit Anm. *Mamroth*; RG DR 1944 S. 449.
138 Vgl. *Hartung* Blutalkohol 1975 S. 162 (164); *Hentschel/Born* Rdnr. 251. Vgl. auch BGH GA 1955 S. 269 (270); OLG Koblenz VRS 52 S. 125 (126).
139 BGH VRS 16 S. 186 (188).

offensichtlich in einem Affektzustand befunden hat[140] oder wenn pathologischer Exhibitionismus in Betracht kommt[141]. In all diesen Fällen kommt es nicht darauf an, wie der Angeklagte selbst seinen geistigen Zustand einschätzt. Ob er auf Befragen erklärt, er sei nicht geisteskrank, ist ohne Bedeutung[142]. Gleichgültig ist auch, ob er einer psychiatrischen Untersuchung widerspricht[143].

c) Die **Reifegradbestimmung bei Jugendlichen und Heranwachsenden** ist regelmäßig ohne Anhörung eines Sachverständigen möglich.
(1) Die strafrechtliche Verantwortlichkeit eines **Jugendlichen** hängt nach § 3 Abs. 1 JGG davon ab, daß er bei der Tat nach seiner sittlichen und geistigen Entwicklung reif genug war, das Unrecht der Tat einzusehen und nach dieser Einsicht zu handeln. Soweit erforderlich, ist nach § 43 Abs. 4 JGG eine besondere Untersuchung des Beschuldigten, nach Möglichkeit durch einen zur kriminalbiologischen Untersuchung von Jugendlichen befähigten Sachverständigen, anzuordnen; § 73 Abs. 1 Satz 1 JGG erlaubt sogar die einstweilige Unterbringung des Jugendlichen zur Beobachtung. Die Richtlinien zu § 3 JGG führen dazu aus, in Zweifelsfällen werde das Gutachten eines Sachverständigen einzuholen sein. Im Schrifttum wird allerdings bezweifelt, daß der Sachverständige dem Richter in diesen Fällen eine Hilfe sein kann[144]; denn eine wirklich begründete Entscheidung könne weder der Richter noch ein Sachverständiger treffen[145]. Im Hinblick auf die gesetzliche Regelung wird das Gericht einen Beweisantrag auf Hinzuziehung eines Sachverständigen nur dann nicht ablehnen können, wenn begründete Zweifel daran bestehen, ob der Jugendliche altersgemäß entwickelt ist. Dabei ist zu beachten, daß solche Zweifel im Grunde nur bei Schwachsinn des Jugendlichen und bei besonders auffälligem Verhalten auftreten können[146].

---

140 BGH NJW 1959 S. 2315 mit Anm. *Bresser;* OLG Schleswig bei *Ernesti/Jürgensen* SchlHA 1975 S. 190; OLG Zweibrücken VRS 61 S. 434 (435); *Kleinknecht* § 244 Rdnr. 67; LR *Gollwitzer* § 244 Rdnr. 253; *Dahs/Dahs* Rdnr. 270. Vgl. auch BGH 1 StR 564/53 vom 19. 1. 1954 (Kindestötung unmittelbar nach einer Sturzgeburt).
141 BGH bei *Pfeiffer/Maul/Schulte* § 51 StGB a. F. Rdnr. 13.
142 BGH VRS 39 S. 101. Vgl. auch BGH 3 StR 263/77 vom 28. 9. 1977, wo der Verteidiger dem Beweisantrag der Staatsanwaltschaft auf Vernehmung eines Nervenfacharztes sogar ausdrücklich entgegengetreten war.
143 BGH 1 StR 95/75 vom 15. 4. 1975.
144 Vgl. *Bresser* in: *Göppinger* (Hrsg.), Handbuch der forensischen Psychiatrie, 1972, II S. 1287 ff.
145 *Bresser* ZStW 74 S. 579 und *Hellmer* NJW 1964 S. 177 (179/180) halten den § 3 JGG für grundsätzlich verfehlt, weil Jugendliche regelmäßig strafmündig seien. Vgl. auch *Bresser,* Grundlagen und Grenzen der Begutachtung jugendlicher Rechtsbrecher, 1965, S. 268 ff., 271, nach dessen Ansicht nur Schwachsinnige und krankhaft von der Norm abweichende Jugendliche nicht strafmündig sind. Zum Verhältnis zwischen § 3 JGG und § 20 StGB vgl. *Brunner* Rdnr. 10; *Dallinger/Lackner* Rdnr. 28; *Eisenberg* Rdnr. 33 ff.; alle zu § 3 JGG; *Kaufmann/Pirsch* JZ 1959 S. 358; *Lempp* NJW 1959 S. 798 (800 ff.); *Schaffstein* ZStW 77 S. 191.
146 Vgl. *Langelüddeke/Bresser,* Gerichtliche Psychiatrie, 4. Aufl., 1976, S. 346/347.

(2) Bei einem **Heranwachsenen** (§ 1 Abs. 2 JGG) sind nach § 105 Abs. 1 Nr. 1 JGG die für einen Jugendlichen geltenden Vorschriften des Jugendgerichtsgesetzes anzuwenden, wenn er nach seiner sittlichen und geistigen Entwicklung noch einem Jugendlichen gleichsteht. Das kann das Gericht vielfach allein entscheiden. Die Anhörung eines Sachverständigen ist nur geboten, wenn sich dem Tatrichter Zweifel an seiner eigenen Sachkunde über die Frage der Reife des Heranwachsenden aufdrängen. Das kann insbesondere der Fall sein, wenn auffällige Erscheinungen seiner sittlichen und geistigen Entwicklung erkennbar werden[147]. Im übrigen ist es Sache des Tatrichters, den Entwicklungsstand und den Reifegrad von Heranwachsenden zu beurteilen[148]. Daß ein Sachverständiger aus seiner Erfahrung überhaupt begrifflich oder methodisch klare Anhaltspunkte für das Reifegradgutachten liefern kann, wird im Schrifttum in Abrede gestellt[149].

(3) Zum **Gutachter** wird bei geistig gesunden Jugendlichen und Heranwachsenden vor allem ein Psychologe zu bestellen sein[150], der zur kriminalbiologischen Untersuchung von Jugendlichen besonders befähigt ist[151]. Ein Psychiater muß herangezogen werden, wenn eine geistige Erkrankung in Betracht kommt. Die Zuziehung eines Soziologen als Gutachter führt zu keinen verwertbaren Erkenntnissen[152].

d) **Blutalkoholbestimmung.** Wird bei der Feststellung des Blutalkoholgehalts zur Zeit der Tat eine Rückrechnung von der Blutprobenentnahmezeit auf die Tatzeit erforderlich, so kann das in einfachen Fällen eine bloße Rechenaufgabe sein, die

---

147 BGH bei *Holtz* MDR 1979 S. 108; KMR *Paulus* § 244 Rdnr. 253.
148 BGH a.a.O. und GA 1955 S. 118; *Blau* in *Blau/Müller-Luckmann* S. 344 (353). – A. A. *Dallinger/Lackner* § 105 JGG Rdnr. 45; *Schaffstein* MSchrKrim. 1976 S. 92 (101); *M. J. Schmid* DAR 1981 S. 137 (142), die in allen schweren Fällen, namentlich bei Gewaltdelikten, die Mitwirkung eines Sachverständigen für erforderlich halten. Vgl. auch BGHSt. 12 S. 116 (120).
149 *Bresser* bei *Göppinger* (oben Fußn. 144) S. 1293 meint, da der Sachverständige regelmäßig nur seine persönliche Einschätzung vertreten könne, sollte sich der Jugendrichter die erforderliche Sachkunde selbst zutrauen. Hiergegen aber *Blau* ZStW 78 S. 153 (180/181), der eine sachverständige Diagnostizierung des typischen Entwicklungsstandes für erforderlich hält. Zur Problematik des § 105 JGG vgl. auch *Brauneck* ZStW 77 S. 209 ff.; *Bresser* NJW 1960 S. 375, FS für Friedrich Schaffstein, 1975, S. 323, und in: Grundlagen und Grenzen der Begutachtung jugendlicher Rechtsbrecher, 1965, S. 272 ff.; *Gerchow* in *Ponsold*, Lehrbuch der Gerichtlichen Medizin, 3. Aufl., 1967, S. 104 ff.; *Langelüddeke/Bresser* a.a.O. (oben Fußn. 146) S. 349 ff.; *Schmitz* MSchrKrim. 1974 S. 65.
150 Vgl. LR *Meyer* § 73 Rdnr. 16; *Eisenberg* § 43 JGG Rdnr. 43 ff.; *Blau* ZStW 78 S. 153 (179) und in *Blau/Müller-Luckmann* S. 344 (353/354); *Ottinger* in *Blau/Müller-Luckmann* S. 192 (193 ff.). – A. A. *Brunner* § 43 JGG Rdnr. 14 Fußn. 2; *Helbig* NJW 1957 S. 1665, die Psychiater für geeigneter halten. *Schaffstein*, Jugendstrafrecht, 7. Aufl., 1980, S. 149/150, hält sowohl Jugendpsychiater als auch Jugendpsychologen für geeignet. Vgl. auch *Dallinger/Lackner* § 43 JGG Rdnr. 49.
151 Vgl. § 43 Abs. 3, § 109 Abs. 1 Satz 1 JGG.
152 A. A. *Rostek* MDR 1976 S. 897, der aber versäumt, im einzelnen darzulegen, was ein solcher Gutachter zum Reifegrad eines Jugendlichen sagen könnte.

der erfahrene Strafrichter selbst lösen kann[153]. Vielfach treten aber Schwierigkeiten auf, die die Zuziehung eines Sachverständigen erfordern. Das ist der Fall, wenn die Möglichkeit der Bildung des sog. Gréhantschen Plateaus besteht[154], wenn davon ausgegangen werden soll, daß der Abschluß der Resorption schon früher als zwei Stunden nach Trinkende erreicht worden ist[155], wenn auf einen in der Resorptionszeit liegenden Zeitpunkt zurückgerechnet werden soll[156], wenn der zeitliche Abstand zwischen der Tat und der Blutentnahme erheblich ist[157], wenn ein Schlußsturztrunk vorliegt oder jedenfalls behauptet wird[158], wenn ein Nachtrunk erwiesen ist oder behauptet wird[159], wenn bei Trunkenheitsdelikten mit einem höheren Abbauwert als 0,1 °/oo zurückgerechnet werden soll[160], wenn der Zeitpunkt des Trinkendes unbekannt ist und der bei der Blutprobenanalyse festgestellte Wert nahe an dem entscheidungserheblichen Grenzwert liegt[161], wenn der höchstmögliche Abbauwert zugrunde zu legen ist[162] oder wenn der Blutalkoholgehalt aufgrund der Angaben des Angeklagten ohne Blutprobenentnahme festgestellt werden soll[163].

153 BGH VRS 21 S. 54 (55); BGH 4 StR 427/67 vom 27. 10. 1967; OLG Hamm Blutalkohol 1964 S. 474 (475); VRS 36 S. 290 (291); S. 434 (435); OLG Karlsruhe GA 1971 S. 214 (215); OLG Koblenz VRS 45 S. 173 (175); 49 S. 374 (375); 55 S. 130 (131); OLG Stuttgart NJW 1981 S. 2525 = VRS 61 S. 379; KMR *Paulus* § 244 Rdnr. 468; LK *Rüth* § 316 StGB Rdnr. 163; *Hentrich* Blutalkohol 1961 S. 14 (20); *Hentschel/Born* Rdnr. 102; *Jessnitzer* S. 118 und Blutalkohol 1970 S. 175 (181). – A. A. *Martin* Blutalkohol 1970 S. 89 (95) und *Mayr* DAR 1974, 64, die regelmäßig die Heranziehung eines Sachverständigen verlangen.
154 OLG Hamm VRS 25 S. 206 (207).
155 BGHSt. 25 S. 246 (250) = NJW 1974 S. 246 (247) mit Anm. *Händel*; OLG Hamm VRS 43 S. 110 (111/112); *Janiszewski*, Straßenverkehrs-Strafrecht, 1979, Rdnr. 376; *Hentschel/Born* Rdnr. 99; *Mayr* DAR 1974 S. 64.
156 OLG Hamburg VRS 45 S. 43/45; *Hentschel/Born* Rdnr. 103.
157 BGH VRS 29 S. 185 (186); OLG Koblenz VRS 49 S. 433 (434).
158 OLG Hamm Blutalkohol 1964 S. 474; VRS 17 S. 157; OLG Koblenz VRS 49 S. 374 (375); KMR *Paulus* § 244 Rdnr. 468; *Jessnitzer* S. 118.
159 BGH DAR 1968 S. 114 = VRS 34 S. 211 (212); OLG Hamm VRS 41 S. 273 (274); OLG Koblenz Blutalkohol 1976 S. 369; VRS 49 S. 374 (375); 55 S. 130 (131); OLG Stuttgart NJW 1981 S. 2525 = VRS 61 S. 379; KMR *Paulus* § 244 Rdnr. 468; *Jessnitzer* S. 118.
160 BGHSt. 25 S. 246 (250) = NJW 1974 S. 246 (247) mit Anm. *Händel*; BGH VRS 23 S. 209 (211); OLG Frankfurt NJW 1961 S. 283; OLG Hamm VRS 39 S. 427 (429); *Hentschel/Born* Rdnr. 89; *Janiszewski* a.a.O. (oben Fußn. 155) Rdnr. 376; *Mayr* DAR 1974 S. 64. Entsprechendes gilt, wenn für die Beurteilung der Voraussetzungen der §§ 20, 21 StGB mit einem Abbauwert von weniger als 0,29°/oo zurückgerechnet werden soll (OLG Zweibrücken OLGSt. § 21 StGB S. 41[42]).
161 OLG Hamburg VRS 54 S. 438 = Blutalkohol 1978 S. 209 (210) mit Anm. *Händel*; OLG Karlsruhe GA 1971 S. 214 (215); KMR *Paulus* § 244 Rdnr. 468; *Hentschel/Born* Rdnr. 103; *Jessnitzer* S. 118.
162 BGH bei *Spiegel* DAR 1982 S. 198 (199); KG VRS 30 S. 279 (280).
163 BGH bei *Martin* DAR 1971 S. 116. Ein Chemiker als Sachverständiger genügt in solchen Fällen nicht.

e) **Fahrtüchtigkeit.** Zur Beurteilung der Fahrtüchtigkeit des Angeklagten zur Tatzeit ist ein Sachverständiger nur unter besonderen Umständen erforderlich. Der Richter kann z. B. den Einfluß von Alkohol auf die Leistungsfähigkeit eines Kraftfahrers nach zwölfstündiger Arbeitszeit selbst beurteilen[164]. Dagegen bedarf es der Mitwirkung eines medizinischen Sachverständigen, wenn die Frage zu beantworten ist, ob der Kraftfahrer Alkohol, den man ihm heimlich in ein Gemisch aus Bier und Brause geschüttet hat, hätte bemerken[165] oder ob er wegen einer Übelkeit, die auf Krankheit und Tablettengenuß zurückzuführen ist, seine Fahruntüchtigkeit hätte erkennen müssen[166]. Ein Sachverständigengutachten ist auch für erforderlich gehalten worden, wenn Höhe, Erkennbarkeit und Auswirkungen von Restalkohol zu beurteilen sind[167], wenn es auf die Fahrtüchtigkeit eines Mofafahrers ankommt, der so viel getrunken hat, daß er nur vermindert schuldfähig ist[168], oder wenn darüber zu entscheiden ist, ob ein Kraftfahrer, den der Blutentnahmearzt für mittelgradig betrunken hält, wegen seiner Trinkfestigkeit und Alkoholgewöhnung bei einer Blutalkoholkonzentration von 1,26 °/oo nachts noch fahrtüchtig war[169].

f) **Technische Fragen.** Die Notwendigkeit der Zuziehung eines Sachverständigen zur Klärung technischer Fragen kann nicht allgemein beurteilt werden. In der Rechtsprechung ist angenommen worden, daß der Tatrichter aufgrund eigener Sachkunde beurteilen kann, wie weit der Beschlag auf der Windschutzscheibe das Sichtfeld des Kraftfahrers einengt[170] und wie sich ein Unfall abgespielt hat, bei dem das Opfer in eine in Gang befindliche Teigmaschine hineingezogen worden ist[171]. Sachverständige Hilfe braucht der Richter hingegen, wenn es um die Beurteilung der Gefährlichkeit von elektrischen Selbstschutzanlagen[172], der Gefährdung des Straßenverkehrs durch »Warntaster«[173], der Wirkungsweise einer Luftdruckbremse[174], der Veränderung der Scheinwerferstellung bei Federbruch[175] geht oder wenn ein Fahrtschreiberdiagramm auszuwerten[176], ein Bremswert zu berech-

---

164 BGH VRS 6 S. 148 (149); OLG Hamm DAR 1973 S. 23.
165 OLG Hamburg VRS 54 S. 438 (441) = Blutalkohol 1978 S. 208 (210) mit Anm. *Händel*.
166 OLG Hamm DAR 1973 S. 23.
167 BGH VRS 50 S. 115 (116); OLG Karlsruhe NJW 1965 S. 361; *Hentschel/Born* Rdnr. 364.
168 OLG Hamburg DAR 1975 S. 248; OLG Hamm NJW 1976 S. 1161 L = VRS 51 S. 31 (33); OLG Koblenz Blutalkohol 1977 S. 59 (60). Diese Rspr. hat ihre Bedeutung verloren, seitdem der BGH auch für Mofa-Fahrer den Grenzwert für die absolute Fahruntüchtigkeit von 1,3°/oo anerkennt (BGHSt. 30 S. 251).
169 OLG Karlsruhe NJW 1960 S. 2257 (2258).
170 BGH VRS 28 S. 362 (363).
171 OGHSt. 1 S. 357 (358).
172 OLG Braunschweig HESt. 1 S. 171 (172/173) = MDR 1947 S. 205 = NdsRpfl. 1947 S. 43.
173 OLG Düsseldorf DAR 1954 S. 191.
174 OLG Köln DAR 1957 S. 53.
175 OLG Oldenburg DAR 1958 S. 244.
176 BGH VRS 28 S. 460 (461); BayObLGSt. 1958 S. 284 = VRS 16 S. 296; BayObLG bei *Rüth* DAR 1964 S. 242; 1976 S. 176; OLG Köln JMBlNRW 1962 S. 203. Vgl. auch *Kraft* DAR 1971 S. 124 (125), der für den Regelfall die sachverständige Begutachtung durch die Herstellerfirma verlangt.

nen[177], eine Verkehrslage aufgrund schwieriger Zeit-Weg-Berechnungen zu beurteilen[178] oder die Fahrgeschwindigkeit aufgrund der Bremsspur[179] oder des Unfallhergangs und der Unfallschäden[180] festzustellen ist. Auch die Feststellung, auf welcher Fahrbahnseite sich der Unfall ereignet hat, kann ohne Sachverständigengutachten nicht getroffen werden, wenn dazu besondere Kenntnisse der Unfallmechanik erforderlich sind[181]. Schließlich ist die Heranziehung eines Sachverständigen auch zur Beurteilung schwieriger aerodynamischer Fragen[182] und der Wirkungsweise und der Fehlerquellen von Radarmeßgeräten[183] für erforderlich gehalten worden.

g) Sonstige Beweisfragen. Die Rechtsprechung der Revisionsgerichte hält die eigene Sachkunde des Tatrichters für ausreichend, wenn zu beurteilen ist, welches Maß an Sorgfalt im Interesse der Verkehrssicherheit beim Abladen schwerer Fässer auf öffentlichen Wegen zu beachten ist[184], oder ob ein Kraftfahrer, nachdem er mit seinem Fahrzeug aus dem Dunkel in eine hellbeleuchtete Zone eingefahren war, eine 60 Meter entfernte Fußgängerin infolge der verzögerten Anpassungsfähigkeit des menschlichen Auges nicht erkennen konnte[185]. Das Reichsgericht hat nicht beanstandet, daß der Tatrichter aufgrund des Zustandes eines Baumes auf den Zeitpunkt geschlossen hatte, in dem er gefällt worden war[186]. Daß niemand mit einem Auge so gut sieht wie mit zweien[187] und daß ein langjähriger Kraftfahrer imstande ist, die stark überhöhte Geschwindigkeit auf kreuzender Straße von

---

177 BGH NJW 1951 S. 571 (572) = VRS 3 S. 258 (259); KG VRS 5 S. 364 (366); 14 S. 37 (42/43); OLG Bremen VkBl. 1950 S. 247 = VRS 3 S. 414. Vgl. auch OLG Karlsruhe VRS 38 S. 187. – *Lienen* NJW 1958 S. 578 betont, daß die Schwierigkeit in der Feststellung der Größe der Bremsverzögerung liegt und daß, wenn sie feststeht, der Richter ohne weiteres den Bremsweg aus einer Tabelle ablesen kann.
178 BayObLG bei *Rüth* DAR 1964 S. 242.
179 BGH VRS 28 S. 460 (461); BayObLG DAR 1956 S. 165; KG DAR 1956 S. 224 = VRS 11 S. 217 (218); OLG Bremen VRS 3 S. 414; OLG Düsseldorf VRS 3 S. 362; OLG Hamm VRS 38 S. 313. Vgl. auch *Brunke* DAR 1953 S. 10.
180 KG VRS 8 S. 298 (302); OLG Celle NJW 1957 S. 73 L = DAR 1957 S. 20 = NdsRpfl. 1957 S. 20; OLG Düsseldorf MDR 1961 S. 954; OLG Hamm JMBlNRW 1965 S. 58; VRS 7 S. 131; vgl. auch KG VRS 6 S. 364 (367); OLG Köln VRS 6 S. 49 (S. 52/53); OLG Schleswig bei *Ernesti/Jürgensen* SchlHA 1970 S. 190. Ein Rechtssatz, daß der Verkehrsrichter die erforderliche Sachkunde zur Beurteilung der Ursache eines Verkehrsunfalls nicht hat, besteht jedoch nicht; vgl. OLG Hamm DAR 1957 S. 108 = JMBlNRW 1957 S. 117.
181 OLG Hamm VRS 45 S. 285 (286); vgl. auch OLG Koblenz VRS 49 S. 273.
182 BGH VRS 35 S. 132 (133).
183 OLG Bremen DAR 1963 S. 170; OLG Düsseldorf DAR 1960 S. 338; OLG Hamm NJW 1963 S. 602; OLG Neustadt DAR 1962 S. 304 = MDR 1962 S. 756; DAR 1963 S. 169. Vgl. aber oben S. 556.
184 RG HRR 1930 Nr. 84.
185 KG VRS 23 S. 115 (116).
186 RGSt. 52 S. 61 (62).
187 BGH VRS 9 S. 296 (297).

links kommender Fahrzeuge zu schätzen[188], wurde ebenfalls aufgrund eigener Sachkunde nach § 244 Abs. 4 Satz 1 entschieden. Die Mitwirkung eines Sachverständigen wurde dagegen für erforderlich gehalten, um zu beurteilen, ob ein Unfallverletzter mit Gehirnschäden und retrograder Amnesie noch eine zuverlässige Erinnerung an den Unfallhergang haben kann[189], sowie zur Beurteilung der Einwirkung der Übermüdung auf die geistigen und körperlichen Kräfte eines Menschen[190], der Sichtverhältnisse bei Dämmerung[191], der Frage, ob dem Einschlafen am Steuer stets ein erkennbarer Zustand der Ermüdung vorausgeht[192], ob eine Urkunde mit verschiedenen Arten von Tinte beschriftet war[193], ob Lebensmittel genußtauglich waren[194]. Die eigene Sachkunde des Gerichts reicht aus, wenn zu entscheiden ist, welchen Sinn der Verkehr einer bestimmten Verkehrsbehauptung beilegt[195] und wie die Aufmachung einer Ware auf den unbefangenen Betrachter wirkt[196]. In einfachen Fällen genügt die eigene Sachkunde auch zur Beurteilung der Verkehrsauffassung im Lebensmittelrecht[197]; im allgemeinen muß hierzu aber ein Gutachter herangezogen werden, insbesondere, wenn davon ausgegangen werden soll, daß die Verbrauchererwartung im Widerspruch zu den Leitsätzen des Deutschen Lebensmittelbuchs steht[197a].

---

188 OLG Saarbrücken VRS 44 S. 304 (305).
189 OLG Köln NJW 1967 S. 313 L = VRS 32 S. 215 (217); VRS 6 S. 49 (53); KMR *Paulus* § 244 Rdnr. 255; LR *Gollwitzer* § 244 Rdnr. 65. Vgl. auch BGH VRS 15 S. 432 (435); OLG Köln OLGSt. § 244 S. 33: Eine retrograde Amnesie, die verhindert, daß der Angeklagte sich auf bestimmte entlastende Umstände des Unfallhergangs beruft, kann der Tatrichter nicht ohne Sachverständigen mit der Begründung ausschließen, der Angeklagte habe Einzelheiten der Ereignisse vor und nach dem Unfall vorgebracht. Das OLG Saarbrücken VRS 46 S. 46 (47) hat dagegen entschieden, daß ernsthafte Zweifel an der Erinnerungsfähigkeit nicht bestehen, wenn der Angeklagte nur eine einfache Gehirnerschütterung hatte und nur kurze Zeit bewußtlos war. Vgl. auch OLG Köln § 244 Abs. 2 S. 61 (62): Erinnerungsverlust infolge Gehirnschlags.
190 RG DR 1939 S. 1519.
191 *Hölcke* DRiZ 1962 S. 17, der die Anhörung eines Klimatologen für erforderlich hält.
192 BGH VRS 14 S. 361 (362); OLG Hamm NJW 1953 S. 1077 = DAR 1953 S. 160; E. *Müller* DAR 1963 S. 235 (239). Die Frage ist jetzt geklärt durch die auf Vorlage ergangene Entscheidung BGHSt. 25 S. 165.
193 RG JW 1932 S. 3097 L = HRR 1932 Nr. 1532.
194 RG HRR 1937 Nr. 908.
195 Vgl. für das Wettbewerbsrecht: BGH GRUR 1963 S. 270 (273); S. 539 (541); 1964 S. 397 (399); 1966 S. 515 (516); 1967 S. 600 (603); BGH LRE 6 S. 327 (329); 7 S. 12 (13).
196 KG LRE 10 S. 126 (127).
197 BGH LRE 5 S. 251 (253); 7 S. 93, 101; 10 S. 82; 12 S. 333; KG LRE 5 S. 303; OLG Braunschweig LRE 8 S. 351 (355); OLG Koblenz LRE 9 S. 293 (297); *Holthöfer/Nüse/Franck*, Deutsches Lebensmittelrecht, 6. Aufl., I § 17 LMBG Rdnr. 354 mit weit. Nachw. in Fußn. 376; *Zipfel*, Lebensmittelrecht, II § 17 LMBG Rdnr. 116. — A. A. OLG Stuttgart LRE 1 S. 157 (158); 2 S. 315 (317); S. 318 (320).
197a BayObLG LRE 13 S. 115.

IV. Sachkunde bei Kollegialgerichten

Ebenso wie die Frage, ob offenkundige Tatsachen allen Mitgliedern des Gerichts bekannt sein müssen[198], ist streitig, ob die Sachkunde, aufgrund deren ein Kollegialgericht eine Beweisfrage selbst beurteilt, alle Mitglieder des Gerichts besitzen müssen oder ob es genügt, daß die Mehrheit oder nur einer der mitwirkenden Richter sie hat. Die Frage ist nicht anders zu beurteilen als bei der Offenkundigkeit. Das Gesetz stellt Gerichte aus mehreren Richtern gerade deshalb zusammen, damit sie einander ergänzen, nicht damit der Schwächste den Ausschlag gibt[199]. Daher ist nicht erforderlich, daß sämtliche Mitglieder des Gerichts bei Beginn der Urteilsberatung sachkundig sind[200]. Es ist nicht einmal zu verlangen, daß die Mehrheit der Gerichtsmitglieder die Sachkunde hat, sondern es genügt, daß ein einziger Richter, auch ein Schöffe[201], so sachkundig ist, daß seine Unterrichtung der anderen die Vernehmung eines Sachverständigen entbehrlich macht[202]. Jedes Mitglied des Gerichts muß zur Rechtsfindung aus dem Schatz seines Wissens und

---

198 Vgl. oben S. 563 ff.
199 Vgl. *Sarstedt* JR 1958 S. 351 (352).
200 BGHSt. 12 S. 18 = JZ 1959 S. 130 mit zust. Anm. *Eb. Schmidt*; BGH 5 StR 322/62 vom 4. 9. 1962; RG Recht 1925 Nr. 812; OLG Hamburg NJW 1964 S. 559 (560) = JR 1964 S. 151; OLG Köln NJW 1958 S. 881 = JR 1958 S. 350 (351) mit Anm. *Sarstedt*; LR *Gollwitzer* § 244 Rdnr. 250; *Eb. Schmidt* Nachtr. § 244 Rdnr. 24) und JZ 1961 S. 585 (586); *Jessnitzer* S. 115 und Blutalkohol 1978 S. 315 (321); *Kohlhaas* NJW 1962 S. 1329 (1330); *Roxin* § 43 C II 2 a; *Schorn* GA 1965 S. 299 (305); *Schuster* S. 142; *Wüst* S. 21. – A. A. KMR *Paulus* § 244 Rdnr. 466; *Bohne* JW 1932 S. 3359 (mit der Einschränkung, daß die Möglichkeit besteht, daß der allein sachkundige Richter die anderen in ausreichendem Maße unterrichten kann); *Gössel* S. 257 (der meint, das Gericht solle nicht von einem Beisitzer »im stillen Kämmerlein«, sondern von einem Sachverständigen in öffentlicher Verhandlung belehrt werden); *Hanack* JZ 1972 S. 114 (116); *Peters* S. 292; *Rieker* S. 75; *Stützel* S. 79 Fußn. 20; *Tröndle* JZ 1969 S. 374 (für den Fall, daß schwierige Fachfragen zu klären sind); Voraufl. S. 256. Unklar bleibt BGHSt. 2 S. 163 (165): Die Sachkunde brauche nicht notwendig bei allen Richtern »in demselben Maße« vorhanden zu sein.
201 OLG Stuttgart DAR 1976 S. 23 (24); *Jessnitzer* S. 116. Vgl. auch *Kohlhaas* NJW 1962 S. 1329 (1330), der es für ausgeschlossen hält, daß ein Schöffe, der zufällig Arzt ist, das Gericht über schwierige medizinische Fragen unterrichtet.
202 BGHSt. 12 S. 18 (20) = JZ 1959 S. 130 mit zust. Anm. *Eb. Schmidt*; BGH JZ 1968 S. 670; BayObLG bei *Rüth* DAR 1965 S. 285; *Dalcke/Fuhrmann/Schäfer* § 244 Anm. 18 a; *Kleinknecht* § 244 Rdnr. 66; *Jessnitzer* Blutalkohol 1978 S. 315 (321); *Kohlhaas* NJW 1962 S. 1329 (1330); *Kühne* Rdnr. 452; *Meder* S. 64; *Mösl* DRiZ 1970 S. 110 (112); *Rudolph* Justiz 1969 S. 24 (26); *Sarstedt* JR 1958 S. 351 (352); *G. Schäfer* S. 360; *Schlüchter* Rdnr. 554.1. – A. A. *Pieper* ZZP 84 S. 1 (18), der verlangt, daß die Mehrheit sachkundig ist. Grundsätzlich a. A. *Wolschke* S. 200 Fußn. 1 mit der Begründung, die Sachkunde dürfe nicht erst in der Beratung hergestellt werden. Auch *Eb. Schmidt* Nachtr. § 244 Rdnr. 24) und *Jessnitzer* S. 115/116 halten die Zuziehung eines Sachverständigen für erforderlich, wenn sich eines oder mehrere der übrigen Gerichtsmitglieder von der ihnen durch die anderen vermittelten Sachkunde nicht überzeugen lassen; ebenso wohl auch KK *Herdegen* § 244 Rdnr. 30.

seiner Erfahrung beitragen. Mit einfacher Mehrheit wird entschieden, ob das Gericht die erforderliche Sachkunde hat[203].

V. Darlegung der Sachkunde im Urteil

Hat das Gericht in dem Beschluß, mit dem der Beweisantrag abgelehnt worden ist, hinreichend erläutert, wieso es sich die zur Beurteilung der Beweisfrage erforderliche Sachkunde zutraut, so bedarf es im Urteil dazu keiner weiteren Ausführungen. Wenn es sich um eine Sachkunde handelt, die zum Allgemeinwissen der Richter gehört und keine Spezialkenntnisse erfordert, sind auch sonst keine Urteilsausführungen zur Sachkunde erforderlich[204]. Das gilt insbesondere für den Fall, daß der Tatrichter meint, die Glaubwürdigkeit eines erwachsenen Menschen selbst beurteilen zu können[205]. Anders ist es, wenn sich die eigene Sachkunde des Richters auf Fragen bezieht, die nur einem begrenzten Kreis von Fachleuten bekannt sind, wenn er also eine Sachkunde in Anspruch nimmt, die regelmäßig nur durch eine besondere Ausbildung erworben werden kann und nicht Allgemeingut aller Richter ist. In diesem Fall hätte sich der Richter, wenn er einen Sachverständigen gehört hätte, nicht darauf beschränken dürfen, im Urteil das Ergebnis der sachkundigen Begutachtung mitzuteilen und sich dem Sachverständigen anzuschließen, sondern er müßte die wesentlichen Gesichtspunkte darlegen, auf denen das Gutachten beruht[206]. Entsprechendes gilt, wenn der Richter wegen eigener Sachkunde auf die Heranziehung eines Sachverständigen verzichtet hat. Er ist dann verpflichtet, im Urteil auszuführen, inwiefern er sich die erforderliche Sachkunde zutraut[207]. Die Ausführlichkeit, mit der das geschehen muß, richtet sich nach dem

---

203 *Eb. Schmidt* JZ 1959 S. 131 (132); a. A. KMR *Paulus* § 244 Rdnr. 266, der Einstimmigkeit verlangt.
204 BGH 5 StR 594/68 vom 19. 11. 1968; 5 StR 221/79 vom 26. 6. 1979; OLG Düsseldorf VRS 60 S. 122 (123); OLG Koblenz VRS 48 S. 35 (36); OLG Köln OLGSt. § 21 StGB S. 33 (35); OLG Saarbrücken VRS 44 S. 304 (305); KMR *Paulus* § 244 Rdnr. 468; LR *Gollwitzer* § 244 Rdnr. 252. — BGH bei *Spiegel* DAR 1982 S. 206 betont, daß in jedem Fall die Mitteilung des eigenen Prüfungsergebnisses erforderlich ist.
205 OLG Koblenz OLGSt. § 244 Abs. 4 S. 1; VRS 46 S. 31 (32); OLG Saarbrücken VRS 49 S. 376 (377).
206 Vgl. LR *Gollwitzer* § 267 Rdnr. 46 mit Nachw.
207 BGHSt. 12 S. 18 = JZ 1959 S. 130 mit Anm. *Eb. Schmidt*; BGH NJW 1953 S. 1559; BGH Strafverteidiger 1981 S. 394; 1982 S. 55 (56); S. 101 (102); BGH VRS 35 S. 132 (133); BGH 5 StR 194/78 vom 27. 6. 1978; 1 StR 28/81 vom 7. 4. 1981; BayObLG bei *Rüth* DAR 1981 S. 249; KG DAR 1956 S. 224 = VRS 11 S. 217 (218); VRS 8 S. 298 (302); 14 S. 37 (41, 44); OLG Bremen DAR 1963 S. 170; OLG Celle NJW 1957 S. 73 L = DAR 1957 S. 161; DAR 1968 S. 23; OLG Frankfurt DAR 1977 S. 305; GA 1970 S. 286; OLG Hamm NJW 1970 S. 907 (908); JMBlNRW 1965 S. 58; VRS 42 S. 215 (216); 45 S. 285 (287); 51 S. 31 (33); OLG Koblenz VRS 48 S. 35 (36); 49 S. 374 (375); OLG Köln NJW 1958 S. 881 = JR 1958 S. 350 (351) mit Anm. *Sarstedt*; DAR 1957 S. 53; MDR 1981 S. 598; OLGSt. § 244 Abs. 2 S. 61 (62); OLG Oldenburg DAR 1958 S. 244 (245); OLG Saarbrücken VRS 44 S. 304 (305); 49 S. 376 (377); OLG Schleswig bei *Ernesti/Jürgensen* SchlHA 1970 S. 198; OLG Stuttgart NJW 1981 S. 2525; OLG

Maß der Schwierigkeit der Beweisfrage[208]. Je ungewöhnlicher die Sachkunde ist, die der Tatrichter sich zutraut, desto eingehender muß er durch fachliche Erörterungen das Revisionsgericht davon überzeugen, daß er über sie verfügt[209]. Besonders eingehende Ausführungen sind erforderlich, wenn das Gericht einen Sachverständigen bestellt und nur deshalb nicht vernommen hatte, weil er mit Erfolg wegen Befangenheit abgelehnt worden ist. Das Urteil muß dann erkennen lassen, warum das Gericht von seiner ursprünglichen Auffassung abgewichen ist und daß es tatsächlich die erforderliche Sachkunde besitzt[210]. Auch wenn die Ablehnung des Beweisantrags wegen eigener Sachkunde aus anderen Gründen mit dem Verfahren des Tatrichters in offensichtlichem Widerspruch steht, etwa weil er zwar den Belastungszeugen auf seine Glaubwürdigkeit hat untersuchen lassen, einen Beweisantrag auf Untersuchung des gleichaltrigen Entlastungszeugen aber abgelehnt hat, genügt der Hinweis auf die eigene Sachkunde nicht[211]. Die Quelle seines Wissens braucht der Richter im allgemeinen nicht anzugeben[212]; eine Ausnahme gilt, wenn ohne diese Angabe das Bestehen der Sachkunde nicht verständlich ist.

VI. Erörterungspflicht in der Hauptverhandlung

Der Richter, der die Anhörung eines Sachverständigen für überflüssig hält, weil er die Beweisfrage aufgrund eigener Sachkunde entscheiden kann, ist kein Sachverständigen-Ersatz. Er übernimmt keine Beweismittelfunktion[213] und tritt mit seinem Wissen nicht an die Stelle des Sachverständigen, sondern ist ein Richter, dessen Fachwissen eine Beweiserhebung über eine bestimmte Beweisfrage entbehrlich macht. Da die Beweisaufnahme nicht dem Zweck dient, den Prozeßbeteiligten etwas zu beweisen, sondern dazu bestimmt ist, die Überzeugung des Gerichts vom Hergang der Tat zu begründen, kann keine Rede davon sein, daß der Richter, der seine eigene Sachkunde benutzt, gezwungen ist, den Prozeßbeteiligten wie ein

---

Zweibrücken VRS 61 S. 434 (435); *Dalcke/Fuhrmann/Schäfer* Anm. 18 b; KK *Herdegen* Rdnr. 31; *Kleinknecht* Rdnr. 66; KMR *Paulus* Rdnr. 468; LR *Gollwitzer* Rdnr. 251 ff.; *Eb. Schmidt* Nachtr. Rdnr. 24); alle zu § 244; *Dahs/Dahs* Rdnr. 270; *Döhring* JZ 1968 S. 641 (642); *Hanack* JZ 1972 S. 114 (116); *Jessnitzer* S. 116, Blutalkohol 1978 S. 315 (321) und Strafverteidiger 1982 S. 177; *Mösl* DRiZ 1970 S. 110 (112); *Sarstedt* S. 176; *Traulsen* S. 56; *Tröndle* JZ 1969 S. 374; *Wolschke* S. 77. Vgl. auch BGH bei *Holtz* MDR 1977 S. 459 (460).
208 BGHSt. 12 S. 18 (20) = JZ 1959 S. 130 mit Anm. *Eb. Schmidt*; BGH bei *Spiegel* DAR 1978 S. 158/159; BGH 1 StR 341/74 vom 22. 1. 1975; 4 StR 200/80 vom 20. 5. 1980; BayObLG bei *Rüth* DAR 1978 S. 211; 1981 S. 249; OLG Hamburg VRS 22 S. 473 (475); OLG Saarbrücken VRS 49 S. 376 (377); KK *Herdegen* § 244 Rdnr. 31; LR *Gollwitzer* § 244 Rdnr. 251; *Koeniger* S. 241.
209 Vgl. KMR *Paulus* § 244 Rdnr. 468; *Sarstedt* S. 176.
210 BGH 3 StR 349/78 vom 4. 10. 1978.
211 Vgl. BGH 5 StR 17/80 vom 12. 2. 1980.
212 Vgl. *Döhring* JZ 1968 S. 641 (645/646); *Stein* S. 74 ff., 85, 98; *Wolschke* S. 209.
213 A. A. *Wolschke* S. 226.

Sachverständiger eine Art Gutachten zu erstatten[214]. Er wird nicht zum »Gesprächspartner« der Prozeßbeteiligten[215], muß sein Fachwissen nicht in den Prozeß einführen[216], und es ist nicht erforderlich, daß der Beurteilungsgegenstand und die Sachkunde des Gerichts in der Hauptverhandlung so ausgebreitet werden, daß die Prozeßbeteiligten in der Lage sind, Einwände geltend zu machen. Es genügt vielmehr, daß die Verfahrensbeteiligten erkennen können, daß das Gericht die Frage aus eigener Sachkunde entscheiden will, und daß sie Gelegenheit haben, dazu Stellung zu nehmen[217]. Das Recht, das Gericht entsprechend § 240 zu befragen, steht ihnen nicht zu[218]. Sie können auch nicht verlangen, darüber unterrichtet zu werden, wie das Gericht die Beweisfrage entscheiden will. Das Gericht ist nicht verpflichtet, schon in der Hauptverhandlung aufzudecken, wie es die Frage beurteilt[219]. Diese Grundsätze gelten auch, wenn nicht alle Mitglieder des Gerichts die erforderliche Sachkunde haben, sondern nur ein oder zwei Richter genügend sachkundig sind und den übrigen Gerichtsmitgliedern ihre Sachkunde vermitteln. In diesem Fall muß der sachkundige Teil des Gerichts die übrigen Richter nicht in der Hauptverhandlung vor den Prozeßbeteiligten sachkundig machen, sondern es genügt, daß dies in der Beratung geschieht. Denn zur gegenseitigen Ergänzung des Wissens der einzelnen Gerichtsmitglieder ist auch sonst das Beratungszimmer da, nicht die öffentliche Verhandlung[220]. Die Prozeßbeteiligten können nach alledem die Richter in der Hauptverhandlung nicht einem Examen unterwerfen und gegebenenfalls die mangelnde Sachkunde des Gerichts schon in der Hauptver-

---

214 So aber OLG Köln NJW 1958 S. 881 = JR 1958 S. 350 (351) mit unklarer Anm. *Sarstedt*, der offenbar eine Versagung des rechtlichen Gehörs für den Fall annimmt, daß das Gericht seine Sachkunde nicht in der Hauptverhandlung »den Einwänden der Prozeßbeteiligten auszuliefern gewagt« hat. Der Entscheidung stimmen KMR *Paulus* § 244 Rdnr. 465 und *Wolschke* S. 191, 203 ff. zu; *Hanack* JZ 1972 S. 114 (116) lehnt sie ab.
215 *Hanack* a.a.O.; a. A. *Kühne* Rdnr. 452.
216 Vgl. KK *Herdegen* § 244 Rdnr. 31. – A. A. BGH JZ 1968 S. 670 für den Fall, daß das Fachwissen außerhalb der allgemeinen Lebenserfahrung liegt. Die Entscheidung, der sich BVerwG NJW 1969 S. 2219 L; *Lifschütz* NJW 1969 S. 305 und *Pieper* ZZP 84 S. 1 (17) angeschlossen haben, ist in einer Zivilsache ergangen.
217 BGHSt. 12 S. 18 (20) = JZ 1959 S. 130 mit Anm. *Eb. Schmidt*; BGH bei *Spiegel* DAR 1978 S. 157; OLG Zweibrücken VRS 61 S. 434 (435); LR *Gollwitzer* § 244 Rdnr. 250; *Eb. Schmidt* Nachtr. § 244 Rdnr. 24); *Döhring* JZ 1968 S. 641 (643); *Hanack* JZ 1972 S. 114 (116); *Jessnitzer* S. 116 und Strafverteidiger 1982 S. 177; *Mösl* DRiZ 1970 S. 110 (112); *Rudolph* Justiz 1969 S. 24 (26); *Schorn* GA 1965 S. 299 (305).
218 *Sarstedt* JR 1958 S. 351; *Wolschke* S. 79, 212 ff., der aber eine Befragungsbefugnis im Rahmen des rechtlichen Gehörs für gegeben hält und hieraus den rechtlich offensichtlich verfehlten Schluß zieht, das Gericht sei bei der Verwendung der eigenen Sachkunde stets nach § 22 Nr. 5 ausgeschlossen.
219 A. A. *Wolschke* S. 203.
220 Vgl. *Eb. Schmidt* Nachtr. § 244 Rdnr. 24) und JZ 1959 S. 131 (132); *Mösl* DRiZ 1970 S. 110 (112).

handlung rügen. Dieser Nachteil wirkt sich im Ergebnis aber nicht zu ihren Ungunsten aus; denn das Revisionsgericht prüft anhand der Urteilsgründe nach, ob der Tatrichter sich die erforderliche Sachkunde zu Recht zugetraut hat[221].

---

221 BGHSt. 12 S. 18 (20) = JZ 1959 S. 130 mit zust. Anm. *Eb. Schmidt*; hiergegen *Wolschke* S. 193 ff., der die Gewährung rechtlichen Gehörs vor der Entscheidung für erforderlich hält.

§ 2 Ablehnung des Antrags auf Anhörung weiterer Sachverständiger (§ 244 Abs. 4 Satz 2)

- I. Allgemeine Grundfragen 719
  - 1. Begriff des weiteren Sachverständigen 719
  - 2. Ausnahme vom Verbot der Beweisantizipation 721
- II. Zulässige Ablehnungsgründe 722
  - 1. Allgemeine Ablehnungsgründe 722
  - 2. Erwiesensein des Gegenteils der Beweistatsache 724
    - a) Eigene Sachkunde des Gerichts 724
    - b) Andere Fälle 727
- III. Pflicht zur Anhörung weiterer Sachverständiger 728
  - 1. Zweifel an der Sachkunde des Sachverständigen 728
    - a) Ungenügendes Gutachten 728
    - b) Fehlende Sachkunde 729
  - 2. Unzutreffende tatsächliche Voraussetzungen des Gutachtens 732
  - 3. Widersprüche im Gutachten 733
  - 4. Überlegene Forschungsmittel des neuen Sachverständigen 733
- IV. Anhörung mehrerer Sachverständiger wegen besonderer Schwierigkeit der Begutachtung 737

I. Allgemeine Grundfragen

1. Begriff des weiteren Sachverständigen

Der Sachverständige ist ein austauschbares Beweismittel. Da ihm die beim Zeugenbeweis regelmäßig gegebene geschichtliche Beziehung zu dem Wissensstoff fehlt, auf den es für die gerichtliche Entscheidung ankommt, steht dem Richter für jede Beweisfrage theoretisch eine unbegrenzte Anzahl Sachverständiger zur Verfügung. Ein einmal erhobener Sachverständigenbeweis kann beliebig oft wiederholt werden. Hätten die Prozeßbeteiligten auf die Vernehmung weiterer Sachverständiger einen Rechtsanspruch, so könnten sie mit ihren Anträgen aber jede Verhandlung sprengen. Das Gesetz verpflichtet den Richter daher nicht, mit Rücksicht auf möglicherweise unterschiedliche Auffassungen der zahlreichen verfügbaren Sachverständigen mehrere von ihnen[1] oder sogar zu diesen wieder einen oder mehrere

---

[1] Vgl. aber *Kohlhaas* NJW 1962 S. 1329 (1332), der vorschlägt, daß im Verfahren vor dem Landgericht im ersten Rechtszug der obligatorische Zweitgutachter eingeführt werden soll.

»Obergutachter«² zu hören. Allerdings setzt es den Fall dem Verlangen nach nochmaliger Vernehmung eines Zeugen oder nochmaliger Verlesung einer Urkunde über dieselbe Beweisfrage nicht gleich³. Diesem Verlangen würde es entsprechen, wenn die wiederholte Anhörung eines und desselben Sachverständigen zu derselben Beweisfrage begehrt wird. Darin liegt nach allgemeinen Grundsätzen nur eine Beweisanregung⁴. Dagegen ist der auf eine bestimmte Beweisbehauptung gestützte Antrag auf Anhörung eines weiteren Sachverständigen ein echter Beweisantrag, der nur unter den in § 244 Abs. 3, 4 Satz 2 bestimmten Voraussetzungen abgelehnt werden kann.

Weiterer Sachverständiger im Sinne dieser Vorschrift ist nur ein Gutachter, der sich zu derselben Beweisfrage⁵ als Vertreter derselben wissenschaftlichen Fachrichtung, der der bereits gehörte Sachverständige angehörte, äußern soll. Davon zu unterscheiden ist der Antrag, einen Sachverständigen zu hören, der die Beweisfrage vom Standpunkt einer anderen Fachrichtung aus beurteilen soll. Hat etwa ein Schriftsachverständiger sein Gutachten dahin erstattet, daß ein Schriftstück gefälscht ist, so ist der Antrag, zur Widerlegung dieses Beweisergebnisses einen Chemiker über die Art des verwendeten Schreibmittels (Tinte oder Tintenstift) zu hören, kein Antrag auf Zuziehung eines »weiteren« Sachverständigen. Er darf daher nicht mit der Begründung abgelehnt werden, das Gegenteil sei bereits durch den anderen Sachverständigen bewiesen⁶. Das gleiche gilt für den Fall, daß der Tatrichter das Gutachten eines technischen Sachverständigen über die Beleuchtungsverhältnisse am Unfallort eingeholt hat und nunmehr der Antrag gestellt wird, noch einen medizinischen Sachverständigen darüber zu hören, daß der Angeklagte wegen der verzögerten Anpassung des Auges an verschiedene Licht-

---

2 Die StPO verwendet diesen Ausdruck nicht. In der Praxis ist er verbreitet; vgl. etwa BGHSt. 3 S. 169 (174); 6 S. 70 (71, 75); 8 S. 113 (115); BGHZ 10 S. 266; BGH NJW 1951 S. 412; BGH GA 1962 S. 371; RGSt. 64 S. 113; RG JW 1932 S. 3095; BayObLGSt. 1957 S. 134 = VRS 13 S. 293; KG VRS 25 S. 272 (275); OLG Braunschweig NJW 1953 S. 1035 (1036); *Eb. Schmidt* § 244 Rdnr. 73; *Rieker* S. 75. Er ist aber nicht eindeutig; denn »Obergutachter« kann schon der zweite (so versteht BGHSt. 3 S. 169 [174] den Begriff), aber auch erst der dritte oder weitere Sachverständige sein, der wegen der unterschiedlichen Auffassungen der ersten bestellt worden ist (so insbesondere *Bremer* S. 130; *Jessnitzer* S. 247 ff. und Strafverteidiger 1982 S. 177 [180]; *K. Müller* S. 81; *Seibert* NJW 1962 S. 135 [137]). Schon deshalb, aber auch wegen der Bewertung des Sachverständigen, die er enthält, sollte der Begriff nicht benutzt werden; so mit Recht LR *Gollwitzer* § 244 Rdnr. 254 Fußn. 107; *Friedrichs* DRiZ 1971 S. 312; *Laufs*, Arztrecht, 2. Aufl., 1978, Rdnr. 227; *K. Müller* S. 81/82; *Rudolph* Justiz 1969 S. 49 (52/53); *Tröndle* JZ 1969 S. 374 (376). Dagegen wollen *Walter/Küper* NJW 1968 S. 182 (184) den Begriff Obergutachter für einen weiteren Sachverständigen von besonderer Qualifikation verwenden.
3 Anders die Voraufl. S. 257.
4 Vgl. oben S. 94 ff.
5 Um dieselbe Beweisfrage handelt es sich nicht, wenn die vergleichende Blutgruppenuntersuchung der dem Angeklagten entnommenen Blutprobe, die bisher nur auf ihre Blutalkoholkonzentration untersucht worden war, beantragt ist; vgl. BayObLG VRS 61 S. 40.
6 RG DRiZ 1931 Nr. 215 = HRR 1931 Nr. 910 = JW 1931 S. 949 mit Anm. *Beling*; *Rieker* S. 75; *Simader* S. 188 Fußn. 18; *Stützel* S. 80; vgl. auch LR *Meyer* § 83 Rdnr. 6.

stärken den bei dem Unfall verletzten Fußgänger nicht bemerken konnte[7]. War bisher nur nach § 256 eine gutachtliche Äußerung im Urkundenbeweis verlesen worden, so ist der Sachverständige, dessen persönliche Anhörung nunmehr beantragt wird, ebenfalls kein »weiterer« Sachverständiger[8].

2. Ausnahme vom Verbot der Beweisantizipation

Stellt ein Verfahrensbeteiligter das Gegenteil der von dem Sachverständigen mitgeteilten Erfahrungssätze unter Beweis oder will er die gutachtliche Stellungnahme des Sachverständigen, nicht nur die gutachtliche Äußerung eines sachverständigen Zeugen bei Gelegenheit seiner Vernehmung[9], durch das Gutachten eines weiteren Sachverständigen widerlegen, so ist das Gericht freier gestellt als gegenüber dem Antrag auf Hinzuziehung des ersten Sachverständigen. Es kann den Beweisantrag nach § 244 Abs. 4 Satz 2 erster Halbsatz auch mit der Begründung ablehnen, das Gegenteil der Beweistatsache sei durch das Gutachten des in der Hauptverhandlung gehörten Sachverständigen[10] bereits erwiesen. Das Gericht ist zur Anhörung eines weiteren Sachverständigen nicht deshalb verpflichtet, weil nach Auffassung des Antragstellers die Möglichkeit besteht, dieser werde die Beweisfrage anders beurteilen als der bereits vernommene Sachverständige[11]. Darin liegt eine Ausnahme von dem grundsätzlichen[12] Verbot der Vorwegnahme der Beweiswürdigung[13]. Daß sie notwendig ist und daß das durch die Aufklärungs-

---

7 Unklar KG VRS 23 S. 115 (116), das von § 244 Abs. 4 Satz 1 und 2 spricht.
8 Die Frage ist nur von Bedeutung, wenn die Anhörung eines anderen Sachverständigen beantragt ist. Wird nur beantragt, den Behördenbediensteten, der das Gutachten erstattet hat, mündlich zu vernehmen, so handelt es sich nicht um einen Beweisantrag, sondern um eine Beweisanregung i. e. S.; vgl. oben S. 95/96. – Vgl. auch *Gössel* DRiZ 1980 S. 363 (373/374), der zutreffend darauf hinweist, daß das Gericht die Sachkunde, die zur Ablehnung nach § 244 Abs. 4 Satz 1 berechtigt, auch aufgrund des Urkundenbeweises nach § 256 Abs. 1 erlangt haben kann.
9 BGH NJW 1954 S. 687 L = JR 1954 S. 271; *Schlosky* JW 1930 S. 2505 (2507).
10 Nicht etwa aufgrund anderer Beweiserhebungen (vgl. BayObLG bei *Rüth* DAR 1969 S. 236/237), z. B. einer Zeugenaussage (vgl. BGH VRS 35 S. 207; RG JW 1932 S. 3095 mit Anm. *Mezger*; *Wolschke* S. 246) oder einer Augenscheinseinnahme (RG JW 1931 S. 949 mit Anm. *Beling*). Unklar RG LZ 1917 Sp. 1243 (»Unter Berufung auf seine bereits gewonnene Überzeugung«).
11 BGH bei *Spiegel* DAR 1977 S. 175.
12 Vgl. oben S. 411 ff.
13 RGSt. 47 S. 100 (108); RG LZ 1917 Sp. 1243; *Gerland* JW 1931 S. 215; *Köhler* S. 37; *Meyer* NJW 1968 S. 616 (618); *Sarstedt* NJW 1968 S. 177 (178) und DAR 1964 S. 307 (315); *G. Schäfer* S. 361; *Schlüchter* Rdnr. 554.2; *Stützel* S. 104; *Wüst* S. 22. Die Voraufl. (S. 257) nahm an, daß es sich nur um einen Fall des Verbrauchs des »Beweiserhebungsanspruchs« durch Erhebung des Beweises handelt; ebenso *Wolschke* S. 117. Das ist aber nicht richtig. Denn »verbraucht« ist das Recht der Prozeßbeteiligten, weitere Beweise zu verlangen, keineswegs; das zeigt § 244 Abs. 4 Satz 2 zweiter Halbsatz. Unbestreitbar ist dagegen, daß die Feststellung, das Gegenteil der Beweistatsache sei aufgrund der bisherigen Beweisaufnahme schon erwiesen, eine Beweisantizipation zuungunsten des Antragstellers bedeutet (vgl. oben S. 414).

pflicht begrenzte richterliche Ermessen darüber zu entscheiden hat, ob weitere Sachverständige zu hören sind, war schon deshalb niemals ernsthaft streitig, weil § 73 Abs. 1 ausdrücklich bestimmt, daß die Gerichte, nicht die Prozeßbeteiligten, die Anzahl der Sachverständigen festsetzen[14]. Die Bedeutung der Regelung dieser Frage durch § 244 Abs. 4 Satz 2 liegt daher auch nicht in dem ersten Halbsatz der Vorschrift, der die Beweisantizipation zuläßt, sondern in dem zweiten Halbsatz, der die Gründe[15], aus denen die richterliche Aufklärungspflicht die Anhörung eines weiteren Sachverständigen fordert, unter Zusammenfassung der von der Rechtsprechung dazu entwickelten Grundsätze[16] eindeutig bestimmt. Die Frage, ob die Aufklärungspflicht nach § 244 Abs. 2 eine weitere Beweiserhebung auch dann erfordern kann, wenn die Ablehnung des Antrags auf Zuziehung eines weiteren Sachverständigen nach § 244 Abs. 4 Satz 2 zulässig ist, wird weiter unten[17] erörtert.

II. Zulässige Ablehnungsgründe

1. Allgemeine Ablehnungsgründe

Der Wortlaut des § 244 Abs. 4 Satz 2 erster Halbsatz (»auch dann abgelehnt werden«) ergibt zweifelsfrei, daß der bereits geführte Beweis des Gegenteils der Beweisbehauptung nicht der einzige, nicht einmal der hauptsächlichste Grund ist, aus dem ein Beweisantrag auf Zuziehung eines weiteren Sachverständigen abgelehnt werden kann. Für die Antragsablehnung gelten in erster Hinsicht die Gründe des § 244 Abs. 3[18]. Sie ist insbesondere zulässig, wenn die Beweistatsache aufgrund

---

14 Vgl. BGHSt. NJW 1951 S. 120; RGSt. 47 S. 100 (108); 64 S. 113 (114); RGRspr. 1 S. 805 (806); 3 S. 96 (97); RG JW 1929 S. 260 mit Anm. *Mannheim*, der eine Ausnahme zulassen wollte, wenn dargetan wird, daß der neue Sachverständige besondere Sachkunde hat; RG JW 1931 S. 215 mit krit. Anm. *Gerland*; RG JW 1931 S. 949 mit Anm. *Beling*; RG JW 1931 S. 1492 (1493) mit Anm. *Alsberg*; RG JW 1933 S. 1599 mit Anm. *Klee*; RG GA 39 S. 232 (233); 57 S. 212; RG LZ 1914 Sp. 1025; 1917 Sp. 1243; 1928 Sp. 639; RG HRR 1938 Nr. 936; OGHSt. 1 S. 95 (97/98); 2 S. 99 (102); BayObLG JW 1930 S. 722; KG JW 1930 S. 1099; OLG Dresden LZ 1931 Sp. 1161; OLG Freiburg DRZ 1949 S. 213 mit Anm. *Kern*; OLG Kiel SchlHA 1946 S. 21 (22); OLG Oldenburg NdsRpfl. 1949 S. 42 (43); *Alsberg* JW 1929 S. 1046; *Stützel* S. 80. – A. A. *Simader* S. 189, der die Ablehnung mit der Begründung, aufgrund des ersten Gutachtens sei das Gegenteil der Beweistatsache schon erwiesen, für einen unzulässigen Verstoß gegen das Verbot der Beweisantizipation hielt.
15 *Hellm. Mayer* Mezger-FS S. 473/474 und *K. Müller* S. 76 sind mit Recht der Meinung, daß diese Gründe von Amts wegen zu beachten sind, auch wenn kein Beweisantrag gestellt ist. Liegen sie vor, so ist das Gutachten i. S. des § 83 Abs. 1 ungenügend; vgl. KK *Pelchen* § 83 Rdnr. 2; LR *Meyer* § 83 Rdnr. 3; *K. Müller* S. 79. Dazu auch BGHSt. 2 S. 163 (166).
16 Vgl. *Dallinger* SJZ 1950 Sp. 732 (742/743); *Meyer* NJW 1958 S. 616 (617).
17 S. 737 ff.
18 BGH JR 1959 S. 306; KK *Herdegen* § 244 Rdnr. 106; KMR *Paulus* § 244 Rdnr. 469; *K. Müller* S. 78; *Jessnitzer* Strafverteidiger 1982 S. 177 (180).

des ersten Gutachtens schon erwiesen ist, wenn sich nach Erstattung des ersten Gutachtens herausgestellt hat, daß sie für die Entscheidung des Gerichts aus rechtlichen oder tatsächlichen Gründen ohne wesentliche Bedeutung ist[19], wenn das Gericht die für die Erstattung eines Gutachtens notwendigen Anknüpfungstatsachen nicht feststellen kann, der weitere Sachverständige daher ein völlig ungeeignetes Beweismittel ist[20], oder wenn das Gericht nunmehr bereit ist, die Beweistatsache zugunsten des Angeklagten als wahr zu unterstellen.

Ferner ist das Gericht berechtigt, dem Antrag auf Vernehmung eines weiteren Sachverständigen entgegenzuhalten, daß ihm der oder die bisher in der Hauptverhandlung vernommenen Sachverständigen die zur Beurteilung der Beweisfrage erforderliche Sachkunde schon vermittelt haben, so daß ein weiterer Sachverständigenbeweis überflüssig ist[21]. Auf die so erworbene Sachkunde beruft sich das Gericht auch, wenn es den Antrag mit der Begründung ablehnt, es habe durch das Gutachten des Sachverständigen schon die nötige Aufklärung gewonnen[22]. Bei einer solchen Antragsablehnung bleibt offen, ob durch das bisherige Beweisergebnis die Beweisfrage oder ihr Gegenteil bereits erwiesen ist. Dabei handelt es sich nicht um die unmittelbare Anwendung des § 244 Abs. 4 Satz 1. Denn diese Vorschrift setzt voraus, daß »das Gericht selbst« die nötige Sachkenntnis hat, und dieser Fall liegt nicht vor, wenn das Gericht es überhaupt für notwendig gehalten hat, einen Sachverständigen zu hören[23]. Gleichwohl erscheint es aus dem Gedanken heraus, der dem § 244 Abs. 4 Satz 2 zugrunde liegt, selbstverständlich, daß das Gericht die Erhebung des Sachverständigenbeweises nicht fortzusetzen braucht, wenn es die Sachkunde, die ihm dadurch vermittelt werden soll, bereits aufgrund des Gutachtens der schon gehörten Sachverständigen gewonnen hat. Das ist keine bloße Frage der Begründung des Ablehnungsbeschlusses, sondern von wesentli-

---

19 Vgl. BGH 4 StR 181/55 vom 16. 6. 1955, wo aber die Ablehnung mit der bedenklichen Begründung zugelassen wurde, die Anwendung der überlegenen Forschungsmittel des neu benannten Sachverständigen sei unerheblich. Daß das Gericht, bevor es den neuen Sachverständigen gehört hat, darüber gar nicht urteilen kann, erscheint selbstverständlich.
20 BayObLG bei *Rüth* DAR 1970 S. 264; 1973 S. 219.
21 BGH bei *Dallinger* MDR 1972 S. 925; 1975 S. 24; BGH bei *Spiegel* DAR 1978 S. 157 und 158; 1982 S. 205/206; BGH 5 StR 20/58 vom 6. 5. 1958; 1 StR 633/75 vom 18. 11. 1975; 5 StR 681/79 vom 26. 2. 1980 bei *Pfeiffer* NStZ 1982 S. 189; OLG Hamburg VRS 56 S. 457 (459); *Kleinknecht* Rdnr. 68; KMR *Paulus* Rdnr. 470; LR *Gollwitzer* Rdnr. 254; alle zu § 244; *Gössel* S. 257; *Jessnitzer* Strafverteidiger 1982 S. 177 (180); *Hellm. Mayer* Mezger-FS S. 474; *Mösl* DRiZ 1970 S. 110 (113); *K. Müller* S. 78; *Richter* NJW 1958 S. 1125 (1126). Im Schrifttum wird die Fähigkeit des Richters, Sachkunde zu erwerben, gelegentlich ganz allgemein bestritten; vgl. *Arbab-Zadeh* NJW 1970 S. 1214 (1218).
22 BGH 5 StR 487/56 vom 26. 2. 1957 bei *Meyer* NJW 1958 S. 616 (617). Von der Herbeiführung der »erstrebten Aufklärung« über eine tatsächliche Frage durch Verwertung bestimmter Fachkenntnisse ist auch bei RG JW 1934 S. 2469 mit Anm. *Wegner* die Rede.
23 Vgl. *Meyer* NJW 1958 S. 616 (619). A. A. BGH bei *Dallinger* MDR 1975 S. 24; BGH 5 StR 145/57 vom 14. 5. 1957 bei *Meyer* a.a.O. S. 617 (insoweit in BGHSt. 10 S. 278 und NJW 1957 S. 1244 nicht abgedruckt).

cher Bedeutung für das Ablehnungsrecht. Denn es kann vorkommen, daß keiner der Ablehnungsgründe des § 244 Abs. 3 vorliegt und auch das Gegenteil der Beweisbehauptung nicht erwiesen ist, der Sachverständige sich vielmehr gutachtlich dahin geäußert hat, die Beweisfrage könne überhaupt nicht mit Sicherheit beantwortet werden. In diesem Fall muß das Gericht berechtigt sein, den Antrag auf weiteren Sachverständigenbeweis mit der Begründung abzulehnen, es habe bereits die nötige Sachkunde erlangt und brauche keine weitere Aufklärung[24].

2. Erwiesensein des Gegenteils der Beweistatsache

a) Eigene Sachkunde des Gerichts. Auch für den Sachverständigenbeweis gilt der Grundsatz (vgl. § 261), daß das Gericht in der Würdigung der Beweise frei ist[25]. Es darf sich dem Sachverständigen nicht einfach anschließen, sondern muß, soweit ihm das möglich ist, das Gutachten auf seine Richtigkeit und Überzeugungskraft prüfen[26]. Aufgrund dieser Prüfung kann das Gericht grundsätzlich die Überzeugung gewinnen, daß der Sachverständige die Beweisfrage zutreffend beantwortet hat und daß daher das Gegenteil dessen erwiesen ist, was der Antragsteller durch einen weiteren Sachverständigen unter Beweis stellen will. Das gilt auch, wenn es sich um schwierige Fragen handelt, die nur mit fachwissenschaftlichen Kenntnissen beantwortet werden können[27]. Die Ablehnung des Antrags auf weiteren Sachverständigenbeweis wegen Erwiesenseins des Gegenteils der Beweisbehauptung setzt aber nicht einmal voraus, daß der vom Gericht gehörte Sachverständige selbst das Gegenteil dessen für richtig hält, was der Antragsteller beweisen will. Der Richter kann vielmehr aufgrund der ihm durch den Sachverständigen vermittelten eigenen Sachkunde[28] zu einem anderen Ergebnis kommen als der Sachverständige; einen weiteren Sachverständigen braucht er deswegen nicht unbedingt zu

---

24 Unrichtig daher BGHSt. 3 S. 169 (174), wo die Ansicht vertreten wurde, ein Antrag der Staatsanwaltschaft (der in dem Entscheidungsfall allerdings nicht gestellt war) auf Zuziehung eines weiteren Sachverständigen zum Beweis dafür, daß der Angeklagte nur vermindert schuldfähig gewesen sei, könne nicht abgelehnt werden, wenn nach dem Gutachten des schon gehörten Sachverständigen die Frage der Schuldfähigkeit nicht sicher beantwortet werden kann und das Gegenteil der Beweisbehauptung der Staatsanwaltschaft daher nicht erwiesen ist; zustimmend *Ley* S. 30. Vgl. auch OLG Hamm VRS 5 S. 296 (297); KK *Herdegen* § 244 Rdnr. 39; *Koeniger* S. 293; *Meyer* NJW 1958 S. 616 (618).
25 Vgl. KMR *Paulus* vor § 72 Rdnr. 18; LR *Gollwitzer* § 261 Rdnr. 97; Bockelmann GA 1955 S. 321 (326/327); *Marmann* GA 1953 S. 136 (137).
26 BGHSt. 7 S. 238 (239); 12 S. 311 (314); BGH VRS 31 S. 107; KK *Herdegen* § 244 Rdnr. 37; LR *Gollwitzer* § 261 Rdnr. 99.
27 BGHSt. 8 S. 113 (118); BGH VRS 18 S. 268 (271); S. 430 (432); BGH bei *Spiegel* DAR 1977 S. 157; 1979 S. 190; RGSt. 64 S. 113 (114); OLG Hamburg VRS 56 S. 457 (459); KMR *Paulus* § 244 Rdnr. 469; LR *Gollwitzer* § 244 Rdnr. 254; *Dahs/Dahs* Rdnr. 271; *Schafheutle* JW 1937 S. 3101 (3102); *Wolschke* S. 135.
28 Bezieht er sich auf eine Sachkunde, die er unabhängig von dem Gutachten hat, so liegt vor einer von dem Gutachten abweichenden Entscheidung die Einholung eines anderen Gutachtens nahe; vgl. OLG Düsseldorf MDR 1961 S. 954.

hören²⁹. Der Erwerb eigener Sachkunde aufgrund des Gutachtens eines Sachverständigen erscheint allerdings ausgeschlossen, wenn es sich um eine Frage handelt, die der Sachverständige nicht beherrscht und auch nicht als seine eigene Auffassung vertritt. Hört das Gericht zur Frage der Schuldfähigkeit einen Psychiater, so darf es daher von dessen Gutachten nicht deshalb abweichen, weil es einer von dem Sachverständigen erwähnten, aber ausdrücklich abgelehnten Lehrmeinung der Psychologie folgt; vielmehr ist die Zuziehung eines Psychologen als weiteren Sachverständigen erforderlich³⁰. Weicht das Gericht sonst von der Auffassung des Sachverständigen ab, so muß es sich im Urteil mit dem Gutachten auseinandersetzen und die Gründe darlegen, aus denen es ihm nicht folgt. Dabei genügen keine allgemeinen Erwägungen³¹. Das Gericht muß vielmehr die wesentlichen Anknüpfungstatsachen und Darlegungen des Sachverständigen wiedergeben³² und seine eigene Sachkunde nachweisen. Den wissenschaftlichen Gründen des Sachverständigen darf es nur eigene wissenschaftliche Gründe desselben Fachgebiets entgegensetzen³³. Das muß so eingehend und ausführlich geschehen, daß das Revisionsgericht prüfen kann, ob die Beweiswürdigung des Tatrichters rechtlich bedenkenfrei ist³⁴. Handelt es sich um eine besonders schwierige Beweisfrage, so wird der

29 BGHSt. 21 S. 62; RGSt. 7 S. 425 (426/427); *Ley* S. 28 ff.; *Marmann* GA 1953 S. 136 (144); *Hellm. Mayer* Mezger-FS S. 473. Dagegen verlangen BGH MDR 1955 S. 369 und BGH bei *Spiegel* DAR 1978 S. 178 für den Fall, daß der Tatrichter erneut entgegen dem Sachverständigengutachten die Voraussetzungen des (jetzt) § 21 StGB verneint, grundsätzlich die Anhörung eines weiteren Sachverständigen. Vgl. für die Beurteilung der bürgerlich-rechtlichen Geschäftsfähigkeit entgegen dem Sachverständigengutachten auch BGH NJW 1961 S. 2061 und (gegen diese Entscheidung) *Jessnitzer* S. 82. Grundsätzlich a. A. *Wolschke* (S. 288 ff.), der stets die Zuziehung eines weiteren Sachverständigen verlangt, wenn der Richter dem ersten Gutachten nicht folgen will. Ebenso die erfreulicherweise vereinzelt gebliebene Entscheidung BGH 5 StR 769/52 vom 27. 11. 1952 bei *Panhuysen* S. 154, in der der BGH dem Tatrichter widersprüchliches Verhalten vorgeworfen hat, weil er erst einen Sachverständigen beigezogen, sich aber nach dessen Vernehmung »nunmehr selbst« die nötige Sachkunde zugetraut hatte. Auch KK *Herdegen* § 244 Rdnr. 38 fordert für den Regelfall die Anhörung eines weiteren Sachverständigen.
30 BGH NJW 1959 S. 2315 (2316) mit Anm. *Bresser*, KK *Herdegen* § 244 Rdnr. 38; *Schorn* GA 1965 S. 299 (306).
31 BGH bei *Dallinger* MDR 1975 S. 726; BGH bei *Holtz* MDR 1977 S. 637; BGH bei *Martin* DAR 1972 S. 120; vgl. auch BGH bei *Holtz* MDR 1978 S. 459.
32 BGH VRS 31 S. 107; KMR *Paulus* § 244 Rdnr. 471.
33 BGH DRiZ 1973 S. 61; BGH bei *Holtz* MDR 1977 S. 637 = GA 1977 S. 275; BGH VRS 27 S. 348 (350); BGH 1 StR 174/62 vom 26. 6. 1962; OLG Hamm Blutalkohol 1963 S. 236; *Hellm. Mayer* Mezger-FS S. 475/476; *Mösl* DRiZ 1970 S. 110 (112/113). Vgl. auch BGHSt. 8 S. 113 (117); 21 S. 61 (62).
34 BGH DRiZ 1973 S. 61; BGH VRS 17 S. 187 (191); 21 S. 289 (290); BGH bei *Dallinger* MDR 1970 S. 732; 1972 S. 570/571; BGH bei *Holtz* MDR 1977 S. 284; 1980 S. 104; 1977 S. 637 = GA 1977 S. 275; BGH bei *Martin* DAR 1972 S. 120; BGH bei *Pfeiffer/Maul/Schulte* § 51 StGB a. F. Rdnr. 14; BGH 5 StR 585/53 vom 26. 1. 1954 bei *Mösl* DRiZ 1970 S. 110 (113); BGH 2 StR 548/79 vom 7. 12. 1979 bei *Pfeiffer* NStZ 1981 S. 296; KG VRS 23 S. 33 (34); OLG Köln NJW 1967 S. 1521 = VRS 33 S. 269 (270); JMBlNRW 1978 S. 69; OLG Koblenz OLGSt. § 267 S. 41; OLG Stuttgart Justiz 1971 S. 312; KK *Herdegen*

Tatrichter, wenn er nicht ausnahmsweise über außergewöhnliche Sachkunde verfügt, regelmäßig einen weiteren Sachverständigen anhören müssen[35].

Hat der Tatrichter zu einer Beweisfrage zwei oder mehr Gutachter gehört, die unterschiedliche Auffassungen vertreten haben und deren Gutachten nicht oder jedenfalls nicht voll übereinstimmen, so muß er ebenfalls nicht unbedingt einen weiteren Sachverständigen hinzuziehen, sofern er in der Lage ist, den Gedankengang des abweichenden Gutachtens mit ausreichenden Gründen zu widerlegen. Er ist aus Rechtsgründen nicht gehindert, eines der beiden Gutachten für überzeugend zu halten und aufgrund der ihm hierdurch vermittelten Sachkunde über den Straffall zu entscheiden[36]. Die Ansicht, daß zur »mehrheitlichen Absicherung« der richtigen Lösung unter allen Umständen weitere Sachverständige herangezogen werden müssen[37], beruht auf einer offensichtlichen Verkennung der Stellung des Gerichts gegenüber dem Sachverständigen. Allerdings wird der Richter wegen der durch die Widersprüchlichkeit der Gutachten hervorgerufenen Zweifel häufig noch nicht die für die Entscheidung erforderliche Sachkunde gewonnen haben. Die Bestellung eines Sachverständigen, dessen Fachautorität besonders groß ist, liegt dann nahe[38]. Im Zweifel muß der Tatrichter eher zu viele als zu wenige Sachverständige heranziehen[39]. Vertreten die mehreren Sachverständigen, die er mangels eigener Sachkunde gehört hat, zu der Beweisfrage übereinstimmende Ansichten, so wird er sich nur in besonderen Ausnahmefällen über diese Gutachten hinwegsetzen dürfen[40]. Damit das Revisionsgericht das Urteil auf Rechtsfehler prüfen kann, muß der Tatrichter auch in diesen Fällen in den Urteilsgründen die Auffas-

---

§ 244 Rdnr. 38; KMR *Paulus* vor § 72 Rdnr. 21 und § 244 Rdnr. 470; LR *Gollwitzer* § 261 Rdnr. 98; *Dreher/Tröndle* § 20 StGB Rdnr. 8; *Schönke/Schröder/Lenckner* § 20 StGB Rdnr. 45; *Hentschel/Born* Rdnr. 254; *Jessnitzer* S. 82; *Ley* S. 30; *Sarstedt* S. 179. Bedenklich OLG Hamm DAR 1957 S. 108 = JMBlNRW 1957 S. 117, das die Abweichung von dem Sachverständigengutachten ohne Begründung billigt.

35 BGH bei *Holtz* MDR 1977 S. 637; KMR *Paulus* vor § 72 Rdnr. 21.
36 BGH bei *Dallinger* MDR 1970 S. 732; BGH bei *Spiegel* DAR 1977 S. 175; 1978 S. 157 und 158; 1998 S. 206; BGH 5 StR 132/56 vom 3.7. 1956 bei *Mösl* DRiZ 1970 S. 110 (113/114); BGH 2 StR 271/64 vom 16. 10. 1964; RG JW 1931 S. 2576 mit Anm. *Radbruch*; RG JW 1939 S. 754 = HRR 1939 Nr. 603; BayObLGSt. 1957 S. 134 (135) = VRS 13 S. 293 (294); OLG Düsseldorf LRE 9 S. 204 (205); KK *Herdegen* Rdnr. 38; *Kleinknecht* Rdnr. 68; KMR *Paulus* Rdnr. 472; alle zu § 244; LR *Gollwitzer* § 261 Rdnr. 101; *Eb. Schmidt* § 244 Rdnr. 70 und Nachtr. Rdnr. 27); *Dreher/Tröndle* § 20 StGB Rdnr. 18; *Dahs/Dahs* Rdnr. 271; *Ley* S. 26; *K. Müller* S. 82; *Seibert* NJW 1962 S. 135 (137); 1966 S. 1847 (1848); weitere Nachw. bei *Sarstedt* S. 179 Fußn. 79. Vgl. auch RGSt. 71 S. 336 (338).
37 *Wolschke* S. 288 ff., 301. – *Peters* (S. 340) schlägt vor, nach dem Grundsatz *in dubio pro reo* zu entscheiden, wenn der Richter auf dem umstrittenen Fragengebiet keine eigenen Kenntnisse oder Erfahrungen besitzt.
38 So mit Recht *K. Müller* S. 81/82.
39 BGHSt. 23 S. 8 (12); S. 176 (188); KMR *Paulus* § 244 Rdnr. 470; vgl. auch KK *Herdegen* § 244 Rdnr. 39.
40 BGHSt. 8 S. 113 (115); BGH 5 StR 830/52 vom 29. 1. 1953; 5 StR 585/53 vom 26. 1. 1954 bei *Mösl* DRiZ 1970 S. 110 (113); 1 StR 174/62 vom 26. 6. 1962. Vgl. auch den Fall BGHSt. 19 S. 367.

sungen der Sachverständigen wiedergeben und eingehend[41] darlegen, weshalb er sich einem von ihnen anschließt und nicht dem anderen[42] oder weshalb er der Meinung ist, daß alle Unrecht haben.

b) Andere Fälle. Auch sonst können der Fähigkeit des Gerichts, die zur Beantwortung der durch den Straffall aufgeworfenen Beweisfragen erforderliche Sachkunde zu erwerben, Grenzen gesetzt sein. Es gibt Wissenschaftsgebiete, in die der Laie nicht eindringen kann, auch wenn ein Fachmann sich bemüht, ihm das nötige Wissen zu vermitteln. Die Annahme, daß ein Gutachten dem Richter immer die fehlende Sachkunde vermittelt, erweist sich dann als bloße Fiktion[43]. Schon der durchschnittliche Verkehrsrichter wird nicht in der Lage sein, aufgrund des Gutachtens eines technischen Sachverständigen das mathematische und physikalische Wissen zu erwerben, das notwendig ist, um aus dem Zustand der Unfallfahrzeuge auf die Aufprallgeschwindigkeit zu schließen. Kommt es bei dem Entscheidungsfall darauf an, Erkenntnisse der Kernphysik zu verwenden, so wird jeder Versuch eines Sachverständigen, das Gericht so sachkundig zu machen, daß es die Beweisfrage selbständig lösen kann, von vornherein aussichtslos sein, und wenn ein Straffall nicht ohne die Auslegung eines alten hebräischen Textes entschieden werden kann, ist das Gericht, das diese Sprache nicht versteht, ganz auf die Sachkunde des Sachverständigen angewiesen[44]. In derartigen Fällen kann der Tatrichter nur prüfen, ob der Sachverständige ein erprobter und zuverlässiger Vertreter seines Fachs ist und ob auf seine Sachkunde in diesem Bereich vertraut werden kann[45]. Es bleibt dem Gericht nichts anderes übrig, als das Gutachten ähnlich wie eine Zeugenaussage zu verwerten, der es entweder Glauben schenkt oder nicht[46].

Ähnlich liegt es, wenn der Sachverständige sich über das Ergebnis der von ihm vorgenommenen Analysen und Tests äußert. Das Gericht kann z. B. nicht im einzelnen prüfen, ob der Promillesatz des Blutalkoholgehalts oder die Blutgruppe zutrifft, die der Sachverständige aus der dem Angeklagten oder einem Zeugen entnommenen Blutprobe ermittelt hat. Es kann sich nur über die angewendeten Untersuchungsmethoden unterrichten lassen und sich davon vergewissern, daß sie einwandfrei sind.

---

41 Vgl. BGH MDR 1980 S. 662: »Einleuchtende und logisch nachvollziehbare Begründung«.
42 BGH bei *Dallinger* MDR 1970 S. 732; BGH bei *Holtz* MDR 1977 S. 810; BGH bei *Spiegel* DAR 1978 S. 157; RG JW 1931 S. 2576 mit Anm. *Radbruch*; KK *Herdegen* § 244 Rdnr. 38; Kleinknecht § 267 Rdnr. 12; *Krille* JW 1935 S. 543; *Ley* S. 27, 30.
43 Vgl. *Pieper* ZZP 84 S. 1 (28).
44 Vgl. den Fall RG JW 1930 S. 1006.
45 BGHSt. 7 S. 238 (239); BGH NJW 1961 S. 2061; BGH bei *Pfeiffer/Maul/Schulte* § 51 StGB a. F. Rdnr. 14; KK *Herdegen* § 244 Rdnr. 37; *Eb. Schmidt* Nachtr. § 244 Rdnr. 27); *Jessnitzer* S. 83; *Hellm. Mayer* Mezger-FS S. 476; *Mösl* DRiZ 1970 S. 110 (112); *Pieper* ZZP 84 S. 1 (27/28); *Richter* NJW 1958 S. 1125 (1126); *Rudolph* Justiz 1969 S. 49 (50); *Wolschke* S. 135.
46 OLG Stuttgart VRS 45 S. 125 (127). Vgl. auch BGHSt. 12 S. 311 (314), wo aber mit Recht verlangt wird, daß im Urteil die wesentlichen tatsächlichen Grundlagen des Gutachtens und die Art der Schlußfolgerungen des Sachverständigen mitgeteilt werden; ebenso LR *Gollwitzer* § 267 Rdnr. 99.

Der Erwerb eigener Sachkunde aufgrund des Gutachtens des bereits gehörten Sachverständigen ist daher keineswegs die notwendige Voraussetzung für die Ablehnung des Antrags auf Anhörung weiterer Sachverständiger[47]. Auch wenn das Gericht nicht fähig ist, die erforderliche Sachkunde zu erwerben, muß der Sachverständige nicht immer durch einen zweiten Sachverständigen kontrolliert werden[48]. Der Antrag auf weiteren Sachverständigenbeweis kann vielmehr auch abgelehnt werden, wenn das Gericht das Gegenteil der Beweistatsache aufgrund des Gutachtens eines ohne Zweifel zuverlässigen und kompetenten Sachverständigen für erwiesen hält, von dem es nur das Ergebnis verstanden hat. Das Gericht ist nicht verpflichtet, Beweis darüber zu erheben, ob die fachlichen Erfahrungen und das fachliche Wissen des Sachverständigen auf zutreffenden Ergebnissen, Schlüssen und Wertungen beruhen[49]. Es ist eine Frage der Aufklärungsbedürftigkeit im Einzelfall, ob die Unmöglichkeit, das Gutachten zu prüfen, die Zuziehung eines zweiten Sachverständigen erforderlich macht[50]. Daß eine solche Kontrolle des Erstgutachters oft empfehlenswert sein kann, läßt sich allerdings nicht bezweifeln[51]. Die Zuziehung eines weiteren Sachverständigen wird vor allem notwendig sein, wenn der Sachverständige Fragen zu beantworten hat, die auch innerhalb seines Wissensgebiets als besonders schwierig gelten[52].

III. Pflicht zur Anhörung weiterer Sachverständiger

1. Zweifel an der Sachkunde des Sachverständigen

a) **Ungenügendes Gutachten.** Daß der Richter sich mit einem ungenügenden Gutachten nicht zufrieden geben darf, folgt aus § 83 Abs. 1[53]. Die Fälle, in denen das Gutachten im Sinne dieser Vorschrift ungenügend ist und daher dem Gericht die

---

47 A. A. BGHSt. 23 S. 8 (12); BayObLGSt. 1972 S. 96 (97); LR *Gollwitzer* § 244 Rdnr. 25; *Hellm. Mayer* Mezger-FS S. 473 ff., nach deren Ansicht es erforderlich ist, daß die Sachkunde, die sich das Gericht durch Anhörung eines Sachverständigen verschafft, zur sicheren Beurteilung des Sachverhalts ausreicht. Damit würde die Rechtsfigur des notwendigen Zweitgutachters in allen Fällen geschaffen, in denen dem Gericht die Sachkunde nicht in vollem Umfang vermittelt werden kann. Das Gesetz, auch § 244 Abs. 2, verlangt das nicht.
48 A. A. KK *Herdegen* § 244 Rdnr. 107 (anders aber Rdnr. 37); *Alsberg* RG JW 1930 S. 1006, *Simader* S. 188/189 und die Voraufl. S. 260.
49 BGH 5 StR 269/58 vom 29. 8. 1958; *Mösl* DRiZ 1970 S. 110 (112).
50 Vgl. *Jessnitzer* S. 83.
51 Vgl. *Kleinknecht* § 244 Rdnr. 68. Das RG mußte die Frage in JW 1930 S. 1006 entgegen dem unrichtigen Leitsatz, der dem Entscheidungsabdruck vorangestellt ist, nicht beantworten, weil es auf sie nicht ankam.
52 Vgl. dazu unten S. 737.
53 Die Vorschrift ist nur deshalb als Kannbestimmung gefaßt, weil es Fälle gibt, in denen eine neue Begutachtung aus anderen Gründen nicht erforderlich ist, z. B. wenn der Richter zu der Auffassung gelangt, daß die Zuziehung eines Sachverständigen von vornherein überflüssig war; vgl. BayObLGSt. 1955 S. 262 = NJW 1956 S. 1001; LR *Meyer* § 83 Rdnr. 5.

erforderliche Sachkunde nicht vermitteln kann, führt § 244 Abs. 4 Satz 2 zweiter Halbsatz auf[54]. Dabei versteht es sich im Grunde von selbst, daß das Gericht, wenn es seine Pflicht zur Aufklärung des Sachverhalts (§ 244 Abs. 2) nicht verletzen will, sich nicht mit dem Gutachten eines Sachverständigen begnügen darf, an dessen Sachkunde Zweifel bestehen. Denn wenn die Sachkunde des Gutachters ernsthaften Bedenken unterliegt, ist im allgemeinen die Annahme begründet, daß auch sein Gutachten nicht zutrifft[55]. Maßgebend sind dabei aber nur die Zweifel und Bedenken des Tatrichters, dem die Beurteilung der Sachkunde allein unterliegt[56], nicht die der Prozeßbeteiligten und auch nicht, im Rechtsmittelverfahren, die des Revisionsgerichts[57].

b) **Fehlende Sachkunde.** Es kommt darauf an, ob vom Standpunkt eines vernünftigen und unvoreingenommenen Beurteilers aus Anlaß besteht, an der Sachkunde des Sachverständigen zu zweifeln[58]. Bedenken gegen die Sachkunde des Gutachters sind insbesondere begründet, wenn schon seine berufliche Ausbildung und Tätigkeit ihn ungeeignet erscheinen lassen, die Beweisfrage zutreffend zu beantworten[59]. Die Sachkunde fehlt einem Sachverständigen vor allem dann, wenn die Beweisfrage von einem Vertreter seiner Fachrichtung überhaupt nicht zuverlässig beantwortet werden kann. Z. B. genügt die Sachkunde eines Psychologen zur Beurteilung der Schuldfähigkeit des Angeklagten nicht, wenn krankhafte Zustände zu beurteilen sind. Das kann allein ein Psychiater oder Neurologe[60]. Der Psychologe ist zur Begutachtung nur nach oder neben einem solchen Sachverstän-

---

54 Vgl. *K. Müller* S. 79.
55 Vgl. LR *Gollwitzer* § 244 Rdnr. 256; *Ley* S. 23.
56 BGH bei *Spiegel* DAR 1980 S. 206; BGH 1 StR 828/76 vom 25. 1. 1977.
57 BGH GA 1955 S. 269 (270); BGH 4 StR 707/52 vom 20. 8. 1953 bei *Sarstedt* S. 178; *Sarstedt* NJW 1968 S. 177 (178); DAR 1964 S. 306 (313). A. A. *Wolschke* S. 78 Fußn. 1, S. 289, der es insbesondere nicht für angängig hält, daß das Revisionsgericht die Frage nicht überprüfen darf. Darum geht es aber nicht. Vielmehr ist nur ausgeschlossen, daß das Revisionsgericht die Frage, soweit sie Ermessenscharakter hat, anders beantwortet als der Tatrichter. Die in dem Urteil des BGH vom 20. 8. 1953 geäußerte Meinung, auf die fehlende Sachkunde des Gutachters könne die Revision nicht gestützt werden, ist so allgemein nicht richtig; vgl. *Sarstedt* S. 178.
58 OLG Hamburg VRS 56 S. 457 (459); LR *Gollwitzer* § 244 Rdnr. 257.
59 Daß Landgerichtsärzte in Bayern regelmäßig als Sachverständige für die Frage der Schuldfähigkeit auch dann geeignet sind, wenn ihnen die Anerkennung als Facharzt für Nerven- oder Geisteskrankheiten fehlt, haben BGHSt. 8 S. 76; 23 S. 311 = JR 1971 S. 116 mit krit. Anm. *Peters*; BGH 1 StR 755/75 vom 16. 12. 1975 bejaht. Vgl. in gleichem Sinne für Gefängnisärzte: BGH VRS 34 S. 344 (345), für Gerichtsmediziner, die keine Fachneurologen sind: OLG Koblenz VRS 36 S. 17 (19) und für beamtete Ärzte in Nordrhein-Westfalen, die nicht Fachärzte für Nerven- und Geisteskrankheiten sind: OLG Hamm NJW 1971 S. 1954 (1956). Vgl. auch *Kahnt* NJW 1971 S. 1868; *Reusch* DRiZ 1955 S. 291.
60 OLG Hamm JMBlNRW 1964 S. 117; OLG Karlsruhe MDR 1972 S. 800; LR *Gollwitzer* § 244 Rdnr. 64; LR *Meyer* § 73 Rdnr. 13; *Dreher/Tröndle* § 20 StGB Rdnr. 18; *Blau* ZStW 78 S. 153 (175); *Bresser* NJW 1958 S. 249; 1959 S. 2315 (2316); *Göppinger* in: Handbuch der forensischen Psychiatrie, 1972, II S. 1535; *Langelüddeke/Bresser*, Gerichtliche Psychiatrie, 4. Aufl., 1976, S. 118 ff.; *Wüst* S. 42. Vgl. auch OLG Karlsruhe Justiz 1974 S. 94.

digen berufen[61]. Krankhafter Zustand in diesem Sinne ist auch eine Bewußtseinsstörung infolge Alkoholgenusses[62]. Ist die Schuldfähigkeit eines Hirngeschädigten zu beurteilen, so ist ein medizinischer Sachverständiger ohne besondere Kenntnisse und Erfahrungen auf dem Gebiet der Hirnverletzungen in der Regel nicht sachkundig genug[63]. Auch die Frage, ob der Altersabbau zum Wegfall oder zur Einschränkung der Schuldfähigkeit führt, kann nach Ansicht des Bundesgerichtshofs nur durch einen Psychiater mit besonderen Erfahrungen auf diesem Gebiet zuverlässig beurteilt werden[64]. Der Beweisantrag auf Anhörung eines Jugendpsychiaters über die Glaubwürdigkeit eines jugendlichen Zeugen kann zwar grundsätzlich unter Berufung auf die bereits erfolgte Anhörung eines Psychologen abgelehnt werden[65], aber nur unter der Voraussetzung, daß der Zeuge nicht an einer geistigen Erkrankung leidet[66]. Für erwachsene Zeugen gilt nichts anderes[67]. Ein Fachpsychologe ist aber ein genügend sachkundiger Gutachter, wenn es nur um die Frage geht, ob eine Störung der Schilddrüsentätigkeit Einfluß auf die Glaubwürdigkeit hat[68]. Zur Bestimmung der Blutalkoholkonzentration des Angeklagten zur Tatzeit muß ein auf diesem Gebiet erfahrener medizinischer Sachverständiger, nicht nur ein Chemiker oder anderer Sachverständiger, gehört werden, wenn besondere Umstände, wie eine nicht abgeschlossene Resorption, Nachtrunk, zusätzliche Einnahme von Medikamenten, vorliegen[69]. Ein Kraftfahrzeugsachverständiger ist nicht sachkundig für die nur von einem Augenarzt zu beantwortende

---

61 Vgl. *Blau* ZStW 78 S. 153 (175), wonach dieser Grundsatz jetzt von allen zuständigen Gremien der Fachpsychologen aufgestellt worden ist.
62 OLG Hamm JMBlNRW 1964 S. 117; OLG Koblenz VRS 49 S. 433; LR *Meyer* § 73 Rdnr. 13; *Spann* DAR 1980 S. 309 (314).
63 BGH NJW 1952 S. 633; 1969 S. 1578; BGH VRS 16 S. 186 (188); 37 S. 430; S. 437; BGH bei *Holtz* MDR 1977 S. 281; BGH bei *Martin* DAR 1970 S. 124; BGH bei *Pfeiffer/Maul/Schulte* § 51 StGB a. F. Rdnr. 13; BGH bei *Spiegel* DAR 1981 S. 201; BGH 1 StR 755/75 vom 16. 12. 1975; 4 StR 38/77 vom 12. 5. 1977; 3 StR 264/77 vom 28. 9. 1977; OLG Köln VRS 6 S. 49 (53); 32 S. 215 (217); OLG Schleswig SchlHA 1953 S. 66; KK *Herdegen* Rdnr. 32; *Kleinknecht* Rdnr. 33; LR *Gollwitzer* Rdnr. 60; alle zu § 244; LR *Meyer* § 73 Rdnr. 15; *Eb. Schmidt* § 244 Rdnr. 70; *Dahs/Dahs* Rdnr. 270; *Jessnitzer* S. 128; *Kohlhaas* SJZ 1949 Sp. 878; *von Winterfeld* NJW 1951 S. 781 (783). Vgl. auch RiStBV Nr. 63 Abs. 1. – BGH bei *Holtz* MDR 1981 S. 982 = Strafverteidiger 1981 S. 602 weist darauf hin, daß es auf die Umstände des Einzelfalls ankommt. Ist der beginnende Hirnschaden auf Alkoholmißbrauch zurückzuführen, für dessen Beurteilung der vernommene Sachverständige besonders sachkundig ist, so ist die Vernehmung eines Hirnspezialisten nicht erforderlich.
64 BGH NJW 1964 S. 2213.
65 BGH 2 StR 18/80 vom 2. 4. 1980.
66 BGHSt. 23 S. 8 (13) = JR 1970 S. 151 mit Anm. *Peters*; *Kleinknecht* § 244 Rdnr. 67; LR *Meyer* § 73 Rdnr. 11; *Hülle* JZ 1955 S. 8 (11); *Jessnitzer* S. 127.
67 BGH 2 StR 338/63 vom 16. 10. 1963. Vgl. auch *Dreher/Tröndle* § 20 StGB Rdnr. 18.
68 BGH 4 StR 279/68 vom 26. 7. 1968.
69 BGH DAR 1968 S. 114 = VRS 34 S. 211 (212); OLG Frankfurt NJW 1961 S. 283; OLG Hamm VRS 36 S. 290 (291); 39 S. 427 (429); 41 S. 273 (274); LR *Meyer* § 73 Rdnr. 10; *Hentrich* Blutalkohol 1961 S. 14 (20); *Jessnitzer* S. 128.

Frage, wie schnell sich das menschliche Auge nach einer Blendung durch Scheinwerfer wieder auf die normale Sehschärfe einstellt[70].

Ferner erscheint die Sachkunde eines Gutachters zweifelhaft, wenn über die Beweisfrage innerhalb seiner Fachrichtung ein wissenschaftlicher Streit besteht oder wenn offensichtlich ist, daß die zu beurteilende Frage von verschiedenen wissenschaftlichen Richtungen und Schulen aus unterschiedlich beantwortet werden kann, der Sachverständige aber nur eine dieser Richtungen vertritt[71]. Der Fall kann insbesondere eintreten, wenn dem Angeklagten ein Verstoß gegen die Regeln der ärztlichen Kunst bei der Heilbehandlung zur Last gelegt wird, weil er sich der Methoden einer bestimmten Richtung (Allopathie, Homöopathie usw.) bedient hat. Dann hat er Anspruch darauf, daß Sachverständige aller in Betracht kommenden wissenschaftlichen Fachrichtungen gehört werden[72]. Darüber hinaus gibt es jedoch keinen Rechtssatz des Inhalts, daß in zweifelhaften Fällen mehrere Sachverständige, gegebenenfalls verschiedener Schulen, zu hören sind[73].

Zweifelhaft erscheint die Sachkunde des Gutachters nicht deshalb, weil er bestimmte Untersuchungsmethoden nicht angewendet hat[74]; denn welcher Untersuchungsmethoden er sich bedient, aufgrund welcher Unterlagen er sein Gutachten erarbeitet und wie er es in der mündlichen Verhandlung dem Gericht unterbreitet, muß in erster Linie dem Sachverständigen selbst überlassen werden[75]. Zweifel an der Sachkunde sind in der Regel auch nicht deshalb berechtigt, weil dem Sachverständigen die Auslegung einer gerichtlichen Entscheidung Schwierigkeiten bereitet[76] oder weil er im Laufe des Verfahrens seine Meinung geändert hat, insbesondere weil sein vorläufiges schriftliches Gutachten anders gelautet hatte als sein mündliches Gutachten in der Hauptverhandlung[77] oder weil er noch in der Hauptverhandlung zunächst eine andere Auffassung vertreten hat[78]. In solchen Fällen ist nur erforderlich, daß der Sachverständige vom Gericht auf den Wider-

---

70 RG JW 1932 S. 3358 (3360) mit Anm. *Bohne.*
71 Vgl. KK *Herdegen* Rdnr. 108; KMR *Paulus* Rdnr. 473; *Eb.Schmidt* Rdnr. 70; alle zu § 244; *Dahs/Dahs* Rdnr. 71; *K. Müller* S. 74; *Rudolph* Justiz 1969 S. 24 (27); *Tröndle* JZ 1969 S. 374 (376); vgl. auch OLG Hamm NJW 1953 S. 1077.
72 RG HRR 1938 Nr. 936; LR *Gollwitzer* § 244 Rdnr. 257; *Eb. Schmidt* Nachtr. § 78 Rdnr. 6 und in: Der Arzt im Strafrecht, 1939, S. 155 ff.; *Bockelmann,* Strafrecht des Arztes, 1968, S. 82. Vgl. auch RGSt. 64 S. 263; 67 S. 12; RG HRR 1937 Nr. 1429; 1938 Nr. 857.
73 BGHSt. 23 S. 176 (187).
74 BGH GA 1961 S. 241; *Ley* S. 45. Vgl. unten S. 736.
75 BGH NJW 1970 S. 1242 (1243); BGH bei *Spiegel* DAR 1981 S. 200; BGH 5 StR 142/80 vom 6. 5. 1980 bei *Pfeiffer* NStZ 1982 S. 189. Vgl. aber OLG Celle Strafverteidiger 1981 S. 608 mit Anm. *Barton,* das Zweifel an der Sachkunde eines Schriftsachverständigen für berechtigt hält, der sein Gutachten auf Fotokopien stützt, obwohl Originalschriften vorhanden sind.
76 BGHSt. 23 S. 176 (185) weist zutreffend darauf hin, daß es Sache des Gerichts, nicht des Sachverständigen ist, Rechtsfragen zu beurteilen.
77 BGHSt. 8 S. 113 (116); BGH 5 StR 505/74 vom 3. 12. 1974; 5 StR 206/77 vom 7. 6. 1977; RG HRR 1940 Nr. 203; LR *Gollwitzer* § 244 Rdnr. 258; *Ley* S. 40/41.
78 BGH 5 StR 430/80 vom 14. 10. 1980 bei *Pfeiffer* NStZ 1982 S. 189; BGH 5 StR 5/81 vom 10. 3. 1981.

spruch aufmerksam gemacht und daß er veranlaßt wird, die Gründe für seine veränderte Stellungnahme zu nennen[79]. Anders kann es sein, wenn der Sachverständige, obwohl ihm nur unvollständige und unzulängliche Unterlagen zur Verfügung standen, zunächst ein bestimmtes Ergebnis als völlig sicher bezeichnet hat, dann aber zu anderen Schlußfolgerungen gelangt ist[80]. Hat sich der Sachverständige, der zur Schuldfrage ein Gutachten erstattet, für Schizophrenie entschieden, so bestehen Zweifel an seiner Sachkunde, wenn er damit von zahlreichen früher von anderen Sachverständigen über den Geisteszustand des Angeklagten erstatteten Gutachten abweicht, ohne sie überhaupt zu erwähnen[81]. Wenn der Sachverständige seine Untersuchungsmethoden aus Wettbewerbsgründen geheimhält, begründet das zwar keine Zweifel an seiner Sachkunde; regelmäßig wird aber Anlaß bestehen, die Ergebnisse seiner Untersuchungen durch einen anderen Gutachter kontrollieren zu lassen, bevor sie einer gerichtlichen Feststellung zugrunde gelegt werden[82].

2. Unzutreffende tatsächliche Voraussetzungen des Gutachtens

Daß der Sachverständige das Gutachten auf einer unrichtigen Tatsachengrundlage aufbaut, muß nicht seine Schuld sein. Vielfach unterlassen es die Gerichte, dem Sachverständigen die Anknüpfungstatsachen[83] mitzuteilen, die dem Gutachten zugrunde gelegt werden sollen. Der Sachverständige erhält die Akten übersandt, und es wird ihm überlassen, sich den Sachverhalt selbst zusammenzusuchen[84]. Wenn sich dann herausstellt, daß es ein falscher Sachverhalt ist, muß nicht in erster Hinsicht ein anderer oder ein weiterer Sachverständiger beauftragt werden, sondern es ist notwendig, daß das Gericht dem Gutachter endlich den zutreffenden Sachverhalt mitteilt und ihn auffordert, sein Gutachten diesen Tatsachen anzupassen[85]. Das gleiche gilt für den Fall, daß der Sachverständige sein Gutachten auf sog. Zusatztatsachen[86] stützt, die das Gericht für widerlegt hält, oder daß erst in der Hauptverhandlung Tatsachen bekannt werden, die im Widerspruch zu dem bisher ermittelten Sachverhalt stehen. Auch dann kann der Sachverständige veranlaßt werden, aufgrund der vom Gericht für erwiesen angenommenen Tatsa-

---

79 BGH 5 StR 733/52 vom 20. 11. 1952, wiedergegeben bei BGHSt. 8 S. 113 (116); *Schorn* GA 1965 S. 299 (302). Im Urteil muß der Tatrichter darlegen, weshalb er geglaubt hat, dem letzten Gutachten des Sachverständigen folgen zu können, obwohl dieser seine Auffassung gewechselt hat; vgl. RG HRR 1940 Nr. 203; KMR *Paulus* § 244 Rdnr. 473.
80 OLG Braunschweig NJW 1953 S. 1053 (1036) = NdsRpfl. 1953 S. 149 (150); LR *Gollwitzer* § 244 Rdnr. 258; *Ley* S. 41.
81 BGH bei *Holtz* MDR 1978 S. 109; KK *Herdegen* § 244 Rdnr. 39; *Dreher/Tröndle* § 20 StGB Rdnr. 18.
82 BGH bei *Dallinger* MDR 1976 S. 17; KMR *Paulus* § 244 Rdnr. 473; LR *Gollwitzer* § 244 Rdnr. 256.
83 Zum Begriff vgl. LR *Meyer* § 79 Rdnr. 18.
84 Gegen diese unausrottbare Gerichtspraxis LR *Meyer* § 78 Rdnr. 1 und 9 mit Nachw.
85 Vgl. KMR *Paulus* § 244 Rdnr. 475; LR *Gollwitzer* § 244 Rdnr. 260; *Sarstedt* NJW 1968 S. 177 (178) und DAR 1964 S. 307 (313); *G. Schäfer* S. 361.
86 Zum Begriff vgl. *Meyer* § 79 Rdnr. 21.

chen ein Zusatzgutachten zu erstatten[87]. Anders ist es, wenn die von dem Sachverständigen selbst festgestellten sog. Befundtatsachen[88] unrichtig sind, z. B. wenn ein Buchsachverständiger erwiesenermaßen die Belege unzureichend und lückenhaft ermittelt hat[89]. Dann ist nicht nur die Richtigkeit des bisher vorliegenden Gutachtens, sondern auch das Vertrauen in die Zuverlässigkeit des Sachverständigen selbst erschüttert, und dem Antrag, einen weiteren Sachverständigen hinzuzuziehen, muß stattgegeben werden[90].

3. Widersprüche im Gutachten

Gemeint sind nur Widersprüche, die das in der Hauptverhandlung erstattete mündliche Gutachten des Sachverständigen enthält. Auf die vorbereitenden schriftlichen Gutachten, die das Gericht bei der Urteilsfindung nicht verwerten kann, kommt es nicht an[91]. Widersprüche zwischen schriftlichem und mündlichem Gutachten können nur die Sachkunde des Sachverständigen in Zweifel setzen[92]. Dagegen hat ein Gutachten, das in sich selbst Widersprüche aufweist, nur geringen Wert, und die Aufklärungspflicht verbietet es dem Gericht in aller Regel, sich mit ihm zufrieden zu geben. Zwar erscheint es nicht unzulässig, die Widersprüche mit dem Sachverständigen zu erörtern und ihn zu veranlassen, sie zu beseitigen[93], wie ja das Gericht nach § 78 überhaupt verpflichtet ist, die Tätigkeit des Sachverständigen zu leiten. Im allgemeinen wird es jedoch angezeigt erscheinen, einen anderen Sachverständigen zu beauftragen[94].

4. Überlegene Forschungsmittel des neuen Sachverständigen

Verfügt ein anderer Sachverständiger über überlegene Forschungsmittel, so liegt die Wahrscheinlichkeit oder mindestens die Möglichkeit nahe, daß sein Gutachten zuverlässiger sein wird als das des bereits gehörten Sachverständigen. Das zwingt nach § 244 Abs. 4 Satz 2 zweiter Halbsatz dazu, den neuen Sachverständigen zu hören. Ob diese Voraussetzungen vorliegen, hat ausschließlich der Tatrichter aufgrund der Umstände des Einzelfalls nach pflichtgemäßem Ermessen zu entscheiden[95]. Er kann sich dabei der Hilfe des bereits gehörten Sachverständigen bedienen[96]. Das Gericht hat aber nicht abschließend zu prüfen, ob die Forschungsmittel des neuen Sachverständigen nach feststehenden wissenschaftlichen Erkenntnissen

---

87 Vgl. KK *Herdegen* § 244 Rdnr. 109; LR *Gollwitzer* § 244 Rdnr. 263; *Ley* S. 35. Vgl. auch OLG Düsseldorf MDR 1961 S. 954 für den Fall, daß der Tatrichter die Tatsachen, von denen der Sachverständige ausgeht, für nicht erwiesen oder widerlegt erachtet.
88 Zum Begriff vgl. LR *Meyer* § 79 Rdnr. 19 ff.
89 Vgl. den Fall RG HRR 1937 Nr. 1625.
90 Vgl. KK *Herdegen* § 244 Rdnr. 109; LR *Gollwitzer* § 244 Rdnr. 263; *Ley* S. 35.
91 BGHSt. 23 S. 176 (185).
92 Vgl. oben S. 733.
93 Vgl. *Rudolph* Justiz 1969 S. 49 (52); *Sarstedt* NJW 1968 S. 177 (178) und DAR 1964 S. 307 (313); *G. Schäfer* S. 361.
94 Vgl. LR *Gollwitzer* § 244 Rdnr. 264.
95 Vgl. unten S. 905.
96 Vgl. *Kleinknecht* § 244 Rdnr. 69; KMR *Paulus* § 244 Rdnr. 476.

tatsächlich überlegen sind. Es genügt, daß sie überlegen »erscheinen«, daß also ernst zu nehmende Anhaltspunkte für ihre Überlegenheit vorhanden sind[97]. Das ist nicht der Fall, wenn der neu benannte Sachverständige Vertreter einer Hilfswissenschaft ist, deren Beherrschung bei dem bisher gehörten Sachverständigen vorausgesetzt werden kann[98].

Bei der großen Anzahl von Sachverständigen, die im allgemeinen für jede Beweisfrage zur Verfügung stehen, ist es meist ohne Schwierigkeiten möglich, einen Sachverständigen ausfindig zu machen, der älter, beruflich erfahrener und wissenschaftlich anerkannter ist als der bisher gehörte Sachverständige. Wäre das ein Grund für die Heranziehung neuer Sachverständiger, so müßte das Gericht entweder die Bestellung der größten Koryphäe seines Fachs zum Erstgutachter oder die Heranziehung von Zweit- und Drittsachverständigen zur Regel machen. Beides ist ausgeschlossen. Aus diesem Grunde gilt der Satz, daß ein Sachverständiger überlegene Forschungsmittel nicht schon deshalb besitzt, weil er älter ist und längere berufliche Erfahrungen hat als der frühere Sachverständige[99]. Forschungsmittel sind auch nicht die persönlichen Kenntnisse und Erfahrungen des neu benannten Sachverständigen[100], das Ansehen, das er in der Wissenschaft genießt oder sein Verdienst um die Begründung einer bestimmten Lehre[101]. Noch weniger reicht es aus, daß er einmal einen Aufsatz geschrieben hat, der die Beweisfrage zum Inhalt hat oder wenigstens berührt[102]. Das bedeutet jedoch nicht, daß es nicht im Einzelfall geboten sein kann, einen offensichtlich kenntnisreicheren Sachverständigen heranzuziehen[103]. Das läßt sich aber nur aus der Sachaufklärungspflicht

97 Vgl. *Ley* S. 24.
98 Vgl. BGH bei *Spiegel* DAR 1980 S. 205/206: Ein Psychologe hat keine besseren Forschungsmethoden als der bereits gehörte Psychiater.
99 BGH bei *Dallinger* MDR 1956 S. 398; KMR *Paulus* § 244 Rdnr. 477; LR *Gollwitzer* § 244 Rdnr. 266; *Weihrauch* NJW 1970 S. 1243 (1244); a. A. *Eb. Schmidt* Nachtr. § 244 Rdnr. 27) und Schneider-FS S. 269/270. Vgl. auch BGH NJW 1951 S. 412.
100 BGHSt. 23 S. 176 (186) mit abl. Anm. *Weihrauch* NJW 1970 S. 1243; BGH GA 1961 S. 241; 1962 S. 371; BGH VRS 32 S. 266; BGH bei *Spiegel* DAR 1978 S. 157; OLG Koblenz VRS 45 S. 367 (370); OLG Schleswig bei *Ernesti/Jürgensen* SchlHA 1975 S. 190; 1977 S. 182; KK *Herdegen* Rdnr. 110; *Kleinknecht* Rdnr. 69; KMR *Paulus* Rdnr. 477; LR *Gollwitzer* Rdnr. 266; alle zu § 244; *Schlüchter* Rdnr. 554.2.
101 BGHSt. 23 S. 176 (186); BGH GA 1961 S. 241; 1962 S. 371; BGH bei *Dallinger* MDR 1956 S. 398; OLG Schleswig bei *Ernesti/Jürgensen* SchlHA 1977 S. 182; KK *Herdegen* § 244 Rdnr. 110; *Kleinknecht* § 244 Rdnr. 69; *Schlüchter* Rdnr. 554.2.
102 OLG Koblenz VRS 45 S. 367 (370); LR *Gollwitzer* § 244 Rdnr. 266.
103 OLG Schleswig bei *Ernesti/Jürgensen* SchlHA 1968 S. 230. Vgl. BGH NJW 1951 S. 412, wo es darum ging, ob ein erfahrener Gynäkologe einem 29jährigen Allgemeinpraktiker vorzuziehen ist. In der Entscheidung BGHSt. 23 S. 176 (193) hat der BGH unter dem Gesichtspunkt des § 244 Abs. 2 die Heranziehung eines Gelehrten mit besonderen Erfahrungen auf dem Gebiet der Psychopathologie der Sexualität neben gewöhnlichen Psychiatern und Neurologen für erforderlich gehalten (vgl. dazu unten S. 737). Mit Nachdruck tritt *Eb. Schmidt* Nachtr. § 244 Rdnr. 27) und Schneider-FS S. 269/270 dafür ein, die Überlegenheit des wissenschaftlich bewährten und eben deshalb eine Autorität bedeutenden Sachverständigen »über Hilfsmittel und (technische) Verfahren« anzuerkennen. Die Forderung richtet sich aber an den Gesetzgeber; denn schon nach dem Sprachgebrauch ist diese Art der Überlegenheit kein »überlegenes Forschungsmittel«.

nach § 244 Abs. 2, nicht aus § 244 Abs. 4 Satz 2 zweiter Halbsatz herleiten. Es handelt sich um einen der Fälle, in denen die Aufklärungspflicht selbst dann verletzt sein kann, wenn ein Beweisantrag mit rechtlich einwandfreier Begründung abgelehnt worden ist[104].

Bei der Anwendung des § 244 Abs. 4 Satz 2 zweiter Halbsatz ist der Begriff überlegene Forschungsmittel wörtlich zu nehmen. Forschungsmittel im Sinne der Vorschrift sind nur die Hilfsmittel und Verfahren, deren sich ein Sachverständiger für seine wissenschaftlichen Untersuchungen bedient[105]. Dabei muß es sich um wissenschaftlich anerkannte Verfahren handeln, die Aussicht auf zuverlässige Ergebnisse bieten und die gerade für die Untersuchung derjenigen Sachverständigenfragen, um die es sich im Einzelfall handelt, von Bedeutung sein können[106]. Erkenntnismethoden, die wissenschaftlich noch nicht hinreichend gesichert[107], und Methoden, die offensichtlich ungeeignet sind, wie die Fahrprobe unter Alkoholeinwirkung zur Rekonstruktion des Tatgeschehens[108], zählen in diesem Zusammenhang nicht. Auch daß der Sachverständige die Sprache des ausländischen Angeklagten versteht, ist kein überlegenes »Forschungsmittel«.[109]

Um überlegene Forschungsmittel handelt es sich ferner nicht, wenn dem neuen Sachverständigen ein reichhaltigeres Beobachtungs- oder Untersuchungsmaterial zur Verfügung steht als dem ersten Sachverständigen[110]. Daß Universitätskliniken schlechthin Forschungsmittel besitzen, die anderen Instituten fehlen, kann nicht angenommen werden[111]. Das schließt natürlich nicht aus, daß ein Hochschullehrer und Chefarzt im Einzelfall über Forschungsmittel verfügt, die denen eines anderen

---

104 Vgl. oben S. 32/33, unten S. 737.
105 BGHSt. 23 S. 176 (186); BGH GA 1961 S. 241; 1962 S. 371; BGH bei *Dallinger* MDR 1956 S. 398; BGH bei *Spiegel* DAR 1978 S. 157; BGH 5 StR 215/64 vom 23. 6. 1964; BayObLGSt. 1972 S. 96; OLG Koblenz VRS 45 S. 367 (370); OLG Schleswig bei *Ernesti/Jürgensen* SchlHA 1977 S. 182; KK *Herdegen* Rdnr. 110; *Kleinknecht* Rdnr. 69; KMR *Paulus* Rdnr. 477; LR *Gollwitzer* Rdnr. 266; alle zu § 244; *Dahs/Dahs* Rdnr. 272; *Ley* S. 25; *G. Schäfer* S. 361.
106 BGH 5 StR 215/64 vom 23. 6. 1964.
107 OLG Düsseldorf NJW 1970 S. 184 = VRS 39 S. 354.
108 Anträge auf Vornahme solcher Versuche sind bloße Beweisanregungen (vgl. oben S. 97 ff.), für die § 244 Abs. 4 Satz 2 ohnehin nicht gilt.
109 BGH 1 StR 168/76 vom 11. 5. 1976.
110 BGHSt. 23 S. 176 (186); BGH GA 1961 S. 241; BGH bei *Dallinger* MDR 1956 S. 398; BGH bei *Spiegel* DAR 1978 S. 157; OLG Schleswig bei *Ernesti/Jürgensen* SchlHA 1977 S. 182; *Kleinknecht* § 244 Rdnr. 69. Vgl. auch BGHSt. 8 S. 113 (121/122): Ein Universitätsprofessor mit umfangreicherem Anschauungsmaterial ist dem Gutachter, der den Angeklagten nach § 81 beobachtet hat, jedenfalls dann nicht überlegen, wenn eigene Beobachtungen wegen Ablaufs der Sechswochenfrist des § 81 Abs. 5 nicht mehr möglich sind.
111 BGH GA 1962 S. 371 (372); BGH 2 StR 345/57 vom 9. 10. 1957; *Rudolph* Justiz 1969 S. 49 (52).

Sachverständigen überlegen erscheinen[112]. Auch die Tätigkeit des neu benannten Sachverständigen an einem Fachinstitut oder einer technischen Untersuchungsanstalt bedeutet nicht ohne weiteres, daß seine Forschungsmittel überlegen sind[113]. Anders ist es, wenn er dort über neuartige Geräte verfügt, die zuverlässigere Ergebnisse als die frühere Begutachtung erwarten lassen[114]. Kein neues Forschungsmittel ist schließlich die Beobachtung des Angeklagten in einem psychiatrischen Krankenhaus nach § 81. Andernfalls müßte das Gericht jedem Antrag auf Anhörung eines weiteren Sachverständigen stattgeben, wenn ein Gutachten über die Schuldfähigkeit des Angeklagten ohne Anstaltsbeobachtung erstattet worden ist. Das kann nicht der Sinn des § 244 Abs. 4 Satz 2 zweiter Halbsatz sein[115]. Das Gericht ist nicht einmal gehindert, dem Gutachten eines Sachverständigen, der den Angeklagten nur wenige Male untersucht hat, den Vorzug vor dem Gutachten eines Sachverständigen zu geben, der ihn nach § 81 beobachtet hat[116]. Zu den Forschungsmitteln zählen zwar auch Versuche und Experimente. Hat ein Sachverständiger bestimmte Untersuchungsmethoden nicht angewendet, so beweist das aber nicht, daß er über diese Forschungsmittel nicht verfügt. Es kann durchaus sein, daß er sie im Einzelfall für überflüssig gehalten hat[117].

112 BGH bei *Dallinger* MDR 1956 S. 527. Die Entscheidung stellt klar, daß der Angeklagte die Zweitbegutachtung nicht dadurch erzwingen kann, daß er nur dem zweiten Sachverständigen, nicht aber dem Erstgutachter die Einsicht in die Krankengeschichte durch Entbindung anderer Ärzte von der Schweigepflicht ermöglicht. Vgl. auch OLG Schleswig bei *Ernesti/Jürgensen* SchlHA 1975 S. 190: Überlegenheit des Leiters einer gerichtsmedizinischen Universitätsklinik gegenüber einem praktischem Arzt, nicht aber gegenüber einem in derselben Klinik tätigen Arzt.
113 BGH VRS 29 S. 26 (27). Vgl. aber BGHSt. 10 S. 116 (118), und ihm folgend OLG Celle Strafverteidiger 1981 S. 608 (609) mit Anm. *Barton*, wonach die hervorragenden technischen Mittel des Bundeskriminalamts Anlaß zu der Prüfung geben müssen, ob (bei einer Schriftexpertise) nicht ein Bediensteter dieser Behörde ein zuverlässigeres Gutachten abgeben kann als ein anderer Sachverständiger.
114 Vgl. OLG Karlsruhe VRS 50 S. 47 (48/49) für den Fall, daß der neu benannte Sachverständige als Beamter des Bundeskriminalamts über ein Rasterelektronenmikroskop verfügt, mit dem genau untersucht werden kann, ob die Glühbirne eines Kraftfahrzeugscheinwerfers vor dem Unfall gebrannt hat. *Dahs/Dahs* Rdnr. 272 meinen allgemein, daß dem Bundeskriminalamt und den Landeskriminalämtern überlegene Forschungsmittel für kriminaltechnische Gutachten zur Verfügung stehen.
115 BGHSt. 8 S. 76 (77); 23 S. 176 (187); S. 311 (312); BGH bei *Spiegel* DAR 1978 S. 157; BGH 5 StR 562/65 vom 18. 2. 1966; 5 StR 407/80 vom 9. 9. 1980; OLG Koblenz VRS 48 S. 182 (184); *Dalcke/Fuhrmann/Schäfer* Anm. 19; KK *Herdegen* Rdnr. 110; *Kleinknecht* Rdnr. 69; KMR *Paulus* Rdnr. 477; LR *Gollwitzer* Rdnr. 266; alle zu § 244; *Koeniger* S. 293; kritisch *Rudolph* Justiz 1969 S. 49 (52).
116 OGHSt. 1 S. 190 (192/193). In dem Entscheidungsfall hatte allerdings auch der andere Gutachter eine Beobachtung für erforderlich gehalten, und das war einer der Gründe, aus denen der OGH das Urteil aufhob.
117 BGH GA 1961 S. 241 (242); *Kleinknecht* Rdnr. 69; KMR *Paulus* Rdnr. 477; LR *Gollwitzer* Rdnr. 266; alle zu § 244. Vgl. auch BGH NJW 1970 S. 1242 (1243); BGH bei *Spiegel* DAR 1981 S. 200. Dem Sachverständigen muß überlassen bleiben, welche Untersuchungsmethoden er anwendet.

IV. Anhörung mehrerer Sachverständiger wegen besonderer Schwierigkeit der Begutachtung

Beweisantragsrecht und Sachaufklärungspflicht stimmen nicht immer überein[118]. Das gilt insbesondere für die Zuziehung weiterer Sachverständiger. Die Befugnis des Gerichts, hierauf gerichtete Beweisanträge unter den Voraussetzungen des § 244 Abs. 4 Satz 2 abzulehnen, erstreckt sich nicht auf Fälle, in denen die besondere Schwierigkeit und die erfahrungsgemäß vorhandenen Fehlerquellen von Gutachten auf einem bestimmten Gebiet es geboten erscheinen lassen, besonders zuverlässige und breite Grundlagen für die Beweiswürdigung zu schaffen[119]. Die Beurteilung mancher Beweisfrage erfordert eine ungewöhnliche Sachkenntnis und Sorgfalt oder wird durch Meinungsverschiedenheiten innerhalb der wissenschaftlichen Fachkreise erschwert. Das kann dazu führen, daß auch die Gutachten qualifizierter Sachverständiger Fehler und Irrtümer aufweisen. Ohne daß das Gutachten für den Laien solche Fehler erkennen läßt und ohne daß darin ein Mißtrauen gegenüber dem Gutachter zum Ausdruck kommt, kann dann die Heranziehung eines weiteren Sachverständigen geboten sein[120], auch wenn weder Zweifel an der Sachkunde des Erstgutachters berechtigt erscheinen noch die anderen Voraussetzungen des § 244 Abs. 4 Satz 2 zweiter Halbsatz vorliegen. Das gilt vor allem für Fälle der medizinischen Diagnose, die mit einem besonders großen Fehlerrisiko behaftet sind[121]. Ungewöhnlich schwierig kann z. B. die Begutachtung der Schuldfähigkeit von Gewaltverbrechern[122] oder extremer Fälle der Sexualpathologie sein[123]. Bestimmte Verfahren zur Bestimmung der Blutgruppenmerkmale zwecks Ausschlusses der Vaterschaft sind so anfällig für Fehler, daß die Zuziehung eines weiteren Sachverständigen grundsätzlich geboten ist[124]. In diesen Zusammenhang

118 Vgl. oben S. 29 ff.
119 BGHSt. 10 S. 116 (118); 23 S. 176 (187); OLG Celle NJW 1974 S. 616 (617); OLG Oldenburg VRS 46 S. 198 (200).
120 BayObLGSt. 1955 S. 262 = NJW 1956 S. 1001; OLG Hamburg NJW 1968 S. 2303 (2304); *Dalcke/Fuhrmann/Schäfer* § 244 Anm. 6; *Ley* S. 24; *Schlüchter* Rdnr. 554.2. – *Wenner* S. 164 ff., 229 ff. wendet sich gegen die Annahme, die Zuziehung eines weiteren Sachverständigen sei nach § 244 Abs. 4 Satz 2 erforderlich, obwohl ein darauf gerichteter Beweisantrag nach § 244 Abs. 4 Satz 2 hätte abgelehnt werden können. Nach seiner Ansicht ist in solchen Fällen das Gegenteil der Beweistatsache noch nicht bewiesen und eine Antragsablehnung daher nach § 244 Abs. 4 Satz 2 erster Halbsatz unzulässig.
121 Vgl. *K. Müller* S. 74/75.
122 Vgl. BayObLGSt. 1955 S. 262 = NJW 1956 S. 1001; *K. Müller* S. 75/76.
123 Vgl. den Fall BGHSt. 23 S. 176 (187) = NJW 1970 S. 1243 mit Anm. *Weihrauch,* in dem das Tatgeschehen allerdings so einmalig war, daß der Fall auch rechtlich kaum für irgendetwas beispielhaft sein kann. Einen eingehenden Bericht über diesen Straffall (Kindermörder Bartsch) gibt *Bauer* ArchKrim. 144 S. 61. Der Meinung des BGH, in derartigen Fällen sei die Zuziehung eines Sexualforschers geboten, widerspricht *Täschner* MSchrKrim. 1980 S. 108 mit der Begründung, ein Sachverständiger, der nur Ausschnitte der Persönlichkeit beurteilen kann, sei von vornherein ungeeignet.
124 Vgl. OLG Köln NJW 1964 S. 405 unter Hinweis auf die Richtlinien des Bundesgesundheitsamts für die Erstattung von Blutgruppengutachten. Z. Zt. gelten die im Bundesgesundheitsblatt 1970 S. 149 abgedruckten (undatierten) Richtlinien, die in Tz. 641 weiterhin für bestimmte Untersuchungen die Einholung von Zweitgutachten empfehlen.

gehört auch der Fall, daß der Urheber einer Schrift aufgrund einer Vergleichsschrift ermittelt werden soll. Bei der Bewertung der Gutachten der Schriftsachverständigen ist eine so große Vorsicht geboten, daß regelmäßig die Zuziehung eines weiteren Gutachters erforderlich erscheint, sofern das Gutachten nicht neben anderen Beweisanzeichen nur unterstützende Beweiskraft haben soll[125]. Das gilt insbesondere für den Fall, daß für das Gutachten nur wenige Vergleichsschriften zur Verfügung stehen[126].

---

125 BGHSt. 10 S. 116 (119); OLG Braunschweig NJW 1953 S. 1035 = NdsRpfl. 1953 S. 149 (das von dem Tatrichter auch Darlegungen darüber verlangt, wodurch er sich die Überzeugung von der unzweifelhaften Sachkunde des Schriftgutachters verschafft hat); OLG Köln OLGSt. § 244 Abs. 2 S. 85; LG Duisburg NJW 1953 S. 477 = JR 1953 S. 311 mit Anm. *Scheffler*; KMR *Paulus* § 93 Rdnr. 3; LR *Gollwitzer* § 244 Rdnr. 259; LR *Meyer* § 93 Rdnr. 8; *Deitigsmann* NJW 1957 S. 1867 (1869); *Koeniger* S. 294; *K. Müller* S. 75. Bemerkenswert ist, daß in dem Fall des LG Duisburg gerade deshalb ein Fehlurteil ergangen ist, weil nicht weniger als drei Schriftsachverständige den Angeklagten übereinstimmend als den Verursacher der Schrift bezeichnet haben; vgl. dazu *Marmann* GA 1953 S. 136 (146).
126 OLG Celle NJW 1974 S. 616 mit Anm. *Pfanne* NJW 1974 S. 1439; Strafverteidiger 1981 S. 608 mit Anm. *Barton*; LR *Gollwitzer* § 244 Rdnr. 259. — Vgl. auch OLG Köln NJW 1982 S. 248.

4. Kapitel Ablehnung von Anträgen auf Augenscheinseinnahme (§ 244 Abs. 5)

 I. Entscheidung nach pflichtgemäßem Ermessen 739
 II. Ersetzung des Augenscheins durch andere Beweismittel 741
 III. Ausnahme vom Verbot der Beweisantizipation 743

I. Entscheidung nach pflichtgemäßem Ermessen

Die Unmittelbarkeit der Beweisaufnahme ist für die Augenscheinseinnahme nirgends vorgeschrieben[1]. Das wirkt sich auch auf das Beweisantragsrecht aus. Aus der besonderen Rechtsnatur des Augenscheinsbeweises, nicht nur, wie hier früher angenommen wurde, aus dem rein praktischen Bedürfnis der Konzentration der Hauptverhandlung[2], ergibt sich ohne weiteres, daß die Verfahrensbeteiligten das Gericht durch einen Beweisantrag[3] grundsätzlich nicht zwingen können, einen Beweisgegenstand, der sich nicht im Gerichtssaal befindet[4], oder eine Örtlichkeit in Augenschein zu nehmen. Wie groß die Schwierigkeiten sind, den Gegenstand herbeizuschaffen oder die Ortsbesichtigung vorzunehmen, spielt keine Rolle[5]. Die

---

1 Vgl. oben S. 224.
2 Auf diesem Standpunkt beruht die unberechtigte Unterscheidung der Voraufl. (S. 383) zwischen dem Augenschein an Gegenständen, die ohne Schwierigkeiten in den Gerichtssaal geschafft werden können, und Besichtigungen außerhalb des Gerichtssaals; nur in dem zuletzt genannten Fall wollte die Voraufl. gewisse Beschränkungen zulassen.
3 Daß der Antrag nur dann ein Beweisantrag ist, wenn er neben dem Augenscheinsgegenstand eine bestimmte Beweistatsache benennt, bedarf an sich keiner weiteren Begründung. Der allgemeine Wunsch, das Gericht möge einen bestimmten Gegenstand oder eine Örtlichkeit zum besseren Verständnis des Sachverhalts besichtigen, ist ein bloßer Beweisermittlungsantrag (vgl. oben S. 42, 79). Das RG hat das gelegentlich aus den Augen verloren; vgl. RG JW 1928 S. 1308 mit Anm. *Mannheim*; RG JW 1931 S. 1040, 1492; 1932 S. 3626, wo solche Anträge als nach pflichtgemäßem Ermessen ablehnbare Beweisanträge behandelt wurden.
4 Liegt er im Gerichtssaal vor oder wird er dort von dem Antragsteller überreicht, so gilt § 245; vgl. RGSt. 21 S. 225 (226); 65 S. 304 (307); OLG Hamm VRS 4 S. 602 (603); LR *Gollwitzer* § 244 Rdnr. 272; *Gerland* S. 231; *Mannheim* JW 1927 S. 2707; *Stützel* S. 105; a. A. offenbar RGSt. 14 S. 276 (279). Vgl. auch unten S. 788 ff., 819 ff.
5 A. A. *Kreuzer* S. 62, die die Ablehnung von Beweisanträgen auf Augenscheinseinnahme nur »nach allgemeinen Grundsätzen« zulassen will, wenn der Augenscheinsgegenstand leicht herbeizuschaffen ist; ähnlich Voraufl. S. 383 (vgl. oben Fußn. 2). *Simader* (S. 21) wollte die allgemeinen Grundsätze sogar gelten lassen, wenn das Gericht während der Hauptverhandlung ohne besondere Zeiteinbuße eine Ortsbesichtigung vornehmen kann.

Ablehnung eines auf Augenscheinseinnahme gerichteten Beweisantrags stellt § 244 Abs. 5 immer in das nur durch die Sachaufklärungspflicht beschränkte Ermessen des Gerichts. Das entspricht der schon vor der Einfügung dieser Vorschrift in das Gesetz[6] in der Rechtsprechung herrschenden Ansicht[7]. Demgegenüber verlangte fast das gesamte Schrifttum[8], daß dieselben Grundsätze wie beim Antrag auf Zeugenbeweis gelten sollten, dem Antrag also immer stattgegeben werden müsse, wenn nicht zulässige Ablehnungsgründe vorliegen.

Das pflichtgemäße Ermessen des Gerichts nach § 244 Abs. 5 wird von der Pflicht zur vollständigen und erschöpfenden Aufklärung des Sachverhalts (§ 244 Abs. 2) geleitet[9]. Die Vorschrift weist ausdrücklich darauf hin, daß die Amtsaufklärungspflicht, wie überall, auch hier der übergeordnete Gesichtspunkt ist[10]. Bei der Ausübung des Ermessens ist zu berücksichtigen, daß dem Augenschein als einem der wenigen unmittelbaren Beweismittel eine besondere Bedeutung für eine

---

6 Durch das VereinhG vom 12. 9. 1950 (vgl. oben S. 9). Nach § 245 Abs. 1 Satz 2 i. d. F. des Gesetzes von 1935 (vgl. oben S. 7) konnte das Gericht Augenscheinsbeweisanträge ablehnen, wenn es nach seinem freien Ermessen die Erhebung des Beweises zur Erforschung der Wahrheit nicht für erforderlich hielt. Vgl. zu dieser Rechtslage RG JW 1937 S. 1360 L; 1938 S. 174 mit Anm. *Lautz*; RG JW 1938 S. 1588; RG HRR 1939 Nr. 1393.

7 RGSt. 14 S. 276; 21 S. 225 (226); 31 S. 138; 47 S. 100 (103, 106) unter Aufgabe der in zahlreichen unveröffentlichten Entscheidungen vertretenen abweichenden Ansicht; RGRspr. 3 S. 544; RG JW 1889 S. 59; 1911 S. 248; 1925 S. 795 (796) mit Anm. *Beling*; RG JW 1927 S. 2044; 1931 S. 1492 mit Anm. *Alsberg*; RG JW 1932 S. 954, 2040; RG DRiZ 1926 Nr. 975; RG LZ 1914 Sp. 933; 1915 Sp. 697; 1918 Sp. 57; RG Recht 1902 Nr. 2626; 1903 Nr. 913; 1911 Nr. 1082; 1920 Nr. 1773; RMGE 2 S. 117; 3 S. 116; 4 S. 209; 5 S. 217; 7 S. 101; KG JW 1932 S. 204 = GA 76 S. 168 = HRR 1932 Nr. 690; OLG Braunschweig GA 72 S. 393 (394). Abweichend von der h. M. forderte RG JW 1923 S. 390 mit Anm. *Mamroth*, das Gericht müsse bei »erheblichen Tatsachen« zwar nicht unbedingt den beantragten Augenschein einnehmen, mindestens aber andere zulässige und geeignete Beweise erheben. RGSt. 47 S. 100 (108) hatte die gleiche Ansicht nur für den Fall vertreten, daß das Gericht die Wahrheit oder Unwahrheit der Behauptung des Antragstellers sonst nicht sicher feststellen kann.

8 Vgl. *Alsberg* JW 1930 S. 714; 1931 S. 1608; *Gerland* S. 231/232 und GerS 69 S. 194 (286); *Goslar* S. 39/40; *Lobe* LZ 1914 Sp. 977 (984); *Löwenstein* JW 1929 S. 3016; *Mamroth* JW 1923 S. 390; *Mannheim* JW 1927 S. 2044; 1928 S. 1308 (1309); 1931 S. 1040; *Oppler* JW 1913 S. 673; *Schlosky* JW 1930 S. 2505 (2507). — *Beling* S. 382 Fußn. 1, JW 1925 S. 796 und ZStW 38 S. 612 (623/624) forderte Beweiserhebung in jedem Fall, wollte aber statt der Augenscheinseinnahme den Ersatz durch gleichwertige Beweismittel zulassen. *Stützel* (S. 81, 105) schloß sich der RG-Rspr. an.

9 Vgl. schon RGSt. 47 S. 100 (108) gegen RGSt. 14 S. 276, wo vom »freien« Ermessen des Tatrichters die Rede war.

10 Vgl. dazu BGH NStZ 1981 S. 310; RG JW 1928 S. 1308 mit Anm. *Mannheim*; RG JW 1936 S. 3008 mit Anm. *Siegert*; RG JW 1938 S. 174 mit Anm. *Lautz*; RG JW 1938 S. 1588 = DStR 1938 S. 240 = HRR 1938 Nr. 1152; RG HRR 1939 Nr. 1393; KG VRS 7 S. 62 (65) = JR 1954 S. 272 mit Anm. *Sarstedt*; OLG Hamm VRS 22 S 56; 41 S. 136; OLG Oldenburg NdsRpfl. 1952 S. 121 (das aber den Gesichtspunkt des § 244 Abs. 2 nicht als bloße Richtlinie für die Auslegung des § 244 Abs. 5 erkannt hat); LR *Gollwitzer* § 244 Rdnr. 44; *Gössel* S. 258; *Weigelt* DAR 1964 S. 324 (318). Vgl. auch *Gutmann* JuS 1962 S. 369 (377).

sachlich richtige Entscheidung zukommt, weil die eigene Anschauung des Richters weit weniger Fehlerquellen birgt, als sie etwa der Zeugenbeweis enthält[11]. Da die Gründe, aus denen Beweisanträge ohne Verstoß gegen die Aufklärungspflicht abgelehnt werden dürfen, in § 244 Abs. 3 zusammengestellt sind, bedeutet die Pflicht, bei der Anwendung des § 244 Abs. 5 die Aufklärungspflicht zu beachten, aber zugleich, daß das Gericht immer berechtigt ist, den Beweisantrag abzulehnen, wenn einer dieser Gründe vorliegt[12]. Der Antrag kann insbesondere abgelehnt werden, wenn das Gegenteil der in dem Beweisantrag behaupteten Tatsachen offenkundig ist[13], wenn die Beweistatsachen für die Entscheidung ohne wesentliche Bedeutung[14] oder schon aufgrund der bisherigen Beweisaufnahme erwiesen sind, wenn der Augenscheinsgegenstand als Beweismittel völlig ungeeignet ist[15] oder wenn die Beweistatsache als wahr unterstellt werden kann[16]. Die Ablehnung des Antrags muß dann aber nach den für diese Ablehnungsgründe geltenden Grundsätzen begründet werden.

II. Ersetzung des Augenscheins durch andere Beweismittel

Die dem Gericht durch § 244 Abs. 5 eingeräumte Befugnis, nach pflichtgemäßem Ermessen zu entscheiden, berechtigt es, einen Antrag auf Augenscheinseinnahme auch dann abzulehnen, wenn es meint, daß die Besichtigung des Augenscheinsgegenstandes für die Sachaufklärung erforderlich ist. Kommt es zu der Überzeugung, daß die erforderlichen Feststellungen ebenso zuverlässig von dem beauftragten oder, wenn der Augenscheinsgegenstand oder die zu besichtigende Örtlichkeit sich in größerer Entfernung vom Gerichtsort befindet, ersuchten Richter vorgenommen werden kann, so kann es eine entsprechende Beweisanordnung treffen

---

[11] BGH NJW 1961 S. 280; OLG Bremen DAR 1963 S. 170; ähnlich *Birkmeyer* S. 404; *Grüb* S. 16; *Harreß* S. 66; *Mannheim* JW 1928 S. 1308; *Völcker* S. 3. So auch RG JW 1938 S. 174 mit Anm. *Lautz*; die Entscheidung ist deswegen bemerkenswert, weil sie in einer Zeit erging, als § 245 Abs. 1 Satz 2 es dem freien Ermessen des Richters überließ, ob er den beantragten Augenschein einnehmen wolle.
[12] Vgl. *Gössel* S. 258. Von der Möglichkeit des § 244 Abs. 5 wird dann kein Gebrauch gemacht (OLG Hamm JMBlNRW 1954 S. 166 = VRS 7 S. 131).
[13] Vgl. BGH DAR 1956 S. 78 (79), wo eine Ortsbesichtigung für entbehrlich gehalten worden war, weil schon ein allgemeiner Erfahrungssatz ergab, daß der Angeklagte hinreichende Sichtverhältnisse gehabt hatte; zustimmend LR *Gollwitzer* § 244 Rdnr. 274. Auch die Ortskenntnisse des Gerichts, das sie sich, wenn die Örtlichkeit allgemeinkundig ist, durch formlose Besichtigung verschaffen darf (*Hellm. Mayer* Mezger-FS S. 459 Fußn. 1; a. A. OLG Hamburg NJW 1952 S. 1271), kann genügen; vgl. OLG Hamm DAR 1957 S. 91, das sie allerdings nicht für ausreichend hält, wenn die Entscheidung wesentlich von den durch das Vorhandensein anderer Verkehrsteilnehmer bedingten Sichtverhältnissen abhängt.
[14] OLG Hamm VRS 41 S. 136; *Goslar* S. 30; *Weigelt* DAR 1964 S. 314 (318).
[15] Vgl. oben S. 609.
[16] OLG Dresden JW 1930 S. 2595; OLG Koblenz VRS 53 S. 440; LR *Gollwitzer* § 244 Rdnr. 274.

und gleichzeitig den Antrag ablehnen, den Augenschein selbst einzunehmen[17]. Das Gericht darf ferner, auch wenn der eigenen Besichtigung keine rechtlichen oder tatsächlichen Hindernisse entgegenstehen, den Beweisantrag dahin bescheiden, daß ein Augenscheinsgehilfe[18] mit der Besichtigung beauftragt wird und über seine Wahrnehmungen als Zeuge vernommen werden soll[19]. Der Antragsteller kann natürlich von vornherein beantragen, einen Augenscheinshelfer heranzuziehen und in der Hauptverhandlung über seine Wahrnehmungen zu vernehmen. Er stellt dann keinen Zeugenbeweisantrag, sondern einen Antrag auf Augenschein, der nach § 244 Abs. 5 zu bescheiden ist[20]. Hat ein Polizeibeamter von sich aus nach der Tat oder nach dem Unfall eine Ortsbesichtigung durchgeführt, so kann er ohne weiteres darüber als Zeuge vernommen werden. Denn ob der Zeuge den Zustand des Augenscheinsgegenstandes oder die Verhältnisse der Örtlichkeit im amtlichen Auftrag oder ohne einen solchen Auftrag wahrgenommen hat, macht keinen grundsätzlichen Unterschied[21].

Wenn es meint, daß es dadurch die erforderliche Aufklärung erlangt, ist das Gericht ferner berechtigt, den Beweisantrag deshalb abzulehnen, weil die Augenscheinseinnahme durch andere gleichwertige Beweismittel, deren Erhebung weniger umständlich und zeitraubend ist, ersetzt werden kann[22]. Insbesondere kann es sich, anstatt den Gegenstand oder die Örtlichkeit zu besichtigen, mit der Inaugenscheinnahme einer Land- oder Straßenkarte[23], eines Lage- oder Ortsplans, einer Abbildung, eines Lichtbildes, einer Zeichnung oder einer Skizze begnügen[24]. Das gilt natürlich nicht, wenn die Ortsbesichtigung gerade zu dem Zweck beantragt ist, die Unrichtigkeit der Skizze oder die Untauglichkeit des Lichtbildes zu beweisen[25]. Insbesondere die Vermessung der Entfernung eines Ortes kann mit

---

17 Vgl. KK *Herdegen* § 244 Rdnr. 112; *Alsberg* JW 1931 S. 1492 (1493); *Simader* S. 213/214; oben S. 224.
18 Vgl. dazu oben S. 225 ff.
19 Vgl. KK *Herdegen* § 244 Rdnr. 112; *Alsberg* a.a.O; *Rieker* S. 76; a. A. *Mannheim* JW 1931 S. 1040; *W. Ziegler* S. 123 Fußn. 476.
20 Vgl. dazu *Hanack* JZ 1970 S. 561 (563). *Peters* JR 1970 S. 105 (106) legt sogar den Antrag auf behördliche Auskunft über Straßenverlauf und -verhältnisse als Antrag auf Augenscheinseinnahme, nicht auf Zeugenbeweis, aus.
21 OLG Hamm JMBlNRW 1968 S. 153 = VRS 34 S. 61; LR *Gollwitzer* § 244 Rdnr. 273.
22 RGSt. 47 S. 100 (107); RG JW 1923 S. 390 mit Anm. *Mamroth*; RG DRiZ 1929 Nr. 1005; OLG Hamm JMBlNRW 1968 S. 153 = VRS 34 S. 61; OLG Stuttgart VRS 3 S. 356 (358); KK *Herdegen* § 244 Rdnr. 70, 112; KMR *Paulus* § 244 Rdnr. 480; *Beling* JW 1925 S. 796 und ZStW 38 S. 612 (623); *Hanack* JZ 1970 S. 561 (563); 1972 S. 114 (115); *Lobe* LZ 1914 Sp. 977 (983/984); *Rieker* S. 76; oben S. 224.
23 BGHSt. 22 S. 347 (350) = JR 1970 S. 104 mit Anm. *Peters*.
24 BGH NStZ 1981 S. 310 = Strafverteidiger 1981 S. 395; BGH VRS 5 S. 541 (543); 37 S. 55 (57); BGH 5 StR 209/76 vom 29. 6. 1976; RGSt. 47 S. 100 (106); RG HRR 1932 Nr. 689; OLG Düsseldorf VRS 31 S. 456 (457); OLG Koblenz VRS 49 S. 273 (274); OLG Neustadt MDR 1965 S. 407 = VRS 28 S. 377; LR *Gollwitzer* § 244 Rdnr. 273; *Gössel* S. 258; *Goslar* S. 38; *Hanack* JZ 1970 S. 561 (563); *Koch* DAR 1961 S. 275; *Lobe* LZ 1914 Sp. 977 (984); *Völcker* S. 33.
25 OLG Frankfurt VRS 46 S. 461.

Hilfe von Land- und Flurkarten oder von Ortsplänen erfolgen[26]. Kommt es auf Maße oder Entfernungen auf der Unfallstelle an, so kann das Gericht auch statt der beantragten Augenscheinseinnahme eine Auskunft der Straßenbauverwaltung einholen[27] oder den Straßenwärter als Zeugen vernehmen[28]. Je nach Lage des Falls kann auch ein Modell des wahrzunehmenden Gegenstandes im Gerichtssaal vorgeführt werden[29].

Mit der oben[30] erörterten Frage der Ersetzbarkeit eines Beweismittels durch ein anderes hat das alles nichts zu tun. Denn das Gericht ist nicht gehalten, sich die Art und Weise, in der eine Augenscheinseinnahme stattfinden soll, von dem Antragsteller vorschreiben zu lassen. Es braucht z. B. nicht auf Antrag der Prozeßbeteiligten die Augenscheinseinnahme in der Dunkelheit stattfinden zu lassen, wenn es sich davon keinen Erfolg verspricht[31]. Übrigens kann es auch für den Fall, daß eine Augenscheinseinnahme an Gerichtsstelle stattfinden soll, deren Art frei bestimmen. Soll eine Schriftvergleichung nach § 93 vorgenommen werden, so hat das Gericht zu entscheiden, welche von mehreren authentischen Schriftproben als Vergleichsmaterial dienen soll, und es braucht die Schriftproben, die der Angeklagte in der Verhandlung neu herzustellen sich erbietet, nicht zu benutzen[32].

III. Ausnahme vom Verbot der Beweisantizipation

Das Verbot, die Beweiswürdigung vorwegzunehmen, gilt für den Antrag auf Augenscheinseinnahme grundsätzlich nicht[33]. Der Tatrichter kann die beantragte Augenscheinseinnahme daher auch mit der Begründung ablehnen, er halte sie für entbehrlich, weil die Beschaffenheit des Beweisgegenstandes oder der Örtlichkeit aufgrund anderer, in der Hauptverhandlung bereits erhobener Beweise zu seiner Überzeugung feststeht[34]. Das gilt uneingeschränkt auch in Verkehrsstrafsachen. Die Ansicht, in solchen Verfahren müsse die Besichtigung des Unfallorts durch

---

26 BGH 2 StR 626/53 vom 17. 9. 1954; LR *Gollwitzer* § 244 Rdnr. 273.
27 LR *Gollwitzer* § 244 Rdnr. 278; *Weigelt* DAR 1964 S. 314 (319).
28 LR *Gollwitzer* a.a.O; *Sarstedt* JR 1954 S. 273; *Weigelt* a.a.O.
29 BGH NStZ 1981 S. 310 = Strafverteidiger 1981 S. 395; RG HRR 1932 Nr. 213.
30 S. 420 ff.
31 RG LZ 1915 Sp. 63.
32 RGSt. 15 S. 319; RG GA 39 S. 232 (233).
33 Die Gegenmeinung vertreten die oben in Fußn. 8 genannten Autoren. Auch die Voraufl. (S. 383) wollte für den Fall, daß der Beweisgegenstand ohne Verzögerung herbeigeschafft werden kann, das Verbot der Beweisantizipation gelten lassen.
34 BGHSt. 8 S. 177 (180/181); RG JW 1895 S. 122; 1925 S. 796 mit Anm. *Beling*; RG JW 1931 S. 1492 mit Anm. *Alsberg*; RG DRZ 1926 Nr. 975; RG Recht 1902 Nr. 2626; 1903 Nr. 913; 1920 Nr. 1773; BayObLG bei *Rüth* DAR 1981 S. 249; KG LRE 5 S. 279 (280); OLG Dresden JW 1931 S. 1638 mit Anm. *Lissner*; OLG Hamm JMBlNRW 1954 S. 109 = VRS 6 S. 463; OLG Hamburg RdK 1955 S. 92; OLG Koblenz VRS 45 S. 393 (394); OLG Köln NJW 1966 S. 606 = VRS 31 S. 52; OLG Stuttgart VRS 3 S. 356 (358); KK *Herdegen* § 244 Rdnr. 112; KMR *Paulus* § 244 Rdnr. 481; *Hanack* JZ 1970 S. 561 (563); *G. Schäfer* S. 362; *Weigelt* DAR 1964 S. 314 (319).

das Gericht die Regel bilden[35] oder sei jedenfalls oft zweckmäßig[36], ist nicht richtig. Vielmehr werden gerade in Verkehrsstrafsachen dem Richter die regelmäßig von der Polizei angefertigten Lichtbildaufnahmen vom Unfallort und von den Unfallfahrzeugen sowie die niemals fehlende Unfallskizze fast immer ein genügend sicheres Bild von den örtlichen Verhältnissen verschaffen[37]. Nur in Ausnahmefällen braucht der Verkehrsrichter einen persönlichen Eindruck von den Verhältnissen am Unfallort. Maßgebend ist auch hier die Sachaufklärungspflicht[38].

Wer die Augenscheinseinnahme nur für entbehrlich hält, wenn sie durch mindestens gleichwertige Beweismittel ersetzt wird, muß die Ansicht vertreten, daß der Tatrichter sich niemals mit den Angaben begnügen darf, die Zeugen über die Beschaffenheit des Augenscheinsgegenstandes oder die Verhältnisse der Örtlichkeit gemacht haben. Denn zweifellos ist ein Zeuge immer ein schlechteres Beweismittel als die unmittelbare Wahrnehmung durch das erkennende Gericht[39]. Gleichwohl ist der Tatrichter grundsätzlich nicht gehindert, den Beweisantrag mit der Begründung abzulehnen, die Vernehmung von Zeugen habe bereits ergeben, daß die Beweistatsachen nicht zutreffen[40]. Dabei spielt es keine Rolle, ob der Zeuge den Gegenstand von sich aus oder im Auftrag des Gerichts besichtigt hat[41]. Die Ansicht *Alsbergs*[42], nur die Aussage der Augenscheinsgehilfen über ihre im Auftrag des Gerichts getroffenen Wahrnehmungen, nicht jedoch die Bekundungen von Zufallszeugen, berechtigten dazu, das Beweisergebnis vorwegzunehmen, wird hier nicht aufrechterhalten. Das Verbot der Beweisantizipation entfällt bei Anträgen auf Augenscheinseinnahme grundsätzlich in vollem Umfang. Das ist, wie immer, die rechtliche Folge davon, daß das Gesetz die Ablehnung des Antrags in das pflichtgemäße Ermessen des Gerichts stellt[43]. Die einzige Schranke bildet die Aufklärungspflicht. Sie ist nicht in jedem Fall verletzt, wenn der Richter Zeugenaussagen für zuverlässig genug hält, die beantragte Augenscheinseinnahme zu ersetzen. Ausschlaggebend dafür, ob der Tatrichter zur pflichtgemäßen Erfor-

---

35 OLG Braunschweig VRS 4 S. 604; OLG Celle NdsRpfl. 1950 S. 24; OLG Oldenburg NdsRpfl. 1952 S. 121; *Dalcke/Fuhrmann/Schäfer* § 244 Anm. 20; *Weigelt* DAR 1964 S. 314 (318).
36 BGH VRS 4 S. 122; 5 S. 384 (385); OLG Hamburg RdK 1955 S. 92; OLG Hamm DAR 1957 S. 51; OLG Schleswig RdK 1953 S. 85.
37 Vgl. BGH VRS 5 S. 541 (543): amtliche Tatortskizze; OLG Düsseldorf DAR 1966 S. 249, das mit Recht die Zeugenaussagen und die Unfallskizze ausreichen läßt. Vgl. auch *Koch* DAR 1961 S. 275.
38 BGH VRS 28 S. 420 (421); 31 S. 268 (269); OLG Hamm DAR 1957 S. 51; JMBlNRW 1954 S. 109 = VRS 6 S. 463.
39 Aus diesem Grunde forderte *Lobe* LZ 1914 Sp. 977 (984), daß dem Antrag auf Augenschein zur Widerlegung von Zeugenaussagen stets stattgegeben werden müsse; ebenso *Völcker* S. 33.
40 RGSt. 14 S. 276; 21 S. 225; 31 S. 138 (139); RG JW 1889 S. 59; 1925 S. 796 mit Anm. *Beling*; RG Recht 1920 Nr. 1773; *Eb. Schmidt* § 244 Rdnr. 75; *Beling* S. 382; *von Kries* S. 410 und ZStW 6 S. 88 (194); a. A. *Goslar* S. 38 ff.
41 OLG Hamm VRS 34 S. 61; LR *Gollwitzer* § 244 Rdnr. 273.
42 JW 1930 S. 714; Voraufl. S. 385/386.
43 Vgl. unten S. 834/835, 842.

schung der Wahrheit auch noch den beantragten Augenschein einnehmen muß, ist vielmehr die Bedeutung, die den Ergebnissen der bisherigen Beweisaufnahme im Verhältnis zu dem noch erreichbaren Augenscheinsergebnis nach der gesamten Beweislage zukommt[44]. Daraus ergibt sich folgendes:

Haben mehrere Zeugen unabhängig voneinander über ihre Wahrnehmungen hinsichtlich des Beweisgegenstandes oder der Örtlichkeit ausgsagt, so muß dem Beweisantrag auf Augenscheinseinnahme nicht unbedingt stattgegeben werden; das Gericht kann sich mit den Zeugenaussagen begnügen[45]. Der Antrag kann insbesondere abgelehnt werden, wenn die Vernehmung der Zeugen dem Tatrichter die Überzeugung vermittelt hat, daß der Beweiswert ihrer Angaben über Zeitspannen und Entfernungen in Anbetracht des seit der Tat oder dem Unfall verstrichenen längeren Zeitraums auch durch einen Augenschein nicht gesteigert werden kann[46]. Steht als Beweismittel nur ein einziger Zeuge zur Verfügung, so darf das Gericht einen Antrag auf Einnahme des Augenscheins aber nicht unter Berufung auf seine Glaubwürdigkeit und die Zuverlässigkeit seiner Aussage ablehnen, wenn durch den Antrag gerade erwiesen werden soll, daß die Bekundungen des Zeugen unrichtig sind, insbesondere, daß sich der Vorfall wegen der örtlichen Verhältnisse nicht so abgespielt haben kann, wie der Zeuge ausgesagt hat. Andernfalls würde das Gericht ein der Zeugenaussage möglicherweise überlegenes Beweismittel bei der Wahrheitsfindung außer acht lassen. Das ist heute[47] in der Rechtsprechung[48] und im Schrifttum[49] unbestritten. Daß ein Sachverständiger den Zeugen auf seine

---

44 BGH NJW 1961 S. 280; OLG Schleswig bei *Ernesti/Jürgensen* SchlHA 1979 S. 204 und 205.
45 OLG Koblenz VRS 45 S. 48 (49/50); 49 S. 40 (41); OLG Stuttgart VRS 3 S. 356 (358); vgl. auch RGSt. 14 S. 276; 21 S. 225; 31 S. 138 (139); RG JW 1925 S. 796 mit Anm. *Beling*; BayObLG bei *Rüth* DAR 1980 S. 270; *Dalcke/Fuhrmann/Schäfer* § 244 Anm. 20. A. A. *Rumpf* DJZ 1932 Sp. 1542 (1543) und die oben Fußn. 8 angeführten Autoren, die darin eine unzulässige Beweisantizipation sehen. Einschränkend auch RG HRR 1932 Nr. 689.
46 BGH VRS 31 S. 268.
47 Das RG vertrat diese Ansicht in Abkehr von seiner früheren Rspr. erstmals in der Entscheidung RG JW 1930 S. 714 mit Anm. *Alsberg*.
48 BGHSt. 8 S. 177 (181); BGH bei *Spiegel* DAR 1979 S. 189; RG JW 1930 S. 933 mit Anm. *Alsberg*; RG JW 1930 S. 3417; 1931 S. 1040 mit Anm. *Mannheim*; RG JW 1931 S. 1608 mit Anm. *Alsberg*; RG JW 1932 S. 954, 3626; 1934 S. 3064; BayObLG bei *Rüth* DAR 1971 S. 206; KG JW 1932 S. 204 = GA 76 S. 168 = HRR 1932 Nr. 690; OLG Bremen DAR 1963 S. 170; OLG Hamm JMBlNRW 1980 S. 70; OLGSt. § 244 Abs. 5 S. 3; VRS 21 S. 62 (63/64); 44 S. 114 (116); 51 S. 113 (114); OLG Koblenz VRS 48 S. 120 (122); 49 S. 40 (41); 52 S. 283; 53 S. 440; OLG Köln NJW 1966 S. 606 = VRS 31 S. 52; OLG Schleswig bei *Ernesti/Jürgensen* SchlHA 1970 S. 198; 1979 S. 204; a. A. noch OLG Hamm JMBlNRW 1952 S. 87 = JZ 1952 S. 346. Das RG hatte zuletzt unter der Geltung des § 245 Abs. 1 Satz 2 i. d. F. des Gesetzes von 1935 (vgl. oben S. 7) den Standpunkt vertreten, auch in diesem Fall könne der Antrag abgelehnt werden; vgl. RG JW 1936 S. 3008 mit zust. Anm. *Siegert*; RG JW 1938 S. 1588. Der h. M. schloß sich aber RG HRR 1939 Nr. 1393 wieder an.
49 Vgl. *Dalcke/Fuhrmann/Schäfer* Anm. 20; KK *Herdegen* Rdnr. 113; *Kleinknecht* Rdnr. 70; KMR *Paulus* Rdnr. 482; LR *Gollwitzer* Rdnr. 275; alle zu § 244; *Dahs* Hdb. Rdnr. 542; *Dahs/Dahs* Rdnr. 273; *Goslar* S. 46; *Hanack* JZ 1970 S. 561 (563/564); *Koeniger* S. 297;

Glaubwürdigkeit untersucht und sie bejaht hat, ändert an diesem Grundsatz nichts[50]. Die Ablehnung des Antrags ist vielmehr nur berechtigt, wenn das Gericht aufgrund eines anderen Beweismittels einen sicheren Anhalt für die Zuverlässigkeit der Zeugenaussage hat[51]. Das kann insbesondere ein Lichtbild oder eine Tatortskizze[52], aber auch ein anderer zuverlässiger Zeuge sein.

Diese Grundsätze gelten nicht nur, wenn die Beschaffenheit des Beweisgegenstandes oder der Örtlichkeit unmittelbar für die Entscheidung von Bedeutung ist, sondern auch, wenn der Antragsteller den Zweck verfolgt, durch den Nachweis, daß ein Zeuge über seine Wahrnehmungen am Tatort falsche Angaben gemacht hat, allgemein den Beweis zu erbringen, daß seinen Bekundungen auch sonst nicht geglaubt werden kann. Darum geht es insbesondere, wenn bewiesen werden soll, daß der Zeuge wegen der örtlichen Verhältnisse, etwa wegen der Entfernung seines Standorts[53], die Wahrnehmungen, die er bekundet hat, überhaupt nicht hat machen können[54].

Was für den Fall gilt, daß nur ein einziger Zeuge Angaben über den Beweisgegenstand gemacht hat, trifft auch zu, wenn mehrere Zeugen hierüber zwar übereinstimmend, aber nicht unabhängig voneinander, sondern als Mitglieder eines im wesentlichen gleichartigen Erlebnis- und Interessenkreises ausgesagt haben. Denn den Bekundungen solcher Zeugen kommt auch dann, wenn ihre Aussagen übereinstimmen, im allgemeinen kein so großer Beweiswert zu, als daß daneben auf den Augenschein als zusätzliche Erkenntnisquelle verzichtet werden könnte[55]. Diese Einschränkungen dürfen jedoch nicht auf Zeugen übertragen werden, die nur ein gleichartiger Pflichtenkreis miteinander verbindet, wie es bei Polizeibeamten der Fall ist. Für sie gilt der allgemeine Grundsatz, daß es einer Augenscheinseinnahme

---

Kreuzer S. 60/61; *Rieker* S. 77; *Roxin* § 43 C II 3; *G. Schäfer* S. 362; *Schlüchter* Rdnr. 555; *Simader* S. 214 ff.; *Stützel* S. 81, 105; *Weigelt* DAR 1964 S. 314 (318 ff.); im Grundsatz auch *Eb. Schmidt* § 244 Rdnr. 76. Vgl. auch *Sarstedt* DAR 1964 S. 307 (314) und JR 1954 S. 272 (273), der es mit Recht für undenkbar hält, daß der Behauptung des Angeklagten, durch Augenschein werde sich herausstellen, daß die Straße nicht, wie der Zeuge behauptet, 4 Meter, sondern daß sie 6 Meter breit ist, nicht durch Beweiserhebung, allerdings nicht unbedingt durch Augenschein, nachgegangen wird.

50 BGHSt. 8 S. 177 (181); BGH NJW 1961 S. 280.
51 RG JW 1930 S. 3417; KK *Herdegen* § 244 Rdnr. 113; LR *Gollwitzer* § 244 Rdnr. 275.
52 KG VRS 7 S. 62 (65) = JR 1954 S. 272 mit Anm. *Sarstedt*.
53 OLG Hamm VRS 21 S. 62 (63): Der Zeuge hatte behauptet, er habe das zynische Lachen des Angeklagten gesehen, und der Angeklagte wollte beweisen, daß der Zeuge 65 Meter entfernt von ihm stand. Zustimmend *Weigelt* DAR 1964 S. 314 (319/320).
54 RG JW 1930 S. 714; 1931 S. 1608; beide mit Anm. *Alsberg*; KK *Herdegen* § 244 Rdnr. 113; *Stützel* S. 81.
55 BGH NJW 1961 S. 280; es handelte sich um die Aussagen zweier Mädchen aus gleichartigem Erlebnis- und Interessenkreis, die den Angeklagten bezichtigten, an ihnen unzüchtige Handlungen vorgenommen zu haben. Ebenso RG JW 1932 S. 3626; OLG Hamm VRS 44 S. 114 (116); OLG Koblenz VRS 49 S. 40 (41); OLG Schleswig bei *Ernesti/Jürgensen* SchlHA 1979 S. 204 und 205; KK *Herdegen* Rdnr. 113; *Kleinknecht* Rdnr. 70; KMR *Paulus* Rdnr. 482; LR *Gollwitzer* Rdnr. 276; alle zu § 244.

nur bedarf, wenn sie unter dem Gesichtspunkt der Aufklärungspflicht erforderlich erscheint[56].

Die Annahme, aus den Einschränkungen, die hiernach für die Ablehnung von Augenscheinsbeweisanträgen gelten, ergebe sich, daß auch für den Augenscheinsbeweis die Beweisantizipation verboten ist[57], trifft nicht zu. Vielmehr ist das richterliche Ermessen, das § 244 Abs. 5 eröffnet, nur eingeschränkt. Auch der Wegfall des Verbots der Beweisantizipation befreit das Gericht nicht von der Sachaufklärungspflicht; daß die Augenscheinseinnahme nicht abgelehnt werden darf, wenn die Aussage eines einzigen Zeugen widerlegt werden soll, ist ein Ausfluß dieser Pflicht. Wenn man das, um den Grundsatz des Verbots der Beweisantizipation möglichst weit zu fassen, als bloße Einschränkung des Verbots bezeichnet[58], werden die Dinge auf den Kopf gestellt.

---

56 OLG Celle MDR 1965 S. 227; OLG Schleswig bei *Ernesti/Jürgensen* SchlHA 1979 S. 205; KMR *Paulus* § 244 Rdnr. 482; LR *Gollwitzer* § 244 Rdnr. 277; a. A. OLG Koblenz VRS 48 S. 120 (122), das die Entscheidung BGH NJW 1961 S. 280 dahin mißverstanden hat, daß Polizeibeamte auf Kontrollfahrt »Glieder eines wesentlich gleichen Erlebnis- und Interessenkreises« seien. Bedenken äußert auch *Eb. Schmidt* Nachtr. § 244 Rdnr. 28). Jedoch hat es der BGH (VRS 20 S. 202 [204]) gebilligt, daß der Tatrichter Angaben von zwei Polizeibeamten nicht, wie beantragt, durch Augenschein überprüft hat, weil er keinen Anlaß hatte, aus der Lebenserfahrung Zweifel an der Richtigkeit der Beobachtungen der Beamten herzuleiten.
57 *Simader* S. 215; Voraufl. S. 385 Fußn. 9.
58 So OLG Hamm OLGSt. § 244 Abs. 5 S. 3 (4); OLG Schleswig bei *Ernesti/Jürgensen* SchlHA 1979 S. 204; LR *Gollwitzer* § 244 Rdnr. 275; *Eb. Schmidt* § 244 Rdnr. 76; *Hanack* JZ 1970 S. 561 (563); *Kreuzer* S. 61; Voraufl. S. 385. Auch RG JW 1931 S. 1040, 1608 spricht von der grundsätzlichen Geltung des Verbots.

5. Kapitel   Entscheidung des Gerichts über den Antrag

§ 1   Auslegung des Antrags

    I. Allgemeine Grundsätze 749
    II. Vorrang der Fragepflicht 750
    III. Auslegungsgrundlagen 750
    IV. Auslegung zugunsten des Antragstellers 751

I. Allgemeine Grundsätze

Der Beweisantrag ist wie jede strafprozessuale Willenserklärung der Auslegung fähig[1], wenn sein Inhalt unklar ist und zu Zweifeln darüber Anlaß gibt, was der Antragsteller erstrebt[2]. Von wem der Antrag stammt, spielt keine Rolle; auslegungsfähig sind daher auch Beweisanträge der Staatsanwaltschaft[3] und des Verteidigers[4]. Gleichgültig ist auch, welcher Teil des Antrags der Auslegung bedarf. Zwar kommt die Möglichkeit, durch Auslegung Klarheit über den Inhalt des Antrags zu schaffen, in erster Hinsicht für die Beweistatsache in Betracht[5]. Aber auch die Angabe der Beweismittel ist der Auslegung fähig[6].

---

[1] BGH bei *Dallinger* MDR 1951 S. 405 = JR 1951 S. 509 = LM Nr. 2 zu § 244 Abs. 3; RG JW 1932 S. 3102 mit Anm. *Henkel*; RG JW 1936 S. 1919 L = HRR 1936 Nr. 1476; OLG Düsseldorf MDR 1980 S. 868 (869); OLG Kiel HESt. 1 S. 142 = SchlHA 1947 S. 28; OLG Koblenz VRS 49 S. 273; OLG Saarbrücken VRS 38 S. 59 (61); OLG Stuttgart LRE 9 S. 219 (225); KK *Herdegen* Rdnr. 50; *Kleinknecht* Rdnr. 37; LR *Gollwitzer* Rdnr. 84; alle zu § 244; *Arndt* DRiZ 1956 S. 28 (31); *Bergmann* S. 10; *Gutmann* JuS 1962 S. 369 (376); *Hanack* JZ 1970 S. 561 (562); *Koeniger* S. 257. Zur Auslegung eines Beweiserbietens als Beweisantrag vgl. oben S. 72, zur Auslegung eines Beweisermittlungsantrags als Beweisantrag oben S. 76.
[2] KG VRS 17 S. 358; *Weigelt* DAR 1964 S. 314 (317).
[3] BGH bei *Holtz* MDR 1976 S. 815.
[4] Vgl. *Arndt* DRiZ 1956 S. 28 (31); *Bergmann* S. 10.
[5] BGH NJW 1968 S. 1293.
[6] Vgl. KK *Herdegen* § 244 Rdnr. 51; *Beling* S. 379; *Bergmann* S. 12. Das OLG Koblenz (DAR 1974 S. 132 = VRS 47 S. 180) hat den Antrag, die Auskunft einer Firma einzuholen, als Antrag auf Vernehmung eines ihrer Mitarbeiter als Zeugen umgedeutet.

II. Vorrang der Fragepflicht

Wird in der Hauptverhandlung ein Antrag auf Beweiserhebung gestellt, dessen Inhalt oder Ziel nicht eindeutig ist, so gehört es zur Fürsorgepflicht des Gerichts, durch Befragung des Antragstellers für die notwendige Klarstellung oder Vervollständigung des Antrags zu sorgen[7]. Das gilt ohne Ausnahme für den Fall, daß in der Hauptverhandlung über den Antrag entschieden werden muß. Die Fragepflicht hat Vorrang vor der Möglichkeit der Auslegung des Antrags[8]. Nur wenn die Befragung nicht möglich ist oder wenn über den Antrag erst in den Urteilsgründen entschieden wird[9], können unklare Beweisanträge auch ohne Anhörung des Antragstellers ausgelegt werden[10].

III. Auslegungsgrundlagen

Jede Auslegung hat vom Wortlaut auszugehen. Die Auslegung des Beweisantrags macht davon keine Ausnahme. Jedoch besteht die Auslegung gerade darin, daß über den unklaren und mehrdeutigen Wortlaut hinaus der Sinn und Zweck des Beweisantrags ermittelt wird[11]. Dazu sind alle geeigneten Umstände zu berücksichtigen, insbesondere der Zusammenhang mit dem Gang der Hauptverhandlung, in der der Antrag steht[12], die übrigen Ausführungen des Antragstellers[13] oder sei-

---

7 Vgl. oben S. 396 ff.
8 *Kuchinke* JuS 1967 S. 295 (299); *Plötz* S. 185/186.
9 Vgl. unten S. 767 ff.
10 A. A. *Bergmann* S. 11 ff., der eine Befragung nur für erforderlich hält, wenn die Auslegung erfolglos ist. Es ist aber nicht einzusehen, wieso das Gericht selbst überlegen müßte, was der Antragsteller gemeint hat, wenn es möglich ist, ihn danach zu befragen.
11 BGH NJW 1951 S. 368; 1959 S. 396; 1968 S. 1293; BGH JR 1954 S. 310; BGH bei *Holtz* MDR 1976 S. 815; BGH 1 StR 332/77 vom 16. 8. 1977; 4 StR 538/81 vom 15. 10. 1981; RGSt. 38 S. 127; RGRspr. 8 S. 101; RG JW 1922 S. 1033; 1931 S. 240 mit Anm. *Alsberg*; RG JW 1931 S. 1040; S. 2032 mit Anm. *Alsberg*; RG JW 1932 S. 2040; S. 3817 mit Anm. *von Weber*; RG JW 1933 S. 452 mit Anm. *Bohne*; RG JW 1936 S. 1132; RG DR 1940 S. 689; RG HRR 1940 Nr. 841; RG Recht 1908 Nr. 1735; RMGE 13 S. 68; OGHSt. 2 S. 352 = NJW 1950 S. 434; OLG Celle GA 1962 S. 216 (217) = NdsRpfl. 1961 S. 260; OLG Düsseldorf JMBlNRW 1980 S. 155 = MDR 1980 S. 868 (869); OLG Hamburg JR 1982 S. 36 (37) mit Anm. *Gollwitzer*; OLG Hamm OLGSt. § 356 StGB S. 3 (6); VRS 40 S. 205 (206); OLG Koblenz VRS 43 S. 184 (185); *Dalcke/Fuhrmann/Schäfer* Anm. 7 a; KK *Herdegen* Rdnr. 50; *Kleinknecht* Rdnr. 37; LR *Gollwitzer* Rdnr. 84; alle zu § 244; *Eb. Schmidt* vor § 244 Rdnr. 26; *Bergmann* S. 11; *Hanack* JZ 1971 S. 55; *Koeniger* S. 257, 260; *Meves* GA 40 S. 416 (431).
12 BGH bei *Dallinger* MDR 1951 S. 275; S. 405 = JR 1951 S. 509 = LM Nr. 2 zu § 244 Abs. 3; RGSt. 13 S. 316 (317); RGRspr. 6 S. 322 (323); RG JW 1930 S. 934 mit Anm. *Alsberg*; RG JW 1935 S. 3110; OGHSt. 2 S. 352 = NJW 1950 S. 434; KG HESt. 1 S. 169; OLG Celle NdsRpfl. 1982 S. 66 (67); *Kleinknecht* § 244 Rdnr. 37; *Alsberg* JW 1931 S. 240 und Heinitz-FS S. 430; *Bergmann* S. 12; *Berkholz* S. 31; *Simader* S. 38.
13 RGRspr. 7 S. 534 (535); RG Recht 1908 Nr. 1735; 1928 Nr. 991; BayObLG VRS 62 S. 450 (451); KK *Herdegen* § 244 Rdnr. 50; *Bergmann* S. 67 und MDR 1976 S. 888 (889); *Berkholz* S. 47; *Koeniger* S. 260; *Oetker* JW 1930 S. 1105; *Simader* S. 30/31.

nes Verteidigers[14] und, falls der Angeklagte der Antragsteller ist, die ganze Richtung seiner Verteidigung[15]. Auch der Akteninhalt kann und muß zur Auslegung des Antrags herangezogen werden[16]. Aus den Akten können insbesondere frühere mündliche oder schriftliche Prozeßerklärungen des Antragstellers oder seines Verteidigers[17] und vorbereitende Schriftsätze[18] berücksichtigt werden. Das darf jedoch nicht stillschweigend geschehen; andernfalls verstößt das Verfahren des Gerichts gegen den Grundsatz der Mündlichkeit[19]. Der Vorsitzende muß daher den Akteninhalt, soweit er für die Auslegung des Antrags von Bedeutung ist, in der Hauptverhandlung zur Sprache bringen[20].

IV. Auslegung zugunsten des Antragstellers

Läßt die Auslegung mehrere Möglichkeiten zu, so muß der Beweisantrag in der für den Antragsteller günstigsten Weise ausgelegt werden[21]. Es ist nicht zulässig, ihn im Wege »sinngemäßer Auslegung« zum Nachteil des Antragstellers umzudeuten[22] oder, sofern sich diese Notwendigkeit nicht logisch aus der übrigen Sachdarstellung des Antragstellers ergibt, ihn einschränkend auszulegen[23]. Erkennt der Antragsteller aus der Begründung des ablehnenden Beschlusses, daß sein Antrag mißverstanden oder aus anderen tatsächlichen Gründen zu seinem Nachteil falsch ausgelegt worden ist, so muß er dieses Mißverständnis in der Hauptverhandlung aufklären. Andernfalls kann er die Revision nicht mit Erfolg auf die fehlerhafte Behandlung des Antrags stützen[24].

---

14 BGH JR 1951 S. 509.
15 RG Recht 1908 Nr. 1735.
16 BGH 4 StR 538/81 vom 15. 10. 1981; RG JW 1931 S. 2821 mit Anm. *von Scanzoni*; RG JW 1932 S. 3102 mit Anm. *Henkel*; OLG Hamburg JR 1982 S. 36 (37) mit Anm. *Gollwitzer*; LR *Gollwitzer* § 244 Rdnr. 84; *Alsberg* JW 1929 S. 1474 und Heinitz-FS S. 430; *Bergmann* MDR 1976 S. 888 (889); *Dahs/Dahs* Rdnr. 249; *Koeniger* S. 260; *Meves* GA 40 S. 416 (431); *Simader* S. 30, 38, 229; *Stützel* S. 19.
17 RG JW 1932 S. 3626 (3627) mit Anm. *Schreiber*; OLG Kiel HESt 1 S. 142 (143); OLG Schleswig DAR 1961 S. 310 (311); *Bergmann* MDR 1976 S. 888 (889); *Meves* GA 40 S. 416 (431).
18 OLG Schleswig bei *Ernesti/Jürgensen* SchlHA 1970 S. 198.
19 Vgl. *Henkel* JW 1932 S. 3102; vgl. auch KK *Herdegen* § 244 Rdnr. 50, der daher die Berücksichtigung des Akteninhalts verbieten will.
20 *Simader* S. 38 Fußn. 1. Unrichtig *Berkholz* S. 31 Fußn. 2, der es für ausreichend hält, daß der Antrag dem Gericht verständlich ist.
21 BGH 5 StR 567/53 vom 9. 4. 1954; RGRspr. 6 S. 322; RG JW 1935 S. 956; OLG Hamm VRS 21 S. 368; OLG Jena JW 1928 S. 1883; OLG Stuttgart LRE 9 S. 219 (225); KK *Herdegen* § 244 Rdnr. 64; *Bergmann* S. 10; *Gerland* GerS 69 S. 194 (297); *Gutmann* JuS 1962 S. 369 (376); *Mayer-Alberti* S. 20; *Meves* GA 40 S. 416 (428); *Simader* S. 79, 229; *Stern* JW 1928 S. 1883; *Tenckhoff* S. 57 Fußn. 287.
22 RG JW 1932 S. 245 (246).
23 KK *Herdegen* § 244 Rdnr. 50; *Koeniger* S. 270.
24 Vgl. unten S. 910.

§ 2 Bescheidung des Antrags

I. Zuständigkeit	752
1. Stattgebende Entscheidungen	752
2. Ablehnende Entscheidungen	754
II. Der ablehnende Gerichtsbeschluß	755
1. Pflicht zur Beschlußfassung	755
2. Für die Entscheidung maßgebende Verfahrens- und Beweislage	755
3. Beschlußbegründung	756
a) Allgemeine Grundsätze	756
b) Einzelheiten	759
4. Zeitpunkt der Bekanntgabe des Beschlusses	764
5. Protokollierung des Beschlusses	766
III. Recht des Antragstellers auf Erteilung einer Beschlußabschrift	766
IV. Verzicht auf die Bekanntgabe der Ablehnungsgründe in der Hauptverhandlung	767
1. Möglichkeit des Verzichts	767
2. Vom Erscheinen entbundener Angeklagter	768
3. Hilfsbeweisanträge	769
a) Allgemeine Grundsätze	769
b) Ausnahmen	771

I. Zuständigkeit

Nach § 238 hat über alle in der Hauptverhandlung zu treffenden Maßnahmen in erster Hinsicht der Vorsitzende und erst nach Beanstandung seiner Anordnungen als unzulässig das Gericht zu entscheiden. Das gilt grundsätzlich auch für die Durchführung der Beweisaufnahme[1]. Nur für die Entscheidung über Beweisanträge teilt § 244 Abs. 6 die Zuständigkeit zwischen dem Vorsitzenden und dem Gericht in anderer Weise auf.

1. Stattgebende Entscheidungen

Der Vorsitzende ist für die Anordnung der beantragten Beweisaufnahme aufgrund seines Rechts zur Verhandlungsleitung (§ 238 Abs. 1) zuständig[2]. Die Herbeischaf-

---

  1 Vgl. *Kleinknecht* § 238 Rdnr. 5; LR *Gollwitzer* § 238 Rdnr. 11; *Stützel* S. 8.
  2 BGH NStZ 1982 S. 432; KK *Herdegen* Rdnr. 63; KMR *Paulus* Rdnr. 406; LR *Gollwitzer* Rdnr. 114; alle zu § 244; *Fezer* S. 95; *Kautter* S. 17; *Lauterbach* JR 1930 S. 253 (254); *Peters* S. 294; *G. Schäfer* S. 355; *Simader* S. 226. *Meves* GA 40 S. 416 (422) leitet diese Befugnis daraus her, daß das Gesetz das Gericht nur für den Ablehnungsbeschluß für zuständig erklärt.

fung der Beweismittel ist auch sonst ein Teil dieser Sachleitung. Die Vorschrift des § 221, die das ausdrücklich bestimmt, gilt auch für die Hauptverhandlung[3]. Eine Ausnahme besteht nur, wenn die Erhebung des beantragten Beweises die Aussetzung der Hauptverhandlung oder wenigstens eine Unterbrechung nach § 229 Abs. 2 erforderlich macht. Solche Aussetzungen oder Unterbrechungen kann nur das Gericht beschließen (§ 228 Abs. 1 Satz 1), auch wenn sie zum Zweck weiterer Beweiserhebung erforderlich werden[4]. § 244 Abs. 2 in der ursprünglichen Fassung bestimmte daher ausdrücklich, daß es eines Gerichtsbeschlusses bedarf, wenn die Vornahme einer Beweishandlung eine Aussetzung der Hauptverhandlung erforderlich macht. Ist aber das Beweismittel sofort zur Stelle oder kann es innerhalb von elf Tagen herbeigeschafft werden (§ 229 Abs. 1), so darf der Vorsitzende die Beweiserhebung ohne Anrufung des Kollegiums anordnen[5]. Eine besondere Verfügung ist dazu nur erforderlich, wenn das Beweismittel erst herbeigeschafft werden muß[6]. Daß der Vorsitzende, auch wenn er die Beweiserhebung allein anordnen könnte, immer berechtigt ist, eine Entscheidung des Kollegiums herbeizuführen, ist selbstverständlich[7]. Aber nur wenn seine ausdrücklich oder stillschweigend getroffene Anordnung, daß die beantragten Beweise erhoben werden sollen, von einem Prozeßbeteiligten oder von einem Gerichtsmitglied beanstandet wird, ist er dazu verpflichtet (vgl. § 238 Abs. 2)[8]. Dabei braucht die Beanstandung nicht die Zulässigkeit der angeordneten Beweiserhebung, etwa mit Rücksicht auf das Bestehen eines Beweisverbots, in Zweifel zu ziehen. Es genügt, daß die Notwendigkeit und Sachdienlichkeit der Beweiserhebung bestritten wird[9]. Denn anders als bei sonstigen Anordnungen des Vorsitzenden in der Hauptverhandlung hängt die Notwendigkeit einer Beweiserhebung oft davon ab, wie das Gericht den Sachverhalt und die bisherige Beweisaufnahme beurteilt. Ihm muß daher auch die endgültige Entscheidung darüber vorbehalten bleiben, ob eine Beweiserhebung erforderlich ist. Weder die Prozeßbeteiligten noch die Mitglieder des Gerichts können gezwungen werden, eine nutzlose Beweisaufnahme auf Anordnung des Vorsitzenden hinzunehmen, nur weil sie nicht unzulässig ist.

---

3 Vgl. KK *Treier* Rdnr. 1; *Kleinknecht* Rdnr. 1; LR *Gollwitzer* Rdnr. 4; alle zu § 221.
4 Vgl. KMR *Paulus* § 244 Rdnr. 406; G. *Schäfer* S. 355.
5 RGSt. 2 S. 194; RGRspr. 2 S. 156; RG LZ 1914 Sp. 1863; 1918 Sp. 1330; *Dalcke/Fuhrmann/Schäfer* Anm. 8; LR *Gollwitzer* Rdnr. 114; *Eb. Schmidt* Rdnr. 25; alle zu § 244; *Fezer* S. 95; *Gerland* S. 365; *Gössel* S. 258; *Koeniger* S. 265; *von Kries* S. 557; *Miltner* Recht 1902 Sp. 568; *Stützel* S. 109; vgl. auch RGSt. 5 S. 429 (430); 18 S. 23.
6 Vgl. *Stützel* S. 109.
7 Vgl. G. *Schäfer* S. 356, der sogar meint, das entspreche einem guten Stil.
8 Vgl. KMR *Paulus* § 244 Rdnr. 406; *Gössel* S. 258/259; *Kreuzer* S. 26 Fußn. 3; a. A. *Meves* GA 40 S. 416 (422), der § 238 Abs. 2 nicht für anwendbar hält.
9 RGRspr. 2 S. 156 (159); RG LZ 1914 Sp. 1863; so wohl auch *Kleinknecht* § 244 Rdnr. 49. A. A. LR *Gollwitzer* § 238 Rdnr. 31 ff. und § 244 Rdnr. 115; *Henkel* S. 340; *Simader* S. 227; *Stützel* S. 110. *Miltner* Recht 1902 Sp. 568 Fußn. 5 gesteht den beisitzenden Richtern ein Recht auf vorherige Beratung zu, den Prozeßbeteiligten nur bei Beanstandung als unzulässig. Auch *Meves* GA 40 S. 416 (422 Fußn. 25) meint, daß Gerichtsmitglieder stets die Beratung und Abstimmung verlangen können. Vgl. hierzu auch *Alsberg* LZ 1914 Sp. 1169 (1176).

Die Verfügung des Vorsitzenden und der Beschluß des Gerichts, durch den dem Beweisantrag stattgegeben wird, brauchen nicht begründet zu werden[10], auch dann nicht, wenn ein Prozeßbeteiligter der Beweiserhebung widersprochen hatte. Denn dieser Widerspruch ist selbst kein Antrag, dessen Ablehnung nach § 34 eine Begründung erforderlich macht[11]. Anders ist es, wenn die Zulässigkeit der Form, in der der Beweis erhoben werden soll, von einem Prozeßbeteiligten bezweifelt wird[12].

2. Ablehnende Entscheidungen

Die völlige oder teilweise[12a] Ablehnung eines in der Hauptverhandlung gestellten Beweisantrags erfordert einen Gerichtsbeschluß (§ 244 Abs. 6). Der Grund für diese gesetzliche Regelung liegt darin, daß der die Ablehnung aussprechende Beschluß in gewissem Sinne schon als Bestandteil des Endurteils anzusehen ist[13]. Der Vorsitzende darf daher niemals anstelle des Gerichts entscheiden. Ob die Prozeßbeteiligten damit einverstanden sind, ist ohne Bedeutung; die Einhaltung des § 244 Abs. 6 ist unverzichtbar[14]. Der Vorsitzende darf weder einen Beweisantrag aus einem der Gründe des § 244 Abs. 3 bis 5 ablehnen noch darüber entscheiden, ob ein ausdrücklich als Beweisantrag bezeichneter Antrag wegen mangelnder Substantiierung des Beweissatzes oder aus anderen Gründen nur als Beweisermittlungsantrag zu behandeln ist. Denn schon die Entscheidung darüber, ob ein solcher Antrag als Beweisantrag beschieden werden muß, ist Sache des Kollegiums[15]. Nur wenn ein bereits durch Gerichtsbeschluß abgelehnter Beweisantrag wiederholt wird, braucht der Vorsitzende nicht erneut eine Entscheidung des Kollegiums

---

10 Vgl. KK *Herdegen* § 244 Rdnr. 63; LR *Gollwitzer* § 244 Rdnr. 31; *Meves* GA 40 S. 416 (424); Simader S. 109.
11 BGHSt 15 S. 253; RGRspr. 3 S. 295 (296); RG GA 59 S. 454; *Feisenberger* § 34 Anm. 4; *Simader* S. 227; *Stützel* S. 109; a. A. RGRspr. 4 S. 324; KK *Herdegen* § 244 Rdnr. 63; LR *Wendisch* § 34 Rdnr. 8; *Eb. Schmidt* § 34 Rdnr. 5 a und Nachtr. Rdnr. 2).
12 Vgl. LR *Gollwitzer* § 244 Rdnr. 32.
12a Eine teilweise Ablehnung liegt auch vor, wenn der Vorsitzende das benannte Beweismittel nicht benutzt, sondern ein schlechteres verwendet; a. A. BGH NStZ 1982 S. 432, der von einem Antragsteller, dessen Rechte auf diese Weise verkürzt werden, die Anrufung des Gerichts nach § 238 Abs. 2 gegen die Anordnung des Vorsitzenden verlangt. In Wahrheit liegt ein unverzichtbarer Verstoß gegen § 244 Abs. 6 vor.
13 Vgl. *Hahn* Mat. I S. 191 und dazu RG JW 1926 S. 1224 mit Anm. *Beling*; *Meves* GA 40 S. 416 (422). Für *Dahs/Dahs* Rdnr. 100 ergibt sich die Pflicht, Anträge zu bescheiden, aus dem Grundsatz des rechtlichen Gehörs.
14 Vgl. BGH bei *Dallinger* MDR 1957 S. 268; RGSt. 75 S. 165 (168); in beiden Entscheidungen wurde aber das Einverständnis dahin gedeutet, daß die Beweisanträge nur insoweit aufrechterhalten worden sind, als sie der Vorsitzende nicht bereits abgelehnt hatte. Zur Unwirksamkeit eines Verzichts vgl. auch RG HRR 1942 Nr. 340 L; LR *Gollwitzer* § 244 Rdnr. 116; LR *Meyer* § 337 Rdnr. 220; *Alsberg* JW 1930 S. 931 (932/933); 1932 S. 953 (954); *W. Schmid* S. 103; a. A. *Stützel* S. 111.
15 RGSt. 14 S. 406; KK *Herdegen* § 244 Rdnr. 63; *Simader* S. 228. Über Beweisermittlungsanträge, die nicht den Anspruch erheben, Beweisanträge zu sein, entscheidet aber der Vorsitzende (vgl. oben S. 90).

herbeizuführen. In einem solchen Fall kann der Antragsteller das Gericht zu einer erneuten Entscheidung nur dadurch zwingen, daß er eine Veränderung der Sachlage geltend macht[16] oder ein Mißverständnis bei der früheren Ablehnung behauptet.

Das Gericht entscheidet über die Ablehnung des Beweisantrags stets mit einfacher Mehrheit[17]. Das gilt auch für den Ablehnungsgrund der Offenkundigkeit nach § 244 Abs. 3 Satz 2[18] und der eigenen Sachkunde des Gerichts nach § 244 Abs. 4 Satz 1[19].

II. Der ablehnende Gerichtsbeschluß

1. Pflicht zur Beschlußfassung

Ein Gerichtsbeschluß ist nach § 244 Abs. 6 für die Ablehnung eines jeden Antrags erforderlich, der den notwendigen Inhalt eines Beweisantrags hat oder wenigstens als Beweisantrag bezeichnet ist, auch eines bedingten Antrags, wenn die Bedingung eingetreten ist[20]. Es gibt keine Beweisanträge, die das Gericht einfach übergehen darf[21]. Das gilt auch für nicht ernsthaft gemeinte Anträge[22]. Solche Scheinanträge fallen unter den Oberbegriff der Verschleppungsabsicht (§ 244 Abs. 3 Satz 2)[23] und müssen nach § 244 Abs. 6 beschieden werden.

2. Für die Entscheidung maßgebende Verfahrens- und Beweislage

Das Gericht muß der Entscheidung über den Beweisantrag die Verfahrenslage und den Stand der Beweisaufnahme im Zeitpunkt der Beschlußfassung, nicht in dem der Antragstellung, zugrunde legen[24]. Selbstverständlich kommt es auch auf die Umstände nicht an, die in einer früheren Hauptverhandlung Anlaß zur Stellung des Beweisantrags gegeben haben[25]. Die Beweislage zur Zeit der Beschlußfassung ist insbesondere maßgebend dafür, ob die Beweistatsachen aufgrund der bisherigen Beweisaufnahme schon erwiesen oder ob sie offenkundig sind. Auch die Verschleppungsabsicht des Antragstellers ist von dem Standpunkt aus zu beurteilen, den er zur Zeit der Entscheidung über seinen Antrag einnimmt. Daß er bei der

---

16 BGH 2 StR 724/76 vom 4. 7. 1977; RGSt. 31 S. 62; KK *Herdegen* § 244 Rdnr. 63; *Kohlrausch* vor § 244 Anm. 9; LR *Gollwitzer* § 244 Rdnr. 114; *Harreß* S. 11; *Schlosky* JW 1930 S. 2505 (2506); *Simader* S. 227; *Stützel* S. 110; *Völcker* S. 40.
17 Vgl. KMR *Paulus* § 244 Rdnr. 405; *Meves* GA 40 S. 416 (424).
18 Vgl. oben S. 563 ff.
19 Vgl. oben S. 714/715.
20 Vgl. *Eb. Schmidt* vor § 244 Rdnr. 30 und Nachtr. Rdnr. 11); *Gössel* S. 252; *Simader* S. 62/63; *Stützel* S. 35/36.
21 Vgl. oben S. 372.
22 A. A. *Eb. Schmidt* § 244 Rdnr. 31.
23 Vgl. oben S. 635.
24 Vgl. KMR *Paulus* § 244 Rdnr. 413.
25 RGSt. 31 S. 137 (138).

Antragstellung diese Absicht noch nicht gehabt hatte, steht der Ablehnung daher nicht entgegen[26].

3. Beschlußbegründung

a) **Allgemeine Grundsätze.** Der den Beweisantrag ablehnende Gerichtsbeschluß muß nach § 34 mit Gründen versehen werden. Das dient einem doppelten Zweck. Einmal soll der Antragsteller durch die Beschlußbegründung davon unterrichtet werden, wie das Gericht den Antrag beurteilt. Er soll dadurch in die Lage versetzt werden, sich in seiner Verteidigung auf die Verfahrenslage einzustellen, die durch die Ablehnung des Beweisantrags entstanden ist, insbesondere weitere Anträge zu stellen[27]. Zum anderen ist die Begründung des ablehnenden Beschlusses erforderlich, damit das Revisionsgericht die Ablehnung rechtlich nachprüfen kann[28]. Eine Beschlußbegründung, die über den Wortlaut des § 244 Abs. 3 und 4 nicht hinausgeht, reicht daher grundsätzlich nicht aus[29]. Daran ändert nichts, daß der Fall einfach gelagert ist[30] oder daß die Beteiligten die Erwägungen des Gerichts ohne wei-

---

26 Vgl. KMR *Paulus* § 244 Rdnr. 413.
27 BGHSt. 1 S. 29 (32); 2 S. 284 (286); 19 S. 24 (26); BGH GA 1957 S. 85; 1958 S. 79 (80); BGH Strafverteidiger 1982 S. 253; BGH VRS 17 S. 424 (425); 34 S. 220 (221); 35 S. 132; RGSt. 1 S. 417; 74 S. 147 (151); 75 S. 11 (12/13); RG JW 1915 S. 720; 1916 S. 1539 (1540); 1923 S. 688 mit Anm. *Alsberg*; RG JW 1928 S. 2988 mit Anm. *Alsberg*; RG JW 1929 S. 1475 mit Anm. *Alsberg*; RG JW 1929 S. 2738; 1936 S. 3009; S. 3473 L; 1938 S. 806; S. 2959; RG DR 1945 S. 50; RG HRR 1939 Nr. 216; 1940 Nr. 407; OGHSt. 1 S. 277 (282); 2 S. 207 (208); 3 S. 141 (142); OGH NJW 1949 S. 796 = MDR 1949 S. 699; BayObLGSt. 1949/51 S. 74 (83) = HESt. 3 S. 13 (16); BayObLG DAR 1956 S. 165; KG VRS 48 S. 432 (433); OLG Braunschweig GA 72 S. 393; OLG Frankfurt NJW 1952 S. 638; OLG Hamm JMBlNRW 1954 S. 166 = VRS 7 S. 131; OLGSt. § 356 StGB S. 3 (4); OLG Köln VRS 49 S. 183 (184); OLG Oldenburg NdsRpfl. 1951 S. 191; OLG Schleswig bei *Ernesti/Jürgensen* SchlHA 1973 S. 186; *Dalcke/Fuhrmann/Schäfer* Anm. 22; KK *Herdegen* Rdnr. 64; *Kleinknecht* Rdnr. 49; KMR *Paulus* Rdnr. 407; LR *Gollwitzer* Rdnr. 118; *Eb. Schmidt* Rdnr. 27; alle zu § 244; *Alsberg* JW 1930 S. 391 (392); *Gollwitzer* JR 1980 S. 34 (35); *Koeniger* S. 270; *Richter* NJW 1958 S. 1125; *Schneidewin* in *Lobe* (Hrsg.), Fünfzig Jahre Reichsgericht S. 330; *Stützel* S. 111.
28 BGHSt. 2 S. 284 (286); BGH NJW 1953 S. 35 (36); RGSt. 1 S. 189 (190); 74 S. 147 (150); 75 S. 11 (13); RG JW 1923 S. 688; 1927 S. 3056; 1929 S. 1475; alle mit Anm. *Alsberg*; RG JW 1929 S. 2738; 1936 S. 3009; 1938 S. 1885 = HRR 1938 Nr. 1381; RG DR 1939 S. 1069 = HRR 1939 Nr. 1209; RG HRR 1939 Nr. 216; OGHSt. 3 S. 141 (142); BayObLGSt. 1949/51 S. 74 (83) = HESt. 3 S. 13 (16); BayObLG JW 1928 S. 2998 (2999) mit Anm. *Stern*; BayObLG DAR 1956 S. 165; KG VRS 29 S. 204 (206); OLG Hamm JMBlNRW 1954 S. 166 = VRS 7 S. 131; OLG Koblenz OLGSt. § 244 S. 52; KK *Herdegen* Rdnr. 64; *Kleinknecht* Rdnr. 49; KMR *Paulus* Rdnr. 407; alle zu § 244; *Gollwitzer* JR 1980 S. 34 (35); *Koeniger* S. 270; *Simader* S. 228; *Stützel* S. 112.
29 BGHSt. 2 S. 284 (286); 13 S. 252 (257); BGH VRS 16 S. 424 (425); BGH 3 StR 371/79 vom 24. 10. 1979 bei *Pfeiffer* NStZ 1981 S. 96; OLG Düsseldorf MDR 1980 S. 868 (869); OLG Stuttgart Justiz 1968 S. 133; KMR *Paulus* Rdnr. 407; LR *Gollwitzer* Rdnr. 119; *Eb. Schmidt* Rdnr. 27; alle zu § 244; *Gössel* S. 258; vgl. auch RG JW 1931 S. 1606 mit Anm. *Klefisch*.
30 A. A. OLG Frankfurt NJW 1952 S. 638.

teres aus der Sach- oder Verfahrenslage erkennen können[31]. In solchen Fällen wird aber das Urteil auf dem Verfahrensverstoß regelmäßig nicht beruhen[32]. Für Beweisanträge der Staatsanwaltschaft, des Privat- und Nebenklägers gelten keine Besonderheiten[33].

Der ablehnende Beschluß muß den Beweisantrag inhaltlich richtig und vollständig würdigen. Die Beschlußbegründung muß den Antrag unter jedem in Betracht kommenden Gesichtspunkt[34] und nach seinem wirklichen Sinn und vollen Inhalt ohne jede Einengung oder Verschiebung des Beweisthemas[35] erschöpfend erledigen. Sind mehrere Beweisanträge gestellt worden, so genügt es nicht, daß das Gericht in Bausch und Bogen die Ablehnungsgründe für alle Anträge anführt. Vielmehr muß für jeden einzelnen Antrag dargetan werden, weshalb das Gericht ihm nicht stattgibt[36]. Unzulässig ist z. B. die Ablehnung mehrerer Anträge »teils als unerheblich, teils wegen Wahrunterstellung«[37]. Auf andere Beschlüsse des Gerichts, insbesondere auf vor der Hauptverhandlung getroffene Entscheidungen, darf in dem Ablehnungsbeschluß grundsätzlich nicht verwiesen werden[38]. Eine Ausnahme gilt für den Fall, daß das Gericht schon den gleichlautenden Beweisantrag eines anderen Verfahrensbeteiligten abgelehnt hat. Auf diesen Ablehnungsbeschluß darf es Bezug nehmen, wenn der Antrag von einem anderen Beteiligten erneut gestellt wird[39].

---

31 Vgl. OLG Düsseldorf JMBlNRW 1980 S. 155 = MDR 1980 S. 868 (869); a. A. OLG Koblenz VRS 45 S. 367 (369); OLG Schleswig bei *Ernesti/Jürgensen* SchlHA 1976 S. 170; KMR *Paulus* § 244 Rdnr. 407; *Gössel* S. 258; ähnlich BGH NJW 1953 S. 1314. Auch BGH NStZ 1981 S. 309 (310); BGH Strafverteidiger 1981 S. 4 und BGH bei *Spiegel* DAR 1981 S. 199 halten dann offenbar eine Begründung für entbehrlich.
32 Vgl. LR *Gollwitzer* § 244 Rdnr. 119; das Beruhen verneint z. B. OLG Düsseldorf a.a.O. mit der Begründung, die der Ablehnung des Beweisantrags zugrunde liegenden Erwägungen hätten auf der Hand gelegen.
33 Die Entscheidung RG JW 1914 S. 433, wonach für die Staatsanwaltschaft geringere Anforderungen an die Beschlußbegründung zu stellen sind, ist vereinzelt geblieben.
34 RGSt. 76 S. 366 (368); RG JW 1923 S. 688 mit Anm. *Alsberg*; RG JW 1928 S. 68; 1929 S. 3016 mit Anm. *Löwenstein*; RG JW 1932 S. 245 (246); RG HRR 1937 Nrn. 908, 1625; 1940 Nr. 841; OLG Frankfurt NJW 1953 S. 198; OLG Hamm NJW 1963 S. 602 (603); KK *Herdegen* Rdnr. 50, 64; *Kleinknecht* Rdnr. 37; *Eb. Schmidt* Rdnr. 26; alle zu § 244; *Gössel* S. 258; *Koeniger* S. 270; *Simader* S. 229; *Stützel* S. 113.
35 BGH 1 StR 493/79 vom 9. 10. 1979 bei *Pfeiffer* NStZ 1981 S. 96; BGH 5 StR 438/82 vom 3. 8. 1982.
36 BGHSt. 21 S. 118 (124); 22 S. 124 (126); BGH NJW 1964 S. 2118; BGH bei *Dallinger* MDR 1970 S. 560; BGH 5 StR 576/66 vom 10. 9. 1967; OLG Schleswig bei *Ernesti/Lorenzen* SchlHA 1981 S. 93; *Kleinknecht* Rdnr. 50, 61; KMR *Paulus* Rdnr. 434; LR *Gollwitzer* Rdnr. 189, 195; *Eb. Schmidt* Nachtr. Rdnr. 21 a); alle zu § 244. Vgl. auch für den Fall, daß eine Mehrzahl von Zeugen benannt worden ist, RG JW 1927 S. 2466 mit Anm. *Alsberg*.
37 RG JW 1927 S. 3056; a. A. RG JW 1931 S. 952 mit abl. Anm. *Alsberg*.
38 Vgl. *Stützel* S. 110; RGRspr. 1 S. 492 hat das sogar für den Fall angenommen, daß der in Bezug genommene Beschluß in der Hauptverhandlung verlesen worden ist.
39 *Simader* S. 231; vgl. auch unten S. 772.

In dem Ablehnungsbeschluß muß dargetan werden, aus welchem der in § 244 Abs. 3 und 4 bezeichneten Gründe der Beweisantrag abgelehnt wird. Die Ablehnungsgründe müssen klar und eindeutig bezeichnet werden und dürfen keinen Zweifel daran lassen, weshalb das Gericht dem Antrag nicht stattgibt[40]. Es ist zulässig, den Antrag aus mehreren dieser Gründe abzulehnen, sofern sie einander nicht widersprechen[41]. Trägt einer der mehreren Gründe die Ablehnung, so ist ein hilfsweise zugefügter, an sich unzulässiger weiterer Ablehnungsgrund unschädlich[42].

Der Beschluß ist in gewissem Umfang auslegungsfähig[43], insbesondere unter Berücksichtigung des Zusammenhangs, in dem er erlassen worden ist[44], aber keineswegs aus den Urteilsgründen[45]. Denn der Antragsteller muß schon in der Hauptverhandlung in die Lage versetzt werden, den ablehnenden Beschluß zu verstehen. Auslegungsmöglichkeiten, die ihm erst die mündliche Bekanntgabe der Urteilsgründe oder die Lektüre des schriftlichen Urteils eröffnet, nützen ihm nichts. Daher ist es auch unzulässig, einen unvollständig oder mangelhaft begründeten Beschluß erst in den Urteilsgründen zu ergänzen, insbesondere neue Gründe zur Heilung von Mängeln des Ablehnungsbeschlusses in den Urteilsgründen nachzuschieben[46]. Dadurch wird dem Antragsteller ebenfalls die Möglichkeit genom-

---

40 OLG Köln VRS 59 S. 349 (350/351).
41 BGH 2 StR 79/53 vom 16. 10. 1953 bei *Seibert* NJW 1962 S. 135 (136); OLG Hamm JR 1965 S. 269 (Unerreichbarkeit und Wahrunterstellung): *Kleinknecht* Rdn. 49; KMR *Paulus* Rdn. 155, 414; LR *Gollwitzer* Rdn. 119; alle zu § 244; *Dahs/Dahs* Rdn. 257; *Gollwitzer* JR 1980 S. 35 (36). Unzulässig ist z.B. die Ablehnung mit der Begründung, die Beweistatsache sei ohne Bedeutung und werde als wahr unterstellt (BayObLG bei *Rüth* DAR 1975 S. 206; OLG Schleswig bei *Ernesti/Jürgensen* SchlHA 1980 S. 175); vgl. aber oben S. 656.
42 BGH NJW 1953 S. 1314; vgl. auch unten S. 907. Zulässig ist auch die Ablehnung wegen Unerheblichkeit, hilfsweise wegen Wahrunterstellung; vgl. BGH 5 StR 260/61 vom 31. 10. 1961; OLG Karlsruhe OLGSt. § 244 Abs. 3 S. 3 (4); a.A. BGH 5 StR 547/53 vom 30. 3. 1954.
43 BGHSt. 1 S. 29 (32) ergänzt die unzulänglich begründete Ablehnung wegen Verschleppungsabsicht aus den Vorgängen in der Hauptverhandlung (vgl. unten S. 762); vgl. auch OLG Düsseldorf DAR 1966 S. 249; OLG Stuttgart NJW 1967 S. 1627 = JR 1968 S. 151 mit Anm. *Koffka*; KK *Herdegen* § 244 Rdnr. 64.
44 OLG Schleswig bei *Ernesti/Jürgensen* SchlHA 1976 S. 170; *Koeniger* S. 271.
45 Vgl. *Stützel* S. 113; a.A. RGSt. 74 S. 147 (150/151); RGRspr. 7 S. 551; RG Recht 1910 Nr. 625; *Schlosky* JW 1930 S. 2505 (2506).
46 BGHSt. 19 S. 24 (26); 29 S. 149 (152); BGH NJW 1951 S. 368; BGH GA 1957 S. 85; BGH NStZ 1982 S. 432; BGH Strafverteidiger 1981 S. 110; 1982 S. 58, 253; BGH VRS 35 S. 132; 36 S. 213; BGH bei *Dallinger* MDR 1951 S. 175; BGH bei *Martin* DAR 1957 S. 68, 69; BGH bei *Spiegel* DAR 1976 S. 95; BGH 3 StR 371/79 vom 24. 10.1979 bei *Pfeiffer* NStZ 1981 S. 96; RGSt. 1 S. 34 (36); 20 S. 380 (381); 45 S. 138 (142/143); 74 S. 147 (150); RGRspr. 8 S. 462; RG JW 1894 S. 417; 1916 S. 1026; S. 1028 mit Anm. *Alsberg*; RG JW 1916 S. 1539 (1540); S. 1589 (1590); 1917 S. 51; 1923 S. 688 mit Anm. *Alsberg*; RG JW 1928 S. 2988 mit Anm. *Alsberg*; RG JW 1929 S. 1046 mit Anm. *Alsberg*; RG JW 1929 S. 2738 mit Anm. *Mannheim*; RG JW 1931 S. 1606 mit Anm. *Klefisch*; RG JW 1931 S. 2823; 1932 S. 404 (405) mit Anm. *Oetker*; RG JW 1932 S. 3097; 1933 S. 853; 1934 S. 2476; 1936 S. 3009; S. 3473 L; 1937 S. 1836; 1938 S. 806; S. 1885 = HRR 1938 Nr. 1381;

men, seine weitere Verteidigung den Ablehnungsgründen anzupassen. Auch sonst ist es nicht zulässig, zum näheren Verständnis des Ablehnungsbeschlusses auf den Urteilsinhalt zurückzugreifen[47]. Damit ist nicht gesagt, daß es dem Gericht verwehrt ist, in dem Urteil auf den Beweisantrag und den Ablehnungsbeschluß zu sprechen zu kommen. Der Tatrichter darf dort insbesondere die Erwägungen aufzeigen, aus denen er bei der Urteilsfällung an dem Ablehnungsbeschluß festhält[48]. Erweitert er in den Urteilsgründen die Begründung des Beschlusses oder ersetzt er die Ablehnungsgründe durch andere Gründe, so beachtet das Revisionsgericht das bei der Prüfung der rechtlichen Zulässigkeit der Ablehnung nicht. Den Bestand des Urteils kann aber gefährden, daß das Gericht in den Urteilsgründen fehlerhafte Ausführungen über die Ablehnung des Beweisantrags macht, auch wenn die Ablehnung in der Hauptverhandlung rechtlich nicht zu beanstanden war[49].

b) Einzelheiten. Die Gründe des Beschlusses müssen die rechtlichen und tatsächlichen Erwägungen darlegen, aus denen der Beweisantrag abgelehnt wird[50]. Wenn rechtliche Erwägungen maßgebend sind, muß die Begründung des Beschlusses erkennen lassen, ob es sich um verfahrensrechtliche oder sachlich-rechtliche

---

RG JW 1938 S. 2959 L; RG BayZ 1926 S. 105; RG DR 1945 S. 50; RG LZ 1915 Sp. 846; 1917 Sp. 64; 1933 Sp. 716; RG HRR 1938 Nr. 790; 1939 Nrn. 216, 1283; RG Recht 1910 Nr. 625; 1922 Nr. 358; RG SeuffBl. 74 S. 176; 75 S. 321; RMGE 10 S. 118 (123); 17 S. 34; BayObLGSt. 1952 S. 174 = NJW 1952 S. 1387; BayObLG DAR 1956 S. 165; KG JW 1925 S. 1539; VRS 48 S. 432 (433); OLG Celle NdsRpfl. 1982 S. 66 (67/68); OLG Dresden JW 1929 S. 1504; SächsA 1928 S. 198; OLG Düsseldorf MDR 1980 S. 868 (869); OLG Hamm DAR 1962 S. 59; JMBlNRW 1964 S. 215; MDR 1972 S. 628; OLGSt. § 356 StGB S. 3 (5); VRS 45 S. 311 (313); 56 S. 357 (359); OLG Kiel SchlHA 1946 S. 270; OLG Köln JMBlNRW 1959 S. 126 (127) = VRS 17 S. 140 (141); OLGSt. § 244 Abs. 3 S. 37; VRS 49 S. 183 (184); OLG Oldenburg NdsRpfl. 1951 S. 191; OLG Schleswig bei *Ernesti/Jürgensen* SchlHA 1977 S. 182; OLG Zweibrücken VRS 61 S. 434 (435); *Dalcke/Fuhrmann/Schäfer* Anm. 22; KK *Herdegen* Rdn. 66; *Kleinknecht* Rdn. 76; KMR *Paulus* Rdn. 408; LR *Gollwitzer* Rdn. 121, 196; *Eb. Schmidt* Rdn. 28; alle zu § 244; *Dahs/Dahs* Rdn. 257; *Gössel* S. 258; *Koeniger* S. 271; *Sarstedt* S. 185 Fußn. 15; *Simader* S. 229; *Stützel* S. 113. – A.A. RGSt. 1 S. 417 (418); RG JW 1926 S. 1222 (1223) mit abl. Anm. *Beling.*

47 A.A. RGSt. 1 S.417 (418); OGHSt. 3 S. 141 (143) für den Fall, daß die im Urteil geschilderte Sachlage offenbar auch den Prozeßbeteiligten bekannt war, als die beanstandete Entscheidung erging, und daß daher der in der Sitzungsniederschrift enthaltene Ablehnungsgrund von den Beteiligten im Sinne der in dem Urteil enthaltenen näheren Ausführungen verstanden wurde. BGH bei *Dallinger* MDR 1970 S. 560 und RG HRR 1939 Nr. 216 verneinen in diesem Fall mit Recht, daß das Urteil auf dem Verfahrensmangel beruht.
48 BGHSt. 19 S. 24 (26); BayObLGSt. 1952 S. 174 = NJW 1952 S. 1387; LR *Gollwitzer* § 244 Rdnr. 121.
49 Vgl. unten S. 894/895.
50 RGSt. 1 S. 417; 74 S. 147 (150); RG JW 1936 S. 3473 L; RG GA 59 S. 315 (316); BayObLG bei *Rüth* DAR 1964 S. 242; OLG Koblenz VRS 45 S. 367 (369); OLG Schleswig bei *Ernesti/Jürgensen* SchlHA 1976 S. 170; *Dalcke/Fuhrmann/Schäfer* Anm. 22; KK *Herdegen* Rdnr. 65; KMR *Paulus* Rdnr. 407; alle zu § 244; *Dahs/Dahs* Rdnr. 257; *Gerland* S. 365; *Koeniger* S. 270; *Simader* S. 229; *Stützel* S. 112.

Gründe handelt[51]. Dabei müssen die tatsächlichen Gründe, die der Anwendung eines strafprozessualen Grundsatzes zugrunde gelegt sind, bezeichnet werden. Für die Ablehnungsgründe des § 244 Abs. 3 bis 5 gilt im einzelnen folgendes:

(1) Ist die beantragte **Beweiserhebung unzulässig**, so genügt in dem Ablehnungsbeschluß im allgemeinen ein kurzer Hinweis auf den Grund dieser Unzulässigkeit. Das gleiche gilt für den Fall, daß nicht die Beweiserhebung, sondern der Beweisantrag selbst unzulässig ist[52].

(2) Bei der Ablehnung eines Beweisantrags wegen **Offenkundigkeit** muß der Ablehnungsbeschluß erkennen lassen, ob das Gericht die Beweistatsache oder den unter Beweis gestellten Erfahrungssatz oder ihr Gegenteil für allgemeinkundig oder für gerichtskundig hält. Die Quelle der Allgemeinkundigkeit braucht nicht angegeben zu werden. Der Beschluß braucht sich auch nicht darüber auszulassen, worauf die Annahme der Gerichtskundigkeit beruht[53].

(3) Eine besonders ausführliche Begründung ist erforderlich, wenn der Antrag mit der Begründung abgelehnt wird, die Beweistatsache sei für die Entscheidung **ohne Bedeutung**. Der Gesetzeswortlaut reicht in diesem Fall unter keinen Umständen aus[54]. Auch allgemeine Wendungen, wie: die Beweistatsache sei »unbehelflich«[55], »bedeutungslos«[56], »unerheblich«[57], »tatsächlich unerheblich«[58], genügen nicht[59]. Der Beschluß muß vielmehr aufzeigen, ob sich die Bedeutungslosigkeit aus tatsächlichen oder rechtlichen Erwägungen ergibt[60]. Wenn tatsächliche Erwägun-

---

51 Vgl. *Simader* S. 229; *Stützel* S. 112.
52 Vgl. oben S. 425.
53 RGSt. 45 S. 403; a. A. BSG NJW 1970 S. 1814 für den Fall, daß die Gerichtskundigkeit im allgemeinen nicht zu vermuten ist. Vgl. auch *Alsberg* JW 1918 S. 792 (795).
54 BGH bei *Spiegel* DAR 1981 S. 199.
55 RG JW 1923 S. 688 mit Anm. *Alsberg*.
56 RG JW 1927 S. 2466 (2467).
57 RG JW 1924 S. 1251 mit Anm. *Gerland*; RG SeuffBl. 74 S. 176; *Dahs/Dahs* Rdnr. 257.
58 RGRspr. 1 S. 331; 2 S. 458.
59 Vgl. KMR *Paulus* § 244 Rdnr. 417; LR *Gollwitzer* § 244 Rdnr. 119; *Meves* GA 40 S. 416 (427).
60 BGHSt. 2 S. 284 (286); BGH NJW 1953 S. 35 (36); BGH GA 1957 S. 85; BGH NStZ 1981 S. 309 (310); S. 401; 1982 S. 213 = Strafverteidiger 1982 S. 253; BGH Strafverteidiger 1981 S. 4; 1982 S. 55; BGH VRS 17 S. 424 (425); 34 S. 220 (221); BGH bei *Dallinger* MDR 1970 S. 560; BGH bei *Holtz* MDR 1981 S. 101/102; BGH bei *Spiegel* DAR 1976 S. 95; 1977 S. 155; 1980 S. 207; 1981 S. 199; RGSt. 1 S. 189 (190); RGRspr. 1 S. 331 (333); RG JW 1894 S. 417; 1914 S. 891 (892); 1924 S. 1251 mit Anm. *Gerland*; RG JW 1926 S. 1222 mit Anm. *Beling*; RG JW 1927 S. 794 mit Anm. *Mannheim*; RG JW 1929 S. 1475 mit Anm. *Alsberg*; RG JW 1929 S. 2738; 1931 S. 2823 (2824) mit Anm. *Mannheim*; RG JW 1934 S. 2476 L; 1935 S. 2979 L; 1936 S. 1380 L; 1937 S. 1836 L; 1938 S. 1885 = HRR 1938 Nr. 1381; RG JW 1939 S. 95; S. 627; RG HRR 1938 Nr. 790; 1939 Nrn. 216, 1283; RG SeuffBl. 75 S. 321; OGHSt. 3 S. 141 (142); OGH NJW 1949 S. 796 = MDR 1949 S. 699; BayObLGSt. 1949/51 S. 74 (83) = HESt. 3 S. 13 (16); BayObLG JW 1928 S. 2998 (2999); BayObLG DAR 1956 S. 165; BayObLG bei *Rüth* DAR 1981 S. 249; OLG Düsseldorf MDR 1980 S. 868 (869); OLG Hamm JMBlNRW 1954 S. 166 = VRS 7 S. 131; OLGSt. § 356 StGB S. 3 (4); OLG Koblenz OLGSt. § 244 S. 52; VRS 45 S. 367 (369); OLG Köln VRS 57 S. 191 (192); OLG Oldenburg NdsRpfl. 1951 S. 191; OLG

gen maßgebend sind, müssen die Tatsachen und Umstände aufgeführt werden, aus denen die Unerheblichkeit folgt[61]. Hält das Gericht die Beweistatsachen aus rechtlichen Gründen für bedeutungslos, so muß es auch diese Auffassung begründen. Dabei ist das Gericht nicht gehindert, streitige Rechtsfragen, mit denen es sich auch im Urteil zu befassen hat, vorweg zu entscheiden[62]. Eine besonders eingehende Begründung der Ablehnung wegen Unerheblichkeit der Beweistatsachen wird sich empfehlen, wenn ein Zeuge auf Anordnung des Vorsitzenden zur Hauptverhandlung geladen worden war, aber nicht erschienen ist, und erst darauf der Beweisantrag wegen Bedeutungslosigkeit abgelehnt wird[63]. Nur wenn die Bedeutungslosigkeit für alle Prozeßbeteiligten auf der Hand liegt, ist ein Verstoß gegen die Begründungspflicht unschädlich[64].

(4) Die Ablehnung eines Beweisantrags, weil die **Tatsache bereits erwiesen** ist, bedarf keiner weiteren Begründung.

(5) Bei der Ablehnung eines Beweisantrags mit der Begründung, das **Beweismittel** sei **völlig ungeeignet,** muß das Gericht, weil es sich um eine, wenn auch gesetzlich zugelassene, Ausnahme von dem Verbot der Beweisantizipation handelt, besonders eingehend alle tatsächlichen Umstände darlegen, die für die Entscheidung maßgebend waren[65]. Es genügt z. B. nicht die Begründung, der benannte Zeuge sei wegen seiner Beziehung zu dem Angeklagten ungeeignet, das bisherige

---

Schleswig bei *Ernesti/Jürgensen* SchlHA 1974 S. 182; OLG Stuttgart Justiz 1968 S. 133; KK *Herdegen* Rdnr. 84; *Kleinknecht* Rdnr. 50; LR *Gollwitzer* Rdnr. 119, 195; alle zu § 244; *Schröder* NJW 1972 S. 2105 (2107).

61 BGHSt. 2 S. 284 (286); BGH NJW 1953 S. 35 (36); 1980 S. 1533 (1534); BGH GA 1957 S. 85; BGH NStZ 1981 S. 309; S. 309 (310); S. 401; 1982 S. 213 = Strafverteidiger 1982 S. 253; BGH Strafverteidiger 1981 S. 4; BGH bei *Dallinger* MDR 1970 S. 560; BGH bei *Holtz* MDR 1981 S. 101/102; BGH bei *Spiegel* DAR 1978 S. 155; RGSt. 4 S. 138 (139); RG JW 1931 S. 2823 (2824) mit Anm. *Mannheim*; RG JW 1934 S. 2476 L; 1935 S. 2979 L; 1937 S. 1836; 1938 S. 1019 L; 1939 S. 95; RG HRR 1938 Nr. 790; 1939 Nrn. 216, 1283; OGHSt. 3 S. 141 (142); OGH NJW 1949 S. 796 = MDR 1949 S. 699; BayObLGSt. 1949/51 S. 74 (83) = HESt. 3 S. 13 (16); BayObLG DAR 1956 S. 165; BayObLG bei *Rüth* DAR 1981 S. 249; OLG Hamm JMBlNRW 1954 S. 166 = VRS 7 S. 131; OLGSt. § 356 StGB S. 3 (4/5); OLG Köln VRS 57 S. 191 (192); OLG Oldenburg NdsRpfl. 1951 S. 191; OLG Schleswig bei *Ernesti/Jürgensen* SchlHA 1974 S. 182; KK *Herdegen* Rdnr. 84; *Kleinknecht* Rdnr. 50; LR *Gollwitzer* Rdnr. 119; alle zu § 244; *Simader* S. 230. Für die Ablehnung eines Hilfsbeweisantrags in den Urteilsgründen gilt das nicht; vgl. BGH 5 StR 768/76 vom 24. 4. 1977.
62 RG JW 1926 S. 1224 mit Anm. *Beling*; *Simader* S. 229. *Sarstedt* DAR 1964 S. 307 (311) weist mit Recht darauf hin, daß das Gericht gezwungen sein kann, schon vor der Urteilsverkündung zu erläutern, wie es die Sach- oder Rechtslage beurteilt.
63 Vgl. *Seibert* NJW 1962 S. 135 (136).
64 BGH NStZ 1981 S. 401; BGH bei *Spiegel* DAR 1981 S. 199; BGH 3 StR 229/79 vom 12. 7. 1979 bei *Pfeiffer* NStZ 1981 S. 96. BGH NStZ 1982 S. 170, BGH Strafverteidiger 1981 S. 4 und BGH bei *Spiegel* DAR 1981 S. 199 halten dann offenbar sogar eine Begründung für unnötig.
65 BGH JR 1954 S. 310; BGH VRS 19 S. 20; BGH 3 StR 333/51 vom 5. 7. 1951; BayObLG MDR 1981 S. 338; OLG Hamm JMBlNRW 1982 S. 224 (225); KK *Herdegen* § 244 Rdnr. 90; LG *Gollwitzer* § 244 Rdnr. 242; vgl. auch OLG Köln JMBlNRW 1963 S. 446 = VRS 24 S. 217 (218); OLG Schleswig SchlHA 1979 S. 144 (145).

Beweisergebnis zu entkräften. Die Art der Beziehungen zu dem Angeklagten muß vielmehr im einzelnen kenntlich gemacht werden[66].

(6) Wenn der Beweisantrag abgelehnt wird, weil das **Beweismittel unerreichbar** ist, muß der Beschluß die Tatsachen anführen, die die Unerreichbarkeit ergeben[67]. Es muß insbesondere dargetan werden, aus welchen Gründen es von vornherein aussichtslos erscheint, Nachforschungen nach dem Beweismittel anzustellen oder durch Zwangsmaßnahmen das Erscheinen eines Zeugen zu erzwingen. Gegebenenfalls ist darzutun, daß und welche Ermittlungen stattgefunden haben, um das Beweismittel zur Hauptverhandlung herbeizuschaffen. Hält das Gericht eine kommissarische Vernehmung, zu der der Zeuge zur Verfügung steht, nicht für ausreichend, so muß es in dem ablehnenden Beschluß die Gründe hierfür darlegen[67a].

(7) Wird der Antrag wegen **Verschleppungsabsicht** des Antragstellers abgelehnt, so müssen alle Umstände dargelegt und eingehend gewürdigt werden, aus denen das Gericht auf die Aussichtslosigkeit der Beweiserhebung und die Verschleppungsabsicht schließt[68]. Die Ansicht, das Gericht brauche nicht wie in einem Indizienurteil alle Tatsachen anzuführen, auf die es seine Überzeugung von der Verschleppungsabsicht des Antragstellers stützt[69], verdient keine Zustimmung. Es ist

---

66 RGSt. 63 S. 329 (332) = JW 1930 S. 636 mit Anm. *Alsberg;* RG JW 1912 S. 946; 1917 S. 235 mit Anm. *Mannheim;* RG JW 1925 S. 371; 1927 S. 2576; 1933 S. 451; 1934 S. 2622; 1937 S. 761 L; RG DR 1939 S. 1069 = HRR 1939 Nr. 1209; RG HRR 1932 Nr. 79; RG Recht 1913 Nr. 1407; KG JW 1925 S. 1539; LR *Gollwitzer* § 244 Rdnr. 119; *Rieker* S. 57.
67 OLG Schleswig SchlHA 1976 S. 170.
67a BGH GA 1971 S. 85; KK *Herdegen* § 244 Rdnr. 91.
68 BGHSt. 1 S. 29 (32); 21 S. 118 (123/124); 29 S. 149 (151); BGH NJW 1969 S. 281 (282); BGH GA 1968 S. 19; BGH NStZ 1982 S. 213; S. 291 (292); BGH bei *Spiegel* DAR 1976 S. 95; RGSt. 13 S. 151 (153); 20 S. 206 (207); 45 S. 138 (143); 65 S. 304 (306); 74 S. 153 (154) = DR 1940 S. 1104 mit Anm. *Mittelbach;* RGRspr. 7 S. 550; 10 S. 148; RG JW 1893 S. 292; 1912 S. 945 (946); 1922 S. 2447; 1927 S. 451; 1930 S. 1505 (1506) mit Anm. *Gerland;* RG JW 1931 S. 1610 mit Anm. *Bohne;* RG JW 1932 S. 2732 mit Anm. *Unger;* RG JW 1936 S. 3009; 1938 S. 1885 = HRR 1938 Nr. 1381; RG JW 1939 S. 627 = HRR 1939 Nr. 477; RG BayZ 1907 S. 148; 1928 S. 356; RG GA 69 S. 182; RG HRR 1934 Nr. 1426; 1941 Nr. 526; RG LZ 1933 Sp. 716; RG Recht 1910 Nr. 625; 1922 Nr. 358; RMGE 8 S. 63 (65); 11 S. 11; 16 S. 160; 17 S. 34 (38); BayObLGSt. 1976 S. 6 = VRS 50 S. 438; BayObLG JW 1929 S. 2751 mit Anm. *Löwenstein;* BayObLG DRiZ 1931 Nr. 610; BayObLG bei *Rüth* DAR 1964 S. 243; KG NJW 1954 S. 770 = JR 1954 S. 231 mit Anm. *Sarstedt;* KG JR 1947 S. 124; VRS 29 S. 204 (206); ZStW 48 Sdr. Beil. S. 310; OLG Düsseldorf NJW 1949 S. 917; OLG Hamm VRS 44 S. 445 (446); OLG Kiel SchlHA 1946 S. 289; 1948 S. 224 (225); OLG Köln NJW 1953 S. 1726 L = JR 1954 S. 68 (69); JMBlNRW 1963 S. 46 = VRS 24 S. 217; VRS 61 S. 272 (273); OLG Schleswig bei *Ernesti/Lorenzen* SchlHA 1981 S. 93; *Dalcke/Fuhrmann/Schäfer* Anm. 22; *Kleinknecht* Rdnr. 50; KMR *Paulus* Rdnr. 434; LR *Gollwitzer* Rdnr. 188; *Eb. Schmidt* Nachtr. Rdnr. 39; alle zu § 244; *Alsberg* JW 1929 S. 977; 1930 S. 3417 (3418); *Arndt* DRiZ 1956 S. 28 (31); *Dahs/Dahs* Rdnr. 257, 266; *Koeniger* S. 285; *Simader* S. 42/43.
69 KK *Herdegen* § 244 Rdnr. 98; *Gollwitzer* JR 1980 S. 35. Auch BGH NJW 1953 S. 1314 ließ genügen, daß der Tatrichter neben mehreren unzulässigen Ablehnungsgründen »im ganzen und zusammen mit den übrigen Verfahrensvorgängen« für alle Beteiligten deutlich die gerichtliche Überzeugung erkennen ließ, daß der Antrag nur zum Zweck der Verschleppung gestellt sei.

nicht Aufgabe des Revisionsgerichts, die Beweisanzeichen für die Verschleppungsabsicht selbst zusammenzusuchen und zu werten[70]. Außerdem muß der Antragsteller schon in der Hauptverhandlung die Tatsachen erfahren, auf die das Gericht die Verschleppungsabsicht stützt; nur dann kann er sich gegen diese Annahme wenden.

(8) Die Ablehnung eines Beweisantrags wegen **Wahrunterstellung** der Beweistatsache erfordert keine weitere Begründung[71]. Beschränkt das Gericht die Wahrunterstellung auf einen Teil der Beweistatsachen, so muß es aber genau angeben, welche Tatsachen im Urteil als wahr behandelt werden sollen[72].

(9) Wird die Zuziehung eines **Sachverständigen** beantragt, so kann das Gericht den Antrag ohne weitere Begründung wegen eigener Sachkunde ablehnen[73]. Erst im Urteil muß der Tatrichter darlegen, daß und woher er die Sachkunde hat, sofern das nicht ohne weiteres klar ist[74]. Über die Quelle seines Fachwissens brauchen die Gründe des Ablehnungsbeschlusses ebenfalls keine Auskunft zu geben[75].

(10) Verlangt der Antragsteller allgemein die Anhörung eines **weiteren Sachverständigen,** ohne im einzelnen die Gründe darzulegen, aus denen er das bereits erstattete Gutachten für unzulänglich hält, so kann der Antrag unter bloßer Wiederholung des Wortlauts des § 244 Abs. 4 Satz 2 erster Halbsatz abgelehnt werden[76]. Ausreichend ist auch die Begründung, daß kein Anlaß bestehe, einen weiteren Sachverständigen vorzuladen[77], oder daß der Sachverständige sich zu dem Beweisthema bereits umfassend geäußert habe[78]. Die Ansicht, es genüge nicht die

---

70 So aber wohl BGHSt. 1 S. 29 (32) und OLG Hamburg VRS 56 S. 457 (462) = JR 1980 S. 32 (34) mit Anm. *Gollwitzer;* beide Gerichte haben die unzulängliche Ablehnungsbegründung durch eigene Erkenntnisse ergänzt (vgl. dazu unten S. 902).
71 RGSt. 35 S. 389; 39 S. 321; 46 S. 279; RG JW 1914 S. 891 (892); RG SeuffBl. 73 S. 459; OLG Karlsruhe MDR 1966 S. 948; *Alsberg* JW 1930 S. 1068 (1069); *Bär* S. 26; *Koeniger* S. 271, 288; *Simader* S. 138; a.A. OLG Hamm NJW 1962 S. 66 (67), das sogar bei der Ablehnung eines Hilfsbeweisantrages im Urteil beanstandet hat, daß nur der Gesetzeswortlaut wiedergegeben worden war.
72 RG DRiZ 1927 Nr. 733.
73 Vgl. *Eb. Schmidt* JZ 1959 S. 131 (132); a. A. LR *Gollwitzer* § 244 Rdnr. 119 unter Berufung auf die ältere RG-Rspr. (RGSt. 51 S. 42; RG JW 1928 S. 2988 mit Anm. *Alsberg;* RG JW 1929 S. 1053).
74 A. A. *Kleinknecht* § 244 Rdnr. 50; *Dahs/Dahs* Rdnr. 257; *Koeniger* S. 295, die die Darlegung der Sachkunde in dem Ablehnungsbeschluß verlangen, wenn es sich um spezielle Kenntnisse handelt. Auch *Dahs* Hdb. Rdnr. 537 ist der Meinung, durch die Stellung eines Beweisantrags erführen die Antragsteller, worauf das Gericht die Sachkunde stützt.
75 Vgl. *Döhring* JZ 1968 S. 641 (646).
76 A. A. RG SeuffBl. 76 S. 206; KK *Herdegen* § 244 Rdnr. 111; LR *Gollwitzer* § 244 Rdnr. 268. Unklar BGHSt. 23 S. 311 (312); BayObLGSt. 1972 S. 96, die hervorheben, die Ablehnung sei ausreichend begründet, weil die Beschlußbegründung in der Bewertung des Forschungsmittels »sachlichen Gehalt« aufweise.
77 Vgl. RG JW 1927 S. 2043; 1929 S. 260; RG GA 39 S. 232; RG LZ 1928 Sp. 639; *Alsberg* JW 1929 S. 1046; a. A. BGH JR 1959 S. 305, der die Begründung, es sei bereits ein Sachverständiger gehört worden, nicht ausreichen läßt, weil dies nur die Voraussetzung für die Anwendung des Ablehnungsgrundes des § 244 Abs. 4 Satz 2 ist.
78 BGH 5 StR 487/56 vom 26. 2. 1957 bei *Meyer* NJW 1958 S. 616 (617).

Begründung, daß die bereits gehörten vier Sachverständigen die Beweisbehauptung als unrichtig bezeichnet haben[79], erscheint unrichtig. Der Antragsteller weiß aufgrund dieser Begründung, daß weitere Sachverständige nicht vernommen werden, weil dem Gericht die Auskünfte der bereits angehörten Sachverständigen ausreichen. Welche anderen Anträge ein Prozeßbeteiligter dann noch stellen kann, ist nicht erkennbar[80].

Anders liegt es, wenn der Antragsteller sich auf das Vorliegen eines der in § 244 Abs. 4 Satz 2 zweiter Halbsatz aufgeführten Umstände beruft. Hierauf muß in dem Ablehnungsbeschluß eingegangen werden[81]. Das gilt insbesondere, wenn der Antragsteller die Sachkunde des gehörten Sachverständigen bestreitet[82]. Wird verneint, daß der neue Sachverständige überlegene Forschungsmittel besitzt, so muß der ablehnende Beschluß ergeben, daß das Gericht die Frage geprüft hat und die Forschungsmittel des weiteren Sachverständigen nicht für überlegen hält[83]. Das bedarf einer eingehenden Begründung[84]. Auch wenn der Antragsteller behauptet, der neue Sachverständige werde die Beweisfrage aufgrund neuer wissenschaftlicher Erkenntnisse beurteilen, darf der ablehnende Beschluß sich nicht nur auf die Sachkunde des bisher gehörten Sachverständigen berufen, sondern muß darlegen, daß die Forschungsmöglichkeiten des neuen Sachverständigen denen des schon gehörten Sachverständigen nicht überlegen sind[85].

(11) Der Antrag auf Vornahme einer **Augenscheinseinnahme** kann mit dem Wortlaut des Gesetzes abgelehnt werden[86]. Nur wenn der Antragsteller mit dem Antrag auf Augenscheinseinnahme noch andere Ziele als die Klärung der örtlichen Verhältnisse verfolgt, ist eine ausführliche Begründung erforderlich[87].

4. Zeitpunkt der Bekanntgabe des Beschlusses

Das Gericht ist nicht verpflichtet, über den Beweisantrag sofort zu entscheiden. Der Vorsitzende kann die Entscheidung daher auf einen späteren Zeitpunkt der

---

79 BGH 5 StR 145/57 vom 14. 5. 57 (insoweit in BGHSt. 10 S. 278 und NJW 1957 S. 1244 nicht abgedruckt) bei *Meyer* NJW 1958 S. 616 (617); auch *Richter* (NJW 1958 S. 1125 [1126]) meint, durch diese Begründung werde der Antragsteller irregeleitet.
80 RG JW 1927 S. 2043 mit abl. Anm. *Drucker* hat sogar angenommen, das angefochtene Urteil beruhe nicht auf dem Übergehen des Hilfsantrages, weil anzunehmen sei, daß das Gericht die Zuziehung eines weiteren Sachverständigen für überflüssig gehalten hat.
81 Vgl. KK *Herdegen* § 244 Rdnr. 111; LR *Gollwitzer* § 244 Rdnr. 268.
82 OLG Celle NJW 1974 S. 616 = NdsRpfl. 1974 S. 110; KMR *Paulus* § 244 Rdnr. 473.
83 BGH NJW 1951 S. 412.
84 BGHSt. 10 S. 116 (118); KK *Herdegen* § 244 Rdnr. 110, 111.
85 OLG Düsseldorf NJW 1970 S. 1984 (1985) = VRS 39 S. 354 (355).
86 KG JW 1932 S. 204 = GA 76 S. 168 = HRR 1932 Nr. 690; OLG Hamm VRS 7 S. 374; OLG Oldenburg NdsRpfl. 1952 S. 121; a. A. *Dahs/Dahs* Rdnr. 273; *Dahs* Hdb. Rdnr. 542 unter Bezugnahme auf *Sarstedt* DAR 1964 S. 307 (314).
87 RG JW 1928 S. 68; 1932 S. 2040.

Hauptverhandlung zurückstellen[88]. Wenn das Vorliegen von Ablehnungsgründen, etwa der Bedeutungslosigkeit oder des Erwiesenseins der Beweistatsache, erst zu einem späteren Zeitpunkt sicher beurteilt werden kann, wird sich das sogar empfehlen. Der ablehnende Gerichtsbeschluß muß aber immer so rechtzeitig bekanntgegeben werden, daß es dem Antragsteller möglich ist, seine weitere Verteidigung nach den Ablehnungsgründen einzustellen[89]. Er muß gegebenenfalls auch die Auffassung des Gerichts durch neue Ausführungen bekämpfen oder den abgelehnten Antrag vervollständigen oder verbessern können. Der Beschluß muß daher vor dem in § 258 Abs. 1 bezeichneten Schluß der Beweisaufnahme bekanntgegeben werden[90]. Die Bekanntgabe darf nicht erst unmittelbar vor der Urteilsverkündung erfolgen[91], wenn nicht der Antragsteller auf eine frühere Beschlußfassung verzichtet[92]. Erst recht darf die Mitteilung der Ablehnungsgründe nicht den Urteilsgründen vorbehalten bleiben[93]. Das gilt auch, wenn der Beweisantrag wegen Wahrunterstellung der Beweistatsache abgelehnt wird[94]; das Urteil beruht dann aber auf der verspäteten Bekanntgabe regelmäßig nicht[95].

---

[88] RG SeuffBl. 74 S. 176; *Miltner* Recht 1902 Sp. 568 (571); *Sarstedt* DAR 1964 S. 307 (310); *G. Schäfer* S. 356. Vgl. auch *Hanack* JZ 1970 S. 561, der es für möglich hält, daß die Verzögerung der Antragsbescheidung die Verteidigung des Angeklagten vereiteln oder wenigstens erschweren kann. Auch *Dahs* (Hdb. Rdnr. 525) meint, die »ungebührliche Hinauszögerung« der Bescheidung könne die Revision begründen. Nach Ansicht von KK *Herdegen* § 244 Rdnr. 68 muß der Beschluß alsbald bekanntgemacht werden.

[89] Vgl. oben S. 756.

[90] BGHSt. 19 S. 24 (26); RGSt. 1 S. 34 (36); 29 S. 438; 58 S. 79 (80); RG JW 1916 S. 1589 (1590); 1929 S. 1046 mit Anm. *Alsberg*; OLG Dresden JW 1930 S. 2594 mit Anm. *Weber*; OLG Düsseldorf VRS 4 S. 277; OLG Schleswig bei *Ernesti/Jürgensen* SchlHA 1973 S. 186; KK *Herdegen* Rdnr. 68; KMR *Paulus* Rdnr. 410; LR *Gollwitzer* Rdnr. 117; alle zu § 244; *Beling* S. 379/380; *Koeniger* S. 271; *Miltner* Recht 1902 Sp. 568 (571); *Sarstedt* DAR 1964 S. 307 (310); *Wessels* JuS 1969 S. 1 (3); *Wiener* ZStW 42 S. 592.

[91] RGSt. 1 S. 170 (172); 20 S. 380 (381); 29 S. 438; 54 S. 239 (240); RGRspr. 7 S. 271 (272); RG JW 1922 S. 1037 mit Anm. *Alsberg*; RG Recht 1915 Nr. 999; *Dalcke/Fuhrmann/Schäfer* § 244 Anm. 22; *Gerland* S. 364; *Koeniger* S. 271; *Meves* GA 40 S. 416 (425); *Miltner* Recht 1902 Sp. 568 (571); *Stützel* S. 111; a. A. RGSt. 1 S. 34 (36), das die Bescheidung vor Urteilsfällung ausreichen ließ.

[92] Vgl. *Rieker* S. 28.

[93] BGH NJW 1951 S. 412; BGH VRS 35 S. 132; RGSt. 1 S. 34 (36); 29 S. 438; 74 S. 147 (151); RGRspr. 8 S. 168; RG JW 1929 S. 259 mit Anm. *Mannheim*; RG JW 1929 S. 2738 mit Anm. *Mannheim*; RG JW 1931 S. 1606; 1936 S. 3473 L; RG Recht 1913 Nr. 442; OLG Dresden JW 1929 S. 1504 mit Anm. *Löwenstein*; OLG Düsseldorf VRS 4 S. 277; OLG Hamm DAR 1962 S. 59; OLG Köln VRS 49 S. 183 (184); LR *Gollwitzer* § 244 Rdnr. 120; *Simader* S. 228; *Stützel* S. 110. Vgl. auch OGHSt. 2 S. 207, wo aber in dem Fall des Antrags auf Zuziehung eines weiteren Sachverständigen ein Beruhen des Urteils auf dem Fehler verneint wird.

[94] Vgl. KK *Herdegen* § 244 Rdnr. 68; *Stützel* S. 110.

[95] Vgl. unten S. 909.

5. Protokollierung des Beschlusses

Der ablehnende Gerichtsbeschluß ist nach § 273 Abs. 1 mit seinem vollen Wortlaut in der Sitzungsniederschrift zu beurkunden[96]. Wird der Beschluß auf einem besonderen Blatt niedergeschrieben, so darf es als Anlage zum Protokoll genommen werden. Wie bei der Bezugnahme auf den den Beweisantrag enthaltenden Schriftsatz des Angeklagten oder Verteidigers[97] muß aber auch hier im Protokoll ausdrücklich auf die Anlage Bezug genommen werden. Die Tatsache der Bekanntgabe des Beschlusses muß in jedem Fall in der Sitzungsniederschrift selbst vermerkt werden[98].

III. Recht des Antragstellers auf Erteilung einer Beschlußabschrift

Nach § 35 Abs. 1 Satz 2 kann der Antragsteller die Erteilung einer Abschrift der durch Verkündung bekanntgemachten Entscheidung verlangen. Das gilt für Beschlüsse aller Art, auch für die einen Beweisantrag ablehnenden Beschlüsse. Ein Beschluß in Schriftform, von dem eine Abschrift gefertigt werden kann, liegt bei Beschlüssen, die nicht verlesen, sondern nur ihrem wesentlichen Inhalt nach bekanntgegeben und nach § 273 Abs. 1 in die Sitzungsniederschrift aufgenommen werden, aber erst vor, wenn das Protokoll fertiggestellt, d. h. von dem Vorsitzenden und dem Urkundsbeamten der Geschäftsstelle unterzeichnet ist. Das kann erst nach Beendigung der Hauptverhandlung geschehen, auch wenn sie mehrere Sitzungstage in Anspruch nimmt. Denn das Protokoll über die gesamte Hauptverhandlung bildet eine Einheit; seine Fertigstellung vor dem letzten Sitzungstag ist rechtlich nicht möglich[99]. Die Unterzeichnung von Teilprotokollen ist wirkungslos. Vor der Fertigstellung des Protokolls oder des Gesamtprotokolls bilden die bereits hergestellten Protokollteile nur einen Entwurf, der abgeändert werden kann, wenn die Niederschrift nicht mit dem übereinstimmt, was mündlich bekanntgemacht worden ist, oder wenn die Form der Niederschrift verbesserungsbedürftig ist. Der Rechtsanspruch auf Erteilung einer Beschlußabschrift, den § 35

---

[96] RGSt. 1 S. 34 (36); 44 S. 53 (54); OGHSt. 1 S. 277 (282); OLG Kiel SchlHA 1946 S. 270; OLG Schleswig bei *Ernesti/Jürgensen* SchlHA 1973 S. 186; *Dalcke/Fuhrmann/Schäfer* § 244 Anm. 22; KK *Herdegen* § 244 Rdnr. 64; *Eb. Schmidt* § 273 Rdnr. 8; *Gössel* S. 256; *Koeniger* S. 270; *Stützel* S. 107.
[97] Vgl. oben S. 401.
[98] RGSt. 25 S. 248 (249); S. 334 (335); OLG Celle NdsRpfl. 1953 S. 231; OLG Hamm VRS 38 S. 293 (294); KK *Herdegen* § 244 Rdnr. 64; LR *Gollwitzer* § 273 Rdnr. 26; *Eb. Schmidt* § 273 Rdnr. 8.
[99] Vgl. BGHSt. 16 S. 306 (307); 29 S. 394 (395); BGH bei *Dallinger* MDR 1975 S. 725; BGH 3 StR 14/79 vom 28. 2. 1979 bei *Pfeiffer* NStZ 1981 S. 297; RGSt. 30 S. 205; 44 S. 53. Vgl. auch *Kleinknecht* § 35 Rdnr. 8; LR *Gollwitzer* § 271 Rdnr. 28; *Kohlrausch* § 35 Anm. 2; a. A. *Alsberg* Justizirrtum S. 15; Voraufl. S. 411 ff.; Bendix JW 1916 S. 1400 mit der unzutreffenden Begründung, § 35 Abs. 1 Satz 2 zwinge dazu, sofort ein Teilprotokoll abzuschließen.

Abs. 1 Satz 2 dem Antragsteller gewährt, besteht aus diesen Gründen erst nach der endgültigen Fertigstellung der Sitzungsniederschrift[100].

Fraglich ist allerdings, ob das Interesse des Antragstellers, nicht nur mündlich über die Gründe der Ablehnung seines Beweisantrags unterrichtet zu werden, damit er sich über sein weiteres Prozeßverhalten schlüssig werden kann, so erheblich ist, daß das Gericht aus Gründen der Fürsorgepflicht gehalten ist, dem Antragsteller wenigstens eine Abschrift des vorläufigen Textes des Ablehnungsbeschlusses auszuhändigen. Eine solche Fürsorgepflicht besteht in der Tat[101], sofern die Beschlußbegründung nicht so kurz und sofort einprägsam ist, daß es dem Antragsteller auf die Kenntnis des Textes im einzelnen nicht ankommen kann[102]. Das Bedenken, daß der Antragsteller das Gericht durch Verlangen von Abschriften dazu nötigen könnte, die Ablehnungsbeschlüsse sofort niederzuschreiben »und die Niederschriften zur Anfertigung von Abschriften an die Kanzlei zu schikken«[103], ist heute nicht mehr berechtigt. Denn den Gerichten stehen Geräte zur Verfügung, mit denen ohne großen zeitlichen oder personellen Aufwand Ablichtungen der Gerichtsbeschlüsse hergestellt werden können. Die Formulierung von Beschlüssen, die eine längere Begründung erfordern, überlassen die Gerichte üblicherweise ohnehin nicht dem Vorsitzenden in der Hauptverhandlung, sondern sie stellen eine schriftliche Begründung her, die von dem Vorsitzenden verlesen und als Anlage zur Sitzungsniederschrift genommen wird[104]. Dem Antragsteller hiervon eine Durchschrift oder Ablichtung zur Verfügung zu stellen, macht keinerlei Schwierigkeiten[105].

IV. Verzicht auf die Bekanntgabe der Ablehnungsgründe in der Hauptverhandlung

1. Möglichkeit des Verzichts

Die Vorschrift des § 244 Abs. 6 dient dem Schutz und den Verteidigungsrechten des Antragstellers. Auf ihre Einhaltung kann er nicht wirksam verzichten. Insbesondere können die Prozeßbeteiligten die Zuständigkeit des Gerichts für die Ablehnung des Antrags nicht im Wege des Verzichts beseitigen[106]. Jedoch ist ein

---

100 RGSt. 44, 53 (54).
101 So mit Recht KK *Maul* Rdnr. 10; *Kleinknecht* Rdnr. 8; KMR *Paulus* Rdnr. 23; vgl. auch LR *Wendisch* Rdnr. 15; *Eb. Schmidt* Rdnr. 11; alle zu § 35. Für den Fall, daß ein Zuhörer, gegen den nach § 178 GVG Ordnungshaft verhängt worden ist, die Beschlußgründe für die Einlegung der Beschwerde kennen muß, hat das OLG Karlsruhe (Justiz 1977 S. 385) ebenfalls einen Anspruch auf Aushändigung einer Beschlußabschrift bejaht.
102 *G. Schäfer* S. 356 (komplizierte und umfangreiche Beschlüsse). So wohl auch *Lissner* GA 74 S. 97 (104).
103 RGSt 44 S. 53 (54).
104 Daß dieses Verfahren nicht nur zulässig, sondern auch zweckmäßig ist, hebt bereits die Entscheidung RGSt. 25 S. 248 (250) hervor.
105 Die Sorge, daß die Prozeßbeteiligten durch das Verlangen nach Beschlußabschriften »in einem nicht zu ermessenden Umfang« Unterbrechungen der Hauptverhandlung herbeiführen könnten (so RGSt. 44 S. 53 [54]), ist unbegründet.
106 Vgl. oben S. 754.

Verzicht auf die dem Antragsteller durch die Stellung des Beweisantrags entstandenen Rechte in der Weise zulässig, daß der Antragsteller sich damit einverstanden erklärt, daß das Gericht die Gründe für die Ablehnung des Beweisantrags nicht schon in der Hauptverhandlung, sondern erst im Urteil bekanntgibt[107]. Dabei handelt es sich nicht in erster Hinsicht um eine andere Mitteilungsform[108], sondern um einen anderen Mitteilungszeitpunkt. Daß der Antragsteller auf eine Bescheidung nicht völlig verzichten kann, versteht sich von selbst; denn wenn ein solcher Verzicht ausgesprochen wird, liegt der Sache nach kein Beweisantrag mehr vor, sondern nur ein bloßes Beweiserbieten.

Ein Verzicht auf die Bescheidung des Antrags in der Hauptverhandlung kann in jedem Stadium der Verhandlung durch ausdrückliche Erklärung oder stillschweigend zum Ausdruck gebracht werden. Jede Erklärung, aus der deutlich hervorgeht, daß der Antragsteller einen Bescheid über seinen Antrag erst in den Urteilsgründen erwartet, enthebt das Gericht der Pflicht, durch besonderen Beschluß zu entscheiden[109]. Auf die Notwendigkeit, die Ablehnung des Beweisantrags vollständig zu begründen, hat der Verzicht keinen Einfluß. Er läßt nur eine Verschiebung des Zeitpunkts der Ablehnung zu[110]. Ein stillschweigender Verzicht liegt in folgenden Fällen vor:

2. Vom Erscheinen entbundener Angeklagter

Ein besonderer Beschluß über die Ablehnung der Beweisanträge des Angeklagten ist entbehrlich, wenn er nach § 233 vom Erscheinen entbunden worden und für ihn in der Hauptverhandlung auch nicht nach § 234 ein Vertreter erschienen ist[111]. Die Bekanntgabe der Ablehnungsgründe in der Hauptverhandlung wäre in diesem Fall eine leere Förmlichkeit. Der Antragsteller hat dadurch auf sie verzichtet, daß er weder erschienen ist noch einen Vertreter entsandt hat, so daß in der Hauptverhandlung niemand anwesend ist, der die Ablehnung der Beweisanträge zur Kenntnis und zum Anlaß für weitere Verteidigungsmaßnahmen nehmen könnte. Es genügt daher, daß über die Anträge in den Urteilsgründen entschieden wird[112].

107 Vgl. LR *Gollwitzer* § 244 Rdnr. 131; *Rieker* S. 28.
108 So aber KMR *Paulus* § 244 Rdnr. 410.
109 Vgl. LR *Gollwitzer* § 244 Rdnr. 131.
110 BGH Strafverteidiger 1981 S. 4; *Rieker* S. 28; *Simader* S. 65.
111 Daß ein Ablehnungsbeschluß erlassen und bekanntgemacht werden muß, wenn der Angeklagte sich durch einen entsprechend bevollmächtigten Verteidiger vertreten läßt, kann nicht zweifelhaft sein; vgl. RGSt. 10 S. 135 (138); *Koeniger* S. 271.
112 Vgl. KK *Herdegen* § 244 Rdnr. 68; *Simader* S. 228/229; *Stützel* S. 111; *Völcker* S. 45. In der Rspr. wird dagegen die Bekanntgabe eines Beschlusses gefordert (vgl. BayObLG DRiZ 1928 Nr. 672) und nur die Zustellung an den Angeklagten für entbehrlich gehalten (RGSt. 19 S. 249; ebenso *Meves* GA 40 S. 416 [425]). Übereinstimmung besteht darüber, daß das Unterlassen der Bekanntgabe des Beschlusses in der Hauptverhandlung den Angekagten nicht beschwert, das Urteil darauf also nicht beruht; vgl. KG JW 1929 S. 1503; OLG Königsberg JW 1931 S. 241 = DRiZ 1931 Nr. 133 = HRR 1931 Nr. 559; ebenso *Dalcke/Fuhrmann/Schäfer* § 244 Rdnr. 22; *Feisenberger* § 244 Anm. 7; *Schlosky* JW 1930 S. 2505 (2506).

3. Hilfsbeweisanträge

a) Allgemeine Grundsätze. Auch wer eine Beweiserhebung nur hilfsweise neben einem Hauptantrag anderer Art beantragt[113], kann durch ausdrückliche Erklärung die Bekanntgabe der Entscheidung über den Antrag vor dem Erlaß des Urteils verlangen[114]. Wer ein solches Verlangen nicht stellt, verzichtet stillschweigend auf die Bekanntgabe der Entscheidung in der Hauptverhandlung[115]. Denn dadurch, daß er den Beweisantrag nur neben einem Sachantrag und hilfsweise für den Fall stellt, daß diesem anderen Antrag nicht stattgegeben wird, gibt er zu erkennen, daß seine Beweismöglichkeiten erschöpft sind und daß er auch für den Fall, daß der Beweisantrag abgelehnt wird, Anträge anderer Art nicht mehr stellen kann[116]. Die Bekanntgabe der Ablehnungsgründe in der Hauptverhandlung, die nur dem Zweck dient, dem Antragsteller Gelegenheit zu geben, seine Verteidigung auf die Ablehnung einzurichten und andere Anträge zu stellen, ist in diesem Fall überflüssig und sinnlos[117]. Daraus ergibt sich der Grundsatz, daß Hilfsbeweisanträge grundsätzlich in den Urteilsgründen abgelehnt werden können[118].

---

113 Zum Begriff des Hilfsbeweisantrags vgl. oben S. 59 ff.
114 BGH bei *Dallinger* MDR 1951 S. 275; OLG Celle MDR 1966 S. 605; KMR *Paulus* § 244 Rdnr. 399; LR *Gollwitzer* § 244 Rdnr. 140; *Gössel* S. 253. In der Entscheidung OLG Celle MDR 1968 S. 945 = NdsRpfl. 1968 S. 211 wird übrigens mit Recht ausgesprochen, daß die Ablehnung dieses Antrags als unzulässig durch Beschluß unschädlich ist, wenn dem Verteidiger zugleich Gelegenheit gegeben wird, den Antrag als Hauptantrag zu wiederholen, er davon aber keinen Gebrauch macht.
115 Vgl. KK *Herdegen* § 244 Rdnr. 54; LR *Gollwitzer* § 244 Rdnr. 131; *Alsberg* JW 1930 S. 931 (932/933); 1932 S. 953 (954).
116 Vgl. *Mannheim* JW 1927 S. 3062 (3063): »... zeigt damit, daß er alle Pfeile verschossen hat, also bei Ablehnung des Beweisantrags keine weiteren Anträge mehr zu stellen beabsichtigt«; *Rieker* S. 28; *Seibert* NJW 1960 S. 19 (20); *Simader* S. 65. Das RG begründete die Befreiung von der Pflicht, schon vor der Urteilsberatung eine Entscheidung über den Beweisantrag bekanntzugeben, jedoch meist damit, daß über den Antrag, so wie er gestellt ist, überhaupt nur im Zusammenhang mit der Urteilsberatung entschieden werden könne; vgl. RGSt. 1 S. 394 (395); 3 S. 222 (224); 29 S. 438 (439); 65 S. 351 (352); RG JW 1930 S. 931 mit Anm. *Alsberg*. Daß das unrichtig ist, liegt auf der Hand; vgl. KK *Herdegen* § 244 Rdnr. 52;
117 Vgl. *Wiener* ZStW 42 S. 592 (595), der mit Recht einen Verzicht auf das rechtliche Gehör annimmt.
118 BGHSt. 22 S. 124; BGH NJW 1951 S. 120 (121); S. 412; BGH Strafverteidiger 1982 S. 203 (204); BGH bei *Dallinger* MDR 1951 S. 275; 1958 S. 741 = GA 1958 S. 305; BGH bei *Herlan* GA 1965 S. 295; RGSt. 20 S. 380 (381); 55 S. 109; 57 S. 261 (262); 62 S. 76; RG JW 1891 S. 176; 1914 S. 432; 1916 S. 1589 (1590); 1927 S. 1491 mit Anm. *Löwenstein*; RG JW 1927 S. 1643 mit Anm. *Alsberg*; RG JW 1929 S. 261 mit Anm. *Weber*; RG JW 1930 S. 70; S. 2793 L; 1932 S. 2161 mit Anm. *Bohne*; RG JW 1932 S. 2730 (2731); RG GA 59 S. 133 (134); 68 S. 351; RG HRR 1933 Nr. 1060; RG Recht 1931 Nrn. 442, 443; 1920 Nr. 1770; BayObLGSt. 1951 S. 174, 194; BayObLG JW 1925 S. 2332 mit Anm. *Wegner*; BayObLG HRR 1934 Nr. 998; KG GA 72 S. 44; JR 1954 S. 231 mit Anm. *Sarstedt*; VRS 18 S. 113; OLG Braunschweig NJW 1959 S. 1052; GA 72 S. 393; OLG Dresden JW 1933 S. 486 unter Aufgabe der in JW 1928 S. 837 mit Anm. *Mamroth* und *Weber*, JW 1929 S. 1079; 1930 S. 1108; beide mit Anm. *Weber* vertretenen Ansicht; OLG Dresden HRR 1928 Nr. 2157; OLG Düsseldorf MDR 1971 S. 417; VRS

Für die erforderliche Begründung der Ablehnung in den Urteilsgründen gelten die gleichen Grundsätze wie für die Ablehnung durch Beschluß[119]. Allerdings muß über den Antrag nicht durch einen besonders formulierten Entscheidungssatz oder in einem besonderen Abschnitt der Urteilsgründe entschieden werden. Das Urteil muß nur eindeutig erkennen lassen, aus welchen Gründen dem Antrag nicht stattgegeben worden ist[120]. Ebenso wie der Beschluß nach § 244 Abs. 6 ist auch die Antragsablehnung in den Urteilsgründen auslegungsfähig. Ist offensichtlich, daß das Gericht sich nur mißverständlich ausgedrückt hat, so ist eine an sich mangelhafte Begründung daher unschädlich[121]. Fehlerhaft ist es jedoch, wenn das Gericht auch im Urteil über den Antrag nicht entscheidet. Das begründet die Revision ebenso wie das Übergehen eines Hauptantrags[122]. Auf den Hilfsbeweisantrag braucht in den Urteilsgründen nur dann nicht eingegangen zu werden, wenn das Gericht dem Hauptantrag in vollem Umfang entspricht[123].

An den stillschweigenden Verzicht auf die Bekanntgabe der Ablehnungsgründe in der Hauptverhandlung ist das Gericht nicht gebunden. Es ist immer berechtigt, zu einem Beweisantrag, der nur hilfsweise gestellt worden ist, schon vor der Urteilsberatung Stellung zu nehmen. Es steht ihm frei, über die Beweiswürdigung und damit auch über die Notwendigkeit einer Erweiterung der Beweisaufnahme zu beraten, bevor es in die Schlußberatung eintritt. Das Gericht kann dann auch die Entscheidung über den Hilfsbeweisantrag noch in der Hauptverhandlung[124],

   4 S. 277; OLG Hamburg NJW 1953 S. 917; OLG Hamm GA 1972 S. 59 = JR 1971 S. 516 = VRS 41 S. 306; OLG Karlsruhe MDR 1966 S. 948; OLG Koblenz VRS 46 S. 31 (32); 49 S. 433 (434); OLG München JW 1938 S. 1019; OLG Neustadt VRS 27 S. 209; OLG Saarbrücken JBl. Saar 1960 S. 152 = VRS 19 S. 375; OLG Stuttgart Justiz 1972 S. 159; *Dalcke/Fuhrmann/Schäfer* Anm. 9; KK *Herdegen* Rdnr. 54; *Kleinknecht* Rdnr. 45; KMR *Paulus* Rdnr. 398; LR *Gollwitzer* Rdnr. 76; alle zu § 244; *Eb. Schmidt* vor § 244 Rdnr. 30; *Alsberg* JW 1930 S. 931 (932); 1932 S. 953; *Gerland* S. 365; *Koeniger* S. 266; *Meves* GA 40 S. 416 (425); *Rieker* S. 28; *Sarstedt* DAR 1964 S. 307 (312); *Schlosky* JW 1930 S. 2505 (2506); *Seibert* NJW 1960 S. 19 (20); *Simader* S. 65, 229; *Stützel* S. 111; *Wiener* ZStW 42 S. 592.
119 BGH Strafverteidiger 1981 S. 4; LR *Gollwitzer* § 244 Rdnr. 136.
120 Vgl. OLG Schleswig bei *Ernesti/Lorenzen* SchlHA 1981 S. 93/94, das es, sehr weitgehend, sogar für ausreichend hält, daß sich die Ablehnungsgründe aus dem Zusammenhang der Urteilsgründe ergeben.
121 Vgl. BGH 5 StR 435/59 vom 3. 11. 1959 bei *Seibert* NJW 1960 S. 19 (20).
122 RGSt. 38 S. 127 (128); RG JW 1927 S. 2043 mit Anm. *Drucker*; OLG Hamm MDR 1971 S. 948; OLG Koblenz VRS 47 S. 357; 49 S. 433; OLG Schleswig bei *Ernesti/Lorenzen* SchlHA 1981 S. 93/94; LR *Gollwitzer* § 244 Rdnr. 137. Zur Frage, ob das Urteil auf dem Mangel beruht, vgl. unten S. 911.
123 LR *Gollwitzer* a.a.O. bringt dazu das Beispiel, daß die Staatsanwaltschaft die Verurteilung wegen vollendeten Verbrechens, hilfsweise die Vernehmung eines Zeugen beantragt. Wenn das Gericht nur wegen Versuchs verurteilt, muß es den Zeugen vernehmen.
124 BGH bei *Dallinger* MDR 1974 S. 548; KK *Herdegen* Rdnr. 54; *Kleinknecht* Rdnr. 46; KMR *Paulus* Rdnr. 399; LR *Gollwitzer* Rdnr. 139; alle zu § 244. *Dahs* (Hdb. Rdnr. 526) hält dieses Verfahren für bedenklich, weil es den Sinn des nur vorsorglich gestellten Beweisantrags verkennt. Aber wer einen Antrag stellt, kann sich doch wohl nicht darüber beschweren, daß das Gericht zu einem ihm angemessen erscheinenden Zeitpunkt über ihn entscheidet.

insbesondere unmittelbar vor der Urteilsverkündung, durch besonderen Beschluß bekanntgeben. Ein Anspruch auf nochmaliges rechtliches Gehör entsteht dem Antragsteller dadurch nicht[125].

b) Ausnahmen. Von dem Grundsatz, daß die Ablehnung von Hilfsbeweisanträgen den Urteilsgründen vorbehalten werden kann, besteht eine Ausnahme für den Fall, daß der Antrag wegen Verschleppungsabsicht abgelehnt wird. Denn es kann nicht angenommen werden, daß der Antragsteller auf die Bekanntgabe eines solchen Ablehnungsbeschlusses in der Hauptverhandlung und auf die Möglichkeit, eine andere Beurteilung der mit dem Beweisantrag verfolgten Ziele durch das Gericht zu erreichen, hat verzichten wollen[126]. Außerdem muß dem Antragsteller Gelegenheit gegeben werden, den Vorwurf, er habe den Beweisantrag nur in Verschleppungsabsicht gestellt, zu entkräften oder die ihm sonst infolge der Ablehnung des Beweisantrags mit dieser Begründung notwendig erscheinenden Maßnahmen zu treffen[127]. Das gilt vor allem, wenn ein Rechtsanwalt als Verteidiger den Antrag gestellt hat[128], aber auch für den Fall, daß der Angeklagte selbst[129] oder ein Nebenkläger[130] der Antragsteller ist.

---

125 RGSt. 55 S. 109; OLG Dresden JW 1933 S. 486; OLG Karlsruhe MDR 1966 S. 948; OLG München JW 1938 S. 1019; LR *Gollwitzer* § 258 Rdnr. 5; *Eb. Schmidt* § 258 Rdnr. 1; *Schlosky* JW 1930 S. 2505 (2506). Vgl. auch RG GA 35 S. 407 für den Fall, daß in erster Hinsicht die Beweiserhebung und nur hilfsweise die Freisprechung beantragt war. A. A. *Stützel* S. 36, der die nochmalige Gelegenheit zur Stellungnahme fordert.
126 OLG Hamm JMBlNRW 1957 S. 131; *Sarstedt* DAR 1964 S. 307 (313); JR 1954 S. 232 (233); vgl. auch *Dalcke/Fuhrmann/Schäfer* § 244 Anm. 22.
127 BGHSt. 22 S. 124 (125) = JR 1968 S. 388 mit Anm. *Faller*; BGH 4 StR 517/79 vom 18. 10. 1979; 3 StR 299/79 (S) vom 7. 12. 1979; BayObLGSt. 1976 S. 6 = MDR 1976 S. 510 = VRS 50 S. 438; KG VRS 44 S. 113; OLG Koblenz VRS 49 S. 116; OLG Köln OLGSt. § 78 OWiG S. 15 (16); VRS 61 S. 272 (273); OLG Schleswig bei *Ernesti/Jürgensen* SchlHA 1978 S. 188 und bei *Ernesti/Lorenzen* SchlHA 1981 S. 93; KK *Herdegen* Rdnr. 98; *Kleinknecht* Rdnr. 46; KMR *Paulus* Rdnr. 399; LR *Gollwitzer* Rdnr. 190; alle zu § 244; *Dahs/Dahs* Rdnr. 253, 266; *Gössel* S. 252; *Koeniger* S. 266; *G. Schäfer* S. 356.
128 KG NJW 1954 S. 770 = JR 1954 S. 231 mit Anm. *Sarstedt*; OLG Koblenz VRS 49 S. 116; *Eb. Schmidt* vor § 244 Rdnr. 31; *Dahs* Hdb. Rdnr. 527; *Koeniger* S. 266, 285.
129 BGHSt. 22 S. 124 = JR 1968 S. 388 mit Anm. *Faller*; BGH 2 StR 424/54 vom 11. 3. 1955; OLG Hamm JMBlNRW 1957 S. 131; *Koeniger* S. 266.
130 OLG Oldenburg NdsRpfl. 1979 S. 110.

§ 3 Änderung der Entscheidung

 I. Antragswiederholung durch einen anderen Prozeßbeteiligten 772
 II. Ergänzung oder Austausch der Gründe des Ablehnungsbeschlusses 772
 III. Absehen von einer bereits angeordneten Beweiserhebung 773
 IV. Vornahme einer abgelehnten Beweiserhebung 774

I. Antragswiederholung durch einen anderen Prozeßbeteiligten

Die Ablehnung eines Beweisantrags hat die Wirkung, daß der Antragsteller keine erneute Bescheidung über seinen Antrag verlangen kann[1]. Der Ablehnungsbeschluß stellt fest, daß das Gericht zu der beantragten Beweiserhebung nicht verpflichtet ist. Das schließt aber nicht aus, daß ein anderer Prozeßbeteiligter den Beweisantrag aufnimmt. Das Gericht ist dann nicht gehindert, auf diesen neuen Antrag anders zu entscheiden, als es auf den zunächst gestellten Antrag entschieden hatte. Verbleibt es auch gegenüber dem neuen Antragsteller auf dem früheren Standpunkt, so genügt es, daß es den Antrag unter Hinweis auf den früheren Beschluß und seine Begründung ablehnt[2].

II. Ergänzung oder Austausch der Gründe des Ablehnungsbeschlusses

Das Gericht ist an die Ablehnung eines Beweisantrags, insbesondere an die von ihm bekanntgegebenen Ablehnungsgründe, nicht gebunden. Es kann und muß den Ablehnungsbeschluß jederzeit in der Hauptverhandlung, auch noch und vor allem bei der Urteilsberatung, erneut prüfen[3]. Es darf daher die in der Hauptverhandlung bekanntgegebenen Ablehnungsgründe ergänzen und andere an ihre Stelle setzen[4]. Daß dies geschehen ist, muß es den Prozeßbeteiligten aber vor Schluß der Beweisaufnahme, notfalls unter Wiedereröffnung der bereits geschlossenen Ver-

---

 1 Vgl. oben S. 754/755.
 2 *Simader* S. 231; vgl. auch oben S. 757.
 3 BayObLGSt. 1952 S. 174 = NJW 1952 S. 1387; KMR *Paulus* Rdnr. 411; LR *Gollwitzer* Rdnr. 123; *Eb. Schmidt* Nachtr. Rdnr. 9); alle zu § 244; *Gössel* S. 259; *Stützel* S. 114.
 4 Vgl. für die Wahrunterstellung oben S. 687 ff.

handlung, bekanntgeben[5]. Als Form der Bekanntgabe wird sich regelmäßig die Verkündung eines mit Gründen versehenen Gerichtsbeschlusses empfehlen. Die Bekanntgabe ist selbst dann erforderlich, wenn der Tatrichter unnötigerweise einen bloßen Beweisermittlungsantrag mit einer bestimmten Begründung abgelehnt hatte[6]. Denn wenn das Gericht erst im Urteil mit seiner neu gewonnenen Überzeugung hervorträte, würde es gegen den Zweck des § 244 Abs. 6 verstoßen, dem Antragsteller Gelegenheit zu geben, zu der Sachlage, die er nach der Bescheidung des Beweisantrags als gegeben annehmen mußte, Stellung zu nehmen und ihr seine weiteren Anträge und Ausführungen anzupassen[7]. Das gilt für alle Fälle, in denen das Gericht nachträglich den Beweisantrag aus anderen als den in dem Ablehnungsbeschluß angeführten Gründen für unzulässig oder unbegründet hält, insbesondere auch dann, wenn es in dem Beschluß die Beweistatsache als wahr unterstellt hatte, während es bei der Urteilsfällung die Behauptung des Antragstellers als widerlegt oder das angebotene Beweismittel als völlig ungeeignet ansieht[8], wenn es bei der Urteilsfällung von einer anderen Rechtsauffassung ausgeht als derjenigen, die es bei der Beweisaufnahme zugrunde gelegt hatte[9], oder wenn es über die Beweisfrage aufgrund eigener Sachkunde entscheiden wollte, die Tatsache aber nunmehr für unerheblich hält[10]. Eine Hinweispflicht besteht natürlich auch, wenn das Gericht einen Beweisantrag wegen Bedeutungslosigkeit der Beweistatsache abgelehnt hatte, sie aber im Urteil als erheblich behandeln will[11].

III. Absehen von einer bereits angeordneten Beweiserhebung

Auch an die Anordnung der von einem Prozeßbeteiligten beantragten Beweisaufnahme ist das Gericht nicht gebunden. Es kann sie zurücknehmen oder abändern[12]. Allerdings darf die Anordnung nicht ohne zwingenden Grund rückgängig gemacht werden. Denn der Antragsteller kann sich darauf verlassen, daß die weitere Beweisaufnahme sich auf die angeordnete Erhebung der beantragten Beweise erstreckt. Nur wenn sich später ergibt, daß die Ausführung der Anordnung unmöglich ist, daß ihr unverhältnismäßig große Schwierigkeiten entgegenstehen oder daß die Sachlage oder die rechtliche Beurteilung sich gegenüber dem Zeitpunkt der Beweisanordnung grundlegend geändert hat, darf von der Beweiserhe-

---

5 BGHSt. 19 S. 24 (26/27); RG JW 1892 S. 457; 1915 S. 720; RG LZ 1919 Sp. 908; BayObLG bei *Rüth* DAR 1972 S. 205; OLG Schleswig bei *Ernesti/Jürgensen* SchlHA 1977 S. 182; KK *Herdegen* Rdnr. 67; *Kleinknecht* Rdnr. 50; LR *Gollwitzer* Rdnr. 110, 121; *Eb. Schmidt* Nachtr. Rdnr. 9); alle zu § 244; *Alsberg* JW 1928 S. 2253; *Dahs/Dahs* Rdnr. 257; *Gössel* S. 259; *Stützel* S. 114.
6 OLG Köln VRS 17 S. 140 (141).
7 RG JW 1915 S. 720; *Völcker* S. 40.
8 Vgl. oben S. 687.
9 Vgl. *Beling* JW 1926 S. 1224 (1225).
10 BayObLG bei *Rüth* DAR 1972 S. 205.
11 LR *Gollwitzer* § 244 Rdnr. 196; *Dahs/Dahs* Rdnr. 261; *Seibert* NJW 1960 S. 19.
12 RGSt. 31 S. 137 (138); RG JW 1891 S. 505; OLG Koblenz VRS 49 S. 192 (193); KMR *Paulus* § 244 Rdnr. 411; LR *Gollwitzer* § 244 Rdnr. 123; *Kreuzer* S. 69.

bung abgesehen werden[13]. Vorher ist den Prozeßbeteiligten nach § 33 Abs. 1 rechtliches Gehör zu gewähren[14]. Die Abstandnahme muß durch einen Gerichtsbeschluß erfolgen, der in der Hauptverhandlung bekanntzumachen und in die Sitzungsniederschrift aufzunehmen ist. Der Beschluß muß ebenso wie die Ablehnung eines Beweisantrags mit Gründen versehen werden[15]. Das Unterlassen der Bekanntgabe eines begründeten Beschlusses steht der ungerechtfertigten Ablehnung eines Beweisantrags gleich[16].

Von einer ausdrücklichen Aufhebung der früher erlassenen Anordnung darf nur abgesehen werden, wenn die Prozeßbeteiligten nach den Umständen des Falls keinerlei Zweifel daran haben können, daß von der Beweiserhebung abgesehen wird[17]. Das gilt vor allem, wenn die Prozeßbeteiligten auf eine Erhebung des angeordneten Beweises ausdrücklich verzichtet haben[18] oder wenn das Gericht anstelle der ursprünglich beschlossenen Beweiserhebung eine andere vornimmt, die deutlich erkennbar als deren Ersatz gedacht ist, und der Antragsteller auf seinen Beweisantrag nicht mehr zurückkommt[19].

Wird von einer bereits angeordneten Beweiserhebung nachträglich abgesehen, so liegt für die Prozeßbeteiligten eine neue Sachlage im Sinne des § 265 Abs. 4 vor. Das Gericht kann von Amts wegen oder auf Antrag eines der Prozeßbeteiligten die Verhandlung aussetzen.

IV. Vornahme einer abgelehnten Beweiserhebung

Daß das Gericht auf der Ablehnung der beantragten Beweiserhebung nicht beharren darf, wenn die Sachaufklärung die Beweisaufnahme gebietet, folgt aus der in

13 BGHSt. 13 S. 300 (302/303); RG JW 1927 S. 2706 mit Anm. *Mannheim*; RG BayZ 1928 S. 153 (154); OLG Koblenz VRS 49 S. 192 (193); KK *Herdegen* § 244 Rdnr. 63; KMR *Paulus* § 244 Rdnr. 411; *Bohne* JW 1931 S. 1610 (1611); *Völcker* S. 43. Ohne diese Einschränkung halten die Abänderung für zulässig: RGSt. 31 S. 137 (138); RGRspr. 8 S. 150; RG GA 46 S. 208; RG HRR 1934 Nr. 79. Aber daß das Gericht ohne Änderung der Sachlage oder der rechtlichen Beurteilung von der Beweiserhebung nicht absehen darf, erscheint selbstverständlich.
14 Vgl. *Bohne* JW 1931 S. 1610 (1611).
15 RG JW 1915 S. 720; RG HRR 1934 Nr. 79; OLG Koblenz VRS 49 S. 192 (193); *Dalcke/Fuhrmann/Schäfer* § 244 Anm. 21; LR *Gollwitzer* § 244 Rdnr. 123; *Simader* S. 231; *Völcker* S. 43.
16 RGSt. 57 S. 165 (166); RG JW 1927 S. 2706 mit Anm. *Mannheim*; RG JW 1931 S. 1610 mit Anm. *Bohne*; RG DJZ 1896 Sp. 341; RG HRR 1934 Nr. 79; *Beling* S. 379 ff.; *Simader* S. 232. Im Ergebnis ebenso RGSt. 31 S. 137 (138); RGRspr. 8 S. 150. Nach RG JW 1915 S. 720 steht der Fall dem gleich, daß der Beweisantrag nicht beschieden worden ist. A. A. BayObLG bei *Rüth* DAR 1972 S. 205, das nur einen Verstoß gegen § 244 Abs. 2 für denkbar hält.
17 RG JW 1927 S. 2706 mit Anm. *Mannheim*; RG GA 46 S. 208; BayObLG BayZ 1928 S. 153 (154); *Bohne* JW 1931 S. 1610 (1611).
18 RG JW 1931 S. 1610 mit Anm. *Bohne*; RG GA 46 S. 208. Zum stillschweigenden Verzicht vgl. oben S. 403 ff.
19 In diesem Fall liegt ein stillschweigender Verzicht vor; vgl. oben S. 404.

§ 244 Abs. 2 bestimmten Pflicht zur Aufklärung des Sachverhalts. Aber auch wenn sich nachträglich herausstellt, daß die Gründe nicht zutreffen, mit denen der Beweisantrag abgelehnt worden ist, muß das Gericht seine Entscheidung über den Beweisantrag ändern, den ablehnenden Beschluß zurücknehmen und den beantragten Beweis erheben[20]. Das ist z. B. geboten, wenn der zunächst für unerreichbar gehaltene Zeuge später doch noch zur Hauptverhandlung geladen werden kann oder wenn eine Beweisfrage, die erst für bedeutungslos gehalten wurde, sich im Laufe der Verhandlung doch als entscheidungserheblich herausstellt. Das Gericht kann es auch für angebracht halten, die zunächst zugesagte Wahrunterstellung der Beweistatsache durch die Vernehmung des in dem Beweisantrag benannten Zeugen zu ersetzen. In all diesen Fällen bedarf es keiner förmlichen Aufhebung des Ablehnungsbeschlusses und keiner besonderen Begründung. Die Entscheidung darüber, daß an dem Ablehnungsbeschluß nicht mehr festgehalten wird, muß aber immer das Gericht treffen. Der Vorsitzende ist nicht aufgrund seiner Befugnis zur Prozeßleitung nach § 238 Abs. 1 befugt, von dem bereits bekanntgegebenen Gerichtsbeschluß abzugehen und von sich aus die Beweiserhebung anzuordnen.

---

20 RG JW 1915 S. 720; *Dalcke/Fuhrmann/Schäfer* Anm. 22; KMR *Paulus* Rdnr. 411; LR *Gollwitzer* Rdnr. 123; *Eb. Schmidt* Nachtr. Rdnr. 9); alle zu § 244; *Kreuzer* S. 69. Vgl. auch OLG Oldenburg NdsRpfl. 1979 S. 110.

Dritter Hauptteil   Anträge auf Erhebung präsenter Beweise in der Hauptverhandlung (§ 245)

§ 1   Grundzüge der gesetzlichen Regelung

I. Anspruch auf Erhebung der von den Prozeßbeteiligten herbeigeschafften Beweise 777
II. Anspruch auf Erhebung der vom Gericht herbeigeschafften Beweise 780

I. Anspruch auf Erhebung der von den Prozeßbeteiligten herbeigeschafften Beweise

Nach der ursprünglichen Fassung der Strafprozeßordnung[1] war der Anspruch der Prozeßbeteiligten auf Verwendung der im Gerichtssaal befindlichen Beweismittel der einzige Fall einer über die Amtsaufklärungspflicht hinausgehenden Beweiserhebungspflicht des Gerichts. Das Gesetz ermächtigte die Prozeßbeteiligten, Zeugen und Sachverständige unmittelbar zu laden (§ 220 Abs. 1), und verpflichtete das Gericht, allerdings nur in Verfahren ohne Berufungsmöglichkeit[2], sie ohne besonderen Antrag zu vernehmen. Das Gericht war ferner gezwungen, die Urkunden und Augenscheinsgegenstände zu benutzen, die die Prozeßbeteiligten in der Hauptverhandlung zu Beweiszwecken vorlegten. Diese Bindung an den Willen der Prozeßbeteiligten verhinderte, daß bei dem Angeklagten und in der Öffentlichkeit der Eindruck entstehen konnte, das Gericht sei voreingenommen und wolle die Wahrheit nicht erforschen[3]. Sie beruhte aber vor allem auf der Erwägung, daß der Gebrauch von herbeigeschafften Beweismitteln, auch wenn das Gericht sie nach sorgfältiger Würdigung des bisherigen Beweisergebnisses für überflüssig hält, wider Erwarten Tatsachen ergeben kann, die erheblich sind oder jedenfalls noch mehr zugunsten des Angeklagten wirken können als das, was zuvor für wahr oder

---

1   Vgl. oben S. 3. Zur Entstehung des § 245 und zu den Reformbestrebungen bis 1933 vgl. *Hagemann* S. 5 ff.
2   Der Anspruch auf Erhebung der präsenten Beweise wurde erst 1950 auf alle Verfahren mit Ausnahme des Privatklageverfahrens ausgedehnt; vgl. oben S. 9. § 245 gilt nicht in dem erst später eingeführten vereinfachten Jugendverfahren nach §§ 76 ff. JGG (vgl. unten S. 838) und im Bußgeldverfahren (vgl. unten S. 840 ff).
3   Vgl. LR *Gollwitzer* § 245 Rdnr. 2; *Eb. Schmidt* § 245 Rdnr. 2; *Grünwald* Gutachten zum 50. DJT, 1974, I Teil C S. 74; *Henkel* S. 341; *Köhler* S. 41 ff.; *F. W. Krause* S. 63; *Marx* NJW 1981 S. 1415.

unwiderlegbar gehalten worden ist[4]. Die auch für das Berufungsverfahren geltende[5] Vorschrift des § 245 a. F. verknüpfte den Grundsatz der umfassenden Amtsaufklärungspflicht (§ 244 Abs. 2) mit dem darüber hinausgehenden Beweiserhebungsinteresse der Prozeßbeteiligten[6]. Sie stand in engem Zusammenhang mit den Bestimmungen der §§ 240, 241, die den Verfahrensbeteiligten das Recht geben, die vom Gericht vernommenen Zeugen und Sachverständigen zu befragen. Die drei Vorschriften ergänzten einander zu dem Grundsatz, daß im Strengbeweisverfahren[7] nicht das Gericht, sondern die Prozeßbeteiligten den Umfang der Benutzung aller herbeigeschafften Beweismittel in der Hauptverhandlung bestimmen, sofern nicht die Sachaufklärungspflicht eine noch weitergehendere Beweisaufnahme gebietet[8].

Mehr noch als das Recht, Beweisanträge zu stellen, gibt der Anspruch auf Erhebung der präsenten Beweismittel den Prozeßbeteiligten die Möglichkeit, die Beweisaufnahme für verfahrensfremde Zwecke auszunutzen. Nach der ursprünglichen Fassung des § 245 befreite nur die Unzulässigkeit der Beweisaufnahme das Gericht von der Beweiserhebungspflicht. Ob durch die präsenten Beweismittel erhebliche Tatsachen bewiesen werden konnten, durfte grundsätzlich nicht geprüft werden. Die Rechtsprechung bemühte sich zwar, extremen Mißbräuchen des Beweisvorführungsrechts durch eine weite Auslegung des Begriffs der unzulässigen Beweiserhebung entgegenzutreten[9]. Ein wirksamer Schutz gegen Verfahrensverschleppung und sonstigen Mißbrauch war damit jedoch nicht geschaffen. Schon im Jahre 1926 mußte § 245 daher mit der Einschränkung versehen werden, daß die Beweisaufnahme auch auf präsente Beweismittel nicht erstreckt zu werden braucht, wenn sie nur zum Zweck der Prozeßverschleppung verlangt wird[10]. Selbst dadurch konnte dem Bestreben mancher Prozeßbeteiligter, das Gericht über den § 245 zur Erhebung überflüssiger Beweise zu zwingen oder das Verfahren für

---

4 RGSt. 65 S. 304 (305) = JW 1932 S. 58 mit Anm. *Alsberg*; OLG Celle NJW 1962 S. 2315 (2316); KMR *Paulus* Rdnr. 3; LR *Gollwitzer* Rdnr. 1; *Eb. Schmidt* Rdnr. 2; alle zu § 245; *Hanack* in Festgabe für Hans Schulz, 1977, S. 299 (323); *Köhler* S. 44; *Krekeler* AnwBl. 1979 S. 212 (216); *Marx* NJW 1981 S. 1415; vgl. auch *Hahn* Mat. 2 S. 1583. — *Schroeder* ROW 1969 S. 193 (194) hält für wichtiger, daß die mit der Verwendung bereits herbeigeschaffter Beweismittel verbundene geringe Verzögerung immer in Kauf genommen werden kann.

5 Vgl. KMR *Paulus* § 245 Rdnr. 5. OLG Hamm JMBlNRW 1956 S. 131 = VRS 11 S. 59 weist darauf hin, daß § 245 auch anwendbar ist, wenn nur der Nebenkläger Berufung eingelegt hat.

6 Ob, wie KMR *Paulus* § 245 Rdnr. 3 meint, auch der Gedanke der Waffengleichheit ein tragender Grundgedanke des § 245 ist, muß nach der Neufassung der Vorschrift im Jahre 1978 bezweifelt werden; vgl. *Hagemann* S. 120; *Köhler* NJW 1979 S. 348 (349).

7 Vgl. oben S. 109.

8 Vgl. RGSt. 67 S. 180 (181); *Köhler* S. 48, 73. Vgl. oben S. 32.

9 Vgl. unten S. 799 ff.

10 Vgl. oben S. 6.

unerlaubte Zwecke zu mißbrauchen, nicht immer Einhalt geboten werden[11]. Der Gesetzgeber hat daher im Jahre 1978 die Beweiserhebungspflicht unterschiedlich geregelt[12], je nachdem, ob die Beweispersonen vom Gericht geladen oder die sachlichen Beweismittel vom Gericht oder der Staatsanwaltschaft herbeigeschafft sind oder ob andere Prozeßbeteiligte die Beweise vorführen. Nur in dem zuerst genannten Fall ist das Gericht nach § 245 Abs. 1 verpflichtet, das Beweismittel ohne weiteres zu benutzen. Zur Verwendung der von den Prozeßbeteiligten vorgeführten Beweismittel kann das Gericht nur noch durch einen Beweisantrag gezwungen werden, der, wie der Beweisantrag nach § 244 Abs. 3, das Beweisthema angeben muß[13]. Der Antrag kann nach § 245 Abs. 2 jedoch nur aus Gründen abgelehnt werden, die eine Vorwegnahme der Beweiswürdigung völlig ausschließen. Die weitergehenden Ablehnungsgründe des § 244 Abs. 3 und 4 gelten nicht. Nach wie vor haben die Prozeßbeteiligten daher die Möglichkeit, auf den Umfang der Beweisaufnahme durch die Vorführung von Beweisen größeren Einfluß zu nehmen als durch die Stellung von Beweisanträgen nach § 244 Abs. 3[14]. Nur gewährleistet die unmittelbare Ladung von Zeugen und Sachverständigen nach § 220[15] und die Herbeischaffung sachlicher Beweise nicht mehr deren Verwendung in der

---

11 *Baumann* (S. 71), *Hagemann* (S. 129) und *Krekeler* (AnwBl. 1979 S. 212 [216]) bestreiten, daß es in der Rechtspraxis zu verfahrensverzögerndem Mißbrauch gekommen ist.
12 Zur Entstehungsgeschichte der Neufassung vgl. *Hagemann* S. 80 ff.
13 Der Erwägung der Amtl. Begründung des Reg. Entwurfs zum StVÄG 1979 (BT-Drucks. 8/976 S. 52), darin liege kein Nachteil, da der Prozeßbeteiligte, der ein bestimmtes Beweismittel vorführt, damit notwendigerweise bestimmte Vorstellungen verbinden müsse, ist vor allem *Köhler* (S. 78) entgegengetreten. Er hält das Recht der Prozeßbeteiligten zur Beweisvorführung nach § 245 gerade auch deshalb für notwendig, weil sie Gelegenheit haben müssen, in der Hauptverhandlung Ausforschungsbeweise zu erheben. *Köhler* übersieht aber, daß das den Prozeßbeteiligten auch dann in gewissem Umfang möglich ist, wenn sie das Beweisthema angeben müssen; denn es genügt die bestimmte Behauptung eines nur vermuteten Wissens der Beweisperson (vgl. oben S. 43 ff.). *Hagemann* (S. 99) befürchtet, daß sich Angeklagte ohne Verteidiger zur Antragstellung gar nicht in der Lage sehen; dann greift aber die gerichtliche Fürsorgepflicht ein. *Rudolphi* (JuS 1987 S. 846 [866]) stimmt der Neuregelung zu, fordert aber eine einschränkende Anwendung der Ablehnungsgründe der Unerheblichkeit und der Ungeeignetheit.
14 Der BGH (bei *Holtz* MDR 1976 S. 814/815) hält das nur für einen Scheinvorteil, weil die Aufklärungspflicht den Tatrichter zwingt, alle erforderlichen Beweise zu erheben und dabei sogar über die Grenzen des § 244 Abs. 3 und 4 hinauszugehen. Daß das unrichtig ist, liegt auf der Hand; denn die Ablehnungsgründe des § 245 Abs. 2 sind so ausgewählt, daß die Aufklärungspflicht nach § 244 Abs. 2 weit überschritten wird.
15 Da die Ladung nur solchen Angeklagten möglich ist, die wirtschaftlich in der Lage sind, die nach § 220 Abs. 2 erforderlichen Kosten aufzubringen, wird das Beweisvorführungsrecht nach § 245 Abs. 2 im Schrifttum für eine recht unsoziale Einrichtung gehalten (vgl. *Hagemann* S. 110; *Kohlhaas* NJW 1962 S. 1329 [1332]; *Lürken* NJW 1968 S. 1161 [1163]). Eine Prozeßkostenhilfe, deren Einführung im Schrifttum befürwortet wird (vgl. *Müller/Fleck* ZRP 1969 S. 174), sieht das geltende Recht nicht vor (BGH bei *Holtz* MDR 1976 S. 814/815).

Hauptverhandlung[16]. Daß darin geradezu ein Strukturwandel des Strafprozesses liegt, wie *Peters*[17] behauptet, erscheint genauso übertrieben wie die Ansicht[18], die Neufassung des § 245 verstoße gegen den Grundsatz des Art. 6 Abs. 1 Satz 1 MRK, daß der Angeklagte ein faires Verfahren verlangen kann[19].

II. Anspruch auf Erhebung der vom Gericht herbeigeschafften Beweise

Die Beweiserhebungspflicht nach § 245 gilt seit jeher nicht nur für die von den Prozeßbeteiligten unmittelbar geladenen Auskunftspersonen und die von ihnen herbeigeschafften sachlichen Beweismittel, sondern auch für diejenigen Beweismittel, die auf Anordnung des Gerichts geladen oder sonst herbeigeschafft worden sind. Sie stehen zur Verfügung der Prozeßbeteiligten; nur mit deren Einverständnis darf im Strengbeweisverfahren von ihrer Verwendung abgesehen werden (§ 245 Abs. 1 Satz 2). Das verlangt der Vertrauensschutz, den die Prozeßbeteiligten beanspruchen können, wenn ihnen vor der Hauptverhandlung nach § 222 Abs. 1 Satz 1 die Verwendung bestimmter Beweismittel angekündigt worden ist. Denn möglicherweise war gerade diese Mitteilung der Grund dafür, daß sie davon abgesehen haben, Beweispersonen selbst zur Hauptverhandlung vorzuladen. Es darf daher nicht dem Gericht überlassen werden, ob es die von ihm geladenen oder sonst herbeigeschafften Beweismittel verwenden will oder nicht[20].

---

16 Zu Unrecht meint *Hagemann* (S. 104 ff., 113), die Besserstellung, die § 245 Abs. 2 dem Antragsteller gegenüber § 244 Abs. 3 bietet, erschöpfe sich in der nur dem vermögenden Angeklagten offenstehenden Möglichkeit, die Vernehmung von Sachverständigen durchzusetzen. Sie übersieht, daß § 245 Abs. 2 dem Gericht allgemein die Möglichkeit nimmt, die Erhebung präsenter Beweise unter Wahrunterstellung oder wegen Bedeutungslosigkeit der Beweistatsache abzulehnen. *Peters* (S. 295) ist daher sogar der Ansicht, der Gewinn, den § 245 Abs. 2 n. F. für das Gericht bringt, sei sehr gering.
17 S. 295.
18 *Hagemann* S. 120.
19 Die Neufassung hält *Köhler* (NJW 1979 S. 348 [349 Fußn. 15 a]) aus diesem Grunde sogar für verfassungsrechtlich bedenklich. Eine besorgniserregende Beschneidung der Verteidigungsrechte stellt auch *Krekeler* AnwBl. 1979 S. 217 (216) fest. *Hanack* in Festgabe für Hans Schulz, 1977, S. 299 (323) und *E. Müller* NJW 1981 S. 1801 (1805) sprechen von der Zerstörung einer »Essentiale eigenständiger Verteidigung«.
20 Vgl. *Kleinknecht* § 245 Rdnr. 1; *Hagemann* S. 115; *Rudolphi* JuS 1978 S. 864 (866).

§ 2 Vom Gericht herbeigeschaffte Beweismittel
(§ 245 Abs. 1)

```
   I. Voraussetzungen der Beweiserhebungspflicht ........................  782
      1. Geladene und erschienene Zeugen und Sachverständige ...........  782
         a) Personenkreis ............................................  782
         b) Geladene Beweispersonen ..................................  782
         c) Erschienene Beweispersonen ...............................  783
         d) Erkennbar erschienene Beweispersonen .....................  785
         e) Anwesenheit im Zeitpunkt der beabsichtigten Vernehmung ...  786
         f) Verwendbarkeit der Beweisperson ..........................  786
         g) Keine Antragspflicht .....................................  788
      2. Herbeigeschaffte sachliche Beweismittel .......................  788
         a) Augenscheinsgegenstände und Urkunden .....................  788
         b) Begriff der herbeigeschafften Beweismittel ...............  789
         c) Antragspflicht ...........................................  790
  II. Umfang der Beweiserhebungspflicht ................................  794
 III. Wegfall der Beweiserhebungspflicht nach Verfahrenstrennung .......  796
  IV. Wegfall der Beweiserhebungspflicht bei Unzulässigkeit und Mißbrauch  796
      1. Unzulässigkeit der Beweiserhebung ............................  796
      2. Keine Unzulässigkeit bei Unerheblichkeit aus Rechtsgründen ...  798
      3. Keine Unzulässigkeit wegen völliger Sachfremdheit ............  799
      4. Mißbräuchliches Beweisverlangen ..............................  801
      5. Feststellung der Unzulässigkeit der Beweiserhebung ...........  802
   V. Wegfall der Beweiserhebungspflicht bei Verzicht .................. 803
      1. Allseitiger Verzicht .........................................  803
         a) Prozeßbeteiligte, deren Verzicht erforderlich ist ........  803
         b) Mitangeklagte ............................................  804
         c) Abwesende Angeklagte .....................................  805
         d) Angeklagte und Verteidiger ...............................  806
      2. Verzichtserklärung ...........................................  807
      3. Gesamt- und Teilverzicht .....................................  809
      4. Bedingter Verzicht ...........................................  810
      5. Wirkung des Verzichts ........................................  811
         a) Grundsätzlich kein Widerruf ..............................  811
         b) Wirkung nur für den Rechtszug ............................  812
         c) Kein Verlust des Beweisantragsrechts .....................  812
         d) Fortbestehen der Amtsaufklärungspflicht ..................  812
```

I. Voraussetzungen der Beweiserhebungspflicht

1. Geladene und erschienene Zeugen und Sachverständige

a) Personenkreis. Das Gericht ist zur Vernehmung präsenter persönlicher Beweismittel nach dem eindeutigen Wortlaut des § 245 Abs. 1 Satz 1 nur verpflichtet, wenn es sich um Auskunftspersonen im eigentlichen Sinn, also um Zeugen und Sachverständige, handelt. Auf die Vernehmung von Mitangeklagten gibt die Vorschrift keinen Rechtsanspruch[1]. Das ist auch nicht erforderlich, weil das Gericht alle Angeklagten, die bereit sind, sich zur Sache zu äußern, schon nach § 243 Abs. 4 Satz 2 vernehmen muß. Allerdings gilt das nur, wenn und solange sie an der Verhandlung als Angeklagte teilnehmen. Ist ein Mitangeklagter in der Hauptverhandlung aus dem Verfahren ausgeschieden, weil das Verfahren gegen ihn eingestellt oder abgetrennt worden ist oder weil er seine Berufung zurückgenommen hat, so steht er, solange er noch im Gerichtssaal anwesend ist, einem geladenen und erschienenen Zeugen im Sinne des § 245 Abs. 1 gleich[2].

Dolmetscher sind zwar als Sachverständige zu behandeln, wenn es um die Frage ihrer Ausschließung und Ablehnung geht (§ 191 GVG), nicht aber bei der Anwendung des § 245 Abs. 1[3]. Dagegen gilt die Vorschrift für Nebenkläger, die das Gericht als Zeugen geladen hat[4]; sie sind berechtigt, ihre eigene Vernehmung zu verlangen.

b) Geladene Beweispersonen. Die Pflicht zur Beweiserhebung setzt voraus, daß der Zeuge oder Sachverständige vom Gericht zur Hauptverhandlung geladen worden ist. Seine Ladung zu einer kommissarischen Vernehmung vor oder außerhalb der Hauptverhandlung genügt nicht. Er braucht daher auch dann nicht vernommen zu werden, wenn er, statt dieser Ladung zu folgen, unaufgefordert in der Hauptverhandlung erscheint. Bei der Ladung zur Hauptverhandlung kommt es nicht darauf an, ob sie vor oder erst während der Verhandlung erfolgt ist[5]. Gleichgültig ist auch, ob der Zeuge oder Sachverständige nach § 244 Abs. 2 von Amts wegen oder nach § 244 Abs. 3 aufgrund des Beweisantrags eines Prozeßbeteiligten geladen worden ist. In welcher Weise das Gericht die Beweispersonen geladen hat, spielt ebenfalls keine Rolle. Nach § 48 wird der Zeuge unter Hinweis auf die gesetzlichen Folgen des Ausbleibens geladen; die Vorschrift gilt für den Sachverständigen entsprechend (§ 72). Eine besondere Form schreibt das Gesetz nicht

---

1 RGRspr. 5 S. 784 (787); *Eb. Schmidt* § 245 Rdnr. 4; *Simader* S. 69 Fußn. 11.
2 OLG Celle NJW 1962 S. 2315; LR *Gollwitzer* § 245 Rdnr. 9; zweifelnd KMR *Paulus* § 245 Rdnr. 9.
3 RGRspr. 8 S. 97 (98); LR *Gollwitzer* § 245 Rdnr. 17; *Eb. Schmidt* § 245 Rdnr. 4; *Simader* S. 69 Fußn. 11.
4 BayObLGSt. 10 S. 227 (229) = AlsbE 3 Nr. 135; *Amelunxen* S. 56.
5 Vgl. *Kleinknecht* § 245 Rdnr. 2. In § 245 Satz 2 i. d. F. von 1926 und 1950 war die Frage ausdrücklich in diesem Sinne geregelt.
6 Wegen der Ladung von Zeugen im Ausland, von Kindern, Seeleuten, Binnenschiffern und Soldaten vgl. KK *Pelchen* Rdnr. 7 ff.; KMR Paulus Rdnr. 13 ff.; LR *Meyer* Rdnr. 9 ff.; alle zu § 48. Sondervorschriften enthalten § 49 für die Ladung des Bundespräsidenten und § 50 für die der Mitglieder der obersten Staatsorgane.

vor⁶. Die Ladung kann daher schriftlich, auch durch einfachen Brief⁷, telegrafisch, durch Fernschreiben, mündlich, insbesondere durch den Gerichtsvorsitzenden bei Unterbrechung oder Aussetzung der Verhandlung⁸, oder telefonisch⁹ bewirkt werden. Sie braucht nicht einmal ausdrücklich ausgesprochen, sondern kann auch stillschweigend zum Ausdruck gebracht werden. Eine Ladung kann darin liegen, daß in Gegenwart des Zeugen eine neue Verhandlung auf einen bestimmten Tag anberaumt wird¹⁰.

Hat das Gericht einen geladenen Zeugen oder Sachverständigen wieder abbestellt, so findet § 245 Abs. 1 keine Anwendung¹¹. Wer die Vernehmung des Zeugen wünscht, muß sie nach § 244 Abs. 3 beantragen¹². Das gilt auch für den Fall, daß der Zeuge oder Sachverständige trotz der Abbestellung in der Hauptverhandlung erschienen ist. Als geladen gilt auch nicht der Sachverständige, der nur aushilfsweise wegen Verhinderung des eigentlichen Sachverständigen bestellt worden ist. Das Gericht braucht ihn nicht zu vernehmen, wenn der in erster Hinsicht bestellte Sachverständige erschienen ist¹³. Ebensowenig muß ein bereits vernommener Zeuge, der in einer nach § 229 unterbrochenen Hauptverhandlung vorsorglich für einen weiteren Verhandlungstag geladen worden ist, nur dieser Ladung wegen nochmals vernommen werden¹⁴.

c) **Erschienene Beweispersonen.** Präsent ist ein Zeuge oder Sachverständiger nur, wenn er aufgrund der Ladung des Gerichts in der Hauptverhandlung erschienen ist. Im Gesetzestext kommt das erst seit der Neufassung des § 245 im Jahre 1950 zum Ausdruck. In der Rechtsprechung bestand aber stets Übereinstimmung darüber, daß die Beweiserhebungspflicht davon abhängt, daß die Beweisperson anwesend ist und zur Verfügung des Gerichts steht¹⁵. Die Prozeßbeteiligten sind nicht etwa nach § 245 Abs. 1 berechtigt, wegen des Ausbleibens der geladenen Beweisperson die Aussetzung des Verfahrens und die nochmalige Ladung des Zeugen oder Sachverständigen zu verlangen¹⁶. Sie können nur einen Beweisantrag nach

---

7 RGSt. 40 S. 138 (140); LR *Meyer* § 48 Rdnr. 3; *Eb. Schmidt* § 48 Rdnr. 2.
8 RGSt. 35 S. 232 (233); OLG Hamm NJW 1957 S. 1330; *Kleinknecht* § 48 Rdnr. 1; LR *Meyer* § 48 Rdnr. 4.
9 Vgl. LR *Gollwitzer* § 245 Rdnr. 4.
10 RGSt. 35 S. 232; KK *Pelchen* § 48 Rdnr. 1.
11 RGSt. 1 S. 34 (35); OLG Braunschweig JBl. Brschwg. 1947 S. 269; *Eb. Schmidt* § 245 Rdnr. 6; *Grube* S. 14.
12 Zur Hinweispflicht des Vorsitzenden vgl. oben S. 361, 395.
13 RG Recht 1924 Nr. 490 vertrat diese Auffassung mit der Einschränkung, daß sie jedenfalls gelte, wenn der zweite Sachverständige entlassen wird, ohne daß die Prozeßbeteiligten widersprechen; zustimmend LR *Gollwitzer* § 245 Rdnr. 16; *Simader* S. 71. Diese Einschränkung ist aber unberechtigt. Die Prozeßbeteiligten haben auf die Vernehmung keinen Anspruch, auch wenn sie mit der Entlassung des Sachverständigen nicht einverstanden sind. Die Vorauflage (S. 493) nahm an, daß der Sachverständige vernommen werden müsse.
14 BGH 4 StR 607/52 vom 11. 6. 1953; KMR *Paulus* § 245 Rdnr. 7.
15 RGSt. 1 S. 175 (176); S. 196 (197); 35 S. 398 (399); 40 S. 138 (140); 42 S. 1 (3); 55 S. 10 (11); 56 S. 432; RGRspr. 1 S. 551 (552); 2 S. 70 (71); RG SeuffBl. 78 S. 504; BayObLG bei *Rüth* DAR 1982 S. 253; OLG Schleswig bei *Ernesti/Jürgensen* SchlHA 1969 S. 152.
16 Vgl. KK *Herdegen* § 245 Rdnr. 4; LR *Gollwitzer* § 245 Rdnr. 7; *Stützel* S. 42.

§ 244 Abs. 3 stellen. Das gilt ohne Rücksicht darauf, ob das Ausbleiben der Beweisperson auf einem Verschulden des Gerichts oder der Staatsanwaltschaft beruht oder ob eine angeordnete und dem Angeklagten mitgeteilte Ladung zurückgenommen worden ist, ohne daß er davon erfahren hat. Die Beweiserhebungspflicht bezieht sich im übrigen nur auf die Beweisperson, deren Ladung angeordnet worden ist. Erscheint ein anderer Zeuge oder Sachverständiger, der infolge einer Verwechslung bei der Ausführung der Ladungsanordnung geladen worden ist, so muß er nicht vernommen werden[17].

In § 245 Satz 2 i. d. F. von 1926 und 1950 war ausdrücklich bestimmt, daß der geladene Zeuge oder Sachverständige auch gehört werden muß, wenn er nicht schon zu Beginn, sondern erst während der Hauptverhandlung erscheint. Die Neufassung der Vorschrift von 1978 enthält darüber nichts mehr. Das geltende Recht sollte aber nicht geändert werden; die Vorschrift ist »aus Gründen der redaktionellen Straffung« nur deshalb entfallen, weil sich das, was sie regelte, schon aus § 246 Abs. 1 ergibt[18]. Die Beweiserhebungspflicht besteht daher nach wie vor, wenn der Zeuge oder Sachverständige zwar nicht zu Beginn der Hauptverhandlung oder der Beweisaufnahme anwesend ist, wenn er aber zu einem Zeitpunkt erscheint, in dem er noch vernommen werden kann[19]. Es genügt, daß er vor Schluß der Beweisaufnahme in oder vor dem Gerichtssaal, im Zeugenzimmer oder an dem Ort, an dem die Hauptverhandlung stattfindet, anwesend ist[20]. Nach diesem Zeitpunkt steht es im pflichtgemäßen Ermessen des Gerichts, ob es erneut in die Verhandlung eintritt, um den Zeugen zu vernehmen. Die Prozeßbeteiligten können die Vernehmung dann nur noch durch einen Beweisantrag nach § 244 Abs. 3 erzwingen[21].

In der Sitzungsniederschrift muß das Erscheinen der Beweisperson nicht vermerkt werden; es handelt sich nicht um eine wesentliche Förmlichkeit der Hauptverhandlung im Sinne des § 273 Abs. 1[22].

---

17 RG GA 54 S. 418; LR *Gollwitzer* § 245 Rdnr. 7, 48; *Rieker* S. 100; *Simader* S. 75; *Stützel* S. 44.
18 Vgl. die Amtl. Begründung des Reg. Entwurfs des StVÄG 1979 (BT-Drucks. 8/976 S. 52).
19 Vgl. KK *Herdegen* Rdnr. 34; KMR *Paulus* Rdnr. 8; LR *Gollwitzer* Rdnr. 11; alle zu § 245; Zur Rechtsprechung vor 1926: RGSt. 1 S. 175 (176); S. 196 (197); 35 S. 398 (399); 40 S. 138 (140); 55 S. 10 (11); RG JW 1929 S. 3017 mit Anm. *Mannheim*.
20 BGH 4 StR 145/52 vom 18. 6. 1953; RGSt. 56 S. 432; RG GA 43 S. 254; KMR *Paulus* § 245 Rdnr. 8; *Eb. Schmidt* § 245 Rdnr. 6; *Dallinger* MDR 1966 S. 965; *Kreuzer* S. 63. *Simader* (S. 72) und *Stützel* (S. 47) halten den Beginn der Urteilsverkündung für maßgebend, weil dies der Zeitpunkt ist, bis zu dem noch Beweisanträge gestellt werden können.
21 RGSt. 56 S. 432; OLG Hamburg NJW 1955 S. 1938; KMR *Paulus* § 245 Rdnr. 8. Zur Pflicht des Vorsitzenden, auf die Notwendigkeit der Stellung eines Beweisantrags hinzuweisen, vgl. oben S. 395.
22 BGHSt. 24 S. 280; RGSt. 40 S. 138 (140); *Kleinknecht* § 243 Rdnr. 3; LR *Gollwitzer* § 245 Rdnr. 52; *Dallinger* MDR 1966 S. 965; die von ihm mitgeteilte anderslautende Entscheidung BGH 1 StR 55/66 vom 21. 6. 1966 ist überholt, da der 1. StS an seiner Auffassung insoweit nicht mehr festhält (vgl. BGHSt. 24 S. 280). Eine Protokollierungspflicht nimmt offenbar RG JW 1931 S. 2825 mit Anm. *Mannheim* an.

d) **Erkennbar erschienene Beweispersonen.** Die Beweiserhebungspflicht setzt ferner voraus, daß die Anwesenheit der Auskunftsperson für das Gericht erkennbar ist[23]. Jedoch ist nicht erforderlich, daß das Gericht sie tatsächlich erkannt hat. Gegen § 245 Abs. 1 ist daher auch verstoßen, wenn die Vernehmung nur versehentlich unterblieben ist, weil das Gericht das Erscheinen des Zeugen oder Sachverständigen nicht bemerkt hat[24]. Damit dem Gericht die Anwesenheit der Beweisperson nicht verborgen bleibt, bestimmt § 243 Abs. 1 Satz 2[25], daß der Vorsitzende zu Beginn der Hauptverhandlung die Anwesenheit der Zeugen und Sachverständigen, deren Ladung das Gericht angeordnet hat, feststellen muß[26]. Das Fehlen des Ladungsnachweises in den Akten befreit ihn von dieser Pflicht nicht[27]. Erforderlich ist ein deutlicher Aufruf mit Namen; eine allgemein gehaltene Frage, ob alle Geladenen erschienen sind, genügt nicht[28]. Ist ein Verstoß gegen diese Grundsätze dafür ursächlich, daß die Vernehmung des Zeugen oder Sachverständigen unterbleibt, so ist § 245 Abs. 1 verletzt.

Das Erscheinen von Auskunftspersonen, die zu dem Zeitpunkt, zu dem sie vorgeladen waren, noch nicht anwesend sind, wird für das Gericht erst erkennbar, wenn es ihm gemeldet wird. Der Vorsitzende muß aber darauf achten, ob sich der Zeuge oder Sachverständige nachträglich meldet[29]. Eine Nachforschungspflicht besteht insbesondere dann, wenn das Gericht die Verhandlung nur einstweilen fortgesetzt hat, ohne das Erscheinen des geladenen Zeugen oder Sachverständigen abzuwarten[30]. Ob man eine Auskunftsperson, die sich nachträglich bei dem Protokollführer oder dem Saalwachtmeister gemeldet hat, als erschienen ansehen kann, hängt von den Umständen des Einzelfalls ab[31]. War sie noch in dem Zeitpunkt anwesend, in dem der Vorsitzende verpflichtet war, wegen ihres Ausbleibens Nachfrage zu halten, so verstößt das Unterlassen ihrer Vernehmung gegen den gerichtlichen Beweiszwang. Daß die Anwesenheit der Auskunftsperson nicht besonders festgestellt worden war, ist auch in diesem Fall ohne rechtliche Bedeutung.

---

23 RGSt. 40 S. 138 (140); KK *Herdegen* § 245 Rdnr. 4; *Dallinger* MDR 1966 S. 965 (966); *Stützel* S. 43. Vgl. auch RGSt. 17 S. 440 (441); die Entscheidung betrifft aber einen vom Angeklagten unmittelbar geladenen Zeugen.
24 Vgl. *Dallinger* a.a.O.; a. A. KK *Herdegen* a.a.O.
25 Die Vorschrift ist nach richtiger Ansicht eine bloße Ordnungsvorschrift; vgl. *Dallinger* a.a.O. A.A. offenbar RG DJZ 1913 Sp. 979; offengelassen bei BGHSt. 24 S. 280 (281).
26 Vgl. RGSt. 40 S. 138 (141); *Dallinger* a.a.O.; *Stützel* S. 44. Das Sitzungsprotokoll braucht darüber nichts zu enthalten; vgl. *Kleinknecht* § 243 Rdnr. 3; a. A. BGH 1 StR 55/66 vom 21. 6. 1966 bei *Dallinger* MDR 1966 S. 965; *Conrad* Recht 1917 Sp. 7 (14).
27 RGSt. 40 S. 138 (141); *Dallinger* MDR 1966 S. 965 (966).
28 BGHSt. 24 S. 280 (282); LR *Gollwitzer* § 245 Rdnr. 10.
29 Vgl. *Rieker* S. 101.
30 Vgl. *Dallinger* MDR 1966 S. 965 (966); *Stützel* S. 44.
31 Vgl. *Dallinger* a.a.O.; RG JW 1924 S. 100 mit Anm. *Werthauer* wollte offenbar eine Meldung bei dem Protokollführer nicht genügen lassen, wenn der Zeuge sich danach wieder entfernt.

e) **Anwesenheit im Zeitpunkt der beabsichtigten Vernehmung.** Der Zeuge oder Sachverständige muß noch in dem Zeitpunkt anwesend sein, in dem seine Vernehmung stattfinden soll[32]. Kann ein vom Gericht vorgeladener Zeuge an dem Verhandlungstag, an dem er erschienen ist, aus zeitlichen Gründen nicht vernommen werden, so ist er kein präsentes Beweismittel mehr. Wenn das Gericht ihn zu einem späteren Verhandlungstag nicht erneut lädt, kann das gegen § 244 Abs. 2 verstoßen, nicht aber gegen § 245 Abs. 1[33]. Hat sich eine Auskunftsperson vorzeitig ohne Erlaubnis des Gerichts entfernt, so steht sie bei der Anwendung des § 245 Abs. 1 einem Zeugen oder Sachverständigen gleich, der überhaupt nicht erschienen ist[34]. Das gilt auch, wenn ein Zeuge auf Veranlassung des Verteidigers weggegangen ist[35]. Ein Zeuge, gegen den wegen Ungebühr in der Sitzung nach § 178 GVG Ordnungshaft angeordnet und sofort vollstreckt worden ist, steht dem Gericht ebenfalls nicht mehr zur Verfügung. Er braucht daher nicht nach § 245 Abs. 1 vernommen zu werden[36]. Das gleiche gilt, wenn auf die Vernehmung des Zeugen in der gesetzlich erforderlichen Weise verzichtet[37] oder wenn nach erfolgter Vernehmung in derselben Weise seine endgültige Entlassung (vgl. § 248) angeordnet worden ist. Die Vorschrift des § 245 Abs. 1 zwingt das Gericht nicht, einen solchen Zeugen, falls er sich noch an Gerichtsstelle befindet, auf Antrag eines Prozeßbeteiligten nochmals zu vernehmen, auch nicht zu Beweisbehauptungen, auf die sich seine frühere Vernehmung nicht bezogen hat[38].

f) **Verwendbarkeit der Beweisperson.** Die Pflicht des Gerichts, den geladenen und erschienenen Zeugen oder Sachverständigen zu vernehmen, setzt voraus, daß die Auskunftsperson auch verwendbar ist[39].

(1) Nicht verwendbar ist ein Zeuge, der die Aussage ohne rechtlichen Grund **verweigert**, dessen Vernehmung also nicht unzulässig wäre, der aber zur Aussage nicht gezwungen werden kann, weil Beugehaft nicht in Betracht kommt und eine Wiederholung der bereits verhängten Ordnungsmittel nach § 70 Abs. 4 ausge-

---

32 Vgl. *Simader* S. 74.
33 OLG Düsseldorf MDR 1981 S. 161.
34 RG JW 1924 S. 100 mit Anm. *Werthauer*; RG HRR 1932 Nr. 494; RG Recht 1907 Nr. 3743; 1910 Nr. 1190; OLG Düsseldorf a.a.O.; KK *Herdegen* Rdnr. 4; KMR *Paulus* Rdnr. 8; LR *Gollwitzer* Rdnr. 8; *Eb. Schmidt* Rdnr. 6; alle zu § 245; *Rieker* S. 102; *Simader* S. 75; *Stützel* S. 43.
35 RG Recht 1910 Nr. 1190.
36 BGH 5 StR 99/54 vom 27. 4. 1954; OLG Düsseldorf MDR 1981 S. 181; KK *Herdegen* Rdnr. 4; LR *Gollwitzer* Rdnr. 8; *Eb. Schmidt* Rdnr. 6; alle zu § 245; *Koeniger* S. 273. – BGH bei *Dallinger* MDR 1954 S. 17 und KMR *Paulus* § 245 Rdnr. 8 bezeichnen das als fehlende Verwendbarkeit des Beweismittels.
37 Vgl. unten S. 803 ff., 812.
38 RG JW 1923 S. 934; RG Recht 1913 Nr. 904; *Ditzen* GA 52 S. 363 (378); *Rieker* S. 102; *Simader* S. 76; *Stützel* S. 43; a. A. RMGE 5 S. 61.
39 RGSt. 35 S. 398; 40 S. 138 (140); *Dalcke/Fuhrmann/Schäfer* Anm. 2; KK *Herdegen* Rdnr. 4; LR *Gollwitzer* Rdnr. 10; alle zu § 245; *Dallinger* MDR 1966 S. 965 (966).

schlossen ist⁴⁰. Da die Anordnung der Beugehaft im Ermessen des Gerichts steht⁴¹, liegt auch dann kein Verstoß gegen § 245 Abs. 1 vor, wenn von ihr abgesehen wird, obwohl sie rechtlich möglich wäre. Unverwendbar ist ferner ein Zeuge, der sich wegen jugendlichen Alters⁴², geistiger Verwirrung oder Bewußtseinsstörungen infolge Alkohol- oder Drogengenusses in einem Zustand befindet, der seine Vernehmung ausschließt. Er steht einem nicht erschienenen Zeugen gleich⁴³, und von seiner Vernehmung kann abgesehen werden⁴⁴. Ähnlich liegt der Fall, daß die Vernehmung eines in der Hauptverhandlung erschienenen Zeugen nach dem Gutachten eines anwesenden Sachverständigen wegen Gefährdung der Gesundheit oder sogar des Lebens nicht verantwortet werden kann⁴⁵.

(2) Ein **Sachverständiger** ist nicht verwendbar, wenn ihm die Sachkunde völlig fehlt⁴⁶. Allerdings wird das kaum vorkommen, wenn das Gericht selbst ihn bestellt hat. Erklärt der in der Hauptverhandlung erschienene Sachverständige, er benötige zur Erstattung des Gutachtens eine weitere Vorbereitung, etwa um eine Schriftvergleichung oder eine medizinische Untersuchung vorzunehmen, so ist er ebenfalls kein präsentes Beweismittel im Sinne des § 245 Abs. 1⁴⁷. Kann jedoch die Untersuchung noch während der Hauptverhandlung erfolgen, ohne daß dadurch die Entscheidung wesentlich verzögert wird, so muß sie dem Sachverständigen ermöglicht werden, damit er sein Gutachten erstatten kann.

---

40 BGH 1 StR 168/76 vom 11. 5. 1976.
41 BGH NJW 1966 S. 211; BGH GA 1968 S. 305 (307); RGSt. 25 S. 134 (136); 36 S. 92 (93); 57 S. 29 (30) = JW 1922 S. 1393 mit Anm. *Alsberg*; RGSt. 59 S. 248 (250); 73 S. 31 (34); RG JW 1890 S. 270; 1910 S. 202; 1923 S. 994; RG HRR 1935 Nr. 706; OLG Koblenz NJW 1952 S. 278; *Kleinknecht* Rdnr. 4; KMR *Paulus* Rdnr. 8; LR *Meyer* Rdnr. 18; *Eb. Schmidt* Rdnr. 8; alle zu § 70. – A. A. *Alsberg* GA 63 S. 99 (103); mißverständlich RGSt. 44 S. 44 (45), wonach sich § 245 nicht auf geladene Zeugen bezieht, die »berechtigt« ihr Zeugnis verweigern.
42 Vgl. RG BayZ 1908 S. 420 (6jähriger Junge, der keine Antworten gibt und zu weinen anfängt).
43 Eine solche Gleichstellung erfolgt auch bei der Anwendung des § 51 (vgl. OLG Saarbrükken JBl. Saar 1962 S. 13; KK *Pelchen* Rdnr. 2; LR *Meyer* Rdnr. 5; *Eb. Schmidt* Rdnr. 7; alle zu § 51; *Kaiser* NJW 1968 S. 185 [188]), des § 231 Abs. 2 (*Eb. Schmidt* § 231 Rdnr. 8) und der §§ 329, 412 (BGHSt. 23 S. 331 [334]; OLG Frankfurt NJW 1968 S. 217; KK *Ruß* § 329 Rdnr. 4; LR *Schäfer* § 412 Rdnr. 6; *Seetzen* DRiZ 1974 S. 259 [260]).
44 RGSt. 35 S. 398 (399); OLG Düsseldorf MDR 1981 S. 161; KMR *Paulus* § 245 Rdnr. 9; LR *Gollwitzer* § 245 Rdnr. 10; *Kühne* Rdnr. 462; *Simader* S. 75; *Stützel* S. 44. Vgl. auch RGSt. 34 S. 283, wo es allerdings nur darum ging, ob ein bereits vernommener angetrunkener Zeuge vereidigt werden darf.
45 BGH bei *Holtz* MDR 1976 S. 634. In dem Entscheidungsfall sollte eine Zeugin gehört werden, die das Opfer einer Vergewaltigung geworden war; der BGH hat es gebilligt, daß der Vorsitzende allein sie kommissarisch vernommen hat.
46 Vgl. *Rostek* MDR 1976 S. 897 (899).
47 BGHSt. 6 S. 289 (291); RG Recht 1910 Nr. 1882; *Dalcke/Fuhrmann/Schäfer* Anm. 2; LR *Gollwitzer* Rdnr. 16; *Eb. Schmidt* Nachtr. Rdnr. 2; alle zu § 245; *Koeniger* S. 274; *Simader* S. 75; *Weigelt* DAR 1964 S. 314 (316/317); offengelassen in RGSt. 67 S. 180 (182). Vgl. auch BGHSt. 23 S. 176 (185).

g) Keine Antragspflicht. Zur Vernehmung von Auskunftspersonen, die vom Gericht geladen, erkennbar erschienen und verwendbar sind, ist das Gericht von Amts wegen verpflichtet. Von irgendeiner Willenskundgebung der Prozeßbeteiligten ist die Beweiserhebungspflicht nicht abhängig; insbesondere bedarf es keines Beweisantrags[48]. Den Prozeßbeteiligten steht es natürlich frei, das Gericht durch einen auf Benutzung des Beweismittels gerichteten Antrag auf seine sich aus § 245 Abs. 1 Satz 1 ergebenden Pflichten aufmerksam zu machen; dabei handelt es sich aber nicht um einen Beweisantrag im eigentlichen Sinn[49].

2. Herbeigeschaffte sachliche Beweismittel

a) Augenscheinsgegenstände und Urkunden. Andere Beweismittel im Sinne des § 245 Abs. 1 Satz 1 sind Urkunden und die zum Zweck der Besichtigung in der Hauptverhandlung herbeigeschafften Augenscheinsgegenstände[50], insbesondere die nach § 94 sichergestellten Beweisstücke[51]. Der Unterschied zwischen dem Urkunden- und Augenscheinsbeweis spielt für die durch die Herbeischaffung des Beweismittels begründete Beweiserhebungspflicht keine besondere Rolle. Denn der Grundsatz, daß der Augenscheinsbeweis, wenn nicht die Sachaufklärungspflicht ausnahmsweise etwas anderes gebietet, immer durch andere Beweise ersetzt werden kann[52], hat für den Fall der zur Hauptverhandlung herbeigeschafften Beweisgegenstände keine Bedeutung. Selbst wenn durch ein umfangreiches Schriftenmaterial oder durch eine umständliche Vorführung von Gegenständen, z. B. durch das Abspielen von Filmen[53], etwas bewiesen werden soll, was sich nach Auffassung des Gerichts ebenso einfach und zuverlässig durch die Vernehmung einer anwesenden Auskunftsperson beweisen läßt, darf die Augenscheinseinnahme an einem im Gerichtssaal befindlichen Gegenstand nicht abgelehnt werden[54]. Allerdings muß der Augenscheinsgegenstand alsbald verwendbar sein. Ein Filmstreifen muß daher benutzt werden, wenn er sofort vorführbar ist[55], nicht aber, wenn sich

---

48 RGSt. 40 S. 138 (140); RGRspr. 1 S. 660; 3 S. 42 (43); BayObLG JW 1928 S. 2998 (2999); OLG Hamm VRS 11 S. 59 (60); *Lauterbach* JR 1930 S. 253; *Stützel* S. 45. Vgl. auch RG JW 1930 S. 638. — Der Fall, daß das Gericht nicht weiß, worüber es einen von ihm selbst geladenen Zeugen vernehmen soll, ist nicht vorstellbar; KK *Herdegen* § 245 Rdnr. 4 verlangt in einem solchen Fall, daß der Prozeßbeteiligte, der auf der Vernehmung besteht, das Beweisthema angibt.
49 Vgl. *Alsberg* Heinitz-FS S. 419; *Lauterbach* a.a.O.
50 RGSt. 21 S. 225 (227). Zu den Gegenständen, die dem Augenscheinsbeweis zugänglich sind, vgl. oben S. 229 ff.
51 RG JW 1911 S. 248; KMR *Paulus* § 245 Rdnr. 12; LR *Gollwitzer* § 245 Rdnr. 20.
52 Vgl. oben S. 224 ff., 741 ff.
53 Vgl. den Fall RGSt. 65 S. 304 = JW 1932 S. 58 mit Anm. *Alsberg.*
54 RGSt. 21 S. 225 (227); 65 S. 304 (306) = JW 1932 S. 58 (59) mit Anm. *Alsberg*; OLG Hamm OLGSt. § 245 S. 9; VRS 4 S. 602 (603); *Eb. Schmidt* § 245 Rdnr. 10; a. A. noch RGSt. 14 S. 276 (279).
55 OLG Hamm OLGSt. § 245 S. 9.

die dazu erforderlichen Hilfsmittel nicht im Gerichtssaal befinden und auch nicht alsbald herbeigeschafft werden können[56].

b) Begriff der herbeigeschafften Beweismittel. Die Pflicht zur Erhebung der präsenten sachlichen Beweismittel erstreckte sich nach § 245 Satz 1 in der bis 1978 geltenden Fassung allgemein auf die »herbeigeschafften« Beweismittel. In Rechtsprechung und Schrifttum bestand Übereinstimmung darüber, daß damit alle sachlichen Beweismittel gemeint waren, die sich im Gerichtssaal befinden, gleichgültig, wer sie dort hingeschafft hat. Insbesondere war nie zweifelhaft, daß auch der Inhalt der Gerichtsakten und der Beiakten sowie die von der Staatsanwaltschaft bei der Vorlage der Akten mit der Anklageschrift dem Gericht überantworteten Beweisgegenstände[57] präsente Beweismittel sind, wenn sie sich noch bei der Verhandlung im Gerichtssaal befinden[58]. Die Klarheit dieser Rechtslage ist durch die Neufassung des § 245 durch Art. 1 Nr. 20 des StVÄG 1979[59] beseitigt worden; denn nach Absatz 1 Satz 1 der Vorschrift erstreckt sich die Beweiserhebungspflicht nunmehr nur noch auf die sonstigen »nach § 214 Abs. 4« vom Gericht oder der Staatsanwaltschaft herbeigeschafften Beweismittel[60]. Da § 214 in dem Abschnitt »Vorbereitung der Hauptverhandlung« steht, liegt die Annahme nahe, daß die Vorschrift nur diejenigen Beweismittel meint, die bei Anklageerhebung noch nicht herbeigeschafft waren, daß sie also regeln will, wer Beweismittel heranzieht, die zusätzlich zu den schon vorhandenen für die Hauptverhandlung benötigt werden[61]. Wäre diese Auslegung richtig, so müßte die Verweisung des § 245 Abs. 1 Satz 1 auf § 214 Abs. 4 dahin verstanden werden, daß als präsente sachliche Beweismittel niemals diejenigen Urkunden und Augenscheinsgegenstände anzusehen sind, die bereits bei Anklageerhebung vorlagen, sondern nur die erst später herbeigeschafften, wie z. B. Auszüge aus dem Zentralregister und den Personenstandsregistern, Strafurteile und Akten anderer Gerichte[62]. Da die schon vorher herbeigeschafften sachlichen Beweismittel der Regelung des § 245 Abs. 1 dann nicht unterlägen, müßte einen Beweisantrag nach § 244 Abs. 3 stellen, wer ihre Benutzung verlangt. Daß das Gesetz durch die Neufassung des § 245 die Rechte

---

56 RGSt. 65 S. 304 (306) = JW 1932 S. 58 (59) mit Anm. *Alsberg*, der die zu weitgehende Auffassung vertritt, selbst ein noch nicht entwickelter Film sei ein präsentes Beweismittel. Vgl. auch LR *Gollwitzer* § 245 Rdnr. 26.
57 Vgl. *Kleinknecht* § 199 Rdnr. 2; LG *Gollwitzer* § 214 Rdnr. 16.
58 Vgl. die unten S. 793 Fußn. 89 angeführten Entscheidungen.
59 Vom 5. 10. 1978 (BGBl. I S. 1645).
60 Die Fassung geht auf einen Vorschlag des Bundesrats im Gesetzgebungsverfahren zurück (vgl. BT-Drucks. 8/976 S. 99).
61 Wenig klar KK *Treier* Rdnr. 12; *Kleinknecht* Rdnr. 9, 10; KMR *Paulus* Rdnr. 23 ff. und LR *Gollwitzer* Rdnr. 15 ff; alle zu § 214; In der Amtl. Begründung des Reg. Entwurfs des 1. StVRG (BT-Drucks. 7/551 S. 79) ist von der Herbeischaffung der als Beweismittel dienenden Gegenstände »als Bestandteil der staatsanwaltschaftlichen Ermittlungstätigkeit« die Rede.
62 Vgl. *Kleinknecht* § 214 Rdnr. 10.

der Prozeßbeteiligten gegenüber dem Rechtszustand bis 1978 nicht in dieser wenig sinnvollen Weise hat einschränken wollen, kann aber als sicher gelten. Die Vorschrift des § 214 in der bis 1978 geltenden Fassung bestimmte auch nur, daß die Staatsanwaltschaft nicht nur die erforderlichen Ladungen der persönlichen Beweismittel zur Hauptverhandlung zu bewirken, sondern auch die sachlichen Beweismittel zur Hauptverhandlung herbeizuschaffen hat. Daran sollte die Neufassung des § 214 Abs. 4 nichts ändern[63]. Demnach erstreckt sich die Beweiserhebungspflicht nach § 245 Abs. 1 auf alle Urkunden und Beweisstücke, die bei Beginn der Hauptverhandlung im Gerichtssaal vorliegen, gleichgültig, ob sie von der Staatsanwaltschaft oder vom Gericht dorthin geschafft worden sind, sowie auf diejenigen sachlichen Beweismittel, die das Gericht noch während der Hauptverhandlung herbeischafft. Dagegen werden von § 245 Abs. 1 nicht diejenigen sachlichen Beweismittel erfaßt, die die Staatsanwaltschaft erstmals während der Hauptverhandlung vorlegt[64]. Das Gericht kann zur Erhebung dieser Beweise nur durch einen Beweisantrag der Staatsanwaltschaft nach § 245 Abs. 2 gezwungen werden[65].

c) **Antragspflicht.** Anders als bei Zeugen und Sachverständigen genügt bei den sachlichen Beweismitteln das bloße Zurverfügungstehen im Gerichtssaal nicht immer, um die Beweiserhebungspflicht des Gerichts nach § 245 Abs. 1 Satz 1 auszulösen. Diese Pflicht hängt vielmehr davon ab, ob das Beweismittel ohne Zutun des Gerichts präsent ist oder ob das Gericht es selbst zu dem Zweck herbeigezogen hat, es in der Hauptverhandlung zu benutzen.

(1) Hat das erkennende **Gericht selbst** die Herbeischaffung einer Urkunde, etwa die Einholung einer amtlichen Auskunft, oder eines Augenscheinsgegenstandes veranlaßt, so muß es das Beweismittel auch dann benutzen, wenn keiner der

---

63 Nach der Amtl. Begründung des Reg. Entwurfs des 1. StVRG (BT-Drucks. 7/551 S. 79) sollte es bei der bewährten bisherigen Regelung bleiben.
64 Ebenso *Hagemann* S. 85 ff. Grundsätzlich a. A. *Kleinknecht* § 245 Rdnr. 3, der die von der Staatsanwaltschaft in der Hauptverhandlung vorgelegten Beweismittel den schon vorher beigebrachten gleichstellen will. A. A. auch *Rieß* NJW 1978 S. 2265 (2270), nach dessen Ansicht sich § 245 Abs. 1 Satz 1 überhaupt nur auf die auf Veranlassung des Gerichts herbeigeschafften Sachbeweismittel bezieht. KK *Herdegen* § 245 Rdnr. 2 spricht allgemein von den Beweisgegenständen, die von der Staatsanwaltschaft herbeigeschafft worden sind. LR-EB *Gollwitzer* § 245 Rdnr. 6 meint zu Unrecht, die Rechtslage habe sich gegenüber früher nicht verändert.
65 Die Richtigkeit der im Text vertretenen Ansicht ergibt sich aus dem Wortlaut des § 245 und der Entstehungsgeschichte der neuen Fassung der Vorschrift. In der Fassung des Reg. Entwurfs des StVÄG 1979 lautete § 245 Abs. 2 Satz 1 dahin, daß das Gericht zur Erstreckung der Beweisaufnahme auf die »sonstigen vom Angeklagten herbeigeschafften Beweismittel« nur verpflichtet ist, wenn ein Beweisantrag gestellt wird (BT-Drucks. 8/976 S. 7). Der Bundesrat schlug demgegenüber vor, in § 245 Abs. 2 Satz 1 die Worte »vom Angeklagten« zu streichen, weil eine unterschiedliche Behandlung der von der Anklage und der von der Verteidigung vorgelegten Beweismittel sachlich nicht begründet sei und auch dem Grundsatz der Waffengleichheit zuwiderlaufen würde (BT-Drucks. 8/976 S. 99). Der Gesetzgeber ist diesem Vorschlag gefolgt.

Prozeßbeteiligten das beantragt⁶⁶. Dabei ist gleichgültig, ob der Beschluß über die Herbeiziehung des Beweismittel in oder außerhalb der Hauptverhandlung ergangen ist. Das gilt auch für die nach § 249 Abs. 1 Satz 2 verlesbaren Augenscheinsprotokolle und die Niederschriften über die kommissarische Vernehmung von Zeugen und Sachverständigen, die nach § 251 verlesen werden sollen. Ist die Augenscheinseinnahme auf Beschluß des erkennenden Gerichts durchgeführt worden, so muß das darüber aufgenommene Protokoll daher ohne Antrag verlesen werden⁶⁷. Auch wenn das erkennende Gericht vor oder in der Hauptverhandlung oder in einer früheren, ausgesetzten Hauptverhandlung die kommissarische Vernehmung einer Auskunftsperson zum Zweck der Verlesung des Protokolls in der Hauptverhandlung nach § 251 angeordnet hat, muß die Niederschrift verlesen werden, ohne daß sich ein Prozeßbeteiligter auf diese Urkunde beruft⁶⁸. Ein Antrag auf Verlesung ist dagegen erforderlich, wenn die kommissarische Vernehmung schon im Ermittlungsverfahren⁶⁹ oder von einem anderen Gericht⁷⁰, etwa vor der Verweisung der Sache an das erkennende Gericht, oder wenn sie von dem erkennenden Gericht nur vorsorglich zur Vorbereitung der Hauptverhandlung⁷¹ beschlossen worden ist⁷².

(2) Beweisgegenstände, deren Herbeiziehung es **nicht selbst** veranlaßt hat, braucht das Gericht in der Hauptverhandlung grundsätzlich nur zu verwenden,

---

66 Vgl. RG JW 1893 S. 416 für die amtliche Auskunft. A. A. RG DRiZ 1927 Nr. 248, das immer einen Antrag auf Benutzung in der Hauptverhandlung verlangte; allerdings handelte es sich um einen herbeigezogenen Schriftwechsel, und es läßt sich die Ansicht vertreten, daß bestimmte Urkunden hätten bezeichnet werden müssen. RGSt. 41 S. 4 (13), RGRspr. 7 S. 364 (365) und RG JW 1933 S. 2524 hielten einen Antrag auf Verwendung des Beweismittels auch dann für erforderlich, wenn Urkunden vom Gericht auf Antrag des Angeklagten in der Hauptverhandlung herbeigeschafft worden sind; denn dem erkennenden Gericht sei die Herbeiziehung dadurch nicht bekanntgeworden. Für den Fall, daß der Angeklagte die Verlesung von Urteilen beantragt, die der Vorsitzende auf seinen Antrag herbeigezogen hat, nimmt KG JW 1925 S. 1539 zutreffend eine Beweiserhebungspflicht an.
67 RGSt. 24 S. 76; RG JW 1908 S. 764; RG GA 42 S. 247; KMR *Paulus* § 245 Rdnr. 14; *Groth* S. 29.
68 BGH bei *Dallinger* MDR 1954 S. 151; RGSt. 56 S. 103 (105); RGRspr. 1 S. 655 (658); S. 826 (827); 5 S. 39 (40); 8 S. 694; 9 S. 176; OGHSt. 2 S. 287 (290) = NJW 1950 S. 236 (237); OLG Breslau DRiZ 1931 Nr. 706; OLG Oldenburg NdsRpfl. 1949 S. 203; OLG Saarbrücken OLGSt. § 245 S. 3; KK *Herdegen* Rdnr. 5; KMR *Paulus* Rdnr. 14; LR *Gollwitzer* Rdnr. 28; *Eb. Schmidt* Rdnr. 16; alle zu § 245; *Oetker* JW 1932 S. 3105 (3109); *Simader* S. 74; *Vogtherr* S. 43/44; a. A. RG GA 37 S. 429; *Conrad* Recht 1917 Sp. 7 (9/10).
69 RGSt. 26 S. 289 (290); RGRspr. 7 S. 20; 8 S. 694; *Simader* S. 74; a. A. BGHSt. 1 S. 219 (220).
70 RGSt. 7 S. 127; RG JW 1927 S. 793 (794) mit Anm. *Mannheim*.
71 RGSt. 56 S. 103 (105); *Eb. Schmidt* § 245 Rdnr. 16; a. A. KMR *Paulus* § 245 Rdnr. 14, der keinen Unterschied machen will, wenn das erkennende Gericht die Beiziehung beschlossen hat.
72 Grundsätzlich a. A. *Beling* S. 378 Fußn. 2; *Grube* S. 23; *Hagemann* S. 87; *Koeniger* S. 273; *Oetker* JW 1932 S. 3108 (3109); *Sarstedt* S. 188; *G. Schäfer* S. 364; *Simader* S. 74, die die Vernehmungsniederschrift stets als herbeigeschaffte Beweismittel behandeln wollen.

wenn ein Prozeßbeteiligter das beantragt. Die Antragspflicht besteht auch, wenn ein Gegenstand in Augenschein genommen werden soll[73], selbst wenn überhaupt nur ein einziger Beweisgegenstand vorhanden ist[74]. Der Antrag, der nach § 273 Abs. 1 in der Sitzungsniederschrift beurkundet werden muß[75], ist ein Beweisantrag[76], der im Gegensatz zu den Anträgen nach § 244 Abs. 3, § 245 Abs. 2 Satz 3 nur den Beweisgegenstand, nicht aber die Beweistatsache anzugeben braucht[77]. Wenn es sich um Urkunden handelt, muß aber auch klargestellt werden, ob ihre Verlesung oder ihre Inaugenscheinnahme verlangt wird[78]. Beantragt ein Prozeßbeteiligter die Verwendung des Beweismittels, so entsteht die Beweiserhebungspflicht des Gerichts ohne weiteres. Die Ansicht, daß sie davon abhängt, daß auch das Gericht das Vorhandensein des Beweismittels »konstatiert«[79], verdient keine Zustimmung. Die Willenserklärung der Prozeßbeteiligten, nicht eine Erklärung des Gerichts oder seines Vorsitzenden, löst die Beweiserhebungspflicht aus[80]. Zweifelhaft kann nur sein, ob der Beweisantrag überflüssig ist, wenn der Vorsitzende schon das Vorhandensein des Beweismittels festgestellt hat. Nach § 243 Abs. 1 Satz 2 ist er dazu bei Beginn der Hauptverhandlung verpflichtet. Man wird diese in der Praxis meist unterlassene Feststellung, sofern sie nicht nur pauschaler Art ist, sondern die einzelnen Beweismittel identifizierbar aufführt, als Zusage des Gerichts auffassen können, die Beweismittel in der Hauptverhandlung zu verwenden. Die Nichteinhaltung dieser Zusage verstößt gegen § 245 Abs. 1[81].

Von diesen Grundsätzen besteht auch dann keine Ausnahme, wenn das Beweismittel schon vor der Hauptverhandlung von der Staatsanwaltschaft, dem Ange-

---

73 BGH 6 StR 52/55 vom 27. 7. 1955; RG BayZ 1928 S. 356; KK *Herdegen* § 245 Rdnr. 5; KMR *Paulus* § 245 Rdnr. 12.
74 A. A. RG JW 1896 S. 495.
75 BGHSt. 18 S. 347 (348).
76 Vgl. *Rieker* S. 13 ff.; *Stützel* S. 9 Fußn. 4; a. A. *Alsberg* JW 1927 S. 1490, der nur die Anträge nach § 244 Abs. 3 so bezeichnen wollte. — A. A. auch *Kleinknecht* § 245 Rdnr. 2; *Gössel* S. 249; *Meves* GA 40 S. 291 (300/301); *Vogtherr* S. 44; Voraufl. S. 6. Vgl. auch oben S. 35.
77 RG JW 1931 S. 2825 mit Anm. *Mannheim*; RG JW 1933 S. 2524 (2525); KK *Herdegen* § 245 Rdnr. 6; a. A. *Ditzen* S. 21; *Sarstedt* S. 189; *Simader* S. 66, 68. *Stützel* S. 20, 47 will eine Ausnahme von der Begründungspflicht nur zulassen, wenn sich das Beweisthema klar aus der Prozeßlage ergibt.
78 RGSt. 41 S. 4 (13); RG JW 1911 S. 248 (249).
79 Vgl. *Conrad* Recht 1917 Sp. 7 (11) unter Hinweis auf unveröffentlichte RG-Entscheidungen. Auch KK *Herdegen* § 245 Rdnr. 5, *Eb. Schmidt* § 245 Rdnr. 11, *Oetker* JW 1932 S. 3105 (3108) und die Voraufl. S. 503 ff. verlangen sowohl die »Konstatierung« des Beweismittels durch den Vorsitzenden als auch die Kundgebung des Benutzungswillens durch einen Prozeßbeteiligten. Hiergegen mit Recht RG JW 1899 S. 474 = GA 46 S. 430/431; RG GA 39 S. 220 (221); *Stützel* S. 47. In den Entscheidungen RGSt. 5 S. 368; 41 S. 4 (13) wollte sich das RG mit der Erwähnung und Konstatierung des Beweismittels durch die Staatsanwaltschaft begnügen.
80 A. A. *Vogtherr* S. 44, der insoweit keinen Unterschied zwischen Personal- und Sachbeweis machen will.
81 Ebenso KMR *Paulus* § 245 Rdnr. 10; LR *Gollwitzer* § 245 Rdnr. 24; *Gössel* S. 249; *Hagemann* S. 87/88.

klagten oder einem anderen Prozeßbeteiligten zu den Akten eingereicht[82], wenn vor der Hauptverhandlung ein Antrag auf Benutzung des Beweismittels gestellt[83] oder wenn in der Anklageschrift schon auf das Beweismittel Bezug genommen worden war[84]. Das gilt insbesondere für den Fall, daß in der Anklageschrift nur allgemein ein »Schriftwechsel« als Beweis angeführt wird[85]. Auch eine Urkunde, die ein Zeuge in der Hauptverhandlung überreicht, ist erst dann ein herbeigeschafftes Beweismittel, wenn ein Prozeßbeteiligter ihre Verlesung verlangt[86]. Die Ansicht[87], Auskünfte aus dem Zentralregister und aus dem Verkehrszentralregister seien von vornherein so sehr zum Verhandlungsstoff bestimmt, daß sie stets präsente Beweismittel sind, erscheint unrichtig. Vom Standpunkt des § 245 Abs. 1 aus besteht zwischen derartigen amtlichen Auskünften und anderen sachlichen Beweismitteln kein Unterschied.

Der Grundsatz, daß herbeigeschaffte sachliche Beweismittel nur auf Antrag eines Prozeßbeteiligten verwendet werden müssen, gewinnt besondere Bedeutung für die dem Urkundenbeweis zugänglichen Schriftstücke, die sich in den Gerichtsakten oder den Beiakten befinden. Eine ordnungsgemäße Hauptverhandlung wäre nicht durchführbar, wenn das Gericht alle Urkunden aus diesen Akten verlesen müßte, sofern die Prozeßbeteiligten hierauf nicht ausdrücklich verzichten[88]. Solche Urkunden gewinnen die Eigenschaft von präsenten Beweismitteln grundsätzlich erst dadurch, daß ein Prozeßbeteiligter in der Hauptverhandlung ihre Verwertung beantragt[89]. Dabei muß die Fundstelle der Urkunde genau bezeichnet wer-

82 RGSt. 41 S. 4 (13); RG JW 1932 S. 3103; *Oetker* JW 1932 S. 3105 (3108).
83 RG GA 42 S. 247; *Simader* S. 74; a. A. *Ditzen* S. 21 Fußn. 1; *Oetker* JW 1932 S. 3105 (3109).
84 BGH 3 StR 33/53 vom 9. 7. 1953; 5 StR 268/53 vom 1. 12. 1953; RGSt. 5 S. 268; 41 S. 4 (13); RGRspr. 3 S. 806; 7 S. 20 (21); RG JW 1891 S. 545; 1899 S. 474 = GA 46 S. 430; RG BayZ 1928 S. 356; RG GA 39 S. 220 (221); 42 S. 247; RG Recht 1917 Nr. 744; KK *Herdegen* Rdnr. 5; KMR *Paulus* Rdnr. 11; LR *Gollwitzer* Rdnr. 19, 24 Fußn. 12; *Eb. Schmidt* Rdnr. 15; alle zu § 245; *Sarstedt* S. 189 Fußn. 38. – A. A. RGRspr. 6 S. 685; OLG Hamm VRS 8 S. 370; *von Kries* S. 522; *Oetker* JW 1932 S. 3108 (3109); *Simader* S. 74. Vgl. auch RGSt. 39 S. 141 (142).
85 RG JW 1935 S. 2979 L.
86 BGH 4 StR 145/52 vom 18. 6. 1953; LR *Gollwitzer* § 245 Rdnr. 25.
87 KMR *Paulus* § 245 Rdnr. 13.
88 Vgl. BGHSt. 18 S. 347. — RG JW 1911 S. 248 (249) = GA 58 S. 459 sieht den Grund darin, daß ein Schriftstück nicht nur durch Verlesung, sondern auch durch Augenscheinsbeweis und Vorhalt benutzt werden kann, und daß daher der Verwendungszweck klargestellt werden müsse.
89 BGHSt. 18 S. 347; BGH 4 StR 866/53 vom 8. 4. 1954; RGSt. 3 S. 161 (162); 41 S. 4 (13); 61 S. 287 (288); RG JW 1891 S. 545; 1894 S. 237; 1899 S. 474; 1911 S. 248 (249); 1927 S. 793 (794) mit Anm. *Mannheim*; RG JW 1932 S. 3105 (3106) mit Anm. *Oetker*; RG 1933 S. 2524; RG GA 42 S. 247; 46 S. 207; RG LZ 1932 Sp. 912; RG Recht 1917 Nr. 744; OLG Bremen NJW 1947/48 S. 312 (313/314); OLG Hamburg NJW 1965 S. 1238 (1239); KMR *Paulus* Rdnr. 11; LR *Gollwitzer* Rdnr. 19; *Eb. Schmidt* Rdnr. 11; alle zu § 245; *Conrad* Recht 1917 Sp. 7 (10); *Groth* S. 89; *Hagemann* S. 88; *Hanack* JZ 1972 S. 114 (116); *Sarstedt* S. 189; *G. Schäfer* S. 364; *Simader* S. 66/67; a. A. RG JW 1896 S. 495, das den Antrag für entbehrlich hält, wenn ein Prozeßbeteiligter schon vor der Hauptverhandlung das zu verlesende Schriftstück bezeichnet hat.

den. Es genügt nicht die Angabe, daß sie sich bei den Akten, in Urkundensammlungen anderer Art oder in Geschäftsbüchern befindet. Auch der Antrag, von den bei den Akten befindlichen Briefen »die hauptsächlichsten« zu verlesen, reicht nicht aus[90]. Der Antragsteller muß genau angeben, wo die Urkunden zu finden sind; nur dann sind sie präsente Beweismittel im Sinne des § 245 Abs. 1 Satz 1[91]. Daß die Urkunden bereits in einer früheren Hauptverhandlung verlesen worden sind, ändert daran nichts[92]. Entsprechendes gilt, wenn eine Tonbandaufnahme zu den Gerichtsakten gehört[93]. Der Prozeßbeteiligte, der die Augenscheinseinnahme durch Abhörung verlangt, muß die Stelle bezeichnen, die abgespielt werden soll; zu diesem Zweck ist ihm Gelegenheit zu geben, sich die Tonbänder von einem Gerichtsbeamten vorspielen zu lassen[94]. Auch für die in den Akten befindlichen amtlichen Unfallskizzen bestehen keine Besonderheiten. Selbst wenn man sie entgegen der hier[95] vertretenen Ansicht als zulässige Beweismittel ansieht, brauchen sie nicht ohne Antrag eines Prozeßbeteiligten in Augenschein genommen zu werden[96].

II. Umfang der Beweiserhebungspflicht

Nach § 245 Abs. 1 Satz 1 haben die Prozeßbeteiligten einen Anspruch auf Benutzung der herbeigeschafften Beweismittel[97]. Das gilt auch für den Fall, daß die Tatsachen, die dadurch bewiesen werden sollen, längst durch andere Beweismittel erwiesen worden sind[98]. Handelt es sich um ein persönliches Beweismittel, so beschränkt sich der Beweiserhebungsanspruch aber darauf, daß es in der Eigenschaft benutzt wird, in der es vorgeladen worden ist. Wenn eine Auskunftsperson

---

90 RG LZ 1920 Sp. 443; RG Recht 1904 Nr. 2359; 1928 Nr. 999; *Bergmann* S. 53; *Stützel* S. 20.
91 RGSt. 3 S. 250 (252); 5 S. 27 (29); 13 S. 158 (159); 21 S. 108; 24 S. 104; 61 S. 287 (288); RGRspr. 3 S. 42 (43); RG JW 1896 S. 459; 1899 S. 474 (475) = GA 46 S. 430; RG JW 1932 S. 3105 (3106) mit Anm. *Oetker*; RG Recht 1910 Nr. 1695; OGHSt. 3 S. 141 (149); BayObLGSt. 1952 S. 109 = NJW 1952 S. 1106; *Dalcke/Fuhrmann/Schäfer* Anm. 3; KK *Herdegen* Rdnr. 6; *Kleinknecht* Rdnr. 2; KMR *Paulus* Rdnr. 11; LR *Gollwitzer* Rdnr. 19; *Eb. Schmidt* Rdnr. 14; alle zu § 245; *Dahs* Hdb. Rdnr. 556; *Gerland* S. 362 Fußn. 588; *Hagemann* S. 88; *Koeniger* S. 273; *Stützel* S. 47.
92 RGSt. 24 S. 104; a. A. RGRspr. 2 S. 437 (439).
93 *Kleinknecht* § 245 Rdnr. 2; vgl auch BGH NJW 1956 S. 558.
94 KG NJW 1980 S. 952.
95 Vgl. oben S. 233.
96 OLG Neustadt VRS 23 S. 447; OLG Schleswig RdK 1954 S. 123 (124); *Mühlhaus* DAR 1965 S. 12 (13). – A. A. KG NJW 1953 S. 1118 = VRS 5 S. 211 (212); OLG Hamburg DAR 1956 S. 226 (227) = VRS 10 S. 370 (372); OLG Hamm VRS 4 S. 602 (bei kommissarischer Vernehmung überreichte Skizze); *Weigelt* DAR 1953 S. 71; 1954 S. 232 (236); offengelassen bei OLG Hamm VRS 18 S. 55 (56); S. 128.
97 Weigert sich der Vorsitzende, den Beweis zu erheben, so kann die Entscheidung des Gerichts nach § 238 Abs. 2 herbeigeführt werden; vgl. *Lauterbach* JR 1930 S. 253. Zum Grundsatz der Beweismittelgemeinschaft vgl. unten S. 803.
98 Daß darin kein rechter Sinn liegt, hat schon *Niethammer* (Sauer-FS S. 36) betont.

als Zeuge geladen ist, braucht das Gericht daher nicht auf Verlangen eines Prozeßbeteiligten ein Sachverständigengutachten von ihr zu fordern[99]. Wer ein solches Gutachten wünscht, muß einen Beweisantrag nach § 244 Abs. 3 stellen[100]. Ist dagegen eine Beweisperson als Zeuge und als Sachverständiger geladen, so können die Prozeßbeteiligten verlangen, daß sie nach beiden Richtungen vernommen wird. Ein auf Erstreckung der Vernehmung nach der anderen Richtung gestellter Antrag ist nicht etwa als Beweisantrag nach § 244 Abs. 3 zu behandeln[101]. Ein in der Hauptverhandlung erschienener Sachverständiger ist nicht nur präsentes Beweismittel für die Beweisfragen, für deren Beantwortung er geladen ist. Maßgebend ist nicht der Gegenstand, für den seine Vernehmung vorgesehen ist, sondern es kommt darauf an, ob das Gutachten, das der Sachverständige erstatten soll, in sein Fachgebiet, in seinen Wissensbereich fällt. Wenn das der Fall ist und der Sachverständige erklärt, daß er sich auch zu anderen Fragen äußern kann, so muß er darüber vernommen werden[102]. Erklärt er dagegen, er bedürfe einer Vorbereitungszeit zur Erstattung des Gutachtens, so ist er nicht »verwendbar« und braucht daher zu der neuen Beweisfrage nicht vernommen zu werden[103].

Da der Umfang der Verwendung des präsenten Beweismittels durch § 245 Abs. 1 nicht vorgeschrieben ist, genügt das Gericht seiner Beweiserhebungspflicht, wenn es eine Auskunftsperson insoweit verhört, als ihre Bekundung erheblich erscheint. Halten die Prozeßbeteiligten eine weitere Befragung für notwendig, so können sie sie selbst vornehmen[104]. Im Hinblick auf das Fragerecht der Prozeßbeteiligten ist es auch nicht zu beanstanden, daß das Gericht einen Zeugen nur zu sachverständigen Äußerungen veranlaßt oder von einer als Sachverständigen geladenen Beweisperson nur Zeugenaussagen erfordert. Auch dann ist die Beweisaufnahme im Sinne des § 245 Abs. 1 auf das Beweismittel erstreckt worden[105]. Die Prozeßbeteiligten haben in diesem Fall aber einen Anspruch darauf, die Auskunftsperson nach § 240 Abs. 2 auch in der Eigenschaft zu befragen, in der das Gericht sie vernommen hat. Denn durch die gerichtliche Vernehmung ist sie auch

---

99 RG JW 1890 S. 63; 1926 S. 1338; RG JR Rspr. 1926 Nr. 437 = LZ 1926 Sp. 831 = Recht 1926 Nr. 348; OLG Stuttgart Justiz 1971 S. 312 = OLGSt. § 245 S. 7; KMR *Paulus* § 245 Rdnr. 9; LR *Gollwitzer* § 245 Rdnr. 9; *Gerland* S. 362; *Simader* S. 76.
100 Das bedeutet übrigens nicht, daß dem Zeugen nicht einzelne gutachtliche Äußerungen abverlangt werden können; denn dadurch wird er noch nicht zum Sachverständigen (vgl. oben S. 196).
101 A. A. RG Recht 1907 Nr. 3424; 1919 Nr. 1903.
102 BGHSt. 6 S. 289 (291); RGSt. 67 S. 180 (181/182); KK *Herdegen* Rdnr. 4; LR *Gollwitzer* Rdnr. 16; *Eb. Schmidt* Rdnr. 9; alle zu § 245; *Dahs* Hdb. Rdnr. 551; *Weigelt* DAR 1964 S. 314 (316/317).
103 Vgl. oben S. 787.
104 Vgl. LR *Gollwitzer* § 245 Rdnr. 30; grundsätzlich a. A. OLG Hamm JMBlNRW 1956 S. 131 = VRS 11 S. 59 (60), das das Gericht für verpflichtet hält, »das ganze in seinem Umfang und seinen Einzelheiten nicht vorauszusehende Wissen des Zeugen oder Sachverständigen« zu erkunden und zu verwerten.
105 RGSt. 26 S. 388; 27 S. 398 (399); RG DJZ 1914 Sp. 1863; RG Recht 1907 Nr. 3424; KMR *Paulus* § 245 Rdnr. 9; a. A. *Gerland* S. 362; *Rieker* S. 102; *Simader* S. 76; vgl. auch RGSt. 17 S. 440 (441).

nach der Richtung als herbeigeschafft anzusehen, in der ihre Befragung stattgefunden hat. Verlangt ein Prozeßbeteiligter die Verlesung von Urkunden, so muß nach § 249 Abs. 1 verfahren werden. Eine vereinfachte Beweisaufnahme nach § 249 Abs. 2 reicht ebensowenig aus wie die Konstatierung des Inhalts der Urkunde durch den Vorsitzenden[106] oder gar ihr Vorhalt bei der Vernehmung des Angeklagten oder eines Zeugen. Wenn die Augenscheinseinnahme nicht ausdrücklich beantragt worden ist, müssen aber Augenscheinsgegenstände, die präsent sind, nicht unbedingt förmlich besichtigt werden. Es genügt vielmehr, daß das Gericht das Beweisstück zum Gegenstand der Vernehmung eines Zeugen oder Sachverständigen macht[107].

III. Wegfall der Beweiserhebungspflicht nach Verfahrenstrennung

Sind mehrere Strafsachen nach den §§ 2 ff. oder nach § 237 verbunden, so gelten die herbeigeschafften Beweismittel nur während der Dauer dieser Verbindung als für das Verfahren insgesamt herbeigeschafft. Werden die verbundenen Sachen wieder getrennt, so muß daher gleichzeitig auch über die Trennung der Beweismittel entschieden werden[108]. Dabei wird das Gericht den Prozeßbeteiligten vorher Gelegenheit geben müssen, diejenigen Beweismittel zu bezeichnen, die sie für das zur Durchführung gelangende Strafverfahren benutzt wissen wollen. Nach der Trennung der Verfahren bleibt den Prozeßbeteiligten, die einen mit der Abtrennung des Verfahrens ausgeschiedenen Beweis erhoben haben wollen, nur der Weg des Beweisantrags nach § 244 Abs. 3[109].

IV. Wegfall der Beweiserhebungspflicht bei Unzulässigkeit und Mißbrauch

1. Unzulässigkeit der Beweiserhebung

Wenn Zeugen oder Sachverständige vom Gericht zur Hauptverhandlung geladen oder sachliche Beweismittel vom Gericht oder der Staatsanwaltschaft herbeigeschafft worden sind, wird man im allgemeinen davon ausgehen können, daß es sich um Beweise handelt, deren Erhebung zulässig und erforderlich ist. Jedoch ist nicht auszuschließen, daß sich die Unzulässigkeit der Beweiserhebung[110] erst in der Hauptverhandlung herausstellt. Das Gesetz bestimmt daher auch in der Neufassung des § 245 Abs. 1 Satz 1, daß die Pflicht zur Beweiserhebung entfällt, wenn die Beweiserhebung unzulässig ist. Die Vorschrift stimmt insoweit mit § 244 Abs. 3 Satz 1 und § 245 Abs. 2 Satz 2 überein.

Die Beweiserhebung kann vor allem deshalb unzulässig sein, weil ein Zeuge in der Hauptverhandlung von seinem Zeugnisverweigerungsrecht nach den §§ 52 ff.

---

106 RGSt. 24 S. 263 (265); RGRspr. 10 S. 16 (17).
107 RG JW 1911 S. 248 (249); LR *Gollwitzer* § 245 Rdnr. 27.
108 Vgl. *Simader* S. 76.
109 Vgl. RGSt. 25 S. 111, wo dem Vorsitzenden die Benennung der verbleibenden Beweismittel überlassen und die Prozeßbeteiligten schlechthin auf die Stellung eines Beweisantrags verwiesen worden sind.
110 Es gelten dieselben Unzulässigkeitsgründe wie bei § 244 (vgl. dazu oben S. 423 ff.).

Gebrauch macht oder erklärt, er wolle nach § 55 die Auskunft allgemein ablehnen[111]. Allerdings darf von der Vernehmung nicht schon deshalb abgesehen werden, weil der Zeuge im ersten Rechtszug berechtigt die Aussage verweigert hat. Er ist vielmehr, wenn das Gericht ihn gleichwohl geladen hat, erneut über dieses Recht zu belehren und muß vernommen werden, wenn er nunmehr davon keinen Gebrauch macht[112]. Verweigert der Zeuge die Aussage, so ist das Gericht weder verpflichtet noch überhaupt berechtigt, in ihn zu dringen, er möge sich unter Verzicht auf sein Weigerungsrecht zur Aussage bereit finden[113]. Aus § 245 Abs. 1 ergibt sich aber die Pflicht, einen Zeugen, den der Nebenkläger nicht von der Schweigepflicht entbunden hat, ausdrücklich zu befragen, ob er von seinem Zeugnisverweigerungsrecht Gebrauch machen wolle[114]. Das gleiche gilt, wenn der Angeklagte den Zeugen von der Schweigepflicht nicht entbindet[115]. Ein Zeuge, der zunächst berechtigt die Aussage verweigert hat, sich dann aber doch zur Aussage bereit erklärt, muß vernommen werden, wenn er sich noch im Sitzungssaal befindet[116]. Ist er nicht mehr anwesend, so muß der Prozeßbeteiligte, der seine Vernehmung wünscht, einen Beweisantrag nach § 244 Abs. 3 stellen und dabei angeben, daß der Zeuge nunmehr aussagebereit ist[117]. Anders ist der Fall zu beurteilen, daß ein Zeuge unrichtig darüber belehrt wird, daß er nach § 52 die Aussage oder nach § 55 die Auskunft verweigern darf, und darauf nichts aussagt. Dann ist gegen § 245 Abs. 1 verstoßen[118]. Denn ohne Zustimmung sämtlicher Prozeßbeteiligter

---

111 BGH 5 StR 252/78 vom 19. 12. 1978. Einen Zeugen, der nach § 54 die Aussage verweigert, hielt RG JW 1935 S. 2378 für »unverwendbar«.
112 RG JW 1931 S. 2505 mit Anm. *Mamroth*; LR *Gollwitzer* § 245 Rdnr. 12.
113 BGHSt. 1 S. 34 (37); 9 S. 195 (197); 18 S. 146 (147); 20 S. 298 (299); 21 S. 12 (13) = NJW 1966 S. 742 mit Anm. *Seydel*; KK *Pelchen* § 52 Rdnr. 34; LR *Meyer* § 52 Rdnr. 48 und § 53 Rdnr. 10.
114 BGHSt. 15 S. 200 (202); zustimmend KMR *Paulus* § 245 Rdnr. 17; *Peters* Gutachten S. 127. *Hanack* JZ 1971 S. 126 (127) sieht in dieser Befragung mit Recht eine unerlaubte Beeinflussung des Zeugen; zweifelnd auch LR *Gollwitzer* § 245 Rdnr. 13. Vgl. auch *Kohlhaas* DAR 1971 S. 62 (63/64).
115 OLG Frankfurt Strafverteidiger 1982 S. 414. Ob der Angeklagte aber, wie das OLG annimmt, die Revision darauf stützen kann, daß der Zeuge nicht vernommen worden ist, erscheint zweifelhaft.
116 RGRspr. 6 S. 337 (338); a. A. *Pollack* GA 33 S. 232 (237), der annimmt, der Zeuge sei mit der Aussageverweigerung aus dem Kreis der präsenten Beweismittel ausgeschieden.
117 Vgl. oben S. 453.
118 BGH bei *Dallinger* MDR 1974 S. 16; RGSt. 32 S. 157 (158); OLG Celle NJW 1962 S. 2315; OLG Hamm VRS 45 S. 123 (124); KMR *Paulus* § 52 Rdnr. 38, § 55 Rdnr. 20 und § 245 Rdnr. 17; LR *Gollwitzer* § 245 Rdnr. 13; LR *Meyer* § 52 Rdnr. 55, § 53 Rdnr. 67 und § 55 Rdnr. 23; *Dahs/Dahs* Rdnr. 209; *Hölscher*, Das Auskunftsverweigerungsrecht – § 55 StPO, Diss. Berlin 1972, S. 209; *Koeniger* S. 273; *Sarstedt* S. 157; *Schlüchter* Rdnr. 490; *Schütz*, Die Verletzung des § 55 StPO als Revisionsgrund, Diss. Erlangen 1970, S. 77. Die Entscheidungen BGH bei *Dallinger* MDR 1953 S. 40; RG GA 43 S. 242 (243) und OLG Oldenburg NJW 1961 S. 1225 sehen darin nur einen Verstoß gegen die Aufklärungspflicht. BGHSt. 2 S. 173 (174) spricht nur allgemein davon, daß ein Revisionsgrund vorliegt. Auch in den Entscheidungen RG JW 1928 S. 414 = Recht 1928 Nr. 213 und RG JW 1929 S. 861 (862) ist nur davon die Rede, daß die Revision auf die Anerkennung des Zeugnisverweigerungsrechts gestützt werden könne. Vgl. auch oben S. 489.

darf ein Zeuge oder Sachverständiger nicht unvernommen bleiben. Die Gründe spielen keine Rolle. Auch wenn die Erhebung des Beweises versehentlich oder aus Rechtsirrtum unterlassen worden ist, verstößt das Verfahren gegen das Gesetz[119].

Eine nicht voraussehbare Unzulässigkeit der Beweiserhebung kann auch eintreten, wenn ein Sachverständiger mit Erfolg nach § 74 wegen Befangenheit abgelehnt wird[120]. In der Berufungsverhandlung kann die Vernehmung der zur Schuldfrage geladenen Zeugen und Sachverständigen dadurch unzulässig werden, daß der Angeklagte sein Rechtsmittel auf den Rechtsfolgenausspruch beschränkt. Unter den sachlichen Beweismitteln, die dem Gericht vorliegen, können sich schließlich Urkunden und Augenscheinsgegenstände befinden, deren Benutzung unter ein Beweisverbot fällt, etwa weil ihre Beschlagnahme gegen § 97 verstoßen hat. Die Verwendung des Gegenstandes ist dann nicht deshalb zulässig, weil es sich um ein präsentes Beweismittel handelt[121].

2. Keine Unzulässigkeit bei Unerheblichkeit aus Rechtsgründen

Die Beweiserhebung ist nicht stets unzulässig im Sinne des § 245 Abs. 1 Satz 1, wenn sie aus rechtlichen Gründen überflüssig ist[122]. Auch das läßt sich selbst dann nicht ausschließen, wenn die Beweismittel vom Gericht oder auf dessen Veranlassung herbeigeschafft worden sind. Denn die Hauptverhandlung kann in einer Richtung verlaufen, die weitere Beweiserhebungen aus rechtlichen Gründen entbehrlich macht. Stellt sich z. B. in der Hauptverhandlung ein Verfahrenshindernis heraus, das zur Einstellung des Verfahrens zwingt, so kommt es auf die Verwendung der zur Aufklärung der Schuldfrage herbeigeschafften Beweismittel nicht mehr an. Daß § 245 Abs. 1 auch in diesem Fall einen Rechtsanspruch auf die Benutzung der präsenten Beweismittel gibt, wurde von der bisher herrschenden Ansicht in Abrede gestellt[123], gelegentlich mit der Begründung, die weitere Beweisaufnahme sei dann unzulässig[124]. Das trifft jedoch nicht für alle Verfahrenshindernisse zu. Allerdings ist die Fortsetzung der Verhandlung unzulässig und ein Verweisungsbeschluß nach § 270 zu erlassen, wenn sich die Unzuständigkeit des Gerichts herausgestellt hat[125]. Eine weitere Beweisaufnahme wird auch dann nicht mehr stattfinden dürfen, wenn das Gericht festgestellt hat, daß die Straftat bereits rechtskräftig abgeurteilt oder daß die Sache anderweitig rechtshängig ist[126]. Besteht das Verfahrenshindernis aber darin, daß wegen Fehlens des Strafantrags, wegen Verjährung oder aus ähnlichen Gründen keine Sachentscheidung getroffen

---

119 Vgl. LR *Gollwitzer* § 245 Rdnr. 10.
120 Vgl. RG BayZ 1909 S. 25; *von Kries* S. 553.
121 RGSt. 53 S. 348 (349); RG JW 1890 S. 232; *Ditzen* S. 16; *Goldschmidt* S. 451.
122 Vgl. dazu oben S. 580 ff.
123 Vgl. LR *Gollwitzer* § 245 Rdnr. 51; *Gerland* S. 363; *Grube* S. 27 ff., 29; *Klee* GA 77 S. 81 (95); *Oetker* S. 687; *Stützel* S. 63/64; *Völcker* S. 39; vgl. auch RGSt. 2 S. 221 (223).
124 So *Stützel* S. 64.
125 Vgl. *Oetker* S. 686; *Traut* GerS 59 S. 193 (200 ff.).
126 BGH 5 StR 38/65 vom 15. 6. 1965 hält für entscheidend, ob das Verfahrenshindernis von der rechtlichen Würdigung des Sachverhalts abhängt.

werden kann, so ist es nicht unzulässig, mit der Beweisaufnahme fortzufahren und den Angeklagten freizusprechen, wenn seine Unschuld erwiesen ist oder seine Schuld nicht nachgewiesen werden kann[127]. Nach der Neufassung des § 245 Abs. 1 Satz 1 müssen solche präsenten Beweise auch erhoben werden, wenn Prozeßhindernisse der bezeichneten Art entdeckt worden sind.

Aus Rechtsgründen unerheblich ist die weitere Beweisaufnahme auch, wenn bereits aufgrund des bisherigen Beweisergebnisses feststeht, daß der Angeklagte der ihm zur Last gelegten Straftat nicht zu überführen, insbesondere wenn das Fehlen der Rechtswidrigkeit der Tat oder ein Schuld- oder Strafausschließungsgrund bereits erwiesen ist. Für diesen Fall wurde schon zu § 245 a. F. die Ansicht vertreten, daß die Vorschrift auch dazu dient, den Angeklagten vor einem bloßen Freispruch wegen nicht erwiesener Schuld zu schützen, das Gericht also zwingt, mit den präsenten Beweismitteln weiter Beweis über seine Unschuld zu erheben[128]. Daß der Freigesprochene die Revision nicht auf die Verletzung des § 245 Abs. 1 stützen kann, wenn das Gericht die präsenten Beweise nicht erhebt[129], soll dem nicht entgegenstehen. Da die Beweisaufnahme in all diesen Fällen jedenfalls nicht unzulässig ist, die Unzulässigkeit nach § 245 Abs. 1 Satz 1 aber der einzige Hinderungsgrund für die Benutzung der Beweise ist, kann nicht zweifelhaft sein, daß die Beweisaufnahme auf präsente Beweismittel auch erstreckt werden muß, wenn die durch sie aufzuklärenden Tatsachen aus rechtlichen Gründen für die Entscheidung ohne Bedeutung sind[130].

3. Keine Unzulässigkeit wegen völliger Sachfremdheit

Der Fall, daß die Beweisaufnahme in keiner Beziehung zu der abzuurteilenden Strafsache steht, so daß sie die Wahrheitsermittlung schlechterdings nicht beein-

---

127 Vgl. LR *Gollwitzer* § 245 Rdnr. 1; *Dallinger* MDR 1966 S. 965. – LR *Schäfer* Einl. Kap. 11 Rdnr. 54 und LR *Gollwitzer* § 260 Rdnr. 100 bezeichnen es als ein nobile officium, die Verhandlung fortzusetzen, wenn die Möglichkeit eines Freispruchs naheliegt und mit präsenten Beweismitteln ohne nennenswerte Verzögerung zu erreichen ist; ebenso KMR *Paulus* § 244 Rdnr. 118 und *Hillenkamp* JR 1975 S. 133 (140). In der Rspr. vertrat schon RGRspr. 10 S. 649 (650) = JW 1889 S. 58 = GA 36 S. 460 (461) diesen Standpunkt. Im Grundsatz ebenso RGRspr. 10 S. 718 (719), das aber mit Recht der Ansicht war, in solchen Fällen werde das Urteil auf der Verletzung der Beweiserhebungspflicht vielfach nicht beruhen. Die weitere Beweisaufnahme hielten für unzulässig: *Gerland* S. 363; *Oetker* S. 687; *Rieker* S. 103; *Simader* S. 102; *Stützel* S. 63/64. Die Vorauf. (S. 511) nahm eine Beweiserhebungspflicht für den Fall an, daß die Prozeßvoraussetzung von vornherein fehlte, nicht aber für den Fall, daß sie erst in der Hauptverhandlung wegfiel. Eine Weiterführung der Verhandlung, nachdem sich die Verhandlungsunfähigkeit des Angeklagten herausgestellt hat, mit dem Ziel des Freispruchs oder der Anordnung einer Maßregel nach § 63 StGB halten OLG Schleswig bei *Ernesti/Lorenzen* SchlHA 1981 S. 93 und *Kleinknecht* § 416 Rdnr. 2 für unzulässig; a. A. LR *Schäfer* § 416 Rdnr. 3.
128 Vgl. LR *Gollwitzer* § 245 Rdnr. 1; *Dallinger* MDR 1966 S. 965; a. A. *Oetker* S. 687; *Rieker* S. 103; *Schorn* DRiZ 1960 S. 177 (178); *Simader* S. 102; *Stützel* S. 63/64.
129 Im Fall der Freisprechung ist die Revision nach fast allgemeiner Ansicht mangels Beschwer unzulässig; vgl. LR *Meyer* § 333 Rdnr. 24.
130 Vgl. *Kleinknecht* § 244 Rdnr. 35; *Hagemann* S. 95/96.

flussen kann, wurde bei der Anwendung des § 245 a. F. überwiegend als Unterfall der Unzulässigkeit der Beweiserhebung behandelt[131]. Die Bedenken, die gegen diese erweiternde Auslegung des Begriffs der Unzulässigkeit schon früher bestanden haben, liegen auf der Hand. Der Begriff wird in § 245 Abs. 1 Satz 1 in keinem anderen Sinn gebraucht als in § 244 Abs. 3 Satz 1[132]. Dort ist die völlige Sachfremdheit des Beweisthemas kein Unterfall der Unzulässigkeit, sondern der Unerheblichkeit im Sinne des § 244 Abs. 3 Satz 2[133]. Den Begriff Unzulässigkeit in zwei offensichtlich aufeinander abgestimmten Prozeßvorschriften unterschiedlich auszulegen, erscheint aber nicht angängig[134]. Nach der Neufassung des § 245 ist eine solche Auslegung noch weniger zulässig. Denn § 245 Abs. 2 unterscheidet zwischen der Unzulässigkeit der Beweisaufnahme (Satz 2) und der Unerheblichkeit der Beweistatsache in dem Fall, daß zwischen ihr und dem Gegenstand der Urteilsfindung kein Zusammenhang besteht (Satz 3). Da die völlige Sachfremdheit der Beweistatsache im Anwendungsbereich des § 245 Abs. 2 kein Unterfall der Unzulässigkeit der Beweiserhebung ist, kann sie auch bei der Anwendung des § 245 Abs. 1 nicht als Fall der Unzulässigkeit behandelt werden. Die frühere Rechtsprechung ist jetzt rechtlich unhaltbar geworden[135].

Auf den ersten Blick scheint das nach der Neufassung des § 245 im Jahre 1978 ohne besondere Bedeutung für die Beweisaufnahme in der Hauptverhandlung zu sein, weil der Antrag auf Erhebung der von den Prozeßbeteiligten herbeigeschafften Beweismittel nach § 245 Abs. 2 Satz 3 wegen völliger Sachfremdheit der Beweistatsache abgelehnt werden kann und weil kaum anzunehmen sein wird, daß die vom Gericht selbst herbeigeschafften Beweismittel sich auf Beweistatsachen beziehen, denen der Sachzusammenhang fehlt. Der Fall der Entscheidung KG NJW 1980 S. 953 beweist das Gegenteil. Dort lag dem Gericht als Beweismittel ein nach § 214 Abs. 4 herbeigeschafftes Berliner Stadtadreßbuch vor. Für das Verfahren war nur wesentlich, daß in dem Buch der Name eines bestimmten Geschäftsinhabers in bestimmter Weise gekennzeichnet worden war. In der Hauptverhandlung wurde die Eintragung dieser Adresse verlesen. Die Angeklagten beantragten daraufhin die Verlesung des gesamten Adreßbuchs. Das Kammergericht hat das

---

131 BGHSt. 17 S. 28 (30); S. 337 (343); 25 S. 207 = JR 1974 S. 340 mit abl. Anm. *Schroeder*; RGSt. 1 S. 241 (244); 45 S. 138 (141); 65 S. 304 (305) = JW 1932 S. 58 (59) mit Anm. *Alsberg*; RGRspr. 9 S. 322; RG DStrZ 1914 Sp. 617; RG JR Rspr. 1927 Nr. 1872; RG Recht 1911 Nr. 1460; LR *Gollwitzer* § 245 Rdnr. 32; *Eb. Schmidt* § 245 Rdnr. 2; *Beling* S. 377 Fußn. 7; *zu Dohna* DJZ 1911 Sp. 305; *Loewenstein* S. 56; *Oetker* S. 688; *Rieker* S. 103; *Rostek* MDR 1976 S. 897 (900); *Simader* S. 118, 129; *Stützel* S. 10; *Völcker* S. 35/36; *Wagner* JuS 1972 S. 315 (317); *Weber* GA 1975 S. 289 (300 ff.); Voraufl. S. 509. Im Ergebnis ebenso *Köhler* S. 74 und NJW 1979 S. 348 (351), der darin aber einen Fall der Verschleppungsabsicht sieht, für die die völlige Sachfremdheit nur ein Indiz sei.
132 Vgl. oben S. 425, 796.
133 Vgl. oben S. 426, 587.
134 Vgl. *Schroeder* JR 1974 S. 340 und ROW 1969 S. 193 (196); kritisch auch *Bruns* in FS für Reinhart Maurach, 1972, S. 469 (481).
135 Vgl. *Marx* NJW 1981 S. 1415 (1421); a. A. KK *Herdegen* § 245 Rdnr. 8; KMR *Paulus* § 245 Rdnr. 15.

unter Hinweis auf die Entscheidung BGHSt. 17 S. 28 mit der Begründung abgelehnt, daß es unter keinem denkbaren Gesichtspunkt darauf ankomme, welche weiteren Namen und Adressen in dem Buch verzeichnet sind. Daß eine Ablehnung mit dieser Begründung nach der Neufassung des § 245 Abs. 1 gesetzwidrig ist, kann nicht zweifelhaft sein. Die Verlesung von Adreßbüchern, Telefonbüchern, Konversationslexika und ähnlichen Nachschlagewerken ist kein vom Gesetz verbotener Beweisvorgang, und eine Ausdehnung des Begriffs Unzulässigkeit in § 245 Abs. 1 Satz 1 auf die völlige Sachfremdheit ist nicht mehr angängig.

4. Mißbräuchliches Beweisverlangen

In derartigen Fällen drängt sich die Ablehnung der Beweiserhebung wegen Verschleppungsabsicht des Antragstellers auf. Die Neufassung des § 245 im Jahre 1978 hat aber die Befugnis des Gerichts abgeschafft, von der Verwendung der von ihm selbst herbeigeschafften Beweismittel mit dieser Begründung abzusehen. Der Grund dafür liegt darin, daß der Gesetzgeber in Übereinstimmung mit der Amtl. Begründung des Regierungsentwurfs des StVÄG 1979 der Meinung war, eine Beweiserhebung zum Zweck der Prozeßverschleppung scheide bei dieser Fallgruppe aus[136]. Daß das unrichtig ist, war von vornherein offensichtlich[137]. Letzte Zweifel an der Fehleinschätzung des Gesetzgebers werden durch den Fall KG NJW 1980 S. 953 ausgeräumt. Bei der Beurteilung der Rechtslage wird man davon ausgehen können, daß es dem Gesetzgeber ferngelegen hat, die Gerichte zum Verlesen von Adreß- und Telefonbüchern zu zwingen. Er hat nur in Unkenntnis dessen gehandelt, was in deutschen Strafprozessen vor sich geht. In Großverfahren gehören zu den im Gerichtssaal befindlichen Urkunden und sonstigen Überführungsstücken regelmäßig zahlreiche Gegenstände, an deren vollständiger Beweisverwendung nur interessiert sein kann, wer bestrebt ist, das Verfahren für unlautere Zwecke zu mißbrauchen oder zu verschleppen. Auch sonst kann es vorkommen, daß Staatsanwaltschaft und Gericht, um allen Ermittlungsmöglichkeiten zu genügen, eine Unmenge Zeugen laden und sachliche Beweismittel herbeischaffen, die sich als überflüssig erweisen, wenn die Hauptverhandlung eine Richtung nimmt, in der es auf diese Beweise nicht ankommt[138]. Daß der überkommene Ablehnungsgrund der Verschleppungsabsicht mit Rücksicht auf derartige Fälle wieder eingeführt werden muß, hat schon *Köhler*[139] vorausgesehen. Den Gerichten ist es jedoch verwehrt, diesen Ablehnungsgrund, den der Gesetzgeber im Anwendungsbereich des § 245 Abs. 1 gerade abgeschafft hat, von sich aus wieder ins Leben zu rufen.

---

136 BT-Drucks. 8/976 S. 52. Vgl. auch *Rieß* NJW 1978 S. 2265 (2270): Abgesehen von der unzulässigen Beweiserhebung bestehe eine »prinzipiell uneingeschränkte Verwendungspflicht«.
137 Vgl. *Köhler* NJW 1979 S. 348 (351); zweifelnd auch LR-EB *Gollwitzer* § 245 Rdnr. 7.
138 Vgl. *Köhler* a.a.O.
139 NJW 1979 S. 348 (352); ebenso *Hagemann* S. 96/97.

Unter diesen Umständen bleibt in Extremfällen wie dem des KG NJW 1980 S. 953 nichts anderes übrig, als auf die allgemeinen Grundsätze des Strafverfahrens zurückzugreifen. Einer dieser Grundsätze lautet, daß es unzulässig ist, Rechte zu mißbrauchen, die das Gesetz den Prozeßbeteiligten einräumt[140]. Der Grundsatz hat in zahlreichen Verfahrensvorschriften Ausdruck gefunden[141]. Der Gesetzgeber kann zwar aufgrund offensichtlicher Verkennung der Bedürfnisse der Rechtspraxis die Einzelanwendung einer zum Schutz der Strafrechtspflege gegen Rechtsmißbrauch notwendigen Vorschrift, wie der Antragsablehnung wegen Verschleppungsabsicht, beseitigen. Er setzt damit aber nicht den allgemeinen Grundsatz außer Kraft, daß niemand zum Rechtsmißbrauch berechtigt ist. Die Heranziehung derartiger allgemeiner Grundsätze ist zwar immer mißlich; sie kann die Rechtssicherheit gefährden. Die Bindung des Richters an feste Begriffe, wie z. B. an den Begriff der Verschleppungsabsicht, dessen Bedeutung aufgrund jahrzehntelanger Rechtsprechung feststeht, ist vorzuziehen. Daß der Rückgriff auf allgemeine Rechtsgrundsätze unerläßlich ist, wenn der Gesetzgeber so versagt wie bei der Neufassung des § 245 Abs. 1, ist aber wohl unbestreitbar[142].

5. Feststellung der Unzulässigkeit der Beweiserhebung

Ist die Beweiserhebung unzulässig oder kann von ihr abgesehen werden, weil sie nur mißbräuchlichen Zwecken dienen soll, so kann der Vorsitzende feststellen, daß der Beweis nicht erhoben wird. Es ist zweckmäßig, wenngleich gesetzlich nicht vorgeschrieben, die Feststellung und ihre Begründung in der Sitzungsniederschrift zu vermerken[143]. Gegen die Entscheidung des Vorsitzenden, ein Beweismittel nicht zu verwenden oder es entgegen einem Beweisverbot zu benutzen, kann der Antrag auf Entscheidung des Gerichts nach § 238 Abs. 2 gestellt werden[144].

---

140 KG JR 1971 S. 338 mit zust. Anm. *Peters*; vgl. auch *Meyer* JR 1980 S. 219; *Rüping/Dornseifer* JZ 1977 S. 417; *Weber* GA 1975 S. 289.
141 Vgl. etwa § 26 a Abs. 1 Nr. 3; § 241 Abs. 2; § 244 Abs. 3 Satz 2; § 245 Abs. 2 Satz 3; § 266 Abs. 3 Satz 1. Auf die Vorschrift des § 241 Abs. 2, die den Vorsitzenden ermächtigt, nicht zur Sache gehörige Fragen zurückzuweisen, weist das RG in RGSt. 45 S. 138 (141) ausdrücklich zur Begründung seiner Ansicht hin, daß auch präsente Beweismittel, die für die Sachentscheidung ohne jede Bedeutung sind, nicht verwendet werden müssen. *Schroeder* (ROW 1969 S. 193 [197]) hält das wegen des besonderen Schutzes des Beweisantragsrechts für verfehlt, will aber damit sicherlich nicht dem Anspruch der Prozeßbeteiligten auf vollständige Verlesung von Adreß- und Telefonbüchern das Wort reden.
142 Vgl. KMR *Paulus* § 245 Rdnr. 18, der mit Recht die Meinung vertritt, daß die Verfolgung prozeßfremder Zwecke nach wie vor die Beweiserhebung verbietet. Schon RG JW 1935 S. 2138 (2139) hielt übrigens die Anwendung des § 245 bei unlauterem, auf verfahrensfremde Zwecke gerichtetem Beweisverlangen für ausgeschlossen.
143 Vgl. *Kleinknecht* § 245 Rdnr. 25.
144 Vgl. *Kleinknecht* a.a.O.; KMR *Paulus* § 245 Rdnr. 44.

Sonst bedarf es eines Gerichtsbeschlusses nur, wenn einer der Prozeßbeteiligten die Verwendung des Beweismittels beantragt[145].

V. Wegfall der Beweiserhebungspflicht bei Verzicht

Bei der Anwendung des § 245 Abs. 1 gilt der Grundsatz der Beweismittelgemeinschaft. Das Beweismittel, das vom Gericht benutzt werden muß, ist das gemeinschaftliche Beweismittel aller Prozeßbeteiligten[146]. Hat etwa der Angeklagte die Verlesung einer Urkunde aus den Gerichtsakten gefordert, so hat auch die Staatsanwaltschaft Anspruch auf die Verlesung[147]. Daraus folgt, daß von der Verwendung der Beweismittel nur abgesehen werden darf, wenn sich sämtliche Prozeßbeteiligte damit einverstanden erklären. Diese Einverständniserklärung ist ein Verzicht auf ein prozessuales Recht[148].

1. Allseitiger Verzicht

a) Prozeßbeteiligte, deren Verzicht erforderlich ist. Verzichten müssen sowohl der Staatsanwalt als auch der Angeklagte[149]. Da § 245 Abs. 1 Satz 1 den Verteidiger nunmehr ausdrücklich erwähnt, ist die frühere Streitfrage erledigt, ob außer der Zustimmung des Angeklagten auch die des Verteidigers erforderlich ist[150]. Der nach § 149 zum Beistand zugelassene Ehegatte oder gesetzliche Vertreter braucht nicht zuzustimmen[151]. Dagegen ist die Zustimmung des anwesenden oder durch einen Rechtsanwalt vertretenen Nebenklägers erforderlich[152]. Im Privatklagever-

---

145 *G. Schäfer* S. 364; a. A. KK *Herdegen* § 245 Rdnr. 16; LR *Gollwitzer* § 245 Rdnr. 50; *Kreuzer* S. 67; *Oetker* S. 698 Fußn. 25, die in allen Fällen, in denen präsente Beweise ohne allseitigen Verzicht nicht erhoben werden, einen begründeten Beschluß verlangen. In der Entscheidung RGSt. 1 S. 241 (244) wurde für den Fall der Nichterhebung völlig neben der Sache liegender Beweise eine Begründung gefordert, die so eingehend ist, daß das Revisionsgericht erkennen kann, daß durch die Ablehnung der Beweiserhebung die Vorschrift des § 245 nicht verletzt ist.
146 RGSt. 40 S. 138 (141); RGRspr. 6 S. 160 (161); 10 S. 217 (218); LR *Gollwitzer* § 245 Rdnr. 35; *Eb. Schmidt* § 245 Rdnr. 17; *Alsberg* DStrZ 1914 Sp. 242 (243); *Köhler* S. 9 und NJW 1979 S. 348 (351); *Rieker* S. 102; *Simader* S. 76. Ausführlicher zur Beweismittelgemeinschaft vgl. unten S. 804/805.
147 Vgl. OLG Bremen NJW 1947/48 S. 312 (313/314).
148 Vgl. *Feisenberger* § 245 Anm. 4; *Goldschmidt* S. 460; *Siegert* S. 160/161.
149 Ihm stehen Einziehungs- und Verfallsbeteiligte (§§ 431 ff., 442), juristische Personen und Personenvereinigungen (§ 444) insoweit gleich, als die Beweiserhebung den Gegenstand ihrer Beteiligung wenigstens mittelbar berühren kann; vgl. KK *Herdegen* Rdnr. 9; *Kleinknecht* Rdnr. 7; KMR *Paulus* Rdnr. 20; LR *Gollwitzer* Rdnr. 36; alle zu § 245.
150 Vgl. die Nachweise bei LR *Gollwitzer* § 245 Rdnr. 47; *Beulke* S. 130 Fußn. 76; *Rieß* NJW 1977 S. 881; *W. Schmid* S. 127.
151 Vgl. *Kleinknecht* § 245 Rdnr. 6; a. A. *Gerland* S. 362 Fußn. 594.
152 BGHSt. 28 S. 272 (274); BayObLGSt. 1949/51 S. 601; KK *Herdegen* Rdnr. 9; *Kleinknecht* Rdnr. 5; KMR *Paulus* Rdnr. 19; LR *Gollwitzer* Rdnr. 35; alle zu § 245; LR *Wendisch* § 397 Rdnr. 6; *Amelunxen* S. 56/57; *Gollwitzer* in FS für Karl Schäfer, 1980, S. 65 (80/81); *Rüth* JR 1982 S. 265 (267).

fahren gilt § 245 nicht[153]; die Frage, ob der Privatkläger auf die Erhebung präsenter Beweise verzichten muß, stellt sich daher nicht. Im Jugendstrafverfahren ist die Zustimmung des Beistands (§ 69 JGG)[154] erforderlich, nicht aber die des gesetzlichen Vertreters und des Erziehungsberechtigten (§ 67 JGG)[155]. Erscheinen andere Prozeßbeteiligte als der Angeklagte im Beistand eines Prozeßbevollmächtigten, so bedarf es deren Zustimmung nicht[156]. Das gilt auch für die Prozeßbevollmächtigten von Einziehungs- und Verfallsbeteiligten, juristischen Personen und Personenvereinigungen[157]. Sie können aber die Verzichtserklärung oder ihre Verweigerung im Namen der von ihnen vertretenen Beteiligten abgeben. Deren Schweigen gilt als Zustimmung[158].

b) Mitangeklagte. Die Beweismittelgemeinschaft[159] geht nicht so weit, daß Mitangeklagten Gelegenheit gegeben werden muß, sich zu einem Verzicht auf ein präsentes Beweismittel selbst dann zu erklären, wenn es lediglich im Interesse eines anderen Angeklagten herbeigeschafft worden ist[160]. Fehlt es an der Einheitlichkeit der Tat und ist die Beweiserhebung daher für andere Mitangeklagte ohne Bedeutung, so bedarf es weder der Zustimmung dieser Angeklagten noch ihrer Verteidiger[161]. Das gleiche gilt für den Fall, daß das Beweismittel trotz Einheitlichkeit der Tat nur der Aufklärung von Tatsachen dient, die lediglich einen Mitangeklagten betreffen[162]. Es gibt z. B. keinen Grund, das Absehen von der Vernehmung eines Zeugen, der über den Leumund eines Angeklagten aussagen soll und auf dessen Antrag geladen worden ist, von dem Verzicht eines Mitangeklagten abhängig zu machen, dem dieser Leumund gleichgültig sein kann[163]. In Betracht kommt allen-

153 Vgl. unten S. 835.
154 KK *Herdegen* Rdnr. 9; *Kleinknecht* Rdnr. 9; KMR *Paulus* Rdnr. 19; alle zu § 245.
155 Vgl. KMR *Paulus* a. a. O.
156 A. A. *Kleinknecht* § 245 Rdnr. 6 für den Beistand oder Vertreter des Nebenklägers.
157 Vgl. LR *Schäfer* § 434 Rdnr. 1, der darlegt, daß es sich nicht um Verteidiger im eigentlichen Sinne handelt; die Zustimmung der Vertreter solcher Nebenbeteiligter hält auch *Kleinknecht* (§ 245 Rdnr. 7) nicht für erforderlich.
158 Vgl. *Amelunxen* S. 57 für den Nebenkläger.
159 Vgl. oben S. 803.
160 Grundsätzlich a. A. *Alsberg* DStrZ 1914 Sp. 242 (245); Voraufl. S. 513.
161 RGRspr. 2 S. 70 (71); 10 S. 217 (218) = RG JW 1888 S. 231; KK *Herdegen* Rdnr. 9; *Kleinknecht* Rdnr. 7; KMR *Paulus* Rdnr. 21; LR *Gollwitzer* Rdnr. 36; *Eb. Schmidt* Rdnr. 17; alle zu § 245; *Gerland* S. 362; *Gollwitzer* Sarstedt-FS S. 27, 30; *Simader* S. 60; *Stützel* S. 53. Die Voraufl. (S. 514) wollte aus dem rein passiven Verhalten der anderen Mitangeklagten den Schluß ziehen, daß sie keinen Anspruch auf Benutzung des für sie unerheblichen Beweismittels erheben.
162 RGSt. 10 S. 300 (302); RGRspr. 2 S. 70 (71); LR *Gollwitzer* § 245 Rdnr. 36; *von Rozycki-von Hoewel* JW 1933 S. 2524 (2525); *Stützel* S. 53 Fußn. 60; a. A. *Schierlinger* BayZ 1918 S. 337 (339).
163 Der hier vertretenen Ansicht steht nicht entgegen, daß bei entsprechender Sachlage eine Benachrichtigung sämtlicher Mitangeklagter von einer kommissarischen Vernehmung nach § 224 geboten ist; vgl. RGSt. 1 S. 210 (211/212); KMR *Paulus* § 224 Rdnr. 10; LR *Gollwitzer* § 224 Rdnr. 12; *Schierlinger* BayZ 1918 S. 337 (339). Denn hier ist es dem Mitangeklagten überlassen, an der Vernehmung teilzunehmen oder nicht. Der Fall des Verzichts nach § 245 Abs. 1 Satz 2, der das Bestehen eines rechtlichen Interesses an der Beweiserhebung voraussetzt, ist damit nicht vergleichbar.

falls, daß der Vorsitzende, wenn er Zweifel daran hat, ob ein Beweismittel auch für einen Mitangeklagten von Bedeutung ist, diesen zu einer Erklärung auffordert, ob er die Beweiserhebung verlangt[164]. Dagegen kann der Verzicht des Angeklagten nicht deshalb als entbehrlich angesehen werden, weil das Gericht die Beweistatsache, die aufgeklärt werden soll, ohnehin als zu seinen Gunsten erwiesen erachtet[165].

c) **Abwesende Angeklagte.** Die Zustimmung von Prozeßbeteiligten, die an der Hauptverhandlung nicht teilzunehmen brauchen und in ihr auch nicht erschienen sind, ist nicht erforderlich. Eine Ausnahme gilt für den Angeklagten, der nach § 232 befugt der Hauptverhandlung ferngeblieben oder nach § 233 vom Erscheinen entbunden worden ist. In diesen Fällen sind ihm vor der Hauptverhandlung in der Ladung[166] nach § 222 Abs. 1 die Beweismittel mitgeteilt worden, die zu der Hauptverhandlung herbeigeschafft werden sollen, und er muß darauf vertrauen können, daß diese Beweise auch erhoben werden[167]. Wenn der Angeklagte nach § 234 von einem entsprechend bevollmächtigten Verteidiger vertreten wird, kann dieser sein Einverständnis mit der Nichtbenutzung präsenter Beweismittel erklären; sein Verzicht bindet den abwesenden Angeklagten[168]. Wird die Hauptverhandlung ohne den Angeklagten weitergeführt, weil er sich entfernt hat oder einer Fortsetzungsverhandlung fernbleibt (§ 231 Abs. 2), hat er seine Verhandlungsunfähigkeit selbst verschuldet (§ 231 a) oder wird nach § 231 b in seiner Abwesenheit verhandelt, so kann von einzelnen Beweiserhebungen auch ohne sein Einverständnis abgesehen werden. Er hat sein Mitwirkungsrecht verwirkt[169]. Das gleiche gilt für den Fall, daß auf die Berufung der Staatsanwaltschaft nach § 329 Abs. 2 Satz 1 in Abwesenheit des ohne genügende Entschuldigung ausgebliebenen Angeklagten verhandelt wird. Wenn ein Angeklagter in der Hauptverhandlung zeitweise beurlaubt wird, darf in seiner Abwesenheit nur über Verhandlungsteile verhandelt werden, von denen er nicht betroffen ist; denn das ist nach § 231 c Satz 1 die Voraussetzung für die Beurlaubung. Die Zustimmung des beurlaubten Angeklagten ist

---

164 Vgl. *Stützel* S. 53 Fußn. 60.
165 A. A. *Oetker* S. 691/692; *Simader* S. 147/148 für den Fall, daß die Staatsanwaltschaft schon verzichtet hat.
166 Vgl. Nr. 118 Abs. 1 Satz 1 RiStBV.
167 BayObLGSt. 1963 S. 171 (172) = NJW 1963 S. 2239 = JZ 1964 S. 328 mit zust. Anm. *Kleinknecht*; KK *Herdegen* Rdnr. 9; *Kleinknecht* Rdnr. 11; KMR *Paulus* Rdnr. 20; LR *Gollwitzer* Rdnr. 38; *Eb. Schmidt* Nachtr. Rdnr. 5); alle zu § 245; *Dahs* Hdb. Rdnr. 560; *Koeniger* S. 273; *Rieß* ZStW 90 Beih. S. 175 (208).
168 Vgl. KK *Herdegen*; *Kleinknecht*; KMR *Paulus*; LR *Gollwitzer*, alle a.a.O.; LR *Gollwitzer* § 234 Rdnr. 13; LR *Meyer* § 337 Rdnr. 224; ebenso OLG Hamm NJW 1954 S. 1856 für den Verzicht nach § 218.
169 Vgl. KK *Herdegen* § 245 Rdnr. 9; *Kleinknecht* § 245 Rdnr. 11; *Eb. Schmidt* § 231 Rdnr. 11. A. A. LR *Gollwitzer* § 245 Rdnr. 29, der auch bei unbefugter Abwesenheit die Einverständniserklärung des Angeklagten verlangt; zweifelnd *Rieß* ZStW 90 Beih. S. 175 (208). In der Entscheidung BGHSt. 3 S. 206 ist für den Fall des § 251 Abs. 1 Nr. 4 angenommen worden, daß der Angeklagte, der keinen Verteidiger hat, sein Widerspruchsrecht verwirkt.

daher nicht erforderlich, wenn von der Verwendung präsenter Beweismittel abgesehen werden soll[170].

d) Angeklagte und Verteidiger. Der Anspruch des Angeklagten auf Erhebung der herbeigeschafften Beweismittel besteht unabhängig von dem seines Verteidigers. Daher bindet weder der Verzicht des Angeklagten den Verteidiger noch der des Verteidigers den Angeklagten. Der Widerspruch des Verteidigers gegen den Verzicht des Angeklagten ist rechtlich ohne Bedeutung; ebenso ist es im umgekehrten Fall. Ob die Verteidigung notwendig ist oder nicht (§ 140), spielt dabei keine Rolle.

Das bloße Stillschweigen des einen zu der Verzichtserklärung des anderen kann als Zustimmung angesehen werden. Das wird für den Regelfall zu gelten haben, wenn der Verteidiger schweigt, nachdem der Angeklagte ausdrücklich zugestimmt hat[171]. Wenn der Verteidiger die Zustimmung ausdrücklich erklärt hat, wird im allgemeinen auch im Schweigen des Angeklagten die stillschweigende Erklärung seines Einverständnisses liegen[172]. Der Verteidiger ist auch befugt, mit seinem Einverständnis zugleich das des Angeklagten zu erklären[173]. Das Stillschweigen des Angeklagten gilt übrigens auch dann als Zustimmung, wenn er sich nicht zur Sache eingelassen hat. Die Ansicht[174], sein Schweigen besage dann auch insoweit nichts, als es sich auf Erklärungen des Verteidigers bezieht, trifft nicht zu[175].

Das Verhältnis zwischen Staatsanwaltschaft und Nebenkläger ist mit dem zwischen dem Angeklagten und seinem Verteidiger nicht vergleichbar. Daher kann das Schweigen des Nebenklägers zu einem Verzicht der Staatsanwaltschaft nicht als Zustimmung aufgefaßt werden[176].

---

170 Vgl. LR-EB *Gollwitzer* § 231 c Rdnr. 19; *Rieß* NJW 1978 S. 2265 (2270). Vgl. auch die Amtl. Begründung des Reg. Entwurfs des StVÄG 1979 (BT-Drucks. 8/976 S. 50).
171 RGSt. 16 S. 376 (377); LR *Gollwitzer* § 245 Rdnr. 37; *Beulke* S. 130 Fußn. 75; *Koeniger* S. 275; *Peters* S. 203; *Rieß* NJW 1977 S. 881 (883); *Stützel* S. 53/54.
172 BGH 3 StR 465/52 vom 5. 12. 1953; RGSt. 1 S. 198; 10 S. 300 (301); 16 S. 376 (377); RGRspr. 6 S. 295 (296); RG GA 48 S. 308; RG Recht 1902 Nr. 1539; 1916 Nr. 1434; RMGE 2 S. 266 (268); BayObLGSt. 1957 S. 132 (133/134); 1978 S. 17 (20) = NJW 1978 S. 1817 (1818); BayObLG BayZ 1928 S. 153 (154); KK *Herdegen* Rdnr. 9; *Kleinknecht* Rdnr. 12; KMR *Paulus* Rdnr. 24; LR *Gollwitzer* Rdnr. 37; alle zu § 245; LR *Dünnebier* vor § 137 Rdnr. 4; *Alsberg* JW 1929 S. 2681 (2683); *Beling* S. 151; *Beulke* S. 136; *Dahs* Hdb. Rdnr. 560; *Dahs/Dahs* Rdnr. 276; *Koeniger* S. 275; *Oetker* JW 1927 S. 2760; *Peters* S. 203; *Rieß* NJW 1977 S. 881; *Schlüchter* Rdnr. 556 Fußn. 557; *W. Schmid* S. 128; *Simader* S. 59; *Stützel* S. 53/54; *Traub* NJW 1957 S. 1095 (1096). Vgl. auch *Fezer* JR 1980 S. 83 (84). LR-EB *Gollwitzer* § 245 Rdnr. 9 empfiehlt, den Angeklagten immer selbst zu befragen, ob er verzichtet.
173 Vgl. *Kleinknecht* § 245 Rdnr. 12; KMR *Paulus* § 245 Rdnr. 25.
174 KG GA 72 S. 358 = HRR 1928 Nr. 1167; LR *Dünnebier* vor § 137 Rdnr. 4; *Beulke* S. 136; *Simader* S. 58 Fußn. 9; *Stützel* S. 54.
175 Vgl. LR *Meyer* § 337 Rdnr. 224. LR *Gollwitzer* § 245 Rdnr. 37 hält die Umstände des Einzelfalls für entscheidend.
176 Vgl. *Amelunxen* S. 57.

2. Verzichtserklärung

Die Verzichtserklärung, die als wesentliche Förmlichkeit der Hauptverhandlung in der Sitzungsniederschrift beurkundet werden muß[177], gehört zu den verfahrensrechtlichen Bewirkungshandlungen[178]. Sie ist eine einseitige, an den Richter gerichtete empfangsbedürftige Willenserklärung, die bestimmt und eindeutig sein muß. Zwar ist nicht unbedingt eine ausdrückliche Erklärung erforderlich[179]. Eine schlüssige Handlung kann genügen, wenn sie zweifelsfrei den Verzicht ausdrückt[180], z. B. wenn der Angeklagte einem Zeugen, den das Gericht irrtümlich über ein nicht bestehendes Auskunftsverweigerungsrecht belehrt hat, zu verstehen gibt, er solle von diesem angeblichen Recht Gebrauch machen[181], wenn der Angeklagte die Richtigkeit bestimmter Urkunden ausdrücklich anerkennt oder sonst Erklärungen abgibt, die das Einverständnis eindeutig enthalten[182], oder wenn sich alle Beteiligten mit der Schließung der Beweisaufnahme einverstanden erklären, nachdem der Vorsitzende an einem früheren Verhandlungstag eine Zeugin mit dem Hinweis entlassen hatte, sie werde im Bedarfsfalle erneut geladen[183]. Die Erklärung, daß keine weiteren Beweisanträge gestellt werden, enthält jedoch keinen Verzicht auf die präsenten Beweismittel[184].

Ein nur untätiges Verhalten reicht in aller Regel nicht aus[185]. Ein Verzicht liegt insbesondere nicht darin, daß ein Verfahrensbeteiligter es unterläßt, der Anregung

---

177 BGH NJW 1976 S. 977 (978); RG JW 1891 S. 293; BayObLGSt. 1949/51 S. 601; 1963 S. 171 (172) = NJW 1963 S. 2238; *Kleinknecht* § 273 Rdnr. 3; LR *Gollwitzer* § 245 Rdnr. 46 und § 273 Rdnr. 13; *Eb. Schmidt* § 273 Rdnr. 11 und Nachtr. § 245 Rdnr. 5); *Dahs/Dahs* Rdnr. 276. Zur Protokollierung stillschweigender Zustimmungserklärungen vgl. *W. Schmid* S. 132 Fußn. 119.
178 *Eb. Schmidt* § 245 Rdnr. 17; vgl. auch *W. Schmid* S. 112.
179 BGH 4 StR 382/60 vom 17. 1. 1961; RGSt. 64 S. 339 (341/342) = JW 1931 S. 218 (219) mit zust. Anm. *Mannheim*; RG HRR 1934 Nr. 307; RG ZStW 46 Sdr. Beil. S. 326 (zu § 325); BayObLGSt. 1949/51 S. 601; KK *Herdegen* § 245 Rdnr. 10; *Löwenstein* JW 1932 S. 421. – A. A. RG JW 1933 S. 2524 (2525); RG SeuffBl. 73 S. 940; *Bohne* JW 1931 S. 1610 (1611); *Gerland* S. 362; *Köhler* JW 1922 S. 1585; *Oetker* JW 1926 S. 2760; *Stützel* S. 50 Fußn. 1. Vgl. auch *Simader* S. 57/58. Allgemein zur Verzichtserklärung: *W. Schmid* S. 112 ff.
180 BGH NJW 1978 S. 1815; BGH bei *Holtz* MDR 1976 S. 634 = GA 1976 S. 115 (zu § 61 Nr. 5); OGHSt. 1 S. 133 (135); BayObLGSt. 1953 S. 220 = NJW 1954 S. 323; OLG Bremen NJW 1947/48 S. 312 (314); OLG Hamburg MDR 1979 S. 74 (75) mit Anm. *Strate*; *Kleinknecht* Einl. Rdnr. 123 und § 245 Rdnr. 12; KMR *Paulus* § 245 Rdnr. 24; LR *Gollwitzer* § 245 Rdnr. 39; LR *Meyer* § 337 Rdnr. 222; *Eb. Schmidt* § 245 Rdnr. 17; *Koeniger* S. 275; *Schlüchter* Rdnr. 556 Fußn. 557; *W. Schmid* S. 112; *Simader* S. 58.
181 OLG Hamm VRS 45 S. 123 (124); LR *Gollwitzer* § 245 Rdnr. 39.
182 Vgl. KMR *Paulus* § 245 Rdnr. 24.
183 BGH 5 StR 804/77 vom 20. 6. 1978.
184 RG LZ 1927 Sp. 266; *Dahs/Dahs* Rdnr. 276; a. A. RG HRR 1934 Nr. 307, wo darin ein Verzicht durch schlüssiges Verhalten gesehen worden ist.
185 RGRspr. 3 S. 42 (43); S. 708 (709); 6 S. 160; OLG Bremen NJW 1947/48 S. 312 (314); *Ditzen* ZStW 10 S. 111 (121); a. A. offenbar RG HRR 1931 Nr. 1718.

des Staatsanwalts, von der Beweiserhebung abzusehen, zu widersprechen[186], oder daß er nach einem Gerichtsbeschluß, der die Beschränkung der Beweisaufnahme anordnet, keine Anträge stellt[187]. Der Grundsatz, daß im Stillschweigen regelmäßig kein Verzicht gesehen werden kann, gilt selbst dann, wenn die Prozeßbeteiligten zuvor aufgefordert worden sind, sich zu der Frage des Absehens von einzelnen Beweiserhebungen zu äußern[188]. Das Schweigen auf diese Aufforderung bedeutet regelmäßig die Ablehnung des Verzichts[189]. Das gleiche gilt, wenn die Feststellung, daß die Beweisaufnahme geschlossen ist, widerspruchslos hingenommen wird[190]. Auch das Unterlassen des Widerspruchs gegen die Entlassung eines Zeugen, den der Nebenkläger nicht von der Schweigepflicht entbunden hat, der von dem Vorsitzenden aber nicht ausdrücklich befragt worden ist, ob er von seinem Aussageverweigerungsrecht nach § 53 Abs. 1 Nr. 3 Gebrauch machen wolle, ist kein Verzicht[191].

Im übrigen ist es Sache der Auslegung des Verhaltens der Prozeßbeteiligten im Einzelfall, ob in ihrem Schweigen unzweifelhaft ein Verzicht auf die Beweiserhebung zu finden ist. Voraussetzung für die Annahme eines Verzichts ist stets, daß sich nach der Überzeugung des Gerichts der Prozeßbeteiligte, insbesondere der Angeklagte[192], bei seinem Verhalten, das einen Verzicht enthalten könnte, des preisgegebenen Rechts bewußt ist[193]. Nimmt das Gericht irrigerweise einen Verzicht an und bringt es diese Folgerung in einem Beschluß zum Ausdruck, so wird man nach Lage des Falls in einem Schweigen der Prozeßbeteiligten diesen Verzicht erblicken können[194]. Wenn der Verteidiger zunächst nur vorläufig auf die Vernehmung zweier Zeugen verzichtet hat, aber auf sie nicht mehr zurückkommt,

186 OGHSt. 1 S. 133 (135); KMR *Paulus* § 245 Rdnr. 24.
187 RGSt. 4 S. 398 (399); RG JW 1899 S. 667; 1922 S. 1585 mit Anm. *Köhler*; LR *Gollwitzer* § 245 Rdnr. 39; vgl. auch (zu § 325) RG JW 1927 S. 2049 mit Anm. *Alsberg*; RG JW 1932 S. 421 mit Anm. *Löwenstein*.— A. A. BGH bei *Holtz* MDR 1976 S. 634 = GA 1976 S. 115 und BayObLG bei *Rüth* DAR 1979 S. 240 für den Verzicht nach § 61 Nr. 5.
188 RG Recht 1906 Nr. 560; 1909 Nr. 3018 = GA 57 S. 203; RMGE 13 S. 32 (34); *Bohne* JW 1931 S. 1610 (1611); *Köhler* JW 1922 S. 1585; *Stützel* S. 52. – A. A. RGSt. 4 S. 389 (390); RGRspr. S. 20; RG JW 1892 S. 504; 1926 S. 2760 mit abl. Anm. *Oetker*, RG JW 1928 S. 1506 (zu § 325); RG DRiZ 1925 Nr. 375; RG Recht 1903 Nr. 1086.
189 Vgl. *Bohne* JW 1931 S. 1610; *Grube* S. 36; *Stützel* S. 52. — *W. Schmid* weist (S. 129 ff., 132) mit Recht darauf hin, daß das Schweigen des Staatsanwalts oder Verteidigers anders zu bewerten sein kann als das des Angeklagten.
190 Vgl. *Dahs/Dahs* Rdnr. 276.
191 BGHSt. 15 S. 200 (203).
192 Vgl. *W. Schmid* S. 115/116.
193 BGHSt. 6 S. 140 (141); BGH NJW 1951 S. 205 (206); 1955 S. 1198; 1978 S. 1815; RG JW 1928 S. 1506 und 1507; BayObLGSt. 1953 S. 220 (221) = NJW 1954 S. 323; BayObLGSt. 1957 S. 132 (133/134) = NJW 1957 S. 1566 L; BayObLG NJW 1978 S. 1817; OLG Hamburg JR 1967 S. 193 mit Anm. *Koffka*; *Kleinknecht* Einl. Rdnr. 123; LR *Meyer* § 337 Rdnr. 223; *Eb. Schmidt* § 251 Rdnr. 14; *Alsberg* JW 1929 S. 2681 (2683); *Beling* S. 212; *W. Schmid* S. 115, 118; *Simader* S. 57; *Stützel* S. 50. Vgl. auch OLG Koblenz NJW 1951 S. 933 mit Anm. *Pusinelli*.
194 Vgl. RG JW 1926 S. 2760 mit abl. Anm. *Oetker*; LR *Gollwitzer* § 245 Rdnr. 37.

obwohl klar ist, daß das Gericht diese Einschränkung entweder überhört hat oder nicht beachtet, kann darin der endgültige Verzicht liegen[195].

3. Gesamt- und Teilverzicht

Nach § 245 Abs. 1 Satz 2 kann auch bei allseitigem Einverständnis nur von der Erhebung einzelner Beweise abgesehen werden. Die Beschränkung der gesetzlichen Regelung auf den Fall des sog. Teilverzichts schließt aber nach allgemeiner Ansicht nicht aus, daß die Prozeßbeteiligten gleichzeitig auf mehrere Beweismittel[196] oder ohne Bezeichnung der einzelnen Beweismittel auf die weitere Beweisaufnahme ganz verzichten (sog. Gesamtverzicht)[197]. In diesem Fall bezieht sich allerdings der Verzicht immer nur auf diejenigen Beweismittel, deren Präsenz dem Prozeßbeteiligten, der ihn erklärt, bekannt ist[198].

Wird ein Teilverzicht erklärt, so braucht sich der Verzicht nicht auf die Benutzung eines Beweismittels im ganzen zu erstrecken. Er kann auch in der Weise erklärt werden, daß auf eine teilweise Verwertung des Beweises verzichtet werde. Stimmen die Verzichtserklärungen der Prozeßbeteiligten inhaltlich nicht überein, so richtet sich dann das Maß des Verzichts nach der Erklärung, die die geringste Abstandnahme von der Beweisaufnahme zuläßt[199]. Ein Fall des Verzichts auf die Teilverwertung eines Beweises liegt z. B. vor, wenn die Prozeßbeteiligten sich damit einverstanden erklären, daß eine Urkunde nur teilweise[200] oder daß von einem schriftlichen Sachverständigengutachten nur die eigentliche Begründung mit der zusammenfassenden Beurteilung[201] verlesen wird. Um einen Teilverzicht handelt es sich auch, wenn das Beweismittel für mehrere abtrennbare Teile des Verfahrens verwendet werden, ein Zeuge z. B. über mehrere Tatkomplexe aussagen soll, und auf seine Vernehmung zu einem oder mehreren dieser Tatkomplexe verzichtet wird[202]. Ein Gerichtsbeschluß, der die Gründe für das teilweise Absehen von der Benutzung des Beweismittels darlegt, kann sich nach den Umständen des Falles empfehlen, ist aber nicht unbedingt notwendig[203].

---

195 RGSt. 64 S. 339 (340/341) = JW 1931 S. 218 (219) mit Anm. *Mannheim*; LR *Gollwitzer* § 245 Rdnr. 44.
196 KK *Herdegen* Rdnr. 10; *Kleinknecht* Rdnr. 15; LR *Gollwitzer* Rdnr. 40; alle zu § 245.
197 RGRspr. 1 S. 230 (231); 10 S. 91; RG JW 1888 S. 153; KK *Herdegen* Rdnr. 10; *Kleinknecht* Rdnr. 15; KMR *Paulus* Rdnr. 25; LR *Gollwitzer* Rdnr. 40; *Eb. Schmidt* Rdnr. 18; alle zu § 245.
198 *Kleinknecht* a.a.O. Vgl. auch RGSt. 64 S. 339 (341) = JW 1931 S. 218 (219) mit Anm. *Mannheim*.
199 *Kleinknecht* § 245 Rdnr. 8.
200 RG GA 48 S. 308; KK *Herdegen* Rdnr. 10; KMR *Paulus* Rdnr. 25; LR *Gollwitzer* Rdnr. 41; alle zu § 245.
201 KG JW 1927 S. 2476 mit Anm. *Löwenstein*; LR *Gollwitzer* a.a.O.
202 Vgl. *Kleinknecht* § 245 Rdnr. 8; LR *Gollwitzer* § 245 Rdnr. 42.
203 RG GA 48 S. 308.

Unzulässig und unbeachtlich ist ein Verzicht auf die Fortsetzung der schon über die Befragung zur Person hinausgelangten[204] Vernehmung eines Zeugen zu einem bestimmten Sachverhalt, der nicht in mehrere Tatkomplexe zerfällt. Der Zeuge muß immer dafür einstehen, daß seine Aussage richtig und vollständig ist. War sie noch nicht abgeschlossen, sondern fehlen noch Angaben zur Vervollständigung der Sachdarstellung, so kann ihm daher nicht zugemutet werden, es bei dem unvollständigen Zeugnis zu belassen. Wenn er vereidigt wird, muß er beschwören, nichts verschwiegen zu haben (§ 66 c Abs. 1). Bei einem vorzeitigen Abbruch seiner Vernehmung könnte er diesen Eid gar nicht leisten[205]. Ist bereits in die Beweisaufnahme eingetreten und der Zeuge zur Sache vernommen worden, hat er aber erklärt, er könne zu dem Beweisthema nichts sagen, so darf dieses negative Ergebnis der Zeugenvernehmung nicht dadurch gewissermaßen wieder beseitigt werden, daß die Vernehmung nachträglich als nur »informatorisch« behandelt wird. Die Vernehmung eines Zeugen läßt sich durch allseitigen Verzicht nicht wieder rückgängig machen[206]. Anders ist es allerdings, wenn der Zeuge zunächst nur informatorisch befragt worden ist, ob er überhaupt etwas zur Sache wisse. Ergibt sich, daß das nicht der Fall ist, so kann auf den Zeugen noch wirksam verzichtet werden; denn in diesem Fall hat eine Vernehmung noch nicht stattgefunden[207].

Verträgt die Verzichtserklärung ihrer Tragweite nach verschiedene Auslegungen, so muß ihr die am wenigsten weitreichende zugrunde gelegt werden[207a]. Ein Verzicht setzt ferner immer voraus, daß die Prozeßbeteiligten der Annahme sind, das Beweismittel stehe zu ihrer Verfügung. Halten sie infolge eines für das Gericht erkennbaren oder vielleicht sogar vom Vorsitzenden hervorgerufenen und vom Gericht geteilten Rechtsirrtums die Benutzung eines bestimmten herbeigeschafften Beweismittels für unzulässig, so bezieht sich der von ihnen erklärte Verzicht auf weitere Beweiserhebungen nicht auf dieses Beweismittel[208].

4. Bedingter Verzicht

Als Einverständnis mit dem Absehen von der Erhebung einzelner Beweise im Sinne des § 245 Abs. 1 Satz 2 kann nur ein endgültiger und vorbehaltloser Verzicht gel-

---

204 Die bereits abgeschlossene Vernehmung zur Person steht dem Verzicht auf die Sachvernehmung nicht entgegen; vgl. *W. Schmid* S. 105.
205 RGSt. 67 S. 252 (253/254); LR *Gollwitzer* § 245 Rdnr. 42; *Beling* JW 1924 S. 973; *Feisenberger* DJZ 1932 Sp. 451 (454/455). – A. A. RGSt. 37 S. 194; *Dalcke/Fuhrmann/Schäfer* § 244 Rdnr. 21; *W. Schmid* S. 106, die eine Vereidigung aber für unzulässig halten, weil sie ihrer Natur nach eine beendigte, vollständige Vernehmung voraussetzt. Vgl. auch RG JW 1924 S. 973 mit Anm. *Beling;* KK *Herdegen* § 245 Rdnr. 10.
206 RGSt. 37 S. 194 (195); 66 S. 113 (115) = JW 1932 S. 3092 mit Anm. *Alsberg;* KMR *Paulus* § 245 Rdnr. 25; LR *Gollwitzer* § 245 Rdnr. 43; *Feisenberger* DJZ 1932 Sp. 451 (456); *W. Schmid* S. 105/106.
207 Vgl. auch *Alsberg* JW 1932 S. 3092; a. A. *Beling* JW 1924 S. 973. Zur Zulässigkeit informatorischer Zeugenvernehmungen vgl. oben S. 172.
207a Vgl. KK *Herdegen* § 245 Rdnr. 10.
208 RG DRiZ 1927 Nr. 729; KK *Herdegen* a.a.O.

ten²⁰⁹. Ein bedingter Verzicht in der Weise, daß auf ein Beweismittel nur unter bestimmten Voraussetzungen (etwa bei Verneinung der Glaubwürdigkeit eines Zeugen oder der Schuld des Angeklagten oder bei Verurteilung wegen einer bestimmten Tat oder zu einer bestimmten Rechtsfolge) verzichtet wird, ist wirkungslos²¹⁰. Jedoch können die Verfahrensbeteiligten den Verzicht zunächst unter Vorbehalt oder befristet erklären²¹¹. Ein befristeter Verzicht liegt vor, wenn die Prozeßbeteiligten »vorläufig«²¹² oder »für jetzt«²¹³ oder mit ähnlicher Formulierung auf die Beweiserhebung verzichten. Ein solcher Verzicht gibt dem Gericht nur das Recht, vorläufig von der Beweisaufnahme abzusehen; die Prozeßbeteiligten können jederzeit die Benutzung des Beweismittels verlangen. Geben sie vor der Urteilsverkündung keine entsprechende Erklärung ab, so wird im allgemeinen anzunehmen sein, daß sie nunmehr endgültig auf die Beweiserhebung verzichten²¹⁴.

5. Wirkung des Verzichts

a) **Grundsätzlich kein Widerruf.** Ein Verzicht auf die Beweiserhebung kann grundsätzlich ebensowenig wie andere prozessuale Verzichtserklärungen zurückgenommen, widerrufen oder angefochten werden²¹⁵. Jedoch ist die sofortige Berichtigung einer versehentlich abgegebenen Erklärung nicht als Widerruf anzusehen; sie ist zulässig²¹⁶. Eine Ausnahme von der Unwirksamkeit des Widerrufs muß, wie auch sonst, für den Fall zugelassen werden, daß dem Angeklagten die Verzichtserklärung dadurch abgenötigt worden ist, daß ihm vom Gericht oder von einem Dritten ein rechtlich nicht begründetes Übel für den Fall in Aussicht gestellt wurde, daß er sie nicht abgibt²¹⁷. Dabei können die Grundgedanken des § 136 a herangezogen werden²¹⁸. Das gleiche gilt, wenn der Angeklagte durch eine rechtsirrige Erklärung des Gerichts zu seinem Verzicht veranlaßt worden ist, dieser Irrtum aber noch in

---

209 RGSt. 64 S. 339 (340) = JW 1931 S. 218 (219) mit Anm. *Mannheim*; KK *Herdegen* Rdnr. 10; KMR *Paulus* Rdnr. 26; LR *Gollwitzer* Rdnr. 33; alle zu § 245; *Stützel* S. 51.
210 *Kleinknecht* § 245 Rdnr. 13. Vgl. aber RG Recht 1906 Nr. 390.
211 Vgl. LR *Gollwitzer* § 245 Rdnr. 44; *Eb. Schmidt* § 245 Rdnr. 19.
212 Vgl. RG JW 1936 S. 1918.
213 Vgl. RG Recht 1906 Nr. 390.
214 RGSt. 64 S. 339 (340) = JW 1931 S. 218 (219) mit Anm. *Mannheim*; LR *Gollwitzer* § 245 Rdnr. 44; *Stützel* S. 51.
215 RG Recht 1914 Nr. 1938; OLG Oldenburg NdsRpfl. 1979 S. 110; KK *Herdegen* Rdnr. 10; KMR *Paulus* Rdnr. 26; LR *Gollwitzer* Rdnr. 45; *Eb. Schmidt* Rdnr. 19; alle zu § 245; *Dahs* Hdb. Rdnr. 560; *W. Schmid* S. 110; *Siegert* S. 160; *Stützel* S. 55. Zur grundsätzlichen Unwiderruflichkeit verfahrensrechtlicher Erklärungen vgl. auch BGHSt. 17 S. 14 (18); RGSt. 57 S. 83; 63 S. 302 = JW 1930 S. 3420 mit Anm. *Oetker*; RG JW 1929 S. 49 mit Anm. *Oetker*; *Kleinknecht* Einl. Rdnr. 100, 113; LR *Schäfer* Einl. Kap. 10 Rdnr. 15 ff. Der herrschenden Ansicht widerspricht *Peters* S. 250.
216 *Oetker* JW 1929 S. 46; 1930 S. 3420; vgl. auch oben S. 320.
217 Vgl. RG GA 41 S. 384; LR *Schäfer* Einl. Kap. 10 Rdnr. 18 ff.
218 LR *Meyer* § 136 a Rdnr. 9.

der Verhandlung klargestellt wird. Ist der Zeuge oder Sachverständige, auf dessen Vernehmung verzichtet worden war, noch anwesend, so muß er gehört werden; andernfalls muß er nochmals vorgeladen werden[219]. Im übrigen ist der Widerruf eines Verzichts regelmäßig als Beweisantrag nach § 244 Abs. 3 zu behandeln[220]. Der Vorsitzende muß dann von dem Prozeßbeteiligten, der den Widerruf erklärt, die Angabe der Beweistatsachen verlangen. Über den Antrag wird nach § 244 Abs. 3 bis 6 entschieden. Er kann aus einem der dort bezeichneten Gründe abgelehnt werden, auch wenn sich der Zeuge oder Sachverständige noch im Gerichtssaal befindet[221].

b) Wirkung nur für den Rechtszug. Der Verzicht wirkt nur für den Rechtszug, in dem er abgegeben worden ist. Wird z. B. ein Zeuge zur Berufungsverhandlung geladen, so haben die Prozeßbeteiligten Anspruch auf seine Vernehmung, auch wenn sie im ersten Rechtszug darauf verzichtet hatten[222].

c) Kein Verlust des Beweisantragsrechts. Für das Gericht hat der Verzicht die Wirkung, daß es von der Erhebung des Beweises absehen kann. Das Beweismittel gilt nicht mehr als im Sinne des § 245 Abs. 1 Satz 1 präsent[223]. Im Urteil muß das nicht besonders begründet werden[224]. Das Gericht braucht auch den Grund für die Abstandnahme von der Vernehmung nicht in einem besonderen Gerichtsbeschluß festzustellen[225]. Wird gleichwohl ein Beschluß erlassen, der das Absehen von der Beweisaufnahme anordnet, so muß er nicht begründet werden.

Der Verzicht hat keine über den Wegfall der Beweiserhebungspflicht nach § 245 Abs. 1 hinausgehende Wirkung. Er hindert die Prozeßbeteiligten daher nicht, nachträglich Beweisanträge nach § 244 Abs. 3 zu stellen[226]. Hatte ein Prozeßbeteiligter aber schon einen Beweisantrag auf Benutzung des Beweismittels gestellt, so erstreckt sich der spätere Verzicht nach § 245 Abs. 1 Satz 2 auch auf diesen Antrag[227].

d) Fortbestehen der Amtsaufklärungspflicht. Es ist selbstverständlich, daß der Verzicht das Gericht auch nicht von der Pflicht befreit, den Sachverhalt von Amts wegen zu erforschen (§ 244 Abs. 2). Zwar ist es im allgemeinen nicht sehr wahrscheinlich, daß ein Beweismittel, das alle Prozeßbeteiligten für so unwichtig halten, daß sie auf seine Verwendung verzichten, zur Sachaufklärung etwas beitragen kann. Das enthebt das Gericht aber nicht der Prüfung, ob und hinsichtlich welcher

---

219 *Stützel* S. 55.
220 Vgl. *Eb. Schmidt* § 245 Rdnr. 19; *Siegert* S. 161; *Stützel* S. 55.
221 *Stützel* a. a. O.
222 KK *Herdegen* § 245 Rdnr. 10; LR *Gollwitzer* § 245 Rdnr. 47.
223 RG JW 1936 S. 1918; *Stützel* S. 43. Vgl. auch oben S. 786.
224 RG GA 40 S. 151 (152/153).
225 RG DJZ 1904 Sp. 72.
226 RGSt. 27 S. 152; RG JW 1895 S. 428; RG GA 44 S. 42; OLG Hamm GA 71 S. 189 (190); OLG Oldenburg NdsRpfl. 1979 S. 110; KK *Herdegen* Rdnr. 10; KMR *Paulus* Rdnr. 26; LR *Gollwitzer* Rdnr. 45; alle zu § 245; *Dahs* Hdb. Rdnr. 560; *W. Schmid* S. 110; *Simader* S. 76; *Stützel* S. 43.
227 *Kleinknecht* § 245 Rdnr. 16.

für die Entscheidung möglicherweise wesentlichen Tatsachen durch die herbeigeschafften Beweismittel eine weitere Ermittlung der Wahrheit möglich erscheint[228]. Daß es diese Prüfung vorgenommen hat, braucht das Gericht aber nicht ausdrücklich festzustellen. Insbesondere ist ein Beschluß, in dem die Vornahme der Prüfung zum Ausdruck kommt, nicht erforderlich[229]. Wird trotzdem über die Abstandnahme von der Beweisaufnahme ein ausdrücklicher Beschluß gefaßt, so kann jedenfalls davon abgesehen werden, ihn zu begründen[230].

---

[228] BGH bei *Holtz* MDR 1981 S. 455/456; RGSt. 47 S. 417 (424/425); RG JW 1893 S. 9; 1936 S. 1918; RG GA 40 S. 151 (152); RG Recht 1927 Nr. 1105; BayObLG BayZ 1928 S. 153 (154); KG JW 1927 S. 2476 mit Anm. *Löwenstein*; VRS 7 S. 132 (133); OLG Hamm JMBlNRW 1950 S. 62 (63); KK *Herdegen* Rdnr. 10; *Kleinknecht* Rdnr. 16; KMR *Paulus* Rdnr. 19; LR *Gollwitzer* Rdnr. 49 und EB Rdnr. 5; *Eb. Schmidt* Rdnr. 20; alle zu § 245; *Bohne* JW 1931 S. 1610 (1611); *Dahs* Hdb. Rdnr. 559; *Koeniger* S. 275; *Traulsen* S. 127. *Engels* (S. 82 ff.) ist demgegenüber von seinem Standpunkt aus, daß Sachaufklärungspflicht und § 244 Abs. 3 identische Pflichten begründen (vgl. oben S. 28), der Ansicht, daß auch bei Verzicht auf die Beweiserhebung die Nichtverwendung des Beweismittels nur zulässig ist, wenn einer der Gründe des § 244 Abs. 3 vorliegt.

[229] RGSt. 47 S. 417 (425); RG JW 1889 S. 223; 1893 S. 9; RG DJZ 1904 Sp. 72; RG Recht 1913 Nr. 637; 1927 Nr. 1105; LR *Gollwitzer* § 245 Rdnr. 49; *Bohne* JW 1931 S. 1610 (1611).

[230] RG GA 40 S. 151 (153).

§ 3 Von den Prozeßbeteiligten herbeigeschaffte Beweismittel (§ 245 Abs. 2)

I. Präsente Beweismittel 814
  1. Geladene und erschienene Zeugen und Sachverständige 814
    a) Ladung 814
    b) Nachweis der Ladung 817
    c) Erschienene Beweispersonen 818
  2. Herbeigeschaffte sachliche Beweismittel 819
II. Beweisantrag 820
  1. Notwendigkeit des Antrags 820
  2. Stellung des Antrags 821
    a) Allgemeine Grundsätze 821
    b) Notwendiger Inhalt des Antrags 822
    c) Form des Antrags 823
  3. Ablehnungsgründe 824
    a) Grundsätze 824
    b) Unzulässigkeit der Beweisaufnahme 825
    c) Schon erwiesene und offenkundige Tatsachen 826
    d) Mangelnder Sachzusammenhang 826
    e) Völlige Ungeeignetheit des Beweismittels 828
    f) Verschleppungsabsicht (Scheinbeweisanträge) 829
  4. Entscheidung über den Beweisantrag 830
III. Beweiserhebung 830

I. Präsente Beweismittel

1. Geladene und erschienene Zeugen und Sachverständige

a) Ladung. Die Prozeßbeteiligten können Beweispersonen vor oder, bei längerer Dauer, während der Hauptverhandlung unmittelbar laden[1]. Die Staatsanwaltschaft kann dabei ebenso formlos verfahren wie das Gericht[2]. Auch sie kann Zeu-

---

[1] Vgl. *Kleinknecht* § 245 Rdnr. 18; *Gerland* S. 361; vgl. auch oben S. 777 ff.
[2] BGH NJW 1952 S. 836; RGSt. 40 S. 138 (140); 68 S. 403 (404); *Kleinknecht* § 245 Rdnr. 19; LR *Gollwitzer* § 245 Rdnr. 4; *Hagemann* S. 90; *Stützel* S. 42; vgl. oben S. 782/783.

gen und Sachverständige durch einfachen Brief, telegrafisch, mündlich und telefonisch laden. Selbst ein von dem Angeklagten unmittelbar geladener Zeuge oder eine zufällig im Gerichtssaal anwesende Beweisperson kann mündlich aufgefordert werden, sich für die Vernehmung zur Verfügung zu halten, und ist dadurch auch von der Staatsanwaltschaft geladen[3]. Ein Unterschied zwischen von der Staatsanwaltschaft geladenen und von ihr gestellten Zeugen[4] besteht nicht[5].

Die anderen Prozeßbeteiligten haben zwar ebenfalls das Recht zur unmittelbaren Ladung von Zeugen und Sachverständigen, und zwar der Angeklagte und der Verteidiger nach § 220 Abs. 1, der Privatkläger nach § 386 Abs. 2[6], der Nebenkläger nach § 397 Abs. 1, § 386 Abs. 2[7], Einziehungs- und Verfallsbeteiligte nach § 433 Abs. 1 Satz 1, § 442 Abs. 1, juristische Personen und Personenvereinigungen, sofern die Vernehmung für den Verhandlungsteil, an dem sie beteiligt sind, von Bedeutung sein kann, nach § 444[8]. Diese Prozeßbeteiligten können aber Beweispersonen nicht in so formloser Weise vor Gericht bringen wie die Staatsanwaltschaft, sondern müssen nach § 38 mit der Zustellung der Ladung einen Gerichtsvollzieher beauftragen. Zeugen, die sich ohne diese Ladung auf Wunsch eines anderen Prozeßbeteiligten als der Staatsanwaltschaft bei Gericht einfinden (»gestellte Zeugen«)[9], sind nach herrschender Ansicht nicht im Sinne des § 245

---

3 *Köhler* NJW 1979 S. 348 (350); *Stützel* S. 42.
4 Zeugen können auch Mitbeschuldigte sein, gegen die das Verfahren abgetrennt ist (vgl. oben S. 182 ff.). Jedoch kann ein Angeklagter nicht den Mitangeklagten, der nach § 233 vom Erscheinen entbunden ist, als Zeugen laden; denn wenn der Mitangeklagte der Ladung folgt, muß er in der Hauptverhandlung als Mitangeklagter teilnehmen und kann nicht als Zeuge vernommen werden; vgl. *Ditzen* ZStW 10 S. 111 (129/130).
5 Die in der Entscheidung RGSt. 68 S. 403 vertretene Auffassung, die Staatsanwaltschaft sei berechtigt, die von ihr formlos herbeigeschafften Zeugen im Einzelfall als nur »gestellt« zu bezeichnen, damit das Gericht sie nicht zu vernehmen braucht, wenn die Staatsanwaltschaft selbst darauf keinen Wert mehr legt, ist durch die Notwendigkeit des Beweisantrags nach § 245 Abs. 2 Satz 1 überholt. Das gleiche gilt für die in derselben Entscheidung vertretene Ansicht, die Staatsanwaltschaft sei zu der Klarstellung verpflichtet, daß die formlos herbeigeschaffte Beweisperson im Sinne des § 245 vorgeladen ist. Diese Klarstellung erfolgt jetzt durch die Stellung des Beweisantrags nach § 245 Abs. 2 Satz 1.
6 Jedoch bestimmt das Gericht im Privatklageverfahren den Umfang der Beweisaufnahme selbst (§ 384 Abs. 3). Die Vorschrift des § 245 Abs. 2 Satz 3 gilt daher nicht (*Kleinknecht* § 245 Rdnr. 21 und § 384 Rdnr. 3). Vgl. auch OLG Hamm JMBlNRW 1956 S. 131 = VRS 11 S. 59 und unten S. 835.
7 OLG Hamm a.a.O.; KK *Herdegen* § 244 Rdnr. 11; LR-EB *Gollwitzer* § 245 Rdnr. 11; *Dahs* Hdb. Rdnr. 914. Sich selbst kann der Nebenkläger natürlich nicht unmittelbar als Zeugen laden; vgl. BayObLGSt. 10 S. 227 (229) = AlsbE 3 Nr. 135.
8 Vgl. KK *Herdegen* a.a.O.; *Kleinknecht* § 245 Rdnr. 20. Die Beschränkung des § 436 Abs. 1 bezieht sich auf präsente Beweismittel nicht (a. A. LR *Schäfer* § 436 Rdnr. 8).
9 Früher wurde von »sistierten« Zeugen gesprochen; vgl. RGSt. 1 S. 198 (199); 17 S. 440 (441).

Abs. 2 Satz 1 vorgeladen[10]. Die hiergegen im Schrifttum erhobenen Bedenken[11] erscheinen im Hinblick auf die klare Fassung des § 38 unberechtigt[12]. Auch spricht § 220 von der unmittelbaren Ladung, und § 222 Abs. 2 unterscheidet zwischen den von dem Angeklagten unmittelbar geladenen und den zur Hauptverhandlung gestellten Zeugen und Sachverständigen. Das Gesetz läßt daher nicht die Auslegung zu, daß auch Aussagepersonen, die auf andere Weise als durch die Ladung nach § 38 zum Erscheinen in der Hauptverhandlung veranlaßt worden sind, als im Sinne des § 245 Abs. 2 vorgeladen angesehen werden können. Die Schlechterstellung des Angeklagten und der anderen Prozeßbeteiligten gegenüber der Staatsanwaltschaft, die in der gesetzlichen Regelung liegt[13], ist beabsichtigt und keineswegs willkürlich. Der Mißbrauch des Beweisvorführungsrechts, dem sie vorbeugt, ist von der Staatsanwaltschaft nicht zu befürchten[14].

10 BGH NJW 1952 S. 836; BGH bei *Holtz* MDR 1981 S. 982 = NStZ 1981 S. 401; BGH 2 StR 556/54 vom 25. 2. 1955; 5 StR 246/65 vom 6. 7. 1965; RGSt. 1 S. 198; S. 297; S. 383 (385); 17 S. 440 (441); 23 S. 400 (401); 40 S. 138 (140); 54 S. 257 (258); 68 S. 403; RGRspr. 1 S. 549 (550); S. 571; 4 S. 14; 7 S. 24; RG JW 1890 S. 147 (148); 1917 S. 50; 1927 S. 2707; RG JR Rspr. 1927 Nr. 1872; RG LZ 1919 Sp. 651; RG Recht 1922 Nr. 357; BayObLGSt. 1949/51 S. 347 (348); OLG Düsseldorf VRS 1 S. 209; OLG Hamm JMBlNRW 1956 S. 131 = VRS 11 S. 59; *Dalcke/Fuhrmann/Schäfer* Anm. 1; KK *Herdegen* Rdnr. 11; *Kleinknecht* Rdnr. 18; KMR *Paulus* Rdnr. 29; LR *Gollwitzer* Rdnr. 3, 4 und EB Rdnr. 12; *Eb. Schmidt* Rdnr. 5; alle zu § 245; *Beling* S. 378 ff.; *Dahs* Hdb. Rdnr. 355; *zu Dohna* S. 169; *Gerland* S. 361; *Koeniger* S. 274; *Kohlhaas* NJW 1962 S. 1329 (1332); *Müller/Fleck* ZRP 1964 S. 174; *Rostek* MDR 1976 S. 897 (899); *Roxin* § 43 C I 2; *Sarstedt* S. 188; *G. Schäfer* S. 364; *Schlüchter* Rdnr. 431, 556; *Stützel* S. 10, 41/42; *Weigelt* DAR 1954 S. 232 (234); *Zipf* S. 192.
11 Vgl. *Ditzen* S. 20 Fußn. 1 und ZStW 11 S. 461 (467); *Glaser* Hdb. I S. 401; *J. Meyer* MDR 1962 S. 540; *G. und D. Reinicke* NJW 1952 S. 1033 (1034); *Rieker* S. 100; *Simader* S. 69 ff.; Voraufl. S. 491/492.
12 Der Versuch von *J. Meyer* a.a.O., die Unrichtigkeit der herrschenden Meinung daraus herzuleiten, daß in § 38 von »Ladung«, in § 245 aber von »vorgeladenen« Zeugen und Sachverständigen gesprochen wird, erscheint daher ebenso spitzfindig wie vergeblich. Ob es richtig ist, daß das Wort »Vorladung« in § 325 Abs. 1 zweiter Halbsatz die formlose Gestellung durch den Angeklagten umfaßt, ist äußerst zweifelhaft (vgl. oben S. 288), besagt aber für die Auslegung des § 245 ohnehin nichts. Die Ansicht von *Hagemann* (S. 89 ff.), nach der Neufassung des § 245 im Jahre 1978 lasse sich die bisher h. M. nicht mehr aufrechterhalten, ist handgreiflich falsch.
13 Vgl. *Rieker* S. 100; *Simader* S. 70. *Stützel* S. 43 fordert die Beseitigung dieser Schlechterstellung.
14 Die Amtl. Begründung zum Reg. Entwurf des StVÄG 1979 (BT-Drucks. 8/976 S. 52) hebt ausdrücklich hervor, daß erwogen worden ist, bei der Anwendung des § 245 Abs. 2 die vorgeladenen und die nur gestellten Zeugen gleichzubehandeln, daß von einer Gesetzesänderung aber abgesehen worden ist, um keine neuen Mißbrauchsmöglichkeiten zu schaffen. Daß darin nicht, wie *Köhler* S. 79 und NJW 1979 S. 348 (350) meint, ein Verstoß gegen Art. 6 Abs. 3 Buchst. d MRK liegt, wonach jeder Angeklagte das Recht hat, die Ladung und Vernehmung der Entlastungszeugen unter denselben Bedingungen wie die der Belastungszeugen zu erwirken, kann in einer Rechtsordnung, die das »Erwirken« durch das bloße Stellen eines Beweisantrags zuläßt, nicht zweifelhaft sein.

Nach § 245 Abs. 2 ist das Gericht daher zur Vernehmung der nur gestellten Zeugen und Sachverständigen nicht verpflichtet[15]. Die Einschränkungen der Beweisablehnung, die § 245 Abs. 2 Satz 2 und 3 bestimmt, kommen dem Antragsteller nicht zugute; es gelten die Ablehnungsgründe des § 244 Abs. 3 und 4. In der Gestellung der Beweisperson wird aber oft ein Antrag auf ihre Vernehmung nach § 244 Abs. 3 zu sehen sein[16], und es gehört dann zur Fürsorgepflicht des Gerichts, auf die Stellung eines ordnungsgemäßen Antrags hinzuwirken[17]. Die Aufklärungspflicht kann auch gebieten, daß das Gericht den nur gestellten Zeugen oder Sachverständigen vernimmt, ohne daß ein förmlicher Beweisantrag gestellt worden ist[18]. Hat ein Prozeßbeteiligter vor der Hauptverhandlung die Vernehmung eines Zeugen beantragt und ist ihm daraufhin von dem Vorsitzenden mitgeteilt worden, er solle ihn zur Hauptverhandlung mitbringen, so muß der Antragsteller so behandelt werden, als habe er die Beweisperson förmlich geladen[19].

b) Nachweis der Ladung. Wenn Zeugen und Sachverständige von der Staatsanwaltschaft nach § 214 Abs. 3 oder von dem Angeklagten oder einem anderen Prozeßbeteiligten nach den für sie geltenden Vorschriften unmittelbar geladen werden, müssen sie nach § 220 Abs. 1 Satz 2, Abs. 2 dem Gericht und dem Prozeßgegner rechtzeitig namhaft gemacht werden. Ein Verstoß gegen diese Vorschrift hat aber nur zur Folge, daß der Prozeßgegner die Aussetzung der Hauptverhandlung zu dem Zweck, Erkundigungen über die Beweisperson einzuziehen, beantragen kann (§ 246 Abs. 2). Auf die Anwendung des § 245 Abs. 2 hat das keinen Einfluß[20]. Der Anspruch des Angeklagten, nicht der Staatsanwaltschaft, auf Vernehmung der unmittelbar geladenen Beweisperson setzt dagegen voraus, daß dem Gericht in der Hauptverhandlung die ordnungsgemäße Ladung nachgewiesen wird, sofern sie nicht bereits aktenkundig ist[21]. Die Rechtsprechung des Reichsgerichts, daß das

---

15 Vgl. RGSt. 23 S. 400 (401); RG Recht 1922 Nr. 357; BayObLGSt. 1949/51 S. 347 (348); *Kleinknecht* Rdnr. 18; LR *Gollwitzer* Rdnr. 6; *Eb. Schmidt* Rdnr. 9; alle zu § 245; *Sarstedt* S. 188.
16 RGRspr. 1 S. 335 (336); LR *Gollwitzer* § 245 Rdnr. 6; *Eb. Schmidt* § 245 Rdnr. 9. KMR *Paulus* § 245 Rdnr. 29 nimmt an, daß stets ein Beweisantrag vorliegt, wenn der gestellte Zeuge nach § 222 Abs. 2 namhaft gemacht worden ist.
17 Vgl. oben S. 394 ff.
18 BGH bei *Holtz* MDR 1981 S. 982 = NStZ 1981 S. 401; LR-EB *Gollwitzer* § 245 Rdnr. 5. *Sarstedt* (S. 188) behauptet zu Unrecht, von einem Verstoß gegen die Aufklärungspflicht könne keine Rede sein, wenn der Verteidiger keinen Beweisantrag stellt. Vgl. oben S. 26.
19 OLG Köln VRS 58 S. 32.
20 Vgl. LR-EB *Gollwitzer* § 245 Rdnr. 20; *Dahs* Hdb. Rdnr. 355; *Oetker* JW 1932 S. 3105 (3109); *Simader* S. 72. – A. A. *Beling* S. 378 Fußn. 2; *Bennecke/Beling* S. 526; *Rosenfeld* S. 228.
21 RGSt. 17 S. 440 (441); 23 S. 400 (401); 40 S. 138 (140); RGRspr. 1 S. 297 (298); S. 549 (550); S. 660 (661); RG JW 1917 S. 50 (51); RG GA 43 S. 51; RG Recht 1908 Nr. 3098; KK *Herdegen* Rdnr. 11; *Kleinknecht* Rdnr. 17; LR *Gollwitzer* Rdnr. 5; *Eb. Schmidt* Rdnr. 5; alle zu § 245; *Köhler* S. 13; *Rostek* MDR 1976 S. 897 (899); *Simader* S. 71; *Stützel* S. 42.

unaufgefordert zu geschehen habe²², hat seit der Neufassung des § 245 im Jahre 1978 ihre Bedeutung verloren. Denn wenn der Angeklagte einen Beweisantrag auf Vernehmung eines von ihm vorgeladenen Zeugen oder Sachverständigen stellt, ohne die Ladung nachzuweisen, berechtigt das nicht zur Ablehnung des Antrags, sondern verpflichtet das Gericht, aufgrund seiner Fürsorgepflicht die Vorlegung der Ladungsurkunde zu fordern. Der Fall, daß für das Gericht die Tatsache, daß eine Beweisperson von einem Prozeßbeteiligten unmittelbar geladen ist, nicht erkennbar wird, kann nicht mehr eintreten. Daher ist auch die Auffassung²³ überholt, daß der Prozeßbeteiligte, der einen Zeugen oder Sachverständigen geladen hat, verpflichtet sei, dies dem Gericht bei Beginn der Verhandlung zu melden.

Ob dem Zeugen oder Sachverständigen bei der Ladung die gesetzliche Entschädigung für Reisekosten und Versäumnis in bar angeboten oder ihre Hinterlegung bei der Geschäftsstelle nachgewiesen ist, hat das Gericht nicht zu prüfen. Denn nach § 220 Abs. 2 befreit das Fehlen der Entschädigung die Beweisperson nur vom Erscheinen vor Gericht. Ist sie gleichwohl erschienen, so kann der Prozeßbeteiligte, der sie geladen hat, auch ihre Vernehmung verlangen²⁴.

c) Erschienene Beweispersonen. Nur die erschienene Beweisperson muß auf Antrag eines Prozeßbeteiligten vernommen werden. Die Frage, ob der Zeuge oder Sachverständige im Sinne des § 245 Abs. 2 erschienen ist, beurteilt sich nicht anders als nach § 245 Abs. 1 Satz 1 bei den vom Gericht vorgeladenen Beweispersonen. Der Zeuge oder Sachverständige muß aufgrund der Vorladung zwar nicht zu Beginn der Hauptverhandlung, spätestens aber bei Schluß der Beweisaufnahme erschienen sein²⁵ und sofort vernommen werden können. Daran fehlt es, wenn er nicht »verwendungs«fähig ist²⁶. Ein solcher Fall liegt auch vor, wenn ein von einem Prozeßbeteiligten förmlich geladenes Mitglied des erkennenden Gerichts oder wenn der so geladene Staatsanwalt zu der Sitzung nur in seiner amtlichen Eigenschaft erschienen ist, aber nicht die Absicht hat, mit seinem Erscheinen der Vorladung Folge zu leisten. In amtlicher Eigenschaft können diese Beweispersonen vom Gericht nicht vernommen werden; sie sind daher keine herbeigeschafften Beweismittel²⁷.

22 RGSt. 17 S. 440 (441); RGRspr. 7 S. 24; RG JW 1927 S. 2707 (2708) mit abl. Anm. *Alsberg*; RG JR Rspr. 1927 Nr. 1489. Eine Hinweis- und Fragepflicht nahmen demgegenüber an: RG JW 1929 S. 3017 mit Anm. *Löwenstein*; RG GA 43 S. 51; RG JR Rspr. 1927 Nr. 1872; OLG Dresden ZStW 46 Sdr. Beil. S. 134; *Simader* S. 71.

23 *Rieker* S. 101; *Stützel* S. 44.

24 RGSt. 54 S. 257 (258); LR *Gollwitzer* § 245 Rdnr. 5; *Dahs* Hdb. Rdnr. 356; *Gerland* S. 361 Fußn. 577; *Köhler* S. 13 Fußn. 12; *Traulsen* S. 37.

25 Vgl. LR-EB *Gollwitzer* § 245 Rdnr. 13; *Gerland* S. 361; a. A. *Feisenberger* § 245 Anm. 1; *Birkmeyer* S. 631.

26 Vgl. oben S. 786 ff.

27 RGSt. 42 S. 1 (3); RG GA 54 S. 292; *Kleinknecht* vor § 48 Rdnr. 14; LR *Gollwitzer* § 245 Rdnr. 9; *Eb. Schmidt* § 245 Rdnr. 5; *Ditzen* ZStW 10 S. 111 (132); *Gössel* S. 199; *Peters* JR 1971 S. 340; *Schlüchter* Rdnr. 556 Fußn. 562; a. A. *Rosenfeld* S. 227 Fußn. 8. *Gerland* S. 362 Fußn. 586 bezeichnet die Rechtsprechung des RG als sehr bedenklich, wenn auch »unabweisbar«. *Simader* S. 75 nimmt an, daß nur ein Beweisermittlungsantrag vorliegt. Vgl. dazu auch oben S. 176, 638.

2. Herbeigeschaffte sachliche Beweismittel

Die in § 245 Abs. 2 Satz 1 genannten »sonstigen herbeigeschafften Beweismittel« sind die von den Prozeßbeteiligten[28] beigebrachten sachlichen Beweismittel, also Urkunden und Augenscheinsgegenstände[29]. Auch die Staatsanwaltschaft ist von der Vorschrift wegen der Beweismittel betroffen, die sie erstmals in der Hauptverhandlung vorlegt[30].

Anders als bei den persönlichen Beweismitteln enthält die Strafprozeßordnung keine Vorschrift darüber, in welcher Weise die Prozeßbeteiligten sachliche Beweismittel vor Gericht bringen müssen. Es besteht daher, nachdem die Rechtsprechung ursprünglich einen Irrweg eingeschlagen hatte[31], seit langem Übereinstimmung darüber, daß die Prozeßbeteiligten sachliche Beweismittel formlos herbeischaffen können[32]. Solche Beweismittel werden, sofern sie nicht schon vorher übersandt worden sind, in der Hauptverhandlung dem Gericht überreicht[33]. Das gilt für sachliche Beweismittel jeder Art. Auch Urkunden brauchen nicht schon vor der Hauptverhandlung angekündigt[34] oder gar eingereicht zu werden[35]. Die Gegenmeinung[36] war schon seit der Neufassung des § 245 Abs. 1 Satz 2 durch das Gesetz von 1926[37] unhaltbar geworden; dort war ausdrücklich die Herbeischaffung erst

---

28 Zur Herbeischaffung berechtigt sind alle Prozeßbeteiligten, die einen Beweisantrag stellen dürfen (vgl. dazu oben S. 373 ff.).
29 BGH NStZ 1981 S. 401; KK *Herdegen* § 245 Rdnr. 12. Die Frage, ob amtliche Unfallskizzen zulässige Augenscheinsgegenstände sind, ist oben S. 232/233 erörtert. Eine von dem Angeklagten selbst angefertigte Skizze wird in der Regel nur zur Ergänzung und Verdeutlichung seiner Einlassung, nicht aber als Augenscheinsgegenstand, vorgelegt sein (KG NJW 1953 S. 1118 = VRS 5 S. 211).
30 Vgl. oben S. 790. Die Ansicht von *Köhler* (NJW 1979 S. 348 [349]), daß § 245 Abs. 2 dem Grundsatz der Waffengleichheit widerspreche, soweit dort die Erhebung sachlicher Beweise von einem Beweisantrag abhängig gemacht ist, trifft daher nicht zu.
31 RGSt. 1 S. 383 (384/385) hatte die Herbeischaffung in der »gesetzlich vorgeschriebenen Weise« gefordert und darunter verstanden, daß das Beweismittel schon vor der Hauptverhandlung »als solches bezeichnet und zugelassen« war.
32 KK *Herdegen* § 245 Rdnr. 12; LG *Gollwitzer* § 245 Rdnr. 23; *Rieker* S. 100/101; *Simader* S. 71; *Stützel* S. 46.
33 BGH bei *Dallinger* MDR 1953 S. 723; 1975 S. 369; BGH 5 StR 21/71 vom 25. 5. 71 (vom Verteidiger vorgelegte Fotokopien); RGSt. 41 S. 4 (13); RG JW 1888 S. 153; 1899 S. 474; RG HRR 1934 Nr. 307; RG SeuffBl. 69 S. 270; BayObLG OLGSt. § 245 S. 5 (6); KK *Herdegen* § 245 Rdnr. 12; *Beling* S. 378 Fußn. 2; *Dahs* Hdb. Rdnr. 555; *Ditzen* S. 21; *zu Dohna* S. 169/170; *Gerland* S. 371; *Koeniger* S. 273; *Oetker* JW 1932 S. 3105 (3109); *Simader* S. 66, 71; *Stützel* S. 46/47.
34 Das ergibt sich ohne weiteres aus § 220 Abs. 2, wo nur für persönliche Beweismittel eine Namhaftmachung vorgeschrieben ist.
35 Vgl. LR *Gollwitzer* § 245 Rdnr. 23; *Gerland* S. 361; *Grube* S. 19; *Stützel* S. 46/47.
36 RGRspr. 2 S. 122; RG DJZ 1927 Sp. 534; *Feisenberger* § 245 Anm. 1; *Birkmeyer* S. 631; *Conrad* Recht 1917 Sp. 7.
37 Vgl. oben S. 6 Fußn. 27.

während der Hauptverhandlung vorgesehen. Es gibt auch keine gesetzliche Vorschrift, die die vorherige Benachrichtigung des Prozeßgegners verlangt[38].

Der späteste Zeitpunkt für die Vorlegung des Beweismittels ist der Schluß der Beweisaufnahme. Danach ist das Gericht nicht mehr verpflichtet, sie entgegenzunehmen[39]. Die Ansicht, der späteste Zeitpunkt müsse mit dem übereinstimmen, bis zu dem noch Beweisanträge nach § 244 Abs. 3 gestellt werden können, maßgebend sei daher der Beginn der Urteilsverkündung[40], verdient keine Zustimmung. Daß die Prozeßbeteiligten Anträge auf Erhebung nicht präsenter Beweise stellen dürfen, gibt ihnen zwar auch das Recht, die Erhebung präsenter Beweise zu beantragen, besagt aber nicht, daß diese Anträge noch aus den eingeschränkten Gründen des § 245 Abs. 2 Satz 3 und nicht aus den weitergehenden des § 244 Abs. 3 und 4 abgelehnt werden dürfen.

II. Beweisantrag

1. Notwendigkeit des Antrags

Um Mißbräuchen des Rechts der unmittelbaren Beweisvorführung entgegenzutreten[41], bestimmt § 245 Abs. 2 Satz 2 in der Fassung von 1978, daß der Prozeßbeteiligte einen Rechtsanspruch auf die Verwendung der von ihm herbeigeschafften Beweismittel nur erlangt, wenn er die Beweiserhebung ausdrücklich beantragt. Das ist nicht so zu verstehen, als sei die Erhebung dieser Beweise ohne einen entsprechenden Antrag nicht zulässig. Ebenso wie das Gericht einem bloßen Beweiserbieten entsprechen kann und muß, wenn die Sachaufklärungspflicht nach § 244 Abs. 2 das gebietet, darf es auch ohne förmlichen Antrag und ohne förmliche Beschlußfassung die ihm von den Prozeßbeteiligten vorgeführten Beweismittel verwenden, sofern das nicht aus Rechtsgründen unzulässig ist. In vielen Fällen wird es sich sogar empfehlen, so zu verfahren. Da die Beweismittel sich im Gerichtssaal befinden, bedarf ihre Verwendung weder einer Aussetzung noch einer Unterbrechung der Hauptverhandlung. Wenn keine bestimmten Anhaltspunkte dafür vorliegen, daß der Prozeßbeteiligte mit der Beweisvorführung verfahrensfremde Zwecke verfolgt, kann die sofortige Benutzung des Beweismittels häufig der prozeßwirtschaftlichere und einfachere Weg sein, die Erheblichkeit des Beweismittels für die Sachaufklärung zu erkunden[42].

---

38 LR *Gollwitzer* § 245 Rdnr. 23; *Oetker* JW 1932 S. 3105 (3107); *Simader* S. 72; *Stützel* S. 46/47; vgl. jedoch *Bennecke/Beling* S. 526 Fußn. 6; *Rosenfeld* S. 227; *Ullmann* S. 470.
39 RGSt. 56 S. 42.
40 *Rieker* S. 100; *Simader* S. 72; *Stützel* S. 47.
41 Vgl. oben S. 779.
42 KMR *Paulus* § 245 Rdnr. 27; LR-EB *Gollwitzer* § 245 Rdnr. 42; *Rieß* NJW 1978 S. 2265 (2270 Fußn. 110); *Rudolphi* JuS 1978 S. 864 (866). Vgl. dazu die Amtl. Begründung des Reg. Entwurfs des StVÄG 1979 (BT-Drucks. 8/976 S. 52).

2. Stellung des Antrags

a) Allgemeine Grundsätze. Daß der Prozeßbeteiligte, der ein von ihm herbeigeschafftes Beweismittel verwendet haben will, Angaben darüber machen muß, was durch die Beweiserhebung bewiesen werden soll, sofern das nicht nach der Prozeßlage offensichtlich ist, hat man auch schon früher angenommen[43]. Jedoch war streitig, ob darin ein Beweisantrag lag[44]. Für den nach § 245 Abs. 2 Satz 1 in der Neufassung erforderlichen Antrag können solche Zweifel nicht aufkommen. Der Antrag ist ein Beweisantrag im eigentlichen Sinne; von dem Antrag nach § 244 Abs. 3 unterscheidet er sich nur dadurch, daß er ein Beweismittel benennt, das nicht erst herbeigeschafft werden muß. Wie der gewöhnliche Beweisantrag kann auch der Antrag nach § 245 Abs. 2 Satz 1 unter einer Bedingung, insbesondere als Hilfsantrag, gestellt werden[45].

Den Antrag muß nicht unbedingt derselbe Prozeßbeteiligte stellen, der den Zeugen oder Sachverständigen unmittelbar geladen oder das sachliche Beweismittel herbeigeschafft hat. Antragsberechtigt ist auch jeder andere Prozeßbeteiligte im Rahmen seiner Beteiligung am Verfahren[46]. Dabei genügt es bei persönlichen Beweismitteln, daß ein anderer Prozeßbeteiligter sie in der gesetzlich vorgeschriebenen Form geladen hat. Jedoch hat kein Prozeßbeteiligter das Recht, die Vernehmung einer Beweisperson nach § 245 Abs. 2 Satz 1 in einer Eigenschaft zu beantragen, in der sie nicht vor Gericht gestellt worden ist. Ein Angeklagter kann daher nicht nach dieser Vorschrift, sondern nur nach § 244 Abs. 3 beantragen, daß ein von einem Mitangeklagten geladener Zeuge als Sachverständiger befragt wird. Im allgemeinen wird derjenige Prozeßbeteiligte, der das Beweismittel herbeigeschafft hat, auch seine Verwendung beantragen; dann kann jeder Prozeßbeteiligte sich dem Antrag anschließen, wenn die Beweiserhebung seinen Interessen entspricht.

Zur Antragstellung ist auch berechtigt, wer schon früher erfolglos die Benutzung des nicht präsenten Beweismittels nach § 244 Abs. 3 beantragt hatte. Darin liegt keine unzulässige Wiederholung; vielmehr besteht das Antragsrecht nach § 245 Abs. 2 Satz 1 gerade auch für den Fall, daß der Prozeßbeteiligte nicht auf

---

43 Vgl. *Bär* S. 6; *Ditzen* S. 21 und ZStW 10 S. 111 (148 ff., 157 ff.); *Oetker* S. 684/685 Fußn. 2; *Rieker* S. 102; *Stützel* S. 20, 45; a. A. aber RGSt. 67 S. 180 (182); RG GA 46 S. 210. Bei Zeugen und Sachverständigen mußte die »allgemeine Richtung« der Vernehmung bezeichnet werden; vgl. OLG Hamm JMBlNRW 1956 S. 131 = VRS 11 S. 59 (60); LR *Gollwitzer* § 245 Rdnr. 14, 29. *Beling* (S. 378) war sogar der Ansicht, § 245 beziehe sich überhaupt nur auf Beweismittel, für die das Beweisthema bezeichnet ist.
44 Als Beweisantrag bezeichneten die Erklärung: RG JW 1927 S. 1490 mit Anm. *Alsberg*; *Bär* S. 6/7; *zu Dohna* S. 170, 173. – *Oetker* S. 689, 691, 695, *Simader* S. 69 und *Stützel* S. 10 sprachen von einem – durch Herbeischaffung des Beweismittels – »verstärkten« Beweisantrag. A. A. insbesondere *Alsberg* JW 1927 S. 1490 und *Rieker* S. 14 ff. Die Vorauf. (S. 488 ff.) bezeichnete die Erklärung als »unechten« Beweisantrag.
45 Vgl. *Kleinknecht* Rdnr. 17, 23; KMR *Paulus* Rdnr. 31; LR-EB *Gollwitzer* Rdnr. 23; alle zu § 245.
46 Vgl. *Kleinknecht* Rdnr. 23; KMR *Paulus* Rdnr. 32; LR-EB *Gollwitzer* Rdnr. 19; alle zu § 245. Die Antragsbefugnis setzt natürlich voraus, daß der Antragsteller eigene Prozeßinteressen fördern will und kann; zu Anträgen in fremder Sache ermächtigt § 245 Abs. 2 nicht (vgl. *Gollwitzer* Sarstedt-FS S. 27).

einfachere Weise, insbesondere durch einen Antrag nach § 244 Abs. 3, die Beweiserhebung erreichen kann. Daß er den erfolglosen Versuch unternommen hat, die Beweisaufnahme auf diese Weise zu erzwingen, benachteiligt ihn bei der Anwendung des § 245 Abs. 2 nicht[47].

b) Notwendiger Inhalt des Antrags. Der notwendige Inhalt des Beweisantrags ist der gleiche wie bei dem Antrag nach § 244 Abs. 3[48]. Der Antragsteller muß das bestimmte Verlangen zum Ausdruck bringen, daß mit einem bestimmten Beweismittel, das er vorführt, über bestimmte Tatsachen Beweis erhoben wird. Da er das Beweismittel genau bezeichnen muß, genügt die Bezugnahme auf vorgelegte Urkunden- oder Aktensammlungen nicht; er muß diejenigen Urkunden angeben, die er verlesen haben möchte[49].

Zum notwendigen Inhalt des Antrags nach § 245 Abs. 2 gehört nicht, daß auf die Präsenz des Beweismittels hingewiesen wird[50]. Insbesondere wenn der Antragsteller bereits vorher angekündigt hat, daß er eine Beweisperson unmittelbar laden werde, muß das Gericht den Antrag nach § 245 Abs. 2 behandeln und darf ihn nicht aus einem der dort nicht genannten Gründe des § 244 Abs. 3 und 4 ablehnen. Im übrigen gehört es zur Fürsorgepflicht des Gerichts, den Antragsteller in Zweifelsfällen zu befragen, ob das Beweismittel herbeigeschafft ist. Eine Fragepflicht besteht vor allem, wenn zwar auf einen anwesenden Zeugen oder Sachverständigen hingewiesen wird, aber nicht erkennbar ist, ob er unmittelbar geladen oder nur gestellt ist, oder wenn ein Prozeßbeteiligter die Verlesung einer Urkunde beantragt, die er im Besitz hat.

Der Antrag muß ferner die Tatsachen angeben, die durch die Verwendung der Aussageperson oder des sachlichen Beweismittels bewiesen werden sollen. Die bloße Überreichung einer Urkunde ist daher noch kein inhaltlich genügend bestimmter Beweisantrag; allerdings muß das Gericht nach allgemeinen Grundsätzen aufgrund seiner Fürsorgepflicht auf die Stellung eines Beweisantrags hinwirken[51]. Die Ansicht *Köhlers*[52], daß der Antragsteller bestimmte Beweisbehauptungen überhaupt nur hinsichtlich der vorgelegten sachlichen Beweismittel aufstellen muß, verdient keine Zustimmung. Zu dieser Beschränkung besteht deshalb kein Grund, weil der Antragsteller bei präsenten Beweispersonen zur Angabe des Beweisthemas mindestens in gleichem Umfang in der Lage ist wie bei nicht herbeigeschafften. Die Anforderungen an die Antragsbegründung müssen daher nicht geringer sein als bei dem Beweisantrag nach § 244 Abs. 3. Es ist wenig verständlich, daß *Köhler* das für sachwidrig hält, weil es den Prozeßbeteiligten dazu zwinge, irgendwelche Beweisbehauptungen zu erfinden. Wer überhaupt nicht weiß, ob ein Zeuge irgendetwas zu seinen Gunsten aussagen kann, soll auch nach

---

47 Vgl. LR-EB *Gollwitzer* § 245 Rdnr. 21.
48 Vgl. *Kleinknecht* Rdnr. 23; KMR *Paulus* Rdnr. 31, 33; LR-EB *Gollwitzer* Rdnr. 18; alle zu § 245; *Hagemann* S. 89.
49 Vgl. oben S. 53.
50 Vgl. LR-EB *Gollwitzer* § 245 Rdnr. 20.
51 Vgl. oben S. 394.
52 NJW 1979 S. 348 (350).

der Neufassung des § 245 nicht berechtigt sein, ihn dem Gericht als Beweismittel aufzuzwingen[53].

Der Unterschied zwischen Beweis- und Beweisermittlungsantrag, der im Rahmen des § 244 Abs. 3 von nicht geringer Bedeutung ist[54], spielt bei den Anträgen nach § 245 Abs. 2 Satz 1 keine große Rolle. Eine Ermittlung des Beweismittels kommt nur in den Fällen in Betracht, in denen der Antragsteller eine Urkunden- oder Aktensammlung überreicht, aber die Urkunden nicht bezeichnet, die er verlesen haben möchte. Wie bei dem gewöhnlichen Beweisantrag steht es dann im durch die Sachaufklärungspflicht nach § 244 Abs. 2 begrenzten Ermessen des Gerichts, ob es seinerseits die Sammlung nach beweiserheblichen Urkunden durchsieht. Daß der Prozeßbeteiligte die Beweistatsache erst erforscht haben möchte, über die die von ihm vorgeführte Beweisperson Auskunft geben kann[55], ist schon eher denkbar. Im allgemeinen wird das ein Anzeichen dafür sein, daß der Antragsteller das Beweisvorführungsrecht nach § 245 Abs. 2 mißbrauchen will. Das Gericht kann den Antrag dann als Beweisermittlungsantrag nach den dafür geltenden Grundsätzen behandeln. Meist wird es das Verfahren aber nicht verzögern, wenn der anwesende Zeuge informatorisch gehört und wieder entlassen wird, falls er zur Sache nichts aussagen kann. Als bloßer Beweisermittlungsantrag stellt sich auch im Rahmen des § 245 Abs. 2 der Antrag dar, einen Zeugen oder Sachverständigen, den das Gericht bereits in derselben Hauptverhandlung vernommen und den der Prozeßbeteiligte trotzdem erneut geladen hat, zu derselben Beweisfrage nochmals zu vernehmen[56].

c) **Form des Antrags.** Die Form der Antragstellung unterscheidet sich ebenfalls nicht von derjenigen, die bei Anträgen nach § 244 Abs. 3 einzuhalten ist[57]. Der Antrag muß mündlich gestellt werden[58]. Hat der Prozeßbeteiligte ihn schriftlich formuliert, wozu der Gerichtsvorsitzende ihn veranlassen kann, so muß der Antrag verlesen werden. Auch hier gilt, daß die Übergabe eines schriftlichen Antrags nicht genügt[59]. Der späteste Zeitpunkt, in dem der Antrag noch gestellt werden kann, ist der Schluß der Beweisaufnahme. Spätestens dann muß auch das

---

53 KK *Herdegen* § 245 Rdnr. 13 bezeichnet das Erfordernis, bestimmte Beweistatsachen in das Wissen von Zeugen und Sachverständigen zu stellen, als eine Fehlentscheidung des Gesetzgebers, da es nach der ratio des § 245 genügen müßte, daß das Beweisthema in seinen Umrissen angegeben wird. Auch *Peters* (S. 295) hält es für unerfreulich, daß der Antragsteller jetzt gezwungen ist, die Beweistatsache zu benennen, und *Richter* (NJW 1981 S. 1820 [1823]) meint sogar, der Verteidiger müsse »Ermittlungen aufnehmen«, um die Beweisbehauptung formulieren zu können. In Wahrheit muß er das ebensowenig wie bei einem Beweisantrag nach § 244 Abs. 3; denn wie bei diesem Antrag (vgl. oben S. 41) reicht es auch bei dem Beweisantrag nach § 245 Abs. 2 Satz 1 aus, daß das Beweisthema in seinen allgemeinen Umrissen wiedergegeben wird.
54 Vgl. oben S. 75 ff.
55 Bei Urkunden ergibt sie sich aus dem Inhalt.
56 Vgl. BGH 4 StR 607/52 vom 11. 6. 1953, wo schon nach früherem Recht eine Rechtspflicht des Gerichts zur nochmaligen Vernehmung verneint worden ist.
57 Vgl. dazu oben S. 380 ff.
58 KMR *Paulus* § 245 Rdnr. 32.
59 Vgl. oben S. 382; a. A. LR-EB *Gollwitzer* § 245 Rdnr. 22.

Beweismittel präsent sein. Jedoch ist grundsätzlich nicht erforderlich, daß es bereits im Zeitpunkt der Antragstellung präsent ist. Vielmehr darf der Antrag auch schon früher gestellt werden, wenn gleichzeitig das zur Herbeischaffung des Beweismittels Erforderliche (Ladung des Zeugen oder Sachverständigen) unternommen worden ist[60]. Unzulässig ist es hingegen, zunächst die Entscheidung über den Beweisantrag abzuwarten und von ihr abhängig zu machen, ob das Beweismittel überhaupt vorgeführt wird. Wenn es im Zeitpunkt der Entscheidung nicht präsent ist, muß der Antrag als unzulässig verworfen werden[61].

Der Beweisantrag nach § 245 Abs. 2 Satz 1 kann zurückgenommen werden[62]. Seine Wiederholung ist ausgeschlossen. Nur wenn ein früherer Antrag wegen fehlender Präsenz des Beweismittels abgelehnt worden ist, darf er nach nachgeholter Beweisvorführung erneut gestellt werden[63].

3. Ablehnungsgründe

a) **Grundsätze.** Wenn das Beweismittel nicht präsent ist, wird der Beweisantrag nicht wegen Fehlens der Voraussetzungen des § 245 Abs. 2 abgelehnt, sondern nach § 244 Abs. 3 bis 6 beschieden. Das gleiche gilt, wenn das Beweismittel nicht in der Eigenschaft präsent ist, in der der Antragsteller es verwendet haben möchte. Vorgeladen und erschienen ist die Beweisperson, schon mit Rücksicht auf die Entschädigungspflicht nach § 220 Abs. 2, nur in der Eigenschaft, in der sie geladen worden ist. Wer einen Zeugen geladen hat, kann daher nicht nach § 245 Abs. 2 Satz 1, sondern nur nach § 244 Abs. 3 und 4 seine Vernehmung als Sachverständiger beantragen[64]. Aus welchen Gründen Anträge auf Verwendung präsenter Beweismittel abgelehnt werden dürfen, regelt das Gesetz in § 245 Abs. 2 Satz 2 und 3 abschließend. Eine Ablehnung aus anderen Gründen ist nicht statthaft. Nur für den Fall der Unzulässigkeit der Beweiserhebung ist die Ablehnung zwingend vorgeschrieben (§ 245 Abs. 2 Satz 2); im übrigen ist das Gericht zur Ablehnung berechtigt, aber nicht verpflichtet (§ 245 Abs. 2 Satz 3). Die Vorschrift des § 245 Abs. 2 Satz 2 und 3 gilt für Beweismittel jeder Art; für Sachverständige und Augenscheinsgegenstände besteht keine Sonderregelung.

Das Gesetz räumt dem Gericht nur dort die Befugnis zur Ablehnung des Beweisantrags ein, wo ein sachliches Interesse des Antragstellers an der Beweiserhebung unter keinem denkbaren Gesichtspunkt bestehen kann. § 245 Abs. 2 Satz 3 enthält daher nur Ablehnungsgründe, bei denen jede Vorwegnahme der Beweiswürdigung und somit auch jede Möglichkeit ausgeschlossen ist, daß die Beweiserhebung zugunsten des Antragstellers ausgehen könnte[65]. Der in § 244 Abs. 3 Satz 2

---

60 Vgl. LR-EB *Gollwitzer* § 245 Rdnr. 15.
61 Vgl. KMR *Paulus* § 245 Rdnr. 30.
62 Vgl. LR-EB *Gollwitzer* § 245 Rdnr. 24.
63 Vgl. LR-EB *Gollwitzer* § 245 Rdnr. 15.
64 Vgl. OLG Stuttgart Justiz 1971 S. 312 = OLGSt. § 245 S. 7.
65 Vgl. die Amtl. Begründung des Reg. Entwurfs des StVÄG 1979 (BT-Drucks. 8/976 S. 51). Die Ansicht von *Hagemann* (S. 100), bei dem Ablehnungsgrund der völligen Ungeeignetheit müsse das Ergebnis der Beweisaufnahme »in gewisser Weise« vorweggenommen werden, trifft zwar zu; jedoch handelt es sich hier um keine Vorwegnahme der Beweiswürdigung im eigentlichen Sinne (vgl. oben S. 602).

zugelassene Ablehnungsgrund der Unerreichbarkeit, der bei präsenten Beweismitteln sinnlos wäre, und der Ablehnungsgrund der Wahrunterstellung[66] gelten nicht, der Ablehnungsgrund der Bedeutungslosigkeit nur in eingeschränktem Umfang[67]. Beim Sachverständigen ist, da eine dem § 244 Abs. 4 Satz 1 entsprechende Vorschrift fehlt, die Ablehnung wegen eigener Sachkunde des Gerichts ausgeschlossen[68]. Auch das Auswahlrecht des Gerichts nach § 73 Abs. 1 Satz 1 besteht nicht; liegt kein anderer Ablehnungsgrund vor, so muß der von dem Prozeßbeteiligten vorgeladene Sachverständige gehört werden[69]. Wenn ein weiterer Sachverständiger vorgeladen wird, ist der aufgrund des früheren Gutachtens bereits erbrachte Beweis des Gegenteils der Beweistatsache, anders als bei § 244 Abs. 4 Satz 2, kein zulässiger Ablehnungsgrund. Auch die Vorschrift, daß die Augenscheinseinnahme im Ermessen des Gerichts steht (§ 244 Abs. 5), gilt nicht; Augenscheinsgegenstände, die ein Prozeßbeteiligter in der Hauptverhandlung vorlegt, müssen besichtigt werden, wenn keiner der Ablehnungsgründe des § 245 Abs. 2 Satz 2 und 3 gegeben ist.

b) Unzulässigkeit der Beweisaufnahme. Der Antrag muß abgelehnt werden, wenn die Beweiserhebung unzulässig ist (§ 245 Abs. 2 Satz 2). Hierfür gelten dieselben Grundsätze wie bei § 244 Abs. 3 Satz 1[70]. Soweit vor der Neuregelung durch das StVÄG 1979 versucht worden ist, dem Mißbrauch des Vorführungsrechts dadurch zu begegnen, daß als unzulässig auch die nur in Verschleppungsabsicht beantragte Beweiserhebung und der Antrag auf Aufklärung völlig neben der Sache liegender Tatsachen angesehen wurden[71], ist dem für den Geltungsbereich des § 245 Abs. 2 durch die gesetzliche Neuregelung der Boden entzogen. Unzulässig nach § 245 Abs. 2 Satz 2 ist insbesondere die Vernehmung eines Zeugen, der in der gegenwärtigen Hauptverhandlung bereits befugt die Aussage verweigert hat. Das Gericht kann, wenn ein Prozeßbeteiligter ihn nochmals geladen hat, die Vernehmung ablehnen, sofern nicht besondere Anhaltspunkte für eine Sinnesänderung des Zeugen vorliegen[72]. Der Bundesgerichtshof hielt in der Entscheidung BGHSt. 17

---

66 Daß der Erhebung präsenter Beweise nicht durch Wahrunterstellung ausgewichen werden darf, wurde schon früher überwiegend angenommen; vgl. BGH 5 StR 212/73 vom 26. 6. 1973; RGSt. 65 S. 304 (305) = JW 1932 S. 58 (59) mit Anm. *Alsberg*; RG JW 1894 S. 237; 1917 S. 50 = LZ 1917 Sp. 65; RG JW 1927 S. 1490 mit Anm. *Alsberg*; RG JW 1931 S. 2825 mit Anm. *Mannheim*; RG Recht 1909 Nr. 1084; OLG Celle NJW 1962 S. 2315; OLG Hamburg NJW 1965 S. 1238 (1239); *Dalcke/Fuhrmann/Schäfer* § 245 Anm. 17; *Mattern* S. 24; *Völcker* S. 38. – A. A. RG JW 1890 S. 147 (148); *Ditzen* S. 24 Fußn. 1; *Köhler* S. 61.
67 Vgl. unten S. 826.
68 Vgl. *Kleinknecht* § 245 Rdnr. 31; *Engels* GA 1981 S. 21 (35); *Peters* S. 295; *Rieß* NJW 1978 S. 2265 (2270). So schon für das frühere Recht: RGSt. 54 S. 257 (258); RG JW 1935 S. 2138; LR *Gollwitzer* § 245 Rdnr. 15.
69 RGSt. 54 S. 257 (258); RG JW 1890 S. 147 (148); 1930 S. 638 mit Anm. *Alsberg*; BayObLG bei *Rüth* DAR 1965 S. 285; *Beling* S. 377 Fußn. 7; *Rosenberg* DJZ 1926 Sp. 1701.
70 *Hagemann* S. 93; vgl. auch oben S. 425.
71 Vgl. oben S. 798 ff.
72 BGH 5 StR 55/55 vom 21. 6. 1955.

S. 337 (349) die Vernehmung eines gestellten Zeugen mit Wohnsitz in der DDR für unzulässig, der nach den Weisungen der SED aussagen sollte und bei Abweichungen von diesen Weisungen in die Gefahr geraten konnte, in rechtsstaatswidriger Weise verfolgt zu werden. Ob der Entscheidung, die keine aktuelle Bedeutung mehr hat, zugestimmt werden kann, erscheint zweifelhaft[73].

c) **Schon erwiesene und offenkundige Tatsachen** bedürfen keiner Aufklärung. Ein hierauf gerichteter Beweisantrag kann auch abgelehnt werden, wenn das Beweismittel sofort zur Verfügung steht. Denn der Antragsteller hat kein anerkennenswertes Interesse daran, daß Tatsachen bewiesen werden, die nicht oder nicht mehr beweisbedürftig sind[74]. Im Gegensatz zu § 244 Abs. 3 Satz 2 darf der Antrag aber nur abgelehnt werden, wenn die Beweistatsache selbst, nicht ihr Gegenteil, offenkundig ist. Das Gegenteil einer offenkundigen Tatsache ist dem Beweis zugänglich[75], und das Gesetz will dem Antragsteller die Möglichkeit erhalten, die Unrichtigkeit einer als offenkundig geltenden Tatsache zu beweisen. Das kann vor allem von Bedeutung sein, wenn er bemüht ist, durch ein Sachverständigengutachten einen vom Gericht als offenkundig angesehenen wissenschaftlichen Erfahrungssatz zu widerlegen[76]. Diese Grundsätze gelten auch für die Augenscheinseinnahme. Der Antrag, einen in den Gerichtssaal gebrachten Gegenstand zu besichtigen, darf nicht mit der Begründung abgelehnt werden, daß das Gegenteil der dadurch angeblich beweisbaren Tatsache offenkundig ist[77].

d) **Mangelnder Sachzusammenhang.** Die Ablehnung von Anträgen auf Erhebung nicht präsenter Beweise ist nach § 244 Abs. 3 Satz 2 wegen Bedeutungslosigkeit der Beweistatsache zulässig. Bedeutungslos im Sinne dieser Vorschrift ist eine Tatsache, wenn ein Zusammenhang zwischen ihr und der abzuurteilenden Tat nicht besteht oder wenn sie trotz eines solchen Zusammenhangs nicht geeignet ist, die Entscheidung irgendwie zu beeinflussen[78]. § 245 Abs. 2 Satz 3 faßt den Ablehnungsgrund der Unerheblichkeit wesentlich enger[79]. Der Antrag darf nur abgelehnt werden, wenn zwischen der Beweistatsache und dem Gegenstand der Urteilsfindung kein Zusammenhang besteht, wenn es also an der Sachbezogenheit der

---

73 Die Entscheidung halten für zutreffend: LR *Gollwitzer* § 244 Rdnr. 165; *Hanack* JZ 1972 S. 114 (115); ablehnend dagegen: *Ad. Arndt* NJW 1963 S. 432 (434); *Schroeder* ROW 1969 S. 193 (198/199). *Eb. Schmidt* (Nachtr. § 244 Rdnr. 11) hält den Zeugen für ein ungeeignetes Beweismittel. Vgl. auch oben S. 632 Fußn. 98. Daß eine Zeugenvernehmung unzulässig sein kann, wenn sie den Zeugen in Lebensgefahr bringt, ist auch die Ansicht der Entscheidungen BGHSt. 30 S. 34 (37) und OLG Koblenz NStZ 1981 S. 450 (451).
74 Vgl. *Köhler* S. 62/63.
75 Vgl. oben S. 567.
76 Vgl. die Amtl. Begründung des Reg. Entwurfs des StVÄG 1979 (BT-Drucks. 8/976 S. 53). A. A. *Hagemann* S. 105/106, die zu Unrecht eine Auslegung des § 245 Abs. 2 Satz 3 dahin, daß der Antrag auch wegen Offenkundigkeit des Gegenteils der Beweistatsache abgelehnt werden kann, für möglich hält.
77 Vgl. LR-EB *Gollwitzer* § 245 Rdnr. 33.
78 Vgl. oben S. 579/580.
79 Daß der mangelnde Sachzusammenhang ein Unterfall der Bedeutungslosigkeit ist, wird allgemein angenommen; vgl. *Kleinknecht* § 245 Rdnr. 28; LR-EB *Gollwitzer* § 245 Rdnr. 35; *Marx* NJW 1981 S. 1415 (1416 ff.); *Rieß* NJW 1978 S. 2265 (2270).

Beweistatsache völlig fehlt[80]. Diese gesetzliche Regelung stimmt mit der erweiternden Auslegung des Begriffs Unzulässigkeit in § 245 durch die Rechtsprechung[81] überein[82]. Im Schrifttum wird der Ablehnungsgrund für überflüssig gehalten, weil darin ohnehin nur ein Indiz für die Verschleppungsabsicht des Antragstellers liege[83]. In Wahrheit ist es umgekehrt. Ob der Antragsteller nichts anderes als die Verfahrensverschleppung beabsichtigt, kann nur aus den objektiv festgestellten Tatsachen geschlossen werden. Der Möglichkeit, bereits aufgrund dieser Tatsachen von der Beweiserhebung abzusehen, muß unbedingt der Vorzug gegeben werden.

Die Abgrenzung zwischen der bloßen Bedeutungslosigkeit, die kein Ablehnungsgrund nach § 245 Abs. 2 Satz 3 ist[84], und der völligen Sachfremdheit[85] gilt als außerordentlich schwierig, wenn nicht überhaupt unmöglich[86]. Das erscheint unrichtig. In der Regel ist es durchaus möglich, die völlige Sachfremdheit einer Beweistatsache zu erkennen. Maßgebend ist immer, ob ein Zusammenhang zwischen der Beweistatsache und dem Gegenstand der Urteilsfindung überhaupt in Betracht kommt. Das ist stets der Fall, wenn die Tatsache nur aus rechtlichen Gründen unerheblich ist[87]. Die Ablehnung des Beweisantrags nach § 245 Abs. 2 Satz 3 ist dann ausgeschlossen[88]. Demnach ist das Gericht gezwungen, sich von dem Angeklagten herbeigeschaffte Beweismittel aufdrängen zu lassen, die seine Unschuld in einem Verfahren beweisen sollen, das wegen eines Prozeßhindernisses einzustellen ist. Der Angeklagte kann auch verlangen, daß über seine Unschuld

---

80 Vgl. *Marx* NJW 1981 S. 1415 (1420), der mit Recht eine restriktive Auslegung der Vorschrift verlangt. Auch *Rudolphi* (JuS 1978 S. 864 [866]) und *Hagemann* (S. 102) fordern eine vorsichtige und einschränkende Anwendung der Bestimmung.
81 Vgl. oben S. 799/800.
82 Vgl. die Amtl. Begründung des Reg. Entwurfs des StVÄG 1979 (BT-Drucks. 8/976 S. 53).
83 *Köhler* NJW 1979 S. 348 (351); vgl. auch KK *Herdegen* § 245 Rdnr. 15.
84 Schon zum früheren Recht wurde überwiegend die Ansicht vertreten, daß von der Beweiserhebung nicht wegen bloßer Unerheblichkeit der Beweistatsache abgesehen werden darf; vgl. RGSt. 1 S. 225 (226); S. 241 (244); S. 366 (367); 45 S. 138 (141); 54 S. 257 (258); 65 S. 304 (305) = JW 1932 S. 58 (59) mit Anm. *Alsberg*; RGRspr. 1 S. 660 (661); 3 S. 538; 6 S. 57 (58); 9 S. 322; RG JW 1890 S. 147 (148); 1933 S. 2524 (2525); RG GA 46 S. 210; RG SeuffBl. 73 S. 940; KG JW 1925 S. 1539; OLG Celle NJW 1962 S. 2315; OLG Hamburg NJW 1965 S. 1238 (1239); LR *Gollwitzer* § 245 Rdnr. 12; *Beling* S. 377 ff.; *Gerland* S. 362; *Hanack* JZ 1972 S. 114 (116); *Oetker* S. 689; *Rieker* S. 104; *Schroeder* JR 1974 S. 340; *Simader* S. 116, 129; *Stützel* S. 10, 63/64, 83; *Völcker* S. 36; *Wagner* JuS 1972 S. 315 (317). – A. A. *Ditzen* ZStW 10 S. 111 (158); 11 S. 461 (469); zu *Dohna* S. 168 ff., 173 und DJZ 1911 Sp. 305 (307); *von Kries* S. 554. Vgl. auch RG Recht 1909 Nr. 1084 und 2764, wo die Verlesung eines als Beweismittel dienenden Buches in vollem Umfang auch insoweit für erforderlich gehalten wurde, als kein Interesse an der Aufklärung seines Inhalts bestand.
85 Vgl. zu diesem Unterfall der Unerheblichkeit oben S. 587.
86 Vgl. LR *Gollwitzer* § 245 Rdnr. 32; zu *Dohna* DJZ 1911 Sp. 305 (306); *Schroeder* JR 1974 S. 340 (341) und ROW 1969 S. 193 (197). Vgl. auch RGSt. 45 S. 138 (142).
87 Vgl. dazu oben S. 580 ff.
88 A. A. KMR *Paulus* § 245 Rdnr. 41.

weitere Beweise erhoben werden, obwohl bereits feststeht, daß er jedenfalls wegen der Unmöglichkeit des Schuldnachweises freizusprechen ist. Das Gericht ist sogar verpflichtet, auf Verlangen der Prozeßbeteiligten Beweise über Umstände zu erheben, deren Nachweis die Anwendung der Strafbestimmung überhaupt nicht voraussetzt[89]. Da das Gesetz, indem es in § 245 Abs. 2 Satz 3 die Ablehnungsbefugnis des Gerichts auf den Fall der Bedeutungslosigkeit wegen Fehlens irgendeines Sachzusammenhangs beschränkt hat, dem Antragsteller das Recht auf Erhebung so überflüssiger Beweise gibt, ist auch die Ablehnung unter dem Gesichtspunkt der Verschleppungsabsicht, deren Nachweis ohnehin schwer zu führen ist[90], nicht ohne weiteres möglich.

e) Die **völlige Ungeeignetheit des Beweismittels** ist auch im Anwendungsgebiet des § 245 Abs. 2 ein zulässiger Ablehnungsgrund. Im Schrifttum wird darin ein verfehlter Schritt zur Eröffnung problematischer Beweisantizipationen gesehen[91]. Jedoch erscheint eine gesetzliche Regelung, die dem Angeklagten und seinem Verteidiger verwehrt, Hellseher, Parapsychologen und ähnliche »Sachkundige« als Sachverständige vorzuführen[92], durchaus sachgerecht. Ein Beweismittel, von dem von vornherein feststeht, daß es keine verwertbaren Ergebnisse bringen kann, muß das Gericht auch nach der gesetzlichen Neuregelung nicht deshalb benutzen, weil ein Prozeßbeteiligter es im Gerichtssaal vorführt. Die völlige Ungeeignetheit ist wie bei § 244 Abs. 3 Satz 2 ohne jeden Rückgriff auf das Ergebnis der bisherigen Beweisaufnahme ausschließlich nach den Eigenschaften des Beweismittels selbst zu beurteilen. Das muß schon nach der genannten Vorschrift unter Anlegung strenger Maßstäbe geschehen[93]. Bei der Anwendung des § 245 Abs. 2 Satz 3 ist eine noch engere Auslegung geboten. Verwandtschaftliche Beziehungen, der Verdacht der Tatbeteiligung und ähnliche Umstände berechtigen niemals dazu, von der Vernehmung eines präsenten Zeugen abzusehen. Es besteht auch kein Grund, die Vernehmung eines solchen Zeugen mit der Begründung abzulehnen, es erscheine ausgeschlossen, daß er sich an die in sein Wissen gestellten Wahrnehmungen nach so langer Zeit noch erinnern könne[94]. Da ohne zeitliche Verzögerung festgestellt werden kann, ob er sich tatsächlich noch erinnert, muß der Zeuge auch dann vernommen werden, wenn ein Beweisantrag auf seine Vernehmung nach § 244 Abs. 3 Satz 2 abgelehnt werden könnte[95]. Andererseits muß das Gericht sich auch im Anwendungsbereich des § 245 Abs. 2 keine Sachverständigengutachten aufzwingen lassen, wenn völlig sicher ist, daß es dem Sachverständigen an den

89 Vgl. oben S. 799.
90 Vgl. oben S. 643.
91 *Köhler* S. 77 und NJW 1979 S. 340 (351). Auch *Hagemann* (S. 100 ff.) und *Marx* (NJW 1981 S. 1415 [1416]) halten die gesetzliche Regelung für einen Mißgriff.
92 Die Ansicht von *Hagemann* (S. 100 Fußn. 401), das sei keine Frage der Ungeeignetheit, solche Personen seien vielmehr schlechthin keine Beweismittel im Sinne der Strafprozeßordnung, ist unrichtig. Bei Beweisanträgen nach § 244 Abs. 3 ist die Ablehnung wegen Offenkundigkeit des Gegenteils der Beweistatsache geboten (vgl. oben S. 557).
93 Vgl. oben S. 602, 611.
94 Vgl. oben S. 615 ff.
95 Ebenso *Köhler* NJW 1979 S. 348 (351).

notwendigen Anknüpfungstatsachen fehlt. Die Ablehnung mit der Begründung, der Sachverständige kenne nicht die Anknüpfungstatsachen, deren er für sein Gutachten bedarf, ist allerdings unzulässig, wenn das Gericht ohne weiteres in der Lage ist, sie ihm zugänglich zu machen, insbesondere durch zeitweise Überlassung der Akten. Hiervon darf nur abgesehen werden, wenn ein begründetes Mißtrauen gegen den Sachverständigen vorliegt[96]. Bloße Zweifel an der Sachkunde des von einem Prozeßbeteiligten vorgeladenen Sachverständigen berechtigen nicht dazu, seine Anhörung abzulehnen[97]. Als völlig ungeeignet darf aber die Vernehmung eines Sachverständigen bezeichnet werden, wenn offensichtlich ist, daß ihm die Fähigkeiten fehlen, deren es für eine sachverständige Begutachtung bedarf[98]. Das bedeutet allerdings nicht, daß der Geladene Fachmann im Sinne des § 75 Abs. 1 sein muß[99]. Daß auch ein Sachverständiger vernommen werden muß, dessen unbedingte Eignung erst bei seiner Vernehmung geprüft werden kann, ergibt sich aus § 69 Abs. 2 in Verbindung mit § 72. Andererseits trifft es nicht zu, daß sich im allgemeinen nur bei der Vernehmung selbst herausstellt, ob ein Sachverständiger die erforderlichen Eigenschaften besitzt, und das Gericht seine Vernehmung nicht von vornherein ablehnen dürfe[100]. Denn die Feststellung der Qualifikation eines vorgeladenen Sachverständigen untersteht den Regeln des Freibeweises[101].

f) **Verschleppungsabsicht (Scheinbeweisanträge).** Wegen Verschleppungsabsicht durfte die Erhebung präsenter Beweise schon nach früherem Recht[102] abgelehnt werden. Diesen Ablehnungsgrund sieht auch § 245 Abs. 2 Satz 3 vor[103]. Allerdings wird der Fall der Verschleppungsabsicht im eigentlichen Sinne, d. h. die Stellung eines Scheinbeweisantrags ausschließlich zu dem Zweck, das Verfahren zu verzögern[104], selten in Betracht kommen, wenn das Beweismittel präsent ist[105]. Ganz unmöglich ist das aber nicht. Es ist z. B. denkbar, daß der Antragsteller mehrere tausend Urkunden mitbringt oder ganze Jahrgänge von Zeitungen vorlegt, deren vollständige Verlesung er zum Zweck der Feststellung verlangt, daß bestimmte Behauptungen dort nicht verbreitet worden sind[106]. Häufiger wird der Fall sein, daß Verschleppungsabsicht im weiteren Sinn vorliegt, der Antragsteller also ausschließlich Zwecke verfolgt, die verfahrensfremd sind und seinen Verteidigungsinteressen nicht dienen können[107]. Dabei wird es sich vor allem um Beweisvorfüh-

---

96 Vgl. *Manasse*, Der Sachverständige, 1928, S. 34.
97 Vgl. LR *Gollwitzer* § 245 Rdnr. 15; vgl. auch RG JW 1930 S. 638 mit Anm. *Alsberg*.
98 Vgl. LR *Gollwitzer* a.a.O.; *Ditzen* S. 23; *Oetker* S. 690/691; *Rieker* S. 104; *Stützel* S. 44, 72; *Völcker* S. 38; a. A. *Gerland* S. 362; *Rosenberg* DJZ 1926 Sp. 1701 (1702).
99 Vgl. *von Kries* S. 386 Fußn. 1; zu eng *Glaser* I S. 689 ff.
100 So aber *Mamroth* § 244 Anm. 3.
101 Vgl. oben S. 778.
102 Erstmals ließ § 245 i. d. F. des Gesetzes vom 27. 12. 1926 (vgl. oben S. 6) die Ablehnung der Erhebung präsenter Beweise wegen Verschleppungsabsicht zu.
103 Zu den Voraussetzungen der Ablehnung eines Beweisantrags wegen Verschleppungsabsicht vgl. oben S. 635 ff.
104 Vgl. oben S. 642.
105 KMR *Paulus* § 244 Rdnr. 433 hält den Ablehnungsgrund für praktisch bedeutungslos.
106 Ähnlich *Kühne* Rdnr. 462.
107 Vgl. oben S. 637 ff.

rungen handeln, mit denen Tatsachen bewiesen werden sollen, die mit dem Gegenstand des Verfahrens, mit der zur Aburteilung stehenden Tat, in keinem noch so losen Zusammenhang stehen. Um zu verhindern, daß die Hauptverhandlung zu derart überflüssigen Beweiserhebungen benutzt wird, bedarf es aber des Ablehnungsgrundes der Verschleppungsabsicht nicht. Näher liegt dann der nach § 245 Abs. 2 Satz 3 ebenfalls zugelassene Ablehnungsgrund des fehlenden Sachzusammenhanges[108]. Die Ablehnung wegen Verschleppungsabsicht wird daher im Anwendungsbereich des § 245 Abs. 2 eine noch geringere Rolle spielen als bei § 244 Abs. 3 Satz 2.

4. Entscheidung über den Beweisantrag

Wie bei den Beweisanträgen nach § 244 Abs. 3 ist der Vorsitzende berechtigt, von sich aus dem Beweisverlangen stattzugeben[109]. Daß er, wenn die Beweisaufnahme schon unter dem Gesichtspunkt der Aufklärungspflicht nach § 244 Abs. 2 erforderlich erscheint, die Stellung eines Beweisantrags nicht erst abzuwarten braucht, sondern den Beweis von sich aus erheben kann, ist selbstverständlich. Aber auch sonst ist er im Interesse einer Beschleunigung der Verhandlung berechtigt, die vorgeführten Beweise sofort zu erheben, sofern das nicht unzulässig ist[110]. Eine Entscheidung des Gerichts kann hiergegen nicht verlangt werden[111].

Eine dem § 244 Abs. 6 entsprechende Vorschrift enthält § 245 Abs. 2 nicht. Gleichwohl kann nicht zweifelhaft sein, daß der Beweisantrag durch einen Beschluß des Gerichts abgelehnt werden muß und daß dieser Beschluß mit Gründen zu versehen (§ 34) und in der Hauptverhandlung bekanntzumachen ist (§ 35 Abs. 1)[112]. Die Begründungserfordernisse unterscheiden sich nicht von denjenigen, die bei Anträgen auf Verwendung nicht präsenter Beweise gestellt werden[113]. Der Ablehnungsbeschluß muß vor Schluß der Beweisaufnahme bekanntgemacht werden. Das Unterlassen wird nicht dadurch geheilt, daß die Gründe im Urteil nachgeschoben werden[114].

III. Beweiserhebung

Das von einem Prozeßbeteiligten herbeigeschaffte Beweismittel, dessen Verwendung der Vorsitzende angeordnet oder das Gericht auf einen Antrag nach § 245

---

108 *Köhler* S. 73/74 meint daher, daß dieser Ablehnungsgrund in dem der Verschleppungsabsicht enthalten sei.
109 LR-EB *Gollwitzer* § 245 Rdnr. 25, 42. Vgl. auch RGRspr. 2 S. 156 (159); S. 160; RG DJZ 1914 Sp. 1863: Der Vorsitzende kann von sich aus die Beweisaufnahme auf Beweismittel erstrecken, die bisher nicht vorgesehen waren.
110 Vgl. LR-EB *Gollwitzer* § 245 Rdnr. 42.
111 Vgl. LR-EB *Gollwitzer* § 245 Rdnr. 46.
112 Vgl. KK *Herdegen* Rdnr. 16; *Kleinknecht* Rdnr. 25; LR-EB *Gollwitzer* Rdnr. 25; alle zu § 245; *Rieß* NJW 1978 S. 2265 (2270).
113 Vgl. im einzelnen oben S. 756 ff.
114 Vgl. oben S. 765.

Abs. 2 Satz 1 beschlossen hat, ist, anders als das Beweismittel, das auf Anordnung des Gerichts herbeigeschafft worden ist, nicht das gemeinschaftliche Beweismittel aller Prozeßbeteiligten. Nach § 245 Abs. 2 Satz 1 ist das Gericht zur Erstreckung der Beweisaufnahme auf die ihm vorgeführten Beweismittel nur verpflichtet, wenn ein Beweisantrag gestellt ist. Das bedeutet zwar, daß es den Beweis erheben muß, wenn es dem Beweisantrag stattgegeben hat, nicht aber, daß die Zustimmung aller Prozeßbeteiligten erforderlich ist, wenn es gleichwohl von der Beweiserhebung absehen will. Hierzu genügt vielmehr, wie im Fall des Beweisantrags nach § 244 Abs. 3, die Zustimmung desjenigen Prozeßbeteiligten, der den Beweisantrag gestellt oder sich ihm angeschlossen hat. Ebenso wie er den Antrag vor seiner Bescheidung zurücknehmen kann, steht es auch in seinem Belieben, auf die schon beschlossene Beweiserhebung zu verzichten. Die anderen Prozeßbeteiligten müssen, da § 245 Abs. 1 Satz 2 nur für die vom Gericht herbeigeschafften Beweismittel gilt, eine Verzichtserklärung nicht abgeben. Jeder von ihnen kann jedoch versuchen, die Beweiserhebung dadurch zu erzwingen, daß er seinerseits einen Beweisantrag nach § 245 Abs. 2 Satz 1 stellt[115].

Das Gericht ist nur verpflichtet, das Beweismittel in der Eigenschaft und in dem Umfang zu benutzen, in dem es dem Gericht vorgeführt und seine Erhebung beschlossen worden ist. Maßgebend dafür ist der Beweisantrag nach § 245 Abs. 2 Satz 1. Hat er die Vernehmung einer Beweisperson als Zeuge zum Inhalt, so muß sie nicht als Sachverständiger vernommen werden[116]; ebensowenig braucht ein benannter Sachverständiger als Zeuge gehört zu werden[117]. Eine Urkunde, deren Verlesung beantragt ist, muß nicht in Augenschein genommen werden.

Im übrigen ist der Umfang der Verwendungspflicht der gleiche wie bei den Beweisen, die aufgrund eines Beweisantrags nach § 244 Abs. 3 herbeigeschafft und benutzt werden. Bei persönlichen Beweismitteln bezieht sich die Vernehmungspflicht nicht nur auf diejenigen Tatsachen oder Erfahrungssätze, die in das Wissen der Auskunftsperson gestellt sind, sondern sie ist allgemein darüber zu vernehmen, was sie zur Sache beitragen kann[118]. Da die Prozeßbeteiligten berechtigt sind, die Beweisperson zu befragen, kann sich das Gericht aber mit einer kurzen Vernehmung begnügen und es den Prozeßbeteiligten überlassen, ihrerseits Fragen zu stellen[119].

---

115 Daß der Antragsteller nicht unbedingt derselbe Prozeßbeteiligte sein muß, der das Beweismittel herbeigeschafft hat, ist oben S. 821 dargelegt.
116 OLG Stuttgart Justiz 1971 S. 312 = OLGSt. § 245 S. 7.
117 Vgl. *Rieker* S. 102; oben S. 794 ff.
118 A. A. *Simader* S. 76.
119 Vgl. *Alsberg* JW 1927 S. 1490.

Vierter Hauptteil   Eingeschränkte Beweiserhebungspflicht in besonderen Verfahrensarten und bei Schätzungen

§ 1   Privatklageverfahren

  I. Rechtsentwicklung 833
  II. Bestimmung des Umfangs der Beweisaufnahme durch das Gericht 834
  III. Bescheidung der Beweisanträge 835

I. Rechtsentwicklung

Nach § 384 Abs. 3 bestimmt in Privatklagesachen das Gericht unbeschadet des § 244 Abs. 2 den Umfang der Beweisaufnahme. Die Vorschrift ist in der Strafprozeßordnung das einzige Überbleibsel[1] der ursprünglich alle Strafsachen geringerer Bedeutung betreffenden Regelung des § 245 (bis 1924: § 244) Abs. 2[2], die nach der Ausnahmeverordnung vom 14. 6. 1932 und später nach § 245 Abs. 1 Satz 1 in der Fassung des Gesetzes vom 28. 6. 1935 für alle Amtsgerichts-, Schöffengerichts- und Berufungsverfahren galt, bis § 24 der Verordnung vom 1. 9. 1939 den Umfang der Beweisaufnahme in allen Verfahren in das Ermessen des Gerichts stellte[3]. Als bei der Neufassung der Strafprozeßordnung durch das Vereinheitlichungsgesetz vom 12. 9. 1950[4] das Recht der Prozeßbeteiligten, durch Beweisanträge Einfluß auf den Umfang der Beweisaufnahme zu nehmen, wiederhergestellt wurde, behielt § 384 Abs. 3 die einschränkende Regelung des früheren Rechts für Privatklagesachen bei. Der Gesetzgeber schätzt die Bedeutung dieser Verfahren so gering ein, daß er es nach wie vor für vertretbar hält, den Umfang der Beweisaufnahme in das durch die Sachaufklärungspflicht nach § 244 Abs. 2 gebundene Ermessen des Gerichts zu stellen. Diese gesetzgeberische Entscheidung ist schon deshalb sachgerecht, weil in Privatklagesachen die Bemühungen der Prozeßbeteiligten, das Gericht zu Beweiserhebungen zu veranlassen, oft in keinem angemessenen Ver-

---

[1] Nach § 436 Abs. 2 ist zwar auch auf Beweisanträge des Einziehungsbeteiligten zur Schuldfrage § 244 Abs. 3 Satz 2, Abs. 4 bis 6 nicht anzuwenden. Die Vorschrift gilt aber nicht, wie § 384 Abs. 3, allgemein für eine bestimmte Verfahrensart (vgl. im einzelnen oben S. 376).

[2] Die Vorschrift stellte den Umfang der Beweisaufnahme in Verhandlungen vor den Schöffengerichten und, sofern die Verhandlung eine Übertretung betraf oder auf erhobene Privatklage erfolgte, vor den Landgerichten in der Berufungsinstanz in das Ermessen des Gerichts. Erst Nr. 1 des Gesetzes vom 22. 12. 1925 (RGBl. I S. 475) schränkte sie auf Übertretungs- und Privatklagesachen ein. Vgl. dazu oben S. 6.

[3] Vgl. dazu oben S. 8.

[4] BGBl. S. 455.

hältnis zur Bedeutung der Sache stehen. Das Gericht muß davor geschützt werden, in die mit dem bloßen Interesse an vollständiger Sachaufklärung häufig nicht mehr erklärbare Betriebsamkeit der Prozeßbeteiligten eingespannt zu werden. Es muß berechtigt sein, die Beweisaufnahme auf solche Beweiserhebungen zu beschränken, die durch die Aufklärungspflicht geboten sind[5].

Bei der Auslegung des § 384 Abs. 3 können Rechtsprechung und Schrifttum zu § 245 Abs. 2 in der bis 1935 geltenden Fassung, zu der Ausnahmeverordnung von 1932, zu § 245 Abs. 1 Satz 1 in der Fassung von 1935 und zu § 24 der Verordnung vom 1. 9. 1939 herangezogen werden. Für den mit § 384 Abs. 3 textgleichen § 77 OWiG und den inhaltlich übereinstimmenden § 78 Abs. 3 Satz 1 JGG gelten dieselben Auslegungsgrundsätze. Nachstehend wird die Rechtslage jedoch nicht einheitlich, sondern für jede dieser Bestimmungen aufgrund der hierzu ergangenen Rechtsprechung und des jeweils einschlägigen Schrifttums dargestellt. Wegen der überragenden praktischen Bedeutung des § 77 OWiG liegt dort das Schwergewicht der für die beiden anderen Vorschriften ebenfalls zutreffenden Darstellung der eingeschränkten Beweiserhebungspflicht.

II. Bestimmung des Umfangs der Beweisaufnahme durch das Gericht

Auch in Privatklagesachen findet die Beweisaufnahme zur Schuld- und Rechtsfolgenfrage in der Hauptverhandlung nach den Grundsätzen des Strengbeweises statt. Die Vorschrift des § 384 Abs. 3 bedeutet aber eine Ausnahme von dem Grundsatz, daß der Umfang der Beweisaufnahme in der Hauptverhandlung nicht vom Gericht, sondern von den Prozeßbeteiligten bestimmt wird. Sie nimmt den Prozeßbeteiligten zwar nicht das Recht, Beweisanträge zu stellen[6]; solche Anträge sind aber lediglich Anregungen, denen das Gericht nur entsprechen muß, wenn das zur weiteren Aufklärung des Sachverhalts erforderlich erscheint[7]. Allein die Pflicht zur Amtsaufklärung ist, wie der Hinweis auf § 244 Abs. 2 klarstellt, der Maßstab für die Befugnis, Beweisanträge abzulehnen[8]. Wie immer in solchen Fällen[9] ist das Gericht an die Ablehnungsgründe des § 244 Abs. 3 und 4 nicht gebunden[10]. Liegt

---

5 Vgl. *Woesner* NJW 1959 S. 704 (706); zweifelnd *Eb. Schmidt* Nachtr. § 384 Rdnr. 4, der aber wohl die praktischen Erfahrungen mit Privatklägern und ihren oft widerklagenden Prozeßgegnern nicht genügend berücksichtigt.

6 Vgl. KK *von Stackelberg* § 385 Rdnr. 4; *Eb. Schmidt* Nachtr. § 384 Rdnr. 5; *Schorn* Privatklage S. 115; *Woesner* a.a.O.

7 Etwa wenn die Aussage des einzigen Tatzeugen durch weitere Beweismittel entkräftet werden soll; vgl. OLG Köln DRiZ 1931 Nr. 539.

8 So schon für das frühere Recht: BayObLG JW 1930 S. 2972 mit Anm. *Engisch*; KG JW 1930 S. 1101; OLG Dresden JW 1931 S. 2591 mit Anm. *Stern*; *Lauterbach* JR 1930 S. 253 (256).

9 Vgl. für Beweisanregungen anderer Art oben S. 73, 87/88, 147.

10 OLG Köln JMBlNRW 1955 S. 131 (132); *Kleinknecht* § 384 Rdnr. 3; *Eb. Schmidt* Nachtr. § 384 Rdnr. 5; *Dahs* Hdb. Rdnr. 906; *Dürwanger/Dempewolf* S. 417; *Roxin* § 61 F III 4; *Peters* S. 547; *Schorn* Privatklage S. 115; *Woesner* NJW 1959 S. 704. – A. A. *Engels* S. 54 und GA 1981 S. 21 (33) sowie alle anderen Autoren, die die Reichweite der Absätze 2 und 3 des § 244 für identisch halten (vgl. oben S. 26 ff.).

einer dieser Ablehnungsgründe vor, so rechtfertigt das aber ohne weiteres die Ablehnung des Beweisantrags. Das Verbot der Vorwegnahme der Beweiswürdigung gilt nicht[11]. Anträge dürfen daher auch abgelehnt werden, wenn aufgrund der bisherigen Beweisaufnahme das Gegenteil der Beweistatsache bereits erwiesen ist und das neue Beweismittel nicht geeignet erscheint, die Überzeugung des Gerichts zu erschüttern[12]. Da das Gericht den Umfang der Beweisaufnahme bestimmt, ist es auch nicht verpflichtet, die präsenten Beweismittel nach § 245 Abs. 1 zu verwenden[13]. Den Anträgen der Prozeßbeteiligten, die von ihnen herbeigeschafften Beweismittel zu benutzen, insbesondere die nach § 386 Abs. 2 von ihnen geladenen Zeugen und Sachverständigen zu vernehmen, braucht selbst dann nicht stattgegeben zu werden, wenn keiner der Ablehnungsgründe des § 245 Abs. 2 Satz 2 und 3 vorliegt. Die Ablehnung eines Beweisantrags mit einer widersprüchlichen oder durch Rechtsirrtum beeinflußten Begründung ist aber unter allen Umständen unzulässig[14]. Insbesondere darf der Beweisantrag nicht mit der Begründung abgelehnt werden, er sei verspätet gestellt; denn § 246 Abs. 1 gilt auch für das Privatklageverfahren[15].

III. Bescheidung der Beweisanträge

Das Verfahren bei der Bescheidung der Beweisanträge unterscheidet sich im Anwendungsbereich des § 384 Abs. 3 nicht von dem sonstigen Beweisantragsrecht. Insbesondere erfordert die Ablehnung von Beweisanträgen auch im Privatklage-

---

11 *Kleinknecht* Rdnr. 3; LR *Wendisch* Rdnr. 9; *Eb. Schmidt* Nachtr. Rdnr. 5 (der aber zu größter Vorsicht mahnt); alle zu § 384; *Schorn* Privatklage S. 115; *Woesner* NJW 1959 S. 704 (707). – Für § 245 Abs. 2 a. F. und Art. 3 § 1 der Ausnahmeverordnung vom 14. 6. 1932: RG JW 1933 S. 954 mit Anm. *Alsberg*; RG Recht 1918 Nr. 1641; BayObLG JW 1928 S. 2998 mit Anm. *Mamroth*; KG Recht 1929 Nr. 1412; OLG Düsseldorf Recht 1933 Nr. 625; OLG Hamburg GA 74 S. 81 (82); OLG Stuttgart HRR 1930 Nr. 185; *Bär* S. 3, 21; *zu Dohna* JW 1932 S. 2669 (2671); *H. J. Klee* S. 140; *Oetker* S. 696; *Simader* S. 23 mit weit. Nachw. in Fußn. 15. – Für § 24 der Verordnung vom 1. 9. 1939: RGSt. 74 S. 147; S. 153; 75 S. 11 (12); 77 S. 198 (200). – A. A. LG Berlin JW 1932 S. 2746; *Ad. Arndt* GA 76 S. 264 (266); *Engels* S. 54; *Lauterbach* JR 1930 S. 253 (257). Auch *Ditzen* S. 25 Fußn. 3, S. 29 ist der Meinung, Ausnahmen von dem Verbot könne es überhaupt nicht geben, hält aber gleichwohl (S. 27) die Ablehnung mit der Begründung, der Sachverhalt sei durch die bisherige Beweisaufnahme genügend aufgeklärt, für zulässig.
12 Vgl. *Dalcke/Fuhrmann/Schäfer* § 384 Anm. 3.
13 OLG Hamm JMBlNRW 1956 S. 131 = VRS 11 S. 59; KK *von Stackelberg* Rdnr. 4; *Kleinknecht* Rdnr. 3; LR *Wendisch* Rdnr. 11; *Eb. Schmidt* Nachtr. Rdnr. 5; alle zu § 384; *Dahs* Hdb. Rdnr. 906; *Dürwanger/Dempewolf* S. 417; *Engels* S. 14; *Peters* S. 547; *Woesner* NJW 1959 S. 704 (707). Das OLG Celle (HRR 1928 Nr. 803) verlangte für den Fall, daß präsente Zeugen nicht vernommen werden, eine »bewußte Entschließung« des Gerichts; hiergegen mit Recht *Lauterbach* JR 1930 S. 253 (255 Fußn. 11).
14 Vgl. für § 245 Abs. 2 a. F.: RGSt. 67 S. 97 (98) = JW 1933 S. 954 mit Anm. *Mannheim*. Für § 24 der Verordnung vom 1. 9. 1939: RGSt. 74 S. 147 (149).
15 LR *Wendisch* § 384 Rdnr. 8; *Eb. Schmidt* Nachtr. § 384 Rdnr. 5; *Schorn* Privatklage S. 115.

verfahren einen Gerichtsbeschluß[16], sofern der Antragsteller nicht, z. B. durch Stellung eines Hilfsbeweisantrags, hierauf verzichtet[17]. Das gilt auch für Anträge auf Verwendung präsenter Beweismittel nach § 245 Abs. 2. Der Beschluß muß nach § 34 mit Gründen versehen werden[18]. Lehnt das Gericht den Antrag aus einem der Gründe des § 244 Abs. 3 und 4 oder des § 245 Abs. 2 Satz 2 und 3 ab, so muß die Begründung den dort bezeichneten Voraussetzungen entsprechen[19]. Sonst genügt der Hinweis darauf, daß das Gericht den Sachverhalt für genügend geklärt oder das Gegenteil der Beweistatsache bereits für erwiesen hält[20]. Die Ansicht[21],

16 BayObLGSt. 1949/51 S. 347; KK *von Stackelberg* Rdnr. 4; *Kleinknecht* Rdnr. 3; LR *Wendisch* Rdnr. 8; alle zu § 384; *Bovensiepen* S. 103; *Dürwanger/Dempewolf* S. 416; *Peters* S. 547; *Schorn* Privatklage S. 115; *Woesner* NJW 1959 S. 704 (706). – Für § 245 Abs. 2 a. F. und die Ausnahmeverordnung von 1932: RGSt. 67 S. 97 (98) = JW 1933 S. 954 mit Anm. *Mannheim*; RG JW 1933 S. 954 (955) mit Anm. *Alsberg*; BayObLG JW 1928 S. 2998 mit Anm. *Mamroth*; JW 1930 S. 2972 mit Anm. *Engisch*; DRiZ 1928 Nr. 603; 1931 Nr. 132; KG JW 1928 S. 834 mit Anm. *Stern*; DJZ 1928 Sp. 1200; Recht 1927 Nr. 2627; 1929 Nr. 680; OLG Dresden JW 1927 S. 2075; 1929 S. 1076 mit Anm. *Mannheim*; DJZ 1932 Sp. 1556; HRR 1929 Nr. 1078; OLG Düsseldorf GA 75 S. 275 (277); OLG Hamburg GA 74 S. 81 (82); OLG Karlsruhe HRR 1928 Nr. 1859; OLG Köln DRiZ 1931 Nr. 539; OLG Königsberg HRR 1928 Nr. 293 = JW 1928 S. 434 mit Anm. *Mannheim*; OLG Stuttgart HRR 1930 Nr. 185; *Lauterbach* JR 1930 S. 283 (285); *Simader* S. 23; *Stern* JW 1928 S. 1883 (1884); *Stützel* S. 113. – Für § 24 der Verordnung vom 1. 9. 1939: RGSt. 74 S. 147 (150); 75 S. 11 (12/13). – A. A. OLG Celle HRR 1928 Nr. 803, das die Ablehnung in den Urteilsgründen genügen lassen wollte. *Völcker* S. 42 und *Wunderer* LZ 1926 Sp. 193 (195) hielten überhaupt keine Bescheidung für nötig.
17 Dann kann der Antrag auch im Privatklageverfahren im Urteil beschieden werden; vgl. BayObLGSt. 1949/51 S. 347; BayObLG JW 1930 S. 2972 mit Anm. *Engisch*; *Lauterbach* JR 1930 S. 253 (255); *Woesner* NJW 1959 S. 704 (706).
18 BayObLGSt. 1949/51 S. 347; BayObLG JW 1928 S. 2998 (2999) mit Anm. *Mamroth*; KG Recht 1929 Nr. 680; OLG Hamburg GA 74 S. 81 (82); LR *Wendisch* § 384 Rdnr. 8; *Bovensiepen* S. 103; *Sarstedt* S. 184 Fußn. 9; *Woesner* a.a.O. – A. A. OLG Düsseldorf GA 75 S. 275; OLG Hamburg HRR 1928 Nr. 1677; OLG Jena JW 1928 S. 1883 mit Anm. *Stern*; *Dürwanger/Dempewolf* S. 416, die zwar einen Beschluß, nicht aber dessen Begründung für erforderlich halten.
19 RGSt. 73 S. 153; KG Recht 1929 Nr. 1412 für die Unerheblichkeit der Beweistatsache; *Bruns* DR 1940 S. 2041 (2048).
20 BayObLGSt. 1949/51 S. 347; OLG Köln JMBlNRW 1955 S. 131 (132); *Dalcke/Fuhrmann/Schäfer* § 384 Anm. 3; *Dahs* Hdb. Rdnr. 906. Für § 245 Abs. 2 a. F.: BayObLG JW 1928 S. 2998 (2999) mit Anm. *Mamroth*; KG JW 1928 S. 834 mit Anm. *Stern*; DJZ 1928 Sp. 1200; Recht 1927 Nr. 2627; 1929 Nr. 1412; OLG Dresden JW 1931 S. 2591 mit Anm. *Stern*; DJZ 1932 Sp. 1556; OLG Düsseldorf Recht 1933 Nr. 702; OLG Königsberg JW 1928 S. 434 = HRR 1929 Nr. 293; OLG Stuttgart HRR 1930 Nr. 185; *Beling* S. 380 Fußn. 2; *Bruns* DR 1940 S. 2041 (2048); *K. Klee* GA 77 S. 81 (87); *Schlosky* JW 1930 S. 2505 (2506); *Stern* JW 1928 S. 1834. Das OLG Dresden (JW 1931 S. 1138 mit Anm. *Löwenstein*) ließ die Ablehnung mit der Begründung genügen, die Beweiserhebung sei nicht erforderlich; ebenso *Beling* S. 380 Fußn. 2.
21 *Kleinknecht* Rdnr. 3; LR *Wendisch* Rdnr. 8; *Eb. Schmidt* Nachtr. Rdnr. 5; alle zu § 384; *Bär* S. 22; *Lauterbach* JR 1930 S. 253 (255/256); *Mamroth* JW 1927 S. 2075; *Mannheim* JW 1928 S. 434; 1929 S. 1076; *Oetker* S. 697; *Schorn* Privatklage S. 115; *Simader* S. 230; *Stützel* S. 113; *Woesner* NJW 1959 S. 704 (706/707).

der Tatrichter müsse stets eine auf den Einzelfall abgestellte Begründung liefern, damit das Revisionsgericht den Ablehnungsbeschluß auf Rechtsfehler nachprüfen und der Antragsteller seine Verteidigung nach den Ablehnungsgründen einrichten kann, verdient keine Zustimmung. Die Begründung, daß die Sachaufklärungspflicht keine weitere Beweisaufnahme erfordert, ermöglicht es dem Antragsteller, sich darauf einzurichten, daß das Gericht das Gegenteil der Beweistatsache für erwiesen hält, und versetzt das Revisionsgericht in die Lage, die Verletzung der Aufklärungspflicht zu prüfen, wenn der Antragsteller sie unter Angabe der den Mangel begründenden Tatsachen (§ 344 Abs. 2 Satz 2) rügt. Auch eine Begründung dieser Art darf aber nicht zu Unklarheiten führen oder irreführend sein[22]. Unzulässig ist z. B. die Ablehnung des Beweisantrags mit der Begründung, die Beweisbehauptung sei durch die bisherige Beweisaufnahme widerlegt, »soweit sie rechtserheblich ist«[23]. Selbstverständlich darf sich das Urteil auch nicht in Widerspruch zu den Gründen des Ablehnungsbeschlusses setzen[24].

---

[22] *Woesner* NJW 1959 S. 704 (707).
[23] RG JW 1933 S. 954 (955) mit Anm. *Alsberg.*
[24] RGSt. 67 S. 97 (98) = JW 1933 S. 954 (955) mit Anm. *Mannheim* für den Fall, daß das Gericht die zugesagte Wahrunterstellung nicht einhält. Ein Rechtsfehler liegt auch vor, wenn das Gericht die Beweistatsache nicht in ihrem ganzen Inhalt und in ihrer wahren Bedeutung als wahr unterstellt; vgl. RGSt. 74 S. 147; RG DR 1940 S. 689; RG HRR 1940 Nrn. 841, 878; *Bruns* DR 1940 S. 2041 (2048).

§ 2 Vereinfachtes Jugendverfahren

Nach §§ 76 ff. JGG kann auf Antrag der Staatsanwaltschaft ein vereinfachtes Jugendverfahren stattfinden. Das setzt die Erwartung voraus, daß der Jugendrichter ausschließlich Weisungen erteilen, die Erziehungsbeistandschaft anordnen, Zuchtmittel verhängen, auf ein Fahrverbot erkennen oder den Verfall oder die Einziehung anordnen werde (§ 76 Satz 1 JGG). Auch im vereinfachten Jugendverfahren wird aufgrund einer mündlichen Verhandlung durch Urteil entschieden (§ 78 Abs. 1 Satz 1 JGG). Zur Vereinfachung, Beschleunigung und jugendgemäßen Gestaltung des Verfahrens darf aber nach § 78 Abs. 3 Satz 1 JGG von Verfahrensvorschriften abgewichen werden, soweit dadurch die Erforschung der Wahrheit nicht beeinträchtigt wird. Das schließt die Stellung von Beweisanträgen durch die Verfahrensbeteiligten nicht aus, bedeutet aber eine Freistellung des Gerichts von der Pflicht, Beweisanträge nur aus den Gründen der § 244 Abs. 3 und 4, § 245 Abs. 2 Satz 2 und 3 abzulehnen und die präsenten Beweise nach § 245 Abs. 1 zu erheben[1]. Die Annahme von *Brunner*[2], es sei unzulässig, Beweisanträge mit der Begründung abzulehnen, das Gericht sei schon vom Gegenteil der Beweistatsache überzeugt, trifft nicht zu. Denn wenn diese Begründung nicht zulässig wäre, bestünde eine Bindung an die Ablehnungsgründe des § 244 Abs. 3, die das Gesetz in § 78 Abs. 3 Satz 1 JGG gerade ausschließen will. Richtig ist nur, daß die Vorwegnahme der Beweiswürdigung nur in Ausnahmefällen in Betracht kommt, weil ihr grundsätzlich die Pflicht des Gerichts entgegensteht, den Sachverhalt von Amts wegen zu erforschen, und weil über den Wert oder Unwert eines Beweismittels im allgemeinen erst geurteilt werden kann, wenn der Beweis erhoben worden ist[3]. Das schließt jedoch nicht aus, daß der Richter beim Vorliegen besonderer Umstände einen Beweisantrag mit der Begründung ablehnen darf, der Sachverhalt sei durch die bisherige Beweisaufnahme genügend geklärt[4]. Es gelten mithin die gleichen

---

1 *Brunner* § 78 JGG Rdnr. 20; *Eisenberg* § 78 JGG Rdnr. 23. Vgl. auch *Dallinger/Lackner* § 78 JGG Rdnr. 17, die darauf hinweisen, daß der Richter in dem jugendlichen Angeklagten nicht das Gefühl der ungerechten Behandlung aufkommen lassen sollte, indem er erschienene Zeugen nicht anhört oder andere von dem Angeklagten herbeigeschaffte Beweismittel nicht zur Kenntnis nimmt.
2 § 78 JGG Rdnr. 20; ebenso *Eisenberg* § 78 JGG Rdnr. 23.
3 Vgl. *Dallinger/Lackner* § 78 JGG Rdnr. 16.
4 Vgl. *Dallinger/Lackner* a. a. O.

Grundsätze wie in den Fällen des § 384 Abs. 3 StPO[5] und des § 77 OWiG[6]. Auch für die Bescheidung des Beweisantrags durch einen mit Gründen versehenen Beschluß finden die bei der Anwendung dieser Vorschriften zu beachtenden Regeln Anwendung[7].

---

5 Vgl. oben S. 833.
6 Vgl. unten S. 840.
7 Vgl. *Eisenberg* § 78 JGG Rdnr. 23; oben S. 835 ff., unten S. 845 ff.

§ 3 Bußgeldverfahren

I. Ablehnung der Beweisanträge 840
   1. Behandlung der Beweisanträge als Beweisanregungen 840
   2. Ablehnung aus den Gründen des § 244 Abs. 3 Satz 2 und 3 840
   3. Ablehnung unter Vorwegnahme der Beweiswürdigung. 842
II. Bescheidung der Beweisanträge 845
   1. Erforderlichkeit eines Gerichtsbeschlusses 845
   2. Begründung des Beschlusses 846

I. Ablehnung der Beweisanträge

1. Behandlung der Beweisanträge als Beweisanregungen

Im Ordnungswidrigkeitenrecht sind an den Schuldnachweis keine geringeren Anforderungen zu stellen als im Strafverfahren[1]. Bereits das Ordnungswidrigkeitengesetz vom 25. März 1952[2] schrieb aber in § 55 Abs. 3 Satz 4 vor, daß das Gericht den Umfang der Beweisaufnahme bestimmt. In § 77 (ursprünglich § 78 Abs. 1) des Ordnungswidrigkeitengesetzes von 1968[3] ist die gleiche Regelung getroffen worden, jedoch in Anlehnung an § 384 Abs. 3 unter Hinweis auf die Sachaufklärungspflicht nach § 244 Abs. 2. Die Rechtsprechung wendet daher die Rechtsgrundsätze zu § 384 Abs. 3 entsprechend an[4], und es besteht nahezu Übereinstimmung darüber, daß das Gericht im Bußgeldverfahren Beweisanträge auch ablehnen darf, wenn die Ablehnungsgründe der § 244 Abs. 3 und 4, § 245 Abs. 2 Satz 2 und 3 nicht vorliegen[5], und daß auch präsente Beweismittel nicht

---

[1] BGHSt. 25 S. 365 (368); *Rebmann/Roth/Herrmann* § 77 OWiG Anm. 3; *Rotberg* § 77 OWiG Rdnr. 1.
[2] BGBl. I S. 177.
[3] Vom 24. 5. 1968 (BGBl. I S. 481), jetzt i. d. F. der Bekanntmachung vom 2. 1. 1975 (BGBl. I S. 80, 520).
[4] Vgl. etwa OLG Düsseldorf NJW 1970 S. 625; OLG Köln MDR 1970 S. 612.
[5] BGHSt. 12 S. 333 (334); BayObLGSt. 1970 S. 58 (59) = MDR 1970 S. 701; BayObLGSt. 1971 S. 138 (139) = VRS 41 S. 450 (451); BayObLGSt. 1975 S. 6 (7) = MDR 1976 S. 510; BayObLGSt. 1978 S. 170 (172) = MDR 1979 S. 603 = VRS 57 S. 28 (30); BayObLG bei *Rüth* DAR 1970 S. 268; 1977 S. 211; OLG Hamm DAR 1973 S. 192; VRS 41 S. 306 = MDR 1971 S. 948; VRS 43 S. 53 (54); 45 S. 311; 52 S. 205; 56 S. 357 (358); OLG Karlsruhe Justiz 1972 S. 41 (42); 1974 S. 432 = GA 1975 S. 219; VerkMitt. 1978 S. 7; VRS 51 S. 61 (62); 56 S. 377; OLG Köln VRS 47 S. 373; OLG Saarbrücken VRS 38 S. 446 (447); 46 S. 138 (139); OLG Stuttgart Justiz 1970 S. 115 (116); *Göhler* Rdnr. 12; *Rebmann/Roth/Herrmann* Anm. 5; *Rotberg* Rdnr. 1; alle zu § 77 OWiG; a. A. *Engels* GA 1981 S. 21 (33).

nach § 245 Abs. 1 benutzt werden müssen[6]. Beweisanträge sind immer nur Anregungen, denen das Gericht im Rahmen seiner Aufklärungspflicht nachkommen muß[7]. Es hat die Beweisaufnahme auf alle Beweismittel zu erstrecken, die der Sachaufklärung dienen und möglicherweise die Entscheidung beeinflussen können[8].

2. Ablehnung aus den Gründen des § 244 Abs. 3 Satz 2 und 3

Wie bei der Anwendung des § 384 Abs. 3 ist das Gericht auch im Bußgeldverfahren nicht gehindert, einen Beweisantrag aus einem der Gründe der § 244 Abs. 3 und 4, § 245 Abs. 2 Satz 2 und 3 abzulehnen[9]. Es muß dann aber die zu diesen Vorschriften entwickelten Rechtsgrundsätze beachten[10]. Auf die Regelung des § 244 Abs. 3 Satz 2 kann der Tatrichter zurückgreifen, wenn er einem Beweisantrag nicht stattgeben will, weil die Beweistatsache oder ihr Gegenteil offenkundig, das Beweismittel unerreichbar oder völlig ungeeignet oder die Beweistatsache schon erwiesen ist oder so behandelt werden kann, als wäre sie wahr[11]. Nur die in § 244 Abs. 3 Satz 2, § 245 Abs. 2 Satz 3 vorgesehene Ablehnung wegen Verschleppungsabsicht gibt keinen Sinn, weil sie unter allen Umständen voraussetzt, daß das Gericht selbst von der Aussichtslosigkeit einer weiteren Beweisaufnahme überzeugt ist[12]. Wenn das der Fall ist, kommt es aber nach § 77 OWiG, wie überall, wo das Gericht Beweise nur im Rahmen seiner Aufklärungspflicht erheben muß, auf den im Anwendungsbereich des § 244 Abs. 3 Satz 2 weiter vorausgesetzten Nachweis, daß sich auch der Betroffene dieser Aussichtslosigkeit bewußt ist und den Antrag nur zur Verfahrensverschleppung stellt[13], nicht mehr an. Ebensowenig braucht das Gericht bei der Ablehnung des Antrags nach § 77 OWiG darauf einzugehen, ob die Beweisaufnahme zu einer erheblichen Verfahrensverzögerung führen würde und ob es dem Betroffenen möglich und zumutbar gewesen wäre, Beweiserhebungen früher anzu-

---

6 OLG Hamm VRS 57 S. 35 (37); *Göhler* Rdnr. 12; *Rebmann/Roth/Herrmann* Anm. 5; *Rotberg* Rdnr. 1; alle zu § 77 OWiG; mißverständlich *Kleinknecht* § 245 Rdnr. 34, der § 245 sinngemäß anwenden will.
7 BGHSt. 12 S. 333 (335) zu § 82 WBG a. F.; BayObLG bei *Rüth* DAR 1970 S. 268; OLG Hamm NJW 1969 S. 2161; *Rebmann/Roth/Herrmann* § 77 OWiG Anm. 4.
8 BayObLGSt. 1970 S. 58 (59) = MDR 1970 S. 701; BayObLG bei *Rüth* DAR 1975 S. 211; OLG Hamm DAR 1973 S. 192; MDR 1972 S. 628; VRS 41 S. 56; 43 S. 53 (54); OLG Koblenz VRS 46 S. 302 (303); 48 S. 120 (121); *Göhler* § 77 OWiG Rdnr. 12; *Möhl* DAR 1970 S. 1 (8).
9 Vgl. *Göhler* § 77 OWiG Rdnr. 13.
10 BayObLGSt. 1976 S. 6 (7) = MDR 1976 S. 510.
11 Bei der Wahrunterstellung muß die Beweistatsache auch hier in ihrem wirklichen Sinne als wahr unterstellt werden (OLG Karlsruhe VRS 56 S. 467), und die Urteilsgründe dürfen damit nicht in Widerspruch stehen (BayObLG bei *Rüth* DAR 1979 S. 245).
12 Vgl. oben S. 641.
13 Vgl. oben S. 642 ff.

regen[14]. Wegen bloßer Verspätung der Antragstellung darf der Beweisantrag aber auch im Bußgeldverfahren nicht abgelehnt werden[15]. Wenn die Einnahme des richterlichen Augenscheins beantragt ist, gelten nach § 77 OWiG keine Besonderheiten gegenüber dem Strafverfahren; denn auch § 244 Abs. 5 StPO ermächtigt das Gericht, die Beweisaufnahme nach seinem Ermessen abzulehnen. Die für diese Vorschrift geltenden Grundsätze[16] müssen daher auch beachtet werden, wenn die Augenscheinseinnahme im Bußgeldverfahren abgelehnt wird[17].

3. Ablehnung unter Vorwegnahme der Beweiswürdigung

Die wesentliche Frage bei der Anwendung des § 77 OWiG ist, wann das Gericht, ohne gegen die Pflicht zur Sachaufklärung zu verstoßen, einen Beweisantrag auch dann ablehnen kann, wenn keiner der Gründe des § 244 Abs. 3 und 4 vorliegt. Nach herrschender Meinung zählt diese Vorschrift als Ergebnis einer jahrzehntelangen Rechtsprechung alle in Betracht kommenden Ablehnungsgründe im wesentlichen erschöpfend auf; darüber hinaus ist die Verweigerung der Beweiserhebung mit der Pflicht zur Sachaufklärung nur in Ausnahmefällen vereinbar[18]. Nach allgemeinen Grundsätzen bedeutet jede solche Ausnahme die Vorwegnahme der Beweiswürdigung[19]. Daß § 77 OWiG sie zuläßt, ist anerkannt[20]. Die Ansicht, sie sei in der Regel nicht[21] oder sie sei nur in ganz besonderen Ausnahmefällen[22] zulässig, besagt im Grundsatz nichts anderes. Das soll nur zum Ausdruck bringen,

---

14 Grundsätzlich a. A. *Göhler* § 77 OWiG Rdnr. 17, der es zu Unrecht für wesentlich hält, daß es im Bußgeldverfahren um weniger schwerwiegende Unrechtsfolgen geht. Entscheidend ist nicht dieser ohnehin fragwürdige Unterschied zwischen den beiden Verfahrensarten, sondern die Ermächtigung des § 77 OWiG, Beweisanträge ohne Rücksicht auf die Absichten des Antragstellers deshalb abzulehnen, weil das Gericht sicher ist, daß die, ernsthaft oder nur zum Schein begehrte, Beweiserhebung keine Aussicht auf Erfolg hat.
15 OLG Hamm MDR 1972 S. 628; OLG Köln OLGSt. § 78 OWiG S. 15 (16); *Göhler* Rdnr. 17; *Rebmann/Roth/Herrmann* Anm. 5; *Rotberg* Rdnr. 1; alle zu § 77 OWiG.
16 Vgl. oben S. 739 ff.
17 OLG Frankfurt VRS 46 S. 461; OLG Hamm MDR 1972 S. 970 = VRS 44 S. 114; OLG Koblenz VRS 48 S. 120 (122).
18 KG JR 1971 S. 166 (167) = VRS 39 S. 434 (436); OLG Karlsruhe GA 1975 S. 219; Justiz 1974 S. 432; OLG Köln VRS 41 S. 46 (48); OLG Saarbrücken VRS 46 S. 138 (139); *Göhler* § 77 OWiG Rdnr. 13 und DAR 1977 S. 1 (6); *Rebmann/Roth/Herrmann* § 77 OWiG Anm. 5; ebenso *Dallinger/Lackner* § 78 JGG Rdnr. 15.
19 Vgl. oben S. 411 ff.
20 BayObLGSt. 1970 S. 41 (42) = NJW 1970 S. 1202 (1203); BayObLGSt. 1971 S. 138 (139) = VRS 41 S. 450 (451); BayObLG bei *Rüth* DAR 1975 S. 211; KG JR 1971 S. 166 (167) = VRS 39 S. 434 (435); OLG Hamm VRS 52 S. 205; OLG Koblenz VRS 46 S. 302 (303); OLG Schleswig bei *Ernesti/Jürgensen* SchlHA 1971 S. 216; 1973 S. 192; 1975 S. 196; a. A. nur *Engels* S. 54/55.
21 OLG Hamm NJW 1969 S. 2161; MDR 1971 S. 599 (600) = VRS 41 S. 56; MDR 1972 S. 628 (629); S. 970 = VRS 44 S. 114 (115); VRS 43 S. 54 (55); OLG Karlsruhe Justiz 1974 S. 432; VRS 48 S. 375 (376); OLG Stuttgart Justiz 1970 S. 115 (116); *Rebmann/Roth/Herrmann* § 77 OWiG Anm. 5.
22 OLG Frankfurt VRS 46 S. 461.

daß die Grenze in der Rechtsprechung der Oberlandesgerichte – mit Recht – sehr eng gezogen wird[23].

Eine Vorwegnahme der Beweiswürdigung ist nur zulässig, wenn der Sachverhalt aufgrund verläßlicher Beweismittel bereits so eindeutig geklärt ist, daß die beantragte Beweiserhebung an der Überzeugung des Gerichts nichts ändern würde[24]. Dabei sind strenge Maßstäbe anzulegen; es darf für das Gericht kein vernünftiger Zweifel daran bestehen, daß die weitere Beweiserhebung keine Aussicht auf Erfolg hat[25]. Das Gewicht der bisherigen Beweiserhebung auf der einen und des Beweismittels, dessen zusätzliche Verwendung beantragt ist, auf der anderen Seite müssen nach dem Ergebnis der gesamten Beweislage abgewogen werden. Eine weitere Beweiserhebung darf nur unterbleiben, wenn die Möglichkeit, daß die Überzeugung des Gerichts durch sie noch erschüttert wird, vernünftigerweise ausgeschlossen erscheint[26]. Wenn das nur unwahrscheinlich ist, muß der Beweis erhoben werden[27]. Ähnlich wie im Fall des § 244 Abs. 5[28] verstößt es gegen die Aufklärungspflicht, die Ablehnung des Beweisantrags auf die vorweggenommene Würdigung

---

23 Der Vorwurf von *Göhler* (§ 77 OWiG Rdnr. 13), es sei der Rspr. bislang nur gelungen, einen äußerst schmalen Bereich aufzudecken, kann diese Rspr. nicht treffen. Denn mehr als dieser schmale Bereich trennt das Beweisantragsrecht nun einmal nicht von der Sachaufklärungspflicht (vgl. oben S. 31). Nicht die Obergerichte haben § 77 OWiG nahezu außer Kraft gesetzt (wie *Foth* DRiZ 1978 S. 76 meint), sondern die Weisung des Gesetzgebers, § 244 Abs. 2 zu beachten, nimmt der Vorschrift von vornherein jede weitreichende Bedeutung. Zu den Reformbestrebungen, die darauf abzielen, den Umfang der Aufklärungspflicht von der Bedeutung der Sache abhängig zu machen und dadurch auch die Ablehnung von Beweisanträgen zu erleichtern, vgl. *Göhler* DAR 1981 S. 333 (339 ff.).

24 BayObLGSt. 1970 S. 41 (42) = NJW 1970 S. 1202 (1203); BayObLG VRS 59 S. 211 (213); KG JR 1971 S. 166 (167) = VRS 39 S. 434 (435); OLG Celle NdsRpfl. 1981 S. 125; OLG Hamm VRS 41 S. 56 = MDR 1971 S. 599; VRS 45 S. 311; 55 S. 208; OLG Karlsruhe Justiz 1974 S. 432 = GA 1975 S. 219; Justiz 1974 S. 448; 1981 S. 247; VRS 48 S. 375 (376); 51 S. 61 (62); 56 S. 377; VerkMitt. 1978 S. 7; OLG Koblenz VRS 51 S. 443 (444/445); 52 S. 282; OLG Saarbrücken VRS 46 S. 138 (139/140); OLG Schleswig SchlHA 1975 S. 147; bei *Ernesti/Jürgensen* SchlHA 1973 S. 192; 1975 S. 195; OLG Stuttgart Justiz 1970 S. 115 (116); 1982 S. 263; VRS 49 S. 390 = JR 1975 S. 383 mit Anm. *Göhler*; KMR *Paulus* § 244 Rdnr. 142; *Göhler* § 77 OWiG Rdnr. 14; *Rebmann/Roth/Herrmann* § 77 OWiG Anm. 5.

25 BayObLG bei *Rüth* DAR 1974 S. 187; 1975 S. 211; 1979 S. 241; 1982 S. 263; KG JR 1971 S. 166 (167) = VRS 39 S. 434 (436); OLG Hamm VRS 44 S. 114 (116); 45 S. 311 (312); 52 S. 205; 56 S. 357 (358); OLG Karlsruhe GA 1975 S. 219 = Justiz 1974 S. 432; GA 1980 S. 60 = Justiz 1979 S. 338 = VRS 58 S. 50; VerkMitt. 1978 S. 7; VRS 48 S. 275 (276) = Justiz 1975 S. 110; VRS 51 S. 61 (62); 56 S. 277; OLG Koblenz OLGSt. § 244 Abs. 3 StPO S. 35 (36); OLG Köln OLGSt. § 78 OWiG S. 15 (16); VRS 41 S. 46 (48); 47 S. 373; OLG Schleswig bei *Ernesti/Jürgensen* SchlHA 1975 S. 196; OLG Stuttgart VRS 62 S. 459; *Rotberg* § 77 OWiG Rdnr. 1.

26 BayObLGSt. 1978 S. 170 (174) = VRS 57 S. 28 (31); OLG Hamm VRS 45 S. 311 (312); 52 S. 206 (207); OLG Karlsruhe VerkMitt. 1978 S. 7; OLG Köln VRS 46 S. 202 (203); *Göhler* § 77 OWiG Rdnr. 14; *Rebmann/Roth/Herrmann* § 77 OWiG Anm. 5.

27 *Göhler* a.a.O.; vgl. auch OLG Hamm VRS 43 S. 54 (55): nur bei völlig eindeutiger Beweislage.

28 Vgl. oben S. 743 ff.

gleichwertiger Beweismittel zu stützen, die für und gegen die Richtigkeit ein und derselben Beweistatsache sprechen. Ohne triftigen Grund darf insbesondere nicht davon ausgegangen werden, daß die Angaben eines Zeugen nicht durch die Bekundungen eines anderen Zeugen erschüttert werden können[29]. Grundsätzlich darf daher die Beweiserhebung nicht abgelehnt werden, wenn bisher nur ein oder einige wenige Zeugen zu der Beweisfrage gehört worden sind und der Beweisantrag Gegenzeugen benennt, die deren Glaubwürdigkeit erschüttern sollen[30].

Verlangt die weitere Sachaufklärung die Erhebung der beantragten Beweise, so darf sie nicht aus Gründen der Prozeßwirtschaftlichkeit oder zur Sicherung des Verfahrensfortgangs und -abschlusses unterbleiben. Daher ist es unzulässig, einen auf Vernehmung eines im Ausland befindlichen Zeugen gerichteten Beweisantrag mit der Begründung abzulehnen, die Beweiserhebung sei zu zeitraubend und schwierig[31], die Erledigung eines Vernehmungsersuchens würde so lange Zeit in Anspruch nehmen, daß die Ordnungswidrigkeit dann verjährt wäre[32].

Diese Grundsätze der Rechtsprechung der Oberlandesgerichte sind keine starren Richtlinien. Es kommt immer darauf an, welches Gewicht den Ergebnissen der bisherigen Beweisaufnahme im Verhältnis zu den zusätzlich beantragten Beweisen nach der gesamten Beweislage in dem jeweiligen Einzelfall beizumessen ist[33]. Dabei sind vor allem der Verläßlichkeitsgrad der bisherigen und der zusätzlich beantragten Beweisaufnahme, das Beweisthema, das Beobachtungs- und Erinnerungsvermögen des Zeugen und seine Glaubwürdigkeit zu berücksichtigen[34]. In der Rechtsprechung ist z. B. entschieden worden, daß die Vernehmung eines weiteren Zeugen abgelehnt werden darf, wenn zwei zuverlässige Zeugen über einen einfachen Verkehrsvorgang gleichlautende Bekundungen gemacht haben und der

---

29 BayObLGSt. 1971 S. 138 (140) = VRS 41 S. 450 (451/452); BayObLG bei *Rüth* DAR 1970 S. 210; 1974 S. 187; OLG Koblenz VRS 46 S. 302 (303); 51 S. 443 (445); 52 S. 282; *Göhler* § 77 OWiG Rdnr. 14; *Rebmann/Roth/Herrmann* § 77 OWiG Anm. 5; *Doller* DRiZ 1981 S. 201 (206).
30 BayObLG bei *Rüth* DAR 1974 S. 187; 1981 S. 255; KG JR 1971 S. 166 (167) = VRS 39 S. 434 (436); OLG Bremen VRS 47 S. 37 (38); OLG Hamm NJW 1969 S. 2161 (2162); VRS 41 S. 56 (57); 44 S. 114 (116); 45 S. 311 (312); 52 S. 205 (206); 56 S. 357 (358); OLG Karlsruhe GA 1975 S. 219 = Justiz 1974 S. 432; GA 1980 S. 70 = Justiz 1979 S. 448 = VRS 58 S. 50; VerkMitt. 1978 S. 7; VRS 51 S. 61 (62); 56 S. 377 (378); OLG Koblenz OLGSt. § 244 Abs. 3 S. 35; OLG Saarbrücken VRS 46 S. 138 (140); *Göhler* § 77 OWiG Rdnr. 14; *Rebmann/Roth/Herrmann* § 77 OWiG Anm. 5.
31 OLG Karlsruhe Justiz 1979 S. 448 (449).
32 BayObLGSt. 1978 S. 170 (172) = MDR 1979 S. 603 = VRS 57 S. 28; *Göhler* § 77 OWiG Rdnr. 16; *Rebmann/Roth/Herrmann* § 77 OWiG Anm. 5. Den Weg, die Verjährung in solchen Fällen zu unterbrechen, weist § 33 Abs. 1 Nr. 11 OWiG; der Richter muß jeweils innerhalb der Verjährungsfrist einen neuen Hauptverhandlungstermin anberaumen, auch wenn er berechtigte Zweifel daran hat, daß er einzuhalten ist.
33 OLG Hamm VRS 44 S. 114 (116); 52 S. 205; OLG Karlsruhe VRS 51 S. 61 (62); 58 S. 50 = GA 1980 S. 70; OLG Köln VRS 46 S. 202 (203); OLG Stuttgart VRS 49 S. 390 = JR 1975 S. 383 mit Anm. *Göhler*.
34 OLG Hamm VRS 45 S. 310 (312); OLG Karlsruhe VerkMitt. 1978 S. 7; VRS 51 S. 61 (62); 56 S. 377 (378); 58 S. 50 = GA 1980 S. 70.

neu benannte Zeuge nach dem bisherigen Ermittlungsergebnis zur Zeit der Tat völlig betrunken gewesen ist[35] oder dem Verkehrsgeschehen, auf das es ankommt, aus anderen Gründen keine besondere Beachtung geschenkt hat[36]. Die Ablehnung der neu benannten Zeugin mit der Begründung, sie sei als Ehefrau des Betroffenen nicht glaubwürdig, ist ebenso beanstandet worden[37] wie die Nichtverwendung zweier Zeugen, die die Glaubwürdigkeit des als einzigen Zeugen gehörten Geschädigten erschüttern sollten[38].

III. Bescheidung der Beweisanträge

1. Erforderlichkeit eines Gerichtsbeschlusses

Nach fast allgemeiner Ansicht muß das Gericht auch im Bußgeldverfahren die Ablehnung von Beweisanträgen in der Hauptverhandlung durch Beschluß bekanntgeben[39]. Nur wenn ein Hilfsbeweisantrag gestellt ist, reicht die Mitteilung der Ablehnung in den Urteilsgründen aus[40]. Jedoch gilt auch hier die Einschränkung, daß ein Hilfsbeweisantrag, der wegen Verschleppungsabsicht des Betroffenen oder seines Verteidigers abgelehnt wird, durch einen in der Hauptverhandlung zu verkündenden Beschluß zu bescheiden ist[41]. Im Schrifttum wird die Ansicht vertreten, das Erfordernis eines besonderen Beschlusses knüpfe im Grunde an das förmliche Beweisantragsrecht nach § 244 Abs. 3 bis 6 an und erscheine daher zu streng, sei auch im Bußgeldverfahren wegen dessen minderer Bedeutung zum Schutz des Betroffenen nicht zwingend geboten und widerspreche dem Grundgedanken der Verfahrensvereinfachung[42]. Das ist aber unrichtig. Es hat niemals ernsthaft Streit darüber bestanden, daß auch in den Fällen, in denen die Beweis-

---

35 OLG Hamm VRS 45 S. 311 (313).
36 OLG Karlsruhe VRS 51 S. 61 (63); OLG Köln VRS 46 S. 202 (203).
37 OLG Stuttgart VRS 49 S. 490 = JR 1975 S. 383 mit Anm. *Göhler*.
38 OLG Karlsruhe VRS 56 S. 377 (378).
39 BayObLGSt. 1970 S. 41 (42) = NJW 1970 S. 1202 (1203); BayObLG bei *Rüth* DAR 1971 S. 210; OLG Celle NdsRpfl. 1981 S. 125; OLG Düsseldorf NJW 1970 S. 625; MDR 1971 S. 417 (418); OLG Hamm MDR 1971 S. 948 = VRS 41 S. 306; MDR 1972 S. 628; VRS 45 S. 311 (313); OLG Köln NJW 1970 S. 1202 L = MDR 1970 S. 612 = VRS 39 S. 70; OLG Koblenz VRS 47 S. 375 (376); 51 S. 443 (444); 52 S. 206; OLG Saarbrücken VRS 38 S. 446; OLG Schleswig bei *Ernesti/Jürgensen* SchlHA 1974 S. 186 und bei *Ernesti/Lorenzen* SchlHA 1981 S. 97; OLG Stuttgart Justiz 1972 S. 160; KMR *Paulus* § 244 Rdnr. 405; LR *Gollwitzer* § 244 Rdnr. 142.
40 BayObLG bei *Rüth* DAR 1981 S. 255; 1982 S. 263; OLG Düsseldorf MDR 1971 S. 417 (418); OLG Hamm MDR 1971 S. 948 = VRS 41 S. 306; OLG Koblenz VRS 47 S. 357.
41 BayObLGSt. 1976 S. 6 = MDR 1976 S. 510 = VRS 50 S. 438; KG VRS 44 S. 113; OLG Köln OLGSt. § 78 OWiG S. 15 (16); für das Strafverfahren vgl. oben S. 771.
42 *Göhler* § 77 OWiG Rdnr. 19 und in FS für Karl Schäfer, 1980, S. 39 (51). Auch *Rebmann/Roth/Herrmann* § 77 OWiG Anm. 4 und *Rotberg* § 77 OWiG Rdnr. 1 wollen eine Bescheidung im Urteil oder in dem Beschluß nach § 72 OWiG genügen lassen.

aufnahme ausdrücklich in das Ermessen des Gerichts gestellt ist, ein Beweisantrag der förmlichen Bescheidung durch Beschluß in der Hauptverhandlung bedarf[43]. Daß die Rechtsprechung auch für das Bußgeldverfahren an diesen Anforderungen festhält, ist nur folgerichtig. Angeknüpft wird dabei nicht an das förmliche Beweisantragsrecht nach § 244 Abs. 3 bis 6, sondern an die Rechtsprechung zu § 245 Abs. 2 in der bis 1935 und zu § 245 Abs. 1 Satz 1 in der danach geltenden Fassung[44]. Die angeblich mindere Bedeutung des Bußgeldverfahrens rechtfertigt keine andere Verfahrensweise. Eine so große Bedeutung wie früher die Übertretungen und wie das Privatklageverfahren hat das Bußgeldverfahren allemal. Es gibt keinen Grund, hier weniger strenge Anforderungen zu stellen als in diesen Verfahren. Da in Bußgeldsachen regelmäßig der Einzelrichter entscheidet und eine zeitraubende Beratung über den Antrag daher niemals erforderlich ist, erscheint es auch nicht unzumutbar, daß das Gericht die Ablehnung eines Beweisantrags durch Beschluß aussprechen muß.

2. Begründung des Beschlusses

Der ablehnende Gerichtsbeschluß muß nach § 46 Abs. 1 OWiG, § 34 StPO mit Gründen versehen werden[45]. Dabei genügt nicht ein schlichter Hinweis auf § 77 OWiG[46] oder eine andere nichtssagende Begründung[47]. Der Beschluß muß vielmehr hinreichend erkennen lassen, welche Erwägungen für die Ablehnung maßgebend waren. Der Betroffene muß sein weiteres Prozeßverhalten danach einstellen[48], und das Rechtsbeschwerdegericht muß die Rechtmäßigkeit der Ablehnung nachprüfen können[49]. Wird der Antrag aus einem der Gründe des § 244 Abs. 3 und 4 abgelehnt, so muß der Beschluß daher so begründet werden wie im gewöhnli-

---

43 Vgl. oben S. 835 ff.
44 Vgl. oben S. 836 Fußn. 16. Diese Rechtsprechung konnte sich darauf stützen, daß schon § 243 Abs. 2 StPO in der ursprünglichen Fassung die Ablehnung von Beweisanträgen nur durch Gerichtsbeschluß zuließ, obwohl seinerzeit an das erst vom RG entwickelte Beweisantragsrecht noch gar nicht zu denken war (vgl. oben S. 3).
45 BayObLGSt. 1970 S. 41 (42) = NJW 1970 S. 1202 (1203); BayObLG bei *Rüth* DAR 1971 S. 210; OLG Hamm VRS 45 S. 311 (313); OLG Koblenz VRS 53 S. 124; OLG Köln VRS 51 S. 443 (444); LR *Gollwitzer* § 244 Rdnr. 142; *Doller* DRiZ 1981 S. 201 (207).
46 BayObLG bei *Rüth* DAR 1973 S. 210; 1981 S. 255; OLG Düsseldorf NJW 1970 S. 625.
47 Vgl. OLG Koblenz VRS 51 S. 443 (444): »Diesem Beweisantrag will das Gericht nicht nachgehen.«
48 BayObLG bei *Rüth* DAR 1974 S. 187; KG JR 1971 S. 166 (167) = VRS 39 S. 434 (435); OLG Celle NdsRpfl. 1981 S. 125; OLG Düsseldorf NJW 1970 S. 625; MDR 1971 S. 417 (418); OLG Hamm VRS 45 S. 311 (313); OLG Köln NJW 1970 S. 1202 L = MDR 1970 S. 612 = VRS 39 S. 70; OLG Koblenz VRS 47 S. 375 (377); 52 S. 206 (207); *Doller* DRiZ 1981 S. 201 (207).
49 BayObLGSt. 1978 S. 170 (174) = VRS 57 S. 28 (31); OLG Düsseldorf MDR 1971 S. 417 (418); OLG Frankfurt VRS 46 S. 461; OLG Hamm MDR 1971 S. 599 (600) = VRS 41 S. 56 (57); MDR 1972 S. 628 (629); OLG Köln OLGSt. § 78 OWiG S. 15 (16); VRS 47 S. 373; OLG Schleswig SchlHA 1975 S. 147; *Möhl* DAR 1970 S. 1 (8).

chen Strafverfahren[50]. Erfolgt die Ablehnung mit der Begründung, im Hinblick auf die Ergebnisse der bisherigen Beweisaufnahme sei die beantragte Beweiserhebung nicht mehr erforderlich, so braucht der Tatrichter in dem Ablehnungsbeschluß seine Beweiswürdigung aber nicht im einzelnen darzulegen. Viel zu weit geht daher die Ansicht[51], der Tatrichter müsse in nachprüfbarer Weise dartun, worauf er seine bereits sichere Überzeugung stützt und aus welchen Gründen er dem neuen Beweismittel keinen Aufklärungswert beimißt. Ausführungen dieser Art können nach den Umständen des Falls im Urteil erforderlich sein, wenn sonst die Beweiswürdigung unvollständig wäre. In den Ablehnungsbeschluß gehören sie nicht[52]. Hier genügt immer die Begründung, die Aufklärungspflicht erfordere die beantragte Beweiserhebung nicht, weil das Gericht bereits aufgrund der bisherigen Beweisaufnahme eine sichere Überzeugung vom Tathergang erlangt hat und das neue Beweismittel nicht geeignet erscheint, sie zu entkräften.

Wie im Strafverfahren darf der Tatrichter den Ablehnungsgrund nicht stillschweigend auswechseln. Hat er in dem Ablehnungsbeschluß bestimmte Gründe dafür angegeben, daß er dem Beweisantrag nicht stattgibt, so muß er dem Antragsteller einen Wechsel seiner Auffassung so rechtzeitig bekanntgeben, daß dieser noch andere Anträge stellen kann. Unzulässig ist es z. B., den Antrag mit der Begründung abzulehnen, die Beweistatsache könne, auch wenn sie richtig wäre, am Verschulden des Betroffenen nichts ändern, im Urteil aber von ihrer Unrichtigkeit auszugehen[53].

---

50 Vgl. *Doller* DRiZ 1981 S. 201 (207).
51 BayObLG bei *Rüth* DAR 1981 S. 255; 1982 S. 263; OLG Stuttgart VRS 49 S. 390 (391) = JR 1975 S. 383 mit Anm. *Göhler*; ferner *Göhler* § 77 OWiG Rdnr. 19 und DAR 1981 S. 333 (340).
52 OLG Hamm VRS 45 S. 311 (313) schließt mit Recht aus, daß der Betroffene gegenüber der Ablehnung mit der Begründung, der Sachverhalt sei genügend geklärt, mit Erfolg Einwendungen hätte erheben und weitere Beweisanträge hätte stellen können.
53 BayObLG bei *Rüth* DAR 1979 S. 245.

§ 4 Schätzungen

I. Schätzungen nach sachlichem Recht 848
   1. § 40 Abs. 3 StGB 848
      a) Grundsätze des Schätzungsverfahrens 848
      b) Entscheidung über Beweisanträge 850
   2. §§ 73 b, 74 c StGB, § 8 Abs. 3 WiStG 1954 851
  II. Schätzungen im Anhangsverfahren nach §§ 403 ff. 852

I. Schätzungen nach sachlichem Recht

Das sachliche Recht ermächtigt den Tatrichter in mehreren Fällen, der Entscheidung über die Rechtsfolgen bloße Schätzungen zugrunde zu legen. Er darf nach § 40 Abs. 3 StGB zur Festsetzung der Höhe des Tagessatzes der Geldstrafe die Einkünfte des Täters, sein Vermögen und andere Grundlagen für die Bemessung eines Tagessatzes schätzen. Nach § 73 b StGB kann bei der Anordnung des Verfalls von Wertersatz der Umfang des Erlangten und dessen Wert sowie die Höhe des Anspruchs, dessen Erfüllung den Vermögensvorteil beseitigen oder mindern würde (§ 73 Abs. 1 Satz 2 StGB), geschätzt werden. Bei der Einziehung von Wertersatz ist nach § 74 c Abs. 3 StGB die Schätzung des Wertes des Gegenstandes und der Belastung zulässig. Ferner darf nach § 8 Abs. 3 Satz 1 WiStG 1954 die Höhe des abzuführenden Mehrerlöses geschätzt werden.

1. § 40 Abs. 3 StGB

a) **Grundsätze des Schätzungsverfahrens.** Für die Höhe des Tagessatzes kommt es nach § 40 Abs. 2 Satz 1 und 2 StGB vor allem auf die wirtschaftlichen Verhältnisse und hier in erster Hinsicht auf das Nettoeinkommen des Täters an. Macht der Angeklagte dazu glaubhafte Angaben, so bedarf es selbstverständlich keiner Schätzung[1], um die Tagessatzhöhe festzusetzen[2]. Sie kommt nur in Betracht, wenn er es ablehnt, sich zu seinen wirtschaftlichen Verhältnissen zu äußern, wenn seine Angaben offensichtlich falsch oder wenn sie ungenügend sind.

---

  1 Von der Schätzung des tatsächlichen Einkommens nach § 40 Abs. 3 StGB ist die Zugrundelegung des durchschnittlichen potentiellen Nettoeinkommens nach § 40 Abs. 2 Satz 2 StGB zu unterscheiden; vgl. dazu OLG Hamm NJW 1978 S. 230; OLG Koblenz NJW 1976 S. 1275; *D. Meyer* MDR 1981 S. 275 (280).
  2 In der Praxis werden der Bemessung der Geldstrafe die Angaben des Angeklagten zumeist ziemlich kritiklos zugrunde gelegt.

Die Befugnis zur Schätzung befreit den Tatrichter nicht von der Aufklärungspflicht nach § 244 Abs. 2; sie wird lediglich eingeschränkt. Denn Schätzung bedeutet nur, daß das Gericht nicht alle für die Berechnung der Rechtsfolgen notwendigen Einzelheiten zu klären braucht, sondern sich mit der Ermittlung von Anhaltspunkten begnügen darf, die nach der Lebenserfahrung eine hinreichend sichere Annahme erlauben[3]. Solche tatsächlichen Anhaltspunkte, ohne deren Aufklärung die Schätzung eine reine Mutmaßung wäre, insbesondere Art, Umfang und Ort der beruflichen Tätigkeit sowie der allgemeine Lebenszuschnitt, müssen daher immer ermittelt und im Urteil dargelegt werden[4]. Im übrigen hängt die Zulässigkeit der Schätzung aber nicht davon ab, daß eine Beweiserhebung unmöglich ist, weil andere Ermittlungsmöglichkeiten nicht vorhanden oder schon erschöpft sind[5]. Nach herrschender Ansicht genügt es, daß weitere Ermittlungen wegen des damit verbundenen Aufwands, der eintretenden Verfahrensverzögerung oder der Belastungen für den Angeklagten unangemessen erscheinen[6]. Maßgebend sind stets die Umstände des Einzelfalls. Es kommt vor allem auf die Bedeutung der Sache und auf das Maß der durch die Schätzung festzusetzenden Rechtsfolgen an[7]. Beweismittel, die präsent sind oder unschwer, insbesondere ohne nennenswerten Zeitaufwand, herangezogen werden können, müssen stets ausgeschöpft werden[8]. Andernfalls verstößt das Gericht gegen seine Aufklärungspflicht. Ist nach

3 Vgl. KK *Herdegen* § 244 Rdnr. 41; LR *Gollwitzer* § 244 Rdnr. 19, 20; LK *Schäfer* § 73 b StGB Rdnr. 2.
4 BGH 1 StR 626/77 vom 13. 12. 1977; BayObLG bei *Rüth* DAR 1979 S. 235; OLG Frankfurt VerkMitt. 1977 S. 30; OLG Koblenz NJW 1976 S. 1275; KK *Herdegen* § 244 Rdnr. 41; LR *Gollwitzer* § 244 Rdnr. 20, 23; *Dreher/Tröndle* Rdnr. 26; *Lackner* Anm. 7; LK *Tröndle* Rdnr. 60, 62; Schönke/Schröder/Stree Rdnr. 20; alle zu § 40 StGB; *Grebing* JR 1978 S. 142 (143); *D. Meyer* MDR 1981 S. 275 (280); *Rüth* DAR 1975 S. 1 (2).
5 Allerdings wollte der Gesetzgeber den Richter nicht davon befreien, die zur Verfügung stehenden Beweismittel voll auszuschöpfen; vgl. den Zweiten Schriftlichen Bericht des Sonderausschusses für die Strafrechtsreform (BT-Drucks. V/4095 S. 21). Auch BGH NJW 1976 S. 634 (635) und OLG Hamm NJW 1978 S. 230 (231) wollen offenbar die Schätzung nur zulassen, wenn die Ermittlung des Nettoeinkommens unmöglich ist. *Maurach/Gössel/Zipf*, Strafrecht AT, Teilband 2, 5. Aufl. 1978, § 59 III F 3, sprechen davon, daß die Schätzung die ultima ratio sei, zu der erst gegriffen werden dürfe, wenn »angemessene« Beweismittel nicht mehr zur Verfügung stehen.
6 BayObLG bei *Rüth* DAR 1978 S. 206; OLG Bremen OLGSt. § 40 Abs. 3 StGB S. 1; KK *Herdegen* Rdnr. 41; KMR *Paulus* Rdnr. 229; LR *Gollwitzer* Rdnr. 21; alle zu § 244; *Dreher/Tröndle* Rdnr. 26; *Lackner* Anm. 7; LK *Tröndle* Rdnr. 60, 61; alle zu § 40 StGB; *D. Meyer* DAR 1976 S. 147 (148); *Seib* DAR 1975 S. 104 (109); *Tröndle* ZStW 86 S. 545 (589). Enger Schönke/Schröder/Stree § 40 StGB Rdnr. 20; *Grebing* JZ 1976 S. 745 (750) und ZStW 88 S. 1049 (1102): Ersatzmittel, wenn auch nicht unbedingt ultima ratio.
7 Vgl. LR *Gollwitzer* § 244 Rdnr. 23; Schönke/Schröder/Stree § 40 StGB Rdnr. 21; vgl. auch die Entschließung des 2. Arbeitskreises des 13. Deutschen Verkehrsgerichtstages 1975 (DRiZ 1975 S. 148): »Je geringer die zu erwartende Anzahl von Tagessätzen ist, um so ... eher kann geschätzt werden.«
8 Vgl. KK *Herdegen* Rdnr. 41; *Kleinknecht* Rdnr. 15; KMR *Paulus* Rdnr. 229; LR *Gollwitzer* Rdnr. 23; alle zu § 244; *Ising*, Die Feststellung des Nettoeinkommens als Bemessungsgrundlage bei Bestimmung der Tagessatzhöhe nach § 40 StGB, Diss. Göttingen 1979, S. 118.

diesen Grundsätzen eine Schätzung zulässig, so muß sie der Wirklichkeit möglichst nahekommen; sie muß nicht etwa für den Angeklagten besonders günstig sein[9].

b) **Entscheidung über Beweisanträge.** Ob diese Grundsätze auch gelten, wenn der Angeklagte Beweisanträge zur Aufklärung der Bemessungstatsachen stellt, ist streitig. Nach verbreiteter Meinung kann der Angeklagte immer die Erhebung von Beweisen zur völligen Aufklärung der für die Tagessatzhöhe maßgebenden Umstände beantragen; § 244 Abs. 3 bis 6 ist nach dieser Auffassung uneingeschränkt anzuwenden[10]. Daran ist richtig, daß der Angeklagte und die Staatsanwaltschaft, denen in der Hauptverhandlung Gelegenheit zu geben ist, zu der beabsichtigten Schätzung und deren Grundlagen Stellung zu nehmen und Anträge zu stellen[11], die Möglichkeit haben müssen, irrige Vorstellungen des Gerichts über die Bemessungsgrundlagen durch die Stellung von Beweisanträgen zu berichtigen[12]. Die Ansicht[13], das Gericht sei befugt, Beweisanträge, ähnlich wie im Fall des § 287 ZPO, nach freiem Ermessen abzulehnen, trifft daher nicht zu[14]. Insbesondere Beweisanträge zu denjenigen Tatsachen, die als Ausgangsgrundlage für die Schätzung festgestellt werden müssen oder auf die das Gericht seine Schätzung stützen will, können nur aus den Gründen des § 244 Abs. 3 und 4, nicht etwa auch mit der Begründung abgelehnt werden, das Gericht sei vom Gegenteil der Beweistatsachen schon überzeugt[15]. Das kann aber nicht bedeuten, daß das Gericht Beweisanträge allgemein nur unter den Voraussetzungen des § 244 Abs. 3 und 4 ablehnen darf. Denn dadurch würden die Erleichterungen, die § 40 Abs. 3 StGB für den Tatrichter schafft, weitgehend zunichte gemacht werden. Das Gericht braucht Beweisanträgen daher nicht stattzugeben, wenn sie zu übermäßig belastenden, im Hinblick auf die Bedeutung der Strafsache und die Höhe der Rechtsfolgen unvertretbaren Beweiserhebungen führen würden und das Gericht die unter Beweis gestellte Tatsache nicht als Grundlage für seine Entscheidung nach § 40 Abs. 3 StGB zu ver-

---

9 Vgl. *Dreher/Tröndle* § 40 StGB Rdnr. 26; LK *Tröndle* § 40 StGB Rdnr. 62; *Tröndle* JR 1977 S. 250 (251). A. A. *Schaeffer*, Die Bemessung der Tagessatzhöhe unter Berücksichtigung der Hausfrauenproblematik, 1978, S. 230, die den Grundsatz *in dubio pro reo* für anwendbar hält und meint, die Schätzung müsse immer zugunsten des Angeklagten ausfallen; hiergegen mit Recht *Grebing* JZ 1980 S. 534 (544).

10 Vgl. *Dreher/Tröndle* Rdnr. 26; LK *Tröndle* Rdnr. 63; *Schönke/Schröder/Stree* Rdnr. 21; SK *Horn* Rdnr. 15; alle zu § 40 StGB. KMR *Paulus* § 244 Rdnr. 230 will die Vorschriften unter Beachtung des Verhältnismäßigkeitsgrundsatzes anwenden. Auch BayObLG bei *Rüth* DAR 1978 S. 206 meint, das Gericht müsse Beweisen nachgehen, die der Angeklagte zur Verfügung stellt.

11 KMR *Paulus* § 244 Rdnr. 230; LR *Gollwitzer* § 244 Rdnr. 23; *Dreher/Tröndle* Rdnr. 26; LK *Tröndle* Rdnr. 63; *Schönke/Schröder/Stree* Rdnr. 21; alle zu § 40 StGB; *D. Meyer* DAR 1976 S. 147 (149).

12 Vgl. LR *Gollwitzer* § 244 Rdnr. 26; *Ising* a. a. O. (oben Fußn. 8) S. 115.

13 *Kleinknecht* § 244 Rdnr. 15.

14 Ebenso LR *Gollwitzer* § 244 Rdnr. 27.

15 Vgl. LR *Gollwitzer* § 244 Rdnr. 26; *Rüth* DAR 1975 S. 1 (2/3) für den Fall, daß der Angeklagte im Berufungsrechtszug Beweisanträge zur Widerlegung der Bemessungsgrundlagen des ersten Urteils anbietet.

wenden braucht und auch nicht verwenden will[16]. Das gilt selbst dann, wenn die Tatsachen an sich zur Verbreiterung der Schätzungsgrundlagen geeignet wären[17]. Würde sich das Ergebnis der Schätzung allerdings erheblich verändern, wenn die unter Beweis gestellten Tatsachen bewiesen wären, so darf das Gericht den Beweisantrag nicht unter Berufung auf § 40 Abs. 3 StGB ablehnen[18]. Anträgen auf Erhebung präsenter Beweise muß stets entsprochen werden, sofern die Beweiserhebung nicht unzulässig ist[19].

Die Ablehnung eines Beweisantrags muß nach § 244 Abs. 6 auch dann begründet werden, wenn das Gesetz die Schätzung zuläßt. Wird ein Beweisantrag aus anderen als den in § 244 Abs. 3 und 4 bezeichneten Gründen abgelehnt, so muß das Gericht in dem Ablehnungsbeschluß darlegen, daß es schon mit dem bisherigen Beweisergebnis eine ausreichende Schätzungsgrundlage gewonnen hat und daß und aus welchen Gründen auf den angebotenen Beweis für die Festsetzung der Tagessatzhöhe verzichtet werden kann[20].

2. §§ 73 b, 74 c StGB, § 8 Abs. 3 WiStG

Ebenso wie im Fall des § 40 Abs. 3 StGB ist die Schätzung dieser Rechtsfolgen nicht nur zulässig, wenn eine konkrete Feststellung von vornherein ausgeschlossen erscheint, sondern auch, wenn die Beweiserhebung einen unverhältnismäßig großen Aufwand an Zeit und Kosten erfordern würde[21]. Das Gericht entscheidet hierüber nach pflichtgemäßem Ermessen; maßgebend sind auch hier die Umstände des Einzelfalls[22]. Insbesondere kommt es auf die Höhe des Wertes, der geschätzt werden soll[23], und auf Art und Umfang der Beweisschwierigkeiten an[24]. Beweismittel, die dem Gericht ohne weiteres zur Verfügung stehen oder die leicht erreichbar sind, müssen immer ausgeschöpft werden[25]. Nach diesen Grundsätzen beantwortet sich auch die Frage, ob Beweisanträgen stattzugeben ist. Davon zu sprechen, daß der Richter von der Bindung an die Vorschriften über den Strengbeweis freigestellt sei[26], ist mißverständlich. Wenn Beweis erhoben wird, gelten die Verfahrensvorschriften über den Strengbeweis, nicht die über den Freibeweis[27]. Nur ist die Ablehnung von Beweisanträgen auch zulässig, wenn keiner der Gründe des § 244 Abs. 3 und 4 vorliegt.

---

16 Vgl. LR *Gollwitzer* § 244 Rdnr. 24; *Ising* a. a. O. (oben Fußn. 8) S. 116.
17 Vgl. LR *Gollwitzer* § 244 Rdnr. 25.
18 Vgl. LR *Gollwitzer* § 244 Rdnr. 27.
19 Vgl. KMR *Paulus* § 244 Rdnr. 229; LR *Gollwitzer* § 244 Rdnr. 29.
20 Vgl. LR *Gollwitzer* § 244 Rdnr. 28.
21 Schönke/Schröder/Eser § 73 b StGB Rdnr. 6; SK *Horn* § 73 b StGB Rdnr. 3.
22 SK *Horn* § 73 b StGB Rdnr. 2.
23 Dreher/Tröndle § 73 b StGB Rdnr. 6.
24 *Lackner* § 73 b StGB Anm. 2.
25 Dreher/Tröndle Rdnr. 6; LK *Schäfer* Rdnr. 2; SK *Horn* Rdnr. 3; alle zu § 73 b StGB.
26 Dreher/Tröndle und SK *Horn* a.a.O.
27 KMR *Paulus* § 244 Rdnr. 227.

II. Schätzungen im Anhangsverfahren nach §§ 403 ff.

Zur Schätzung ist das Gericht ferner in dem Anhangsverfahren nach den §§ 403 ff. berechtigt. Hier müssen zunächst der Tatbestand der Anspruchsnorm und die Frage, ob der Antragsteller überhaupt von dem Schadensereignis betroffen ist, im Strengbeweis festgestellt werden[28]. Den ursächlichen Zusammenhang zwischen dem konkreten Haftungsgrund und dem daraus entstandenen Schaden sowie die Höhe des Schadens darf das Strafgericht, das insoweit nicht schlechter gestellt sein kann als das Zivilgericht, dagegen in entsprechender Anwendung des § 287 ZPO nach freiem Ermessen schätzen[29]. Die Schätzung der Schadenshöhe ist auch zulässig, wenn der volle Beweis nicht von vornherein unmöglich ist[30].

Nach den Grundsätzen zu § 287 ZPO braucht der Tatrichter Beweiserträgen der Verfahrensbeteiligten zur Höhe des Schadens nicht zu entsprechen, wenn es für seine Entscheidung nach Schätzungsgrundsätzen auf sie nicht ankommt[31]. Da der Strafrichter zur Zubilligung einer Entschädigung ohnehin nicht verpflichtet ist, wenn die Prüfung des Anspruchs zu einer mit dem Zweck des Strafverfahrens nicht zu vereinbarenden Verzögerung führen würde (§ 405 Satz 2), kann das Gericht die sich auf die Entschädigungsfrage beziehenden Beweisanträge insbesondere dann ablehnen, wenn die Beweiserhebung die Aussetzung der Hauptverhandlung notwendig machen würde[32]. Das bedeutet nicht, daß das Gericht den Entschädigungsprozeß einstellen müßte[33]. Es hat aber immer zu prüfen, ob nicht bereits nach den vorliegenden Verhandlungsergebnissen die Verurteilung zur Zahlung einer Entschädigung, deren Höhe geschätzt werden kann, gerechtfertigt ist[34].

---

28 Vgl. oben S. 118.
29 Zur Anwendung des § 287 ZPO allgemein: BGHZ 7 S. 287 (295); 29 S. 393 (398) = NJW 1959 S. 1079; BGH NJW 1951 S. 405; 1964 S. 589; 1969 S. 1708 (1709); BGH FamRZ 1976 S. 210 (212).
30 BGH VersR 1971 S. 126.
31 RGSt. 44 S. 294 (299), das die Freistellung aber zu Unrecht auch für Beweisanträge zur Frage der Schadensentstehung für zulässig hält; vgl. auch *Stein/Jonas* § 287 ZPO Anm. III 2; *Wieczorek* § 287 ZPO Anm. D III. Zum Beweisantragsrecht des Verletzten vgl. auch oben S. 375.
32 Vgl. *Oetker* GerS 66 S. 321 (393).
33 A. A. *Oetker* GerS 66 S. 321 (396); richtig dagegen *Oetker* Rechtsgang III S. 360 Fußn. 1.
34 Vgl. RGSt. 6 S. 398 (399); 17 S. 190 (191); 44 S. 294 (299); 60 S. 12 (14).

Drittes Buch

Prüfung des Revisionsgerichts

1. Kapitel Beweisanträge vor der Hauptverhandlung

    I. Zur Aufklärungsrüge 855
   II. Beweisanträge vor Erlaß des Eröffnungsbeschlusses 856
  III. Beweisanträge zur Vorbereitung der Hauptverhandlung (§ 219) 858
       1. Zur Revisibilität der Verfügung nach § 219 858
       2. Notwendigkeit der Aufklärungsrüge 859
       3. Die Beruhensfrage beim Unterlassen der Wiederholung des Beweisantrags.. 860
          a) Unterlassen der Antragswiederholung als Verzicht................... 860
          b) Bei Nichtbescheidung des Antrags 861
          c) Bei Zusage der Wahrunterstellung 862
          d) Bei Zusage der Entscheidung durch das erkennende Gericht 863
   IV. Beweisanträge bei Aktenvorlage oder Verweisung 865

I. Zur Aufklärungsrüge

Ein ordnungsgemäß begründeter Beweisantrag, gleichviel, von wem und in welchem Verfahrensabschnitt er gestellt wird, vermittelt dem erkennenden Gericht die Kenntnis von einer Beweisquelle. Den Beweis, von dem es auf diese Weise erfahren hat, muß es in der Hauptverhandlung erheben, wenn die von dem Antragsteller behauptete Tatsache für die Entscheidung von Bedeutung und ihr Nachweis nicht überflüssig ist und wenn das Beweismittel nicht von vornherein ungeeignet erscheint[1]. Das Unterlassen der Beweisaufnahme[2] verstößt gegen die Sachaufklärungspflicht nach § 244 Abs. 2[3]. Diesen Verfahrensmangel kann nicht nur der Antragsteller, sondern jeder Prozeßbeteiligte rügen, der durch ihn beschwert ist[4]. Der ausdrückliche oder stillschweigende Verzicht auf die Beweiserhebung macht die Rüge nicht unzulässig[5]; denn die Aufklärungspflicht des Gerichts besteht

---

[1] Vgl. oben S. 19 ff.
[2] Der Fehler liegt nicht etwa, wie OLG Celle MDR 1962 S. 236, OLG Köln NJW 1954 S. 46 (47) und OLG Saarbrücken VRS 29 S. 292 (293/294) anzunehmen scheinen, in dem Unterlassen von Erörterungen im Urteil darüber, weshalb von der Beweiserhebung abgesehen worden ist. Zu solchen Urteilsausführungen ist das Gericht nur ausnahmsweise verpflichtet, wenn anders das Revisionsgericht nicht prüfen kann, ob der Tatrichter seine Aufklärungspflicht verletzt hat; vgl. RGSt. 74 S. 153 (155).
[3] OLG Hamm NJW 1971 S. 1954 (1955/1956); JMBlNRW 1962 S. 203 = VRS 23 S. 453; KK *Herdegen* § 244 Rdnr. 25; LR *Gollwitzer* § 219 Rdnr. 35; *Engels* S. 84 ff.; *Steffen* S. 98.
[4] Grundsätzlich a. A. Voraufl. S. 7/8, wo der Fall mit der Rüge der Aktenwidrigkeit verwechselt worden ist.
[5] *Eb. Schmidt* Nachtr. § 219 Rdnr. 6 a; *Oske* MDR 1971 S. 797 (799); *W. Schmid* S. 210/211; oben S. 21.

unabhängig von den Anträgen der Prozeßbeteiligten[6]. Wenn das Revisionsgericht, dem auf die Aufklärungsrüge[7] der gesamte Akteninhalt offensteht[8], die Beweistatsache für erheblich und das Beweismittel für nicht von vornherein ungeeignet hält, wird es regelmäßig nicht ausschließen können, daß das Urteil auf dem Unterlassen der Beweiserhebung beruht, und das Urteil daher aufheben müssen. Der Beschwerdeführer braucht zur Beruhensfrage keine Ausführungen zu machen[9].

Eine andere Art der Aufklärungsrüge kann der Antragsteller erheben, wenn zwar sein vor der Hauptverhandlung gestellter Beweisantrag das Gericht unter keinem denkbaren Gesichtspunkt zur Erhebung des Beweises veranlassen mußte, das Gericht oder der Vorsitzende den Antrag aber nicht oder nicht in zulässiger Weise beschieden und der Vorsitzende die aus diesem Grunde aufgrund seiner Fürsorgepflicht[10] gegenüber dem Antragsteller erforderlich gewordenen Hinweise in der Hauptverhandlung[11] unterlassen hat. Für den Erfolg der Revision kommt es zwar darauf an, daß der vor der Hauptverhandlung gestellte Antrag ein Beweisantrag war, den das Gericht oder der Vorsitzende hätte bescheiden müssen; im übrigen ist sein Inhalt aber für die Revisionsentscheidung grundsätzlich nicht weiter von Bedeutung. Denn das Urteil beruht schon auf dem Fehlen des rechtlich gebotenen Hinweises in der Hauptverhandlung. Da die bloße Möglichkeit eines ursächlichen Zusammenhangs zwischen Verfahrensfehler und Entscheidung genügt[12], muß das Urteil aufgehoben werden, wenn nicht auszuschließen ist, daß der Antragsteller nach erhaltenem Hinweis andere geeignete Anträge gestellt oder andere Verteidigungsmöglichkeiten genutzt hätte. Ausführungen darüber, welche Anträge er noch gestellt oder in welcher Weise er sich sonst anders verteidigt hätte, braucht der Beschwerdeführer in der Revisionsbegründungsschrift nicht zu machen. Auf diese Weise kann selbst ein Angeklagter, dessen Beweisantrag vor der Hauptverhandlung zu nichts hätte führen können und der auch keine andere Verteidigungsmöglichkeit mehr hatte, ein Urteil zur Aufhebung bringen. Die Tatgerichte können das leicht vermeiden, indem sie die vor der Hauptverhandlung gestellten Beweisanträge rechtsfehlerfrei bescheiden.

II. Beweisanträge vor Erlaß des Eröffnungsbeschlusses

Der Eröffnungsbeschluß bildet die alleinige Grundlage des zum Urteil führenden weiteren Verfahrens[13]. Die vor Erlaß des Eröffnungsbeschlusses getroffenen Ent-

---

6 Vgl. oben S. 21.
7 Allgemein zum notwendigen Revisionsvorbringen bei der Aufklärungsrüge: KK *Herdegen* § 244 Rdnr. 43 ff.; KK *Pikart* § 344 Rdnr. 51; KMR *Paulus* § 244 Rdnr. 596; LR *Meyer* § 344 Rdnr. 96 ff.; *Dahs/Dahs* Rdnr. 372 ff.; *Traulsen* S. 54.
8 BGH bei *Dallinger* MDR 1972 S. 572; 1974 S. 16; OLG Hamm JMBlNRW 1972 S. 261; VRS 48 S. 280; LR *Gollwitzer* § 244 Rdnr. 294; *Dahs/Dahs* Rdnr. 247, 370.
9 Vgl. *Traulsen* S. 33, der aber (S. 58) solche Ausführungen mit Recht für empfehlenswert hält. Vgl. auch unten S. 881.
10 Zur Fürsorgepflicht als Erscheinungsform der Sachaufklärungspflicht vgl. oben S. 393.
11 Vgl. oben S. 347, 359 ff., 395.
12 Vgl. unten S. 906.
13 BGHSt. 6 S. 326 (328); 15 S. 40 (44); RGSt. 55 S. 225 (226); BayObLGSt. 1949/51 S. 63.

scheidungen verfahrensrechtlicher Art werden von dem Revisionsgericht daher grundsätzlich nicht geprüft[14]. Ausnahmen gelten nur, wenn die fehlerhafte Entscheidung bis zum Urteil fortwirkt[15]. Nach diesen Grundsätzen können die Prozeßbeteiligten mit der Revision nicht rügen, daß einem Beweisantrag vor Erhebung der Anklage nicht stattgegeben worden ist. Verstöße gegen § 163 a Abs. 2, §§ 166, 168 d Abs. 2 sind daher nicht revisibel.

Auch auf eine unterlassene oder fehlerhafte Entscheidung über den Beweisantrag in dem Zwischenverfahren nach den §§ 201 ff. kann die Revision nicht gestützt werden. Denn § 201 Abs. 2 Satz 2 schließt die Anfechtbarkeit der Entscheidung allgemein aus, und das bezieht sich nach § 336 Satz 2 auch auf die Anfechtung mit der Revision[16]. Wenn der Beweisantrag mit der unzulässigen Begründung abgelehnt worden ist, die Entscheidung werde dem Vorsitzenden nach § 219 vorbehalten oder die Beweistatsache werde als wahr unterstellt, liegt ein Revisionsgrund nicht in dem Verstoß gegen § 201, sondern in der Verletzung der Pflicht des Vorsitzenden[17], den Angeklagten in der Hauptverhandlung darauf aufmerksam zu machen, daß er den Antrag wiederholen müsse, oder ihn darauf hinzuweisen, daß die Wahrunterstellung nicht eingehalten werde[18]. Wie im Fall der Ablehnung eines Antrags nach § 219 mit unzulässiger Begründung[19] verstößt der Vorsitzende gegen die Aufklärungspflicht nach § 244 Abs. 2, wenn er diese Hinweise unterläßt. Der Beschwerdeführer muß daher eine Verletzung dieser Vorschrift rügen. In tatsächlicher Hinsicht muß er vorbringen, daß er nach Erhebung der Anklage, aber vor Eröffnung des Hauptverfahrens, einen Beweisantrag bestimmten Inhalts (Beweismittel und Beweistatsache) gestellt hat, daß das Gericht ihn mit der Begründung abgelehnt hat, der Vorsitzende des erkennenden Gerichts werde über ihn entscheiden, oder daß es die Beweistatsache als wahr unterstellt hat, daß aber eine Entscheidung des Vorsitzenden nicht ergangen oder die Zusage der Wahrunterstellung nicht eingehalten worden ist, ohne daß darauf in der Hauptverhandlung hingewiesen wurde. Die Frage, ob ein Beruhen des Urteils auf dem Verfahrensmangel ausgeschlossen ist, weil der Angeklagte sich über die Verfahrenslage nicht geirrt hat, beurteilt sich nach denselben Grundsätzen wie im Fall des § 219[20].

---

14 BGH GA 1980 S. 255; BGH 5 StR 513/78 vom 24. 4. 1979 bei *Pfeiffer* NStZ 1981 S. 297; *Eb. Schmidt* § 336 Rdnr. 5.
15 Vgl. LR *Meyer* § 336 Rdnr. 3.
16 Schon vor der Einführung dieser Vorschrift im Jahre 1978 wurde angenommen, daß das Urteil nicht darauf beruht, daß der Beweisantrag nicht beschieden (RGSt. 1 S. 170 [171]; 44 S. 380 [381]; RGRspr. 1 S. 136 [137]; RG JW 1898 S. 332; LR *Meyer-Goßner* § 201 Rdnr. 42; *Eb. Schmidt* Nachtr. § 201 Rdnr. 18), daß vor Ablauf der nach § 201 Abs. 1 Satz 1 bestimmten Frist über die Eröffnung des Hauptverfahrens entschieden (RGSt. 2 S. 19 [20]) oder daß der Antrag mit rechtsfehlerhafter Begründung abgelehnt worden ist (RGSt. 10 S. 135 [136]; RGRspr. 1 S. 477).
17 Vgl. oben S. 347.
18 RGSt. 72 S. 231 (233); LR *Meyer-Goßner* § 201 Rdnr. 42; *Eb. Schmidt* Nachtr. § 201 Rdnr. 20; *W. Schmid* S. 209.
19 Vgl. oben S. 362 ff.
20 Vgl. unten S. 860.

III. Beweisanträge zur Vorbereitung der Hauptverhandlung (§ 219)

1. Zur Revisibilität der Verfügung nach § 219

Gibt der Vorsitzende dem Beweisantrag statt, unterläßt er es aber, den Antragsteller davon zu benachrichtigen, so begründet das im allgemeinen nicht die Revision[21]. Denn regelmäßig läßt sich ausschließen, daß der Angeklagte weitere Verteidigungsmöglichkeiten gehabt hätte, wenn ihm die Verfügung des Vorsitzenden bekanntgegeben worden wäre. Anders kann es sein, wenn auf Antrag des Angeklagten Akten herbeigezogen worden sind, ohne daß ihm das mitgeteilt worden ist. Versäumt er es aus diesem Grunde, sie vor der Hauptverhandlung einzusehen, so kann das seine Verteidigung erschweren. Mit der Revision kann er den Fehler aber nur rügen, wenn er die Aussetzung der Hauptverhandlung beantragt und das Gericht den Antrag abgelehnt hat[22].

Die ablehnende Entscheidung des Vorsitzenden nach § 219 kann grundsätzlich nicht mit der Begründung angefochten werden, daß die Ablehnung rechtsfehlerhaft war. Denn der Angeklagte hat das Recht, die Beweismittel, deren Benutzung er beantragt hatte, selbst zu laden (§ 220) oder sonst herbeizuschaffen oder in der Hauptverhandlung einen entsprechenden Beweisantrag zu stellen (§ 244 Abs. 3). Unterläßt er das, so beruht das Urteil regelmäßig auf seiner eigenen Untätigkeit, nicht auf der rechtsfehlerhaften Verfügung des Gerichtsvorsitzenden[23]. Aus den gleichen Gründen kann die Revision nicht darauf gestützt werden, daß der Vorsitzende es unterlassen hat, auf den Beweisantrag überhaupt eine Verfügung zu treffen[24].

Das Reichsgericht hat sogar wiederholt die Ansicht vertreten, das fehlerhafte Verfahren des Vorsitzenden könne die Revision auch dann nicht begründen, wenn es zur Irreführung des Angeklagten geeignet und die Ursache dafür gewesen ist, daß er die Wiederholung des Antrags in der Hauptverhandlung unterlassen hat[25].

---

21 OLG Köln JMBlNRW 1962 S. 201 (202); *Oske* MDR 1971 S. 797 (798).
22 A. A. RG JW 1918 S. 453, das ohne weiteres den Aufhebungsgrund des § 338 Nr. 8 für gegeben hielt.
23 RGSt. 1 S. 106 (109); 61 S. 376 (378) = JW 1927 S. 3056 mit Anm. *Alsberg*; RGSt. 75 S. 165 (166); RGRspr. 1 S. 158 (159); S. 250; S. 251 (252); 2 S. 246; RG JW 1917 S. 51; 1924 S. 321 mit Anm. *Beling*; RG JW 1928 S. 2253 = GA 72 S. 347 (348) = HRR 1928 Nr. 2244; RG JW 1932 S. 3099 mit Anm. *Bohne*; RG JW 1932 S. 3112; 1936 S. 666 L; RG GA 65 S. 365 (366); RG JR Rspr. 1927 Nr. 1975 = Recht 1928 Nr. 222; BayObLGSt. 1949/51 S. 347 (348); OLG Hamm VRS 39 S. 217; OLG Koblenz OLGSt. § 219 S. 1; *Dalcke/Fuhrmann/Schäfer* Anm. 1; *KK Treier* Rdnr. 12; *Kleinknecht* Rdnr. 4; KMR *Paulus* Rdnr. 20; LR *Gollwitzer* Rdnr. 33; *Eb. Schmidt* Rdnr. 10; alle zu § 219; *Alsberg* JW 1931 S. 1602; *Dahs/Dahs* Rdnr. 190; *Gössel* S. 145; *Kreuzer* S. 24; *Plötz* S. 219, 235; *Schlosky* JW 1930 S. 2505; *W. Schmid* S. 207; *Simader* S. 54; *Steffen* S. 11; *Stützel* S. 36; *Völcker* S. 46; a. A. OLG Dresden JW 1929 S. 1074 mit Anm. *Weber*.
24 RG JW 1930 S. 205 mit Anm. *Mannheim*; RG JR Rspr. 1927 Nr. 1975 = Recht 1928 Nr. 222; *Alsberg* JW 1931 S. 1602; vgl. aber auch *Haag* DStR 1938 S. 416 (419).
25 RG JW 1928 S. 2253 = GA 72 S. 347 (348) = HRR 1928 Nr. 2244; RG JW 1930 S. 2058 mit Anm. *Alsberg*; RG JW 1932 S. 3112; RG JR Rspr. 1927 Nr. 1975 = Recht 1928 Nr. 222; RG ZStW 47 Sdr. Beil. S. 268.

Erst seit 1927 erkannte es den Verstoß gegen die Hinweispflichten, die dem Vorsitzenden in der Hauptverhandlung obliegen, wenn er unzulässigerweise die Bescheidung oder sogar die Wahrunterstellung durch das erkennende Gericht zugesagt hat[26], unter ausdrücklicher Aufgabe seiner früheren Rechtsprechung als Revisionsgrund an[27]. Dabei begnügte es sich in der Regel damit, eine unzulässige Beschränkung der Verteidigung festzustellen[28] oder den Verstoß einfach als Verfahrensfehler zu bezeichnen[29]. Erst der Bundesgerichtshof hat in der Entscheidung BGHSt. 1 S. 51 (54) klargestellt, daß in diesen Fällen gegen die Aufklärungspflicht nach § 244 Abs. 2 und gegen die sich aus § 243 Abs. 4, § 136 Abs. 2 ergebende Pflicht des Gerichts verstoßen ist, dem Angeklagten Gelegenheit zu geben, die gegen ihn vorliegenden Verdachtsgründe zu beseitigen und die zu seinen Gunsten sprechenden Tatsachen geltend zu machen[30]. Wenn der Angeklagte in dem Irrtum belassen wird, daß er mit der Antragstellung vor der Hauptverhandlung alles Erforderliche getan habe, um sein Verteidigungsrecht auszuüben, wird er an der Stellung sachdienlicher Anträge gehindert. Die darin liegende Verletzung der Aufklärungspflicht nach § 244 Abs. 2 ist zwar in erster Hinsicht von dem Vorsitzenden allein verschuldet, gleichwohl aber als ein Verstoß gegen die Rechtspflichten des Gerichts anzusehen[31].

2. Notwendigkeit der Aufklärungsrüge

Für das Revisionsverfahren ergeben sich daraus folgende Besonderheiten: Der Beschwerdeführer kann seine Revision niemals auf die Verletzung des § 219 stüt-

---

26 Vgl. oben S. 362 ff.
27 Vgl. RGSt. 75 S. 165 (167); RG JW 1936 S. 665.
28 Daß § 338 Nr. 8 nicht unmittelbar anwendbar ist, weil die Verteidigungsbeschränkung nicht auf einen Gerichtsbeschluß zurückgeht, wurde allerdings nicht übersehen; vgl. RGSt. 61 S. 376 (378) = JW 1927 S. 3056 mit Anm. *Alsberg.*
29 RG. a.a.O.; RGSt. 73 S. 193 mit Anm. *Schneider-Neuenburg* DStR 1940 S. 144; RGSt. 75 S. 165 (167); RG JW 1930 S. 3773 (3774) mit Anm. *Bohne*; RG JW 1936 S. 665 (666); 1938 S. 2736; RG HRR 1937 Nr. 287. – Ebenso KG JW 1927 S. 926 mit Anm. *Stern*; GA 69 S. 373 = ZStW 46 Sdr. Beil. S. 134; JR 1950 S. 567 (568); JR Rspr. 1927 Nr. 442; OLG Hamburg GA 75 S. 105; *Simader* S. 54. Die Entscheidung RG JW 1930 S. 2564 mit Anm. *Alsberg* spricht nur von einem Verstoß gegen § 219. LR *Gollwitzer* § 219 Rdnr. 18 bemerkt lediglich, daß das Urteil auf einem Verstoß gegen die Hinweispflicht beruhen könne.
30 In der Entscheidung BGH 1 StR 192/53 vom 5. 5. 1953 ist nur noch von einer Verletzung der Aufklärungspflicht die Rede; vgl. *Steffen* S. 28/29.
31 BGHSt. 1 S. 51 (54); vgl. auch OLG Köln NJW 1954 S. 46 (47); OLG Saarbrücken VRS 29 S. 292, die ebenfalls § 244 Abs. 2 für verletzt halten. Im Schrifttum stimmen damit überein: KK *Herdegen* § 244 Rdnr. 27; *Beling* JW 1924 S. 321; *Dahs/Dahs* Rdnr. 190; *Haag* DStR 1938 S. 409 (419 ff.); *Oehler* JZ 1951 S. 725; *Oske* MDR 1971 S. 797 (798); *Schlüchter* Rdnr. 432; *Schneider-Neuenburg* DStR 1939 S. 307 (315 ff.); *Traub* NJW 1957 S. 1095 (1097).

zen[32], sondern muß die Aufklärungsrüge erheben und mit ihr die Verletzung von Fürsorge- und Hinweispflichten geltend machen[33]. In der Rüge des nicht beschiedenen Antrags wird diese Rüge regelmäßig enthalten sein[34]. Zum notwendigen Revisionsvorbringen gehört die Wiedergabe des vor der Hauptverhandlung gestellten Beweisantrags. Andernfalls kann das Revisionsgericht nicht beurteilen, ob überhaupt ein nach § 219 Abs. 1 Satz 2 zu bescheidender Beweisantrag vorgelegen hat. Der Beschwerdeführer muß daher die behauptete Beweistatsache und das Beweismittel bezeichnen, das er benannt hatte. Ferner muß der Begründungsschrift zu entnehmen sein, daß der Antrag in einem vorbereitenden Schriftsatz gestellt worden ist und ob und gegebenenfalls mit welcher Begründung der Vorsitzende über den Antrag vor der Hauptverhandlung entschieden hat. Schließlich muß dargelegt werden, daß der Vorsitzende den Angeklagten in der Hauptverhandlung nicht darauf hingewiesen hat, daß das Gericht entgegen seiner Zusage nicht entscheiden oder die Wahrunterstellung nicht einhalten werde[35]. Zur Beruhensfrage muß der Beschwerdeführer keine Ausführungen machen. Es genügt, daß die Möglichkeit nicht auszuschließen ist, daß der Angeklagte bei ordnungsgemäßer Unterrichtung über die Rechtslage nicht nur den früher gestellten Beweisantrag in sachgemäßer Form wiederholt, sondern noch weitere geeignete Beweisanträge gestellt hätte[36]. Auch über deren Inhalt braucht er in der Revisionsbegründungsschrift keine Angaben zu machen[37].

3. Die Beruhensfrage beim Unterlassen der Wiederholung des Beweisantrags

a) Unterlassen der Antragswiederholung als Verzicht. Auf dem Unterlassen des Hinweises des Vorsitzenden auf die Notwendigkeit der Wiederholung des Antrags (im Fall der Nichtbescheidung), auf dem Unterlassen der Herbeiführung einer Gerichtsentscheidung (im Fall der Verweisung an das Gericht) und auf der Nichteinhaltung der Wahrunterstellung ohne vorherigen Hinweis beruht das Urteil nicht, wenn der Antragsteller auf die Erhebung des Beweises verzichtet hat[38]. Das

---

32 A. A. *Kleinknecht* § 219 Rdnr. 5; LR *Gollwitzer* § 219 Rdnr. 33; *Dahs/Dahs* Rdnr. 190; *Oske* MDR 1971 S. 797 (799); unklar KK *Treier* § 219 Rdnr. 12. Auch *Steffen* (S. 37 ff., 157 ff.) hält die Verletzung des § 219 in Anlehnung an ein unveröffentlichtes KG-Urteil für einen »nicht selbständigen Revisionsgrund«.
33 Vgl. oben S. 855/856.
34 OLG Saarbrücken VRS 29 S. 292 (293).
35 Vgl. für den Fall der Nichtbescheidung des Antrags: BayObLGSt. 1964 S. 25 (26) = GA 1964 S. 334; OLG Bremen VRS 36 S. 180 (181). Beide Gerichte verlangen ferner die Angabe, ob an der Verhandlung ein Verteidiger mitgewirkt hat.
36 BGHSt. 1 S. 51 (55); a. A. BayObLG a.a.O., das Angaben darüber für erforderlich hält, was mit den vor der Hauptverhandlung benannten Zeugen hätte bewiesen werden sollen, und den Erfolg der Revision offenbar davon abhängig machen will, ob die von dem Angeklagten beantragte Beweiserhebung zur Sachaufklärung hätte beitragen können.
37 Vgl. oben S. 856.
38 *Steffen* (S. 124 ff., 158) hält in diesem Fall schon die Hinweispflicht nicht für gegeben, verneint also nicht das Beruhen, sondern einen Rechtsmangel überhaupt. Dabei übersieht er, daß die Frage der Hinweispflicht nicht vom Standpunkt des erkennenden Gerichts, sondern vom Revisionsgericht nach objektiven Maßstäben zu entscheiden ist (vgl. *W. Schmid* S. 217). Anders als über die Beruhensfrage läßt sich der Fall daher nicht lösen.

kann ausdrücklich, insbesondere durch die Erklärung, eine weitere Beweisaufnahme werde nicht gewünscht[39], aber auch stillschweigend geschehen[40]. Der Verteidiger kann ohne Genehmigung des Angeklagten auf die früher beantragte Beweiserhebung verzichten. Denn da er eine solche Genehmigung nicht braucht, wenn er davon absehen will, überhaupt Beweisanträge zu stellen, benötigt er sie auch nicht für das Unterlassen der Wiederholung früher gestellter Anträge[41]. Daher trifft die im Schrifttum vertretene Ansicht[42] nicht zu, dem Angeklagten könnten aus einer Säumnis seines Verteidigers keine Nachteile erwachsen[43]. Ob ein stillschweigender Verzicht[44] des Antragstellers auf die Erhebung des Beweises, die Gegenstand seines Antrags nach § 219 gewesen ist, auch darin gesehen werden kann, daß er den Antrag in der Hauptverhandlung nicht wiederholt, läßt sich nicht für alle Fälle des Verstoßes des Vorsitzenden gegen seine Hinweispflichten einheitlich beantworten[45]. Vielmehr ist zu unterscheiden:

b) **Bei Nichtbescheidung des Antrags.** Am ehesten wird man in der Nichtwiederholung des Beweisantrags einen stillschweigenden Verzicht sehen können, wenn der Angeklagte überhaupt ohne Bescheid auf seinen Antrag geblieben ist. In diesem Fall ist ihm keine Zusage gemacht worden, auf deren Einhaltung er vertrauen konnte, und die Annahme, er werde sich gleichwohl darauf einstellen, daß das Gericht keine ihm ungünstige Entscheidung treffen werde, ohne über den Antrag zu entscheiden, liegt im allgemeinen recht fern. Der Antragsteller wird regelmäßig nicht einmal wissen, ob sein Antrag überhaupt zu den Akten gelangt ist[46], und er wird sich daher zu Wort melden oder wenigstens sein Schlußwort zu dem Hinweis nutzen, daß er vor der Hauptverhandlung noch weitere Beweiserhebungen beantragt hatte, die bisher nicht stattgefunden haben. In dem Unterlassen dieser Erklärung wird man beim Verteidiger[47], in der Regel aber auch bei einem Angeklagten, der nicht im Beistand eines Verteidigers erschienen ist, die stillschweigende Erklä-

---

39 Daß darin auch der Verzicht auf Beweiserhebungen liegt, über die der Vorsitzende vor der Hauptverhandlung nicht entschieden oder die er unzulässigerweise an das Gericht verwiesen hat, kann nicht zweifelhaft sein; vgl. *Traub* NJW 1957 S. 1095 (1096).
40 Vgl. *Steffen* S. 125 ff.
41 *Plötz* S. 244; a. A. *Steffen* S. 148 ff., 150/151; *Traub* NJW 1957 S. 1095 (1096/1097). Vgl. auch KG GA 72 S. 358, das eine stillschweigende Genehmigung durch einen Angeklagten, der die Einlassung verweigert hat, ausgeschlossen hat.
42 Vgl. *Oske* MDR 1971 S. 797 (799); *Peters* S. 520. *Traub* NJW 1957 S. 1095 (1097) will zu Unrecht die Grundsätze des § 245 Abs. 1 Satz 2 anwenden. Dort wird aber auf ein Recht verzichtet; bei § 219 bezieht sich der Verzicht nur auf eine Beweiserhebung, auf deren Durchführung kein Rechtsanspruch besteht (zutreffend *Steffen* S. 121: Kein Verzicht auf die Aussicht eines prozessualen Vorteils).
43 Wie hier *W. Schmid* S. 217.
44 *W. Schmid* a.a.O. und *Steffen* (S. 77/78) halten die Notwendigkeit, die vom Vorsitzenden geschaffene Vertrauensgrundlage zu schützen, nicht die Frage des Verzichts für erheblich.
45 Zur unterschiedslosen Behandlung des Problems neigt das Schrifttum; vgl. insbesondere *Traub* NJW 1957 S. 1085 ff.
46 Vgl. oben S. 361.
47 BGH 2 StR 197/54 vom 26. 10. 1954.

rung sehen können, daß er auf die früher beantragte Beweiserhebung keinen Wert mehr legt[48].

Anders ist es nur, wenn der Antragsteller sich aus Gründen, die in seiner Person liegen, oder wegen der besonderen Umstände des Falls ernsthaft hat vorstellen können, daß über den Antrag ohne weiteres entschieden wird. Mit der Möglichkeit eines solchen Irrtums wird man rechnen müssen, wenn der Antragsteller von besonders geringer Intelligenz ist oder wenn ihm noch in der Hauptverhandlung vom Vorsitzenden oder einem Mitglied des Gerichts der Eindruck vermittelt worden ist, er habe alles getan, um seine Rechte zu wahren, und könne daher mit der Beweiserhebung oder, wenn sie nicht stattfinden würde, mit einem abschlägigen Bescheid über seinen Antrag rechnen[49]. Die Erwägung, es könne niemals ausgeschlossen werden, daß der Antragsteller seinen Antrag nur deshalb nicht wiederholt, weil er ihn vergessen hat[50], gibt für den Fall der unterbliebenen Bescheidung nichts her. Denn auf dem Rechtsfehler kann das Urteil nur beruhen, wenn nicht auszuschließen ist, daß der Antragsteller, weil er auf die Notwendigkeit der Wiederholung nicht hingewiesen worden ist, andere Anträge nicht gestellt und andere Verteidigungsmöglichkeiten nicht genutzt hat[51]. Das setzt aber denkgesetzlich den Irrtum darüber voraus, daß er den vor der Hauptverhandlung gestellten Antrag nicht zu wiederholen brauche. Ein Antragsteller, der keine Erinnerung an den ersten Antrag hat, kann einem solchen Irrtum nicht erliegen und daher an weiteren Verteidigungshandlungen jedenfalls nicht dadurch gehindert sein, daß er auf die Notwendigkeit der Wiederholung des Antrags in der Hauptverhandlung nicht hingewiesen wird.

Daß die Rechtslage anders zu beurteilen ist, wenn der Angeklagte nach § 233 vom Erscheinen in der Hauptverhandlung entbunden ist, liegt auf der Hand. In diesem Fall darf er, solange das Gericht ihm nichts Gegenteiliges mitteilt, davon ausgehen, daß seinem Antrag entsprochen worden ist[52]. Ein stillschweigender Verzicht kommt hier nicht in Betracht.

c) **Bei Zusage der Wahrunterstellung.** Die geringsten Schwierigkeiten bereitet der Fall, daß der Vorsitzende in unzulässiger Weise zugesagt hat, das Gericht werde

---

48 RGSt. 61 S. 376 (378) = JW 1927 S. 3056 mit Anm. *Alsberg*; OLG Hamburg JW 1928 S. 1883; *Oske* MDR 1971 S. 797 (799); *W. Schmid* S. 211 ff., 213; a. A. KG JR 1950 S. 567, das die bloße Nichtbescheidung des Beweisantrags aber zu Unrecht der Zusage des Vorsitzenden gleichstellt, das Gericht werde über ihn entscheiden. *Steffen* (S. 126 Fußn. 3) bezeichnet die Ansicht des KG zu Unrecht als herrschend. A. A. aber auch Voraufl. S. 186.
49 Ebenso *Oske* a.a.O. Vgl. den Fall RG DJZ 1911 Sp. 1448: Der Vorsitzende hatte beim Aufruf der Sache mitgeteilt, »die Zeugen« befänden sich im Vorraum; der Angeklagte konnte daher annehmen, auch die von ihm benannten Zeugen seien anwesend. Vgl. auch RG SeuffBl. 78 S. 504 für den Fall, daß dem Angeklagten die Ladung des Zeugen vor der Hauptverhandlung zugesagt worden war, sie aber nicht ausgeführt werden konnte.
50 BGHSt. 1 S. 286 (287) = JZ 1951 S. 725 mit Anm. *Oehler*; KMR *Paulus* § 219 Rdnr. 17; *Eb. Schmidt* Nachtr. § 219 Rdnr. 6 a; *Alsberg* JW 1931 S. 1602; *Klefisch* JW 1932 S. 1660; *Steffen* S. 43/44; *Traub* NJW 1957 S. 1095 (1096).
51 Vgl. oben S. 856.
52 BayObLGSt. 1955 S. 267 (268) = NJW 1956 S. 1042.

die Beweistatsache als wahr behandeln, daß er dem Antragsteller aber nicht mitgeteilt hat, das Gericht werde diese Zusage nicht einhalten[53]. Der Antragsteller kann auf die Zusage vertrauen und hat daher keinen Anlaß, seinen Antrag zu wiederholen. Indem er das unterläßt, verzichtet er nicht auf die Erhebung des Beweises. Das gilt auch für den Fall, daß ein Verteidiger den Antrag gestellt hat[54]. Ein Verzicht kann aber angenommen werden, wenn die Beweisaufnahme offensichtlich das Gegenteil der Beweistatsache ergeben hat. Denn in diesem Fall muß dem Antragsteller die Annahme, das Gericht werde die Wahrunterstellung gleichwohl einhalten, als recht abwegig erscheinen[55]. Eine Aufgabe des Beweisantrags liegt auch vor, wenn der Antragsteller selbst in der Hauptverhandlung von der Beweisbehauptung, deren Wahrunterstellung ihm zugesagt worden ist, ausdrücklich abrückt[56].

d) Bei Zusage der Entscheidung durch das erkennende Gericht. Auf die Zusage, daß über den Beweisantrag durch das erkennende Gericht in der Hauptverhandlung entschieden werde, wird ein Angeklagter, der keinen Verteidiger hat, regelmäßig vertrauen. Wiederholt er den Antrag in der Hauptverhandlung nicht, so bedeutet das daher keinen Verzicht auf die Beweiserhebung. Dies gilt jedenfalls für einen rechtsunkundigen Angeklagten; verzichten kann man nur auf Rechte, die man kennt[57]. Das Reichsgericht hat aber für den Fall, daß der Vorsitzende die Entscheidung des Gerichts in Aussicht gestellt hat, in der Nichtwiederholung des Antrags in der Hauptverhandlung einen stillschweigenden Verzicht gesehen, wenn der Angeklagte im Beistand eines Verteidigers erschienen ist. Dem Verteidiger wurde zugetraut, daß er die Notwendigkeit kennt, einen Beweisantrag, dem nicht stattgegeben worden ist, in der Hauptverhandlung zu wiederholen[58]. Das gleiche sollte für einen rechtskundigen oder wegen seiner Vorverurteilungen in der Strafprozeßordnung erfahrenen Angeklagten gelten[59]. Diese Rechtsprechung ist im

---

53 Vgl. oben S. 357, 363.
54 RG JW 1938 S. 2736; RG HRR 1939 Nr. 816; LR *Gollwitzer* § 244 Rdnr. 79; *Stützel* S. 38. – A. A. RG HRR 1928 Nr. 2244 = JW 1928 S. 2253 mit abl. Anm. *Alsberg* mit der Begründung, die Möglichkeit, daß das Gericht anderer Ansicht sei als der Vorsitzende, liege so nahe, daß der Antragsteller damit rechnen und seinen Antrag wiederholen müsse. Vgl. auch *Sarstedt* DAR 1964 S. 307 (309).
55 RG JW 1936 S. 665 (666); dagegen will *Steffen* (S. 128) nicht einmal die Vernehmung des von dem Angeklagten benannten Zeugen genügen lassen, weil der Angeklagte selbst dann auf die Wahrunterstellung vertrauen könne, wenn dieser Zeuge das Gegenteil dessen bekundet, was in sein Wissen gestellt ist.
56 Vgl. *Steffen* S. 129.
57 OLG Köln NJW 1954 S. 46 (47); *Eb. Schmidt* Nachtr. § 219 Rdnr. 6 a; *Traub* NJW 1957 S. 1095 (1096).
58 RGSt. 75 S. 165 (167); RG JW 1931 S. 1602 mit Anm. *Alsberg*; RG HRR 1931 Nr. 477 = JW 1932 S. 1660 (1661) mit abl. Anm. *Klefisch*. Ebenso *Oske* MDR 1971 S. 797 (799); *Rieker* S. 33; *W. Schmid* S. 216 ff. Das OLG Köln (MDR 1953 S. 376) verneint den Verzicht, weil durch das unzulässige Vorgehen des Gerichts eine zweifelhafte Lage geschaffen worden sei.
59 RG JW 1934 S. 2279; OLG Hamburg GA 75 S. 105.

Schrifttum mit guten Gründen bekämpft worden[60]. Sie läuft darauf hinaus, daß die Prozeßbeteiligten verpflichtet werden, Verfahrensfehler des Vorsitzenden oder des Gerichts aufzudecken, um ihre Rechte zu wahren. Eine derartige Rechtspflicht besteht jedoch nicht. Für die fehlerfreie Anwendung des Verfahrensrechts sind nicht die Prozeßbeteiligten, sondern das Gericht verantwortlich. Wenn ihm ein Verfahrensmangel unterläuft, muß es ihn heilen. Die Prozeßbeteiligten brauchen dazu nicht den Anstoß zu geben: Sie müssen das Recht nicht besser kennen als das Gericht und sein Vorsitzender. Sogar wenn sie sich selbst bestimmter Versäumnisse schuldig machen, bleibt die Tatsache unverändert bestehen, daß es in erster Hinsicht das Gericht selbst war, das den Verfahrensfehler begangen hat[61]. Es ist auch nicht einzusehen, warum ein Irrtum des Verteidigers, daß er den Antrag nicht erneuern müsse, nicht für möglich gehalten wird, während der Irrtum des Vorsitzenden darüber, wie ein vor der Verhandlung gestellter Beweisantrag zu bescheiden ist, ohne weiteres angenommen wird und sogar die Grundvoraussetzung der entstandenen Verfahrenslage bildet. Wenn der Vorsitzende nicht nur eine Bescheidung des Beweisantrags unterlassen, sondern sogar dessen Bescheidung durch das Gericht in Aussicht gestellt hat, kann überdies auch der Verteidiger auf die rechtsverbindliche Kraft dieser Zusage vertrauen[62]. Aus diesen Gründen geht es keineswegs an, aus dem Untätigbleiben des Angeklagten oder seines Verteidigers in der Hauptverhandlung den Schluß zu ziehen, daß sie auf eine weitere Beweisaufnahme verzichten[63].

Der Bundesgerichtshof hat sich der Rechtsprechung des Reichsgerichts daher mit Recht nur mit der Einschränkung angeschlossen, daß auch bei der Mitwirkung eines Verteidigers in der Nichtwiederholung eines Antrags nur beim Hinzutreten besonderer Umstände ein Verzicht auf die Beweiserhebung liegt[64]. Solche Umstände liegen nicht darin, daß auf Befragen kein weiterer Beweisantrag gestellt[65] oder daß die Beweisaufnahme »im allseitigen Einverständnis« geschlossen worden ist[66]. Sie können aber darin gesehen werden, daß der Verteidiger in der

---

60 Vgl. LR *Gollwitzer* § 219 Rdnr. 13; *Alsberg* JW 1928 S. 2253; 1931 S. 1602; *Klefisch* JW 1932 S. 1660; *Koeniger* S. 181; *Mannheim* JW 1929 S. 1081 (1082); *Oehler* JZ 1951 S. 725; *Peters* S. 519/520; *Simader* S. 54 Fußn. 4; *Steffen* S. 140 ff.; *Stützel* S. 37/38; *Traub* NJW 1957 S. 1095 (1097).
61 Vgl. LR *Gollwitzer* § 219 Rdnr. 13.
62 OLG Hamburg HESt. 1 S. 166 (167); *Alsberg* JW 1928 S. 2253; 1931 S. 1602; *Mannheim* JW 1929 S. 1082; *Steffen* S. 126; *Traub* NJW 1957 S. 1095 (1097).
63 KMR *Paulus* § 219 Rdnr. 17; *Eb. Schmidt* Nachtr. § 219 Rdnr. 6 a; *Klefisch* JW 1932 S. 1660 (1661); *Oske* MDR 1971 S. 797 (799); *Steffen* S. 126; *Traub* NJW 1957 S. 1095 (1096).
64 BGHSt. 1 S. 286 (287) = JZ 1951 S. 725 mit Anm. *Oehler*; vgl. auch BGH 2 StR 197/54 vom 26. 10. 1954; 1 StR 178/53 vom 15. 12. 1954. In den Entscheidungen BayObLGSt. 1964 S. 25 (26) = GA 1964 S. 334, OLG Bremen VRS 36 S. 180 (181) und OLG Köln NJW 1954 S. 46 (47) ist davon die Rede, daß die Mitwirkung eines Verteidigers es gestatte, einen Verzicht in Erwägung zu ziehen; ebenso *Dahs/Dahs* Rdnr. 190.
65 *Steffen* S. 131/132; a. A. OLG Dresden JW 1930 S. 953.
66 OLG Köln NJW 1954 S. 46 (47); *Steffen* S. 132; *Traub* NJW 1957 S. 1095 (1096); vgl. aber auch OLG Hamburg GA 75 S. 105 (106).

Hauptverhandlung einen ähnlichen Beweisantrag wie vor der Hauptverhandlung mit ähnlicher Zielrichtung wie der nichtbeschiedene stellt[67], daß der Angeklagte einen Beweis- oder Hilfsbeweisantrag auf Ladung eines Teils der Zeugen stellt, deren Ladung er schon vor der Hauptverhandlung beantragt hatte[68], daß er sonst einen Teil seines Beweisantrags in der Hauptverhandlung wiederholt[69], daß die Unerheblichkeit der Beweistatsache oder die Untauglichkeit des Beweismittels von dem Vorsitzenden mit den Prozeßbeteiligten, insbesondere mit dem Antragsteller erörtert wird, ohne daß dieser auf der Beweiserhebung besteht[70], oder daß der Angeklagte die Beweisbehauptungen, die er in dem unter Verstoß gegen § 219 unbeschiedenen Beweisantrag aufgestellt hat, nicht mehr aufrechterhält[71].

IV. Beweisanträge bei Aktenvorlage oder Verweisung

Wird die Fristsetzung nach § 225 a Abs. 2 Satz 2 oder § 270 Abs. 4 Satz 2 unterlassen, so begründet das nicht die Revision, sofern der Mangel nicht in der Hauptverhandlung gerügt und deren Aussetzung beantragt worden ist[72]. Wenn der Vorsitzende die Bescheidung über einen Beweisantrag unterläßt oder die Entscheidung durch das erkennende Gericht oder die Wahrunterstellung der Beweistatsache zusagt, kommt wie in den Fällen der §§ 201, 219 nur die Erhebung der Aufklärungsrüge in Betracht.

---

67 BGHSt. 1 S. 286 (287) = JZ 1951 S. 725 mit Anm. *Oehler, Dalcke/Fuhrmann/Schäfer* Anm. 1; KK *Treier* Rdnr. 10; *Kleinknecht* Rdnr. 5; KMR *Paulus* Rdnr. 17; LR *Gollwitzer* Rdnr. 14; alle zu § 219; *Oske* MDR 1971 S. 797 (799); *Peters* S. 520. – RG JW 1934 S. 2779 hielt auch die Tatsache, daß ein Beweisantrag zu einem anderen Tatkomplex gestellt wird, für ausreichend. Grundsätzlich a. A. *Steffen* (S. 127), der die Möglichkeit nicht ausschließen will, daß der neue Beweisantrag nur »zur weiteren Stützung der Verteidigungsposition« gestellt worden ist; einen Verzicht will er nur annehmen, wenn die Untauglichkeit des Beweismittels in der Hauptverhandlung erörtert worden ist und daraufhin ein neues Beweismittel benannt wird.
68 BGH 5 StR 474/55 vom 16. 3. 1956; OLG Hamburg GA 75 S. 105 (106); a. A. KG GA 75 S. 173; einschränkend auch *Steffen* S. 130/131.
69 Vgl. aber *Steffen* S. 129, der hier keine allgemeine Regel aufstellen will.
70 RG JW 1931 S. 1602 mit Anm. *Alsberg*; KMR *Paulus* § 219 Rdnr. 17; LR *Gollwitzer* § 219 Rdnr. 14.
71 Vgl. *Steffen* S. 129/130.
72 RGSt. 62 S. 265 (272); RGrspr. 7 S. 641 (642); *Dalcke/Fuhrmann/Schäfer* § 270 Anm. 9; LR *Gollwitzer* § 270 Rdnr. 66. — *Kleinknecht* § 270 Rdnr. 25 will die Rüge der Verletzung des § 265 Abs. 4 zulassen.

2. Kapitel Beweisanträge nach § 244 Abs. 3

§ 1 Zulässige Verfahrensrügen

Entscheidungen des erkennenden Gerichts, die der Urteilsfällung vorausgehen, unterliegen nach § 305 Satz 1 nicht der Beschwerde. Zur Anfechtung der vor oder in der Hauptverhandlung erlassenen Beschlüsse, mit denen über Beweisanträge entschieden worden ist, steht daher nur das Rechtsmittel der Revision zur Verfügung (§§ 336, 337)[1]. Daß das Urteil auch insoweit, als es erstmals die Entscheidung über Beweisanträge enthält, der Anfechtung durch die Revision unterliegt, ist selbstverständlich.

Der Beschwerdeführer, der die tatrichterliche Behandlung von Beweisanträgen beanstanden will, muß hierzu die Verfahrensrüge der Verletzung des § 244 Abs. 3 bis 6 erheben. Die Rüge der Verletzung des § 338 Nr. 8, die manche Verteidiger statt oder neben dieser Rüge zu erheben pflegen[2], ist überflüssig und sinnlos. Denn einen zwingenden Aufhebungsgrund enthält die Vorschrift nicht[3], und ihre Anwendung setzt nach fast allgemeiner Ansicht voraus, daß eine andere Verfahrensbestimmung, hier also § 244 Abs. 3 bis 6, verletzt worden ist[4]. Die Rechtsprechung des Reichsgerichts, das die fehlerhafte Behandlung von Beweisanträgen des Angeklagten[5] stets unter dem Gesichtspunkt der Beschränkung der Verteidigung

---

1 Der Fall, daß das Urteil mit der Berufung angefochten wird, kann außer Betracht bleiben, weil dann die Verfahrensfehler des Gerichts des ersten Rechtszugs weder gerügt werden müssen, noch für die Entscheidung des Berufungsgerichts, abgesehen von der Zurückverweisungsbefugnis nach § 328 Abs. 2, eine Rolle spielen.
2 KMR *Paulus* § 244 Rdnr. 600 und *Simader* S. 235 halten eine Wahl zwischen § 337 und § 338 Nr. 8 für möglich; *Kleinknecht* § 244 Rdnr. 76 meint, der Angeklagte müsse die Revision auf § 338 Nr. 8, die anderen Prozeßbeteiligten müßten sie auf § 337 stützen.
3 Vgl. LR *Meyer* § 338 Rdnr. 113; *Eb. Schmidt* § 338 Rdnr. 35; jeweils mit weit. Nachw.
4 BGHSt. 21 S. 334 (360); 30 S. 131 (137); *Kleinknecht* § 338 Rdnr. 24; LR *Meyer* § 338 Nr. 114 mit Nachw.; *Dahs/Dahs* Rdnr. 172. Vgl. auch *Sarstedt* S. 156, der empfiehlt, das Augenmerk nicht auf § 338 Nr. 8 zu richten, sondern diejenige Verfahrensnorm ausfindig zu machen, nach der die Beschränkung der Verteidigung unzulässig gewesen sein soll.
5 Da die Vorschrift eine Beschränkung der Verteidigung voraussetzt, kommt wegen der Beweisanträge des Privat- oder Nebenklägers eine Rüge nach § 338 Nr. 8 nie in Betracht (RG JW 1931 S. 2821 mit Anm. von *Scanzoni*; KG DJZ 1929 Sp. 510; LR *Meyer* § 338 Rdnr. 119; *Simader* S. 236; *Stützel* S. 116; a. A. OLG Königsberg JW 1928 S. 2293 mit Anm. *Stern*), wegen der Anträge der Staatsanwaltschaft nur, wenn sie zugunsten des Angeklagten gestellt waren (RG Recht 1924 Nr. 82; *Rieker* S. 95; *Simader* S. 236; *Stützel* S. 115).

nach § 338 Nr. 8 geprüft hat[6], war daher nur notwendig und sinnvoll, solange das Beweisantragsrecht noch nicht im einzelnen gesetzlich geregelt war. Seitdem das geschehen ist, führt es zu nichts mehr, Verfahrensfehler des Tatrichters bei der Behandlung von Beweisanträgen anders als durch die Rüge der Verletzung des § 244 Abs. 3 bis 6 zur Nachprüfung durch das Revisionsgericht zu stellen. Anders ist es nur, wenn der Tatrichter sich weigert, solche Anträge überhaupt entgegenzunehmen. Das verletzt keine bestimmte Verfahrensvorschrift, sondern kann nur nach § 338 Nr. 8 gerügt werden[7]. Auf jeden Fall setzt die auf § 338 Nr. 8 gestützte Verfahrensrüge einen in der Hauptverhandlung ergangenen Beschluß voraus, dem allerdings die Nichtbeachtung eines Antrags in der Hauptverhandlung gleichgestellt wird[8].

Die Beanstandung von Rechtsfehlern bei der Behandlung von Beweisanträgen mit der Aufklärungsrüge (§ 244 Abs. 2) ist nicht unzulässig[9]. Denn die Pflicht, Beweisanträgen stattzugeben, wenn dadurch die Sachaufklärung gefördert werden kann, ist ein Unterfall der allgemeinen Aufklärungspflicht nach § 244 Abs. 2. Die Rüge der Verletzung des § 244 Abs. 2 ist aber meist unzweckmäßig, weil die Aufklärungspflicht teilweise hinter der Pflicht zurückbleibt, Beweisanträgen zu entsprechen, wenn die Gründe des § 244 Abs. 3 bis 5 nicht zur Ablehnung berechtigen[10], und weil die Begründung der Aufklärungsrüge im allgemeinen schwieriger ist als die der Rüge der Verletzung des § 244 Abs. 3 bis 6. Der Vorteil, den die Stellung eines Beweisantrags bringt, liegt für das Revisionsverfahren gerade darin, daß der Beschwerdeführer im Fall der Antragsablehnung nicht gezwungen ist, die umständlichere Aufklärungsrüge zu erheben[11]. Das Revisionsgericht wird die als Aufklärungsrüge bezeichnete Rüge, daß einem Beweisantrag zu Unrecht nicht stattgegeben worden ist, stets unter dem Gesichtspunkt der Verletzung des § 244 Abs. 3 bis 6 prüfen, wenn die Revisionsbegründungsschrift den Anforderungen an diese Rüge genügt[12]. Umgekehrt wird das Revisionsvorbringen, das die Rüge der Verletzung des § 244 Abs. 3 bis 6 begründen soll, dazu aber nicht ausreicht, unter dem rechtlichen Gesichtspunkt der Verletzung der Sachaufklärungspflicht nach

---

6 Vgl. oben S. 23/24.
7 Vgl. BGHSt. 29 S. 149 (151). Die Entscheidung BGH JR 1980 S. 218 (219) mit Anm. *Meyer* hätte einen Verstoß gegen § 244 Abs. 3 (Ablehnung des Antrags aus einem dort nicht zugelassenen Ablehnungsgrund) annehmen müssen.
8 Vgl. KK *Pikart* § 338 Rdnr. 102; LR *Meyer* § 338 Rdnr. 117 ff.
9 Vgl. KK *Herdegen* § 244 Rdnr. 115; *Wenner* S. 198; a.A. *Dahs/Dahs* Rdnr. 372.
10 Vgl. oben S. 29 ff.
11 So mit Recht *Traulsen* S. 34. *Wessels* JuS 1969 S. 1 (4) sieht darin nur eine terminologische Unterscheidung.
12 Vgl. BGH VRS 34 S. 212 (213); a. A. OLG Celle MDR 1964 S. 944 = JR 1964 S. 353 = VRS 27 S. 284, das, da ein Verstoß gegen § 244 Abs. 3 nicht geltend gemacht war, nur die Verletzung des § 244 Abs. 2 prüft und die Beschränkung der Revision auf diesen Gesetzesverstoß für zulässig hält, weil die Aufklärungspflicht weitergehen kann als das Beweisantragsrecht.

§ 244 Abs. 2 geprüft, wenn es als Aufklärungsrüge zulässig ist[13]. Für die Fälle, in denen die Aufklärungspflicht nach § 244 Abs. 2 weitergeht als das Recht, Anträge nach § 244 Abs. 3 bis 5 abzulehnen, hat das Revisionsgericht, auch wenn der Beschwerdeführer den § 244 Abs. 2 nicht erwähnt, auf die Rüge der unzulässigen Ablehnung eines Beweisantrags zu prüfen, ob sinngemäß auch die Verletzung der Sachaufklärungspflicht hat geltend gemacht werden sollen[14].

---

[13] BGH bei *Holtz* MDR 1978 S. 805/806; BGH bei *Spiegel* DAR 1978 S. 161; OLG Koblenz VRS 45 S. 48 (49); OLG Oldenburg VRS 46 S. 198 (201); OLG Saarbrücken OLGSt. § 244 Abs. 2 S. 5 (6); § 244 Abs. 3 S. 14; OLG Stuttgart VRS 61 S. 379 (380); KK *Herdegen* Rdnr. 25, 115; KMR *Paulus* Rdnr. 595; LR *Gollwitzer* Rdnr. 297; alle zu § 244; KK *Pikart* § 344 Rdnr. 57.
[14] RGSt. 74 S. 147 (153).

§ 2 Anfechtungsberechtigung

I. Anfechtung durch den Antragsteller und die Staatsanwaltschaft 870
II. Anfechtung durch andere von der Entscheidung beschwerte Prozeßbeteiligte . . 871
   1. Grundsätze 871
   2. Nebenkläger bei Beweisanträgen anderer Nebenkläger und der Staatsanwaltschaft 872
   3. Angeklagte bei Beweisanträgen von Mitangeklagten 872
   4. Beweisanträge von Prozeßgegnern 873

I. Anfechtung durch den Antragsteller und die Staatsanwaltschaft

Zur Anfechtung der tatrichterlichen Entscheidung über einen Beweisantrag ist in erster Hinsicht der Prozeßbeteiligte berechtigt, der den Antrag gestellt oder der sich dem Antrag eines anderen Prozeßbeteiligten ausdrücklich oder stillschweigend angeschlossen[1] hat. Dabei werden der Angeklagte und sein Verteidiger als einheitliche Antragsteller behandelt. Der Angeklagte kann die Revision darauf stützen, daß ein Beweisantrag seines Verteidigers abgelehnt worden ist, der Verteidiger darauf, daß einem Antrag des Angeklagten oder eines Mitverteidigers nicht entsprochen worden ist. Entsprechendes gilt für das Verhältnis zwischen dem Angeklagten, seinem gesetzlichen Vertreter (§ 298 Abs. 1 StPO, § 67 Abs. 1 JGG) und dem Erziehungsberechtigten (§ 67 Abs. 1 und 3 JGG).

   Die Staatsanwaltschaft ist ohne Rücksicht auf eine Beschwer grundsätzlich berechtigt, Revision einzulegen und Verfahrensrügen zu erheben[2]. Eine Ausnahme gilt für die Revision der Staatsanwaltschaft zugunsten des Angeklagten. Sie ist nur zulässig, wenn der Angeklagte durch die Entscheidung beschwert ist[3]. Ferner ist es der Staatsanwaltschaft verwehrt, die Verletzung von Rechtsnormen, die lediglich zugunsten des Angeklagten gegeben sind, mit dem Ziel zu rügen, eine Aufhebung des Urteils zum Nachteil des Angeklagten herbeizuführen (§ 339). Im Beweisantragsrecht ist § 244 Abs. 3 Satz 2 eine solche Rechtsnorm, soweit die Vorschrift die

---

1 Vgl. oben S. 383 ff.
2 RGSt. 48 S. 26; 60 S. 189 (190); OLG Braunschweig NJW 1973 S. 2117; OLG Bremen NJW 1955 S. 1243 (1244); OLG Saarbrücken NJW 1973 S. 1010 (1011); LR *Meyer* § 333 Rdnr. 20; *Kleinknecht* NJW 1961 S. 86 (87); *Sarstedt* S. 31.
3 RGSt. 42 S. 399 (400); KK *Ruß* Rdnr. 5; LR *Gollwitzer* Rdnr. 31; *Eb. Schmidt* Rdnr. 27; alle zu § 296; *Sarstedt* S. 31.

Wahrunterstellung von Tatsachen zuungunsten des Angeklagten verbietet[4]. Auch der Nebenkläger kann die Revision nicht auf die Verletzung dieser Vorschriften stützen. Er kann aber mit der Revision rügen, daß sein eigener Beweisantrag unzulässigerweise durch Wahrunterstellung erledigt worden ist[5]. Hat das Gericht zugunsten des Angeklagten eine Tatsache als wahr unterstellt, so sind Staatsanwaltschaft und Nebenkläger natürlich befugt, die Aufklärungsrüge mit der Begründung zu erheben, die Voraussetzungen der Wahrunterstellung hätten nicht vorgelegen[6].

Die Vorschrift des § 339 wird von der jetzt herrschenden Meinung erweiternd dahin ausgelegt, daß die Staatsanwaltschaft bei einer Revision zuungunsten des Angeklagten die Verletzung von Rechtsnormen über das Verfahren, auch wenn sie nicht ausschließlich zugunsten des Angeklagten gegeben sind, nicht rügen kann, sofern ihre rechtsfehlerfreie Anwendung sich nur zu dessen Gunsten hätte auswirken können[7]. Nach dieser Ansicht, die Zustimmung verdient, kann die Staatsanwaltschaft, wenn sie zuungunsten des Angeklagten Revision eingelegt hat, nicht beanstanden, daß dessen Beweisanträge zu Unrecht übergangen[8] oder fehlerhaft beschieden worden sind[9].

II. Anfechtung durch andere von der Entscheidung beschwerte Prozeßbeteiligte

1. Grundsätze

Außer dem Antragsteller ist zur Anfechtung jeder Verfahrensbeteiligte berechtigt, der durch die Gerichtsentscheidung über den Beweisantrag oder durch ihr Unterlassen beschwert ist. Das sind diejenigen Prozeßbeteiligten, die sich dem Antrag zwar nicht angeschlossen haben, deren Interessen aber mit denen des Antragstellers so erkennbar übereinstimmen, daß das Gericht auch ihnen gegenüber zur rechtlich einwandfreien Behandlung des Beweisantrags verpflichtet war. Sie konnten ohne besondere Anschlußerklärung davon ausgehen, daß der Tatrichter den Beweisantrag auch zu ihren Gunsten würdigen werde. Durch das Unterlassen einer Entscheidung, durch eine fehlerhafte Entscheidung oder durch einen Widerspruch zwischen der Ablehnung des Beweisantrags und den Urteilsgründen (bei Unerheblichkeit oder Wahrunterstellung) sind sie ebenso beschwert wie der Antragsteller selbst[10]. In solchen Fällen muß entgegen einer verbreiteten Ansicht

---

4 RG HRR 1939 Nr. 817; OLG Stuttgart NJW 1967 S. 1627 = JR 1968 S. 151 mit krit. Anm. *Koffka*; KK *Pikart* § 339 Rdnr. 3; *Kleinknecht* § 339 Rdnr. 2; KMR *Paulus* § 244 Rdnr. 452; LR *Gollwitzer* § 244 Rdnr. 221; LR *Meyer* § 339 Rdnr. 4; *Dahs/Dahs* Rdnr. 268. Vgl. auch *Tenckhoff* S. 56.
5 OLG Stuttgart a.a.O.; LR *Gollwitzer* § 244 Rdnr. 221.
6 BGH bei *Holtz* MDR 1981 S. 456; KK *Pikart* § 339 Rdnr. 3; vgl. auch oben S. 670 ff.
7 BayObLGSt. 1949/51 S. 136; KK *Pikart* § 339 Rdnr.1; LR *Meyer* § 339 Rdnr. 6; *von Kries* S. 616; *Sarstedt* S. 68; a. A. *Amelunxen* S. 85.
8 OLG Bremen NJW 1947/48 S. 312 (313).
9 *Sarstedt* S. 16.
10 Grundsätzlich a. A. *Meves* GA 40 S. 416 (435), der nur die Anfechtung durch den Antragsteller selbst zulassen will.

nicht erst eine durch den Verlauf der Hauptverhandlung nicht erkennbar gewordene stillschweigende Anschlußerklärung an den Beweisantrag unterstellt werden[11], um dem durch die gerichtliche Entscheidung benachteiligten Prozeßbeteiligten das Rügerecht zu geben[12]. Im einzelnen gilt folgendes:

2. Nebenkläger bei Beweisanträgen anderer Nebenkläger und der Staatsanwaltschaft

Die Interessengleichheit, aufgrund deren der Beschwerdeführer erwarten kann, daß der Beweisantrag auch zu seinen Gunsten gewürdigt werde, liegt im allgemeinen im Verhältnis zwischen mehreren Nebenklägern, insbesondere aber zwischen Nebenkläger und Staatsanwaltschaft vor[13]. Die Staatsanwaltschaft kann die fehlerhafte Ablehnung von Beweisanträgen des Nebenklägers rügen, und der Nebenkläger ist im umgekehrten Fall zur Anfechtung selbst dann berechtigt, wenn er sich dem Verfahren erst nach Erlaß des angefochtenen Urteils angeschlossen hatte[14].

3. Angeklagte bei Beweisanträgen von Mitangeklagten

Hat ein Angeklagter einen Beweisantrag gestellt, so können Mitangeklagte durch die ablehnende Entscheidung des Gerichts beschwert sein, auch wenn sie sich dem Antrag nicht angeschlossen haben[15]. Das wird insbesondere anzunehmen sein,

---

11 Vgl. oben S. 385/386.
12 A. A. RG Recht 1903 Nr. 1526, das die Revisionsrüge eines Prozeßbeteiligten, der sich dem Antrag nicht angeschlossen hat, für unzulässig hielt. Verfehlt ist die Annahme in der Entscheidung RG JW 1926 S. 2759 mit abl. Anm. *Oetker,* das Urteil müsse in solchen Fällen zugunsten des Mitangeklagten aufgehoben werden, »um der Strafkammer in der erneuten Hauptverhandlung eine freie Beurteilung der gesamten Sachlage zu ermöglichen«. Das RG erweiterte dadurch nur in unzulässiger Weise den Anwendungsbereich des § 357, der nach allgemeiner Ansicht für Urteilsaufhebungen auf eine Verfahrensrüge nicht gilt; vgl. BGHSt. 17 S. 176 (178/179); LR *Meyer* § 357 Rdnr. 15 mit weit. Nachw. Auch die Ansicht von *Beling* (JW 1926 S. 1221 [1222]; S. 1224), eine Revisionsrüge wegen der Antragsablehnung sei nicht zulässig, es könne nur die Verletzung der Aufklärungspflicht gerügt werden, trifft nicht zu; denn der Beschwerdeführer ist auch durch die fehlerhafte Antragsablehnung beschwert, nicht nur durch die mangelnde Sachaufklärung.
13 Vgl. LR *Meyer* § 337 Rdnr. 94; *Amelunxen* S. 85; *Gössel* S. 259; *Sarstedt* S. 23. Die Entscheidung RG GA 61 S. 339 nimmt zu Unrecht einen »gemeinschaftlichen« Antrag an; hiervon gehen auch *Koeniger* S. 264; *Rieker* S. 30; *Simader* S. 51 und *Stützel* S. 49 aus.
14 BayObLGSt. 30 S. 150 = JW 1930 S. 3430 = DJZ 1931 Sp. 174 = HRR 1930 Nr. 2186; ebenso *Amelunxen* S. 85.
15 RGSt. 67 S. 180 (183); RG JW 1916 S. 1028 mit Anm. *Alsberg*; RG JW 1932 S. 3098 mit Anm. *Jonas*; *Gössel* S. 259. Im Ergebnis ebenso *Alsberg* DStrZ 1914 Sp. 242 (246); *Rieker* S. 30/31; *Simader* S. 51, die aber einen stillschweigenden Anschluß an den Beweisantrag des Mitangeklagten unterstellen. – A. A. RGSt. 64 S. 30 (32); RG JW 1922 S. 587 mit abl. Anm. *Alsberg*; OLG Dresden LZ 1930 Sp. 1131, die ohne erkennbaren Anschluß an den Beweisantrag keine Revisionsrüge zulassen wollten. RGSt. 59 S. 141 (142) hat aufgrund der besonderen Fallgestaltung angenommen, daß eine stillschweigende Anschlußerklärung vorlag.

wenn ihre Einlassung und ihr sonstiges Verteidigungsvorbringen mit dem des Antragstellers übereinstimmen[16] oder wenn die Straftat des einen Angeklagten durch die des anderen logisch bedingt ist, wie das im Verhältnis von Anstifter und Gehilfen zum Haupttäter oder vom Hehler zum Dieb der Fall ist[17]. Bewegt sich allerdings die Verteidigung eines Mitangeklagten in ganz anderer Richtung als die des Antragstellers, so wird grundsätzlich davon auszugehen sein, daß er sich gerade deshalb dem Beweisantrag nicht angeschlossen hat, weil er auf die beantragte Beweiserhebung keinen Wert legte, selbst wenn ihm das Gelingen der Beweisführung ebenfalls zugute kommen würde[18]. Dann ist nur der Angeklagte anfechtungsberechtigt, der den Beweisantrag gestellt hat. Entsprechendes gilt auch, wenn der Angeklagte ausdrücklich oder durch schlüssiges Verhalten zu erkennen gegeben hat, daß er sich den Beweisantrag des Mitangeklagten nicht zu eigen machen wolle. Das ist der Fall, wenn der Verteidiger nach Ablehnung eines Beweisantrags des Mitangeklagten selbst einen neuen Beweisantrag über einen Teil des früheren Beweisthemas stellt[19] oder wenn der Angeklagte um milde Bestrafung bittet, der Mitangeklagte, der den Beweisantrag gestellt hatte, aber seine Freisprechung beantragt[20].

4. Beweisanträge von Prozeßgegnern

Die Verfahrensbeteiligten werden in der Regel nicht damit rechnen können, daß das Gericht einen Beweisantrag, den ihr Prozeßgegner gestellt hat, zu ihren Gunsten berücksichtigen werde. Wenn der Angeklagte eine Beweiserhebung zur Entkräftung des Anklagevorwurfs beantragt hat, wird der Staatsanwalt daher im allgemeinen nicht befugt sein, die Fehlerhaftigkeit der Antragsablehnung zu rügen[21]. Das gleiche gilt für den Nebenkläger[22]. Insbesondere ist aber der Angeklagte, zu dessen Überführung der Staatsanwalt oder der Nebenkläger eine Beweiserhebung beantragt hat, durch die fehlerhafte Behandlung des Antrags nicht beschwert und daher zur Anfechtung nicht berechtigt[23]. An der Beschwer des Angeklagten fehlt

---

16 Vgl. BGH bei *Dallinger* MDR 1952 S. 410; BGH 1 StR 463/74 vom 8. 10. 1974; 1 StR 569/74 vom 28. 1. 1975; 3 StR 299/79 (S) vom 7. 12. 1979 bei *Pfeiffer* NStZ 1981 S. 96 und S. 298; BGH 5 StR 570/81 vom 27. 10. 1981; LR *Gollwitzer* § 244 Rdnr. 75.
17 Vgl. RGSt. 58 S. 141; 67 S. 180 (183); RG JW 1932 S. 3721 (3722) mit Anm. *Alsberg*; weitere Beispiele bei *Mattil* GA 77 S. 1 (12).
18 RG JW 1926 S. 1221 mit Anm. *Beling*; *Jonas* JW 1932 S. 3098; *Mattil* GA 77 S. 1 (13).
19 BGH VRS 7 S. 54 (55).
20 RG JW 1922 S. 587 mit Anm. *Alsberg*.
21 RG JW 1932 S. 2729 = DRiZ 1932 Nr. 292 = LZ 1932 Sp. 969 = HRR 1932 Nr. 1410; vgl. auch OLG Bremen NJW 1947/48 S. 312 (313). *Meves* (GA 40 S. 416 [436]) hält eine ausdrückliche Anschlußerklärung der Staatsanwaltschaft aber für möglich.
22 Viel zu weit geht die Ansicht von *Amelunxen* (S. 85), der dem Nebenkläger stets das Recht geben will, die fehlerhafte Ablehnung von Beweisanträgen des Angeklagten zu rügen, weil man nie ganz sicher sein könne, daß die Beweiserhebung wirklich nur zugunsten des Angeklagten ausgefallen wäre.
23 BGH bei *Holtz* MDR 1979 S. 807; RG JW 1926 S. 1224 mit Anm. *Beling*; RG JW 1932 S. 3098 mit Anm. *Jonas*; RG Recht 1902 Nr. 2540; LR *Gollwitzer* § 244 Rdnr. 76.

es auch, wenn ein Hilfsbeweisantrag der Staatsanwaltschaft nur für den Fall gestellt worden ist, daß das Gericht dem Hauptantrag auf Verurteilung nicht folgt[24]. Ein Rügerecht hat der Angeklagte selbst dann nicht, wenn er sich aus dem Mißlingen des von dem Prozeßgegner beantragten Beweises eine Festigung seiner Verfahrensstellung erwarten durfte[25].

Eine Ausnahme von dem Grundsatz, daß die Entscheidung über Beweisanträge des Prozeßgegners den Verfahrensbeteiligten kein Recht zur Verfahrensrüge gibt, besteht für den Fall, daß die Staatsanwaltschaft Beweisanträge zugunsten des Angeklagten gestellt hat. Die Rüge der Verletzung des § 244 Abs. 3 bis 6 steht dann auch dem Angeklagten zu[26]. Gleiches wird gelten müssen, wenn der Zweck des Antrags nicht eindeutig erkennbar, die Möglichkeit aber nicht ausgeschlossen ist, daß er auch zugunsten des Angeklagten wirken soll. Auch wenn der Antrag nicht ausschließlich der Belastung des Angeklagten diente, sondern allgemein mit dem Ziel der Erforschung der wahren Tatumstände gestellt war, kann der Angeklagte durch die Antragsablehnung beschwert sein[27].

---

24 RGSt. 58 S. 141 (142); vgl. auch RGSt. 17 S. 375 (376).
25 A. A. ohne nähere Begründung die Voraufl. S. 174. Gegen diese Ansicht spricht, daß es rechtlich und praktisch ausgeschlossen erscheint, die Befugnis zur Erhebung der Revisionsrüge von derart unbestimmten Voraussetzungen abhängig zu machen.
26 RG JW 1895 S. 572; RG Recht 1909 Nr. 2881; 1924 Nr. 82; LR *Gollwitzer* § 244 Rdnr. 76; *Kreuzer* S. 27; a. A. *Meves* GA 40 S. 416 (436).
27 Vgl. RG LZ 1924 Sp. 41 = Recht 1924 Nr. 82. In der Entscheidung BGH NJW 1952 S. 273 wurde in einem solchen Fall sogar, zu weitgehend (vgl. oben S. 385), ein stillschweigender Anschluß an den Beweisantrag angenommen. Unrichtig auch RG JW 1932 S. 2729, das von »gleichzeitiger Antragstellung« ausgeht. Zu eng KMR *Paulus* § 244 Rdnr. 600, der die Revisionsrüge nur bei ausdrücklichem oder stillschweigendem Anschluß für zulässig hält. Vgl. auch *Eb. Schmidt* § 244 Rdnr. 22.

§ 3 Notwendiges Revisionsvorbringen

> I. Klarstellung der Art des gerügten Verfahrensfehlers 875
> II. Allgemeine Anforderungen an die Verfahrensrüge 876
> III. Darlegungspflichten im einzelnen 876
>   1. Unterlassen der rechtzeitigen Entscheidung oder ihrer Begründung 876
>   2. Verletzung der Fürsorgepflicht 877
>   3. Rechtsfehlerhafte Ablehnung von Beweisanträgen 877
>   4. Widersprüche zwischen Urteil und Ablehnungsbeschluß 880
> IV. Entbehrlichkeit von Rechtsausführungen 881
> V. Entbehrlichkeit von Ausführungen zur Beruhensfrage 881

I. Klarstellung der Art des gerügten Verfahrensfehlers

Bei der Behandlung und Bescheidung von Beweisanträgen nach § 244 Abs. 3 können die Rechte des Antragstellers in mehrfacher Hinsicht verletzt werden. Der Rechtsverstoß kann darin liegen, daß
 1. der Antrag nicht oder nicht rechtzeitig beschieden worden ist;
 2. das Gericht seine Pflicht, auf die Stellung eines einwandfreien Antrags hinzuwirken, verletzt hat;
 3. der Antrag in dem Ablehnungsbeschluß oder, soweit das zulässig ist, in den Urteilsgründen ohne Begründung oder mit ungenügender oder rechtsfehlerhafter Begründung abgelehnt worden ist;
 4. der Urteilsinhalt im Widerspruch zu den Gründen steht, mit denen der Beweisantrag in der Hauptverhandlung abgelehnt worden ist;
 5. das Gericht den Beschluß, durch den einem Beweisantrag stattgegeben worden ist, nicht ausgeführt hat.
Zum notwendigen Inhalt der Revisionsbegründung gehört unter allen Umständen die Klarstellung, welchen dieser möglichen Verfahrensfehler des Tatrichters der Beschwerdeführer rügen will. Insbesondere muß dargelegt werden, ob die Verfahrensrüge die Nichtbescheidung des Antrags oder dessen Ablehnung mit unzureichender oder rechtsfehlerhafter Begründung zum Inhalt hat[1].

---

1 OLG Hamm GA 1972 S. 59 = JR 1971 S. 516 (517) hält daher das Revisonsvorbringen: »Zu Unrecht ist die Kammer diesen Beweisanträgen nicht gefolgt«, für ungenügend. Vgl. auch LR *Meyer* § 344 Rdnr. 101; *Sarstedt* S. 120 und DAR 1964 S. 307 (314).

II. Allgemeine Anforderungen an die Verfahrensrüge

Nach § 344 Abs. 2 Satz 2 muß der Beschwerdeführer die den Verfahrensmangel begründenden Tatsachen in der Revisionsbegründungsschrift angeben. Das muß so genau und vollständig geschehen, daß das Revisionsgericht aufgrund der Rechtfertigungsschrift prüfen kann, ob ein Verfahrensfehler vorliegt, wenn die behaupteten Tatsachen erwiesen werden[2]. Die den Verfahrensfehler begründenden Tatsachen müssen ausdrücklich und bestimmt behauptet werden. Die Erklärung, der Beschwerdeführer vermute, daß diese Tatsachen zutreffen, oder halte das für möglich oder wahrscheinlich, enthält keine ausreichende Begründung der Verfahrensrüge[3]. Auch bloße Protokollrügen sind unzulässig. Der Beschwerdeführer muß darlegen, daß bestimmte Verfahrensvorgänge sich ereignet oder nicht ereignet haben; daß die Sitzungsniederschrift sie beurkundet oder nicht beurkundet, begründet allein nicht die Revision[4]. Denn auf Lücken oder Unrichtigkeiten des Protokolls kann das Urteil nicht beruhen.

Das Revisionsvorbringen muß sich vollständig aus der Rechtfertigungsschrift ergeben. Unstatthaft und unbeachtlich sind daher Bezugnahmen auf die Sitzungsniederschrift[5], auf den sonstigen Inhalt der Strafakten[6] oder auf andere Urkunden, etwa auf frühere Schriftsätze des Beschwerdeführers oder seines Verteidigers[7].

III. Darlegungspflichten im einzelnen

1. Unterlassen der rechtzeitigen Entscheidung oder ihrer Begründung

Wenn die Revision rügt, daß über den Antrag unter Verstoß gegen § 244 Abs. 6 keine Entscheidung ergangen, daß der Ablehnungsbeschluß nicht rechtzeitig bekanntgegeben worden ist oder daß er keine Begründung enthält, muß sie den Inhalt des Antrags wiedergeben. Andernfalls ist das Revisionsgericht nicht in der Lage zu prüfen, ob ein formgerechter Beweisantrag gestellt oder ob der nicht beschiedene Antrag nur ein Beweisermittlungsantrag war, auf den die Vorschrift

---

2 BGHSt. 3 S. 213 (214); 21 S. 334 (340); 27 S. 216 (217); 28 S. 290 (291); 29 S. 162 (164); S. 203 (204); BGH bei *Spiegel* DAR 1977 S. 179; KK *Pikart* § 344 Rdnr. 38; LR *Meyer* § 344 Rdnr. 81 mit weit. Nachw.

3 KK *Pikart* § 344 Rdnr. 33; LR *Meyer* § 344 Rdnr. 82 mit Nachw.

4 BGHSt. 7 S. 162 (163); KK *Pikart* Rdnr. 60; *Kleinknecht* Rdnr. 11; LR *Meyer* Rdnr. 84; alle zu § 344.

5 BGH bei *Spiegel* DAR 1977 S. 179; OLG Koblenz OLGSt. § 222 StGB S. 47 (51); VRS 46 S. 283 (285); KK *Herdegen* § 244 Rdnr. 114; KK *Pikart* § 344 Rdnr. 39, 54; KMR *Paulus* § 244 Rdnr. 604; LR *Meyer* § 344 Rdnr. 75, 102; *Loewenstein* S. 2 ff., 36 ff.; *Sarstedt* S. 122. − A. A. BayObLG JW 1929 S. 1064 L = HRR 1929 Nr. 175; KG VRS 11 S. 277 (278); Voraufl. S. 433.

6 OLG Köln JMBlNRW 1969 S. 175; OLG Stuttgart NJW 1969 S. 1776.

7 BGH bei *Dallinger* MDR 1970 S. 900; BGH 5 StR 646/53 vom 19. 1. 1954; OLG Koblenz VRS 55 S. 47 (48); KMR *Paulus* § 244 Rdnr. 604; *Dahs/Dahs* Rdnr. 366; *Sarstedt* S. 102.

des § 244 Abs. 6 nicht anwendbar ist[8]. Das gilt auch für den Fall, daß der Beschwerdeführer beanstandet, die Ablehnung des Antrags oder die Gründe hierfür seien zu Unrecht erst im Urteil bekanntgegeben worden. Die Revisionsrechtfertigungsschrift muß in diesem Fall ferner die bestimmte Behauptung enthalten, daß ein Ablehnungsbeschluß vor der Urteilsverkündung nicht verkündet worden ist.

2. Verletzung der Fürsorgepflicht

Wirft der Beschwerdeführer dem Tatgericht eine Verletzung der Fürsorgepflicht vor, die dafür ursächlich gewesen ist, daß ein einwandfreier Beweisantrag nicht gestellt worden ist[9], so handelt es sich um eine Aufklärungsrüge[10]; denn die Frage- und Fürsorgepflicht des Gerichts ist ein Unterfall der Aufklärungspflicht nach § 244 Abs. 2[11]. Der Beschwerdeführer muß daher die Gründe darlegen, aus denen der Tatrichter verpflichtet war, auf die Stellung eines einwandfreien Antrags hinzuwirken. Dazu gehört in erster Hinsicht die bestimmte Behauptung, daß der Antragsteller in der Hauptverhandlung ein Beweisverlangen gestellt hat, das dem Tatrichter Anlaß hätte geben müssen, darauf hinzuweisen, daß den Vorschriften des § 244 Abs. 3 nur durch die Stellung eines förmlichen Antrags genügt ist, oder das dem Gericht hätte aufdrängen müssen, den Antragsteller nach weiteren Einzelheiten seines Beweisverlangens zu befragen, insbesondere die Beweistatsachen oder die zu benutzenden Beweismittel klarzustellen.

3. Rechtsfehlerhafte Ablehnung von Beweisanträgen

Der häufigste Fall der Rechtsverletzung bei der Behandlung von Beweisanträgen ist ihre rechtsfehlerhafte Ablehnung. Zum notwendigen Revisionsvorbringen gehört dann nach § 344 Abs. 2 Satz 2 die Wiedergabe[12] des Inhalts des Beweisantrags (Beweistatsache und Beweismittel) und des Inhalts des gerichtlichen Ablehnungsbeschlusses sowie die Mitteilung der Tatsachen, die die Fehlerhaftigkeit des

---

8 OLG Stuttgart NJW 1968 S. 1732; KK *Herdegen* Rdnr. 114; KMR *Paulus* Rdnr. 603; LR *Gollwitzer* Rdnr. 302; alle zu § 244; KK *Pikart* § 344 Rdnr. 56; LR *Meyer* § 344 Rdnr. 101; *von Stackelberg* Sarstedt-FS S. 377; a. A. OLG Hamburg JR 1963 S. 473. *Sarstedt* (S. 187) meint, in diesem Fall sei die Angabe der Beweistatsachen überflüssig, weil das Gesetz bei jedem denkbaren Beweisthema verletzt sei; fraglich ist aber, ob der Antrag überhaupt ein Beweisthema enthalten hat.
9 Zur Fürsorgepflicht vgl. oben S. 393 ff.
10 KG VRS 43 S. 199 (200/201); *Eb. Schmidt* § 244 Rdnr. 26; *Rieker* S. 23; *Traulsen* S. 113 ff.
11 Vgl. oben S. 393.
12 Sie muß nicht unbedingt wortgetreu sein; vgl. BGH 5 StR 362/55 und 5 StR 395/55 vom 11. 10. 1955; 1 StR 217/73 vom 2. 10. 1973; OLG Koblenz VRS 52 S. 125 (126); KK *Pikart* § 344 Rdnr. 54; *Sarstedt* DAR 1964 S. 307 (314).

Ablehnungsbeschlusses ergeben[13]. Wenn der Beweisantrag wegen Unerheblichkeit der Beweistatsachen abgelehnt worden ist, der Beschwerdeführer aber ihre Erheblichkeit behauptet, müssen, sofern sie nicht auf der Hand liegen, auch die Gründe dargelegt werden, aus denen sie für das Urteil von Bedeutung waren[14]. Wird die Nichtvernehmung eines Zeugen beanstandet, so muß er namentlich genannt werden[15]. Beanstandet die Revision, daß ein Antrag auf Anhörung eines weiteren Sachverständigen abgelehnt worden ist, so muß sie Tatsachen darlegen, die nach § 244 Abs. 4 Satz 2 zweiter Halbsatz die Beiziehung des weiteren Sachverständigen geboten haben, insbesondere daß und inwiefern dem Sachverständigen überlegene Forschungsmittel zur Verfügung stehen[16]. Alle diese Angaben müssen in der Begründungsschrift selbst enthalten sein; Bezugnahmen sind nicht zugelassen[17].

Von diesen Grundsätzen gelten Ausnahmen. Das Fehlen der Mitteilung des genauen Inhalts des gerichtlichen Ablehnungsbeschlusses ist unschädlich, wenn der Beschluß entgegen § 273 Abs. 1 nicht in der Sitzungsniederschrift beurkundet

13 BGHSt. 3 S. 213 (214); BGH NJW 1969 S. 281 (282); BGH VRS 35 S. 428; BGH bei *Dallinger* MDR 1970 S. 900; BGH bei *Herlan* MDR 1955 S. 19; RG JW 1908 S. 591; 1923 S. 396; 1926 S. 2047; 1929 S. 1474 mit abl. Anm. *Alsberg*; RG JW 1930 S. 939; RG JR Rspr. 1927 Nr. 1983; BayObLGSt. 1949/51 S. 347 (349); 1954 S. 20 = NJW 1955 S. 563; BayObLGSt. 1964 S. 25 (26) = GA 1964 S. 334; BayObLG JW 1929 S. 1064 L = HRR 1929 Nr. 175; DRiZ 1927 Nr. 973; KG LRE 10 S. 375 (376); VRS 11 S. 277 (278); OLG Dresden LZ 1928 Sp. 648; OLG Hamburg NJW 1965, S. 1239; JR 1963 S. 473; VRS 59 S. 145 (146); OLG Hamm OLGSt. § 344 S. 21 (22); VRS 42 S. 53; OLG Koblenz DAR 1977 S. 76 (77) = VRS 52 S. 273 (274); OLGSt. § 54 StGB S. 1 (4); § 59 StGB S. 4; § 77 d StGB S. 1 (3); § 79 OWiG S. 47 (48); VRS 43 S. 286 (287); 45 S. 48 (49); 46 S. 449 (452); 47 S. 446 (447); 48 S. 201 (202); S. 465 (466); 52 S. 447 (448); 55 S. 47 (48); S. 355 (356); OLG Köln JMBlNRW 1969 S. 175; OLG Oldenburg VRS 46 S. 198 (200); OLG Saarbrücken VRS 38 S. 59 (60); 49 S. 45/46; OLG Schleswig DAR 1962 S. 214; SchlHA 1959 S. 156; OLG Stuttgart NJW 1969 S. 1776; KK *Herdegen* Rdnr. 114; KK *Paulus* Rdnr. 604; LR *Gollwitzer* Rdnr. 296; alle zu § 244; KK *Pikart* Rdnr. 54; *Kleinknecht* Rdnr. 9; LR *Meyer* Rdnr. 102; alle zu § 344; *Dahs/Dahs* Rdnr. 361; *Koeniger* S. 272; *Loewenstein* S. 42; *Sarstedt* S. 121, 186 und DAR 1964 S. 307 (314); *Seibert* NJW 1960 S. 19 (21). – A. A. RG JW 1890 S. 148 und 1927 S. 912 mit Anm. *Alsberg*, wo weitgehend auf die Angabe der den Mangel begründenden Tatsachen verzichtet wurde. Völlig unhaltbar OLG Dresden JW 1929 S. 1079 mit abl. Anm. *Weber,* das nicht nur auf alle Angaben verzichtete, sondern das Urteil aufhob, obwohl die Revision gerade behauptet hatte, überhaupt keinen Beweisantrag gestellt zu haben. Die Voraufl. (S. 434/435) wollte in Übereinstimmung mit RG JW 1924 S. 909 mit zust. Anm. *Beling* und *Alsberg* JW 1929 S. 1474; *Beling* S. 416/417; JW 1924 S. 1790 (1791); 1926 S. 1221 (1222); 1928 S. 2255 (2256); *Simader* S. 237/238; *Stützel* S. 116/117 aus dem Umstand, daß der Beschwerdeführer zu Rechtsausführungen nicht verpflichtet ist, den Schluß ziehen, daß auch in tatsächlicher Hinsicht von einer eingehenden Substantiierung abgesehen werden kann. Heute wird diese Ansicht nicht mehr ernsthaft vertreten.
14 BayObLGSt. 1949/51 S. 49 (57); BayObLG JW 1929 S. 1064 L = DRiZ 1928 Nr. 947 = HRR 1929 Nr. 175; DRiZ 1927 Nr. 973.
15 OLG Koblenz VRS 47 S. 446 (447). Vgl. auch KK *Herdegen* § 244 Rdnr. 44: Die ihm unbekannte Anschrift des Zeugen muß der Beschwerdeführer nicht mitteilen.
16 BGH 5 StR 215/64 vom 23. 6. 1964; *Sarstedt* S. 178.
17 Vgl. oben S. 876.

worden ist und der Beschwerdeführer seinen genauen Inhalt daher nicht angeben kann[18]. Die Angabe der Beweistatsachen ist entbehrlich, wenn sie sich aus dem Ablehnungsbeschluß klar ergeben und der Inhalt des Beschlusses in der Revisionsbegründungsschrift mitgeteilt wird[19]. Hat der Tatrichter auf einen Beweisantrag, der das Beweismittel nicht benannte, die Beweistatsachen als wahr unterstellt, so muß die Revisionsbegründung die Angabe des Beweismittels nicht nachschieben; das Revisionsgericht prüft vielmehr die Zulässigkeit der Wahrunterstellung und deren Einhaltung nach, als sei sie auf einen formgerechten Beweisantrag vorgenommen worden[20].

Ausnahmsweise genügt auch bei gleichzeitig erhobener Sachrüge eine Bezugnahme auf die Urteilsgründe, wenn dort die zur Begründung der Rüge erforderlichen Tatsachen wiedergegeben sind[21]. Das gilt insbesondere für den Fall, daß ein Hilfsbeweisantrag in den Urteilsgründen abgelehnt worden ist. Dem Revisionsgericht ist der Urteilsinhalt auf die Sachrüge ohnehin vollständig zugänglich, und es erlangt daher auch Kenntnis von dem in dem Urteil mitgeteilten Inhalt des Hilfsbeweisantrags[22]. Die Bezugnahme auf den Urteilsinhalt muß in derartigen Fällen nicht ausdrücklich erklärt werden. Vielmehr ist davon auszugehen, daß der Beschwerdeführer, der Verletzung des § 244 Abs. 3 bis 6 rügt und gleichzeitig die Sachrüge erhebt, stillschweigend auf den Urteilsinhalt Bezug nimmt, soweit darin tatsächliche Angaben enthalten sind, die Bedeutung für die Verfahrensrüge haben[23]. Ist die Sachrüge nicht erhoben, so muß die Begründung aber immer vollständig in der Revisionsbegründungsschrift enthalten sein; das gilt auch, wenn ein Hilfsbeweisantrag in den Urteilsgründen beschieden worden ist[24].

Eine Ausnahme von dem Grundsatz, daß der Inhalt des Beweisantrags vollständig in der Revisionsbegründungsschrift mitgeteilt werden muß, besteht auch, wenn

---

18 BGH NJW 1969 S. 281 (282) = GA 1970 S. 240 (241). Vgl. dazu unten S. 890 ff., 892.
19 OLG Hamm VRS 37 S. 57.
20 OLG Saarbrücken VRS 38 S. 59 (60).
21 BGH Strafverteidiger 1982 S. 208; OLG Schleswig bei *Ernesti/Jürgensen* SchlHA 1975 S. 192; KK *Herdegen* § 244 Rdnr. 114; KMR *Paulus* § 244 Rdnr. 604.
22 BGH Strafverteidiger 1982 S. 55; BGH bei *Dallinger* MDR 1956 S. 272; BayObLGSt. 1954 S. 20 = NJW 1955 S. 563; OLG Hamburg NJW 1968 S. 2303 (2304); OLG Hamm NJW 1978 S. 1210 = VRS 55 S. 188 (189); OLGSt. § 344 S. 21 (22); OLG Koblenz VRS 42 S. 424 (425); 52 S. 447 (448); 55 S. 47 (48); OLG Schleswig bei *Ernesti/Jürgensen* SchlHA 1970 S. 199; KMR *Paulus* § 244 Rdnr. 604; KK *Pikart* Rdnr. 55; *Kleinknecht* Rdnr. 9; LR *Meyer* Rdnr. 102; alle zu § 344; *Sarstedt* S. 186 Fußn. 18.
23 BGH Strafverteidiger 1982 S. 55; BGH bei *Dallinger* MDR 1956 S. 272; OLG Hamburg NJW 1968 S. 2303 (2304) und OLG Hamm NJW 1978 S. 1210 = VRS 55 S. 188 (189) verlangen keine ausdrückliche Bezugnahme; dagegen haben BGH Strafverteidiger 1982 S. 208 und BayObLGSt. 1954 S. 20 = NJW 1955 S. 563 die Ablehnungsgründe nur deshalb für genügend bezeichnet gehalten, weil der Beschwerdeführer sich auf die Ablehnung der Beweisanträge in den Urteilsgründen bezogen hatte. KK *Herdegen* § 244 Rdnr. 114 und *Sarstedt* S. 186 Fußn. 18 sprechen von der »Bezugnahme«, KMR *Paulus* § 244 Rdnr. 604 von der »Verweisung« auf die Urteilsgründe.
24 OLG Hamm OLGSt. § 344 S. 21 (22).

es für die Entscheidung, ob ein Beweisantrag rechtsfehlerhaft abgelehnt worden ist, auf die Beweisbehauptungen nicht ankommt[25]. Das ist z. B. der Fall, wenn dem Antrag des Verteidigers wegen Verschleppungsabsicht des Angeklagten[26] oder wegen Unerreichbarkeit des Beweismittels nicht entsprochen worden ist[27]. Hat der Tatrichter ihm wegen völliger Ungeeignetheit des Beweismittels nicht stattgegeben, so müssen die Beweistatsachen nur angegeben werden, wenn sich die Frage der Geeignetheit allein im Zusammenhang mit der Eigenart des Beweisthemas beurteilen läßt[28]. Die Rüge, der Tatrichter habe den Antrag, eine Urkunde zu verlesen, zu Unrecht mit der Begründung abgelehnt, sie sei zur Sachaufklärung völlig ungeeignet, erfordert stets die Mitteilung ihres Inhalts[29].

4. Widersprüche zwischen Urteil und Ablehnungsbeschluß

Wird gerügt, daß eine als unerheblich abgelehnte Beweistatsache im Urteil als erheblich behandelt worden ist[30], so muß der Beschwerdeführer, sofern das nicht aus dem Urteilsinhalt ohne weiteres zu erkennen ist, im einzelnen darlegen, woraus sich ergibt, daß der Tatrichter von der Erheblichkeit der Beweistatsache ausgegangen ist. Beanstandet der Beschwerdeführer, daß das Gericht eine zugesagte Wahrunterstellung nicht eingehalten habe, so muß er dartun, welche Behauptung als wahr unterstellt werden sollte[31] und wieso die Urteilsgründe den Schluß rechtfertigen, daß der Tatrichter die Wahrunterstellung nicht eingehalten hat[32]. Die wörtliche Wiedergabe des Beweisantrags und des Ablehnungsbeschlusses ist erforderlich, wenn gerügt wird, der Tatrichter habe die Beweisbehauptung nicht mit ihrem wahren Sinn oder nicht erschöpfend als wahr unterstellt[33].

---

25 OLG Hamburg NJW 1965 S. 1238 (1239); OLG Koblenz VRS 46 S. 449 (452).
26 OLG Hamburg JR 1963 S. 473.
27 BGH LM Nr. 5 zu § 344 Abs. 2 (L) = MDR 1953 S. 692 L; BGH Strafverteidiger 1982 S. 208 (mit der Einschränkung, daß bei Tatmehrheit deutlich gemacht werden muß, auf welchen Tatvorwurf sich der Antrag bezogen hat); *Dalcke/Fuhrmann/Schäfer* § 344 Anm. 6; KK *Herdegen* § 244 Rdnr. 114; KK *Pikart* § 344 Rdnr. 55; LR *Gollwitzer* § 244 Rdnr. 296; LR *Meyer* § 344 Rdnr. 103; *Koeniger* S. 272; *Sarstedt* S. 187.
28 KG VRS 11 S. 277 (278); OLG Celle NdsRpfl. 1982 S. 66 (67); OLG Schleswig SchlHA 1959 S. 156; *Sarstedt* S. 187; vgl. auch BGH 5 StR 646/53 vom 19. 1. 1954; KK *Herdegen* a.a.O.
29 BGH VRS 48 S. 345 (346); *Kleinknecht* § 344 Rdnr. 10.
30 RG DR 1943 S. 84 hebt hervor, daß die Frage nur geprüft wird, wenn diese Rüge ausdrücklich erhoben ist.
31 *Sarstedt* S. 186; *von Stackelberg* Sarstedt-FS S. 378.
32 RG JR Rspr. 1927 Nr. 1983; OLG Koblenz VRS 55 S. 47 (49); KK *Herdegen* § 244 Rdnr. 114; KMR *Paulus* § 244 Rdnr. 452; LR *Meyer* § 344 Rdnr. 103. Das OLG Saarbrücken (VRS 38 S. 59 [60]) hält dieses Vorbringen zu Unrecht für entbehrlich, wenn die Sachrüge erhoben ist.
33 Vgl. *Sarstedt* S. 186.

IV. Entbehrlichkeit von Rechtsausführungen

Angaben darüber, aus welchen rechtlichen Gründen das Verfahren des Tatrichters gegen das Gesetz verstößt, werden von dem Beschwerdeführer nicht verlangt. Die Darlegungspflicht nach § 344 Abs. 2 Satz 2 bezieht sich nur auf die den Mangel enthaltenden Tatsachen. Zu einer Bezeichnung der verletzten Gesetzesvorschrift ist der Beschwerdeführer nicht verpflichtet[34]. Daher ist es auch unschädlich, wenn er in der Revisionsbegründung die verletzte Verfahrensvorschrift unrichtig angibt[35].

V. Entbehrlichkeit von Ausführungen zur Beruhensfrage

Die Revision kann nach § 337 Abs. 1 auch wegen eines Verfahrensfehlers nur Erfolg haben, wenn das Urteil auf ihm beruht. Das Gesetz zwingt den Beschwerdeführer aber nicht, hierzu Ausführungen zu machen[36]. Er braucht weder darzulegen, welche Urteilsfeststellungen zu seinen Gunsten nach der Erhebung des beantragten Beweises getroffen worden wären, noch muß er mitteilen, welche weiteren Anträge er gestellt hätte, wenn der seinen Beweisantrag ablehnende Beschluß gesetzmäßig erlassen und begründet worden wäre[37]. Allerdings kann es gelegentlich zweckmäßig sein, derartige Ausführungen in die Revisionsbegründungsschrift aufzunehmen, um der Annahme des Revisionsgerichts vorzubeugen, auf dem Verfahrensfehler könne das Urteil nicht beruhen[38]. Hat der Tatrichter einen Beweisantrag nicht oder rechtlich fehlerhaft beschieden, im Urteil aber den Beweissatz

---

34 KG VRS 26 S. 287 (288); OLG Hamm VRS 42 S. 140 (141); KK *Herdegen* § 244 Rdnr. 114; LR *Meyer* § 344 Rdnr. 72 mit Nachw.; *Dahs/Dahs* Rdnr. 364.
35 BGHSt. 1 S. 22 (31); 15 S. 161 (163); 19 S. 93 (94); S. 273 (276); 20 S. 98 (99); BGH JR 1956 S. 228 = LM Nr. 9 zu § 344 Abs. 2; KK *Pikart* Rdnr. 19; *Kleinknecht* Rdnr. 13; LR *Meyer* Rdnr. 72 mit weit. Nachw; alle zu § 344.
36 RGSt. 9 S. 69 (70); 66 S. 10 (11); RG JW 1933 S. 1591; BayObLGSt. 1977 S. 130 (131) = NJW 1978 S. 232; OLG Braunschweig NdsRpfl. 1956 S. 77 (78); KK *Pikart* Rdnr. 65; *Kleinknecht* Rdnr. 3; LR *Meyer* Rdnr. 83; alle zu § 344; *Dahs/Dahs* Rdnr. 27, 395; *Sarstedt* S. 304. – A. A. OLG Hamm NJW 1953 S. 839; OLG Naumburg JR Rspr. 1925 Nr. 181 = ZStW 46 Sdr. Beil. S. 266; OLG Neustadt NJW 1964 S. 313; OLG Oldenburg NdsRpfl. 1951 S. 191; *von Stackelberg* Sarstedt-FS S. 377. Mißverständlich BGHSt. 2 S. 250 (251); BGH NJW 1953 S. 114 (115). Neuerdings verlangt BGHSt. 30 S. 131 (135) die Darlegung der Tatsachen, aufgrund deren die Beruhensfrage geprüft werden kann.
37 OLG Saarbrücken VRS 31 S. 120 (121); offengelassen bei OLG Düsseldorf JMBlNRW 1980 S. 155 (156); KK *Herdegen* § 244 Rdnr. 69; a. A. OLG Naumburg JR Rspr. 1925 Nr. 181 = ZStW 46 Sdr. Beil. S. 266. Vgl. auch BGH bei *Dallinger* MDR 1975 S. 725.
38 Ebenso *Simader* S. 238. Vgl. den Fall RG JW 1916 S. 1589 (1590) mit Anm. *Drucker*: Das RG hat auch deshalb, weil die Revision nichts darüber ausführte, welche weiteren Anträge der Beschwerdeführer gestellt hätte, wenn sein Beweisantrag in der Hauptverhandlung beschieden worden wäre, die Überzeugung gewonnen, daß das Urteil auf dem Verfahrensmangel nicht beruht.

als wahr unterstellt, so wird im allgemeinen die Entscheidung auf dem Verfahrensfehler nicht beruhen[39]. Wenn dann der Beschwerdeführer behaupten will, er sei durch den Gesetzesverstoß, insbesondere wegen der unterlassenen Bescheidung des Antrags, daran gehindert worden, weitere erhebliche Tatsachen und Anträge zu seiner Verteidigung vorzubringen, so wird er das im einzelnen begründen müssen[40].

---

[39] Vgl. unten S. 908 ff.
[40] RG Recht 1926 Nr. 720; OLG Saarbrücken VRS 31 S. 120 (121); vgl. auch KK *Herdegen* § 244 Rdnr. 114; KK *Pikart* § 344 Rdnr. 65.

§ 4 Grundlagen der Prüfung des Revisionsgerichts

    I. Sitzungsniederschrift 883
       1. Beweiskraft 883
       2. Auslegung 885
       3. Berichtigung 885
       4. Wegfall der Beweiskraft 889
          a) Abweichende Erklärung einer Urkundsperson 889
          b) Lücken, Unklarheiten, Unrichtigkeiten 890
          c) Folgen für die Revision 892
    II. Urteilsgründe 894

I. Sitzungsniederschrift

1. Beweiskraft

Der Beschwerdeführer ist für die tatsächlichen Behauptungen seiner Revisionsbegründung nicht beweispflichtig. Der Verfahrensverstoß, den er rügt, muß aber erwiesen sein. Bleiben Zweifel daran, daß er geschehen ist, so ist die Rüge erfolglos[1]. Für Verfahrensrügen, die sich auf Beweisanträge beziehen, ist das Sitzungsprotokoll als Beweisgrundlage von wesentlicher Bedeutung. Nach § 274 hat es eine ausschließliche Beweiskraft. Nur durch die Sitzungsniederschrift kann bewiesen werden, daß ein Beweisantrag, auch ein Hilfsbeweisantrag[2], gestellt worden ist, wer ihn gestellt, welchen Inhalt er gehabt und daß und mit welcher Begründung das Gericht ihn in der Hauptverhandlung abgelehnt hat[3]. Dieser positiven Beweiskraft steht die negative gegenüber. Ist in der Sitzungsniederschrift ein Beweisantrag nicht beurkundet[4], so steht fest, daß er nicht gestellt worden ist[5].

[1] LR *Meyer* § 337 Rdnr. 85 mit Nachw.
[2] BGH bei *Dallinger* MDR 1975 S. 368; KG VRS 43 S. 199.
[3] RGSt. 3 S. 250 (252); 20 S. 166; 27 S. 152; 31 S. 163; 35 S. 61; RG GA 69 S. 86; OLG Koblenz VRS 45 S. 48 (49); *Simader* S. 239; zur Kritik an der Vorschrift vgl. *Ditzen* S. 60 ff.
[4] Zur Pflicht, den Beweisantrag zu protokollieren, vgl. oben S. 400. Wegen des Ablehnungsbeschlusses vgl. S. 766.
[5] BGHSt. 2 S. 125 (127); BGH JR 1961 S. 508; BGH LM Nr. 10 zu § 274; BGH VRS 30 S. 194; BGH bei *Dallinger* MDR 1974 S. 548; 1975 S. 368/369; RGSt. 1 S. 85; 2 S. 76 (77); 10 S. 92 (94); 31 S. 163; 53 S. 176 (177); 63 S. 408 (409/410); RG GA 37 S. 445 (446); RG JW 1922 S. 301 mit Anm. *Alsberg*; BayObLGSt. 1949/51 S. 32 (33); OLG Bremen OLGSt. § 274 S. 13 (14); OLG Hamm MDR 1964 S. 344 = VRS 26 S. 118; VRS 44 S. 117; OLG Koblenz OLGSt. § 59 S. 3; OLG Saarbrücken VRS 48 S. 439; KK *Engelhardt* Rdnr. 7; *Kleinknecht* Rdnr. 7; LR *Gollwitzer* Rdnr. 19; *Eb. Schmidt* Rdnr. 13; alle zu § 274; *Mittelbach* JR 1955 S. 327 (330); *Sarstedt* S. 124; *Schneidewin* JW 1923 S. 345 (349); *Stenglein* GerS 45 S. 81 (107).

Die ausschließliche Beweiskraft der Sitzungsniederschrift bedeutet, daß gegenüber dem Protokoll nur der, praktisch fast niemals zu führende, Nachweis der Fälschung zulässig ist (§ 274 Satz 2). Auf andere Weise kann es weder ergänzt noch widerlegt werden[6]. Auch dienstliche Äußerungen der Urkundspersonen, mit denen der Protokollinhalt erläutert oder ergänzt wird, sind dazu nicht geeignet[7]. Die Revisionsbegründung ist daher unbeachtlich, soweit sie Angaben über den Inhalt des Beweisantrags oder des ihn ablehnenden Gerichtsbeschlusses enthält, die der Sitzungsniederschrift widersprechen[8]. Insbesondere das Vorbringen des Beschwerdeführers, er habe in dem Beweisantrag nicht nur die in dem Protokoll beurkundeten, sondern noch weitere Beweistatsachen behauptet, wird nicht berücksichtigt[9]. Denn das Revisionsgericht kann nicht prüfen, ob die Eintragungen im Protokoll oder ob die Angaben der Revisionsbegründung zutreffen. Es darf hierüber keinen Beweis erheben[10]. Die Sitzungsniederschrift kann auch durch die Urteilsfeststellungen nicht ersetzt, widerlegt oder ergänzt werden[11]. Sogar wenn die Urteilsgründe und die Revisionsbehauptungen über den Inhalt des Beweisantrags übereinstimmen, ist das gegenüber der Sitzungsniederschrift unbeachtlich[12]. Daher ist das Revisionsgericht beim völligen Schweigen der Sitzungsniederschrift nicht in der Lage, allein aufgrund der Urteilsgründe oder der Revisionsbegründungsschrift über die Verletzung einer Verfahrensvorschrift zu entscheiden, auf die sich die Beurkundungspflicht nach § 273 Abs. 1 erstreckt[13]. Die Beweiskraft des Protokolls besteht auch unabhängig davon, daß über seine Unrichtigkeit zwischen den Prozeßbeteiligten Einverständnis besteht[14].

---

6 RGSt. 53 S. 176 (177); OGHSt. 1 S. 277 (279); KG VRS 43 S. 199; LR *Gollwitzer* § 274 Rdnr. 21; *Eb. Schmidt* § 274 Rdnr. 1; *Dahs/Dahs* Rdnr. 382.
7 BGHSt. 8 S. 283; 13 S. 53 (59); 22 S. 278 (280); BGH bei *Dallinger* MDR 1974 S. 548; BayObLGSt. 1956 S. 226 = NJW 1957 S. 34 L = Rpfleger 1957 S. 16; LR *Gollwitzer* a.a.O.
8 BGHSt. 2 S. 125 (126); RGSt. 31 S. 62; *Simader* S. 239.
9 Vgl. *Alsberg* JW 1929 S. 1474 (1475).
10 RGSt. 20 S. 166 (167); RG DJZ 1904 Sp. 408; OLG Bremen OLGSt. § 274 S. 13 (14); LR *Gollwitzer* § 274 Rdnr. 21; *Dahs* Hdb. Rdnr. 669.
11 BGHSt. 2 S. 125 (126); BGH NJW 1976 S. 977 (978); RGSt. 31 S. 163; 35 S. 61 unter Aufgabe der in RGSt. 17 S. 349 vertretenen Ansicht; RGRspr. 9 S. 379 (380); RG GA 69 S. 86; RG Recht 1908 Nr. 3503; 1911 Nr. 3786; 1917 Nr. 1202; 1925 Nr. 2565; OLG Hamm NJW 1978 S. 2406 = VRS 56 S. 362 (363); KMR *Paulus* Rdnr. 13; LR *Gollwitzer* Rdnr. 21; *Eb. Schmidt* Rdnr. 17; alle zu § 274; *Mittelbach* JR 1955 S. 327 (330). Vgl. auch *Dahs/Dahs* Rdnr. 390, die mit Recht der Meinung sind, daß mangels eines entsprechenden Protokollvermerks ein Zeuge sogar dann nicht als vernommen gilt, wenn das Urteil den Inhalt seiner Aussage wiedergibt.
12 BGH 2 StR 53/51 vom 6. 4. 1951; RG JW 1922 S. 301; RG GA 37 S. 445 (446); RG Recht 1927 Nr. 1563; RMGE 4 S. 172 (173); LR *Gollwitzer* § 274 Rdnr. 22; a. A. OLG Breslau bei *Schlosky* JW 1930 S. 2505.
13 BGH 4 StR 404/51 vom 22. 8. 1952; RGSt. 31 S. 163; 35 S. 61.
14 Vgl. LR *Gollwitzer* § 274 Rdnr. 22.

2. Auslegung

Die Vorschrift des § 274 bestimmt keine starre Bindung an den Wortlaut der beurkundeten Anträge und Entscheidungen. Als prozessuale Erklärung ist vielmehr auch das Sitzungsprotokoll der Auslegung zugänglich[15]. Die Beweisregel des § 274 schließt nur die Benutzung anderer Beweismittel neben dem Protokoll aus, nicht auch die Heranziehung außerhalb liegender Erkenntnismittel zu seiner Auslegung, d. h. zur Ermittlung seines wahren Inhalts. Das Revisionsgericht ist daher nicht genötigt, dem Wortsinn der Protokolleintragung zu folgen, sondern kann, wenn sich dafür sichere Anhaltspunkte ergeben, einen davon abweichenden Sinn feststellen[16]. Zur Auslegung des Protokolls kann das Revisionsgericht alle Erkenntnisquellen heranziehen, die ihm geeignet erscheinen, z. B. dienstliche Äußerungen von Mitgliedern des erkennenden Gerichts[17], den Akteninhalt[18], das Urteil[19] und die Revisionsbegründungsschrift[20]. Da aus einer Erklärung nur das herausgelesen werden kann, was dem Sinne nach in ihr liegt, findet die Auslegung aber ihre Grenze da, wo sie nicht mehr zur Ausschöpfung des Inhalts des Protokolls, sondern zu seiner Berichtigung oder Ergänzung führen würde[21].

3. Berichtigung

Durch die nach allgemeiner Ansicht auf Antrag eines Prozeßbeteiligten oder von Amts wegen zulässige[22] Berichtigung der Sitzungsniederschrift nach ihrer Fertigstellung[23] wird nicht ihre Beweiskraft beseitigt, sondern ihr Inhalt geändert[24]. Auch

---

15 BGHSt. 4 S. 140 (141/142); 13 S. 53 (59); BGH NStZ 1982 S. 392; BGH JR 1961 S. 508 (509); BGH bei *Dallinger* MDR 1952 S. 659/660; BGH 1 StR 78/75 vom 30. 4. 1975; RG JW 1926 S. 2761 mit Anm. *Mannheim*; RG JW 1927 S. 126 mit Anm. *Beling*; RG JW 1932 S. 421 mit Anm. *Löwenstein*; RG JW 1932 S. 3110 mit Anm. *Coenders*; RG JW 1933 S. 2397; RG HRR 1934 Nr. 83; OGHSt. 1 S. 277; KG VRS 43 S. 199; OLG Hamm JZ 1957 S. 227; OLG Schleswig SchlHA 1954 S. 387; KK *Engelhardt* § 271 Rdnr. 14; *Kleinknecht* Rdnr. 4, 6; LR *Gollwitzer* Rdnr. 8; *Eb. Schmidt* Nachtr. Rdnr. 2; alle zu § 274; *Alsberg* JW 1930 S. 3859; *Dahs/Dahs* Rdnr. 382; *Mannheim* JW 1928 S. 2252; *Mittelbach* JR 1955 S. 327 (330).
16 Vgl. LR *Gollwitzer* § 274 Rdnr. 8.
17 RG JW 1927 S. 126 mit Anm. *Beling*; OLG Celle NJW 1947/48 S. 394.
18 RGSt. 1 S. 32 (33); RG JW 1931 S. 2821 mit Anm. *von Scanzoni*; KG VRS 43 S. 199.
19 BGH 5 StR 184/53 vom 18. 6. 1953; 3 StR 382/53 vom 3. 12. 1953; LR *Gollwitzer* § 274 Rdnr. 8; *Eb. Schmidt* § 274 Rdnr. 5.
20 RG JW 1926 S. 2760 mit Anm. *Oetker*; KG VRS 43 S. 199.
21 Vgl. *Dahs/Dahs* Rdnr. 382.
22 Das RG hatte ursprünglich jede Änderung des Protokolls nach seiner Fertigstellung für unzulässig gehalten (RGSt. 8 S. 142; 17 S. 346 [348]), diese Ansicht aber alsbald aufgegeben (RGSt. 19 S. 367 [370]).
23 Zum Berichtigungsanspruch und zum Verfahren: KK *Engelhardt* Rdnr. 15 ff.; LR *Gollwitzer* Rdnr. 42 ff.; *Eb. Schmidt* Rdnr. 12 ff.; alle zu § 271; *Busch* JZ 1964 S. 746; *Schlüchter* Rdnr. 593.
24 Vgl. LR *Gollwitzer* § 274 Rdnr. 27.

die Änderung nimmt an der Beweiskraft nach § 274 teil[25]. Das Revisionsgericht geht von der berichtigten Fassung aus[26].

Protokollberichtigungen können die Beweisgrundlagen der Verfahrensrügen, die ein Prozeßbeteiligter mit der Revision erhoben hat, verändern oder beseitigen. Sie sind daher zwar stets zulässig[27], aber dem Revisionsgericht gegenüber nicht immer wirksam. Wenn die Berichtigung des Protokolls sich nur zugunsten des Beschwerdeführers auswirkt, ist sie allerdings auch im Revisionsverfahren zu beachten. Das ist insbesondere der Fall, wenn die Sitzungsniederschrift den Vorgang, in dem die Revision den Verfahrensmangel sieht, überhaupt nicht, unvollständig oder unrichtig beurkundet und erst die Berichtigung dazu führt, daß das Revisionsvorbringen in vollem Umfang[28] oder, sofern der zu beurkundende einheitliche Prozeßvorgang nicht nur zugunsten des Beschwerdeführers wirkt, wenigstens teilweise[29] von den Urkundspersonen bestätigt wird. Das gleiche gilt, wenn dem Berichtigungsverlangen in vollem Umfang entsprochen, aber gleichzeitig ein damit im Zusammenhang stehender Vorgang protokolliert wird, der für den Beschwerdeführer die Berichtigung wertlos macht, z. B. wenn die fehlende Beurkundung eines Beweisantrags nachgeholt, aber gleichzeitig auch der Beschluß beurkundet wird, durch den er abgelehnt worden ist[30].

Anders ist es, wenn durch die Protokollberichtigung ein Vorgang, dessen Unterlassen ein Prozeßbeteiligter bereits mit der Revision als rechtsfehlerhaft gerügt hat, nachträglich beurkundet wird oder wenn die Beurkundung einer Prozeßhandlung, die schon Gegenstand einer Verfahrensrüge ist, infolge der Berichtigung entfällt oder inhaltlich zuungunsten des Beschwerdeführers geändert wird. Der Beschwerdeführer hat ein Recht auf unveränderten Bestand der Grundlagen seiner Rüge. Eine Protokollberichtigung, durch die ihr der Boden entzogen würde, darf

---

25 BGH 2 StR 53/51 vom 6. 4. 1951; 3 StR 1069/51 vom 14. 2. 1952; RGSt. 21 S. 200; S. 323 (325); 55 S. 22 (23); 59 S. 429 (431); 63 S. 408 (409/410) = JW 1930 S. 1069 mit abl. Anm. *Alsberg*; RG HRR 1937 Nr. 286; RG ZStW 48 Sdr. Beil. S. 76; *Gollwitzer* JR 1980 S. 519; *Oetker* JW 1933 S. 1608 (1609).
26 Vgl. *Sarstedt* S. 125.
27 OLG Braunschweig NdsRpfl. 1955 S. 136; OLG Karlsruhe GA 1971 S. 214 (216); LR *Gollwitzer* § 271 Rdnr. 45. Wird eine fehlerhafte Beurkundung oder eine Lücke im Protokoll entdeckt, so sind die Urkundspersonen sogar zur Berichtigung verpflichtet (BGH JZ 1952 S. 281 = LM Nr. 3 zu § 274; OGHSt. 1 S. 277 [278]; LR *Gollwitzer* § 271 Rdnr. 46 mit weit. Nachw.; *Gollwitzer* JR 1980 S. 518/519; *Oetker* JW 1933 S. 1608 [1609]). A. A. offenbar RGSt. 43 S. 1 (6); RG JW 1895 S. 588. Auch BGHSt. 2 S. 125 spricht von Unzulässigkeit statt von Unwirksamkeit.
28 RGSt. 19 S. 367 (370); 21 S. 323 (324/325); 28 S. 247 (250); 59 S. 429 (431); RG JW 1932 S. 3103; S. 3109 (3110) mit Anm. *Mannheim*; RG JW 1934 S. 1661; OGHSt. 1 S. 277 (282); OLG Köln NJW 1952 S. 758; OLG Saarbrücken VRS 17 S. 63 (64); *Kleinknecht* Rdnr. 8; KMR *Paulus* Rdnr. 31; LR *Gollwitzer* Rdnr. 60; *Eb. Schmidt* Rdnr. 19; alle zu § 271.
29 BGHSt. 1 S. 259 (261/262); RGSt. 56 S. 29; RG JW 1928 S. 722; RG GA 57 S. 396; RG Recht 1913 Nr. 2023; 1914 Nr. 875; KMR *Paulus* § 271 Rdnr. 32; LR *Gollwitzer* § 271 Rdnr. 61; *Schlüchter* Rdnr. 593.
30 Vgl. *Sarstedt* S. 125.

daher bei der Revisionsentscheidung nicht beachtet werden[31]. Das gilt auch für Erklärungen der für die Sitzungsniederschrift verantwortlichen Urkundspersonen, durch die die Tatsachen, die den Verfahrensrügen zugrunde liegen, oder ihr Fehlen nachträglich als unrichtig bezeichnet werden[32]. Dabei ist gleichgültig, ob die Unrichtigkeit des Protokolls auf einer fehlerhaften Beurkundung, auf einem Verkündungsversehen[33] oder auf einem Schreibfehler beruht[34].

Der maßgebende Zeitpunkt, von dem ab die Wirksamkeit von Protokollberichtigungen für das Revisionsverfahren entfällt, ist der Eingang der Revisionsbegründungsschrift bei Gericht[35]. Entscheidend ist, ob die Protokollberichtigung vor oder nach diesem Zeitpunkt zu den Akten gelangt ist[36]. Bei mehreren Beschwerdeführern kommt es jeweils auf den Eingang ihrer Revisionsbegründungsschrift an, so daß das Revisionsgericht gezwungen sein kann, die Protokollberichtigung bei der Entscheidung über Verfahrensrügen des einen Beschwerdeführers zu berücksichtigen, bei denen eines anderen nicht[37]. Die Ansicht, nicht der Zeitpunkt der

---

31 BGHSt. 2 S. 125 (126); 7 S. 218 (219); 10 S. 145 (148); S. 342 (343); 12 S. 270 (271/272); BGH NJW 1976 S. 977 (978); BGH JZ 1952 S. 281 = LM Nr. 3 zu § 274; BGH bei *Dallinger* MDR 1953 S. 273; RGSt. 2 S. 76 (77/78); 12 S. 119 (121); 13 S. 351 (352); 21 S. 200 (201); S. 323 (324); 24 S. 214 (215); 28 S. 247 (250); 43 S. 1 (9) — VerStS; 56 S. 29; 59 S. 429 (431); 63 S. 408 (410) = JW 1930 S. 1069 (1070) mit Anm. *Alsberg*; RG JW 1890 S. 189; 1908 S. 363 (364); 1914 S. 435; 1924 S. 313; 1925 S. 2790 mit Anm. *Beling*; RG JW 1926 S. 1571; 1932 S. 421 mit Anm. *Löwenstein*; RG ZStW 48 Sdr. Beil. S. 76; OGHSt. 1 S. 277 (279 ff.) mit abl. Anm. *Niethammer* DRZ 1949 S. 451; OGHSt. 3 S. 83 (84); BayObLGSt. 1960 S. 125 (126); OLG Bremen OLGSt. § 274 S. 13 (16); OLG Celle HannRpfl. 1947 S. 71; OLG für Hessen HESt. 1 S. 118 (120) = SJZ 1947 Sp. 443; OLG Karlsruhe GA 1971 S. 214 (216); OLG Kiel SchlHA 1950 S. 49 (50); OLG Saarbrücken VRS 17 S. 63 (64); OLG Zweibrücken MDR 1969 S. 780; KK *Engelhardt* Rdnr. 26; *Kleinknecht* Rdnr. 8; KMR *Paulus* Rdnr. 30; LR *Gollwitzer* Rdnr. 55 mit weit. Nachw. in Fußn. 16; *Eb. Schmidt* Rdnr. 19; alle zu § 271; *Dahs/Dahs* Rdnr. 383; *Ditzen* S. 60 ff.; *Roxin* § 49 IV; *Sarstedt* S. 125. – A. A. RGSt. 70 S. 241 (GrSSt) = JW 1936 S. 3009 mit Anm. *Jonas*; OLG Braunschweig HESt. 1 S. 192 = SJZ 1948 Sp. 210; *Beling* S. 325 Fußn. 2, JW 1925 S. 2790 und ZStW 38 S. 612 (632); *zu Dohna* S. 183; *von Kries* S. 543; *Mannheim* JW 1925 S. 2818 (2819); *Niethammer* SJZ 1948 Sp. 191 (193/194); *Oetker* JW 1927 S. 918; *Simader* S. 243; *Stenglein* GerS 45 S. 81 (92/93).
32 BayObLGSt. 1956 S. 226 = NJW 1957 S. 34 L = Rpfleger 1957 S. 16. Für den Fall des Wegfalls der Beweiskraft des Protokolls, weil eine der beiden Urkundspersonen von seinem Inhalt abrückt, vgl. unten S. 889.
33 BGHSt. 7 S. 218 (219).
34 OLG Karlsruhe Justiz 1980 S. 155 (Belehrung über »Aussagerecht« statt über »Aussageverweigerungsrecht«).
35 BGHSt. 2 S. 125; 7 S. 218 (219); BGH JZ 1952 S. 281 = LM Nr. 3 zu § 274; RGSt. 21 S. 200 (201); RG JW 1890 S. 189; 1895 S. 287; 1908 S. 363 (364); RG Recht 1926 Nr. 2633; OGHSt. 1 S. 277 (278); BayObLGSt. 1960 S. 125 (126); OLG Karlsruhe GA 1971 S. 214 (216); Justiz 1980 S. 155; LR *Gollwitzer* § 271 Rdnr. 56; *Dahs/Dahs* Rdnr. 383; *Sarstedt* S. 126.
36 RGSt. 24 S. 214 (215).
37 BGH 3 StR 382/53 vom 3. 12. 1953; RG bei *Sabarth* DJZ 1912 Sp. 1399; LR *Gollwitzer* § 271 Rdnr. 59.

Begründung, sondern der der Einlegung der Revision müsse maßgebend sein[38], beruht auf der Erwägung, bereits in diesem Zeitpunkt habe der Beschwerdeführer mit der Revision eine Rechtsstellung erlangt, auf deren Bestand er Anspruch habe. Das trifft aber nicht zu. Solange der Verfahrensverstoß nicht gerügt ist, besteht eine solche Rechtsstellung nicht. Ohne Bedeutung ist daher auch, ob der Verteidiger vor der Anbringung der Verfahrensrüge schon die Akten und das Sitzungsprotokoll eingesehen hat[39]. Allerdings wird man nach der ausdrücklichen Ankündigung des Beschwerdeführers, er werde mit der Revision eine bestimmte Verfahrensrüge erheben, eine Protokollberichtigung für ebenso wirkungslos ansehen müssen wie in dem Fall, daß sie erst nach dem Eingang der Begründungsschrift erfolgt. Dabei ist gleichgültig, ob die Ankündigung von dem Angeklagten[40] oder von dem Verteidiger[41] ausgeht.

Der Berichtigung steht die Wiederherstellung einer verlorengegangenen Sitzungsniederschrift gleich. Bei der Rekonstruktion ist das Protokoll zwar so wiederzugeben, wie es die Urkundspersonen in Erinnerung haben. Dem Revisionsgericht gegenüber sind aber Eintragungen unwirksam, die einer bereits erhobenen Verfahrensrüge den Boden entziehen[42]. Die Ansicht des Bundesgerichtshofs, die Grundsätze über die Unwirksamkeit von Protokollberichtigungen müßten auch Anwendung finden, wenn die Verfahrensrüge bereits vor Fertigstellung des Protokolls erhoben worden ist[43], beruhte im wesentlichen auf der Erwägung, daß andernfalls die Protokollberichtigung dazu führen würde, daß dem Beschwerdeführer nicht mehr die volle Frist des § 345 Abs. 1 für die Begründung der Revision zur Verfügung steht. Nach der Einfügung des § 273 Abs. 4, der die Urteilszustellung vor Fertigstellung der Sitzungsniederschrift verbietet, so daß die Revisionsbegründungsfrist des § 345 Abs. 1 mit der hiernach unzulässigen Zustellung noch nicht in Lauf gesetzt wird, ist dieser Rechtsauffassung die Grundlage entzogen. Nunmehr ist die Protokolländerung wirksam, solange das Protokoll noch nicht fertiggestellt, insbesondere von dem Vorsitzenden noch nicht unterzeichnet worden ist[44]. An der Fertigstellung fehlt es auch, wenn der Vorsitzende Protokolländerungen vorgenommen hat, deren Genehmigung durch den Urkundsbeamten noch

---

38 RGSt. 2 S. 76 (77); *Eb. Schmidt* Nachtr. § 271 Rdnr. 10); *Gerland* S. 386; Voraufl. S. 447.
39 BGH JZ 1952 S. 281 = LM Nr. 3 zu § 274.
40 Vgl. den Fall OLG für Hessen HESt. 1 S. 118 (121): Der Angeklagte hatte die Revision zunächst nicht rechtswirksam begründet und dabei auch den Verfahrensverstoß geltend gemacht; das war der Anlaß für die Protokollberichtigung, mit der der zu erwartenden formgerechten Rüge der Boden entzogen werden sollte.
41 RG JW 1895 S. 287; 1904 S. 588 = GA 51 S. 402; RG JW 1908 S. 363 (364); RG Recht 1926 Nr. 2633.
42 Offengelassen in BGH GA 1962 S. 305 (306); dort wurde davon ausgegangen, daß die Rekonstruktion ohnehin nicht an der Beweiskraft nach § 274 teilnimmt.
43 BGHSt. 10 S. 145 (147/148) = JZ 1957 S. 587 mit Anm. *Bohne*; zustimmend *Sarstedt* S. 126. Ebenso offenbar RG JW 1932 S. 2730 mit Anm. *Jonas*; a. A. RGRspr. 5 S. 191.
44 OLG Karlsruhe NJW 1980 S. 716 = JR 1980 S. 517 mit zust. Anm. *Gollwitzer*, LR *Gollwitzer* § 271 Rdnr. 40; *Roxin* § 49 IV; *Schlüchter* Rdnr. 591 Fußn. 664; a.A. KK *Engelhardt* § 271 Rdnr. 26.

aussteht[45]. Daß die fehlende Unterschrift des Vorsitzenden ohne sachliche Inhaltsänderung noch nach Anbringung der Verfahrensrügen nachgeholt werden kann, auch nach Akteneinsicht durch den Verteidiger, hatte die Rechtsprechung schon früher angenommen[46].

4. Wegfall der Beweiskraft

a) **Abweichende Erklärung einer Urkundsperson.** Beweiskräftig im Sinne des § 274 ist nur ein ordnungsgemäß aufgenommenes, entsprechend dem § 271 Abs. 1 Satz 1 von dem Vorsitzenden und dem Urkundsbeamten der Geschäftsstelle unterschriebenes Protokoll[47]. Bei Meinungsverschiedenheiten zwischen ihnen gilt die Beweisregel des § 274 insoweit nicht, als es an der erforderlichen Übereinstimmung fehlt[48]. Die Beweiskraft entfällt auch ohne formelle Berichtigung, wenn und soweit eine der beiden Urkundspersonen den Inhalt der Sitzungsniederschrift nachträglich für unrichtig erklärt, so daß es von seiner Unterschrift nicht mehr gedeckt ist[49]. Dem steht es gleich, wenn zwar nicht die Erklärung abgegeben wird, daß das Protokoll unrichtig sei, wenn eine der Urkundspersonen, etwa der Vorsitzende in einer dienstlichen Äußerung zu der Revisionsbegründung, von dem Inhalt der Niederschrift aber jedenfalls in der Weise abrückt, daß sie seine Richtigkeit in Zweifel zieht[50]. Diese Grundsätze gelten sowohl für die positive als auch für die negative

---

45 BGH GA 1954 S. 119 und *Sarstedt* S. 130 hielten die Genehmigung nach Eingang der Revisionsbegründung schon früher für zulässig; a. A. BGH bei *Dallinger* MDR 1953 S. 273; RGSt. 68 S. 244; OLG Hamm JMBlNRW 1954 S. 156; *Eb. Schmidt* § 274 Rdnr. 16.
46 BGHSt. 12 S. 270 (271); RGSt. 13 S. 351; RG JW 1932 S. 2730 mit Anm. *Jonas*; ebenso KK *Engelhardt* Rdnr. 26; *Kleinknecht* Rdnr. 8; LR *Gollwitzer* Rdnr. 39; *Eb. Schmidt* Rdnr. 9; alle zu § 271. Kritisch dazu *Hanack* JZ 1972 S. 488 (490).
47 BGH GA 1962 S. 305 (306); LR *Gollwitzer* § 274 Rdnr. 3; *Mittelbach* JR 1955 S. 327 (330).
48 RGSt. 57 S. 394 (396); RG JW 1903 S. 133 (134); 1914 S. 436; RG GA 50 S. 116; 61 S. 352; RG HRR 1937 Nr. 286; OLG Hamm JMBlNRW 1954 S. 156 (157); KK *Engelhardt* Rdnr. 7; LR *Gollwitzer* Rdnr. 18; *Eb. Schmidt* Rdnr. 6; alle zu § 271; *Sarstedt* S. 130; a. A. RG GA 60 S. 265 mit abl. Anm. *Zweigert*.
49 BGHSt. 4 S. 364; BGH NJW 1969 S. 281 (282) = GA 1970 S. 240; BGH GA 1963 S. 19; RGSt. 19 S. 367 (370); 20 S. 166 (167); 57 S. 394 (396); RG JW 1929 S. 2740 mit Anm. *Mannheim*; RG JW 1930 S. 716 mit Anm. *Beling*; RG JW 1933 S. 2220 mit Anm. *Gerland*; RG JW 1934 S. 1661; RG GA 44 S. 42; RG HRR 1937 Nr. 286; BayObLGSt. 1960 S. 125 (126); 1973 S. 200 = MDR 1974 S. 331 = VRS 46 S. 295; BayObLGSt. 1978 S. 98 (99); BayObLG DAR 1979 S. 23 (24); OLG Dresden JW 1933 S. 1608 mit Anm. *Oetker*; OLG Hamburg GA 1967 S. 121 (122); OLG Hamm JMBlNRW 1980 S. 274 (275) = VRS 60 S. 206 (207); OLG Köln NJW 1952 S. 578; 1954 S. 1820; OLG Oldenburg NdsRpfl. 1954 S. 34; OLG Saarbrücken VRS 48 S. 439; OLG Schleswig MDR 1960 S. 521 (522); *Kleinknecht* Rdnr. 3; KMR *Paulus* Rdnr. 12; LR *Gollwitzer* Rdnr. 5, 27; *Eb. Schmidt* Rdnr. 3; alle zu § 274; *Eb. Schmidt* § 271 Rdnr. 15 ff.; *Busch* JZ 1964 S. 746 (747); *Mittelbach* JR 1955 S. 327 (330); *Sarstedt* S. 130; *Schlüchter* Rdnr. 591; a. A. *Beling* JW 1927 S. 126 (127); 1930 S. 716; *Gerland* S. 385 Fußn. 806.
50 BayObLGSt. 1973 S. 200 (202) = MDR 1974 S. 331 = VRS 46 S. 295 (296); LR *Gollwitzer* § 274 Rdnr. 5.

Beweiskraft nach § 274, also auch, wenn das Protokoll über den von der Revision gerügten Vorgang nichts enthält, der Vorsitzende aber eine Erklärung abgibt, daß er stattgefunden hat[51].

In all diesen Fällen muß das Revisionsgericht den Verfahrensvorgang im Freibeweis und in freier Beweiswürdigung aufklären[52]. Dazu sind in erster Hinsicht dienstliche Äußerungen der an der Verhandlung beteiligten Personen geeignet. Im Zweifel wird angenommen werden können, daß der von dem Beschwerdeführer behauptete Mangel vorliegt, wenn er von einer der Urkundspersonen bezeugt wird[53]. Gibt eine Urkundsperson eine Erklärung, mit der sie von dem Inhalt der Sitzungsniederschrift teilweise abrückt, erst ab, nachdem bereits die Revisionsbegründung bei dem Tatgericht eingegangen ist, so wird dadurch ebensowenig wie durch eine Protokollberichtigung einer bereits erhobenen Verfahrensrüge die Grundlage entzogen[54]. Bestätigt aber die dienstliche Äußerung der Urkundsperson nur das tatsächliche Vorbringen der Revision, dann ist es auch zu beachten, wenn deswegen die Verfahrensrüge erfolglos bleibt[55].

b) Lücken, Unklarheiten, Unrichtigkeiten. Die Beweiskraft der Sitzungsniederschrift entfällt ferner, wenn sie erkennbare Unklarheiten[56], insbesondere infolge Durchstreichungen, Rasuren und Verbesserungen[57], Widersprüche[58], Lücken oder Unrichtigkeiten aufweist[59]. Eine Lücke in der Sitzungsniederschrift ist vor allem

---

51 BGH NJW 1969 S. 281 (282) = GA 1970 S. 240 (241) = VRS 36 S. 213 (214); RGSt. 67 S. 287 (288).
52 BGHSt. 4 S. 364 (365); BGH NJW 1969 S. 281 (282) = GA 1970 S. 240 (241); BGH NJW 1976 S. 977 (978); BGH bei *Dallinger* MDR 1953 S. 273; BGH 1 StR 9/76 vom 23. 3. 1976; BayObLGSt. 1960 S. 125 (126); BayObLG bei *Rüth* DAR 1982 S. 254; OLG Köln NJW 1952 S. 758; OLG Oldenburg NdsRpfl. 1954 S. 34; OLG Saarbrücken VRS 48 S. 439; *Busch* JZ 1964 S. 746 (749); *Mittelbach* JR 1955 S. 327 (330); *W. Schmid* SchlHA 1981 S. 2 (3).
53 RGSt. 57 S. 394 (397); RG GA 44 S. 42 (43); RG HRR 1937 Nr. 286.
54 RG JW 1914 S. 435; BayObLGSt. 1956 S. 226 = NJW 1957 S. 34 L = Rpfleger 1957 S. 16; BayObLGSt. 1960 S. 125 (126); BayObLG bei *Rüth* DAR 1982 S. 254; LR *Gollwitzer* § 271 Rdnr. 49 und § 274 Rdnr. 27.
55 OLG Hamburg GA 1967 S. 121 (122).
56 Vgl. den Fall OLG Braunschweig NdsRpfl. 1956 S. 77.
57 RGSt. 22 S. 243 (246); 64 S. 309 (310); RG JW 1896 S. 504; 1900 S. 217; 1928 S. 2252; RG DStrZ 1914 Sp. 438 (439); KMR *Paulus* § 271 Rdnr. 9; LR *Gollwitzer* § 274 Rdnr. 3; *Mittelbach* JR 1955 S. 327 (330).
58 BGHSt. 16 S. 306 (308); RG JW 1933 S. 2397 mit Anm. *Gerland*; *Hanack* JZ 1972 S. 488 (489); KK *Engelhardt* § 274 Rdnr. 11; *Schlüchter* Rdnr. 592.
59 BGHSt. 17 S. 220 (221); BGH NJW 1976 S. 977 (978); 1982 S. 1057; BGH GA 1960 S. 315; BGH JR 1961 S. 508 = LM Nr. 10 zu § 274; BGH NStZ 1982 S. 392; BGH bei *Dallinger* MDR 1952 S. 659; 1969 S. 195; 1974 S. 548; RGSt. 63 S. 408 (410) = JW 1930 S. 1069 (1070) mit Anm. *Alsberg*; RG JW 1931 S. 2824 mit Anm. *Alsberg*; RG HRR 1937 Nr. 1483; BayObLGSt. 1949/51 S. 120 (122); 1953 S. 135 (136) = NJW 1953 S. 1524; BayObLG DRiZ 1931 Nr. 612; BayObLG bei *Rüth* DAR 1975 S. 211; 1982 S. 254; OLG Braunschweig NdsRpfl. 1956 S. 77; OLG Bremen NJW 1975 S. 1793; OLG Celle NdsRpfl. 1953 S. 190; OLG Karlsruhe Justiz 1980 S. 155; OLG Koblenz VRS 63 S. 130 (132); OLG Köln VRS 62 S. 281; OLG Saarbrücken JBl. Saar 1962 S. 96; VRS 48 S. 439;

dann offensichtlich, wenn ein beurkundeter Vorgang beweist, daß ein anderer geschehen ist, über den das Protokoll schweigt[60], z. B. wenn es zwar keinen Beweisantrag vermerkt, aber beurkundet, daß ein Beschluß über die Ablehnung des Antrags bekanntgemacht worden ist[61], wenn in dem Antrag keine Beweistatsache protokolliert ist, die Sitzungsniederschrift aber ausweist, daß der Vorsitzende den Antragsteller auf die Unerheblichkeit der zu erwartenden Aussage hingewiesen hat[62], oder wenn der Antragsteller erkennbar auf vorher von ihm abgegebene Erklärungen Bezug genommen hat[63]. Jedoch wird allein dadurch, daß nach der Sitzungsniederschrift der Antragsteller seine vor der Hauptverhandlung gemachte Einlassung wiederholt, nicht bewiesen, daß er auch die damals gestellten Beweisanträge wiederholt hat[64]. Hat der Angeklagte oder der Verteidiger in seinem Schlußvortrag hilfsweise die Aussetzung der Verhandlung beantragt, so kann, weil der bloße Antrag auf Aussetzung keinen Sinn gibt, angenommen werden, daß in diesem Zusammenhang ein Beweisantrag gestellt worden ist[65]. Gelegentlich kann sich auch aus dem Urteilsinhalt ergeben, daß ein Antrag nur unvollständig protokolliert worden ist[66]. Steht fest, daß die Urkundspersonen einen Verfahrensvorgang irrtümlich nicht für eine wesentliche Förmlichkeit im Sinne des § 273 Abs. 1 gehalten haben, so unterliegt seine Nichtbeurkundung ebenfalls nicht der Beweiskraft des § 274[67].

Beurkundet die Sitzungsniederschrift einen Antrag, der den Erfordernissen eines Beweisantrags nicht genügt, weil er den Beweissatz oder das Beweismittel nicht oder nicht bestimmt genug bezeichnet, so müßte an sich wegen der Beweiskraft des Sitzungsprotokolls nach § 274 feststehen, daß der Antrag in dieser mangelhaften Form gestellt worden ist. Jedoch besteht Übereinstimmung darüber, daß die Beweiskraft auch in diesem Fall wegen offensichtlicher Lückenhaftigkeit entfällt, wenn erkennbar ist, daß der Antrag formgerecht gestellt, aber nur unvollständig beurkundet worden ist. Das ist z. B. der Fall, wenn das Protokoll einen Beweisantrag ohne Beweisbehauptung beurkundet, in dem Ablehnungsbeschluß aber die

---

KK *Engelhardt* Rdnr. 9, 10; KMR *Paulus* Rdnr. 9; LR *Gollwitzer* Rdnr. 23; *Eb. Schmidt* Nachtr. Rdnr. 2; alle zu § 274; *Dahs/Dahs* Rdnr. 382; *Gössel* S. 298; *Sarstedt* S. 130; *Schlüchter* Rdnr. 592; *Simader* S. 241.

60 BGHSt. 17 S. 220; BGH JR 1961 S. 508 = LM Nr. 10 zu § 274; BGH bei *Dallinger* MDR 1969 S. 195; OLG Bremen NJW 1975 S. 1793; OLGSt. § 273 S. 13 (15); OLG Koblenz VRS 63 S. 130 (132); KK *Engelhardt* § 274 Rdnr. 9; LR *Gollwitzer* § 274 Rdnr. 24.

61 BGH bei *Dallinger* MDR 1952 S. 659; BGH 5 StR 184/53 vom 18. 6. 1953; BayObLGSt. 1949/51 S. 120; KMR *Paulus* § 274 Rdnr. 14; *Eb. Schmidt* Nachtr. § 274 Rdnr. 2; vgl. auch OGHSt. 2 S. 352; *Oetker* JW 1924 S. 317 (318).

62 RGSt. 59 S. 420 (422).

63 RGSt. 38 S. 127 (128); RG JW 1900 S. 217; 1922 S. 1033.

64 RG GA 41 S. 285.

65 RG BayZ 1907 S. 18; RG HRR 1937 Nr. 1483; vgl. auch RGSt. 48 S. 419; RG JW 1930 S. 557 mit Anm. *Alsberg* (»Vertagung und Prüfung meiner Bücher«).

66 Vgl. BayObLG DRiZ 1931 Nr. 612; OLG Celle NJW 1947/48 S. 394.

67 RGSt. 64 S. 309 (310); RG JW 1930 S. 1505 mit Anm. *Gerland*; KK *Engelhardt* Rdnr. 12; LR *Gollwitzer* Rdnr. 6; *Eb. Schmidt* Rdnr. 4; alle zu § 274; *Alsberg* JW 1930 S. 3859.

Beweistatsache als unerheblich bezeichnet worden ist[68], oder wenn das Protokoll vermerkt, daß ein Beweisantrag durch Wahrunterstellung erledigt worden ist, der Inhalt des Beweisantrags aber nicht angegeben wird[69]. Auch wenn im Protokoll vermerkt ist: »Der Angeklagte beantragte nichts Wesentliches«[70], oder: »Der Angeklagte beantragte neuen Beweisantritt«[71], kann angenommen werden, daß ein Beweisantrag gestellt war, der die Beweistatsache angegeben hat.

Jedoch muß keineswegs jeder in der Sitzungsniederschrift beurkundete Antrag, der zwar ein Beweismittel benennt, nicht aber die Beweistatsache enthält, als vollständig gestellt und nur unvollständig beurkundet angesehen werden[72]. Denn Anträge dieser Art werden erfahrungsgemäß gestellt und sind dann als Beweisermittlungsanträge zu behandeln[73]. Wenn keine Anhaltspunkte für das Gegenteil ersichtlich sind, ist daher davon auszugehen, daß der Antrag so gestellt worden ist, wie er protokolliert wurde[74]. Das gilt[75] insbesondere auch für den Fall, daß das Protokoll den Antrag auf Einnahme des Augenscheins von einer bestimmten Örtlichkeit ohne weiteren Zusatz beurkundet[76]. Von dem Protokoll wird auch keine Klarstellung darüber verlangt, ob neue Tatsachen in das Wissen eines Zeugen gestellt werden, dessen Vernehmung beantragt wird, nachdem die Niederschrift über seine Aussage bereits nach § 251 Abs. 2, § 325 verlesen worden ist. Das Protokoll hat nichts klarzustellen, sondern die Anträge so zu beurkunden, wie sie gestellt sind; eine Ergänzung des Protokollvermerks durch die Revisionsbegründung ist nicht zulässig[77].

c) **Folgen für die Revision.** Es ist mißverständlich, davon zu sprechen, daß der Beschwerdeführer, wenn das Protokoll offensichtlich lückenhaft oder unrichtig ist, eine Verfahrensbeschwerde erheben kann, die sich auf einen Beweisantrag mit dem von der Revision behaupteten Inhalt stützt[78]. Denn das Revisionsgericht ist nicht gezwungen, wegen der offensichtlichen Fehlerhaftigkeit des Protokolls das Vorbringen der Revisionsbegründung über den Inhalt des Beweisantrags als rich-

---

68 OLG Frankfurt NJW 1953 S. 198; vgl. auch RGRspr. 8 S. 306 (307); KG JR 1971 S. 166 (167) = VRS 39 S. 434 (435).
69 OLG Celle NdsRpfl. 1953 S. 190; LR *Gollwitzer* § 274 Rdnr. 24.
70 Vgl. RG Recht 1908 Nr. 2227.
71 Vgl. RGSt. 59 S. 429.
72 So aber offenbar BGH GA 1960 S. 315. Auch KG VRS 43, 199 geht davon aus, daß der Hilfsantrag, den der Verteidiger in seinem Schlußvortrag stellt, ein ordnungsgemäßer Antrag ist.
73 Vgl. oben S. 77 ff.
74 A. A. RG JW 1924 S. 1610; 1931 S. 2821 mit Anm. *von Scanzoni*; RG JW 1931 S. 2824 mit Anm. *Alsberg*; RG Recht 1905 Nr. 2366; 1911 Nr. 3786; KG HRR 1931 Nr. 1498.
75 Entgegen der in der Voraufl. S. 441 vertretenen Ansicht.
76 So auch *Sarstedt* JR 1954 S. 272, der allerdings für Zeugenbeweisanträge etwas anderes gelten lassen will.
77 RGSt. 57 S. 322 (323); *Oetker* JW 1924 S. 317 (318).
78 So aber KG JR 1971 S. 166 (167) = VRS 39 S. 434 (435); OLG Celle NdsRpfl. 1953 S. 190; OLG Saarbrücken JBl. Saar 1962 S. 96.

tig zu unterstellen[79]. Vielmehr gibt die Unvollständigkeit der Beurkundung des Antrags dem Beschwerdeführer nur die Möglichkeit, den Nachweis zu führen, daß er einen Beweisantrag unter Angabe bestimmter Beweistatsachen und Beweismittel gestellt hat[80]. Anstelle der Beweisregel des § 274 gilt dann für das Revisionsgericht der Grundsatz der freien Beweiswürdigung[81]. Es ist an das Revisionsvorbringen keineswegs gebunden, sondern kann zu einer Überzeugung gelangen, die von den Behauptungen des Beschwerdeführers abweicht[82]. Es muß im Wege des Freibeweises[83] den wahren Inhalt des Antrags feststellen. Dabei kann es sich aller erreichbaren Beweismittel bedienen[84], insbesondere auf früher gestellte schriftliche Beweisanträge[85], auf den Ablehnungsbeschluß[86], den Urteilsinhalt[87], nachträgliche Erklärungen der Mitglieder des erkennenden Gerichts, des Staatsanwalts, Verteidigers,

---

79 BGHSt. 17 S. 220 (222); RGSt. 63 S. 408 (411/412) = JW 1930 S. 1069 (1071) mit Anm. *Alsberg*; BayObLG DRiZ 1931 Nr. 612. – A. A. RGSt. 22 S. 243 (247); 27 S. 169 (170); 57 S. 322 (323); 59 S. 429; RGRspr. 8 S. 306 (307); RG JW 1890 S. 398; 1896 S. 504; 1900 S. 217; 1903 S. 133 (134); 1914 S. 436; 1924 S. 317 (318) mit Anm. *Oetker*; RG JW 1924 S. 1610 mit Anm. *Mamroth*; RG JW 1930 S. 557 mit Anm. *Alsberg*; RG JW 1931 S. 2821 mit Anm. *von Scanzoni*; RG JW 1933 S. 967 L mit Anm. *Mannheim*; RG DStrZ 1914 Sp. 438 (439); RG Recht 1905 Nr. 2366; 1911 Nr. 3786; BayObLG BayZ 1928 S. 153 (154); OLG Frankfurt NJW 1953 S. 198; *Schlosky* JW 1930 S. 2505; *Stenglein* GerS 45 S. 81 (104).
80 RGSt. 63 S. 408 (411/412) = JW 1930 S. 1069 (1071) mit Anm. *Alsberg*; OLG Saarbrücken JBl. Saar 1962 S. 96.
81 BGHSt. 16 S. 306 (308); 17 S. 220 (222); BGH NJW 1976 S. 977 (978); BGH NStZ 1982 S. 392; RGSt. 49 S. 9 (11); 57 S. 394 (396); 63 S. 408 (412) = JW 1930 S. 1069 mit Anm. *Alsberg*; RG JW 1931 S. 2824 mit Anm. *Alsberg*; RG JW 1933 S. 2397 mit Anm. *Gerland*; BayObLGSt. 1953 S. 135 (136) = NJW 1953 S. 1524; OLG Celle NdsRpfl. 1953 S. 190; OLG Hamm JMBlNRW 1954 S. 156 (157); OLG Saarbrücken VRS 48 S. 439; *Kleinknecht* Rdnr. 3; LR *Gollwitzer* Rdnr. 4; *Eb. Schmidt* Rdnr. 5; alle zu § 274; *Dahs/Dahs* Rdnr. 382; *Ditzen* S. 60 ff.
82 BGHSt. 17 S. 220 (222); *Hanack* JZ 1972 S. 498 (490); LR *Gollwitzer* § 274 Rdnr. 25; *Sarstedt* S. 130.
83 BGH NJW 1976 S. 977 (978); 1982 S. 1057; BGH NStZ 1982 S. 392; OLG Braunschweig NdsRpfl. 1956 S. 77; OLG Bremen OLGSt. § 274 S. 13 (14); OLG Karlsruhe Justiz 1980 S. 155; KK *Engelhardt* § 274 Rdnr. 12 ff.; LR *Gollwitzer* § 274 Rdnr. 25; *Dahs/Dahs* Rdnr. 382; *Sarstedt* S. 130; *Schlüchter* Rdnr. 592. Allgemein zum Freibeweis vgl. oben S. 109 ff.
84 BGHSt. 17 S. 220 (222); BGH NJW 1976 S. 977 (978); BGH JR 1961 S. 508 = LM Nr. 10 zu § 274; BayObLGSt. 1953 S. 135 (136) = NJW 1953 S. 1524; KG VRS 43 S. 199; OLG Celle NJW 1947/48 S. 394; KMR *Paulus* § 274 Rdnr. 14; *Sarstedt* S. 131; vgl. auch BGHSt. 16 S. 306 (308); oben S. 155/156.
85 KG HRR 1931 Nr. 1498; OLG Saarbrücken JBl. Saar 1962 S. 96.
86 Durch den Beschluß können jedoch die Revisionsbehauptungen über den nicht protokollierten Inhalt des Beweisantrags nicht widerlegt werden, wenn die Revision gerade behauptet, daß der Ablehnungsbeschluß sie nicht richtig wiedergibt; vgl. RG Recht 1906 Nr. 389; OLG Frankfurt NJW 1953 S. 198.
87 RGSt. 48 S. 419; RG HRR 1937 Nr. 1483; BayObLGSt. 1953 S. 135 (136) = NJW 1953 S. 1524; OLG Koblenz VRS 63 S. 130 (132); *Sarstedt* S. 131.

Protokollführers, auch des Saalwachtmeisters zurückgreifen[88], selbst wenn darin eine Ergänzung des Protokolls liegt[89]. Auch das Vorbringen der Revision kann zur Ausfüllung der Lücke herangezogen werden[90]. Läßt sich der Verfahrensvorgang, auf den es für die Beurteilung der Revisionsrüge ankommt, nicht aufklären, so muß die Revision nach dem Grundsatz, daß ihr nur erwiesene Verfahrensfehler zum Erfolg verhelfen können, verworfen werden[91].

II. Urteilsgründe

Neben der Sitzungsniederschrift können auch die Gründe des angefochtenen Urteils der Prüfung des Revisionsgerichts als Grundlage dienen. Dabei kommt es aber immer nur auf die schriftlichen Gründe an, nicht auf die mündliche Urteilsbegründung des Vorsitzenden nach § 268[92].

Allgemein kann das Urteil zur Erläuterung des Antrags und auch zum Beweis dafür herangezogen werden, daß der Tatrichter die entscheidenden rechtlichen Gesichtspunkte, unter denen der Antrag zu beurteilen war, nicht in Betracht gezogen hat[93]. Prüfungsgrundlage für die Ablehnungsgründe nach § 244 Abs. 3 bis 5 ist allein das Urteil, wenn der Beschwerdeführer einen Hilfsbeweisantrag gestellt hat, den das Gericht in zulässiger Weise[94] erst in den Urteilsgründen beschieden hat. Fehler, die dem Tatrichter bei der Behandlung eines Antrags in den Urteilsgründen unterlaufen, sind nicht deshalb bedeutungslos, weil der Antrag in der Verhandlung ohne Rechtsfehler abgelehnt worden ist. Denn im Ergebnis entscheidet nicht der Ablehnungsbeschluß, sondern das Ergebnis der Urteilsberatung. Stellt sich dort heraus, daß die in der Verhandlung bekanntgegebenen Gründe die Ablehnung nicht rechtfertigen, so kann das Gericht sich veranlaßt sehen, sie im Urteil zu ergänzen. Dem Gericht ist es auch sonst nicht verwehrt, zu den schon in der Hauptverhandlung abgelehnten Anträgen in dem Urteil nochmals Stellung zu nehmen. Sind diese Ausführungen fehlerhaft, so kann der Antragsteller das mit der Revision rügen, und die Rüge muß trotz rechtsfehlerfreier Ablehnung in dem Beschluß nach § 244 Abs. 6 Erfolg haben, wenn das Urteil auf dem Mangel

---

88 RGSt. 64 S. 309 (311); RG JW 1928 S. 2252; 1933 S. 2397 mit Anm. *Gerland*; BayObLG a.a.O.; BayObLG DRiZ 1931 Nr. 612; KK *Engelhardt* § 274 Rdnr. 14; KMR *Paulus* § 274 Rdnr. 14.
89 RGSt. 63 S. 408 (412) = JW 1930 S. 1069 mit Anm. *Alsberg*.
90 RGSt. 48 S. 419; RG HRR 1937 Nr. 1483; *Sarstedt* S. 130. BGH GA 1960 S. 315 ist kritiklos den Behauptungen der Revision gefolgt.
91 OLG Saarbrücken VRS 48 S. 439 (440); *Dahs/Dahs* Rdnr. 385.
92 BGHSt. 4 S. 383; 7 S. 363 (370 ff.); 13 S. 68; BGH LM Nr. 1 zu § 268; LR *Meyer* § 337 Rdnr. 102 mit weit. Nachw.
93 RGSt. 48 S. 419 (420); RG LZ 1914 Sp. 1395; RG SeuffBl. 75 S. 322; OLG Dresden JW 1931 S. 1638.
94 Vgl. oben S. 769 ff.

beruht[95]. Der Urteilsinhalt ist von dem Revisionsgericht ferner heranzuziehen, wenn gerügt ist, daß die Urteilsgründe im Widerspruch zu der Ablehnung des Antrags wegen Unerheblichkeit oder Wahrunterstellung der Beweistatsache stehen[96] oder wenn der Beschwerdeführer behauptet, der Beweisantrag sei wegen Erwiesenseins der Beweistatsache abgelehnt worden, im Urteil sei aber das Gegenteil dieser Tatsache für erwiesen gehalten worden[97]. Schließlich sind die Urteilsgründe dafür maßgebend, ob der Tatrichter sich die eigene Sachkunde, aufgrund deren er nach § 244 Abs. 4 Satz 1 einen Antrag auf Anhörung eines Sachverständigen abgelehnt hat, zu Recht zugetraut hat[98].

---

[95] Vgl. KK *Herdegen* Rdnr. 66; KMR *Paulus* Rdnr. 409; LR *Gollwitzer* Rdnr. 121; *Eb. Schmidt* Rdnr. 29; alle zu § 244; *Dahs/Dahs* Rdnr. 257; *Koeniger* S. 268, 272; *Sarstedt* S. 185 Fußn. 15. Vgl. den Fall BGHSt. 19 S. 24 (26/27): Der Tatrichter hatte in der Hauptverhandlung einen Antrag als Beweisermittlungsantrag abgelehnt, ihn bei der Urteilsberatung aber als Beweisantrag angesehen und im Urteil mit fehlerhafter Begründung abgelehnt. Im Fall BayObLGSt. 1952 S. 174 (175) = NJW 1952 S. 1387 war ein Zeuge im Urteil rechtlich fehlerhaft als völlig ungeeignetes Beweismittel angesehen worden; ob die Antragsablehnung fehlerfrei war, hat das BayObLG nicht geprüft, da die Revision den Ablehnungsbeschluß nicht beanstandet hatte.
[96] BGH LM Nr. 4 zu § 52 Bl. 4; RG JW 1930 S. 929; RG HRR 1938 Nr. 790; LR *Gollwitzer* § 244 Rdnr. 121; *Eb. Schmidt* § 244 Rdnr. 50.
[97] OLG Köln JMBlNRW 1959 S. 126 (127) = VRS 17 S. 140 (141).
[98] OLG Hamburg JR 1964 S. 151; LR *Meyer* § 337 Rdnr. 82; vgl. oben S. 715.

§ 5 Umfang der Prüfung des Revisionsgerichts

I. Beschränkung auf das Revisionsvorbringen	896
II. Umfang der Prüfung bei den einzelnen Ablehnungsgründen	898
1. Offenkundigkeit	898
2. Unerheblichkeit	899
3. Völlige Ungeeignetheit des Beweismittels	900
4. Unerreichbarkeit des Beweismittels	901
5. Verschleppungsabsicht	902
6. Wahrunterstellung	903
7. Eigene Sachkunde	904
8. Entbehrlichkeit eines weiteren Sachverständigen	905
9. Augenscheinsbeweisanträge	905
III. Prüfung der Beruhensfrage	906
1. Grundsätze	906
2. Beruhensfrage bei Verstößen gegen § 244 Abs. 3 bis 6	906
3. Keine Auswechslung der Ablehnungsgründe	908
4. Ausschließung des Beruhens	908
a) Wahrbehandlung durch den Tatrichter	908
b) Behandlung eines Beweisermittlungsantrags als Beweisantrag	909
c) Unterlassen der Aufklärung von Mißverständnissen durch den Antragsteller	910
5. Prüfung der Beruhensfrage bei Hilfsbeweisanträgen	911

I. Beschränkung auf das Revisionsvorbringen

Die Prüfung des Revisionsgerichts erstreckt sich nur auf die Tatsachen, die der Beschwerdeführer in der Revisionsbegründungsschrift innerhalb der Begründungsfrist des § 345 Abs. 1 bezeichnet hat (§ 352 Abs. 1)[1]. Sind sie nicht erwiesen[2] oder nicht geeignet, die Verfahrensbeschwerde zu begründen, so ist die Rüge erfolglos. Das Revisionsgericht ist nicht befugt, aufgrund anderer Tatsachen, die mit der Revision nicht vorgebracht worden sind, zu prüfen, ob ein Verfahrensman-

---

[1] Die Vorschrift spricht mißverständlich von den Tatsachen »die bei Anbringung der Revisionsanträge« bezeichnet worden sind. Es besteht aber kein Streit darüber, daß es nur auf die Einhaltung der Begründungsfrist des § 345 Abs. 1 ankommt (vgl. LR *Meyer* § 352 Rdnr. 4).

[2] Nach fast allg. Meinung wird, wenn sich das Gegenteil nicht beweisen läßt, davon ausgegangen, daß der Tatrichter ordnungsgemäß verfahren ist (vgl. LR *Meyer* § 337 Rdnr. 85 mit weit. Nachw.).

gel vorliegt³. Beanstandet der Beschwerdeführer z. B., daß über seinen Beweisantrag nicht in der Hauptverhandlung durch Beschluß entschieden worden ist, so prüft das Revisionsgericht nur, ob das Verfahren des Tatrichters gegen § 244 Abs. 6 verstößt, nicht aber, ob der Antrag zur Recht aus einem der Gründe des § 244 Abs. 3 bis 5 abgelehnt worden ist. Gleiches gilt in dem umgekehrten Fall: Wenn der Beschwerdeführer rügt, daß das Gericht bei der Entscheidung über den Beweisantrag die Beweisbehauptungen nicht fehlerfrei gewürdigt habe, wird auf die Revision nicht geprüft, ob der Tatrichter den Antrag zu Recht erst in den Urteilsgründen beschieden hat⁴. Wird mit der Revision ohne Erfolg beanstandet, daß der Ablehnungsbeschluß nicht ausreichend begründet worden ist, so erstreckt sich die Prüfung des Revisionsgerichts nicht darauf, ob die Ablehnungsgründe dem Gesetz entsprechen⁵. Entsprechendes gilt für den umgekehrten Fall, daß der Beschwerdeführer nicht die Unzulänglichkeit der Beschlußbegründung, sondern nur die Fehlerhaftigkeit der Ablehnung rügt⁶. Der Ablehnungsbeschluß wird vom Revisionsgericht auch dann nicht geprüft, wenn der Beschwerdeführer nicht den Inhalt des in der Hauptverhandlung bekanntgegebenen Beschlusses als fehlerhaft, sondern nur diejenigen Ausführungen beanstandet, die das Urteil zu dem Beweisantrag enthält⁷. Nachgeschobene fehlerhafte Ablehnungserwägungen in den Urteilsgründen beachtet das Revisionsgericht nicht, wenn nur die Fehlerhaftigkeit des Ablehnungsbeschlusses geltend gemacht worden ist⁸. Wird nur beanstandet, daß der Tatrichter den Beweisantrag zu Unrecht wegen Unerheblichkeit der Beweistatsache abgelehnt habe, so prüft das Revisionsgericht nicht ohne weiteres, ob sie in dem Urteil als erheblich behandelt worden ist⁹. Wenn ein Widerspruch zwischen der Wahrunterstellung und den Urteilsgründen gerügt wird, unterliegt der Prüfung des Revisionsgerichts auch nicht die Frage, ob das Gericht das Antragsvorbringen in vollem Umfang als wahr unterstellt hat¹⁰. Umgekehrt wird die Einhaltung der Wahrunterstellung nicht nachgeprüft, wenn nur die Unrichtigkeit des Ablehnungsbeschlusses geltend gemacht¹¹ worden ist. Dagegen hängt der Umfang der Prüfung durch das Revisionsgericht in rechtlicher Hinsicht nicht von dem Revisionsvorbringen ab. Das Revisionsgericht prüft unter allen rechtlichen Gesichtspunkten, ob die behaupteten Tatsachen einen Verfahrensverstoß ergeben¹².

3 BGH NJW 1951 S. 283; OLG Bremen VRS 50 S. 34 (36); OLG Hamm NJW 1972 S. 1096; LR *Meyer* § 352 Rdnr. 7.
4 RGSt. 63 S. 408 (409) = JW 1930 S. 1069 mit Anm. *Alsberg*; RG JW 1908 S. 591; OLG Hamm GA 1972 S. 59 = JR 1971 S. 516.
5 LR *Meyer* § 352 Rdnr. 8; *Richter* NJW 1958 S. 1125; *Sarstedt* S. 120; vgl. auch *Schneidewin* JW 1923 S. 345 (349).
6 BGHSt. 1 S. 29 (33).
7 BayObLGSt. 1952 S. 174 (175) = NJW 1952 S. 1387.
8 *Eb. Schmidt* § 244 Rdnr. 29; vgl. auch RGSt. 45 S. 138 (142/143).
9 RG DR 1943 S. 84.
10 A. A. OLG Dresden JW 1930 S. 953 mit Anm. *Alsberg*.
11 *Beling* JW 1928 S. 2256.
12 Vgl. LR *Meyer* § 352 Rdnr. 5.

II. Umfang der Prüfung bei den einzelnen Ablehnungsgründen

1. Offenkundigkeit

Die Prüfungsbefugnis des Revisionsgerichts richtet sich danach, ob der Beweisantrag wegen Allgemeinkundigkeit oder wegen Gerichtskundigkeit der Beweistatsache oder ihres Gegenteils abgelehnt worden ist.

Wenn eine Tatsache ohne Beschränkung auf ein bestimmtes räumliches Gebiet oder auf einen bestimmten Personenkreis allgemeinkundig ist, muß auch das Revisionsgericht an dieser Allgemeinkundigkeit teilhaben. Es prüft dann die Entscheidung des Tatrichters in vollem Umfang nach[13]. Dazu kann es sich ebenso wie der Tatrichter aller zuverlässigen Erkenntnisquellen bedienen. Anders ist es bei einer nur beschränkten Allgemeinkundigkeit. Gehören die Richter des Revisionsgerichts nicht zu dem räumlichen oder persönlichen Kreis, in dem die Tatsache allgemeinkundig ist, so können sie in tatsächlicher Hinsicht die Ansicht des Tatrichters von der Allgemeinkundigkeit nicht beanstanden. Das Revisionsgericht kann dann nur prüfen, ob der Tatrichter den Rechtsbegriff der Allgemeinkundigkeit verkannt hat[14].

Hält der Tatrichter eine Tatsache für gerichtskundig, so kann das Revisionsgericht nicht beurteilen, ob die Gerichtskundigkeit tatsächlich bestanden hat. Denn was bei dem Tatrichter gerichtskundig ist, braucht es bei dem Revisionsgericht nicht zu sein. Es ist daher auf die Prüfung beschränkt, ob der Tatrichter den Rechtsbegriff der Gerichtskundigkeit zutreffend angewendet hat[15].

Allgemeingültige Erfahrungssätze, die der Tatrichter für allgemein- oder gerichtskundig hält, unterliegen in vollem Umfang der Nachprüfung durch das Revisionsgericht. Ihre Berücksichtigung fällt nicht in den Bereich der dem Tatrichter nach § 261 vorbehaltenen Beweiswürdigung. Das Revisionsgericht setzt daher seine eigene Lebenserfahrung oder Gerichtskunde an die Stelle derjenigen des Tatrichters[16]. Von dem Bestehen wissenschaftlicher Erfahrungssätze kann es sich in

---

13 BGHSt. 6 S. 292 (296); BGH NJW 1963 S. 598; BGH VRS 58 S. 374; BGH bei *Spiegel* DAR 1981 S. 199; KG NJW 1972 S. 1909; OLG Hamburg VerkMitt. 1964 S. 39 (40); LR *Gollwitzer* § 261 Rdnr. 37; LR *Meyer* § 337 Rdnr. 135; *Alsberg* JW 1918 S. 792 (795); 1925 S. 797; *Beling* S. 413 Fußn. 3; *Sarstedt* S. 238; *Stern* JW 1928 S. 2999 (3000). – A. A. RG JW 1890 S. 64 und *Stein* S. 172, die das Revisionsgericht an die tatsächlichen Feststellungen des Tatrichters für gebunden halten, gleichgültig, worauf sie beruhen.
14 BGH VRS 58 S. 374; BGH bei *Spiegel* DAR 1981 S. 199; *Alsberg* JW 1918 S. 792 (795 Fußn. 41); *Nüse* GA 1955 S. 72 (75); KMR *Paulus* § 244 Rdnr. 219. Zu weitgehend daher *Sarstedt*, der (S. 238) dem Beschwerdeführer auf dem Gebiet offenkundiger Tatsachen immer das Recht geben will, »an das bessere Wissen des Revisionsrichters zu appellieren«.
15 BGHSt. 6 S. 292 (296); 26 S. 56 (59); BGH NJW 1963 S. 598; RG JW 1892 S. 142; 1925 S. 797 mit Anm. *Alsberg*; RG GA 39 S. 342; OLG Köln VRS 44 S. 211 (212); OLG Königsberg JW 1928 S. 839 (840) mit Anm. *Drucker*; *Alsberg* JW 1918 S. 792 (795); *Beling* S. 413 Fußn. 3; *Stern* JW 1928 S. 2999 (3000); KMR *Paulus* § 244 Rdnr. 219; LR *Gollwitzer* § 261 Rdnr. 37; LR *Meyer* § 337 Rdnr. 135.
16 RGSt. 61 S. 151 (154); RG DRiZ 1932 Nr. 223; OGHSt. 1 S. 67 (70); OLG Düsseldorf VRS 59 S. 288 (289); OLG Hamm NJW 1976 S. 2308; LR *Gollwitzer* § 261 Rdnr. 39.

Zweifelsfällen im Wege des Freibeweises, insbesondere durch Heranziehung des einschlägigen Schrifttums oder durch Anhörung von Sachverständigen, überzeugen[17].

2. Unerheblichkeit

Hält der Tatrichter die unter Beweis gestellten Behauptungen aus rechtlichen Gründen für unerheblich, so prüft das Revisionsgericht das auf entsprechende Rüge unbeschränkt nach. Dagegen ist die Frage, ob der Tatrichter die tatsächliche Erheblichkeit der in dem Beweisantrag behaupteten Indiztatsachen aus zutreffenden Gründen verneint hat, der Prüfung durch das Revisionsgericht entzogen. Denn hierüber hat der Tatrichter in freier Beweiswürdigung zu entscheiden, und die Revision kann daher grundsätzlich nicht damit gehört werden, daß die Tatsachen entgegen der Ansicht des Tatrichters doch von wesentlicher Bedeutung seien. Der Nachprüfung durch das Revisionsgericht unterliegt die Beweiswürdigung des Tatrichters nur unter dem Gesichtspunkt, ob sie anerkannten Erfahrungssätzen oder den Denkgesetzen widerspricht[18]. Ein Verstoß gegen die Denkgesetze[19] liegt vor, wenn der Angeklagte einen Zeugen, der ihn angeblich ganz kurze Zeit nach der Tat gesehen hat, dafür benannt hat, daß er völlig betrunken gewesen sei, wenn dieser Antrag aber mit der Begründung abgelehnt worden ist, es komme nur auf den Zustand des Angeklagten zur Zeit der Tat selbst an[20]. Diese Grundsätze gelten auch für Hilfstatsachen, mit denen die Glaubwürdigkeit eines Zeugen erschüttert werden soll[21]. Handelt es sich um Indiz- oder Hilfstatsachen, so erstreckt sich die Prüfung des Revisionsgerichts aber immer darauf, ob der Tatrichter ihre Unerheblichkeit unter allen in Betracht kommenden Gesichtspunkten einwandfrei verneint hat. Das Revisionsgericht wird z. B. beanstanden müssen, daß ein Beweisantrag als für die Entscheidung bedeutungslos mit einer Begründung abgelehnt worden ist, die mehrere Deutungen zuläßt, von denen der Tatrichter aber nicht alle in dem Urteil als unerheblich behandelt hat[22]. Gleiches muß gelten, wenn einem Unglaubwürdigkeitsbeweis nur »im wesentlichen« jede Bedeutung abgesprochen worden

---

17 BGHSt. 7 S. 82 (83); 19 S. 82 (84); 23 S. 8 (13) = JR 1970 S. 151 mit Anm. *Peters*; BGHSt. 23 S. 156 (164); 25 S. 246 (249); OLG Hamm NJW 1972 S. 1529; DAR 1960 S. 365.
18 Vgl. BGH GA 1964 S. 77; BGH bei *Holtz* MDR 1976 S. 815 = VerkMitt. 1976 S. 49; BGH 1 StR 41/51 vom 20. 3. 1951; 2 StR 5/51 vom 9. 2. 1951; 2 StR 724/76 vom 4. 7. 1977; RGSt. 1 S. 60 (61); 29 S. 368 (369); 63 S. 329 (330); RG JW 1916 S. 1589 (1590) mit Anm. *Drucker*; RG JW 1930 S. 939; S. 3773 (3775) mit Anm. *Bohne*; RG DR 1943 S. 84; RG HRR 1938 Nr. 790; KG VRS 15 S. 56 (57). OLG Köln VRS 57 S. 191 (192); KK *Herdegen* Rdnr. 84; LR *Gollwitzer* Rdnr. 196; *Eb. Schmidt* Rdnr. 50; alle zu § 244; *Köhler* S. 32 (33).
19 Vgl. dazu auch RMGE 16 S. 158 (161); *Lobe* LZ 1914 Sp. 977 (982).
20 Vgl. OLG Dresden LZ 1930 Sp. 73. Einen ähnlichen Fall behandelt BGH Strafverteidiger 1982 S. 157.
21 BGH bei *Holtz* MDR 1976 S. 815 = VerkMitt. 1976 S. 49.
22 BGH 1 StR 727/54 vom 22. 4. 1955.

ist[23]. Ein vom Revisionsgericht zu beachtender Mangel liegt insbesondere vor, wenn der Tatrichter einen zur Widerlegung des äußeren Tatbestandes gestellten Beweisantrag nicht auch darauf geprüft hat, ob er nicht wenigstens für die Verneinung der Vorsatzfrage hätte erheblich sein können, falls diese Prüfung nach Lage des Falls geboten war. Entsprechendes gilt, wenn der Tatrichter die Beweistatsache zwar für die Schuldfrage ohne Rechtsfehler für unerheblich erklärt, aber, obwohl das nahelag, nicht geprüft und erörtert hat, ob sie für die Rechtsfolgenfrage von Bedeutung ist.

Auf eine entsprechende Rüge prüft das Revisionsgericht, ob der Tatrichter die in der Hauptverhandlung für unerheblich erklärten Beweistatsachen im Urteil nicht doch als erheblich behandelt hat. Ergeben die Urteilsgründe zweifelsfrei die Erheblichkeit der in dem Ablehnungsbeschluß als unerheblich bezeichneten Beweistatsachen, so ist das Revisionsgericht an die in dem ablehnenden Beschluß vertretene Ansicht nicht gebunden, da der Tatrichter selbst von ihr abgewichen ist[24]. Solche Widersprüche zwischen den Gründen des den Beweisantrag ablehnenden Beschlusses und den Urteilsgründen machen es dem Revisionsgericht in der Regel überhaupt unmöglich, die Erheblichkeit des Beweisantrags zu verneinen[25].

Wenn die Frage der Erheblichkeit nicht schon in dem Ablehnungsbeschluß oder, sofern das zulässig ist, in dem Urteil verneint worden ist, darf das Revisionsgericht von sich aus die Unerheblichkeit der Beweisbehauptung nur dann annehmen, wenn sie offensichtlich ist[26]. Ist z. B. die Beweisbehauptung für die Schuldfrage ohne Bedeutung, aber möglicherweise für die Rechtsfolgenfrage erheblich, so ist es nicht Aufgabe des Revisionsgerichts, hierüber abschließend zu entscheiden. Es muß regelmäßig dem Tatrichter die Entscheidung überlassen, ob der Antrag für die Beurteilung der Straffrage tatsächlich erheblich war. Daß der Revisionsrichter nur selten die Frage der Erheblichkeit von sich aus zum Nachteil des Beschwerdeführers verneinen kann, hindert ihn allerdings nicht daran, die in dem angefochtenen Urteil festgestellten Tatsachen mit der Beweisbehauptung in Vergleich zu setzen und so die positive Erheblichkeit des Beweisantrags darzutun[27].

3. Völlige Ungeeignetheit des Beweismittels

Die Entscheidung, ob einem Beweismittel aus besonderen Gründen von vornherein jeder Beweiswert abzusprechen ist, so daß seine Benutzung in der Hauptverhandlung für die Entscheidung völlig nutzlos wäre, bewegt sich im wesentlichen auf tatsächlichem Gebiet. Es handelt sich um eine tatrichterliche Entscheidung mit Beurteilungsspielraum, bei der die Revisionsgerichte nach allgemeinen Grundsät-

---

23 RG JW 1892 S. 503.
24 RGSt. 63 S. 329 (331); RGRspr. 4 S. 465; RG JW 1892 S. 457 (458); 1930 S. 926.
25 RMGE 12 S. 80 (82).
26 Es wird also gleichsam ein potenzierter Grad von Unerheblichkeit verlangt, wie er von der Rechtsprechung auch gefordert wird, wenn die Ablehnung einer Frage an den Zeugen als ungeeignet (§ 241 Abs. 2) gerechtfertigt sein soll; vgl. auch *Alsberg* JW 1931 S. 1815.
27 RG JW 1928 S. 2463 (2464) mit Anm. *Alsberg*.

zen[28] weder die Richtigkeit der Tatsachen nachprüfen, von denen der Tatrichter bei seiner Entscheidung ausgegangen ist[29], noch in das Ermessen des Tatrichters eingreifen. Die Prüfung beschränkt sich darauf, ob der Tatrichter sich der Möglichkeit einer Ermessensentscheidung überhaupt bewußt gewesen ist und ob er die anzuwendenden Rechtsbegriffe richtig erkannt und das in dem Ablehnungsbeschluß ausreichend dargetan hat[30].

4. Unerreichbarkeit des Beweismittels

Die Frage, ob ein Zeuge unerreichbar ist, gehört ebenfalls zu den Entscheidungen, bei denen dem Tatrichter aufgrund bestimmter Tatsachen ein Beurteilungsspielraum eingeräumt ist. Das Revisionsgericht kann zwar aufgrund der Akten feststellen, welche tatsächlichen Anstrengungen unternommen worden sind, um das Beweismittel vor Gericht zu bringen. Die Frage, ob weitere Ermittlungen Erfolg versprechen, ist jedoch der tatrichterlichen Würdigung vorbehalten, die nur auf Rechtsirrtum und Ermessensfehler geprüft werden kann[31]. Aus einem offenbaren Mangel der zumutbaren Nachforschungen folgt, daß der Tatrichter sich nicht mehr im Bereich pflichtgemäß ausgeübten Ermessens bewegt[32]. Die Frage, welche rechtlichen Möglichkeiten der Tatrichter zur Verfügung hat, um das Beweismittel herbeizuschaffen, unterliegt dagegen in vollem Umfang der Prüfung durch das Revisionsgericht. Wenn es darauf ankommt, ob ein Zeuge oder Sachverständiger, der nur kommissarisch vernommen werden kann, unerreichbar ist, weil nur seine persönliche Anhörung vor dem erkennenden Gericht einen genügenden Beweiswert ergibt, entscheidet jedoch wieder das Ermessen des Tatrichters. Denn das ist

---

28 Vgl. oben S. 158 ff.
29 Vgl. RG JW 1925 S. 371 mit Anm. *Oetker*: Wegfall des Beweiswerts unordentlich geführter Geschäftsbücher.
30 RGSt. 46 S. 383 (386); 51 S. 124 (125); 52 S. 178; 54 S. 181 (182); 56 S. 139 (140); 63 S. 329 (332); RG JW 1922 S. 299 (300) mit abl. Anm. *Alsberg*; RG JW 1928 S. 2255 mit Anm. *Beling*; RG JW 1930 S. 637 (638) mit Anm. *Alsberg*; RG GA 60 S. 420; RG HRR 1934 Nr. 1426; OLG Dresden JW 1931 S. 239 mit Anm. *Mamroth*. – A. A. BGH bei *Holtz* MDR 1978 S. 627, der aufgrund der Akten prüft, ob es richtig ist, daß dem Sachverständigen nicht die für sein Gutachten erforderlichen Unterlagen zur Verfügung gestellt werden konnten. Unklar BGH VRS 47 S. 19 (20); BGH bei *Holtz* MDR 1978 S. 988 und RG JW 1927 S. 2467 (»nicht völlig der Prüfung durch das Revisionsgericht entzogen«) mit Anm. *Mannheim*, der die Wertung revisibel machen wollte.
31 BGHSt. 13 S. 300 (302); BGH GA 1954 S. 374; BGH bei *Dallinger* MDR 1975 S. 368; BGH bei *Holtz* MDR 1982 S. 449; BGH bei *Spiegel* 1978 S. 156; RGSt. 38 S. 323 (326); 54 S. 22 (23); KMR *Paulus* § 244 Rdnr. 461; *Dahs/Dahs* Rdnr. 264; vgl. auch für § 251: BGH JR 1969 S. 266 (267) mit Anm. *Peters*; BGH bei *Dallinger* MDR 1974 S. 369; 1975 S. 726; BGH bei *Spiegel* DAR 1979 S. 188; RGRspr. 8 S. 459; RG DJZ 1925 Sp. 1588; RG LZ 1920 Sp. 803.
32 BGH JR 1969 S. 266 mit Anm. *Peters*; OLG Celle NJW 1961 S. 1490.

eine Frage der richterlichen Beweiswürdigung, die zu beurteilen nicht in den Aufgabenbereich des Revisionsgerichts fällt[33].

5. Verschleppungsabsicht

Die Entscheidung, ob der Antragsteller den Beweisantrag in Verschleppungsabsicht gestellt hat, ist im wesentlichen tatsächlicher Art. Der Tatrichter muß dazu die für und gegen die Verschleppungsabsicht sprechenden Umstände abwägen, und maßgebend ist seine aus dem Gesamtergebnis der Beweisaufnahme gewonnene Überzeugung. Er entscheidet über das Vorliegen der Verschleppungsabsicht nach pflichtgemäßem Ermessen. Das Revisionsgericht prüft nur, ob der Tatrichter den Rechtsbegriff der Verschleppungsabsicht verkannt hat[34]. Daher ist es erforderlich, daß der Tatrichter den ablehnenden Beschluß eingehend begründet. Das Revisionsgericht beurteilt nur aufgrund der in diesem Beschluß bezeichneten Tatsachen, ob der Tatrichter den Beweisantrag aus zutreffenden Gründen abgelehnt hat. Neues tatsächliches Vorbringen der Revision wird nicht berücksichtigt[35].

Der Bundesgerichtshof hat allerdings bereits in der Entscheidung BGHSt. 1 S. 29 (32) die Beschlußbegründung, daß der Antrag »offensichtlich zum Zweck der Prozeßverschleppung gestellt ist«, entgegen der bisherigen Rechtsprechung für genügend gehalten, weil er die weiteren Gründe dem Zusammenhang der Sitzungsniederschrift selbst entnehmen konnte[36]. In der Entscheidung BGHSt. 21 S. 118 (123) fordert er zwar eine ausführliche Darlegung der Ablehnungsgründe in dem Beschluß des Tatrichters nach § 244 Abs. 6, hält sich aber gleichzeitig für verpflichtet, diese Gründe »unter eigener Würdigung« auch in tatsächlicher Hinsicht

---

33 Vgl. BGHSt. 13 S. 300 (302); 21 S. 118 (122); BGH GA 1971 S. 85 (86); BGH bei *Holtz* MDR 1982 S. 449; BGH bei *Spiegel* DAR 1978 S. 156; BGH 5 StR 65/73 vom 27. 3. 1973; RG HRR 1938 Nr. 1522; OLG Hamm NJW 1964 S. 2073. – A. A. RG JW 1928 S. 2251 mit Anm. *Alsberg*, das dem Tatrichter vorschreibt, daß er seine Überzeugung auch ohne persönliche Anhörung des Zeugen bilden kann; ähnlich BGH GA 1955 S. 123 (126), der die Ansicht des Tatrichters, nur die persönliche Anhörung des Zeugen sei sinnvoll, im Hinblick auf das Beweisthema, zu dem der Zeuge vernommen werden sollte, für unrichtig erklärt.
34 BGHSt. 1 S. 29 (32/33); BGH NJW 1969 S. 281 (282); RGSt. 12 S. 335 (336); 20 S. 206 (207); RGRspr. 7 S. 427 (428); S. 550; 10 S. 148; RG JW 1912 S. 945; JW 1924 S. 316 mit Anm. *Aschkanasy*; RG JW 1930 S. 154 mit Anm. *Jonas*; RG JW 1930 S. 1505 (1506) mit Anm. *Gerland*; RG JW 1932 S. 2732 mit Anm. *Unger*; RG DRiZ 1931 Nr. 216; RG GA 69 S. 182; RG HRR 1934 Nr. 1426; 1935 Nr. 1360; RG LZ 1930 Sp. 1257; BayObLG JW 1929 S. 2751 mit Anm. *Löwenstein*; BayObLG DRiZ 1931 Nr. 610; KG VRS 29 S. 204 (206); OLG Düsseldorf NJW 1949 S. 917; OLG Kiel SchlHA 1946 S. 289; OLG Köln JR 1954 S. 68; KK *Herdegen* § 244 Rdnr. 98; zweifelnd LR *Gollwitzer* § 244 Rdnr. 188 Fußn. 81.
35 RGSt. 20 S. 206 (207); 45 S. 138 (143); 65 S. 304 (306); RG GA 69 S. 182.
36 Ähnlich hat OLG Hamburg VRS 56 S. 457 (462) = JR 1980 S. 32 (34) mit Anm. *Gollwitzer* den Beschluß »aus dem Zusammenhang mit den dem Ablehnungsbeschluß vorausgehenden, im Hauptverhandlungsprotokoll vermerkten und von der Revision vorgetragenen Vorgängen« vervollständigt.

nachzuprüfen[37]. Daß der Bundesgerichtshof den Widerspruch dieser Ansicht zu der früheren Rechtsprechung auch seines eigenen Gerichts[38], erkannt hat, läßt sich der Entscheidung nicht entnehmen; begründet hat er seine Auffassung jedenfalls nicht. Mit dem Grundsatz, daß das Revisionsgericht an die tatsächlichen Feststellungen des Tatrichters gebunden ist und nur die Anwendung der Rechtsbegriffe prüft, wenn es sich um Verfahrensentscheidungen handelt, die der Tatrichter aufgrund eines Beurteilungsspielraums zu treffen hat[39], ist sie nicht vereinbar[39a]. Auch die Meinung von *Gollwitzer*[40] stimmt mit ihr nicht überein. Er will die Anforderungen an die Begründung des Ablehnungsbeschlusses nicht überspannen und insbesondere keinen erschöpfenden Indizienbeweis verlangen, weil das Revisionsgericht auch so eine ausreichende Grundlage für die Prüfung habe, ob der Tatrichter die rechtlichen Voraussetzungen dieses Ablehnungsgrundes zutreffend erkannt und die tatsächlichen Vorgänge im Bewußtsein der Mehrdeutigkeit der meisten Indizien richtig gewürdigt hat. Auch wenn das Revisionsgericht die Überzeugung des Tatrichters von der Ausschließlichkeit der Verschleppungsabsicht »als solche« hinzunehmen habe, hindere das nicht die Überprüfung des Beschlusses auf seine sachliche Richtigkeit und seine Schlüssigkeit. Dem wird man nicht zustimmen können. Daß bei der Verschleppungsabsicht im Gegensatz etwa zur Ungeeignetheit oder Unerreichbarkeit des Beweismittels das Revisionsgericht befugt sein soll, die tatsächlichen Grundlagen der Ermessensentscheidung des Tatrichters zu prüfen, zu vervollständigen und in tatsächlicher Hinsicht zu werten, läßt sich nicht begründen. Wie immer in solchen Fällen muß die Aufgabe des Revisionsrichters darauf beschränkt sein, die von dem Tatrichter angeführten Ablehnungsgründe rechtlich nachzuprüfen. In die Ermessensausübung des Tatrichters hat das Revisionsgericht sich hier ebensowenig einzumischen wie in den übrigen Fällen dieser Art.

6. Wahrunterstellung

Bei der Wahrunterstellung hängt die Prüfung des Revisionsgerichts in besonderem Maße von der Art der Rüge ab, die der Beschwerdeführer erhebt. Beanstandet er, daß eine Wahrunterstellung unzulässig gewesen sei, weil die Beweisbehauptung

---

[37] Auch BGH GA 1968 S. 19 prüft, ob der Akteninhalt Anhaltspunkte für die Verschleppungsabsicht des Antragstellers bietet. Dem folgen OLG Hamburg a.a.O.; OLG Hamm VRS 42 S. 115 (117); KMR *Paulus* § 244 Rdnr. 434; LR *Gollwitzer* § 244 Rdnr. 188 und früher schon *Ditzen* S. 43/44. *Unger* (JW 1932 S. 2732) wollte das Revisionsgericht ebenfalls von der Bindung an die tatrichterlichen Feststellungen freistellen und zur Beurteilung der Frage, ob Verschleppungsabsicht vorliegt, aufgrund eigener Feststellungen im Freibeweis ermächtigen.
[38] Vgl. insbesondere BGHSt. 1 S. 29 (33).
[39] Vgl. oben S. 158 ff.
[39a] Die Entscheidung BGH NJW 1982 S. 2201 deutet darauf hin, daß der 2. StS des BGH, von dem die Entscheidung BGHSt. 21 S. 118 stammt, sich nunmehr wieder auf die rechtliche Prüfung des Ablehnungsbeschlusses beschränkt.
[40] JR 1980 S. 34 (35/36).

nicht genügend substantiiert gewesen ist[41], so handelt es sich um die Frage der tatrichterlichen Aufklärungspflicht. Das Revisionsgericht prüft daher aufgrund des Urteilsinhalts, ob die Antragsablehnung möglicherweise die vollständige Sachaufklärung verhindert hat. Das gilt auch für andere Fälle, in denen gerügt wird, der Tatrichter habe mit der Wahrunterstellung gegen seine Aufklärungspflicht verstoßen[42]. Die Rüge, die Wahrunterstellung sei unzulässig gewesen, weil die Beweistatsache nicht erheblich sei, kann das Revisionsgericht an sich ebenfalls anhand der Urteilsgründe prüfen. Wenn die Tatsachen dort als unerheblich behandelt worden sind, beweist das jedoch nicht, daß der Tatrichter sie schon bei der Ablehnung des Beweisantrags für unerheblich halten mußte und daher gegen § 244 Abs. 3 Satz 2 verstoßen hat[43]. Die Urteilsgründe ermöglichen dem Revisionsgericht auf eine entsprechende Rüge auch die Prüfung, ob der Tatrichter die Wahrunterstellung eingehalten, insbesondere die Beweisbehauptungen in vollem Umfang und nach ihrem wirklichen Sinn als wahr unterstellt[44] und keine Feststellungen getroffen hat, die zu ihnen im Widerspruch stehen[45]. Die Rüge, der Tatrichter habe sich im Urteil mit der als wahr unterstellten Tatsache nicht auseinandergesetzt oder nicht die Schlüsse aus ihr gezogen, die sich nach Lage der Sache aufdrängten, betrifft dagegen nicht die Verletzung des § 244 Abs. 3 Satz 2, sondern die des sachlichen Rechts. Das Revisionsgericht prüft sie nur, wenn auch die Sachrüge erhoben worden ist[46].

7. Eigene Sachkunde

Hat der Tatrichter einen Antrag auf Anhörung eines Sachverständigen nach § 244 Abs. 4 Satz 1 mit der Begründung abgelehnt, er habe selbst die nötige Sachkunde, um die Beweisfrage beurteilen zu können, so prüft das Revisionsgericht auf entsprechende Rüge, ob der Tatrichter sich diese Sachkunde auch zutrauen durfte[47]. Grundlage hierfür sind in erster Hinsicht die Ausführungen, die der Tatrichter darüber in dem Urteil macht. Gehen sie über ein »Selbstzeugnis« nicht hinaus,

---

41 Vgl. BGHSt. 1 S. 137 (138); OLG Saarbrücken VRS 38 S. 130; oben S. 671.
42 Vgl. oben S. 670 ff. Der Beschwerdeführer muß bei dieser Rüge die Tatsachen angeben, die durch die weitere Sachaufklärung zu seinen Gunsten ermittelt worden wären; vgl. LR *Meyer* § 344 Rdnr. 97 mit weit. Nachw.
43 Vgl. oben S. 656 ff.
44 Vgl. oben S. 668 ff.
45 Vgl. oben S. 677 ff.
46 Vgl. BGH NJW 1961 S. 2069 (2070); BGH 4 StR 16/80 vom 11. 9. 1980. Die Ansicht von *Willms* (Schäfer-FS S. 282/283), es genüge, daß nur die Sachrüge erhoben ist, erscheint unrichtig. Auf die Sachrüge allein kann nicht geprüft werden, welche Beweistatsache der Beschwerdeführer in dem Antrag behauptet hatte.
47 BGHSt. 3 S. 27 (28/29); 12 S. 18 (20) = JZ 1959 S. 130 mit Anm. *Eb. Schmidt*; OLG Oldenburg DAR 1958 S. 244 (245); OLG Schleswig bei *Ernesti/Jürgensen* SchlHA 1968 S. 230/231. Vgl. auch OLG Bremen OLGSt. § 244 Abs. 4 S. 9, das die fehlende Sachkunde aus der lückenhaften Beweiswürdigung des Tatrichters geschlossen hat.

obwohl nach Lage der Dinge Ausführungen darüber erforderlich sind, woher der Tatrichter über fachwissenschaftliche Fragen unterrichtet ist, die nicht zum Allgemeinwissen gehören, so kann das Revisionsgericht als erwiesen ansehen, daß das Gericht sich zuviel zugetraut hat und daß es einen Sachverständigen hätte zuziehen müssen[48]. Das gilt erst recht, wenn das Urteil sich zu den Quellen der eigenen Sachkunde überhaupt nicht äußert, obwohl das nach den Umständen des Falles notwendig gewesen wäre[49]. Wenn die Nachprüfung das erfordert, kann das Revisionsgericht einen Sachverständigen zuziehen[50] und in der Revisionsverhandlung hören.

8. Entbehrlichkeit eines weiteren Sachverständigen

Ist gerügt, daß der Tatrichter zu Unrecht dem Antrag auf Anhörung eines weiteren Sachverständigen nicht stattgegeben hat, so ist das Revisionsgericht auf die rechtliche Überprüfung der Entscheidung des Tatrichters beschränkt[51]. Das gilt insbesondere für die Frage, ob der neu benannte Sachverständige über Forschungsmittel verfügt, die denen des früheren Sachverständigen überlegen sind. Die Entscheidung hierüber steht im pflichtgemäßen Ermessen des Tatrichters[52].

9. Augenscheinsbeweisanträge

Auch hier darf das Revisionsgericht die Ermessensentscheidung des Tatrichters nur darauf prüfen, ob dieser gegen die Grundsätze verstoßen hat, die in der Rechtsprechung der Revisionsgerichte für die Ausübung des Ermessens aufgestellt worden sind[53]. Ob das Ermessen richtig ausgeübt worden ist, ist der Nachprüfung durch das Revisionsgericht im allgemeinen entzogen. Es muß die Ablehnung des Beweisantrags aber immer darauf prüfen, ob der Tatrichter willkürlich entschieden hat oder von rechtsirrigen Erwägungen ausgegangen ist[54].

---

48 Vgl. KK *Herdegen* § 244 Rdnr. 31; *Sarstedt* S. 177.
49 BGH VRS 35 S. 132 (133).
50 BGHSt. 12 S. 18 (20/21) = JZ 1959 S. 130 mit Anm. *Eb. Schmidt*; OLG Hamm NJW 1970 S. 907 (908).
51 BGHSt. 10 S. 116 (117); BGH GA 1962 S. 371; BGH bei *Spiegel* DAR 1978 S. 157; BGH 1 StR 674/53 vom 23. 12. 1954; 2 StR 425/77 vom 5. 1. 1978; 5 StR 407/80 vom 9. 9. 1980; a. A. BGH VRS 35 S. 132 (133), der nachprüft, ob durch das Gutachten des früheren Sachverständigen das Gegenteil der Beweistatsache erwiesen ist.
52 BGH GA 1962 S. 371; BGH bei *Spiegel* DAR 1978 S. 157; BGH 5 StR 800/78 vom 6. 2. 1979; OLG Hamm NJW 1971 S. 1954 (1956); OLG Oldenburg VRS 7 S. 49; *Dreher/Tröndle* § 20 StGB Rdnr. 18; vgl. auch RG JW 1893 S. 333; 1927 S. 2043 mit Anm. *Drucker*; OLG Dresden JW 1929 S. 1074; OLG Rostock ZStW 47 Sdr. Beil. S. 296 mit Anm. *Feisenberger*; *Alsberg* JW 1929 S. 1046.
53 BGH NStZ 1981 S. 310; RGSt. 47 S. 100 (108).
54 RG JW 1932 S. 2040; 1938 S. 174 mit Anm. *Lautz*; RG HRR 1939 Nr. 1393; OLG Oldenburg NdsRpfl. 1952 S. 121; vgl. auch *Alsberg* JW 1929 S. 1043.

III. Prüfung der Beruhensfrage

1. Grundsätze

Ein Verfahrensverstoß verhilft der Revision nicht ohne weiteres zum Erfolg. Wenn nicht einer der zwingenden Aufhebungsgründe des § 338 Nrn. 1 bis 7 vorliegt, setzt die Aufhebung des Urteils immer voraus, daß es auf dem Rechtsfehler beruht, den die Prüfung des Revisionsgerichts aufgedeckt hat (§ 337 Abs. 1). Hierbei handelt es sich um eine Frage des ursächlichen Zusammenhangs[55]. Wenn das Urteil auch bei rechtlich einwandfreier Verfahrensweise des Tatrichters nicht anders ausgefallen wäre, ist der Verfahrensverstoß bedeutungslos. Der ursächliche Zusammenhang muß aber nicht erwiesen sein. Denn mit Sicherheit läßt sich meist gar nicht nachweisen, daß ein Verfahrensfehler das Urteil beeinflußt hat. Daher steht der Kausalität die bloße Möglichkeit der Kausalität gleich. Das Urteil beruht schon dann auf dem Rechtsfehler, wenn nicht auszuschließen ist, daß die Entscheidung ohne ihn anders gelautet hätte[56]. Dabei kommt es nicht darauf an, ob ohne den Verfahrensfehler gerade das vorliegende Urteil nicht ergangen wäre, sondern entscheidend ist, ob ein ordnungsgemäßes Verfahren zu demselben Ergebnis wie das angefochtene Urteil geführt hätte[57].

Das Revisionsgericht prüft die Beruhensfrage nach pflichtgemäßem Ermessen. Meint es, mit Sicherheit ausschließen zu können, daß der Verfahrensfehler die tatrichterliche Entscheidung beeinflußt hat, so bleibt die Verfahrensrüge ohne Erfolg. Bei der Entscheidung über Verfahrensrügen nach § 244 Abs. 3 bis 6 gelten im einzelnen folgende Grundsätze:

2. Beruhensfrage bei Verstößen gegen § 244 Abs. 3 bis 6

Die rechtsfehlerhafte Behandlung von Beweisanträgen besteht in der Regel darin, daß der Tatrichter es entgegen §§ 34, 244 Abs. 6 unterläßt, den Antrag in der Hauptverhandlung rechtzeitig durch mit Gründen versehenen Beschluß zu bescheiden, oder daß der in der Verhandlung bekanntgegebene Beschluß eine Begründung enthält, die gegen § 244 Abs. 3 bis 5 verstößt. Das Beruhen des Urteils auf dem rechtsfehlerhaften Verfahren kann im allgemeinen schon dann nicht ausgeschlossen werden, wenn die Möglichkeit besteht, daß der Antragsteller durch den Verfahrensfehler in seiner Prozeßführung behindert worden ist, insbesondere, weil er bei Kenntnis der zutreffenden Ablehnungsgründe andere Beweisanträge

---

55 BGH NJW 1951 S. 206; RGSt. 45 S. 138 (143); KK *Pikart* Rdnr. 33; *Kleinknecht* Rdnr. 17; LR *Meyer* Rdnr. 206 mit weit. Nachw; alle zu § 337; *Blomeyer* (JR 1971 S. 143) stellt auf Finalität statt Kausalität ab, *Schlüchter* (Rdnr. 4.1) hält keine kausale, sondern nur eine normative Beeinflussung des Urteils durch den Rechtsfehler für möglich.
56 BVerfGE 4 S. 412 (417) = NJW 1956 S. 545; BGHSt. 1 S. 346 (350); 19 S. 24 (27); 20 S. 160 (164); 21 S. 288 (290); 22 S. 278 (280); KK *Pikart* Rdnr. 33; *Kleinknecht* Rdnr. 17; LR *Meyer* Rdnr. 207 mit weit. Nachw. in Fußn. 25; alle zu § 337; *Sarstedt* S. 135, der allerdings zu Unrecht davon spricht, daß hier der Satz *in dubio pro reo* gelte.
57 *Sarstedt* S. 136.

gestellt oder weitere Verteidigungsbehauptungen vorgebracht hätte[58]. Das läßt sich beim Fehlen eines ausreichend begründeten Ablehnungsbeschlusses nur dann ausschließen, wenn die Erwägungen des Gerichts allen Prozeßbeteiligten aus der Sach- oder Verfahrenslage ohne weiteres erkennbar waren[59]. Das Urteil beruht z. B. auf der rechtsfehlerhaften Ablehnung des Beweisantrags wegen Unerheblichkeit der Beweistatsache nicht, wenn die Ablehnungsgründe so auf der Hand liegen, daß sie dem Antragsteller und allen anderen Prozeßbeteiligten klar waren[60]. Ebensowenig schadet es, daß der rechtlich einwandfreien Ablehnung des Beweisantrags ein weiterer, fehlerhafter Ablehnungsgrund zugefügt ist[61]. Wird aber ein Antrag auf Anhörung eines Sachverständigen mit der durch die Urteilsgründe widerlegten Begründung abgelehnt, die Beweistatsache sei bedeutungslos, dann nützt es nichts, daß der Tatrichter sich die eigene Sachkunde nach § 244 Abs. 4 Satz 1 zutraut; denn ob er das auch getan hätte, wenn er den Beweisantrag richtig verstanden hätte, kann das Revisionsgericht nicht prüfen[62].

Das Urteil beruht ferner auf dem Verfahrensmangel, wenn dem Beweisantrag bei richtiger Anwendung der gesetzlichen Vorschriften hätte stattgegeben werden müssen. Ob die Beweisbehauptung die angefochtene Entscheidung tatsächlich unmöglich gemacht hätte, ist ohne Bedeutung. Der Rechtsfehler muß schon dann zur Urteilsaufhebung führen, wenn der Beweisantrag in seiner von dem Tatrichter nicht gewürdigten Bedeutung möglicherweise für die Entscheidung hätte erheblich sein können[63]. Ob die Annahme des Tatrichters, das Beweismittel stehe ihm zur Verfügung, überhaupt zutrifft, hat das Revisionsgericht nicht zu prüfen. Es darf die Beruhensfrage daher z. B. nicht deshalb verneinen, weil der benannte Zeuge im ersten Rechtszug befugt die Aussage verweigert hatte[64].

---

58 BGHSt. 29 S. 149 (152); BGH bei *Dallinger* MDR 1971 S. 18; RG HRR 1938 Nr. 790; KG VRS 48 S. 432 (433); OLG Frankfurt Strafverteidiger 1981 S. 172; OLG Köln OLGSt. § 244 Abs. 3 S.37; OLG Saarbrücken VRS 38 S. 445 (447/448); KK *Herdegen* § 244 Rdnr. 66, 68; LR *Gollwitzer* § 244 Rdnr. 302. Daß der Beschwerdeführer zur Beruhensfrage keine Ausführungen zu machen braucht, ist oben S. 881 dargelegt.
59 BGH 1 StR 755/52 vom 28. 4. 1953; 5 StR 223/65 vom 29. 4. 1965; 5 StR 41/74 vom 23. 4. 1974; 3 StR 229/79 vom 12. 7. 1979 bei *Pfeiffer* NStZ 1981 S. 96; OLG Düsseldorf MDR 1980 S. 868; OLG Schleswig bei *Ernesti/Jürgensen* SchlHA 1969 S. 152; LR *Gollwitzer* § 244 Rdnr. 119. — BGHSt. 1 S. 29 (32) kommt zu demselben Ergebnis im Wege der Auslegung des Beschlusses. Vgl. auch RG JW 1929 S. 1045 (1046) mit Anm. *Mannheim*. Grundsätzlich a. A. OLG Hamm GA 1972 S. 59 = JR 1971 S. 516, das den ursächlichen Zusammenhang mit der unhaltbaren Begründung verneint, der Antragsteller hätte seinen unbeschieden gebliebenen Antrag wiederholen müssen.
60 BGH NStZ 1981 S. 309 (310); BGH bei *Spiegel* DAR 1980 S. 207; 1981 S. 199; BGH 5 StR 223/65 vom 29. 6. 1965; KK *Herdegen* § 244 Rdnr. 84.
61 BGH NJW 1953 S. 1314; *Gollwitzer* JR 1980 S. 36.
62 BGH 2 StR 429/53 vom 13. 11. 1953 bei *Seibert* NJW 1962 S. 135 (136).
63 Vgl. RG JW 1928 S. 2463 (2464) mit Anm. *Alsberg*.
64 RG JW 1931 S. 1815 mit Anm. *Alsberg*.

3. Keine Auswechslung der Ablehnungsgründe

Der Tatrichter kann den Verfahrensmangel regelmäßig nicht dadurch heilen, daß er die rechtlich einwandfreie Begründung in den Urteilsgründen nachschiebt[65]. Ebensowenig darf das Revisionsgericht prüfen, ob der Tatrichter den Beweisantrag mit anderer Begründung hätte ablehnen können. Es darf die Ablehnungsgründe grundsätzlich nicht auswechseln; der Antragsteller muß sie in der Hauptverhandlung vor dem Tatgericht erfahren, nicht erst durch die Entscheidung des Revisionsgerichts[66]. Hat der Tatrichter einen auf Vernehmung sachverständiger Zeugen gerichteten Beweisantrag irrtümlich als Antrag auf Zuziehung eines weiteren Sachverständigen angesehen und mit der Begründung abgelehnt, das Gegenteil der Beweisbehauptung sei bereits erwiesen, so kann das Revisionsgericht auch nicht prüfen, ob Gründe vorgelegen haben, die die Ablehnung des Antrags nach § 244 Abs. 3 gerechtfertigt hätten[67].

4. Ausschließung des Beruhens

a) **Wahrbehandlung durch den Tatrichter.** Eine Abweichung von diesen Grundsätzen ist nur in besonderen Ausnahmefällen gerechtfertigt. Das Beruhen kann nur ausgeschlossen werden, wenn das Revisionsgericht aufgrund der Umstände des Falls zu der sicheren Überzeugung gelangt, daß der Antragsteller auch bei Bekanntgabe der zutreffenden Ablehnungsgründe in der Hauptverhandlung keine andere Verteidigungsmöglichkeit gehabt hätte. Das kann sich aus dem eigenen

---

65 Vgl. oben S. 758.
66 BGH NJW 1953 S. 35 (36); BGH VRS 36 S. 213 (215); RG JW 1931 S. 1815 mit Anm. *Alsberg*; RMGE 13 S. 84 (85); KG VRS 48 S. 432 (433); OLG Köln JMBlNRW 1959 S. 126 (127) = VRS 17 S. 140 (141); OLGSt. § 244 Abs. 3 S. 37; OLG Stuttgart Justiz 1968 S. 133 (134); LR *Gollwitzer* § 244 Rdnr. 299; *Sarstedt* DAR 1964 S. 307 (313); *Seibert* NJW 1960 S. 19 (20). — A. A. RG JW 1931 S. 949 mit abl. Anm. *Alsberg*, das die Ablehnung mit der fehlerhaften Begründung, der Angeklagte habe dem Antrag des Verteidigers widersprochen, für unschädlich hielt, weil die Ablehnung offensichtlich auch aus anderen Gründen zulässig gewesen wäre. Auch das OLG Köln (JMBlNRW 1963 S. 46 = VRS 24 S. 217 [218]; JR 1954 S. 68 [69]) hielt die Prüfung für erforderlich, ob die Antragsablehnung aus anderen Gründen gerechtfertigt ist (anders jetzt aber OLG Köln VRS 63 S. 126 [128]). Das OLG Koblenz (OLGSt. § 244 S. 52 [53]) hat die Revision trotz formelhafter Ablehnung eines auf Anhörung eines Sachverständigen gerichteten Beweisantrags verworfen, weil dem Sachverständigen die tatsächlichen Grundlagen gefehlt hätten und die Beweisfrage auch aufgrund eigener Sachkunde hätte entschieden werden können. Neuerdings läßt BGH GA 1981 S. 228 dahinstehen, ob der Tatrichter den Antrag zu Recht als bloßen Beweisermittlungsantrag behandelt hat, da die Beschlußbegründung ergibt, daß er ihn auch als Beweisantrag nach § 244 Abs. 4 Satz 1 wegen eigener Sachkunde hätte ablehnen können. Ähnlich BGH NStZ 1982 S. 432, wo die fehlerhafte Ablehnung des Antrags, eine Zeugin auf ihre Glaubwürdigkeit untersuchen zu lassen, für unschädlich gehalten wurde, weil der Tatrichter zweifelsfrei selbst genügend sachkundig war.
67 OLG Hamm VRS 40 S. 205.

Revisionsvorbringen des Antragstellers ergeben[68], gelegentlich auch aus dem Urteil, wenn es ausweist, daß das Gericht den Zeugen, auf dessen Aussage es ankommt, anders verstanden hat als der Antragsteller, so daß dieser auch bei einwandfreier Ablehnung seines Antrags nur den Antrag auf nochmalige Vernehmung desselben Zeugen hätte stellen können[69]. Das Revisionsgericht kann die fehlerhafte Behandlung des Beweisantrags auch für unschädlich halten, wenn es auf die Beweistatsache offensichtlich nicht angekommen ist[70] oder wenn der Tatrichter ohnehin der Einlassung des Angeklagten gefolgt ist[71].

Insbesondere wenn der Tatrichter in dem Urteil die Beweisbehauptungen des Antragstellers in vollem Umfang als wahr behandelt hat, wird die Möglichkeit des Beruhens auf der rechtsfehlerhaften Behandlung des Beweisantrags regelmäßig auszuschließen sein[72]. Denn auch wenn der Antragsteller schon in der Hauptverhandlung erfahren hätte, daß die Beweistatsache als wahr unterstellt wird, wäre für ihn die Notwendigkeit entfallen, weitere Anträge zum Beweis dieser Tatsache zu stellen. Entsprechendes gilt, wenn die Beweisbehauptung in dem Urteil als eine allgemeinkundige Tatsache behandelt wird. Auch dann geht das Gericht davon aus, daß sie zutrifft[73], und es ist regelmäßig auszuschließen, daß der Antragsteller durch eine Antragsablehnung mit rechtlich unzutreffender Begründung die Möglichkeit eingebüßt haben könnte, sich anders zu verteidigen, insbesondere weitere Anträge zu stellen[74]. Umgekehrt beruht das Urteil auf einer nicht eingehaltenen Wahrunterstellung auch dann, wenn das Gericht den Beweisantrag außerdem in zulässiger Weise aus einem anderen Grund abgelehnt hat; denn auf die Zusage der Wahrunterstellung muß der Antragsteller unter allen Umständen vertrauen können[75].

b) Behandlung eines Beweisermittlungsantrags als Beweisantrag. Wenn das Revisionsvorbringen und die Prüfung des Revisionsgerichts ergeben, daß der Beweis-

---

68 Vgl. den Fall OLG Hamm VRS 32 S. 278 (280); vgl. auch RGSt. 53 S. 197.
69 BGH VRS 34 S. 220 (221).
70 RGSt. 4 S. 138; BayObLG DAR 1956 S. 165.
71 BGH VRS 34 S. 354.
72 BGH 5 StR 786/76 vom 26. 5. 1977 (bei irriger Annahme der Offenkundigkeit); RG JW 1891 S. 505; 1914 S. 891 (892); 1917 S. 555; 1922 S. 496 mit abl. Anm. *Alsberg*; RG JW 1928 S. 2255 mit Anm. *Beling*; RG JW 1930 S. 153 mit Anm. *Alsberg*; RG JW 1931 S. 3560 (3561) mit Anm. *Lang*; RG HRR 1939 Nr. 216; RG Recht 1926 Nr. 720; OGHSt. 2 S. 352 (353/354); OLG Saarbrücken VRS 31 S. 120 (121); KMR *Paulus* § 244 Rdnr. 605. – A. A. BGH 1 StR 755/52 vom 28. 4. 1953; RG JW 1922 S. 1037; RG JW 1933 S. 853; beide mit Anm. *Alsberg*; OLG Dresden JW 1929 S. 1504 mit Anm. *Löwenstein*; OLG Oldenburg NdsRpfl. 1951 S. 191; KK *Herdegen* § 244 Rdnr. 66; *Eb. Schmidt* Nachtr. § 244 Rdnr. 8); *Stützel* S. 110; *Tenckhoff* S. 131. Offengelassen in BGH VRS 35 S. 132. — LR *Gollwitzer* § 244 Rdnr. 120 will auf die Umstände der Einzelfalls abstellen.
73 OLG Düsseldorf JMBlNRW 1980 S. 155 (156) = MDR 1980 S. 868 (869).
74 Ein Beschwerdeführer, der sich auf eine solche Verteidigungsbeschränkung berufen will, muß sie ausdrücklich behaupten (vgl. oben S. 882).
75 OLG Hamm JR 1965 S. 269; KMR *Paulus* § 244 Rdnr. 452; vgl. auch OLG Hamm VRS 27 S. 282 (283).

antrag, den der Tatrichter mit rechtsfehlerhafter Begründung abgelehnt hat, in Wahrheit ein bloßer Beweisermittlungsantrag war, kann das Beruhen des Urteils auf der fehlerhaften Ablehnung gleichwohl nicht ohne weiteres verneint werden. Denn durch den Ablehnungsbeschluß ist der Antragsteller in dem Glauben gelassen worden, er habe einen formgültigen Beweisantrag gestellt, und durch dessen rechtsfehlerhafte Ablehnung ist er möglicherweise davon abgehalten worden, andere Anträge zu stellen[76]. Die Beruhensfrage darf insbesondere dann nicht verneint werden, wenn der Tatrichter den Beweisermittlungsantrag unter Wahrunterstellung der Beweistatsache abgelehnt, die Wahrunterstellung im Urteil aber nicht eingehalten hat[77].

c) **Unterlassen der Aufklärung von Mißverständnissen durch den Antragsteller.** Liegt der Verfahrensmangel darin, daß der Tatrichter einen Beweisantrag falsch oder einengend, etwa als Beweisermittlungsantrag, ausgelegt und daher nicht seinem wahren Sinn entsprechend beschieden hat, so beruht das Urteil regelmäßig nicht auf dem Mangel, wenn der Antragsteller bei der Bekanntgabe des Ablehnungsbeschlusses in der Hauptverhandlung anwesend war. Die Mitteilung der Ablehnungsgründe läßt ihn erkennen, daß das Gericht seinen Antrag mißverstanden hat, und wenn er das Mißverständnis nicht aufklärt, so ist dieses Unterlassen, nicht der ablehnende Beschluß, für das Urteil ursächlich[78]. Das gilt jedoch nicht für den Fall, daß der Tatrichter den Antrag aus Rechtsirrtum falsch auslegt; denn der Antragsteller ist nicht verpflichtet, einen solchen Irrtum aufzuklären[79]. Hat der Tatrichter den Antrag zulässigerweise erst im Urteil beschieden, so kann die Revision zwar begründet sein, wenn der Antrag dort falsch oder zu eng ausgelegt wor-

---

76 BGH NJW 1979 S. 1788 = VRS 57 S. 27 (28) hat in einem solchen Fall dahinstehen lassen, ob der Antrag in zulässiger Weise gestellt war. Auch das OLG Saarbrücken (VRS 38 S. 59) ist der Ansicht, die Unvollständigkeit eines Beweisantrags könne sich nicht »gegen den Revisionsführer auswirken«, wenn das Gericht den Antrag nicht dieses Mangels wegen, sondern aus anderen Gründen abgelehnt hat; ebenso *Schwenn* Strafverteidiger 1981 S. 631 (635). – A. A. BGH 5 StR 343/81 vom 14. 7. 1981 bei *Schwenn* a.a.O. und OLG Koblenz VRS 47 S. 446 (447), die die Rüge der fehlerhaften Ablehnung eines Beweisantrags mit der Begründung verworfen haben, es habe sich nur um einen Beweisermittlungsantrag gehandelt.
77 BGH LM Nr. 4 zu § 52 Bl. 5 (die dieser Entscheidung zugrunde liegende Ansicht, der Antrag sei als Beweisermittlungsantrag einzustufen, war jedoch unrichtig); OLG Köln NJW 1967 S. 2416 = JR 1968 S. 227 mit Anm. *Koffka*; VRS 17 S. 140 (141/142). Einschränkend KG JR 1978 S. 473 (474), das die Zurückweisung eines Beweisermittlungsantrags mit unzutreffender Begründung nur dann für einen Rechtsfehler hält, wenn die Aufklärungspflicht verletzt ist; zustimmend KMR *Paulus* § 244 Rdnr. 414.
78 BGH VRS 6 S. 354; RG SeuffBl. 74 S. 278; OLG Hamm VRS 40 S. 205; LR *Gollwitzer* § 244 Rdnr. 101; *Sarstedt* DAR 1964 S. 307 (311/312); a. A. Voraufl. S. 409/410; offengelassen bei BGH bei *Holtz* MDR 1980 S. 987 = GA 1981 S. 228.
79 Vgl. RG LZ 1919 Sp. 909 für den Fall, daß der Tatrichter einen Beweisantrag nur für einen Beweisermittlungsantrag gehalten hat; a. A. OLG Hamm JR 1971 S. 516 (517); LR *Gollwitzer* § 244 Rdnr. 101; offengelassen bei BGH bei *Holtz* MDR 1980 S. 987.

den ist, jedoch nicht, wenn die Prüfung ergibt, daß die Auslegung mit dem Wortlaut des Antrags vereinbar ist[80].

5. Prüfung der Beruhensfrage bei Hilfsbeweisanträgen

Die Frage, ob der Beschwerdeführer in seiner Verteidigung oder in seiner Prozeßführung durch die fehlerhafte Behandlung seines Antrags in der Hauptverhandlung behindert worden ist, muß im allgemeinen zu seinen Gunsten entschieden werden, weil die Möglichkeit, daß er weitere Verteidigungshandlungen hätte vornehmen können, regelmäßig nicht mit Sicherheit auszuschließen und der Beschwerdeführer nach allgemeinen Verfahrensgrundsätzen nicht gezwungen ist, sich hierzu in der Revisionsbegründungsschrift zu äußern. Bessere Entscheidungsgrundlagen hat das Revisionsgericht, wenn Verfahrensfehler bei der Anwendung des § 244 Abs. 3 bis 5 erstmals in den Urteilsgründen zutage treten. Denn hier kommt es für die Beruhensfrage nur darauf an, ob der Fehler für die Entscheidung des Tatrichters ursächlich oder die Ursächlichkeit wenigstens nicht auszuschließen ist. Das läßt sich im allgemeinen schon dann sicher beurteilen, wenn der Fehler darin besteht, daß der Tatrichter eine in dem Ablehnungsbeschluß als unerheblich bezeichnete Tatsache in dem Urteil als erheblich behandelt[81], wenn er eine unerhebliche Tatsache als wahr unterstellt hat[82] oder wenn er von der Zusage der Wahrunterstellung, die er dem Antragsteller in der Hauptverhandlung gegeben hat, abgewichen ist[83].

Ist ein Hilfsbeweisantrag in zulässiger Weise erst in den Urteilsgründen beschieden worden, so darf das Revisionsgericht aber sogar die Ursächlichkeit eines Verstoßes gegen § 244 Abs. 3 bis 5 mit der Begründung verneinen, daß der Tatrichter den Beweisantrag mit anderer Begründung rechtsfehlerfrei hätte ablehnen können[84]. Entsprechendes gilt für den Fall, daß der Tatrichter es unterlassen hat, über den Hilfsbeweisantrag in den Urteilsgründen zu entscheiden. Der Mangel ist unschädlich, wenn die Urteilsgründe ergeben, daß der Beweisantrag nach § 244

---

80 A. A. RG JW 1932 S. 3817 mit abl. Anm. *Weber*, das ohne weiteres der Behauptung des Beschwerdeführers folgt, »aus den Umständen« habe sich ergeben, daß der Antrag einen anderen Sinn als den gehabt hat, den das Gericht ihm unterstellt. Daß die Sitzungsniederschrift und das Urteil über diese Umstände nichts ergeben, ist aber kein Rechtsfehler und berechtigte das RG nicht, das Urteil aufzuheben.
81 OGH Köln NJW 1949 S. 796.
82 BGH 1 StR 615/60 vom 16. 2. 1961 bei *Seibert* NJW 1962 S. 135 (136).
83 Vgl. den Fall OLG Hamm VRS 32 S. 278 (280), in dem der Tatrichter die Wahrunterstellung nicht eingehalten hatte, das OLG aber das Gegenteil der Beweistatsache für offenkundig hielt und der Meinung war, es sei auszuschließen, daß der Verteidiger in Kenntnis dieses Umstands andere Anträge hätte stellen können. Dazu auch OLG Hamm JR 1965 S. 269; zustimmend KMR *Paulus* § 244 Rdnr. 452.
84 *Sarstedt* DAR 1964 S. 307 (312/313); vgl. auch OLG Hamm NJW 1968 S. 1205 (1206), das die Vorwegnahme der Beweiswürdigung für unschädlich hielt, weil das Beweismittel offensichtlich völlig ungeeignet war (Sachverständiger, der Fahrversuche mit dem Angeklagten machen sollte).

Abs. 3 bis 5 hätte abgelehnt werden können[85], oder wenn aus ihnen hervorgeht, daß der Tatrichter die Beweistatsache für unerheblich gehalten[86] oder daß er sie als wahr unterstellt hat[87]. Allerdings darf das Revisionsgericht nicht beurteilen, ob die unrichtige Ablehnung des Hilfsbeweisantrags für das Urteil deshalb bedeutungslos ist, weil der Angeklagte schon aufgrund der anderen in dem Urteil aufgeführten Beweismittel überführt war. Eine solche Einmischung in die dem Tatrichter vorbehaltene Beweiswürdigung steht dem Revisionsgericht unter keinen Umständen zu[88].

---

85 KG VRS 15 S. 56 (57); OLG Schleswig bei *Ernesti/Lorenzen* SchlHA 1981 S. 93/94; vgl. auch OLG Schleswig bei *Ernesti/Jürgensen* SchlHA 1973 S. 186, nach dessen Meinung ein Revisionsgrund vorliegt, wenn das Urteil auf dem Mangel beruht.
86 BayObLG bei *Rüth* DAR 1964 S. 243; OLG Hamm GA 1972 S. 59 = JR 1971 S. 516 (517); LR *Gollwitzer* § 244 Rdnr. 138.
87 OLG Koblenz VRS 46 S. 31 (32/33); KMR *Paulus* § 244 Rdnr. 401; LR *Gollwitzer* a.a.O.
88 RG JW 1928 S. 2463 (2464) mit Anm. *Alsberg* und RG HRR 1939 Nr. 360 haben daher die Frage der Erheblichkeit nicht geprüft, sondern das Urteil aufgehoben, weil nicht auszuschließen war, daß der Tatrichter den Beweisantrag für erheblich gehalten hätte, wenn er ihn geprüft hätte. Dagegen ist in der Entscheidung RG JW 1923 S. 125 mit Anm. *Mamroth* unbekümmert in die Beweiswürdigung des Tatrichters eingegriffen und die Revision verworfen worden, weil der Angeklagte unabhängig von dem Verfahrensfehler überführt erschien. Vgl. auch *Drucker* JW 1927 S. 2043; das von ihm kritisierte Urteil des RG a.a.O. betraf den Fall, daß die Zuziehung eines weiteren Sachverständigen beantragt war. In einem gleichliegenden Fall hat RG JW 1931 S. 216 mit Anm. *Alsberg* ein Beruhen des Urteils auf dem Verfahrensfehler nicht ausgeschlossen. Im Fall des OLG Köln VRS 62 S. 280 ergab sich die Erheblichkeit der Beweistatsache für den Rechtsfolgenausspruch aus den Urteilsgründen.

3. Kapitel Beweisanträge nach § 245

    I. Vom Gericht herbeigeschaffte Beweismittel (§ 245 Abs. 1) 913
       1. Darlegungspflicht.. 913
       2. Prüfung des Revisionsgerichts 914
          a) Beweisgrundlagen 914
          b) Prüfung 914
   II. Von Prozeßbeteiligten herbeigeschaffte Beweismittel (§ 245 Abs. 2) 916

I. Vom Gericht herbeigeschaffte Beweismittel (§ 245 Abs. 1)

1. Darlegungspflicht

Der Beschwerdeführer, der die auf § 245 Abs. 1 gestützte Rüge[1] erhebt, das Gericht habe präsente Beweismittel, die es selbst oder, im Fall des § 214 Abs. 4, die Staatsanwaltschaft herbeigeschafft hat, zu Unrecht nicht benutzt, muß nicht darlegen, daß hierüber eine gerichtliche Entscheidung ergangen ist oder daß er gegen die Weigerung des Vorsitzenden, den Beweis nicht zu erheben, nach § 238 Abs. 2 das Gericht angerufen hat[2]. Es genügt das Vorbringen, das Beweismittel sei präsent gewesen und gleichwohl nicht benutzt worden[3]. Allerdings muß das Beweismittel genau bezeichnet werden. Handelt es sich um einen Zeugen oder Sachverständigen, so muß der Name der Beweisperson angegeben und dargelegt werden, daß sie vom Gericht geladen, erschienen[4] und noch anwesend war, als das Gericht zu Unrecht von der Vernehmung abgesehen hat. Die Behauptung, der Zeuge sei noch nicht entlassen gewesen, genügt nicht[5]. Auf die Rüge, ein Zeuge oder Sachverständiger sei nicht erschöpfend vernommen worden, kann die Revision regelmäßig nicht gestützt werden[6]. Rügt der Beschwerdeführer die Nichtverwendung eines sachlichen Beweismittels, so muß er mitteilen, ob es sich um einen Augenscheinsgegenstand oder um eine Urkunde gehandelt hat. Er muß ferner darlegen,

---

[1] Mit der Aufklärungsrüge ist hier nichts auszurichten, wenn, wie meist, die Beweiserhebungspflicht nach § 245 Abs. 1 über die nach § 244 Abs. 2 hinausgeht; vgl. *Wessels* JuS 1969 S. 1 (6).
[2] Vgl. LR *Gollwitzer* § 245 Rdnr. 54.
[3] OLG Hamburg NJW 1965 S. 1238 (1239); KMR *Paulus* § 244 Rdnr. 46; LR *Gollwitzer* § 245 Rdnr. 52.
[4] Vgl. LR *Meyer* § 344 Rdnr. 104; *Schneidewin* JW 1923 S. 345 (349).
[5] BGH bei *Holtz* MDR 1976 S. 634.
[6] Vgl. OLG Saarbrücken VRS 48 S. 430 (431); KMR *Paulus* § 245 Rdnr. 48. Allg. zu dieser Rüge: KK *Herdegen* § 244 Rdnr. 46; LR *Meyer* § 344 Rdnr. 100.

daß das Gericht zur Verwendung des Beweismittels verpflichtet war, weil es vom Gericht zu diesem Zweck herbeigeschafft oder weil ein Beweisantrag auf seine Benutzung gestellt worden ist. Der Inhalt des Antrags braucht nicht mitgeteilt zu werden[7]. Handelt es sich um Urkunden, so genügt nicht das Vorbringen, sie seien nicht nach § 249 Abs. 1 verlesen worden. Vielmehr muß dargelegt werden, daß die Urkunde auch nicht auf eine andere zulässige Weise, insbesondere dadurch, daß der Vorsitzende ihren Inhalt bekanntgegeben hat, verwendet worden ist[8].

Die Tatsachen, die die unterlassene Beweiserhebung nach Ansicht des Beschwerdeführers ergeben hätte, braucht er nicht darzutun[9]. Ebensowenig bedarf es der Revisionsbehauptung, auf die Benutzung des Beweismittels sei nicht allseitig verzichtet worden.

2. Prüfung des Revisionsgerichts

a) **Beweisgrundlagen.** Die Ladung eines Zeugen oder Sachverständigen wird durch die Strafakten ausgewiesen. Ein urkundlicher Beweis dafür, daß eine Beweisperson in der Hauptverhandlung erschienen war, steht dem Revisionsgericht jedoch im allgemeinen nicht zur Verfügung. Denn das Erscheinen in der Hauptverhandlung ist keine wesentliche Förmlichkeit im Sinne des § 273 Abs. 1 und braucht daher in der Sitzungsniederschrift nicht beurkundet zu werden[10]. Das gilt auch für den Fall, daß der Vorsitzende zu Beginn der Hauptverhandlung nach § 243 Abs. 1 Satz 2 das Erscheinen der Beweisperson feststellt[11]. Das Revisionsgericht muß daher im Wege des Freibeweises[12] feststellen, ob das Revisionsvorbringen zutrifft, die Beweisperson sei in der Hauptverhandlung anwesend gewesen. Entsprechendes gilt für sachliche Beweismittel. Hier muß die Sitzungsniederschrift aber den Antrag auf Verwendung des Beweismittels beurkunden[13]. Wie bei der Rüge der Verletzung des § 244 Abs. 3 bis 6 kann grundsätzlich nur das Sitzungsprotokoll Grundlage der Prüfung des Revisionsgerichts sein, ob und von wem ein solcher Beweisantrag gestellt worden ist.

b) Die **Prüfung** beschränkt sich darauf, ob das Revisionsvorbringen zutrifft, daß ein präsentes Beweismittel der in § 245 Abs. 1 Satz 1 bezeichneten Art unbenutzt

---

7 OLG Hamburg NJW 1965 S. 1238 (1239).
8 Vgl. LR *Meyer* § 344 Rdnr. 105.
9 BGH bei *Dallinger* MDR 1966 S. 199/200 = GA 1966 S. 213; BGH 3 StR 512/54 vom 26. 5. 1955; OLG Celle NJW 1962 S. 2315 (2316); OLG Hamburg NJW 1965 S. 1238 (1239); OLG Hamm VRS 45 S. 123 (124); KMR *Paulus* § 245 Rdnr. 46; LR *Gollwitzer* § 245 Rdnr. 52; LR *Meyer* § 344 Rdnr. 104; *Dahs* Hdb. Rdnr. 557; *Kühne* Rdnr. 463.
10 BGHSt. 24 S. 280; RGSt. 40 S. 138 (140); *Kleinknecht* § 243 Rdnr. 3; LR *Gollwitzer* § 245 Rdnr. 52; *Dallinger* MDR 1966 S. 965; so offenbar auch RG JW 1931 S. 2825 mit Anm. *Mannheim.* Der BGH hat seine abweichende Ansicht in 1 StR 55/66 vom 21. 6. 1966 aufgegeben (vgl. BGHSt. 24 S. 280). Vgl. auch oben S. 784.
11 Vgl. *Kleinknecht* § 243 Rdnr. 3; a. A. BGH 1 StR 55/66 vom 21. 6. 1966 bei *Dallinger* MDR 1966 S. 965; *Conrad* Recht 1917 Sp. 7 (14).
12 Vgl. oben S. 154.
13 BGHSt. 18 S. 347 (348).

geblieben ist. Die Beruhensfrage kann das Revisionsgericht nur in begrenztem Umfang prüfen. Denn da nicht einmal der Tatrichter von der Benutzung des Beweismittels absehen darf, wenn er es für unerheblich hält[14], ist es erst recht dem Revisionsgericht verwehrt, das Beruhen des Urteils auf dem Verfahrensverstoß mit der Begründung auszuschließen, das Beweismittel hätte für die Entscheidung des Tatrichters keine Bedeutung gehabt[15]. Soweit es sich um persönliche Beweismittel handelt, bildet die Verletzung des § 245 Abs. 1 daher nahezu einen zwingenden Aufhebungsgrund; das Beruhen des Urteils auf dem Mangel ist kaum jemals auszuschließen[16], auch nicht, wenn das Gericht die Beweistatsache im Urteil für unerheblich erklärt. Denn die Prozeßbeteiligten haben Anspruch darauf, daß das ganze Wissen des Zeugen, das sich im voraus nicht bestimmen läßt, in der Hauptverhandlung ermittelt und der Entscheidung zugrunde gelegt wird[17]. Nur unter besonderen Umständen kann davon ausgegangen werden, daß der Verfahrensverstoß das Urteil nicht beeinflußt hat. Das kann der Fall sein, wenn feststeht, daß der Zeuge nur eine bestimmte, genau bezeichnete Behauptung bestätigen sollte[18], wenn das Urteil ergibt, daß der Angeklagte im Laufe der Hauptverhandlung ein glaubhaftes Geständnis abgelegt hat, das der Entscheidung zugrunde gelegt ist[19], oder wenn ein präsenter Zeuge nach der Überzeugung des Revisionsgerichts ohnehin nicht hätte vernommen werden können, weil er nach den §§ 52 ff. die Aussage verweigert hätte[20]. Bei sachlichen Beweismitteln, die auch dem Revisionsgericht vorliegen, kann das Beruhen gelegentlich auch in anderen Fällen ausgeschlossen werden, wenn sich nach den Umständen des Einzelfalls mit Sicherheit beurteilen läßt, daß die Nichtverwendung des Beweismittels die Entscheidung nicht beeinflußt haben kann[21].

14 Vgl. oben S. 798 ff.
15 BGH bei *Dallinger* MDR 1966 S. 199/200 = GA 1966 S. 213; BGH bei *Dallinger* MDR 1974 S. 16; 1975 S. 369; RGSt. 1 S. 225 (227); 45 S. 138 (143); 65 S. 304 (307/308) = JW 1932 S. 58 (60) mit Anm. *Alsberg*; RG JW 1917 S. 50; RG GA 43 S. 254 (255); RG SeuffBl. 73 S. 940; BayObLG OLGSt. § 245 S. 5 (6); OLG Celle NJW 1962 S. 2315 (2316); OLG Hamm JMBlNRW 1956 S. 131 (132) = VRS 11 S. 59 (60); OLG Saarbrücken OLGSt. § 245 S. 3 (4); KK *Herdegen* Rdnr. 17; KMR *Paulus* Rdnr. 46; LR *Gollwitzer* Rdnr. 53; alle zu § 245.
16 BGH bei *Dallinger* MDR 1975 S. 369.
17 RGSt. 1 S. 225 (227); RG SeuffBl. 73 S. 940.
18 Vgl. RG BayZ 1927 S. 324, wo beantragt war, sämtliche Zeugen nochmals darüber zu vernehmen, daß sie eine genaue Zeitangabe machen können, der Tatrichter die genaue Zeit aber rechtsfehlerfrei für unerheblich gehalten hatte.
19 BGH bei *Dallinger* MDR 1966 S. 200; KMR *Paulus* § 245 Rdnr. 46; *Koeniger* S. 273; a. A. OLG Celle NJW 1962 S. 2315 (2316); zweifelnd LR *Gollwitzer* § 245 Rdnr. 53.
20 BGH bei *Holtz* MDR 1978 S. 459. Der BGH hat aufgrund einer entsprechenden dienstlichen Versicherung des Verteidigers die Revision der Staatsanwaltschaft für unbegründet gehalten; zustimmend *Kleinknecht* § 245 Rdnr. 33; KMR *Paulus* § 245 Rdnr. 46; *Schlüchter* Rdnr. 557.
21 BGH bei *Dallinger* MDR 1975 S. 369; OLG Hamburg DAR 1956 S. 226 (227); OLG Schleswig RdK 1954 S. 123 (124); *Kleinknecht* Rdnr. 33; KMR *Paulus* Rdnr. 46; LR *Gollwitzer* Rdnr. 53; alle zu § 245. – RG JW 1890 S. 147 (148) und *Ditzen* S. 24 Fußn. 1 hielten eine Heilung des Mangels durch Wahrunterstellung für möglich.

II. Von Prozeßbeteiligten herbeigeschaffte Beweismittel (§ 245 Abs. 2)

Zur Erhebung der Verfahrensrüge ist, wie im Fall des § 244 Abs. 3[22], nicht nur befugt, wer den Beweisantrag gestellt hat, sondern auch ein Prozeßbeteiligter, der ihn weder gestellt noch sich ihm ausdrücklich oder stillschweigend angeschlossen hatte, der aber wegen der Gleichartigkeit der Interessenlage durch die unrichtige Entscheidung des Tatrichters über den Beweisantrag ebenfalls beschwert ist. Mit der Revision kann gerügt werden, daß ein präsentes Beweismittel trotz entsprechenden Beweisantrags nicht verwendet worden ist, weil das Gericht den Antrag nicht beschieden oder weil es ihn unter Verstoß gegen § 245 Abs. 2 Satz 2 und 3 abgelehnt hat. Für die Darlegungspflichten des Beschwerdeführers gelten im wesentlichen die bei den Verfahrensrügen nach § 244 Abs. 3 bis 6 anzuwendenden Grundsätze[23]. Zusätzlich zu dem dort geforderten Revisionsvorbringen muß bei der Rüge der Verletzung des § 245 Abs. 2 aber dargetan werden, daß der Beschwerdeführer oder ein anderer Prozeßbeteiligter ein persönliches Beweismittel nach § 38 geladen hat und daß diese Beweisperson in der Hauptverhandlung erschienen war. Handelt es sich um sachliche Beweismittel, so muß die Revision die Behauptung enthalten, daß es dem Tatrichter vorgelegt worden ist. Ferner sind stets der Inhalt des Beweisantrags, den der Beschwerdeführer nach § 245 Abs. 2 Satz 1 gestellt hat, und des gerichtlichen Ablehnungsbeschlusses mitzuteilen[24]. Wegen der Grundlagen der Prüfung des Revisionsgerichts gelten teils die Grundsätze zu § 245 Abs. 1, teils diejenigen zu § 244 Abs. 3. Auf das Sitzungsprotokoll kann nicht zurückgegriffen werden, soweit die Frage zu klären ist, ob das Beweismittel präsent war. Dagegen werden die Stellung des Beweisantrags, sein Inhalt und der Inhalt der ablehnenden Entscheidung des Gerichts nur durch die Sitzungsniederschrift bewiesen. Die Prüfung der Ablehnungsgründe weist gegenüber der Rüge der Verletzung des § 244 Abs. 3 und 4 keine Besonderheiten auf. Bei der Beruhensfrage ist zu beachten, daß eine Ablehnung des Beweisantrags wegen bloßer Unerheblichkeit der Beweistatsache nach § 245 Abs. 2 Satz 3 nicht zulässig ist, so daß auch das Revisionsgericht, ebenso wie im Fall des § 245 Abs. 1, das Beruhen des Urteils auf der Verletzung des § 245 Abs. 2 Satz 2 und 3 grundsätzlich nicht deshalb verneinen darf, weil das Urteil ergibt, daß die Beweistatsache für die Entscheidung ohne Bedeutung gewesen ist[25].

---

22 Vgl. oben S. 871 ff.
23 Vgl. oben S. 875 ff.
24 *Hagemann* S. 103; vgl. oben S. 877 ff.
25 Vgl. oben S. 915.

Literatur

Sind mehrere Veröffentlichungen eines Autors aufgeführt, so beziehen sich Zitate in den Fußnoten ohne besondere Kennzeichnung auf das an erster Stelle stehende Werk.

Alsberg, Max: Justizirrtum und Wiederaufnahme, 1913.
– Leitung und Sachleitung im Zivil- und Strafprozeß, LZ 1914 Sp. 1169.
– Die Nachprüfung strafprozessualer Revisionsrügen auf ihre tatsächliche Grundlage, JW 1915 S. 306.
– Freie Ablehnbarkeit eines beantragten Sachverständigenbeweises im Strafprozeß? LZ 1915 Sp. 482.
– Der Beweis der außerhalb der Schuld- und Straffrage liegenden Momente, GA 62 (1916) S. 1.
– Das Vernehmungs- und Fragerecht der Parteien im Strafprozeß, GA 63 (1917) S. 99.
– »Gerichtskundigkeit«, JW 1918 S. 792.
– Der Beweisermittlungsantrag, GA 67 (1919) S. 261.
– Das Verbot der Beweisantizipation, JW 1922 S. 258.
– Die Wahrunterstellung im Strafprozeß, JW 1929 S. 977.
– Der Beweisantrag im Strafprozeß. Eine begriffliche Grundlegung, in: Festschrift für Ernst Heinitz, 1929, S. 416.
– Der strafprozessuale Beweiserhebungsanspruch in der Berufungsinstanz, JW 1929 S. 2681.
Amelunxen, Clemens: Der Nebenkläger im Strafverfahren, 1980.
Arzt, Günther: Der strafrechtliche Schutz der Intimsphäre, 1970.
– Zum Verhältnis von Strengbeweis und freier Beweiswürdigung, in: Einheit und Vielfalt des Strafrechts, Festschrift für Karl Peters, 1974, S. 223.

Bader, Karl: Die Verwertung rechtswidrig erlangten Beweismaterials im anglo-amerikanischen Strafverfahren, Diss. München 1966.
Bär, Rudolf: Zum Umfang der Beweisaufnahme im Strafverfahren, Diss. Würzburg 1935.
Baldus, Paul-Hans: Versäumte Gelegenheiten: zur Auslegung des § 338 Nr. 8 und des § 267 Abs. 1 Satz 2 StPO, in: Ehrengabe für Bruno Heusinger, 1968, S. 373.
Baumann, Jürgen: Grundbegriffe und Verfahrensprinzipien des Strafprozeßrechts, 3. Aufl., 1979.
Baumbach, Adolf / *Lauterbach*, Wolfgang / *Albers*, Jan / *Hartmann*, Peter: Zivilprozeßordnung, 40. Aufl., 1982.
Beling, Ernst: Deutsches Reichsstrafprozeßrecht mit Einschluß des Strafgerichtsverfassungsrechts, 1928.
– Die Beweisverbote als Grenzen der Wahrheitserforschung im Strafprozeß. Strafrechtliche Abhandlungen Heft 46, 1903. Neudruck 1968.
– Recht und Pflicht der Prozeßparteien zur Anwesenheit in der Verhandlung bei Beweiserhebung über ihren Geisteszustand, ZStW 30 (1910) S. 39.
– Revision wegen »Verletzung einer Rechtsnorm über das Verfahren« im Strafprozeß. Ein Beitrag zur Systematik der Urteilsmängel, in: Festschrift für Karl Binding, 1911, Bd. 2 S. 87.
Bender, Rolf / *Röder*, Susanne / *Nack*, Armin: Tatsachenfeststellung vor Gericht, Bd. I, Glaubwürdigkeits- und Beweislehre, Bd. II, Vernehmungslehre, 1981.

Bendix, Ludwig: Die Ablehnung von Beweisanträgen des Angeklagten wegen Nichternstlichkeit, GerS 85 (1917) S. 77.
Bennecke, Hans / *Beling*, Ernst: Lehrbuch des deutschen Reichs-Strafprozeßrechts, 2. Aufl., 1900.
Bergmann, Karl-Otto: Die Beweisanregung im Strafprozeß, Diss. Münster 1970.
– Die Beweisanregung im Strafverfahren, MDR 1976 S. 888.
Behringer, Ernst: Können vom Angeklagten behauptete Tatsachen, die eine Beschuldigung dritter Personen enthalten, als wahr unterstellt werden? JW 1929 S. 3380.
Berkholz, Joachim: Der Beweisermittlungsantrag, Diss. Köln 1967.
Beulke, Werner: Der Verteidiger im Strafverfahren. Funktionen und Rechtsstellung, 1980.
Binding, Karl: Grundriß des Deutschen Strafprozeßrechts, 5. Aufl., 1904.
Birkmeyer, Karl: Deutsches Strafprozeßrecht, 1898.
Blau, Günter: Der Strafrechtler und der psychologische Sachverständige, ZStW 78 (1966) S. 153.
Blau, Günter / *Müller-Luckmann*, Elisabeth (Hrsg.): Gerichtliche Psychologie, 1962.
Bockelmann, Paul: Strafrichter und psychologischer Sachverständiger, GA 1955 S. 321.
Bonner Kommentar (Kommentar zum Bonner Grundgesetz), Loseblattkommentar.
Bosch, Friedrich-Wilhelm: Grundsatzfragen des Beweisrechts. Ein Beitrag zur allgemeinen Prozeßrechtslehre, 1963.
Bovensiepen, Michael: Der Freibeweis im Strafverfahren, Diss. Bonn 1978.
Bremer, Heinz: Der Sachverständige, 2. Aufl., 1973.
Brunner, Rudolf: Jugendgerichtsgesetz. Kommentar, 6. Aufl., 1981.
Bruns, Hans-Jürgen: Strafzumessungsrecht. Gesamtdarstellung, 2. Aufl., 1974.
– Leitfaden des Strafzumessungsrechts, 1980.
– Teilrechtskraft und innerprozessuale Bindungswirkung des Strafurteils, 1961.
– Neue Wege zur Lösung des strafprozessualen »V-Mann-Problems«, 1982.
– Zur Frage der Zulässigkeit der »Beweisantizipation« im Strafverfahren, DR 1940 S. 2041.
Brutzer, Roland: Offenkundigkeit. Wesen und Wert des Begriffs im Strafrecht, Diss. Göttingen 1973.
Bürgy, Fritz: Der Einfluß der Parteien auf den Umfang der Beweisaufnahme im Strafverfahren, Diss. Heidelberg 1925.

Christ, Wolfgang: Umfang der Beweisaufnahme in der Hauptverhandlung, Diss. Göttingen 1924.
Conrad: Der Umfang der Beweisaufnahme im Strafverfahren, DJZ 1911 Sp. 1321.
– Urkunden als »herbeigeschaffte Beweismittel«, Recht 1917 Sp. 7.

Dahs, Hans: Handbuch des Strafverteidigers, 4. Aufl., 1977.
Dahs, Hans / *Dahs*, Hans: Die Revision im Strafprozeß, 2. Aufl., 1980.
Dalcke, A. / *Fuhrmann*, Ernst / *Schäfer*, Karl: Strafrecht und Strafverfahren, 37. Aufl., 1961.
Dallinger, Wilhelm: Präsente Beweismittel (§ 245 StPO), MDR 1966 S. 965.
Dallinger, Wilhelm / *Lackner*, Karl: Jugendgerichtsgesetz, 2. Aufl., 1965.
Dencker, Friedrich: Verwertungsverbote im Strafprozeß. Ein Beitrag zur Lehre von den Beweisverboten, 1977.
Ditzen, Wilhelm: Dreierlei Beweis im Strafverfahren, 1926.
– Über Zeugenbeweisanträge im Strafverfahren, ZStW 10 (1890) S. 111; 11 (1891) S. 461.
Döhring, Erich: Die Erforschung des Sachverhalts im Prozeß. Beweiserhebung und Beweiswürdigung, 1964.
– Fachliche Kenntnisse des Richters und ihre Verwertung im Prozeß, JZ 1968 S. 641.
zu Dohna, Alexander Graf: Das Strafprozeßrecht, 3. Aufl., 1929.
– Der Umfang der Beweisaufnahme im Strafverfahren, DJZ 1911 Sp. 305.

– Die Wahrunterstellung im Strafprozeß, JW 1929 S. 1445.
– Das Problem der vorweggenommenen Beweiswürdigung im Strafverfahren, in: Probleme der Strafrechtserneuerung, Festschrift für Eduard Kohlrausch, 1944, S. 319.
Dolderer, Ottmar: Beweis durch Urkunden im Strafprozeß (§§ 249–256 StPO) unter besonderer Berücksichtigung der Mündlichkeit und Unmittelbarkeit, Diss. Tübingen 1956.
Dreher, Eduard / *Tröndle,* Herbert: Strafgesetzbuch und Nebengesetze, 40. Aufl., 1981.
Drost, Heinrich: Das Ermessen des Strafrichters, 1930.
Dürwanger, Karl / *Dempewolf,* Günter: Handbuch des Privatklagerechts, 3. Aufl., 1971.

Eisenberg, Ulrich: Jugendgerichtsgesetz, 1982.
Engels, Dieter: Die Aufklärungspflicht nach § 244 Abs. 2 StPO, Diss. Bonn 1979.
– Beweisantizipationsverbot und Beweiserhebungsumfang im Strafprozeß, GA 1981 S. 21.
Engisch, Karl: Logische Studien zur Gesetzesanwendung, 3. Aufl., 1963.
Erbs, Georg: Handkommentar zur Strafprozeßordnung, 1950.
Evers, Hans-Ulrich: Privatsphäre und Ämter für Verfassungsschutz, 1960.

Feckler, Hans-Gerhard: Die Verwendbarkeit von Tonbandaufnahmen als Beweismittel im Strafprozeß, Diss. Köln 1962.
Feisenberger, Albert: Strafprozeßordnung und Gerichtsverfassungsgesetz, 1926.
Feldmann, Clemens: Das Tonband als Beweismittel im Strafprozeß, NJW 1958 S. 1166.
– Verwertbarkeit widerrechtlich erlangter Beweise, NJW 1959 S. 853.
Fezer, Gerhard: Die Funktion der mündlichen Verhandlung im Zivilprozeß und im Strafprozeß, 1970.
– Grundfälle zum Verlesungs- und Verwertungsverbot im Strafprozeß, JuS 1977 S. 234, 382, 520, 669, 813; 1978 S. 104, 325, 472, 612, 765; 1979 S. 35, 186.
Freese, Richard: Der Urkundenbegriff im Strafrecht und im Zivilprozeß, Diss. Breslau 1927.

Gamp, Lothar: Die Ablehnung von Beweisanträgen im Zivilprozeß – zugleich ein Beitrag zur Lehre von der Anwendbarkeit des § 244 StPO, Diss. Bochum 1980.
Geerds, Friedrich: Juristische Probleme des Sachverständigenbeweises, ArchKrim. 137 (1966) S. 61, 155.
Geisler, Werner: Zur Ermittlung ausländischen Rechts durch »Beweis« im Prozeß, ZZP 91 (1978) S. 176.
Geppert, Klaus: Der Grundsatz der Unmittelbarkeit im deutschen Strafverfahren, 1979.
– Zur Stellung des ärztlichen Sachverständigen im Spannungsverhältnis zwischen Strafgericht und Proband (Rollenprobleme beim strafgerichtlichen Sachverständigenbeweis), in: De iusticia et iure – Festgabe für Ulrich von Lübtow, 1980.
Gerland, Heinrich: Der deutsche Strafprozeß, 1927. Neudruck 1977.
Geyer, August: Der Beweis im Strafprozeß, in: von Holtzendorf, Handbuch des deutschen Strafproceßrechts, 1879, Bd. I S. 185.
Glaser, Julius: Handbuch des Strafprozesses, in: Binding, Systematisches Handbuch der deutschen Rechtswissenschaft, Bd. I 1883, Bd. II 1885.
– Beiträge zur Lehre vom Beweis im Strafprozeß, 1883. Neudruck 1978.
– Zur Kritik des Zeugenbeweises im Strafprozeß, GerS 33 (1981) S. 1.
Göhler, Erich: Gesetz über Ordnungswidrigkeiten, 6. Aufl., 1980.
Gössel, Karl Heinz: Strafverfahrensrecht, 1977.
– Die Beweisverbote im Strafverfahren, in: Festschrift für Paul Bockelmann, 1979, S. 801.
– Kritische Bemerkungen zum gegenwärtigen Stand der Lehre von den Beweisverboten im Strafverfahren, NJW 1981 S. 649.
– Überlegungen zu einer neuen Beweisverbotslehre, NJW 1981 S. 2217.

Götz, Albrecht: Das Bundeszentralregister, 2. Aufl., 1977.
Goldschmidt, James: Der Prozeß als Rechtslage. Eine Kritik des prozessualen Denkens, 1925. Neudruck 1962.
Gollwitzer, Walter: Die Befugnisse der Mitangeklagten in der Hauptverhandlung, in: Festschrift für Werner Sarstedt, 1981, S. 15.
Goslar, Erich: Das Recht des Angeklagten auf Augenscheinsbeweisaufnahme im deutschen Strafprozeßrecht. Zugleich ein Beitrag zur allgemeinen Lehre von der Ablehnbarkeit von Beweisanträgen, Diss. Leipzig 1933.
Gottsmann, Johanna: Der Sachverständigenbeweisantrag und seine Behandlung durch das Gericht im Strafprozeß, Diss. Bonn 1954.
Gramse, Falko: Zulässigkeit und Grenzen der Verwendung von Tonband- und Bildaufnahmen als Beweismittel im Strafverfahren (Privatklageverfahren), AnwBl. 1980 S. 433.
Groth, Gerhard: Der Urkundenbeweis im Strafprozeß. Rechtswissenschaftliche Studien Heft 61, 1937.
Grube, Werner: Der Umfang der Beweisaufnahme im Strafprozeßrecht, Diss. Rostock 1914.
Grüb, Josef: Beweisaufnahme in der Hauptverhandlung, Diss. Würzburg 1924.
Grünwald, Gerald: Beweisverbote und Verwertungsverbote im Strafverfahren, JZ 1966 S. 489.
– Die Wahrunterstellung im Strafverfahren, in: Festschrift für Richard M. Honig, 1970, S. 53.
Gutmann, Alexander: Die Aufklärungspflicht des Gerichts und der Beweiserhebungsanspruch der »Parteien« im Strafprozeß, JuS 1962 S. 369.

Habscheid, Walter: Das Persönlichkeitsrecht als Schranke der Wahrheitsfindung im Prozeßrecht, in: Gedächtnisschrift für Hans Peters, 1967, S. 840.
Haffke, Bernhard: Schweigepflicht, Verfahrensrevision und Beweisverbot, GA 1973 S. 65.
Hagemann, Sigrid: Entstehung, Entwicklung und Bedeutung der Vorschrift über die präsenten Beweismittel im Strafprozeßrecht (§ 245 StPO), Diss. Würzburg 1980.
Hahn, C.: Die gesamten Materialien zur Strafprozeßordnung und dem Einführungsgesetz zu derselben. Erste Abteilung, 2. Aufl., herausgegeben von Eduard *Stegemann*, 1885.
Hahn, Wolfgang: Ton- und Bildträger als Beweismittel im Strafprozeß, München 1964.
Hamm: Der Umfang der Beweisaufnahme im Strafverfahren, DJZ 1911 Sp. 309.
Hammer, Ludwig: Beweisanträge in der Hauptverhandlung, Diss. Würzburg 1919.
Hanack, Ernst-Walter: Zur Austauschbarkeit von Beweismitteln, JZ 1970 S. 561.
Harreß, Günther: Die Ablehnbarkeit von Beweisanträgen in der Hauptverhandlung, Diss. Halle-Wittenberg 1930.
Hauser, Robert: Der Zeugenbeweis im Strafprozeß mit Berücksichtigung des Zivilprozesses, 1974.
Hegler, August: Die Unterscheidung des Sachverständigen vom Zeugen im Prozeß, AcP 104 (1909) S. 151.
– Mündlichkeit und Unmittelbarkeit im Prozeß, in: Rechtsgang I (1913) S. 192, 385; II (1916) S. 267.
Heilbronn, Brigitte: Freies pflichtgemäßes Ermessen des Richters, 1929.
Heim, Hermann: Die Ablehnung von Beweisanträgen in der Hauptverhandlung, Diss. Heidelberg 1909.
Heißler, Udo: Die Unmittelbarkeit der Beweisaufnahme im Strafprozeß unter besonderer Berücksichtigung des Zeugnisses vom Hörensagen, Diss. Tübingen 1973.
Henkel, Heinrich: Strafverfahrensrecht. Ein Lehrbuch, 2. Aufl., 1968.
– Die Zulässigkeit und die Verwertbarkeit von Tonbandaufnahmen bei der Wahrheitserforschung im Strafverfahren, JZ 1957 S. 148.

Henrich, Reinhard: Die prozessuale Stellung des Sachverständigen im Hinblick auf die Exploration von Zeugen und Beschuldigten, Diss. Münster 1982.
Hentschel, Peter / *Born*, Renate: Trunkenheit im Straßenverkehr, 2. Aufl., 1980.
Heusler, A.: Die Grundlagen des Beweisrechts, AcP 62 (1879) S. 209.
Hilland, Bernhard: Das Beweisgewinnungsverbot des § 136 a StPO, Diss. Tübingen 1981.
von Hippel, Robert: Der deutsche Strafprozeß. Lehrbuch, 1941.
Hirschberg, Max: Das Fehlurteil im Strafprozeß. Zur Pathologie der Rechtsprechung, 1960.

Jagusch, Heinrich: Straßenverkehrsrecht, 26. Aufl., 1981.
Jahn, Anton: Das Prinzip der Unmittelbarkeit im Strafprozeß und seine Anwendung, Diss. Erlangen 1903.
Jessnitzer, Kurt: Der gerichtliche Sachverständige. Ein Handbuch für die Praxis, 8. Aufl., 1980.
– Eigene Sachkunde des Richters bei der Rückrechnung, Blutalkohol 1978 S. 315.
John, Richard Eduard: Strafproceßordnung für das Deutsche Reich, Bd. I 1884; Bd. II 1888.
Josef: Gerichtskundigkeit, JW 1919 S. 236.

Kalbskopf, Carl: Die Urkunde als Beweismittel im Strafprozeß, Diss. Erlangen 1913.
Karlsruher Kommentar zur Strafprozeßordnung und zum Gerichtsverfassungsgesetz, herausgegeben von Gerd *Pfeiffer*, 1982.
Kautter, Julius: Feststellung prozessual erheblicher Tatsachen im Strafprozeß, Diss. Tübingen 1913.
Kissel, Otto Rudolf: Gerichtsverfassungsgesetz, 1981.
Klee, Hans-Joachim: Die Bestimmung des Umfangs der Beweisaufnahme im Strafverfahren, Diss. Berlin 1937.
– Das freie Ermessen des Strafrichters bei der Bestimmung des Umfangs der Beweisaufnahme, DJ 1937 S. 1384.
Klee, Karl: Der Umfang der Beweisaufnahme im Strafprozeß, insbesondere nach den Notverordnungen von 1932–33, GA 77 (1933) S. 81.
Kleinknecht, Theodor: Strafprozeßordnung, 35. Aufl., 1981.
– Die Beweisverbote im Strafprozeß, NJW 1966 S. 1537.
Klimmer, August: Beweisanträge in der Hauptverhandlung, Diss. Würzburg 1911.
Klug, Ulrich: Beweisverbote im Strafprozeß. Referat für den 46. Deutschen Juristentag in Essen, Verh. 46 DJT 1966, Bd. II, Teil F, S. 30.
KMR: Kommentar zur Strafprozeßordnung, 7. Aufl., herausgegeben von Hermann *Müller*, Walter *Sax* und Rainer *Paulus*, 1980.
Knauth, Alfons: Beweisrechtliche Probleme bei der Verwertung von Abhörmaterial im Strafverfahren, NJW 1978 S. 741.
Köhler, Michael: Inquisitionsprinzip und autonome Beweisvorführung (§ 245 StPO), 1979.
– Das präsente Beweismittel nach dem Strafverfahrensänderungsgesetz 1979, NJW 1979 S. 348.
Koeniger, Hans: Die Hauptverhandlung in Strafsachen, 1966.
Kohler, Josef: Der Prozeß als Rechtsverhältnis, 1888.
– Beweis im Strafprozeß, GA 63 (1917) S. 70.
Kohlhaas, Max: Tonbandaufnahmen im Strafprozeß, DRiZ 1955 S. 80.
– Die Tonbandaufnahme als Beweismittel im Strafprozeß, NJW 1957 S. 81.
– Beweisverbote im Strafprozeß, DRiZ 1966 S. 286.
Kohlrausch, Eduard: Strafprozeßordnung und Gerichtsverfassungsgesetz, 24. Aufl., 1936.
Krause, Dietmar / *Nehring*, Günther: Strafverfahrensrecht in der Polizeipraxis, 1978.

Krause, Friedrich-Wilhelm: Zum Urkundenbeweis im Strafverfahren. Kieler rechtswissenschaftliche Abhandlungen Nr. 8, 1966.
– Dreierlei Beweis im Strafverfahren, Jura 1982 S. 225.
Krause, Winfried: V-Leute und die Verwertung ihrer Nachrichten im strafgerichtlichen Verfahren, Diss. Berlin 1969.
Kreuzer, Elisabeth: Die Bestimmung des Umfangs der Beweisaufnahme im deutschen, französischen und italienischen Strafprozeß, Diss. Freiburg 1964.
von Kries, August: Lehrbuch des deutschen Strafprozeßrechts, 1892.
– Das Prinzip der Unmittelbarkeit im Beweisverfahren der deutschen Prozeßordnungen, ZStW 6 (1886) S. 88.
Kroschel / Doerner: Die Abfassung der Urteile in Strafsachen, 23. Aufl., bearbeitet von Lutz *Meyer-Goßner*, 1978.
Kuckuck, Bernd: Zur Zulässigkeit von Vorhalten aus Schriftstücken in der Hauptverhandlung des Strafverfahrens. Strafrechtliche Abhandlungen Neue Folge Bd. 31, 1977.
Kühne, Hans Heiner: Strafprozeßlehre. Eine Einführung, 1978.
– Strafprozessuale Beweisverbote und Art. 1 Abs. 1 Grundgesetz. Zugleich ein Beitrag zur Auslegung des Begriffs Menschenwürde, 1970.
Kurtze, Max: Die Ablehnung von Beweisanträgen im deutschen Strafprozeß. Mit besonderer Berücksichtigung der Rechtsprechung des Reichsgerichts, Diss. Jena 1926.

Lackner, Karl: Strafgesetzbuch mit Erläuterungen, 14. Aufl., 1981.
Langenbeck, W.: Über das Wesen der Notorietät und ihre Bedeutung im Civilprocesse, ZZP 4 (1882) S. 470.
Lauterbach, W.: Beweisantrag und Herbeischaffung von Beweismitteln in Übertretungs- und Privatklagesachen, JR 1930 S. 253.
Lehmann, Peter: Die Grenzen der Überwachung des Fernmeldeverkehrs als strafprozessuale Maßnahme nach den §§ 100 a ff. StPO, Diss. Regensburg 1978.
– Die Grenzen der strafprozessualen Fernmeldeüberwachung, ArchPF 1979 S. 1, 113.
Leipziger Kommentar zum Strafgesetzbuch, 10. Aufl., herausgegeben von Hans-Heinrich *Jescheck*, Wolfgang *Ruß* und Günter *Willms*, 1978 ff.
Lent, Friedrich: Zur Abgrenzung des Sachverständigen vom Zeugen im Zivilprozeß, ZZP 60 (1936/1937) S. 9.
Ley, Eberhard: Die Pflicht des Strafrichters zur Anhörung weiterer Sachverständiger, Diss. München 1966.
Liermann, Stephan: Die Tonbandaufnahme als Beweismittel im Strafprozeß, Diss. Bonn 1963.
von Lilienthal, Karl: Strafprozeßrecht, 1923.
von Liszt, Franz / *Schmidt*, Eberhard: Lehrbuch des Strafrechts, Besonderer Teil, 25. Aufl., 1927.
Lobe, Adolf: Die Ablehnung von Beweisanträgen im Strafprozeßrecht, LZ 1914 Sp. 977.
Loeber, Dietrich: Die Verwertung von Erfahrungssätzen durch den Richter im Zivilprozeß, Diss. Kiel 1972.
Löhr, Holle Eva: Der Grundsatz der Unmittelbarkeit im deutschen Strafprozeß. Strafrechtliche Abhandlungen Neue Folge Bd. 8, 1972.
Löwe / Rosenberg: Die Strafprozeßordnung und das Gerichtsverfassungsgesetz, 23. Aufl., bearbeitet von Hanns *Dünnebier*, Walter *Gollwitzer*, Karlheinz *Meyer*, Lutz *Meyer-Goßner*, Karl *Schäfer* und Günter *Wendisch*, 1976 ff.
Loewenstein, Siegfried: Die Revision in Strafsachen, 3. Aufl., 1933.

Mamroth, Ernst: Die Strafprozeßordnung, 1900.

Mannheim, Hermann: Beiträge zur Lehre von der Revision wegen materiellrechtlicher Verstöße im Strafverfahren, 1925.
Marmann, Hans: Aufklärungspflicht durch Sachverständigengutachten und freie Beweiswürdigung, GA 1953 S. 136.
Marx, Michael: Die Verwertung präsenter Beweismittel nach neuem Recht, NJW 1981 S. 1415.
Mattern, Friedrich: Die »Wahrunterstellung« im Strafprozeß, Diss. Heidelberg 1933.
Maunz, Theodor / *Dürig,* Günter / *Herzog,* Roman / *Scholz,* Rupert: Grundgesetz, 5. Aufl., Loseblattkommentar, Stand September 1981.
Mayer, Hellmuth: Der Sachverständige im Strafprozeß, in: Festschrift für Edmund Mezger, 1954, S. 455.
Mayer-Alberti, Friedrich: Der Beweisermittlungsantrag, Diss. Bonn 1929.
Meder, Gustav Adolf: Die Ablehnbarkeit des Sachverständigenbeweises im Strafprozeß, Diss. Erlangen 1933.
Mehner, Ingo: Die Vernehmung von Verhörspersonen im deutschen Strafprozeß. Neue Kölner rechtswissenschaftliche Abhandlungen Heft 78, 1975.
Meilicke, Heinz: Der vom Staatsgeheimnis verhüllte V-Mann – Belastungszeuge? NJW 1963 S. 452.
Mengel, Friedrich-Wilhelm: Die Erhebung des Sachverständigenbeweises im Strafprozeß. Eine Untersuchung der richterlichen Befugnisse und Verpflichtungen aus § 78 StPO, Diss. Köln 1978.
Meves: Der Beweisantrag und seine prozeßrechtliche Behandlung, GA 40 (1982) S. 291, 416.
Meyer, Karlheinz: Die Ablehnung von Beweisanträgen auf Anhörung weiterer Sachverständiger im Strafverfahren, NJW 1958 S. 616.
Mezger, Edmund: Der psychiatrische Sachverständige im Prozeß. Beilageheft zu AcP Bd. 117 (1918).
Miltner, Ferdinand: Die Beweisanträge des Angeklagten in der Hauptverhandlung, Recht 1902 Sp. 568.
Mörsch, Richard: Zur Rechtsstellung des Beschuldigten und seines Verteidigers im Vorverfahren unter Berücksichtigung der Aufgaben des gesamten Strafverfahrens, Diss. Mainz 1968.
Mösl, Albert: Sachverständigengutachten und freie Beweiswürdigung im Strafprozeß, DRiZ 1970 S. 110.
Müller, Klaus: Der Sachverständige im gerichtlichen Verfahren. Handbuch des Sachverständigenbeweises, 2. Aufl., 1978.
Müller, Egon / *Fleck,* Georg: Der arme Angeklagte und § 245 StPO, ZRP 1969 S. 174.
von Münch, Ingo (Hrsg.): Grundgesetz-Kommentar, Bd. 1 (2. Aufl.) 1981; Bd. 2 1976; Bd. 3 1978.
Muskat, Eugen: Das Zeugniß vom Hörensagen im Deutschen Strafprozesse, GA 36 (1888) S. 281.

Niese, Werner: Doppelfunktionelle Prozeßhandlungen. Ein Beitrag zur allgemeinen Prozeßrechtslehre, 1950.
Niethammer, Emil: Der Kampf um die Wahrheit im Strafverfahren, in: Festschrift für Wilhelm Sauer, 1949, S. 26.
Nordmann, Eberhard: Die Beschaffung von Beweismitteln aus dem Ausland durch staatliche Stellen, 1979.
Nüse, Karl-Heinz: Zur Ablehnung von Beweisanträgen wegen Offenkundigkeit, GA 1955 S. 72.
— Zu den Beweisverboten im Strafprozeß, JR 1966 S. 281.

Oetker, Friedrich: Das Verfahren vor den Schwur- und den Schöffengerichten. Bd. III des von *Glaser* begründeten Handbuchs des Strafprozesses, 1907.
— Die Nebenklage, in: Rechtsgang III (1922) S. 241.
Oppler: Zur Ablehnung auf Augenscheinseinnahme gerichteter Beweisanträge im Strafprozeß, JW 1913 S. 673.
Oske, Ernst-Jürgen: Die Bescheidung von Beweisanträgen vor der Hauptverhandlung (§ 219 StPO), MDR 1971 S. 797.
Osmer, Jan-Dierk: Der Umfang des Beweisverwertungsverbotes nach § 136 a StPO, Diss. Hamburg 1966.
Otto, Harro: Grenzen und Tragweite der Beweisverbote im Strafverfahren, GA 1970 S. 289.

Panhuysen, Ursula: Die Untersuchung des Zeugen auf seine Glaubwürdigkeit. Neue Kölner Rechtswissenschaftliche Abhandlungen Heft 28, 1964.
Peters, Egbert: Der sogenannte Freibeweis im Zivilprozeß, 1962.
— Die Verwertbarkeit rechtswidrig erlangter Beweise und Beweismittel im Zivilprozeß, ZZP 76 (1963) S. 145.
Peters, Karl: Strafprozeß. Ein Lehrbuch, 3. Aufl., 1981.
— Beweisverbote im deutschen Strafverfahren. Gutachten für den 46. Deutschen Juristentag in Essen, Verh. 46. DJT 1966, Bd. I, Teil 3 A, S. 91.
Petry, Horst: Beweisverbote im Strafprozeß, 1971.
Pfeiffer, Gerd / *Maul,* Heinrich / *Schulte,* Benno: Strafgesetzbuch. Kommentar anhand der Rechtsprechung des Bundesgerichtshofes, 1969.
Pieper, Helmut: Richter und Sachverständiger im Zivilprozeßrecht, ZZP 84 (1971) S. 1.
Pleyer, Klemens: Schallaufnahmen als Beweismittel im Zivilprozeß, ZZP 69 (1966) S. 321.
Plötz, Winfried: Die gerichtliche Fürsorgepflicht im Strafverfahren, 1980.
Pryzwanski, Eugen: Auswirkungen des Vorhalte- und Verwertungsverbotes des Bundeszentralregistergesetzes im Strafrecht, Diss. Göttingen 1977.
Pusztai, László: Die Urkunde als Beweismittel im Strafverfahren. Eine rechtsvergleichende Darstellung, ZStW 91 (1979) S. 1096.

Raacke, Günter: Wahrunterstellung und Erheblichkeit, NJW 1973 S. 494.
Radbruch, Gustav: Wahrunterstellung im Strafprozeß, in: Die Reichsgerichtspraxis im deutschen Rechtsleben, 1929, Bd. V S. 202.
Rausche, Jens: Die Bedeutung des Art. 103 I GG für die Stellung des Angeklagten in der Hauptverhandlung der Tatsacheninstanz, Diss. Hamburg 1967.
Rebmann, Kurt / *Roth,* Werner / *Herrmann,* Siegfried: Gesetz über Ordnungswidrigkeiten. Loseblattkommentar, Stand Mai 1982.
Redecker, Hans-Dieter: Die Verwertung des Vernehmungsprotokolls in der Hauptverhandlung, Diss. Frankfurt 1972.
Reichhold, Walter: Die Revision aus prozessualen Gründen, 1927.
Rengier, Rudolf: Die Zeugnisverweigerungsrechte im geltenden und künftigen Strafverfahrensrecht, 1979.
— Grundlegende Verwertungsprobleme bei den §§ 252, 168 c, 251 StPO, Jura 1981 S. 299.
Richter, Willi: Ablehnung von Beweisanträgen auf Anhörung weiterer Sachverständiger im Strafverfahren, NJW 1958 S. 1125.
Rieger, Robert: Sachverständige Zeugen im Strafverfahren, Diss. Würzburg 1927.
Rieker, Robert: Die Ablehnung von Beweisanträgen in der Hauptverhandlung, Diss. Tübingen 1935.
Rieß, Peter: Die Stellung des Verteidigers beim Verzicht auf die Verwendung präsenter Beweismittel, NJW 1977 S. 881.

- Der Beschuldigte als Subjekt des Strafverfahrens in Entwicklung und Reform der Strafprozeßordnung, in: Vom Reichsjustizamt zum Bundesministerium der Justiz, Festschrift zum 100jährigen Gründungstag des Reichsjustizamts am 1. Januar 1877, hrsg. vom Bundesministerium der Justiz, 1977, S. 373.

Robert, Olivier: Der Augenschein im Strafprozeß, 1974.

Röhrich, Christian: Rechtsprobleme bei der Verwendung von V-Leuten im Strafprozeß, Diss. Erlangen–Nürnberg 1974.

Röther, Hans-Peter: Die Verwendung von Mitteilungen anonymer Gewährsleute im Strafprozeß, Diss. Marburg 1969.

Rogall, Klaus: Der Beschuldigte als Beweismittel gegen sich selbst. Schriften zum Prozeßrecht Bd. 49, 1977.

- Gegenwärtiger Stand und Entwicklungstendenzen der Lehre von den strafprozessualen Beweisverboten, ZStW 91 (1979) S. 1.

Roggemann, Herwig: Das Tonband im Verfahrensrecht. Göttinger rechtswissenschaftliche Studien Bd. 44, 1962.

Rosenberg, Leo / *Schwab,* Karl Heinz: Zivilprozeßrecht, 13. Aufl. 1981.

Rosenfeld, Ernst Heinrich: Der Reichs-Strafprozeß. Ein Lehrbuch, 4. und 5. Aufl., 1912.

- Deutsches Strafprozeßrecht, Bd. I und II, 1926.

Rostek, Holger: Soziologisches Gutachten als »präsentes« Beweismittel im Sinne des § 245 StPO, MDR 1976 S. 897.

Rotberg: Ordnungswidrigkeitengesetz, 5. Aufl., bearbeitet von Herbert *Kleinewefers,* Karl Heinz *Boujong* und Walter *Wilts,* 1975.

Roxin, Claus: Strafverfahrensrecht, 17. Aufl., 1982.

Rudolph, Kurt: Das Zusammenwirken des Richters und des Sachverständigen, Justiz 1969 S. 24, 49.

Rudolphi, Hans-Joachim: Die Revisibilität von Verfahrensverstößen im Strafprozeß, MDR 1970 S. 93.

- Grenzen der Überwachung des Fernmeldeverkehrs nach den §§ 100 a, b StPO, in: Festschrift für Friedrich Schaffstein, 1975, S. 433.

Rüping, Hinrich: Theorie und Praxis des Strafverfahrens. Grundriß für Studium und Praxis, 1979.

- Beweisverbote als Schranken der Aufklärung im Steuerrecht, Kölner Steuerthemen Heft 5, 1981.

Rupp, Erwin: Der Beweis im Strafverfahren. Ein Beitrag zur wissenschaftlichen Darstellung des deutschen Prozeßrechts, 1884.

Rupp, Hans-Heinrich: Beweisverbote im Strafprozeß in verfassungsrechtlicher Sicht. Gutachten für den 46. Deutschen Juristentag in Essen, Verh. 46. DJT 1966, Bd. I, Teil 3 A, S. 165.

Samuel, Georg: Die Ablehnbarkeit von Beweisanträgen und ihr Prinzip, Diss. Greifswald 1913.

Sarstedt, Werner: Die Revision in Strafsachen, 4. Aufl., 1962.

- Der Beweisantrag im Strafprozeß, DAR 1964 S. 307.

- Beweisverbote im Strafprozeß. Referat für den 46. Deutschen Juristentag in Essen, Verh. 46. DJT 1966, Bd. II, Teil F, S. 8.

- Beweisregeln im Strafprozeß, in: Berliner Festschrift für Ernst Hirsch, 1968, S. 171.

Sauer, Wilhelm: Grundlagen des Prozeßrechts, 2. Aufl., 1929. Neudruck 1970.

- Allgemeine Prozeßrechtslehre, 1951.

Schaefer, Siegbert: Zeugnis vom Hörensagen und freie Beweiswürdigung im Strafprozeß. Strafrechtliche Abhandlungen Heft 320, 1933.

Schäfer, Gerhard: Die Praxis des Strafverfahrens, 2. Aufl., 1980.
Schenk, Willibald: Der entbehrliche Beweis im Verfahren vor dem erkennenden Gericht, Diss. Heidelberg 1913.
Schlosky: Die Ablehnung von Beweisanträgen, JW 1930 S. 2505.
Schlüchter, Ellen: Das Strafverfahren, 1981.
Schmid, Werner: Die »Verwirkung« von Verfahrensrügen im Strafprozeß, 1967.
– Dienstliche Äußerungen als Mittel der Freibeweisführung im Strafprozeß, SchlHA 1981 S. 2.
– Über Eid und eidesstattliche Versicherung im strafprozessualen Freibeweisrecht, SchlHA 1981 S. 41.
Schmidhäuser, Eberhard: Zeugen, Sachverständige und Augenscheinsgehilfe, ZZP 72 (1959) S. 365.
Schmidt, Eberhard: Lehrkommentar zur Strafprozeßordnung und zum Gerichtsverfassungsgesetz. Teil I: Die rechtstheoretischen Grundlagen des Strafverfahrensrechts, 2. Aufl., 1964. – Teil II: Erläuterungen zur Strafprozeßordnung und zum Einführungsgesetz zur Strafprozeßordnung, 1957, mit Nachtragsband I (1967) und Nachtragsband II (1970). – Teil III: Erläuterungen zum Gerichtsverfassungsgesetz und zum Einführungsgesetz zum Gerichtsverfassungsgesetz, 1960.
– Die Verwendbarkeit von Tonbandaufnahmen im Strafprozeß, in: Gedächtnisschrift für Walter Jellinek, 1955, S. 625.
– Zulässigkeit und Verwendbarkeit von Tonbandaufnahmen im Strafverfahren, JZ 1956 S. 206.
– Die Sache der Justiz, 1961.
– Richter und Sachverständiger in ihrem Zusammenwirken bei kriminologischen Problemen, in: Psychopathologie heute, Festschrift für Kurt Schneider, 1962, S. 258.
Schmidt, Richard: Die außergerichtlichen Wahrnehmungen des Prozeßrichters, 1892.
Schmidt-Hieber, Werner: Richtermacht und Parteiherrschaft über offenkundige Tatsachen, Diss. Freiburg 1974.
Schmidt-Räntsch, Günther: Deutsches Richtergesetz, 2. Aufl., 1973.
Schneidewin, Karl: Zu der Entwicklung der Rechtsprechung des Reichsgerichts. – 3. Die Rechtsprechung in Strafsachen, in: *Lobe* (Hrsg.), Fünfzig Jahre Reichsgericht, 1929, S. 270.
– Der Urkundenbeweis in der Hauptverhandlung, JR 1951 S. 481.
Schönke / Schröder: Strafgesetzbuch. Kommentar. 21. Aufl., herausgegeben von Theodor *Lenckner,* Peter *Cramer,* Albin *Eser* und Walter *Stree,* 1982.
Schorn, Hubert: Der Strafrichter, 1960.
– Das Recht der Privatklage, 1967.
Schroeder, Friedrich-Christian: Die Beweisaufnahme im Strafprozeß unter dem Druck der Auseinandersetzung zwischen Ost und West, ROW 1969 S. 193.
Schröder, Horst: Die Ablehnung von Beweisanträgen aufgrund Wahrunterstellung und Unerheblichkeit, NJW 1972 S. 2105.
Schroth, Hans-Jürgen: Der Vorhalt eigener protokollierter Aussagen an den Angeklagten, ZStW 87 (1975) S. 103.
Schultz, R.: Die Gerichtskundigkeit von Tatsachen, in: Festgabe für Richard Schmidt, 1932 (Neudruck 1979), Bd. 1 S. 283.
Schultze, A. S.: Zur Lehre vom Urkundenbeweise, Grünhuts Zeitschrift 22 (1895) S. 70.
Schultz, Joachim: Die prozessuale Behandlung des Beweisermittlungsantrages, GA 1981 S. 301.
Schumacher, Karlheinz: Die Überwachung des Fernmeldeverkehrs im Strafverfahren, Diss. Hamburg 1976.

Schuster, Dietmar: Das Gutachten über die Glaubwürdigkeit von Zeugen im Strafprozeß, Diss. München 1966.
Schwarz, Otto: Beweiserhebung und gerichtliche Aufklärungspflicht im Strafprozeß, DJ 1940 S. 1287.
Schwenn, Johann: Was wird aus dem Beweisantrag? Strafverteidiger 1981 S. 631.
Schwinge, Erich: Grundlagen des Revisionsrechts, 2. Aufl., 1960.
Seibert, Claus: Beweisanträge, NJW 1960 S. 19.
– Beweisanträge (Zeugen und Sachverständige) im Strafverfahren, NJW 1962 S. 135.
Selmer, Peter: Steuerrecht und Bankgeheimnis, 1981.
Sendler, Horst: Die Verwertung rechtswidrig erlangter Beweismittel im Strafprozeß mit Berücksichtigung des anglo-amerikanischen und des französischen Rechts, Diss. Berlin 1956.
Siegert, Karl: Die Prozeßhandlungen, ihr Widerruf und ihre Nachholung, 1929.
– Verwertung rechtmäßiger Tonbandaufnahmen im Strafprozeß, GA 1957 S. 265.
Simader, Walter: Die Ablehnung von Beweisanträgen in der Hauptverhandlung. Würzburger Abhandlungen zum deutschen und ausländischen Prozeßrecht Heft 27, 1933.
Solbach, Günter / *Vedder,* Axel: Der Anspruch auf Beweiserhebung in der Hauptverhandlung in Strafsachen, JA 1980 S. 99, 161.
Spendel, Günter: Wahrheitsfindung im Strafprozeß, JuS 1964 S. 465.
– Beweisverbote im Strafprozeß, NJW 1966 S. 1102.
Sprang, Irmgard: Die Zulässigkeit des Beweises durch Zeugen vom Hörensagen, insbesondere im Rahmen des § 252 StPO, Diss. Göttingen 1960.
von Stackelberg, Curt Freiherr: Zur Wahrunterstellung in der strafrechtlichen Revision, in: Festschrift für Werner Sarstedt, 1981, S. 373.
Steffen, Otto: Die Verletzung des § 219 StPO als Revisionsgrund, Diss. Marburg 1963.
Stegmann, Thorolf: Behördlich geheimgehaltene Zeugen als Beweismittel im Strafprozeß, Diss. Tübingen 1967.
Stein, Friedrich: Das private Wissen des Richters. Untersuchung zum Beweisrecht beider Prozesse, 1893. Neudruck 1969.
Stein / Jonas: Kommentar zur Zivilprozeßordnung, 19. Aufl., bearbeitet von Wolfgang *Grunsky,* Dieter *Leipold,* Wolfgang *Münzberg,* Peter *Schlosser* und Ekkehard *Schumann,* 1972 ff.
Stenglein, M.: Kommentar zur Strafprozeßordnung für das Deutsche Reich, 3. Aufl., 1898.
– Über Zeugenbeweisanträge im Strafverfahren, ZStW 10 (1890) S. 475.
– Der Beweis des Rechts im Strafverfahren, GerS 43 (1890) S. 284.
– Anfechtbare und unanfechtbare Feststellungen im deutschen Strafprozeß, GerS 46 (1892) S. 1.
Stock, Ulrich: Strafprozeßrecht (Grundriß), 1952.
Stree, Walter: In dubio pro reo, 1962.
Stützel, Karl: Der Beweisantrag im Strafverfahren. Würzburger Abhandlungen zum deutschen und ausländischen Prozeßrecht Heft 24, 1932.
Sydow, Fritz: Kritik der Lehre von den »Beweisverboten«, 1976.
Systematischer Kommentar zum Strafgesetzbuch von Hans-Joachim *Rudolphi,* Eckhard *Horn,* Erich *Samson.* Loseblattkommentar, 4. Aufl., Stand April 1982 (Bd. I), September 1982 (Bd. II).

Tenckhoff, Jörg: Die Wahrunterstellung im Strafprozeß. Schriften zum Strafrecht Bd. 36, 1980.
Thelen, Eduard: Der Umfang der Beweisaufnahme im Strafprozeß und die zulässigen Beschränkungen, Diss. Köln 1928.
Thomas, Heinz / *Putzo,* Hans: Zivilprozeßordnung, 12. Aufl., 1982.

Tiedemann, Klaus: Zur verfassungsrechtlichen Bedeutung der Vernehmung mittelbarer Zeugen im Strafprozeß, MDR 1963 S. 456.
– Zum Fortgang des Streites um die Zulassung von V-Leuten im Strafprozeß, MDR 1965 S. 870.
– Zeugen vom Hörensagen im Strafverfahren – BGHSt. 17, 382, JuS 1965 S. 14.
– Privatdienstliche Ermittlungen im Ausland – strafprozessuales Verwertungsverbot? in: Festschrift für Paul Bockelmann, 1978, S. 819.
Többens, Hans Werner: Der Freibeweis und die Prozeßvoraussetzungen im Strafprozeß, Diss. Freiburg 1979.
– Der Freibeweis und die Prozeßvoraussetzungen im Strafprozeß, NStZ 1982 S. 184.
Traub, Fritz: Die Behandlung übergangener, nach § 219 StPO gestellter Beweisanträge, NJW 1957 S. 1095.
Traulsen, Reinhart: Die Aufklärungsrüge des Verteidigers, Diss. Kiel 1974.
Tremml, Bernd: Die Rechtswirkungen der Straftilgung – Das Verwertungsverbot des § 49 BZRG, Diss. Mannheim 1976.
Tröndle, Herbert: Der Sachverständigenbeweis, JZ 1969 S. 374.

Ullmann, Emanuel: Lehrbuch des deutschen Strafproceßrechts, 1893.
Undeutsch, Udo: Die Entwicklung der gerichtspsychologischen Gutachtertätigkeit, 1954.
– Zur Problematik der psychologischen Sachverständigen, in: Festschrift für Richard Lange, 1976, S. 703.

Völcker, Hans: Die Ablehnung von Beweisanträgen im Strafprozeß, Diss. Bonn 1931.
Vogtherr, Ernst: Die Verlesung in der Hauptverhandlung, 1930.
Volk, Klaus: Prozeßvoraussetzungen im Strafrecht. Zum Verhältnis von materiellem Recht und Prozeßrecht, 1978.

Waag, Ernst: Das Prinzip der materiellen Wahrheitserforschung im Strafprozeß, Diss. Erlangen 1908.
Wach, Adolf: Vorträge über die Reichs-Civilprozeßordnung, 2. Aufl., 1896.
Wagner, Gert: Die Wahrunterstellung im Strafverfahren, Diss. Freiburg 1950.
Walder, Hans: Die Vernehmung des Beschuldigten, 1965.
Walter, Gerhard: Freie Beweiswürdigung. Eine Untersuchung zu Bedeutung, Bedingungen und Grenzen der freien richterlichen Überzeugung, Tübinger rechtswissenschaftliche Abhandlungen Bd. 51, 1979.
Warda, Günter: Dogmatische Grundlagen des richterlichen Ermessens, 1962.
Weber, Ulrich: Der Mißbrauch prozessualer Rechte im Strafverfahren, GA 1975 S. 289.
Weigelt, Werner: Der Beweisantrag in Verkehrsstrafsachen, DAR 1964 S. 314.
Weimann, Kurt: Der sachverständige Zeuge, Diss. Breslau 1929.
Weinmann, Hans-Joachim: Das Tonband als Beweismittel im Strafprozeß, Diss. Mainz 1959.
Weiß, Manfred: Heimliche Tonbandaufnahmen durch Strafverfolgungsorgane, Diss. Erlangen–Nürnberg 1976.
Wellmann, Carl R. (Hrsg.): Der Sachverständige in der Praxis, 4. Aufl., 1981.
Wenner, Gerd: Die Aufklärungspflicht gem. § 244 Abs. 2 StPO, 1982.
Welp, Jürgen: Die strafprozessuale Überwachung des Post- und Fernmeldeverkehrs, 1974.
– Zufallsfunde bei der Telefonüberwachung, Jura 1981 S. 472.
Wessels, Johannes: Die Aufklärungsrüge im Strafprozeß, JuS 1969 S. 1.
Westhoff, Ursula: Über die Grundlagen des Strafprozesses mit besonderer Berücksichtigung des Beweisrechts. Neue Kölner Rechtswissenschaftliche Abhandlungen Heft 1, 1955.
Wieczorek, Bernhard: Zivilprozeßordnung und Nebengesetze, 2. Aufl., 1975 ff.

Wiener: Zur Lehre vom eventuellen Beweisantrag, ZStW 42 (1920) S. 592.
Willms, Günther: Wesen und Grenzen des Freibeweises, in: Ehrengabe für Bruno Heusinger, 1968, S. 393.
– Zur Problematik der Wahrunterstellung, in: Festschrift für Karl Schäfer, 1980, S. 275.
Wömpner, Hans-Bernd: Zum Urkundenbeweis mit Fotokopien und anderen Reproduktionen, MDR 1980 S. 889.
Wolschke, Heinz Günther: Leitgesichtspunkte zur Sachverständigenbeiziehung im Strafprozeß, Diss. Freiburg 1973.
Wroblewski, Herbert: »Freibeweis« im Strafverfahren? Diss. Jena 1935.
Wüst, Herbert: Richter und psychologischer Sachverständiger im Strafprozeß, Diss. München 1968.

Ziegler, Gerhard: Urkundenbeweis und Mündlichkeit des Verfahrens nach deutschem und französischem Strafprozeßrecht, Diss. Berlin 1934.
Ziegler, Wolfgang: Zweckmäßigkeitstendenzen in der höchstrichterlichen Auslegung des Beweisrechts im Strafverfahren, 1969.
Zipf, Heinz: Strafprozeßrecht, 2. Aufl., 1977.

Sachregister

A

Abbestellung s. Zeugen
Abbildungen 229
 s. a. Lichtbilder
Abführung von Mehrerlös 848
Abgeordnete
 Immunität der –n 120, 175
 – als Zeugen 138, 175
 Zeugnisverweigerungsrecht der –n 452
Abhören von Gesprächen 515, 520 Fußn. 669
Abhörgeräte 516
Ablehnung wegen Befangenheit
 – von Augenscheinsgehilfen 227
 – von Richtern 123
 – von Sachverständigen 105, 129, 161, 189, 213, 227
Ablehnungsbegründung
 – bei Augenscheinsbeweisanträgen 764
 – bei Bedeutungslosigkeit 656, 760
 – bei Beweisanträgen vor der Hauptverhandlung 356 ff.
 – bei Beweisanträgen im Zwischenverfahren 344 ff.
 – bei mehreren Beweisanträgen 737
 – bei Erwiesensein 761
 – bei Offenkundigkeit 569, 760
 – bei Sachverständigenbeweisanträgen 763
 – bei Unerreichbarkeit 762
 – bei Unzulässigkeit 760
 – bei Verschleppungsabsicht 762
 – bei völliger Ungeeignetheit 761
 – bei Wahrunterstellung 669, 763
Ablehnungsbeschluß 753, 756 ff.
 Änderung des –es 772
 Anspruch auf Abschrift des –es 766
 Auslegung des –es 758
 Austausch der Gründe des –es 772, 847
 Bezugnahmen im – 757
 Bindung des Vorsitzenden an – 775
 Ergänzung des –es 772
 Mitwirkung des als Zeugen benannten Richters am – 176, 638

 – bei präsenten Beweismitteln 830
 – im Zwischenverfahren 345
 s. a. Ablehnungsbegründung, Ablehnungsgründe, Bekanntmachung, Bescheidung, Protokollierung
Ablehnungsgründe
 Ablehnung eines Beweisantrags aus mehreren –n 758
 Austausch der – 658, 678, 687, 908
 – für Beweisanträge nach Aktenvorlage oder Verweisung 368
 – für Beweisanträge in der Hauptverhandlung 409 ff.
 – für Beweisanträge zur Vorbereitung der Hauptverhandlung 355 ff.
 – für Beweisanträge im Zwischenverfahren 344
 – im Bußgeldverfahren 840 ff.
 Einteilung der – 409
 – im vereinfachten Jugendverfahren 838
 Katalog der – 409, 413
 kein Nachschieben der – in den Urteilsgründen 758, 765, 908
 – bei präsenten Beweismitteln 824 ff.
 – im Privatklageverfahren 834
 Prüfung der – durch das Revisionsgericht 161, 898 ff.
 Reihenfolge der Prüfung der – 410
 – im Übernahmeverfahren der Jugendkammer 349
 Verzicht auf Bekanntgabe der – in der Hauptverhandlung 367, 767
 maßgebender Zeitpunkt für Vorliegen der – 644, 755 ff.
 s. a. Ablehnungsbegründung, Ablehnungsbeschluß, Augenschein, Bedeutungslosigkeit, Erwiesensein, Offenkundigkeit, Präsente Beweismittel, Sachverständige, Unerreichbarkeit, Unzulässigkeit, Verschleppungsabsicht, Völlige Ungeeignetheit, Wahrunterstellung
Ablichtungen s. Fotokopien
Abrechnungsstreifen 463

Abschriften
Anspruch auf Erteilung von – des Ablehnungsbeschlusses 766
– als Gegenstände des Urkundenbeweises 130, 248
s. a. Fürsorgepflicht, Sitzungsprotokoll, Urkunden, Verlesung
Absichtsurkunden s. Urkunden
Abstandsprüfungen 560
Abstimmungen 439, 440, 565, 566
Abtrennung des Verfahrens 182, 183, 796
Abwesenheitsverhandlung s. Angeklagte
agent provocateur 482
Akten 79, 84, 85, 145, 238, 316, 328
s. a. Präsente Beweismittel, Urkundensammlungen
Akteninhalt s. Verwertung des Akteninhalts
Aktenkundigkeit 546
Aktenstudium 238, 532
Aktenvermerke 269, 271, 300, 302, 310, 654
Aktenvorlage
Fristbestimmung bei – 367
Pflicht zur – 473
– bei Unzuständigkeit 365 ff.
Alibibeweis 542, 578, 665
s. a. Indiztatsachen
Alkoholtest 99
Alkoholverträglichkeit s. Gutachten
Allgemeingültigkeit s. Erfahrungssätze
Allgemeinkundigkeit 534 ff.
Ausschluß der – für unmittelbar beweiserhebliche Tatsachen 541
Begriff der – 534 ff., 567
Begründung der Antragsablehnung wegen – 760
beschränkte – 536 ff., 548, 571, 898
– von Erfahrungssätzen 554 ff., 693
– trotz Notwendigkeit v. Ermittlungen 535
Erörterung der – in der Hauptverhandlung 569 ff.
Freibeweis zur Feststellung der – 535 Fußn. 32, 543
– von Indiztatsachen 542
Kenntnis des Gerichts von der – 543 ff.
– bei Kollegialgerichten 563 ff.
Prüfung des Revisionsgerichts bei Antragsablehnung wegen – 898
Quellen der – 537, 539, 557
– von Tatsachen 534 ff., 538 ff.
– der Verneinung von Tatsachen 539
s. a. Offenkundigkeit

Amnesie s. Retrograde Amnesie
Amnestiegesetze s. Straffreiheitsgesetze
Amtshilfe 474
Amtsträger 439, 475
Amtsverschwiegenheit s. Richter, Verschwiegenheitspflicht
Anfechtungsberechtigung
– des Angeklagten bei Beweisanträgen von Mitangeklagten 386, 872
– des Antragstellers 870
– des Nebenklägers 782
– des Prozeßgegners 373, 873
– der Staatsanwaltschaft 870
s. a. Beschwer
Angehörige s. Belehrung, Zeugen, Zeugnisverweigerungsrecht
Angeklagte
Abwesenheit des –n 318, 805
Alter des –n als doppelrelevante Tatsache 131
– als Augenscheinsobjekte 167 Fußn. 21
Ausbleiben des –n in der Berufungsverhandlung 124, 160, 162
Ausbleiben des –n in der Hauptverhandlung 123, 161
Anspruch des –n auf Benachrichtigung von kommissarischen Vernehmungen 510
Beurlaubung des –n 183, 265
Beweisantragsrecht des –n 352, 375
– als Beweismittel 167
Einlassung des –n als Grundlage der Überzeugungsbildung 181, 598
Entschädigung des –n 119, 135 ff.
Verlesung von Erklärungen des –n 144, 287, 310
vom Erscheinen entbundene – 258, 265, 352, 361, 390, 768, 805, 815 Fußn. 4, 862
Erscheinungsbild des –n in der Hauptverhandlung 236
Fahrtüchtigkeit des –n 711
Feststellung des Alters des –n 158
Feststellung der persönlichen Verhältnisse des –n 435
Geisteskrankheit des –n als doppelrelevante Tatsache 131
Geschäftsfähigkeit des –n 375
Kommissarische Vernehmung des –n 390
Stillschweigen des –n zu Erklärungen des Verteidigers 265
Unterbringung des –n zur Beobachtung 100, 161, 736

Verlesung von Urkunden durch – 314
Verlöbnis des –n mit Zeugin 161
Verwirkung von Mitwirkungsrechten des nicht erschienenen –n 265, 805
– können nicht Zeugen sein 181, 427
Zustimmung des –n zur Urkundenverlesung 265
s. a. Aussagefreiheit, Belehrung, Berufungsverhandlung, Beweisaufnahme, Gesetzliche Vertreter, Geständnis, Gutachten, Mitangeklagte, Schuldfähigkeit, Untersuchung, Verhandlungsfähigkeit, Verlesung, Vernehmungsprotokolle, (allseitiger) Verzicht

Anhangsverfahren
Antragsteller im – als Zeugen 187
Beweisantragsrecht des Antragstellers im – 118, 375
Feststellungen zur Entschädigung im – 118
Schätzungen im – 852

Anklageschrift
Feststellung des Bestehens und der Wirksamkeit der – 120
Vorlegung der – an das Gericht 343
Zustellung der – 343

Anknüpfungstatsachen s. Gutachten

Anordnung der Beweisaufnahme s. Beweisaufnahme

Anschlußerklärung s. Beweisantrag, Hilfsbeweisantrag

Anträge
– auf Ablehnung von Sachverständigen wegen Befangenheit 105
– auf Anordnung von Beschlagnahmen und Durchsuchungen 39, 68, 87
Unabhängigkeit der Aufklärungspflicht von –n der Prozeßbeteiligten 21, 25
– auf Einholung einer amtlichen Auskunft 54
– auf Herbeiführung der Aussagegenehmigung 103
– auf Ausübung des Fragerechts 106
– auf Aussetzung der Verhandlung 39, 68, 86, 105
– auf Herbeiziehung von Akten 39, 79, 84
– auf Herbeiziehung von Gegenständen 85
– auf Ladung von Sachverständigen zur Augenscheinseinnahme 340

Pflicht des Gerichts zur Entgegennahme von –n 372
– auf Verwendung präsenter Beweismittel 788, 793, 820 ff.
– auf Vereidigung von Zeugen 104
– auf Vernehmung gestellter Zeugen 817
– auf Vorladung von Beweispersonen zur Berufungsverhandlung 289
– auf Zwangsmaßnahmen gegen Zeugen 105
s. a. Augenschein, Beweisanregung, Beweisantrag, Beweisermittlungsantrag, Präsente Beweismittel, Sachverständige, Urkundenbeweis, Zeugen

Antragsberechtigung s. Beweisantrag
Anwaltliche Versicherung 156
Ärzte
Amts– als Zeugen 188
behandelnde – als Zeugen 188
Gerichts– 298, 729 Fußn. 59
Röntgen– 210
– als Sachverständige 123, 210, 219, 236
– als sachverständige Zeugen 220
Heranziehung von –n zur Untersuchung von Frauen 226
s. a. Gerichtsmediziner, Sachverständige

Ärztliche Atteste 305 ff.
Ärztliche Berichte über Blutprobenentnahmen 309
Aufenthaltsermittlung s. Zeugen
Aufklärungspflicht
– und Augenscheinseinnahme 224, 740, 744, 747, 788
Aussetzung des Verfahrens und – 457
Bedeutung der – 20
– bei behördlichen Erklärungen 296
– im Berufungsverfahren 287, 294
– bei Beweisanregungen ieS 93, 96, 98
– bei Beweisanregungen im Freibeweis 148
– bei verspätet gestellten Beweisanträgen 388
Beweisantragsrecht und – 26 ff., 29 ff., 32 ff., 65, 371, 737
– bei Beweiserbieten 72
– bei Beweisermittlungsanträgen 87 ff., 823
– und mittelbare Beweisführung 461, 471
– und freie Beweiswürdigung 22
– im Bußgeldverfahren 842 ff.
Durchsetzung der – 23 ff.

933

– im Ermittlungsverfahren 335 ff., 340
– beim Freibeweis 149
– als übergeordneter Gesichtspunkt 19, 260 Fußn. 79
– bei Beweisaufnahme über richterliches Geständnis 282
– als Grundlage des Beweiserhebungsanspruchs 21 ff., 371
– als Grundlage der Fürsorgepflicht 393, 398
– und Offenkundigkeit des Gegenteils der Beweisbehauptung 532, 568
– im Privatklageverfahren 834
Bestellung eines bestimmten Sachverständigen aufgrund der – 208
Anhörung weiterer Sachverständiger aufgrund der – 722, 729, 734, 737
– bei Schätzungen 849
– bei schriftlich gestellten Beweisanträgen 381
Umfang der – 20
Unabhängigkeit der – von Anträgen der Prozeßbeteiligten 21, 25, 26, 249, 855
Unabhängigkeit der – von tatsächlichen Behauptungen der Prozeßbeteiligten 598
– bei Unerreichbarkeit des Beweismittels 32, 626, 629 Fußn. 83, 630, 633
Verstoß gegen – bei Unterlassen von Hinweisen 857, 859
– beim Urkundenbeweis 329
Verbot der Beweisantizipation bei der – 28 ff., 412
Vernehmung gestellter Zeugen aufgrund – 817
– trotz Verschleppungsabsicht des Antragstellers 641
Kein Verzicht auf Beachtung der – 21
– als Grenze der Wahrunterstellung 651, 653, 661, 662, 665, 666, 668, 670 ff., 674
– nach Zurücknahme des Beweisantrags 407

Aufklärungsrüge
– bei fehlerhafter Behandlung von Beweisanträgen nach Aktenvorlage oder Verweisung 865
– bei fehlerhafter Behandlung von Beweisanträgen im Ermittlungsverfahren 856
– bei fehlerhafter Behandlung von Beweisanträgen zur Vorbereitung der Hauptverhandlung 858

– bei fehlerhafter Behandlung von Beweisanträgen im Zwischenverfahren 857
– bei Nichtbeachtung eines Beweiserbietens 74
– bei Ablehnung von Beweisermittlungsanträgen 90
Nachholung unterlassener Beweisanträge durch die – 25
– bei Verletzung der Fürsorgepflicht 856 ff., 877
Prüfung der – unter dem Gesichtspunkt der Verletzung des Beweisantragsrechts 868
Rechtsgrundlagen der – 23 ff., 27
»reine« –n 23 ff.
Notwendiges Revisionsvorbringen bei der – 856 ff., 860, 877
die – in der RG-Rechtsprechung 23 ff., 27
Rüge von Rechtsfehlern bei der Behandlung eines Beweisantrags als – 868
s. a. Revisionsvorbringen, Verwertung des Akteninhalts

Aufruf von Zeugen und Sachverständigen 785

Aufzeichnungen
technische – 233
Verwertbarkeit von – 514
– von Zeugen 281

Augenschein
Begriff des –s 221
gemischter oder zusammengesetzter – 212, 226
– am Menschen 165
Arten der Wahrnehmung beim – 221
nicht »aufgesuchte« Wahrnehmungen beim – 222

Augenscheinsbeweis
Abgrenzung des –es vom Urkundenbeweis 222, 231
Ablehnung von Anträgen auf – 739 ff., 764
Austauschbarkeit des –es gegen andere Beweise 224, 741 ff., 788
Anträge auf – als Beweisermittlungsanträge 79, 81, 739 Fußn. 3
Form des –es 238 ff.
Freibeweis für Vorbereitung der Entscheidung über Anträge auf – 130
Prüfung des Revisionsgerichts bei Ablehnung von Anträgen auf – 905

– zur Klärung von Rechtsfragen 428
Substantiierung des Antrags auf – 53
Ausnahmen vom Verbot der Beweisantizipation beim – 413, 419, 420, 743 ff.

Augenscheinseinnahme
– außerhalb des Gerichtsbezirks 239
Begriff der – 221, 223
gerichtliche – 239 ff.
– im Gerichtssaal 239
Leichenöffnung als richterliche – 226
bei –n angefertigte Lichtbilder und Skizzen 230, 232
– bei Ortsbesichtigungen 239, 256, 742
Protokollierung der – 240
– durch Revisionsgericht 153 Fußn. 5
– durch beauftragten oder ersuchten Richter 224, 257
Verbindung der – mit Durchsuchung 258
Verfahren bei –n 238
Verlesung des Protokolls über eine – 256 ff.
– zur Vorbereitung der Hauptverhandlung 351, 352
richterliche – im Vorverfahren 257
– von Zeugen bei Zeugnisverweigerung 452
s. a. Besichtigungen, Informatorische Besichtigungen, Ortsbesichtigungen, Protokollierung, Verkehrsstrafsachen, Zeugenbeweis

Augenscheinsgegenstände 229 ff.
Abbildungen als – 229
Angeklagte als – 167 Fußn. 21
technische Aufzeichnungen als – 233
– als Beweismittel 166
– als herbeigeschaffte Beweismittel 788, 819
Darstellungen als – 229
Experimente als – 169, 235
Fahrtschreiberdiagramme als – 234
Filme als – 229, 459
Lichtbilder als – 223, 225, 229, 459, 742, 744
Mitnahme von –n ins Beratungszimmer 240
Modelle als – 223, 743
Personen als – 169, 171, 229, 236, 452
Rekonstruktionen des Tatverlaufs als – 235
Schallplatten als – 231

Skizzen als – 223, 225, 232, 459, 463, 464, 742
Tonbandaufnahmen als – 231, 459, 522
unerreichbare – 634
Urkunden als – 234, 242, 244, 245
– als Vernehmungshilfen 223, 225
Versuche als – 235
Videoaufnahmen als – 229
völlig ungeeignete – 609
Vorgänge als – 229, 235
Zeichnungen als – 223, 232, 459, 464, 742

Augenscheinsgehilfen 225 ff.
Antrag auf Heranziehung eines – 742
keine Anwendung des § 136a auf – 483
Beweismitteleigenschaft des – 225 ff.
– als Zeugen 173, 218, 228, 420

Augenscheinsprotokolle
Mitverlesung von Erklärungen in –n 258
– als Protokollanlagen 258
Verlesungen von –n 224, 256 ff.

Ausbleiben s. Angeklagte, Hauptverhandlung, Zeugen

Ausforschungsanträge 67, 425, 639
Ausforschungsbeweise 67, 397 Fußn. 21, 779 Fußn. 13

Auskünfte
behördliche – 54, 473 ff., 475, 742 Fußn. 20
Einholung von –n zur Feststellung des ausländischen Rechts – 139
Einholung von – durch das Revisionsgericht 155
freibeweisliche – 143, 145, 155
– von Kreditinstituten 476
polizeiliche – 87, 301
schriftliche – von unerreichbaren V-Leuten 626
schriftliche – von unerreichbaren Zeugen im Ausland 629 Fußn. 83
telefonische – 143, 144, 151
– als Gegenstände des Urkundenbeweises 169
s. a. Anträge, Verlesung

Auskunftsersuchen 624
Auskunftspersonen
Absehen von erneuter Ladung von – zur Berufsverhandlung 287
– als Beweismittel 168
nicht zu ermittelnde – 260
– im Freibeweis 146
gebrechliche – 261

geisteskrank gewordene – 260
vom Gericht geladene – 782
kranke – 261
Namhaftmachung der geladenen – 817
schriftliche Erklärungen von – 165, 280, 461 ff., 468, 469
Umfang der Befragung präsenter – 795
Unzumutbarkeit des Erscheinens von – 263
Verdächtige als – 168 Fußn. 26
Verlesung von Urkunden durch – 314
nicht vernehmungsfähige – 261, 269 ff.
Zeugen als – 171
s. a. Beweispersonen, Sachverständige, Vereidigung, Zeugen
Auskunftspflicht des Gemeinschuldners 511
Auskunftsverweigerung durch Behörden 624
Auskunftsverweigerungsrecht des Zeugen 161, 184, 450, 467, 493, 505
s. a. Belehrung
Auslagen der Beteiligten 119, 133
s. a. Freibeweis
Ausland s. Ladung, Rechtshilfeverkehr, Unerreichbarkeit, Vernehmungsprotokolle
Ausländer 439
Auslandsreise durch Gericht 632
Ausländisches Recht s. Auskünfte, Freibeweis, Recht
Auslegung
– des Ablehnungsbeschlusses 758
– zugunsten des Antragstellers 751
– von Gedankenäußerungen 197
Grundlagen der – 750
– des geltenden Rechts 136, 428
– des Sitzungsprotokolls 885
– der Verzichtserklärung 810
Vorrang der Fragepflicht vor der – 750
s. a. Beweisanregung, Beweisantrag, Beweiserbieten, Beweisermittlungsantrag
Auslieferungsrechtliche Beschränkungen 120
Aussagefreiheit
– im Freibeweis 151
– im Steuerstrafverfahren 497
– im Strafprozeß 493, 495
Aussagegenehmigung
Antrag auf Herbeiführung der – 103
Aussetzung des Verfahrens zur Einholung der – 457

Aussetzung des Verfahrens zwecks Gegenvorstellungen oder Klage gegen Versagung der – 86
keine – für Beratungsgeheimnisse 440
Beschränkung der – 457
Bindung des Gerichts an Verweigerung der – 456 ff.
Klage gegen Versagung der – 457
Pflicht des Gerichts zur Einholung der – 103, 456
Unzulässigkeit der Beweiserhebung bei Verweigerung der – 456
Widerruf der – 467
Aussageverweigerung s. Unzulässigkeit, Zeugnisverweigerungsrecht
Ausschließung
– des Richters 123, 176, 638
– des Sachverständigen 342
– des Verteidigers 125, 185
Ausschluß der Öffentlichkeit 122
Aussetzung s. Anträge, Aussagegenehmigung, Beweisantrag, Hauptverhandlung, Unerreichbarkeit, Verschwiegenheitspflicht
Ausspähung 516
Austausch des Beweismittels s. Beweismittel, Verbot der Beweisantizipation
Austauschbarkeit s. Ablehnungsgründe, Augenscheinsbeweis, Beweismittel, Beweispersonen, Sachverständige
Auswechslung der Ablehnungsgründe s. Ablehnungsgründe, Revisionsgericht
Automatische Kamera 230

B

Bankangestellte 476
Bankgeheimnis 476
Beanstandung der Sachleitung s. Vorsitzende
Bedeutungslosigkeit der Beweistatsache 574 ff.
Abgrenzung der – zur Wahrunterstellung 575, 590, 650 ff.
– ist kein zwingender Ablehnungsgrund 426
keine Abweichung von der Annahme der – im Urteil 593
Begriff der – 579, 826
Begründung des Ablehnungsbeschlusses bei – 656, 760

Verstoß gegen Denkgesetze bei Annahme der – 899
– bei Indiztatsachen 588 ff.
– wegen Mangels am äußeren Tatbestand 582
– bei präsenten Beweismitteln 825 ff.
Prüfung des Revisionsgerichts bei Ablehnung wegen – 899
– aus rechtlichen Gründen 426, 580 ff., 798, 827
– zum Rechtsfolgenausspruch 586 ff.
– wegen fehlender Rechtswidrigkeit 583
– wegen fehlenden Sachzusammenhangs 426, 587 ff., 799 ff., 826, 827
– wegen fehlender Schuldfähigkeit 585
– wegen Strafausschließungs- oder Strafaufhebungsgründen 583
– aus tatsächlichen Gründen 587 ff.
– wegen Unbeweisbarkeit der inneren Tatseite 584
Unvereinbarkeit der – mit Wahrunterstellung 655 ff., 758 Fußn. 41
Verlegung der Entscheidung über die – in die Urteilsberatung 657
– wegen Fehlens der Verantwortungsreife 583
– und Verbot der Beweisantizipation 412, 589
– wegen Vorliegens eines Prozeßhindernisses 581
– wegen fehlender Zugehörigkeit zum Tatbestand 582
Bedingter Antrag s. Beweisantrag, Beweisermittlungsantrag, Hilfsbeweisantrag
Befragung s. Fürsorgepflicht, Informatorische Befragungen
Befundtatsachen s. Gutachten
Beglaubigungsvermerke s. Behörden
Begründung s. Ablehnungsbegründung, Revisionsvorbringen
Behauptung von Tatsachen s. Beweisantrag
Behörden
Akten von – 85
Auskünfte durch – 54, 422, 473 ff., 475
Auskunftsverweigerung durch – 624
Beglaubigungsvermerke der – 248
Begriff der – 296
Beispiele für – 297
Erklärungen öffentlicher – 96, 169, 257, 295 ff., 298 ff., 308
Ermächtigungen der – 120

Gutachten öffentlicher – 96, 208, 298 ff., 302
Leumundszeugnisse öffentlicher – 203, 302 ff.
Pflicht der – zur Abgabe von Gutachten und Zeugnissen 301
Pflicht der – zur Verfügungstellung möglichst guter Beweismittel 624
schriftliche Stellungnahmen gegenüber – 310
Strafverlangen der – 120
Sicherheitsbedenken der – bei Preisgabe von V-Leuten 625
Verschwiegenheitspflicht der – 473 ff.
Zeugnisse öffentlicher – 298 ff., 301
Behördenvertreter als Sachverständige 208, 721 Fußn. 8
Beiakten 155
Beistand
Beweisantragsrecht des –s 378, 425
Ehegatte als – 803
gesetzlicher Vertreter als – 186, 378, 425
– als Zeuge 186
Zustimmung des –s zur Protokollverlesung 291
s. a. (allseitiger) Verzicht, Zeugen
Bekanntgabe
– des Beweisantrags des Angeklagten an Prozeßgegner 358
– des wesentlichen Urkundeninhalts 323
Bekanntmachung des Ablehnungsbeschlusses
– bei Abwesenheit des Angeklagten 768
– in der Hauptverhandlung 764 ff.
– vor der Hauptverhandlung 357
– im Vorverfahren 337, 342
Zeitpunkt der – 764
– im Zwischenverfahren 345
Belauschen von Gesprächen 515
Belehrung
– der Angehörigen über Untersuchungsverweigerungsrecht 491
– des Angeklagten über Beweisantragsrecht bei Aktenvorlage oder Verweisung 367
– des Beschuldigten über Aussagefreiheit 493 ff.
– des Beschuldigten über Beweisantragsrecht 336, 338
– des Beschuldigten über Freiwilligkeit

der Mitwirkung bei körperlichen Untersuchungen 490
– des Beschuldigten im Steuerstrafverfahren 497
keine Fernwirkung des Verstoßes gegen –spflicht 488
Feststellung der – durch den Vernehmungsrichter 127
– des gesetzlichen Vertreters 487, 492
– des Gewahrsamsinhabers 493
– über Nichtdurchsetzbarkeit eines Herausgabeverlangens 492
unrichtige – über Auskunfsverweigerungsrecht 490, 798
unrichtige – über Zeugnisverweigerungsrecht 488, 498, 798
– des Zeugen über Auskunftsverweigerungsrecht 264, 489
– des Zeugen über Eidesverweigerungsrecht 276
– des Zeugen über Erforderlichkeit der Einwilligung in Untersuchungen 491
– des Zeugen über Zeugnisverweigerungsrecht 486 ff., 498
s. a. Beweisverwertungsverbote, Einverständnis

Benachrichtigungspflichten
– von ausländischen Vernehmungen 268
Einverständnis mit Nichteinhaltung von – 509 ff.
– von kommissarischen Vernehmungen 510
– von richterlichem Augenschein im Ermittlungsverfahren 337, 341
– von richterlichen Vernehmungen im Ermittlungsverfahren 337, 508 ff.
Verwertungsverbote bei Verstoß gegen – 508, 510

Beratungsgeheimnis 439 ff.

Berichte
– des Arztes über Blutprobenentnahmen 309
– der Gerichtshilfe 299, 302
– der Justizvollzugsanstalten über Führung von Gefangenen 304
– über nichtrichterliche Besichtigungen 223, 256, 302
– der Staatsanwaltschaft 302
– des Vorsitzenden über Urkundeninhalt 315, 325 ff.
schriftliche – des Zeugen 269

Berichterstattung s. Berufungsverhandlung
Berücksichtigungsantrag 70 Fußn. 9
Berufung
sofortige Verwerfung der – 124, 159
Berufungsgericht 434
Berufungsverfahren 287, 291, 409
Berufungsverhandlung
Ausbleiben des Angeklagten in der – 162
Berichterstattung in der – 294
Beweisanträge in der – 294, 295
Beweiserhebungen in der – 287
Verlesung von Vernehmungsprotokollen in der – 287 ff.
Beruhen des Urteils auf Rechtsfehler
Ausschließung des –s 908
– bei Behandlung eines Beweisermittlungsantrags als Beweisantrag 909
Grundsätze des –s 906
– bei Hilfsbeweisanträgen 656 Fußn. 43, 911 ff.
– bei präsenten Beweismitteln 915 ff.
Prüfung des –s durch Revisionsgericht 906 ff.
– beim Unterlassen der Aufklärung von Mißverständnissen durch den Antragsteller 910
– beim Unterlassen der Wiederholung vor der Hauptverhandlung gestellter Beweisanträge 860 ff.
– bei Verstößen gegen Beweisantragsvorschriften 906 ff.
– bei Wahrbehandlung durch den Tatrichter 882, 908
s. a. Revisionsvorbringen, Urteilsgründe
Bescheidung des Beweisantrags 752 ff.
Anspruch auf – 402, 406
Bekanntgabe der – im Vorverfahren 337, 357
– im Bußgeldverfahren 845 ff.
– bei vom Erscheinen entbundenen Angeklagten 768
erschöpfende Erledigung des Beweisantrags bei der – 757
– bei Hilfsbeweisanträgen 769
– mit einfacher Mehrheit 755
– auch bei Mißbrauch des Antragsrechts 372, 635 ff., 755
kein Nachschieben der – in den Urteilsgründen 758, 765, 908
Pflicht des Gerichts zur – 372
– bei präsenten Beweismitteln 830

– im Privatklageverfahren 835
Reihenfolge der Prüfung bei der – 410
– im Schätzungsverfahren 851
– bei Stattgeben des Antrags 754
– im Übernahmeverfahren der Jugendkammer 348
– zur Vorbereitung der Hauptverhandlung 355
– im Vorverfahren 336
richtige und vollständige Würdigung des Antrags bei der – 757
Zeitpunkt der – 764
Zuständigkeit für die – 752
– im Zwischenverfahren 344
s. a. Ablehnungsbegründung, Ablehnungsbeschluß, Beweisermittlungsantrag, Freibeweis, Hilfsbeweisantrag, Urteilsgründe, Wiederholung, Verzicht

Bescheinigungen 462

Beschlagnahme
Antrag auf – als Beweisantrag 39
– von Druckschriften 505
– von Klientenakten einer Suchtberatungsstelle 505
– bei Kreditinstituten 476
– einer Patientenkartei 505
Verbot der – 493, 506
– unter Verstoß gegen Durchsuchungsvorschriften 503
Verwertungsverbot bei unzulässiger – 504, 506 ff.
Wegfall der Voraussetzungen der – 507
– bei Zeugnisverweigerungsberechtigten 506 ff.
s. a. Postbeschlagnahme

Beschluß s. Ablehnungsbeschluß, Bescheidung

Beschränkung der Verteidigung s. Verteidigung

Beschuldigte
Augenscheinseinnahmen von –n 236
Beweisanträge von –n im Ermittlungsverfahren 335 ff.
Einwirkung auf die Willensfreiheit des –n 483
Mitwirkung des –n an Untersuchungen 490
Vorführung von –n 338
s. a. Aussagefreiheit, Belehrung, Vernehmung

Beschwer durch Antragsablehnung
– des Mitangeklagten 386, 872
– anderer Prozeßbeteiligter 386, 871 ff.
– der Staatsanwaltschaft 870

Beschwerdegericht
Bindung des –s an Urteilsfeststellungen zur Entschädigungsfrage 135
Bindung des –s an Urteilsfeststellungen zur Kostenfrage 134

Besichtigungen
formlose – bei Allgemeinkundigkeit der Örtlichkeit 741 Fußn. 13
informatorische – 238
nichtrichterliche – 223, 225, 256
s. a. Augenschein, Augenscheinsbeweis, Augenscheinseinnahme

Besteuerungsverfahren 497

Betriebsgeheimnisse 474

Betrunkene s. Zeugen

Beugemittel im Freibeweis 147

Beurteilungsspielraum s. Ermessen

Bewährungshelfer 430 Fußn. 36

Beweisanregung 65 ff.
Antrag auf Anhörung des abwesenden Angeklagten als – 36
Antrag nach Aktenvorlage als – 34, 369
Antrag auf Erhebung von Beweisen im Ermittlungsverfahren als – 34
Antrag auf Erhebung von Beweisen im Freibeweis als – 148 ff.
Antrag auf Gegenüberstellung als – 36, 68, 93
Antrag auf Rekonstruktionen als – 97
Antrag auf Unterbringung zur Beobachtung als – 68, 100
Antrag nach Verweisung als – 34, 369
Antrag auf Vornahme von Versuchen als – 36, 68, 97
Antrag im Vorverfahren als – 335
Antrag auf Wiederholung der Beweisaufnahme als – 68, 93 ff.
Aufklärungspflicht bei –en 96
–en ieS 68, 92 ff.
– als Oberbegriff 65
– durch nicht antragsberechtigte Prozeßbeteiligte 353
Unterschied zwischen – und Beweisantrag 38
verfahrensrechtliche Behandlung von –en 101

s. a. Beweiserbieten, Beweisermittlungsantrag, Protokollierung, Vorsitzende
Beweisantizipation s. Verbot der Beweisantizipation
Beweisantrag
Abgrenzung des –s von ähnlichen Anträgen und Prozeßhandlungen 65 ff.
Änderung der Entscheidung über den – 772
– nach Aktenvorlage 34, 365 ff.
Angabe bestimmter Beweistatsachen im – 39 ff.
Anschluß an einen – 373, 384 ff., 400
Antrag auf Aussetzung der Hauptverhandlung als – 39
Antrag auf Vernehmung gestellter Zeugen als – 817
Antrag auf Verwendung präsenter Beweismittel als – 788, 793, 820 ff.
– vor richterlicher Augenscheinseinnahme 340
Auslegung unklaren –s 38, 749
bedingter – 57 ff., 355, 755, 821
Begriff des –s 34 ff., 344 Fußn. 7
Behauptung bestimmter Tatsachen beim – 40 ff.
Behauptung von Tatsachen aufgrund bloßer Vermutungen beim – 43, 646
Benennung bestimmter Beweismittel im – 47 ff., 169
Benennung eines Beweismittelkreises im – 82
Berechtigung zur Stellung eines –s 352 ff. (§ 219), 373 ff. (§ 244), 821 (§ 245 Abs. 2)
– in der Berufungsverhandlung 294, 295
Bescheidung des –s 752 ff.
bestimmte Behauptung der Beweistatsachen im – 43 ff.
Bezeichnung bestimmter Beweistatsachen im – 39 ff.
Bezugnahme auf früheren – 38
Bezugnahme auf andere Schriftsätze im – 38, 381
– im Bußgeldverfahren 840 ff.
– über Charaktereigenschaften 200
Entbehrlichkeit von Erläuterungen zu den Beweistatsachen im – 42
Entbehrlichkeit weiterer Angaben im – 55
– über Erfahrungssätze 533, 562
– im Ermittlungsverfahren 34, 335 ff.
Ernstlichkeit des –s 635 ff.

– vor Eröffnung des Hauptverfahrens 335 ff.
– vom Erscheinen entbundener Angeklagter 390 ff.
– als Erwirkungshandlung 34, 359
Form der Stellung des –s 380 ff.
Formulierung des –s 37 ff.
– im Freibeweis 147 ff.
Gegenstand des –s 36, 411
gemeinschaftlicher – 383 ff.
– in der Hauptverhandlung 371 ff.
– in ausgesetzter Hauptverhandlung 389
– vor der Hauptverhandlung 34, 352, 389
– über hypothetische Tatsachen 192
Inhalt des –s über präsente Beweismittel 822
Inhalt des –s zur Vorbereitung der Hauptverhandlung 353
Inhalt des –s im Zwischenverfahren 343
– im vereinfachten Jugendverfahren 838
mangelhafter – 76, 425
mißbräuchlich gestellter – 372, 635
– über offenkundige Tatsachen 566 ff.
Pflicht zur Entgegennahme des –s 372, 635
– gegenüber Polizei 335
– auf Erhebung nicht präsenter Beweise 371 ff.
– bei Präsenz des Beweismittels 823
– im Privatklageverfahren 833 ff.
– über Rechtsbegriffe 206
Schein- 410, 426, 636 ff., 755
schriftlicher – 382 ff., 390 ff.
– gegenüber Staatsanwaltschaft 335
Stellung des –s 39, 380 ff.
Substantiierung des –s 37 ff., 381
Substantiierung des –s bei Zeugenbenennung über weit zurückliegende Vorgänge 617
Substantiierung des –s auf Zeugenvernehmung über Charaktereigenschaften 200
– zur Tagessatzhöhe 850
– im Übernahmeverfahren der Jugendkammer 348
keine Umdeutung des –s zum Nachteil des Antragstellers 751
Unzulässigkeit des –s 425 ff., 575 Fußn. 4
Verlesung schriftlichen –s 381, 383
Vermutung als Grundlage eines –s 43, 646
– bei richterlichen Vernehmungen im Vorverfahren 338

940

verspätete Stellung des –s 645
Verständlichkeit des –s 37, 425
— nach Verweisung 34, 365
— auf nochmalige Verwendung eines Beweismittels 95
— auf Verwertung präsenter sachlicher Beweismittel 792
— zur Vorbereitung der Hauptverhandlung 351 ff.
— nach Vorlegung der Akten 34, 365
Vorlegung schriftlichen –s 382
— als Vorstellungsäußerung 43
Wesen des –s 34
Widerspruch gegen – ist kein Antrag 38
spätester Zeitpunkt der Stellung des –s 387, 645, 823
Ziel des –s 35
zulässige Zwecke des –s 635
— im Zwischenverfahren 34, 343 ff.
s. a. Ablehnungsbegründung, Ablehnungsbeschluß, Ablehnungsgründe, Augenscheinsbeweis, Bescheidung, Beweiserhebung, Beweismittelkreis, Bußgeldverfahren, Fragepflicht, Fürsorgepflicht, Geständnis, Hilfsbeweisantrag, Jugendverfahren, Präsente Beweismittel, Privatklageverfahren, Protokollierung, Recht, Tatsachen, Urkundenbeweis, Weitere Sachverständige, Werturteile, Widerruf, Wiederholung, Zeugenbeweis, Zurücknahme

Beweisantragsrecht
gesetzliche Änderungen des –s 5 ff.
Bedeutung des –s 28, 32
Entwicklung des –s 1 ff.
Entziehung des –s 378
Grundlagen des –s 371
Mißbrauch des –s 372
Verbot der Beweisantizipation als Wesen des –s 412
s. a. Angeklagte, Einziehungsbeteiligte usw.

Beweisanzeichen
Erfahrungssätze ohne Allgemeingültigkeit als – 561
— für Verschleppungsabsicht 644 ff., 648, 763
s. a. Indiztatsachen

Beweisaufnahme
Anordnung der – 752
— über doppelrelevante Tatsachen 131 ff.
— über Erfahrungssätze 136
— über Erlaß eines Haftbefehls 111
Gegenstand der – 35, 428
— durch das ganze Gericht 346
— durch Haft- und Ermittlungsrichter 338 ff.
— außerhalb der Hauptverhandlung 111
— über Rechtsfragen 35, 136 ff., 428, 693
— vor dem Revisionsgericht 153 ff., 694
Fußn. 44
Schließung der – 387, 403, 404, 807
— im Übernahmeverfahren der Jugendkammer 349
Umfang der – 30
Unmittelbarkeit der – 143, 224, 287, 291, 459
tatsächliche Unmöglichkeit der – 427
— über Verfahrensfragen 119
Vernehmung des Angeklagten gehört nicht zur – 167
Vorwegnahme der – vor der Hauptverhandlung 351
Antrag auf Wiederholung der – 94
Zuständigkeit für Anordnung der – 752
— im Zwischenverfahren 343, 346 ff.
s. a. Beweiserhebung, Doppelrelevanz, Recht, Unmittelbarkeitsgrundsatz, Verzicht

Beweisbegehren, mißbräuchliches 801
Beweisbehelfe s. Vernehmungshilfen, Vorhalt
Beweisbehauptung
Auslegung der – 749
Erwiesensein der – 595
nachträgliche Einschränkung der – 405
Rechtsbegriffe zur Bezeichnung der – 41
schlagwortartige Verkürzung der – 41
unsinnige – 426
s. a. Beweisantrag, Tatsachen

Beweiserbieten 66, 69 ff.
Auslegung einer Erklärung als – 71
Begriff – 66
Bescheidung des –s 74
Entscheidung des Gerichts über – 73
Fragepflicht des Gerichts beim – 70, 72, 395
keine Protokollierung des –s 73
Unterschied zwischen – und Beweisantrag 38, 69 ff.
verfahrensrechtliche Behandlung des –s 73 ff.

941

Beweisergebnis
Unvereinbarkeit des Beweisantrags mit bisherigem – 644
Verbot der Vorwegnahme des –ses 411 ff.
s. a. Verbot der Beweisantizipation
Beweiserheblichkeit s. Bedeutungslosigkeit
Beweiserhebung
Absehen von angeordneter – 773
Aussichtslosigkeit der – 641
– über Fähigkeiten und Eigenschaften von Auskunftspersonen 214
Fiktion des Gelingens der – bei Wahrunterstellung 651, 668
Fruchtlosigkeit der – 580
– als Gegenstand des Beweisantrags 411
– über Glaubwürdigkeit von Zeugen 428
Nutzlosigkeit der – 642
– über Rechtsfolgenfragen 429
Überflüssigkeit der – 410, 694, 798
Unmöglichkeit der – 410, 426
Unzulässigkeit der – 88, 423 ff.
Verzicht auf – 402, 831, 860 ff.
Vornahme einer abgelehnten – 774
kein Anspruch auf Wiederholung der – 94
einzelne –en im Zwischenverfahren 343
s. a. Beweisaufnahme, Unzulässigkeit, Verzicht
Beweiserhebungsanspruch
Aufklärungspflicht als Grundlage des –s 21 ff., 371
– bei präsenten Beweismitteln 777 ff.
– bei Richterablehnungen 123
Erwerb eines –s durch Stellung des Beweisantrags 402
Beweiserhebungspflicht
– trotz Antragstellung in Verschleppungsabsicht 641
– im Bußgeldverfahren 840
eingeschränkte – im vereinfachten Jugendverfahren 838
eingeschränkte – im Privatklageverfahren 833 ff.
eingeschränkte – im Schätzungsverfahren 848
– des Ermittlungsrichters 338 ff.
s. a. Präsente Beweismittel
Beweiserhebungsverbote s. Beweisverbote
Beweiserhebungsvorschriften 479
Beweisermittlungsantrag
Abgrenzung des –s zum Beweisantrag 40, 66, 75, 425

– bei Aktenvorlage 367
Antrag auf Aussetzung oder Unterbrechung der Hauptverhandlung als – 86
Antrag auf Ermittlung von Beweismitteln als – 50, 52, 80, 619
Antrag auf Ermittlung beweiserheblicher Tatsachen als – 77 ff.
Antrag auf Herbeiziehung von Gegenständen als – 85
Antrag mit unbestimmten Tatsachenbehauptungen als – 79
Ausforschungsantrag als – 67, 425, 639
Auslegung eines –s als Beweisantrag 76
bedingter – 77
Behandlung des –s als Beweisantrag 909
– bei Behauptungen aufs Geratewohl 45, 425
Bekanntmachung der Entscheidung über den – 89
Benennung eines Beweismittelkreises als – 82
Entscheidung über den – 87
Ermöglichung der Stellung von Beweisanträgen als Ziel des –s 76, 86
keine Erörterung des –s in den Urteilsgründen 90
Freibeweis für Ermittlungen aufgrund des –es 122
– als Hilfsantrag 77
– iwS 86
– bei präsenten Beweismitteln 821, 823
revisionsrechtliche Prüfung der Entscheidung über den – 90
unvollständiger Beweisantrag als – 75, 396, 425
Verbot der Beweisantizipation beim – 88
verfahrensrechtliche Behandlung des –s 88
Vermutung einer Möglichkeit als – 44
– bei Verweisung 367
– als Antrag zur Vorbereitung der Hauptverhandlung 353
– im Vorverfahren 336
– im Zwischenverfahren 343
s. a. Antrag, Beweismittelkreis, Fürsorgepflicht, Protokollierung, Urkundensammlungen

Beweisermöglichkeitsantrag 39 Fußn. 20, 67, 68 Fußn. 16

Beweisgegenstände s. Augenscheinsgegen-

stände, Beweismittel, Herausgabe, Urkunden
Beweisgewinnungsverbote s. Beweisverwertungsverbote
Beweiskraft s. Sitzungsprotokoll
Beweislast
  keine – der Prozeßbeteiligten 139
Beweismethodenverbote 432, 433, 476 ff.
  s. a. Beweisverwertungsverbote
Beweismittel
  Austausch des –s 420 ff., 742, 788
  Bezeichnung des –s im Beweisantrag 47 ff.
  Ermittlungen nach dem Wert des –s 126
  – im Freibeweis 145
  geschlossener Kreis der – 167
  gleichwertige – 421
  Hilfs– 51
  Konstatierung von –n 785 Fußn. 26, 792, 796
  mehrere – 37, 38, 54
  persönliche – 165, 171
  Prüfung des Werts des –s 417
  sachliche – 165, 221 ff., 789, 819
  sachnächstes – 460
  – als Träger von Indizien 578
  mit verbotenen Methoden erlangte – 481 ff.
  unzulässige – 427
  s. a. Ablehnungsgründe, Angeklagte, Augenschein, Auskunft, Beweisantrag, Beweismittelverbote, Freibeweis, Personalbeweis, Präsente Beweismittel, Sachbeweis, Sachverständige, Unzulässigkeit, Urkunden, Verbot der Beweisantizipation, Völlige Ungeeignetheit, Zeugen
Beweismittelgemeinschaft 803 ff.
Beweismittelkreis 35, 36, 54, 82, 165 ff., 176 ff.
Beweismittelverbote
  – bei wegen Geheimhaltungspflichten der Behörden unbenutzbaren Beweismitteln 473
  – bei behördlichen Leumundszeugnissen 303 ff.
  – bei schriftlichen Sachverständigengutachten 463
  – bei wegen Sperrerklärung unbenutzbaren sachlichen Beweismitteln 458, 505
  – bei Verstoß gegen die Unmittelbarkeit der Beweisaufnahme 459

  – bei zur Untersuchungsverweigerung berechtigten Zeugen 458
  – bei nach § 250 unverwertbaren Urkunden 459
  – bei nach § 252 unverwertbaren Urkunden und anderen Beweismitteln 465 ff.
  – bei Vernehmungsprotokollen 461
  – bei zur Verschwiegenheit verpflichteten Zeugen 454 ff.
  – bei zur Zeugnisverweigerung berechtigten Zeugen 450 ff.
  s. a. Beweisverbote
Beweismittler s. Augenscheinsgehilfen
Beweispersonen
  Austauschbarkeit von – 215
  Beauftragung von – mit Besichtigungen 225
  Beweiserhebung über Fähigkeiten und Eigenschaften von – 214
  Erscheinen der – ist keine wesentliche Förmlichkeit der Hauptverhandlung 784
  Gestellung von – 288, 817
  Inhalt der Bekundungen der – 215
  von – stammende schriftliche Äußerungen 259
  Wahrnehmungen von – 462 ff.
  s. a. Auskunftspersonen, Entschädigung, Hauptverhandlung, Sachverständige, Zeugen
Beweisregelungsvorschriften 479
Beweissicherung 351, 368
Beweisstücke 238
  s. a. Beweisgegenstände
Beweistatsachen s. Beweisbehauptung, Tatsachen
Beweisthema s. Tatsachen
Beweisthemaverbote 433 ff.
  Bedeutung der – 433
  – wegen Bindungswirkung von Urteilsfeststellungen in dem anhängigen Strafverfahren 434
  – wegen Bindungswirkung anderer Strafurteile 435
  – wegen Bindungswirkung rechtskräftiger Zivilurteile 437
  – wegen Bindungswirkung von Verwaltungsakten 438
  – bei geheimhaltungsbedürftigen Tatsachen 439 ff.
  – wegen Tilgung von Eintragungen im Bundeszentralregister 442 ff.

943

keine – beim Wahlgeheimnis 451
Beweisverbote
Begriff der – 431
Feststellung der – im Freibeweis 122
– im Freibeweisverfahren 151
zur Lehre von den –n 430 ff.
s. a. Beweismittelverbote, Beweisthemaverbote, Beweisverwertungsverbote, Beweiswürdigung
Beweisverfahrensverbote 122
Beweisverwertungsverbote 122, 431, 476 ff.
Bedeutung der – 481 ff.
– bei Beweiserlangung mittels verbotener Mittel und Methoden 476 ff., 481 ff.
Fernwirkung der – 486, 488, 496, 508, 511, 512, 526, 527
Feststellung der – im Freibeweis 122
Fortwirkung der – 496
grundrechtliche – 512 ff.
Grundsätze der – 476 ff.
– für nichtrichterliche Protokolle über Geständnisse 286
selbständige – 477
– bei durch Unterlassen erforderlicher Belehrungen erlangten Beweisen 486 ff.
– bei unzulässiger Beschlagnahmeanordnung 504, 506 ff.
– bei Verletzung des § 49 BZRG 253, 256
– bei Verletzung des Eigentumsrechts 527
– bei Verletzung des Persönlichkeitsrechts 513
– bei Verletzung des Post- und Fernmeldegeheimnisses 520 ff.
– bei Verletzung des Steuergeheimnisses 475
– bei Verstößen gegen das Verfahren bei der Blutprobenentnahme und bei körperlichen Untersuchungen 499 ff., 503
– bei Verstößen gegen die Benachrichtigungspflichten 508, 510
keine – bei Verstoß gegen beamtenrechtliche Verschwiegenheitspflichten 499
keine – bei Verstoß gegen berufliche Verschwiegenheitspflichten 497
Wirkung der – 485
Beweisvorführungsrecht 778
s. a. Präsente Beweismittel
Beweiswürdigung
Einlassung des Angeklagten als Gegenstand der – 181, 598
Aufklärungspflicht und freie – 22 ff.

Einschränkung der freien – durch Beweisverbote 480
Erklärungen des Privatklägers als Gegenstand der – 180, 598
– im Freibeweis 152
Grundsatz der freien – 22, 168, 185, 278, 436
– kann nicht Gegenstand eines Sachverständigengutachtens sein 429
innere Tatsachen als Gegenstand der – 191
lückenhafte – bei Wahrunterstellung 687
Prüfung der – durch Revisionsgericht 725, 899
– beim Sachverständigenbeweis 724
freie – erlaubt Schlußfolgerungen aus mittelbaren Beweisen 225
freie – gilt auch für die Übernahme von Feststellungen anderer Urteile 254
freie – aufgrund aller Vorgänge in der Hauptverhandlung 168
Vorwegnahme der – durch Austausch des Beweismittels 420
Verwendung nicht »aufgesuchter« Wahrnehmungen bei der – 222, 236
freie – und Wahrunterstellung 684
s. a. Aufklärungspflicht, Geständnis, Verbot der Beweisantizipation
Beweiswürdigungsregeln 664
Beweiszeichen 244
Bewertungen s. Zeugenbeweis
Bewirkungshandlung 807
Bezugnahmen
– im Ablehnungsbeschluß 757
– bei Stellung von Beweisanträgen 38, 381, 390
– in der Revisionsbegründung 876, 878, 879 Fußn. 23
– im Sitzungsprotokoll 381, 401
Bindung des Gerichts
keine – an Ablehnung von Beweisanträgen 772
keine – an Ablehnungsverfügung des Vorsitzenden 359
– an Denkgesetze 554
– an Erfahrungssätze 554
– an Wahrunterstellung 675 ff.
s. a Beschwerdegericht, Doppelrelevanz
Bindungswirkung s. Beweisthemaverbote, Doppelrelevanz, Revision, Urteilsfeststellungen

Binnenschiffer s. Ladung
Blutalkoholgehalt
Beurteilung des –s aufgrund eigener Sachkunde des Gerichts 709
Feststellung des –s grundsätzlich durch medizinische Sachverständige 730
Nachprüfbarkeit des –gutachtens durch Gericht 727
– als Gegenstand des Sachverständigengutachtens 210, 216
Widerlegung des –gutachtens durch Zeugenbeweis 42 Fußn. 50, 604
Verlesbarkeit des –gutachtens 309
Blutgruppengutachten
Beweiskraft des –s 558
Richtlinien für die Erstellung von – 737 Fußn. 123
vergleichendes – 720 Fußn. 5
Verlesbarkeit des –s 309
Zuziehung weiterer Sachverständiger beim – 737
Blutprobenentnahme
Anordnung der – durch unzuständigen Richter 500
– nur durch Arzt 501
ärztliche Berichte über – 309
– ohne behördliche Anordnung 501
– ohne Einwilligung des Beschuldigten 499
– bei Gefahr im Verzug 499 ff.
Gewinnung einer – ohne die erforderliche Belehrung 491
– mit verbotenen Mitteln 502 ff.
– als Sachverständigentätigkeit 210
Verweigerung der – 458
Blutprobenuntersuchung
Verwertbarkeit der – bei Entnahme der Blutprobe durch Nichtarzt 501
Verwertbarkeit der – bei Verstoß gegen Belehrungspflichten 491
Verwertbarkeit der – bei anderen Gesetzesverstößen 499 ff.
Blutprobenvertauschung 31
Börsenhandel 211
Bremsversuche 235
Briefe
anonyme – 243
– als Beweismittel 311, 469
unverwertbare – 514
Verlesbarkeit von –n 311, 462
Briefgeheimnis 504

Brückenmeßverfahren 560
Buchführung 211
Buchungsstreifen 463
Bundeskriminalamt 736
Bundespräsident 175, 455, 782 Fußn. 6
Bundesstatistiken 475
Bundeszentralregister
Ausnahmen vom Verwertungsverbot für getilgte Eintragungen im – 447 ff.
Auszüge aus dem – als präsente Beweismittel 793
Eintragungen von Einstellungsverfügungen der Staatsanwaltschaft im – 573, 585
Unverwertbarkeit getilgter oder tilgungsreifer Eintragungen im – 442 ff.
Verlesung von Auszügen aus dem – 256 s. a. Vorhalt
Bußgeldverfahren
Beweisanträge im – 840 ff.
Verlesung von Vernehmungsprotokollen aus – 270

C

Charaktereigenschaften
– als Gegenstand des Zeugenbeweises 197
Substantiierung des Beweisantrags auf Vernehmung eines Zeugen über – 200
Chemiker 210, 710 Fußn. 163, 730

D

Darstellungen
– als Augenscheinsgegenstände 229
mimische – als Beweisbehelfe 174 Fußn. 23
Dateien 473
Datengeheimnisse 474 ff.
DDR s. Unerreichbarkeit, Unzulässigkeit, Vernehmungsprotokolle, Zeugen
Demonstrationen 516
Denkgesetze
Beachtung der – beim Indizienbeweis 667
Bindung des Tatrichters an die – 554
Prüfung des Revisionsgerichts auf Vereinbarkeit mit den –n 568, 899
Unzulässigkeit der Wahrunterstellung von gegen – verstoßenden Tatsachen 670
Verstoß gegen die – bei Annahme der Bedeutungslosigkeit von Beweistatsachen 899
Dienstaufsichtsbeschwerde 337

Sachregister

Dienstliche Äußerungen 145, 155, 271, 281 Fußn. 278, 885, 890
Dienstvorgesetzte
Beurteilungen durch – als Leumundszeugnisse 304
Diplomatische Vertretungen 139
Dispositivurkunden s. Urkunden
Disziplinarakten 53, 85
Disziplinarbehörden 304
Disziplinarverfahren 267, 285, 441
Dolmetscher
Abgrenzung des –s zum Sachverständigen 212, 246
keine Anwendung des § 136 a auf – 483
Behandlung des –s als Sachverständigen 782
– im Freibeweisverfahren 143
Prüfung der Mitwirkung eines ausreichend übersetzenden –s 163
– als Zeugen 189
Zuziehung eines –s bei Vernehmung stummer Zeugen 174
Doppelrelevanz
Bedeutung der – 131
Beweisaufnahme bei – 132
Bindung des Tatrichters bei – 435
Bindung des Revisionsgerichts bei – 157 ff.
Möglichkeiten der – 131
– der Tatzeit 131, 158
Drittwirkung
– des Verbots der Anwendung unerlaubter Vernehmungsmethoden 484
Durchschläge s. Urkunden
Durchstreichungen s. Sitzungsprotokoll
Durchsuchung
Antrag auf – als Beweisantrag 39
Beweisverwertungsverbot bei fehlerhafter – 503
– bei Kreditinstituten 476
Verbindung der – mit Augenscheinseinnahme 258

E

Echtheit s. Urkunden
Ehegatte s. Beistand
Eidesfähigkeit s. Zeugen
Eidesreife s. Zeugen
Eidesstattliche Versicherung s. Versicherung an Eides Statt

Eidesverweigerungsrecht
Geltung des –s im Freibeweis 151
Verwertung von Vernehmungsprotokollen bei Nichtbelehrung über – 276
Eigentumsrechtverletzung 527
Einbürgerung 439
Eingaben s. Erklärungen
Eingriffe
– am Körper von Beschuldigten und Zeugen 210, 482
Einkerkerung 484
Einsichtsfähigkeit 586
Einstellungsurteile s. Urteile
Eintragungen
– im Bundeszentralregister 442 ff.
Zusammenfassung von – in Geschäftsbüchern 463
Einverständnis
– mit Beweisverwertung bei Verletzung der Belehrungspflicht 487
– mit Blutprobenentnahme durch Nichtarzt 501
ausdrückliche oder stillschweigende –erklärung 265, 291
– mit Ersetzung der Urkundenverlesung durch Bericht des Vorsitzenden 329
– mit Nichteinhaltung von Benachrichtigungspflichten 509 ff.
– mit Schließung der Beweisaufnahme 403, 807
– mit Tonbandaufnahmen 517
– mit Verlesung von Vernehmungsprotokollen 264, 287, 291
– mit verbotenen Vernehmungsmethoden 482
– mit Verwertung nicht beschlagnahmefähiger Sachen 493, 508
– mit Verwertung mittels unerlaubter Vernehmungsmethoden erlangter Aussagen 496
Einziehung von Wertersatz 848
Einziehungsbeteiligte
Beweisantragsrecht der –n 352, 376
– als Beweismittel 167, 181
Erforderlichkeit der Zustimmung der –n zu Protokollverlesung 291
Ladungsanträge von –n im Berufungsverfahren 289
Ladungsrecht der –n 815
Verlesung von Geständnisprotokollen von –n 282 Fußn. 283

– als Zeugen 181
s. a. (allseitiger) Verzicht
Entbindung vom Erscheinen s. Angeklagte, Verzicht
Entschädigung
– des Angeklagten 119, 135
– der Beweispersonen bei unmittelbarer Ladung 213, 818
– des Sachverständigen 213
– des Verletzten 118, 852
– des Zeugen 213, 818
– des Zeugen im Freibeweisverfahren 147
Entschädigungsanspruch s. Freibeweis
Entscheidung
– über Eröffnung des Hauptverfahrens 343 ff.
– des Tatrichters mit Beurteilungsspielraum 158
s. a. Ablehnungsbegründung, Bescheidung
Entschuldigungsgründe 124
Erfahrungssätze
allgemeingültige – 153, 210, 211, 214, 554, 694
– ohne Allgemeingültigkeit 553, 561 ff.
allgemeinkundige 555 ff.
Begriff der – 552
Berücksichtigung von –n bei Prüfung des Sachzusammenhangs 588
Beweisanträge über – 553, 562
Beweisaufnahme über – 136
mittelbare Beweiserheblichkeit der – 554, 579
Bindung des Gerichts an – 554
Erkenntnisquellen über – 557
Feststellung von –n durch Revisionsgericht 153, 898
gerichtskundige – 559 ff., 694
– beim Indizienbeweis 578
negative allgemeinkundige – 557
offenkundige – 552 ff.
Prüfung der Anwendung von – durch Revisionsgericht 568, 898, 899
Unterscheidung der – von den Tatsachen 552
wissenschaftliche – 554 ff., 558, 559, 898
Erfahrungswissen 211, 463, 554, 555, 568
Ergänzungsrichter s. Richter
Erheblichkeit s. Bedeutungslosigkeit, Tatsachen
Erinnerungsmängel s. Zeugen
Erkenntnisse, wissenschaftliche 554 ff., 606

Erklärungen
schriftliche – des Angeklagten 287, 310
schriftliche – von Auskunftspersonen 156, 280, 416, 461 ff., 468, 469
– von Zeugen und Sachverständigen bei Augenscheinseinnahmen 258
s. a. Behörden, Willenserklärungen
Ermächtigungen behördliche 120
Ermessen
– bei der Ablehnung von Augenscheinsbeweisanträgen 739
Prüfung des Revisionsgericht bei prozessualen –sentscheidungen 159 ff., 901, 902, 905
– des Tatrichters bei Prozeßentscheidungen 158 ff.
Ermittlungen s. Staatsanwaltschaft
Ermittlungsgrundsatz s. Aufklärungspflicht
Ermittlungspflicht s. Staatsanwaltschaft, Unerreichbarkeit
Ermittlungsrichter
Beweiserhebungspflicht des –s 338 ff.
– als Zeugen 177, 454 Fußn. 193
s. a. Richter, Vernehmung
Ermittlungsverfahren
Anwesenheit des Beschuldigten bei Beweiserhebungen im – 337
Auskünfte der Polizei im – 301
Benachrichtigungspflicht von Vernehmungen im – 337, 508 ff.
Beweisanträge im – 34, 335 ff.
Erklärungen der Strafverfolgungsbehörden im – 302
Eröffnungsbeschluß
Bedeutung des –es 388
keine stillschweigende Ablehnung der Beweiserhebung durch Erlaß des –es 345
Feststellung des Bestehens und der Wirksamkeit des –es 120
Ersetzbarkeit s. Austauschbarkeit
Erwiesensein der Beweistatsache 595 ff.
Abgrenzung des –s von der Wahrunterstellung 596
Ablehnung des Beweisantrags wegen –s ohne Beweisaufnahme 597
Begriff des –s 597
Begründung der Ablehnung des Beweisantrags wegen – s 761
Grenzen der Ablehnung wegen –s 599
Erörterung der erwiesenen Tatsachen in

den Urteilsgründen bei Ablehnung wegen −s 597
Voraussetzungen der Ablehnung wegen −s 596 ff.
Vorwegberatung über − 597
maßgebender Zeitpunkt für die Beurteilung des −s 755
Erwirkungshandlung s. Beweisantrag
Erziehungsberechtigte
Beweisantragsrecht der −n 352, 378
Ladungsanträge von −n im Berufungsverfahren 290
Wahrunterstellung bei Beweisanträgen der −n 654
Weigerung der −n, Kinder zum Erscheinen zu veranlassen 262
− als Zeugen 187
Zustimmung der −n zur Protokollverlesung 291
s. a. (allseitiger) Verzicht
Erziehungsregister 256, 433, 583
Eventualbeweisantrag s. Hilfsbeweisantrag
Experimente 98, 169, 235, 736

F

Fachausdrücke
− als Gegenstand des Sachverständigenbeweises 211
Fahrproben 239
Fahrtschreiber s. Gutachten
Fahrtschreiberdiagramme 234, 308, 711
Fahrtüchtigkeit des Angeklagten 711
Fahrversuche 99, 235, 239
faires Verfahren 393, 480, 528
Fernmeldegeheimnis 520 ff.
Fernmeldeverkehr s. Überwachung des Fernmeldeverkehrs
Fernsehen 537
Fernwirkung s. Belehrung, Beweisverwertungsverbote, Überwachung des Fernmeldeverkehrs
FESA-Meßmethode 561
Feststellung
− des anzuwendenden Rechts 136
− der Unzulässigkeit der Beweiserhebung 802
s. a. Freibeweis
Feststellungen s. Urteilsfeststellungen
Feststellungsurteile s. Urteile
Fiktion s. Wahrunterstellung

Filme
− als Augenscheinsgegenstände 229, 230, 459
Benutzung von −n im Freibeweis 145
heimlich angefertigte − 516
Mikro− 248
Unverwertbarkeit von −n 514
Finanzamtsvertreter
kein Beweisantragsrecht des −s 379
− als Zeugen 189
Flugblätter 242
Förmlichkeiten s. Hauptverhandlung
Forschungsergebnisse 211
Forschungsmittel s. Sachverständige, Weitere Sachverständige
Fortwirkung s. Beweisverwertungsverbote
Fotokopien s. Urkunden, Verlesung
Fragebogen 468
Fragepflicht des Gerichts
− bei Zweifeln über Anschluß an Beweisantrag 385, 395
− bei mangelhaften Beweisanträgen 47, 76, 396 ff.
− bei unverständlichen Beweisanträgen 38, 381
− bei Beweiserbieten 70, 72, 395
− bei präsenten Beweismitteln 822
s. a. Fürsorgepflicht, Protokollierung
Fragerecht
Antrag auf Ausübung des −s 106
− beim Freibeweis 152
− bei Gegenüberstellungen 93
Hinweis auf − 107
− bei Erhebung präsenter Beweise 795, 831
kein − gegenüber aufgrund eigener Sachkunde entscheidendem Gericht 717
keine Wahrunterstellung beim − 675
Freibeweis 109 ff.
Abgrenzung des −es zum Strengbeweis 109 ff., 117 ff., 121 ff., 131 ff., 248
Ablehnung von Beweisanregungen im − 148
Anerkennung des −es 109
Anwendungsgebiete des −es 117
Aufklärungspflicht beim − 149
Bekanntgabe der Entscheidung über Beweisanregungen im − 148
Beweisanträge beim − 147 ff.
Beweismittel im − 145
freie Beweiswürdigung beim − 152

948

– bei doppelrelevanten Tatsachen 131 ff.
Eidesverweigerungsrecht beim – 151
Entschädigung von Zeugen im – 147
– zur Ermittlung von Zeugen 50, 51, 82, 125
– für Ermittlungen aufgrund Beweisermittlungsantrags 122
– für Ermittlungen von Tatsachen für die Kosten- und Auslagenentscheidung 119, 133 ff.
– zur Feststellung der Allgemeinkundigkeit 535 Fußn. 32, 543
– zur Feststellung ausländischen Rechts 35, 119, 138 ff., 428
– zur Feststellung der Aussagewilligkeit eines weigerungsberechtigten Zeugen 453
– zur Feststellung von Beweisverboten 122
– zur Feststellung von Entschädigungsansprüchen des Angeklagten 119, 135 ff.
– zur Feststellung von Erfahrungssätzen 153, 898
– zur Feststellung von Gewohnheitsrecht 35, 119, 140, 428
– zur Feststellung der Haftvoraussetzungen 122
– zur Feststellung der Schuldfähigkeit 120
– zur Feststellung der Untersuchungsverweigerung des Zeugen 458
– zur Feststellung des Inhalts von Urkunden 144
– für Feststellungen zu Verfahrensfragen 119, 121 ff.
– zur Feststellung der Verhandlungsfähigkeit 120, 124
– zur Feststellung unerlaubter Vernehmungsmethoden 124, 133
– zur Feststellung der Voraussetzungen für die Verlesung von Vernehmungsprotokollen 129, 260 Fußn. 78
– zur Feststellung des Wertes eines Beweismittels 116, 122, 126, 603, 829
Fragerecht beim – 152
Freistellung von Verfahrensgrundsätzen beim – 142
informatorische Befragungen im – 172
Mündlichkeitsgrundsatz und – 143 ff.
Ordnungsmittel beim – 146 ff.
keine Pflicht zur Verwendung präsenter Beweismittel beim – 142, 147

– über prozessual erhebliche Tatsachen 119, 121 ff.
– über Prozeßvoraussetzungen 35, 119, 581
Rechtfertigung des –es 109 ff., 111 ff., 115
rechtliches Gehör beim – 147, 150
– im Revisionsverfahren 112, 153 ff., 399, 890, 893, 914
Schutzbestimmungen beim – 151
– bei Unterrichtung über den Verfahrensgang durch Urteilsverlesung 253
– für urteilsmäßige Entscheidungen außerhalb der Schuld- und Rechtsfolgenfrage 133
kein Verbot der Beweisantizipation beim – 147
Vereidigung von Zeugen beim – 145 ff.
Vereidigungsverbote im – 151
Verfahren beim – 142 ff., 149 ff.
Verlesung von Schriftstücken im – 272
Verlesungsverbot nach § 252 beim – 151
– zur Vorbereitung von Augenscheinsbeweisanträgen 130
– zur Vorbereitung der Entscheidung über einen Beweisantrag 122
keine Wahrunterstellung beim – 148
– beim Zeugnisverweigerungsrecht 127

Fristbestimmung
– bei Aktenvorlage und Verweisung 367
– im Übernahmeverfahren der Jugendkammer 348
– bei Zustellung der Anklageschrift 343

Fruchtlosigkeit s. Beweiserhebung

Führungszeugnisse
– sind keine Leumundszeugnisse 304

Fürsorgebehörde 469

Fürsorgepflicht des Gerichts 393 ff.
Aufklärungsrüge bei Verletzung der – 399, 856 ff., 877
Aushändigung einer Abschrift des Ablehnungsbeschlusses aufgrund der – 767
– ist in erster Hinsicht Frage- und Hinweispflicht 394
– erfordert Hinweis auf Nichteinhaltung zugesagter Wahrunterstellung 347
– erfordert Hinweis auf Notwendigkeit der Wiederholung fehlerhaft abgelehnter Beweisanträge 347, 349, 360 ff., 395
Hinwirken auf Antragstellung bei präsenten Beweismitteln aufgrund der – 822

Hinwirken auf Klarstellung der Beweistatsachen aufgrund der — 397
Hinwirken auf mündliche Stellung eines schriftlichen Beweisantrags aufgrund der — 382, 396
Hinwirken auf Stellung von Beweisanträgen aufgrund der — 358, 361, 394, 395
Hinwirken auf Vervollständigung mangelhafter Anträge aufgrund der — 396 ff.
— gegenüber Privat- und Nebenkläger 399
Rechtsgrundlagen der — 393
— gegenüber Staatsanwalt und Verteidiger 399
Verlangen der Vorlegung der Ladungsurkunde aufgrund der — 818
Vorrang der — vor der Auslegung 750
s. a. Belehrung, Beweiserbieten, Fragepflicht, Freibeweis, Protokollierung, Sitzungsprotokoll, Vertrauensschutz
Funkstopverfahren 560, 561

G

Gaunerzinken 244 Fußn. 29
Gebrechlichkeit 261
Gedankenäußerungen
Auslegung von — als Gegenstand des Zeugenbeweises 197
Verkörperung von — als Voraussetzung des prozessualen Urkundenbegriffs 242 ff.
Gefahr im Verzug 499 ff.
Gegenbeweis s. Alibibeweis, Verbot der Beweisantizipation
Gegenproben
— von Betäubungsmitteln 219
— von Lebensmitteln 218, 512
Gegenstände
Anträge auf Herbeiziehung von —n 85
Gegenüberstellung
Antrag auf — als Beweisanregung 36, 68, 93
falsche Beurteilung der ersten — 558
— im Ermittlungsverfahren 339, 340
Fragerecht bei — 93
Simultan— 93 Fußn. 6, 99
— zwecks Überprüfung der Zeugenaussage 171
— zwecks Wiedererkennung des Angeklagten durch Zeugen 173, 236

Angaben des Zeugen bei der — als Aussage über gegenwärtige Tatsachen 191
Geheimhaltung von Tatsachen 442
Geheimhaltungspflicht s. Verschwiegenheitspflicht
Geheimnisschutz 473 ff.
Geheimschrift s. Urkunden
Geheimsphäre 514
Geisteskranke s. Angeklagte, Auskunftspersonen, Zeugen
Geisteskrankheit
Verlesung der Protokolle über Vernehmungen in — verfallener Zeugen 260
Geistliche 455
Gemeinderäte 455
Gemeinschaftlichkeit des Beweismittels 803 ff.
Gemeinschuldner 511
Gerichte s. Beschwerdegericht, Rechtsbeschwerdegerichte, Revisionsgericht, Richter, Vormundschaftsgerichte
Gerichtsakten s. Akten, Präsente Beweismittel, Urkundensammlungen
Gerichtsärzte 298, 729 Fußn. 59
Gerichtsbarkeit
Feststellung des Bestehens der inländischen — 120
Gerichtsbeschluß s. Ablehnungsbegründung, Ablehnungsbeschluß, Bescheidung, Verlesung
Gerichtshilfe
Unverlesbarkeit der Berichte der — 299, 302
Gerichtskundigkeit 544 ff.
Ausschluß der — für Beweisergebnisse des laufenden Verfahrens 550
Ausschluß der — für unmittelbar beweiserhebliche Tatsachen 548 ff.
Begriff der — 545 ff.
Begründung der Antragsablehnung wegen — 760
— von Erfahrungssätzen 599 ff., 694
Erörterung der — in der Hauptverhandlung 569
— von Indiztatsachen 550, 552
— bei Kollegialgerichten 563 ff.
keine — aufgrund nichtamtlich erworbener Kenntnis 547
— als Unterfall der Offenkundigkeit 544
Prüfung der — durch Revisionsgericht 898
— von Tatsachen 551

Gerichtsmediziner 607, 729 Fußn. 59
Gerichtspersonen als Zeugen 175
Gerichtssprache 246
Gerichtsvollzieher s. Ladung
Geschäftsbücher
  Antrag auf Überprüfung von –n als Beweisermittlungsantrag 78
  – als Urkundensammlungen 53 Fußn. 118, 79, 84, 87
  – als völlig ungeeignete Beweismittel 609
  s. a. Urkundensammlungen
Geschäftsfähigkeit s. Angeklagte
Geschäftsgeheimnisse 474
Geschäftsstelle s. Urkundsbeamte
Geschäftsverteilungsplan 163
Geschichtskunde 540
Geschwindigkeitsprüfungen 560
Gesetzliche Vertreter
  Belehrung der – 487, 492
  Beweisantragsrechts der – 352, 378
  Ladung durch – 290
  Wahrunterstellung bei Beweisanträgen der – 564
  – des Angeklagten als Zeugen 187
  – von juristischen Personen als Zeugen 171
  – des Nebenbeteiligten als Zeugen 181
  – von Personenvereinigungen als Zeugen 181
  – des Privatklägers als Zeugen 179
  Zustimmung der – zur Protokollverlesung 291
  s. a. Beistand, (allseitiger) Verzicht, Zeugen
Gestaltungsurteile s. Urteile
Geständnis
  Begriff des –ses 283
  Beweiserhebung über ein – 121, 124, 131, 133, 283, 310
  – als Gegenstand der Beweiswürdigung 167
  Feststellung früheren –ses im Strengbeweis 121
  Feststellung der Vernehmungsmethoden beim – 124, 131
  Niederschrift über richterliches – 284
  – als Schuldbeweis 597
  Unvereinbarkeit eines –ses mit Beweisantrag 376, 378, 644
  Verlesung eines –protokolls 282
  Verlesung von schriftlichen –erklärungen 310
  Verwertung polizeilicher –protokolle 285
  Vorhalt des –ses 284, 286
  Widerruf des –ses 283, 376, 378
Gestellung von Beweispersonen 288, 817
Gewährsleute der Polizei s. Vertrauensleute
Gewerbezentralregister 256, 449
Gewohnheitsrecht s. Freibeweis, Recht
Glaubhaftmachung
  – der Ablehnungsgründe 123, 129
  – des Zeugnisverweigerungsrechts 146
Glaubwürdigkeit
  Augenscheinseinnahme zur Nachprüfung der – 745 ff.
  Beurteilung der – als richterliche Aufgabe 699 ff., 715
  Beurteilung der – kindlicher und jugendlicher Zeugen 701
  Beweisantrag über – von Zeugen 200
  Beweiserhebung über – von Zeugen 428
  Experimente zur Prüfung der – von Zeugen 235
  Feststellungen über die – von Zeugen im Strengbeweis 35, 117 ff., 121
  – als Gegenstand des Sachverständigenbeweises 429, 699 ff.
  – als Gegenstand des Zeugenbeweises 201
  – teilnahmeverdächtiger Zeugen 128
  – und Wahrunterstellung 672
  s. a. Gutachten, Strengbeweis, Zeugen
Glaubwürdigkeitsuntersuchungen 491, 700
Gläubigerausschuß 517
Gnadengesuche
  Stellungnahmen des Gerichts zu –n als Leumundszeugnisse 304
Großverfahren 801
Grundrechte 512 ff.
Gutachten
  – über Alkoholverträglichkeit 607
  Anknüpfungstatsachen im Sachverständigen- 188, 341, 607, 732
  Befundtatsachen im Sachverständigen- 18, 302, 463, 469
  behördliche – 96, 208, 298 ff., 302
  demoskopische Umfragen als – 169
  erbbiologische – 608
  – über Auswertung eines Fahrtschreibers 308
  – über Fahrtüchtigkeit des Angeklagten 711

951

– über Geisteszustand des Angeklagten 704
– über Glaubwürdigkeit von Zeugen 458, 491, 608, 703 ff.
Feststellung früher erstatteter – durch Urteilsverlesung 254
psychiatrische – sind keine Leumundszeugnisse 304
– über Radarmeßgeräte 607, 712
Rechts– 137, 139, 140, 150, 210, 211
– über Reifegrad von Jugendlichen und Heranwachsenden 708 ff.
Routine– 96, 308
– als Grundlage der Sachkunde des Gerichts 549, 555 ff.
– als Sachverständigenaufgabe 211
Schrift– 737
– über Schuldfähigkeit des Angeklagten 500, 704 ff., 737
– über technische Fragen 211, 711
ungenügende – 722 Fußn. 15, 728
unzutreffende tatsächliche Voraussetzungen des –s 732
– über unverlesbare Urkunden 245
Vaterschafts– 608
Verbot der Verlesung schriftlicher – 247, 463
Verlesbarkeit der – von verstorbenen Sachverständigen 271
Vorlegung eines –s durch Verfahrensbeteiligte 39
Widerspruch zwischen mündlichem und schriftlichem – 733
widersprüchliche – 731
Wiedergabe des –s in den Urteilsgründen 725
Zusatz– 733
Zusatztatsachen im Sachverständigen– 188, 302, 469, 732
s. a. Blutalkoholgehalt, Blutgruppengutachten, Sachverständige, Verlesung
Gynäkologen 734 Fußn. 103

H

Haftbefehl 111, 338, 339
Haftentlassung 340
Haftprüfungsverfahren 338
Haftrichter s. Richter
Haftvoraussetzungen
Feststellung der – im Freibeweis 122

Handakten 84
Handelsbräuche 211
Handelsbücher s. Geschäftsbücher
Handelskorrespondenz 316
Handwerker als Sachverständige 207
Hauptverfahren
Ablehnung der Eröffnung des –s 346
Eröffnung des –s 343
s. a. Eröffnungsbeschluß
Hauptverhandlung
Antrag auf Aussetzung oder Unterbrechung der – 39, 68, 86, 105
Ausbleiben des Angeklagten in der – 123, 161
Aussetzung der – nur durch Gerichtsbeschluß 753
Aussetzung der – bei vorübergehender Unerreichbarkeit von Zeugen 627
Aussetzung der – bei Verschleppungsabsicht 640
Ausübung des Zeugnisverweigerungsrechts in der – 796
Bekanntgabe des Ablehnungsbeschlusses in der – 765
Ermittlung von Vorgängen in der – 122
Erörterung offenkundiger Tatsachen in der – 569 ff., 572
Erörterung der Sachkunde des Gerichts in der – 716
wesentliche Förmlichkeiten der – 240, 399, 784
Inbegriff der – 112, 597
Nachforschung nach geladenen Beweispersonen in der – 785
Schuld des Verteidigers an Aussetzung der – 125
Unterbrechung der – 389, 640
Verlegung der – aus Sicherheitsgründen 625
Vorbereitung der – durch informatorische Besichtigung 238
vorweggenommene Teile der – 390
Wiedereintritt in die – 388
s. a. Beweisantrag, Beweisaufnahme, Fürsorgepflicht, Ladung, Mündlichkeitsgrundsatz, Protokollierung, Verhandlung, Wiederholung, Zwischenberatung
Hauptverhandlungsprotokoll s. Sitzungsprotokoll
Hellseher 828
Hemmungsvermögen 586

Heranwachsende 378, 708
Herausgabe von Beweisgegenständen
  Belehrung über Nichtdurchsetzbarkeit des Verlangens nach – 492
  Verlangen nach – 492
  – nach unzulässiger Zwangsandrohung 505
Hilfsanträge 67
Hilfsbeamte s. Staatsanwaltschaft
Hilfsbeweisantrag
  Ablehnung des –s in den Urteilsgründen 769 ff.
  Anschluß an – 384
  Beweisantrag im Schlußvortrag als – 61
  Bezeichnung des –s 61 ff.
  Art des Hauptantrags beim – 62
  notwendiger Inhalt des –s 60
  – auf Erhebung präsenter Beweise 821
  Protokollierung des –s 400
  Prüfung der Beruhensfrage beim – 656 Fußn. 43, 911 ff.
  – als Unterfall des bedingten Beweisantrags 59
  Vertauschung von Hauptantrag und – 63
  – als Verzicht auf Bescheidung in der Hauptverhandlung 769 ff.
  – zur Vorbereitung der Hauptverhandlung 353
  Wahrunterstellung beim – 660
  Zeitpunkt der Antragstellung beim – 353
Hilfsbeweismittel 51
Hilfsmittel bei der Beweisaufnahme s. Vernehmungshilfen
Hilfstatsachen
  Begriff der – 579
  – als Gegenstand des Urkundenbeweises 241
  keine Geltung des Satzes in dubio pro reo für – 665
  Unerheblichkeit von – 588, 899
  Wahrunterstellung von – 653
Hinweispflicht s. Fürsorgepflicht
Hirngeschädigte 730
Hirnkammerluftfüllung 500
Historiker 210, 558 Fußn. 211
Hörensagen s. Zeugen
Hörfalle 483

I

Identitätsfeststellung 519, 521
Immunität s. Abgeordnete

Inbegriff der Hauptverhandlung s. Hauptverhandlung
Indizienbeweis 544, 578
Indiztatsachen
  Allgemeinkundigkeit von – 542
  Begriff der – 578
  keine Geltung des Satzes in dubio pro reo für – 664
  Gerichtskundigkeit von – 550, 552
  Unerheblichkeit von – 588 ff.
  – als Gegenstand des Urkundenbeweises 241
  Vorwegbeurteilung der Erheblichkeit von – 589, 592, 656
  Wahrunterstellung von – 653, 664 ff., 666 ff., 676, 684
  wechselseitige Abhängigkeit von – 667
  zwingende – 578, 665
in dubio pro reo
  keine Anwendung des Satzes – auf Hilfstatsachen 665
  keine Anwendung des Satzes – auf Indiztatsachen 664
  keine Anwendung des Satzes – für Bemessung der Tagessatzhöhe 850 Fußn. 9
  keine Anwendung des Satzes – auf Verfahrensrecht 481
  Bedeutung des Satzes – 664 ff.
  – und Wahrunterstellung 662, 664 ff.
Informationspflicht s. Richter
Informationsrecht
  – des Bestellers von Druckschriften 505
Informatorische Befragungen 127, 128, 172, 468, 482, 823
Informatorische Besichtigungen 238, 533
Inländisches Recht s. Recht
Innenleben
  Zustände des –s als Gegenstand des Zeugenbeweises 191
Instruktionsmaxime s. Aufklärungspflicht
Intimsphäre 514
Irrelevanz s. Bedeutungslosigkeit

J

Jugendämter
  Berichte der – als Leumundszeugnisse 304
Jugendgerichtshilfe
  Unverlesbarkeit der Berichte der – 299, 302

Jugendkammer 348
Jugendliche
  Beurteilung der Glaubwürdigkeit von –n 701
  Reifegradbestimmung von –n 708, 709 Fußn. 150
Jugendpsychiater 730
Jugendpsychologen 709 Fußn. 150
Jugendrichter s. Richter
Jugendschöffengericht 348
Jugendstrafrecht 131
Jugendstrafverfahren
  Beweisantragsrecht im – 375
  Übernahmeverfahren im – 348
  vereinfachtes – 838
Juristische Personen
  Beweisantragsrecht der – 376
  gesetzliche Vertreter von – als Zeugen 171
  Ladungsrecht von – 815
  s. a. (allseitiger) Verzicht
Justizvollzugsanstalten
  Berichte der – über Führung von Gefangenen als Leumundszeugnisse 304
Justizwachtmeister
  Befragung durch – im Freibeweis 143

K

Kamera s. automatische Kamera
Katalogtaten s. Überwachung des Fernmeldeverkehrs
Kaufleute als Sachverständige 207
Kernbereich der Persönlichkeit 513
Kinder
  Glaubwürdigkeit von –n 701
  Ladung von –n 782 Fußn. 6
  – als Zeugen 174, 603, 604
  s. a. Erziehungsberechtigte
Kirchenbücher 256
Klientenakten 505
Klimatologen 713 Fußn. 191
Körperverletzungen
  Verlesung von ärztlichen Attesten über – 305 ff.
Kollegialgerichte
  Offenkundigkeit bei –n 563 ff.
  eigene Sachkunde bei –n 556, 714, 717
Kommissarische Vernehmungen
  Ablehnung der Anordnung von – wegen Unerreichbarkeit 632 ff.
  – des Angeklagten 390
  Benachrichtigungspflicht bei – 510

Ersatz der Verlesung der Niederschrift über – durch gleichartige Beweismittel 421
Feststellung der Fortdauer der Gründe für – 129, 260 Fußn. 78, 273
Feststellung der Voraussetzungen der – 126, 129
– von Mitangeklagten 183
Verlesung von Niederschriften über – 129, 226, 266
Pflicht zur Vorlage des Protokolls über – 510
kein Anspruch auf Wiederholung der Beweisaufnahme nach – 95, 97
Konkursverwalter 511
Konstatierung s. Beweismittel
Kontrolle des Lebensmittelverkehrs 512
Kosten des Verfahrens s. Freibeweis
Kraftfahrzeugsachverständige 219, 730
Krankenakten 53
Krankheit 261
Kreditinstitute 476
Kriminologen 429
Kurzschrift s. Urkunden

L

Ladung
  – zur Berufungsverhandlung 288
  – von Binnenschiffern 782 Fußn. 6
  Form der – 782
  formlose – durch Gericht 288, 782
  Nachweis der – 817
  – durch Prozeßbeteiligte 288, 353, 357, 359, 777, 779, 814 ff., 858
  Rechtzeitigkeit der – 290
  – eines vom Beschuldigten benannten Sachverständigen zu richterlicher Augenscheinseinnahme 341
  – von Seeleuten 782 Fußn. 6
  – durch den Staatsanwalt 814
  – von Zeugen im Ausland 628, 782 Fußn. 6
Landkarten 537
Lebensmittel 607
Lebensmittelverkehr 512
Leichenöffnung 210, 219, 223, 226, 257
Leichenschau 212, 219, 223, 257, 258, 341
Leistungsurteile s. Urteile
Leumund
  Begriff des –s 202, 303

Beweisantrag über den – 202
– als Gegenstand des Zeugenbeweises 202
Lemundszeugen s. Zeugen
Leumundszeugnisse
 behördliche – 203, 302 ff.
 private – 305, 309
 – im Freibeweis 144
 Unverlesbarkeit von –n 303 ff.
 s. a. Führungszeugnisse, Jugendämter, Justizvollzugsanstalten, Schulzeugnisse, Vorhalt, Werturteile, Zeugenbeweis
Lexika 537, 543
Lichtbilder
 – als Gegenstände des Augenscheinsbeweises 223, 225, 229, 459, 742, 744
 heimlich angefertigte – 516
 informatorische Besichtigung der bei den Akten befindlichen – 238
 – der Teilnehmer eines Demonstrationszuges 516
 Unverwertbarkeit von –n 514
 – als Urkunden 245
 – in Verkehrsstrafsachen 744
 – als Vernehmungshilfen 223, 225, 231
Lichtsachverständige 606
Lichtschrankenmessung 560
Lockspitzel 484

M

Marterung 484
Maßnahmen der Besserung und Sicherung 577
Mehrerlösabführung 848
Mehrheit bei Abstimmungen 565, 566
Meinungsforschungsinstitute 159, 208, 429
Meldebehörden 474
Menschenkundigkeit 561
Menschenrechtsverletzungen 484
Meßdiagramme 234
Mikrofilme 248
Mißbrauch
 – des Antragsrechts 372, 635 ff.
 – des Beweisbegehrens bei Präsenz des Beweismittels 801 ff.
 – des Beweisvorführungsrechts 778, 816, 820, 825
Mißstände, öffentliche 673
Mißverständnisse
 – über den Inhalt eines Antrags 396, 399, 751, 910

– über den Inhalt von Zeugenaussagen 416
Mitangeklagte
 Abtrennung des Verfahrens zwecks Zeugenvernehmung von –n 183
 Beweisantragsrecht von –n 575 Fußn. 4
 kommissarische Vernehmung von –n 183
 – als präsente Beweismittel 782
 keine Wahrunterstellung zuungunsten von –n 655
 – können bei Verfahrensverbindung nicht Zeugen sein 182 ff., 427, 815 Fußn. 4
 s. a. Beweismittelgemeinschaft, (allseitiger) Verzicht
Mitwirkungsfreiheit im Steuerstrafverfahren 497
Modelle 223, 743
Motivationsdelikte 191
Mündlichkeitsgrundsatz
 – und Allgemeinkundigkeit 532, 541
 – bei der Stellung von Beweisanträgen 380 ff.
 Einschränkung des –es beim Selbstleseverfahren 317
 – im Freibeweis 143 ff.
 – beim Urkundenbeweis 313, 326
 Verstoß gegen – bei Verwertung des Akteninhalts 751

N

Nachforschungspflicht s. Hauptverhandlung
Nachrichtendienste 272, 455, 623
Nachrichtenmittler 522 ff.
Nachschlagewerke 537, 543, 567
Nachtrunk 710, 730
Namhaftmachung s. Auskunftspersonen, Sachverständige
NATO-Streitkräfte 260
Nebenbeteiligte
 Beweisantragsrecht der –n 353, 374, 425
 Gleichstellung der –n mit Angeklagten 289, 291, 376, 803 Fußn. 149
 Ladungsanträge der –n 290
 Ladungsrecht der –n 815
 Verlesung von Geständnisprotokollen von –n 282 Fußn. 283
 keine Wahrunterstellung bei Beweisanträgen der –n 654
 – als Zeugen 167, 181
 s. a. Einziehungsbeteiligte, Gesetzliche

Vertreter, Verfallsbeteiligte, (allseitiger) Verzicht
Nebenkläger
Beweisantragsrecht der – 353, 374, 425
Erwiesensein von Beweisbehauptungen der – 599
Fürsorgepflicht gegenüber – 399
Ladungsanträge der – 290
Ladungsrecht der – 815
– als präsente Beweismittel 782
Prozeßbevollmächtigte der – als Zeugen 181
Prozeßfähigkeit der – 163
keine Wahrunterstellung bei Beweisanträgen von –n 654
– als Zeugen 180, 782
Zustimmung des –s zur Protokollverlesung 264, 291
s. a. (allseitiger) Verzicht
Negative
Beweis einer – 194
Neurologen 729
Nothilfe 519
Notorietät s. Offenkundigkeit
Notorietätszeugen 543 Fußn. 101
Notruf 520
Notstand 441, 516
Notwehr 516, 519, 584

O

Obduzent 219
Obergutachter s. Weitere Sachverständige
Oberste Dienstbehörde 624
Offenkundigkeit 531 ff.
Abgrenzung der – von der eigenen Sachkunde 693 ff.
Aufklärungspflicht trotz – des Gegenteils der Beweistatsache 532
– als Ausnahme vom Mündlichkeitsgrundsatz 532
Begriff der – 534
Begründung der Antragsablehnung wegen – 760
Entscheidung über den Beweisantrag bei – 566 ff.
– von Erfahrungssätzen 552 ff.
Erörterung der – in der Hauptverhandlung 569 ff., 572
– des Gegenteils der Beweistatsache als Ausnahme vom Verbot der Beweisantizipation 419, 531 ff.

– bei Kollegialgerichten 563 ff.
– bei präsenten Beweismitteln 826
Prüfung des Revisionsgerichts bei Ablehnung wegen – 898
– von Tatsachen 534 ff.
maßgebender Zeitpunkt für die Beurteilung der – 755
s. a. Allgemeinkundigkeit, Gerichtskundigkeit, Protokollierung
Öffentliche Behörden s. Behörden
Öffentliche Mißstände 673
Öffentliche Urkunden s. Urkunden
Öffentliche Versammlungen 517
Öffentlichkeit 122, 143 ff.
Okkulte Phänomene 557
Ordnungsmittel
– im Freibeweisverfahren 146 ff.
– bei Herausgabeverlangen 492
– bei Ungehorsam von Zeugen 786
Ordnungsvorschriften s. Sollvorschriften
Ordnungswidrigkeiten 448, 510
Ordnungswidrigkeitenanzeige 271
Ortsbesichtigungen
– unter räumlichen Beschränkungen 239
Erklärung von Beweispersonen bei – 128
– durch Staatsanwaltschaft oder Polizei 256, 742
s. a. Augenscheinseinnahme, Besichtigungen, Informatorische Besichtigungen

P

Papierstreifen 234
Parapsychologen 828
Parapsychologie 557, 606
Pathologen 219
Patientenkartei s. Beschlagnahme
Personalbeweis
Augenschein am Menschen als – 165
objektiver – 166
Vorrang des –es vor Urkundenbeweis 459
s. a. Beweismittel, Sachverständige, Zeugen
Personalräte 455
Personen
Experimente mit – 235
– als Gegenstände des Augenscheinsbeweises 169, 171, 229, 236, 452
– als Gegenstände des Urkundenbeweises 244
Personenstandsregister 256

Personenvereinigungen
  Beweisantragsrecht von – 376
  Ladungsrecht von – 815
  gesetzliche Vertreter von – als Zeugen 181
  s. a. (allseitiger) Verzicht
Persönlichkeitsrechte 451 Fußn. 170, 513 ff.
Pharmakologen 211
Phasenpläne 234
Polizei
  Auskünfte der – im Ermittlungsverfahren 301
  Beweisanträge gegenüber – 335 ff.
  Ermittlungspflicht der – 335
  Ortsbesichtigungen durch – 256, 742
  schriftliche Stellungnahmen gegenüber – 310
  Unverlesbarkeit von Aktenvermerken der – 302
  Vernehmungsprotokolle der – 259, 266, 269 ff., 285 ff., 293, 471
Polizeibeamte
  Anordnung von Maßnahmen durch – 500
  Befragung durch – im Freibeweis 143
  – als Zeugen 173, 192, 256, 286, 461 Fußn. 250, 470 ff., 483, 488, 742, 746
Polizeifahrzeuge 561
Polizeispitzel 482 Fußn. 410, 484
  s. a. Vertrauensleute
Post 474
Postbeschlagnahme 504, 522
Postgeheimnis 474, 520, 521
Postscheck- und Postsparkassengeheimnis 521
Präsente Beweismittel 777 ff.
  Ablehnungsgründe bei Anträgen auf Verwendung von –n 824 ff.
  Antrag auf Verwendung von sachlichen –n 790 ff.
  Anwesenheit des –s vor Schluß der Beweisaufnahme 784, 818, 820
  Anwesenheit des –s im Zeitpunkt der beabsichtigten Verwendung 786
  Beweisanträge bei –n 820 ff.
  Beweiserhebungsanspruch bei –n 777 ff.
  Beweiserhebungspflicht des Gerichts bei selbst herbeigeschafften –n 782 ff.
  Beweisermittlungsanträge über – 821, 823
  Beweismittelgemeinschaft bei –n 803
  Erkennbarkeit der Anwesenheit des persönlichen –s 785
  Erschienene Beweispersonen als – 783 ff.
  Feststellung der Unzulässigkeit der Verwendung von –n 802
  keine Pflicht zur Verwendung von –n im Freibeweis 142, 147
  vom Gericht herbeigeschaffte – 780, 781 ff., 788 ff.
  Grundzüge der gesetzlichen Regelung der – 777 ff.
  Mitangeklagte als – 782
  Nebenkläger als – 782
  – und Offenkundigkeit 826
  – im Privatklageverfahren 815 Fußn. 6, 835
  von Prozeßbeteiligten herbeigeschaffte – 814 ff.
  Prüfung des Revisionsgerichts bei Nichtverwendung von –n 913 ff.
  Richter als – 818
  sachliche Beweismittel als – 789, 792, 819
  Strafregisterauszüge als – 793
  Tonbandaufnahmen als – 794
  Umfang der Beweiserhebungspflicht bei –n 794 ff., 831
  Urkunden als – 793
  Urkundensammlungen als – 793, 823
  Vernehmung der vom Gericht geladenen persönlichen – ohne Antrag 788
  nicht verwendbare Beweispersonen sind keine – 786 ff., 818
  Unzulässigkeit der Verwendung von –n 425
  Verschleppungsabsicht bei von Prozeßbeteiligten herbeigeschafften –n 641
  völlige Ungeeignetheit von –n 828 ff.
  keine Wahrunterstellung bei –n 825
  Wegfall der Pflicht zur Verwendung von –n bei Unzulässigkeit der Beweiserhebung 796 ff.
  Wegfall der Pflicht zur Verwendung von –n bei Mißbrauch 801
  Wegfall der Pflicht zur Verwendung von –n bei Verfahrenstrennung 796
  Wegfall der Pflicht zur Verwendung von –n bei Verzicht 803 ff.
  als Zeugen benannte Gerichtspersonen als – 818
  s. a. Bescheidung, Beweisantrag, Beweismittel, Hilfsbeweisantrag, Fürsorgepflicht, Hilfsbeweisantrag, Mißbrauch, Privatklageverfahren, Protokollierung, Verzicht
Presseberichterstattung 537
Privates Wissen s. Richter

Privatklage 120
Privatklageverfahren
Beweisanträge im – 833 ff.
kein Recht auf Benutzung präsenter Beweismittel im – 815 Fußn. 6, 835
Feststellungen im – im Strengbeweis 834
Privatkläger
Beweisantragsrecht des –s 353 Fußn. 5, 373
Erklärungen des –s als Grundlage der Überzeugungsbildung 180, 598
Fürsorgepflicht gegenüber – 399
Ladungsanträge des –s im Berufungsverfahren 290
Ladungsrecht des –s 815
Prozeßbevollmächtigte des –s als Zeugen 179
Feststellung der Prozeßfähigkeit des –s 120
Verschleppungsabsicht des –s 636
keine Wahrunterstellung bei Beweisanträgen des –s 654
– kann nicht Zeuge sein 167, 179, 427
Zustimmung des –s zur Protokollverlesung 264, 291
s. a. Gesetzliche Vertreter
Privatpersonen
Ausnutzung unzulässiger Einwirkungen von – 484
von – durch Eindringen in die Privatsphäre gewonnene Beweismittel 515
von – in strafbarer Weise erlangte Beweismittel 504
von – durch Verletzung der Vertraulichkeit des Wortes erlangte Beweismittel 516, 518
Berechtigung von – zu heimlichen Tonbandaufnahmen 519
Verwendung von – zur Ausforschung von Beschuldigten und Zeugen 483
Privatsphäre 513 ff.
Privaturkunden s. Urkunden, Verlesung
Prognoseentscheidungen 430
Protokoll s. Augenscheinprotokolle, Protokollierung, Sitzungsprotokoll, Vernehmungsprotokoll, Urkundenbeweis, Verlesung
Protokollanlage
Beurkundung der Ablehnung eines Beweisantrags in – 766
Niederlegung des Beweisantrags in – 381, 401
Protokollführer
Notwendigkeit der Zuziehung eines –s 508
Verlesung von Urkunden durch – 314
– als Zeugen 177
Protokollierung
– des Anschlusses an Beweisantrag 400
– der gerichtlichen Augenscheinseinnahme 240, 257 Fußn. 56
keine – der Ausübung der Frage- und Hinweispflicht 399
– des Berichts des Vorsitzenden über Urkundeninhalt 329
– des Beschlusses über die Bescheidung von Beweisanträgen 766
– von Beweisanregungen ieS 101
– von Beweisanträgen 400
– von Beweisanträgen auf Verwendung präsenter sachlicher Beweismittel 792
keine – von Beweiserbieten 73
– von Beweisermittlungsanträgen 88 ff.
keine – von Erinnerungsmängeln des Zeugen 279
keine – des Erscheinens von Beweispersonen in der Hauptverhandlung 784, 914
keine – der Erörterung offenkundiger Tatsachen in der Hauptverhandlung 573
– der Feststellung der Vereidigung kommissarisch vernommener Zeugen 274
– der Feststellung des Vorsitzenden über die Unzulässigkeit der Erhebung präsenter Beweise 802
– der Ausübung der Fürsorgepflicht 399
keine – der Konstatierung der Beweismittel in der Hauptverhandlung 785 Fußn. 26
– der Erhebung präsenter Beweise 802
– des Selbstleseverfahrens beim Urkundenbeweis 325
– der Verlesung von Urkunden 315
– der Verwendung von Vernehmungshilfen 224
– des Verzichts auf Beweiserhebung 402, 807
– des Verzichts auf Urkundenverlesung 319, 325
keine – des Vorhalts 331
– der Zurücknahme eines Beweisantrags 402
– der Zustimmung zur Verlesung von

Vernehmungsprotokollen in der Berufungsverhandlung 291
s. a. Augenscheinsprotokolle, Sitzungsprotokoll
Protokollrüge s. Revisionsvorbringen
Prozeßbeteiligte
Anregung von Beweiserhebungen durch nicht antragsberechtigte – 353
Unabhängigkeit der Aufklärungspflicht von Anträgen der –n 21
keine Beweislast der –n 139
Selbstlesung von Urkunden durch – 322
Vereinbarung der –n über Beweisanträge 21
Verlesung von Urkunden durch – 314
– als Zeugen 175, 177 ff.
Prozeßbevollmächtigte
Fürsorgepflicht gegenüber –n 399
– des Nebenklägers als Zeugen 181
– des Privatklägers als Zeugen 179
s. a. (allseitiger) Verzicht
Prozeßentscheidungen 158 ff.
Prozeßfähigkeit s. Nebenkläger, Privatkläger
Prozeßgegenstand 112, 113
Prozeßgegner 384
Prozeßhandlung
Beweisantrag als – 34
Prozeßhindernisse 119, 581, 798, 827
Prozeßkostenhilfe 779 Fußn. 15
Prozeßleitung s. Vorsitzende
Prozeßtatsachen 119, 121 ff., 143, 150, 154, 155
s. a. Freibeweis, Tatsachen
Prozeßverhalten s. Verschleppungsabsicht
Prozeßvoraussetzungen 35, 113, 118 ff., 131, 143, 150, 154 ff., 581
s. a. Freibeweis
Psychiater 217, 429, 430, 701 Fußn. 86, 702, 704, 725, 729, 734 Fußn. 98
s. a. Jugendpsychiater
Psychologen 212, 429, 430, 700 Fußn. 73, 701 Fußn. 83, 86, 702, 704, 709, 725, 729, 730, 734 Fußn. 98
s. a. Jugendpsychologen

Q

Quittungen 463

R

Radarfotos 230
Radarmeßgeräte 78, 556, 560 Fußn. 233, 712

Rechnungen 463
Recht
Beweisanträge über Bestand, Auslegung und Anwendbarkeit des inländischen –s 428
Beweisaufnahme über ausländisches – 35, 119, 138 ff., 210, 428
Beweisaufnahme über Gewohnheits– 35, 119, 140, 210, 428
Beweisaufnahme über inländisches – 35, 137 ff., 428, 693
Feststellung des anzuwendenden – 136 ff.
Feststellung ausländischen –s durch Revisionsgericht 154
Rechtfertigungsgründe 375, 586, 653
Rechtliches Gehör
– zu allgemeinkundigen Tatsachen 541
– als Grundlage der Bescheidungspflicht 754 Fußn. 12a
– als Grundlage des Beweisantragsrechts 371
– beim Freibeweis 147, 150
kein nochmaliges – bei Entscheidung über Hilfsbeweisantrag in der Hauptverhandlung 771
– vor Revisionsgericht 156
– bei Verwendung eigener Sachkunde 717 Fußn. 214, 718 Fußn. 221
– vor Verwendung von Erfahrungssätzen oder Tatsachen bei der Entscheidung 569
– vor Zurücknahme angeordneter Beweiserhebung 774
Rechtsbegriffe
– als Beweistatsachen 41
Wahrunterstellung von –n 653
– als Gegenstand des Zeugenbeweises 205
Rechtsbeschwerdegerichte 556, 560
Rechtsfolgen
Begriff der – 118
Beweiserhebung über – 429
Rechtsfolgenausspruch 253, 254, 429, 435, 439, 445, 577, 586, 667
Rechtsfragen
keine Beweisaufnahme über – 35, 136 ff., 428, 693
– können nicht Gegenstand eines Zeugenbeweises sein 190
Rechtsgutachten s. Gutachten
Rechtshängigkeit
Feststellung der anderweitigen – 120

959

Rechtshilfeverkehr
– mit dem Ausland 629
– mit der DDR 630
Rechtskraft
– als Beweisthemaverbot 434, 435
– Feststellung des Eintritts der – 120
Sperrwirkung der materiellen – 435
Teil– 434
Unzulässigkeit der Verwendung präsenter Beweise bei – 798
Rechtskreistheorie 479, 489
Rechtsmißbrauch s. Mißbrauch, Verlesung
Rechtsmitteleinlegung 122
Rechtsmittelverzicht 122
Rechtssachverständige s. Sachverständige
Rechtsstaatsprinzip 393, 528
Rechtswidrigkeit 577, 583, 799
Referendare
Schweigepflicht der – 440
Vernehmung durch – 267
– als Zeugen 472 Fußn. 340
Regierungsmitglieder 175
Reifegrad von Jugendlichen 302, 583, 708
Reifegradgutachten 708 ff.
Reihenfolge
– der Prüfung der Ablehnungsgründe 410
Rekonstruktionen
Anträge auf – 97
– des Tatverlaufs 235
Resorption 710, 730
Retrograde Amnesie 604, 713 Fußn. 189
Revision s. Anfechtungsberechtigung, Aufklärungsrüge, Beruhensfrage, Beschwer, Beweisverwertungsverbote, Revisionsgericht, Revisionsvorbringen, Sachrüge
Revisionsbegründungsschrift 885, 887, 896
Revisionsgericht
keine Auswechslung der Ablehnungsgründe durch – 908
Beweisaufnahme vor dem – 153 ff., 696 Fußn. 44
Bindung des –s bei Doppelrelevanz von Tatsachen 154 ff., 157
Bindung des – an prozessuale Ermessensentscheidungen 159
Bindung des –s an Urteilsfeststellungen 156 ff., 160
freie Beweiswürdigung des –s bei Verfahrensvorgängen 890, 893
Ermittlungen des –s 155

Freibeweis vor dem – 112, 153 ff., 399, 890, 893, 914
Feststellung ausländischen Rechts durch – 154
Feststellung von Erfahrungssätzen durch – 153, 898
Feststellung prozessual erheblicher Tatsachen durch – 155
Feststellung der Prozeßvoraussetzungen durch – 155
Grundlagen der Prüfung des –s 883
Prüfung des –s bei Ablehnung von Beweisanträgen 856 ff., 898 ff.
Prüfung des –s bei Beweisermittlungsanträgen 90
Prüfung der Beruhensfrage durch – 906 ff.
Prüfung der Beweiswürdigung des Tatrichters durch – 725, 899
Prüfung der Anwendung von Erfahrungssätzen durch – 568, 898, 899
Prüfung von prozessualen Ermessensentscheidungen durch – 159 ff., 901, 902, 905
Prüfung des –s bei Nichtverwendung präsenter Beweise 913 ff.
Prüfung der Sachkunde des Sachverständigen durch – 116, 129
Prüfung der Sachkunde des Tatrichters durch – 696, 718, 904 ff.
Rechtliches Gehör vor – 156
Umfang der Prüfung des –s 896
s. a. Aufklärungsrüge, Denkgesetze, Sitzungsprotokoll, Urteilsgründe, Verhandlungsfähigkeit

Revisionsrecht
Wesen und Grundsätze des –s 160
Revisionsurteile s. Urteile
Revisionsvorbringen
allgemeine Anforderungen an – bei Verfahrensrügen 876
notwendiges – bei der Aufklärungsrüge 856 ff., 860, 877
Bestimmtheit der tatsächlichen Behauptungen im – 876
– bei Rüge rechtsfehlerhafter Behandlung von Beweisanträgen 875 ff., 877
keine Bezugnahmen im – 876, 878, 879 Fußn. 23
Entbehrlichkeit von Ausführungen zur Beruhensfrage im – 856, 881

Entbehrlichkeit von Rechtsausführungen im – 881
– bei Rüge der Verletzung der Fürsorgepflicht 856 ff., 877
– bei Rüge rechtsfehlerhafter Behandlung von Hilfsbeweisanträgen 879
Klarstellung der Art des gerügten Verfahrensfehlers im – 875
– bei Rüge der Nichtverwendung präsenter Beweismittel 913
Unzulässigkeit von Protokollrügen im – 876
– bei Unterlassen rechtzeitiger Entscheidung oder Begründung 876
zulässige Verfahrensrügen im – 867
– im Widerspruch zum Sitzungsprotokoll 867
– bei Widersprüchen zwischen Urteil und Ablehnungsbeschluß 880

Richter
Ablehnung von –n wegen Befangenheit 123
Ausschluß des –s 123, 176, 638
keine Ausschaltung des –s durch Scheinbeweisanträge 176, 638
beauftragte – 94, 143, 148, 156, 177, 222, 265, 275, 346, 390
Beratungsgeheimniswahrung durch – 439 ff.
kein Beweisantragsrecht des –s 379
ehrenamtliche – 440
Ergänzungs– 314, 321, 338 ff.
Ermittlungs– 177, 338 ff., 454 Fußn. 193
ersuchte – 94, 126, 143, 148, 156, 177, 224, 275, 346, 390
– der freiwilligen Gerichtsbarkeit 304
Haft– 339, 340
Informationspflicht des –s über Rechtsfragen 137 ff.
Jugend– 697, 709 Fußn. 149
– als präsente Beweismittel 818
privates Wissen des –s 532 ff., 547, 553, 694
eigene Sachkunde des –s 694 ff.
Selbstlesung von Urkunden durch den – 320 ff.
Verhinderung des –s 162
Verkehrs– 697, 712 Fußn. 180, 727, 744
Verschwiegenheitspflicht des –s 177
Verwendung der Akten- und Ortskenntnisse des –s bei der Verhandlung 533
dienstliches Wissen des –s 545 ff.
– als Zeugen 176, 441, 470, 472, 638
s. a. Gerichtskundigkeit, Sachkunde des Gerichts, Schöffen, Vernehmung, Vernehmungsrichter, Zeugen

Richteranklage 441
Richtergehilfen s. Sachverständige
Röntgenarzt 210
Röntgenaufnahme 210, 216
Routinegutachten 308
Rückrechnung bei der Blutalkoholbestimmung 709

S

Sachaufklärungspflicht s. Aufklärungspflicht
Sachbeweis 165 ff.
s. a. Beweismittel
Sachen
Experimente mit – 235
Sachkunde des Gerichts
Abgrenzung der – von der Offenkundigkeit 693 ff.
Ablehnung eines Antrags auf Zuziehung eines weiteren Sachverständigen wegen eigener – 723 ff.
Begründung der Antragsablehnung wegen eigener – 763
– aufgrund in anderen Verfahren erstatteter Gutachten 549, 555 ff.
Beurteilung des Blutalkoholgehalts aufgrund eigener – 701
Beurteilung der Fahrtüchtigkeit aufgrund eigener – 711
Beurteilung der Glaubwürdigkeit aufgrund eigener – 699 ff.
Beurteilung des Reifegrades von Jugendlichen und Heranwachsenden aufgrund eigener – 708
Beurteilung der Schuldfähigkeit aufgrund eigener – 704 ff.
Beurteilung technischer Fragen aufgrund eigener – 711
Darlegung der – im Urteil 608, 715, 725
Erörterungspflicht der – in der Hauptverhandlung 716
Grenzen der – 696
– bei Kollegialgerichten 556, 714, 717
Prüfung der – durch Revisionsgericht 696, 718, 904 ff.

Quellen der – 698
Überflüssigkeit der Beweiserhebung wegen eigener – 694
– bei Übersetzung fremdsprachiger Texte 246
Umfang der verwertbaren – 695 ff.
– in Verkehrsstrafsachen 697, 727
s. a. Sachverständige, Weitere Sachverständige

Sachleitung s. Vorsitzende
Sachrüge 118, 119, 153, 879
Sachurteile s. Urteile
Sachverständige
abgelehnte – als Zeugen 189, 427
Abgrenzung des –n von anderen Beweismitteln 212 ff.
Ablehnung von Anträgen auf Anhörung von –n 689 ff.
Ablehnung des –n wegen Befangenheit 105, 129, 161, 189, 213, 227, 798
Anhörung mehrerer –r wegen besonderer Schwierigkeit 737
kein Anspruch auf Anhörung bestimmter –r 208
keine Anwendung des § 136 a auf Befragung durch – 483
Aufgaben des –n 209, 214, 694
Ausschluß des –n 342
Austauschbarkeit des –n 52, 215, 634, 719
Auswahl des –n durch Gericht 129, 208, 420, 825
Begriff des –n 207, 218
Behördenvertreter als – 208, 721 Fußn. 8
Benennung des –n im Beweisantrag 52
kein Beweisantragsrecht des –n 379
– als Beweismittel 165 Fußn. 4, 166, 215
Entschädigung des –n 213
Erfahrungswissen des –n 211, 463
Erstattung von Gutachten durch – 211
Feststellung der allgemeinen Vereidigung des –n 130
formlose Vernehmung des –n im Freibeweis 143
Forschungsmittel des –n 733
gerichtsmedizinische – 607
gestellte – 288
Handwerker als – 207
Hirn– 730
Historiker als – 210, 558 Fußn. 211
Kaufleute als – 207
kaufmännische – 211

Kraftfahrzeug– 219, 730
kriminologische – 429, 430
Licht– 606
medizinische – 212, 217, 705, 711, 720, 730
Namhaftmachung neu ernannter –r 358
– aufgrund privaten Auftrags 218
psychiatrische – 217, 429, 607, 702, 709, 725, 729
psychologische – 212, 429, 430, 702, 704, 709, 725, 729
– als Richtergehilfen 208, 214, 690
Fußn. 4
fehlende Sachkunde des –n 729
Prüfung der Sachkunde des –n durch Revisionsgericht 116, 129
ungenügende Sachkunde des –n 728
zweifelhafte Sachkunde des –n 731
Schrift– 235, 720, 731 Fußn. 75, 738
soziologische – 709
Tatsachenbekundungen durch – 210, 216
technische – 211, 219, 711, 720, 727
Toxikologen als – 210
unerreichbare – 634
kein Anspruch auf bestimmte Untersuchungsmethoden des –n 693, 731, 736
unzutreffende tatsächliche Voraussetzungen des Gutachtens des –n 732
Vereidigung des –n 213
– als völlig ungeeignete Beweismittel 458, 606 ff., 829
Vornahme von Verrichtungen durch – 210
Weigerungsrecht des –n 467
– als Zeugen 187 ff., 470
Zufallsbeobachtungen des –n 187
Zusatzgutachten des –n 302, 733
Prüfung der Zuverlässigkeit von –n 99
Zuziehung des –n zu richterlicher Leichenschau 341
Zwangsmittel gegen ungehorsame – 213
s. a. Ärzte, Aufklärungspflicht, Augenscheinsgehilfen, Auskunftspersonen, Blutprobenentnahmen, Dolmetscher, Glaubwürdigkeit, Gutachten, Sachkunde, Unerreichbarkeit, Völlige Ungeeignetheit, Weitere Sachverständige

Sachverständigenbeweis
Ablehnung des Antrags auf – 689 ff.
freie Beweiswürdigung beim – 724
demoskopische Umfragen als – 169

Gegenstand des –es 211
Geltung der allgemeinen Ablehnungsgründe beim – 692
– über Glaubwürdigkeit von Zeugen 429, 699 ff.
kein – über Rechtsfragen 137, 153, 210, 211, 429
Übersetzung fremdsprachiger Texte als – 213, 246 ff.
Untersuchungen von Angeklagten oder Zeugen als – 169
– über fremdsprachige Urkunden 246
– über unlesbare Urkunden 245
Vornahme von Experimenten als – 98, 169
– vor dem Revisionsgericht 153
s. a. Sachkunde des Gerichts, Verbot der Beweisantizipation

Sachverständigeneid 187
Sachzusammenhang 426, 587 ff., 799 ff., 826
s. a. Bedeutungslosigkeit
Schallplatten 222, 231, 245
s. a. Augenscheinsgegenstände, Urkundenbeweis, Vorhalt
Schätzungen 118, 848 ff.
Schätzungsverfahren
– zur Festsetzung der Höhe des Tagessatzes 848
Unzulässigkeit des –s 426, 636
Scheinbeweisanträge s. Beweisantrag, Richter, Unzulässigkeit, Verschleppungsabsicht
Schießversuche 235
Schlagwortartige Verkürzungen
– als Beweistatsachen 41
Schlußfolgerungen s. Wahrunterstellung, Zeugen
Schlußvortrag
Stellung von Beweisanträgen im – 61
Verlesung von Urkunden im – 315
Schöffen
kein Beweisantragsrecht der – 379
Selbstlesung von Urkunden durch – 321
Wahrung des Beratungsgeheimnisses durch – 440
– als Zeugen 470
Schriften
– mit strafbarem Inhalt 542, 549
Schriftproben 743
Schriftsachverständige s. Sachverständige
Schriftsätze mit Beweisanträgen 380
Schriftstücke s. Urkunden

Schrifttum, medizinisches 556
Schriftvergleichung
richterliche – 235, 506
– durch Sachverständige 235, 720, 738
Schriftwechsel 84, 791 Fußn. 66, 793
Schriftzeichen s. Urkundenbeweis
Schuldausschließungsgründe 375, 577, 586, 799
Schuldausspruch 158, 254, 439
Schuldfähigkeit
fehlende – 585
Feststellung der – im Freibeweis 120
Beurteilung der – aufgrund eigener Sachkunde des Gerichts 704 ff.
Beurteilung der – durch Sachverständige 729
– als Gegenstand des Zeugenbeweises 203
Schuldfrage 117, 131, 133, 253, 283, 375, 434, 435, 583
Schulzeugnisse
– als Leumundszeugnisse 303
Schutzschriften 381
Schutzzwecktheorie 479
Schweigen
– als Antragsrücknahme 403
– zu Verfahrensverstößen führt nicht zur Verwirkung der Verfahrensrüge 404 Fußn. 15
– als Zustimmung 265, 318
s. a. Verzichtserklärung
Schweigepflicht
Entbindung von der – 797
s. a. Verschwiegenheitspflicht
Seeleute s. Ladung
Selbständiges Verfahren 118
Selbstanzeige 511
Selbstladungsrecht s. Ladung
Selbstleseverfahren s. Urkundenbeweis
Sexualforscher 734 Fußn. 103, 737 Fußn. 123
Sicheres Geleit s. Zeugen
Sicherheitsabstand 561
Sicherungsverfahren 118, 375
Simultangegenüberstellung s. Gegenüberstellung
Sittlichkeitsverfahren 701
Sitzungsprotokoll
Anspruch auf Abschrift des –s 766
Antragsteller ist zum Diktat ins – nicht berechtigt 400
Beurkundungen von Augenscheinseinnahmen im – 240, 257 Fußn. 56

Auslegung des –s 885
Berichtigung des –s 885
Beurteilung mangelhaften –s durch Revisionsgericht 155
Beweiskraft des –s 122, 155, 156, 883, 889
Bezugnahmen auf Anlagen im – 381, 401
Durchstreichungen im – 890
keine Ergänzung des –s durch dienstliche Äußerungen 884
keine Ersetzung, Ergänzung oder Widerlegung des –s durch Urteilsfeststellungen 884
Fertigstellung des –s 888
lückenhaftes – 890
Revisionsvorbringen im Widerspruch zum – 884
Unklarheiten und Unrichtigkeiten im – 890
unvollständige Beurkundungen im – 891
Verlesbarkeit von Niederschriften über Aussagen im – 266
widersprüchliches – 890
Wiederherstellung eines verlorengegangenen –s 888
s. a. Protokollierung, Revisionsvorbringen

Skizzen 223, 225, 232, 459, 463, 464, 742, 744, 794, 819 Fußn. 29
Soldaten 454, 782 Fußn. 6
Sollvorschriften 324, 478 Fußn. 379, 479, 494
Sozialadäquanz 520
Sozialprognose 420, 446
Sozialversicherungsträger 474
Soziologen 709
Sperrerklärung s. Beweismittelverbote, Unerreichbarkeit
Sperrwirkung s. Rechtskraft
Spiegelmeßverfahren 561
Spontanäußerungen 469 Fußn. 310
Spurenakten 84 Fußn. 79
Staatsanwalt
Besichtigungen durch den – 223
– ist kein Hilfsbeamter des Gericht 346
– als präsentes Beweismittel 818
– als Zeuge 177, 470, 472
Staatsanwaltschaft
Beweisantragsrecht der – 373
Beweisanträge gegenüber – 335 ff.
Eingaben an – 310
Einstellungsverfügungen der – 573, 585
Ermittlungspflicht der – 335

Ermittlungsrecht der – nach Anklageerhebung 347
Erwiesensein von Beweisbehauptungen der – ohne Beweisaufnahme 598
Fürsorgepflicht gegenüber – 398
Hilfsbeamte der – 335, 337, 346, 500, 504
Ortsbesichtigung durch – 256, 337, 742
Unverlesbarkeit von Aktenvermerken und Berichten der – 302
Urteilsanfechtung durch die – 870
Vernehmung durch – im Ermittlungsverfahren 337
Vernehmungsprotokolle der – 266, 269 ff.
Verschleppungsabsicht der – 636
Wahrunterstellung bei Beweisanträgen der – 373, 654
Zustimmung der – zu Protokollverlesungen 264

Statistiken 475
Steuergeheimnis 475, 510
Steuerstraftaten 476, 497, 510
Steuerstrafverfahren 497
Stimmenverhältnis bei Abstimmungen 565
Stimmproben 236
Strafantrag 113, 120, 131, 157, 581, 798
Strafanzeige 461, 469
Strafaufhebungsgründe 577, 583
Strafausschließungsgründe 577, 583, 653, 799
Straffreiheitsgesetze 12, 131, 148, 157
Strafklageverbrauch 121
Straflisten s. Bundeszentralregister
Strafregister s. Bundeszentralregister
Strafsenate 344, 354
Strafurteile s. Beweismittelverbote, Urteile, Verlesung
Strafverfolgungsorgane 302, 482, 483
Strafverlangen, behördliche 120
Strafzumessungstatsachen
Wahrunterstellung von – 667
Strengbeweis
Abgrenzung des –es zum Freibeweis 109 ff., 117 ff., 121 ff., 131 ff., 248
Bindung der Feststellungen im – bei Doppelrelevanz 131, 157
– für Feststellung eines früheren Geständnisses 121
– für Feststellungen zur Glaubwürdigkeit 35, 117 ff., 121
– für Feststellungen zur Schuld- und Rechtsfolgenfrage 35, 117 ff., 376 Fußn. 46

– im Privatklageverfahren 834
kein – vor dem Revisionsgericht 153 ff.
s. a. Freibeweis
Substantiierung s. Beweisantrag
Suchtkrankenberatungsstellen 504

T

Tachometerjustierung 561
Tagebuchaufzeichnungen
  Unverwertbarkeit von – 514
  Verlesbarkeit von – 310, 462
Tagessatzhöhe 848
  s. a. Beweisantrag, in dubio pro reo, Schätzungen
Tatbestand
  gesetzlicher – 577
  innerer – 584
  fehlende Zugehörigkeit von Beweistatsachen zum – 582
Tatbestandsmerkmale 153, 578, 581, 653
Tatbestandswirkung von Verwaltungsakten 438
Tatort
  Besichtigung des –s 238
  – als doppelrelevante Tatsachen 157
  Urteilsberatung am – 240
  s. a. Augenscheinseinnahme, Ortsbesichtigungen
Tatortskizzen s. Skizzen
Tätowierungen 244
Tatsachen
  Abgrenzung der – zu Erfahrungssätzen 552
  Angabe bestimmter – im Beweisantrag 39 ff.
  äußere – 552, 577
  Bedeutungslosigkeit von – für die Entscheidung 579
  beweiserhebliche – 241, 576 ff.
  doppelrelevante – 131 ff., 146, 157, 158
  eigenpsychische – 191, 193
  entlastende – 653 ff.
  Erwiesensein von – 595 ff.
  fremdpsychische – 193, 197
  gegenwärtige – 190, 217
  geheimhaltungsbedürftige – 439 ff., 442
  hypothetische – 192
  innere – 191 ff., 197, 552, 577, 604, 643
  negative – 194
  prozessual erhebliche – 121, 131, 133, 150, 155

  vergangene – 190, 213, 217
  vermutete – 43 ff.
  als wahr unterstellte – 653
  s. a. Anknüpfungstatsachen, Befundtatsachen, Beweisantrag, Beweisbehauptung, Doppelrelevanz, Hilfstatsachen, Indiztatsachen, Prozeßtatsachen, Zusatztatsachen
Tatseite, innere 584
Tatzeit
  – als doppelrelevante Tatsache 131, 158
Taubstumme 603
Täuschung
  – bei Blutprobenentnahmen 502
  – bei Tonbandaufnahmen 517
  – durch Vernehmungsbeamte 485, 495
Technische Abhörgeräte 516
Technische Aufzeichnungen 233
Technische Fragen 711
Technische Sachverständige s. Sachverständige
Technische Überwachungsvereine 208
Teilnahmeverdacht s. Zeugen
Teilrechtskraft 434
Telefonauskünfte im Freibeweis 143, 144, 151
Telefonüberwachung s. Überwachung des Fernmeldeverkehrs
Telegrafengeheimnis 520
Territorialitätsprinzip 528
Tilgung von Eintragungen s. Bundeszentralregister
Tonbandaufnahmen
  – als Gegenstand des Augenscheinsbeweises 231 ff.
  Verwendung von – im Freibeweis 145
  Verlesung von Niederschriften über – 224, 225, 249, 420, 523
  – als präsente Beweismittel 794
  von Privatpersonen hergestellte – 516 ff.
  – über telefonische Notrufe 520
  Übertragung von – in Maschinenschrift 245, 249, 463
  durch Überwachung des Fernmeldeverkehrs gewonnene – 224
  Unzulässigkeit des Abspielens von – zu Beweiszwecken 259, 278, 284, 459, 470, 481
  – von Vernehmungen 517 ff.
  – in Versammlungen 518
  Vorhalt von – 231, 330, 349, 522
  – über Zugmeldeverkehr 520

965

s. a. Überwachung des Fernmeldeverkehrs, Urkundenbeweis, Verlesung
Tonträger s. Schallplatten, Tonbandaufnahmen, Urkunden
Toxikologen 210
Traffipaxanlagen 560
Trennung von Verfahren 796
Trinkversuche 100, 235
Trunkenheit s. Zeugenbeweis

U

Überflüssigkeit der Beweiserhebung s. Bedeutungslosigkeit, Erwiesensein, Offenkundigkeit, Wahrunterstellung
Überlegenheit von Forschungsmitteln s. Weitere Sachverständige
Übernahmeverfahren der Jugendkammer 349, 389
Übersetzer 207
Übersetzungen fremdsprachiger Texte
– durch Gericht 246
– durch Sachverständige 213, 246 ff.
– als Urkunden 246
Überwachung des Fernmeldeverkehrs
Fernwirkung des Verwertungsverbots bei der – 526, 527
durch – gewonnene Tonbandaufnahmen 224
Unzulässigkeit der – 517
Verwertungsverbot wegen Verfahrensmängeln bei der – 523
Vorhalt der aus – gewonnenen Erkenntnisse 526
Zufallserkenntnisse bei der – 524, 526
Zulässigkeit der – 522 ff. (§ 100 a), 527 (Gesetz zu Art. 10 GG)
Umdeutung s. Beweisantrag
Umfrage, demoskopische 169
Unerheblichkeit s. Bedeutungslosigkeit
Unerreichbarkeit 619 ff.
Ablehnung von Beweisanträgen wegen – 620
weitergehende Aufklärungspflicht trotz – 32, 626, 629 Fußn. 83, 630, 633
keine Geltung des Ablehnungsgrundes der – beim Augenscheinsbeweis 224, 739 ff.
– von Augenscheinsgegenständen 634
Aussetzung des Verfahrens wegen – 622
Begründung der Ablehnung von Beweisanträgen wegen – 762

Ermittlungspflicht bei – des Beweismittels 621 ff.
– trotz Möglichkeit kommissarischer Vernehmung 632 ff.
Prüfung des Revisionsgerichts bei Ablehnung wegen – 901
– aus rechtlichen Gründen 620
– von Sachverständigen 634
– bei behördlichen Sperrerklärungen 624
vorübergehende – 626
Vorwegnahme der Beweiswürdigung bei – 419
– von Zeugen im Ausland 62, 628
– von Zeugen in der DDR 630
– von behördlich geheimgehaltenen Zeugen 623
– bei unbekanntem Aufenthalt des Zeugen 50, 621
– bei Versagen von Zwangsmaßnahmen gegen Zeugen 628
Unfallskizzen s. Skizzen
Unfallstelle
Besichtigung der – 238, 743
Ungeeignetheit des Beweismittels s. Völlige Ungeeignetheit
Unmittelbarkeitsgrundsatz
– und Allgemeinkundigkeit 541
keine Geltung des –es beim Augenscheinsbeweis 224, 739 ff.
– im Berufungsverfahren 287, 291
– im Freibeweis 143 ff., 272
– bei Wahrnehmungen von Beweispersonen 459
s. a. Beweisverbote
Unschuldsbeweis s. Wahrunterstellung
Unterbrechung s. Hauptverhandlung, Urteilsverkündung
Unterbringung s. Angeklagte
Unterbringungsbefehl 338, 339
Unterhaltspflichtverletzung 437
Untersuchungen, körperliche
keine Anwendung des § 136 a auf – 482
Belehrung über Freiwilligkeit der Duldung von – 490, 491
– des Beschuldigten 169, 490
Einwilligung des Zeugen in – 491
– einer Frau 226
– mit verbotenen Mitteln 502 ff.
Verhältnismäßigkeitsgrundsatz bei – 500
Verweigerung der – durch Zeugen 458

Verwertbarkeit der Ergebnisse von – 499 ff., 503
Vornahme von – 226, 236
– von Zeugen 169
Untersuchungsgrundsatz s. Aufklärungspflicht
Untersuchungsmethoden s. Sachverständige
Untersuchungsverweigerung 458, 467, 491
Unzulässigkeit der Beweiserhebung 423 ff.
– zur Auslegung des inländischen sachlichen Rechts 137, 138, 428, 693
einheitlicher Begriff der – 425, 800, 825
Begründung der Antragsablehnung wegen – 760
– bei unzulässigen Beweismitteln 427
– über bindend festgestellte Tatsachen 433 ff.
– bei geheimzuhaltenden Tatsachen 439 ff.
– über getilgte oder tilgungsreife Eintragungen im Bundeszentralregister 442 ff.
keine – wegen Offenkundigkeit der Tatsache oder ihres Gegenteils 566
– bei präsenten Beweismitteln 825
– über Prognoseentscheidungen 430
– über den Rechtsfolgenanspruch 429
keine – wegen völliger Sachfremdheit der Beweistatsache 799
keine – bei Scheinbeweisanträgen 426, 636
keine – bei Unerheblichkeit 575, 798
keine – wegen tatsächlicher Unmöglichkeit der Beweiserhebung 426
– steht Wahrunterstellung entgegen 670
– bei gestellten Zeugen aus der DDR 826
– bei Zeugnisverweigerung 450 ff., 797, 825
s. a. Beweisantrag, Beweisaufnahme, Beweismittelverbote, Beweisthemaverbote, Beweisverbote, Beweisverwertungsverbote, Präsente Beweismittel
Urkunden
Ablichtungen und Abschriften von – 130, 248, 421
Absichts– 243
Augenscheinseinnahmen von – 234, 242, 245
Augenscheinsprotokolle als – 256
Aussteller von – 242
Begriff der – 242
behördliche Erklärungen als – 300
berichtende – 243, 244

Beschaffenheit von – 234
Beweisbestimmung der – 242
– als Beweismittel 166, 241
Beweiswert von – 242
Beweiszeichen als – 244
Bezeichnung der – im Beweisantrag 53
Dispositiv– 243
Durchschläge als – 248
Echtheit von – 242
Feststellung der Echtheit von – 130
Feststellung des Inhalts von – im Freibeweis 144
Feststellung der Übereinstimmung von Abschrift und Urschrift von – 130, 248
Feststellung der Verlesbarkeit von – 114
fremdsprachige – 246, 330
– in Geheimschrift 245
Kirchenbücher als – 256
Konstitutiv– 243
– in Kurzschrift 245
Lichtbilder als – 245
Vergrößerungen von Mikrofilmen als – 248
Niederschriften über den Inhalt von Tonträgern als – 245, 247, 249
öffentliche – 243
Personenstandsregister als – 256
– als präsente Beweismittel 793
Privat– 243, 309
den Straftatbestand verkörpernde – 309, 313, 328, 464
Strafurteile als – 252
Übersetzungen als – 246
unerreichbare – 634
Unterlagen Dritter als verlesbare – 311
unverlesbare – 244, 245
Verfälschung von – 234
Vervielfältigungen als – 248
– als völlig ungeeignete Beweismittel 609
Willenserklärungen als – 310
Zufalls– 243
s. a. Präsente Beweismittel, Urkundensammlungen, Verlesung, Völlige Ungeeignetheit

Urkundenbeweis 51, 241 ff.
Abgrenzung des –es zum Augenscheinsbeweis 222, 231
Bericht des Vorsitzenden über Urkundeninhalt als – 325 ff.
– im Berufungsverfahren 287

Verwertung behördlicher Erklärungen ist
– 169, 300
Formen des –es 241, 244, 312 ff.
Gegenstände des –es 244, 251 ff.
Grundfragen des –es 241
Mündlichkeitsprinzip beim – 313
Schallplatten können nicht Gegenstand
des –es sein 222, 231, 245
Schriftzeichen als Gegenstand des –es 244
Selbstleseverfahren beim – 316 ff., 327
Substantiierung des Antrags auf – 53
Tonbänder können nicht Gegenstand des
–es sein 222, 231, 245
Verlesbarkeit der Urkunde als Voraussetzung des –es 242, 245
Verständlichkeit des Urkundeninhalts als
Voraussetzung des –es 244
kein – durch Vorhalt 330
Wesen des –es 241
s. a. Protokollierung, Unerreichbarkeit,
Verbot der Beweisantizipation, Verlesung,
Vernehmungsprotokolle, Vorhalt

Urkundensammlungen
– als Gegenstand eines Beweisantrags 53,
398
– als Gegenstand eines Beweisermittlungsantrags 53 Fußn. 118, 79, 84, 87
– als präsente Beweismittel 793, 823

Urkundsbeamte
Befragung durch – im Freibeweis 143
– als Zeugen 177
s. a. Protokollführer

Urkundspersonen s. Sitzungsprotokoll

Urteile
Einstellungs– 113, 120, 157
Feststellungs– 437
Gestaltungs– 437
Leistungs– 437
Revisions– 252 ff.
Sach– 120
Straf– 252 ff., 434 ff.
Versäumnis– 438
Verwaltungsgerichts– 255
Zivil– 255, 437
s. a. Verlesung

Urteilsausspruch 388
Urteilsbegründung 388
Urteilsberatung am Tatort 240
Urteilsfeststellungen
keine Ersetzung, Ergänzung oder Wider

legung des Sitzungsprotokolls durch –
884
innerprozessuale Bindungswirkung der –
434
– zur Kosten- und Auslagenfrage 134
Notwendigkeit einheitlicher – 131, 157
– über Tatort und Tatzeit 157
keine Übernahme von – ohne eigene Prüfung 253 ff.
s. a. Beschwerdegericht, Revisionsgericht

Urteilsgründe
fehlerhafte Ausführungen über die Ablehnung eines Beweisantrags in den –n 759
keine Auslegung des Ablehnungsbeschlusses aus den –n 758
Auslegung des Sitzungsprotokolls aus den
– 885
keine Ergänzung oder Nachschieben der
Ablehnungsgründe in den – 758, 765, 908
Ablehnung von Hilfsbeweisanträgen in
den – 769 ff.
keine Erörterung des Beweisermittlungsantrags in den – 90
Erörterung der Beweistatsachen in den –
bei Erwiesensein 597
Erörterung der Beweistatsachen in den –
bei Wahrunterstellung 686 ff.
– als Grundlage der Prüfung des Revisionsgerichts 155, 894
Wiedergabe des Sachverständigengutachtens in den –n 725

Urteilsverkündung
Beginn der – als spätester Zeitpunkt für
die Stellung von Beweisanträgen 387, 645
Unterbrechung der – zur Entgegennahme
von Beweisanträgen 388

V

Vaterschaftsgutachten 608
Verbot der Beweisantizipation
– im Rahmen der Aufklärungspflicht
28 ff., 412
Ausnahme vom – im Bußgeldverfahren
842 ff.
Ausnahme vom – im vereinfachten
Jugendverfahren 838
Ausnahme vom – im Privatklageverfahren
834
Ausnahme vom – im gewöhnlichen Strafverfahren 30, 93, 212, 413, 418 ff., 420 ff.,

531 ff., 597, 602, 610, 622, 637, 642, 721, 743
Austausch des Beweismittels als Verstoß gegen das – 420
– für Beweisbehauptungen 414
– betrifft nicht die Beweiserheblichkeit der Beweistatsache 412, 598
– bei Beweisermittlungsanträgen 88
– für Beweismittel 416 ff.
kein – im Freibeweis 147
Grundlagen des –s 412
Inhalt des –s 413 ff.
– beim Sachverständigenbeweis 413
– beim Urkundenbeweis 413, 417
kein – bei Vorwegprüfung des Beweiswerts von Indiztatsachen 589
Wesen des –s 411
– beim Zeugenbeweis 412, 416 ff.
s. a. Beweismittel

Verantwortungsreife 853

Verdächtige als Auskunftspersonen 168 Fußn. 26

Vereidigung
Absehen von der – von Zeugen 131
Anträge auf – 104
– von Augenscheinsgehilfen 228
Beschränkung der – auf Aussage zur Sache 146
Feststellung der allgemeinen – des Sachverständigen 130
Feststellung der – vor Verlesung von Vernehmungsprotokollen 274
– im Freibeweis 145
Nachholung der – nach Protokollverlesung 274
– des Sachverständigen 213
Verzicht auf – 276
Vorabentscheidung des Vorsitzenden über – von Zeugen 104
– von Zeugen 104, 213
s. a. Protokollierung

Vereidigungsverbote
Entscheidung über Vorliegen der – 158
Feststellung der tatsächlichen Voraussetzungen der – 128
Geltung der – im Freibeweis 151

Verfahrensfragen 119, 121 ff.
Verfahrenshindernisse s. Prozeßhindernisse
Verfahrensrügen s. Revisionsvorbringen
Verfahrenstrennung 128, 183, 796

Verfahrensverzögerung s. Verschleppungsabsicht
Verfall von Wertersatz 848
Verfallsbeteiligte
Beweisantragsrecht der –n 376
– als Beweismittel 167, 181
Ladungsanträge von –n im Berufungsverfahren 289
Ladungsrecht der –n 815
Verlesung von Geständnisprotokollen der –n 282 Fußn. 283
– als Zeugen 181
Erforderlichkeit der Zustimmung der –n zur Protokollverlesung 291
s. a. (allseitiger) Verzicht

Vergrößerungen s. Urkunden
Verhaltensweise, typische 561
Verhältnismäßigkeitsgrundsatz 376, 476 Fußn. 364, 500, 503 Fußn. 549, 504, 512, 850 Fußn. 10

Verhandlung
mündliche – im Haftprüfungsverfahren 338
Schluß der mündlichen – 387
Wiedereintritt in die – 387
s. a. Hauptverhandlung

Verhandlungsfähigkeit
– des Angeklagten 123, 132, 151, 163, 581, 799 Fußn. 127
Feststellung der – des Angeklagten im Freibeweis 120, 148, 157
Feststellung der – des Verteidigers im Freibeweis 124
Mitwirkung des Angeklagten bei der Feststellung seiner – 114
Prüfung der zeitweiligen – durch Revisionsgericht 157, 163

Verhörspersonen s. Vernehmungsbeamte
Verjährung 121, 131, 157, 581, 798
Verkehrsauffassung 561
Verkehrsordnungswidrigkeiten 448
Verkehrsrichter s. Richter
Verkehrssitte 561
Verkehrsstrafsachen
Augenscheinseinnahmen in – 79, 743
Verwendung von Lichtbildern in – 744
Sachkunde des Richters in – 697, 727

Verkehrszentralregister 256, 448 ff., 793
Verkündungstermin 387

Verlesung 312 ff.
– der Abschrift oder Ablichtung einer Urkunde 248
keine – von Abstimmungsprotokollen 440
– von Aktennotizen 271, 654
Anordnung der – 272, 312
– von ärztlichen Attesten 305 ff.
– von ärztlichen Berichten über Blutprobenentnahmen 309
– von Aufzeichnungen von Zeugen 281
– von Augenscheinsprotokollen 224, 256 ff.
– zum Beweis der Aussagerichtigkeit 282
– von Beglaubigungsvermerken einer Behörde 248
– von behördl. Erklärungen 298 ff., 300
– im Berufungsverfahren 287
– des Blutalkoholgutachtens 309
– des Blutgruppengutachtens 309
– von Auszügen aus dem Bundeszentralregister 256
Ersatz der – durch Bericht des Vorsitzenden 325 ff.
– im Freibeweis 272
Gerichtsbeschluß über – von Vernehmungsprotokollen 273 ff.
– von Gerichtsurteilen über vergleichbare Straftaten 429
– von Geständnisprotokollen 282 ff.
Grundsätze der – 312 ff.
– von Gutachten 247, 271, 463
– von Kirchenbüchern 256
– der Protokolle über kommissarische Vernehmungen 129, 226, 260 ff., 266
– von Leumundszeugnissen 309
– der Niederschrift über Tonbandaufnahmen 224, 245, 249, 523
– von Personenstandsurkunden 256
– von Privaturkunden 309
– durch Protokollführer 314
– von Rechtsgutachten 140
– von Revisionsurteilen 253
– schriftlicher Berichte von Zeugen 269
– schriftlicher Beweisanträge 381, 383
– schriftlicher Erklärungen des Angeklagten 287, 310
– von Straflisten 256
– von Strafurteilen zu Beweiszwecken 252, 253, 436
– von Strafurteilen zur Unterrichtung über den Verfahrensgang 253

Teil– 256, 272, 280, 315, 809
Umfang der – 314
Verfahren bei der – von Vernehmungsprotokollen 272
– von Vermerken des Vernehmungsrichters 269, 302
Verzicht auf – 317 ff.
– durch Vorsitzende oder von ihm bestimmte Personen 313
Zeitpunkt der – 313
– von Zivilurteilen 255
– zum Zweck des Vorhalts 277, 330
Zustimmung der Prozeßbeteiligten zur – 264
s. a. Geständnis, Protokollierung, Schlußvortrag, Urkunden, Urkundenbeweis, Vernehmungsprotokolle
Verlesungsverbote s. Beweismittelverbote
Vermittlung von Erfahrungswissen
– als Aufgabe des Sachverständigen 211
Vermutungen s. Beweisantrag, Beweisermittlungsantrag
Vernehmung
– des vom Erscheinen entbundenen Angeklagten 390
Benachrichtigung von der – 508
– des Beschuldigten im Ermittlungsverfahren 338
– mit unerlaubten Methoden 481 ff.
richterliche – im Ermittlungsverfahren 266, 337, 338 ff., 508
staatsanwaltschaftliche – im Ermittlungsverfahren 337
Teil– 809
– von Verhörspersonen 281, 286, 470 ff., 481
– bei der Vorführung zur Verkündung des Haftbefehls 338
nicht »aufgesuchte« Wahrnehmungen bei der – 222, 236
s. a. Beweisantrag, Kommissarische Vernehmungen, Sitzungsprotokoll, Vernehmungshilfen, Vernehmungsprotokolle, Verteidiger, Verzicht, Zeugen
Vernehmungsbeamte als Zeugen 281, 286, 470 ff., 481
Vernehmungsbehelfe s. Vernehmungshilfen
Vernehmungsfähigkeit s. Zeugen
Vernehmungshilfen 223, 225, 231, 233, 281, 330
s. a. Protokollierung

Vernehmungshindernisse 261 ff.
Vernehmungsmethoden, unerlaubte 124, 133, 481 ff.
Vernehmungsprotokolle 258 ff.
Anspruch auf Verlesung der vom Gericht herbeigezogenen – 791
ausländische – 268, 271
– über Aussagen in anderen Verfahren 266, 309
– der Behörden der DDR 269, 271
Feststellung der Voraussetzungen der Verlesbarkeit von –n 129, 260 Fußn. 78
Verlesung von –n im Freibeweis 272
konsularische – 268 Fußn. 158
polizeiliche – 259, 266, 269 ff., 285 ff., 293, 471
richterliche – 260, 264, 266
staatsanwaltschaftliche – 266, 269 ff.
Umfang der Verlesung von –n 272
Unzulässigkeit der Verlesung von ungesetzlich zustande gekommen –n 508
Verfahren bei der Verlesung von –n 272
nach § 251 verlesbare – 259 ff.
nach § 253 verlesbare – 277 ff.
nach § 254 verlesbare – 282 ff.
nach § 325 verlesbare – 287 ff.
Verlesungsverbote für – 459 ff. (§ 250), 465 ff. (§ 252), 481 ff. (§§ 251, 253, 254, 325)
Vorhalte aus –n 277, 280, 285 ff., 472, 481

Vernehmungsrichter
Feststellung der Zeugenbelehrung durch den – 127
Unverlesbarkeit von Aktenvermerken des –s 269, 302
Unverlesbarkeit von Niederschriften des –s 461
– als Zeugen 470 ff.
s. a. Richter, Vernehmung

Verpflichtungsgesetz 455
Verrichtungen als Sachverständigenaufgabe 210
Versammlungen 518, 577
Versäumnisurteile s. Urteile
Verschleppungsabsicht 635 ff.
– des Angeklagten 649
– des Antragstellers ist maßgebend 646
Aufklärungspflicht trotz – des Antragstellers 641
Aussichtslosigkeit der Beweiserhebung als Voraussetzung der Ablehnung wegen – 641
Begründung der Ablehnung wegen – 762
Berücksichtigung bisherigen Prozeßverhaltens bei der Ablehnung wegen – 644 ff.
Bescheidung von Beweisanträgen in – 636
Beweisanzeichen für Vorliegen der – 644 ff., 648
Ermittlungen zur Feststellung der – im Freibeweis 122
Nachweis der – 642 ff.
nicht ernstgemeinte Anträge als Anträge in – 637 ff.
– als Oberbegriff für Scheinbeweisanträge 426, 637
– bei präsenten Beweismitteln 641, 778, 801, 829
– des Privatklägers 636
Prüfung des Revisionsgerichts bei Ablehnung wegen – 902
Selbständigkeit des Ablehnungsgrundes der – 636
– der Staatsanwaltschaft 636
Überzeugung des Tatrichters von der – 642, 648
keine Unzulässigkeit des in – gestellten Beweisantrags 426, 636
keine – wegen bloßer Vermutung der Beweistatsachen 646
– des Verteidigers 378, 636, 643, 646 ff.
Verzögerung des Verfahrens als Voraussetzung der Antragsablehnung wegen – 30, 639
Wiederholung früher gestellten Antrags spricht gegen – 646
maßgeblicher Zeitpunkt für das Vorliegen der – 644, 755
Zulässigkeit der Beweisantizipation bei der Ablehnung wegen – 30, 419, 637, 642
s. a. Verteidigungsvorbringen

Verschwiegenheitspflicht
– der Behörden 473 ff.
– des Zeugen 454 ff., 467, 499
s. a. Beratungsgeheimnis, Beweisverwertungsverbote, Richter

Versicherungen an Eides Statt 146, 156, 427, 469

Versuche
Anträge auf Vornahme von –n 97

– als Gegenstand des Augenscheinsbeweises 235
Einordnung der – als Beweismittel 169
– als Forschungsmittel des Sachverständigen 736
– mit Zeugen 98

Verteidiger
Absehen des –s von der Stellung von Beweisanträgen 861
Ausschließung des –s 125, 185
Beweisantragsrecht des –s 352, 377
Beweisanträge des –s gegen den Willen des Angeklagten 352 Fußn. 3, 376, 647
Fürsorgepflicht des Gerichts gegenüber – 399
Prüfung der Echtheit der Vollmacht des –s 125
Recht des –s auf Befragung von Zeugen vor der Hauptverhandlung 40 Fußn. 33
schriftliche Erklärungen des –s 310
Schuld des –s an Aussetzung 125
Verhandlungsfähigkeit des –s 124
– ist nicht Vertreter des Angeklagten 377
Verzicht des –s auf Beweiserhebungen 861
– als Zeugen 185
Zustimmung des –s zur Protokollverlesung 265
s. a. Verschleppungsabsicht, (allseitiger) Verzicht, Zurücknahme

Verteidigung
Beschränkung der – 24, 867 Fußn. 5
notwendige – bei Zeugenvernehmung des Verteidigers 186
– der Rechtsordnung 429

Verteidigungsvorbringen
Wechsel des –s als Indiz für Verschleppungsabsicht 644

Vertrauensleute der Polizei
Unerreichbarkeit von –n als Zeugen 272, 623
Zeugnisverweigerungsrecht der – 455

Vertrauensschutz
– als Grundlage der Fürsorgepflicht 361 Fußn. 54, 393

Vertraulichkeit des Wortes 516

Vertreter des Finanzamts 189

Verurteilungen
Berücksichtigung früherer – 442 ff.

Vervielfältigungen s. Urkunden

Verwaltungsakte 438

Verwaltungsbehörden s. Behörden

Verwaltungsgerichtsurteile s. Urteile

Verweisung an zuständiges Gericht 163, 270, 365

Verweisungsbeschluß s. Belehrung, Beweisantrag, Zuständigkeit

Verwertung des Akteninhalts
– zur Auslegung unklarer Beweisanträge 39, 751
– zur Auslegung der Sitzungsniederschrift 885
– im Beweisverfahren vor dem Revisionsgericht 155
– im Freibeweis 145
– zur Prüfung des Umfangs der Aufklärungspflicht 20
– zur Prüfung der Aufklärungsrüge 856
– zur Prüfung der Erweislichkeit einer Beweistatsache 662
keine – zur Beurteilung der Glaubwürdigkeit von Zeugen 121
– und Mündlichkeitsgrundsatz 751

Verwertungsverbote s. Beweisverwertungsverbote

Verwirkung
– von Mitwirkungsrechten des Angeklagten 265, 865
– von Verfahrensrügen 404 Fußn. 15

Verzicht
allseitiger – 317, 803
kein – auf Aufklärung des Sachverhalts 21
bedingter – 319, 810
– auf Bekanntgabe der Ablehnungsgründe 367, 767
– auf Einhaltung der Benachrichtigungspflichten 264, 509 ff.
– auf weitere Beweisaufnahme 403
– auf Beweiserhebungen 402 ff., 831, 860 ff.
keine Bindung des Verteidigers an – des Angeklagten 318, 806
kein – auf Einhaltung der Gerichtszuständigkeit 754, 767
Antrag auf Entbindung vom Erscheinen als – auf Antragstellung 391
Gesamt– 809
– auf Wahrung des Post- und Fernmeldegeheimnisses 521
– auf Rechtsmittel 122
kein Rückgängigmachen einer Zeugenvernehmung durch – 810

Teil– 319, 405, 809
Unwirksamkeit des –s auf Einhaltung von Verlesungsverboten 460 (§ 250), 264, 465 (§ 252)
– auf Vereidigung von Zeugen 276
– auf Verlesung von Urkunden 316, 317 ff.
– des Verteidigers auf Beweiserhebungen 391, 406, 861
– auf Verwertungsverbote 493
– unter Vorbehalt 811
Widerruf des –s 320, 407, 811, 812
– als Willenserklärung 807
Wirkung des –s 320, 405, 811 ff.
– auf Zeugenvernehmung 786, 809
– auf Zeugnisverweigerungsrecht 453, 797
s. a. Protokollierung

Verzichtserklärung
Auslegung der – 810
Berichtigung der – 406, 811
Nachholung der – 319
Nichtwiederholung eines Beweisantrags als – 390 Fußn. 70, 404, 860 ff., 863 ff.
– durch schlüssiges Verhalten 319, 403, 807, 861, 865
Schweigen als – 318, 391, 403, 406, 806 ff.
Unterlassen eines Widerspruchs als – 510, 808

Videoaufnahmen 229, 516
Völkerrechtliche Beschränkungen 528
Völlige Sachfremdheit s. Bedeutungslosigkeit
Völlige Ungeeignetheit 601 ff.
– des Augenscheins 609
– als Ausnahme von dem Verbot der Beweisantizipation 419, 602
Begründung der Ablehnung wegen – 761
Feststellung der – im Freibeweis 122, 126
– wegen Gefährdung durch wahre Aussage 614
– von präsenten Beweismitteln 828 ff.
Prüfungsbefugnis des Revisionsgerichts bei Ablehnung wegen – 900
keine – bei relativer Ungeeignetheit 603
– von Sachverständigen 458, 606 ff., 829
– bei objektiver Unmöglichkeit des Beweisgelingens 602
– von Urkunden 609
– von Zeugen 193, 195, 200, 418, 419, 603 ff., 611 ff., 818, 828

Vollmacht 125

Vorabentscheidung s. Vereidigung, Vorsitzende
Vorfragen, bürgerlich-rechtliche 437
Vorführung s. Beschuldigte
Vorgänge 168, 235
Vorhalt
– unverlesbarer Atteste 307
– getilgter Eintragungen im Bundeszentralregister 443 ff.
– des Geständnisses 284, 286
– durch informatorische Besichtigung erlangter Kenntnisse 238
– unverlesbarer Leumundszeugnisse 305
– aus polizeilichen Protokollen 285 ff.
– durch Verlesung von Protokollen 280
– durch Abspielen von Tonbändern 330, 481
– aus Erkenntnissen der Überwachung des Fernmeldeverkehrs 526
– von Tonbandaufnahmen 231, 330, 459, 481, 522
– aus Urkunden 246 Fußn. 42, 277, 330
– durch Verlesung von Urkunden 277, 330
– aus Vernehmungsprotokollen 277, 280, 285 ff., 472, 481
s. a. Protokollierung

Vorladung s. Ladung
Vorlegung der Akten 365 ff.
Vorlegungsbeschluß s. Belehrung, Beweisantrag, Zuständigkeit
Vormundschaftsgerichte 469
Vorsitzende
keine Anfechtung der den Beweisantrag vor der Hauptverhandlung ablehnenden Verfügung des –n 364, 370
Anordnung der Beweisaufnahme durch –n 752
Anordnung der Verlesung durch –n 272, 312
Beanstandung von Anordnungen des –n 313, 370, 753
keine Beanstandung von prozeßleitenden Verfügungen des –n vor der Hauptverhandlung 364
Befugnis des –n zum Stattgeben von Beweisanträgen 752, 830
Befugnis des –n zur Vorabentscheidung über Zeugenvereidigung 104
Bekanntgabe der den Beweisantrag ablehnenden Verfügung des – 357

Bekanntgabe der Entscheidung über Beweisanregungen durch –n 149
Bekanntgabe des wesentlichen Urkundeninhalts durch –n 323
Bericht des –n über Geständnis 282
Bericht des –n über Urkundeninhalt 325 ff.
Bindung des –n an den Ablehnungsbeschluß 775
keine Bindung des Gerichts an Ablehnungsverfügung des –n 359
Entscheidung des – über Anträge auf Gegenüberstellung 93
Entscheidung des –n über Beweisanträge 354 (§ 219), 368 (§ 225a Abs. 2, § 270 Abs. 4)
Entscheidung des –n über Beweisermittlungsanträge 90, 754 Fußn. 15
keine Entscheidung des –n anstelle des Gerichts 754
Entscheidung des –n über Wiedereintritt in die Hauptverhandlung 388
Feststellung der Unzulässigkeit der Beweiserhebung durch –n 802
Pflicht des –n zur Behebung offensichtlichen Rechtsirrtums 107
Pflicht des –n zum Hinweis auf Fragerecht 107
Sachleitungsbefugnis des –n 753
Vorabentscheidung des –n über Zeugenvereidigung 104
s. a. Fürsorgepflicht

Vorstellungsäußerungen s. Beweisantrag
Vorstrafen
Feststellung von – 256, 442
Verwertung von – 445
Vorverfahren s. Ermittlungsverfahren
Vorwegberatung s. Zwischenberatung
Vorwegnahme der Beweiswürdigung s. Verbot der Beweisantizipation

W

Wählernötigung 451
Wahlgeheimnis 451
Wahrbehandlung
– kann Beruhen des Urteils auf Verfahrensfehler ausschließen 908
– der Beweistatsache, nicht des Beweismittels 676

– muß mit Wahrunterstellung übereinstimmen 675 ff.
Wahrheitsbeweis 437, 674
Wahrnehmung berechtigter Interessen 584
Wahrnehmungen
– als Gegenstand des Augenscheinsbeweises 221 ff.
– von Beweispersonen 462 ff.
nicht »aufgesuchte« – 222, 236
s. a. Sachverständige, Vernehmung, Zeugen
Wahrnehmungsobjekte s. Augenscheinsgegenstände
Wahrunterstellung 650 ff.
Abgrenzung der – zur Bedeutungslosigkeit 575, 590, 650 ff.
Abgrenzung der – zum Erwiesensein von Tatsachen 596
Absehen von – nur nach Unterrichtung des Antragstellers 658, 678
Aufklärungspflicht als Grenze der – 653, 661, 665, 666, 668, 670
Auswechslung des Ablehnungsgrundes der – 687
Bedeutungslosigkeit und – schließen einander aus 665, 758 Fußn. 41
Begründung der Ablehnung wegen – 763
keine – bei erwiesenen Beweisbehauptungen 661
keine – bei widerlegten Beweisbehauptungen 661
Beschränkung der – auf Teile des Beweisvorbringens 669
Bindung des Gerichts an – 675 ff.
keine – von denkgesetzwidrigen Tatsachen 670
keine Einschränkung der freien Beweiswürdigung durch – 684
Erörterung der – in den Urteilsgründen 686 ff.
Erschöpfung des Beweisantrags durch die – 668
Fiktion gelungener Beweiserhebung durch die – 651, 668
keine – beim Fragerecht 675
keine – beim Freibeweis 148
Gegenstand der – 675
Grenzen der – 670
Grundsätze der – 651
– bei Hilfsbeweisanträgen 660
– von Hilfstatsachen 653

– von Indiztatsachen 653, 664 ff., 666 ff., 676, 684
– und Grundsatz in dubio pro reo 662, 664 ff.
Inhalt der – 651, 663, 668 ff.
Möglichkeit der Erheblichkeit reicht für – aus 657
– zum Nachteil Dritter 672
Einzelfälle der Nichteinhaltung der – 679 ff.
keine – bei präsenten Beweismitteln 825
Prüfung des Revisionsgerichts bei Ablehnung unter – 658, 903
– von Rechtsbegriffen 653
– zwingt Gericht nicht zu Schlußfolgerungen des Antragstellers 666, 684 ff.
– erlaubt keine Schlußfolgerungen zum Nachteil des Angeklagten 654 ff., 646
– bei Beweisanträgen der Staatsanwaltschaft 373, 654
– von Strafzumessungstatsachen 667, 672
– von Tatsachen 653
– nur entlastender Tatsachen 653, 654
– nur erheblicher Tatsachen 655 ff.
Umfang der – 651, 663, 668 ff.
– schneidet Unschuldsbeweis ab 663
keine Unterrichtungspflicht beim Wechsel von – zu Bedeutungslosigkeit 659
Unzulässigkeit der – bei Beweisanträgen vor der Hauptverhandlung 345 (§ 201), 369 (§ 225 a Abs. 2, § 270 Abs. 4), 357 (§ 219)
keine – bei Unzulässigkeit der Beweiserhebung 670
– bei Anklage wegen Verleumdung 674
Wahlrecht zwischen Ablehnung wegen – oder Bedeutungslosigkeit 576 Fußn. 9, 658
– von Werturteilen 653
keine – bei Möglichkeit der Widerlegung unmittelbar beweiserheblicher Tatsachen 661, 672
– von Werturteilen 653
– als Willenserklärung des Gerichts 668
Wirkung der – 651, 663, 675 ff.
keine Zusage der – vor der Hauptverhandlung 345, 347, 357
s. a. Fragerecht, Urteilsgründe, Wahrbehandlung

Weitere Sachverständige
Ablehnung des Antrags auf Hinzuziehung –r 722 ff.
Ausnahme vom Verbot der Beweisantizipation bei Ablehnung der Hinzuziehung –r 212, 419, 420, 721
Begriff des –n 719 ff.
Begründung des Ablehnungsbeschlusses bei Ablehnung der Hinzuziehung –r 763
– als Obergutachter 720
Pflicht zur Anhörung –r 728
Prüfung der Ablehnung der Hinzuziehung –r durch das Revisionsgericht 905
Substantiierung des Beweisantrags auf Anhörung –r 52
überlegene Forschungsmittel des –n 733 ff.
Zuziehung eines –n trotz genügender Sachkunde des vernommenen Sachverständigen 33, 737
s. a. Sachkunde des Gerichts, Sachverständige

Wert einer Sache
– als Gegenstand des Zeugenbeweises 195 ff.

Wertersatz s. Einziehung

Werturteile
– als Gegenstand des Zeugenbeweises 195 ff.
Wahrunterstellung von –n 653

Widerruf
– des Einverständnisses mit der Verwertung nicht beschlagnahmefähiger Sache 493
– des Geständnisses 283, 376, 378
– des Verzichts auf Beweiserhebung als Beweisantrag 407, 812
– des Verzichts auf Verwendung präsenter Beweismittel 811
– des Verzichts auf Urkundenverlesung 320
– der Zurücknahme eines Beweisantrags 406
– der Zustimmung zur Protokollverlesung 264 (§ 251), 292 (§ 325)

Widerspruch
– gegen Anträge anderer Prozeßbeteiligter 38
– zwischen Antragsablehnung und Urteilsinhalt 593, 880, 895
– zwischen Aussage bei kommissarischer

Vernehmung und sonstiger Beweisaufnahme 97
Unterlassen des –s als Zustimmung 291
– zwischen Zeugenaussage in der Hauptverhandlung und bei früherer Vernehmung 279
s. a. Beweisantrag, Gutachten, Revisionsvorbringen

Wiederaufnahmeverfahren
Urteilsverlesung im – 253, 254

Wiederholung
– eines abgelehnten Beweisantrags durch andere Prozeßbeteiligte 772
– der Beweisaufnahme 94, 97
– eines durch Gerichtsbeschluß abgelehnten Beweisantrags 754, 821
– eines Beweisantrags nach ausgesetzter Hauptverhandlung 389, 395
– eines Beweisantrags in der Wiederaufnahmeverhandlung 390
– eines Beweisantrags nach Zurücknahme 407
– eines Beweisantrags nach Zurückverweisung durch das Revisionsgericht 390
– vor der Hauptverhandlung gestellter Beweisanträge 347, 388 ff., 395
– bei kommissarischer Vernehmung gestellter Beweisanträge 391
Widerruf der Zurücknahme als – des Beweisantrags 406
– im Zwischenverfahren gestellter Beweisanträge 347, 388
s. a. Belehrung, Fürsorgepflicht, Verzicht

Willensäußerungen 35, 310

Willenserklärung
Verlesung von –en 310
Verzicht als – 807
Wahrunterstellung als – des Gerichts 668

Willensfreiheit 483

Wirtschaftsstraftaten 476

Wissenschaftliche Erfahrungssätze s. Erfahrungssätze

Wissenschaftliche Erkenntnisse s. Erkenntnisse

Wortentziehung 372

Z

Zauberei 557
Zeichnungen 223, 232, 238, 459, 464, 742
Zeitungen 537

Zentralregister s. Bundeszentralregister
Zeugen
Abbestellung von – 289, 290, 783
Abgeordnete als – 138, 175
Angehörige als – 611
Angeklagte können nicht – sein 181
Antragsteller im Anhangsverfahren als – 187
Aufgaben des – 173
Aufzeichnungen des – 281
Augenscheinseinnahme von – 236, 452
Augenscheinsgehilfen als – 173, 218, 228
Ausbleiben des – in der Hauptverhandlung 126
– im Ausland 62, 262, 628 ff., 640, 782 Fußn. 6
Aussagegenehmigungen für – 103
Bankangestellte als – 476
Begriff des – 171, 218
behördlich geheimgehaltene – 623 ff.
Beistände als – 186
Berichte von – 269
betrunkene – 173 Fußn. 18, 787
Bewährungshelfer als – 430 Fußn. 36
kein Beweisantragsrecht des – 379
– als Beweismittel 166
mangelnder Beweiswert von – 610
Bezeichnung des – im Beweisantrag 48
blinde – 603
Bundespräsident als – 175
– aus der DDR 262, 630, 826
Dolmetscher als – 189
Eidesreife des – 128
Eidesunfähigkeit des – 161
Einwilligung des – in Untersuchungen 491
Einziehungsbeteiligte als – 181
Entschädigung des – 213, 818
Erinnerungsmängel des – 278, 713
nicht zu ermittelnde – 260
Ermittlungen nach – 50, 51, 83, 125
Ermittlungsrichter als – 177, 454 Fußn. 193
äußeres Erscheinungsbild des – 237
Erziehungsberechtigte als – 177
Experimente zur Prüfung der Glaubwürdigkeit von – 235
formlose Vernehmung von – im Freibeweis 143
geisteskranke – 131, 174, 260, 603, 604
geistesschwache – 604
Gerichtspersonen als – 175

976

gerufene oder gezogene – 173, 227
gesetzliche Vertreter als – 179, 181, 187
gestellte – 288, 815 Fußn. 9, 817
Glaubwürdigkeit von – 121, 131, 132, 200, 201, 429, 491, 672, 699, 701, 745
Glaubwürdigkeitsuntersuchungen bei – 491, 700
– vom Hörensagen 173, 301, 404, 421, 460 ff., 626
informatorische Befragung von – 127, 128, 172
Kinder als – 174, 603, 604
Leumunds– 202 ff., 804
Mitangeklagte als – 182 ff., 815 Fußn. 4
– als Mitglieder eines gleichartigen Erlebnis- und Interessenkreises 746
Namhaftmachung der geladenen – 817
Nebenbeteiligte als – 181
Nebenkläger als – 180
Ordnungsmittel gegen – 146 ff., 786
Erklärungen von – bei Ortsbesichtigungen 128
Feststellung der Person des – 126, 171
Polizeibeamte als – 173, 192, 256, 286, 461 Fußn. 250, 470 ff., 483, 488, 626, 742, 746
Privatkläger können nicht – sein 167, 179, 427
Prozeßbeteiligte als – 175
Prozeßbevollmächtigte des Nebenklägers als – 181
Prozeßbevollmächtigte des Privatklägers als – 179
Prüfung der Vernehmungsfähigkeit von – 116
Prüfung der Zuverlässigkeit von – 99
Referendare als – 472 Fußn. 340
Regierungsmitglieder als – 175
Richter als – 176, 441, 470, 472, 638
Sachverständige als – 187 ff., 470
sachverständige – 173, 213 ff., 219
Schöffen als – 470
schriftliche Erklärungen von – 156, 416, 626
Schutz gefährdeter – 625
Selbstbeobachtung von – 192
sicheres Geleit für – 630
Staatsanwälte als – 177, 470
stumme – 173
Beweiserhebung über Tatbeteiligung von – 133

taube – 603
taubstumme – 173, 604
Teilnahmeverdacht beim – 128, 133, 161, 612, 818
Teilvernehmung von – 809 ff.
unerreichbare – 621 ff.
Ungeeignetheit von – als Beweismittel 126, 193, 603 ff.
untaugliche – 173
Untersuchungsverweigerung des – 458
Urkundsbeamte als – 177
Verfallsbeteiligte als – 181
vergeßliche – 604
Vernehmung des – zu Beweiszwecken 172
Vernehmungsbeamte als – 281, 286, 470 ff., 481
Feststellung der Vernehmungsfähigkeit des – 126
verstorbene – 255, 260
Versuche mit – 98
Verteidiger als – 185
Vertreter des Finanzamts als – 189
völlig ungeeignete – 193, 195, 200, 603 ff., 611 ff., 818, 828
keine Vorwegnahme der Prüfung des Beweiswerts von – 417
Anlaß der Wahrnehmungen des – 172 ff.
Zuhörer als – 470
Zwangsmittel bei Ungehorsam von – 105, 213
s. a. Auskunftspersonen, Auskunftsverweigerungsrecht, Aussagegenehmigung, Belehrung, Glaubwürdigkeit, Ladung, Unerreichbarkeit, Untersuchungen, Untersuchungsverweigerungsrecht, Unzulässigkeit, Vereidigung, Vereidigungsverbote, Vernehmung, Völlige Ungeeignetheit, Zeugnisverweigerungsrecht

Zeugenbeweis
– als Ersatz für Augenscheinseinnahme 744 ff.
Auslegung von Gedankenäußerungen als Gegenstand des –es 197
allgemeine Bewertungen als Gegenstand des –es 197
– über Charaktereigenschaften 197 ff., 605
Experimente als – 169
Gegenstand des –es 137, 171, 190 ff., 214
– über Glaubwürdigkeit 201

– über Krankheitsverlauf 605
– über Leumund 202
kein – über Fragen des inländischen Rechts 138
– über Rechtsbegriffe 205
kein – über Rechtsfragen 190, 428
– über Schlußfolgerungen 196
– über Schuldfähigkeit des Angeklagten 203
Substantiierung des Antrags auf – 48
– über innere Tatsachen 191 ff., 197, 604
– über negative Tatsachen 194
– über Trunkenheit 204, 605
sachverständige Urteile als – 196
Verbot der Beweisantizipation beim – 412
– über weit zurückliegende Vorgänge 602, 615 ff.
– über den Wert einer Sache 205
– über Werturteile 195
s. a. Tatsachen

Zeugnisse öffentlicher Behörden 298 ff., 301
Zeugnisverweigerungsrecht
– der Abgeordneten 452
– hindert nicht Augenscheinseinnahme von Zeugen 237
Ausübung des –s in der Hauptverhandlung 796
– von Berufsangehörigen 450 ff., 466, 497
Entstehen des –s nach Vernehmung im 1. Rechtszug 293
Erklärung der Ausübung des –s 127, 131
Erklärung der Ausübung des –s als Voraussetzung des Beweismittelverbots 452
– der Familienangehörigen des Beschuldigten 264, 450
Feststellung der Aussagewilligkeit eines Zeugen mit – 453
Feststellung der Erklärung des –s außerhalb der Hauptverhandlung 127
Feststellung der Voraussetzungen des – 126, 127
– im Freibeweisverfahren 151
– des Gewahrsamsinhabers 506 ff.
Glaubhaftmachung des –s 146
– nach früherer Vernehmung 465
Verzicht auf – 453, 797
– beim Wahlgeheimnis 451
Wirkung des –s 264, 452
s. a. Belehrung, Vertrauensleute
Zivilprozeß 136, 267, 279, 285, 394 Fußn. 5, 469, 546, 563

Zivilstandsregister 256
Zivilurteile s. Urteile
Zufallsbeobachtungen s. Sachverständige
Zufallserkenntnisse s. Überwachung des Fernmeldeverkehrs
Zufallsurkunden s. Urkunden
Zuhörer s. Zeugen
Zurücknahme
bedingte – 405
Berichtigung der – 406
– des Beweisantrags 402 ff.
– von Beweisanträgen des vom Erscheinen entbundenen Angeklagten 391
–erklärung 403
teilweise – 405
Wirkung der – bei Anschluß an den Beweisantrag eines anderen Prozeßbeteiligten 384, 386, 406
Wirkung der – bei gemeinschaftlichem Beweisantrag 405
s. a. Aufklärungspflicht, Protokollierung, Verzicht, Verzichtserklärung, Widerruf, Wiederholung
Zusage
– der Bescheidung eines Beweisantrags 355, 362
Nichtbescheidung des Beweisantrags vor der Hauptverhandlung enthält keine – 360
– der Wahrunterstellung 345, 347, 357, 363, 389, 675
s. a. Fürsorgepflicht
Zusatzgutachten s. Sachverständige
Zusatztatsachen s. Gutachten
Zuständigkeit des Gerichts 121, 365, 369
s. a. Verweisung, Vorsitzende
Zustellung s. Ladung
Zustimmung
nachträgliche – zur Heilung von Verfahrensmängeln 266, 292
nachträgliche – zu unerlaubten Tonbandaufnahmen 519
– durch Nichterhebung eines Widerspruchs 291
– durch schlüssiges Verhalten 292
– durch Stillschweigen 265, 318
– zu unerlaubten Vernehmungsmethoden 482
– zur Urkundenverlesung 291
Widerruf der – 264, 292
s. a. Einverständnis, Protokollierung

Zwangsmittel
- im Besteuerungsverfahren 497
- gegen Herausgabepflichtige 492
- gegen Sachverständige 213
- gegen Zeugen 105, 213, 628

Zweifelssatz s. in dubio pro reo

Zwischenberatung
- über das Erwiesensein von Beweistatsachen 597
- zur Prüfung der Bedeutung von Indiztatsachen 589, 592, 656
- zur Prüfung der Erheblichkeit unmittelbar beweiserheblicher Tatsachen 656

Zwischenverfahren 34, 343 ff., 388, 395